Transportation Management mit SAP S/4HANA®

Dr. Bernd Lauterbach, Tobias Berger,
Dr. Christopher Sürie und Marius Jachmann

Transportation Management mit SAP S/4HANA®

Rheinwerk
Publishing

Liebe Leserin, lieber Leser,

SAP-Landschaften sind komplex, und wir alle wissen, wie schnell sich Technologien und Anforderungen in der IT-Welt ändern. Genau da setzt SAP PRESS an: mit Büchern, die nicht nur Theorie vermitteln, sondern konkret im Alltag helfen.

In diesem Buch finden Sie direkt umsetzbare Ratschläge, praktische Beispiele und Lösungen für drängende Herausforderungen. Unsere Autor*innen sind Profis, die wissen, wo der Schuh drückt – und wie man Probleme effizient löst. Mit ihrer Erfahrung an Ihrer Seite können Sie Ihre SAP-Projekte gezielter angehen, fundiertere Entscheidungen treffen und die vielen Facetten von SAP besser meistern.

Ob Sie gerade erst beginnen oder schon lange im SAP-Umfeld tätig sind: Wir sind davon überzeugt, dass dieses Buch Ihnen hilfreiche Anleitungen und Tipps an die Hand gibt, um Ihre täglichen Aufgaben und Projekte erfolgreich zu meistern.

Wir freuen uns stets über Lob, aber auch über kritische Anmerkungen, die uns helfen, unsere Bücher zu verbessern. Zögern Sie also nicht, sich bei mir zu melden; Ihr Feedback ist jederzeit willkommen.

Wir wünschen Ihnen viele Aha-Momente und eine erfolgreiche Umsetzung mit diesem Buch!

Ihre Eva Tripp
Lektorat SAP PRESS

eva.tripp@rheinwerk-verlag.de
www.rheinwerk-verlag.de
Rheinwerk Verlag • Rheinwerkallee 4 • 53227 Bonn

Auf einen Blick

Wir hoffen, dass Sie Freude an diesem Buch haben und sich Ihre Erwartungen erfüllen. Falls Sie Anregungen, Wünsche und Kommentare haben, lassen Sie es uns wissen: **service@rheinwerk-verlag.de**.

Informationen zu unserem Verlag und Kontaktmöglichkeiten finden Sie auf unserer Verlagswebsite **www.rheinwerk-verlag.de**. Dort können Sie sich auch umfassend über unser aktuelles Programm informieren und unsere Bücher und E-Books bestellen.

Autoren Dr. Bernd Lauterbach, Tobias Berger, Dr. Christopher Sürie, Marius Jachmann
Lektorat Eva Tripp
Copy-Editing Alexandra Müller, Olfen
Typografie & Layout Vera Brauner
Satz SatzPro, Krefeld
Herstellung Stefanie Häb
Covergestaltung Silke Braun
Coverbild Shutterstock: 2377477671 © supakitswn
Druck Beltz Grafische Betriebe, Bad Langensalza

FSC www.fsc.org MIX Papier | Fördert gute Waldnutzung FSC® C089473

Dieses Buch wurde mit mineralölfreien Farben auf FSC®-zertifiziertem Papier aus nachhaltiger Waldwirtschaft gedruckt. Hergestellt in Deutschland.

Bibliografische Information der Deutschen Nationalbibliothek:
Die Deutsche Nationalbibliothek verzeichnet diese Publikation in der Deutschen Nationalbibliografie; detaillierte bibliografische Daten sind im Internet über *http://dnb.dnb.de* abrufbar.

ISBN 978-3-367-10864-0

2., aktualisierte und erweiterte Auflage 2026

Rheinwerk Verlag GmbH • Rheinwerkallee 4 • 53227 Bonn
service@rheinwerk-verlag.de

Inhalt

Einleitung

Der Transport von Gütern als Bestandteil des Handels ist eines der ältesten Geschäfte der Menschheit. Heute ist der Transport ein integraler Bestandteil jeder Lieferkette und ihrer Geschäftsprozesse, der häufig durch die Notwendigkeit der digitalen Transformation von Unternehmen Herausforderungen unterliegt.

Historisch gesehen, begann der Transport mit der Notwendigkeit für die Menschen, mit mehr als nur lokal verfügbaren Gütern des täglichen Bedarfs0 zu leben und zu handeln. Die Bevölkerung begann, ein breiteres Spektrum an Waren zu erwerben, die sie selbst konsumieren, als Statussymbol oder Zeichen von Urbanität nutzen oder mit denen sie einfach Handelsgewinne erzielen konnte.

Die regionalen, landesweiten oder weltweiten Wünsche der Menschen und die Nachfrage nach Gütern führten ebenfalls zu Anpassungen der Warenverfügbarkeit. Entscheidungen darüber, wo, wie und was produziert werden sollte, wurden nicht mehr nur auf der Grundlage lokaler Ressourcen getroffen, sondern konnten in Bezug auf Produktion, Arbeitskosten und gesetzliche Anforderungen variiert werden. Dies wiederum führte zu höheren Anforderungen an den Vertrieb von Rohstoffen, Halbfertig- und Fertigwaren.

Seit den Anfängen des Handels hat es lange gedauert, bis die Begriffe *Logistik* und *Lieferkette* für die Organisation und zeitgemäße Anpassungsfähigkeit von Produktion, Lagerung, Handel, Transport und Kundenorientierung, wie wir sie heute kennen, in aller Munde waren. Die Logistik entstand in den frühen 1800er-Jahren mit einem Schwerpunkt auf Kriegsversorgung. Ein enormer Vorstoß begann Mitte des 20. Jahrhunderts mit der Massenproduktion und der Materialbedarfsplanung sowie ersten technologischen Errungenschaften wie der Strichcodierung von Waren (Barcode). Im Laufe der Zeit erzwangen gesetzliche Vorschriften und verschiedene Gremien die Definition und Einhaltung von Prozessen, Standards und Leistungszielen, die in der Folge einen großen Teil der Transportaktivitäten in der Logistik beeinflussten.

Die zunehmende Globalisierung zeigte Unternehmen, dass Transportprozesse sich nur noch mit spezieller Software bewältigen lassen. Ein effektives Transportmanagement umfasst folgende Kernaufgaben:

- eine kosteneffiziente und mit den Servicedefinitionen konforme Organisation aller Warenbewegungen, die zur Bedarfsdeckung innerhalb der Lieferkette notwendig sind
- Verfügbarkeit erschwinglicher und zuverlässiger Transportkapazitäten für alle erforderlichen Warenbewegungen
- ordnungsgemäße Kommunikation mit Partnern und anderen Unternehmensteilen im Logistiknetz
- Vergabe von Unteraufträgen für den Transportbedarf und Abrechnung aller damit verbundenen Zahlungen

- Rechtskonformität aller transportbezogenen Warenbewegungen
- Transparenz für die Kunden eines Unternehmens über die entsprechenden Logistikprozesse
- Fähigkeit zur effizienten Anpassung der verwendeten Transportnetze und -prozesse an die Unternehmensanforderungen
- Datenverarbeitung im Einklang mit den erforderlichen Prozessen

Die in diesem Buch beschriebenen Softwarefunktionen und Konfigurationen helfen Ihnen dabei, Transportlogistik zu verstehen und Ihre Organisation mit SAP S/4HANA digital auszurichten.

Unternehmen, die Logistik und Transport als Dienstleistung für andere anbieten und durchführen (Logistikdienstleister, kurz LDL), müssen zusätzlich zu den bereits genannten Qualifikationen eine noch breitere Palette an Anforderungen erfüllen:

- Bewertung, Preisberechnung und Bearbeitung von Anfragen von Kunden zum Transport ihrer Fracht in einem Ende-zu-Ende-Prozess oder als Teil der Logistikkette
- ordnungsgemäße Rechnungsstellung an andere Parteien und Unternehmen für erbrachte Logistik- und Transportdienstleistungen
- Betrieb des eigenen Unternehmens, sodass durch den Verkauf, den Einkauf und die Ausführung von Logistikdienstleistungen ein Gewinn erzielt wird, der eine Marktexpansion ermöglicht

Unser Buch befasst sich mit SAP Transportation Management (TM) in SAP S/4HANA (in diesem Buch bezeichnen wir es als Transportmanagement oder TM). Die beschriebenen Prozesse und die Software sind in vielerlei Hinsicht in einen übergreifenden Ablauf einer Lieferkette eingebettet, sodass der Transport in der Regel oft nicht als isoliertes Thema betrachtet werden kann. Aufgrund der intensiven Interaktion mit den vor- und nachgelagerten Logistik- und Finanzprozessen ist eine gute Integration von größter Bedeutung. Hier scheitert der Best-of-Breed-Ansatz vieler autarker Transportsysteme, während der integrierte Plattformansatz von SAP S/4HANA den entscheidenden Unterschied ausmacht und zu einer Vielzahl von Vorteilen führt.

Der Aspekt der Prozessintegration in Verbindung mit der Leistung und den Möglichkeiten von TM ist ein wichtiger Teil des durchgängigen Geschäfts eines Unternehmens, das Waren bewegen muss, um zu handeln, zu versenden oder zu empfangen. Dabei ist es weitgehend gleich, ob es sich dabei um ein Produktions- oder Bergbauunternehmen, ein Handels- oder Einzelhandelsunternehmen oder einen professionellen Logistikdienstleister handelt. Sie können TM in allen unterstützten Branchen nutzbringend einsetzen.

Bei allen lieferkettenrelevanten Prozessen sind Zusammenarbeit und enge Koordination für interne, unternehmensübergreifende und kundenorientierte Abläufe erforderlich. Die Unternehmen von heute müssen extrem flexibel sein, denn die Geschwindigkeit der Veränderungen in der Produktentwicklung, der Logistik und bei den technologischen Möglichkeiten nimmt mehr denn je zu. Hinzu kommt, dass der langjährige »Gewohnheitsbetrieb« oft durch Fusionen und Übernahmen infrage gestellt wird, was für die übernommenen Unternehmen gänzlich neue Strategien und für das kaufende Unternehmen die Last einer effizienten Geschäfts- und Logistikintegration mit sich bringt.

Eine weitere neue Entwicklung in Logistik und Transport ist die massive digitale Transformation von Unternehmen und ihrer Informationssysteme. Sensoren, mit dem Internet verbundene Anlagen (*Internet of Things*, IoT) und maschinelles Lernen sind seit Langem Themen der Forschung, durchdringen jedoch schnell die tägliche Anwendung und breiten sich über den gesamten Logistikbereich aus. Unternehmenssoftware für die Logistik muss mit dieser Erweiterung umgehen können. SAP S/4HANA als digitale Logistikplattform ist eine gut geeignete Grundlage für solche Schlüsseltechnologien und den Übergang ins digitale Zeitalter.

Im Mittelpunkt dieses Buches steht die SAP-Komponente TM. TM basiert auf einer integrierten Plattform mit drei Schichten:

- **Logistikkernlösung/Supply-Chain-Execution-Plattform**

  Die Logistikkernlösung und die Supply-Chain-Execution-Plattform umfassen Folgendes:
  - SAP Transportation Management (TM)
  - SAP Extended Warehouse Management (EWM)
  - SAP Yard Logistics
  - SAP Event Management
  - SAP Business Network for Logistics
- **Ergänzende SAP-Logistiklösungen**

  Die ergänzenden Logistiklösungen von SAP ermöglichen flexible und spezialisierte Prozesse rund um den logistischen Kern, z. B. SAP Global Trade Services (SAP GTS) oder Product Safety and Stewardship. Obwohl einige dieser Lösungen in diesem Buch im Hinblick auf ihre Integration mit TM besprochen werden, finden Sie eine umfassendere funktionale Beschreibung eher in anderen Büchern des Rheinwerk Verlags.
- **SAP-Lösungen für das gesamte Unternehmen oder andere Unternehmensbereiche**

  Integrierte SAP-Anwendungen, z. B. SAP S/4HANA Finance für das Finanzwesen, SAP SuccessFactors für die Personalverwaltung oder SAP Ariba für die Beschaffung, bilden das Rückgrat eines Unternehmens. Wo nötig, werden wir auf diese Anwendungen verweisen.

TM bildet somit das zentrale Element der Transportlogistik in SAP S/4HANA. Die Architektur ermöglicht die Integration verschiedener Logistikprozesse. Das System bietet umfangreiche Konfigurationsmöglichkeiten für unterschiedliche Transportanforderungen.

Wie dieses Buch aufgebaut ist

Sie halten die zweite, aktualisierte und erweiterte Auflage unseres deutschsprachigen Buches über TM in SAP S/4HANA in den Händen. Ergänzend gibt es ein englischsprachiges Schwesterbuch. Das vorliegende Buch basiert auf den Funktionen und Integrationsmöglichkeiten von Release SAP S/4HANA 2025, das im Oktober 2025 veröffentlicht wurde.

[»] **Abgrenzung der TM-Versionen**

Dieses Buch behandelt ausschließlich das Transportmanagement in SAP S/4HANA (im Folgenden TM). Die frühere, auf der SAP Business Suite basierende Software SAP TM 9.6 wird nicht berücksichtigt, da nur noch sehr wenige Kunden Projekte auf Basis dieser Version durchführen.

Dieses Buch liefert zunächst die notwendigen Hintergrundinformationen zu Transport und Logistik im Allgemeinen und stellt anschließend SAP S/4HANA als Systemgrundlage vor. Im Hauptteil des Buches tauchen wir tief in TM und seine Funktionen ein. Die letzten Kapitel des Buches befassen sich mit Migrationsmöglichkeiten und Mustervorgehen (Best Practices), die hilfreich für Sie sind.

Das Ziel dieses Buches ist es, Ihnen einen Überblick über TM und seine Komponenten, Funktionsweise und Integration zu geben. Darüber hinaus erläutern wir Ihnen, wie die Anforderungen des Transportwesens mit den verfügbaren Softwarefunktionen zusammenpassen. Das Buch soll jedoch keine Onlinedokumentation wie das SAP-Hilfeportal ersetzen, sondern Ihnen ein besseres Verständnis dafür vermitteln, wie die verschiedenen Aspekte von TM zusammenspielen. Das Buch umfasst die folgenden Kapitel:

- **Kapitel 1: Einführung in das Transportmanagement**

  Dieses Kapitel gibt Ihnen einen Überblick über typische Transportprozesse, die beteiligten Rollen und gängige Organisationsaspekte.

- **Kapitel 2: Einführung in SAP Transportation Management mit SAP S/4HANA**

  In diesem Kapitel lernen Sie die Grundlagen von Unternehmenssoftware, die Architektur von SAP S/4HANA einschließlich der SAP Business Technology Platform (SAP BTP), den Aufbau der TM-Funktionen und die verschiedenen Einsatzmöglichkeiten von TM kennen. Darüber hinaus erhalten Sie einen Überblick über die SAP-Komponenten, die den Funktionsumfang über reine Transportprozesse hinaus erweitern.

- **Kapitel 3: Lösungsarchitektur und technologische Konzepte**

  Dieses Kapitel gibt Ihnen einen Überblick über die technische Architektur von TM und seine Einbindung in die Geschäftsprozesse. Wir erläutern die Grundlagen der Geschäftsobjekte, die durch das Business Object Processing Framework (BOPF) bereitgestellt werden. Wir zeigen, wie es die Modellierung von Geschäftsobjekten ermöglicht. Darüber hinaus beschreiben wir wichtige Werkzeuge von TM, auf die in nachfolgenden Kapiteln Bezug genommen wird. Dazu gehören das Business Rules Framework

(BRFplus, die SAP-Regelverarbeitung), das Post Processing Framework (PPF; Druck-/Nachrichtenausgabe) und Technologien zur Benutzerschnittstelle (z. B. Floorplan Manager [FPM] und SAP Fiori) als zentrales Mittel zur Bereitstellung von Interaktions- und Workflow-Funktionen. Ein weiterer Aspekt ist die technische Integration durch Services und die Behandlung von Änderungen innerhalb von TM (Process Controller Framework).

- **Kapitel 4: Stammdaten**

  In diesem Kapitel lernen Sie die allgemeinen Stammdaten von SAP S/4HANA im Zusammenhang mit TM (z. B. Geschäftspartner) sowie transportspezifische Stammdaten wie Netzwerke und Ressourcen kennen. Wir geben Ihnen einen Überblick über die neu gestaltete Stammdatenintegration von SAP S/4HANA, die die bisher verwendete übertragungsbasierte Technologie von SAP Business Suite und TM ersetzt.

- **Kapitel 5: Transportanforderungen und Auftragsmanagement**

  Das Kapitel rund um das Thema Transportaufträge veranschaulicht, wie Transportanforderungen in TM erstellt und verwaltet werden. Für Verladerszenarien liegt der Schwerpunkt auf der direkten Integration zwischen den Bestell-/Beschaffungsprozessen von SAP S/4HANA und dem Transport. In Speditions-/Frachtführerszenarien werden die Fähigkeiten der Kundenauftragsobjekte und -angebote sowie die Bereitstellung ihrer Funktionen für Kundenservice und Vertrieb beschrieben.

- **Kapitel 6: Transportplanung**

  Die Transportplanung befasst sich mit den Aktivitäten, die mit der Zuordnung von Frachtstücken zu Fahrzeugen oder reservierten Kapazitäten auf verschiedensten Transportmitteln verbunden sind. In diesem Kapitel werden Frachteinheiten als Grundlage für die Planung, Packstücke und Konsignationsaufträge als Sammelgutelemente sowie Transporteinheiten für die Modellierung von Lkw-, Anhänger-, Container- oder Waggonszenarien beschrieben. Sie erhalten einen Überblick über die interaktiven und optimierten Planungsmöglichkeiten von TM und erfahren, wie Sie das Transport-Cockpit, den Optimierer, die Gantt-Diagramme, die Ladeplanung, die Transportvorschläge, die Packstückbildung und die planungsbezogenen Konfigurationsprofile vorbereiten und nutzen können.

- **Kapitel 7: Frachtauftragsmanagement und Unterbeauftragung**

  In diesem Kapitel werden Frachtaufträge und Frachtbuchungen erläutert, einschließlich ihrer Verwendung als Dokumente für die Vergabe von Unteraufträgen an Spediteure oder andere Dienstleistungsanbieter. Die Verwaltung von Frachtkapazitäten und Fahrplänen ist ein wichtiger Aspekt des Güterverkehrs. Das Kapazitätsmanagement beschreibt, wie Zuweisungen genutzt werden, wie Zuweisungen mit Zeitplänen zusammenspielen und wie Geschäftsanteile erstellt werden.

  Die für die Ausschreibung infrage kommenden Speditionsunternehmen werden durch die Dienstleisterauswahl ermittelt. Anschließend kann das Ausschreibungsverfahren durchgeführt werden, um den besten verfügbaren Preis, die besten Bedingungen und die beste Verfügbarkeit der ausgewählten Transportunternehmen zu bestimmen. Die Frachtführerauswahl ist ein Teil des Optimierungsprozesses, der es Ihnen ermöglicht, einen oder mehrere Frachtführer für die Vergabe von Unteraufträgen vorzuschlagen und auszuwählen.

- **Kapitel 8: Durchführung und Überwachung von Transporten**

  Bei der Ausführung und Überwachung geht es um die Abwicklung der Fracht und die Transparenz über den Verlauf der Sendungen. In diesem Kapitel erläutern wir die verschiedenen Optionen für die Verwaltung und Überwachung der Frachtabwicklungsprozesse (d. h. Funktionen für Frachtdokumente, Behandlung von Diskrepanzen in TM, Ladestatus und Papiererstellung). Außerdem beschreiben wir Aspekte der Export- und Importabwicklung in internationalen Lieferketten und die entsprechende Einrichtung in TM. Sie lernen außerdem die Nachverfolgungsfunktionen von SAP Event Management sowie des SAP Business Network Global Track and Trace kennen, mit denen Sie die Nachverfolgung um Aspekte der Cloud und der Zusammenarbeit erweitern können.

- **Kapitel 9: Einhaltung der Transportvorschriften**

  Dieses Kapitel befasst sich mit Fragen der Regelkonformität, die sich aus Handels- und Gefahrgutvorschriften ergeben. Es erläutert die Integration und den Funktionsumfang von SAP GTS, das verschiedene Funktionen von der Überprüfung von Sanktionslisten bis hin zur Handhabung der Einhaltung von Export- und Importvorschriften unterstützt. Darüber hinaus wird die Integration mit externen Zoll-, Sicherheits- und Buchungsdiensten beschrieben. Verschiedene Aufgaben bei der Handhabung, Kontrolle und Dokumentation von Gefahrgut werden mit der integrierten Funktion Product Safety and Stewardship in SAP S/4HANA durchgeführt.

- **Kapitel 10: Transportkostenmanagement**

  Das Kapitel beleuchtet die allgemeinen Aspekte der Kosten- und Preiskalkulation innerhalb von TM und liefert Ihnen Details zur Nutzung für Verladerprozesse, einschließlich der Einrichtung von Vereinbarungen (Verträgen) und der Definition von Tarifen und Raten. Die Berechnung von Gebühren innerhalb von Speditions- und Frachtaufträgen wird im Detail beschrieben. Ebenso behandelt werden die Stammdaten für die Gebührenberechnung: Serviceprodukte, Frachtverträge, Preisberechnungselemente sowie das Hoch- und Herunterladen von Vertrags- und Preisdaten.

  Die Erstellung von Verträgen mit Anbietern ist oft ein langwieriger und verteilter Prozess, insbesondere bei strategischen Geschäftspartnerschaften. In diesem Kapitel werden auch die Werkzeuge beschrieben, die TM für die Verwaltung von Dienstleisteranfragen und die Bewertung von deren Antworten bereitstellt. Diese Werkzeuge sind das Herzstück der strategischen Frachtbeschaffung und ermöglichen sowohl die effiziente Umsetzung neuer als auch die Verlängerung bestehender Verträge.

- **Kapitel 11: Frachtkostenabrechnung**

  Dieses Kapitel befasst sich mit dem Abrechnungsprozess, den Verlader mit ihren beauftragten Dienstleistern haben. Nachdem die Kosten eines Frachtauftrags berechnet wurden, werden die individuellen Merkmale von Speditions- und Frachtaufträgen bereitgestellt und wird eine Liste der zu zahlenden Gebührenpositionen im Gebührenabrechnungsprozess erstellt. Darüber hinaus behandeln wir die wesentlichen Aspekte der Rechnungsprüfung und -zahlung in SAP S/4HANA sowie die Massenrechnungsprüfung.

- **Kapitel 12: Speditionsberechnung und -abrechnung für Logistikdienstleister**

  Nachdem wir Ihnen in den Kapiteln 10 und 11 die Grundlagen und Prozesse rund um die Frachtbe- und -abrechnung erläutert haben und Ihnen einen Überblick über die Nutzung durch Verlader gegeben haben, lernen Sie in diesem Kapitel die Besonderheiten der Entgeltberechnung aus der Sicht eines Logistikdienstleisters kennen. Da dieser Transportdienstleistungen verkauft und sich mit der Berechnung der Kundeneinnahmen, der Kundenabrechnung, der Kostenverteilung und der Rentabilität befassen muss, stellen wir eine Verbindung zum globalen Serviceproduktkatalog her, da das Serviceprodukt als Kernelement von Verträgen verwendet wird. Schließlich beschreiben wir das strategische Kundenvertragsmanagement, das es LDLs ermöglicht, neue Verträge auszuhandeln bzw. Verträge mit ihren Kunden neu zu verhandeln.

- **Kapitel 13: Integration mit anderen Komponenten**

  Dieses Kapitel beschreibt die Integration zwischen TM- und Analytikanwendungen von SAP S/4HANA sowie der Lagerverwaltung SAP EWM für die traditionelle und die Transitlagerverwaltung. Wir gehen auch besonders auf aktuelle, integrative Themen wie die Prozesse im Bereich des erweiterten Warenannahme- und Versandprozesses (EVW bzw. ASR, Advanced Shipping and Receiving) ein.

  Im Transportbereich unterstützen zusätzliche Komponenten die TM-Prozesse in Bezug auf Hoflogistik (SAP Yard Logistics), Dienstleisterportale (SAP Business Network for Logistics) und die Direktbelieferung (Direct Distribution).

- **Kapitel 14: Migration zu und Betrieb von TM in SAP S/4HANA**

  Der Wechsel von TM auf Basis der SAP Business Suite zu TM in SAP S/4HANA wird durch Migrationswerkzeuge und praktische Schritte unterstützt, die in diesem Kapitel erläutert werden. Für den produktiven TM-Betrieb erhalten Sie praktische Hinweise zu Leistung, Datenvolumen und Überwachung.

- **Kapitel 15: Ausblick**

  Dieses Kapitel beschließt dieses Buch mit einer Zusammenfassung der Herausforderungen, denen sich die Branche gegenübersieht, und der zukünftigen Ausrichtung von TM.

[+]

Bonuskapitel zum Download

Unter *www.sap-press.de/6117* finden Sie Bonuskapitel als PDF: Das Kapitel »Praxistipps für die Implementierung« behandelt wichtige Aspekte der TM-Implementierung. Sie erhalten Hinweise zu zentralen Konfigurationselementen und deren sinnvoller Reihenfolge. In dem PDF »Weiterführende Informationen zum Speditionsauftragsbeleg« finden Sie Details, die über die in Kapitel 5 behandelten Themen hinausgehen.

Für wen dieses Buch bestimmt ist

SAP bietet eine ausführliche Systemdokumentation, Inhalte für die Verwaltung des Systemlebenszyklus in SAP Cloud ALM, Versionshinweise und detaillierte Installationsleitfäden. Diese Dokumente sind öffentlich zugänglich und enthalten viele Details zur Bereitstellung und Konfiguration von TM. In diesem Buch vermeiden wir es weitestgehend, diese Informationen zu wiederholen, und erläutern stattdessen, wie die betriebswirtschaftlichen Funktionen zusammenhängen und welchen Zweck und welche Auswirkungen die Einstellungen und Prozessschritte haben.

Daher ist es nicht die Absicht dieses Buches, alle notwendigen Konfigurationsschritte von TM zu dokumentieren. Stattdessen konzentriert sich das Buch darauf, Ihnen Prozess- und Konfigurationsoptionen transparent zu machen und als Werkzeug zu dienen, um die wesentlichen Funktionen und die damit verbundenen Probleme besser zu verstehen. Wir haben das Buch für die folgenden Zielgruppen geschrieben:

- Wer eine umfassende Einführung in das Transportmanagement mit TM sucht, wird feststellen, dass jedes Kapitel bestimmte Funktionsbereiche oder Geschäftsprozesse detailliert beschreibt und einen Überblick über die zugrunde liegenden Funktionen und deren Nutzung gibt. Wir wenden uns an SAP-Einsteigerinnen und Einsteiger, Mitarbeitende in Abteilungen, in denen TM eingeführt werden soll, sowie an Studierende, die ein Verständnis der Kernprozesse im Transportmanagement und deren Abbildung in der SAP-Software erlangen wollen.
- SAP-Logistik-Consultants und ambitionierte Anwenderinnen und Anwender erhalten ein tieferes Verständnis der Prozesse im Transportmanagement, einschließlich ihrer Integration, Konfiguration und Abhängigkeiten, sowie der vor- und nachgelagerten Funktionen und Abbildung in TM.
- Mitarbeitende von Unternehmensleitung und IT-Führungskräfte, die die Einführung von TM erwägen, erhalten einen Überblick über dessen Nutzungsszenarien, Funktionsumfang und Bausteine.

Danksagungen

Ein besonderer Dank geht an Jens Gottlieb, Stefan Sauer und Ulrich Benz, die als Co-Autoren der ersten Auflage wesentlich zur umfassenden Themenabdeckung beigetragen haben. Ihre wertvollen Beiträge und ihr Fachwissen sind eine hervorragende Grundlage für die Inhalte, die Sie in ausgewählten Kapiteln dieses Buches finden.

Zahlreiche weitere Kolleginnen, Kollegen, Freundinnen und Freunde trugen zur erfolgreichen Fertigstellung dieses Buches bei, indem sie Wissen, Tipps oder Screenshots zur Verfügung stellten, Fragen beantworteten und wertvolle Diskussionen führten. Ihnen allen gebührt ein großes Dankeschön (in alphabetischer Reihenfolge, Mitarbeitende von SAP, sofern nicht anders erwähnt): Carsten Abel, Wolfgang Barheine, Nayan Baseshankar (Westernacher), Regina Braniek, Arne Cwienk, Thomas Engelmann, Dragoș Florescu, Alexander Greb (Westernacher), Michael Haase, Frederik Hake, Andreas Hanke (Westernacher), Stefan Helmbrecht, Meike Helwig, Felipe Hernandez Plazas, Mathias Kinder, Anne Kissler, Kathrin Koffler, Matthias Müller, David Nohe, Susanne Ohmer, Matthias Platzer (Westernacher), Stefan Sahm, Torsten Saige, Gunther Sanchez, Marlene Schumacher, Fabian Stein, Kai Seela (ArchLynk), Michael Sinibaldi, Stephan Tüllner (Westernacher), Bob Vandersmissen (ArchLynk).

Wir möchten auch Eva Tripp vom Rheinwerk Verlag (SAP PRESS) ganz herzlich danken, die dieses Buchprojekt vom Konzept bis zur Fertigstellung unterstützt hat. Ihre effektive und großartige Zusammenarbeit war eine unverzichtbare Hilfe bei der Realisierung dieses Buches.

Ein besonderes Dankeschön gilt unseren Ehefrauen, Partnerinnen und Familien für ihre Toleranz und Geduld, die wir beim Schreiben dieses Buches brauchten:

- Yumi Kawahara mit Kai und Yuki
- Swantje Lange, Gundula und Florian Berger
- Martina Bunte-Sürie mit Vicky und Charlotte
- Virginia Jachmann mit Amelie, Elina, Joshua, Jonas und Ari

Abschließend möchten wir uns bei den Leserinnen und Lesern der verschiedenen Auflagen dieses Buches bedanken und hoffen, dass dieses Buch Ihnen stets eine hilfreiche Orientierung und Unterstützung bietet, wenn Wissen über den Transport gefragt ist.

Mit freundlichen Grüßen

Dr. Bernd Lauterbach, **Tobias Berger**,
Dr. Christopher Sürie und **Marius Jachmann**

Kapitel 1

Einführung in das Transportmanagement

Effizienz, Zuverlässigkeit, Kosten und Schnelligkeit im Gütertransport sind die wichtigsten Faktoren für den Transport jeglicher Art von Waren zwischen Quellen, Lieferanten, Herstellern, Händlern und Endkunden. Als Einführung in das umfangreiche Thema geben wir Ihnen in diesem Kapitel einen Überblick über typische Transportaktivitäten und -prozesse sowie über die Bedürfnisse der beteiligten Parteien.

Transport als allgemeiner Begriff wird definiert als die Beförderung von Gütern oder Personen von einem Ausgangsort zu einem Ziel. Diese allgemeine Definition wird der Komplexität und Bedeutung der Prozesse und Netzwerke jedoch nicht wirklich gerecht. Transport ist heute ein äußerst wichtiger Faktor in der Logistik, da er mit einem großen Teil der Logistikkosten verbunden ist und einen wesentlichen Beitrag zur zuverlässigen Lieferung von Gütern aller Art leistet.

Die Komponente *Transportmanagement* (TM) in SAP S/4HANA konzentriert sich auf Güterbeförderung und berücksichtigt daher keine Personenbeförderung. Deshalb werden wir uns nicht mit dem Management von Personentransporten befassen (z. B. öffentlicher Verkehr), sondern uns auf die Anforderungen und Aspekte des Gütertransports konzentrieren, da dies dem Lösungsumfang von TM entspricht. Der Personenverkehr hat seine eigene Komplexität und seine eigenen Herausforderungen, wie z. B. verpasste Fahrpläne, überfüllte U-Bahnen und überbuchte Flüge oder Züge sowie eine oft sehr dynamische Preisgestaltung. TM, wie es SAP anbietet und wie wir es in diesem Buch beschreiben, befasst sich mit der Bewegung von Gütern, d. h. dem Frachttransport, und den dafür erforderlichen Dienstleistungen. Gerade in der heutigen Zeit ist der Frachtverkehr jedoch aufgrund äußerer Einflüsse (z. B. Pandemien, Umwelt- und Kriegssituationen) mit einer Vielzahl von Störungen, Verfügbarkeits-, Termin-, Preis- und Kapazitätsproblemen konfrontiert, wodurch geeignete Planungsinstrumente wie TM noch wichtiger werden. Dennoch sollten Sie sich darüber im Klaren sein, dass auch die besten Planungswerkzeuge keine hundertprozentige Lösung für alle logistischen Herausforderungen bieten können.

Im Allgemeinen kann der Transport als Rückgrat der globalen Lieferkette betrachtet werden. Im Grunde genommen funktioniert kein täglicher Prozess in der Logistik ohne die Nutzung von Transportdienstleistungen, die die Partner in einer Lieferkette miteinander verbinden. Ganz gleich, ob es sich um die Beschaffung von Rohstoffen, die Herstellung von Waren aus beschafften Komponenten, den Versand von Waren aus einem Onlineshop, das Auffüllen der Lebensmittelvorräte in unserem Lieblingssupermarkt, die Beschaffung von Kraftstoff für unser Auto oder den Kauf von Spielzeug für Weihnachtsgeschenke über Onlineshops handelt - wenn der Transport im Hintergrund nicht funktioniert, gerät die Versorgung ins Stocken.

In unserem täglichen Leben ist der Transport Teil eines Prozesses, den wir oft nur am Rande wahrnehmen, etwa wenn wir in einem von Lastwagen verursachten Stau warten oder uns über den Lärm eines vorbeifahrenden Güterzugs ärgern. Der Verkehr ist ein obligatorischer Teil eines komplexen Netzwerks, von dem wir heute extrem abhängig sind. Was wir mit unseren eigenen Augen sehen, ist nur ein kleiner Teil dieses Netzwerks, das im Hintergrund durch Lieferkettenprozesse gebildet wird. Um unsere täglichen Güter zu beschaffen, muss ein Unternehmen sie uns liefern. Zuvor musste jedoch jemand anderes diese Waren herstellen und sie an den Laden liefern. Der Hersteller kann die Waren nicht produzieren, wenn er nicht von anderen Unternehmen mit den erforderlichen Komponenten oder Halbfertigprodukten beliefert wird, und dieses Unternehmen benötigt natürlich einige Rohstoffe, die z. B. von einem Agrarunternehmen geliefert werden. Und schließlich - und das wird oft als selbstverständlich angesehen - sind die Waren, die wir in den Händen halten, das Ergebnis dieser langen Lieferkette, und ein großer Prozentsatz der zwischenbetrieblichen und innerbetrieblichen Warenbewegungen erfordert eine Form des organisierten Transports, mit Ausnahme derjenigen, die über unternehmensinterne Förderanlagen oder Rohrleitungen (Pipelines) abgewickelt werden.

Abbildung 1.1 zeigt ein schematisches Beispiel für die Transportprozesse und -beteiligten in einer Lieferkette. Ein Verkäufer oder Lieferant liefert Materialien oder Waren an einen Hersteller oder Händler, der die Waren dann zu einer Produktionsstätte transportiert. Der Hersteller wandelt die Materialien oder Waren in Fertigprodukte um, die dann zum Endempfänger transportiert werden, der Händler hält sie vor oder kombiniert sie neu. Jedes Unternehmen kann jedoch auch Bedarf an interner Logistik haben, die wiederum mit Transport verbunden sein kann. Die externe Transportlogistik kann direkt oder über Verteileinrichtungen erfolgen, was auch internationale Transporte einschließen kann. Bei der Vielzahl von Akteuren in einer Lieferkette oder einem Netzwerk wird deutlich, dass vieles schiefgehen kann, wenn die Prozesse nicht richtig gesteuert werden. Die in Abbildung 1.1 dargestellte Kette mit drei Beteiligten ist nur ein einfaches Beispiel, denn bei komplexeren Prozessen kann es wesentlich mehr Beteiligte in einer Reihe geben.

Abbildung 1.1 zeigt auch die drei zusammenhängenden Begriffe, die häufig in diesem Buch verwendet werden:

- **Lieferkette**

  Definiert die gesamte Wertschöpfungskette aller warenbezogenen Aktivitäten vom ersten Verkäufer oder Lieferanten über eine Reihe von Herstellern oder Händlern bis hin zum Endverbraucher.

- **Logistik**

  Definiert den betrieblichen Prozess der Beschaffung, des Empfangs, der Lagerung, der internen Beförderung für die Herstellung, die Umwandlung, den Handel und den Versand von Waren aus der Sicht eines Beteiligten der Lieferkette.

- **Transport**

  Definiert die Bewegung von Materialien oder Waren zwischen den Teilnehmern der Lieferkette. Der Transport kann jedoch auch als Teil der Logistikfunktionen innerhalb eines Unternehmens erfolgen (interne Logistik) und ist oft eng mit den Versand- und Empfangsprozessen verbunden (z. B. benötigt ein großes Chemiewerk interne Transporte von Materialien von einer Entladestelle zu einem Produktionslager).

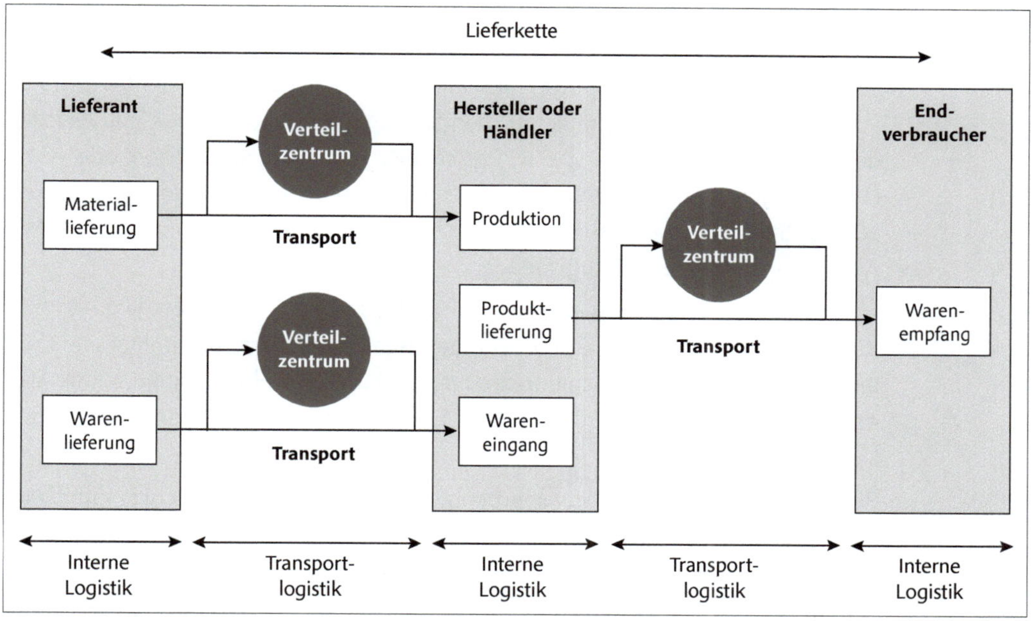

Abbildung 1.1: Beiträge zu Lieferkette, Logistik und Transport

1.1 Transport als Teil der industriellen Prozesse

Der Transport und sein Management in einem Unternehmen sind in hohem Maße von Einflussfaktoren abhängig, die aus dem Ökosystem der Branche und aus integrierten Geschäftsaktivitäten im Unternehmen selbst oder in kooperierenden Unternehmen stammen. Das Transportmanagement unterstützt die Organisation des Gütertransfers zwischen oder innerhalb des Bereichs der Geschäftspartner. Es kann in zwei allgemeinen Dimensionen betrachtet werden:

- **Art der Transportverbindung**

  Die Transportverbindungsart kann eine der folgenden sein:

- *Inländisch* (Binnenverkehr): Die Fracht wird innerhalb eines Landes oder einer Handelszone befördert und überschreitet nicht deren Grenze. Frachtbewegungen sind für die Einhaltung von Handelsvorschriften (Export und Import) nicht relevant.
- *International*: Güter werden über Grenzen oder Handelszonen hinweg befördert und können für die Einhaltung von Handelsvorschriften relevant sein.

■ **Verkehrsträger (Transportmodus)**

Der Verkehrsträger definiert die Art des Frachttransports, der auf einem oder mehreren Transportmodi durchgeführt werden kann. Zu den Transportmodi gehören die folgenden:

- *Straßenverkehr*: Der Transport findet auf öffentlichen oder privaten Straßen statt. Transportmittel für den Straßenverkehr sind z. B. Lastkraftwagen, Anhänger, Sattelauflieger und Containerchassis.
- *Schienenverkehr*: Der Transport erfolgt mit der Bahn auf öffentlichen oder privaten Schienenwegen. Transportmittel für den Schienenverkehr sind Züge mit verschiedenen Arten von Waggons, z. B. Pritschenwaggon, Trichterwaggon oder Containerwaggon. In einigen Regionen (z. B. in Europa) werden Schienengüter auch auf der Straße transportiert, aber als Schienentransport verkauft, oder der Lkw-Anhänger wird auf einen Zug verladen.
- *Hochsee- oder Küstentransport*: Der Transport erfolgt auf Hochseeschiffen oder in Küstennähe auf kleineren Küsten-/Zubringerschiffen. Die Transportmittel sind Containerschiffe, Massengutfrachter oder Trampschiffe. Obwohl Zubringerschiffe kleinere Häfen bedienen, die nicht an den Hauptlinien liegen, werden auch sie zum Seetransport gezählt.
- *Binnenschiffstransport*: Der Transport erfolgt in der Regel auf Flussschiffen und wird häufig entweder im Inland (z. B. in Deutschland auf dem Rhein) oder innerhalb von Wirtschaftsverbünden (z. B. von Deutschland in die Niederlande) abgewickelt.
- *Luftverkehr*: Der Transport erfolgt mit Flugzeugen, bei denen es sich entweder um reine Frachtflugzeuge oder um Passagierflugzeuge handelt, die auch Frachtkapazität bieten. Letztere werden hinsichtlich der Frachtsicherheit sehr streng kontrolliert. In einigen Regionen (z. B. in Europa) wird die Luftfracht für kürzere Strecken manchmal auch auf der Straße befördert (z. B. von Frankfurt nach Nürnberg).
- *Intermodaler Transport*: Wenn Fracht in Containern über mehrere Verkehrsträger transportiert wird, spricht man häufig von intermodalem Transport. Er wird in der Regel auf den Schienen- und Seeverkehr angewandt, nicht jedoch auf den Luftverkehr (z. B. ein Container auf einem Lkw-Chassis, der auf einen Bahn-Containerwaggon umgeladen wird). Ein intermodaler Transport wird in der Regel als ein verkehrsträgerbezogener Transport mit Straßentransport an seinen Enden betrachtet, in unserem Beispiel ein Bahntransport mit Lkw-Transport an beiden Enden.
- *Kurier-, Express- und Pakettransport* (KEP): KEP ist keine explizite Transportart, wird aber oft als solche verwendet, um sie von anderen Arten des Frachttransports zu

unterscheiden. KEP kann auf der Straße, in der Luft oder auf der Schiene befördert werden, weist aber darauf hin, dass in der Regel ein kleines Frachtstück (Paketgröße) zwischen verschiedenen Orten befördert wird. Die Art der Beförderung ist nicht unbedingt vorgegeben; vielmehr erfordert der bestellte Service (z. B. 24-Stunden-Versand von Deutschland nach Spanien) die Verwendung einer bestimmten Kombination von Verkehrsträgern (z. B. Straße-Luft-Straße), da der Service sonst nicht gewährleistet werden kann.

Transportmodus: unimodal versus multimodal

[«]

Unimodaler Transport bedeutet, dass die Ladung mit einem einzigen Verkehrsträger befördert wird, z. B. nur auf der Straße, aber es bedeutet nicht, dass nur ein Transportmittel verwendet wird. So können z. B. drei aufeinanderfolgende Lkw-Transporte mit je einem Ladungswechsel dazwischen stattfinden, und es ist immer noch ein unimodaler Transport.

Multimodal bedeutet, dass die Fracht mit mehr als einem Verkehrsträger befördert wird, z. B. zunächst mit dem Lkw, dann mit der Bahn und anschließend wieder mit dem Lkw. Selbst wenn der Spediteur beschließt, einen Lkw anstelle eines Eisenbahnwaggons zu benutzen (weil es billiger ist), wird der Transport als multimodal verkauft und betrachtet.

Ein weiterer gebräuchlicher Begriff, den wir in diesem Buch verwenden werden, ist *Sendung*. Ein Transport ist die Beförderung einer bestimmten Menge an Ladung oder Fracht vom Ursprungsort zum Zielort. Die Ladung kann unimodal oder multimodal transportiert werden, und sie kann möglicherweise aufgeteilt und unabhängig voneinander transportiert werden. An definierten Standorten oder bei umfangreichen Prozessen muss sie jedoch gemeinsam umgeschlagen oder administrativ verwaltet werden. Mögliche Umschlagsprozesse für die gesamte Fracht sind wie folgt:

- Eine Ladung gilt nur dann als versandt, wenn die gesamte Fracht den Ursprungsort verlassen hat.
- Eine Ladung gilt nur dann als eingegangen, wenn sie vollständig und ordnungsgemäß am Bestimmungsort angekommen ist.
- Die Ladung muss als eine Einheit behandelt werden, sobald rechtliche Aspekte eine Rolle spielen – etwa die folgenden:
  - Erstellung von Versanddokumenten (z. B. Druck von Hausfrachtbriefen, die das gesetzliche Versanddokument darstellen)
  - Anmeldung und Kontrolle von Sendungen (z. B. Export- und Importabwicklung)
  - Kontrolle der Einhaltung der Vorschriften (z. B. Gefahrgutkontrolle, Verzollung, Export- und Importabwicklung)

Aus der Sicht der Branche lassen sich die Unternehmen in zwei große Gruppen einteilen, die eine gemeinsame Auffassung der allgemeinen Anforderungen und Prozesse haben, auf die sie sich bei der Durchführung des Transportmanagements konzentrieren müssen:

- **Verladende Industrien**

  Der in diesem Buch häufig verwendete Begriff *Verladende Industrie* oder *Verlader* bezieht sich auf ein Unternehmen oder eine funktionale Einheit eines Unternehmens, das den Transport von Waren in den folgenden Geschäftsbereichen organisiert:

  - Waren, die von diesem Unternehmen oder einer seiner Tochtergesellschaften verkauft werden und die Transport benötigen
  - Waren, die von diesem Unternehmen innerhalb oder außerhalb seines Partnernetzes vertrieben werden sollen
  - Waren, die von diesem Unternehmen gekauft wurden, wenn der Käufer und der Verkäufer vereinbart haben, dass der Verkäufer nicht für die Organisation des Transports verantwortlich ist

  Verlader sind in der Regel nicht in erster Linie mit Logistik- und Transportaufgaben befasst, sondern erzielen ihren Gewinn als Unternehmen durch die Produktion und den Verkauf oder Handel von Waren und Materialien. Für sie ist der Transport ein notwendiges Medium zur physischen Vernetzung mit ihren Partnern. Im Allgemeinen werden Verlader manchmal als *First Party Logistics Provider* (1PL) bezeichnet, weil sie früher oft dazu neigten, ihre eigene Logistik zu betreiben (durch einen eigenen Fuhrpark). Typische Branchen, die Sie als Verlader in Transportmanagementprozessen sehen, sind folgende:

  - Unternehmen der Konsumgüterindustrie, die Materialien beschaffen und empfangen sowie Fertigprodukte herstellen und versenden müssen (z. B. Unternehmen für Körperpflegeprodukte)
  - Einzel- und Großhandelsunternehmen, die Verbrauchsgüter und andere Waren entgegennehmen, die Waren entsprechend dem Bedarf ihrer Geschäfte neu verpacken und sie zur Auffüllung der Läden ausliefern (z. B. Supermarktketten)
  - Hightechunternehmen, die Roh- und Halbfabrikate für die Herstellung von Technologiegütern erhalten, die an Händler versandt werden (z. B. Halbleiter- oder Computerunternehmen)
  - Öl- und Gasunternehmen, die fossile Energieträger fördern, das Material zu Raffinerien transportieren (vorgelagert) und fertige Kraftstoffe herstellen, die an Lagertanks oder Tankstellen verteilt werden (nachgelagert, z. B. Kraftstoffkonzerne)
  - Unternehmen der Bergbauindustrie, die Mineralien abbauen oder fördern und sie zu Rohstoffverarbeitungsanlagen transportieren (z. B. Minenunternehmen)
  - andere Industrien mit Transportbedarf (z. B. die Mühlenindustrie, die Automobilindustrie, die chemische Industrie, die Luft- und Raumfahrt- und Verteidigungsindustrie, die Agrarindustrie, militärische Organisationen und die Modeindustrie)

- **Logistikdienstleistungsbranche**

  Der Begriff *Logistikdienstleister* (LDL) umfasst alle Unternehmen, die Verladern und anderen Logistikmanagement- und Ausführungsfunktionen anbieten. Dabei geht es um den Waren- und Materialfluss zwischen Ausgangs- und Zielpunkten, die End- oder Zwischenpunkte sein können. Neben dem reinen Versand oder dessen Organisation kümmert sich der LDL häufig auch um die Einhaltung von Vorschriften, den Bestand, die Lagerhaltung, die Verpackung und die Sicherheitsfunktionen für Sendungen. Der Hauptunterschied zu Verladern besteht darin, dass der Transport oft das Hauptgeschäft von LDLs ist und nicht die Erzielung von Einnahmen aus dem Verkauf von Waren. Daher muss ein LDL durch den Verkauf, den Einkauf, die Organisation und die Ausführung von Logistikdienstleistungen rentabel sein.

Die verschiedenen Ebenen von LDLs, die wir Ihnen in der folgenden Gliederung darstellen, sind in Abbildung 1.2 in aggregierter Form zu sehen. Ein 1PL (Verlader), den wir Ihnen zuvor vorgestellt haben, beauftragt traditionell entweder direkt einen 2PL (Frachtführer) mit dem Transport einzelner Sendungen oder beauftragt einen 3PL (Spediteur) mit der Organisation der gesamten Transportbewegung. Der 3PL kann dann verschiedene 2PL mit dem Teilstreckentransport der Fracht beauftragen. Die 4PL und 5PL (integrierte Logistikdienstleister) zielen darauf ab, die gesamte Lieferkette des Versenders zu steuern und zu optimieren.

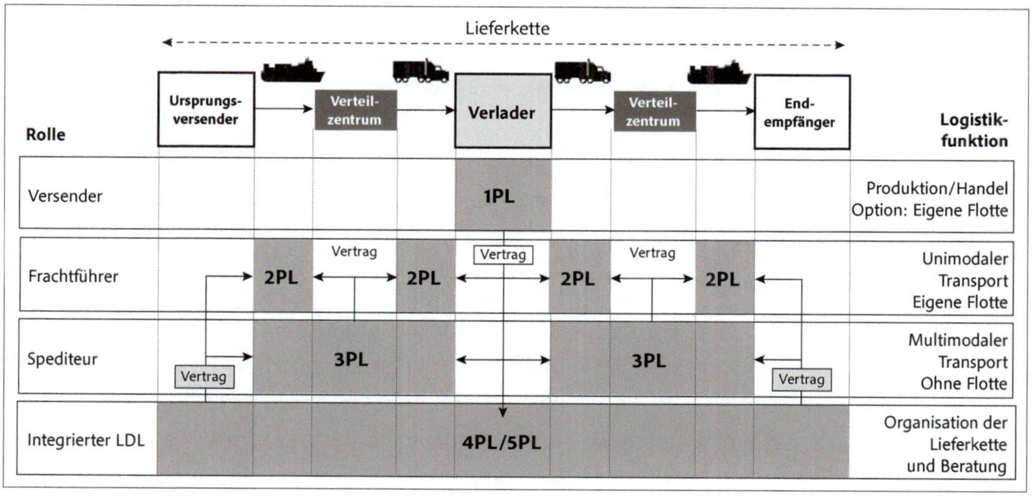

Abbildung 1.2: Ebene der Logistikdienstleister und -kapazitäten

LDLs können analog zu Abbildung 1.2 in die folgenden Gruppen eingeteilt werden:

- **Frachtführer oder Second Party Logistics Provider (2PL)**

  Diese Unternehmen führen Transport- und Logistikprozesse direkt für andere aus und nutzen dabei ihre eigenen Fähigkeiten, d. h. ihre eigene Flotte und ihre eigenen Lagerkapazitäten. In vielen Fällen konzentrieren sich Frachtführer auf einen einzigen Verkehrsträger (z. B. Eisenbahn, Containerschifffahrtslinie, Lkw-Transportunternehmen, Fluggesellschaft), aber multimodale Fähigkeiten sind ein typischer Wachstumsbereich für solche Unternehmen.

- **Spediteure oder Third Party Logistics Provider (3PL)**

  Diese Unternehmen betreiben oft keine oder nur eine kleine eigene Flotte, d. h., sie sind weit weniger anlagenorientiert als Frachtführer. Ihre Aufgabe besteht darin, durchgängige Sendungen für Verlader zu organisieren, ihnen den besten Weg zur Durchführung komplexer Transporte (z. B. internationale und multimodale Transporte) anzubieten und dann Unteraufträge an Frachtführer zu vergeben, die auf die Durchführung eines bestimmten Teils einer Sendung spezialisiert sind (z. B. Seetransport).

- **Höher integrierte Logistikdienstleister, wie solche des vierten oder fünften Grades (4PL, 5PL)**

  Ein 4PL ist ein Logistikberater, der in der Regel das Verhalten eines 3PL auf ein höheres Niveau bringt und Dienstleistungen nicht nur für die Durchführung komplexer Sendungen, sondern auch eine Beratung für die Neugestaltung der Lieferkette eines Verladers anbietet, sodass sie am besten zu dessen Geschäftsanforderungen passt. Dazu nutzt der Berater eine Reihe von Fähigkeiten, um das Logistikgeschäft des Kunden zu optimieren.

  Ein 5PL geht sogar noch weiter: Er nutzt nicht nur sein Partnernetzwerk, sondern das gesamte am Markt verfügbare Portfolio von Logistikdienstleistungen zur Optimierung. Auf diese Weise können Preisvorteile erzielt werden.

  In einigen Definitionen werden sogar noch höhere Ebenen der bereitgestellten Logistik genannt, wie z. B. 6PL. Hier kommen zusätzlich ökologische Aspekte, Nachhaltigkeitsmanagement und erneuerbare Energien ins Spiel, die über die Betrachtung des Transports hinausgehen.

- **Vertrags-LDLs**

  Diese Unternehmen konzentrieren sich auf die Erbringung von Vertriebs-, Lager-, Wartungs- und Transportdienstleistungen für Verlader, damit diese sich auf ihr eigentliches Geschäftsziel (z. B. die Herstellung von Produkten) fokussieren können. Der Vertrags-LDL betreibt allgemeine oder kundenspezifische Lager für Verlader, lagert und transportiert deren Waren und kann auch Dienstleistungen rund um den Verkaufszyklus anbieten, wie z. B. eine Bestellhotline. Bei einem gewissen Integrationsgrad kann die Kontraktlogistik eine Mischung aus 3PL- und 4PL-Aktivitäten sein, sodass sie manchmal auch als 7PL bezeichnet wird (man scheint hier erfinderisch zu sein, siehe z. B. *https://redstagfulfillment.com/3pl-4pl-5pl-explained*).

- **KEP-Dienstleister**

  Diese Unternehmen konzentrieren sich in der Regel auf die Beförderung von kleinen Frachtstücken, wie z. B. Paketen. Ihre Prozesse sind so organisiert, dass sie standardisierte Frachtstücke in großen Mengen über ihr eigenes Netz von Einrichtungen (Umschlags- und Sortierzentren) befördern, indem sie eine Leistungs- bzw. Servicevorgabe für die Beförderung von Fracht für einen bestimmten Dienst verwenden (z. B. 24-Stunden-Zustellung in Europa). KEP-Anbieter können entweder mit der Transport- oder der Postbranche verbunden sein.

Betrachtet man die verschiedenen Branchen und Verkehrsträger, die an der Beförderung beteiligt sind, so gibt es - gerade auch im internationalen Umfeld - eine Vielzahl von Begriffen für das, was gemeinhin als Auftrag für eine Beförderung angesehen wird. Tabelle 1.1 enthält eine Liste der verschiedenen Begriffe, die in den unterschiedlichen Branchen und Regionen für denselben Sachverhalt verwendet werden (Auftrag zur Beförderung von Fracht), wobei der *Speditionsauftrag* das Auftragsobjekt von TM ist.

Auftragsbegriff	Industriekontext
Transportauftrag	allgemeiner Begriff, der jedoch für den Kauf und Verkauf von Fracht verwendet wird
Speditionsauftrag	Kundenauftrag für Speditionsdienstleistungen in TM und Speditionsgewerbe (3PL)
Buchung	Bezeichnung für einen Auftrag, der von See- und Luftfrachtführern verwendet wird
Frachtbrief (Waybill)	Bezeichnung für einen Transportauftrag, der von amerikanischen Eisenbahnen verwendet wird
Kundenauftrag	allgemeiner Begriff, der jedoch keinen Bezug zum Verkehr herstellt
Sendung	Begriff, der im KEP-Geschäft oder aus der Sicht eines Verladers verwendet wird

Tabelle 1.1: Verschiedene Begriffe für einen Beförderungsauftrag

Im Folgenden finden Sie eine Reihe von betrieblichen Anforderungen, die alle Unternehmen - sowohl Verlader als auch LDLs - beachten sollten, wenn sie versuchen, ihre Transportprozesse effizient zu verwalten:

- Die Transportprozesse sollten so organisiert werden, dass die Transportkosten minimiert werden.
- Servicevereinbarungen (Service Level Agreements, SLAs) mit Geschäftspartnern sollten eingehalten werden.
- Verfügbare Anbieter von Transportdienstleistungen müssen kosteneffizient und vertragskonform unterbeauftragt werden.

- Die gesamte Ladung muss auf rechtskonforme Weise befördert werden, z. B. unter Beachtung von Gefahrgut- oder Handelsvorschriften.
- Wenn ein Unternehmen, das Transporte durchführt, seinen eigenen Fuhrpark verwaltet, müssen die verfügbaren Fahrzeuge optimal genutzt werden, d. h., ein hoher Prozentsatz der effizient konsolidierten Ladungen könnte auf die eigenen Fahrzeuge des Unternehmens verlagert werden, während die Zahl der Leerfahrten reduziert wird.
- Wenn ein Unternehmen seinen eigenen Fuhrpark einsetzt, muss es unter Umständen auch auf die Effizienz des Fahrpersonals und die Kraftstoffkosten achten.

Diese Kriterien gelten für jedes Unternehmen, das im Transportwesen tätig ist. Wenn jedoch ein LDL der Eigentümer des Prozesses ist, besteht sein wichtigstes Geschäftsziel darin, Transportdienstleistungen erfolgreich und profitabel zu erbringen. Wie Sie vielleicht bemerkt haben, wurden in den oben genannten Kriterien keine umsatzorientierten Ziele genannt. Diese rücken in den Fokus, wenn es sich um das Geschäft des LDLs handelt, der bei seiner Tätigkeit die folgenden Aspekte abwägen und berücksichtigen muss:

- erreichbare Preisvorgaben, Marktanforderungen und langfristige vertragliche Verpflichtungen beim Verkauf von Transportdienstleistungen an Kunden (Verlader und andere LDLs)
- Kosten für den Betrieb und die Wartung eines Fuhrparks als Teil der angebotenen Transportdienstleistungen
- Kosten für die Untervergabe von Transportdienstleistungen an andere Anbieter (in der Regel Frachtführer)
- Kosten für die Vergabe von Unteraufträgen für zusätzliche Dienstleistungen (z. B. Zollabfertigung, Umschlag von Fracht in Hafenterminals) an andere Anbieter
- interne Kosten- und Gewinnaufteilung zwischen den Organisationseinheiten eines LDLs, was zu einem Mangel an Transparenz führen kann, wenn mehrere Profit-Center interagieren

Diese Überlegungen sind für LDLs von enormer Bedeutung, um rentabel zu arbeiten und insgesamt Wachstum zu erzielen. Da der Logistikmarkt saisonalen Schwankungen unterliegt, sind Probleme im Zusammenhang mit der Nichtverfügbarkeit von Frachtraum und -optionen, Überkapazitäten bei Spediteuren aufgrund fehlender Transportaufträge sowie langfristige Investitionsverpflichtungen und die damit verbundenen Risiken (z. B. bereits bestellte große Schiffe, Kriegsrisiken oder gesundheitliche Probleme, die sich auf die Netze auswirken) keine Seltenheit, und die damit verbundenen Preisschwankungen können leicht zum Konkurs führen. Daher ist ein guter Überblick über den Zielmarkt, die Fähigkeiten des Unternehmens und des Netzes sowie die Situation der Wettbewerber erforderlich.

Zusätzlich zu den bereits erwähnten betrieblichen Anforderungen an alle Transportunternehmen können die LDLs auch die folgenden wesentlichen Funktionen übernehmen:

- Verhandlung von Preisen und Verträgen mit Kunden und Erfassung dieser Vereinbarungen in einer Preis- und Vertragsdatenbank
- Erfassung von Angeboten und Aufträgen für Transportdienstleistungen auf der Grundlage von Kundenverträgen und Preisen. Die Aufträge bilden die Basis für die Preiskalkulation, das Routing von Sendungen, die Prüfung der Einhaltung von Vorschriften, die Erstellung von Transportdokumenten und Kundenrechnungen sowie die interne Zusammenarbeit von Organisationseinheiten.
- Validierung der für Transportaufträge ermittelten Preise anhand der Gesamtkosten für die Ausführung einer Sendung, um einen rentablen Betrieb zu gewährleisten

Die Übersicht von Verkehrsträgern, Verladern, LDLs und ihren vertraglichen Beziehungen und Anforderungen zeigt die Komplexität des Transportgeschäfts. Eine Kategorisierung der LDLs nach Transportmodi und Betriebskonzepten sehen Sie in Abbildung 1.3. Die Unternehmen, die als 3PL und 4PL gelten, werden in einer Gruppe zusammengefasst, da sie in der Regel mit weniger eigenen Anlagen arbeiten, aber potenziell Güter über die gesamte Transportstrecke auf verschiedenen Verkehrsträgern bewegen. Diejenigen, die ihre eigene Flotte betreiben und sich auf einen Verkehrsträger konzentrieren, werden dagegen als Frachtführer oder 2PL bezeichnet. Heute verfolgen viele Spediteure die Strategie, ihre Präsenz auf die durchgängige Logistik auszudehnen – entweder durch die Gründung eines neuen Geschäftsbereichs, durch Zukauf oder durch die bessere Integration eines bestehendes Logistikunternehmens. Letzteres gelingt, indem das Unternehmen aus der auf den jeweiligen Transportmodus fokussierten Prozessperspektive herausgelöst wird (z. B. beim Schienen-, See- und Luftverkehr).

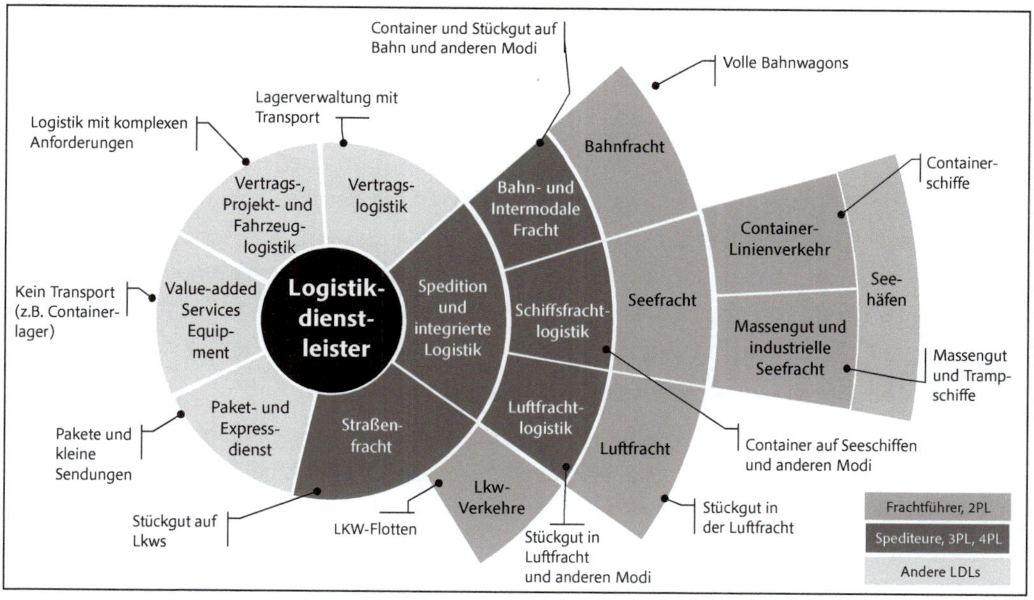

Abbildung 1.3: Kategorisierung von LDLs

1.2 Transportprozesse, -bewegungen und -rollen

LDLs bieten typischerweise umfassendere Transportleistungen als Verlader. Sie sind mit einer Vielzahl an Anforderungen konfrontiert, Fracht zu befördern. Entsprechend müssen sie nach zahlreichen unterschiedlichen Zielen optimieren, die von den Anforderungen der Verladerkunden und der Notwendigkeit, profitabel zu arbeiten, bestimmt werden. In diesem Buch erklären wir viele der Prozessvarianten auf der Grundlage von LDL-Prozessen, die Verlader von ihren Dienstleistern fordern.

Die erste Variable im Transport ist die Art der zu befördernden *Ladung*. Im Folgenden sind die typischen Ladungskategorien aufgeführt:

- **Stückgut**

  Bezieht sich auf einzelne Ladungsstücke, die verschifft und individuell behandelt werden müssen. Stückgut enthält in vielen Fällen keine Materialien, die eine besondere Handhabung erfordern, wie z. B. Gefahrgut, sondern entspricht den allgemeinen Versandvorschriften. Beispiele für Stückgut sind Kisten mit Fernsehgeräten, Paletten mit Müslischachteln oder Kartons mit Schrauben. In einigen Fällen können Stückgüter zusammen verschickt oder in ihre Einzelkomponenten getrennt werden (daher der Begriff *Stückgut*).

- **Schüttgut**

  Bezieht sich auf jede Art von festen Materialien oder Gütern, die in loser Form verschifft werden. Für den Transport kann Schüttgut in ein Fahrzeug, z. B. einen geeigneten Eisenbahnwaggon oder ein Abteilschiff (Bulker), verladen oder in Containern vorverpackt werden. Beispiele für Schüttgut sind Getreide oder Eisenerz. Schüttgut kann sich während des Transports leicht in Gewicht und Volumen verändern (Diskrepanz), da es kaum mit der gleichen Menge be- oder entladen werden kann.

- **Flüssiges Schüttgut**

  Bezieht sich auf Ladung, die wie festes Schüttgut ist, aber spezielle Tankressourcen oder Container für den Transport benötigt. Einige der flüssigen Schüttgüter können auch über Pipelines transportiert werden, was in diesem Buch jedoch nicht beschrieben wird. Insbesondere bei flüssigen Gütern müssen die durch Temperatur oder Verdampfung bedingten Volumen- und Gewichtsänderungen berücksichtigt werden, da sie sich direkt auf die Wertänderung auswirken können (z. B. Benzin verdunstet).

- **Containerisierte Fracht oder vorverpackte Fracht**

  Bezieht sich in der Regel auf Stückgut, das bereits bei der Übergabe durch den Verlader in einen Container oder ein anderes Transportbehältnis geladen wird. Der Container wird dann entlang der gesamten Transportkette bewegt und an den Endempfänger geliefert.

- **Paketgut**

  Bezieht sich auf Fracht, die aus einzelnen Stücken oder Paketen von geringer Größe besteht, wie sie von Post- oder Expressdiensten befördert werden. Die Paketbeförderung ist in der Regel ein Massengeschäft, das Millionen von Einzellieferungen pro Tag erfordern kann. Der Transport und die Umladung von Paketen in Umschlagsanlagen erfolgt nach vordefinierten Mustern. Eine individuelle Planung für jedes einzelne Stück, wie sie bei Stückgut häufig vorgenommen wird, ist keine gängige Praxis.

- **Überdimensionierte Fracht (OOG, Out of Gauge)**

  Bezieht sich auf jede Art von übergroßen Gegenständen, die verschifft werden und nicht in standardisierte Größen von Containern oder Ladungsabteilen passen. OOG-Ladung benötigt eine besondere Handhabung beim Umschlag und Versand und kann spezielle Ausrüstung und Fahrzeuge erfordern. Beispiele sind riesige chemische Fabrikkomponenten oder große mechanische Maschinen.

Bei der Beförderung einiger dieser Frachtkategorien (Stückgut, Containerfracht oder Pakete) können spezielle Versandarten verwendet werden. In Abbildung 1.4 sehen Sie vier sehr gängige Versandarten:

- **Teilladungen (LTL, Less than Truck Load)**

  Stückgut wird zusammen mit der Ladung anderer Verlader auf einem Lkw befördert.
- **Vollladung (FTL, Full Truck Load)**

  Ein kompletter Lkw wird mit der Ladung eines einzigen Versenders gefüllt.
- **Sammelcontainer (LCL, Less than Container Load)**

  Stückgut wird in einem Container zusammen mit Ladung von anderen Versendern befördert. Diese Versandart ist in der Regel mit Seetransporten und manchmal mit Bahntransporten verbunden.
- **Vollcontainerladung (FCL, Full Container Load)**

  Ein kompletter Container wird mit der Ladung eines einzigen Versenders gefüllt. Diese Versandart ist in der Regel mit See- oder Bahntransporten verbunden.

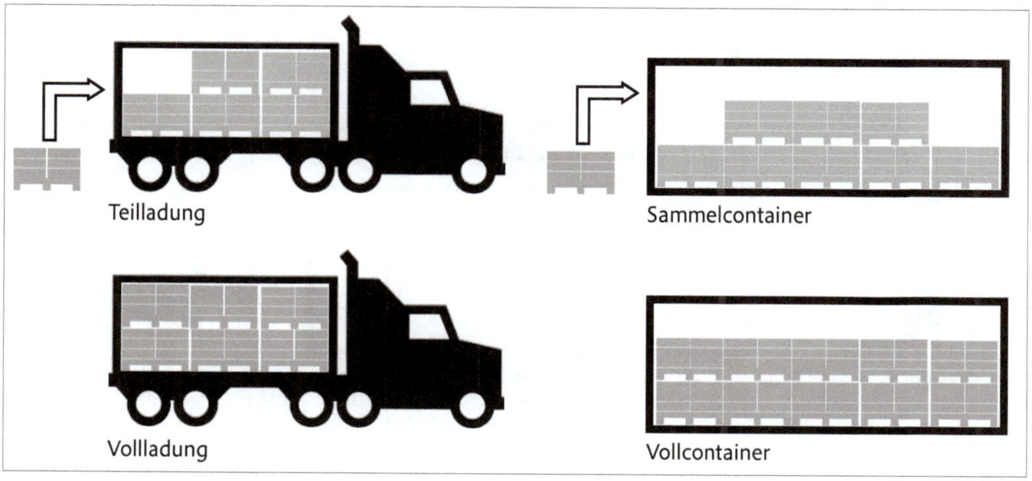

Abbildung 1.4: Einige Transportversandarten

In einigen Fällen werden auch andere Versandarten verwendet, z. B. wird die Waggonladung häufig für die Verladung von Massengütern in vollen Bahnwaggons verwendet.

Ladung wird in der Regel als Einzelsendung befördert, wenn sie entweder vom Verlader als voller Lkw oder Container verschickt wird, sodass keine weitere Konsolidierung stattfindet. Im Gegensatz dazu können konsolidierte Sendungen entweder von einem Verlader veranlasst werden, der absichtlich mehrere Einzelsendungen zusammen in einem Behältnis transportiert, oder von einem Frachtführer oder Spediteur, der die Fracht für einen Teil ihrer Reise in einem gemeinsamen Behältnis oder Fahrzeug befördert. Dies ist normalerweise bei LTL- oder LCL-Sendungen der Fall.

Die Konsolidierung von Sendungen im LTL- oder LCL-Verkehr wird manchmal vom Verlader veranlasst, in vielen Fällen wird sie jedoch absichtlich von einem LDL als Teil seiner Dienstleistung durchgeführt und verkauft. Verlader erklären oft ausdrücklich, dass ihre Sendungen konsolidiert werden sollen oder dürfen. Ein LDL nutzt die Konsolidierung als Serviceangebot für seine Kunden, um kleinere Mengen zu versenden, ohne Vollcontainer anzubieten. Darüber hinaus reduzieren LDLs die angebotene Rate auf ein angemessenes Niveau, da der Preis, den ein Spediteur an einen Frachtführer für die Verschiffung eines Containers von Asien nach Europa zu zahlen hat, bei der Weiterberechnung der Raten zuzüglich eines Gewinns an jeden einzelnen Verlader z. B. nach Gewicht aufgeteilt werden kann.

Abbildung 1.5 veranschaulicht die Konsolidierung von Sendungen aus der Sicht eines Spediteurs. Mehrere Verlader (A, B) müssen Fracht von Asien nach Europa transportieren. Der Spediteur konsolidiert die Fracht in einem LCL-Container und vergibt den Transport an eine Seeschifffahrtslinie. Die Seeschifffahrtslinie (Frachtführer) hat für den Transport des Containers Kosten in Höhe von 1.800 EUR und stellt dem Spediteur 2.200 EUR in Rechnung (bei einem Gewinn von 400 EUR). Der Spediteur, der den Containerplatz an seine Kunden verkauft hat, fügt seinen eigenen Gewinn (800 EUR) hinzu und teilt dann den resultierenden Containertarif von z. B. 3.000 EUR nach Gewicht auf die Verlader auf. In diesem Beispiel zahlt Verlader A 1.300 EUR und Verlader B 1.700 EUR. Andere Aufteilungskriterien sind ebenfalls anwendbar.

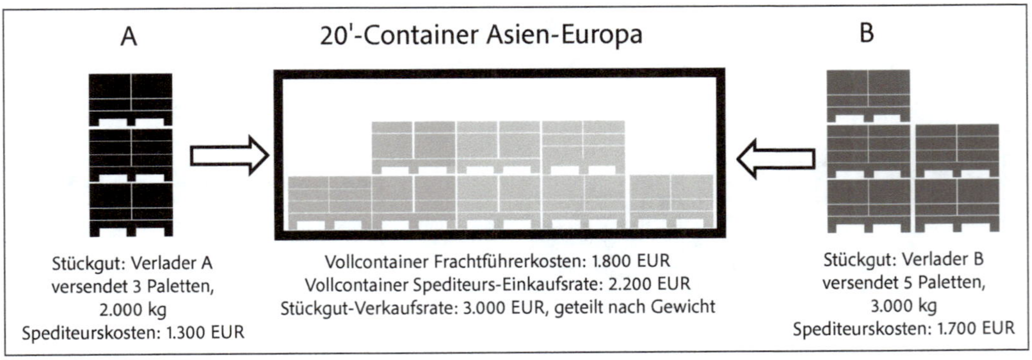

Abbildung 1.5: Frachtkonsolidierung für LCL

Neben der Konsolidierung können Sendungen auf viele Arten von ihrem Ursprung zu ihrem Bestimmungsort bewegt werden. In Abbildung 1.6 sehen Sie einige ausgewählte Optionen, wie der Gesamttransport organisiert werden kann, wobei noch viele weitere Optionen möglich sind. Die Art der Beförderung einer Sendung wird durch ihre Bewegungsart definiert, die mit dem vom Verlader vergebenen Transportauftrag zusammenhängt.

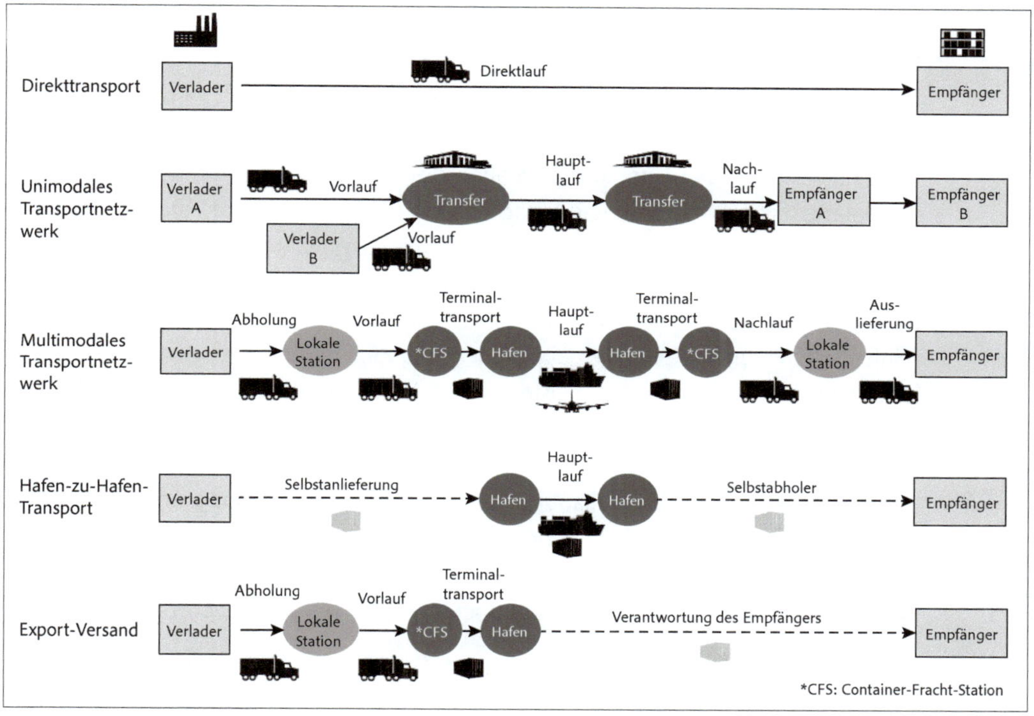

Abbildung 1.6: Beispiele für Bewegungsarten in Transporten

In Abbildung 1.6 sind alle Bewegungen, die durch die durchgehenden Pfeile ausgedrückt werden, mit der Bewegungsart verbunden, d. h., sie sind Teil der Verantwortung für die Erfüllung des Auftrags. Die gestrichelten Pfeile sind nicht Teil des Auftrags und sollten entweder vom Verlader oder vom Empfänger unabhängig vom Auftrag organisiert werden. Die in Abbildung 1.6 dargestellten Bewegungsarten sind wie folgt definiert:

- **Direkttransport**

  Der Direkttransport ist ein Auftrag für Fracht, die mit einem einzigen Transportmittel (z. B. einem Lkw) direkt von einem Ausgangspunkt zu einem Zielort befördert wird. Diese Beförderungsart ist üblich für volle Lkw-Ladungen, aber auch für kleinere Sendungen in einem lokalen geografischen Kontext (z. B. Kuriersendungen in derselben Stadt).

- **Unimodale Transporte**

  Diese Sendungen werden mit einem einzigen Verkehrsträger (in der Regel der Straße) befördert, aber über die Umschlags- und Transferzentren des LDLs geleitet. Die Sendungen können einzeln oder in konsolidierter Weise zur oder von der Umschlagsanlage befördert werden. Die Fahrt zwischen den Transferzentren erfolgt häufig plan- bzw. regelmäßig (z. B. ein planmäßiger Lkw am Morgen und am Nachmittag zwischen München und Hamburg).

- **Multimodale Transporte**

  Bei dieser sehr häufig vorkommenden Beförderungsart wird die Ladung oft in einem Sammelgutverkehr befördert; z. B. wird die Ladung lokal mit einem passenden Lkw abgeholt und dann in einer lokalen Station des Spediteurs auf einen Sammelgut-Lkw umgeladen, der zu einer Containerfrachtstation (CFS) in der Nähe eines Schiffshafens oder eines Flughafens (Bodenabfertigungsservice, GHS) fährt. In einer solchen Konsolidierungsanlage werden die Frachtstücke in Seecontainer, Luftfrachtcontainer oder -paletten gepackt und werden Teil einer konsolidierten Sendung, die zunächst an den Hafen oder Flughafen zur Übergabe an den Hauptfrachtführer (Reederei oder Fluggesellschaft) geliefert wird. Die meisten dieser Transportmittel verkehren regelmäßig, d. h. nach einem bestimmten Zeitplan (z. B. tägliche Flüge, wöchentliche Hafenanläufe von Schiffen), aber auch ein individueller Betrieb ist möglich (z. B. Charterflug). Der Spediteur bringt die Sammelladung dann an ihren Bestimmungsort, wo sie vom Haupttransportmittel abgeladen und zur Dekonsolidierung in das entsprechende CFS/ GHS gebracht wird. Die einzelnen Sendungen werden dann z. B. in Lastwagen zu ihren lokalen Spediteurstationen weiterbefördert, wo sie schließlich zur Auslieferung an die Empfänger verteilt werden.

- **Hafen-zu-Hafen-Sendungen**

  Bei einem Auftrag für eine Hafen-zu-Hafen-Sendung nimmt der Spediteur oder Frachtführer einen FCL-Frachtcontainer (Seefracht) oder einen vorgepackten Luftfrachtcontainer in seiner Hafenanlage (Terminal) oder Flughafenanlage in Empfang und befördert die komplette Einheit zur Zielanlage. Der Verlader sollte darauf achten, dass er die Fracht am Ursprungsort abgibt. Bei der Ankunft sendet der Frachtführer dann eine Freigabeinformation in Form eines Lieferscheins an den Empfänger. Der Empfänger verwendet dieses Dokument, um die Ladeeinheit aus der Zielumschlagsanlage freizugeben und sie im eigenen Namen zum Bestimmungsort zu befördern. Bei Luftfracht unterliegt der Prozess besonderen Sicherheitsbedingungen.

- **Ausfuhrsendungen/Einfuhrsendungen (Export/Import)**

  Diese Beförderungsart wird häufig im internationalen Handel verwendet, wenn der Verlader nur für die Beförderung der Fracht bis zu einer Landesgrenze, z. B. einem Hafenterminal, oder von dort verantwortlich ist. Der Verlader bittet den Spediteur, alle Schritte auszuführen und zu organisieren, um die Fracht sicher an Bord des Schiffes oder Flugzeugs zu bringen (Verladung an Bord). Von diesem Zeitpunkt an liegt die

Verantwortung für die Organisation des weiteren Gütertransports beim Empfänger. Der Exportspediteur informiert den Empfangsspediteur über die Ladung, sodass der Empfangsspediteur den Weitertransport organisieren kann. Ähnliche Prozesse gelten für den Import von Sendungen.

Abbildung 1.6 zeigt auch die zugehörigen Abschnittsarten, d. h. die Arten von Transportabschnitten, die die Ladung während ihres Transports durchläuft. Die folgenden Abschnittsarten sind bei durchgehenden Transporten zu finden:

- **Abholung**

  Die Abholung bezieht sich auf eine lokale Etappe vom Herkunftsort des Versenders zu einer lokalen Umschlagsanlage oder Spediteurstation.

- **Vorlauf**

  Der Vorlauf hat einen größeren Anwendungsbereich, da er genutzt werden kann, um Sendungen bei einem Verlader oder an einer lokalen Station abzuholen und sie – oft in konsolidierter Form – zu einem weiter entfernten Transferzentrum zu befördern.

- **Hauptlauf**

  Als Hauptlauf wird die Etappe bezeichnet, auf der die Ladung auf ihrer Langstrecke bewegt wird, die sowohl eine als auch mehrere Etappen und einen Wechsel des Verkehrsträgers umfassen kann. Eine Hauptbeförderung kann z. B. per Schiff von Singapur nach Dubai und anschließend per Luftfracht nach Frankfurt erfolgen (See-Luft-Transport). Die Hauptbeförderungsart ist in der Regel die maßgebliche Beförderungsart für die gesamte Sendung.

- **Nachlauf**

  Der Nachlauf entspricht dem Vorlauf, bezieht sich aber auf die Beförderung vom Zielort des Hauptlaufs zu einer lokalen Station im Gebiet des Empfängers oder zum Empfänger selbst.

- **Auslieferung**

  Bei der Auslieferung oder Zustellung handelt es sich um eine lokale Verteilung von Fracht von einer lokalen Station zu ihrem Empfangsort.

- **Terminaltransport**

  Unter Terminaltransporten (Umschlag) versteht man die Beförderung von konsolidierter oder containerisierter Fracht von der Konsolidierungsanlage eines Spediteurs (CFS/GHF) zu einem Hafenterminal oder einer Fluggesellschaft bzw. umgekehrt. Terminaltransporte haben normalerweise einen lokalen Kontext.

- **Hinterlandtransport**

  Hinterlandtransport (engl.: Haulage) wird oft im lokalen Transportwesen für den Weitertransport verwendet. Oft wird zwischen dem Weitertransport durch den Dienstleister (Carrier's Haulage) oder durch den Auftraggeber (Merchand's Haulage) unterschieden.

Ein weiteres Merkmal ist die Verantwortung für die Fracht und ihre Bewegung. Wie in Abbildung 1.6 dargestellt, ist ein Verlader nicht immer für den gesamten Transport verantwortlich. Der Verlader zahlt möglicherweise nicht für jeden Aspekt des durchgängigen Transports. Auch trägt er nicht das Risiko oder die Kosten des Frachttransports auf dem gesamten Weg. Die in den *Incoterms 2020* beschriebene Regelung der Transportverpflichtungen, der Risiken und der Kosten des Gütertransports ist für den internationalen Transport von großer Bedeutung. Einzelheiten finden Sie in den entsprechenden Dokumenten unter *https://iccwbo.org/business-solutions/incoterms-rules/incoterms-2020/*. Wir werden Ihnen hier nur zwei Beispiele exemplarisch darstellen:

- **Frei an Bord (FOB) – Hamburg**

  FOB (Free on board) ist ein gebräuchlicher Begriff für See- und Binnenschiffstransporte, d. h., der Verlader und der Spediteur tragen die Transportverpflichtung bis zu einem Ort (hier Hamburg), einschließlich Risiko und Kosten, und sind auch für die Übergabe an Bord eines Schiffes im Hamburger Hafen verantwortlich.

- **Geliefert, verzollt (DDP) – Empfängerlager**

  DDP (Delivered, duty paid) ist ein allgemeiner Begriff für alle Arten der Güterbeförderung (Schiff, Straße, Luft, Schiene). Der Versender/Verkäufer ist verpflichtet, den Frachttransport zu organisieren, das Risiko und die Kosten, einschließlich der Einfuhrzölle, zu tragen, sodass der Empfänger/Käufer die Fracht am angegebenen Ort (z. B. Empfängerlager) erhält, ohne für irgendwelche Transportprobleme oder -kosten verantwortlich zu sein.

In allen Transportprozessen sind die beteiligten Parteien und ihre Rollen wichtig. In einigen Fällen können die Rollen kollektiv einer einzigen Partei zugewiesen werden, aber im Allgemeinen werden sie durch einzelne Teilnehmer getragen. Die gebräuchlichsten Rollen sind folgende:

- **Auftraggeber**

  die Partei, die die Beförderung der Fracht in Auftrag gibt und in der Regel der Vertragspartner für die Beförderung ist

- **Versender oder Absender**

  Die Partei, die die Fracht versendet. In vielen Fällen ist der Versender auch der Verkäufer der Waren und der Auftraggeber des Transports.

- **Warenempfänger oder Empfänger**

  Die Partei, die die Fracht erhält. In vielen Fällen ist der Empfänger auch der Käufer der Waren, aber manchmal muss die Ware an einen anderen Ort geliefert werden.

- **Rechnungssteller**

  Die Partei, an die die Rechnung für den Transport geschickt wird. In vielen Fällen wird nicht eine einzige Partei zugewiesen, sondern die Gesamtkosten werden auf mehrere Rechnungen an einzelne Teilnehmer aufgeteilt, die sich nach den Incoterms der Sendung richten können.

- **Zahlungspflichtiger**

  Derjenige, der die Rechnung für einen Transport bezahlt. Das kann der Auftraggeber, der Rechnungssteller oder eine andere Verrechnungsstelle sein (Clearing house).

- **Begünstigter Frachteigentümer**

  Die Partei, die das Eigentumsrecht an der zu transportierenden Fracht besitzt. Dies gilt insbesondere dann, wenn weder Absender noch Empfänger Eigentümer der Güter sind.

- **Zu benachrichtigende Partei**

  die Partei, die bei bestimmten Meilensteinen der Verbringung benachrichtigt werden muss, z. B. bei der Ankunft der Fracht im Bestimmungsland

- **Vertragspartner oder Vertragspartei**

  Die Partei, unter deren Vertrag die Fracht verschifft wird. In vielen Fällen handelt es sich dabei um den Auftraggeber, aber bei größeren Unternehmen kann auch eine Tochtergesellschaft unter dem Vertrag des Mutterkonzerns versenden.

- **Importeur oder Exporteur**

  die Agenten, die sich um die Einhaltung der Handelsbestimmungen für eine Sendung kümmern

- **Spediteur oder Frachtführer**

  die LDLs, die dem Verlader den kompletten Transportdienst oder Teile des Dienstes anbieten

Die an einem Transportvorgang beteiligten Parteien müssen ordnungsgemäß einbezogen werden und die richtigen rechtlichen Dokumente für die Abwicklung, den Eigentumsnachweis oder die Bearbeitung erhalten. Die folgenden Dokumente sind wichtig und werden während des gesamten Transportvorgangs in vielen Varianten verwendet:

- **Hausfrachtbrief (House Bill of Lading, HBL)**

  Dieses Dokument, auch bekannt als *Spediteurs-Konnossement*, ist der rechtliche Nachweis und die Transportdefinition zwischen einem Verlader und dem beauftragten LDL. Es legt fest, was für diesen Verlader transportiert wird, von wo und wohin. Außerdem geht daraus hervor, wer der Hauptauftragnehmer ist. HBLs sind in der Regel die Grundlage für die Zollanmeldung. Wenn ein Teil ausfällt, bleibt die gesamte Fracht bis zur Klärung im Zoll. Das HBL ist in der Seeschifffahrt üblich.

  Zusätzlich werden Hausfrachtbriefe (HAWB, House Air Waybill) für Lufttransporte, Straßenfrachtbriefe für Straßentransporte und Eisenbahnfrachtbriefe für Schienentransporte verwendet. Die Bedeutung und der Inhalt dieser Dokumente sind jedoch sehr ähnlich.

- **Reederei-Konnossement (MBL, Master Bill of Lading)**

  Das Konnossement wird in der Regel von Frachtführern oder Spediteuren ausgestellt, um die Konsolidierung mehrerer Sendungen zu einer Einheit (z. B. einem Container) zu definieren, die dann physisch umgeschlagen wird. Als solches ist es ein Rechtsdokument zwischen dem Spediteur und dem Frachtführer. Die Sicherheitsmaßnahmen richten sich nach dem MBL, und Schiffe und Flugzeuge verwenden MBLs als Nachweis für ihre geladene Fracht. Für Luftfrachtsendungen wird es als Luftfrachtbrief bzw. Master Air Waybill (MAWB) definiert und kann von einem autorisierten Spediteur ausgestellt werden. Ein Spediteur kann für eine einzelne Reise oder einen einzelnen Flug mehrere MBLs mit einer Fluggesellschaft haben.

- **Manifest**

  Manifeste geben Auskunft über die Zusammensetzung der Ladung eines Transportmittels aus der Sicht des Beförderers. Sie können auch in Bezug auf bestimmte Lade- und Entladehäfen angegeben werden, z. B. alle Frachtstücke, die in einem Hafen auf ein Schiff geladen werden sollen. Manifeste können mehrere MBLs abdecken.

- **Lieferschein**

  Lieferscheine sind juristische Dokumente, die von den Frachtführern an die Empfänger der Ladung verschickt werden. Diese Empfänger verwenden das Dokument, um sich und ihre Fracht bei der Abholung im Ankunftshafen zu identifizieren.

Neben den bereits erwähnten Bewegungsarten, die festlegen, wie eine Sendung organisiert und physisch transportiert werden muss, bietet eine Spedition ihren Kunden in der Regel eine Vielzahl von kommerziellen Transportformen an. Die Kunden können sich unterscheiden, je nachdem, um welche Art von kommerzieller Dienstleistung es sich handelt: Es kann sich um einen Verlader, einen Empfänger oder eine Drittpartei handeln. Abbildung 1.7 zeigt Beispiele für Empfängerkonsolidierung, Bestellmanagement und Streckengeschäft.

Die in Abbildung 1.7 dargestellten kommerziellen Transportformen sind Beispiele für die komplexen Prozesse, mit denen Spediteure im logistischen Tagesgeschäft konfrontiert sind und die sie mit einem Transportmanagementsystem lösen müssen. Lassen Sie uns jeden dieser Prozesse ein wenig näher betrachten:

- **Konsolidierung des Empfängers**

  Der Empfänger oder Käufer der Ladung, der gleichzeitig Auftraggeber und rechtlicher Empfänger ist (z. B. eine große Spielwarenhandelskette), beauftragt den Logistikdienstleister, die Waren mehrerer Versender in gemeinsamen Containern zu konsolidieren und auf verschiedene Lager zu verteilen ❶. Der Logistikdienstleister ist für den Versand von seiner Konsolidierungsstation im Herkunftsland (CFS) aus verantwortlich. Daher muss jeder Versender die CFS gemäß dem eingegangenen Auftrag des Versenders beliefern ❷. Der LDL konsolidiert mehrere Sendungen der verschiedenen Verlader in Containern und erstellt HBLs gemäß den Anweisungen des Auftraggebers ❸. Die Ladung wird dann bewegt und auf die angegebenen Bestimmungsorte des Empfängers verteilt ❹. Der LDL ist für die korrekte Konsolidierung, HBL-Erstellung, Einfuhr und Inlandsverteilung verantwortlich.

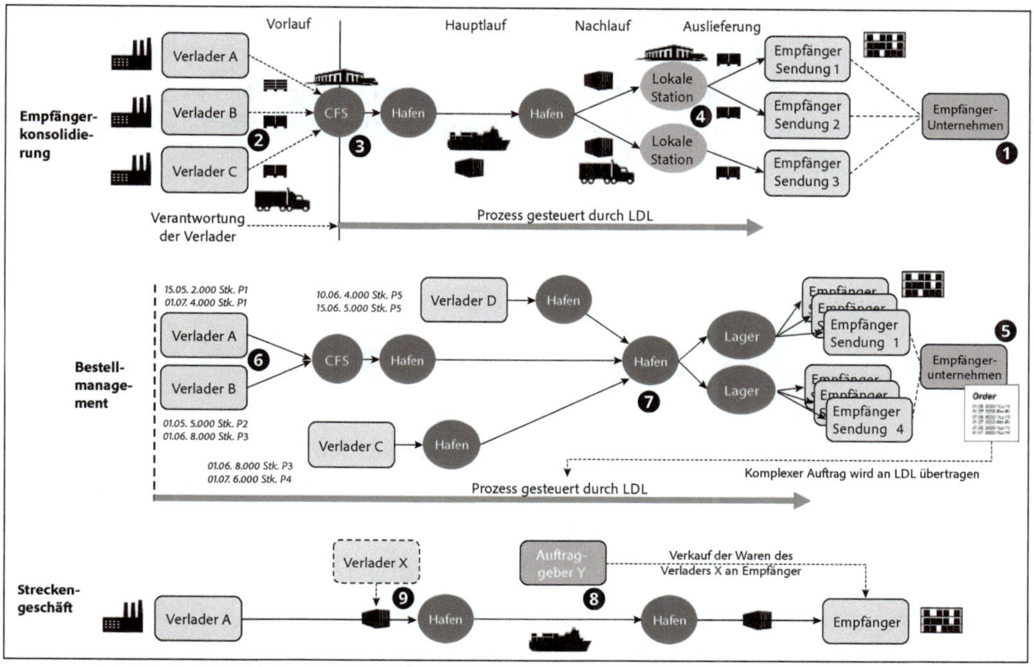

Abbildung 1.7: Beispiele für komplexe Handelsformen im Transportwesen

Käuferkonsolidierungen können auch als Verkäuferkonsolidierungen abgewickelt werden, bei denen ein einzelner Verkäufer den LDL anweist, die Ladung zu konsolidieren und auf verschiedene Empfänger zu verteilen.

- **Bestellmanagement**

  Dieser Prozess ist eine komplexere Variante der Konsolidierung eines Einkäufers. Der LDL versendet nicht nur Sammelgut für einen Käufer, sondern übernimmt auch die Logistik für einen kompletten Beschaffungszyklus, z. B. die Logistik der saisonalen Modekampagne eines Bekleidungsunternehmens. Der mittlere Teil der Szenarien in Abbildung 1.7 visualisiert das Bestellmanagement.

  Der Empfänger beauftragt den LDL mit der Abwicklung eines komplexen Beschaffungsprozesses ❺. Dieser Prozess kann nicht nur die Zusammenstellung der Sendungen beinhalten, sondern auch die Terminverhandlung, -verfolgung und Meldung der richtigen Lieferzeiten, Mengen und Qualitäten von jedem Versender, sodass der Gesamtbedarf des Auftraggebers für die Kampagne erfüllt werden kann ❻. Nach dem Abruf und der Zusammenstellung dieser Teillieferungen sorgt der LDL dafür, dass alle Sendungen gemäß dem Plan bewegt werden ❼ und pünktlich und in guter Qualität in den Lagern des Empfängers ankommen.

- **Streckengeschäft**

  Beim Streckengeschäft (auch Dreieckshandel oder Cross-Trade) muss der Auftraggeber, der die Waren an den Empfänger verkauft, den Transport vom Versender zum

Empfänger organisieren, d. h., der Auftraggeber berührt die Fracht nicht ❽. In einem weiteren Schritt kann der Auftraggeber den tatsächlichen Ursprung der Waren verschleiern und als Eigentümer der verkauften Waren auftreten ❾. In einigen Fällen werden spezielle Dokumente erstellt, die diese Verschleierung unterstützen (vertauschte Konnossemente).

Andere Szenarien sind Projekttransporte, bei denen ein LDL den Transport für eine ganze Reihe von Projektlieferungen organisiert, die pünktlich vor Ort sein müssen (z. B. Schienen, Lokomotiven und Waggons von China nach Brasilien für den Bau einer neuen U-Bahn), oder Chartertransporte, bei denen ein ganzes Schiff für eine Reihe von Fahrten an ein Unternehmen gechartert wird.

Unabhängig von der Komplexität eines Transportszenarios muss dieses immer in seine Bestandteile zerlegt werden, die dann koordiniert werden müssen. Diese Abholungen, Vorläufe, Hauptläufe, Nachläufe, Zustellungen, Ladungsverschiebungen, Konsolidierungen, Sendungsdokumente etc. müssen geplant, erstellt und als Grundlage für den Betrieb genutzt werden, was der Schwerpunkt eines TMS ist.

1.3 Funktionsbereiche des Transportmanagementsystems

Ein TMS erfüllt die Hauptaufgaben, die Transportnachfrage mit den verfügbaren und erreichbaren Ressourcen zu koordinieren und eine Lösung für die relevanten Transportszenarien zu erstellen, um die Kundenanforderungen und, im Falle eines LDLs, die Rentabilitätsziele zu erfüllen. Die wichtigsten Unterstützungs- und Lösungsbereiche eines TMS sind folgende:

- Verkauf von Versanddienstleistungen an Kunden oder Entgegennahme von Versandanfragen aus den unternehmenseigenen Vertriebs- und Beschaffungssystemen
- Planung, Optimierung und Entscheidungsfindung, um eine kosteneffiziente und gut durchführbare Lösung für jede Transport- und Transitlageranforderung zu erreichen
- Durchführung des Transports, einschließlich der Bereitstellung aller erforderlichen Dokumente und Informationen, die für die physische Durchführung der Transporte und aller gesetzlich vorgeschriebenen Aktivitäten erforderlich sind
- effiziente Untervergabe von Transportdienstleistungen an den eigenen Fuhrpark oder externe Dienstleister
- effiziente Berechnung von Kosten in Bezug auf Kunden und Dienstleister und Erstellung der Pro-Forma-Rechnungsdokumente
- Transportverfolgung mit der Fähigkeit, allen Kunden, Partnern und dem Veranstaltungsmanagement die erforderlichen Informationen offenzulegen und zu visualisieren, mit der Fähigkeit, jede Situation zu entschärfen, die den ursprünglichen Plan und die Verpflichtung gefährdet

- sofortiger Einblick in analytische Informationen zu Transportprozessen, Kosten, Umsatz und Rentabilität durch Echtzeittransparenz von logistischen und finanziellen Leistungsindikatoren (*Key Performance Indicators*, KPIs)

In Abbildung 1.8 sehen Sie eine Komponentenansicht eines solchen TMS. Die wichtigsten Komponenten werden in einem Prozessablauf von links nach rechts verwendet. Die dunklen Kästen werden in den folgenden Kapiteln dieses Buches behandelt. Die mittelhellen Kästen sind ebenfalls Teil der in diesem Buch behandelten Funktionen. Da sie sich jedoch auf eigenständige SAP-Komponenten beziehen, finden Sie detailliertere Informationen in anderen Fachpublikationen des Rheinwerk Verlags. Die hellen Kästen können wichtige Elemente im Ökosystem eines TMS sein, aber wir werden in den späteren Kapiteln nicht auf diese Themen eingehen. Abbildung 1.8 listet die Kapitelnummern jeder angesprochenen Komponente über die kleine Zahl in der unteren rechten Ecke jedes Kastens auf.

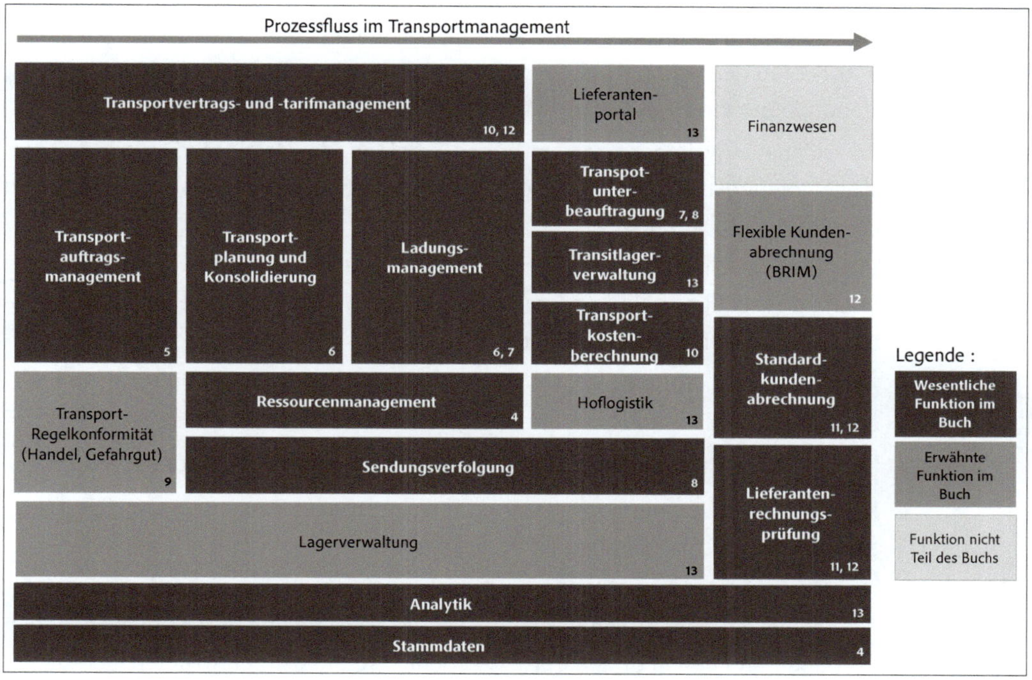

Abbildung 1.8: Komponenten eines TMS und Abdeckung in diesem Buch

Der Inhalt und Funktionsumfang eines TMS lässt sich in drei Bereiche unterteilen, die in den Kapiteln dieses Buches behandelt werden:

- Grundlegende Daten, die in einem TMS gespeichert und verarbeitet werden:
  - Geschäftspartnerstammdaten, z. B. Kunden, Dienstleister (Lieferanten), Versender, Warenempfänger
  - Netzstammdaten, z. B. Kunden- und Transferstandorte, Netzwerkverbindungen, Fahrpläne, Spediteur- und Frachtführerverfügbarkeit

- Ressourcen für die Beförderung von Gütern, wobei es sich entweder um eine Definition der unternehmenseigenen Flotteninstanzen (Lkws, Schiffe, Eisenbahnwaggons, Container etc.) oder um Flottenkapazitäten handelt, die ein Partner bereitstellen kann
- Ladungsstammdaten, z. B. Gefahrgut- oder Handelskonformitätsmerkmale
- Preisfestsetzungs- und Berechnungsregeln sowie Frachttarife

■ Prozesse und Geschäftsobjekte, die in einem TMS bearbeitet werden:
  - Angebots- und Auftragsverwaltungsprozess mit Geschäftsobjekten zur Speicherung und Verarbeitung von Angebots- und Auftragsdaten. Prozessschritte rund um Angebote und Aufträge sind z. B. Gültigkeits- und Vollständigkeitsprüfungen, Routenermittlung, Preiskalkulation oder Rentabilitätsberechnung.
  - Planung und Konsolidierung mit der Möglichkeit, Merkmale der zu bewegenden und zu planenden Fracht zu speichern sowie Frachtkonsolidierung durchzuführen
  - Frachtverwaltungsprozesse mit Definition von Stammdaten, die Fahrplanabfahrten und Touren darstellen, sowie Prozesse zur Verwaltung dieser Stammdaten und zur Handhabung ihrer Ausführung und ihres Verlaufs
  - Transitlagerverwaltungsprozesse für den Empfang, die Dekonsolidierung, die Zwischenlagerung, das Cross-Docking, die Konsolidierung und den Versand von Fracht in Transfereinrichtungen
  - Vergabe von Unteraufträgen für Masterdateien (z. B. Konnossement, Luftfrachtbrief) an Frachtführer und andere Partner mit der Möglichkeit, die erwarteten Kosten zu berechnen und abzurechnen
  - Abrechnung mit Kunden und Abrechnung mit Spediteuren/Lieferanten mit den entsprechenden Rechnungen und Integration in die Finanzprozesse

■ Automatismen zur Unterstützung der Verarbeitung von TMS-Daten und -Objekten:
  - Planungs- und Optimierungsmodul für Terminplanung, Routenplanung, Spediteurauswahl und Lastoptimierung im Transportnetz
  - Gebührenberechnungssysteme zur Berechnung von Preisen und Kosten auf der Grundlage von Kunden- und Dienstleisteraufträgen, den ihnen zugrunde liegenden Verträgen und den in diesen Verträgen genannten Regeln und Tarifen
  - Regeln für die Konditionsbewertung, die in einer Vielzahl von Entscheidungsfällen überall in den TMS-Prozessen verwendet werden können

1.4 Transport im digitalen Zeitalter

Das digitale Zeitalter im Transportwesen bringt Veränderungen für alle an Logistikprozessen beteiligten Unternehmen mit sich. Die Verfügbarkeit von Cloud-Angeboten und digitaler Technologie sowie deren Reifegrad für Transport- und andere Lieferkettenprozesse hat in den letzten Jahren einen großen Sprung nach vorne gemacht. Andererseits kann die Integration verschiedener Technologien in die Geschäftsprozesse und das TMS schwierig sein, wenn das System nicht flexibel genug ist oder nicht mit diesen Modulen und Technologien arbeiten kann. Viele Unternehmen versuchen z. B., mit digitalen Technologien Verbesserungen zu erzielen:

- Produktivitätsverbesserungen bei geringeren Wartungs- und Betriebskosten, z. B. höhere Ressourcenverfügbarkeit durch bessere Wartung
- neue Geschäftsmodelle, um Märkte zu erreichen, die mehr Wachstum ermöglichen
- Personal- und Prozessoptimierungen mit Produktivitätssteigerungen
- zuverlässigere Logistikplanung durch die Berücksichtigung von mehr Faktoren und zulässigen Lösungen sowie durch den Einsatz fortschrittlicher Verfahren zur Lösungsfindung
- Risikominderung durch verbesserte Kontrolle der Lieferkette, was zu weniger Drittansprüchen und Kosten führt

Unabhängig davon, in welchem Bereich ein Logistikunternehmen Verbesserungen anstrebt, können moderne Verfahren und KI-Methoden (künstliche Intelligenz) zur Verbesserung der Fähigkeiten eingesetzt werden:

- Maschinelles Lernen und KI können die Entscheidungs- und Planungsalgorithmen eines Unternehmens verbessern. Diese Technologien lernen aus früheren Entscheidungen und Erfolgen, um Faktoren wie Wettersituationen, Logistikstörungen, Daten zu Verkehrsstaus und historische Verkehrsreaktionsmuster in einen Planungszyklus einzubeziehen und durch Optimierung bessere Ergebnisse zu erzielen.
- Innovative Produktionstechnologien können einen Versandvorgang völlig verändern, indem sie z. B. die lokale Produktion von Spezialgütern mithilfe des 3D-Drucks ermöglichen, sodass viele Artikel bei Bedarf in der Nähe des Empfängers hergestellt werden können und nur einen Kurzstreckentransport erfordern.
- Vorausschauende Prozesse ermöglichen eine bessere Erkennung des Ausfallrisikos für die unternehmenseigenen Ressourcen und erlauben die Planung der erforderlichen Wartung, um einen unnötigen Austausch von Teilen zu vermeiden.
- Die Verfügbarkeit von Daten in Echtzeit ermöglicht es, schnellere Entscheidungen zu treffen und rascher auf veränderte Rahmenbedingungen zu reagieren.
- Die Produkte sind oft intelligenter, da sie über eigene Sensoren verfügen, die es ihnen ermöglichen, über individuelle Situationen und Bedürfnisse zu berichten, z. B. über Temperaturanforderungen und -verläufe, Positionsdaten mit Gebietsabgrenzung oder Schocksensoren für empfindliche Güter.
- Neue Transparenz- und Kommunikationstechnologien wie die Blockchain können Interaktionsmuster zwischen den Akteuren in einem Logistikprozess verändern. Ausgewählte Dokumente können zugänglich und unveränderbar gemacht werden, sodass das Vertrauen zwischen allen Beteiligten verbessert wird.

Viele dieser neuen Möglichkeiten setzen voraus, dass ein Unternehmen in der Lage ist, seine Prozesse und Systeme an diese neue Welt anzupassen. TM ist eine offene, flexible und leistungsstarke Plattform, um sich den heutigen Herausforderungen im Transportwesen zu stellen und den Sprung in das digitale Zeitalter der Logistik zu schaffen. Zusammen mit der SAP Business Technology Platform (SAP BTP) können Grenzen der bisherigen Transportlösungen leichter überwunden werden.

Als Nächstes geben wir Ihnen in Kapitel 2, »Einführung in SAP Transportation Management in SAP S/4HANA«, einen Überblick über die Grundlagen von TM und sein Ökosystem. Sie erfahren, wie SAP die Infrastruktur für Ihre Transportgeschäftsprozesse bereitstellt und wie TM genutzt und integriert wird, um Ihre durchgängigen Transportprozesse und damit verbundene Services abzuwickeln.

Kapitel 2
Einführung in SAP Transportation Management in SAP S/4HANA

SAP S/4HANA ist eine integrierte Business Suite zur Verwaltung von Geschäftsprozessen, zu der als zentraler Bestandteil auch SAP Transportation Management (TM) gehört. Dieses Kapitel gibt Ihnen einen Überblick über TM in SAP S/4HANA und seine Integration in die Logistik-IT.

SAP S/4HANA umfasst alle Produkte und Anwendungen, die ein Unternehmen zur Unterstützung seiner gesamten IT-Prozesse benötigt, von der Personalwirtschaft über Beschaffung und Vertrieb bis hin zu Logistik, Fertigung und Finanzverwaltung. Dabei ist jeder der genannten Bereiche noch vielfältig unterteilt. In diesem Buch beschreiben wir SAP Transportation Management (TM), die Logistikkomponente von SAP S/4HANA, mit der Sie alle Transportprozesse verwalten können. Wir geben Ihnen darüber hinaus einen Einblick in mit TM verbundene Komponenten, z. B. Lagerverwaltung (SAP EWM) oder Außenhandel (SAP GTS).

Ein System wie SAP S/4HANA bezeichnet man als *Enterprise-Resource-Planning-Software* (ERP-Software). Ein ERP-System ermöglicht es Unternehmen, Prozesse innerhalb und zwischen Unternehmen zu planen und auszuführen. Dabei können Sie sowohl Kosteneffizienz und Transparenz erreichen als auch flexibel genug sein, um in neue Geschäftsfelder oder regionale Bereiche vorzudringen und gleichzeitig die vielfältigen Möglichkeiten der digitalen Welt zu nutzen. Die SAP-Anwendungen basieren auf der Basisplattform von SAP S/4HANA, die die Grundlage für den reibungslosen Ablauf aller Prozesse in den verschiedenen Geschäftsbereichen bildet.

TM in SAP S/4HANA unterstützt Geschäftsprozesse für die Kontrolle von Angebot, Verkauf, Planung, Unterbeauftragung, Steuerung, Dokumentation und Abrechnung von Transportleistungen. Dabei werden sowohl Transportleistungen im Zusammenhang mit eigenen Waren- und Handelsprozessen unterstützt (Verladerprozesse) als auch Transportleistungen als Serviceangebot für andere Unternehmen (Logistikdienstleister, LDLs). Um Ihnen die Kernkonzepte des Systems und die Rolle von TM näherzubringen, ist dieses Kapitel in die folgenden Abschnitte unterteilt:

Abschnitt 2.1, »Software zur Transportabwicklung«, erläutert die Vorteile der Verwendung von Standardsoftwaresystemen wie SAP S/4HANA. In Abschnitt 2.2, »SAP S/4HANA als zukunftssichere Plattform«, beschreiben wir, wie SAP S/4HANA alle grundlegenden ERP-

Funktionen eines Unternehmens unterstützt und es Ihnen ermöglicht, die erforderlichen Transportgeschäftsprozesse mit hoher Flexibilität durchzuführen. Ein damit verbundenes wichtiges Thema ist die Systembereitstellung in der Cloud.

Abschnitt 2.3, »RISE with SAP und seine Komponenten«, gibt Ihnen einen Einblick in die Integration mit weiteren SAP-Komponenten, z. B. der SAP Business Technology Platform (SAP BTP). Der Abschnitt zeigt außerdem, wie SAP die Einführung von SAP S/4HANA unterstützt.

In Abschnitt 2.4, »TM als Teil von SAP S/4HANA«, stellen wir Ihnen wichtige Prinzipien und Geschäftsobjekte von TM vor. Wir erläutern die grundlegende Funktionsweise von TM und verdeutlichen das Zusammenspiel mit verschiedenen SAP-S/4HANA-Produkten und -Komponenten.

2.1 Software zur Transportabwicklung

Im Markt der Logistikdienstleister sowie der Verlader ist speziell entwickelte Transportsoftware immer noch weitverbreitet. Es gibt Fälle, in denen vom Unternehmen selbst entwickelte Transportsoftware, manchmal auch auf Basis alter SAP-Systeme, seit über 30 Jahren im Einsatz ist. Dieser Abschnitt gibt Ihnen einen Überblick über die verschiedenen Kategorien von Unternehmenssoftware mit besonderem Fokus auf den Funktionen des Transportmanagements.

2.1.1 Kategorien von Softwaresystemen

Betrachten Sie heutzutage den IT-Einsatz in Unternehmen, lässt sich Software für das Transportmanagement einer der folgenden Kategorien zuordnen:

- **Individualsoftwaresysteme**

  Individualsoftwaresysteme (Legacy-Systeme) sind spezialisierte IT-Systeme, die entweder von der IT-Abteilung eines Unternehmens für eigene Zwecke entwickelt oder auf die Bedürfnisse des Unternehmens zugeschnitten wurden. Je nach Alter des Systems kann die Software auf Client-Server- oder Mainframe-Technologie basieren und damit ein Risiko darstellen. Entweder ist die Technologie veraltet und kann nicht mehr aktualisiert werden, oder die sachkundigen Personen gehen in den Ruhestand, und niemand ist mehr in der Lage, die Systeme zu warten. Viele dieser Systeme halten heutigen Anforderungen an Geschäftsprozesse nicht stand und lassen sich nicht mehr sinnvoll in die Unternehmens-IT integrieren.

- **Best-of-Breed-Softwaresysteme**

  Best-of-Breed-Software (also eine beliebte und gute Lösung ihrer Kategorie) wird von Softwareunternehmen hergestellt, die sich auf Transport- oder Logistikanwendungen spezialisiert haben. Sie werden oft für sehr spezifische Marktanforderungen entwickelt, z. B. nur für den Lkw-Transport in Nordamerika oder den Luftfrachttransport. Gleichzeitig richten sie sich an eine größere Benutzergruppe in diesem Segment. Die Schaffung von Synergien zwischen verschiedenen Geschäftsbereichen (Business Units) eines Unternehmens (z. B. die Verwendung einer Software für einen integrierten Prozess für den Luft-, See- und Straßentransport) oder die einfache Integration in Backend-Prozesse (z. B. das Finanzwesen) kann eine Herausforderung darstellen. Aufgrund der verschiedenen Softwarepakete und ihrer Versionen und Schnittstellen kann ein kontinuierlicher Anpassungsprozess notwendig werden.

Best-of-Breed-Software kann durch ihre zielgerichtete Verwendung eher als Bestandteil einer Individualsoftwarestrategie bewertet werden.

- **Standardsoftwaresysteme**

  Standardsoftware ist in der Regel Teil einer unternehmensweiten Softwarestrategie, die nicht nur Transport- oder Logistikprozesse abdeckt, sondern auch die Prozessabwicklung in anderen Unternehmensbereichen wie Vertrieb, Produktion oder Finanzen ermöglicht. Die Transportabdeckung und -integration ist allgemeiner und weniger spezialisiert als bei Best-of-Breed-Software.

Während Logistikdienstleister oft noch Legacy- oder Best-of-Breed-Software einsetzen, tendieren Verlader in der Regel zur Verwendung von Standardsoftware, da sie bereits viele integrierte Prozesse in ihrem Unternehmen über ein solches System abwickeln und die verschiedenen Unternehmensbereiche in einem IT-Gesamtkonzept zusammenführen müssen.

Im nächsten Abschnitt werfen wir einen genaueren Blick auf Standardsoftware und den Übergang zu SAP S/4HANA.

2.1.2 Standardsoftware als Grundlage der Unternehmens-IT

Der Begriff *Standardsoftware* beschreibt eine Gruppe von Programmen und Anwendungen (z. B. SAP S/4HANA), die zur Erledigung vieler ähnlicher Aufgaben in einem Unternehmen eingesetzt werden. In den meisten Fällen können die Programme umfangreich konfiguriert werden. Konfiguration der Software bedeutet, dass Prozessketten, Prozessschritte und einzelne Funktionen durch das Setzen von Steuerungsparametern, Tabellen- oder Dateieinträgen und -werten an unternehmens- und benutzerspezifische Anforderungen angepasst werden können, um bestimmte Merkmale und Programmanforderungen zu erfüllen. In der SAP-Terminologie wird der Konfigurationsprozess als *Customizing* bezeichnet.

Durch den Einsatz von Standardsoftware können es Unternehmen vermeiden, fachübergreifend genutzte Prozesse, wie z. B. das Transportmanagement oder das Controlling, durch individuell entwickelte Anwendungen abdecken zu müssen, da dieses oft zu fragmentierten oder schwer zu pflegenden Systemlandschaften führen kann. Darüber hinaus bedeuten individuelle Softwarelösungen häufig, dass der Integrationsaufwand und die Komplexität des Datenaustauschs und der Datenkonsistenz steigen. Selbst der Einsatz von Best-of-Breed-Software birgt die Gefahr, dass sich verschiedene Unternehmensbereiche, die unterschiedliche Softwarelösungen einsetzen, weiter auseinanderentwickeln. Das kann Aufwand und Kosten erhöhen, da die Entwicklung der Versionen dieser Programmpakete völlig unabhängig voneinander erfolgt und nicht gewährleistet ist, dass sie zusammenpassen. Große Unternehmen haben unter Umständen mehr als 500 Systeme in ihrer IT-Landschaft, die in Bezug auf Stammdatenkonsistenz, Version, Schnittstellen und anwendungsübergreifende Prozesse gepflegt und integriert werden müssen.

Langfristig lässt sich Standardsoftware viel effizienter in einem Unternehmen implementieren und integrieren als mehrere selbst entwickelte oder unabhängig konzipierte Best-of-Breed-Lösungen. Der teure, fehleranfällige und kostentreibende Softwareentwicklungsprozess wird von einem erfahrenen Standardsoftwareunternehmen durchgeführt. Auf diese Weise kann die beschaffte Lösung direkt implementiert werden. In vielen Fällen kann sich das Implementierungsprojekt auf die Prozessdefinition, die Systemkonfiguration, die Stammdatenpflege und -bereinigung, die Migration der Vorgängersoftware und die Benutzerschulung konzentrieren.

Da viele andere Unternehmen – insbesondere Verlader – bereits SAP-Standardsoftware einsetzen, ist wichtiges Lösungs-Know-how entweder schon im Unternehmen selbst vorhanden oder auf dem Markt leicht verfügbar. Dies können Sie durch einen vorlagenbasierten Ansatz weiter optimieren. Wartungsdienste und spezielle Supportleistungen stehen den SAP-Kunden rund um die Uhr zur Verfügung.

Unternehmen müssen abwägen, ob sie Standardsoftware oder Individualsoftware einsetzen wollen. Die Flexibilität von Standardsoftware und deren regelmäßige Weiterentwicklung durch den Anbieter bringt viele Vorteile mit sich, ohne dass die Möglichkeit von unternehmensspezifischen Erweiterungen und Konfigurationen verloren geht. Ein Nachteil kann jedoch sein, dass oft nur 60 bis 80 % der benötigten Einzelprozesse durch den Standard direkt abgedeckt werden, während der Rest durch Erweiterungen, zusätzliche Softwareprodukte oder eine Anpassung der Geschäftsprozesse erbracht werden muss, was jedoch oft positiv auf die Vereinfachung des Betriebs wirkt.

Das Vorhandensein eines Altsystems in einem Unternehmen, das in absehbarer Zeit nicht mehr gewartet werden kann, ist ein Risiko, das durch den Einsatz von Standardsoftware als gemeinsamer Plattform für die IT gemildert werden kann. Darüber hinaus sind die jüngsten Marktentwicklungen im Bereich der Digitalisierung ein starkes Argument für eine Standardsoftware, denn die Digitalisierung bringt zusätzliche Schwierigkeiten in die Prozesse und die IT. Diese Komplikationen lassen sich mit einer gut integrierten und offenen Technologie, wie sie SAP S/4HANA und SAP BTP bieten, zuverlässig bewältigen.

Die Vorteile von Standardsoftware sind für Unternehmen oft Grund genug, sich für ein SAP-System zu entscheiden, obwohl diese Vorteile allein keine Garantie mehr für langfristigen Erfolg sind. Der Unternehmenserfolg hängt in hohem Maße von der Fähigkeit eines Unternehmens ab, sich anzupassen, andere Unternehmen zu integrieren oder mit ihnen zu fusionieren. Die Digitalisierung und die ständigen Veränderungen in den Logistikprozessen erfordern von den Unternehmen ein hohes Maß an Flexibilität, was sich direkt in den IT-Spezifikationen und der IT-Landschaft widerspiegelt.

2.2 SAP S/4HANA als zukunftssichere Plattform

Die innovative Technologie von SAP S/4HANA ermöglicht eine Vielzahl von neuen Prozess- und Transaktionskonzepten. Die Datenbank SAP HANA ist ein integraler Bestandteil von SAP S/4HANA. So werden die schnelle Verfügbarkeit und Verarbeitung aller relevanten Daten ermöglicht, die ohne aufwändige Datenreplikation oder -aggregation entstehen.

In diesem Abschnitt beschäftigen wir uns mit den Grundlagen von SAP S/4HANA. Dabei gehen wir auch auf den Zusammenhang von SAP S/4HANA mit SAP BTP sowie die verschiedenen Bereitstellungsoptionen (Cloud- oder On-Premise-Lösungen) ein.

2.2.1 SAP S/4HANA als Standardsoftware

Wie bereits erläutert, bildet Standardsoftware die Grundlage für erfolgreiche und gut integrierte Unternehmensprozesse. Ihr Einsatz verhindert unnötige Datenduplikate und garantiert die anwendungsübergreifende Datenintegrität.

Veränderte Geschäftsanforderungen zeigen, dass sich auch bewährte Standardsoftware weiterentwickeln muss. Unternehmen benötigen heute schnellere Datenverarbeitung, flexiblere Benutzeroberflächen und integrierte Analysefunktionen. Diese Prozessänderungen führten dazu, dass SAP die Grundlagen der SAP-ERP-Software neu überdachte und SAP S/4HANA im Verbund mit SAP BTP als langfristige Nachfolger der SAP Business Suite einführte.

SAP S/4HANA basiert auf der In-Memory-Plattform SAP HANA. Seit den Anfängen als reine Datenbank entwickelte sich SAP S/4HANA zur SAP Business Suite mit einer integrierten In-Memory-Verarbeitung und Anbindung digitaler Schlüsseltechnologien (z. B. KI), die sowohl im eigenen Rechenzentrum (also als On-Premise-System) als auch in der Cloud verfügbar ist.

Die Vereinfachung aus Anwendersicht ist eines der wichtigsten Merkmale von SAP S/4HANA. Dazu kommen:

- **Einfache Nutzung und Bedienbarkeit (Usability)**
  moderne, browserbasierte Oberfläche ohne komplizierte Menüstrukturen
- **Einfache Geschäftsprozesse**
  Weniger Eingabemasken und ein rollenbasiertes Arbeiten erlauben es Anwenderinnen und Anwendern, sich auf die eigenen Aufgaben zu konzentrieren.
- **Einfache Entscheidungen**
  Berichte und Kennzahlen sind sofort verfügbar – ohne lange Wartezeiten.

- **Einfache Prozessoptimierung**
  Durch den Einsatz von maschinellem Lernen und KI auf einem In-Memory-System können Prozesse beschleunigt werden.
- **Einfache Konfiguration**
  Das System ist einfach zu konfigurieren und bietet einen geführten Implementierungsprozess.
- **Einfache Datenmodelle**
  Eine vereinfachte Datenstruktur mit weniger Datenbanktabellen und direkte Datenverknüpfungen im Hintergrund ermöglichen einen schnellen Datenzugriff.
- **Einfacher Zugang**
  Der Zugriff auf das System über einen Browser ist von jedem Gerät aus möglich, auch mobil.

Ein weiterer wesentlicher Aspekt ist die Fähigkeit von SAP S/4HANA, alle Einflüsse des modernen Geschäftslebens zu integrieren, sowohl in traditionellen als auch digitalen Bereichen. SAP S/4HANA verbindet verschiedene Datenquellen und Technologien nahtlos mit Ihren bestehenden Prozessen. Dazu zählen unterschiedliche Gerätetypen, IoT-Technologien (Internet of Things), Business-Netzwerke und soziale Netzwerke.

2.2.2 Merkmale und Konzepte eines SAP-S/4HANA-Systems

SAP S/4HANA ermöglicht großen und kleinen Unternehmen die transaktionsbezogene Planung, Ausführung und Dokumentation von durchgängigen Geschäftsprozessen. SAP S/4HANA senkt Kosten durch schnelle, fehlerfreie Prozesse und vereinfacht gleichzeitig Audits. Das flexible System passt sich an neue Geschäftsanforderungen an, ohne aufwendige Programmierungen zu erfordern.

Die Anwendungen von SAP S/4HANA unterstützen die Best Practices (empfohlene Vorgehensweise) verschiedener Branchen. Die Komponenten für Finanzwesen, Controlling, Produktion, Beschaffung, Marketing, Vertrieb, Service, Logistik sowie Risiko- und Compliance Management sind eng miteinander integriert. Diese Integration optimiert Transportprozesse sowohl für verladende Unternehmen als auch für Logistikdienstleister.

Typische Branchen für den Einsatz von TM in SAP S/4HANA sind Konsumgüter, Einzelhandel, Automotive, Chemie sowie Speditionen und Frachtführer. Logistikdienstleister sind in besonderem Maße auf die Robustheit und Vollständigkeit der Anwendungen für das Transportmanagement angewiesen, da die Software zur Verwaltung ihres Kerngeschäfts eingesetzt wird.

[»]

Geschäftsobjekte

Der Begriff *Geschäftsobjekt* (Business-Objekt) wird in diesem Buch an vielen Stellen und in verschiedenen Zusammenhängen verwendet. Ein Geschäftsobjekt, wie z. B.

ein Kundenauftrag, eine Rechnung oder eine Bestellung, ist eine Darstellung eines realen Geschäftsdokuments oder eines damit verbundenen Prozesses in einem IT-System. Es beinhaltet und strukturiert Daten eines Geschäftskontextes und bietet eine Reihe von Methoden, um das Geschäftsobjekt oder Teile davon zu erstellen, zu aktualisieren und zu löschen sowie die Daten über Schnittstellen auszutauschen. Aktivitäten eines Geschäftsobjekts garantieren immer seine Integrität, ansonsten wird das Speichern verhindert.

SAP S/4HANA verbindet alle Geschäftsbereiche miteinander. Die verschiedenen Komponenten tauschen automatisch Daten aus und unterstützen so Ihre Arbeitsabläufe. Das System passt sich somit an Ihre spezifischen Geschäftsprozesse an.

In-Memory-Datenbank

Die In-Memory-Technologie von SAP HANA speichert alle Daten im Hauptspeicher. Durch den Verzicht auf Datenreplikation (mehrfache Speicherung derselben Daten) und Aggregation (Vorabzusammenfassungen) laufen Prozesse schneller ab, und die Datenkonsistenz steigt. Zusätzlich sparen effiziente Kompressionsverfahren (Datenverdichtung) Speicherplatz. Auswertungen sind sofort verfügbar, ohne dass Daten erneut geladen werden müssen.

SAP Fiori und SAP Fiori Launchpad

Auch die Benutzeroberfläche (UI) und die Benutzererfahrung (UX) von SAP S/4HANA wurden verbessert. Bei der SAP Business Suite war ein gutes Verständnis der Systembedienung und der Bedeutung der einzelnen Felder erforderlich.

Die neue Benutzeroberfläche SAP Fiori ist wesentlich intuitiver, sodass sich die Anwenderinnen und Anwender auf ihre eigentlichen Aufgaben konzentrieren können. Das System unterstützt mit wichtigen, relevanten Informationen in einer übersichtlichen Darstellung, ohne dass viel technisches Hintergrundwissen erforderlich ist. Das SAP S/4HANA UI bietet vier Arbeitsebenen.

Im SAP Fiori Launchpad, also auf Ihrer persönlichen Startseite, finden Sie einen rollenspezifischen und konfigurierbaren Überblick über Ihre Aktivitäten. Es liefert wichtige Kennzahlen (Key Performance Indicators, KPIs) als Teil sogenannter *Kacheln*. Jede Kachel repräsentiert eine Anwendung, eine sogenannte *SAP-Fiori-App* (siehe Abbildung 2.1). Ein Beispiel dafür ist eine Kachel, die einen Überblick über Speditionsaufträge anzeigt.

Die Übersichtsseite einer Kachel zeigt Ihnen zusätzliche Details und Beziehungen zu einem ausgewählten Geschäftskontext oder Prozess. Ein Beispiel ist eine Liste der offenen Speditionsaufträge der nächsten Woche mit Informationen, über die Sie auf aktuelle und wichtige Informationen zugreifen können (siehe Abbildung 2.2).

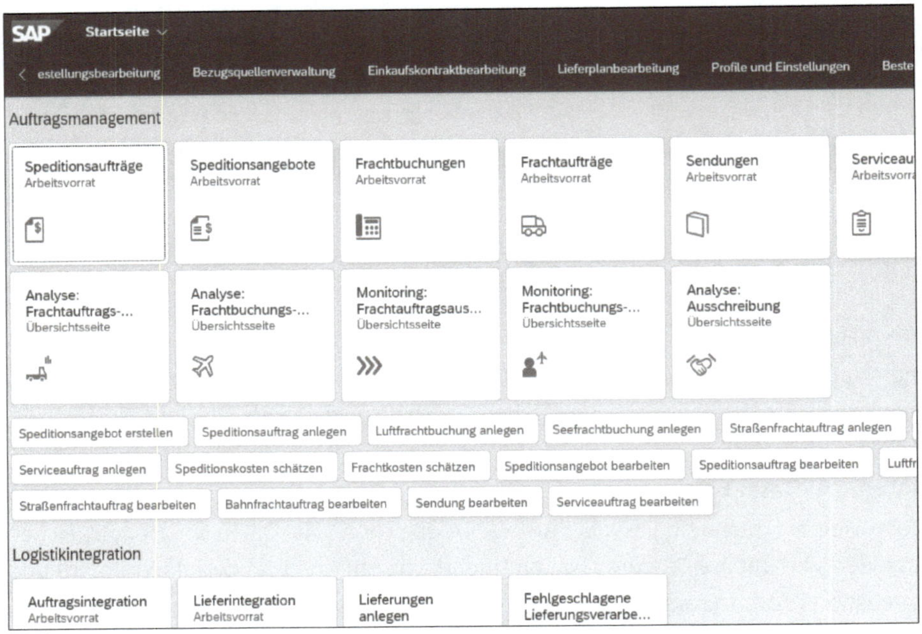

Abbildung 2.1: SAP Fiori Launchpad mit SAP-Fiori-Apps für Auftragsmanagement und Logistikintegration

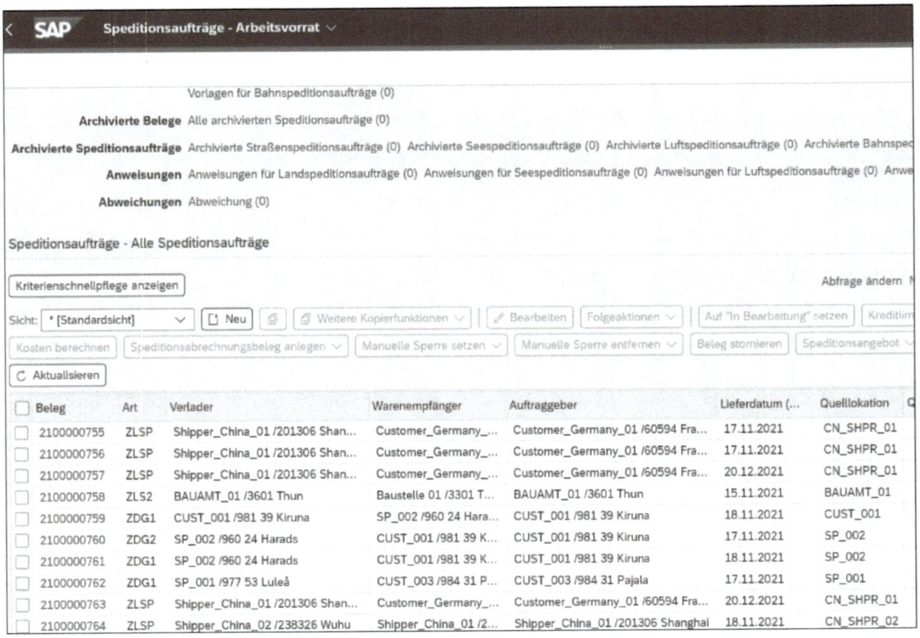

Abbildung 2.2: Arbeitsvorrat mit offenen Speditionsaufträgen

Wenn Sie auf der Übersichtsseite **Details** auswählen, können Sie sich Daten anzeigen lassen, bearbeiten, löschen oder analysieren. Dabei unterstützt Sie das System weiterhin mit intelligenten Funktionen und integrierten Prozessen. Beispiele sind die detaillierte Pflege eines Speditionsauftrags und eine Funktion zum Erstellen eines Transportplans (siehe Abbildung 2.3).

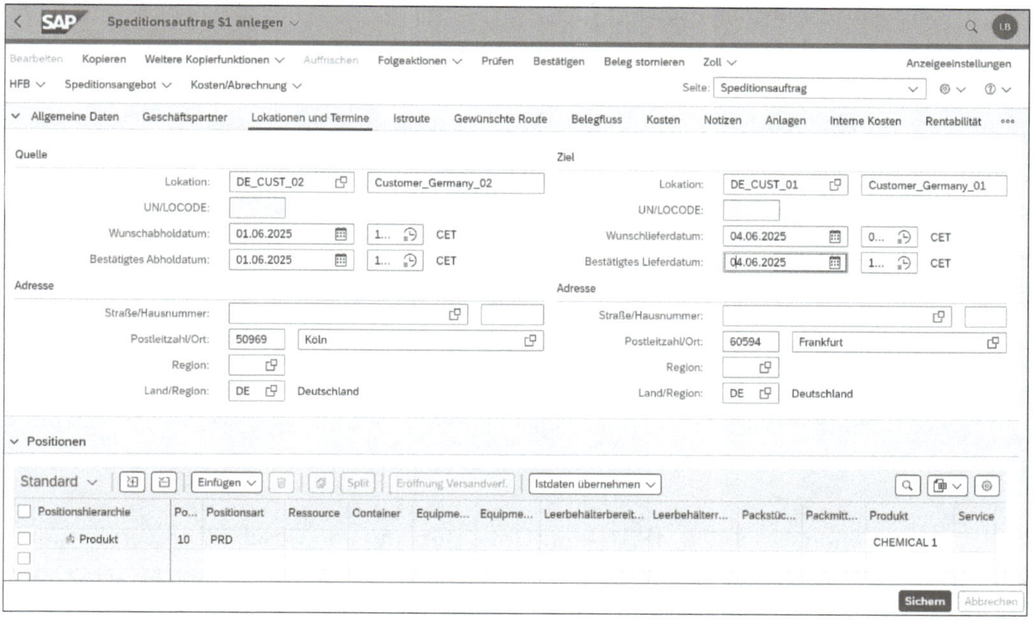

Abbildung 2.3: Erstellen eines Speditionsauftrags

Aus dem SAP Fiori Launchpad können Sie direkt verschiedene Analyseansichten von Echtzeitdaten öffnen. Beispiele sind die Kapazität oder die Kosten in Bezug auf Straßenfrachtaufträge für den vergangenen Monat.

TM in SAP S/4HANA hat durch seine hohe Informationsdichte immer noch viele Bildschirmmasken, die nicht über SAP Fiori, sondern über das SAP Web Dynpro im SAP-Fiori-Design dargestellt werden.

2.2.3 Aufbau von SAP S/4HANA

SAP S/4HANA setzt sich, vereinfacht betrachtet, aus drei Schichten zusammen:

- Die SAP-S/4HANA-Basis (Foundation) stellt grundlegende Systemfunktionen zur Verfügung, wie z. B. die technische Plattform, Prozesssteuerung oder allgemeine Unterstützungsfunktionen wie etwa das Drucken.
- Die darüberliegende Anwendungsschicht (SAP-S/4HANA-Applikationen) stellt die eigentliche Funktion in den Anwendungsbereichen bereit (z. B. Transportmanagement, Finanzen).
- SAP Fiori als Benutzeroberfläche erlaubt Ihnen die Verwendung der Anwendungsfunktionen.

In den folgenden Abschnitten geben wir Ihnen einen Überblick über die Systemfunktionen.

SAP-ABAP-Plattform 2025

Das ABAP-Laufzeitsystem von SAP S/4HANA bildet die Grundlage der meisten Anwendungen, die in einer homogenen und stabilen Umgebung ausgeführt werden. Die meisten Anwendungsfunktionen sind in ABAP als proprietärer, SAP-eigener Programmiersprache geschrieben. Die Sprachkonstrukte von ABAP unterstützen die Erstellung von Geschäftsanwendungen hervorragend. Über die Sprachunterstützung hinaus ist ABAP eine sehr skalierbare und solide Grundlage für unternehmenskritische Systeme.

ABAP gilt zwar nicht als topmodern, aber SAP hat die Sprache entwickelt, um eine optimal passende, zuverlässige und schnelle Plattform für Geschäftsanwendungen zu schaffen, die mit modernen Programmierkonzepten auf dem Laufenden gehalten wird. ABAP ist das »Arbeitspferd« der betriebswirtschaftlichen SAP-Anwendungsprogrammierung, und damit sehr wichtig und grundlegend für fast alle Anwendungen der SAP S/4HANA Suite.

Funktionen von SAP S/4HANA zur Unterstützung von Geschäftsanwendungen

SAP S/4HANA bietet allen Anwendungen eine breite Palette von System- und Unterstützungsfunktionen. Diese Dienste befassen sich mit dem harmonisierten Zugriff auf die Anwendungsumgebung (z. B. Drucken oder Integration) oder mit der Sicherheitsunterstützung und werden konsistent und unabhängig vom Betriebssystem bereitgestellt. Eine Übersicht über viele der Unterstützungsfunktionen sehen Sie in Abbildung 2.4. Mehrere der dargestellten Unterstützungsfunktionen werden Ihnen zusätzlich als Bestandteil der SAP Business Technology Platform (BTP) angeboten, sodass in einer Systemumgebung nicht notwendigerweise alles im SAP-S/4HANA-System genutzt wird (z. B. Dokumentenmanagement, Ausgabemanagement, Kommunikation, Entwicklungsumgebung). Die wichtigsten Grundfunktionen des Systems sind:

- **Transaktionssteuerung**

  Die in SAP S/4HANA implementierte Transaktionssteuerung und gut durchdachte Anwendungen garantieren die Konsistenz der zugehörigen Geschäftsdaten. Wird z. B. eine Rechnung zu einem Auftrag erstellt, sorgt die Transaktionssteuerung dafür, dass die Rechnung korrekt erstellt wird und der Rechnungsstatus und die Daten im zugehörigen Auftrag innerhalb derselben Transaktion aktualisiert werden. Das System erlaubt Ihnen entweder, alles konsistent zu erledigen oder, falls eine Inkonsistenz oder ein Fehler auftritt, alle gespeicherten Daten in den Zustand zurückzurollen, in dem sie sich beim Start der Transaktion befanden.

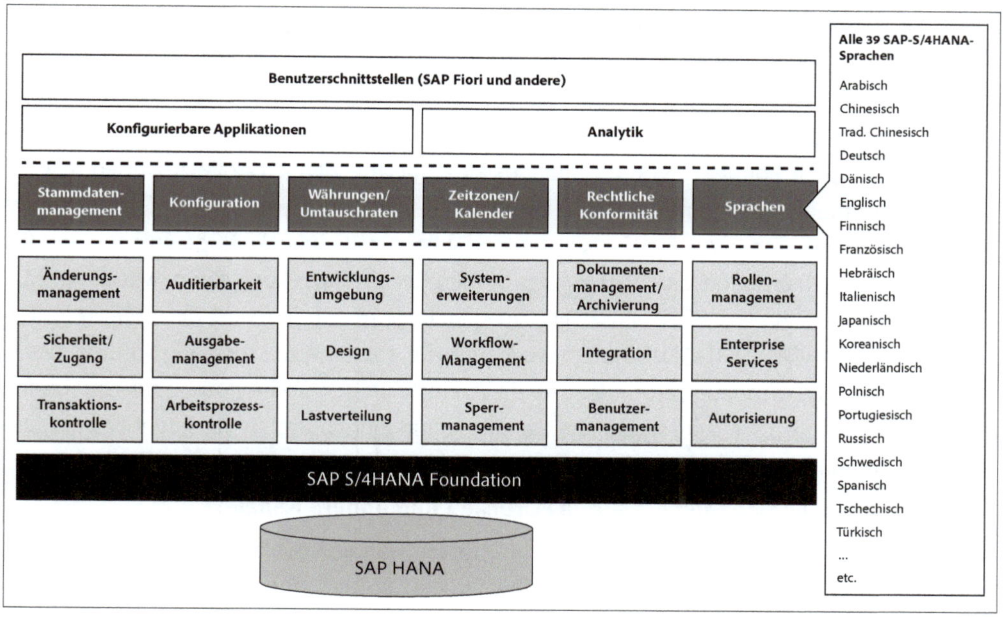

Abbildung 2.4: Unterstützungsfunktionen von SAP S/4HANA (Basis) und ABAP-Plattform

- **Arbeitsprozesssteuerung (Lastausgleich)**

  Mithilfe der Prozesssteuerung gleicht das System die Arbeitslast der aktuell laufenden Prozesse und Transaktionen aus, sodass jede Anwenderin und jeder Anwender eine bestimmte Verarbeitungszeit für den Abschluss der Transaktion erhält. Neu gestartete Prozesse werden automatisch dem am wenigsten belasteten Anwendungsserver in der Systemumgebung zugewiesen.

- **Mehrsprachige Unterstützung**

  TM wird als Teil von SAP S/4HANA mit allen 39 Sprachen ausgeliefert, die standardmäßig für das System verfügbar sind. Zusätzliche Übersetzungen können ebenfalls vorgenommen werden, da die dazu notwendigen Werkzeuge mit SAP S/4HANA geliefert werden. Alle Sprachoperationen basieren vollständig auf Unicode und ermöglichen damit auch nicht-lateinische Alphabete. Technisch gesehen, sind Hunderte von verschiedenen Sprachen möglich.

- **Sperrmanagement**

  Das Sperrmanagement (Locking Server) stellt sicher, dass jeweils nur eine Anwenderin oder ein Anwender bzw. eine Transaktion ein einzelnes Geschäftsobjekt ändern kann (z. B. versucht Person A, den Auftrag 123 zu aktualisieren, indem eine neue Position hinzufügt wird, während Person B den Auftrag 123 löschen möchte). In TM ist ein erweitertes Konzept für das Sperrmanagement implementiert, das mit *optimistischen Sperren* arbeitet. Dadurch ist es mehreren Anwenderinnen und Anwendern möglich, im Änderungsmodus an voneinander unabhängigen Teilen desselben Objekts zu arbeiten.

- **Benutzerverwaltung und Berechtigung**

  Um ihre Zugriffsrechte auf Anwendungen zu verwalten, können Sie Benutzerrollen mit einer umfassenden Liste von Berechtigungen definieren. Die Benutzerrollen können benannten Benutzern zugewiesen werden, die sich am System anmelden können, d. h., Sie können mehreren Personen die gleiche Benutzerrolle zuweisen. Nach der Anmeldung steuern die zugewiesenen Berechtigungen jede Aktivität, die eine Person durchführen kann. Ein Call-Center-Agent kann z. B. neue Aufträge anlegen und Rechnungen erstellen, darf aber keine strittigen Rechnungen korrigieren, was seiner Managerin vorbehalten ist. Zusätzlich zu den Berechtigungen sind die Benutzerrollen in einem SAP-S/4HANA-System auch mit der rollenspezifischen Einrichtung des SAP Fiori Launchpads verbunden. All diese Einstellungen können für jedes Unternehmen sehr spezifisch sein, sodass die Definition und Einrichtung in der Regel Teil der Implementierungsphase der SAP-Software sind.

- **Ausgabemanagement für das Drucken und andere Kanäle**

  Mit SAP S/4HANA können Sie alle Drucker zentral verwalten. Neben der technischen Integration von Druckgeräten sind Druckwarteschlangen und die Integration von Druckaktivitäten vorgesehen. In neueren Installationen wird häufig der Adobe Document Server eingesetzt, um die Dokumentenausgabe aktiv zu verwalten. SAP bietet auch die Möglichkeit, den Adobe Forms Designer und interaktive PDF-Formulare zu nutzen.

  Im Rahmen des Ausgabemanagements bietet das System die Möglichkeit, erstellte Dokumente per Fax oder als E-Mail-Anhang zu versenden, anstatt sie zu drucken. Die Output-Management-Dienste ermöglichen es Ihnen, automatisch eine archivierte Version des Dokuments in einem Dokumentenmanagementsystem zu erstellen.

- **Kommunikation und Dienste**

  Das Kommunikationsmanagement in SAP S/4HANA unterstützt sowohl interne Kommunikationsprozesse (Application to Application [A2A]) als auch externe Prozesse (Business to Business [B2B]). Für alle Anwendungen gibt es eine Vielzahl von Enterprise Services, also Webservices mit WSDL-Definitionen (Web Service Definition Language). Zusätzlich zu den Angeboten von SAP S/4HANA kann SAP BTP genutzt werden, um die Integrationsmöglichkeiten weiter auszubauen.

- **Verwaltung von Workflows**

  SAP S/4HANA beinhaltet ein komplettes Workflow-Management-System, das mit allen Anwendungen, der Office-Funktion und dem Geschäftsprozessmanagement integriert werden kann.

- **Entwicklungsumgebung**

  Die ABAP-Plattform von SAP enthält eine vollständige Entwicklungsumgebung für die Entwicklungskoordination und Durchführung. Die Entwicklungsumgebung ermöglicht es Ihnen, alle Objekte sofort zu testen, und verfügt über sehr starke Detailnavigation, wie z. B. den Aufruf referenzierter Strukturen und Datenelemente.

- **Änderungs- und Transportorganisator**

  Der Änderungs- und Transportorganisator (engl.: CTO – Change and Transport Organizer) ist ein Werkzeug zur Verwaltung zentraler und dezentraler Entwicklungsprojekte der ABAP-Entwicklungsumgebung und von Customizing-Projekten (d. h. System- und Prozesskonfiguration). Trotz der Namensähnlichkeit (*Transport...*) hat der CTO nichts mit den Transportprozessen von TM zu tun. Im CTO können Sie Entwicklungsobjekte und Customizing-Einstellungen in Transportaufträgen zusammenfassen, um eine strukturierte Freigabe von zusammengehörenden Entwicklungs- und Konfigurationsinhalten zu erreichen. Die freigegebenen Objekte und Einstellungen ermöglichen Ihnen den Export aus einem Entwicklungssystem und den darauffolgenden Import in ein nachfolgendes Test- oder Produktivsystem.

Betriebswirtschaftliche Konzepte in SAP S/4HANA

Drei wesentliche Konzepte, die in SAP-Systemen realisiert sind, machen die Umsetzung von Geschäftsanforderungen einfacher und flexibler. Diese Konzepte betreffen sowohl SAP-S/4HANA-Prozesse als auch die logische Trennung der darauf aufbauenden Geschäftsanwendungen:

- **System und Mandant**

  Die organisatorischen Schichten (System und Mandant) eines SAP-Systems können dazu genutzt werden, die Prozesse eines Unternehmens zu realisieren. Der Mandant eines SAP-Systems ist ein Konzept, das eine logische Trennung von Daten und Arbeitsbereichen innerhalb einer technischen Systeminstallation beinhaltet. Mithilfe des Mandanten können mehrere unabhängige Organisationen oder Unternehmensteile in einem einzigen System in vollständig getrennten Arbeitsbereichen verwaltet werden, wobei die Daten vor dem Zugriff durch unberechtigte Benutzer geschützt sind. Wenn sich ein Unternehmen aus einem herstellenden Zweig und einem Logistikunternehmen zusammensetzt, das nicht nur für den Hersteller, sondern auch für externe Kunden Leistungen erbringt, können beide in einem System, aber in unterschiedlichen Mandanten sauber getrennt arbeiten.

- **Finanzielle und organisatorische Einheiten**

  Mithilfe der Finanz- und Organisationseinheiten können Sie Prozessvariationen innerhalb eines Unternehmens verschiedenen Zuständigkeitsbereichen zuordnen (z. B. Buchungskreis von Tochtergesellschaften in Deutschland oder Brasilien, Einkaufsorganisation in Japan und Verkaufsorganisation in Australien). Organisatorische Einheiten sind immer auf einen Mandanten in einem System bezogen. Im Hinblick auf die systemübergreifende Datennutzung sollte ein Stammdatenverwaltungsprozess vorhanden sein, der eine übergreifende Pflege und Verteilung von Organisationsstrukturen ermöglicht.

- **Customizing und Einführungsleitfaden**

  Der Einführungsleitfaden (SAP-Referenz-IMG, *Implementation Guide*) ist ein Werkzeug zur Organisation von Projektimplementierungen, d. h. zur Einrichtung von Geschäftsprozessen in einem oder mehreren Projekten eines Unternehmens. Sie können mehrere Projekte anlegen, die jeweils Customizing-Aufgaben für bestimmte Geschäftsbereiche enthalten (z. B. Projekte für die Finanzkonfiguration in Deutschland oder Vertriebsprozesse im Direktvertrieb). Mithilfe von Customizing-Aufgaben können Sie die Konfiguration im SAP-System einrichten. Die Konfiguration steuert, welcher Prozess auf welche Weise ausgeführt werden kann, welche Konsistenzprüfungen durchgeführt und welche Datenermittlungen vorgenommen werden. Abbildung 2.5 zeigt einen Teil des Referenz-IMG. Abbildung 2.6 illustriert eine Customizing-Aufgabe in TM.

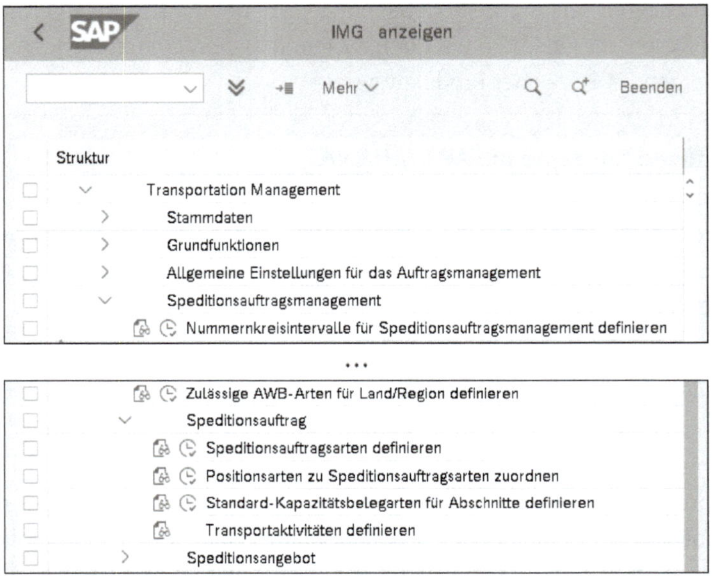

Abbildung 2.5: IMG für das Transportation Management (Ausschnitt)

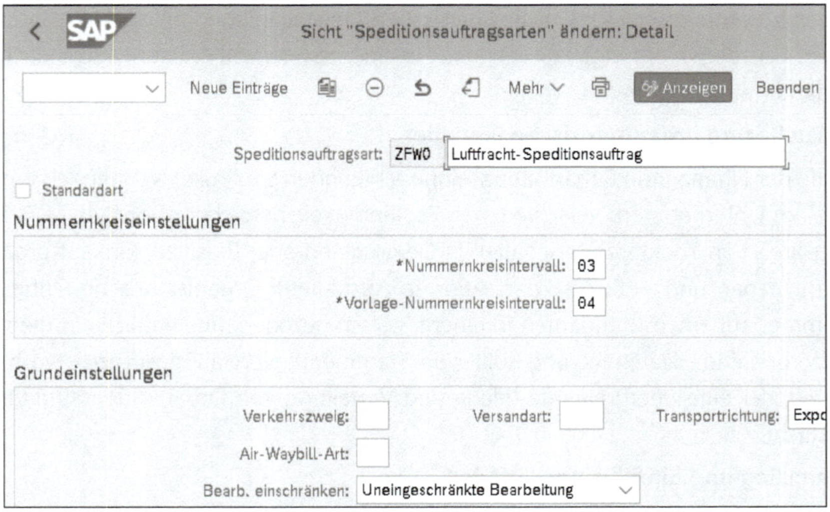

Abbildung 2.6: Customizing einer Speditionsauftragsart für Luftfracht in TM

Beispiele für typische Customizing-Aufgaben sind:

- Festlegung der Länder, in denen Sie geschäftlich tätig sind, und der Währungen, die Sie im Rahmen der Prozesse verwenden
- Definition der Auftragsarten und ihrer funktionalen Details
- Definition von Preisberechnungsregeln und Regeln für den Belegdruck

Im Referenz-IMG können Sie mehrere Aufgaben einer Gesamtliste zuordnen, wodurch Sie Zugriff auf alle Customizing-Aufgaben im gesamten System erhalten. Die Struktur des IMG spiegelt die verschiedenen zu konfigurierenden Geschäftsbereiche wider. Sie haben die Möglichkeit, allgemeine Aufgaben wie z. B. Länder- und Kommunikationseinstellungen anzupassen und darüber hinaus - je nach installierten Komponenten - anwendungsspezifische Aufgaben hinzuzufügen. In einem allgemeinen SAP-S/4HANA-System gibt es Einstellungen für Beschaffung, Finanzen, Vertrieb, Logistik, Transport und Produktion. In einem reinen TM-System finden Sie Konfigurationen für Stammdaten, Speditionsauftragsmanagement, Planung und andere Teilprozesse.

Im Customizing können Sie sehr detaillierte Einstellungen vornehmen. Tatsächlich gibt es in TM mehr als 500 verschiedene obligatorische oder optionale Konfigurationsaufgaben. Sie können ein SAP-System mit minimalen Einstellungen in Betrieb nehmen; bei Bedarf ist jedoch ein hohes Maß an konfigurierbarer Flexibilität möglich.

2.2.4 Bereitstellung von SAP S/4HANA

SAP S/4HANA kann in drei verschiedenen Bereitstellungsoptionen (Deployment) betrieben werden:

- **On-Premise-Bereitstellung und Anwendungshosting (SAP S/4HANA)**

  Beim On-Premise Deployment wird das System vom Kunden im eigenen Rechenzentrum (d. h. vor Ort) genutzt, betrieben und gewartet. Wenn das System in einem Rechenzentrum eines Hosting-Anbieters betrieben wird, der die Rechnerinfrastruktur bereitstellt, der Kunde das System aber nutzt, wartet und betreibt, handelt es sich um Anwendungshosting.

- **Privat verwaltete Cloud (SAP S/4HANA Cloud Private Edition)**

  Die Infrastruktur und das System werden von einem Cloud-Dienstleister aufgebaut, betrieben und gewartet. Der Kunde nutzt das System exklusiv (Single Tenant) und kann am System Änderungen und Erweiterungen vornehmen, die über die reine Konfiguration und vorgegebene Standardschnittstellen hinausgehen.

- **Öffentlich verwaltete, mehrmandantenfähige Cloud (SAP S/4HANA Cloud Public Edition)**

  Der Cloud Service Provider stellt die Infrastruktur und ein lauffähiges System zur Verfügung, das dieser betreibt und pflegt. Der Kunde (Unternehmen) kann sich in das System einloggen, seine eigenen Prozesse anhand der verwendbaren Möglichkeiten konfigurieren und sie mit seinen privaten Daten nutzen. Erweiterungen können über freigegebene Schnittstellen in der Cloud dazu implementiert bzw. lizenziert werden, aber das Unternehmen kann keine eigenen, speziellen Änderungen am System vornehmen.

Ein wesentlicher Unterschied dieser Betriebsformen liegt in der Lizenzierung. On-Premise-Anwendungen werden einmalig gekauft, abhängig z. B. von der Anzahl der Anwenderinnen und Anwender oder dem Geschäftsvolumen. Bei Cloud-Anwendungen ist ein Abonnementmodell üblich, bei dem jährlich Lizenzkosten anfallen. Dieser Unterschied hat weitreichende Folgen, die über reine Kosten hinausgehen. Beim Cloud-Betrieb werden die Systemkosten etwa in den Abonnementpreis eingerechnet.

Bei der Lizenzierung eines On-Premise-Systems zahlen Sie nur für die Software und das Recht, sie zu nutzen. Hardware, Betriebssystem, Datenbank etc. müssen separat gekauft, installiert und gewartet werden, was erhebliche Zusatzkosten verursacht. In den meisten Fällen wird auch ein Wartungsvertrag abgeschlossen, der die Weiterentwicklung in Form neuer Versionen oder Erweiterungspakete sowie Fehlerkorrekturen und Servicepakete beinhaltet. Auch hier ist der Kunde für die Implementierung, Anpassung und Inbetriebnahme des Systems verantwortlich. Dies gilt nicht nur für die Erstimplementierung, sondern auch für jedes Erweiterungs- und Servicepaket.

In Bezug auf Lizenzen und Einsätze sind die folgenden Konzepte zu beachten:

- **Infrastructure as a Service (IaaS)**

  IaaS ist das grundlegendste Cloud-Bereitstellungsmodell. Während Unternehmen in der klassischen On-Premise-Welt ihre eigene physische Computerinfrastruktur einrichten und betreiben, wird diese bei IaaS als Service gemietet. In den meisten Fällen umfasst diese Miete Speicher, Rechenleistung, Netzwerkinfrastruktur und andere Ressourcen, auf denen der Kunde Betriebssoftware und Geschäftsanwendungen installieren und nutzen kann. Die virtuellen Umgebungen, auf denen die Kunden ihre Anwendungen ausführen können, verhalten sich so, als ob es sich um eine unabhängige, lokale Infrastruktur handeln würde. Der Kunde kann also die Infrastruktur nach seinen Bedürfnissen konfigurieren und betreiben. Bei IaaS ist ein dediziertes Anwendungsmanagement erforderlich, das vom Unternehmen selbst geleistet oder als Dienstleistung von anderen Anbietern bezogen werden kann.

  Die Vorteile dieses Bereitstellungsmodells sind die Flexibilität und Erschwinglichkeit der Infrastruktur, die Skalierbarkeit bei schnellem Wachstum, die einfache Erstellung von z. B. Sandboxen und die bedarfsorientierte Anpassung bei Lastspitzen und -tälern.

- **Platform as a Service (PaaS)**

  PaaS bietet Kunden die Möglichkeit, ihre eigenen Anwendungen auf einer vom Cloud-Anbieter bereitgestellten Infrastruktur zu entwickeln und zu betreiben. Zu diesem Zweck stellt PaaS Software-Frameworks, Programmiersprachen, Werkzeuge, Bibliotheken, Schnittstellen und Dienste zur Verfügung, oftmals als Bestandteile eines

SAP-S/4HANA-Systems. Diese decken den gesamten Softwarelebenszyklus von der Konzeption über Design, Entwicklung, Test, Bereitstellung und Betrieb der Anwendung ab. Ihr Unternehmen hat die Kontrolle über die erstellten Anwendungen und die Konfiguration der Hosting-Umgebung, aber keinen Zugriff auf die zugrunde liegende Infrastruktur, wie etwa Netzwerk, Betriebssystem, Server oder Speicher.

PaaS-Dienste bauen auf IaaS-Infrastrukturen auf und bieten die gleichen Vorteile, Skalierbarkeit und in der Regel ein ähnliches Vermarktungsmodell. Wichtige zusätzliche PaaS-Produkte von SAP sind z. B. die Bestandteile der SAP BTP, mit denen Sie die Möglichkeit haben, eigene Anwendungen über Erweiterungs- oder Integrationswerkzeuge zu erstellen, was einen Mehrwert mit operationalen, analytischen oder transaktionalen Anwendungen bietet, insbesondere in differenzierten Prozessbereichen.

- **Software as a Service (SaaS)**

  SaaS beschreibt die Nutzung der Software eines Anbieters, die auf dessen Cloud-Infrastruktur läuft. Die Kunden zahlen für die Nutzung in Form eines Abonnements. Die Anwendung kann mithilfe verschiedener Geräte genutzt werden, entweder über einen Thin Client (z. B. den Browser eines Computers oder eines Tablets/Smartphones) oder über eine eigene Programmoberfläche. Smartphone-Apps sind zum großen Teil SaaS-Anwendungen.

  Auch in diesem Szenario haben die Kunden keinen Zugriff auf oder Einfluss auf die zugrunde liegende Infrastruktur wie das Netzwerk, die Server, das Betriebssystem oder den Speicher. Zudem sind ihre Konfigurationsmöglichkeiten eingeschränkt, da nur vorgesehene Konfigurationen zulässig sind. Dazu gehört auch eine Einschränkung der Anpassungsmöglichkeiten einer SaaS-Anwendung. Zu den SAP-SaaS-Lösungen gehören SAP SuccessFactors, SAP Ariba und SAP Sales Cloud sowie die SAP S/4HANA Cloud Public Edition.

  Bei vielen Anwendungen genießen die Kunden durch die Nutzung von SaaS-Angeboten zahlreiche Vorteile. Neben dem geringen Investitionsrisiko durch Beschränkung auf die Nutzung des Systems ohne Investition in Soft- oder Hardware und Zusatzservices sind weitere Vorteile deutlich verringerte Gesamtkosten, transparente IT-Kosten, bessere Skalierbarkeit, stark beschleunigte Implementierung und einfachere Bereitstellung neuer Funktionen und Innovationen. Dies setzt natürlich einen passende Funktionsumfang der SaaS-Anwendung voraus.

  In Bezug auf TM sind die Anpassbarkeit und der Funktionsumfang in der SAP S/4HANA Cloud Public Edition viel geringer als bei einer On-Premise- oder Private-Cloud-Lösung, und für viele Szenarien kann die SaaS-Nutzung nicht als echte Alternative angesehen werden.

Einen Vergleich der Eigentums- und Zuständigkeitsverhältnisse für das Cloud- und das On-Premise-Bereitstellungsmodell finden Sie in Tabelle 2.1.

Bereitstellungs-verantwortung	SAP S/4HANA Cloud Public Edition	SAP S/4HANA Cloud Private Edition	SAP S/4HANA (On-Premise-Version)
Lizenzmodell	Softwarenutzungs-abonnement SaaS	Softwareplattform-abonnement/PaaS/IaaS	unbefristete Software-lizenz
inhaltliches Eigentum	hauptsächlich SAP	hauptsächlich Partner und Unternehmen	hauptsächlich Unter-nehmen
Dienste für das Anwendungs-management	SAP	Partner/Kunde/ SAP Enterprise Cloud Services	Partner/Kunde/ SAP Enterprise Cloud Services
Verwaltung des Lebenszyklus von Inhalten	SAP	Partner/Kunde/ SAP Enterprise Cloud Services	Partner/Kunde/ SAP Enterprise Cloud Services
Produktunter-stützung	SAP	SAP	SAP/ Wiederverkaufs-partner
technischer Betrieb	SAP	SAP	Partner/Kunde/ SAP Enterprise Cloud Services
Infrastruktur	Hyperscaler/SAP	Hyperscaler/SAP	Unternehmen/ Hyperscaler/SAP/ Partner

Tabelle 2.1: Lizenzmodelle zur Bereitstellung von SAP S/4HANA

[»]

In diesem Buch behandelte Bereistellungsmodelle

In diesem Buch gehen wir nicht auf die TM-Optionen für SAP S/4HANA Cloud Public Edition ein, da diese nur mit einem sehr eingeschränkten Funktionsumfang zur Verfügung steht. Ihr Funktionsumfang ist nicht mit den in diesem Buch beschriebenen On-Premise- und Private-Cloud-Versionen vergleichbar. Dies könnte sich jedoch in den kommenden Jahren ändern.

2.2.5 Bereitstellungs- und Integrationsoptionen für TM

Wie in den vorangegangenen Abschnitten erwähnt, ist TM als Teil von SAP S/4HANA 2025 verfügbar. Neben den beschriebenen Bereitstellungsoptionen haben Sie mehrere Möglichkeiten, das System in einem In-Stack- oder Extra-Stack-Bereitstellungsmodell einzusetzen.

[«]

SAP-Instanz oder Systeminstanz

Instanz bezeichnet in der SAP-Welt eine konfigurierbare, laufende Einheit eines SAP-Systems, die bestimmte Aufgaben, Prozesse und Dienste bereitstellt. Eine Instanz besteht aus einer Kombination von SAP-Prozessen, Konfigurationen, Speicherstrukturen und Netzwerkdiensten.

Als Unternehmen können Sie in vielen Fällen alle Prozesse auf einer Instanz laufen lassen. Je nach Unternehmensentscheidung zur logischen oder technischen Trennung oder aufgrund von technischen Gegebenheiten können Sie alternativ verschiedene Instanzen der SAP-Software einsetzen, wobei Sie z. B. nach Funktion oder Region unterteilen oder auch ältere Versionen mit neueren zusammenschalten können. Einsatzbeispiele dafür sind:

- eigenständiges lokales Lagerverwaltungssystem (EWM) mit Automatiklagersteuerung
- verschiedene SAP-S/4HANA- oder ERP-Systeme pro Landesorganisation
- eigenständiges Logistiksystem, um unabhängig von Finanzprozessen zu arbeiten

Das In-Stack- oder *eingebettete* Modell bezieht sich darauf, dass TM auf derselben Instanz betrieben wird, die auch die ERP-Kernfunktionen von SAP S/4HANA betreibt. TM ist dabei ein integraler Bestandteil des SAP-S/4HANA-Systems.

Das Extra-Stack-, Side-by-Side- oder dezentrale Modell bezieht sich auf eine zusätzliche SAP-S/4HANA-Instanz, die Seite an Seite mit dem zentralen SAP-S/4HANA-System betrieben wird (Extra-Stack). Die zusätzliche Instanz kann TM allein betreiben, aber auch z. B. Extended Warehouse Management (EWM), SAP Yard Logistics oder SAP Event Management beherbergen.

In Abbildung 2.7 sehen Sie die daraus resultierenden Einsatzmöglichkeiten:

❶ TM in SAP S/4HANA kann als integraler Bestandteil zusammen mit anderen eingebetteten Komponenten (Logistik, Finanzen) auf einer einzigen Instanz laufen. Diese Option bietet die meisten Vorteile in Bezug auf gemeinsame Stammdaten und Prozesse.

❷ TM in SAP S/4HANA kann als Extra-Stack, also als unabhängige, dezentrale Instanz betrieben werden, die mit einer anderen SAP-S/4HANA-Instanz verbunden ist, z. B. für Logistik, Vertrieb und Finanzen. Dies könnte die bevorzugte Option sein, wenn ein Unternehmen den Transport unabhängig von anderen Prozessen (z. B. Finanzen) betreiben möchte. Ein gemeinsamer Betrieb des dezentralen TM mit anderen Komponenten (z. B. EWM) kann aus Leistungsgründen sinnvoll sein.

❸ TM in SAP S/4HANA kann als Extra-Stack, also als unabhängige, dezentrale Instanz laufen, die mit einer SAP-Business-Suite-Instanz (SAP ECC), etwa für Logistik, Vertrieb und Finanzen, verbunden ist. Dies könnte z. B. während eines Migrationsprozesses eine Option sein.

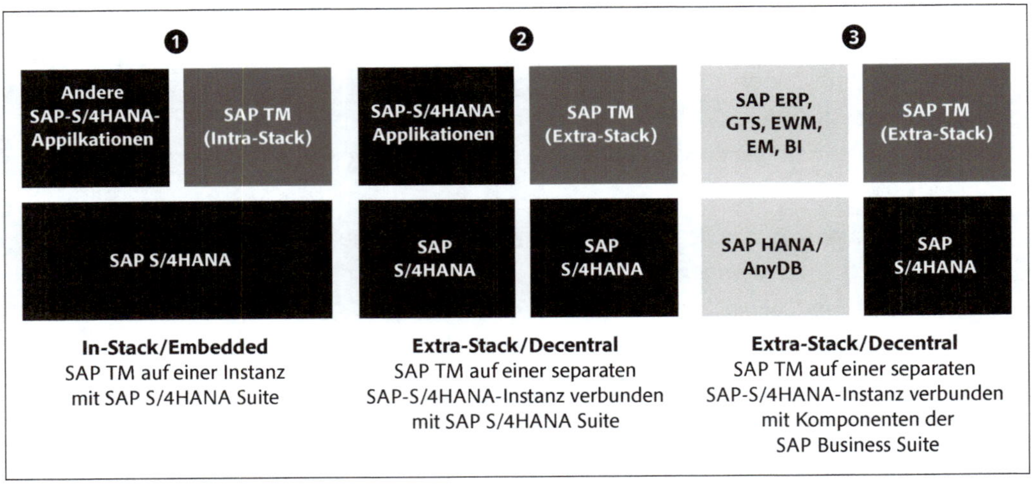

Abbildung 2.7: Bereitstellungsoptionen für die In-Stack- und Extra-Stack-Modelle von TM

Wenn TM als integraler Bestandteil von SAP S/4HANA implementiert und genutzt wird, ist es vollständig mit den internen Komponenten für Vertrieb, Beschaffung, Versand, Rechnungsstellung, Bestand, Produktsicherheit und Lagerhaltung integriert. Darüber hinaus ist eine externe Integration mit SAP Global Trade Services (SAP GTS), SAP Event Management und Cloud-Komponenten wie SAP Analytics Cloud und SAP Business Network for Logistics möglich.

Für die Integration von TM in den SAP-S/4HANA-Stack stehen verschiedene Prozesse mit verbesserter Leistung zur Verfügung (z. B. Advanced Shipping and Receiving bzw. erweiterter Warenannahme- und Versandprozess). Neben der vollen Nutzung der SAP-S/4HANA-Funktionen gibt es auch einige architektonische Vereinfachungen zu beachten, da viele Prozesssynchronisationen im Embedded-System entfallen können:

- Bei der Abrechnung sind keine A2A-Nachrichten erforderlich (Application-to-Application), da die Berechnung/Abrechnung der Gebühren und die Rechnungsstellung/Fakturierung in einem System erfolgen.
- Die Fakturierungsprozesse haben nun direkten Zugriff auf die erforderlichen logistischen Kontextdaten.
- Die Replikation von Unternehmensstammdaten ist nicht mehr erforderlich. TM verwendet den SAP-S/4HANA-Geschäftspartner, anstatt eine Kopie von Kunde und Lieferant über das *Data Replication Framework* (DRF) zu erhalten.
- Produktdaten werden nicht mehr repliziert, da TM die SAP-S/4HANA-Produktdefinitionen verwendet.
- Gemeinsame Stammdaten können auch für die Integration mit anderen Modulen, wie z. B. der Gefahrgutverwaltung, genutzt werden.

- Kundenaufträge, Bestellungen und Lieferungen müssen nicht in TM repliziert werden, sondern können direkt für den Transportprozess verwendet werden. Die Kopie bestimmter Belege entfällt, da diese nur noch temporär vorgehalten werden (transient).
- Die gemeinsame Nutzung verschiedener Anwendungsbereiche für die Datenabfrage ist in Core Data Services (CDS) für Geschäftslogik, Analytik und Abfrageprozesse möglich.

2.3 RISE with SAP und seine Komponenten

RISE with SAP kombiniert verschiedene Komponenten und richtet sich vornehmlich an große Unternehmen und SAP-Bestandskunden. Durch die Übernahme von Signavio (jetzt SAP Signavio) für das Business Process Management und LeanIX für Enterprise Architecture erweiterte sich der Umfang für Geschäftsprozesstransformationen. Das Angebot von RISE with SAP umfasst die folgenden Bestandteile:

- **SAP-S/4HANA-Cloud-Editionen**

  RISE with SAP ist die zentrale Initiative von SAP, um die Unternehmensverwaltung ihrer bestehenden und neuen Kunden in die Cloud zu bringen. Aus diesem Grund ist SAP S/4HANA die zentrale Komponente des RISE-with-SAP-Angebots.
- **Werkzeuge und Dienstleistungen für die technische Migration**

  Die RISE-with-SAP-Tools und -Services für die Migration ermöglichen einen reibungslosen Übergang von einem bestehenden SAP-NetWeaver-basierten SAP-System in die SAP-S/4HANA-Welt. In Kapitel 14, »Migration zu und Betrieb von TM in SAP S/4HANA«, erfahren Sie mehr über die Systemmigration, insbesondere mit dem Fokus auf TM.
- **SAP Business Technology Platform (SAP BTP)**

  SAP BTP bietet als PaaS viele Dienste mit erweiterter Integration, Low-Code- und No-Code-Entwicklungsfunktionen, Analysewerkzeugen, KI-Werkzeugen, Dokumentenmanagement und anderen Funktionen an. Weitere Informationen zu SAP BTP finden Sie in Abschnitt 2.3.1.
- **Geschäftsprozesse**

  Das SAP-Portfolio zur Geschäftsprozesstransformation konsolidiert Funktionen zur Rationalisierung der Geschäftsprozesse. Weitere Einzelheiten werden in Abschnitt 2.3.2, »Geschäftsprozesstransformation mit Signavio und LeanIX«, beschrieben.
- **SAP-Business-Network-Starterpaket für SAP S/4HANA**

  Die SAP-Netzwerke bieten eine Integration in die von SAP angebotenen Netzwerkdienste. Weitere Details finden Sie in Abschnitt 2.3.3, »SAP-Business-Network-Anwendungen«.

RISE with SAP bietet ein komplettes Set von Werkzeugen und Dienstleistungen für die Prozessoptimierung vor, während und nach einer SAP-S/4HANA-Implementierung. Dafür stehen Ihnen die folgenden Arbeitswerkzeuge zur Verfügung:

- Prozess Screening
- Prozessanalyse und Process Mining
- Prozessmodellierung
- Workflow-Ausführung
- erweiterte Funktionen für die Prozesszusammenarbeit

2.3.1 SAP Business Technology Platform (SAP BTP)

Die SAP BTP ergänzt das ERP-System um Integrations- und Entwicklungswerkzeuge, Planungs- und KI-Unterstützung sowie Analysewerkzeuge. Viele Cloud-Projekte scheiterten in der Vergangenheit, weil Unternehmen Nicht-SAP-PaaS-Plattformen einsetzten, die für ihre spezifischen Prozesse ungeeignet waren. Zusätzlich fehlte oft das nötige Know-how für die richtige Implementierung.

Aus diesem Grund wird SAP BTP standardmäßig als Teil des Angebots von RISE with SAP ausgeliefert. SAP BTP erweitert SAP S/4HANA um technologische Komponenten für Integration, Analytics und weitere Funktionen. Dazu gehören:

- **Anwendungsentwicklung und Automatisierung**

  SAP BTP stellt Ihnen für Erweiterungsentwicklungen No-Code-, Low-Code- und Full-Stack-Entwicklungsumgebungen zur Verfügung, die die Erstellung und den Betrieb von kundenspezifischer Programmierung optimal unterstützen. Sie können Drag-and-Drop-Programmierung und Business Automation mit vorgefertigten Workflows für Robotic Process Automation (RPA), auch in Verbindung mit Chatbots, nutzen. Branchenbezogene Inhalte ermöglichen eine schnellere Prozessanpassung.

- **Erweiterte Planung und Analyse**

  Die Business Technology Platform bietet umfangreiche Planungsfunktionen, die branchenübergreifend genutzt werden können. Während sich eine Organisation eines Unternehmens in der Regel auf eine SAP-S/4HANA-Instanz (Mandant) konzentriert, kann SAP BTP Informationen aus mehreren Quellen unternehmensübergreifend konsolidieren, Pläne simulieren und in einem größeren Rahmen auswerten. Planungsmechanismen und die Möglichkeit zur Rückmeldung an die Ursprungssysteme sind für die Lieferketten-, Finanz-, Personal- und Vertriebsplanung verfügbar.

- **Daten und Analytik**

  SAP BTP ermöglicht es Ihnen, den Wert von Daten und deren Inhalt zu maximieren, um fundiertere und umfassendere Entscheidungen zu treffen. Mit der Vielfalt an Auswertungsmechanismen und Visualisierungen erhalten Sie einen erweiterten Einblick in die Abhängigkeiten und den Hintergrund Ihrer Daten. Die analytischen Lösungen umfassen SAP Analytics Cloud, SAP HANA Cloud, SAP Data Warehouse Cloud, SAP Data Intelligence und SAP Master Data Governance, um die Qualität Ihrer Daten zu verbessern.

- **Integration**

  Mit einer großen Zahl an vorgefertigten Integrationspaketen und vielen Konnektoren zu Drittsystemen ist SAP BTP die Integrationsplattform der SAP Cloud. Sie ermöglicht Ihnen die Integration mit internen oder Cloud-Systemen, Nicht-SAP-Systemen sowie mit weltweiten Partnern, indem Sie vorgefertigte Branchenspezifikationen verwenden und mit wissensbasiertem Mapping und Integrationsunterstützung schnell zum Ziel kommen. Der SAP Integration Advisor als Teil der BTP hilft Ihnen, eine erfolgreiche Integration auf der Grundlage von zuvor gesammeltem Wissen über jeden integrierenden Partner und dessen Nachrichtenabbildungen umzusetzen (wissensbasiertes Mapping). SAP Event Mesh ermöglicht es Ihnen, auf eine Vielzahl von Ereignissen zu reagieren, die von Ihren SAP-Systemen oder Drittanbieterlösungen stammen.

- **Künstliche Intelligenz**

  SAP BTP enthält gebrauchsfertige und geschäftsspezifische KI-Modelle, die Sie für Ihre eigenen Geschäftsauswertungen nutzen können. Sie können diese Modelle entweder mit Ihren eigenen Systemen, Daten und Prozessen verwenden oder mithilfe der KI-Funktionen Chatbots erstellen, die mit allen beteiligten Parteien und ihren internen Systemen interagieren. Die KI-Werkzeuge bieten Ihnen ein komplettes Lebenszyklusmanagement für die in Ihrer Implementierung verwendeten Algorithmen an.

Für SAP BTP gibt es neben einem kostenlosen Probemodus drei Lizenz- und Verbrauchsmodelle, die wir Ihnen im Folgenden kurz vorstellen:

- **Abrechnung nach dem Prinzip »Pay as you go«**

  Dieses Modell ermöglicht es Ihnen, ausgewählte Dienste in kleinerem Umfang zu verwenden. Es kann für selektiv genutzte Anwendungsfälle, Testprojekte und Versuchsanwendungen (Proof of Concept) genutzt werden, ohne langfristige Verpflichtungen einzugehen.

- **Cloud-Platform-Enterprise-Vereinbarungen (CPEA, Cloud Platform Enterprise Agreement)**

  Mit diesem Modell können Sie für gut geplante Anwendungsfälle die verschiedenen Serviceangebote der SAP BTP flexibel nutzen, ohne sich im Einzelnen zu viele Gedanken über Nutzung und Kosten zu machen.

- **Abonnementbasierte Nutzung**

  Dieses Modell ermöglicht es Ihnen, bestimmte ausgewählte BTP-Dienste unabhängig von der tatsächlichen Nutzung zu betreiben. Dies kann sehr hilfreich sein, wenn Sie einen etablierten Anwendungsfall haben und sich nicht um eine kostenbezogene Skalierung kümmern möchten.

2.3.2 Geschäftsprozesstransformation mit Signavio und LeanIX

Unter dem Oberbegriff der *Geschäftsprozesstransformation* bündelt SAP das Portfolio zur Prozessoptimierung. Dieses Portfolio wurde entwickelt, weil SAP-S/4HANA-Implementierungen viele Jahre lang oft als reine IT-Projekte angesehen wurden. Dabei wurden Verbesserungen der Prozesse oft vernachlässigt.

Eine erfolgreiche Transformation eines Unternehmens erfordert ein fundiertes Verständnis der Schwachstellen, eine umfassende Prozessanalyse, ein Branchen-Benchmarking, eine Neugestaltung der Prozesse, eine reibungslose Zusammenarbeit zwischen allen Beteiligten und viele weitere Schritte. SAP entwickelte zunächst keine eigene Lösung für Geschäftsprozesstransformation, sondern kaufte die Spezialisten LeanIX und Signavio zu und integrierte deren komplette Produktpaletten. Diese Produkte wurden in RISE with SAP aufgenommen und bilden nun ein einheitliches Lösungspaket. Die Lösung analysiert bestehende Prozesse und stellt Werkzeuge für deren Überarbeitung oder Neuentwicklung bereit. Sie umfasst Prozessdesign, Benchmarking, Gap-Analyse, Verbesserung und Änderungsmanagement.

2.3.3 SAP-Business-Network-Anwendungen

Das SAP Business Network Starter Pack für SAP S/4HANA erweitert die Transformation von Geschäftsprozessen über das eigentliche Kernsystem von SAP S/4HANA hinaus. Es verbessert die Integration in die Prozesse Ihrer Geschäftspartner und hilft, dynamische digitale Verbindungen mit Handelspartnern zu schaffen.

Die Netzwerkökonomie, in der Produkte und Dienstleistungen durch den Betrieb in Netzwerken einen großen Mehrwert schaffen, ist einer der wichtigsten wirtschaftlichen Trends dieses Jahrzehnts. Als Teil von RISE with SAP ermöglicht das SAP Business Network Starter Pack schnell Vorteile für SAP-S/4HANA-Transformationen, indem es den Netzwerkansatz integriert und eine Starthilfe für den Einstieg in die effiziente Vernetzung bietet. Zu diesem Zweck enthält RISE with SAP eingeschränkte Versionen von drei bestehenden SAP-Netzwerklösungen:

- **SAP Ariba – Beschaffungsnetzwerk im SAP Business Network**

  SAP Ariba stellt ein Geschäftsnetzwerk für die Beschaffung bereit. Dabei wird die digitale Verbindung zwischen Käufern und Verkäufern innerhalb eines Netzwerks hergestellt, um schnelle, präzise und integrierte Transaktionen zu ermöglichen. SAP Ariba ist damit die Grundlage für Unternehmen, die ihren Einkauf und ihre Lieferketten digitalisieren wollen. Das Starterpaket ist auf 2.000 Bestellungen und Rechnungen sowie eine ERP-Anbindung beschränkt. SAP Ariba ist noch nicht direkt mit TM integriert.

- **SAP Business Network for Logistics**

  SAP Business Network for Logistics ist eine offene, mehrstufige Plattform, die verschiedene Partner für die unternehmensübergreifende Zusammenarbeit in der Logistik verbindet und Einblicke in Abläufe und Zustände im Netzwerk ermöglicht. In enger Integration mit SAP S/4HANA ermöglicht es Anwenderinnen und Anwendern, logistische Transaktionen gemeinsam zu verwalten und Einblicke in die gesamte Wertschöpfungskette zu gewinnen. Auch hier besteht zusätzlich zu den in RISE with SAP enthaltenen Basisfunktionen die Möglichkeit, auf den vollen Umfang aufzurüsten. SAP Business Network for Logistics ist ein wichtiger Bestandteil des Transportwesens, wenn es um die Zusammenarbeit mit Logistikunternehmen geht, und ist direkt mit TM integriert.

- **SAP Business Network for Asset Management**

  Wie alle Komponenten des SAP Business Network Starter Packs for SAP S/4HANA ist auch SAP Business Network for Asset Management cloud-basiert und dient als Netzwerk für Anlagen- und Maschinenhersteller, Kunden, Betreiber und Dienstleister, als globales Register für Anlagen, Maschinen und Werkzeuge. Zusätzlich positioniert sich das Netzwerk als kollaborative Plattform für Betrieb, Wartung und Lifecycle Management der Anlagen. Eine direkte Integration mit TM existiert nicht. Zu den Beschränkungen des Starterpakets gehören ein Limit von 200 Anlagen, zwei Mitgliederverbindungen und zehn Portalverbindungen.

2.3.4 Die Clean-Core-Strategie

Clean Core bedeutet, dass das SAP-S/4HANA-System in seinem Grundaufbau unverändert bleibt. Dieses Konzept ist zentral für RISE with SAP. Das Ziel ist ein upgrade-fähiges, wartbares und zukunftssicheres SAP-S/4HANA-System. Unternehmen können ihre individuellen Anforderungen mithilfe von Erweiterungen umsetzen, ohne den SAP-Standard zu verändern. Clean Core hilft dabei, den Erfolg von RISE-Projekten sicherzustellen. Die wichtigsten Elemente der Clean-Core-Strategie sind:

- möglichst eng am SAP-Standard und dessen Best Practices festhalten (Fit-to-Standard), um wenig am System verändern zu müssen
- Wenn Erweiterungen am System vorgenommen werden müssen, sollten diese außerhalb des Kernsystems erfolgen, z. B. eine Erweiterung auf der SAP BTP, die über standardisierte, öffentliche Schnittstellen/APIs an das Kernsystem angebunden ist.
- Alternativ können Sie Anpassungen innerhalb des Kernsystems über dafür vorgesehene Mechanismen vornehmen (z. B. die SAP-Fiori-Apps der Key User Tools - etwa die App F1481 -, um Felder und Business-Logik zu ergänzen).
- Durch den Einsatz von strikten Regeln und einer Entwicklungskontrolle können Sie eine klare Trennung zwischen SAP- und eigenem Programmcode erreichen. Zudem können Sie eigenen Code angemessen mit Werkzeugen wie dem ABAP Test Cockpit analysieren.

Durch die konsequente Einhaltung dieser Regeln vermeiden Sie technische Probleme, die später aufwendig zu lösen wären.

2.4 TM als Teil von SAP S/4HANA

Viele Jahre war TM eine eigenständige Hauptkomponente zur Koordinierung der Transportprozesse von Verladern und Logistikdienstleistern, die als separates System auf Basis der SAP Business Suite betrieben wurde (heutzutage: Extra-Stack oder Side-by-Side). TM war über die Integrationstechnologie *Core Interface* (CIF) in ein oder mehrere separate SAP-ERP-Systeme integriert.

Mit der Verfügbarkeit von SAP S/4HANA war es eine logische Konsequenz, TM als integralen Bestandteil der SAP S/4HANA Suite anzubieten, um eine engere Integration in die Stammdaten, Logistik- und Finanzprozesse sowie den digitalen Kern des Systems zu erreichen. Da es sich bei SAP S/4HANA um die langfristige strategische Unternehmenssoftware von SAP handelt, sollten außerdem alle Komponenten als eingebettete Teile der Suite oder als integrierte Produkte verfügbar sein, um die Wartungsvorschriften zu erfüllen. Stand 2025 sind die Produkte der SAP Business Suite in der Logistik bis 2027 garantiert gewartet (erweiterte Wartung bis 2030). Danach sollen nur noch Logistikprodukte und Komponenten von SAP S/4HANA weitere Release-Upgrades und Feature-Packs erhalten. Auf der Grundlage dieser strategischen Entscheidungen ist TM nun auf zwei Plattformen verfügbar:

- **TM in SAP S/4HANA (Version 2025)**

  TM wurde zunächst als Teil von SAP S/4HANA 1709 in einem auf verladerbezogene Prozesse beschränkten Umfang veröffentlicht. Logistikdienstleiterfunktionen wie z. B. Kundenbestellung und -abrechnung waren erst ab Release 1809 verfügbar. Damit erreichte TM weitgehend den gleichen Funktionsumfang wie Version 9.6 auf der SAP Business Suite.

  Spätere SAP-S/4HANA-Versionen erweiterten TM auf den Funktionsumfang, den wir in diesem Buch beschreiben. Release 2025 lässt sich in den in Abschnitt 2.2.5, »Bereitstellungs- und Integrationsoptionen für TM«, beschriebenen Bereitstellungsmodellen betreiben.

- **TM in SAP S/4HANA Cloud Public Edition (Release 2511)**

  TM ist als Public-Cloud-Anwendung verfügbar (siehe Tabelle 2.1). Allerdings ist der Umfang im Vergleich zu TM in SAP S/4HANA 2025 immer noch sehr begrenzt. Der Hauptumfang von TM in der Public Cloud umfasst die Erstellung von Frachtaufträgen, die Planung dieser Aufträge in einer externen Instanz und die Rückführung des Planungsergebnisses in TM zur weiteren Ausschreibung, Ausführung und Abrechnung. Individuelle Prozesse, Stammdaten und konfigurationsbasierte Prozessvarianten können in der aktuellen Version nicht definiert werden. In diesem Buch werden wir nicht auf weitere Details dieser Lösung eingehen.

In diesem Abschnitt stellen wir Ihnen sowohl die TM-Funktionen als auch die relevanten SAP-S/4HANA-Funktionen vor, die in direkt verbundenen Komponenten mit TM in SAP

S/4HANA integriert sind. Abschließend geben wir einen Überblick über die Funktionen von TM.

2.4.1 SAP-Transportmanagement

Transportmanagement hat bereits eine lange Geschichte innerhalb der SAP-Logistiksysteme und -komponenten. Verladerorientierte Lösungen werden großen, weltweit operierenden Kunden seit 1987 zur Verfügung gestellt, als das Mainframe-System SAP R/2 mit einem Modul namens RT veröffentlicht wurde, das die Organisation multimodaler Transporte ermöglichte. Sein Nachfolger auf dem etablierten ERP-System SAP R/3 war die Transportkomponente von Logistics Execution (LE-TRA), die 1993 mit SAP R/3 3.0 freigegeben wurde. In den folgenden Releases wurde sie funktional erweitert und entwickelte sich zu einer umfassenden Lösung für Unternehmen der verladenden Industrien zur Verwaltung ihrer Transportanforderungen, einschließlich Kostenberechnung und Abrechnung. Obwohl LE-TRA in einer großen Gemeinschaft von Fertigungs- und Handelsunternehmen noch immer weit verbreitet ist, wurde es in Bezug auf Funktionsumfang und Integrationsmöglichkeiten von TM überholt. Abbildung 2.8 zeigt die Geschichte der SAP-Transportsoftware und ihrer Benutzeroberflächen.

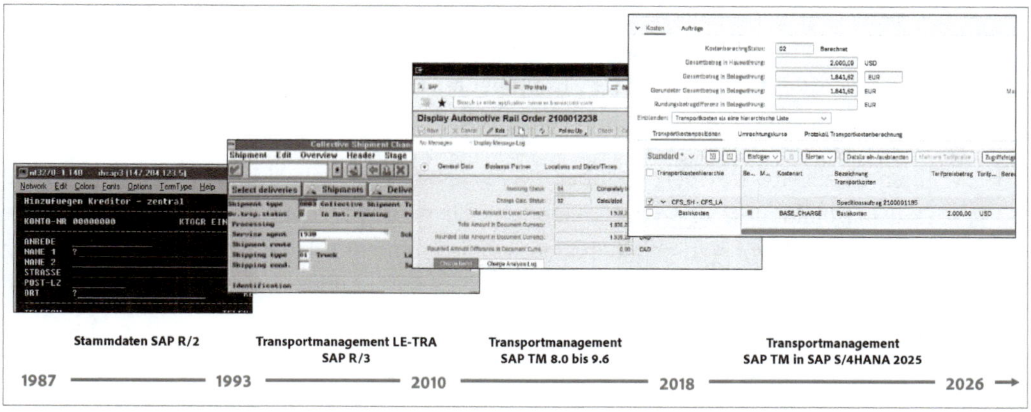

Abbildung 2.8: Geschichte der SAP-Transportkomponenten

Im Jahr 2010 wurde TM 8.0 als eigenständiges System veröffentlicht. Zum ersten Mal wurden in der Transportmanagementlösung auch die Prozesse von Speditionen im Straßen- und Schiffsverkehr unterstützt, wobei insbesondere der Verkauf von Logistikdienstleistungen und die Transportplanung neu waren. Dies wurde mit TM 9.0 auf die Luftfrachtspedition ausgeweitet. Das Nachfolge-Release konzentrierte sich auf die Quote-to-Cash-Prozesse im Schienenverkehr und bot viele bahnspezifische Funktionen und Stammdatenentitäten. Mit dem Erfolg und der Verfügbarkeit von SAP S/4HANA wurde TM im Jahr 2017 in diese innovative Plattform integriert. Zunächst wurden die Verladerfunktionen mit SAP S/4HANA 1709 freigegeben, gefolgt von den LDL-spezifischen

Prozessfunktionen in Release 1809. Weitere Entwicklungen erweiterten den Funktionsumfang und die Integration bis zum SAP-S/4HANA-Release 2025, das in diesem Buch beschrieben wird.

Funktionale Abdeckung

Wenn es um Transport, Ladung und Fracht geht, ist TM die wichtigste Komponente von SAP S/4HANA. TM hat diese Rolle von der ERP-Transportkomponente LE-TRA übernommen und ausgeweitet. Es bildet damit die Grundlage für alle Hauptprozesse und Aktivitäten in der Transportlogistik. Wie im Einführungskapitel beschrieben, können die TM-Funktionen in verschiedenen Geschäftssituationen eingesetzt werden:

- Transport und Logistik für Verlader ist eng mit deren Verkaufs-, Beschaffungs-, Produktions- und Logistikprozessen verbunden.
- Transportmanagement für Spediteure ermöglicht Ihnen die durchgängige Abwicklung und Verwaltung von Kundentransportaufträgen und die Unterstützung mehrerer Logistikpartner.
- Das Transportmanagement für Frachtführer erlaubt es Ihnen, Ihre Flottenkapazitäten effizient zu nutzen und deren Nutzung durch Verlader- und Speditionsbuchungen zu steuern.
- Transportmanagement für Vertragslogistikdienstleister ermöglicht es Ihnen, Transportdienstleistungen in enger Zusammenarbeit mit Lagerhaltung und sonstigen servicebezogenen Dienstleistungen anzubieten.

Einen detaillierteren Überblick über die Funktionsweise von TM finden Sie in Abschnitt 2.4.6. In Abbildung 2.9 sind die funktionalen Elemente von TM dargestellt. Um Ihnen eine bessere Orientierung zu geben, haben wir die Nummern der entsprechenden Kapitel in die Abbildung eingefügt.

Im Folgenden sind die wichtigsten funktionalen Elemente von TM aufgeführt. Abbildung 2.9 zeigt die Kapitelnummern der zugehörigen Abschnitte:

- Verkaufsverträge werden im Bereich Kundenvertragsmanagement durch die Erstellung von Verkaufspreisen, Kundenverträgen, Produktkatalogen und Standardprozeduren verwaltet. Diese Funktion wird in erster Linie von Logistikdienstleistern genutzt (Kapitel 12, »Speditionsberechnung und -abrechnung für Logistikdienstleister«).
- Das Dienstleistervertragsmanagement ermöglicht Ihnen die Verwaltung von Preisdefinitionen und Verträgen mit Ihren Dienstleistern (Kapitel 10, »Transportkostenmanagement«).
- Die Kapazitätsdefinition erlaubt es Ihnen, das Transportnetzwerk und verwendete Ressourcen und Ausrüstungen, einschließlich Verfügbarkeit und Kapazitäten, zu definieren (Kapitel 4, »Stammdaten«, und Kapitel 6, »Transportplanung«).

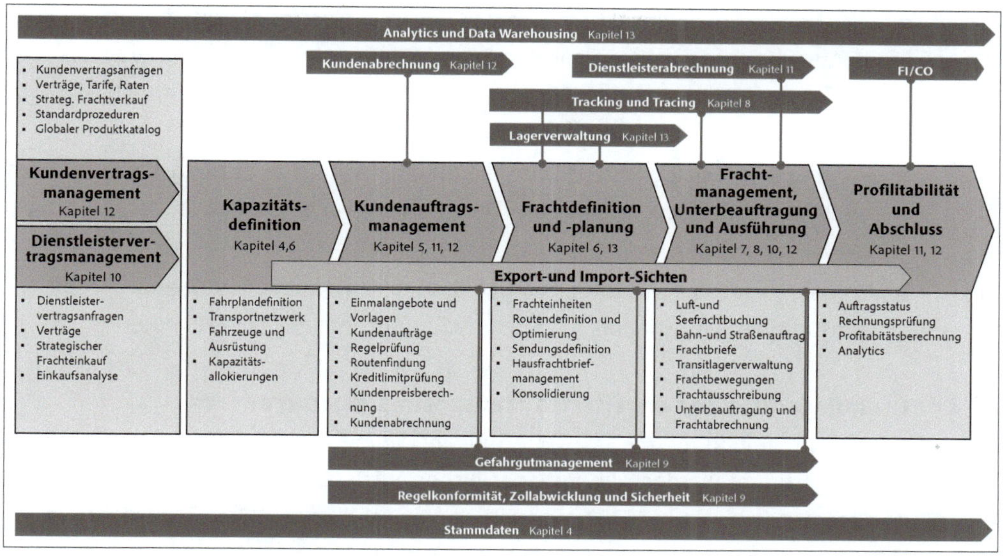

Abbildung 2.9: Überblick über die funktionalen Elemente von TM

- Das Kundenauftragsmanagement ist ein Funktionsblock, der von LDLs hauptsächlich zur Bearbeitung von Transportaufträgen externer Kunden verwendet wird. Dazu gehören erste Routing-Entscheidungen, Compliance-Prüfungen und Gebührenberechnungen für Kundenrechnungen. Die Kundenauftragsverwaltung ist auch der Integrationspunkt für die ERP-Prozesse in Vertrieb und Beschaffung, wo Kundenaufträge, Lieferungen, Bestellungen und Umlagerungen Transportbedarf erzeugen (Kapitel 5, »Transportanforderungen und Auftragsmanagement«, Kapitel 11, »Frachtkostenabrechnung«, und Kapitel 12, »Speditionsberechnung und -abrechnung für Logistikdienstleister«).
- Die Frachtdefinition und -planung ermöglicht es Ihnen, Frachteinheiten zu definieren, die durch Ihr Netzwerk bewegt werden sollen. Sie können verpackt, mit der Lagerverwaltung abgeglichen und in logischen Gruppen (Hausfrachtbrief) konsolidiert werden (Kapitel 6, »Transportplanung«, und 13, »Intergration mit anderen Komponenten«).
- Frachtmanagement, Unterbeauftragung und Ausführung unterstützten die Handhabung von Master-Frachtbriefen, den Abgleich mit Lager-, Lade- und Transitaktivitäten, die Unterauftragsvergabe von Fracht, Ausführungsaktivitäten und die Berechnung von Logistikdienstleisterabrechnungen (Kapitel 7, »Frachtauftragsmanagement und Unterbeauftragung«, Kapitel 8, »Durchführung und Überwachung von Transporten«, Kapitel 10, »Transportkostenmanagement«, und Kapitel 12, »Speditionsberechnung und -abrechnung für Logistikdienstleister«).
- Gefahrgutmanagement und Regelkonformität (Compliance Management) unterstützen die Integration von TM-Prozessen mit verschiedenen gesetzlichen Regelungen (Kapitel 9, »Einhaltung der Transportvorschriften«).

- Mit Abschluss (Kundenfakturierung und Rechnungsprüfung) und Profitabilität können Sie Abrechnungsaktivitäten mit Kunden und Lieferanten durchführen und das finanzielle Ergebnis prüfen (Kapitel 11, »Frachtkostenabrechnung«, und Kapitel 12, »Speditionsberechnung und -abrechnung für Logistikdienstleister«).
- Tracking und Tracing unterstützen die automatische Überprüfung des Ausführungsstatus von Ladungen (Kapitel 8, »Durchführung und Überwachung von Transporten«).
- Analysen und Data Warehousing liefern Ihnen Informationen über alle Aspekte des Transportgeschäfts (Kapitel 13, »Integration mit anderen Komponenten«).

Grundlegendes und erweitertes Transportmanagement

Mit der Integration in SAP S/4HANA musste TM mit den Funktionen von SAP ERP LE-TRA abgestimmt werden, die Verlader bisher nutzten. Das Nutzungsrecht für LE-TRA-Kunden wurde bis Ende 2030 verlängert (siehe SAP-Hinweis 2269324). Danach muss ein Umstieg auf TM erfolgen. Im Hinblick auf die Kompatibilität des Funktionsumfangs und die Gleichheit der Nutzungsrechte wurde jedoch beschlossen, einen zweistufigen Lizenzumfang für die Funktionen von TM in folgenden TM-Varianten zu definieren:

- **Grundlegendes Transportmanagement**

  Dies ist die Basisversion des Transportmanagements und enthält alle gleichen bzw. vergleichbaren Funktionen, die bereits in LE-TRA enthalten waren und nun in ähnlicher Weise für die Nutzung durch Kunden im Rahmen von TM in SAP S/4HANA zur Verfügung stehen. »Ähnlich« bedeutet dabei, dass sowohl Datenmodelle als auch Benutzerschnittstellen anders sind, die grundlegende Funktion jedoch denselben Zweck erfüllt. Das grundlegende Transportmanagement ist Teil der SAP-S/4HANA-Lizenz und kann von allen Anwenderinnen und Anwendern in einem Embedded-System genutzt werden. Die Verwendung dezentraler Instanzen, erweiterte oder engine-basierte Funktionen (z. B. Optimierer) sind jedoch nicht Teil dieses Umfangs und dürfen nicht verwendet werden.

- **Erweitertes Transportmanagement**

  Das erweiterte Transportmanagement enthält den vollen Umfang von TM entweder für eine erweiterte Nutzung durch Verlader oder einen durchgängigen Betrieb als Logistikdienstleister. Die Nutzung des erweiterten Transportmanagements erfordert eine spezielle Volumenlizenz, die auf einer fallspezifischen Metrik basiert (z. B. Umsatz bei Logistikdienstleistern), und ist nicht in der Standardlizenz von SAP S/4HANA enthalten.

In Tabelle 2.2 sind einige spezifische Funktionen von TM aufgelistet, wobei in der Spalte ganz links die *TM-Funktionen* aufgeführt sind. In den Spalten *Nutzung durch* finden Sie die (allgemeine) Relevanz der Funktion für einen *Verlader* oder einen Logistikdienstleister (LDL), der das Transportmanagementsystem betreibt. Die Spalten zur *Verfügbarkeit* zeigen an, ob eine Funktion Teil des als *grundlegend* oder als *erweitert* klassifizierten Transportmanagementumfangs in SAP S/4HANA ist. Die Legende für Tabelle 2.2 lautet wie folgt:

● Die Funktion wird verwendet oder ist in einer TM-Lizenzversion verfügbar.

○ Die Funktion wird verwendet und ist in einer TM-Lizenzversion nur teilweise verfügbar.

Leer: Die Funktion wird nicht verwendet und ist nicht im TM-Lizenzumfang enthalten.

Die Einträge »SAP Business Network for Logistics« verweisen auf die Verfügbarkeit der Funktion als Teil des SAP Business Network for Logistics (siehe Abschnitt 13.8, »SAP Business Network for Logistics«). Genaue Definitionen des Geltungsbereichs finden Sie in SAP-Hinweis 3065464, dem eine Liste der grundlegenden und erweiterten Geltungsbereiche beigefügt ist.

	Nutzung durch		**Verfügbarkeit im Lizenzumfang der TM-Variante**	
TM-Funktion	**Verlader**	**LDLs**	**Grundlegend**	**Erweitert**
Organisatorische Stammdaten	●	●	●	●
Geschäftspartnerstammdaten (Kunden, Lieferanten, Spediteure etc.)	●	●	●	●
Netzwerkstammdaten	●	●	○ keine Handelswege	●
Ressourcenstammdaten		●	○ nur Equipments	●
Produktstammdaten	●	●	●	●
Serviceproduktkatalog		●		●
Kundenverträge		●		●
Definition von Verkaufsraten und Tarifen		●		●
Lieferantenverträge	●	●	●	●
Definition von Einkaufspreisen und Tarifen	●	●	●	●

Tabelle 2.2: TM-Funktionen, die von Verladern/LDLs genutzt werden, und ihre Verfügbarkeit in den TM-Lizenzvarianten in SAP S/4HANA

	Nutzung durch		Verfügbarkeit im Lizenzumfang der TM-Variante	
TM-Funktion	**Verlader**	**LDLs**	**Grundlegend**	**Erweitert**
Verhandlung von Verträgen zwischen Unternehmen und Logistikdienstleistern	●	●		●
TM-Kundenangebote (Speditionsangebot)		●		●
TM-Kundenaufträge (Speditionsauftrag)		●		●
Integration mit dem ERP-Kundenauftrag bzw. der Bestellung (ERP SD, MM)	●			●
Integration mit der ERP-Lieferung (ERP LE)	●		●	●
Komplexe Vertriebs- und Distributionsprozesse (z. B. Einteilungen, Neuterminierung, Split, Wareneingang/Warenausgang)	●			●
Integration des Außenhandels (SAP GTS)	●	●		●
Integration der Gefahrgutverwaltung	●	●	●	●
Kundenauftragsrouting	●	●	●	●
Preisgestaltung im Kundenauftrag	●	●		●
Kundenfakturierung		●		●
Definition von Frachteinheit und Frachtauftrag	●	●	○ Frachtauftrag nur ein- oder ausgehend	●

Tabelle 2.2: TM-Funktionen, die von Verladern/LDLs genutzt werden, und ihre Verfügbarkeit in den TM-Lizenzvarianten in SAP S/4HANA (Forts.)

	Nutzung durch		Verfügbarkeit im Lizenzumfang der TM-Variante	
TM-Funktion	**Verlader**	**LDLs**	**Grundlegend**	**Erweitert**
Definition von Kapazität und Zeitplan (Stammdaten)	●	●	○ nur Fahrplan ohne Optimierung	●
Transportdisposition für Kundenaufträge (ERP SD)	●	●		●
Transportdisposition für Lieferungen (ERP SD)	●	●	●	●
Transportplanung für Speditionsaufträge (TM)		●		●
Einheitliche Paketerstellung	●	●		●
Erweiterter Versand und Wareneingang (EVW)	●	●	○ nur embedded und nur Frachteinheiten	●
Konsolidierung von eingehenden und ausgehenden Frachten	●	●		●
Manuelle Transportplanung	●	●	○ keine Kundenaufträge, keine CO2-Emissionen	●
Terminierung	●	●	●	●
Optimierte Transportplanung, Terminierung und Strategien/Vorschläge/Karten/Gantt-Diagramme	●	●		●
Ladeplanung und automatische Palettenbildung	●	●		●
Verwaltung von Fahrpersonal		●		●

Tabelle 2.2: TM-Funktionen, die von Verladern/LDLs genutzt werden, und ihre Verfügbarkeit in den TM-Lizenzvarianten in SAP S/4HANA (Forts.)

	Nutzung durch		Verfügbarkeit im Lizenzumfang der TM-Variante	
TM-Funktion	**Verlader**	**LDLs**	**Grundlegend**	**Erweitert**
Verwaltung von Serviceaufträgen		●		●
See-, luft- und schienenverkehrs-spezifische Betriebsmöglichkeiten	●	●		●
Frachtmanagement für ERP-Kundenaufträge	●		○ nur über die ERP-Lieferung	●
Frachtmanagement für TM-Speditionsaufträge		●		●
Automatische Dienstleisterauswahl und Rangfolge	●	●		●
Ausschreibung von Transportunternehmen	●	●	○ nur direkte Ausschreibung	●
Portal für die Zusammenarbeit mit Spediteuren	●	●	● SAP Business Network for Logistics	● SAP Business Network for Logistics
Frachtenabrechnung mit Spediteuren	●	●	●	●
Kostenverteilung	●	●	●	●
Frachtmanagement und Rechnungsprüfung	●	●	●	●
Berechnung der Profitabilität		●		●
Verfolgung von Sendungen	●	●		●
Konzernlogistik	●			●
Integration in die Lagerverwaltung (nicht EVW)	●	●		●
Transitlagerung		●		●

Tabelle 2.2: TM-Funktionen, die von Verladern/LDLs genutzt werden, und ihre Verfügbarkeit in den TM-Lizenzvarianten in SAP S/4HANA (Forts.)

Im folgenden Abschnitt gehen wir näher auf die Komponenten ein, mit denen TM in einem SAP-S/4HANA-System integriert ist.

2.4.2 Unternehmenssteuerung mit SAP S/4HANA

Die Enterprise-Management-Ebene von SAP S/4HANA umfasst eine Vielzahl von Komponenten, die direkt oder indirekt mit Logistik- und Transportprozessen zusammenhängen. Viele dieser Prozesse sind neben S/4HANA auch als Teil von SAP ERP (SAP ECC) verfügbar.

Vertrieb

Die Vertriebskomponenten des Moduls SD (Sales und Distribution) umfassen eine Reihe von Funktionen, die sich mit der Preisgestaltung und dem Verkauf von Sachgütern und Dienstleistungen befassen. Diese Komponenten werden häufig in der Fertigungs- und Handelsindustrie eingesetzt, um den gesamten Verkaufsprozess von Waren oder Dienstleistungen an Kunden zu verwalten (verladende Industrien). Für den Vertrieb von Logistikdienstleistungen sind diese Funktionen nur sehr bedingt geeignet, da viele Logistikmerkmale fehlen. Sie sollten dafür TM verwenden.

Im Folgenden werden typische Aufgaben des Verkaufsprozesses beschrieben:

- Verwaltung von Angebot und Auftrag
- Durchführung von Verfügbarkeitsprüfungen für in Kundenaufträgen verwaltete Waren und Materialien
- Erstellung von Lieferplänen
- Verwaltung des Kreditlimits und Risikomanagement im Zusammenhang mit Kundenaufträgen
- Festlegen des Verkaufspreises und Erstellen von Rechnungen (Faktura)
- Verwaltung der Einhaltung von Handelsbestimmungen für Verlader
- Verwaltung von Umlagerungen innerhalb der Organisation eines Verladers
- Integration in die Bestandsverwaltung

Der Kundenauftrag ist in der Regel die Quelle des ausgehenden Transportbedarfs für Verlader, der in TM-Komponenten entweder im Unternehmen des Verladers (z. B. in der Transportabteilung) oder bei einem LDL verarbeitet wird. In Kombination mit TM können Sie die Transportplanung für Kundenaufträge gemeinsam durchführen, sodass Sie einen oder mehrere Aufträge in einem Transport zusammenfassen oder einen Auftrag in mehrere Transporte aufteilen können. Sie können auch Aufträge aus verschiedenen Systemen oder Mandanten gemeinsam planen und so organisationsübergreifende Transporte erzeugen. Ausschreibungen, die Vergabe von Unteraufträgen und die Ausführung in TM sind auf der Grundlage von Aufträgen vor der Lieferungserstellung möglich. Details zur Auftragsintegration mit TM finden Sie in Abschnitt 5.2, »Start des Transportplanungsprozesses«. Beachten Sie dazu auch die lizenzrechtlichen Details in Tabelle 2.2.

Die Auftragsverwaltung wird auch in Kombination mit TM verwendet, um Kundenrechnungen zu erstellen. Da TM zwar Entwürfe oder Pro-forma-Rechnungen erstellen kann, aber nicht über eine eigene Abrechnungsfunktion verfügt, werden die SAP-S/4HANA-Funktionen für die Rechnungsstellung (SD-BIL) und die Integration ins Finanzwesen (FI) verwendet. Einzelheiten zu dieser Integration finden Sie in Kapitel 11, »Frachtkostenabrechnung«, und Kapitel 12, »Speditionsberechnung und -abrechnung für Logistikdienstleister«.

Lieferkette

Die Lieferkette (Distribution) in SAP S/4HANA ERP umfasst Lieferungen, Lagerhaltung und grundlegendes bzw. erweitertes Transportmanagement. Der durch diese Prozesse erzeugte Transportbedarf ist bereits vorgeplant und bis zu einem gewissen Grad detailliert. Die Lieferkettenfunktion wird typischerweise zur Abwicklung der folgenden Aufgaben verwendet:

- Liefervorbereitung, Lieferungserstellung und Dokumentation, Auslieferung
- Zentralisierte und dezentralisierte Lagerverwaltung mit Aufgaben- und Ressourcenmanagement. Für kleine Lager können Sie das in SAP S/4HANA integrierte Stock Room Management verwenden. Wenn Sie große oder komplizierte Lager zu verwalten haben, ist das Extended Warehouse Management SAP EWM die bessere Wahl (erfordert eine zusätzliche Lizenz und ist nicht in der SAP-S/4HANA-Lizenz enthalten).
- SAP Yard Logistics zur Verwaltung großer oder komplizierter Außenhöfe mit Bahnrampen, Liegeplätzen oder anderen Zugangsmechanismen
- Verarbeitung von Wareneingangs- und -ausgangsprozessen
- Transportplanung, -organisation und -dokumentation
- Verwaltung der direkten Filialbelieferung (DSD)
- Verwaltung von Handling Units (HU)
- Paketerstellung mit einem einheitlichen Ansatz, der EWM, TM und das ERP-System umfasst (siehe Abschnitt 6.3, »Einheitliche Erzeugung von Packstücken«)
- erweiterter Versand und Wareneingang zur engeren Verknüpfung der Lieferkettenaktivitäten zwischen ERP, EWM und TM (siehe Abschnitt 13.3, »Erweiterter Warenannahme- und Versandprozess«)
- Abwicklung von Anlieferungen, einschließlich Wareneingang
- Retourenmanagement für Lieferungen und Aufträge
- Abwicklung von Umlagerungsaufträgen (inklusive Aspekte des Abgangs am Versandort)

Transportfunktionen, die Sie nicht mehr nutzen sollten (SAP S/4HANA LE-TRA)

Die Versand- und Transportfunktionen von SAP ERP, die in der Komponente LE-TRA bereitgestellt wurden, verbleiben nur aus Kompatibilitätsgründen für eine Übergangszeit in SAP S/4HANA. Sie sind nicht SAP-S/4HANA-fähig, werden 2027 aus der Wartung laufen und dürfen ab 2030 nicht mehr genutzt werden. Sie werden vollständig durch den Funktionsumfang des grundlegenden Transportmanagements von TM ersetzt.

Die Transportkomponente LE-TRA wurde als integraler Bestandteil des ausgehenden und eingehenden Transportprozesses für Verlader entwickelt und wird seit mehr als 30 Jahren von vielen SAP-ERP-Kunden intensiv genutzt. Obwohl sie eine dem Zweck angemessene Funktion bietet, ist sie aufgrund der folgenden Einschränkungen zu unflexibel, um allgemeine Transportanforderungen zu erfüllen oder die Grundlage für eine komplette Transportplattform zu bilden:

- Versendete Waren sind abhängig von Materialstammdaten, die Sie für die Erstellung von Lieferungen benötigen (ein LDL verfügt in der Regel nicht über diese Stammdaten von versendeten Waren).
- Es können keine gemeinsamen An- und Auslieferungen abgewickelt werden (es geht technisch nur eine gemeinsame Richtung pro Transport).
- Transportanforderungen aus mehreren SAP-ERP-Systemen oder Mandanten können nicht zentral auf Basis von LE-TRA verwaltet werden, da Referenzbelege (z. B. Lieferungen) benötigt werden, die aus anderen Systemen nicht verfügbar sind. Daher benötigt jede organisatorische Einheit ihr eigenes LE-TRA-Transportmanagement.
- Automatische Transportplanung kann nur mittels des nicht mehr unterstützten SAP APO durchgeführt werden.
- Es gibt keine Auftragsverwaltung zur Unterstützung des Verkaufs und der Abrechnung von Transportdienstleistungen (d. h., LE-TRA ist für LDLs nicht ohne Weiteres verwendbar).

Materialwirtschaft und Beschaffung

Der Schwerpunkt dieser Materialwirtschaftskomponente (MM) liegt in der Beschaffung und Bestandsführung von Sachgütern, Dienstleistungen und Materialien zum Verkauf oder zur Verwendung in Produktionsprozessen. Im Folgenden sind typische Prozesse aufgeführt, die mit der Materialwirtschaft abgewickelt werden:

- Beschaffungsanfragen und Bestellbearbeitung
- Bestandsverwaltung von Materialien und Produkten, einschließlich Materialbewertung für die Buchhaltung und Materialpreisverwaltung

- Rechnungsprüfung für eingehende Rechnungen im Zusammenhang mit der Lieferung von Waren und Dienstleistungen
- Unterstützung des Gutschriftsverfahrens (ERS)
- Bestandsaufnahme und Bestandskorrektur
- Verwaltung von Materialstammdaten
- Retourenmanagement für Lieferanten
- Verwaltung von Umlagerungen innerhalb der Organisation eines Verladers (Aspekte des Zugangs am Empfangsort)

Die Prozesse für den Einkauf, die Anlieferungsabwicklung und das Retourenmanagement bieten logistisch eine auf Bestellungen und Anlieferungen basierende Integration in TM.

Wie bereits erwähnt, erstellt TM nur Rechnungsentwürfe. Für die Begleichung von Lieferantenrechnungen bietet die Materialwirtschaft Funktionen für die Rechnungsprüfung und das Gutschriftverfahren, die auch in die Finanzkomponenten integriert sind. Einzelheiten zur Integration der TM-Frachtabrechnungsbelege finden Sie in Abschnitt 11.1.4.

Anlagenmanagement

Das Anlagenmanagement dient der Verwaltung von Stammdaten für Anlagen und der Planung, Organisation und Überwachung der Wartung aller Anlagen, die zur Aufrechterhaltung des Betriebs eines Unternehmens erforderlich sind (in vielen Fällen Produktionsmaschinen und -anlagen). Im Transportwesen bezieht sich dies auf Transportmittel wie Lastwagen, Anhänger, Container und Eisenbahnwaggons. TM bot der SAP-NetWeaver-basierten Version (TM 9.6) eine Integration ins Anlagenmanagement, die zwecks Abstimmung von Wartungsterminen und Ressourcenverfügbarkeit verwendet werden konnte. In SAP S/4HANA wurde diese Verbindung jedoch nicht wiederhergestellt.

Finanzbuchhaltung

Die Finanzbuchhaltung (FI) und das Controlling (CO) sind nach wie vor wesentliche Bestandteile jedes SAP-S/4HANA-Kernsystems und werden zur Integration des Finanzflusses mit dem Transport verwendet. Zahlungsvorgänge im Zusammenhang mit eingehenden Lieferantenrechnungen von unterbeauftragten Dienstleistern und Spediteuren sowie für Kundenrechnungen (Logistikdienstleistungen) und interne Rechnungen werden hier verbucht. Eine Integration in die Profitabilitätsanalyse ermöglicht es Ihnen, zu bewerten, welche Kosten bzw. Einnahmen für transportbezogene Prozesse angerechnet werden müssen (z. B.: Wie hoch waren die Kosten für Containerstandgelder im Fahrtgebiet nach Südamerika im letzten Jahr?).

2.4.3 Weitere Produkte von SAP S/4HANA

Neben den bereits erwähnten Komponenten des SAP-S/4HANA-Kerns gibt es eine Vielzahl zusätzlicher Produkte, deren Funktionen in den folgenden Abschnitten erläutert werden.

Produktsicherheit und Gefahrgutmanagement

Im Bereich des Gefahrgutmanagements bietet SAP zwei Komponenten zur Abwicklung der entsprechenden Prozesse in TM an. Die Funktion für Produktsicherheit und -verantwortung (PS&S, Product Safety and Stewardship) in SAP S/4HANA war bisher die bevorzugte Komponente für TM. Sie funktioniert sowohl in SAP S/4HANA als auch in SAP ERP und kann für Gefahrgutaktivitäten im Transportwesen verwendet werden. PS&S ermöglicht Gefahrgutprüfungen und viele andere Prozesse rund um das Gefahrgutmanagement. Auf PS&S und seine Verwendung in Verbindung mit TM gehen wir in Abschnitt 9.2, »Gefahrgut«, näher ein.

SAP S/4HANA Product Compliance ist ausschließlich für SAP S/4HANA verfügbar. Es handelt sich um ein neues Softwareprodukt, das auf SAP Fiori basiert und sich so entwickelt hat, dass es vergleichbare Funktionen wie PS&S aufweist. Es wird aufgrund der SAP-Cloud-Strategie mehr und mehr in TM unterstützt und kann mittlerweile als zukunftsfähige Option für Gefahrgutmanagement im Transportwesen angesehen werden.

SAP Global Trade Services

SAP Global Trade Services sind Teil der Lösung für Governance, Risk and Compliance (GRC). Sie decken eine breite Palette von Handelsprüfungen und -Prozessen ab, die beim Transport abgewickelt werden müssen. Aufgrund zunehmender gesetzlicher Vorschriften und Sicherheitskontrollen ist der Transport aus der Sicht des Exports aus und des Imports in Länder immer komplexer geworden. Da die Einhaltung der Handelsbestimmungen meist in die Zuständigkeit lokaler Regierungen oder Ländergruppen fällt, sind die Verfahren und Anforderungen für ordnungsgemäße Ausfuhr- und Einfuhranmeldungen sehr unterschiedlich. Dies ist auch einer der Hauptgründe, warum SAP GTS immer noch hauptsächlich in einem Side-by-Side-Ansatz für SAP S/4HANA verfügbar ist. Aufgrund vieler sich ändernder gesetzlicher Anforderungen und damit verbundener Upgrades könnte die Verwendung von SAP GTS innerhalb des Kernsystems sonst zu häufigen, aber unerwünschten Aktualisierungen im Kernsystem der Systemlandschaft führen. SAP GTS unterstützt TM im Bereich der Auftragsverwaltung, in dem Funktionen für die allgemeine Handelsprüfung und -kontrolle und die Sanktionslistenprüfung bereitgestellt werden. Darüber hinaus wird der Versandprozess mit Export-, Import- und Transitverfahren sowie Versandvorgängen unterstützt.

SAP S/4HANA enthält auch die Funktion *SAP S/4HANA for International Trade*. Diese bietet einen Teil der Funktionen von SAP GTS, das ebenfalls als Cloud-Lösung verfügbar ist.

Der Hauptumfang liegt jedoch auf einer einfachen Handelskontrolle und ist nicht mit TM integriert (siehe Abschnitt 9.1, »SAP Global Trade Services«).

Extended Warehouse Management und Stock Room Management

Lagerverwaltung ist eine wichtige Funktion sowohl für Verlader als auch für Logistikdienstleister. Viele Verlader betreiben ein oder mehrere kleinere oder größere Lager, um Produktionsmaterial und Fertigwaren zu lagern und zu verteilen, damit sie wiederverwendet oder an ihre Kunden versandt werden können. In der Logistikdienstleistungsbranche können Lagerhäuser auf verschiedene Weise genutzt werden:

- ein Kontraktlogistiklager zur Lagerhaltung für einen Geschäftspartner, für den der LDL die Logistikprozesse übernimmt
- ein Transitlager (Hub) zum Umschlag von Fracht zwischen verschiedenen Fahrzeugen oder Transportmitteln ohne längerfristige Zwischenlagerung
- ein Konsolidierungslager (z. B. eine Containerfrachtstation, CFS), in dem Fracht gesammelt und dann zu einer Packeinheit oder einer größeren Transporteinheit konsolidiert wird, die dann zur Dekonsolidierung zu einem Zwischenziel gebracht wird

SAP Extended Warehouse Management (SAP EWM) ist ein Lagerverwaltungssystem mit einem breiten Spektrum an Lager- und Materialflussfunktionen. SAP EWM kann in SAP S/4HANA in einem eingebetteten oder dezentralen Ansatz implementiert werden (siehe Abschnitt 2.2.5, »Bereitstellungs- und Integrationsoptionen für TM«). Neben der reinen Lagerbestandsverwaltung werden die folgenden Funktionsbereiche umfassend unterstützt:

- Yard-Management (Verwalten eines Hofs als Erweiterung eines Lagers)
- Entladung und Wareneingang
- Verladung und Handhabung von Warenausgängen
- Qualitätsmanagement und Handhabung der Gefahrgüter
- Konsolidierung von Waren in Verpackungseinheiten (Handling Units, HU) und Transporteinheiten (TU)
- Dekonsolidierung von Verpackungs- und Transporteinheiten
- Kommissionierung und Einlagerung
- Schicht- und Personaleinsatzplanung
- Lagerautomatisierung mit Materialflusssystemen (MFS) oder robotergestützter Kommissionierung und Einlagerung (z. B. automatisierte Hochregallager)
- Mehrwertdienste und Kitting
- Bereitstellung und Laden
- Zolllager

SAP EWM ist vollständig in die Logistikprozesse von SAP S/4HANA, SAP ERP und TM integriert. In Abschnitt 13.3, »Erweiterter Warenannahme- und Versandprozess«, finden Sie weitere Details zur Integration von SAP EWM, SAP S/4HANA und TM.

Neben dem leistungsfähigen SAP EWM, für dessen Nutzung eine eigene Lizenz erforderlich ist, bietet SAP S/4HANA auch eine Lagerverwaltung, die keine separate Lizenzierung erfordert (vergleichbar mit der grundlegenden Transportverwaltung). Die Lagerverwaltung *Stock Room Management* bietet die Möglichkeit, kleine Lager ohne ausgefeilte Prozesse oder Automatisierung zu betreiben. Die Einbindung in TM-Prozesse ist jedoch begrenzt.

SAP Yard Logistics

SAP Yard Logistics, das wir bereits in Abschnitt 2.2.5, »Bereitstellungs- und Integrationsoptionen für TM«, erwähnt haben, wird für die Verwaltung großer oder komplizierter externer Yards verwendet. Im Vergleich zu der in SAP EWM enthaltenen Yard-Verwaltung, die hauptsächlich als »Outdoor«-Erweiterung eines konventionellen Lagers verwendet wird, ermöglicht SAP Yard Logistics die Verwaltung riesiger Yards, zu denen Bahnrampen, Schiffsliegeplätze, Parkplätze für Fertigfahrzeuge von Automobilherstellern, Schüttgutlager oder Flughafen- und Containerterminalhöfe gehören können. Auf dem Yard können viele verschiedene Anwendungen für Ressourcen, Zugangswege, Ressourcenplanung und Check-in/Check-out sowie mobile Anwendungen eingesetzt werden. SAP Yard Logistics ist direkt mit TM integriert.

SAP Event Management

SAP Event Management ist ein vielseitiges Tracking- und Tracing-Tool, das seit 2021 als Add-on in SAP S/4HANA verfügbar ist (SAP Event Management on SAP S/4HANA 1.0) und mit mehreren Komponenten verbunden werden kann, um die Transparenz von Geschäftsprozessen und -objekten zu gewährleisten. Darüber hinaus ermöglicht SAP Event Management eine automatisierte Prozesssteuerung für gezielte Reaktionen auf Ereignisse und Statusmeldungen oder Reaktionen auf unerwartete Ereignisse oder fehlende Meilensteinberichte.

SAP Event Management bietet Prozessverfolgungs- und Steuerinformationen, die die Prozesse in TM für die Sendungsstatusverfolgung, die Konsolidierung, die Fahrzeugverfolgung und die Verfolgung von Betriebsanweisungen unterstützen. Die bidirektionale Integration zwischen TM und SAP Event Management bedeutet, dass TM Prozess- und Meilensteininformationen an SAP Event Management sendet, das dann die Prozessausführung und -konformität basierend auf Informationen und Ereignismeldungen innerhalb oder außerhalb des Unternehmens überwacht. Anschließend sendet SAP Event Management Informationen an TM zurück, um die Transportprozesse zu aktualisieren. Einzelheiten zum SAP Event Management und seiner Integration mit TM erfahren Sie in Abschnitt 8.2.

SAP Billing und Revenue Innovation Management

SAP Billing and Revenue Innovation Management wurde aus mehreren Komponenten konsolidiert, die zuvor separat beworben wurden. Im Kontext mit TM sind die wichtigsten davon:

- **SAP Convergent Invoicing**

  Eine äußerst flexible Lösung für die Kundenfakturierung, die eine Kontrolle der Fakturierung über mehrere Kundenprofile (Vertragskonten) bietet. Die Rechnungsstellung kann durch Ereignisse gesteuert werden. Die Gruppierung von Rechnungsposten in Endrechnungen ist regelbasiert.

- **Finanzielle Vertragsbuchhaltung**

  Ein Nebenbuchhaltungssystem, das sehr flexible Buchhaltungsimplementierungen und die Möglichkeit zur Integration in die Debitorenbuchhaltung als Hauptbuch bietet.

SAP Billing and Revenue Innovation Management ist als Cloud- und On-Premise-Komponente nutzbar und wurde auf der Grundlage von kundenspezifischen Entwicklungsprojekten in TM integriert. Wir erläutern SAP Billing and Revenue Innovation Management in Abschnitt 12.4.

2.4.4 SAP Business Network for Logistics

SAP Business Network for Logistics ist eine Cloud-Anwendung auf SaaS- oder PaaS-Basis, die eine Plattform für die Zusammenarbeit eines Unternehmens mit Logistikdienstleistern anbietet und Prozesse im Bereich Ausschreibung, Kommunikation, Abrechnung und Sendungs- bzw. Transportverfolgung anbietet.

Die Global-Track-and-Trace-Komponente von SAP Business Network for Logistics ermöglicht den gemeinsamen Zugriff und die Nutzung von Verfolgungs- und Statusszenarien. Die Funktionen zur Ereignisverarbeitung, Visualisierung und Prozessabwicklung werden für alle beteiligten und registrierten Parteien bereitgestellt. Die implementierten Szenarien repräsentieren nicht mehr nur die Sicht eines Unternehmens (d. h. des Prozesseigentümers), sondern eine gemeinsame Sicht auf ein Szenario, die alle relevanten Unternehmen einsehen und mitgestalten können.

SAP hat im SAP Business Network for Logistics die Komponente Freight Collaboration als Public-Cloud-Angebot und als Alternative zum TM Collaboration Portal entwickelt. Es umfasst einen Großteil der Funktionen des zuvor in TM integrierten Collaboration Portals sowie die Integration in andere Supply-Chain-Planungs- und Tracking-and-Tracing-Funktionen.

SAP Business Network for Logistics ist eine übergreifende Anwendung, die End-to-End-Supply-Chain-Prozesse mit vielen Beteiligten bei der Steuerung ihrer integrierten Supply-Chain-Prozesse unterstützt.

2.4.5 Komponenten für die SAP Business Suite

Da die SAP Business Suite funktional ähnlich zu SAP S/4HANA ist, sind viele mit TM verknüpfte Komponenten auch innerhalb der Business Suite verfügbar. TM kann Side-by-Side mit Komponenten der SAP Business Suite betrieben werden. Für eine umfassende Installation wird TM typischerweise mit den folgenden Komponenten verbunden:

- SAP ERP mit Finanzbuchhaltung und Controlling (FI-CO), Logistik Allgemein (LO), Vertrieb (SD), Logistics Execution (LE) und Materialwirtschaft (MM)
- SAP Environment, Health, and Safety (EHS) als integraler Bestandteil der Basisschicht von SAP Supply Chain Management (SAP SCM)
- SAP GTS als Teil der SAP-GRC-Lösungen
- SAP EWM
- SAP Event Management

Aufgrund der Installationsanforderungen - Verkaufs- und Logistikprozesse auf der einen und Transportprozesse auf der anderen Seite - finden die Prozessschritte immer in einer von zwei verschiedenen Umgebungen statt, was zu einem zusätzlichen Austausch von Stamm- und Transaktionsdaten führt. Auf der Basis von SAP-ERP-Kundenaufträgen, Bestellungen und Lieferdaten wird ein entsprechender Transportbedarf in TM abgebildet, was funktional analog zu einem Side-by-Side-Betrieb von SAP S/4HANA und von TM ist.

2.4.6 Funktionsübersicht von TM

Wir wollen nun die allgemeine Funktionsweise von TM näher betrachten, ohne zu sehr ins Detail zu gehen. In einem ersten Schritt stellen wir Ihnen die wichtigsten Geschäftsobjekte von TM vor, da ihre Namen in allen folgenden Beschreibungen erneut vorkommen werden. In Tabelle 2.3 sind die Bezeichnungen der Geschäftsobjekte, die häufig verwendeten Abkürzungen und die Definitionen aufgeführt.

Geschäftsobjekt	Abkürzung	Definition/Beschreibung
Auftragsbezogener Transportbedarf	ATB	Ein Auftragsobjekt, das den Transportbedarf aus Kundenaufträgen, Bestellungen, Retouren oder Umlagerungsaufträgen in SAP S/4HANA darstellt. In eingebetteten Installationen existiert der ATB nur transient, d. h. als Zwischenobjekt.
Kundenauftrag, Bestellung, Umlagerungsauftrag	KAUF, BST, UB	SAP-S/4HANA-Auftragsobjekte, die den Verkauf, die Beschaffung oder den Transfer von Waren und den damit verbundenen Transportbedarf darstellen. Diese Objekte werden normalerweise nur in Verladerszenarien verwendet.

Tabelle 2.3: Hauptgeschäftsobjekte von TM

Geschäftsobjekt	Abkürzung	Definition/Beschreibung
Lieferbezogener Transportbedarf	LTB	Ein Auftragsobjekt, das den Transportbedarf aus einer An- oder Auslieferung in SAP S/4HANA darstellt. In eingebetteten Installationen existiert der ATB nur transient, d. h. als Zwischenobjekt.
Anlieferung, Auslieferung	AN, AL	SAP-S/4HANA-Objekte, die An- oder Auslieferungen und den damit verbundenen Transportbedarf in Lagersystemen vorwiegend in Verladerszenarien darstellen.
Speditionsangebot	SG	Ein Angebot eines Spediteurs oder LDLs an einen Auftraggeber für den Transport von Gütern, das Informationen über den Preis und andere Bedingungen im Zusammenhang mit den angebotenen Transportdienstleistungen enthält.
Speditionsauftrag	SA	Ein Auftrag eines Auftraggebers an einen Spediteur oder LDL, Waren von einem Versender zu einem Empfänger gemäß den vereinbarten Bedingungen zu befördern.
Frachteinheit	FE	Eine Gruppe von Gütern, die gemeinsam über die gesamte Transportkette transportiert werden. Eine Transporteinheit kann Einschränkungen für die Transportplanung enthalten, sollte für den gesamten Transportzyklus intakt bleiben, kann aber auch mit Auswirkungen auf einen bestehenden Plan aufgeteilt werden.
Verpackungseinheit	PE	Eine Verpackungseinheit ist eine Zusammenfassung mehrerer Frachteinheiten zu einer größeren Einheit oder Umhüllung (z. B. eine Palette oder ein Rollcontainer) mit dem Ziel, eine regelbasierte Erstellung (Paketbildungsregel) zu verwenden und die PE als Einheit auf mehreren Segmenten der Transportkette zu bewegen.

Tabelle 2.3: Hauptgeschäftsobjekte von TM (Forts.)

Geschäftsobjekt	Abkürzung	Definition/Beschreibung
Transporteinheit, Anhängereinheit, Waggoneinheit	TE, AE, WE	Eine Menge von Gütern mit einer zugeordneten Ressource, die als Einheit über einen Teil der Gesamtstrecke transportiert wird. Eine Ladeeinheit kann aufgrund des ihr zugewiesenen Verkehrsträgers und ihrer Merkmale ein individuelles Erscheinungsbild haben (z. B. kann eine Ladeeinheit ein Eisenbahnwaggon oder ein Anhänger sein).
Konsignationsauftrag	KA	Eine logische Zusammenfassung mehrerer Frachteinheiten zu einer größeren Einheit, die mehr auf organisatorische Geschäftszwecke als auf logistische Abläufe ausgerichtet ist. Der Konsignationsauftrag entspricht einer Sendung in typischen Logistikprozessen, d. h., Sie können ihn für die Abwicklung von Zoll- oder Frachtbriefen verwenden.
Containereinheit	CE	Eine Menge von Waren mit einer zugeordneten Behälterressource (i. d. R. Container), die als Einheit über einen Teil der Gesamtstrecke transportiert wird.
Transportressource	RES	Eine Maschine, ein Transportmittel oder ein anderes Wirtschaftsgut mit einer begrenzten Kapazität, das eine Funktion in der Lieferkette erfüllt (z. B. Lkw, Container, Kran, Gabelstapler, Anhänger, Schiff).
Fahrplan	SCHED	Eine Abfolge von Haltestellen mit zugehörigen wiederkehrenden Abfahrts- und Ankunftszeiten, die für einen bestimmten Zeitraum gültig ist. Die mit dem Fahrplan verbundene Fracht kann sich entlang der Sequenz oder eines Teils davon bewegen.
Frachtbuchung	FB	Ein Auftrag zur Bereitstellung von Transportkapazitäten, dessen Ausführung von einem Frachtführer, z. B. einem Reeder oder einer Fluggesellschaft, geplant wird. Die Frachtbuchung enthält den Plan für die logistische Abwicklung (z. B. feste Abfahrtszeiten des Schiffes oder Flugzeugs).

Tabelle 2.3: Hauptgeschäftsobjekte von TM (Forts.)

Geschäftsobjekt	Abkürzung	Definition/Beschreibung
Frachtauftrag	FA	Ein Auftrag, dessen Ausführung von einem Spediteur oder dem Verlader geplant wird. Der Auftrag enthält den Plan für die logistische Abwicklung (z. B. wann und auf welches Fahrzeug die Transporteinheiten verladen werden sollen und die geplanten Abfahrtszeiten des Fahrzeugs) und Ausführungsdaten.
Speditionsvereinbarungsangebot	SV-Angebot	Ein Angebotsobjekt, das eine Antwort auf eine Vertragsanfrage eines Kunden darstellt. Aus dem FWAQ können Speditionsvereinbarungen (FWAs) erstellt werden.
Speditionsvereinbarung	SV	Ein langfristiger Vertrag, der die vertragliche Beziehung zu einem Kunden darstellt, dem Sie Transportdienstleistungen verkaufen.
Frachtvereinbarungsangebot/ Anfrage	FV-Angebot	Ein individuelles Geschäftsdokument, das ein Verlader oder LDL an einen Spediteur sendet, um den Spediteur aufzufordern, ein Angebot für die Bereitstellung künftiger Transportdienstleistungen in einem Fahrtgebiet für einen bestimmten Zeitraum abzugeben.
Frachtvereinbarung	FV	Ein langfristiger Vertrag, der die vertragliche Beziehung mit einem Transportunternehmen darstellt, von dem Sie Transportdienstleistungen kaufen.
Speditionsabrechnungsbeleg	SAB	Ein Dokument, das an SAP S/4HANA SD gesendet wird, um die Erstellung einer Rechnung für logistische Dienstleistungen zu beantragen, die an einen Kunden gesendet werden soll.
Frachtabrechnungsbeleg	FAB	Ein Dokument, das an SAP S/4HANA MM gesendet wird, um die Prüfung einer Rechnung für logistische Dienstleistungen von einem Lieferanten oder Spediteur anzufordern.

Tabelle 2.3: Hauptgeschäftsobjekte von TM (Forts.)

Die in Tabelle 2.3 beschriebenen Geschäftsobjekte werden in Kombination mit verschiedenen Verarbeitungswerkzeugen und Engines verwendet, um Transportmanagementoperationen durchzuführen. Abbildung 2.10 zeigt den typischen Prozessablauf und das Zusammenspiel von Objekten, automatischen Prozessen (Engines) und Stammdaten in einem TM-System.

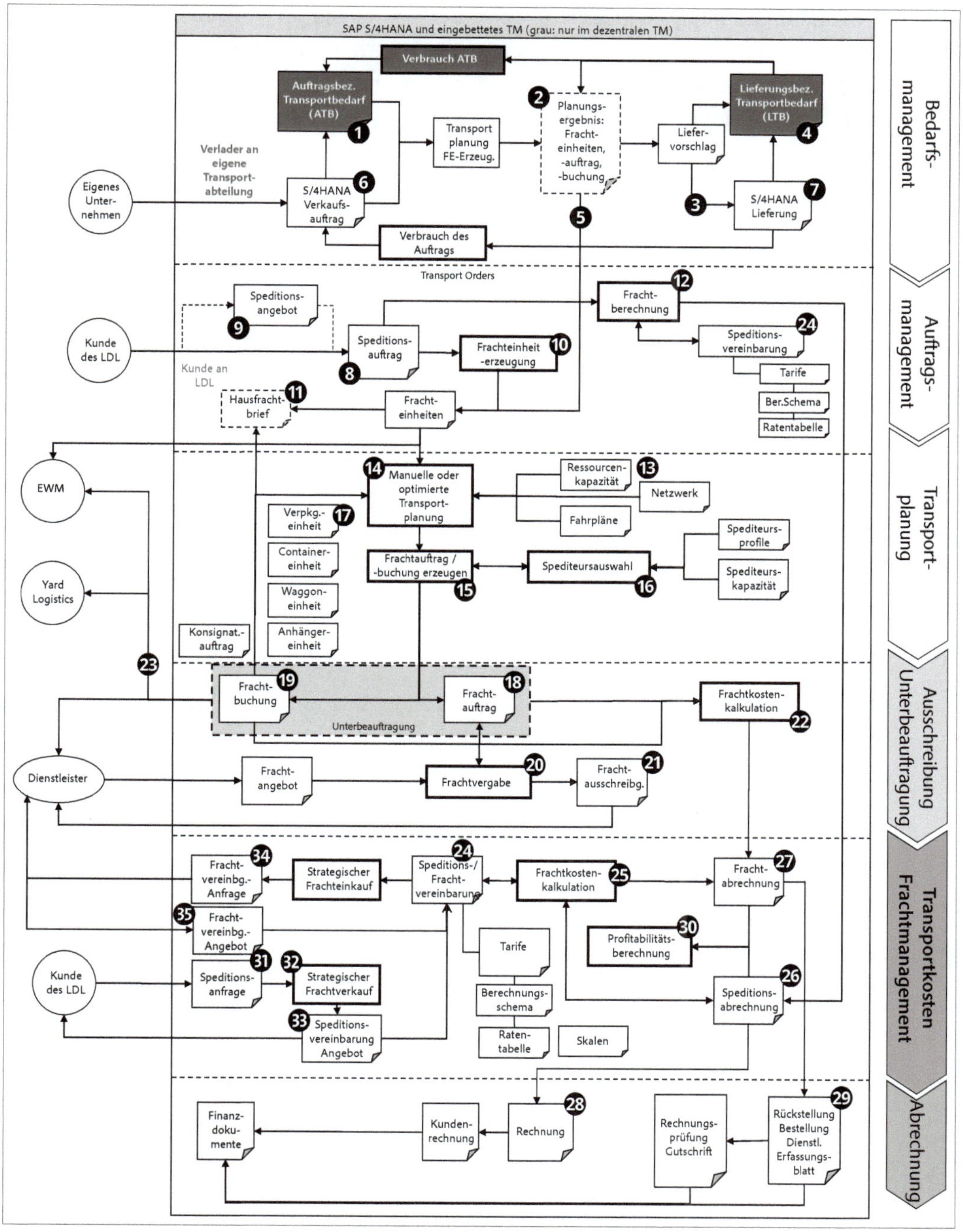

Abbildung 2.10: Verwendung von Geschäftsobjekten und Prozessablauf in TM

Die folgenden Beschreibungen und Nummerierungen beziehen sich auf Abbildung 2.10. Die Komponente Bedarfsmanagement umfasst alle Funktionen, die die TM-Integration mit den Logistikprozessen des Verladers beinhalten (d. h. Kundenaufträge, Bestellungen,

Umlagerungsaufträge und Lieferungen). Sie wird häufig im Verladertransportmanagement eingesetzt, wenn ein Unternehmen den Transport für seine eigenen Distributions- und Beschaffungsaufgaben verwalten muss, kann aber auch im Rahmen einer engen Zusammenarbeit in der Kontraktlogistik eingesetzt werden.

Es gibt zwei verschiedene Möglichkeiten, Anforderungen von Verladersystemen in TM zu behandeln:

- Kundenauftrags- und Lieferprozesse sowie das Transportmanagement werden innerhalb derselben SAP-S/4HANA-Instanz abgewickelt (siehe Aufzählungspunkte ❻ und ❼ in Abbildung 2.10).
- Kundenauftrags- und Lieferprozesse werden in einem SAP-S/4HANA-System abgewickelt, während TM ein dezentraler Vorgang in einer separaten Instanz ist (TM in SAP S/4HANA). Dies bezieht sich auf die hellgrauen Kästen und Aufzählungszeichen ❶ und ❹.

[+]

Abbildung zum Download
Sie können diese Abbildung unter *www.sap-press.de/6117* herunterladen.

Bedarfsmanagement

Im ersten Fall in Abbildung 2.10 wird der Vertriebs- und Logistikprozess auf derselben SAP-S/4HANA-Instanz wie TM abgewickelt, und die Interaktion wird vereinfacht. Die SAP-S/4HANA-Kundenaufträge, Bestellungen oder Umlageraufträge ❻ sind direkt mit der Transportplanung ❷ und der Bildung von Transporteinheiten verknüpft, die eine SAP-S/4HANA-Lieferung ❼ erstellt und den Kundenauftragsverbrauch verwaltet. Eine systemübergreifende Kommunikation für die Erstellung von Lieferungen wird vermieden.

Im dezentralen TM-Fall werden ATBs ❶ in TM aus SAP-S/4HANA-Kundenaufträgen, Bestellungen oder Umlageraufträgen in der ERP-Komponente erstellt. Mithilfe der Transportplanungskomponente ❷, siehe Beschreibung weiter unten in diesem Abschnitt) werden Transporteinheiten und Frachtaufträge ❺ erzeugt. Auf ihrer Grundlage entstehen Liefervorschläge, die an ERP zurückgesendet werden, um dort die entsprechenden Lieferungen gemäß dem Transportplan ❸ anzulegen. Sie können die Lieferungen in ERP ändern. Sobald Sie diese freigeben, werden sie an TM übertragen, was zur Erstellung von LTBs ❹ führt, die das auf den zuvor verwendeten ATBs basierende Planungsergebnis verbrauchen. Auf diese Weise wird das ursprüngliche Planungsergebnis wiederverwendet und angepasst, ohne bei null beginnen zu müssen.

Auftragsmanagement

Das Auftragsmanagement ist die Hauptkomponente für LDLs, mit der sie die Verkaufsprozesse für ihre Kunden starten. Die Transportanforderung des Kunden geht als Kundenauftrag ein, der einen Speditionsauftrag in TM ❽ erzeugt. Auch wenn der Name des

Objekts eng mit der Speditionsabwicklung zusammenhängt, wird dasselbe Objekt auch für Frachtführer verwendet, um intermodale Kundenaufträge abzuwickeln, z. B. die *Buchung* für Luft- und Seefracht. Im Zusammenhang mit Speditionsaufträgen kann eine Vielzahl von Bearbeitungs- und Kontrollfunktionen genutzt werden:

- Vorschlag für die Transportplanung, um Optionen für die Streckenführung zu erhalten
- Kreditlimitprüfungen für den Prüfauftrag gegen das Kreditmanagement
- Sanktionslistenprüfung gegen SAP GTS Compliance Management
- Gefahrgutprüfung gegen die in SAP S/4HANA definierten modus- und länderspezifischen Regeln zur Produktkonformität

Ein Speditionsauftrag kann auf einem zuvor erstellten Speditionsangebot beruhen, das ein Spontanangebot für eine Transportdienstleistung an einen Kunden ist ❾.

Speditionsaufträge werden zur Bildung von Transporteinheiten aus den Positionen des Auftrags ❿ verwendet. Die Bildung von Frachteinheiten ist ein Planungsdienst, der dazu dient, große Aufträge in Teile zu zerlegen, die physisch getrennt gehandhabt werden können (z. B. Zerteilung in Paletten oder in Lkw-Ladungen) und die aufgrund logistischer oder gesetzlicher Erwägungen auch unterschiedliche Wege gehen können. In einer späteren Phase werden Hausfrachtbriefe (HBL) generiert ⓫, z. B. auf der Grundlage der Frachteinheiten und der zugeordneten Frachtbuchungen, um die gesetzlichen Dokumentationsvorschriften zu erfüllen.

Speditionsaufträge sind mit dem Transportkostenmanagement in TM integriert, wo sie Dienste wie die Entgeltberechnung nutzen, um die Preiskomponenten eines Kundenauftrags zu ermitteln ⓬. Die Entgeltberechnung verwendet dieselben Berechnungsstrukturen und Rahmenbedingungen, die weiter unten erläutert werden ㉔.

Transportplanung

Die Transportplanung bietet manuelle und optimierungsgestützte Planungsmöglichkeiten für TM ⓮ und ermöglicht eine multimodale Ende-zu-Ende-Planung unter Berücksichtigung realer und virtueller Transportkosten. Sie kann zur Erstellung eines abrufbereiten Transportplans und zur Ermittlung einer Liste von Transportvorschlägen für mögliche Routen eines Auftrags verwendet werden. Zur Transportplanung gehören der Besitz bzw. die Nutzung einer Vielzahl von Netz- und Ressourcenstammdaten (zur Definition des Transportnetzes) sowie Ressourcen mit ihren Kapazitäten und Fahrplänen für wiederkehrende Multistop-Verbindungen ⓭.

Die operative Planung erfolgt im Transport-Cockpit als Benutzeroberfläche, die die manuelle Durchführung von Aktivitäten ermöglicht, wie z. B. die Zuordnung von Transporteinheiten zu einem Transportmittel und die Durchführung einer parametrisierten Optimierung über die Gesamtheit oder eine ausgewählte Teilmenge des Transportbedarfs- bzw. Kapazitätsangebots. Bei dieser Aktivität werden die Transporteinheiten, das Netzwerk, die Kapazität, die Ressourcen und die Fahrpläne sowie die bestehenden und neuen

Frachtaufträge und Frachtbuchungen berücksichtigt ⓮. Auf der Grundlage des Planungsergebnisses werden Frachtaufträge erstellt oder Frachteinheiten zu Frachtbuchungen zugeordnet ⓯. Während oder nach diesem Schritt kann die Auswahl eines Spediteurs erfolgen, die die Zuordnung eines oder mehrerer Spediteure oder Frachtführer zu einem Frachtauftrag gemäß Spediteurprofilen, Zuordnungsregeln und Auswahlregeln ermöglicht ⓰.

Neben der Handhabung von Frachteinheiten, Frachtaufträgen und Frachtbuchungen können zusätzliche Konsolidierungsebenen für Fracht definiert oder verwendet werden. Dabei handelt es sich um Packstücke, Container, Anhänger oder Waggons im Falle einer physischen Konsolidierung oder um Konsolidierungsaufträge für logische Konsolidierungen (Sendungen) ⓱.

Vergabe von Unteraufträgen und Ausschreibungen

Die Komponente Subcontracting stellt Auftragsobjekte zur Verfügung, die die Beziehung zu Dienstleistungsanbietern oder Spediteuren darstellen. Frachtaufträge können manuell oder auf der Grundlage eines Planungslaufs erstellt werden ⓲. Sie bieten eine individuell geplante Definition eines konsolidierten oder unkonsolidierten Gütertransports, der mit einem Transportmittel durchgeführt werden soll (z. B. ein Kraftstofftransport in einer Stadt oder ein FTL-Transport über ein Land). Frachtbuchungen ⓳ werden verwendet, um eine Kapazitätszuweisung darzustellen, die auf einem Transportmittel vorgebucht ist, das häufig nach einem Luft- oder Seefahrplan verkehrt und von einem Spediteur innerhalb seines Netzes verwendet wird. Beispiele sind Reservierungen von Luftfrachtkapazität für einen Master Air Waybill (MAWB) oder gebuchte Containerkapazität auf einem Containerschiff. Für Frachtbuchungen bietet TM ein umfassendes Kapazitätsmanagement, das es Ihnen ermöglicht, die für die Durchführung von Transportdienstleistungen als Spediteur oder Frachtführer erforderliche Kapazität zu planen und zuzuweisen (z. B. Pflege von Masterflugplänen und Vier-Wochen-Flugplänen).

Frachtbuchungen haben in der Regel einen zugewiesenen Beförderer (Fluggesellschaft, Reederei). Für Frachtaufträge können individuelle Ausschreibungen auf der Grundlage einer Liste bevorzugter Anbieter ⓴ durchgeführt werden. Ausschreibungen können als Peer-to-Peer-, Broadcast- oder offene Ausschreibungen erfolgen, wobei jeweils die Menge der Adressaten erhöht wird. Die Partner können entweder über elektronische Nachrichten (B2B, Business-to-Business) oder über den Zugang zu einem Lieferantenportal eingebunden werden. Die Objekte Frachtausschreibung und Frachtangebot ermöglichen die Nachverfolgung des Prozesses und liefern die Entscheidungsgrundlage für die Frachtführerauswahl ㉑. Ebenso, wie die Auftragsverwaltung in das Transportkostenmanagement von TM integriert ist, nutzt die Unterauftragsvergabe diese Komponente zur Ermittlung der Kosten eines Transports, einschließlich der Aufteilung auf die einzelnen teilnehmenden Frachteinheiten einer konsolidierten Sendung ㉒, was zur Kostenverteilung und einer Profitabilitätsbetrachtung führt.

Die Geschäftsobjekte Frachtauftrag und Frachtbuchung, die bei der Vergabe von Unteraufträgen verwendet werden, bilden auch die Grundlage für den Ausführungsprozess und die Frachtverwaltung. Die TM-Tools unterstützen eine Vielzahl von Prozessen für diese beiden Objekte:

- Be- und Entladen von konsolidierten TUs und loser Ladung
- Diskrepanzbehandlung in Hubs und Stationen
- Konsolidierung von Fracht zu und Dekonsolidierung von TUs (z. B. Container und Paletten)
- Statusverwaltung für Fracht und Sendungen
- Erstellung rechtlicher, behördlicher und betrieblicher Unterlagen, wie z. B. Manifeste und Konnossemente
- Integration in EWM und SAP Yard Logistics ㉓

Transportkostenmanagement

Wenn es um Kosten, Umsatz und Rentabilität im Transportwesen geht, ist das Transportkostenmanagement in TM die Komponente der Wahl. Sie ist in die Auftrags- und Dienstleisterprozesse integriert und stellt strukturierte Vertrags-, Tarif- und Ratendaten für alle Berechnungen zur Verfügung.

In TM sind Vereinbarungen die wichtigsten Vertragsobjekte, die als Speditionsvereinbarungen zur Darstellung eines Kundenvertrags sowie als Frachtvereinbarungen zur Darstellung eines Lieferantenvertrags ㉔ verwendet werden. Aus struktureller Sicht ähneln sich diese Vertragstypen, da sie Tarife enthalten, die auf Berechnungsschemata verweisen, die eine Liste von Gebührenelementen enthalten, die für die Gebührenberechnung entweder als Preise für einen Kunden oder als Kosten für einen Lieferanten anwendbar sind. Jeder Entgeltbestandteil steht für eine bestimmte Art von Tarif, Gebühr oder Zuschlag (z. B. Basisseefracht oder Wartezeitzuschlag). Um einen Lieferantenvertrag effizient auszuhandeln oder einen Kundenvertrag abzuschließen, verfügt TM über eine Komponente namens *strategisches Frachtmanagement*, die die Erstellung von Vertragsangeboten an Dienstleister ermöglicht und über Werkzeuge verfügt, um Angebote zu analysieren und zu vergleichen. Ausgehend von einem ausgewählten Angebot, kann dem entsprechenden Dienstleister ein Frachtvertrag zugeschlagen werden.

Die Frachtkostenberechnung analysiert die Gebührenelemente eines Berechnungsschemas und berechnet die korrekten Beträge in den richtigen Währungen und mit den entsprechenden Wechselkursen ㉕. Die Berechnungsergebnisse werden in den Gebührenunterstrukturen des Speditionsauftrags (Kundenrechnung) oder des Frachtauftrags bzw. der Frachtbuchung (Dienstleisterrechnung) gespeichert.

Abrechnung

Aus den Geschäftsobjekten Speditionsauftrag, Frachtauftrag und Frachtbuchung können Sie Rechnungsentwürfe (㉖, ㉗) für die Abrechnungsintegration in das ERP-System von SAP S/4HANA erstellen. Zur Erstellung von Kundenrechnungen werden aus dem Speditionsauftrag ein oder mehrere Speditionsabrechnungsbelege ㉖ erstellt und anschließend an das ERP-System gesendet, um Rechnungen ㉘ zu erstellen. Für die Abrechnung von Lieferantenrechnungen werden Frachtabrechnungsbelege ㉗ aus dem Frachtauftrag oder der Frachtbuchung erstellt; anschließend werden sie an das ERP-System übertragen, um Rückstellungen zu bilden und später eine Bestellung und ein Leistungserfassungsblatt (SES) für die Rechnungsprüfung oder das Gutschriftsverfahren ㉙ zu erstellen. Basierend auf den beiden Installationsoptionen, die wir im Abschnitt »Bedarfsmanagement« beschrieben haben, verfügt TM entweder über eine systemübergreifende Integration zwischen TM und ERP-System, oder beide Komponenten werden innerhalb der gleichen SAP-S/4HANA-Instanz ausgeführt.

Auf der Grundlage der auf der Kosten- und Erlösseite berechneten Gebühren erstellt TM eine Profitabilitätsberechnung für Standard- oder reale Kosten ㉚.

Strategisches Frachtmanagement

Da ordnungsgemäße Vertragsverhandlungen mit Kunden und Subunternehmern eine sehr wichtige Voraussetzung für einen rentablen Betrieb sind, bietet der Bereich des strategischen Frachtmanagements Instrumente zur Ausarbeitung und Umsetzung von Handelsvereinbarungen. Für die Frachtbeschaffung können Frachtvereinbarungsanfragen ㉞ mithilfe von Analyse- und Simulationswerkzeugen der strategischen Ebene aus bestehenden Lieferantenverträgen erstellt werden. Die Antworten der Subunternehmer ㉟ können anschließend ausgewertet werden, und es können Zuordnungen von Geschäftsanteilen erarbeitet und schließlich in Frachtvereinbarungen manifestiert werden.

Beim Verkauf von Frachtdiensten senden Kunden z. B. Anfragen für die Fracht, die sie im nächsten Quartal zu befördern beabsichtigen, und geben dabei die Mengen für die Kombinationen aus Herkunftsort, Bestimmungsort, Ware und Containerart für ihre Sendungen an. Diese Anfragen können in Form von Excel-Tabellen eingehen und werden in ein Speditionsvereinbarungsangebot konvertiert und gespeichert. Mithilfe des strategischen Frachtverkaufs ㉜ können Angebote dezentral (z. B. pro Fahrtgebiet) auf der Grundlage bestehender Tarife und Verträge oder von Grund auf ausgearbeitet werden. Das daraus resultierende Speditionsvertragsangebot ㉝ wird dann wieder in das Format des Kunden konvertiert und an diesen zurückgeschickt. Auf Kundenwunsch können die Speditionsvertragsangebote in Speditionsverträge umgewandelt werden.

2.5 Zusammenfassung

In diesem Kapitel haben wir Ihnen einen Überblick über SAP S/4HANA als Geschäftsgrundlage, seine Einsatzmöglichkeiten, den Funktionsumfang von SAP S/4HANA und die SAP-Softwarekomponente TM für das Transportmanagement gegeben. Wir haben die grundlegenden TM-Geschäftsobjekte und -prozesse erörtert, die wir Ihnen im Laufe des Buches näherbringen werden.

Im nächsten Kapitel lernen Sie die TM-Lösungsarchitektur kennen. Wir erklären Ihnen technische Konzepte, Frameworks und Integrationstechnologien und vermitteln Ihnen ein tieferes Verständnis der Funktionsprinzipien von TM.

Kapitel 3

Lösungsarchitektur und technologische Konzepte

In TM begegnen Ihnen zwei besondere technologische Konzepte: Die Benutzeroberfläche verwendet eine aktuelle Webtechnologie, die es erlaubt, die Benutzeroberfläche einfach anzupassen. Außerdem werden die Daten objektorientiert modelliert.

In diesem Buch nutzen wir nur selten Transaktionscodes und ABAP-Programme. Der Grund dafür ist, dass TM nicht das SAP GUI verwendet. Die meisten Benutzeroberflächen sind stattdessen webbasiert oder nutzen SAP Fiori.

Die webbasierte Benutzeroberfläche von TM hat den Vorteil, dass keine Frontend-Software auf den Computern der Anwenderinnen und Anwender installiert werden muss. Das ist z. B. dann sinnvoll, wenn diese nur einen einzigen Geschäftsvorgang im System durchführen. Zudem kann das Frontend unabhängig vom Betriebssystem des Endgeräts genutzt werden. Dieses Kapitel zeigt Personen, die in der Beratung oder der IT tätig sind, wie sich die Benutzeroberfläche von der Terminologie bis zum Bildschirmlayout an Kundenbedürfnisse anpassen lässt.

In SAP S/4HANA können Frontend- und Backend-Systeme auf getrennten oder auf derselben Systeminstanz implementiert werden (siehe SAP-Hinweis 3340880). Das Backend-System kennen Sie, wenn Sie bereits mit SAP ERP oder früheren Versionen von TM gearbeitet haben. Hier befindet sich die Geschäftslogik, und hier werden die Benutzeroberflächen erstellt. Das Frontend-System wird verwendet, um den Anwenderinnen und Anwendern die Benutzeroberfläche anzuzeigen, und das SAP Fiori Launchpad wird auf diesem Server ausgeführt. Die Trennung von Backend- und Frontend-Systemen erfolgt, um die Hardwarekapazitäten für die Ausführung der Geschäftslogik und das Rendering der Benutzeroberfläche zu trennen. Außerdem können mehrere Backend-Systeme über das gleiche Frontend-System angesprochen werden. Dies ähnelt der Architektur von vor etwa einem Jahrzehnt, als das SAP Enterprise Portal mehrere Systeme in einer Benutzeroberfläche konsolidierte.

Wie andere SAP-Anwendungen, die nach dem Jahr 2000 entwickelt wurden, hat sich TM von dem traditionellen Rahmen entfernt, in dem sowohl Stamm- als auch Transaktionsdaten direkt aus Datenbanktabellen abgerufen werden. Das neue Entwicklungsframework, das *Business Object Processing Framework* (BOPF), umfasst sowohl die Datenspeicherung als auch die Datenverarbeitung. Das Framework wird nicht nur für TM, sondern auch für andere Funktionen innerhalb von SAP S/4HANA sowie für andere SAP-Anwendungen, etwa SAP Business ByDesign, genutzt. Auf die Datenspeicherung und Datenverarbeitung im BOPF-Entwicklungsframework gehen wir in Abschnitt 3.1, »Technologische Grundlage von TM«, näher ein.

[»]

Lassen Sie sich nicht von Namen verwirren!

Im Rahmen des Refactorings vieler SAP-ERP-Module im Zuge der Migration auf SAP S/4HANA wurde das BOPF-Geschäftsobjektmodell auch eingesetzt, um Funktionen in weiteren Bereichen abzubilden. Die Werkzeuge und Frameworks, die wir in diesem Abschnitt beschreiben, konzentrieren sich jedoch auf den Funktionsumfang von TM. Da TM ursprünglich als eigenständiges Produkt entwickelt und mit Release 1709 in SAP S/4HANA übernommen wurde, werden die in den älteren Versionen von TM verwendeten technologischen Konzepte in SAP S/4HANA übernommen. Daher können sich die Frameworks und Werkzeuge, die zum Aufbau der objektorientierten Datenmodellierung für andere Funktionsbereiche in SAP S/4HANA verwendet werden, von den in diesem Kapitel beschriebenen Ansätzen unterscheiden.

TM verwendet eine andere UI-Technologie als die klassische SAP-GUI-Oberfläche. Diese behandeln wir in Abschnitt 3.2, »Technologien für Benutzeroberflächen«, zusammen mit der Darstellung von TM-Anwendungen im SAP Fiori Launchpad. TM verwendet verschiedene Werkzeuge und Frameworks, die es Beraterinnen und Beratern oder sogar der Fachabteilung selbst erlauben, die Anwendung anzupassen und zu personalisieren, ohne programmieren zu müssen (siehe Abschnitt 3.3, »Entwicklungsframeworks für TM«). Dies reduziert die Anzahl der projektspezifischen Modifikationen, was Support und Fehlerbehebung erleichtert. TM wird weiterhin in ABAP implementiert. Das Customizing des Systems erfolgt auf einer separaten Schicht und lässt sich, falls erforderlich, rückgängig machen. So können Sie schnell wieder zum Standard zurückkehren. Dabei ist keine Programmierung erforderlich. Wie man im operativen Betrieb die verschiedenen Frameworks überwacht, wird in Abschnitt 14.2, »Monitoring eines TM-Systems«, behandelt.

Schließlich werden in Abschnitt 3.4, »Integrationstechnologie mit TM«, die verschiedenen Integrationstechnologien vorgestellt, die TM für die Kommunikation mit anderen Anwendungen nutzt.

3.1 Technologische Grundlage von TM

Wenn Sie sich bereits mit Softwarearchitektur beschäftigt haben, ist Ihnen wahrscheinlich auch schon mal der Begriff *serviceorientierte Architektur* (SOA) begegnet. SOA ist nicht nur eine Architektur für den Austausch von Daten zwischen verschiedenen Geschäftspartnern oder Systemen, sondern auch eine neue Art der Datenmodellierung innerhalb eines Systems selbst.

Das BOPF ist die zentrale technologische Grundlage von TM und beinhaltet die Idee, Daten SOA-konform zu modellieren. Wenn Sie in der Beratung oder der Anwendungsbetreuung arbeiten, werden Sie sich mit diesem Framework auseinandersetzen müssen.

Das BOPF modelliert die Speicherung und die Verarbeitung von Daten in ein objektorientiertes Modell ein. Dieser Modellierungsansatz kann durch ein hierarchisches Modell, ähnlich einer technischen Zeichnung, dargestellt werden und erleichtert es, zu verstehen, wie die Informationen, aber auch die Verarbeitung der Informationen zusammenhängen.

In diesem Abschnitt werden wir Ihnen die Grundkonzepte des BOPF vorstellen, sodass Sie nachvollziehen können, wie die Daten von BOPF-Objekten abgelegt werden und wo die zugehörige Applikationslogik implementiert wurde. Diese Informationen sind die Grundlage für eine zielgerichtete Problemanalyse. Im Rahmen dieses Buches können nicht alle Tricks und Begriffe des BOPF vorgestellt werden. Für mehr Informationen empfehlen wir Ihnen das Buch »BOPF – Business-Objekte mit ABAP entwickeln« von Felix Roth, Stefan Stöhr (Rheinwerk Verlag 2017).

Das Modell von BOPF-Objekten kann über Transaktion BOBF (alternativ BOBX für eine vereinfachte Ansicht) aufgerufen werden. Die Startansicht zeigt alle im BOPF modellierten Objekte. Die Objekte von TM liegen alle im Namensraum `/SCMTMS/`.

In Abbildung 3.1 sehen Sie eine Übersicht der verschiedenen Objekttypen im BOPF. Technologisch sind diese Objekte identisch, aber aus betrieblicher Sicht ist diese Gruppierung sinnvoll.

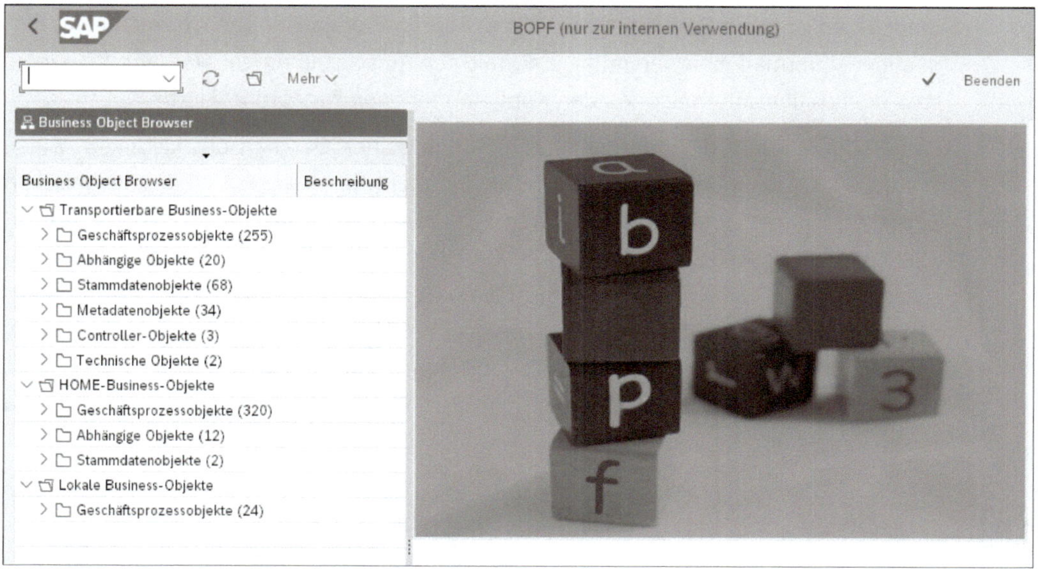

Abbildung 3.1: Übersicht über die Objekttypen im BOPF

Geschäftsprozessobjekte speichern Transaktionsdaten, wie z. B. Transportanforderungen oder Transportaufträge von Kunden. Ganz ähnlich speichern auch die *abhängigen Ob-*

jekte Transaktionsdaten, aber die Daten stehen immer im Kontext eines Geschäftsprozessobjekts, z. B. von Anhängen oder Frachtkosten. Von abhängigen Objekten kann keine Instanz ohne eine Instanz des übergeordneten Geschäftsprozessobjekts erstellt werden. Wie der Name schon sagt, finden Sie Stammdaten, die in *Stammdatenobjekten* gespeichert sind, z. B. Fahrzeugressourcen oder Standorte.

Vor allem bei der Transportplanung in TM werden verschiedene Profile und Einstellungen benötigt, z. B. für die Ablage der Planungseinstellungen. Diese Daten werden in den *Metadatenobjekten* gespeichert.

3.1.1 Speicherung von Daten im BOPF

Da das BOPF Daten objektorientiert speichert, wird jedes Dokument oder Stammdatenelement als Objektinstanz in der Datenbank gespeichert. In diesem Abschnitt wird zur Veranschaulichung der Datenspeicherung ein Frachtauftrag (der Auftrag eines Transportdienstleisters) als Beispiel verwendet.

Der Frachtauftrag hat einige eindeutige Kopfdaten wie die Auftragsnummer und den zugeordneten Frachtführer. Das Besondere an diesen Informationen ist, dass sie nur einmal pro Frachtauftrag vorkommen dürfen – und das aus gutem Grund. Ein Frachtauftrag mit zwei Nummern ergibt keinen Sinn.

Der Frachtauftrag enthält jedoch auch Informationen, die in beliebiger Reihenfolge und Kardinalität vorhanden sein können. Zum Beispiel können verschiedene Frachtaufträge unterschiedlich viele Positionen aufweisen. Alle Positionen sind jedoch immer mit eindeutigen Informationen verknüpft, z. B. mit der Auftragsnummer. Man könnte sagen, dass die Positionsinformationen den Kopfinformationen zugeordnet sind.

Das BOPF spiegelt die Informationsstruktur in seiner Geschäftsobjektstruktur wider. Wenn Sie Transaktion BOBF oder BOBX aufrufen, können Sie sich die technischen Einstellungen des Frachtauftrags durch Doppelklick auf das Geschäftsprozessobjekt `/SCMTMS/TOR` ansehen. Das Modell der Geschäftsobjekte besteht aus einem hierarchischen Baum aus Objektknoten. Jeder Knoten hat einen eigenen Zweck. Der oberste Knoten des hierarchischen Baums ist der sogenannte *Wurzelknoten*. Hier werden die Kopfinformationen abgelegt. Während ein Objekt nur einen Wurzelknoten haben kann, können von untergeordneten Knoten, wie z. B. Positionsdaten, mehrere Instanzen zu einem Objekt erzeugt werden.

[»] **Instanzen**

Das Modell eines Objekts wird während der Entwurfszeit definiert und enthält das strukturelle und funktionale Konzept des Geschäftsobjekttyps. Während der Laufzeit werden *Instanzen* dieses Dokumententyps erstellt, und das Strukturmodell wird mit den Informationen gefüllt, die mit den realen Dokumenten verknüpft sind.

Abbildung 3.2 zeigt, dass die Positionsinformationen (Positionen des Transportauftrags) im Knoten `ITEM_TR` gespeichert werden, während andere Informationen (optional für einen Frachtauftrag) in anderen Knoten gespeichert werden.

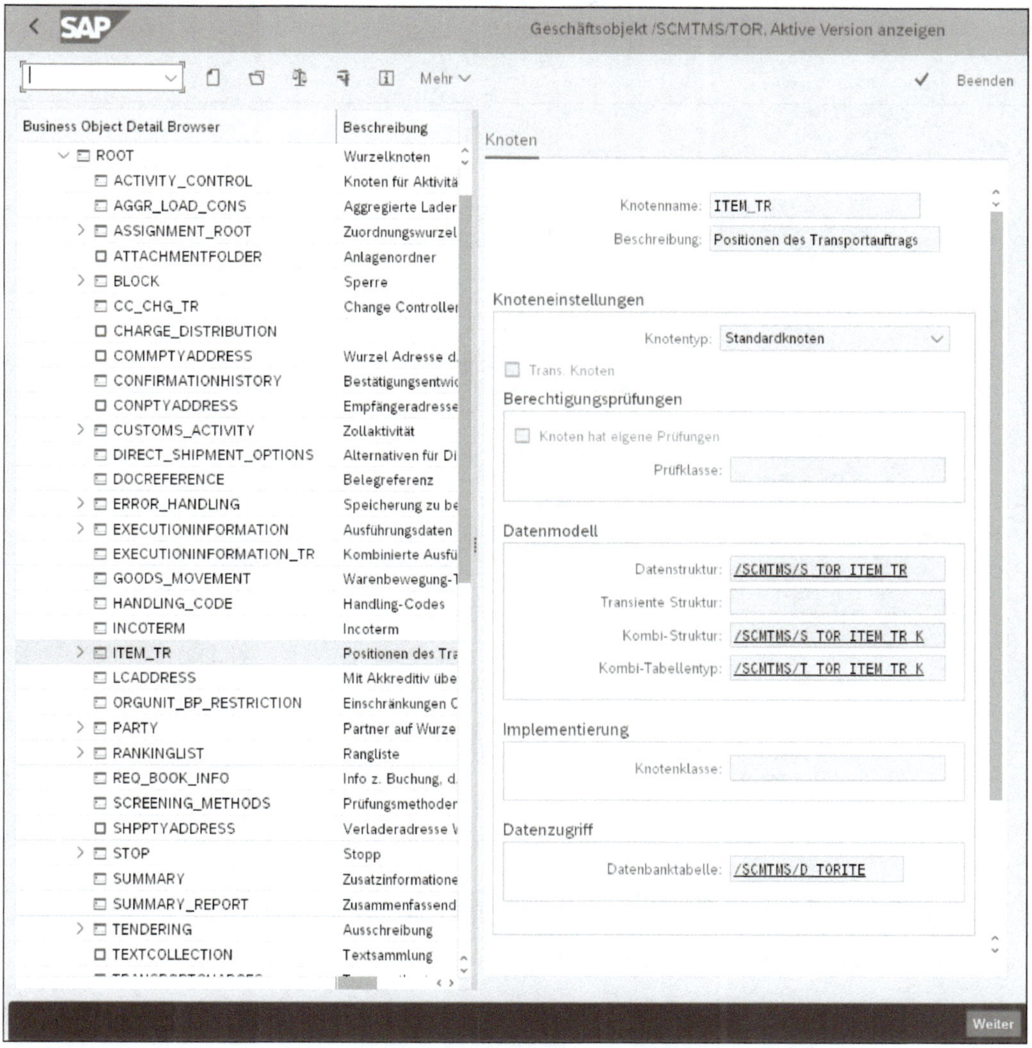

Abbildung 3.2: Knoten für Positionsdaten des Geschäftsobjekts »/SCMTMS/TOR«

Durch Doppelklick auf einen Geschäftsobjektknoten wird die detaillierte Ansicht der Datenstruktur des jeweiligen BOPF-Modellknotenelements angezeigt.

Wie Sie auf der rechten Seite von Abbildung 3.3 sehen können, ist jedem Knoten, in diesem Fall dem Wurzelknoten, eine einfache *Data-Dictionary-Struktur* (DDIC) zugeordnet. Diese Datenstruktur enthält alle Felder des jeweiligen Knotens, die mit Informationen gefüllt werden können, wie z. B. der Frachtauftragsnummer oder dem Frachtführer. Mit einem Doppelklick auf die Datenstruktur gelangen Sie in die DDIC-Struktur (Transaktion SE11), sodass Sie die Elemente der Datenstruktur sehen können.

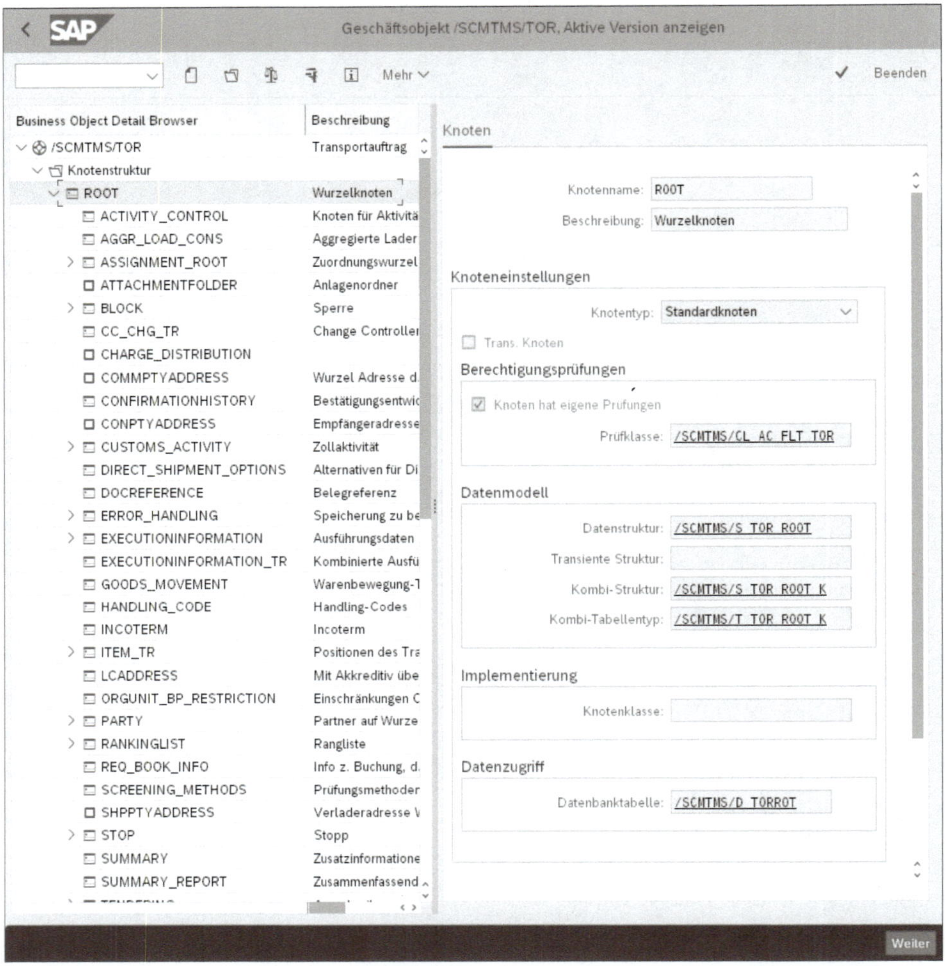

Abbildung 3.3: Details eines Geschäftsobjektknotens

Neben der einfachen Datenstruktur ist auf der rechten Seite von Abbildung 3.3 eine kombinierte Struktur zu sehen (dargestellt in Abbildung 3.4), die ebenfalls dem Knoten zugeordnet ist. Die kombinierte Struktur sieht genauso aus wie die Datenstruktur – mit der Ausnahme, dass sie drei zusätzliche BOPF-spezifische Felder hat, um die Hierarchie der Objektknoten zu modellieren (über das BOPF-spezifische Include der Datenstruktur `/BOBF/S_FRW_KEY_INCL`):

- KEY
  Jede Knoteninstanz kann in der Datenbank mit einem eindeutigen, 32-stelligen hexadezimalen Schlüssel identifiziert werden, z. B. `005056AC01921ED1BEE25DC2FC88401C`.

- PARENT_KEY
  Um die Verbindung zu seinem direkten übergeordneten Knoten nicht zu verlieren, trägt jeder Knoten den eindeutigen Schlüssel des übergeordneten Knotens im Feld PARENT_KEY.
- ROOT_KEY
  Das Root-Key-Feld enthält den Schlüssel der übergeordneten Knoteninstanz, zu der diese Knoteninstanz gehört.

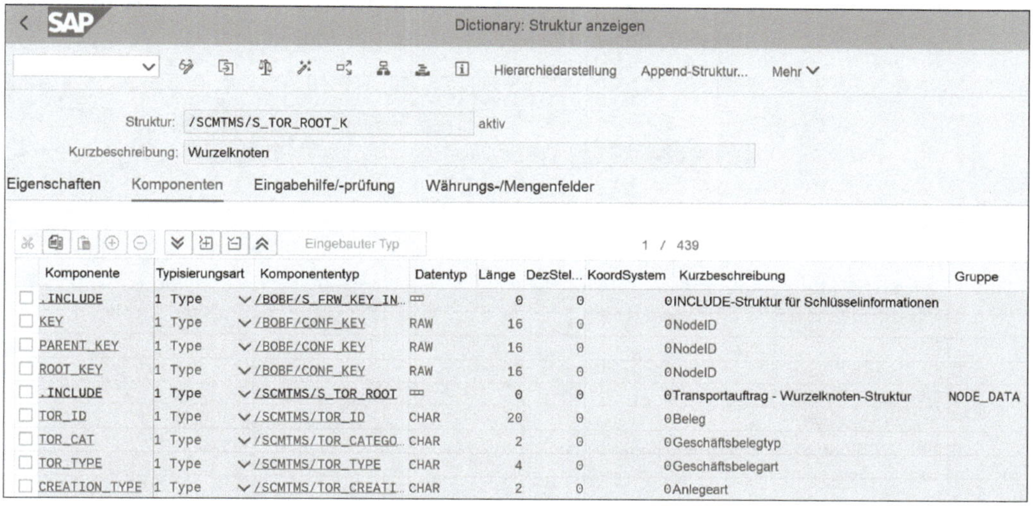

Abbildung 3.4: Kombinierte Datenstruktur des Wurzelknotens eines Geschäftsobjekts

> **Die Familie in der objektorientierten Modellierung**
> In der objektorientierten Modellierung werden Familienbegriffe anstelle der langatmigen Begriffe *übergeordnet* oder *untergeordnet* genutzt. Daher werden hier häufiger die Begriffe *Elternknoten* und *Kindknoten* verwendet.

[«]

Im vorangegangenen Abschnitt haben Sie erfahren, wie die Daten von BOPF-Objekten strukturiert und abgelegt werden. Es wurde noch nicht erklärt, *wo* die Daten gespeichert werden, und wie die Datenbanktabelle, in der die Daten abgelegt werden, identifiziert werden kann.

Das BOPF führt nur für die *Datenmodellierung* neue Konzepte ein; die *Datenablage* erfolgt weiterhin mit der tabellenbasierten Datenbanktechnologie, die Sie bereits von SAP-Produkten wie SAP ERP kennen. Die Datenbanktabellen enthalten jedoch die 32-stelligen Schlüssel der Knoteninstanzen, mit denen Sie die Knoteninstanzen in den Datenbanktabellen stets eindeutig identifizieren können. Die Information, wo die Daten eines Knotens abgelegt werden, finden Sie in den Details des jeweiligen Knotens (siehe Abbildung 3.3). Die in den Knotendetails angegebene Datenstruktur definiert die Struktur der Datenbanktabelle. Um Daten des Knotens zur Laufzeit in einer internen Tabelle zwischenspeichern zu können, wird ein DDIC-Tabellentyp benötigt, der ebenfalls in den Details des Knotens spezifiziert ist. Ihm liegt die angegebene kombinierte Datenstruktur zugrunde. Darüber hinaus wird in den Knotendetails die Datenbanktabelle spezifiziert, in der die Daten der Knoteninstanzen persistiert werden (siehe Abbildung 3.3).

Vielleicht erkennen Sie, dass nicht jedem Knoten eine Datenbanktabelle zugeordnet ist. Auch TM arbeitet häufig mit sogenannten *transienten Daten*. Diese liegen nur zur Laufzeit vor und werden nicht in der Datenbanktabelle gespeichert. Abbildung 3.5 zeigt als Beispiel den Knoten **SUMMARY**, der als *transienter Knoten* gekennzeichnet ist.

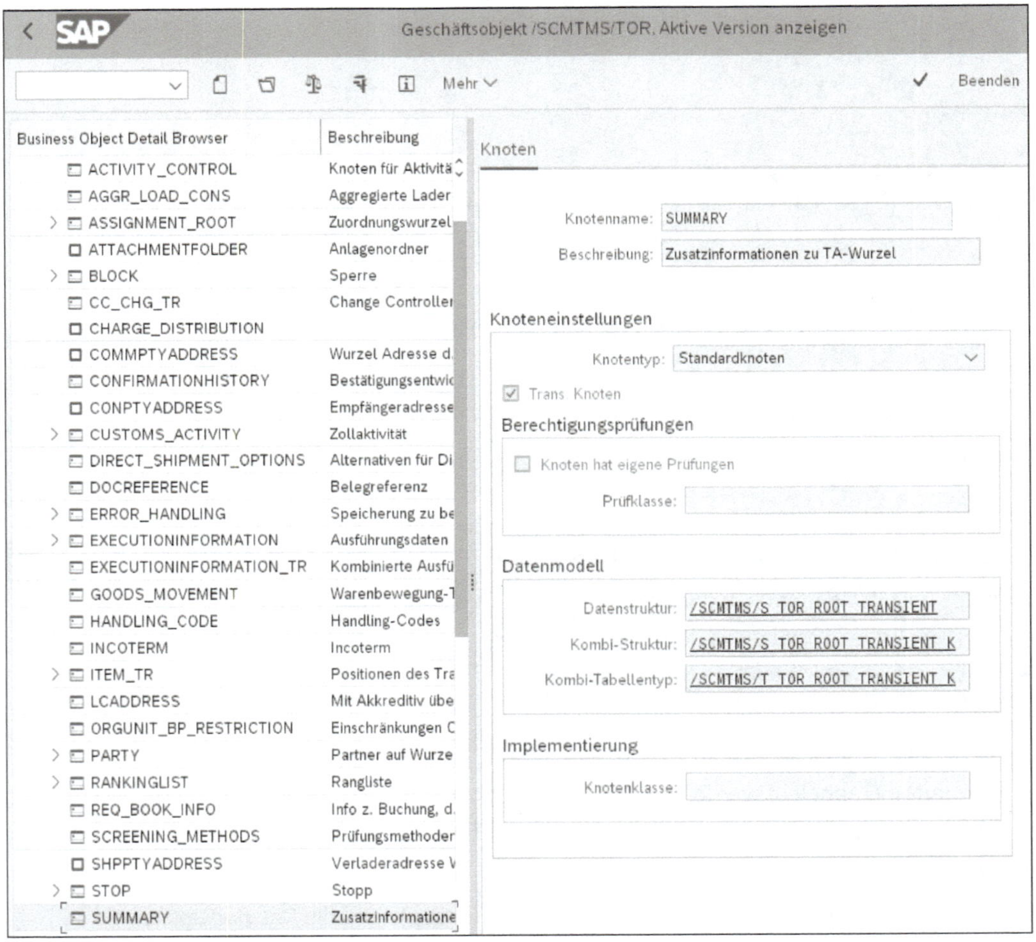

Abbildung 3.5: Details des transienten Knotens SUMMARY

Knotenassoziationen

Eines der Ziele der BOPF ist es, dass Fachabteilung und Entwicklung keine direkten Verbindungen zu Datenbanktabellen mehr herstellen müssen. Daher sollte die Verbindung zwischen den Knoten nicht nur mit den im vorangegangenen Abschnitt erwähnten Parent- und ROOT-Key-Schlüsseln hergestellt werden – das wäre zu technisch. Es muss ein anderer, allgemeinerer Weg gefunden werden.

Die Knoten sind durch ein spezielles Element verbunden, das als *Assoziation* bezeichnet und vom BOPF bereitgestellt wird. Eine Assoziation ist eine logische Verbindung zwischen zwei Knoteninstanzen. In Abbildung 3.6 gibt es Assoziationen zwischen dem Wurzelknoten und anderen Knoten (**/SCMTMS/TOR** – Knotenelemente – **ROOT** – Assoziationen). Wenn Sie Daten von einer Geschäftsobjektinstanz abrufen, folgen Sie dem Pfad von Knoten zu Knoten, indem Sie die Assoziation als eine Art Brücke verwenden, um die benötigten Informationen zu erhalten. Wenn wir z. B. nur die Nummer eines speziellen Frachtauftrags haben und wissen wollen, welche Artikel er enthält, beginnen wir mit dem Wurzelknoten und verwenden dann die Assoziation zwischen dem Wurzelknoten und dem Item-Knoten, um zu den Informationen im Zielknoten zu gelangen. Sobald wir uns auf der Instanz des Item-Knotens befinden, können wir nach dem Feld in der dem Knoten zugeordneten DDIC-Struktur suchen.

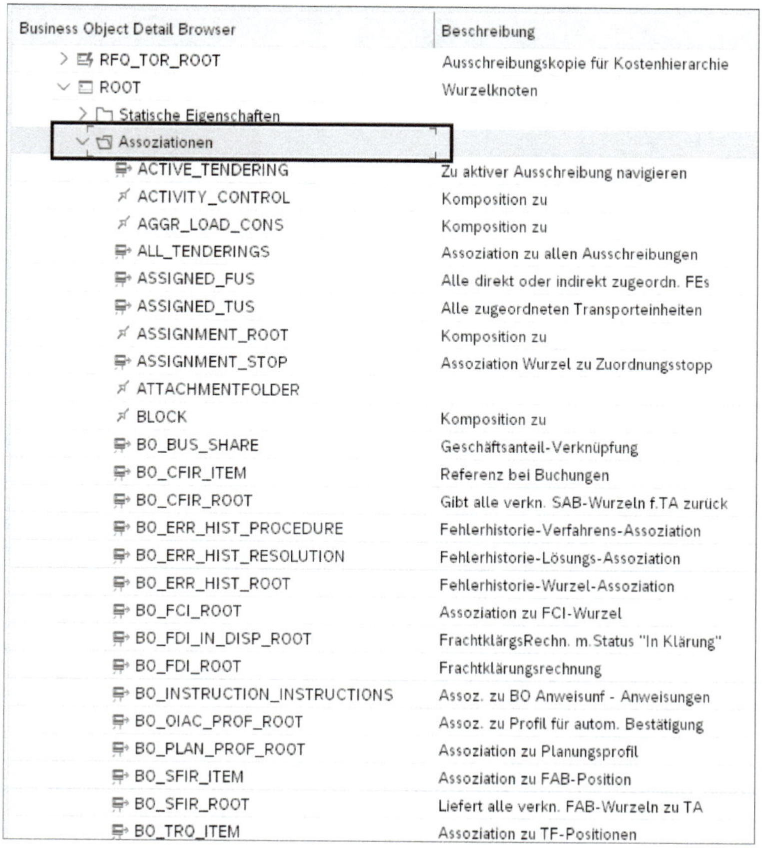

Abbildung 3.6: Assoziationen eines Geschäftsobjektknotens

Die Details der Assoziationen können ebenfalls in der BOPF-Designumgebung (Transaktion BOBF oder BOBX) betrachtet werden. In der Ansicht der Knotenelemente des

BOPF-Objekts werden unter jedem Knoten die zugeordneten Assoziationen angezeigt (siehe Abbildung 3.6).

Bei der Betrachtung der verschiedenen Assoziationen, z. B. des ROOT-Knotens des Objekts /SCMTMS/TOR, kann man erkennen, dass einige Assoziationen eine Assoziationsklasse enthalten und andere nicht.

In einigen Szenarien ist eine komplexere Geschäftslogik erforderlich, um die Zielknoteninstanzen aufzulösen. Dies könnte z. B. der Fall sein, wenn vom ROOT-Knoten des /SCMTMS/TOR-Objekts zum ROOT-Knoten des zugehörigen /SCMTMS/TRQ-Objekts navigiert werden soll. Da das TRQ-Objekt nicht Teil des hierarchischen Modells der /SCMTMS/TOR-Instanz ist, kann diese Beziehung nicht über die Eltern-Kind-Felder in der Datenstruktur des TOR-Objekts modelliert werden. Die entsprechende Geschäftslogik zur Auflösung der Beziehung ist in einer implementierenden ABAP-Klasse gespeichert, die spezifische BOPF-Interfaces zur Integration mit dem BOPF-Modell verwendet. Als Beispiel ist die Assoziation von TOR ROOT zum ersten TOR-STOP-Knoten in Abbildung 3.7 dargestellt.

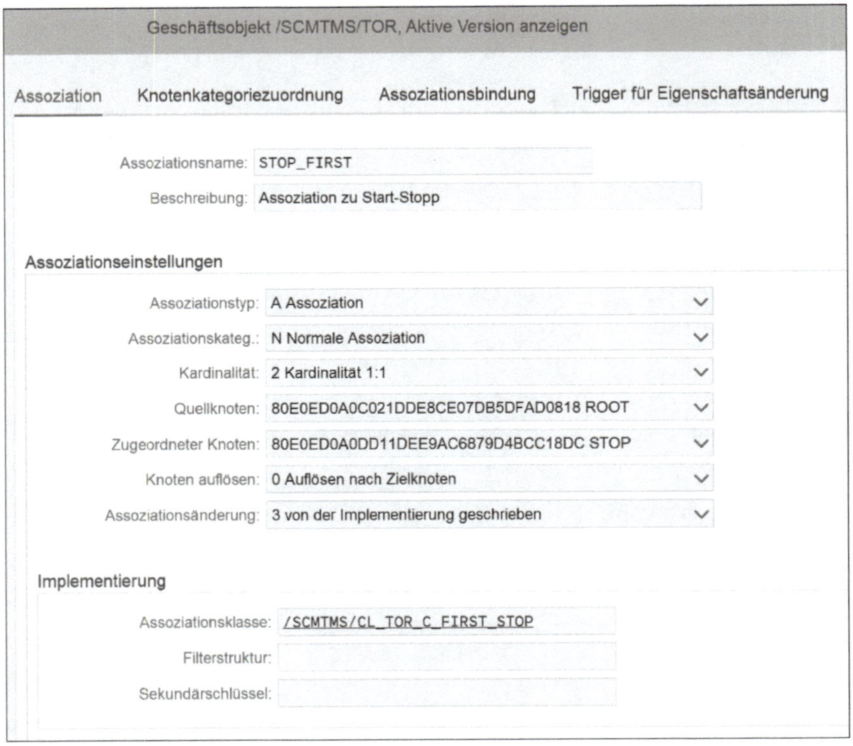

Abbildung 3.7: Beispielassoziation mit Assoziationsklasse

Für einfachere Beziehungen zwischen Knoteninstanzen, die mithilfe der Eltern-Kind-Schlüssel in den jeweiligen Datenstrukturen modelliert werden können, bietet BOPF generische Methoden zur Auflösung der Beziehung. Ein Beispiel wäre die Beziehung zwischen dem ROOT-Knoten und dem ITEM_TR-Knoten des Objekts /SCMTMS/TOR.

Erinnern Sie sich daran, dass ein Frachtauftrag mehrere Positionen und damit mehrere Instanzen des Positionsknotens enthalten kann? Die Assoziation legt fest, ob mehrere Knoten zugeordnet werden können oder nur ein Knoten. Wie Sie im Feld **Kardinalität** auf der rechten Seite von Abbildung 3.6 sehen, können dem Wurzelknoten mehrere Positionsknoten zugeordnet werden, da die Kardinalität der Assoziation 1:0...n ist.

Sauberkeit und Ordnung

Wenn Sie die Assoziationen durchsuchen, werden Sie einige Assoziationen vom Wurzelknoten zu einem anderen Knoten mit der Kardinalität 1:1 finden. Sie fragen sich vielleicht, warum in diesem Fall überhaupt ein weiterer Knoten benötigt wird und warum die Informationen aus dem assoziierten Knoten nicht in den Wurzelknoten übernommen werden.

Aus technischer Sicht gibt es eigentlich keinen Grund, dies zu tun. Aber aus logischer Sicht gibt es einen guten Grund: Das Modell soll strukturiert und ordentlich bleiben.

Betrachten wir ein Beispiel aus dem wirklichen Leben. In Ihrer Küche gibt es eine Schublade für Besteck, eine Schublade für Pfannen und eine Schublade für Kräuter und Gewürze. (Hoffentlich haben Sie mehr als drei Schubladen in Ihrer Küche, aber für dieses Beispiel sind drei ausreichend.) Anstatt einzelne Schubladen zu verwenden, könnten Sie alles in einem großen Regal unterbringen, aber Sie hätten wahrscheinlich ein Problem damit, etwas einfach und schnell zu finden.

Dasselbe gilt für das Geschäftsobjektmodell. Je mehr Felder ein Knoten enthält, desto größer wird die Datenbanktabelle. Ein Geschäftsobjektknoten kann in diesem Beispiel mit einer Schublade verglichen werden; die Felder entsprechen den Gegenständen in Ihrer Küche.

Die Leistung von Datenbankzugriffen hängt von der Anzahl der Felder in einer Zeile ab. Daher sollte die Anzahl der Felder in einer Zeile möglichst gering gehalten werden. Deswegen gibt es einige Knotenverbindungen mit der Kardinalität 1:1; die Informationen des verknüpften Knotens werden in einer anderen Datenbanktabelle gespeichert, um die Lesegeschwindigkeit der Datenbank zu verbessern.

Anzeigen von in einer Datenbank gespeicherten Daten

Kehren wir zu dem Ziel zurück, zu verhindern, dass eine Verbindung zu Datenbanken hergestellt werden muss. Dies betrifft Personen aus der Beratung, der IT und der Fachabteilung gleichermaßen. Wenn Sie mit TM arbeiten, sollten Sie Transaktionen wie SE16N nicht mehr verwenden, um Daten im Hintergrund anzuzeigen. Halten Sie sich stattdessen an das Geschäftsobjektmodell, und zeigen Sie die Daten auf objektorientierte Weise an.

Dazu können Sie Transaktion BOBT verwenden. Geben Sie das Geschäftsobjekt in das entsprechende Feld ein, und wählen Sie dann eine Abfrage aus (siehe Abbildung 3.8).

Nachdem eine Abfrage ausgewählt wurde, erscheint ein Selektionsbild, wie Sie es auch von anderen Anwendungen kennen, in dem die Selektionskriterien gepflegt werden, mittels derer die BOPF-Knoteninstanzen von der Datenbank selektiert werden.

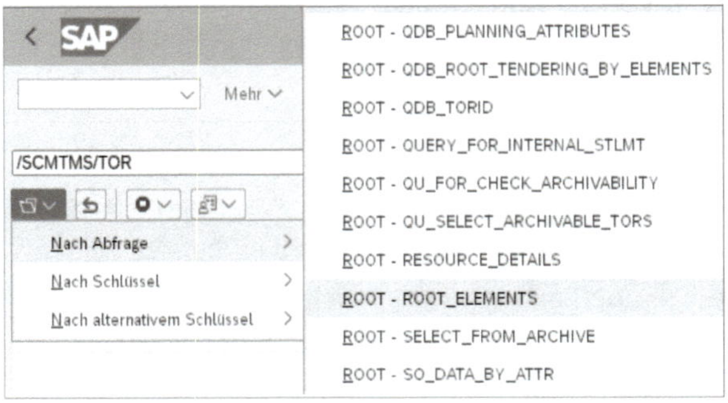

Abbildung 3.8: Aufruf einer BOPF-Abfrage im BOPF-Test-UI

Beachten Sie, dass Transaktion BOBT nur für Entwicklungssysteme und nicht für ein Produktivsystem gedacht ist, da die Transaktion eine Entwicklungsberechtigung erfordert. Eine ähnliche Ansicht der relevanten BOPF-Knoten des **TOR**-Objekts erreichen Sie im Produktivsystem über den Report **/SCMTMS/TOR_MODEL_DESCR** (siehe Abbildung 3.9).

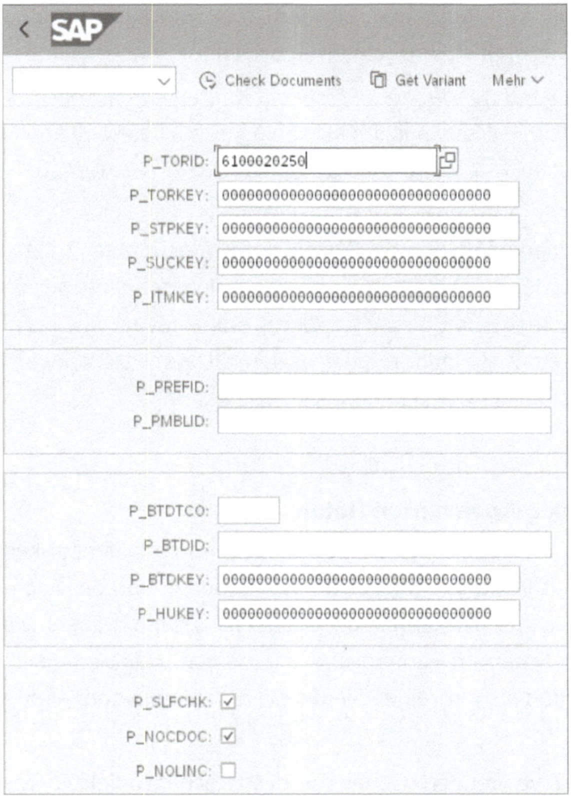

Abbildung 3.9: Einstiegsbild des Reports »/SCMTMS/TOR_MODEL_DESCR«

Abbildung 3.10 zeigt das Ergebnisbild zu den ausgewählten BOPF-Objekten. Im oberen Bereich werden die Kopfdaten angezeigt, während im unteren Bereich die Positions-, Stopp- oder Abschnittsdaten dargestellt sind.

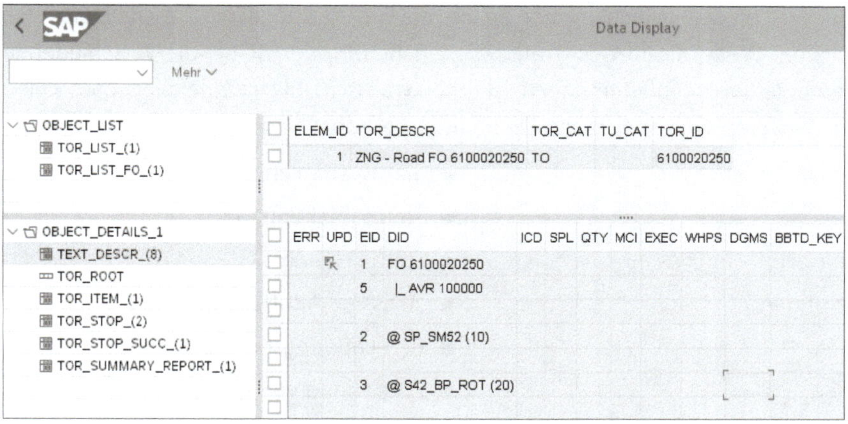

Abbildung 3.10: Übersichtsbild des Reports »/SCMTMS/TOR_MODEL_DESCR«

Abfrage

Eine *Abfrage* ist eine vordefinierte Suche nach Knoteninstanzen von Geschäftsobjekten. Bei der Entwicklung werden Abfragen verwendet, um Knoteninstanzen zu finden, die bestimmte Informationen enthalten. Obwohl wir in diesem Abschnitt nicht näher auf Abfragen eingehen, sollten Sie wissen, dass Sie Abfragen in Transaktion BOBT verwenden können, um Knoteninstanzen anhand vordefinierter Kriterien zu finden. Sie können sogar Ihre eigenen benutzerdefinierten Abfragen erstellen.

Die Knoteninstanzen werden in einer Tabellenansicht angezeigt. In unserem Beispiel kennen Sie nur die Auftragsnummer, möchten aber Informationen über einen Artikel im Frachtauftrag erhalten. Sie können eine Abfrage verwenden, um zunächst den Wurzelknoten anzuzeigen. Dann können Sie die Assoziation zu den Artikeln verwenden, um zu den Artikelinformationen zu gelangen (siehe Abbildung 3.11).

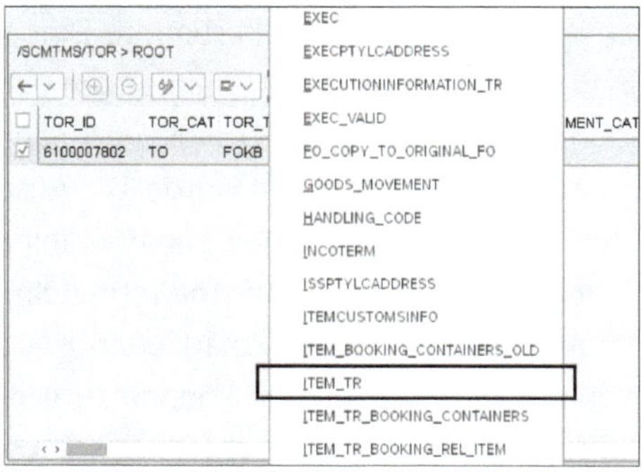

Abbildung 3.11: Aufruf einer Assoziation im BOPF-Test-UI

3.1.2 Datenverarbeitung mit BOPF

In den vorangegangenen Abschnitten haben Sie erfahren, wie das BOPF genutzt wird, um die Daten von Objekten zu strukturieren und zu speichern. Außerdem bietet das Framework verschiedene Mechanismen an, um die Geschäftslogik der Geschäftsprozesse zu modellieren. Wenn Sie in den Transaktionen BOBF oder BOBX die verschiedenen Knotenelemente durchgeblättert haben, ist Ihnen wahrscheinlich aufgefallen, dass vielen der Knoten weitere BOPF-spezifische Elemente zugeordnet sind:

- Knotenkategorien
- Assoziationen
- Ermittlungen
- Validierungen
- Aktionen
- Abfragen
- alternative Schlüssel
- Statusvariablen
- Statusableitungen
- Statusschemata
- zulässige Attributwerte
- Berechtigungsobjekte
- Zuordnung von Berechtigungsfeldern

Keine Sorge – wir gehen in diesem Kapitel nicht alle Knotenelemente durch. Es lohnt sich jedoch, sich die Zeit zu nehmen, die wichtigsten Knotenelemente anzuschauen. Assoziationen dienen dazu, eine Verbindung zwischen zwei Geschäftsobjektknoten herzustellen, und unterstützen daher hauptsächlich die konsistente Modellierung der Datenspeicherung; die Knotenelemente, mit denen wir uns jetzt beschäftigen wollen, werden jedoch für den Datenverarbeitungsteil der BOPF-Methodik verwendet.

Die drei wichtigsten Knotenelemente für die Abbildung der Geschäftsprozesslogik sind Ermittlungen, Aktionen und Validierungen. Sie können diese Elemente ebenfalls in den Transaktionen BOBF und BOBX betrachten.

Ermittlungen

Wenn Sie sich mit SAP-ERP-Entwicklung auskennen, wissen Sie: Selbst bei kleinsten Datenänderungen mussten alle Folgeaktivitäten explizit programmiert werden. Wenn Sie eine benutzerdefinierte Logik zu den Folgeaktivitäten hinzufügen wollten, musste das Coding erweitert werden. Mit anderen Worten: Um benutzerdefinierte Logik hinzuzufügen, mussten Entwicklerinnen und Entwickler genau wissen, wo im Code bestimmte Dinge passieren. Mit dem BOPF wurde dieses Problem durch das Konzept der Ermittlungen gelöst. Das Framework löst automatisch die Ausführung von *Ermittlungen* aus, nachdem eine der *CRUD-Methoden* (Create, Read, Update oder Delete) aufgerufen wurde. Die Auslösebedingungen werden über die Kontrollkästchen für die Operationen `create` (anlegen), `update` (aktualisieren), `delete` (löschen), `read` (lesen) und `determine` (ermitteln) definiert. Jede der Operationen auf einer der im Konfigurationsmodell markierten Knoteninstanzen löst die Ausführung der Ermittlung aus. Die Ermittlungen können zu verschiedenen Zeitpunkten im transaktionalen BOPF-Zyklus ausgeführt werden, z. B. nach der Durchführung von Änderungen, vor dem Sichern etc. In Abbildung 3.12 ist die Konfiguration der Bedingungen, die die Ausführung der Ermittlung auslösen, dargestellt. Die gezeigte Ermittlung wird bei Anlage und Änderung des Wurzelknotens ausgelöst. Wie Abbildung 3.13 zeigt, wird sie während des BOPF-Speichertransaktionszyklus ausgeführt.

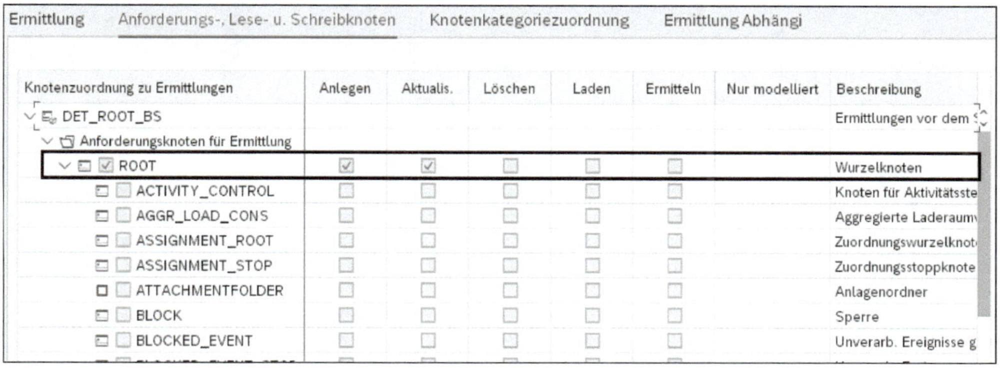

Abbildung 3.12: Auslösebedingungen der Ermittlung »TOR ROOT Before Save«

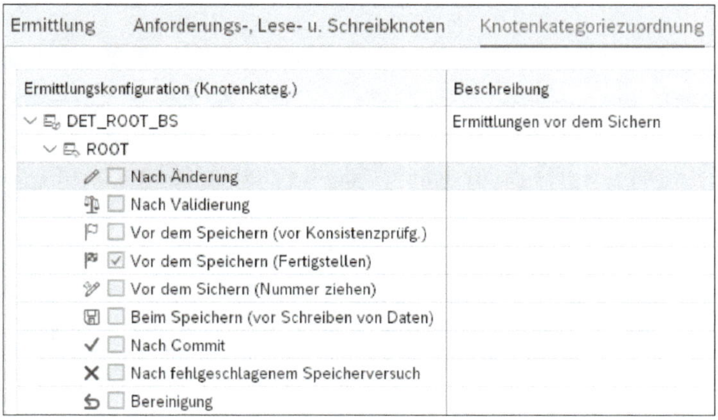

Abbildung 3.13: Konfiguration des Ausführungszeitpunkts einer Ermittlung

Um den Zweck von Ausführungsbedingung und Ausführungszeitpunkt zu veranschaulichen, betrachten wir die Ermittlung zur Bestimmung der Nummernvergabe, `DET_DRAW_NUMBER` am Wurzelknoten des `TOR`-Objekts, für unseren Frachtauftrag. Es ist logisch sinnvoll, die Nummernvergabe des Belegs nur einmal – nämlich bei der Anlage des Frachtauftrags – auszuführen.

Wenn Sie sich die Details der Ermittlung ansehen und zur Registerkarte **Anforderungs-, Lese- u. Schreibknoten** wechseln, sehen Sie folgende Definition: Das Coding zur Nummernermittlung für den Frachtauftrag wird nur beim Erstellen der Wurzelknoteninstanz aufgerufen. Die zugehörige Logik läuft im Transaktionszyklus, der vor dem Speichern der Belege ausgeführt wird.

Da wir nun wissen, wann die Ermittlung aufgerufen wird, können wir uns ansehen, wie sie aufgerufen wird und wie das zu verarbeitende Coding gefunden wird. Wenn Sie zur Registerkarte **Ermittlung** zurückkehren, die in Abbildung 3.14 dargestellt ist, stellen Sie fest, dass der Ermittlung eine ABAP-Klasse zugewiesen ist. Diese Klasse wird immer dann aufgerufen, wenn die Bestimmung ausgeführt werden muss.

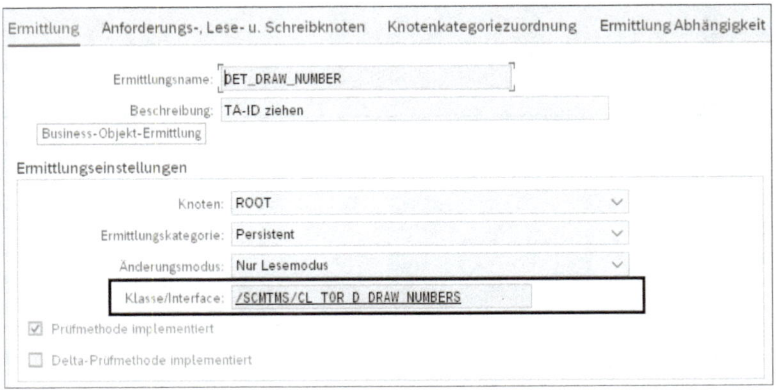

Abbildung 3.14: Details der Ermittlung zum Ziehen der Belegnummern

[+]

Namenskonventionen

Wenn Sie eine Klasse mit dem Namen **/SCMTMS/CL_TOR_D_*** finden, können Sie davon ausgehen, dass es sich um eine Klasse handelt, die für eine Ermittlung des Geschäftsobjekts **TOR** vorgesehen ist.

Die Namenskonvention besteht darin, dass nach dem Namensraum **/SCMTMS/** und dem üblichen Identifikator **CL** eine Abkürzung des zu behandelnden Geschäftsobjekts und ein Buchstabe vorhanden sind, um zu bestimmen, ob es sich bei der Klasse um eine Ermittlung (**D**), Aktion (**A**), Validierung (**V**) oder Abfrage (**Q**) handelt.

Jede Klasse, die Knotenelementen zugeordnet ist, verwendet ein Interface, das drei Methoden zur Verfügung stellt (siehe Abbildung 3.15). Wenn eine Ermittlung ausgeführt wird, ruft das Framework die Methode **EXECUTE** des Interfaces auf. Weitere Methoden können der Klasse hinzugefügt werden, werden aber vom Framework nicht berücksichtigt, sondern müssen aus den Interface-Methoden aufgerufen werden.

Neben der **EXECUTE**-Methode gibt es noch zwei weitere Methoden, die vom Framework bereitgestellt werden: **CHECK** und **CHECK_DELTA**. Beide Methoden sind optional zu implementieren und dienen als Voraussetzung dafür, ob die Logik dieser Ermittlung ausgeführt werden soll, d. h., ob die Methode **EXECUTE** tatsächlich aufgerufen werden soll.

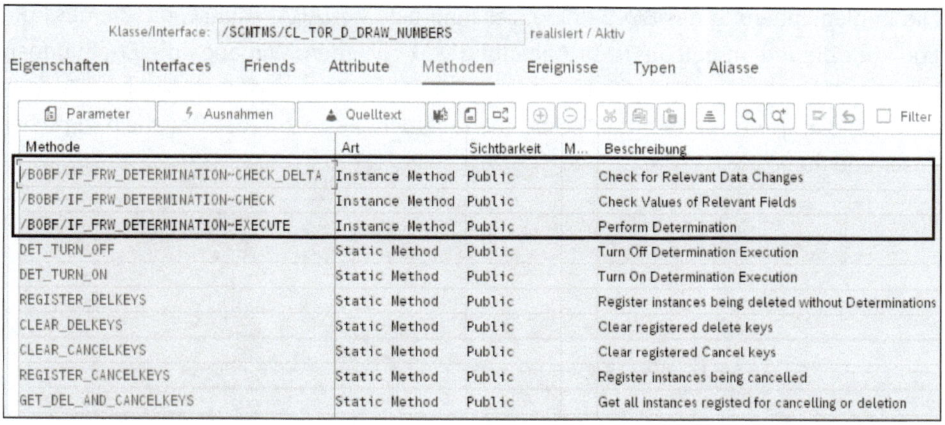

Abbildung 3.15: Implementierung einer ABAP-Klasse für eine BOPF-Ermittlung

Aktionen

Im vorangegangenen Abschnitt wurden die Ermittlungen als Werkzeug zur Modellierung von Geschäftsprozesslogik vorgestellt. Ermittlungen werden automatisch ausgeführt, wenn bestimmte Trigger-Bedingungen erfüllt sind. *Aktionen* dagegen sind Funktionen des BOPF, die für die Interaktion mit dem BOPF-Objekt gedacht sind. Aktionen werden in der Regel von außen, z. B. aus einem UI, als Folge einer Nutzerinteraktion aufgerufen und führen eine Geschäftsprozesslogik aus, z. B. die Änderung eines Statuswertes eines Frachtauftrags. Hinter jeder BOPF-Aktion steht eine implementierende ABAP-Klasse, die ein Interface des BOPF-Frameworks implementieren muss. Ein Beispiel, wie die implementierende ABAP-Klasse innerhalb der BOPF-Objekt-Konfiguration identifiziert werden kann, ist in Abbildung 3.16 dargestellt.

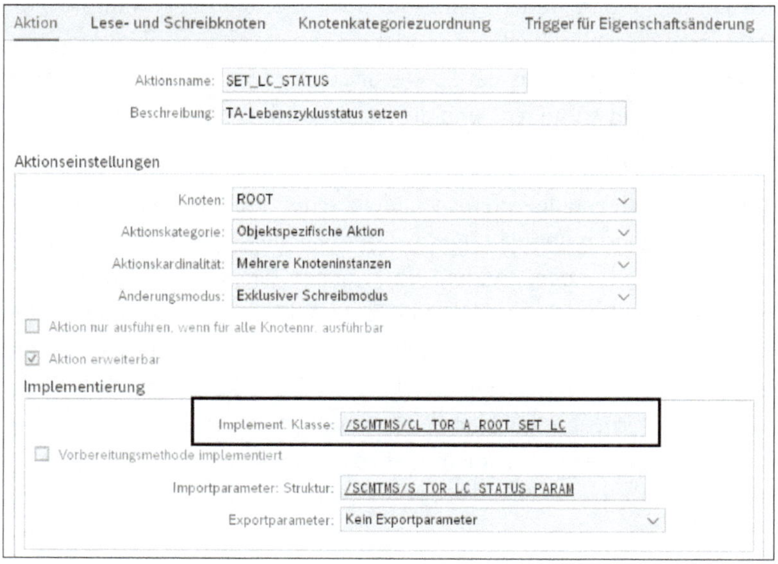

Abbildung 3.16: Implementierende ABAP-Klasse in der BOPF-Aktion

Die Implementierung des BOPF-Interfaces innerhalb der ABAP-Klasse, die die gesamte Logik für die Aktion enthält, ist in Abbildung 3.17 zu sehen. Wie auch die Ermittlungen können Aktionen einzelnen Knoten des BOPF-Modells zugeordnet werden. Zu den Daten, die im jeweiligen Knoten gespeichert werden, besteht in der Regel ein logischer Zusammenhang.

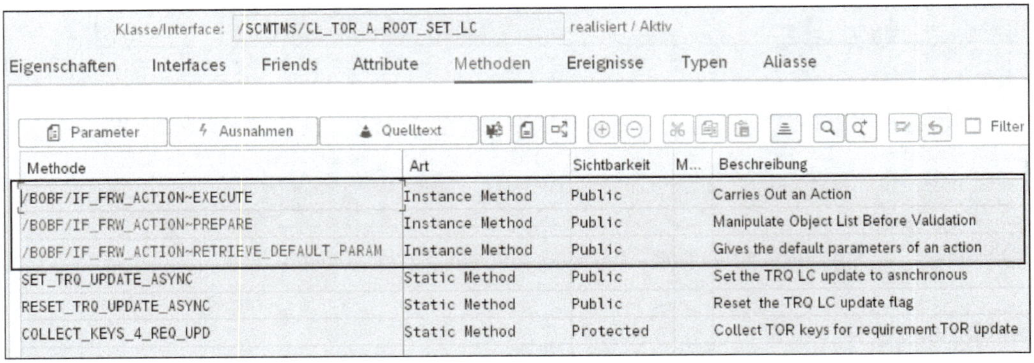

Abbildung 3.17: Implementierende ABAP-Klasse für eine BOPF-Aktion

Validierungen

Wie bei den Ermittlungen und Aktionen handelt es sich auch bei einer *Validierung* um ein Stück Coding, das von der BOPF aufgerufen und ausgeführt wird. Das BOPF bietet zwei verschiedene Arten von Validierungen an:

- **Aktionsvalidierung**

  Diese Validierungen sind mit einer Aktion am zugeordneten Knoten des Objekts verbunden und werden vor dem Aufruf der Aktion aufgerufen. Die Aktionsvalidierung prüft, ob die Aktion ausgeführt werden darf. Wenn wir z. B. die Aktion aufrufen, die einen Transportauftrag an einen Spediteur sendet, prüft eine Aktionsvalidierung vorher, ob dem Transportauftrag bereits ein Spediteur zugeordnet ist. Ist dies nicht der Fall, schlägt die Aktionsvalidierung fehl, und die Aktion wird nicht ausgeführt.

- **Validierung der Konsistenz**

  Diese Validierungen werden aufgerufen, nachdem eine Änderung an einem Geschäftsobjektknoten vorgenommen wurde. Konsistenzvalidierungen sind daher nicht direkt mit einer Aktion verbunden, sondern überwachen die Änderung einer Knoteninstanz – genau wie die Ermittlungen. Während jedoch Ermittlungen einige Daten der Knoteninstanz ändern können, ändern Validierungen nichts an der Knoteninstanz. Stattdessen validieren sie die Konsistenz und verhindern das Speichern der Daten oder erstellen Warn- oder Fehlermeldungen, um die Anwenderinnen und Anwender zu benachrichtigen. Tatsächlich sperren Validierungen die Knoteninstanz nicht, während die Validierung durchgeführt wird. Daher können Validierungen keine Daten auf dem Knoten ändern.

Wenn Sie z. B. einen Frachtauftrag erstellen, speichern Sie den Frachtauftrag. Beim Speichern des Frachtauftrags wird immer eine Konsistenzprüfung aufgerufen, um zu prüfen, ob die Orte und Termine des Frachtauftrags in einer logischen Reihenfolge stehen, die Fahrzeugressource nicht gleichzeitig auf einem anderen Transport verwendet wird etc. Wenn etwa die Fahrzeugressource, die für diesen Frachtauftrag verwendet wird, zur gleichen Zeit bereits einem anderen Transport zugeordnet ist, erzeugt die Validierung eine Fehlermeldung, die auf der Benutzeroberfläche angezeigt wird. Sie entfernt jedoch nicht die Fahrzeugressource aus dem Frachtauftrag, da dies eine Änderung des Frachtauftragsdokuments bedeuten würde, was eine Validierung nicht leisten kann.

[+]

Vorteile durch Verwendung des BOPF

Wie bereits erwähnt, mussten die Entwicklerinnen und Entwickler ohne das BOPF-Framework genau wissen, wo die benutzerdefinierte Erweiterung eingefügt werden sollte. Beim BOPF ist dies oft nicht mehr notwendig. Jetzt kann bei der Entwicklung einfach Programmlogik mithilfe definierter Abläufe innerhalb des Frameworks hinzugefügt werden, die bei der Erweiterung eines Geschäftsobjekts zur Verfügung gestellt wird. Standard- und benutzerdefinierte Logik werden dann nebeneinander angezeigt, sodass sie am Ende wie ein Endprodukt aussehen (was sie tatsächlich sind).

Sie finden die gängigen Ansätze für die Implementierung kundenspezifischer Anforderungen im Erweiterungsleitfaden von TM (»SAP Transportation Management 9.x Enhancement Guide«) unter *help.sap.com/doc/PRODUCTION/c7dab057b71344229 4901f1f7cbe069d/9.5.0/en-US/TM9xEnhancementGuide_2017.pdf*. Dieser Leitfaden basiert auf TM 9.x, ist aber auch für SAP S/4HANA relevant, da das BOPF-Modell weiterhin verwendet wird.

3.1.3 Business Add-Ins

Neben den zuvor vorgestellten Erweiterungsmöglichkeiten, die das BOPF-Entwicklungsframework für die Implementierung kundenspezifischer Anforderungen bietet, können in TM auch definierte Erweiterungspunkte in Form der *Business Add-Ins* (BAdIs) verwendet werden. BAdIs sind Erweiterungen der Standardprogrammlogik ohne Modifikation des Standardprogrammcodes über objektorientiert entwickelte Erweiterungspunkte. An diesen durch SAP bereitgestellten Erweiterungspunkten kann kundeneigene Programmlogik eingefügt werden, um die vom Standardcode zu verarbeitenden Daten zu ändern.

Ein sehr beliebtes Beispiel für eine Erweiterung in TM ist das BAdI für die Optimierervorverarbeitung. Vor der Übergabe der Daten an den Optimierer können die Anwenderinnen und Anwender Informationen hinzufügen oder ändern, die zuvor von SAP TM erfasst wurden.

Eine Liste aller verfügbaren BAdIs finden Sie im Customizing unter **Transportmanagement • Business Add-Ins (BAdIs) für Transportmanagement**.

Um ein BAdI anzulegen, können Sie entweder dem Customizing-Pfad folgen oder Transaktion SE18 aufrufen und den Namen des BAdIs oder des Erweiterungsspots eingeben (siehe Abbildung 3.18). Die TM-spezifischen BAdIs beginnen mit **/SCMTMS/** und folgen damit der Namenskonvention. Wenn Sie eine [F4]-Suche nach den BAdIs durchführen, werden Sie feststellen, dass TM mehr als 100 BAdIs anbietet.

Abbildung 3.18: Einstiegsbild von Transaktion SE18 zum Aufruf einer BAdI-Definition

In einem Erweiterungsspot gibt es in der Regel eine Beispielimplementierung, die dem Entwicklungsteam den Einstieg in die benutzerdefinierten Erweiterungen erleichtert.

Sie können zur Erweiterungsimplementierung (wie in Abbildung 3.19 dargestellt) und zur Implementierungsklasse der Erweiterung navigieren (dargestellt in Abbildung 3.20).

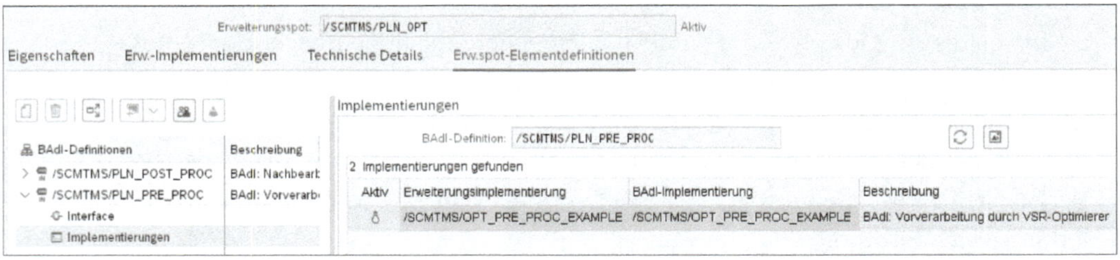

Abbildung 3.19: Beispiel für die Ausprägung einer BAdI-Implementierung

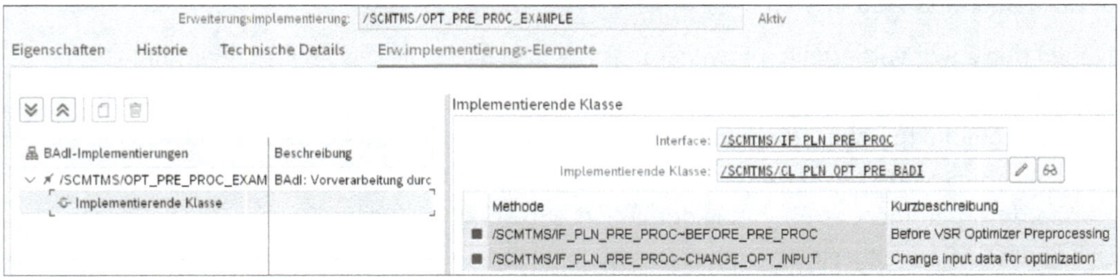

Abbildung 3.20: Implementierende Klasse der BAdI-Implementierung

Da wir Ihnen in diesem Buch nur einen kurzen Einblick geben möchten, was technisch möglich ist, gehen wir nicht näher auf die Implementierung von BAdIs oder ABAP-Code ein. Stattdessen wenden wir uns im nächsten Abschnitt den Technologien für Benutzeroberflächen zu.

3.2 Technologien für Benutzeroberflächen

In diesem Abschnitt sehen wir uns zunächst an, wie Benutzeroberflächen erstellt werden, und befassen uns dann damit, wie sie auf den Bildschirmen der Anwenderinnen und Anwender dargestellt werden.

Neben der neuen Art der Datenspeicherung und -verarbeitung verwendet TM auch eine, im Vergleich zur klassischen SAP-Oberfläche andere UI-Technologie. Während frühere SAP-Anwendungen auf SAP GUIs basierten, verwenden die neuen Anwendungen die *Web-UI-Technologie*. Die Umstellung auf die Web-UI-Technologie erfolgt durch die Implementierung von Benutzeroberflächen mit *Web Dynpro für ABAP*, d. h. durch ABAP-Codierung, die in eine Markup-Sprache umgewandelt werden soll, die von Browsern dargestellt werden kann. Während neue Benutzeroberflächen, die exklusiv für SAP S/4HANA entwickelt wurden, bereits *SAP-Fiori-Technologie* nutzen, setzen die Benutzeroberflächen von TM weiterhin auf Web Dynpro für ABAP. Diese werden so gerendert, dass sie den nativen SAP-Fiori-Oberflächen optisch ähneln.

TM kommt nicht vollständig ohne SAP-GUI-Transaktionen aus, aber die Grenze zwischen der Nutzung von SAP GUI und Web-UI-Technologie ist klar markiert. Während IT und Beratung SAP GUI weiterhin für das Customizing und die Systemüberwachung nutzen können, verlassen sich die Fachabteilungen auf das SAP Fiori Launchpad, von dem aus sie alle Geschäftstransaktionen durchführen können.

3.2.1 SAP Fiori

Das SAP Fiori Launchpad ist Ihre zentrale Anlaufstelle für den Zugriff auf alle SAP-Systeme über eine einheitliche Benutzeroberfläche. Dabei handelt es sich um eine UI-Technologie, nicht um eine Client-Anwendung. Die auf dem SAP Fiori Launchpad dargestellten Kacheln leiten Sie zu der ausgewählten Anwendung weiter. Es funktioniert ähnlich wie das SAP Enterprise Portal und kann auch in einem Browser geöffnet werden, wenn Sie es direkt vom Desktop aus öffnen.

Das *SAP Fiori Launchpad* arbeitet mit Kacheln, die in verschiedenen Registerkarten zusammengefasst sind. Wie die Kacheln und Registerkarten konfiguriert werden, wird in Abschnitt 3.2.1, »SAP Fiori«, im Kontext der Benutzerrollen näher erläutert. Es gibt eine maximale Anzahl von Kacheln pro Registerkarte. Wie Sie in Abbildung 3.21 sehen können, werden alle anderen Kacheln als Textmenü unterhalb des Kachelabschnitts angezeigt. Da das SAP Fiori Launchpad keine hierarchische Strukturierung bietet, müssen SAP-Fiori-Apps wie **Packstückeinheit anlegen** und **Packstückeinheit bearbeiten** als zwei separate Kacheln auf dem SAP Fiori Launchpad angezeigt werden.

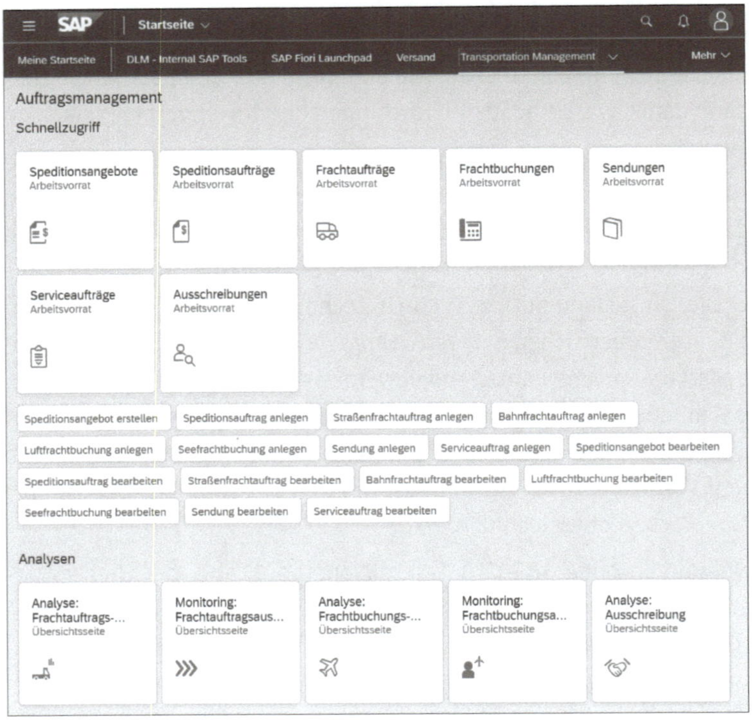

Abbildung 3.21: Einstiegsbild im SAP Fiori Launchpad

3.2.2 Floorplan Manager und Floorplan-Manager-BOPF-Integration

Die UI-Technologie wird durch das Framework *Floorplan Manager* unterstützt. Der Floorplan Manager ist ein Werkzeug, das die Erstellung von Benutzeroberflächen mit verschiedenen Bausteinen unterstützt. TM nutzt hauptsächlich Web-Dynpro-Benutzeroberflächen über den Floorplan Manager. Einige neuere Benutzeroberflächen, insbesondere in der Analytik, werden nach SAP-Fiori-Designprinzipien erstellt. Der Schwerpunkt dieses Kapitels liegt jedoch auf dem Floorplan Manager als der wichtigsten UI-Technologie von TM.

Jede Benutzeroberfläche besteht aus einer Floorplan-Manager-Anwendung, die einen Anwendungsfall in TM definiert, z. B. einen Speditionsauftrag. Wie Sie in Kapitel 5, »Transportanforderungen und Auftragsmanagement«, sehen, gibt es für den Speditionsauftrag mehrere Floorplan-Manager-Anwendungskonfigurationen, jede für einen anderen Anwendungsfall (Speditionsauftrag für den Seeverkehr, Speditionsauftrag für den Luftverkehr etc.).

Neben der Floorplan-Manager-Anwendung können Sie verschiedene *UI-Bausteine* (UIBBs) zum Aufbau einer Benutzeroberfläche verwenden. Das Floorplan Manager Framework bietet vordefinierte Komponenten, die als *generische UI-Bausteine* (GUIBBs) bezeichnet werden. In TM werden die folgenden Komponenten verwendet:

- **Übersichtsseite**

  Die Übersichtsseite definiert das allgemeine Layout des Bildschirms. Sie bietet eine globale Symbolleiste am oberen Rand des Bildschirms und kann verschiedene andere Komponenten einbetten.

- **Formular**

  Der Formular-GUIBB ermöglicht Ihnen, mehrere Text- und Anzeigefelder einer flachen Struktur (z. B. des Wurzelknotens) zusammenzustellen. Die Registerkarte **Allgemeine Daten** eines beliebigen Geschäftsdokuments ist ein typisches Beispiel für eine Formular-GUIBB.

- **Liste**

  Der Liste-GUIBB zeigt den Inhalt einer Tabelle an. Zum Beispiel besteht die Tabelle auf der Registerkarte **Ausführung des Speditionsauftrags** aus einem Liste-GUIBB.

- **Baum**

  Hierarchische Beziehungen können in einer Baum-GUIBB dargestellt werden. Sehr häufige Beispiele für Baum-GUIBBs sind die Positionen im Speditionsauftrag.

- **Registerkarte**

  In TM sind die Informationen in einem Geschäftsdokument in verschiedene Registerkarten unterteilt. Diese basieren ebenfalls auf einer mitgelieferten GUIBB.

- **FBI-Ansicht**

  Die Sicht **Floorplan Manager BOPF Integration** (FBI) definiert die Verbindung zwischen der UIBB und den Daten im BOPF. Auf die FBI-Sicht wird im weiteren Verlauf dieses Abschnitts näher eingegangen. Die FBI-Sicht ist auch ein GUIBB im Floorplan Manager.

Jede Floorplan-Manager-Anwendungskonfiguration muss über eine Übersichtsseite verfügen, um die globale Symbolleiste bereitzustellen. Auf der Übersichtsseite können Sie mehrere UIBBs zuweisen, die auf der Grundlage der aufgeführten GUIBBs erstellt werden können (siehe Abbildung 3.22).

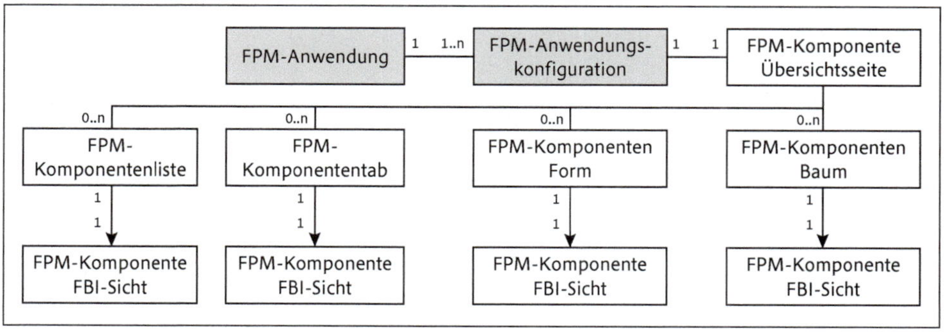

Abbildung 3.22: Zuordnungshierarchie der Komponenten im Floorplan Manager

Wie Sie an der Form der Kästchen erkennen können, sind die Übersichtsseite und die zugewiesenen UIBBs allesamt Floorplan-Manager-Komponenten, nur von unterschiedlichem Typ. Der Typ der Floorplan-Manager-Komponente (d. h. GUIBB) wird in der zweiten Zeile der entsprechenden Felder beschrieben.

Bisher haben wir nur das generische Aussehen der Benutzeroberfläche definiert, aber wir haben uns noch nicht mit der Verbindung zwischen den Daten im Backend und der Darstellung auf dem Bildschirm befasst. Diese Verbindung wird im Floorplan Manager Framework durch die *Feeder-Klassen* hergestellt, die die UIBBs sowohl mit Daten als auch dem sogenannten *Feldkatalog* versorgen. Der *Feldkatalog* liefert Metadaten über die Daten, die im Backend bereitgestellt werden (z. B. welche Spalten in einer Liste verfügbar sind). Im TM-System ist die Feeder-Klasse auch die Stelle, an der das FBP Framework zum Einsatz kommt.

Das FBI Framework bietet generische Feeder-Klassen, die Sie wiederverwenden und den von Ihnen auf der Übersichtsseite ausgewählten UIBBs zuordnen können. Das FBI stellt eine generische Feeder-Klasse pro GUIBB zur Verfügung. Dies ist notwendig, da jede GUIBB ihre eigene Feeder-Klasse benötigt, die spezifische Informationen für die GUIBB liefert und speziell für diese strukturierte Informationen bereitstellt.

Neben der Feeder-Klasse stellt das FBI auch eine FBI-spezifische GUIBB zur Verfügung, die *FBI-Sicht*. Die FBI-Sicht stellt die Verbindung zwischen dem BOPF-Knoten und dem UI Building Block her. Jeder UIBB hat eine FBI-Sicht. Sie finden diese Zuordnung in der Komponentenkonfiguration oder im Komponenten-Customizing. Wie Sie in Abbildung 3.23 sehen, enthält die FBI-Sicht, insbesondere im unteren Teil der Abbildung, das Geschäftsobjekt und den Geschäftsobjektknoten der Daten, die in dieser UIBB angezeigt werden sollen. Außerdem umfasst die FBI-Sicht eine UI-Datenstruktur, die alle Felder enthält, die auf der Benutzeroberfläche verfügbar sein sollen.

[»]

Knotenstruktur versus UI-Struktur

Die Datenstruktur des BOPF-Knotens kann nicht direkt als Datenstruktur für die Benutzeroberfläche verwendet werden. Im Backend werden z. B. die Datumswerte für die Anlage eines Belegs als Zeitstempel abgelegt, der für Anwenderinnen und Anwender nur schwer lesbar ist. Die UI-Datenstruktur muss daher Felder enthalten, die diese abstrakten Backend-Daten in ein Format umwandeln, das für diese lesbar ist. Im Beispiel mit den Zeitstempeln wären das z. B. Datum, Uhrzeit und Zeitzone.

Wenn die UI-Struktur Felder enthält, die nicht Teil der Backend-Datenstruktur sind, ist die *Mapper-Klasse* (siehe Abbildung 3.23) für die Aufbereitung und Übergabe der Daten des BOPF-Objekts an die UI-Datenstruktur verantwortlich.

Zur Laufzeit füllt die FBI-Sicht die Felder der UI-Struktur und übergibt sie an die Feeder-Klasse, die die Daten an die Floorplan-Manager-basierte Benutzeroberfläche weitergibt.

Die gesamte Kommunikation zwischen dem BOPF und dem Floorplan Manager wird daher über die FBI-spezifische Feeder-Klasse und die FBI-Sicht abgewickelt.

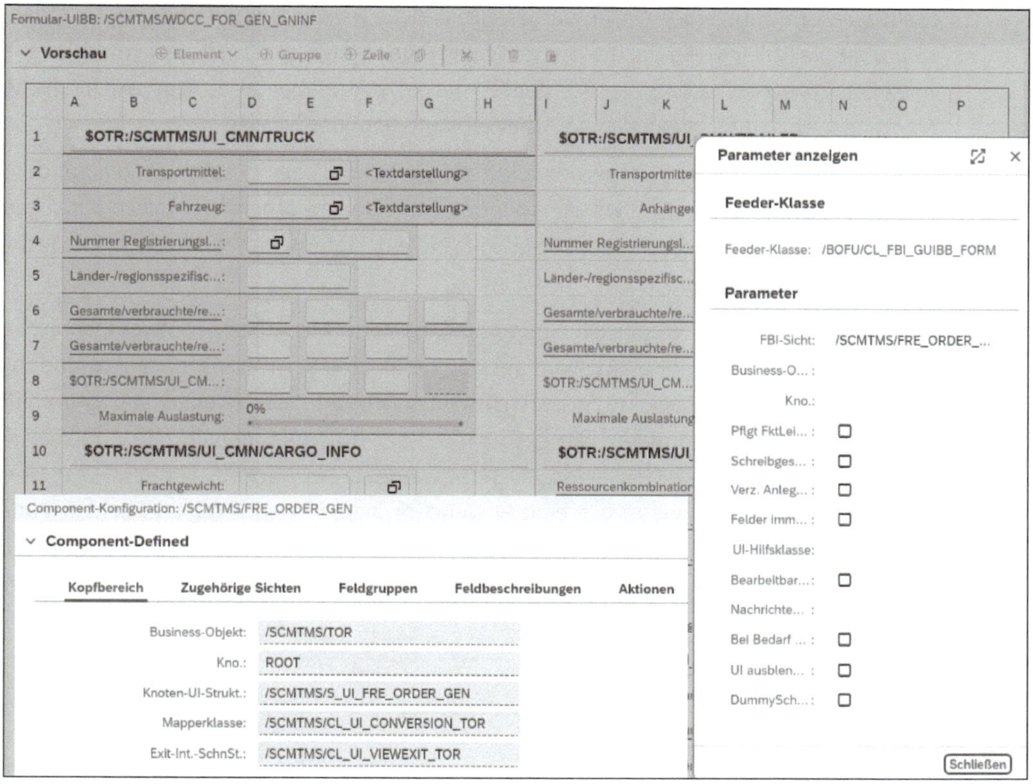

Abbildung 3.23: FBI-Ansicht

Transiente UI-BOPF-Integration (TBI)

Sie werden feststellen, dass einige wenige komplexere Benutzeroberflächen, die Informationen aus mehreren Knoten enthalten, einen anderen Ansatz verfolgen als das normale FBI. Diese UIs verwenden ein TM-spezifisches Konzept: die *Transiente UI-BOPF-Integration* (TBI). TBI kann komplexe Logik abbilden, die mit den Standardfunktionen von FBI nicht erreicht werden kann – etwa die Darstellung von Daten aus verschiedenen Knoten verschiedener BOPF-Objekte innerhalb eines UI Screens. Ein Beispiel wäre die Darstellung von Informationen aus einem Speditionsauftrag, einer Transporteinheit und einem Frachtdokument im selben UI. Dieses Konzept wurde entwickelt, um die Leistung komplexer Benutzeroberflächen zu verbessern und die Anforderungen an diese Benutzeroberflächen zu erfüllen.

3.2.3 Definieren von benutzerspezifischen Rollen, Katalogen und Menüs

Beim Einstieg in das SAP Fiori Launchpad werden verschiedene Transaktionen als Kacheln auf der Benutzeroberfläche dargestellt. Welche Anwendungen angezeigt werden, wird über die Rollen definiert, die den Benutzern zugeordnet sind. SAP stellt verschiedene vordefinierte Rollen bereit. Diese enthalten je nach Aufgabenbereich unterschiedliche Transaktionen, die für die täglichen Arbeitsabläufe benötigt werden.

Für das SAP Fiori Launchpad werden alle Kacheln in *Katalogen* gesammelt, die auf dem Frontend-System konfiguriert werden. Wir unterscheiden zwischen *technischen Katalogen* und *Business-Katalogen*. Technische Kataloge sind eine Sammlung von Kacheln, die technisch zusammengehören.

Wie in Abbildung 3.24 dargestellt ist, gehören zu den TM-Funktionen zwei technische Kataloge: Ein technischer Katalog wird aus der Replikation der Web-Dynpro-Anwendungen generiert, die im Backend-System entworfen wurden. Der zweite Katalog enthält neue SAP-Fiori-Anwendungen, die explizit für SAP S/4HANA entwickelt wurden. Die technischen Kataloge werden jedoch nicht verwendet, um Kacheln auf dem SAP Fiori Launchpad anzuzeigen, wenn sich eine Anwenderin oder ein Anwender anmeldet. Stattdessen unterteilen die Geschäftskataloge die Anwendungen in logische Gruppen. Diese Gruppen sollten die verschiedenen Abteilungen innerhalb eines Unternehmens widerspiegeln.

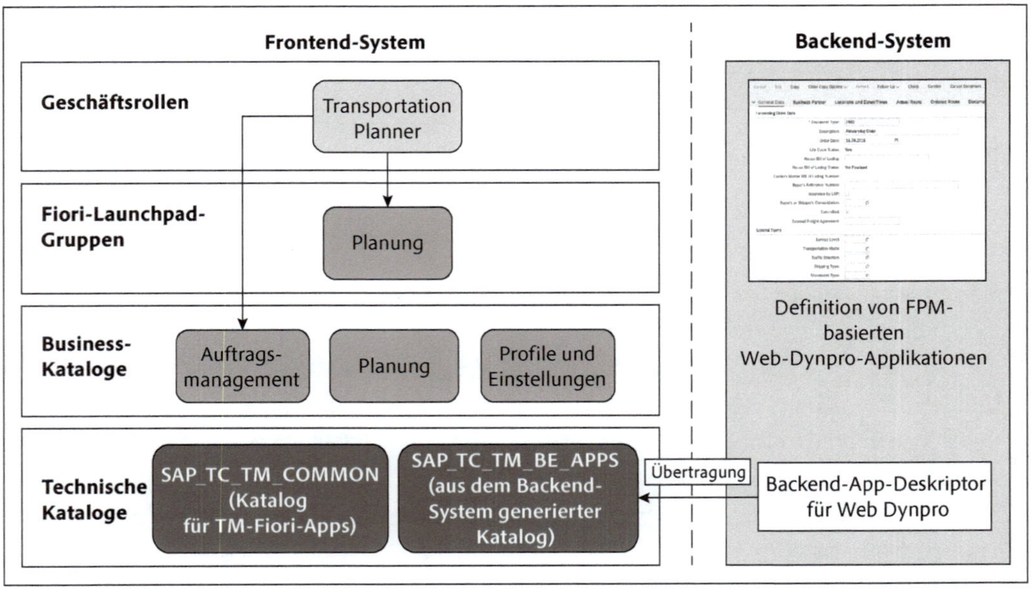

Abbildung 3.24: Technische Struktur des SAP Fiori Launchpads

Über die SAP-Fiori-Launchpad-Gruppe wird definiert, welche Anwendungen als Kacheln und welche als Textlinks dargestellt werden. Abbildung 3.25 zeigt, wie im SAP Fiori

Launchpad definiert werden kann, welche Apps und Kacheln auf der Landing Page angezeigt werden und in welcher Kataloggruppe diese erscheinen.

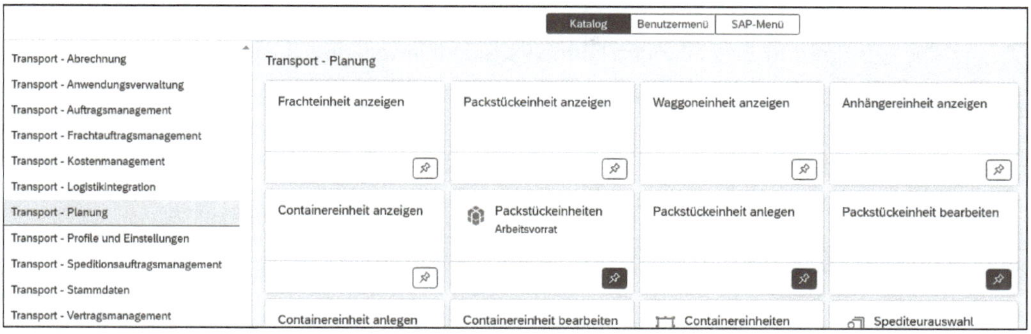

Abbildung 3.25: TM-Anwendungen im SAP Fiori Launchpad je Kataloggruppe

Im SAP-Backend kann in Transaktion PFCG eine Benutzerrolle definiert werden, die später den Benutzern zugeordnet wird. Für die TM-Standardrolle **Transportplaner** ist dies in Abbildung 3.26 dargestellt. Über die Benutzerrolle werden die SAP-Fiori-Launchpad-Gruppen definiert, die in Abbildung 3.21 (z. B. **Transportation Management**, **Versand**) zu sehen sind.

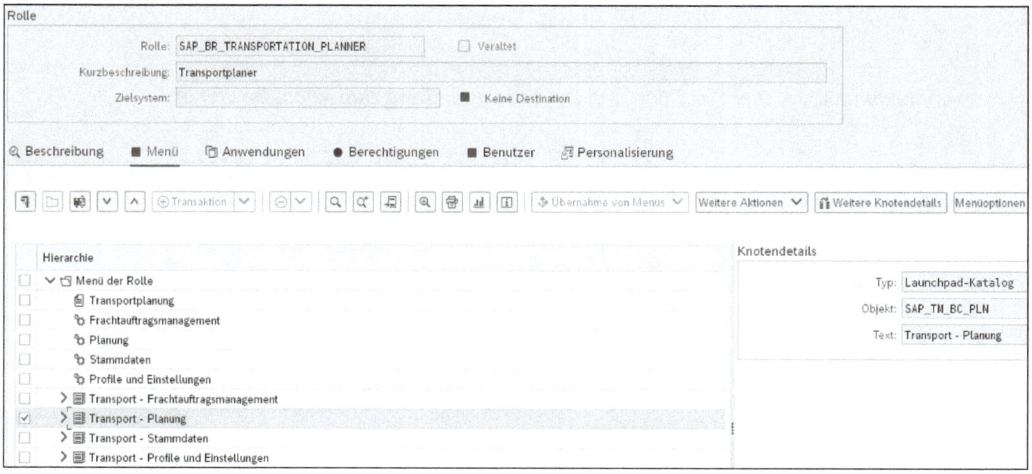

Abbildung 3.26: Ansicht einer TM-Standardrolle in Transaktion PFCG

3.2.4 Bildschirmbereiche anpassen

Auch in TM in SAP S/4HANA kommen weiterhin überwiegend Web-Dynpro-Anwendungen zum Einsatz. Im Vergleich zu SAP-GUI-Transaktionen bieten diese für ABAP-Anwendungen einen großen Vorteil: Die Benutzeroberflächen können dynamisch über Customizing angepasst werden, ohne dass kundenindividueller ABAP-Code implementiert werden muss. Zum Beispiel lassen sich die Beschriftungen von Feldern anpassen, Felder vollständig ausblenden oder Textfelder vom Edit-Modus in den Display-Modus ändern.

Die Customizing-Einstellungen können aus dem jeweiligen UI aufgerufen werden. Exemplarisch ist dies in Abbildung 3.27 dargestellt. Im UI rufen Sie das Kontextmenü über die rechte Maustaste auf und wählen **Technische Hilfe** (links), im Pop-up-Menü wählen Sie die Konfiguration der aktuellen Komponente aus (rechts). Im folgenden UI wird das UI-Customizing angezeigt, das in Abbildung 3.28 dargestellt ist.

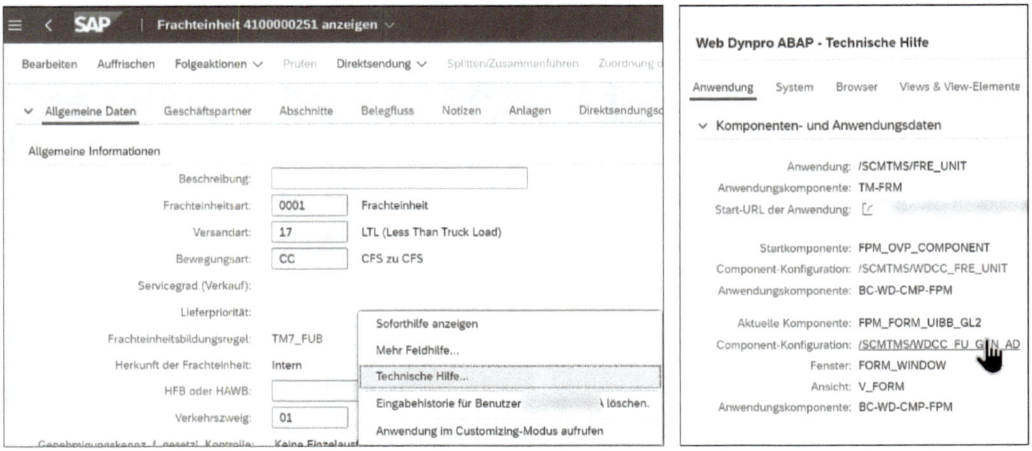

Abbildung 3.27: Zugriff auf das Web-Dynpro-Customizing zum Anpassen von UIs

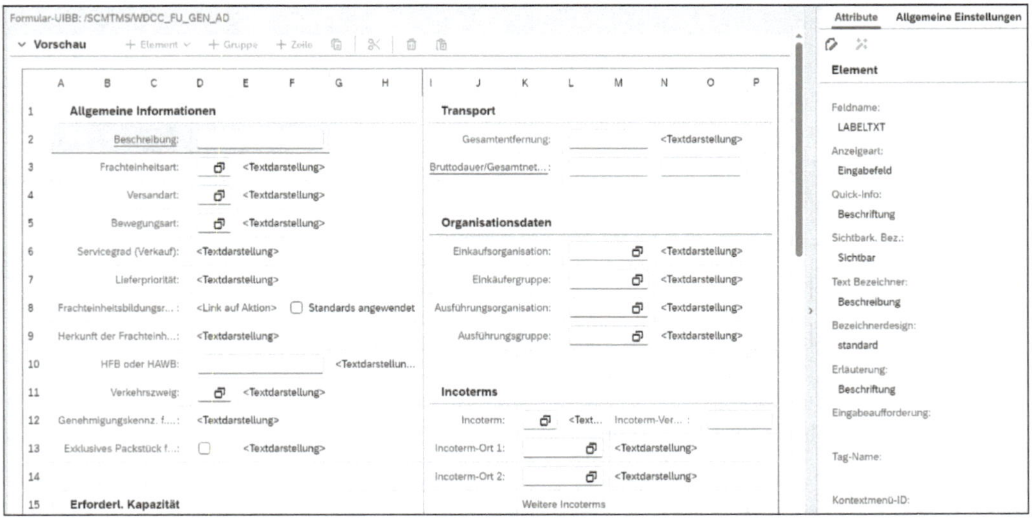

Abbildung 3.28: Customizing-Ansicht eines UI-Elements für Web Dynpro

Ein neues Customizing für einen Web-Dynpro-Baustein anlegen
In der Komponentenkonfiguration muss über das Kontextmenü **Weitere Funktionen • Customizing anlegen** ein neues UI Customizing erzeugt werden, bevor die Konfiguration der Standardkomponente geändert werden kann.

[+]

3.3 Entwicklungsframeworks für TM

Für die Entwicklung von TM kommen verschiedene Entwicklungsframeworks zum Einsatz, die bei der technischen Umsetzung benötigter Funktionen unterstützen. Dies sind:

- *Business Rules Framework plus* (BRF+): dient der Abbildung regelbasierter Entscheidungsprozesse
- *Inkompatibilitäten*: zur Modellierung von Regeln, die bestimmen, welche Prozessschritte ausgeführt werden dürfen
- *Post Processing Framework* (PPF): Modellierung des Ausgabemanagements für Druckdokumente, Workflows und EDI-Kommunikation
- *Process Controller Framework*: technische Definition von Aktionsfolgen, die bei der Anlage oder Änderung von Belegen ausgeführt werden sollen
- *Background Remote Function Call* (bgRFC): Implementierung asynchroner Prozesse
- *TM-Konditionen*: Erweiterung des BRF+ Frameworks um TM-spezifische Pflege-Views und einfache Konfiguration von Datenzugriffsdefinitionen
- *Data Crawler*: automatische Datenbereitstellung von TM-BOPF-Objekten für TM-Bedingungen ohne Implementierung von ABAP-Code
- *Optimierungsserver*: generische Anbindung verschiedener Optimierungsalgorithmen – z. B. zur Transport- und Laderaumplanung, Terminierung etc.
- *Webservice Framework*: Die EDI-Kommunikation von TM wird über das SAP Webservice Framework realisiert.

Einige dieser Werkzeuge stammen von Drittanbietern und benötigen daher eine separate Lizenz.

3.3.1 Bedingungen unter Verwendung des Business Rules Frameworks

Unter den genannten Frameworks ist BRF+ das bekannteste. Es kommt in TM-Prozessschritten zum Einsatz, wenn regelbasierte Entscheidungen automatisiert werden sollen. BRF+ ist ein generisches Framework zur Entscheidungsfindung, das auch von anderen Applikationen genutzt wird. In TM wurde BRF+ in den TM-Bedingungen um mehrere Funktionen erweitert.

Bedingungsarten werden im Customizing unter folgendem Pfad definiert: **SAP-Customizing-Einführungsleitfaden • Transportation Management • Grundfunktionen • Bedingungen • Bedingungsarten definieren**.

Den Bedingungsarten können dann Datenzugriffsdefinitionen zugeordnet werden, mittels derer die Prüfkriterien und deren Datenquelle modelliert werden kann. So ermöglichen die TM-Bedingungen eine einfache Modellierung von Entscheidungsprozessen, bei denen die Datenermittlung dynamisch per Customizing definiert werden kann.

Bedingungen werden in TM an den verschiedensten Stellen verwendet, z. B.:

- dynamische Findung der Belegarten
- Festlegung von Organisationseinheiten
- Ermittlung der Tariftabellen in der Transportkostenverwaltung
- Modellierung von Inkompatibilitäten
- Bestimmung der Be-/Entladezeit einer Frachteinheit
- Ermittlung der Lieferzeitfenster für eine Frachteinheit

Betrachten wir als Beispiel die TM-Bedingung für die Ermittlung einer Organisationseinheit. Abbildung 3.29 zeigt das Customizing für die Definition der Auftragsart.

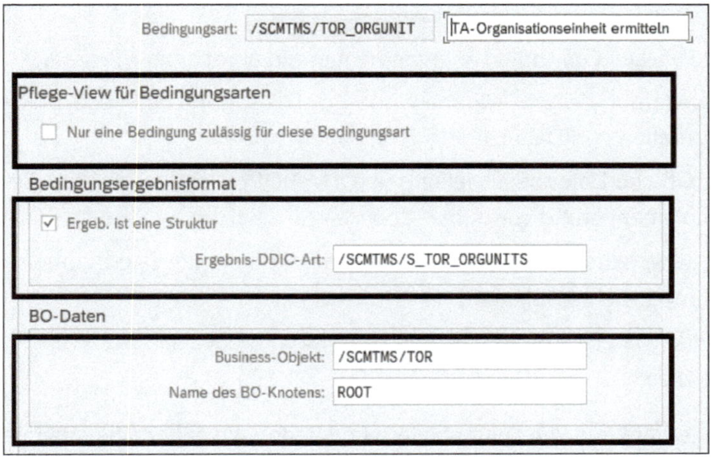

Abbildung 3.29: Definition der Bedingungsart »/SCMTMS/TOR_ORGUNIT«

- Ist im Bereich **Pflege-View für Bedingungsarten** die Checkbox **Nur eine Bedingung zulässig für diese Bedingungsart** aktiv, kann im aktuellen Mandanten nur eine Instanz der Bedingung angelegt werden.
- Im Bereich **Bedingungsergebnisformat** kann definiert werden, ob die Bedingung ein Datenelement oder eine Datenstruktur zurückgibt. Außerdem kann der konkrete DDIC-Typ bestimmt werden.
- Im Bereich **BO-Daten** wird definiert, an welchem BOPF-Geschäftsobjektknoten die Datenermittlung startet.

Wie bereits angeführt, können einer Bedingungsart Datenzugriffsdefinitionen zugeordnet werden (siehe beispielhaft Abbildung 3.30).

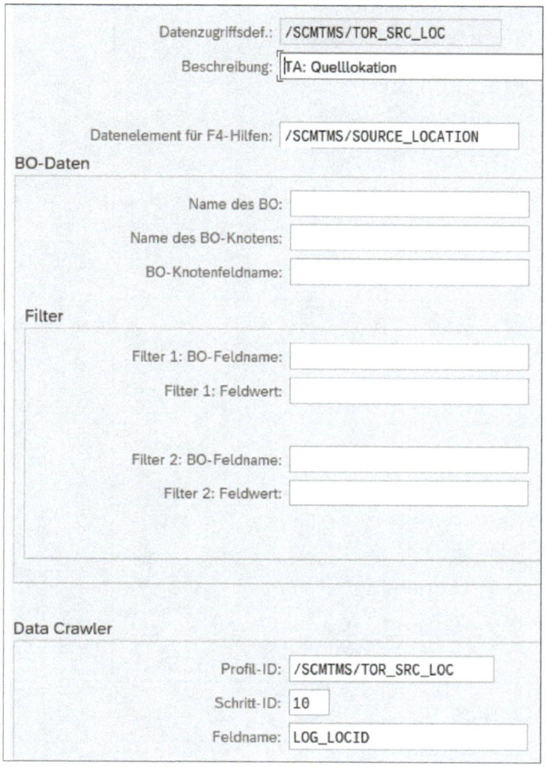

Abbildung 3.30: Definition einer Datenzugriffsdefinition

Die Datenzugriffsdefinition bietet verschiedene Möglichkeiten, die Eingangsdaten für die Auswertung der TM-Bedingung zu ermitteln. Im Bereich **BO-Daten** können ein BOPF-Objekt, Objektknoten und ein Feld der Datenstruktur des Knotens definiert werden. Über den Unterbereich **Filter** ist es möglich, die Knoteninstanzen anhand konkreter Feldwerte fest auszufiltern. Im Beispiel sieht man, dass der Bereich **Data Crawler** befüllt ist. Das Konzept des Data Crawlers ist spezifisch für TM. Per Customizing können Sie einen Pfad aus mehreren BOPF-Assoziationen definieren. Dieser Pfad führt von einem Ausgangsobjektknoten zu einem Zielobjektknoten. Den Customizing-Pfad finden Sie unter: **SAP-Customizing-Einführungsleitfaden • Transportation Management • Grundfunktionen • Bedingungen • Data • Crawler • Profil definieren**.

Dieser definierte Pfad kann in der Datenzugriffsdefinition hinterlegt werden. Das ist beispielhaft in Abbildung 3.31 dargestellt. Dieser Data Crawler startet am Wurzelknoten des `/SCMTMS/TOR`-Objekts und nutzt die Assoziation `STOP_FIRST` an diesem Knoten, um zur `STOP`-Knoteninstanz zu navigieren. Der Data Crawler gibt dann nach diesem Schritt alle Daten der ermittelten Knoteninstanz an die aufrufende Applikation zurück, in unserem Beispiel die TM-Bedingung zur Ermittlung einer Organisationseinheit.

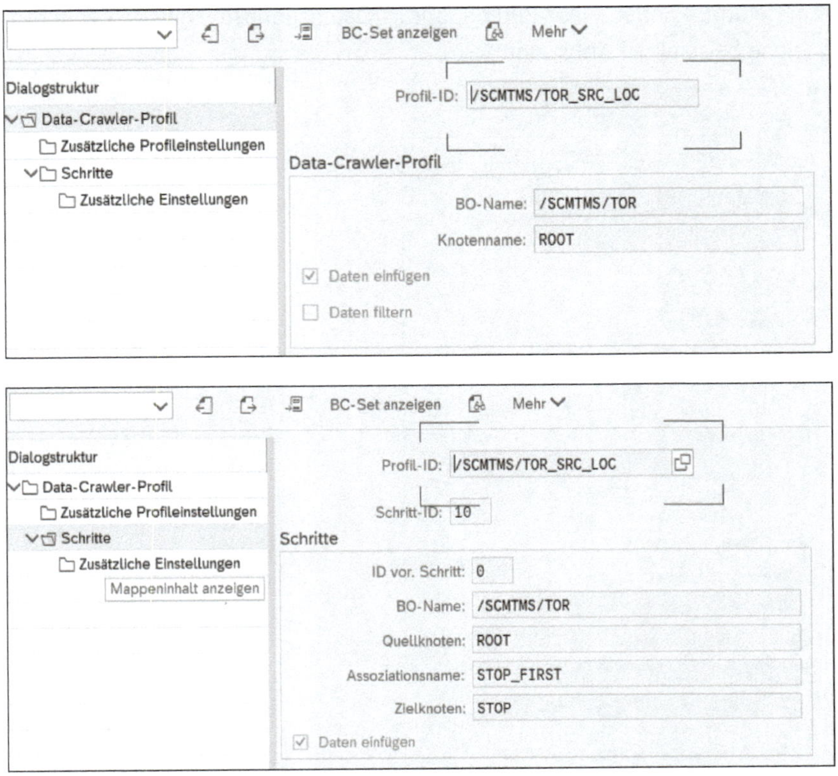

Abbildung 3.31: Definition eines TM Data Crawlers

Nachdem die TM-Bedingungsart definiert ist, gegebenenfalls notwendige Data-Crawler-Profile erstellt wurden, die Datenzugriffsdefinitionen erstellt und den Bedingungsarten zugeordnet worden sind, kann eine Bedingung im System angelegt werden. Dies erfolgt über die SAP-Fiori-App **Bedingung anlegen** im SAP Fiori Launchpad. Im Einstiegsbild werden die Bedingungsart und die Herkunft der Bedingung angegeben. Die Herkunft verweist auf drei unterschiedliche Optionen des BRF+ Frameworks, wie das Entscheidungsmodell gestaltet sein kann (siehe Abbildung 3.32). In TM wird üblicherweise eine BRFplus-Entscheidungstabelle verwendet. Diese Option wird auch im Folgenden näher beleuchtet.

Ein Beispiel für eine Entscheidungstabelle der Bedingungsart `/SCMTMS/TOR_ORGUNIT` ist in Abbildung 3.33 dargestellt. Die Entscheidungstabellen werden vom BRF+ Framework von oben nach unten sequenziell ausgewertet. Die grau hinterlegten Spalten stellen dabei die Entscheidungskriterien dar, die über die Datenzugriffsdefinition definiert wurden. In der Tabelle selbst können für jede Zeile konkrete Prüfwerte hinterlegt werden, gegen die die verknüpften Datenelemente validiert werden. Die Datenzugriffsdefinition kann durch das Customizing, wie oben beschrieben, bereits vordefiniert werden, aber es ist auch möglich, die Spalten der Tabelle über den Hyperlink **Datenzugriffsdefinition** in der oberen Menüleiste anzupassen.

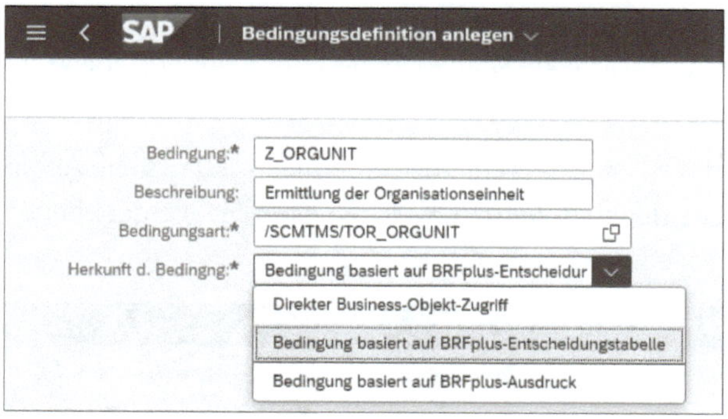

Abbildung 3.32: Einstiegsbild zur Neuanlage einer TM-Bedingung

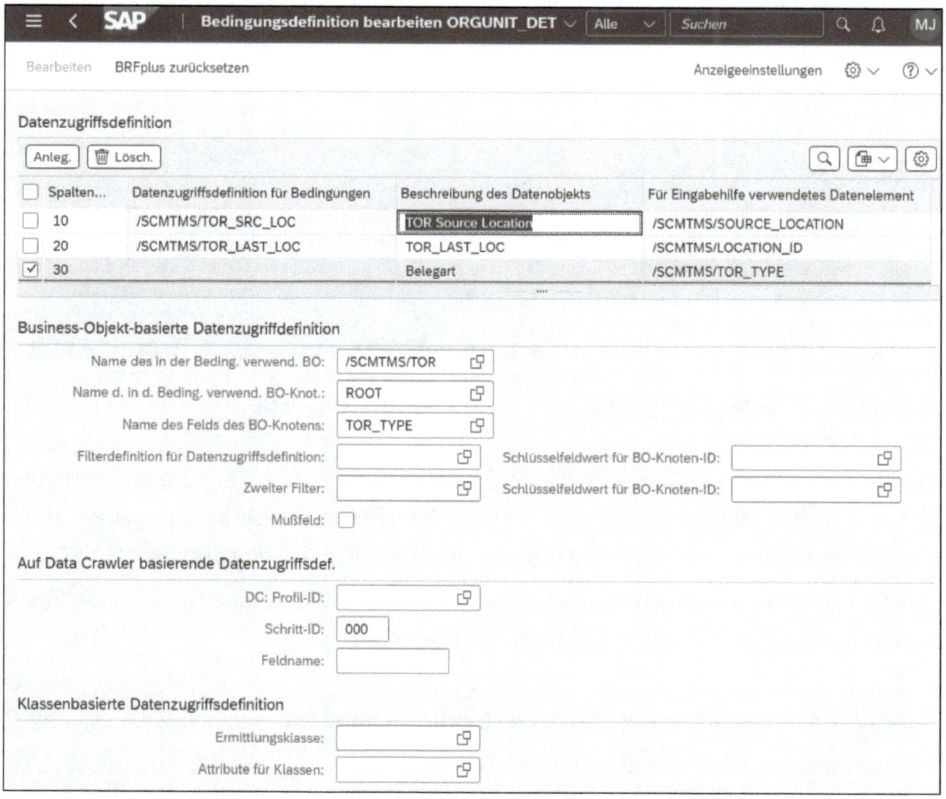

Abbildung 3.33: Anpassung der Datenzugriffsdefinition einer TM-Bedingung

In Abbildung 3.33 wird dargestellt, wie z. B. die Belegart hinzugefügt werden kann. Dies ist so zulässig, da der Einstiegsknoten der Bedingung der `ROOT`-Knoten des `/SCMTMS/TOR`-Objekts ist und das Feld sich an diesem Knoten befindet. Würden Daten von einem anderen Knoten des Objekts oder gar von einem anderen Objekt benötigt, wäre zumindest ein Data-Crawler-Profil notwendig, das über BOPF-Assoziationen diese Daten ermittelt und der Entscheidungstabelle zur Verfügung stellt.

Die Navigation zur Entscheidungstabelle erfolgt über **Zurück**, die neu zugeordneten Datenzugriffsdefinitionen stehen nun als zusätzliche Spalten in der Entscheidungstabelle zur Verfügung. In unserem Beispiel ist nun die Belegart als zusätzliches Kriterium vorhanden.

Die grün hinterlegten Spalten sind die Datenelemente der Ergebnisstruktur (siehe Abbildung 3.34). Hier kann für jede Zeile definiert werden, welche Daten für die gegebenen Kriterien zurückgegeben werden sollen.

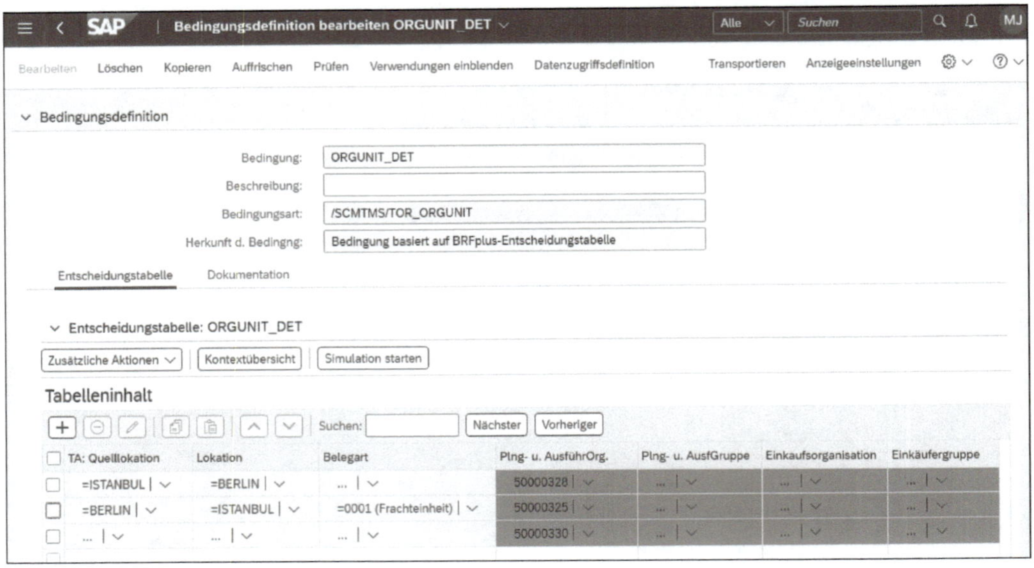

Abbildung 3.34: Entscheidungstabelle vom Typ »/SCMTMS/TOR_ORGUNIT«

Bei der Auswertung der Tabelle ist zu beachten, dass die erste Zeile, die alle Kriterien erfüllt, als Ergebnis zurückgegeben wird. Daher sollten Sie bei der Modellierung der Tabelle mit den spezifischsten Zeilen beginnen und die generischen Zeilen am Ende einfügen.

Das BRF+ bietet eine Vielzahl von Optionen, die Entscheidungstabellen zu modellieren, die hier jedoch nicht im Detail ausgeführt werden können.

[»]

Organisatorische Einheiten in Entscheidungstabellen

Organisationseinheiten haben eine ID und eine Organisationseinheitennummer. In Entscheidungstabellen wird nur die Nummer angezeigt. Sie sehen also nicht die Kennungen Deutschland, Türkei und Europa, die wir in unserem Beispiel in Abbildung 3.34 verwendet haben, sondern nur die Nummern der Organisationseinheiten.

Nachdem die Bedingung angelegt ist, kann sie nun z. B. einer Frachteinheitsart im Belegtyp-Customizing zugeordnet werden (siehe Abbildung 3.35).

Die Planungs- und Ausführungsorganisation wird immer über die Kondition bestimmt, wenn ein Frachtauftrag dieser Art angelegt wird.

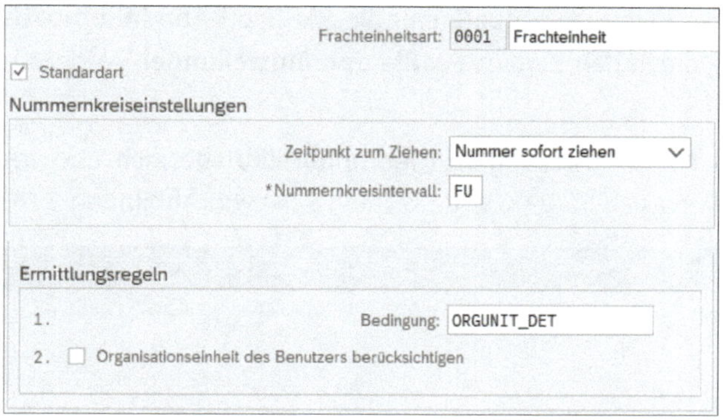

Abbildung 3.35: Zuordnung der Bedingung zur Frachteinheitsart

[+]

Transportieren von Bedingungen

Wenn Sie das System so eingestellt haben, dass das Customizing bei der Eingabe einer Bedingung transportiert werden kann, werden Sie aufgefordert, Ihre Änderungen an der Bedingung in einem Customizing-Transportauftrag festzuhalten.

Bedingungen können in andere Systeme transportiert werden. Beachten Sie, dass dies unter Umständen sinnvoll ist, aber nicht immer; in unserem Beispiel ist die Verwendung von Organisationseinheitennummern nicht sinnvoll, da die Organisationseinheitennummern in einem anderen System unterschiedlich wären. Bedingungen können aber auch in Systemen angelegt und bearbeitet werden, in denen das normale Customizing von Transaktion SPRO nicht erlaubt ist.

3.3.2 Inkompatibilitäten

Inkompatibilitäten vergleichen zwei Objekte über TM-Bedingungen miteinander. Geben die Bedingungen für beide Objekte Werte zurück, die als unzulässige Kombination definiert sind, erhalten Sie eine Meldung. Je nach Konfiguration kann sogar die weitere Ausführung des aktuellen Prozessschritts verhindert werden. Inkompatibilitäten werden genutzt, um Ladungs- und Routing-Beschränkungen zu definieren. Ladungsbeschränkungen identifizieren Waren als inkompatibel mit anderen Waren, Fahrzeugen oder Ladeabteilen. Über Routing-Beschränkungen kann modelliert werden, ob bestimmte Waren oder Fahrzeuge mit definierten Lokationen nicht kompatibel sind.

[«]

Weitere Informationen zu Inkompatibilitäten in diesem Buch

Dieser Abschnitt zeigt Ihnen, welche Funktionen Inkompatibilitäten bieten und wie sie funktionieren. In verschiedenen weiteren Abschnitten dieses Buches, insbesondere in Abschnitt 6.8.4, »Vehicle Scheduling and Routing: Restriktionen für die Planung«, finden Sie detailliertere Informationen.

Inkompatibilitäten können im SAP Fiori Launchpad über die SAP-Fiori-App **Inkompatibilität anlegen** erstellt werden, die in den Bereich **Profile und Einstellungen** eingeordnet ist.

Eine Inkompatibilität hat zwei Haupteinstellungen: **Inkompatibilitätsbereich** und **Inkompatibilitätsart**. Beide befinden sich in der oberen rechten Ecke von Abbildung 3.36.

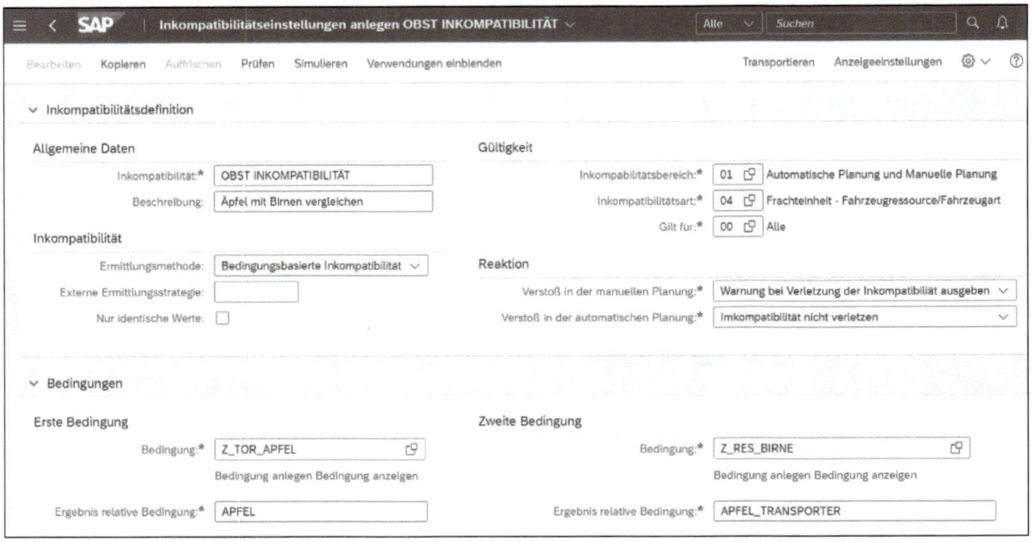

Abbildung 3.36: Beispiel für eine Inkompatibilität

Das Feld **Inkompatibilitätsbereich** legt fest, wo diese Inkompatibilität verwendet werden kann, d. h. im gesamten Optimierungslauf, nur bei der Auswahl des Spediteurs etc.

Das Feld **Inkompatibilitätsart** legt fest, für welche Objektkombination die Kompatibilität geprüft werden soll. Inkompatibilitäten enthalten zudem eine Bedingung, die für jedes der beteiligten Dokumente erfüllt sein muss. Die Ergebniswerte der Bedingung werden mit einem Prüfwert verglichen, der in der Inkompatibilität definiert ist. Die Inkompatibilitätsprüfung wird nur bestanden, wenn die Ergebnisse der Bedingung mit den definierten erwarteten Ergebnissen übereinstimmen. Je nach gewählter Inkompatibilitätsart ist die Bedingungsart der beiden Bedingungen vordefiniert.

In unserem Beispiel soll sichergestellt werden, dass der Apfel-Lkw keine Birnen transportiert. Daher wird der Inkompatibilitätstyp **Frachteinheit - Fahrzeugressource** verwendet. Die Bedingung `Z_TOR_APFEL` prüft, ob die Frachteinheit das Produkt »Apfel« enthält, während die Bedingung `Z_RES_APFEL` prüft, ob die Lkw-Ressource ein Apfel-Lkw ist.

Über die Produkt-ID der Produktpositionen der Frachteinheit wird in der Entscheidungstabelle von Bedingung `Z_TOR_APFEL` geprüft, ob das transportierte Obst ein Apfel ist, wie exemplarisch in Abbildung 3.37 dargestellt.

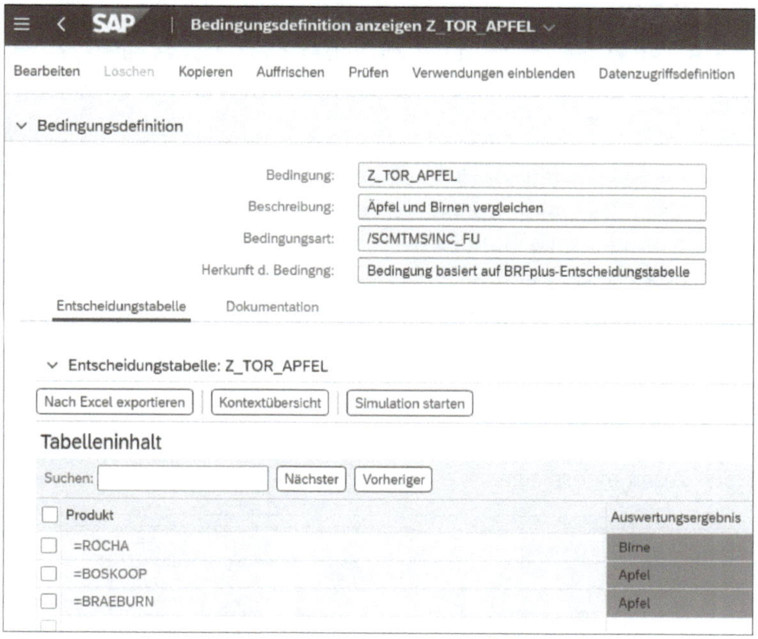

Abbildung 3.37: Beispiel für eine Bedingung zur Prüfung der Inkompatibilität

In der Bedingung `Z_RES_BIRNE` wird über den Ressourcentyp ermittelt, ob es sich um einen Apfeltransporter handelt. Nur wenn die beiden Werte übereinstimmen, kann die Frachteinheit auf den jeweiligen Lkw geplant werden.

Nachdem unsere Inkompatibilitätsdefinition gespeichert wurde, kann sie zusammen mit anderen in den Inkompatibilitätseinstellungen gruppiert werden. Die Verwendung der verschiedenen Inkompatibilitätsarten wird später vertieft, wenn wir Ihnen die Planung mit den SAP-TM-Funktionen vorstellen.

3.3.3 Post Processing Framework

Während in den klassischen SAP-ERP-Anwendungen wie Sales and Distribution (SD) und Logistics Execution (LE) das Ausgabe-Framework Nachrichtensteuerung (NAST) als Output-Management-System eingesetzt wird, verwendet TM das *Post Processing Framework* (PPF) für das Output-Management. Mit dem PPF können bestimmte Folgeaktivitäten zu einem Geschäftsprozessschritt ausgeführt werden.

Das PPF wird unter anderem für die folgenden Aufgaben bzw. Aktionen verwendet:

- Drucken von Dokumenten
- Versenden von Nachrichten, z. B. per E-Mail, Fax oder elektronischem Datenaustausch (EDI)
- Auslösen von Workflow-Prozessen

Das PPF-Ausgabe-Framework wird nicht nur in TM verwendet, sondern auch in anderen Anwendungen, wie z. B. SAP EWM. In TM ist jedoch zu beachten, dass es einen generischen Adapter zwischen dem Output Management und dem BOPF-Entwicklungsframework gibt.

Die Customizing-Einstellungen des PPF-Ausgabe-Frameworks in TM bestehen aus zwei Komponenten: erstens dem Customizing der PPF-Profile und -Aktionen und zweitens dem Customizing des BOPF-PPF-Adapters. Die Einstellungen sind im Customizing-Pfad **Anwendungsübergreifende Komponenten • Prozesse und Werkzeuge für Geschäftsanwendungen • Wiederverwendbare Objekte und Funktionen für BOPF • Umgebung • PPF • Adapter für Ausgabeverwaltung • PPF • Einstellungen bearbeiten** zu finden.

Abbildung 3.38 illustriert, wie die Elemente des PPF-Ausgabe-Frameworks und der BOPF-Ausgabeadapter zusammenspielen.

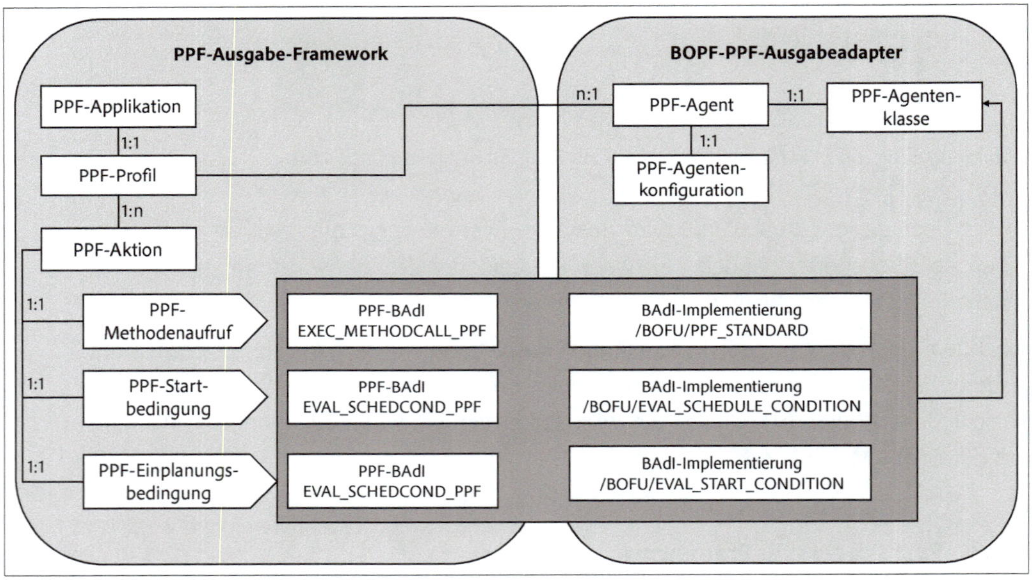

Abbildung 3.38: Schematische Darstellung des Zusammenspiels von PPF-Ausgabe-Framework und BOPF-Ausgabeadapter

Zunächst wird im PPF-Customizing (Customizing-Option **PPF-Einstellungen bearbeiten**) für jede Anwendung, die das PPF verwendet, eine Applikation erstellt. Dieser können beliebig viele PPF-Profile zugeordnet sein, in denen wiederum die PPF-Aktionen definiert sind.

Ein Aktionsprofil bündelt alle Aktionen, die einen bestimmten Geschäftsprozessbereich betreffen (siehe Abbildung 3.39). Zum Beispiel bündelt das Aktionsprofil `/SCMTMS/TOR` alle Aktionen, die für die Business-to-Business-Kommunikation (B2B-Kommunikation) eines Frachtauftrags wichtig sind.

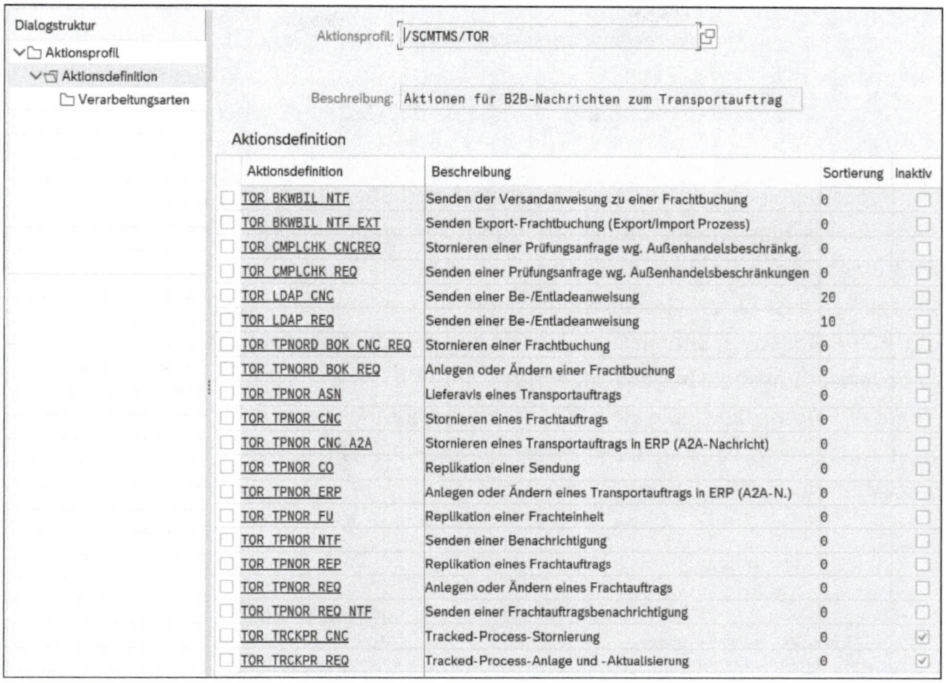
Dialogstruktur
Aktionsprofil
Aktionsdefinition
Verarbeitungsarten

Aktionsprofil: /SCMTMS/TOR

Beschreibung: Aktionen für B2B-Nachrichten zum Transportauftrag

Aktionsdefinition

Aktionsdefinition	Beschreibung	Sortierung	Inaktiv
TOR_BKWBIL_NTF	Senden der Versandanweisung zu einer Frachtbuchung	0	☐
TOR_BKWBIL_NTF_EXT	Senden Export-Frachtbuchung (Export/Import Prozess)	0	☐
TOR_CMPLCHK_CNCREQ	Stornieren einer Prüfungsanfrage wg. Außenhandelsbeschränkg.	0	☐
TOR_CMPLCHK_REQ	Senden einer Prüfungsanfrage wg. Außenhandelsbeschränkungen	0	☐
TOR_LDAP_CNC	Senden einer Be-/Entladeanweisung	20	☐
TOR_LDAP_REQ	Senden einer Be-/Entladeanweisung	10	☐
TOR_TPNORD_BOK_CNC_REQ	Stornieren einer Frachtbuchung	0	☐
TOR_TPNORD_BOK_REQ	Anlegen oder Ändern einer Frachtbuchung	0	☐
TOR_TPNOR_ASN	Lieferavis eines Transportauftrags	0	☐
TOR_TPNOR_CNC	Stornieren eines Frachtauftrags	0	☐
TOR_TPNOR_CNC_A2A	Stornieren eines Transportauftrags in ERP (A2A-Nachricht)	0	☐
TOR_TPNOR_CO	Replikation einer Sendung	0	☐
TOR_TPNOR_ERP	Anlegen oder Ändern eines Transportauftrags in ERP (A2A-N.)	0	☐
TOR_TPNOR_FU	Replikation einer Frachteinheit	0	☐
TOR_TPNOR_NTF	Senden einer Benachrichtigung	0	☐
TOR_TPNOR_REP	Replikation eines Frachtauftrags	0	☐
TOR_TPNOR_REQ	Anlegen oder Ändern eines Frachtauftrags	0	☐
TOR_TPNOR_REQ_NTF	Senden einer Frachtauftragsbenachrichtigung	0	☐
TOR_TRCKPR_CNC	Tracked-Process-Stornierung	0	☑
TOR_TRCKPR_REQ	Tracked-Process-Anlage und -Aktualisierung	0	☑

Abbildung 3.39: PPF-Profil »/SCMTMS/TOR« – Übersicht über die PPF-Aktionen

Jede Aktivität im PPF wird durch eine PPF-Aktion abgebildet, deren Konfiguration bestimmt, welche Art von Output generiert werden soll. Zu jeder PPF-Aktion gehören eine Einplanungs- und eine Startbedingung. Außerdem muss definiert werden, was durch die Aktion ausgelöst werden soll. Die Einplanungsbedingung definiert, ob die Ausgabe erfolgen kann. Die Startbedingung wiederum prüft, ob die Vorbedingung zur Ausgabe vorliegt, und kann genutzt werden, um die Belegausgabe zeitlich zu steuern.

[zB]

PPF-Einplanungs- und Startbedingung

Häufig wird in PPF-Workshops die Frage gestellt, wofür die Start- und die Einplanungsbedingung verwendet werden. Als Beispiel für den Zweck der beiden Bedingungen kann z. B. der Versand eines Transportavises dienen. In unserem Beispiel soll das Avis erst versendet werden, sobald der Warenausgang für alle Lieferungen gebucht worden ist, aber zusätzlich soll der Versand erst erfolgen, nachdem die Kundenrechnung erstellt wurde. Die PPF-Aktion wird aber nur geprüft, wenn der TM-Beleg geändert wird. Das ist der Fall, sobald für alle Lieferungen der Warenausgang gebucht wurde. Auf dem TM-Sendungsbeleg wird dann ein Status aktualisiert. Die Anlage der Handelsrechnung jedoch führt zu keiner erneuten Aktualisierung des TM-Sendungsbelegs. Um das Problem zu modellieren, kann in der PPF-Einplanungsbedingung auf den Warenbewegungsstatus und auf die Anlage der Handelsrechnung in der PPF-Startbedingung geprüft werden. Mit der Aktualisierung der

Sendung nach dem Warenausgang wird dann ein PPF-Trigger angelegt, der durch den Report **RSPPFPROCESS** abgearbeitet werden kann. Bei der Verarbeitung des Triggers wird die Startbedingung geprüft und der Output gegebenenfalls erstellt.

Die Integration in den BOPF-Ausgabeadapter wird über die PPF-BAdIs realisiert. Für die BAdIs für die Einplanungs- und Ausführungsbedingung sowie für den Methodenaufruf wird eine generische Implementierung im **/BOFU/**- Namensraum bereitgestellt. Diese stellt sicher, dass für die Geschäftslogik die PPF-Agentenklasse aufgerufen wird, die über das BOPF-Adapter-Customizing (Customizing-Option **Adaptereinstellungen für Ausgabeverwaltung bearbeiten**) zugeordnet wird. In diesem Customizing-Menü können einem *PPF-Agenten* beliebig viele PPF-Profile zugeordnet werden. Für diese wird dann jeweils die Business-Logik in der *PPF-Agentenklasse* ausgeführt, wie dies in Abbildung 3.40 dargestellt ist.

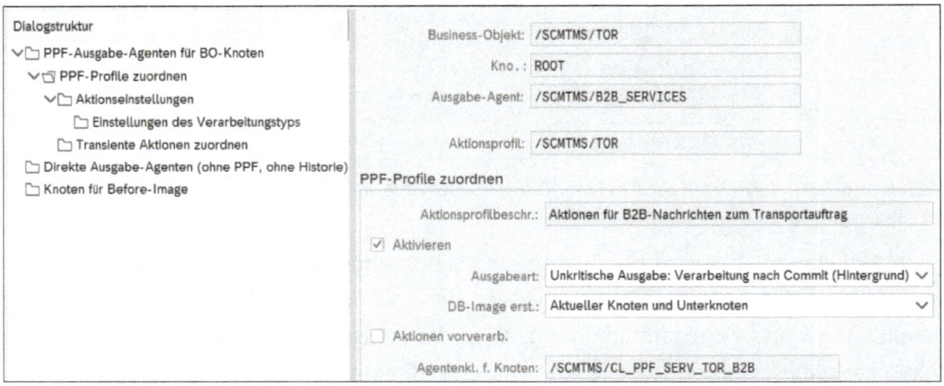

Abbildung 3.40: PPF-Adapter-Customizing – Zuordnung von PPF-Profilen

In Abbildung 3.40 sehen Sie, dass für das PPF-Profil **/SCMTMS/TOR** der PPF-Agent **/SCMTMS/B2B_SERVICES** verwendet wird. Die notwendige Business-Logik wiederum ist in der PPF-Agentenklasse **/SCMTMS/CL_PPF_SERV_TOR_B2B** implementiert. Möchte man z. B. die Business-Logik für die Einplanungsbedingungen prüfen, sind diese in der Methode **CAN_SCHEDULE_ACTION_BY_ABAP** zu finden. Für die Startbedingung wird die Methode **EVAL_START_COND_BY_ABAP** verwendet. Die Logik des Methodenaufrufs, der in TM üblicherweise als Ausgabetyp in der PPF-Aktion hinterlegt ist, ist in der Methode **METHOD_CALL_BY_ABAP** implementiert.

Die PPF-Agentenklasse enthält die gesamte Geschäftslogik für die Steuerung und den Aufbau der Outputs.

Im Customizing der TM-Belege können bis zu zwei PPF-Profile hinterlegt werden, deren PPF-Aktionen bei Änderungen an den Beleginstanzen evaluiert werden. Ein Beispiel für die Customizing-Einstellungen für die Frachtaufträge ist in Abbildung 3.41 zu sehen.

Details zur PPF-Konfiguration in TM

Eine umfangreiche Dokumentation zur Konfiguration des PPF Output Managements finden Sie im Dokument »Output Management Configuration Guide«, das Sie in englischer Sprache unter *help.sap.com* als PDF abrufen können.

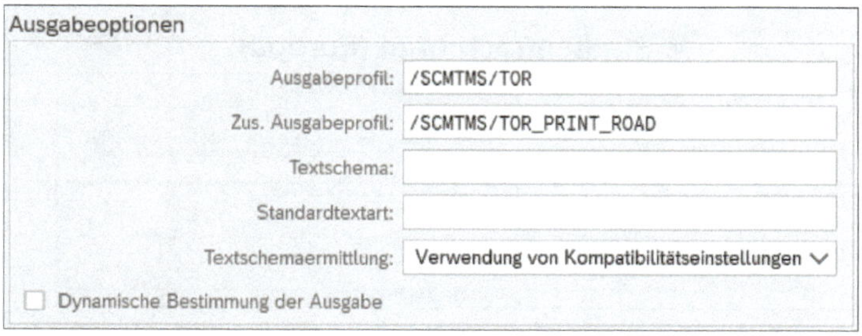

Abbildung 3.41: Zuordnung von PPF-Profilen im Customizing der Frachtaufträge

Es können zwei Aktionsprofile zugeordnet werden. Ein Profil kann z. B. für Outputs, die synchron erzeugt werden sollen, verwendet werden und ein weiteres für Aktionen, die asynchron ausgeführt werden können.

Dynamische Aktionsprofile

Es besteht auch die Möglichkeit, die Aktionsprofile dynamisch zu ermitteln. In diesem Setup ermittelt das TM-System während der Laufzeit eines Geschäftsobjekts alle aktiven Output-Management-Agenten für das zugehörige technische Objekt und den Knoten. Bei der Änderung von Kopfdaten eines Frachtauftrags, bei dem das Kennzeichen **Dynamische Bestimmung der Ausgabe** im Customizing aktiviert ist, würden z. B. alle als »aktiv« konfigurierten PPF-Agenten evaluiert, die im PPF-BOPF-Adapter-Customizing dem `/SCMTMS/TOR`-Objekt und dessen `ROOT`-Knoten zugeordnet sind. Für alle PPF-Profile, die diesen Agenten zugeordnet sind, würden alle aktiven PPF-Aktionen ausgewertet und gegebenenfalls ausgeführt.

3.3.4 Anlage von Druckdokumenten

TM kann jedoch bis zu einem gewissen Grad auch Druckformulare gestalten. TM ist mit dem *Adobe Document Server* integriert, einem Werkzeug, das im Backend-System innerhalb des SAP GUI ausgeführt wird.

Um ein Formular anzupassen, starten Sie Transaktion SFP (Adobe-Document-Formulare werden im *Adobe Document Designer* angepasst) und wählen das Druckformular, das Sie ändern möchten. Fügen Sie dann neue Felder zum Druckformular hinzu, oder ändern Sie das Layout auf der Registerkarte **Layout** (siehe Abbildung 3.42).

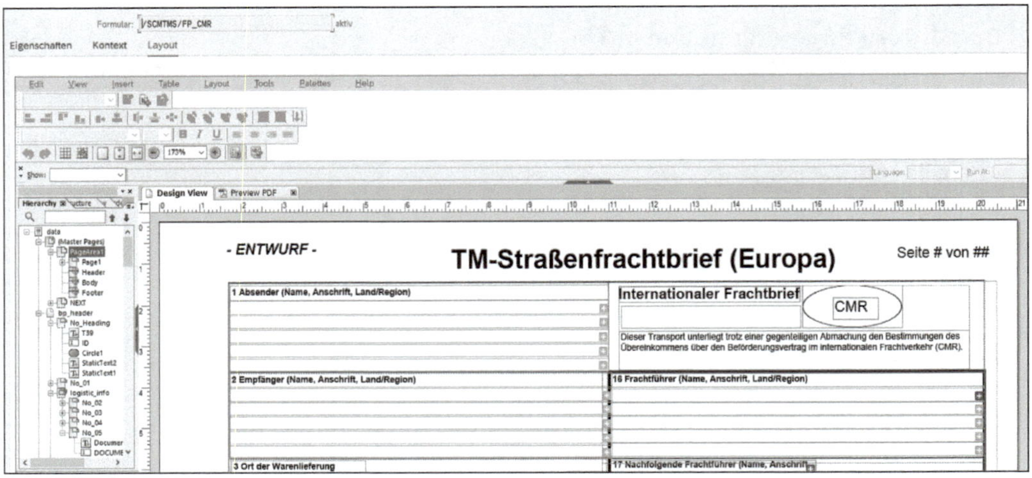

Abbildung 3.42: Designansicht eines Druckformulars im Adobe Document Designer

[»]

Adobe Document Server

Der Adobe Document Server erfordert eine eigene Lizenz und ein eigenes Plug-in. Wir gehen in diesem Buch nicht näher auf die Änderung von Druckformularen ein.

3.3.5 Optimierer

SAP hat bereits Optimierungsprogramme in verschiedenen Anwendungen des Supply Chain Managements eingesetzt, wie z. B. SAP Advanced Planning and Optimization (SAP APO) - Transportplanung/Vehicle Scheduling (TP/VS), einen Vorgänger von TM. Ebenso wie die TM vorangegangenen Anwendungen stellt auch TM entsprechende eigenständige Optimierungsfunktionen zur Verfügung. Der Optimierer ist eine C++-basierte Anwendung, die entwickelt wurde, um Transportprobleme mathematisch zu lösen. Weiterführende Informationen zur optimiererbasierten Transportplanung finden Sie in Abschnitt 6.8, »Automatisierte Planung«.

Der Optimierer kann auf einer anderen Hardware als die Anwendungsserver von TM ausgeführt werden. Wir empfehlen dies sogar, da sich die Systemanforderungen von TM und dem Optimierer unterscheiden.

Optimierungsläufe können parallel durchgeführt werden. Um genügend Optimiererressourcen bereitzustellen, sollte entweder der Optimierer eine ausreichende Anzahl von Slots bereitstellen, oder Sie sollten mehrere Optimiererinstanzen an das Backend-System mit der TM-Funktion anschließen (siehe Abbildung 3.43).

Die Verbindungen des Optimierers können in Transaktion RCC_CUST überwacht werden, die auch in Abbildung 3.43 dargestellt ist. Die derzeit von TM genutzten Optimierer-Engines sind:

- **TSFM** für strategisches Frachtmanagement
- **TSPS** für die Auswahl des Spediteurs
- **TVRG** für Transportvorschläge
- **TVSO** zur Laderaumoptimierung
- **TVSR** zur Optimierung des Routings und der Terminierung von Optimierungen
- **TVSS** für die Disposition bestehender Frachtaufträge

RCCF: Destinationen für Engines

Dest-ID	Appl.	Kurztext	Status	Ma...	Pri...	KommArt	Kommunikationsverbindung
CS01		CS Optimizer	Inaktiv	10	1	RFC	OPTSERVER_CS01
CTM01	CTM	CTM Engine	Inaktiv	10	1	RFC	OPTSERVER_CTM01
DPS01	DPS	PP/DS Optimizer	Aktiv	10	1	RFC	OPTSERVER_DPS01
MILP01	MILP	External MILP Solver for GENIOS	Aktiv	10	1	RFC	OPTSERVER_MIP01
MMP01	MMP	MMP Optimizer	Inaktiv	10	1	RFC	OPTSERVER_MMP01
PEG01	PEG	Pegging Optimizer	Aktiv	10	1	RFC	OPTSERVER_PEG01
PPO01	PPO	Production Planning Optimizer	Aktiv	10	1	RFC	OPTSERVER_PPO01
SEQ01	SEQ	SEQ Optimizer	Inaktiv	10	1	RFC	OPTSERVER_SEQ01
SNP01	SNP	SNP Optimizer	Inaktiv	10	1	RFC	OPTSERVER_SNP01
TSFM01	TSFM	Strategic Freight Management Optimizer	Inaktiv	10	1	RFC	OPTSERVER_TSFM01
TSPS01	TSPS	Transportation Service Provider	Inaktiv	10	1	RFC	OPTSERVER_TSPS01
TVRG01	TVRG	Transportation Proposal	Aktiv	10	1	RFC	OPTSERVER_TVRG01
TVSO01	TVSO	Load Optimization	Aktiv	10	1	RFC	OPTSERVER_TVSO01
TVSR01	TVSR	Vehicle Scheduling and Routing engine	Aktiv	10	1	RFC	OPTSERVER_TVSR01
TVSS01	TVSS	Vehicle Scheduling engine	Aktiv	10	1	RFC	OPTSERVER_TVSS01
VSO01	VSO	Load Space Optimization	Aktiv	10	1	RFC	OPTSERVER_VSO01
VSR01	VSR	VSR Optimizer	Inaktiv	10	1	RFC	OPTSERVER_VSR01

Abbildung 3.43: RFC-Verbindungen zu Optimierer-Engines

Bitte beachten Sie, dass diese sechs Anwendungen nur ausführbare Dateien auf dem Optimierungsserver sind. Mit Ausnahme der Protokolldateien werden keine Stamm- oder Transaktionsdaten auf dem Optimierungsserver gespeichert.

Zur Aktualisierung des Optimierungsprogramms kann jeweils die neueste Version der ausführbaren Dateien für den *SAP Supply Chain Management Optimizer* (SAP SCM Optimizer) vom *SAP Software Center* (*https://launchpad.support.sap.com/#/softwarecenter*) heruntergeladen werden und dem Server die vorhandene Version ersetzen.

3.3.6 Process Controller Framework

Ein weiteres Werkzeug in TM, das Erweiterungen der Standardlogik vereinfacht, ist das *Process Controller Framework*. In vielen Funktionsbereichen von TM werden die vom Process Controller Framework bereitgestellten Strategien ausgeführt. Eine *Strategie* ist eine Folge von Methoden, die in einer definierten Reihenfolge ausgeführt werden. Da alle in einer Strategie enthaltenen Methoden dieselbe Signatur aufweisen, ist es für die Entwicklung sehr einfach, ihre eigenen Methoden zu einer Strategie hinzuzufügen. So können Sie z. B. die Strategie für die Durchführung der manuellen Planung im Planungsprofil definieren. Abbildung 3.44 zeigt einen Ausschnitt der zur Verfügung stehenden Process-Controller-Strategien.

Methodenzuordnung zu Strategie

Strategie	Methode	Reihenfolge	Beschreibung	Beschreibung
VSRI_1STEP	VSRI_PRE	10	Interaktive Planung und Spediteurauswahl	Manuelle Planung: Vorverarbeitung
VSRI_1STEP	VSRI	20	Interaktive Planung und Spediteurauswahl	Manuelle Planung: Ausführung
VSRI_1STEP	VSRI_POST	30	Interaktive Planung und Spediteurauswahl	Manuelle Planung: Nachverarbeitung
VSRI_1STEP	VSRI_TSPS	40	Interaktive Planung und Spediteurauswahl	Manuelle Planung: Frachtführerauswahl
VSRI_ALP	VSRI_PRE	10	Interaktive Planung und automat. Laderaumplanung	Manuelle Planung: Vorverarbeitung
VSRI_ALP	VSRI	20	Interaktive Planung und automat. Laderaumplanung	Manuelle Planung: Ausführung
VSRI_ALP	VSRI_POST	30	Interaktive Planung und automat. Laderaumplanung	Manuelle Planung: Nachverarbeitung
VSRI_ALP	VSRI_ALP	40	Interaktive Planung und automat. Laderaumplanung	Manuelle Planung: Automatische Laderaumplanung
VSRI_CHK	VSRI_PRE	10	Interaktive Planungsstrategie und -prüfung	Manuelle Planung: Vorverarbeitung
VSRI_CHK	VSRI	20	Interaktive Planungsstrategie und -prüfung	Manuelle Planung: Ausführung
VSRI_CHK	VSRI_POST	30	Interaktive Planungsstrategie und -prüfung	Manuelle Planung: Nachverarbeitung
VSRI_CHK	VSRI_CHECK	40	Interaktive Planungsstrategie und -prüfung	Manuelle Planung: TA-Prüfung ausführen
VSRI_CPB	VSRI_PRE	10	Interakt. Planung & PackstErzeug. bas. auf KapBel.	Manuelle Planung: Vorverarbeitung
VSRI_CPB	VSRI	20	Interakt. Planung & PackstErzeug. bas. auf KapBel.	Manuelle Planung: Ausführung
VSRI_CPB	VSRI_POST	30	Interakt. Planung & PackstErzeug. bas. auf KapBel.	Manuelle Planung: Nachverarbeitung
VSRI_CPB	VSRI_CPB	40	Interakt. Planung & PackstErzeug. bas. auf KapBel.	Manuelle Planung: Konsolid. Erzeug. v. Packstücken
VSRI_DEF	VSRI_PRE	10	Standardstrategie interaktive Planung	Manuelle Planung: Vorverarbeitung
VSRI_DEF	VSRI	20	Standardstrategie interaktive Planung	Manuelle Planung: Ausführung
VSRI_DEF	VSRI_POST	30	Standardstrategie interaktive Planung	Manuelle Planung: Nachverarbeitung
VSRI_PBLP	VSRI_PRE	10	Interakt. Planung mit PackstErz. & Laderaumplanung	Manuelle Planung: Vorverarbeitung
VSRI_PBLP	VSRI	20	Interakt. Planung mit PackstErz. & Laderaumplanung	Manuelle Planung: Ausführung
VSRI_PBLP	VSRI_POST	30	Interakt. Planung mit PackstErz. & Laderaumplanung	Manuelle Planung: Nachverarbeitung
VSRI_PBLP	VSRI_CPB	40	Interakt. Planung mit PackstErz. & Laderaumplanung	Manuelle Planung: Konsolid. Erzeug. v. Packstücken
VSRI_PBLP	VSRI_ALP	50	Interakt. Planung mit PackstErz. & Laderaumplanung	Manuelle Planung: Automatische Laderaumplanung
VSRI_SCH	VSRI_PRE	10	Interaktive Planung und Terminierung	Manuelle Planung: Vorverarbeitung
VSRI_SCH	VSRI	20	Interaktive Planung und Terminierung	Manuelle Planung: Ausführung

Abbildung 3.44: Zuordnung von Process-Controller-Methoden zu einer Strategie

Wenn Sie die in Abbildung 3.44 dargestellten Strategien vergleichen (Customizing-Pfad: **Transportation Management • Grundfunktionen • Prozess-Controller • Methoden zu einer Strategie zuordnen**), sehen Sie, dass die meisten gemeinsame Methoden haben (z. B. **VSRIE_PRE** oder **VSRI**), aber einige Strategien auch zusätzliche Methoden anbieten (z. B. **VSRI_SCHED**). Die Logik der manuellen Planung kann z. B. einfach erweitert werden, indem die Strategie **VSRI_DEF** und ihre Methodenzuordnung in den Kundennamensraum kopiert und ihr dann weitere kundeneigene Methoden zugeordnet werden.

Services definieren, welche Strategien in welchem Kontext eingesetzt werden können. In TM ist ein Service eng mit einem Anwendungsfall verknüpft. Eine Strategie mit mehreren Methoden kann dann einem Service zugeordnet werden. Damit wird die in Abbildung 3.45 dargestellte Struktur aufgebaut.

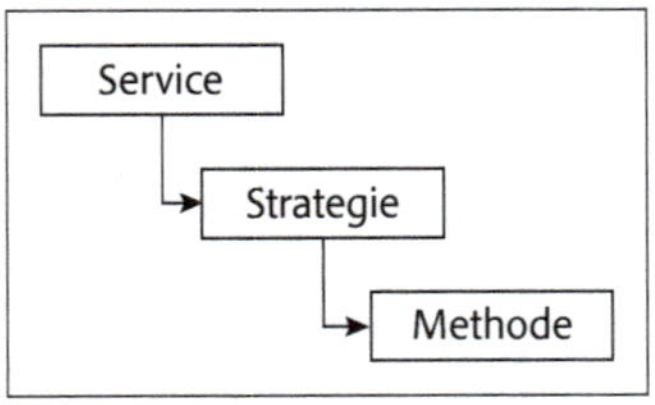

Abbildung 3.45: Process-Controller-Hierarchie

3.3.7 Background-RFC-Trigger

In einigen Prozessen in TM werden die Dokumente asynchron aktualisiert, bzw. Folgeaktionen werden als asynchroner Prozess angelegt und ausgeführt. Hier kommt in TM die Technologie des *Background Remote Function Call* (bgRFC) zum Einsatz. Der Vorteil von asynchron ausgeführten Prozessen ist, dass Anwenderinnen und Anwender im Prozess ohne lange Wartezeiten fortfahren können, weil z. B. die zeitintensive Aktualisierung von abhängigen Belegen nach einer Nutzereingabe in einem Hintergrundprozess ausgeführt wird.

Für die asynchronen Prozesse legt TM eine *bgRFC Unit* an, die auf einen *TM-Trigger* verweist. Die Art des Triggers definiert, welcher Prozess durch die bgRFC Unit ausgeführt werden soll. Die TM-Trigger und ihre technische Verknüpfung können im Customizing-Pfad **Transportation Management • Grundfunktionen • Allgemeine Einstellungen • Trigger definieren** definiert werden. Abbildung 3.46 zeigt, dass der Trigger jeweils entweder mit einer Aktion eines BOPF-Objekts verknüpft ist oder, wie im Beispiel von **CANCEL_ACCRUALS_LEAN**, mit einer implementierenden ABAP-Klasse.

Trigger definieren

Trigger-ID	Name des BO-Knotens	Aktionsname	Beschreibung	ImplementKlasse für klassenbas. Trigger
BUILD_FUS	ROOT	BUILD_FUS_ASYNC	Frachteinheiten asynchron aktualisieren	
BUS_SHARE_DELTA_UPDATE	ROOT	DELTA_UPDATE		
CANCEL_ACCRUALS	ROOT	CANCEL_ACCRUALS	BSTLL/LEB/AB stornieren	
CANCEL_ACCRUALS_LEAN	ROOT		Lean BSTLL/LEB/AB stornieren	/SCMTMS/CL_SFIR_CNCL_LEAN_DOCS
CANCEL_PO_DOC	ROOT	CANCEL_PO_DOC	Bestellbeleg bei Scheitern von LEB/AB stornieren	
CONFIRM_ACCRUALS	ROOT	CONFIRM_ACCRUALS	Rückstellungen bestätigen	
CORRECT_SPLIT_REST	REST	CORRECT_SPLIT_REST	Aufgeteilte Ruhezeit korrigieren	
CREATE_SFIR	ROOT	CREATE_SFIR	FAB anlegen	
DET_BLOCKS_ON_SUCCESSOR_TOR	STOP_SUCCESSOR	DETERMINE_PLNG_EXEC_BLOCK	Beschreibung	
DISTR_EMIVAL_TO_REQ	ROOT	DISTR_EMIVAL_TO_REQ	Emissionswerte an Bedarfsbeleg leiten	
ERH_MERGE_DUPLICATES	ROOT	MERGE_DUPLICATES	Dopp. Wurzeln und Verfahren zusammenf.	
ERROR_HANDLING_CALL_RETRY	ROOT	ERROR_HANDLING_CALL_RETRY	Wiederholungsaktion in Fehlerbehandlungseinträgen aufrufen	
LINC_CANCEL_CUSTOMER_INVOICE	ROOT	POST_CUSTOMER_INVOICE	Kundenrechnung stornieren	
LINC_CANCEL_PROFORMA_INVOICE	ROOT	POST_PROFORMA_INVOICE	Pro-forma-Rechnung stornieren	
LINC_COMPLETE_PREDEC_KEYS	ROOT	COMPLETE_PREDEC_KEYS	Unvollständige Vorgängerdaten anpassen	
LINC_POST_CUSTOMER_INVOICE	ROOT	POST_CUSTOMER_INVOICE	Kundenrechnung buchen	
LINC_POST_PROFORMA_INVOICE	ROOT	POST_PROFORMA_INVOICE	Pro-forma-Rechnung buchen	
LINC_PROCESS_EWM_WHR_UPD	ROOT	PROCESS_BTD_UPDATE	GVB-Fortschreibung verarbeiten	
LINC_PROCESS_GOODS_MVMNT	ROOT	POST_GOODS_MOVEMENT	Warenbewegung buchen	

Abbildung 3.46: Customizing-Option zum Anlegen von TM-Triggern

Das folgende Beispiel soll helfen, den Zusammenhang zwischen TM-Trigger und bgRFC Framework deutlicher zu machen. In dem in Abbildung 3.47 dargestellten Prozessfluss wünscht der Kunde ein anderes Lieferdatum, eine Person aus dem Vertrieb ändert im Kundenauftrag das Datum. Dies würde automatisch zur Aktualisierung der zugehörigen TM-Frachteinheit führen. Leider wird diese durch eine Person aus der Versandstelle gesperrt, die gerade an der Transportplanung arbeitet. Da die Frachteinheit nicht synchron aktualisiert werden kann, legt die Applikation eine bgRFC Unit an, die auf einen Trigger vom Typ **BUILD_FUS** mit Referenz zum Vertriebsbeleg verweist. Anschließend wird der Scheduler des bgRFC Frameworks repetitiv die bgRFC Unit anstoßen, bis sie erfolgreich verarbeitet werden kann. Nach erfolgreicher Ausführung wird die bgRFC Unit gelöscht, und der SD-Beleg und die TM-Frachteinheit sind wieder synchron.

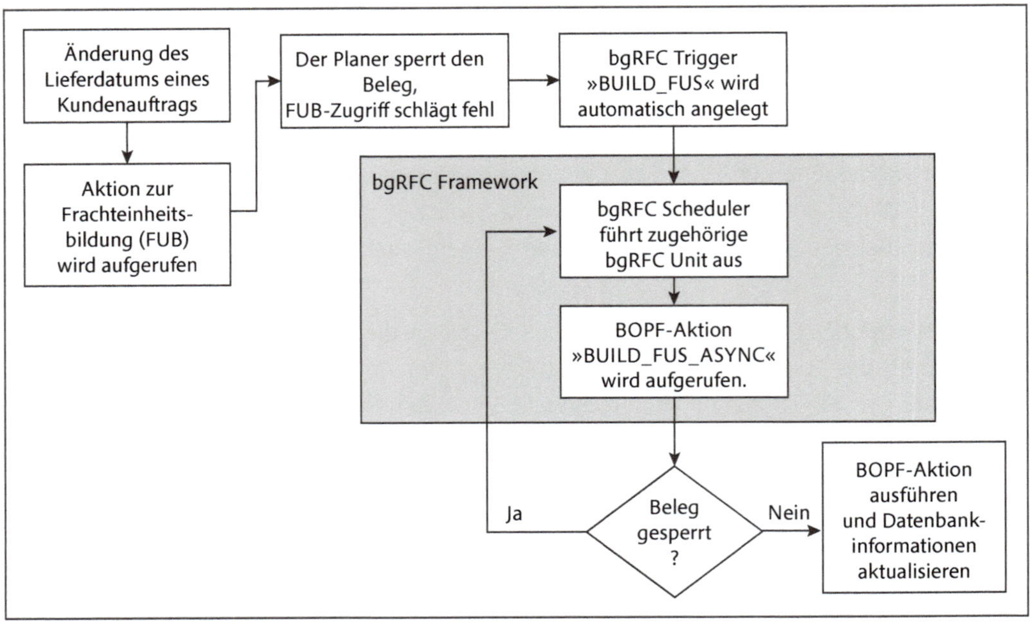

Abbildung 3.47: Beispiel eines asynchronen Prozesses in TM

[»]

TM-Trigger sind »stateless«

Die in TM verwendeten Trigger folgen dem Stateless-Konzept. Die Trigger haben daher keine Kontextinformationen darüber, welche genaue Änderung zur Anlage des Triggers geführt hat. Über die Art des Triggers wird der anzustoßende Prozess bestimmt, und über die Belegreferenz des Triggers leitet die Applikationslogik ab, welche Informationen für den TM-Beleg relevant sind und aktualisiert werden müssen.

In diesem Konzept sind sogenannte *Überholer*, wie man sie aus klassischen Schnittstellennachrichten kennt, nicht möglich. Eine detaillierte Erklärung des bgRFC-Konzepts in TM finden Sie in SAP-Hinweis 2930217 (bgRFC - Concept and High Level Process in SAP Transportation Management).

[+]

Einrichtung des bgRFC Frameworks

Bei der Ersteinrichtung von TM auf einem SAP-S/4HANA-Mandanten muss einmalig das bgRFC Framework konfiguriert werden. Dies ist in SAP-Hinweis 2526415 (Updated trigger concept using bgRFC processing) beschrieben.

TM nutzt, wie erwähnt, an vielen Stellen asynchrone Prozesse, insbesondere um Belege miteinander zu synchronisieren - etwa um geänderte Datumsinformationen aus den SD- oder LE-Belegen in den TM-Frachteinheiten zu aktualisieren oder um Handling-Unit-Informationen aus EWM in die TM-Frachteinheit zu übernehmen. Solange die bgRFC Unit nicht erfolgreich verarbeitet werden kann, sind die Belege nicht synchronisiert, und es liegt eine Dateninkonsistenz vor. Daher ist es wichtig, die bgRFC-Einheiten in den regulären Monitoring-Prozess aufzunehmen. Nähere Informationen dazu finden Sie in Abschnitt 14.2, »Monitoring eines TM-Systems«.

Dafür steht zum einen die Monitoring-Transaktion des bgRFC Frameworks SBGRFCMON zur Verfügung (siehe Abbildung 3.48). Diese Transaktion bietet generische Funktionen an – um etwa bgRFC Units neu zu starten, zu löschen, oder diese zu debuggen. Außerdem kann hier die bgRFC Scheduler Destination gesperrt werden, was die Verarbeitung der darin abgelegten Units stoppt. Alle asynchronen TM-Prozesse verwenden die bgRFC Destination `TM_BGRFC_INBOUND`. In der Spalte **Unit Information** sind die Referenz der TM-Trigger-Art und der zugehörige Beleg zu sehen. Daraus leitet die Applikation die relevanten TM-Belege und die notwendigen Aktualisierungen ab.

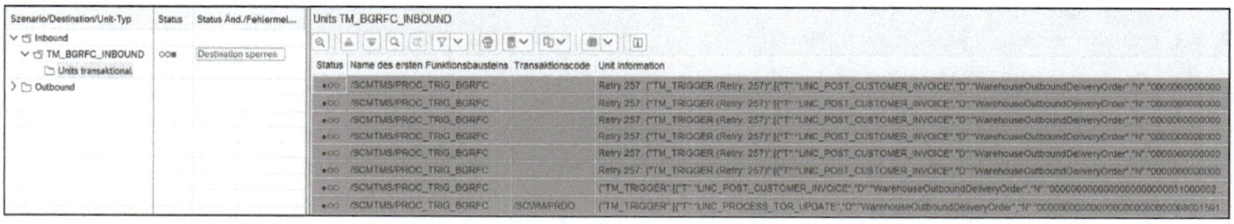

Abbildung 3.48: Übersicht fehlgeschlagener TM bgRFC Units in Transaktion SBGRFCMON

Für applikationsspezifischen Kontext für die bgRFC Unit steht der Report `/SCMTMS/BGRFC_ANALYSE` zur Verfügung. Hier erhalten Sie eine Übersicht über die aktuell aktiven TM-Trigger, indem Sie ohne konkrete Selektionskriterien einsteigen (siehe Abbildung 3.49). Es ist aber auch möglich, die bgRFC Units für konkrete Belege anhand ihrer Beleg-ID oder der ID ihrer Vorgängerbelege aufzurufen.

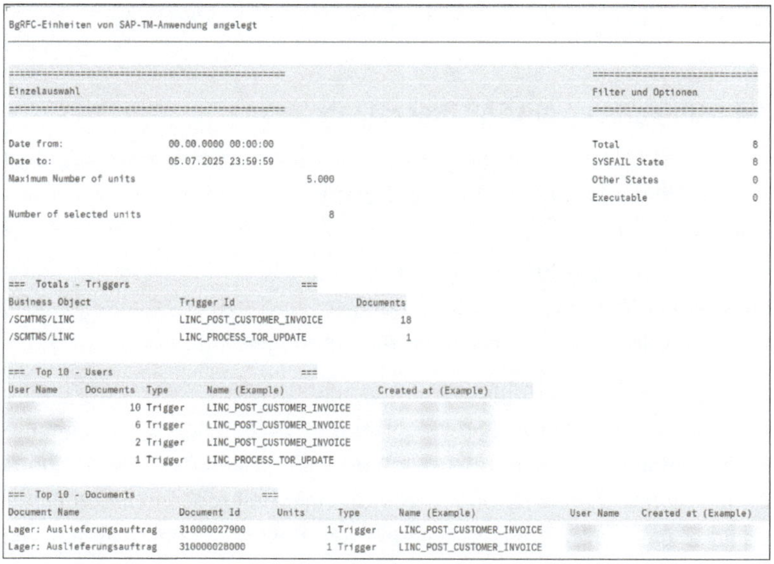

Abbildung 3.49: Übersicht über aktive TM bgRFC Units im Report »/SCMTMS/BGRFC_ANALYSE«

3.4 Integrationstechnologie mit TM

Wie in Kapitel 2, »Einführung in SAP Transportation Management in SAP S/4HANA«, gezeigt, kann TM in SAP S/4HANA eingebettet oder eigenständig betrieben werden. Für die Kommunikation mit externen Systemen reichen die internen TM-Technologien jedoch nicht aus. Hier sind Integrationstechnologien erforderlich. Abbildung 3.50 zeigt, dass TM verschiedene Integrationstechnologien verwendet, um mit anderen Anwendungen zu kommunizieren. In diesem Abschnitt sehen wir uns diese Integrationstechnologien genauer an.

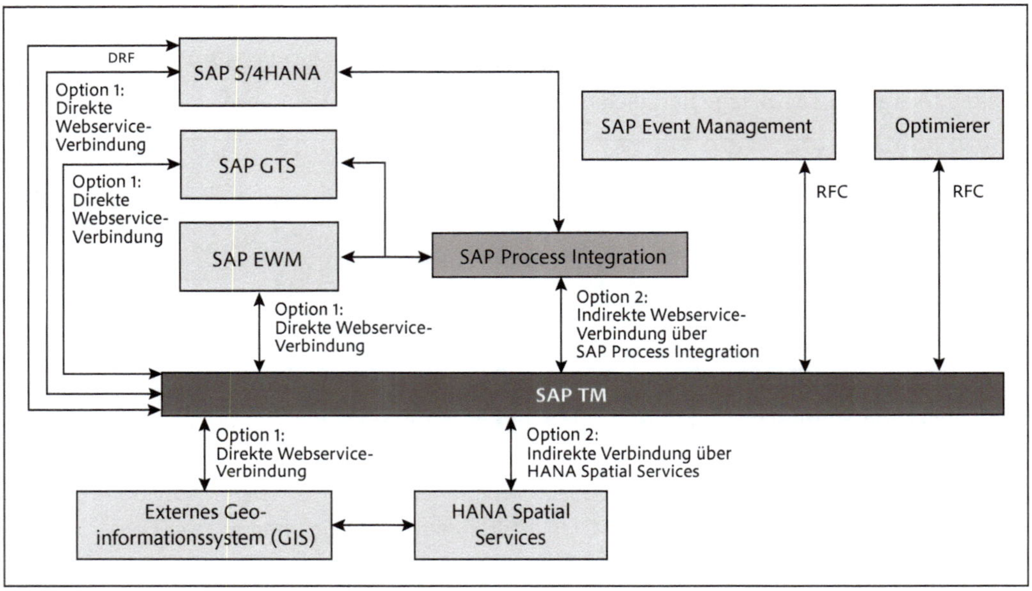

Abbildung 3.50: Überblick über die TM-Integration ohne Einbettung in SAP S/4HANA

3.4.1 SOA-basierte Integration mit SAP Process Integration

In der Anfangsphase von SAP R/3 sollte die gesamte Geschäftslogik auf einem System laufen. Alle Geschäftsdaten wurden zentral in einer Datenbank gespeichert und von verschiedenen Modulen abgerufen. Mit dem starken Anstieg des Datenvolumens und der hohen Vernetzung der Geschäftspartner (intern und extern) sind die Systemlandschaften heute heterogen geworden. Nicht nur die Daten sind über verschiedene Systeme verteilt, sondern auch die Geschäftslogik wird in mehreren Anwendungen ausgeführt.

Mit der Einführung von SAP S/4HANA hat SAP einen Schritt unternommen, um diesen Trend umzukehren und die in einer heterogenen Lösungslandschaft gewachsenen Funktionen wieder in ein zentrales System zu integrieren. Allerdings sehen wir immer noch eine große Anzahl von Unternehmen, deren Prozesse in einer heterogenen Systemlandschaft abgebildet sind. Daher wollen wir uns in diesem Abschnitt damit beschäftigen, wie TM in solchen Umgebungen integriert werden kann.

Um sowohl die Datenbereitstellung als auch die Geschäftslogik für die gesamte Systemlandschaft zu orchestrieren, muss eine zentrale Instanz eingerichtet werden, die alle Systeme der Systemlandschaft kennt und weiß, wo Daten bereitgestellt werden können. In der SAP-Systemlandschaft ist diese zentrale Instanz *SAP Process Integration*.

SAP Process Integration ermöglicht es verschiedenen Schnittstellen, miteinander zu kommunizieren. Die Kommunikation erfolgt über Webservices. SAP Process Integration fungiert nicht nur als Verzeichnis für Systeme und Anwendungen in einer Landschaft, sondern unterstützt und überwacht auch die Kommunikation zwischen Systemen. Um Prozesse, die über verschiedene Systeme hinweg abgebildet werden, zu unterstützen, kommt häufig eine *serviceorientierte Architektur* (SOA) zum Einsatz.

Das Konzept der SOA entstand, nachdem klar wurde, dass die gesamte Geschäftslogik eines Unternehmens nicht in einem System allein ausgeführt werden kann. SOA soll die Interaktion zwischen Systemen unabhängig von deren jeweiligen Systemarchitekturen oder Programmiersprachen ermöglichen.

Webservices sind zentrale Elemente der SOA, die das Konzept der Interaktion von Systemen umsetzen. Webservices enthalten eine Datenstruktur, in der Regel im XML-Format, die zeigt, welche Daten von einem oder an ein System in der Systemlandschaft übergeben werden können. In den jeweiligen Anwendungen interpretieren Proxys den Webservice und führen die Geschäftslogik in der Anwendung aus.

Die Systemanwendungen bieten ihre Webservices einem *Service Broker* (in unserem Fall SAP Process Integration) an. Der Service Broker fungiert als Webservice-Verzeichnis; man könnte auch sagen, der Service Broker ist wie eine Dating-Agentur für Business-Systeme. Alle Systeme der Systemlandschaft können nun auf das Verzeichnis der Webservices in der SAP Process Integration zugreifen und die Beschreibungen der Webservices in ihre Anwendungen herunterladen. An diesem Punkt können sie mit der Implementierung der Geschäftslogik beginnen, die entweder die XML-Datenstruktur füllt, um Daten an andere Systeme zu senden (dieses System ist der *Service Consumer*), oder die Logik implementiert, um das XML zu interpretieren, um die Daten zu verwenden (dieses System ist der *Service Provider*). Nachdem es die Geschäftslogik ausgeführt hat, kann der Service Provider mit einer weiteren XML-Datei an den Service Consumer antworten.

Wir könnten mehr in die Theorie von Systemen mit SOA und Webservices abtauchen, aber es ist vielleicht am besten, sie an einem konkreten Beispiel zu untersuchen. Betrachten wir die Lösungsarchitektur für die Integration eines SAP-S/4HANA-Vertriebsbelegs in TM.

Nehmen wir an, unsere Systemlandschaft besteht aus einer SAP-TM-9.6-Anwendung, die mit SAP S/4HANA interagieren soll. Der erste Schritt besteht darin, sowohl TM als auch SAP S/4HANA im *System Landscape Directory* (SLD) der SAP Process Integration zu registrieren, damit sie beide Systeme und ihre Anwendungszwecke kennt. (Der Inhalt von SAP Process Integration wird ständig aktualisiert, sodass sie weiß, wofür eine TM-Anwendung gedacht ist.)

Nachdem die Systeme im SLD registriert sind, können die Webservices auf die jeweiligen Systeme publiziert werden. Ein Webservice besteht aus zwei Serviceschnittstellen – einer Schnittstelle pro Anwendung. Die Serviceschnittstelle kann in das Anwendungssystem geladen werden.

Betrachten wir die Serviceschnittstelle auf der Seite von TM. Die Serviceschnittstelle für die SAP-S/4HANA-Auftragsintegration heißt `IntracompanyTransportationRequest-RequestRequest_In` und ist im SAP-TM-System über Transaktion SPROXY zu finden. Wenn Sie genau hinschauen, werden Sie feststellen, dass nach der Bestätigung des Transaktionscodes eine Benachrichtigung im Nachrichtenbereich erscheint, dass das Enterprise Services Repository (ESR) gestartet wird. Da sich das ESR im SAP-Process-Integration-System befindet, werden die Informationen, die wir in Transaktion SPROXY sehen, tatsächlich aus dem angeschlossenen SAP-Process-Integration-System geladen.

[»]

SAP S/4HANA gegenüber SAP ERP

Obwohl wir uns hier auf SAP S/4HANA als Basissystem beziehen, gelten alle Integrationsschritte der nächsten vier Abschnitte auch für SAP ERP.

Wenn Sie noch ein SAP-ERP-System verwenden, funktioniert die SOA-basierte Kommunikation zwischen SAP ERP und TM für die Auftragsintegration nur, wenn das Release von SAP ERP 6.0 EhP 7 und EhP 8 oder höher ist. Ältere Versionen von SAP ERP bieten nicht die betriebswirtschaftlichen Funktionen und Serviceschnittstellen, die erforderlich sind, um die vordefinierten Inhalte für die Kommunikation zu nutzen.

Abbildung 3.51 zeigt die zahlreichen Serviceschnittstellen für TM. Die Serviceschnittstellen ermöglichen nicht nur die Kommunikation zwischen SAP-Systemen innerhalb eines Unternehmens (Application-to-Application-Kommunikation, A2A), sondern auch die Kommunikation zwischen SAP-Systemen und Legacy-Systemen oder Systemen externer Geschäftspartner (B2B-Kommunikation).

Bei der Auswahl der Serviceschnittstelle für die Integration von SAP-S/4HANA-Bestellungen in TM gibt es einige wichtige Dinge über die Funktionsweise des Webservices zu beachten. In der Detailansicht der Serviceschnittstelle sehen Sie eine Reihe von verschiedenen Registerkarten. Machen Sie sich mit der Datenstruktur vertraut, die an das TM-System übergeben wird. Wenn Sie auf die Registerkarte **Externe Sicht** gehen und einen Knoten nach dem anderen aufklappen, sehen Sie, dass die Datenstruktur der XML-Nachricht aus zwei Teilen besteht: dem Nachrichtenkopf und dem eigentlichen Transportauftrag. Der Nachrichtenkopf enthält Metadaten über die Nachricht, insbesondere die Angabe, von welchem System diese Nachricht gesendet wurde und welches System der Empfänger sein sollte.

Die für uns wichtigen Informationen befinden sich im Transportation Request, der angibt, welche Daten an das TM-System übergeben werden können. Beachten Sie, dass die Datenstruktur in gewisser Weise der Datenstruktur des Geschäftsobjekts /SCMTMS/TRQ ähnelt, von dem mit diesem Webservice eine Instanz erstellt wird.

Abbildung 3.51: Ausschnitt verfügbarer Webservice Provider in der SPROXY

Wenn Daten zwischen zwei Systemen ausgetauscht werden, müssen beide Systeme in der Lage sein, die übergebenen Daten zu interpretieren. Wenn also der Service Consumer ein Datum an den Service Provider sendet, muss der Service Provider wissen, dass das Feld nicht länger als acht Ziffern sein darf. Das ist nicht selbstverständlich, denn SAP S/4HANA hat seine eigenen Datentypen, die TM nicht mitgeteilt werden. Aus diesem Grund werden die *globalen Datentypen* verwendet.

Globale Datentypen werden in SAP Process Integration definiert. Hier können wir einen globalen Datentyp für ein Lieferdatum erstellen. Obwohl globale Datentypen auf Kerndatentypen wie String, Integer etc. basieren, können Sie auch auf aggregierte Datentypen treffen, d. h. auf eine Struktur, die mehrere globale Datentypen enthält. Diese globalen Datentypen innerhalb eines aggregierten Datentyps basieren wiederum auf Kerndatentypen.

Das gesamte XML-Nachrichtenformat besteht aus Feldern mit globalen Datentypen. Nachdem die Serviceschnittstelle in das Anwendungssystem geladen wurde, führt die Proxy-Generierung die notwendigen nächsten Schritte durch.

Bisher haben wir uns nur die Datenstruktur der Nachricht des Service Interfaces angesehen. Denken Sie jedoch daran, dass das TM-System noch nicht mit den in der Nachricht enthaltenen Datentypen arbeiten kann, weshalb wir eine Proxy-Generierung durchführen müssen. Ein Proxy ist ein Übersetzer der Serviceschnittstelle des Webservices innerhalb des Anwendungssystems; er konvertiert die globalen Datentypen der Nachricht in Datentypen, mit denen das SAP-TM-System arbeiten kann. Werfen wir einen Blick darauf, was die Proxy-Generierung mit dem Städtenamen des Absenders gemacht hat.

Der Name der Stadt basierte auf einem globalen Datentyp (oberer Kasten), aber wie in Abbildung 3.52 zu sehen ist, hat der Proxy ein eigenes Datenelement im TM-System erzeugt (unterer Kasten).

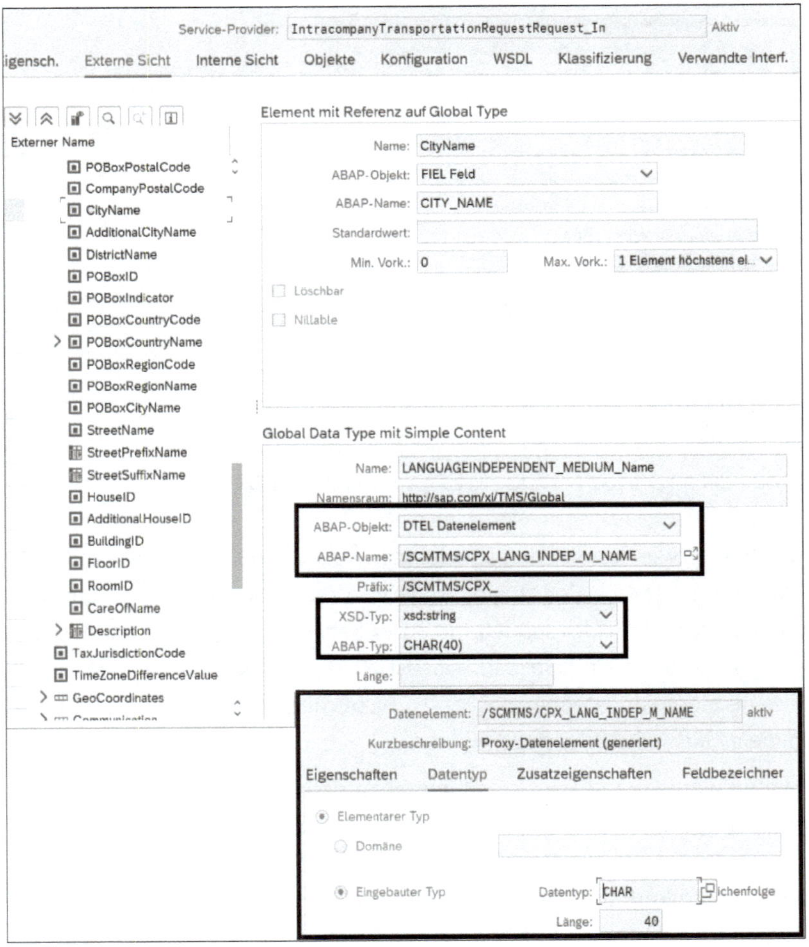

Abbildung 3.52: Vom Proxy erzeugtes Datenelement

Im globalen Datentyp wurde festgelegt, dass der Ortsname auf dem Kerndatentyp String basieren und nicht länger als 40 Zeichen sein sollte. Wenn Sie sich den generierten Datentyp in Transaktion SE11 ansehen, können Sie sehen, dass dieser Aufbau in das neue Datenelement in TM übernommen wurde. Wenn aggregierte globale Datentypen verwendet werden, generiert der Proxy einen Strukturtyp.

Bisher haben wir uns nur mit der Datenstruktur der Serviceschnittstelle in TM beschäftigt. Der ATB oder LTB wird jedoch erst dann erstellt, wenn eine bestimmte Geschäftslogik ausgeführt wird. Wie bereits erwähnt, besteht ein Webservice aus einer gemeinsamen Datenstruktur und Geschäftslogik sowohl auf der Seite des Service Consumers als auch auf der Seite des Service Providers. In der Kommunikation zwischen dem Service Consumer und dem Service Provider wissen beide Seiten nicht genau, was auf der anderen Seite des Kommunikationskanals passiert. Die Geschäftslogik des Kommunikationspartners soll eine Blackbox sein. Dies ist vor allem dann sinnvoll, wenn die Kommunikation über Webservices zwischen zwei Systemen mit unterschiedlichen Programmiersprachen hergestellt wurde.

Der Proxy generiert nicht nur die Datenelemente im System, sondern legt auch eine *Provider-Klasse* an (siehe Abbildung 3.53).

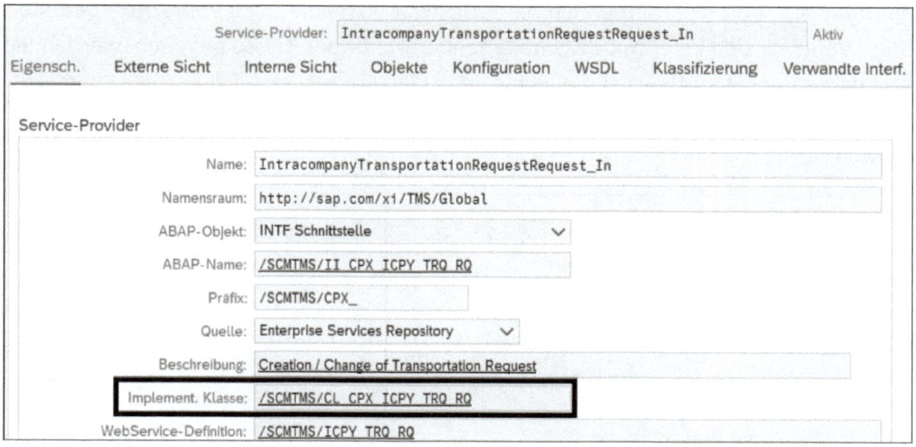

Abbildung 3.53: Verweis auf die implementierende Klasse in der SPROXY-Definition

Die Verwendung der Provider-Klassen ist vergleichbar mit der Verwendung der Klassen, die Aktionen, Validierungen und Bestimmungen zugeordnet sind. Die Provider-Klasse besteht aus einem Konstruktor (siehe Abbildung 3.54) und einer ausführenden Methode, die aufgerufen wird, nachdem eine Nachricht dieser Serviceschnittstelle im System empfangen wurde (ein Ausschnitt ist beispielhaft in Abbildung 3.55 dargestellt).

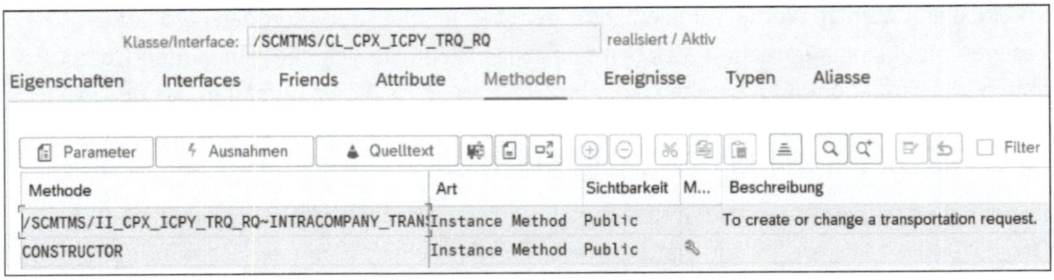

Abbildung 3.54: Proxy-Provider-Klasse

[»]

SOA bietet sehr viel mehr

Die Kommunikation zwischen zwei SAP-Systemen über SOA ist ein sehr komplexes Thema, für das viele Ressourcen zur Verfügung stehen. Dieser Abschnitt gibt Ihnen nur einen kurzen Einblick in die Funktionsweise der Integration von Transaktionsdaten zwischen SAP S/4HANA und TM.

Wenn Sie die Serviceschnittstelle in Transaktion SPROXY öffnen, finden Sie die Registerkarte **Eigensch.** dort. Hier finden Sie die Provider-Klasse, die auch vom Proxy generiert wurde. Wenn Sie sich tiefer mit der Implementierung dieser Klasse befassen, werden Sie sehen, dass in unserem Beispiel die Instanz des Geschäftsobjekts TRQ erzeugt wird. Abbildung 3.55 zeigt einen Auszug aus der tatsächlichen Codierung, die in der Methode implementiert ist.

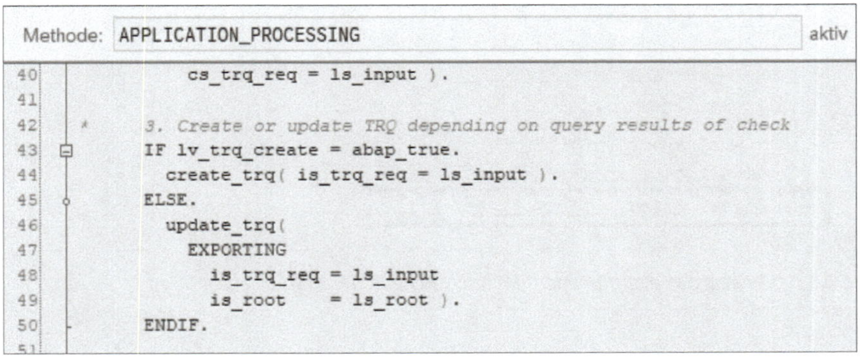

Abbildung 3.55: ABAP-Methode für die Applikationslogik des Webservices

Zu Beginn dieses Abschnitts wurde erwähnt, dass es zwei Möglichkeiten gibt, einen SAP-S/4HANA-Auftrag von SAP S/4HANA an TM zu übertragen: entweder über die SAP Process Integration als Middleware oder über einen direkten webservice-basierten Kommunikationskanal. Beide Optionen haben Vor- und Nachteile, und die Wahl liegt bei Ihnen.

Die Webservices für die Standardintegration werden mit dem TM-spezifischen Content für SAP Process Integration ausgeliefert. In beiden Anwendungssystemen müssen Sie einige Business-Funktionen aktivieren, um die Serviceschnittstellen nutzen zu können. Wir beschreiben diese im Detail in Abschnitt 5.1, »Grundlagen«.

Wir haben uns nun die Serviceschnittstelle angesehen, um Informationen aus einem SAP-S/4HANA-Beleg zu erhalten und einen entsprechenden Beleg in TM zu erstellen. Die gleichen Einstellungen können in SAP S/4HANA vorgenommen werden, wo die Serviceschnittstellen für die Seite des Service Consumers vorhanden sind. Einen detaillierten Einblick in die Serviceschnittstellen von SAP S/4HANA erhalten Sie in Transaktion SPROXY im SAP-S/4HANA-System.

Wie in Tabelle 3.1 dargestellt, bietet TM mehrere Webservices für die A2A-Kommunikation an, die in verschiedene Funktionsbereiche von TM gebündelt werden können.

Service	Service Consumer	Service Provider
Transportanforderungen (ATBs und LTBs)		
Transportbedarfe anlegen	SAP S/4HANA	TM
Transportbedarfe stornieren	SAP S/4HANA	TM
Bereitstellung des Dokumentenflusses	SAP S/4HANA	TM
Frachtabrechnung		
Frachtabrechnungsbeleg an SAP S/4HANA übergeben	TM	SAP S/4HANA
Frachtabrechnungsbeleg stornieren	TM	SAP S/4HANA
Liefervorschläge		
Erstellung der Anlieferung anfordern	TM	SAP S/4HANA
Auslieferungserstellung anfordern	TM	SAP S/4HANA
Zollintegration		
Compliance-Prüfung anfordern	TM	SAP GTS
Anfrage für Ausfuhr-/Einfuhrgenehmigung	TM	SAP GTS
Integration von Lagern		
Ladeplan an das Lager senden	TM	SAP EWM
Benachrichtigung über den finalen Ladeplan erhalten	TM	SAP EWM

Tabelle 3.1: Überblick über die A2A-Dienste in TM

[»]

Aktualisierung der übertragenen Dokumente

In den meisten Fällen werden die Webdienste, die Dokumente im anderen System erstellen, auch für Aktualisierungen verwendet. Die Proxy-Provider-Klasse wertet aus, ob ein Dokument bereits erstellt wurde, und aktualisiert das entsprechende Dokument. Daher werden im System des Service Providers keine doppelten Dokumente erstellt.

Um Stammdaten zwischen zwei SAP-S/4HANA-Systemen für TM auszutauschen, nutzt SAP eine Technologie, die vom Master Data Governance Framework bereitgestellt wird: das *Data Replication Framework* (DRF). Die DRF-Integration wird in Abschnitt 4.1.5, »Stammdatenerstellung und -integration«, ausführlich erläutert.

3.4.2 Integration mit SAP Process Integration ohne vordefinierten Content

SAP Process Integration fungiert als Service Broker, Systemlandschaftsverzeichnis und unterstützt das Nachrichten-Mapping in der B2B-Kommunikation. B2B-Kommunikation findet statt, wenn zwei Unternehmen Daten ihrer jeweiligen Systeme austauschen.

Lassen Sie uns ein weiteres Beispiel durchgehen. Wir sind ein Spediteur, und unser Kunde (ein Modeunternehmen) möchte Transportdienstleistungen bestellen. Der Modehersteller setzt ein TM-System ein und hat verschiedene Verladerszenarien implementiert. Nachdem der Modehersteller die Transportplanung abgeschlossen hat, wird ein Auftrag zur Transportausführung erteilt. Dazu sendet der Absender eine Anfrage an uns, den Spediteur. Als Spediteur nutzen wir auch ein TM-System. Wie Sie in den nächsten Kapiteln erfahren werden, sieht der Belegfluss wie folgt aus: Der Verlader hat einen Frachtauftrag angelegt und sendet uns nun eine Anfrage. Da wir ein Spediteur sind und der Frachtauftrag des Verladers eine Transportanforderung ist, erstellen wir daher ein Speditionsangebot oder einen Speditionsauftrag für den Frachtauftrag des Verladers (abhängig vom genauen Prozess).

Diese B2B-Kommunikation kann mithilfe von SAP Process Integration aufgebaut werden. Nachdem die Ausschreibung des Verladers in unserer Systemlandschaft angekommen ist, ermittelt SAP Process Integration anhand der Systeminformationen des Absenders und des Nachrichtentyps, welche Eingangsserviceschnittstelle für welchen Empfänger verwendet werden muss. Wenn die Datenstrukturen der Anfrage und der Serviceschnittstelle des Speditionsauftrags nicht übereinstimmen, kann SAP Process Integration auch ein Mapping auf Feldebene durchführen. Die Serviceschnittstelle auf unserer SAP-TM-Seite erstellt dann automatisch ein Speditionsangebot oder einen Speditionsauftrag.

Tabelle 3.2 listet alle verfügbaren B2B-Serviceschnittstellen auf, die TM anbietet.

Service	Service Consumer	Service Provider
Transportbedarfe (Speditionsauftrag und Speditionsangebot)		
Transportbedarfe anlegen	extern	TM
Transportbedarfe stornieren	extern	TM
Transportbedarfe bestätigen	TM	extern
Ausschreibung		
Transportauftrag senden	TM	extern
Transportauftrag stornieren	TM	extern
RFQ senden	TM	extern
RFQ-Antwort empfangen	extern	TM
Frachtbuchung		
Frachtbuchung senden	TM	extern
Frachtbuchung stornieren	TM	extern
Frachtbuchung bestätigen	extern	TM
Frachtbrief versenden	TM	extern
TOR-Objekte (Frachtauftrag, Sendungsbeleg, Frachteinheit)		
TOR-Objekt replizieren	TM	extern
repliziertes TOR- Objekt empfangen	extern	TM

Tabelle 3.2: Überblick über B2B-Dienste in TM

[zB]

Verwendung von TM und anderen Systemen

In diesem Beispiel haben wir angenommen, dass beide Geschäftspartner SAP-TM-Anwendungen nutzen. Dies ist jedoch natürlich nicht selbstverständlich. Beachten Sie, dass das Mapping von Nachrichten in der SAP Process Integration wesentlich komplexer sein kann als in diesem Beispiel. Die SAP Process Integration kann auch eingehende IDocs auf Serviceschnittstellen abbilden.

[+]

Webservices – synchron oder asynchron?

Webservices können synchron oder asynchron ausgeführt werden. Alle A2A- und B2B-Webservices in TM werden asynchron ausgeführt. Dies ist sinnvoll, da die Anwenderinnen und Anwender in den meisten Fällen Informationen, die über eine Serviceschnittstelle eingegeben wurden, validieren müssen. Wenn etwa eine Frachtbuchung an einen Spediteur gesendet wird, muss der Spediteur prüfen, ob der angeforderte Platz noch verfügbar ist. Im Falle einer synchronen Kommunikation kann der Absender nicht arbeiten, bis der Spediteur mindestens mit einer technischen Bestätigung des Nachrichteneingangs geantwortet hat.

3.4.3 Generische Webservice-Schnittstelle für TOR-Objekte

Eine Schnittstelle, die in TM bekannt sein sollte, ist `TransportationOrderGenericRequest_In/Out` (siehe Abbildung 3.56). Diese Schnittstelle unterstützt alle `/SCMTMS/TOR`-basierten Geschäftsdokumente, unabhängig von der `TOR`-Kategorie (daher der Name *TOR Generic*). Es gibt noch einige offene Punkte im Standard wie fehlende Felder oder nicht unterstützte Szenarien (z. B. externe Planung mit Frachtbuchungen). Daher ist es notwendig, die Funktionen der Schnittstelle während eines Implementierungsprojekts im Detail zu prüfen. In Szenarien, in denen `TOR`-Belege mit SAP- oder Nicht-SAP-Anwendungen ausgetauscht werden sollen, sollte die `TOR`-Schnittstelle verwendet werden.

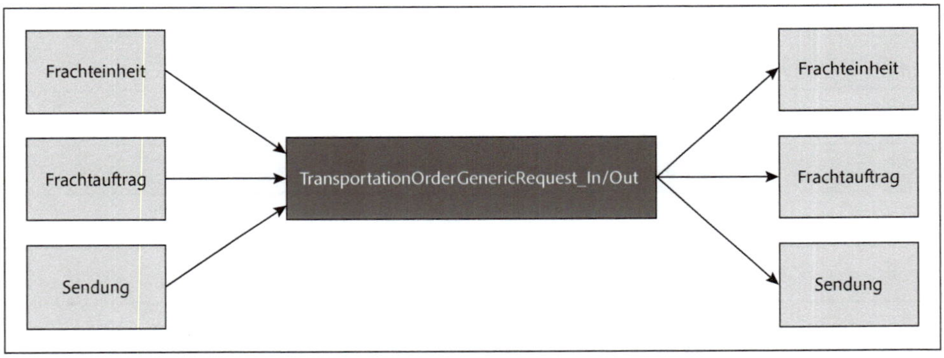

Abbildung 3.56: Funktionen und Belege der Schnittstelle »TransportationGenericRequest_In/Out«

Die Schnittstelle enthält alle Informationen, die zur Duplizierung von Transporteinheiten, Frachtaufträgen oder Sendungsbelegen benötigt werden. Zusätzlich kann sie z. B. in externen Planungsszenarien oder für den Versand und Empfang von Lieferavisen genutzt werden. Sie ermöglicht außerdem die Zusammenarbeit mit Spediteuren und unterstützt jede weitere Kommunikation auf der Grundlage der TOR-Dokumente.

[«]

SAP ERP vs. SAP S/4HANA: Versand von IDoc-Nachrichten

In vielen Transformationsprojekten von SAP ERP zu SAP S/4HANA ist die Migration von LE-TRA zu TM ein wichtiges Thema. Ein Schwerpunkt ist häufig die `SHIPMENT`-IDoc-basierte EDI-Kommunikation mit Kunden, Lieferanten, Spediteuren und Lagerverwaltungssystemen von Drittanbietern. Die Webservice-Schnittstelle `TransportationOrderGeneric` kann als funktionale Entsprechung des IDocs `SHPMNT05/06` genutzt werden, um die projektspezifischen Anforderungen zu entwickeln und umzusetzen.

3.5 Zusammenfassung

In diesem Kapitel wurde die technologische Grundlage von TM vorgestellt, wobei die beiden wichtigsten technologischen Säulen erläutert wurden: das BOPF, das die Aufgaben der Datenmodellierung, -speicherung und -verarbeitung übernimmt, und die auf dem Floorplan Manager Framework aufbauende UI-Technologie. Wir haben auch behandelt, wie die im BOPF gespeicherten Daten mithilfe von FBI an die UI-Technologie übertragen werden.

Während wir über UI-Technologien sprachen, haben wir untersucht, wie das SAP Fiori Launchpad mit den Anwenderinnen und Anwendern interagiert und wie Kataloge entscheiden, welche Kacheln ihnen im SAP Fiori Launchpad angezeigt werden. TM-Bildschirmbilder können ohne jegliche Programmierung oder Modifikation angepasst werden.

Darüber hinaus haben wir uns andere Werkzeuge und Frameworks angesehen, die in TM verwendet werden, etwa BRF+, PPF und Process Controller Framework. Diese Werkzeuge erleichtern das Customizing und die Anpassung von TM an den jeweiligen Geschäftsfall.

Der letzte Teil dieses Kapitels befasste sich mit der technischen Integration eines TM-Einzelsystems mit anderen Geschäftsanwendungen. Generell haben wir zwischen der A2A-Kommunikation, bei der vordefinierte Inhalte in beiden Anwendungssystemen verwendet werden, und der B2B-Kommunikation, bei der nur vordefinierte Inhalte in SAP Process Integration für TM zur Verfügung stehen, unterschieden. Diese technischen Informationen über TM sollen eine Grundlage für die in Kapitel 4, »Stammdaten«, bis Kapitel 13, »Integration mit anderen Komponenten«, beschriebenen TM-Geschäftsprozesse bilden.

Nachdem wir uns nun mit der technologischen Grundlage des SAP-TM-Systems beschäftigt haben, werden wir in Kapitel 4 die SAP-TM-spezifischen Stammdaten einführen, bevor wir uns in Kapitel 5 mit den Prozessen von SAP Transportation Management befassen.

Kapitel 4
Stammdaten

Stammdaten sind die Grundlage für jeden Geschäftsprozess. Alle zentralen Geschäftsprozessobjekte und -schritte, etwa die Auftragsverwaltung, Planung, Unterbeauftragung und Frachtkostenberechnung, basieren auf Stammdaten. Darüber hinaus bilden Stammdaten die interne Organisationsstruktur, die Geschäftspartner sowie deren Beziehungen ab und sind für die Definition des Transportnetzes und der verfügbaren Equipmentarten und Ressourcen unverzichtbar.

Im vorangegangenen Kapitel haben Sie einen Überblick über die Lösungsarchitektur und die technologischen Konzepte des Transportation Managements (TM) erhalten. Bevor wir uns näher mit den Transportbedarfen, der Planung und der Ausführung von Transporten befassen, widmen wir uns in diesem Kapitel der Erläuterung der obligatorischen und optionalen Stammdaten und machen Sie mit den wichtigsten Begriffen und Konfigurationen vertraut.

Stammdaten sind integraler Bestandteil eines jeden Planungssystems und Grundlage eines jeden Geschäftsprozesses. Alle Geschäftsprozessobjekte und Prozessschritte, die für das Transportation Management von Bedeutung sind, basieren auf logistischen Stammdaten. Zu diesen Daten gehören neben allgemeinen Stammdaten wie Organisationsstrukturen und Geschäftspartnern typischerweise auch das Transportnetz und die Ressourcen, die gemeinsam beschreiben, wie Transportaufträge ausgeführt werden können. Unabhängig von der Softwareversion oder dem Betrieb als integrierte oder eigenständige Lösung (Side-by-Side) sind Stammdaten wichtig, weil sie sowohl die Planungs- als auch die Ausführungsaktivitäten unterstützen.

Eines der Hauptmerkmale des Transportation Managements ist, dass logistische Prozesse teilweise auch unabhängig von den Stammdaten der Geschäftspartner und der transportierten Waren ausgeführt werden können. Für Logistikdienstleister (LDLs), die hauptsächlich Transportdienstleistungen erbringen, ist es unerlässlich, dass die Bewegungsdaten mit möglichst wenig vorhandenen Stammdaten erstellt werden können.

In diesem Kapitel werden sowohl die allgemeinen Stammdaten als auch die logistischen Stammdaten, die das Transportnetz darstellen, sowie die Ressourcen erläutert, die zur Durchführung von Transporten verwendet werden. Alle anderen Stammdaten und transportmittelspezifischen Einstellungen werden im jeweiligen Kontext erläutert. Um End-to-

End-Transportszenarien für Verlader und LDLs zu unterstützen und die Konsistenz mit dem Ausführungsprozess zu gewährleisten, ist eine Grundmenge allgemeiner Stammdaten erforderlich, z. B. zur Modellierung der Unternehmensstruktur und zur Vermeidung der wiederkehrenden Pflege von Adressen oder Materialattributen. Auf diese allgemeinen Stammdaten gehen wir in Abschnitt 4.1 ein. Für Szenarien, in denen TM in einem Side-by-Side-Einsatz verwendet wird, erläutern wir die Stammdatenintegration basierend auf dem Datenreplikations-Framework (DRF). Das DRF wird auch für die Stammdatenintegration benötigt, wenn ein zentrales Stammdaten-Repository verwendet werden soll. Durch die nahtlose Integration kann die eigene Stammdatenpflege in der TM-Instanz minimiert werden und können vorhandene Kunden- und Materialstammdaten in TM genutzt und wiederverwendet werden.

Zur Unterstützung einer ordnungsgemäßen Transportplanung und -ausführung sind weitere Stammdatenelemente erforderlich. In Abschnitt 4.2 wird erläutert, wie diese Elemente erstellt und zu einem Transportnetz verknüpft werden.

Für die Transportausführung und zur Darstellung der für die Ausführung der Transporte erforderlichen Kapazität werden Equipmentarten und Ressourcenstammdaten wie Fahrzeuge und Anhänger verwendet. Um deren Verfügbarkeit zu repräsentieren, können Sie Fahrzeug- und Containerressourcen definieren. Um lokale Betriebszeiten oder Verladekapazitäten abzubilden, richten Sie Kalender- und Handling-Ressourcen ein. Die Konfiguration und Pflege von Equipmentarten und Ressourcen wird in Abschnitt 4.3 erläutert.

Beginnen wir zunächst damit, die Verwendung von allgemeinen Stammdaten in TM zu betrachten.

4.1 Allgemeine Stammdaten

Alle Unternehmensbereiche verwenden allgemeine Stammdaten. Durch die Abbildung sowohl der internen Organisation als auch der Geschäftspartner und der Geschäftspartnerbeziehungen dienen die allgemeinen Stammdaten als Grundlage für jeden Geschäftsprozess. Insbesondere für eine korrekte Finanzabwicklung sind klar definierte Stammdaten von zentraler Bedeutung. Ausgehend von der Definition der Organisationsstruktur, geben wir Ihnen in diesem Abschnitt einen umfassenden Überblick über die wichtigsten allgemeinen Stammdaten, deren Bedeutung für Transportprozesse und gegebenenfalls deren Integration und Verteilung.

4.1.1 Organisationsstruktur

Die einzelnen Elemente einer Organisationsstruktur werden zur Abbildung eines Unternehmens in einem SAP-System verwendet. Diese Organisationsstrukturen bestimmen den betrieblichen Rahmen, in dem alle Abläufe und Funktionen der logistischen und finanziellen Prozesse stattfinden. Sie spiegeln auch die rechtliche und organisatorische

Struktur eines Unternehmens wider. Mithilfe von Organisationsstammdaten können Sie Organisationsmodelle erstellen, die die rechtlichen, geografischen oder organisatorischen Grenzen für die am Transportprozess beteiligten Organisationseinheiten darstellen. Durch die Abbildung der Unternehmensstruktur und die Festlegung von Verantwortlichkeiten bilden die Organisationseinheiten einen Rahmen, in dem alle relevanten Geschäftsprozesse ablaufen.

In diesem Abschnitt werden wir auf die interne Organisationsstruktur, ihre Erstellung und die Zusammenführung von Organisationshierarchien aus verschiedenen Quellsystemen eingehen.

Interne Organisationsstruktur

Eine Organisationsstruktur kann als eine Kombination von Organisationselementen verstanden werden. Die einfachste Struktur kann aus einer einzigen Person bestehen, die für verschiedene Aufgaben verantwortlich ist. In einem größeren Unternehmen oder bei einem LDL kann die Struktur jedoch in verschiedene organisatorische Bereiche unterteilt sein. Abbildung 4.1 zeigt die Struktur, die Kardinalität und die Beziehungen zwischen den Organisationselementen in SAP S/4HANA und TM.

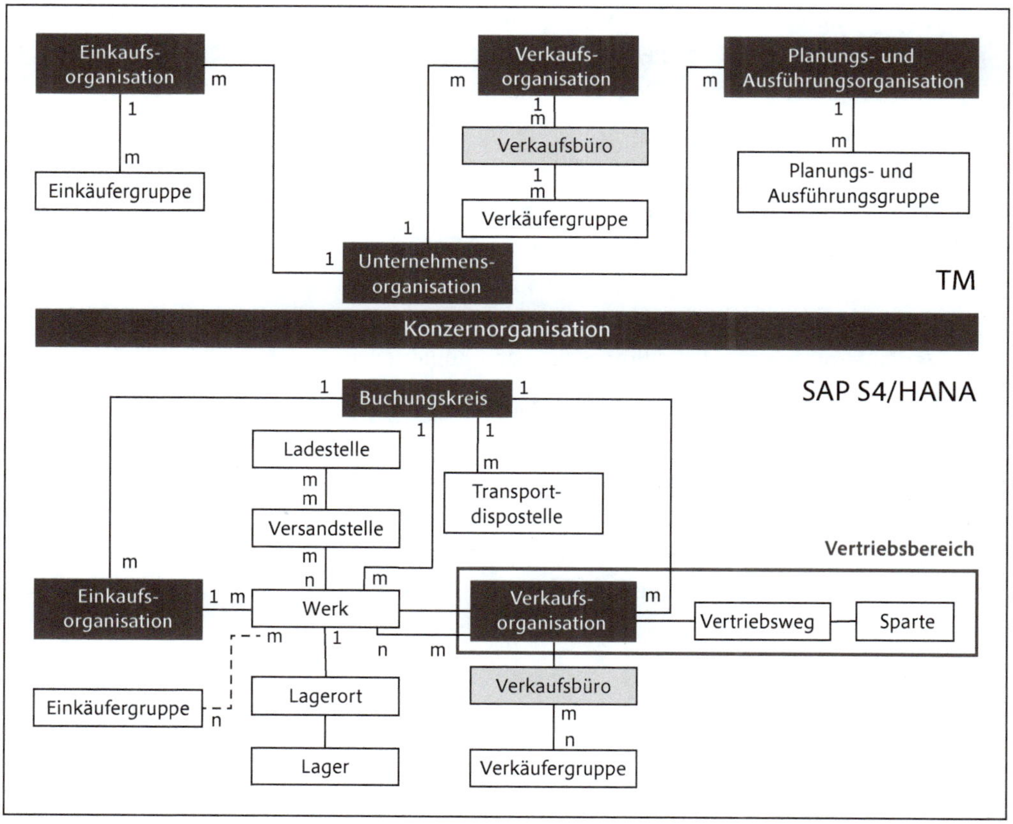

Abbildung 4.1: Organisationsstrukturen in SAP S/4HANA und TM

In TM können Organisationseinheiten unabhängig von der SAP-S/4HANA-Organisationsstruktur modelliert werden. Sie werden in drei Grundtypen kategorisiert:

- Vertrieb (Verkaufsorganisation)
- Beschaffung (Einkaufsorganisation)
- Planung und Ausführung

Diese Organisationen können weiter in Gruppen und Büros unterteilt werden; Mitarbeitende werden abhängig von ihren Aufgaben im Unternehmen typischerweise den Organisationsgruppen zugeordnet.

Die optionale Konzernorganisation dient in der Regel als oberster Knoten und Einstiegspunkt in die Organisationsstruktur. Die Konzernorganisation kann aus einer oder mehreren Unternehmensorganisationen bestehen.

Die Unternehmensorganisation entspricht dem Buchungskreis. Wie der Buchungskreis definiert auch die Unternehmensorganisation die Hauswährung und repräsentiert in der Regel die juristische Person der Gesellschaft. In TM-Dokumenten wird zwischen dem beschaffenden und dem zahlenden Buchungskreis unterschieden. Der beschaffende Buchungskreis steht für das Unternehmen, das für die Beschaffung von Transportdienstleistungen verantwortlich ist. Er wird in der Regel aus der für einen Frachtbeleg zuständigen Einkaufsorganisation abgeleitet. Die Rückstellungen für die Frachtkosten werden in der Finanzbuchhaltung auf diesen Buchungskreis gebucht. Der zahlende Buchungskreis ist derjenige, der für die Bezahlung der Frachtkosten zuständig ist. Er wird in der Regel aus dem Vorgängerbeleg (z. B. Kundenauftrag) ermittelt.

Die Verkaufsorganisation organisiert und strukturiert den Verkauf von Logistikdienstleistungen und erbringt diese Dienstleistungen. Sie können einer Unternehmensorganisation mehrere Verkaufsorganisationen zuordnen (z. B. für jedes Land) und jede Verkaufsorganisation weiter in Verkaufsbüros (z. B. Ostküste, Westküste) und diese weiter in Verkäufergruppen (z. B. Luftfracht, Seefracht) unterteilen.

In SAP S/4HANA wird die Verkaufsorganisation mit zwei weiteren Organisationselementen kombiniert, um Vertriebsbereiche zu definieren. Diese beiden Elemente, die Sparte und der Vertriebsweg, gibt es in TM nicht. Da bestimmte Stammdaten in SAP S/4HANA auf diesen beiden Organisationselementen aufbauen, können sie im Customizing voreingestellt werden (**Transportation Management • Grundfunktionen • Allgemeine Einstellungen • Allgemeine Einstellungen für TM definieren**), wie in Abbildung 4.2 dargestellt.

Diese Vorschlagswerte werden verwendet, um auf Geschäftspartnerstammdaten zuzugreifen, die auf der Ebene des Vertriebsbereichs gepflegt sind, indem diese als Vorschlagswerte hinzugefügt werden.

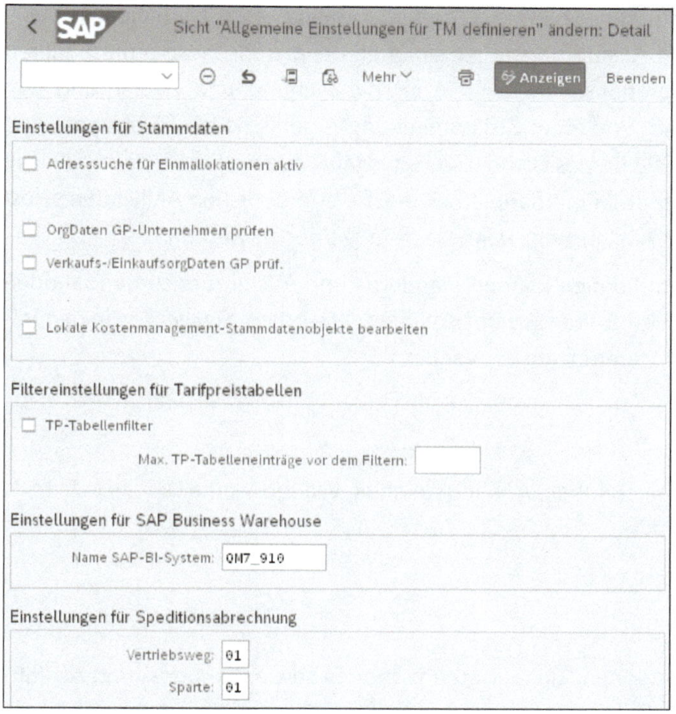

Abbildung 4.2: Allgemeine Einstellungen für TM

Die Verkaufsorganisation ist in den folgenden Dokumenten relevant:

- Speditionsangebot
- Speditionsauftrag
- Speditionsvereinbarung
- Speditionsabrechnungsbeleg
- Speditionsvereinbarungsangebot

Die nächste Organisationseinheitsfunktion ist der Einkauf. Die Beschaffung von Materialien und Dienstleistungen erfolgt immer in Bezug auf eine Einkaufsorganisation. Sie benötigen Einkaufsorganisationen und Einkäufergruppen für den Unterbeauftragungsprozess. Die Einkaufsorganisation veranlasst und führt alle Einkaufstransaktionen im Kontext der logistischen Dienstleistungen von Spediteuren und Frachtführern durch.

Es können mehrere Einkaufsorganisationen definiert werden, z. B. eine für jedes Land oder jeden Verkehrszweig. Jeder Einkaufsorganisation können mehrere Einkäufergruppen (z. B. pro Transportart, Region) zugeordnet werden. Die folgenden Belege sind in der Regel mit einer Einkaufsorganisation verknüpft:

- Frachteinheit
- Frachtauftrag
- Frachtbuchung
- Sendung
- Serviceauftrag
- Frachtvereinbarung
- Frachtabrechnungsbeleg
- Master-Frachtvereinbarungsanfrage

Für die Planung und Ausführung, die die letzte Organisationseinheitsfunktion darstellt, können Sie Planungs- und Ausführungsorganisationen definieren. Diese repräsentieren die verschiedenen Organisationseinheiten, die für die Planung und Ausführung von Transporten zuständig sind. In diesem Zusammenhang organisiert eine Planungs- und Ausführungsorganisation die Disposition der Transportaufträge und die Planung für die zu transportierenden Güter und führt dann entweder die erforderlichen Aktivitäten selbst aus oder überwacht deren Ausführung, wenn sie fremdvergeben werden.

Ähnlich wie Einkaufsorganisationen können Planungs- und Ausführungsorganisationen in mehrere Planungs- und Ausführungsgruppen unterteilt werden. Sie werden in den folgenden Dokumenten und Stammdaten verwendet:

- Frachteinheit
- Packstückeinheit
- Transporteinheit (Containereinheit, Anhängereinheit, Waggoneinheit)
- Frachtauftrag
- Frachtbuchung
- Ressource

Während Verkaufsorganisationen, Einkaufsorganisationen sowie Planungs- und Ausführungsorganisationen gemäß ihrer Definition auf ihre spezifischen Aufgaben beschränkt sind, ist es in einigen Logistikdienstleisterszenarien erforderlich, dass dieselbe Organisationseinheit mehrere Aufgaben wahrnimmt, z. B. den Verkauf von Transportdienstleistungen an einen Kunden und den Einkauf von Transportdienstleistungen bei einem Subunternehmer. Zu diesem Zweck können Sie eine generische Organisationseinheit des Typs Niederlassung definieren. Eine Niederlassung ist eine Organisationseinheit, die Verkaufsaktivitäten, Einkaufsaktivitäten sowie Planungs- und Ausführungsaktivitäten durchführen kann, sodass sie jedem der genannten Belege und Stammdaten zugeordnet werden kann.

Aufbau der Organisationsstruktur

Da eine direkte Beziehung zu Objekten aus dem Finanzbereich (z. B. Buchungskreise, Konten, Innenaufträge) in TM bewusst nicht hergestellt wird, müssen die Organisationsdaten für Abrechnungszwecke in SAP S/4HANA oder in angeschlossene externe Abrechnungssysteme übertragen und dort für die Zuordnung auf Objekte aus dem Finanzbereich verwendet werden.

Es können die gleichen Organisationsstrukturen in TM und SAP S/4HANA verwendet werden, um eine sinnvolle Zuordnung der Verkaufs- und Einkaufsprozesse zu den nachfolgenden Abrechnungsprozessen zu ermöglichen. Alternativ kann die Organisationsstruktur in TM unabhängig von der Organisationsstruktur in SAP S/4HANA definiert werden. Ein Beispiel für eine solche Organisationsstruktur wurde bereits in Abbildung 4.1

dargestellt, in der die Organisationsstrukturen in TM denen in SAP S/4HANA gegenübergestellt werden.

Die Unternehmensorganisation entspricht dabei dem Buchungskreis in SAP S/4HANA und wird vom Transportkostenmanagement für die Berechnung und Abrechnung verwendet. Beim Anlegen von Organisationseinheiten und Stellenzuordnungen können wir zwischen zwei Elementen unterscheiden:

- Organisationseinheiten
- Planstellen

Eine Organisationseinheit ist ein Objekt, mit dem die Unternehmensstruktur eines Unternehmens in einem Organisationsmodell in einem SAP-System über verschiedene Organisationselemente und Attribute abgebildet wird. Wenn Sie eine Organisationseinheit anlegen, ordnen Sie ihr zwei Dinge zu:

- **Organisationseinheitsfunktion**

  Die Funktion einer Organisationseinheit beschreibt den Zweck einer Organisationseinheit. Zu den möglichen Funktionen gehören Einkauf, Verkauf, Planung und Ausführung, Unternehmen, Konzern und Niederlassung.

- **Organisationseinheitsrolle**

  Die Rolle der Organisationseinheit definiert die Ebene des Organisationselements innerhalb der Hierarchie. Die folgenden Rollen können ausgewählt werden: **Organisation**, **Büro** und **Gruppe**.

Die hierarchische Beziehung von Organisationselementen, basierend auf den Rollen und Funktionen, ist fest vorgegeben. Bei Organisationseinheiten mit der Funktion **Verkauf** können Sie den Organisationselementen mit der Organisationseinheitsrolle **Büro** nur Organisationselemente mit der Organisationseinheitsrolle **Gruppe** zuordnen. Das Element mit der Organisationseinheitsrolle **Büro** kann wiederum nur einer Organisationseinheit mit der Rolle **Organisation** zugeordnet werden. Bei Organisationseinheiten mit der Organisationseinheitsfunktion **Einkauf** oder **Planung und Ausführung** können Sie Organisationseinheiten mit der Organisationseinheitsrolle **Gruppe** nur Organisationseinheiten mit der Organisationseinheitsrolle **Organisation** zuordnen. Sie können einer Organisationseinheit auch Mitarbeitende zuordnen, was für die Nutzung der Workflow-Funktionen Voraussetzung ist.

Organisationsstrukturen werden im Customizing über den Menüpfad **Transportation Management • Stammdaten • Organisationsmanagement • Organisationsmodell • Organisationsmodell anlegen** oder über Transaktion PPOCE angelegt. Änderungen an diesen Strukturen werden im Customizing unter dem Menüpunkt **Transportation Management • Stammdaten • Organisationsmanagement • Organisationsmodell • Organisationsmodell ändern** vorgenommen. Alternativ können Sie auch Transaktion PPOME verwenden (siehe Abbildung 4.3).

An dieser Stelle definieren Sie auch die Zuordnung etwa zu Buchungskreisen für die Finanzbuchhaltung, Verkaufsorganisationen im Vertrieb und Einkaufsorganisationen in der Materialwirtschaft. Der entsprechende vierstellige Code wird als **BSV-OrgEinheit** in Abbildung 4.3 gepflegt.

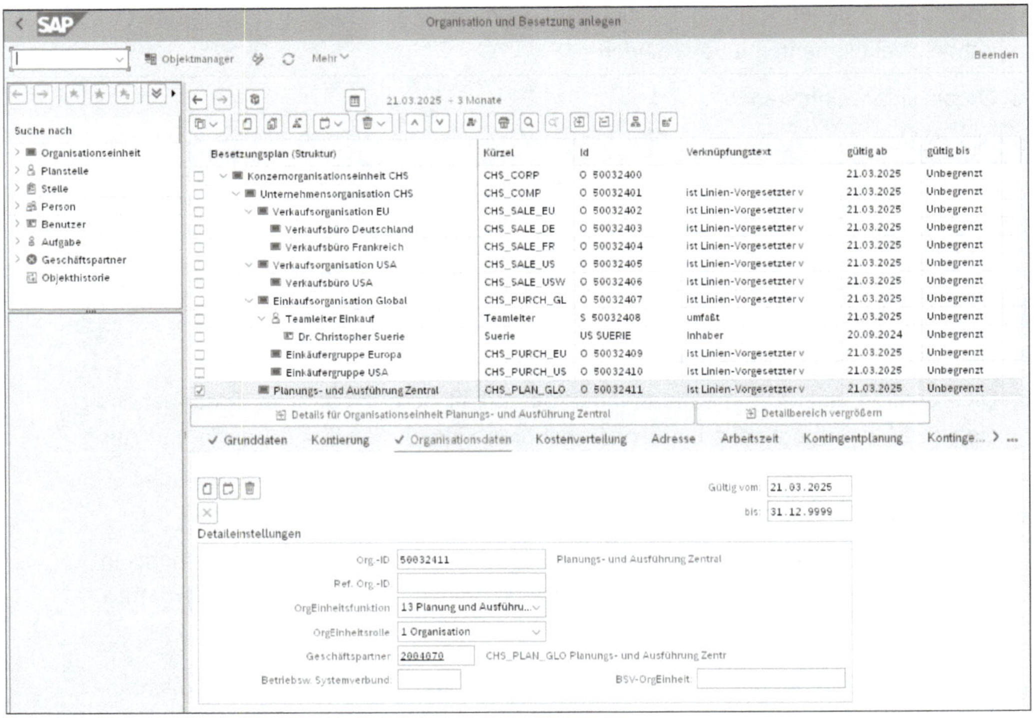

Abbildung 4.3: Organisationshierarchie eines Logistikdienstleisters

Der betriebswirtschaftliche Systemverbund (Feld **Betriebsw. Systemverbund**) kann das gleiche logische System wie der aktuelle Systemmandant repräsentieren. In diesem Fall erfolgt die Abbildung auf die entsprechenden internen Komponenten. Repräsentiert er ein anderes System, verweist er auf die externe Integration – also auf das System, aus dem die Organisationseinheit stammt.

[»]

Geschäftspartner

Beim Anlegen einer Organisationseinheit legt das System automatisch im Hintergrund auch einen Geschäftspartner an. Dieser Geschäftspartner wird in manchen Transaktionsdokumenten verwendet, um die zugeordnete Organisationseinheit zu repräsentieren. Dazu müssen Sie die interne Nummernvergabe im Customizing unter **Anwendungsübergreifende Komponenten • SAP-Geschäftspartner • Geschäftspartner • Grundeinstellungen • Nummernkreise und Gruppierungen** einstellen.

Die Organisationseinheit **Planstelle** (z. B. Teamleitung Einkauf) wird vor allem dazu verwendet, eine Hierarchie für die Workflow-Verarbeitung abzubilden. Workflows kommen zum Einsatz, wenn ein Prozess die Beteiligung mehrerer Personen in einer bestimmten Reihenfolge erfordert oder wenn Anwenderinnen und Anwender auf Fehler und Ausnahmen reagieren oder ein Geschäftsdokument genehmigen sollen (z. B., um zu prüfen, ob eine Frachtvereinbarung bestimmte kommerzielle Bedingungen erfüllt).

Durch die Verwendung von Planstellen und die Zuordnung von Benutzern können Sie die hierarchische Struktur des Unternehmens definieren und Mitarbeitende mit bestimmten Aufgaben den einzelnen Organisationseinheiten zuordnen. Betrachten Sie die folgenden Mitarbeitenden:

- Die *Leitung der Ausschreibungsabteilung* ist verantwortlich für Frachtausschreibungen in einer Einkaufsorganisation.
- Die *Vertriebsleitung* ist verantwortlich für die Kreditlimitprüfung in einer Verkaufsorganisation und ist Empfänger der entsprechenden Workflow-Aufgaben.
- Die *Mitglieder des Einkaufsteams* sind verantwortlich für die Rechnungsprüfung.
- *Mitarbeitende in der Transportplanung, Fahrpersonal sowie Lagerpersonal* können einer Organisationseinheit mit der Funktion Planung und Ausführung zugeordnet werden.

Erstellen und Zusammenführen der Organisationshierarchie

Organisationsstrukturen können zwar angelegt werden, wie gerade beschrieben, aber Sie können auch Definitionen von Organisationshierarchien aus SAP ERP, SAP Supply Chain Management (SAP SCM), einer internen SAP-S/4HANA-Komponente oder einem externen SAP-S/4HANA-System importieren, indem Sie den in Abbildung 4.4 dargestellten Report verwenden.

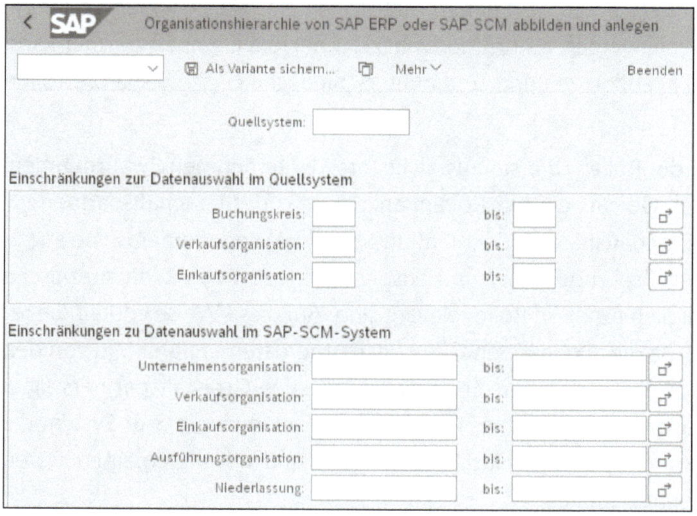

Abbildung 4.4: Report zum Erstellen und Zusammenführen einer Organisationshierarchie

Sie finden diesen Report im Customizing, indem Sie dem Menüpfad **Transportation Management • Stammdaten • Organisationsmanagement • Organisationsmodell • Organisationshierarchie anlegen und zusammenführen** folgen oder direkt den Report `/SCMTMS/TRANS_ORG_MODEL` aufrufen.

Der Report liest die vorhandene Organisationsstruktur im Quellsystem, zeigt die Organisationshierarchie an und erstellt und speichert dann die ausgewählten Elemente im TM-Organisationsmodell.

Um die Auswahl der vorhandenen Definitionen von Organisationshierarchien aus dem Quellsystem zu beschränken, können Sie den entsprechenden Buchungskreis, die Verkaufsorganisation und die Einkaufsorganisation zur Datenauswahl eingeben. Um die ausgewählten Elemente in das TM-System zu übertragen, können Sie die Auswahl entweder in die TM-Organisationshierarchie ziehen oder die vorhandenen Schaltflächen verwenden. Sie können auch übertragene Elemente entfernen, bevor Sie die Organisationshierarchie sichern. Nach dem Sichern der Daten müssen Sie jedoch weitere Anpassungen im Organisationsmodell selbst vornehmen.

4.1.2 Geschäftspartner

Geschäftspartner sind in der Regel Personen oder Organisationen, an denen ein Unternehmen ein Geschäftsinteresse hat. Unabhängig davon, ob es sich um eine einzelne Einheit oder eine Gruppe von Geschäftspartnern handelt, wird dieses Stammdatenobjekt für eine Vielzahl von Geschäftsvorfällen verwendet. Im Allgemeinen sind Geschäftspartner alle juristischen oder natürlichen Personen, mit denen ein Unternehmen Geschäftskontakte unterhält. In SAP-Systemen wird in der Regel zwischen Kunden und Lieferanten unterschieden. Aus Sicht der Buchhaltung sind alle Kunden, mit denen ein Unternehmen in Kontakt steht, *Debitoren*. Lieferanten, von denen Materialien eingekauft werden oder die Dienstleistungen erbringen, werden als *Kreditoren* bezeichnet. Ein Geschäftspartner kann gleichzeitig Debitor und Kreditor sein und somit unterschiedliche Geschäftspartnerrollen annehmen.

Geschäftspartner sowie die Rollen, die sie aus Sicht Ihres Unternehmens wahrnehmen, werden zentral verwaltet. Gemäß diesem Rollenkonzept wird der Geschäftspartner zunächst als allgemeiner Geschäftspartner definiert, und anschließend werden seine spezifischen Geschäftspartnerrollen zugeordnet und ausgeprägt. Jede Rolle kann spezifische Daten enthalten, die lediglich für diese Rolle relevant sind. Auf diese Weise entfällt die redundante Datenhaltung, da die allgemeinen Geschäftspartnerdaten unabhängig von den funktions- oder anwendungsspezifischen Erweiterungen eines Geschäftspartners sind. Daher wird beim erstmaligen Anlegen eines Geschäftspartners in einem SAP-System die allgemeine Geschäftspartnerrolle automatisch zugeordnet und mit allgemeinen Daten wie Name, Suchbegriffe etc. gefüllt.

Geschäftspartner sind alle Organisationen, Unternehmen und Einzelpersonen, die eine feste oder lose Arbeits- oder Auftragsbeziehung zum Betreiber des TM-Systems (Verlader oder LDL) haben. Diese Beziehung kann durch langfristige Verträge, die zwischen den beteiligten Parteien ausgehandelt werden, oder durch Ad-hoc-Aktivitäten (z. B. Angebote und Aufträge) definiert sein. Andererseits können Geschäftspartner auch Mitarbeitende des Unternehmens sein, wie z. B. das Fahrpersonal. Im Rahmen von TM sind die folgenden Geschäftspartnerrollen relevant:

- Geschäftspartner - allgemein (`000000`)
- Kunde - Vertrieb (`FLCU01`)
- Kunde - Rechnungswesen (`FLCU00`)
- Lieferant - Einkauf (`FLVN01`)
- Lieferant - Rechnungswesen (`FLVN00`)
- Spediteur (`CRM010`)
- Zollstelle (`SLLCOF`)
- Fahrer (`TM0001`)
- Organisationseinheit (`BUP004`)
- Ansprechpartner (`BUP001`)
- Internetbenutzer (`BUP005`)

Die Rolle Spediteur (`CRM010`) enthält die Rolle Lieferant (`FLVN01`). Beide Rollen erlauben die Pflege von Daten auf der Ebene einer Einkaufsorganisation. Die Rollen Debitor (`FLCU00`) und Kreditor (`FLVN00`) ermöglichen die Pflege von Daten auf Buchungskreisebene.

Wie bereits zu Beginn dieses Kapitels erwähnt, ermöglicht TM die Durchführung von Logistikprozessen weitgehend ohne die Existenz von Geschäftspartnerstammdaten. Für die Abrechnung und Fakturierung ist ein Geschäftspartnerstammsatz jedoch notwendig. In den folgenden Abschnitten werden wir die Geschäftspartnerstammdaten näher erläutern.

Definition von Geschäftspartnern

Wie bereits erwähnt, können Geschäftspartner über das Rollenkonzept zentral gepflegt und definiert werden. Sie finden die entsprechende Pflegetransaktion unter **Stammdaten • Geschäftspartner definieren**, indem Sie Transaktion BP aufrufen oder indem Sie spezielle Apps verwenden (**Kundenstammdaten verwalten** für Kunden oder **Lieferantenstammdaten verwalten** für Lieferanten und Spediteure). In der App **Geschäftspartner definieren** können Sie neue Geschäftspartner anlegen oder bestehenden Geschäftspartnern zusätzliche Rollen zuweisen. Abbildung 4.5 zeigt die Definition eines Spediteurs, der in den Rollen Geschäftspartner (allgemein), Lieferant und Spediteur angelegt ist. Die folgenden Informationen können Sie für alle allgemeinen Geschäftspartner über die dafür vorgesehenen Registerkarten pflegen:

- **Anschrift**

  Hauptadresse des Geschäftspartners
- **Adressübersicht**

  zusätzliche Adressen mit einem Hinweis auf deren Verwendung (z. B. Postanschrift oder Lieferadresse)

- **Identifikation**
  zusätzliche Identifikationsnummern zur Identifizierung des Geschäftspartners für die Kommunikation (z. B. IATA-Agentennummer eines Luftfrachtdienstleisters, Standard Carrier Alpha Code (SCAC) oder Handelsregisternummer
- **Steuerung**
  Geschäftszeiten und Texte
- **Zahlungsverkehr**
  Angaben zum Zahlungsverkehr, einschließlich Bankverbindungen und Zahlungskartendaten
- **Status**
  Statusinformationen und Sperren

Zusätzliche Textarten auf der Registerkarte **Zusätzliche Texte** können für den Druck von Adressen oder Hinweisen auf Dokumenten wie Luftfrachtbriefen verwendet werden. Um den Druck in mehreren Sprachen zu unterstützen, definieren Sie die Sprache der Texte und erfassen zusätzliche Texte zu einer Textart in verschiedenen Sprachen für eine Geschäftspartnerinstanz.

Abhängig von der Geschäftspartnerrolle stehen zusätzliche Informationen oder spezielle Registerkarten zur Verfügung. Für Geschäftspartner mit der Rolle Spediteur zeigt die Registerkarte **Transportdaten** transportrelevante Informationen, wie z. B. den dem Spediteur zugeordneten Standard Carrier Alpha Code (**SCAC**) in Abbildung 4.5.

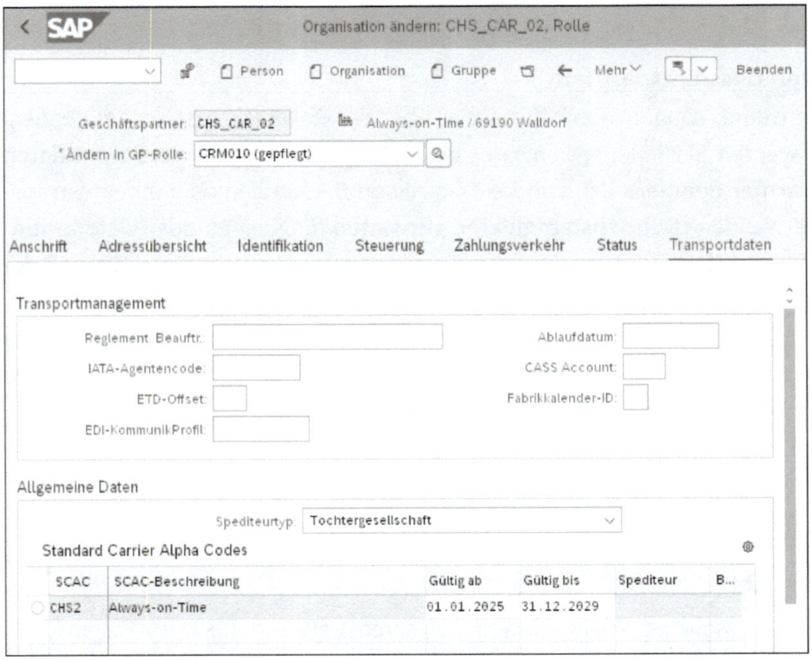

Abbildung 4.5: Geschäftspartnerstammsatz für einen Spediteur

[«]

Spediteurprofil

Im Spediteurprofil, das für Geschäftspartner mit der Rolle Spediteur in Transaktion /SCMTMS/TSPP oder auf der klassischen Benutzeroberfläche über den Menüpfad **Logistik • Transportation Management • Stammdaten • Transportnetz • Spediteurprofil definieren** angelegt werden kann, sind zusätzliche spediteurspezifische Informationen hinterlegt.

Mit dem Spediteurprofil werden spediteur- und transportnetzspezifische Parameter und Attribute definiert, um etwa den (geografischen) Zuständigkeitsbereich oder das vom Spediteur verwendete Equipment zu bestimmen. Diese Attribute beinhalten typischerweise:

- im Transportnetz betriebene Transportbeziehungen, wie in Abbildung 4.6 dargestellt
- Güterartenverzeichnisse, Produktfrachtgruppen und Transportgruppen
- verwendetes oder verfügbares Equipment (siehe Abschnitt 4.3, »Equipmentarten und Ressourcen«)
- fixe und dimensionsabhängige Transportkosten für die Spediteurauswahl

Dieses Profil wird in Unterbeauftragungsprozessen verwendet, wie z. B. bei der Spediteurauswahl. In diesem Zusammenhang kann die Ermittlung des Spediteurs sowohl interne Kosten als auch transportbeziehungsspezifische Parameter berücksichtigen, wenn es etwa darum geht, ob Transportkontingente oder Geschäftsanteile verwendet werden sollen oder ob der Spediteur für Anschlusstransporte infrage kommt. Weitere Einzelheiten zur Spediteurauswahl werden in Kapitel 7, »Frachtauftragsmanagement und Unterbeauftragung«, beschrieben.

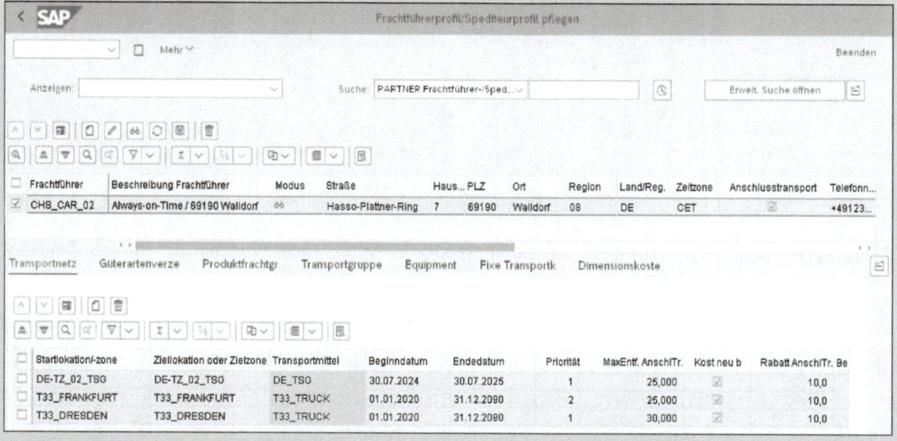

Abbildung 4.6: Profil des Spediteurs

Mitarbeitende und interne Organisationseinheiten

Wenn Sie die Organisation eines Unternehmens definieren, werden Geschäftspartner automatisch für die einzelnen Organisationseinheiten angelegt (siehe Abschnitt 2.1.1, »Kategorien von Softwaresystemen«). Diese werden mit der entsprechenden Rolle der Organisationseinheit angelegt und können direkt zur Abbildung von Geschäftsvorfällen innerhalb des Unternehmens verwendet werden.

Es ist auch möglich, die Mitarbeitenden eines Geschäftspartners selbst als Geschäftspartner zu definieren, wenn sie eine bestimmte Rolle im Unternehmen Ihres Geschäftspartners einnehmen (z. B. jemanden aus der Disposition oder eine Ansprechperson des Spediteurs, die persönlich für Ihr Unternehmen zuständig ist). Diese Mitarbeitenden werden in ihren Rollen definiert (siehe Abbildung 4.7). Aufgrund der Möglichkeit, Hierarchien und Beziehungen zwischen Geschäftspartnern anzulegen, können Sie die Person dann als untergeordneten Geschäftspartner des Spediteurs zuordnen und ihm zur Verdeutlichung seiner Rolle eine entsprechende Funktionsbeschreibung zuweisen. Abbildung 4.7 zeigt die Definition eines Geschäftspartners als Mitarbeitenden und die Beziehung (Ansprechpartner) zwischen diesem Mitarbeitenden und dem Hauptgeschäftspartner (Spediteur).

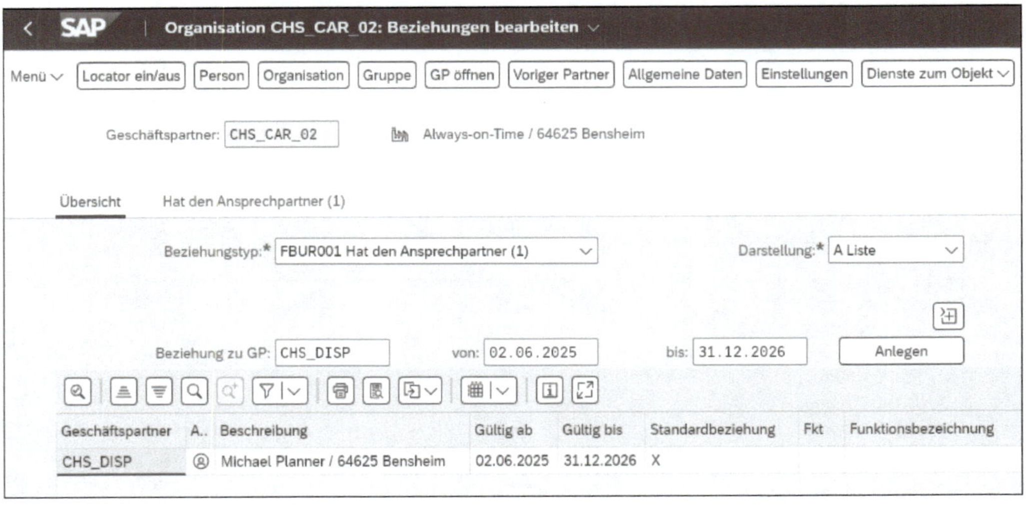

Abbildung 4.7: Definition von Geschäftspartnern und Geschäftsbeziehungen für Mitarbeitende

Für die Transportdurchführung ist die Fahrerin oder der Fahrer diejenige Person, die das Fahrzeug bedient (siehe auch Abschnitt 4.3, »Equipmentarten und Ressourcen«) und transportbezogene Aufgaben (z. B. das Be- und Entladen) ausführt. Fahrerinnen und Fahrer werden als Geschäftspartner mit der Rolle Fahrer definiert.

Abbildung 4.8 veranschaulicht, dass diese Rolle nicht nur zusätzliche Parameter wie Qualifikationen bereitstellt, sondern es Ihnen auch ermöglicht, die Verfügbarkeit des Fahrpersonals festzulegen, indem Sie Schichtprogramme zuordnen und Abwesenheiten pflegen, ähnlich wie bei der in Abschnitt 4.3.5, »Kalenderressourcen und Handling-Ressourcen«, dargestellten Ressourcenverfügbarkeit. Die Qualifikationen der fahrenden Personen sind in der Regel Lizenzen oder bestimmte Berechtigungen (z. B. zum Umgang mit Gefahrgut oder zum Führen eines bestimmten Fahrzeugs). Es findet allerdings keine Überprüfung der Übereinstimmung zwischen geforderten und angebotenen Qualifikationen statt. Die Konfiguration von Qualifikationen erfolgt im Customizing unter dem Menüpunkt **Transportation Management • Stammdaten • Ressourcen • Ressourcenattribute • Einstellungen für Qualifikationen definieren**. Die Zuordnung des Fahrpersonals zu Frachtaufträgen erfolgt auf der Registerkarte **Fahrer** oder im Transport-Cockpit.

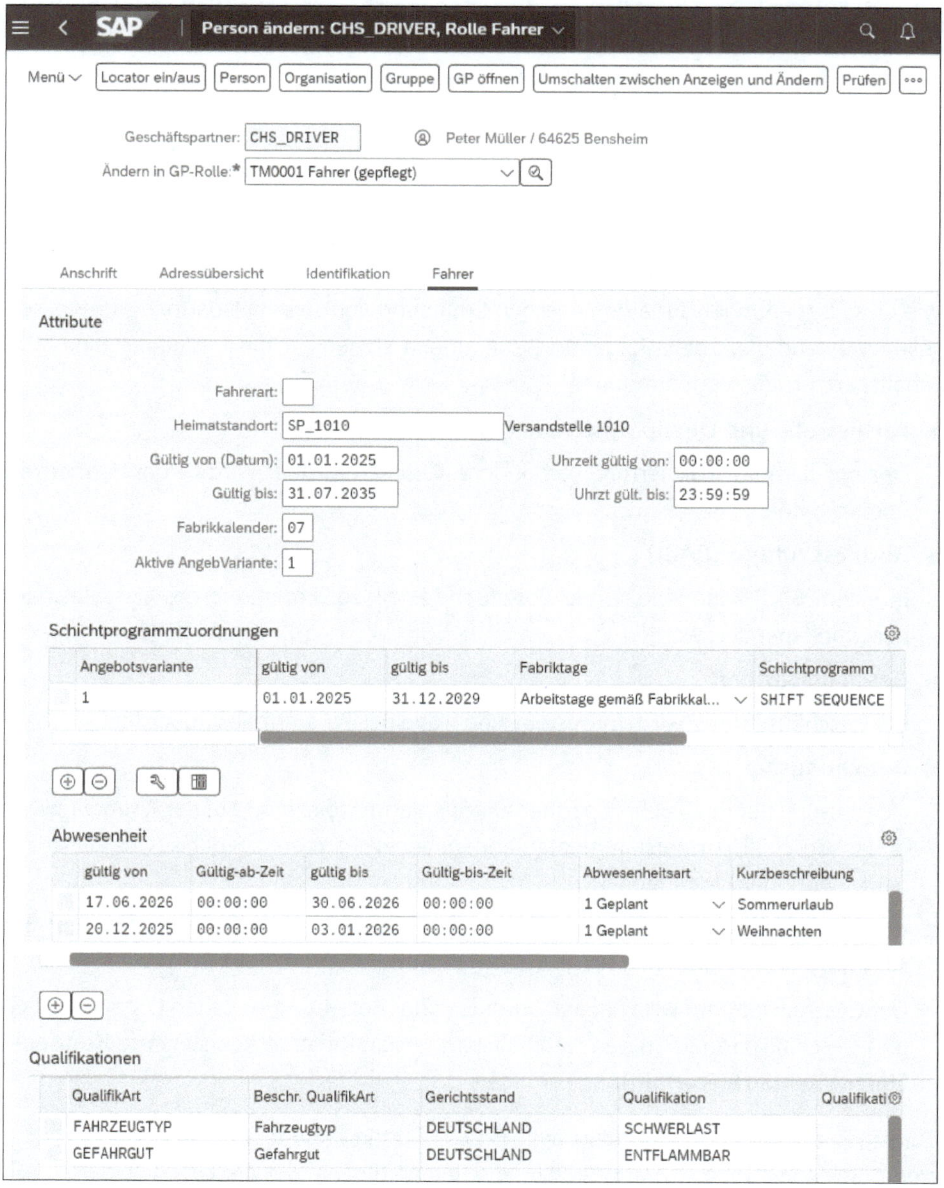

Abbildung 4.8: Geschäftspartner auf der Registerkarte »Fahrer«

Geschäftspartnerfindung
Geschäftspartner werden Transaktionsdokumenten, wie z. B. Speditionsaufträgen, Frachtaufträgen oder Frachtbuchungen, manuell oder automatisch zugeordnet. Bei der Zuordnung zu einem Transaktionsdokument wird geprüft, ob für den zugeordneten Geschäftspartner eine entsprechende Geschäftspartnerrolle definiert ist. Die automatische Zuordnung des Geschäftspartners wird durch ein Partnerfindungsprofil gesteuert, das im Customizing der entsprechenden Belegart zugeordnet werden kann (z. B. **Transportation Management • Frachtauftragsmanagement • Frachtauftrag • Frachtauftragsarten definieren**). Die Geschäftspartnerfindung kann sowohl von der Belegart als auch von dem im Geschäftsbeleg verwendeten Incoterm abhängig sein. In diesem Fall lässt sich das Partnerfindungsprofil anhand dieser beiden Kriterien zuordnen. Sie finden diese Einstellung im Customizing unter dem Menüpfad **Transportation Management • Stammdaten • Geschäftspartner • Partnerfindungsprofil anhand von Incoterms zuordnen**.

Das Partnerfindungsprofil in Abbildung 4.9 wird im Customizing unter **Transportation Management • Stammdaten • Geschäftspartner • Partnerfindungsprofile definieren** definiert. Sie können dort Beziehungen zwischen Partnerrollen festlegen und bestimmen, wie diese Beziehungen zur automatischen Ermittlung von Geschäftspartnern für Partnerrollen verwendet werden. Folgende Beziehungen stehen für die Ermittlung eines Geschäftspartners zur Verfügung:

- **Partnerrolle und Quellpartnerrolle (Quell-PR)**

  Der mit der Quellpartnerrolle verbundene Geschäftspartner wird in die Partnerrolle übernommen.

- **Business Add-In (BAdI)**

  In einem BAdI kann eine kundenspezifische Logik zur Ermittlung des Geschäftspartners implementiert werden.

- **Geschäftspartner**

  Ein Geschäftspartner wird im Customizing fest einer Partnerrolle zugeordnet.

- **Beziehungstyp**

  Der entsprechende Geschäftspartner für eine Partnerrolle wird auf der Grundlage der in den Geschäftspartnerstammdaten angegebenen Partnerbeziehung (Geschäftspartnerbeziehungen) ermittelt.

- **Partnerrolle und Quellpartnerrolle in den Geschäftspartnerstammdaten (GP-Beziehung)**

  Der Geschäftspartner wird auf der Grundlage der Beziehung zwischen Organisationen und Geschäftspartnern in den Geschäftspartnerstammdaten (Registerkarte **Kunden-/Lieferantenpartnerermittlung**) ermittelt.

Zusätzlich zur reinen Bestimmung definiert das Partnerfindungsprofil die Menge der in einem Beleg verfügbaren Partnerrollen, die Reihenfolge, in der die Geschäftspartnerrollen auf der Registerkarte **Geschäftspartner** des Transaktionsdokuments angezeigt werden, und die Bearbeitungsmöglichkeiten, die einem Benutzer beim Einfügen, Bearbeiten und Löschen von Partnerrollen gewährt werden.

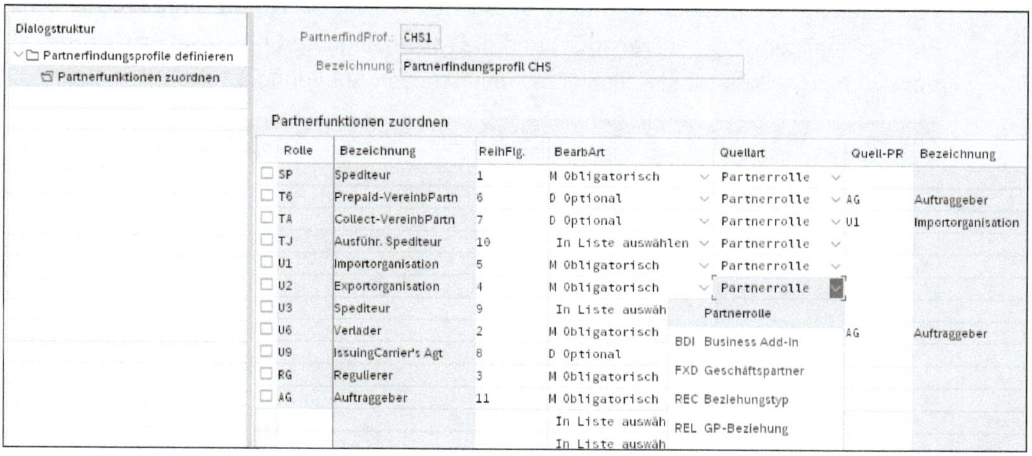

Abbildung 4.9: Partnerfindungsprofil

4.1.3 Materialien

Die Materialstammdaten, im Kontext von TM auch *Produktstammdaten* genannt, haben für die Transportlogistik keine feste Semantik. Vielmehr unterscheiden sie sich je nach Rolle und Perspektive der Anwenderinnen und Anwender grundlegend. Definitionsgemäß klassifizieren, identifizieren und charakterisieren Materialstammdaten die zugrunde liegenden Artikel und/oder Dienstleistungen, die eingekauft, verkauft, hergestellt oder als Dienstleistung erbracht werden und über einen längeren Zeitraum hinweg im Wesentlichen unverändert bleiben.

Aus Sicht des Verladers umfassen die Materialstammdaten die lieferbaren, herstellbaren und verkaufsfähigen Waren. Materialien können mit ihren Attributen und verschiedenen Mengeneinheiten gepflegt und dann Organisationen zugeordnet werden. Überdies können Sie im Materialstamm verschiedene Arten von Transportmaterialien und -verpackungen (z. B. Paletten, Gitterboxen und Kartons) definieren, die selbst wiederum einen Transportbedarf durch ihre Verwendung beim Verpacken eines oder mehrerer anderer Materialien darstellen können. Materialien, die ähnliche Eigenschaften haben, können in Gruppen zusammengefasst und einer Materialart zugeordnet werden. Standardmaterialarten sind **ROH** für Rohstoffe, **HALB** für Halbfertigmaterialien und **FERT** für Fertigmaterialien. Verpackungsmaterialien werden in der Regel der Materialart **VERP** zugeordnet.

Zusätzlich zur obligatorischen Definition von Materialnummer und Bezeichnung müssen Sie die Basismengeneinheit (z. B. Stück oder Kilogramm) festlegen. Neben der Basismengeneinheit können Sie weitere Mengeneinheiten mit entsprechenden Umrechnungsfaktoren definieren. Die Angabe des Brutto- und Nettogewichts sowie des Volumens ist für die logistische Abwicklung besonders wichtig, da diese Werte bei der Kapazitätsberechnung von Transporten berücksichtigt werden. Das Volumen bezieht sich auf das Volumen, das ein Material beim Transport einnimmt, nicht auf den Nettoinhalt einer Materialeinheit. Im Materialstamm gibt es eine Vertriebssicht (**Vertrieb: allg./Werk**), in der Sie die Transportgruppe (**TranspGr**) und die Materialfrachtgruppe (**MatFraGruppe**) als transportrelevante Attribute definieren können (siehe Abbildung 4.10).

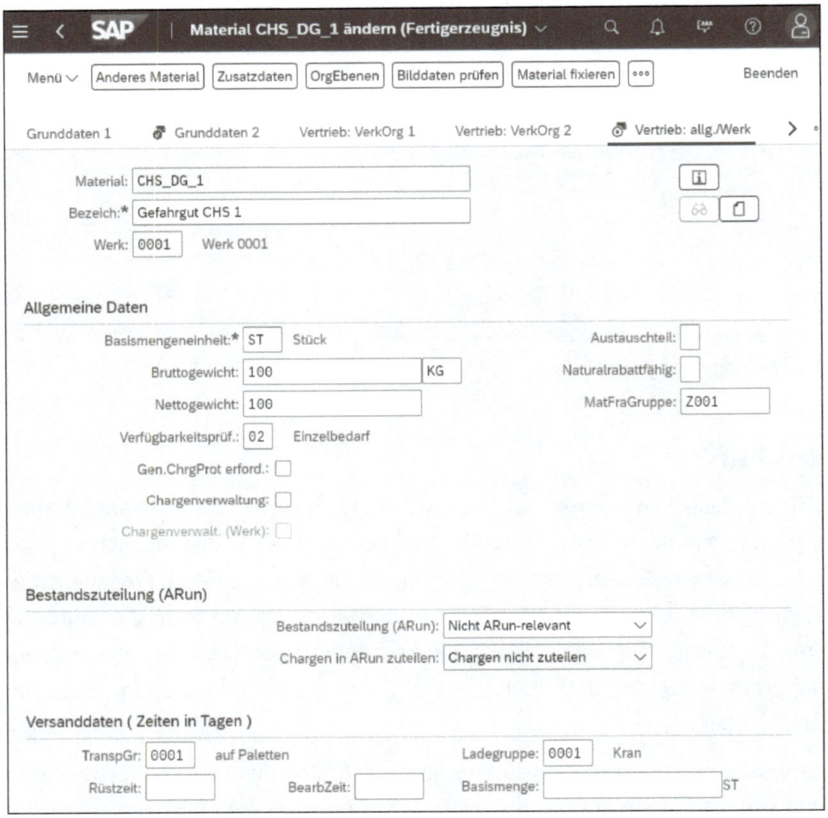

Abbildung 4.10: Materialstamm

Die Transportgruppe ist ein Merkmal, mit dem Sie Materialien kategorisieren können, die dieselben definierten Transporteigenschaften aufweisen. Beispiele für Merkmalswerte der Transportgruppe sind palettierte Ware, Kühlware oder Flüssigkeit. Wenn das Material als Gefahrgut klassifiziert ist, müssen Sie einen Gefahrgutstammsatz für die Transportabwicklung anlegen. Mit der SAP-Komponente Product Safety and Stewardship (PS&S) können Sie die notwendigen Identifikationen und Definitionen für die verschiedenen Normen und Verkehrsträger speichern. Hier können Sie Gefahrgutklassen und -codes, Materialeigenschaften, Regeln für das Zusammenladen von Materialien, Phrasen für Druckdokumente und andere Details zur Gefahrgutdefinition hinterlegen. Für jedes als Gefahrgut klassifizierte Material ist ein eigener Gefahrgutstammsatz erforderlich. Als Alternative zur Gefahrgutabwicklung mit PS&S können Sie die Gefahrgutabwicklung auf der Grundlage von Produkt-Compliance wählen.

Die von einem LDL angebotenen Transportdienstleistungen werden oft mit Bezug auf Standardmaterialarten oder Warengruppen als Produktstammsätze beauftragt. Eine solche Gruppierung kann in der erforderlichen Granularität (mit drei bis acht Ziffern) unter Verwendung von Klassifizierungen wie dem international gültigen HS-Code (harmonisiertes System der Zolltarifnomenklatur), der UN-Gefahrgutnummer oder anderen Normen erfolgen.

In Transportprozessen, in denen häufig Komplettladungen benötigt und transportiert werden (z. B. beim Containertransport oder im Schienenverkehr mit Komplettwaggons), werden die Materialstammsätze in der Regel fahrzeugbezogen definiert. Der Inhalt des Transportmittels ist oft nur grob spezifiziert. Deswegen nutzen LDLs den Materialstamm meist auf andere Weise als Verlader. In diesen Fällen kann der Materialstamm auf die folgenden Arten verwendet werden:

- exakt definiertes Produkt eines LDLs
- standardisierte Güterart oder Warengruppe
- grob definierte Produktkategorie
- Transportmittelkategorie, in der die Produkte nur die Außenverpackung der zu transportierenden Materialien darstellen
- Dienstleistungsprodukte

Standardisierte oder benutzerdefinierte Güterarten oder Warengruppen (z. B. statistische Warennummern) werden verwendet, um eine angemessene Gruppierung und Klassifizierung der Produkte zu gewährleisten. Standardisierte Güterarten oder Warengruppen werden häufig als Materialstammsätze verwendet, wenn sich ein LDL hauptsächlich auf die Erbringung von Transportdienstleistungen konzentriert, die nicht an einen bestimmten Vertrag gebunden sind. Andere Details (z. B. Bruttogewicht) können nur verallgemeinert dargestellt und müssen im Transportauftrag einzeln eingegeben werden.

Materialstammdaten sind wichtig für die Verpackung und die Definition von Verpackungshierarchien. Die für diesen Prozess relevanten Materialstammdaten und ihre Verwendung werden in Abschnitt 6.3.3, »Packvorschriften«, ausführlich erläutert.

In TM stellt das Produkt eines LDLs (wie im Falle von Expressdienstleistern) die von diesem Anbieter angebotenen Dienstleistungen dar und bezieht sich daher nicht auf die zu transportierenden materiellen Güter. Sie können Serviceproduktkataloge in den Stammdaten erstellen. Wir beschreiben Serviceprodukte in Abschnitt 12.1.3, »Serviceprodukte und Standardarbeitsanweisungen«.

Wenn TM ohne materialbezogene Stammdaten betrieben wird, werden alle zu transportierenden Güter nur als Text im Transportauftrag erfasst. In diesem Fall werden alle ladungsspezifischen und transportrelevanten Details direkt im Transportauftrag selbst gepflegt.

4.1.4 Gefahrgut

Der Umgang mit Gefahrstoffen wird durch zahlreiche Gesetze und Vorschriften geregelt. Wesentliche Stammdaten müssen nach den aktuellen Sicherheitsvorschriften verwaltet und gepflegt werden. Wareneingangs- und Warenausgangsbearbeitung, Lagervorgänge, Etikettierung und Dokumentendruck müssen an die Anforderungen für den Umgang mit Gefahrgütern angepasst werden. Mit den Gefahrgutfunktionen können Sie den sicheren Transport von Gefahrgütern unter Einhaltung der internationalen Vorschriften gewährleisten.

Seit Release 2021 können Sie in SAP S/4HANA zwischen der Gefahrgutabwicklung auf Basis von PS&S und der Gefahrgutabwicklung auf Basis von Produkt-Compliance wählen. Da beide Lösungen nicht miteinander kompatibel sind, können Sie nur eine von beiden aktivieren. In den folgenden Abschnitten werden wir beide Optionen besprechen.

Gefahrgutverwaltung auf Basis von PS&S

Wenn ein Material als gefährlich eingestuft ist, müssen Sie einen Gefahrgutstammsatz anlegen, um dieses Material während der Transportabwicklung richtig zu behandeln. Die Transportbelege, die das Material enthalten, werden dann auf die Einhaltung der relevanten Vorschriften hin geprüft, und es wird sichergestellt, dass alle erforderlichen Informationen im Geschäftsbeleg enthalten sind. Wenn Sie Gefahrgutprüfungen für Ihre Geschäftsbelege durchführen, stützt sich das System auf die relevanten Gefahrgutstammdaten. Dies geschieht typischerweise in einem Verladerszenario.

Dagegen verfügt ein Logistikdienstleister, der Gefahrgüter transportieren soll, in seinem System häufig nicht über eigene Gefahrgutstammdaten. Daher können Gefahrgutprüfungen auch ohne Gefahrgutstammdaten durchgeführt werden, und zwar mit dokumentenbasierten Gefahrgutsätzen. LDLs können gefahrgutbezogene Daten direkt im Speditionsauftrag pflegen, wenn der entsprechenden Speditionsauftragsart ein Gefahrgutprofil zugeordnet ist. Die dokumentenbasierten Gefahrgutsätze können auch automatisch erzeugt werden, wenn ein Speditionsauftrag auf der Grundlage von Daten des Geschäftspartners (z. B. des Verladers) erstellt wird.

[»]

Gefahrgut-Content laden

Um PS&S-Regelungsinhalte, die Sie aus dem SAP Support Portal heruntergeladen haben, direkt in die Gefahrgutstammdatentabellen in TM zu importieren, können Sie die Funktion **Gefahrgut-Content laden** verwenden. Diese Funktion ist besonders nützlich für LDLs, die keine eigenen Gefahrgutstammdaten in ihrem System haben und normalerweise auf die Daten, die sie in schriftlicher oder elektronischer Form von ihren Verladern erhalten, angewiesen sind. Es hilft ihnen, den Aufwand für die Pflege und Erfassung der relevanten Daten in einem Speditionsauftrag zu minimieren, und kann als Vorlage für dokumentbasierte Gefahrgutsätze verwendet werden. Der Inhalt selbst umfasst die Gefahrgutvorschriften, die notwendigen Textbausteine (z. B. Stoffbezeichnungen und Phrasen) und die erforderlichen Customizing-Daten.

Im folgenden Abschnitt werden sowohl die Stammdaten als auch die Klassifizierung des Gefahrgutstammsatzes sowie die relevanten Einstellungen und Parameter zur Pflege von Phrasen und Textbausteinen beschrieben. Diese Stammdaten werden in der Regel vom Verlader bereitgestellt, während die dokumentenbasierte Gefahrgutprüfung auf den Daten in den relevanten Geschäftsbelegen und der Grundkonfiguration der PS&S-Dienste in TM basiert. Die Konfiguration dafür wird in Kapitel 9, »Einhaltung der Transportvorschriften«, erläutert.

Gefahrgutstamm

Wenn Sie Gefahrgut prüfen, prüfen Sie das zu transportierende Material nach den Regeln, die Sie im Customizing definiert haben. Dies kann eine Überprüfung bestimmter Attribute der Gefahrgutstammdaten oder die Prüfung im Hinblick auf Zusammenladungsverbote mehrerer zu transportierender Güter sein. Die Gefahrgutprüfung spiegelt die nationalen und internationalen Vorschriften für die Beförderung gefährlicher Güter wider. Die Vorschriften sind abhängig vom Transportmittel und den Ländern, die beim Transport der Gefahrgüter durchquert werden. Die Gefahrgutprüfung wird durch Materialstammattribute ausgelöst.

Abbildung 4.11 zeigt ein Material und die entsprechenden Einstellungen, die festlegen, ob für dieses Material Gefahrgutdaten vorhanden sind und wie eine Gefahrgutprüfung durchgeführt wird.

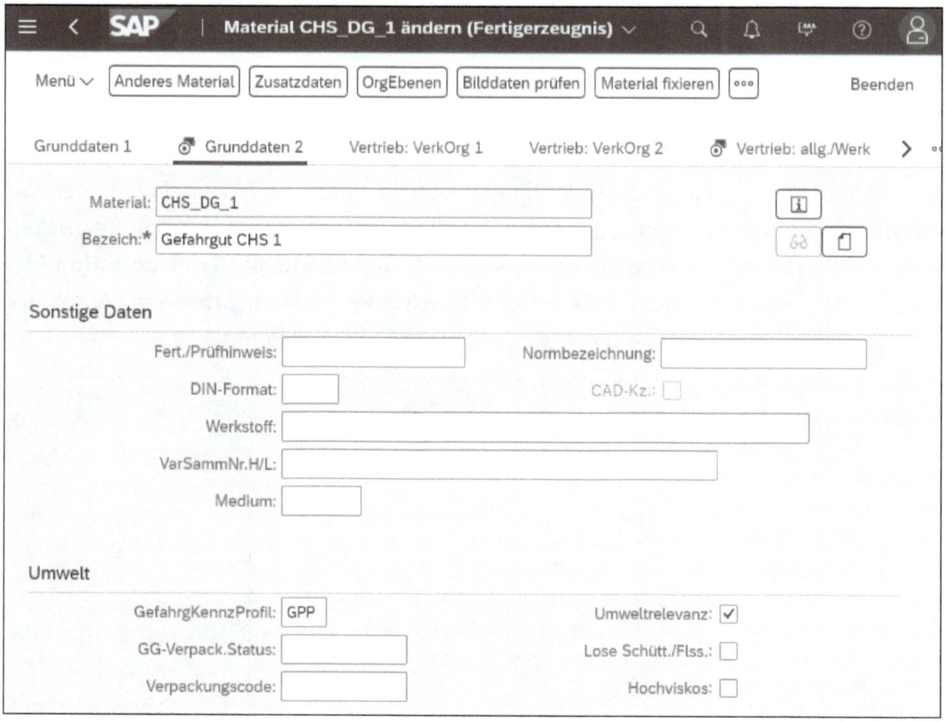

Abbildung 4.11: Gefahrgutkennzeichenprofil im Materialstamm

Diese Attribute finden Sie im Materialstamm auf der Registerkarte **Grunddaten 2**. Hier können Sie festlegen, ob es sich bei dem Material um ein Gefahrgut oder um umweltrelevante Stoffe handelt. Die eigentliche Durchführung der Gefahrgutprüfung und die Ausgabe von Gefahrgutdokumenten werden über ein Gefahrgutkennzeichenprofil (**GefahrgKennzProfil**) gesteuert. Das Profil selbst enthält eine Kombination von Kennzeichen, die in den Einstellungen zur Gefahrgutprüfung der PS&S-Dienste gepflegt werden; in Abbildung 4.11 ist dies **GPP** (gefahrgut-, prüfungs- und papierrelevant). Sie finden diese Einstellungen im Customizing unter **Transportation Management • Grundfunktionen • Gefahrgut • Gefahrgutabwicklung basierend auf PS&S • PS&S-Services • Gefahrgutabwicklung • Gefahrgutprüfungen und Gefahrgutpapiere • Gemeinsame Einstellungen • Kennzeichenprofile für Materialstamm festlegen**.

Das System kann Gefahrgutprüfungen automatisch durchführen; zusätzlich können Sie die Prüfungen manuell auslösen. Aufgrund der unterschiedlichen Risiken beim Gefahrguttransport führt das System mehrere Prüfungen auf unterschiedliche Weise und in verschiedenen Prozessschritten durch, um die Sicherheit beim Transport zu gewährleisten. So kann das System etwa Gefahrgutprüfungen beim Erstellen von Frachteinheiten sowie bei der Planung vornehmen. Dadurch wird die Einhaltung der Gefahrgutvorschriften bei den daraus resultierenden Frachteinheiten und Frachtaufträgen sichergestellt. Außerdem können Sie Gefahrgutprüfungen für alle relevanten Geschäftsbelege durchführen. Wenn es Gefahrgutfehler gibt, können Sie diese korrigieren und die Prüfung erneut vornehmen.

Der Gefahrgutstamm enthält die Daten, die für die Durchführung von Gefahrgutprüfungen und die Generierung von Gefahrgutpapieren gemäß den geltenden Gefahrgutvorschriften und -gesetzen erforderlich sind. Um einen Gefahrgutstammsatz anzulegen, ordnen Sie einem bestehenden Material eine Vorschrift zu und ergänzen weitere Daten. Nachdem Sie einen Gefahrgutstammsatz angelegt haben, steht er für Gefahrgutprüfungen und für die Erstellung von Gefahrgutpapieren zur Verfügung. Um einen neuen Gefahrgutstammsatz anzulegen oder einen bestehenden anzuzeigen oder zu bearbeiten, verwenden Sie die Transaktionen im klassischen UI über **Logistik • Transportation Management • PS&S Services • Gefahrgutabwicklung • Gefahrgutstamm**. Abbildung 4.12 zeigt den Gefahrgutstamm des Materialstamms aus Abbildung 4.10.

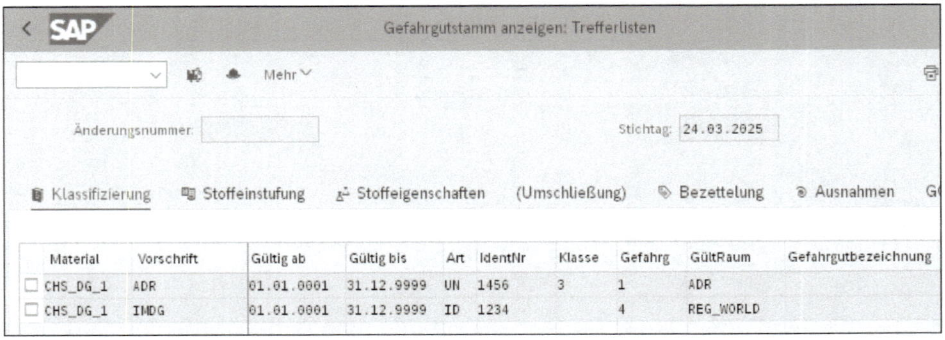

Abbildung 4.12: Gefahrgutstamm

Um den nationalen und internationalen Vorschriften für dieses Material gerecht zu werden, wurde dieser Stammsatz mit Bezug auf bestimmte Vorschriften, einen Gültigkeitsraum (**GültRaum**) und einen Gefahrgutverkehrsträgertyp (**Gefahrg**) angelegt.

Für den Transport von Gefahrgut sind gesetzliche Vorschriften relevant. Sie klassifizieren Ihre Stammdaten, indem Sie ihnen Vorschriften, einen Gültigkeitsraum und einen Verkehrsträgertyp zuordnen. Die Klassifizierung ordnet Klassen und Codes zu und gibt somit an, inwieweit der Transport eingeschränkt ist oder durchgeführt werden kann. Die Gültigkeitsräume für Gefahrgutstammsätze sind gemäß den geltenden Vorschriften definiert und geben die Länder, Regionen oder Organisationseinheiten an, in denen die Parameter des Gefahrgutstamms gültig sind. Um Gefahrgutprüfungen durchzuführen und Gefahrgutpapiere zu erzeugen, müssen Sie sicherstellen, dass sich die Gültigkeitsräume der Gefahrgutstammsätze nicht überschneiden. Darüber hinaus gibt der Verkehrsträgertyp die Art des Transports an, für die diese Vorschrift gilt, z. B. Straße, Schiene, Binnenschifffahrt, See oder Luft (Fracht und Passagier).

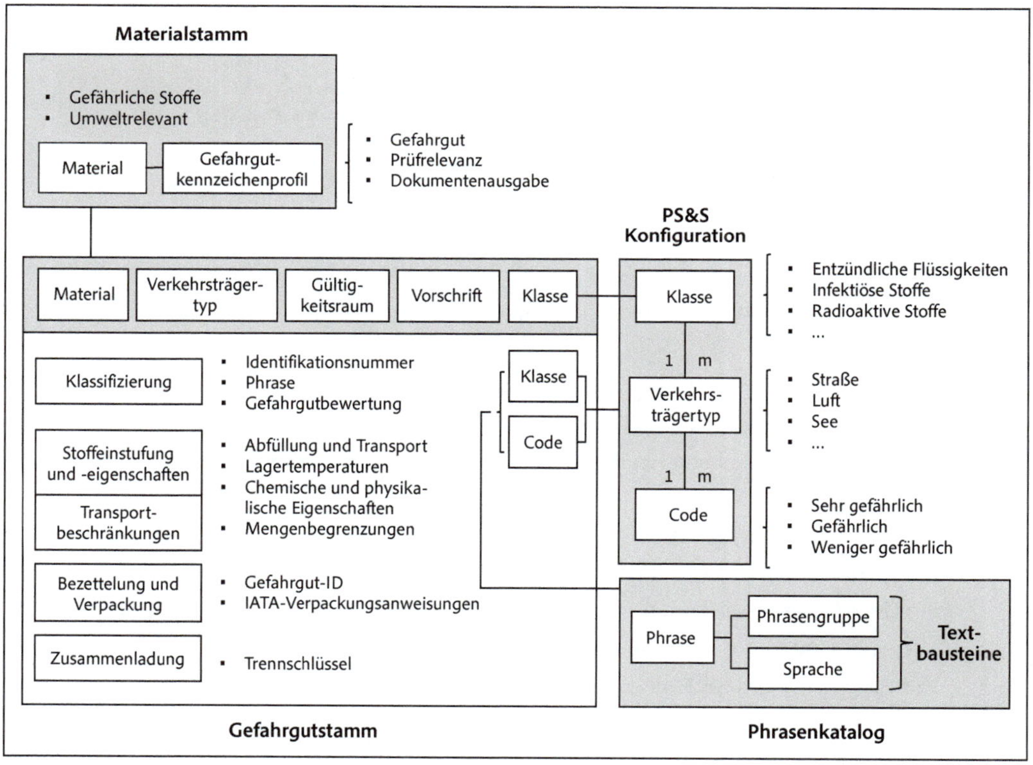

Abbildung 4.13: Struktur der Gefahrgutparameter

Abbildung 4.13 zeigt die zugrunde liegende Struktur und die Beziehung einiger der wichtigsten Parameter des Gefahrgutstammsatzes und des Zusammenspiels mit der PS&S-Konfiguration. (Weitere Informationen über die Konfiguration der PS&S-Services finden Sie in Kapitel 9, »Einhaltung der Transportvorschriften«).

Der Gefahrgutstamm enthält neben den Klassifizierungsdaten auch Informationen über die Gefahrstoffe selbst (siehe Abbildung 4.13). Damit Sie die gesetzlichen Vorschriften einhalten können, werden für Gefahrstoffe detaillierte Informationen darüber gepflegt, wie sie abgefüllt und transportiert werden sollen, welche Lagerbedingungen sie erfordern und was bei einem Unfall zu tun ist.

Die Klassifizierung der Materialien und Stoffe, die während des Transports eine Gefahr darstellen, basiert auf Klassen und Codes, die den im Gefahrgutstamm angegebenen Vorschriften zugeordnet sind. Die Zuordnung von Klassifizierungscodes zu Gefahrgutklassen und -vorschriften ist Teil der in Abbildung 4.14 dargestellten PS&S-Konfiguration, die Sie im Customizing über **Transportation Management • Grundfunktionen • Gefahrgut • Gefahrgutabwicklung basierend auf PS&S • PS&S-Services • Gefahrgutabwicklung • Gefahrgutstamm** finden.

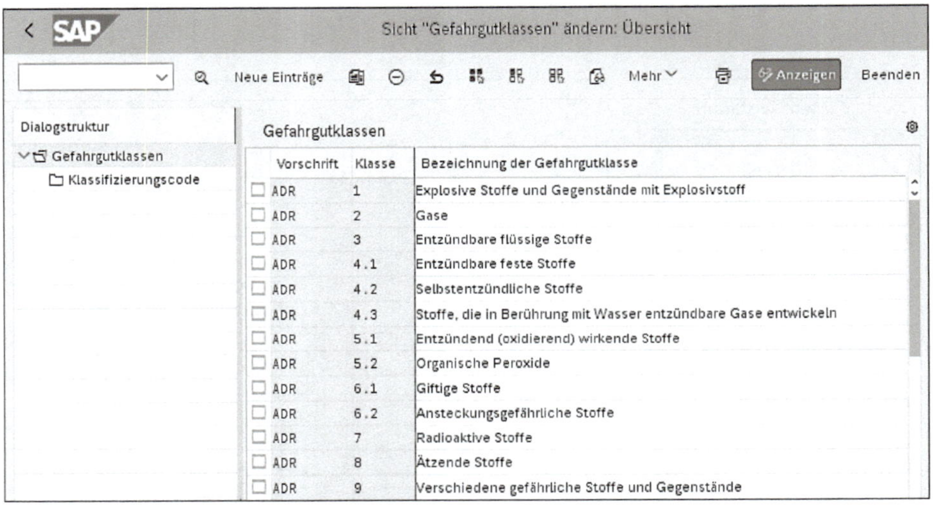

Abbildung 4.14: Zuweisung von Klassifizierungscodes zu Gefahrgutklassen

Etiketten auf Tanks, Lastkraftwagen und Containern geben die Art des Risikos des gefährlichen Stoffes an und kennzeichnen die Gefahrgüter eindeutig. Giftige Stoffe tragen etwa ein Gefahrenkennzeichen, das aus einem schwarzen Totenkopf und gekreuzten Knochen auf einem quadratischen weißen Hintergrund besteht. Die Deklaration – in der Regel Warnschilder und alphanumerische Schlüssel in der oberen Hälfte des Etiketts – folgt international vereinbarten Symbolen und Codesystemen. Sie gibt Auskunft über die erforderlichen Löschmittel, die erforderlichen Personenschutzmaßnahmen und mögliche Reaktionen des Stoffes.

Phrasenverwaltung

Unabhängig davon, ob ein Transport auf dem See-, Land- oder Luftweg durchgeführt wird, überschreitet er oft (nationale) Grenzen und wird von Menschen mit unterschiedlichen Sprachkenntnissen durchgeführt. Daher können Warnungen und Anweisungen zum Umgang mit Gefahrgütern sprachenabhängig sein. Entsprechende Textbausteine werden für Transportpapiere und Erste-Hilfe-Maßnahmen benötigt; sie werden typischerweise für die Druckbelegerstellung von Frachtbriefen, Gefahrguttexten auf Gefahrgutpapieren und für das Berichtswesen verwendet.

Zur Verwaltung dieser Textbausteine steht ein zentraler Katalog zur Verfügung. Die sprachabhängigen Textbausteine werden *Phrasen* genannt und sind Bestandteil der Stammdaten der Gefahrgutabwicklung. Phrasen werden in Phrasenkatalogen verwaltet und in Phrasengruppen zusammengefasst. Abbildung 4.15 zeigt den **Phrasenkatalog CUST** und die **Phrase DG_1**, die zur **Phrasengruppe 14.00** gehört.

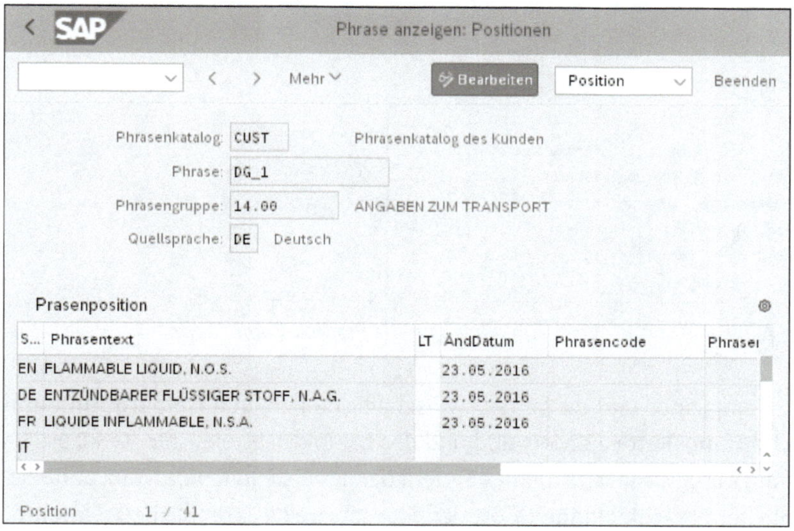

Abbildung 4.15: Bearbeitung von Gefahrgutphrasen

Der *Phrasenkatalog* definiert die Phrasenzuordnung und seine Herkunft. Mit der Importfunktion können Sie fremde oder firmenspezifische Phrasenkataloge hochladen und mit Ihrem bestehenden Phrasenkatalog zusammenführen. Außerdem können Sie aktive Phrasen nach dem Import einer neuen Version des passiven Katalogs aktualisieren, indem Sie Phrasenreferenzen von den passiven Phrasen auf Phrasen im aktiven Phrasenkatalog erstellen.

Innerhalb eines Katalogs kann eine *Phrasengruppe* zur Klassifizierung verwendet werden. Jede Phrase gehört zu einer einzigen Phrasengruppe und kann unterschiedlichen Phrasencodes zugeordnet sein. Diese Phrasencodes sind optionale, sprachabhängige Abkürzungen für einzelne Phrasen.

Gefahrgutverwaltung auf Basis von Produkt-Compliance

Die Gefahrgutverwaltung auf Basis der Produkt-Compliance ermöglicht es Ihnen, Gefahrgut unter Einhaltung der internationalen Vorschriften auf verschiedenen Verkehrsträgern zu transportieren. Sie müssen die Verwendung der Produkt-Compliance im Customizing unter **Transportation Management • Grundfunktionen • Gefahrgut • Gefahrgutabwicklung basierend auf PC • Produkt-Compliance aktivieren** aktivieren und die betriebswirtschaftlichen Funktionen, die Sie verwenden möchten, unter **Transportation Management – Grundfunktionen • Gefahrgut • Gefahrgutabwicklung basierend auf PC • Business-Funktionen für Produkt-Compliance aktivieren** pflegen. Abbildung 4.16 zeigt die verfügbaren Business-Funktionen für Produkt-Compliance. Die relevante Business-Funktion für die Gefahrgutabwicklung in TM ist **Gefahrgutintegration in Wertschöpfungskette**.

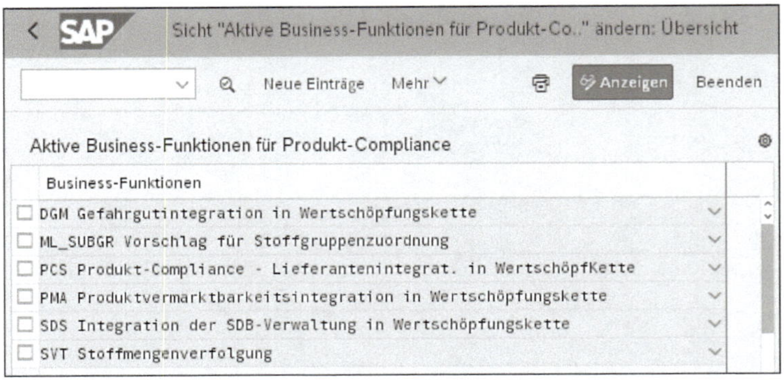

Abbildung 4.16: Aktivieren von Business-Funktionen für die Produkt-Compliance

Wenn Produkt-Compliance und die betriebswirtschaftliche Funktion **Gefahrgutintegration in Wertschöpfungskette** aktiviert sind und das compliance-relevante Kennzeichen im Materialstamm ausgewählt ist, prüft das System bei der Erstellung von Transportbelegen (Frachteinheiten, Frachtaufträgen), ob der Transport eines compliance-relevanten Materials erlaubt, verboten oder eingeschränkt ist. Je nach Prüfergebnis können einzelne Positionen oder der gesamte Beleg gesperrt oder Warnungen ausgegeben werden. Wenn eine Belegposition als Gefahrgut eingestuft wurde, prüft das System auch die Verfügbarkeit der Gefahrgutdaten.

Das Datenmodell für Gefahrgut in der Produkt-Compliance unterscheidet zwischen dem unverpackten Material (d. h. dem Material, das produziert wird) und dem verpackten Material (d. h. dem Material, das verkauft wird). Es wird nur das verpackte Material transportiert. In der Sicht **Compliance** der Materialstammdaten müssen Sie die grundlegende Gefahrgutklassifizierung für das unverpackte Material und die verpackungsspezifische Gefahrgutklassifizierung für das verpackte Material festlegen. Die grundlegende Gefahrgutklassifizierung umfasst die UN-Nummer und die Verpackungsgruppe (falls zutreffend) sowie die grundlegende Gefahrgutbeschreibung. Dies wiederum ist die Grundlage für die verpackungsspezifische Gefahrgutklassifizierung, die Verpackungsinformationen und die verpackungsspezifische Gefahrgutbeschreibung enthält. Die Gefahrgutinformationen für das verpackte Material umfassen Beschreibungen für Transportdokumente, Kennzeichnungstexte für Versandpackstücke, Etiketten für Versandpackstücke und Schilder (Placards) für Container, Tanks oder Fahrzeugressourcen.

4.1.5 Stammdatenerstellung und -integration

Abhängig von der für TM verwendeten Deployment-Option werden die relevanten Stammdaten auf der Grundlage verschiedener Strategien und Schnittstellen angelegt. Wenn Sie das integrierte TM verwenden, ist keine Stammdatenintegration erforderlich (siehe Abbildung 4.17). Materialstammdaten und Geschäftspartnerstammdaten sind unmittelbar verfügbar, und Lokationsstammdaten werden bei Bedarf automatisiert oder über einen Report angelegt. Dies ist ein wesentlicher Unterschied zur Side-by-Side-Implementierung, bei der TM mit Stammdaten aus einem separaten SAP-System versorgt wird.

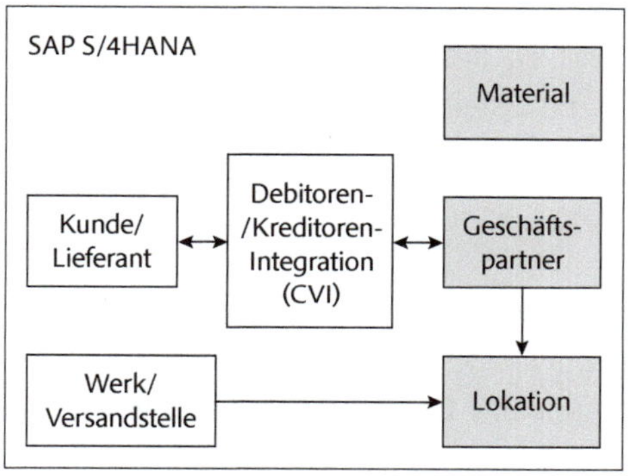

Abbildung 4.17: Integriertes TM in SAP S/4HANA

Ein Side-by-Side-Ansatz muss verwendet werden, wenn Sie TM mit mehreren SAP-S/4HANA-Instanzen als Quellen für Transportbedarfe verbinden möchten. Diese Deployment-Option ist in Abbildung 4.18 dargestellt. In dieser Variante wird TM in einem separaten SAP-S/4HANA-System betrieben, während die Transportbedarfe aus einem oder mehreren SAP-S/4HANA-Systemen stammen, in denen auch die Finanzbuchungen stattfinden. Folglich müssen die Stammdaten (Material, Geschäftspartner, Lokation) aus diesem Quellsystem in das TM-System übertragen werden. Als Schnittstellentechnologie wird in diesem Fall das Datenreplikations-Framework (DRF) eingesetzt.

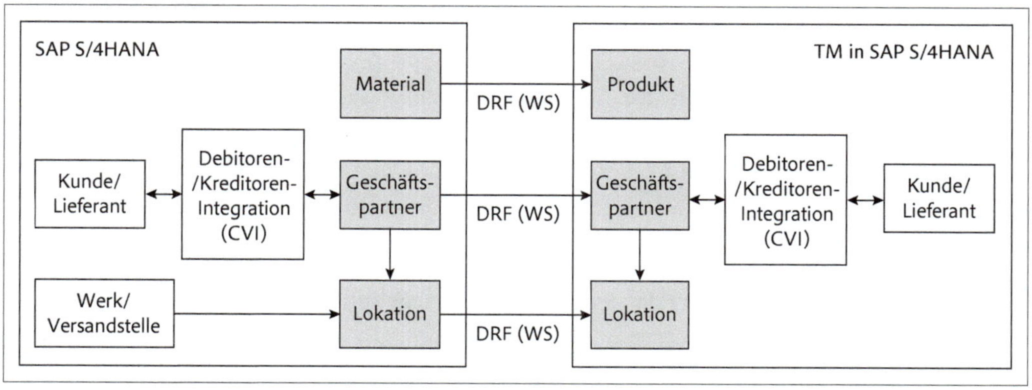

Abbildung 4.18: Side-by-Side-Deployment-Option

Ein weiteres Szenario, in dem eine Stammdatenintegration erforderlich wird, ist die Verwendung eines zentralen Stammdatensystems auf Basis von Stammdaten-Governance. In diesem Szenario werden alle Stammdaten in einem zentralen System gepflegt und von dort in alle Systeme repliziert, die die Stammdaten benötigen. Dieser Fall kann sowohl für das integrierte TM als auch für eine Side-by-Side-Verwendung relevant sein. Auch dabei werden die Stammdaten vom Quellsystem über das DRF in alle Zielsysteme (SAP S/4HANA, TM) repliziert.

Daher müssen wir im weiteren Verlauf dieses Abschnitts drei Varianten der Stammdatenerstellung/-integration betrachten: die Debitoren-Kreditoren-Integration (CVI, Customer-Vendor-Integration) zur Synchronisierung von Debitoren-/Kreditoren-Stammdaten mit Geschäftspartnerstammdaten, das DRF zur Integration von Stammdaten aus einer externen Quelle in TM und die automatische Erstellung von Lokationsstammdaten in TM.

Debitoren-Kreditoren-Integration

In SAP S/4HANA ist der Geschäftspartner das zentrale Objekt zur Speicherung von Partnerdaten. Mit der Debitoren-/Kreditoren-Integration können Sie Kundenstammdaten oder Lieferantenstammdaten auf der Grundlage eines Geschäftspartners anlegen und umgekehrt. Das bedeutet: CVI ist bidirektional, und Sie können sowohl Kunden-/Lieferantenstammdaten an Geschäftspartner propagieren als auch Daten vom Geschäftspartner in den Kunden-/Lieferantenstammsatz verteilen. Ein Geschäftspartner kann gleichzeitig Debitor und Kreditor sein, indem ihm die entsprechende Geschäftspartnerrolle zugeordnet wird.

Die Stammdatensynchronisation erlaubt generell, Stammdatenobjekte einer SAP-Komponente, die aus betriebswirtschaftlicher Sicht ähnlich, aber nicht aus technischer Sicht gleich sind, zu synchronisieren. Auf diese Weise können Sie verschiedene SAP-Komponenten (z. B. Vertrieb (SD) oder Materialwirtschaft (MM)) mit TM nahtlos in Ihre Geschäftsprozesse integrieren. Die Synchronisation von Kunden- und Geschäftspartnerstammdaten ermöglicht es Ihnen, SAP-Komponenten, die technisch den Geschäftspartner in ihrer Oberfläche nutzen, mit solchen, die den Kundenstamm als technische Grundlage verwenden, zu integrieren.

Bitte beachten Sie, dass die Stammdatensynchronisation weder systemübergreifend Stammdatenobjekte synchronisieren noch Stammdatenobjekte aus externen oder Altsystemen übernehmen kann. Sie synchronisiert nur Objekte innerhalb eines Systems (SAP S/4HANA).

Technisch gesehen, stehen zwei Synchronisationsoptionen zur Verfügung:

- **Synchronisation über das Synchronisationscockpit**

  Das Synchronisationscockpit dient der Vorbereitung, Durchführung und Überprüfung der initialen Synchronisation von Stammdatensätzen.

- **Synchronisation aus der Stammdatenpflege heraus**
  Beim Sichern von Stammdaten wird die Synchronisation für diejenigen Daten durchgeführt, für die sie aktiviert wurde. Darüber können Sie neue Stammdaten anlegen oder bestehende Stammdaten ändern.

CVI findet im Hintergrund statt, während die Stammdaten verarbeitet werden. Debitorenintegration und Kreditorenintegration können unabhängig voneinander verwendet werden, allerdings kann beides in einem TM-Szenario erforderlich sein. Die entsprechenden Aktivitäten zur Steuerung der Stammdatensynchronisation finden Sie im Customizing unter dem Menüpfad **Anwendungsübergreifende Komponenten • Stammdatensynchronisation • Synchronisationssteuerung**. Die spezifischen Einstellungen für CVI erfolgen im Customizing über den Pfad **Anwendungsübergreifende Komponenten • Stammdatensynchronisation • Customer-Vendor-Integration**. Schließlich kann das in Abbildung 4.19 dargestellte Synchronisationscockpit aus dem Customizing über **Anwendungsübergreifende Komponenten • Stammdatensynchronisation • Synchronisation von Massendaten • Synchronisationscockpit ausführen** aufgerufen werden.

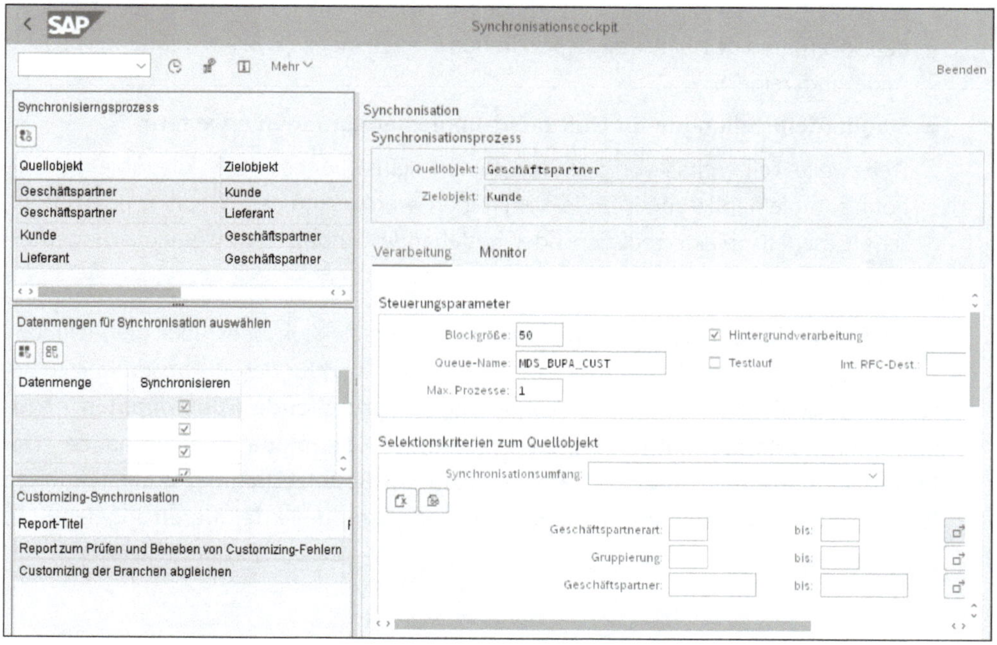

Abbildung 4.19: Synchronisationscockpit

Datenreplikations-Framework

Mit dem DRF werden Stammdaten wie Geschäftspartner, Materialien und Lokationen zwischen einem Quellsystem (SAP S/4HANA) und einem Zielsystem (SAP S/4HANA) repliziert, wie in Abbildung 4.18 dargestellt. Mit dieser Schnittstelle können Sie Stammdaten für TM aus einem SAP-S/4HANA-Quellsystem replizieren. Das DRF bildet über ein Schlüssel-Mapping die IDs der entsprechenden Objekte im Quell- und Zielsystem ab, um die IDs der lokalen Stammdatenentitäten anhand der IDs der Stammdatenobjekte im Quellsystem zu ermitteln. Dadurch kann eine Replikation durchgeführt werden, auch wenn die Objekt-IDs in den beiden Systemen nicht identisch sind. Dies ist zwingend, wenn ein Zielsystem Daten aus mehreren Quellsystemen empfängt, die dieselben Objekte mit unterschiedlichen IDs enthalten können oder bei denen derselbe Schlüssel für verschiedene Entitäten in unterschiedlichen Quellsystemen verwendet werden kann.

Das DRF verwendet einen Push-Mechanismus, d. h., das Quellsystem entscheidet, welche Daten gesendet werden und wann es die Daten sendet. Aus technischer Sicht unterstützt das DRF Webservices, Application Link Enabling (ALE), Remote Function Calls (RFCs) und den Dateitransfer. Die Konfiguration des DRF erfolgt im Customizing über **Anwendungsübergreifende Komponenten • Prozesse und Werkzeuge für Geschäftsanwendungen • Stammdaten-Governance • Datenreplikationseinstellungen • Datenreplikation**. Das Customizing gliedert sich in zwei Teile:

- **Benutzerdefinierte Einstellungen für die Datenreplikation vornehmen**

  Der erste Teil befasst sich mit systemspezifischen Einstellungen, wie z. B. der Definition der Systemlandschaft, Replikationsmodellen (also welche Daten wohin gesendet werden sollen) und geschäftsobjektspezifischen Einstellungen (z. B. Verwendung von ALE, Änderungszeiger).

- **Standardeinstellungen für Outbound-Implementierungen erweitern**

  Der zweite Teil enthält von SAP ausgelieferte Einstellungen (z. B. Filterobjekte, Outbound-Implementierungen), die konfiguriert werden müssen, wenn kundenspezifische Geschäftsobjekte repliziert oder bestehende Outbound-Implementierungen erweitert werden sollen.

Das DRF ermöglicht, Stammdaten über eine Objektselektion oder über die Definition eines Replikationsmodells zu replizieren. Das Customizing für das in Abbildung 4.20 gezeigte Replikationsmodell wird in **Anwendungsübergreifende Komponenten • Prozesse und Werkzeuge für Geschäftsanwendungen • Stammdaten-Governance • Datenreplikationseinstellungen • Datenreplikation • Benutzerdefinierte Einstellungen für die Datenreplikation vornehmen • Replikationsmodelle definieren** angelegt.

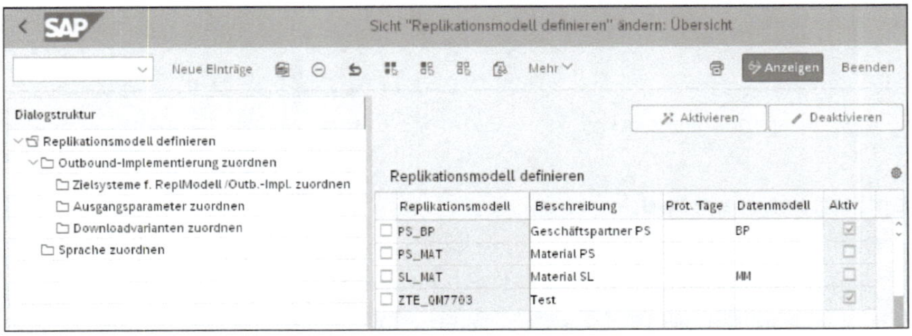

Abbildung 4.20: Replikationsmodell

Nachdem die technischen Einstellungen bezüglich der Systemlandschaft vorgenommen wurden, ist die Definition des Replikationsmodells der zweite Schritt der Konfiguration. Im Replikationsmodell können Sie mehrere Outbound-Implementierungen zuordnen. Die Outbound-Implementierung legt fest, welche Daten übertragen werden und welcher Kommunikationskanal für die Übertragung verwendet wird. Tabelle 4.1 listet die Outbound-Implementierungen auf, die im Zusammenhang mit einer TM-Integration relevant sind.

Outbound-Implementierung	Geschäftsobjekt	Geschäftsobjekttyp	Kommunikationskanal
986_3	Geschäftspartner	986	Webservice
194_3	Material	194	Webservice
189	Lokation	189	Webservice

Tabelle 4.1: DRF-Outbound-Implementierungen, die für TM relevant sind

Für Geschäftspartner (Geschäftsobjekttyp 986) wird die Outbound-Implementierung `986_3 - Outbound Impl. für Geschäftspartner/Beziehung via Services` verwendet, um einen Webservice zum Erstellen einer Replikationsanforderungsnachricht aufzurufen, die bei erfolgreicher Anlage des Geschäftspartners im Zielsystem mit einer Bestätigungsnachricht quittiert wird. Das Schlüssel-Mapping kann auf der Grundlage der Business-Partner-ID oder der Business Partner-UUID erfolgen. Beachten Sie, dass Lokationen nicht automatisch über das DRF mit der Replikation des Geschäftspartners angelegt werden, sondern lokal im Zielsystem auf Basis der Geschäftspartnerstammdaten angelegt werden müssen. Die folgenden Geschäftspartnerrollen werden mit dem DRF übertragen:

- Geschäftspartner (allgemein) (`000000`)
- Organisationseinheit (`BUP004`)
- Spediteur (`CRM010`)
- Zollstelle (`SLLCOF`)
- Fahrer (`TM0001`)
- Kunde (Vertrieb; `FLCU01`)
- Kunde (Rechnungswesen; `FLCU00`)
- Lieferant (Einkauf; `FLVN01`)
- Lieferant (Rechnungswesen; `FLVN00`)

Für Materialien (Geschäftsobjekttyp 194) können Sie die Outbound-Implementierung `194_3 - Outbound-Impl. für Produkt via Services` verwenden. Die Verwendung des DRF ermöglicht die Übernahme von Materialstammdaten, die unabhängig von Organisationsebenen wie Werk, Lagerort oder Verkaufsorganisation sind. Die in TM replizierten

Stammdaten umfassen mandantenabhängige Daten, sprachabhängige Materialbeschreibungen und Umrechnungsfaktoren für Mengeneinheiten. Für Materialien unterstützt das Schlüssel-Mapping sowohl das **Material ID Internal Format** als auch das **Material ID External Format**.

Wie bereits erwähnt, werden Lokationen in der Regel lokal aus Geschäftspartnerstammdaten in TM angelegt. In SAP S/4HANA existieren jedoch Customizing-Daten zu Werken und Versandstellen, die in TM-Prozessen als Lokationsstammdaten dargestellt werden. Daher kann das DRF auch verwendet werden, um Lokationsstammdaten im Quellsystem basierend auf Werks- und Versandstelleninformationen anzulegen und diese Lokationsstammdaten in das Zielsystem zu replizieren.

Für Lokationen (Geschäftsobjekttyp 189) können Sie die Outbound-Implementierung **189_1 - Lokation** verwenden. Das Schlüssel-Mapping für Lokationen erfolgt über die **Location Number** und die **Location UUID**.

Nachdem Sie die Outbound-Implementierungen Ihrem Datenreplikationsmodell zugeordnet haben, müssen Sie das Zielsystem Ihrem Replikationsmodell/Ihrer Outbound-Implementierung zuweisen. Sie können auch mehrere Zielsysteme zuordnen, z. B. wenn Sie Stammdaten-Governance verwenden und Stammdaten für Vertriebsprozesse in Ihr SAP-S/4HANA- und für Transportprozesse in Ihr TM-System (in einem Side-by-Side-Szenario) replizieren möchten. Abbildung 4.21 zeigt die Zuordnung des Zielsystems/der Zielsysteme zum Replikationsmodell, das in Abbildung 4.20 dargestellt ist.

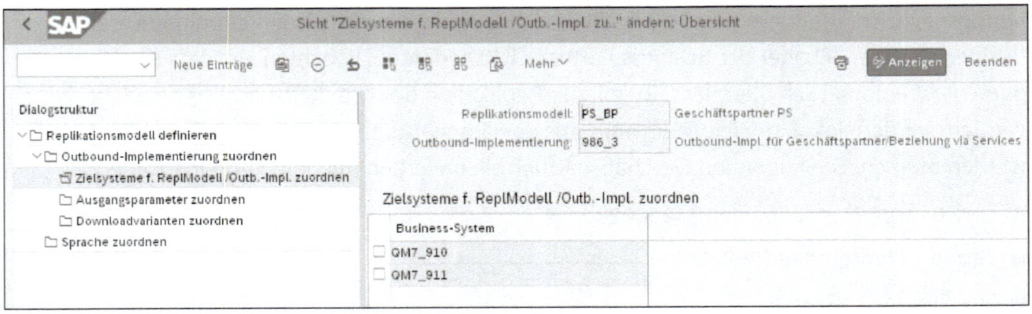

Abbildung 4.21: DRF – Zielsysteme zuordnen

Häufig enthalten Stammdatenobjekte mehr Informationen, als in Ihrem Transportprozess und Ihrem TM-System benötigt werden. Geschäftspartner können Geschäftspartnerrollen enthalten, die für TM nicht relevant sind, und Materialien können definierte werks- oder lagerbezogene Informationen enthalten, die für den Transport nicht relevant sind. Um spätere Probleme aufgrund von unvollständigen oder ungenauen Stammdaten zu vermeiden, können Sie die nicht relevanten Daten mithilfe von Filtern von der Replikation ausschließen. Diese Filter können entweder über die Webanwendung DRFF oder durch die Zuweisung von manuellen Replikationsfilterkriterien in Transaktion DRFOUT definiert werden. Abbildung 4.22 zeigt, wie Sie vertriebsweg- und spartenspezifische Daten von der Übertragung der Geschäftspartnerstammdaten ausschließen können, indem Sie die entsprechenden Filterkriterien bei der Auswahl befüllen.

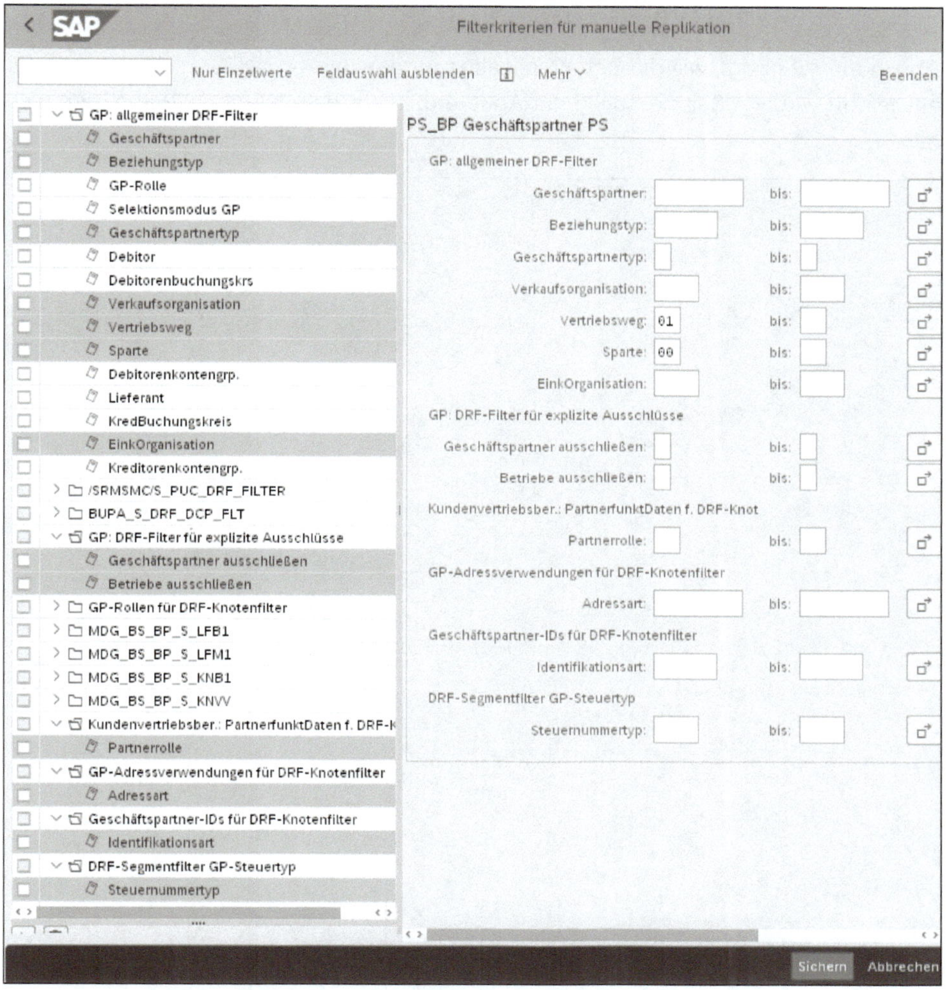

Abbildung 4.22: Manuelle Replikationsfilterkriterien

Schließlich wird die Replikation über Transaktion DRFOUT ausgeführt. Es werden dabei drei Modi unterstützt:

- **Initialisierung**

  Alle Daten des ausgewählten Replikationsmodells und der Outbound-Implementierung werden verarbeitet.

- **Änderungen**

  Das System analysiert alle Änderungen zwischen der letzten Initialisierung oder Änderung und dem aktuellen Datum. Optional kann auch ein bestimmtes Zeitintervall definiert werden.

- **Manuell**
  Es werden nur einzelne Daten entsprechend den Einstellungen in den manuellen Replikationsfilterkriterien verarbeitet.

Abbildung 4.23 zeigt, wie die Datenreplikation für das zuvor erstellte Replikationsmodell ausgeführt wird. Im Beispiel sollen nur Änderungen aus dem Januar 2026 repliziert werden.

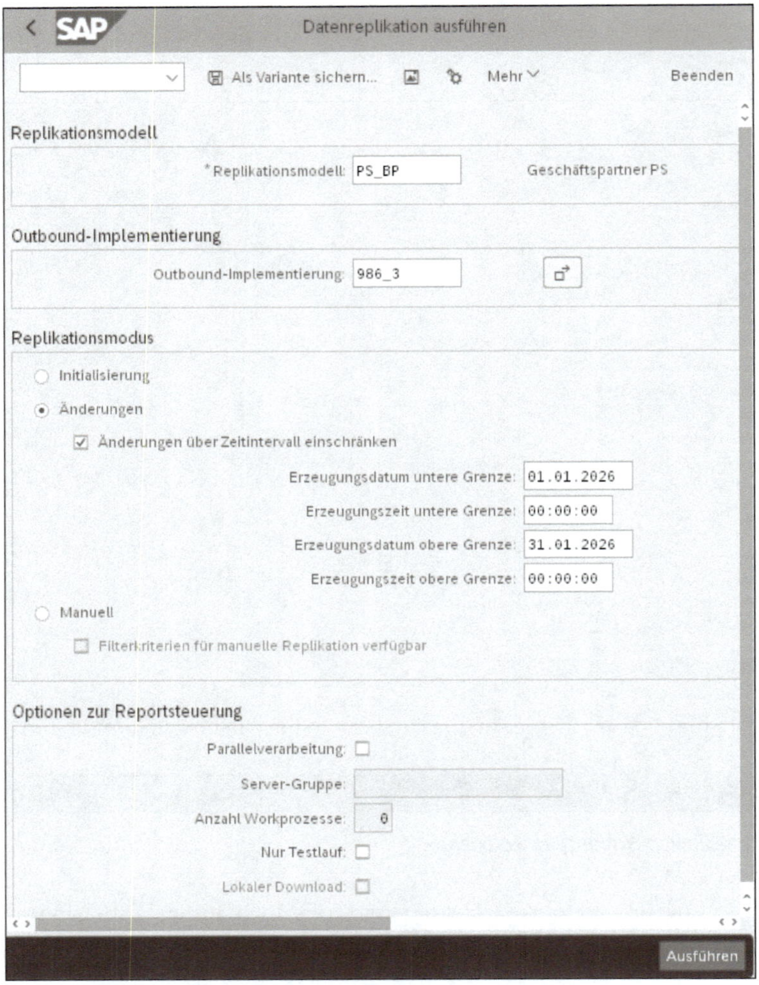

Abbildung 4.23: Ausführen der Datenreplikation

Falls die Datenreplikation nicht wie erwartet funktioniert, können Sie die Protokolle analysieren, die bei der Ausführung der Replikation erstellt wurden. Abbildung 4.24 zeigt die Optionen, die das über Transaktion DRFLOG aufgerufene Protokoll bietet. Sie können die Analyse nach dem Replikationsmodell, der Outbound-Implementierung sowie nach dem Replikationsmodus (Initialisierung, Änderung, Manuell) einschränken, mit dem die Replikation durchgeführt wurde. Auf diese Weise können Sie sich bei der Analyse auf die relevante/fehlgeschlagene Replikation konzentrieren.

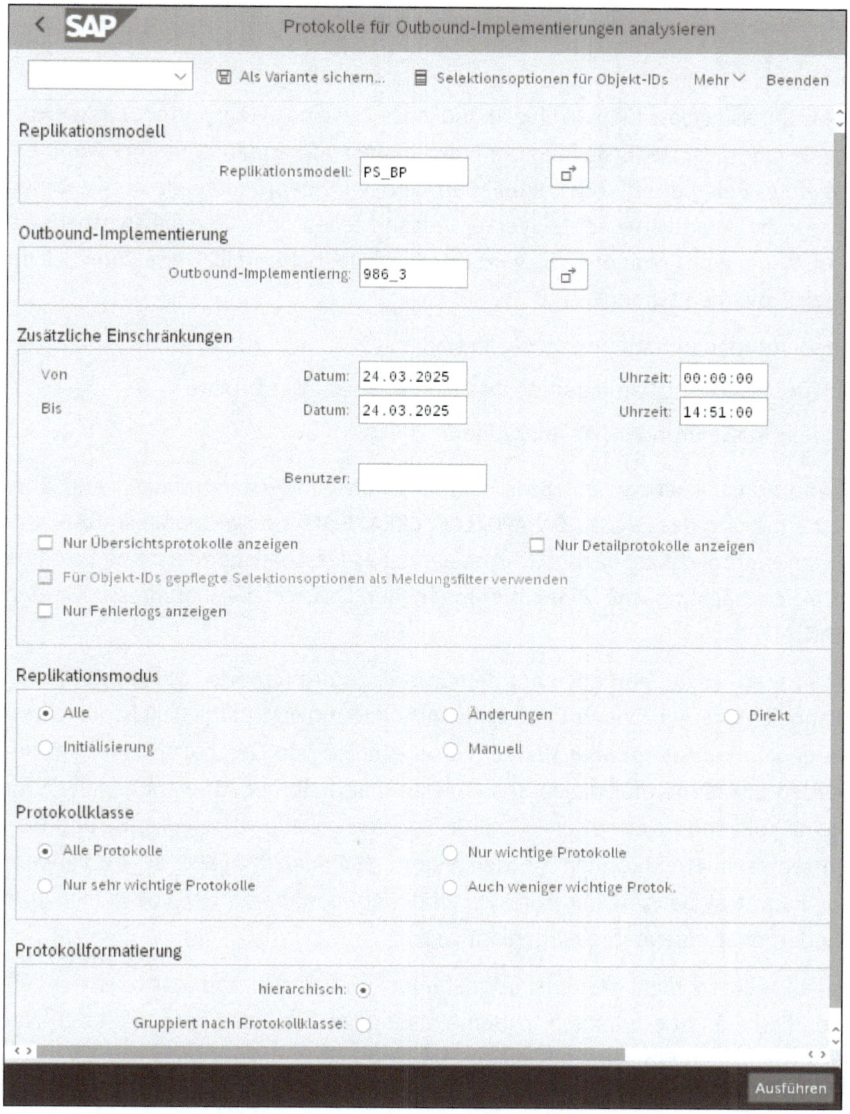

Abbildung 4.24: Protokoll für die Analyse der Datenreplikation

Erstellung von Lokationen

Lokationen sind die elementaren Knotenpunkte im Transportnetz, wie in Abschnitt 4.2.1, »Lokationen«, beschrieben wird. Während einige Lokationen über DRF in TM übertragen werden, müssen andere Lokationen intern in TM erstellt werden. Es gibt drei Möglichkeiten, Lokationen systemintern zu erstellen:

- automatisch aus Transaktionsdaten/-belegen
- automatisch aus Geschäftspartnerstammdaten, Werken oder Versandstellen
- über einen Report

Die automatische Erstellung von Lokationen auf der Grundlage von Transaktionsdaten/-belegen gewährleistet, dass für jede Quelle und jedes Ziel eines Transportbedarfs die entsprechende Lokation vor der Erstellung der Frachteinheit vorhanden ist. Immer wenn ein für TM relevanter Beleg erstellt oder aktualisiert wird, wird geprüft, ob alle notwendigen Lokationen für im Beleg verwendete Werke, Versandstellen oder Geschäftspartner vorhanden sind. Wenn eine Lokation fehlt, wird diese unmittelbar erstellt. Diese Logik gilt für die folgenden Dokumenttypen:

- SD-Belege: Kundenauftrag, Vertriebslieferplan
- MM-Belege: Bestellung, Umlagerungsbestellung, Einkaufslieferplan
- Lieferungen: Auslieferungen, Anlieferungen

Die Erstellung von Lokationen auf Basis von Geschäftspartnerstammdaten kann über eine Implementierung des BAdIs `/SAPAPO/LOC_CREATE` aktiviert werden. Die BAdI-Implementierung ermöglicht es, nach dem Anlegen eines Geschäftspartners eine Lokation anzulegen. Auch nachträgliche Aktualisierungen der Geschäftspartneradresse werden durchgeführt.

Schließlich können Lokationen auch auf der Grundlage des Reports `/SAPAPO/CREATE_LOCATION` angelegt werden. Dieser Report, der in Abbildung 4.25 dargestellt ist, kann verwendet werden, um Lokationen für Werke, Versandstellen und Geschäftspartner anzulegen. Es werden Lokationen für diejenigen Objekte innerhalb der Auswahl angelegt, für die noch keine Lokation existiert. Zur Aktualisierung von Lokationen, die Werke und Versandstellen repräsentieren, können Sie den Report `/SAPAPO/UPD_LOC_SP_PL` verwenden. Dieser Report aktualisiert die Adressen und Geokoordinaten der Lokationen und kann bei Bedarf oder regelmäßig eingeplant werden.

Im Normalfall werden die Lokationsinformationen und Beschreibungen aus den ursprünglichen Entitäten übernommen. Zudem entsprechen die Lokationsnamen den Namen der ursprünglichen Objekte (z. B. Name des Geschäftspartners), mit Ausnahme von Versandstellen, denen das Präfix `SP_` vorangestellt wird. Wenn jedoch bereits eine Lokation mit dem vorgeschlagenen Namen existiert, werden Suffixe (`_01`, `_02` etc.) an den Namen angehängt. Die Lokationsinformationen, Namen und Beschreibungen können durch die Implementierung des BAdIs `/SAPAPO/LOC_DETAILS` angepasst werden.

In diesem Abschnitt haben Sie die allgemeinen Stammdaten, die wesentlichen Merkmale der Unternehmensstruktur, die Geschäftspartner und Materialien sowie die Erstellung und Integration dieser Objekte kennengelernt. Bevor wir die Ressourcen erläutern, lassen Sie uns mit den Logistikstammdaten fortfahren, die zur Definition und Spezifizierung des Transportnetzes verwendet werden.

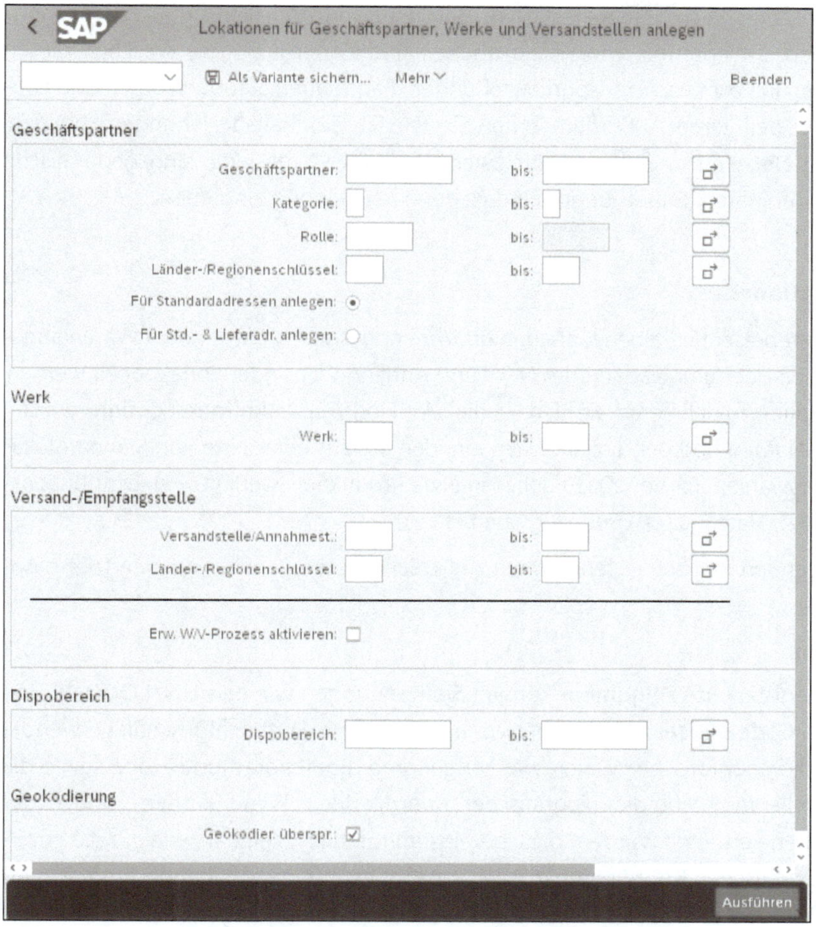

Abbildung 4.25: Erstellung von Lokationen per Report

4.2 Transportnetz

Das Transportnetz definiert die direkte Erreichbarkeit zwischen Ihren Lokationen und Umladelokationen, die zusammen festlegen, wie Fracht zwischen Ihren Lokationen transportiert werden kann. Direkte Erreichbarkeit zwischen Lokation A und Lokation B bedeutet, dass B von A aus direkt durch eine Transportoption wie eine Fahrzeugart, Fahrzeugressource oder einen Fahrplan erreicht werden kann. Umladelokationen ermöglichen das Umladen von einer Transportoption auf eine andere. Die Netzwerkdefinition ist eine wichtige Grundlage für die automatisierte Planung, die für gegebene Transportbedarfe den besten Weg durch das Netzwerk bestimmt und den optimalen Spediteur zuordnet. Außerdem dienen die Verkehrsbeziehungen des Netzwerks als geografische Grundlage von Raten, die in Fracht- und Speditionsvereinbarungen genutzt werden, um die Frachtkostenberechnung zu steuern.

In diesem Abschnitt lernen Sie die zentralen Bausteine zur Modellierung Ihres Transportnetzes kennen. Sie erfahren, wie Sie Lokationen und Zonen anlegen, zwischen diesen Verbindungen in Form von Transportbeziehungen, Fahrplänen Standardrouten und Umschlagspunkte definieren. Außerdem lernen Sie, wie Sie Geschäftsbeziehungen abbilden, das gesamte Netzwerk mithilfe des Netzwerk-Cockpits visualisieren und geografische Daten für Koordinaten, Entfernungen und Kartendarstellungen einbinden.

4.2.1 Lokationen

Eine *Lokation* repräsentiert einen logischen und/oder physischen Ort, an dem Waren angeliefert, abgeholt oder umgeladen oder Lkws und Anhänger an- oder abgekuppelt werden. Um eine Lokation zu definieren, wählen Sie die SAP-Fiori-App **Lokationen definieren**. Geben Sie den Namen und den Lokationstyp ein, den Sie aus einer Liste von Standardlokationstypen auswählen können. Dazu gehören etwa Produktionswerk (`1001`), Distributionszentrum (`1002`), Hafen (`1100`) und Flughafen (`1110`).

Auf den folgenden Registerkarten können zusätzliche Daten gepflegt werden (siehe Abbildung 4.26):

- **Allgemein**

  Auf der Registerkarte **Allgemein** können Sie Kennungen wie den **UN/LOCODE** und den **IATA-Code** pflegen, die üblicherweise im See- bzw. Luftfrachtgeschäft verwendet werden; die geografischen Daten wie Längengrad, Breitengrad und Höhe sowie die Präzision, die angibt, ob die geografischen Koordinaten z. B. auf Straßen-, Stadt- oder Regionsebene ermittelt wurden; die Übereinstimmung (%) zeigt an, wie gut die ermittelten geografischen Koordinaten mit der angegebenen Adresse übereinstimmen, wobei 100 % eine perfekte Übereinstimmung darstellt und niedrigere Prozentsätze auf Tippfehler hinweisen; schließlich das Gültigkeitsende, das definiert, wie lange die Koordinaten gespeichert und abgerufen werden können (siehe Abschnitt 4.2.9, »Integration von geografischen Diensten«).

  Sie können die geografischen Daten sperren, die dann nicht mehr angepasst werden, wenn die Adressdaten geändert werden. Zusätzlich zur Zeitzone und dem zugeordneten Geschäftspartner enthält die Registerkarte die Priorität, die verwendet werden kann, um lokationsabhängige Nichtlieferkosten oder Kosten für Verfrühung und Verspätung zu definieren, die bei der automatisierten Planung berücksichtigt werden sollen.

- **Adresse**

  Die Registerkarte **Adresse** enthält die Straßenadresse, Postfachadresse und andere Kontaktinformationen. Die geografischen Koordinaten werden automatisch ermittelt, sobald Sie den Ländercode pflegen (siehe ebenfalls Abschnitt 4.2.9). Über den Pfad **Logistik • Transportation Management • Stammdaten • Transportnetzwerk • Geokodierung • Massengeokodierung** im SAP-Menü können Sie geografische Koordinaten für viele Lokationen in einem Schritt ermitteln.

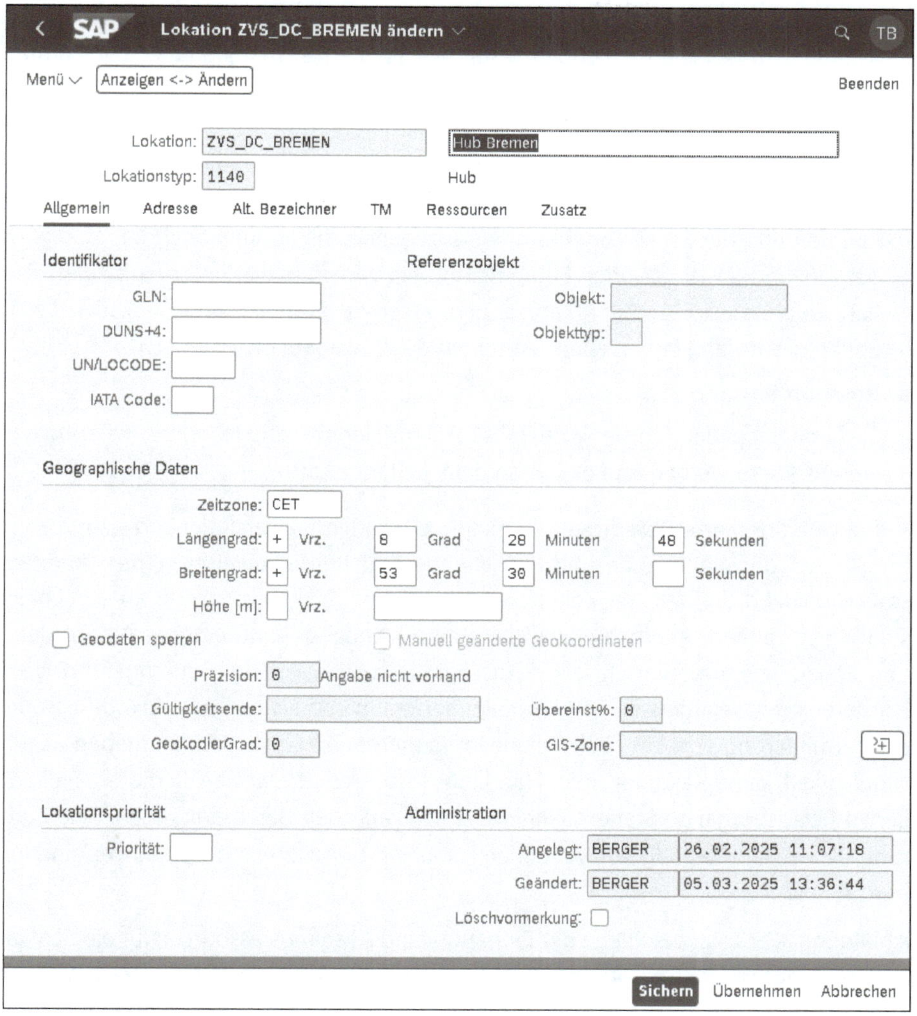

Abbildung 4.26: Pflege einer Lokation

- **Alt. Bezeichner**

  Alternative Bezeichner für die Lokation können auf einer eigenen Registerkarte gepflegt werden. Sie können die möglichen Arten von alternativen Lokationskennungen vordefinieren, indem Sie den IMG-Menüpfad **Transportation Management • Stammdaten • Transportnetzwerk • Lokation • Konfiguration für alternative Lokationskennungen** auswählen.

- **TM**

  Die Registerkarte **TM** ermöglicht es Ihnen, die minimalen und maximalen Wartezeiten für Güter zu pflegen, die in Abschnitt 4.2.5, »Umladelokationen«, ausführlicher beschrieben werden. Zusätzlich können Sie für das Anhänger-Handling definieren, wann ein Anhängeraustausch, das allgemeine Umkuppeln oder das Umkuppeln nur für eine Abholung und Lieferung erfolgen soll. Sie können auch Parameter zur Luftfrachtsicherheit angeben und die Lokationen als bekannten, unbekannten, geschäftlichen oder als reglementierten Beauftragten klassifizieren. Außerdem können Sie den Code des Übergabepartners sowie das Ablaufdatum festlegen. Es ist auch möglich, die Lokation mit einem EWM-Zielsystem (SAP Extended Warehouse Management) zu verknüpfen und die EWM-Lagernummer anzugeben. Sie können auch das Lokationsladeprofil und das zugehörige Equipmentprofil definieren, die Einschränkungen für die Fahrzeugressource und den Fahrzeugtyp auferlegen, die an dieser Lokation be- und entladen werden können (siehe Abschnitt 6.7.7, »Ladeplan«).

- **Ressourcen**

  Sie können auf der Registerkarte **Ressourcen** Kalender- und Handling-Ressourcen zuweisen. Diese werden im Folgenden detaillierter beschrieben.

Auf der Registerkarte **Ressourcen** können Sie Handling- oder Kalenderressourcen (Betriebszeiten) für eingehende und ausgehende Transporte zuweisen. Eine Kalenderressource definiert, in welchen Zeitintervallen Be- und Entladevorgänge an der Lokation stattfinden können. Alternativ dazu kann eine Handling-Ressource die Anzahl der Be- und Entladevorgänge einschränken, die parallel an der Lokation durchgeführt werden können. Somit beeinflussen sowohl Kalenderressourcen als auch Handling-Ressourcen die Terminierung von Ent- und Beladevorgängen an der Lokation. Sie haben auch die Möglichkeit, keine Kalender- oder Handling-Ressource zuzuweisen. In diesem Fall unterliegen Beladevorgänge an der Lokation keinen zeitlichen Beschränkungen. Eine Einführung in die Handhabung von Kalenderressourcen und Handling-Ressourcen finden Sie in Abschnitt 4.3.5.

Abbildung 4.27 zeigt die Pflege der Eingangs- und Ausgangsressourcen für eine Lokation auf der Registerkarte **Ressourcen**. Durch die Eingabe der Werte für den Verbrauch können Sie definieren, wie viel von der Kapazität, die von der relevanten Handling-Ressource angeboten wird, durch einen Be- oder Entladevorgang verbraucht wird. Sie können dieselbe Handling-Ressource für Eingangs- und Ausgangsaktivitäten definieren.

Sie können auch auf die Drucktaste unter der Überschrift **Weitere Ressourcen** klicken, um Handling-Ressourcen oder Kalenderressourcen zu definieren, die vom jeweiligen Transportmittel abhängen. Dies ermöglicht die Verwendung verschiedener, transportmittelabhängiger Handling-Ressourcen an derselben Lokation (z. B. verschiedene Laderampen für Lkw- und Bahntransport). Wird ein Transportmittel in den transportmittelabhängigen Einstellungen für eine Lokation nicht verwendet, gelten die allgemein definierten Ressourcen für eingehende und ausgehende Transporte. Die Spalte **Gültig** ermöglicht es Ihnen, für jedes Transportmittel zu bestimmen, ob die Kalenderressource (Wert: `1`), die Handling-Ressource (`2`) oder keine Ressource (`0`) für die Terminierung verwendet werden soll.

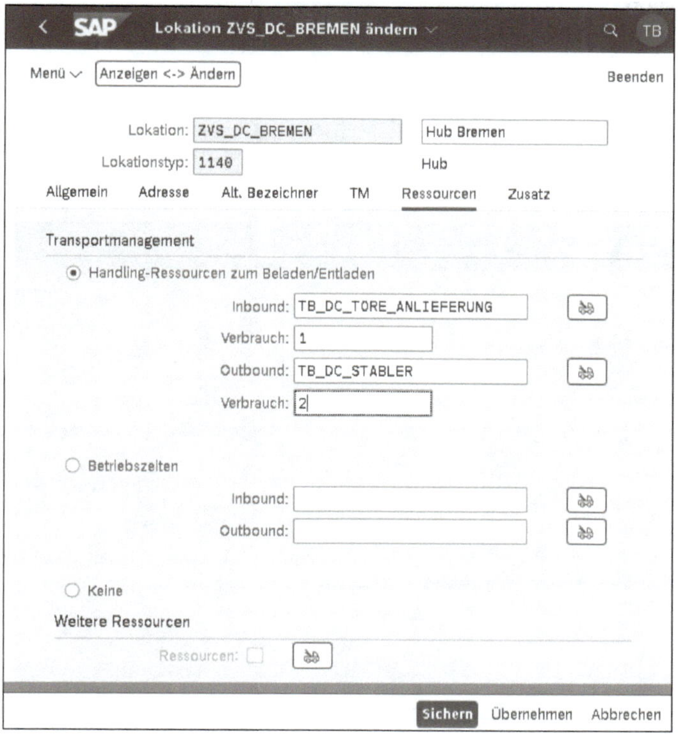

Abbildung 4.27: Definition von Eingangs- und Ausgangsressourcen für eine Lokation

In dem in Abbildung 4.28 dargestellten Beispiel werden die Entladeaktivitäten an der Lokation **ZVS_DC_BREMEN** gemäß der Kalenderressource **CAL_DC** terminiert, wenn das Transportmittel **TB_24TO** verwendet wird, während bei der Verwendung von **TB_40TB** weder Kalender- noch Handling-Ressource zum Einsatz kommt. Ladeaktivitäten werden gemäß den Handling-Ressourcen **TB_DC_STABLER** und **TB_DC_TORE** für die Transportmittel **TB_24TO** bzw. **TB_40TB** terminiert.

Zentrale versus dezentrale lokationsspezifische Definition von Kalender- und Handling-Ressourcen

Auch wenn Sie weiterhin die vorherige Definition von Kalender- und Handling-Ressourcen für eine bestimmte Lokation verwenden können, empfehlen wir aus verschiedenen Gründen, stattdessen die Verwendung der Kalender- und Handling-Ressourcen der Lokationen über die Terminierungseinstellungen zu definieren.

Die Vorteile einer zentralen Pflege in den Terminierungseinstellungen sind:

1. Sie können Einschränkungen zentral für alle Lokationen definieren, was im Vergleich zur separaten Pflege in jeder einzelnen Lokation viel einfacher ist.
2. Sie können mit Namenspattern und der Nutzung eines Lokationsattributs (z. B. des Lokationstyps) viele Lokationen auf einmal mit einer Einschränkung ausstatten.

3. Sie können alternative Terminierungseinstellungen erstellen, was einen einfachen Wechsel zwischen ihnen für Simulationszwecke ermöglicht. Das wäre bei der direkten Definition in jeder Lokation nahezu unmöglich.
4. Sie können Terminierungseinstellungen einfach hoch- und herunterladen.

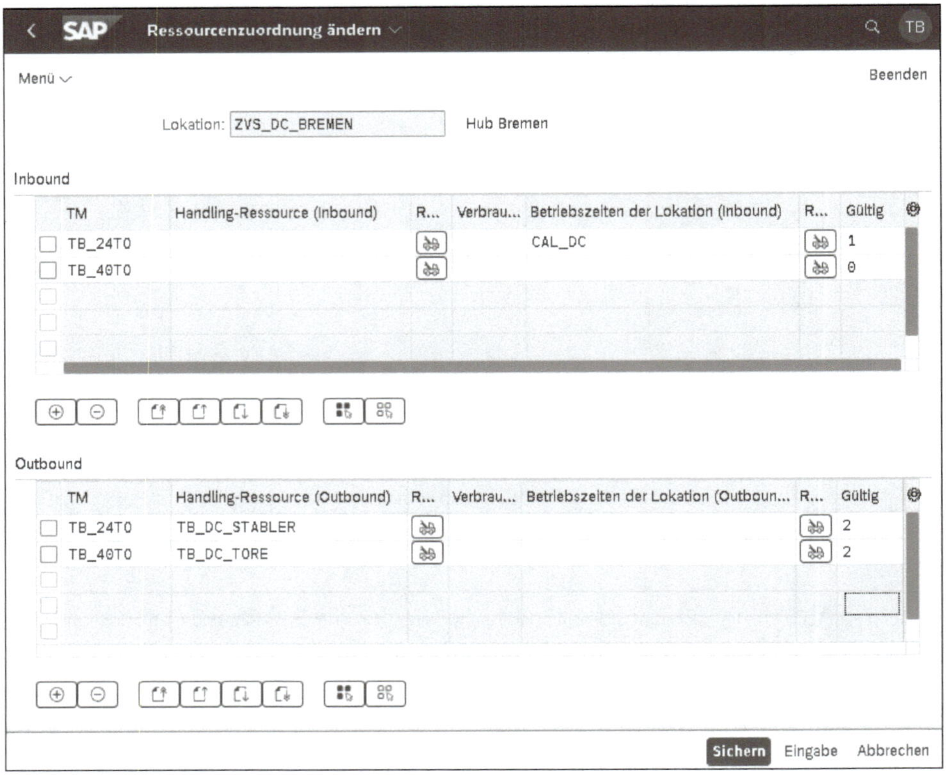

Abbildung 4.28: Definition von transportmittelabhängigen Eingangs- und Ausgangsressourcen für eine Lokation

Sie können alle Lokationen, die Sie nicht dauerhaft als Stammdaten im System speichern möchten, als Einmallokationen speichern. Diese werden verwendet, wenn es notwendig ist, Lokationsdaten wie Adressdetails einzugeben, aber ein Verweis auf den Stammdatensatz nicht möglich oder erwünscht ist. Eine Einmallokation wird durch den Namen der Organisation, die Adresse oder Kommunikationsdaten oder eine Kombination dieser Details definiert. Einmallokationen werden typischerweise verwendet, wenn Sie Speditionsaufträge von neuen Auftraggebern erstellen und die Lokationen dieser Parteien nicht in den Stammdaten definiert sind.

4.2.2 Transportzonen

Ein Transportnetz enthält in der Regel eine große Anzahl von Lokationen. Die Definition von Relationen wie Transportverbindungen oder Verkehrsbeziehungen zwischen Lokationspaaren ist möglich, aber eine zeitaufwendige und fehleranfällige Aufgabe. In vielen Transportgeschäften ist eine Definition auf der Ebene von Lokation-zu-Lokation-Handelsbeziehungen für Vereinbarungen, Zuweisungen und Geschäftsanteile nicht erforderlich. Stattdessen ist es meistens notwendig, diese auf einer aggregierten Ebene zu pflegen.

Eine *Transportzone* ist eine Gruppe von Lokationen; sie ermöglicht es, das Transportnetzwerk in einer aggregierten Form darzustellen und zu pflegen. Transportbeziehungen und Verkehrsbeziehungen können auf Zonenebene definiert werden, was wesentlich kompakter, überschaubarer und weniger fehleranfällig ist.

Um eine Transportzone zu definieren, wählen Sie die SAP-Fiori-App **Transportzone definieren** und klicken auf die Drucktaste zum Anlegen einer Transportzone. Wenn Sie den Namen und die Beschreibung der Transportzone eingeben, erscheint der Bildschirm zur Pflege der Transportzone. Sie können auch nach vorhandenen Zonen suchen und eine davon bearbeiten (siehe Abbildung 4.29).

Auf der Registerkarte **Zone - Lokation** können Sie explizit Lokationen der Zone zuweisen und Lokationen von der Zone ausschließen. Die Registerkarte **Zone - Postleitzahl** ermöglicht es Ihnen, der Zone eine Reihe gültiger Postleitzahlbereiche eines bestimmten Landes zuzuweisen, und auf der Registerkarte **Zone - Region** können Sie eine Reihe von Ländern und Regionen einschließen. Die letzten beiden Registerkarten führen zu einer impliziten Zuweisung von Lokationen zur Zone, sollten diese mit den für die Zone definierten Postleitzahlbereichen, Ländern oder Regionen übereinstimmen. Diese implizite Zuweisung ist sehr nützlich aufgrund ihrer Robustheit: Neue Lokationen, die in das Transportgeschäft eintreten, werden automatisch in die entsprechenden Zonen aufgenommen. Wenn Sie wissen möchten, welche Lokationen in einer Zone enthalten sind, wählen Sie einfach die Zone aus und klicken auf die Drucktaste **Enthaltene Lokationen anzeigen**.

Die Zonenart wird automatisch ermittelt und gibt an, ob die Zone nur direkte Lokationszuordnungen (Direktzone), nur Postleitzahlzuordnungen (Postleitzahlenzone), nur Regional- und Länderzuordnungen (Regionenzone) oder eine Kombination aus diesen (Mischzone) enthält.

Sie können die geografischen Koordinaten einer Zone definieren, die verwendet werden, um die Zone im Transportnetz-Cockpit anzuzeigen. Alternativ können Sie die Schaltfläche **Koordinaten berechnen** verwenden oder die geografischen Koordinaten für viele Zonen in einem einzigen Schritt bestimmen, indem Sie im SAP-Menü **Logistik • Transportation Management • Stammdaten • Transportnetz Transportzone • Transportzonenkoordinaten berechnen** auswählen.

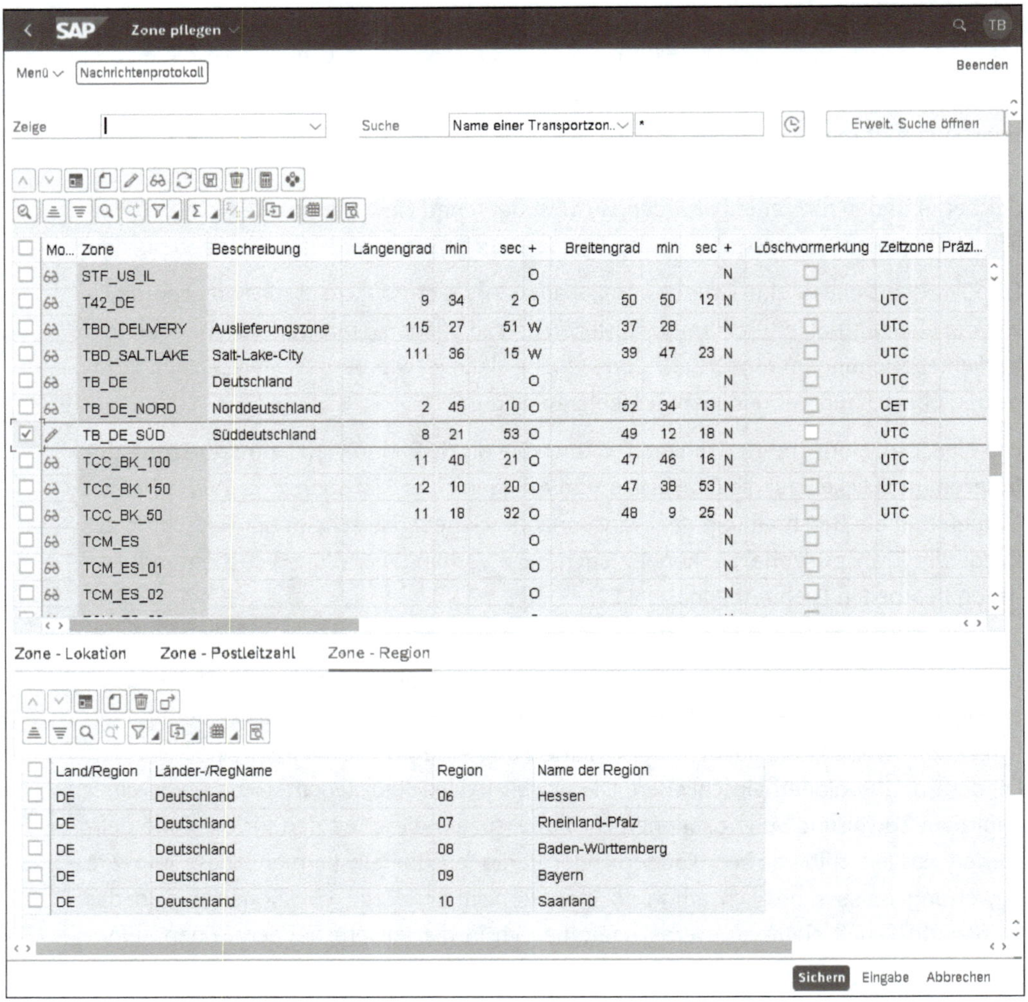

Abbildung 4.29: Pflege einer Transportzone

Wenn Sie viele Zonen benötigen – sagen wir, eine pro Land oder eine pro Region –, können Sie die Menüschaltfläche in der oberen linken Ecke der Zonenpflege auswählen und unter dem Menüpfad **Zusätze · Zonen erstellen** die erforderlichen Zonen in einem einzigen Schritt erstellen, indem Sie die für Sie relevanten Länder und Regionen auswählen.

Transportzonenhierarchie

Das Transportnetzwerk kann mithilfe der Transportzonenhierarchie weiter strukturiert werden, indem Zonen anderen, übergeordneten Zonen zugeordnet werden können. Alle Lokationen innerhalb einer Transportzone gehören automatisch auch zu ihrer übergeordneten Transportzone. Die Transportzonenhierarchie wird bei der Bestimmung der Entfernung und Dauer zwischen Lokationen verwendet und hat erheblichen Einfluss auf viele Geschäftsprozesse, wie z. B. die Frachtkostenberechnung, Szenarien mit Umladelokationen, die Vehicle-Scheduling-and-Routing-Optimierung und die Spediteurauswahl.

Um die Transportzonenhierarchie zu pflegen, wählen Sie die SAP-Fiori-App **Transportzonenhierarchie definieren**. Wie in Abbildung 3.30 gezeigt, verwenden Sie den Namen RELH_ZONE für die Transportzonenhierarchie und den Namen RELHS_ZONE für die Hierarchiestruktur und wählen **Anlegen** oder **Ändern**. Die RELHS_ZONE-Hierarchie wird als Standard geliefert. Sie müssen Ihre kundenspezifische Transportzonenhierarchie in dieser Hierarchie pflegen.

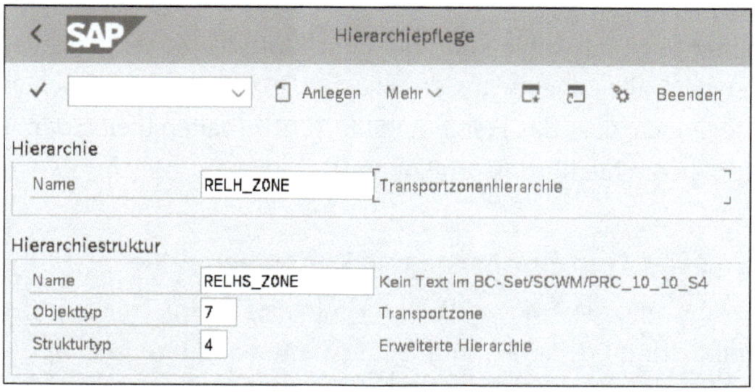

Abbildung 4.30: Auswahl der Transportzonenhierarchie

Die Pflege der Transportzonenhierarchie wird in Abbildung 4.31 gezeigt.

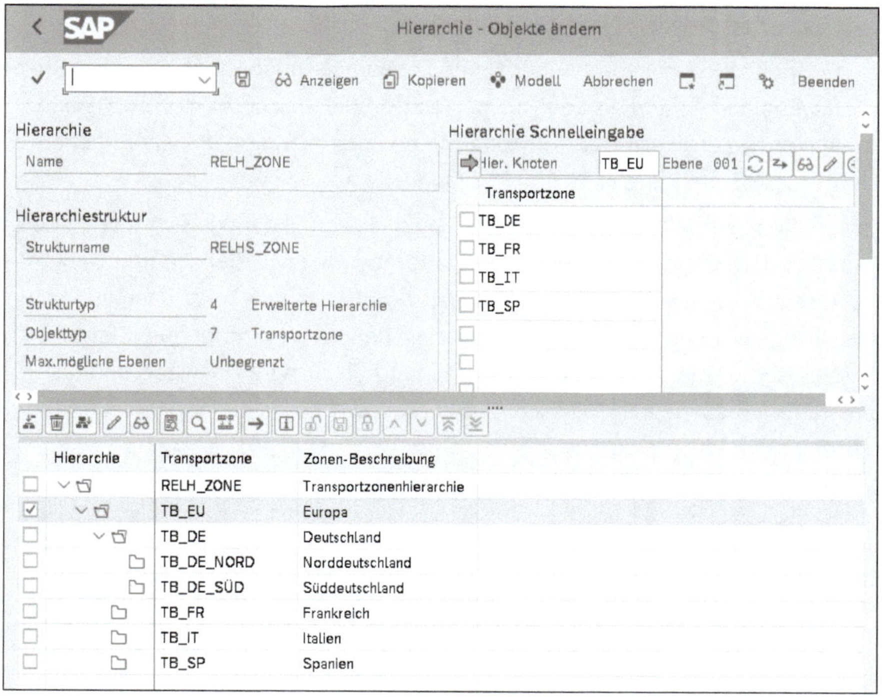

Abbildung 4.31: Pflege der Transportzonenhierarchie

Das Pflegebild gliedert sich in eine Übersicht über die bestehende Transportzonenhierarchie, die als Baumstruktur dargestellt wird, und den Bereich **Hierarchie Schnelleingabe**, in dem Sie übergeordnete Knoten in der Baumansicht auswählen sowie eine oder mehrere neue Zonen bzw. Hierarchieknoten eingeben können.

Das Hierarchieelement `RELH_ZONE` ist der Wurzelknoten in der Hierarchie, was bedeutet, dass alle anderen Zonen diesem Element direkt oder indirekt untergeordnet sind. Sie können per Doppelklick einen übergeordneten Knoten in der Baumansicht auswählen, eine oder mehrere Zonen im Bereich **Hierarchie Schnelleingabe** eingeben und auf die Drucktaste **Kopieren** klicken, um diese zur Hierarchie hinzuzufügen. Sie können ein Hierarchieelement in der Baumanzeige auswählen und per Drucktaste die Zonen darunter aus der Hierarchie entfernen. Um alle Objekte aus der Hierarchie zu entfernen, löschen Sie die Wurzel (beachten Sie jedoch, dass das Element `RELH_ZONE` erhalten bleibt, damit Sie später neue Elemente zur Hierarchie hinzufügen können).

[+]

Sorgfältige Modellierung von Transportzonen und Zonenhierarchie

Nutzen Sie die Transportzonen und die Transportzonenhierarchie, um Ihr Transportnetz so kompakt wie möglich zu modellieren. Vermeiden Sie Redundanzen bei der Definition von Transportzonen und in der Transportzonenhierarchie.

Beachten Sie, dass die gleiche Lokation in mehreren Transportzonen enthalten sein kann und sich Transportzonen auf diese Weise überschneiden können. Wenn Sie eine neue Zone anlegen, informiert Sie das System durch eine Meldung, wenn sie sich mit einer bestehenden Zone überschneidet.

Zwei Transportzonen gelten als überlappend, wenn sie mindestens eine gemeinsame Lokation haben, und als äquivalent, wenn sie die gleiche Menge an Lokationen enthalten. Äquivalente Transportzonen sind immer überlappend, aber überlappende Transportzonen sind nicht notwendigerweise äquivalent.

Wir empfehlen, die Definition äquivalenter Zonen zu vermeiden, da sich sowohl bei der automatischen Bestimmung von Transportbeziehungen, Distanzen und Dauern (siehe Abschnitt 4.2.3, »Transportbeziehungen«) zwischen den Lokationen als auch bei der Ermittlung von Umladelokationen eine hohe Anzahl impliziter Kombinationsmöglichkeiten für die automatisierte Planung (Transportvorschläge und VSR-Optimierung) ergeben kann. Dies kann in bestimmten Fällen zu langen Laufzeiten führen.

Wenn Sie äquivalente Zonen gepflegt haben, sollten Sie alle bis auf eine davon löschen. Überprüfen Sie zusätzlich überlappende Transportzonen, um festzustellen, ob die Überschneidungen aus betriebswirtschaftlicher Sicht sinnvoll sind oder ob sie eliminiert werden könnten. Halten Sie Ihre Transportzonenhierarchie so flach wie möglich.

4.2.3 Transportbeziehungen

Transportbeziehungen beschreiben die Erreichbarkeit von Lokationen innerhalb des Transportnetzwerks. Sie werden durch drei Elemente definiert:

- einen Startpunkt, der eine Lokation oder eine Transportzone sein kann
- einen Zielpunkt, der eine Lokation oder eine Transportzone sein kann
- ein Transportmittel

Eine Transportbeziehung zeigt an, dass das Ziel vom Startpunkt aus direkt mit Fahrzeugtypen und -ressourcen des Transportmittels erreicht werden kann. In der Pflege von Start und Ziel repräsentiert eine Transportzone immer alle in ihr enthaltenen Lokationen. Wenn eine Transportbeziehung zwischen zwei Transportzonen definiert ist, bedeutet dies, dass mit dem Transportmittel alle Lokationen in der Zielzone direkt von allen Lokationen aus der Startzone erreicht werden können. Eine Transportbeziehung von einer Lokation zu einer Zieltransportzone drückt aus, dass das Transportmittel alle Lokationen in der Zielzone von der Startlokation aus direkt erreichen kann. Eine Intrazonenbeziehung (eine Transportbeziehung, bei der Start- und Zieltransportzone identisch sind) definiert, dass das Transportmittel jede Lokation in der Zone von jeder anderen Lokation in der Zone aus direkt erreichen kann. Eine Lokationstransportbeziehung (eine Transportbeziehung, bei der Start- und Ziellokation gleich sind) hat keinen Einfluss auf die Erreichbarkeit zwischen den Lokationen, kann aber für die Initialisierung von Kontingenten verwendet werden.

Kompakte Pflege von Transportbeziehungen

Prüfen Sie, ob die Erreichbarkeit von Lokationen in Ihrem Transportnetz durch Transportbeziehungen mit Transportzonen als Start und/oder Ziel modelliert werden kann. In den meisten Fällen werden weniger Transportbeziehungen benötigt, wenn Sie diese unter Verwendung von Transportzonen anstelle von direkten Lokationen definieren.

Erreichbarkeitsdefinition ohne Transportbeziehungen

Wenn Sie ein sehr einfaches Transportnetz haben, in dem jede Lokation von jeder anderen Lokation in Ihrem Planungsszenario erreichbar ist, können Sie für ein Transportmittel einstellen, dass dieses keine Definition von Transportbeziehungen benötigt, um solch eine vollständige Erreichbarkeit zu erhalten (siehe Abschnitt 4.3.1, »Verkehrszweig und Transportmittel«).

In komplexeren Netzwerken/Szenarien definieren Sie jedoch in der Regel Erreichbarkeit über Transportzonen und Transportbeziehungen.

Um eine Transportbeziehung zu pflegen, wählen Sie die SAP-Fiori-App **Transportbeziehung definieren**. Auf den folgenden Registerkarten können Sie Ihre Transportbeziehungen pflegen:

- **Transportbeziehung**

  Um eine einzelne **Transportbeziehung** anzulegen oder zu ändern, geben Sie den Start und das Ziel ein und wählen **Anlegen** oder **Ändern**.

- **Intrazonenbez./Lokationstransportbez.**

  Geben Sie eine Lokation oder Transportzone ein. Sie können dann eine Transportbeziehung von der Lokation zur selben Lokation (Lokationstransportbeziehung) oder von der Transportzone zur selben Transportzone (Intrazonenbeziehung) anlegen oder ändern.

- **Massenpflege (Anlegen)**

  Verwenden Sie eine vorhandene Transportbeziehung als Vorlage für die Erzeugung neuer Transportbeziehungen. Sie können bestehende Transportbeziehungen überschreiben, unverändert lassen oder um zusätzliche Informationen anreichern (siehe Abbildung 4.32). Sie können auch festlegen, ob Entfernung und Dauer aus der Vorlage kopiert oder neu berechnet werden sollen.

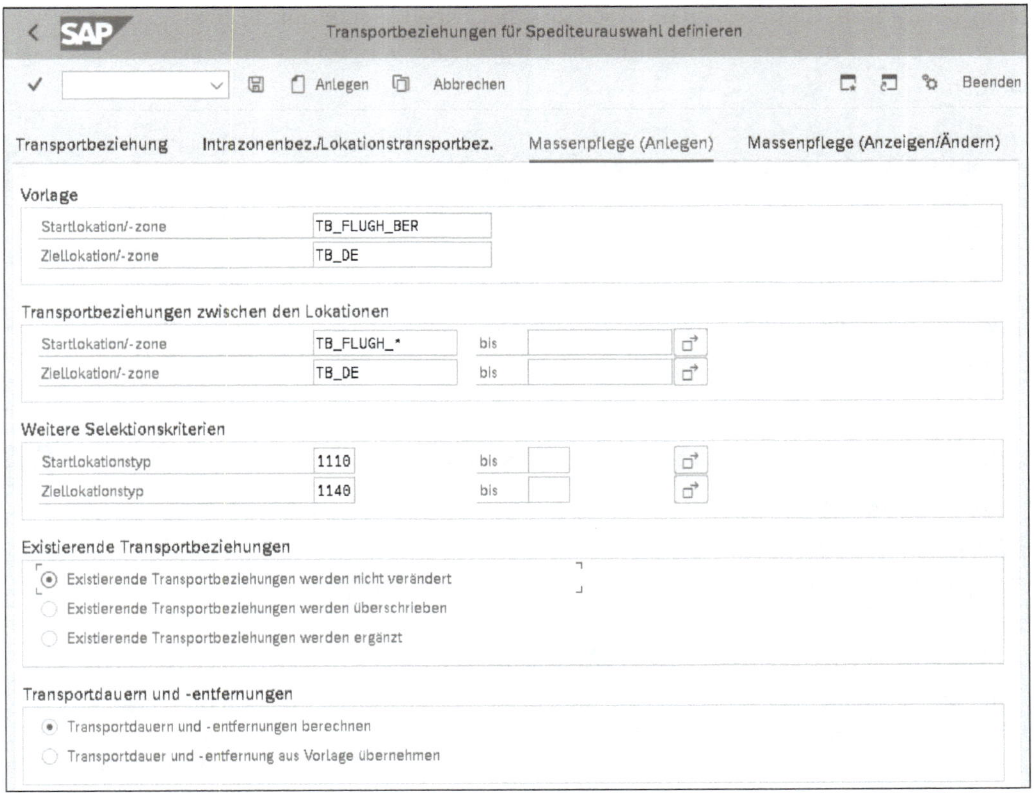

Abbildung 4.32: Massenanlage von Transportbeziehungen

- **Massenpflege (Anzeigen/Ändern)**
  Sie können Selektionskriterien für Transportbeziehungen definieren (Start, Ziel, Typ der Startlokation, Typ des Ziels etc.) und dann die ausgewählten Transportbeziehungen auf der Grundlage dieser Kriterien anzeigen oder ändern.

Die Pflege einer einzelnen Transportbeziehung und die Massenpflege haben ähnliche Strukturen. Die Massenpflege ist in Abbildung 4.33 dargestellt. Hier können Sie mehrere Transportbeziehungen gleichzeitig anlegen oder bearbeiten, diesen Spediteure zuweisen und die zugehörigen Parameter zentral pflegen.

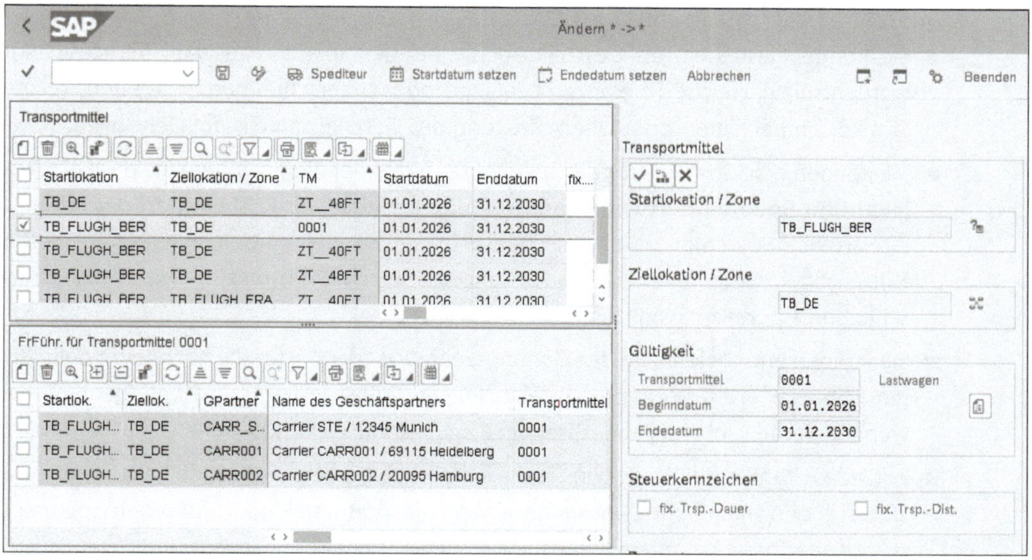

Abbildung 4.33: Anzeige einer Transportbeziehung in der Massenpflege

Die linke obere Seite des Bildschirms zeigt die Transportbeziehungen. Jede Zeile repräsentiert eine Transportbeziehung mit Start und Ziel sowie einem Transportmittel. Um neue Transportbeziehungen zu definieren, klicken Sie auf die Drucktaste **Anlegen**. Mit einem Doppelklick auf bestehende Zeilen können Sie die entsprechende Transportbeziehung auswählen und die folgenden Parameter pflegen:

- den Gültigkeitszeitraum der Transportbeziehung
- die Entfernung zwischen Start und Ziel und die Dauer, die das Transportmittel benötigt, um diese Strecke zurückzulegen; über die dafür vorgesehene Drucktaste können Sie einen Vorschlag generieren
- zwei Steuerkennzeichen, die anzeigen, ob die Dauer und Entfernung aus der Transportbeziehung genutzt oder durch eine automatische Entfernungs- und Dauerbestimmung überschrieben werden sollen

- das Feld **Präzision**, das angibt, ob die Entfernung automatisch auf der Grundlage der Vogelfluglinie (Wert: `0000`), mit der Genauigkeit eines Geografischen Informationssystems (`0100`), kurz: GIS, oder manuell (`1000`) eingegeben wurde
- die Mengen-, Distanz- und Mindestkosten, von denen Letztere nur für die zielbasierten Entfernungskosten relevant sind (die Verwendung dieser Kosten wird in den Einstellungen für Planungskosten gesteuert, wie in Abschnitt 6.8.3, »Vehicle Scheduling and Routing: Zielkriterien für die Planung«, erläutert).

Mit weiteren Parametern können Sie die Spediteurauswahl steuern (siehe auch Abschnitt 7.5.5, »Konfiguration der Spediteurauswahl«):

- Sie können festlegen, ob Geschäftsanteile bei der Spediteurauswahl berücksichtigt werden sollen, welche Toleranzen bei Über- oder Unterschreitung gelten und welche Strafkosten bei Unter- oder Überschreitung des Geschäftsanteils anfallen sollen.
- Sie können eine Strategie für die Spediteurauswahl definieren, indem Sie das Feld **Relevant für Spediteurauswahl** markieren und festlegen, ob Kosten und/oder Prioritäten verwendet werden sollen, welche Kosten verwendet werden sollen (z. B. interne Kosten oder Kosten aus der TM-Frachtkostenberechnung) und ob bzw. welche Anschlusstransporte zulässig sind.
- Sie können entscheiden, ob der Planungszeitraum oder die für die Spediteure definierten Mindest- und Maximalkapazitäten für die Initialisierung von Kontingenten verwendet werden sollen (siehe Abschnitt 7.4.4, »Kontingente«).
- Für jedes Transportmittel haben Sie die Möglichkeit, im Bereich unten links Spediteure zuzuordnen (analog zur Zuordnung eines Transportmittels) und für jeden Spediteur zusätzliche Details zu pflegen, die für die Spediteurauswahl relevant sind.
- interne Kosten
- Priorität
- An- und Abfahrtszeitfenster für Anschlusstransporte
- maximale Entfernung für kontinuierliche Bewegungen
- Rabatte für Anschlusstransporte
- gewünschter Geschäftsanteil für den Spediteur
- minimale und maximale Kapazität für die Initialisierung des Kontingents des Spediteurs (siehe ebenfalls Abschnitt 7.4.4, »Kontingente«)

Sie können auch festlegen, ob der Spediteur für sequenzielle und simultane Ausschreibungen berücksichtigt werden soll, und dann seine Priorität für jede Ausschreibungsart definieren (siehe Abschnitt 7.6, »Frachtausschreibung«).

Die Auswirkungen der für die Transportbeziehung gepflegten Parameter auf die Spediteurauswahl können Sie in den Einstellungen für die Spediteurauswahl steuern (siehe Abschnitt 7.5.4, »Restriktionen für die Spediteurauswahl«). Beachten Sie, dass die Ermittlung der Direktsendungsoption (DSO, siehe Abschnitt 6.2.2, »Eigenschaften von Frachteinheiten«) stets die beste Option anhand der Spediteurauswahl nutzt, sodass die Spediteure in der Transportbeziehung die einzigen betrachteten Alternativen darstellen.

Ermittlung von Transportbeziehungen

Die automatische Ermittlung der Transportbeziehung, der Distanz und der Dauer wählt zuerst die passende Transportbeziehung für ein Transportmittel und eine vorgegebene Start- und Ziellokation und bestimmt basierend auf dieser die entsprechende Entfernung und Dauer zwischen Start und Ziel. Diese automatische Bestimmung wird zur Bestimmung der Transportdauern eines Belegs und zur Detaillierung der verschiedenen Routenoptionen von der automatisierten Planung, der Ermittlung von Transportvorschlägen sowie der Kundenauftragsterminierung genutzt. Sie ermöglicht die Einbindung eines GIS (siehe Abschnitt 4.2.9, »Integration von geografischen Diensten«), um den Anwenderinnen und Anwendern die mühsame Aufgabe einer manuellen Pflege von Entfernungen und Dauern zwischen Lokationen abzunehmen.

Durch die Nutzung von Hierarchien für Transportzonen und Transportmittel ist es notwendig, vorzugeben, in welcher Reihenfolge die drei Hierarchien (Start, Ziel und Transportmittel) bei der Ermittlung der Transportbeziehung berücksichtigt werden sollen (da ansonsten mehrere [unterschiedliche] Transportbeziehungen für eine Kombination ermittelt werden könnten). Um diese Auswahl zu treffen, wählen Sie im Customizing den IMG-Pfad **Transportation Management • Stammdaten • Transportnetz • Allgemeine Einstellungen für Transportnetzermittlung**. Dort können Sie mit den Parametern **Hierarchische Beziehungen zwischen Transportmitteln zuerst berücksichtigen** und **Quellhierarchie zuerst berücksichtigen** eine der folgenden vier Zugriffsfolgen auswählen:

- (1) Transportmittel, (2) Start, (3) Ziel
- (1) Transportmittel, (2) Ziel, (3) Start
- (1) Start, (2) Ziel, (3) Transportmittel
- (1) Ziel, (2) Start, (3) Transportmittel

Die Zugriffsfolge bestimmt, welche Hierarchie bei der Ermittlung einer Transportbeziehung zuerst berücksichtigt wird.

Betrachten wir ein Beispiel, das auf einem Szenario mit einem Transportmittel T1, einem übergeordneten Transportmittel T2, Lokationen A und B, Zone ZA (die Lokation A enthält) und Zone ZB (enthält Lokation B) basiert.

Wenn eine Transportbeziehung von A nach B angefordert wird, durchläuft die Transportbeziehungsermittlungsfunktion die möglichen Kombinationen in dieser Reihenfolge. Bei konfigurierter Zugriffsfolge »(1) Transportmittel, (2) Ziel, (3) Start« z. B.:

1. Transportmittel T1, Start A, Ziel B
2. Transportmittel T2, Start A, Ziel B
3. Transportmittel T1, Start A, Ziel ZB
4. Transportmittel T2, Start A, Ziel ZB
5. Transportmittel T1, Start ZA, Ziel B
6. Transportmittel T2, Start ZA, Ziel B
7. Transportmittel T1, Start ZA, Ziel ZB
8. Transportmittel T2, Start ZA, Ziel ZB

Die erste Kombination in dieser Reihenfolge, für die eine Transportbeziehung existiert, spezifiziert die entsprechende Transportbeziehung als Ergebnis. Das zugrunde liegende Prinzip besteht darin, die spezifischste Transportbeziehung auszuwählen. So können Sie zuerst allgemeine Transportbeziehungen pflegen und Ihr Transportnetz dann durch spezifischere Transportbeziehungen verfeinern.

Die automatische Entfernungs- und Dauerermittlung bestimmt die Entfernung **Di(T,S,Z)** und Dauer **Da(T,S,Z)** für die gegebene Startlokation S, Ziellokation Z und das Transportmittel T. Je nach Konfiguration kann die Entfernung direkt aus der Transportbeziehung verwendet werden – oder alternativ auf Basis einer Luftlinienentfernung oder mittels eines externen GIS unter Berücksichtigung des bestehenden Straßennetzes berechnet werden.

Wenn eine Dauer und Distanz für die Kombination (T,S,Z) benötigt werden, prüft das System zunächst, ob eine Transportbeziehung für (T,S,Z) existiert. Wenn es eine findet, werden die für die Transportbeziehung gepflegten Entfernungs- und Dauerwerte direkt als Ergebnis für Di(T,S,Z) und Da(T,S,Z) zurückgegeben.

Wenn keine Transportbeziehung existiert, wird eine Transportbeziehung (T',S',Z') gemäß der konfigurierten Zugriffsfolge ermittelt. Diese Transportbeziehung ist eine »übergeordnete« Transportbeziehung in mindestens einer der Hierarchien (d. h. Transportmittel, Start oder Ziel). Wenn der GIS-Qualitätsparameter für das Transportmittel T' gesetzt ist (siehe Abschnitt 4.3.1, »Verkehrszweig und Transportmittel«), berechnet das GIS die Entfernung **Didyn(S',Z')**. Ist für T' keine GIS-Qualität gewählt, wird **Didyn (S',Z')** als Produkt der Luftlinienentfernung (Vogelfluglinie) zwischen S' und Z' und dem Entfernungsfaktor für Transportmittel T' berechnet.

Die Entfernung **Didyn(T,S,Z)** wird dann auf die gleiche Weise für das Transportmittel T auf der Grundlage des GIS-Qualitätsparameters von T ermittelt. Die gewünschte Entfernung **Di(T,S,Z)** wird dann wie folgt berechnet:

Di(T,S,Z) = Didyn(T,S,Z) × Di(T',S',Z') / Didyn(T',S',Z')

Das Verhältnis zwischen der für die Transportbeziehung angesetzten Entfernung **Di(T', S',Z')** und dem Ergebnis der dynamischen Entfernungsberechnung **Didyn(T',S',Z')** wird somit auch zur Bestimmung der gewünschten spezifischen Entfernung herangezogen. Alle Entfernungsberechnungen basieren auf den geografischen Koordinaten von S und Z (bzw. S' und Z'). Wenn die Entfernung der Transportbeziehung `(T,S,Z)` und `(T',S',Z')` nicht hinterlegt ist, dann sind `Di(T,S,Z)` = `Didyn(T,S,Z)` bzw. `Di(T',S',Z')` = `Didyn(T',S',Z')`.

Die Dauerermittlung für `Da(T,S,Z)` erfolgt analog zur Berechnung von `Di(T,S,Z)`. Beachten Sie jedoch, dass für den Aufruf des GIS die drei Geschwindigkeiten des Transportmittels erforderlich sind. Sind die drei Geschwindigkeiten nicht gepflegt, wird das GIS nicht aufgerufen und die Dauer aus der Vogelflugdistanz und der Durchschnittsgeschwindigkeit des Transportmittels berechnet. Wenn zwei relevante Transportmittel identische Einträge für die drei Geschwindigkeiten haben, wird das GIS nur einmal für die Quelle und das Ziel aufgerufen und die ermittelte Entfernung und Dauer für beide Transportmittel verwendet.

4.2.4 Fahrpläne

Ein *Fahrplan* repräsentiert einen wiederkehrenden Transport, der einer vordefinierten Lokationssequenz folgt. Er kann zur Modellierung eines regelmäßigen Schiffs-, Luft-, Straßen- oder Schienenverkehrs verwendet werden und ist für einen bestimmten Zeitraum gültig.

Der Fahrplan enthält eine Menge von *Abfahrtsregeln*, die das Muster der Tage, an denen der Transport möglich ist, die Abfahrts- und Ankunftszeiten innerhalb der Lokationssequenz sowie die für Umladeszenarien erforderlichen Annahme- und Verfügbarkeitszeiten definieren.

Eine *Abfahrt* stellt einen Transport entlang der gesamten Lokationsreihenfolge dar, wobei alle Ankunfts- und Abfahrtszeiten durch die Abfahrtszeit an der ersten Lokation der Sequenz bestimmt werden. Die Abfahrten eines Fahrplans können durch eine Abfahrtsregel im Fahrplan generiert oder manuell gepflegt werden. Eine Abfahrt definiert, dass Transportbedarfe unter Einhaltung der vorgegebenen Abfahrts- und Ankunftszeiten für die Lokationen entlang der Lokationssequenz oder einer Teilsequenz davon transportiert werden können. So definiert ein Fahrplan die Erreichbarkeit im Transportnetz anhand einer vorgegebenen Lokationsreihenfolge und unter Berücksichtigung der festgelegten Abfahrts- und Ankunftszeiten.

Abbildung 4.34 zeigt ein Beispiel eines Spediteurflugplans mit der Lokationssequenz Frankfurt, Chicago und Los Angeles sowie zwei Abfahrtsregeln, die zur Generierung der Abfahrten (im Luftverkehrszweig als **Flüge** bezeichnet) verwendet werden können, wie in Abbildung 4.35 dargestellt.

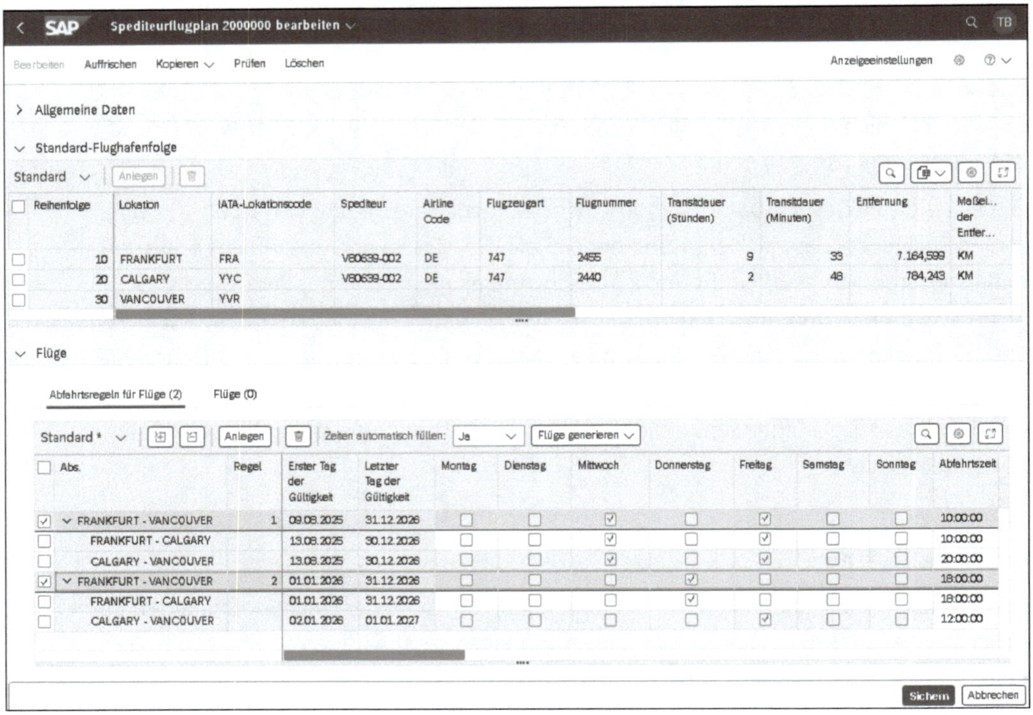

Abbildung 4.34: Spediteurflugplan mit Lokationssequenz und Abfahrtsregeln

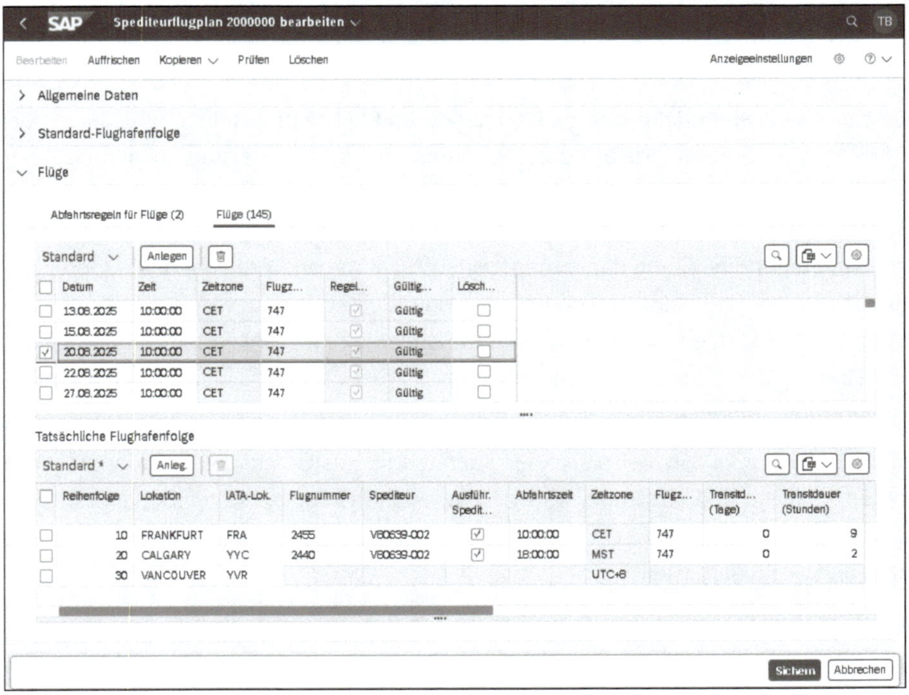

Abbildung 4.35: Spediteurflugplan mit Flügen

Fahrpläne werden zur Erstellung von Frachtdokumenten genutzt, die auf jeweils einer Fahrplanabfahrt basieren. Diese fahrplanbasierten Frachtdokumente können manuell erzeugt (siehe Abschnitt 7.2.1, »Seefrachtbuchungen«) oder im Kapazitätsmanagement (siehe Abschnitt 7.4, »Kapazitätsmanagement«) oder in der Transportplanung (siehe Kapitel 6, »Transportplanung«) verwendet werden. Ein fahrplanbasiertes Frachtdokument erbt die Fahrplandaten von der Lokationssequenz, den relevanten Abfahrts-, Ankunfts-, Annahme- und Verfügbarkeitszeiten sowie den eventuell vorhandenen Kapazitäten. Das Kapazitätsmanagement ermöglicht die systematische Erstellung von Frachtdokumenten für eine Menge von Fahrplänen und alle ihre Abfahrten in einem vordefinierten Zeitraum (z. B. für die nächsten Monate). Die Transportplanung wählt die besten Abfahrten für eine gegebene Menge von ungeplanten Frachteinheiten aus, entweder durch Anlegen neuer Frachtdokumente für die gewählten Abfahrten oder durch Verwendung bereits vorhandener fahrplanbasierter Frachtdokumente, die aus dem Kapazitätsmanagement oder einem früheren Planungsschritt stammen können.

Jeder Fahrplan gehört zu einer Fahrplanart, die im IMG-Menü unter **Transportation Management • Stammdaten • Transportnetz • Fahrplan • Fahrplanarten definieren** gepflegt wird (siehe Abbildung 4.36). Die Fahrplanart legt fest, wie die entsprechenden Fahrpläne verwendet werden können. Sie können Folgendes definieren:

- **Standardart**

  Eine der Fahrplanarten kann als Standard markiert werden. Erstellen Sie einen neuen Fahrplan und geben keine Fahrplanart an, wird die Standardart ausgewählt.

- **Verkehrszweig**

  Sie können einen der im System definierten Verkehrszweige (siehe Abschnitt 4.3.1, »Verkehrszweig und Transportmittel«) wählen, z. B. Straße, Bahn, See oder Luft.

- **Gateway**

  Sie können angeben, ob es sich bei dem Fahrplan um einen Gateway-Fahrplan oder einen Spediteurfahrplan handelt. Über das Weglassen von Quell- oder Ziel-Gateway können Sie drei Arten von Gateway-Fahrplänen modellieren: mit Quell- und Ziel-Gateway, nur mit Quell-Gateway und nur mit Ziel-Gateway.

- **Direkt**

  Für einen Gateway-Fahrplan können Sie festlegen, ob die beiden Gateways direkt miteinander verbunden sind oder ob dazwischen andere Lokationen, etwa Häfen oder Flughäfen, verwendet werden. Die entsprechenden Fahrpläne werden als *direkte* Gateway-Fahrpläne bzw. *indirekte* Gateway-Fahrpläne bezeichnet.

- **Referenz**

  Wenn Sie eine indirekte Gateway-Fahrplanart gewählt haben, können Sie festlegen, ob sie sich auf einen Spediteurfahrplan bezieht oder ohne Bezug zu einem Spediteurfahrplan gepflegt wird.

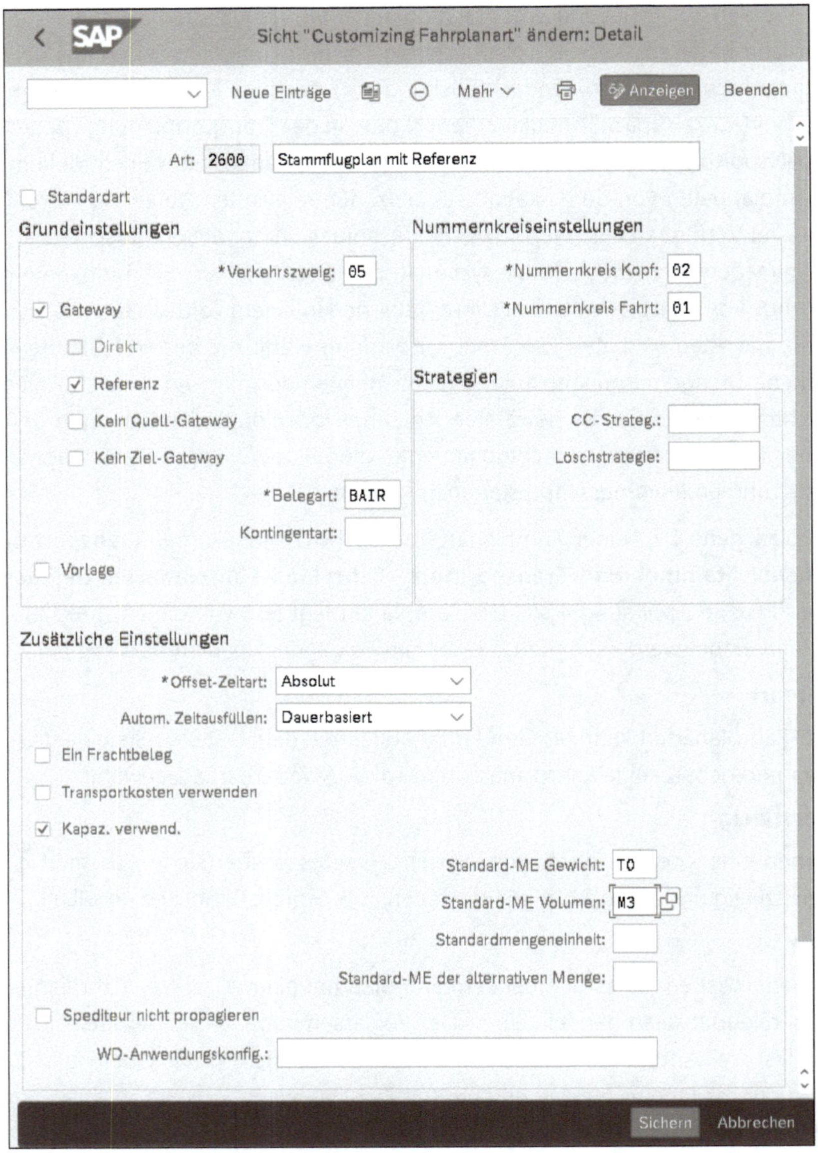

Abbildung 4.36: Fahrplanart pflegen

- **Belegart**

  Hier wird die Frachtdokumentart angegeben, die für die Erstellung von Frachtbelegen aus dem Fahrplan verwendet wird.

- **Kontingentart**

  Wenn Sie eine Kontingentart pflegen, können Sie Kontingente anhand des Fahrplans anlegen (siehe Abschnitt 7.4.4, »Kontingente«). Andernfalls können Sie keine Kontingente aus dem Fahrplan erzeugen.

- **Vorlage**

  Hier können Sie festlegen, ob Lokationsreihenfolge und Zeiten fixiert sind oder der Fahrplan nur bei der Anlage des Frachtbelegs als Vorlage genutzt wird und Sie die Zeiten und Lokationen nachträglich manuell ändern können. Auch in diesem Fall behält der Frachtbeleg eine Referenz auf den Fahrplan. Unabhängig von diesem Parameter ändert die automatisierte Planung niemals die Reihenfolge der Lokationen oder die Abfahrts- oder Ankunftszeiten.

- **CC-Strategie**

  Die Change-Controller-Strategie wird aufgerufen, nachdem der Fahrplan geändert wurde. So können Sie z. B. eine Strategie für die automatische Propagierung von Terminänderungen in die bereits erstellten Frachtbelege definieren. Beachten Sie, dass der Standard keine Fahrplanänderungen in referenzierende Frachtbelege, Kontingente oder Fahrpläne propagiert. Der Referenzdatenstatus einer referenzierenden Instanz wird jedoch aktualisiert, damit die Anwenderinnen und Anwender erkennen können, dass manuelle Anpassungen gemäß den Fahrplanänderungen notwendig sind.

- **Löschstrategie**

  Die Löschstrategie wird aufgerufen, nachdem der Fahrplan manuell oder automatisch per Report gelöscht wurde. Sie ermöglicht es Ihnen, eine Logik zu integrieren, die nach dem Löschen des Fahrplans ausgeführt wird.

- **Offset-Zeitart**

  Für die Definition von Annahme- und Verfügbarkeitszeiten in einem Fahrplan stehen Ihnen zwei Optionen zur Verfügung: `Relativ` und `Absolut`.

  Mit der Option `Relativ` geben Sie die Zeiten als Dauer relativ zur Abfahrts- bzw. Ankunftszeit an. Eine Annahmezeit von einem Tag und zwölf Stunden bedeutet bei einer Abfahrt um 8:00 Uhr, dass die Ware bis spätestens 20:00 Uhr zwei Tage vorher angenommen sein muss. Analog bedeutet eine Verfügbarkeitszeit von 20 Stunden bei einer Ankunft um 17:00 Uhr, dass die Ware ab 13:00 Uhr am nächsten Tag verfügbar ist.

  Bei der Option `Absolut` geben Sie eine feste Uhrzeit an, kombiniert mit einem Tages-Offset relativ zum Abfahrtsdatum. Bei einer Abfahrt um 10:00 Uhr, einem Offset von einem Tag und einer Annahmezeit von 11:30 Uhr ergibt sich eine Annahmezeit von 11:30 Uhr zwei Tage zuvor. Bei einer Abfahrt um 11:45 Uhr mit denselben Angaben wäre die Annahmezeit am Vortag um 11:30 Uhr.

- **Autom. Zeitausfüllen**

  Mit diesem Parameter können Sie einstellen, ob das automatische Füllen von Datum und Uhrzeit abhängig von Zeiten oder Dauern erfolgt.

- **Ein Frachtbeleg**

  Wenn dieser Parameter aktiv ist, kann pro Fahrplanabfahrt nur ein Frachtbeleg erstellt werden. Dieser deckt die gesamte Lokationssequenz ab. Somit werden alle Transportbedarfe, die mit dieser Abfahrt transportiert werden sollen, in einem Frachtdokument zusammengefasst. Der Fahrplan wird während der Planung gesperrt, um sicherzustellen, dass keine andere Planung einen weiteren Frachtbeleg erzeugen kann. Wenn Sie diesen Parameter deaktivieren, können Sie für eine Abfahrt mehrere Frachtdokumente erstellen.

- **Kapazitäten verwenden**

  Durch diesen Parameter ermöglichen Sie die Pflege von Kapazitäten in dem Fahrplan. Die Kapazitäten gelten pro erzeugtem Frachtbeleg.

- **Transportkosten verwenden**

  Mit diesem Parameter können Sie interne Planungskosten für den Fahrplan definieren, wie z. B. Mengenkosten oder Fixkosten für die Nutzung einer Abfahrt.

- **Spediteur nicht propagieren**

  Sie können festlegen, ob der im Fahrplankopf definierte Spediteur bei der Zuweisung des Fahrplans an referenzierende Fahrpläne oder Frachtbuchungen propagiert wird.

Ein Spediteurfahrplan enthält eine Lokationssequenz, entlang der Güter von einem Spediteur über den angegebenen Verkehrszweig transportiert werden können. Jeder Zwischenstopp in der Sequenz kann zum Be- und Entladen von Transportbedarfen verwendet werden, während der erste und letzte Stopp nur das Be- bzw. Entladen erlauben. Standardmäßig werden folgende Spediteurfahrplanarten ausgeliefert: Reedereifahrplan (Typ `1000`), Spediteurflugplan (`1100`), Straßenfahrplan (`1200`) und Bahnspediteurfahrplan (`1300`). Reedereifahrpläne und Spediteurflugpläne verbinden Häfen bzw. Flughäfen, und die beiden anderen Arten verbinden Lokationen per Straße und Bahn. Die Lokationssequenz kann Reedereifahrpläne mit 20 oder mehr Häfen, Direktflüge zwischen zwei Flughäfen und Multistoppflüge entlang einer Sequenz von Flughäfen abbilden. Spediteurfahrpläne werden hauptsächlich verwendet, um die Transportkapazitäten externer Spediteure wie Reedereien und Fluggesellschaften zu modellieren. Es ist jedoch nicht zwingend erforderlich, einen Spediteur zuzuordnen. Dadurch ist es möglich, einen Fahrplan für die eigene Flotte oder für ein Luftfrachtszenario zu modellieren, in dem eine Fluggesellschaft ihren Fahrplan anbietet, aber durch regionale Tochtergesellschaften repräsentiert wird, die alle jeweils Luftfrachtbuchungen für den Fahrplan übernehmen können.

Ein Gateway-Fahrplan ermöglicht den Transport von einem Quell-Gateway (zur Konsolidierung) zu einem Ziel-Gateway (zur Dekonsolidierung), von einem Quell-Gateway zu einem Ziel(flug)hafen oder von einem Quell(flug)hafen zu einem Ziel-Gateway. Gateways dienen in der Regel als Umladelokationen (mehr darüber erfahren Sie in Abschnitt 4.2.5); für den Seetransport von Containern werden sie allgemein als Containerfrachtstationen (CFS) bezeichnet. Standardmäßig werden folgende Gateway-Fahrplanarten ausgeliefert: Seefrachtfahrplan (Typ `2000`), Seefrachtfahrplan mit Referenz (`2100`), Stammflugplan (2500), Stammflugplan mit Referenz (2600) und Straßenfahrplan mit Gateway (2200). Indirekte Gateway-Fahrpläne, wie z. B. Stammflugpläne, verbinden das Quell-Gateway mit dem Ziel-Gateway über einen Quell(flug)hafen und einen Ziel(flug)hafen. Indirekte Gateway-Fahrpläne werden zur Modellierung von Szenarien benutzt, in denen der Transport zwischen den (Flug-)Häfen hauptsächlich durch Konsolidierung am Quell-Gateway und Dekonsolidierung am Ziel-Gateway organisiert wird.

Die Verbindung zwischen zwei Gateways enthält die Details der Verbindung der (Flug-) Häfen. Dies ermöglicht es den Anwenderinnen und Anwendern, sich auf die Annahmezeiten am Quell-Gateway und die Verfügbarkeitszeiten am Ziel-Gateway zu konzentrieren, die implizit die Annahmezeit am Quell(flug)hafen bzw. die Verfügbarkeitszeit am Ziel(flug)hafen berücksichtigen. Die Abfahrtsregeln und Abfahrten zwischen den (Flug-) Häfen können implizit durch Referenz auf einen zugrunde liegenden Reedereifahrplan bzw. Spediteurflugplan oder explizit ohne Referenz auf einen Spediteurfahrplan definiert werden.

Für einen Reedereifahrplan mit der Hafensequenz PT_DEHAM (Hamburg), PT_USPNJ (Newark) und PT_USCHS (Charleston) sowie die den Häfen entsprechenden Containerfrachtstationen CFS_DEHAM, CFS_USPNJ und CFS_USCHS können Sie drei Seefrachtfahrpläne mit den folgenden Lokationen definieren:

1. CFS_DEHAM → PT_DEHAM → PT_USPNJ → CFS_USPNJ
2. CFS_DEHAM → PT_DEHAM → PT_USCHS → CFS_USCHS
3. CFS_USPNJ → PT_USPNJ → PT_USCHS → CFS_USCHS

Während der erste und dritte Fahrplan eine direkte Hafenverbindung aus dem zugrunde liegenden Reedereifahrplan verwenden, benutzt der zweite Fahrplan eine indirekte Hafenverbindung mit dem Hafen PT_USPNJ zwischen den Häfen PT_DEHAM und PT_USCHS.

Gateway-Fahrpläne, die sich auf zwei oder mehr Spediteurfahrpläne beziehen, werden als *Verbindungs-Gateway-Fahrpläne* bezeichnet und können von der Transportplanung und dem Kapazitätsmanagement wie jeder andere Gateway-Fahrplan verwendet werden. Ein erheblicher Teil der weltweiten Luftfracht wird mittels Anschlussflügen abgewickelt, d. h., eine Flugverbindung wird durch mehrere einzelne Flüge einer oder mehrerer Fluggesellschaften realisiert. Wenn in Ihrem Transportgeschäft bestimmte Kombinationen von Flügen mit Anschlussflügen häufig genutzt werden, können Sie einen Verbindungsstammflugplan mit Abfahrtsregeln anlegen, die die Abfahrtsregeln mehrerer Spediteurflugpläne kombinieren. Abbildung 4.37 zeigt ein Beispiel mit einem Gateway in Frankfurt, einem Flughafen in Frankfurt, einem Flughafen in Calgary, einem Flughafen in Los Angeles und einem Gateway in Los Angeles. Die Abflug- und Ankunftszeiten für die einzelnen Flugstrecken ergeben sich aus den zwei referenzierten Spediteurflugplänen.

Auch im Seetransport wird dieses Verbindungskonzept verwendet, um mehrere Fahrten einer oder mehrerer Reedereien zu kombinieren.

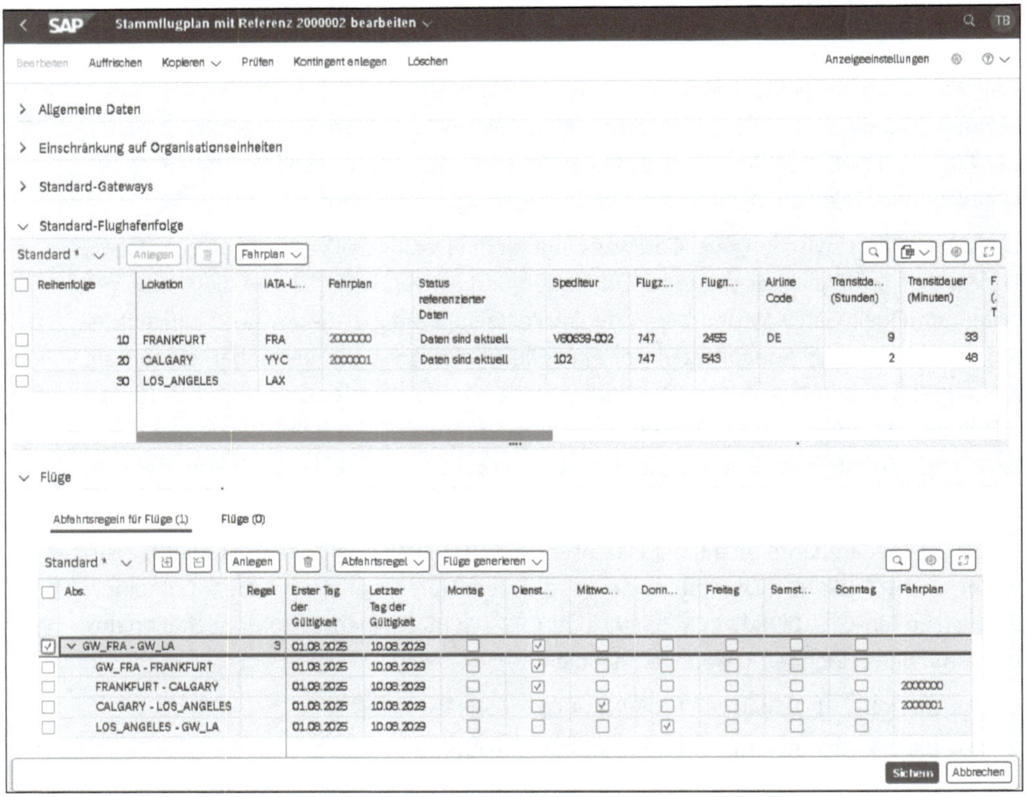

Abbildung 4.37: Abfahrtsregel eines Verbindungsstammflugplans

[zB]

Modellierung von Hauptschiffen, Zubringerschiffen und Verteilerschiffen durch Gateway-Fahrpläne

Häufig umfasst der Seetransport ein Hauptschiff, das große Häfen anfährt, Zubringerschiffe, die Waren von kleineren Häfen zu einem der Häfen des Hauptschiffs bringen, und Verteilerschiffe, die Waren von den Häfen des Hauptschiffs zu kleineren Häfen transportieren. Abbildung 4.38 zeigt ein Beispiel für ein Hauptschiff, das die Häfen A, B und C besucht.

Das erste Zubringerschiff verbindet die Häfen **1** und **2** mit dem Haupthafen **A**, der zweite Zubringer verbindet die Häfen **3** und **4** mit dem Haupthafen **B**, das erste Verteilerschiff verbindet den Haupthafen **B** mit den Häfen **5** und **6**, und der zweite Verteiler verbindet den Haupthafen **C** mit den Häfen **7** und **8**. In der Regel ist das Hauptschiff der Engpass, da es viel größere Entfernungen zurücklegt.

Wenn Sie Waren zwischen allen kleinen Häfen transportieren möchten, können Sie dies modellieren, indem Sie detaillierte Reedereifahrpläne für die Zubringer und Verteiler in das System bringen und Seefrachtfahrpläne für jedes Paar von Quell- und Zielhafen anlegen. Jeder Seefrachtfahrplan würde dann je einen Reedereifahrplan für Zubringerschiff, Hauptschiff und Verteilerschiff kombinieren. In vielen Fällen ist diese Präzision auf der Ebene der Zubringer und Verteiler jedoch nicht erforderlich. Nehmen wir z. B. an, dass Hafen **1** den Hafen **A** innerhalb von zwei Tagen bedient und Hafen **7** innerhalb von fünf Tagen von **C** bedient wird. Dann können Sie einen Fahrplan mit Quell-Gateway **1**, erstem Hafen **A**, letztem Hafen **C** und Ziel-Gateway **7** definieren. Während die Haupthäfen durch einen Reedereifahrplan für das Hauptschiff verbunden sind, können die Dauern für den Zubringer und den Verteiler als Transitdauern für die Abholung bzw. die Lieferung am Quell- bzw. Ziel-Gateway gepflegt werden.

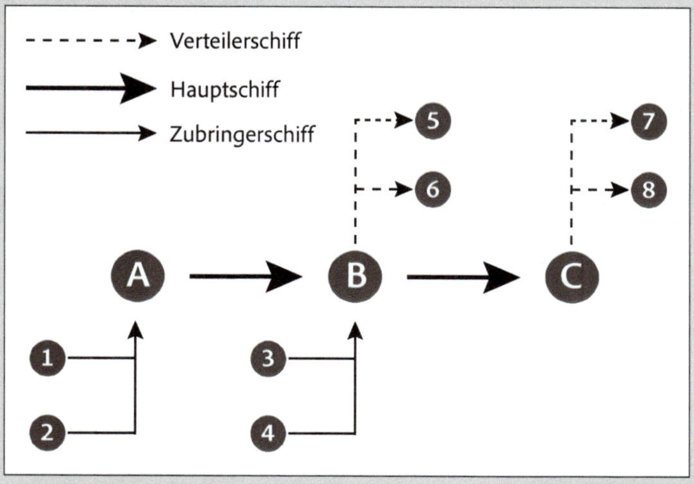

Abbildung 4.38: Hauptschiff mit Zubringer- und Verteilerschiffen (schematisch)

Wenn Sie Verteiler, aber keinen Zubringer benötigen, können Sie einen Fahrplan ohne Quell-Gateway verwenden, d. h., er beginnt mit dem Hafen des Hauptschiffs, endet aber mit dem Zielhafen des Verteilerschiffs.

Um einen neuen Fahrplan anzulegen, nutzen Sie die SAP-Fiori-App **Fahrplan anlegen** und wählen die Fahrplanart aus. Beim Anlegen eines Spediteurfahrplans beginnen Sie mit der Pflege der allgemeinen Daten sowie der Standard-Anfahrreihenfolge, wie in Abbildung 4.39 gezeigt.

Zuerst legen Sie die Gültigkeit des Fahrplans und die Reihenfolge der Stopps fest, indem Sie die gewünschten Standorte nacheinander hinzufügen. Optional können Sie eine Beschreibung, das Transportmittel und den Spediteur definieren – Letzteren entweder direkt oder über den SCAC-Code (vor allem in den USA verbreitet).

- **Transportgruppe**

  Hier kann festgelegt werden, welche Transportbedarfe dem vorliegenden Fahrplan zugeordnet werden können.

- **Kapazitäten**
  Sie können Einschränkungen für Gewicht, Volumen, Menge, alternative Menge und normalisierte Menge hinterlegen. Diese dienen als Vorlage für die in den Abfahrtsregeln pflegbaren Kapazitäten, die ihrerseits ebenfalls als Vorlagen für die pro erzeugter Abfahrt pflegbaren Kapazitäten dienen. Beachten Sie, dass die Kapazitäten nur gepflegt werden können, wenn Sie diese Funktion in der Fahrplanart aktiviert haben.
- **Transportkosten**
  Kosten und Fixkosten definieren, die bei der automatisierten Planung berücksichtigt werden und pro Fahrplanabfahrt gelten. In den Planungskosten können Sie festlegen, ob die Mengenkosten mit der zurückgelegten Distanz multipliziert werden (siehe Abschnitt 6.8.3, »Vehicle Scheduling and Routing: Zielkriterien für die Planung«). Diese Kosten dienen wie die Kapazitätsdefinition als Vorlage für die Abfahrtsregeln, die wiederum als Vorlage für die generierten Abfahrten dienen. Diese Funktion kann nur genutzt werden, wenn sie in der Fahrplanart aktiviert ist.

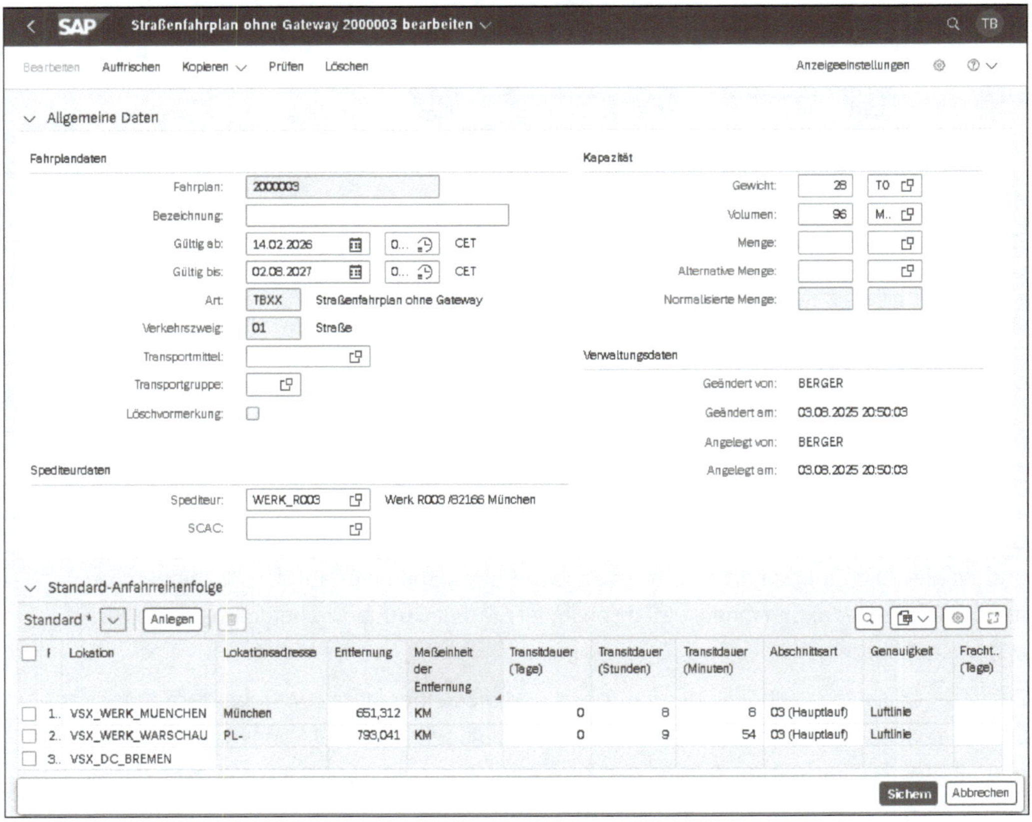

Abbildung 4.39: Allgemeine Daten und Lokationssequenz eines Straßenspediteurfahrplans

- **Verkehrszweigspezifische Felder**

  Für Reedereifahrpläne können Sie den Loop definieren, um zusammengehörige Fahrpläne entlang derselben Rotation zu gruppieren. Für Spediteurflugpläne können Sie den Airline-Code, die Flugnummer und die Flugzeugart definieren. Darüber hinaus können Sie festlegen, ob die Fluggesellschaft den Flug selbst durchführt.

Die Stoppsequenz dient als Vorlage für die Abfahrtsregeln und ermöglicht die Pflege der folgenden Daten:

- **Transitdauer**

  Dies ist die Transitdauer von einem Stopp zu seinem Nachfolger.

- **Entfernung**

  Das System bestimmt automatisch den Abstand zwischen zwei aufeinanderfolgenden Stopps, basierend auf den geografischen Koordinaten der Lokationen. Sie können die vorgeschlagene Distanz manuell ändern.

- **Aufenthaltsdauer**

  Dies ist die Aufenthaltsdauer an einem Zwischenstopp.

- **Annahmezeit**

  Sie können die Annahmezeit definieren, die bei der automatisierten Planung berücksichtigt wird. Diese Zeit gibt an, bis wann Transportbedarfe an die jeweilige Lokation geliefert werden müssen, damit sie von dort mit dem Fahrplan weitertransportiert werden können. Abhängig von der Fahrplanart können Sie sie, wie bereits beschrieben, relativ oder absolut definieren. Es ist auch möglich, Dokument- und Gefahrgutannahmezeiten zu definieren.

- **Frachtannahme**

  Sie können die Frachtannahmezeit (Cut-off-Zeit) festlegen, die bei der automatisierten Planung berücksichtigt wird. Dieser Wert gibt an, bis wann die Frachteinheiten am betreffenden Ort angeliefert werden müssen, damit sie von diesem Ort aus durch den Fahrplan transportiert werden können. Je nach Fahrplanart können Sie ihn relativ oder absolut festlegen, wie zuvor beschrieben.

- **Verfügbarkeitszeit**

  Die von der automatisierten Planung berücksichtigte Verfügbarkeitszeit legt fest, wann die per Fahrplan an der jeweiligen Lokation gelieferten Transportbedarfe für den Weitertransport abgeholt werden können.

  Durch Anklicken der Drucktaste **Anlegen** auf der Registerkarte **Abfahrtsregeln** können Sie mehrere Abfahrtsregeln gemäß der Lokationssequenz pflegen. Sie können die zeitliche Gültigkeit der Regel definieren, die in der Gültigkeit des Fahrplans liegen muss, und das Muster der Tage sowie die Zeiten für die Abfahrt, Ankunft, Annahme, Dokumentenannahme, Gefahrgutannahme und Verfügbarkeit sowie die Transit- und Aufenthaltsdauer festlegen.

Mit der Option, die Zeiten automatisch auszufüllen, können Sie eine Abfahrts- oder Ankunftszeit ändern und sie vom System in die übrigen Zeiten propagieren lassen. Mit der Definition eines Fabrikkalenders können Sie die kalendermäßige Generierung von Abgängen an Feiertagen unterdrücken.

Sie können mehrere Abfahrtsregeln auswählen und Abfahrten generieren, entweder für den gesamten Gültigkeitszeitraum oder für einen explizit definierten Zeitraum. Die Abfahrten werden auf einer eigenen Registerkarte **Abfahrten** angezeigt. Alle Zeiten und Dauern ergeben sich aus den Definitionen der Abfahrtsregeln. Durch Klicken auf **Anlegen** können Sie eine neue Abfahrt erstellen. Wenn Sie eine Abfahrt auswählen, wird die tatsächliche Stoppsequenz mitsamt allen Zeiten und Dauern im untersten Bereich angezeigt. Es ist möglich, Zeiten und Dauern manuell zu ändern, selbst wenn sie durch eine Abfahrtsregel ermittelt wurden.

Für Reedereifahrpläne können Sie den Schiffsnamen und die Schiffsnummer der *International Maritime Organization* (IMO) auf der Abfahrtsregel und der Abfahrtsebene pflegen. Für Spediteurflugpläne ist es möglich, Zwischenstopps als Servicestopps zu kennzeichnen (z. B. zum Tanken); Servicestopps können nicht zum Be- und Entladen verwendet werden, sondern erscheinen in den für den Spediteurflugplan erstellten Luftfrachtbuchungen. Es ist auch möglich, die Flugzeugart in den Abschnitten einer Abfahrtsregel zu pflegen. Darüber hinaus können Sie für Multistoppflüge pro Abschnitt angeben, ob die Fluggesellschaft den Abschnitt selbst durchführt.

Die Pflege von Gateway-Fahrplänen ist vergleichbar mit der Pflege von Spediteurfahrplänen, aber es müssen einige wichtige zusätzliche Daten gepflegt werden. Zuerst pflegen Sie das Quell-Gateway und das Ziel-Gateway mit den entsprechenden Annahmezeiten für das Quell-Gateway, die Transitdauer zum Quellhafen, die Transitdauer vom Zielhafen und die Verfügbarkeitszeit für das Ziel-Gateway, wie in Abbildung 4.40 für einen Seefrachtfahrplan dargestellt. Wenn Ihre Fahrplanart nur ein Quell- oder ein Ziel-Gateway enthält, dann pflegen Sie nur ein Gateway.

Anschließend definieren Sie die Standardstoppsequenz durch Eingabe der Lokationen. Durch Anklicken der Drucktaste **Fahrplan** und Auswahl der Option **Zuordnen** können Sie jeden Abschnitt auf einen Reedereifahrplan verweisen lassen, aus dem dann alle Zeiten und Dauern übernommen werden. Für einen Fahrplan ohne Referenz müssen Sie all diese Daten manuell im Fahrplan selbst pflegen.

Die Abfahrtsregeln definieren Sie analog zu den Spediteurfahrplänen. Der Unterschied besteht darin, dass Sie auf die Abfahrtsregeln der referenzierten Spediteurfahrpläne verweisen können, indem Sie den Abschnitt der erstellten Abfahrtsregel auswählen, auf die Drucktaste **Abfahrtsregel** klicken und die Option **Zuordnen** auswählen, um eine Abfahrtsregel des referenzierten Spediteurfahrplans auszuwählen.

Für Verbindungs-Gateway-Fahrpläne pflegen Sie einfach mehrere Abschnitte und verknüpfen sie mit verschiedenen Spediteurfahrplänen. Jeder Abfahrtsregelabschnitt bezieht sich auf eine Abfahrtsregel des referenzierten Spediteurfahrplans.

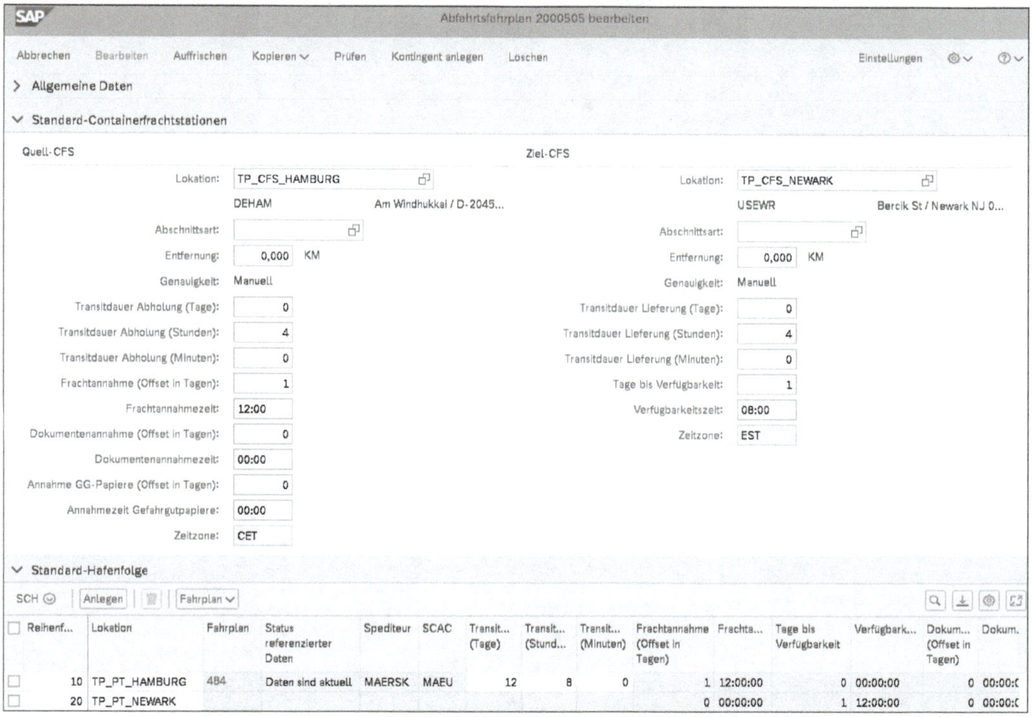

Abbildung 4.40: Gateways und Stoppreihenfolge eines Seefrachtfahrplans

Das Feld **Status referenzierter Daten** gibt an, ob sich die zugrunde liegenden Spediteurfahrpläne seit der Erstellung des Gateway-Fahrplans geändert haben. Dies ist sehr nützlich, wenn Sie schnell überprüfen möchten, ob Ihr Gateway-Fahrplan von wöchentlichen Aktualisierungen der Spediteurfahrpläne betroffen ist, die in das System hochgeladen werden.

Viele global tätige Verlader und Spediteure greifen auf die veröffentlichten Fahrpläne von Reedereien und Fluggesellschaften zurück, die von diesen regelmäßig veröffentlicht und aktualisiert werden. Für den Upload solcher externen Fahrplandaten stehen zwei Optionen zur Verfügung:

1. Der BAPI-Funktionsbaustein `/SCMTMS/BAPI_SCHEDULE_SAVEMULT`
2. Der Upload Report **/SCMTMS/SCH_UPLOAD** (SAP-Menüpfad **Logistik • Transportation Management • Stammdaten • Transportnetz • Fahrplan und Standardroute • Fahrplan-Upload**)

Der BAPI-Funktionsbaustein ermöglicht das Anlegen, Aktualisieren und Löschen von Fahrplänen. Voraussetzung ist, dass die externen Daten in das Format der generischen Schnittstelle des Bausteins umgewandelt werden.

Alternativ können Sie den Upload-Report nutzen, um Fahrpläne über eine vordefinierte Upload-Strategie oder eine eigene Strategie hochzuladen (siehe Abbildung 4.41).

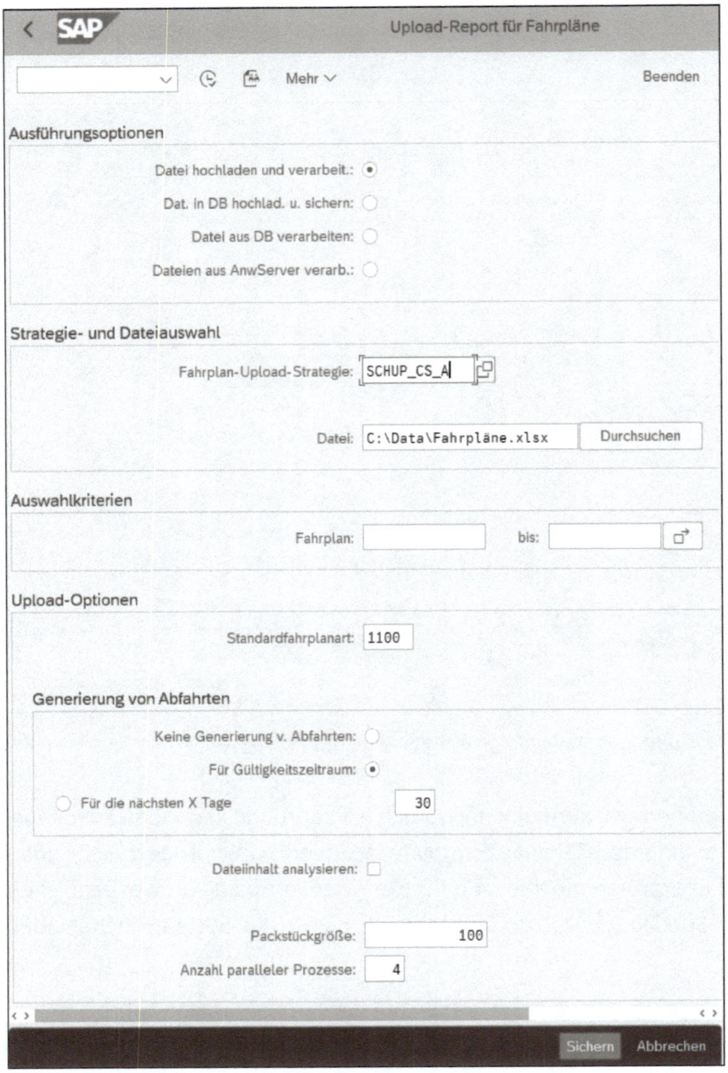

Abbildung 4.41: Programm zum Upload von Fahrplänen

Die Spediteurflugplanstrategie **SCHUP_CS_A** erlaubt etwa den Import von Flugplandaten im XLS- oder CSV-Format (Die erforderliche Spaltenstruktur finden Sie in SAP-Hinweis 1743069). Diese Dateien wurden entwickelt, um Flugpläne in einer einfachen und kompakten Weise darzustellen, die leicht zu verstehen und zu pflegen ist. OAG, einer der führenden Datenlieferanten von Flugplänen für die meisten Fluggesellschaften weltweit, bietet seine Daten im Dateiformat der Standard-Upload-Strategie **SCHUP_CS_A** an, die eine einfache Integration von Flugplänen in TM ermöglicht. Weitere Informationen zu dieser effizienten Integration von Flugplänen finden Sie in SAP-Hinweis 1857686.

Reedereifahrpläne können analog über die Upload-Strategie **SCHUP_CS_S** hochgeladen werden (mehr über die Spaltenstruktur erfahren Sie in SAP-Hinweis 2136548).

Der Upload-Report bietet eine direkte Verarbeitung einer Datei, was für kleine und mittlere Dateien empfohlen wird. Wenn die Datei sehr groß ist oder von einem Hintergrundjob hochgeladen wird, kann sie in die Datenbank hochgeladen und dann von der Datenbank aus verarbeitet werden. Sie können einen zusätzlichen Selektionsfilter definieren, sodass nur die benötigten Fahrpläne aus den Dateien hochgeladen werden. Die Fahrplanart kann vordefiniert sein; falls nicht vordefiniert, muss sie in der Datei festgelegt werden. Sie können eine automatische Generierung von Abfahrten entweder für den gesamten Gültigkeitszeitraum des Fahrplans oder für einen relativen Zeitraum anstoßen. Die letztgenannte Option ist nützlich, wenn Sie Abfahrtsregeln haben, die das ganze nächste Jahr abdecken, aber üblicherweise nur Frachtdokumente für die nächsten vier Wochen erstellen.

Sie können über die Option **Dateiinhalt analysieren** zusätzliche Daten aus der Fahrplandatei extrahieren. Im Szenario mit einem Spediteurflugplan würde dies eine Liste der enthaltenen IATA-Lokationscodes, Airline-Codes und Flugzeugarten liefern, die Ihnen helfen, die Vollständigkeit Ihrer entsprechenden Stammdaten zu überprüfen. Die Paketgröße und die Anzahl der parallelen Prozesse ermöglichen es, den Fahrplan-Upload entsprechend der erwarteten Dateigröße, der verfügbaren Hardware und der gewünschten Laufzeit des Uploads anzupassen.

Obwohl dieser Report automatisch Abfahrten erstellen kann, gibt es einige Szenarien, in denen Sie Fahrpläne hochladen, aber nicht sofort Abfahrten erstellen möchten. Wenn Sie viele Fahrplandaten bearbeiten, kann es mühsam sein, Abfahrten manuell zu erzeugen. Dafür können Sie stattdessen den Report `/SCMTMS/SCH_CRT_DEP` verwenden oder dem Menüpfad **Logistik • Transportation Management • Stammdaten • Transportnetz • Fahrplan und Standardroute • Anlegen von Fahrplanabfahrten** folgen und explizit Abfahrten für eine Menge von Terminen anlegen. Sie definieren eine Auswahl der relevanten Fahrpläne (basierend auf Fahrplanarten, Spediteuren und Fahrplänen) sowie den Zeitraum, für den die Abfahrten generiert werden sollen. Es ist auch möglich, diesen Report zunächst in einem Simulationsmodus auszuführen, um festzustellen, wie viele Abfahrten erzeugt würden. Wie beim Fahrplan-Upload-Report können Sie auch hier Paketgröße und Anzahl der parallelen Prozesse festlegen.

Wenn die Fahrpläne eine begrenzte zeitliche Gültigkeit haben (z. B. ein halbes Jahr) und regelmäßig neue Fahrpläne im System angelegt werden (z. B. für das nächste halbe Jahr), dann wächst die Anzahl der Fahrpläne im System kontinuierlich. In der Regel werden die alten Fahrpläne nicht mehr gebraucht, daher empfehlen wir Ihnen, sie aus dem System zu entfernen, um das Datenvolumen zu reduzieren und zu verhindern, dass Anwenderinnen und Anwender ihre Zeit mit alten Zeitplänen vergeuden.

Sie können Fahrpläne manuell löschen, z. B. über die Transportnetzübersicht (siehe Abschnitt 4.2.8, »Transportnetz-Cockpit und Transportnetzübersicht«). Alternativ steht Ihnen auch über den SAP-Menü-Pfad **Logistik • Transportation Management • Stammdaten • Transportnetz • Fahrplan und Standardroute • Fahrplanlöschung** ein

Löschreport zur Verfügung. In diesem können Sie die Auswahl von Fahrplänen definieren, eine der folgenden Löschoptionen auswählen und die entsprechenden Fahrpläne automatisch löschen:

- **Gesamte Fahrpläne**
  Der gesamte Fahrplan mit allen Abfahrtsregeln und Abfahrten wird gelöscht.
- **Abfahrten in der Vergangenheit**
  Dadurch werden nur Abfahrten in der Vergangenheit gelöscht. Die restlichen Abfahrten und alle Abfahrtsregeln werden beibehalten, auch wenn sie keine Abfahrt mehr haben.
- **Fahrplan ohne Abfahrten und in der Vergangenheit**
  Dies verhält sich wie die vorherige Option, löscht aber auch Fahrpläne ohne Abfahrten.
- **Löschvormerkung berücksichtigen**
  Diese Option löscht alle Fahrpläne mit einer aktiven Löschvormerkung.

Um ein unerwünschtes Löschen von Fahrplänen zu vermeiden, können Sie zunächst eine Simulation der gefundenen Fahrpläne durchführen, indem Sie die Option **Fahrpläne/Abfahrten einblenden** wählen (siehe Abbildung 4.42).

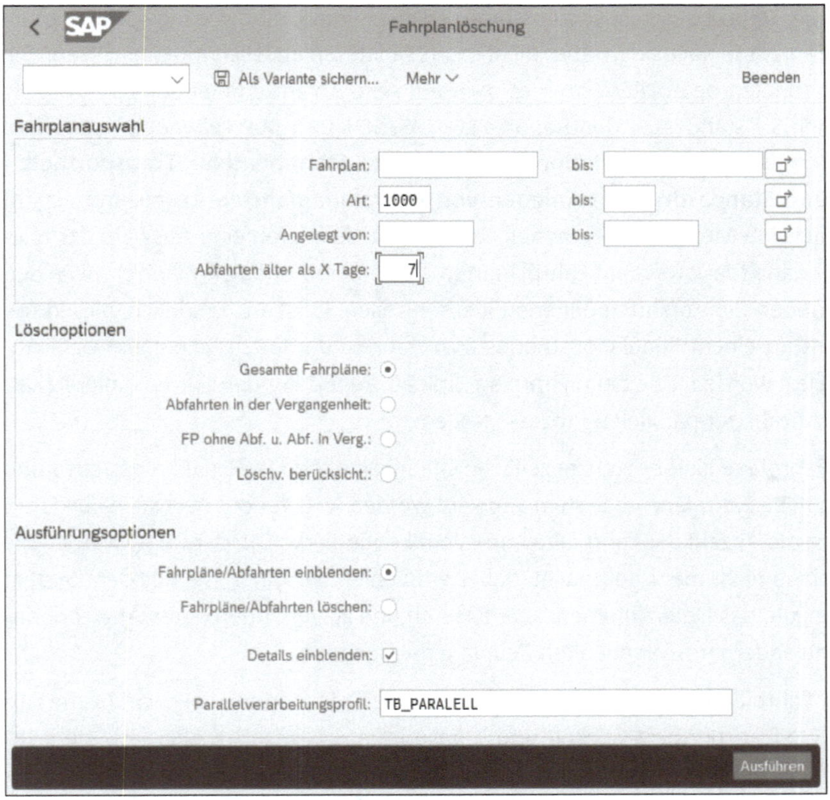

Abbildung 4.42: Programm zur Fahrplanlöschung

Wenn ein Fahrplan immer noch durch Frachtbelege, Kontingente oder andere Fahrpläne referenziert wird, dann ist er zum Löschen vorgemerkt und kann von diesen Belegen nicht für neue Referenzen verwendet werden. Ein Fahrplan wird jedoch nur dann gelöscht, wenn es keine Referenzen auf ihn gibt. Wenn Sie also den Löschreport wöchentlich ausführen, werden die Löschvormerkungen sofort gesetzt, und der Fahrplan wird nur gelöscht, wenn es keine referenzierenden Objekte mehr gibt.

4.2.5 Umladelokationen

In globalen Transportnetzen wird ein einzelner Transportauftrag in der Regel intermodal, d. h. über mehrere Verkehrszweige, nacheinander, ausgeführt. Der Wechsel des Verkehrszweigs findet an Umladelokationen statt, bei denen die Ware entladen und dann umgeladen wird.

Lassen Sie uns ein Beispiel betrachten, in dem Waren von Deutschland in die Vereinigten Staaten transportiert werden:

1. Ein Lkw transportiert die Ware von der Startlokation in Deutschland zum Hamburger Hafen.
2. Im Hafen wird die Ware vom Lkw entladen und auf ein Schiff umgeladen.
3. Das Schiff bringt die Ware zum Hafen von Newark.
4. Die Ware wird entladen und auf einen Lkw umgeladen.
5. Der Lkw transportiert die Ware an ihren Bestimmungsort in den Vereinigten Staaten.

In diesem Szenario dienen die Häfen in Hamburg und Newark als Umladelokationen. Während in diesem Beispiel Waren zwischen verschiedenen Verkehrszweigen (Lkw und Schiff) umgeladen werden, gibt es auch Umladeszenarien, bei denen sich der Verkehrszweig nicht ändert. Dies ist z. B. bei Abholtouren mit dem Lkw der Fall, bei denen die eingesammelten Waren in einem lokalen Depot entladen und auf andere Lkws umgeladen werden, die die Fracht dann über eine lange Strecke zu einem anderen Depot transportieren.

Um eine Lokation als Umladelokation zu definieren, wählen Sie die SAP-Fiori-App **Umladelokationszuordnungen definieren**. Definieren Sie eine Menge von Lokationen oder Transportzonen und eine Umladelokation, und wählen Sie dann **Zuordnungen anlegen/aktualisieren**, um die Umladelokation den Lokationen und Transportzonen zuzuordnen, wie in Abbildung 4.43 dargestellt.

Sie können auch bereits definierte Umschlagsplatzzuordnungen anzeigen, wie in Abbildung 4.44 dargestellt.

Für jede Zuordnung einer Umladelokation können Sie auch eine Dauer definieren, die bei der Grobplanung in der automatisierten Planung berücksichtigt wird (siehe Abschnitt 6.8.2, »Optimierereinstellungen konfigurieren«).

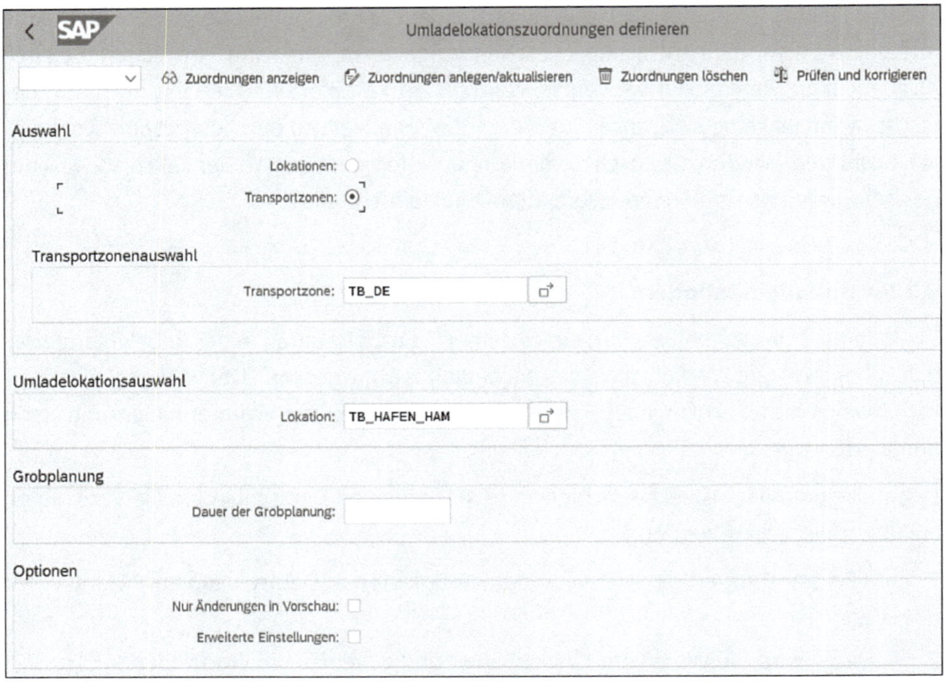

Abbildung 4.43: Umladelokationszuordnungen definieren

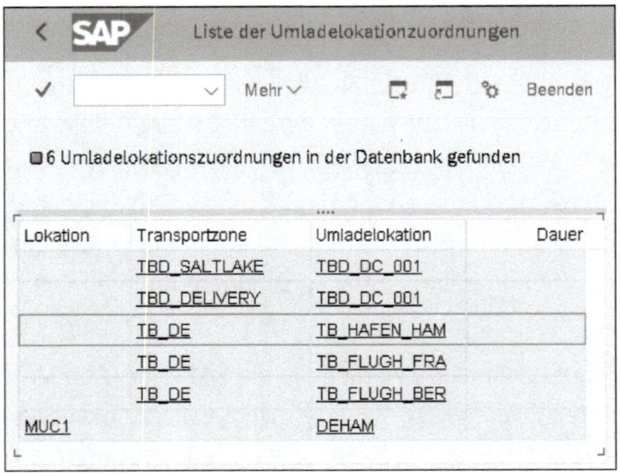

Abbildung 4.44: Liste von Umladelokationszuordnungen

Ist die Grobplanung aktiviert und eine Dauer gepflegt, kann das System annehmen, dass ein Transport von der Umladelokation zu den zugeordneten Lokationen und Zonen – und umgekehrt – mit der definierten Dauer möglich ist, selbst wenn weder eine Transportbeziehung noch ein Fahrplan definiert sind. Dies ermöglicht die Modellierung intermodaler Szenarien, in denen z. B. Vorläufe und Nachläufe (in einem ersten Schritt) nicht im Detail geplant werden, sondern grob auf Basis der gepflegten (groben) Transportdauer geplant werden sollten. Das Grobplanungskonzept stellt eine einfache Version der Erreichbarkeit für die automatisierte Planung dar, aber es werden keine Frachtbelege für die grob geplanten Teile des Transports erstellt. Daher betrachten wir es nicht als eine vollwertige Möglichkeit, die Erreichbarkeit auszudrücken.

Die Bestimmung von Umladelokationen erfolgt in einem iterativen Verfahren, das für eine gegebene Quell- und Ziellokation die relevanten Umladelokationen ermittelt. Der Prozess beginnt mit der Quelle und bestimmt die Umladelokationen, die der Lokation und ihren Zonen explizit zugeordnet sind. Jede nachfolgende Iteration fügt Umladelokationen hinzu, die den im vorangegangenen Schritt hinzugefügten Lokationen explizit zugeordnet sind. Analog werden Umladelokationen aus der Perspektive der Ziellokation ermittelt. Dieser Prozess bestimmt das Netzwerk der Umladelokationen, das Quelle und Ziel verbindet. Sie können eine Begrenzung für die Anzahl der aufeinanderfolgenden Umladelokationen definieren, die von der Quelle zum Ziel führen (siehe Abschnitt, 6.8.2, »Optimierereinstellungen konfigurieren«). Im Customizing können Sie über den Menüpfad **Transportation Management • Stammdaten • Transportnetz • Allgemeine Einstellungen für die Transportnetzermittlung** festlegen, dass bei der Ermittlung der Umladelokationen nur direkt verbundene Umladelokationen berücksichtigt werden.

Beachten Sie, dass Standardrouten auch verwendet werden können, um Umladelokationen explizit vorzugeben. Die Umladelokationen in einer Standardroute gelten jedoch nur, wenn der Transport entlang der Standardroute geplant ist. Abschnitt 4.2.6, »Standardrouten«, enthält weitere Details dazu.

In intermodalen Szenarien können viele verschiedene Fahrpläne einen bestimmten Hafen treffen. Damit der Hafen als Umladelokation für einen im Hafen ankommenden und einen abfahrenden Fahrplan genutzt werden kann, muss der Hafen als Umladelokation für alle anderen in den Fahrplänen enthaltenen Lokationen definiert werden. In einem globalen Seefrachtnetz, das Hunderte Häfen verbindet, wäre dies eine aufwendige und fehleranfällige Pflegeaufgabe. In einem globalen Luftfrachtnetz, das Tausende Flughäfen umfasst, wäre diese Aufgabe noch größer. Daher bietet TM eine automatische Verbindungsermittlung, die in den Optimierungseinstellungen aktiviert werden kann (siehe Abschnitt 6.8.2, »Optimierereinstellungen konfigurieren«). Auf diese Weise wird jede Lokation, die von zwei Fahrplänen angefahren wird, als Umladelokation für alle Lokationen der beiden Fahrpläne interpretiert. Diese implizite Definition von Umladelokationen reduziert den Pflegeaufwand deutlich. Werden auch die Vor- und Nachläufe in einem globalen Netzwerk durch Fahrpläne abgedeckt, ist keine explizite Zuordnung von Umladelokationen mehr erforderlich. Nur wenn Vorläufe und Nachläufe nicht durch Fahrpläne abgedeckt sind, müssen die in das Fahrplannetz eingehenden Umladelokationen explizit definiert werden.

[»]

Erreichbarkeit und Umladelokationen

Es gibt drei Möglichkeiten, zu definieren, dass Lokation A von Lokation B aus erreichbar ist:

- Definieren Sie eine Transportbeziehung von A nach B, entweder auf Lokationsebene oder in geeigneten Zonen.
- Definieren Sie einen Fahrplan, der von A nach B geht, entweder direkt oder indirekt über andere Lokationen.
- Definieren Sie eine (grobe) Dauer für eine Umladelokationszuordnung von A nach B oder umgekehrt, und nutzen Sie die Grobplanung. Beachten Sie, dass auf Basis der Grobplanung keine Frachtaufträge angelegt werden.

Es gibt drei Möglichkeiten, Lokation B als Umladelokation für Lokation A zu definieren:

- Definieren Sie eine explizite Zuordnung, wie gerade beschrieben.
- Definieren Sie eine explizite Zuordnung entlang einer Standardroute, wie in Abschnitt 4.2.6, »Standardrouten«, beschrieben.
- Definieren Sie eine implizite Zuordnung, wie gerade beschrieben.

In Szenarien, die Umladungen beinhalten (z. B. ein intermodales Szenario von Asien nach Europa), müssen Sie sicherstellen, dass die Erreichbarkeit und Umladelokationen passend definiert sind. In Szenarien ohne Umladung (z. B. ein lokales Verteilungsszenario innerhalb Bayerns in Deutschland) müssen Sie sicherstellen, dass die Erreichbarkeit innerhalb Bayerns definiert ist.

Wenn Sie Waren von Lokation A nach Lokation C mit Lokation B als Umladelokation transportieren wollen, müssen Sie B implizit oder explizit als Umladelokation für A oder C definieren und die Erreichbarkeit von A nach B und von B nach C mit einer der beschriebenen Möglichkeiten definieren.

Das Erreichbarkeitsnetz und das Umladenetz bilden zusammen das Transportnetz, wobei das Erreichbarkeitsnetz die Menge aller Lokationen und ihre Erreichbarkeitsrelationen repräsentiert und das Umladenetz die Menge aller Lokationen und ihre Umladerelationen.

Sie können für eine Lokation eine minimale und eine maximale Warenliegezeit definieren, die bei der Terminierung von Entlade- und Beladeaktivitäten einer Umladung berücksichtigt werden. Die Warenliegezeit eines Transportbedarfs ist die Zeitspanne zwischen dem Ende der Entladung und dem Beginn der folgenden Beladung an der Umladelokation.

So stellt etwa eine minimale Warenliegezeit von einem Tag sicher, dass die gelieferte Ware mindestens einen Tag an der Umladelokation verbleibt, bevor sie weitertransportiert wird. Bei einer maximalen Warenliegezeit von 72 Stunden darf die gelieferte Ware nicht länger als 72 Stunden vor ihrer Abholung an der Umladelokation verbleiben.

4.2.6 Standardrouten

In komplexen Transportnetzen kann es mehrere mögliche Wege von einer Quelle zu einem Ziel geben. Für viele Unternehmen sind nur wenige dieser möglichen Wege sinnvoll; oft führt Geschäftserfahrung oder eine sorgfältige Analyse des Netzwerks dazu, dass ein Unternehmen den für eine bestimmte Quelle und ein bestimmtes Ziel am besten geeigneten Weg kennt. Daher werden viele Transportgeschäfte durch Standardrouten organisiert; dies sind statische Regeln, die festlegen, wie Waren geografisch durch das globale Transportnetz geleitet werden sollen. Für intermodale Transporte können Standardrouten die Reihenfolge der Umladelokationen vorgeben, wie im letzten Abschnitt erwähnt. Für Szenarien mit Lkws und Anhängern sowie dynamischem Umkuppeln können Standardrouten die Reihenfolge der Umkupplungslokationen für eine Anhängereinheit vorgeben.

Eine Standardroute definiert eine Lokationssequenz für eine Quelle und ein Ziel, die beide sowohl eine Lokation als auch eine Zone sein können. Für einen Transport von einer Quelle zu einem Ziel dient die Standardroute als Vorlage, die den Transport durch das Netzwerk leitet.

Für eine gegebene Quell- und Ziellokation ermittelt das System anwendbare Standardrouten und wählt die spezifischste aus. Eine Standardroute ist für eine Quelllokation Q und eine Ziellokation Z anwendbar, wenn die Quelle der Standardroute die Lokation Q oder eine Zone, die Q beinhaltet, enthält und das Ziel der Standardroute entweder Z oder eine Z enthaltende Zone ist. Wenn es mehrere anwendbare Standardrouten gibt, wählt das System die spezifischste aus. Eine Lokationsübereinstimmung ist spezifischer als eine Anwendbarkeit per Zone.

Die Möglichkeit, Standardrouten mit einer Quellzone und einer Zielzone zu definieren, reduziert den Aufwand für die Standardroutenpflege erheblich. Betrachten wir ein Seefrachtszenario, in dem Waren aus Deutschland über Häfen in Hamburg und Newark in die Vereinigten Staaten transportiert werden. Dies könnte durch Pflege vieler Standardrouten von Lokation zu Lokation ausgedrückt werden. Bei 20 Quelllokationen in Deutschland und 50 Ziellokationen in den USA würde dies zu 1.000 Standardrouten führen. Mit der Definition einer Zone für Deutschland und einer Zone für die USA können Sie eine Standardroute von Deutschland in die USA über die Umladehäfen Hamburg und Newark definieren. Diese Standardroute von Zone zu Zone hat die gleiche Wirkung wie die 1.000 Standardrouten von Lokation zu Lokation. Ein weiterer Vorteil der Standardroute von Zone zu Zone ist, dass Sie keine neuen Standardrouten erstellen müssen, wenn neue Quell- oder Ziellokationen in der Quell- und Zielzone erscheinen.

Um eine Standardroute zu definieren, wählen Sie die SAP-Fiori-App **Standardroute anlegen** und geben die Standardroutenart ein, die Sie aus den definierten Standardroutenarten auswählen können. Neben der Pflege der Beschreibung und des Gültigkeitszeitraums können Sie die Anwendbarkeit einer Standardroute einschränken, indem Sie eine Option für **Gefahrgut** (nur Gefahrgut, nur Nichtgefahrgut oder alle Güter) wählen und die **Versandart** einstellen (siehe Abbildung 4.45). Über die Pflege der **Transport-Stopps** können Sie pro Abschnitt Folgendes definieren: Verkehrszweig, Transportmittel, Abschnittsart, Fahrplan und Spediteur, die jeweils Einschränkungen für die Planung darstellen. Wenn z. B. ein Fahrplan für einen bestimmten Abschnitt definiert ist, erstellt die Planung nur einen Transportplan mit dem vorgegebenen Fahrplan für diesen Abschnitt. Analog wird ein Spediteur, der für einen bestimmten Abschnitt festgelegt ist, von der Planung verwendet.

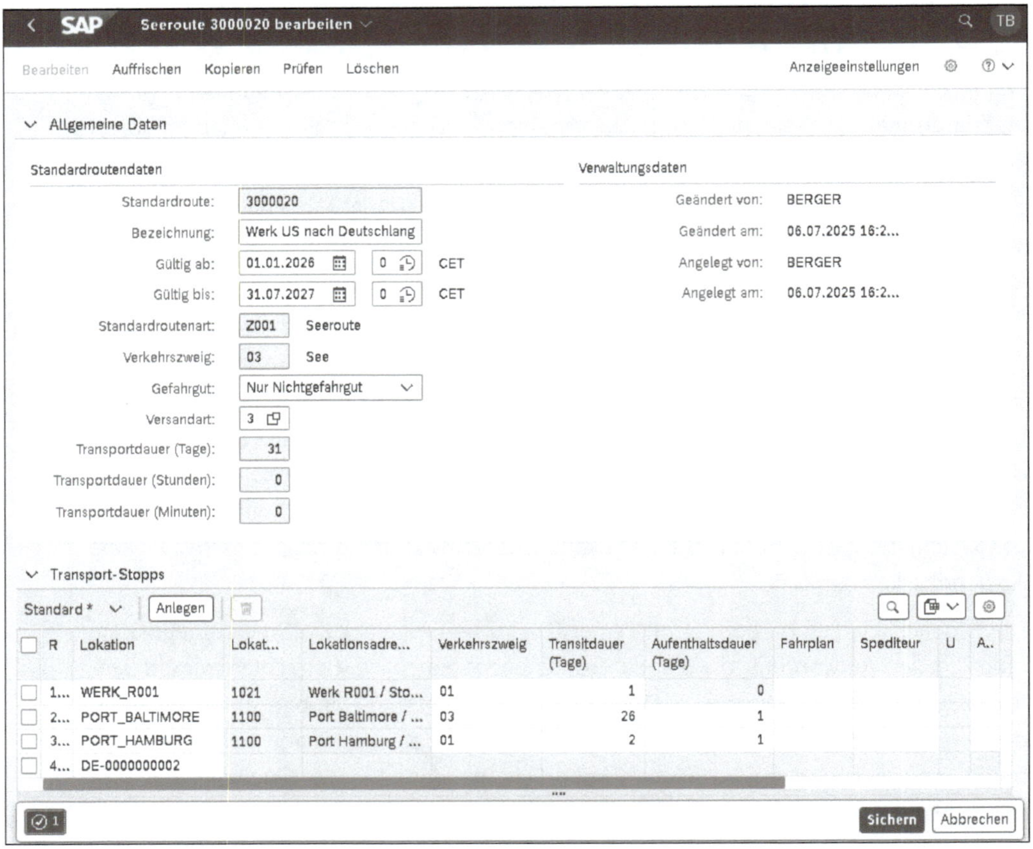

Abbildung 4.45: Pflege einer Standardseeroute

Sie können auch die Transitdauer pro Abschnitt und die Aufenthaltsdauer pro Zwischenstopp pflegen, die dann zusammen zur Transportdauer auf Kopfebene aggregiert werden. Alternativ können Sie die Transportdauer auch einfach auf der Kopfebene pflegen. Wenn Sie einen Speditionsauftrag erfassen, ermittelt das System die passende Standardroute und anhand der Transit- und Aufenthaltsdauern die gewünschten Abholungs- und Lieferzeiten für die erzeugten Frachteinheitsabschnitte entlang der bestellten Route im Speditionsauftrag. Die Transportdauer der Standardroute wird daher nicht explizit in der Planung verwendet, sondern nur indirekt über die Zeitfenster der Frachteinheiten.

Analog zu den Transitzeiten können Sie auch die Entfernung pro Abschnitt definieren, die bei der Anwendung der Standardroute in ein Bedarfsdokument übernommen wird. Dies ist nützlich, um den Anwenderinnen und Anwendern die Entfernung von noch ungeplanten Bedarfsdokumentabschnitten anzuzeigen.

Pro Abschnitt können Sie auch die verantwortliche Planungs- und Ausführungsorganisation definieren und festlegen, ob diese Organisation die Zuordnungen von Frachteinheiten für die für diesen Abschnitt erstellten Frachtbelege explizit überprüfen muss. Eine solche Definition ermöglicht es Ihnen, die Verantwortlichkeiten für verschiedene Geschäftseinheiten in Ihrem Unternehmen zu strukturieren (z. B. für Seefrachtbuchungen auf den Hauptläufen Ihrer Standardrouten, siehe Abschnitt 7.2.1, »Seefrachtbuchungen«).

Standardroutenarten können über den IMG-Menüpfad **Transportation Management • Stammdaten • Transportnetz • Standardroutenarten definieren** gepflegt werden. Für eine Standardroutenart können Sie den Verkehrszweig definieren, der von für diese Art angelegten Standardrouten übernommen wird. Ähnlich wie bei der Versandart kann eine Standardroute auf einen Speditionsauftrag angewandt werden, wenn beide den gleichen Verkehrszweig haben oder ein Verkehrszweig undefiniert ist. Sie können auch angeben, ob die Standardroute obligatorisch ist, d. h., jede Fracht- oder Transporteinheit mit Abschnitten, die durch eine Standardroute erzeugt wurden, muss die obligatorische Standardroute verwenden. Zum Beispiel wurden entweder die Frachteinheitsabschnitte mit der entsprechenden Frachteinheitsbildungsoption erzeugt, oder sie wurden aus einem Speditionsauftrag heraus mithilfe der Fahrplanauswahl über Standardrouten angelegt. Mit der Standardroutenart kann auch definiert werden, ob die Standardroute für Fracht-, Anhänger-, Waggon-, Container- oder Packstückeinheiten in der VSR-Optimierung verwendet werden kann.

Standardrouten können in verschiedenen Zusammenhängen zur Definition der Abschnitte von Frachteinheiten, Transporteinheiten und Istrouten von Speditionsaufträgen genutzt werden, Letztere einschließlich der Auswahl von Fahrplänen. Diese Anwendungsfälle werden in den folgenden Abschnitten beschrieben.

Erzeugung von Frachteinheitsabschnitten

Während der Frachteinheitsbildung (FEB) können Frachteinheitsabschnitte automatisch auf Basis einer Standardroute generiert werden. Bei einer vorliegenden Frachteinheit ermittelt das System eine Standardroute basierend auf der Quelllokation und der Ziellokation der Frachteinheit. Anschließend werden die Frachteinheitsabschnitte gemäß der Stoppreihenfolge der Standardroute angelegt. Die Stoppreihenfolge definiert somit die Umladelokationen, die beim Transport von der Quelle zum Ziel verwendet werden sollen.

Diese Funktion eignet sich besonders, wenn der Warentransport streng regelbasiert organisiert ist. Werden etwa Waren von Deutschland an die Ostküste der Vereinigten Staaten routinemäßig über die Häfen in Hamburg und Newark abgewickelt, kann dies über eine Standardroute modelliert werden: mit Deutschland als Quellzone, dem Hafen in

Hamburg als zweitem Stopp, dem Hafen in Newark als drittem Stopp und einer Zielzone, die die Ostküste der USA darstellt.

Alternativ zur Verwendung von Standardrouten während der FEB erlaubt Ihnen das Transport-Cockpit, Standardrouten auch für ausgewählte Frachteinheitsabschnitte anzuwenden (siehe Abschnitt 6.7.9, »Arbeiten im Transport-Cockpit«). Jeder ausgewählte Frachteinheitsabschnitt wird durch Frachteinheitsabschnitte gemäß der spezifischsten Standardroute ersetzt. Im Vergleich zum vorangegangenen Anwendungsfall, Transporte strikt nach Standardrouten zu organisieren, betrachtet dieser Anwendungsfall Standardrouten als eine von mehreren Möglichkeiten, den Transport durch das Netzwerk zu leiten. Anwenderinnen und Anwender können jedoch explizit einen beliebigen Weg durch das Netzwerk festlegen und die Standardrouten nur bei Bedarf verwenden (z. B. wenn sie sich über den Weg durch das Netz unsicher sind). Beachten Sie, dass das Transport-Cockpit das Splitten und Zusammenführen von Frachteinheitsabschnitten erlaubt, d. h., die für die Planung verantwortliche Person hat stets die Möglichkeit, Frachteinheitsabschnitte zu ändern, die durch Standardrouten angelegt wurden.

Erzeugung von Transporteinheitsabschnitten

Standardrouten können analog zur Verwendung bei Frachteinheiten auch bei Transporteinheiten genutzt werden, um die Transporteinheit in Abschnitte aufzuteilen.

Beachten Sie, dass Sie die FEB auch zum Anlegen von Transporteinheiten nutzen können, indem Sie in der Frachteinheitsbildungsregel (FEBR) eine Transporteinheitsart als Dokumentart angeben (siehe Abschnitt 6.2.3, »Frachteinheitsbildung«) und auch in diesem Fall Standardrouten verwenden können.

Darüber hinaus sollten Sie sich bewusst machen, dass ein Stopp in einem Bedarfsdokument üblicherweise bedeutet, dass der Verkehrsträger gewechselt werden soll. Wenn Sie eine Standardroute auf eine Anhänger- oder Waggoneinheit anwenden, wird an den vorgesehenen Stopps jeweils die Zugmaschine gewechselt bzw. der Waggon in einen anderen Zug überführt.

Erzeugung von Speditionsauftragsabschnitten und Auswahl von Fahrplänen

Für einen Speditionsauftrag kann das System die verfügbaren Fahrpläne pro Abschnitt ermitteln, sodass Anwenderinnen und Anwender aus den alternativen Fahrplänen wählen können. Nachdem ein Fahrplan ausgewählt wurde, werden seine Daten (z. B. Abfahrts- und Ankunftszeiten) in die Abschnitte der Istroute des Speditionsauftrags übernommen.

Bei der Fahrplanermittlung werden auch Standardrouten berücksichtigt. Wenn eine passende Standardroute gefunden wird, werden neue Abschnitte für den Speditionsauftrag gemäß der Stoppsequenz der Standardroute vorgeschlagen. Wenn die Standardroute spezifischere Informationen für einen Abschnitt enthält, wie z. B. einen Spediteur oder einen Fahrplan, werden den Anwenderinnen und Anwendern nur Fahrpläne für diesen Spediteur bzw. nur der vordefinierte Fahrplan für den entsprechenden Abschnitt angeboten.

Ist eine Alternative ausgewählt, werden die vorgeschlagenen Speditionsauftragsabschnitte (in der Istroute) gemäß der Standardroute angelegt, analog zur Erstellung von Abschnitten für eine Frachteinheit oder Transporteinheit durch eine Standardroute. Die Zusatzinformationen wie Spediteur und Fahrplan werden ebenfalls in die Speditionsauftragsabschnitte übernommen.

Die Stoppsequenz der Standardroute definiert die Umladelokationen, die für den Speditionsauftrag verwendet werden sollen. Sobald Frachteinheiten für den Speditionsauftrag angelegt werden, entsprechen ihre Abschnitte denen des Speditionsauftrags, wobei auch die durch die Standardroute definierten Spediteure und Fahrpläne berücksichtigt werden.

So werden Szenarien ermöglicht, in denen die Istrouten von Speditionsaufträgen regelbasiert vorgegeben sind. Dies ist für Spediteure für Seefracht von Bedeutung, die die Transporte ihres Seestückgutfrachtgeschäfts nach Regeln organisieren, die die Fracht durch das Transportnetz führen. Zusätzlich zur Definition der Hafensequenz, die für den Seetransport verwendet werden soll, können auch der Reeder und ein Reedereifahrplan in einem Abschnitt der Standardroute vordefiniert werden.

4.2.7 Verkehrsbeziehungen

Die Beziehungen in Ihrem Transportgeschäft zu Ihren Spediteuren und Kunden sind in der Regel geografisch strukturiert. Sie können etwa eine Speditionsvereinbarung mit einem bestimmten Kunden von Deutschland nach Nordamerika, eine Frachtvereinbarung mit einer Reederei von Deutschland in die USA und ein Kontingent bei einer Fluggesellschaft vom Flughafen Frankfurt zum Flughafen Chicago haben. Möglicherweise haben Sie auch Geschäftsanteile zwischen Ihren beiden bevorzugten Straßenspediteuren innerhalb von Deutschland in Höhe von 60 % für den ersten und 40 % für den zweiten Straßenspediteur festgelegt.

Verkehrsbeziehungen (Trade Lanes) legen die grundlegenden geografischen Beziehungen fest, die alle diese Business-Objekte strukturieren. Eine Verkehrsbeziehung kann sich auf einen Verkehrszweig und ein Transportmittel beziehen. Sie definiert eine Transportrichtung, die durch die Ausrichtung sowie eine Quelle und ein Ziel (beide sind entweder eine Lokation oder eine Zone) festgelegt ist.

Sie können eine Verkehrsbeziehung definieren, indem Sie die SAP-Fiori-App **Verkehrsbeziehung anlegen** wählen und eine Verkehrsbeziehungsart eingeben. Anschließend können Sie die Beschreibung, den Verkehrszweig, das Transportmittel und die geografische Definition angeben, die sich aus Ausrichtung, Quelle und Ziel zusammensetzt (siehe Abbildung 4.46).

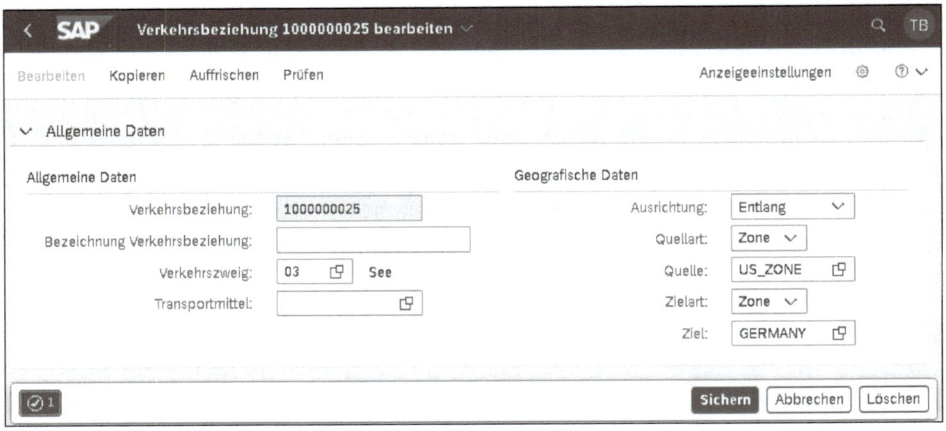

Abbildung 4.46: Pflege einer Verkehrsbeziehung

Sie können folgende Ausrichtungen pflegen:

- **Von**
  Deckt den Transport von einer ausgewählten Lokation oder Zone zu beliebigen anderen Lokationen ab.
- **Nach**
  Repräsentiert den Transport von einer beliebigen Lokation zu einer ausgewählten Lokation oder Zone.
- **Innerhalb**
  Deckt den Transport innerhalb einer Zone ab, also ausgehend von einer Lokation in der Zone zu einer anderen Lokation in der Zone.
- **Entlang**
  Stellt den Transport von einer ausgewählten Lokation oder Zone zu einer anderen ausgewählten Lokation oder Zone dar.
- **Eingehend**
  Deckt den Transport innerhalb und zu der ausgewählten Zone ab, also alle Transporte, die in der Zone enden und innerhalb oder außerhalb der Zone beginnen.
- **Ausgehend**
  Stellt den Transport innerhalb und von der ausgewählten Zone ausgehend dar, d. h. alle Transporte, die in der Zone beginnen und innerhalb oder außerhalb der Zone enden.

Die Verkehrsbeziehungsarten können über den IMG-Menüpfad **Transportation Management • Stammdaten • Transportnetz • Verkehrsbeziehung • Verkehrsbeziehungsarten definieren** definiert werden. Hier können Sie das Nummernkreisintervall für Verkehrsbeziehungsarten festlegen.

[«]

Transportbeziehung versus Verkehrsbeziehung

Obwohl beide Konzepte die Richtung eines Transports zwischen einer Quelle und einem Ziel (beides jeweils entweder Lokation oder Zone) darstellen, verfolgen sie unterschiedliche Ziele.

Die *Transportbeziehung* definiert die Erreichbarkeit, d. h., mit welchem Transportmittel Güter von der Quelle zum Ziel transportiert werden können und welche Spediteure pro Transportmittel zur Verfügung stehen. Darüber hinaus enthält sie viele Parameter, die sich auf die Transportplanung und die Auswahl des Spediteurs auswirken. Die Transportbeziehung definiert also, wie Transporte in Ihrem Netzwerk geplant und durchgeführt werden können, und hat einen wesentlichen Einfluss auf die Transportprozesse.

Die *Verkehrsbeziehung* ist lediglich die geografische Grundlage für mehrere Business-Objekte, die die Beziehungen zu Spediteuren und Kunden definieren. Sie kann für ein Transportmittel oder einen Verkehrszweig oder sogar ohne Bezug zu einem Verkehrszweig definiert werden. Das Konzept der Ausrichtung einer Verkehrsbeziehung ist allgemeiner als die Richtung einer Transportbeziehung. Die Verkehrsbeziehung selbst enthält keine Steuerungsparameter und beeinflusst somit keine Transportprozesse. In Verbindung mit Objekten wie Speditionsvereinbarungen, Frachtvereinbarungen, Kontingenten und Geschäftsanteilen ist die Verkehrsbeziehung jedoch das Schlüsselelement, um Ihr Transportgeschäft aus geografischer Sicht zu strukturieren.

4.2.8 Transportnetz-Cockpit und Transportnetzübersicht

Betrachten wir zwei komplementäre Werkzeuge, die Ihnen Transparenz zum Transportnetz sowie Such- und Pflegemöglichkeiten bieten: das Transportnetz-Cockpit und den Arbeitsvorrat zur Transportnetzübersicht.

Transportnetz-Cockpit

Das Transportnetz-Cockpit ermöglicht die Darstellung des Transportnetzes oder von Teilen davon auf einer geografischen Karte sowie das Anlegen von Stammdatenobjekten wie Lokationen, Transportzonen und Verkehrsbeziehungen auf der Karte. Für Objekte, die auf der Karte angezeigt werden, können Sie zu den entsprechenden (textbasierten) Pflegeoberflächen navigieren, die in den vorangegangenen Abschnitten beschrieben wurden. Die Visualisierung des Transportnetzes auf einer Karte ist wahrscheinlich der beste Weg, um seine Struktur zu verstehen und seine Korrektheit und Vollständigkeit zu überprüfen. Bestimmte Stammdateninkonsistenzen im Transportnetz lassen sich auf der Karte leicht erkennen, wie z. B. falsche geografische Koordinaten von Lokationen oder fehlende geografische Koordinaten, die häufig als Punkt mit Koordinate (0,0) im Atlantik dargestellt werden, wo es definitiv keine Insel gibt.

Wenn Sie die SAP-Fiori-App **Transportnetz-Cockpit** wählen, können Sie Suchkriterien für die verschiedenen Elemente des Transportnetzwerks festlegen. Wenn Sie im Suchdialog auf die Schaltfläche **Start** klicken, werden die resultierenden Objekte auf der Karte angezeigt, wie in Abbildung 4.47 für eine Reihe von Fahrplänen dargestellt.

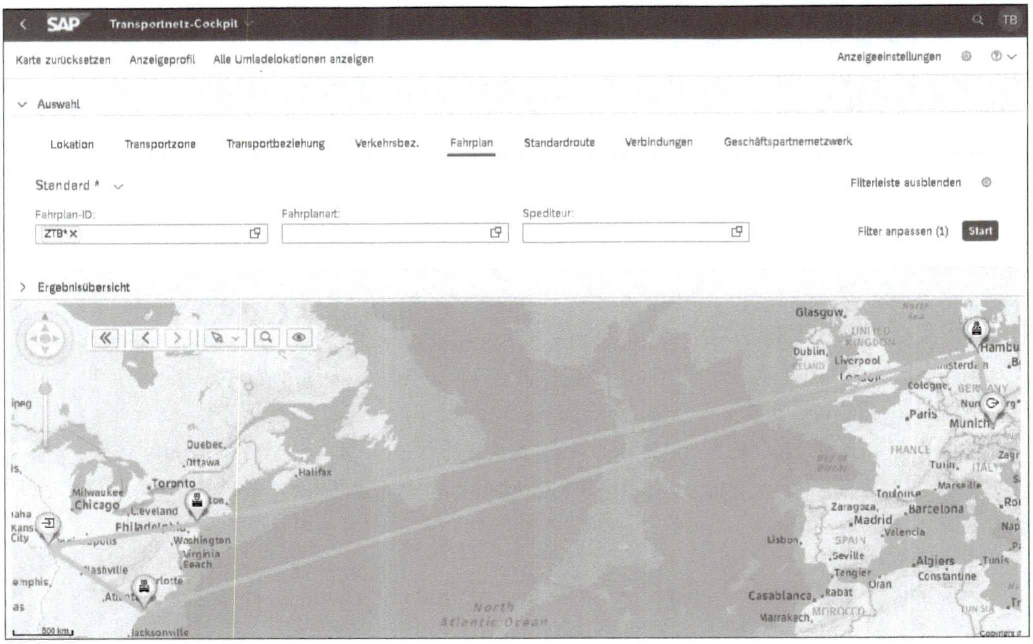

Abbildung 4.47: App »Transportnetz-Cockpit«

Im Bereich **Ergebnisübersicht** finden Sie eine Liste der Suchergebnisse. Sie können der Karte iterativ Suchergebnisse hinzufügen und die Karte löschen, um mit einer neuen Suche zu beginnen. Sie können sich auf die Karte bzw. den Bereich der Suchkriterien konzentrieren, indem Sie den anderen Bildbereich ausblenden.

Wenn einige Adressen in Ihren Ortsstammdaten unvollständig oder nicht korrekt sind, können Sie nach Orten mit geringer Genauigkeit oder Übereinstimmung suchen (siehe Abschnitt 4.2.1, »Lokationen«) und die Ergebnisse auf der Karte und in der Suchergebnisliste überprüfen. Anschließend können Sie die Orte einzeln prüfen und die erforderlichen Adresskorrekturen vornehmen.

Bei den Selektionskriterien für Lokationen können Sie über **Filter anpassen** auch eine Selektion bestimmter Dokumente oder nach Selektionsprofilen einschalten. Dies ist besonders nützlich, wenn während der Transportplanung falsche geografische Koordinaten festgestellt werden und Sie im Transportnetz-Cockpit alle Lokationen eines Planungsszenarios oder eines Belegs überprüfen möchten.

Wenn Sie das gesamte Netzwerk sehen möchten, das Ihnen ein Spediteur anbietet, wählen Sie die Registerkarte **Geschäftspartnernetzwerk**, um alle Transportnetzstammdaten für den ausgewählten Spediteur anzuzeigen. Die Menge aller Umladelokationen kann über die entsprechende Drucktaste angezeigt werden.

Verwenden Sie die Registerkarte **Verbindungen**, um nach Wegen von einer Quell- zu einer Ziellokation zu suchen. So können Sie einfach überprüfen, ob Ihre Netzdefinition aus der Sicht von Erreichbarkeit und Umladelokationen vollständig ist. Die ermittelten Wege werden auf der Karte angezeigt, und wenn es keine direkte Erreichbarkeit von der Quelle bis zum Ziel gibt, wird dies zusätzlich als roter Pfeil angezeigt. Wenn Sie Verbindungen erwarten, jedoch keine angezeigt werden, können Sie so feststellen, ob eine Umladelokation, ein Fahrplan oder eine Transportbeziehung für die erwartete Verbindung fehlt. Da die Netzdefinition für die automatisierte Planung entscheidend ist, empfehlen wir Ihnen, die Vollständigkeit und Richtigkeit Ihrer Netzdefinition durch das Transportnetz-Cockpit zu überprüfen, falls die automatisierte Planung nicht den von Ihnen erwarteten Transportplan findet.

Wenn Sie mit der rechten Maustaste auf ein Objekt auf der Karte klicken, können Sie über das Kontextmenü Folgendes tun:

- Zeigen Sie die Details des Objekts an, um zur Pflegeoberfläche des Objekts zu navigieren und dort das Objekt zu bearbeiten.
- Verbergen Sie das Objekt, andere Objekte oder andere Objekte ohne Bezug auf der Karte.
- Für eine Lokation finden Sie zugewiesene Umladelokationen, zugehörige Transportzonen, Transportbeziehungen, Verkehrsbeziehungen, Fahrpläne, Standardrouten und Verbindungen zu einer anderen Lokation. Sie können eine Verkehrsbeziehung mit Bezug auf die Lokation anlegen und die geografische Position der Lokation auf der Karte verschieben.
- Für eine Transportzone können Sie zugewiesene Umladelokationen, Lokationen mit Bezug auf die Zone, Transportbeziehungen, Verkehrsbeziehungen, Fahrpläne und Standardrouten ermitteln. Sie können auch eine Verkehrsbeziehung mit Bezug auf die Zone anlegen und die geografische Position der Zone auf der Karte verschieben.
- Zeigen Sie Kanten von Transport- und Verkehrsbeziehungen, Fahrplänen und Standardrouten auf Straßenebene oder als gerade Linie an.

Wenn Sie mit der rechten Maustaste auf die Karte selbst klicken, können Sie Folgendes tun:

- Suchen Sie nach Adressen, und zeigen Sie diese auf der Karte an.
- Legen Sie fest, ob Kanten durch eine gerade Linie oder auf Straßenebene dargestellt werden.
- Zeigen Sie das Anzeigeprofil an, das eine Legende für die angezeigten Objekte enthält und es ermöglicht, die visuelle Präsentation dynamisch anzupassen, wie z. B. das Ein- und Ausschalten von Beschriftungen (siehe Abschnitt 6.7.5, »Karte«, für weitere Details zur Konfiguration der Karte und zur Verwendung des Anzeigeprofils).

- Entfernen Sie die Hervorhebung der Ergebnisse der letzten Suche.
- Legen Sie an der aktuellen Position auf der Karte eine Lokation oder Transportzone an.
- Suchen Sie Lokationen innerhalb eines gegebenen Radius um die aktuelle Position.
- Personalisieren Sie die Karte anhand Ihrer Anforderungen. Legen Sie den initialen sichtbaren Kartenbereich fest (Standard ist die Welt), und wählen Sie eine Kartenart aus den konfigurierten Karten der angebundenen GIS-Anbieter.

Arbeitsvorrat zur Transportnetzübersicht

Während das Transportnetz-Cockpit die geografische Sicht auf das Netz darstellt, stellt der Arbeitsvorrat zur Übersicht des Transportnetzes Abfragen für alle im Standard enthaltenen Fahrplanarten sowie Standardrouten und Verkehrsbeziehungen zur Verfügung (siehe Abbildung 4.48).

Um diese Übersicht zu öffnen, wählen Sie die SAP-Fiori-App **Transportnetz • Arbeitsvorrat**. Mit den üblichen Funktionen einer Abfrage zum Arbeitsvorrat zum Sortieren, Filtern und Personalisieren können Sie schnell durch die für Sie relevanten Datensätze navigieren oder die Liste in eine Tabellenkalkulation exportieren. Darüber hinaus können Sie relevante Operationen anstoßen. So können sie z. B. für ausgewählte Fahrpläne Frachtdokumente erstellen und Abfahrten generieren. Außerdem können Sie einen ausgewählten Fahrplan anzeigen, bearbeiten, kopieren, löschen oder eine neue Instanz erstellen.

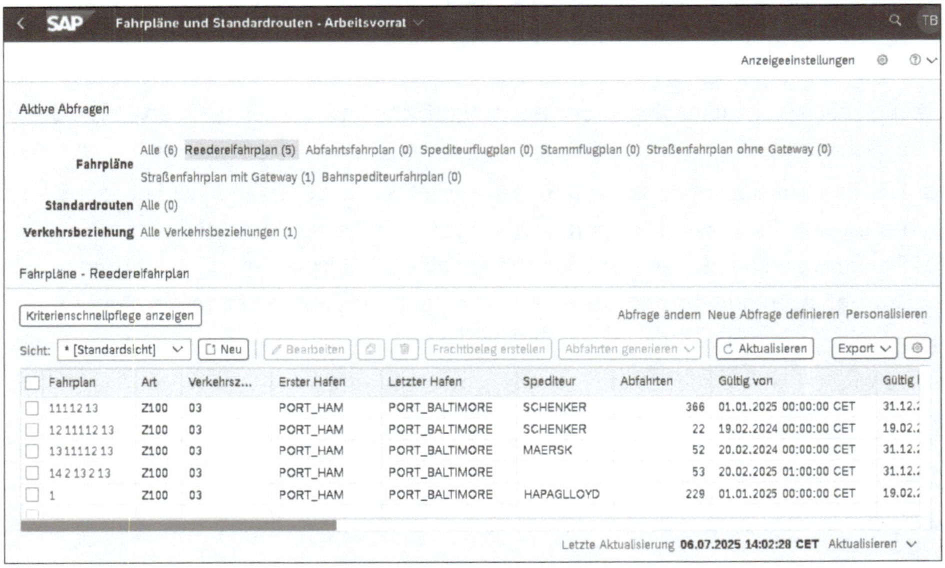

Abbildung 4.48: Arbeitsvorrat zur Übersicht des Transportnetzes

4.2.9 Integration von geografischen Diensten

Geografische Dienste wie Geocodierung und Routenermittlung sind unerlässlich für fundierte Entscheidungen. Diese Dienste werden in der Regel von externen *Geodienstanbie-*

tern (GDA) bereitgestellt und laufen in deren Rechenzentren. Zwar ist es weiterhin möglich, ein eigenes *Geografisches Informationssystem* (GIS) zu betreiben, doch nutzen die meisten Unternehmen heute Webdienste. Daher konzentriert sich dieser Abschnitt auf die Integration externer geografischer Webdienste – die Informationen gelten jedoch auch für selbst gehostete GIS, sofern nicht anders angegeben.

Einige Anbieter decken nahezu die ganze Welt ab, andere nur bestimmte Regionen wie Nordamerika, Europa oder China. Einige TM-Benutzer sind möglicherweise bereits mit einem bestimmten GDA vertraut, wenn sie mit der Nutzung von TM beginnen, und möchten weiterhin die Dienste dieses Anbieters nutzen. Global tätige Unternehmen nutzen vielleicht sogar mehrere GSPs, z. B. einen pro Kontinent oder Region. Deshalb enthält TM selbst keine Geodienste, sondern bietet eine offene Infrastruktur, um GDAs anzubinden. So können per ABAP-Entwicklung (siehe SAP-Hinweis 1685381) verschiedene Anbieter angebunden werden. Dadurch behalten Sie die freie Wahl Ihres GDAs.

Geografische Dienste

SAP stellt mit den SAP HANA Spatial Services eine Abstraktionsschicht zwischen Geodienstanbietern (wie z. B. HERE oder TomTom) und Anwendungen wie TM bereit (siehe Abbildung 4.49). Diese Lösung erfordert nur eine Konfiguration und keine eigene Entwicklung. Wir empfehlen deshalb diesen Ansatz, da er der einfachste Weg ist, geografische Dienste in TM zu nutzen (siehe auch SAP-Hinweis 2711181).

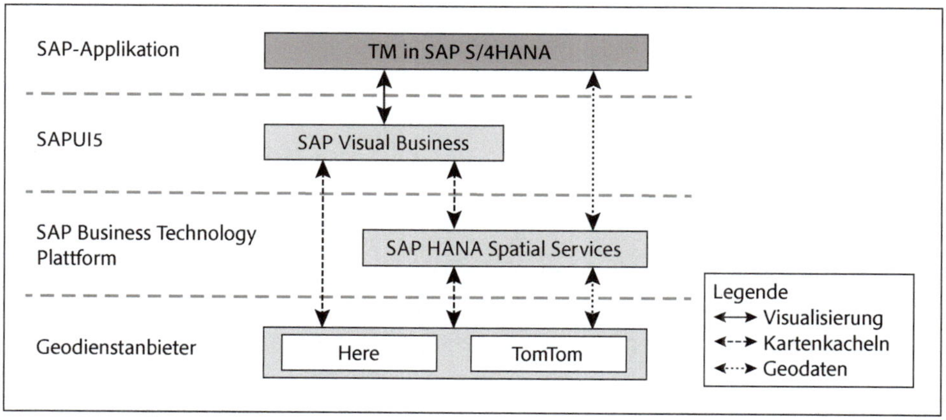

Abbildung 4.49: Integration eines Geodienstanbieters über SAP HANA Spatial Services

> **SAP HANA Spatial Services ist kein GDA**
>
> Trotz des Namens speichert SAP HANA Spatial Services keine eigenen Daten. Es handelt sich um einen webbasierten Vermittlungsdienst, nicht um einen eigenen GDA. Weitere Informationen zu SAP HANA Spatial Services finden Sie unter *https://help.sap.com/docs/sap-hana-spatial-services?mt=de-DE.*

Im Folgenden betrachten wir die relevanten geografischen Dienste, und Sie erfahren, wie sie über SAP HANA Spatial Services integriert werden:

- **Geocodierung**
  Aus einer Adresse ermittelt der Geocodierungsdienst die geografischen Koordinaten in Form von Längen- und Breitengraden sowie der Höhe. Diese sind nötig, um Orte korrekt auf der Karte darzustellen, und dienen als Grundlage für Routing-Dienste. TM übergibt die Adresse an SAP HANA Spatial Services, das den Geocodierungsdienst eines externen Anbieters aufruft und das Ergebnis an TM zurückliefert.
- **Einzel-Routing (Single Routing)**
  Dieser Dienst berechnet den schnellsten Weg zwischen zwei Punkten. Er liefert Entfernung und Gesamtfahrzeit der Route. Die meisten GDAs ermöglichen es alternativ, den kürzesten Weg zurückzuliefern. Auch können detaillierte Straßensegmente der ermittelten Route bereitgestellt werden, die für eine genaue Darstellung auf der Karte erforderlich sind. TM übermittelt Start- und Zielkoordinaten an SAP HANA Spatial Services, die den externen Routing-Dienst aufrufen und das Ergebnis an TM zurückliefern.
- **Matrix-Routing**
  Bei mehreren Start- und Zielpunkten berechnet der Matrix-Routing-Dienst für jedes Paar die Entfernung und Fahrzeit. TM übergibt die Koordinaten an SAP HANA Spatial Services, die den externen Dienst aufrufen. Das Ergebnis ist eine Matrix mit allen Kombinationen. Diese Methode ist deutlich effizienter als viele einzelne Routing-Aufrufe und wird deshalb bevorzugt eingesetzt.
- **Kartenkacheln**
  Die Visualisierung einer geografischen Karte basiert auf Kacheln, die rechteckige Ausschnitte der Gesamtkarte repräsentieren. TM nutzt das UI5-Steuerelement *SAP Visual Business* zur Anzeige einer Karte sowie von Standorten und Geschäftsdokumenten darauf. Die Kacheln können direkt vom Anbieter oder über SAP HANA Spatial Services geladen werden (siehe SAP-Hinweis 3234613). Beim Zoomen oder Verschieben des sichtbaren Kartenbereichs lädt SAP Visual Business automatisch die passenden Kacheln nach und aktualisiert die angezeigte Karte entsprechend.

Wird z. B. eine Route von A nach B nach C dargestellt, nutzt TM den Einzel-Routing-Dienst für beide Teilstrecken. Die ermittelten Straßenabschnitte werden anschließend als Linien auf der Karte gezeichnet. Voraussetzung ist, dass die Koordinaten für A, B und C zuvor bestimmt wurden.

Entfernungen und Fahrzeiten sind essenziell für die optimierungsbasierte Planung. Sie helfen, Transportrouten zu minimieren oder entfernungsabhängige Einschränkungen – etwa für Lkws – einzuhalten. Außerdem werden sie im Transport-Cockpit bei Bedarfs- und Kapazitätsbelegen angezeigt und für die Berechnung und Abrechnung entfernungsbasierter Gebühren verwendet.

Bei Fahrzeiten unterscheidet das System zwischen Netto- und Bruttodauer. Erstere stellt die reine Fahrtdauer dar und Letztere die Fahrzeit inklusive geplanter Warte, Leerlauf- und Pausenzeiten zwischen Start und Ziel.

Einzel- und Matrix-Routing nutzen graphenbasierte Algorithmen, um die kürzeste oder schnellste Verbindung zu berechnen. Das Verkehrsnetz wird dabei als Graph aus Knoten (z. B. Kreuzungen) und Kanten (Straßenverbindungen mit Entfernungs- und Zeitangaben) modelliert.

Die berechnete Route besteht aus einer Abfolge geografischer Koordinaten vom Start- zum Zielpunkt. Die eigentlichen Straßenabschnitte werden nur benötigt, wenn die Route auf einer Karte visualisiert werden soll – etwa im Transportnetz-Cockpit (siehe Abschnitt 4.2.8, »Transportnetz-Cockpit und Transportnetzübersicht«) oder in der Karte des Transport-Cockpits (siehe Abschnitt 6.7.5, »Karte«).

[«]

Routing, Standardrouten und Vehicle Scheduling and Routing

Die Begriffe *Route* und *Routing* werden in verschiedenen Kontexten verwendet:

Im GIS-Kontext bedeutet Routing das Bestimmen eines detaillierten Wegs durch das Straßennetz – inklusive Kreuzungen und Autobahnausfahrten –, um von einem Start- zu einem Zielort zu gelangen. Dieser Weg, die Route, gibt an, wie eine Fahrerin oder ein Fahrer tatsächlich fahren würde. Die zugrunde liegenden Informationen stammen vom angebundenen GDA. Ein solcher Pfad wird von einem einzelnen Routing-Dienst abgerufen, wenn er auf der Karte angezeigt werden soll.

Standardrouten hingegen sind statisch definierte Wege zwischen Lokationen des Transportnetzwerks. Sie basieren nicht auf physischen Straßenabschnitten, sondern auf Netzwerklokationen. Normalerweise werden Kreuzungen nicht als Lokationen gepflegt. Somit hat eine Standardroute eine höhere Abstraktion als eine Route. Standardrouten werden meist manuell auf Basis von Erfahrung gepflegt.

Die *VSR-Optimierung* (Vehicle Scheduling and Routing) automatisiert die Tourenplanung innerhalb des TM-Transportnetzes. Der Optimierer entscheidet, welche Transportbedarfe mit welchen Fahrzeugen abgewickelt werden, und ermittelt dynamisch eine Route für jedes Fahrzeug (basierend auf Optimierungskriterien). Diese Route basiert, wie die Standardroute, nicht auf Straßendetails, sondern auf TM-Lokationen.

Obwohl die Routen in TM auf höherer Ebene als im GDA definiert sind, nutzt die VSR-Optimierung Entfernungsdaten, die vom GDA stammen. Dabei berechnet der GDA intern die physische Route zwischen den im Optimierungslauf genutzten Lokationen, um daraus die Entfernung abzuleiten. Diese Informationen fließen in die Optimierungslogik ein – z. B. zur Minimierung der Gesamtdistanz.

Die geografische Karte zeigt eine Vielzahl transportrelevanter Objekte. Diese können entweder positionsbasiert sein – z. B. Standorte, Zonen oder Ressourcen – oder relationsbasiert, wie etwa Frachteinheiten, Frachtaufträge, Handelswege oder Fahrpläne. Beziehungsbasierte Objekte lassen sich auf zwei Arten darstellen:

1. idealisiert als gerade Verbindungslinien zwischen aufeinanderfolgenden Standorten
2. Realitätsnah mit detailliertem Routing, wobei der tatsächliche Straßenverlauf dargestellt wird. Der höhere Detaillierungsgrad geht jedoch mit einer längeren Antwortzeit einher, da viel mehr Details von einem einzelnen Routing-Dienst abgerufen werden müssen, um die detaillierten Streckensegmente auf der Karte anzuzeigen.

Die Kartenansicht ist besonders hilfreich, um die Struktur des Transportnetzes zu verstehen, zu analysieren und zu erklären. Während tabellarische Listen für Ungeübte schwer zu interpretieren sind, ermöglicht die Karte ein intuitives Verständnis der geografischen Lage und von Entfernungen zwischen Standorten.

Auch in der Transportplanung bringt die Kartenvisualisierung große Vorteile:

- Das Planungsteam kann geografische Konsolidierungspotenziale erkennen, die in Tabellen von Frachteinheiten und -aufträgen viel schwieriger zu identifizieren sind.
- Die Qualität einer Route lässt sich visuell viel besser bewerten: Gute Routen sollten z. B. keine sich kreuzenden Etappen enthalten, was in einer tabellarischen Etappenliste schwer zu beurteilen ist, aber auf einer Karte leicht überprüft werden kann.

Weitere Details zur kartenbasierten Planung finden Sie in Abschnitt 6.7.5, »Karte«. Beispiele zur Kartendarstellung im Transport-Cockpit zeigen wir Ihnen in Abschnitt 6.7.1, »Transport-Cockpit«.

Die Integration der geografischen Dienste (Geocodierung, Einzel-Routing, Matrix-Routing) erfolgt über Process-Controller-Strategien (siehe Abschnitt 3.3.6, »Process Controller Framework«). Wenn Ihr Unternehmen zwei verschiedene GDAs in verschiedenen Regionen verwendet und Sie alle drei Serviceabrufarten benötigen, müssten Sie sechs Strategien definieren, drei pro GDA und zwei pro Serviceabrufart. Wenn Sie weltweit nur einen GDA verwenden, aber alle drei Serviceabrufarten benötigen, müssten Sie drei Prozesssteuerungsstrategien definieren, eine pro Serviceart.

[»]

Pufferung von Entfernungen und Dauern

Gerade bei großen Szenarien mit mehreren Hundert oder Tausend Standorten kann das Matrix-Routing sehr rechenintensiv sein. Um die Performance zu verbessern, können die berechneten Entfernungen und Dauern in einem Puffer gespeichert werden. Werden diese Daten später erneut benötigt, greift das System direkt auf den Puffer zu – nicht auf den Routing-Dienst.

Die Nutzung des Puffers erfolgt über zwei Methoden in der Process-Controller-Strategie. Nur wenn Sie diese beiden Methoden in Ihrer Strategie zur Entfernungsermittlung einbinden, verwendet das System das Pufferkonzept. Andernfalls wird der Puffer ignoriert.

Im Customizing unter **Transportation Management • Stammdaten • Transportnetz • Transportbeziehung • Entfernungs- und Dauerermittlung • Globale Einstellungen für Entfernungs- und Dauerermittlung definieren** können Sie definieren, ob der Puffer symmetrische Werte annimmt – also dass Entfernung und Dauer von A nach B gleich denen von B nach A sind. Das spart Speicherplatz und verbessert die Laufzeiten.

Zudem können Sie festlegen, dass undefinierte Ergebnisse (z. B. bei fehlgeschlagenem Routing-Aufruf) im Puffer gespeichert werden. Diese Einträge helfen dabei, Probleme gezielt zu identifizieren und spätere Neuberechnungen nur auf diese Fälle zu beschränken. Alternativ können Sie als Fallback eine lineare Entfernungs- und Dauerberechnung aktivieren, falls der Routing-Dienst kein Ergebnis liefert.

Die Verwaltung des Puffers erfolgt im SAP-Menü unter **Logistik • Transportation Management • Stammdaten • Transportnetz • Entfernungs- und Dauerermittlung**. Hier können Sie ausgewählte Entfernungen und Dauern gezielt ermitteln und puffern lassen – manuell oder im Hintergrund über einen Hintergrundprozess. Die Selektion ermöglicht es, ablaufende Einträge rechtzeitig neu zu berechnen (beachten Sie dazu die Hinweise zur Gültigkeitsdauer im nächsten Abschnitt).

Das System unterscheidet die Puffereinträge nach der Genauigkeit der Entfernungs- und Zeitdauerbestimmung, die undefiniert, manuell definiert, linear oder über den über GIS-Dienst ermittelt sein kann.

Sie können Einträge auch manuell pflegen, etwa um undefinierte Werte durch realistische Daten zu ersetzen. Darüber hinaus ist es möglich, Puffereinträge zu löschen, Massenvorgänge über Batch-Jobs auszuführen oder den Puffer zu prüfen und automatisch zu reparieren.

Über den Pfad **Logistik • Transportation Management • Stammdaten • Transportnetz • Geokodierung** im SAP-Menü können Sie geografische Koordinaten ermitteln oder diese Aufgabe per Batch-Report erledigen.

Da geografische Dienste häufig pro Nutzung bezahlt werden, bietet TM Berichte an, die Statistiken liefern, mit denen eine Analyse der durchgeführten Geocodierungs-, Einzel-Routing- und Matrix-Routing-Aufrufe in einem bestimmten Zeitraum möglich ist. Über die Pfade **Logistik • Transportation Management • Stammdaten • Transportnetz • GIS-Metriken anzeigen** bzw. **GIS-Metriken löschen** im SAP-Menü können Sie diese Statistiken anzeigen bzw. löschen.

Konfiguration

Um einen geografischen Dienst für die Ermittlung von Entfernungen und Dauern zu verwenden, wählen Sie im Customizing unter **Transportation Management • Stammdaten • Transportnetz • Transportbeziehung • Entfernungs- und Dauerermittlung • Verwen-**

dung GIS-Tool einstellen und aktivieren den Parameter **Verwendung GIS-Tool**. Ansonsten nutzt das System die Luftlinienberechnung.

Welche Anbieter zur Verfügung stehen, konfigurieren Sie im Customizing unter **Transportation Management • Stammdaten • Transportnetz • Geografische Dienste • GIS-Anbieter definieren**. Beachten Sie, dass manche Anbieter die Speicherung geografischer Koordinaten oder von Entfernungen und Fahrzeiten außerhalb von Geschäftsdokumenten nur für einen begrenzten Zeitraum erlauben – z. B. für 30 Tage. Auch diese Gültigkeitsdauer der geografischen Daten sowie die zu verwendenden Strategien des jeweiligen Anbieters können Sie hier festlegen.

Wenn bestimmte Daten nach Ablauf der Gültigkeitsdauer benötigt werden, ruft das System diese synchron für den laufenden Prozess ab und speichert sie anschließend asynchron neu ab. Wir empfehlen, die Entfernungsdaten regelmäßig vorauszuberechnen, um zu vermeiden, dass alle geografischen Daten auf einmal abgerufen werden, was die Antwortzeit für den jeweiligen Prozess verschlechtern kann.

Global tätige Unternehmen möchten eventuell unterschiedliche Anbieter verwenden – z. B. einen in Nordamerika und einen in Europa. Dafür lassen sich alternative Strategien für Geocodierung, Einzel- und Matrix-Routing definieren. Verwenden Sie dafür im Customizing den Pfad **Transportation Management • Stammdaten • Transportnetz • Transportbeziehung • Entfernungs- und Dauerermittlung • Strategie für Entfernungs- und Dauerermittlung sowie Georouting festlegen**. Hier können Sie festlegen, welche Routing-Strategien für die jeweilige GIS-Zone verwendet werden sollen. Eine GIS-Zone kann dabei mehrere Länder oder Regionen umfassen.

Analog dazu definieren Sie die Geocodierungsstrategie pro GIS-Zone unter **Transportation Management • Stammdaten • Transportnetz • Lokation • Geocodierung • Geocodierungsgrade definieren**.

GIS-Zonen selbst sowie die Zuordnung von Ländern oder Regionen zu diesen Zonen pflegen Sie im Customizing unter **Transportation Management • Stammdaten • Transportnetz • Geografische Dienste • GIS-Zone definieren** und **Land/Region GIS-Zone zuordnen**.

[»]

Einrichtung von SAP HANA Spatial Services

Die Voraussetzungen zur Einrichtung von *SAP HANA Spatial Services* finden Sie in SAP-Hinweis 3058573. Die konkrete Konfiguration der Integration wird in SAP-Hinweis 2751622 beschrieben.

Den Karteninhalt für SAP Visual Business konfigurieren Sie im Customizing unter **Transportation Management • Grundfunktionen • Landkarte • Visual Business • Anwendungsdefinitionen pflegen**.

Sie können unterschiedliche GSPs je Land oder Region nutzen, indem Sie diese über Zuweisungen von Kontext-Kartenebenenstapeln abbilden und den Kontext im Feld **Kontext »Land/Reg«** des Kartenlayouts angeben (siehe Abschnitt 6.7.5, »Karte«).

Weitere Informationen zur Konfiguration oder zum Austausch des Kartenanbieters in SAP Visual Business finden Sie unter: *http://scn.sap.com/docs/DOC-43251*.

Empfehlungen

Die Integration geografischer Dienste bringt in vielen Szenarien einen großen Mehrwert – verursacht aber auch Kosten, etwa durch Lizenzgebühren externer Anbieter oder durch die Nutzung der SAP HANA Spatial Services.

Wenn Sie eine eigene Anbindung an einen GDA- oder GIS-Anbieter entwickelt haben, empfiehlt es sich, entsprechendes Know-how intern aufzubauen und zu erhalten. Geodienste entwickeln sich kontinuierlich weiter, und Sie möchten möglicherweise künftig neue Funktionen oder Versionen Ihres Anbieters nutzen. Falls Sie ein eigenes GIS betreiben, ist lokales Fachwissen essenziell, um den Betrieb dauerhaft sicherzustellen.

Wir empfehlen außerdem, die Genauigkeit des angebundenen GDA oder GIS regelmäßig zu prüfen – z. B. anhand bekannter Beispiele für Geocodierung, Entfernungsberechnung, Routenführung und Kartenanzeige. Hilfreich ist es auch, die Verfügbarkeit des angebundenen Dienstes zu überwachen, da Ausfälle gravierende Auswirkungen auf die Transportplanung oder Frachtkostenberechnung haben können.

Grundsätzlich kann TM auch ohne geografische Dienste betrieben werden. In diesem Fall werden geografische Koordinaten für Lokationen auf Länder- oder Regionenebene ermittelt. Um höhere Genauigkeit zu erreichen, können Koordinaten manuell gepflegt werden – was allerdings fehleranfällig und aufwendig ist. Ohne Routing-Dienst erfolgt die Entfernungsberechnung auf Basis der Luftlinie. Diese ist in manchen Szenarien eine praktikable Näherung zur Straßendistanz. Alternativ kann die Entfernung einer Transportbeziehung manuell gepflegt werden – ebenfalls ein fehleranfälliger und mühsamer Prozess, vor allem bei mittleren bis großen Transportnetzwerken.

Internet Graphics Server

[«]

Der Internet Graphics Server (IGS) war ein früherer Ansatz zur Ermittlung von Entfernungen und Laufzeiten. Seine Nutzung wird heute nicht mehr empfohlen, da er einen eigenen Server erfordert, nur mit einem bestimmten Anbieter kompatibel ist und ausschließlich Einzelfragen zur Distanz unterstützt – was die Leistung auf kleine Planungsszenarien beschränkt.

4.3 Equipmentarten und Ressourcen

Equipmentarten und *Ressourcen* spielen bei der Planung und Transportausführung eine zentrale Rolle. Abbildung 4.50 zeigt die verfügbaren Equipmentarten und Ressourcen, die für den physischen Transport von Gütern innerhalb des Transportnetzes zur Verfügung stehen.

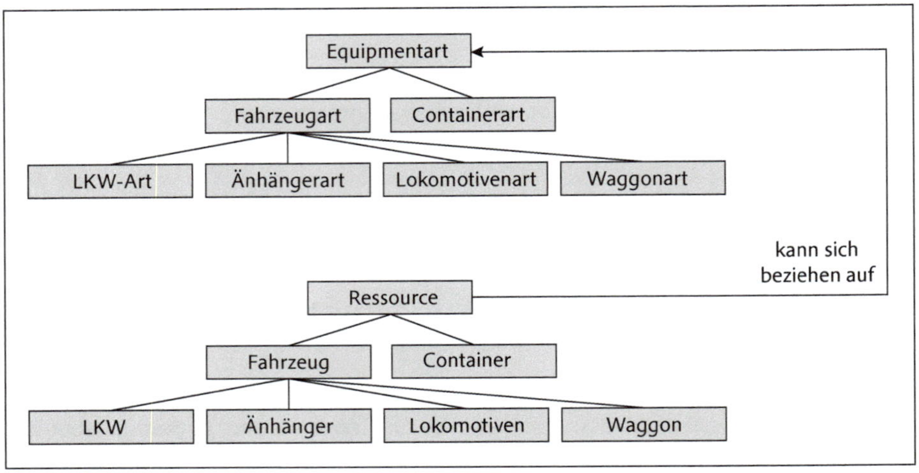

Abbildung 4.50: Beziehungen zwischen Equipmentarten und Ressourcen

Equipmentart und *Fahrzeugart* sind Sammelbegriffe und fassen alle Typen unterhalb dieser Ebene zusammen, und dasselbe gilt für eine Ressource und Fahrzeugressource. Wenn möglich, werden wir den spezifischsten Begriff verwenden, aber in manchen Zusammenhängen sind abstraktere Begriffe erforderlich. Die Planung kann auf Basis der Equipmentart oder von Ressourcen erfolgen. Ersteres ist ausreichend, wenn Sie keine dedizierten physischen Ressourcen planen, sondern z. B. Aufträge nur untervergeben. Letzteres nutzen Sie, wenn Ihre Planung konkrete physische Ressourcen plant, z. B. wenn Sie eine eigene Lkw-Flotte betreiben. Natürlich können Sie diese beiden Fälle auch mischen, z. B. wenn Sie Ihren eigenen Fuhrpark betreiben und die Ladungen, die Ihre Flottengröße überschreiten, an Subunternehmer vergeben.

Darüber hinaus kann eine Ressource auf Grundlage einer Equipmentart angelegt werden. Die Equipmentart dient in diesem Fall als Vorlage und Gruppierungsmerkmal, die Ressource kann jedoch anschließend bearbeitet werden und in einigen ihrer Eigenschaften von der Equipmentart abweichen.

Wenn Sie eine Lkw-Flotte mit 20 gleich großen Lkws betreiben, könnte dies durch eine Lkw-Art und 20 Lkw-Ressourcen modelliert werden, die sich auf dieselbe Lkw-Art beziehen, jedoch jeweils ein Nummernschild gepflegt haben. Es ist auch möglich, eine Ressource von Grund auf neu zu erstellen, ohne auf eine Equipmentart Bezug zu nehmen.

Lkws, Anhänger, Lokomotiven und (Eisenbahn-) Waggons werden als *Fahrzeuge* bezeichnet. Containerarten und Container stehen für Container und *Unit Load Devices* (ULDs).

Das Fahrpersonal wird für den Betrieb von Lastwagen benötigt und kombinieren Eigenschaften eines Geschäftspartners und einer Ressource (wie in Abschnitt 4.1.2, »Geschäftspartner«, beschrieben).

Kalenderressourcen stellen die Öffnungszeiten von Standorten dar. *Handling-Ressourcen* verallgemeinern Kalenderressourcen, indem sie zusätzliche zeitabhängige Kapazitätsbeschränkungen auferlegen, um z. B. die Anzahl der Tore eines Lagerhauses zu modellieren.

Wenn Sie die SAP-Fiori-App **Arbeitsvorrat Ressourcen** wählen, erhalten Sie einen Überblick über die gepflegten Ressourcen und das Fahrpersonal.

In diesem Abschnitt lernen Sie die zentralen Konzepte zur Modellierung Ihrer Transportressourcen kennen. Ausgehend vom Verkehrszweig und dem Transportmittel, werden die verschiedenen Equipment-, Fahrzeug- und Containertypen sowie die daraus abgeleiteten Ressourcen vorgestellt. Zusätzlich werden die für die Planung wichtigen Kalender- und Handling-Ressourcen erläutert.

4.3.1 Verkehrszweig und Transportmittel

Für die Planung und Durchführung von Transporten sind in TM zwei Begriffe von zentraler Bedeutung:

- **Verkehrszweig**

  Der Verkehrszweig definiert, welches Verkehrsmittel (z. B. Straße, Bahn, See und Luft) für den Transport verwendet wird.

- **Transportmittel**

  Das Transportmittel ist einem Verkehrszweig zugeordnet und modelliert eine Klasse von Fahrzeugressourcen mit gleichen Grundeigenschaften, wie z. B. der Ermittlung von Entfernungen und Dauern oder der Definition von Planungskosten.

Lassen Sie uns den Verkehrszweig und das Transportmittel im Folgenden näher betrachten.

Verkehrszweig

Jeder Verkehrszweig ist einem der vier *Verkehrszweigarten* – Straße, Bahn, See oder Luft – zugeordnet. Sie definieren eigene Verkehrszweige im Customizing unter dem Pfad **Transportation Management • Stammdaten • Transportnetz • Transportbeziehung • Verkehrszweig definieren** (siehe Abbildung 4.51). Die folgenden Parameter sind verfügbar:

- **Transportmittel**

  Das Transportmittel (**TM**) wird als Standard für die Entfernungs- und Dauerermittlung verwendet. Dieser Standard wird nur genutzt, wenn für einen vorliegenden Kapazitätsbeleg kein bestimmtes Transportmittel ermittelt werden konnte.

- **Hauptlauf**
  Der Verkehrszweig kann für einen Hauptlauf verwendet werden.
- **GG-Verkehrszweigart**
  Dieser Parameter definiert die Gefahrgut-Verkehrszweigart.

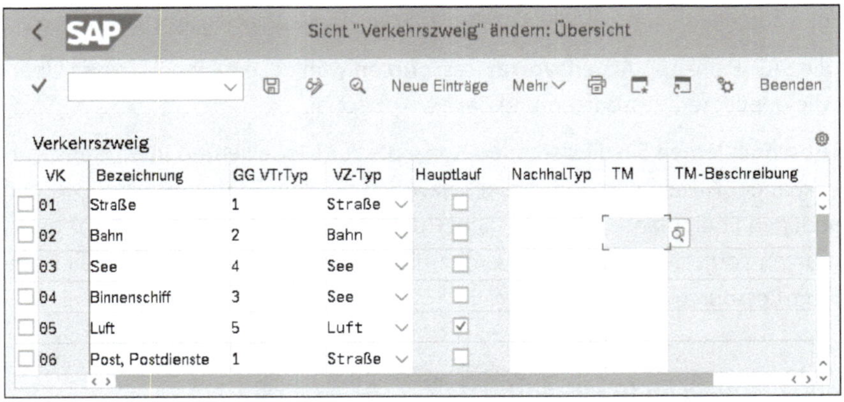

Abbildung 4.51: Konfiguration der Verkehrszweige

Nachhaltigkeitsfaktor des Verkehrszweigs

Der Nachhaltigkeitsfaktor wurde in früheren TM-Versionen genutzt, um Kohlendioxidemissionen zu modellieren. Inzwischen wird empfohlen, eine neue Modellierung über Equipmentarten (siehe Abschnitt 4.3.2, »Equipmentarten und -gruppen«) zu verwenden.

Transportmittel

Transportmittel stellen eine Möglichkeit dar, die Fahrzeugarten und -ressourcen aus Sicht ihrer Geschwindigkeit, Erreichbarkeit sowie (optional) der Planungskosten und Planungseinschränkungen zu bündeln. Um ein Transportmittel im Customizing zu pflegen, wählen Sie den Menüpfad **Transportation Management • Transportmittel definieren**. Abbildung 4.52 zeigt die Pflege eines Transportmittels, in der Sie neben Name, Beschreibung, Standardcode und Verkehrszweig auch die folgenden Parameter definieren können:

Das Feld **Übergeordnetes Transportmittel** ordnet das Transportmittel einem anderen Transportmittel zu, sodass eine Transportmittelhierarchie, wie in Abbildung 4.52 dargestellt, definiert werden kann. Normalerweise haben die meisten Lkws die gleichen Erreichbarkeitseigenschaften im Transportnetz, aber die Planungskosten für kleine, große, gekühlte und ungekühlte Lkws unterscheiden sich; dasselbe gilt für kleine, große, gekühlte und ungekühlte Anhänger. Mithilfe der gezeigten Transportmittelhierarchie können Sie das Wurzeltransportmittel einer Transportbeziehung zuordnen, um die Erreichbarkeit dieses Transportmittels und aller seiner Kinder in der Hierarchie zu definieren. Dadurch wird die Pflege der Transportbeziehungen erheblich vereinfacht und weniger fehleranfällig. Die Planungskosten können auf untergeordneten Ebenen in der Transportmittelhierarchie definiert werden. Die mittlere Schicht in dieser Hierarchie wäre aus Sicht der Planungskosten nicht erforderlich, könnte aber zur Definition von Kontingenten für Spediteure genutzt werden, wie in Abschnitt 7.4.4 , »Kontingente«, erläutert.

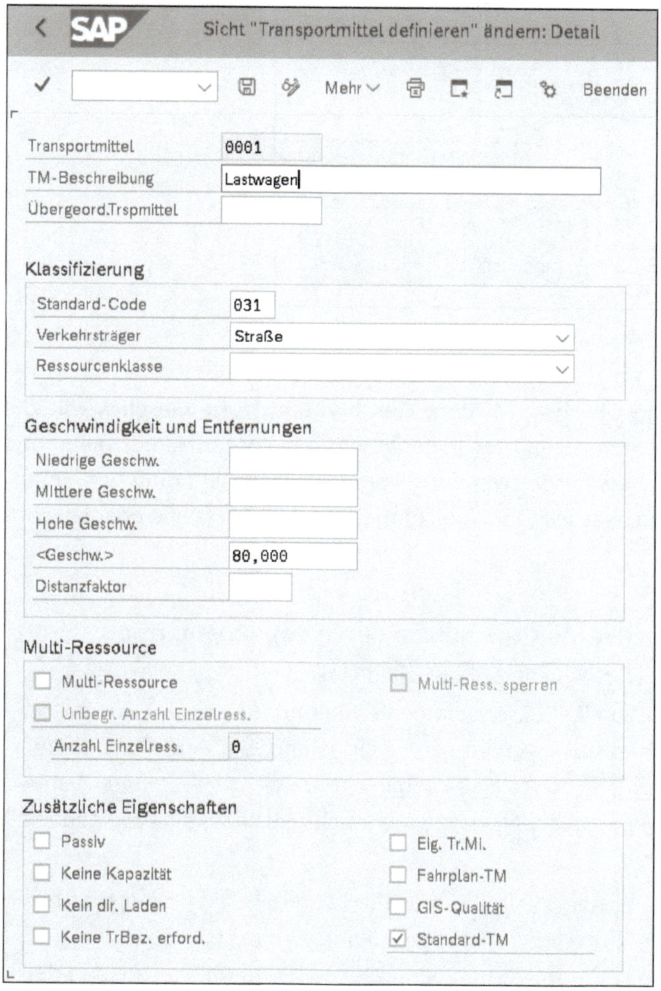

Abbildung 4.52: Pflege von Transportmitteln

Im Abschnitt **Geschwindigkeit und Entfernungen** können Sie den **Entfernungsfaktor** angeben, der das Verhältnis zwischen der zu berücksichtigenden Entfernung und der geradlinigen Entfernung definiert. Die **Durchschnittsgeschwindigkeit** wird verwendet, um die Dauer auf der Grundlage der Entfernung zu bestimmen. Beide Parameter sind nur relevant, wenn Entfernung und Dauer nicht durch geografische Dienste bestimmt werden, wie in Abschnitt 4.2.9, »Integration von geografischen Diensten«, erläutert.

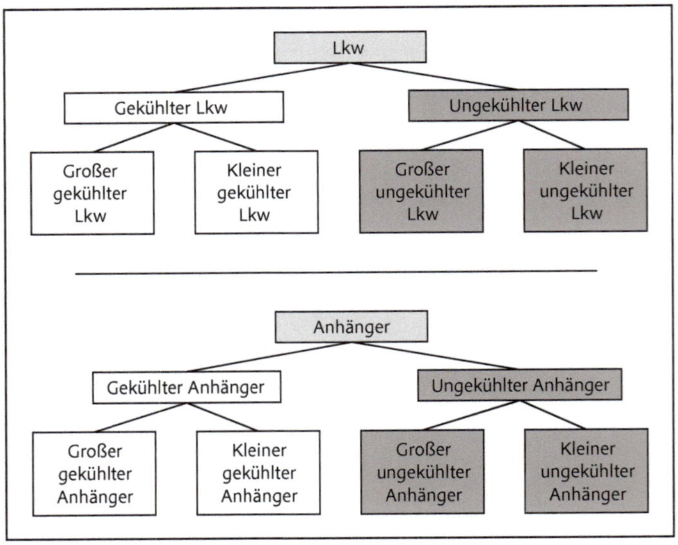

Abbildung 4.53: Transportmittelhierarchie

Die Definition von **Niedrige Geschw.**, **Mittlere Geschw.** und **Hohe Geschw.** (die die Durchschnittsgeschwindigkeiten bei Fahrten in bebauten Gebieten, auf Landstraßen und Autobahnen darstellen) war bei der Verwendung von IGS zur Bestimmung von Entfernung und Dauer erforderlich, was wir jedoch nicht mehr empfehlen (siehe ebenfalls Abschnitt 4.2.9).

[»]

Ablösung des Konzepts der Multiressourcen durch Equipmentarten

Vor SAP S/4 HANA 2021 war es nicht möglich, die Planung auf Equipmentarten basieren zu lassen (siehe Abschnitt 4.3.2, »Equipmentarten und -gruppen«). Für solche Szenarien wurde das Konzept der Multiressource eingeführt, um eine Planung auf der Ebene von abstrakten Fahrzeugen zu ermöglichen. Durch das Setzen des Parameters **Multi-Ressource** kann diese Ressource mehrfach zeitlich parallel zueinander genutzt werden.

Darüber hinaus können Sie steuern, ob dies unbegrenzt möglich oder nur eine bestimmte Anzahl paralleler Nutzungen erlaubt sein soll (Letzteres wird jedoch nur in der Optimierung, nicht in der Terminierung berücksichtigt) und ob die Nutzung der Ressource in einer Planungssitzung diese sperrt und somit eine Restriktion über mehrere parallele Planungssitzungen sichergestellt wird.

Dadurch, dass es inzwischen möglich ist, direkt auf Equipmentarten zu planen, entfällt die Notwendigkeit zur Nutzung von Multiressourcen.

Wir empfehlen, Multiressourcen nicht mehr zu nutzen. Stattdessen sollte bei einer unbegrenzten Anzahl zeitlich paralleler Transporte gleichartiger Fahrzeuge direkt eine Equipmentart modelliert werden. Wenn Sie eine limitierte Anzahl gleicher Ressourcen haben, modellieren Sie diese als Einzelressourcen.

Der Parameter **Passiv** definiert, ob die Ressource aktiv oder passiv ist. Während sich eine *aktive Ressource* allein bewegen kann, kann eine *passive Ressource* nur von einer aktiven Ressource bewegt werden. Im Straßenverkehr stellen Lkws und Anhänger aktive bzw. passive Ressourcen dar. Analog dazu stellen Lokomotiven und Waggons aktive bzw. passive Ressourcen für den Bahnverkehr dar.

Der Parameter **Kein dir. Laden** legt fest, dass Waren nicht in die Ressource geladen werden können – weder in die Ressource selbst noch in die zugewiesenen Ladeabteile. Typischerweise wird dieses Kennzeichen für Zugmaschinen und Lokomotiven verwendet. Analog kann der Parameter **Keine Kapazität** die Verwendung von Ladeabteilen für die Ressource verbieten.

Der Parameter **Eig. Tr.Mi.** (Eigenes Transportmittel) definiert, ob die diesem Transportmittel zugeordneten Ressourcen zu Ihrer eigenen Flotte gehören. Dies ist nur ein beschreibender Parameter. Die wichtigsten planungsrelevanten Eigenschaften werden durch die zuvor erläuterten Parameter für Multiressourcen gesteuert.

Der Parameter **Fahrplan-TM** (Fahrplan-Transportmittel) erlaubt die Verwendung des Transportmittels in Fahrplänen.

Die Option **GIS-Qualität** legt fest, ob ein GIS für die Entfernungs- und Dauerbestimmung verwendet wird. Ist diese Option ausgewählt, berechnet das GIS die Entfernung und Dauer. Die Ermittlung der Dauer berücksichtigt die angegebenen niedrigen, mittleren und hohen Geschwindigkeiten. Wird kein GIS verwendet, wird die Entfernung als Produkt aus der Luftliniendistanz und dem Distanzfaktor berechnet, während die Dauer auf der gepflegten Durchschnittsgeschwindigkeit basiert. Zu den Details bezüglich Bestimmung von Entfernung und Dauer für ein gegebenes Transportmittel erfahren Sie mehr in Abschnitt 4.2.3, »Transportbeziehungen«, um die Integration von geografischen Diensten geht es im gleichnamigen Abschnitt 4.2.9.

Der Parameter **Keine TrBez. erford.** definiert, dass für die Ermittlung der Erreichbarkeit keine Transportbeziehungen erforderlich sind. Dies hat zur Folge, dass mit diesem Transportmittel jeder Ort von jedem anderen relevanten Ort aus erreichbar ist. Dies ist nützlich, wenn Sie eine einfache Transportnetzstruktur haben, da Sie keine Transportzonen und Transportwege definieren müssen. Kunden mit einer ausgefeilten Netzstruktur sollten diese Funktion jedoch nicht nutzen und stattdessen die erforderlichen Transportzonen und -beziehungen pflegen.

Sie können ein Transportmittel als Standard für die Entfernungs- und Dauerermittlung festlegen. Dieses **Standard-TM** wird nur verwendet, wenn für einen vorliegenden Kapazitätsbeleg kein spezifisches Transportmittel ermittelt werden kann.

4.3.2 Equipmentarten und -gruppen

Die Grundidee einer *Equipmentart* ist es, eine abstrakte Kategorie mit gleichen logistischen Eigenschaften zu definieren, die zur Planung unabhängig von konkreten Fahrzeugen genutzt werden kann oder als Vorlage für Ressourcen dient. Eine *Equipmentgruppe* ist eine Gruppierung mehrerer Equipmentarten, deren Hauptzweck darin besteht, die Equipmentarten zu strukturieren.

Im Customizing können Sie über den Menüpfad **Transportation Management • Stammdaten • Ressourcen • Equipmentgruppen und Equipmentarten definieren** die folgenden Gruppen und Typen definieren (siehe Abbildung 4.54):

- Fahrzeuggruppen und Fahrzeugarten in der Ansicht **Fahrzeuggruppen**
- Containergruppen und Containerarten in der Sicht **Containergruppen**
- Handling-Ressourcen-Gruppen und Handling-Ressourcen-Arten in der Sicht **Handlingressourcengruppen**

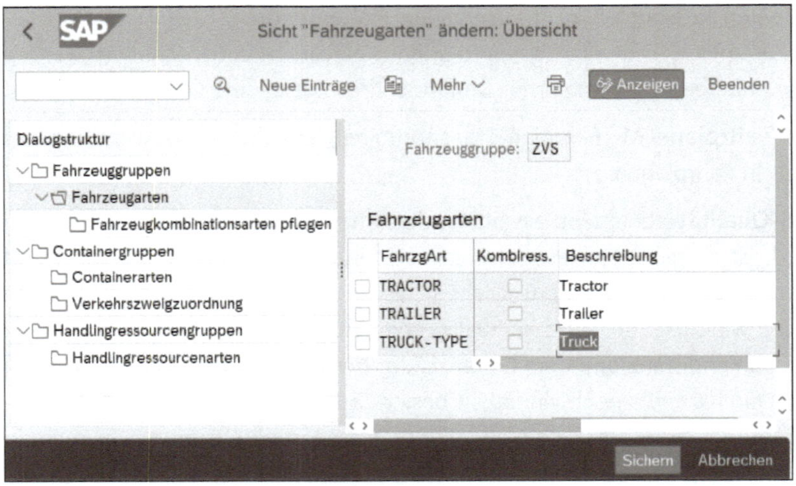

Abbildung 4.54: Pflege von Equipmentarten

[»]

Planung mit Fahrzeug- und Containerarten

Da die Planung basierend auf Fahrzeug- und Containerarten vor dem Release SAP S/4HANA 2021 nicht unterstützt wurde, kann die Planungsfähigkeit explizit deaktiviert werden, indem Sie den Parameter **Eingeschränkte Verwendung in der Planung** für die entsprechenden Equipmentarten aktivieren. Dieses Verhalten stellt sicher, dass das Planungsverhalten nach einem Upgrade des Kunden unverändert bleibt. Wir empfehlen, für neue Fahrzeug- und Containerarten den Parameter nicht zu nutzen (die Planung also nicht einzuschränken).

Wenn dieser Parameter nicht aktiv ist, werden Fahrzeug- und Containerarten in den entsprechenden Listen des Transport-Cockpits angezeigt und können bei der automatisierten Planung berücksichtigt werden. Ansonsten ist eine Planung mit diesen Equipmentarten nicht möglich. Jede planungsrelevante Equipmentart benötigt einen über alle Gruppen eindeutigen Namen. Planungsentscheidungen können auf der Ebene der Equipmentart getroffen werden, nicht aber auf der Ebene der Equipmentgruppen. Die Gruppenebene kann jedoch für Selektions- und Informationszwecke sowie zur Definition von Inkompatibilitäten oder Planungskosten verwendet werden. Mehr zur Planung erfahren Sie in Kapitel 6, »Transportplanung«. Sie können solche Equipmentarten nicht direkt über das Customizing löschen. Stattdessen müssen Sie zur Löschung das Feld **Löschvormerkung setzen** markieren, wodurch Sie die Equipmentart zur weiteren Verwendung sperren und über Ausführen des Reports `/SCMB/DELETE_EQUIPMENT_TYPE` löschen können.

Fahrzeugtypen werden zusätzlich zur Fahrzeuggruppe durch das zugeordnete Transportmittel strukturiert. Bei Containertypen ist dies nicht der Fall, sodass diese nur durch Containergruppen strukturiert werden können. Abbildung 4.55 zeigt ein Beispiel mit zwei Containergruppen, die jeweils aus drei Typen bestehen. Während die für Fahrzeugtypen und Ressourcen verwendete Transportmittelhierarchie beliebig viele Hierarchieebenen haben kann, enthält diese Containerhierarchie nur zwei Ebenen: die Gruppen und die Typen. In der Pflegeoberfläche können Sie einer Containergruppe auch Verkehrszweige zuordnen. Im vorangegangenen Beispiel würden Sie Container den Verkehrszweigen Straße, Bahn und See sowie Luftfrachtcontainer dem Verkehrszweig Luft zuweisen. Wir empfehlen die Nutzung von Containergruppen und Containerarten zur Strukturierung Ihrer Containerressourcen.

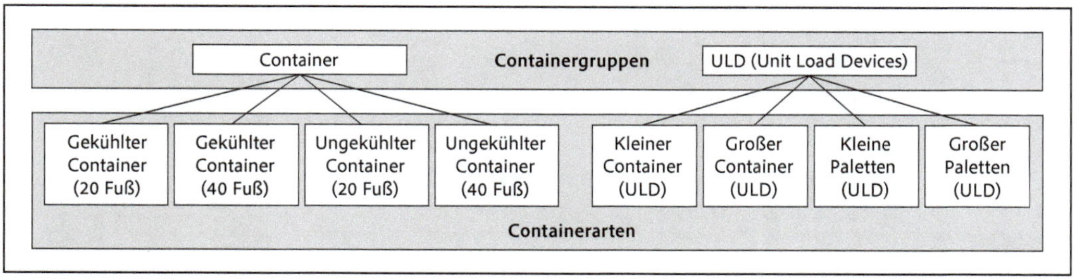

Abbildung 4.55: Containergruppen und -arten

Auf die gleiche Weise können Sie auch Handling-Ressourcen-Gruppen und Handling-Ressourcen-Arten definieren, um Ihre Handling-Ressourcen zu strukturieren und bestimmte Eigenschaften von einer Art auf eine neue Handling-Ressource zu kopieren.

Beachten Sie, dass Equipmentgruppen und Equipmentarten in einem Spediteurprofil verwendet werden können, um die Fähigkeiten des Spediteurs festzuhalten, wie bereits in Abschnitt 4.1.2, »Geschäftspartner«, erwähnt. Die physischen Equipmenteigenschaften werden auch für Speditionsaufträge und Angebotspositionen vom Typ Container verwendet. Basierend auf der Konfiguration der Positionsart wird die Equipmentgruppe automatisch eingetragen, und die Equipmentarten dieser Gruppe werden zur Auswahl angezeigt. Abhängig von der Equipmentgruppe und der Equipmentart berechnet das System automatisch das Eigengewicht und die Kapazität. Diese Daten sind zusammen mit den physischen Eigenschaften der Equipmentart für die Planung relevant und stehen dann im Speditionsauftrag und in den Folgebelegen zur Verfügung.

4.3.3 Fahrzeugtypen und Ressourcen

Fahrzeugtypen und Ressourcen werden in erster Linie genutzt, um Lkws, Anhänger, Lokomotiven und Eisenbahnwaggons abzubilden. Da der Straßentransport für nahezu jedes transportierende Unternehmen relevant ist, fokussieren wir uns auf Lkws und Anhänger.

Fahrzeugressourcen

Über die SAP-Fiori-App **Ressource definieren** können Sie bestehende Ressourcen anzeigen und bearbeiten oder neue Ressourcen anlegen. Geben Sie dazu auf dem Startbildschirm einen Namen und den Ressourcentyp ein, und klicken Sie anschließend auf **Ressourcen anlegen**. Sie gelangen zur Pflegeoberfläche, die in Abbildung 4.56 dargestellt ist. In dieser Ansicht können Sie alle Ressourcentypen pflegen – mit Ausnahme des Fahrpersonals. Im oberen Bereich der Pflegeansicht finden Sie eine Tabelle, in der Sie grundlegende Eigenschaften der Ressource erfassen können. Details werden auf den Registerkarten für eine Ressource ergänzt.

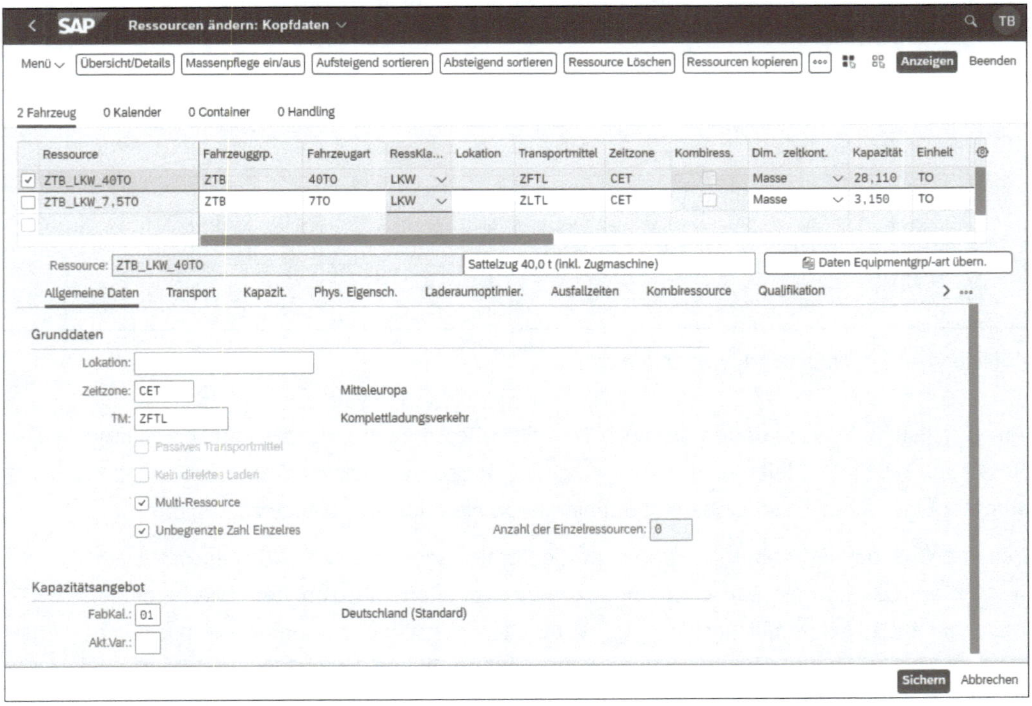

Abbildung 4.56: Pflege einer Fahrzeugressource

[+]

Ressourcen aus Vorlagen kopieren

Sie können eine neue Ressource auch auf Basis einer Vorlage anlegen. Nutzen Sie dafür den Pfad **Logistik • Transportation Management • Stammdaten • Ressource • Ressourcen aus Vorlage kopieren** im SAP-Menü.

Auf der Registerkarte **Allgemeine Daten** können Sie eine Depotlokation (Feld **Lokation**) und eine Zeitzone festlegen. Wenn ein Depot definiert ist, wird die Zeitzone automatisch übernommen. Sie können ein Transportmittel zuordnen, wodurch implizit bestimmt wird, ob es sich um eine passive Ressource handelt und ob direktes Laden möglich ist. Auch der Fabrikkalender (für die Verfügbarkeit in der Planung) wird hier zugeordnet. Einen neuen Werkskalender legen Sie in der Customizing-Aktivität unter folgendem Pfad an: **Transportation Management • Stammdaten • Kalender • Fabrikkalender pflegen**.

[+]

Verfügbarkeit von Ressourcen in der Planung

Sie können die Verfügbarkeit von Ressourcen in Ihrer Planung entsprechend dem Planungsszenario durch die Einstellungen zur Kapazitätsverfügbarkeit übersteuern (siehe Abschnitt 6.8.4, »Vehicle Scheduling and Routing: Restriktionen für die Planung«).

Die Registerkarte **Transport** definiert die Fahrzeuggruppe und Fahrzeugart, den Gültigkeitszeitraum und das Kennzeichen (z. B. für Lkws oder Anhänger). Sie können eine Sperre für die Planung setzen – inklusive Begründungscode (diesen können Sie im Customizing unter **Transportation Management • Stammdaten • Ressourcen • Allgemeine Einstellungen • Gründe für Ressourcensperre definieren** festlegen).

Für Lkws können Sie die Standardfahrerinnen und -fahrer hinterlegen. Sie werden dann automatisch in einen Straßenfrachtauftrag übernommen, sofern der Auftragstyp eine solche Zuordnung vorsieht. Zusätzlich können Sie der Ressource ein Fahrzeugladeprofil und ein Zusatzequipmentprofil zuordnen, um diese z. B. für Inkompatibilitäten zwischen Fahrzeugen und Lokationen zu nutzen (siehe Abschnitt 6.7.7, »Ladeplan«).

Falls gewünscht, können Sie ein ressourcenspezifisches Ladeabteilprofil hinterlegen – andernfalls wird die Aufteilung aus dem zugeordneten Transportmittel übernommen. Weitere beschreibende Felder (z. B. **Eigentümer** oder **Inbetriebnahmedatum**) stehen ebenfalls zur Verfügung.

[«]

Resource Viewer zur Überprüfung und Pflege physikalischer Eigenschaften

Die Laderaumplanung und die Ladungskonsolidierung verwenden viele der physikalischen Eigenschaften, wie etwa Breite, Länge, Höhe, Achsanzahl, Achsabstand und maximales Achsgewicht. Bereits kleine Eingabefehler – z. B. vertauschte Maße – können die Optimierungsergebnisse stark verfälschen.

In der SAP-Fiori-App **Resource Viewer** können Sie nach Ressourcen (Lkws, Anhänger und Container) suchen und sie dreidimensional anzeigen (siehe Abbildung 4.57). So lassen sich Eingabefehler, wie z. B. vertauschte Maße, sofort visuell erkennen – was über reine Datenfelder deutlich schwieriger wäre.

Abbildung 4.57: Resource Viewer mit Suchkriterien und Ressourcenliste

Der Resource Viewer erlaubt auch die direkte Bearbeitung und Speicherung physikalischer Eigenschaften in den Ressourcenstammdaten (siehe Abbildung 4.58). Im Bereich **Ressourcenkonfiguration** können Sie z. B. Achsgruppen, Achstypen (Einzel-/Doppelachse) und Achsabstände pflegen. Im Bereich **Segmente** lässt sich ein flexibles Oberdeck konfigurieren. Im gezeigten Beispiel bietet der hintere Teil des Laderaums des Lkws ein Oberdeck mit Balken, die vertikal im Bereich von 1,00 bis 1,50 Metern positioniert werden können und eine Höhe von 0,10 Metern haben; im letzten Teil des Lkws ist dagegen kein Oberdeck mit Balken erlaubt. Für jedes Segment lassen sich maximale Lasten, Rasterbeschränkungen sowie die Frage, ob es abnehmbar ist, pflegen. Letzteres heißt, dass es keinen Platz verbraucht, wenn es nicht genutzt wird.

Sie können auch einen Lkw-, Anhänger- oder Containertyp auswählen und ihn dreidimensional darstellen.

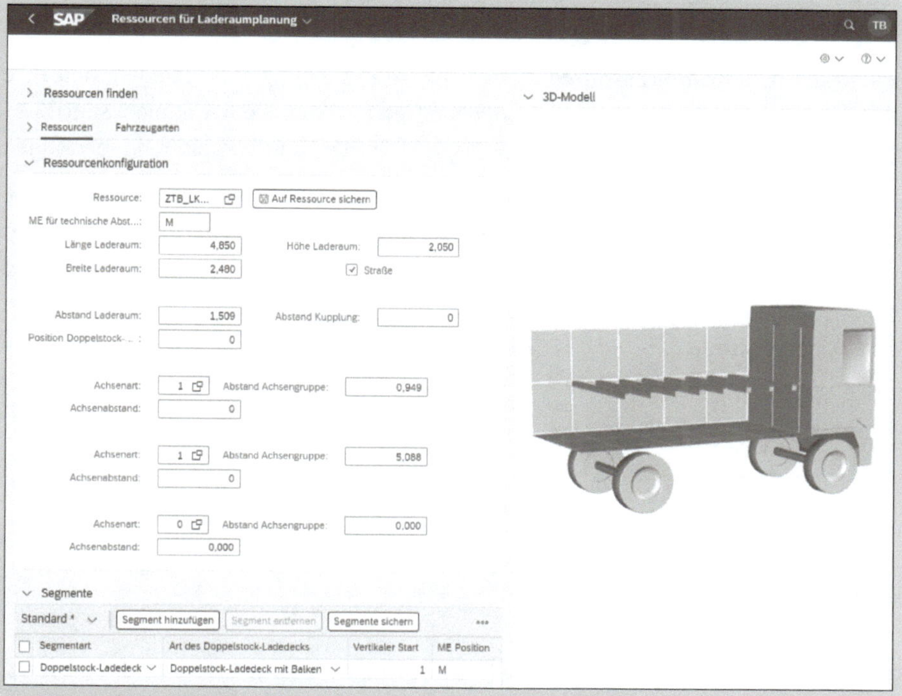

Abbildung 4.58: Pflegen von Eigenschaften im Resource Viewer

Auf der Registerkarte **Ausfallzeiten** können Sie Zeitperioden angeben, in denen die Ressource nicht verfügbar ist. Sie können in der Regel für alle Ressourcenklassen, einschließlich des Fahrpersonals, angegeben werden (in diesem Fall werden hier die Abwesenheitszeiten des entsprechenden Geschäftspartners gepflegt). Die tatsächliche Verfügbarkeit einer Ressource innerhalb ihres Gültigkeitszeitraums hängt vom Fabrikkalender, den Ausfallzeiten sowie den Schicht- und Pausendefinitionen ab. Sie können eine Menge von Ausfallzeiten definieren, bei denen jede eine Start- und Endzeit, eine bestimmte Art (z. B. geplante Ausfallzeit für eine Inspektion in der Werkstatt oder Ressource inaktiv aufgrund von Schäden), eine Lokation und eine kurze Beschreibung hat. Wenn z. B. eine Lkw-Ressource für eine Wartung eingeplant ist, können Sie eine entsprechende Ausfallzeit definieren, einschließlich der Lokation, an der die Wartung stattfindet. So kann das für die Transportplanung zuständige Team die benötigten Leerfahrten planen, um den Lkw bis zum Beginn der Ausfallzeit an die Lokation zu bringen, und die nachfolgende Fahrt nach der Ausfallzeit würde an dieser Lokation beginnen.

Wenn Sie versuchen, einen Kapazitätsbeleg so zu planen, dass er sich mit einer Ausfallzeit überschneidet, gibt das System eine Warnmeldung aus. Ausfallzeiten unterscheiden sich von regulären, geplanten Nichtarbeitszeiten aufgrund des Fabrikkalenders oder der Schichtsequenz (z. B. Pause oder Feiertag) dadurch, dass die Ressource z. B. am Wochenende noch beladen sein kann, nicht jedoch während einer Ausfallzeit, z. B., weil sie repariert wird.

Die Registerkarte **Kombiressource** ist relevant, wenn Sie Lkws mit Aufliegern nutzen, die üblicherweise immer gemeinsam gekoppelt fahren (umkoppeln findet nicht statt), sie jedoch eine exakte Abbildung des Laderaums, z. B. für die Laderaumplanung, benötigen.

In einem solchen Fall pflegen Sie eine sogenannte *Ressourcenkombination*, die aus einem Lkw-Typ oder einer Lkw-Ressource – das kann ein Zugfahrzeug ohne eigenen Laderaum oder ein Lkw mit eigenem Laderaum sein – sowie mindestens einem Anhängertyp oder einer Anhängerressource besteht. Abbildung 4.59 zeigt ein Beispiel für die Pflege einer Kombinationsressource.

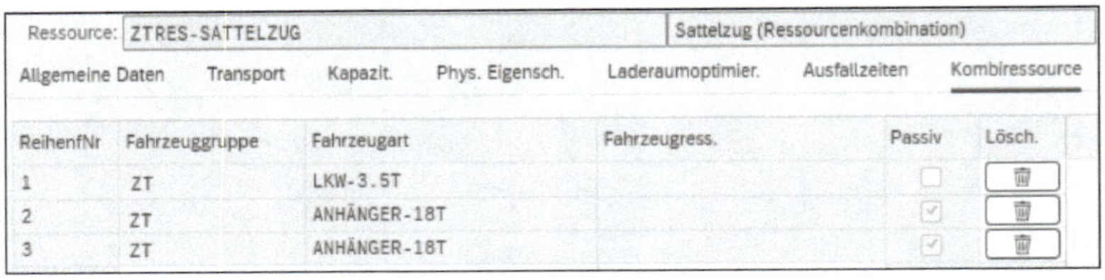

Abbildung 4.59: Pflege einer Kombinationsressource

Das Grundprinzip dieses Konzepts ist in Abbildung 4.60 dargestellt: Für den VSR-Optimierer und die manuelle Planung wird die Kombinationsressource wie ein einzelner Lkw behandelt – auch wenn sie aus einem Zugfahrzeug mit zwei Anhängern besteht.

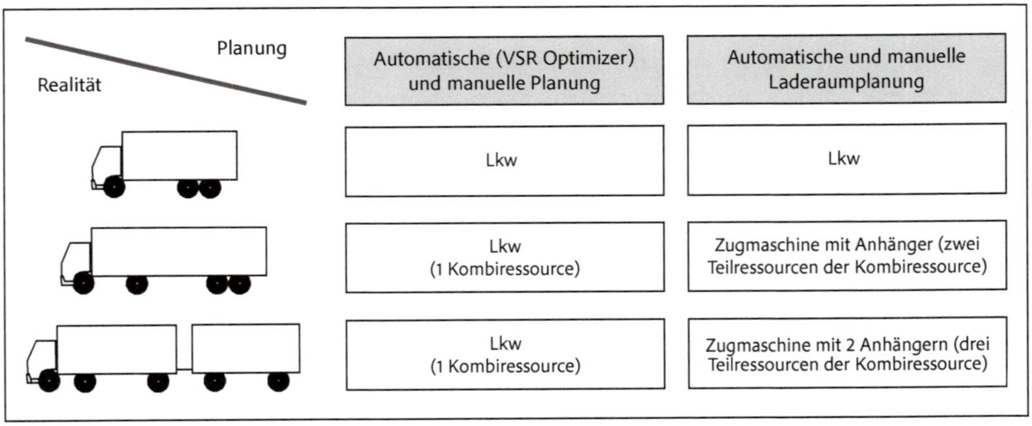

Abbildung 4.60: Systeminterpretation von Ressourcenkombinationen

Bei der Beladungsplanung berücksichtigt das System jedoch die einzelnen Bestandteile der Kombination und platziert die Ladung in lokale Ressourcenobjekte, die den Teilressourcen entsprechen und dem Hauptfahrzeugobjekt untergeordnet sind.

So bleibt die detaillierte Behandlung von Anhängern auf die Beladungsplanung beschränkt – dort, wo sie tatsächlich benötigt wird –, und die automatisierte oder manuelle Tourenplanung wird nicht unnötig verkompliziert.

[«]

Verwendung einer Ressourcenkombination zum Vermeiden von Anhängereinheiten

Vor der Einführung des Konzepts der Ressourcenkombination in SAP S/4HANA 2020 mussten Sie Anhängereinheiten verwenden, wenn Sie die Beladungsplanung für Anhänger durchführen wollten - auch wenn die Transportroutenplanung diese Informationen gar nicht benötigte, da der Anhänger in der Planung nie ab- oder angekoppelt wurde.

Das führte zu unnötiger Komplexität in der Tourenoptimierung, nur weil die Beladungsplanung als nachgelagerter Schritt Anhängerinformationen erforderte.

Wir empfehlen, in solchen Szenarien Ressourcenkombinationen zu nutzen, um die Routenplanung einfacher und effizienter zu gestalten.

Zusätzliche Registerkarten ermöglichen es Ihnen, die folgenden, hauptsächlich beschreibenden Eigenschaften sowie Kurztexte zu pflegen:

- **Qualifikation**

  Sie können Ihrer Ressource vordefinierte (benötigte) Qualifikationen zuweisen. Bei der Zuweisung einer Standardfahrerin oder eines Standardfahrers prüft das System, ob die Qualifikationen der entsprechenden Person zur Ressource passen.
- **Zusatzequipment**

  Auswahl von zusätzlichem Equipment wie Rampen, Gurten oder Kühlaggregaten
- **Alternative Namen**

  Pflege alternativer Bezeichnungen für die Ressource
- **Gruppierung**

  Zuweisung zu vordefinierten Gruppierungen. Beachten Sie, dass TM über die Fahrzeugtypen und Transportmittel bereits andere Wege bereitstellt, Ihre Ressourcen zu gruppieren. Wir empfehlen, diese TM-nativen Konzepte zu nutzen, da Sie unter anderem bei der Planung unterstützt werden.

Über den Pfad **Transportation Management • Stammdaten • Ressourcen • Ressourcenattribute** können Sie im Customizing für die genannten Registerkarten unter der jeweils entsprechenden Aktivität Festwerte pflegen.

Fahrzeugarten

Wie in Abschnitt 4.3.2, »Equipmentarten und -gruppen«, bereits erwähnt, können Sie Fahrzeugtypen im Customizing pflegen. Wenn Sie mit einer Fahrzeugart planen möchten, müssen Sie zuvor den Parameter **Eingeschränkte Nutzung in der Planung** deaktivieren.

Die Fahrzeugart bietet weniger Felder als eine Fahrzeugressource, enthält aber alle planungsrelevanten Informationen – etwa zu Kapazitäten und Merkmalen, die für die Beladungsoptimierung wichtig sind. Sie können der Fahrzeugart ein Fahrzeugladeprofil, ein Zusatzequipmentprofil sowie ein Ladeabteil zuordnen und Eigenschaften wie z. B. Temperaturkontrolle definieren. Diese können genutzt werden, um Inkompatibilitäten auf Basis von Fahrzeugarten abzubilden.

Darüber hinaus können Sie an einer Fahrzeugart CO_2- Emissionswerte für ein leeres und volles Fahrzeug pro Entfernungseinheit hinterlegen. Aus diesen Werten kann die voraussichtliche Emission eines Transports abgeleitet werden. Sie können diese in der Planung anzeigen und in der automatisierten Planung mit Strafkosten versehen. Für Fahrzeugressourcen mit Bezug auf eine Fahrzeugart gelten die Emissionswerte der Art.

Analog zu Fahrzeugkombinationen können Sie auch eine Fahrzeugkombinationsart anlegen, die aus einem Lkw-Typ und mindestens einer Anhängerart besteht.

Ladeabteile

Lkws und Anhänger haben aus Gründen der Transporteffizienz häufig mehrere Ladeabteile. Lassen Sie uns zwei Beispiele aus verschiedenen Branchen betrachten:

- **Materialinkompatibilitäten**

  Unterschiedliche Kraftstoffarten dürfen beim Transport von Kraftstoffen zu Tankstellen nicht gemischt werden. Ein Lkw mit fünf Ladeabteilen kann bis zu fünf verschiedene Kraftstoffarten transportieren. Jede Kraftstoffart kann in jedes Ladeabteil geladen werden, aber jedes Ladeabteil kann jeweils nur eine Kraftstoffart aufnehmen. Die Bedienung einer Tankstelle, die fünf Kraftstoffarten benötigt, kann so mit einem Lkw mit fünf Ladeabteilen erfolgen, was viel effizienter ist als die Verwendung von fünf Lkws ohne Ladeabteile.

- **Materialien mit besonderen Umgebungsbedingungen**

  Gewisse Materialien erfordern den Transport unter besonderen Temperaturbedingungen, wie z. B. gefroren, gekühlt und mit normaler Umgebungstemperatur. Ein Lkw mit drei Ladeabteilen, eines je erforderlicher Temperaturzone, kann alle drei Materialkategorien (gefroren, gekühlt, normal) zusammen transportieren. Dies ist viel effizienter als die Verwendung von Lkws, die nur eine Temperaturzone bieten und nicht über mehrere Ladeabteile verfügen.

Die Definition der Ladeabteile für Fahrzeugressourcen ist strukturiert, wie in Abbildung 4.61 dargestellt, und kann im Customizing über den Menüpfad **Transportation Management • Stammdaten • Ressourcen • Transportmittel und Ladeabteile • Ladeabteilart definieren** gepflegt werden, wie Sie in Abbildung 4.62 sehen. Sie können einem Transportmittel ein *Ladeabteilprofil* zuordnen. Die Struktur und die Eigenschaften des Ladeabteilprofils werden für alle dem Transportmittel zugeordneten Fahrzeugressourcen verwendet. Ein Ladeabteilprofil enthält eine Menge von *Ladeabteilarten*, und eine Ladeabteilart kann sogar mehrfach in einem Ladeabteilprofil verwendet werden.

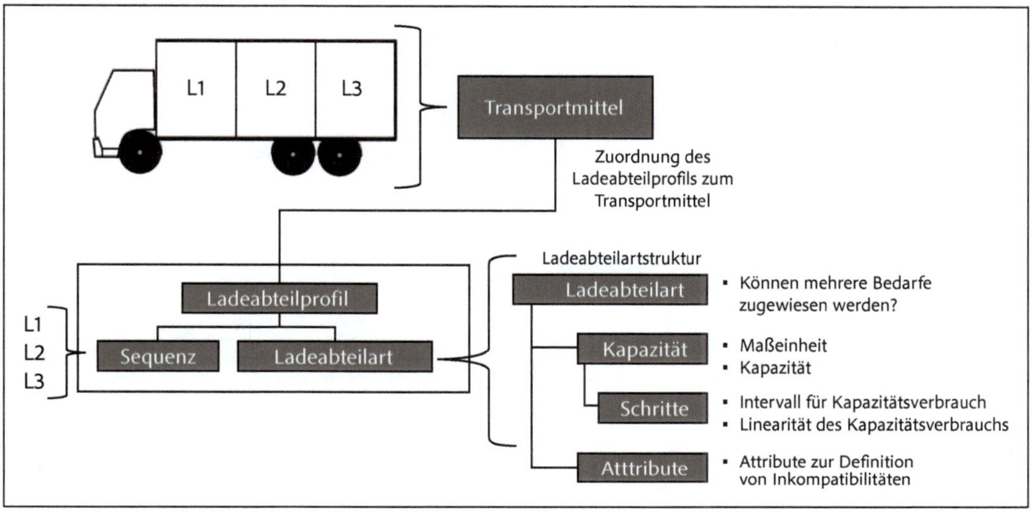

Abbildung 4.61: Zusammenhang zwischen Fahrzeugressource und Ladeabteilen

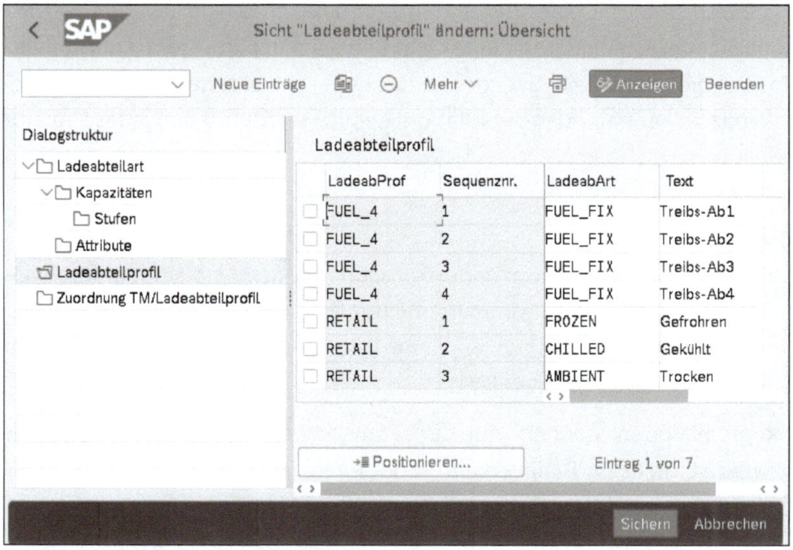

Abbildung 4.62: Pflege von Ladeabteilen

Die Ladeabteilart definiert die Eigenschaften eines Ladeabteils in einer Fahrzeugressource. Dazu gehören seine Kapazität und seine Attribute, die z. B. den Temperaturbereich modellieren können. So kann zwischen gefrorenen, gekühlten und Ladeabteilen mit Umgebungstemperatur differenziert werden, um darauf basierend Inkompatibilitäten zwischen Transportbedarfen und einem Ladeabteil mit einem bestimmten Attributwert festzulegen. Sie können auch Kapazitätsstufen definieren, die einen teilweise schrittweisen und/oder linearen Verbrauch der Ladeabteilkapazität durch die geladenen Güter modellieren. Dies kann für palettierte Waren verwendet werden, bei denen die Trennwände zwischen den Ladeabteilen nur zwischen Palettenreihen platziert werden können. So können Sie modellieren, dass bereits eine oder zwei Paletten in einer Reihe, die drei Paletten enthalten kann, die gesamte Reihe aus Lkw-Perspektive blockiert (da die freien Plätze nicht mehr für andere Ladeabteile verfügbar sind). Abbildung 4.62 zeigt zwei Ladeabteilprofile: Das Profil `FUEL_4` enthält vier identische Ladeabteile, und das Profil `RETAIL` enthält drei verschiedene Ladeabteilarten mit unterschiedlichen Attributwerten (nicht dargestellt).

Die Kapazität der Ladeabteilart ermöglicht es, Fahrzeugressourcen mit *fixen* und *variablen Ladeabteilen* zu modellieren. Wenn die Summe der Kapazitäten aller zugeordneten Ladeabteile genau der Gesamtkapazität der Ressource entspricht, werden die Ladeabteile als *fix* bezeichnet. Wenn die Kapazitäten der zugeordneten Ladeabteile in der Summe größer als die Kapazität der Ressource sind, werden die Ladeabteile als *variabel* bezeichnet.

Die Ladeabteile in Einzelhandelsszenarien sind in der Regel variabel, wodurch das Fahrzeug vollständig mit Gefriergut, vollständig mit Kühlgut, vollständig mit Materialien in Umgebungstemperatur oder mit einer beliebigen Kombination davon beladen werden kann, die die Kapazität der Fahrzeugressource nicht überschreitet. In einem Kraftstoffverteilungsszenario sind die Ladeabteile dagegen in der Regel fix vorgegeben, d. h., die gesamte Fahrzeugkapazität kann nur dann vollständig genutzt werden, wenn jedes Ladeabteil komplett gefüllt ist.

Fahrzeugkombinationen

Anhänger werden von Lkws bewegt, und eine *Transportmittelkombination* legt fest, welche Lkw- und Anhängerressourcen zusammen in einer Kombination fahren dürfen. Wir beziehen uns auf eine *Fahrzeugkombination*, wenn eine tatsächliche Kombination von Fahrzeugressourceninstanzen zusammen fährt.

Transportmittelkombinationen können nur für Transportmittel des Verkehrszweigs Straße definiert werden, da es im Bahnverkehr in der Regel viel mehr mögliche Kombinationen von Lokomotiven und Waggons gibt, deren Pflege sehr aufwendig wäre.

Eine Transportmittelkombination stellt ein aktives Fahrzeug und ein oder mehrere passive Fahrzeuge dar. Weitere Einzelheiten und Hintergründe zu Lkw- und Anhängerkombinationen finden Sie in Abschnitt 6.4.2, »Anhängereinheiten«.

Transportmittelkombinationen können Sie im Customizing über den Menüpfad **Transportation Management • Stammdaten • Ressourcen • Transportmittel und Ladeabteil • Transportmittelkombination definieren** pflegen (siehe Abbildung 4.63). Die Kombination enthält eine Menge von Transportmitteln und definiert die Anzahl der Instanzen pro Eintrag. In der Regel kann eine Kombination von Transportmitteln mehr Waren transportieren als ihre einzelnen Komponenten. Aufgrund gesetzlicher Beschränkungen darf eine Fahrzeugkombination häufig nur weniger Gewicht befördern, als die Summe ihrer Einheiten einzeln befördern könnte. Dies kann durch die Definition der Kapazität einer Beförderungsmittelkombination modelliert werden. Sie können auch Attributwerte angeben, mit denen Inkompatibilitäten modelliert werden können, z. B. zwischen einer Transportmittelkombination und einer Lokation.

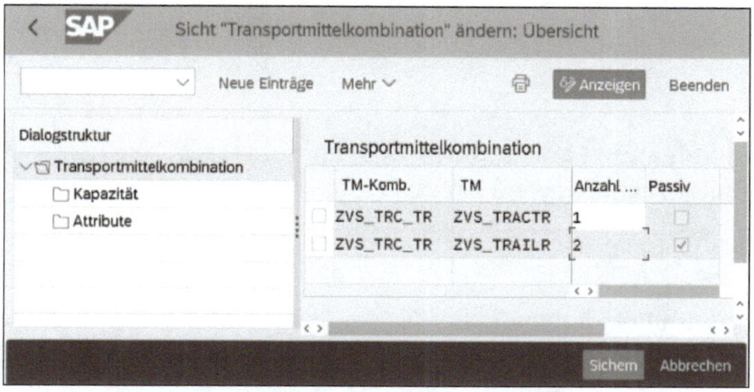

Abbildung 4.63: Pflege einer Transportmittelkombination

Abbildung 4.64 zeigt ein Beispiel für eine Fahrzeugkombination, die aus einem Lastwagen und einem Anhänger mit jeweils drei Ladeabteilen besteht. Kapazitätsbeschränkungen können für jedes Ladeabteil, für den Lkw, für den Anhänger und für die Fahrzeugkombination, die aus dem Lkw und dem Anhänger besteht, definiert werden.

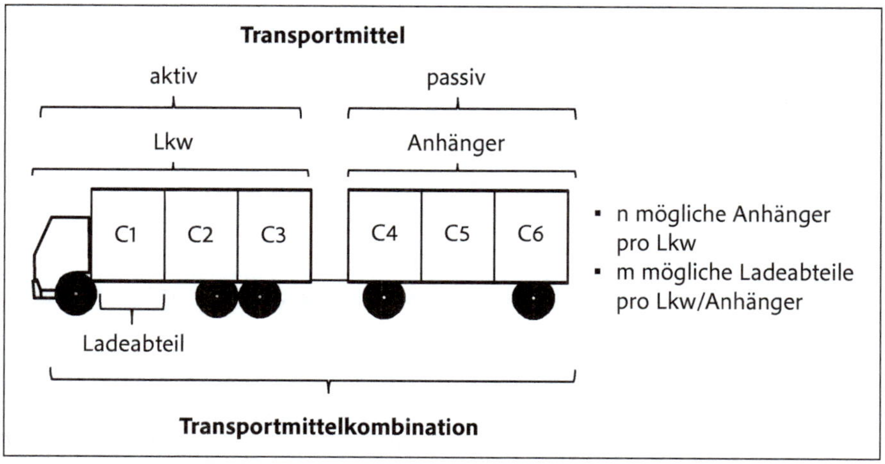

Abbildung 4.64: Transportmittelkombination mit Ladeabteilen

[»]

Modellierung von Transportmittelkombinationen

Der VSR-Optimierer bewertet eine Reihe von alternativen Fahrzeugkombinationen, beginnend mit dem aktiven Fahrzeug als Startpunkt. Dann werden inkrementell einzelne passive Fahrzeuge hinzugefügt. Daher ist es wichtig, Lücken in den gepflegten Transportmittelkombinationen zu vermeiden.

Betrachten Sie das in Abbildung 4.63 dargestellte Beispiel, das eine Zugmaschine und zwei Anhänger enthält. Wenn Sie möchten, dass der VSR-Optimierer die Zugmaschine auch mit nur einem Anhänger verwendet, müssen Sie dazu eine weitere Transportmittelkombination definieren.

[»]

Unterscheidung Kombination Fahrzeug/Transportmittel versus Kombination Ressource/Fahrzeugtyp

Auf den ersten Blick wirken beide Konzepte sehr ähnlich – aber was ist der Unterschied, und wann verwenden Sie was?

- **Fahrzeug-/Transportmittelkombination**

  Diese benötigen Sie, wenn Sie Szenarien planen, in denen Anhänger flexibel an Lkws angekoppelt oder umgekoppelt werden sollen. Bei der Nutzung der automatischen Transportplanung kann ein Anhänger im Verlauf des Transports die Lkw-Ressource wechseln. Die Abbildung erfolgt über Straßenfrachtaufträge und Anhängereinheiten. Über Transportmittelkombinationen definieren Sie die möglichen Fahrzeugkombinationen.

- **Kombinationsressource/-fahrzeugtyp**

  Diese Variante nutzen Sie, wenn Sie ohne dynamisches Kuppeln planen – also ohne Umhängen von Anhängern. In diesem Fall gibt es keine Anhängereinheiten. Aus Sicht der Routenplanung und -optimierung wird diese Kombination wie ein einzelnes großes Fahrzeug behandelt. In der Laderaumplanung wird dennoch das Detail von Lkw und Anhänger berücksichtigt.

Abnehmende Kapazitäten

Eine Besonderheit ist die Modellierung abnehmender Kapazitäten, die sowohl für aktive als auch für passive Fahrzeugressourcen definiert werden kann. In einigen Transportszenarien werden Waren für mehrere Kunden zusammen transportiert, jedoch durch Trennwände innerhalb des Fahrzeugs getrennt. Diese Trennwände reduzieren die Gesamtkapazität des Fahrzeugs, da eine Trennwand selbst ebenfalls einen gewissen Kapazitätsbedarf hat. Die Verringerung der Kapazität des Fahrzeugs oder der Transporteinheitsressource kann basierend auf der Anzahl der Stopps definiert werden. Sie können abnehmende Kapazitäten unabhängig von Ladeabteilen über den Menüpfad **Profile und Einstellungen • Einstellungen für abnehmende Kapazität vornehmen** pflegen. Abbildung 4.65 zeigt die definierten Abnahmen für ein Transportmittel und die verschiedenen Stoppbereiche. Jede Kapazitätsabnahme kann für einen Stoppbereich jeweils absolut oder relativ festgelegt werden.

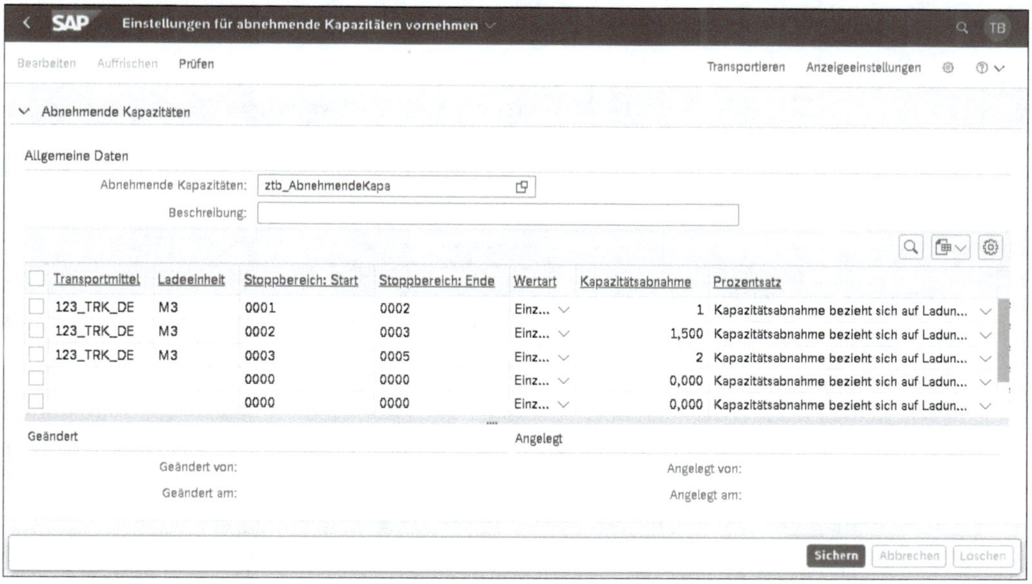

Abbildung 4.65: Pflege von abnehmenden Kapazitäten

4.3.4 Containerarten und -ressourcen

Containerarten und -ressourcen werden zur Modellierung von Containern verwendet, die im Straßen-, Schienen- und Seeverkehr eingesetzt werden, oder von Luftfrachtcontainern (Unit Loading Devices), die im Luftfrachtgeschäft üblich sind. In den folgenden Abschnitten werden wir beide Konzepte erläutern.

Containerressourcen

Abbildung 4.66 zeigt, dass Sie Containerressourcen auf dem gleichen Pflegebildschirm wie Fahrzeugressourcen pflegen können. Da die Pflegemöglichkeiten bereits in Abschnitt 4.3.3, »Fahrzeugtypen und Ressourcen«, beschrieben wurden, werden hier nur die Unterschiede hervorgehoben.

Eine Containerressource wird keinem Transportmittel und damit auch keinem Verkehrszweig zugeordnet. Seit dem Release SAP S/4HANA 2022 können Sie zwischen Einzelressourcen und Multiressourcen unterscheiden, aber es ist nicht möglich, die Anzahl der Instanzen für eine Multiressource zu begrenzen.

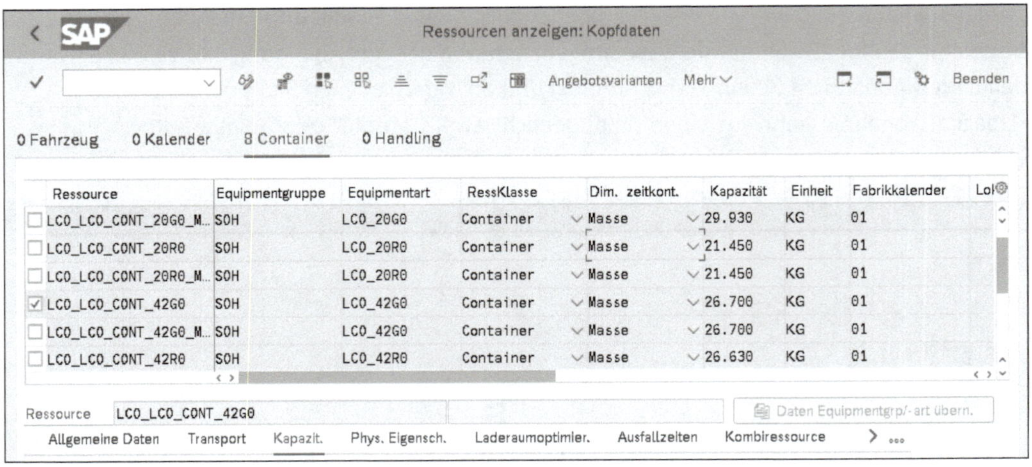

Abbildung 4.66: Pflege einer Containerressource

Containertypen

Wie bei Fahrzeugen können auch Container nach Containerart und -gruppe strukturiert werden (siehe ebenfalls Abschnitt 4.3.3). Sie können jedoch auch ausschließlich auf der Ebene von Containerarten operieren, wenn Sie nicht mit eigenen Containern arbeiten oder diese als nicht limitierenden Faktor für die Transportplanung betrachten.

In der allgemeinen Pflege für Equipmentgruppen und -arten, siehe Abbildung 4.54, können Sie auch Containerarten pflegen. Wenn Sie direkt auf einer Containerart planen möchten, müssen Sie den Parameter **Eingeschränkte Verwendung in der Planung** deaktivieren, wie bereits in Abschnitt 4.3.2, »Equipmentarten und -gruppen«, erläutert. Eine Containerart bietet weniger Felder als eine Containerressource, deckt aber alle planungsrelevanten Informationen wie Kapazitäten für Gewicht und Volumen sowie die für die Beladungsoptimierung relevanten Innenlängen, -breiten und -höhen ab. Darüber hinaus können Sie zusätzliche Eigenschaften wie z. B. die Temperaturkontrolle definieren, mit der Sie Unverträglichkeiten für Behältertypen festlegen können.

Wir empfehlen, die direkte Nutzung von Containerarten der Nutzung einer Multiressource vorzuziehen.

[»]

Transporteinheiten und Ressourcen für Transporteinheiten

Transporteinheiten bilden eine Klasse von Dokumenten, die den Transport per Anhänger, Eisenbahnwaggon, Container und Packstück darstellen. Die dazugehörigen Geschäftsdokumente – Anhängereinheiten, Waggoneinheiten, Containereinheiten und Packstückeinheiten, werden in Abschnitt 6.4, »Transporteinheiten«, erläutert.

Es gibt keine eigene Ressource für ein Packstück; stattdessen wird das Packmittel verwendet, um die relevanten Eigenschaften für ein Packstück zu definieren.

4.3.5 Kalenderressourcen und Handling-Ressourcen

Während Fahrzeug- und Transporteinheitsressourcen den Transport von Gütern modellieren, definieren Kalender- und Handling-Ressourcen, wann Güter an einer Lokation ein- und ausgeladen werden können. Diese Ressourcen werden von der Terminierung und automatisierten Planung berücksichtigt (siehe Abschnitt 6.7.11, »Terminierung«, und Abschnitt 6.8, »Automatisierte Planung«). Ihre zeitliche Verfügbarkeit und Kapazität können am besten im Gantt-Diagramm (siehe Abschnitt 6.7.6) visualisiert werden, was viel intuitiver ist als eine tabellarische Liste von Zeiträumen. Sie können Kalender- und Handling-Ressourcen in der gleichen Pflegeoberfläche definieren, die auch für Fahrzeug- und Transporteinheitsressourcen verwendet wird.

Lassen Sie uns kurz einige der wichtigsten Merkmale hervorheben:

- **Kalenderressourcen**

  Kalenderressourcen modellieren Öffnungszeiten, die definieren, in welchen Zeiträumen das Be- und Entladen erfolgen kann. Sie können eine Kalenderressource einer bestimmten Lokation zuordnen, sie jedoch auch an verschiedenen Lokationen verwenden.

  Die Details zu den Öffnungszeiten können Sie über die Drucktaste **Angebotsvarianten** pflegen. Beachten Sie, dass Sie mehrere Varianten pflegen können, jedoch eine von ihnen auf der Registerkarte **Allgemeine Daten** aktiv setzen müssen.

- **Handling-Ressourcen**

  Handling-Ressourcen werden für die Abwicklung von Transportbedarfen an einer Lokation verwendet, d. h. für das Verladen von ausgehenden Gütern auf einen Lkw und für das Entladen von eingehenden Gütern von einem Lkw. Handling-Ressourcen können beispielsweise genutzt werden, um Laderampen oder Tore abzubilden (siehe Abbildung 4.67).

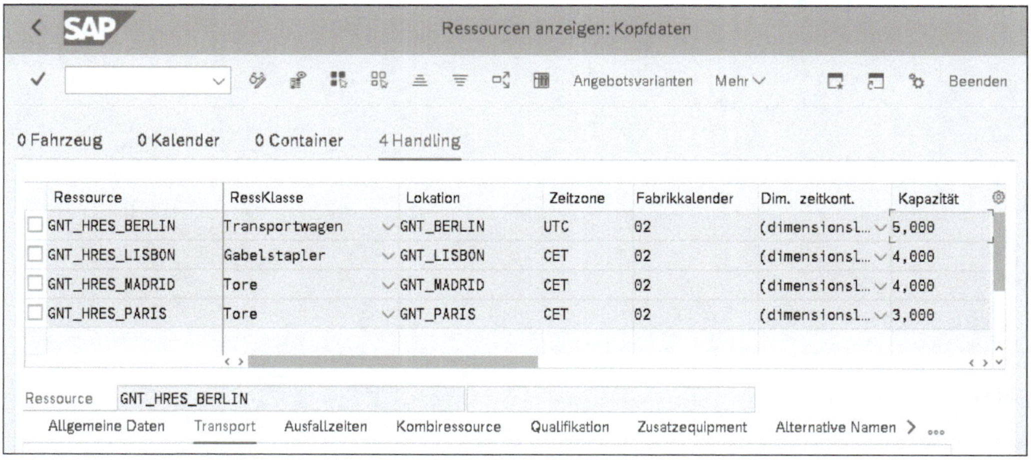

Abbildung 4.67: Pflege von Handling-Ressourcen

Sie können neben den Öffnungszeiten auch Einschränkungen hinsichtlich der maximalen Anzahl von Aktivitäten definieren, die gleichzeitig ausgeführt werden können. Sie können im Kapazitätsprofil zeitabhängige Kapazitäten angeben und Ausfallzeiten pflegen, um die Ressourcenverfügbarkeit einzuschränken.

Beachten Sie, dass Sie, wie in Abschnitt 4.3.2, »Equipmentarten und -gruppen«, erwähnt, Handling-Ressourcen-Typen definieren können. Diese können jedoch nur bei der Erstellung einer Handling-Ressourcen-Instanz oder zur Gruppierung von Handling-Ressourcen verwendet werden und werden bei der Planung oder Terminierung nicht berücksichtigt.

4.4 Zusammenfassung

In diesem Kapitel haben Ihnen wir allgemeine Stammdaten wie die Organisationsstruktur und Geschäftspartner vorgestellt und erläutert, wie Sie diese anlegen und in den verschiedenen Deployment-Optionen von TM 9.6 und TM in SAP S/4HANA integrieren können.

Das Transportnetz definiert, wie Transportbedarfe aus geografischer Sicht ausgeführt werden können, basierend auf Konzepten wie der Erreichbarkeit zwischen Lokationen und der Nutzung von Umladelokationen.

Wir haben die verfügbaren Ressourcenklassen beschrieben, die Lkws, Anhänger, Container etc. repräsentieren, die zum Transport von Gütern verwendet werden. Darüber hinaus haben wir Kalender- und Handling-Ressourcen erläutert, die zusätzliche Einschränkungen für das Be- und Entladen von Waren an Ihren Lokationen definieren.

Sowohl das Transportnetz als auch die Ressourcen sind entscheidend für die Planung und Durchführung Ihrer Transporte. Im nächsten Kapitel wird erläutert, wie Transportbedarfe in TM abgebildet werden.

Kapitel 5

Transportanforderungen und Auftragsmanagement

Unabhängig davon, ob Sie Verlader, Logistikdienstleister oder Spediteur sind, beginnt der Transportprozess mit der Anforderung von Transportleistungen. In diesem Kapitel erfahren Sie, wie Sie den Prozess in TM starten und wie Sie die Aufträge im System erfassen.

Die Grundlage für den Beginn des Transportplanungsprozesses stellen die sogenannten *Transportbedarfe* (engl.: Transportation Requirements; die technischen Objekte werden daher häufig als »TRQ« abgekürzt) dar, also die Information, welche Güter von welchem Ursprungsort an welchen Zielort in welcher Menge und unter welchen zeitlichen und rechtlichen Bedingungen zu transportieren sind. TM bietet verschiedene Möglichkeiten, wie diese Transportbedarfe in TM erfasst werden können.

Aus den Transportbedarfen werden die TM-Frachteinheiten abgeleitet. Auf den Prozess der Frachteinheitsbildung, der den Beginn des Transportplanungsprozesses markiert, gehen wir in Abschnitt 6.2, »Frachteinheiten«, näher ein.

Wird TM aus Sicht eines Verladers betrieben, werden Transportbedarfsbelege in der Regel aus den Einkaufs-, Vertriebs- oder Lieferbelegen eines angebundenen ERP-Systems abgeleitet. Auf die Aspekte der Integration von ERP-Belegen gehen wir in Abschnitt 5.2.1, »Integration von Kundenaufträgen«, Abschnitt 5.2.3, »Integration von Vertriebsbelegen«, und Abschnitt 5.2.4, »Integration von Lieferbelegen«, sowie Abschnitt 5.2.9, »Integration von Lieferplänen«, ein.

Um die Unterschiede in der Integration von ERP und TM in den verschiedenen verfügbaren SAP-S/4HANA-Architekturvarianten geht es in Abschnitt 5.2.7, »Architekturvarianten der Integrationsszenarien«.

Wird TM aus Sicht eines Spediteurs betrieben, werden die Transportbedarfe in der Regel im TM-System selbst erfasst. Die verwendeten Belege und Funktionen werden in Abschnitt 5.3, »Speditionsaufträge«, vorgestellt.

[+]

Weiterführende Informationen zum Download

Unter *www.sap-press.de/6117* finden Sie mehr Details zum Speditionsauftragsbeleg. Dazu gehören die Frachtkostenschätzung, die Speditionsangebote sowie Aufträge und Angebote mit Referenzen.

5.1 Grundlagen

In einem sehr vereinfachten, dokumentengesteuerten Prozessablauf in TM ist eine überschaubare Menge an Belegen beteiligt. Im Kern sind es drei Belege (ohne Transportkostenmanagement), die den Transportplanungsprozess abdecken: die Transportbedarfe zur Erfassung der grundlegenden Transportanforderungen, die Frachteinheiten als Planungsgrundlage und die Frachtaufträge/-buchungen als Ausführungsdokument des Transports. Im neuen *erweiterten Warenannahme- und Versandprozess* (engl.: Advanced Shipping and Receiving, kurz: Adv. SR.) spielt zudem der neu eingeführte Sendungsbeleg eine zentrale Rolle und ist deshalb in Abbildung 5.1 dargestellt. Darauf gehen wir in Abschnitt 13.3 näher ein.

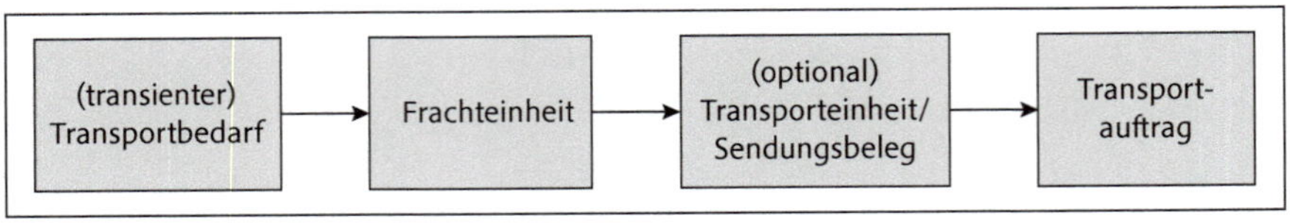

Abbildung 5.1: Überblick über den Transportplanungsprozess

In TM ist der Ausgangspunkt des Prozesses immer ein *Transportbedarf*. Während der TRQ in einem eigenständigen TM-System noch ein persistierter Beleg ist, wird er bei der Nutzung von TM als integrierte Applikation in SAP S/4HANA nur noch zur Laufzeit aus dem Vorgängerbeleg abgeleitet. Er wird daher als *transienter TRQ* (auch TTRQ) bezeichnet. Dem TRQ schließt sich die *Frachteinheit* an, die aus dem TRQ abgeleitet wird und die Grundlage für den Transportplanungsprozess darstellt. Das Ergebnis des Transportplanungsprozesses ist ein *Transportauftrag*; optional können dabei auch *Sendungsbelege* gebildet werden, die für den Advanced-Shipping-and-Receiving-Prozess eine zentrale Rolle spielen.

Mit TM können die Transportprozesse vieler verschiedener Branchen überwacht und ausgeführt werden, sodass die Ansätze der Transportprozesse stark variieren können.

Diese Ansätze erfordern verschiedene Ausgangspunkte, um den Transportprozess zu starten. So ist z. B. für einen Verlader der Transport nicht das Kerngeschäft, sodass der Schwerpunkt des Unternehmens nicht auf der Bestellung und Ausführung von Transportdienstleistungen liegt, sondern auf der Fertigung, der Materialwirtschaft etc. Der Verlader wird höchstwahrscheinlich die Funktionen des Vertriebs (SD) oder der Materialwirtschaft (MM) nutzen, um diese Prozesse abzudecken. Da der Transportprozess nicht das Kerngeschäft des Unternehmens ist, sollte das führende System im gesamten Wertschöpfungsprozess die zentrale SD- oder MM-Funktion sein, da es Prozesse handhabt, die den Wettbewerbsvorteil schaffen. Die TM-Funktion konsumiert somit Informationen aus den Vorgängerbelegen; und es ist damit nicht erlaubt, für den Geschäftsprozess wichtige Informationen zu ändern.

In diesem Szenario integriert SAP S/4HANA die SD- und/oder MM-Funktion mit der TM-Funktion. Dabei werden Informationen dokumentübergreifend gemeinsam genutzt (siehe Abschnitt 4.1, »Allgemeine Stammdaten«).

Betrachtet man den Transportprozess jedoch aus der Sicht eines *Logistikdienstleisters* (LDLs) oder Spediteurs, ist der Transportprozess der Kernprozess. Daher muss mehr Fokus auf die Informationen gelegt werden, die durch den Transportprozess erzeugt werden. Da SD keine ausreichend detaillierten Informationen für die Anforderungen der LDLs und Spediteure liefert, müssen die Informationen in TM generiert werden, das nun führend für die Informationen im Prozessfluss (d. h. die Prozesssteuerung) ist.

Da die SD-Integration keine ausreichenden Informationen für den Transport als Kerngeschäft liefert, muss der Transportbedarf in TM selbst angelegt werden. Wie können diese unterschiedlichen Anforderungen also mit nur einem Dokument abgedeckt werden (siehe Abbildung 5.1)? Die Antwort ist: gar nicht. Obwohl der Hauptprozessablauf gleichbleibt, müssen wir uns den TRQ-Prozessschritt genauer ansehen. Wie in Abbildung 5.2 dargestellt, werden dafür mehrere Ausprägungen des Transportbedarfsbelegs benötigt.

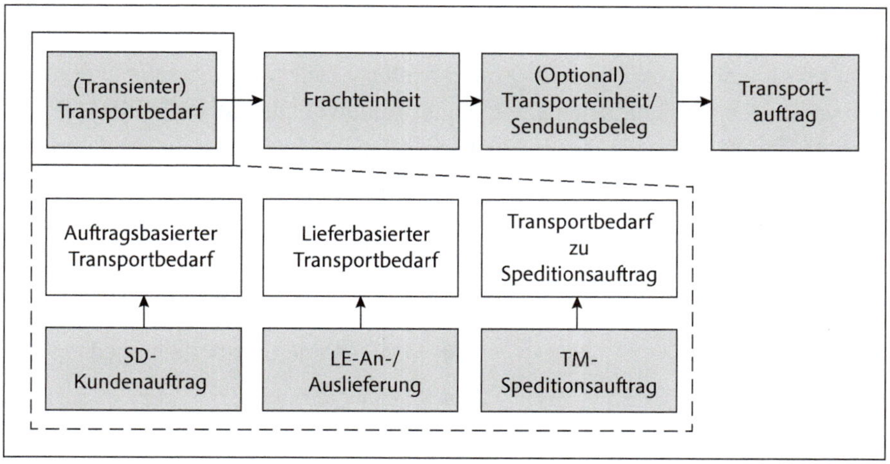

Abbildung 5.2: Ursprung für Transportbedarfsdokumente

Je nach den betriebswirtschaftlichen Anforderungen kann ein anderer Beleg den Ausgangspunkt für die Transportplanung bilden. Der Transportbedarf basiert dann auf diesem Beleg. Man spricht hier von *auftragsbasierten* (ATB) oder *lieferbasierten Transportbedarfen* (LTB) sowie von Transportbedarfen, die auf Speditionsaufträgen basieren. Technisch gesehen, sind alle Belege als Instanz des BOPF-Objekts `/SCMTMS/TRQ` abgebildet, jedoch jeweils mit einer anderen Ausprägung, die über die *TRQ-Kategorie* modelliert wird (siehe Abbildung 5.3).

Wie bereits eingangs erwähnt, werden die ATB- oder LTB-Belege nur dann permanent angelegt, wenn TM nicht im selben Mandanten wie das ERP-System implementiert wird. Darauf gehen wir im folgenden Abschnitt näher ein.

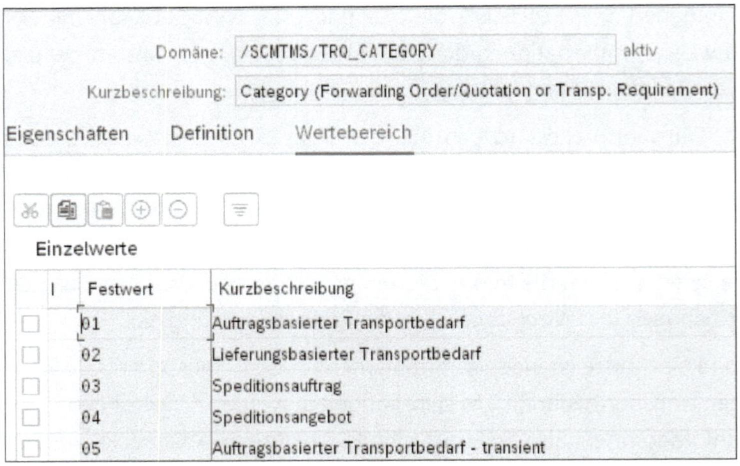

Abbildung 5.3: Ansicht der TRQ-Kategorien in Transaktion SE11

5.2 Start des Transportplanungsprozesses

In Kapitel 13, »Integration mit anderen Komponenten«, stellen wir die enge Integration zwischen verschiedenen Funktionen als einen der Hauptvorteile von SAP S/4HANA vor. In diesem Abschnitt werfen wir einen vertieften Blick darauf, wie diese Integration realisiert werden kann. Zunächst muss gesagt werden, dass Sie keine Expertise über die SD-Komponente besitzen müssen, um die Integration in die TM-Funktion zu konfigurieren, aber Kenntnisse des Standarddokumentflusses von SD, LE und MM sind vorteilhaft.

Folgende ERP-Belege können die Grundlage für den TM-Prozess bilden:

- SD-Kundenauftrag
- SD-Lieferpläne
- MM-Bestellungen
- MM-Lieferpläne
- MM-Umlagerungsbestellungen
- LE-Anlieferungen
- LE-Auslieferung
- LE-Retourenlieferung

Allerdings können Sie nicht sofort mit der Integration von Aufträgen oder Lieferungen in TM beginnen. Zunächst müssen Sie sicherstellen, dass die Voraussetzungen für die Integration erfüllt sind. Im Allgemeinen gibt es nur eine wesentliche Voraussetzung: die Stammdaten. Mit der Umstellung der TM-Funktion auf SAP S/4HANA wird diese Voraussetzung nahezu automatisch erfüllt. Wie in Kapitel 4, »Stammdaten«, beschrieben, werden die Stammdaten, die für die Erstellung von Dokumenten in der SD- und MM-Funktion definiert wurden, von der TM-Anwendung wiederverwendet. Bei der Definition von Stammdaten in SAP S/4HANA müssen jedoch einige grundlegende Überlegungen angestellt werden, falls diese Stammdaten auch in der TM-Funktion verwendet werden sollen:

- **Lokationen und Geschäftspartner**

  Bei der Definition von Aufträgen in der SD- oder MM-Funktion arbeiten wir in der Regel mit Geschäftspartnern und Versandstellen oder Werken zusammen. Für die Funktion von TM sind jedoch Entitäten erforderlich, die als *Lokationen* bezeichnet werden. Wenn Sie sich in der Vergangenheit mit der SD-, LE- und MM-Funktion beschäftigt haben, werden Sie feststellen, dass die Entität einer Lokation in SD und MM nicht verwendet wird. SAP S/4HANA bietet jedoch nun dieses Stammdatum an.

  Damit SD-, LE- und MM-Belege den Transportmanagementprozess auslösen können, müssen die *Geschäftspartner*, *Versandstellen* und *Werke* zu Lokationen übersetzt werden. Dies geschieht automatisch durch das SAP-S/4HANA-System beim Speichern eines Auftrags oder einer Lieferung, der/die in die Komponente TM integriert ist. Das System prüft, ob für die Versandstelle und den Geschäftspartner des Auftrags oder der Lieferung bereits Lokationen vorhanden sind, und legt diese gegebenenfalls an.

  Alternativ können Sie dies auch mit dem Programm `/SAPAPO/CREATE_LOCATION` in Transaktion SE38 tun. Die Verwendung dieses Programms ist Voraussetzung für die spätere Verwendung von TM in SAP S/4HANA, da SD, LE und MM keine Lokationen verwenden, TM diese jedoch benötigt.

- **Organisationsmodell**

  Im Transportprozess ist es optional, eine Verkaufsorganisation einem TRQ zuzuordnen. Wenn Sie jedoch die Verkaufsorganisation aus dem SD-Beleg im TM-TRQ abbilden möchten, müssen Sie das Organisationsmodell in TM übertragen, da Sie in TM ein eigenständiges Organisationsmodell anlegen können.

[«]

Integration von Stammdaten mit gleichen Namen

Obwohl Versandstellen und Werke in SD und MM die gleiche Nummer verwenden können, wird dies beim Generieren von Lokationen aus diesen Datensätzen ein Problem, da Lokationen eine eindeutige Nummer erfordern. Daher kann ein *Business Add-In* (BAdI) implementiert werden, um mögliche Duplikate beim Anlegen von Lokationen für Versandstellen und Werke zu vermeiden. Der häufigste Weg, dieses Problem zu lösen, besteht darin, Präfixe für die Lokations-ID zu verwenden, die Lokationen als Versandstellen (z. B. mit dem Präfix *SP*) oder Werke (bei Verwendung des Präfixes *PL*) identifizieren.

Im Customizing erreichen Sie diese BAdI-Implementierungen über den IMG-Pfad **Transportation Management • Business Add-Ins (BAdIs) für Transportation Management • Stammdaten • Transportnetz • Lokation BAdI: Anpassung von Lokationsdetails und -beschreibungen**.

[»]

Customizing-Pfade in SAP S/4HANA

Die IMG-Pfade, die wir in diesem Abschnitt darstellen, beziehen sich auf TM in SAP S/4HANA. Die IMG-Pfade für ein auf SAP NetWeaver basierendes TM-System, z. B. TM 9.6, können sich leicht unterscheiden. Größere Unterschiede vermerken wir im Text. Informationen zur Integration mit TM-Funktionen in anderen Systemen oder in TM 9.6 finden Sie in Abschnitt 5.2.3, »Integration von Vertriebsbelegen«, und Abschnitt 5.2.4, »Integration von Lieferbelegen«.

5.2.1 Integration von Kundenaufträgen

Ein wesentlicher Unterschied zwischen dem Transportplanungsprozess in LE-TRA und TM ist, dass TM den Prozess bereits basierend auf Auftragsdaten ausführen kann, LE-TRA hingegen immer mit dem Lieferbeleg beginnt.

In der auftragsbasierten Integration nutzen Verlader TM, um den Transport von verkauften Waren an den Kunden zu organisieren. In diesem Abschnitt konzentrieren wir uns darauf, wie Sie den Transportmanagementprozess aus einem SD-Beleg heraus starten können.

Die Integration von SD-Belegen in die interne TM-Komponente wird über den Customizing-Pfad **Transportation Management • Integration • Logistikintegration • Integration interne TM-Komponente • Transportrelevanz von Verkaufsbelegen definieren** aktiviert. Abbildung 5.4 zeigt, dass folgende Kriterien definieren, ob ein Beleg TM-relevant ist:

- Verkaufsorganisation plus Vertriebsweg und Sparte
- Verkaufsbelegart
- Versandbedingung (falls nicht relevant, kann das Feld leer gelassen werden)

Verkaufsbelegintegration

VerkOrg.	VertrWeg	Sparte	VerkBelegart	Versandbed	Steuerschlüssel	TM-Nr.	LogistikintegProfil	Bezeichn. Steuerschlüssel
KMN0	10	01	TA	01	0001	C001		Kundenauftrag übertragen, Auslieferung; AuftrTerm. inaktiv
S001	S1	S1	TA	01	0001	C001		Kundenauftrag übertragen, Auslieferung; AuftrTerm. inaktiv
S010	S1	S3	TA		0001	C001		Kundenauftrag übertragen, Auslieferung; AuftrTerm. inaktiv
S010	S1	S3	TA	01	0001	C001		Kundenauftrag übertragen, Auslieferung; AuftrTerm. inaktiv
SM42	01	01	42IC	01	0052		42IC	Kundenauftrag, Auslieferung integrieren
SM42	01	01	42IL	01	0052		S420	Kundenauftrag, Auslieferung integrieren
SM42	01	01	42LP	01	0052		S420	Kundenauftrag, Auslieferung integrieren

Abbildung 5.4: Konfiguration zur Integration von Verkaufsbelegen

In der Abbildung ist ebenfalls der *Steuerschlüssel* dargestellt. Dieser definiert, welche Belege aus der Belegkette mit der TM-Komponente integriert werden sollen. Der Steuerschlüssel (Customizing-Pfad: **Transportation Management • Integration • Logistikinte-**

gration • Integration interne TM-Komponente • Steuerschlüssel für Belegintegration definieren) definiert ebenfalls, ob ein internes oder ein externes TM-System verwendet werden soll. Im weiteren Verlauf dieses Abschnitts wird nur der Fall der systeminternen Integration weiter betrachtet. Abbildung 5.5 zeigt, welche Optionen bei der Konfiguration des Steuerschlüssels zur Verfügung stehen.

Steuerschlüsselparameter

StSchl.	Integrationsmodus	VB an TM	EBel an TM	PV-nJIT-Abr...	Ausliefer.	Anlief.	AuftrTerm.	Bestellb.	PlngStat.	RTT-Profil-ID	Bezeichn. Steuerschlüssel
0019	Externes TM-System	☑	☐	☐	☐	☑	☐	☐	☐		Retourenauftrag übertragen, Auslieferung; keine Term. verf.
0020	Externes TM-System	☑	☐	☐	☐	☐	☐	☐	☐		Retourenauftrag übertragen; keine Terminierung verfügbar
0051	I Interne TM-Komponente	☑	☐	☐	☐	☐	☐	☐	☐	T42_SOS_DLG...	Kundenauftrag integrieren
0052	I Interne TM-Komponente	☑	☐	☐	☑	☐	☐	☐	☐		Kundenauftrag, Auslieferung integrieren

Abbildung 5.5: Definition des TM-Steuerschlüssels

5.2.2 Definition des Logistikintegrationsprofils

Bei der Konfiguration zur Integration von Verkaufsbelegen wird in einigen Fällen eine TM-Nummer mit angegeben und in anderen Fällen ein Logistikintegrationsprofil. Die TM-Nummer wird bei der Integration mit externen TM-Systemen verwendet, daher kommen wir in Abschnitt 5.2.3, »Integration von Vertriebsbelegen«, und Abschnitt 5.2.4, »Integration von Lieferbelegen«, darauf zurück.

Das in Abbildung 5.5 dargestellte *Logistikintegrationsprofil* ist für den gesamten Transportmanagementprozess von entscheidender Bedeutung. Das Profil bündelt alle Konfigurationen, die zum Start des Transportmanagementprozesses erforderlich sind. Dazu gehören etwa die *Frachteinheitsbildungsregel* (engl.: Freight Unit Building Rule, kurz: FUBR), die Entscheidung zwischen Wunschmengen und bestätigten Mengen sowie die Relevanz der Frachteinheit für die Compliance-Prüfung.

Das Logistikintegrationsprofil finden Sie unter der Customizing-Option **Logistikintegrationsprofil für SD, MM und LE definieren** (siehe Abbildung 5.6). Auf den Frachteinheitsbeleg und darauf, wie dieser gebildet wird, gehen wir in Kapitel 7, »Frachtauftragsmanagement und Unterbeauftragung«, näher ein.

Die wichtigsten Optionen des Logistikintegrationsprofils sind:

- **Allgemeine Einstellungen**

  Über die Angaben unter **Frachteinheitsbildungsregel** wird festgelegt anhand welches Regelwerks die Frachteinheiten aus dem Transportbedarf abgeleitet werden sollen. Durch eine optionale Bedingung lässt sich die FUBR dynamisch ermitteln.

  Ist die Option **Automatische Frachteinheitsbildung** aktiviert, wird automatisch bei der Anlage eines SD-, LE- oder MM-Belegs, der als TM-relevant konfiguriert ist, eine Frachteinheit gebildet. Ist die Option nicht aktiv, kann der Report `/SCMTMS/SUBSEQUENT_FUB_LOGINT` zum Anlegen der Frachteinheiten genutzt werden.

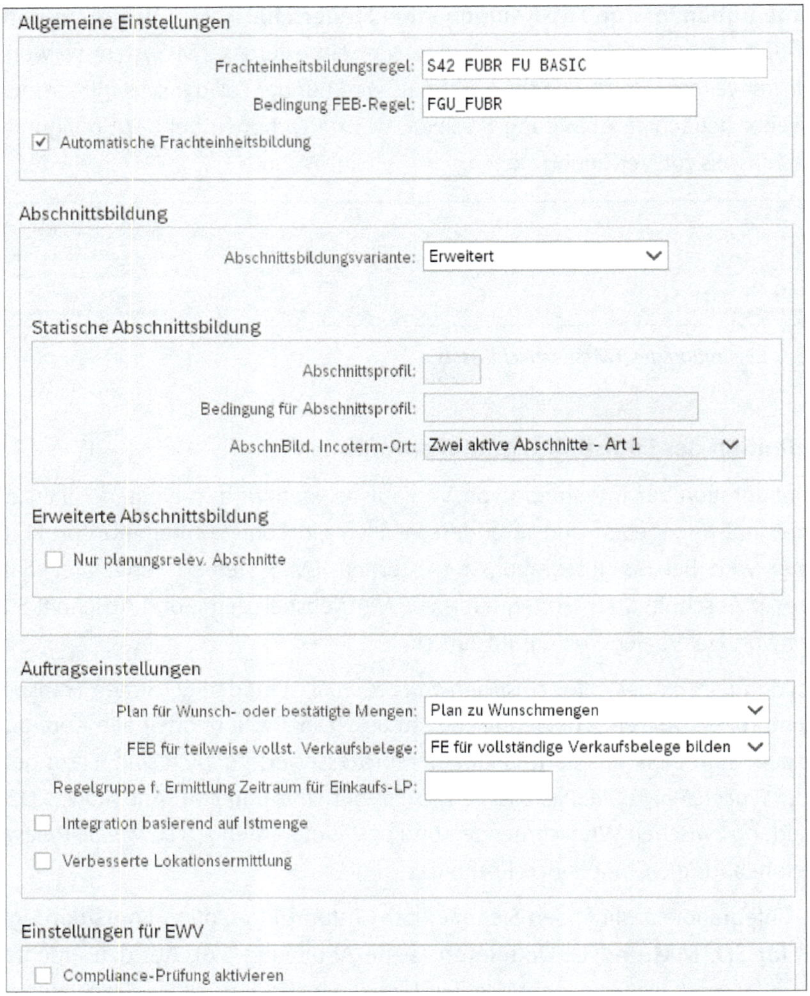

Abbildung 5.6: Customizing-Optionen für das Logistikintegrationsprofil

- **Abschnittsbildung**

  Hier kann festgelegt werden, wie die Abschnitte der Frachteinheit ermittelt werden sollen. Grundlegend wird über die **Abschnittsbildungsvariante** zwischen der statischen Abschnittsbildung, basierend auf Abschnittsprofilen, und der erweiterten Abschnittsbildung unterschieden. Bei der erweiterten Abschnittsbildung werden Frachteinheiten mit zwei Transportabschnitten gebildet, wobei die Incoterm-Lokation den Zwischenstopp definiert. Abbildung 5.7 stellt den Zusammenhang grafisch dar. Über die Customizing-Option **AbschnBild. Incoterm-Ort** (Abschnittsbildung für Incoterm-Ort) kann definiert werden, welcher der beiden Abschnitte planungsrelevant ist. Nicht planungsrelevante Abschnitte werden als statistisch gekennzeichnet und sind zwar in der Frachteinheit, aber nicht im Arbeitsvorrat des Transport-Cockpits sichtbar.

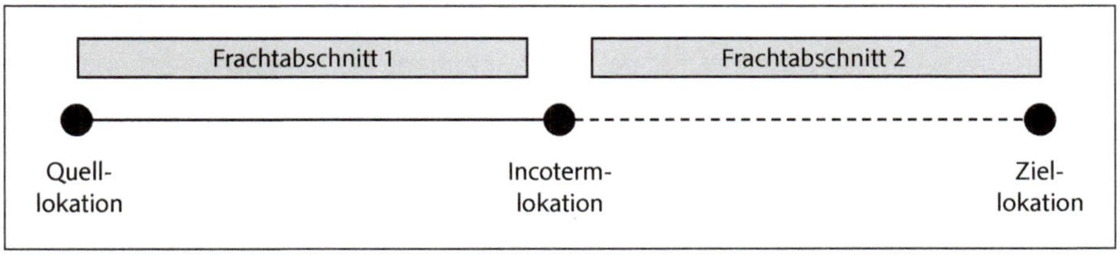

Abbildung 5.7: Abschnittsaufteilung bei Verwendung von Incoterm-Lokationen

- **Auftragseinstellungen**

  Hier kann definiert werden, ob die geplanten Mengen oder die durch ATP bestätigten Mengen als Eingangsgröße für den *Frachteinheitsbildungsprozess* (engl.: Freight Unit Building, kurz: FUB) genutzt werden und ob der FUB auch für unvollständige ERP-Belege beim Speichern ausgeführt werden soll. Die Option **Regelgruppe f. Ermittlung Zeitraum für Einkaufs-LP** definiert für MM-Lieferpläne, in welchem Zeithorizont Frachteinheiten für Lieferplaneinteilungen gebildet werden sollen. Dies bietet vor allem Performance-Vorteile, da Lieferpläne mitunter für einen sehr großen Zeitraum angelegt werden, der Planungsprozess jedoch oftmals nur einen kleineren Zeitraum abdeckt.

- **Einstellungen für den erweiterten Warenannahme- und Versandprozess**

  Mittels der Option **Compliance-Prüfung aktivieren** wird die für den Advanced-Shipping-and-Receiving-Prozess relevante erweiterte Compliance-Prüfung auf Frachteinheitsebene aktiviert. Zur Nutzung ist zusätzlich eine Anbindung an ein SAP-Global-Trade-System (GTS) notwendig. Weitere Informationen dazu erhalten Sie in Abschnitt 9.1.3, »Integration von SAP GTS und TM«.

5.2.3 Integration von Vertriebsbelegen

Die Integration von MM-Belegen ist in vielerlei Hinsicht ähnlich wie die Integration von Vertriebsbelegen (SD-Belegen). Die wichtigste Customizing-Aktivität in SAP S/4HANA für die Übertragung von MM-Belegen ist die Angabe der Steuerschlüssel und Logistikintegrationsprofile, wie im vorangegangenen Abschnitt beschrieben.

Die Integration von Einkaufsbelegen (MM-Belegen) kann im Customizing über die Customizing-Option **Transportrelevanz von Einkaufsbelegen** aktiviert werden. Ähnlich wie bei der Aktivierung von Verkaufsbelegen legen die Optionen **Logistikintegrationsprofil** und **Steuerschlüssel** fest, wie die Integration mit TM abläuft. Als Integrationskriterien stehen folgende Optionen zur Verfügung: Einkaufsorganisation, Einkäufergruppe, Bestellart.

5.2.4 Integration von Lieferbelegen

Wie zuvor bereits erwähnt, wurde im LE-TRA die Transportplanung basierend auf den LE-Lieferbelegen ausgeführt. Während TM den Vorteil bietet, bereits frühzeitig im Prozess mit der Transportplanung beginnen zu können und bereits mit Anlage der Vertriebs-

oder Bestellbelege die Transporte bilden und mit den Spediteuren kommunizieren zu können, kann TM auch den Prozess bei der Lieferanlage starten. Dazu wird über die Kriterien **Versandstelle**, **Lieferart** und **Versandbedingung** in der Customizing-Option **Transportrelevanz von Lieferbelegen definieren** definiert, welche Lieferscheine relevant für eine TM-Integration sind.

5.2.5 Integration von TM und nJIT-Prozessen

Bei der Integration von TM und nJIT-Prozessen (engl: Next Generation Just-in-Time) werden im Wareneingangsszenario Lieferungen mit Bezug zur Just-in-Time-Produktionsversorgung der nächsten Generation in TM integriert und Frachteinheiten angelegt. Dieses Integrationsszenario setzt die Verwendung des erweiterten Warenannahme- und Versandprozesses (siehe Abschnitt 13.3, »Erweiterter Warenannahme- und Versandprozess«) voraus.

Die Integration mit nJIT unterstützt die Ausführung des Eingangsprozesses im erweiterten Warenannahme- und Versandprozess. Im Rahmen des erweiterten Warenannahme- und Versandprozesses besteht ein wesentlicher Unterschied in der Erstellung von Frachteinheiten, die auf den Teilegruppenmaterialien in einem produktionssynchronen Abruf basiert. Als wesentlicher Unterschied zu den anderen Integrationsszenarien wird die Frachteinheit basierend auf der Komponentengruppe gebildet.

[zB]

Komponentengruppe

Die Komponentengruppe repräsentiert das »physische Bauteil«, das sich aus einer beliebigen Anzahl an Einzelkomponenten zusammensetzt. Ein Autoreifen besteht, stark vereinfacht, z. B. aus einer Felge, einem Reifen und einem Ventil. Durch die verschiedenen Konfigurationen aus unterschiedlich großen Felgen, Reifenarten etc. können verschiedene Varianten eines Reifens entstehen. Jede dieser Varianten wird in einer Komponentengruppe abgebildet.

Ein Rad mit einer 17-Zoll-Felge und Reifen, die bis 240 km/h zugelassen sind, hätte z. B. eine andere Komponentengruppe als ein Rad mit derselben Felgenart und Reifen, die bis 180 km/h zugelassen sind.

In der TM-Frachteinheit wird die Komponentengruppe als Position referenziert, die einzelnen Unterpositionen der Komponentengruppe werden nicht als Positionsdaten in die Frachteinheit übernommen (siehe Abbildung 5.8).

Zur Integration im nJIT-Szenario benötigen Sie ein separates Integrationsprofil. Dieses legen Sie im Customizing unter folgendem Pfad an: **SAP Transportation Management • Integration • Logistikintegration • Integration interne TM-Komponente • Logistikintegrationsprofil für nJIT definieren**. Abbildung 5.9 zeigt ein Beispiel. Das Integrationsprofil muss außerdem im Customizing unter **Transportrelevanz von Lieferbelegen** hinterlegt werden.

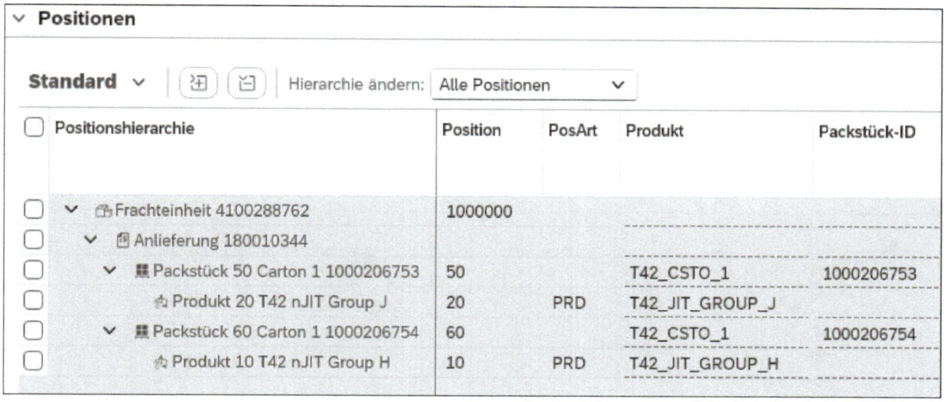

Abbildung 5.8: Fracheinheitspositionen mit Bezug zu einer nJIT-Anlieferung

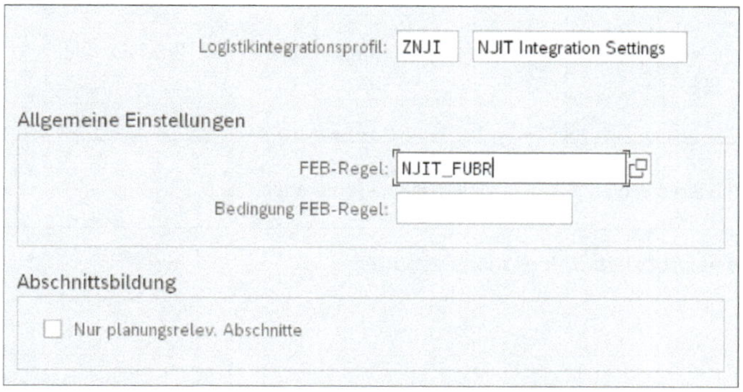

Abbildung 5.9: Logistikintegrationsprofil für den nJIT-Prozess

5.2.6 Integrationsszenarien der auftragsbasierten- und lieferbasierten Planung

Bei der Integration von ERP-Belegen und TM gibt es zwei unterschiedliche Integrationsszenarien: die auftragsbasierte und die lieferbasierte Integration. Bei der *auftragsbasierten Integration* wird zunächst ein Vertriebs- oder Materialwirtschaftsbeleg angelegt. Basierend auf diesem Beleg werden in TM Frachteinheiten gebildet, die anschließend auf Frachtaufträge oder -buchungen unter Berücksichtigung von Lieferterminen, Service-Level, Incoterms etc. geplant werden. Nachdem die Planung der Frachtaufträge abgeschlossen ist, liegt ein genaueres geplantes Lieferdatum vor, das auf den TM-Stammdaten basiert. Im nächsten Prozessschritt, dem sogenannten *Liefervorschlag*, werden aus den TM-Belegen die geplanten Zeitpunkte an den SD- oder MM-Beleg übertragen und wird die Anlage eines An- oder Auslieferungsbelegs angestoßen. Der Prozess wird als Liefervorschlag und nicht als Liefererstellung bezeichnet, da letztlich der Vertrieb und die Materialwirtschaft entscheiden, wie die Lieferungen erstellt werden sollen. Die Informationen für den Liefervorschlag stammen aus den Transportbelegen.

Bei der *lieferbasierten Integration* werden die SD- oder MM-Belege nicht in TM integriert. Der TM-relevante Teil des Prozesses beginnt erst mit der Anlage des An- oder Auslieferungsbelegs. In diesem Integrationsszenario kann der TM-Planungsprozess erst begonnen werden, nachdem die Lieferbelege angelegt wurden.

Die beiden Integrationsszenarien sind in Abbildung 5.10 gegenübergestellt.

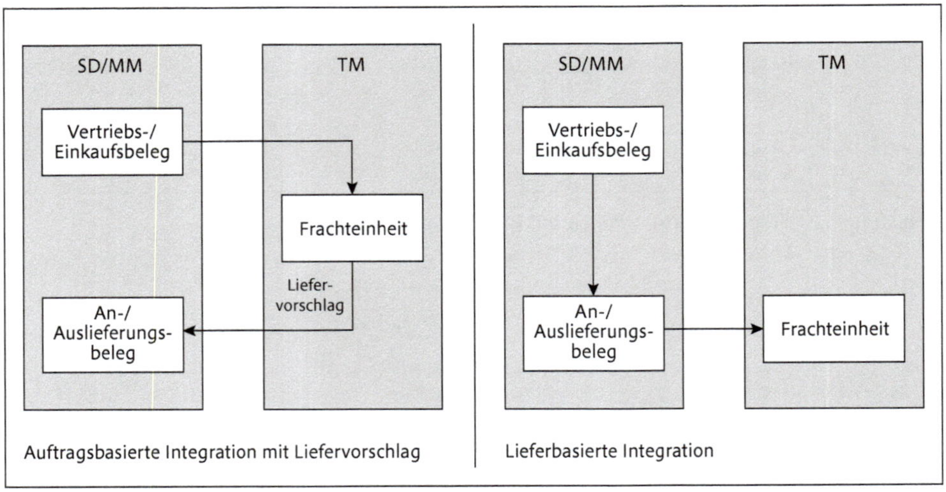

Abbildung 5.10: Auftrags- und lieferbasierte Integrationsszenarien

Liefervorschlagsprozess

Um einen Liefervorschlag von TM an das SAP-ERP-System zu senden, können Sie, nachdem der Planungsprozess abgeschlossen ist, die SAP-Fiori-App **Lieferung anlegen** verwenden, die Sie in der Kategorie **Logistikintegration** im SAP Fiori Launchpad finden können. Wenn Sie ein Selektionsprofil eingeben (vorzugsweise das gleiche, das Sie für die Planung verwendet haben), werden Ihre Frachteinheiten angezeigt. Markieren Sie diejenigen, für die Sie Liefervorschläge erstellen möchten, und wählen Sie **Liefervorschläge anlegen**. Anschließend können die Liefervorschläge in der Anwendung geprüft werden, bevor über die Auswahl von **Lieferungen anlegen** die Anlage der Lieferung angestoßen wird.

Die Liefervorschläge werden mithilfe von Einstellungen und Informationen aus den Frachteinheiten erstellt. Während die Liefertermine aus dem Transportauftrag gesammelt werden, dem nun die Frachteinheiten zugeordnet sind, werden die Mengen aus den Frachteinheiten selbst übernommen. TM versucht auch, mehrere Frachteinheiten nach Möglichkeit in einem Liefervorschlag zusammenzufassen, z. B., wenn sie auf demselben Transportauftrag geplant sind. Die Konsolidierung wird jedoch nur durchgeführt, wenn der Auftrag eine Auftragskonsolidierung zulässt.

Apropos Menge: Es ist auch möglich, Liefervorschläge auf der Grundlage der tatsächlich vom Spediteur abgeholten Mengen zu erstellen. Dieses Szenario ist besonders wichtig für den Schüttguttransport und gilt nur, wenn die Liefererstellung erst nach Beginn der Ausführung erfolgen kann. In diesem Szenario werden die Transportaufträge auf der Grundlage der Frachteinheiten erstellt und an den Spediteur gesendet, und der Spediteur holt die Ware ab. Im Rahmen des Ausführungsprozesses, auf den wir in Abschnitt 8.1, »Transportausführung«, näher eingehen, meldet der Spediteur nun das tatsächliche Gewicht und Volumen der abgeholten Ware.

Wenn im Logistikintegrationsprofil das Kennzeichen **Integration basierend auf Istmenge** gesetzt ist (siehe Abbildung 5.6), wird der Liefervorschlag auf der Grundlage der vom Spediteur gemeldeten Istmenge und nicht auf der Grundlage der Planmenge der Frachteinheit erstellt.

Nach der Freigabe der Liefervorschläge werden Lieferbelege angefertigt. SD und MM können einen TM-basierten Liefervorschlag durch Anlegen mehrerer Lieferungen aufteilen, möglicherweise aufgrund zusätzlicher Splitkriterien, die im Customizing der Auftrags- und Lieferbelegart gepflegt sind. Es werden jedoch keine Daten (z. B. Termine oder Mengen), die aus TM gesendet werden, geändert. Separate Liefervorschläge, die in TM erstellt wurden, werden nicht zu einer Lieferung in SD oder MM zusammengefasst.

Der Liefervorschlag in TM berücksichtigt auch, dass SD und MM Auftragseinteilungen in chronologischer Reihenfolge verbrauchen. Daher schlägt TM eine Lieferung für eine Einteilung einer Auftragsposition nur dann vor, wenn alle Einteilungen derselben Auftragsposition mit früheren Lieferterminen bereits eine zugeordnete Lieferung haben.

In TM können Sie auch festlegen, wie Liefervorschläge erstellt werden sollen. Diese Einstellungen werden in einem *Lieferprofil* zusammengefasst. Obwohl das Lieferprofil optional ist, ist es sinnvoll, ein Profil anzulegen, um bei jeder Erstellung von Liefervorschlägen die gleichen Einstellungen wiederzuverwenden. Sie können Lieferprofile in der Gruppe **Profile und Einstellungen** des SAP Fiori Launchpads über die SAP-Fiori-App **Lieferprofil anlegen** definieren. Das Lieferprofil legt fest, wie und ob Frachteinheiten zu einem Liefervorschlag zusammengefasst werden können und welche Frachteinheiten nicht konsolidiert werden dürfen (siehe Abbildung 5.11).

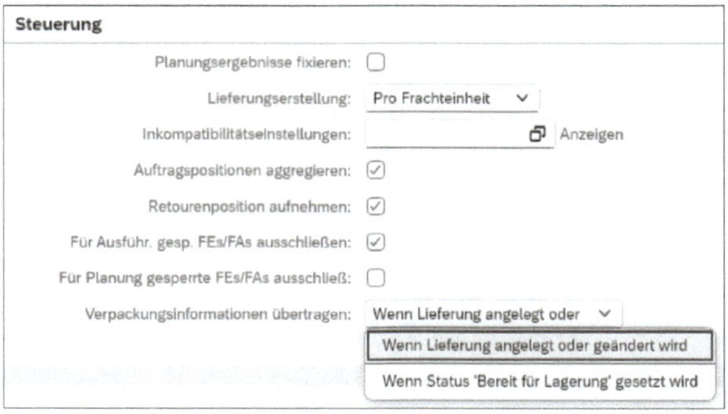

Abbildung 5.11: Optionen des Lieferprofils

Eine Möglichkeit des Lieferprofils besteht darin, das Planungsergebnis für Frachteinheiten und Transportaufträge zu *fixieren*, indem Sie das Kennzeichen **Planungsergebnisse fixieren** markieren. Die Fixierung der Planungsergebnisse bedeutet, dass die Planung, nachdem die Planungsergebnisse über die Liefervorschläge übertragen wurden, in TM nicht mehr geändert werden kann. Dies ist eine gute Strategie, da Sie die übermittelten Daten auch in den Aufträgen und Lieferungen weiterverarbeiten können. Weitere Informationen zur Fixierung von Frachtaufträgen finden Sie in Kapitel 6, »Transportplanung«.

Sie können außerdem im Lieferprofil festlegen, wie die Liefervorschläge erstellt werden sollen (z. B. ein Vorschlag pro Auftragsposition, ein Vorschlag pro Frachteinheit).

Über die Option **Inkompatibilitätseinstellungen**, die wir in Kapitel 3, »Lösungsarchitektur und technologische Konzepte«, vorgestellt haben, können Sie verhindern, dass bestimmte Frachteinheiten oder Positionen in einem Liefervorschlag zusammengefasst werden.

Inkompatibilitäten in Lieferprofilen sind optional und vor allem unnötig, wenn Sie die Frachteinheiten bereits geplant haben; in diesem Fall berücksichtigt TM die auf Transportaufträgen konsolidierten Frachteinheiten. Einstellungen wie Inkompatibilitäten werden bereits im Planungsprozess berücksichtigt. Wenn Sie jedoch Liefervorschläge erstellen möchten, bevor die Frachteinheiten geplant werden, können Sie dies ebenfalls tun. In diesem Fall sind die Einstellungen im Lieferprofil von besonderer Bedeutung, damit TM entscheiden kann, welche Frachteinheiten konsolidiert werden sollen.

Das letzte Merkmal der Lieferprofile, das hier erwähnt werden soll, ist die Option **Verpackungsinformationen übertragen**. Diese Option ist insbesondere relevant, wenn der erweiterte Warenannahme- und Versandprozess (mehr darüber erfahren Sie in Abschnitt 12.3, »Fakturierung und Abrechnung«) zum Einsatz kommt, und kann nur im Wareneingangsprozess genutzt werden. Werden in einer auftragsbasierten Frachteinheit Verpackungsinformationen ermittelt – etwa über Advanced Shipping Notification (ASN) oder den Package Builder –, lassen sich diese auf zwei Wegen an das ERP-System übertragen: entweder bei Anlage des Anlieferbelegs oder wenn in der Frachteinheit der Status **Für Lagerabwicklung bereit** gesetzt wird. Im Warenausgangsprozess wird diese Funktion nicht unterstützt.

[»]

Vorschlag für die Lieferung im Hintergrund

Im Tagesgeschäft werden Sie wahrscheinlich nicht jedes Mal, wenn Sie die Planung einiger Frachteinheiten abgeschlossen haben, manuell Liefervorschläge anlegen. Daher wurde das Hintergrundprogramm `/SCMTMS/DLV_BATCH` erstellt, damit Sie dieses als Batch-Job ausführen können. Sie müssen ein Selektionsprofil definieren, mit dem Sie Ihre Frachteinheiten oder Transportaufträge auswählen; der Hintergrundbericht erledigt genau das, was Sie interaktiv im SAP Fiori Launchpad tun können (natürlich ohne den Schritt der Prüfung des Liefervorschlags).

Nachdem die Liefervorschläge an das ERP-System gesendet wurden, werden Lieferungen erstellt. TM erhält Informationen über den Status der Lieferungserstellung. Die Lieferart, die für die Lieferungserstellung verwendet wird, ist diejenige, die in der SD- oder MM-Einstellung definiert ist. Wenn Sie die Übertragung dieser Lieferart auch in TM aktiviert haben, dann wird nicht nur eine kurze Nachricht über die Liefererstellung an TM übertragen, sondern es passiert noch mehr – die Lieferung ist integriert, und die ursprünglich für den Auftrag angelegte Frachteinheit wird mit Informationen aus der Lieferung aktualisiert. Sie fragen sich vielleicht, was wir jetzt mit den Lieferinformationen machen können, weil der Planungsprozess bereits stattgefunden hat. Erinnern Sie sich daran, dass z. B. durch in SD oder MM definierte Splitkriterien die erzeugten Lieferungen leicht vom Liefervorschlag abweichen können. Diese Informationen werden dann in der aktualisierten Frachteinheit dargestellt.

Im Belegfluss der Frachteinheit werden anschließend nicht nur die TM-Belege, sondern auch die Auftrags- und Lieferbelege angezeigt. Der Auftrag ist nun ein Vorgängerbeleg der Lieferung und die Lieferung wiederum ein Vorgängerbeleg der Frachteinheit (obwohl die Frachteinheit vor der Lieferung angelegt wurde).

Lieferbasiertes Integrationsszenario

In dem zuvor beschriebenen auftragsbasierten Integrationsszenario war das TM-System führend für den Planungsprozess. Als Ergebnis der Transportplanung ergab sich neben dem Plan für den Transport der Güter, ob und wie die Positionen des Auftrags aufgeteilt oder konsolidiert werden sollen. In einigen Fällen ist es sinnvoll, diese Entscheidung in SD oder MM zu belassen. Da die Frachteinheit sowohl aus dem Auftrag als auch der Lieferung gebildet werden kann, wird im lieferbasierten Integrationsszenario in der Regel die Integration der Auftragsdaten ausgelassen.

Lieferbasierte Frachteinheiten haben normalerweise einen höheren Deckungsgrad hinsichtlich Mengen und Volumina zu den tatsächlich gelieferten Waren, zugleich ist der zeitliche Vorlauf für die Transportplanung geringer als bei der auftragsbasierten Integration. Die Ergebnisse der Transportplanung beeinflussen die Termine der Lieferung nicht mehr. Stellen Sie daher sicher, dass die Termine in der Frachteinheit bei der Planung als harte Randbedingungen berücksichtigt werden. (In Kapitel 6, »Transportplanung«, finden Sie weitere Informationen über weiche und harte Einschränkungen in der Planung.

5.2.7 Architekturvarianten der Integrationsszenarien

Bisher haben wir uns in diesem Abschnitt nur mit der Architektur von TM als Teil derselben SAP-S/4HANA-Systeminstanz sowie der SD- und MM-Funktion beschäftigt. Dieses Setup wird als *interne TM-Komponentenintegration* bezeichnet. TM kommuniziert direkt mit SD und MM, ohne dass systemübergreifende Meldungen erforderlich sind (siehe Szenario ❶ in Abbildung 5.12).

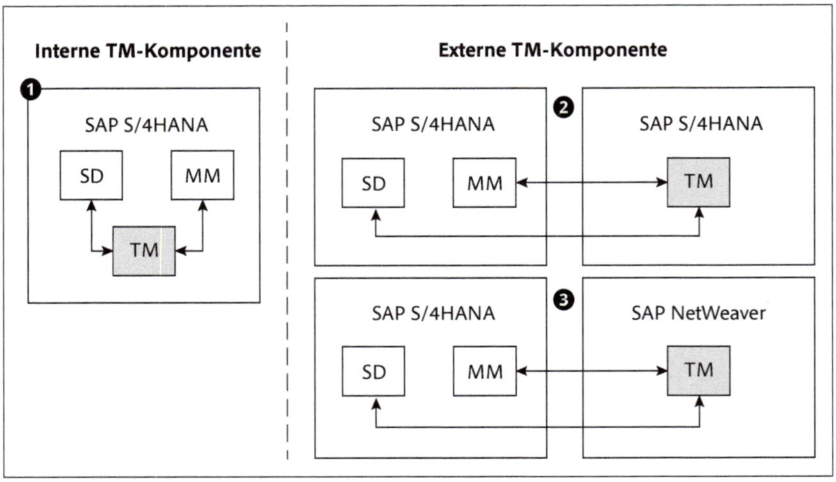

Abbildung 5.12: Architektonische Integrationsszenarien

Es gibt jedoch auch Fälle, in denen TM nicht Teil derselben Systeminstanz ist wie die Komponenten SD oder MM. Dieses Szenario wird als *externe TM-Systemintegration* bezeichnet. Die externe TM-Systemintegration kann in zwei Varianten unterteilt werden. Szenario ❷ in Abbildung 5.12 beschreibt den Fall, dass mehrere SAP-S/4HANA-Systeme parallel betrieben werden, von denen eines die Komponente TM hostet. Dies ist sinnvoll in Großunternehmen, die mehrere SAP-S/4HANA-Systeme benötigen, aber dennoch ein zentrales Transportmanagementsystem einsetzen wollen. Der Funktionsumfang und die Benutzersteuerung in diesem Szenario sind genau die gleichen wie in Szenario ❶, nur der Integrationspfad ist anders.

In Szenario ❸ kommuniziert SAP S/4HANA mit einem TM-System, das nicht auf dem SAP-S/4HANA-Stack basiert (siehe Kapitel 3, »Lösungsarchitektur und technologische Konzepte«, für Details zur technischen Grundlage der TM-Komponente), sondern auf einem SAP-NetWeaver-Stack. Dies kann z. B. ein TM-9.6-System oder ein älteres Release von TM in SAP S/4HANA sein.

Bei Verwendung einer externen TM-Systemintegration können wir die Frachteinheiten nicht mehr direkt aus den Aufträgen und Lieferungen ableiten. In diesem Fall benötigen wir ein Zwischendokument in TM, das die Informationen aus der Bestellung und/oder Lieferung widerspiegelt. Der Beleg, der die Informationen des Auftrags in TM darstellt, wird als *auftragsbasierter Transportbedarf* (ATB) bezeichnet und ist eine Kopie der im SD- oder MM-Beleg gepflegten Daten.

[»] **Terminologie**

Im Englischen heißt der Dokumententyp *Transportation Requirement* und wird als TRQ abgekürzt. Diese Abkürzung wird im System auf technischer Ebene verwendet. Die auftragsbasierten Belege werden als OTR, die lieferbasierten als DTR abgekürzt.

Die Lieferbelege werden in TM durch den *lieferungsbasierten Transportbedarf* (LTB) abgebildet. Sowohl ATB als auch LTB sind schreibgeschützte Dokumente in TM, da sie die Auftrags- und Lieferinformationen im SAP-S/4HANA-System, dem informationsführenden System, repräsentieren. Jede Änderung der Bestellmenge muss daher im Auftrag oder in der Lieferung gepflegt und an das ATB- und LTB-Dokument weitergegeben werden.

Im folgenden Abschnitt werfen wir einen detaillierteren Blick auf das ATB- und LTB-Dokument und darauf, wie sich der Gesamtprozessablauf mit diesen Dokumenten unterscheidet.

5.2.8 Auftragsbezogene und lieferbezogene Transportbedarfe

Nehmen wir an, wir verwenden eine externe TM-Komponente, analog zu dem zuvor beschriebenen Szenario ❷. Nachdem der Kundenauftrag erstellt wurde, sendet SAP S/4HANA über einen Webservice Informationen an TM in SAP S/4HANA. Nachdem der Webservice erfolgreich ausgeführt wurde, wird in TM ein Dokument erstellt. Dabei handelt es sich um den ATB, der die in SAP S/4HANA generierten Kundenauftragsdaten darstellt und alle für den Transportprozess relevanten Informationen enthält.

[«]

Aufträge und Lieferungen mit Ursprung in SAP ERP

Dieser Abschnitt befasst sich hauptsächlich mit dem Prozess, wie Daten aus SD und MM an TM gesendet werden, die nicht Teil derselben SAP-S/4HANA-Instanz sind. Wir diskutieren die Integration anhand des Beispiels der Verwendung der Funktionen von SD und MM in SAP S/4HANA. Die in diesem Abschnitt beschriebenen Informationen gelten jedoch auch für die Verwendung von SD und MM in einem SAP-ECC-System (die IMG-Pfade können in einem SAP-ERP-System etwas anders aussehen, als in diesem Abschnitt beschrieben).

In den folgenden Abschnitten befassen wir uns mit der Technologie und der Konfiguration, die für die Übertragung von Informationen an TM in SAP S/4HANA erforderlich sind, sowie mit der Verarbeitung dieser Informationen, beginnend mit der Integration von Bestellbelegen und Lieferbelegen.

Auftragsdokumente

In der Sicht des Customizings für die TM-Steuerschlüssel gibt es eine Spalte für die TM-Nummer (siehe Abbildung 5.4 weiter vorn in diesem Kapitel). Über den hier eingetragenen Wert erfolgt das Routing der Schnittstellennachrichten zwischen SAP S/4HANA und verschiedenen angebundenen TM-Systemen. Der im Integrationscustomizing definierte Wert wird als Identifikationsmerkmal in den Schnittstellennachrichten zur Verteilung der Belegdaten mit angegeben. In einer Middleware wie *SAP Process Integration* kann diese Information genutzt werden, um die Nachrichten an das Zielsystem zu routen.

Während ein integriertes TM-System die TM-Frachteinheiten direkt aus den ERP-Belegen ableiten kann, müssen für externe TM-Systeme Schnittstellennachrichten erzeugt werden. Dies erfolgt über die *Nachrichtenfindung* (kurz: NAST) der SAP-ERP-Dokumente.

Die Nachrichtenfindung kann automatisch eine Nachricht für einen SD-Beleg mit der Konditionstechnik vorschlagen, die Sie bereits aus SAP ERP kennen (nicht zu verwechseln mit dem *Business Rules Framework* (BRF) und den in TM verwendeten Bedingungen (technisch auf dem Business Rules Framework+ basierend).

Wie Sie in Abbildung 5.13 sehen können, ist der Kern der Nachrichtenfindung das *Nachrichtenschema*, das aus Schritten besteht, die in der angegebenen Reihenfolge ausgeführt werden sollen. Jeder Schritt stellt eine Bedingung einer definierten Konditionsart dar; diese Bedingung bestimmt, ob eine Ausgabe der definierten Ausgabeart ausgelöst werden soll.

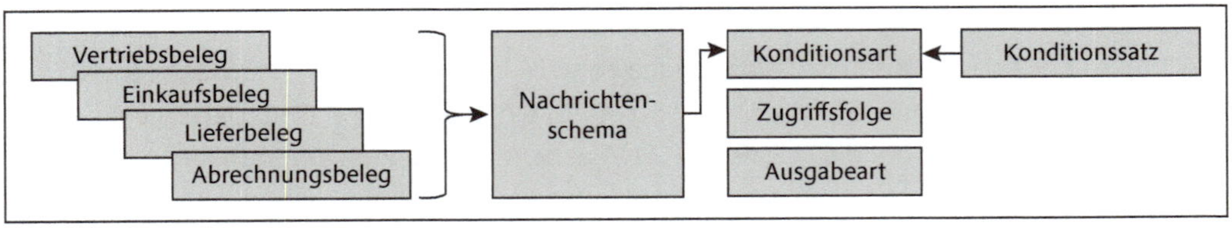

Abbildung 5.13: Nachrichtenfindung in SD

Die *Konditionsart* ist mit der Nachrichtenart verknüpft und kann Konditionssätze enthalten, die festlegen, wann eine Nachricht ausgelöst werden soll. Ein *Konditionssatz* ist strukturell gesehen eine Tabelle (wie die Entscheidungstabelle bei Bedingungen, die in TM verwendet werden), die zum Auffinden eines Wertes genutzt wird. In dieser Konditionstechnik kann eine Konditionsart jedoch mehrere Konditionssätze unterschiedlicher Struktur enthalten (z. B. einen Konditionssatz, bei dem die Eingangsdaten Verkaufsorganisation und Kunde sind, und einen zweiten Konditionssatz, bei dem die Eingangsdaten die Auftragsart sind).

Mit der *Zugriffsfolge* können Sie festlegen, in welcher Reihenfolge die Konditionssätze verarbeitet werden sollen. Da die Konditionsart mit der Nachrichtenart verknüpft ist, müssen Sie nicht definieren, welche Nachrichten ausgelöst werden sollen. Dies geschieht implizit im Nachrichtenschema, wo Sie eine Konditionsart definieren.

Denken Sie daran, dass die Nachrichtenart mit der Konditionsart verknüpft ist. Das heißt, nachdem die Konditionsart ein geeignetes Ergebnis gefunden hat, wird eine Nachricht dieser Nachrichtenart ausgelöst. In SAP S/4HANA stehen mehrere Nachrichtenarten zur Verfügung, z. B. für die Druckausgabe, EDI-Nachrichten (Electronic Data Interchange), A2A-Nachrichten (*Application-to-Application*) oder E-Mail. Eine Auswahl ist in Abbildung 5.14 dargestellt.

Für die Integration von SD-Belegen müssen Sie eine neue Nachrichtenart (Nachrichtenart TRS0) anlegen. Wählen Sie dazu in Ihrem SAP-S/4HANA-System den IMG-Pfad **Ver-**

trieb • Grundfunktionen • Nachrichtenfindung • Nachrichtenfindung • Nachrichtenfindung über Konditionstechnik • Nachrichtenfindung für Verkaufsbelege pflegen • Nachrichtenarten pflegen.

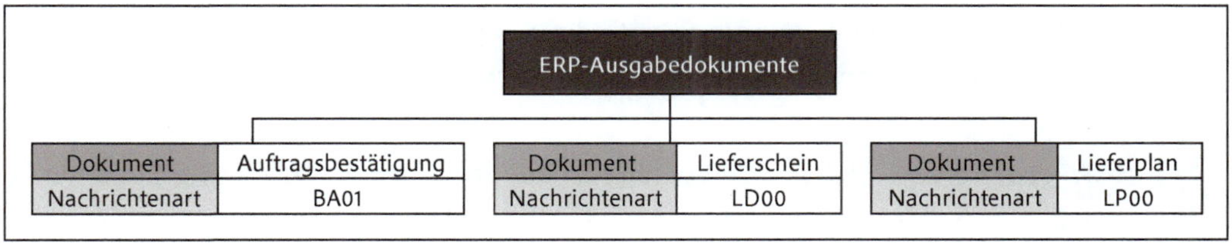

Abbildung 5.14: Nachrichtenarten in SAP S/4HANA

Um die Nachrichtenart TRS0 zu pflegen, müssen Sie allgemeine Daten, Verarbeitungsroutinen und Partnerrollen definieren (siehe Abbildung 5.15).

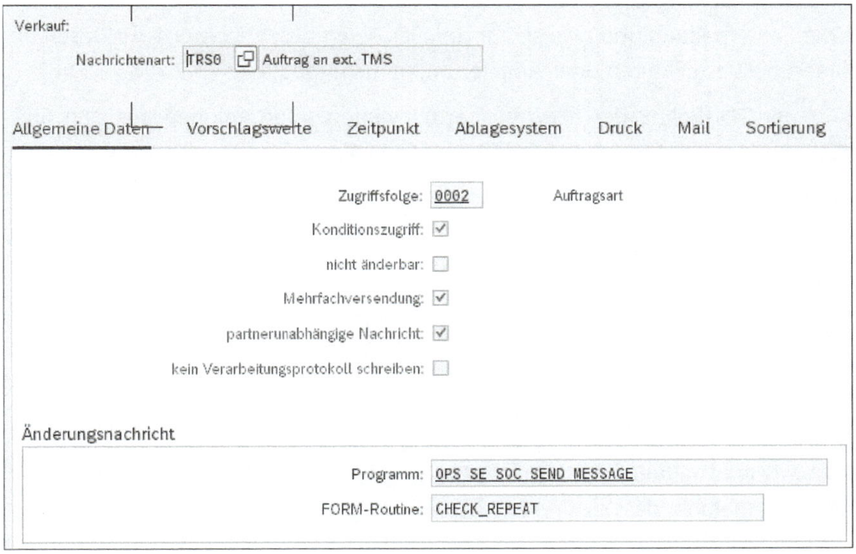

Abbildung 5.15: Nachrichtenart TRS0

Nachdem die Nachrichtenart konfiguriert ist, können Sie sie dem Nachrichtenschema hinzufügen, indem Sie dem IMG-Pfad **Vertrieb • Grundfunktionen • Nachrichtenfindung • Nachrichtenfindung • Nachrichtenfindung über Konditionstechnik • Nachrichtenfindung für Verkaufsbelege pflegen • Nachrichtenschema pflegen** folgen. Fügen Sie einfach eine neue Stufe mit der Konditionsart TRS0 und der Bedingung 27 zum Schema V10000 hinzu.

Zuordnung von Nachrichtenfindungsverfahren

In diesem Kapitel wird davon ausgegangen, dass das standardmäßige Ausgabefindungsverfahren und der Standard-KAUF-Typ für die Integration verwendet werden.

Es ist jedoch klar, dass dies nicht immer der Fall sein wird. Wenn Sie einen anderen KAUF-Typ verwenden, können Sie der Auftragsart ein Nachrichtenschema zuordnen, indem Sie dem IMG-Pfad **Vertrieb • Grundfunktionen • Nachrichtenfindung • Nachrichtenfindung • Nachrichtenfindung über Konditionstechnik • Nachrichtenfindung für Verkaufsbelege pflegen • Nachrichtenschema zuordnen** folgen.

Nachdem Sie diese SAP-S/4HANA-Einstellungen konfiguriert haben (weitere Informationen zu den Konfigurationsschritten finden Sie im Leitfaden »Basic Settings and Integration for SAP ERP and S/4HANA« (in englischer Sprache) in der SAP-Hilfe für TM), wird immer eine Nachricht entsprechend der Nachrichtenart TRS0 gesendet, wenn ein SD-Beleg angelegt, aktualisiert oder gelöscht wurde.

Im Gegensatz zu SD-Belegen nutzen MM-Belege (z. B. Bestellungen) die aus früheren SAP-ERP-Releases bekannte Workflow-Technologie zur Bearbeitung der Nachrichten. Daher ist die Fehlerbehandlung, wie sie für den SD-Beleg beschrieben ist, für Bestellungen, Umlagerungsbestellungen oder Anlieferungen nicht möglich.

Der ATB ist der TM-Beleg, der alle transportrelevanten Informationen aus den SAP-S/4HANA-Aufträgen enthält. Er kann vier Dinge darstellen:

- Vertriebsbelege (SD-Belege)
- Einkaufsbelege (MM-Belege)
- Umlagerungsbestellungen
- Lieferplaneinteilungen

Für TM spielt es keine Rolle, welcher Dokumententyp der Vorgängerbeleg war. Der ATB repräsentiert alle diese SAP-S/4HANA-Belegarten.

Beachten Sie, wie in Abschnitt 3.3.1, »Bedingungen unter Verwendung des Business Rules Frameworks«, ausgeführt, dass es eine Singleton-Bedingung[1] gibt, mit der die ATB-Integrationsform von SAP-S/4HANA-Aufträgen definiert wird. Sie können eine Bedingung der Konditionsart **/SCMTMS/OTR_TYPE** anlegen und entsprechende Bedingungen definieren, um ATBs nach Belegart zu unterscheiden. Sie können unter anderem auch den in SAP S/4HANA verwendeten SD-Belegtyp für die Bedingungsdefinition nutzen. Es gibt eine vordefinierte Datenzugriffsdefinition, die dafür zur Verfügung steht. Wenn die Bedingung kein Ergebnis findet, wird der Standardtyp verwendet. Der Standardtyp ist im Customizing der ATB-Typen mit einem entsprechenden Kennzeichen definiert.

Werfen wir einen Blick auf das ATB-Dokument selbst. Sie werden feststellen, dass die Informationsmenge im Vergleich zu anderen TM-Dokumenten relativ gering ist. Denn die einzigen im ATB gespeicherten Informationen werden aus SAP S/4HANA übernommen. Diese sind für den Transportprozess entscheidend.

1 Es kann nur eine Instanz der Konditionsart innerhalb des Mandanten angelegt werden.

Der wichtigste Unterschied zu anderen Dokumenten in TM besteht darin, dass es keine Aktionstasten auf dem ATB gibt. Das Dokument ist schreibgeschützt; es sind also keine Änderungen erlaubt, da in diesem Szenario das SAP-S/4HANA-System das informationsführende System ist, sodass alle Updates von SAP S/4HANA stammen sollten.

Auf der Registerkarte **Allgemeine Daten** sehen Sie die wichtigsten Informationen, wie z. B. die ATB-Dokumentart sowie das Gesamtgewicht und Volumen der Fracht. Es gibt auch ein Feld für eine Verkaufsorganisation. Erinnern Sie sich daran, dass Sie Ihre Verkaufsorganisation aus SAP S/4HANA integrieren und in den ATB aufnehmen können; das ist aber unter Umständen in TM nicht sinnvoll.

[«]

Verkaufsorganisation in SAP S/4HANA und TM

Wenn Sie sich das leere Feld **Verkaufsorganisation** im ATB-Dokument ansehen, wirkt es vielleicht seltsam, dass die im SAP-S/4HANA-KAUF verwendete Verkaufsorganisation nicht in den ATB übertragen wurde.

In den meisten Fällen ist dies jedoch richtig. Da TM den Transportprozess abdeckt, ist die Verkaufsorganisation in diesem Fall nicht mehr die Organisationseinheit, die die Produkte verkauft; die Verkaufsorganisation im ATB ist die Organisationseinheit, die die Transportdienstleistungen verkauft. In den meisten Fällen handelt es sich um unterschiedliche Organisationseinheiten, wenn der Verlader überhaupt den Transport von Produkten verkauft.

Im unteren Bildbereich des ATB-Dokuments sehen Sie den Informationsbereich für die Positionen. Da ein ATB einen SD-Beleg repräsentiert, werden von diesem alle Positionen aufgelistet. Hier finden Sie auch das Lieferdatum, das den Positionen im SD-Beleg zugeordnet wurde. Das Lieferdatum in SAP S/4HANA kann auf vielfältige Weise definiert werden, z. B. über eine angeschlossene Verfügbarkeitsprüfung (ATP, Available-to-Promise) oder eine einfache Routenfindung in SAP S/4HANA. Unabhängig davon, wie Sie den Liefertermin in SAP S/4HANA festlegen, handelt es sich um ein Datum, mit dem das TM-System arbeiten wird.

Auf der Registerkarte **Lokationen und Termine** sehen Sie die Lokationen des gesamten Transports. Die Quelllokation ist die Versandstelle oder das Werk, für die bzw. das der Beleg angelegt wurde. Die Ziellokation entspricht dem Stammdatum, das basierend auf den Adressdaten des Kunden erstellt wurde. Beachten Sie, dass die Ziellokation nicht für den im Ursprungsbeleg gepflegten Auftraggeber, sondern für den Warenempfänger gilt.

Sie werden feststellen, dass in vielen Fällen die Quell- und/oder Ziellokationen leer sind. Denn je nach Lagerort oder Versandstelle, die den Positionen des SAP-S/4HANA-Auftrags zugeordnet ist, können Quell- und Ziellokation von Position zu Position variieren. Während der Frachteinheitsbildung (FEB) werden mehrere Frachteinheiten für das ATB angelegt, da sich die Transportorte der Positionen unterscheiden. Wenn die Quelllokation auf der Kopfebene des ATB-Dokuments leer ist, können Sie davon ausgehen, dass sie für einen SAP-S/4HANA-SD-Beleg angelegt wurde; wenn die Ziellokation leer ist, können Sie davon ausgehen, dass sie für einen MM-Beleg erzeugt wurde.

In Abschnitt 5.3, »Speditionsaufträge«, beschreiben wir, wie die Sachbearbeitung für Kundenaufträge die Abschnitte der Transportbedarfe manuell vordefinieren kann, indem sie dem Speditionsauftrag Zwischenstopps hinzufügt. Bei ATBs gibt es keine solche Funktion. Der Transportweg wird für einen SD-Beleg einfach von der Versandstelle zum Kunden definiert, sodass der ATB nur einen Abschnitt enthält. (Wir beschreiben eine Ausnahme bezüglich der Incoterm-Lokationen später.)

Nach der FEB kann die Frachteinheit in mehrere Abschnitte unterteilt werden, wenn der Transportprozess dies erfordert. Dieser Prozess definiert den Unterschied zwischen der *gewünschten Route* und der *Istroute*. Wie der Name schon sagt, ist die gewünschte Route die Route, die vom Kunden bestellt wurde (bei einem integrierten SAP-S/4HANA-Auftrag einfach ein direkter Transportweg). Die Istroute hingegen ist die Route, die tatsächlich benutzt wurde. Wenn der SAP-S/4HANA-KAUF von einer Versandstelle in Deutschland an einen Kunden in den USA definiert wurde, verläuft die gewünschte Route einfach von Deutschland in die USA. Die Istroute sieht jedoch anders aus – z. B. ein Abschnitt von Deutschland zu einem Hafen in den Niederlanden, ein Abschnitt vom niederländischen Hafen zu einem amerikanischen Hafen und ein Abschnitt vom amerikanischen Hafen zum Kunden. Obwohl die gewünschte Route von der Istroute abweicht, wird die Istroute nicht auf dem ATB abgebildet; der ATB stellt nur den Transportbedarf und damit die gewünschte Route dar.

Wenn Sie sich das Customizing der ATB-Typen (siehe Abbildung 5.16) ansehen, stellen Sie fest, dass es im Vergleich zu anderen Belegarten in TM hier nicht viel zu ändern gibt. Das Customizing des ATB-Typs erreichen Sie über den IMG-Pfad **Transportation Management • Integration • Logistikintegration • Integration externes TM-System • Auftragsbasierter Transportbedarf • Auftragsbasierte Transportbedarfsarten definieren**.

Anstatt auf das Typ-Customizing einzugehen, werden hier nur die wichtigsten Themen erwähnt. Da Sie mit dem ATB selbst nichts anfangen können, ist es zwingend erforderlich, Frachteinheiten anzulegen, um mit der Planung zu beginnen. Obwohl wir später in diesem Buch auf die FEB eingehen, ist es dennoch erwähnenswert, dass wir einige Optionen in diesem Bereich haben.

Das Kennzeichen **Automatische Frachteinheitsbildung** legt fest, ob eine Frachteinheit nach dem Anlegen des ATB automatisch gebildet werden soll. Dies ist in vielen Anwendungsfällen sinnvoll. Wenn Sie jedoch die Konsolidierung von SD-Belegen in Betracht ziehen, möchten Sie möglicherweise keine Frachteinheiten direkt nach der Erstellung anlegen, sondern die FEB nur über einen Batch-Job auslösen, damit Sie mehrere ATBs zu einer Frachteinheit konsolidieren können.

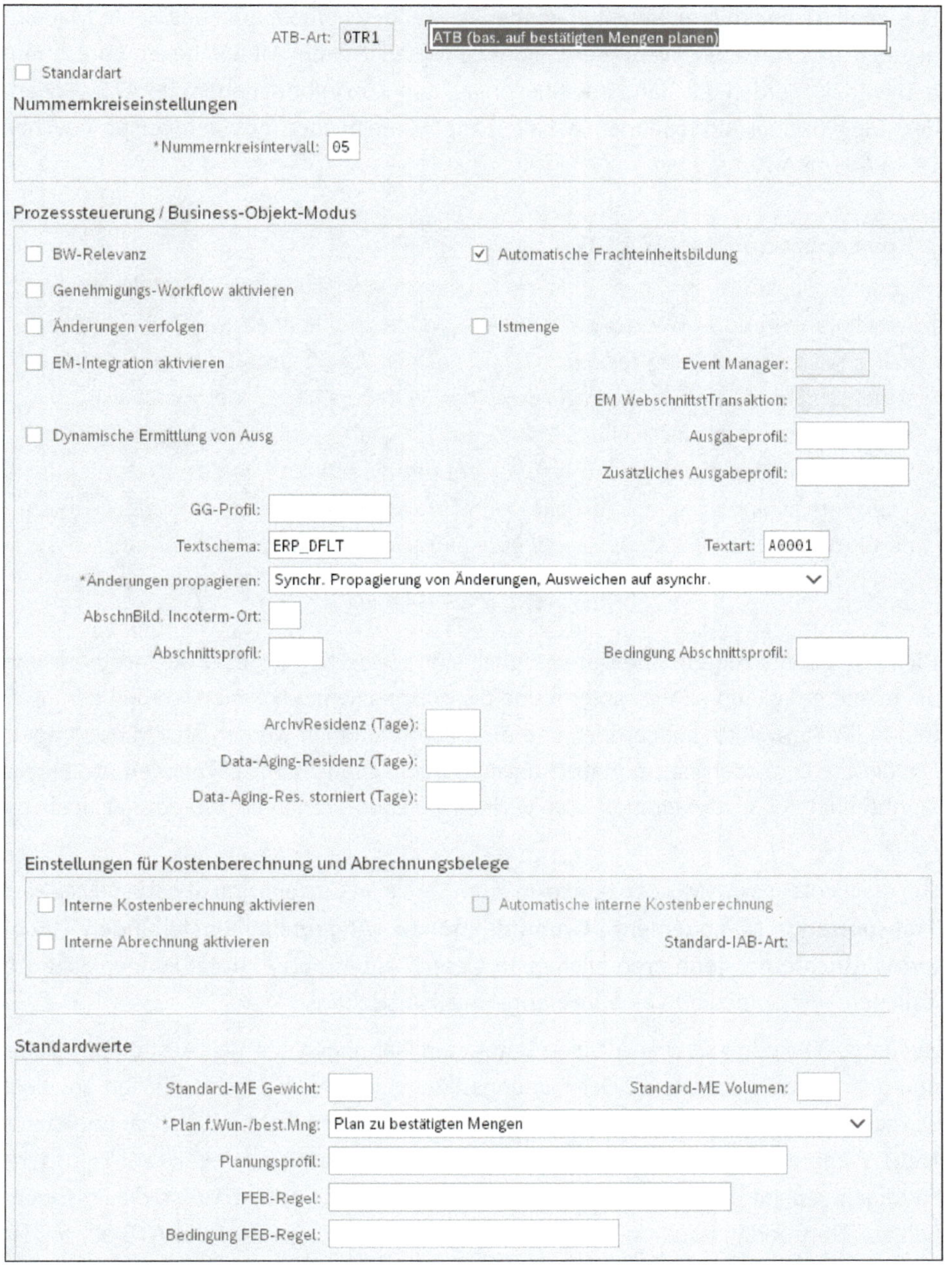

Abbildung 5.16: Customizing der ATB-Belegart

Unabhängig davon, ob Sie Frachteinheiten automatisch oder über einen Batch-Job anlegen möchten, müssen Sie festlegen, wie die Frachteinheiten angelegt werden sollen. Dazu definieren Sie im Customizing eine *Frachteinheitsbildungsregel* (kurz: FEBR). Wenn die Methode zum Anlegen von Frachteinheiten von einigen Werten des ATB abhängt, sollten Sie vielleicht sogar eine Bedingung verwenden, um die richtige FEBR zu finden.

Die voreingestellten Maßeinheiten können verwendet werden, um konsistente Maßeinheiten in TM zu haben. Wenn der integrierte Materialstamm Maßeinheitenumrechnungen enthält, werden die Standardeinheiten auf den Kopfinformationen des ATB verwendet. Die Positionsinformationen behalten die Maßeinheiten aus dem ursprünglichen SAP-S/4HANA-Auftrag bei.

[»]

Kostenabrechnung auf ATBs

Erinnern Sie sich daran, dass es keine Drucktasten oder Aktionen gibt, die die Anwenderinnen und Anwender auf dem ATB verwenden können, was bedeutet, dass keine Kostenberechnung für den ATB möglich ist. Der Grund dafür liegt im beabsichtigten Prozess. Da ATBs im Prozess des Verladers verwendet werden, ist SAP S/4HANA auch bei möglichen Zuschlägen für Transportleistungen das führende System. Die Kostenberechnung in TM dient der Berechnung von Verkaufsraten für Transportleistungen und wird daher nur für Speditionsaufträge verwendet, die in den Prozessen der LDLs oder Spediteure zum Einsatz kommen. Daher müssen die Zuschläge für den Transport bereits im SD-Beleg in SAP S/4HANA auferlegt werden.

Die Registerkarte **Allgemeine Daten** enthält einen Bildschirmteil über die Incoterms und die Incoterm-Lokation. Der Incoterm und die entsprechende Lokation werden dem Auftrag in SAP S/4HANA zugeordnet, und diese Informationen werden an TM übertragen. Die gleiche Logik der Transportabschnittsfindung nach Incoterm-Lokationen, die bereits in Abschnitt 5.2.3, »Integration von Vertriebsbelegen«, erläutert wurde, gilt auch für ATBs.

Um die Incoterms in TM zu erkennen, müssen Sie sie im Customizing über den IMG-Pfad **Transportation Management • Grundfunktionen • Allgemeine Einstellungen • Incoterms • Incoterms definieren** pflegen. In dieser Customizing-Aktivität können Sie auch festlegen, ob der Incoterm eine Incoterm-Lokation benötigt.

Auf dem ATB finden Sie drei wichtige Status: den Planungsstatus, den Ausführungsstatus und den Verrechnungsstatus. Der Planungsstatus zeigt an, ob Frachteinheiten angelegt wurden (wenn ja, ist der Planungsstatus **In Planung**; wenn nicht, ist der Planungsstatus **Neu**). Wenn die Frachteinheiten nicht nur angelegt, sondern auch bereits auf Transportaufträgen geplant sind, ändert sich der Planungsstatus auf **Geplant**. Wenn die Frachteinheit auf Transportaufträgen geplant ist, zeigt der Ausführungsstatus des ATB an, ob der Transportauftrag bereits ausgeführt, in Ausführung oder noch nicht ausgeführt ist.

Der Verrechnungsstatus des ATB zeigt an, ob LTBs bereits angelegt wurden und die Frachteinheiten des ATB verrechnet wurden. Abbildung 5.17 zeigt das Integrationsszenario, bei dem sowohl Auftrag als auch Lieferung von SAP S/4HANA an TM gesendet werden. In diesem Fall wird die Frachteinheit zunächst auf Grundlage des ATB erstellt, nachdem der Auftrag an TM gesendet wurde.

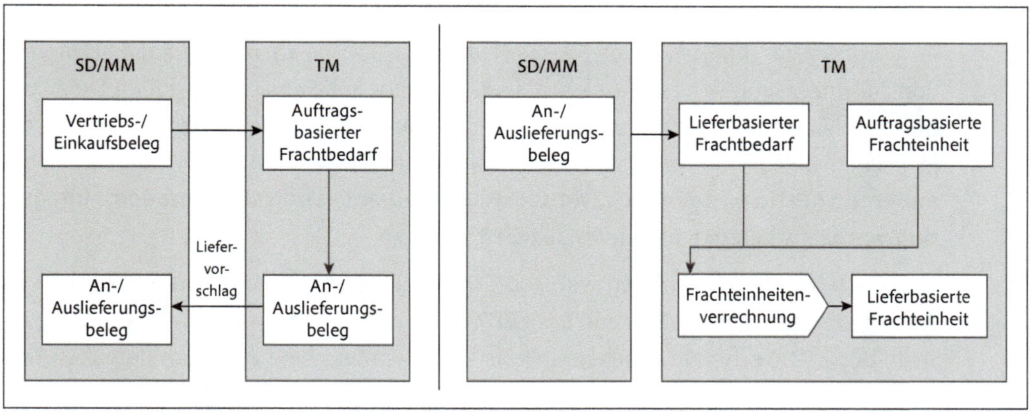

Abbildung 5.17: Integrationsszenario mit externem TM-System

Zu einem späteren Zeitpunkt, wenn die Lieferung angelegt wird (entweder über einen Liefervorschlag oder intern innerhalb des SAP-S/4HANA-Systems), wird der LTB für die SAP-S/4HANA-Lieferung erstellt. Die Frachteinheit wird dann dem aktuellen SAP-S/4HANA-Beleg zugeordnet, d. h. dem LTB, der die Lieferung repräsentiert. Wir nennen diesen Prozess *Frachteinheitsverrechnung*, weil der Belegfluss neu geordnet wird und die Frachteinheit nicht mehr direkt mit dem ATB verbunden ist.

Nicht nur Status, sondern auch Sperren werden zwischen dem SAP-S/4HANA-Auftrag und dem ATB in TM synchron gehalten. Die Zuordnung von Sperrgründen erfolgt ausschließlich über die ID der Sperrgrundcodes, d. h., die Sperrgründe in SAP S/4HANA und TM müssen gleich sein.

Das ATB-Dokument kann zwei Arten von Sperren definieren: eine *Planungssperre* und eine *Ausführungssperre*. Während das Planungsteam noch in der Lage ist, eine Frachteinheit eines ATB zu planen, für die eine Ausführungssperre definiert ist, erlaubt die Planungssperre nicht einmal die Planung der Frachteinheit. Wenn Sie dem Customizing-Pfad **Transportation Management • Integration • Logistikintegration • Integration externes TM-System • Sperren von Transportbedarfen definieren • Sperren basierend auf Liefersperre definieren** folgen, können Sie festlegen, ob eine auf dem SAP-S/4HANA-Auftrag gesetzte Sperre automatisch eine Planungs- und/oder Ausführungssperre auf dem entsprechenden ATB-Dokument setzen soll.

Die Sperre kann auf dem SAP-S/4HANA-Auftrag auf Kopfebene oder pro Position definiert werden. Daher werden die Sperren auf dem ATB-Dokument auch entweder auf Kopfebene (d. h. für alle Positionen des ATB) oder nur auf einer bestimmten Position gesetzt.

Möchten Sie weitere Informationen aus dem SAP-S/4HANA-Auftrag an den ATB in TM weitergeben, nutzen Sie dafür die Registerkarte **Notizen** im ATB-Dokument. Da der ATB nicht bearbeitet werden kann, müssen die Notizen des ATB aus dem SAP-S/4HANA-Auftrag stammen.

Lieferdokumente

Im Vergleich zur Integration von SAP-S/4HANA-Auftragsbelegen verläuft die Konfiguration zur Integration von Lieferbelegen ähnlich. Daher gehen wir hier nicht im Detail darauf ein. Für die Integration von Lieferbelegen muss sichergestellt werden, dass für die jeweiligen Belege die Integrationseinstellungen im Customizing-Pfad **Integration mit anderen SAP-Komponenten • Transportmanagement • Logistikintegration • Integration von Lieferbelegen aktivieren** aktiviert sind.

Technisch ähnelt auch auf der Seite von TM die Integration von Lieferbelegen der von Auftragsbelegen. Zur Replizierung des ERP-Belegs wird in TM ein weiterer TRQ-Beleg erstellt, der LTB. Technisch gesehen, gibt es keinen Unterschied zwischen dem ATB und dem LTB; sie sind beide Instanzen des Geschäftsobjekts `/SCMTMS/TRQ`, die sich in ihrer Belegkategorie und dem Belegnamen unterscheiden.

Die Ähnlichkeit zwischen ATB und LTB wird auch deutlich, wenn Sie die Customizing-Aktivitäten der Belegarten beider Geschäftsobjekte vergleichen. Das LTB-Art-Customizing enthält genau die gleichen Einstellungen wie der ATB, einschließlich der Einstellungen für die FEB, Abschnittssplits basierend auf Incoterm-Lokationen etc.

5.2.9 Integration von Lieferplänen

Lieferpläne beschreiben für einen definierten Zeitraum periodische Lieferungen an einen Warenempfänger. Wir können daher zwischen Vertriebslieferplänen, die wiederkehrende Lieferungen an Kunden darstellen, Materialwirtschaftslieferplänen, die wiederkehrende Lieferungen an unsere Werke beschreiben, und Umlagerungslieferplänen unterscheiden. Letztere Integration wird nur im integrierten Szenario unterstützt.

[»]

Verfügbarkeit der Lieferplanintegration in SAP S/4HANA

Für die integrierte Deployment-Variante von TM hängt die Verfügbarkeit der Funktion zur Integration von Lieferplänen vom eingesetzten SAP-S/4HANA-Release ab sowie gegebenenfalls von der gewählten Integration zwischen TM und der eingesetzten SAP-Anwendung zur Lagerverwaltung. Die SAP S/4HANA Release Notes für TM sollten daher genau geprüft werden, z. B. SAP-Hinweis 3615236 (SAP S/4HANA 2025 Supply Chain for Transportation Management – Release Information). Ebenso sollte über SAP-Hinweis 3423370 (Feature Comparison of Adv. SR TM-EWM versus TU-Based TM-EWM Integration) geprüft werden, ob die benötigte Funktion im jeweiligen TM-SAP-EWM-Integrationsszenario unterstützt wird.

Die Konfiguration zur Integration der Lieferpläne erfolgt analog zur Konfiguration anderer ERP-Belege (siehe Abbildung 5.4 weiter vorn in diesem Kapitel).

Ein Lieferplan kann für jede Position mehrere Lieferplaneinteilungen enthalten, die beschreiben, an welchem Datum welche Menge eines Produkts geliefert bzw. angeliefert werden soll. In TM wird je Lieferplaneinteilung ein OTR-Beleg angelegt. Im internen Szenario wird anstelle des OTR-Belegs eine auftragsbasierte Frachteinheit angelegt. Die Lieferplaneinteilungen werden in der Regel für einen großen Zeithorizont vorgenommen. Um im TM-System nicht eine Vielzahl von Belegen für weit in der Zukunft liegende Lieferdaten zu erstellen, kann in den *Regelgruppen* definiert werden, für welchen Zeitraum die Einteilungen in TM integriert werden sollen. Die Konfiguration findet über das SAP-Customizing **Transportation Management • Integration • Logistikintegration • Integration interne TM-Komponente • Regelgruppen zum Ermitteln des Integrationszeitraums von Einkaufs-LP defin.** für die interne Integration statt. Die Einstellungen für das externe TM-Szenario finden Sie unter: **Integration mit anderen SAP-Komponenten • Transportation Management • Logistikintegration • Einstellungen für Integration von Vertriebslieferplänen festlegen** bzw. **Einstellungen für Integration von MM-Lieferplänen festlegen**. Wie aus dem Vergleich von Abbildung 5.18 und Abbildung 5.19 ersichtlich wird, unterscheiden sich die Optionen im internen und externen Szenario. Im externen Szenario kann für jede Belegart definiert werden, für welchen zukünftigen Zeitraum Frachteinheiten gebildet oder aktualisiert werden sollen, wenn Lieferplaneinteilungen erstellt oder geändert werden. Im internen Szenario gibt es einen größeren Funktionsumfang, den wir im Folgenden näher betrachten werden. Insbesondere die in Abbildung 5.20 dargestellten zeitbezogenen Konfigurationsmöglichkeiten bieten mehr Optionen, um zu definieren, wie viele Lieferplaneinteilungen integriert werden sollen.

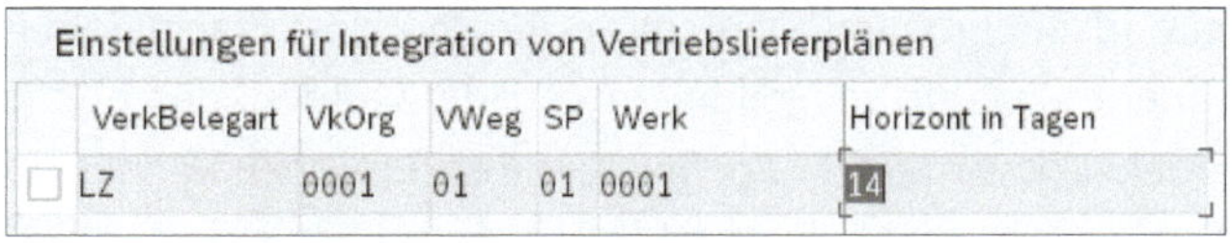

Abbildung 5.18: Integrationszeitraum für Lieferpläne für externe TM-Systeme

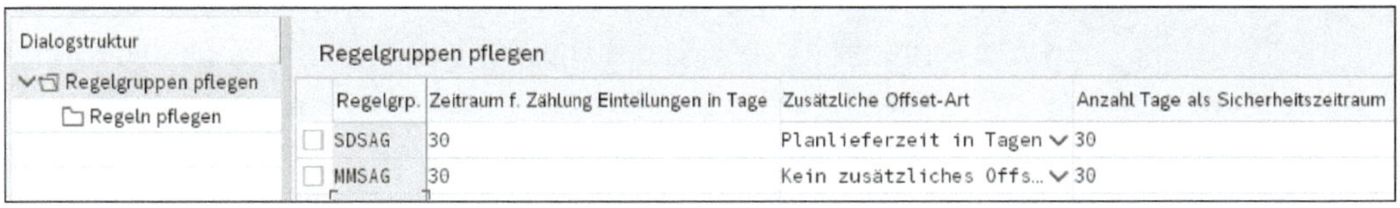

Abbildung 5.19: Regelgruppen für die Integration von Lieferplänen in internen TM-Systemen

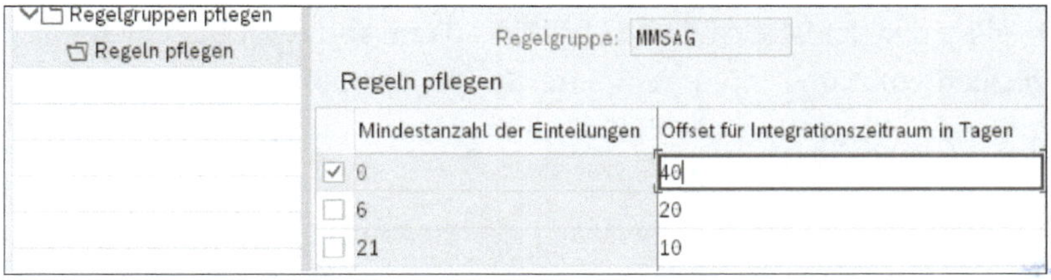

Abbildung 5.20: Zeitbezogene Einstellungen für die Regelgruppen

[»]

Externes Szenario – Übertragung von Lieferplänen

Soll ein bestimmter Zeitraum für die Integration von Lieferplänen verwendet werden, muss ein Batch-Job eingeplant werden, dazu sind folgende Reports verfügbar: `TMINT_SAGSD_TRANSFER` (für Lieferpläne aus dem Vertrieb) und `TMINT_SAGMM_TRANSFER` (für Lieferpläne aus der Materialwirtschaft).

Wie in Abbildung 5.19 dargestellt, wird im internen Integrationsszenario zunächst eine *Regelgruppe* definiert. Auf Kopfebene wird zunächst nicht nur ein Integrationszeitraum festgelegt, sondern auch ein Offset. Nun wird zunächst die älteste Einteilung mit einer offenen Liefermenge ermittelt. Das definierte Offset wird vom aktuellen Datum abgezogen. Der *Startzeitpunkt* für die Integration ist das kleinere der beiden zuvor ermittelten Daten. Für die Ermittlung des *Endzeitpunkts* des Zeithorizonts für die Integration können im Untermenü mehrere Regelsätze definiert werden. Diese bestimmen, für welchen zukünftigen Zeitraum die Anzahl zu integrierender Lieferplaneinteilungen aufsummiert werden. Über diese Option kann der Horizont für die Integration kleiner definiert werden, wenn die Dichte an Lieferplaneinteilungen höher ist.

Im Beispiel aus Abbildung 5.20 wird der Endzeitpunkt weiter in die Zukunft verschoben, je weniger Lieferplaneinteilungen im relevanten Zeithorizont liegen. Liegt der Endzeitpunkt vor dem Endzeitpunkt, der sich aus dem generellen Zeithorizont der Regelgruppe ergibt, bleibt der vorherige Zeithorizont erhalten. Dies soll vermeiden, dass Frachteinheiten, die bereits für zuvor integrierte Lieferplaneinteilungen gebildet wurden, durch eine Aktualisierung des Lieferplans gelöscht werden. Die definierten Regelgruppen können im Logistikintegrationsprofil hinterlegt werden, wie in Abbildung 5.6 zu sehen ist.

[»]

Reports für die Lieferplanintegration

Liegt ein Fehler im Customizing vor und das Enddatum zu weit in der Zukunft, kann der Report `/SCMTMS/UPDATE_INT_TIMERANGE` verwendet werden, um dieses vorzuziehen. Das Enddatum sollte vor Ausführen des Reports im Customizing geändert werden.

In einem Integrationsszenario ohne Lieferintegration muss entschieden werden, wie mit bereits gelieferten und offenen Mengen umgegangen wird, Details dazu finden Sie im SAP Help Portal im Bereich **SAP S/4HANA • Transportation Management (TM) • Logistikintegration • Integration interne TM-Komponente • Integration von Lieferplänen • Integration von Einkaufslieferplänen • Integration von Einkaufslieferplänen ohne Anlieferungsintegration**.

Im Bereich **Deaktivierung und Reaktivierung der Einkaufslieferplanintegration** finden Sie Informationen zu folgenden Reports:

- Festlegen und Fixieren des Integrationszeitraum-Enddatums für ELP (`/SCMTMS/FIX_INT_TIMERANGE`)

- Deaktivierung von Einkaufslieferplänen (/SCMTMS/DEACTIVATE_MMSAG_W_DLV)
- Festlegen und Fixieren des Integrationszeitraum-Enddatums für ELP (/SCMTMS/PSA_FIX_EDT)
- Deaktivierung von Einkaufslieferplänen (/SCMTMS/PSA_DEACTIVT)
- Reaktivierung von Einkaufslieferplänen (/SCMTMS/PSA_REACTIVT)

5.3 Speditionsaufträge

In Abschnitt 5.2, »Start des Transportplanungsprozesses«, haben wir ausführlich über die Integration von Aufträgen und Lieferungen in die TM-Funktion gesprochen. Die Integration dieser Dokumente wurde mit dem Release 8.0 (damals nur in der in Abschnitt 5.2.4, »Integration von Lieferbelegen«, beschriebenen Weise) in TM eingeführt, das als das Release mit Fokus auf das Geschäft des Verladers gedacht war.

Wie Sie bisher in diesem Kapitel gelernt haben, dienen integrierte TRQs nur dazu, die transportrelevanten Informationen von Aufträgen und Lieferungen in die TM-Funktion zu übertragen, um dort den Transportprozess durchzuführen. Vertriebs- und Einkaufsbelege in SD und MM sind nicht detailliert genug, um als TRQ-Dokumente für Logistikdienstleister (LDLs) oder Spediteure zu dienen. In diesen Unternehmen werden mehr Informationen benötigt als nur, welche Waren zu welchem Zeitpunkt von wo nach wo transportiert werden müssen. Diese Unternehmen fügen dem TRQ oft viel mehr Informationen hinzu, wenn Transport-Service-Level, das Transportkostenmanagement und die Konsolidierung ins Spiel kommen. Einfach ausgedrückt, ist der Transport das Kerngeschäft von LDLs und Spediteuren, was erklärt, warum mehr Wert auf die Transportinformationen gelegt wird.

Ebenso wie Kundenaufträge, Bestellungen und Lieferungen bilden die Speditionsaufträge und -angebote in der Regel den Beginn des operativen Prozesses im Transportmanagement. Die Erteilung eines Speditionsauftrags führt zu einem Geschäftsabschluss zwischen zwei oder – in komplexeren Szenarien – auch zwischen mehreren Unternehmen.

Im Folgenden werden wir auf die Details des Speditionsauftragsdokuments in Abschnitt 5.3, »Speditionsaufträge«, eingehen, einschließlich der Informationen, die der Beleg enthalten kann, und der Art und Weise, wie die enthaltenen Informationen verarbeitet werden können. Darüber hinaus werden in dem online verfügbaren Abschnitt 5.2.1, »Integration von Kundenaufträgen«, und Abschnitt 5.2.2, »Definition des Logistikintegrationsprofils«, 5.2.3, »Integration von Vertriebsbelegen«, und 5.2.4, »Integration von Lieferbelegen«, weitere Aspekte des Speditionsauftrags vorgestellt. Diese Aspekte des Speditionsauftrags sind nicht weniger wichtig, vielmehr ist es dem Umfang des vorliegenden Buches geschuldet, dass ein Teil der detaillierteren Informationen nicht mehr in der Druckausgabe enthalten sein kann. Dennoch möchten wir Ihnen die darin enthaltenen Informationen nicht vorenthalten. Deswegen sei für die genannten Unterkapitel auf den Onlineteil des Buches verwiesen.

Der Speditionsauftrag wird oft als »Schreibmaschine« von TM bezeichnet, da die meisten der in das Dokument eingegebenen Daten bereits bei der Beleganlage erzeugt werden. Dieser Begriff unterschätzt jedoch den Speditionsauftrag für den Transportprozess. Der Speditionsauftrag ist das einzige Dokument, in dem Sie die Daten definieren können, die für den gesamten Transportprozess von Planung, Frachtkostenmanagement, Ausführung etc. verwendet werden.

Zentrales Geschäftsobjekt hinter dem Speditionsauftrag ist das TRQ-Objekt, das Sie zunächst im Rahmen von ATBs und LTBs in Abschnitt 5.2.8, »Auftragsbezogene und lieferbezogene Transportbedarfe«, bereits kennengelernt haben. Der Speditionsauftrag verwendet das gleiche Objekt, das von ATBs und LTBs genutzt wird, d. h., vergleichbare Daten werden in die gleichen Datenbanktabellen geschrieben.

Der Speditionsauftrag ist das zentrale Geschäftsobjekt des Auftrags in TM und hilft Ihnen, alle wichtigen Schritte der Auftragsabwicklung in der Auftragsverwaltung durchzuführen. Ein Speditionsauftrag kann auf verschiedene Weise erstellt werden:

- **Manuelle Anlage**

  Dies ist die gebräuchlichste Art, TRQs in TM zu erstellen. Eine Person aus dem Vertrieb des LDLs oder des Carriers spricht mit dem Kunden und gibt alle Daten manuell in die SAP-Fiori-Oberfläche ein.

- **Eingehende EDI-Nachricht**

  Viele große LDLs und Carrier nutzen seit Langem die EDI-Kommunikation. Daher ist es nur logisch, dass sie auch die EDI-Kommunikation für die Erstellung von Speditionsaufträgen in ihren Systemen bevorzugen. TM ermöglicht diese Funktion durch die Bereitstellung von B2B-Webservices (Business-to-Business), die automatisch einen Speditionsauftrag erstellen. Diese Webservice-Integration kann mit der Integration von Aufträgen in eine externe TM-Komponente verglichen werden, aber es können auch weitere Informationen wie Transportabschnitte, Termine für den Transport etc. übertragen werden.

- **Verwendung einer Vorlage**

  In vielen Fällen bestellen Kunden regelmäßig die gleiche Art von Transport. Um nicht jedes Mal die gleichen Daten eingeben zu müssen, verwenden die Mitarbeitenden der Auftragssachbearbeitung des LDLs oder des Spediteurs Vorlagen. Ein neuer Speditionsauftrag kann dann als Kopie aus der Vorlage angelegt werden.

Ein wesentliches Merkmal des Speditionsauftrags ist, dass das Dokument während des Bestellvorgangs praktisch jederzeit gespeichert werden kann. Wenn Sie Frachteinheiten aus dem Speditionsauftrag automatisch anlegen möchten, müssen jedoch einige Voraussetzungen erfüllt sein. Der Speditionsauftrag kann dennoch noch in einem unvollständigen Zustand gespeichert werden. Sobald der Speditionsauftrag ausreichende Informationen für die FEB enthält, werden die Frachteinheiten angelegt. Dies hilft Kunden und LDLs bei der Auftragserfassung, auch wenn einige Informationen fehlen. Bei LDLs oder Spediteuren sind oft auch mehrere Mitarbeitende in den Auftragsannahmeprozess eingebunden. So gibt z. B. die Ansprechperson des Kunden alle Informationen des Kunden ein, aber der Speditionsauftrag ist erst dann abgeschlossen, wenn planungs- und ausführrelevante Daten hinzugefügt wurden.

Wenn Sie TM im SAP Fiori Launchpad öffnen, stellen Sie fest, dass Speditionsaufträge wie Stammdaten oder Planung einen eigenen Arbeitsbereich namens **Auftragsmanagement** haben. Wenn Sie diese Registerkarte im SAP Fiori Launchpad aufrufen, sehen Sie, dass das Feld **Speditionsaufträge Arbeitsvorrat** einen persönlichen *Objektarbeitsvorrat* (engl.: Personal Object Worklist, kurz: POWL) mit allen vorhandenen Speditionsauftragsdokumenten und den dazugehörigen Belegen enthält. Wie Sie in Abbildung 5.21 sehen können, stellt Ihnen TM viele vorkonfigurierte Abfragen zur Verfügung, die Speditionsaufträge in die verschiedenen Verkehrsträger kategorisieren.

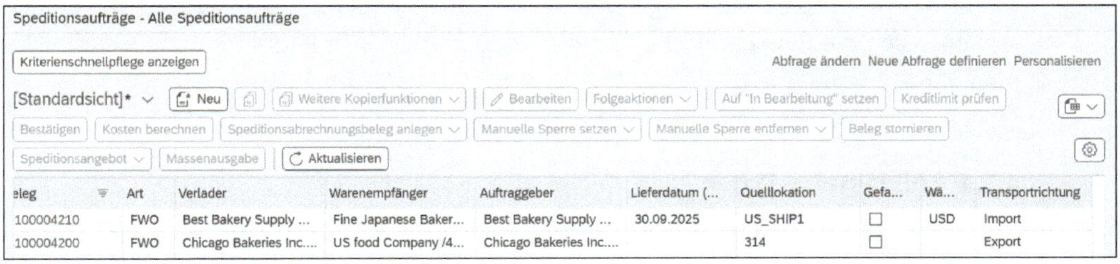

Abbildung 5.21: POWL-Abfrage für Speditionsaufträge

Am Anfang jeder POWL-Abfrage sehen Sie Schaltflächen, mit denen Sie Aktionen an den Speditionsauftragsdokumenten durchführen können, ohne die Belege selbst zu öffnen. Für Prozessschritte wie Sammelfakturierung und konsolidierte FEB ist diese Funktion sehr nützlich, da die Aktionen auf mehreren Dokumenten gemeinsam ausgeführt werden können.

Da der Speditionsauftrag ein sehr großes und komplexes Geschäftsobjekt ist, ist dieser Abschnitt der längste Abschnitt des Kapitels. Sie werden jedoch keine Seiten finden, die explizit dem Customizing der Speditionsauftragsart gewidmet sind. Stattdessen gehen wir die Registerkarten des Speditionsauftragsbelegs durch und tauchen tiefer in die Funktionen der verschiedenen Felder ein. Wenn das Customizing den Prozessablauf der Felder beeinflusst, wird dies erwähnt, wenn der entsprechende Abschnitt des Speditionsauftragsbelegs abgedeckt wird. Das Customizing der Speditionsauftragsart finden Sie im IMG unter **Transportation Management • Speditionsauftragsmanagement • Speditionsauftrag • Speditionsauftragsarten definieren**. Wenn am Speditionsauftrag weitere Customizing-Aktivitäten beteiligt sind, werden diese erwähnt, sobald sie relevant werden.

Wenn Sie mit der Erstellung eines Speditionsauftrags beginnen, werden Sie feststellen, dass eine Information für das System sehr wichtig ist: der *Verkehrszweig*. Sie können den

Verkehrszweig eines Speditionsauftrags in der Speditionsauftragsart vordefinieren. Wenn Sie jedoch eine Speditionsauftragsart für mehrere Verkehrszweige verwenden möchten, können Sie diese Einstellung leer lassen. Wenn Sie im SAP Fiori Launchpad auf der Registerkarte **Auftragsmanagement** auf die SAP-Fiori-App **Speditionsauftrag anlegen** zugreifen, sehen Sie, dass Sie nicht nur eine Speditionsauftragsart, sondern auch Daten wie den Verkehrszweig, eine Vorlagennummer oder eine Speditionsvereinbarung eingeben können, mit der der Speditionsauftrag verknüpft ist.

Wenn Sie in der Belegart des Speditionsauftrags keinen Verkehrszweig definiert haben, dann sollten Sie sich hier für einen entscheiden. Beachten Sie, dass die Definition des Verkehrszweigs als Luftfracht z. B. nicht bedeutet, dass Sie keine Transportabschnitte anderer Verkehrszweige, wie Straße oder Schiene, anlegen können. Die Entscheidung über den Verkehrszweig ist nur für die Benennung von Feldern im Speditionsauftrag relevant und dafür, welche Felder ein- oder ausgeblendet werden. Tatsächlich können Sie den Verkehrszweig des Speditionsauftrags auch während der Bearbeitung des Belegs ändern (d. h., nachdem Sie bereits einige Daten eingegeben haben). Dabei werden Sie feststellen, dass sich die Eingabemaske und die Verfügbarkeit von Registerkarten und die Namen von Feldern ändern.

5.3.1 Allgemeine Daten

Nachdem Sie eine Belegart definiert haben, werden Sie zum Speditionsauftragsdokument weitergeleitet. Wenn Sie keine Vorlage definiert haben, sehen Sie, dass das Dokument fast leer ist; nur einige Felder sind bereits ausgefüllt. Die in Abbildung 5.22 dargestellte Registerkarte **Allgemeine Daten** zeigt die wichtigsten Informationen, die für den Transportvertrag zwischen einem Kunden und einem LDL oder Spediteur global relevant sind.

Das Auftragsdatum am oberen Bildschirmrand ist mit dem aktuellen Datum vorbelegt, kann aber bei Bedarf geändert werden. Das Auftragsdatum ist nicht nur für die Referenz, sondern auch für das Transportkostenmanagement von Bedeutung. Ratentabellen, die in der Transportkostenabwicklung verwendet werden, können unterschiedliche Gültigkeitsdaten haben. Je nachdem, welche Einstellungen Sie für die Kostenberechnung vorgenommen haben, können Sie die Kosten entweder auf der Grundlage des tatsächlichen Transportdatums oder des Auftragsdatums berechnen.

In der rechten oberen Ecke der Registerkarte **Allgemeine Daten** finden Sie die Felder für die Organisationsdaten – Verkaufsorganisation, -büro und -gruppe –, die für den Speditionsauftrag verantwortlich sind. In Kapitel 4, »Stammdaten«, haben wir die Bedeutung von Organisationseinheiten in TM diskutiert, sodass wir hier nicht noch einmal ins Detail gehen. Es ist jedoch zu beachten, dass die Eingabe einer Verkaufsorganisation eine der Voraussetzungen für die Erstellung einer Frachteinheit ist. Wenn keine Verkaufsorganisation eingegeben wird, ist weder die automatische FEB noch die manuelle FEB erfolgreich.

Der Incoterm ist eine sehr wichtige Information für die Transportaufgaben. Hier können Sie die gleichen Incoterms eingeben, die Sie bereits im Customizing definiert haben. Der Incoterm-Ort hier ist Freitext, da er mit dem Kunden vereinbart wurde. Da Sie Ihre Transportabschnitte in einem Speditionsauftrag manuell definieren können, erfolgt keine Zuordnung oder Abschnittsteilung aufgrund des eingegebenen Incoterm-Ortes.

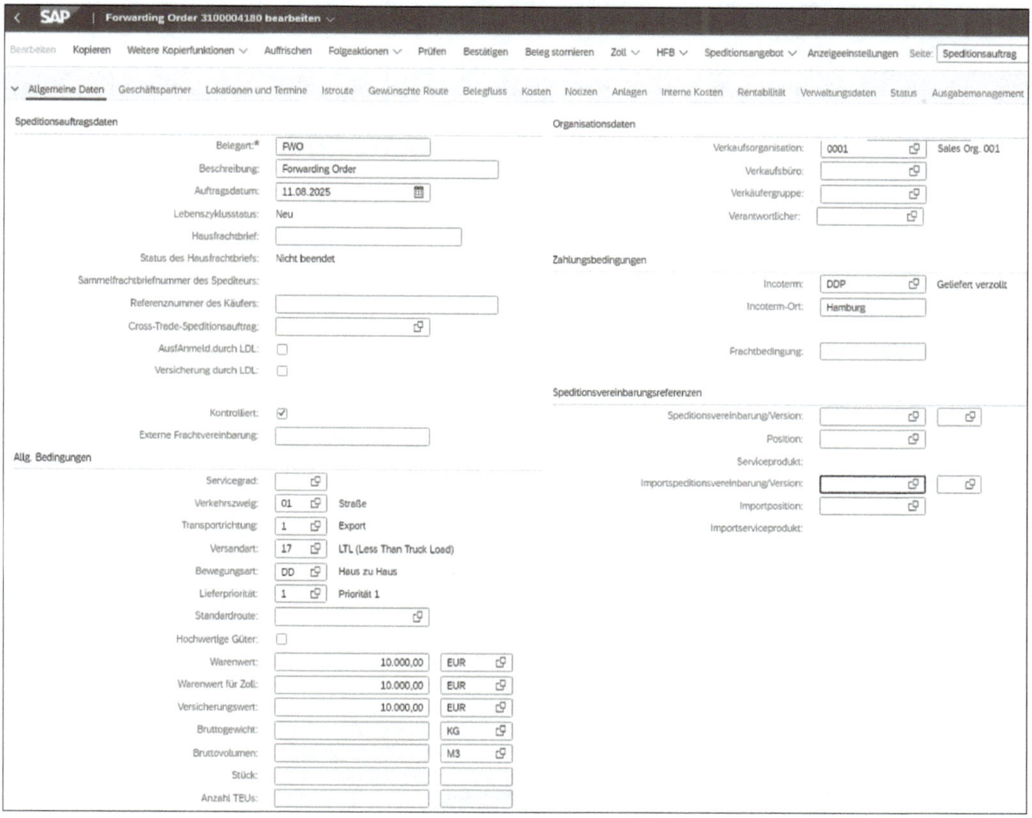

Abbildung 5.22: Allgemeine Daten eines Speditionsauftrags

Der Incoterm wird jedoch bei der Berechnung und Abrechnung der Kosten berücksichtigt. Je nachdem, welchen Incoterm Sie verwenden, werden die Transportabschnitte mit verschiedenen Partnerrollen des Speditionsauftrags verrechnet. Sie können im Customizing unter **Transportation Management • Speditionsauftragsmanagement • Standard-Vereinbarungspartnerrollen für Abschnitte definieren** eine Geschäftspartnerrolle zuordnen (d. h., welche Partnerrolle für welche Abschnittsarten bezahlen soll). Wir betrachten die Abschnittsarten später in diesem Abschnitt.

Das Kennzeichen im Bereich **Speditionsauftragsdaten** auf der Registerkarte **Allgemeine Daten** (siehe Abbildung 5.22) definiert, ob es sich bei dem bestellten Transport um einen *kontrollierten* oder *unkontrollierten* Transport handelt. Bei unkontrollierten Transporten organisiert der LDL die gesamte Transportkette einschließlich des Hauptlaufs; der Hauptlauf wird jedoch nicht vom Carrier an den LDL, sondern direkt an den Auftraggeber des gesamten Transports berechnet. Sie können einen unkontrollierten Transport definieren, indem Sie das Kontrollkästchen deaktivieren. Wenn Sie das Kontrollkästchen deaktivieren, kann das Feld **Externe Frachtvereinbarung** bearbeitet werden. Sie können dann den Frachtvertrag eingeben, der zwischen dem Spediteur und dem Auftraggeber besteht.

Bei der weiteren Planung der zu einem Speditionsauftrag gehörenden Frachteinheiten, die als unkontrollierte Transporte deklariert wurden, finden Sie das Kennzeichen **Kontrolliert** und den externen Frachtvertrag auf der Registerkarte **Liefer- und Zahlungsbedingungen** des Frachtbuchungsbelegs, der den Hauptlauf der Frachteinheiten umfasst. Beachten Sie, dass Sie unkontrollierte Frachteinheiten nur dann auf einer Frachtbuchung konsolidieren können, wenn alle dem gleichen externen Frachtvertrag zugeordnet sind. Die Vor- und Nachläufe eines unkontrollierten Transports werden weiterhin vom Spediteur über den LDL an den Auftraggeber berechnet. Abbildung 5.23 veranschaulicht den Unterschied zwischen kontrollierten und unkontrollierten Transporten. Dies ist ein Szenario, das häufig im See- und Luftverkehr stattfindet und nur den Hauptlauf betrifft.

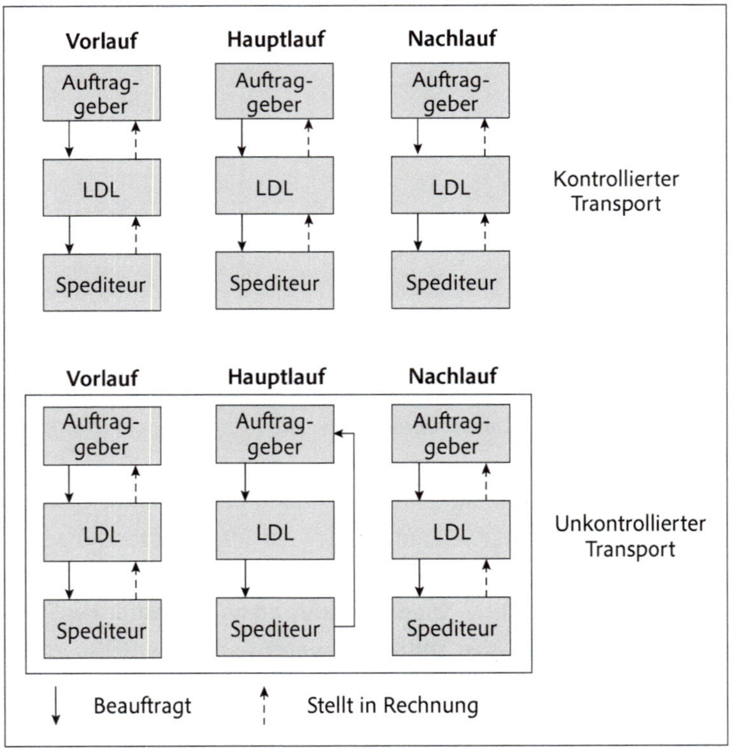

Abbildung 5.23: Unkontrollierter und kontrollierter Transport

Weitere Einzelheiten zu den verschiedenen Verkehrszweigen und deren Auswirkungen auf den Speditionsauftrag werden später in diesem Kapitel behandelt.

Zwei weitere sehr wichtige Informationen sind die Bewegungsart und die Versandart. Diese Einstellungen sind für die Luft- und Seetransportprozesse entscheidend; sie beeinflussen die Dateneingabe und Validierung des Speditionsauftrags. Versandart und Bewegungsart sind auch Voraussetzungen für das Anlegen von Frachteinheiten aus einem Speditionsauftrag.

Die *Versandart* definiert, welche Art von Transport der Kunde bestellt hat. Im Transportgeschäft wird grob zwischen einer Vollcontainerladung (FCL) und einer Containerteilladung (LCL) unterschieden. In TM sind diese Prozesse Versandarten. Da die Begriffe FCL und LCL hauptsächlich im Seetransport verwendet werden, können die Versandarten auch vom Verkehrszweig abhängen.

Sie können Versandarten im Customizing definieren, indem Sie im IMG **Transportation Management • Speditionsauftragsmanagement • Versandarten definieren** auswählen. In dieser Customizing-Aktivität definieren Sie alle benötigten Versandarten. Die im Speditionsauftragsbeleg angegebene Versandart bestimmt, welche Positionen im Positionsbereich des Speditionsauftrags definiert werden dürfen. Im Customizing legen Sie für Ihre Versandart fest, ob Equipmentpositionen im Beleg erlaubt sind. Das sind etwa Unit Load Devices (ULD), also spezielle Container in der Luftfracht, Container in der Seefracht oder Waggons in der Bahnfracht. Außerdem definieren Sie, ob alle Ladungspositionen einer solchen Equipmentposition zugeordnet werden müssen.

Wenn Sie die in Abbildung 5.24 dargestellte Versandart **ULD** eingeben, erhalten Sie im Speditionsauftrag eine Fehlermeldung, wenn nicht alle Ihre Positionen Equipmentpositionen zugeordnet sind. Wir betrachten die Definition von Positionen im nächsten Abschnitt.

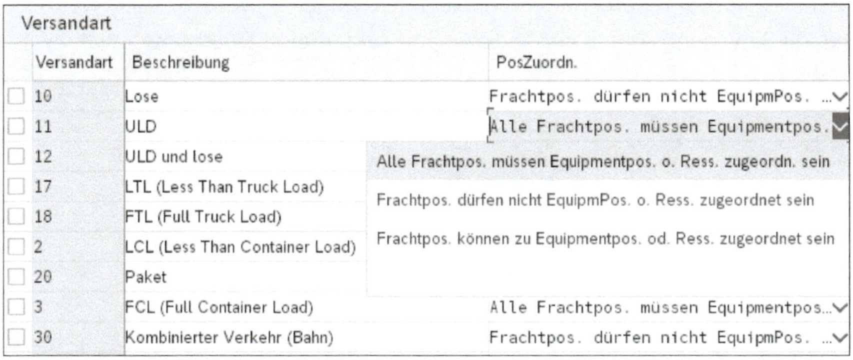
Versandart

Versandart	Beschreibung	PosZuordn.
10	Lose	Frachtpos. dürfen nicht EquipmPos. ...
11	ULD	Alle Frachtpos. müssen Equipmentpos.
12	ULD und lose	
17	LTL (Less Than Truck Load)	
18	FTL (Full Truck Load)	
2	LCL (Less Than Container Load)	
20	Paket	
3	FCL (Full Container Load)	Alle Frachtpos. müssen Equipmentpos...
30	Kombinierter Verkehr (Bahn)	Frachtpos. dürfen nicht EquipmPos. ...

Abbildung 5.24: Customizing der Versandarten

In der Customizing-Aktivität der Versandarten können Sie auch festlegen, für welche Verkehrszweige die Versandart gültig ist. Dies deckt die Tatsache ab, dass die Terminologie in den verschiedenen Verkehrszweigen unterschiedlich ist.

Die Versandart kann im Speditionsauftrag manuell eingegeben oder im Customizing der Speditionsauftragsbelegart voreingestellt werden.

Das zweite wichtige Merkmal ist die *Bewegungsart*, die im Speditionsauftrag dessen Abschnittsplan bestimmt. Es lohnt sich, sich die Auswirkungen der Bewegungsart genau anzusehen, da man sich bei der Erstellung von Speditionsaufträgen damit befassen muss.

Im Allgemeinen können Bewegungsarten im Customizing im IMG unter **Transportation Management • Speditionsauftragsmanagement • Bewegungsarten definieren** festgelegt werden. Hier können Sie einfach Ihre Bewegungsart definieren und bestimmen, ob die dem Verlader zugeordnete Lokation automatisch als Quelllokation des Speditionsauftrags übernommen werden soll. Die gleiche Einstellung können Sie mit dem Warenempfänger und der Ziellokation vornehmen.

An dieser Stelle haben wir nur einen Bewegungsartencode definiert. Der Einfluss auf den Abschnittsplan wird in der Customizing-Aktivität festgelegt, die Sie im IMG unter **Transportation Management • Speditionsauftragsmanagement • Abschnittsartenfolge für Bewegungsarten definieren** finden.

Abbildung 5.25 zeigt das Standard-Customizing für die Standardbewegungsart **DD** (Door-to-Door). Wie Sie sehen, können Sie eine Abschnittsartfolge mit Sequenznummern definieren. Wie bei allen sequenzbezogenen Customizing-Aktivitäten müssen die Zahlen nicht exakt sequenziell sein, zumindest nicht in numerischer Reihenfolge. Für die Bewegungsart definieren Sie die zu verwendenden Abschnittsarten. Im Abschnitt über die Registerkarte **Istroute** erfahren Sie mehr über die Abschnittsarten. Im Moment können wir feststellen, dass wir verschiedene Abschnittsarten in eine sequenzielle Reihenfolge bringen. Darüber hinaus definieren wir, ob das Auftreten einer bestimmten Abschnittsart optional oder obligatorisch ist. Für die Bewegungsart in unserem Beispiel muss nur der Hauptlauf (Abschnittsart **03**) vorkommen. Das Kontrollkästchen **AbschnVor.** legt fest, ob einige Abschnitte auf der Registerkarte **Istroute** bereits angelegt werden sollen, wenn die entsprechende Bewegungsart auf der Registerkarte **Allgemeine Daten** ausgewählt wird.

Abschnittsartfolge für Bewegungsart festlegen

BewegArt	Rhnflgenr.	AbschnArt	Vork.Absch	AbschnVor.	ErmttRegel	Regel Abr.
CC	1	02	Abschnittsart kann beliebig oft vorkommen	☐	Nicht plngrel.. wenn Ausf.-u.VkOrg. zu versch. Bukrs gehören	Für interne Abrechnung nicht releva...
CC	2	03	Abschnittsart muss mindestens einmal vorkommen	☐	Nicht plngrel.. wenn Ausf.-u.VkOrg. zu vers. Ländern gehören	Bereit für Ausführung
CC	3	04	Abschnittsart kann beliebig oft vorkommen	☐	Nicht plngrel.. wenn AusfOrg. in SA Import- o.Exportorg. ist	In Ausführung
DD	1	01	Abschnittsart muss mindestens einmal vorkommen	☑	Nie planungsrelevant	Ausgeführt
DD	2	02	Abschnittsart kann beliebig oft vorkommen	☑	Immer planungsrelevant	Abflug bestätigt/An Bord/Am Zielhaf...
DD	3	03	Abschnittsart kann beliebig oft vorkommen	☑	Nicht plngrel.. wenn Ausf.-u.VkOrg. zu versch. Bukrs gehören	FA/FB angelegt
DD	4	04	Abschnittsart kann beliebig oft vorkommen	☑	Nicht plngrel.. wenn Ausf.-u.VkOrg. zu versch. Bukrs gehören	Für interne Abrechnung nicht releva...

Abbildung 5.25: Zuordnung von Abschnittsartsequenzen und Bewegungsarten

In der nächsten Spalte wird definiert, ob der Abschnitt planungsrelevant oder nur statistisch ist. Auf der Registerkarte **Istroute** können Sie jedem Abschnitt manuell eine Planungs- und Ausführungsorganisation zuordnen. Die Entscheidung, ob der Abschnitt für die Planung relevant ist, basiert auf der Einstellung in dieser Customizing-Aktivität, die wiederum die Planungs- und Ausführungsorganisation berücksichtigt. Einige der Einstellungen, die Sie in der Spalte **ErmttRegel** auswählen können, vergleichen die Planungs- und Ausführungsorganisation mit der Verkaufsorganisation des Speditionsauftrags. Wenn diese beiden Organisationen verschiedenen Unternehmen oder Ländern angehören, wird der Abschnitt nicht als planungsrelevant deklariert. Sie können aber auch hier den einfacheren Weg gehen (wenn das für Ihren Geschäftsprozess gilt) und einfach angeben, ob dieser Abschnitt immer oder nie planungsrelevant ist.

Die letzte Spalte in Abbildung 5.25 (**Regel Abr.**) gibt an, ab wann eine interne Abrechnung des Transportabschnitts erstellt werden kann. Sie können hier verschiedene Ausführungsstatus wählen, um festzulegen, in welchem Ausführungsstatus sich der entsprechende Abschnitt der Frachteinheit befinden muss, um eine interne Abrechnung zu starten.

Weitere Transportprozesse, die häufig im Luft- und Seetransport eingesetzt werden, sind die *Shipper's Consolidation* im Exportprozess und die *Buyer's Consolidation* im Importprozess. Wenn Ihrem Speditionsauftrag ein entsprechender Verkehrszweig zugeordnet ist, können Sie diese Information auf der Registerkarte **Allgemeine Daten** des Speditionsauftrags pflegen. Der Transport für den LDL wird wie ein FCL-Transport betrachtet, da der Verlader den Transport zum Hafen organisiert, aber für jede Position des Speditionsauftrags müssen unterschiedliche Frachtbriefe (engl.: *House Bill of Lading*, kurz: HBL) ausgestellt werden, obwohl nur eine Frachteinheit angelegt wurde.

Im Transportgeschäft ist die HBL-Nummer - die nicht die Speditionsauftragsnummer ist - die relevante Nummer zur Identifizierung des gesamten Transports. Das entsprechende Feld finden Sie auf der Registerkarte **Allgemeine Daten** des Speditionsauftrags.

In diesem Feld können Sie manuell eine Frachtbriefnummer oder HBL-Nummer eingeben, die dann an die Frachteinheiten weitergegeben wird, die zu diesem Speditionsauftrag gehören. Die Vergabe von Frachtbriefnummern kann aber auch automatisch über die *Frachtbriefbestände* ausgelöst werden. Aktivieren Sie dazu im Customizing der Speditionsauftragsbelegart die Verwendung von Frachtbriefbeständen, indem Sie das Ankreuzfeld **Frachtbriefbestand aktivieren** auswählen und eine HBL- oder HAWB-Strategie (House Air Waybill) zuordnen. Die Strategie legt fest, wie der HBL erstellt werden soll: pro Speditionsauftrag, pro Container, pro Verlader/Warenempfänger-Kombination etc.

Um HBL-Nummern zu erhalten, müssen Sie im Customizing Frachtbrief-Bestandsarten definieren, indem Sie im IMG unter **Transportation Management • Stammdaten • Frachtbriefbestand • Frachtbrief-Nummernbestandsarten definieren** wählen.

Die Frachtbriefnummernbestandsart legt fest, wie die HBL-Nummer zusammengesetzt wird. Abbildung 5.26 zeigt, wie eine Frachtbriefbestandsart einem Verkehrszweig zugeordnet ist.

Darüber hinaus können Sie festlegen, ob die aus dieser Bestandsart resultierende Nummer als Frachtbriefnummer oder als Tracking-Nummer verwendet werden soll. Am unteren Rand dieses Customizing-Bildschirms legen Sie fest, wie die Nummer zusammengesetzt werden soll, ob ein Präfix vergeben wird, wie lang die Nummer ist und wie eine mögliche Prüfziffer aussehen soll. Sie können auch festlegen, wie lange die Nummer nach der Rückgabe einbehalten werden soll.

Nachdem wir eine Nummernbestandsart definiert haben, können wir damit einen Frachtbriefbestand anlegen. Gehen Sie im Launchpad von SAP Fiori auf die Registerkarte **Stammdaten**, und rufen Sie die Kachel **Arbeitsvorrat Frachtbrief-Nummernbestände** auf, um einen neuen Frachtbriefbestand basierend auf der Nummernbestandsart zu erstellen. Hier können Sie einen Nummernkreis definieren, aus dem eine Zahl gezogen werden soll. Im unteren Bildbereich können Sie dann festlegen, wann dieser Frachtbriefbestand berücksichtigt werden soll, indem Sie bestimmte Kombinationen von Verkaufsorganisationen und Auftraggebern definieren. Wenn die Kombination aus Auftraggeber und Verkaufsorganisation des Speditionsauftrags mit einer der im Frachtbriefbestand definierten Kombinationen übereinstimmt, wird von hier aus eine Nummer gezogen.

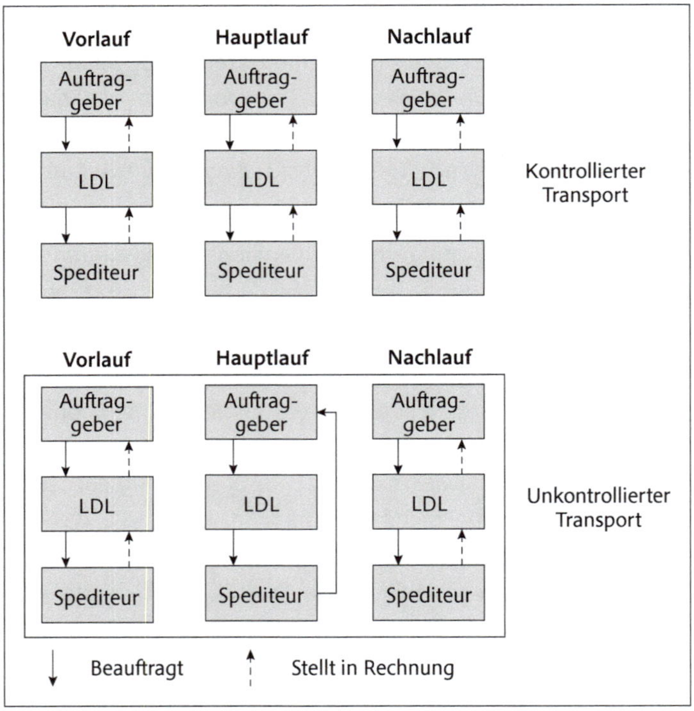

Abbildung 5.26: Definition der Frachtbriefnummernbestandsart

Wenn Sie sich dafür entscheiden, eine HBL-Nummer automatisch zu vergeben, ist das Feld **Hausfrachtbrief** im Speditionsauftrag nicht editierbar. Stattdessen müssen Sie **HFB • HFB-Nummer ziehen** aus der Aktionsleiste oben im UI des Speditionsauftrags auswählen. Dies funktioniert erst, wenn Verkaufsorganisation, Auftraggeber und Positionen erfasst wurden.

[»]

Frachtbriefbestände und -nummern

Weitere Details zu den Frachtbriefbeständen und den Frachtbriefnummern finden Sie in Abschnitt 8.1, »Transportausführung«.

Auf der Registerkarte **Allgemeine Daten** des Speditionsauftrags können Sie auch den Wert der zu transportierenden Güter eingeben. Diese Informationen können für die Kostenberechnung oder den Zoll relevant werden. Beachten Sie, dass diese Informationen nur eine manuelle Eingabe sind. Die Werte werden nicht aus den Produktstammdaten übernommen.

Die Transport-Service-Level wurden bereits im Zusammenhang mit der Auftragsintegration erläutert. Sie können dem Speditionsauftrag manuell einen Service-Level-Code zuordnen. Der Service-Level kann bei entsprechender Eingabe Ihre Planung und Kostenkalkulation beeinflussen.

Wenn Sie eigene Service-Level-Codes definieren möchten, tun Sie dies über den IMG-Pfad **Transportation Management • Speditionsauftragsmanagement • Transportservicegrad-Codes definieren**. Wenn Ihr Service-Level-Code nur für bestimmte Verkehrszweige gilt, dann können Sie diesen auch hier definieren.

5.3.2 Positionen

Am Ende des Speditionsauftragsdokuments finden Sie die Tabelle der Positionen, die in diesem Speditionsauftrag für den Transport bestellt werden. Sie können mehrere Positionen definieren und Positionshierarchien anlegen, die zeigen, wie die Ware verpackt ist. Abbildung 5.27 zeigt ein einfaches Beispiel für eine Positionshierarchie. Sie können eine solche Positionshierarchie anlegen, indem Sie **Einfügen • Container** wählen, um die erste Position einzufügen.

Positionshierarchie	Po...	Positi...	Equipme...	Equipme...	Packstüc...	Packmitt...	Produkt	Menge	Men...
Container	10	CN	CN	22G0				1	ST
Packstück	20	PKG			PAL	0001		1	ST
Produkt	30	PRD					SMARTPHONE	500	ST

Abbildung 5.27: Positionsbereich des Speditionsauftrags

Um eine untergeordnete Position anzulegen, markieren Sie die übergeordnete Position (in diesem Fall den Container) und wählen erneut **Einfügen • Packstück**. Die neue Position wird als untergeordnete Position angelegt und hierarchisch dargestellt. Alternativ können Sie die Daten der Positionen direkt in die Tabelle eingeben und dann eine Hierarchie erstellen, indem Sie eine untergeordnete Position per Drag and Drop auf eine übergeordnete Position ziehen.

Für Positionen ist die *Positionsart* eine obligatorische Information. Die Positionsart umfasst mehrere für die Position relevante Einstellungen.

Abbildung 5.28 zeigt die Informationen, die Sie im Customizing der Positionsarten unter **Transportation Management • Speditionsauftragsmanagement • Positionsarten für das Speditionsauftragsmanagement definieren** festlegen können. Das Feld **Positions-**

typ definiert, welche Art von Position dieser Positionstyp beschreibt. Sie wirkt sich auch darauf aus, wie eine Positionshierarchie aufgebaut werden kann.

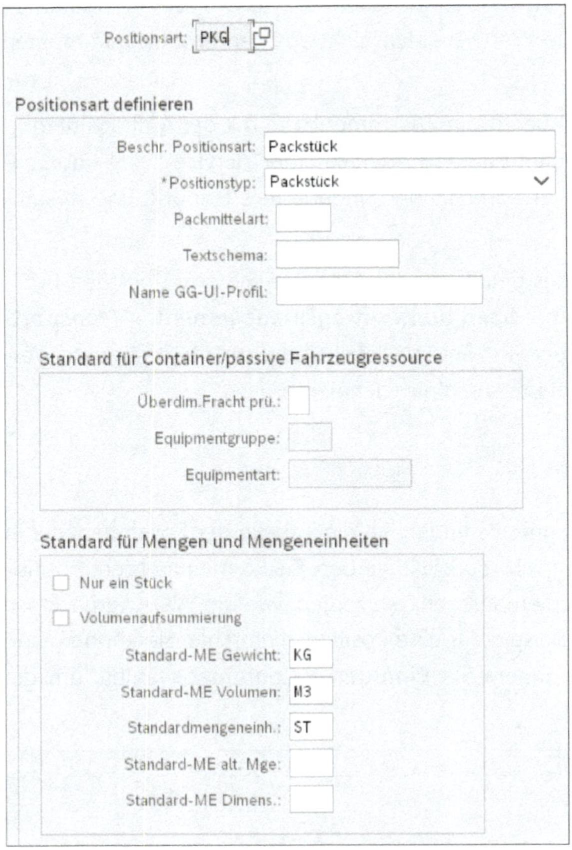

Abbildung 5.28: Definition der Positionsart

[»]

Positionshierarchie

TM definiert vorab, wie eine Positionshierarchie aussehen kann. Ob eine Positionsart einer anderen Positionsart untergeordnet werden kann, hängt vom Positionstyp ab, der der Positionsart zugeordnet ist. Im Allgemeinen erlaubt TM nur die folgenden Positionshierarchien:

- Ressource (Anhänger oder Waggon)
- Container (kann ein Packstück oder ein Produkt enthalten)
- Packstück (kann ein Packstück oder ein Produkt enthalten)
- Produkt (muss die unterste Position in der Hierarchie sein)

Wenn Sie eine für die Gefahrgutabwicklung relevante Positionsart definieren wollen, können Sie dieser Positionsart ein Gefahrgut-UI-Profil zuordnen.

Wenn Sie einen Positionstyp als Container- oder passive Fahrzeugressource definiert haben, können Sie der Positionsart Equipmentgruppen und Equipmentarten zuordnen, und alle relevanten Daten aus der Equipmentart werden dann automatisch auf die Positionsdaten im Speditionsauftrag übertragen. Equipmentarten können Sie über den IMG-Pfad **Transportation Management • Stammdaten • Ressourcen • Allgemeine Einstellungen • Equipmentgruppen und Equipmentarten definieren** pflegen. Die physikalischen Eigenschaften der Equipmentart werden als Tara-Gewicht in der Speditionsauftragsposition verwendet. Weitere Informationen zu den Equipmentarten finden Sie in Kapitel 4, »Stammdaten«.

Denken Sie daran, dass die Versandart, die Sie in den allgemeinen Daten des Speditionsauftrags definiert haben, bestimmt, welche Positionstypen Sie verwenden dürfen. Wenn die Versandart festlegt, dass keine Equipmentpositionen erlaubt sind, erhalten Sie eine entsprechende Fehlermeldung, wenn Sie versuchen, ein Equipment einzufügen. Wenn Sie jedoch eine Versandart definiert haben, die Equipmentpositionen erfordert, können Sie keine Frachteinheiten anlegen, bevor nicht alle Positionen in Equipmentpositionen verpackt wurden.

Darüber hinaus können Sie die Anzahl der Positionsarten, die Sie für einen Speditionsauftrag verwenden können, begrenzen, indem Sie der Speditionsauftragsart Positionsarten zuordnen. Dies können Sie im Customizing über den IMG-Pfad **Transportation Management • Speditionsauftragsmanagement • Speditionsauftrag • Positionsarten zu Speditionsauftragsarten zuordnen** tun. Nachdem Sie Ihrem Speditionsauftragstyp einige Positionstypen zugeordnet haben, können in Ihrem Speditionsauftrag keine weiteren Positionstypen ausgewählt werden. Wenn Sie mehrere Positionsarten eines Positionstyps zugeordnet haben, können Sie eine Standardpositionsart definieren. Wenn Sie einen bestimmten Positionstyp in den Speditionsauftrag einfügen, wird automatisch die Standardpositionsart verwendet. Die Standardpositionsart ist besonders wichtig, wenn Sie die B2B-Integration zur automatischen Erstellung von Speditionsaufträgen nutzen. Da der Webservice nicht die Informationen der Positionsart enthält, müssen diese Informationen aus dem Customizing übernommen werden.

Wenn Sie Container als Equipmentposition des Speditionsauftrags definieren, arbeiten Sie mit anonymen Entitäten. Equipment kann (muss aber nicht) als Stammdaten definiert werden, z. B. Fahrzeugressourcen. Wenn Sie jedoch einen Speditionsauftrag für den Schienen- oder Straßenverkehr definieren, können Sie dem Speditionsauftrag ein passives Fahrzeug aus den Stammdaten (einen Waggon oder Lkw-Anhänger) zuordnen und als Equipmentposition verwenden.

Wenn Sie eine Positionshierarchie definieren, wird das Gewicht der Produkte der untersten Positionen der Hierarchie auf die oberste Positionsebene aggregiert. Auf jeder Ebene wird das Bruttogewicht der untergeordneten Position als Nettogewicht der übergeordneten Position übernommen und mit dem Tara-Gewicht addiert, um das Bruttogewicht zu bestimmen. Dieses wird wiederum als Nettogewicht der nächsten übergeordneten Position übernommen etc.

Wenn Sie auf der Positionsebene Standardmaßeinheiten definiert haben, werden die Mengen der unteren Artikelebenen in die Standardmaßeinheit umgerechnet. Beachten Sie, dass, wenn Sie eine Produktposition aus den Produktstammdaten ausgewählt haben, keine Mengen in die Speditionsauftragsposition verschoben werden; die Mengen müssen manuell eingegeben werden.

Bei Speditionsaufträgen benötigen Sie nicht unbedingt Produktstammdatensätze für Ihre Produktpositionen. Obwohl Sie für Ihre Produktpositionen Produktstammdaten auswählen können, können Sie auch Freitext in das entsprechende Feld einfügen. Dies ist besonders praktisch für LDLs und Spediteure, die täglich unterschiedliche Materialien transportieren, da sie nicht für jedes Material Stammdaten anlegen müssen.

Wenn ein Kunde den Transport von 500 Smartphones bestellt, können Sie dies in *einer* Positionszeile mit einer Menge von 500 Stück eingeben. Ihr Transportprozess kann jedoch erfordern, dass Sie jedes Mobiltelefon einzeln behandeln, damit Sie für jedes Telefon spezifische Daten eingeben oder die Aufteilung der Frachteinheiten vereinfachen können. Wenn das der Fall ist, können Sie weiterhin *eine* Positionszeile eingeben, Stückzahl und Gewicht für alle 500 Mobiltelefone definieren, diese Zeile auswählen und auf die Drucktaste **Split** oben in der Positionstabelle klicken. Die Positionszeile wird automatisch in 500 Einzelzeilen aufgeteilt. Darüber hinaus wird das eingegebene Bruttogewicht gleichmäßig auf die neuen Positionen verteilt.

Wenn Sie eine Positionszeile auswählen, erscheint unterhalb der Positionstabelle ein neuer Bildbereich. In diesem Bildbereich können Sie mehrere positionsbezogene Informationen eingeben. Diese Informationen werden auch an die entsprechende Frachteinheit in der FEB weitergeleitet. Die Artikeldetails enthalten mehrere Registerkarten.

Betrachten wir die Positionsdetails für eine Produktposition, die auf den folgenden Bildschirmregisterkarten angezeigt werden. Die in den Positionsdetails angezeigten Informationen können je nach Positionstyp der ausgewählten Position variieren:

- **Details**

  Hier können Sie positionsbezogene Angaben machen. Einige Daten, wie z. B. der Produktname, werden aus der Positionstabelle übernommen. Weitere Daten können Sie nur hier in diesem Bildbereich definieren. Wenn Sie einen Warenwert für eine einzelne Position eingeben, werden diese Informationen auch in das entsprechende Feld auf der Registerkarte **Allgemeine Daten** des Speditionsauftrags übernommen. Das Feld ist dann nicht mehr editierbar; das System erwartet in diesem Fall, dass Sie diese Informationen individuell zu jeder Position bei Bedarf eingeben. Auf der Registerkarte **Allgemeine Daten** des Belegs werden dann die Werte der einzelnen Positionen summiert.

- **Mengen**

  Die in der Positionstabelle eingetragenen Mengen werden übernommen. Im Bereich **Positionsdetails** können Sie dann die bestätigten Mengen definieren; z. B. können Sie eine geringere Menge an den Kunden bestätigen, wenn Sie nicht das gesamte Auftragsvolumen erfüllen können. Darüber hinaus zeichnet diese Registerkarte auch das Feedback des Fahrpersonals zu den tatsächlichen Istmengen auf. Besonders in Massenguttransporten kann die genaue Istmenge nicht vom Kunden bereitgestellt werden, da sie von Temperatur und Luftfeuchtigkeit abhängig sein kann. Die tatsächlich transportierte Menge ist jedoch die Grundlage für die Kostenberechnung. Daher werden die beim Beladen des Fahrzeugs durchgeführten Messungen aufgezeichnet und auf dieser Registerkarte angezeigt. Wenn mehrere Messungen durchgeführt werden, kann über diese Registerkarte auf eine Historie der Istmengen zugegriffen werden.

- **Lokationen und Termine, Geschäftspartner**

  Die Registerkarten **Lokationen und Termine** und **Geschäftspartner** sind in den Positionsdetails nur dann sichtbar, wenn im Customizing der Speditionsauftragsart definiert wurde, dass Lokationen, Termine und Geschäftspartner im Speditionsauftrag nicht global definiert werden können. Das Kennzeichen **Gleiche Lokationen und GPs** im Customizing bestimmt, ob Sie die Transport-Lokationen und Geschäftspartner auf Positionsebene erfassen müssen oder ob es ausreicht, sie einmal global im Speditionsauftrag zu definieren. Wenn die Lokationen und Geschäftspartner auf Positionsebene definiert sind, wird diese Differenzierung auch von der FEB als Splitkriterium berücksichtigt. Die Registerkarten im Bereich **Positionsdetails** sind genau die gleichen wie beim Speditionsauftrag, sodass wir hier nicht auf die Definition von Geschäftspartnern und Lokationen eingehen, sondern diese später in diesem Kapitel behandeln.

- **Belegreferenzen**

  Sie können auf der Registerkarte **Belegreferenzen** Referenzen zum Element hinzufügen. In vielen Fällen muss diese Registerkarte manuell ausgefüllt werden, da die Belegreferenzen systemunabhängig sein können. Um verschiedene Arten von Belegen zu unterscheiden, müssen Sie die Belegart für den Geschäftsvorgang verwenden, die Sie im Customizing über den IMG-Pfad **Transportation Management • Allgemeine Einstellungen für das Auftragsmanagement • Geschäftsvorfallsbeleg-Artcodes definieren** pflegen können. Wie bereits erwähnt, können die Belegartcodes unabhängig vom System definiert werden, wenn Sie z. B. ein Foto auf einem Server oder ein Telefonprotokoll referenzieren möchten. Sie können auch auf eine Position aus dem referenzierten Beleg verweisen. Zudem lassen sich Artcodes für Positionen definieren, die Sie über den IMG-Pfad **Transportation Management • Allgemeine Einstellungen für das Auftragsmanagement • Artcodes für Geschäftsvorgangsbeleg-Positionen definieren** erreichen können. Belegartcodes und Positionsartcodes sind nicht miteinander verknüpft. Für Implementierungsprojekte empfehlen wir, diese Artcodes so oft zu verwenden, wie die Belegreferenzen genutzt werden (z. B. Kostenkalkulation oder Routing-Entscheidungen).

- **Zoll**

  Sie können zollrelevante Daten definieren. Weitere Informationen zu Zollanmeldungen finden Sie in den Materialien zum Buch unter *www.sap-press.de/6117*, wenn wir die Integration von SAP Global Trade Services (SAP GTS) behandeln.

- **Diskrepanzen**

  Während der FEB werden die Mengen der Speditionsauftragspositionen in die Frachteinheit verschoben. Wenn jedoch bei der Ausführung festgestellt wird, dass die tatsächlichen Mengen der Frachteinheit von der im Speditionsauftrag angegebenen Menge abweichen, werden die Mengen in der Frachteinheit geändert. Dies führt zu einer festgestellten Abweichung zwischen der Position der Frachteinheit und der Position des Speditionsauftrags. Diese Diskrepanz wird auf der Registerkarte **Diskrepanzen** der Artikeldetails angezeigt. Hier wird auch der aktuelle Stand der Diskrepanzbearbeitung festgehalten. Wir werden weitere Details zur Behandlung von Diskrepanzen in Abschnitt 8.1, »Transportausführung«, besprechen.

Sie werden feststellen, dass im Speditionsauftrag noch ein weiterer Positionstyp vorhanden ist, den wir noch nicht erwähnt haben: die *Serviceposition*. Eine Serviceposition definiert – wie der Name schon sagt – Dienstleistungen, die im Rahmen des Kundenauftrags ausgeführt werden sollen. Dienstleistungen sind alles, was nicht die physische Bewegung der Waren oder Container betrifft (die bereits im Detail mit den Frachteinheiten und den Folgeprozessen, z. B. Planung oder Lohnfertigung, abgewickelt wird), wie z. B. Behälterreinigung, Zollabfertigung und Dokumentation.

Sie können einer Serviceposition *Anweisungssätze* zuordnen, um den Fortschritt der Dienstleistung im Speditionsauftrag zu verfolgen, d. h., Sie können sicherstellen, dass die im Speditionsauftrag bestellte Dienstleistung auch ausgeführt wird. Die Kostenberechnung kann auch Servicepositionen berücksichtigen, indem sie Zuschläge zu den Gebühren des Speditionsauftrags hinzufügt.

Servicepositionen werden nicht in die Frachteinheit übernommen, d. h., sie sind während der Planungsphase auf der Frachteinheit nicht direkt sichtbar. Sie können jeder Ebene der Positionshierarchie zugeordnet werden, d. h., sie lassen sich dem Speditionsauftrag als eigenständige Position oder als untergeordnete Position einer Equipmentposition, Containerposition, Packstückposition oder Produktposition hinzufügen. Servicepositionen können jedoch kein übergeordnetes Element zu einem anderen Element sein.

5.3.3 Geschäftspartner

Nachdem Sie auf der Registerkarte **Allgemeine Daten** alle relevanten Daten definiert und die zu transportierenden Positionen eingegeben haben, können Sie dem Speditionsauftrag Geschäftspartner zuordnen.

Um zunächst ein sehr einfaches Beispiel zu skizzieren, werden dem Speditionsauftrag nur zwei Geschäftspartner zugeordnet: der Verlader, bei dem die Ware abgeholt wird, und der Warenempfänger, zu dem die Ware geliefert wird.

Im Speditionsauftrag übernehmen die Geschäftspartner unterschiedliche Aufgaben. Diese Verantwortlichkeiten spiegeln sich in den *Partnerrollen* wider, die Sie auf der Registerkarte **Geschäftspartner** finden. Sie können Partnerrollencodes im Customizing über den IMG-Pfad **Transportation Management • Stammdaten • Geschäftspartner • Partnerrollen definieren** hinzufügen.

Wie Sie in Abbildung 5.29 sehen können, enthält die Registerkarte **Geschäftspartner** eine Tabelle, in der Sie den Partnerrollen Geschäftspartner zuordnen können. Die Partnerrollen **Auftraggeber**, **Verlader** und **Warenempfänger** sind in jedem Speditionsauftrag obligatorisch.

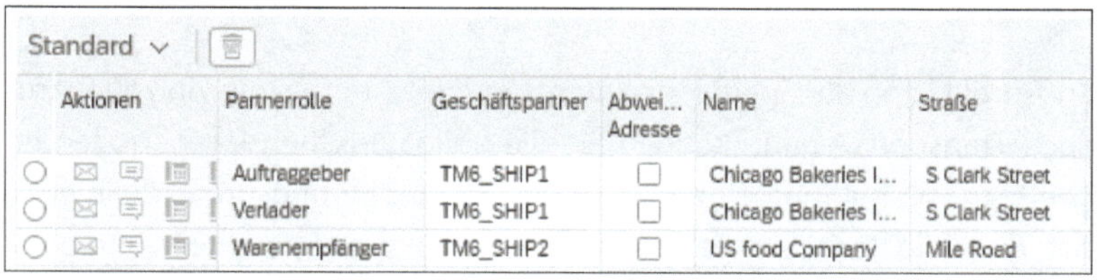

Abbildung 5.29: Geschäftspartner im Speditionsauftrag

Die Geschäftspartner, die Sie den Partnerrollen zuordnen, müssen als Stammdaten gepflegt sein. Wie Sie in der Abbildung sehen können, werden die Adressen der Geschäftspartner aus den Stammdaten übernommen. Wenn Sie jedoch eine andere Adresse als die in den Stammdaten definierte verwenden möchten, können Sie dies tun, indem Sie das Kennzeichen **Abweichende Adresse** markieren. Wenn Sie im Speditionsauftrag die Zeile der Partnerrolle auswählen, deren Adresse Sie ändern möchten, können Sie die Änderung im Feld **Druckadresse** unterhalb der Tabelle vornehmen. Dieses Feld ist mit der Adresse aus den Stammdaten vorbelegt. Die hier definierte Adresse wird für den Belegdruck verwendet.

In einem Speditionsauftrag sind nur drei Partnerrollen obligatorisch, sofern Sie nichts anderes definieren. *Partnerfindungsprofile* legen fest, welche zusätzlichen Partnerrollen bei einem Speditionsauftrag obligatorisch sind. Partnerfindungsprofile definieren Sie im Customizing über den IMG-Pfad **Transportation Management • Stammdaten • Geschäftspartner • Partnerfindungsprofile definieren**. In einem Partnerfindungsprofil wählen Sie die Partnerrollen aus, die Sie im Speditionsauftrag als obligatorisch definieren möchten. Sie können auch festlegen, wie Geschäftspartner von einer Partnerrolle in eine andere kopiert werden.

Im Beispiel in Abbildung 5.30 sind Auftraggeber und Verlader der gleiche Geschäftspartner. Daher könnten wir im Partnerfindungsprofil festlegen, dass der Geschäftspartner des Verladers in den Auftraggeber kopiert werden soll.

Sie können ein Partnerfindungsprofil nicht nur für die Definition fester Beziehungen zwischen den Partnerrollen eines Speditionsauftrags verwenden, sondern auch für die Zuordnung eines bestimmten Geschäftspartners zu einer bestimmten Partnerrolle. Dies wird natürlich nur empfohlen, wenn in allen Szenarien der gleiche Geschäftspartner relevant ist.

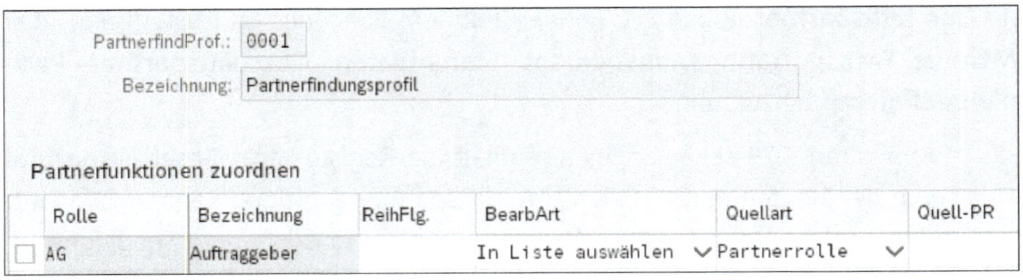

Abbildung 5.30: Partnerfindungsprofil

Das Partnerfindungsprofil kann der Speditionsauftragsart direkt im Customizing zugeordnet werden. Je nach Transportszenario können Sie die obligatorischen Partnerrollen jedoch möglicherweise nicht mit nur einem einzigen Partnerfindungsprofil definieren. Stattdessen können die obligatorischen Partnerrollen von den dem Speditionsauftrag zugeordneten Incoterms abhängen. Daher können Sie das Partnerfindungsprofil auch abhängig von den Incoterms und der Speditionsauftragsart definieren. Wählen Sie dazu im Customizing den Menüpfad **Transportation Management • Stammdaten • Geschäftspartner • Partnerfindungsprofile anhand von Incoterms zuordnen**.

Obwohl die Eingabe von Geschäftspartnern im Speditionsauftrag nicht wirklich kompliziert ist, sollten wir die Bedeutung der Einträge nicht unterschätzen. Die Zuordnung eines Geschäftspartners zum Auftraggeber ist entscheidend für die Kostenberechnung, die wir in Kapitel 11, »Frachtkostenabrechnung«, und Kapitel 12, »Speditionsberechnung und -abrechnung für Logistikdienstleister«, beschreiben.

Beachten Sie, dass Geschäftspartner global auf der Registerkarte **Geschäftspartner** des Speditionsauftrags oder individuell für jede Position definiert werden können, je nach Customizing der Speditionsauftragsart. Die Definition ist die gleiche; sie muss in diesem Fall nur bei den Positionsdetails vorgenommen werden.

5.3.4 Lokationen und Termine

Einige der wichtigsten Informationen für die Transportplanung sind die Lokationen und Termine. Auf der Registerkarte **Lokationen und Termine** können Sie den Quell- und Zielort des gesamten Transports definieren. Beachten Sie, dass die Transportabschnitte nicht hier, sondern auf der Registerkarte **Istroute** definiert werden. Wenn Sie definiert haben, dass Lokationen und Geschäftspartner nicht für jede Position gleich sind, können Sie dennoch entweder eine globale Quelllokation oder einen globalen Zielort definieren und die andere Lokation auf globaler Ebene leer lassen, um sie auf Positionsebene auszufüllen.

Die Lokation, die Sie auf dieser Registerkarte auswählen, muss als Lokationsstammdatum gepflegt sein. Wenn Sie Lokationsstammdaten ausgewählt haben, sehen Sie, dass die entsprechenden Felder im Adressbereich des Bildschirms mit dieser Adresse gefüllt sind.

Im globalen Transportgeschäft erhalten Lokationen immer eine globale Kennung, die vom Transportmittel abhängt. Abhängig von dem für den Speditionsauftrag definierten

Transportmodus werden die globalen Identifikatoren auf der Registerkarte **Lokationen und Termine** angezeigt. Da der Luftverkehr die Codes der *International Air Transport Association* (IATA) und der Seetransport die Codes der *Vereinten Nationen für Handels- und Transportlokationen* (UN/LOCODES) verwendet, sehen Sie bei Nutzung eines Speditionsauftrags für Luftfracht ein Feld **IATA-Code** und bei Verwendung eines Speditionsauftrags für Seefracht ein Feld **UN/LOCODE**. Die Codes werden in den Lokationsstammdaten vergeben und bei der Auswahl von Lokationsstammdaten im Speditionsauftrag vorbelegt.

Wenn Sie unserem Beispiel gefolgt sind, haben Sie bereits Geschäftspartner im Speditionsauftrag definiert. Wenn Sie auf die Registerkarte **Lokationen und Termine** gehen, sehen Sie, dass die Lokationen bereits eingegeben sind. Wenn dem als Verlader zugeordneten Geschäftspartner eine Lokation zugeordnet wurde, wird diese Lokation automatisch als Quelllokation des Speditionsauftrags übernommen. Das Gleiche gilt für den Warenempfänger und die Ziellokation. Es funktioniert auch umgekehrt, d. h., wenn Sie zuerst Lokationen definieren, werden die Partnerrollen Verlader und Warenempfänger automatisch gefüllt. Wenn jedoch sowohl Partnerrollen als auch Lokationen gefüllt sind und Sie eine Seite davon ändern, werden keine Änderungen an der anderen Seite vorgenommen.

Wenn ein Kunde jedoch anruft und einen Transport von einem Ort wünscht, den Sie vorher noch nicht genutzt haben, müssen Sie keine neuen Stammdaten für diesen Ort in der Stammdatenmaske definieren, bevor Sie den Speditionsauftrag anlegen. Stattdessen können Sie einfach das Feld **Lokation** im Speditionsauftrag leer lassen und die Adresse direkt eingeben (siehe Abbildung 5.31).

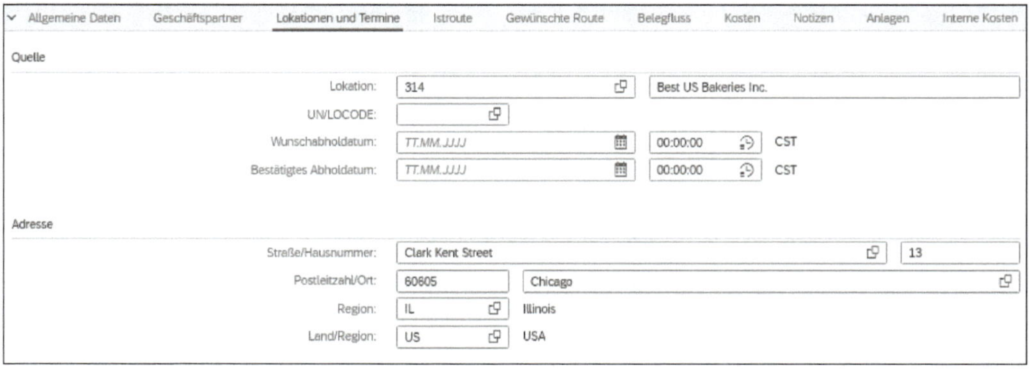

Abbildung 5.31: Einmallokation definieren

Einmallokationen

Einmallokationen werden auch dann automatisch erzeugt, wenn in den SD- oder MM-Belegen des ERP-Systems abweichende Adressinformationen zu den im Geschäftspartner gepflegten Adressdaten eingetragen werden.

Die Eingabe der Adresse erzeugt eine *Einmallokation*. Die Einmallokation unterscheidet sich nicht von den Lokationen, für die Stammdaten vorab angelegt wurden – tatsächlich wurde ein neues Lokationsstammdatum angelegt. Die neue Lokation wird durch eine Nummer dargestellt, mit der Sie später weitere Informationen in den Lokationsstammdaten hinzufügen können. In der Regel beginnt der Nummernkreis für Einmallokationen mit 1; wenn Sie dies ändern möchten, folgen Sie dem IMG-Pfad **Transportation Management • Stammdaten • Transportnetz • Lokation • Nummernkreisintervalle für Einmallokationen definieren**.

[!]

Nehmen Sie den Begriff »Einmallokation« ernst!

Wenn Sie der Meinung sind, dass Sie Lokationen nicht mehr in den Stammdaten anlegen müssen, denken Sie daran, dass einmalig wirklich einmalig sein sollte. Wir empfehlen daher, nur in Ausnahmefällen Einmallokationen zu verwenden. In anderen Fällen sollten Sie sich zunächst die Zeit nehmen, ein Lokationsstammdatum anzulegen.

Bei der Eingabe einer Adresse, die bereits in einem Lokationsstammdatensatz verwendet wird, wird jedoch die Lokations-ID dieses Stammdatensatzes in den Speditionsauftrag übernommen. Mit dieser Funktion können Sie vermeiden, dass mehrere Stammdatensätze für dieselbe Adresse im System vorhanden sind.

Auf der gleichen Registerkarte wie die Lokationen können Sie auch die bestellten Transporttermine für Abholung und Zustellung festlegen. Beachten Sie, dass die auf dieser Registerkarte eingegebenen Daten für den gesamten Frachttransport verwendet werden, d. h., das Abholdatum ist das Abholdatum des ersten Abschnitts, und das Lieferdatum ist das Lieferdatum des letzten Abschnitts des Transports. Was Sie hier definieren, sind die bestellten Termine; es gibt keine Überprüfung, ob der Zeitraum zwischen Abholung und Liefertermin realisierbar ist (es gibt lediglich eine Überprüfung, ob der Liefertermin nach dem Abholtermin liegt – um Tippfehler zu vermeiden). Abhol- und Liefertermine sind nicht zwingend erforderlich; einer der Termine ist für die FEB ausreichend.

Die Daten und Zeiten werden im Speditionsauftrag in der Zeitzone definiert, die von der jeweiligen Lokation verwendet wird. Die Transportdisposition arbeitet in der Regel mit einem Zeitfenster für die Zustellung oder Abholung, nicht mit einem einzigen bestimmten Zeitpunkt. In der FEB wird die im Speditionsauftrag definierte Zeit in ein Zeitfenster überführt, falls dies erforderlich ist. Weitere Informationen über Abhol- und Lieferzeitfenster finden Sie in Kapitel 6, »Transportplanung«.

Wenn Sie die Positionen des Speditionsauftrags definiert haben, werden Sie wahrscheinlich auf einige Felder zur Bestätigung stoßen. Der LDL kann dem Kunden nach der Auftragsannahme Mengen und Termine bestätigen. Dieser Prozessschritt kann mit dem Kennzeichen **Automatische Bestätigung** im Customizing der Speditionsauftragsart automatisiert werden. Darüber hinaus können Sie festlegen, mit welchen Daten die Rückmeldung erfolgen soll. Dieses Customizing betrifft im Wesentlichen zu bestätigende Termine. Die Bestätigung kann auf Basis von Auftragsdaten erfolgen, d. h., die bestellten Termine werden einfach bestätigt. Eine weitere Option im Customizing ermöglicht es Ihnen, zuerst zu planen und dann die aus der Planung resultierenden Termine an den Auftraggeber zu bestätigen. Wenn Sie manuell bestätigen möchten, müssen Sie die bestätigten Termine in die entsprechenden Felder eingeben.

Wenn Sie keine automatische Bestätigung wünschen, können Sie die Bestätigungsfelder ausfüllen, indem Sie auf die Drucktaste **Bestätigen** in der Aktionsleiste des Speditionsauftragsdokuments klicken.

5.3.5 Routing

Nach der Definition von Quell- und Ziellokation und Terminen für den gesamten Transport definiert der LDL in der Regel das genaue Routing, einschließlich aller möglichen Zwischenstopps, die sich auf dem Speditionsauftrag befinden. Beachten Sie, dass diese Aktivitäten im wirklichen Leben oft von verschiedenen Mitarbeitenden durchgeführt werden. Der Speditionsauftrag kann in jedem Zustand gespeichert und an das nächste Team weitergeleitet werden, sodass es kein Problem ist, den Speditionsauftrag mit mehr Daten anzureichern.

Das für die Weiterleitung des Speditionsauftrags verantwortliche Team definiert die Route auf der Registerkarte **Istroute**. Auf dieser Registerkarte finden Sie eine Tabelle mit allen Abschnitten, die für den Speditionsauftrag angelegt wurden. In vielen Fällen sind hier einige Abschnitte vordefiniert, da die Bewegungsart in den allgemeinen Daten des Speditionsauftrags eingetragen ist. Beachten Sie, dass der Bewegungsart obligatorische und optionale Abschnittsarten zugeordnet werden können. Im Customizing können Sie entscheiden, ob bei der Auswahl einer bestimmten Bewegungsart einige Abschnitte auf dem Speditionsauftrag vorgeschlagen werden sollen.

Es gibt jedoch eine zweite Möglichkeit, dem Speditionsauftrag automatisch Abschnitte zuzuordnen. Im Customizing der Speditionsauftragsart können Sie festlegen, ob die Abschnittsermittlung des Speditionsauftrags über die Bewegungsart oder über ein Abschnittsprofil erfolgen soll. Abschnittsprofile können im Customizing über den IMG-Pfad **Transportation Management • Speditionsauftragsmanagement • Abschnittsprofile definieren** gepflegt werden. Diese Customizing-Aktivität ist derjenigen zur Zuordnung von Abschnittsarten zur Bewegungsart sehr ähnlich (siehe Abbildung 5.25 weiter vorn). Sie können hier die gleichen Einstellungen vornehmen wie in der Customizing-Aktivität zur Bewegungsart.

Sie fragen sich vielleicht, warum es zwei verschiedene Möglichkeiten gibt, dasselbe zu definieren. Bei der Abschnittsermittlung nach Bewegungsart erhalten Sie immer ein festes Abschnitts-Setup, das Sie der Bewegungsart zugeordnet haben. Mit Abschnittsprofilen können Sie flexibler sein.

Abbildung 5.32 zeigt einen Auszug aus dem Customizing der Speditionsauftragsart. Wenn Sie sich für die Abschnittsermittlung nach Abschnittsprofil entscheiden, können Sie ein Abschnittsprofil direkt der Speditionsauftragsart zuordnen. In diesem Fall ist der Aufbau der Abschnitte für den Speditionsauftrag immer gleich, unabhängig von der gewählten Bewegungsart. Sie können das Abschnittsprofil auch über eine Bedingung bestimmen. Dies bietet die Flexibilität, das Abschnittsprofil basierend auf beliebigen Daten aus dem Speditionsauftrag zu bestimmen, verglichen mit einer 1:1-Zuordnung eines Abschnittsprofils zu einer Speditionsauftragsart. Wir empfehlen Ihnen, ein Abschnittsprofil einzutragen, auch wenn Sie eine Bedingung verwenden. Wenn die Bedingung kein Ergebnis liefert, wird das zugeordnete Abschnittsprofil als Fallback-Lösung betrachtet.

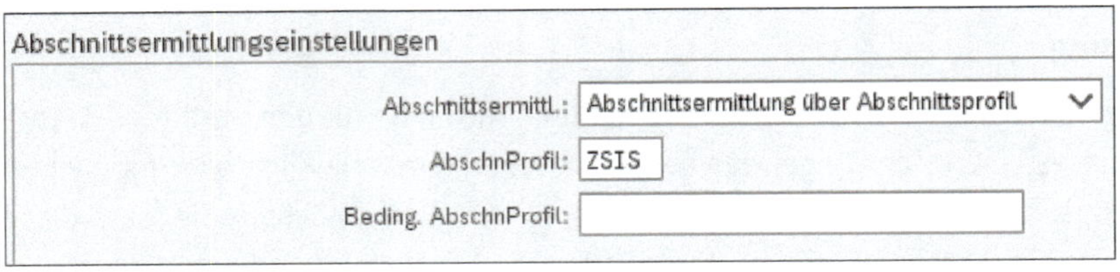

Abbildung 5.32: Abschnittsermittlung über Abschnittsprofil

[»] **Abschnittsermittlung**

Die Abschnittsermittlung nach Bewegungsart ist unabhängig von der Speditionsauftragsart. Unabhängig davon, welche Dokumentart verwendet wird, wird immer die der Bewegungsart zugeordnete Abschnittsfolge berücksichtigt.

Wenn Sie die Abschnittsermittlung nach Abschnittsprofil verwenden, hängt die Abschnittsermittlung stärker von der Speditionsauftragsart ab.

Wir haben viel darüber gesprochen, wie Abschnittsarten den Abschnittsprofilen oder Bewegungsarten zugeordnet werden. Nun sollten wir uns genauer ansehen, was Abschnittsarten tatsächlich sind.

Abschnittsarten definieren die Charakteristika des Transportabschnitts im gesamten Transport. Im Customizing können Sie Abschnittsarten anlegen, indem Sie dem IMG-Pfad **Transportation Management • Speditionsauftragsmanagement • Abschnittsarten definieren** folgen.

Im Customizing ordnen Sie der Abschnittsart einfach eine Beschreibung zu, wie in Abbildung 5.33 links dargestellt. Außerdem müssen Sie den Abschnittstyp für die Abschnittsart festlegen. Abschnittstypen sind Standardtypen in der TM-Funktion, die nicht erweitert werden können. Wie bei den Positionsarten werden die Abschnittsarten in sechs Gruppen zusammengefasst. Mehrere Prozessschritte in TM verwenden nicht die Abschnittsart, sondern den Abschnittstyp. Zum Beispiel können Sie in der Transportkostenverwaltung entscheiden, für welche Abschnittstypen die Ratentabelle berücksichtigt werden soll. Darüber hinaus verfügt der Abschnittstyp **Hauptlauf** über mehrere Validierungen, die wir später untersuchen.

Abschnittsarten definieren

AbschnArt	Beschreibung	AbschnTyp
01	Abholung	Vorlauf
02	Vorlauf	Vorlauf
03	Hauptlauf	Hauptlauf
04	Nachlauf	Nachlauf
05	Lieferung	Nachlauf

Abbildung 5.33: Definition von Abschnittsarten

Da den Abschnittsarten Anweisungssätze zugeordnet werden können, kann es sinnvoll sein, die Abschnittsarten auf bestimmte Verkehrszweige zu beschränken. Dies ist mit der Customizing-Aktivität möglich, die Sie über den IMG-Pfad **Transportation Management • Speditionsauftragsmanagement • Zulässige Verkehrszweige für Abschnittsarten definieren** finden. Hier können Sie entscheiden, welche Verkehrszweige für eine bestimmte Abschnittsart zugelassen sind. Sie können auch einen Standardverkehrszweig definieren, der für die Abschnittsart verwendet wird, nachdem die Abschnittsart dem Routing des Speditionsauftrags zugeordnet wurde.

Nachdem Sie nun viel über das Customizing und die Voraussetzungen für das Routing des Speditionsauftrags erfahren haben, kehren wir zum Speditionsauftragsdokument zurück und beginnen mit einem manuellen Routing des Speditionsauftrags.

Wenn Sie sich die im Speditionsauftragsdokument verfügbaren Registerkarten ansehen, können Sie erkennen, dass die Funktion von TM zwischen der gewünschten Route und der Istroute unterscheidet. Wie die Namen vermuten lassen, ist die *gewünschte Route* die Route, die der Kunde bestellt oder wünscht oder die mit dem Kunden in einem Vertrag vereinbart ist. Daher wird die Routenführung der gewünschten Route auch in der Regel von der Transportkostenverwaltung berücksichtigt.

Wenn Sie eine Speditionsvereinbarungsposition (d. h. eine Position eines langfristigen Vertrags mit einem Kunden) mit Ihrem Speditionsauftrag verknüpft haben, können Sie auch den vereinbarten Abschnittsplan aus dieser Position beziehen. In diesem Fall ist der Abschnittsplan in der Vereinbarungsposition als Standardroute definiert und wird in den Speditionsauftrag übernommen. Die Abschnitte des Speditionsauftrags werden dann mit den Abschnitten der Standardroute vorbelegt.

Wenn der LDL jedoch einen anderen Abschnittsplan erstellen möchte (z. B. zur Kostenoptimierung), kann er eine andere tatsächliche Route einfügen. Die *Istroute* wird in die Frachteinheit übermittelt, sodass die Transportplanung mit den in der Istroute definierten Abschnitten und Terminen arbeitet. Sie können die aktuelle Routendefinition auch in Abbildung 5.34 sehen.

Abschnittsbeschrei...	Abschnittsart	V...	Quelllokation	Stadt (Quelle)	Wunschabholdatum	Ziellokation	Stadt (Ziel)	Wunschlieferdatum
˅ Route			316	Walldorf	01.09.2025	TM6_SHIP2	Detroit	20.10.2025
Abschnitt 1	01 (Abholung)	01	316	Walldorf	01.09.2025	315	Hamburg	03.09.2025
Abschnitt 2	03 (Hauptlauf)	03	315	Hamburg	03.09.2025	USNWK	Elizabeth	03.10.2025
Abschnitt 3	05 (Lieferung)	01	USNWK	Elizabeth	04.10.2025	TM6_SHIP2	Detroit	20.10.2025

Abbildung 5.34: Istroute des Speditionsauftrags

Wenn die Bewegungsart oder das Abschnittsprofil bereits einige Abschnitte vorgeschlagen hat, befinden sich diese Abschnitte auf der gewünschten Route. Die Istroute wird auch diese Abschnitte enthalten.

Die Quelllokation und das Abholdatum des ersten Abschnitts werden aus der Registerkarte **Lokationen und Termine** übernommen, ebenso wie die Ziellokation und das Lieferdatum des letzten Abschnitts. Wenn mehr als ein Abschnitt vorgeschlagen wird, müssen Sie die anderen Lokationen und Termine manuell eingeben, mit der Ausnahme, dass der Abschnittsplan aus einer Standardroute der zugehörigen Vereinbarungsposition gezogen wurde.

Wenn Sie Abschnitte hinzufügen möchten, wählen Sie einen Abschnitt aus, und fügen Sie einen anderen Abschnitt entweder davor oder danach ein. Alternativ können Sie den ausgewählten Abschnitt in zwei Abschnitte aufteilen und neue Zwischenstopps im Speditionsauftrag eingeben.

Wenn Sie in Ihrem Transportnetz Fahrpläne definiert haben, können Sie einer Etappe im Speditionsauftrag direkt eine Fahrplaninstanz (d. h. eine Schiffsfahrt oder einen Flug) zuordnen. Klicken Sie dazu oben in der Abschnittstabelle auf die Drucktaste **Fahrplan** und dann auf **Zuweisen**. Es erscheint eine Suchhilfe, die nach Fahrplanabfahrten sucht, die die Lokationen des Abschnitts verbinden. Nachdem ein Fahrplan zugeordnet wurde, wird eine Buchung für diesen Fahrplan angelegt. Die Termine aus dem Fahrplan werden ebenfalls in den Abschnitt des Speditionsauftrags übertragen. Das Lieferdatum eines Abschnitts ist immer das früheste Abholdatum des nächsten Abschnitts, es sei denn, Sie definieren ein anderes Abholdatum. Wenn Sie den Abschnitt auswählen, für den Sie einen Fahrplan gewählt haben, stehen unterhalb der Abschnittstabelle weitere Informationen aus dem Fahrplan (z. B. Stichtage) zur Verfügung.

Wenn Sie keine Fahrpläne zuordnen möchten (z. B., weil Sie einen Straßentransport planen), können Sie einen Frachtbeleg direkt vom Abschnitt aus erstellen, indem Sie **Kapazitätsbeleg • Einen Beleg pro Abschnitt erstellen** wählen. Die in dem Abschnitt definierten Termine dienen dann als Termine für den Frachtbeleg. Alternativ können Sie auch einen bereits angelegten Frachtbeleg für Ihren Abschnitt auswählen.

Dazu müssen Sie im Customizing festlegen, welche Belegarten für die Frachtbelege verwendet werden sollen und ob die gerade beschriebenen Funktionen für die Speditionsauftragsart verfügbar sein sollen. Alle diese Einstellungen finden Sie im IMG unter **Transportation Management • Speditionsauftragsmanagement • Speditionsauftrag • Standard • Kapazitätsbelegarten für Abschnitte definieren**.

Anhand der folgenden Informationen können Sie eine Frachtbelegart auswählen:

- Speditionsauftragsart
- Versandart
- Abschnittsart
- Verkehrszweig
- Vertriebsorganisation

Die Frachtbelegart kann entweder eine Frachtauftragsart oder eine Frachtbuchungsart sein.

Es ist auch möglich, einen Frachtbeleg für mehrere aufeinanderfolgende Abschnitte zu erstellen, aber stellen Sie sicher, dass alle Abschnitte, für die Sie einen gemeinsamen Frachtbeleg erstellen möchten, derselben Frachtbelegart zugeordnet sind.

Wie Sie bereits in diesem Buch erfahren haben, wird TM mit einer Optimierer-Engine ausgeliefert, die Sie für das Routing und die Terminierung verwenden können, anstatt manuell Abschnitte mit Lokationen und Terminen anzulegen. Voraussetzung dafür ist, dass Sie Ihrer Speditionsauftragsart im Customizing ein Planungsprofil zuordnen und auf der Registerkarte **Istroute** unter **Route • Transportvorschlag** den Optimierer starten.

Der Optimierer gibt ein oder mehrere Ergebnisse zurück, aus denen Sie auswählen können. Wenn Sie eines der Ergebnisse akzeptieren, wird es in den Abschnittsplan des Speditionsauftrags aufgenommen. Im Customizing der Speditionsauftragsart können Sie wählen, wie das Ergebnis des Transportvorschlags im Speditionsauftrag berücksichtigt werden soll. Wenn nur der Abschnittsplan in den Speditionsauftrag kopiert werden soll, werden die Abschnitte entsprechend mit Lokationen und Terminen gefüllt. Alternativ können aus dem Transportvorschlag bereits Frachtbelege erstellt worden sein, die dann den Abschnitten des Speditionsauftrags zugeordnet werden.

In einigen Fällen weicht die Istroute von der gewünschten Route ab. Wenn der LDL mit dem Kunden vereinbart hat, dass die tatsächliche Route die Grundlage für die Kostenberechnung sein soll, können Sie die tatsächliche Route in die gewünschte Route kopieren. Navigieren Sie dazu auf die Registerkarte **Gewünschte Route**, und wählen Sie **Aus Istroute übernehmen**. Wenn Sie sich die Abschnittstabelle auf der Registerkarte **Gewünschte Route** ansehen, sehen Sie, dass es außer dem Kopieren der Istroute in die gewünschte Route und dem Teilen von Abschnitten nicht viel gibt, was Sie hier tun können. Denn alle anderen Funktionen des Abschnittsplans würden den Abschnittsplan für Planung und Ausführung beeinflussen und sind daher nur auf der Istroute verfügbar. Vielleicht haben Sie auch bemerkt, dass es nicht möglich ist, die gewünschte Route in die Istroute zu kopieren. Denn die Istroute wird immer automatisch mit der gewünschten Route synchronisiert, bis Änderungen an der Istroute direkt vorgenommen werden.

Kehren wir noch einmal zur Registerkarte **Istroute** zurück. Wenn die Person, die den Auftrag entgegennimmt, auch für die Transportplanung verantwortlich ist, kann sie direkt aus dem Speditionsauftrag heraus auf das Transport-Cockpit zugreifen. Wählen Sie **Folgeaktionen • Transport-Cockpit starten** in der Aktionsleiste oben im Dokument. Das Transport-Cockpit wird mit den Selektionskriterien gefüllt, die dem Planungsprofil zugeordnet wurden, das vom Speditionsauftrag verwendet werden soll (Planungsprofile können im Customizing den Belegarten des Speditionsauftrags zugeordnet werden).

Da ein Speditionsauftrag Positionen mit unterschiedlichen Quell- und Ziellokationen enthalten kann, müssen die auf der Registerkarte **Istroute** (und auch auf der Registerkarte **Gewünschte Route**) angezeigten Abschnitte manchmal auf der Ebene der Positionen liegen.

TM bietet eine Positionssicht und eine Abschnittssicht für die Abschnittstabelle an. Sie können zwischen den Sichten wechseln, indem Sie die Hierarchie in der Drop-down-Liste **Hierarchie ändern** oben in der Tabelle wählen.

[»]

Weitere Informationen zum Speditionsauftragsbeleg

Wenn Sie noch tiefer in die Details von Speditionsauftragsbelegen eintauchen möchten, finden Sie unter *www.sap-press.de/6117* Materialien zum Buch. Dort erfahren Sie, wie Kosten und interne Kosten in Speditionsauftragsbelegen berechnet werden. Darauf aufbauend wird die Rentabilitätsberechnung für Speditionsaufträge vorgestellt.

5.4 Zusammenfassung

Wir sind in diesem Kapitel eine ganze Reihe von Schritten durchgegangen; lassen Sie uns nun den Prozess als Ganzes betrachten.

Es gibt zwei Möglichkeiten, Transportbedarfsdokumente in TM zu erstellen. Die erste Möglichkeit ist die Integration von MM- oder SD-Auftrags- und Lieferbelegen in TM, die in Abschnitt 5.2.1, »Integration von Kundenaufträgen«, ausführlich erläutert wurde. Diese Option wird von der Verladerindustrie genutzt, die TM für den Transport von selbst hergestellten und verkauften oder gekauften Materialien verwendet.

Sie können die folgenden SAP-Aufträge integrieren:

- Kundenaufträge
- Bestellungen
- Umlagerungsbestellungen
- Lieferpläne

Die in Abschnitt 5.2.1, »Integration von Kundenaufträgen«, beschriebene Auftragsintegration arbeitet nach dem Nachrichtenfindungsverfahren. Sie müssen einige Einstellungen bezüglich des Ausgabemanagements und der Aktivierung der Übertragung der Aufträge in die TM-Funktion vornehmen. Wenn Sie in MM angelegte Aufträge (Bestellungen oder UBs) integrieren möchten, verwenden Sie den Workflow der Nachrichtenverarbeitung.

Nachdem der Auftrag in TM übertragen wurde, wird eine Frachteinheit angelegt. Die Frachteinheit unterscheidet nicht zwischen SD- und MM-Aufträgen.

Nachdem die Frachteinheiten geplant wurden, kann TM einen Liefervorschlag an die Aufträge in SD und MM senden. Lieferungen können dann auf der Grundlage der Planungsergebnisse in TM erstellt werden, aber die führende Funktion, die bestimmt, wie Lieferungen erstellt werden, ist weiterhin SD oder MM. Die Integration der erstellten Lieferungen ist wie die Integration von Aufträgen konfiguriert.

Wenn Sie für den Betrieb von TM eine separate Instanz verwenden, muss die Integration etwas anders eingerichtet sein. In diesem Fall wird der SD- oder MM-Auftrag oder die Lieferung per Webservice an die TM-Instanz gesendet, und ein Dokument, das diesen Auftrag repräsentiert - der ATB -, wird in TM angelegt. Die Lieferung wird durch TM mit dem LTB-Dokument dargestellt. Wenn sowohl Auftrag als auch Lieferung an die separate TM-Instanz gesendet werden, kann eine ATB-Konsumierung stattfinden. Die Integration mit einem externen TM-System ist in Abschnitt 5.2.8, »Auftragsbezogene und lieferbezogene Transportbedarfe«, beschrieben.

Die zweite Möglichkeit, Transportbedarfsdokumente in TM anzulegen, ist das Anlegen von Speditionsaufträgen und Speditionsangeboten. Diese Dokumente werden von LDLs und Spediteuren verwendet, die mehr Informationen über den angeforderten Transportprozess benötigen als die Integration aus SAP-S/4HANA-Aufträgen.

Speditionsaufträge können per EDI-Nachricht oder manuell erstellt werden. Das Speditionsauftragsdokument fasst verschiedene Informationen zusammen:

- betriebswirtschaftlich relevante Informationen
- für die Kostenberechnung relevante Daten
- entscheidende Daten für die Transportplanung

Diese Informationen werden im Dokument auf verschiedenen Registerkarten angezeigt.

Nachdem der Transportbedarf vollständig eingegeben und bestätigt wurde und Frachteinheiten gebildet wurden, kann der Transportplanungsprozess beginnen.

Kapitel 6
Transportplanung

Die Planung von Transporten ist ein wesentlicher Bestandteil jeder Transportmanagementlösung. Ein guter Transportplan muss die für die Ausführung notwendigen Rahmenbedingungen adäquat berücksichtigen und kann helfen, Kosten zu sparen.

In den vorangegangenen Kapiteln haben wir Geschäftsbelege vorgestellt, die einen Transportbedarf in SAP Transportation Management (TM) darstellen, wie z. B. Kundenaufträge (KAUF), Lieferungen, auftragsbezogene Transportbedarfe (ATB), lieferbezogene Transportbedarfe (LTB) und Speditionsaufträge. Andererseits wurden Fahrzeugressourcen, Transporteinheitsressourcen, Fahrpläne und Frachtbuchungen als Mittel zur Darstellung der Transportkapazität eingeführt. Das Hauptziel der Transportplanung ist es, einen Transportplan zu erstellen, der die Transportbedarfe und die Transportkapazitäten auf effiziente Weise zusammenführt.

Der erste Schritt nach Erstellung eines Transportbedarfs, der der Planung zugeordnet werden kann, ist die Erzeugung von Frachteinheiten. Frachteinheiten stellen den Transportbedarf für die Planung dar und werden aus ihren Vorgängergeschäftsbelegen über die Frachteinheitsbildungsregel (FEBR) generiert. Frachteinheiten sind transportable Objekte, die von der Quelle bis zum Zielort zusammenbleiben (z. B. Paletten oder Container).

Im Planungsprozess können Frachteinheiten mehreren Frachtaufträgen in einer Transportkette zugeordnet oder zu einem Frachtauftrag zusammengefasst werden, wie dies etwa in einer lokalen Ausliefertour der Fall ist. Der Planungsschritt umfasst im Wesentlichen die Zuordnung von Frachteinheiten zu Transportaufträgen; diese Transportaufträge sind das Ergebnis der Planung.

Die Planung kann manuell oder automatisch durchgeführt werden. Ein rein manueller Planungsschritt kann Frachteinheiten einer Fahrzeugressource per Drag and Drop im Transport-Cockpit zum Anlegen eines Frachtauftrags zuordnen; die gleiche Zuordnung kann aber auch über den von einem Hintergrundjob aufgerufenen VSR-Optimierer vorgenommen werden.

Das Hauptziel der Planung ist es, die Anwenderinnen und Anwender sinnvoll bei der manuellen Planung sowie mit leistungsfähigen Automatisierungsfunktionen zu unterstützen. Der Übergang zwischen beiden Planungsalternativen ist fließend, da automatisch erstellte Pläne manuell angepasst werden können und manuelle Planungsprozesse die Automatisierung nutzen können. Sie können etwa den VSR-Optimierer interaktiv im Transport-Cockpit starten.

Der Planungsprozess wird im Wesentlichen durch zwei Profile konfiguriert: das Selektionsprofil und das Planungsprofil. Das *Selektionsprofil* ist für die Entscheidung darüber verantwortlich, *was* zu planen ist, und selektiert die Frachteinheiten (genau genommen, selektiert es Frachteinheitsabschnitte). Das *Planungsprofil* legt fest, *wie* geplant wird, d. h., welche Transportkapazitäten für die Planung zur Verfügung stehen und welche Einschränkungen (z. B. Inkompatibilitäten) berücksichtigt werden müssen.

Das Transport-Cockpit ist die zentrale Benutzeroberfläche für die Planung. Es ist sehr flexibel und durch die Definition verschiedener Layouts konfigurierbar, sodass in ihm viele strukturell unterschiedliche Planungsszenarien bearbeitet werden können (z. B. von der Planung eines lokalen Straßentransports bis zur Planung von Überseetransporten).

Zunächst gibt Ihnen Abschnitt 6.1 in diesem Kapitel einen Überblick über die am Planungsprozess beteiligten Dokumente und die zu treffenden (Planungs-)Entscheidungen. In Abschnitt 6.2 stellen wir Frachteinheiten vor und gehen auf die unterschiedlichen Eigenschaften von Frachteinheiten ein, die durch die Frachteinheitsart, ihr Verhältnis zu Vorgänger- und Nachfolgergeschäftsbelegen und Frachteinheitsbildungsregeln bestimmt werden. Abschnitt 6.3 beschreibt die Erzeugung von Packstücken und den Prozess der Umwandlung von Produkten und Mengen in eine Verpackungshierarchie. Danach führt Abschnitt 6.4 Transporteinheiten (TE) ein, die in Transportplänen für die Darstellung von Anhängern, (Eisenbahn-) Waggons und Containern verwendet werden können. Abschnitt 6.5 beschreibt normalisierte Mengen, die den Bedarf an einem standardisierten Maß für die zu erwartende Fläche quantifizieren und in der Planung verwendet werden können. Abschnitt 6.6 stellt die Konfiguration des Planungsprozesses mit Details zu Planungsstrategien, Selektionsprofilen und Planungsprofilen vor. Abschnitt 6.7 befasst sich mit der manuellen Planung. Hier werden das Transport-Cockpit und seine vielfältigen Konfigurationsmöglichkeiten mithilfe von Seitenlayouts sowie die benutzerorientierte Planung auf der Grundlage von Transportvorschlägen behandelt. Abschnitt 6.8 befasst sich mit der automatisierten Planung. Im Gegensatz zu Abschnitt 6.7 liegt der Fokus hier auf Prozessen und Funktionen, die nicht primär interaktiv ausgeführt werden. Die Hintergrundplanung und detaillierte Einblicke in die Optimierungsmöglichkeiten werden in diesem Abschnitt ebenso beschrieben wie der Ladungskonsolidierungs- und Laderaumplanungsprozess. Der letzte Abschnitt 6.9 schließt mit einer Beschreibung der externen Planung.

6.1 Dokumente und Entscheidungen

Planung bedeutet, Bedarfe den Kapazitäten zuzuordnen, was zu einem Plan führt, der die gegebenen Geschäftsziele optimiert und die gewünschten Rahmenbedingungen erfüllt. Die Transportplanung umfasst neben der reinen Zuordnung von Bedarfen zu Kapazitäten auch verschiedene Geschäftsdokumente und Entscheidungsebenen.

Abbildung 6.1 zeigt die für die Planung relevanten Geschäftsdokumente und deren Zuordnungsmöglichkeiten. Bedarfsbelege und deren Stufen können Kapazitätsbelegen zugeordnet werden. Ein Kapazitätsbeleg kann den Transport von einem oder mehreren Bedarfsstufen darstellen. Während eine Frachteinheit nur einen reinen Bedarf darstellt und Frachtaufträge und Frachtbuchungen reine Kapazitäten repräsentieren, können Transporteinheiten und Sendungen gleichzeitig Bedarf und Kapazität darstellen.

Die Dokumente in Feld ❶, Frachteinheiten und Packstückeinheiten, können den Dokumenten in den Feldern ❷ und ❸ zugeordnet werden. Die Dokumente in Feld ❷, Sendungen und Containereinheiten, können allen Kapazitätsbelegen in Feld ❸ zugeordnet werden.

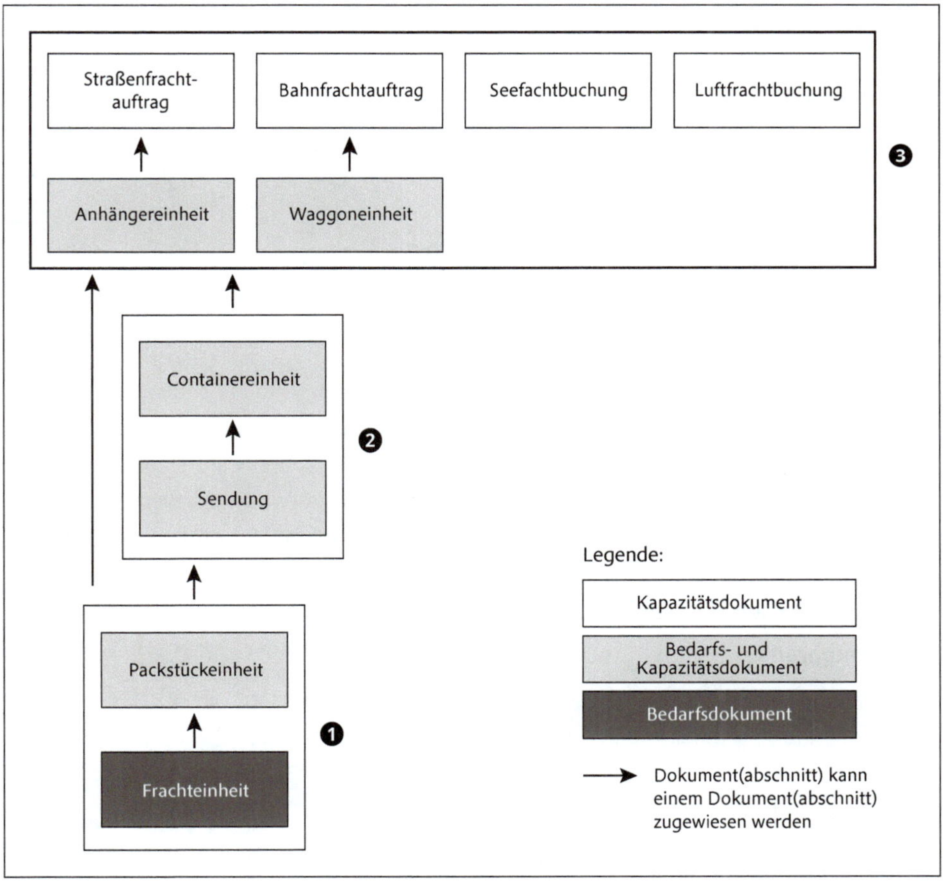

Abbildung 6.1: Dokumente und Zuordnungsmöglichkeiten

Die Dokumente dienen folgenden Geschäftszwecken:

- **Frachteinheit**

  Eine Frachteinheit stellt einen ursprünglichen Transportbedarf dar, der von Speditionsaufträgen, Kundenaufträgen oder Lieferungen abstrahiert und durch die gesamte

Transportkette transportiert wird, ohne ihn auf einem Abschnitt aufzuteilen. Als reiner Bedarf verbraucht eine Frachteinheit Kapazität. Mehr über die Details zu Frachteinheiten erfahren Sie in Abschnitt 6.2, »Frachteinheiten«.

- **Straßenfrachtauftrag**

  Straßenfrachtaufträge stellen Transporte auf der Straße dar, die mit dem eigenen Fuhrpark ausgeführt oder untervergeben werden können. Dieses Dokument stellt eine Kapazität dar und kann mehrere Bedarfe bündeln, die die Kapazität verbrauchen. Um Einzelheiten zu erfahren, schauen Sie sich Kapitel 7, »Frachtauftragsmanagement und Unterbeauftragung«, genauer an.

- **Bahnfrachtauftrag**

  Analog zum Straßenfrachtauftrag stellt der Bahnfrachtauftrag einen Transport auf der Schiene dar.

- **Seefrachtbuchung**

  Seefrachtbuchungen stellen untervergebene Seetransporte dar. Wie bei Frachtaufträgen kann eine Buchung mehrere Bedarfe bündeln. Details dazu erfahren Sie in Abschnitt 7.2.1, »Seefrachtbuchungen«.

- **Luftfrachtbuchung**

  Analog zu Seefrachtbuchungen stellt eine Luftfrachtbuchung den Transport mit einem Flugzeug dar. Einzelheiten dazu finden Sie in Abschnitt 7.2.2, »Luftfrachtbuchungen«.

- **Sendung**

  Bei einer Sendung handelt es sich um eine logische Gruppierung eines oder mehrerer Bedarfsbelege, die dieselbe Quelle und dasselbe Ziel haben. Anders als die anderen Kapazitätsbelege stellt sie keine physische Kapazität dar. Sendungen werden häufig in der Kommunikation, z. B. für eine Lieferavisierung, zwischen Versendern und Empfängern verwendet und können untervergeben werden. Um mehr darüber zu erfahren, werfen Sie einen Blick auf Abschnitt 7.3, »Sendungen«.

- **Anhängereinheit**

  Eine Anhängereinheit stellt die Bedarfe in einem Anhänger dar, der durch einen Straßenfrachtauftrag transportiert wird. Details hält Abschnitt 6.4.2, »Anhängereinheiten«, bereit.

- **Waggoneinheit**

  Waggoneinheiten bilden die Bedarfe von (Eisenbahn-) Waggons ab, die durch einen Bahnfrachtauftrag transportiert werden. Mehr darüber erfahren Sie in Abschnitt 6.4.3, »Waggoneinheiten«.

- **Containereinheit**

  Eine Containereinheit modelliert einen Bedarf, der in einem Container transportiert wird. Lesen Sie mehr darüber in Abschnitt 6.4.4, »Containereinheiten«.

- **Packstückeinheit**

  Packstückeinheiten repräsentieren Bedarfe, die gemeinsam in einem Packstück wie z. B. einer Palette oder einem Karton transportiert werden. Details dazu erfahren Sie in Abschnitt 6.4.5, »Packstückeinheiten«.

Während Anhänger- und Waggoneinheiten auf die Verkehrsträger Straße und Schiene ausgerichtet sind, werden die einzelnen Abschnitte einer Containereinheit häufig durch unterschiedliche Verkehrsträger transportiert. Packstückeinheiten können ebenfalls in mehreren Verkehrsmitteln, direkt oder indirekt über Containereinheiten, befördert werden.

Frachtaufträge repräsentieren die Bewegungen von Lkws und Lokomotiven. Frachtbuchungen stellen unterbeauftragte Transporte durch Schiffe oder Flugzeuge dar. Ohne Frachtaufträge und Frachtbuchungen können weder Frachteinheiten noch Transporteinheiten transportiert werden. Frachtaufträge können jedoch Transporte ohne Fracht- und Transporteinheiten darstellen. Solche Frachtaufträge stellen Leerfahrten dar, die zwar so weit wie möglich vermieden werden sollten, aber in manchen Situationen notwendig und auch sinnvoll sind.

Wir verwenden den Begriff *Frachtdokument* als Abstraktion von Straßenfrachtaufträgen, Bahnfrachtaufträgen, Seefrachtbuchungen und Luftfrachtbuchungen. Frachtdokumente können fremdvergeben werden und bilden die Grundlage für die Ausführung des Transports. Sie können bereits vor den Transportbedarfen angelegt werden, um die Transportkapazität eines Spediteurs oder Logistikdienstleisters zu reservieren, die dann durch die konkrete spätere Zuordnung von Bedarfen verbraucht wird.

Bedarfsbelege können, wie in Abbildung 6.1 gezeigt, anderen Bedarfs- und Kapazitätsdokumenten zugeordnet werden. Sie können so z. B. mehrere Frachteinheiten in einer Containereinheit zusammenfassen, die aus Sicht der Frachteinheiten als Kapazität dient. Der Container selbst stellt jedoch auch einen Bedarf dar, der zu transportieren ist. In einem intermodalen Containerszenario von China nach Europa könnte der Container z. B. aus drei Abschnitten bestehen, die einem Straßenfrachtauftrag für den Vorlauf innerhalb Chinas, einer Seefrachtbuchung für den Hauptlauf und einem weiteren Straßenfrachtauftrag für den Nachlauf in Europa zugeordnet sind.

Eine Sendung beinhaltet immer nur einen Abschnitt. Sie kann unterbeauftragt oder zu einem Frachtauftrag zugeordnet werden, der dann wiederum unterbeauftragt wird. Ein Frachtauftrag kann mehrere Sendungen enthalten.

Beachten Sie, dass alle Dokumente, die durch die Frachteinheitsbildung erzeugt werden, keine Konsolidierung zulassen, d. h., Sie können, unabhängig von der Belegart, keine anderen Bedarfsbelege zuordnen. Details zur Frachteinheitsbildung erfahren Sie in Abschnitt 6.2.3, »Frachteinheitsbildung«.

Planung bedeutet Entscheidungsfindung, und die Erstellung eines Transportplans kann die folgenden Entscheidungen beinhalten:

- **Entscheidung über die Abschnitte eines Bedarfsdokuments**

  Für jeden Bedarfsbeleg beschreiben seine Abschnitte die Transportkette, mit der der Bedarf transportiert wird. Zum Beispiel definieren die Abschnitte einer Frachteinheit die Reihenfolge von Hubs, über die der Transport vom Quell- zum Zielort erfolgt. Die Abschnitte legen somit den Weg durch das Hub-Netzwerk fest.

- **Konsolidierungsentscheidung**

  Jeder Bedarfsabschnitt kann einem anderen Kapazitätsbeleg zugeordnet werden. Häufig werden viele Bedarfe durch viele Kapazitätsbelege transportiert, und die Konsolidierungsentscheidung definiert, welche Bedarfe durch denselben Kapazitätsbeleg zusammen transportiert werden. Eine weitere Konsolidierungsentscheidung auf niedrigerer Ebene betrifft die Konsolidierung von Bedarfen in höherrangige Bedarfe, z. B. verschiedener Produkte in Mischpaletten.

- **Routing-Entscheidung**

  Frachtaufträge können viele Bedarfe mit unterschiedlichen Quell- und Ziellokationen konsolidieren. Die Stoppsequenz eines Frachtauftrags definiert die Reihenfolge entlang der beteiligten Lokationen und damit auch die Gesamtdistanz und -dauer des Transports, die beide ausschlaggebend für die erreichte Transporteffizienz sind.

- **Terminierungsentscheidung**

  Die Terminierungsentscheidungen für einen Transportauftrag beinhalten die Definition von Start- und Endzeiten für alle Aktivitäten wie Beladung, Entladung und Transport. Seefrachtbuchungen basieren häufig auf vordefinierten Fahrplänen und deren Abfahrten. Sowohl die Terminierung als auch die Wahl des richtigen Fahrplans sind entscheidend, um pünktlich zu liefern.

- **Auswahl der Equipmentart bzw. der Ressource**

  Die Auswahl des richtigen Equipments ist entscheidend, um die Kapazität eines Transports festzustellen. Lkw-Arten und Lokomotivenarten können jeweils Straßen- oder Bahnfrachtaufträgen zugeordnet werden, Anhängerarten und Waggonarten den entsprechenden Anhänger- und Waggoneinheiten und Containerarten den Containereinheiten.

  Während bei Szenarien mit Untervergabe die Equipmentart (z. B. ein 40-Tonnen-Lkw, der 25 Tonnen transportieren kann) ausreichend sein mag, ist es gerade bei Szenarien mit einer eigenen Flotte oft notwendig, eine dedizierte Ressourceninstanz (z. B. einen bestimmten 40-Tonnen-Lkw) auszuwählen. Analog zur Zuordnung der Equipmentart können Lkw- und Lokomotivressourcen Straßen- und Bahnfrachtaufträgen, Anhänger- und Waggonressourcen Anhänger- und Waggoneinheiten und Containerressourcen Containereinheiten zugeordnet werden.

- **Auswahl der Fahrerinnen und Fahrer**

  Unternehmen, die eine eigene Lkw-Flotte betreiben, müssen den vorliegenden Straßenfrachtaufträgen die passenden Fahrerinnen und Fahrer zuordnen. Unter Umständen muss entschieden werden, ob für den jeweiligen Auftrag eine einzelne Person oder ein Team benötigt wird. Die Fahrerzuordnung kann dabei sowohl auf Dokumenten- als auch auf Dokumentenabschnittsebene erfolgen.

- **Auswahl des Spediteurs**

  Unternehmen ohne eigene Flotte vergeben ihre Straßenfrachtaufträge an Spediteure. In der Regel stehen mehrere alternative Spediteure zur Verfügung, aus denen sie einen wählen können.

- **Verpackungsentscheidung**

  Wenn die Transportbedarfe nur Produktmengen enthalten, müssen Entscheidungen darüber getroffen werden, wie die Produkte für den Transport verpackt werden. So können etwa verschiedene Produkte in Kommissionierkartons konsolidiert werden, und sowohl Lagerkartons (eines Produkts) als auch Kommissionierkartons können zu einer Mischpalette zusammengefasst werden.

- **Entscheidung zur physischen Positionierung**

  Straßenfrachtaufträge können den Transport von Paletten mit jeweils mehreren Kartons beinhalten. Die physische Positionierung kann auf zwei Ebenen erfolgen: die Positionierung von Kartons auf einer Palette und die Positionierung von Paletten im Lkw. Diese Positionierung ist wichtig, um die Auslastung von Paletten und Lkws zu optimieren und die Transportsicherheit zu gewährleisten, z. B. unter Berücksichtigung von Achslastbeschränkungen.

Aufgrund der großen Vielfalt an verschiedenen Transportszenarien spielt nicht jede Entscheidungsart in jedem Unternehmensbereich eine Rolle. Aber jeder Transport erfordert eine oder mehrere Entscheidungen, die manuell (siehe Abschnitt 6.7, »Manuelle Planung«), automatisch (siehe Abschnitt 6.8, »Automatisierte Planung«) oder durch eine Kombination davon getroffen werden können. Viele Entscheidungen hängen voneinander ab.

Die Entscheidungen werden auf der Grundlage des verfügbaren Transportnetzes (siehe Abschnitt 4.2, »Transportnetz«), der Equipmentarten und Ressourcen (siehe Abschnitt 4.3, »Equipmentarten und Ressourcen«) sowie verschiedener Einschränkungen durch das Planungsprofil und zusätzlicher Einstellungen getroffen (siehe Abschnitt 6.6.2, »Profile und Einstellungen«).

6.2 Frachteinheiten

Die *Frachteinheiten* sind ein wichtiges Element im Planungsprozess, da sie die Verbindung zwischen den Transportbedarfen (z. B. einem Speditionsauftrag) und den Transportaufträgen (Frachtaufträgen/-buchungen) herstellen. Sie können nur in Ausnahmefällen entfallen, nämlich genau dann, wenn der Transportbedarf genau mit dem zu erstellenden Transportbeleg übereinstimmt (ein sogenanntes *Shortcut-Szenario*). Dieser Prozess wird in Abschnitt 6.2.3, »Frachteinheitsbildung«, näher beschrieben.

Beginnen wir mit der Definition einer Frachteinheit, bevor wir anschließend mit den Eigenschaften der im Customizing definierten Frachteinheitsart und den in der Frachteinheit gespeicherten Informationen fortfahren. Abschnitt 6.2.3 befasst sich mit dem Prozess der Bildung von Frachteinheiten. Wie man Packstückinformationen in diesen Prozess integriert, wird in Abschnitt 6.3, »Einheitliche Erzeugung von Packstücken«, behandelt.

6.2.1 Definition der Frachteinheit

Eine *Frachteinheit* ist eine Gruppe von Gütern, die gemeinsam in der gesamten Transportkette transportiert wird. Die Frachteinheit ist die kleinste transportfähige Einheit. Das bedeutet, dass alles, was in einer Frachteinheit enthalten ist, von der Quelle bis zum Ziel zusammenbleibt, also immer gemeinsam transportiert wird.

Die für die Transportdisposition erforderliche Granularität der Frachteinheiten hängt stark von Ihrem Geschäftsszenario ab. Wenn Sie etwa ein Elektronikhersteller sind, kann eine Frachteinheit eine der folgenden sein:

- ein USB-Stick, wenn Sie diesen USB-Stick von Ihrem Distributionszentrum aus direkt an die Endverbraucherinnen und Endverbraucher versenden möchten (z. B. als Paketversand)
- ein Container voller USB-Sticks, wenn Sie Ihr Distributionszentrum in den USA von Ihrer Fabrik in China aus beliefern möchten

[»]

Granularität der Frachteinheit

Je mehr Frachteinheiten gebildet werden, desto detaillierter und individueller können Sie planen. Dies macht die Planung jedoch komplexer und erfordert eine höhere Verarbeitungskapazität, was zu längeren Laufzeiten führt. Stellen Sie sich die Systemlast und die Anzahl der angelegten Objekte vor, wenn Sie in einem Nachschubszenario Frachteinheiten für jeden USB-Stick angelegt hätten. Daher empfehlen wir Ihnen dringend, die Granularität der Frachteinheiten an den für Ihr Geschäftsszenario erforderlichen Detaillierungsgrad anzupassen.

Da die »optimale« Granularität der Frachteinheiten vom Geschäftsszenario abhängt, gibt es keine allgemeine Regel, wie Frachteinheiten erstellt werden sollen. Die folgenden Anwendungsfälle lassen sich jedoch unterscheiden:

- Für Stückgut können Frachteinheiten auf der Grundlage von Handling Units (z. B. Paletten) oder einer Gruppe davon gebildet werden.
- Bei Vollcontainerfracht stellt eine Frachteinheit in der Regel den Container dar.

- Bei Schüttgutprodukten kann eine Frachteinheit eine Menge darstellen, die der für den Transport des Produkts verfügbaren Kapazität entspricht. So sollten etwa für einen Speditionsauftrag über 2.000 Tonnen Düngemittel, der mit Waggons mit einer Kapazität von je 50 Tonnen transportiert werden soll, 40 Frachteinheiten mit je 50 Tonnen Düngemittel erstellt werden.

Abbildung 6.2 zeigt, wie Frachteinheiten mit anderen Objekten in TM verknüpft sind, und illustriert darüber hinaus die Kardinalität der Verknüpfung. Frachteinheiten werden auf der Grundlage von Transportbedarfen (n:m-Beziehung) erstellt.

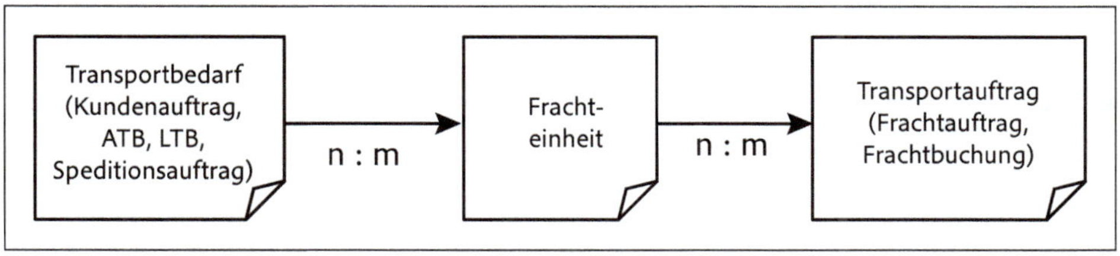

Abbildung 6.2: Beziehung von Frachteinheiten zu anderen Objekten

Eine Frachteinheit kann einen oder mehrere Transportbedarfe als Vorgängergeschäftsbelege haben. Dies bedeutet, dass Frachteinheiten verwendet werden können, um etwa Transportbedarfe aus mehreren Speditionsaufträgen zu bündeln, wenn diese die Einschränkung berücksichtigen, dass die Frachteinheit in der gesamten Transportkette zusammengehalten werden kann (d. h., alle Vorgängerbelege müssen den gleichen Startpunkt, das gleiche Ziel, die gleichen Termine etc. haben). Andererseits kann ein Transportbedarf mehrere Frachteinheiten erzeugen. Dies ist wahrscheinlich der häufigere Fall, da es viele triftige Gründe dafür gibt, einen Transportbedarf auf mehrere Frachteinheiten zu verteilen:

- ein Kundenauftrag, der aus mehreren Positionen mit unterschiedlichen Transporteigenschaften besteht (z. B. Tiefkühlpizza und frische Ravioli, die unterschiedliche Temperaturbedingungen während des Transports erfordern)
- ein Kundenauftrag mit einer Position, die unterschiedliche Einteilungen hat (z. B. weil der Transport in Wochenmengen und nicht als Gesamtmenge erfolgen soll)
- ein Kundenauftrag mit einer Position, die eine große Menge eines Schüttguts repräsentiert (hier muss die Gesamtmenge in Teilmengen aufgeteilt werden, die der Kapazität der Transportmittel entsprechen)

Im Planungsprozess werden Frachteinheiten Transportaufträgen zugeordnet (n:m-Beziehung). Jede Kardinalität der Zuordnung ist erlaubt (1:1, 1:n, n:1, n:m) und hängt vom Geschäftsszenario ab:

- **1:1**

  Eine 1:1-Zuordnung kann auftreten, wenn ein Kunde eine Komplettladung direkt vom Werk an sein Lager bestellt.

- **1:n**

  Für einen Container, der über mehrere Abschnitte transportiert wird, kann eine 1:n-Zuordnung erfolgen. Dieser Container wird dann einem Frachtauftrag (z. B. per Lkw) für den Vorlauf, einem weiteren Frachtauftrag oder einer Frachtbuchung (z. B. per See oder Luft) für den Hauptlauf und einem dritten Frachtauftrag (z. B. per Bahn) für den Nachlauf zugeordnet.

- **n:1**

  Eine n:1-Zuordnung findet typischerweise in Verteilungsszenarien statt (z. B. wenn der Frachtauftrag einen Lkw-Transport darstellt, der die Ladung an mehrere Kunden (Abladestellen) ausliefert).

- **n:m**

  Durch eine beliebige Kombination dieser Szenarien kann eine n:m-Zuordnung entstehen.

Frachteinheiten haben immer einen Vorgängerbeleg und können ohne diesen Bezug nicht existieren oder angelegt werden. Weitere Eigenschaften der Frachteinheit werden im folgenden Abschnitt erläutert.

6.2.2 Eigenschaften von Frachteinheiten

Frachteinheiten werden auf der Grundlage einer bestimmten Frachteinheitsart erstellt. Die Frachteinheitsart definiert die Eigenschaften einer Frachteinheit und kann im Customizing über den Menüpfad **Transportation Management • Planung • Frachteinheit • Frachteinheitsarten definieren** festgelegt werden.

Je nach Ihren Geschäftsanforderungen sollten Sie unterschiedliche Frachteinheitsarten verwenden, d. h., der Elektronikhersteller kann für Frachteinheiten, die Endverbraucheraufträge darstellen, andere Auslieferungsüberwachungsanforderungen haben als für Frachteinheiten, die Nachschublieferungen für das Verteilzentrum darstellen. Somit können zwei verschiedene Frachteinheitsarten verwendet werden, die in Bezug auf ihre Relevanz für die Ausführungsüberwachung unterschiedlich ausgeprägt sind.

Darüber hinaus können Sie im Customizing der Frachteinheitsart die folgenden Eigenschaften einer Frachteinheit beeinflussen:

- **Nummernkreiseinstellungen**

  um Frachteinheiten, die aus verschiedenen Prozessen stammen, anhand ihrer Nummer leichter unterscheiden zu können

- **Change-Controller-Einstellungen**

  um individuell auf Belegänderungen reagieren zu können

- **Einstellungen für die Planung**

  um etwa das Transportmittel direkt oder über eine Bedingung vorgeben zu können

- **Integrationseinstellungen**
  um den Abruf von Gefahrgutinformationen oder Zollanforderungen zu ermöglichen
- **Direktsendungsoptionen (DSO)**
  um Frachteinheiten in einem Paketsendungsprozess, wie in Abschnitt 7.1.3, »Spezielle Prozesse bei Frachtaufträgen«, beschrieben, zu verwenden
- **Ermittlung der Organisationseinheit**
  Um zu steuern, welche Organisationseinheit für eine Frachteinheit zuständig ist. Sie können eine Bedingung verwenden, die Organisationseinheit von der Person ableiten, die die Frachteinheit anlegt, oder eine Standardorganisation zuweisen.

Da die Frachteinheit für die Planung den Transportbedarf darstellt, muss sie die folgenden Fragen beantworten können:

- **Was soll transportiert werden?**
  Damit wird die Frage nach der Menge der zu transportierenden Waren beantwortet. Relevante Informationen sind Mengen und Maßeinheiten sowie Eigenschaften (z. B. Temperaturbedingungen, die während des Transports zu erfüllen sind).
- **Woher und wohin soll transportiert werden?**
  Dies beantwortet die Frage nach dem Quell- und Zielort sowie möglicherweise vordefinierten Umschlagspunkten, die als Abschnitte in der Frachteinheit definiert werden.
- **Wann soll transportiert werden?**
  Hier geht es um den zeitlichen Aspekt des Transports (z. B. wann die Frachteinheit an der Quelllokation abgeholt und am Zielort angeliefert werden soll).

Um die Daten und Zeiten der Abholung und Anlieferung in der Frachteinheit darzustellen, sind in der Frachteinheit jeweils vier Zeitstempel für die Abholung und Anlieferung definiert. Abbildung 6.3 zeigt, wie diese Zeitstempel basierend auf den im Vorgängergeschäftsbeleg der Frachteinheit definierten Wunschterminen und -zeiten ermittelt werden.

Eine Bedingung mit der Bedingungsart `/SCMTMS/TOR_TIMEWIND` kann der Frachteinheit im Customizing ihrer Frachteinheitsart zugeordnet werden. Ausgehend von dieser Bedingung, berechnet TM die jeweils vier Zeitstempel für Abholung und Anlieferung, die später in der automatisierten Planung wie folgt interpretiert werden:

- **Startdatum (annehmbar)**
  Vor diesem Termin ist keine Abholung/Anlieferung erlaubt (z. B. weil das Produkt noch nicht produziert wurde).
- **Startdatum (Wunsch)**
  Dies ist der Beginn der gewünschten Abhol-/Lieferzeit. Eine Abholung/Anlieferung zwischen dem annehmbaren und dem Wunschstartdatum ist zulässig, kann aber in der Planung mit Verfrühungskosten bestraft werden.

- **Enddatum (Wunsch)**

  Dieser Termin beschreibt das Ende des gewünschten Abhol-/Lieferzeitfensters. Eine Abholung/Anlieferung zwischen Wunschstartdatum und Wunschenddatum verursacht in der Planung keine Strafkosten. Dieser Zeitraum kann verwendet werden, um das zwischen Verlader und Warenempfänger vereinbarte Lieferzeitfenster am Quell-/Zielort darzustellen.

- **Enddatum (annehmbar)**

  Nach diesem Termin ist keine Abholung/Anlieferung mehr erlaubt. Jede Abholung/Anlieferung zwischen dem annehmbaren und dem Wunschenddatum ist zulässig, wird aber in der Planung mit Verspätungskosten bestraft.

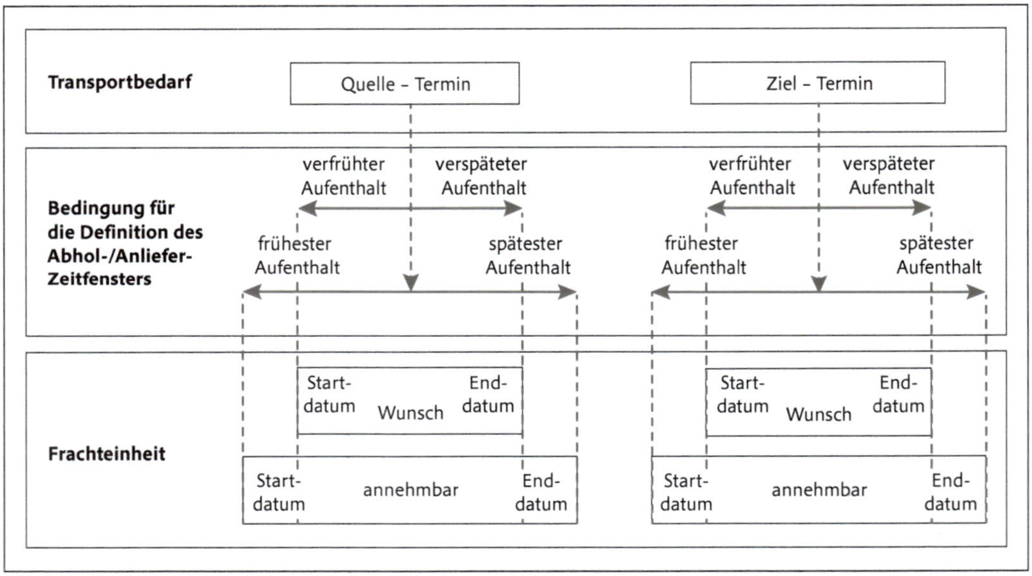

Abbildung 6.3: Schematische Beschreibung der Zeitfenster für die Abholung und Anlieferung

Nicht alle diese Termine müssen festgelegt werden. Wenn der Kunde z. B. alle Lieferungen akzeptiert, egal, wie früh sie sind, dann muss kein akzeptables Startdatum für die Anlieferung definiert werden. Abbildung 6.4 zeigt die Konfiguration dieser Logik, wobei sich die resultierenden Termine wie in der in Abbildung 6.5 dargestellten Frachteinheit ergeben. Die Bedingung unterscheidet anhand von **TA: Stopp-Typ** für das Zeitfenster an der Quelle (**O**=outbound) und das Zeitfenster am Ziel (**I**=inbound). An der Quelle ist die Einschränkung für **Verfrühung** eine **harte Randbedingung** mit dem Wert **0** in der Spalte **Frühester Aufenthalt**, was bedeutet, dass nur das **Startdatum (Annehmbar)** für die Frachteinheit am Quellort gefüllt wird und kein Offset für das Datum aus dem Vorgängerbeleg berechnet werden muss (**04.06.2025** in der Frachteinheit aus Abbildung 6.5). Da für die Verspätung am Quellort keine Randbedingung definiert ist, bleiben das **Enddatum (Wunsch)** und das **Enddatum (annehmbar)** in der Frachteinheit leer.

Für die Daten am Zielort werden eine **weiche Randbedingung** für die **Verfrühung** und **weiche und harte Randbedingungen** für die **Verspätung** mit den Werten **240.000**, **480.000** und **2.400.000** definiert. Diese Werte werden in Stunden, Minuten und Sekunden mit Bezug auf das Datum des Vorgängerbelegs umgerechnet. Zum Beispiel entsprechen 240.000 24 Stunden, 00 Minuten und 00 Sekunden, also einem Tag. Ebenso werden 480.000 in zwei Tage und 2.400.000 in zehn Tage umgerechnet. Die Anwendung dieser Bedingung auf die Frachteinheit in Abbildung 6.5 mit dem Lieferdatum 10.06.2025 aus dem Kundenauftrag ergibt **Startdatum (Wunsch) 09.06.2025** (= ein Tag Verfrühung erlaubt), **Enddatum (Wunsch) 12.06.2025** und **Enddatum (annehmbar) 20.06.2025** (= zwei Tage bzw. zehn Tage Verspätung erlaubt).

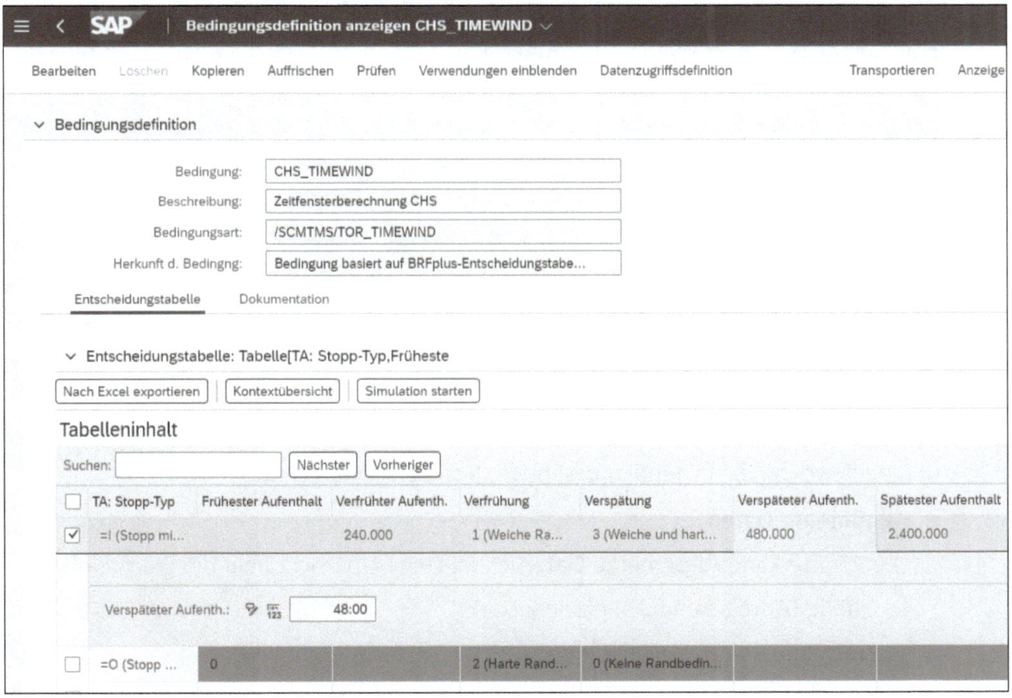

Abbildung 6.4: Bedingung für die Bestimmung der Zeitfenster

Berechnungsgrundlage für das Abhol-/Anlieferzeitfenster

In der Bedingung für die Berechnung des Abhol-/Anlieferzeitfensters (Bedingungsart `/SCMTMS/TOR_TIMEWIND`) können Sie zusätzlich steuern, ob der Beginn oder das Ende der Be-/Entladedauer für die Terminierung relevant ist. Wenn für eine Lokation Betriebszeiten für die Warenannahme von 9:00 bis 12:00 Uhr gepflegt sind und das Abladen an diesem Ort eine Stunde dauert, ist es ein wesentlicher Unterschied, ob der Beginn oder das Ende der Abladetätigkeit innerhalb der Betriebszeiten liegen muss. Im Feld **Berechnungsbasis** der Bedingung können Sie auswählen, ob der Beginn (**S**) oder das Ende (**E**) der Be-/Abladeaktivität für die Terminierung relevant ist.

Die Verwendung des Konzepts der Bedingungen im Customizing der Frachteinheitsart zur Definition von Abhol- und Anlieferzeitfenstern ermöglicht eine große Flexibilität bei der Einrichtung verschiedenster Geschäftsszenarien. Wenn die annehmbaren oder die Wunschtermine nicht für alle Frachteinheiten derselben Frachteinheitsart gleich sein sollten, kann eine Bedingung für die Definition der Abhol-/Anlieferzeitfenster verwendet werden, um verschiedene Termine basierend auf der Ziellokation (Kunde) oder der enthaltenen Frachtpositionen oder anderen relevanten Kriterien der Frachteinheit zu definieren. Um den Servicegrad für wichtige Kunden zu erhöhen, können diese somit ein wesentlich engeres Zeitfenster erhalten als weniger wichtige Kunden.

Frachteinheiten können im FEB-Prozess automatisch terminiert werden (falls **Entfernungs-/Dauerermittlung: Automatische Ermittlung aktivieren** im Customizing der Frachteinheitsart ausgewählt ist). Außerdem können Sie Frachteinheiten terminieren, indem Sie im Transport-Cockpit auf die Drucktaste **Terminierung** klicken oder eine Standardroute auf die Frachteinheit anwenden. Dies ermöglicht eine bessere Übersicht und Transparenz für ungeplante Frachteinheiten, da unmittelbar realistische Transportdauern angezeigt werden, die auf der Grundlage von Geokoordinaten berechnet sind.

Auf der TM-Benutzeroberfläche können Sie auf Frachteinheiten auf unterschiedliche Arten zugreifen: mit der SAP-Fiori-App **Frachteinheit bearbeiten**, über die Verknüpfung im Belegfluss anderer Dokumente wie Speditionsaufträge oder Frachtaufträge oder über Arbeitsvorratslisten (z. B. **Planung • Frachteinheiten (Arbeitsvorrat)**). Abbildung 6.5 zeigt die Benutzeroberfläche für Frachteinheiten.

Die in der Frachteinheit enthaltenen Informationen sind in verschiedene Registerkarten unterteilt, wovon die folgenden besondere Beachtung wert sind:

- **Allgemeine Daten**

  Die Registerkarte **Allgemeine Daten** enthält eine Übersicht über die Frachteinheit:

  - **Quelle** (Adresse und Abholzeitfenster)
  - **Ziel** (Adresse und Anlieferfenster)
  - **Erforderliche Kapazität** (Mengen und Mengeneinheit)
  - **Organisationsdaten**
  - **Frachteinheitsart**
  - **Frachteinheitsbildungsregel** (siehe Abschnitt 6.2.3)

  Die Registerkarte **Allgemeine Daten** liefert Antworten auf die Fragen *Was*, *Wo* und *Wann*.

- **Positionen**

  Auf der Registerkarte **Positionen** werden die Informationen zum Inhalt der Frachteinheit angezeigt. Sie zeigt Ihnen die Hierarchie der in der Frachteinheit enthaltenen Positionen (Container, Packstück und Produkt) sowie die einzelnen Produkte mit ihren Mengen und Mengeneinheiten.

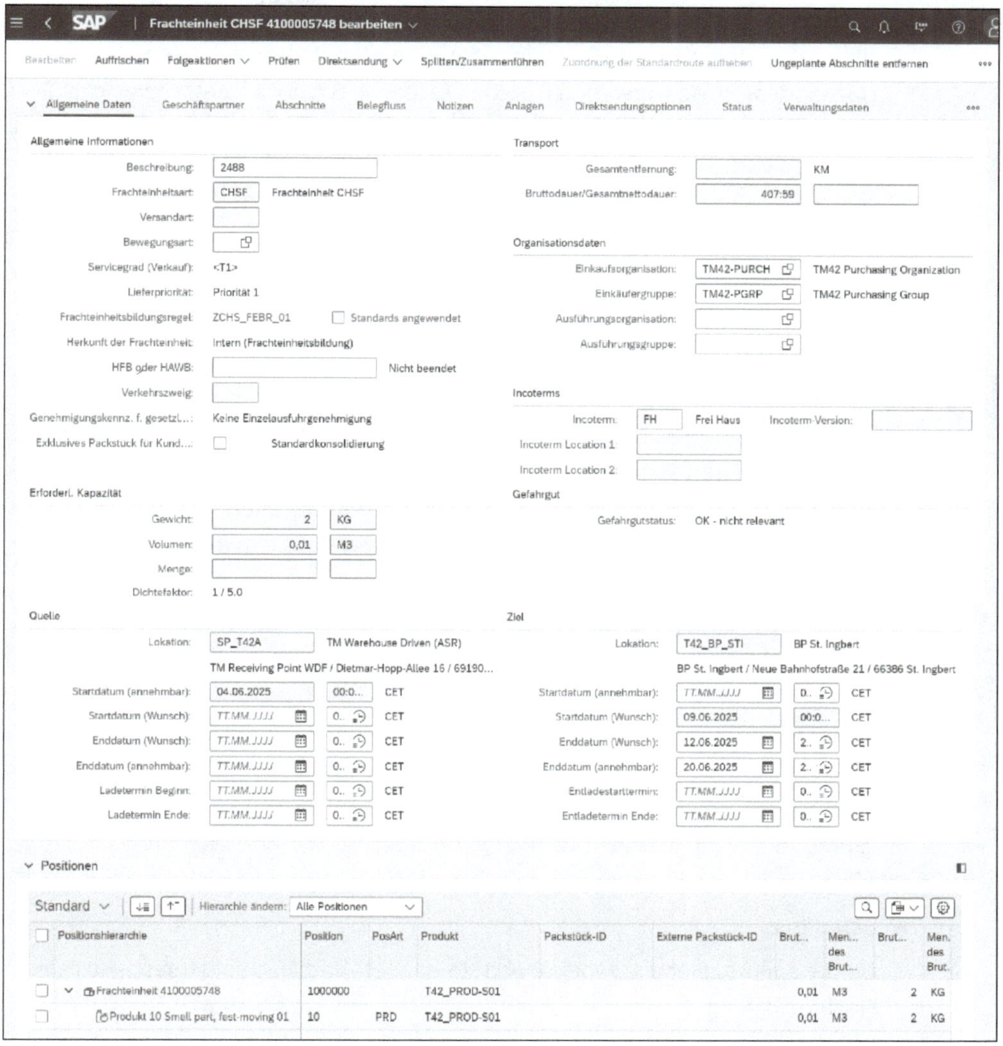

Abbildung 6.5: Benutzeroberfläche der Frachteinheit

- **Geschäftspartner**

  Auf der Registerkarte **Geschäftspartner** finden Sie Informationen zu den relevanten Geschäftspartnern (z. B. Verlader und Warenempfänger).

- **Abschnitte**

  Die Registerkarte **Abschnitte** kann einen oder mehrere Einträge enthalten. Im einfachsten Szenario ist nur ein Abschnitt vorhanden – der Abschnitt von der Quelle der Frachteinheit bis zum Ziel. Dies impliziert keine Einschränkungen für die Planung, d. h., die Frachteinheit kann später direkt von ihrer Quelle an ihren Bestimmungsort oder auch indirekt über Umladelokationen transportiert werden – abhängig davon, welcher Weg für das Geschäftsszenario am effizientesten ist.

Zusätzliche Abschnitte können manuell auf der Registerkarte **Abschnitte** der Frachteinheit hinzugefügt werden, indem Sie eine Standardroute anwenden oder einen Transportvorschlag verwenden (siehe Abschnitt 6.7.10, »Transportvorschlag«, und Abschnitt 4.2, »Transportnetz«). Wenn das Transportnetz es erlaubt, dass Seetransporte von Europa nach Nordamerika von Hamburg oder Rotterdam aus erfolgen können, werden Ihnen diese Optionen auf der Grundlage eines Transportvorschlags im Speditionsauftrag angeboten, und Ihre Wahl wird als Abschnitt von oder nach Hamburg oder Rotterdam in der Frachteinheit abgelegt. Diese Information stellt dann eine Einschränkung in der Planung der Frachteinheit dar.

[»]

Abschnitte von Frachteinheiten

Die Frachteinheit existiert im System nur einmal. Allerdings erscheint sie in der Planung in mehreren virtuellen Instanzen (abschnittsweise). Diese Instanzen können unabhängig voneinander geplant werden (z. B. Vorlauf, Hauptlauf und Nachlauf). Das heißt, verschiedene Anwenderinnen und Anwender können die einzelnen Instanzen (Frachteinheitsabschnitte) zu unterschiedlichen Zeitpunkten planen.

Dies ist eine gängige Geschäftspraxis, da die für den Inlandstransport in den USA (z. B. Nachlauf vom Hafen zum Warenempfänger) verantwortliche Person oft nicht mit dem Inlandstransport in Europa (Vorlauf von der Quelle zum Hafen) oder dem Seetransport (Hauptlauf von Hafen zu Hafen) vertraut ist. Außerdem werden die einzelnen Abschnitte häufig nicht in ihrer geografischen Reihenfolge geplant, sondern der Hauptlauf wird zuerst abhängig vom Abfahrtskalender des Seeschiffs disponiert, während Vor- und Nachlauf zu späteren Zeitpunkten ergänzt werden.

- **Belegfluss**

  Der Belegfluss zeigt alle zugehörigen Vorgänger- und Nachfolgergeschäftsbelege zur Frachteinheit an.

- **Notizen**

  Notizen können verwendet werden, um Texte in verschiedenen Sprachen zur Frachteinheit hinzuzufügen.

- **Anlagen**

  Anlagen können beliebige elektronische Dokumente (z. B. PDF-Dateien) oder URLs sein. Dateien und URLs können in einer Ordnerstruktur organisiert werden.

- **Direktsendungsoptionen**

  Die Direktsendungsoptionen können automatisch generiert werden, wenn im Customizing der Frachteinheitsart eine entsprechende Process-Controller-Strategie (Standard: `Dso_Def`) hinterlegt ist. Alternativ können die Direktsendungsoptionen manuell aus der Benutzeroberfläche der Frachteinheit heraus erstellt werden.

Direktsendungsoptionen werden für jede Kombination von Spediteur und Servicegrad auf der Grundlage einer Frachtvereinbarung generiert. Sie stellen somit »echte« Kosten dar. Sie können verwendet werden, wenn Frachteinheiten bei der Planung nicht konsolidiert, sondern direkt einem Spediteur zugeordnet werden (Paketversandprozess). Bei der Planung mit dem VSR-Optimierer kann der kostengünstigste Preis (Direktsendungsoption) als Referenzkosten herangezogen werden, um zu entscheiden, ob ein konsolidierter Transport für mehrere Frachteinheiten kostengünstiger ist als die Summe der Direktsendungsoptionen für alle einzelnen Frachteinheiten. Wenn die Direktsendungsoption gewählt wird, muss die Frachteinheit entweder manuell oder über einen Hintergrundreport einem Frachtauftrag zugeordnet werden.

Der Paketversandprozess mit Direktsendungsoptionen wird in Abschnitt 7.1.3, »Spezielle Prozesse bei Frachtaufträgen«, ausführlich erläutert.

- **Status**

  Die Frachteinheit hat mehrere Status. Betrachten wir die wichtigsten:

  - Der Lebenszyklusstatus zeigt an, ob die Frachteinheit **neu**, **in Bearbeitung**, **abgeschlossen** oder **storniert** ist.
  - Der Fixierungsstatus bestimmt, ob der Geschäftsbeleg geändert werden kann oder nicht. Die Fixierung verhindert, dass vorhandene Planungsergebnisse überschrieben werden.
  - Mögliche Planungsstatus sind **nicht geplant**, **teilweise geplant** und **geplant**, abhängig davon, ob noch keine, schon einige oder sogar alle Abschnitte der Frachteinheit geplant sind.
  - Der Ausführungsstatus der Frachteinheit wird geändert, wenn einer der Frachtaufträge oder eine der Frachtbuchungen ausgeführt wird, denen die Frachteinheit zugeordnet ist.

Sperren von Frachteinheiten

Frachteinheiten können sowohl für die Planung als auch für die Ausführung gesperrt werden. Anwendungsfälle für Planungssperren sind etwa, wenn nicht alle planungsrelevanten Informationen vorliegen oder Genehmigungen fehlen. Anwendungsfälle für Ausführungssperren können fehlende Genehmigungen oder erforderliche Vorauszahlungen sein. Planungs- und Ausführungssperren können abhängig vom Sperrgrund im Vorgängerbeleg (z. B. Kundenauftrag) aus diesem propagiert werden. So können Sie z. B. eine Frachteinheit für die Planung sperren, wenn eine fehlgeschlagene Kreditlimitprüfung eine Liefersperre in einem Kundenauftrag erzeugt hat. Im Customizing unter **Transportation Management • Integration • Logistikintegration • Integration interne TM-Komponente • Sperren von Transportbedarfen definieren • Sperren basierend auf Liefersperre definieren** können Sie entscheiden, ob ein Liefersperrgrund eine Planungssperre, eine Ausführungssperre, beides oder nichts auslöst.

6.2.3 Frachteinheitsbildung

Abbildung 6.6 zeigt die möglichen Startpunkte, die die Erstellung einer Frachteinheit aus ihren Vorgängergeschäftsbelegen (d. h. Kundenaufträgen, Bestellungen, Lieferungen, ATB, LTB oder Speditionsaufträgen) auslösen können. Die FEB wird entweder automatisch oder manuell angestoßen. Wenn Frachteinheiten keine Positionen aus verschiedenen Vorgängerbelegen konsolidieren sollen, was der häufigste Fall ist, kann im Customizing für die jeweilige Belegart des Vorgängergeschäftsbelegs die automatische FEB aktiviert werden:

- für Speditionsaufträge:

  Transportation Management • Speditionsauftragsmanagement • Speditionsauftrag • Speditionsauftragsarten definieren
- für ATB:

  Transportation Management • Integration • Logistikintegration • Integration externes TM-System • Auftragsbasierter Transportbedarf • Auftragsbasierte Transportbedarfsarten definieren
- für LTB:

  Transportation Management • Integration • Logistikintegration • Integration externes TM-System • Lieferungsbasierter Transportbedarf • Lieferungsbasierte Transportbedarfsarten definieren
- für die interne Integration im Logistikintegrationsprofil:

  Transportation Management • Integration • Logistikintegration • Integration interne TM-Komponente • Logistikintegrationsprofil definieren

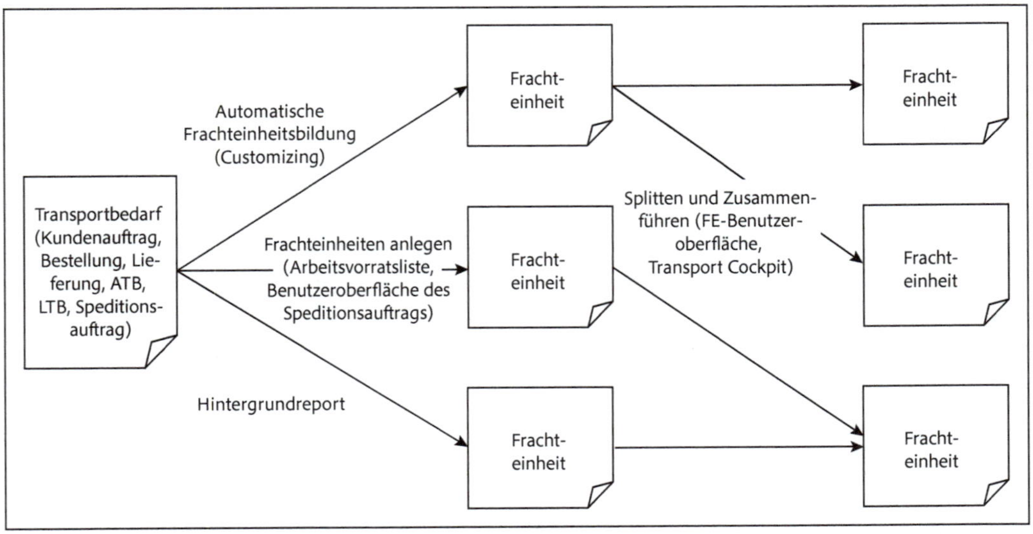

Abbildung 6.6: Startpunkte für die Erstellung von Frachteinheiten

Ferner kann die Erstellung von Frachteinheiten durch den Hintergrundreport **Speditionsauftragsmanagement vorbereiten** (Report /SCMTMS/TRQ_PREP_PLNG_BATCH) ausgelöst werden, der in Abbildung 6.7 dargestellt ist. Bei Verwendung der internen TM-Komponente müssen Sie stattdessen den Report /SCMTMS/SUBSEQUENT_FUB_LOGINT verwenden. Manuelle Möglichkeiten, die Erstellung von Frachteinheiten anzustoßen, bestehen entweder direkt auf der Benutzeroberfläche des Speditionsauftrags oder über Arbeitsvorratslisten für alle möglichen Vorgängerbelege.

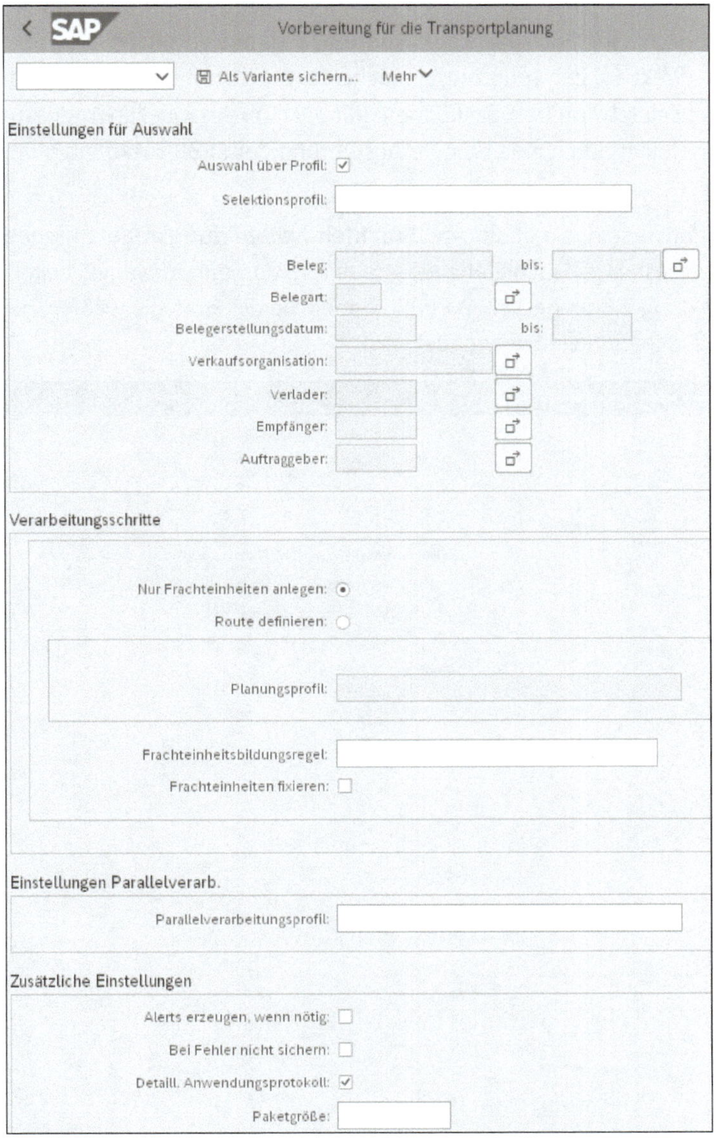

Abbildung 6.7: Hintergrundbericht zur Erstellung von Frachteinheiten

Nachdem Frachteinheiten erstmalig angelegt wurden, müssen sie gegebenenfalls geändert werden. Änderungen aus Vorgängergeschäftsbelegen werden automatisch an die Frachteinheit weitergegeben, und die im Customizing der Frachteinheitsart zugeordnete Change-Controller-Strategie (**Transportation Management • Planung • Frachteinheit • Frachteinheitsarten definieren**) definiert die Reaktion der Frachteinheit auf eine Änderung. Es können jedoch auch manuelle Änderungen erforderlich sein (z. B., wenn eine Frachteinheit in zwei Teile aufgeteilt werden muss, da ihre gesamte Menge aufgrund einer Kapazitätsbeschränkung nicht einer Fahrzeugressource zugeordnet werden kann). Zu diesem Zweck ermöglicht eine Drucktaste zum **Splitten/Zusammenführen**, die erforderlichen Änderungen direkt auf der Benutzeroberfläche der Frachteinheit oder aus dem Transport-Cockpit heraus durchzuführen. Sie können dort auch Ihre manuellen Änderungen fixieren, damit diese nicht durch eine erneute Ausführung der FEBR rückgängig gemacht werden.

Die Frachteinheitsbildungsregeln, die in der App **Frachteinheitsbildungsregel anlegen** definiert werden, legen fest, wie Frachteinheiten aus ihren Vorgängerbelegen erstellt werden. In der in Abbildung 6.8 dargestellten FEBR können Sie die Strategie wählen, die bei der Erstellung von Frachteinheiten verwendet wird.

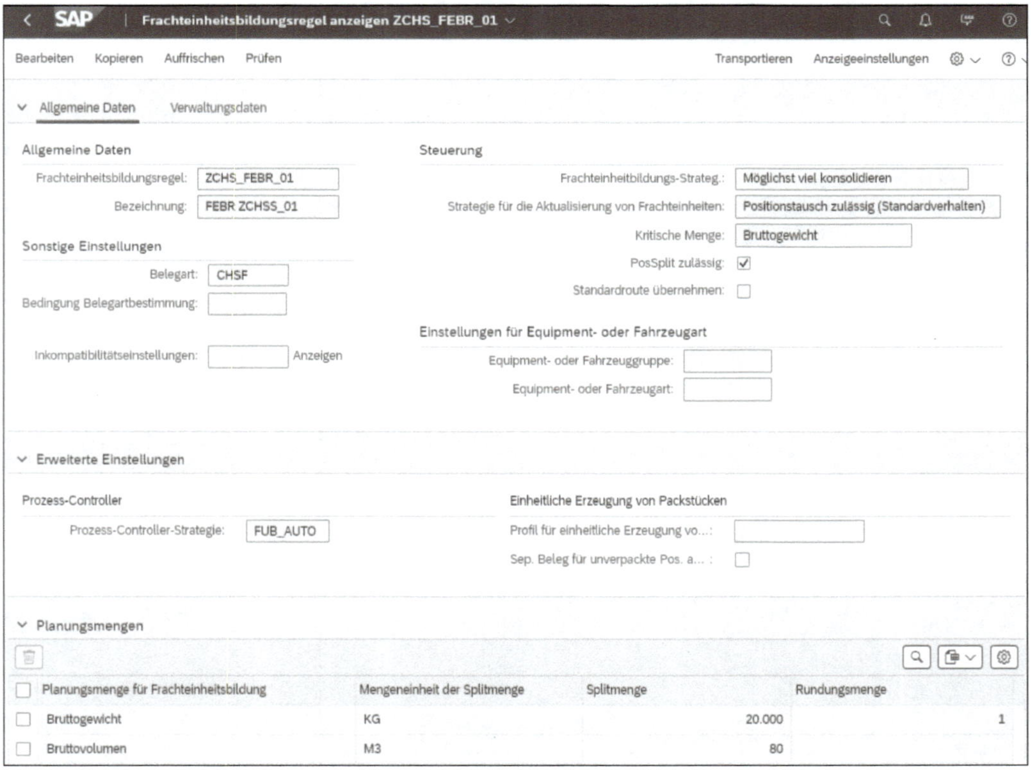

Abbildung 6.8: Frachteinheitsbildungsregel

Mit der Option **Möglichst viel konsolidieren** im Feld **Frachteinheitbildungs-Strateg.** können Sie Positionen aus einem oder mehreren verschiedenen Vorgängergeschäftsbelegen zu einer Frachteinheit konsolidieren. Die Option **Pro Anfrage konsolidieren (kompatible Teile)** ermöglicht es Ihnen, mehrere Positionen desselben Vorgängergeschäftsbelegs in einer Frachteinheit zu konsolidieren, und die Option **Pro Position konsolidieren** erzeugt (mindestens) eine Frachteinheit für jede Position des Vorgängergeschäftsbelegs.

Zusätzlich können Sie pflegen, ob die FEBR einzelne Positionen des Vorgängergeschäftsbelegs in mehrere Frachteinheiten aufteilen darf (**PosSplit zulässig**). Dies ist bei allen drei Strategien erlaubt, kann aber in bestimmten Planungsszenarien nicht sinnvoll sein.

Die resultierende Geschäftsbelegart der Frachteinheit ist eine weitere wichtige Einstellung in der FEBR. Obwohl der Name FEBR darauf hindeutet, dass der resultierende Geschäftsbeleg immer eine Frachteinheit ist, ist dies nicht der Fall; tatsächlich kann das Ergebnis einer FEBR eine Frachteinheit, eine Packstückeinheit, eine Transporteinheit oder ein Frachtauftrag sein. Welches Objekt angelegt wird, wird entweder im Feld **Belegart** oder über eine **Bedingung Belegartbestimmung** angegeben. Hier kann eine Bedingung vom Typ `/SCMTMS/TOR_TYPE` zur Belegartenbestimmung eingetragen werden.

Das Anlegen eines Frachtauftrags direkt aus der FEBR heraus wird als *Shortcut-Szenario* bezeichnet, da in diesem speziellen Fall Frachteinheiten als separate Geschäftsbelege entfallen und keine zusätzlichen Planungsschritte erforderlich sind, da der Frachtauftrag direkt angelegt wird. Ein typisches Planungsszenario, das diese Funktion nutzt, ist das sogenannte *Zero-Click-Szenario*, das wie folgt konfiguriert werden kann:

1. Der Transportbedarf (Kundenauftrag, ATB etc.) löst die Frachteinheitsbildung automatisch aus, da die **automatische Frachteinheitsbildung** in Ihrem Belegarten-Customizing oder dem entsprechenden Logistikintegrationsprofil aktiviert ist.
2. Die ermittelte FEBR enthält als Belegart eine Frachtauftragsart.
3. Ein Hintergrundreport oder die Anlegestrategie der Frachtauftragsart löst die Spediteurauswahl und/oder Frachtausschreibung für den Frachtauftrag aus.

In diesem Prozess ist nach dem Sichern des Transportbedarfs keine Benutzerinteraktion mehr erforderlich. Ein Frachtauftrag wird automatisch angelegt, ausgeschrieben und an einen Spediteur unterbeauftragt. Zu beachten ist jedoch, dass bei auf diese Weise generierten Frachtaufträgen bestimmte Felder (z. B. Transportmittel) nicht (manuell) änderbar sind, da diese bei Belegaktualisierungen überschrieben würden.

Die FEBR muss auch Inkompatibilitäten , die wir in Abschnitt 6.8.4, »Vehicle Scheduling and Routing: Restriktionen für die Planung«, näher erläutern, berücksichtigen können. Nehmen wir an, dass bestimmte Produkte nicht gemeinsam transportiert werden dürfen, z. B. können Eis und Ketchup nicht zusammen transportiert werden, da sie unterschiedliche Temperaturerfordernisse haben. Daher müssen diese beiden Positionen des Transportbedarfs bei der Frachteinheitsbildung voneinander getrennt werden, wobei andere Positionen des gleichen Transportbedarfs (z. B. Schokoladeneis und Erdbeereis) sehr wohl zu einer Frachteinheit zusammengefasst werden können. Inkompatibilitäten können verwendet werden, um solche Planungseinschränkungen auszudrücken. Dementsprechend werden Inkompatibilitätseinstellungen in der FEBR zugeordnet.

Sie können die Frachteinheitsbildung auch dazu verwenden, Positionen eines Geschäftsbelegs in einem Container zu konsolidieren und in der Frachteinheit eine Containerposition anzulegen. Dazu müssen Sie in der FEBR die **Equipmentgruppe** und die **Equipmentart** hinterlegen. In diesem Fall berücksichtigt TM die im Customizing für das Equipment definierten physikalischen Eigenschaften (**Transportation Management • Stammdaten • Ressourcen • Allgemeine Einstellungen • Equipmentgruppen und Equipmentarten definieren**), siehe auch Abschnitt 4.3, »Equipmentarten und Ressourcen«.

Schließlich müssen Sie noch Planungsmengen definieren. Planungsmengen sind ein integraler Bestandteil der FEBR, da nur Planungsmengen aus Vorgängergeschäftsbelegen in die Frachteinheit kopiert werden. Für jede Planungsmenge können eine Splitmenge und eine Rundungsmenge definiert werden. Die Splitmenge definiert den Maximalwert, den eine Frachteinheit in einer der Planungsmengen aufnehmen kann. Wenn das Bruttogewicht im Transportbedarf neun Tonnen beträgt und die Splitmenge für das Bruttogewicht mit vier Tonnen definiert ist, werden drei Frachteinheiten mit einem Bruttogewicht von vier Tonnen, vier Tonnen und eine Tonne gebildet. Wenn die Rundungsmenge als ein Stück definiert ist und die neun Tonnen aus dem vorangegangenen Beispiel sechs Stück zu je 1,5 Tonnen entsprechen, dann wären das Ergebnis drei Frachteinheiten zu je drei Tonnen (zwei Stück), da Stücke selbstverständlich nicht teilbar sind.

[»]

Kritische Menge

Die bestmögliche Zuordnung von Transportbedarfspositionen zu Frachteinheiten zu finden, ist mathematisch gesehen ein Rucksackproblem. Aufgrund der kombinatorischen Natur dieses Problems ist es zu rechenintensiv, diese Art von Optimierungsproblem während der FEB zu lösen.

Daher wird eine Heuristik angewandt, die durch die Definition der *kritischen Menge* in der FEBR beeinflusst werden kann. In dieser Heuristik werden alle Positionen absteigend nach ihrer kritischen Menge sortiert und in dieser Reihenfolge den Frachteinheiten zugeordnet. Diese Heuristik liefert das optimale Ergebnis, es sei denn, die Transportbedarfspositionen sind sehr heterogen, d. h., einige Positionen sind sehr klein, aber schwer im Vergleich zu voluminösen, aber leichten Positionen.

Abbildung 6.9 zeigt ein Beispiel, in dem die optimale und heuristische Lösung voneinander abweichen (unter der Annahme, dass die kritische Menge Bruttogewicht ist und die Splitmengen für das Bruttogewicht zehn Tonnen und für das Bruttovolumen zehn Kubikmeter betragen).

Transportbedarfspositionen			Heuristische Zuordnung				Optimale Zuordnung		
Position	Brutto-gewicht [to]	Brutto-volumen [m3]	FE 1	FE 2	FE 3	FE 4	FE 1	FE 2	FE 3
10	8	2	X				X		
20	6	4		X				X	
30	4	6		X				X	
40	2	1	X						X
50	2	1			X				X
60	2	1			X				X
70	2	1			X				X
80	1	8				X	X		
Total	27	24	10 / 3	10 / 10	6 / 3	1 / 8	9 / 10	10 / 10	8 / 4

Abbildung 6.9: Zuordnung von Positionen zu Frachteinheiten

Wenn man bedenkt, dass FEBR so wichtig sind, wie bestimmt TM, welche verwendet werden soll? Zunächst wird versucht, eine Bedingung vom Typ `/SCMTMS/FUBR` aus dem Customizing der Vorgängergeschäftsbelegart oder dem Logistikintegrationsprofil zu lesen:

- für Speditionsaufträge:

  Transportation Management • Speditionsauftragsmanagement • Speditionsauftrag • Speditionsauftragsarten definieren
- für ATB:

  Transportation Management • Integration • Logistikintegration • Integration externes TM-System • Auftragsbasierter Transportbedarf • Auftragsbasierte Transportbedarfsarten definieren
- für LTB:

  Transportation Management • Integration • Logistikintegration • Integration externes TM-System • Lieferbasierter Transportbedarf • Lieferbasierte Transportbedarfsarten definieren
- für die interne TM-Komponente:

  Transportation Management • Integration • Logistikintegration • Integration interne TM-Komponente • Logistikintegrationsprofil definieren

Der nächste Schritt ist die Bestimmung der FEBR basierend auf dieser Bedingung. Wenn keine Bedingung definiert ist oder diese kein Ergebnis liefert, wird die FEBR direkt aus dem Customizing der Vorgängergeschäftsbelegart ermittelt. Wenn dort keine FEBR gepflegt ist, werden Standardeinstellungen übernommen.

Auf der Registerkarte **Allgemeine Einstellungen** auf der Benutzeroberfläche der Frachteinheit sehen Sie, welche FEBR für ihre Erstellung verwendet wurde.

[»]

Konsolidierungsrelevante Attribute für Frachteinheiten

Es gibt einige wichtige Kriterien, die bei der Bildung von Frachteinheiten berücksichtigt werden, um separate Frachteinheiten zu erhalten. Während wir den Quell- und Zielort sowie das Abhol- und Lieferdatum als konstitutive Attribute einer Frachteinheit schon erwähnt haben, müssen Transportbedarfspositionen, die in einer Frachteinheit konsolidiert werden, außerdem denselben Incoterm und Spediteur haben (falls im Vorgängerbeleg definiert). Die Liefergruppe war ursprünglich ein weiteres solches Attribut, aber das Standardverhalten wurde mit SAP S/4HANA 2021 dahingehend geändert, dass Positionen, die zu verschiedenen Liefergruppen gehören, in einer Frachteinheit konsolidiert werden können.

In einigen Transportprozessen werden Frachteinheitsinformationen benötigt, um Informationen zu Packstücken anzuzeigen (z. B. Anzahl und Größe der Paletten). Als Nächstes erklären wir, wie Sie Verpackungsinformationen innerhalb der Positionen der Frachteinheit (z. B. Paketbildung) während der Frachteinheitsbildung anlegen.

6.3 Einheitliche Erzeugung von Packstücken

Die *einheitliche Erzeugung von Packstücken* (EEP) ist eine Funktion, die auf Basis einer Menge von Produkten eine Verpackungshierarchie erstellt. Dabei werden für jedes Packstück die Abmessungen (Länge, Breite, Höhe), das Gewicht sowie die Stapelbarkeit ermittelt. Diese Verpackungshierarchie enthält auf der untersten Ebene die Produktpositionen als Blätter. Darüber befinden sich Packstücke, die Paletten oder Kartons darstellen und auch ineinander verschachtelt sein können.

Während Produktpositionen in der Regel in Packstücken enthalten sind, kann es vorkommen, dass einige Produkte keine Verpackung benötigen und daher auf der obersten Ebene der Hierarchie erscheinen. Packhilfsmittel repräsentieren etwa Füllmaterial für Kartons oder Schutzpapier. Sie werden aus Sicherheitsgründen verwendet und enthalten keine Produktpositionen.

Die *Verpackungshierarchie* spielt eine zentrale Rolle bei der Planung und Durchführung von Transport, Lagerhaltung und Logistik, da sie bestimmt, wie viele Paletten und welche Palettentypen verwendet werden. Da die Verpackungshierarchie direkt die Auslastung von Kartons und Paletten bestimmt und sich indirekt auf die Auslastung von Containern, Anhängern und Lkws auswirkt, ist sie für die Lager- und Transporteffizienz von palettierten Gütern unerlässlich.

In vielen Geschäftsbereichen ist es üblich, dass die Transportplanung festlegt, welche Kunden gemeinsam mit demselben Lkw beliefert werden, und sich aus diesen Informationen die Verpackungshierarchie ergibt. Diese wird dann an das Lagerverwaltungssystem übermittelt, sodass Kartons und Paletten im Lager vorbereitet werden können, bevor der Lkw sie abholt.

Die Größe, das Gewicht und die Stapelbarkeit der obersten Elemente in der Verpackungshierarchie sind entscheidende Eingaben für die Laderaumplanung. Diese bestimmt die physische Platzierung der Packstücke in einem Lkw, Anhänger oder Container. Ein solcher Ladeplan kann ebenfalls an das Lagerverwaltungssystem übermittelt werden, um festzulegen, wie die gebildeten Paletten in den Lkw, Anhänger oder Container verladen werden.

6.3.1 Übersicht

Verschiedene Anwendungsbereiche innerhalb von SAP S/4HANA haben unterschiedliche Ansätze zur Bestimmung einer Verpackungshierarchie entwickelt:

- *Packvorschriften* wurden im Modul Logistik Allgemein (LO) verwendet.
- *Packspezifikationen*, die aus den Packvorschriften hervorgegangen sind, finden Anwendung in EWM.
- Die *Erzeugung von Packstücken* wird in TM und innerhalb von EWM im Kartonisierungsprozess genutzt.

Während Packanweisungen und Verpackungsspezifikationen regelbasiert sind und viele Gemeinsamkeiten aufweisen, bietet die Packstückbildung einen ganz anderen Ansatz, der nicht auf Regeln basiert, sondern Randbedingungen berücksichtigt und einen Optimierungsalgorithmus zur Erstellung optimierter Mischpaletten bietet. Wenn ein Produkt immer in einer bestimmten Verpackungsstruktur gehandhabt und versandt wird (z. B. zehn Stück pro Karton und 20 Kartons pro Palette), kann dies sehr gut durch eine Packvorschrift oder eine Verpackungsspezifikation modelliert werden. Handelt es sich um ein Geschäft, bei dem gemischte Paletten transportiert werden, die mehrere unterschiedliche Produkte für einen oder sogar mehrere Kunden enthalten, ist die Erzeugung von Packstücken möglicherweise besser geeignet, da diese die Anzahl der erforderlichen gemischten Paletten minimiert.

Wie in Abbildung 6.10 illustriert, abstrahiert die einheitliche Erzeugung von Packstücken diese drei Paketierungsansätze und ermöglicht es in jeder der drei Anwendungen, jeden Paketierungsansatz zu nutzen.

Während die zugrunde liegenden Stammdaten der Verpackungsansätze einige Überschneidungen aufweisen, wie z. B. die Produktstammdaten, unterscheiden sich andere Stammdaten (Regeln, Einschränkungen, zusätzliche Parameter) erheblich.

Bisher nutzte jede Anwendung ihren eigenen Verpackungsansatz und die dazugehörigen Stammdaten. Die einheitliche Paketbildung ermöglicht die Wahl eines Verpackungsansatzes, der in allen drei Anwendungen (EWM, TM, LO) verwendet werden kann. Dies führt zu einer hohen Konsistenz der ermittelten Verpackungshierarchien und macht eine Mehrfachpflege entsprechend den unterschiedlichen Regelwerken überflüssig.

Während die einheitliche Paketbildung in allen Prozessen von TM und LO verwendet werden kann, kann sie innerhalb von EWM für die folgenden Prozesse genutzt werden:

- Empfang von HUs über synchrone Warenbewegungen in der SAP-Fiori-App **Warenbewegung buchen**
- Eingang von HUs aus der Produktion mit Radio Frequency (RF)
- Dekonsolidierung und Umpacken von Anlieferungen
- Packen im Auslieferungsprozess
- Packen im Umbuchungsprozess
- Packen im Umlagerungsprozess

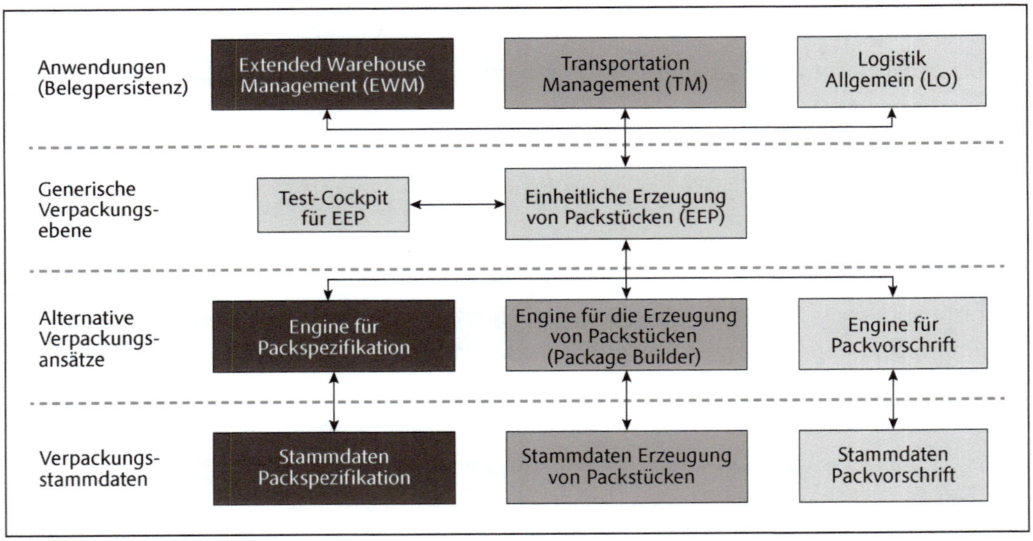

Abbildung 6.10: Einheitliche Erzeugung von Packstücken als generische Abstraktionsschicht für alternative Verpackungsansätze

Das *Profil für die einheitliche Verpackungserstellung* steuert das Verhalten der einheitlichen Verpackungserstellung und ermöglicht die Auswahl eines der drei genannten Verpackungsansätze. Es ist auch möglich, ein Geschäft oder einen Prozess, der sich hauptsächlich auf volle Einzelproduktpaletten konzentriert, mit einem Verpackungsansatz wie der Packvorschrift zu betreiben, während ein anderes Geschäft oder ein anderer Prozess (z. B. mit Schwerpunkt auf der Lieferung an Endkunden) Erzeugung von Packstücken als Verpackungsansatz nutzt.

Die einheitliche Erzeugung von Packstücken bietet zwei Ausführungsmodi: **Packstücke erzeugen** und **Regeln für EEP ermitteln**.

- Der erste Modus erstellt Packstücke, wie zuvor beschrieben, indem er eine Verpackungshierarchie für eine gegebene Menge an Produkten und deren entsprechende Mengen bestimmt.
- Der zweite Modus erstellt keine Pakete, sondern ermittelt jene Regeln, die auf die gegebene Produktmenge angewandt werden könnten.

Der zweite Modus ist nur anwendbar, wenn Verpackungsanweisungen oder Verpackungsspezifikationen verwendet werden. Innerhalb von EWM ermöglicht er den Anwenderinnen und Anwendern, alternative Regeln zu prüfen und interaktiv die passende Regel auszuwählen, um Pakete auf der Grundlage dieser Regel zu erstellen.

Es ist wichtig, zu verstehen, dass die einheitliche Erzeugung von Packstücken die Verpackungshierarchie ermittelt, sie jedoch nicht speichert. Die jeweilige konsumierende Anwendung, also EWM, TM bzw. LO, ist dafür verantwortlich, die Verpackungshierarchie in ihren Geschäftsdokumenten zu persistieren. Dadurch stellt die einheitliche Erzeugung von Packstücken sicher, dass alle drei Anwendungen die erforderliche Verpackungshierarchie einheitlich, d. h. auf die gleiche Weise und auf der Grundlage derselben Stammdaten, ermitteln können. Ein konsistenter Geschäftsprozess über die drei Anwendungen hinweg wird jedoch nur durch die Anwendungen selbst gewährleistet, also durch ihre Geschäfts- und Integrationslogik, und nicht durch die einheitliche Erzeugung von Packstücken.

Die einheitliche Erzeugung von Packstücken kann in einer verteilten Systemumgebung verwendet werden. Dies setzt jedoch voraus, dass die zugrunde liegenden Stammdaten sowie das Profil für die einheitliche Verpackungserstellung im jeweiligen System vorhanden sind. Wenn Sie also die einheitliche Erzeugung von Packstücken in einer eigenständigen SAP-S/4HANA-Instanz verwenden möchten, müssen die erforderlichen Stammdaten und das Profil für die einheitliche Paketerstellung in dieser Instanz verfügbar sein.

Das Profil für die einheitliche Paketbildung kann im Customizing unter **Transportation Management • Planung • Einheitliche Erzeugung von Packstücken • Profil für die einheitliche Erzeugung von Packstücken definieren** konfiguriert werden. Abbildung 6.11 zeigt ein Beispiel für ein solches Profil. Das Profil für die einheitliche Paketbildung bietet die folgenden allgemeinen Parameter, die unabhängig von der gewählten Engine gelten:

- **SchwGrad Protokoll**
  Mit dem Parameter **SchwGrad Protokoll**. können Sie festlegen, ob und welche Meldungen protokolliert werden (alle Meldungen, Warn- und Fehlermeldungen oder nur Fehlermeldungen).

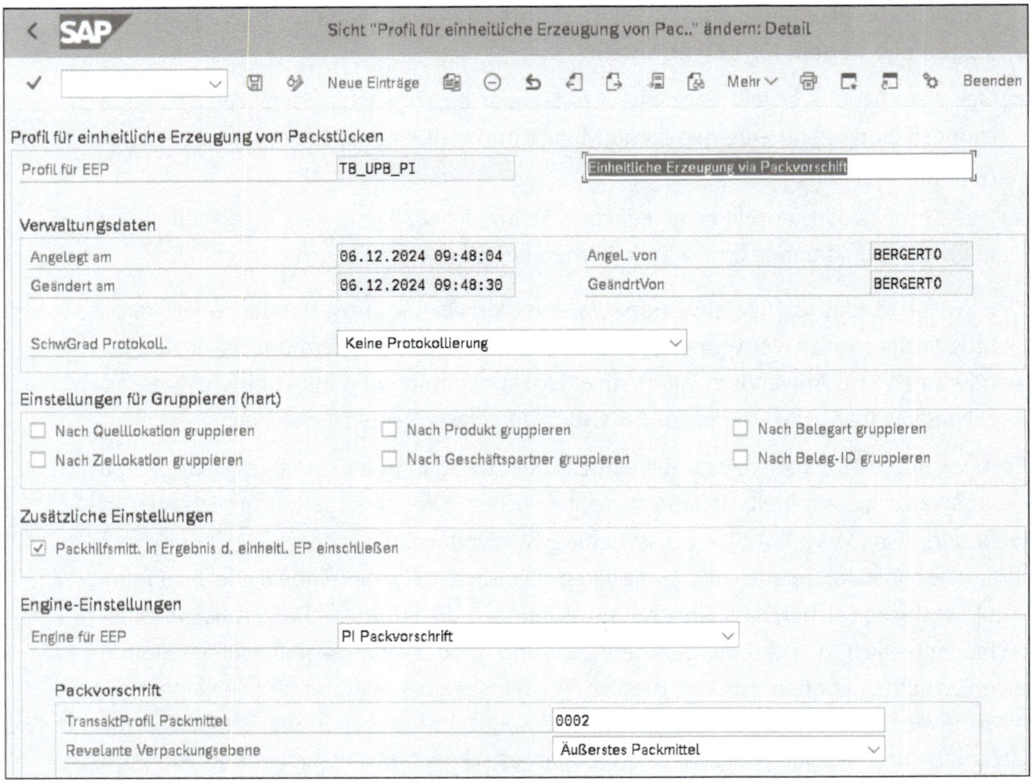

Abbildung 6.11: Profil für die einheitliche Erzeugung von Packstücken mit Packvorschrift als Engine

- **Einstellungen für Gruppieren (hart)**

  Der Abschnitt **Einstellungen für Gruppieren (hart)** aktiviert die Partitionierung nach mehreren Attributen. Wenn Sie etwa **Nach Quelllokation gruppieren** wählen, werden Produktpositionen mit unterschiedlichen Quelllokationen nicht zusammen in ein Packstück konsolidiert. Wenn Sie zusätzlich **Nach Ziellokation gruppieren** wählen, enthalten Ihre Packstücke keine Produktpositionen mit unterschiedlichen Quell- oder Zielorten. Neben diesen beiden Standortattributen kann das System auch nach Produkt, Geschäftspartner, Belegart und Beleg-ID gruppieren. Beachten Sie, dass das System die Produktpositionen automatisch nach externen Lieferscheinnummern partitioniert. Zudem werden Positionen aus unterschiedlichen Sendungen, die demselben Frachtauftrag zugeordnet wurden, nicht in einem Paket konsolidiert.

- **Packhilfsmitt. in Ergebnis d. einheitl. EP einschließen**

  Der Parameter **Packhilfsmitt. in Ergebnis d. einheitl. EP einschließen** legt fest, ob Packhilfsmittel in der resultierenden Verpackungshierarchie beibehalten werden. In einigen Unternehmen ist es aus Gründen der Transparenz wichtig, diese als einzelne

Positionen in der Hierarchie aufzuführen. In anderen Unternehmen ist es wichtig, solche Packhilfsmittel pro Lage oder Trennmaterialien während der einheitlichen Packstückbildung zu berücksichtigen, um die Gesamthöhe und das Gesamtgewicht der erstellten Palette zu bestimmen, aber es ist nicht erforderlich, sie in der Hierarchie, und damit in den Geschäftsbelegen, zu speichern.

- **Engine für EEP**

  Die **Engine für EEP** ist der wichtigste Parameter, da dieser Parameter die Entscheidung zwischen Packvorschrift, Packspezifikation und Erzeugung von Packstücken darstellt. Je nach Wahl der Engine bietet das Profil für die einheitliche Paketerstellung weitere ansatzspezifische Parameter, die in Abschnitt 6.3.3, »Packvorschriften«, Abschnitt 6.3.4, »Packpezifikation«, und Abschnitt 6.3.5, »Erzeugung von Packstücken«, beschrieben werden.

[«]

Test-Cockpit für die einheitliche Erzeugung von Packstücken

Die einheitliche Paketbildung ist stark von der Qualität der Stammdaten abhängig.

Daher kann es zeitaufwendig und schwierig sein, die Ursache unerwarteter Ergebnisse innerhalb eines Geschäftsbelegs, wie einer Frachteinheit oder einem Frachtauftrag in TM, zu identifizieren.

Über den Pfad **Logistik • Transportation Management • Administration • Einheitliche Erzeugung von Packstücken • Einheitliche Erzeugung von Packstücken • Test-Cockpit** im SAP-Menü kann das Test-Cockpit genutzt werden, um eine der beiden Ausführungsmodi (**Packstücke erzeugen** oder **Regeln für die vereinheitlichte Paketbildung festlegen**) auf eine Menge von Produktpositionen und ein definiertes EEP-Profil anzuwenden, ohne ein Geschäftsdokument erstellen zu müssen.

Im Test-Cockpit können Sie Produktpositionen (inklusive Menge und Eigenschaften wie Absender oder Empfänger) definieren und mit diesen die einheitliche Erzeugung von Packstücken aufrufen.

Wir empfehlen, das Test-Cockpit bei der Einrichtung Ihrer Stammdaten zu nutzen. Je größer und komplexer das zu analysierende Szenario ist, desto schwieriger wird es, Fehlerquellen zu identifizieren. Durch ein iteratives Vorgehen und die regelmäßige Überprüfung der ermittelten Verpackungshierarchien lassen sich Zeit und Aufwand erheblich reduzieren.

Wenn die Verpackungsergebnisse eines spezifischen Geschäftsdokuments analysiert werden sollen, können Sie dies über den Pfad **Logistik • Transportation Management • Administration • Einheitliche Erzeugung von Packstücken • Einheitliche Erzeugung von Packstücken • Test-Cockpit (belegbasiert)** tun.

6.3.2 Integration der einheitlichen Erzeugung von Packstücken in den Planungsprozess

Nachdem wir die einheitliche Erzeugung von Packstücken im Allgemeinen beschrieben haben, wollen wir sie nun im Kontext des Gesamtprozesses weiter erörtern. Normalerweise wird die einheitliche Erzeugung von Packstücken automatisch durchgeführt, aber es ist auch möglich, die Verpackungshierarchie innerhalb eines Kapazitätsdokuments manuell zu ändern. Sofern nicht anders angegeben, gehen wir davon aus, dass die Erzeugung von Packstücken als Verpackungsansatz innerhalb der einheitlichen Erzeugung von Packstücken verwendet wird.

Der Begriff *Packstück* wird als Abstraktion von Paletten und Kartons genutzt. Obwohl es in TM kein explizites Konzept für Paletten und Kartons gibt, werden wir diese Begriffe zur Veranschaulichung verwenden, da sie intuitiver sind als die technischen, abstrakten Konzepte des Packstücks auf oberster/niedriger Ebene. Während das gezeigte Beispiel höchstens zwei Verpackungsebenen enthält – Paletten auf Ebene 1 und Kartons auf Ebene 2 –, können Sie das System durch die entsprechende Zuordnung von Packstücken so konfigurieren, dass sogar mehr als zwei Verpackungsebenen gebildet werden.

Die einheitliche Erzeugung von Packstücken kann in verschiedenen Schritten des Planungsprozesses verwendet werden.

- früh im Prozess, um Packstücke bereits während der Erzeugung von Frachteinheiten zu erstellen
- während der Planung, um mehrere Frachteinheiten in Packstücke, basierend auf der Auswahl von Frachteinheiten, zu konsolidieren
- spät im Prozess, um Packstücke auf der Grundlage bestehender Kapazitätsbelege, z. B. von Straßenfrachtaufträgen, zu erstellen

Die Verwendung des frühen Ansatzes bietet sich an, wenn Ihre Packstücke immer nur Positionen einer Frachteinheit enthalten sollen. Sie aktivieren diesen Ansatz durch die Definition des Profils **Einheitliche Erzeugung von Packstücken** in den erweiterten Einstellungen der Frachteinheitsbildungsregel (siehe Abbildung 6.12).

Über das Feld **Ergebnis der einheitlichen Erzeugung von Packstücken** können Sie festlegen, ob die ermittelte komplette Verpackungshierarchie oder nur die ermittelte Anzahl der Packstücke als Schätzung gespeichert wird. Um die Packstücke zu erzeugen, müssen Sie die komplette Hierarchie speichern. Das Speichern der Schätzung ist dafür gedacht, die normalisierte Menge (siehe Abschnitt 6.5) Ihrer Frachteinheiten bereits auf Basis des abgeschätzten Packmaterials zu erhöhen, um bei einem späteren Erzeugen von Packstücken nicht zu überladen.

Durch die Festlegung einer **Maximalanzahl von übergeordneten Packstücken pro FE** größer als null muss die Frachteinheitsbildung den Transportbedarf in Frachteinheiten aufteilen, die maximal die angegebene Anzahl von Packstücken enthalten (siehe auch Abschnitt 6.2.2, »Eigenschaften von Frachteinheiten«).

Ein weiteres Szenario ist es, nur Verpackungshierarchien für Vollpaletten bei der Erzeugung von Frachteinheiten in (fertig verpackte) Frachteinheiten zu speichern und verbleibende Positionen in eigene (noch zu verpackende) Frachteinheiten abzuspalten. Dies ermöglicht es Ihnen, Kunden mit bedarfsspezifischen Vollpaketen und kunden- oder bedarfsgemischten Paletten mit Restmengen zu bedienen und dabei einem empfohlenen Muster für die Planung zu folgen: Treffen Sie Entscheidungen so früh wie möglich und so spät wie nötig.

Für ein solches Szenario müssen Sie den Parameter **Sep. Beleg für unverpackte Pos. anlegen** in der Frachteinheitsbildungsregel und den Parameter **Nur vollständ. Packst. In Ergebnis d. EP** im Abschnitt **Ergebnis der einheitlichen Erzeugung von Packstücken** des Profils für die einheitliche Erzeugung von Packstücken setzen. Letzterer sorgt dafür, dass Produktmengen, die weniger als ein Vollpaket sind, nach der Erzeugung von Packstücken unverpackt bleiben.

Die einheitliche Packstückbildung kann auch im verkürzten Planungsprozess verwendet werden, in dem die Frachteinheitsbildung zur direkten Erstellung von Straßenfrachtaufträgen genutzt wird. In diesem Szenario kann die Erzeugung von Packstücken die Verpackungshierarchie der durch die Frachteinheitsbildung erstellten Frachtaufträge bestimmen.

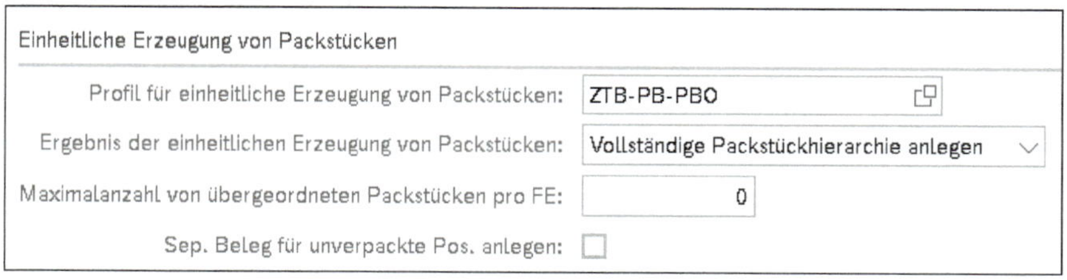

Abbildung 6.12: Einstellungen zur einheitlichen Erzeugung von Packstücken in den erweiterten Einstellungen der Frachteinheitsbildungsregel

Es ist sinnvoll, während der Planung ausgewählte Frachteinheiten in Packstücke zu konsolidieren, wenn diese zusammen verpackt und transportiert werden sollen. Mögliche Szenarien sind kundenexklusive Packstücke, Packstücke für eine weiche Standortgruppe, wie etwa einen Geschäftskomplex, oder Packstücke für eine harte Standortgruppe, wie z. B. einen Vorort. Diese Szenarien werden in Abschnitt 6.4.5, »Packstückeinheiten«, erläutert.

In der dritten Variante wird die einheitliche Erzeugung von Packstücken erst spät auf bereits erstellten Kapazitätsbelegen entweder explizit im UI des Kapazitätsbelegs oder im Transport-Cockpit angestoßen. Im Cockpit können Sie die Drucktaste **Packstücke erzeugen** verwenden oder die Paketbildung automatisch während eines manuellen Planungsvorgangs anstoßen, indem Sie eine manuelle Planungsstrategie verwenden, die eine einheitliche Paketbildung beinhaltet (siehe ebenfalls Abschnitt 6.4.5). Das zu nutzende Profil für die einheitliche Erzeugung von Packstücken hinterlegen Sie in den Einstellungen für die einheitliche Erzeugung von Packstücken.

Um die Funktion nutzen zu können, müssen Sie im Customizing der Kapazitätsbelegart im Abschnitt **Einstellungen für Planung** die Funktion über den Parameter **eEP aktivieren** einschalten (siehe Abbildung 6.13). Der Parameter **Ladeplan aktualis.** legt darüber hinaus fest, ob eine Positionsänderung im ursprünglichen Transportbedarf eine neue einheitliche Erzeugung von Packstücken und/oder Laderaumplanung automatisch auslöst.

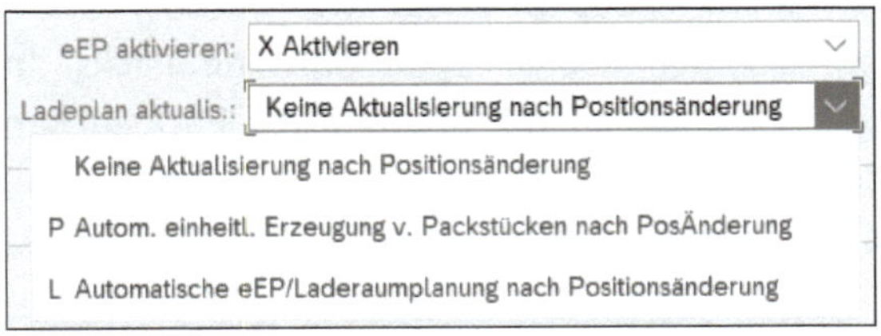

Abbildung 6.13: Relevante Felder für die einheitliche Erzeugung von Packstücken im Customizing der Frachtauftragsart

Der Hauptgrund für die Verwendung einer einheitlichen Erzeugung von Packstücken ist, dass die ursprünglichen Transportbedarfe zwar Produktmengen, aber keine Verpackungsinformationen enthalten. Jedoch werden die Verpackungsinformationen benötigt, um eine genauere Planung zu ermöglichen oder um die im Lager auszuführenden Verpackungen zu definieren. Die zuvor beschriebenen Parameter ermöglichen die folgenden beiden Geschäftsszenarien:

- **Ein Packstück enthält nur Waren eines ursprünglichen Transportbedarfs.**

  In diesem Fall sollte die Erzeugung von Packstücken bereits während der FEB ausgelöst und die ermittelte Verpackungshierarchie gespeichert werden. Dieser Ansatz verhindert, dass Paletten mit Waren von verschiedenen Kunden und Transportbedarfen erzeugt werden. In der Ausführung bedeutet dies, dass ein Kunde bedient werden kann, indem alle seine Paletten von einem Lkw entladen werden; daher ist es nicht notwendig, Waren anzufassen, die an andere Kunden geliefert werden sollen. Dieses Szenario wird häufig verwendet, wenn mehrere Kunden mit einem Lkw bedient werden, jedoch jeder Kunde Waren bestellt, die mehrere Paletten repräsentieren. Darüber hinaus wird in der Regel davon ausgegangen, dass bei den Kunden die Paletten mit Gabelstaplern ausgeladen werden.

- **Ein Packstück kann aus Gründen der Transporteffizienz Waren mehrerer Transportbedarfe enthalten.**

  In diesem Szenario können Waren für verschiedene Kunden auf einer Palette oder in einem Karton konsolidiert werden. Bei diesem Ansatz treffen Sie zunächst Konsolidierungsentscheidungen, d. h., Sie fassen die Bedarfe mehrerer Kunden in einem Kapazitätsbeleg, z. B. einem Straßenfrachtauftrag, zusammen. Anschließend wird die einheitliche Erzeugung von Packstücken für den Kapazitätsbeleg angestoßen, um eine

Verpackungshierarchie zu ermitteln und im Kapazitätsbeleg zu speichern. Wir empfehlen in einem solchen Szenario, die einheitliche Erzeugung von Packstücken bereits während der FEB aufzurufen, um dabei die geschätzte Anzahl an Packstücken zu ermitteln und in die Bedarfe zu speichern. Dies ermöglicht es, Konsolidierungsentscheidungen nicht nur auf der Grundlage von Volumen- oder Gewichtsinformationen, sondern auch unter Berücksichtigung der erwarteten Anzahl an Packstücken zu treffen.

Da sich in diesem Ansatz gemischte Paletten mit Waren für verschiedene Kunden ergeben, muss die Ware für den Kunden bei seiner Belieferung aus den relevanten Mischpaletten manuell entladen werden. Ein solches Szenario wird häufig verwendet, wenn viele Kunden von einem Lkw bedient werden können und jeder Kunde nur wenige Produkte bzw. geringe Mengen bestellt.

Abbildung 6.14 zeigt den Planungsprozess für das erste Geschäftsszenario in einem Beispiel lokaler Distribution. Initial gibt es eine Menge ungeplanter Frachteinheitsabschnitte von einem Verteilzentrum, das auf der Karte quadratisch dargestellt wird, zu mehreren Kunden, die auf der Karte als Dreiecke dargestellt werden.

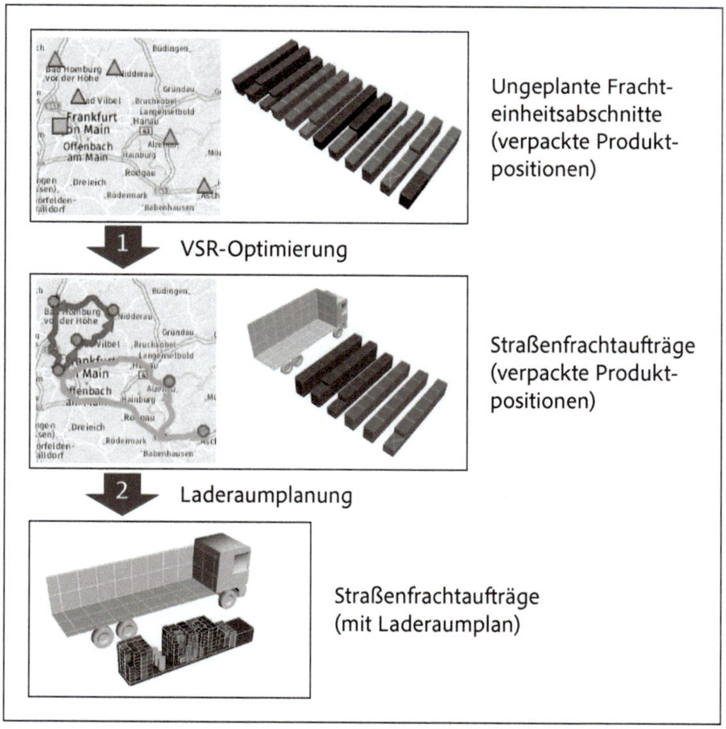

Abbildung 6.14: Planungsprozess mit Speichern der Verpackungshierarchie während der Frachteinheitsbildung

Die Erzeugung von Packstücken wurde innerhalb der FEB genutzt und speichert die ermittelte Verpackungshierarchie in den Frachteinheiten. Daher sind bereits die Frachteinheiten als Packstücke in der 3D-Ansicht dargestellt und je Kunde eingefärbt. Als erster Planungsschritt konsolidiert der Vehicle-Scheduling-and-Routing-Optimierer (VSR-Optimierer, siehe auch Abschnitt 6.8.1, »Hintergrundplanung und VSR-Optimierung«) die Frachteinheiten in zwei auf der Karte dargestellte Straßenfrachtaufträge, ordnet eine Lkw-Ressource zu und definiert die Stoppreihenfolge für jeden Frachtauftrag. Jeder Straßenfrachtauftrag enthält die Packstücke der zugeordneten Frachteinheiten - wie bei dem dargestellten Frachtauftrag, der drei Kunden konsolidiert. Die Packstücke werden in der 3D-Laderaumansicht als ungeplante Objekte dargestellt, da sie noch nicht im Lkw positioniert sind. Die Laderaumplanung (siehe Abschnitt 6.7.7, »Ladeplan«) ist der zweite Planungsschritt, der einen Laderaumplan für die Packstücke im Lkw festlegt, d. h., sie werden im Laderaum des Lkws positioniert. Damit ist der Planungsprozess abgeschlossen, und die Straßenfrachtaufträge können ausgeführt werden.

Abbildung 6.37 zeigt den Planungsprozess für das zweite Geschäftsszenario, ebenfalls in einem Beispiel für lokale Distribution.

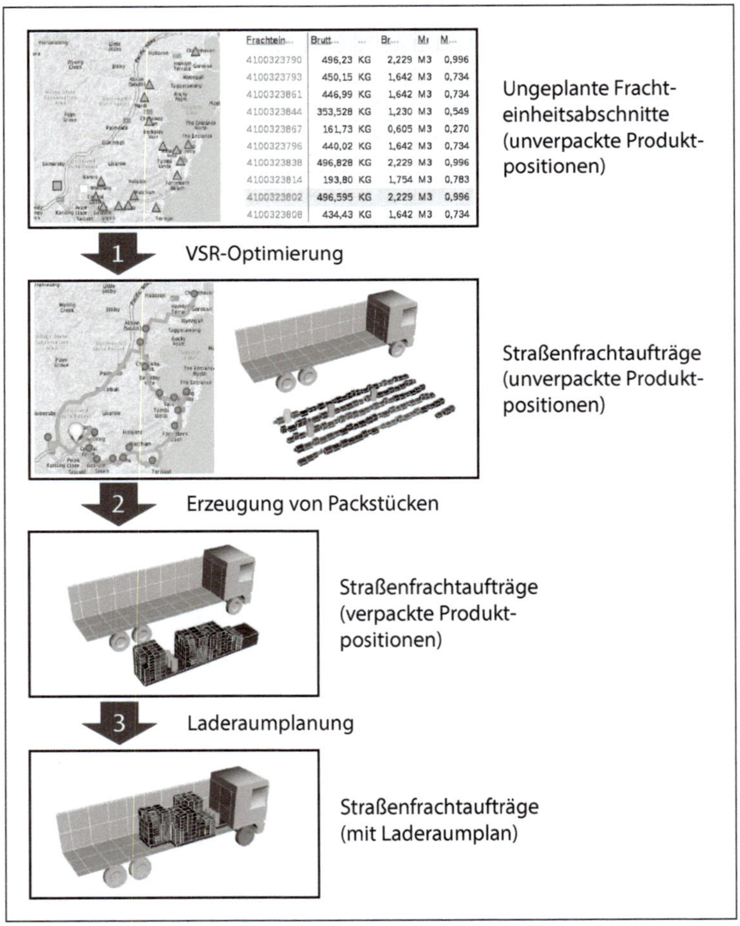

Abbildung 6.15: Planungsprozess mit einheitlicher Erzeugung von Packstücken

Die Ausgangssituation enthält ungeplante Frachteinheitsabschnitte mit unverpackten Produkten von einem Verteilzentrum zu mehreren Kunden. Die Erzeugung von Packstücken wurde innerhalb der FEB verwendet, um die erwartete Anzahl von Paletten zu ermitteln. Mit dem VSR-Optimierer (siehe Abschnitt 6.8.1, »Hintergrundplanung und VSR-Optimierung«) als erstem Planungsschritt konsolidiert das System die ungeplanten Frachteinheiten zu einem Straßenfrachtauftrag, ordnet sie einer Lkw-Ressource zu und definiert ihre Stoppreihenfolge. Der Straßenfrachtauftrag enthält die unverpackten Produkte aus den zugeordneten Frachteinheitsabschnitten, die als ungeplante Objekte neben dem Lkw in der 3D-Laderaumplanansicht angezeigt werden. Die Erzeugung der Packstücke wird als zweiter Planungsschritt verwendet, was zu einer Verpackungshierarchie mit sechs Paletten, denen die Produkte zugeordnet sind, führt. Da die Paletten noch nicht auf dem Lkw positioniert sind, werden sie in der 3D-Ladeplanansicht weiterhin als ungeplante Objekte neben dem Lkw dargestellt. Die Laderaumplanung (siehe Abschnitt 6.7.7, »Ladeplan«) ist der dritte Planungsschritt, der die Paletten im Laderaum des Lkws positioniert. Die Planung ist nun abgeschlossen, und der Straßenfrachtauftrag kann zur Ausführung freigegeben werden.

Natürlich gibt es Transportgeschäfte, bei denen eine Erzeugung von Packstücken nicht erforderlich ist. Das offensichtlichste Beispiel ist der Transport von unverpackten Produkten. In einem weiteren Beispiel enthält der ursprüngliche Transportbedarf (z. B. Speditionsauftrag, Kundenauftrag oder Lieferung) bereits eine vordefinierte Verpackungshierarchie, die in TM nicht geändert werden darf.

Das Planungsprofil bezieht sich auf die Einstellungen für die einheitliche Erzeugung von Packstücken, ein Unterprofil, das definiert, wie die einheitliche Erzeugung von Packstücken im Planungsprozess verwendet wird. Sie können diese Einstellungen in der SAP-Fiori-App **Einstellungen für die einheitliche Erzeugung von Packstücken bearbeiten** pflegen und unter anderem die folgenden Parameter definieren (siehe Abbildung 6.16):

- **Profil für einheitl. Packstückerzeugung**

  Das **Profil für einheitl. Packstückerzeugung** gibt das Profil an, das bei Aufruf des Erzeugens von Packstücken verwendet werden soll.

- **Pos. für EP nach GVB-Art-Code filtern**

  Mit dem Parameter **Pos. für EP nach GVB-Art-Code filtern** können Sie das Erzeugen von Packstücken entweder nur für eingehende oder nur für ausgehende Positionen für die Packstückerzeugung zulassen. Dies ermöglicht z. B. Szenarien, in denen palettierte Ware an Kunden geliefert wird und nicht palettierte Retouren von Kunden abgeholt werden.

  Die Unterscheidung basiert auf der Belegart des Geschäftsvorgangs. So werden etwa Kundenaufträge, Auslieferungen, Verkaufslieferpläne und Retourenbestellungen als ausgehend betrachtet, während Bestellungen, Anlieferungen, Einkaufslieferpläne und Kundenretouren als eingehend definiert werden.

- **Parallelverarbeitungsprofil**
  Das Parallelverarbeitungsprofil wird verwendet, um die Parallelisierung zur Beschleunigung der Verarbeitung zu ermöglichen.

Alle anderen Parameter beziehen sich auf die Bildung von Verpackungseinheiten auf der Grundlage der einheitlichen Packstückbildung für Frachteinheiten und werden in Abschnitt 6.4.5, »Packstückeinheiten«, beschrieben.

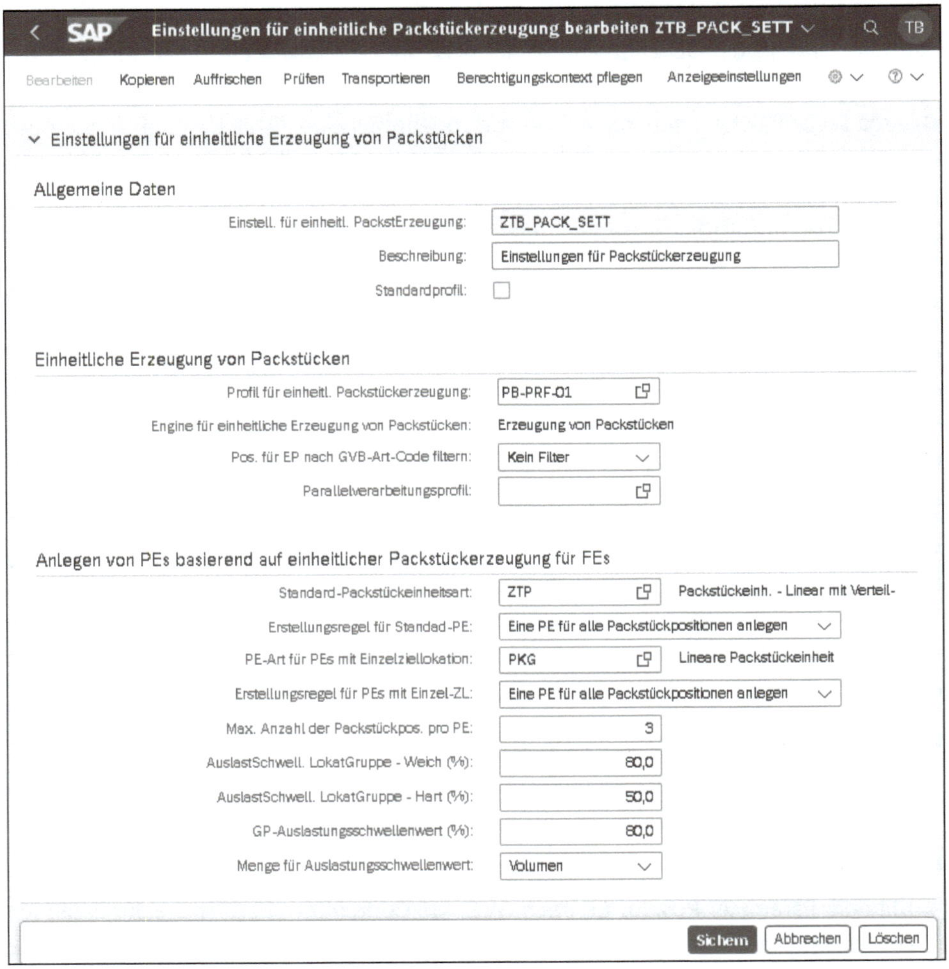

Abbildung 6.16: Einstellung für die einheitliche Erzeugung von Packstücken

6.3.3 Packvorschriften

Packvorschriften sind Regeln, die definieren, wie bestimmte Waren zu verpacken sind. Eine Packvorschrift gibt an, welche Produkte und Mengen zusammen in ein Verpackungsmaterial verpackt werden. Dabei kann sie auf eine andere Packvorschrift verweisen. Durch diesen rekursiven Ansatz können Packvorschriften eine verschachtelte Verpackungshierarchie mit vielen Verpackungsebenen definieren. Beachten Sie, dass eine Packvorschrift in mehreren anderen Packvorschriften wiederverwendet werden kann, was die Pflege der Stammdaten vereinfacht. Sie können eine Packvorschrift über den Pfad **Logistik • Logistics Execution • Stammdaten • Verpacken • Packvorschriften • Anlegen** im SAP-Menü erstellen.

Abbildung 6.17 zeigt zwei zusammengehörige Packvorschriften. Die Packvorschrift im oberen Bild repräsentiert eine Palette als Packmittel und eine Referenz mit der Menge 18 zur Packvorschrift im unteren Bild, die aus einem Karton als Packmittel und der Menge 6 des Produkts Weißwein besteht.

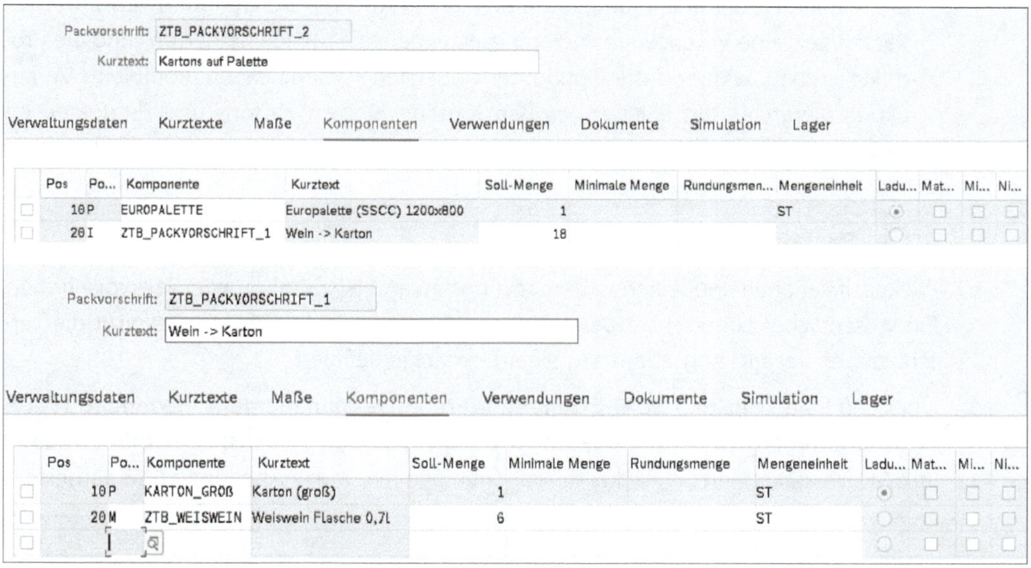

Abbildung 6.17: Packvorschrift mit Bezug auf eine weitere Packvorschrift

Die Verwendung der Packvorschrift im oberen Bild führt zu einer Verpackungshierarchie mit einer Palette, die 18 Kartons mit jeweils sechs Weißweinprodukten enthält, was insgesamt 108 Weißweinbestellungen entspricht. Wenn eine Bestellung von Weißwein die Menge 400 enthält, würde dies zu drei vollen Paletten führen, die insgesamt die Menge 324 repräsentieren, und zu einer weiteren Palette mit der Menge 76.

Wenn die Packvorschrift in der einheitlichen Erzeugung von Packstücken verwendet wird (durch Auswahl von **PI Packvorschrift** im Feld **Engine für EEP**), bietet das Profil für die einheitliche Erzeugung von Packstücken die folgenden Parameter im Abschnitt **Packvorschrift** (siehe Abbildung 6.11):

- **TransaktProfil Packmittel**

  Das **TransaktProfil Packmittel** (auch Packdialogprofil) definiert den Einstiegspunkt zur Bestimmung der Packvorschrift. Das Packdialogprofil definiert, welche Findungsarten in welcher Reihenfolge verwendet werden. Die Findungsart gruppiert Packvorschriften, die für einen bestimmten Bereich gültig sind, die Zugriffsfolge stellt die Suchstrategie dar, um gültige Konditionssätze zu finden, und die Konditionstabellen definieren die Kombination von Feldern (z. B. Material und Kunde), die zur Ermittlung der Packvorschrift verwendet werden.

- **Relevante Verpackungsebene**

  Der Parameter **Relevante Verpackungsebene** ermöglicht die Auswahl zwischen dem äußersten (Standard) und dem innersten Packmittel. Der Parameter gibt an, ob bei einer Verschachtelung die komplette Verpackungshierarchie oder nur das innerste Packmittel erzeugt wird. In einem Beispiel mit einer Palette, die große Kartons trägt, die kleine Kartons mit Produkten enthalten, würde die Verwendung des innersten Packmittels eine Verpackungshierarchie erzeugen, die nur kleine Kartons und die Produkte enthält, während die Option des äußersten Packmittels die komplette Verpackungshierarchie mit Paletten, großen Kartons, kleinen Kartons und Produkten erzeugt.

6.3.4 Packpezifikation

Packpezifikationen modellieren Verpackungshierarchien ähnlich wie Packvorschriften. Ein wesentlicher Unterschied besteht darin, dass eine Packpezifikation explizit die verschiedenen Verpackungsebenen in einer Hierarchie definiert.

Über den Pfad **Logistik • SCM Extended Warehouse Management • Extended Warehouse Management • Stammdaten • Packspezifikation • Packspezifikation pflegen** im SAP-Menü können Sie Packspezifikationen pflegen, wie in Abbildung 6.18 dargestellt.

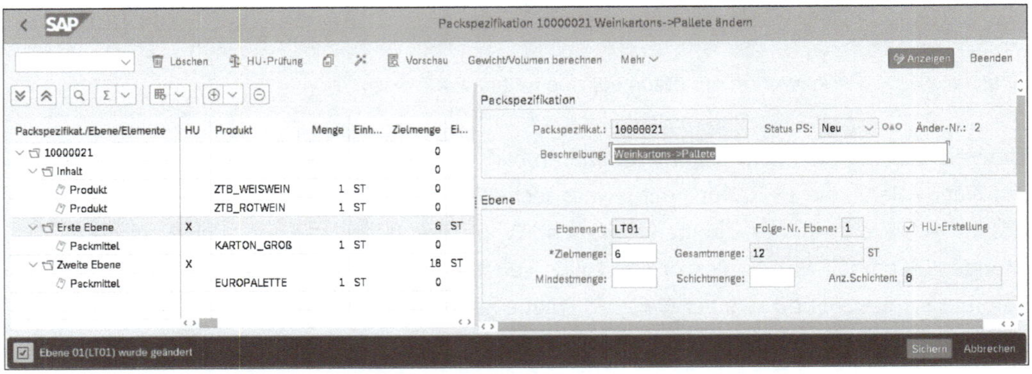

Abbildung 6.18: Pflege einer Packspezifikation

Die Hierarchie auf der linken Seite zeigt zu verpackende Produkte unter dem Knoten **Inhalt** und zwei Verpackungsebenen. Die rechte Seite der Benutzeroberfläche zeigt weitere Details zur ausgewählten Zeile an. Der Parameter **HU-Erstellung** (Spalte **HU**) definiert, ob die entsprechende Verpackungsebene in der erstellten Verpackungshierarchie enthalten ist. In dem gezeigten Beispiel werden beide Verpackungsebenen verwendet. Das Weglassen der HU-Erstellung des Kartons würde zu einer Verpackungshierarchie mit einer Palette führen, die 108 Produktinstanzen enthält, ohne die Kartonebene. Das Beispiel zeigt, dass eine Verpackungsspezifikation für eine gemischte Palette, die zwei Produkte enthält, verwendet werden kann.

Wenn die Packspezifikation in der einheitlichen Erzeugung von Packstücken verwendet wird (durch Auswahl von `Packspezifikation` im Feld **Engine für EEP**), bietet das Profil für die einheitliche Erzeugung von Packstücken die folgenden Parameter im Abschnitt **Packspezifikation** (siehe Abbildung 6.19):

- **Findungsschema**

  Das Findungsschema legt fest, wie die zu verwendende Packstückspezifikation zu ermitteln ist. Das Findungsschema enthält eine oder mehrere Konditionsarten, von denen sich jede auf eine Zugriffsfolge bezieht, die Felder gegen Konditionstabellen prüft.

- **Relevante Verpackungsebene**

  Der Parameter **Relevante Verpackungsebene** funktioniert ähnlich wie der entsprechende Parameter für Packvorschriften. Allerdings wird das Verhalten auch durch den Parameter **Alle Ebenen der Packspezif. berücksichtigen** beeinflusst. Ist dieser Parameter aktiviert, werden alle relevanten Ebenen der entsprechenden Verpackungsspezifikation berücksichtigt, unabhängig davon, ob Sie für eine Ebene der Verpackungsspezifikation das Ankreuzfeld **HU-Erstellung** markiert haben.

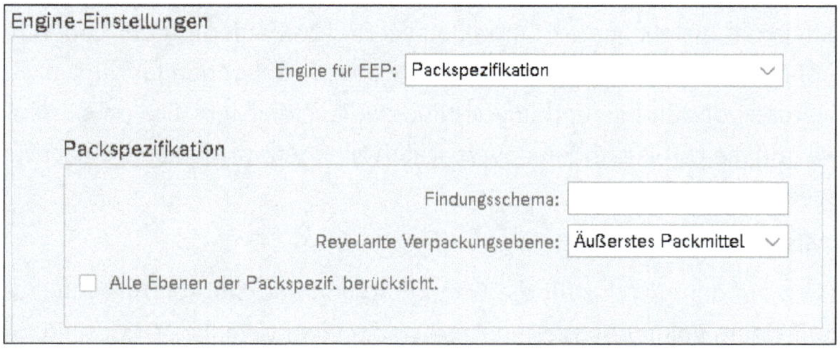

Abbildung 6.19: Packspezifikation als Engine im Profil für die einheitliche Erzeugung von Packstücken

6.3.5 Erzeugung von Packstücken

Während Packvorschrift und Packspezifikation einen regelbasierten Ansatz darstellen, verwendet die *Erzeugung von Packstücken* Heuristiken und Optimierungsalgorithmen zur Erstellung einer Verpackungshierarchie. Dabei kann die Erzeugung von Packstücken die folgenden verschiedenen Arten von Paletten erstellen:

- produktrein oder gemischt, d. h. mehrere Produkte enthaltend
- vollständig oder unvollständig, d. h., es ist noch Platz frei
- stapelbar (d. h., eine weitere Palette kann darauf gestapelt werden) oder nicht stapelbar

Ein Produkt ist stapelbar, wenn sein **Stapelfaktor** größer als eins ist; andernfalls ist es nicht stapelbar. Wenn eine Palette nicht stapelbare Produkte enthält, ist diese Palette nicht stapelbar. Eine Palette kann aus mehreren Lagen gebaut sein und auf diesen Lagen eine Krone tragen, die mehrere Produkte enthält, für die keine vollständige Lage gebildet werden konnte. Eine Lage ist gemischt, wenn sie mindestens zwei verschiedene Produkte enthält. Während eine vollständige Lage als stapelbar gilt, wenn die enthaltenen Produkte stapelbar sind, gilt eine Palette mit Krone als nicht stapelbar. Eine Lage wird als flach bezeichnet, wenn alle Produkte in der Lage die gleiche Höhe haben, ansonsten ist sie nicht flach. Eine nicht flache Lage lässt sich nicht stapeln, d. h., weder eine andere Lage noch eine andere Palette kann auf sie gestapelt werden.

Die Erzeugung von Packstücken besteht aus drei Phasen, die nacheinander ausgeführt werden:

1. **Erzeugen von Vollpaletten**

   In dieser Phase werden Einzelproduktvollpaletten und gemischte Vollpaletten mit unterschiedlichen Produkten, die sich alle auf dasselbe Referenzprodukt beziehen, erstellt. Die verbleibenden unverpackten Mengen werden an die nächste Phase weitergegeben.

2. **Erzeugen von lagenbasierten Mischpaletten**

   In dieser Phase werden lagenbasierte Paletten auf der Grundlage der Lagendefinition aus dem Produktstamm erstellt, jedoch ohne detaillierte Positionierung der Lagen in der Palette und ohne Berücksichtigung der Stapelungsbeschränkungen für die einzelnen Lagen. Es werden vollständige und unvollständige Pakete erstellt. Die unvollständigen Packstücke und die verbleibenden unverpackten Mengen werden an die nächste Phase weitergegeben.

3. **Erzeugen von Mischpaletten**

   Diese Phase basiert auf dem Modus für die Erzeugung von Packstücken und funktioniert entweder auf einem volumenbasierten Ansatz oder einer detaillierten Gestaltung der Paletten unter Verwendung des Optimierers.

   Volumenbasiert bedeutet, dass die einzelnen Produktmengen so lange konsolidiert werden, bis die Summe ihrer Volumen oder Gewichte die entsprechende Kapazität der Palette erreicht. Die einzelnen Positionen der Produkte werden also nicht bestimmt, sodass jede resultierende Palette als nicht stapelbar gilt.

   Im detaillierten Modus werden die physischen Positionen (x, y, z) und Ausrichtungen der Produkte und Kartons bestimmt, und es werden viel mehr Beschränkungen berücksichtigt. So wird z. B. auch die Lagendefinition berücksichtigt, um gemischte Lagen zu erzeugen.

   Während der volumenbasierte Ansatz unvollständig geschichtete Paletten aus der vorangegangenen Phase mit einer Krone versehen kann, ignoriert der detaillierte Ansatz unvollständig geschichtete Paletten, d. h., ihre Produktmengen werden als unverpackte Restmengen betrachtet.

Im Allgemeinen entstehen in dieser Phase Mischpaletten oder unvollständige Einzelproduktpaletten, die nicht mit anderen Produkten oder Paletten konsolidiert werden können. In den meisten Fällen handelt es sich um unvollständige Paletten, es können aber auch Vollpaletten aufgrund der spezifischen Beschaffenheit der zu verpackenden Produktmengen erstellt werden.

Jede Phase liefert Pakete mit einer Verpackungshierarchie und unverpackten Produktrestmengen, die als Input an die nächste Phase weitergegeben werden. Auch die letzte Phase kann unverpackte Restmengen liefern, was ein gewünschtes Ergebnis sein kann, aber auch durch fehlende Stammdaten oder zu restriktive Randbedingungen verursacht werden kann.

Abbildung 6.20 zeigt schematisch elf Beispiele für Paletten, die durch die Erzeugung von Packstücken erzeugt werden könnten:

- Die Palette ❶ repräsentiert eine vollständige produktreine Palette, d. h., sie enthält nur ein Produkt P1 und die in den entsprechenden Produktstammdaten definierte maximale Stückzahl. Diese Palette ist stapelbar.
- Die unvollständige geschichtete produktreine Palette ❷ wird vom System als stapelbar definiert.
- Die gemischte Palette ❸ enthält zwei vollständige Lagen (1 und 2) des Produkts P1 und drei vollständige Lagen (3–5) des Produkts P2. Diese Palette ist stapelbar, da sie nur vollständige produktreine Lagen enthält.
- Beispiel ❹ ist ähnlich wie ❸, jedoch ist die oberste Lage gemischt, da sie zwei Produkte P2 und P3 enthält. Die oberste Lage ist eben (beide Produkte haben die gleiche Höhe) und vollständig, daher ist diese Palette stapelbar.
- Die Mischpalette ❺ enthält eine unvollständige Lage und ist daher nicht stapelbar, solange der Schwellenwert für die Lagenvollständigkeit nicht erreicht wird (dieser Parameter wird später beschrieben).
- Beispiel ❻ zeigt eine Mischpalette mit einer gemischten Lage, die zwar eben, aber auch unvollständig ist. Daher ist diese Palette nicht stapelbar, solange der Schwellenwert für die Lagenvollständigkeit nicht erreicht wird (dieser Parameter wird später beschrieben).
- Obwohl die gemischte Palette ❼ eine gemischte Lage enthält, die die gesamte Grundfläche der Palette abdeckt, ist sie dennoch nicht stapelbar, da die gemischte Lage uneben ist.
- Die Mischpalette ❽ zeigt eine Kombination aus lagen- und volumenbasierter Erzeugung von Packstücken. Sie enthält drei vollständige produktreine Lagen und mehrere Produkte darüber, wodurch diese Palette nicht stapelbar ist.
- Beispiel ❾ ist ähnlich wie ❽, jedoch hat der volumenbasierte Anteil die maximale Höhe der Palette erreicht. Obwohl diese Palette vollständig ist, ist sie nicht stapelbar, da sie einen volumenbasierten Teil enthält.

- Beispiel ⑩ enthält keine Lagen, ist rein volumenbasiert aufgebaut und daher nicht stapelbar.
- Die Mischpalette ⑪ ist vollständig, aber nicht stapelbar.

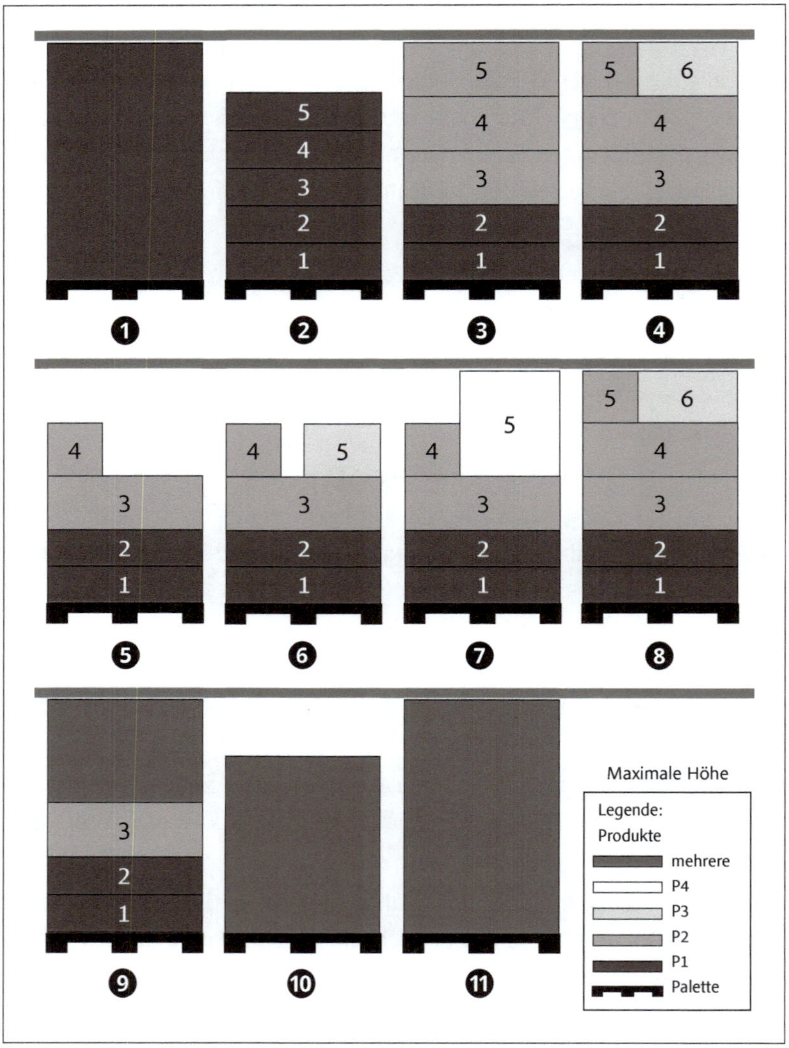

Abbildung 6.20: Beispiele für produktreine und gemischte Paletten, die lagen- und/oder volumenbasiert erzeugt wurden

Wenn ein Packstück aus einem geschlossenen Verpackungsmaterial wie einer Gitterbox oder einem Karton besteht, ist es nur dann stapelbar, wenn das Verpackungsmaterial stapelbar ist.

Während in den ersten beiden Phasen nur die Produktmengen den Paketen zugewiesen werden, wird bei der detaillierten Erzeugung von Packstücken ein Optimierungsalgorithmus verwendet, um die physischen Positionen und Ausrichtungen der Produkte und Kartons sowie die Positionen der Lagen in einer Mischpalette zu bestimmen. Paletten, die mit diesem Ansatz erstellt werden, gelten als nicht stapelbar, es sei denn, sie enthalten nur Schichten stapelbarer Produkte oder basieren auf einem geschlossenen Verpackungsmaterial, das stapelbar ist.

Abbildung 6.21 zeigt sechs Beispiele für Mischpaletten, die durch detaillierte Erzeugung von Packstücken erstellt wurden (die Objekte auf den Mischpaletten sind nach Produkt eingefärbt):

- Beispiel ❶ zeigt eine gemischte Palette mit vielen verschiedenen Produkten und Größen. Einige Produkte sind um 90 Grad gedreht, um die Volumenauslastung zu maximieren.
- Beispiel ❷ enthält zwei verschiedene Produkte mit gleicher Größe. Auch hier sind einige Produkte zu Auslastungszwecken um 90 Grad gedreht. Die Palette besteht aus Türmen, die einen gleichzeitigen einfachen Zugang zu allen Produkten gewähren, was das manuelle Entladen effizienter macht.
- Beispiel ❸ zeigt eine gemischte Palette mit fünf verschiedenen Produkten mit denselben Abmessungen und demselben Referenzprodukt.

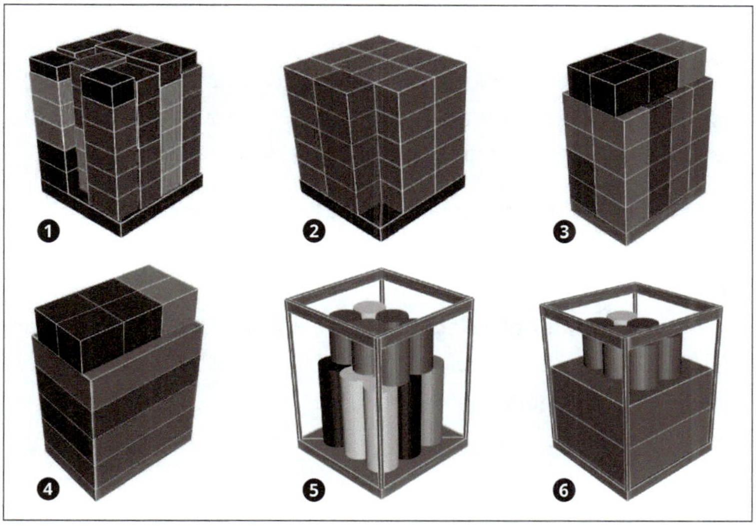

Abbildung 6.21: Beispiele für Mischpaletten, die durch detaillierte Erzeugung von Packstücken gebaut wurden

- Beispiel ❹ enthält die gleichen Produkte und Mengen wie Beispiel 3, berücksichtigt aber die Lagendefinition aus den Stammdaten. Es gibt drei Lagen mit jeweils einem Produkt und eine gemischte Lage mit zwei Produkten. Jede Lage wird durch einen großen Kasten dargestellt, der die gesamte Grundfläche der Palette abdeckt. Die Krone über den Schichten enthält die restlichen Produkte.
- Beispiel ❺ zeigt eine gemischte Palette mit zylindrischen Produkten, die in einer Gitterbox, einem geschlossenen Verpackungsmaterial, gestapelt sind. Die Waren sind in

der Mitte der Palette angeordnet, um den Schwerpunkt der Palette so weit wie möglich zu zentrieren.

- Beispiel ❻ enthält die gleichen Produkte und Mengen wie Beispiel ❺, berücksichtigt aber die Lagendefinition aus den Stammdaten. Die untere Schicht enthält ein Produkt, die darüberliegende gemischte Schicht enthält drei unterschiedliche Produkte. Obwohl die Produkte in den Schichten zylindrisch sind, werden ihre Schichten durch eine rechteckige Form visualisiert. Die Krone über den Schichten enthält die restlichen Produkte.

Da verschiedene Unternehmen bei der Verpackung von Produkten unterschiedliche Regeln nutzen möchten, bietet das System eine Vielzahl von Konfigurationsmöglichkeiten:

- **Produkt (Stammdaten)**
  Definiert produktspezifische Parameter für die Erzeugung von Packstücken.
- **Zuordnung der Packstückart**
  Legt die zu verwendenden Verpackungsmaterialien fest und definiert zusätzliche Einschränkungen und Parameter in Abhängigkeit von Produkten, Geschäftspartnern, Lokationen, Equipmentgruppen, Equipmentarten und Packmitteln.
- **Profil für die einheitliche Erzeugung von Packstücken**
  Legt algorithmische Parameter für die regelbasierte und detaillierte Erzeugung von Packstücken fest. Es enthält Verweise auf andere Profile, wie z. B. das Produktbeziehungsprofil oder das Profil für den Optimierer für die Packstückerzeugung.

Schauen wir uns jede dieser Möglichkeiten näher an.

Produktstammdaten

Wenn Sie die SAP-Fiori-App **Material anlegen** wählen, können Sie die Produktstammdaten pflegen, die für die Paketerstellung wichtig sind. Abbildung 6.22 zeigt die Definition auf der Registerkarte **Mengeneinheiten** eines Produkts.

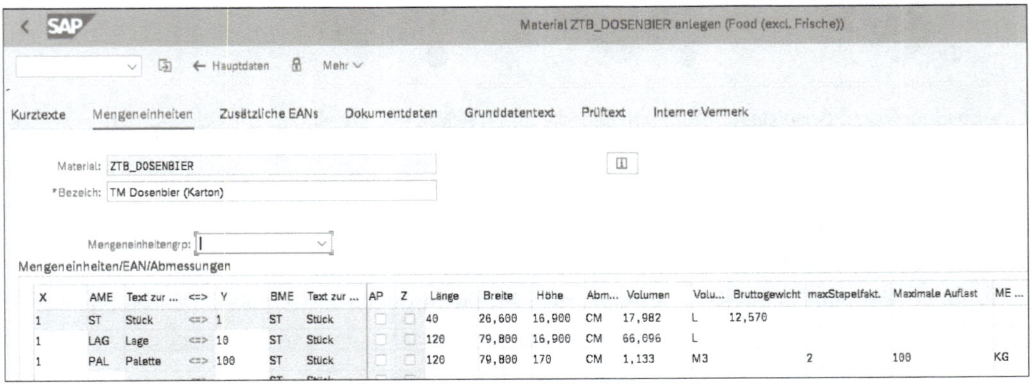

Abbildung 6.22: Definieren von Mengeneinheiten für ein Produkt

In diesem Beispiel ist die Basismengeneinheit **ST** (Stück). Die Tabelle definiert ihre Beziehung zu anderen Maßeinheiten. Die erste Zeile gibt das Gewicht und die Größe eines einzelnen Stücks (**ST**) an. Die zweite und dritte Zeile definieren, wie viele Stücke in eine volle Lage (Mengeneinheit **LAG**) und eine volle Palette (**PAL**) passen. Sie können auch zusätzliche Randbedingungen pflegen:

- **maxStapelfakt.**

  Der Parameter **maxStapelfakt.** wird bei der detaillierten Paketerstellung berücksichtigt und legt fest, wie viele Stück des vorliegenden Produkts gestapelt werden können.

- **Maximale Auflast**

  Bei der Laderaumplanung wird der Parameter **Maximale Auflast** einer vollen Palette berücksichtigt, der angibt, wie viel Gewicht von anderen Paletten gestapelt werden kann.

Auf der Registerkarte **Vertrieb: allg./Werk** können Sie zusätzliche Parameter für die Verpackungsmaterialien festlegen:

- **Zulässiges Verpackungsgewicht/Verpackungsvolumen**

  Die Felder **Zul.VerpGewicht** und **Zul.VerpVolumen** geben an, wie viel Gewicht bzw. Volumen maximal in das Verpackungsmaterial konsolidiert werden darf.

- **Parameter »geschlossen«**

  Über den Parameter **geschlossen** können Sie definieren, ob das Verpackungsmaterial offen oder geschlossen ist. Während eine Palette das typischste Beispiel für ein offenes Verpackungsmaterial ist, sind Kartons und Gitterboxen Beispiele für geschlossene Verpackungsmaterialien. Der Hauptunterschied besteht darin, dass das Außenvolumen einer geschlossenen Verpackung unabhängig von der darin enthaltenen Ladung ist. Bei einer offenen Verpackung hängt das Außenvolumen vom Taravolumen der Verpackung und der geladenen Fracht ab.

- **Füllgrad**

  Über den **Füllgrad** können Sie für die volumenbasierte Packstückerzeugung eine Grenze definieren, ab der keine weitere Konsolidierung mehr möglich ist.

Auf der Registerkarte **WM Packaging** finden Sie unter dem Abschnitt **Einstellungen für die Paketbildung** die folgenden Parameter für zu verpackende Produkte:

- **RefProdukt für Erzeugung von Packstücken**

  Der Parameter **RefProdukt für Erzeugung von Packstücken** ermöglicht die Strukturierung von Produkten durch Referenzprodukte. Es ist möglich, auch für Referenzprodukte ein Referenzprodukt einzutragen, wodurch eine Hierarchie entsteht. Dieses Konzept ermöglicht es, Produkte hierarchisch zu gruppieren und bestimmte Parameter und Einschränkungen auf der Ebene des Referenzprodukts zu definieren. Sie können dadurch den Aufwand für die Stammdatenpflege erheblich reduzieren und weniger fehleranfällig gestalten.

Abbildung 6.23 zeigt ein Beispiel einer Referenzprodukthierarchie, die ein Getränkehändler verwenden könnte. Das Referenzprodukt **Ungekühlt** fungiert als Oberknoten und kann zur Unterscheidung von anderen Produktbereichen, wie z. B. gekühlten Produkten (nicht dargestellt), verwendet werden. Darunter liegt eine Ebene, die verschiedene Verpackungsklassen definiert (**Dose**, **PET**, **Glas** und **Fass**). Darunterliegend wird noch einmal, für alle Verpackungsklassen außer Fass, nach der Größe unterschieden. Die eigentlichen Produkte stellen die Blätter in dieser Hierarchie dar. Mithilfe dieser Hierarchie können Sie auf der untersten Ebene des Referenzprodukts Stapelfaktoren pflegen und auf der Ebene der Verpackungsklassen Inkompatibilitäten für die Verpackung definieren.

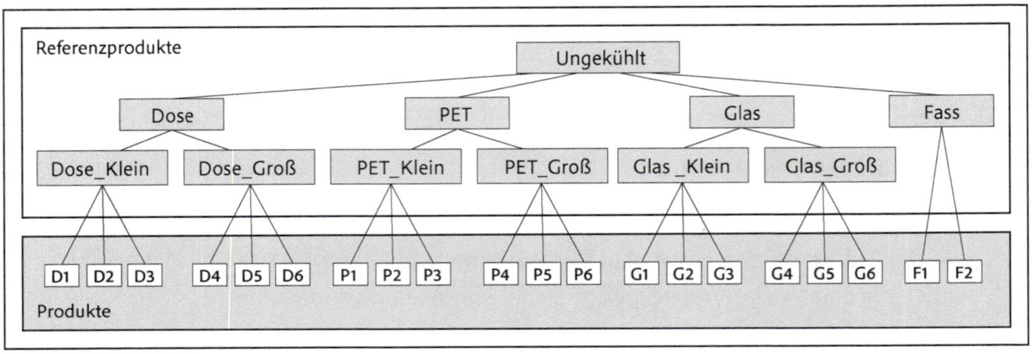

Abbildung 6.23: Beispielhafte Referenzprodukthierarchie

- **Produktform**

  Die **Produktform** kann als Quader oder Zylinder mit Achse entlang der Länge, Breite oder Höhe definiert werden. Die Form wird zur Visualisierung in der 3D-Laderaumplanung für Paletten und Produkte verwendet, die in Lastwagen, Anhänger oder Container geladen werden sollen, und kann zu kompakteren Lademustern für zylindrische Produkte führen.

- **Produktausrichtungsprofil**

  Das **Produktausrichtungsprofil** legt fest, wie das Produkt ausgerichtet werden kann. Abbildung 6.24 zeigt ein solches Profil, das die Verwendung aller sechs Ausrichtungen während der detaillierten Erzeugung von Packstücken ermöglicht. Sie können ein Produktorientierungsprofil im Customizing unter dem Menüpfad **Transportation Management • Stammdaten • Produkt • Profil für Produktausrichtung** pflegen. Die Pflege basiert auf sechs Kontrollkästen, die in einer Matrix angeordnet sind, in der die Spalten definieren, welche Seite des Objekts auf den Boden gelegt werden kann (**Unterseite**), und die Zeilen definieren die zulässigen Drehwinkel.

- **Überhangschwellenwert**

  Der **Überhangschwellenwert [%]** wird bei der detaillierten Erzeugung von Packstücken berücksichtigt und legt fest, wie viel der Unterseite des Produkts die darunterliegenden Produkte direkt berühren muss.

- **Schwellenwert für die absolute Höhe**

  Der **Schwellenwert für die absolute Höhe** definiert den zulässigen Höhenunterschied zu anderen Produkten, auf denen das vorliegende Produkt gestapelt wird. Dieser Parameter wird bei der detaillierten Erzeugung von Packstücken berücksichtigt und ermöglicht das Stapeln auf nicht ebenen Flächen.

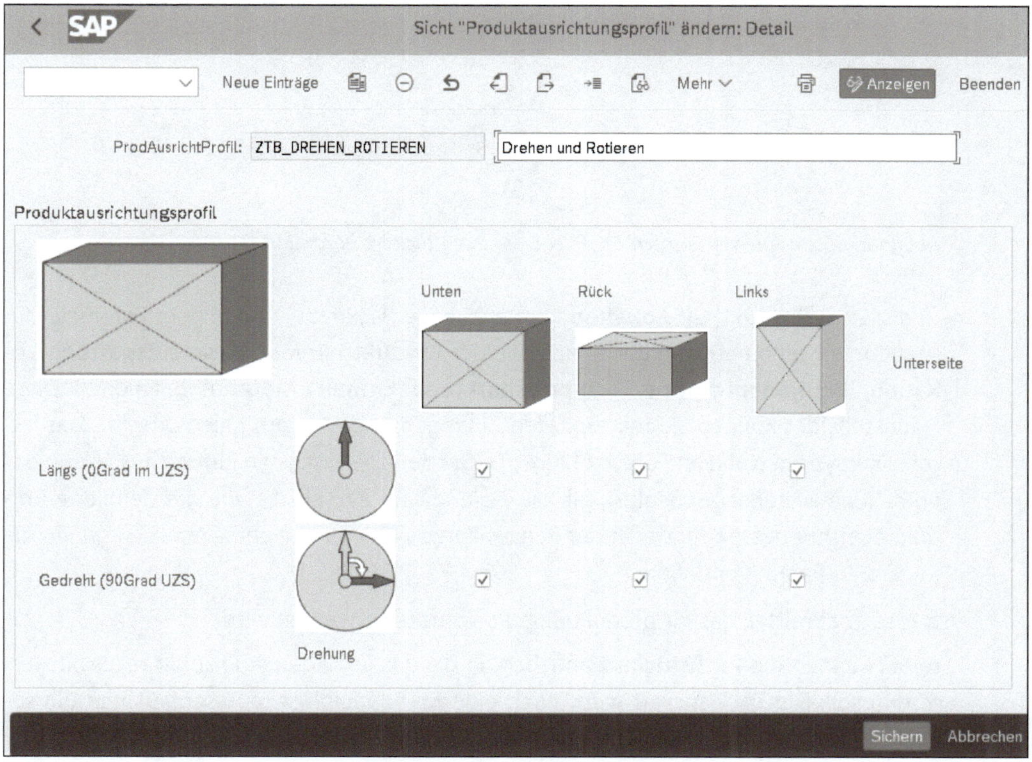

Abbildung 6.24: Pflege eines Produktausrichtungsprofils, das alle möglichen Ausrichtungen zulässt

Zuordnung der Packstückart

In der SAP-Fiori-App **Packstückartzuordnung ändern** können Sie verschiedene Regeln und Einschränkungen für die Erzeugung von Packstücken definieren. Für die Zuordnung stehen Parameter in vier Sichten zur Verfügung (siehe Abbildung 6.25).

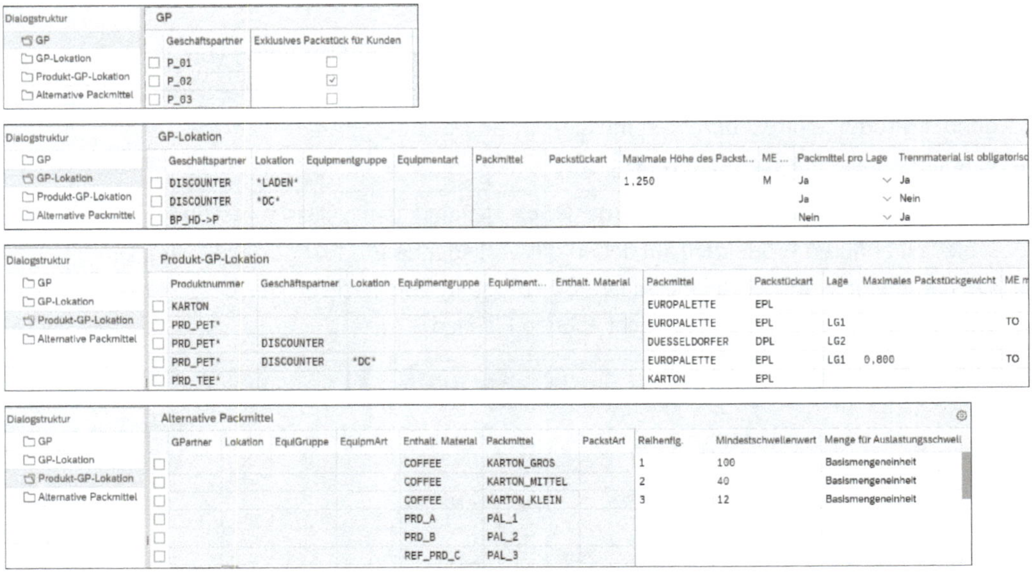

Abbildung 6.25: Die vier Sichten der Pflege der Packstückartzuordnung

In der Sicht **Produkt-GP-Lokation** können Sie die Packmittel und andere Parameter für bestimmte Kombinationen der Schlüsselfelder **Produktnummer**, **Geschäftspartner**, **Lokation**, **Equipmentgruppe**, **Equipmentart** und **Enthalt. Material** definieren. Diese Schlüsselfelder können Sie mit expliziten Einträgen und Mustern füllen oder sie leer lassen. Das System wählt im Falle mehrerer Treffer den spezifischsten Eintrag aus. Wenn das enthaltene Material gepflegt ist, gilt die Zeile nur für Packstücke, die das definierte Produkt oder nur dessen Kinder in der Referenzprodukthierarchie enthalten. Sie können die folgenden Parameter definieren:

- das **Packmittel**, das für produktreine Packstücke verwendet wird
- Sie können die **Packstückart** angeben, in die das vorliegende Produkt verpackt werden soll. Die Packstückart wird durch eine Mengeneinheit repräsentiert und gilt sowohl für produktreine als auch für gemischte Packstücke.

  Dabei werden die Konvertierungsregeln aus dem Produktstamm verwendet, um festzustellen, welche Menge des Produkts in die Packstückart passt. Sie können etwa Packstückarten für Paletten und Kartons einführen und dann festlegen, dass manche Produkte in Kartons, manche Produkte direkt auf die Paletten und Kartons wiederum auf die Paletten konsolidiert werden. Auf diese Weise können Sie mehrstufige Verpackungshierarchien erzeugen.
- Der Parameter **Lage** wird ebenfalls durch eine Mengeneinheit definiert und wird verwendet, um die Lagendefinition in Produktstammdaten zu bestimmen. Wenn er nicht definiert ist, werden die Lagen bei der Erzeugung von Packstücken nicht berücksichtigt.

- Die **Maximale Höhe des Packstücks** und der Parameter **Maximales Packstückgewicht** stellen Grenzen für ein produktreines Packstück dar.
- Das **Packmittel (gemischt)** definiert das Packmittel, das für gemischte Packstücke verwendet werden soll.
- Die **Maximalhöhe von gemischtem Packstück** und das **Maximalgewicht von gemischtem Packstück** legen Grenzen für ein gemischtes Packstück fest, das sowohl das Packmittel als auch die zugeordneten Produkte beinhaltet.
- Der Parameter **Grenzwerte bei vollst. Packst. ignor.** steuert, ob die in dieser Zeile definierten Gewichts- und Höhenbeschränkungen für vollständige Packstücke (entsprechend der Stammdatendefinition) angewandt werden.
- Mit dem Parameter **Packmittel pro Lage** definieren Sie, ob unter eine vollständige produktreine Lage ein zusätzliches Packmittel gestellt werden soll. Wenn es mehrere Lagen desselben Produkts gibt, wird nur ein zusätzliches Packmittel genutzt. Obwohl dies in der Summe zusätzliche Packmittel notwendig macht, kann dieses Vorgehen die Effizienz im Lager steigern, da es den Einsatz von Gabelstaplern beim Auflösen von mehrlagigen Mischpaletten ermöglicht.
- Wenn das Trennmaterial definiert ist, wird es auf einer vollständigen produktreinen Lage verwendet, sobald andere Produkte darauf gestapelt werden. Wenn es mehrere Lagen desselben Produkts gibt, wird das Trennmaterial nur einmal genutzt. Der Parameter **Trennmaterial ist obligatorisch** kann verwendet werden, um die Nutzung des Trennmaterials zu erzwingen, auch wenn nichts darauf gestapelt wird.

[zB]

Trennmaterial und Packmittel pro Lage

Abbildung 6.26 veranschaulicht vier Beispiele mit Trennmaterialien und Packmitteln pro Lage. In Fall ❶ wurde für Produkt 1 ein Trennmaterial definiert, und es ist obligatorisch, obwohl nichts darauf gestapelt ist. Beispiel ❷ illustriert die Nutzung des Trennmaterials für Produkt 2. In Beispiel ❸ wurden für beide Produkte Trennmaterialien als obligatorisch definiert. Beispiel ❹ ähnelt ❸, jedoch wird zusätzlich noch ein Packmittel unter Produkt 1 genutzt (aktiviert durch den Parameter **Packmittel pro Lage**).

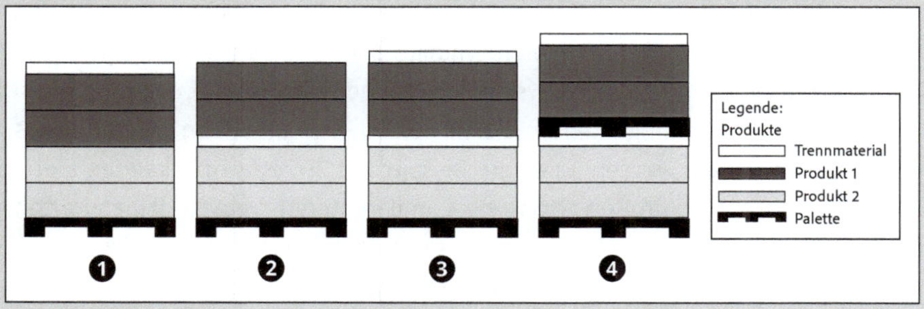

Abbildung 6.26: Lagenbasierte Mischpaletten mit Nutzung von Trennmaterial und Packmitteln pro Lage

- Mit den Parametern **Keine gemischten Packstücke** und **Keine gemischten Lagen** kann die Erzeugung von gemischten Packstücken bzw. Lagen unterbunden werden.
- Die Parameter **Einzelnes gemischtes Packstück** und **Einzelne gemischte Lage** verhindern, dass ein Produkt auf mehrere gemischte Packstücke bzw. Lagen verteilt wird.
- Sie können die maximale Anzahl verschiedener Produkte in einem Packstück durch den Parameter **Maximale Anzahl Produkte** festlegen.

Die Sicht **GP-Lokation** bietet für die Kombination der Schlüsselfelder **Geschäftspartner**, **Lokation**, **Equipmentgruppe** und **Equipmentart**, **Packmittel** und **Packstückart** eine Reihe von Parametern.

Zusätzlich enthält diese Sicht den Parameter **Produktanordnung**, der festlegt, ob bei Nutzung der detaillierten Erzeugung von Packstücken die Produkte in Lagen oder Türmen angeordnet werden.

In der Sicht **GP** können Sie festlegen, dass bestimmte Geschäftspartner ausschließlich exklusive Packstücke erhalten. Das bedeutet, dass eine Konsolidierung mit Waren anderer Geschäftspartner für Packstücke an diesen Geschäftspartner ausgeschlossen ist. Dies ist z. B. dann nützlich, wenn einige Ihrer Kunden komplette (exklusive) Paletten mit einem Gabelstapler entladen, während andere Kunden die Waren manuell aus einer Mischpalette entnehmen.

Die Ansicht **Alternative Packmittel** ermöglicht die Abbildung zweier weiterer Arten von Szenarien:

- Wenn ein Karton auf eine Palette gestellt werden soll, kann der Palettentyp vom Inhalt des Kartons abhängen. Angenommen, Sie haben die Produkte A und B, die das gemeinsame Referenzprodukt C haben, dann können Sie festlegen, dass ein Karton, der nur A enthält, auf Palettentyp 1, ein Karton, der nur B enthält, auf Palettentyp 2 und ein Karton, der Kinder von C enthält, auf Palettentyp 3 gestellt wird. Um dies zu tun, pflegen Sie den Parameter **Enthalt. Material** und das (Ziel-) **Packmittel**.
- Für ein bestimmtes Produkt können alternative Kartongrößen (z. B. klein, mittel, groß) zur Verfügung stehen, und die Wahl der Kartontypen hängt von der Produktmenge, dem Volumen oder dem Gewicht ab.

  In einem Beispiel mit einem Kaffeeprodukt können kleine, mittlere und große Kartons zehn, 40 oder 100 Einheiten enthalten. Mithilfe der Parameter **Reihenflg.** und **Mindestschwellwert** können Sie das System so konfigurieren, dass zuerst große Kartons mit 100 Einheiten, dann mittlere Kartons mit 40 Einheiten und dann kleine Kartons mit zehn Einheiten erstellt werden. In einem Beispiel mit 295 zu verpackenden Einheiten würde das System zwei große Kartons, zwei mittlere Kartons, einen kleinen Karton mit zehn Einheiten und einen weiteren kleinen Karton mit den restlichen fünf Einheiten erstellen. Bei der **Menge für Verwendungsschwelle** können Sie zwischen Volumen, Gewicht und der Basismengeneinheit des Produkts wählen.

Konfiguration im Profil für die einheitliche Erzeugung von Packstücken

Wenn die einheitliche Erzeugung von Packstücken verwendet wird (durch Auswahl von **Erzeugung von Packstücken** im Feld **Engine für EEP**), bietet das Profil für die einheitliche Erzeugung von Packstücken die folgenden Parameter im Abschnitt **Erzeugung von Packstücken** (siehe Abbildung 6.27).

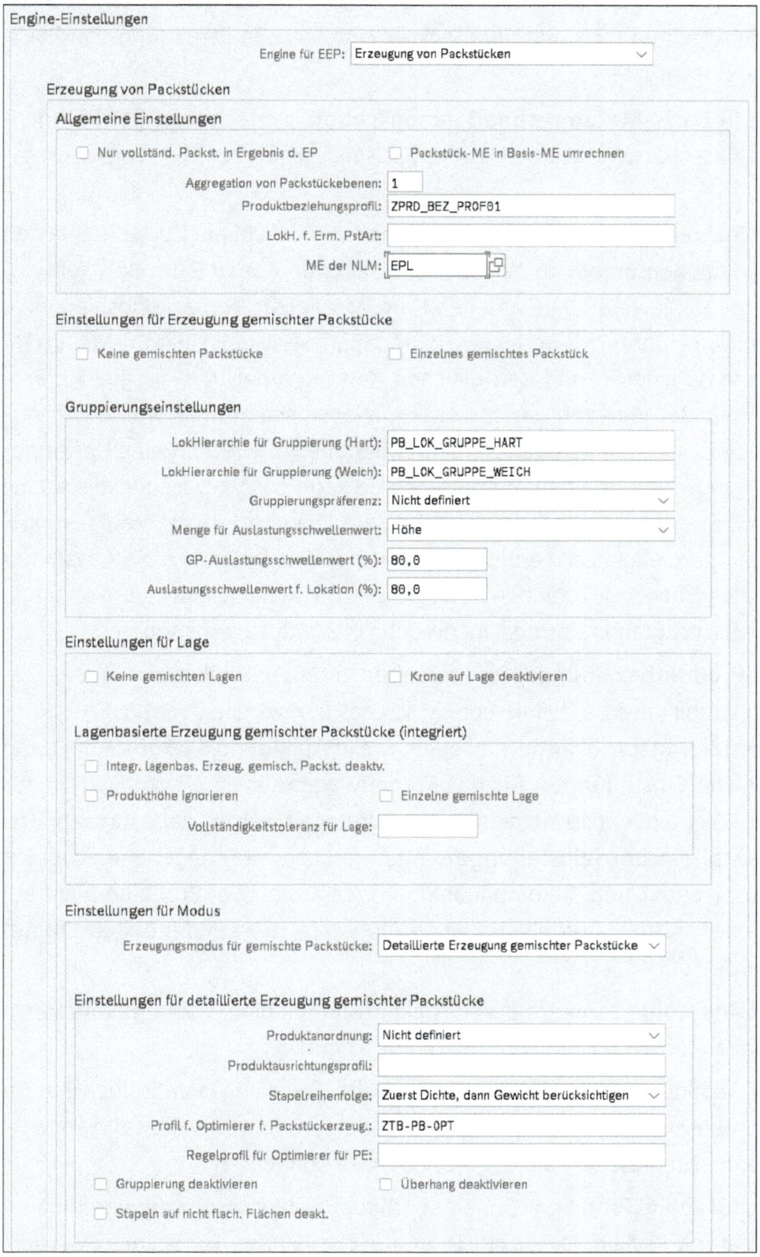

Abbildung 6.27: Erzeugung von Packstücken als Engine im Profil für die einheitliche Erzeugung von Packstücken

Der Parameter **Nur vollständ. Packst. in Ergebnis der EP** ermöglicht Szenarien, in denen (üblicherweise früh im Prozess) nur Vollpaletten für ein Produkt oder mehrere Produkte desselben Referenzprodukts persistiert werden sollen und verbleibende Produktmengen unverpackt bleiben. Die verbleibenden Produktmengen können dann später bei der Packstückerzeugung auf der Ebene des Frachtauftrags zusammen mit Restmengen aus anderen Frachteinheiten berücksichtigt werden, was zu kundengemischten Paletten führen kann (siehe Abschnitt 6.3.2, »Integration der einheitlichen Erzeugung von Packstücken in den Planungsprozess«).

- **Packstück-ME in Basis-ME umrechnen** ermöglicht die Umrechnung der Mengeneinheit der erstellten Packstückeinheit in die Basismengeneinheit des Verpackungsmaterials.
- Der Parameter **Aggregation von Packstückebenen** ermöglicht ein Zusammenfassen von Packstückpositionen unterhalb der obersten Packstückebene. Zum Beispiel würden zehn Paletten mit jeweils 20 identischen Kartons zu einer Verpackungshierarchie mit 200 Packstücken führen, wenn keine Aggregation verwendet wird. »Identisch« bedeutet dabei, dass jeder Karton den gleichen Kartontyp hat und die gleiche Produktmenge enthält. Bei Verwendung des Aggregationsmechanismus würde die Verpackungshierarchie aus zehn Palettenpositionen bestehen, die jeweils eine Kartonposition mit der Menge 20 enthalten. Auf diese Weise kann die Verpackungshierarchie viel kompakter dargestellt werden, was eine bessere Übersicht in der Verpackungshierarchie bietet und die Laufzeit verbessern kann. Der Parameter gibt die Anzahl der zu aggregierenden Ebenen an, sodass Sie sogar die Darstellung einer Verpackungshierarchie mit verschachtelten Kartons auf einer Palette reduzieren können.

  Sie können ein **Produktbeziehungsprofil** zuweisen, um Beschränkungen für das Stapeln und Inkompatibilitäten zu definieren. Ein solches können Sie über die SAP-Fiori-App **Produktbeziehungsprofil ändern** pflegen, wie in Abbildung 6.28 und Abbildung 6.29 dargestellt. Die **Einstellungen für das Stapeln** legen für eine Kombination aus zwei Produkten fest, ob das erste auf dem zweiten gestapelt werden kann, und andersherum. Die **Konsolidierungseinstellungen** legen fest, ob zwei gegebene Produkte zueinander inkompatibel sind. Inkompatibel heißt, dass die zwei Produkte nicht auf dieselbe Palette oder nicht in denselben Karton (Option **Ja, nur auf der ersten Ebene**) konsolidiert werden dürfen.

  Die **KonsolidReihenfolge** steuert die Verarbeitungsreihenfolge, wenn mehrere Produktkombinationen für die Konsolidierung infrage kommen.

  Das Beispiel in Abbildung 6.29 zeigt, dass Kaffee und Tee nicht in denselben Karton konsolidiert werden dürfen, jedoch sofern die Produkte in Kartons konsolidiert werden, beide Kartons auf dieselbe Palette gelegt werden können.

  Gekühlte und ungekühlte Produkte können überhaupt nicht konsolidiert werden, und auch Fässer nicht mit Säcken. Dosen, PETs und Säcke können konsolidiert werden, aber die Konsolidierungsreihenfolge legt fest, dass Dosen zuerst mit PETs und dann mit Säcken konsolidiert werden.

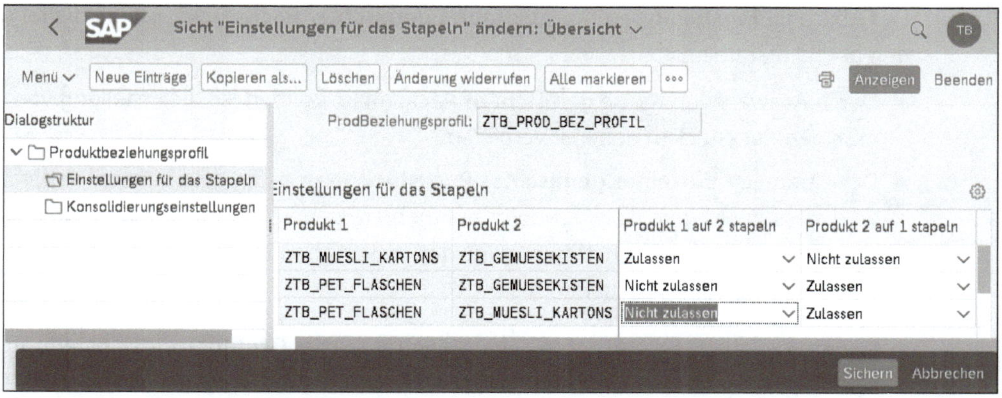

Abbildung 6.28: Pflege der Einstellungen für das Stapeln im Produktbeziehungsprofil

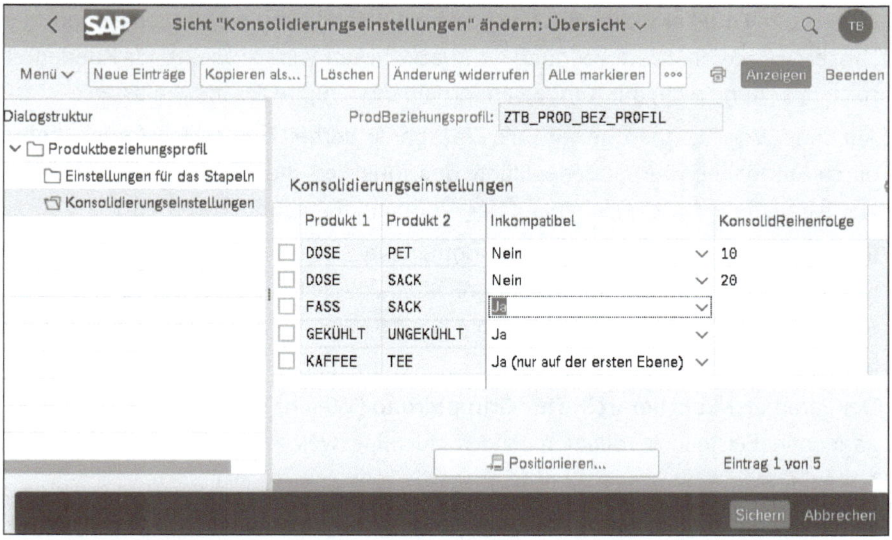

Abbildung 6.29: Pflege der Konsolidierungseinstellungen im Produktbeziehungsprofil

- Sie können **LokH. f. Erm. PstArt** (Lokationshierarchie für die Ermittlung der Packstückart) verwenden, um die Zuordnung der Packstückart auf der Grundlage einer Lokationshierarchie statt nur der Lokationen bestimmen zu lassen. Dies ist vor allem dann sinnvoll, wenn viele Orte aus Sicht der Pakettypenzuordnung die gleichen Eigenschaften und Randbedingungen haben. Sie können eine solche Hierarchie im Customizing definieren, indem Sie im SAP-Menü **Transportation Management • Stammdaten • Transportnetz • Hierarchie • Hierarchie pflegen** die Hierarchiestruktur PB_LOC_HIERARCHY verwenden.
- Mit dem Parameter **ME der NLM** kann die Mengeneinheit für die normalisierte Menge bestimmt werden.

Der Abschnitt **Einstellungen für Erzeugung gemischter Packstücke** enthält die folgenden beiden Parameter:

- Durch Auswahl von **Keine gemischten Packstücke** können Sie die Erstellung von gemischten Packstücken generell verbieten.
- Der Parameter **Einzelnes gemischtes Packstück** sorgt dafür, dass generell verhindert wird, dass die Menge eines Produkts auf mehrere gemischte Packstücke verteilt wird. Wenn Sie ihn undefiniert lassen, wird der entsprechende Parameter aus der Packstücktypzuordnung verwendet.

Zusätzlich enthält dieser Abschnitt die Unterabschnitte **Gruppierungseinstellungen**, **Einstellungen für Lage** und **Einstellungen für Modus** mit weiteren Parametern. Der Unterabschnitt **Gruppierungseinstellungen** bietet die folgenden Parameter, die alle angeben, wie die Elemente gruppiert werden sollen:

- Mittels der **LokHierarchie für Gruppierung (Hart)** können Sie Lokationen hierarchisch gruppieren. Die Erzeugung von Packstücken wird Produkte für Kunden einer solchen Gruppe nicht mit Kunden außerhalb der Gruppe zusammenfassen.

  Auf diese Weise können Sie etwa die Transportsicherheit bei der Belieferung mehrerer durch Autobahnen verbundener Städte gewährleisten, indem Sie vermeiden, dass teilweise entladene Mischpaletten auf der Autobahn transportiert werden.

  In einem weiteren Anwendungsfall könnten Sie z. B. sicherstellen, dass Produkte für Kunden, die eine Belieferung von der rechten Lkw-Seite benötigen, nicht mit Produkten für Kunden, die von der linken Seite beliefert werden müssen, in einem Packstück konsolidiert werden.
- Der Parameter **LokHierarchie für Gruppierung (Weich)** ist sehr ähnlich zur vorangegangenen Einstellung, definiert jedoch nur eine weiche anstelle einer harten Einschränkung.

  Das heißt, das System versucht diese Einschränkung einzuhalten, darf sie aber verletzen, wenn dies unvermeidlich ist. In einem Unternehmen, das viele Kunden in einem Einkaufszentrum bedient, kann etwa die Entladung effizienter erfolgen, wenn sich alle Produkte für die Kunden in dem Einkaufszentrum in den gleichen gemischten Packstücken befinden. Es ist jedoch akzeptabel, dass einige Produktmengen für das Einkaufszentrum in gemischten Packstücken gemeinsam mit Produkten für andere Kunden (außerhalb des Einkaufszentrums) enthalten sind.
- Die **Gruppierungspräferenz** steuert, dass entweder Produkte desselben Kunden oder desselben Produkts zusammengehalten werden.
- Über den **GP-Auslastungsschwellenwert (%)** können Sie eine Mindestauslastung definieren, die erreicht werden muss, damit eine kundenexklusive Palette gebildet wird. Wird diese nicht erreicht, werden die Positionen für den betreffenden Geschäftspartner mit Positionen für andere Geschäftspartner zu einem gemischten Paket zusammengefasst.

- Analog dazu definiert der **Schwellenwert für die Standortauslastung (%)** eine Mindestauslastung, die eine Palette an eine Lokation oder eine weiche Lokationsgruppe erfüllen muss, um exklusiv gebildet zu werden.
- Der Parameter **Menge für Verwendungsschwelle** legt fest, ob sich die beiden vorangegangenen Schwellenwertparameter auf die Höhe, das Volumen oder das Gewicht des zu erstellenden Pakets beziehen.

  Beachten Sie, dass ähnliche schwellenwertbezogene Parameter auch in den Einstellungen für die einheitliche Erzeugung von Packstücken angeboten werden, die in Abschnitt 6.4.5, »Packstückeinheiten«, im Zusammenhang mit der Erzeugung von Packstückeinheiten beschrieben werden. Während die hier beschriebenen Parameter die Struktur der Verpackungshierarchie beeinflussen, geht es dort darum, ob die Packstücke als eigenständige Geschäftsbelege abgebildet werden.

Der Unterabschnitt **Einstellungen für Lage** bietet die Parameter **Keine gemischten Lagen** und **Krone auf Lage deaktivieren**, um zu unterdrücken, dass gemischte Lagen bzw. Kronen erzeugt werden können. Der Unterabschnitt **Lagenbasierte Erzeugung gemischter Packstücke (integriert)** bietet zusätzlich die Parameter:

- **Integr. lagenbas. Erzeug. gemisch. Packst. deaktv.** kann verwendet werden, um diese Phase der Lagenbildung zu überspringen. Dies ist sinnvoll, wenn detaillierte Lagenpositionen erforderlich sind oder die Stapelbarkeit der Produkte beim Stapeln der Lagen berücksichtigt werden soll, was beides nur bei einer detaillierten Erzeugung von Packstücken möglich ist.
- Mit **Produkthöhe ignorieren** können Sie festlegen, ob gemischte Lagen Produkte mit unterschiedlichen Höhen enthalten können. Wenn eine gemischte Ebene Produkte unterschiedlicher Höhe enthält, ist sie nicht flach, und daher kann nichts darauf gestapelt werden.
- **Einzelne gemischte Lage** kann verwendet werden, um zu verhindern, dass ein Produkt auf mehrere gemischte Lagen verteilt wird. Ist dieser Parameter aktiv, übersteuert dies den entsprechenden Parameter in der Zuordnung der Packstückart.
- Mit dem Parameter **Vollständigkeitstoleranz für Lage** können Lagen bereits als vollständig definiert werden, wenn der definierte Prozentsatz der Grundfläche abgedeckt ist. Ist dies nicht Fall, gilt eine Ebene nur dann als voll, wenn 100 % ihrer Grundfläche belegt sind. Bedenken Sie, dass das Stapeln von Gütern auf einer Lage nur erlaubt ist, wenn sie vollständig ist. Dieser Parameter ermöglicht dementsprechend das Stapeln auf Lagen, die als »virtuell« voll definiert sind, obwohl sie tatsächlich nicht voll sind.

Im Unterabschnitt **Einstellungen für Modus** können Sie mit dem **Erzeugungsmodus für gemischte Packstücke** zwischen volumenbasierter und detaillierter gemischter Paketerstellung wählen. Beachten Sie, dass eine Krone mit beiden Modi, detailliert und volumenbasiert, gebaut werden kann. Wenn die detaillierte gemischte Paketbildung aktiviert ist, können Sie zusätzliche Parameter im Unterabschnitt **Einstellungen für detaillierte Erzeugung gemischter Packstücke** pflegen:

- Die **Produktanordnung** legt fest, ob gemischte Pakete nach Türmen oder Lagen geordnet werden sollen. Lagen sind in der Regel im Lager leichter zu handhaben, aber schwer zu entladen, wenn viele verschiedene Produkte auf der Palette enthalten sind.

  Dieser Parameter definiert eine allgemeine Vorgabe, die durch die Einstellungen aus der GP-Lokation **Sicht der Zuordnung der Packstückart** außer Kraft gesetzt werden kann.
- Das **Produktausrichtungsprofil** wird auf alle Produkte angewandt, für die weder für das Produkt selbst noch für eines seiner Referenzprodukte ein Produktausrichtungsprofil definiert ist.
- Die **Stapelreihenfolge** steuert die Reihenfolge, in der die Produkte gestapelt werden. Die Reihenfolge kann nach Gewicht, dann nach Dichte, zuerst nach Dichte, dann nach Gewicht oder undefiniert sein.

  Beachten Sie, dass alle Stapelbeschränkungen zusammen gelten: die Stapelreihenfolge, die im Produktbeziehungsprofil definierten Stapelungseinstellungen und der im Produktstamm definierte Stapelfaktor.
- Aus Gründen der Effizienz wird eine Gruppierungsheuristik verwendet, um ähnliche Produkte auf gemischten Paletten zusammenzufassen. Dabei wird die Ähnlichkeit durch die Referenzprodukthierarchie definiert.

  In dem in Abbildung 6.23 gezeigten Beispiel wird bevorzugt, alle Dosenprodukte auf einer gemischten Palette zusammenzufassen. Dasselbe gilt für PET-, Glas- und Fassprodukte. Dosen werden nur dann mit PET oder Glas gemischt, wenn sich dadurch die Anzahl der Mischpaletten verringert. Sie können die Gruppierungsheuristik übergehen, indem Sie **Gruppierung deaktivieren** wählen.
- **Stapeln auf nicht flach. Flächen deakt.** kann verwendet werden, um das Stapeln auf nicht ebenen Flächen zu verbieten.
- Wenn Sie Überhänge vermeiden wollen, aber noch einige Überhangparameter definiert haben, z. B. im Produktstamm, können Sie den Parameter **Überhang deaktivieren** verwenden.

Darüber hinaus können Sie das zu nutzende **Profil f. Optimierer f. Packstückerzeug.** und das **Regelprofil für Optimierer für PE** hinterlegen.

Beide Profile finden Sie im Customizing unter den Einträgen **Profil für Optimierer für die Packstückerzeugung definieren** und **Regelprofil für Optimierer für die Packstückerzeugung definieren** des Pfades **Transportation Management • Planung • Einheitliche Erzeugung von Packstücken • Erzeugung von Packstücken**.

Abbildung 6.30 stellt die Pflege des Profils für Optimierer für die Packstückerzeugung dar. Sie können dort das Folgende einstellen:

- Sie können die **Maximale Optimiererlaufzeit [ms]** und die **Max. Opt.Laufzeit ohne Verbesserung [%]** festlegen, um die Laufzeit der Optimierung zu kalibrieren.
- Der **Optimierungsschwerpunkt** steuert, ob bei Optimierung möglichst viele verschiedene Lösungen oder die Feinabstimmung bereits gefundener Lösungen präferiert wird.
- Sie können den **Optimierer-Dump-Level** und die **Optimierer-Trace-Stufe** einstellen, die für Support- und Analysezwecke relevant sind.

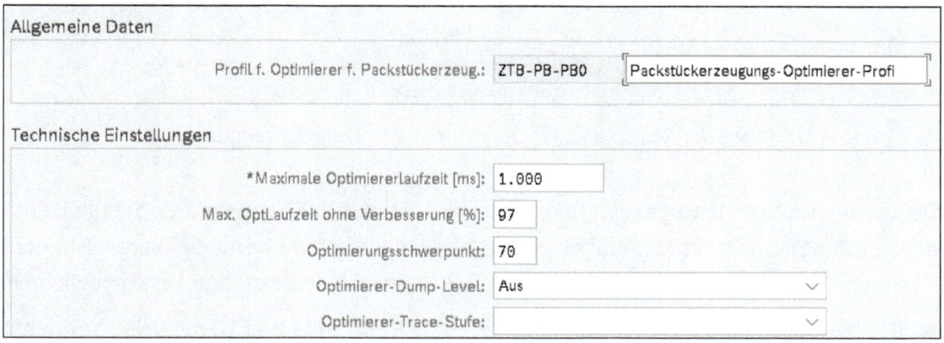

Abbildung 6.30: Pflege des Profils für Optimierer für die Packstückerzeugung

Im in Abbildung 6.31 dargestellten Regelprofil können Sie die folgenden zusätzlichen Regeln aktivieren:

- Durch die Anwendung der Regel **Höhenunterschied auf Kapazität minimier.** werden bei der detaillierten Packstückbildung die Höhenunterschiede der Oberfläche des Packstücks minimiert, um ein stabiles Packstück mit einer ebenen Oberfläche zu bauen. Dieses Ziel ist definiert als Standardabweichung der Höhen der verschiedenen kartonierten oder nicht kartonierten Produkte, die die Oberfläche des Pakets bilden, gewichtet nach den Größen dieser einzelnen Produktoberflächen. Sie können die Zielabweichung von der Standardabweichung im Feld **Wert** festlegen.
- Die Regel **Schwerpunkt [%] zentrieren** ermöglicht es, den Schwerpunkt in der Mitte der Palette zu platzieren (in Bezug auf Länge und Breite). Dieses Ziel wird als weiche Bedingung modelliert, die auf dem Abstand des Massenschwerpunkts von der Mitte basiert. Das Feld **Wert** definiert den zulässigen relativen Abstand von der Mitte, der keine Strafkosten für die Verletzung der weichen Bedingung verursacht. Wenn die Palette etwa eine Breite von 80 cm, eine Länge von 120 cm und somit eine Diagonale von 144 cm hat, definiert der Wert 10 % einen Kreis mit einem Durchmesser von 14 cm um die Mitte.
- Die Regel **Höhe des Schwerpunkts [%] minimieren** funktioniert ähnlich und setzt den Massenschwerpunkt so tief wie möglich auf die Palette. Dieses Ziel wird als weiche Beschränkung modelliert, die auf dem Abstand des Massenschwerpunkts vom Palettenmaterial basiert. Das Feld **Wert** definiert die zulässige Höhe, die keine Strafkos-

ten für die Verletzung der weichen Bedingung verursacht, und wird als Prozentsatz im Verhältnis zur maximal zulässigen Höhe der Waren auf der Palette definiert. Wenn die zulässige Höhe etwa 180 cm beträgt, stellt der **Wert** 30 % einen Schwellenwert von 54 cm dar.

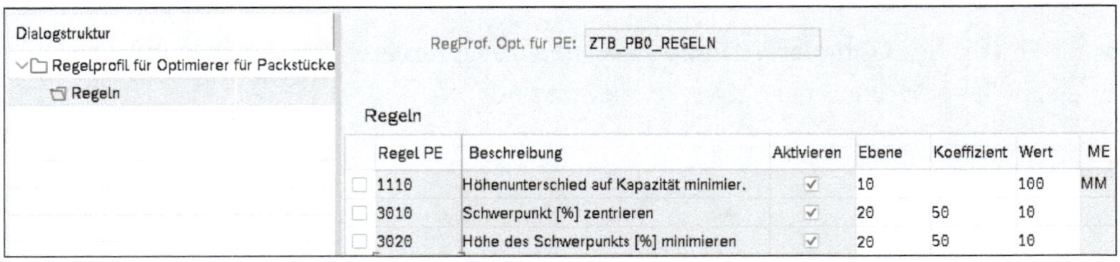

Abbildung 6.31: Pflege des Regelprofils für Optimierer für Packstückerzeugung

Sie können bestimmte Regeln im Regelprofil aktivieren. Mit **Ebene** können Sie die Dominanz bestimmter Regeln gegenüber Regeln einer niedrigeren **Ebene** definieren. Mit dem Parameter **Koeffizient** können Sie mehrere Regeln innerhalb desselben Levels gewichten.

Im Beispiel aus Abbildung 6.31 dominiert die erste Regel mit Level 10 die beiden anderen mit Level 20. Beide Regeln auf Level 20 erhalten die gleiche Gewichtung, d. h., sie werden in Bezug auf die Zielfunktion als gleich wichtig angesehen.

[»]

SAP-Hinweis mit weiteren Beispielen

Weitere Details und Beispiele zur Erzeugung von Packstücken finden Sie in SAP-Hinweis 2581421.

6.4 Transporteinheiten

Belege, die sowohl einen Bedarf als auch eine Kapazität repräsentieren, werden gruppierend *Transporteinheiten* (TEs) genannt. Sie teilen sowohl Eigenschaften von Frachteinheiten als auch von Frachtaufträgen, unterscheiden sich jedoch auch von beiden. Aus Sicht der in Abbildung 6.1 gezeigten Belegzuordnungen befinden sich TEs zwischen Frachteinheiten und Frachtdokumenten.

Szenarien mit Anhängern, Waggons, Containern und Packstücken können mit TEs modelliert werden, wobei diese von den spezifischen Dokumenten *Anhängereinheit*, *Waggoneinheit*, *Containereinheit* und *Packstückeinheit* abstrahieren.

Abschnitt 6.4.1 erläutert die Ähnlichkeiten und Unterschiede von Transporteinheiten mit bzw. zu Frachteinheiten und Frachtdokumenten. Anhängereinheiten und relevante Szenarien mit Lkws und Anhängern werden in Abschnitt 6.4.2 beschrieben, gefolgt von Abschnitt 6.4.3 und Abschnitt 6.4.4, in denen Waggoneinheiten bzw. Containereinheiten behandelt werden. Schließlich werden Packstückeinheiten in Abschnitt 6.4.5 vorgestellt.

6.4.1 Transporteinheiten gegenüber Frachteinheiten, Frachtdokumenten und Transportaufträgen

Ebenso wie Frachtdokumente haben auch TEs Abschnitte, die ihren Weg durch das Netzwerk definieren. Während Anhänger, Waggon- und Containerressourcen den entsprechenden TEs zugeordnet werden können, stellen Packstückeinheiten ein oder mehrere Packstücke mit jeweils einem zugeordneten Packmittel dar.

Transporteinheiten können sich nicht selbst bewegen, sondern müssen von einem Lkw, einer Lokomotive, einem Schiff oder einem Flugzeug bewegt werden und müssen daher einem Frachtdokument zugeordnet werden. Insofern stellen sie, wie Frachteinheiten, einen Transportbedarf dar.

Die Zuordnung einer TE zu einem Frachtdokument kann direkt erfolgen, z. B. eine Anhängereinheit zu einem Straßenfrachtauftrag, oder indirekt, z. B. eine Containereinheit zu einer Anhängereinheit, die dann einem Straßenfrachtauftrag zugewiesen wird.

Während ein Frachtdokument keinem anderen Frachtdokument zugeordnet werden kann, erlauben TEs geschachtelte Zuordnungen innerhalb dieser Dokumentkategorie. Betrachten Sie etwa die folgende Zuordnungskette: Frachteinheit → Packstückeinheit → Containereinheit → Anhängereinheit → Straßenfrachtauftrag. In diesem Fall stellen die TEs drei Konsolidierungsebenen zwischen Frachteinheit und Straßenfrachtauftrag dar. Eine Konsolidierung einer Anhängereinheit in eine andere Anhängereinheit ist nicht möglich, und dies gilt analog für Waggoneinheiten, Containereinheiten und Packstückeinheiten.

Frachtdokumente können untervergeben werden, TEs und Frachteinheiten jedoch nicht. Um transportiert und/oder untervergeben zu werden, müssen sie Frachtdokumenten zugeordnet werden.

Anders als Frachteinheiten können TEs jedoch andere Transportbedarfe bündeln und stellen insofern auch eine Transportkapazität wie z. B. Frachtdokumente dar. Während eine Frachteinheit nur einen einzelnen Transportbedarf mit einer Quell- und einer Ziellokation darstellt, kann eine TE unterschiedliche Quell- und Ziellokationen bedienen. So kann z. B. eine Anhängereinheit einen Anhänger repräsentieren, der von Lokation A nach B und dann nach C bewegt wird, und dabei drei Frachteinheiten ausliefern: die erste von A nach B, die zweite von A nach C und die dritte von B nach C.

- Jede Transporteinheit hat eine Belegart, die Sie im Customizing über den Menüpfad **Transportation Management • Planung • Transporteinheit • Transporteinheitsarten definieren** pflegen können. Die Ähnlichkeit von TEs mit Frachteinheiten und Frachtaufträgen spiegelt sich direkt in der TE-Art wider, sodass wir sie nicht im Detail beschreiben werden (siehe stattdessen Abschnitt 6.2.2, »Eigenschaften von Frachteinheiten«, und Abschnitt 7.3.2, »Konfiguration und Benutzeroberfläche«, für Frachtauftragsarten). Zu beachten ist jedoch, dass Sie einer TE-Art auch bestimmte Positionstypen zuordnen können, was für Mehrfachpositionen in Waggoneinheiten nützlich ist, wie in Abschnitt 6.4.3 erwähnt.

Es gibt viele Möglichkeiten, Transporteinheiten zu erzeugen:

- Die manuelle Planung kann im Transport-Cockpit erfolgen, wie in Abschnitt 6.7.9, »Arbeiten im Transport-Cockpit«, beschrieben.
- Der VSR-Optimierer kann Anhänger- und Waggoneinheiten basierend auf Frachteinheiten, Containereinheiten und Packstückeinheiten erstellen.
- Die Ladungskonsolidierung kann Anhänger- und Containereinheiten auf der Basis von Frachteinheiten und Packstückeinheiten erzeugen. Mehr darüber erfahren Sie in Abschnitt 6.8.7.
- Packstückeinheiten vom Typ **Linear mit Verteilung** können aus Straßenfrachtaufträgen extrahiert werden, wie in Abschnitt 6.4.5 beschrieben.
- Ebenso wie Frachteinheiten kann die Frachteinheitsbildung (FEB) auch Anhänger-, Waggon-, Container- und Packstückeinheiten erzeugen, siehe auch Abschnitt 6.2.3, »Frachteinheitsbildung«. Solche Transporteinheiten erlauben jedoch keine Konsolidierung anderer Bedarfsdokumente, sodass sie reine Bedarfsdokumente darstellen.

  In der folgenden Diskussion fokussieren wir uns auf Transporteinheiten, die eine Konsolidierung von Bedarfen erlauben und somit auch eine Kapazität darstellen.
- Sie können Transporteinheiten gezielt über die SAP-Fiori-Apps **Anhängereinheit anlegen**, **Waggoneinheit anlegen**, **Containereinheit anlegen** und **Packstückeinheit anlegen** anlegen.

  Über die SAP-Fiori-Apps **Arbeitsvorrat Anhängereinheiten**, **Arbeitsvorrat Waggoneinheiten**, **Arbeitsvorrat Containereinheiten** und **Arbeitsvorrat Packstückeinheiten** können Sie sich einen Überblick über die im System vorhandenen Anhänger-, Waggon-, Container- oder Packstückeinheiten verschaffen. Von hier aus können Sie die entsprechenden TEs bearbeiten, erzeugen und löschen.

[»]

Transporteinheiten und Planungskomplexität

Transporteinheiten bieten eine Vielzahl an Modellierungsmöglichkeiten, die aber zusätzliche Planungsentscheidungen erfordern und so die Planungskomplexität erhöhen.

Wir empfehlen daher, stets zu prüfen, ob für Ihr Transportgeschäft eine Modellierung mit Transporteinheiten notwendig ist. Sollte dies nicht der Fall sein, verwenden Sie am besten keine TEs.

In den folgenden Abschnitten erhalten Sie Tipps, wie Sie solche Szenarien erkennen.

Sollten Ihre Transporteinheiten z. B. immer ausschließlich einem Kapazitätsbeleg zugewiesen sein, sollten Sie prüfen, ob Sie diese nicht durch die Nutzung lokaler Positionstypen ersetzen können.

6.4.2 Anhängereinheiten

Viele Transportgeschäfte nutzen Anhänger, aber nicht alle benötigen eine Modellierung durch Anhängereinheiten. Wir betrachten zunächst einige Beispiele, um unsere Terminologie zu definieren. Abbildung 6.32 zeigt verschiedene Lkws und Anhänger. Es gibt Lkws mit eigener Ladekapazität und Zugmaschinen, die keine eigene Kapazität haben. Auflieger können von Zugmaschinen gezogen werden und Anhänger von Lkws. Aus planerischer Sicht werden Auflieger wie Anhänger behandelt, sodass wir uns von nun an nur noch auf *Anhänger* beziehen. Wir unterscheiden auch nicht zwischen Zugmaschinen und Lkws mit Ladekapazität, sondern verwenden einfach den Begriff *Lkw* für beides. Nur bei Bedarf beziehen wir uns explizit auf Zugmaschinen.

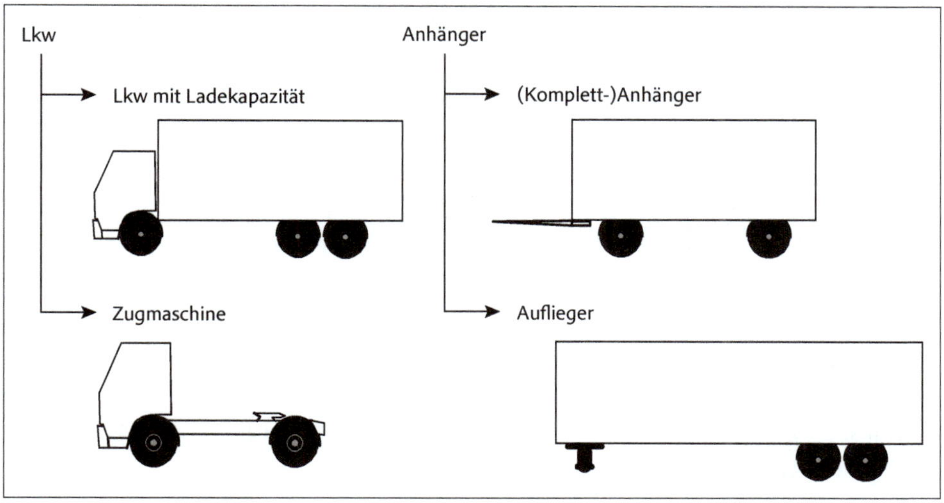

Abbildung 6.32: Beispiele für Lkw und Anhänger

Die Kombination aus einem Lastwagen und Anhänger, die sich zusammen bewegen, wird auch als *Fahrzeugkombination* bezeichnet. Während die oben genannten Beispiele Fahrzeugkombinationen mit einem Lkw und einem Anhänger darstellen, können in einigen Regionen Nordamerikas und Australiens Zugmaschinen zwei oder drei Anhänger ziehen - eine solche Kombination wird als *Lkw-Zug* (Road Train) bezeichnet.

Um einen Anhänger zu transportieren, muss er an einen Lkw gekuppelt sein. Obwohl der letzte Anhänger eines Lkw-Zugs physisch an seinem Vorgänger gekuppelt ist, wird dies aus planerischer Sicht vereinfacht und abstrahiert: Alle Anhänger sind direkt mit dem Lkw verbunden. So werden etwa bei einem Lkw-Zug mit einer Zugmaschine und drei Anhängern alle Anhänger direkt an die Zugmaschine gekuppelt.

Anhänger können auch dann be- und entladen werden, wenn sie nicht mit einem Lkw verbunden sind, und sie können nacheinander von mehreren unterschiedlichen Lkws bewegt werden. Anhänger bringen also mehr Flexibilität und Kosteneffizienz, können aber auch zu mehr Planungsentscheidungen und damit zu mehr Planungskomplexität führen.

Eine Anhängereinheit kann mehrere Bedarfsdokumente bündeln, z. B. Frachteinheiten, Packstückeinheiten oder Containereinheiten. Die Abschnitte einer Anhängereinheit definieren die geplanten Bewegungen des Anhängers im Transportnetz. Jeder Abschnitt der Anhängereinheit muss einem Straßenfrachtauftrag zugeordnet werden, was die Flexibilität bietet, jeden Anhängereinheitsabschnitt einem anderen Straßenfrachtauftrag und einer anderen Lkw-Ressource zuzuordnen. Diese Flexibilität zieht jedoch einige Komplexität nach sich, und daher empfehlen wir Ihnen, sorgfältig zu prüfen, ob Sie Ihr Szenario ohne Anhängereinheiten modellieren können.

In den folgenden Fällen werden Anhängereinheiten benötigt:

- Anhänger werden be- oder entladen, ohne mit dem Lkw gekuppelt zu sein.
- Der Lkw erledigt die verschiedenen Abschnitte seines Straßenfrachtauftrags in verschiedenen Fahrzeugkombinationen.
- Sie möchten auf einer Anhängerressource planen oder die Laderaumplanung unter Berücksichtigung der Achslasten des Anhängers nutzen.

Lassen Sie uns einige Beispiele mit steigender Planungskomplexität betrachten und uns anschauen, wie sie modelliert werden können:

- **Alle Touren eines Anhängers werden immer mit derselben Zugmaschine durchgeführt**

  Wenn die Anhängerressource immer an dieselbe Zugmaschinenressource gekuppelt ist, kann das Szenario durch eine Lkw-Ressource mit Kapazität modelliert werden. Alle Transportbedarfe werden dann dem Straßenfrachtauftrag zugeordnet, und es werden keine Anhängereinheiten benötigt.

- **Alle Touren eines Anhängers werden immer mit demselben Lkw mit Kapazität durchgeführt**

  Wenn eine Anhängerressource immer an dieselbe Lkw-Ressource gekuppelt ist, kann das Szenario durch eine Fahrzeugkombination modelliert werden – in dieser Kombination verknüpfen Sie eine Lkw-Ressource mit Kapazität mit einer Anhängerressource. Wie im vorangegangenen Fall ist die Verwendung von Anhängereinheiten nicht erforderlich.

- **Jede Anhängertour wird von demselben Lkw durchgeführt, die Anhängerressource wird jedoch mit mehreren Lkws zusammen genutzt**

  Wenn eine komplette Anhängertour mit demselben Lkw durchgeführt wird, aber verschiedene Touren derselben Anhängerressource von verschiedenen Lkw-Ressourcen erledigt werden können, können Sie Anhängereinheiten verwenden, um eine dynamische Zuordnung von Lkw-Ressourcen zu Anhängerressourcen zu ermöglichen. Hier muss die Planung dann entscheiden, welche Lkw-Ressource die vorliegende Anhängereinheit bewegt.

- **Die Anhängertour wird von mehreren Lkws ausgeführt (dynamisches Umkuppeln)**
  Der Anhänger wird nacheinander von zwei oder mehr Lkws gezogen. Dazu wird eine Anhängereinheit mit mindestens zwei Abschnitten benötigt, wobei die Abschnitte verschiedenen Lkws zugeordnet sind. Zum Beispiel wird die Anhängereinheit entlang der Lokationen A, B und C bewegt; der Transport von A nach B erfolgt durch den Lkw L1, und der Transport von B nach C durch den Lkw L2. Somit wird der Anhänger an Lokation A mit L1 gekuppelt, nach B transportiert, dort von L1 abgekuppelt, dann an L2 gekuppelt, von B nach C transportiert und dort dann von L2 abgekuppelt.
- **Lkw-Zug mit den gleichen Zugmaschinen- und Anhängerressourcen**
  Ein Lkw-Zug, der permanent mit der gleichen Zugmaschinenressource und den gleichen Anhängerressourcen unterwegs ist, kann analog zum zweiten Fall mit einer Fahrzeugkombination modelliert werden.
- **Lkw-Zug mit dynamischem Umkuppeln**
  Dieser Fall stellt die höchste Planungskomplexität dar. Ein Straßenfrachtauftrag kann mehrere Anhängereinheiten gemeinsam transportieren, und eine Anhängereinheit kann durch mehrere Straßenfrachtaufträge transportiert werden (jeweils einen pro Anhängereinheitsabschnitt).

Wenn Sie Anhängereinheiten verwenden, wird der Transportplan durch Anhängereinheiten und Straßenfrachtaufträge repräsentiert, die jeweils der planerischen Sicht auf die Bewegungen der Anhänger und der Lkws entsprechen. Aufgrund der abschnittsweisen Zuordnung von Anhängereinheiten zu Straßenfrachtaufträgen können Sie die Abschnitte der Anhängereinheit nicht ändern, ohne die Abschnitte des entsprechenden Straßenfrachtauftrags zu ändern, und umgekehrt.

In der Planung müssen Sie in solchen Szenarien sowohl aus der Anhängerperspektive als auch aus der Lkw-Perspektive denken. Daher ist ein einfacher Perspektivenwechsel in der Planung notwendig, oder idealerweise können beide Perspektiven gleichzeitig betrachtet werden, was auch im Transport-Cockpit angeboten wird, wie in Abschnitt 6.7, »Manuelle Planung«, beschrieben.

Das dynamische Umkuppeln wird häufig in Szenarien eingesetzt, in denen die Entfernung von der Quelle zum Ziel so groß ist, dass die Fahrt nicht in einer Schicht durchgeführt werden kann. Um die Auslastung der Anhängerflotte zu maximieren, werden Anhängeraustausche durchgeführt.

Angenommen, ein Anhänger soll von Hamburg nach München und ein anderer von München nach Hamburg transportiert werden. Der erste Lkw kann mit dem ersten Anhänger von Hamburg nach Fulda fahren, was etwa auf halbem Weg zwischen Hamburg und München liegt. Der zweite Lkw kann den zweiten Anhänger von München nach Fulda bringen. In Fulda treffen sich dann die Lkws (Begegnungsverkehr); hier werden beide Anhänger abgekuppelt und dann jeweils an den anderen Lkw gekuppelt. Dann nimmt der erste Lkw den zweiten Anhänger von Fulda mit nach Hamburg, und der zweite Lkw transportiert den ersten Anhänger von Fulda nach München.

Dieser Plan ermöglicht es jeder Fahrerin und jedem Fahrer, am Ende einer Schicht wieder zu Hause zu sein. Die erste Anhängereinheit hat Abschnitte von Hamburg über Fulda nach München, und die zweite Anhängereinheit hat Abschnitte von München über Fulda nach Hamburg. Der erste Straßenfrachtauftrag hat zwei Abschnitte von Hamburg via Fulda nach Hamburg, und der zweite Straßenfrachtauftrag hat zwei Abschnitte von München via Fulda nach München. Abbildung 6.33 zeigt dieses Szenario im Gantt-Diagramm, sowohl aus der Lkw-Sicht (oben) als auch aus der Anhängersicht (unten). Sie sehen, dass das Be- und Entladen der Anhänger erfolgt, ohne dass die Anhänger mit einer Zugmaschine gekuppelt sind.

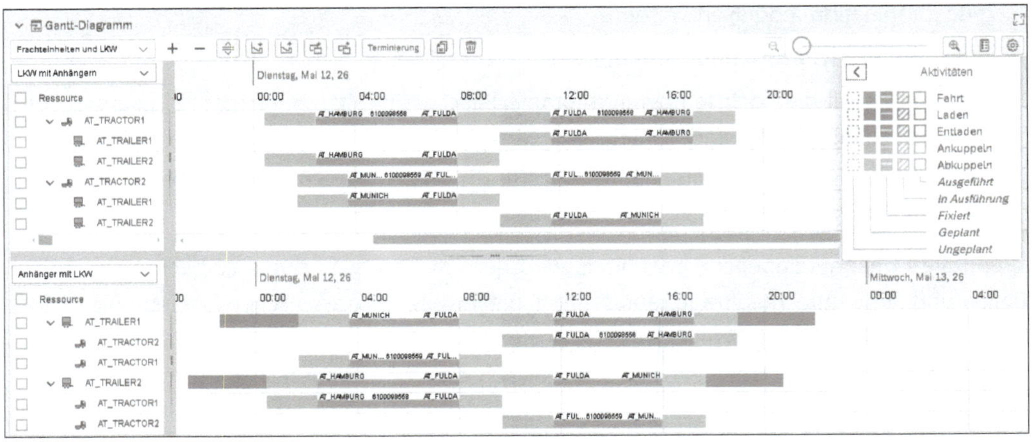

Abbildung 6.33: Anhängeraustausch, dargestellt in einem Gantt-Diagramm

6.4.3 Waggoneinheiten

Ein Bahntransport erfolgt mit Zügen, die aus einer Lokomotivressource und einer Menge von Waggons bestehen können. Es gibt Szenarien, in denen der gesamte Zug untervergeben wird und Bedarfe wie Fracht-, Packstück- oder Containereinheiten direkt den Bahnfrachtaufträgen zugeordnet werden. In anderen Szenarien ist eine Planung auf der Ebene einzelner Waggons erforderlich. Eine solche Planung kann durch Waggoneinheiten abgebildet werden, die eine ähnliche Rolle spielen können wie Anhängereinheiten in Szenarien mit Lkws und Anhängern.

Die manuelle Planung unterstützt die gleichen Funktionen wie für Anhängerszenarien, d. h., Sie können eine Lokomotive einem Bahnfrachtauftrag zuordnen, Waggoneinheiten mit zugeordneten Waggonressourcen und Frachteinheiten anlegen und einen Waggoneinheitsabschnitt einem Bahnfrachtauftrag zuordnen.

Während Anhängereinheiten und Straßenfrachtaufträge während ihres gemeinsamen Transports die gleichen Abschnitte haben, haben Waggoneinheiten und Bahnfrachtaufträge keine synchronisierten Abschnitte; sie haben lediglich die gemeinsamen Haltestellen, an denen der Waggon be-, entladen, an- oder abgekuppelt wird. Diese Modellierung wurde zur Reduzierung des Datenvolumens der Abschnitte gewählt, da ein Bahnfrachtauftrag in der Regel viel mehr Waggons enthält als ein Straßenfrachtauftrag für Anhänger.

Einige Unternehmen transportieren viel Fracht mit Waggons. Wenn 25 komplette Waggons mit einem bestimmten Produkt zu transportieren sind, würde dies zu einer enormen Anzahl von Waggoneinheiten führen. Um die Anzahl der Dokumente zu reduzieren, können Sie das Konzept der Mehrfachpositionen verwenden, bei dem eine Waggoneinheit die Ladung von 25 Waggons repräsentiert. Im Customizing können Sie über den Menüpfad **Transportation Management • Speditionsauftragsmanagement • Positionsarten für das Speditionsauftragsmanagement definieren** einen Positionstyp als passive Fahrzeugressource definieren und Mehrfachpositionen aktivieren. Eine Mehrfachposition kann mehrere Unterpositionen darstellen, ohne die Unterpositionen explizit zu erzeugen. Alternativ können mehrere Unterpositionen durch Expansion automatisch generiert werden. Für die Unterpositionen müssen Sie eine Positionsart angeben, die eine Unterposition einer Mehrfachposition repräsentieren kann.

6.4.4 Containereinheiten

Eine Containereinheit kann jedem Frachtdokument direkt zugeordnet werden oder aber auch eine Schachtelungsebene in der Zuweisungshierarchie darstellen. Mehrere Frachteinheiten können z. B. zu einer Containereinheit zusammengefasst werden, und mehrere Containereinheiten können in eine Anhänger- oder Waggoneinheit konsolidiert werden. In diesem Fall gibt es vier Objektebenen, zwischen denen Zuordnungsentscheidungen gefällt werden müssen: Welche Frachteinheiten werden in welchen Containereinheiten transportiert, welche Containereinheiten werden von welcher Anhänger- oder Waggoneinheit getragen, und wie werden diese Anhänger- und Waggoneinheiten bewegt? Während die Frachteinheit über alle Abschnitte hinweg das gleiche Volumen und Gewicht hat, können sowohl die verschiedenen Transporteinheiten als auch der Frachtauftrag unterschiedliche (geladene) Volumina und Gewichte je Abschnitt haben. Sind auch Packstückeinheiten beteiligt, gibt es sogar fünf Objektebenen für die Zuordnungsentscheidungen.

Unternehmen, die keine eigenen Containerressourcen besitzen, können, wie in Abschnitt 5.3, »Speditionsaufträge«, beschrieben, Leercontainer bestellen und nach dem Warentransport die leeren Container zurückgeben. Sie kümmern sich hauptsächlich um die Containerbewegungen mit der Ladung, betrachten nur den erforderlichen Containertyp, z. B. 20 Fuß oder 40 Fuß, und die Wahl der physischen Containerinstanz ist für sie irrelevant.

Unternehmen, die Speditionsaufträge (einschließlich Bereitstellung eines leeren Containers und seiner Rückgabe) erhalten, müssen die Transporte der leeren Container ebenfalls planen und können dies durch Containereinheiten tun, die auch leere Abschnitte beinhalten.

Transportunternehmen, die Containerressourcen mit speziellen Eigenschaften besitzen und bereitstellen, wie sie z. B. für den Transport von gekühlter Ware oder Gefahrgut benötigt werden, stehen vor der Herausforderung, dass die Containerressourcen im Netzwerk von Containerlagerplätzen und Kundenlokationen verteilt sind. Wenn ein Kunde einen Containertransport von A nach B wünscht, muss eine leere und verfügbare Containerressource identifiziert und von ihrer aktuellen Lokation nach A transportiert werden. In der chemischen Industrie können vorab produktabhängige Reinigungsarbeiten notwendig sein. Angenommen, zuvor wurde ein Produkt mit einer Containerressource ausgeliefert, die leer auf einem Containerlagerplatz zur Verfügung steht. Wenn das nächste zu liefernde Produkt nicht mit dem vorherigen kompatibel ist, ist eine zusätzliche Bewegung vom Containerlagerplatz zu einer Reinigungsstation erforderlich.

Abbildung 6.34 veranschaulicht die Komplexität der Containerplanung anhand des Beispiels eines Logistikdienstleisters mit eigenen Zugmaschinen, Anhängern und Containern und zeigt, wie die erforderlichen Geschäftsdokumente miteinander in Beziehung stehen:

- **Fachteinheit**

  Die Fracht muss von Lokation D nach G transportiert werden.

- **Containereinheit**

  Für den Transport wählen Sie eine bei B befindliche Containerressource aus. Diese bringen Sie zuerst zu C, um sie zu reinigen. Danach wird sie nach D transportiert und dort beladen. Von dort geht es zum Bahnknotenpunkt E, um sie von dort zur Bahnstation F zu transportieren. Schließlich erfolgt die Lieferung zur Ziellokation G.

- **Anhängereinheit**

  Für den Transport des Containers von B über C und D nach E entscheiden Sie, eine Anhängerressource zu nutzen, die aktuell bei A stationiert ist.

- **Straßenfrachtauftrag 1**

  Der firmeneigene Lkw transportiert den leeren Anhänger von A nach B, wo der leere Container auf den Anhänger geladen wird, und fährt dann zur Reinigungsstation C und anschließend zu D und E.

- **Bahnfrachtauftrag**

  Dieser stellt den Bahntransport von Bahnstation E zu Bahnstation F dar. Der Bahnfrachtauftrag wird an ein Bahnunternehmen untervergeben.

- **Straßenfrachtauftrag 2**

  Der finale Transport von der Bahnstation F zur Ziellokation G erfolgt per Untervergabe an eine Spedition.

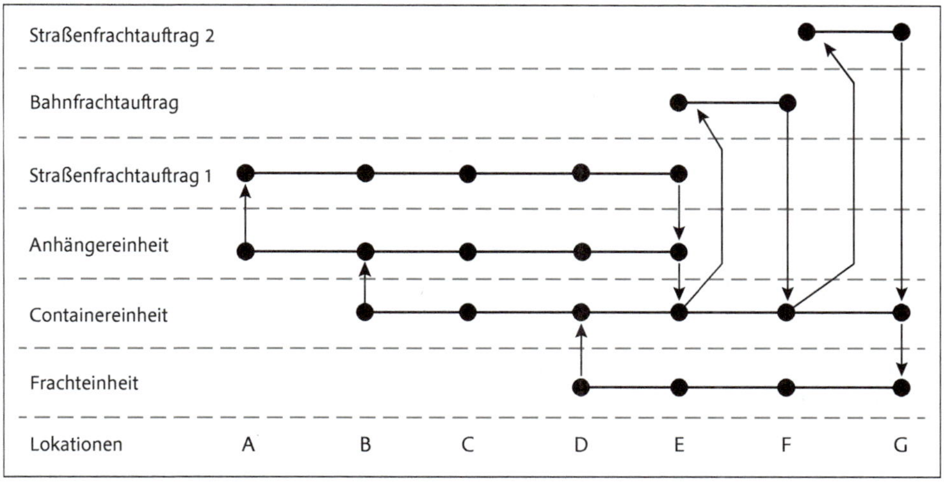

Abbildung 6.34: Containereinheitsabschnitte und involvierte Geschäftsbelege

Die Abschnitte der beteiligten Geschäftsdokumente sind in Abbildung 6.34 dargestellt. Die Pfeile nach oben zeigen an, dass ein Bedarf einer Kapazität zugeordnet wird, und die Pfeile nach unten zeigen an, dass der Bedarf wieder von der Kapazität entfernt wird.

Sie sehen, dass die Frachteinheit das einzige reine Bedarfsdokument ist, die drei Frachtaufträge reine Kapazitätsdokumente sind und sowohl die Anhänger- als auch die Containereinheit gleichzeitig als Bedarfs- und Kapazitätsdokument fungieren. Aus Sicht der Containereinheit ist die Frachteinheit ein Bedarfsdokument, und die Anhängereinheit, der Bahnfrachtauftrag und der zweite Straßenfrachtauftrag sind die zugewiesenen Kapazitätsdokumente. Aus Sicht der Anhängereinheit ist die Containereinheit ein Bedarfsdokument und der erste Straßenfrachtauftrag ein Kapazitätsdokument.

Wir haben den Plan beschrieben, aber wie wird er erstellt? Sie müssen viele Entscheidungen treffen, um diesen Plan in der folgenden Reihenfolge zu erstellen:

1. Auswahl der Containerressource basierend auf ihrer aktuellen Lokation und ihrer Verfügbarkeit
2. Auswahl der Reinigungslokation
3. Definition der Containereinheitsabschnitte durch Auswahl der Bahnstationen E und F
4. Anlage des Bahnfrachtauftrags auf Basis der Abfahrten der Bahnfahrpläne der verfügbaren Bahnspediteure
5. Auswahl der Anhängerressource und der Lkw-Ressource
6. Auswahl des Spediteurs für den letzten Containereinheitsabschnitt

All diese Entscheidungen können im Transport-Cockpit getroffen werden, indem die entsprechenden Geschäftsdokumente angelegt, deren Abschnitte festgelegt und die Bedarfsdokumente den Kapazitätsdokumenten zugewiesen werden. Die meisten dieser Entscheidungen können sogar automatisch getroffen werden.

6.4.5 Packstückeinheiten

Eine Packstückeinheit kann ein oder mehrere Packstücke darstellen, die gemeinsam transportiert werden sollen. Paletten, Gitterboxen und Kartons sind typische Beispiele für Packstücke. Wie ein Frachtdokument enthält eine Packstückeinheit eine Verpackungshierarchie, die mehrere Packstückpositionen auf oberster Ebene enthalten kann. Jeder Abschnitt einer Packstückeinheit stellt einen Transportbedarf dar, der direkt oder indirekt Frachtdokumenten zugewiesen werden muss, wie bereits in Abschnitt 6.4.1, »Transporteinheiten gegenüber Frachteinheiten, Frachtdokumenten und Transportaufträgen«, erläutert.

Aus planerischer Sicht ist die Packstückeinheit der Containereinheit sehr ähnlich. Sie kann jedem Frachtdokument, jeder Anhänger- und Waggoneinheit zugeordnet werden, und Sie können einer Packstückeinheit mehrere Frachteinheiten zuweisen. Darüber hinaus können Sie einer Containereinheit eine Packstückeinheit zuordnen. Anders als bei den anderen Transporteinheiten gibt es keine Packstückressource, die einer Packstückeinheit zugewiesen werden könnte.

Es ist nicht möglich, eine Packstückeinheit einer anderen Packstückeinheit zuzuordnen. Wenn eine tiefe Verpackungshierarchie erforderlich ist, kann die Packstückeinheit ein oder mehrere Packstücke auf oberster Ebene abbilden, und die Unterstruktur wird durch die Verpackungshierarchie der Packstückeinheit repräsentiert.

Neben der rein manuellen Erstellung können Packstückeinheiten auch auf zwei Arten automatisch erstellt werden:

- Anlegen von Packstückeinheiten durch die einheitliche Erzeugung von Packstücken für eine Menge ausgewählter Frachteinheitsabschnitte (siehe Abschnitt 6.2). Mit diesem Ansatz können Sie Packstückeinheiten für eine Lokation (z. B. einen bestimmten Kunden), für eine weiche Gruppe von Lokationen (z. B. mehrere Kunden in einem Gebäudekomplex) oder hart zu trennende Gruppen (z. B. verschiedene Vororte) erzeugen.
- Anlegen von Packstückeinheiten basierend auf der Verpackungshierarchie eines Straßenfrachtauftrags, die entweder manuell oder durch die einheitliche Erzeugung von Packstücken erstellt wurden. Diese Art der Erzeugung ist auch Grundlage für den Prozess der *integrierten Lieferungs- und Hauptlaufplanung*.

Wir werden nun einige spezielle Parameter für Verpackungseinheiten beschreiben und anschließend die beiden Ansätze zur Erstellung von Verpackungseinheiten erläutern.

Spezifische Parameter für Verpackungseinheiten

Die Packstückeinheit bietet einige spezielle Konzepte und Funktionen, die für Containereinheiten nicht verfügbar sind. Wir geben Ihnen nun einen Überblick der spezifischen Parameter des Packstückeinheitstyps und beschreiben dann, wie sie in den beiden genannten Ansätzen zur Erstellung von Verpackungseinheiten verwendet werden können:

- **Folgeart von Abschn.**

  Dieser Parameter ermöglicht die Unterscheidung zwischen den Typen `Definiert und Linear` und `Linear mit Verteilung`. Der erste Typ stellt eine lineare Abschnittssequenz wie in Frachteinheiten oder Containereinheiten dar, d. h., die Abschnitte müssen streng linear ausgeführt werden. Der Typ `Linear mit Verteilung` ermöglicht eine oder mehrere »normale« lineare Abschnitte, gefolgt von einem Verteilungsabschnitt, der die Distribution an mehrere Kunden durch denselben Lkw darstellt. Die Reihenfolge dieser Kunden ist in der Packstückeinheit undefiniert, bei der Zuordnung zu einem Straßenfrachtauftrag bestimmt jedoch die Stoppsequenz des Frachtauftrags die Reihenfolge der Kunden aus dem Verteilungsabschnitt der Packstückeinheit. Abbildung 6.35 zeigt eine Packstückeinheit mit einem linearen Abschnitt vom Lager zu einem Hub und einem Verteilungsabschnitt vom Hub zu mehreren Kunden, der sternförmig auf der Karte dargestellt wird, da die Kundenreihenfolge undefiniert ist.

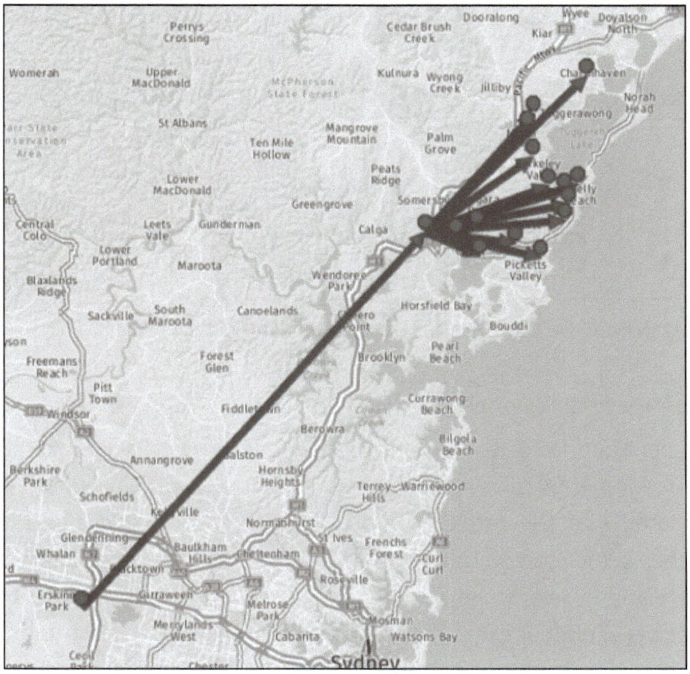

Abbildung 6.35: Packstückeinheit mit einem linearen Abschnitt und einem Verteilungsabschnitt

- **Zuordn. v. VorgBeleg.**

  Sie können festlegen, ob Frachteinheiten vollständig der vorliegenden Packstückeinheit zugeordnet werden müssen oder ob Sie eine Mehrfachzuordnung zulassen, d. h., die Produktmengen eines Frachteinheitsabschnitts werden auf mehrere Packstückeinheiten verteilt. Abbildung 6.36 veranschaulicht das Mehrfachzuordnungskonzept in einem Beispiel mit drei Frachteinheiten, zwei Packstückeinheiten und einem Straßenfrachtauftrag. Die Mengen jeder Frachteinheit werden auf die beiden Packstückeinheiten verteilt, die beide dem gleichen Frachtauftrag zugeordnet sind. Eine Mehrfachzuordnung ist nur zulässig, wenn alle Mengen eines Frachteinheitsabschnitts (indirekt) dem gleichen Frachtauftrag zugewiesen sind. Wenn Sie eine der Packstückeinheiten einem anderen Straßenfrachtauftrag zuordnen, würde dies zu einem Frachteinheitssplit führen, um einen konsistenten Zustand zu erreichen; d. h., die Produktmengen eines Frachteinheitsabschnitts sind dann vollständig einem Frachtauftrag zugeordnet.

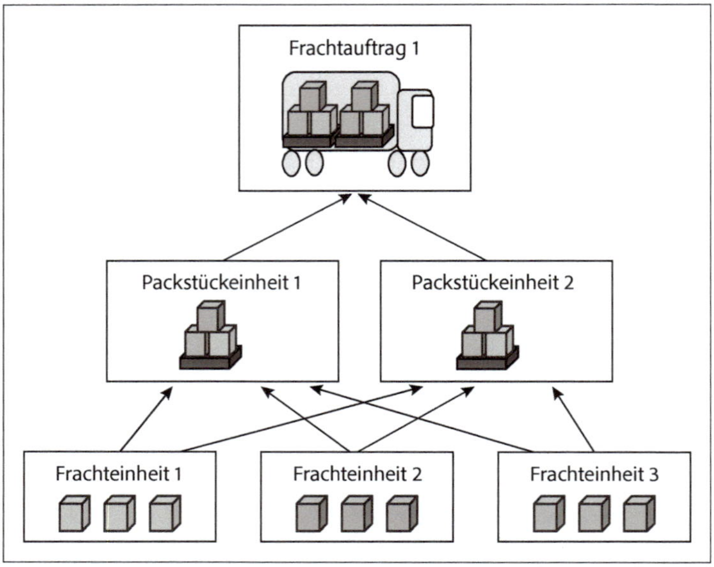

Abbildung 6.36: Packstückeinheiten mit Mehrfachzuordnung von Frachteinheiten

- **Erstellungsregel für Packstückeinheit**

  Mit diesem Parameter kann festgelegt werden, ob alle gegebenen Packstücke einer Packstückeinheit zugeordnet werden oder ob jedes Packstück einer einzelnen Packstückeinheit zugewiesen wird. Die erste Option bündelt mehrere Packstücke und stellt sicher, dass sie immer gemeinsam verplant werden. Diese Option reduziert zwar die Anzahl der für die Planung relevanten Packstückeinheiten erheblich, schränkt aber auch die Flexibilität bei Zuordnungsentscheidungen ein. Die zweite Option führt zu mehr Packstückeinheiten und maximaler Flexibilität bei Zuordnungsentscheidungen, da jede Packstückeinheit einem anderen Kapazitätsbeleg zugeordnet werden kann. Die zweite Option ist die natürlichste, aber in einigen Fällen kann die erste Option auch nützlich sein.

Anlegen von Packstückeinheiten durch die einheitliche Erzeugung von Packstücken basierend auf Frachteinheitsabschnitten

Die einheitliche Erzeugung von Packstücken (siehe Abschnitt 6.3) kann auf einer Menge noch nicht zugewiesener Frachteinheitsabschnitte ausgeführt werden, um diese in Packstückeinheiten zu bündeln. Dies kann aus den folgenden Gründen nützlich sein:

- Im Allgemeinen wird die Komplexität des verbleibenden Planungsproblems reduziert, wenn die Entscheidungen über eine Konsolidierung der Frachteinheiten in gemeinsame Packstückeinheiten (z. B. Waren, die auf eine gemeinsame Palette geladen werden) getroffen werden. Dieser Ansatz folgt der Idee, Entscheidungen so früh wie möglich zu treffen.
- Wenn in einem Szenario eine durchschnittliche Packstückeinheit fünf Frachteinheiten enthielte, würde sich die Anzahl der Bedarfsbelege im Planungsszenario um den Faktor 5 verringern. Infolgedessen haben Sie einen besseren Überblick über den tatsächlichen Bedarf, und Ihre Entscheidungsfindung wird erleichtert.
- Wenn bereits bekannt ist, dass bestimmte Frachteinheiten zusammen transportiert und verpackt werden, kann dieser Aspekt durch eine Packstückeinheit perfekt abgebildet werden.
- Packstückeinheiten führen zu einer höheren Planungsgenauigkeit, da sie bereits die tatsächliche Verpackungshierarchie mit den tatsächlichen Volumina und dem Gewicht der Verpackung enthalten und nicht nur eine Abschätzung oder gar keine Schätzung der Verpackung.

Diese Art der Anlage von Packstückeinheiten kann interaktiv im Transport-Cockpit oder durch einen Report über den Pfad **Logistik • Transportation Management • Administration • Hintergrundverarbeitung • Packstückeinheiten basierend auf einheitl. Packstückerzeug. für FEs anlegen** im SAP-Menü ausgelöst werden. Das Verhalten der Anlage wird durch Einstellungen für die einheitliche Erzeugung von Packstücken gesteuert (siehe den Bildschirmbereich **Anlegen von PEs basierend auf einheitlicher Packstückerzeugung für FEs** in Abbildung 6.16).

Die folgenden Anwendungsfälle können das Ergebnis der Packstückerzeugung (und vor allem die Auslastung der entstehenden Packstücke) beeinflussen:

- **Kundenexklusive Packstückeinheiten**

  Manche Kunden bestehen auf exklusive Paletten (z. B. weil für sie zum Abladen ein Gabelstapler verwendet werden kann. Frachteinheiten können bei der Anlage auf Basis des Geschäftspartners als kundenexklusiv gegenzeichnet sein (siehe Diskussion der Packstückartzuordnung in Abschnitt 6.3, »Einheitliche Erzeugung von Packstücken«), Sie können diese Kennzeichnung jedoch im Transport-Cockpit interaktiv setzen und auch aufheben. Frachteinheiten mit dieser Kennzeichnung werden immer nur in kundenexklusive Packstücke zusammengefasst.

- **Verpackungseinheiten für weiche und harte Lokationsgruppen**

  Bestimmte Kunden sollen nur von gruppenexklusiven Paletten beliefert werden. Zum Beispiel sollten Kunden im selben Gebäudekomplex aus Effizienzgründen gemeinsam von denselben Paletten beliefert werden (weiche Gruppe), während Kunden innerhalb einer Stadt aus Gründen der Ladungssicherung zwingend von denselben Paletten beliefert werden müssen (harte Gruppe).

Beide Fälle benötigen die Pflege der entsprechenden Lokationshierarchie im Profil für die einheitliche Erzeugung von Packstücken (siehe Abschnitt 6.3.5, »Erzeugung von Packstücken«). Darüber hinaus kann für beide ein Schwellenwert hinterlegt werden (**AuslastSchwell. LokatGruppe - Weich (%)** bzw. **AuslastSchwell. LokatGruppe - Hart (%)**), um zu verhindern, dass Packstücke mit sehr schlechter Auslastung erzeugt werden.

- **Exklusive Verpackungseinheiten für Geschäftspartner basierend auf bestellten Mengen**

  Wenn ein Kunde genügend Volumen oder Gewicht bestellt hat, kann es effizienter sein, den Kunden mit exklusiven Paletten anstelle von kundengemischten Paletten zu bedienen. Alle Frachteinheiten, die an einen Geschäftspartner geliefert werden, werden zu exklusiven Packstücken zusammengefasst, wenn sie den vordefinierten **GP-Auslastungsschwellenwert (%)** erfüllen.

Alle Schwellenwerte beziehen sich auf die gewählte **Menge für Auslastungsschwellenwert**, die aus Volumen, Gewicht und Höhe gewählt werden kann. Erreicht mindestens eine Palette einer dieser Gruppen die Auslastungsschwelle erreicht, bildet das System die Packstücke der jeweiligen Gruppe vollständig ab. Die Abarbeitung der Anwendungsfälle erfolgt in der zuvor genannten Reihenfolge. Wenn also eine Frachteinheit zu einer harten Standortgruppe gehört und eine kundenexklusive Verpackung benötigt, wird eine kundenexklusive Packstückeinheit erstellt, und die Frachteinheit ist kein Kandidat mehr für eine Packstückeinheit für eine harte Standortgruppe.

Darüber hinaus bieten die Einstellungen für die einheitliche Erzeugung von Packstücken die folgenden Parameter:

- Die **Standard-Packstückeinheitsart** wird für die zu erstellenden Packstückeinheiten verwendet.
- Die **Erstellungsregel für Standad-PE** legt fest, ob eine Packstückeinheit für alle Packstücke oder eine Packstückeinheit pro Packstück (der höchsten Ebene) erstellt werden soll.
- Mit dem Parameter **PE-Art für PEs mit Einzelziellokation** können Sie eine abweichende Packstückeinheit hinterlegen, die für Packstücke verwendet wird, die nur eine Lokation bedienen. Dies kann nützlich sein, um hier eine Packstückeinheitsart mit linearer Abschnittsfolge zu wählen, da diese z. B. im Transport-Cockpit die eindeutige Identifikation des Zielorts erleichtert.
- Die **Erstellungsregel für PEs mit Einzel-ZL** gilt, wenn die Packstückeinheit nur eine Ziellokation bedient, und sie legt fest, ob eine Versandeinheit für alle Packstückeinheiten oder eine Packstückeinheit pro Packstück (der höchsten Ebene) erstellt werden soll.
- Die **Max. Anzahl der Packstückpos. pro PE** definiert eine harte Einschränkung für die Anzahl der obersten Packstücke in einer Packstückeinheit und gilt nur, wenn eine

Packstückeinheit für alle Packstücke erstellt wird. Angenommen, ein Lieferwagen kann nicht mehr als zwölf Paletten transportieren. Wenn Sie eine Verpackungseinheit mit 13 oder mehr Paletten erstellen, kann diese nicht geplant werden, die Verpackungseinheit würde ungeplant bleiben, und Sie müssten sie stornieren und die zugeordneten Frachteinheiten einzeln planen. Um die manuelle Stornierung zu vermeiden, könnten Sie stattdessen ein Limit von zwölf Packstücken verwenden. In dem Beispiel mit 13 Paletten würde das System keine Packstückeinheit erzeugen, und das Planungsteam könnte direkt mit Frachteinheiten weiterarbeiten.

Integrierte Liefer- und Hauptlaufplanung mittels Packstückeinheiten

Kommen wir nun zum integrierten Liefer- und Hauptlaufplanungsprozess, bei dem die Packstückeinheit mit Verteilung und Mehrfachzuordnung die Schlüsselrolle spielt, um die Lieferplanung mit der Hauptlaufplanung zu verknüpfen. Das Geschäftsszenario ist in Abbildung 6.37 skizziert.

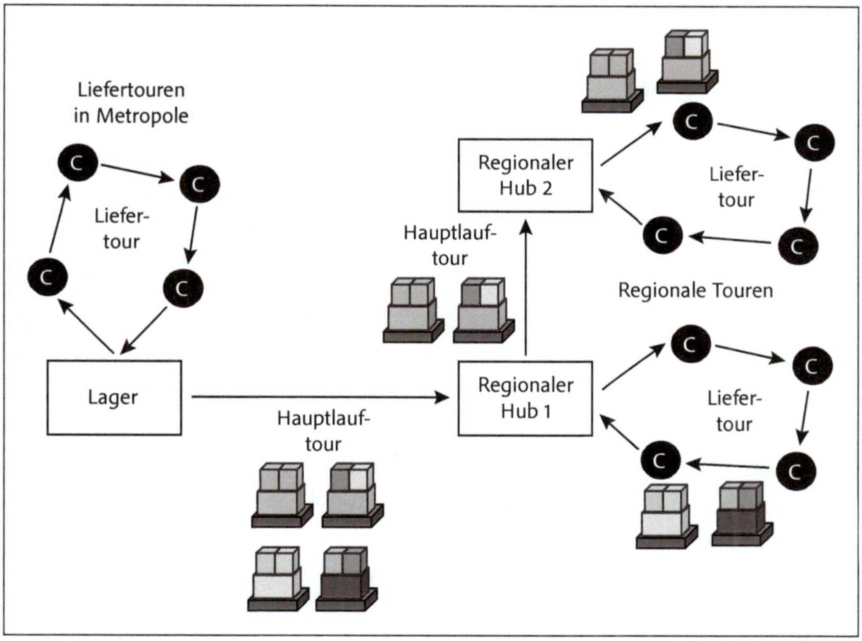

Abbildung 6.37: Integriertes Liefer- und Hauptlaufplanungsszenario mit gemischten Paletten

Die Produkte werden vom Lager zum Kunden transportiert. Das Lager befindet sich in einer Metropole, und Auslieferungs-Lkws können die Kunden in der Metropole direkt vom Lager aus durch Liefertouren bedienen. Kunden in abgelegenen Regionen werden von Lieferfahrzeugen aus regionalen Hubs beliefert, die vom Lager aus mit Hauptlauf-Lkws bedient werden. Da es in jeder Region viele Kunden gibt und die Kunden in der Regel viele verschiedene Produkte in kleinen Mengen bestellen, werden Mischpaletten mit Waren für viele verschiedene Kunden gebaut. So kann etwa ein Auslieferungs-Lkw mit zwölf Paletten 50 Kunden bedienen, d. h., für jeden Kunden werden die bestellten Produktmengen aus den Mischpaletten entnommen.

Aus Effizienzgründen soll ein Umbau der Paletten in den regionalen Hubs vermieden werden. Daher werden die Mischpaletten für die Liefertouren bereits im Lager gebaut. Dies führt zu der größten Herausforderung in diesem Szenario: Die gemischten Paletten werden im Lager gebaut, aber ihre Struktur hängt von den Kunden ab, die zusammen in derselben Liefertour bedient werden.

Die Lösung dieser Herausforderung besteht darin, den Planungsprozess wie folgt zu zerlegen:

1. **Planung der Liefertouren:** Zunächst erstellen Sie die Liefertouren und bauen die Mischpaletten entsprechend der Tourenzusammenstellung. Anschließend wird der Ladeplan für die Liefertouren erstellt.
2. **Planung der Hauptlaufabschnitte:** Basierend auf den Mischpaletten der Liefertouren planen Sie deren Hauptlaufabschnitte und bestimmen den Ladeplan für die Hauptlauftouren.

Packstückeinheiten repräsentieren die Mischpaletten, die das Ergebnis der Lieferplanung sind und die Transportbedarfe für die Hauptlaufplanung darstellen. Vereinfacht gesagt, stellen Packstückeinheiten die Dokumente dar, die die Lieferplanung mit der Hauptlaufplanung verbinden. Ein subtiler Aspekt des Prozesses ist, dass die Lieferplanung vor der Hauptlaufplanung erfolgt und die Hauptlauftouren vor den Liefertouren durchgeführt werden.

Lassen Sie uns die Prozessschritte nun im Detail betrachten. Da der Transport jeder Frachteinheit zu einem regionalen Kunden über den entsprechenden regionalen Hub läuft, definieren wir eine Standardroute vom Lager über den regionalen Hub zu den Kunden in der Region. Die Anwendung der Standardroute bereits während der FEB erzeugt zwei Abschnitte für die Frachteinheit: einen vom Lager zum Hub und einen vom Hub zum Kunden. Basierend auf diesen Frachteinheiten besteht der integrierte Liefer- und Hauptlaufplanungsprozess aus den folgenden Schritten, die in Abbildung 6.15 (siehe Abschnitt 6.3.2, »Integration der einheitlichen Erzeugung von Packstücken in den Planungsprozess«), Abbildung 6.38 und Abbildung 6.39 dargestellt sind:

1. Der VSR-Optimierer wird für jedes regionale Lieferplanungsszenario ausgeführt. Die Frachteinheiten enthalten Schätzungen für die Anzahl der Paletten, aber noch keine detaillierte Verpackungsstruktur. Der Optimierer erzeugt für die verfügbaren Liefer-Lkws Straßenfrachtaufträge (Liefertouren) aus den ungeplanten Frachteinheitsabschnitten vom regionalen Hub zu den Kunden.
2. Die Erzeugung von Packstücken wird für die Straßenfrachtaufträge durchgeführt, dadurch enthalten die Frachtaufträge jeweils eine Verpackungshierarchie.
3. Die Laderaumplanung wird für die Straßenfrachtaufträge angewandt, sodass jeder Frachtauftrag einen Ladeplan bekommt.

4. Sobald Sie keine weiteren Änderungen mehr erwarten, finalisieren Sie die Packstücke in den Frachtaufträgen. Danach werden für alle Packstücke auf der obersten Ebene in den Verpackungshierarchien der Frachtaufträge Packstückeinheiten angelegt. Vor diesem Schritt sind die Frachteinheiten noch direkt den Frachtaufträgen zugeordnet. Nach diesem Schritt sind die Frachteinheiten den Packstückeinheiten zugeordnet, die wiederum dem Frachtauftrag zugewiesen sind. Eine Voraussetzung für diesen Schritt ist die Nutzung des Packstückeinheitstyps **Linear mit Verteilung**. Wir empfehlen unbedingt, für ein solches Szenario die Mehrfachzuordnung für die Packstückeinheitsart zu aktivieren, da dieser Schritt ansonsten die Anzahl der Frachteinheiten erheblich erhöhen könnte (aufgrund der Frachteinheitssplits, die erforderlich sind, um sicherzustellen, dass jede Frachteinheit vollständig einer Packstückeinheit zugeordnet ist). Eine wesentliche Funktion zur Verknüpfung der Lieferplanung mit der Hauptlaufplanung besteht darin, dass bei der Erzeugung von Packstückeinheiten frühere ungeplante Frachteinheitsabschnitte berücksichtigt werden. Wenn ein Packstück nur Frachteinheitsabschnitte enthält, die einen oder mehrere identische frühere Frachteinheitsabschnitte haben, was in unserem Szenario der Fall ist, weil sie alle einen gemeinsamen Abschnitt vom Lager zum Hub haben, plant das System auch diese früheren Frachteinheitsabschnitte und weist sie der neu angelegten Packstückeinheit zu. Dadurch sind die Frachteinheiten komplett geplant, also nicht nur der Lieferabschnitt, sondern auch der Hauptlaufabschnitt. Die Packstückeinheiten bestehen nun aus einem ungeplanten linearen Abschnitt, der den noch zu planenden Abschnitt für den Hauptlauf repräsentiert, und einem geplanten Verteilungsabschnitt, der der Liefertour, d. h. dem erzeugten Straßenfrachtauftrag, zugeordnet ist.

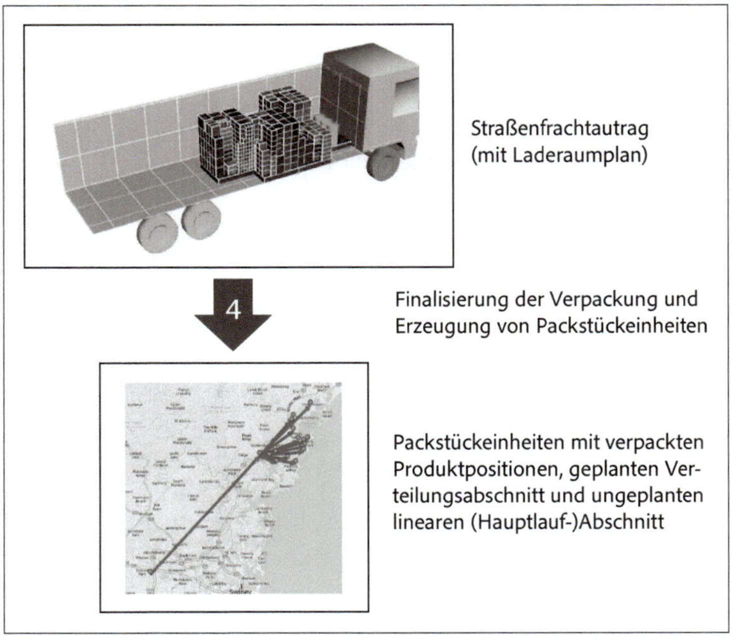

Abbildung 6.38: Erzeugung von Packstückeinheiten nach der Lieferplanung

5. Wenn diese Schritte für alle Lieferregionen abgeschlossen sind, beginnt die Hauptlaufplanung. Der VSR-Optimierer verplant alle ungeplanten Packstückeinheitsabschnitte vom Lager zu den regionalen Hubs und nutzt dafür die verfügbaren Hauptlauf-Lkws, die in der Regel viel größer sind als die Lkws für Liefertouren. Die ungeplanten Packstückeinheitsabschnitte werden in Hauptlauffrachtaufträge konsolidiert. Das Beispiel aus Abbildung 6.39 zeigt einen Hauptlauffrachtauftrag für eine Zugmaschine, die zwei Anhänger zieht, die jeweils durch eine Anhängereinheit repräsentiert werden. Somit wurde jede Packstückeinheit einer der beiden Anhängereinheiten zugeordnet, die beide dem Straßenfrachtauftrag zugeordnet sind.
6. Als letzter Schritt wird die Laderaumplanung für den Straßenfrachtauftrag genutzt, um für jeden Anhänger einen Ladeplan zu ermitteln, der alle Achslastbeschränkungen der gesamten Fahrzeugkombination berücksichtigt.

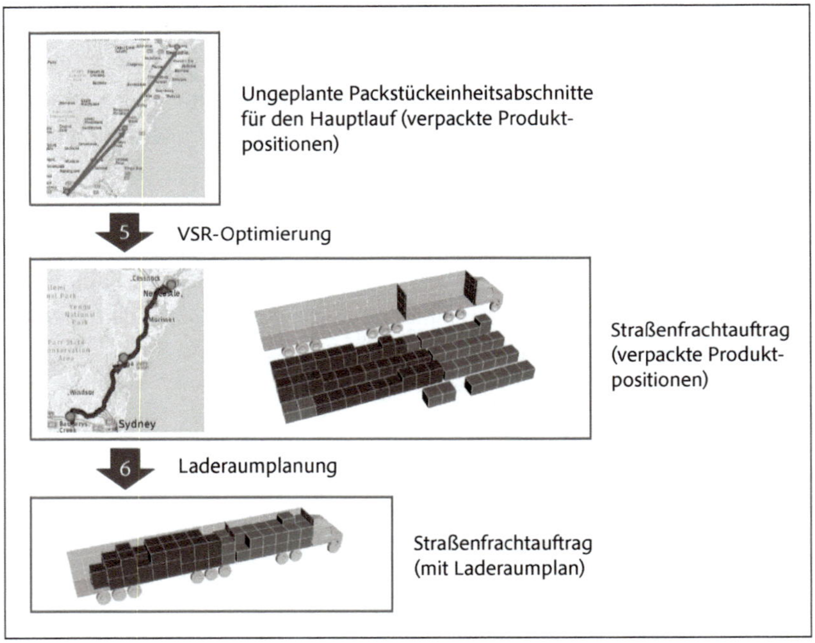

Abbildung 6.39: Hauptlaufplanungsprozess

Die Lieferplanung (Schritte 1–4) wird für alle Regionen durchgeführt. Die Hauptlaufplanung (Schritte 5–6) wird erst gestartet, wenn die Lieferplanung für alle Regionen abgeschlossen ist und alle erforderlichen Packstückeinheiten aus den Lieferfrachtaufträgen erzeugt wurden.

Der gerade beschriebene Prozess enthält viele automatisierte Planungskomponenten, wie z. B. den VSR-Optimierer, die Erzeugung von Packstücken und die Laderaumplanung. In der Praxis empfehlen wir, so viel wie möglich zu automatisieren und nur bei Bedarf manuell einzugreifen. Natürlich können alle Prozessschritte auch manuell durchgeführt werden.

6.5 Normalisierte Mengen

Ein Transportbedarf wird in der Regel durch das benötigte Volumen und Gewicht quantifiziert. In vielen Regionen und Unternehmen wird der Bedarf oft durch eine zusätzliche Größe gemessen. Diese Größe repräsentiert die benötigte Bodenfläche oder den benötigten Laderaum in einem Lkw. Zum Beispiel hat eine Europalette mit einer Länge von 1,2 m und einer Breite von 0,8 m eine Grundfläche von 0,96 Quadratmetern. Man könnte die benötigte Grundfläche anhand der Anzahl der benötigten Europalettenstellplätze in einem Lkw messen.

Alternativ dazu wird in Europa häufig das Konzept des *Lademeters* (LDM) verwendet. Ausgehend von einer Standardanhängergröße mit einer Breite von 2,4 m, wird die benötigte Bodenfläche einer Ladung durch 2,4 m geteilt, was die Länge der Ladung von der Vorderseite des Laderaums bis zu seiner Rückseite ergibt. Eine Europalette fasst somit 0,4 LDM. Ein Standardanhänger kann 13,6 LDM und damit 34 Europaletten transportieren.

In Deutschland wird im Einzelhandel aus Gründen der Effizienz und Flexibilität häufig ein spezieller Palettentyp (die sogenannte *Düsseldorfer Palette*) verwendet, der nur halb so groß ist wie eine Europalette und mit 0,5 Europaletten und somit 0,2 LDM bemessen wird. Besteht der Transportbedarf z. B. aus drei Europaletten und drei solchen halbgroßen Handelspaletten, wird dies mit 4,5 Europalettenplätzen und 1,8 LDM gemessen.

Schauen wir uns in den folgenden Abschnitten genauer an, wie wir unser Beispiel durch normalisierte Größen modellieren können.

6.5.1 Normalisierte Menge und zusätzliche normalisierte Menge

Da es üblich ist, den Transportbedarf und die Ladung anhand der Anzahl der standardisierten Palettenstellplätze oder LDM zu messen, können Frachteinheiten durch die *normalisierte Laderaumverbrauchsmenge* (normalisierte Menge, NLM) und die *zusätzliche normalisierte Laderaumverbrauchsmenge* (zusätzliche normalisierte Menge, ZLM) gemessen werden. Sowohl für die NLM als auch für die ZLM können Sie die Maßeinheit festlegen. In unserem Beispiel können Sie z. B. EPL verwenden, um NLM in Bezug auf die Anzahl der Europaletten zu messen, und LDM, um ZLM in Bezug auf die LDMs zu messen. Während Sie in den Frachteinheiten den Bedarf dieser Menge finden, können Sie in den Ressourcen und Equipmentarten die bereitgestellte Kapazität hinterlegen.

Abbildung 6.40 zeigt das Zusammenspiel der verschiedenen Funktionen bei der Ermittlung der NLM für eine Frachteinheit und einen Frachtauftrag. Der Schlüssel zur Ermittlung der NLM ist die normalisierte Menge pro Produkt und Mengeneinheit, für die das System mehrere Alternativen zur Definition anbietet. Liegt keine Definition vor, leitet das System einen Wert aus den Mengeneinheiten der Produktstammdaten ab. Der Frachtauftrag ermittelt seinen Wert basierend auf der Summe der zugewiesenen Frachteinheiten.

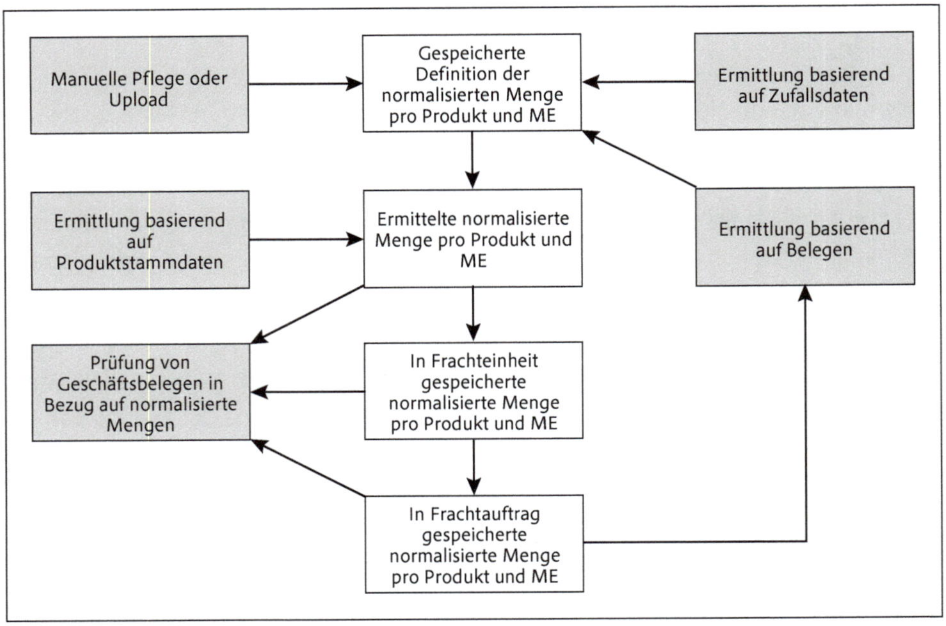

Abbildung 6.40: Informationsfluss der verschiedenen Komponenten hinsichtlich der normalisierten Menge

Bestimmung von normalisierten Mengen

Betrachten wir als Beispiel eine Frachteinheit mit drei Produktpositionen (siehe Tabelle 6.1). Jede Produktposition hat eine Menge, die sich auf die Basismengeneinheit des Produkts bezieht, die mit der normalisierten Menge pro Produkt und Mengeneinheit multipliziert wird und so die normalisierte Menge in Bezug auf ihre definierte Mengeneinheit ergibt. Die NLM wird pro Position berechnet und dann auf der Ebene der Gütereinheit aggregiert.

Artikel	Produkt	Menge (Basis-UoM)	NLM pro Produkt und UoM	NLM (EPL)	ZLM (LDM)
10	A	20 ST	0,05 EPL	1,00 EPL	
20	B	5 KT	0,25 EPL	1,25 EPL	
30	C	12 ST	0,10 EPL	1,20 EPL	
Gesamt (Kopfebene)				**3,45 EPL**	**1,38 LDM**

Tabelle 6.1: Berechnungsbeispiel für normalisierte und zusätzliche normalisierte Menge

Dann ist die Ermittlung der ZLM recht einfach. Wie in Tabelle 6.1 dargestellt, wird sie nur auf der Kopfebene bestimmt. Die Berechnung erfolgt durch einen einfachen Umrechnungsfaktor, der zentral für die Umrechnung von NLM-Einheiten in ZLM-Einheiten konfiguriert werden kann.

Konfiguration

Da nicht jedes Unternehmen normalisierte und zusätzliche normalisierte Mengen benötigt, müssen die Funktionen gezielt aktiviert werden. Folgen Sie dazu diesen Schritten:

1. **Frachteinheitsarten konfigurieren**

   Über den Pfad **Transportation Management • Planung • Frachteinheit • Frachteinheitsarten definieren** im Customizing müssen Sie im Abschnitt **Standardmengeneinheiten** die folgenden Parameter definieren:

   - Durch Festlegen des Parameters **Standard-ME für normalisierte Menge** aktivieren Sie, dass die normalisierte Menge in der Frachteinheit (in der gewählten Mengeneinheit) ermittelt wird.
   - Der Parameter **Standard-ME für zusätzl. normalis. Menge** legt analog die Mengeneinheit der zusätzlichen normalisierten Menge fest.
   - Der Parameter **Laderaumverbrauchsmengen aggregieren** ermöglicht die Anzeige einer Packmittelübersicht, die die verwendeten Packmittel in einer kompakten Übersicht darstellt, was sehr nützlich sein kann, wenn innerhalb einer Frachteinheit unterschiedliche Packmittel (z. B. zwei Europaletten, vier Industriepaletten und drei Gitterboxen) verwendet werden.

2. **Frachtauftragsarten anpassen**

   Über den Pfad **Transportation Management • Frachtauftragsmanagement • Frachtauftrag • Frachtauftragsarten definieren** können Sie im Abschnitt **Standardmengeneinheiten** die analogen Parameter für die Frachtauftragsart pflegen und somit die Ermittlung der normalisierten Menge für Ihre Frachtauftragsart aktivieren.

   Zusätzlich können Sie mit dem Parameter **NLM-Auslastungsregel** wählen, ob die freie Kapazität in einer Top-Level-Packstückposition als verfügbar für eine weitere Konsolidierung angesehen wird oder nicht. Nehmen wir ein Beispiel mit zehn Paletten, die jeweils zu 75 % ausgelastet sind:

   - Wählen Sie **Standardberechnung**, gelten alle zehn Palettenplätze als voll belegt, obwohl jede Palette noch 25 % freie Kapazität hat.
   - Wählen Sie die Option **Packstückauslastung für NLM-Verbrauch berücksichtigen**, wird die 75 %ige Auslastung berücksichtigt, solange die Paletten nicht abgeschlossen sind. Somit können Sie weitere Frachteinheiten in den Frachtauftrag aufnehmen und die Erzeugung von Packstücken erneut auf der Ebene des Frachtauftrags anstoßen, um die verfügbare Kapazität auf den vorhandenen Paletten zu nutzen. Abgeschlossene Paletten werden immer als voll ausgelastet betrachtet, unabhängig von der gewählten Auslastungsregel.

3. **Transporteinheitsarten pflegen**

   Sie können die gleichen Parameter für Transporteinheiten pflegen, indem Sie im Customizing den Pfad **Transportation Management • Planung • Transporteinheit • Transporteinheitsarten definieren** wählen.

4. **Umrechnung zwischen NLM und ZLM definieren**

   Wählen Sie im Customizing den Pfad **Transportation Management • Grundfunktionen • Normalisierte Mengen (NLM) und zusätzliche normalisierte Mengen (ZLM) • Umrechnung zwischen den Mengeneinheiten NLM und ZLM definieren**, um den Umrechnungsfaktor zwischen NLM und ZLM zu definieren (siehe Abbildung 6.41). Beachten Sie, dass diese Umrechnung produktunabhängig ist und nur erforderlich ist, wenn Sie auch die ZLM nutzen möchten.

5. **Frachteinheitsbildungsregel anpassen**

   Weitere Einstellungen können Sie an der Frachteinheitsbildungsregel vornehmen (siehe auch Abschnitt 6.2.3, »Frachteinheitsbildung«). Öffnen Sie Ihre Regel, und wählen Sie die Registerkarte **Erweiterte Einstellungen**.

   Wenn Sie im Parameter **Profil für einheitliche Erzeugung von Packstücken** ein Profil hinterlegen, werden die Produktpositionen einer Frachteinheit während ihres Erstellens verpackt und die NLM abgeleitet.

   Wie bereits in Abschnitt 6.3.2, »Integration der einheitlichen Erzeugung von Packstücken in den Planungsprozess«, erwähnt, können Sie mit dem Parameter **Ergebnis der einheitlichen Erzeugung von Packstücken** festlegen, ob die komplette Verpackungshierarchie oder nur die geschätzte Anzahl der Packstücke als normalisierte Menge beibehalten wird.

   Um im Transport-Cockpit die Kapazitäten von Ressourcen und Equipmentarten in Bezug auf die normalisierte Menge anzuzeigen, müssen Sie in den Einstellungen für das Transport-Cockpit die **ME der normalisierten Menge** definieren (mehr zu diesen Einstellungen erfahren Sie in Abschnitt 6.7.9, »Arbeiten im Transport-Cockpit«).

ME-Umrechnung normalis. Menge in zusätzliche normalis. Menge

ME NLM	ME ZLM	Umrechnungsfaktor zwischen NLM und ZLM
EPL	LDM	0,4

Abbildung 6.41: Konfiguration des Umrechnungsfaktors zwischen normalisierter Menge und zusätzlicher normalisierter Menge

6.5.2 Normalisierte Menge pro Produkt und Mengeneinheit

Die Definition der normalisierten Menge pro Produkt und Mengeneinheit ist der Schlüssel zur Bestimmung der NLM und damit der ZLM. Sie können die Werte der normalisierten Menge pro Produkt über die SAP-Fiori-App **Normalisierte Menge definieren** einsehen und pflegen (siehe Abbildung 6.42). Sie können die Werte manuell in der App pflegen, sie hochladen oder sie vom System automatisch, basierend auf historischen oder zufälligen Daten, ermitteln lassen. Die beiden automatischen Methoden werden wir in den folgenden Abschnitten näher beschreiben.

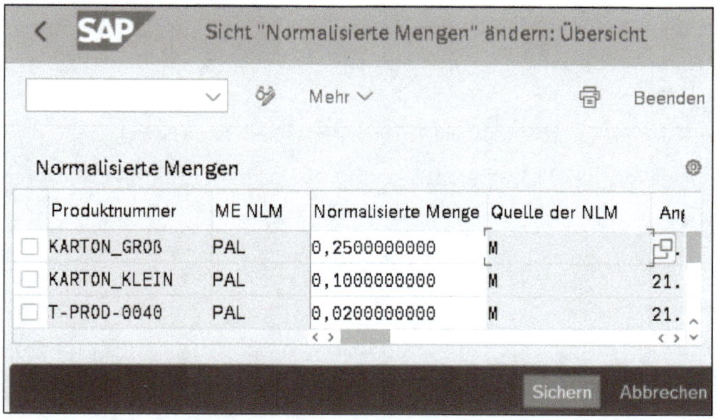

Abbildung 6.42: Pflege der normalisierten Menge pro Produkt

Wenn die NLM für ein vorliegendes Dokument berechnet wird, sucht das System für jedes Produkt in dieser Tabelle nach der normalisierten Menge für dieses Produkt und die entsprechende Mengeneinheit. Dabei wird auch die Referenzprodukthierarchie berücksichtigt. Das heißt, wenn für das Produkt P kein Eintrag gefunden wird, aber für ein Referenzprodukt Q, dann wird die Definition von Q auch für P verwendet. Für Unternehmen mit einer großen Anzahl von Produkten reduziert dies die Anzahl der Einträge in der Tabelle erheblich und macht die Definition effizienter und weniger fehleranfällig.

Wird in der Tabelle keine Definition gefunden, wird die auf der Registerkarte **Mengeneinheiten** der Produktstammdaten definierte Vollgutmenge (siehe Abbildung 6.22) als Ersatzwert verwendet. Nehmen wir EPL als Mengeneinheit der normalisierten Menge und ein Produkt P mit der Basismengeneinheit ST an. Wenn in den Produktstammdaten für P festgelegt ist, dass 1 EPL 100 ST entspricht, ist die normalisierte Menge für P und EPL 0,01. Wenn auch in den Produktstammdaten keine entsprechende Umrechnung gefunden werden kann, kann das System die normalisierte Menge pro Produkt und Mengeneinheit nicht ermitteln, und daher bleibt die normalisierte Menge für den vorliegenden Artikel leer.

Lassen Sie uns nun die beiden Methoden betrachten, um die Tabelle für die normalisierte Menge pro Produkt und Mengeneinheit automatisch zu füllen.

Ermittlung basierend auf Zufallsdaten

Die erste Methode wird durch die SAP-Fiori-App **Normalisierte Menge basierend auf Zufallsdaten ermitteln** repräsentiert (siehe Abbildung 6.43).

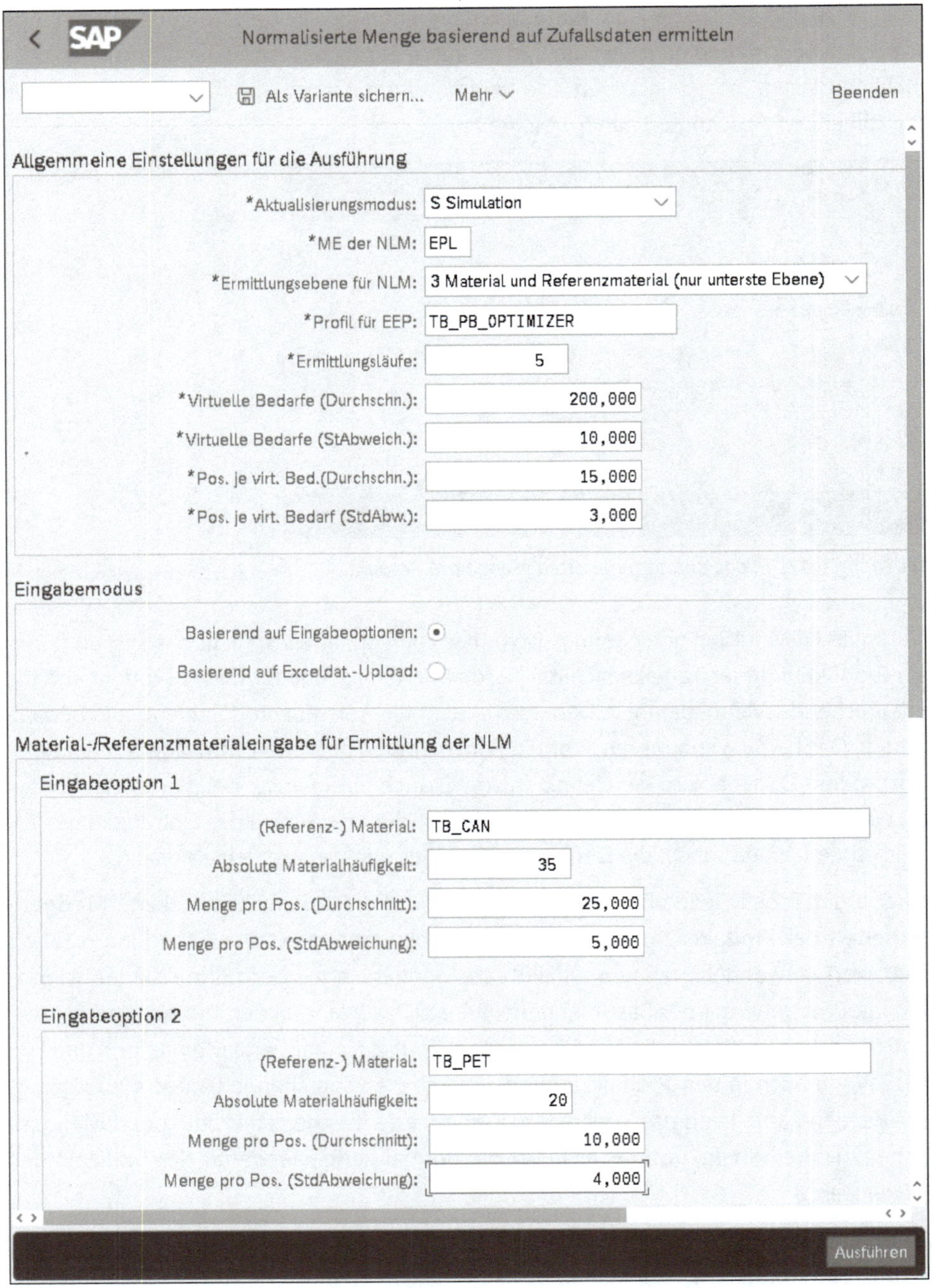

Abbildung 6.43: Ermittlung der normalisierten Mengen basierend auf Zufallsdaten

Bei dieser Methode wird zunächst eine erwartete (statistische) Verteilung der Produkte für das betreffende Geschäft angegeben. Anschließend erstellt das System auf Basis der gegebenen Verteilung zufällige Transportbedarfe. Mithilfe der Erzeugung von Packstücken werden dann gemischte Paletten erstellt und normalisierte Mengen pro Produkt und NLM-Mengeneinheit abgeleitet. Diese Ableitung basiert auf dem relativen Volumen eines Produkts in den Paletten, denen es zugeordnet ist.

Da es bei der Paketbildung darum geht, die Anzahl der benötigten Paletten zu minimieren, besteht der Grundgedanke dieses Ansatzes darin, sich den tatsächlichen Transportbedarfen anzunähern und gemischte Paletten wie in der Realität zu berücksichtigen, einschließlich Konsolidierung unterschiedlicher Produkte auf eine Mischpalette, Stapelbeschränkungen etc.

Wir gehen davon aus, dass dieser Ansatz für ein Unternehmen mit gemischten Paletten genauer ist als die Nutzung der Umrechnungsregeln, die nur für ein einziges Produkt definiert wurden, da diese Umrechnung von homogenen Einzelproduktpaletten ausgeht, die für ein Unternehmen mit kleinen Produktmengen und daher vielen gemischten Paletten nicht repräsentativ sind.

Der Abschnitt **Allgemeine Einstellungen für die Ausführung** enthält die folgenden Parameter:

- Der **Aktualisierungsmodus** bietet die Option **Überschreiben**, um die Ergebnisse direkt zu speichern, und die Option **Simulation**, um die Ergebnisse zu präsentieren, ohne sie zu speichern.
- **ME der NLM** definiert die Mengeneinheit der normalisierten Menge.
- Die **Ermittlungsebene für NLM** legt fest, ob der NLM für die Materialen, für Referenzmaterialien oder für beide bestimmt wird.
- Der Parameter **Berechnungsläufe** gibt an, wie viele Durchläufe zur Ermittlung der normalisierten Menge pro Produkt und Mengeneinheit durchgeführt werden. Als Ergebnis wird der gewichtete Durchschnitt der Durchläufe zurückgegeben. Da jeder Lauf nach dem Zufallsprinzip erfolgt, ist es sinnvoll, mehrere Läufe durchzuführen, um statistische Anomalien zu vermeiden.
- Die letzten vier Parameter definieren die gewünschten Mengen an zufälligen Bedarfen und Positionen pro zufälligem Bedarf, beide begleitet von einer entsprechenden Standardabweichung.

Im Abschnitt **Material-/Referenzmaterialeingabe für Ermittlung der NLM** können Sie eine Reihe von Produktpositionen explizit auflisten, jeweils mit der absoluten Häufigkeit, der durchschnittlichen Menge sowie einer Standardabweichung in Bezug auf die Basismengeneinheit. Die absoluten Häufigkeiten werden bei der Erstellung der randomisierten Bedarfe auf relative Häufigkeiten abgebildet. Alternativ können Sie diese Verteilungsinformationen auch in einer XLS-Datei zur Verfügung stellen.

Mit einem Klick auf die Schaltfläche **Ausführen** können Sie die NLM-Bestimmung sofort ausführen oder einen Hintergrundjob einplanen. Über die Benutzeroberfläche können Sie die Verteilung anpassen, die Ergebnisse überprüfen, die aktuell gespeicherte normalisierte Menge pro Produkt und Mengeneinheit vergleichen und die vom Ermittlungsalgorithmus bereitgestellten Meldungen überprüfen.

Ermittlung basierend auf Belegen

Bei der zweiten Methode wird die NLM an Ihr aktuelles Geschäft angepasst. Dabei werden bereits ausgeführte Frachtaufträge betrachtet und deren Paletten als Grundlage genutzt, um die normalisierte Menge pro Produkt und Mengeneinheit abzuleiten. Die Ableitung entspricht der Ermittlung basierend auf Zufallsdaten, aber die Eingabedaten basieren nicht auf zufälligen virtuellen Bedarfen, sondern auf realen Paletten aus bereits ausgeführten Frachtaufträgen, die zur Erfüllung echter Kundenbedarfe verwendet wurden.

Um diese Methode zu nutzen, wählen Sie die SAP-Fiori-App **Normalisierte Menge basierend auf Belegen ermitteln**. Wie in Abbildung 6.44 gezeigt, bietet diese die folgenden Parameter:

- Das **Selektionsprofil** definiert die Frachtaufträge, die als Input für die Berechnung verwendet werden sollen (mehr zu Selektionsprofilen erfahren Sie in Abschnitt 6.6.2, »Profile und Einstellungen«).
- Analog zur Ermittlung basierend auf Zufallsdaten definiert der Parameter **ME der normalisierten Menge** die Zielmengeneinheit für die normalisierte Menge pro Produkt. Die **Ermittlungsebene für NLM** definiert, ob die normalisierte Menge für Produkte, Referenzprodukte oder für beide ermittelt wird.
- Der **GewichtFaktor für ermittelte Werte (%)** definiert, wie stark, basierend auf den ausgewählten Frachtaufträgen, sich die neu ermittelten Werte auf den aktuell im System vorhandenen Wert auswirken. Ein Faktor von 0 bedeutet, dass die aktuelle normalisierte Menge unverändert bleibt, unabhängig von den Frachtaufträgen. Ein Faktor von 100 ersetzt die aktuelle normalisierte Menge vollständig durch den neuen Wert, der aus den ausgewählten Frachtaufträgen abgeleitet wurde. Normalerweise werden Sie einen Wert zwischen diesen Extremen wählen, da es sinnvoll ist, einen ausgewogenen Kompromiss zwischen historischen und aktuellen Daten zu finden.
- Die **Maximale Toleranz für Ausreißer (%)** ermöglicht das Ignorieren bestimmter Ausreißer, die sonst zu unerwünschten Anpassungen der normalisierten Menge führen könnten. Der Prozentsatz bezieht sich auf den aktuellen Wert der normalisierten Menge pro Produkt und Mengeneinheit. Bei einer normalisierten Menge von 0,1 EPL bedeutet eine Toleranz von 10 %, dass Werte unter 0,09 EPL und über 0,11 EPL ignoriert werden. Eine Toleranz von 100 % würde hingegen nur Werte über 0,2 EPL ignorieren.
- Der **Schwelle für das Sichern neuer NLMs (%)** sorgt dafür, dass nur relative Änderungen oberhalb der festgelegten Schwelle gespeichert werden. Bei einer aktuellen normalisierten Menge von 0,1 EPL erlaubt eine Schwelle von 10 % nur das Speichern von Werten kleiner als 0,09 EPL oder größer als 0,11 EPL. Da eine Änderung der normalisierten Menge pro Produkt und Mengeneinheit bestehende Frachtaufträge ungültig machen könnte, ermöglicht es dieser Schwellenwert, unbedeutende Anpassungen zu vermeiden.

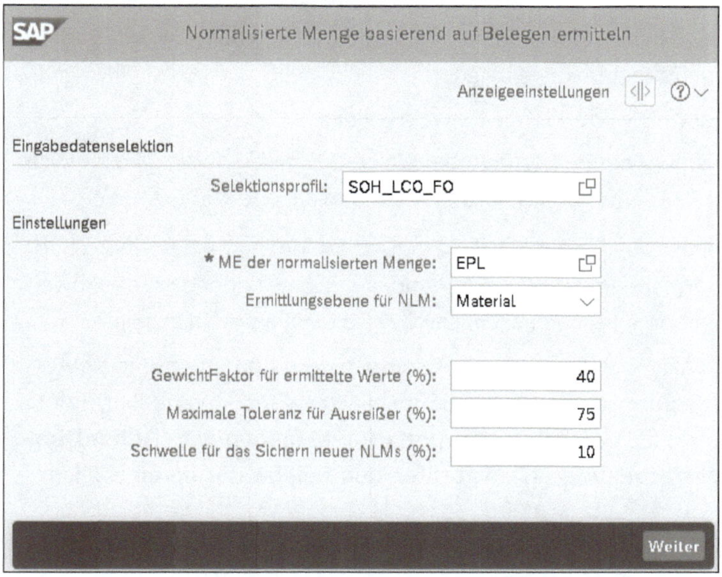

Abbildung 6.44: Bestimmung der normalisierten Menge auf der Grundlage von Dokumenten

Das System ermöglicht den Vergleich des neuen mit dem aktuellen Wert hinsichtlich ihrer absoluten und relativen Differenz. Dies kann Ihnen dabei helfen, die Ergebnisse zu überprüfen und sich auf die größten Änderungen zu konzentrieren.

Alternativ können Sie über den Pfad **Logistik • Transportation Management • Administration • Hintergrundverarbeitung • Normalisierte Menge basierend auf Belegen ermitteln** einen entsprechenden Report ausführen. Dieser bietet dieselben Hauptparameter, jedoch zusätzlich einen Testmodus, in dem die Ergebnisse nicht gespeichert werden, sodass diese zuerst überprüft werden können.

Um die belegbasierte Ermittlung zu verwenden, benötigt das System zunächst plausible Anfangswerte für die normalisierte Menge pro Produkt und Mengeneinheit, bevor es durch ausgeführte Dokumente lernen kann. Für die Anfangswerte können Sie aus den Produktstammdaten abgeleitete Werte verwenden oder explizit sinnvolle Werte pflegen. Alternativ kann die Ermittlung basierend auf Zufallsdaten genutzt werden, um realistische Anfangswerte zu bestimmen.

Konsistenz von Geschäftsdokumenten in Bezug auf normalisierte Mengen

Wenn die normalisierte Menge pro Produkt und Mengeneinheit geändert wird, können bereits vorhandene Geschäftsdokumente, die auf den vorherigen Werten basieren, veraltet sein. Dies kann zu unerwarteten Planungsergebnissen führen, wie etwa Über- oder Unterauslastung.

Die manuelle Überprüfung solcher Situationen ist oft schwierig, zeitaufwendig und fehleranfällig. Deshalb können Sie die Funktion **NLMs prüfen und Belege stornie-**

ren nutzen, um Belege der ausgewählten Arten (z. B. Frachteinheiten oder Straßenfrachtaufträge) zu identifizieren, die entweder:

- keine definierte normalisierte Menge aufweisen oder
- eine Abweichung über einem bestimmten relativen Schwellenwert im Vergleich zur aktuellen normalisierten Menge pro Produkt und Mengeneinheit haben.

Das System liefert eine Liste der Belege, der Produktpositionen und der Abweichungen bezüglich der normalisierten Menge. Anhand dieser Liste können Sie die Abweichungen analysieren und entscheiden, welche Belege storniert werden sollen.

Diese Funktion vereinfacht die Analyse von Inkonsistenzen und erhöht die Robustheit im Umgang mit normalisierten Mengen. Sie ist auch als Report verfügbar, indem Sie im SAP-Menü den Pfad **Logistik • Transportation Management • Administration • Hintergrundverarbeitung • NLMs prüfen und Belege stornieren** wählen.

6.5.3 Planung mit normalisierten Mengen

Normalisierte Mengen werden verwendet, um den voraussichtlichen Flächen- oder Volumenbedarf zu schätzen. Für Planungszwecke sollten diese Schätzungen so genau wie möglich sein.

Wird etwa die einheitliche Erzeugung von Packstücken auf Straßentransportaufträge angewandt, die von der automatisierten Planung erstellt wurden, und anschließend eine Laderaumplanung durchgeführt, können zu optimistische oder zu pessimistische Schätzungen zu unerwünschten Ergebnissen führen. Werden mehr Packstücke erzeugt als geschätzt, könnte die Laderaumplanung diese möglicherweise nicht korrekt im Lkw positionieren. Werden hingegen weniger Packstücke erzeugt als erwartet, könnte die Lkw-Auslastung geringer ausfallen als gewünscht. In beiden Fällen müssen Sie Anpassungen vornehmen, um eine Über- oder Unterauslastung des Lkws zu vermeiden.

Die Genauigkeit der Schätzungen, dargestellt durch die normalisierte Menge, ist entscheidend, um diese beiden unerwünschten Szenarien zu vermeiden. Die beiden Bestimmungsmethoden – basierend auf der Grundlage zufälliger Daten und Dokumente – dienen dazu, normalisierte Mengen so realistisch und präzise wie möglich zu definieren.

Wenn im jeweiligen Geschäftsszenario das einheitliche Erzeugen von Packstücken bereits vor dem Einsatz der automatisierten Planung genutzt werden kann – entweder während der Erstellung von Frachteinheiten oder zur Vorabgenerierung von Packstückeinheiten auf Basis von Frachteinheiten –, verbessert dies die Planungsgenauigkeit. Da die Verpackungshierarchie in einem solchen Fall bereits vor dem Aufrufen der automatisierten Planung bekannt ist, muss diese nicht mehr auf Schätzwerte zurückgreifen.

Außerdem können Sie für die automatisierte Planung einen Anpassungsfaktor für Ressourcen und Equipmentarten in den Einstellungen für Kosten und Randbedingungen hinterlegen, um zu optimistischen oder pessimistischen Werten entgegenzuwirken. Wenn Ihre normalisierten Mengen um einen bestimmten Faktor, z. B. 3 %, zu optimistisch sind, können Sie die Kapazität Ihrer Ressourcen pauschal um den gleichen Faktor verkleinern.

6.6 Planungsstrategien, -profile und -einstellungen

Planungsstrategien definieren die verschiedenen Schritte, die bei der manuellen und der automatischen Planung durchgeführt werden. Sie können Standardplanungsstrategien verwenden und eigene, erweiterte Strategien einbauen.

Abschnitt 6.6.1 gibt Ihnen einen Überblick über die verfügbaren Planungsstrategien. In Abschnitt 6.6.2 werden Planungs- und Selektionsprofile vorgestellt, die – zusammen mit weiteren Einstellungen – das Planungsszenario definieren und die Planungsparameter konfigurieren.

6.6.1 Planungsstrategien

Die Planung enthält viele verschiedene Entscheidungsebenen, wie in Abschnitt 6.1, »Dokumente und Entscheidungen«, beschrieben. Wenn Sie einen bestimmten manuellen oder automatisierten Planungsschritt durchführen, können Sie festlegen, welche zusätzlichen Entscheidungen vom System automatisch getroffen werden. Zum Beispiel können Sie die Laderaumplanung nach jedem manuellen Planungsschritt ausführen lassen, um die Auswirkungen der Entscheidung auf den Ladeplan sofort zu erkennen, oder die automatische Spediteurauswahl unmittelbar nach dem VSR-Optimierer vornehmen.

Eine *Planungsstrategie* definiert das Systemverhalten für verschiedene Planungsschritte der manuellen und automatisierten Planung. Das System bietet die folgenden Standardplanungsstrategien für die manuelle Planung an:

- `VSRI_DEF` für die manuelle Planung
- `VSRI_SCH` für die manuelle Planung mit nachfolgender Terminierung
- `VSRI_CHK` für die manuelle Planung mit anschließender Prüfung
- `VSRI_ALP` für die manuelle Planung mit anschließender Laderaumplanung
- `VSRI_CPB` für die manuelle Planung mit anschließender Erzeugung von Packstücken
- `VSRI_PBLP` für die manuelle Planung mit anschließender Erzeugung von Packstücken und Laderaumplanung
- `VSRI_1STEP` für die manuelle Planung mit anschließender Spediteurauswahl

  Für die automatisierte Planung, insbesondere die Vehicle-Scheduling-and-Routing-Optimierung (VSR-Optimierung), stehen folgende Standardstrategien zur Verfügung:

- `VSR_DEF` für die VSR-Optimierung

- VSR_1STEP für die einstufige Optimierung, die die VSR-Optimierung und dann die Spediteurauswahl aufruft, und für Transportvorschläge (die Spediteurauswahl wird hier für jeden ermittelten Transportvorschlag aufgerufen)
- VSR_ALP für die VSR-Optimierung mit anschließender Laderaumplanung
- VSR_CPB für die VSR-Optimierung und die nachfolgende Erzeugung von Packstücken
- VSR_CPBALP für die VSR-Optimierung mit anschließender Erzeugung von Packstücken und Laderaumplanung

Weitere Strategien stehen für die folgenden Zwecke zur Verfügung:

- VSS_EMBED für die interne Terminierung. Diese Strategie ersetzt VSS_DEF als Standard-Strategie für die Terminierung. Anders als VSS_DEF benötigt VSS_EMBED die Optimierungsserver nicht mehr.
- VSR_CHECK wird beim Prüfen von Frachtaufträgen ausgeführt.
- TSPS_DEF für die Spediteurauswahl
- ALP_DEF für die Laderaumplanung
- ALC_DEF für die Ladungskonsolidierung

Jede Strategie besteht aus einer Sequenz von Methoden. Wenn Sie das Standardverhalten verfeinern möchten, können Sie eigene Strategien entwickeln, die die Standardmethoden wiederverwenden können. Nachdem diese definiert sind, können Sie in den Profilen eigene Strategien verwenden, um die Standardstrategien zu ersetzen. Weitere Informationen zur Definition von Strategien und Methoden finden Sie in Abschnitt 3.3.6, »Process Controller Framework«.

6.6.2 Profile und Einstellungen

Neben der Konfigurierbarkeit der Benutzeroberfläche, die wir in Abschnitt 6.7, »Manuelle Planung«, beschreiben, definieren viele weitere Parameter das Planungsszenario und legen fest, wie die Planung durchgeführt werden kann. Die Auswahl der planungsrelevanten Objekte kann über Selektionsprofile erfolgen, und Planungsparameter werden über das Planungsprofil bestimmt. In diesem Kapitel werden wir beide Profile genauer betrachten.

Selektionsprofile und Selektionsattribute

Das Selektionsprofil definiert, welche Dokumente für die Planung berücksichtigt werden, und kann über die SAP-Fiori-App **Selektionsprofil anlegen** erstellt werden. Das Selektionsprofil besteht aus drei Bausteinen: zeitbezogene Auswahlattribute, geografische Auswahlattribute und zusätzliche Auswahlattribute, wie in Abbildung 6.45 dargestellt.

Sie können die drei Auswahlattribute unabhängig voneinander und vom Selektionsprofil anlegen, indem Sie die SAP-Fiori-Apps **Zeitbezogene Auswahlattribute anlegen**, **Geographische Auswahlattribute anlegen** und **Zusätzliche Auswahlattribute**

anlegen nutzen. Die Wiederverwendung der gleichen Attributdefinitionen in verschiedenen Selektionsprofilen ist wie in einem Baukastensystem möglich. Die Selektion gemäß dem Selektionsprofil liefert all die Objekte, die die Kriterien der zeitbezogenen Auswahlattribute, der geografischen Auswahlattribute und der zusätzlichen Auswahlattribute erfüllen. Darüber hinaus legen Sie im Selektionsprofil eine Obergrenze fest, die bestimmt, wie viele Objekte maximal selektiert werden können.

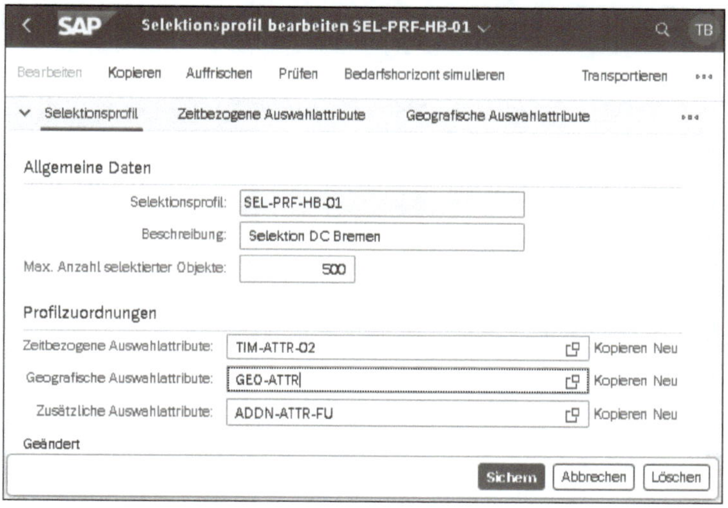

Abbildung 6.45: Pflege des Selektionsprofils

Abbildung 6.46 zeigt beispielhaft die zeitbezogenen Auswahlattribute. Hier können Sie zwei Zeithorizonte, einen für die Abholzeitfenster und einen für die Lieferzeitfenster, festlegen. Sie können die Horizonte als relativ, relativ mit fester Startzeit, relativ mit fester Start- und Endzeit oder absolut definieren. Mit der Drucktaste **Bedarfshorizont simulieren** können Sie die Wirkung der ausgewählten Parameter in einem Dialogfenster simulieren, das das ermittelte Datum und die ermittelte Uhrzeit für den Starttermin der Abholung, den Endtermin der Abholung, den Starttermin der Lieferung und den Endtermin der Lieferung für einen definierten Bezugstermin anzeigt, der mit dem aktuellen Datum und der aktuellen Uhrzeit voreingestellt ist, aber beliebig geändert werden kann.

Mit der Option **Absoluten Horizont verwenden** können Sie den Abholhorizont und den Lieferhorizont explizit pflegen, was sehr nützlich ist, wenn Sie eine Planungssitzung reproduzieren möchten.

Die in Abbildung 6.46 dargestellte Option **Relativer Horizont mit fester Startzeit** ermöglicht es, einen Zeitraum durch eine feste Startzeit und eine relative Dauer zu definieren. Mit dieser Option können Sie zum Beispiel eine Startzeit von 7:00 Uhr und die Dauer auf 6:00 Stunden festlegen, sodass der resultierende Horizont 7:00–13:00 Uhr beträgt. Ein solches Szenario ist sinnvoll, wenn Sie zuerst die Morgentouren und dann die Nachmittagstouren planen. Die Option **Relativer Horizont mit fester Endzeit** funktioniert analog, nur mit einer festen Endzeit.

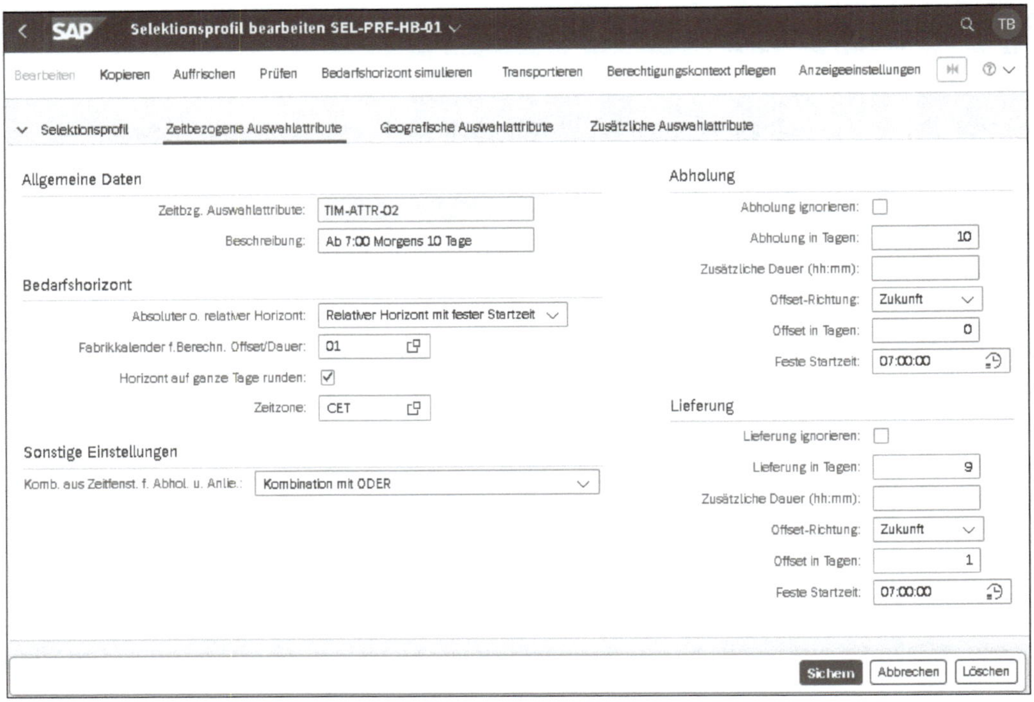

Abbildung 6.46: Pflege der zeitbezogenen Auswahlattribute

Bei allen drei relativen Optionen können Sie eine Dauer definieren, indem Sie die Anzahl der Tage und eine zusätzliche Dauer in Stunden und Minuten angeben. Zusätzlich können Sie einen Offset in Tagen, Stunden und Minuten angeben und festlegen, ob dieser Offset in die Vergangenheit oder in die Zukunft zeigt. Das System nimmt die aktuelle Zeit und passt sie bezüglich des Offsets an, um den Beginn des Horizonts zu bestimmen. Zusammen mit der ermittelten Dauer ergibt sich das Ende des Horizonts.

Für alle relativen Optionen können Sie einen Fabrikkalender angeben, der es dem System ermöglicht, bei der Bestimmung des Beginns des relativen Horizonts Nichtarbeitstage zu berücksichtigen. Wenn das ermittelte Startdatum ein Nichtarbeitstag ist, wird der Start des Horizonts auf den nächsten Werktag verschoben. Die Länge des Horizonts bleibt dabei unverändert. Der relative Horizont ist sinnvoll, wenn Sie Objekte immer im Voraus planen, z. B. für die nächsten drei Tage.

Sie können den Horizont auf ganze Tage runden und die Zeitzone definieren, die für diese Rundung verwendet werden soll. Mit den Parametern **Abholung ignorieren** und **Lieferung ignorieren** können Sie die Selektion entweder auf die Abholtermine oder auf die Liefertermine beschränken. Wenn beide als relevant markiert sind, können Sie festlegen, ob sowohl die Abholung als auch die Lieferung oder nur eine von beiden innerhalb Ihres Horizonts liegen muss.

Transporte in verschiedenen Ländern oder Regionen können oft unabhängig voneinander geplant werden. Dies ermöglicht eine geografische Zerlegung des gesamten Transportplanungsszenarios in mehrere lokale und unabhängige Szenarien. Mit den geografischen Auswahlattributen können Sie Ihre Dokumente nach solchen Kriterien filtern. Auf jeder der Registerkarten **Quelllokationen**, **Quellzonen**, **Ziellokationen** und **Zielzonen** können Sie dazu mehrere Kriterien eingeben, wie in Abbildung 6.47 gezeigt.

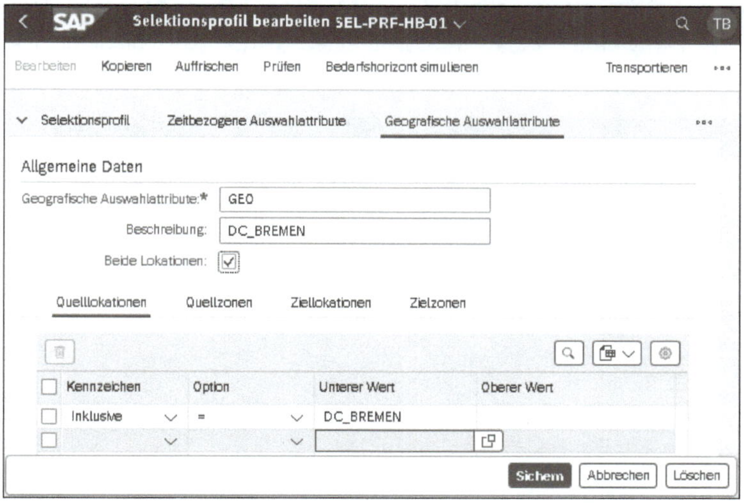

Abbildung 6.47: Pflege der geografischen Auswahlattribute

Alle Quelllokationen und Lokationen in Quellzonen, die als **Inklusive** markiert sind, sind relevant, bis auf die entsprechenden Lokationen, die als **Exklusive** markiert sind. Die Ziellokationen werden analog ermittelt. Der Parameter **Beide Lokationen** definiert, ob die ausgewählten Dokumente die Kriterien für Ihre Quelle und Ihr Ziel erfüllen müssen oder ob es ausreicht, wenn nur Quelle oder Ziel dem Kriterium entspricht.

Mit den zusätzlichen Auswahlattributen können Sie weitere Selektionskriterien definieren, die analog zur Lokationsauswahl festgelegt werden können, wobei Sie hier alle anderen Felder nutzen können, die in den Abfragen für Frachteinheiten, Kapazitätsdokumente und ursprüngliche Transportbedarfe wie z. B. Speditionsaufträge verfügbar sind. Mehrere Kriterien für das gleiche Objekt und Feld werden mit logischem *oder* verknüpft, und die Kriterien für verschiedene Felder werden mit logischem *und* verknüpft. Zusätzlich können Sie Folgendes festlegen:

- Ein- oder Ausschließen von bereits geplanten Dokumenten
- Objekte, die für die Planung gesperrt sind, werden ein- oder ausgeschlossen.
- Es werden alle oder nur ausgewählte Containereinheitsabschnitte selektiert.
- Es werden alle oder nur ausgewählte Packstückeinheitsabschnitte selektiert.

Kapazitätsauswahleinstellungen

Die **Kapazitätsauswahleinstellungen** fungieren zur Auswahl bestimmter Kapazitäten für die Planung, vergleichbar dem Selektionsprofil für die Auswahl von Dokumenten. Wie Abbildung 6.48 zeigt, besteht es aus einem kurzen allgemeinen Teil und mehreren Registerkarten, in denen Sie Kriterien für die Auswahl der jeweiligen Art der Kapazitäten (Fahrzeugressourcen, Fahrzeugarten, Fahrpersonal, Containerressourcen, Containerarten und Fahrpläne) hinterlegen können. Für Fahrzeuge und Fahrzeugarten kann der Verkehrszweig explizit gepflegt werden, sodass innerhalb einer Auswahl verschiedene Straßen- und Bahnressourcen ausgewählt werden können.

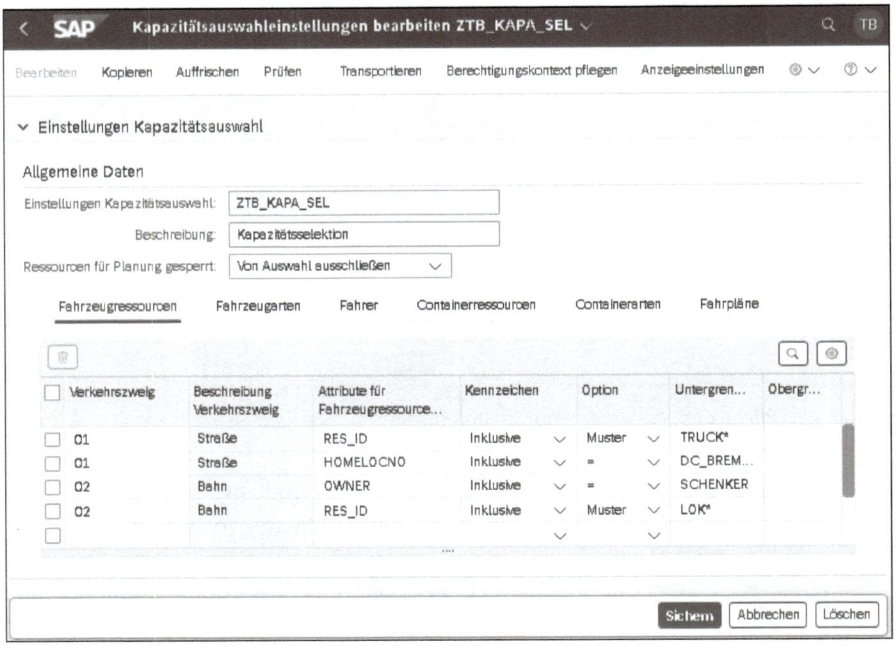

Abbildung 6.48: Pflege von Kapazitätsauswahleinstellungen

Planungsprofile und Einstellungen

Das Planungsprofil definiert zahlreiche Parameter, die steuern, wie die Planung durchgeführt werden soll. Neben den im Planungsprofil direkt definierten Parametern enthält es elf Unterprofile. Diese Unterprofile enthalten jeweils Einstellungen zu einem Teilbereich der Planung und können über Registerkarten direkt gepflegt werden. Wie die Bausteine des Selektionsprofils sind alle diese Einstellungen unabhängig voneinander und vom Planungsprofil pflegbar und können daher in verschiedenen Planungsprofilen wiederverwendet werden.

Sie verlinken die Unterprofile über den Abschnitt **Unterprofilzuordnungen**. In der dort dargestellten Tabelle können Sie für jede Profilkategorie ein Profil verlinken. Über die Drucktasten in der Spalte **Aktion** können Sie ein neues Unterprofil anlegen oder von dem aktuell eingetragenen kopieren. Durch das Setzen des Parameters **Änderungen in Pla-**

nungssitzung erlauben können Sie erlauben, die Einstellungen des jeweiligen Unterprofils im Transport-Cockpit dynamisch anzupassen.

Die elf Unterprofile sind:

- **Einstellungen zur Kapazitätsverfügbarkeit** (siehe Unterabschnitt »Zeitliche Einschränkungen« in Abschnitt 6.8.4, »Vehicle Scheduling and Routing: Restriktionen für die Planung«)
- **Einstellungen für die Erstellung von Kapazitätsdokumenten** (siehe ebenfalls Unterabschnitt »Zeitliche Einschränkungen« in Abschnitt 6.8.4, »Vehicle Scheduling and Routing: Restriktionen für die Planung«)
- **Manuelle Planungseinstellungen** (siehe Abschnitt 6.7.9, »Arbeiten im Transport-Cockpit«)
- **Terminierungseinstellungen** (siehe Unterabschnitt »Zeitliche Einschränkungen« in Abschnitt 6.8.4, »Vehicle Scheduling and Routing: Restriktionen für die Planung«)
- **Optimierereinstellungen** (siehe Abschnitt 6.8.4, »Vehicle Scheduling and Routing: Restriktionen für die Planung«, mit Ausnahme der Parameter für den Transportvorschlag, die in Abschnitt 6.7.10, »Transportvorschlag«, beschrieben werden)
- **Einstellungen Planungskosten** (siehe Abschnitt 6.8.4, »Vehicle Scheduling and Routing: Restriktionen für die Planung«)
- **Inkompatibilitätseinstellungen** (siehe Abschnitt 6.8.4, »Vehicle Scheduling and Routing: Restriktionen für die Planung«)
- **Einstellungen für Spediteurauswahl** (siehe Abschnitt 7.5.5, »Konfiguration der Spediteurauswahl«)
- **Einstellung für die einheitliche Erzeugung von Packstücken** (siehe Abschnitt 6.3.5, »Erzeugung von Packstücken«)
- **Einstellungen für Laderaumplanung** (siehe Abschnitt 6.8.7, »Ladungskonsolidierung«, und Abschnitt 6.8.8, »Laderaumplanung«)
- **Einstellungen fürs Transport-Cockpit** (siehe Abschnitt 6.7.9, »Arbeiten im Transport-Cockpit«)

Wenn Sie die SAP-Fiori-App **Profile und Einstellungen Arbeitsliste** wählen, gelangen Sie zu einer Arbeitsliste mit Abfragen für alle Profile und Einstellungen. Diese bietet einen guten Überblick und ermöglicht es Ihnen, zu den einzelnen Profilen und Einstellungen zu navigieren und neue anzulegen.

Neben der Verlinkung der Unterprofile enthält das Planungsprofil selbst eine Vielzahl von Parametern, die in verschiedenen Bereichen gruppiert sind, wie in Abbildung 6.49 zu sehen ist. Der Bereich **Planungshorizont** ist identisch mit den Horizontdefinitionen, die bereits im Zusammenhang mit den zeitbezogenen Auswahlattributen erläutert wurden. Der Planungshorizont definiert jedoch den Zeithorizont, in dem Kapazitätsbelege durch die Planung angelegt und terminiert werden können.

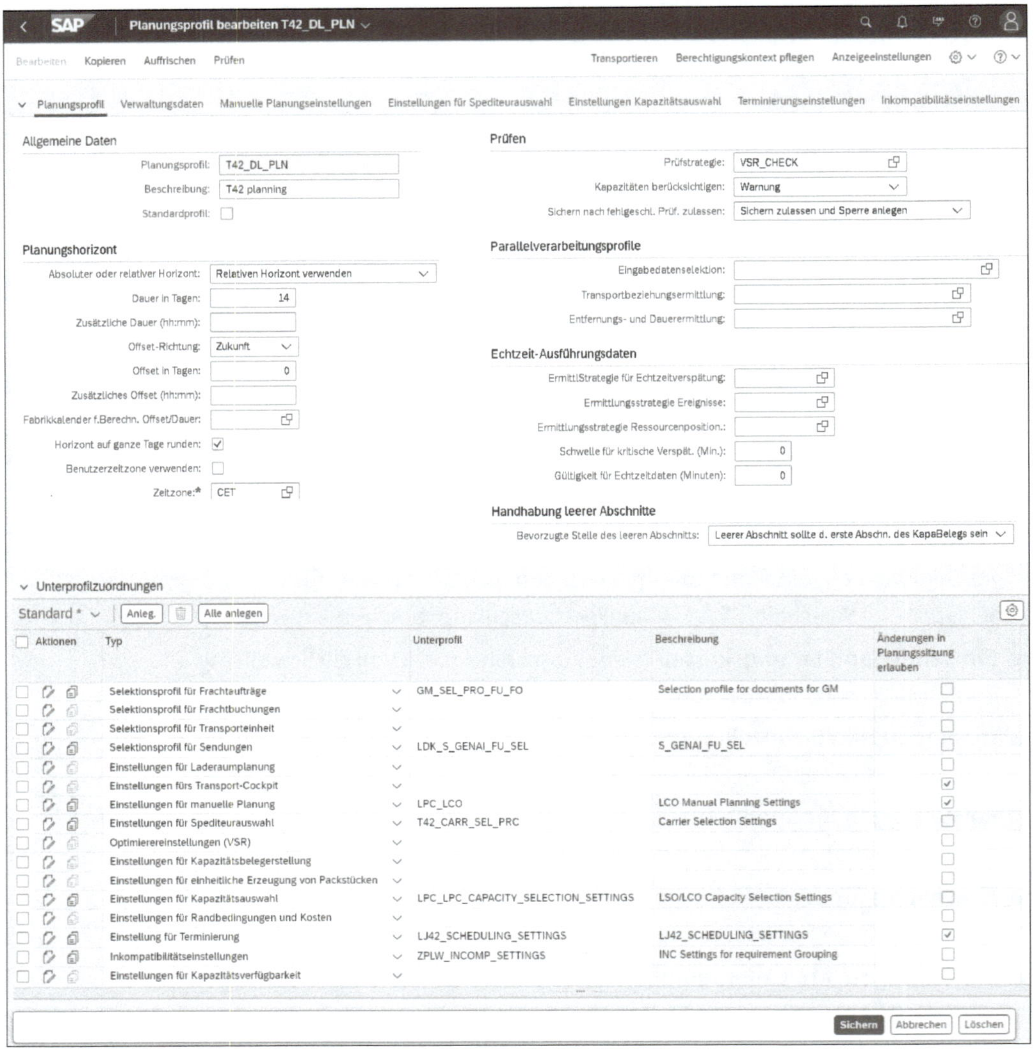

Abbildung 6.49: Pflege des Planungsprofils

Der Abschnitt **Prüfen** definiert die Prüfstrategie und die Behandlung von Kapazitätsüberschreitungen. Das System gibt entweder eine Warnung aus (in diesem Fall können Sie die Planung fortsetzen und das betroffene Dokument speichern) oder einen Fehler (in diesem Fall kann die Planungsaktion nicht ausgeführt werden), oder es ignoriert die Kapazitäten einfach. Außerdem können Sie zulassen, dass Dokumente auch nach fehlgeschlagenen Prüfungen gespeichert werden, was nützlich ist, wenn Sie die betroffenen Dokumente zunächst sichern wollen, um sie später anzupassen. In diesem Fall führen die fehlgeschlagenen Prüfungen zu einer Ausführungssperre. Alternativ können Sie das Speichern strikt verbieten, wenn mindestens eine Prüfung fehlgeschlagen ist, was Sie zwingt, den Plan vor dem Speichern anzupassen.

Im Abschnitt **Parallelverarbeitungsprofile** können Sie eine parallele Verarbeitung von bestimmten Prozessschritten über das Hinterlegen eines Parallelverarbeitungsprofils aktivieren. Ein solches Profil definieren Sie über den Pfad **Logistik • Transportation Management • Laufende Einstellungen • Parallelverarbeitungsprofil definieren** im SAP-Menü. Sie können dort für die verwendete Servergruppe, die maximale Anzahl der parallelen Prozesse, die Paketgröße, die die Anzahl der für die Parallelisierung in einem Paket zusammenzufassenden relevanten Objekte bestimmt, und die Wartezeit festlegen, wie lange das System warten muss, bis Ressourcen für die weitere Verarbeitung verfügbar sind. Die Parallelisierung kann die Laufzeit für große Optimierungsszenarien verkürzen.

Im Abschnitt **Echtzeit-Ausführungsdaten** können Sie Ausführungsdaten in die Visualisierung auf der Karte und im Gantt-Diagramm einbinden. Die Ausführungsdaten umfassen die Ressourcenposition, Verspätungen bei Frachtaufträgen und zusätzliche Ereignisse, die Zwischenfälle auf der Route zwischen der letzten gemeldeten Ressourcenposition und dem nächsten Ziel darstellen können. Die Ereignisse können sich auf den Verkehr, das Wetter oder etwas anderes beziehen. Sie können Strategien zur Ermittlung von Verspätungen, Ereignissen und Ressourcenpositionen definieren. Sie können die vorhandenen Standardstrategien `TES_D_TM` und `TES_R_TM` verwenden, die die im Frachtauftrag hinterlegte Verspätung bzw. die letzte gemeldete Position der Ressource abrufen. Alternativ können Sie Ihre eigenen Strategien definieren, die Informationen von externen Anbietern beziehen können. Sie können einen Schwellenwert festlegen, ab dem Verspätungen visualisiert werden sollen. Ein Schwellenwert von 15 Minuten stellt z. B. sicher, dass nur Verspätungen größer oder gleich 15 Minuten angezeigt werden. Zusätzlich können Sie die Dauer der Zwischenspeicherung von Echtzeitdaten festlegen. Nach Ablauf der Gültigkeitsdauer werden die Daten über die definierten Strategien erneut abgerufen.

Der Abschnitt **Handhabung leerer Abschnitte** legt fest, ob notwendige Leerfahrten als erster oder letzter Abschnitt eines Kapazitätsdokuments zugeordnet werden. Dieser Parameter wird sowohl bei der manuellen als auch bei der automatischen Planung berücksichtigt.

Einstellungen für die Erstellung von Kapazitätsdokumenten

Das Unterprofil **Einstellungen für Kapazitätsbelegerstellung** ist in Abbildung 6.50 dargestellt. Es enthält den Bereich **Standard-Geschäftsbelegart**, um die Typen der Dokumente zu definieren, die durch die Planung erstellt werden.

Sie können als **Ermittlungsregel für Art** entweder den Standardvorschlag pro Kategorie verwenden (der im jeweiligen Customizing hinterlegt wird), eine Bedingung verwenden oder die Belegarten explizit pflegen. Wenn keine explizite Belegart angegeben ist, wird die entsprechende Standardart gewählt. Wenn die Bedingung keine Belegart ermitteln konnte, wird die explizite Typdefinition als Fallback verwendet.

Zusätzlich können Sie pro Belegart ein **Bedarfsgruppierungsprofil** zuordnen, das bei der Erstellung von Kapazitätsbelegen basierend auf Gruppen verwendet wird. Dies kann entweder manuell im Transport-Cockpit oder automatisch durch einen Report, über den Pfad **Logistik • Transportation Management • Administration • Hintergrundverarbeitung • Kapazitätsbelege basierend auf Gruppen anlegen** im SAP-Menü erfolgen. Diese Funktion gruppiert Bedarfsbelege nach den im **Bedarfsgruppierungsprofil** angegebenen Attributen und legt dann einen Kapazitätsbeleg des gewählten Kapazitätsbelegtyps pro Gruppe an.

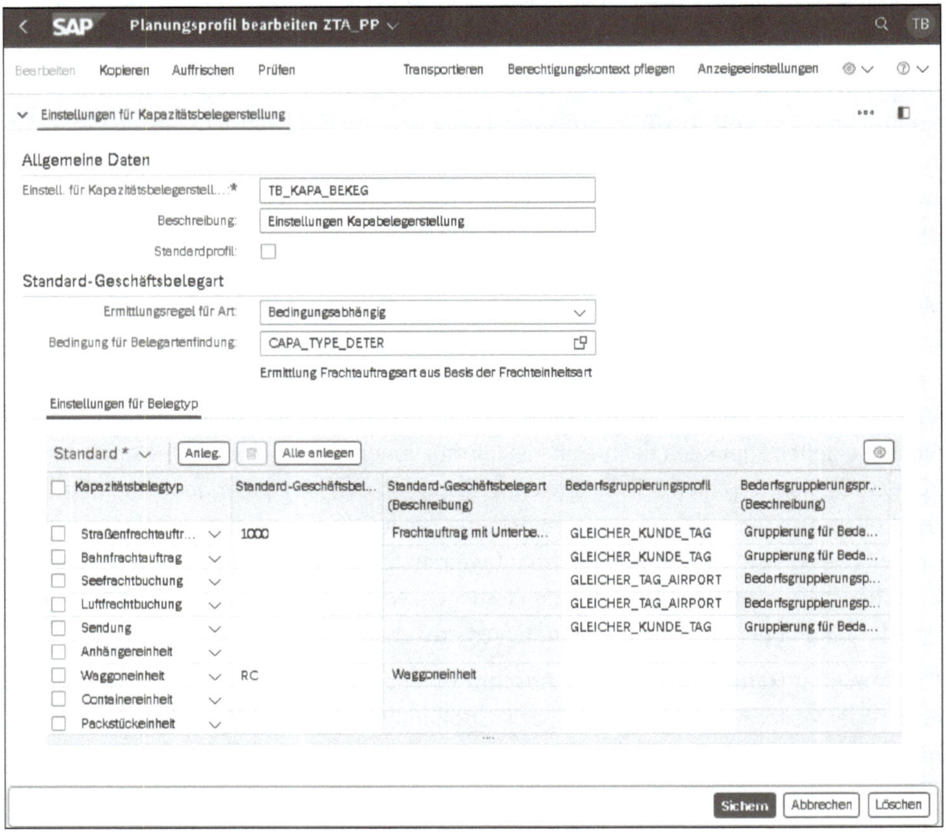

Abbildung 6.50: Pflege der Einstellungen für die Kapazitätsbelegerstellung als Unterprofil im Planungsprofil

Ein solches Profil können Sie über die SAP-Fiori-App **Bedarfsgruppierungsprofil anlegen** pflegen, wie in Abbildung 6.51 dargestellt. Neben den Gruppierungsregeln können Sie Inkompatibilitätseinstellungen bei der Ermittlung der Gruppen berücksichtigt lassen. Darüber hinaus können Sie Kapazitätsbeschränkungen nutzen, um zu verhindern, dass Kapazitätsbelege angelegt werden, die größer sind als die zur Verfügung stehenden Fahrzeuge. Über die Drucktaste **Kapazität aus Equipmentart oder Ressource übernehmen** können Sie Maximalwerte aus einem Fahrzeug direkt übernehmen. Darüber hinaus können Sie in der Spalte **Minimum** Minimalwerte für den Kapazitätsbeleg festlegen, z. B.

um kleine Bedarfe die keiner Gruppe zuzuordnen waren, in einem Folgeschritt zu konsolidieren.

Über den Menüpfad **Transportation Management • Planung • Allgemeine Einstellungen • Gruppierungsregeln für Bedarfsgruppierung festlegen** im Customizing können Sie die verfügbaren Gruppierungsregeln definieren, die im Bedarfszusammenfassungsprofil ausgewählt werden können und auf Regelklassen basieren.

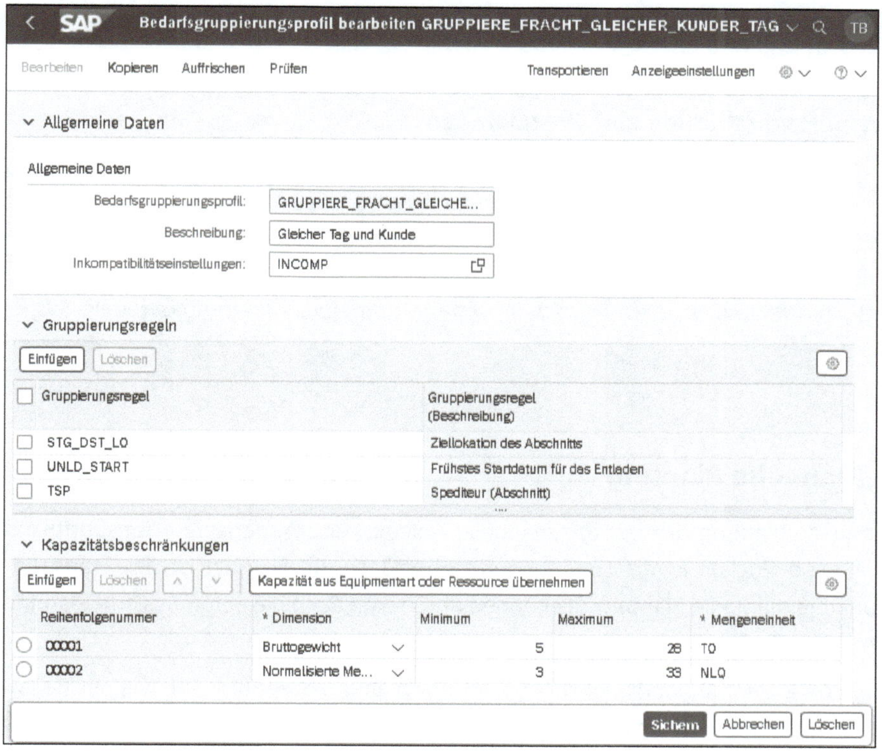

Abbildung 6.51: Pflege des Bedarfsgruppierungsprofils

Standardprofile und -einstellungen

Wie verhält sich das System in Bezug auf alle verfügbaren Parameter, wenn Sie kein Planungsprofil ausgewählt oder gar keins erstellt haben? In diesem Fall verwendet das System ein Standardplanungsprofil, das zugeordnete Standardeinstellungen enthält. Wenn kein solches Profil vorhanden ist, legt es das System automatisch an, sobald es benötigt wird. In den Benutzeroberflächen des Planungsprofils sowie aller dazugehörigen Einstellungen indiziert ein nicht änderbares Kontrollkästchen, ob es sich um die Standardwerte handelt. Wenn Sie das Standardverhalten überprüfen oder ändern möchten, können Sie dies im Standardplanungsprofil und den ihm zugeordneten Einstellungen tun. Auch wenn SAP beschließt, das Standardverhalten in einem neuen Release zu verbessern, indem ein Parameterwert im Standardplanungsprofil und den zugewiesenen Standardeinstellungen geändert wird, hat dies keine Auswirkungen auf Kunden, die bereits mit TM arbeiten und ein Upgrade auf dieses Release durchführen, da ihre Systeminstanz bereits ein Standardprofil und dessen Standardeinstellungen angelegt hat, als sie zum ersten Mal planten. Während die dem Standardplanungsprofil zugeordneten Einstellungen durch andere Einstellungen ersetzt werden können, ist es nicht möglich, ein anderes Planungsprofil als Standard zu kennzeichnen.

[+]

Transport von Profilen und Einstellungen

Klicken Sie auf die Drucktaste **Transportieren** in Planungs- und Selektionsprofilen, um für sie einen Softwaretransport von einem System in ein anderes auszulösen. Dadurch müssen Sie nicht mehr dieselben Profile in Entwicklungs-, Qualitäts- und Produktionssystemen pflegen. Dies ist weniger fehleranfällig als die mehrfache Pflege derselben Profile bzw. die mehrfache Durchführung einer Änderung in jedem System.

6.7 Manuelle Planung

Die manuelle Planung umfasst das manuelle Anlegen und Ändern des Transportplans. Das Transport-Cockpit ist die Hauptbenutzeroberfläche für die Anzeige des Transportplans und die manuelle Planung. Sie können im Cockpit auch die automatisierte Planung verwenden.

Abschnitt 6.7.1 zeigt anhand vielfältiger Transportplanungsszenarien auf, wie der Bedarf für eine flexible und anpassbare Konfiguration des Transport-Cockpits entsteht. Zentrales Element der Konfiguration ist das Seitenlayout, das in Abschnitt 6.7.2 erläutert wird.

Darauf aufbauend führt Abschnitt 6.7.3 die Nutzung hierarchischer und dualer Sichten ein, die detaillierte Einblicke in Dokumentstrukturen ermöglichen und einen effizienten Vergleich und eine Umplanung von Kapazitätsdokumenten unterstützen. Ergänzend dazu stellt Abschnitt 6.7.4 den Kennzahlenbereich vor, der die kontinuierliche Überwachung und Steuerung von Planungszielen unterstützt.

Die wichtigsten visuellen Komponenten des Transport-Cockpits – Karte, Gantt-Diagramm und Ladeplan – werden in den folgenden Abschnitten vorgestellt:

- Abschnitt 6.7.5 beschreibt die Karte, mit deren Hilfe der Plan aus geografischer Perspektive dargestellt und angepasst werden kann.
- Das Gantt-Diagramm, behandelt in Abschnitt 6.7.6, bietet eine intuitive Darstellung der Planung aus zeitlicher Perspektive sowie in Bezug auf die Verfügbarkeit von Ressourcen.

- Der Ladeplan, erläutert in Abschnitt 6.7.7, ist für die Erzeugung von Packstücken, Laderaumplanung und Ladungskonsolidierung von zentraler Bedeutung, da er die Verpackungshierarchie im Detail darstellt und eine 3D-Ansicht der Packstücke und der Ladung bietet.

Die Einstiegsmöglichkeiten für das Transport-Cockpit werden in Abschnitt 6.7.8 erläutert. In Abschnitt 6.7.9 wird die Bedienung des Transport-Cockpits anhand der verfügbaren Funktionen wie z. B. der manuellen Planung, der Navigation durch Listen und Hierarchien und der Änderung des optischen Erscheinungsbilds im laufenden Betrieb beschrieben.

Abschnitt 6.7.10 stellt den Transportvorschlag vor, einen halbautomatisierten Planungsansatz, der die automatisierte Planung mit einer Benutzeroberfläche kombiniert, die eine manuelle Entscheidung über die ermittelten alternativen Transportvorschläge ermöglicht. Wir beschreiben die Konfiguration und Verwendung der Benutzeroberfläche sowie spezielle Parameter für die automatische Ermittlung von Transportvorschlägen.

Abschnitt 6.7.11 beschreibt die Terminierung, die im Transport-Cockpit genutzt werden kann und systematisch Start- und Endzeiten für ausgewählte Frachtdokumente ermittelt.

6.7.1 Transport-Cockpit

Das Ziel der Planung ist es, einen Transportplan zu erstellen, in dem die Transportbedarfe den verfügbaren Transportkapazitäten zugeordnet sind. Das *Transport-Cockpit* ist die zentrale Benutzeroberfläche für die Durchführung beliebiger Planungsschritte. Aufgrund der hohen strukturellen Vielfalt der Planungsszenarien in der Praxis ist es jedoch nicht möglich, eine Benutzeroberfläche zu definieren, die zu allen Szenarien aller Transportgeschäfte der Welt passt. Daher ist es unerlässlich, das Transport-Cockpit so zu konfigurieren und an die Bedürfnisse Ihres Geschäfts anzupassen, dass alle relevanten Informationen sichtbar und alle irrelevanten Informationen verborgen sind.

Die Konfiguration des Transport-Cockpits erfolgt über *Seitenlayouts*, mit denen Sie das Erscheinungsbild des Transport-Cockpits an das jeweilige Planungsszenario anpassen können. Ein Seitenlayout definiert die Anzahl der Bildbereiche, ihre Positionen und Größen, die in den Bildbereichen enthaltenen Registerkarten und alle Drucktasten, die in der Symbolleiste des Cockpits sowie auf den einzelnen Registerkarten pro Bildbereich sichtbar sind. Neben flachen Listen können auch ausgefeiltere Konzepte wie hierarchische und duale Sichten sowie grafische Komponenten wie die geografische Karte, das Gantt-Diagramm und die 3D-Visualisierung eines Ladeplans integriert werden. Zusätzlich zum Seitenlayout können Sie *Feldkonfigurationen* für Listen und Hierarchien hinterlegen. Damit steuern Sie, welche Felder in einem bestimmten Szenario angezeigt werden. Die Anwenderinnen und Anwender können diese Felder nach ihren Bedürfnissen weiter personalisieren, d. h., sie können die Auswahl der Felder weiter einschränken, nach Feldern sortieren, gruppieren, filtern und aggregieren. Außerdem können mithilfe bedingter Formatierungen bestimmte Werte hervorgehoben werden.

Um die Vielfalt der verschiedenen Planungsszenarien und die Notwendigkeit flexibler Seitenlayouts zu veranschaulichen, beschreiben wir einige Beispiele, die jeweils von einem eigenen Seitenlayout begleitet werden. Anschließend wird in Abschnitt 6.7.2 beschrieben, wie Sie ein Seitenlayout konfigurieren und das zugrunde liegende Customizing pflegen.

[»]

Doppeldeutigkeit des Begriffs »Seitenlayout«

Es ist wichtig, dass es ein konfigurierendes Objekt namens **Seitenlayout** gibt, das das visuelle Seitenlayout des Transport-Cockpits in einer Planungssitzung definiert. Wir führen keine separaten Begriffe ein, um den konfigurierenden und den visuellen Aspekt zu unterscheiden, da die Bedeutung aus dem Kontext der Diskussion ersichtlich wird.

Beispiel 1: Lokale Distribution ohne eigenen Fuhrpark

In einem lokalen Distributionsszenario liefert das Unternehmen Waren aus einem Verteilzentrum in Frankfurt an mehrere Kunden. Das Unternehmen verfügt über keinen eigenen Fuhrpark und setzt daher nur externe Fahrzeuge ein. Da das Planungsteam sehr erfahren mit der Geografie der verschiedenen Kunden ist, benötigt es keine Karte. Dieses Szenario kann durch das in Abbildung 6.52 dargestellte Seitenlayout abgedeckt werden.

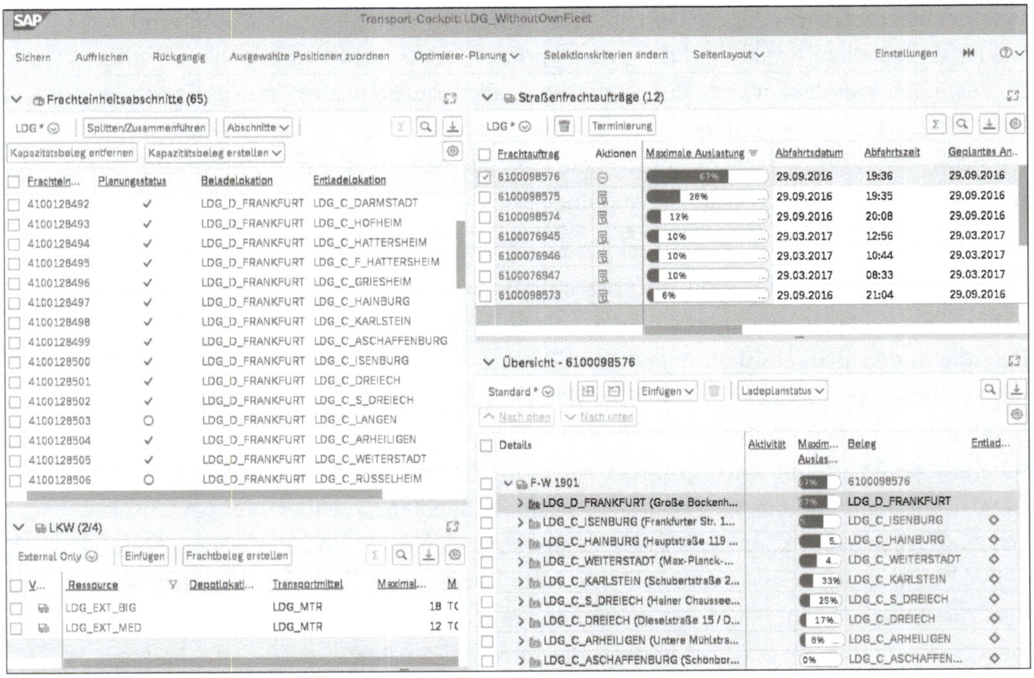

Abbildung 6.52: Lokale Distribution ohne eigenen Fuhrpark

Es enthält **Frachteinheitsabschnitte** im linken oberen Bereich, verfügbare Lkws (Typen) links unten, eine Liste von **Straßenfrachtaufträgen** rechts oben und Details zu einem Frachtauftrag im rechten unteren Bereich (**Übersicht**). In diesem Beispiel wurden Multiressourcen genutzt, aber Sie können auch Lkw-Typen verwenden, die ebenfalls im Bereich **LKW** angezeigt werden können.

Beispiel 2: Lokale Distribution von Paletten mit eigenem Fuhrpark

In einem weiteren lokalen Distributionsszenario nutzt das Unternehmen eine eigene Lkw-Flotte, um palettierte Ware vom Distributionszentrum in Frankfurt an mehrere Kunden zu liefern. Sie können das in Abbildung 6.53 gezeigte Seitenlayout verwenden. Der linke obere Bereich enthält ein **Gantt-Diagramm** mit zwei Ansichten, eine für die zu planenden Frachteinheiten und eine für die Lkws und die zugeordneten Straßenfrachtaufträge. Im unteren linken Bereich wird eine Liste der **Straßenfrachtaufträge** angezeigt. Die **Karte** oben rechts zeigt die Straßenfrachtaufträge und die aktuellen Positionen der Lkws. Der untere rechte Bereich zeigt den **Ladeplan** für einen der Straßenfrachtaufträge. Im Screenshot sehen Sie das Ergebnis der automatisierten Planung mit dem VSR-Optimierer und der Laderaumplanung. Die Paletten der Frachteinheiten wurden durch die Erzeugung von Packstücken ermittelt.

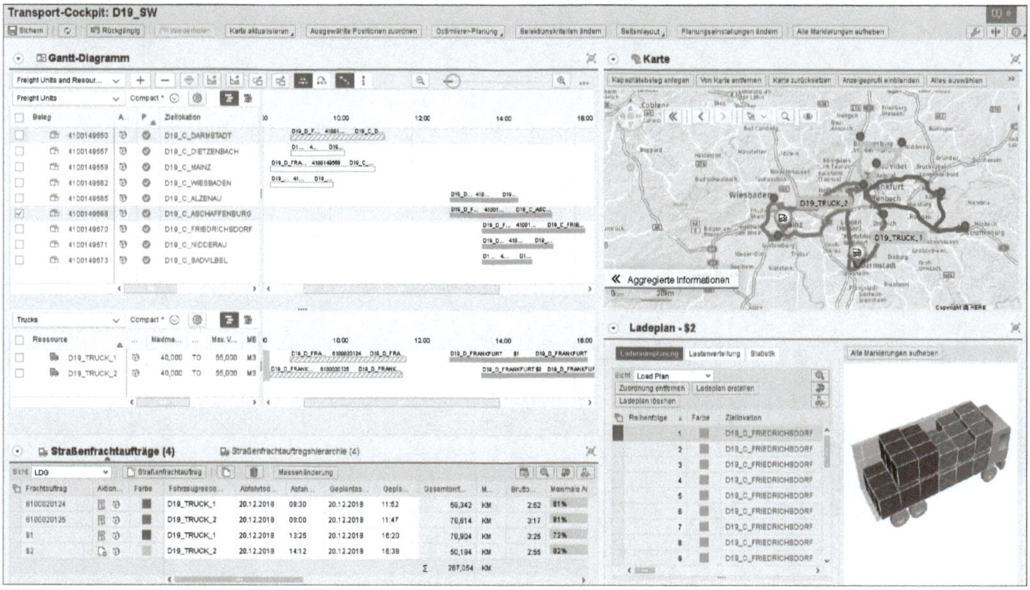

Abbildung 6.53: Lokale Distribution von Paletten mit eigenem Fuhrpark

Abbildung 6.53 enthält viele Informationen. In einem realistischen Szenario müssen Sie viel mehr Frachteinheiten, Lkws und Frachtaufträge bearbeiten, als Sie hier sehen. Wir empfehlen daher, das Transport-Cockpit in zwei oder drei Fenstern zu betreiben und jedes Fenster auf einem physischen Bildschirm zu platzieren. Dies bietet viel mehr Platz für Entscheidungen und verbessert die Benutzerfreundlichkeit deutlich, weil dadurch weniger zu scrollen (vertikal und horizontal) ist und seltener zwischen Registerkarten gewechselt werden muss.

Abbildung 6.54 zeigt ein Fenster mit der **Karte** für den geografischen Aspekt des Plans, in Abbildung 6.55 sehen Sie ein Fenster mit dem **Gantt-Diagramm** für den zeitlichen Aspekt des Plans, und in Abbildung 6.56 ist ein Fenster mit einer **Straßenfrachtauftragshierarchie** (um die detaillierten Stoppinformationen mehrerer Frachtaufträge anzuzeigen) und dem **Ladeplan** inklusive 3D-Sicht dargestellt. Mit drei Bildschirmen, die diese drei Seitenlayouts enthalten, erhalten Sie einen viel besseren Überblick und können Ihre Arbeit deutlich effizienter erledigen.

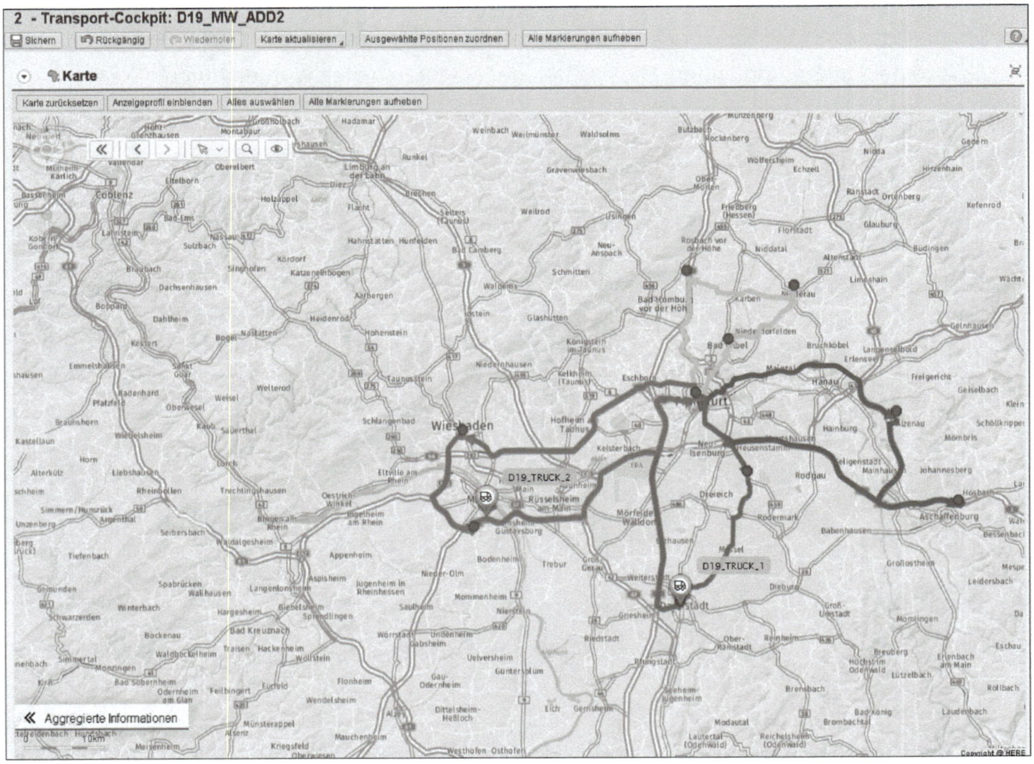

Abbildung 6.54: Kartenfenster in einer Planungssitzung mit drei Fenstern

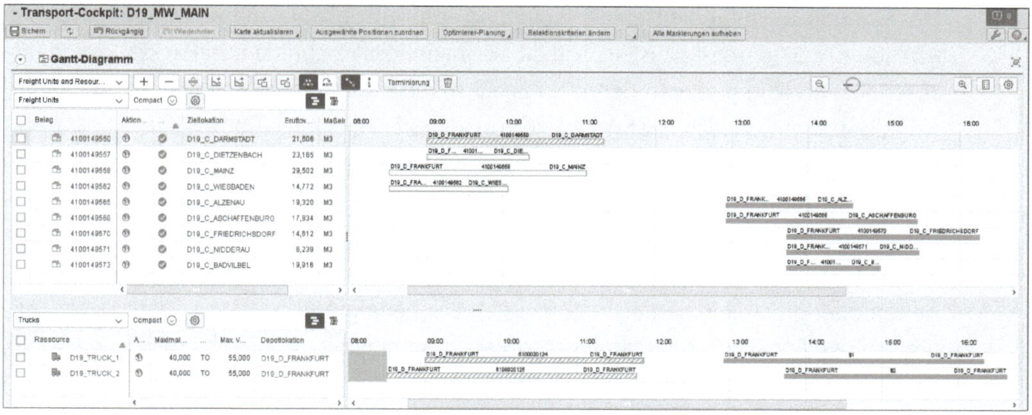

Abbildung 6.55: Gantt-Diagrammfenster in einer Planungssitzung mit drei Fenstern

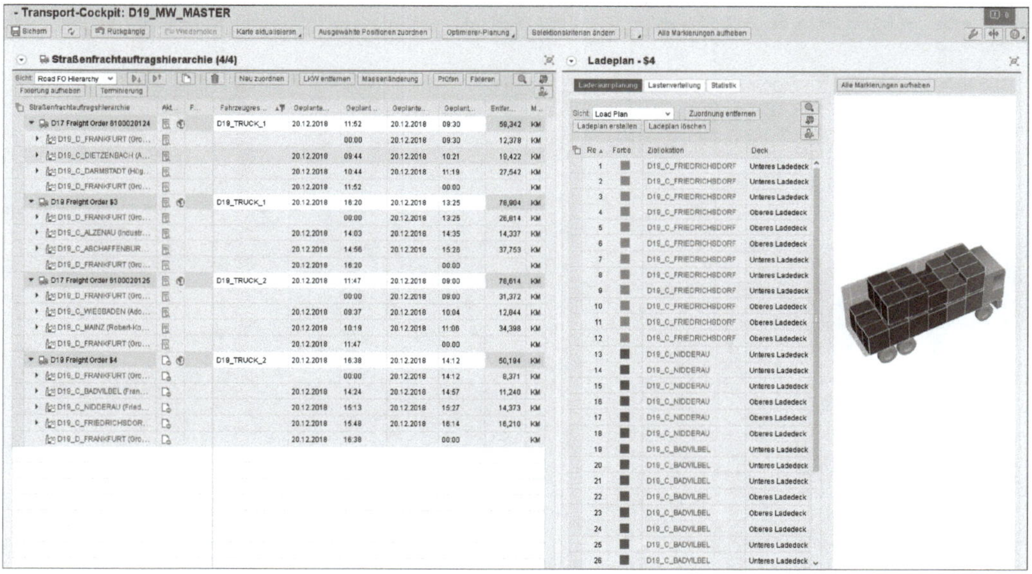

Abbildung 6.56: Straßenfrachtauftragshierarchie und Ladeplan in einer Planungssitzung mit drei Fenstern

Die Grundidee, den Inhalt eines Seitenlayouts auf drei Fenster mit je einem Seitenlayout zu verteilen, um drei Bildschirme für mehr Übersicht und Benutzerfreundlichkeit zu nutzen, ist für alle hier beschriebenen Szenarien sinnvoll und möglich.

Beispiel 3: Integrierte Lieferungs- und Hauptlaufplanung ohne eigenen Fuhrpark

Ein integriertes Szenario für die Lieferungs- und Hauptlaufplanung, wie in Abschnitt 6.4.5, »Packstückeinheiten«, beschrieben, kann durch zwei spezielle Seitenlayouts umgesetzt werden.

Das Planungsteam für die Lieferungsplanung kann ein Seitenlayout verwenden, wie es in Abbildung 6.57 dargestellt ist. Es enthält Frachteinheitsabschnitte und Packstückeinheitsabschnitte im linken oberen Bereich. Zunächst konzentrieren Sie sich nur auf die Frachteinheitsabschnitte. Nach der Erzeugung von Packstückeinheiten überprüfen Sie die Packstückeinheitsabschnitte. In der linken unteren Ecke befinden sich die verfügbaren Lkw-Typen und zusätzliche Detailbereiche, um die Stopps eines Packstückeinheitsabschnitts mit Verteilung und die Zuordnung einer Frachteinheit zu mehreren Packstückeinheiten anzuzeigen. Rechts oben werden die erstellten Straßenfrachtaufträge in einer listenbasierten oder hierarchischen Sicht aufgelistet. Die bedingte Formatierung wurde verwendet, um den Fortschritt des Planungsprozesses hervorzuheben. Rechts unten ist die Karte, die zunächst die ungeplanten Frachteinheiten enthält und im Screenshot einen vom VSR-Optimierer erstellten Straßenfrachtauftrag anzeigt. Darüber hinaus enthält der untere rechte Bereich auf einer separaten Registerkarte auch den Detailbereich des Ladeplans.

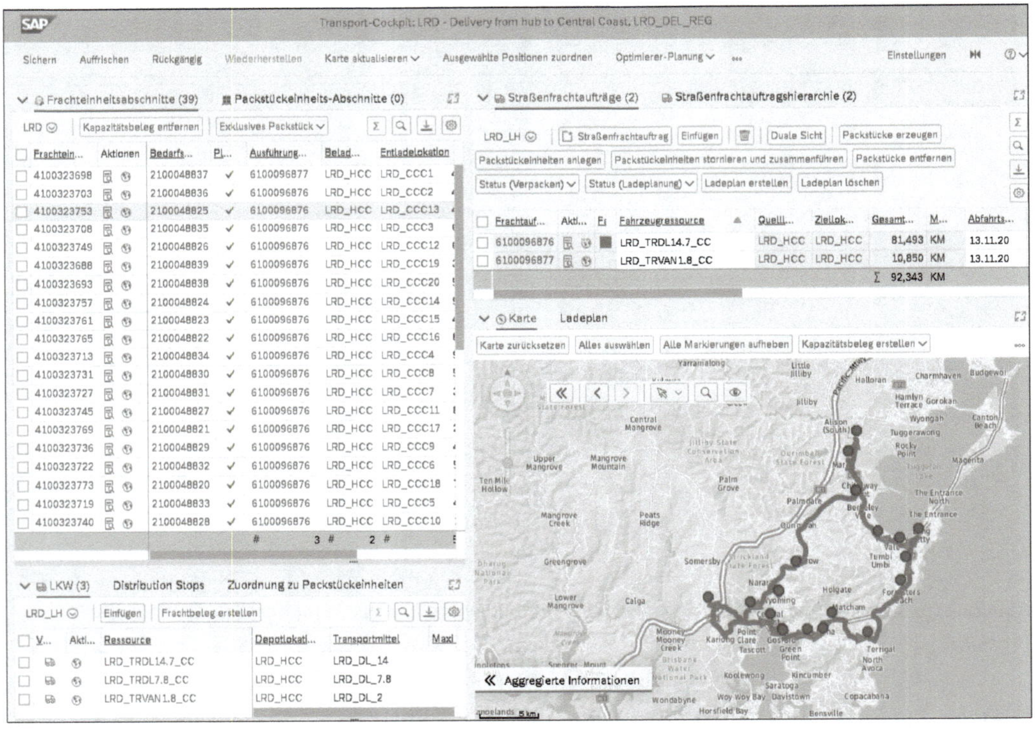

Abbildung 6.57: Lieferplanung in einem integrierten Liefer- und Hauptlaufplanungsszenario

Das Planungsteam für die Hauptlaufplanung kann das in Abbildung 6.58 dargestellte Seitenlayout verwenden, das zwei Registerkarten mit einer Liste bzw. Hierarchie für die Abschnitte der Packstückeinheiten im linken oberen Bereich enthält. Die verfügbaren Lkw- und Anhängertypen werden im mittleren linken und unteren linken Bereich angezeigt. Der obere rechte Bereich enthält die Liste der Straßenfrachtaufträge sowie die Hierarchie einer Anhängereinheit. Wie im Seitenlayout für die Lieferplanung befinden sich die Karte und der Ladeplan auf zwei Registerkarten unten rechts.

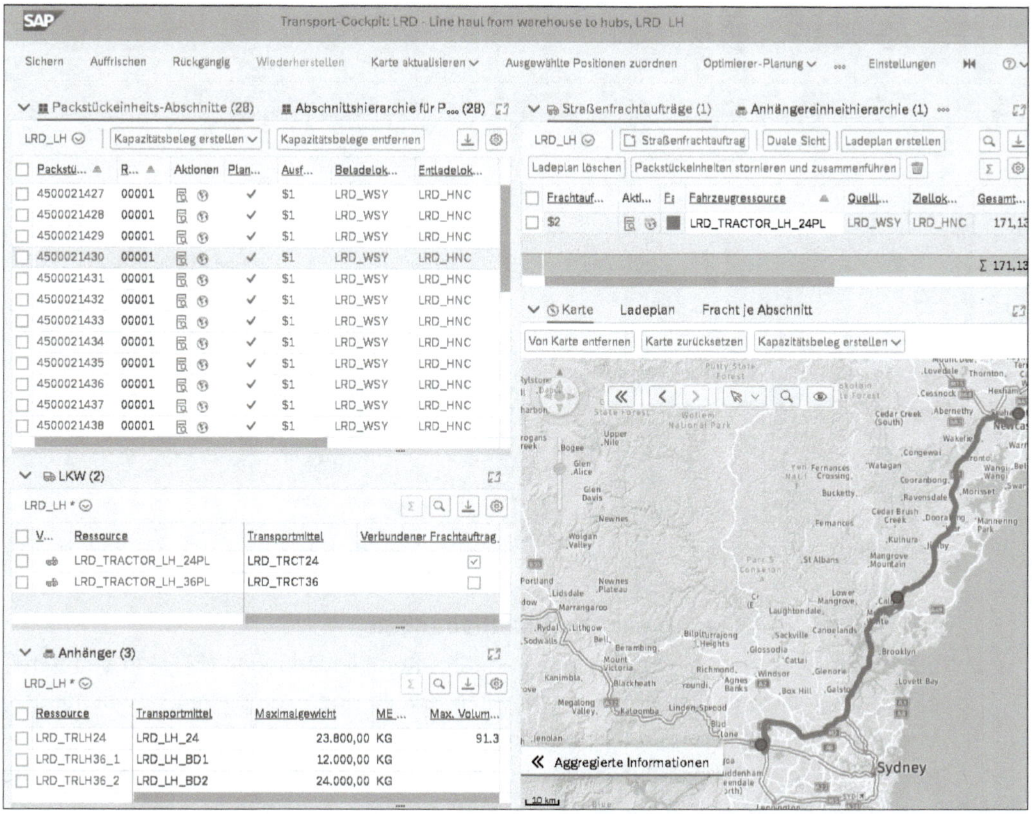

Abbildung 6.58: Hauptlaufplanung in einem integrierten Liefer- und Hauptlaufplanungsszenario

Beispiel 4: Laderaumplanung

Ein Unternehmen, das Metallprodukte, wie z. B. Rohre, herstellt, verwendet einen zweistufigen Planungsprozess. Zunächst konsolidiert das Transportplanungsteam Frachteinheiten zu Straßenfrachtaufträgen, minimiert dabei die Gesamtdistanz der Frachtaufträge und konzentriert sich auf die Gewichtsgrenzen der verfügbaren Lkw-Typen. Danach erstellt das für Laderaumplanung zuständige Team die Ladepläne für die ermittelten Frachtaufträge mittels automatisierter und manueller Laderaumplanung. Während das Transportplanungsteam das bereits in Abbildung 6.52 dargestellte Seitenlayout verwenden kann, kann das Laderaumplanungsteam das in Abbildung 6.59 gezeigte Seitenlayout verwenden, das oben eine Liste der Straßenfrachtaufträge und unten den Ladeplan enthält. Im gezeigten Beispiel wurden die Rohre der dem vorliegenden Frachtauftrag zugeordneten Frachteinheiten manuell im Laderaum des Lkws positioniert und dann aus Sicherheitsgründen Holzbretter manuell eingefügt und zwischen die Rohre gelegt.

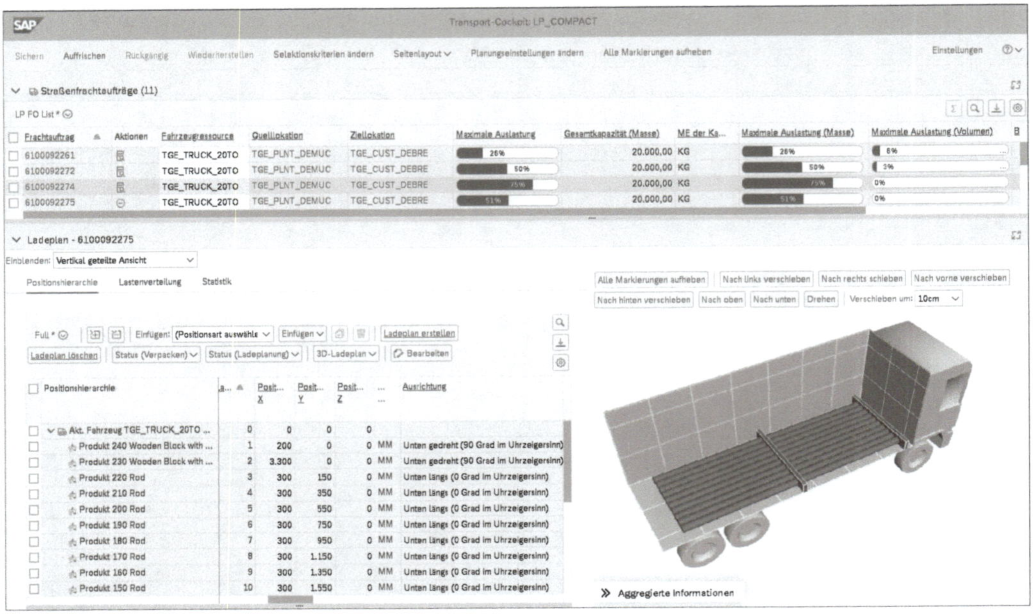

Abbildung 6.59: Laderaumplanung

Beispiel 5: Spediteur für Lkw-Komplettladungen

Ein Spediteur betreibt eine Lkw-Flotte und führt Komplettladungen (FTLs) in den Vereinigten Staaten durch. Da alle Frachteinheiten jeweils einen kompletten Lkw benötigen, sind keine Konsolidierungsentscheidungen zu treffen. Die Zuordnung der Frachteinheiten zu den Lkws und die Reihenfolge auf jedem Lkw sind jedoch entscheidend, um die Leerfahrten der Lkws zu minimieren.

In einem solchen Szenario können Sie das Seitenlayout aus Abbildung 6.60 verwenden. Auf der linken Seite befindet sich ein Gantt-Diagramm, das drei Sichten für Frachteinheiten, Lkw-Ressourcen und Straßenfrachtaufträge enthält. Auf der rechten Seite zeigt eine Karte die ungeplanten Frachteinheitsabschnitte als dünne Pfeile und eingefärbt nach Belegnummer, um die Verbindung zu den Frachteinheiten im Gantt-Diagramm visuell herzustellen. Darüber hinaus kann die Karte die zuletzt geplante Lokation jedes Lkws als Pin anzeigen, und Straßenfrachtaufträge werden als dicke Pfeile dargestellt, die ebenfalls nach Dokumentnummer eingefärbt sind. Dieses Seitenlayout kombiniert die zeitbezogene Sicht des Gantt-Diagramms und die geografische Sicht der Karte, sodass Sie Entscheidungen unter Berücksichtigung aller relevanten Aspekte treffen können, wie z. B. der letzten geplanten Lokationen der Fahrzeuge, ihrer zeitlichen Verfügbarkeit sowie der geografischen und zeitlichen Aspekte der ungeplanten Frachteinheiten.

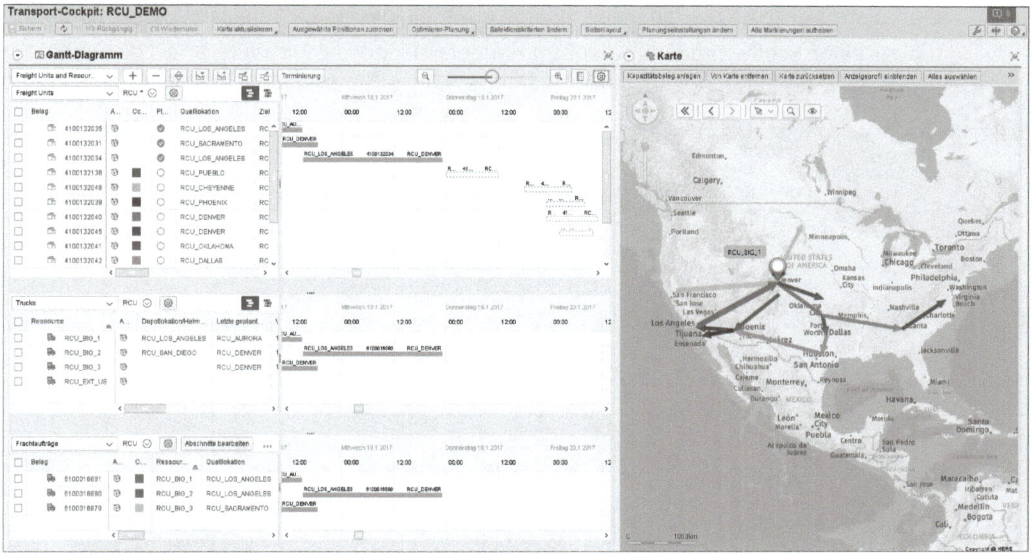

Abbildung 6.60: Spediteur für Lkw-Komplettladungen

Beispiel 6: Intermodaler Containertransport

In einem intermodalen Containerszenario transportiert ein Unternehmen Paletten von einem Werk in Mannheim (Deutschland) zu einem Distributionszentrum in Chicago (Vereinigte Staaten). Zunächst muss die optimale Anzahl von 20-Fuß- und 40-Fuß-Containern für die vorliegenden Frachteinheiten ermittelt werden. Anschließend muss festgelegt werden, wie die Container durch das Transportnetz transportiert werden sollen.

Dieses Planungsszenario kann durch zwei Seitenlayouts abgedeckt werden, die sich auf die beiden wichtigsten Planungsschritte konzentrieren und nacheinander verwendet werden. Abbildung 6.61 zeigt das erste Seitenlayout, das die von Mannheim nach Chicago zu transportierenden Frachteinheitsabschnitte (links oben), die verfügbaren Containertypen (links unten), die ermittelten Containereinheiten, die in der Containereinheitenhierarchie jeweils nur einen Abschnitt haben (rechts oben), und den Ladeplan enthält, der aus einer tabellarischen Ansicht und einer 3D-Ansicht (rechts unten) besteht. In diesem Beispiel wurden mithilfe der Ladungskonsolidierung ungeplante Frachteinheitsabschnitte der optimalen Anzahl von Containereinheiten zugeordnet. Die Frachteinheiten sind nun geplant, und die Containereinheiten repräsentieren die Transportbedarfe, die im zweiten Schritt geplant werden.

Abbildung 6.62 zeigt das zweite Seitenlayout, das Containereinheiten und ihre Abschnitte hierarchisch im linken oberen Bereich, Fahrpläne und Lkws links unten, Frachtdokumente rechts oben (als Frachtaufträge/Frachtbuchungen) und die Detailbereiche mit Karte und Überblick rechts unten enthält. In dieser Abbildung wird das Ergebnis des VSR-

Optimierers gezeigt, der die beiden Häfen ermittelt, die Hauptläufe aller Containereinheiten zu einer Seefrachtbuchung zusammengefasst und die Vorläufe und Nachläufe der Containereinheiten den entsprechenden Straßenfrachtaufträgen zugeordnet hat.

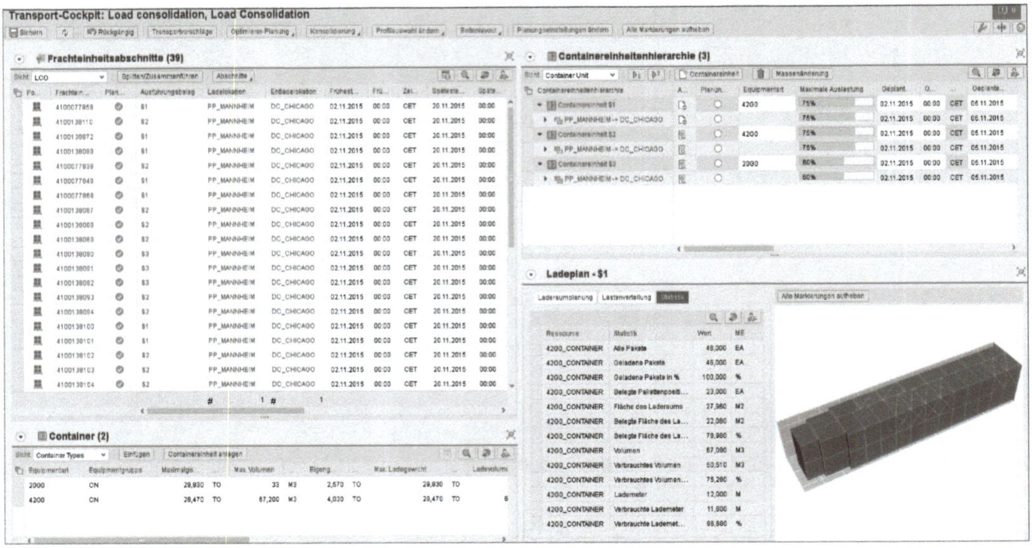

Abbildung 6.61: Intermodaler Containertransport mit Containerladeplan

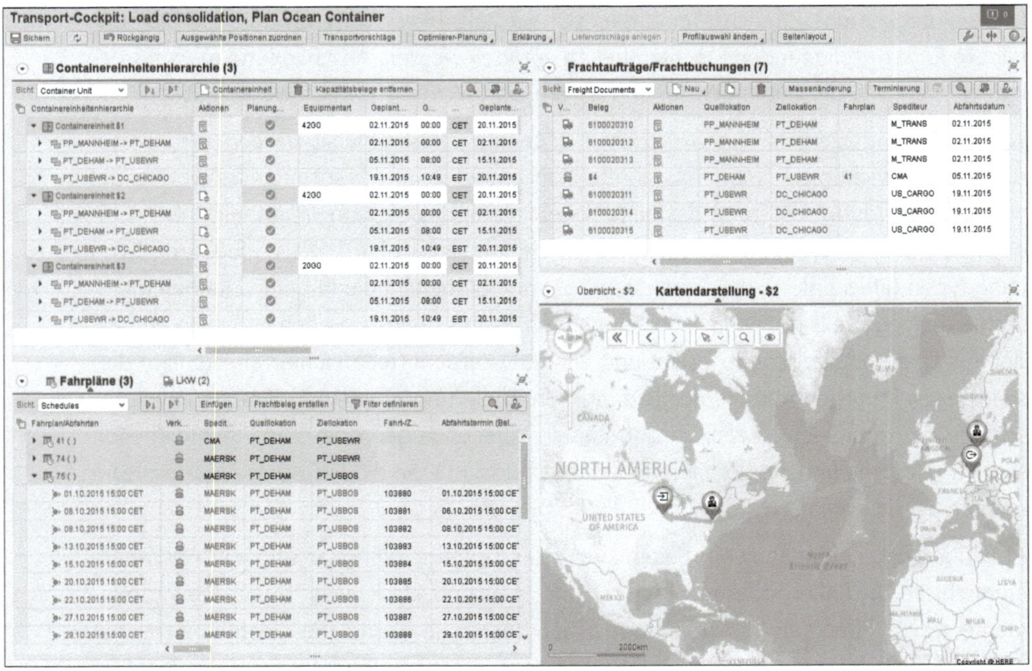

Abbildung 6.62: Intermodales Containerszenario mit geplanten Containereinheitsabschnitten

Beispiel 7: Eingehende Fracht von Lieferanten verwalten

Ein Hersteller möchte die von seinen Lieferanten erwarteten Frachten überprüfen. Die Frachten werden in Form von Frachteinheiten dargestellt, die in Sendungen gruppiert sind, die wiederum Frachtaufträgen zugeordnet werden. Während die Zuordnung normalerweise elektronisch übermittelt wird, kann es erforderlich sein, manuell Änderungen vorzunehmen. Daher können die Anwenderinnen und Anwender ein Seitenlayout mit Listen für Frachteinheitsabschnitte, Sendungen und Frachtaufträge verwenden. Zusätzlich können die Sendungshierarchie und die Frachtauftragshierarchie als Detailansichten genutzt werden, um die zugewiesenen Frachteinheitsabschnitte zu prüfen.

Beispiel 8: Globale Luft- und Seefrachtspedition

In einem globalen Speditionsunternehmen werden in der Seefrachtplanung Frachteinheiten, Seefrachtbuchungen und Fahrpläne benötigt. In ähnlicher Weise benötigt die Luftfrachtplanung Frachteinheiten, Luftfrachtbuchungen und eventuell Fahrpläne. Das Planungsteam, das für die Vor- und Nachlaufstrecken zuständig ist, benötigt Frachteinheiten, Straßenfrachtaufträge und Fahrpläne oder Fahrzeugarten. Daher benötigen verschiedene Planungsteams innerhalb desselben Unternehmens sehr unterschiedliche Setups.

6.7.2 Seitenlayouts

Das Transport-Cockpit bietet eine Vielzahl von Bausteinen, die jeweils auf einen bestimmten Aspekt eines Transportgeschäfts zugeschnitten sind. Sie können sich ein bevorzugtes Seitenlayout zusammenstellen, indem Sie die für Ihr Planungsszenario relevanten Bausteine auswählen und deren Positionen und Größen definieren. Beachten Sie, dass gewisse Geschäfte möglicherweise mehrere Seitenlayouts benötigen, die jeweils bestimmten Planungsphasen oder Entscheidungsarten zugeordnet sind, wie im vorangegangenen Abschnitt für die integrierte Liefer- und Hauptlaufplanung und den intermodalen Containertransport erläutert.

Das System bietet bereits einen Satz von mehr als 20 Seitenlayouts an, die auf verschiedene Szenarien und Verkehrszweige zugeschnitten sind und deren Namen alle mit »SAP« beginnen. Wir empfehlen Ihnen, diese zuerst zu prüfen. Im Idealfall passt eines perfekt zu Ihren Bedürfnissen. Andernfalls können Sie eines von ihnen kopieren und dann an Ihr Szenario anpassen, oder Sie erstellen selbst ein komplett neues Seitenlayout.

Festlegen von Seitenlayouts

Sie können für die folgenden Anwendungen Seitenlayouts erstellen:

- **Transport-Cockpit**

  Dies ist die zentrale Planungsoberfläche, wie bereits erwähnt. Da es die größte Bandbreite an Konfigurationsmöglichkeiten bietet, konzentriert sich der Rest dieses Abschnitts auf das Transport-Cockpit. Die Konfiguration für die nächsten drei Kontexte ist relativ einfach und wird daher nur kurz erwähnt, ohne auf Details einzugehen.

- **Spediteurauswahl**
  Dieses Layout konzentriert sich auf Frachtdokumente und deren Details, was für die Spediteurauswahl ausreichend ist. Daher sind diese Seitenlayouts Spezialfälle von Seitenlayouts für das Transport-Cockpit. Weitere Informationen zur Spediteurauswahl finden Sie in Abschnitt 7.5, »Spediteurermittlung und Spediteurauswahl«.
- **Liefererstellung**
  Dieses Layout wird für Auftragsintegrationsszenarien benötigt, in denen Liefervorschläge für die Frachteinheiten erstellt werden, die bis dahin Aufträge abbilden. Das Layout besteht nur aus Frachteinheiten und Liefervorschlägen. In Abschnitt 4.2.6, »Standardrouten«, erfahren Sie weitere Details zu den Liefervorschlägen.
- **Transportvorschlag**
  Dies ist ein halbautomatisierter Planungsansatz, bei dem Layouts aus Transportvorschlägen bestehen und auch Bereiche für Präferenzen und eine Karte enthalten können. Die Transportvorschläge sind in Abschnitt 6.7.10 beschrieben.

Um ein Seitenlayout für die gewünschte Anwendung zu erstellen oder zu ändern, wählen Sie die entsprechende SAP-Fiori-App **Seitenlayouts für <Anwendung> definieren** (also z. B. **Seitenlayouts für Transport-Cockpit definieren**). Als Nächstes gelangen Sie zu einem Seitenlayout-Arbeitsvorrat, wie in Abbildung 6.63 dargestellt. Hier können Sie ein neues Seitenlayout erstellen, ein Seitenlayout kopieren und löschen oder das Layout in ein anderes System transportieren. Es ist auch möglich, ein Seitenlayout als Standard zu deklarieren, das vom System verwendet wird, wenn das Transport-Cockpit ohne Definition eines Seitenlayouts gestartet wird.

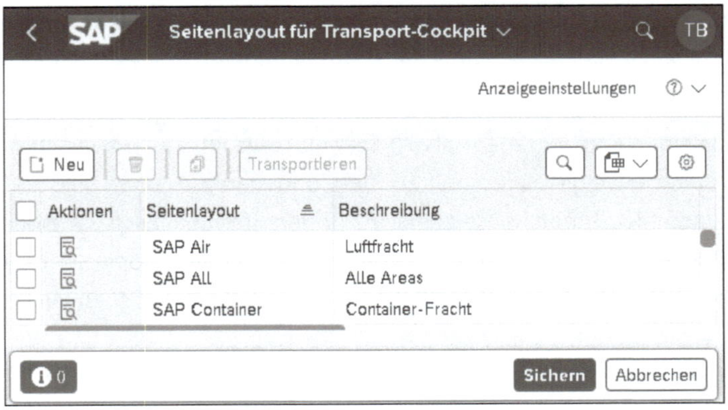

Abbildung 6.63: Arbeitsvorrat für Seitenlayouts

Sie können ein Seitenlayout pflegen, indem Sie auf das Symbol in der Spalte **Aktionen** klicken. Abbildung 6.64 zeigt die generischen Abschnitte des Seitenlayouts, mit denen Sie die folgenden Eigenschaften definieren können:

- **Allgemeine Daten**
  In diesem Bereich definieren Sie den Namen des Seitenlayouts und können eine Beschreibung vergeben. Sie können auch die Planung per Befehlszeile aktivieren, auswählen, ob Sie Schnellansichten in Listen und Hierarchien und ein Profil für die dialogbasierte Planung hinterlegen (Informationen zu diesen Funktionen finden Sie in Abschnitt 6.7.9, »Arbeiten im Transport-Cockpit«. Darüber hinaus legen Sie das Seitenlayout fest, das beim Ermitteln eines Transportvorschlags angezeigt wird (Informationen dazu finden Sie im gleichnamigen Abschnitt 6.7.10).
- **Benutzer**
  Im Bereich **Benutzer** können Sie dem vorliegenden Seitenlayout explizit bestimmte Benutzer oder Rollen zuweisen oder es für alle Benutzer verfügbar machen.
- **Seitenlayoutwechsel**
  Sie können den Anwenderinnen und Anwendern erlauben, zu jedem anderen Seitenlayout zu wechseln, oder explizit die Seitenlayouts auflisten, zu denen sie wechseln dürfen. Dies ist vor allem dann sinnvoll, wenn das System viele alternative Seitenlayouts enthält, davon aber nur eine begrenzte Anzahl oder gar keine benötigt wird, z. B. wenn unterschiedliche Seitenlayouts für verschiedene Geschäftszweige verwendet werden.

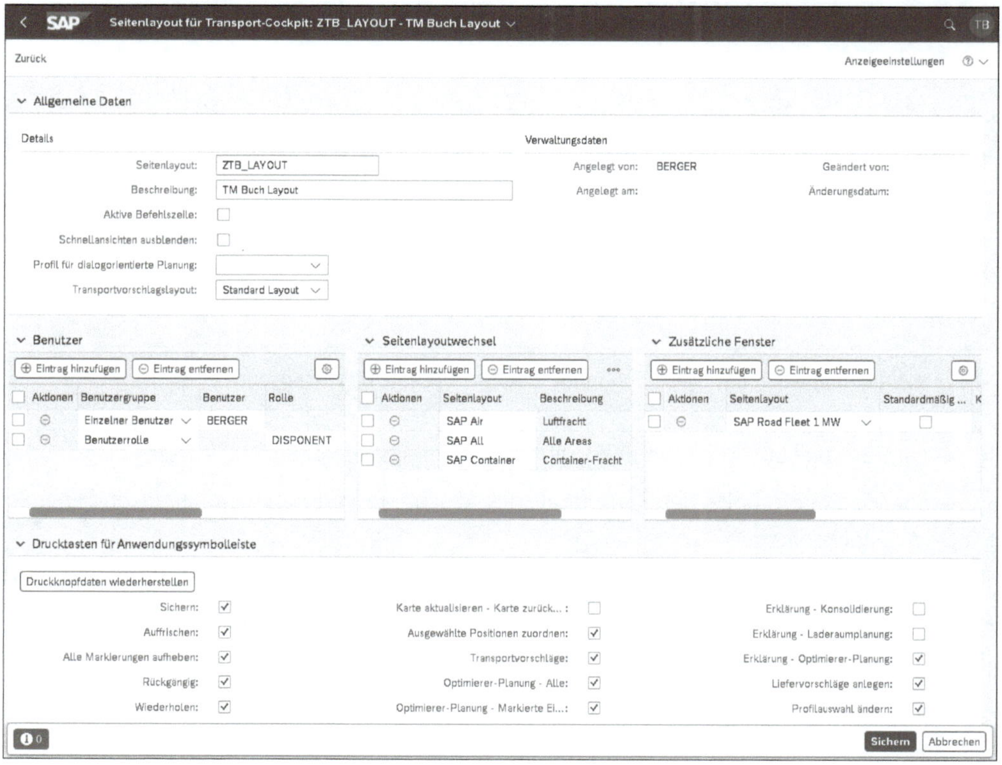

Abbildung 6.64: Einstellungen zum Seitenlayout für das Transport-Cockpit

- **Zusätzliche Fenster**
  Im Abschnitt **Zusätzliche Fenster** können Sie ein oder zwei zusätzliche Fenster zuweisen. Für jedes zusätzliche Fenster können Sie sein Seitenlayout festlegen und bestimmen, ob es standardmäßig geöffnet wird. Das Konzept hinter der Planung in mehreren Fenstern ist ein Hauptfenster, dem Sie ein oder zwei zusätzliche Fenster zuweisen können. Wenn Sie in einem solchen Setup planen, können Sie zusätzliche Fenster schließen und wieder öffnen, das Schließen des Hauptfensters beendet jedoch die Planungssitzung.
- **Drucktasten für die Anwendungsfunktionsleiste**
  In diesem Abschnitt können Sie auswählen, welche Aktionen in der globalen Funktionsleiste verfügbar sind (Abschnitt 6.7.9, »Arbeiten im Transport-Cockpit«, beschreibt die verfügbaren Funktionen).

Darüber hinaus können Sie die Inhaltsbereiche, die in der entsprechenden Anwendung dargestellt werden, konfigurieren und platzieren (siehe Abbildung 6.65).

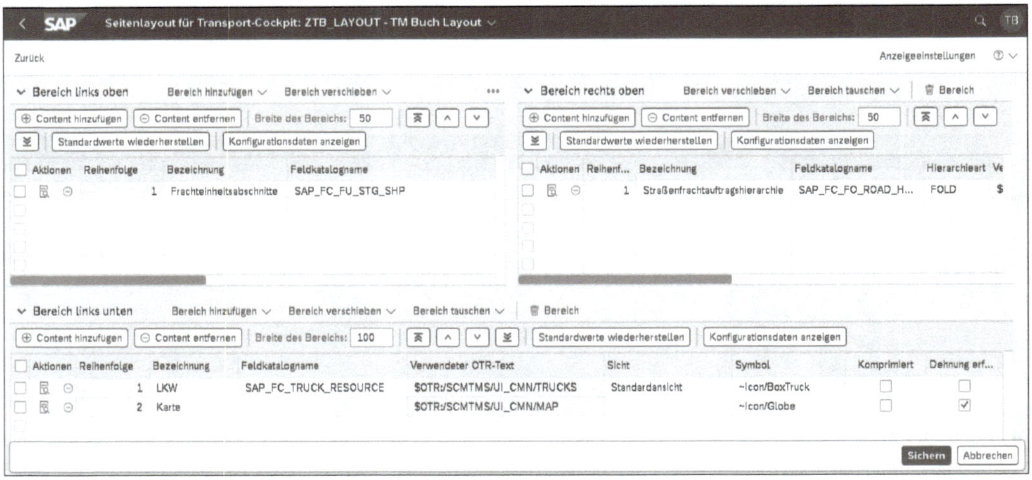

Abbildung 6.65: Definieren von Inhaltsbereichen in einem Seitenlayout

Im Beispiel aus Abbildung 6.65 gibt es drei Inhaltsbereiche:

- Der obere linke Bereich enthält die Abschnitte von Frachteinheiten und der Packstückeinheiten.
- Der rechte obere Bereich enthält die Hierarchie der Straßengüterverkehrsaufträge.
- Der untere Bereich enthält die Lkw sowie eine weitere Registerkarte mit der Karte und erstreckt sich über die gesamte Bildschirmbreite.

Sie können die Inhaltsbereiche wie folgt pflegen:

- Sie können neue Inhaltsbereiche hinzufügen oder löschen. Maximal kann ein virtuelles Raster mit zwei Spalten und drei Zeilen erreicht werden.

- Sie können komplette Bereiche an eine neue Position im virtuellen Raster verschieben oder die Positionen von zwei Inhaltsbereichen tauschen.
- Sie können das Breitenverhältnis zwischen linkem und rechtem Bereich anpassen. Wenn Sie den linken Bereich bei 60 belassen, wird der rechte Bereich automatisch auf 40 angepasst, sodass die Gesamtzahl 100 beträgt.

Innerhalb jedes Bereichs können Sie Inhalte hinzufügen, entfernen und ihre Reihenfolge ändern, die die Reihenfolge der im Transport-Cockpit angezeigten Registerkarten definiert.

Für jeden Bereich können Sie auf das Detailsymbol in der Spalte **Aktionen** klicken und die Drucktasten auswählen, die in der lokalen Symbolleiste erscheinen sollen, und zusätzliche Parameter definieren (siehe Abbildung 6.66). Sie können etwa festlegen, dass der Inhalt zunächst komprimiert wird, und sowohl die Konfiguration als auch die Assoziation für den Datenzugriff definieren.

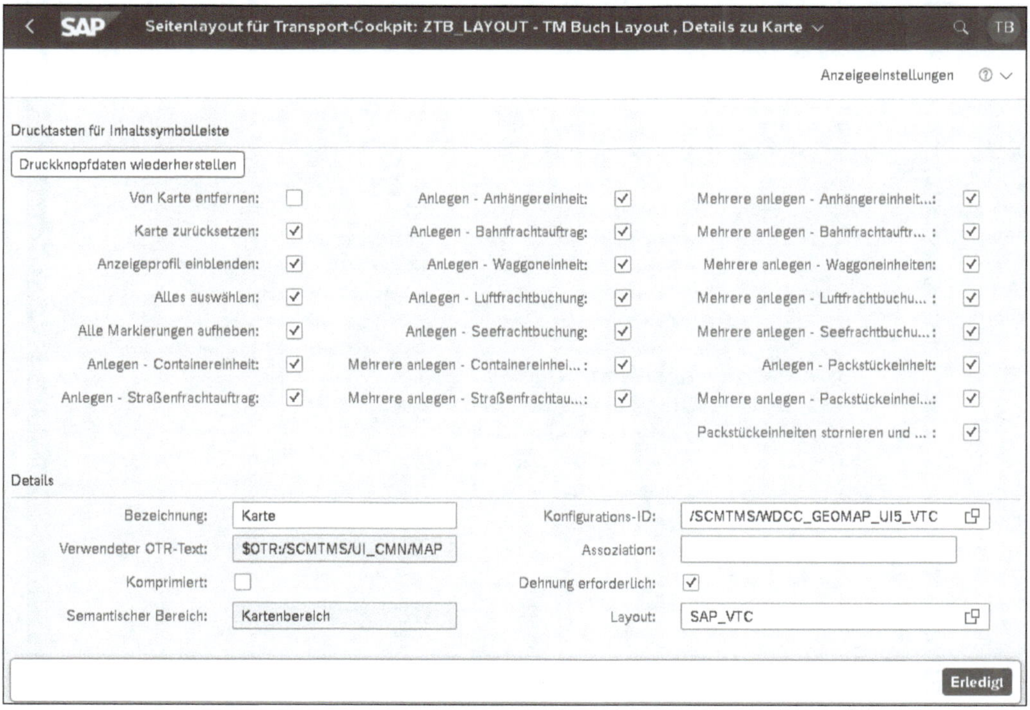

Abbildung 6.66: Definition von Drucktasten und Layout für den Karteninhaltsbereich

Für die grafischen Komponenten wie die Karte, das Gantt-Diagramm und den Ladeplan können Sie jeweils Ihr eigenes spezifisches Layout festlegen und vorgeben, ob sie gedehnt werden sollen. Die einzelnen Komponenten werden in Abschnitt 6.7.5, Abschnitt 6.7.6 und Abschnitt 6.7.7 beschrieben.

Für Hierarchien können Sie duale Sichten und die Hierarchieart definieren, die beide in Abschnitt 6.7.3 erläutert werden. Die duale Sicht kann nur definiert werden, wenn die entsprechende Drucktaste aktiviert ist.

Sie können jeden verfügbaren Inhalt in jedem beliebigen Bereich platzieren. Während viele Inhalte viele Objekte gleichzeitig anzeigen können, konzentrieren sich die Detailansichten auf Detailinformationen zu einem einzigen Objekt. Es ist möglich, mehrere Listen, Hierarchien und Detailansichten in den gleichen Bereich zu legen. Beim Hinzufügen von Inhalten zeigt das System ein Dialogfenster (siehe Abbildung 6.67), in dem der gewünschte Inhalt aus einer Liste von mehr als 80 Alternativen ausgewählt wird, darunter mehr als 40 Detailansichten. Die Liste ist nach neun semantischen Bereichen gruppiert, was das Auffinden des gewünschten Inhalts erleichtert.

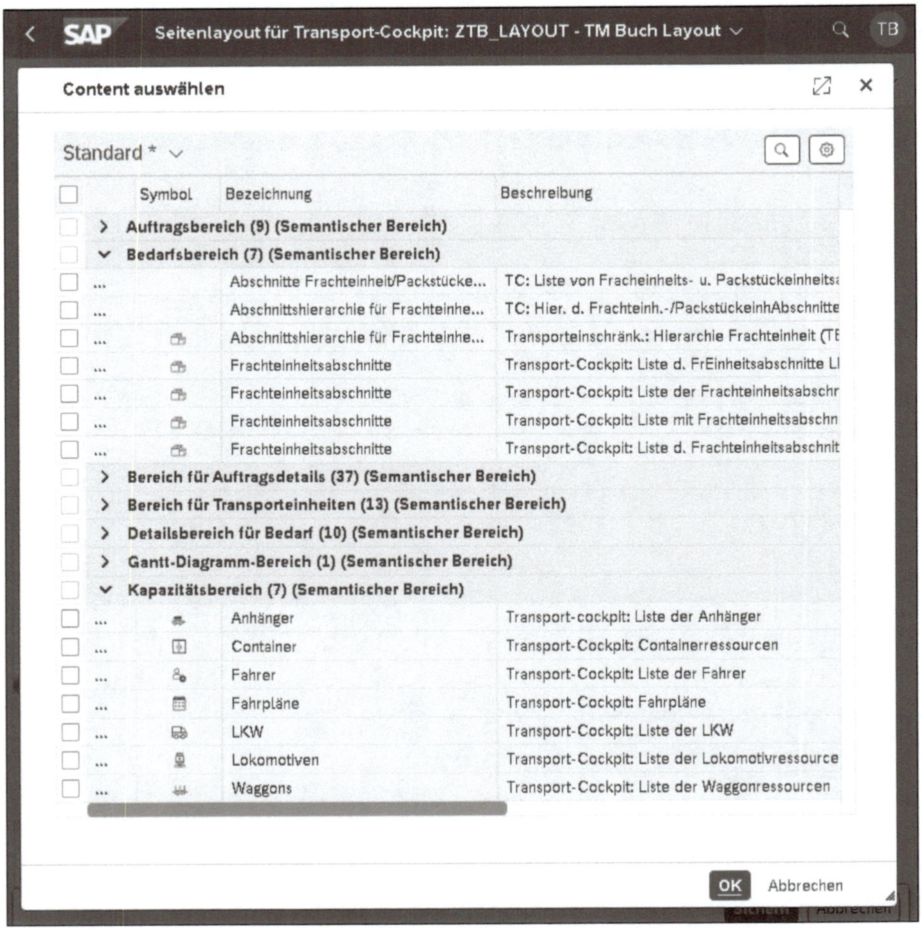

Abbildung 6.67: Hinzufügen von Inhalten für einen Bereich im Seitenlayout

Mehrere Inhalte können sogar in zwei Bereichen gleichzeitig platziert werden. In einem Planungsszenario, bei dem für eine Lokation sowohl eingehende als auch abgehende

Transportbedarfe gemeinsam geplant werden, können Sie etwa zwei Frachteinheitsabschnittslisten verwenden, eine für die eingehenden und eine für die ausgehenden Bedarfe. Dies können Sie modellieren, indem Sie die Frachteinheitsabschnittsliste zweimal im Seitenlayout verwenden und entsprechende Filter definieren, die dafür sorgen, dass die eine Liste nur eingehende und die andere Liste nur abgehende Bedarfe enthält.

Die semantischen Bereiche enthalten die folgenden Inhalte:

- **Auftragsbereich**

  Der Auftragsbereich enthält Frachtdokumentlisten und -hierarchien für Straßenfrachtaufträge, Bahnfrachtaufträge, Seefrachtbuchungen und Luftfrachtbuchungen, die zur Konsolidierung von Anforderungen verwendet werden können. Es gibt auch eine Liste für Frachtaufträge und Frachtbuchungen, was für intermodale Szenarien hilfreich ist. Die Hierarchien sind nützlich, um Stopps in Frachtaufträgen umzuplanen oder um Bedarfsdokumente zwischen Frachtdokumenten umzuhängen, wie in Abschnitt 6.7.2, »Seitenlayouts«, beschrieben.

- **Bedarfsbereich**

  Der Bedarfsbereich enthält Listen und Hierarchien für Bedarfsbelegsabschnitte. Frachteinheitsabschnittslisten und Frachteinheitshierarchien stellen reine Bedarfsdokumente dar, die den Kapazitätsbelegen zugeordnet werden müssen. Für die Frachteinheitsabschnitte werden verschiedene Konfigurationen für Verlader, Seefracht und Luftfracht angeboten. Die kombinierte Liste für Fracht- und Packstückeinheitsabschnitte sowie die entsprechende Hierarchie sind für Szenarien nützlich, in denen sowohl Fracht- als auch Packstückeinheitsabschnitte als Bedarf dienen.

- **Bereich für Sendung**

  Der Bereich für Sendung bietet sowohl eine Liste als auch eine Hierarchie für Sendungen. Die Liste kann zur Konsolidierung von Bedarfen zu Sendungen oder Sendungen zu Frachtdokumenten verwendet werden. Die Hierarchie ist nützlich, um die Struktur von Sendungen zu analysieren, etwa um zugeordnete Bedarfe zu überblicken.

- **Bereich für Transporteinheiten**

  Der Bereich für Transporteinheiten bietet Transporteinheitslisten, Transporteinheitsabschnittslisten und Transporteinheitshierarchien für Packstückeinheiten, Containereinheiten, Anhängereinheiten und Waggoneinheiten, die für verschiedene Zwecke verwendet werden können. Während die Abschnittslisten in erster Linie für den Bedarfsaspekt genutzt werden, ähnlich wie ein Frachteinheitsabschnitt, kann die Dokumentenliste für Konsolidierungszwecke verwendet werden. Wie bereits erwähnt, sind Hierarchien für die Umplanung von Bedeutung.

- **Kapazitätsbereich**

  Der Kapazitätsbereich bietet Listen für Lkw, Anhänger, Lokomotiven, Waggons, Container, Equipmentarten, Fahrpersonal und Fahrpläne. Die Lkw-Liste beinhaltet Lkw-Ressourcen und -Arten, und dasselbe gilt für die Anhänger-, Lokomotiv-, Waggon-

und Containerliste. Die Gerätetypenliste enthält Lkw-Arten, Anhängerarten, Lokomotivarten, Waggonarten und Containerarten. Die Fahrplanhierarchie umfasst die verfügbaren Abfahrten pro Fahrplan.

- **Gantt-Diagramm-Bereich**

  Der Gantt-Diagramm-Bereich enthält nur einen Eintrag für die entsprechende visuelle Komponente. Das Gantt-Diagramm kann alle Dokumente und Ressourcen anzeigen, ermöglicht die manuelle Planung und ist selbst in hohem Maße konfigurierbar, wie in Abschnitt 6.7.6, »Gantt-Diagramm«, näher beschrieben.

- **Kartenbereich**

  Analog dazu enthält der Kartenbereich nur einen Eintrag für die visuelle Komponente. Die Karte kann alle Dokumente und Ressourcen anzeigen. Sie bietet interaktive Planungs- und umfangreiche Konfigurationsmöglichkeiten, die in Abschnitt 6.7.5, »Karte«, beschrieben sind.

Der **Bereich für Auftragsdetails** enthält Detailansichten, die für den jeweiligen Auftrag über die entsprechende Schaltfläche in der Spalte **Aktionen** einer beliebigen Liste, Hierarchie oder des Gantt-Diagramms angezeigt werden können. Die folgenden Detailansichten werden angeboten:

- Die Einzelbeleghierarchien für Straßenfrachtauftrag, Bahnfrachtauftrag, Seefrachtbuchung, Luftfrachtbuchung, Anhängereinheit, Waggoneinheit, Containereinheit und Packstückeinheit liefern detaillierte Informationen und ermöglichen eine Umplanung per Drag and Drop – sowohl innerhalb des vorliegenden Dokuments als auch von hier aus zu einem anderen Dokument in einer Liste oder Hierarchie.
- Die Detailsichten **Kontingent** und **Spediteurrangliste** liefern zusätzliche Informationen über das betroffene Kontingent und die Reihenfolge der Spediteure des vorliegenden Frachtbelegs.
- Die vier Sichten zum **Frachtmanagement** liefern Frachtdetails aus der Sicht der jeweiligen Verkehrszweige Straße, Bahn, Luft und See.
- Die Ansicht **Kosten** bietet Details zu den berechneten Kosten des vorliegenden Frachtbelegs.
- In der Sicht **Zuordnung von Fahrern** finden Sie Details zur Fahrerzuordnung für den vorliegenden Straßenfrachtauftrag.
- Die Sicht **Equipment** liefert detaillierte Ausrüstungsinformationen für den vorliegenden Straßenfrachtauftrag, Schienenfrachtauftrag, die Seefrachtbuchung bzw. Luftfrachtbuchung.
- In der Sicht **Ausführungsinformationen** finden Sie Details zu geplanten und tatsächlichen Ereignissen für den vorliegenden Frachtbeleg.
- Die Sicht **Ladeplan** zeigt den Ladeplan für einen Straßenfrachtauftrag, eine Anhängereinheit, eine Containereinheit oder eine Packstückeinheit. Weitere Details finden Sie in Abschnitt 6.7.7, »Ladeplan«.

- Die Sicht **Kartendarstellung** zeigt das vorliegende Kapazitätsdokument auf einer geografischen Karte an. Weitere Details zur Konfiguration der Darstellung finden Sie in Abschnitt 6.7.5, »Karte«.
- Die Sicht **Übersicht** bietet einen schnellen Überblick über das Dokument, einschließlich seiner Stoppreihenfolge und der zugeordneten Bedarfsdokumente pro Stopp. Darüber hinaus enthält sie eine Übersicht über die Auslastung und bestimmte Statuswerte.
- Die Sicht **Vorgängerbelege** zeigt Frachtdokumente, die vor dem vorliegenden Kapazitätsbeleg ausgeführt werden müssen, weil sie einem Vorgängerabschnitt eines Bedarfsbelegabschnitts zugeordnet sind, der dem vorliegenden Kapazitätsbeleg zugewiesen ist. Analog listet die Sicht **Folgebelege** Frachtbelege auf, die nach dem vorliegenden Kapazitätsbeleg ausgeführt werden müssen.
- Die vier Abschnittsansichten stellen die Abschnitte für einen Straßenfrachtauftrag, einen Bahnfrachtauftrag, eine Seefrachtbuchung bzw. eine Luftfrachtbuchung dar. Jede Ansicht stellt die Stoppsequenz mit detaillierten Adress-, Entfernungs- und Ausführungsinformationen sowie dem geplanten und tatsächlichen Ankunfts- und Abfahrtsdatum und der zugehörigen Zeit zur Verfügung, die über eingabebereite Felder bearbeitet werden können.
- Die Sicht **Statusverwaltung** liefert Details zu den verschiedenen Statuswerten des vorliegenden Kapazitätsdokuments.
- Die Sichten **Auslastung** und **Auslastungsübersicht** zeigen eine grafische und hierarchische Ansicht für das vorliegende Kapazitätsdokument (siehe Abbildung 6.68 und Abbildung 6.69). Die hierarchische Sicht ist sehr hilfreich für die Analyse der Kapazitätsberechnung, insbesondere wenn mehrere Objektebenen beteiligt sind - wie im dargestellten Beispiel mit einer Zugmaschine und zwei Anhängern.

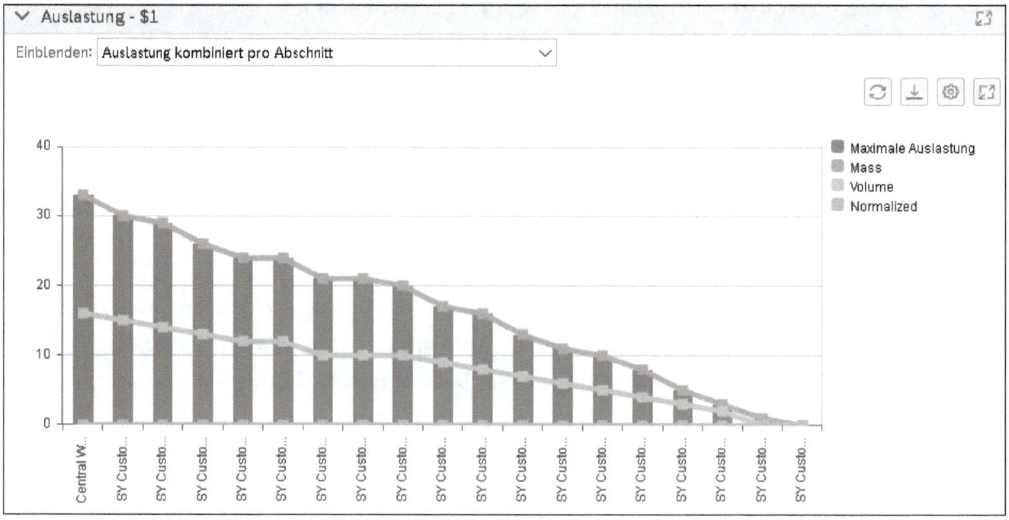

Abbildung 6.68: Auslastungsdiagramm

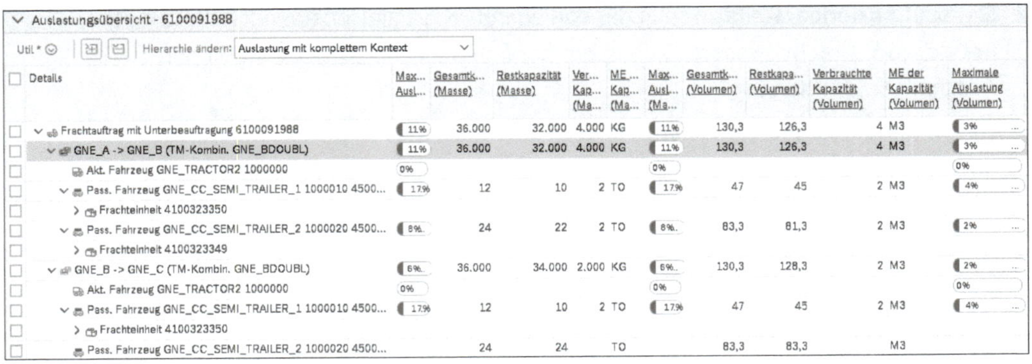

Abbildung 6.69: Auslastungsübersicht

Der Detailbereich für den Bedarf bietet analog die folgenden Detailansichten für Bedarfsdokumente:

- Die Sicht **Zuordnung zu Packstückeinheiten** zeigt, wie die Mengen einer Frachteinheit auf Packstückeinheiten verteilt werden, was für den in Abschnitt 6.4.5, »Packstückeinheiten«, beschriebenen Fall der Mehrfachzuordnung relevant ist.
- Die Sicht **Fracht je Abschnitt** zeigt für eine Transporteinheit oder Sendung für die zugeordneten Bedarfsbelege an.
- Die Sicht **Verteiltransportstopps** zeigt die Stopps eines Packstückeinheitsabschnitts mit Verteilung an (siehe ebenfalls Abschnitt 6.4.5).
- Die Sichten **Abschnittshierarchie für Frachteinheiten** und **Abschnittshierarchie für Packstückeinheiten** liefern hierarchische Informationen über den Bedarf, wie z. B. deren Positionen oder den ursprünglichen Anforderungsbeleg.
- Die Sicht **Ladeplan je Abschnitt** wird für Abschnitte einer Anhänger-, Container oder Packstückeinheit angeboten und liefert die gleichen Informationen wie die Ansicht **Ladeplan**. Da die Laderaumplanung nur auf Belegebene unterstützt wird, wird die Belegebene auch dann angezeigt, wenn die Aktion für einen Abschnitt ausgelöst wurde. Sie sehen, dass im Transport-Cockpit nur ein Ladeplan im Detail angezeigt werden kann, d. h., es ist nicht möglich, den Ladeplan eines Straßenfrachtauftrags und einen Bedarfsdokumentabschnitt nebeneinander anzuzeigen.

Einstellungen für Seitenlayouts

Die in einem Seitenlayout für die Auswahl zur Verfügung stehenden Inhalte können selbst im Customizing über den Pfad **Transportation Management • Planung • Allgemeine Einstellungen • Einstellungen für Seitenlayouts definieren** konfiguriert werden. Drucktasten und Inhaltsobjekte stellen die wichtigsten Bausteine dar, und Sie können konfigurieren, welche davon in einem Seitenlayout für die vier oben genannten Anwendungen (Transport-Cockpit, Spediteurauswahl, Lieferungserstellung und Transportvorschlag) angeboten werden.

Sie können die folgenden Eigenschaften von Drucktasten definieren:

- Der Parameter **Zeilenaktion** definiert, ob die Funktion als Zeilenaktion oder in der Symbolleiste verfügbar ist. So können Sie etwa die Zeilenaktion aktivieren, um Objekte auf die Karte zu schieben oder aus der Karte zu entfernen. Dies ist nützlich, da es einen Klick spart, wenn Sie ein Objekt auf die Karte schieben. Ohne Zeilenaktion müssen die Anwenderinnen und Anwender zuerst die Zeile auswählen und dann eine Drucktaste in der Symbolleiste verwenden, was zu zwei Klicks führt.
- Der Parameter **Ereignis** definiert die Aktion, die durch die Drucktaste ausgelöst wird.
- Sie können auch Parameter für **Drucktastentext**, **Quick-Info** und **Symbol** sowie **Hotkey** definieren, um eine Tastenkombination zum Auslösen der Drucktaste zu aktivieren.

Inhaltsobjekte ermöglichen die Konfiguration der folgenden Eigenschaften:

- Sie können den Titel des Inhaltsobjekts definieren.
- Die Parameter **Detail Anz** und **BedDet.-Anz.** legen fest, ob das vorliegende Inhaltsobjekt einen Detailbereich für ein Kapazitätsdokument oder ein Anforderungsdokument darstellt.
- Der Parameter **Mehrf.-Anz** legt fest, dass das Objekt innerhalb desselben Seitenlayouts zweimal verwendet werden kann.
- Sie können dem Inhaltsobjekt mehrere Web-Dynpro-Konfigurationen zuordnen und jeder Konfiguration Drucktasten für Ihre lokale Symbolleiste zuweisen. Für jede Drucktaste können Sie festlegen, ob sie für das Seitenlayout verfügbar ist, ob sie initial in einem neuen Seitenlayout ausgewählt ist, und sowohl ihren Drucktastentext als auch ihren Tooltip angeben. Darüber hinaus kann die Reihenfolge der Drucktasten in der Symbolleiste festgelegt werden.
- Sie können jede Konfiguration für die Definition eines Seitenlayouts als **Verfügbar** definieren. Außerdem können Sie festlegen, ob für das Inhaltsobjekt eine Dehnung auf den verfügbaren Platz durchgeführt werden soll. Dies ist etwa für ein Gantt-Diagramm oder eine Karte sinnvoll, um den verfügbaren vertikalen Platz im Transport-Cockpit auszunutzen. Wenn zwei übereinanderliegende Objekte gleichzeitig die Dehnung verwenden, verbrauchen beide die gleiche vertikale Höhe.

Diese Konfigurationsmöglichkeiten sind sehr mächtig, da sie es Ihnen sogar ermöglichen, festzulegen, was in einem Seitenlayout konfiguriert werden kann. Dies erlaubt es Ihnen, eigene, in einem Kundenprojekt entwickelte Objekte in die Seitenlayoutpflege einzubeziehen und die Seitenlayoutpflege zu optimieren, indem Inhalte oder Drucktasten, die für Sie überhaupt nicht relevant sind, gar nicht angeboten werden. Wenn Sie jedoch die Einstellungen für Seitenlayouts ändern, kann dies Auswirkungen auf bereits definierte Seitenlayouts haben, die auf den vorangegangenen Einstellungen basieren. Wir empfehlen daher, nach einer Änderung des Customizings die bestehenden Seitenlayouts mit dem zugrunde liegenden Customizing zu synchronisieren. Wählen Sie dazu die SAP-Fiori-App **Seitenlayouts mit Customizing synchronisieren**. Mit dieser Funktion können Sie einen

Layoutkontext auswählen und alle vorhandenen Seitenlayouts hinsichtlich neuer Drucktasten, geänderter Drucktasten, gelöschter Drucktasten, gelöschter Inhaltsobjekte und gelöschter Konfigurationen überprüfen. Sie können diese Funktion im Simulationsmodus ausführen, um die betroffenen Seitenlayouts zu identifizieren oder die Seitenlayouts sofort zu bereinigen.

Feldkataloge

Für Listen und Hierarchieinhaltsbereiche können Sie im Seitenlayout für das Transport-Cockpit einen sogenannten *Feldkatalog* hinterlegen. Ein Feldkatalog definiert, welche Spalten einem Benutzer zur Verfügung stehen. Für jeden Inhaltsbereich ist mindestens ein Feldkatalog standardmäßig vorhanden.

Über die SAP-Fiori-App **Feldkataloge für Transport-Cockpit definieren** können Sie Feldkataloge anlegen, ändern oder löschen. Die SAP-Fiori-App führt Sie zu einem Arbeitsvorrat mit Ihren Feldkatalogen. Von hier aus können Sie über die Drucktaste in der Spalte **Aktion** in die Einzelpflege abspringen, die in Abbildung 6.70 dargestellt ist.

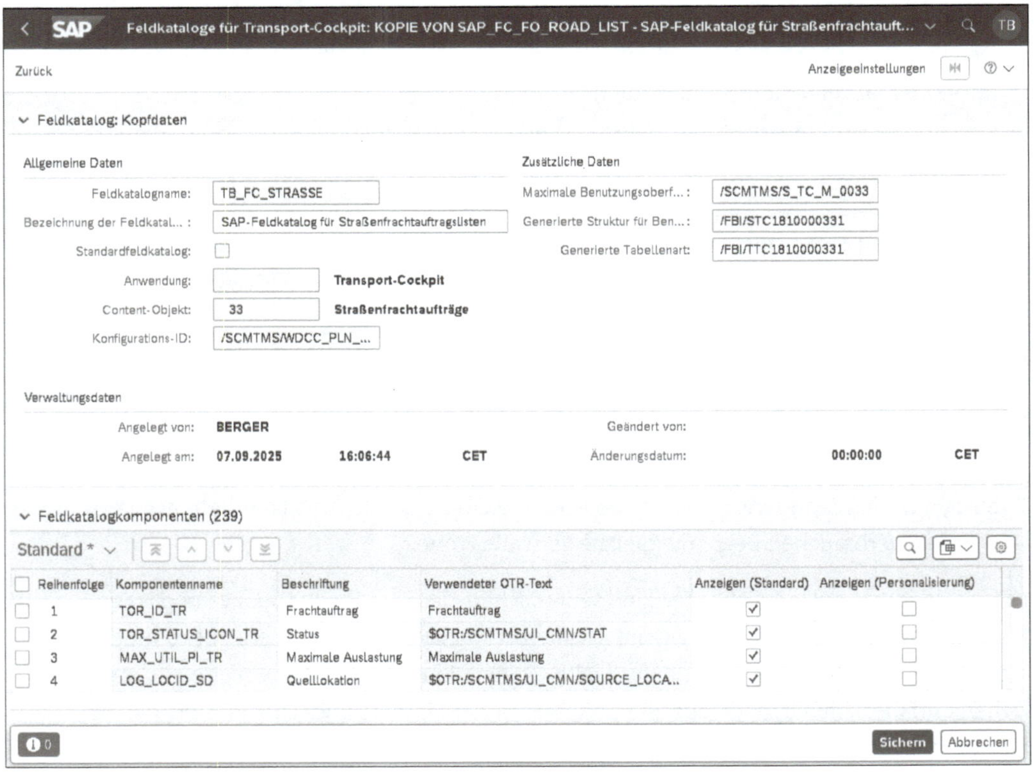

Abbildung 6.70: Einzelpflege eines Feldkatalogs für Straßenfrachtaufträge

Ein Feldkatalog wird immer abhängig von einem Inhaltsbereich gepflegt, für den ein gemeinsamer maximaler Vorrat an Feldern definiert ist. Jedes Feld repräsentiert eine Spalte in der jeweiligen Liste/Hierarchie. Über die Tabelle **Feldkatalogkomponenten** können Sie wählen, welche Felder standardmäßig oder nur zur Auswahl in der Personalisierung angezeigt werden.

Für alle standardmäßig sichtbaren Felder müssen Sie darüber hinaus die Reihenfolge festlegen, was Sie entweder über eine Eingabe in dem bearbeitbaren Feld oder über die Drucktasten über der Tabelle tun können. Darüber hinaus können Sie für Felder die Beschriftungen, die in der Liste im Spaltenkopf angezeigt werden, anpassen.

Das Pflegen eines Feldkatalogs bietet zwei Vorteile. Zum einen können Sie in einem bestimmten Geschäftszweig Informationen, die für die Anwenderinnen und Anwender irrelevant sind, ausblenden und deren Arbeit so auf die relevanten Informationen fokussieren. Zum anderen benötigen manche Felder spezielle Daten, die teilweise auch erst zur Laufzeit ermittelt werden können (z. B. die Angabe der letzten geplanten Lokation). Diese Felder den Anwenderinnen und Anwendern zu präsentieren, benötigt Systemlaufzeit – damit kann das Einsparen irrelevanter Felder im Feldkatalog zu kürzeren Antwortzeiten des Systems führen.

Um die Spalten des Gantt-Diagramms zu konfigurieren, wird mit den Feldlisten ein ähnliches Konzept verfolgt. Dieses ist in Abschnitt 6.7.6, »Gantt-Diagramm«, beschrieben.

6.7.3 Hierarchische Ansicht und duale Ansicht

Während in vielen Planungsszenarien die Informationen, die in flachen Listen für Bedarfsdokumente und Kapazitätsdokumente dargestellt werden, ausreichend sind, erfordern einige Planungsszenarien eine Sicht auf die Unterstrukturen der Dokumente, um die richtigen Planungsentscheidungen zu treffen. Wenn Sie etwa einen ungeplanten Frachteinheitsabschnitt einem der vorhandenen Frachtaufträge zuordnen möchten, müssen Sie die Stoppsequenzen der alternativen Frachtaufträge kennen, um die beste Wahl zu treffen. Ein weiteres Beispiel ist die Verbesserung des Verhältnisses von Volumen und Gewicht für Ihre Luftfrachtbuchungen, für die es notwendig ist, die Umplanungspotenziale der bereits den Luftfrachtbuchungen zugeordneten Frachteinheiten zu erkennen.

In diesem Abschnitt werden wir zwei Sichten betrachten, die für diese Anwendungsfälle geschaffen wurden: die hierarchische Sicht und die duale Sicht.

Hierarchische Sicht

Hierarchische Sichten können für alle Bedarfs- und Kapazitätsdokumente verwendet werden. Die Unterstruktur einer hierarchischen Sicht wird durch eine Hierarchieart definiert, die vorab konfiguriert werden kann. Hierarchische Sichten ermöglichen es Ihnen, im Transport-Cockpit die Unterstrukturen von Dokumenten zu betrachten. Abbildung 6.71 zeigt ein Beispiel für eine Straßenfrachtauftragshierarchie mit drei Hierarchieebenen: Frachtauftrag, Lokation und Frachteinheit. Sie können alle Knoten oder ausgewählte Knoten in der Hierarchie expandieren und später wieder zusammenklappen. Über das

Drop-down-Menü **Hierarchie ändern** in der Symbolleiste wechseln Sie zwischen alternativen hierarchischen Sichten für die gleiche Dokumentart, z. B. zwischen einer stoppbasierten und einer abschnittsbasierten Hierarchie.

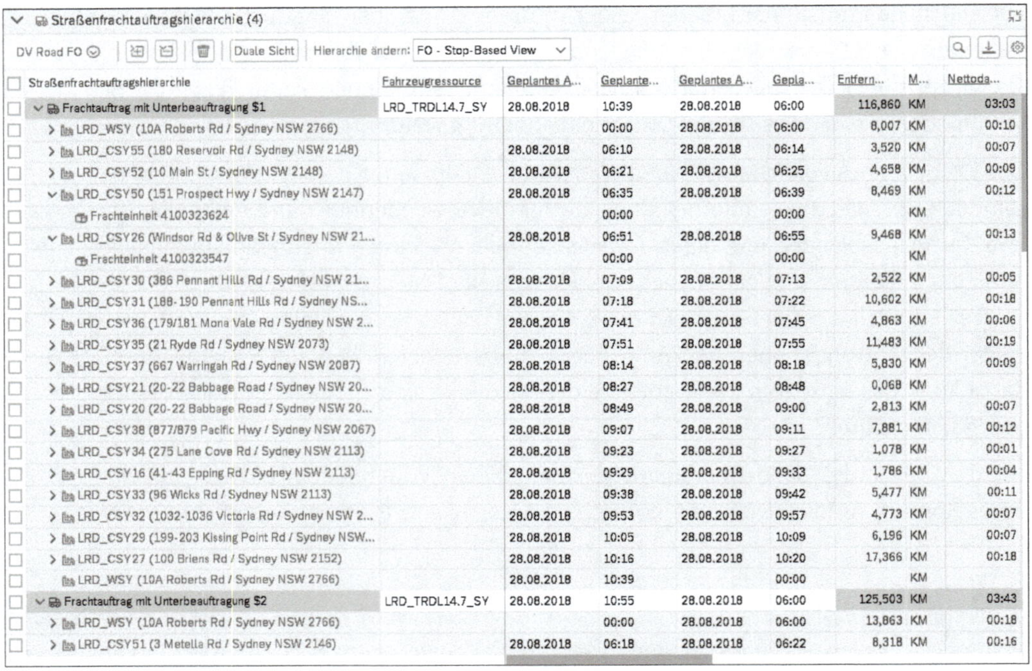

Straßenfrachtauftragshierarchie	Fahrzeugressource	Geplantes A...	Geplante...	Geplantes A...	Gepla...	Entfern...	M...	Nettoda...
Frachtauftrag mit Unterbeauftragung $1	LRD_TRDL14.7_SY	28.08.2018	10:39	28.08.2018	06:00	116,860	KM	03:03
LRD_WSY (10A Roberts Rd / Sydney NSW 2766)			00:00	28.08.2018	06:00	8,007	KM	00:10
LRD_CSY55 (180 Reservoir Rd / Sydney NSW 2148)		28.08.2018	06:10	28.08.2018	06:14	3,520	KM	00:07
LRD_CSY52 (10 Main St / Sydney NSW 2148)		28.08.2018	06:21	28.08.2018	06:25	4,658	KM	00:09
LRD_CSY50 (151 Prospect Hwy / Sydney NSW 2147)		28.08.2018	06:35	28.08.2018	06:39	8,469	KM	00:12
Frachteinheit 4100323624			00:00		00:00		KM	
LRD_CSY26 (Windsor Rd & Olive St / Sydney NSW 21...		28.08.2018	06:51	28.08.2018	06:55	9,468	KM	00:13
Frachteinheit 4100323547			00:00		00:00		KM	
LRD_CSY30 (386 Pennant Hills Rd / Sydney NSW 21...		28.08.2018	07:09	28.08.2018	07:13	2,522	KM	00:05
LRD_CSY31 (188-190 Pennant Hills Rd / Sydney NS...		28.08.2018	07:18	28.08.2018	07:22	10,602	KM	00:18
LRD_CSY36 (179/181 Mona Vale Rd / Sydney NSW 2...		28.08.2018	07:41	28.08.2018	07:45	4,863	KM	00:06
LRD_CSY35 (21 Ryde Rd / Sydney NSW 2073)		28.08.2018	07:51	28.08.2018	07:55	11,483	KM	00:19
LRD_CSY37 (667 Warringah Rd / Sydney NSW 2087)		28.08.2018	08:14	28.08.2018	08:18	5,830	KM	00:09
LRD_CSY21 (20-22 Babbage Road / Sydney NSW 20...		28.08.2018	08:27	28.08.2018	08:48	0,068	KM	
LRD_CSY20 (20-22 Babbage Road / Sydney NSW 20...		28.08.2018	08:49	28.08.2018	09:00	2,813	KM	00:07
LRD_CSY38 (877/879 Pacific Hwy / Sydney NSW 2067)		28.08.2018	09:07	28.08.2018	09:11	7,881	KM	00:12
LRD_CSY34 (275 Lane Cove Rd / Sydney NSW 2113)		28.08.2018	09:23	28.08.2018	09:27	1,078	KM	00:01
LRD_CSY16 (41-43 Epping Rd / Sydney NSW 2113)		28.08.2018	09:29	28.08.2018	09:33	1,786	KM	00:04
LRD_CSY33 (96 Wicks Rd / Sydney NSW 2113)		28.08.2018	09:38	28.08.2018	09:42	5,477	KM	00:11
LRD_CSY32 (1032-1036 Victoria Rd / Sydney NSW 2...		28.08.2018	09:53	28.08.2018	09:57	4,773	KM	00:07
LRD_CSY29 (199-203 Kissing Point Rd / Sydney NSW...		28.08.2018	10:05	28.08.2018	10:09	6,196	KM	00:07
LRD_CSY27 (100 Briens Rd / Sydney NSW 2152)		28.08.2018	10:16	28.08.2018	10:20	17,366	KM	00:18
LRD_WSY (10A Roberts Rd / Sydney NSW 2766)		28.08.2018	10:39		00:00		KM	
Frachtauftrag mit Unterbeauftragung $2	LRD_TRDL14.7_SY	28.08.2018	10:55	28.08.2018	06:00	125,503	KM	03:43
LRD_WSY (10A Roberts Rd / Sydney NSW 2766)			00:00	28.08.2018	06:00	13,863	KM	00:18
LRD_CSY51 (3 Metella Rd / Sydney NSW 2146)		28.08.2018	06:18	28.08.2018	06:22	8,318	KM	00:16

Abbildung 6.71: Stoppbasierte hierarchische Ansicht eines Frachtauftrags

Um eine hierarchische Sicht zu definieren, wählen Sie im Customizing den Menüpfad **Transportation Management • Planung • Allgemeine Einstellungen • Hierarchische Sichten für Geschäftsbelege definieren**. Sie können einen bestehenden Hierarchietyp bearbeiten oder einen neuen anlegen. Dabei müssen Sie zuerst über den Konsumenten (**Consumer**) festlegen, für welche Bilder der Hierarchietyp genutzt werden kann (siehe Abbildung 6.72):

- **Transport-Cockpit: Bedarfsbelegabschnitte**, **Transport-Cockpit: Transporteinheiten**, **Transport-Cockpit: Sendung** und **Transport-Cockpit: Frachtaufträge/Frachtbuchungen** repräsentieren die Dokumenthierarchien, die im Transport-Cockpit verwendet werden können.

  Diese Hierarchien ermöglichen es, über den Parameter **Filtertyp** zu steuern, wie sich ein Filtern nach einem bestimmten Wert auswirkt. Betrachten wir eine Hierarchie mit Frachtaufträgen, darunter Stopps und dann Frachteinheiten, müssen bei Filterung nach einer Frachteinheit auch die darüberliegenden Level (also der dazugehörige Lade- und Entladestopp sowie der Frachtauftrag) dargestellt werden. Über den Filtertyp stellen Sie ein, ob für diese Level die Hierarchie komplett aufgebaut wird oder nicht, d. h., ob Sie auch die anderen Stopps des Frachtauftrags sehen oder nicht.

Mit dem Parameter **Zugehörige Dokumente** und seiner Option **Standardverhalten verwenden** zeigt das System bei Kapazitätsdokumenten alle durch Frachteinheitsbildung erstellten (direkt oder indirekt) zugewiesenen Bedarfsdokumente an. Mit der Option **Nur direkt zugewiesene Dokumente anzeigen** können Sie die Hierarchie auf die direkt zugewiesenen Dokumente fokussieren. Angenommen, ein Frachtauftrag hat zwei Packstückeinheiten, von denen die erste drei Frachteinheiten enthält und die zweite durch Frachteinheitsbildung erstellt wurde, würde das System die Frachteinheiten weglassen und nur den Frachtauftrag mit seinen zwei Packstücken anzeigen. Das Standardverhalten würde alle zugewiesenen Objekte einschließlich der Frachteinheiten anzeigen.

- **Frachtbeleg: Übersicht**, **Frachtbeleg: Auslastung**, **Frachtbeleg: Ladeplan**, **Frachtbeleg: Fracht** und **Frachtbeleg: Equipment** werden in den entsprechenden Registerkarten der Einzeldokument-Benutzeroberfläche und auch als Detailansicht im Transport-Cockpit verwendet. Der Parameter **Lagen anzeigen** ermöglicht die Anzeige einer dedizierten Ebene in der Ladeplanhierarchie, was nützlich ist, wenn Ergebnisse aus der detaillierten Packstückbildung unter Berücksichtigung der Lagendefinitionen aus den Stammdaten (siehe Abschnitt 6.3.5, »Erzeugung von Packstücken«) überprüft werden. Der Parameter **Editierbarkeit** definiert, wie mit editierbaren Feldern in der Hierarchie umgegangen wird. Sie können die Editierbarkeit verbieten, das Standardverhalten basierend auf der Editierbarkeitseigenschaft pro Feld verwenden oder festlegen, dass die Felder initial nicht editierbar sind, aber eine Drucktaste angeboten wird, um die editierbaren Felder bei Bedarf zu aktivieren. Da editierbare Felder Auswirkungen auf die Performance der Hierarchie haben und die Bearbeitung nicht immer erforderlich ist, empfehlen wir die letzte Option für die Ladeplanhierarchie.
- **Frachtbeleg: vereinfachte Positionssicht**, **Frachtbeleg: Vorversand und -empfang** und **Hausfrachtbrief** repräsentieren die entsprechenden Registerkarten der Einzeldokument-Benutzeroberfläche.

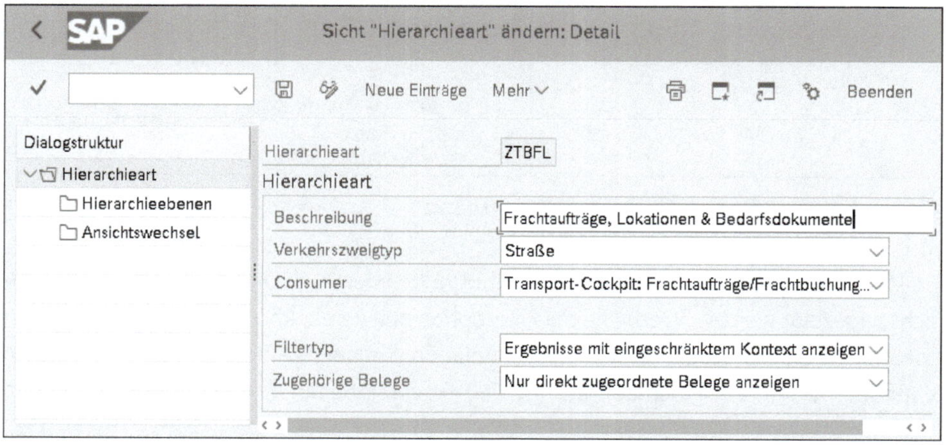

Abbildung 6.72: Pflege einer Hierarchieart

Der Konsument stellt sicher, dass nur sinnvolle Hierarchieebenen definiert werden können. Als Nächstes wählen Sie noch den Verkehrszweigtyp, der ebenfalls die möglichen Einträge für die Hierarchieebenen einschränkt.

Die Hierarchieebenen werden definiert, wie in Abbildung 6.73 dargestellt. Sie wählen unter den verfügbaren Ebenen über die Spalte **Ebene anz.** aus. Für jede ausgewählte Hierarchieebene legen Sie fest, ob die Hierarchie initial expandiert ist. Das Beispiel zeigt eine Frachtauftragshierarchie mit dem Frachtauftrag auf der ersten Ebene, die initial aufgeklappt wird, Lokationen auf der zweiten Ebene und zugewiesene Bedarfsdokumente auf der dritten Ebene. Das System ordnet die ausgewählten Ebenen automatisch in der semantisch richtigen Reihenfolge an.

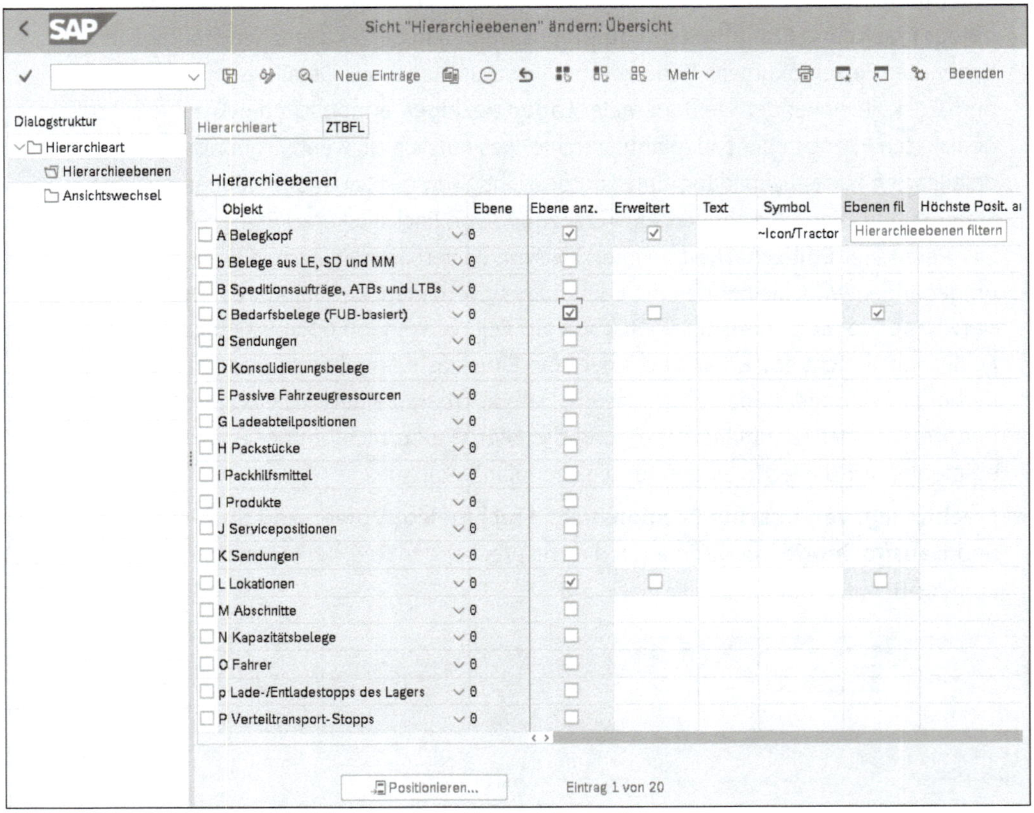

Abbildung 6.73: Pflege der Ebenen einer Hierarchieart

Es ist auch möglich, den Text und das Symbol zu definieren, die in der hierarchischen Ansicht angezeigt werden. Wenn Sie die Filteroption aktivieren, können Sie die Anzeige von Lokationen unterdrücken, an denen kein Beladen, Entladen, Ankuppeln und Abkuppeln stattfindet. Wenn ein Frachtauftrag etwa 50 Frachteinheiten von einer Quelle an zehn verschiedene Ziellokationen liefert, möchten Sie vermutlich an jedem Stopp nur die Frachteinheiten sehen, die hier eingeladen oder ausgeladen werden, wie in Abbildung 6.71 dargestellt. Alternativ können Sie die Hierarchie so konfigurieren, dass für jeden Stopp alle noch auf dem Lkw befindlichen Frachteinheiten angezeigt werden. Auf diese Weise werden die Frachteinheiten, die zur letzten Ziellokation transportiert werden, an allen Stopps angezeigt.

Mit dem Parameter **Höchste Posit. anz.** können Sie für eine verschachtelte Verpackungshierarchie einstellen, ob alle Packmittel und Produkte angezeigt werden oder nur die oberste Ebene der Packmittel dargestellt werden soll (d. h., in einem Szenario mit Paletten, auf denen Kartons stehen, in denen Produkte liegen, werden die Kartons ausgeblendet).

Mit der Gruppierungsfunktion (aktivierbar über den Parameter **GruppEbene**) können Sie zusätzliche Hierarchieebenen einführen, unter denen Objekte auf der Grundlage einer Gruppierungsregel zusammengefasst werden. Als Regel können Sie auf eine Menge von Standardgruppierungsattributen, eine (von Ihnen zu implementierende) Gruppierungsklasse oder eine Datenzugriffsdefinition zurückgreifen.

Es ist möglich, mehrere Gruppierungsebenen für das gleiche Objekt zu definieren, um z. B. Frachteinheiten nach Quell- und Ziellokation zu gruppieren. Um dies zu tun, müssen Sie einen weiteren Eintrag für das Objekt hinzufügen und diesem eine eigene Ebene zuweisen. Für diesen Eintrag können Sie nun eine weitere Gruppierungsregel hinterlegen.

Sie können Gruppierungsebenen auch auf niedrigeren Hierarchieebenen einführen (z. B. um die Frachteinheiten, die an einer Lokation geladen werden, nach enthaltenen Produkten zu gruppieren) und Frachteinheitsgruppen per Drag and Drop verschieben. So bearbeiten Sie eine ganze Gruppe von Frachteinheiten in einem einzigen manuellen Planungsschritt.

Der Parameter **Leere Grpn** definiert, ob Gruppen ohne Kinder angezeigt werden. Mit dem Parameter **Sortierung** können Sie das Sortierverhalten für die jeweilige Hierarchieebene festlegen. Standardmäßig ist die Sortierung für alle Hierarchieebenen außer Lokationen und Abschnitten erlaubt, da diese die Stoppsequenz eines vorliegenden Kapazitätsdokuments darstellen und daher gegen Sortierung geschützt sind. Für jede Hierarchieebene können Sie festlegen, ob sie sortiert wird oder nicht und ob der Standard verwendet wird.

Wenn Sie dynamisch zwischen alternativen hierarchischen Sichten wechseln möchten, können Sie mehrere Hierarchiearten definieren und die Alternativen in der Liste **Ansichtswechsel** einer Hierarchieart auflisten. In dem in Abbildung 6.74 gezeigten Beispiel können Sie von der Hierarchieart **ZTBFL** zur alternativen Hierarchieart **ASRL** wechseln, was ein dynamisches Umschalten zwischen einer stoppbasierten und einer abschnittsbasierten Hierarchieart ermöglicht.

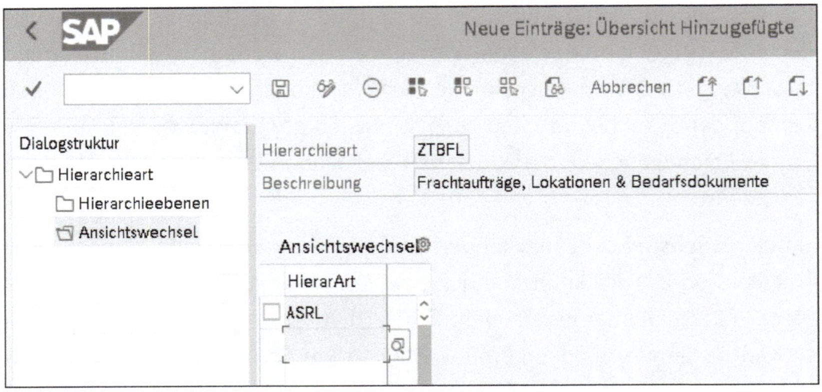

Abbildung 6.74: Pflege der möglichen Ansichtswechsel in einer Hierarchieart

[»]

Performance hierarchischer Sichten

Eine hierarchische Sicht enthält viel mehr Informationen als eine flache Liste und kann daher längere Antwortzeiten erfordern als eine flache Liste mit der gleichen Anzahl an Objekten. Betrachten wir eine Straßenfrachtauftragshierarchie mit Lokationen und Frachteinheiten auf der zweiten bzw. dritten Hierarchieebene. Stellen Sie sich ein Szenario mit 100 Straßenfrachtaufträgen vor, die jeweils durchschnittlich fünf Stopps haben und jeweils fünf Frachteinheiten in der Hierarchie enthalten. Die vollständig aufgeklappte hierarchische Sicht enthält dann 2.500 Zeilen statt 100 Zeilen in der flachen Straßenfrachtauftragsliste.

Der größere Detaillierungsgrad ist nicht umsonst. Wenn Sie also eine hierarchische Sicht definieren, vermeiden Sie es, zu viele Hierarchieebenen zu definieren, und nutzen Sie nur Hierarchieebenen, die für Ihr Szenario essenziell sind. Wir empfehlen, zunächst die durchschnittliche Anzahl der Knoten pro Hierarchieebene grob abzuschätzen, um so eine Schätzung für die erwartete Anzahl von Zeilen für Ihre vollständig aufgeklappte hierarchische Sicht zu bekommen. Wenn diese Zahl viel zu groß ist, z. B. wenn sie 10.000 Zeilen enthält, prüfen Sie, ob Sie Ihr Szenario durch geeignete Selektionsprofile unterteilen oder Hierarchieebenen weglassen können.

Wir empfehlen, nur Elemente mit einer Aktion an der aktuellen Lokation anzuzeigen, da die Anzeige aller Elemente viel mehr Zeilen in der hierarchischen Sicht nach sich ziehen würde. Die Gruppierungsfunktion hilft bei der Aggregation der Objekte, erzeugt aber auch mehr Zeilen, also beachten Sie dies bei der Einführung einer oder mehrerer Gruppierungsebenen.

Obwohl es schön ist, die gesamte Unterstruktur eines Objekts zu sehen, können in der Regel nicht alle Spalten in der hierarchischen Ansicht für alle Zeilen sinnvoll gefüllt werden. Während die Quell- und Ziellokation sowie bestimmte Zeiten für die Frachtauftrags- und Abschnittsebene sinnvoll definiert werden können, sind diverse

Felder, wie z. B. Spediteur oder Fahrzeugressource, nur auf der Frachtauftragsebene sinnvoll. Wir empfehlen daher, zu prüfen, ob alle vorgesehenen Spalten in der Hierarchie wirklich benötigt werden, und sich auf die wichtigsten Felder zu beschränken (siehe Unterabschnitt »Feldkataloge« in Abschnitt 6.7.2, »Seitenlayouts«).

Kurz gesagt, beachten Sie die Anzahl der Spalten und Zeilen, die durch Ihre Hierarchieart und ausgewählte Spalten angelegt wurden, und versuchen Sie, die Zahl klein zu halten.

Duale Sicht

Wenn Sie einen Plan bereits manuell oder automatisch erzeugt haben, können Sie ihn im Detail auf lokale Verbesserungsmöglichkeiten hin untersuchen, wie z. B. das Umhängen einer Frachteinheit von einer Frachtbuchung in eine andere oder das Verschieben eines ganzen Frachtauftragsstopps mit allen Frachteinheiten in einen anderen Frachtauftrag. Hierarchische Sichten ermöglichen es Ihnen, durch die Frachtdokumente und ihre Unterstrukturen zu navigieren. Wenn Sie jedoch einen Frachtauftrag gefunden haben, den Sie manuell durch Hinzufügen oder Entfernen von Frachteinheiten optimieren möchten, müssen Sie nach einem anderen Frachtauftrag suchen, um die Umplanung durchzuführen. In der Regel möchten Sie den ersten Frachtauftrag und seine Teilstruktur im Blick behalten, während Sie den zweiten Frachtauftrag suchen. Da sich beide Frachtaufträge in der gleichen hierarchischen Sicht befinden, kann die Suche innerhalb der Hierarchie Ihren ersten Frachtauftrag aus dem sichtbaren Bereich verschwinden lassen. Die *duale Sicht* löst dieses Problem, indem sie zwei Hierarchien gleichzeitig anbietet, die das Scrollen und Suchen innerhalb einer hierarchischen Sicht ermöglichen, während die andere hierarchische Sicht permanent sichtbar bleibt. Die beiden Sichten zeigen die gleichen Informationen, aber aus einem anderen Blickwinkel, sodass Sie, wenn Sie etwas in einer Hierarchie ändern, sofort die Auswirkung in beiden Hierarchien sehen.

Abhängig von Ihrem Szenario möchten Sie möglicherweise so viele Zeilen oder so viele Spalten wie möglich sehen. Die duale Sicht ermöglicht es Ihnen, zwischen einer vertikalen und einer horizontalen Ausrichtung zu wechseln (siehe Abbildung 6.75 und Abbildung 6.76).

Innerhalb des Transport-Cockpits wird die duale Sicht durch die Drucktaste **Duale Sicht** aus einer Liste oder Hierarchie von Kapazitätsdokumenten ausgelöst. Wenn einige der Dokumente in der Liste oder Hierarchie ausgewählt sind, enthält die duale Sicht nur die ausgewählten Dokumente. Wenn Sie also nur drei von 50 Frachtdokumenten neu planen möchten, können Sie die drei relevanten Dokumente auswählen und sich in der dualen Sicht darauf konzentrieren. Wenn in der Liste oder Hierarchie keine Dokumente ausgewählt sind, enthält die duale Sicht alle Dokumente.

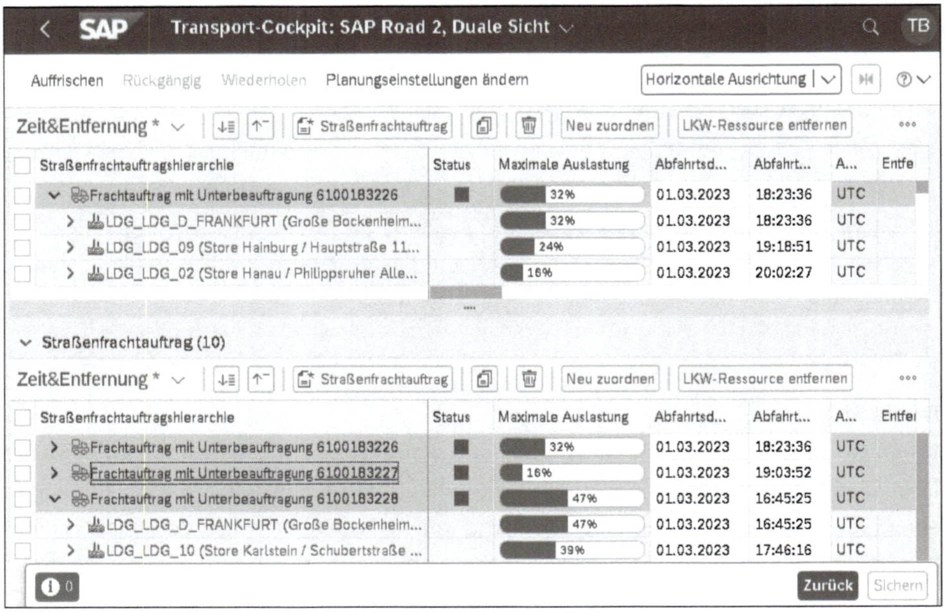

Abbildung 6.75: Horizontale duale Sicht für Straßenfrachtaufträge

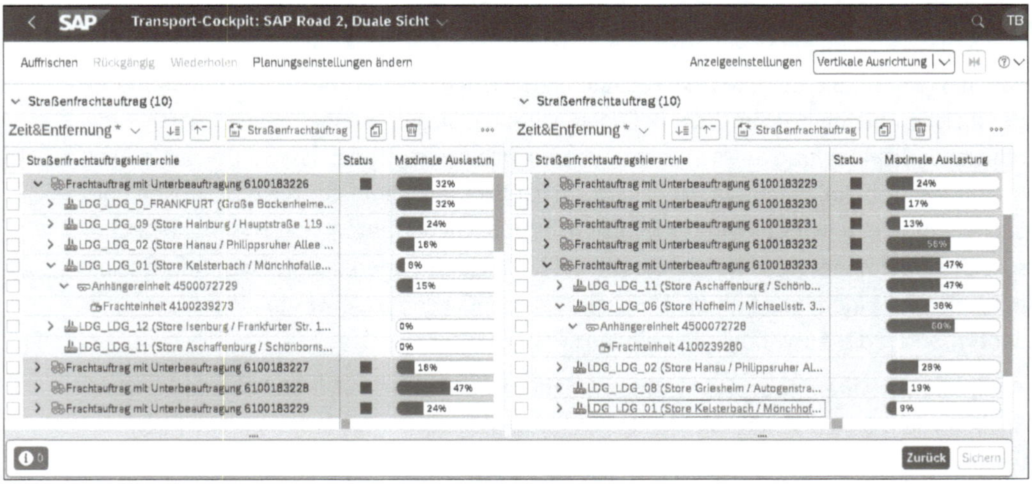

Abbildung 6.76: Vertikale duale Sicht für Straßenfrachtaufträge

Die Drucktaste **Duale Sicht** kann im Seitenlayout für die jeweilige Liste oder Hierarchie aktiviert werden. Abbildung 6.77 zeigt die Definition einer dualen Sicht für Straßenfrachtaufträge. Im Bereich **Duale Sicht** unterhalb des Detailbereichs können Sie die initiale Ausrichtung der dualen Sicht (vertikal oder horizontal) und die Hierarchiearten für die beiden hierarchischen Sichten in der dualen Sicht festlegen. Wenn Sie nur eine hierarchische Sicht angeben, wird diese auch für die zweite hierarchische Sicht verwendet. Wenn Ihr Layout benutzerspezifisch ist, können Sie auch die Sicht für die Feldliste eintragen. Es ist auch möglich, die Anzahl der Zeilen zu definieren; der initiale Wert **0** sorgt für die vollständige Ausnutzung des verfügbaren Platzes.

Die duale Sicht zeigt nur zwei hierarchische Sichten und kann nicht in einem Fenster mit anderen Bereichen wie Ressourcen oder Frachteinheiten kombiniert werden. Sie können jedoch ein Seitenlayout mit zwei hierarchischen Sichten und anderen Bereichen definieren. Wenn Sie in solch einem Layout einen einfachen Wechsel zwischen horizontaler und vertikaler Ausrichtung der beiden Hierarchien benötigen, wie er in einer dualen Sicht angeboten wird, können Sie zwei Seitenlayouts definieren, die die horizontale bzw. vertikale Ausrichtung der beiden Hierarchien beinhalten.

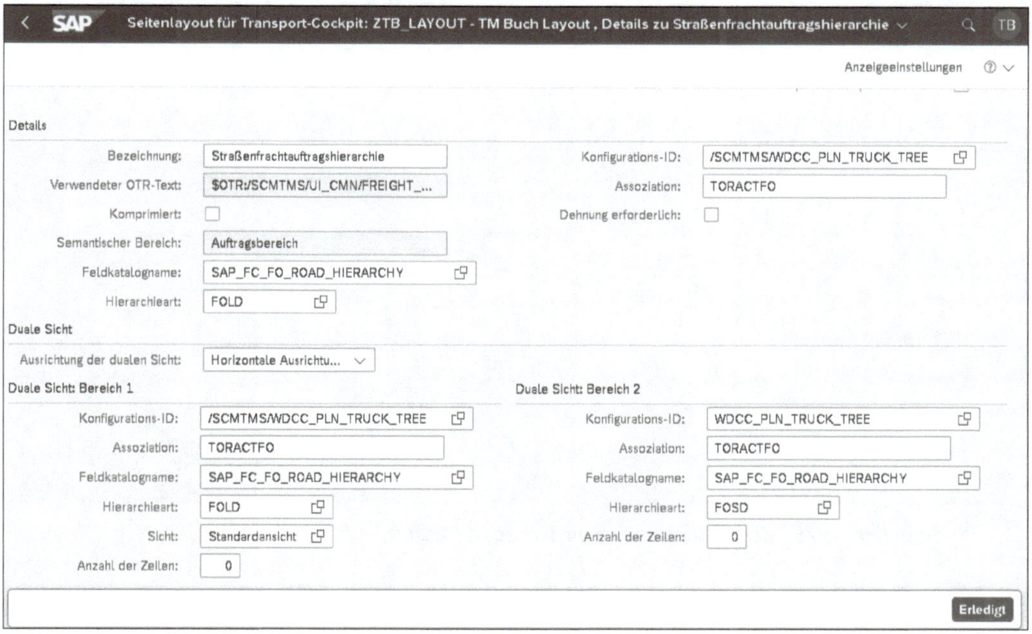

Abbildung 6.77: Definition einer dualen Sicht für Straßenfrachtaufträge

6.7.4 Kennzahlenbereich

In vielen Geschäftsbereichen ist es üblich, die Güte der Planung an bestimmten Kennzahlen (*Key Performance Indicators* [KPIs]) zu messen. Beispiele dafür sind z. B. eine hohe durchschnittliche Auslastung der Kapazitäten, eine zu minimierende Anzahl an leer gefahrenen Kilometern oder minimierte CO_2-Emissionen.

Das Transport-Cockpit bietet die Möglichkeit, solche Kennzahlen für eine Planungssession auszurechnen und aktuelle Werte sowie das Delta nach einer Aktion in der Planungssession zu präsentieren.

Abbildung 6.78 zeigt den dafür einblendbaren Inhaltsbereich, der immer über den anderen Bereichen im Transport-Cockpit dargestellt wird. Jede Kennzahl wird durch eine Kachel repräsentiert und gibt den aktuellen Wert an. Neben dem Wert gibt es eine Indikation, ob der Wert durch die letzte Aktion erhöht oder gesenkt wurde (kleines Dreieck in der Abbildung). Optional können der vorangegangene und der Delta-Wert eingeblendet werden. Darüber hinaus können Farben verwendet werden, um die Über- oder Unterschreitung bestimmter Schwellenwerte anzugeben.

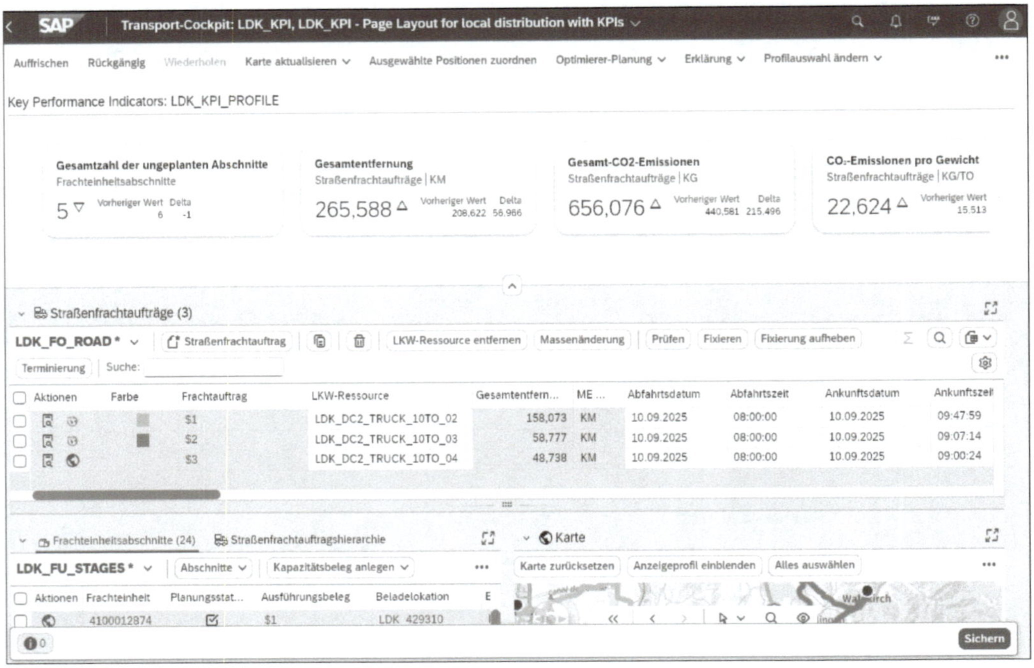

Abbildung 6.78: Kennzahlenbereich im Transport-Cockpit

Die Steuerung, welche Kennzahlen angezeigt werden, wird im Profil für Transport-KPIs hinterlegt, das in Abbildung 6.79 dargestellt ist. Um ein solches Profil zu pflegen, nutzen Sie die SAP-Fiori-App **Profil für Transport-KPIs anlegen**.

In diesem Profil können Sie **Key Performance Indicators** anlegen, die im Transport-Cockpit angezeigt werden sollen. Jeder Eintrag bezieht sich auf einen **KPI**, der die Berechnungsgrundlage darstellt. Über die Drucktaste in der Spalte **Dokumentation** können Sie Informationen zum ausgewählten KPI einsehen.

Sie können die Anzeige der einzelnen KPI-Kacheln anpassen, indem Sie die Reihenfolge sowie Überschriften und Unterüberschriften festlegen. Für manche KPIs müssen Sie zudem eine Mengeneinheit angeben, auf die der Wert normalisiert wird. Mit den Spalten **Vorherigen Wert einblenden** und **Deltawert einblenden** können Sie aktivieren, dass innerhalb der Kachel nach jeder Änderung der letzte Wert bzw. das Delta zwischen altem und neuem Wert eingeblendet wird.

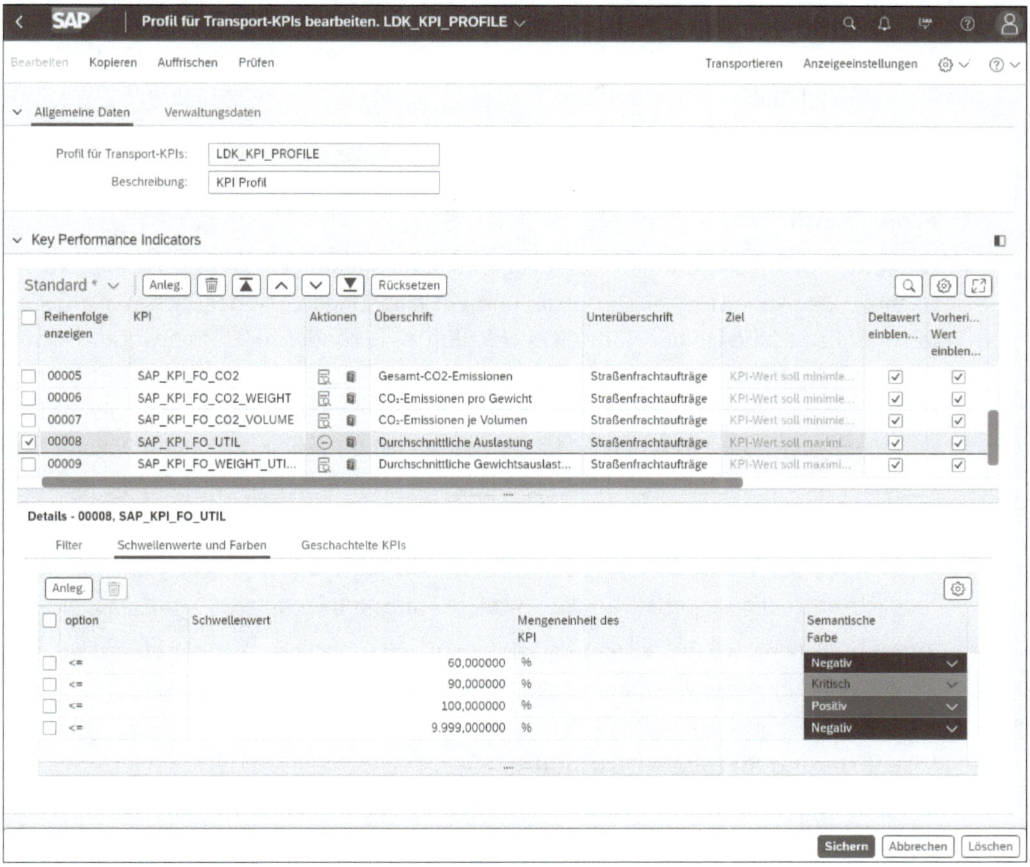

Abbildung 6.79: Pflege des Profils für Transport-KPIs

Auf der Registerkarte **Schwellenwerte und Farben** können Sie festlegen, dass der KPI-Wert auf der Kachel in einer Farbe hervorgehoben wird, sobald ein bestimmter Schwellenwert unter- oder überschritten ist, um das Planungsteam zusätzlich visuell auf kritische Situationen hinzuweisen.

Über die Registerkarte **Filter** können Sie über die Auswahl von Attributen des Belegs einschränken, welche Belege genutzt werden, um den KPI zu berechnen. Damit ist es möglich, denselben KPI auf Basis unterschiedlicher Belege zu errechnen, so können Sie z. B. die durchschnittliche Volumenauslastung von Gefahrguttransporten der durchschnittlichen Volumenauslastung aller Transporte gegenüberstellen.

Die Registerkarte **Geschachtelte KPIs** wird nur bei manchen KPIs angezeigt und dient als zusätzliche Erklärung, wenn sich ein KPI aus anderen KPI-Werten errechnet. Zum Beispiel errechnet sich die durchschnittliche Volumenauslastung aus dem transportierten Gesamtvolumen geteilt durch die Summe der Transporte.

Um den Kennzahlenbereich zu verwenden, müssen Sie das zu nutzende Profil für die Transport-KPIs in ihren Auswahlkriterien bzw. Ihrem Profil- und Layout-Set in der entsprechenden Spalte angeben (siehe Abschnitt 6.7.8, »Auswahlkriterien und Profil- und Layout-Sets«).

6.7.5 Karte

Die Karte ermöglicht es Ihnen, den geografischen Aspekt des Planungsszenarios zu betrachten. Dies kann sich bei Konsolidierungsentscheidungen und der Suche nach Bedarfen oder Kapazitäten in der Nähe einer Lokation als besonders nützlich erweisen. Anstatt in Listen oder Hierarchien mit Lokationsnamen oder Belegnummern zu arbeiten, können Sie die Objekte direkt auf einer geografischen Karte sehen. Dadurch können Sie die Entfernungen zwischen Lokationen und die geografische Relation zwischen Dokumenten viel intuitiver einschätzen als in einer textbasierten Liste. Auf diese Weise ist die Karte ein wesentliches Werkzeug, um aus geografischer Sicht gute Entscheidungen zu treffen.

Ähnlich wie das Transport-Cockpit selbst bietet die Karte umfangreiche Konfigurationsmöglichkeiten, um sie perfekt an das jeweilige Transportplanungsszenario anzupassen.

Zuerst motivieren wir den Konfigurationsbedarf anhand zweier Planungsszenarien, und dann beschreiben wir, wie man mit der Karte arbeitet und sie konfiguriert.

Visualisierung für lokale Distribution

In einem lokalen Distributionsszenario möchten Sie das Verteilzentrum und seine Kunden auf der Karte sehen. Abbildung 6.80 zeigt eine Karte, in der das Verteilzentrum als Quadrat und die Kunden als Dreiecke dargestellt werden.

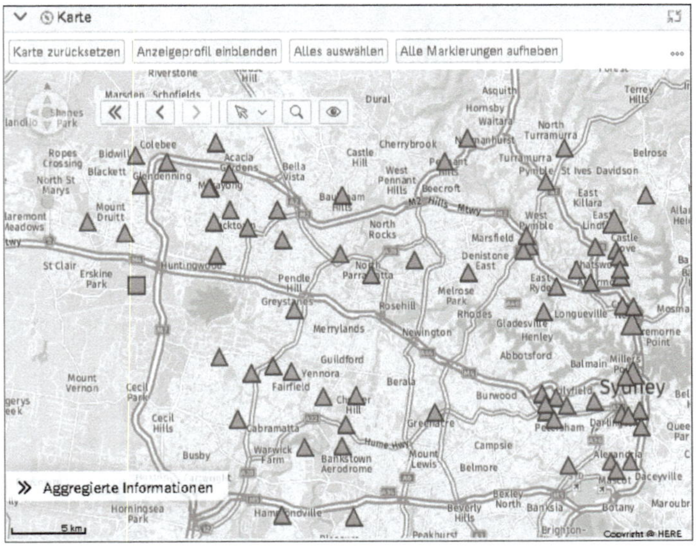

Abbildung 6.80: Karte mit ungeplanten Frachteinheitsabschnitten

Sollten mehrere Kunden die gleiche Adresse haben, was der Fall sein kann, wenn sich mehrere Kunden im gleichen Geschäftskomplex befinden, werden sie als großes Dreieck dargestellt.

In Abbildung 6.81 wurde anstelle einer normalen Selektion die Selektion auf ein Lasso umgestellt, mit dem man bestimmte Frachteinheitsabschnitte durch ein Umkreisen mit gedrückter Maustaste auswählen kann. Die ausgewählten Frachteinheitsabschnitte werden in einer anderen Farbe visualisiert als die nicht ausgewählten Frachteinheitsabschnitte, wie in Abbildung 6.82 gezeigt.

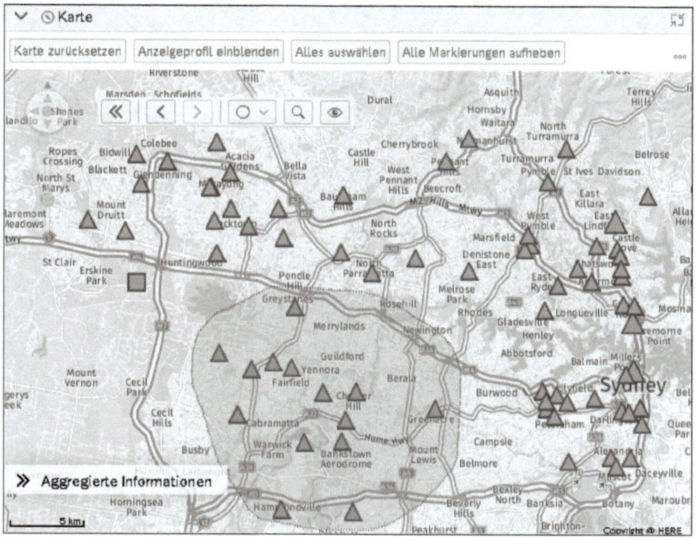

Abbildung 6.81: Auswahl ungeplanter Frachteinheitsabschnitte mit einem Lasso auf der Karte

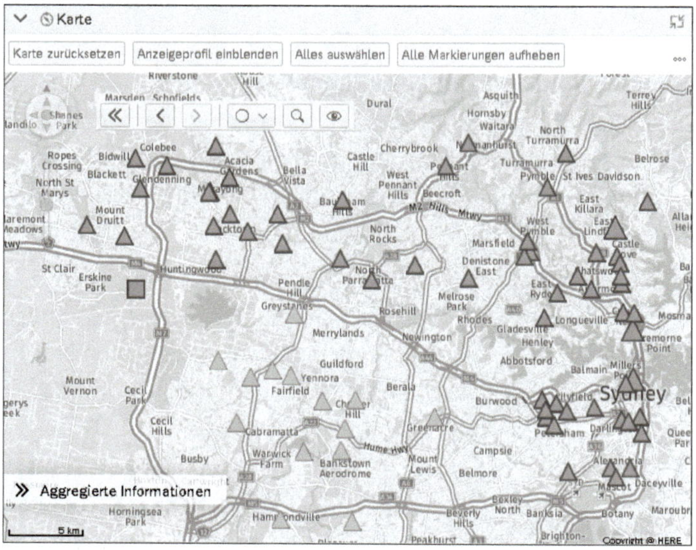

Abbildung 6.82: Ausgewählte Frachteinheitsabschnitte auf der Karte

Nun können Sie mithilfe der automatisierten oder manuellen Planung einen Straßenfrachtauftrag für die ausgewählten Frachteinheitsabschnitte anlegen. Der resultierende Frachtauftrag wird ebenfalls sofort auf der Karte angezeigt, wie Sie in Abbildung 6.83 sehen. Die Stopps eines Frachtauftrags werden als Kreise dargestellt, um sie einfach von ungeplanten Bedarfen unterscheiden zu können.

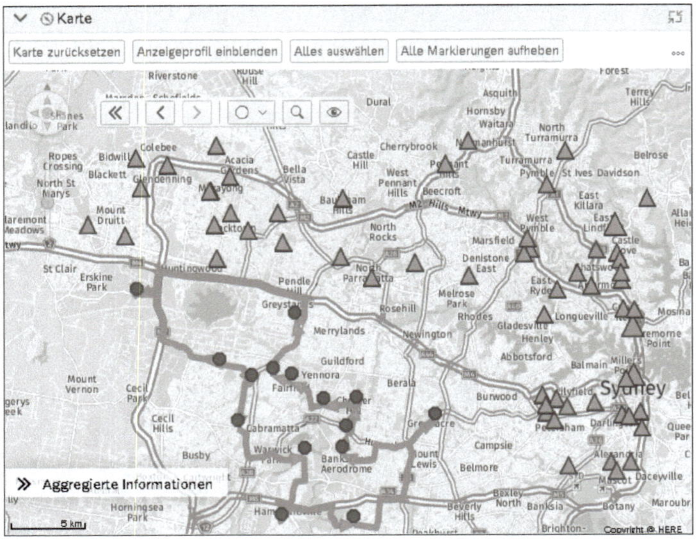

Abbildung 6.83: Straßenfrachtauftrag und ungeplante Frachteinheitsabschnitte auf der Karte

Diese visuelle Darstellung ist sehr intuitiv, da alle Transportbedarfe die gleiche Quelllokation haben, die Sie durch ihre spezielle Form auf der Karte leicht erkennen können. Die Bedarfe unterscheiden sich vor allem optisch durch die geografische Lage der Ziellokationen.

Visualisierung für Spediteur und Lkw-Komplettladungen

Für einen Spediteur, der Komplettladungen transportiert, ist es natürlicher, ungeplante Frachteinheitsabschnitte als Pfeile zu visualisieren, die jeweils die Quell- mit der Ziellokation des Bedarfs verbinden, wie in Abbildung 6.60 dargestellt. Dies gibt den perfekten Überblick über den Fluss der Transportbedarfe im ganzen Land.

In diesem Szenario benötigen Sie auch die letzte geplante Lokation jedes Fahrzeugs, d. h. die Lokation, an der der letzte für den Lkw geplante Frachtauftrag endet. Sie können diese Lokation und ausgewählte Frachtaufträge zusammen mit den ungeplanten Frachteinheitsabschnitten auf der Karte anzeigen, wie bereits in Abbildung 6.60 dargestellt.

Arbeiten mit der Karte

Um den Kartenausschnitt zu verändern, können Sie mit dem Mausrad hinein- und herauszoomen; mit einem Klick auf den Hintergrund und mit gedrückter Maustaste können

Sie den angezeigten Bereich mit der Maus in jede beliebige Richtung verschieben. Alternativ können Sie mit den Navigations- und Zoom-Steuerelementen in der linken oberen Ecke hinein- und herauszoomen und den sichtbaren Bereich verschieben.

Die Symbolleiste auf der Karte ermöglicht es Ihnen, zwischen den zuletzt verwendeten Zoomstufen hin und her zu wechseln. Darüber hinaus können Sie drei Auswahlmodi verwenden: Einzelobjekt, Rechteck und Lasso. Die beiden rechten Drucktasten in der Symbolleiste bieten rechteckiges Zoomen und eine optimale Zoomstufe, sodass alle auf der Karte befindlichen Objekte sichtbar sind.

Sie können Objekte über entsprechende Drucktasten in der Anwendungssymbolleiste des Cockpits oder Drucktasten in der Spalte **Aktionen** in einer Liste, einer Hierarchie oder dem Gantt-Diagramm auf die Karte bringen. Einzelne Objekte können über das Kontextmenü und alle Objekte per Drucktaste in der Symbolleiste von der Karte entfernt werden.

Das Fenster **Aggregierte Informationen** (siehe linke untere Ecke in Abbildung 6.85) kann auf- und zugeklappt werden. Es zeigt das Gesamtgewicht und -volumen sowie die Anzahl der Quell- und Ziellokationen der Bedarfsdokumente auf der Karte sowie die gleichen Informationen über die ausgewählten Bedarfsdokumente.

Per Drag and Drop können Sie einen oder mehrere Bedarfsbelege einem Kapazitätsbeleg zuweisen oder durch Ablegen auf einer Ressource einen neuen Kapazitätsbeleg erzeugen. Das Ziehen einer oder mehrerer Lokationen eines Kapazitätsbelegs ermöglicht die Neuzuordnung der entsprechenden Zuladungen zu einem anderen Kapazitätsbeleg. Wenn Sie einen Frachtauftrag auf einen anderen ziehen, werden beide Frachtaufträge zusammengeführt. Ziehen Sie einen Abschnitt auf eine Lokation, wird der entsprechende Abschnitt geteilt und die neue Lokation in den Beleg aufgenommen, etwa um eine neue Umladelokation in die Sequenz einer Frachteinheit mit aufzunehmen.

Über die rechte Maustaste können Sie auf der Karte das Kontextmenü aufrufen, das je nach Beleg oder beim Aufrufen aus dem Hintergrund vielfältige Funktionen anbietet. Einige der möglichen Kontextmenüfunktionen der Karte werden im Folgenden aufgelistet:

- **Einfügen eines Stopps**
  Einfügen eines neuen Stopps in das Dokument
- **Entfernen eines Stopps**
  Entfernen eines Stopps aus dem Dokument
- **Bearbeitung der Abschnitte**
  Bearbeiten Sie die Abschnitte eines Kapazitätsdokuments in einem Pop-up-Dialog.
- **Zuordnung eines Objekts zu einem anderen Objekt**
  Sie können nach der Auswahl von Bedarfsbelegen eine Planung über das Kontextmenü starten. Das System bietet Ihnen dann eine Auswahl möglicher Zuordnungen zu den Ressourcen an, aus denen Sie wählen können.

- **Transportbedarf in der Nähe finden**
  Mit dieser Funktion können Sie einen beliebigen Punkt auf der Karte auswählen, um dann nach der Eingabe einer Entfernung alle Bedarfsdokumente, die sich in Ihrer Planungssession befinden und deren Quell- oder Ziellokation innerhalb dieser Entfernung liegen, auf der Karte anzuzeigen. So können Sie z. B. sinnvolle mögliche Dokumentzuweisungen anhand der Lokation einer Ressource identifizieren.
- **Finden von Ressourcen in der Nähe**
  Finden Sie analog zur gerade genannten Funktion für einen bestimmten Transportbedarf sinnvolle Ressourcenzuweisungen.
- **Finden von Dokumenten**
  Lassen Sie sich für eine Ressource die zugeordneten Dokumente anzeigen.
- **Melden einer Ressourcenposition**
  Geben Sie die Position einer Ressource inklusive Zeitstempel an.
- **Färben von Dokumenten gemäß Attributen**
  Färben Sie Dokumente nach ihren Attributen. Dies ist hilfreich, wenn viele Frachtaufträge gleichzeitig angezeigt werden. Sie können sie etwa nach ihrer Nummer färben, wie in Abbildung 6.60 gezeigt, oder nach der zugeordneten Ressource, wodurch Sie alle Frachtaufträge identifizieren können, die einer bestimmten Lkw-Ressource zugeordnet sind.
- **Anzeigen von Details**
  Navigieren Sie für ein Objekt zu seiner eigenen Benutzeroberfläche.
- **Anzeigen von Umladelokationen**
  Lassen Sie sich die für Ihr Szenario relevanten Umladelokationen anzeigen.
- **Entfernen von Elementen von der Karte**
  Entfernen Sie alle Objekte einer Art von der Karte.
- **Anzeige von detaillierten Routen**
  Anstatt die Pfeile als gerade Linie darzustellen, können Sie sich diese als detaillierte (Straßen-)Route darstellen lassen.
- **Anzeigen von Umladelokationen**
  Lassen Sie sich die für Ihr Szenario relevanten Umladelokationen anzeigen.
- **Verspätungen anzeigen**
  Sie können sich verspätete Ereignisse anzeigen lassen, wenn Sie im Planungsprofil Echtzeitausführungsdaten konfiguriert haben, wie in Abschnitt 6.6.2, »Profile und Einstellungen«, beschrieben.
- **Ereignisse anzeigen**
  Wenn Sie im Planungsprofil Echtzeitausführungsdaten konfiguriert haben, wie in Abschnitt 6.6.2 beschrieben, können Sie sich außerdem Ereignisse anzeigen lassen.

- **Ausführungsdaten entfernen**
  Entfernen Sie die Echtzeitausführungsdaten, wie z. B. Verzögerungen und Ereignisse, von der Karte.
- **Ausblenden von Frachtauftragsabschnitten**
  Sie können sich den ersten Abschnitt und/oder die letzten Abschnitte eines Frachtauftrags ausblenden lassen. Dies ist z. B. in einem lokalen Distributionsszenario nützlich. Werden alle Kunden von einem zentralen Distributionszentrum aus beliefert und alle Lkws beginnen und beenden ihre Frachtaufträge im Distributionszentrum, führt die Anzeige der ersten und letzten Etappe pro Frachtauftrag (vom und zum Distributionszentrum) zu einer Vielzahl von Pfeilen auf der Karte, die keine zusätzliche Information über die Planungssituation enthalten. Um einen besseren Überblick zu erhalten, können Sie diese Pfeile weglassen, wodurch Sie sich auf den wichtigsten Teil der Frachtaufträge konzentrieren können, nämlich die relative Reihenfolge der besuchten Kunden. In anderen Szenarien kann es von Vorteil sein, die erste oder die letzte Etappe oder beide anzuzeigen. Sie können in Ihrer Planungssitzung dynamisch zwischen diesen Optionen umschalten.
- **Anzeigen des Anzeigeprofils**
  Zeigt das Anzeigeprofil an, das eine Legende für die visualisierten Objekte und Möglichkeiten zum schnellen Anpassen der Visualisierung enthält. So wurde etwa das Anzeigeprofil aus Abbildung 6.84 für die Visualisierung von Frachteinheiten und Frachtaufträgen in Abbildung 6.83 verwendet.

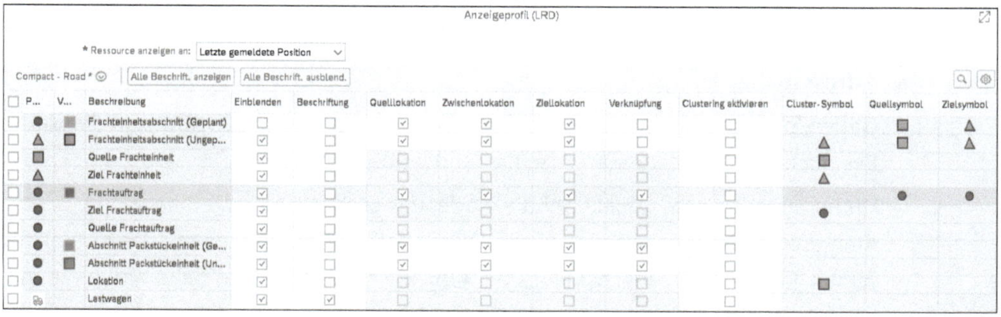

Abbildung 6.84: Anzeigeprofil

Sie sehen, dass geplante Frachteinheitsabschnitte nicht angezeigt werden; ungeplante Frachteinheitsabschnitte werden durch ein Quadrat und Dreieck für Quelle bzw. Ziel, jedoch ohne Pfeil dazwischen dargestellt; und Frachtaufträge werden durch Kreise für ihre Stopps und Pfeile zwischen den Stopps angezeigt. Beschriftungen werden nicht genutzt. Mit dem Anzeigeprofil können Sie Ressourcen am Depotstandort, der letzten gemeldeten Position oder der letzten geplanten Lokation anzeigen. Sie können auch das Clustering aktivieren, um sich einen schnellen Überblick über die ungeplanten Bedarfe zu verschaffen, wie in Abbildung 6.85 dargestellt.

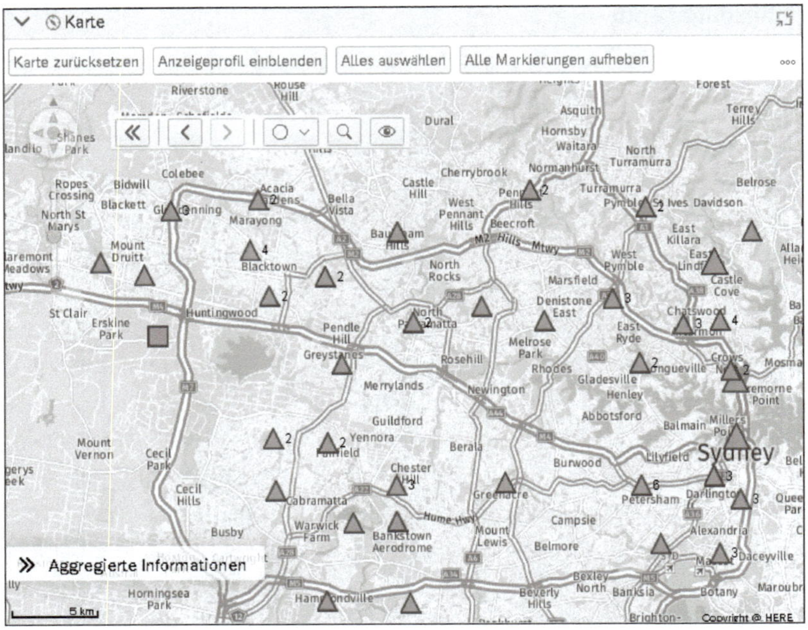

Abbildung 6.85: Darstellung der Karte mit aktiviertem Clustering von Frachteinheitsabschnitten

- **Personalisieren**

  Definieren Sie den initialen Kartenausschnitt, z. B. die Karte von Italien, wenn Sie üblicherweise diese Region planen, und wählen Sie aus den verfügbaren konfigurierten Kartentypen.

- **Adresssuche**

  Geben Sie eine Adresse ein, und zeigen Sie ihre geografische Position auf der Karte an. Die Suchergebnisse können anschließend gelöscht werden.

  Wenn Sie auf einem Objekt auf der Karte, das mehrere Objekte darstellt (z. B. da sich mehrere Frachteinheiten die gleiche Quell- und Ziellokation teilen), das Kontextmenü öffnen, können Sie zunächst eines der Objekte auswählen und bekommen die möglichen Aktionen in einem Untermenü präsentiert.

Konfiguration

Kartenlayouts können im Customizing über den Menüpfad **Transportation Management • Grundfunktionen • Landkarte • Layouts für Landkarte definieren** definiert werden. Wir unterscheiden bei der Karte in drei grundsätzlichen Anwendungen. Sie können Kartenlayouts für jede dieser Anwendungen erstellen:

- **Kartenanzeigekomponente**

  Wird verwendet, um ein einzelnes Dokument auf der Karte anzuzeigen. Diese Karte wird auf der Benutzeroberfläche für Einzeldokumente oder für die Darstellung als Detailbild im Transport-Cockpit verwendet.

- **Transportnetz-Cockpit**

  Zeigt das Netzwerk, wie bereits in Abschnitt 4.2.8, »Transportnetz-Cockpit und Transportnetzübersicht«, beschrieben.

- **Visuelles Transport-Cockpit**

  Stellt die Karte im Transport-Cockpit dar. Sie erlaubt es, darauf viele Objekte gleichzeitig anzuzeigen und auf ihr manuell zu planen. In diesem Abschnitt werden wir uns auf diese Anwendung konzentrieren, da sie die mächtigste der genannten ist.

Für jede Anwendung können Sie ein Kartenlayout als Standard definieren. Die Definition eines Kartenlayouts basiert auf den folgenden abstrakten Konzepten:

- **Symbol**

  Symbole können Kreise, Quadrate und Dreiecke mit vordefinierter Größe, Füllfarbe, Randfarbe und Randbreite darstellen. Ein Symbol kann auch ein Bild sein, das einen Lkw oder das Fahrpersonal grafisch symbolisiert.

- **Punkt**

  Ein Punkt ist ein logisches Objekt an einer Stelle auf der Karte, das Symbole für verschiedene Zustände kombinieren kann. Ein Punkt kann z. B. ein einzelnes Objekt, mehrere Objekte, hervorgehobene oder ausgewählte Objekte darstellen. In dem zuvor beschriebenen lokalen Distributionsbeispiel wurde eine Ziellokation als Punkt z. B. in folgenden Ausprägungen genutzt: ein grünes Dreieck für ein einzelnes Objekt, ein großes grünes Dreieck für mehrere Objekte, ein orangefarbenes Dreieck für den ausgewählten Zustand etc. Ein Punkt kann auch Eigenschaften für einen Cluster angeben, wie z. B. sein visuelles Erscheinungsbild und den für das Clustering verwendeten Abstand.

- **Verbindung**

  Eine Verbindung ist ein logisches Objekt, das das visuelle Erscheinungsbild für einen Pfeil auf der Karte definiert. Sie können die Füll- und Randfarbe für die Zustände **normal**, **hervorgehoben**, **ausgewählt** und **Mehrfachverbindung** festlegen, bestimmen, ob Quell-, Ziel- und Zwischenstopps angezeigt werden, und entscheiden, ob die Verbindung nur als Pfeil oder auch als detaillierte Route dargestellt werden kann.

- **Objekt**

  Ein Objekt besteht aus einem Punkt, einer Verbindung und einer Reihe von Beschreibungsfeldern.

- **Objektschema**

  Ein Objektschema definiert für die benötigten Dokumentarten und Ressourcenarten jeweils das für die Visualisierung auf der Karte zu verwendende Objekt sowie die Hintergrundfarbe und Position seiner Beschriftung und ob die Beschriftung initial angezeigt wird. Als Pflegevereinfachung definiert das Objektschema auch eine Standardhintergrundfarbe und -position für Beschriftungen und enthält auch jeweils eine Standardkonfiguration für Verbindungen und Punkte.

Ein Kartenlayout kombiniert ein Objektschema und ein Kontextmenü und definiert mehrere globale Eigenschaften, wie z. B. die Verwendung des Fensters für aggregierte Informationen oder die Quick-Add-Funktion, die ausgewählte Objekte automatisch auf die Karte bringt. Sie können auch festlegen, dass die auf der Karte angezeigten Objekte beim Aktualisieren der Planungssitzung angezeigt bleiben und ob Ressourcen an der Depotlokation, der letzten gemeldeten Position oder der letzten geplanten Lokation angezeigt werden. Auch kann aktiviert werden, dass sich die Karte automatisch auf Objekte, die zu ihr hinzugefügt wurden, fokussiert. Sie können das Selektionsverhalten für Mehrfachobjekte (d. h., mehrere Objekte erscheinen an der gleichen Stelle) definieren. Die Auswahl eines Mehrfachobjekts löst entweder die Auswahl aller enthaltenen Objekte oder ein Dialogfenster aus, in dem Sie zwischen den enthaltenen Objekten wählen können. Das Kontextmenü enthält die Menüstruktur mit Untermenüs, die Reihenfolge der Menüeinträge und die Verwendung von Trennzeichen in einem Menü.

Über den Menüpfad **Transportation Management • Grundfunktionen • Landkarte • Einstellungen für die Landkarte definieren** im Customizing können Sie die Routing-Strategie festlegen, mit der die einzelnen Straßenabschnitte für eine detaillierte Route eines Bogens auf der Karte angezeigt werden. Mehr über die Konfiguration der Karte selbst (etwa über Anbieter von Geografischen Informationssystemen [GIS]) erfahren Sie in Abschnitt 4.2.9.

6.7.6 Gantt-Diagramm

Das Gantt-Diagramm ermöglicht es Ihnen, sich auf den zeitlichen Aspekt des Planungsszenarios zu konzentrieren. Durch die intuitive grafische Darstellung des Plans aus der Zeitperspektive können Sie leicht erkennen, welche Ressource zu welchem Zeitpunkt verfügbar ist, und die Nutzung der Ressourcen (also wann sie für welche Aktivität genutzt wird) sowie ihre Auslastung (also die freie Kapazität pro Zeitraum) prüfen.

Der Status von Dokumenten, Aktivitäten und Verzögerungen, die zu Überschneidungen mit später geplanten Aktivitäten führen, wird ebenfalls visualisiert und ermöglicht die Kontrolle der Ausführung des aktuellen Plans. Darüber hinaus warnt das Gantt-Diagramm visuell vor Verspätungen, fehlenden Abschnitten, aufeinanderfolgenden Leerfahrten und nicht korrekter Fahrerzuordnung. Mit all diesen Funktionen ist das Gantt-Diagramm der Schlüssel zur Echtzeitplanung, also der Anpassung des aktuellen Plans anhand des aktuellen Zustands der Ausführung des Plans.

Das Gantt-Diagramm kann alle planungsrelevanten Dokumente und Ressourcen sowie die fahrzeugführenden Personen visualisieren und bietet alle Drucktasten, die in Listen und Hierarchien im Transport-Cockpit verfügbar sind.

Übersicht

Das Gantt-Diagramm ist eine sehr mächtige und flexible interaktive grafische Benutzeroberfläche. Abbildung 6.86 zeigt die Grundstruktur und wesentliche Funktionen des Gantt-Diagramms.

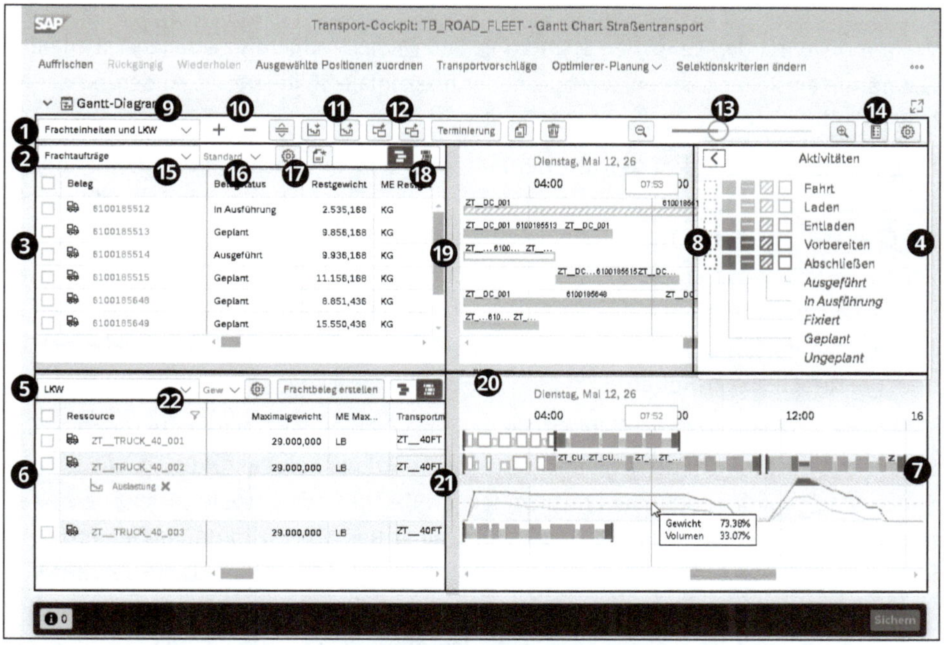

Abbildung 6.86: Aufbau und Funktionen des Gantt-Diagramms

Bevor wir auf die einzelnen Funktionen näher eingehen, beschreiben wir zunächst die Struktur dieser Benutzeroberfläche. Die globale Symbolleiste ❶ enthält diverse Drucktasten. Das Beispiel enthält zwei Sichten. Die obere Sicht besteht aus einer lokalen Symbolleiste ❷, der Tabelle ❸ und dem Diagramm ❹. Die untere Sicht hat die gleiche Struktur ❺/❻/❼ und bietet die gleichen Funktionen, deshalb konzentrieren wir unsere Erklärung auf die Ansicht oben.

Die Tabelle zeigt mehrere Spalten pro Zeile an und ermöglicht die Auswahl und Sortierung von Zeilen, die Sie horizontal scrollen können (über die Scrollleiste am unteren Rand der Tabelle). Mit der Drucktaste ⓱ können Sie der Tabelle Felder hinzufügen oder aus ihr entfernen und neu anordnen. Mit der Drucktaste ⓰ können Sie die Spaltenpersonalisierung inklusive Sortierung als neue Variante speichern, zwischen Varianten wechseln und diese verwalten, d. h. eine Variante als Standard definieren oder Varianten löschen.

Die Tabelle und das Diagramm können vertikal über die Scrollleiste rechts neben dem Diagramm synchron oder bei entsprechender Einstellung asynchron gescrollt werden.

Der Diagrammbereich besteht aus der Zeitachse oben und den Zeilen, die der Tabelle entsprechen. Die Legende ❽ kann über die Drucktaste ⓮ ein- oder ausgeblendet werden und enthält mehrere Abschnitte, die Farben und Muster erklären und es Ihnen ermöglichen, bestimmte grafische Aspekte des Plans ein- oder auszublenden, die wir später beschreiben werden.

Während Sie mit den vertikalen Splittern ⓳ und ㉑ das Verhältnis zwischen Tabelle und Diagramm einstellen können, ermöglicht der horizontale Splitter ⓴ die Änderung der relativen Höhe der oberen und unteren Sicht.

Mithilfe des Schiebereglers ⓭ sowie der Plus- und der Minustaste neben diesem können Sie zeitlich hinein- und herauszoomen. Über die Funktion **Allgemeiner Überblick**, die Sie über die Drucktaste (nicht im Screenshot gezeigt) oder das Kontextmenü auslösen können, ermittelt das System die beste Zoomrate, um alle Aktivitäten für die vorhandenen oder selektierten Zeilen anzuzeigen. Durch Drücken der Taste [Z] wechseln Sie in einen Modus, in dem Sie mit dem Mauszeiger einen Bereich des Diagramms markieren können, um diesen zu vergrößern.

Sie können mittels der Drucktaste ⓲ dynamisch zwischen der Dokumenten- und Aktivitätsansicht wechseln. In der Dokumentenansicht wird ein kompletter Beleg, wie z. B. ein Straßenfrachtauftrag oder eine Frachteinheit, als Rechteck dargestellt. Dies ist besonders nützlich, wenn Sie ein komplettes Dokument einer Ressource zuordnen oder von einer Ressource auf eine andere umplanen möchten. Benötigen Sie weitere Details zu den vorliegenden Dokumenten, können Sie in der Aktivitätsansicht alle einzelnen Aktivitäten eines Dokuments (d. h. Fahrt, Laden, Entladen, Vorbereiten, Abschließen, An- und Abkuppeln) als Rechtecke betrachten. In Abbildung 6.86 zeigt die obere Sicht Dokumente und die untere Sicht Aktivitäten.

Die Aktivitätsarten werden farblich und die entsprechenden Status durch Muster differenziert, wie in der Legende zu den Aktivitäten dargestellt. Die Status der Aktivitäten werden an die entsprechenden Dokumente propagiert:

- Wenn alle Aktivitäten geplant sind, aber die Ausführung noch nicht begonnen hat, hat das entsprechende Dokument auch den Status **geplant**.
- Wenn mindestens eine Aktivität bereits ausgeführt oder in Ausführung ist und mindestens eine Aktivität noch nicht ausgeführt wurde, befindet sich das Dokument **in Ausführung**.
- Wenn bereits alle Aktivitäten ausgeführt wurden, hat das entsprechende Dokument ebenfalls den Status **ausgeführt**.
- Eine Fracht- oder Packstückeinheit hat den Status **ungeplant**, wenn sie noch keinem Kapazitätsbeleg zugeordnet ist. Eine Anhänger- oder Containereinheit sowie ein Frachtauftrag haben den Status **ungeplant**, solange ihnen keine Ressource zugewiesen wurde.
- Darüber hinaus können Dokumente den Status **fixiert** haben.

Die Kombination von Farbe und Muster ermöglicht es Ihnen, den Fortschritt der Ausführung des aktuellen Plans schnell zu erkennen. Natürlich können Farben und Muster konfiguriert werden, wie später in diesem Abschnitt beschrieben wird.

Für Ressourcen werden Ausfall- und Nichtarbeitszeiten angezeigt. Eine Ausfallzeit kann eine geplante Wartung oder eine Panne darstellen und bedeutet, dass die Ressource in diesem Zeitraum nicht genutzt werden kann. Im Falle einer geplanten Wartung wird die vorgesehene Lokation für die Wartung als Text im Rechteck der Wartung angezeigt, sodass Sie die Ressource zur Wartungslokation bewegen können, um von dort aus die nächste Fahrt nach der Ausfallzeit zu planen. Nichtarbeitszeiten können Wochenenden oder Feiertage modellieren, an denen ein Lkw nicht fahren darf. Beachten Sie, dass Fahraktivitäten durch eine solche Nichtarbeitszeit unterbrochen werden können, um z. B. Wochenendpausen zu modellieren, bei denen der Lkw auf einem Parkplatz entlang der Autobahn steht.

Sie können sich die Ladeauslastung einer Ressource anzeigen lassen, indem Sie die entsprechende Zeile markieren und die linke Drucktaste ⓫ für die Ladeauslastung verwenden.

In Abbildung 6.86 sehen Sie die zeitabhängige Ladeauslastung für die Lkw-Ressource **ZT__TRUCK40_002**. In der Zeile dieses Lkws, die in der Aktivitätssicht dargestellt ist, sehen Sie einen Frachtauftrag einer Auslieferungstour. Die entsprechende Ladeauslastung wird in der Zeile unterhalb der Lkw-Ressource angezeigt und zeigt zwei Kurven, je eine für Volumen und Gewicht. Die Überkapazitätszone weist ein schraffiertes Muster auf, und jede Überlastung der Kapazität wird rot angezeigt.

In diesem Beispiel weist der zweite Frachtauftrag eine Ladeaktivität sowie drei nachgelagerte Entladeaktivitäten auf und überschreitet dabei die verfügbare Ladekapazität. Um dies zu kennzeichnen, wird im oberen Teil des jeweiligen Rechtecks für die Aktivität bzw. das Dokument ein Balken zur Überkapazitätsbenachrichtigung eingeblendet (in diesem Screenshot durch die Legende verdeckt). Sie können diese Situation auflösen, indem Sie eine der Entladeaktivitäten einem anderen Lkw oder einem neuen Frachtauftrag auf demselben Lkw zuordnen. Sie können die Zeile der Ladeauslastung einfach ausblenden, indem Sie entweder auf das Kreuz in dem tabellarischen Teil dieser Zeile klicken oder die rechte Drucktaste ⓫ für die Ladeauslastung verwenden.

Hierarchien und mehrere Sichten

Sie können über die lokalen Drop-down-Menüs zwischen vordefinierten Hierarchien wechseln (siehe ⓯ und ㉒ in Abbildung 6.86). Dieser dynamische Wechsel ermöglicht es Ihnen, den Plan aus einem anderen Blickwinkel zu betrachten, z. B. aus der Perspektive der Frachteinheiten, der Frachtaufträge oder der Lkw-Ressourcen. Eine echte Hierarchie (mit mehr als einer Hierarchieebene) kann die strukturelle Beziehung zwischen verschiedenen Objekten (z. B. dem Lkw und dem zugeordneten Fahrpersonal) darstellen. Über das Drop-down-Menü ❾ in der globalen Symbolleiste können Sie zwischen vordefinierten Ansichten, die jeweils aus einer oder mehreren Sichten mit Tabelle und Diagramm bestehen, wechseln.

Mit den Drucktasten zur Ansichtssteuerung ❿ können Sie eine neue Sicht hinzufügen, bis die Grenze von drei Sichten erreicht ist (siehe z. B. Abbildung 6.60), eine Sicht entfernen und zwischen horizontaler und vertikaler Ausrichtung wechseln. In der horizontalen Version erscheinen die Sichten übereinander, in der vertikalen Version nebeneinander. Wie bereits beim Konzept dualer Sichten in Abschnitt 6.7.3 erläutert, bietet die horizontale Version mehr horizontalen Platz für das Diagramm und die Tabelle, während die vertikale Version mehr Zeilen bietet.

Das Konzept mehrerer Sichten und des dynamischen Wechsels zwischen Hierarchien ermöglichen es Ihnen, das Gantt-Diagramm schnell an die Entscheidungen anzupassen, die Sie als Nächstes treffen möchten. Wenn Sie etwa ungeplante Straßenfrachtaufträge Lkw-Ressourcen zuordnen möchten, können Sie zwei Sichten mit Frachtaufträgen oben und Lkw-Ressourcen unten verwenden. So können Sie die Frachtaufträge per Drag and Drop den Lkws zuordnen.

Allgemein eignet sich das Konzept mehrerer Sichten hervorragend für zu fällende Zuweisungsentscheidungen, wie z. B. die Zuordnung von Frachteinheitsabschnitten zu Lkws. Sie definieren einfach eine duale Sicht mit Frachteinheiten oben und Lkws unten, ziehen dann Frachteinheitsabschnitte per Drag and Drop auf die Lkws und erstellen so neue Straßenfrachtaufträge (siehe Abbildung 6.55). Weitere Anwendungsfälle für zwei Sichten sind die Zuordnungen von Fahrpersonal zu Frachtaufträgen, Frachteinheitsabschnitten zu Anhängereinheiten, Anhängereinheiten zu Anhängerressourcen, Anhängereinheitsabschnitten zu Frachtaufträgen, Anhängereinheitsabschnitten zu Lkw-Ressourcen etc. Die gleichzeitige Verwendung von drei Sichten kann sinnvoll sein, wenn es sich um zweistufige Konsolidierungsentscheidungen handelt, wie z. B. die Zuordnung von Containereinheitsabschnitten zu Anhängereinheiten und die Zuordnung von Anhängereinheiten zu Straßenfrachtaufträgen.

Die duale Sicht ermöglicht es Ihnen auch, bestimmte Aspekte eines Plans zu vergleichen oder Dokumente von einer Lkw-Ressource auf eine andere umzuhängen, wie in Abbildung 6.87 dargestellt. Hier werden die Lkw-Ressourcen oben und unten angezeigt, sodass Sie einige Ressourcen in der oberen und andere in der unteren Sicht in den Fokus rücken können, sie vergleichen und dann per Drag and Drop Umplanungsentscheidungen der relevanten Dokumente oder Aktivitäten treffen können.

Die Auslastung von Handling-Ressourcen kann auch visualisiert werden, z. B. in einer dualen Sicht mit Lkws und Handling-Ressourcen, wie in Abbildung 6.88 dargestellt. Diese Visualisierung ist sinnvoll, wenn es Engpässe auf einer Handling-Ressource gibt oder ihre Auslastung ausgeglichen werden soll. Sie können in der unteren Sicht die Auslastung der Handling-Ressourcen, ihre Kapazität, die Ausfall- und Nichtarbeitszeiten analysieren und in der oberen Sicht die entsprechenden Frachtaufträge und Beladungs- und Entladungsaktivitäten umplanen. Für jede Handling-Ressource können Sie sich die detaillierten Aktivitäten in der Zeile unterhalb der Auslastungskurve anzeigen lassen, indem Sie die Ressource auswählen und auf die Drucktaste zum Einblenden von Details klicken (⓬ in Abbildung 6.86).

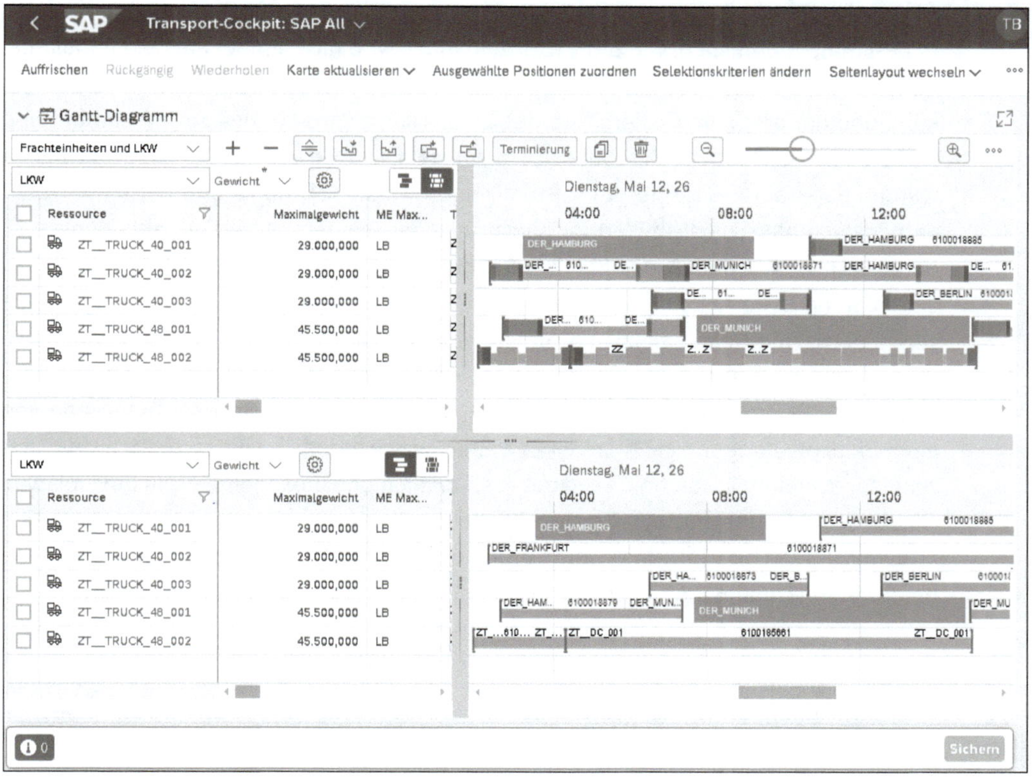

Abbildung 6.87: Gantt-Diagramm mit zwei Sichten für Fahrzeugressourcen

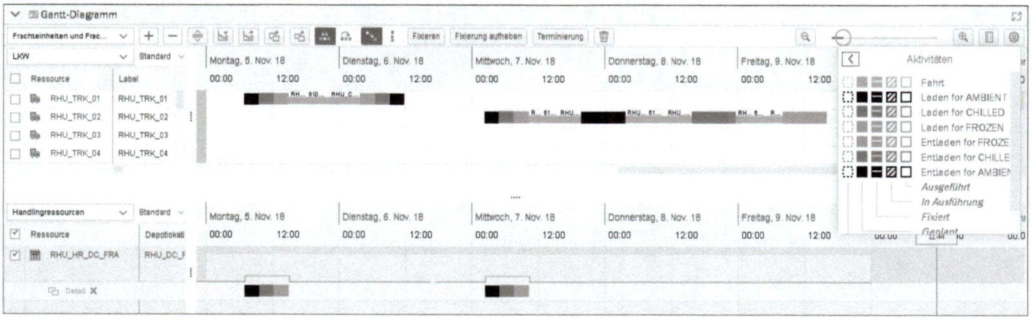

Abbildung 6.88: Gantt-Diagramm mit Handling-Ressource und Einfärbung durch attributsbasierte Planung

Wenn bestimmte Sichten (einfach, dual oder dreifach) häufig verwendet werden, können sie vorkonfiguriert werden, sodass die Anwenderinnen und Anwender leicht zwischen ihnen wechseln können, wie zuvor für das Drop-down-Menü in der globalen Symbolleiste beschrieben.

Attributsbasierte Planung

In bestimmten Branchen, wie z. B. im Einzelhandel, wird nicht immer auf der Granularität einzelner Frachteinheiten geplant, sondern auf der Sortimentsebene (z. B. trocken, gekühlt und gefroren). Im Customizing des Gantt-Diagramms können Sie ein Attribut und Farben für verschiedene Attributwerte definieren. Die Belade- und Entladeaktivitäten werden dann auf Basis eines im Customizing gewählten Attributs und der hinterlegten Farben für unterschiedliche Attributsausprägungen eingefärbt, wie in Abbildung 6.88 dargestellt. Aus Gründen der Benutzerfreundlichkeit erhalten alle Attributgruppen bei einem Stopp die gleiche visuelle Dauer, da es sonst schwierig wäre, eine kleine Gruppe zu erkennen und sie zu selektieren. Sie können per Drag and Drop Attributgruppen, die alle Frachteinheitsabschnitte mit dem entsprechenden Attributwert repräsentieren, umplanen. In diesem Beispiel aus dem Einzelhandel können Sie eine Attributgruppe von einem Frachtauftrag auf einen anderen ziehen, was wesentlich effizienter ist, als die einzelnen Frachteinheitsabschnitte separat auszuwählen und dann gemeinsam umzuplanen. Das allgemeine Prinzip, auf Gruppenebene zu planen, kann auch in Frachteinheitsabschnittshierarchien mit einer Gruppierung nach einem Attribut verwendet werden, wie bereits in Abschnitt 6.7.3, »Hierarchische Ansicht und duale Ansicht«, beschrieben.

Benachrichtigungen

Benachrichtigungen werden verwendet, um bestimmte kritische Aspekte des aktuellen Plans zu visualisieren, wie in Abbildung 6.89 gezeigt.

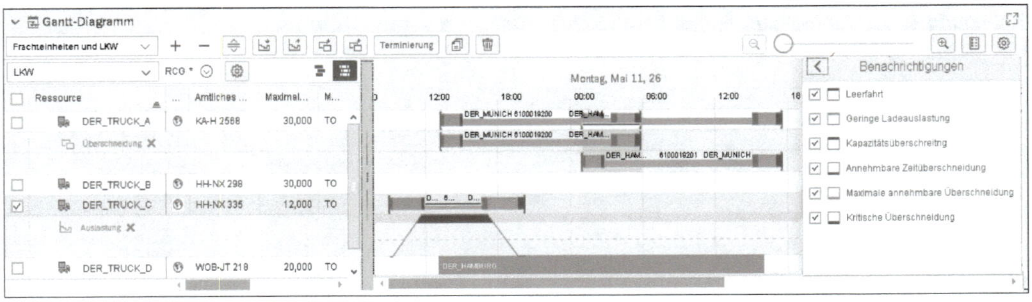

Abbildung 6.89: Benachrichtigungen im Gantt-Diagramm

Sie werden als Balken oben oder unten in Rechtecken dargestellt, die Dokumente oder Aktivitäten repräsentieren. Ein Benachrichtigungsbalken oben visualisiert wichtige Aspekte der Ladeauslastung:

- **Leerfahrt**

  Der Lkw oder Anhänger hat keine Ladung, d. h., er fährt leer. Besonders Firmen mit eigener Fahrzeugflotte wollen in der Regel Leerfahrten vermeiden oder zumindest minimieren.

- **Geringe Ladeauslastung**

  Im Customizing können Sie einen bestimmten Schwellenwert angeben, z. B. 70 %, um durch eine visuelle Indikation über Auslastungen unter diesem Prozentsatz benachrichtigt zu werden. Viele Unternehmen arbeiten mit solchen Schwellenwerten und führen Frachtaufträge nur dann aus, wenn sie eine Auslastung über dem Schwellenwert haben.

- **Kapazitätsüberlastung**

  Die Ladeauslastung in einem Kapazitätsdokument übersteigt die verfügbare Kapazität, wie für den Lkw DER_TRUCK_C in Abbildung 6.89 dargestellt. Sie können bei der Konsolidierung mehrerer Frachteinheiten zu einem Frachtauftrag eine solche Situation vorübergehend erzeugen. Später sollten Sie natürlich die Auslastung wieder reduzieren, damit die Ressourcenkapazität nicht verletzt wird.

Während der Erstellung eines Transportplans kann es zur (zeitlichen) Überlappung mehrerer Aufträge auf der gleichen Ressource kommen. Auch solche Überlappungen werden im Gantt-Diagramm über einen Benachrichtigungsbalken dargestellt. Zur leichteren Unterscheidung wird dieser am unteren Rand eines Rechtecks angezeigt. Sie können sich die unterschiedlichen überlappenden Aufträge in einzelnen Zeilen anzeigen lassen, indem Sie über die entsprechende Drucktaste (⓬ in Abbildung 6.86) die Details einblenden. Je nach Typ der Ressource kann die Überlappungssituation unterschiedliche Folgen für die Ausführbarkeit des Transportplans haben. Das System unterscheidet drei Arten von Überlappungssituationen:

- **Akzeptable Überschneidung**

  Es gibt mindestens zwei sich überschneidende Dokumente, aber Sie planen auf einer Fahrzeugart (die immer eine unlimitierte Anzahl Überschneidungen akzeptiert), einer unlimitierten Multiressource (die ebenfalls eine unlimitiert Anzahl Überschneidungen akzeptiert) oder einer limitierten Multiressource, bei der die Anzahl der zulässigen Instanzen noch nicht überschritten wird.

- **Maximal zulässige Überschneidung**

  Diese Art von Benachrichtigung kann nur bei einer limitierten Multiressource auftreten und bedeutet, dass die Anzahl der sich überschneidenden Dokumente genau der zulässigen Anzahl entspricht. Eine solche Benachrichtigung indiziert, dass jede neue Zuordnung zu einer kritischen Überschneidung führt.

- **Kritische Überschneidung**

  Die Anzahl der sich überschneidenden Dokumente übersteigt die zulässige Anzahl von Instanzen. Auf einer Single-Ressource reicht es aus, zwei überschneidende Dokumente zu haben. Im Beispiel enthält der Lkw **DER_TRUCK_A** zwei parallele Frachtaufträge, was zu einer kritischen Überschneidung führt, da der Lkw eine einzige Ressource ist.

Während bei Multiressourcen alle drei Überschneidungssituationen auftreten können, sind bei Equipmentarten nur akzeptable Überschneidungen relevant, da diese keine Begrenzung der Beleginstanzen zulassen. Die Farben für die verschiedenen Überschneidungssituationen dienen dazu, auf visuelle Weise über die Kritikalität der Überschneidungssituation zu informieren. Sie können jede Benachrichtigung dynamisch über die Kontrollkästchen in der Legende ein- und ausblenden.

Warnungen

Zusätzlich zu den Benachrichtigungen können im Gantt-Chart Warnungen aktiviert werden, um weitere kritische Situationen anzuzeigen. Warnungen werden mit Symbolen visualisiert und können über ein Kontrollkästchen in der Legende ausgeschaltet werden, wie in Abbildung 6.90 dargestellt.

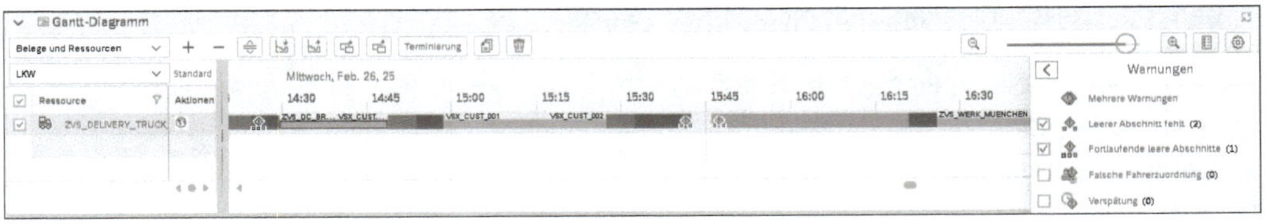

Abbildung 6.90: Warnungen im Gantt-Diagramm

Es werden vier Arten von Warnungen unterschieden.

- **Leerer Abschnitt fehlt**

  Diese Warnung zeigt an, dass eine Etappe vom Ziel eines Frachtauftrags zur Quelle eines Folgeauftrags fehlt. In Abbildung 6.90 werden z. B. auf der Ressource **ZVS_DELIVERY_TRUCK** zwei Frachtauftrage gezeigt. Der erste endet bei der Kundenlokation **VSX_CUST_002**, und der folgende startet bei **ZVS_WERK_MUENCHEN**. Offensichtlich benötigt der Lkw eine Leerfahrt vom Kunden nach München, die noch nicht eingeplant ist. Diese Tatsache wird durch zwei Icons visualisiert, eines am Ende des ersten Frachtauftrags und eines am Anfang des zweiten Frachtauftrags. Fahren Sie mit dem Mauszeiger über ein Symbol, erhalten Sie Informationen über die Entfernung und die Dauer der fehlenden Fahrtaktivität.

  Nun können Sie entscheiden, die leere Etappe einzufügen oder einen der Frachtaufträge auf einen anderen Lkw umzuplanen, um die leere Etappe zu vermeiden. Sie können die fehlende Etappe zum entsprechenden Frachtauftrag hinzufügen, indem Sie mit der rechten Maustaste auf das Kontextmenü des vorangegangenen oder nachfolgenden Frachtauftrags klicken und den Menüpunkt **Warnung wegen fehlendem Abschnitt lösen** im Untermenü **Warnungen lösen** wählen.

- **Fortlaufende leere Abschnitte**

  Die zweite Warnungsart weist auf aufeinanderfolgende Leerfahrten hin, die z. B. das Ergebnis früherer Planungsentscheidungen sein könnten. Wenn bekannt ist, dass über diese leeren Abschnitte keine weitere Fracht hinzukommen wird, möchten Sie diese leeren Abschnitte reduzieren, da dies Kilometer, Zeit und Kosten sparen würde. In einem Beispiel mit leeren Abschnitten, die die Haltestellenfolge A, B, C und D bilden, können diese auf einen einzigen leeren Abschnitt von A bis D reduziert werden.

  Auch für diese Warnung steht eine entsprechende Aktion im Kontextmenü zur Verfügung. Beachten Sie, dass Sie diese Reduktion von Leerabschnitten auch automatisch direkt nach dem Hinzufügen von fehlenden Leerabschnitten auslösen können. Dazu nutzen Sie den Parameter **Beim Auflösen von Warnungen aufgrund fehlender Abschnitte Anzahl leerer Abschnitte reduzieren** in den manuellen Planungseinstellungen (mehr zu diesen Einstellungen erfahren Sie in Abschnitt 6.7.9, »Arbeiten im Transport-Cockpit«.

- **Falsche Fahrerzuordnung**

  Wenn Sie für Ihre Straßenfrachtauftragsarten aktiviert haben, dass für Sie eine Fahrerzuordnung relevant ist, gibt das System eine Warnung aus, wenn die aktuelle Fahrerzuordnung nicht korrekt ist. Dies kann z. B. der Fall sein, wenn der Frachtauftrag eine einzelne Fahrerin oder einen einzelnen Fahrer erfordert, Sie aber niemanden zugewiesen haben, oder wenn der Frachtauftrag ein Fahrerteam (aus zwei Personen) erfordert, Sie aber nur eine oder gar keine Person zugewiesen haben. Die Warnungen werden auf der Beleg- und Reiseaktivitätsebene angezeigt, da Sie möglicherweise konfiguriert haben, dass in jeder Phase eines Straßenfrachtauftrags verschiedene Personen zugewiesen werden können, die das Fahrzeug fahren.

- **Verspätung**

  Die vierte Warnungsart zeigt eine Verspätung innerhalb eines Frachtauftrags an, wenn die Strategie zur Ermittlung der Verspätung und der entsprechende Schwellenwert im Abschnitt **Echtzeit-Ausführungsdaten** des Planungsprofils konfiguriert wurden, wie in Abschnitt 6.6.2, »Profile und Einstellungen«, beschrieben. Wenn die Anwenderinnen und Anwender den Mauszeiger über diese Warnung bewegen, zeigt das System einen Tooltip an, der die Dauer der Verspätung und die geschätzte Ankunftszeit enthält.

Zeitfenster und Trennzeichen

Im Abschnitt **Mehr** der Legende können Sie annehmbare und gewünschte Zeitfenster für das Be- und Entladen von Bedarfsdokumenten anzeigen, wie in Abbildung 6.91 dargestellt. Dies ist hilfreich, um den aktuellen Plan aus Sicht seiner Termintreue zu prüfen, d. h., ob die gewünschten und annehmbaren Zeitfenster eingehalten werden. Die Legende ermöglicht es Ihnen auch, die Trennzeichen für Dokumente ein- und auszublenden, wie Sie z. B. in Abbildung 6.87 gut sehen können. Sie helfen, insbesondere bei Verwendung der

Aktivitätssicht **Leerlaufzeiten**, auf einer Ressource zwischen aufeinanderfolgenden Kapazitätsbelegen zu identifizieren.

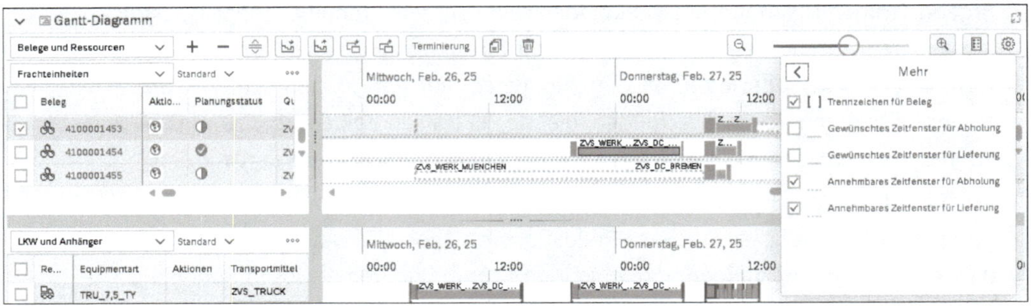

Abbildung 6.91: Annehmbare und gewünschte Zeitfenster für Abholung und Lieferung im Gantt-Diagramm

Zusätzliche Einstellungen

Der Einstellungsdialog kann durch die Drucktaste **Einstellungen ändern** (17 in Abbildung 6.86 weiter vorn; dargestellt durch ein Zahnrad) geöffnet werden, um die folgenden Funktionen zu nutzen:

- **Aktuelle Uhrzeit anzeigen**

  Die aktuelle Uhrzeit wird in den Diagrammen als vertikale Linie dargestellt.

- **Cursorzeit anzeigen**

  Bewegen Sie die Maus innerhalb der Diagramme, wird in den Diagrammen eine vertikale Linie angezeigt, die der Bewegung der Maus folgt. Die Linie enthält einen Zeitstempel, der im Bereich der Zeitachse angezeigt wird.

- **Trennlinien anzeigen**

  Sie können vertikale Trennlinien im Diagrammbereich ausschalten.

- **Scrollbalken synchronisieren**

  Bei Verwendung mehrerer Sichten haben alle Diagramme standardmäßig die gleiche Zeitachse, d. h., sie visualisieren den gleichen Zeitraum und werden (horizontal) synchron gescrollt. In einigen Szenarien möchten Sie möglicherweise nicht synchron scrollen, z. B. bei der Umplanung eines Frachtbelegs von dieser Woche auf die nächste Woche. Sie können dies erreichen, indem Sie diese Woche in der Ansicht oben sichtbar halten und in der unteren Ansicht bis zur nächsten Woche scrollen.

- **Nur zugehörige Belege/Aktivitäten anzeigen**

  Bei der Darstellung von echten Hierarchien können Sie festlegen, ob die unteren Hierarchieebenen nur Dokumente und Aktivitäten anzeigen, die direkt mit der darüber befindlichen Hierarchieebene verbunden sind, oder ob ein vollständiges Bild der unteren Ebenen gezeigt werden soll. Das in Abbildung 6.33 dargestellte Beispiel für einen Anhängeraustausch zeigt zwei Sichten: Auf den unteren Ebenen sehen Sie nur die Aktivitäten, die mit der Ebene darüber verbunden sind. In der Ansicht oben für den Anhänger **AT_TRAILER1** wird in der Hierarchieebene unter dem Lkw **AT_TRACTOR1** nur der Transport von Fulda nach Hamburg dargestellt, da nur dieser von diesem Lkw ausgeführt wird. Der vorangegangene Transport (der durch den anderen Lkw ausgeführt wurde) wird nicht dargestellt. Wenn Sie den vollständigen Kontext sehen möchten, d. h. auch auf den unteren Hierarchieebenen alle anderen Aktivitäten, können Sie die Visualisierung aktivieren.

In Abbildung 6.33 werden auf der jeweils unteren Ebene nur die Aktivitäten für Ankuppeln, Fahren und Entkuppeln angezeigt, da diese zusammen mit dem Lkw bzw. Anhänger auf der oberen Hierarchieebene durchgeführt werden. Daher sind die Aktivitäten dieses Anhängers, die zusammen mit dem Lkw **AT_TRACTOR2** durchgeführt werden, nicht unter **AT_TRACTOR1** aufgeführt. Wenn Sie den vollständigen Kontext sehen möchten, d. h. alle anderen Aktivitäten auch auf den unteren Hierarchieebenen, können Sie die in Abbildung 6.92 dargestellte Visualisierung einschalten.

- **Automatische Zielbestimmung für Drag and Drop**

  Wenn Sie einen Bedarfsbeleg per Drag and Drop in einen Zeitraum einer Ressource ziehen, in dem bereits ein anderer Kapazitätsbeleg eingeplant ist, ordnet das System das Bedarfsdokument automatisch dem bereits vorhandenen Kapazitätsbeleg zu. Insbesondere bei der Planung mit Multiressourcen kann es jedoch erwünscht sein, ein neues Kapazitätsdokument auf der betreffenden Ressource anzulegen, was zu einer Überschneidung führen würde. Sie können die automatische Zuweisung ausschalten, und wenn Sie ein Drag and Drop durchführen, das mehrere Zuordnungsoptionen für das Drop-Ziel bietet, öffnet das System ein Dialogfenster, in dem Sie eine der identifizierten Optionen auswählen können. Wenn z. B. bereits zwei Frachtaufträge im Drop-Zielzeitraum vorhanden sind, können Sie zwischen diesen beiden Frachtaufträgen und der dritten Option zum Anlegen eines neuen Frachtauftrags wählen.

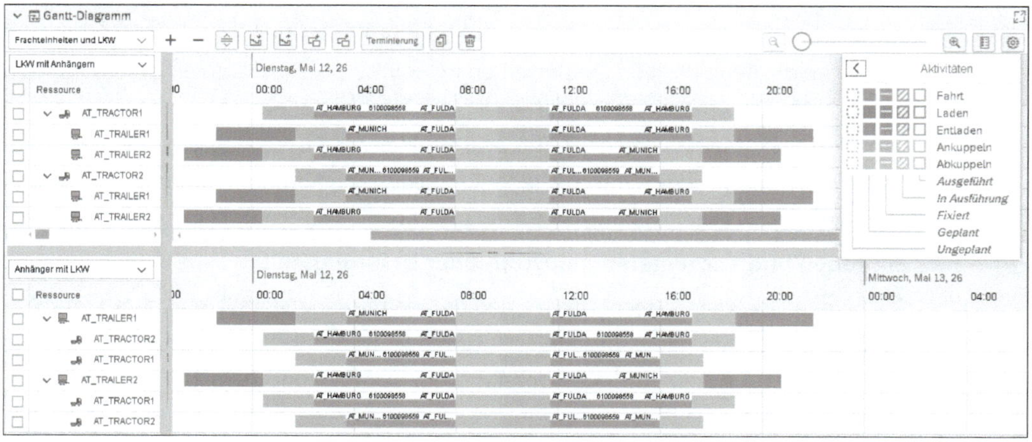

Abbildung 6.92: Darstellung aller Aktivitäten in der unteren Hierarchieebene für einen Anhängeraustausch im Gantt-Diagramm

Modi für Drag and Drop

Das Gantt-Diagramm bietet verschiedene Modi für die Durchführung eines Drag-and-Drop-Vorgangs.

Prinzipiell gilt, dass im Gantt-Diagramm mit einer Planungsoperation üblicherweise eine Neuterminierung einhergeht. Zieht man eine einzelne Aktivität eines Belegs, wird bei der Neuterminierung die Drop-Position dieser Aktivität als Anker genutzt. Die Terminierung wird also versuchen, einen neuen Plan zu erzeugen, in dem die Aktivität zu der Uhrzeit der Drop-Position stattfindet. Bei dieser speziellen Terminierung kann es sein, dass Einschränkungen, etwa eine Überlappung mit einem folgenden Auftrag, auf der gleichen Ressource zugelassen werden, die dann durch Benachrichtigungen dargestellt werden und aufgelöst werden müssen. Beim Ziehen eines Dokuments dient seine erste Aktivität als Anker.

Das Drag and Drop eines Belegs von einer Ressource auf eine andere Ressource führt zu einer Neuzuweisung auf die neue Ressource. Wenn eine (Lade- oder Entlade-)Aktivität gezogen wird, werden nur die entsprechenden Bedarfsdokumente neu zugewiesen, und im Falle eines gezogenen Dokuments wird das gesamte Dokument neu zugewiesen.

Darüber hinaus gibt es spezielle Situationen, in denen Sie das Verhalten definieren können:

- **Umschalten zwischen Neuterminierung und Neuplanung der Reihenfolgen**

  Beim Drag and Drop einer Aktivität innerhalb einer Zeile (also auf der gleichen Ressource oder innerhalb eines Kapazitätsbelegs) wird standardmäßig davon ausgegangen, dass Sie eine Neuterminierung an der Drop-Position (wie eben beschrieben) wünschen. Durch die Umschalttaste rechts neben der Drucktaste zum Ausblenden von Details (siehe Abbildung 6.92) können Sie von diesem **Modus für Neuterminierung** auf den **Modus für Neuplanung der Reihenfolge** umschalten.

  Ist dieser Modus aktiv, entfernt das Drag and Drop einer Beladung oder Entladung die entsprechenden Bedarfe (Frachteinheitsabschnitte) von ihrer aktuellen Position und fügt sie an die neue Position auf derselben Ressource ein. Dies kann eine neue Position im gleichen Dokument, eine neue Position in einem anderen Dokument oder eine neue Position in einem freien Zeitraum sein, die zur Erstellung eines neuen Dokuments führt. Somit ist es möglich, die Reihenfolge anzufahrender Stopps zu verändern oder Bedarfe zwischen Aufträgen auf der gleichen Ressource umzuplanen.

- **Zuordnen und Terminieren mit Drop- oder Ursprungszeit**

  Die beiden Drucktasten rechts neben den gerade beschriebenen Drucktasten in Abbildung 6.92 erlauben das Zuordnen und Terminieren auf Basis der Drop-Zeit bzw. der Ursprungszeit. Sie steuern die Interpretation der Umplanung per Drag and Drop zwischen verschiedenen Zeilen. In der Regel möchten Sie, dass die Drop-Position als Ankerzeit für die Neuterminierung genutzt wird. In einigen Transportgeschäften möchten Sie jedoch möglicherweise die ursprünglichen Zeiten des umgeplanten Dokuments beibehalten. Angenommen, Sie haben mit dem VSR-Optimierer Straßenfrachtaufträge unter Berücksichtigung der Öffnungszeiten und Zeitfenster von Kunden bzw. Frachteinheitsabschnitten erzeugt, möchten Sie möglicherweise diese Terminierung des Frachtauftrags beibehalten und nur eine Person zuordnen, die das Fahrzeug fährt. Durch das Umschalten auf die Option zur Verwendung der Ursprungszeit können Sie den Frachtauftrag per Drag and Drop in eine Fahrerzeile im Gantt-Diagramm ziehen und dabei die ursprüngliche Terminierung des Frachtauftrags beibehalten.

Diese Schaltflächen müssen im Seitenlayout explizit aktiviert werden, wie im folgenden Unterabschnitt »Konfiguration« erwähnt.

Kontextmenü

Das Kontextmenü bietet zusätzliche manuelle Planungsfunktionen, wie z. B. das Zuweisen oder das Aufheben der Zuordnung von Ressourcen oder Fahrpersonal, das Einfügen von Lokationen und das Fixieren oder Stornieren des vorliegenden Dokuments. Außerdem können Sie über das Kontextmenü Warnungen auflösen. Sie können auch zur ersten oder letzten Aktivität in einer Zeile oder zur aktuellen Uhrzeit navigieren, alle Objekte in der betreffenden Zeile auswählen oder die Benutzeroberfläche für einzelne Dokumente öffnen. Durch Doppelklick auf ein Dokument im Diagramm können Sie eine Schnellansicht mit einigen Zusatzinformationen anzeigen. Sie bietet auch einen Hyperlink auf die Benutzeroberfläche des dargestellten Objekts, die Sie auch über Hyperlinks in der Tabelle erreichen können.

Smart Add

Während einige Kunden das Gantt-Diagramm als primäres Werkzeug nutzen, um alle Ressourcen und Dokumente zu visualisieren und eine manuelle Planung durchzuführen, möchten andere Kunden in Listen und Hierarchien arbeiten und ein Gantt-Diagramm als Detailbereich für selektierte Objekte nutzen. Die *Smart-Add-Funktion* unterstützt den zweiten Arbeitsmodus. Sie kann im Customizing aktiviert werden, wie im nächsten Unterabschnitt beschrieben. Grundsätzlich bewirkt dieser Modus, dass das Gantt-Diagramm nur Objekte anzeigt, die in Listen und Hierarchien außerhalb des Gantt-Diagramms ausgewählt wurden. Wenn durch die Anwenderinnen und Anwender nichts ausgewählt wurde, ist das Gantt-Diagramm leer. Wenn eine Ressource oder ein Dokument ausgewählt wurde, zeigt das Gantt-Diagramm diese einschließlich ihres Kontextes an. Wird also ein Straßenfrachtauftrag ausgewählt, zeigt das Gantt-Diagramm den Frachtauftrag, die ihm zugeordnete Ressource (falls vorhanden) sowie andere Dokumente, die dieser Ressource zugeordnet sind.

Konfiguration

Da das Gantt-Diagramm eine sehr visuelle Benutzeroberfläche ist, ist es unmöglich, eine Farb- und Musterkonfiguration bereitzustellen, die allen Anwenderinnen und Anwendern gefällt. Einige Menschen haben zudem Schwierigkeiten, die Farben Rot und Grün zu unterscheiden, also benötigen sie andere Farben, die sie unterscheiden können. Viele Unternehmen sind an bestimmte Farben in ihrer Software gewöhnt und möchten diese vielleicht auch im Gantt-Diagramm verwenden.

Während sich die Planung in einem Geschäft hauptsächlich für die Start- und Endzeit eines Frachtauftrags interessiert, möchten Sie in einem anderen die Start- und Endlokation gerne zusätzlich als Text in dem korrespondierenden Rechteck im Gantt-Diagramm sehen. Ein Unternehmen ist hauptsächlich an der Anzahl der Paletten interessiert, während ein anderes Informationen über Volumen und Gewicht benötigt. Aus all diesen Gründen bietet das Gantt-Diagramm ausgefeilte Konfigurationsmöglichkeiten, sodass jedes Unternehmen und alle Anwenderinnen und Anwender es an ihre Bedürfnisse anpassen können.

Um das Gantt-Diagramm zu konfigurieren, wählen Sie den IMG-Menüpfad **Transportation Management • Grundfunktionen • Gantt-Diagramm**. Beachten Sie, dass viele Customizing-Inhalte ausgeliefert werden, in der Regel beginnend mit dem Präfix »SAP«. Wir empfehlen, diese als Ausgangspunkt zu nehmen, sie zu kopieren und dann an die Bedürfnisse Ihres Unternehmens anzupassen.

Unter dem Menüpunkt **Farbschemas und -muster für Gantt-Diagramm definieren** können Sie Folgendes konfigurieren:

- Farbschemata für Aktivitäten definieren Farben und die Höhe (volle oder halbe Zeile) der Aktivitätsarten und Muster für die Unterscheidung der Aktivitätsstatus. So können Sie z. B. lokationsbezogene Aktivitäten wie Beladen, Entladen, Vorbereiten, Finalisieren, Ankuppeln und Abkuppeln in voller Höhe und Fahrten in halber Höhe darstellen, um Fahrten von anderen Aktivitäten auf einfache visuelle Weise zu unterscheiden. Sie können auch die Ebene definieren, die festlegt, welche Objekte bei Überlappungen im Vordergrund angezeigt werden. Das Farbschema definiert auch ein Attribut, das gegebenenfalls zum attributsbezogenen Färben von Lade- und Entladeaktivitäten verwendet wird, und das zugeordnete Attributschema legt die Reihenfolge der Attribute und deren Farben fest.

  Ebenso definieren Farbschemata für Belege Farben, Höhen und Ebenen für Dokumenttypen und Muster für unterschiedliche Belegstatus.
- Sie können die Farbe für die Darstellung von zeitlichen Überlappungen von Aufträgen auf Ressourcen festlegen.
- Die Farbschemata für Ressourcen konfigurieren die Farben für Ausfallzeiten und Nichtarbeitszeiten von Ressourcen.
- Die Farbschemata für die Auslastung definieren die Ladeauslastungskurven für Gewicht, Volumen und Menge. Sie können auch bestimmte Ladedimensionen ausschalten, z. B. wenn nur das Gewicht für Ihr Unternehmen entscheidend ist.

- Die Benachrichtigungsschemata ermöglichen es Ihnen, Schwellenwerte, Höhen und Farben für Benachrichtigungen über die Ladeauslastung festzulegen. Auch die Visualisierung von Zeitfenstern sowie Trennzeichen für Belege werden hier konfiguriert. Für alle diese grafischen Komponenten können Sie festlegen, ob sie beim Start des Transport-Cockpits aktiv sein sollen.
- Das Warnungsschema erlaubt es Ihnen, anzugeben, welche Warnungen im Gantt-Chart angezeigt werden können sollen, und ob sie beim Start des Transport-Cockpits aktiv sind.
- Sie können die Farben und Muster definieren, die die Grundlage für alle vorangegangenen Definitionen bilden.
- Sie können wählen, ob die Zoomfunktion **Allgemeiner Überblick** zur Verfügung steht.

Unter dem Menüpunkt **Feldlisten für Gantt-Diagramm definieren** bietet Ihnen das System die folgenden Möglichkeiten:

- Definieren Sie die Felder, die in der Tabelle angezeigt und in den Beschriftungen im Diagramm verwendet werden können. Für jedes Feld können Sie seinen Inhalt pro Objekttyp angeben. Mit diesem Prinzip können Sie eine Tabellenspalte pro Objekttyp unterschiedlich verwenden. Dies kann für Hierarchien hilfreich sein, weil es dadurch möglich wird, zwei Spalten, die für bestimmte Objekttypen ungenutzt bleiben würden, zusammenzulegen. Stellen Sie z. B. Lkws und Fahrpersonal in einer Hierarchie dar und wollen den Standardfahrer für Lkws sowie den Standard-Lkw für das Fahrpersonal sehen, können Sie diese Information in einer Spalte zusammenführen, anstatt zwei exklusive Spalten zu verwenden.
- Geben Sie Feldlisten an, die in der Tabelle verwendet werden. Eine Feldliste ist eine Menge von Feldern inklusive Reihenfolge. Pro Feld können Sie festlegen, ob eine Schnellansicht angeboten wird.
- Definieren Sie Beschriftungen, die mehrere Felder und statische Texte kombinieren können. So können Sie etwa eine Beschriftung festlegen, die die Quell- und Ziellokation kombiniert, wie z. B. »Hamburg → München«.
- Legen Sie Beschriftungsschemata für Aktivitätsarten fest, um vorzugeben, welche Beschriftungen als Text im Diagrammbereich und welche als Tooltips verwendet werden. Mit diesem Konzept können z. B. die Quell- und Ziellokation links bzw. rechts in einer Fahraktivität und sowohl die Start- als auch die Endzeit im Tooltip angezeigt werden.
- Definieren Sie Beschriftungsschemata für Dokumentarten analog zu den Beschriftungsschemata für Aktivitäten.

Wenn Sie die Aktivität **Layouts für Gantt-Diagramm definieren** wählen, können Sie die Hierarchien, Ansichten und Layouts für das Gantt-Diagramm wie folgt definieren:

- **Hierarchien**

  Eine Hierarchie bezieht sich auf eine Feldliste und besteht aus mehreren Hierarchieebenen. Zum Beispiel enthält die Hierarchie `SAP_TRK_WITH_DRV` Lkws auf Ebene 1 und Fahrpersonal auf Ebene 2; daher werden die zugewiesenen Fahrerinnen und Fahrer unterhalb der Lkw-Ressource angezeigt, was nützlich ist, wenn mehrere Personen denselben Lkw nacheinander benutzen. Alle flachen Listen werden als Hierarchien mit nur einer Hierarchiestufe modelliert, wie z. B. die Hierarchie `SAP_FO`, die nur Straßenfrachtaufträge (auf der ersten Hierarchiestufe) enthält. Für alle Ebenen in einer Hierarchie können Sie festlegen, ob die Ebene beim Einstieg direkt auf- oder zugeklappt angezeigt wird. Sie können auch einstellen, ob die Überlappungsdetails initial aufgeklappt sind, was vor allem für Equipmentarten und Multiressourcen sinnvoll ist, bei denen Sie Überschneidungen als Normalfall erwarten und die Anzeige der Überschneidungsdetails nicht manuell anstoßen möchten.

- **Sichten**

  Eine Sicht kann eine Einzel-, Doppel- oder Dreifachsicht sein, d. h., sie enthält ein, zwei oder drei Gantt-Diagramme, jedes mit seiner eigenen Hierarchie. Wenn es sich um eine Doppel- oder Dreifachsicht handelt, können Sie angeben, ob sie zunächst horizontal (Diagramme übereinander) oder vertikal (Diagramme nebeneinander) zueinander angeordnet angezeigt werden soll. Für eine Sicht können Sie das anfängliche Verhältnis zwischen der Hierarchie und dem Diagrammteil festlegen, und wenn es sich um eine Doppel- oder Dreifachsicht handelt, können Sie die Reihenfolge der Hierarchien und das Verhältnis zwischen ihnen festlegen. Außerdem können Sie für jede Hierarchie in einer Sicht bestimmen, ob sie zunächst in der Dokument- oder in der Aktivitätssicht angezeigt werden soll.

- **Layouts**

  Das Layout ist die Zusammenfassung aller Gantt-Chart-Eigenschaften. Es enthält eine Einstiegssicht und zusätzliche Sichten, die in der Planungssitzung verwendet werden können (über das Drop-down-Menü in der globalen Symbolleiste). Es enthält auch eine Liste zusätzlicher Hierarchien, die über das Drop-down-Menü in der lokalen Symbolleiste verwendet werden können (wobei die Hierarchien aller verknüpften Sichten implizit angesteuert werden können). Das Layout bezieht sich auf Farbschemata für Aktivitäten, Dokumente, Ressourcen und Auslastung, auf Beschriftungsschemata für Aktivitäten und Dokumente sowie auf Schemata für Warnungen und Benachrichtigungen.

  Darüber hinaus können Sie im Layout festlegen, ob folgende Punkte zutreffen:

  - Die aktuelle Uhrzeit wird als vertikale Linie angezeigt.
  - Die Cursorzeit wird angezeigt.
  - Die horizontalen Scrollbalken sind bei der Verwendung mehrerer Sichten synchronisiert.

- Untere Ebenen in Hierarchien zeigen nur Aktivitäten und Dokumente an, die sich auf die darüberliegende Ebene beziehen.
- Die Ladeauslastung kann angezeigt werden.
- Die automatische Zoomstufenermittlung ist aktiv. Die Zoomstufe wird so festgelegt, dass alle Dokumente im Gantt-Diagramm sichtbar sind. Alternativ können Sie auch explizit zwischen vordefinierten Zoomstufen von 15 Minuten bis zu zwei Monaten wählen.
- Schnellansichten werden in der Tabelle angezeigt. Sie können festlegen, nach welcher Wartezeit sie angezeigt werden.
- Sie können festlegen, ob initial die Neuterminierung oder die Neuplanung für ein Drag and Drop in einer Zeile verwendet wird.
- Sie können definieren, ob die Terminierung bei einem Drag and Drop zwischen Zeilen initial auf der Drop-Zeit oder der ursprünglichen Zeit basiert.
- Das Zoomen aus der Vogelperspektive wird angeboten. Sie können festlegen, welche Optionen angeboten werden (sichtbare oder alle Zeilen).
- Die automatische Zielerkennung im Drag and Drop ist aktiv.
- Die Smart-Add-Funktion ist aktiviert.

6.7.7 Ladeplan

Die Ladeplansicht dient vielen Zwecken. Sie erlaubt eine manuelle und automatische Laderaumplanung (siehe Abschnitt 6.8.8, »Laderaumplanung«) und zeigt das entsprechende Ergebnis, d. h. die Positionen und Orientierungen der Packstücke und Produkte, die in den durch einen Straßenfrachtauftrag oder eine Anhänger- oder Containereinheit repräsentierten Laderaum geladen werden. Die Ladeplansicht erlaubt auch die manuelle und automatische Erzeugung von Packstücken (siehe Abschnitt 6.3, »Einheitliche Erzeugung von Packstücken«) für Straßenfrachtaufträge, Anhänger-, Container- und Packstückeinheiten und zeigt das Ergebnis, d. h. die Verpackungshierarchie, einschließlich der Positionen und Orientierungen von Produkten und Kartons, die auf einer Palette positioniert sind. Sie können den Status der Laderaumplanung und der Erzeugung von Packstücken pflegen und Packstückeinheiten aus der Verpackungshierarchie eines Straßenfrachtauftrags erzeugen, wie für das in Abschnitt 6.4.5, »Packstückeinheiten«, beschriebene Szenario der integrierten Liefer- und Hauptlaufplanung.

In diesem Abschnitt werden wir uns nun mit den Ansichtsarten und der Konfiguration des Ladeplans befassen.

Dreidimensionale Ansicht

Die Ladeplansicht besteht aus einer Hierarchie- und einer 3D-Ansicht, die den aktuellen Plan aus tabellarischer bzw. visueller Sicht darstellen. In der 3D-Szene können Sie die zugeordnete Ressource des vorliegenden Kapazitätsdokuments und die Verpackungsdetails ein- oder ausblenden, d. h., jedes Paket wird als eine große Box ohne die darin positionierten Objekte angezeigt.

Abbildung 6.93 zeigt die Packstückdetails in der 3D-Szene ohne den zugeordneten Lkw des vorliegenden Straßenfrachtauftrags.

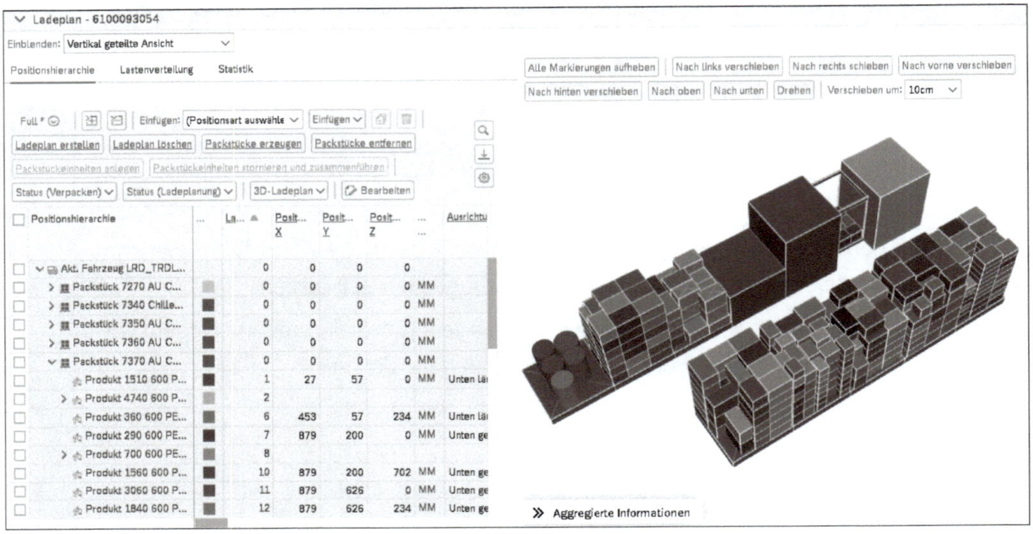

Abbildung 6.93: Ladeplansicht mit Verpackungsdetails in der 3D-Ansicht

Diese Ansicht ermöglicht es Ihnen, das Ergebnis der Erzeugung von Packstücken zu analysieren. In diesem Beispiel sehen Sie einige Fässer auf einer Palette, einige vollständige Produktpaletten, die als große Boxen dargestellt werden, mehrere offene Paletten mit Kartons unterschiedlicher Größen und ein geschlossenes Packstück, das gekühlt ist und gekühlte Produkte beinhaltet. Geschlossene Verpackungen können Gitterboxen oder gekühlte Packmittel darstellen und werden nur als Skelett angezeigt, sodass Sie die Positionierung der Produkte und Kartons darin sehen können. In diesem Beispiel sind die Produkte nach der Ziellokation gefärbt - so erkennen Sie, dass die meisten Paletten mehrere Kunden und verschiedene Produkte beinhalten und daher Mischpaletten darstellen.

Die Verpackungsdetails können, wie in Abbildung 6.94 dargestellt, unterdrückt werden. Paletten, deren Außenseite mit einem X-Symbol markiert sind, sind nicht stapelbar. Diese Ansicht stellt das Außenvolumen der Paletten präzise dar und visualisiert damit die Bedarfe für die Laderaumplanung. Wenn Sie die Packspezifikation oder die Packvorschrift für die einheitliche Erzeugung von Packstücken genutzt haben, können Sie Ihre Paletten nur in dieser Ansicht anzeigen lassen.

In den vorangegangenen Beispielen wurde die Laderaumplanung noch nicht durchgeführt. Das Ergebnis der Laderaumplanung ist in Abbildung 6.95 dargestellt, wiederum ohne Verpackungsdetails. Hier wird die Lkw-Ressource angezeigt, um den erzeugten Ladeplan schnell überprüfen zu können. In den beiden letzten Screenshots war der Lkw jeweils ausgeblendet.

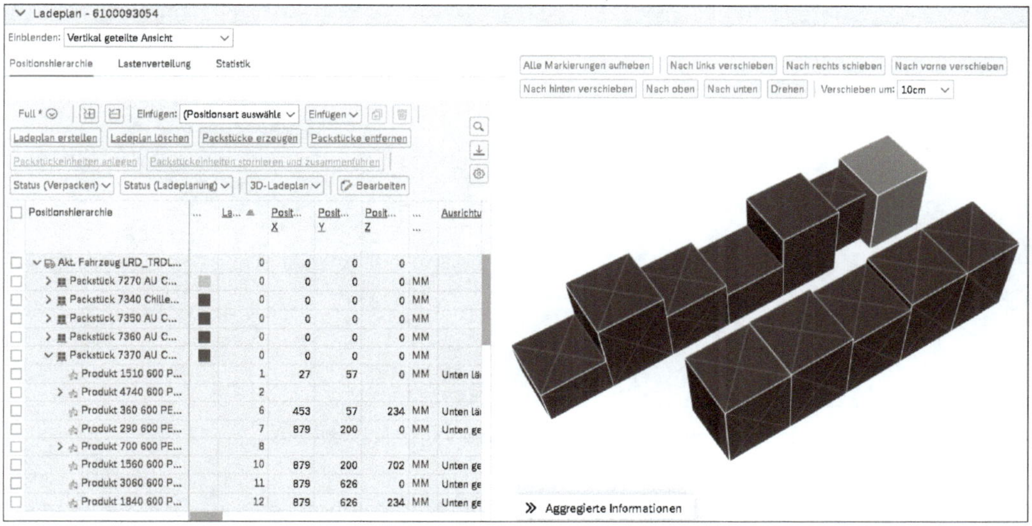

Abbildung 6.94: Ladeplansicht ohne Verpackungsdetails in der 3D-Ansicht

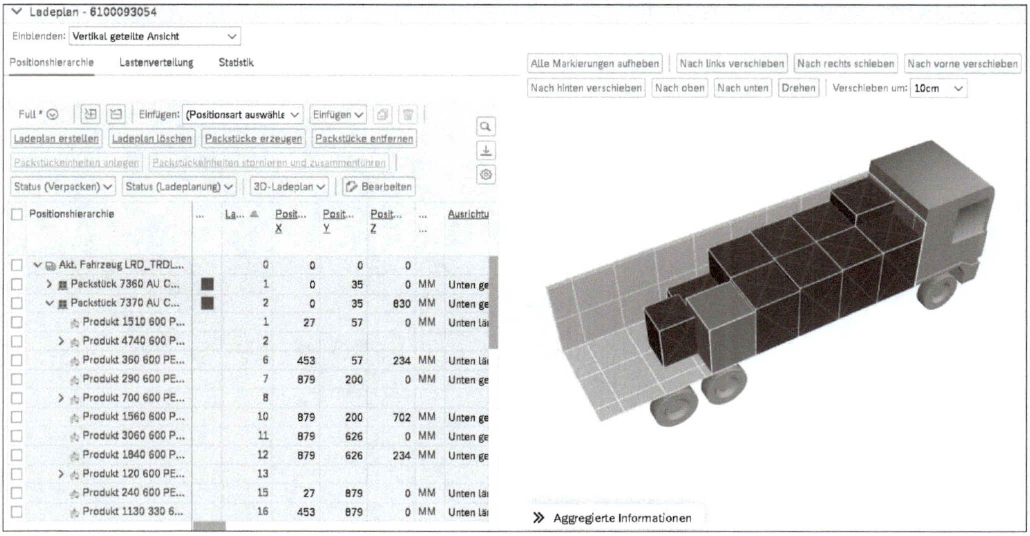

Abbildung 6.95: Ladeplansicht mit Laderaum und ohne Verpackungsdetails

Natürlich können Sie das Ergebnis des Ladeplans auch unter Einbeziehung aller Verpackungsdetails anzeigen, wie in Abbildung 6.96 dargestellt. Dies stellt den vollen Detaillierungsgrad dar, der durch die Packstückbildung und Laderaumplanung bestimmt wird.

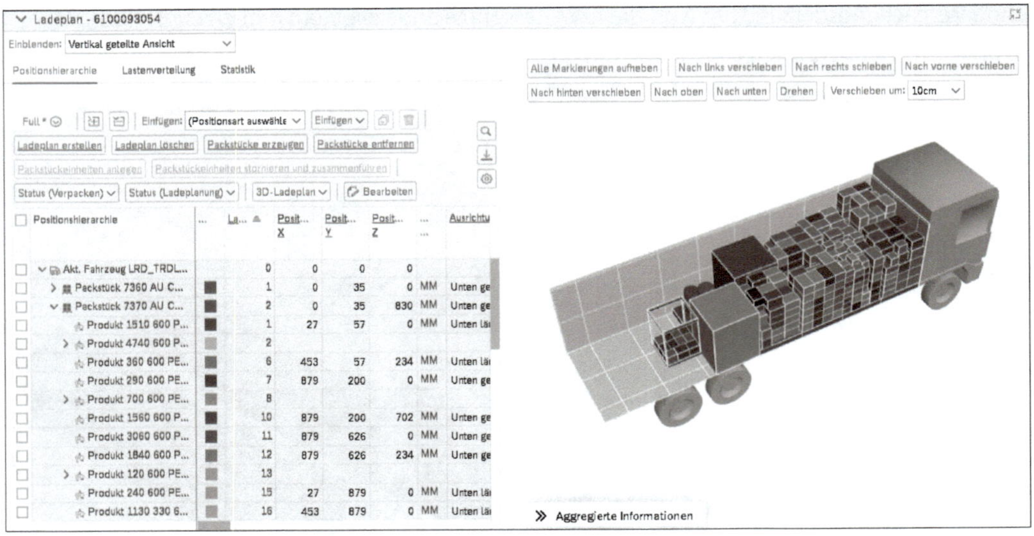

Abbildung 6.96: Ladeplansicht mit Laderaum und Verpackungsdetails

Die grafische Ansicht ermöglicht es Ihnen, den Betrachtungswinkel zu verändern und mit der Maus hinein- und herauszuzoomen. Es können Beschriftungen für die Packstücke der obersten Ebene angezeigt werden, außerdem kann ein Fenster für aggregierte Informationen eingeblendet werden (siehe Abbildung 6.97).

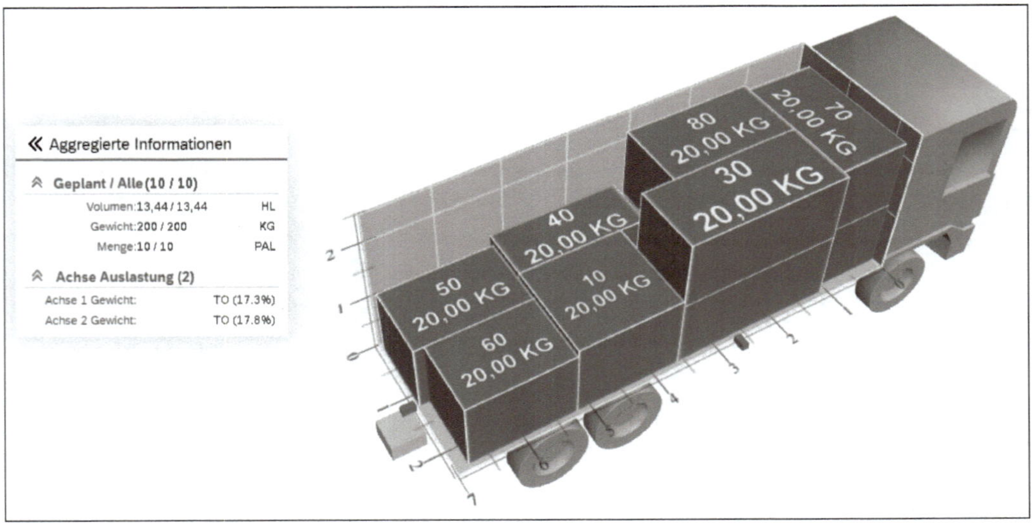

Abbildung 6.97: Ladeplanansicht mit aufgeklapptem Informationsfenster und Beschriftungen auf Paletten von unterschiedlicher Größe

Das Kontextmenü bietet die folgenden Funktionen:

- Wechseln zwischen vordefinierten Ansichten (z. B. von hinten, links, rechts oder oben)
- Einfärben der geladenen Packstücke und Produkte nach Attributen (z. B. Frachteinheit, Produkt, Ziellokation oder Orientierung). Während eine Einfärbung nach Ziellokation sehr hilfreich ist, um das Last-in-First-out-Prinzip für die Ladung eines Lkws für Paletten, die nur einen Kunden bedienen, zu verifizieren, ermöglicht eine Einfärbung nach Referenzprodukt die Überprüfung, wie Produkte desselben Referenzprodukts auf eventuelle Mischpaletten verteilt sind. Sie können die Einfärbung nach Frachteinheiten verwenden, um zu sehen, wie die Waren einer Frachteinheit auf mehrere Paletten verteilt sind.
- Ein- und Ausblenden ausgewählter Objekte, Stapel, Reihen, Ebenen, des Oberdecks. Ausblenden aller Packstücke außer der ausgewählten. (Wieder-)Einblenden des kompletten Ladeplans.
- Ein- und Ausblenden des Gitters im Laderaum, das seine Abmessungen anzeigt
- Einblenden einer Legende, die die verwendeten Farben auflistet
- Anzeigen von Verpackungsdetails
- Einblenden des Lastdiagramms, um den Schwerpunkt und die Einschränkungen durch die Achslastbeschränkungen anzuzeigen

Das Fenster **Aggregierte Informationen** zeigt die Achslastgewichte sowie das Volumen, das Gewicht und die Menge der Objekte (geplant und alle) in der Szene an. Sie können die aggregierte Ansicht und ihre Abschnitte einfach auf- und zuklappen oder per Drag and Drop an eine andere Position in der 3D-Szene verschieben.

Schnellansichten für Objekte in der 3D-Szene können durch Doppelklick angezeigt werden. Für alle visuellen Elemente werden Tooltips bereitgestellt, sodass Sie das Gewicht auf den Achsgruppen überprüfen oder zusätzliche Informationen über die geladenen Elemente oder die Ressource erhalten können. Die Achsen sind entsprechend ihrer Auslastung eingefärbt, sodass Sie diese basierend auf einstellbaren Auslastungsintervallen mit Grün, Gelb und Rot unterscheiden können.

Hierarchische Sicht

Die Registerkarte **Positionshierarchie** zeigt die Positionshierarchie aus der Verpackungs- und Laderaumperspektive, wie in Abbildung 6.98 dargestellt.

Diese Hierarchie bietet viele nützliche Felder, die personalisiert werden können. Wir empfehlen jedoch, nur die für Sie wichtigsten Felder zu verwenden, da viele Spalten und eine große Anzahl von Zeilen performancekritisch werden können (siehe Abschnitt 6.7.2, »Seitenlayouts«). Lassen Sie uns nun die verfügbaren Felder und ihre Verwendung betrachten:

- **Farbe**

  Die Information in der Spalte **Farbe** gibt an, wie das Element in der 3D-Szene eingefärbt ist.

- **Positionsstatus Ladeplan (Frachtgut)**

  Die Spalte **Positionsstatus Ladeplan (Frachtgut)** gibt an, ob die betreffende Position in ihre darüberliegende Position eingeplant wurde. Aus der Spalte der **Positionsstatus Ladeplan (Frachtgut)** geht hervor, dass die Paletten korrekt im Truck stehen und dass die Produkte darüber hinaus korrekt auf der expandierten Palette angeordnet sind.

- **Ladeplanstatus (Kapazität)**

  Die Spalte **Ladeplanstatus (Kapazität)** informiert darüber, ob alle Kinder der Position in die Position eingeplant wurden. Dieser Status ist für Packstücke und Ressourcen relevant, nicht aber für Produkte, Packhilfsmittel und Konsignationsaufträge (da sie keine Kapazität darstellen). Sie sehen, dass für den Truck alle Paletten im Ladeplan positioniert wurden. Alle Packstücke sind auf den zwei Paletten positioniert.

  Für beide Statuswerte geben separate Felder an, wie der Status gesetzt wurde, z. B. durch Laderaumplanung, Erzeugung von Packstücken oder manuell. Über die Drucktasten in der Symbolleiste können die Statuswerte geändert werden. Zum Beispiel können Sie Packstücke finalisieren, um sie vor weiteren Änderungen zu schützen; in diesem Fall wird auch der Fixierungsstatus der Bedarfszuordnung auf **fixiert** gesetzt. Im Allgemeinen sind diese Felder sehr nützlich, um den Fortschritt im Planungsprozess zu ermitteln, der aus der Erzeugung von Packstücken, der Laderaumplanung und der Finalisierung der Packstücke auf oberster Ebene besteht, z. B. wenn dies für die Erstellung von Packstückeinheiten erforderlich ist, wie im Unterabschnitt »Integrierte Liefer- und Hauptlaufplanung mittels Packstückeinheiten« von Abschnitt 6.4.5, »Packstückeinheiten«, beschrieben.

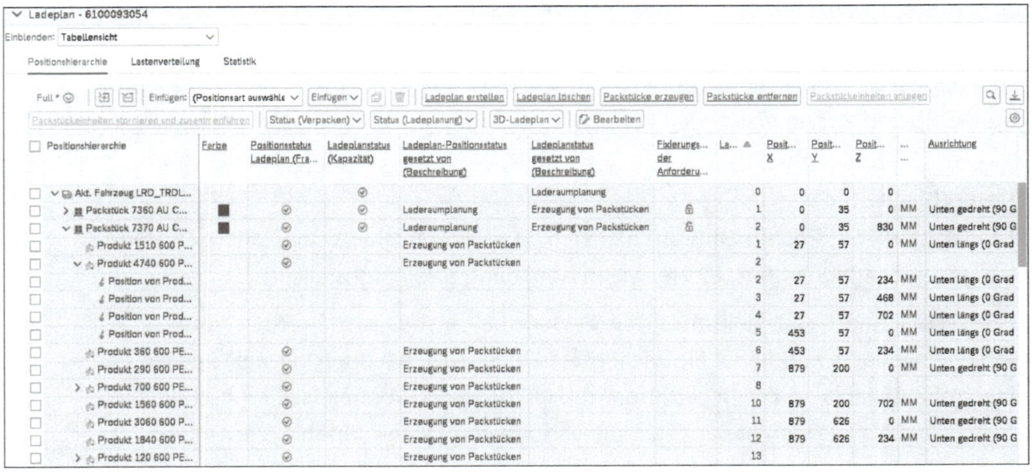

Abbildung 6.98: Ladeplanhierarchie

- **Ladereihenfolge**

  Die Ladereihenfolge gibt die Reihenfolge an, in der die Elemente geladen werden sollen. Dies gilt sowohl für die obersten Positionen, die in den Laderaum geladen werden, als auch für die obersten Positionen darunter, die in die Packstücke auf oberster Ebene geladen werden (z. B. Kartons in Mischpaletten).

- **Position X, Position Y und Position Z**

  Die Spalten **Position X**, **Position Y** und **Position Z** definieren die physische Position des Objekts. Positionen auf oberster Ebene werden im Laderaum des Lkws, Anhängers oder Containers positioniert, während die direkten Kinder darunter in den Packstücken auf oberster Ebene positioniert werden.

- **Reihe, Stapel und Ebene**

  Die Informationen unter **Reihe**, **Stapel** und **Ebene** sind nützlich, um die Position zu identifizieren, wenn alle Paletten im Laderaum die gleiche Grundfläche haben.

- **Deck**

  Das Deck gibt an, ob das Packstück in das untere oder obere Deck geladen wird. In Abbildung 6.99 finden Sie ein Beispiel eines Lkws mit flexiblem Oberdeck.

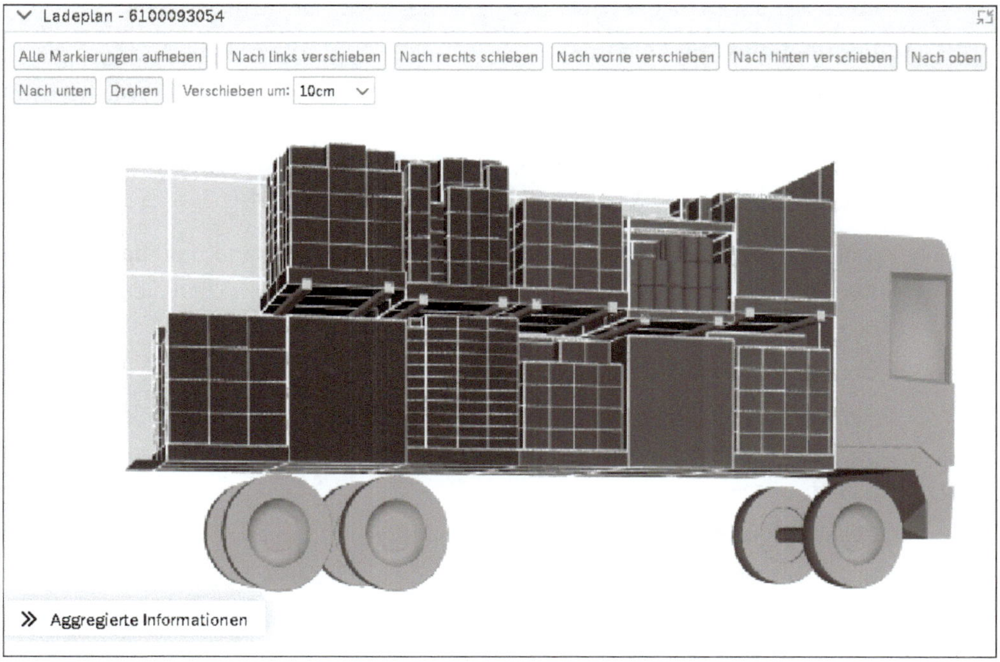

Abbildung 6.99: Ladeplan für einen Lkw mit flexiblem Oberdeck mit Balken

- **Ausrichtung**

  Die Spalte **Ausrichtung** gibt an, ob das Element gedreht, gekippt etc. ist.

- **Positionstyp der Position/Lagendefinition**

  Der Positionstyp der Position gibt an, ob sich die Position auf ein Material, eine Lage oder eine gemischte Lage bezieht. Die Lagendefinition liefert die Maßeinheit der betreffenden Schicht.

- **Maße einer Position**

  Bruttogewicht, **Bruttovolumen**, **Außenvolumen**, **Menge**, **Länge**, **Breite** und **Höhe** definieren die Maße einer Position. Die maximale Auslastung, Gesamtkapazität, Restkapazität und verbrauchte Kapazität werden sowohl für Volumen als auch für Gewicht bereitgestellt.

- **Informationen zum zugewiesenen Fahrzeug**

  Die Felder **Ressource**, **Equipmentgruppe**, **Equipmentart** und **Kombinationsressource** geben Auskunft über das zugewiesene Fahrzeug.

- **Produkt**

  Das Produkt spezifiziert das geladene Produkt und das Packmittel für eine Produktposition bzw. eine Packstückposition. Für Produktpositionen sehen Sie auch das Referenzprodukt für die Erzeugung von Packstücken. Für Packmittel wird auch angezeigt, ob es sich um ein offenes oder geschlossenes Packmittel handelt.

- **Informationen zur Lokation**

  Die Spalten **Beladelokation**, **Entladelokation**, **Harte Gruppe** und **Weiche Gruppe** bieten nützliche Informationen, wenn Sie Lokationshierarchien für Ihre Konsolidierung nutzen (siehe Abschnitt 6.3.5, »Erzeugung von Packstücken«).

- **Informationen zu den Packstücken**

  Indiziert wird, ob es sich um ein **Gemischtes Packstück** und um **Nicht stapelbare Packstücke** handelt. **Maximale Auflast** gibt an, wie viel Gewicht auf das Paket gestapelt werden kann.

- **Ursprung der Position**

  Sie können identifizieren, ob eine Position aus einer Frachteinheit oder einer Transporteinheit stammt, und sich den ursprünglichen Bedarfsbeleg, z. B. den Speditionsauftrag, anzeigen lassen.

- **Paket in Packstückeinheit enthalten**

  In PE enthalten informiert Sie darüber, ob das vorliegende Paket bereits in eine Packstückeinheit extrahiert wurde.

- **Laderaumplanung**

  Über ein Ankreuzfeld in der Liste können Sie bestimmte Positionen aus dem nächsten Laderaumplanungslauf ausschließen und die Laderaumplanung erneut anstoßen.

- **Erzeugung der Packstücke**

  Profil für einheitl. Packstückerzeugung, **Engine für einheitliche Packstückerzeug.** und **Regel f. einheitliche Packstückerzeugung** geben Auskunft, darüber wie die

Packstücke erzeugt wurden. Die Regel steht für die Packvorschrift bzw. Packspezifikation, die verwendet wurde, und ist undefiniert, wenn die Erzeugung von Packstücken als Engine verwendet wird.

Sie können die Ladeplanhierarchie so konfigurieren, dass die Lagen als eigene Zeile dargestellt werden. Im Falle einer gemischten Lage werden deren Produkte als Kinder angezeigt. Diese lagenorientierte Ansicht entspricht der 3D-Szene, in der die Lagen als große Kästen visualisiert werden, die die gesamte Grundfläche der Palette abdecken.

Lastenverteilung und Statistik

Die Registerkarte **Lastenverteilung** zeigt die Auslastung bezüglich aller Gewichtsbeschränkungen an den Achsen, dem oberen Deck, der gezogenen Ladung und dem Gesamtgewicht an, und die Registerkarte **Statistik** enthält zusätzliche Informationen, wie z. B. die Anzahl der Packstücke, die belegte Bodenfläche auf dem unteren und oberen Deck, die genutzten Lademeter, das belegte Volumen und den Prozentsatz der geladenen Objekte, wie in Abbildung 6.61 dargestellt.

Manuelle Lastplanung

Während in den meisten Fällen die automatische Laderaumplanung bevorzugt wird, kann eine manuelle Laderaumplanung erforderlich sein, um einen automatisch erstellten Plan anzupassen oder einen Ladeplan von Grund auf neu zu erstellen.

Sie können die manuelle Laderaumplanung per Drag and Drop, über die Schaltflächen in der Symbolleiste der 3D-Szene, über Tastenkombinationen oder über die editierbaren Felder für Ladereihenfolge, Positionen und Ausrichtungen in der Hierarchie durchführen.

Beachten Sie, dass die Schaltfläche **Bearbeiten** zur Aktivierung der editierbaren Felder für die Hierarchie konfiguriert werden muss. Ein ungeplantes Objekt kann in den Laderaum gestellt werden, indem ein Wert ungleich null für die Ladereihenfolge beibehalten wird. Bei einer Kombinationsressource mit zwei Anhängern können Sie ein ungeplantes Objekt innerhalb der Hierarchie unter den rechten Anhänger ziehen und dort ablegen, indem Sie seinen Ladereihenfolgewert definieren. Das für die Schaltflächen der manuellen Planung in der grafischen Ansicht verwendete Bewegungsinkrement kann im Dropdown-Menü der Symbolleiste ausgewählt werden.

Unterstützende Funktionen bei der Nutzung von Drag and Drop

Um Sie beim Platzieren von Packstücken im Laderaum per Drag and Drop zu unterstützen, können Sie während des Verschiebens von Packstücken verschiedene Funktionen nutzen:

- Drücken Sie die ⇧-Taste, können Sie das Packstück nur entlang einer Achse verschieben.

- Drücken Sie die [Esc]-Taste, können Sie den Drag-and-Drop-Vorgang abbrechen.
- Drücken Sie die [Strg]-Taste, schalten Sie die Kollisionskontrolle ein, die verhindert, dass Sie ein Packstück in ein anderes oder in der Wand platzieren, um Packstücke kompakt nebeneinander zu platzieren.
- Sie können mehrere Packstücke markieren und sie gemeinsam verschieben.

PDF-Dateien erstellen

Das System bietet Ihnen die Möglichkeit, den Ladeplan, einschließlich der 3D-Szene, als PDF-Datei zu erzeugen, um dieses anderen Parteien wie dem Fahrpersonal oder dem Spediteur zur Verfügung stellen. Die PDF-Datei kann aus dem Einzelbeleg **Anzeige des Straßenfrachtauftrags**, der Containereinheit oder in den entsprechenden Listen des Transport-Cockpits über die Schaltfläche **Drucken** und die Auswahl der (Ent-)Ladungsanweisungsaktion im Pop-up bzw. über einen Report über **Logistik • Transportmanagement • Verwaltung • Hintergrundverarbeitung • Ladeplan drucken** im SAP-Menü erstellt werden; dabei kann die Datei auch im Archiv abgelegt werden.

Die Datei enthält eine Kopfzeile mit Dokumentennummer, Datum und Seitenzahl sowie mehrere Abschnitte, die Folgendes abdecken: allgemeine Daten wie Spediteur, Verlader und Warenempfänger; Haltestellenreihenfolge mit Orten, Adressen sowie Abfahrts- und Ankunftsdaten und -zeiten; Ressourcen- und Ladungsübersicht mit Kapazität, Verbrauch und Auslastung pro Laderaum; Packstückmaterialübersicht mit Statistiken zu Top-Level-Packstücken und unverpackten Produkten; Positionsliste mit Top-Level-Packstücken und unverpackten Produkten, geordnet nach ihrer Ladereihenfolge; detaillierte Positionsliste, die die gesamte Verpackungshierarchie darstellt; schließlich 3D-Ladeplanbilder.

[»] **Lizenzrecht für das Erstellen von 3D-Bildern des Ladeplans**

Die in der PDF-Datei enthaltenen 3D-Bilder werden von einem speziellen Dienst erstellt, der Teil von SAP Enterprise Product Development ist. Sie benötigen zur Nutzung dieser Funktion also ein entsprechendes Abonnement.

Konfiguration

Konfigurationsmöglichkeiten werden im IMG unter **Transportation Management • Grundfunktionen • Laderaumplanung • Layouts für 3D-Ladeplan definieren** angeboten. Hier haben Sie die folgenden Möglichkeiten:

- Sie können die Mengeneinheiten angeben, die für die Statistik verwendet werden sollen.
- Sie können definieren, ob das Gitter, die Lastenverteilung, nicht geladene Elemente, Verpackungsdetails und das Informationsfenster angezeigt werden sollen.

- Mit **Schwerpunkte anzeigen** können Sie wählen, ob der Schwerpunkt für Ressourcen und Packstücke, nur für Ressourcen oder gar nicht angezeigt werden soll.
- Legen Sie die initiale Färbung, die Schwellenwerte für die Einfärbung von Achsen und die Farben für geladene Objekte, nicht geladene Objekte, niedrige Auslastung, mittlere Auslastung und hohe Auslastung fest.
- Definieren Sie Gewichtsgruppen und -klassen, die zur Einfärbung von Packstücken nach Gewicht verwendet werden.
- Definieren Sie den Inhalt für Schnellansichten, Tooltips und Kontextmenüs.
- Geben Sie an, ob Beschriftungen für Gegenstände und die Ressource angezeigt werden sollen. Für die Ressource werden die Beschriftungen auf den drei Achsen des Laderaums angezeigt.
- Durch **Manuelle Laderaumplanung aktivieren** aktivieren Sie die manuelle Laderaumplanung in der 3D-Szene, die dann in der Symbolleiste Schaltflächen zum Verschieben und Drehen von Elementen anbietet.
- In **Tastaturbefehle** können Sie für die Aktionen der manuellen Laderaumplanung Tastaturkürzel hinterlegen. Dabei beziehen Sie sich auf Tastencodes, die abhängig vom Tastaturlayout unterschiedlich belegt werden.

  Diese Tastencodes können Sie über den Pfad **Transportation Management • Grundfunktionen • Laderaumplanung • Tastaturlayouts definieren** im Customizing definieren, z. B. in einer deutschen oder englischen Version.
- Sie können das Verschieben von Packstücken per Drag and Drop aktivieren.
- Sie können die Verschiebeschritte in der Szene festlegen, die beim Verschieben in der manuellen Laderaumplanung auf Basis von Drucktasten oder Tastaturkürzeln verwendet werden.
- Nachdem Sie ein solches Layout für den Ladeplan definiert haben, können Sie darauf im Seitenlayout verweisen. Sie können zwischen verschiedenen Konfigurationen wählen, einschließlich der Hierarchieansicht, der 3D-Ansicht, beide zusammen horizontal oder vertikal angeordnet, oder einer Kombination, die alle vorherigen Optionen enthält und eine dynamische Auswahl zwischen ihnen bietet.

Die Einstellungen für die Erstellung der PDF-Dateien des Ladeplans finden Sie im Customizing unter dem Pfad **Transportation Management • Grundfunktionen • Laderaumplanung • Drucken**. Dort finden Sie die Aktionen **Drucklayout für Ladeplan definieren**, **Drucklayout für Ladeplan konfigurieren**, **Druckprofil für Ladeplan definieren** und **Druckprofil für Ladeplan zuordnen**.

In den ersten beiden Aktionen definieren Sie das Drucklayout, das bestimmt, welche Abschnitte, z. B. die Kopfzeile oder die Anfahrreihenfolge, in der PDF-Datei des Ladeplans hinzugefügt werden. So können Sie z. B. die Anfahrreihenfolge aus Platzgründen weglassen.

In **Druckprofil für Ladeplan definieren** legen Sie das Druckprofil mit folgenden Parametern fest:

- Sie definieren das zu nutzende **Ladeplan-Drucklayout**.
- Über **Layout des 3D-Ladeplans** legen Sie das visuelle Erscheinungsbild der 3D-Bilder fest.
- In den RFC-Destinationen für die Authentifizierung und den Service hinterlegen Sie den Dienst zur Bereitstellung der 3D-Bilder. Weitere Einzelheiten zur Verbindung des Bilderstellungsdienstes mit TM finden Sie im SAP-Beratungshinweis 3023625.
- Die **Abfolgeschritte für Druck** legt fest, ob mehrere 3D-Bilder erforderlich sind und, wenn ja, wie viele Ladungsobjekte der obersten Ebene pro aufeinanderfolgendem 3D-Bild hinzugefügt werden.
- Das **Parallelverarbeitungprofil** ermöglicht das parallele Abrufen von 3D-Bildern.
- Sie können das Logo definieren, das in der Überschrift der Datei verwendet werden soll.

6.7.8 Auswahlkriterien und Profil- und Layout-Sets

In den vorangegangenen Abschnitten haben wir auf die Notwendigkeit der Konfiguration des Transport-Cockpits hingewiesen und Seitenlayouts, hierarchische und duale Sichten, die Karte, das Gantt-Diagramm und den Ladeplan vorgestellt. Lassen Sie uns nun betrachten, wie Sie in das Transport-Cockpit einsteigen können.

Wenn Sie die SAP-Fiori-App **Transport-Cockpit** öffnen, gelangen Sie in das Einstiegsbild für das Transport-Cockpit. In der Auswahl **Einstiegsbild umschalten** können Sie zwischen zwei Eingabemöglichkeiten wählen: eine auf der Grundlage von Auswahlkriterien und eine auf der Grundlage von Profil- und Layout-Sets. Zusätzlich zu diesen Einstiegsmöglichkeiten kann das Transport-Cockpit aus verschiedenen Arbeitsvorratslisten oder direkt aus einem Business-Objekt, z. B. aus dem Speditionsauftrag, geöffnet werden.

Konzentrieren wir uns nun auf die am häufigsten verwendeten Cockpit-Eingabeoptionen, die Auswahlkriterien und die Profil- und Layout-Sets.

Auswahlkriterien

Der Einstieg über die Auswahlkriterien, dargestellt in Abbildung 6.100, ermöglicht es Ihnen, ad hoc Auswahlkriterien für die verschiedenen Objekte zu definieren oder aus zuvor definierten Auswahlkriterien zu wählen (gespeicherte Suchen können privat, global oder für eine Gruppe von Anwenderinnen und Anwendern verfügbar sein).

In den verschiedenen Abschnitten können Sie Kriterien definieren, um Objekte des entsprechenden Typs zu selektieren. Für jedes Kriterium können Sie aus einer Menge von Operatoren wählen, wie z. B. gleich, ungleich, größer als, kleiner als.

Definieren Sie mehr als ein Kriterium für einen Objekttyp, müssen die Objekte alle diese Kriterien erfüllen. In Abbildung 6.100 müssen die Frachteinheitsabschnitte also sowohl die Quelllokation **DC_BREMEN** als auch eine Ziellokation, die mit **GP** anfängt, aufweisen. Wählt man das gleiche Kriterium mehrfach, muss das Objekt mindestens einem von ihnen entsprechen. In Abbildung 6.100 werden also sowohl Fahrer **HANS** als auch Fahrer **JOERG** selektiert.

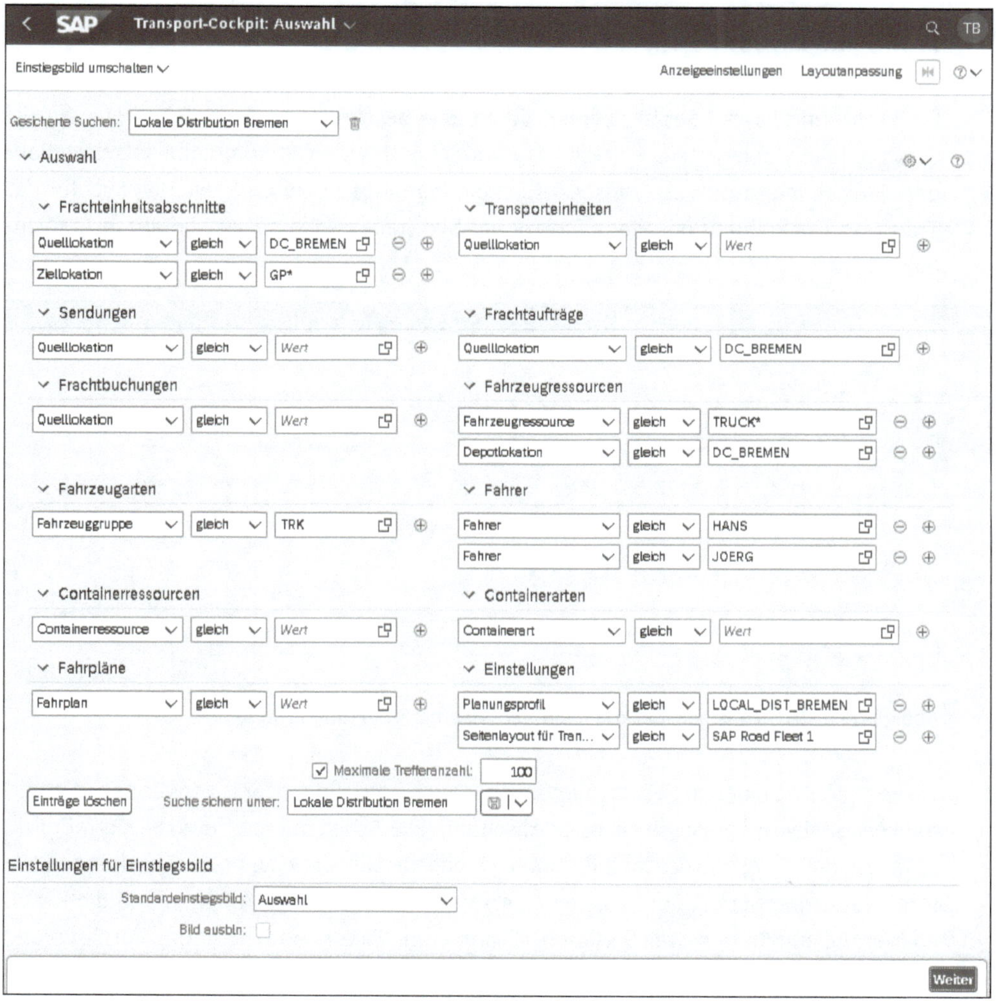

Abbildung 6.100: Transport-Cockpit – Einstiegsbild mit Auswahlkriterien

Sie können Kriterien hinzufügen oder entfernen, indem Sie auf die Plus- und Minusschaltflächen klicken. Das Planungsprofil, das Seitenlayout für das Transport-Cockpit und das Planungsergebnisbild sowie die Einstellungen für das Transport-Cockpit, die in Abschnitt 6.7.9 vorgestellt werden, können im Bereich **Einstellungen** ausgewählt werden. Nachdem Sie Ihre Wahl getroffen haben, klicken Sie auf **Weiter**, um das Cockpit zu starten.

Über die Personalisierung in der Zeile **Auswahl** können Sie:

- eine Suche als standardmäßig ausgewählt definieren
- definieren, dass die Standardsuche direkt beim Einstieg ausgeführt wird
- die Suchkriterien initial zusammengeklappt anzeigen lassen
- einstellen, dass eine ausgewählte Suche direkt ausgeführt wird

Profil- und Layout-Sets

Abbildung 6.101 zeigt den Einstieg über die Angabe eines *Profil- und Layout-Sets* (PLSs). Ein Profil- und Layout-Set ist definiert durch eine Beschreibung, Selektionsprofile für die verschiedenen Belegarten, Kapazitätsauswahleinstellungen, Inkompatibilitätseinstellungen, Einstellungen für das Transport-Cockpit, Planungsprofile und Seitenlayouts für das Transport-Cockpit und das Planungsergebnisbild (teilweise in der Abbildung ausgeblendet).

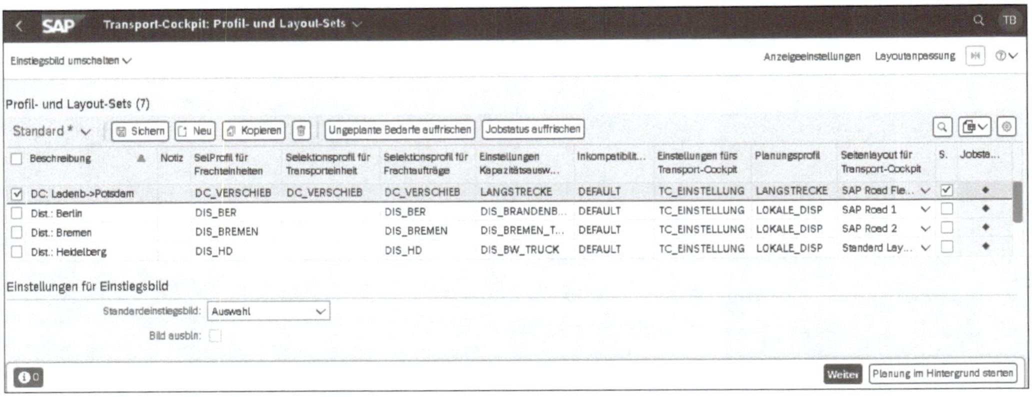

Abbildung 6.101: Transport-Cockpit – Einstiegsbild mit Profil- und Layout-Sets

Sie können Ihre eigenen Sets definieren, aber auch vordefinierte Sets verwenden, die zentral verwaltet werden (siehe nächster Abschnitt). Die Arbeit mit mehreren Sets ermöglicht es Ihnen, das Transport-Cockpit für unterschiedliche Szenarien zu nutzen. Sie können alle Ihre PLSs organisieren, indem Sie eine persönliche Notiz pro PLS pflegen und die Personalisierungsfunktionen wie Sortieren, Gruppieren, Filtern und bedingte Formatierung nutzen. Wenn Sie hauptsächlich mit Ihren eigenen PLSs arbeiten, aber gelegentlich Ihre Kolleginnen und Kollegen für deren PLSs vertreten, können Sie über das Feld **Stellvertreter-Set** die PLSs identifizieren, für die Sie als Vertretung fungieren.

Sie starten das Transport-Cockpit, indem Sie ein PLS auswählen und auf **Weiter** klicken. Wenn Sie mehrere PLSs definiert haben, aber in der Regel nur eines davon verwenden, können Sie es als Standardset definieren, sodass Sie nicht mehr bei jedem Start des Cockpits auswählen müssen. Sie können auch einen Hintergrundjob für das selektierte PLS anstoßen und dessen Status in der entsprechenden Spalte überprüfen.

Das System liefert einige administrative und statistische Informationen, z. B. wann das PLS angelegt und geändert wurde, von wem und wann es zuletzt genutzt wurde und wie oft es verwendet wurde. Zusätzlich zeigt das System die Anzahl der ungeplanten Bedarfe an, d. h. Fracht-, Anhänger-, Waggon-, Container- und Packstückeinheiten, was für den Vergleich der Arbeitslast mehrerer PLSs nützlich ist. Sie können die Anzahl der ungeplanten Bedarfe über die Drucktaste **Ungeplante Bedarfe aktualisieren** in der Symbolleiste aktualisieren oder die automatische Aktualisierung beim Einstieg in das PLS aktivieren. Wenn Sie mit mehreren großen Szenarien zu tun haben, seien Sie vorsichtig bei der Verwendung der automatischen Aktualisierungsoptionen, da dies zeitaufwendig sein kann.

Verglichen mit dem Einstieg durch ein Profil- und Layout-Set ist der Einstieg mit Selektionskriterien einfacher zu pflegen, sehr intuitiv und ermöglicht einen Start des Transport-Cockpits, ohne mehrere Selektionsprofile definieren zu müssen. Der Einstieg mit PLSs ist jedoch wesentlich mächtiger, da Selektionsprofile eine anspruchsvollere Selektion ermöglichen und für unterschiedliche Objekte kombiniert und wiederverwendet werden können. Darüber hinaus minimiert die zentrale Verwaltung von PLSs, die in Kürze erläutert wird, den gesamten Administrationsaufwand erheblich. Insbesondere für große Unternehmen mit zahlreichen Planungsszenarien erlaubt das PLS-Konzept eine systematische und feingranulare Strukturierung von Szenarien und Rollen.

Über das Standardeinstiegsbild können Sie festlegen, ob Selektionskriterien oder Profil- und Layout-Sets standardmäßig für den Einstieg in das Transport-Cockpit verwendet werden. Wenn Sie das Cockpit immer mit dem gleichen Profil- und Layout-Set starten, können Sie es als Standard-PLS festlegen. Wählen Sie dann die Option **Bild ausblenden**, die beim Start des Transport-Cockpits das gesamte Eingabebild unterdrückt. Wenn Sie das Eingabebild wieder sehen möchten, starten Sie einfach das Transport-Cockpit, und klicken Sie auf die Drucktaste **Profilauswahl ändern**. Wenn Ihr Layout dies nicht zulässt, ändern Sie das Layout, um diese Drucktaste zu aktivieren.

Verwalten von Profil- und Layout-Sets

Sie können Profil- und Layout-Sets über die SAP-Fiori-App **PLS für Transport-Cockpit** verwalten. In dieser App finden Sie für die Administration von Profil- und Layout-Sets einen Arbeitsvorrat, der dem in Abbildung 6.101 dargestellten Arbeitsvorrat ähnelt, aber einige zusätzliche Funktionen zur Vereinfachung der Pflege bietet:

- Erstellen, bearbeiten, löschen oder kopieren Sie ein PLS – unabhängig davon, ob technische Benutzer zugeordnet sind.
- Transportieren Sie ausgewähltes PLS in ein anderes System.
- Weisen Sie über das Benutzersymbol in der Spalte **Aktionen** explizite Benutzer oder Rollen zu, oder machen Sie das PLS für alle Benutzer verfügbar. Darüber hinaus können Sie einzelne Benutzer als Stellvertreter für das vorliegende PLS definieren.
- Verwenden Sie die Drucktaste **Benutzer** in der Symbolleiste, um eine Massenpflege von Benutzern durchzuführen.

- Sie können PLSs anzeigen, die einem bestimmten Benutzer zugeordnet sind. Dies ist zusammen mit der gerade beschriebenen Massenpflege hilfreich, z. B. wenn Sie einen Benutzer aus allen ihm zugeordneten PLSs entfernen möchten.
- Zusätzlich bietet die SAP-Fiori-App eine Spalte **Ähnliche Sets**, in der PLSs nach Ähnlichkeit gruppiert werden. Zwei PLSs gelten dabei als ähnlich, wenn sie identische Einträge für Selektionsprofile, Kapazitätsauswahleinstellungen, Inkompatibilitätseinstellungen und Planungsprofile haben. Durch eine Gruppierung oder Filterung nach dieser Spalte können Sie ausgewählte ähnliche PLSs zusammenführen, was die Anzahl der zukünftig notwendigen PLSs erheblich reduzieren kann, insbesondere wenn viele Benutzer mit ähnlichen PLSs gearbeitet haben.

  Dieses Zusammenführen können Sie auch automatisch erledigen lassen, seien Sie aber vorsichtig, weil dabei viele Änderungen ohne Rückfrage durchgeführt werden.

Analog können Sie Profil- und Layout-Sets für die Spediteurauswahl und die Lieferungserstellung verwalten.

Die Administrationsmöglichkeiten vereinfachen die Verwendung von Profil- und Layout-Sets erheblich, da die PLSs zentral definiert und Benutzern und Rollen zugeordnet werden können. Zudem ist dies weit weniger fehleranfällig als der Ansatz aus früheren Releases, bei dem die PLSs für jeden Benutzer einzeln erstellt werden mussten.

6.7.9 Arbeiten im Transport-Cockpit

Alle Bausteine des Transport-Cockpits und seine Einstiegsmöglichkeiten wurden in den vorangegangenen Abschnitten beschrieben. Dieser Abschnitt stellt seine Funktionen für die Navigation durch die Objekte, die schnelle Anpassung des Erscheinungsbildes, die manuelle Planung, das Starten der automatisierten Planung, die Fremdvergabe und ausführungsbezogene Aufgaben vor.

Das Transport-Cockpit bietet eine Vielzahl an Funktionen, die durch die Auswahl von Objekten in Listen, Hierarchien, der Karte oder dem Gantt-Diagramm über Drucktasten oder per Drag and Drop ausgeführt werden.

Sie können die Ergebnisse der Planung speichern, indem Sie auf die Drucktaste **Sichern** klicken, und Sie können die Dokumente in der Transport-Cockpit-Sitzung mit der Drucktaste **Auffrischen** aktualisieren. Dies kann z. B. dann sinnvoll sein, wenn Ausführungsinformationen in Frachtbelegen außerhalb der Transport-Cockpit-Sitzung aktualisiert wurden.

Mit den Drucktasten **Rückgängig** und **Wiederherstellen** in der Anwendungssymbolleiste können Sie zu früheren Planungszuständen zurückkehren oder wieder vorwärtsgehen. Dies ist nützlich, wenn Sie bestimmte Pläne vergleichen wollen oder wenn Sie mit Ihrer Planungsentscheidung nicht zufrieden sind. Nach dem Speichern können Sie jedoch nicht mehr zurückkehren. Die maximale Anzahl der Schritte für das Rückgängigmachen und Wiederherstellen können Sie im Customizing unter **Transportation Management •**

Grundfunktionen • Allgemeine Einstellungen • MaxAnzahl fortlaufender Aktionen f. Zurücknehmen/Wiederherstellen festlegen definieren.

Die wichtigsten Entscheidungen, die in der manuellen Planung getroffen werden, beziehen sich auf die Zuordnung von Bedarfsdokumenten oder ihrer Abschnitte zu Kapazitätsdokumenten, die explizit oder implizit erfolgen kann, indem ein neues Kapazitätsdokument für eine Ressource oder das Fahrpersonal angelegt wird. Solche Entscheidungen haben Auswirkungen auf die betroffenen Stoppsequenzen, und Sie können die Position zum Einfügen explizit bestimmen, indem Sie z. B. per Drag and Drop in eine stoppbasierte Hierarchie ziehen oder implizit die Position vom System bestimmen lassen.

Lassen Sie uns durch die wichtigsten Einstellungen und Funktionen gehen, die Ihnen bei der Arbeit im Transport-Cockpit begegnen.

Einstellungen fürs Transport-Cockpit

Die *Einstellungen fürs Transport-Cockpit*, die in Abbildung 6.102 dargestellt sind und Teil des Planungsprofils sind (siehe Abschnitt 6.6.2, »Profile und Einstellungen«), definieren das Verhalten des Transport-Cockpits durch die folgenden Parameter:

- **Markierung nach erfolgreicher Aktion aufheben**

  Sie können festlegen, dass die Auswahl im Cockpit nach einer erfolgreichen Aktion gelöscht wird. Dies kann sehr hilfreich sein, wenn Sie iterativ Transporteinheitsabschnitte auswählen, die in Kapazitätsbelegen konsolidiert werden sollen. Ohne das automatische Aufheben der Selektion müssten Sie dies manuell tun. So kann diese Option Ihnen eine Menge Klicks ersparen. Wenn Sie jedoch üblicherweise mehrere Vorgänge mit demselben Satz ausgewählter Frachtaufträge durchführen möchten, z. B. Paketbildung und Laderaumplanung, empfiehlt es sich, die Auswahl auch nach erfolgreicher Aktion nicht aufzuheben.

- **ME der normalisierten Menge und ME für zusätzliche normalisierte Menge**

  Diese Parameter definieren die Mengeneinheiten, deren Kapazität in den Feldern für normalisierte Menge von Ressourcen und Equipmenttypen angezeigt werden. Mehr darüber erfahren Sie in Abschnitt 6.5, »Normalisierte Mengen«, für die Planung mit normalisierten Mengen.

- **Kontextermittl. f. Standardfahrer u.-Lkw**

  Wie in Abschnitt 3.3.3, »Post Processing Framework«, erwähnt, können Sie eine standardmäßig zugeordnete Person, die den Lkw fährt, einer Lkw-Ressource zuweisen. Dieser Parameter ermöglicht eine implizite Auswahl von Lkws bzw. von deren Fahrpersonal auf der Grundlage der expliziten Auswahl entweder von Lkws oder Fahrerinnen und Fahrern, beim Einstieg in die Planungssitzung. Würde die explizite Auswahl etwa nur Fahrpersonal enthalten, würde das System alle zugewiesenen Standard-Lkw-Ressourcen ebenfalls in die Planungssitzung ziehen. Dieser Parameter wird vor dem nächsten Parameter verarbeitet.

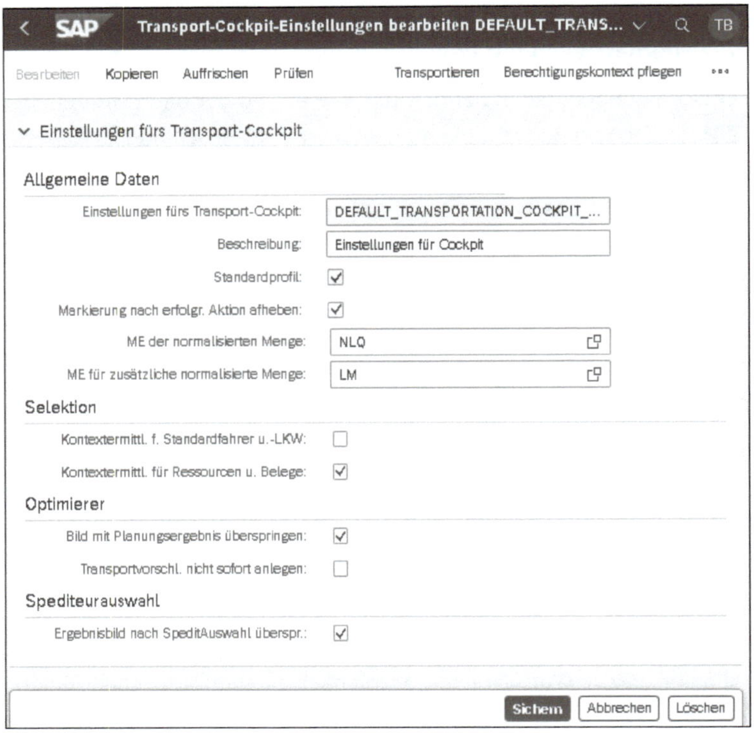

Abbildung 6.102: Einstellungen für das Transport-Cockpit

- **Kontextermittl. für Ressourcen u. Belege**

  Dieser Parameter ermöglicht eine automatische implizite Auswahl der folgenden Objekte in einer Transport-Cockpit-Sitzung auf der Grundlage von explizit ausgewählten Objekten: Lkw-, Anhänger-, Lokomotiv-, Waggon- und Containerressourcen, die explizit ausgewählten Frachtaufträgen und Transporteinheiten zugeordnet sind; Fahrpersonal von explizit ausgewählten Straßenfachtaufträgen; Frachtbelege und Transporteinheiten (im Planungshorizont) für die explizit oder implizit ausgewählten Ressourcen; Straßenfrachtaufträge für die explizit oder implizit ausgewählten Fahrerinnen und Fahrer; Frachtbelege und Transporteinheiten (im Planungshorizont), die explizit ausgewählten Transporteinheiten zugeordnet sind; und Transporteinheiten, die explizit oder implizit ausgewählten Frachtbelegen zugeordnet sind.

  Der Hauptzweck dieser Funktion besteht darin, eine vollständige Sicht auf die vorhandenen Ressourcen und das Fahrpersonal zu gewährleisten, was besonders wichtig ist, wenn Sie mit Ihrem eigenen Fuhrpark arbeiten und einen Überblick über die Verwendung Ihrer Ressourcen und Ihres Fahrpersonals benötigen (z. B. im Gantt-Diagramm).

  Wenn Sie z. B. eine Flotte betreiben, die in Europa operiert, und alle Lkws auswählen möchten, die während des Planungshorizonts einen Stopp in Frankreich eingeplant haben, können Sie dies tun, indem Sie Frachtbelege mit Frankreich als Quell- oder Zielzone auswählen und die zugewiesenen Lkws über die Kontextermittlung auswählen.

- **Bild mit Planungsergebnis überspringen und Ergebnisbild nach SpeditAuswahl überspr.**

  Sowohl für den VSR-Optimierer (siehe Abschnitt 6.8, »Automatisierte Planung«) als auch für die Spediteurauswahl (siehe Abschnitt 7.5, »Spediteurermittlung und Spediteurauswahl«) können Sie den Bildschirm mit den Planungsergebnissen überspringen, wenn Sie die Ergebnisse üblicherweise akzeptieren.

- **Transportvorschlag nicht sofort anlegen**

  Sie können steuern, dass Transportvorschläge nicht sofort angelegt werden, um z. B. Präferenzen vorab anzugeben (siehe Abschnitt 6.7.10, »Transportvorschlag«).

Manuelle Planungseinstellungen

Da verschiedene Anwenderinnen und Anwender, Geschäftsbereiche oder Firmen ein unterschiedliches Verhalten bei der manuellen Planung erwarten, können Sie dieses mit den *manuellen Planungseinstellungen* (siehe Abbildung 6.103), die ebenfalls Teil des Planungsprofils sind (siehe Abschnitt 6.6.2, »Profile und Einstellungen«), definieren. Dabei stehen Ihnen die folgenden Parameter zu Verfügung:

- **Manuelle Planungsstrategie**

  Mit diesem Parameter wählen Sie aus den verfügbaren Strategien (siehe Abschnitt 6.6.1, »Planungsstrategien«) aus, welche Logik beim Ausführen einer manuellen Planungsaktion zum Einsatz kommt.

- **Fixierungsstatus berücksichtigen**

  Definieren Sie die Reaktion des Systems auf den Versuch, ein fixiertes Dokument manuell über eine Planungsaktion zu ändern. Das System gibt entweder eine Warnung aus (in diesem Fall können Sie die Planung fortsetzen und das Dokument sichern) oder meldet einen Fehler (in diesem Fall kann die Aktion nicht ausgeführt werden).

- **Lokationen ohne Aktivitäten entfernen**

  Mit diesem Parameter legen Sie fest, ob Lokationen ohne Aktivität nach der manuellen Planung entfernt werden sollen.

- **Zuordnungsstrategie für Belege**

  Sie können festlegen, welcher Beleg um fehlende Lokationen erweitert wird, wenn der Kapazitätsbeleg nicht alle Lokationen des Bedarfsbelegs aufweist. Sie können neue Lokationen im Bedarfsbeleg aufnehmen lassen (und diesen damit um einen Abschnitt erweitern), den Kapazitätsbeleg erweitern oder das System zuerst versuchen lassen, neue Lokationen in das Kapazitätsdokument und dann in das Bedarfsdokument einzufügen. Sie können auch die fehlenden Lokationen aus dem Kapazitätsbeleg in den Bedarfsbeleg kopieren oder weder den Kapazitätsbeleg noch den Bedarfsbeleg ändern.

- **Lokationsreihenfolge-Erweiterungsstrategie von Kapazitätsbelegen**

  Definieren Sie, wo eine neue Lokation in ein Kapazitätsdokument eingefügt werden soll. Das Einfügen kann anhand der minimalen Gesamtstrecke, am Anfang oder Ende der Reihenfolge oder anhand der Zeit des eingefügten Bedarfsdokuments erfolgen.

- **Handling-Ausführungsstatus berücksichtigen**

  Sie können definieren, ob das System Stopps mit dem Status **Ausgecheckt** oder **Abgefahren** für eine Zuweisung verwenden darf. Den Status zu ignorieren, kann nützlich sein, wenn Sie z. B. nachträglich einen Belegfehler korrigieren möchten.

- **Strategie für Standortbewegungen**

  Definieren Sie das Ergebnis von Drag and Drop. Die einzufügende Lokation kann vor oder nach der Zielposition eingefügt werden.

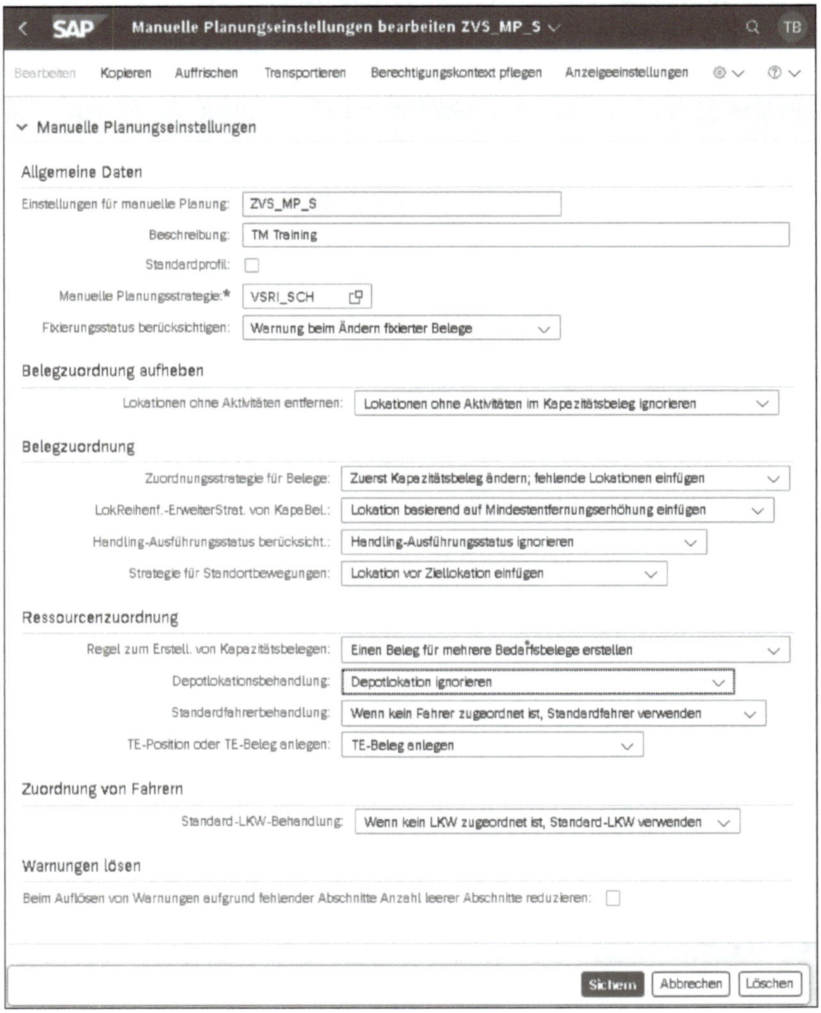

Abbildung 6.103: Manuelle Planungseinstellungen

- **Regel zum Erstellen von Kapazitätsbelegen**

  Fassen Sie alle ausgewählten Bedarfsdokumente zu einem Kapazitätsbeleg zusammen. Alternativ können Sie für jeden ausgewählten Bedarfsdokumentabschnitt oder für alle aufeinanderfolgenden ausgewählten Bedarfsdokumentabschnitte jeweils einen Kapazitätsbeleg anlegen.

- **Depotlokationsbehandlung**

  Legen Sie fest, ob das Depot als erste, letzte oder als erste und letzte Lokation in einem neuen Kapazitätsdokument verwendet wird oder ob es ignoriert wird.

- **Standardfahrerbehandlung und Standard-Lkw-Behandlung**

  Legen Sie fest, wie die Standardzuordnung einer Fahrerin oder eines Fahrers zu einer Lkw-Ressource bei der Zuordnung zu einem Straßenfrachtauftrag berücksichtigt wird. Die Zuordnung kann ignoriert werden, immer übernommen werden oder nur dann erfolgen, wenn dem Frachtauftrag noch kein Fahrpersonal (bzw. Lkw) zugewiesen wurde.

- **TU-Position oder TU-Beleg anlegen und Zielbelegtyp für Container**

  Geben Sie an, ob eine Transporteinheit als separater Geschäftsbeleg oder als lokale Ressourcenposition eines Frachtbelegs angelegt wird. Wenn Sie z. B. eine Frachteinheit einem Anhänger zuordnen, würde das System eine Anhängereinheit oder einen Straßenfrachtauftrag mit einer lokalen Anhängerposition erstellen. Wenn Sie die Option **TE als Frachtbelegposition anlegen** gewählt haben, müssen Sie zusätzlich den Zielbelegtyp für Container angeben, der ein Straßen- oder Schienenfrachtauftrag oder eine See- oder Luftfrachtbuchung sein kann.

- **Beim Auflösen von Warnungen aufgrund fehlender Abschnitte Anzahl leerer Abschnitte reduzieren**

  Steuert, ob beim Auflösen der Warnung für fehlende Abschnitte aufeinanderfolgende leere Abschnitte ebenfalls entfernt werden (mehr zu dieser Funktion erfahren Sie im Unterabschnitt »Warnungen« von Abschnitt 6.7.6, »Gantt-Diagramm«.

Zuweisungsentscheidungen und Kapazitätsdokumente

Sie können wie folgt Zuordnungsentscheidungen treffen und neue Kapazitätsbelege anlegen:

- **Neue Kapazitätsdokumente erstellen**

  Sie können ein neues Dokument in einer Dokumentenliste oder -hierarchie, der Karte oder dem Gantt-Diagramm anlegen. Alternativ können Sie es auch für eine Ressource, das Fahrpersonal oder eine Abfahrt eines Fahrplans anlegen – in diesem Fall wird die Ressource, das Fahrpersonal bzw. der Fahrplan direkt dem neuen Beleg zugeordnet. Sie können die Anzahl der gewünschten Dokumente vorgeben, sodass Sie mit nur einem Klick schnell viele Kapazitätsdokumente erstellen können.

- **Drag and Drop**

  Sie können jede Zuweisungsentscheidung per Drag and Drop treffen, sei es ein Bedarfsbeleg zu einem Kapazitätsbeleg oder umgekehrt, oder ein beliebiges Dokument zu Ressourcen, dem Fahrpersonal, Fahrplänen und geplanten Abfahrten. Es ist sogar möglich, einen Frachtauftrag per Drag and Drop auf einen anderen Frachtauftrag zu ziehen – in diesem Fall werden alle Bedarfe aus dem Quellfrachtauftrag dem Zielfrachtauftrag neu zugeordnet. Drag and Drop wird von jeder Liste und Hierarchie zu jeder Liste und Hierarchie, innerhalb des Gantt-Diagramms und innerhalb der Karte unterstützt.

- **Ausgewählte Positionen zuordnen**

  Sie können die ausgewählten Objekte – in einer beliebigen Liste, Hierarchie, Karte oder einem Gantt-Diagramm – einander zuordnen, indem Sie auf die Drucktaste **Ausgewählte Positionen zuordnen** oder **Neu zuordnen** (innerhalb einer Hierarchie) klicken.

- **Zuweisung von Ressource, der Equipmentart, Fahrerpersonal oder Spediteuren durch editierbare Felder**

  In den Kapazitätsdokumentenlisten können Sie die Felder **Ressource**, **Equipment-Art**, **Fahrer** und **Spediteur** bearbeiten.

- **Neues Kapazitätsdokument für ein Bedarfsdokument bzw. seinen Abschnitt anlegen**

  Für eine ausgewählte Menge von Bedarfsdokumenten und Bedarfsdokumentabschnitten können Sie explizit ein oder mehrere Kapazitätsdokumente der gleichen Art anlegen. Zum Beispiel können Sie für einen Frachteinheitsabschnitt explizit eine Packstück-, Container-, Waggon- oder Anhängereinheit, einen Straßen- oder Bahnfrachtauftrag, eine See- oder Luftfrachtbuchung anlegen.

- **Packstückeinheiten anlegen**

  Sie können für die Top-Level-Paketpositionen in einem Straßenfrachtauftrag Packstückeinheiten erstellen, wie im Unterabschnitt »Integrierte Liefer- und Hauptlaufplanung mittels Packstückeinheiten« von Abschnitt 6.4.5, »Packstückeinheiten«, beschrieben. Mithilfe der Drucktaste **Packstückeinheiten stornieren und zusammenführen** werden die Packstückeinheiten storniert und ihre Top-Level-Pakete wieder direkt im Straßenfrachtauftrag abgebildet.

- **Packstückeinheiten basierend auf einheitlicher Packstückerzeugung anlegen**

  Sie können für ausgewählte Frachteinheiten Packstückeinheiten erstellen, wie in Abschnitt 6.3.2, »Integration der einheitlichen Erzeugung von Packstücken in den Planungsprozess«, und Abschnitt 6.4.5, »Packstückeinheiten«, beschrieben.

- **Kapazitätsdokumente kopieren**

  Sie können Kapazitätsdokumente kopieren, dabei werden die Dokumentzuordnungen jedoch nicht übernommen. Mit der Drucktaste **Mehrere Kopien** können Sie das vorliegende Dokument mit nur einem Klick mehrfach kopieren.

- **Zuordnung eines Kapazitätsbelegs aufheben**

  Durch Klicken auf die Drucktaste **Kapazitätsbeleg entfernen** können Sie die Zuordnung zu einem Kapazitätsdokument entfernen.

- **Zuordnung zu Ressource, Equipmentart oder Fahrpersonal aufheben**

  Sie können die Ressourcen- oder Equipmentart-Zuordnung für Kapazitätsdokumente und die Zuordnung des Fahrpersonals aus Straßenfrachtaufträgen entfernen.

- **Löschen**

  Sie können einen Kapazitätsbeleg löschen, wodurch zuerst die Zuordnung von Bedarfsbelegen entfernt wird.

Als Nächstes beschreiben wir die Möglichkeiten, einzelne Abschnitte eines Dokuments zu bearbeiten.

Dokumentabschnitte

Das System bietet Ihnen folgende Optionen, um die Abschnitte eines Dokuments zu ändern:

- **Frachteinheiten splitten und zusammenführen**

  Sie können nach Abschnitten und Mengen aufteilen und zusammenführen.

- **Ungeplante Abschnitte entfernen**

  Sie können einen ungeplanten Abschnitt einer Frachteinheit oder einer Transporteinheit entfernen, was dazu führt, dass auch alle vorangegangenen oder nachfolgenden ungeplanten Abschnitte entfernt werden.

- **Kapazitätsbeleg entfernen und zusammenführen**

  Sie können den zugeordneten Kapazitätsbeleg aus einem Fracht- oder Transporteinheitsabschnitt entfernen und das System automatisch vorangegangene und nachfolgende ungeplante Abschnitte zusammenführen lassen. Diese Funktion ist für die intermodale Planung nützlich, wenn Sie dem Hauptlauf einer Frachteinheit bereits eine Frachtbuchung zugeordnet haben, dann jedoch die Planung neu beginnen und einen anderen Hafen wählen möchten.

- **Standardroute übernehmen**

  Für die Abschnitte von Fracht-, Anhänger-, Waggon-, Container- und Packstückeinheiten ermittelt das System eine passende Standardroute und legt entsprechende Abschnitte an. Schauen Sie sich Abschnitt 4.2.6, »Standardrouten«, für weitere Details dazu an.

- **Einfügen und Entfernen von Lokationen**

  Sie können neue Stopps einfügen und bestehende Stopps von einer Transporteinheit und einem Frachtauftrag entfernen.

- **Dialogfenster zur Pflege von Abschnitten**

  Über die Drucktaste **Abschnitte bearbeiten** erhalten Sie ein Dialogfenster, in dem Sie die Reihenfolge der Abschnitte und die korrespondierenden Zeiten pflegen können.

- **Triangulation erstellen und aufheben**

  Für einen leeren Containereinheitsabschnitt können Sie eine Triangulation mit einem anderen ausgewählten, passenden leeren Containereinheitsabschnitt erstellen. Angenommen, Sie haben einen leeren Abschnitt zur Rückführung eines Containers von Standort A zum Depot und einen leeren Abschnitt zur Bereitstellung eines Containers an Standort B, dann können Sie Kilometer und Kosten reduzieren, indem Sie eine Triangulation durchführen (Drucktaste **Triangulation erstellen**), die beide leeren Abschnitte zu einem Abschnitt von A nach B zusammenführt. Über die Drucktaste **Triangulation aufheben** können Sie zur ursprünglichen Situation zurückkehren. Diese Funktionen werden analog auch für die Waggon- und Anhängereinheiten angeboten.

Zusätzliche manuelle Funktionen

Das System bietet weitere nützliche Funktionen für das Arbeiten mit Dokumenten:

- **Fixieren und Fixierung aufheben**

  Frachtdokumente und Transporteinheiten können fixiert werden, d. h., sie können durch automatische und manuelle Planung nicht mehr geändert werden, es sei denn, die Fixierung wird explizit aufgehoben.

- **Massenänderung**

  Über die Drucktaste **Massenänderung** können Sie für viele Kapazitätsdokumente gleichzeitig bestimmte Eigenschaften wie Datum und Uhrzeit ändern.

- **Editierbare Felder**

  Neben den bereits erwähnten Zuordnungsentscheidungen können Sie über editierbare Felder auch Termine und Uhrzeiten sowie Transportmittel von Kapazitätsbelegen ändern. Grundsätzlich können alle Felder, die in den entsprechenden Erstellungsdialogfenstern angeboten werden, auch über ein editierbares Feld angepasst werden, so z. B. für Frachtbuchungen auch der Quell- und Zielhafen und die Bewegungsart.

- **Befehlszeilenplanung**

  Sie können auch die Befehlszeilenplanung verwenden, mit der Sie einen Zuordnungsbefehl in ein Textfeld eingeben können. So ordnet etwa der Befehl **5 6 7 - 2** die Frachteinheitsabschnitte mit den Indizes 5, 6 und 7 der Fahrzeugressource mit dem Index 2 zu.

- **Interaktion mit der Karte**

  Über die Schaltfläche **Karte aktualisieren** können Sie ausgewählte Objekte hinzufügen oder entfernen, alle Objekte zur Karte hinzufügen oder die Karte leeren und ausgewählte Objekte (mit allen Ressourcen) hinzufügen. Über die Spalte **Aktionen** in Listen, Hierarchien und im Gantt-Diagramm können Sie das Objekt hinzufügen oder entfernen; das Symbol zeigt an, ob das Objekt bereits in der Karte vorhanden ist.

- **Zwischen Standardkonsolidierung und exklusivem Packstück wechseln**

  Für ausgewählte Frachteinheitsabschnitte können Sie festlegen, ob während der Erzeugung von Packstücken ein kundenexklusives Packstück gewünscht ist oder die Frachteinheit normal konsolidiert werden soll.

- **Ladeplan Statusmanagement**

  Für ausgewählte Anhängereinheiten, Containereinheiten und Straßenfrachtaufträge können Sie den Status des Ladeplans (Kapazität) auf **Geplant**, **Nicht geplant** und **Abgeschlossen** setzen.

  Darüber hinaus können Sie für ausgewählte Abschnitte von Anhänger-, Container- und Packstückeinheiten sowie für Sendungen und Straßenfrachtaufträge alle Packstücke der obersten Ebene auf **Geplant**, **Nicht Geplant** oder **Abgeschlossen** setzen. Weitere Einzelheiten zu diesen Statuswerten finden Sie in Abschnitt 6.7.7, »Ladeplan«.

- **Letzte geplante Lokation und Verfügbarkeitszeit**

  Für die manuelle Planung der eigenen Ressourcen und des Fahrpersonals ist es wichtig, zu wissen, wo sie sich gemäß aktuellem Plan befinden sollen und wann sie nach aktueller Planung für neue Transporte zur Verfügung stehen. Das System bietet die beiden Felder **Letzte geplante Lokation** und **Verfügbarkeitszeit** an, die in jeder Liste der Ressourcen (natürlich einschließlich des Gantt-Diagramms) als Spalten angezeigt werden können (siehe Unterabschnitt »Feldkataloge« in Abschnitt 6.7.2, »Seitenlayouts«). Während das Gantt-Diagramm selbst die Verfügbarkeitszeit grafisch sichtbar macht und die Lokation als Text im Diagramm anzeigen kann, ermöglichen diese beiden Spalten das Sortieren und Filtern, was besonders wichtig ist, wenn Sie es mit vielen Ressourcen zu tun haben, die nicht gleichzeitig im entsprechenden Bildschirmbereich angezeigt werden können. Wenn Sie einen neuen Frachtauftrag für eine Lkw-Ressource nach der aktuellen Verfügbarkeitszeit anlegen, werden die beiden Felder automatisch gemäß der letzten Lokation und der Endzeit der letzten Aktivität im neuen Frachtauftrag aktualisiert.

  Wie in Abschnitt 6.7.5, »Karte«, beschrieben, können Sie sich eine Ressource auch auf der Karte an ihrer letzten geplanten Lokation anzeigen lassen.

Dialogbasierte Planung

In unserer täglichen Kommunikation nutzen wir Menschen Begriffe, deren Bedeutung für uns auf Basis des Gesprächskontextes verständlich wird. Wir nutzen Begriffe, die mehr bedeuten als die einzelnen Worte, aus denen sie bestehen. Wenn jemand das »Rhein-Main-Gebiet« erwähnt, ist für uns klar, dass damit eine ganze Region mit den Städten Frankfurt am Main, Wiesbaden, Mainz und Darmstadt gemeint ist – obwohl diese nicht einzeln genannt werden. Solche Zusammenhänge, die Menschen intuitiv erfassen, muss man einem System wie TM erst beibringen, etwa über die Definition von Zonen.

TM nutzt diesen Fortschritt der künstlichen Intelligenz, speziell die Stärke von Large Language Models (LLMs), und bietet unter dem Begriff *dialogorientierte Planung* ein neues

Planungsverfahren. Dieses Verfahren ist von der Idee ähnlich der Eingabezeile der Befehlszeilenplanung. Anstelle kryptischer Steuerzeichen oder Indizes lässt sich nun natürliche Sprache als Eingabe nutzen. Im Transport-Cockpit steht dafür eine Eingabezeile bereit, in das Planungsteam seine Anweisungen direkt formulieren kann – etwa »Plane alle Frachteinheiten in das Rhein-Main-Gebiet auf einen kleinen Elektro-Lkw«. Das System interpretiert diese Eingabe dann im Rahmen der aktuellen Session: Es prüft die dort angezeigten Frachteinheiten, filtert diejenigen mit Zielorten wie Frankfurt, Wiesbaden, Mainz oder Darmstadt, sucht innerhalb der Session nach geeigneten Elektro-Lkws und erstellt daraus einen passenden Straßenfrachtauftrag. Grundlage ist das Zusammenspiel aus dem Sprachverständnis des LLM und den bereits im Cockpit bereitgestellten Kontextinformationen zu Frachten und Ressourcen.

Darüber hinaus können Sie die künstliche Intelligenz (KI) zu bestimmten Objekten auch nach Informationen zu Inhalten fragen, etwa »Welche Frachteinheiten enthalten Milch?«. Die generative KI liefert daraufhin Antworten, die im Cockpit in der entsprechenden Liste oder Hierarchie in der Spalte **Antwort aus der dialogorientierten Planung** erscheinen.

Um diese Funktion zu nutzen, müssen Sie im Customizing über den Pfad **Transportation Management • Grundfunktionen • Generative Künstliche Intelligenz • Profil für generative KI definieren** ein Profil für dialogorientierte Planung anlegen und dieses anschließend im Seitenlayout des Transport-Cockpits hinterlegen. Um Antworten der KI zu Ihren Objekten zu erhalten, ergänzen Sie in den Feldkatalogen der jeweiligen Listen und Hierarchien die Spalte für die KI-Antwort (siehe Abschnitt 6.7.2, »Seitenlayouts«).

Weitere Informationen zum Einrichten der dialogorientierten Planung erhalten Sie in SAP-Hinweis 3573759.

[»]

Unterstützte Objekte und Planungsaktionen

In der dialogorientierten Planung können Sie aktuell Zuordnungen zwischen Frachteinheitsabschnitten, Frachtaufträgen sowie Lkw-Arten und -Ressourcen erstellen oder auflösen.

[»]

Lizenzrechtliche Grundlage zur Nutzung von KI-Funktionen

Um Funktionen, die auf der Verwendung von generativer KI beruhen, nutzen zu können, benötigen Sie möglicherweise zusätzliche Lizenzen.

Lokale Ressourcen

Wie in Abschnitt 6.4, »Transporteinheiten«, erläutert, stellen Anhänger-, Waggon- und Containereinheiten in sich geschlossene Geschäftsdokumente dar. Sie können durch die Planung erstellt werden und ermöglichen eine abschnittsweise Planung, d. h., die Transporteinheit wird von mehreren Frachtbelegen transportiert. Es ist jedoch auch möglich, einen Anhänger, einen Waggon oder einen Container als lokale Ressource in einem Frachtbeleg darzustellen. Dies ist dann sinnvoll, wenn die Transporteinheit nicht über mehrere Abschnitte hinweg geplant werden muss.

Das Transport-Cockpit zeigt lokale Ressourcenpositionen in Hierarchien an und bietet Planungsoperationen wie Einfügen, Löschen und Entfernen der Ressource oder Equipmentart, Drag and Drop, bearbeitbare Felder und das Zuordnen ausgewählter Positionen an.

Es gibt jedoch auch Einschränkungen. Sowohl die VSR-Optimierung als auch die automatisierte Laderaumplanung können lokale Ressourcenpositionen nicht berücksichtigen. Die Laderaumkonsolidierung kann keine lokalen Ressourcenpositionen erzeugen.

Die einheitliche Erzeugung von Packstücken berücksichtigt jedoch auch die Produkt- und Packstückpositionen innerhalb von lokalen Container- und Anhängerpositionen.

Automatische und halb automatische Planung

Neben der manuellen Planung können Sie auch die automatische und halb automatische Planung aus dem Transport-Cockpit anstoßen:

- **Terminierung**
  Die Start- und Endzeiten für alle Aktivitäten, die durch ausgewählte Frachtbelege und Frachteinheiten repräsentiert werden, werden automatisch terminiert. Weitere Einzelheiten zur Terminierung finden Sie in Abschnitt 6.7.11, »Terminierung«.
- **Optimierung**
  Sie können den VSR-Optimierer auf alle Daten im Cockpit, nur auf die ausgewählten Objekte oder auf die ausgewählten Objekte zusammen mit allen Ressourcen in der Sitzung anwenden. Weitere Informationen zum VSR-Optimierer finden Sie in Abschnitt 6.8, »Automatisierte Planung«.
- **Einheitliche Erzeugung von Packstücken**
  Die einheitliche Packstückbildung kann zur Erstellung der Verpackungshierarchie für Packstück-, Container- und Anhängereinheiten, Sendungen und Straßenfrachtaufträge verwendet werden. Lesen Sie Abschnitt 6.3, »Einheitliche Erzeugung von Packstücken«, dort erfahren Sie weitere Details. Sie können auch die zuvor erstellten Pakete entfernen.
- **Laderaumplanung**
  Die Laderaumplanung kann für die ausgewählten Straßenfrachtaufträge, Anhänger- oder Containereinheiten ausgeführt werden. Die Ergebnisse werden in der Detailansicht des Ladeplans angezeigt, wie in Abschnitt 6.7.7, »Ladeplan«, beschrieben. Weitere Informationen zur Laderaumplanung erhalten Sie in Abschnitt 6.8.8.
- **Ladungskonsolidierung**
  Die Ladungskonsolidierung wird für alle Daten im Cockpit, nur für die ausgewählten Objekte oder für die ausgewählten Bedarfe mit allen Ressourcen durchgeführt. Dieser

Prozess kann Straßenfrachtaufträge, Anhänger- und Containereinheiten basierend auf Frachteinheits- und Packstückeinheitsabschnitten als Input anlegen. Wenn der Konsolidierungsmodus auf der Laderaumplanung basiert, können Sie die Ergebnisse auch in der Detailansicht des Ladeplans prüfen. Mehr Details dazu finden Sie in Abschnitt 6.8.7, »Ladungskonsolidierung«.

- **Transportvorschlag**
  Das System kann mehrere Transportvorschläge für den ausgewählten Frachteinheitsabschnitt ermitteln, aus denen Sie dann einen Vorschlag auswählen können. In Abschnitt 6.7.10, »Transportvorschlag«, erfahren Sie mehr darüber.
- **Erklärungsfunktion**
  Die Erklärungsfunktion hilft Ihnen, die Ein- und Ausgangsdaten für die automatisierte Planung, also VSR-Optimierung, Transportvorschläge, Laderaumplanung und Ladungskonsolidierung, zu verstehen.

  Für die Terminierung werden die Eingangsdaten sowie die Schritte des Algorithmus visuell dargestellt. Einzelheiten dazu hält Abschnitt 6.7.11, »Terminierung«, bereit.

Anpassung der Benutzeroberfläche

Sie können die Benutzeroberfläche in einer Cockpit-Session anpassen, wie im Folgenden beschrieben:

- **Maximieren**

  Mit der Drucktaste **Maximieren** in der rechten oberen Ecke jedes Bildschirmbereichs können Sie diesen Bildschirmbereich auf volle Fenstergröße maximieren und später zum ursprünglichen Layout zurückkehren.
- **Seitenlayout**

  Sie können zwischen alternativen Seitenlayouts wechseln.
- **Spaltengrößenänderung im Seitenlayout**

  Mit der Drucktaste **Spaltengrößenänderung aktivieren** in der rechten oberen Ecke des Transport-Cockpits und einem Teiler zwischen linker und rechter Spalte können Sie die relativen Breiten beliebig einstellen, z. B. 40 % für die linke Spalte und 60 % für die rechte Spalte.
- **Ergebnisbild überspringen**

  Wenn Sie das Ergebnis der VSR-Optimierung oder der Spediteurauswahl immer akzeptieren, können Sie das Ergebnisbild standardmäßig überspringen, was Ihnen immer den Klick zum Akzeptieren erspart. Sie können dies über Parameter in den Einstellungen für das Transport-Cockpit festlegen.
- **Duale Sicht**
  Sie können in die duale Sicht gehen (siehe Abschnitt 6.7.3, »Hierarchische Ansicht und duale Ansicht«), zwischen horizontaler und vertikaler Ausrichtung wechseln und dann

zum ursprünglichen Seitenlayout zurückkehren. Wenn Sie Objekte auf der Registerkarte ausgewählt haben, von der aus Sie die duale Sicht starten, werden nur diese Objekte in der dualen Sicht angezeigt.

- **Wechsel zwischen Hierarchiearten**
  In Hierarchien können Sie zwischen alternativen hierarchischen Sichten wechseln.
- **Änderung der Felder und der Sicht**
  Für jede Liste und Hierarchie können Sie wählen, welche Spalten enthalten sind, ihre Reihenfolge definieren und die Breite (in Pixeln) je Spalte festlegen. Zusätzlich können Sie die ersten Spalten fixieren, sodass sie gegen horizontales Scrollen geschützt sind und damit stets sichtbar bleiben. Sie können auch Sortierung, Filterung und bedingte Formatierung nutzen. All dies können Sie in einer personalisierten Sicht speichern. Sie können zwischen solchen Sichten wechseln. Die Listen bieten auch eine Gruppierungs- und Aggregationsfunktion, die personalisiert werden kann: Gruppieren Sie Objekte nach vordefinierten Kriterien, und aggregieren Sie Spalten, indem Sie den Maximal-, Minimal-, Durchschnitts-, Summenwert oder die Anzahl unterschiedlicher Werte bestimmen.

In Abbildung 6.104 sehen Sie ein Beispiel für Frachteinheitsabschnitte, die maximiert dargestellt und nach Entladelokation gruppiert sind. Die unterste Zeile zeigt die Gesamtaggregation, und die Zeile darüber präsentiert die Aggregation ausgewählter Zeilen (ausgelöst durch das Summensymbol, hervorgehoben in der rechten oberen Ecke). Volumen und Gewicht werden summarisch aggregiert, während die anderen Aggregationen die Anzahl verschiedener Werte darstellen.

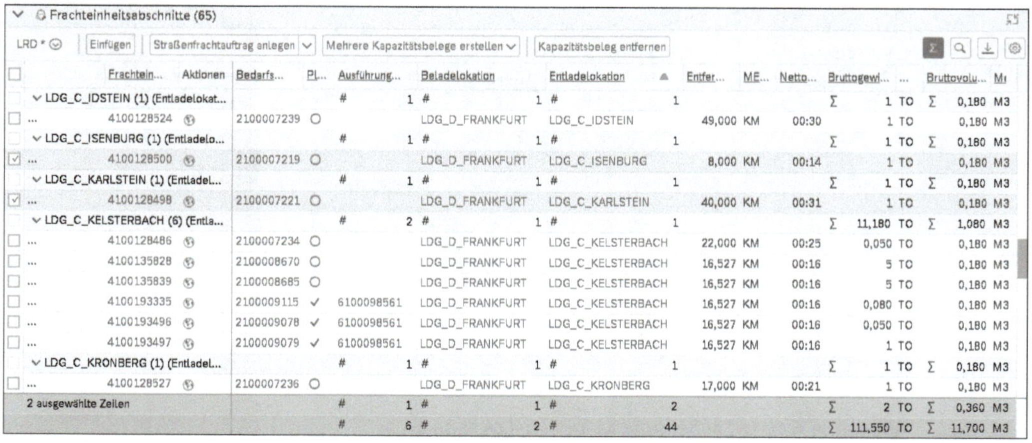

Abbildung 6.104: Gruppierte Frachteinheitsabschnitte mit Aggregatszeilen

Navigation

Die Navigation durch die Objekte in den verschiedenen Listen und Hierarchien ist wie folgt möglich:

- **Sortieren**
  Sortieren Sie nach einer Reihenfolge von Spalten, die Sie in der personalisierten Sicht speichern können.
- **Filterung**
  Definieren Sie Filter für mehrere Attribute, und speichern Sie diese in der personalisierten Sicht.
- **Suchen**
  Suchen Sie über Freitextfelder, und durchlaufen Sie die Suchergebnisse, die in den entsprechenden Listen und Hierarchien hervorgehoben werden.
- **Auf- und Zuklappen von Hierarchien**
  Sie können alle oder ausgewählte Knoten auf- oder zuklappen.
- **Hyperlinks**
  Verwenden Sie Hyperlinks, die für alle Dokumente und Stammdaten zur Verfügung stehen, um einfach in die detaillierte Benutzeroberfläche des jeweiligen Objekts zu springen.
- **Schnellansichten**
  Bewegen Sie den Mauszeiger über eine Zelle in einer Liste oder Hierarchie, um eine Schnellansicht zu öffnen, die zusätzliche Informationen für das jeweilige Objekt anzeigt, wie in Abbildung 6.105 dargestellt.

  Wie Sie den Inhalt nach Ihren Bedürfnissen ändern oder erweitern können, erfahren Sie in SAP-Hinweis 2262509.

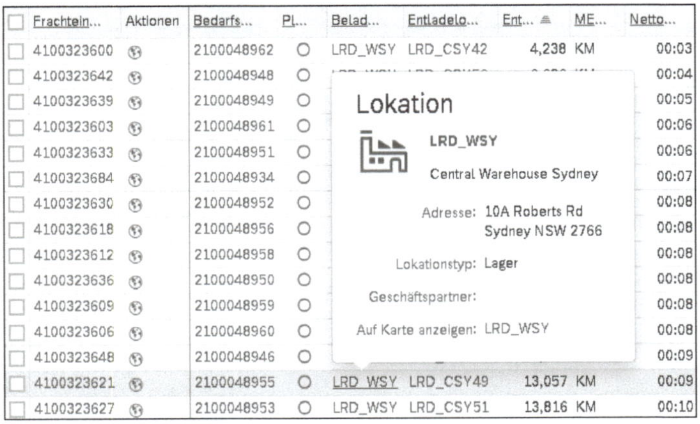

Abbildung 6.105: Schnellansicht für eine Lokation

> **[»] Verwendung von Schnellansichten**
> Wir empfehlen, die sichtbaren Spalten in einer Liste oder Hierarchie auf die Spalten zu reduzieren, die für das Sortieren, Filtern, Gruppieren, Aggregieren, das bedingte Formatieren und Vergleichen erforderlich sind. Nutzen Sie Schnellansichten für zu-

sätzliche Informationen wie z. B. den Straßennamen für die Adresse einer Lokation, da Sie Zeilen vermutlich nicht nach diesem Feld sortieren werden. Infolgedessen werden weniger Spalten in Listen, Hierarchien und dem Gantt-Diagramm benötigt, was zu besseren Reaktionszeiten und weniger Scroll- und Suchaufwand führt.

Umgebung der Planungssitzung

Sie können neue Objekte in Ihre Planungssitzung einfügen, Parameter ändern oder Anzeigeeinstellungen wie folgt anpassen:

- **Planungseinstellungen ändern**

  Passen Sie die Parameter für Ihre Planungssitzung an, wie in Abbildung 6.106 gezeigt. Die initialen Werte stammen aus dem genutzten Planungsprofil. Wie in Abschnitt 6.6.2, »Profile und Einstellungen«, erläutert, können Sie wählen, welche Registerkarten zum Ändern in der Planungssitzung zur Verfügung stehen.

- **Profilauswahl bzw. Selektionskriterien ändern**

  Gehen Sie zurück zum Einstiegsbild, um die Auswahl anzupassen und das Transport-Cockpit neu zu starten.

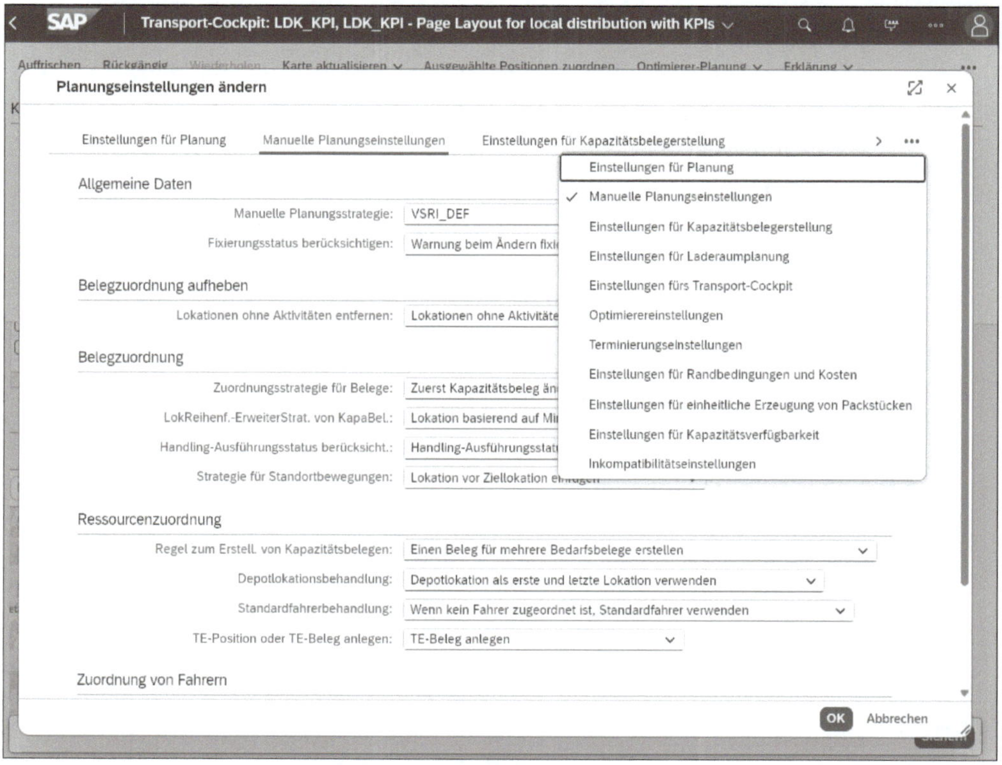

Abbildung 6.106: Änderung der Planungseinstellungen in der Planungssitzung

- **Einfügen**
  Fügen Sie Ressourcen, Fahrpersonal und Dokumente in die Planungssitzung ein.
- **Kontextermittlung**
  Ermitteln Sie den Kontext für ausgewählte Ressourcen, wodurch gegebenenfalls weitere Kapazitätsdokumente innerhalb des Planungshorizonts in die Planungssitzung geholt werden (siehe ebenfalls Abschnitt 6.6.2, »Profile und Einstellungen«).
- **Anzeigeeinstellungen ändern**
  Über diese Drucktaste in der rechten oberen Ecke des Transport-Cockpits wählen Sie zwischen Benutzer- oder individueller Zeitzone, nutzen lokationsspezifische Zeitzonen oder ein kurzes Zeitformat, definieren das Format für die Dauer (z. B. Stunden und Minuten oder ganze Tage und Bruchteile von Tagen), verwenden die Standardeinheit für Entfernungen (Kilometer) oder eine individuelle Einheit oder deaktivieren den Textumbruch in Spaltenüberschriften.

Fremdvergabe, Ausführung und zusätzliche Funktionen

Neben all seinen Planungsfähigkeiten kann das Cockpit als Arbeitsplatz für Aufgaben zur Fremdvergabe und Ausführung genutzt werden. Sie können die folgenden Aktivitäten zur Fremdvergabe durchführen:

- **Spediteurauswahl**
  Führen Sie eine manuelle oder automatische Spediteurauswahl durch, ermitteln Sie die verfügbaren Spediteure, und speichern Sie sie in der Spediteurrangliste, entfernen Sie den ausgewählten Spediteur, und löschen Sie die Spediteurrangliste.
- **Ausschreibung**
  Starten und stoppen Sie den Ausschreibungsprozess, und erstellen Sie Ausschreibungsanfragen.
- **Fremdvergabe**
  Senden Sie einen Frachtbeleg an den Spediteur.

Sie können auch Ausführungsaktivitäten für die vorliegenden Frachtbelege auslösen:

- **Kosten berechnen**
  Starten Sie die Frachtkostenberechnung für die ausgewählten Frachtbelege.
- **Drucken**
  Drucken Sie Frachtaufträge, oder betrachten Sie zuerst die Druckvorschau.
- **Status setzen**
  Aktualisieren Sie den Status von Frachtaufträgen (z. B. **In Bearbeitung**, **In Ausführung** oder **Abgeschlossen**), und setzen Sie den Organisationsinteraktionsstatus für Frachteinheiten, wie in Abschnitt 6.2.2, »Eigenschaften von Frachteinheiten«, beschrieben.

- **Einfügen und Ändern von Lagerladestopps und -entladestopps**
  Fügen Sie Lagerladestopps und -entladestopps in den Hierarchien von Frachteinheitsabschnitten, Packstück-, Container-, Anhängereinheiten, Sendungen und Straßenfrachtaufträgen ein.
- **Anlegen und Ändern eines SAP-ERP-Transports**
  Senden Sie die Frachtauftragsinformationen an den SAP-ERP-Transport. Weitere Einzelheiten zu diesem Prozess finden Sie in Abschnitt 7.1.3, »Spezielle Prozesse bei Frachtaufträgen«.
- **Liefervorschläge anlegen**
  Das System kann Liefervorschläge erstellen, wie in Abschnitt 5.2.6, »Integrationsszenarien der auftragsbasierten- und lieferbasierten Planung«, erläutert.
- **Ausfuhranmeldung erstellen**
  Dazu finden Sie in Abschnitt 9.1.5, »Zolldienste bei der Ausfuhr von Gütern (Export)«, weitere Details.

Neben den gerade beschriebenen Funktionen bietet das System auch die folgenden Funktionen:

- **Prüfen**
  Das System prüft die ausgewählten Kapazitätsdokumente.
- **Export als Tabellenkalkulation**
  Der Inhalt von Listen oder Hierarchien kann in eine Tabellenkalkulationsdatei exportiert werden.

Flexibilität

Die verschiedenen Planungsaktivitäten müssen nicht in einer vorgegebenen Reihenfolge durchgeführt werden. Dadurch haben Sie die volle Flexibilität, die effizienteste und effektivste Sequenz von Planungsschritten für Ihr Szenario zu nutzen.

Zum Beispiel können Sie im Cockpit mit dem VSR-Optimierer Frachtbelege erstellen und den Plan dann manuell anpassen. Alternativ können Sie Frachtbelege bereits vor der Planungssitzung systematisch erstellen, etwa über einen nächtlichen Hintergrundlauf der VSR-Optimierung, die Frachteinheitsabschnitte den Frachtdokumenten zuordnet, oder über fahrplanbasierte Frachtbelege für einen bestimmten Zeitraum, wie in Abschnitt 7.4.2, »Systematisches Erzeugen fahrplanbasierter Frachtdokumente«, beschrieben. Anschließend weisen Sie den Frachtbelegen die entsprechenden Frachteinheitsabschnitte manuell zu. Sie können auch neue fahrplanbasierte Frachtbelege im Cockpit anlegen, indem Sie dort einen geeigneten Fahrplan mit einer passenden Abfahrt wählen.

Ressourcen können manuell oder durch den Optimierer ausgewählt werden. Sie können zunächst Straßenfrachtaufträge anlegen, dann Frachteinheitsabschnitte zuordnen und eine Fahrzeugressource auswählen. Alternativ können Sie Frachteinheitsabschnitte direkt einer Ressource zuordnen und dadurch einen Frachtbeleg erstellen.

In Szenarien mit Zugmaschinen und Anhängern können Sie zuerst die Abschnitte der Anhängereinheiten ermitteln und dann entsprechende Fahrzeugressourcen zuordnen. Sie können alternativ auch zuerst die Abschnitte der Frachtaufträge der Lkws definieren und dann passende Anhängereinheiten zuordnen oder den gesamten Plan durch die VSR-Optimierung ermitteln lassen.

6.7.10 Transportvorschlag

Die Erzeugung von Transportvorschlägen erfolgt für einen gegebenen Frachteinheitsabschnitt und berücksichtigt dabei die vollständige Definition des Transportnetzwerks und alle weiteren Einschränkungen für die automatisierte Planung, wie in Abschnitt 6.8, »Automatisierte Planung«, beschrieben. Die Transportvorschläge werden Ihnen zur Auswahl angeboten, wie in Abbildung 6.107 dargestellt.

Alternativ können Sie Präferenzen vorgeben und anpassen oder einige Parameter für die Ermittlung ändern und das System neue Transportvorschläge gemäß Ihren Präferenzen und Parametern neu ermitteln lassen. Transportvorschläge werden durch die automatisierte Planung erzeugt, die Auswahl erfolgt jedoch manuell, daher wird dieses Planungskonzept auch als *halbautomatisiert* bezeichnet.

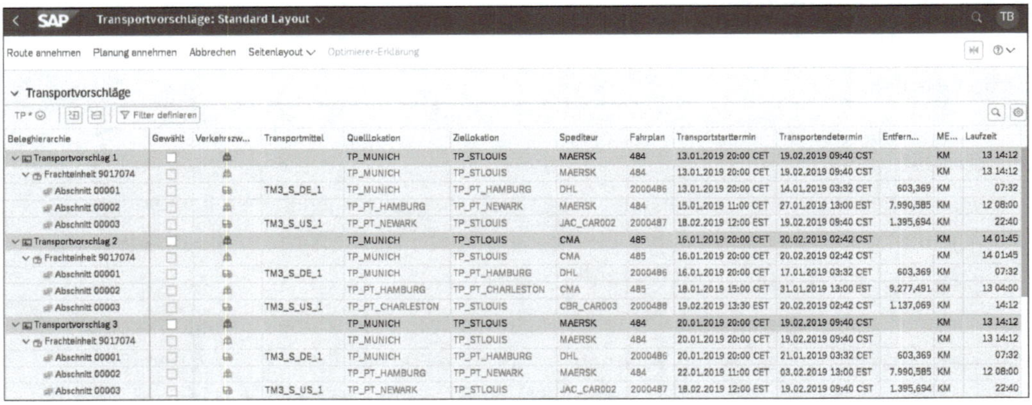

Beleghierarchie	Gewählt	Verkehrszw...	Transportmittel	Quelllokation	Ziellokation	Spediteur	Fahrplan	Transportstarttermin	Transportendetermin	Entfern...	ME...	Laufzeit
Transportvorschlag 1				TP_MUNICH	TP_STLOUIS	MAERSK	484	13.01.2019 20:00 CET	19.02.2019 09:40 CST		KM	13 14:12
Frachteinheit 9017074				TP_MUNICH	TP_STLOUIS	MAERSK	484	13.01.2019 20:00 CET	19.02.2019 09:40 CST		KM	13 14:12
Abschnitt 00001			TM3_S_DE_1	TP_MUNICH	TP_PT_HAMBURG	DHL	2000486	13.01.2019 20:00 CET	14.01.2019 03:32 CET	603,369	KM	07:32
Abschnitt 00002				TP_PT_HAMBURG	TP_PT_NEWARK	MAERSK	484	15.01.2019 11:00 CET	27.01.2019 13:00 EST	7.990,585	KM	12 08:00
Abschnitt 00003			TM3_S_US_1	TP_PT_NEWARK	TP_STLOUIS	JAC_CAR002	2000487	18.02.2019 12:00 EST	19.02.2019 09:40 CST	1.395,694	KM	22:40
Transportvorschlag 2				TP_MUNICH	TP_STLOUIS	CMA	485	16.01.2019 20:00 CET	20.02.2019 02:42 CST		KM	14 01:45
Frachteinheit 9017074				TP_MUNICH	TP_STLOUIS	CMA	485	16.01.2019 20:00 CET	20.02.2019 02:42 CST		KM	14 01:45
Abschnitt 00001			TM3_S_DE_1	TP_MUNICH	TP_PT_HAMBURG	DHL	2000486	16.01.2019 20:00 CET	17.01.2019 03:32 CET	603,369	KM	07:32
Abschnitt 00002				TP_PT_HAMBURG	TP_PT_CHARLESTON	CMA	485	18.01.2019 15:00 CET	31.01.2019 13:00 EST	9.277,491	KM	13 04:00
Abschnitt 00003			TM3_S_US_1	TP_PT_CHARLESTON	TP_STLOUIS	CBR_CAR003	2000488	19.02.2019 13:30 EST	20.02.2019 02:42 CST	1.137,069	KM	14:12
Transportvorschlag 3				TP_MUNICH	TP_STLOUIS	MAERSK	484	20.01.2019 20:00 CET	19.02.2019 09:40 CST		KM	13 14:12
Frachteinheit 9017074				TP_MUNICH	TP_STLOUIS	MAERSK	484	20.01.2019 20:00 CET	19.02.2019 09:40 CST		KM	13 14:12
Abschnitt 00001			TM3_S_DE_1	TP_MUNICH	TP_PT_HAMBURG	DHL	2000486	20.01.2019 20:00 CET	21.01.2019 03:32 CET	603,369	KM	07:32
Abschnitt 00002				TP_PT_HAMBURG	TP_PT_NEWARK	MAERSK	484	22.01.2019 11:00 CET	03.02.2019 13:00 EST	7.990,585	KM	12 08:00
Abschnitt 00003			TM3_S_US_1	TP_PT_NEWARK	TP_STLOUIS	JAC_CAR002	2000487	18.02.2019 12:00 EST	19.02.2019 09:40 CST	1.395,694	KM	22:40

Abbildung 6.107: Transportvorschlagslayout mit Transportvorschlägen

Ähnlich wie für das Transport-Cockpit gibt es mehrere Einstiegsmöglichkeiten in die Benutzeroberfläche für die Erzeugung von Transportvorschlägen. Sie können Transportvorschläge direkt aus einem Speditionsauftrag heraus aufrufen, indem Sie die Istroute definieren, wie in Abschnitt 5.3, »Speditionsaufträge«, beschrieben, oder aus der Speditionsauftragsabfrage in Ihrem persönlichen Arbeitsvorrat, indem Sie die Route für einen ausgewählten Speditionsauftrag über die Drucktaste **Folgeaktionen** definieren. Im Customizing der Speditionsauftragsart können Sie das Planungsprofil und das Transportvorschlagslayout angeben. Dort können Sie auch festlegen, wie der ausgewählte Transportvorschlag in den Speditionsauftrag übernommen wird, entweder nur mit seiner Route oder mit seinem gesamten Plan einschließlich aller Zeiten.

Im Transport-Cockpit können Sie einen Frachteinheitsabschnitt, Containereinheitsabschnitt, Waggoneinheitsabschnitt, Packstückeinheitsabschnitt oder eine Sendung auswählen und durch die Drucktaste **Transportvorschläge** die entsprechende Benutzeroberfläche aufrufen. Der manuell gewählte Transportvorschlag wird direkt auf den ausgewählten Bedarfsbelegabschnitt im Transport-Cockpit angewandt. Wenn mehrere aufeinanderfolgende Abschnitte desselben Bedarfsbelegs ausgewählt wurden, bleiben die ursprünglichen Umladelokationen erhalten; es können jedoch zusätzliche Umladelokationen eingefügt werden. Für den Verteilungsabschnitt einer Packstückeinheit der Art **Linear mit Verteilung** wird nur eine Alternative ermittelt.

Die Benutzeroberfläche für Transportvorschläge nutzt ebenfalls Seitenlayouts. Das Seitenlayout für Transportvorschläge bietet die folgenden Bereiche an:

- **Transportvorschläge**

  Dieser Bereich enthält eine hierarchische Darstellung mit Transportvorschlägen auf der ersten Ebene, Bedarfsdokumenten auf der zweiten Ebene (entfällt, wenn Sie den Vorschlag nur für einen Beleg aufrufen) und Abschnitten auf der dritten Ebene. In diesem Bereich können Sie aus den Transportvorschlägen auswählen, weshalb er im Seitenlayout aktiviert werden sollte. Sie können die Transportvorschläge nach den verfügbaren Spalten sortieren oder den Filter in der Symbolleiste verwenden. Das Auf- und Zuklappen der Hierarchie ermöglicht es Ihnen, die Vorschläge auf einer aggregierten Ebene zu vergleichen und bei Bedarf die Abschnitte der Transportvorschläge genauer zu betrachten. Die Personalisierung der Spalten der Hierarchie ist, wie im Transport-Cockpit, ebenfalls möglich.

- **Kartendarstellung**

  Dieser Bereich zeigt eine geografische Karte, die einen Vergleich der Transportvorschläge auf der Karte ermöglicht. Sie können Vorschläge über die Drucktaste in der Spalte **Aktionen** hinzufügen und aus der Karte entfernen oder alle Vorschläge über die Drucktaste **Alle auf der Karte anzeigen** hinzufügen.

- **Transportvorschlagspräferenzen**

  In diesem Bereich können Sie Präferenzen definieren, die bei der automatischen Ermittlung der Vorschläge berücksichtigt werden.

Ähnlich wie im Seitenlayout für das Transport-Cockpit können ein bis drei dieser alternativen Bereiche auf einem virtuellen Gitter mit drei Zeilen und zwei Spalten platziert werden, wobei jeder Bereich entweder zwei Spalten oder nur eine Spalte umfasst. In Abbildung 6.108 finden Sie ein Beispiel, in dem oben die Transportvorschläge dargestellt werden. Unten sehen Sie die Karte.

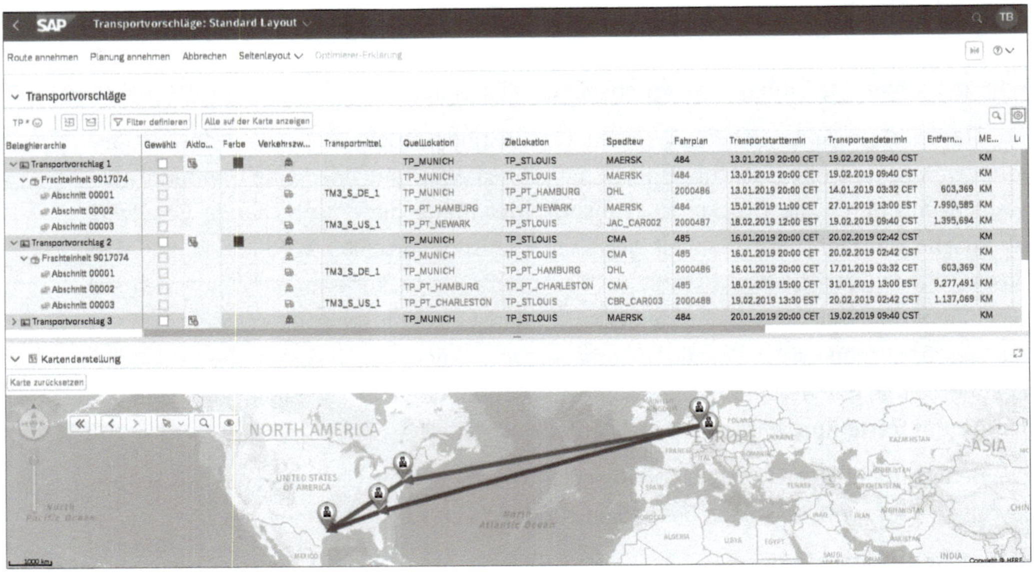

Abbildung 6.108: Transportvorschlagslayout mit Transportvorschlägen und Kartendarstellung

Mithilfe des Bereichs **Transportvorschlagspräferenzen** können Sie bestimmte Vorgaben treffen, bevor eine neue Ermittlung von Transportvorschlägen angestoßen wird. Darüber können Sie z. B. über die Tabelle **Abschnitte** vorgeben, dass der Transport bestimmte Transportabschnitte enthalten muss. Wenn Sie etwa Waren von Deutschland in die Vereinigten Staaten transportieren und möchten, dass diese per Schiff über den Hafen in Hamburg transportiert werden, können Sie dies erreichen, indem Sie einen Abschnitt vom Hafen in Hamburg zur Ziellokation eintragen und den Verkehrszweig See auswählen, wie in Abbildung 6.109 dargestellt (im Layout oben sehen Sie den Präferenzen-Bereich). Beachten Sie, dass das System diesen Abschnitt weiter in einen Haupt- und Nachabschnitt aufteilen darf, was dann zu einem Seehauptabschnitt und einem Nachabschnitt führen würde, der per Bahn oder Straße durchgeführt werden kann, nicht jedoch per Luft. Sie können auch eine Sequenz von Umladelokationen vorgeben, z. B. um das System zu zwingen, nur Transportvorschläge zu ermitteln, die über die Häfen in Hamburg und Newark laufen.

Neben den Präferenzen für Umladelokationen und dem Verkehrszweig pro Abschnitt können Sie auch einen Spediteur sowie Zeiten für das Beladen an der Quelllokation und das Entladen an der Ziellokation vorgeben. Das System ermittelt Transportvorschläge, die mindestens einen Abschnitt aufweisen, der durch den vordefinierten Spediteur ausgeführt wird, und bei denen die Be- und Entladung nicht früher bzw. später als vorgegeben erfolgt.

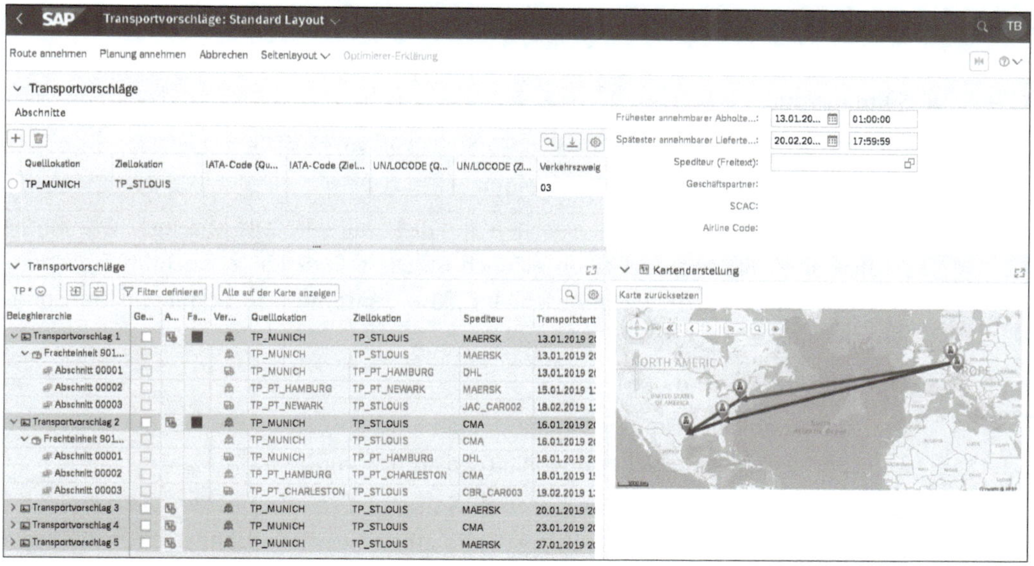

Abbildung 6.109: Transportvorschlagslayout mit Präferenzen, Transportvorschlägen und Kartendarstellung

Im Seitenlayout für Transportvorschläge können Sie die folgenden Drucktasten auswählen:

- **Route annehmen**

  Dadurch wird nur die Route des Transportvorschlags übernommen, d. h., es werden nur die Abschnitte des vorliegenden Speditionsauftrags oder Bedarfsbelegs entsprechend dem Vorschlag gespeichert.

- **Planung annehmen**

  Dies sichert den komplette Plan des Transportvorschlags einschließlich aller Zeiten.

- **Berechnen**

  Damit können Sie neue Transportvorschläge ermitteln lassen.

- **Vorschlagseinstellungen ändern**

  Sie erhalten ein Dialogfenster mit Parametern, die Sie für diese Transportvorschlagssitzung ändern können. Diese Parameter sind initial, wie im Planungsprofil definiert. Eine Übersteuerung kann z. B. nützlich sein, wenn Sie es gewohnt sind, die Kapazitäten der Luftfrachtbuchungen zu berücksichtigen, aber kein zufriedenstellender Transportvorschlag gefunden wird. Nun können Sie die Buchungskapazitätsprüfung ausschalten, um bessere Transportvorschläge zu finden, da Sie wissen, dass Sie die entsprechende Kapazität bei Bedarf später noch erhöhen können.

- **Rücksetzen**

  Dies setzt die Präferenzen zurück und ermöglicht einen Neustart der Ermittlung von Transportvorschlägen, was erforderlich sein kann, wenn Sie bereits mehrere Präferenzen probiert haben, aber bislang keinen zufriedenstellenden Transportvorschlag erhalten haben.

- **Seitenlayout**

  Hier können Sie zwischen alternativen Seitenlayouts wechseln.

- **Streckenermittlungsergebnis anzeigen**

  Sie können nach Verbindungen suchen und diese auf der Karte anzeigen, was für die Analyse Ihrer Netzwerkdefinition hilfreich ist. Diese Funktion ist auch im Transportnetz-Cockpit verfügbar, wie in Abschnitt 4.2.8, »Transportnetz-Cockpit und Transportnetzübersicht«, beschrieben.

- **Optimierererklärung**

  Diese Funktion hilft beim Verständnis der Ein- und Ausgangsdaten der Ermittlung von Transportvorschlägen (siehe Abschnitt 6.8.6, »Erklärungsfunktion«).

  Die Optimierereinstellungen enthalten zwei Gruppen von Parametern, die dem Transportantrag zugeordnet sind. Manche der Parameter werden erst nach einem Klick auf die Drucktaste **Erweiterte Einstellungen** sichtbar. Im Abschnitt **Einstellungen für Transportvorschläge** stehen Ihnen die folgenden Parameter zur Verfügung:

  - **Transportvorschlag annehmen**

    Sie können vordefinieren, ob nur die Route des ausgewählten Transportvorschlags gespeichert wird oder ob auch die entsprechenden Frachtbelege berücksichtigt werden. Sie können diesen Parameter auch undefiniert lassen, sodass die Anwenderinnen und Anwender zwischen diesen beiden Optionen wählen können.

  - **Planungsstrategie für Transportvorschlag**

    Auf diese Weise können Sie festlegen, ob nur Transportvorschläge ermittelt werden (Strategie `VSR_DEF`) oder ob für jeden Transportvorschlag eine Spediteurauswahl durchgeführt wird (`VSR_1STEP`), wie bereits in Abschnitt 6.6.1, »Planungsstrategien«, erwähnt.

  - **Höchstzahl Transportvorschläge**

    Dieser Parameter legt fest, wie viele alternative Transportvorschläge auf der Benutzeroberfläche angezeigt werden. Beachten Sie, dass die automatisierte Planung unter Umständen auch weniger Vorschläge liefern kann, z. B. aufgrund der Netz- oder Kapazitätssituation.

Der Abschnitt **Transportvorschlagspräferenzen** enthält Parameter, mit denen Sie die Diversität der ermittelten Transportvorschläge steuern können. Für jedes Diversitätskriterium können Sie die Relevanz als hoch, mittel oder niedrig definieren, sie als nicht relevant festlegen oder sich auf das Standardverhalten verlassen. Es gibt die folgenden Parameter:

- **Routenabweichung**

  Durch diesen Parameter wird die Relevanz dafür, wie der Bedarf durch das Netzwerk geleitet wird, bestimmt. Wenn dieser Aspekt relevant ist, sucht das System nach Transportvorschlägen, die sich in den verwendeten Umladelokationen, Verkehrsmitteln und Verkehrszweigen unterscheiden.

- **Spediteurabweichung**

  Dieser Parameter steuert, ob nach Transportvorschlägen gesucht wird, die sich in ihren Spediteuren unterscheiden. Wenn dieser Parameter z. B. relevant ist, der vorherige Parameter aber nicht, ermittelt das System den besten Weg durch das Netzwerk und sucht nach Transportvorschlägen entlang dieses Weges, die verschiedene Spediteure nutzen.

- **Abfahrtszeitabweichung**

  Wenn Sie diesen Aspekt als relevant definieren, werden Transportvorschläge mit alternativen Abfahrts- und Ankunftszeiten gesucht. Angenommen, die beiden vorherigen Parameter sind irrelevant, dann ermittelt das System den besten Weg, und der Spediteur sucht nach alternativen Abfahrts- und Ankunftszeiten.

- **Zeitrelevanz**

  Zur Abwägung zwischen rechtzeitiger Lieferung und Transportkosten definiert dieser Parameter die Relevanz der rechtzeitigen Lieferung. Wenn die Zeitrelevanz hoch ist, aber Kosten nicht relevant sind, konzentriert sich das System auf Transportvorschläge, die den Zeitfenstern des Bedarfsbelegs so nahe wie möglich kommen; wenn keine Zeitfenster angegeben sind, wird so früh wie möglich geliefert.

- **Kostenrelevanz**

  In der Abwägung zwischen rechtzeitiger Lieferung und Kosten definiert dieser Parameter die Relevanz der Transportkosten. Wenn die Kostenrelevanz hoch ist, aber Zeiten nicht relevant sind, werden Transportvorschläge mit minimalen Kosten gesucht, und Kompromisse bei der termingerechten Lieferung werden in Kauf genommen (innerhalb der harten Zeitfenster der Bedarfsbelege).

Darüber hinaus finden Sie in den Einstellungen für das Transport-Cockpit den Parameter **Transportvorschl. nicht sofort anlegen**, mit dem Sie steuern können, dass beim Aufrufen des Transportvorschlags initial noch kein Vorschlag angezeigt wird. Dies macht Sinn, wenn Sie üblicherweise zuerst Präferenzen einstellen und den Vorschlag erst über das Klicken der Drucktaste **Berechnen** ermitteln wollen.

Beachten Sie, dass die Ermittlung der Transportvorschläge von einer speziellen Betriebsart der VSR-Optimierung durchgeführt wird, für die in Abschnitt 6.8.2, »Optimierereinstellungen konfigurieren«, technische Details beschrieben sind.

6.7.11 Terminierung

Die Terminierung bestimmt die Start- und Endzeiten für eine Reihe von Aktivitäten und berücksichtigt dabei mehrere Einschränkungen. Dazu gehören die vordefinierte relative Reihenfolge der Aktivitäten, Zeitfenster der Aktivitäten und die Verfügbarkeit von Fahrzeugarten und Ressourcen. Die Terminierung kann für ein oder mehrere ausgewählte Frachtbelege ausgelöst werden. Das Gantt-Diagramm ist das beste Werkzeug, um die Terminierung zu visualisieren und zu erklären. Lassen Sie uns das in Abbildung 6.110 gezeigte Beispiel näher betrachten.

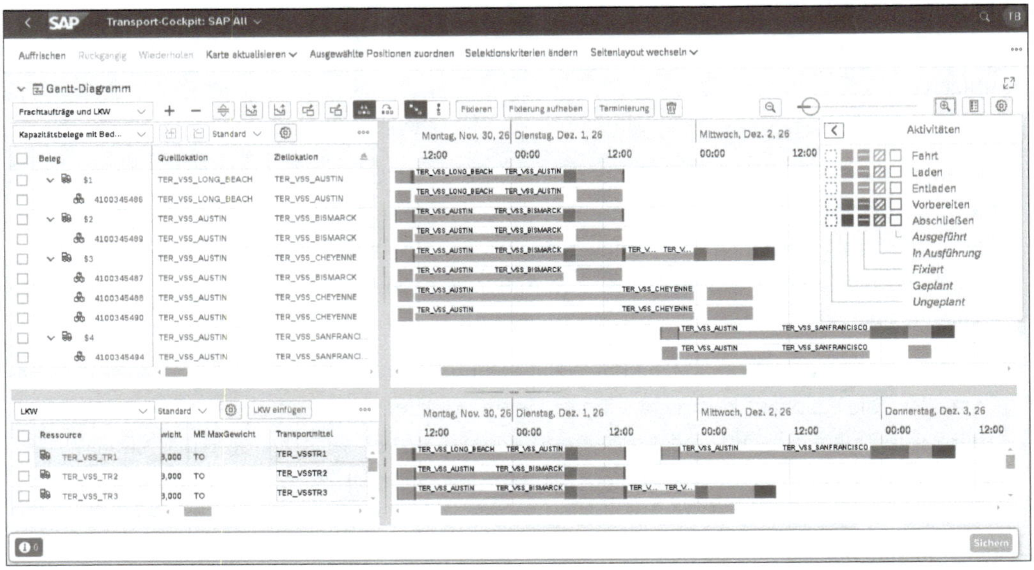

Abbildung 6.110: Gantt-Diagramm mit Frachtauftrags-/Frachteinheitshierarchie und Lastkraftwagen

Ein Frachtauftrag besteht aus einer Abfolge verschiedener Aktivitäten. Diese lassen sich in zwei Kategorien einteilen: Fahraktivitäten und lokationsbezogene Aktivitäten, etwa Laden oder Kuppeln. Eine Beladung umfasst eine oder mehrere Frachteinheiten, die geladen werden. TM ermittelt die Start- und Endzeit der Ladungsaktivität (oder der Entladeaktivität) an einer Lokation anhand der Beladung des Frachtauftrags. Die Zeiten der gesamten Ladedauer werden in alle zugeordneten Frachteinheiten übertragen.

Dies können Sie im Beispiel bei Frachtauftrag **$3** an der Lokation **TER_VSS_AUSTIN** nachvollziehen. Vorbereiten und Abschließen sind Aktivitäten und stehen nicht im Zusammenhang mit der transportierten Fracht. Stattdessen dienen sie dazu, die An- und Abmeldung an einer Lokation abzubilden. An- und Abkopplungsaktivitäten (in Abbildung 6.110 nicht dargestellt) beziehen sich auf einen Lkw und einen Anhänger und werden in Szenarien mit dynamischem Umkoppeln verwendet. Ein Beispiel wäre der Tausch eines Anhängers (schauen Sie sich für ein solches Szenario Abbildung 6.33 oder Abbildung 6.91 an).

In den Terminierungseinstellungen lassen sich die Dauern für folgende Vorgänge festlegen: Be- und Entladen, Vorbereiten, Abschließen sowie An- und Abkuppeln (siehe Abschnitt 6.8.4, »Vehicle Scheduling and Routing: Restriktionen für die Planung«).

Die Dauer der Fahrt wird auf der Grundlage der Entfernung bestimmt (siehe Abschnitt 4.2.3, »Transportbeziehungen«).

An einem Stopp finden die verschiedenen Aktivitätsarten immer in der gleichen definierten Reihenfolge statt: erst Vorbereiten, dann Abkuppeln und Entladen, Laden und Ankoppeln und zuletzt Abschließen.

Der Frachtauftrag **$3** repräsentiert die Stoppsequenz Austin, Bismarck und Cheyenne. Sie können die Stoppreihenfolge entweder durch eine manuelle Eingabe oder mithilfe der automatisierten Planung festlegen. Die Reihenfolge der gegebenen Stopps wird von der Terminierung nicht verändert und bleibt stets unverändert. Die Terminierung hat ausschließlich die Aufgabe, den Aktivitäten des jeweiligen Kapazitätsbelegs Start- und Endzeiten zuzuweisen. Wenn Sie also z. B. die Stoppsequenz Austin, Cheyenne, Bismarck bevorzugen, müssen Sie sie manuell anpassen und anschließend die Terminierung erneut durchführen.

Der Terminierungsalgorithmus kann durch die Terminierungseinstellungen (siehe Unterabschnitt »Zeitliche Einschränkungen« in Abschnitt 6.8.4, »Vehicle Scheduling and Routing: Restriktionen für die Planung«) gesteuert werden.

Sie können die Terminierung über die Drucktaste **Terminierung** oder per Drag and Drop im Gantt-Diagramm auslösen. Mit dem Parameter `/SCMTMS/SCH_FORCE` in den Benutzerstammdaten können Sie das System so konfigurieren, dass es die Terminierung für einen Frachtauftrag durchführt, wenn Sie das Abfahrtsdatum eingegeben haben. Mit dem Wert `X` wird diese Funktion in allen Benutzeroberflächen aktiviert, die eine Terminierung ermöglichen. Der Wert `T` beschränkt die Aktivierung hingegen auf das Transport-Cockpit.

Die Terminierung kann für Frachtaufträge in der Ausführung ausgelöst werden. Dies ermöglicht es, die Daten und Zeiten basierend auf dem zurückgemeldeten Fortschritt oder mit Verzögerungen in der Ausführung anzupassen. Wenn eine Fahr-, Lade- oder Entladeaktivität in der Ausführung oder bereits ausgeführt ist, werden alle ihre logischen Vorgängeraktivitäten ebenfalls als ausgeführt betrachtet, und deren Daten und Zeiten nicht geändert. Sollten Sie Daten und Zeiten fixiert haben, z. B. eine Fixierung der Abfahrtszeit, werden diese von der Terminierung ebenfalls nicht geändert.

Neben der Terminierung von Frachtaufträgen ist es auch möglich, das System eine Terminierung von ungeplanten Bedarfsbelegen, wie etwa Frachteinheiten, Anhängereinheiten, Waggoneinheiten, Containereinheiten und Packstückeinheiten, durchführen zu lassen. Dies ist sinnvoll, um solche Belege mit realistischen Plantransportdauern und -zeiten zu versehen. Das kann z. B. bei der Arbeit mit dem Gantt-Diagramm nützlich sein. Für diesen Vorgang aktivieren Sie in der jeweiligen Bedarfsbelegart die Funktionen zur Ermittlung von Entfernung und Dauer. Nach der Aktivierung löst das System die Terminierung selbstständig aus. Dies geschieht zum einen beim Anlegen des Bedarfsbelegs und zum anderen bei der Anwendung einer Standardroute.

Die Terminierung berücksichtigt die folgenden Einschränkungen:

- den Planungshorizont, der im Planungsprofil definiert ist (siehe Abschnitt 6.6.2, »Profile und Einstellungen«)
- Zeitfenster für Be- und Entladeaktivitäten der entsprechenden Bedarfsbelege (siehe Abschnitt 6.2.2, »Eigenschaften von Frachteinheiten«)
- Verfügbarkeit aktiver Fahrzeugarten und Ressourcen, wie in den Einstellungen zur Verfügbarkeit von Kapazitäten definiert (siehe Abschnitt 6.8.4, »Vehicle Scheduling and Routing: Restriktionen für die Planung«)
- Verfügbarkeit von Einzelressourcen auf der Grundlage bereits zugewiesener und eingeplanter Dokumente, die nicht zur Terminierung ausgewählt wurden
- Kalenderressourcen und Kalender von Handling-Ressourcen für Be- und Entladeaktivitäten (siehe Abschnitt 4.3.5, »Kalenderressourcen und Handling-Ressourcen«)
- minimale und maximale Warenliegezeiten an Umladelokationen (siehe ebenfalls Abschnitt 4.3.5)
- Randbedingungen für die Terminierung oder Randbedingungen für Lenk- und Arbeitszeiten (siehe Abschnitt 6.8.4, »Vehicle Scheduling and Routing: Restriktionen für die Planung«)

Die Terminierungseinstellungen legen fest, wie die Terminierung die Zeitfenster von Frachteinheiten berücksichtigt. Entweder werden sowohl harte als auch weiche Zeitfenster berücksichtigt, alle Zeitfenster als weiche Zeitfenster berücksichtigt oder Zeitfenster komplett ignoriert. Die Berücksichtigung aller Zeitfenster ist die restriktivste Variante und kann dazu führen, dass die Terminierung kein Ergebnis liefert, z. B. weil die Zeitfenster es nicht erlauben, eine zulässige Lösung zu finden. Die Nichtberücksichtigung der Zeitfenster kann jedoch zu extremen Lösungen führen, die die Grenzen des Planungshorizonts voll ausschöpfen. Spezifizieren Sie deshalb diese Parameter sorgfältig, und berücksichtigen Sie das Zusammenspiel mit dem Planungshorizont. Nur so kann die Terminierung die gewünschten Ergebnisse liefern. Beachten Sie den SAP-Hinweis 1908165 zur Behandlung von Zeitfenstern im Terminierungsalgorithmus und in der VSR-Optimierung.

Seit dem Release SAP S/4HANA 2020 ist die *integrierte Terminierung* der Standard und wird durch die Terminierungsstrategie `VSS_EMBED` repräsentiert, die Sie in den Terminierungseinstellungen pflegen können (siehe ebenfalls Abschnitt 6.8.4). In früheren Versionen wurde die Terminierung durch eine spezielle Betriebsart des VSR-Optimierers durchgeführt, die immer noch mit der Terminierungsstrategie `VSS_DEF` verwendet werden kann, aber einen Optimierer-Server erfordert (siehe Abschnitt 6.8.2, »Optimierereinstellungen konfigurieren«, für technische Details). Die beiden Terminierungsstrategien erzeugen nicht notwendigerweise das gleiche Ergebnis, aber beide liefern ein korrektes Ergebnis in Bezug auf die beteiligten Daten und Randbedingungen.

[«]

Steuerung der Terminierung

Der Terminierungsalgorithmus kann vorwärts oder rückwärts ausgeführt werden, was in den Terminierungseinstellungen definiert werden kann (siehe Abschnitt 6.8.4, »Vehicle Scheduling and Routing: Restriktionen für die Planung«).

Bei einer Vorwärtsterminierung versucht das System, ausgehend vom Ladezeitfenster der Fracht, die Aktivitäten »vorwärts« entlang ihrer Sequenz einzuplanen. Bei einer Rückwärtsterminierung werden die Aktivitäten, ausgehend vom Entladetermin, »rückwärts« eingeplant. Die Vorwärtsterminierung ist sinnvoll, wenn Sie die Waren aus einem Depot herausschieben wollen, um Ihren Bestand zu minimieren. Die Rückwärtsterminierung zielt darauf ab, das Lieferzeitfenster so genau wie möglich einzuhalten, und Ihr Transport erfolgt just in time vor der Lieferung.

Für beide Richtungen versucht der Algorithmus, die Aktivitäten so kompakt wie möglich zu terminieren, um Leerlaufzeiten zwischen den Aktivitäten zu vermeiden. Aufgrund von Zeitfenstern und anderen Beschränkungen kann es jedoch unmöglich sein, Leerlaufzeiten vollständig zu vermeiden.

Leider führt der genutzte Algorithmus manchmal zu ungewollten Effekten. Um diese zu verhindern, können Sie bei der integrierten Terminierung, über den Parameter **Kostenbasierte Wunschtermine/-zeiten**, einstellen, Wunschtermine in einem kostenbasierten Ansatz zu berücksichtigen. Da in dieser Art der Terminierung die Kosten für verfrühte oder verspätete Lieferungen errechnet werden, nimmt die Terminierungsrichtung nur noch eine untergeordnete Rolle ein. Trotz Berücksichtigung der Kosten werden auch mit dieser Option kompakte Lösungen bevorzugt und somit Leerzeiten verhindert.

Wir empfehlen Ihnen, diese Option zu nutzen, sie wird jedoch von der Strategie `VSS_DEF` nicht unterstützt.

[«]

Abbildung von Lenk- und Ruhezeiten

TM kennt zwei mögliche Modellierungen von Lenk- und Ruhezeiten: die *Randbedingungen für die Terminierung* und die *Randbedingungen für Lenk- und Arbeitszeiten* (siehe auch Abschnitt 6.8.4, »Vehicle Scheduling and Routing: Restriktionen für die Planung«).

Sie können beide im System pflegen. In den Terminierungseinstellungen können Sie auswählen, welche Modellierung genutzt werden soll. Wir empfehlen die Verwendung der Randbedingungen für Lenk- und Arbeitszeiten. Diese Option bietet eine intuitivere Pflege, da sie sich an gängigen rechtlichen Vorgaben orientiert.

Diese Randbedingungen für Lenk- und Arbeitszeiten können Sie jedoch nur nutzen, wenn Sie die integrierte Terminierung für die Terminierung verwenden (Terminierungsstrategie `VSS_EMBED`).

Andersherum gilt, dass Randbedingungen für die Terminierung nur über die Terminierungsstrategie (VSS_DEF) berücksichtigt werden.

Um die Ergebnisse der Terminierung besser zu verstehen, können Sie die SAP-Fiori-App **Terminierungsergebnisse erklären** nutzen. Um die Ergebnisse eines Terminierungslaufs in dieser SAP-Fiori-App analysieren zu können, müssen Sie zuvor den Parameter /SCMTMS/EXP in den Benutzerstammdaten auf X setzen.

In der SAP-Fiori-App können Sie aus einer Liste von abgespeicherten Terminierungsläufen wählen, welchen Lauf Sie im Detail analysieren möchten (siehe Abbildung 6.111). Die Farbeinstellungen werden aus dem Standardlayout des Gantt-Diagramms übernommen.

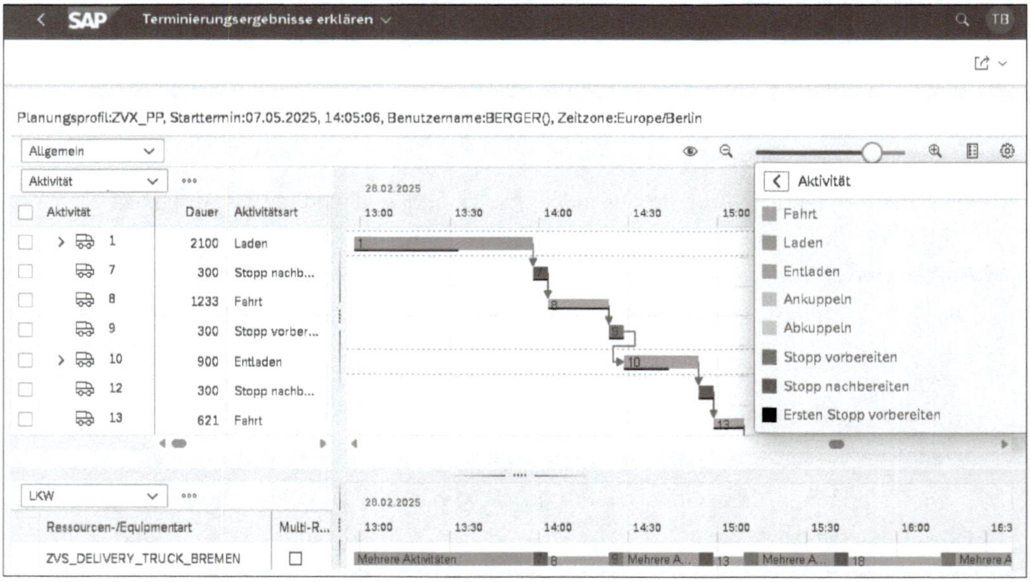

Abbildung 6.111: Die SAP-Fiori-App »Terminierungsergebnisse erklären«

Mit dem Drop-down-Menü in der oberen linken Ecke können Sie zwischen alternativen Aktivitätsgruppen wählen. Diese Funktion ist nützlich, wenn die Terminierung auf verschiedenen, unabhängigen Ressourcen durchgeführt wurde und Sie sich nur auf die Aktivitäten einer Ressource konzentrieren möchten.

Ähnlich wie beim Gantt-Diagramm können Sie zwei Ansichten verwenden und pro Ansicht wählen, ob Sie eine Sicht auf die Aktivitäten, die Ressourcen oder die Handling-Ressourcen benötigen. Da die Terminierung verschiedene Phasen durchläuft, können Sie die Phase auswählen, in der Sie das Ergebnis überprüfen wollen. In diesem Beispiel wird in beiden Ansichten die finale Lösung gezeigt. Sie können aber auch unterschiedliche Schritte oder die Initiallösung anzeigen oder vergleichen, indem Sie das Drop-down-Menü der lokalen Symbolleiste verwenden. Über das Legendenmenü können Sie auswählen, ob Zeitfenster und/oder Relationen zwischen den Aktivitäten angezeigt werden.

Dieses visuelle Werkzeug erläutert das Ergebnis nicht verbal. Es ermöglicht aber eine gründliche Analyse der Terminierungsergebnisse. Die SAP-Fiori-App **Terminierungsergebnisse erklären** hilft Ihnen dabei, die Ursache unerwarteter Ergebnisse zu identifizieren, etwa fehlende oder unerwartete Einschränkungen wie Zeitfenster oder Beziehungen zwischen Belegen.

6.8 Automatisierte Planung

Im Gegensatz zum vorangegangenen Abschnitt liegt unser Fokus nun auf Planungsprozessen, die keine Benutzerinteraktion erfordern. Eine Möglichkeit, die Benutzerinteraktion einzuschränken, besteht darin, sie komplett zu umgehen, wie bei dem in Abschnitt 6.2.3, »Frachteinheitsbildung«, beschriebenen Shortcut-Szenario. Frachtaufträge werden beim Anlegen ihrer Vorgängergeschäftsbelege automatisch anstelle von Frachteinheiten angelegt, und nachfolgende Planungsschritte wie die Spediteurauswahl und/oder die Frachtausschreibung werden durch Hintergrundjobs oder eine Anlegestrategie ausgelöst. Daher ist die Planung im Hintergrund das erste Thema dieses Abschnitts.

Im Shortcut-Szenario sind Frachtaufträge regelbasiert (also auf der Grundlage einer FEBR erstellt). Daher entfällt der Planungsprozess der Erstellung von Frachtaufträgen (d. h. die Wahl der richtigen Fahrzeugressource, die Wahl des kürzesten Weges für die Fahrzeugressource und die Wahl des bestmöglichen Zeitfensters für das Be- und Entladen). Diese Aufgaben können, wie im vorangegangenen Abschnitt beschrieben, manuell interaktiv durchgeführt werden oder indem Sie den VSR-Optimierer verwenden oder eigene Planungsstrategien definieren. Wie der VSR-Optimierer Transportpläne strukturiert erstellt, ist das Hauptthema dieses Abschnitts.

Schließlich wird die Automatisierung der Planung auch in anderen Transaktionen außerhalb des Planungsbereichs unterstützt. Die Routing-Funktion zur Erstellung von Abschnitten auf der Grundlage von Standardrouten direkt im Speditionsauftrag (wie in Abschnitt 5.3, »Speditionsaufträge«, beschrieben) oder die Transportvorschlagsfunktion (wie in Abschnitt 6.7.10, »Transportvorschlag«, beschrieben) sind Beispiele für eine automatisierte Planung, die zumindest teilweise eine Benutzerinteraktion erfordert. Die Direktsendungsoptionen (Abschnitt 6.2, »Frachteinheiten«) sind eine Möglichkeit, um »echte« Kosten in den automatisierten Planungsprozess einzubeziehen.

Im weiteren Verlauf dieses Kapitels besprechen wir zunächst nur den ersten Planungsschritt mit dem Ziel der Erstellung des Frachtauftrags. Die weiteren Planungsschritte, wie z. B. die Spediteurauswahl und die Frachtausschreibung, werden in Kapitel 7, »Frachtauftragsmanagement und Unterbeauftragung«, ausführlich erläutert.

6.8.1 Hintergrundplanung und VSR-Optimierung

Sie können die Hintergrundplanung im Backend anstoßen, indem Sie Transaktion /SCMTMS/BACKGRD_PLAN über den Menüpfad **Logistik • Transportation Management • Administration • Hintergrundverarbeitung • Planung durchführen** ausführen, den Report /SCMTMS/PLN_OPT einplanen oder die Drucktaste **Planung im Hintergrund starten** im Transport-Cockpit aufrufen. Abbildung 6.112 zeigt die Konfigurationsoptionen dieses Reports. Die Felder zur Auswahl der Selektionsprofile bestimmen den *Umfang*, also welche Belege (Abschnitte) für die Planung im Hintergrund ausgewählt werden. Das Feld **Planungsprofil** bestimmt die *Methode*, also die Planungsstrategie (z. B. ob die Spediteurauswahl über die Planungsstrategie VSR_1STEP Bestandteil der Hintergrundplanung sein soll), die Kapazitätsangebote, die Planungskosten und die Restriktionen.

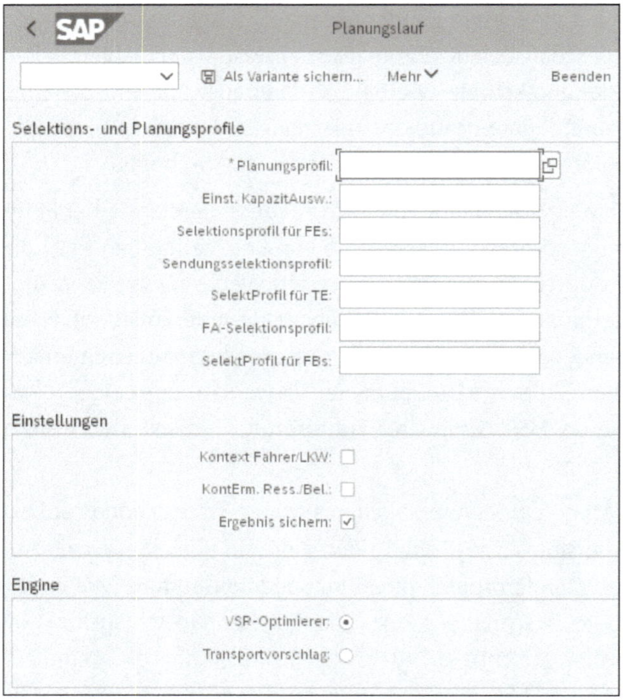

Abbildung 6.112: Hintergrundplanung

Die Hintergrundplanung wird eingesetzt, wenn begrenzte oder keine Anwenderkenntnisse erforderlich oder vorhanden sind, um einen guten Transportplan zu erstellen. Somit kann sie in einfachen Planungsszenarien verwendet werden (z. B. um Frachteinheiten nach Temperaturanforderungen zu gruppieren und einer geeigneten Ressource zuzuordnen). Sowohl die Gruppierung von Frachteinheiten mit ähnlichen Temperaturanforderungen als auch deren Ressourcenzuordnung können durch die Definition von Inkompatibilitäten beeinflusst werden, was bewirkt, dass Frachteinheiten automatisch richtig sortiert und zugeordnet werden. In einem solchen Szenario entlastet die automatisierte Planung den Transportplaner von Routineaufgaben wie der manuellen Zuordnung, und ein hohes Volumen an Frachteinheiten und Frachtaufträgen kann in kurzer Zeit bearbeitet werden.

Die Hintergrundplanung kann aber auch in komplexeren Szenarien eingesetzt werden (z. B. wenn die Konsolidierung von Frachteinheiten zu Frachtaufträgen komplexe Routing- und Terminierungsentscheidungen beinhaltet), da viele Frachteinheiten mit unterschiedlichen Lieferzeitfenstern aufgrund fester Termine an viele Ziellokationen mit einer begrenzten Anzahl von Fahrzeugressourcen geliefert werden müssen. In diesem Fall ist die Entscheidungssituation aufgrund der kombinatorischen Natur des Planungsproblems sehr komplex; der VSR-Optimierer kann wesentlich mehr Alternativen ausloten, um die bestmögliche Lösung zu finden, als ein menschliches Planungsteam es in der gleichen Zeitspanne könnte. In einem solchen Anwendungsfall kann die Hintergrundplanung auch über Nacht eingeplant werden, und die zuständige Fachkraft in der Transportdisposition kann die Ergebnisse morgens nach ihrer Ankunft bei der Arbeit überprüfen und anpassen.

Mit dem Scheduler für Hintergrundjobs (Report `/SCMTMS/BGD_JOB_SCHEDULER`, siehe Abbildung 6.113) können Sie eine Folge von Hintergrundplanungsreports definieren, die nacheinander ablaufen sollen, z. B. wenn Sie die verschiedenen Transportabschnitte Ihrer Frachteinheiten getrennt planen und das Planungsergebnis eines Abschnitts bei der Planung des nächsten Abschnitts berücksichtigen möchten. Über das Kennzeichen **Lauf abbrechen, wenn Job fehlgeschla** können Sie steuern, ob der Nachfolgerschritt nach dem Fehlschlagen eines Vorgängers noch laufen soll. Der Report kann direkt oder (periodisch) im Hintergrund ausgeführt werden. Im letzteren Fall sind die Ergebnisse in der Jobübersicht von Transaktion SM37 zu finden.

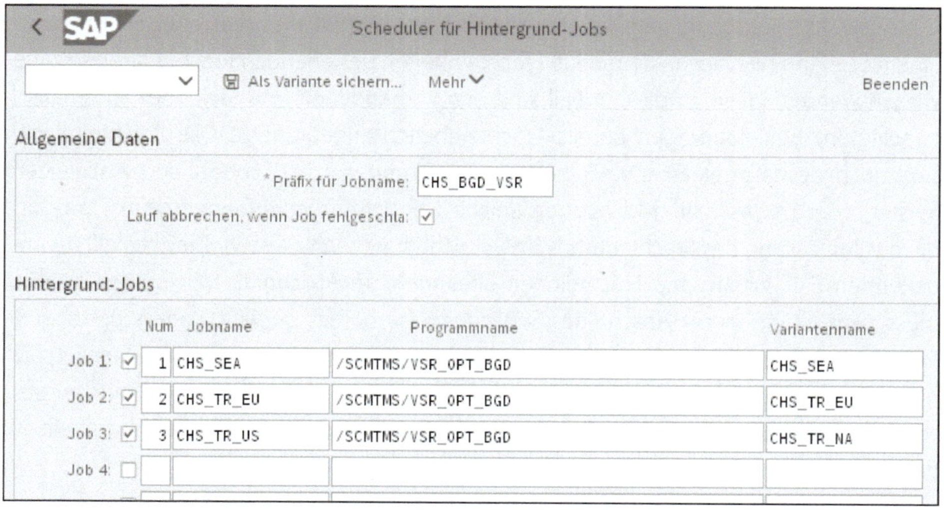

Abbildung 6.113: Scheduler für Hintergrundjobs

Um die automatische Erstellung eines systematischen Transportplans zu ermöglichen, muss ein geeigneter Rahmen definiert werden, der die Einhaltung der Ziele, Regeln und

Einschränkungen ermöglicht, an die sich das Planungsergebnis halten soll. Der VSR-Optimierer bietet diesen Rahmen. Dazu benötigt er alle relevanten Daten für diese Aufgabe:

- **Frachteinheiten**

  Frachteinheiten (genauer gesagt, Frachteinheitsabschnitte, da die verschiedenen Abschnitte einer Frachteinheit in einer Transportkette unabhängig voneinander geplant werden können) werden direkt über das Selektionsprofil ausgewählt.

- **Transportkapazitäten**

  Transportkapazitäten werden über das Planungsprofil ausgewählt und können Fahrzeugressourcen, Fahrzeugtypen, Containerressourcen, Containertypen oder Fahrpläne (ausgewählt über Einstellungen für Kapazitätsauswahl), bestehende Frachtaufträge (ausgewählt über ein Selektionsprofil für Frachtaufträge), Transporteinheiten (ausgewählt über ein Selektionsprofil für Transporteinheiten) oder Frachtbuchungen (ausgewählt über ein Selektionsprofil für Frachtbuchungen) sein.

- **Stammdaten**

  Schließlich werden die relevanten Stammdaten (d. h. das Transportnetz, bestehend aus Informationen über Lokationen, Transportzonen, Transportbeziehungen und Umladelokationen) basierend auf den ausgewählten Frachteinheiten und Transportkapazitäten abgerufen.

Bei der automatisierten Planung muss das System abhängige Objekte berücksichtigen, um alle Objekte konsistent halten zu können, und gleichzeitig die Auswirkungen der parallelen Bearbeitung berücksichtigen (z. B. wenn andere Anwenderinnen und Anwender oder Reports versuchen, dieselben Objekte zur gleichen Zeit zu ändern).

Die Auswahl der abhängigen Objekte wird als *Kontextermittlung* bezeichnet. Sie ist etwa in einem Szenario relevant, in dem neue Frachteinheiten bestehenden Frachtaufträgen zugewiesen werden sollen. In diesem Fall sind den vorhandenen (manuell oder automatisch angelegten) Frachtaufträgen bereits Frachteinheiten zugeordnet. Diese Frachteinheiten sind auch deshalb relevant, weil ihre Einschränkungen (d. h. Abhol- und Anlieferzeitfenster) oder Eigenschaften (d. h. erforderliche Temperaturbedingungen beim Transport) bei der Anpassung des Frachtauftrags berücksichtigt werden müssen. Gleiches gilt im umgekehrten Fall. Wenn eine Frachteinheit über mehrere Abschnitte transportiert werden muss, sind einige dieser Abschnitte möglicherweise bereits geplant, sodass bestehende Frachtaufträge für einige Abschnitte relevante Kontextinformationen für den aktuellen Planungsumfang darstellen. Schließlich werden die Kontextinformationen für Fahrzeugressourcen ermittelt, um die zeitliche und geografische Verfügbarkeit einer Fahrzeugflotte auf der Grundlage bereits geplanter Frachtaufträge zu begrenzen.

Objekte, die nicht explizit ausgewählt, sondern über die Kontextermittlung selektiert werden, dienen nur zu Informationszwecken, d. h., sie werden vom VSR-Optimierer nicht verändert, sondern generieren nur zusätzliche Einschränkungen für den aktuellen Planungsumfang.

Um die Planungsdaten konsistent zu halten, während mehrere Anwenderinnen und Anwender parallel arbeiten, wird ein Sperrkonzept verwendet, das (teilweise) eine parallele Planung ermöglicht. Wenn verschiedene Personen oder verschiedene Prozesse derselben Person versuchen, in der manuellen Planung oder in der VSR-Optimierung auf das gleiche Objekt (z. B. eine Fahrzeugressource) zuzugreifen, wird eine Meldung ausgegeben, dass das Objekt gesperrt ist. Nur die Person oder der Prozess, die bzw. der das Objekt gesperrt hat, darf es ändern. Nachfolgende Prozesse können das gesperrte Objekt erst nach Freigabe der Sperre ändern. Frachtbuchungen sind von diesem Sperrkonzept ausgenommen. Der VSR-Optimierer oder die Transportvorschlagsfunktion können beide gleichzeitig auf eine Frachtbuchung zugreifen, wobei beide Prozesse die Restkapazität der Frachtbuchung nutzen können. Da das Sichern asynchron erfolgt, kann es dadurch zu einer Überbuchung der Frachtbuchung kommen.

[«]

Sperren von Multiressourcen

Erinnern Sie sich aus Abschnitt 4.3, »Equipmentarten und Ressourcen«, daran, dass Multiressourcen häufig verwendet werden, um externe Fahrzeugressourcen in Unterbeauftragungsszenarien darzustellen. Wenn diese für bestimmte Transportmittel nur in begrenzter Anzahl vorhanden sind, können Sie im Customizing (über **Transportation Management • Stammdaten • Ressourcen • Transportmittel und Ladeabteil • Transportmittel definieren**) festlegen, ob diese Multiressourcen gesperrt sind. Die Sperre gilt dann jedoch für alle Kopien der Multiressourcen gleichzeitig.

6.8.2 Optimierereinstellungen konfigurieren

Die Konfiguration des VSR-Optimierers erfolgt in erster Linie in der SAP-Fiori-App **Optimierereinstellungen bearbeiten** (siehe Abbildung 6.114), und die Optimierereinstellungen werden anschließend dem Planungsprofil zugewiesen.

Die Definition einer Strategie im Feld **Planungsstrategie** ist zwingend erforderlich, da das System wissen muss, ob nur der VSR-Optimierer verwendet (VSR_DEF) oder ein anderer Prozessschritt nachträglich ausgelöst werden soll, wie z. B. Spediteurauswahl (VSR_1STEP) oder Laderaumplanung (VSR_ALP). Die Frachtauftragsbildungsregel (**FAB-Regel**) bestimmt, wie Frachtaufträge strukturiert sind. Wenn die gleiche Fahrzeugressource dazu verwendet wird, Frachteinheiten aus mehreren Lokationen abzuholen und an mehrere Lokationen zu liefern, können verschiedene Frachtaufträge entweder anhand des Beladungsstands des Fahrzeugs erstellt werden (**Neuer Frachtauftrag, wenn Ressource leer ist**) oder in Abhängigkeit davon, wann das Fahrzeug an seine Depotlokation zurückkehrt (**Neuer Frachtauftrag, wenn Ressource leer und Depotlokation erreicht ist**).

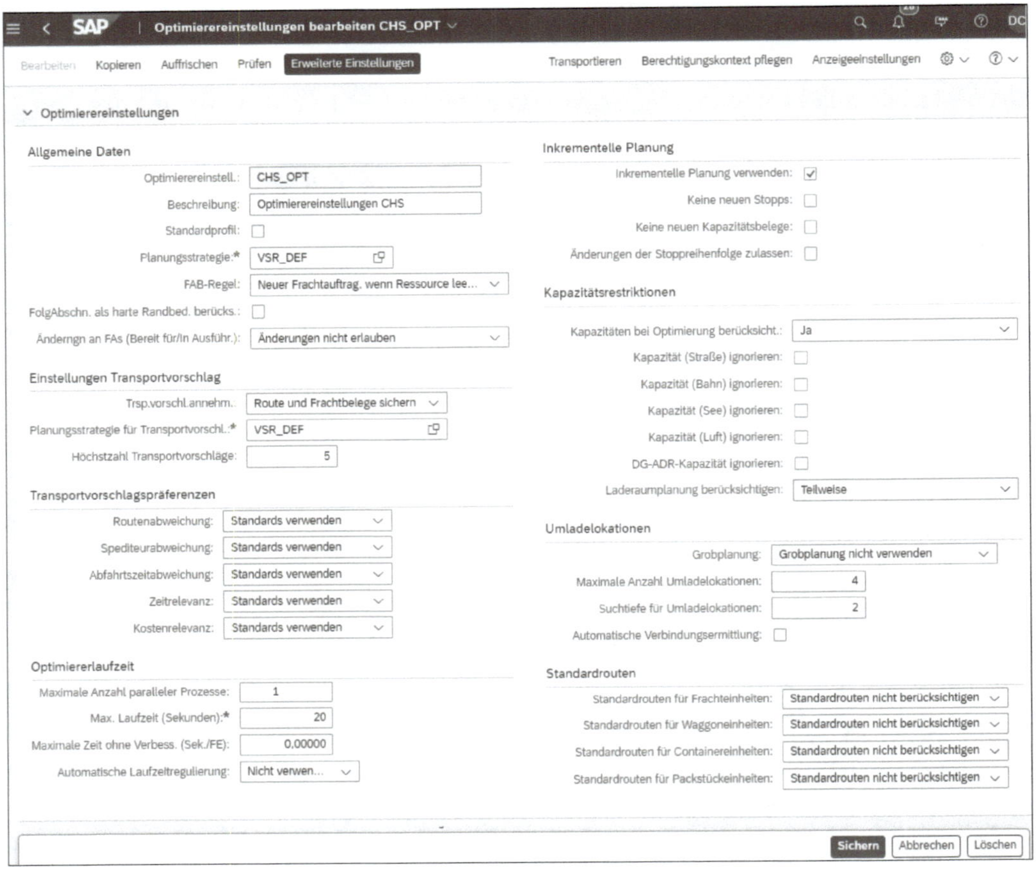

Abbildung 6.114: Optimierereinstellungen

Das Kennzeichen **Inkrementelle Planung verwenden** im Bereich **Inkrementelle Planung** ist eine Möglichkeit, Teile eines bestehenden Transportplans beizubehalten und nur zusätzliche Frachteinheiten hinzuzufügen. Während das Standardverhalten des VSR-Optimierers darin besteht, bestehende Frachtaufträge zu löschen und neue Frachtaufträge anzulegen, erlaubt die inkrementelle Planung, bestimmte Informationen aus einem bestehenden Transportplan zu übernehmen. Anwendungsfälle sind das Hinzufügen von Frachteinheiten zu Frachtaufträgen, die sich bereits in Ausführung befinden, oder das Ändern von Frachtaufträgen, die bereits an Spediteure übermittelt wurden. In diesen Fällen können Sie die vorhandenen Frachtaufträge nicht einfach löschen und durch neue ersetzen, sondern Sie müssen bestimmte Attribute des Frachtauftrags beibehalten (z. B. Frachtauftragsnummer, Lokationsfolge und bestehende Zuordnung von Frachteinheiten). Wenn die inkrementelle Planung verwendet wird, behält der VSR-Optimierer die bestehende Zuordnung von Frachteinheiten zu Frachtaufträgen bei. Darüber hinaus können Sie zwischen drei zusätzlichen Optionen oder einer Kombination davon wählen:

- **Keine neuen Stopps**

  Der VSR-Optimierer kann nur dann zusätzliche Frachteinheiten zu bestehenden Frachtaufträgen hinzufügen, wenn noch freie Kapazität vorhanden ist und entsprechende Stopps schon Bestandteil des Transportplans sind. Die Stoppreihenfolge bestehender Frachtaufträge ist festgelegt, allerdings können neue zusätzliche Frachtaufträge angelegt werden.

- **Keine neuen Kapazitätsbelege**

  Der VSR-Optimierer kann zusätzliche Frachteinheiten zu bestehenden Frachtaufträgen hinzufügen, darf aber keine neuen Frachtaufträge anlegen. Diese Option kann verwendet werden, wenn Sie (leere) Standardtouren definiert haben, die vom VSR-Optimierer geändert werden können, aber keine zusätzlichen Touren erstellt werden sollen.

- **Änderungen der Stoppreihenfolge zulassen**

  Der VSR-Optimierer kann die Stoppreihenfolge bestehender Frachtaufträge ändern, mit Ausnahme der ersten und letzten Lokation. Ein Anwendungsfall für diese Option ist ein Planungsszenario, in dem ein Disponent manuell Frachtaufträge angelegt hat, aber das System das Routing optimieren soll.

Erweiterung der inkrementellen Planung

Mithilfe einer BAdI-Implementierung können für die inkrementelle Planung umfassendere Einschränkungen festgelegt werden, z. B. dass neue Stopps in einem Frachtauftrag nur für eine vordefinierte Teilmenge von Lokationen angelegt werden können oder dass eine Tour verlängert werden kann, aber eine bestimmte Dauer nicht überschreiten soll. Der SAP-Hinweis 1866364 erläutert, wie dies erreicht wird.

Sie müssen im Feld **Max. Laufzeit (Sekunden)** die Zeitdauer festlegen, die der Optimierungsalgorithmus verwenden darf, um das bestmögliche Ergebnis zu berechnen. Die erforderliche Laufzeit hängt von vielen Faktoren ab (z. B. Anzahl der zu planenden Frachteinheiten, Anzahl der verfügbaren Fahrzeugressourcen und Komplexität des Transportnetzes) und muss während der Testphase ermittelt werden. Es ist zudem möglich, ein zweites Abbruchkriterium für den VSR-Optimierer zu definieren: **Maximale Zeit ohne Verbess. (Sek./FE)**. Wenn der VSR-Optimierer die beste gefundene Lösung für die definierte Zeit je Frachteinheit nicht verbessert, wird er automatisch vor der definierten maximalen Laufzeit beendet. Eine dritte Möglichkeit besteht darin, die Entscheidung dem Algorithmus selbst zu überlassen (**Automatische Laufzeitregulierung**). Sie können zwischen den Optionen **Nicht verwendet**, **Schnellste**, **Schnell**, **Ausgeglichen**, **Gute Qualität**, **Hohe Qualität** und **Höchste Qualität** wählen, je nachdem, ob Sie die maximale Laufzeit vollständig ausschöpfen möchten, um die bestmögliche Lösung zu berechnen, oder ob Sie auf Lösungsqualität zugunsten von Geschwindigkeit verzichten möchten.

Moderne Hardware kann Prozesse gut parallelisieren. Die Funktion **Maximale Anzahl paralleler Prozesse** legt fest, wie viele parallele Prozesse der VSR-Optimierer nutzen darf. Jeder Prozess benötigt einen CPU-Kern, sodass diese Einstellung die verfügbare Hardware sowie die Anzahl der parallelen Anwenderinnen und Anwender berücksichtigen muss, die auf den Optimierungsserver gleichzeitig zugreifen können.

Die Einstellungen für Transportvorschläge und Transportvorschlagspräferenzen beziehen sich auf die Verwendung des VSR-Optimierers zur Erstellung von Transportvorschlägen, wie in Abschnitt 6.7.10, »Transportvorschlag«, erläutert.

Der Bereich **Kapazitätsrestriktionen** definiert, ob Fahrzeugkapazitäten eine Einschränkung für die Planung mit dem VSR-Optimierer darstellen sollen oder nicht. Darüber hinaus können die Kapazitäten bestimmter Verkehrszweige sowie die Berechnung von ADR-Punkten für die Beförderung gefährlicher Güter ignoriert werden.

Während die Laderaumplanung ein eigenes Thema sein wird und in Abschnitt 6.8.8, »Laderaumplanung«, ausführlich behandelt wird, müssen in einigen Szenarien Aspekte der Laderaumplanung bereits bei der VSR-Optimierung berücksichtigt werden. Andernfalls werden Frachtaufträge erstellt, die nicht ausführbar sind. Der VSR-Optimierer erzeugt zusätzliche Innenabmessungen für die Grundfläche und die Kapazität des Oberdecks. So berücksichtigt er drei wichtige Faktoren: die Grundfläche der Packstücke, ihre Stapelbarkeit und deren Positionen. Zum Beispiel dürfen manche Packstücke nicht übereinandergestapelt werden. Andere können nur auf das Unterdeck geladen werden.

Da die Berücksichtigung von Laderaumplanungseinschränkungen einen Performance-Einfluss auf den VSR-Optimierer hat, kann die Option **Laderaumplanung berücksichtigen** ein- (**Teilweise**) oder ausgeschaltet (**Nein**) werden.

In vielen Geschäftsprozessen ist es nicht entscheidend, den vollständigen Transport vom Start bis zum Ziel im Detail zu planen. Zum Beispiel wird es in einem Lufttransportszenario wichtig sein, die richtigen Flüge zu finden, aber es ist bekannt, dass der Flughafen in einem vordefinierten Zeitintervall (z. B. acht Stunden) erreichbar ist, und die Planung für diesen Abschnitt muss daher nicht präzise erfolgen. Die Zuordnung einer Umladelokation zu einer Transportzone kann genutzt werden, um es dem Planungsteam zu erlauben, eine Dauer anzugeben, die für die **Grobplanung** anstelle der genauen Entfernung und Dauer (ermittelt aus den Einstellungen der Transportbeziehungen) verwendet wird. Dies bedeutet, dass in einem solchen Szenario kein detailliertes Transportnetz (Transportbeziehungen) für den Vor-/Nachlauf erforderlich ist.

Die Parameter für **Umladelokationen** beeinflussen die Komplexität des Transportnetzes und haben daher einen erheblichen Einfluss auf die Zeit, die zur Berechnung eines vernünftigen Planungsergebnisses benötigt wird.

Das Feld **Maximale Anzahl Umladelokationen** definiert die Anzahl der Umladelokationen, durch die eine Frachteinheit zwischen Quelle und Ziel geleitet werden darf. Der Wert sollte so klein wie möglich gewählt werden, um die Anzahl der möglichen Wege im

Transportnetz zu begrenzen, die der VSR-Optimierer als mögliche Alternativen in Betracht ziehen muss.

Um die Pflege des Transportnetzes zu erleichtern, müssen Sie Umladelokationen, die Bestandteil (Stopp) eines Fahrplans sind, nicht explizit als Umladelokation definieren. Stattdessen verwenden Sie die Funktion **Automatische Verbindungsermittlung** in den Optimierereinstellungen. Damit erreichen Sie, dass alle möglichen Anschlusspunkte (Stopps von Luftfahrplänen) implizit als Umladelokationen betrachtet werden (siehe Abschnitt 4.2, »Transportnetz«).

Standardrouten (siehe Abschnitt 4.2.6) können für Frachteinheiten, Containereinheiten, Waggoneinheiten und Packstückeinheiten im VSR-Optimierer berücksichtigt werden. Sie haben vier Möglichkeiten, um mithilfe von Standardrouten das Planungsergebnis zu beeinflussen:

- **Nur Standardrouten berücksichtigen**

  Der VSR-Optimierer betrachtet nur Standardrouten als mögliche Routing-Alternativen.
- **Standardrouten bevorzugen**

  Der VSR-Optimierer wählt eine Standardroute, wenn sie eine zulässige Routing-Alternative darstellt, sucht aber nach Alternativen, wenn keine zulässige Standardroute vorhanden ist.
- **Auch Standardrouten berücksichtigen**

  Der VSR-Optimierer gibt den kostengünstigsten Tourenplan zurück, unabhängig davon, ob er als Standardroute verfügbar ist oder nicht.
- **Standardrouten nicht berücksichtigen**

  Der VSR-Optimierer berücksichtigt keine Standardrouten.

[«]

Technische Konfiguration des VSR-Optimierers

Der VSR-Optimierer ist eine eigenständige Softwarekomponente, die aus Performance-Gründen in C++ und nicht in ABAP entwickelt wurde. Technisch gesehen, wird der Optimierer über das *Remote Control and Communication Framework* (RCCF) mit einem Remote Function Call (RFC) aufgerufen. Relevante Transaktionen für die technische Konfiguration im Backend-System finden Sie unter **Anwendungsübergreifende Komponenten • Prozesse und Werkzeuge für Geschäftsanwendungen • Remote Control and Communication Framework**.

In Transaktion RCC_CUST (Destinationen bearbeiten, siehe Abbildung 6.115), können Sie festlegen, welche Hardware Sie für den VSR-Optimierer und die anderen externen Optimierungssoftwarekomponenten zur Verfügung haben und wie diese Hardware erreicht wird. Die folgenden Anwendungen sind andere externe Optimierungssoftwarekomponenten, die das gleiche Framework verwenden:

- TSPS: Spediteurauswahl
- TVRG: Transportvorschlag
- TVSR: VSR-Optimierer
- TVSS: Scheduler
- TVSO: Laderaumoptimierung
- TSFM: Strategisches Frachtmanagement

Die Spalte **Kommunikationsverbindung** definiert die RFC-Verbindung und ist in Transaktion SM59 (TCP/IP-Verbindungen) definiert. Die Spalte **Max. Slots** bezieht sich auf die Anzahl der auf dem Optimierungsserver verfügbaren CPU-Kerne. Sind diese bereits in Verwendung und wird ein zusätzlicher Optimierungslauf gestartet, erkennt das System darüber unmittelbar eine Überlast und bricht den neu gestarteten Optimierungslauf direkt ab, da keine Hardware zur Verfügung steht. Wenn mehrere Ziele (**Dest-ID**) für dieselbe Anwendung (**Appl.**) definiert sind, bestimmt die Spalte **Priorität** die Reihenfolge, die der VSR-Optimierer verwendet, um einen verfügbaren Server für den Optimierungslauf zu bestimmen (Lastverteilung).

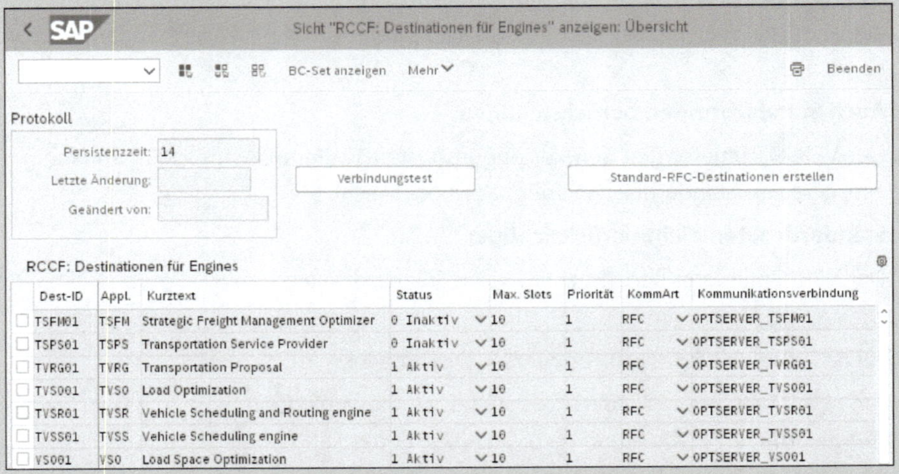

Abbildung 6.115: RCCF – Destinationen bearbeiten

Der Parameter **Persistenzzeit** gibt an, wie viele Tage die Planungsprotokolle im System gehalten werden, bevor sie gelöscht werden. Die Protokolle können Ihnen bei der Analyse des Planungsergebnisses helfen und werden in Abschnitt 6.8.6, »Erklärungsfunktion«, näher erläutert. Die Protokolle werden auch für den SAP-Support benötigt, um das Verhalten des VSR-Optimierers im Falle eines Fehlers nachzubilden. Stellen Sie dazu in Transaktion /SCMTMS/OPT10 (Konfiguration für Engine Debugging) in Abbildung 6.116 die **Trace-Stufe** auf **INFO** und das **Dump-Level** auf **1**.

Die korrekte Installation und technische Einrichtung aller Destinationen kann in Transaktion RCC_VERSION (Versionsanzeige) überprüft werden. Wenn eine Version als **Versionsinformation** angezeigt wird, dann ist alles in Ordnung. Beachten Sie, dass die Optimierungssoftwarekomponenten abwärtskompatibel sind und daher die gleiche oder eine neuere Version haben müssen als die Anwendung.

Transaktion RCC_SESSION (Aktive Sitzungen anzeigen) bietet ein Überwachungswerkzeug für aktuell laufende Prozesse aller Optimierungssoftwarekomponenten, die das RCCF verwenden. Mit dieser Transaktion können Sie auch im Hintergrund laufende Prozesse bei Bedarf abbrechen.

Schließlich können Sie die Optimierungsdaten an der Schnittstelle zum Optimierer ändern – sowohl dann, wenn die Daten an den Optimierer gesendet werden (z. B. um zusätzliche Einschränkungen hinzuzufügen), als auch nach dem Optimierungslauf (um die Ergebnisse anzupassen). Dies geschieht im BAdI `/SCMTMS/PLN_PRE_PROC` zur Vorverarbeitung der Optimierungsdaten und im BAdI `/SCMTMS/PLN_POST_PROC` zur Nachbearbeitung des Planungsergebnisses.

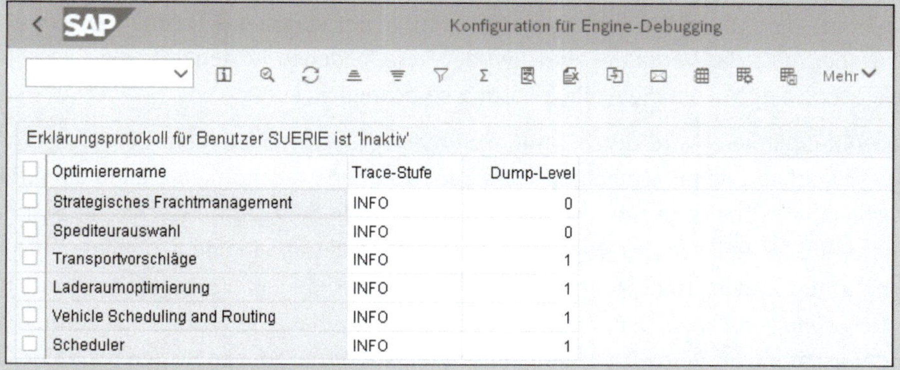

Abbildung 6.116: RCCF – Konfiguration für Engine Debugging

Der SAP-Hinweis 1686826 bietet eine lange FAQ-Liste für das Troubleshooting bei Problemen mit der Optimiererinstallation.

6.8.3 Vehicle Scheduling and Routing: Zielkriterien für die Planung

Damit der VSR-Optimierer einen vernünftigen Transportplan erstellen kann, müssen Sie die Zielkriterien dafür definieren. Einzelne Ziele können in verschiedenen Implementierungsprojekten oder sogar für verschiedene Planungssituationen innerhalb derselben Implementierung unterschiedlich sein. Dies lässt sich an einem einfachen Beispiel veranschaulichen.

Nehmen wir eine einfache Planungssituation mit nur einer Quelllokation (Werk) und nur einer Anlieferlokation (Kunde) an. Der Kunde bestellt täglich umgerechnet einen halben Lkw Ware. In dieser Situation gibt es aus Sicht der Transportplanung zwei mögliche Lösungen:

- Täglich liefert ein Lkw die Ware aus dem Werk an den Kunden. Dieser Lkw ist jedoch nur halb voll (oder halb leer). Obwohl diese Lösung aufgrund der geringen Lkw-Auslastung nicht sehr effizient ist, bietet sie einen hohen Servicegrad, da der Kunde exakt nach seinen Bedürfnissen bedient wird.
- Der Kunde wird jeden zweiten Tag mit einer kompletten Lkw-Ladung bedient. Diese Lösung ist aus Transportsicht sehr effizient (100 %-Auslastung), aber der Kundenservice ist schlecht, da den Kunden die Hälfte seiner Bestellungen entweder einen Tag zu früh oder einen Tag zu spät erreicht.

Welche Lösung ist besser und wird vom VSR-Optimierer errechnet? Die Antwort hängt von der individuellen Situation ab; beides ist möglich. Die erste Lösung mag bevorzugt werden, wenn es Bestands-/Lagerbeschränkungen beim Kunden gibt oder wenn die Haltbarkeit der Waren ihre Lagerung nicht zulässt, sondern tägliche Lieferungen erzwingt. Die zweite Lösung wird in Wettbewerbssituationen bevorzugt, wenn die Kosten das alleinige Entscheidungskriterium darstellen. Der VSR-Optimierer kann beide Lösungen erstellen, und welche zurückgegeben wird, hängt von den definierten Zielkriterien ab. Daher muss das Verhältnis zwischen den verschiedenen Kostenarten die Geschäftsziele widerspiegeln, um die richtige Lösung berechnen zu können.

Der VSR-Optimierer wird durch ein Kostenminimierungsziel gesteuert. Die Kostenarten sind sowohl von den Frachteinheiten als auch von den Transportkapazitäten abhängig. Frachteinheitsabhängige Kostenarten beeinflussen den Servicegrad (rechtzeitige Abholung und/oder Anlieferung), während transportkapazitätsabhängige Kostenarten die effiziente Nutzung der Transportmittel beeinflussen. Im vorangegangenen Beispiel wird die erste Lösung zurückgegeben, wenn die frachteinheitsabhängigen Kosten für Verfrühung und Verspätung im Vergleich zu den transportkapazitätsbezogenen Kosten hoch sind, da es in diesem Fall teuer wäre, das Anlieferzeitfenster für die Hälfte der Ware zu verletzen. Die zweite Lösung wird zurückgegeben, wenn die transportkapazitätsabhängigen Kosten höher sind.

Schauen wir uns die berücksichtigten Kostenarten genauer an. Die meisten davon sind in der SAP-Fiori-App **Randbedingungen und Kosteneinstellungen bearbeiten** definiert (siehe Abbildung 6.117 und Abbildung 6.118).

Abbildung 6.117: Randbedingungen und Kosteneinstellungen: Bedarfsbelegkosten und Emissionskosten

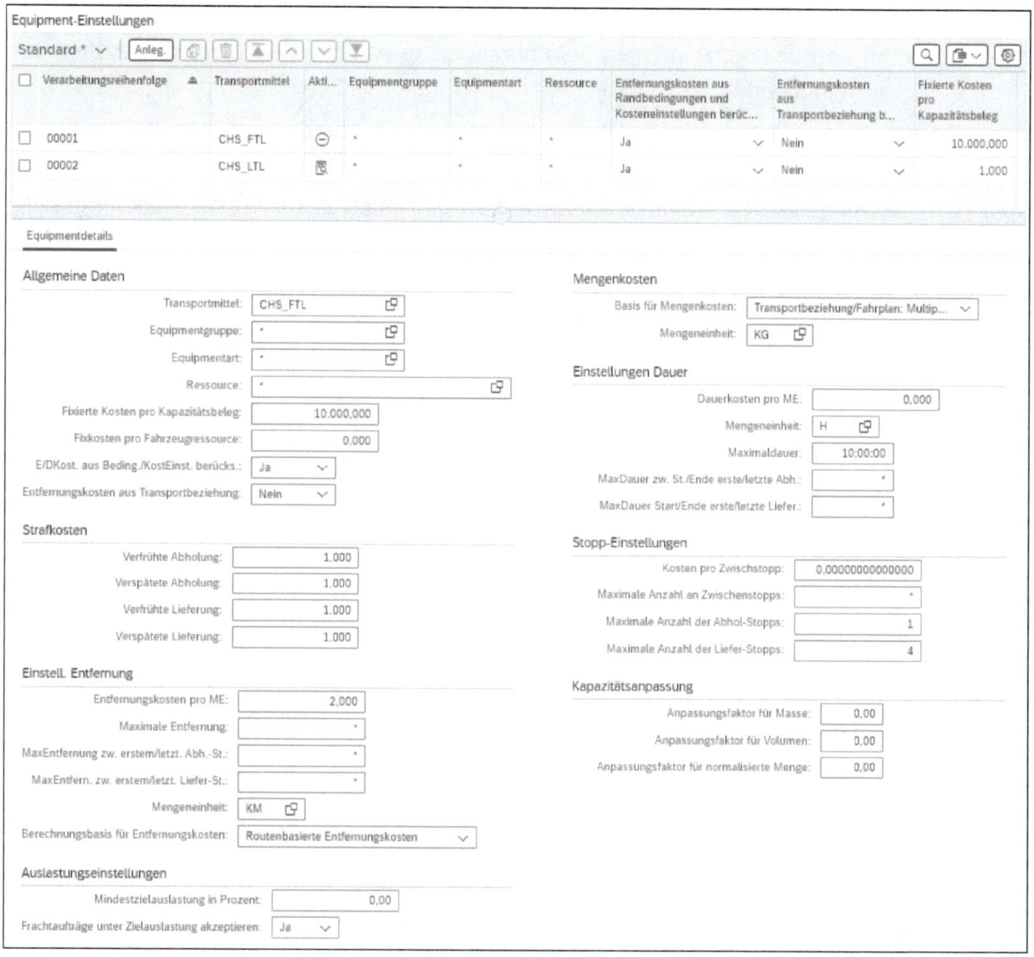

Abbildung 6.118: Randbedingungen und Kosteneinstellungen – Equipmenteinstellungen

Kosten für Bedarfsbelege (in der Regel Frachteinheiten) können entweder direkt in der SAP-Fiori-App **Randbedingungen und Kosteneinstellungen bearbeiten** oder über eine Bedingung mit der Bedingungsart `/SCMTMS/FU_PNLT_COST` definiert werden, die in der SAP-Fiori-App zugeordnet wird. Wenn eine Bedingung verwendet wird, können je nach Eigenschaften der einzelnen Bedarfsbelege unterschiedliche Kosten definiert werden (z. B. unterschiedliche Verspätungskosten je nach Kundenpriorität oder unterschiedliche Verspätungskosten für Abhol- bzw. Anlieferzeitfenster):

- Kosten für Nichtlieferung werden berechnet, wenn ein Bedarfsbeleg nicht transportiert wird. Standardmäßig sind sie sehr hoch eingestellt, um den VSR-Optimierer zu zwingen, eine Lösung zu finden, in der alle Frachteinheiten transportiert werden, da Nichtlieferung normalerweise keine gültige Option ist.
- Die Kosten für die Verfrühung (pro Tag) gelten sowohl für die vorzeitige Abholung als auch für die vorzeitige Anlieferung einer Frachteinheit. Die Dauer der Verfrühung be-

rechnet sich als das Intervall zwischen dem geplanten Zeitpunkt der Abholung/Lieferung und dem gewünschten Starttermin (siehe Abschnitt 6.2.2, »Eigenschaften von Frachteinheiten«).

- Die Kosten für Verspätung (pro Tag) gelten ebenfalls für die verspätete Abholung und auch für die verspätete Anlieferung einer Frachteinheit. Die Dauer der Verspätung ergibt sich aus dem Intervall zwischen dem geplanten Zeitpunkt der Abholung/Lieferung und dem gewünschten Endedatum (siehe ebenfalls Abschnitt 6.2.2).

Die Equipmenteinstellungen definieren die Kosten der verfügbaren Transportkapazität und können direkt in der SAP-Fiori-App **Randbedingungen und Kosteneinstellungen bearbeiten** (siehe Abbildung 6.118), teilweise aber auch in den Stammdaten der Transportbeziehung (siehe Abschnitt 4.2, »Transportnetz«) gepflegt werden.

Die transportmittelspezifischen Kosten können im Rahmen des Planungsszenarios für alle Fahrzeuge eines Transportmittels gleich oder auch für bestimmte Equipmentarten oder Fahrzeugressourcen unterschiedlich definiert werden:

- **Fixkosten**

  Diese Kosten fallen in der Zielfunktion entweder pro Frachtauftrag oder pro Fahrzeugressource an. Daher können Fixkosten verwendet werden, um die Anzahl der eingesetzten Fahrzeugressourcen zu minimieren oder zwischen verschiedenen verfügbaren Fahrzeugressourcen zu wählen.

- **Strafkosten**

  Diese Werte sind Faktoren, die für die frachteinheitsabhängigen Verfrühungs- und Verspätungskosten gelten. Diese Faktoren können genutzt werden, um Verfrühung und Verspätung je nach Transportmittel unterschiedlich zu bestrafen. Zum Beispiel ist die Verletzung eines Abholzeitfensters für einen Seetransport wesentlich teurer zu bewerten als bei einem Straßentransport.

- **Entfernungsabhängige Kosten**

  Diese transportmittelspezifischen Kosten können in der SAP-Fiori-App **Randbedingungen und Kosteneinstellungen bearbeiten** oder in der Transportbeziehung (Feld **Trmittel.-Kosten**) gepflegt werden. Die tatsächliche Entfernung des Frachtauftrags wird mit den Kosten pro Entfernungseinheit multipliziert (siehe Abschnitt 4.2.3 zur Ermittlung der Transportbeziehungen). In Nordamerika und anderen Teilen der Welt gibt es unterschiedliche Konzepte zur Berechnung der entfernungsabhängigen Kosten. In Nordamerika werden diese als *zielbasierte Entfernungskosten* berechnet, in Europa typischerweise als *routenbasierte Entfernungskosten*.

  Abbildung 6.119 veranschaulicht exemplarisch die unterschiedlichen Berechnungskonzepte, die sogar zu unterschiedlichen optimalen Lösungen führen können. Zielbasierte Entfernungskosten werden berechnet, indem die tatsächliche Entfernung des gesamten Frachtauftrags mit den Entfernungskosten aus der Transportbeziehung zwischen Quelllokation und Ziellokation multipliziert wird. Routenbasierte Entfernungskosten werden berechnet, indem die tatsächliche Entfernung jedes Abschnitts mit den Kosten der Transportbeziehung für diesen Abschnitt multipliziert und die Kosten für die einzelnen Abschnitte addiert werden.

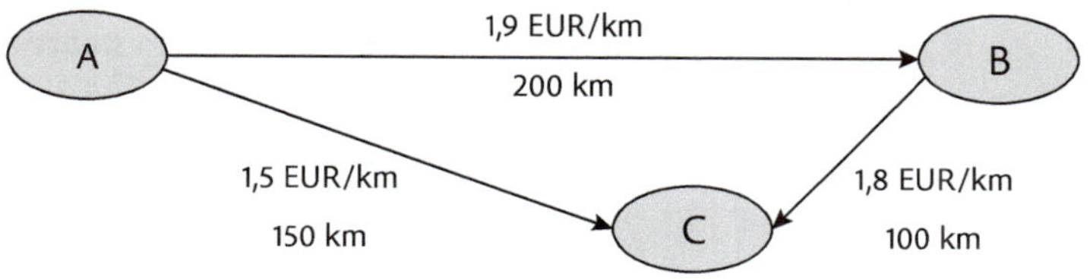

Zielbasierte Entfernungskosten:

Frachtauftrag (A → B → C) = Entfernung (A → B → C) x Kosten (A → C) = 300 x 1,5 = 450 EUR

Frachtauftrag (A → C → B) = Entfernung (A → C → B) x Kosten (A → B) = 250 x 1,9 = 475 EUR

Routenbasierte Entfernungskosten:

Frachtauftrag (A → B → C) = Entfernung (A → B) x Kosten (A → B) + Entfernung (B → C) x Kosten (B → C)
= 200 x 1,9 + 100 x 1,8 = 560 EUR

Frachtauftrag (A → C → B) = Entfernung (A → C) x Kosten (A → C) + Entfernung (C → B) x Kosten (C → B)
= 150 x 1,5 + 100 x 1,8 = 405 EUR

Abbildung 6.119: Ziel- und routenbasierte Entfernungskosten im Vergleich

Zusätzlich können *minimale Entfernungskosten* definiert werden. Ein typisches Beispiel ist ein Szenario, in dem die Frachtkosten in der Regel abhängig von der Entfernung sind (z. B. 2 EUR pro km), aber mindestens 300 EUR betragen sollen, da ansonsten kurze Transporte unter 150 km nicht wirtschaftlich sind. Die Mindestkosten können in den Stammdaten der Transportbeziehung definiert werden (Feld **Min. TM-Kosten**).

Die Entfernungskosten werden in der Regel minimiert, um den Kraftstoffverbrauch zu senken oder die Betriebszeiten der Fahrzeugressourcen zu reduzieren.

- **Kosten der Transportdauer**

  Diese Kosten beziehen sich auf die tatsächliche Nutzungsdauer der Fahrzeugressourcen. Sie entstehen von der ersten Nutzung (Beladen) bis zur letzten Nutzung (Entladen). Die Dauer wird mit den Kosten pro Dauereinheit (z. B. pro Stunde) multipliziert. Kosten für die Transportdauer können verwendet werden, um Betriebszeiten zu minimieren, z. B. um einen kompakten Transportplan mit begrenzten Leerlaufzeiten zu erstellen.

- **Mengenkosten**

  Diese Kosten, die auf einer Mengeneinheit (z. B. Kilogramm oder Kubikmeter) basieren, können in der Zielfunktion berücksichtigt werden oder nicht (**Keine Kosten** ausgewählt in der Drop-down-Liste **Basis für Mengenkosten**). Falls Mengenkosten berücksichtigt werden sollen, können sie entfernungsunabhängig oder entfernungsabhängig berechnet werden. Bei entfernungsabhängigen Mengenkosten wird die Frachtauftragsmenge mit der tatsächlichen Entfernung multipliziert. Diese Berechnung wird abschnittsweise durchgeführt. Sie können Mengenkosten generell für ein Transportmittel in der SAP-Fiori-App **Randbedingungen und Kosteneinstellungen bearbeiten** oder auf der Grundlage der Geografie in jeder einzelnen Transportbeziehung definieren.

Transportierte Mengen können sich auf den Kraftstoffverbrauch auswirken und können daher als Kostenelement für die transportierte Menge je Weg in der Zielfunktion des VSR-Optimierers berücksichtigt werden.

- **Zusätzliche Stoppkosten**

  Diese Kosten können verwendet werden, um die Anzahl der Stopps in einem Frachtauftrag zu minimieren. Die Kosten pro zusätzlichem Zwischenstopp fallen für jeden Stopp an, der nicht Quelle oder Ziel des Frachtauftrags ist. In einem Frachtauftrag von A über B nach C würden etwa die Kosten pro zusätzlichem Zwischenstopp einmalig für den Zwischenstopp bei B anfallen.

Die Definition von Emissionskosten (siehe Abbildung 6.117) erlaubt Ihnen, Kosten für das Kohlendioxid(CO_2)-Äquivalent der Treibhausgasemissionen zu definieren und diese bei der VSR-Optimierung zu berücksichtigen. Dadurch können Sie nachhaltigere Transportoptionen bei der Planung bevorzugen. Die Verwendung setzt voraus, dass Sie für die unterschiedlichen Fahrzeugarten die CO_2-Emissionen für leere und voll beladene Lkws definiert haben (siehe Abschnitt 4.3.3, »Fahrzeugtypen und Ressourcen«).

[»]

Kostenfunktionen

Darüber hinaus können Sie *Kostenfunktionen* über eine BAdI-Implementierung in /SCMTMS/PLN_PRE_PROC definieren. Eine Kostenfunktion ist eine abschnittsweise lineare Funktion, die bei der Zuordnung zu einem Transportmittel in Bezug zu einer Mengeneinheit gesetzt wird (siehe Abbildung 6.120).

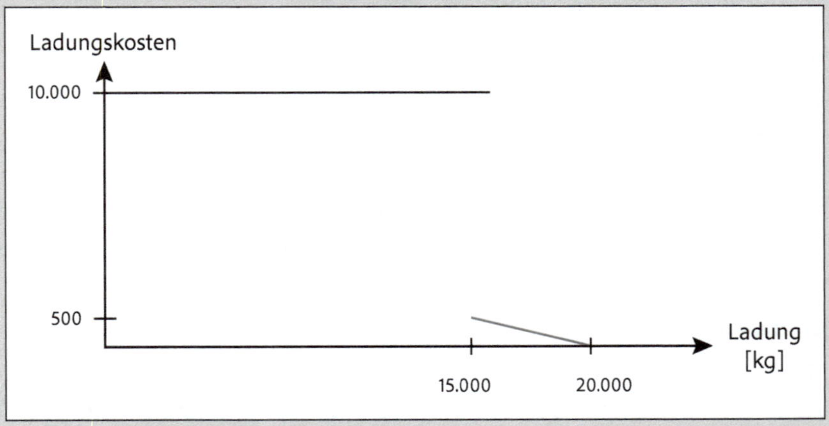

Abbildung 6.120: Kostenfunktion

Die Kostenfunktion verfolgt den Zweck, Fahrzeuge besser auszulasten, indem sie der Fahrzeugressource Kosten zuordnet, die von der Auslastung der Ressource in der referenzierten Mengeneinheit abhängig sind.

In dem Beispiel in Abbildung 6.120 sind Ladungskosten in Höhe von 10.000 EUR definiert, wenn das Fahrzeug mit weniger als 15.000 kg beladen wird. Ab einer Ladung in Höhe von 15.000 kg betragen die Ladungskosten nur noch 500 EUR und sinken linear bis auf 0 bei Erreichen der Fahrzeugkapazität von 20.000 kg. Bei diesem Kostenmuster versucht der VSR-Optimierer, eine Fahrzeugressource mit mindestens 15.000 kg auszulasten.

Manchmal werden Kostenfunktionen verwendet, um eine minimale Auslastung der Frachtaufträge zu erreichen. Beachten Sie jedoch, dass es selten eine vernünftige Entscheidung ist, ein gutes Routing zugunsten einer besseren Auslastung zu opfern. Alternative Möglichkeiten zur Erreichung einer Mindestauslastung werden im nächsten Abschnitt behandelt.

6.8.4 Vehicle Scheduling and Routing: Restriktionen für die Planung

Der VSR-Optimierer versucht, alle in Abschnitt 6.8.3, »Vehicle Scheduling and Routing: Zielkriterien für die Planung«, beschriebenen Kostenarten zu minimieren. Die Erstellung eines Transportplans mit minimalen Kosten muss aber auch bestimmte Restriktionen einhalten. Diese Planungsrestriktionen modellieren die physischen oder ausführungsbezogenen Einschränkungen der realen Welt im Planungssystem. So können etwa Lkws aufgrund physischer oder rechtlicher Beschränkungen nur eine bestimmte Ladung transportieren, die als maximale Masse, maximales Volumen und/oder maximale Anzahl von Paletten ausgedrückt wird, die im Frachtauftrag als Kapazitätsengpass zu betrachten ist. Im VSR-Optimierer sind viele weitere Planungsrestriktionen abbildbar, die wir im Folgenden besprechen werden. Es ist jedoch wichtig, zu beachten, dass eine gute Modellierungspraxis nicht darin besteht, ein Planungsproblem zu sehr einzuschränken, sondern nur solche Einschränkungen zu verwenden, die die Planungsentscheidung wirklich beeinflussen.

Kapazitätsrestriktionen

Kapazitätsrestriktionen sind wichtig für die Transportplanung und gelten als harte Einschränkungen, d. h., der VSR-Optimierer erstellt keine Lösung, die Kapazitätsrestriktionen verletzt. Der VSR-Optimierer entscheidet also im Zweifel, eine Frachteinheit nicht zu transportieren (und hohe Nichtlieferkosten zu verursachen), anstatt gegen eine Kapazitätsbeschränkung zu verstoßen. Kapazitätsrestriktionen können in den Stammdaten der Fahrzeugressourcen ausgedrückt werden (siehe Abschnitt 4.3, »Equipmentarten und Ressourcen«) oder im Customizing für Fahrzeugarten (**Transportation Management • Stammdaten • Ressourcen • Allgemeine Einstellungen • Equipmentgruppen und Equipmentarten definieren**) angegeben werden. Fahrzeugressourcen werden benötigt, wenn Sie bei der Planung jedes physische Fahrzeug einzeln berücksichtigen müssen, z. B. wenn Fahrzeugressourcen Lkws Ihres eigenen Fuhrparks darstellen. Wenn Sie regelmäßig Frachtaufträge an Spediteure vergeben, können Sie entweder Fahrzeugressourcen verwenden, die als Multiressourcen gekennzeichnet sind, oder, um eine individuelle Pflege zu vermeiden, auf der Grundlage von Fahrzeugarten planen.

Für jede Fahrzeugressource kann der VSR-Optimierer bis zu acht verschiedene Kapazitätsdimensionen berücksichtigen. Die gebräuchlichsten Kapazitätsdimensionen sind Masse, Volumen und Grundfläche (Anzahl der Paletten). Nur solche Dimensionen, die auch als Kapazitätsbedarf in der Fchteinheit definiert wurden (d. h. diejenigen, die als Planungsmenge in der FEBR hinterlegt wurden; siehe Abschnitt 6.2.3, »Frachteinheitsbildung«), werden bei der Planung berücksichtigt. Neben den Kapazitätsrestriktionen wird die in den Ressourcenstammdaten definierte zeitliche Verfügbarkeit vom VSR-Optimierer als harte Einschränkung angesehen.

Kapazitätsrestriktionen werden auf mehreren Ebenen beachtet (siehe Abbildung 6.121). Die unterste Ebene ist die Ladeabteilebene. Sowohl die Fahrzeugressource als auch der Anhänger sind physisch in vier Ladeabteile (z. B. Tanks, C1 bis C8) unterteilt.

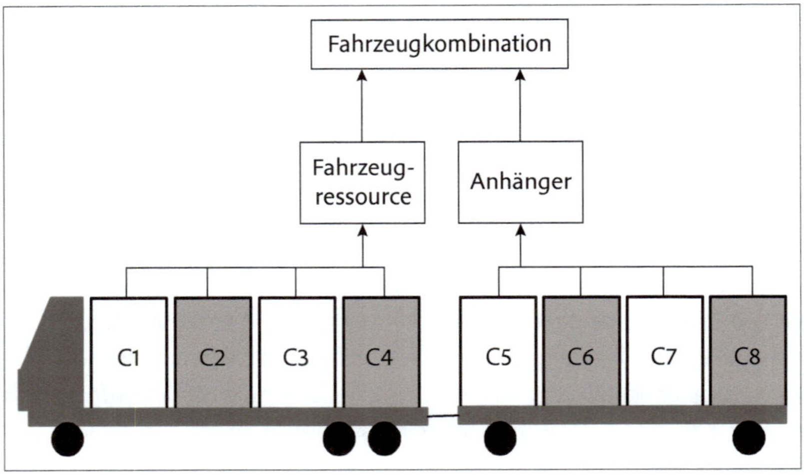

Abbildung 6.121: Kapazitätsbeschränkungen – Ladeabteil, Fahrzeugressource und Fahrzeugkombination

Möglicherweise müssen Sie diese Eigenschaft des Fahrzeugs berücksichtigen, z. B. wenn verschiedene Flüssigkeiten, die nicht gemischt werden können, transportiert werden müssen. Jedes Ladeabteil stellt eine eigene Kapazitätsbeschränkung dar. Darüber hinaus stellt jede Fahrzeugressource (der Lkw und der Anhänger) eine Kapazitätsbeschränkung dar, und schließlich kann die Fahrzeugkombination auch eine Kapazitätsbeschränkung darstellen. Kapazitätsrestriktionen auf verschiedenen Ebenen können unabhängig voneinander definiert werden und werden bei der Planung unabhängig voneinander berücksichtigt. Sie werden nicht aus den anderen Ebenen abgeleitet.

Die Definition der Ladeabteile erfolgt im Customizing über den Menüpfad **Transportation Management • Stammdaten • Ressourcen • Transportmittel und Ladeabteil • Ladeabteilart definieren** wie folgt:

1. Eine Ladeabteilart wird durch ihre Kapazität (in verschiedenen Dimensionen) und Attribute definiert. Attribute können in Verbindung mit Inkompatibilitäten genutzt werden, um zu steuern, ob nur Flüssigkeiten oder Güter, die besondere Temperaturbedingungen erfordern, in das Ladeabteil geladen werden dürfen. In Abbildung 6.121 zeigen verschiedene Muster an, dass das Fahrzeug aus vier Ladeabteilen mit zwei verschiedenen Ladeabteilarten besteht.
2. In der gleichen Customizing-Transaktion werden auch Ladeabteilprofile definiert, um die Ladeabteilarten zu einer Fahrzeugkonfiguration zu kombinieren. Für das Beispiel in Abbildung 6.121 wird ein Ladeabteilprofil benötigt, dem zwei Ladeabteilarten jeweils mit der Menge 2 zugeordnet sind.
3. Schließlich wird das Ladeabteilprofil dem Transportmittel oder der Fahrzeugressource zugeordnet (ebenfalls in der gleichen Customizing-Transaktion). In dem Beispiel in Abbildung 6.121 kann dem Transportmittel, das die Fahrzeugressource repräsentiert, und dem Transportmittel, das den Anhänger repräsentiert, das gleiche Ladeabteilprofil zugeordnet werden.

Ladeabteile werden häufig in Planungsszenarien mit Flüssigkeiten oder in der Einzelhandelsdistribution zur Erfüllung der Temperaturbedingungen der transportierten Güter eingesetzt.

Fahrzeugkombinationen werden im Customizing über den Menüpfad **Transportation Management • Stammdaten • Ressourcen • Transportmittel und Ladeabteil • Transportmittelkombination definieren** wie folgt definiert:

1. Die Transportmittel einer Transportmittelkombination bestehen aus genau einem Transportmittel, das nicht als passiv definiert ist (**Transportation Management • Stammdaten • Ressourcen • Transportmittel und Ladeabteil • Transportmittel definieren**), und einer beliebigen Anzahl von Transportmitteln, die als passiv definiert wurden. Transportmittel, die in einer Transportmittelkombination verwendet werden, sollten nicht als Multiressource definiert sein, da die Planung in diesen Szenarien die Verfolgung einzelner Ressourcen erfordert.
2. Einer Transportmittelkombination werden wie den Ladeabteilarten Kapazitäten (in verschiedenen Dimensionen) und Attribute zugeordnet.

Als Ergebnis der Planung mit dem VSR-Optimierer kann jede Fahrzeugressource, für deren Transportmittel eine Transportmittelkombination angelegt wurde, in einer Fahrzeugkombination verwendet und mit anderen Fahrzeugressourcen basierend auf einer beliebigen definierten Transportmittelkombination gekoppelt und von diesen abgekoppelt werden. Die An- und Abkuppeldauer wird in den Terminierungseinstellungen definiert.

In den Lokationsstammdaten können Sie auf der Registerkarte **TM** festlegen, wie das An- und Abkuppeln von Anhängern an einer Lokation erfolgen darf (**Anhängerhandling**). Es stehen folgende Optionen zur Verfügung: Das Umkuppeln ist möglich, es ist nicht möglich, es ist nur erlaubt, wenn gleichzeitig Frachteinheiten an der Lokation abgeholt oder angeliefert werden, oder nur ein Begegnungsverkehr (Austausch von Anhängern) ist an der Lokation erlaubt. Der VSR-Optimierer unterstützt sämtliche Szenarien sowie die Erstellung von Anhängereinheiten im Rahmen des automatisierten Planungsprozesses.

Die Planung mit Fahrzeugkombinationen wird verwendet, wenn Anhänger häufig zwischen den Zugmaschinen ausgetauscht werden oder die Anzahl der Zugmaschinen und Anhänger voneinander abweicht, da das Be- und Entladen im Vergleich zur Fahrtzeit einen signifikanten Zeitanteil in Anspruch nimmt und eine Zugmaschine andere Anhänger bewegen kann, während einer be- oder entladen wird. Der Einsatz von Fahrzeugkombinationen erhöht jedoch die Komplexität des Planungsszenarios beträchtlich, da Zugmaschinen und Anhänger unabhängig voneinander geplant werden müssen. Daher sollte die Modellierung dieser Einschränkung nur verwendet werden, wenn sie planerisch notwendig ist. Beachten Sie außerdem, dass sich diese Funktion auf Straßentransporte (Lkws und ein oder wenige Anhänger) beschränkt und nicht für den Schienentransport zur Erstellung von Zügen geeignet ist.

Eine Alternative zur Planung mit Fahrzeugkombinationen ist die Verwendung von Kombinationsressourcen. Die Verwendung von Kombinationsressourcen vermeidet die Komplexität der Modellierung und Planung einzelner Lkws und Anhänger durch die Definition einer festen Kombination. Für diese Kombination können Multiressourcen verwendet werden. Daher muss sich der VSR-Algorithmus nicht mit der Kopplung/Entkopplung der einzelnen Komponenten einer Kombinationsressource befassen. Die Planung erfolgt stattdessen auf der Ebene der Kombinationsressource, was empfehlenswert ist, wenn Sie keine eigene Flotte planen müssen.

Kapazitätsrestriktionen sind nicht auf Ladeabteile, Fahrzeugressourcen und Fahrzeugkombinationen beschränkt. Fahrpläne und Frachtbuchungen können in der Planung ebenfalls (beschränkte) Kapazität bereitstellen.

Abnehmende Kapazitäten sind eine Kapazitätsbeschränkung, die in Einzelhandelsszenarien gelegentlich vorkommt. Wenn ein Lkw Waren an mehrere Filialen liefert, werden die Waren im Lkw sequenziell pro Filiale geladen, und mit einer (schmalen) Trennwand werden die Waren der einzelnen Filialen voneinander getrennt. Aufgrund der Trennwand kann jedoch ein Teil des Laderaums nicht genutzt werden und geht verloren. Wie viel Platz verloren geht, hängt von der Anzahl der Trennwände ab, d. h. von der Anzahl der Filialen, die mit dem Fahrzeug beliefert werden sollen. Die verfügbare Fahrzeugkapazität ist also kein fester Wert, sondern hängt dynamisch vom Transportplan ab. Abnehmende Kapazitäten sind eine Planungsbeschränkung, die dieser Situation Rechnung trägt und definiert, wie stark die Fahrzeugkapazität aufgrund der Anzahl der Stopps des Frachtauftrags reduziert wird. Abnehmende Kapazitäten werden pro Transportmittel über die SAP-Fiori-App **Einstellungen für abnehmende Kapazität vornehmen** definiert.

In Abschnitt 6.8.3, »Vehicle Scheduling and Routing: Zielkriterien für die Planung«, haben Sie die Kostenfunktion als Mittel zur Einführung eines Auslastungsziels in die Zielfunktion des VSR-Optimierungsalgorithmus kennengelernt. Dies kann kontraproduktiv sein, da es den VSR-Optimierer zwingen kann, einen Lkw auf einen großen Umweg zu schicken, indem eine Frachteinheit hinzugefügt wird, um den Lkw zu füllen, die in die entgegengesetzte Richtung geliefert werden muss als alles andere. Um die Erstellung solcher Touren zu vermeiden, können Sie in der SAP-Fiori-App **Randbedingungen und Kosteneinstellungen bearbeiten** eine Mindestzielauslastung in Prozent definieren (siehe Abbildung 6.118), anstatt eine Kostenfunktion zu verwenden. Auf diese Weise wird der Optimierungsalgorithmus nicht durch ein mehrdeutiges Ziel irregeführt, aber Sie können trotzdem steuern, was passieren soll, wenn ein Auslastungsziel für einen Frachtauftrag nicht erreicht wird. Wenn die minimale Zielauslastung gepflegt ist, versucht der VSR-Optimierer, diese Zielauslastung in mindestens einer Kapazitätsdimension zu erreichen. Je nachdem, ob Sie Frachtaufträge unter Zielauslastung akzeptieren, belässt der VSR-Optimierer entweder einige Frachteinheiten ungeplant oder gibt eine Warnung für Frachtaufträge unterhalb der Zielauslastung aus.

Zeitliche Einschränkungen

Um zeitliche Einschränkungen abzubilden, können Sie in den Stammdaten eine Kalenderressource definieren und diese der Lokation in den Lokationsstammdaten zuordnen (Registerkarte **Ressourcen**). Sie können unterschiedliche Kalenderressourcen als Öffnungszeit für eingehende (Entladen) und ausgehende (Laden) Aktivitäten zuordnen. Darüber hinaus können Sie Öffnungszeiten definieren, die für ein Transportmittel spezifisch sind. Wenn die Anzahl der gleichzeitigen Be- und Entladevorgänge begrenzt ist, definieren Sie analog Handling-Ressourcen in den Stammdaten und ordnen sie der Lokation in den Lokationsstammdaten (Registerkarte **Ressourcen**) zu. Ähnlich wie bei den Öffnungszeiten können Sie zwischen eingehend und ausgehend unterscheiden und diese Einschränkungen transportmittelspezifisch definieren (siehe Abschnitt 4.2.1, »Lokationen«, und Abschnitt 4.3, »Equipmentarten und Ressourcen«, zur Definition von Stammdaten).

Die Verfügbarkeit von Fahrzeugressourcen wird in den Stammdaten definiert. Darüber hinaus bieten die Kapazitätsverfügbarkeitseinstellungen (siehe Abbildung 6.122) einen zentralen Ort, um die Verfügbarkeit sowohl für Stammdatenressourcen als auch für Fahrzeugtypen und das Fahrpersonal zu definieren. Sie können den Ressourcen und Fahrzeugtypen einen **Fabrikkalender**, ein **Schichtprogramm** und eine **Zeitzone** zuweisen. Die in den Kapazitätsverfügbarkeitseinstellungen definierten Regeln werden gemäß der Bearbeitungsreihenfolge abgearbeitet, und die erste passende Regel wird angewandt. Sie legen fest, ob Sie die **Verfügbarkeit aus den Stammdaten verwenden** oder die Fahrzeugressourcen/Fahrzeugtypen als **immer verfügbar** betrachten. Wenn Sie bei diesen Einstellungen von den Stammdaten abweichen, können Sie zu Simulations-/Auswertungszwecken leicht zwischen verschiedenen Verfügbarkeiten wechseln.

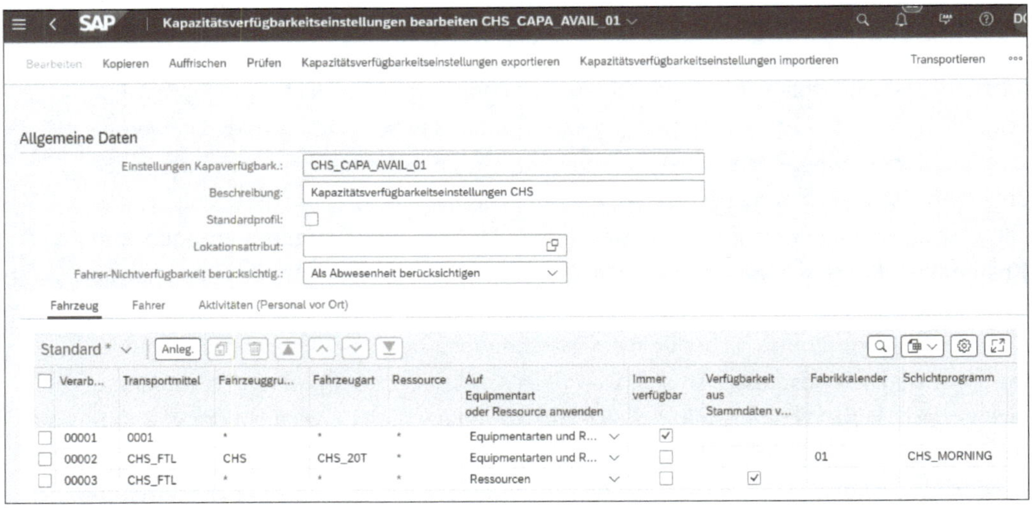

Abbildung 6.122: Kapazitätsverfügbarkeitseinstellungen

In Abschnitt 6.2.2, »Eigenschaften von Frachteinheiten«, haben wir Abhol- und Anlieferzeitfenster eingeführt. Die annehmbaren Start- und Endtermine sowohl des Abhol- als auch des Anlieferzeitfensters sind für den VSR-Optimierer harte Vorgaben und werden nie verletzt. Die Wunschtermine drücken Präferenzen aus (weiche Randbedingungen) und werden in Form von Strafkosten im Zielkriterium des VSR-Optimierers berücksichtigt (mehr über Verfrühungs- und Verspätungskosten für Frachteinheiten erfahren Sie in Abschnitt 6.8.3, »Vehicle Scheduling and Routing: Zielkriterien für die Planung«).

Abholung und Anlieferung implizieren, dass die Frachteinheiten auf und von den Transportkapazitäten be- und entladen werden müssen. Diese Aktivitäten erzeugen zusätzliche Einschränkungen für die Planung. Be- und Entladen sind Aktivitäten, die nicht nur die Verfügbarkeit der Fahrzeugressource erfordern, sondern auch die Verfügbarkeit an der jeweiligen Lokation berücksichtigen müssen. Einige Lokationen sind gegebenenfalls nur zu bestimmten Zeiten geöffnet (z. B. werktags von 9:00 bis 17:00 Uhr). An anderen Lokationen kann die Anzahl der parallelen Be- und Entladeaktivitäten begrenzt sein, da nur eine begrenzte Anzahl an Rampen oder Personal zum Be- und Entladen von Fahrzeugen zur Verfügung steht. Darüber hinaus können zusätzliche Aktivitäten, wie z. B. Lkw-Registrierungsprozesse an großen Standorten oder die Erledigung von Papierkram durch das Fahrpersonal, eine explizite (zeitliche) Planung erfordern, um einen ausführbaren Frachtauftrag zu erhalten. Das Terminierungskonzept basiert auf sieben grundlegenden Aktivitätsarten (Be- und Entladen, Fahren, Koppeln, Entkoppeln, Vorbereiten und Abschließen) und kombiniert frachteinheitsspezifische Aktivitäten (Be- und Entladen) mit frachtauftrags- bzw. lokationsspezifischen Aktivitäten (Vorbereiten, Be- und Entladen und Abschließen). In Abbildung 6.123 wird das Terminierungskonzept erläutert, und Abbildung 6.124 zeigt seine Konfiguration.

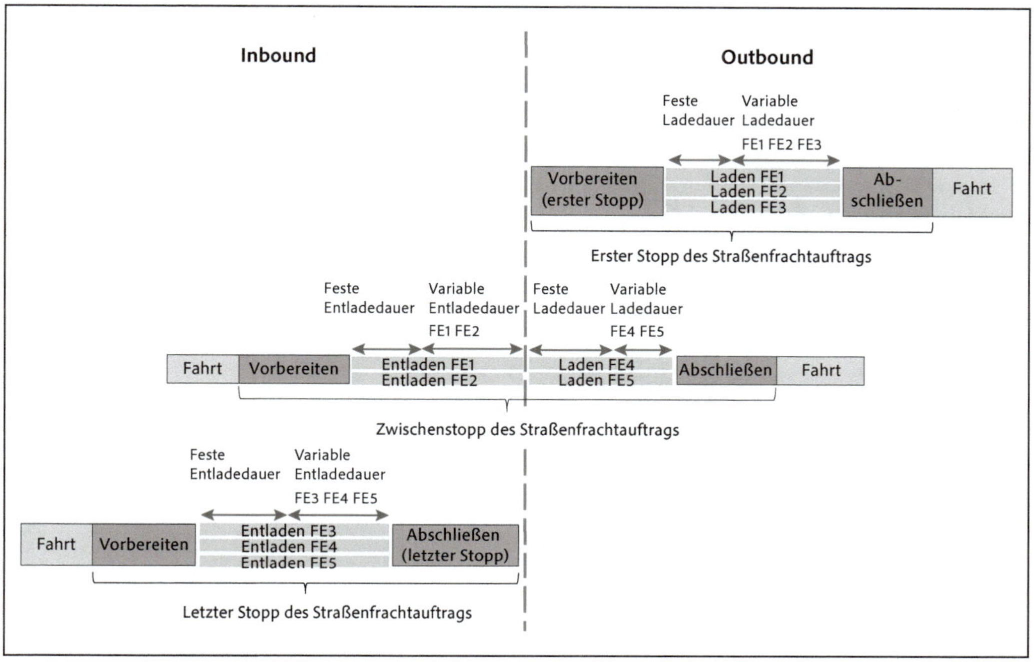

Abbildung 6.123: Terminierungskonzept für Straßenfrachtaufträge

Ein Frachtauftrag kann sowohl Stopps enthalten, die nur aus ausgehenden Aktivitäten bestehen (erster Stopp und oberste Zeile in Abbildung 6.123), kombinierte Stopps mit eingehenden und ausgehenden Aktivitäten (zweiter Stopp und zweite Zeile in Abbildung 6.123) und Stopps, die nur eingehende Aktivitäten enthalten (dritter Stopp und unterste Zeile in Abbildung 6.123). Jeder Stopp besteht aus bis zu vier Aktivitäten:

1. Vorbereiten
2. Entladen
3. Laden
4. Abschließen

Ihre Dauer kann unabhängig voneinander definiert werden, abhängig von der Lokation, dem verwendeten Transportmittel, einem Belegattribut und der Be-/Entlademenge. Betrachten wir die Aktivitäten im Einzelnen:

- **Vorbereiten**

  Vorbereitungsaktivitäten sind immer die ersten Aktivitäten an einem Stopp. Sie werden auf der Registerkarte **Outbound** (wenn es sich um den ersten Stopp des Frachtauftrags handelt; in Abbildung 6.124 definiert als 30 Minuten im Bereich **Ersten Stopp vorbereiten und Stopp nachbereiten**) oder auf der Registerkarte **Eingehend** für alle anderen Stopps definiert. Vorbereitungsaktivitäten können Registrierungsprozesse an einer Lokation darstellen, und eine Kalenderressource kann zugewiesen werden, um diese Aktivitäten nur während der Betriebszeit dieser Kalenderressource einzuplanen.

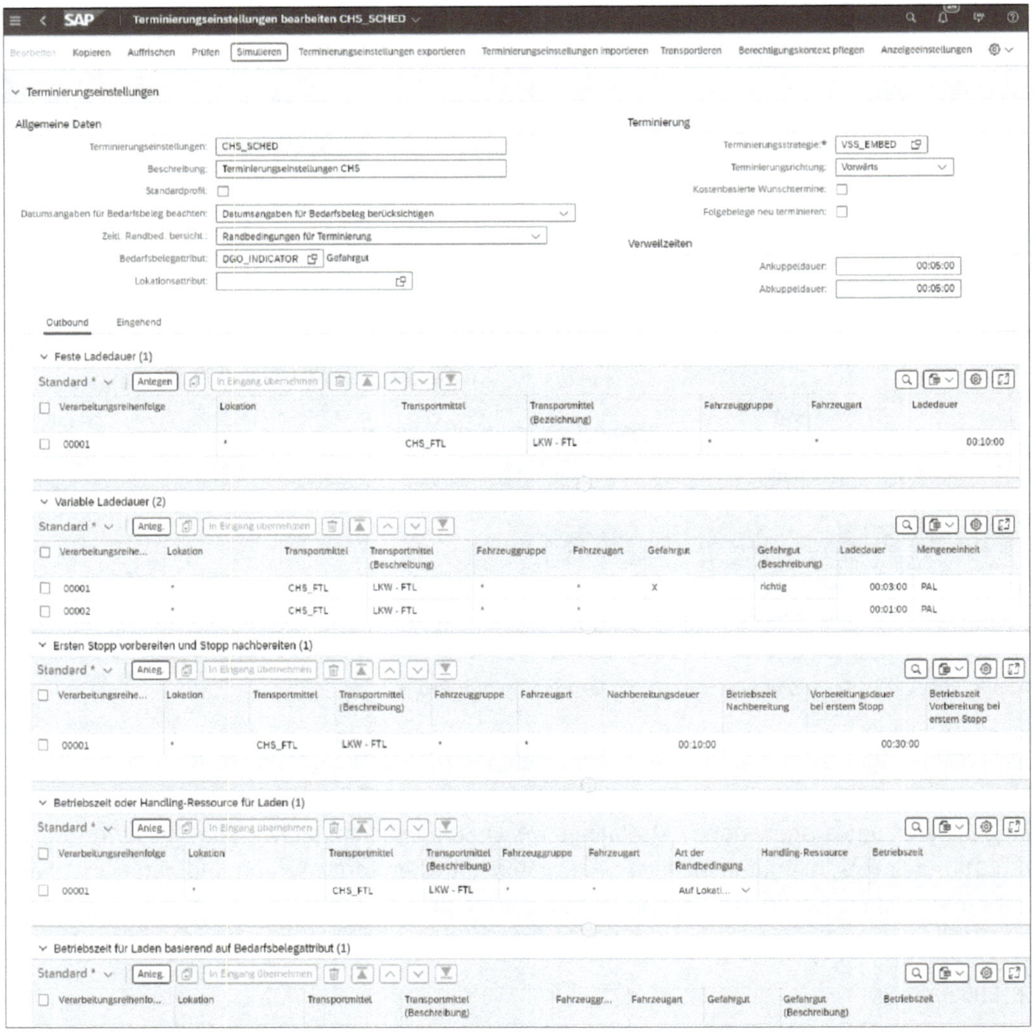

Abbildung 6.124: Terminierungseinstellungen

- **Laden**

  Der Ladevorgang wird ebenfalls auf der Registerkarte **Outbound** definiert. Es wird eine gemeinsame Dauer für alle Frachteinheiten ermittelt, die an der Lokation geladen werden. Diese gemeinsame Dauer wird für die Terminierung verwendet, um zu vermeiden, dass die unterschiedliche Zusammensetzung der Frachteinheiten aufgrund verschiedener Bildungsregeln zu unterschiedlichen Ergebnissen bei der Berechnung der Ladedauer führt. Wie in Abbildung 6.124 dargestellt, besteht die Berechnung der gemeinsamen Ladedauer aus einem fixen Anteil (**Feste Ladedauer**) und einem variablen Anteil (**Variable Ladedauer**), wobei der variable Anteil von einem Attribut des Bedarfsbelegs abhängig sein kann.

In Abbildung 6.124 sind abhängig vom Kennzeichen **Gefahrgut** eine Ladezeit von drei Minuten pro Palette mit Gefahrgut und von einer Minute pro Palette ohne Gefahrgut definiert. Zusätzlich zur Ladedauer können Sie in den **Terminierungseinstellungen** festlegen, ob die Ladevorgänge nur innerhalb der Betriebszeit (Kalenderressource) erfolgen dürfen, ob sie eine Handling-Ressource berücksichtigen müssen oder nicht und ob die Zuordnung der verwendeten Ressourcen **Auf Lokationsstammdaten basierend** ist oder in den **Terminierungseinstellungen** definiert wird.

- **Entladen**

  Der Entladevorgang wird analog zum Ladevorgang auf der Registerkarte **Eingehend** definiert. Es wird eine gemeinsame Dauer für alle Frachteinheiten berechnet, die an der Lokation entladen werden. Diese gemeinsame Dauer wird für die Terminierung verwendet. Auch hier besteht die Berechnung der gemeinsamen Entladezeit aus einem festen und einem variablen Anteil, wobei der variable Anteil von demselben Attribut des Bedarfsbelegs wie der Ladevorgang abhängig sein kann. Zusätzlich zur Dauer des Ladevorgangs können Sie in den **Terminierungseinstellungen** festlegen, ob diese Dauern innerhalb der Betriebszeit (Kalenderressource) liegen müssen, sie eine Handling-Ressource erfordern oder nicht und wo diese Ressourcen definiert sind.

- **Abschließen**

  Das Abschließen ist immer die letzte Aktivität an einem Stopp. Es wird auf der Registerkarte **Outbound** (für alle Stopps außer dem letzten in einem Frachtauftrag; in Abbildung 6.124 ist es als zehn Minuten im Bereich **Ersten Stopp vorbereiten und Stopp nachbereiten** definiert) oder auf der Registerkarte **Eingehend** für den letzten Stopp definiert. Das Abschließen kann die Bearbeitung von Frachtpapieren darstellen, und man kann dieser Aktivität eine Kalenderressource zuweisen, um sie nur während der Betriebszeit dieser Kalenderressource einzuplanen.

Beachten Sie, dass für die Ermittlung der Dauern die erste passende Zeile in jedem Bereich der Transaktion verwendet wird. Da Frachteinheiten nicht einzeln terminiert werden, verwendet das System für die Ermittlung des Abhol- und Anlieferzeitfensters die Schnittmenge der Zeitfenster aller Frachteinheiten. Voraussetzung für eine erfolgreiche Terminierung ist daher, dass sich die annehmbaren Zeitfenster der einzelnen Frachteinheiten eines Stopps überschneiden, sodass keine Lücken zwischen den einzelnen Be- und Entladevorgängen entstehen.

Routing-Restriktionen

In Abschnitt 6.8.2, »Optimierereinstellungen konfigurieren«, ist die maximale Anzahl an Umladelokationen in einer Transportkette als Beschränkung eingeführt worden, die die Komplexität des Planungsproblems beeinflusst. Umladelokationen werden in der SAP-Fiori-App **Umladelokation zuordnen** (siehe auch Abschnitt 4.2.5, »Umladelokationen«) definiert. Diese Restriktion hilft dem VSR-Optimierer, die Anzahl der möglichen Alternativen zum Transport einer Frachteinheit von ihrer Quelle bis zum Ziel einzuschränken.

Wenn die getroffene Einschränkung zu niedrig gewählt ist, kann jedoch keine Alternative gefunden werden. Die Verwendung von Umladelokationen (z. B. Häfen oder Flughäfen) hat regelmäßig eine weitere Einschränkung zur Folge, nämlich die Berücksichtigung der Frachtannahmezeit an der Umladelokation. Wenn ein Flug um 14:15 Uhr abhebt, ist es in der Regel zu spät, wenn die Fracht erst um 14:10 Uhr am Flughafen angeliefert wird. Daher sollte eine minimale Frachtannahmezeit eingehalten werden. Andererseits ist auch die Anlieferung von Fracht eine Woche im Voraus am Flughafen keine Option, da dies zusätzliche Kosten verursachen würde oder gar nicht möglich ist. Daher können minimale und maximale Warenliegezeiten entweder in den Lokationsstammdaten (auf der Registerkarte **TM**) oder in Fahrplänen definiert werden.

Wenn die Transportplanung für eine eigene Fahrzeugflotte durchgeführt wird, können Depot- oder Heimatlokationen von Fahrzeugressourcen eine Planungsrestriktion darstellen. Wenn ein Lkw über Nacht im Depot D abgestellt wird und am nächsten Tag eine Frachteinheit von A nach B transportieren soll, dann muss der Frachtauftrag die Leerfahrten von D nach A und von B nach D beinhalten, da diese Abschnitte ebenfalls Zeit benötigen und Kosten verursachen.

Depotlokationen werden in den Ressourcenstammdaten (Registerkarte **Allgemeine Daten**) für jede Fahrzeugressource gepflegt. Sie gelten nur als Einschränkung für solche Transportmittel, die im Customizing als **Eig. Tr.Mi.** (eigene Transportmittel) und nicht als **Multiressource** gekennzeichnet sind (**Transportation Management • Stammdaten • Ressourcen • Transportmittel und Ladeabteil • Transportmittel definieren**).

Wenn das Planungsszenario die Planung von lokalen Liefertouren aus einem Depot beinhaltet, kann es sinnvoll sein, die maximale Dauer jeder Tour auf maximal zehn Stunden zu beschränken, um die (täglichen) Arbeitszeiten des Fahrpersonals abzubilden. Auch diese Art von Restriktion kann vom VSR-Optimierer berücksichtigt werden. Grundsätzlich kann der VSR-Optimierer eine oder alle der folgenden Einschränkungen berücksichtigen:

- (maximale) Gesamtdauer eines Frachtauftrags
- maximale Dauer zwischen dem ersten und dem letzten Abholstopp eines Frachtauftrags
- maximale Dauer zwischen dem ersten und dem letzten Lieferstopp eines Frachtauftrags
- (maximale) Gesamtentfernung eines Frachtauftrags
- maximale Entfernung zwischen dem ersten und dem letzten Abholstopp eines Frachtauftrags
- maximale Entfernung zwischen dem ersten und dem letzten Lieferstopp eines Frachtauftrags
- maximale Anzahl der Zwischenstopps eines Frachtauftrags
- maximale Anzahl von Abholstopps eines Frachtauftrags
- maximale Anzahl von Anlieferstopps eines Frachtauftrags

Diese (maximalen) Schranken sind separate Einschränkungen und können unabhängig von der Definition von Depotlokationen verwendet werden. Für jedes Transportmittel können diese Werte in den Equipmenteinstellungen der SAP-Fiori-App **Randbedingungen und Kosteneinstellungen bearbeiten** gepflegt werden (siehe Abbildung 6.118).

Randbedingungen für die Terminierung

In Abschnitt 4.2, »Transportnetz«, wurde erklärt, wie sich die Transportdauer auf der Grundlage der Entfernung berechnet. Dabei handelt es sich jedoch um keine sehr genaue Berechnung, und daher kann diese Logik nicht universell eingesetzt werden, was schon an einem einfachen Beispiel deutlich wird.

Um die Transportdauer für ein Containerschiff von Rotterdam nach Boston zu berechnen, können Sie die Entfernung (3.200 Seemeilen) nehmen und durch die Geschwindigkeit (20 Knoten/Stunde) teilen, um die erwartete Dauer von 160 Stunden (ca. eine Woche) zu berechnen. Die gleiche Berechnungslogik schlägt fehl, wenn ein Lkw von Boston nach Los Angeles fährt. Die Entfernung (3.000 Meilen) geteilt durch die durchschnittliche Geschwindigkeit (50 Meilen/Stunde) würde ergeben, dass der Lkw nach 60 Stunden (2,5 Tage) am Ziel ankommt.

Im Gegensatz zum Schiff, das Tag und Nacht fährt, muss der Lkw (Fahrpersonal) jedoch einige Pausen einlegen, die die Transportdauer verlängern. Wenn die Person, die am Steuer sitzt, zehn Stunden pro Tag fahren darf, ergibt sich als Zeitbedarf für die Reise von Boston nach Los Angeles eine Dauer von sechs Tagen. Um diese Pausen zu berücksichtigen, können Randbedingungen für die Terminierung festgelegt werden. Wie in Abbildung 6.125 dargestellt, werden Randbedingungen für die Terminierung im Customizing (**Transportation Management • Planung • Allgemeine Einstellungen • Randbedingungen für Terminierung definieren**) wie folgt definiert:

1. Definieren Sie zunächst eine Aktivitätsgruppe.
2. Ordnen Sie der Aktivitätsgruppe Aktivitätsarten zu. Zu den verfügbaren Aktivitätsarten gehören **Fahrt**, **Abholung** (Laden), **Lieferung** (Entladen), **Ankuppeln** (Fahrzeugkombination), **Abkuppeln** (Fahrzeugkombination), **Vorbereiten** und **Abschließen**. Abhängig von der Herkunft oder dem Zweck dieser Planungseinschränkung in einem bestimmten Szenario können entweder alle Aktivitätsarten oder nur eine Teilmenge für die Terminierungseinschränkung relevant sein. In diesem Schritt werden die relevanten Aktivitätsarten gepflegt.
3. Im dritten Schritt können mehrere **Zeitliche Randbedingungen** gepflegt werden. In dem in Abbildung 6.125 gezeigten Beispiel wird eine zeitliche Randbedingung definiert. Die Randbedingungs-ID `DAY` stellt eine Einschränkung dar, bei der die Höchstdauer der Aktivitäten der Aktivitätsgruppe `WORKTIME`, definiert in Schritt 2, zehn Stunden in jedem 24-Stunden-Zeitintervall (**Randbedingungslänge**) beträgt. Die Art der Randbedingung ist als **Rollierende Randbedingung** definiert, d. h., diese Restriktion gilt nicht pro Arbeitstag, sondern für einen beliebigen 24-Stunden-Zeitraum. Wenn es sich um eine fixe Randbedingung handeln würde, wäre es möglich, Aktivitäten wäh-

rend der letzten zehn Stunden von Tag 1 und während der ersten zehn Stunden von Tag 2 einzuplanen, was 20 Stunden ununterbrochene Fahrt erlauben würde. Eine zweite Randbedingungs-ID, **WEEK**, könnte z. B. eine Höchstdauer von 50 Stunden innerhalb einer Kalenderwoche erlauben.

4. Da beide Randbedingungs-IDs gemeinsam betrachtet werden sollten, wird in diesem Schritt ein Randbedingungsset definiert.
5. Beide zeitlichen Randbedingungen **DAY** und **WEEK** werden in diesem Schritt dem Randbedingungsset zugeordnet (siehe Abbildung 6.126).
6. Schließlich wird das Randbedingungsset einem Transportmittel **CHS_FTL** zugeordnet.

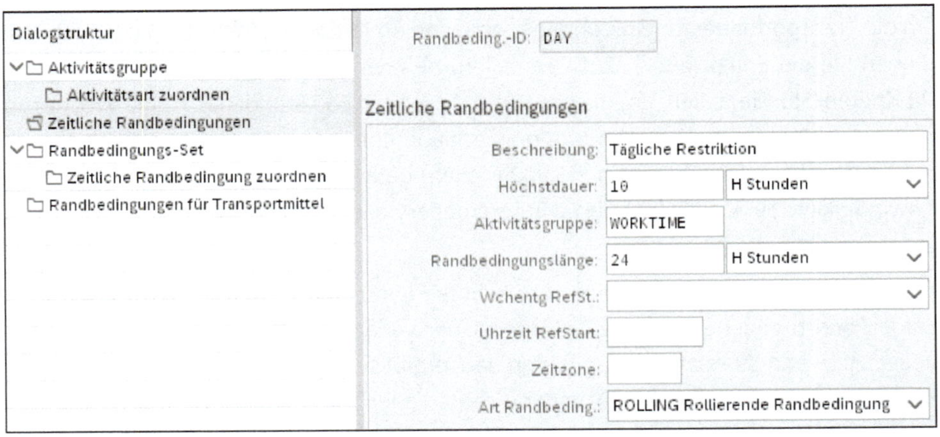

Abbildung 6.125: Randbedingungen für die Terminierung – zeitliche Randbedingung

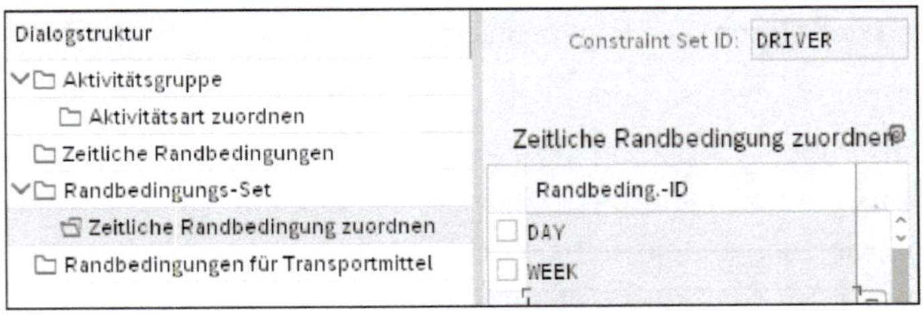

Abbildung 6.126: Randbedingungen für die Terminierung – Definition eines Randbedingungssets

Während die Randbedingungen für die Terminierung ausreichen, um die Dauer von Straßenfrachtaufträgen hinreichend genau abzuschätzen, reichen sie nicht aus, um die gesetzlichen Anforderungen an Lenk- und Arbeitszeiten zu berücksichtigen. Das größte Modellierungsdefizit besteht darin, dass die Pausen- oder Leerlaufzeit beliebig auf den Frachtauftrag verteilt werden kann. Die zeitliche Randbedingung **DAY** in Abbildung 6.125 könnte dazu führen, dass ein Frachtauftrag 20 Stunden lang abwechselnd eine Stunde Lenkzeit und eine Stunde Pausenzeit vorsieht. Die gesetzlichen Vorschriften verlangen jedoch in der Regel eine ununterbrochene Ruhezeit, damit das Fahrpersonal schlafen kann.

Randbedingungen für Lenk- und Arbeitszeiten

Daher lassen sich alternativ zu den Randbedingungen für die Terminierung auch Randbedingungen für Lenk- und Arbeitszeiten definieren, was insbesondere für die Disposition eines eigenen Fuhrparks von Vorteil ist. Diese werden im Customizing (**Transportation Management • Planung • Allgemeine Einstellungen • Profil für Randbedingungen für Lenk- und Arbeitszeiten definieren**) angelegt.

Im EU-Recht gelten etwa die folgenden Vorschriften (Verordnung (EG) Nr. 561/2006):

- EU 1 (Tägliche Ruhezeit): Innerhalb eines Zeitraums von 24 Stunden nach dem Ende der vorangegangenen täglichen Ruhezeit muss die Person, die das Fahrzeug fährt, eine neue tägliche Ruhezeit von mindestens elf Stunden eingelegt haben. Eine Ruhezeit ist jeder ununterbrochene Zeitraum, in dem das Fahrpersonal frei über seine Zeit verfügen kann.
- EU 2 (neun Stunden Lenkzeit): Die kumulierte Lenkzeit zwischen zwei Pausen von elf Stunden darf neun Stunden nicht überschreiten.
- EU 3 (4,5 Stunden Lenkzeit): Nach einer Lenkzeit von 4,5 Stunden muss die Person, die am Steuer sitzt, eine ununterbrochene Unterbrechung von mindestens 45 Minuten einlegen, es sei denn, sie legt eine Ruhezeit ein. Eine Unterbrechung ist ein Zeitraum, in dem keine Fahr- oder sonstigen Arbeiten erledigt werden dürfen und der ausschließlich der Erholung dient.
- EU 4 (sechs Stunden Arbeitszeit): Die Person, die am Steuer sitzt, muss nach höchstens sechs Stunden Arbeitszeit (nicht nur Lenkzeit) eine Pause von mindestens 30 Minuten einlegen.

Ähnliche Beschränkungen gibt es auch in den USA (Hours of Service, HOS). Alle diese Beschränkungen bestehen aus Folgendem: einem Grenzwert (z. B. neun Stunden Fahrzeit), einer Aktivitätsbeschränkung nach Überschreiten dieses Grenzwerts (keine weiteren Fahrten) und einem Zeitraum zum Zurücksetzen des Grenzwerts (Ruhezeit von elf Stunden). Ähnlich den Randbedingungen für die Terminierung werden die Randbedingungen für Lenk- und Arbeitszeiten in mehreren Schritten definiert:

1. Zunächst wird eine Aktivitätsgruppe definiert.
2. Der Aktivitätsgruppe werden Aktivitätsarten zugeordnet.
3. Pausenarten (z. B. Nachtruhe) definieren die Mindestdauer der Pause und ob die Pause in zwei Teile geteilt werden darf.
4. Randbedingungen definieren dann das Zeitlimit, die zur Berechnung zu kumulierende Aktivitätsgruppe, die Pausenart für die Zurücksetzung des Zeitlimits sowie die Aktivitätsgruppe, deren Aktivitäten bei Erreichen des Zeitlimits nicht mehr ausgeführt werden dürfen.
5. Schließlich wird ein Profil für Randbedingungen definiert, und die einzelnen Randbedingungen werden diesem zugeordnet.

Das Profil für Randbedingungen für Lenk- und Arbeitszeiten wird in den Kapazitätsverfügbarkeitseinstellungen den Fahrzeugressourcen oder Fahrzeugarten oder das Fahrpersonal zugeordnet. Darüber hinaus ist für die Verwendung notwendig, dass diese Option als **Zeitl. Randbed. bersicht**. (berücksichtigen) in den Terminierungseinstellungen ausgewählt ist (siehe Abbildung 6.124).

Inkompatibilitäten

Wir haben Inkompatibilitäten bereits als mögliche Einschränkungen erwähnt, da sie in mehreren Bereichen verwendet werden (siehe Abschnitt 6.2.3, »Frachteinheitsbildung«, Abschnitt 5.2.6, »Integrationsszenarien der auftragsbasierten- und lieferbasierten Planung«, und Abschnitt 7.5, »Spediteurermittlung und Spediteurauswahl«):

- Frachteinheitsbildung
- automatische und manuelle Planung
- Spediteurauswahl
- Liefervorschlag

Inkompatibilitäten definieren, welche beiden Objekte nicht miteinander kompatibel sind. In der VSR-Planung gibt es folgende Inkompatibilitätsarten:

- **Frachteinheit - Frachteinheit (Fahrzeugebene)**

  Zwei Frachteinheiten dürfen nicht im selben Fahrzeug transportiert werden (z. B. Zusammenladeverbot).

- **Frachteinheit - Frachteinheit (Ladeabteilebene)**

  Zwei Frachteinheiten dürfen nicht im gleichen Ladeabteil transportiert werden (z. B. sollten Chemikalien nicht mit Milch in einem Tank vermischt werden).

- **Frachteinheit - Frachteinheit (Transportmittelkombination)**

  Zwei Frachteinheiten sind in derselben Fahrzeugkombination nicht erlaubt (z. B. können sie sich bei einem Unfall vermischen und explodieren).

- **Frachteinheit - Frachteinheit (Sendungsebene)**

  Zwei Frachteinheiten dürfen nicht in derselben Sendung zusammengefasst werden.

- **Frachteinheit - Fahrzeugressource**

  Eine Frachteinheit ist in einem bestimmten Fahrzeug nicht erlaubt (z. B. dürfen Chemikalien nicht in einem Lkw transportiert werden, der für den Transport von Lebensmitteln bestimmt ist).

- **Frachteinheit - Umladelokation**

  Eine Frachteinheit darf nicht über eine bestimmte Umladelokation transportiert werden (z. B. kann eine schwere Turbine nicht in Häfen umgeschlagen werden, die keinen geeigneten Kran zum Heben besitzen).

- **Frachteinheit - Ladeabteil**

  Eine Frachteinheit ist in einem bestimmten Ladeabteil nicht erlaubt (z. B. Chemikalien in einem Milchtank).

- **Frachteinheit - Fahrpersonal**

  Das Fahrpersonal darf eine bestimmte Frachteinheit nicht transportieren (z. B. sind bestimmte Chemikalien nicht erlaubt). Weil das Fahrpersonal nicht von der automatischen Planung unterstützt wird, werden die fahrerbezogenen Inkompatibilitäten auf die Fahrzeugressource transferiert, wenn eine Person als Standardfahrerin oder Standardfahrer in den Stammdaten der Fahrzeugressource gepflegt ist.

- **Fahrzeugressource/Fahrzeugart - Fahrzeugressource/Fahrzeugart**

  Zwei bestimmte Fahrzeugressourcen/Fahrzeugarten dürfen nicht gekoppelt werden, obwohl dies im Allgemeinen durch die Definition der Transportmittelkombination erlaubt wäre.

- **Fahrzeugressource/Fahrzeugart - Lokation (Aufenthaltsebene)**

  Eine lange Fahrzeugressource/Fahrzeugart darf bestimmte Lokationen auf ihrer Route nicht anfahren (z. B. wegen Einschränkungen beim Manövrieren).

- **Fahrzeugressource/Fahrzeugart - Lokation (Lade-/Entladeebene)**

  Lokationen, an denen keine Be- und Entladehilfsmittel vorhanden sind, dürfen nicht von Fahrzeugen angefahren werden, die ihre Entladehilfsmittel (z. B. Kran, Gabelstapler) nicht selbst mitführen.

- **Fahrzeug-TM-Kombination - Lokation**

  Eine lange Fahrzeugkombination darf bestimmte Lokationen auf ihrer Route nicht anfahren (z. B. wegen Einschränkungen beim Manövrieren).

- **Frachteinheit - Buchung**

  Eine Frachteinheit mit Gefahrgut darf auf bestimmte Frachtbuchungen nicht gebucht werden.

- **Frachteinheit - Fahrplan**

  Eine Frachteinheit, die Gefahrgut enthält, darf auf bestimmte Fahrpläne nicht gebucht werden.

- **Frachteinheit - Transporteinheitsressource**

  Eine Frachteinheit, die gefährliche Güter enthält, darf nicht in einen lebensmitteltauglichen Container verladen werden.

- **Containereinheit - Containereinheit (Fahrzeugebene)**

  Zwei bestimmte Containereinheiten sind auf demselben Fahrzeug nicht erlaubt.

- **Containereinheit - Fahrzeugressource/Fahrzeugart**

  Eine Containereinheit ist auf einem bestimmten Fahrzeug nicht erlaubt (z. B. ist eine Containerart auf einer bestimmten Lkw-Art nicht erlaubt).

- **Containereinheit - Umladelokation**

  Eine Containereinheit darf an einer bestimmten Umladelokation nicht umgeschlagen werden (z. B. aufgrund von Lagerproblemen).

- **Containereinheit - Frachtbuchung**

  Eine Containereinheit mit Gefahrgut darf auf bestimmte Frachtbuchungen nicht gebucht werden.

- **Containereinheit - Fahrplan**

  Eine Containereinheit mit Gefahrgut darf auf bestimmte Fahrpläne nicht gebucht werden.

Wie in Abbildung 6.127 dargestellt, werden Inkompatibilitäten in der SAP-Fiori-App **Inkompatibilität anlegen** definiert. Die Inkompatibilitätsdefinition bestimmt den Inkompatibilitätsbereich und die Inkompatibilitätsart. Es wird auch definiert, ob Verstöße gegen die Inkompatibilität erlaubt sind, zu einer Warnung führen oder verboten sind. Diese Entscheidung kann getrennt für die manuelle Planung und die automatisierte Planung getroffen werden - um etwa Verstöße in der automatisierten Planung zu verbieten, aber eine manuelle Übersteuerung der Entscheidung zu ermöglichen, die nur zu einer Warnung bei manueller Verletzung der Inkompatibilität führt. Der Vergleich des Ergebnisses von zwei Bedingungen, die für die beiden in der Inkompatibilitätsart definierten Objekte ausgewertet werden, bestimmt, ob diese beiden Objekte zueinander inkompatibel sind.

In Abbildung 6.127 ist eine Inkompatibilität zwischen einer Frachteinheit und einer Fahrzeugressource definiert. Die Frachteinheiten, für die die erste Bedingung `CHS_TEMP_FU` das Ergebnis `FROZEN` zurückliefert, sind inkompatibel mit den Fahrzeugressourcen, für die die zweite Bedingung `CHS_TEMP_VEH` das Ergebnis `AMBIENT` zurückgibt.

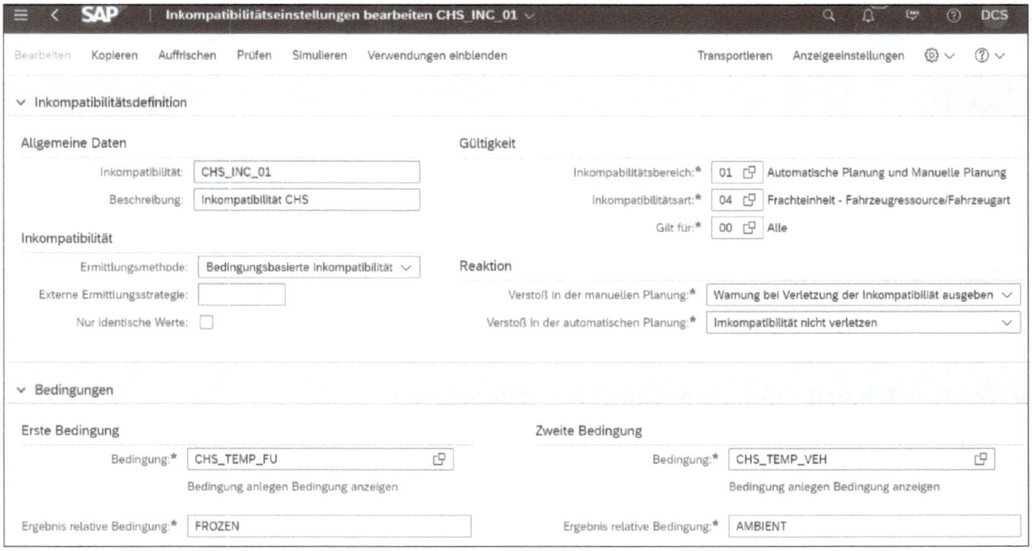

Abbildung 6.127: Inkompatibilitätsdefinition

Inkompatibilitätseinstellungen (**Profile und Einstellungen • Inkompatibilitätseinstellungen vornehmen**) sind eine Liste von Inkompatibilitätsdefinitionen, die zusammengefasst werden, um sie gemeinsam in einem Planungsszenario zu berücksichtigen. Die Inkompatibilitätseinstellungen werden dem Planungsprofil zugeordnet. Beschränkungen in Bezug auf die Laderichtung sowie Beschränkungen für Zusatzequipment, die in Abschnitt 6.8.7, »Ladungskonsolidierung«, erläutert werden, werden von der VSR-Optimierung ebenfalls berücksichtigt.

Eine Übersicht über alle Inkompatibilitätsdefinitionen und -einstellungen ist in einem Arbeitsvorrat (**Planung • Profile und Einstellungen • Arbeitsvorrat**) verfügbar.

[«]

»Ship-with«-Bedingungen

Manchmal besteht die Anforderung nicht darin, zwei Frachteinheiten getrennt voneinander zu transportieren, was eine Inkompatibilität darstellt, sondern es sollen zwei (oder mehr) Frachteinheiten gezielt zusammen transportiert werden. Auf den ersten Blick könnte man sich fragen, warum in einem solchen Szenario zu Beginn des Prozesses zwei (oder mehr) Frachteinheiten erstellt wurden, aber bei näherer Betrachtung kann es triftige Gründe dafür geben, dass nicht alles in einer Frachteinheit konsolidiert wurde:

- Die gemeinsam zu transportierenden Frachteinheiten stammen aus zwei verschiedenen Lieferungen (eine für Tiefkühlprodukte und die andere für ungekühlte Produkte).
- Die beiden Frachteinheiten stammen aus unterschiedlichen Quellen, sollen aber am Bestimmungsort gemeinsam ausgeliefert werden (z. B. eine Maschine und einige Ersatzteile).

Der VSR-Optimierungsalgorithmus ermöglicht es Ihnen, diese Art der Konsolidierung über eine BAdI-Implementierung als Teil der Optimierungsdaten zu definieren (`/SCMTMS/PLN_PRE_PROC`, Erweiterungspunkt `/SCMTMS/PLN_OPT`). In beiden Fällen definieren Sie Korrelationsgruppen (»Ship-with«-Gruppen). Diese Gruppen repräsentieren Frachteinheiten, für die eine der folgenden Bedingungen erfüllt sein soll:

- gemeinsame Abholung
- gemeinsame Auslieferung
- gemeinsamer Transport (d. h. gemeinsame Abholung und Zustellung)

Die Korrelationsgruppen werden als weiche Restriktion betrachtet, d. h., der VSR-Optimierer versucht, diese Bedingung einzuhalten, kann aber dagegen verstoßen, wenn z. B. von einer Korrelationsgruppe, die aus sechs Frachteinheiten besteht, nur fünf gemeinsam ausgeliefert werden können. Wenn die Anforderung darin besteht, diese Frachteinheiten vollständig gemeinsam zu transportieren, kann die Bedingung sogar als harte Restriktion berücksichtigt werden. Details zu den Modellierungsmöglichkeiten sind in SAP-Hinweis 1900800 zusammengefasst.

6.8.5 Vehicle Scheduling and Routing: Optimierungsalgorithmus

Der VSR-Optimierer kombiniert die Ideen mehrerer Metaheuristiken in einem populationsbasierten Optimierungsalgorithmus, der versucht, akzeptable Transportpläne innerhalb einer vorgegebenen Laufzeit zu ermitteln. Der Algorithmus basiert auf dem Grundprinzip der evolutionären lokalen Suche, bei dem eine Population von Kandidatenlösungen einem evolutionären Suchprozess durch iterative Selektion und Variation unterliegt. Die initiale Population wird durch mehrere Einfügeheuristiken generiert, die alle Frachteinheiten iterativ den Transportkapazitäten zuordnen. In der Verbesserungsphase ordnen verschiedene Variationsoperatoren Frachteinheiten anderen Transportkapazitäten zu, ändern die Routen von Transportaufträgen oder passen die Terminierung der Aktivitäten an. In dieser Phase versucht der VSR-Optimierer, die als Zielkriterium definierten Gesamtkosten (Abschnitt 6.8.3, »Vehicle Scheduling and Routing: Zielkriterien für die Planung«) unter Berücksichtigung aller aktiven Restriktionen (Abschnitt 6.8.4, »Vehicle Scheduling and Routing: Restriktionen für die Planung«) zu minimieren. Es wird die beste Lösung zurückgegeben, die innerhalb der maximalen Laufzeit (Abschnitt 6.8.2, »Optimierereinstellungen konfigurieren«) gefunden wird. Abbildung 6.128 zeigt schematisch, wie sich die Lösung im Zeitablauf entwickelt.

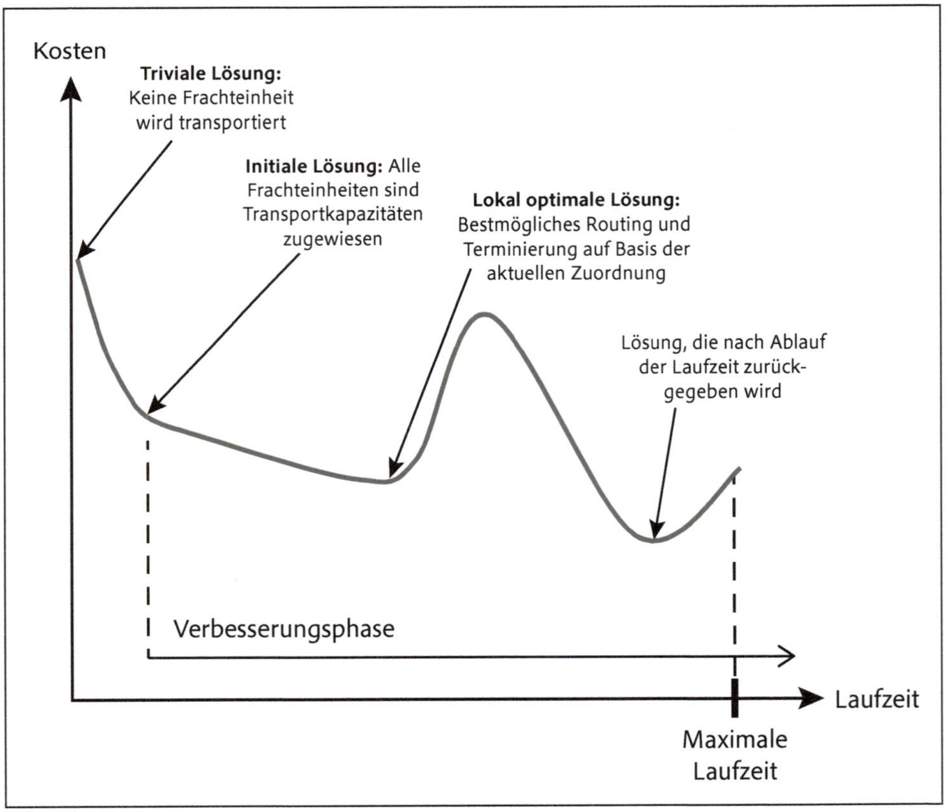

Abbildung 6.128: Laufzeitverhalten des VSR-Optimierers

[«]

Komplexität von VSR-Problemen

Der VSR-Optimierer basiert auf einem Optimierungsalgorithmus für das *Vehicle Scheduling and Routing Problem* (VSRP). Das VSRP ist ein kombinatorisches Optimierungsproblem, das NP-vollständig ist – was bedeutet, dass auf der Grundlage der aktuellen Forschung kein Algorithmus bekannt ist, der dieses Planungsproblem in Polynomialzeit lösen kann.

In der Praxis bedeutet NP-Vollständigkeit, dass ein exaktes Verfahren bei großen Planungsproblemen zu viel Rechenzeit erfordern würde. Deshalb setzt der VSR-Optimierer auf Annäherungsverfahren, die eine akzeptable Lösungsqualität in einer vorgegebenen Rechenzeit erreichen.

Bei der Generierung von Lösungen trifft der Algorithmus die folgenden Entscheidungen:

- Für jede Frachteinheit entscheidet er, ob sie transportiert wird.
- Wenn die Entscheidung für den Transport der Frachteinheit getroffen ist, muss ihr Weg (direkt oder über Umladelokationen) im Transportnetz gewählt werden.
- Jeder Abschnitt der Frachteinheit muss einer Transportkapazität zugeordnet werden (z. B. Fahrzeugressource, Fahrplan, Frachtbuchung).
- Für jede Fahrzeugzuordnung muss die Ladeabteilzuordnung (falls definiert) vorgenommen werden.
- Für jede Transportkapazität muss die Reihenfolge ihrer Aktivitäten (z. B. Beladen, Fahren, Entladen, An- und Abkuppeln) festgelegt werden.
- Für jede Aktivität müssen entsprechend ihrer geplanten Reihenfolge ein Datum und eine Uhrzeit bestimmt werden.

Das Ergebnis der Optimierung ist eine Zuordnung der Frachteinheiten (oder Transporteinheiten) zu Frachtaufträgen und Frachtbuchungen sowie die Zuordnung von Ressourcen oder Fahrplänen zu den Frachtaufträgen/-buchungen.

6.8.6 Erklärungsfunktion

Anhand des vorangegangenen Abschnitts können Sie erkennen, dass der VSR-Optimierer auf einem sehr leistungsfähigen Algorithmus basiert, der jedoch nicht besonders transparent ist. Wie und warum hat der VSR-Optimierer ein bestimmtes Ergebnis errechnet? Eine Erklärungsfunktion zum Optimiererergebnis kann den Anwenderinnen und Anwendern helfen, das Ergebnis besser zu verstehen und zu analysieren. Um die Protokollierung der Optimiererdaten für Optimierungsläufe zu aktivieren, muss der Benutzerparameter `/SCMTMS/EXP` für den jeweiligen Benutzer auf `X` gesetzt sein. Sie können die Erklärungsfunktion interaktiv aufrufen, indem Sie entweder während der Arbeit im Transport-Cockpit oder direkt nach jedem interaktiven Optimiererlauf vor der Annahme oder

Ablehnung des Ergebnisses auf die Drucktaste **Erklärung • Optimierer-Planung** klicken. Beide Aktionen führen Sie zur Erklärungsfunktion für Ihren letzten Optimiererlauf.

Eine weitere Möglichkeit, auf die Erklärungsfunktion zuzugreifen, die auch für Hintergrundläufe nutzbar ist, ist Transaktion RCC_LOG (Protokollanzeige) im Backend-System (**Anwendungsübergreifende Komponenten • Prozesse und Werkzeuge für Geschäftsanwendungen • Remote Control and Communication Framework • Protokollanzeige**). Diese Transaktion listet die Protokolle aller Planungsaufrufe (VSR-Optimierer, Transportvorschlag und Terminierung; siehe auch Abschnitt 6.8.2, »Optimierereinstellungen konfigurieren«) auf und identifiziert diese darüber, wer den Planungsaufruf ausgelöst hat, sowie über das verwendete Planungsprofil, das Datum und die Uhrzeit dieser Aktivität. Sie können die Erklärungsfunktion von hier aus für jeden Planungsaufruf starten, indem Sie auf die Drucktaste **Erklärungsfunktion starten** für den jeweiligen Planungsaufruf (Zeile der Tabelle) klicken.

[»]

Erklärungsfunktion – Bereinigung

Beachten Sie, dass sich die in Abschnitt 6.8.2, »Optimierereinstellungen konfigurieren«, genannte Persistenzzeit für Erklärungsprotokolle nicht auf die Erklärungsfunktion bezieht. Aus Performance-Gründen sollten alte Erklärungsdaten regelmäßig mit dem Report `/SCMTMS/PLN_EXP_DELETE` gelöscht werden.

Die Erklärungsfunktion zeigt alle Daten an, die an den Planungsaufruf gesendet oder von ihm abgerufen wurden. Lassen Sie uns anhand von Abbildung 6.129 die Eingabedaten für den VSR-Optimierer betrachten.

Auf der linken Seite des Bildschirms ist es möglich, in einer Ordnerstruktur durch alle vorhandenen Tabellen zu navigieren, die nach der Datenherkunft organisiert sind (z. B. Frachteinheitsdaten, Transportnetzdaten). Auf der rechten Seite des Bildschirms wird der Inhalt der links ausgewählten Tabellen angezeigt. Häufig enthalten nicht alle Tabellen Einträge, da nicht alle der in Abschnitt 6.8.4, »Vehicle Scheduling and Routing: Restriktionen für die Planung«, genannten Planungseinschränkungen in jedem Optimierungsproblem vorhanden sind. Sie können auf die Drucktaste **Leere Tabellen ein-/ausblenden** klicken, um zwischen der Anzeige aller Tabellen oder nur der Tabellen mit mindestens einem Eintrag zu wechseln.

Abbildung 6.129 zeigt, wie die zuvor in Abbildung 6.125 erstellten Randbedingungen für die Terminierung an den VSR-Optimierer übertragen werden. Beachten Sie, dass bei Einträgen in der Dimension Zeit (Spalten **Höchstdauer** und **Randbedingungslänge** in der Tabelle **Periodenrandbedingungen**) keine Mengeneinheit angezeigt wird, sondern immer die Mengeneinheit Sekunden verwendet wird (zehn Stunden entsprechen 36.000 Sekunden).

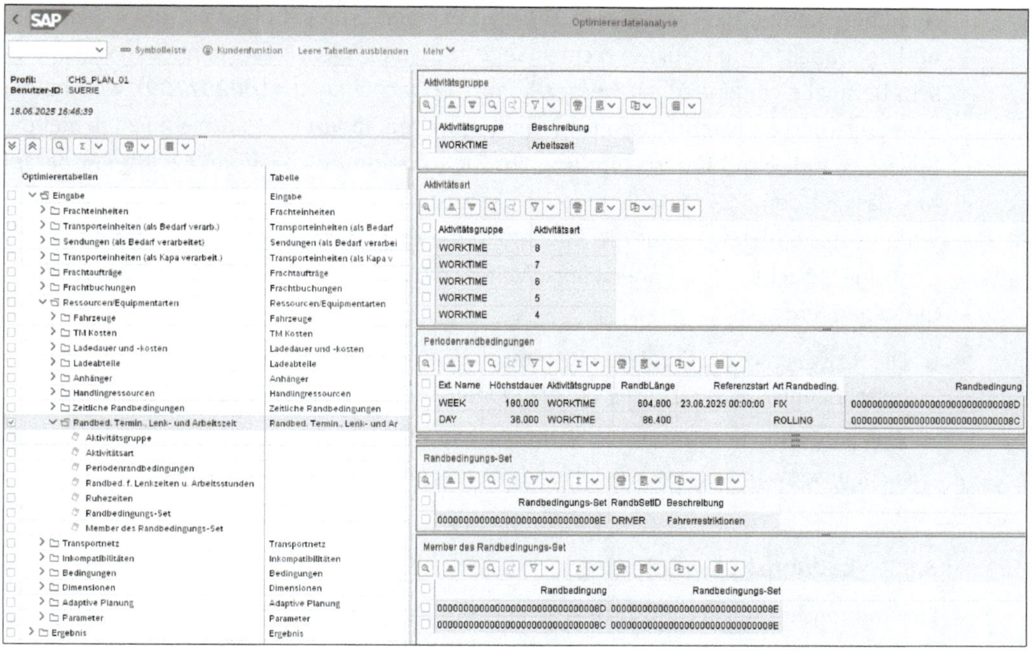

Abbildung 6.129: Optimiererdateianalyse – Eingabedaten

Abbildung 6.130 zeigt, wie das Planungsergebnis in der Erklärungsfunktion dargestellt wird.

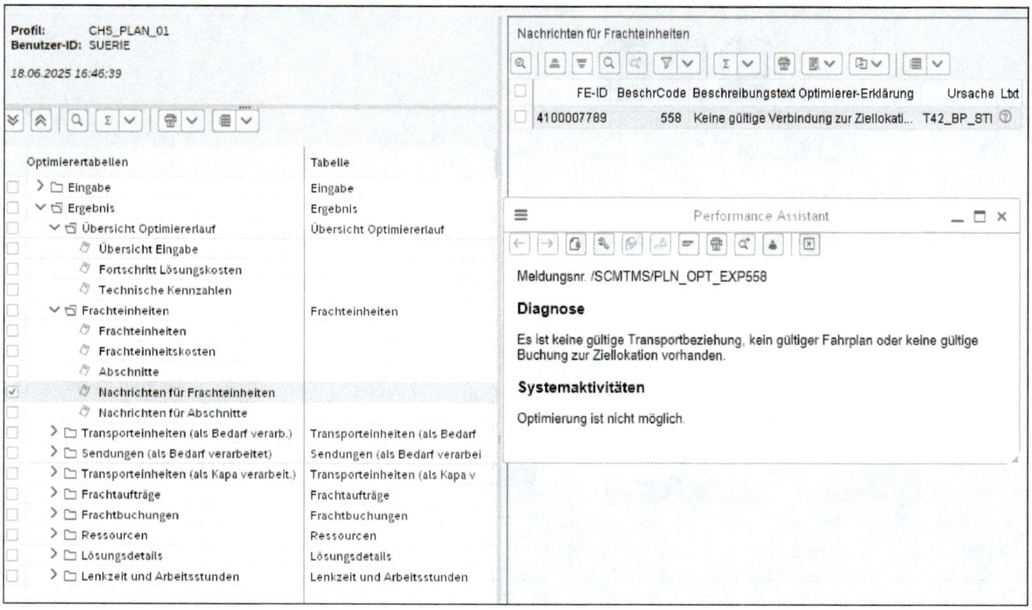

Abbildung 6.130: Optimiererdateianalyse – Ergebnisdaten

Auch hier werden die verfügbaren Tabellen in einer Ordnerstruktur auf der linken Seite und der Tabelleninhalt auf der rechten Seite angezeigt. Wenn Frachteinheiten wie in diesem Beispiel nicht eingeplant werden konnten (Frachteinheit **4100007789**), wird häufig eine Erklärung als **Nachrichten für Frachteinheiten** angezeigt. In diesem Fall deutet die Erklärung **Keine gültige Verbindung zur Ziellokation** für Lokation `T42_BP_STI` darauf hin, dass für den VSR-Optimierer keine Transportbeziehung vorhanden war. Dies ist allerdings nur ein Hinweis für die Anwenderinnen und Anwender, da das System die eigentliche Ursache nicht kennen kann. Weitere mögliche Ursachen für diese Situation sind die folgenden:

- Die Ressourcen, die für diesen Planungslauf ausgewählt waren, sind für ein Transportmittel definiert, das nicht der (vorhandenen) Transportbeziehung zugeordnet ist.
- Eine Frachtbuchung oder ein Fahrplan hätte verwendet werden sollen, wurde aber nicht ausgewählt, sodass die fehlende Transportbeziehung nicht relevant ist.

6.8.7 Ladungskonsolidierung

Der Ladungskonsolidierungsprozess unterstützt das Planungsteam bei der Entscheidung, die richtige Menge an Containern zu bestellen, wenn große Mengen zwischen zwei Lokationen transportiert werden sollen. Im Gegensatz zur VSR-Optimierung ist in diesem Fall keine Routenfindung erforderlich, sondern wird in einem zweiten Planungsschritt separat durchgeführt. Abbildung 6.131 zeigt, wie die Ladungskonsolidierung in einen Planungsprozess eingebettet ist.

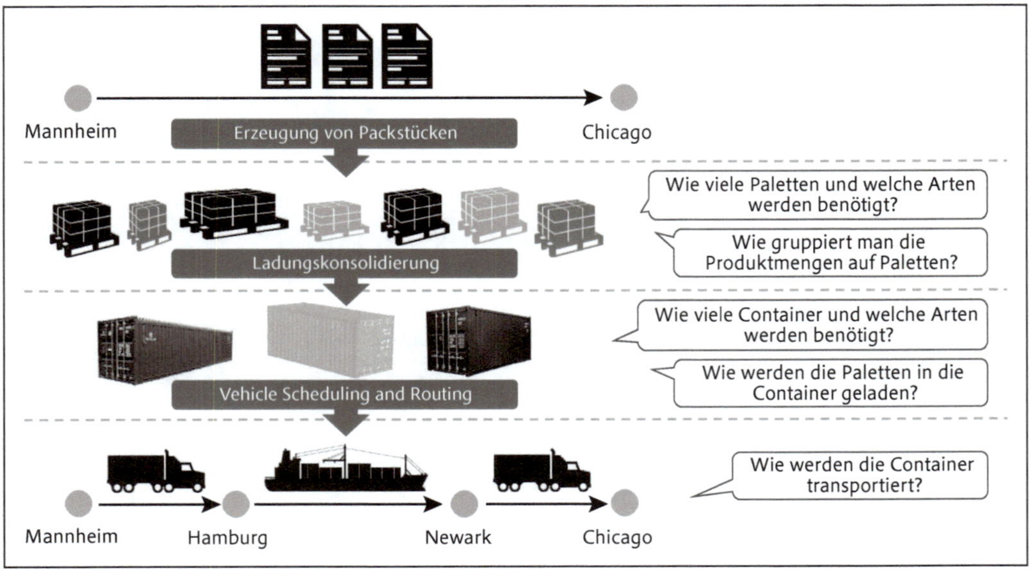

Abbildung 6.131: Ladungskonsolidierungsprozess

In diesem Beispiel muss die Fracht von Mannheim nach Chicago transportiert werden. Zunächst wird bei der Erzeugung von Packstücken entschieden, welche Produkte wie zu Packstücken zusammengefasst werden sollen (siehe Abschnitt 6.3 für Details zur Erzeugung von Packstücken). Die Entscheidung darüber, wie viele Container und welche Containerarten benötigt werden, trifft die Ladungskonsolidierung. Darüber hinaus bestimmt die Ladungskonsolidierung die Zuordnung von Packstücken zu Containern. Schließlich bestimmt der VSR-Optimierer das Routing und die Termine der einzelnen Container.

Die Anwendung der Ladungskonsolidierung beschränkt sich nicht nur auf Container, sondern kann auch mit Lkws und Anhängern als Kapazität genutzt werden. Das Ergebnis der Ladungskonsolidierung ist die Zuordnung von Frachteinheiten, Verpackungseinheiten oder Sendungen zu Fahrzeugarten, während die Zuordnung zu tatsächlichen Ressourcen erst anschließend im VSR-Schritt erfolgt.

Der Ladungskonsolidierungsprozess kann interaktiv aus dem Transport-Cockpit heraus oder im Hintergrund über den Report `/SCMTMS/PLN_LOAD_CONS_BGD` angestoßen werden, der in Abbildung 6.132 dargestellt ist. Es handelt sich dabei um einen Optimierungsprozess, der die Fixkosten der ausgewählten Ressourcen minimiert. Die Fixkosten pro Equipmentart werden in der SAP-Fiori-App **Randbedingungen und Kosteneinstellungen bearbeiten** definiert (siehe Abbildung 6.118) und dem Planungsprofil zugewiesen. Die Anzahl der verfügbaren Equipments je Equipmentart kann für Multiressourcen in einem Pop-up-Fenster begrenzt werden, wenn das Kontrollkästchen **Anzahl der Einzelressourcen ändern** in der SAP-Fiori-App **Einstellungen für Laderaumplanung anlegen** (siehe Abbildung 6.136 später in diesem Kapitel) aktiviert ist. Die Einstellungen zur Laderaumplanung steuern das Verhalten des Ladungskonsolidierungsprozesses und sind dem Planungsprofil zugeordnet, können aber auch interaktiv im Transport-Cockpit über die Drucktaste **Planungseinstellungen ändern** geändert werden (siehe Abschnitt 6.7.9, »Arbeiten im Transport-Cockpit«).

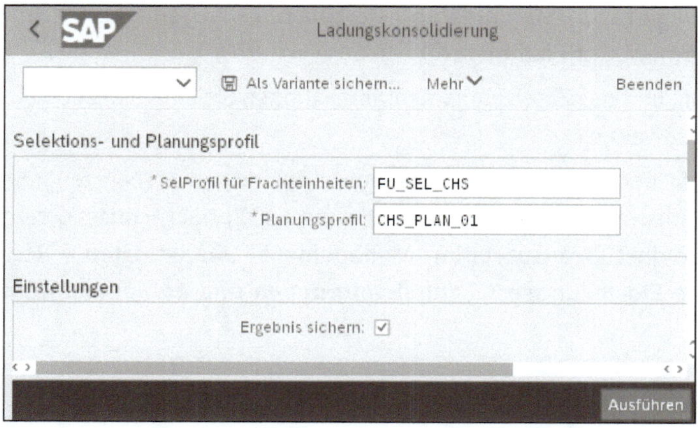

Abbildung 6.132: Hintergrundbericht für die Ladungskonsolidierung

Der Prozess der Ladungskonsolidierung berücksichtigt Einschränkungen hinsichtlich der Laderichtung, des benötigten Zusatzequipments sowie allgemeine Inkompatibilitäten zwischen Fahrzeug und Lokation. Beschränkungen der Laderichtung und der angehängten Ausrüstung werden wie folgt definiert und den Fahrzeugressourcen (Fahrzeugtypen) und Lokationen zugeordnet:

1. Das Laderichtungsprofil definieren Sie im Customizing (**Transportation Management • Stammdaten • Ressourcen • Allgemeine Einstellungen • Laderichtungsprofil definieren**). Das Profil gibt an, aus welcher Richtung (z. B. links, rechts, hinten, oben) eine Be- oder Entladung möglich und gewünscht ist.
2. Das Laderichtungsprofil kann einem Lokationsladeprofil und einem Fahrzeugladeprofil zugeordnet werden. Im Customizing des Lokationsladeprofils (**Transportation Management • Stammdaten • Transportnetz • Lokation • Lokationsladeprofil definieren**) können Sie spezifische Ladebedingungen für eine Lokation definieren, z. B. das Laderichtungsprofil oder ob an dieser Lokation Ladehilfsmittel erforderlich sind.
3. Im Customizing des Fahrzeugladeprofils (**Transportation Management • Stammdaten • Ressourcen • Allgemeine Einstellungen • Fahrzeugladeprofil definieren**) können Sie für ein Fahrzeug bestimmte Ladebedingungen festlegen, z. B. das Laderichtungsprofil oder ob bei jedem Transport Lademittel am Fahrzeug befestigt sind. Wenn die Ausrüstung nicht fest angebracht ist, kann sie entfernt werden, um zusätzlichen Laderaum zu gewinnen. Sie können auch festlegen, dass das Lademittel außerhalb des Laderaums an der Fahrzeugressource befestigt wird.
4. Das Zusatzequipmentprofil kann sowohl einen Ausrüstungsbedarf beschreiben, wenn es einer Lokation zugeordnet ist, als auch die Verfügbarkeit der Ausrüstung, wenn es einer Fahrzeugressource zugeordnet ist. Sie können einem Zusatzequipmentprofil mehrere Gerätetypen zuordnen. Jeder im Profil definierte Ausrüstungstyp steht für ein angeschlossenes Gerät. Das Zusatzequipmentprofil wird im Customizing definiert (**Transportation Management • Stammdaten • Ressourcen • Allgemeine Einstellungen • Zusatzequipmentprofil definieren**).
5. Das Lokationsladeprofil und das Zusatzequipmentprofil können Sie einer Lokation auf der Registerkarte **TM** zuweisen.
6. Das Fahrzeugladeprofil und das Zusatzequipmentprofil werden einer Fahrzeugressource auf der Registerkarte **Transport** (siehe Abbildung 6.133) oder Fahrzeugarten im Customizing zugeordnet (**Transportation Management • Stammdaten • Ressourcen • Allgemeine Einstellungen • Equipmentgruppen und Equipmentarten definieren**).

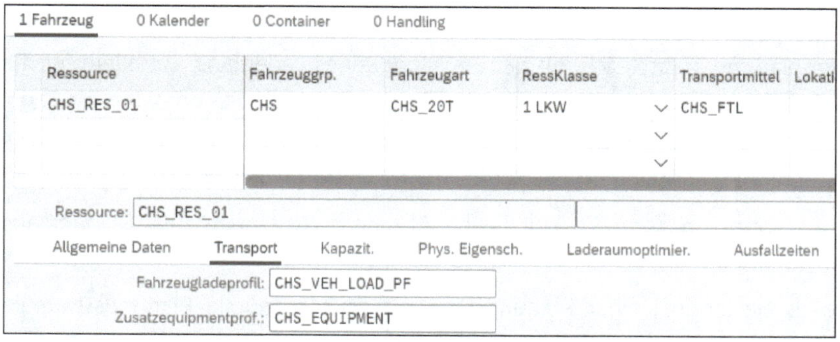

Abbildung 6.133: Zuordnung von Fahrzeuglade- und Zusatzequipmentprofil

In der SAP-Fiori-App **Inkompatibilitätseinstellungen bearbeiten** in Abbildung 6.134 können Sie generische Fahrzeug-Lokation-Inkompatibilitäten definieren sowie die Verwendung von Laderichtungsprofilen und Zusatzequipmentprofilen aktivieren. Die Inkompatibilitätseinstellungen müssen dem entsprechenden Planungsprofil zugewiesen werden.

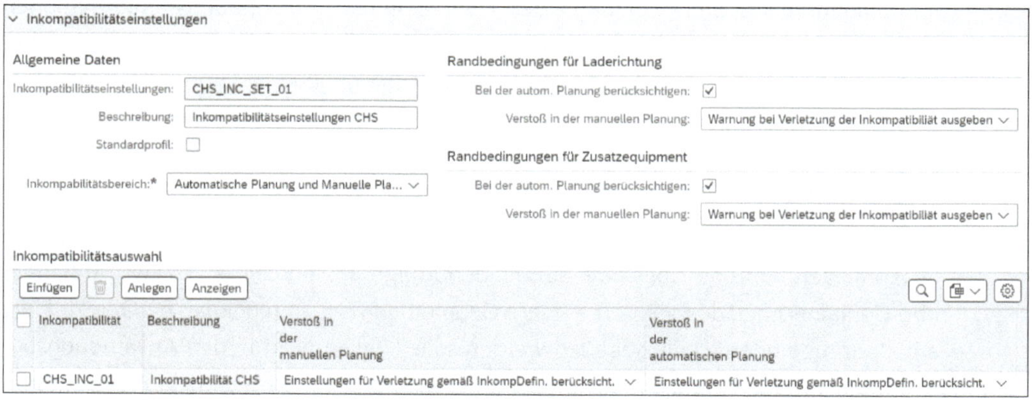

Abbildung 6.134: Inkompatibilitätseinstellungen für die Ladungskonsolidierung

Der Ladungskonsolidierungsoptimierer wählt unter den verfügbaren Equipmentarten die günstigsten unter Berücksichtigung von Kapazitätsbeschränkungen und Inkompatibilitäten zwischen Frachteinheiten (z. B. dürfen sich bestimmte Gefahrgüter nicht im gleichen Container befinden) sowie Frachteinheiten und Ressourcenarten (z. B. erfordert Gefriergut einen Kühlcontainer) aus.

Die Kapazitätsprüfung kann kapazitätsbasiert oder laderaumbasiert durchgeführt werden, abhängig vom Konsolidierungsmodus, der in den Einstellungen für die Laderaumplanung (siehe Abbildung 6.136 später in diesem Kapitel) gewählt wird. Wenn die Kapazitätsprüfung auf der Laderaumplanung basiert, liefert der Ladungskonsolidierungsprozess einen genauen Ladeplan – ebenso wie die Laderaumplanung, die im nächsten Abschnitt beschrieben wird.

6.8.8 Laderaumplanung

Die Laderaumplanung befasst sich mit der Erstellung eines Ladeplans, vor allem für die Beladung von Lkws mit Paletten. Aus diesem Grund müssen die Stammdaten für Fahrzeugressourcen und Abmessungen von Frachteinheiten sehr detailliert verfügbar sein. Die Laderaumplanung kann auf drei verschiedene Arten ausgelöst werden:

- manuell aus dem Transport-Cockpit (siehe Abschnitt 6.7.7, »Ladeplan«) oder aus einem Frachtauftrag heraus
- interaktiv als Bestandteil einer Planungsstrategie (z. B. manuelle Planungsstrategie `VSRI_ALP` oder VSR-Optimierer-Planungsstrategie `VSR_ALP`)
- durch die Einplanung des Reports `/SCMTMS/PLN_LOAD_PLANNING_BGD` im Hintergrund oder über den Menüpfad **Logistik • Transportation Management • Administration • Hintergrundverarbeitung • Laderaumplanung durchführen** im Backend-System

Die Laderaumplanung erfolgt durch einen regelbasierten Optimierungsalgorithmus. Der Optimierungsalgorithmus wird mit Informationen aus dem Frachtauftrag, Packstückinformationen aus den Positionen des Frachtauftrags und Ressourceninformationen (Anzahl der Achsen und deren Spezifikation; Innenmaße, z. B. Länge, Breite und Höhe) versorgt. Das Ergebnis der Laderaumplanung ist die genaue Position jeder Frachtauftragsposition in der Ressource. Der Optimierungsalgorithmus basiert auf Metaheuristiken. Er läuft für eine in den Einstellungen für Laderaumplanung definierte maximale Laufzeit und gibt die beste innerhalb dieser Laufzeit gefundene Lösung zurück.

Die Laderaumplanung beschränkt sich auf quaderförmige und zylinderförmige Objekte (z. B. Paletten, Kartons, Coils), die auf quaderförmige Ressourcen (z. B. Lkws, Anhänger und Container) geladen werden. Andere Geometrien (z. B. unregelmäßige Objekte), die auf Flugzeuge oder Schiffe verladen werden sollen, fallen nicht in den Anwendungsbereich dieser Funktion, da in solchen Fällen entweder spezifische Einrichtungen für ihre Laderaumplanung vorhanden sind (z. B. ULDs [Unit Load Devices] in der Luftfracht) oder eine spezielle Trimmsoftware genutzt wird (zum Ausgleich der Ladung auf großen Containerschiffen).

Bei der Laderaumplanung können zwei verschiedene Algorithmen zur Anwendung kommen, die strukturell unterschiedliche Ergebnisse erzeugen (Auswahlfeld **Engine** in Abbildung 6.136). Der Reihe-Stapel-Ansatz eignet sich besonders für Ladungen mit gleichartigen Grundflächen (z. B. Europaletten). Ein beispielhaftes Ergebnis zeigt das linke Bild in Abbildung 6.135.

Die Position eines jeden geladenen Packstücks lässt sich als Koordinate aus Reihe und Stapel beschreiben. Diese Reihenzuordnung geht beim Ansatz der freien Positionierung verloren. Die Zylinder im mittleren Bild von Abbildung 6.135 stehen versetzt zueinander, um den vorhandenen Platz bestmöglich auszunutzen. Würde man versuchen, die Zylinder nach dem Reihe-Stapel-Ansatz zu planen, könnte man wegen der Breite des Lkws immer nur zwei Zylinder nebeneinanderstellen und könnte dadurch signifikant weniger Zylinder laden. Ein besonders kompaktes Ergebnis der Laderaumplanung mit dem Ansatz der freien Positionierung zeigt das rechte Bild in Abbildung 6.135. Hier wird deutlich, dass sich dieser Ansatz besonders für die Verladung von sehr heterogenen Packstücken eignet. Mit diesem Ansatz können verschiedenartige Packstücke nebeneinander positioniert und übereinander gestapelt werden.

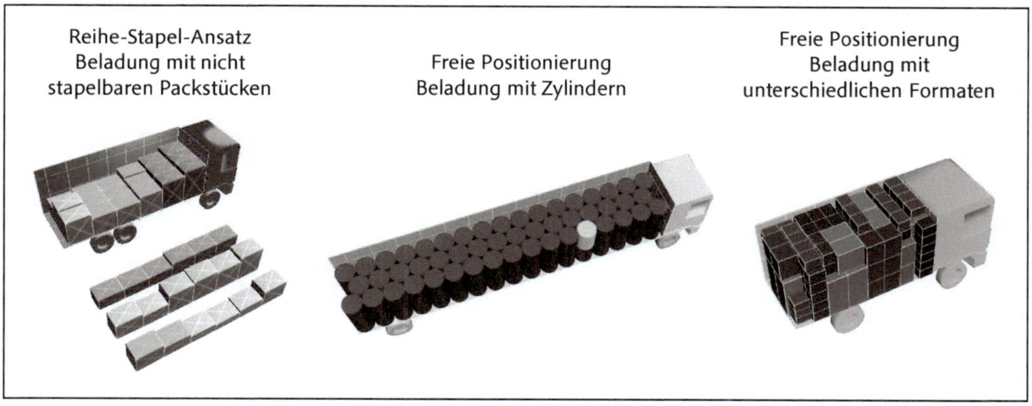

Abbildung 6.135: Verschiedene Laderaumplanungsergebnisse

Die Laderaumplanung kann wichtig werden, wenn gesetzliche Vorgaben oder Sicherheitserwägungen eine bestimmte Verteilung der Ladung innerhalb der Fahrzeugressource erfordern. In den Vereinigten Staaten etwa legt die staatliche Brückenformel das maximale Gewicht fest, das auf jeder Achse einer Fahrzeugressource lasten darf, die das Autobahnnetz nutzt. Daher ist diese Regel bei der Beladung eines Fahrzeugs zu beachten.

Der Laderaumplanungsoptimierer basiert auf einer minimierenden Zielfunktion und einigen harten Randbedingungen, die erfüllt werden müssen. Harte Restriktionen beziehen sich auf die physikalischen Eigenschaften der Ressource (maximales Bruttogewicht, maximales Gewicht auf einem Zwischendeck, maximales Gewicht auf einer Achsgruppe etc.) und die physikalischen Eigenschaften der Ladung (Palettenmaße, Palettenbruttogewicht, Stapelbarkeit etc.). Ziel ist es, eine geeignete Zuordnung von Frachtauftragspositionen zu den Positionen in der Ressource zu finden, die alle harten Restriktionen einhält und die anderen Zielkriterien minimiert:

- Alle Frachtauftragspositionen sollten auf die Ressource geladen werden. Das Nichtladen eines Packstücks wird mit Strafkosten bewehrt, die sehr hoch definiert sind, um diese Situation möglichst zu vermeiden.
- Alle Laderaumplanungsregeln müssen entsprechend ihrer Priorität eingehalten werden.

Die Einstellungen zur Laderaumplanung (**Planung • Profile und Einstellungen (Arbeitsvorrat)**) steuern das Verhalten des Laderaumplanungsalgorithmus. Die Einstellungen zur

Laderaumplanung sind dem Planungsprofil zugeordnet, können aber auch interaktiv im Transport-Cockpit über die Drucktaste **Planungseinstellungen ändern** geändert werden. Mit den Einstellungen zur Laderaumplanung können Sie festlegen, welche Regeln für die Laderaumplanung Sie berücksichtigen möchten und wie diese verschiedenen Regeln priorisiert werden (von 1 = höchste bis 10 = niedrigste Priorität). Zusätzlich zu den Prioritäten kann die Anwendbarkeit von Laderaumplanungsregeln auf bestimmte Equipmentgruppen und -arten eingeschränkt werden. Für einige Laderaumplanungsregeln können zusätzliche Parameter definiert werden (z. B. maximale Höhendifferenz benachbarter Stapel; siehe Abbildung 6.136).

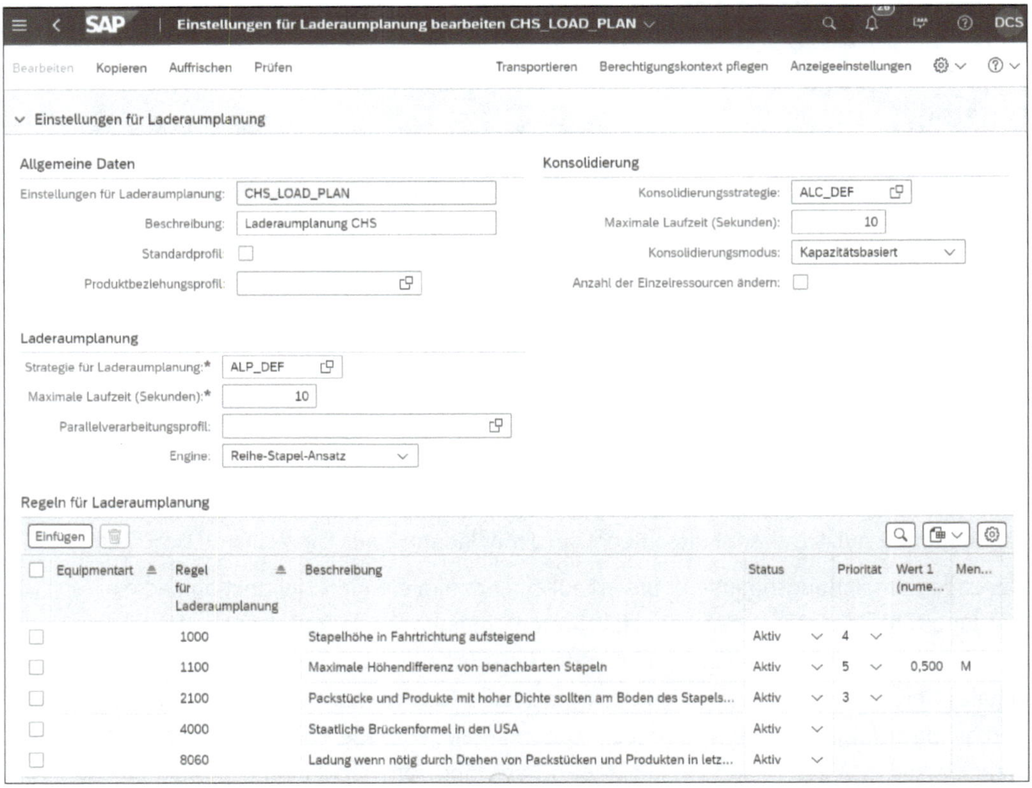

Abbildung 6.136: Einstellungen für die Laderaumplanung

Es stehen mehr als 45 verschiedene Laderaumplanungsregeln zur Verfügung. Die verfügbaren Regeln zur Laderaumplanung können in die folgenden Bereiche gruppiert werden:

- **Stabilität der Ladung**

  Die Motivation für diese Regeln besteht darin, die Beweglichkeit der transportierten Güter während des Transports zu minimieren, um Schäden zu vermeiden. Beispiele sind auf- oder absteigende Stapelhöhen in Fahrtrichtung oder Gewichtsausgleich hinsichtlich der Belastung der linken/rechten Räder.

- **Positionierung von Packstücken**

  Der Nutzen dieser Regeln liegt in einem vereinfachten Handling (Packstücke für den gleichen Entladeort werden benachbart zueinander geladen) oder der Stabilität der Stapel. Beispiele sind das maximale Gewicht pro Stapel, die dichtebasierte Sortierung von unten nach oben und die Berücksichtigung des Last-in-First-out-Prinzips (LIFO) für Lkws/Container, die von nur einem Ende her beladen werden können.

- **Doppeldeckspezifische Regeln**

  Diese Regeln zielen darauf ab, die physischen Einschränkungen von Doppeldeckfahrzeugen zu berücksichtigen und das Risiko von Transportschäden zu verringern. Beispiele sind maximale Gewichte pro Stapel oder Reihe des Oberdecks.

- **Ungeplante Packstücke**

  Da manchmal nicht alle dem Frachtauftrag zugeordneten Packstücke physisch (basierend auf Geometrie oder maximalen Achslasten) auf die zugewiesene Ressource passen, können Sie mit diesen Regeln Präferenzen festlegen, welche Packstücke geladen werden sollen und welche nicht. Kriterien zur Berechnung der Strafkosten für nicht geladene Packstücke sind entweder Gewicht, Volumen oder Gewicht × Volumen.

- **Gesetzliche Bestimmungen**

  Eine Laderaumplanungsregel (staatliche Brückenformel in den USA) ermöglicht es Ihnen, gesetzliche Beschränkungen der Achslast für Lkws zu berücksichtigen.

- **Beladungsmuster**

  Die Motivation für die Anwendung solcher Regeln sind eine bessere Gewichtsverteilung, Ladungsstabilität und Flächennutzung. Mehr als 20 verschiedene Regeln ermöglichen es Ihnen, die Position und Ausrichtung von Packstücken zu definieren. Diese Laderaumplanungsregeln können als fahrzeugspezifisch oder deckspezifisch definiert werden. Beispiele sind spezifische Belastungsmuster, wie z. B. gerade Beladung oder gedrehte Beladung.

Das Ergebnis der Laderaumplanung ist eine Liste aller geladenen Packstücke, die Reihenfolge der Beladung, die Ausrichtung für jedes Packstück (gerade oder gedreht) und die genaue Position mit Stapel- und Zeilennummer, die die Position auf dem Boden und die Ebene in der Stapelfolge definiert. Das Ergebnis kann sowohl als Liste als auch als 3D-Visualisierung dargestellt werden.

6.9 Integration mit externen Transportmanagementsystemen

Zusätzlich zu den Planungsmöglichkeiten innerhalb von TM können Transportbedarfe auch mit einem externen Transportmanagementsystem geplant werden. Abbildung 6.137 stellt den externen Planungsprozess mit den verwendeten Interfaces schematisch dar. In der externen Planung werden die Frachteinheiten per Webservice-Schnittstelle an ein externes System, z. B. das eines Logistikdienstleisters, gesendet. In diesem wird der Transport geplant, anschließend wird das Planungsergebnis über eine Webservice-Schnittstelle an das TM-System zurückübermittelt. In TM wird der Transport entsprechend angelegt, und die darauf verplanten Frachteinheiten werden dem Transport automatisch zugeordnet. Die verwendete Business-to-Business-Schnittstelle (B2B) basiert auf den Webservice-Schnittstellen `TransportationOrderGenericRequest_Out` und `TransportationOrderGenericRequest_In`. Sie stellt ein generisches Interface zum Senden und Empfangen von `/SCMTMS/TOR`-basierten Objekten, wie z. B. Frachteinheiten, Frachtaufträgen, Frachtbuchungen und Sendungen zur Verfügung (siehe Abschnitt 3.4, »Integrationstechnologie mit TM«).

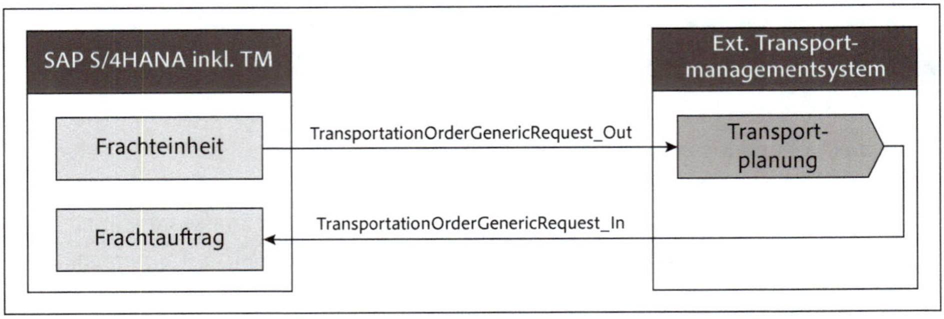

Abbildung 6.137: Schematische Darstellung des externen Planungsszenarios

Der Webservice für Frachteinheiten wird wie die meisten anderen EDI-Kommunikationen mithilfe eines PPF-Aktionsprofils aktiviert, das einem Frachteinheitstyp in den Customizing-Einstellungen zugeordnet ist. Das Aktionsprofil `/SCMTMS/TOR` enthält die Standardaktion `TOR_TPNORD_FU` zum Senden der Nachricht zur Replikation der Frachteinheiten. Sie können das Aktionsprofil über den Customizing-Pfad **Anwendungsübergreifende Komponenten • Prozesse und Werkzeuge für Geschäftsanwendungen • Wiederverwendbare Objekte und Funktionen für BOPF-Umgebung • PPF-Adapter für Ausgabeverwaltung** konfigurieren und prüfen. Um die Standard-PPF-Aktionen zu verwenden, muss das Profil dem jeweiligen Frachteinheitstyp zugeordnet werden (siehe Abbildung 6.138). Der Customizing-Pfad dazu ist: **Transport Management • Planung • Frachteinheit • Frachteinheitsarten definieren**.

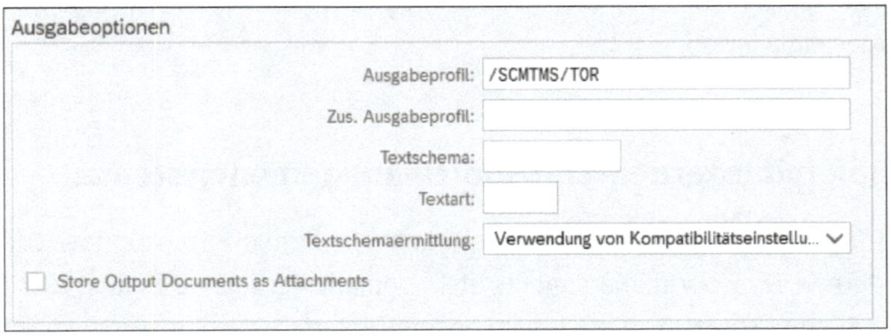

Abbildung 6.138: Pflege des PPF-Profils im Customizing der Frachteinheitsarten

Die Standardeinplanungsbedingung der PPF-Aktion unterscheidet zwischen Frachteinheiten, die den erweiterten Warenannahme- und Versandprozess (siehe Abschnitt 13.3, »Erweiterter Warenannahme- und Versandprozess«) verwenden, und solchen, die nicht für dieses Szenario relevant sind. Für Letztere wird die Nachricht bei Änderungen versendet. Für Erstere wird zusätzlich geprüft, ob die Frachteinheiten ungeplant sind und der Lagerabwicklungsstatus **Fertiggestellt** ist. Wie die PPF-Einplanungs- und Ausführungsbedingungen angepasst werden können, wird in Abschnitt 3.3.3, »Post Processing Framework«, erläutert.

Die versendete Webservicenachricht kann im UI der Frachteinheiten über die Registerkarte **Kommunikationsverlauf** angezeigt werden (siehe Abbildung 6.139).

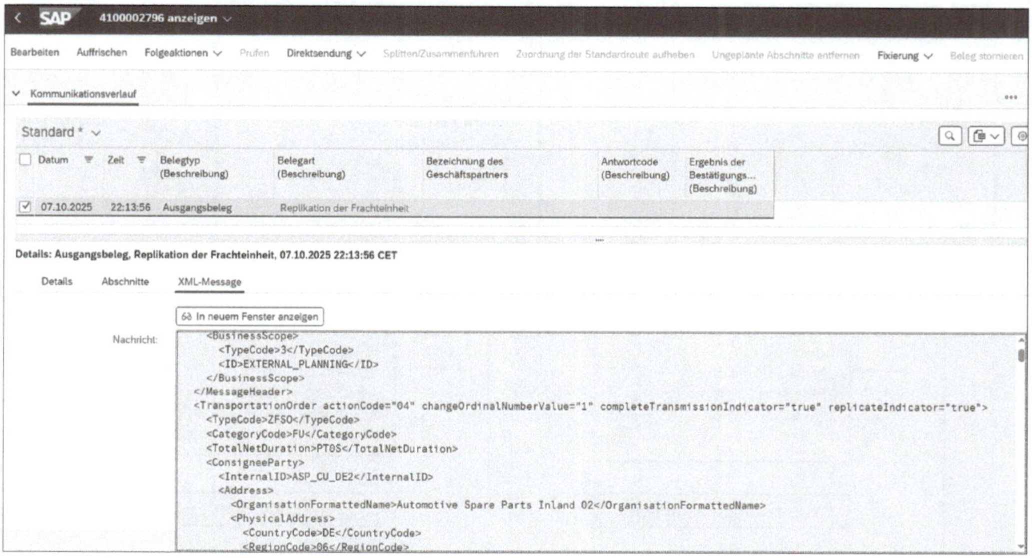

Abbildung 6.139: Nachrichten zur Replikation von Frachteinheiten auf der Registerkarte »Kommunikationsverlauf«

Die Erstellung von Frachtaufträgen auf der Grundlage von `TransportationOrderGenericRequest_In` (siehe Abbildung 6.137) funktioniert ohne zusätzliches Customizing. Wenn das externe Planungssystem die Datenstruktur der Webservice-Nachricht strukturell und inhaltlich korrekt befüllt, wird in TM automatisch der Kapazitätsbeleg angelegt. Aber welche Art von Informationen wird für eine inhaltlich korrekte Nachricht benötigt?

Abbildung 6.140 zeigt, dass der Webservice für verschiedene Szenarien eingesetzt werden kann, wie auch in Abschnitt 3.4, »Integrationstechnologie mit TM«, beschrieben. Im dargestellten Fall soll die Nachricht für das externe Planungsszenario verwendet werden. Dies wird durch den Identifier `Business Scope` = `EXTERNAL_PLANNING` angezeigt. Zusätzlich beschreibt das Feld `TOR_CATEGORY`, welches Objekt empfangen/repliziert wird, z. B. `FU` für Frachteinheiten, `FO` für Frachtaufträge. Je nach angegebener `TOR`-Kategorie enthält die Nachricht unterschiedliche Informationen. Die Nachricht zur Replikation von Frachteinheiten enthält Informationen über die involvierten Geschäftspartner, z. B. Kunde, Empfänger oder Verlader, sowie die Orte und Zeiten der jeweiligen Frachtabschnitte.

Auf der Positionsebene wird die Positionshierarchie mit Packstück- und Produktinformationen beschrieben. Diese Ebene enthält auch Informationen über den Ursprungsbeleg, etwa die ID des Lieferbelegs. Vergleicht man die beiden Nachrichten für Frachteinheit und Frachtauftrag, liegt der Hauptunterschied in der Positionsebene. In der Nachricht für die Frachtaufträge sind die IDs der Frachteinheiten einem Fahrzeug in der Positionshierarchie zugeordnet. Auf der Grundlage dieser Informationen findet TM die entsprechenden Frachteinheiten für die Zuordnung zum Frachtauftrag.

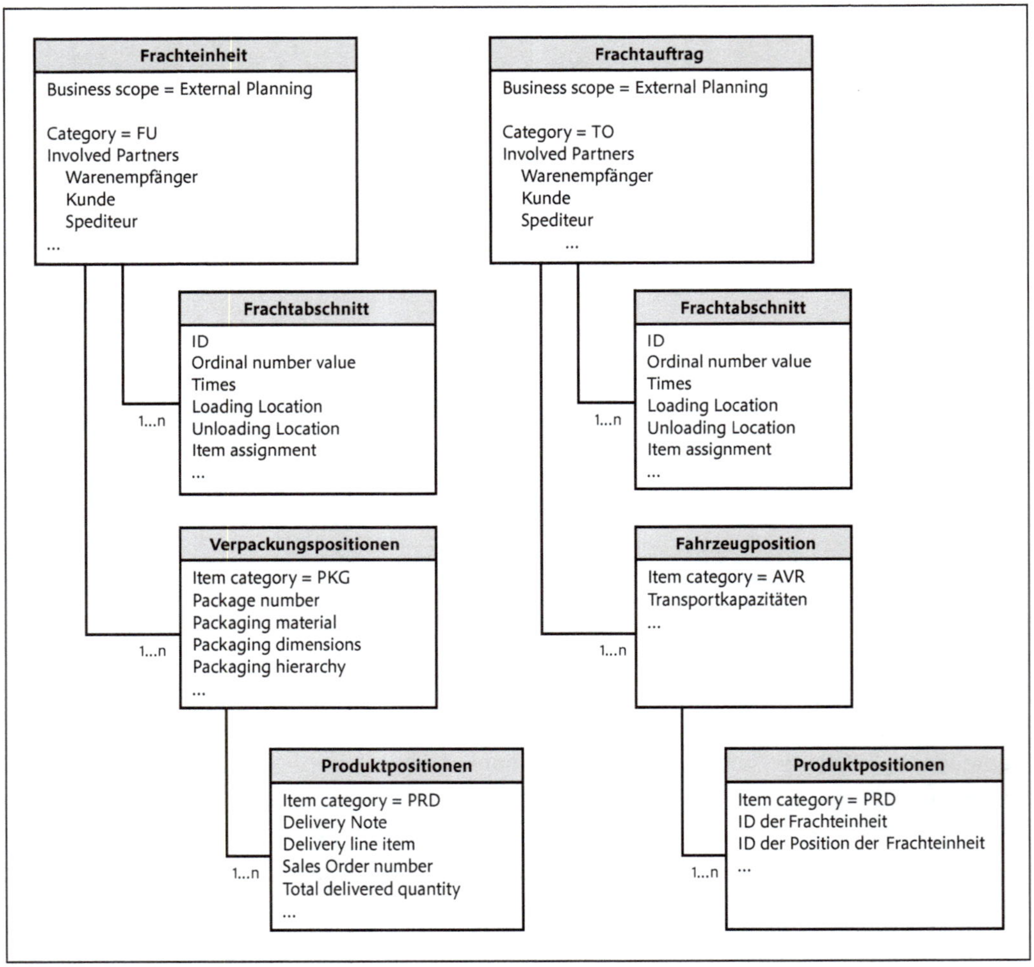

Abbildung 6.140: Struktureller Vergleich einer »TransportationOrderGeneric«-Nachricht für Belege der Kategorien Frachteinheit und Frachtauftrag

TM in SAP S/4HANA im Vergleich zu LE-TRA in SAP ERP

Viele Kunden implementieren derzeit TM in SAP S/4HANA, da LE-TRA (das alte Transportmodul in SAP ERP) in Zukunft nicht mehr von SAP unterstützt wird. Ein klassisches Geschäftsszenario in LE-TRA ist das externe Planungsszenario auf Basis des Transports über IDoc-Kommunikation. Der Webservice `TransportationOrderGenericRequest_Out/In` ist das funktionale Äquivalent für IDocs des Typs `SHPMNT`. Zur Implementierung des Szenarios muss zukünftig der Kundenprozess für die Verwendung des TM-Webservices angepasst werden.

Da diese Kunden hauptsächlich auf Basis der Liefer-ID arbeiten, ist es auch möglich, die Liefer-ID als Referenz in der Nachricht `TransportationOrderGenericRequest_In` zu verwenden, um den Frachtauftrag zu erstellen und die entsprechenden Transporteinheiten zu finden. Die Liefer-ID ist auf der Positionsebene der Ausgangskommunikation enthalten.

Zusätzlich stellt SAP einen Beratungshinweis zur Verfügung, um den Übergang zu TM zu unterstützen. In diesem Hinweis werden die aktuellen Pflichtfelder des GLOBAL DESADV/VDA4987-Standards mit den verfügbaren Feldern des `TransportationOrderGenericRequest` verglichen (SAP-Hinweis 3236759).

Im UI des Frachtauftrags enthält die Registerkarte **Kommunikationshistorie** wie bei der Frachteinheit einen Verweis auf die eingehenden EDI-Nachrichten. Außerdem können Sie auf der Registerkarte **Allgemeine Daten** im Bereich **Allgemeine Informationen** im Feld **Herkunft** des Frachtdokuments sehen, dass der Frachtauftrag über den Webservice erstellt wurde (siehe Abbildung 6.141).

Abbildung 6.141: Informationen zur Herkunft eines Frachtauftrags im externen Planungsszenario

Die Nachricht `TransportationOrderGenericRequest_Out/In` unterstützt Lösch- und Änderungsprozesse. Inhaltliche Anpassungen der Nachricht können mittels zweier BAdIs über den Customizing-Menüpfad **Transportation Management • Business Add-Ins (BAdIs) für Transportation Management • Integration • Enterprise-Services • Frachtauftragsmanagement • Frachtauftrag • BAdI für TransportationOrderGenericRequest_In/Out** in kundenspezifischen ABAP-Klassen implementiert werden.

6.10 Zusammenfassung

In diesem Kapitel wurde die Planung in TM im Detail erläutert. Zunächst wurden die verschiedenen Dokumente vorgestellt, die an diesem Prozess beteiligt sind, und die Entscheidungen aufgezählt, die in diesem Prozess getroffen werden müssen. Durch die Definition und Erstellung von Frachteinheiten wurden die verschiedenen Transportbedarfe in planbare Objekte umgewandelt. Packstücke wurden definiert, um eine Verpackungshierarchie aus der Liste der Produkte und Mengen zu erstellen.

Diverse manuelle Planungsoptionen von der textuellen Befehlszeilenplanung bis hin zur visuell unterstützten Planung in der Karte oder im Gantt-Diagramm wurden erläutert. Daneben haben wir aber nicht nur die interaktive Planung vorgestellt, sondern auch automatisierte Planungsmöglichkeiten, die im Hintergrund ausgeführt werden können.

Unabhängig davon, welche Planungsmethode verwendet wird, besteht das Ergebnis aus Frachtaufträgen, Frachtbuchungen oder Transporteinheitsdokumenten. Das nächste Kapitel konzentriert sich auf Frachtaufträge und darauf, wie sie unterbeauftragt und ausgeschrieben werden.

Kapitel 7
Frachtauftragsmanagement und Unterbeauftragung

Die Transportdurchführung kann an Logistikdienstleister oder Spediteure ausgelagert werden. Bei der Unterbeauftragung bleibt die Überwachung des Transportprozesses in der Hand des Unternehmens, während die physische Ausführung ausgelagert wird. Das Kapazitätsmanagement ermöglicht es Ihnen, den Verbrauch der Transportkapazitäten Ihrer Spediteure langfristig, mittelfristig und kurzfristig zu planen. Das Frachtauftragsmanagement umfasst die für diese Prozesse erforderlichen Dokumente.

Im vorangegangenen Kapitel haben Sie die Transportplanung als Planungsaufgabe kennengelernt, die sich mit der Zuordnung von Frachteinheiten zu verfügbaren Transportkapazitäten befasst. Wir haben jedoch noch nicht erläutert, wer diese Transportkapazitäten bereitstellt: ob sie die eigene Fahrzeugflotte eines Unternehmens repräsentieren oder ob es darum geht, Frachtaufträge von Dritten ausführen zu lassen.

Dieses Kapitel hat drei Schwerpunkte. Der erste Schwerpunkt liegt auf dem Frachtauftragsmanagement, der zweite auf dem Kapazitätsmanagement, und der dritte behandelt die Auswahl des bestmöglichen Dienstleisters, entweder durch die Spediteurauswahl und/oder über eine Frachtausschreibung.

Das *Frachtauftragsmanagement* befasst sich mit den Dokumenten, die entweder für die Durchführung von Transporten oder für die Unterbeauftragung (oder beides) verwendet werden. Je nach Verkehrsträger werden diese Dokumente entweder als *Frachtaufträge* (Straße oder Schiene) oder als *Frachtbuchungen* (Luft oder See) bezeichnet. Sendungen sind eine weitere Kategorie in diesem Kontext. Sendungen bilden jedoch in der Regel keinen physischen Vorgang wie einen Frachtauftrag oder eine Frachtbuchung ab, sondern stellen eher eine logische Gruppierung dar, die häufig bei der Kommunikation zwischen Verladern und Warenempfängern verwendet wird. Die Unterbeauftragung kann allerdings auch auf der Grundlage von Sendungen erfolgen.

Das *Kapazitätsmanagement* ist der Prozess der Definition und Nutzung der Transportkapazitäten Ihrer Spediteure für verschiedene Zeithorizonte und Regionen. Es beginnt auf der langfristigen Ebene mit Frachtvereinbarungen und den darin vereinbarten Kapazitäten, die als Transportkontingente repräsentiert werden. Die mittelfristige Kapazitätsplanung berücksichtigt Gateway-Fahrpläne, die auf Spediteurfahrplänen basieren, und fahrplanbasierte Transportkontingente, um die Kapazitäten für diese Gateway-Fahrpläne zu planen. Der kurzfristige, operative Teil ist die Erstellung von Frachtbelegen gemäß den zuvor definierten mittelfristigen Kapazitäten. Diese operativen Frachtbelege werden im Tagesgeschäft verwendet.

Ziel der *Spediteurauswahl* ist es, eine Rangliste der Spediteure zu erstellen, die für die Ausführung eines geplanten Frachtauftrags zur Verfügung stehen. Ein breites Spektrum von Gestaltungsmöglichkeiten kann genutzt werden, um die Auswahl des bestmöglichen Transportdienstleisters zu steuern. Zu diesen Optionen gehören die erwarteten Kosten des Frachtauftrags, Prioritäten, Inkompatibilitäten, vereinbarte Kontingente und Geschäftsanteile, die die verschiedenen möglichen vertraglichen Verpflichtungen abbilden können.

Sie können die Spediteurauswahl manuell, mithilfe eines Optimierungsalgorithmus oder mithilfe eines Auktionsmechanismus im Rahmen der Frachtausschreibung durchführen. Die Frachtausschreibung selbst kann als Bestandteil des Spediteurauswahlverfahrens oder als separates Verfahren verwendet werden. Im Rahmen der *Frachtausschreibung* können einzelne Frachtaufträge an jeweils einen Spediteur (sequenzielle Ausschreibung) oder an mehrere Spediteure (simultane Ausschreibung) gleichzeitig ausgeschrieben werden. Der Ausschreibungsprozess beinhaltet die Kommunikation mit dem Spediteur, in der dieser den Preis für den ausgeschriebenen Frachtauftrag festlegen kann (simultane Ausschreibung) oder über die Annahme oder Ablehnung des Frachtauftrags informiert (sequenzielle Ausschreibung).

Abschnitt 7.1 befasst sich mit dem Frachtauftragsmanagement, der Konfiguration von Frachtaufträgen, den Frachtauftragsarten und ihrer Verwendung, insbesondere im Landverkehr. In diesem Abschnitt werden auch spezielle Prozesse mit Frachtaufträgen behandelt, wie Frachtaufträge für die Abholung und Anlieferung im See- und Luftverkehr, Frachtaufträge für die Kundenselbstanlieferung und -abholung sowie Serviceaufträge.

Abschnitt 7.2 handelt von Frachtbuchungen, die die Frachtdokumente für die Seefracht und die Luftfracht darstellen. Grundsätzlich können diese Frachtbuchungen dazu verwendet werden, Kapazitäten bei Ihren Spediteuren zu reservieren. Nachdem der Spediteur die Frachtbuchung bestätigt hat, können Sie ihr konkrete Transportbedarfe hinzufügen. Wenn Sie Ihre Planung abgeschlossen haben und die Frachtbuchung ausführen lassen möchten, können Sie den Inhalt der Buchung an Ihren Spediteur senden, was das rechtliche Dokument darstellt, das die Durchführung des Transports begleitet.

Sendungen sind das Hauptthema von Abschnitt 7.3. Sie können mehrere Transportbedarfe zu einer Sendung zusammenfassen und diese als Grundlage für die Kommunikation zwischen Versender und Empfänger verwenden. Mehrere Sendungen können in einem Frachtauftrag zusammengefasst werden. Der Prozess der Unterbeauftragung und die Transportkostenberechnung können entweder auf Sendungen oder auf Frachtaufträgen basieren.

Abschnitt 7.4 stellt den Kapazitätsmanagementprozess vor, einschließlich des Zusammenspiels der Geschäftsdokumente, die die strategischen, taktischen und operativen Aspekte abdecken. Daneben werden die systematische Erstellung von Frachtdokumenten sowie das Änderungsmanagement von Fahrplänen beschrieben, das es Ihnen ermöglicht, auf Änderungen in den Spediteurfahrplänen zu reagieren. Dieser Abschnitt stellt auch Kontingente vor, mit denen Sie die Nutzung der Kapazitäten Ihrer Spediteure auf verschiedenen geografischen und zeitlichen Ebenen planen können. Die geografische Ebene kann sich dabei auf Lokationen und Transportzonen beziehen, und die zeitliche Ebene kann sowohl konkrete Fahrplanabfahrten als auch bestimmte Zeitperioden auf Granularität eines Tages, Monats oder Jahres abdecken. Kontingente können genutzt werden, um Frachtbelege mit entsprechenden Kapazitäten zu erzeugen, und sie stellen auch kapazitive Einschränkungen für die automatische Spediteurauswahl dar. Im Anschluss daran werden Geschäftsanteile vorgestellt, die die Aufteilung Ihrer Fracht an Ihre Spediteure gemäß vordefinierten Proportionen auf einer Verkehrsbeziehung steuern und bei der automatischen Spediteurauswahl berücksichtigt werden.

Schließlich erläutert Abschnitt 7.5 erläutert den Prozess der Spediteurauswahl, die Ziele und Randbedingungen sowie die verfügbaren Konfigurationsoptionen, während sich Abschnitt 7.6 schließlich auf die Frachtausschreibung und die Konfigurationsoptionen des Ausschreibungsprozesses konzentriert.

7.1 Frachtaufträge

Frachtaufträge werden im Landverkehr verwendet, während Frachtbuchungen im Luft- oder Seetransport eingesetzt werden. In diesem Kapitel konzentrieren wir uns auf die Rolle des Frachtauftrags und seine automatische oder manuelle Erstellung aus Planungssicht; das folgende Kapitel behandelt den Frachtauftrag aus der Perspektive der Ausführung, einschließlich des Drucks von Frachtpapieren.

7.1.1 Konfiguration und Benutzeroberfläche

Sie können einen Frachtauftrag entweder manuell oder automatisch erstellen. Wählen Sie den manuellen Prozess, wenn Sie bereits wissen, was Sie einkaufen wollen, weil Sie regelmäßig ähnliche Frachtaufträge für einen Spediteur anlegen. In diesem Fall geben Sie die relevanten Informationen (logistische Daten, z. B. Quell- und Ziellokation sowie

Datum/Uhrzeit und zu transportierende Positionen) manuell in die Benutzeroberfläche des Frachtauftrags ein, oder Sie kopieren einen bestehenden Frachtauftrag und ändern die erforderlichen Felder in der kopierten Version. Sie können auch einen Frachtauftrag auf der Grundlage einer Frachtvereinbarung anlegen.

Daneben gibt es verschiedene Möglichkeiten der automatischen Erstellung von Frachtaufträgen:

- **Ergebnis der Planung**

  Frachtaufträge können durch zwei Arten der Planung erstellt werden: die manuelle Planung im Transport-Cockpit und die automatisierte Planung mithilfe des VSR-Optimierers oder der Transportvorschlagsfunktion.

- **Erstellung aus einem Arbeitsvorrat für Frachteinheiten**

  Frachtaufträge werden automatisch auf Basis von Frachteinheiten erstellt, indem diese in einem Arbeitsvorrat ausgewählt und die entsprechende Aktion über eine Schaltfläche ausgelöst wird.

- **Erstellung über einen Hintergrundprozess**

  Frachtaufträge können direkt aus der Frachteinheitsbildungsregel (FEBR) (Shortcut-Szenario; siehe Abschnitt 6.2.3, »Frachteinheitsbildung«) oder als Ergebnis einer Direktsendungsoption (siehe Abschnitt 6.2.2, »Eigenschaften von Frachteinheiten«) erstellt werden.

- **Erstellung über eine eingehende Nachricht**

  Frachtaufträge können von außerhalb von TM über die Eingangsnachricht `Transportation Generic Ordering In` angelegt werden.

- **Erstellung auf Basis eines Fahrplans**

  Mit dem Report `/SCMTMS/MP_SCHED_CREATE` können Sie Frachtaufträge auf Basis von Fahrplanabfahrten erstellen.

  Im Folgenden lernen Sie die Konfigurationseinstellungen für Frachtaufträge kennen. Wir beginnen mit den Frachtauftragsarten und fahren dann mit der Benutzeroberfläche für Frachtaufträge fort.

Frachtauftragsarten definieren

Die wichtigsten Einstellungen für den Frachtauftrag sind in der Customizing-Aktivität der Frachtauftragsart definiert, die Sie über den Menüpfad **Transportation Management • Frachtauftragsmanagement • Frachtauftrag • Frachtauftragsarten definieren** erreichen. Abbildung 7.1 und Abbildung 7.2 zeigen das Customizing der Frachtauftragsart mit all ihren Optionen.

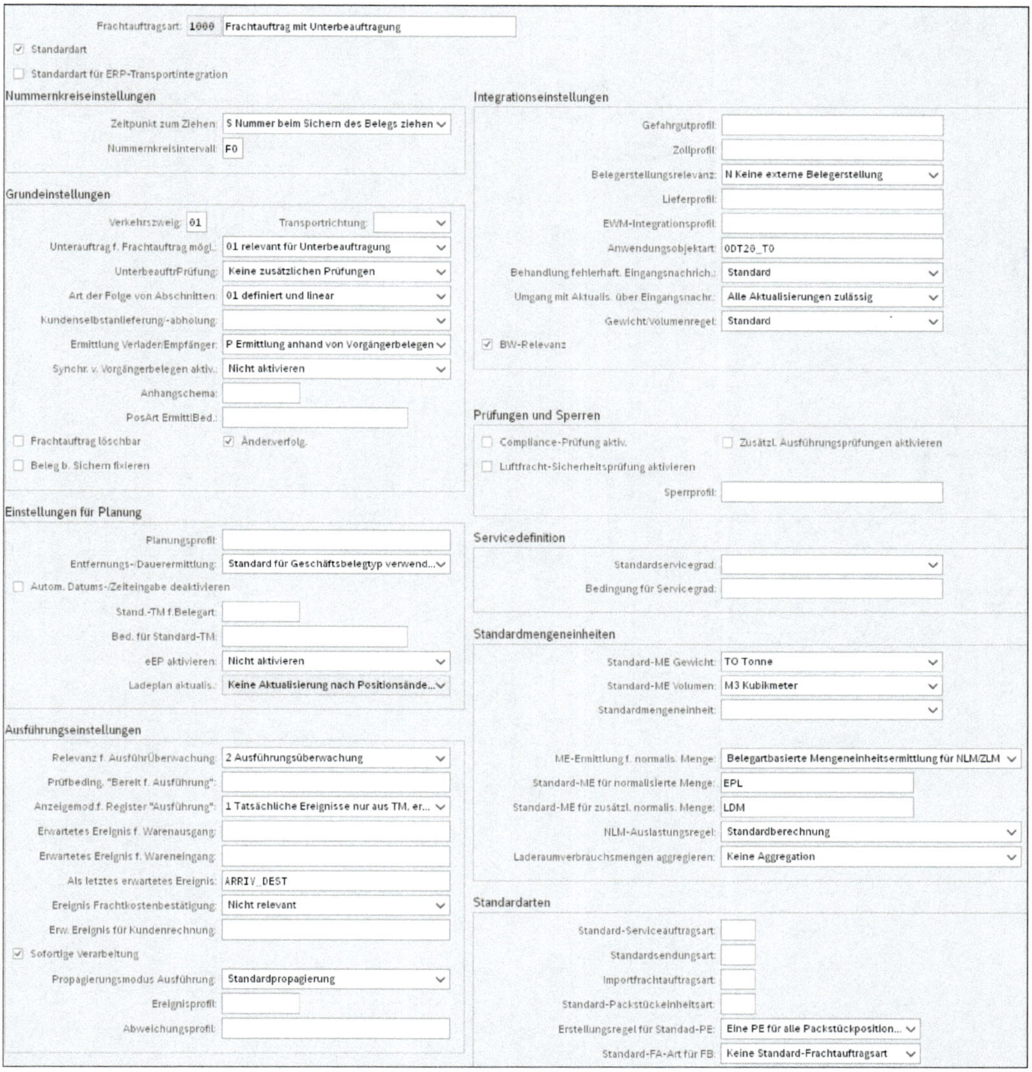

Abbildung 7.1: Customizing der Frachtauftragsart (1/2)

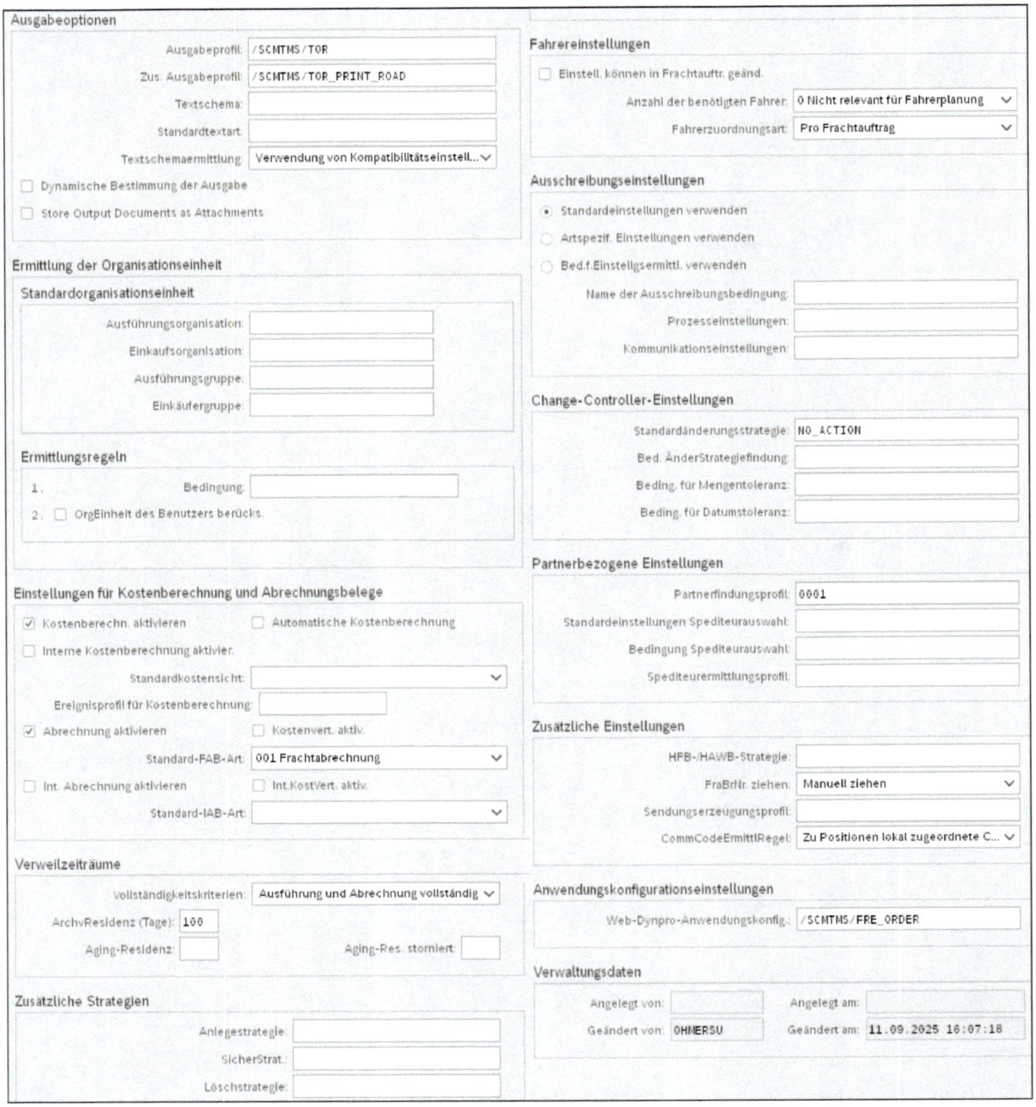

Abbildung 7.2: Customizing der Frachtauftragsart (2/2)

Lassen Sie uns die wichtigsten Einstellungen durchgehen:

- **Frachtauftragsart**

  Die Frachtauftragsart muss in Bezug auf Transporteinheitsarten, Frachtbuchungsarten, Frachteinheitsarten, Sendungsarten und Serviceauftragsarten eindeutig sein, da alle diese Objekte technisch aus dem gleichen Business-Objekt (`/SCMTMS/TOR`) stammen.

- **Standardart**

  Je nachdem, wie ein Frachtauftrag angelegt wird, wird die Frachtauftragsart manuell eingegeben, durch eine Bedingung bestimmt oder aus dem Planungsprofil ermittelt.

Wenn der Frachtauftrag bei der Planung angelegt wird, wird die Frachtauftragsart aus dem Planungsprofil ermittelt (entweder direkt oder aus einer dort gepflegten Bedingung), oder es wird die Standardfrachtauftragsart verwendet, wenn die Ermittlung aus dem Planungsprofil fehlgeschlagen ist. Wird der Frachtauftrag über den Shortcut-Prozess angelegt (siehe Abschnitt 6.2.3, »Frachteinheitsbildung«), wird die Frachtauftragsart aus der Frachteinheitsbildungsregel oder aus einer dort gepflegten Bedingung ermittelt. Wird der Frachtauftrag über den Direktsendungsprozess angelegt (siehe Abschnitt 7.1.3, »Spezielle Prozesse bei Frachtaufträgen«, und Abschnitt 6.2.2, »Eigenschaften von Frachteinheiten«), dann ergibt sich die Frachtauftragsart aus dem Customizing der Frachteinheitsart (entweder direkt oder aus einer dort gepflegten Bedingung). Weitere Prozesse, bei denen die Frachtauftragsart aus dem Customizing abgeleitet wird, sind unter anderem die folgenden:

- Frachtaufträge für Abholung und Anlieferung: Die Frachtauftragsart wird aus dem Customizing der Frachtbuchungsart (**Standardarten**) abgeleitet.
- Frachtauftragserstellung aus Speditionsauftragsabschnitten: Die Frachtauftragsart wird aus dem Customizing über den Menüpfad **Transportation Management • Speditionsauftragsmanagement • Speditionsauftrag • Standard-Kapazitätsbelegarten für Abschnitte definieren** abgeleitet.
- Erstellung von Frachtaufträgen mit Bezug auf einen Fahrplan: Die Frachtauftragsart wird aus dem Customizing der Fahrplanart abgeleitet.

- **Nummernkreiseinstellungen**

  Die Nummernkreiseinstellungen legen ein Nummernkreisintervall fest und ob eine Nummer sofort oder erst beim Speichern des Geschäftsbelegs gezogen wird.

- **Grundeinstellungen**

  Die Grundeinstellungen bestimmen, ob der Frachtauftrag für die Unterbeauftragung relevant ist und ob zusätzliche Prüfungen durchgeführt werden, bevor Sie einen Frachtauftrag an einen Spediteur weitergeben können. Die zusätzlichen Grundprüfungen stellen sicher, dass eine Einkaufsorganisation, eine Einkäufergruppe und ein beschaffender Buchungskreis in dem Frachtbeleg definiert sind.

  Die Art der Folge von Abschnitten bestimmt die Struktur der Abschnitte des Frachtauftrags. Frachtaufträge, die aus der Planung heraus angelegt werden, haben eine definierte und lineare Abschnittsreihenfolge, da die Abschnitte des Frachtbelegs die Route darstellen, auf der die zugeordnete Fahrzeugressource voraussichtlich fahren wird (z. B. von A nach B, von B nach C). Es können jedoch auch andere Abschnittsfolgen definiert werden, wie z. B. **nichtlinear (sternförmig)** (von A nach B, von A nach C) oder **nicht zusammenhängend** (von A nach B, von C nach D). Abbildung 7.3 veranschaulicht verschiedene Abschnittsfolgen. Die Abschnittsfolgen, die physisch nicht als solche ausgeführt werden können, können in Frachtaufträgen verwendet werden, die nur für die Transportkostenberechnung relevant sind und über kundenspezifische Funktionen erstellt wurden. Für solche Frachtaufträge sind keine Planungsaktionen erlaubt. Frachtaufträge, die aus dem Paketversandprozess über Direktsendungsoptionen erstellt wurden, können mit der Option **Sternförmig basierend auf FE-Abschnitten** erstellt werden, da alle Frachteinheiten die gleiche Quelle, aber unterschiedliche Ziele haben.

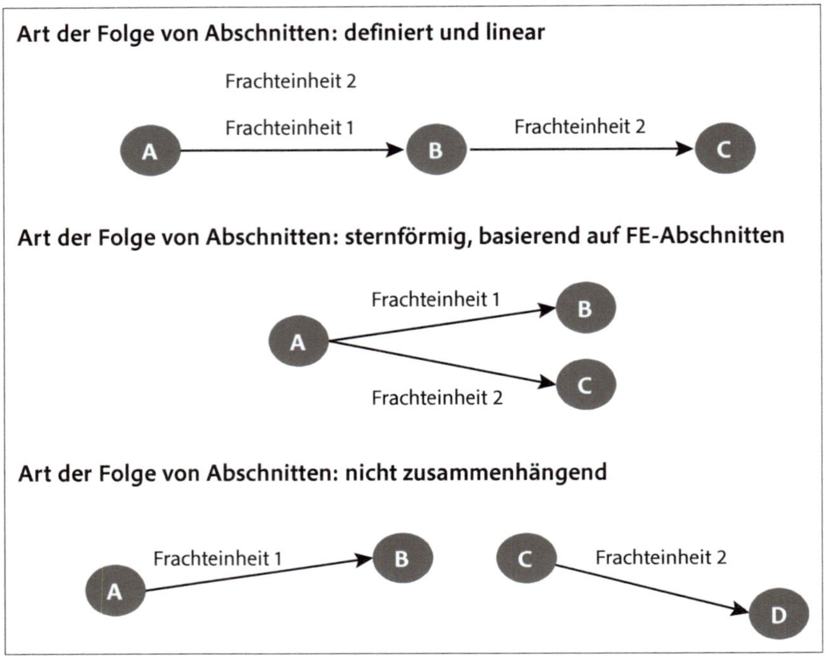

Abbildung 7.3: Art der Folge von Abschnitten

In den Grundeinstellungen entscheiden Sie auch, wie Verlader und Empfänger ermittelt werden. Darüber hinaus legen Sie fest, ob Änderungen verfolgt werden, ob Frachtaufträge beim Sichern fixiert und ob solche Frachtaufträge gelöscht werden können.

- **Einstellungen für Planung**

  Das Transportmittel eines Frachtauftrags wird in der Regel aus der dem Frachtauftrag zugeordneten Fahrzeugressource ermittelt. Wird der Frachtauftrag jedoch nicht aus der Planung heraus angelegt (z. B. im Shortcut-Szenario), kann das Transportmittel aus dem hier definierten Vorschlagswert (**Stand.-TM f. Belegart**) oder durch die angegebene Bedingung ermittelt werden (**Bed. für Standard-TM**). Ebenso kann hier das Planungsprofil voreingestellt werden, das z. B. für Terminierungsaktivitäten erforderlich sein kann, wenn diese direkt aus dem Frachtauftrag und nicht aus dem Transport-Cockpit ausgelöst werden. Außerdem können Sie die automatische Ermittlung von Entfernungen und Dauern für den Frachtauftrag aktivieren oder deaktivieren. Schließlich können Sie die einheitliche Erstellung von Packstücken (**eEP aktivieren**) aktivieren oder deaktivieren (siehe Abschnitt 6.3, »Einheitliche Erzeugung von Packstücken«).

- **Ausführungseinstellungen**

  Die Ausführungseinstellungen befassen sich mit der Relevanz für die Ausführungsüberwachung der Frachtauftragsart. Die Ausführungsüberwachung erfolgt mit SAP Event Management oder SAP Business Network Global Track and Trace, die in Kapitel 8, »Durchführung und Überwachung von Transporten«, beschrieben werden. Das Abweichungsprofil definiert die Einstellungen zur Behandlung von Abweichungen (allgemeine und Mengenabweichungen). Ein Abweichungsprofil kann mehrere Abweichungsarten enthalten. Abweichungen werden in Abschnitt 8.1.2 besprochen.

- **Ausgabeoptionen**

  Der Frachtauftragsart können zwei Ausgabeprofile zugeordnet werden. Die Ausgabeoptionen werden ebenfalls in Kapitel 8 ausführlich erläutert.

- **Ermittlung der Organisationseinheit**

  Für einen Frachtauftrag ist die Einkaufsorganisation in Geschäftsprozessen mit Unterbeauftragung relevant, da in diesem Fall Transportdienstleistungen von einem externen Frachtführer oder Spediteur bezogen werden. Alternativ kann die Ausführungsorganisation relevant sein, wenn der Frachtauftrag nicht an Dritte vergeben wird. Die relevante Organisationseinheit für einen Frachtauftrag wird zunächst aus der hier gepflegten Bedingung ermittelt, dann aus der Zuordnung der Person, die den Frachtauftrag anlegt, zu einer Organisationseinheit und schließlich aus den Standardorganisationseinheiten.

- **Einstellungen für Kostenberechnung und Abrechnungsbelege**

  Sie können aktivieren oder deaktivieren, ob Frachtaufträge dieser Art für die Kostenberechnung, Abrechnung, interne Kostenberechnung, interne Abrechnung und/oder Kostenverteilung relevant sind. Außerdem hinterlegen Sie hier, welche Sicht standardmäßig für die Anzeige der Transportkosten verwendet werden soll, sowie Standardabrechnungsbelegarten für die Frachtabrechnung und interne Abrechnung.

- **Verweilzeiträume**

  Der Verweilzeitraum definiert die Mindestzeit zwischen dem Abschluss eines Geschäftsbelegs und seiner Archivierung. Der Abschluss eines Frachtauftrags schließt den Abschluss der Ausführung, der Abrechnung und optional der Abweichungen ein.

- **Zusätzliche Strategien**

  Ähnlich wie bei den Einstellungen für den Change Controller können hier zusätzliche Strategien definiert werden, die beim Anlegen, Sichern und Löschen von Frachtbelegen ausgeführt werden. Wie bei den Änderungsstrategien sind einige dieser Strategien im Standard verfügbar, und benutzerdefinierte Strategien können über das Process Controller Framework angelegt werden (siehe Abschnitt 3.3.6). Zu den Standardsicherungsstrategien gehören `CALC_CHARG`, um die Frachtkosten bei jedem Sichern zu berechnen, oder `TOR_CANCEL`, um den Frachtauftrag zu stornieren, wenn ihm keine Transportbedarfe mehr zugeordnet sind. Typische Anlegestrategien sind `CARR_SEL`, um bei der Erstellung des Frachtauftrags die Spediteurauswahl auszulösen, `TEND_START`, um bei der Erstellung des Frachtauftrags den Ausschreibungsprozess zu starten, oder CHARG_TEND, um bei der Erstellung des Frachtauftrags sowohl die Frachtkostenberechnung als auch den Ausschreibungsprozess zu starten.

- **Integrationseinstellungen**

  Sie können ein Lieferprofil definieren, um die Erstellung von Liefervorschlägen auf der Grundlage von Frachtaufträgen zu steuern. Darüber hinaus steuern die Belegerstellungsrelevanz und das EWM-Integrationsprofil die Integration in SAP Extended Warehouse Management (SAP EWM). Das Gefahrgutprofil bezieht sich auf die Verarbeitung von Gefahrgutdaten und das Zollprofil auf die Integration mit SAP GTS (Global Trade Services).

  Wenn Sie Frachtaufträge über Eingangsnachrichten anlegen, können Sie entscheiden, ob das System nur fehlerfreie Frachtaufträge anlegt oder auch fehlerhafte Belege speichern darf. Dies ist abhängig davon, wie Sie die Option **Handhabung falscher Eingangsmeldungen** konfiguriert haben. Gleiches gilt für die Aktualisierung durch Eingangsnachrichten gemäß der Option **Umgang m. Aktualis. über Eingangsnachr.** Sie können alle Aktualisierungen zulassen oder Aktualisierungen verhindern, wenn schon manuelle Änderungen stattgefunden haben.

- **Prüfungen und Sperren**

  Compliance-Prüfungen, Luftfrachtsicherheitsprüfungen und zusätzliche Ausführungsprüfungen können aktiviert oder deaktiviert werden. Zusätzliche Ausführungsprüfungen schränken die Ausführung von Aktivitäten bei der Bearbeitung von Positionen im Frachtauftrag basierend auf dem Ausführungsstatus dieser Positionen ein. Außerdem können Sie Ihrer Frachtauftragsart ein Sperrprofil zuweisen. Im Sperrprofil können Sie anfängliche Toleranzen und Deltatoleranzen für Zeitkonflikte definieren, die während der Planung auftreten. Zeitkonflikte innerhalb der Toleranz führen dann nicht zu Sperren. Mit dem Sperrprofil können Sie auch festlegen, welche Sperren an die Nachfolgebelege weitergegeben werden. Sperrprofile werden im Customizing über den Menüpfad **Transportation Management • Frachtauftragsmanagement • Sperrprofil definieren** definiert.

- **Servicedefinition**

  Der Servicegrad für den Frachtauftrag wird auf der Grundlage des Standardservicegrads ermittelt oder über eine Bedingung abgerufen.

- **Standardmengeneinheiten**

  Sie können jeweils eine Standardmengeneinheit für Gewicht, Volumen und Menge angeben. Die Einstellungen in Bezug auf die normalisierte Menge werden in Abschnitt 6.5, »Normalisierte Mengen«, besprochen.

- **Standardarten**

  Sie können die Standardserviceauftragsart für aus dem Frachtauftrag heraus angelegte Serviceaufträge angeben und die Importfrachtauftragsart vorschlagen. Außerdem können Sie die Standardsendungsart, die Standardpackstückeinheitsart und die Erstellungsregel für Packstückeinheiten (**Erstellungsregel für Standard-PE**) vorgeben.

- **Fahrereinstellungen**

  Die Fahrereinstellungen legen fest, ob entsprechende Frachtaufträge für die Fahrerermittlung relevant sind, und bestimmen die Anzahl der benötigten fahrenden Personen (eine oder zwei) und die Fahrerzuordnungsart (pro Abschnitt oder pro Frachtauftrag).

- **Ausschreibungseinstellungen**

  Hier werden die Einstellungen für den Ausschreibungsprozess definiert. Diese Einstellungen werden zusammen mit der Frachtausschreibung in Abschnitt 7.6 erläutert.

- **Change-Controller-Einstellungen**

  Die Einstellungen für den Change Controller legen fest, wie sich Änderungen im Frachtauftrag auf diesen (und gegebenenfalls Folgebelege) auswirken sollen. Sie definieren, welche Standardänderungsstrategie für Frachtaufträge dieser Art verwendet wird oder welche Bedingungen zur Bestimmung der Änderungsstrategie genutzt werden. Mithilfe des Change Controllers können Sie feststellen, ob sich ein Frachtauftrag geändert hat, und definieren, wie das System auf diese Änderung reagieren soll. Über eine Bedingung in dem Feld **Beding. für Mengentoleranz** können Sie Mengenänderungen in solche einteilen, die keine Reaktion erfordern (z. B. Rundungsdifferenzen), und solche, bei denen eine Reaktion notwendig ist (z. B. Fehlmengen). Analog klassifiziert eine Bedingung im Feld **Beding. für Datumstoleranz** Terminänderungen. Wenn der Empfänger Sie bittet, eine Stunde später einzutreffen, möchten Sie vielleicht nur den Spediteur informieren, während Sie, wenn der Empfänger Sie bittet, eine Woche später zu liefern, vermutlich den kompletten Frachtauftrag neu planen möchten. Mit dem Feld **Bed. ÄnderStrategiefindung** können Sie eine Logik definieren, wie Sie auf eine Kombination von Mengen-, Termin-, Lokationsänderungen und anderen Änderungen reagieren wollen. Sie können mithilfe des Process Controller Frameworks (siehe Abschnitt 3.3.6) eigene Änderungsstrategien definieren oder Standardstrategien verwenden. Standardstrategien sind z. B. für Folgendes verfügbar:

  - Entfernen der Frachteinheiten aus dem Transportplan (`REM_CANC`)
  - Anhalten des aktuellen Ausschreibungsverfahrens (`STOP_TEND`)
  - Anhalten und erneutes Starten des aktuellen Ausschreibungsverfahrens (`START_TEND`)

- **Partnerbezogene Einstellungen**

  Im Partnerfindungsprofil können Sie festlegen, welche Geschäftspartnerrollen für den Beleg relevant sind und wie entsprechende Geschäftspartner bestimmt werden. Aus der Bedingung für die Spediteurauswahl können die Einstellungen zur Spediteurauswahl abgeleitet werden, z. B. in einem Shortcut-Szenario, wenn die Spediteurauswahl durch die Anlegestrategie `CARR_SEL` eingeleitet wird. Sofern die Bedingung kein Ergebnis liefert oder nicht definiert wurde, werden die hier definierten Standardeinstellungen für die Spediteurauswahl verwendet.

- **Zusätzliche Einstellungen**
  Die zusätzlichen Einstellungen betreffen die Erstellung von Hausfrachtbriefen (HBL) oder Hausluftfrachtbriefen (HAWB). Außerdem wird hier das Sendungserzeugungsprofil definiert (siehe Abschnitt 7.3.2, »Konfiguration und Benutzeroberfläche«).
- **Anwendungskonfigurationseinstellungen**
  Schließlich kann die dieser Belegart zugeordnete Anwendungskonfiguration unter **Web-Dynpro-Anwendungskonfig.** hinterlegt werden. Die Web-Dynpro-Anwendungskonfiguration ermöglicht es Ihnen, das Layout der Benutzeroberfläche von Frachtbelegen dieses Typs zu definieren. Sie können Ihre eigene Web-Dynpro-Anwendungskonfiguration definieren oder Standardkonfigurationen verwenden.

Benutzeroberfläche

Frachtaufträge können zur Bearbeitung oder Anzeige über Arbeitsvorratslisten (**Frachtaufträge (Arbeitsvorrat)**) aufgerufen werden, aus dem Belegfluss von Vorgänger- oder Nachfolgegeschäftsbelegen, aus dem Transport-Cockpit (**Transport-Cockpit**) oder direkt über die SAP-Fiori-App **Straßenfrachtauftrag bearbeiten**. Abbildung 7.4 zeigt die Benutzeroberfläche für einen Frachtauftrag.

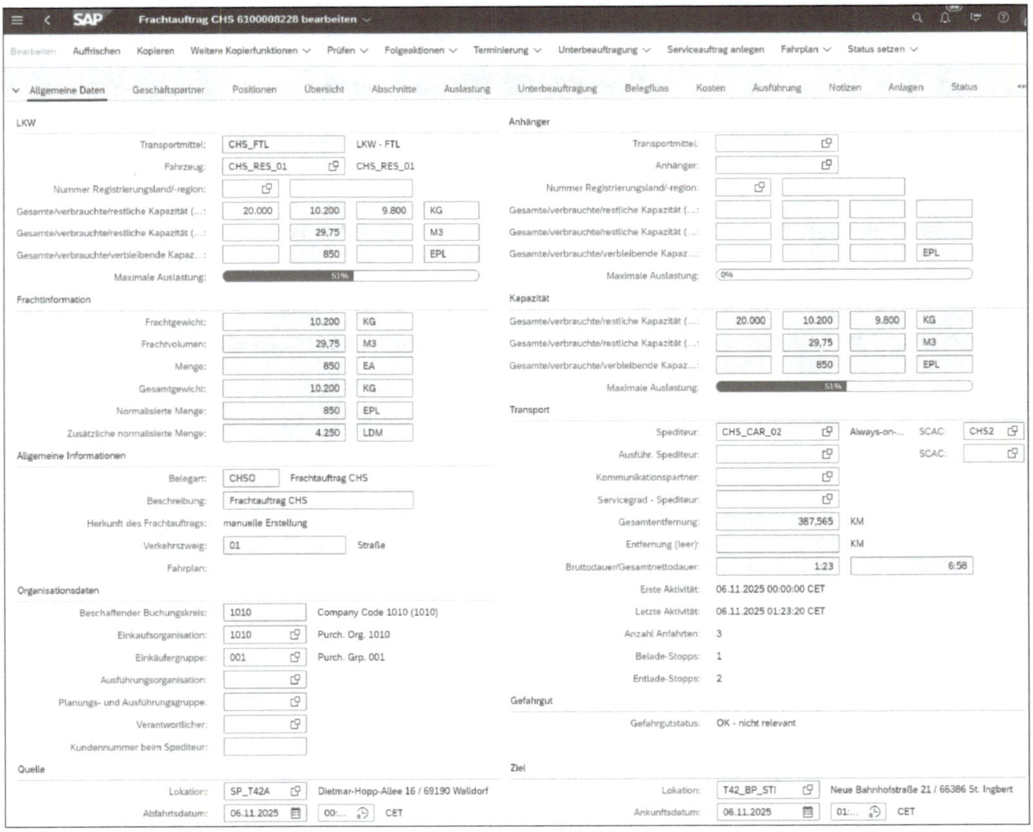

Abbildung 7.4: Benutzeroberfläche für Frachtaufträge »Allgemeine Daten«

Die im Frachtauftrag gespeicherten Informationen sind in den folgenden Registerkarten organisiert:

- **Allgemeine Daten**

  Der Inhalt der Registerkarte **Allgemeine Daten** ist in Abbildung 7.4 dargestellt. Sie gibt einen Überblick über den Frachtauftrag. Auf der Registerkarte **Allgemeine Daten** werden die Frachtauftragsart, der Ursprung seiner Erstellung und sein Verkehrszweig angezeigt. Darüber hinaus werden geografische Informationen (Quell- und Ziellokation), zeitliche Informationen (Abfahrts- und Ankunftsdatum und -uhrzeit), kumulierte Mengen für die dem Frachtauftrag zugeordnete Ladung in verschiedenen Dimensionen (Gewicht, Volumen, Stück), Gefahrgutstatus, zugeordnete Kapazitäten (Fahrzeugressourcen) sowie Spediteur- und Organisationszuordnungen (zuständige Einkaufsorganisation oder Planungs- und Durchführungsorganisation, Servicegrad des Spediteurs) angezeigt.

- **Geschäftspartner**

  Hier werden die beteiligten Geschäftspartner zu den jeweiligen Geschäftspartnerrollen angezeigt. Die wichtigsten Geschäftspartnerrollen für einen Frachtauftrag sind Spediteur, Verlader, Warenempfänger, ausführender Spediteur und Kommunikationspartner. Welche Geschäftspartnerrollen hier obligatorisch, optional und/oder zur Pflege verfügbar sind, hängt vom Partnerfindungsprofil ab, das Sie im Customizing definiert haben (siehe Abschnitt 4.1.2, »Geschäftspartner«) und das der Frachtauftragsart zugeordnet ist. Sie können die aus den Stammdaten gewonnene Geschäftspartneradresse durch die Pflege einer belegspezifischen Adresse aktualisieren. Abweichende Geschäftspartneradressen können auf Belegkopf- und Positionsebene definiert werden.

- **Positionen**

  Alle Positionen, die einem beliebigen Abschnitt des Frachtauftrags zugeordnet sind, werden auf der Registerkarte **Positionen** angezeigt. Abbildung 7.5 zeigt die Mengen eines der Produkte, die dem entsprechenden Frachtauftrag zugeordnet sind. Geplante und tatsächliche Mengen werden in verschiedenen Dimensionen angezeigt (Bruttogewicht, Bruttovolumen, Länge, Breite und Höhe). Geplante Mengen werden aus Vorgängerbelegen übernommen, während tatsächliche Mengen entweder manuell gefüllt werden können, automatisch durch Setzen des Status **Menge wie geplant erhalten** gesetzt oder über die Integration mit SAP Event Management oder EWM in SAP S/4HANA ermittelt werden.

  Alle anderen Informationen zur Fracht sind hier ebenfalls verfügbar: Produktdetails, Gefahrgutinformationen, Informationen zur Identifizierung des Inhalts, Zollinformationen und Anmerkungen. Auf dieser Registerkarte können Abweichungen gemeldet, über Anlagen dokumentiert und behoben werden. Für die Registerkarte **Positionen** sind verschiedene Ansichten verfügbar. Abbildung 7.5 zeigt die Ansicht **Alle Positionen**, in der alle Positionen (Kapazitätspositionen wie die Fahrzeugressource sowie Bedarfspositionen wie die zugeordneten Frachteinheiten) in einer hierarchischen Liste angezeigt werden. Eine weitere Sicht ist die **Statusverwaltung**, in der Sie die verschiedenen Status (Status der Beladung, Entladung, Abwicklungsausführung etc.) für jede Bedarfsposition anzeigen können. In der Sicht **Ladeplan** können Sie den Ladeplan für den Frachtauftrag anzeigen und erstellen. Der Ladeplan wird in tabellarischer Darstellung und dreidimensional visualisiert angezeigt (siehe auch Abschnitt 6.8.8, »Laderaumplanung«).

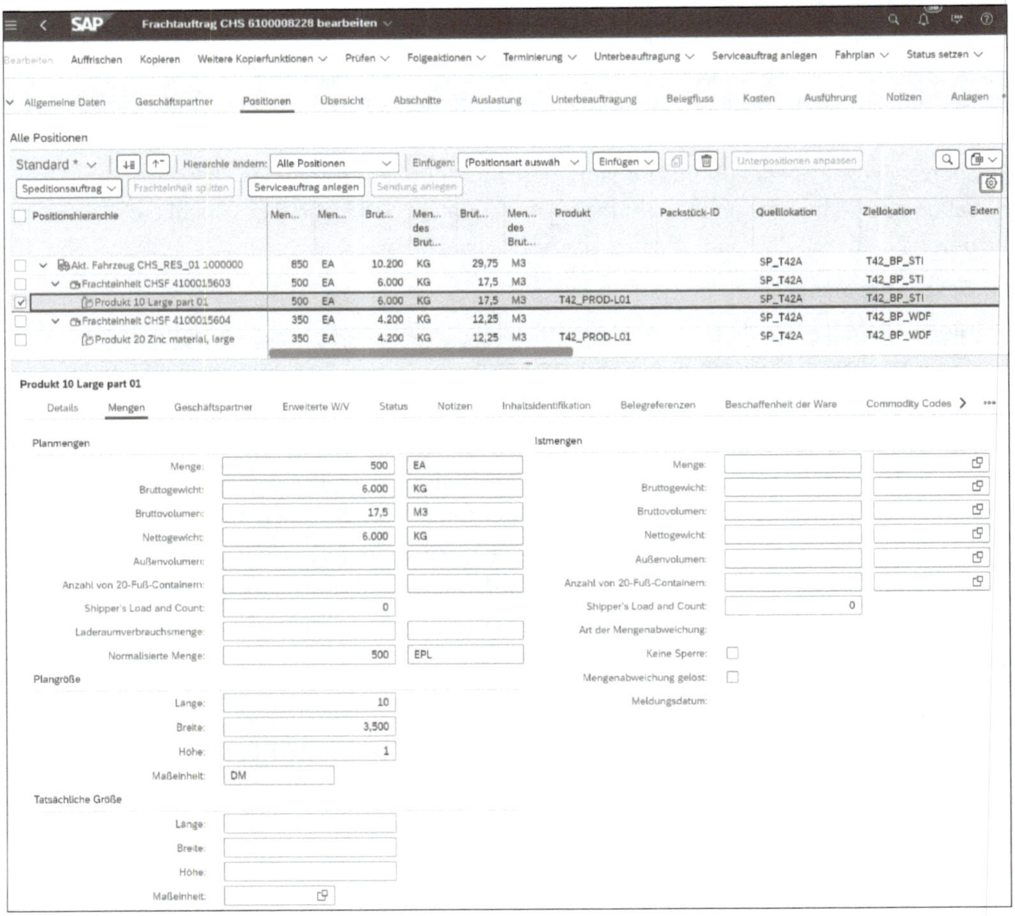

Abbildung 7.5: Benutzeroberfläche für Frachtaufträge: Positionen

- **Übersicht**

  Auf der Registerkarte **Übersicht** werden die logistischen Informationen des Frachtauftrags in einer hierarchischen Ansicht ähnlich den Frachtauftragsdetails im Transport-Cockpit angezeigt (siehe auch Abschnitt 6.3, »Einheitliche Erzeugung von Packstücken«). Wie in Abbildung 7.6 dargestellt, besteht die angezeigte Hierarchie aus den folgenden Ebenen: Fahrzeugressource, Lokation, zugeordnete Frachteinheit und deren Aktivitäten (Be- oder Entladen). Sie können Terminvereinbarungen für jeden Halt auf der Registerkarte **Übersicht** und der Registerkarte **Abschnitte** definieren. Die Terminvereinbarungen sind harte Randbedingungen für die Terminierung. Wenn die Terminvereinbarungen nicht mit den zulässigen Zeitfenstern der zugeordneten Frachteinheiten übereinstimmen, erzeugt das System eine Fehlermeldung. Beachten Sie, dass bei Beladungsaktivitäten die akzeptable Startzeit übereinstimmen muss, während bei Entladungsaktivitäten die akzeptable Endzeit für die Prüfung relevant ist.

- **Abschnitte**

  Auf der Registerkarte **Abschnitte** werden die logistischen Informationen zum Frachtauftrag angezeigt. Für jeden Abschnitt werden Entfernung, Dauer, geplante Termine und Uhrzeiten sowie zugeordnete Bedarfe (Frachteinheiten) dargestellt. Abschnittsabhängige Sperrzustände – je einer für die Planung und einer für die Ausführung des Abschnitts – können auf dieser Registerkarte überprüft werden.

- **Auslastung**

  Auf dieser Registerkarte wird die Auslastung des Frachtauftrags visualisiert. Zur Berechnung der Auslastung werden sowohl die geplanten als auch die tatsächlichen Mengen jedes Abschnitts berücksichtigt. Die maximale Auslastung wird für die kritischste Menge des kritischsten Abschnitts berechnet und ebenfalls auf der Registerkarte **Allgemeine Daten** angezeigt.

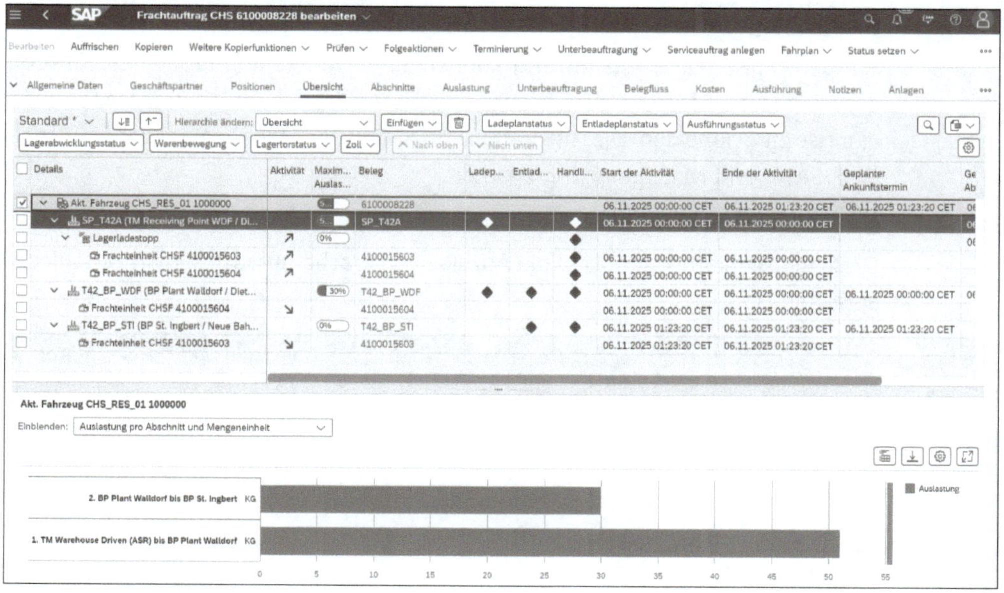

Abbildung 7.6: Benutzeroberfläche für Frachtaufträge – Übersicht

- **Unterbeauftragung**

  Die Registerkarte **Unterbeauftragung** zeigt alle Informationen zum Prozess der Unterbeauftragung. Dazu gehören die Spediteurrangliste, Anschlusstransportbelege (siehe Abschnitt 7.5.3, »Zielkriterien des Optimierers für die Spediteurauswahl«) und die Ausschreibungsübersicht (siehe Abschnitt 7.6, »Frachtausschreibung«).

- **Belegfluss**

  Der Belegfluss zeigt alle Geschäftsbelege an, die in direkter oder indirekter (linearer) Beziehung zum Frachtauftrag stehen. Abbildung 7.7 zeigt ein Beispiel. Vorgängergeschäftsbelege von Frachtaufträgen, die hier verknüpft sind, sind z. B.:

  - Frachteinheiten
  - auftragsbasierte Transportbedarfe (ATB)
  - lieferbasierte Transportbedarfe (LTB)
  - Speditionsaufträge
  - Lieferungen
  - Kundenaufträge, Bestellungen oder Umlagerungsbestellungen

  Ein Nachfolgegeschäftsbeleg ist der Frachtabrechnungsbeleg. Sowohl Vorgänger- als auch Nachfolgegeschäftsbelege werden in einer hierarchischen Struktur angezeigt.

- **Kosten**

  Auf dieser Registerkarte werden das Berechnungsergebnis und alle Transportkostenpositionen für die externe (Spediteur-)Abrechnung angezeigt. Wie die Transportkosten ermittelt werden, steht im Fokus von Kapitel 10, »Transportkostenmanagement«.

- **Ausführung**

  Auf der Registerkarte **Ausführung** können Sie erwartete und tatsächlich rückgemeldete Termine und Zeiten der Ereignisse für diesen Frachtauftrag vergleichen sowie Ereignisse zurückmelden. Die Integration von SAP Event Management wird in Abschnitt 8.2, »SAP Event Management«, erläutert.

- **Notizen**

  Diese Registerkarte ermöglicht die Anzeige von Frachtauftragstexten in verschiedenen Sprachen.

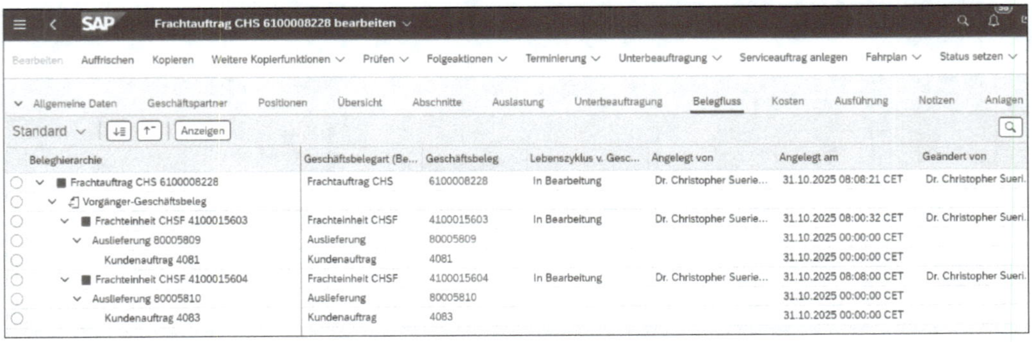

Abbildung 7.7: Benutzeroberfläche für Frachtaufträge – Belegfluss

- **Anlagen**

  Auf dieser Registerkarte können Sie Dateien und URLs mit dem Frachtauftrag verknüpfen.

- **Status**

  Der Frachtauftrag kann über verschiedene Status überwacht werden:

  - Der Lebenszyklusstatus zeigt an, ob der Geschäftsbeleg neu, in Bearbeitung, abgeschlossen oder storniert ist.
  - Der Fixierungsstatus verhindert, dass bestehende Planungsergebnisse geändert werden (z. B. dürfen Sie zu einem fixierten Frachtauftrag keine zusätzlichen Frachteinheiten hinzufügen). Der Grund dafür kann sein, dass der Frachtauftrag schon an Dritte unterbeauftragt wurde und der Spediteur die angeforderten Mengen bestätigt hat. Das Hinzufügen von Frachteinheiten zu diesem Zeitpunkt kann zu Situationen führen, in denen der Spediteur die zusätzlichen (unbestätigten) Frachteinheiten nicht transportieren kann. Für Aktionen der manuellen Planung können Sie in den manuellen Planungseinstellungen des Planungsprofils festlegen, dass der Fixierungsstatus ignoriert wird.
  - Der Unterbeauftragungsstatus befasst sich mit dem aktuellen Status des Unterbeauftragungsprozesses (z. B. ob ein Spediteur bereits zugeordnet wurde), und der entsprechende Bestätigungsstatus zeigt an, ob der Spediteur diese Zuordnung bestätigt hat. Darüber hinaus zeigt der Fakturierungsstatus an, ob eine Rechnung für den Frachtauftrag eingegangen ist, und der Status des Klärungsfalls zeigt an, ob eine Klärung erforderlich ist oder nicht.
  - Der Ausführungsstatus und der logistische Ausführungsstatus werden basierend auf den Ausführungsinformationen angepasst.
  - Der Manifeststatus zeigt an, ob für den Frachtauftrag ein Manifest angelegt wurde.
  - Der Zollstatus wird basierend auf Informationen von SAP Global Trade Services (SAP GTS) gesetzt, siehe Abschnitt 9.1.
  - Die Status der Konsistenzprüfung (für den Frachtauftrag oder als belegübergreifende Prüfung) zeigen die Integrität der Geschäftsbelegdaten an.

  Die Status in der Frachtauftragsverwaltung, die sich auf die Ausführung von Frachtbelegen beziehen, werden in Abschnitt 8.1.4, »Status der Ausführungsdokumente«, ausführlich erläutert.

- **Sperrinformationen**

  Ein Frachtauftrag kann für die Planung, Ausführung und Fakturierung gesperrt werden. Dies wird durch drei separate Sperren gesteuert, die auf der Registerkarte **Sperrinformationen** verfügbar sind. Sperren können manuell und automatisch gesetzt und entfernt werden. Manuelle Sperren können für einen kompletten Geschäftsbeleg oder nur für einzelne Belegpositionen oder Abschnitte definiert werden.

  Sie können mehrere Planungs- oder Ausführungssperren gleichzeitig setzen und aus verschiedenen Sperrgründen wählen. Wenn in einem Vorgängerbeleg Sperren gesetzt wurden, werden diese vom System automatisch auf den Beleg propagiert. In diesem Fall wird unter anderem angezeigt, welcher Vorgängerbeleg die Sperre verursacht hat,

Art und Grund der Sperre, das Datum, an dem die Sperre gesetzt wurde, und die verantwortliche Person. Beim Entfernen einer Sperre kann ein Kommentar eingegeben werden, der zusammen mit der Information gespeichert wird, wer die Sperre wann entfernt hat.

Die Fakturierungssperre wird automatisch oder manuell gesetzt, kann aber nicht aus einem Vorgängerbeleg übernommen werden.

- **Verwaltungsdaten**

  Die Verwaltungsdaten zeigen Datum/Uhrzeit der Beleganlage und der letzten Änderung sowie den jeweiligen Benutzer.

- **Transportabhängigkeiten**

  Die Registerkarte **Transportabhängigkeiten** zeigt logistische Informationen aus anderen Transportaufträgen an, die einen Bezug zum Frachtauftrag haben (z. B. die Frachtbuchung für den Hauptlauf einer dem Frachtauftrag zugeordneten Frachteinheit, wenn der Frachtauftrag den Vorlauf darstellt).

- **Ausgabemanagement**

  Druckdokumente oder elektronische Nachrichten können das Ergebnis des Ausgabeprozesses sein und werden hier entsprechend ihrem Aktionsstatus (nicht verarbeitete Aktionen, erfolgreich verarbeitete Aktionen und Aktionen mit Fehlern bei der Verarbeitung) gruppiert angezeigt. Von hier aus können Ausgabeaktionen generiert und ausgelöst werden. Weitere Einzelheiten zu diesem Thema finden Sie in Kapitel 8, »Durchführung und Überwachung von Transporten«.

- **Zoll**

  Auf der Registerkarte **Zoll** werden zollrelevante Informationen angezeigt (siehe Abschnitt 9.1, »SAP Global Trade Services«, für Details).

- **Belegreferenzen**

  Auf der Registerkarte **Belegreferenzen** werden weitere externe Referenzen angezeigt.

- **Serviceaufträge**

  Serviceaufträge, die sich auf den gesamten Frachtauftrag beziehen, werden auf dieser Registerkarte angezeigt. Sie werden hier und auf Positionsebene auf der Registerkarte **Positionen** aufgelistet, je nachdem, ob sie sich auf den gesamten Beleg oder nur auf einzelne Positionen beziehen. Mehr darüber erfahren Sie in Abschnitt 7.1.4.

- **Fahrer**

  Wenn die Fahrereinstellungen im Frachtauftrag geändert werden können (basierend auf dem Customizing **Transportation Management • Frachtauftragsmanagement • Frachtauftrag • Frachtauftragsarten definieren**), ändern Sie hier die Anzahl der benötigten Fahrerinnen und Fahrer (Einzelperson, Fahrerteam, nicht relevant) und die Fahrerzuordnungsart (pro Abschnitt, pro Frachtauftrag). Entsprechend dieser Einstellung werden fahrende Personen/Fahrerteams angezeigt und zugewiesen/entfernt.

Fahrerinnen und Fahrer werden als Geschäftspartner definiert (siehe Abschnitt 4.1.2), Sie können aber auch eine fahrende Person eingeben, die Sie nicht in den Stammdaten hinterlegt haben, indem Sie das Kennzeichen **Keine Stammdaten definiert** aktivieren.

- **Interne Kosten**

  Auf der Registerkarte **Interne Kosten** werden das Berechnungsergebnis und alle Einzelkostenpositionen für die interne Abrechnung angezeigt. Die interne Abrechnung wird in Abschnitt 12.3.5, »Interne Verrechnung«, behandelt.

- **Liefer- und Zahlungsbedingungen**

  Zu den Liefer- und Zahlungsbedingungen gehören Informationen über die Incoterms für den Frachtauftrag und über den Warenwert (für Zoll und Versicherung).

- **Kostenverteilung**

  Die Registerkarte **Kostenverteilung** zeigt, wie die Kosten (aus der Registerkarte **Kosten**) auf die durch den Frachtauftrag transportierte Fracht verteilt werden. Werden Waren für zwei Kunden (und damit aus zwei Kundenaufträgen stammend) gemeinsam transportiert, müssen die Transportkosten von diesen beiden Kontierungsobjekten getragen werden. Wie die Kosten aufgeteilt werden, ist hier dargestellt (siehe auch Abschnitt 11.2, »Kostenverteilung«).

- **Änderungsbelege**

  Wenn die Änderungsverfolgung in der entsprechenden Frachtauftragsart aktiviert ist, können Sie in den Änderungsbelegen verfolgen, wer etwas im Frachtauftrag geändert hat und zu welchem Datum/welcher Zeit die Änderung erfolgt ist.

- **Handling-Codes**

  Diese Registerkarte ist nur für Frachtaufträge und Luftfrachtbuchungen verfügbar. Handling-Codes werden verwendet, um bestimmte Eigenschaften der Fracht zu modellieren (z. B., ob ein Luftfrachtcontainer [ULD] nur auf dem Unterdeck geladen werden kann).

- **Belegfehler**

  Wenn der Frachtauftrag über eine Eingangsnachricht erstellt wurde, kann er mit Fehlern erstellt worden sein. In diesem Fall wird der Frachtauftrag trotzdem gespeichert, aber die Fehler werden auf dieser Registerkarte angezeigt und können hier korrigiert werden.

- **Karte**

  Auf dieser Registerkarte wird die genaue Route des Frachtauftrags auf einer Karte angezeigt.

- **Kommunikationsverlauf**

  Die Kommunikation mit den Spediteuren ist hier dokumentiert. Dazu gehören eingehende und ausgehende Nachrichten, die Referenznummer des Spediteurs und Abschnittsinformationen aus den XML-Nachrichten.

- **CO_2-Emissionen**

  Auf der Registerkarte **CO2-Emissionen** werden die berechneten CO_2-Emissionen für jeden Abschnitt des Frachtauftrags angezeigt. Außerdem können hier die tatsächlichen CO_2-Emissionen für jeden Abschnitt manuell eingegeben werden. Voraussetzung für die Berechnung der Treibhausgasemissionen ist, dass Sie im Customizing der Fahrzeugarten unter **Transportation Management • Stammdaten • Ressourcen • Allgemeine Einstellungen • Equipmentgruppen und Equipmentarten definieren** die durchschnittlichen CO_2-Emissionen des leeren und des beladenen Fahrzeugs definiert haben.

- **Packmittelübersicht**

  Auf dieser Registerkarte finden Sie eine Übersicht über die im Frachtauftrag verwendeten Packmittel und ihren Kapazitätsverbrauch.

[»]

Bahnfrachtaufträge

Im Vergleich zu Straßenfrachtaufträgen, die in diesem Kapitel im Mittelpunkt stehen, haben Bahnfrachtaufträge einige Besonderheiten. Sie können einen Zug mit einer oder mehreren Lokomotiven und einem oder mehreren Waggons darstellen. Wenn mehrere Lokomotiven zugeordnet werden sollen, müssen diese als Mehrfachpositionen modelliert werden. Auf der Kopfebene kann nur eine Lokomotive zugeordnet werden, die für die Terminierung und Inkompatibilität relevant ist. Die anderen Lokomotiven können als Unterpositionen der Mehrfachposition zugeordnet werden. Die Positionen eines Bahnfrachtauftrags können aus Waggoneinheiten stammen, die dem Bahnfrachtauftrag zugeordnet sind (ähnlich wie Anhängereinheiten, die den Straßenfrachtaufträgen zugeordnet sind), oder sie können direkt im Bahnfrachtauftrag angelegt werden. Die Frachtpositionen werden dann den Waggons zugeordnet. Außerdem können Mehrfachpositionen zur Zuordnung von Waggons der gleichen Art verwendet werden, anstatt jeden Waggon einzeln zuzuordnen.

Die Benutzeroberfläche des Bahnfrachtauftrags in der SAP-Fiori-App **Bahnfrachtauftrag bearbeiten** stimmt weitgehend mit derjenigen des Straßenfrachtauftrags überein. Bei Bahnfrachtaufträgen zeigt die Registerkarte **Allgemeine Daten** den Quell- und Zielbahnhof sowie die Anzahl der Waggons an und ob es mehrere ausführende Spediteure gibt.

Auf der Registerkarte **Abschnitte** können Sie den Rechnungssteller angeben, der dem Verlader die entsprechenden Abschnitte in Rechnung stellt. Dies wird in den Bahnszenarien in Nordamerika allgemein als *Rule 11* bezeichnet. In solchen Szenarien wird der elektronische Frachtbrief an nur einen Spediteur gesendet. Dieser Spediteur leitet die Routing-Anweisungen dann an alle beteiligten fakturierenden und ausführenden Spediteure weiter. Dieser Spediteur ist in der Regel derjenige, der für den ersten oder letzten Abschnitt verantwortlich ist. In Rule-11-Szenarien akzeptiert ein Spediteur den eigentlichen Bahnfrachtauftrag, aber die Rechnungen für die einzelnen Abschnitte werden jeweils von den beteiligten Spediteuren eingereicht, die den verschiedenen Abschnitten zugeordnet sind.

Die Registerkarte **Positionen** zeigt die Position eines Waggons im Zug, Equipmentgruppen und -arten sowie Details zum Waggon, wie z. B., ob sich der Waggon im Besitz des Verladers oder Spediteurs befindet. Auf dieser Registerkarte können Sie den Ausführungsstatus Ihrer Frachtpositionen und Ihrer Waggons ändern. Jede Änderung eines Status passt den anderen an. Wenn Sie z. B. den Frachtausführungsstatus auf **Fracht geladen** setzen, ändert das System auch den Ausführungszustand des entsprechenden Waggons auf **Fracht geladen**.

Die Drucktaste **Standardroute** auf der Benutzeroberfläche des Bahnfrachtauftrags leitet die folgenden Schritte ein, um mögliche Routing-Optionen von der Quelle bis zum Zielort zu ermitteln:

1. Bestimmung aller Standardrouten, bei denen die erste und letzte Lokation (oder Transportzone) mit dem Quell- und Zielbahnhof übereinstimmt.
2. Für jede Standardroute werden Frachtvereinbarungspositionen für jeden ausführenden Spediteur in der Standardroute, gefiltert nach Verkehrsbeziehung und Commodity Code, ermittelt.
3. Für jede Standardroute werden Tarifpreise aus der Frachtvereinbarungsposition für alle Lokationskombinationen innerhalb der Standardroute ermittelt.
4. Eine Liste der Routing-Optionen und Bepreisungsalternativen wird angezeigt. Eine Bepreisungsalternative beinhaltet eine beliebige Kombination von Tarifpreisen verschiedener ausführender Spediteure von der Quelle bis zum Zielbahnhof.
5. Ausgehend von der Auswahl einer Routing-Option aus der Liste, generiert das System die Abschnitte des Bahnfrachtauftrags.

Weitere Besonderheiten hinsichtlich der Planung von Bahnfrachtaufträgen finden Sie in Abschnitt 6.4, »Transporteinheiten«.

Viele Aktionen können aus der Benutzeroberfläche des Frachtauftrags gestartet werden. Die Anwenderinnen und Anwender können die Status auf der Kopfebene des Frachtauftrags und auf der Positionsebene für die im Frachtauftrag enthaltenen Frachtpositionen ändern. Außerdem können hier Planungsaktivitäten (Terminierung des Frachtauftrags, Starten des Transport-Cockpits und Anlegen eines Ladeplans) und Aktionen im Kontext der Unterbeauftragung (z. B. Spediteurauswahl, Frachtausschreibung und Dokumentübertragung an den Spediteur) angestoßen werden. Die Transportkostenberechnung und die Erstellung eines Frachtabrechnungsbelegs, die Erstellung und der Druck von Frachtpapieren sowie Aktionen im Zusammenhang mit der logistischen Integration (Erstellung von Lieferungen, Versenden und Stornieren von Be-/Entladeanweisungen) können über Drucktasten auf der Benutzeroberfläche des Frachtauftrags ausgelöst werden.

Im Frachtauftragsmanagement stehen eine Reihe von Prüfungen zur Verfügung, die interaktiv über das Drop-down-Menü **Prüfen** gestartet werden können. Die Belegprüfung erfolgt automatisch, wenn der Frachtauftrag gespeichert wird, kann aber auch manuell gestartet werden. Die Belegprüfung umfasst Folgendes:

- **Inkompatibilitätsprüfung**

  Der Frachtauftrag wird auf Inkompatibilitäten geprüft.
- **Gefahrgut**

  Der Frachtauftrag wird auf die Einhaltung der Gefahrgutvorschriften geprüft.
- **Belegübergreifende zeitliche Konflikte**

  Es werden Zeitkonflikte zwischen dem Frachtauftrag und Vorgänger- bzw. Nachfolgebelegen geprüft, z. B., ob eine Frachtbuchung zu spät für die nachfolgenden Frachtaufträge eintrifft oder die Transportzeiten außerhalb der Abhol- bzw. Anlieferzeitfenster liegen.
- **Kapazität**

  Der Inhalt des Frachtauftrags wird auf Kapazitätsverletzungen geprüft.
- **Ressourcenprüfung**

  Das System prüft die Gültigkeit, Ausfallzeiten und Planungssperren der im Frachtauftrag zugeordneten Ressourcen und ob sie gleichzeitig von anderen Frachtbelegen verwendet werden.

  Beachten Sie, dass die Ressourcenprüfung auch automatisch ausgelöst wird, wenn Sie eine Ressource in den Frachtauftrag eintragen, und sie wird sogar automatisch im Hintergrund ausgelöst, wenn Sie die Ressourcenverfügbarkeit in den Stammdaten ändern.

Aus dem Arbeitsvorrat für Frachtaufträge (**Frachtaufträge (Arbeitsvorrat)**) ist es auch möglich, viele Frachtaufträge gleichzeitig zu ändern. Zu den Daten, die als Massenänderung bearbeitet werden können, gehören Transportdaten (z. B. Transportmittel, Ressource), Spediteurdaten (z. B. SCAC, ausführender Spediteur) sowie Quell- und Zieldaten (z. B. Lokationen, Daten und Zeiten).

[»]

Planungsprofil

Das Planungsprofil enthält wichtige Informationen für den Frachtauftrag, z. B. ob Kapazitätsverletzungen zu einem Fehler oder einer Warnung führen und welche Inkompatibilitätseinstellungen überwacht werden müssen. Daher muss jedem Frachtauftrag ein Planungsprofil zugeordnet werden können, auch wenn der Frachtauftrag in Transaktionen, die nicht planungsbezogen sind, wie z. B. die Frachtauftragsoberfläche, geändert wird.

Zu diesem Zweck wird ein Planungsprofil im Feld `Plan_Prof_Key` des Root-Knotens des Geschäftsobjekts `/SCMTMS/TOR` hinterlegt. Dieses Feld wird mit dem Planungsprofil gefüllt, das zur Erstellung des Frachtauftrags verwendet wurde (z. B. im Transport-Cockpit oder über einen Hintergrundplanungslauf), oder durch Auswertung einer Bedingung mit der Bedingungsart `/SCMTMS/TOR_PLN_PROF`. Wenn kein Planungsprofil ermittelt werden kann, werden die Standardeigenschaften übernommen (z. B. keine Inkompatibilitätsprüfung).

7.1.2 Frachtauftragspositionen

Positionen in Dokumenten des Frachtauftragsmanagements können entweder Kapazitäten oder Bedarfe darstellen (mit Ausnahme von Containern, die beides darstellen können). Frachtauftragspositionen, die nicht aus Vorgängerbelegen übernommen wurden, können im Frachtauftrag oder in der Frachtbuchung geändert werden.

Die folgenden Positionen stellen eine Kapazität dar:

- Fahrzeugressourcen (aktiv)
- passive Fahrzeugressourcen (z. B. Anhänger und Waggons)
- Container

Die folgenden Positionen stellen Bedarfe dar:

- Container
- Packstücke (z. B. Paletten oder Kartons)
- Verpackungsmaterialien
- Packhilfsmittel
- Produkte

Außerdem können den Positionen des Frachtbelegs nichtphysische Positionen (Dienstleistungen) zugeordnet werden. Kapazitätspositionen werden auf der Registerkarte **Allgemeine Daten** angezeigt, während Bedarfspositionen auf der Registerkarte **Positionen** in der Frachtauftragsoberfläche angezeigt werden.

Mit Ausnahme von Waggoneinheiten kann jeder Geschäftsbeleg des Frachtauftragsmanagements nur eine Hauptposition und eine beliebige Anzahl von Unterpositionen enthalten. Waggoneinheiten können mehrere Hauptpositionen haben. Die Positionshierarchie definiert, welche Frachtpositionen in welche anderen Positionen geladen werden können, z. B. wird ein Produkt auf eine Palette geladen, die in einen Container geladen wird, der auf einen Anhänger geladen wird. Sie können im Customizing unter **Transportation Management • Frachtauftragsmanagement • Positionsarten für Frachtauftragsmanagement definieren** Positionsarten festlegen und anschließend definieren, welche Positionsarten für eine Belegart gültig sind, indem Sie die Positionsart der Frachtbelegart zuordnen (z. B. für Frachtaufträge: **Transportation Management • Frachtauftragsmanagement • Frachtauftrag • Frachtauftragsarten definieren**).

Im Positionsarten-Customizing, das in Abbildung 7.8 gezeigt wird, können Sie entscheiden, ob eine Position eine Mehrfachposition sein darf. Mehrfachpositionen können für passive Fahrzeugressourcen, Container, Pakete und Produkte definiert werden. Bei einer Mehrfachposition entscheiden Sie in der Positionsart, ob bei Mehrfachpositionen automatisch Unterpositionen erstellt werden (expandieren) oder ob die Position eine Mehrfachposition darstellt (nicht expandieren). Dies steuert, ob Sie in der Positionshierarchie z. B. eine Position für zehn Container finden oder ob diese Mehrfachposition automatisch auf zehn Positionen erweitert wird, die jeweils einen Container darstellen.

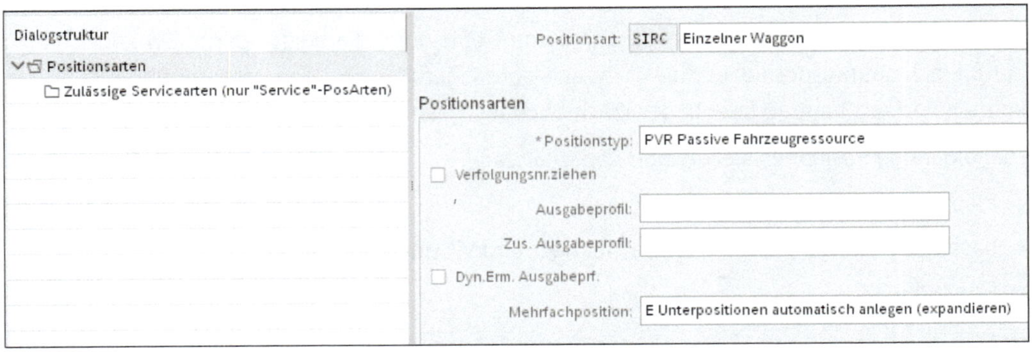

Abbildung 7.8: Customizing der Frachtauftragsmanagement – Positionsarten

Zu den Packhilfsmitteln gehören Auskleidungen in Kartons, Folien, Schutzpapier oder Holzstangen und Paletten, die zur Sicherung der Ladung verwendet werden. Packhilfsmittel können manuell in die Positionshierarchie eines Frachtauftrags eingefügt werden, oder sie können als Teil der Packstückbildung automatisch unter einem Packstück erstellt werden. Sie sind für die Kommunikation, wie z. B. in einem Lieferavis, relevant.

7.1.3 Spezielle Prozesse bei Frachtaufträgen

In diesem Abschnitt werden einige spezielle Prozesse zusammengefasst, die mithilfe von Frachtaufträgen abgebildet werden können. Frachtaufträge für die Abholung und Anlieferung bilden den Transfer z. B. zwischen einem Gateway und einem Hafen in einer Seefrachtbuchung ab und werden als Erstes besprochen. Außerdem kann man nicht transportrelevante Abschnitte einer Transportkette durch Frachtaufträge für die Kundenselbstanlieferung und -abholung abbilden. Als Letztes wird der Paketversandprozess behandelt.

Frachtauftrag für die Abholung und Frachtauftrag für die Anlieferung

Frachtaufträge für die Abholung und Frachtaufträge für die Anlieferung können in einem See- oder einem Luftfrachtprozess verwendet werden. In einem Seefrachtprozess werden sie aus der Frachtbuchung heraus für den Transport von Containern vom Gateway zum Verladehafen (Frachtauftrag für die Abholung) und für den Transport vom Entladehafen zum Gateway (Frachtauftrag für die Anlieferung) gebildet (siehe Abbildung 7.9). Ob diese Abschnitte Teil der Frachtbuchung werden, hängt von der Servicedefinition ab, die bestimmt, ob eine Konsolidierung am Ausgangs- oder Zielort erforderlich ist. In einem Luftfrachtprozess werden diese Aufträge analog zwischen den Gateways und der Liefer-/Abholadresse der Fluggesellschaft erstellt, um entweder ULDs oder lose Fracht zu transportieren.

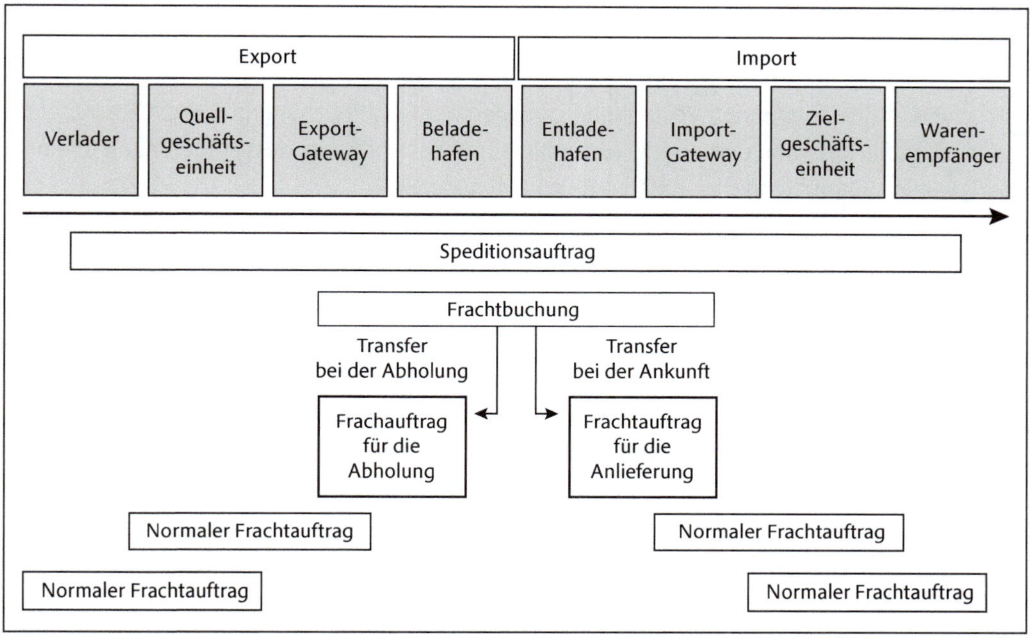

Abbildung 7.9: Frachtauftrag für die Abholung und Frachtauftrag für die Anlieferung

Voraussetzung für diesen Prozess ist, dass die Frachtbuchung (See oder Luft) vom Export-Gateway zum Import-Gateway angelegt wurde. In diesem Fall können die Frachtaufträge für die Abholung und für die Anlieferung aus der Benutzeroberfläche für die Frachtbuchung (Registerkarte **Positionen**) oder aus einem Arbeitsvorrat für die Frachtbuchung (**Frachtbuchungen (Arbeitsvorrat)**) heraus angelegt werden. Die für die Erstellung dieser Frachtaufträge verwendete Frachtauftragsart ist im Customizing der Frachtbuchungsart definiert (**Transportation Management • Frachtauftragsmanagement • Frachtbuchung • Frachtbuchungsarten definieren**). Sie können aus jeder Frachtbuchung einen oder mehrere Frachtaufträge für die Abholung und für die Anlieferung anlegen, aber Sie können auch Frachtpositionen aus mehreren Frachtbuchungen zu einem Frachtauftrag für die Abholung und für die Anlieferung zusammenfassen.

Die folgenden Informationen werden aus der Frachtbuchung in die Frachtaufträge für die Abholung/Anlieferung übernommen:

- Siegelinformationen und Änderungen an Siegeln
- Positionsänderungen

- Lokationsänderungen
- Datums-/Uhrzeitänderungen
- Änderungen des Frachtausführungsstatus

Die folgenden Informationen werden aus den Frachtaufträgen für die Abholung/Anlieferung in die entsprechende Frachtbuchung übernommen:

- Änderung des Status des Ladungseingangs
- Erfassung/Auflösen von Abweichungen

Der Vorteil der engen Verzahnung zwischen der Frachtbuchung und ihren Frachtaufträgen für die Abholung und für die Anlieferung besteht darin, dass Änderungen in einem Beleg automatisch den anderen Beleg aktualisieren.

Frachtaufträge für die Kundenselbstanlieferung oder -abholung

Frachtaufträge für die Kundenselbstanlieferung oder -abholung werden nur zu Dokumentationszwecken verwendet. Sie bieten einen eingeschränkten Funktionsumfang und sind nicht relevant für die Planung oder die Transportkostenberechnung und -abrechnung. Für ihre Definition sind im Customizing der Frachtauftragsart (**Transportation Management • Frachtauftragsmanagement • Frachtauftrag • Frachtauftragsarten definieren**, siehe Abbildung 7.1 und Abbildung 7.2) zwei Einstellungen erforderlich:

- Kundenselbstanlieferung/-abholung
- Web-Dynpro-Anwendungskonfiguration: `/SCMTMS/FRE_ORDER_SDCP`

Die Auswahl der Web-Dynpro-Anwendungskonfiguration führt zu einer Darstellung dieser Frachtaufträge in einer »Light-Version« der Frachtauftragsoberfläche.

Frachtaufträge für die Kundenselbstanlieferung oder -abholung können direkt aus der Benutzeroberfläche des Speditionsauftrags (Registerkarte **Istroute**) oder einem Arbeitsvorrat für Speditionsaufträge (**Auftragsverwaltung • Speditionsaufträge (Arbeitsvorrat)**) erstellt werden. Wenn diese Frachtaufträge auf der Grundlage des Speditionsauftrags angelegt werden, ist eine Voraussetzung, dass die entsprechenden Abschnitte auf der Grundlage einer Abschnittsart mit dem Abschnittstyp **Kundenselbstanlieferung** oder **Kundenselbstabholung** (im Customizing: **Transportation Management • Speditionsauftragsmanagement • Abschnittsarten definieren**) definiert wurden. Außerdem müssen diese Abschnitte in der Abschnittsartenfolge der im Speditionsauftrag verwendeten Bewegungsart (im Customizing: **Transportation Management • Speditionsauftragsmanagement • Abschnittsartenfolge für Bewegungsarten definieren**) oder im entsprechenden Abschnittsprofil (im Customizing: **Transportation Management • Speditionsauftragsmanagement • Abschnittsprofile definieren**) auf **Nie planungsrelevant** gesetzt werden.

Der Prozess kann aber auch umgekehrt werden. In diesem Fall wird der Frachtauftrag für die Kundenselbstanlieferung erst bei Ankunft des Lkws im Yard erstellt. Wenn der Lkw entladen wird, werden der Frachtauftrag und seine Positionen angelegt. Mit der Drucktaste **Speditionsauftrag anlegen** auf der Registerkarte **Positionen** des Frachtauftrags werden der Speditionsauftrag, die zugehörige(n) Frachteinheit(en) und die Verbindung zwischen dem ersten Abschnitt der Frachteinheit(en) und dem Frachtauftrag für die Kundenselbstanlieferung erstellt.

Paketversandprozess

Der Paketversandprozess befasst sich mit dem Transport von Paketen von einer Versandstelle zu mehreren Empfängern durch einen Transportdienstleister. Ziel des Paketversandprozesses ist es, einen Dienstleister mit dem richtigen Servicelevel unter Berücksichtigung der anfallenden Frachtkosten auszuwählen. Ein Paketversandprozess wird in TM durch Frachtaufträge von einer Versandstelle zu mehreren Empfängern auf der Grundlage von Lieferungen (oder LTBs) unter Verwendung von Direktsendungsoptionen (DSO) dargestellt und umfasst die folgenden Schritte:

1. **Erstellung von Paketsendungen**

   Eine Paketsendung ist eine Frachteinheit. Für jede Lieferung muss genau eine Frachteinheit angelegt werden.

2. **Ermittlung der Direktsendungsoptionen**

   Die Ermittlung der DSO kann manuell aus der Benutzeroberfläche der Frachteinheit oder automatisch beim Anlegen der Frachteinheit angestoßen werden, indem Sie im Customizing der Frachteinheitsart (**Transportation Management • Planung • Frachteinheit • Frachteinheitsart definieren**; siehe Abbildung 7.10) die Option **Automatische Ermittlung der Direktsendungsoptionen** einstellen.

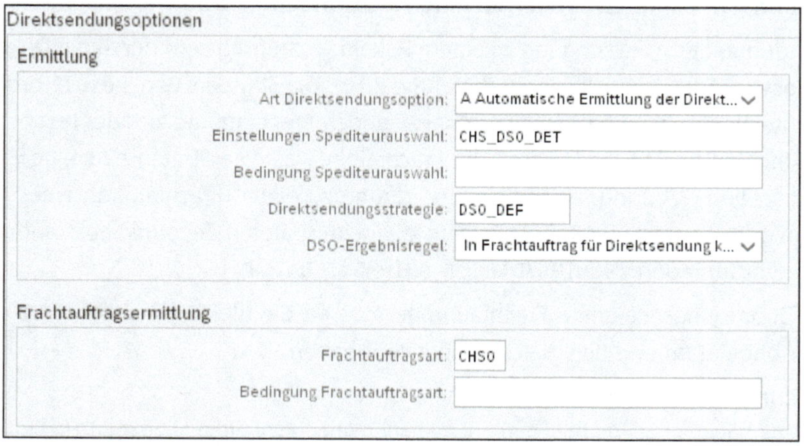

Abbildung 7.10: Direktsendungsoptionen

Die Ermittlung der DSO auf Basis der Einstellungen für die Spediteurauswahl (siehe Abbildung 7.11) berücksichtigt Transportbeziehungen und Inkompatibilitäten. Es wird geprüft, ob Frachtvereinbarungen mit den dort definierten Spediteuren und Serviceprodukten, die den Anforderungen der Paketsendung entsprechen (z. B. Abhol- und Zustellzeiten oder Servicelevel), existieren. Die Transitdauer wird anhand der in der Frachtvereinbarung definierten Dauerermittlungsart ermittelt, die eine Transitdauer und einen Kalender festlegt. Auf der Grundlage der Transitdauer und des Kalenders wird die Frachteinheit terminiert, um die infrage kommenden DSO zu ermitteln. Die möglichen DSO für verschiedene Kombinationen aus Spediteur und Servicelevel werden auf der Registerkarte **Direktsendungsoptionen** der Frachteinheit angezeigt. Die günstigste DSO wird automatisch ausgewählt, aber Anwenderinnen und Anwender können manuell von dieser Auswahl abweichen.

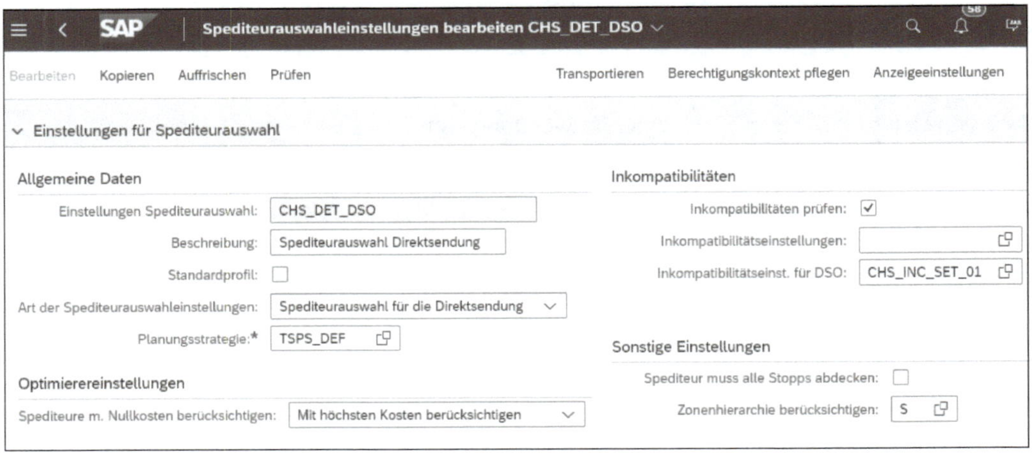

Abbildung 7.11: Spediteurauswahleinstellungen für Direktsendung

3. **Zuordnung von Paketsendungen zu einem Paketfrachtauftrag**

   Die Zuordnung der Paketsendung zu einem Paketfrachtauftrag wird durch die **Direktsendungsstrategie** geregelt (siehe Abbildung 7.10). Die Strategie `Dso_Result` ordnet die Frachteinheiten automatisch einem bestehenden Frachtauftrag zu oder legt einen neuen Frachtauftrag an und ordnet die Frachteinheit zu. Die Strategie `Dso_Def` bestimmt nur die DSO und überlässt die Zuordnung zu einem Frachtauftrag einer Anwenderin oder einem Anwender oder dem zu einem späteren Zeitpunkt auszuführenden Hintergrundreport `/SCMTMS/DIRECT_SHIPMENT_BATCH`.

   Für die Zuordnung geeignete Frachtaufträge müssen die gleiche Quelllokation, das gleiche Abholdatum und den gleichen Spediteur haben.

4. **Bearbeitung des Paketfrachtauftrags**

   Paketfrachtaufträge erfordern spezifische Customizing-Einstellungen in der Frachtauftragsart (**Transportation Management • Frachtauftragsmanagement • Frachtauftrag • Frachtauftragsarten definieren**). Die Standardeinstellung für die Art der Folge von Abschnitten im Paketversandprozess ist **Sternförmig basierend auf FE-Abschnitten**. Um den Druck von Paketmanifesten und Etiketten zu ermöglichen, können Sie `/SCMTMS/TOR_PRINT_PARCEL_ROOT` als zusätzliches Ausgabeprofil verwenden, und zur Anpassung der Benutzeroberfläche an die Anforderungen des Paketversandprozesses können Sie `/SCMTMS/FRE_ORDER_MANIFEST` als Web-Dynpro-Anwendungskonfiguration nutzen. Um automatisch Frachtbriefnummern abzuleiten, muss die Frachtauftragsart Frachtbriefnummern automatisch mit der HFB-/HAWB-Strategie `PRCL_SHP` ziehen.

5. **Versand und Bestätigung durch den Spediteur**

   Der Frachtauftrag wird an den Spediteur gesendet und vom Spediteur bestätigt oder abgelehnt.

6. **Dokumentendruck und Ausführung**

   Das Paketmanifest und die Etiketten können von der Registerkarte **Ausgabemanagement** der Benutzeroberfläche des Frachtauftrags gedruckt werden. Nachdem der Status **Fracht bereit zum Laden** gesetzt wurde, um die Ausführung und Nachverfolgung zu starten, ist keine automatische Zuordnung zusätzlicher Frachteinheiten zum Frachtauftrag mehr erlaubt, und der Paketfrachtauftrag wird weiterverarbeitet wie jeder andere Frachtauftrag.

7.1.4 Serviceaufträge

Die Reinigung und Desinfektion von Containern, die Durchführung von Sicherheitsdienstleistungen oder die Erstellung von Dokumenten sind typische Beispiele für Dienstleistungen, die für Positionen eines Frachtauftrags oder einer Frachtbuchung auftreten können. Diese Dienstleistungen können zu Frachtbelegen als lokale Dienstleistungspositionen in der Positionshierarchie hinzugefügt werden, wenn der Dienstleister mit dem Spediteur des entsprechenden Frachtbelegs identisch ist. Wenn diese Dienstleistungen jedoch von einem Dritten erbracht werden, ist ein separater Beleg erforderlich. Der *Serviceauftrag* dient zur Abrechnung und Nachverfolgung von Dienstleistungen, zur Berechnung von Kosten und zur Abrechnung der Kosten für Dienstleistungen, die für einzelne Positionen eines Frachtbelegs oder für den gesamten Frachtbeleg erbracht wurden.

Serviceaufträge werden aus der Benutzeroberfläche des Frachtauftrags/der Frachtbuchung heraus erstellt. Auf der Registerkarte **Serviceaufträge** im Frachtbeleg wird eine Übersicht über die für den Frachtbeleg angelegten Serviceaufträge angezeigt, während die entsprechenden Informationen für die einzelnen Positionen auf der Registerkarte **Positionen** des Frachtauftrags/der Frachtbuchung dargestellt werden. Die Benutzeroberfläche des Serviceauftrags (siehe Abbildung 7.12) bietet die folgenden Informationen:

- **Allgemeine Daten**

  Auf der Registerkarte **Allgemeine Daten** werden die beteiligten Parteien (Einkaufsorganisation und Dienstleister) sowie die Serviceauftragsart und Statusinformationen angezeigt. Die Serviceauftragsart wird im Customizing definiert (**Transportation Management • Frachtauftragsmanagement • Serviceauftrag • Serviceauftragsarten definieren**). Im Customizing der Serviceauftragsart definieren Sie ähnliche Optionen wie im Customizing der Frachtauftragsart. Das heißt, Sie können die Kostenberechnung und -abrechnung aktivieren, Nummernkreiseinstellungen vornehmen, Ausgabeoptionen definieren, festlegen, wie Organisationseinheiten für Serviceaufträge dieser Art ermittelt werden, sowie Einstellungen zum Change Controller und zur Ausführungsüberwachung vornehmen.

- **Services**

  Unter **Services** wird die Verknüpfung auf den Frachtauftrag/die Frachtbuchung oder die Frachtauftrags-/Frachtbuchungspositionen angezeigt, ebenso wie die Servicearten, die für den Frachtbeleg bzw. die Frachtbelegpositionen bereitgestellt werden, deren Lokation und die Startzeit der Ausführung je Serviceart. Servicearten werden im Customizing definiert (**Transportation Management • Grundfunktionen • Allgemeine Einstellungen • Servicearten definieren**). Servicearten können den Positionsarten zugeordnet werden (**Transportation Management • Frachtauftragsmanagement • Positionsarten für Frachtauftragsmanagement definieren**), die dann mit Serviceauftragsarten verknüpft werden (**Transportation Management • Frachtauftragsmanagement • Serviceauftrag • Serviceauftragsarten definieren**).

  Die Registerkarten **Kosten**, **Belegfluss**, **Notizen**, **Anlagen**, **Änderungsbelege**, **Ausgabemanagement** und **Verwaltungsdaten** der Benutzeroberfläche des Serviceauftrags liefern ähnliche Informationen wie die entsprechenden Registerkarten der in Abschnitt 7.1.1, »Konfiguration und Benutzeroberfläche«, beschriebenen Benutzeroberfläche für Frachtaufträge.

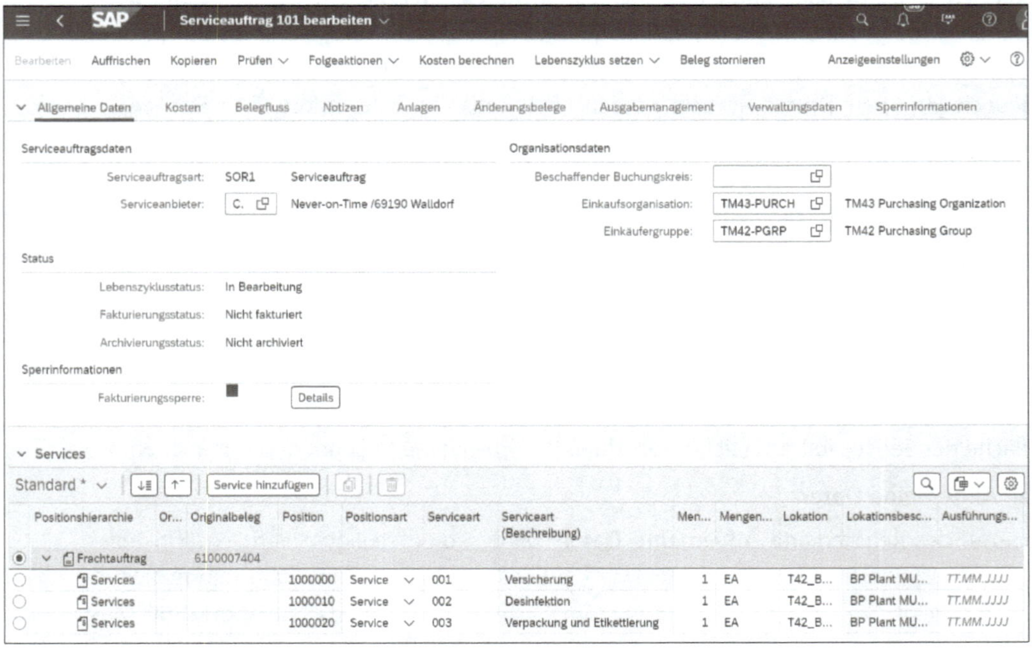

Abbildung 7.12: Benutzeroberfläche für Serviceaufträge

Sie können einen Serviceauftrag über die SAP-Fiori-App **Serviceauftrag bearbeiten** bearbeiten, indem Sie den Serviceauftrag aus einem Arbeitsvorrat (**Serviceauftrag (Arbeitsvorrat)**) oder über den Belegfluss eines verknüpften Dokuments (z. B. Frachtbuchung) auswählen.

Im nächsten Abschnitt erweitern wir die Betrachtung des Frachtauftragsmanagements auf See- und Lufttransporte, indem wir See- und Luftfrachtbuchungen einführen.

7.2 Frachtbuchungen

Frachtbuchungen werden verwendet, um Frachtraum auf einem Schiff oder in einem Flugzeug zu reservieren. Die entsprechenden verkehrszweigspezifischen Frachtbelege, die Seefrachtbuchungen und Luftfrachtbuchungen genannt werden, beinhalten spezifische Informationen wie Schiffsname oder Flugnummer. Die durch Frachtbuchungen reservierte Kapazität wird verbraucht, indem den Buchungen Frachteinheiten oder Containereinheiten zugeordnet werden.

Eine Seefrachtbuchung stellt den Seetransport von einem Beladehafen zu einem Entladehafen dar, und eine Luftfrachtbuchung stellt den Lufttransport von einem Abflughafen zu einem Zielflughafen dar. Frachtbuchungen können eine Konsolidierungslokation vor dem Quell(flug)hafen und eine Dekonsolidierungslokation nach dem Ziel(flug)hafen enthalten, wie in Abbildung 7.13 dargestellt.

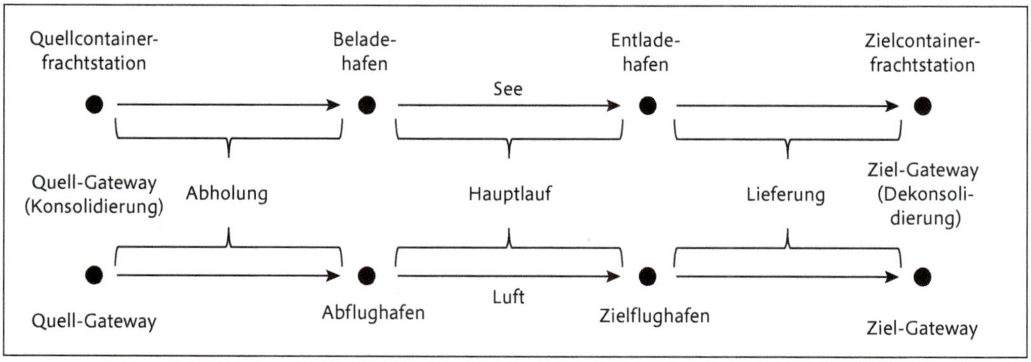

Abbildung 7.13: Lokationen und Abschnitte von Seefrachtbuchungen und Luftfrachtbuchungen

Diese Konsolidierungs- und Dekonsolidierungslokationen werden in der Seefracht als Containerfrachtstationen (CFSs) und in der Luftfracht als Gateways bezeichnet. Da der Begriff *Gateway* auch in Seefrachtszenarien verwendet wird, nutzen wir den Begriff auch im allgemeinen Sinne. Es ist möglich, das Quell-Gateway, das Ziel-Gateway oder beide Gateways analog zu den in Abschnitt 4.2.4 beschriebenen Fahrplänen auszulassen. Beachten Sie, dass der Hauptlauf aus mehreren Abschnitten bestehen kann. Für die Abholung und die Anlieferung können aus der Frachtbuchung heraus Frachtaufträge für die

Abholung und Frachtaufträge für die Anlieferung erstellt werden (siehe Abschnitt 7.1.3, »Spezielle Prozesse bei Frachtaufträgen«).

Frachtbuchungen können aus Fahrplänen generiert werden oder sind das Ergebnis eines Planungsprozesses. Sie werden typischerweise an einen Spediteur unterbeauftragt. Wie in Abschnitt 7.5, »Spediteurermittlung und Spediteurauswahl«, beschrieben, können Sie direkt einen Spediteur zuordnen oder die Spediteurauswahl nutzen, um den Spediteur einer Frachtbuchung zu bestimmen. Sie können die Frachtbuchung an Ihren Spediteur senden und die Antwort des Spediteurs, der die Buchung bestätigen, mit Abweichungen bestätigen oder sie ablehnen kann, explizit pflegen.

Frachtkosten können berechnet, Frachtabrechnungsbelege erstellt und Kosten auf die beteiligten Parteien verteilt werden. Frachtbuchungen dienen auch Transportausführungsprozessen wie dem Drucken und Verfolgen des Transportverlaufs.

Lassen Sie uns beide Arten von Frachtbuchungen genauer betrachten. Abschnitt 7.2.1 stellt Seefrachtbuchungen vor und erläutert die verschiedenen Bereiche der Benutzeroberfläche sowie das Customizing der Frachtbuchungsarten. Abschnitt 7.2.2 beschreibt Luftfrachtbuchungen, wobei der Schwerpunkt auf Luftfrachtspezifika und darauf liegt, wie sie sich von Seefrachtbuchungen unterscheiden.

7.2.1 Seefrachtbuchungen

Es gibt viele Möglichkeiten, Seefrachtbuchungen anzulegen. Sie können die SAP-Fiori-App **Seefrachtbuchung anlegen** verwenden und eine Seefrachtbuchung manuell anlegen. Seefrachtbuchungen können Sie auch aus dem entsprechenden Arbeitsvorrat heraus anlegen (**Frachtbuchungen (Arbeitsvorrat)**). Alternativ ist es möglich, Seefrachtbuchungen zu kopieren, d. h., der Kopf und die logistischen Daten der ursprünglichen Frachtbuchung, aber keine Zuordnungen (z. B. zu Frachteinheiten) werden kopiert.

Sie können Seefrachtbuchungen auch durch manuelle Planung (siehe Abschnitt 6.7), automatisierte Planung (siehe Abschnitt 6.8) oder das Kapazitätsmanagement erstellen, indem Sie den Report zur Erstellung von fahrplanbasierten Frachtbelegen verwenden, wie in Abschnitt 7.4.2 erläutert. Es ist zudem möglich, Frachtbuchungen aus einem Speditionsauftrag für die Seefrachtabschnitte der Istroute zu erstellen, wie in Abschnitt 5.3, »Speditionsaufträge«, beschrieben.

In den folgenden Abschnitten werden die Benutzeroberfläche für Seefrachtbuchungen und das Customizing der Frachtbuchungsarten erläutert.

Frachtbuchungsarten definieren

Sie können Frachtbuchungsarten über den Menüpfad **Transportation Management • Frachtauftragsmanagement • Frachtbuchung • Frachtbuchungsarten definieren** definieren, wie in Abbildung 7.14 und Abbildung 7.15 dargestellt.

Wenn Sie das Customizing von Frachtauftragsarten (siehe Abbildung 7.1 und Abbildung 7.2) und Frachtbuchungsarten miteinander vergleichen, können Sie viele Ähnlichkeiten feststellen. Beide enthalten Bereiche wie z. B. **Nummernkreiseinstellungen**, **Ausführungseinstellungen**, **Ausgabeoptionen**, **Ermittlung der Organisationseinheit**, **Verweilzeiträume**, **Zusätzliche Strategien**, **Standardmengeneinheiten**, **Change-Controller-Einstellungen** und **Anwendungskonfigurationseinstellungen**, die nahezu identisch sind und für Frachtaufträge und Frachtbuchungen den gleichen Zweck erfüllen. Konzentrieren wir uns daher auf die Customizing-Einstellungen, die sich zwischen Frachtaufträgen und Frachtbuchungen unterscheiden:

In der Regel transportiert eine Seefrachtbuchung Waren entlang einer Hafen-zu-Hafen-Verbindung. In einigen Szenarien ist es erforderlich, dass Seefrachtbuchungen Waren entlang einer Sequenz von mehr als zwei Häfen transportieren. Die Fracht kann in allen Häfen außer dem letzten Hafen eingeladen werden, und sie kann in allen Häfen außer dem ersten entladen werden. Mit dem Parameter **Frachtbuchung mit mehreren Beladungshäfen und Entladungshäfen** können Sie Seefrachtbuchungen mit einer Hafensequenz von mehr als zwei Häfen erlauben. Solche Seefrachtbuchungen können nur manuell angelegt werden, und diese Funktion wird nur für Seefrachtszenarien angeboten.

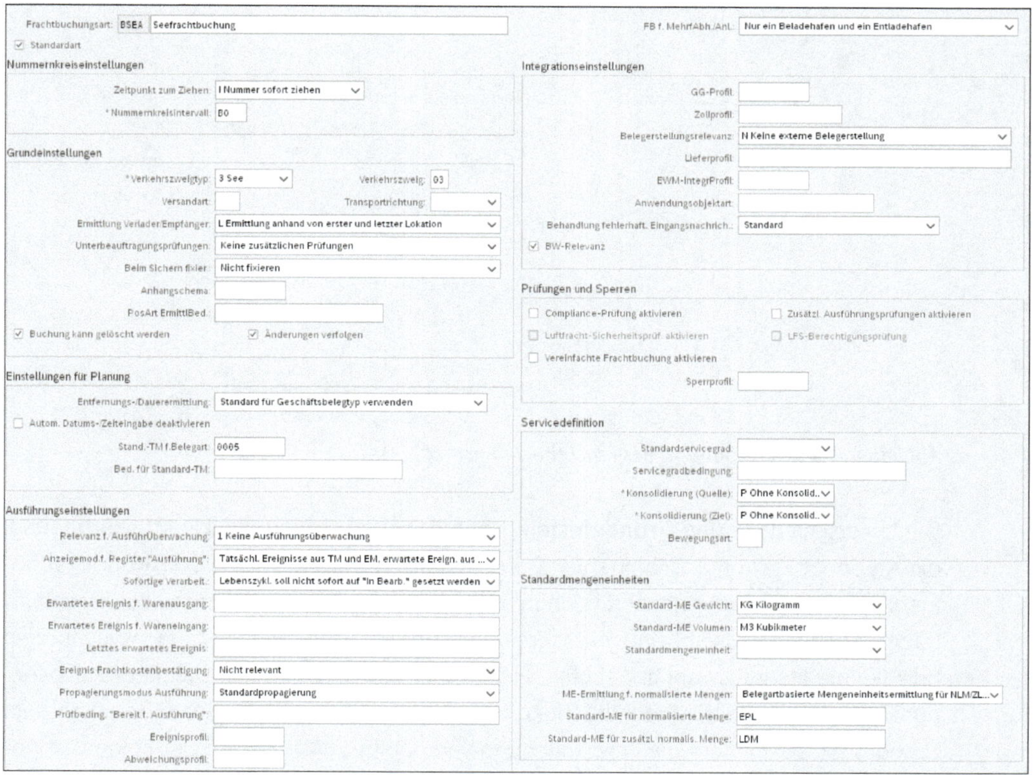

Abbildung 7.14: Customizing der Frachtbuchungsart (1/2)

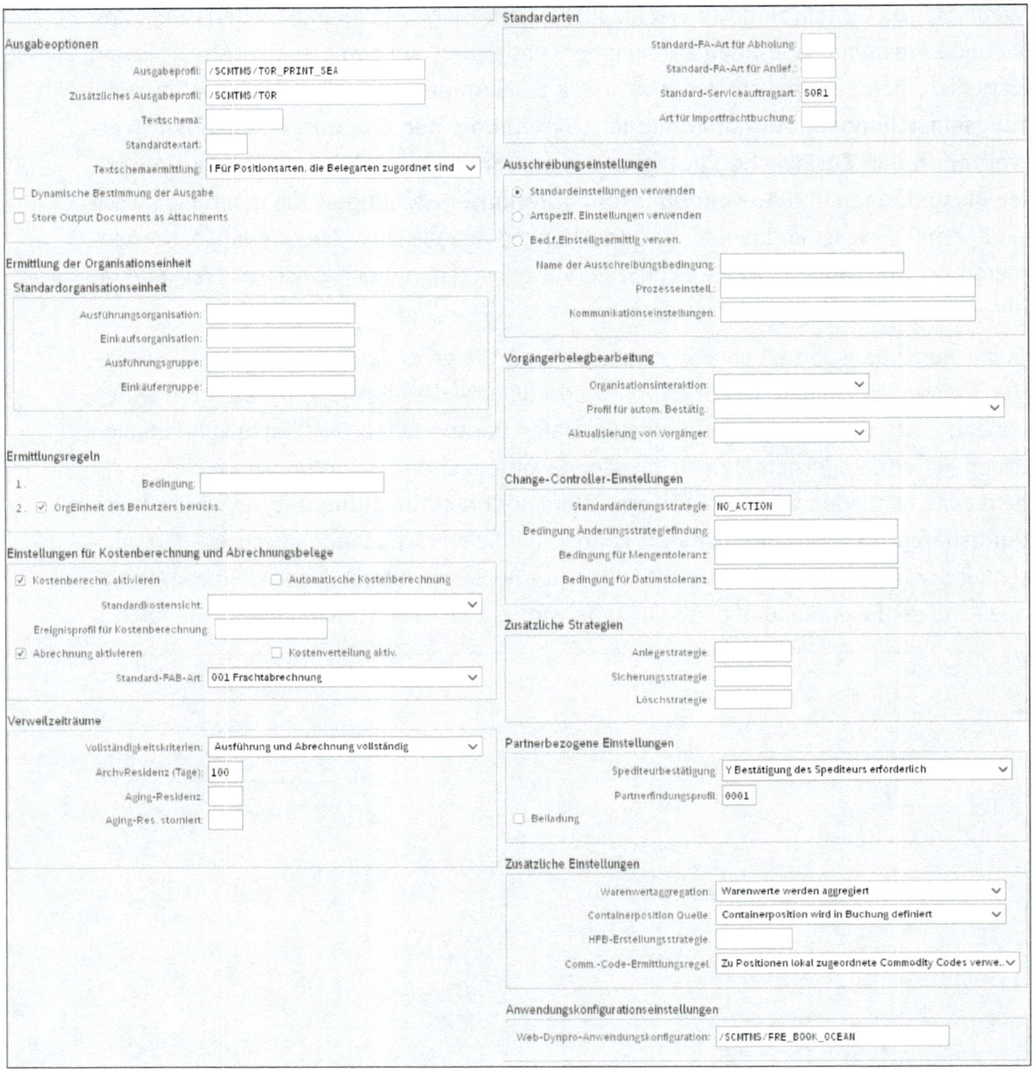

Abbildung 7.15: Customizing der Frachtbuchungsart (2/2)

Die Unterschiede in den **Grundeinstellungen** beziehen sich auf die Unterbeauftragung, die Art der Folge von Abschnitten und die Szenarien für Selbstanlieferung/Kundenabholung. Alle Frachtbuchungsarten können untervergeben werden. Während bei Frachtaufträgen Spediteurauswahl und Ausschreibung möglich sind, wird bei Frachtbuchungen nur die Spediteurauswahl angeboten. In den meisten Fällen ist der Spediteur zum Zeitpunkt der Erstellung der Frachtbuchung bereits bekannt, da der Spediteur dem Fahrplan zugeordnet ist, mit dem die Frachtbuchung verknüpft ist. Was die Art der Folge von Abschnitten betrifft, so sind bei Frachtbuchungen nur sequenzielle Abschnitte möglich. Szenarien mit Selbstanlieferung/Kundenabholung sind für Frachtbuchungen nicht relevant.

Im Bereich **Servicedefinition** können Sie neben dem Standardservicegrad und der Servicegradbedingung auch die Bewegungsart definieren und festlegen, ob an der Quelle bzw. dem Ziel konsolidiert bzw. dekonsolidiert wird. Mit den letzten beiden Parametern können Sie See- und Luftfrachtbuchungen von (Flug-)Hafen zu (Flug-)Hafen, (Flug-)Hafen zu Gateway, Gateway zu (Flug-)Hafen und Gateway zu Gateway erlauben.

Sie können Abhol- und Anlieferfrachtaufträge für die Abschnitte von der Konsolidierungslokation zum Quell(flug)hafen bzw. vom Ziel(flug)hafen zur Dekonsolidierungslokation anlegen. Die Frachtbuchungsart legt dafür die Frachtauftragsart fest (**Standardarten**).

Im Abschnitt **Vorgängerbelegbearbeitung** definieren Sie die Zusammenarbeit von Organisationen in Ihrem Unternehmen. Die Verkaufsorganisation einer Spedition kann auf Frachtbuchungen zugreifen und Speditionsaufträge und deren Frachteinheiten zuordnen, aber die endgültige Entscheidung über die Zuordnung wird in der Planungs- und Ausführungsorganisation getroffen. Der Organisationsinteraktionsstatus der entsprechenden Frachteinheitsabschnitte kann von der Planungs- und Ausführungsorganisation, in der das Kapazitätsmanagement erfolgt, eine Bestätigung anfordern. Nachdem der Buchung ein Speditionsauftrag zugeordnet wurde, muss die Zuordnung überprüft und bestätigt werden. Die Zuweisung kann angenommen oder abgelehnt werden. Im zweiten Fall muss eine alternative Frachtbuchung identifiziert werden, um sicherzustellen, dass der verkaufte Speditionsauftrag ausgeführt werden kann. Im Transport-Cockpit sind die Felder für das Organisationsinteraktionsmodell in den Standardlisten nicht sichtbar, sodass Sie sie in den entsprechenden Sichten aktivieren müssen.

Der Parameter **Organisationsinteraktion** aktiviert die Verarbeitung der Organisationsinteraktion für Frachtbuchungen. Sofern sie aktiv ist, müssen Sie ein Profil für die automatische Bestätigung definieren.

Das Profil für die automatische Bestätigung ermöglicht es Ihnen, Frachteinheitsabschnitte automatisch zu bestätigen, d. h., sie müssen nicht manuell von der Planungs- und Ausführungsorganisation geprüft werden. Definieren Sie diese Profile über den Menüpfad **Anwendungsverwaltung • Allgemeine Einstellungen • Organisationsinteraktion • Profile für automatische Bestätigung • Profile für automatische Bestätigung anlegen**. Zum Beispiel können Sie festlegen, dass alle Zuordnungen von Mengen unter 50 kg automatisch bestätigt werden, d. h., alle Zuordnungen über 50 kg müssen von der Planungs- und Ausführungsorganisation manuell angenommen werden. Der Parameter **Aktualisierung von Vorgänger** gibt an, ob die Zuordnung von Frachteinheitsabschnitten zu einer Frachtbuchung asynchron oder synchron verarbeitet wird. Wenn Sie den Organisationsinteraktionsprozess nutzen, empfehlen wir die asynchrone Verarbeitung, die die Frachtbuchung nicht sperrt und somit zu einer Überschreitung der Buchungskapazität führen kann. Die Zuordnung des Frachteinheitsabschnitts kann dann automatisch oder manuell erfolgen.

Sie können wählen, ob Sie den Warenwert auf der Kopfebene manuell eingeben oder automatisch anhand der Werte der Produktpositionen aggregieren möchten (**Zusätzliche Einstellungen**).

Die Option **Containerposition Quelle** bestimmt, ob die Containerpositionen aus dem Vorgängerbeleg übernommen oder manuell in der Frachtbuchung definiert werden. Im ersten Fall wird die Positionsstruktur des Vorgängerbelegs direkt in die Frachtbuchung übernommen. Im zweiten Fall werden entsprechende Containerpositionen automatisch im Bereich **Positionen** angelegt, wenn Sie im Bereich **Kapazitätsbedarfe** der Frachtbuchung eine Anzahl von Containern, eine Equipmentgruppe und eine Equipmentart eingeben. Die zugeordneten Frachteinheiten werden zu Unterpositionen dieser Containerpositionen.

Abhängig davon, welchen Prozess Sie mit Seefrachtbuchungen modellieren wollen, stehen unter **Web-Dynpro-Anwendungskonfigurationen** verschiedene Möglichkeiten zur Verfügung. Verwenden Sie `/SCMTMS/FRE_BOOK_OCEAN_BULK`, wenn Sie Seefrachtbuchungen für mehrere Be- und Entladehäfen erstellen möchten, oder verwenden Sie `/SCMTMS/FRE_BOOK_OCEAN_LOOSE`, wenn Sie lose Fracht transportieren müssen. Schließlich bietet `/SCMTMS/FRE_BOOK_OCEAN_ES` eine vereinfachte Benutzeroberfläche mit verladerspezifischen Feldern und Funktionen, sodass für multimodale Vorgänge Vorlauf, Hauptlauf und Nachlauf leicht in eine Frachtbuchung integriert werden können.

Hausfrachtbriefe können für die Seefrachtbuchung bzw. Luftfrachtbuchung erstellt werden. Sie werden über die entsprechende Folgeaktion auf der Benutzeroberfläche angelegt und auf der Registerkarte **Positionen** (Seefrachtbuchung) bzw. **Kapazität und Fracht** (Luftfrachtbuchung) angezeigt. Das Anlegen erfolgt gemäß der im Customizing der Frachtbuchungsart definierten Strategie. Die Standardstrategie `HBL_SHPCNS` fasst alle Positionen zusammen, die denselben Verlader und Empfänger haben. Verwenden Sie die Strategie `HBL_TRQID`, um Positionen zu gruppieren, die aus demselben Speditionsauftrag stammen; verwenden Sie die Strategie `HBL_SCCONT`, um Positionen zu gruppieren, die denselben Verlader und denselben Empfänger haben und im selben Container transportiert werden; und verwenden Sie `HBL_SHPCNA`, wenn Sie Positionen gruppieren möchten, bei denen die Adressen von Verlader und Empfänger identisch sind.

Die meisten der beschriebenen Konfigurationsmöglichkeiten sowie der Prozess der Verwaltung von Frachtbuchungen unterscheiden sich nicht zwischen See- und Luftfrachtbuchungen. Es gibt jedoch einige spezifische Aspekte der Luftfracht, wie etwa den Parameter **Beiladung** oder die Funktion **Luftfracht Sicherheitsprüfung aktivieren**, die in Abschnitt 7.2.2, »Luftfrachtbuchungen«, erläutert werden.

Benutzeroberfläche

Seefrachtbuchungen enthalten viele Informationen, die auf der Benutzeroberfläche in die folgenden Bereiche strukturiert sind. Da das zugrunde liegende technische Objekt von Frachtaufträgen und Frachtbuchungen gleich ist (`/SCMTMS/TOR`), weisen die Benutzeroberflächen von Frachtaufträgen und Frachtbuchungen viele Ähnlichkeiten auf. Die Unterschiede zur Benutzeroberfläche des Frachtauftrags (siehe Abschnitt 7.1.1, »Konfiguration und Benutzeroberfläche«) sind die folgenden:

- **Allgemeine Daten**

  Der Bereich **Allgemeine Daten** in Abbildung 7.16 zeigt Informationen über Spediteure, Waren, Kapazitätsbedarfe, Organisationsdaten, die Entfernung und die Dauer. Der wesentliche Unterschied zur Registerkarte **Allgemeine Daten** des Frachtauftrags sind die Fahrtinformationen. Sie verweisen auf die Fahrt, das Schiff, die IMO-Schiffsidentifikationsnummer und den Fahrplan. Es ist jedoch auch möglich, eine Seefrachtbuchung ohne Bezug auf einen Fahrplan zu pflegen.

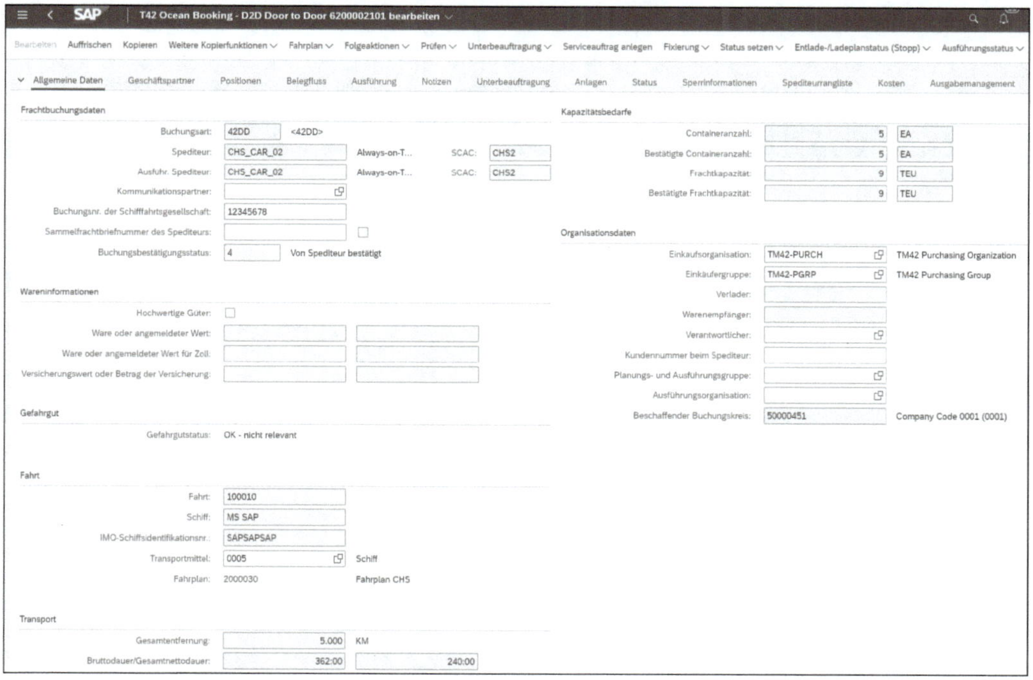

Abbildung 7.16: Benutzeroberfläche für Seefrachtbuchungen – der Bereich »Allgemeine Daten«

- **Kapazitätsbedarfe**

  Der Bereich **Kapazitätsbedarfe** listet die benötigten und bestätigten Kapazitäten auf und ermittelt die entsprechende Frachtkapazität, wie in Abbildung 7.17 dargestellt. In diesem Beispiel beziehen sich je zwei Equipmentarten auf 20-Fuß-Container (**20G1**) bzw. 40-Fuß-Container (**42G0**), was sich in der entsprechenden Frachtkapazität widerspiegelt, die in TEUs gemessen wird. Für jeden Container im Kapazitätsbedarf wird eine entsprechende Containerposition auf der Registerkarte **Positionen** angelegt. In diesem Beispiel werden auf der Registerkarte **Positionen** (siehe Abbildung 7.18) fünf Containerpositionen angezeigt (eine aus dem Kapazitätsbedarf von 20G1 und vier aus 42G0).

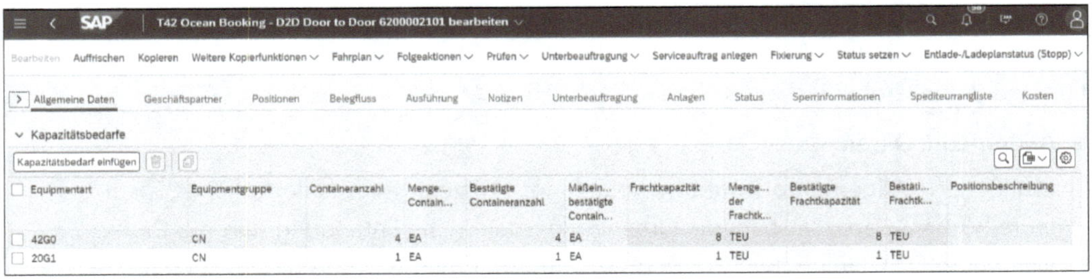

Abbildung 7.17: Benutzeroberfläche für Seefrachtbuchungen – Kapazitätsbedarfe

- **Positionen**

  Der Bereich **Positionen** ermöglicht es Ihnen, Informationen über die geladene Fracht und ihre Struktur, bestehend aus Containern oder ULDs, Frachteinheiten, Packstücken und Produkten, anzuzeigen und zu pflegen, wie in Abbildung 7.18 dargestellt.

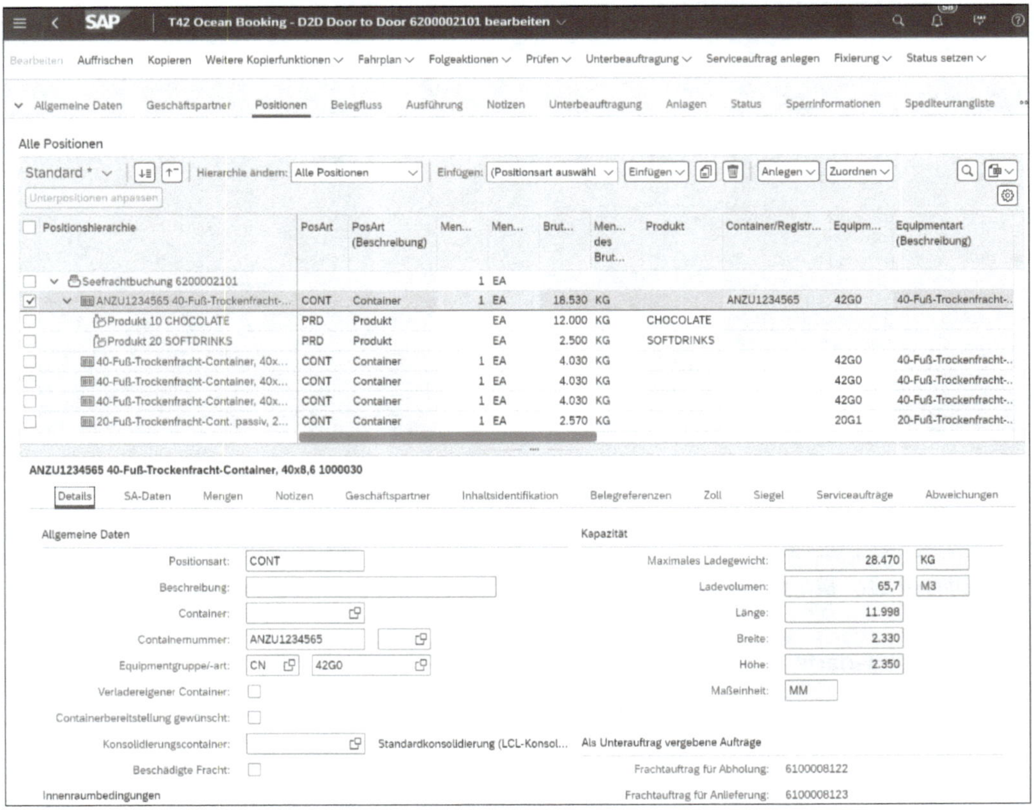

Abbildung 7.18: Benutzeroberfläche für Seefrachtbuchungen – Positionen

Sie können neue Container, Packstücke und Produkte einfügen und den Containern Frachteinheiten per Drag and Drop zuordnen. Es ist auch möglich, neue Frachteinheiten gemäß ihren Nummern, Speditionsaufträgen oder anderen Attributen auszuwählen und einzufügen. Sie können die Positionen einer bereits zugeordneten Frachteinheit auch auf mehrere Container verteilen. Die Mengen einer Frachteinheit können ebenfalls gesplittet und auf mehrere Container verteilt werden. Sie können Abweichungen pflegen, wenn die tatsächlich geladenen Waren von der geplanten und erwarteten Fracht abweichen. Dieser Prozess wird in Abschnitt 7.1.2, »Frachtauftragspositionen«, ausführlich beschrieben.

Sie können eine eigene hierarchische Sicht definieren, um die Positionshierarchie nach Ihren Bedürfnissen anzuzeigen, wie in Abschnitt 6.7.3, »Hierarchische Ansicht und duale Ansicht«, erläutert. Wie im Transport-Cockpit können Sie dynamisch zwischen alternativen hierarchischen Sichten wechseln.

Wenn Sie, wie in Abschnitt 7.1.3, »Spezielle Prozesse bei Frachtaufträgen«, erläutert, Frachtaufträge zur Abholung oder Frachtaufträge zur Anlieferung erstellt haben, werden diese hier auf der Ebene der Containerposition referenziert (siehe Abbildung 7.18).

Verifiziertes Bruttogewicht

Auf der Grundlage des Internationalen Übereinkommens zum Schutz des menschlichen Lebens auf See (SOLAS) ist es gesetzlich vorgeschrieben, das verifizierte Bruttogewicht (VBG) zu erfassen und an Ihre Geschäftspartner zu übermitteln, bevor ein Container auf ein Schiff verladen werden darf.

Die VBG-Daten werden auf der Registerkarte **Positionen** der Seefrachtbuchung für jede einzelne Containerposition erfasst, wie in Abbildung 7.19 dargestellt.

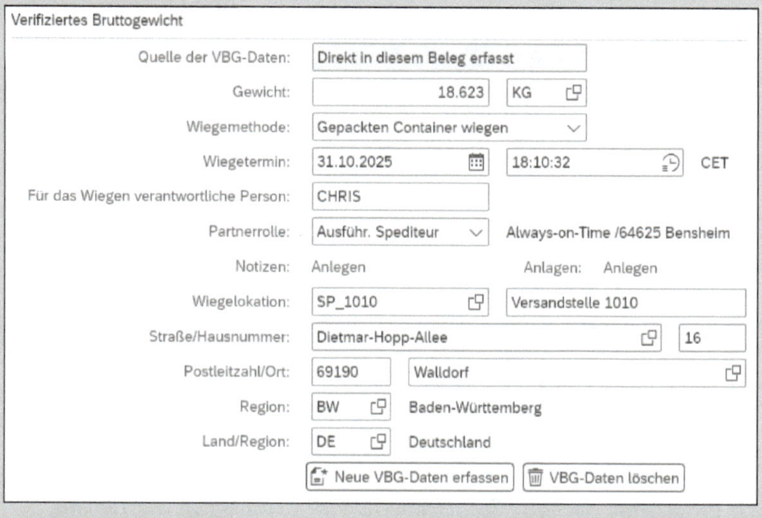

Abbildung 7.19: Benutzeroberfläche für Seefrachtbuchungen – verifiziertes Bruttogewicht

Dabei können auch die für das Wiegen verantwortliche Person, der Geschäftspartner, das Wiegedatum und der Wiegeort, Notizen und Anlagen erfasst werden. Es sind zwei Wiegemethoden zulässig: **Gepackten Container wiegen** (Wiegen des vollen Containers) oder **Inhalt wiegen und Eigengewicht addieren** (Wiegen des Inhalts, den Sie in den Container laden, und Addieren des Taragewichts). Wenn sich das Gewicht ändert oder der Container erneut gewogen wird, wird die Historie der aufgezeichneten VBG-Daten beibehalten, und die neuesten Informationen werden angezeigt.

- **Lokationen und Termine**

  Der Bereich **Lokationen und Termine** enthält alle relevanten Daten für die Abhollokation, den Beladehafen, den Entladehafen und die Lieferlokation sowie die entsprechenden Annahme-, Abfahrts- und Ankunftszeiten, wie zusammen mit den Abschnitten in Abbildung 7.20 dargestellt.

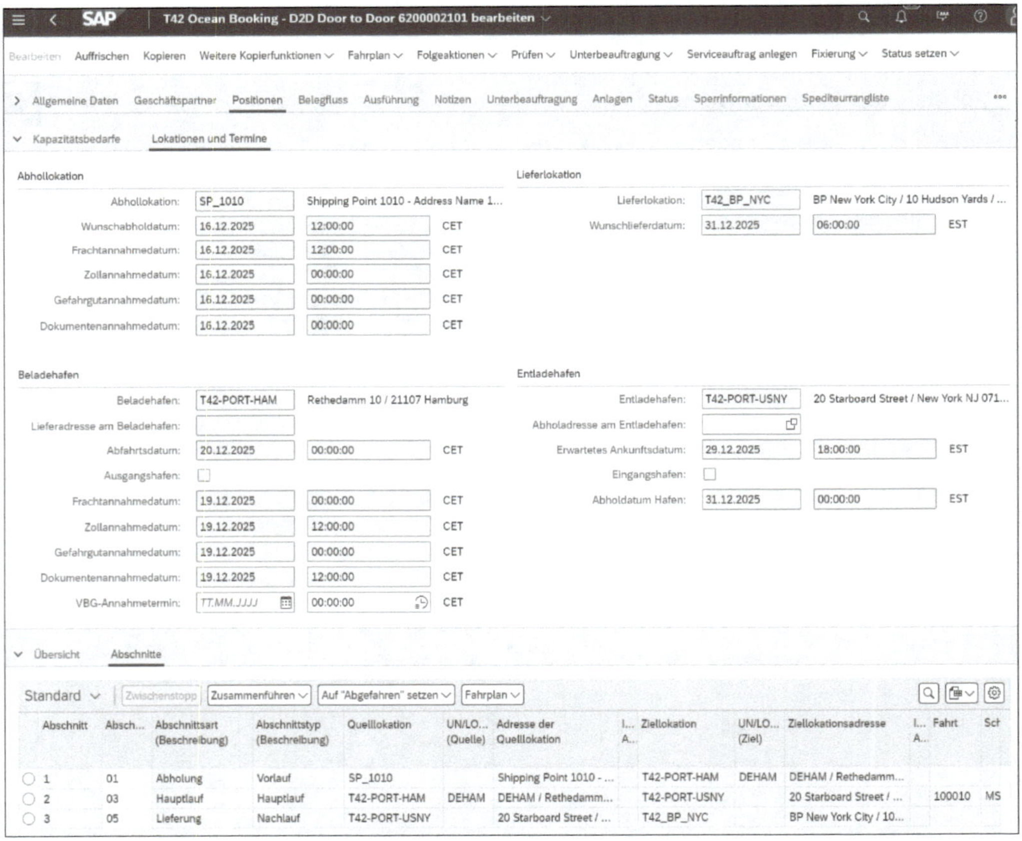

Abbildung 7.20: Benutzeroberfläche für Seefrachtbuchungen – Lokationen und Termine, Abschnitte

- **Abschnitte**

  Der Bereich **Abschnitte** zeigt die gleichen Informationen aus der Abschnittsperspektive, was besonders hilfreich ist, wenn die Frachtbuchung mehr als drei Abschnitte enthält oder sich auf Fahrpläne bezieht, für die hier dann die Referenzen angezeigt werden. Mehr als drei Abschnitte treten bei Buchungen von Seeverbindungen auf, die sich auf mehrere zugrunde liegende Reedereifahrpläne beziehen, oder bei Buchungen mit mehreren Be- und Entladehäfen. Durch die Funktionen im Menü **Fahrplan** können Sie jedem Abschnitt einen Fahrplan zuweisen, die Zuweisung zu einem Fahrplan aufheben oder die Daten des Abschnitts gemäß dem Fahrplan aktualisieren, wie in Abschnitt 7.4.3, »Änderungsmanagement für Fahrpläne«, erläutert. Wenn Sie eine Seefrachtbuchung ohne Referenz auf einen Seefrachtfahrplan auf Kopfebene manuell anlegen, können Sie mehrere Abschnitte anlegen und ordnen hier jedem Abschnitt einen anderen Reedereifahrplan zu.

- **Übersicht**

  Der Bereich **Übersicht** bietet einen schnellen Überblick der Abschnitte und Positionen in einer hierarchischen Ansicht ähnlich der des Frachtauftrags. Sie können die Abschnitte aufklappen und die Positionen darunter sehen, einschließlich der Unterstruktur der involvierten Container. Zusätzlich werden die geplanten Start- und Endzeiten je Abschnitt angezeigt. Dieser Bereich ist nützlich, wenn Sie die wichtigsten Informationen auf einen Blick sehen möchten, ohne sich die Details aus mehreren Registerkarten einzeln zusammensuchen zu müssen.

- **Unterbeauftragung**

  Der Bereich **Unterbeauftragung** bietet einen Überblick über den ausgewählten Spediteur, die Partnerreferenznummer und Informationen zur referenzierten Frachtvereinbarung.

- **Spediteurrangliste**

  Die Spediteurauswahl wird in Seefrachtbuchungen auf einer separaten Registerkarte angezeigt. Sie zeigt die Ergebnisse der Spediteurauswahl, d. h. eine Rangliste der verfügbaren Spediteure. Wenn der Spediteur auf der Grundlage des referenzierten Fahrplans zugewiesen wurde, ist diese Registerkarte nicht relevant.

- **Belegfluss**

  Die Registerkarte **Belegfluss** zeigt die Beziehungen zu den beteiligten Geschäftsbelegen. Sie finden hier Dokumente für den Vor- oder Nachlauf, die bei der Analyse von Zeitkonflikten oder der Beurteilung der Auswirkungen möglicher Verzögerungen in der Transportkette hilfreich sind. Durch Anklicken der Hyperlinks können Sie direkt zu den beteiligten Dokumenten navigieren.

- **Status**

  Der Bereich **Status** erfasst alle Arten von Statuswerten, darunter Lebenszyklusstatus, Fixierungsstatus, Fixierungsstatus der Bedarfszuordnung, Archivierungsstatus und weitere Statuswerte für Unterbeauftragung, Bestätigung, Fakturierung, Klärungsfälle, Ausführung, Zoll und Konsistenz. Der Dokumentstatus und der Positionsstatus können über die entsprechenden Drucktasten in der Symbolleiste der Frachtbuchung eingestellt werden. Eine Erläuterung insbesondere der ausführungsbezogenen Statuswerte finden Sie in Abschnitt 8.1.4, »Status der Ausführungsdokumente«.

- **Zoll**

  Der Bereich **Zoll** zeigt Informationen an, die für die Zollabwicklung relevant sind, wie z. B. den Zollstatus, Grenzinformationen, eine Liste der Zollaktivitäten und Artikelgruppen. Sie können die Erstellung der Ausfuhranmeldung anstoßen, die Einreichung von Sicherheitsunterlagen beantragen und andere zollbezogene Aktivitäten durchführen. Weitere Informationen zur Zollabwicklung finden Sie in Abschnitt 9.1, »SAP Global Trade Services«.

- **Liefer- und Zahlungsbedingungen**

  Der Bereich **Liefer- und Zahlungsbedingungen** legt den Incoterm sowie die Incoterm-Lokation fest und bestimmt, ob es sich um einen kontrollierten oder unkontrollierten Transport handelt. Sie können auch die Frachtbedingung definieren (z. B. im Voraus bezahlt) und zusammen mit der Transportrichtung (Import oder Export) definieren, wie Frachtabrechnungsbelege erstellt werden. Zusätzlich ist es möglich, die Bewegungsart und die Versandart für die Unterbeauftragung festzulegen. Darüber hinaus können Sie vorgeben, ob eine Konsolidierung an der Quelllokation und eine Dekonsolidierung an der Ziellokation vorgesehen sind. Wenn keine Konsolidierung ausgewählt ist, werden die entsprechenden Felder auf der Registerkarte **Lokationen und Termine** auf nicht eingabebereit geschaltet.

Die übrigen Registerkarten (**Kosten**, **Kostenverteilung**, **Änderungsbelege**, **Anlagen**, **Notizen**, **Belegfehler**, **Verwaltungsdaten**, **Geschäftspartner**, **Kommunikationsverlauf**, **Belegreferenzen**, **Transportabhängigkeiten**, **Sperrinformationen**, **Ausführung**, **Serviceaufträge**, **Ausgabemanagement**) zeigen ähnliche Inhalte und dienen ähnlichen Zwecken wie die entsprechenden Registerkarten auf der Frachtauftragsoberfläche, die in Abschnitt 7.1.1, »Konfiguration und Benutzeroberfläche«, erläutert werden.

7.2.2 Luftfrachtbuchungen

Luftfrachtbuchungen werden auf ähnliche Weise wie Seefrachtbuchungen erstellt. Sie können die SAP-Fiori-App **Luftfrachtbuchung anlegen** verwenden, um eine Luftfrachtbuchung manuell zu erstellen. Sie können Luftfrachtbuchungen aber auch aus dem entsprechenden Arbeitsvorrat heraus erstellen (**Frachtbuchungen (Arbeitsvorrat)**) oder bestehende Luftfrachtbuchungen kopieren.

Es gibt keine separate Luftfrachtbuchungsart, sondern der Verkehrszweigtyp und der Verkehrszweig entscheiden darüber, ob eine Frachtbuchungsart für Seefrachtbuchungen oder Luftfrachtbuchungen verwendet wird (siehe Abbildung 7.14). Luftfrachtbuchungen haben viele funktionale Ähnlichkeiten mit Seefrachtbuchungen, was sich auch in der Benutzeroberfläche widerspiegelt. Die folgenden Registerkarten sind mehr oder weniger identisch mit denen für Seefrachtbuchungen: **Übersicht**, **Geschäftspartner**, **Sperrinformationen**, **Zoll**, **Kostenverteilung**, **Serviceaufträge**, **Ausgabemanagement**, **Änderungsbelege**, **Kommunikationsverlauf**, **Belegfluss**, **Status**, **Anlagen**, **Notizen**, **Belegreferenzen**, **Belegfehler**, **Ausführung** und **Verwaltungsdaten**.

In den folgenden Bereichen werden Sie einige Unterschiede feststellen:

- **Lokationen**

  Der Bereich **Lokationen** ist kompakter als bei Seefrachtbuchungen und gibt Auskunft über die Abflug- und Zielflughäfen, die erwarteten Abflug- und Ankunftszeiten sowie die Annahme- und Verfügbarkeitszeiten.

- **Buchung**

  Der in Abbildung 7.21 dargestellte Buchungsbereich enthält viele allgemeine Daten, wie z. B. die Frachtbuchungsart, den ausstellenden Spediteur, den MAWB-Bestand und die gezogene Nummer (siehe Abschnitt 8.1.1, »Anlage von Dokumenten«, für weitere Einzelheiten), den Quell- und Zielflughafen sowie die voraussichtlichen Abflug- und Ankunftszeiten.

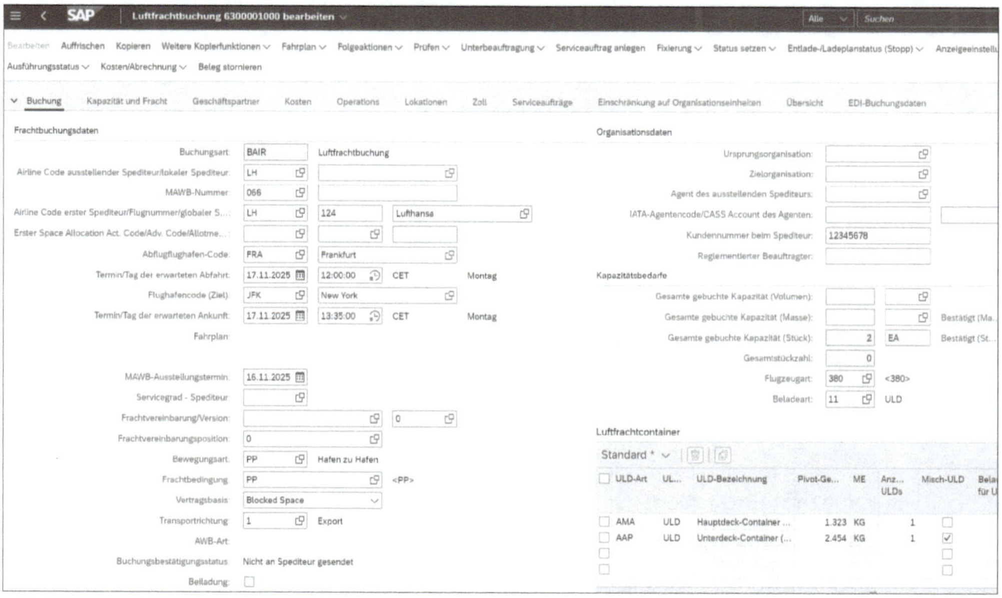

Abbildung 7.21: Benutzeroberfläche für Luftfrachtbuchungen – Buchung

Quell- und Ziel-Gateway sowie die entsprechenden Annahmezeiten werden ebenfalls angezeigt. Organisatorische Daten, wie z. B. die Quell- und Zielorganisation, können gepflegt werden. Die Kapazitätsbedarfe, die Luftfrachtcontainer und die Handling-Codes mit ihren Einschränkungsmodi werden ebenfalls angezeigt. Wir verweisen auf Abschnitt 7.4.4, »Kontingente«, für weitere Einzelheiten zur Verwendung von Handling-Codes.

Die Vertragsbasis ist im Buchungsbereich enthalten und kann aus den im Customizing definierten Werten ausgewählt werden. Verwenden Sie dazu den Menüpfad **Transportation Management • Frachtauftragsmanagement • Frachtbuchung • Vertragsbasis definieren**. Die Vertragsbasiswerte **Kontingent** (Allotment), **geblockter Platz** (Blocked Space), **Charter** und **Ad-hoc** werden standardmäßig ausgeliefert und spiegeln unterschiedliche vertragliche Verpflichtungen gegenüber dem Spediteur der Luftfrachtbuchung wider. Je höher die Verpflichtung ist, desto höher sind die Kosten für die Stornierung. Wenn Sie z. B. ein Allotment stornieren, fallen nur geringe Kosten an. Wenn Sie einen geblockten Platz stornieren, müssen Sie jedoch in der Regel den gesamten Frachtbetrag an den Spediteur zahlen.

Die Registerkarte **Buchung** enthält auch den in Abbildung 7.22 dargestellten Bereich **Spediteur-Routing**, der ähnlich wie der Bereich **Abschnitte** bei Seefrachtbuchungen die Abschnittsinformationen bereitstellt. Das Beispiel in der Abbildung zeigt einen Abschnitt für einen Direktflug von Frankfurt (**FRA**) nach New York (**JFK**) mit Lufthansa (**LH**) und der Flugnummer LH123 (**123**). Für jeden Abschnitt sehen Sie den referenzierten Fahrplan und den Referenzdatenstatus, die in Abschnitt 7.4.3, »Änderungsmanagement für Fahrpläne«, erläutert werden.

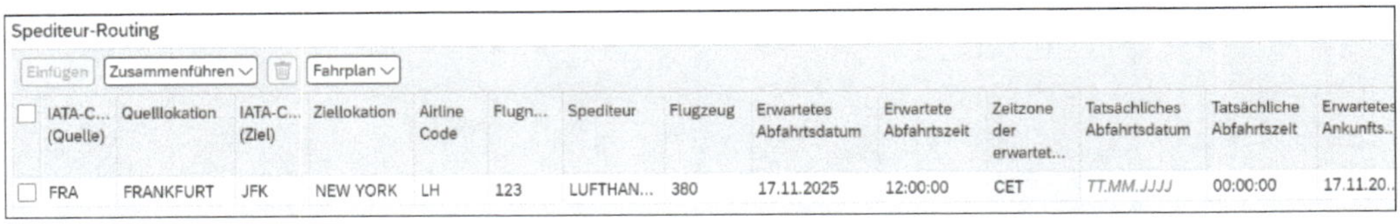

IATA-C... (Quelle)	Quelllokation	IATA-C... (Ziel)	Ziellokation	Airline Code	Flugn...	Spediteur	Flugzeug	Erwartetes Abfahrtsdatum	Erwartete Abfahrtszeit	Zeitzone der erwartet...	Tatsächliches Abfahrtsdatum	Tatsächliche Abfahrtszeit	Erwartetes Ankunfts...
FRA	FRANKFURT	JFK	NEW YORK	LH	123	LUFTHAN...	380	17.11.2025	12:00:00	CET	TT.MM.JJJJ	00:00:00	17.11.20...

Abbildung 7.22: Benutzeroberfläche für Luftfrachtbuchungen – Buchung

- **Kosten**

  Der Bereich **Kosten** enthält die gleichen Abrechnungsinhalte wie Seefrachtbuchungen, ergänzt jedoch einige luftfrachtspezifische Informationen. Sie können auch das Drucken von anderen Frachtkosten im HAWB (House Air Waybill) und MAWB aktivieren.

- **Kapazität und Fracht**

  Der Bereich **Kapazität und Fracht** beinhaltet analog zum Bereich **Positionen** der Seefrachtbuchungen das Frachtmanagement und liefert Kapazitätsinformationen, wie z. B. gebuchtes Volumen und Gewicht, Restkapazität für Volumen und Gewicht sowie Auslastung in Prozent. Bei Luftfrachtbuchungen wird die Kosteneffizienz vor allem durch den Dichtefaktor bestimmt, der das Verhältnis von Volumen zu Gewicht charakterisiert und ebenfalls angezeigt wird. Eine weitere Besonderheit in der Luftfracht ist, dass das Taragewicht eines ULD nicht auf das Bruttogewicht angerechnet wird. Das bedeutet, dass bei einer Luftfrachtbuchung das Gesamtbruttogewicht das Taragewicht von ULDs nicht einschließt, während bei Seefrachtbuchungen und Frachtaufträgen das Bruttogewicht das Taragewicht des Containers und seines Inhalts addiert.

Sie können auch gemischte ULDs erstellen. Ein gemischter ULD enthält Fracht aus mehreren Luftfrachtbuchungen und wird gebildet, wenn Mengen aus einer Luftfrachtbuchung den ULD nicht vollständig ausfüllen, Sie die Ware aber nicht als lose Fracht versenden möchten. Gemischte ULDs sind durch das Kennzeichen **Misch-ULD** gekennzeichnet, wie in Abbildung 7.21 dargestellt, und müssen alle die gleiche ULD-Nummer und den gleichen Flug verwenden. Sie werden mit ihrer vollen Menge in allen zugewiesenen Luftfrachtbuchungen angezeigt.

- **Operations**

  Der Bereich **Operations** enthält allgemeine Daten wie Luftfrachtbriefart und das Ausstellungsdatum des MAWB sowie zusätzliche Wareninformationen über den deklarierten Wert, den Versicherungswert und Versandanweisungen.

- **EDI-Buchungsdaten**

  Der Bereich **EDI-Buchungsdaten** enthält Informationen, die der Fluggesellschaft mitgeteilt werden sollen, wie z. B. eine kompakte Beschreibung der Fracht, spezielle Serviceanforderungen und andere Serviceinformationen.

Standardmäßig sind drei verschiedene Seitenlayouts verfügbar, aus denen Sie in der Luftfrachtbuchungsoberfläche wählen können: **Buchung: Gesamtsicht**, **Kapazitätsmanagement** und **Operations Ausgang**. Diese verschiedenen Layouts sind auf die Bedürfnisse der verschiedenen an einer Luftfrachtbuchung beteiligten Personen abgestimmt.

In der Regel ist eine spezielle Abteilung für die Erstellung von Luftfrachtbuchungen zuständig. Im Kapazitätsmanagement dieser Abteilung können bereits Buchungen angelegt werden, aber die Buchungen sollten für das Planungs- und Verkaufsteam erst nach einer expliziten Veröffentlichung sichtbar werden. Dazu kann im Kapazitätsmanagement der Status auf **Veröffentlicht** gesetzt werden. Mit dem Parameter **Sofortige Verarbeitung** im Bereich **Ausführungseinstellungen** im Customizing können Sie festlegen, ob neu angelegte Buchungen den Status **Nicht veröffentlicht** oder **Veröffentlicht** erhalten. Nicht veröffentlichte Buchungen erhalten eine Planungssperre und können daher von anderen Abteilungen nicht konsumiert oder eingesehen werden. Die Veröffentlichung entfernt diese Planungssperre.

Es ist auch möglich, die Sichtbarkeit der Luftfrachtbuchungen weiter auf bestimmte Organisationseinheiten in Ihrem Unternehmen einzuschränken. Die für das Kapazitätsmanagement zuständige Person kann auf der Registerkarte **Einschränkungen auf Organisationseinheiten** mehrere Organisationseinheiten mit ihren Funktionen (Verkauf, Unternehmen, Niederlassung) pflegen. Sie kann den Status auf **Veröffentlicht mit Einschränkungen** setzen und so die Buchung an die gepflegten Organisationseinheiten veröffentlichen. Je nach Rolle und Organisation des Benutzers werden Berechtigungsprüfungen für die Anzeige und Änderung der Luftfrachtbuchung durchgeführt. Beachten Sie, dass die Organisationseinheiten bereits in einem Stammflugplan gepflegt werden können und auch von dort in neu angelegte Luftfrachtbuchungen übernommen werden.

Zusammen ermöglichen das Veröffentlichungskonzept, das Prinzip der eingeschränkten Sichtbarkeit und das Modell der Organisationsinteraktion eine fein abgestufte Zugriffskontrolle für die Luftfrachtbuchungen in Ihrem Unternehmen.

Die Beschaffenheit und Menge der Ware ist eine kurze und aussagekräftige Beschreibung der zu transportierenden Fracht und wird als freier Text auf der Registerkarte **Operations** der Luftfrachtbuchung eingegeben (maximal zwölf Zeilen mit 20 Zeichen pro Zeile). Diese Informationen werden mit der Ansicht des Luftfrachtbriefs auf der Registerkarte **Kosten** synchronisiert und in HAWBs und MAWBs gedruckt. Außerdem können Sie auf der Registerkarte **Kapazität und Fracht** Informationen zur Beschaffenheit und Menge der Ware zur Verwendung in einem Manifest auf Positionsebene eingeben. Hier können Sie bis zu neun Zeilen mit maximal 65 Zeichen pro Zeile eingeben. Die Warenbeschaffenheit der Positionen wird automatisch aus den Vorgängerbelegen übernommen, während die Warenbeschaffenheit auf dem Kopf manuell eingegeben oder mit der Aktion **Aus Bedarfsbelegen übernehmen** separat ausgelöst werden muss. Im letzteren Fall werden aufgrund der Platzbeschränkung nur die ersten beiden Zeilen aus den ersten sechs Bedarfsbelegen kopiert.

In der Luftfracht ergeben sich besondere Sicherheitsanforderungen, für die es spezielle *Luftfrachtsicherheitsprüfungen* (LFS) gibt. Diese können im Customizing der Frachtbuchungsart über die Parameter **Luftfracht-Sicherheitsprüf. aktivieren** im Abschnitt **Prüfungen und Sperren** aktiviert werden. Der erforderliche LFS-Status wird in Speditionsaufträgen erfasst und an Frachteinheiten propagiert. Der verfügbare LFS-Status kann in Luftfrachtbuchungen gepflegt werden. Er kann auch in einem Stammflugplan definiert werden und wird in Luftfrachtbuchungen kopiert, die aus dem Stammflugplan erstellt werden.

Die folgenden Standard-LFS-Statuswerte sind verfügbar, geordnet von der höchsten zur niedrigsten Sicherheit: **sicher für Passagierflugzeuge** (Secure for Passenger Aircraft, SPX), **sicher für Frachtflugzeuge** (Secure for Cargo Aircraft, SCO) und **nicht sicher** (Not Secure, NSC). Die LFS-Prüfung ermittelt, ob der LFS-Status einer Frachteinheit mit der zugeordneten Luftfrachtbuchung vereinbar ist. Frachteinheiten mit dem Status **SPX** können Luftfrachtbuchungen mit dem Status **SPX** oder **SCO** und Frachteinheiten mit dem Status **SCO** können Buchungen mit dem Status **SCO** zugeordnet werden. Eine Frachteinheit mit dem Status **NSC** erhält eine Planungssperre und kann daher überhaupt nicht zugeordnet werden. In diesem Fall muss der Speditionsauftrag anhand von Sicherheitsrichtlinien bearbeitet werden, bis er sicher ist. Dann kann der Status geändert und das Dokument geplant werden.

[»]

Systemverhalten für die automatisierte und manuelle Planung

Die automatisierte Planung stellt sicher, dass nur kompatible Zuordnungen vorgenommen werden. Abhängig von Ihrer Berechtigung gibt die manuelle Planung entweder eine Warnung oder eine Fehlermeldung für eine inkompatible Zuordnung aus.

Sie können länderspezifische LFS-Statuswerte im Customizing pflegen, indem Sie im Menü **Transportation Management • Grundfunktionen • Sicherheit • Luftfracht-Sicherheitsstatus definieren** die länderspezifischen Werte den Standard-LFS-Statuswerten (**SPX**, **SCO** und **NSC**) zuordnen.

In einigen Ländern, wie z. B. den USA, muss der Luftfrachtspediteur den Absender für einen bestimmten Zeitraum gekannt haben, der im Customizing über den Menüpfad **Transportation Management • Grundfunktionen • Sicherheit • Offsets für Berechnung des Status »Bekannter Versender« definieren** festgelegt werden kann. Kennt der Spediteur den Versender z. B. länger als ein halbes Jahr, kann die Ware des Versenders per Luftfracht verschickt werden. Andernfalls erhält der Speditionsauftrag den Status NSC, was bedeutet, dass der Spediteur die Ware vor dem Transport mit dem Flugzeug sehr sorgfältig prüfen muss. Der Status eines bekannten Versenders kann im Geschäftspartner oder an der entsprechenden Lokation gepflegt werden und wird automatisch in einen neu angelegten Speditionsauftrag übernommen, wenn der Parameter **LFS-Daten übernehmen** in der Speditionsauftragsart aktiv ist.

Im Beiladeprozess (Co-Load) transportieren Sie Waren auf einem Flug und nutzen den Luftfrachtbriefbestand und den Vertrag eines anderen Spediteurs, des Konsolidierers. Dieses Szenario ist relevant, wenn Sie keinen Vertrag mit einem Spediteur für ein bestimmtes Ziel haben oder wenn Sie nicht genügend Fracht für das Ziel haben. Das Beiladen ist ein rein manueller Prozess, bei dem Sie den Konsolidierer und die vom Konsolidierer erhaltene MAWB-Nummer in Ihrer Luftfrachtbuchung pflegen. Dieser Prozess wird durch den Parameter **Beiladung** in der Luftfrachtbuchungsart ermöglicht.

Nachdem wir nun Frachtbelege für alle verfügbaren Verkehrszweige eingeführt haben, wird der Schwerpunkt als Nächstes auf eine logische Gruppierung von Fracht innerhalb eines Frachtbelegs gelegt, die in verschiedenen Prozessen zu Kommunikationszwecken erforderlich ist. Das Dokument, das diese logische Gruppierung darstellt, wird als Sendung bezeichnet.

7.3 Sendungen

Sendungen führen eine neue Geschäftsbelegebene in TM ein, die zwischen Transporteinheiten und Frachtaufträgen angesiedelt ist. Sendungen werden verwendet, um mehrere Frachteinheiten/Transportbedarfe anhand von Kriterien zusammenzufassen, die in Gruppierungsregeln definiert werden können. Typische Kriterien sind Quelllokation, Ziellokation, Lieferdatum und Geschäftspartner. Alle Kriterien müssen in einer Sendung übereinstimmen. Sendungen dienen in erster Linie der Kommunikation, können aber auch Grundlage für die Unterbeauftragung, die Frachtkostenberechnung und die Frachtabrechnung mit dem Spediteur sein. Eine Sendung stellt keine spezifische Kapazität oder physische Einschränkung dar, sondern ist eher ein konzeptionelles Objekt.

Wie Sendungen mit anderen Geschäftsbelegen verknüpft werden, zeigt Abbildung 7.23 anhand eines eingehenden Frachtauftrags. In diesem Beispiel stellt der eingehende Frachtauftrag einen Transport von zwei Lieferanten zu einem Werk mit mehreren Abladestellen dar. Der Frachtauftrag besteht aus zwei Lieferungen (1 und 2) von Lieferant 1 und zwei Lieferungen (3 und 4) von Lieferant 2. Für jede Lieferung sind eine oder mehrere Frachteinheiten gebildet worden. Die Sendungen stellen die Gruppierung der Lieferungen pro Lieferant dar. Sendung 1 enthält die Frachteinheiten aus den Lieferungen von Lieferant 1, während Sendung 2 die Frachteinheiten aus den Lieferungen von Lieferant 2 enthält. Schließlich sind die Sendungen mit dem Frachtauftrag verknüpft. Die Sendung muss nicht direkt mit dem Frachtauftrag verknüpft sein, sondern kann auch mit einer Transporteinheit (z. B. einer Containereinheit) verknüpft sein, die dann dem Frachtauftrag zugeordnet wird. Wie im Beispiel dargestellt, kann ein Frachtauftrag mehrere Sendungen enthalten. Eine Sendung kann jedoch nur einem Frachtauftrag (oder einer Transporteinheit) zugeordnet werden und muss diesem vollständig zugewiesen sein.

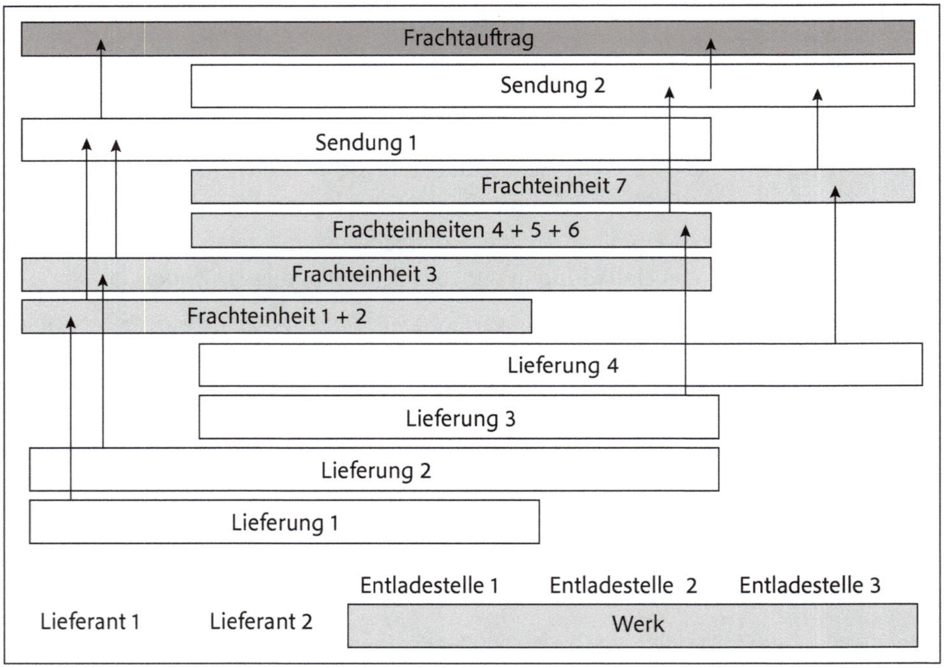

Abbildung 7.23: Sendungen – Verknüpfung mit anderen Geschäftsbelegen

Jede Sendung hat genau einen Versender und einen Empfänger und darf nur einen Transportabschnitt von der Quelle zum Bestimmungsort haben.

Abschnitt 7.3.1 beschreibt den Prozess, in dem Sendungen verwendet werden, und die verschiedenen Methoden zur Erstellung von Sendungen. Anschließend werden in Abschnitt 7.3.2 die verschiedenen Funktionsbereiche der Benutzeroberfläche und das Customizing der Sendungsarten erläutert.

7.3.1 Prozess und Erstellung

Die Sendung dient in erster Linie der Kommunikation. Sie ermöglicht es Ihnen (als Lieferant), Ihrem Kunden mitzuteilen, welche Produkte Sie zu einem bestimmten Datum gemeinsam an eine bestimmte Lokation liefern werden, unabhängig davon, ob diese aus einem oder mehreren Transportbedarfen (Lieferungen) stammen. Die Sendung(snummer) kann als Referenz dienen und für die Sendungsverfolgung verwendet werden.

Sendungen werden in erster Linie im Rahmen des EWV-Prozesses (erweiterter Warenannahme- und Versandprozess) verwendet, der in Abschnitt 13.3 ausführlich erläutert wird. Im Rahmen dieses Prozesses werden Sendungen typischerweise über eine Eingangsnachricht mit dem Service-Interface `TransportationOrderGenericRequest_In` angelegt. Dabei werden zwei Szenarien unterstützt:

- **Sendungsbasierter Frachtauftrag**

  In diesem Szenario erhalten Sie separate Eingangsnachrichten für Frachtaufträge und Sendungen. Die Sendungen werden im Frachtauftrag referenziert. Dieses Szenario kann verwendet werden, wenn Sie die Informationen von verschiedenen Parteien erhalten (siehe Abbildung 7.24): Die Lieferanten informieren den Kunden über die Sendungen und die darin enthalten Materialien.

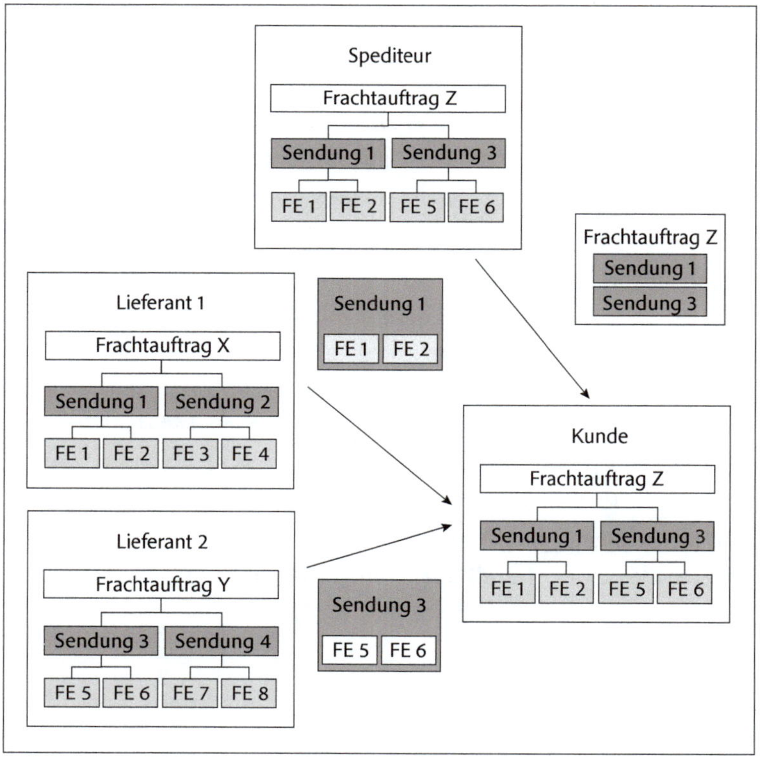

Abbildung 7.24: Sendungsbasierter Frachtauftrag

Der Spediteur, der eventuell gar keine genauen Informationen über den Inhalt der transportierten Sendungen besitzt, informiert denselben Kunden darüber, welche Sendungen gemeinsam auf einem Lkw angeliefert werden (Frachtauftrag). Auf der Grundlage beider Informationen kann der Kunde die Verbindung zwischen dem eingehenden Frachtauftrag und den zu empfangenden Materialien herstellen und diese Informationen in seinem Warenannahmeprozess nutzen.

- **Transportbasierter Frachtauftrag**

  In diesem Szenario erhalten Sie eine kombinierte Eingangsnachricht. Sie enthält die Kopfdaten des Frachtauftrags und die vollständige Positionsstruktur (Fahrzeuginformationen, Sendungs- und Bedarfsbelegreferenzen).

In beiden Szenarien können Frachtaufträge und Sendungen mit Belegfehlern angelegt werden, wenn Sie dies im Customizing der jeweiligen Belegart zugelassen haben. Die Fehler können sich auf Stammdaten (falsches Material, Ressource, Lokation oder Geschäftspartner) oder auf Referenzen (falscher Bezug auf Vorgängerbeleg, z. B. Lieferung oder Einkaufslieferplan) beziehen. Diese Fehler können automatisch oder manuell korrigiert werden; anschließend werden die passenden Frachteinheiten ermittelt und der Sendung zugeordnet.

Es gibt mehrere Möglichkeiten, Sendungen manuell oder automatisch zu erstellen. Um eine Sendung manuell zu erstellen, können Sie die SAP-Fiori-App **Sendung anlegen** verwenden. Sie können Sendungen auch während der manuellen Planung im Transport-Cockpit oder durch Kopieren einer bestehenden Sendung anlegen. Automatisch können Sendungen über eine Eingangsnachricht (`TransportationOrderGenericRequest_In`) oder beim Anlegen oder Sichern eines Frachtauftrags auf Basis des Sendungserzeugungsprofils, das im Customizing der Frachtauftragsart zugeordnet ist, angelegt werden.

Das Sendungserzeugungsprofil wird in der SAP-Fiori-App **Sendungserzeugungsprofil anlegen** angelegt. In dem in Abbildung 7.25 gezeigten Sendungserzeugungsprofil legen Sie über die Optionen **Automatisch erzeugen** fest, ob und wann *lokale* Sendungen innerhalb des Frachtauftrags gebildet werden. Dies kann automatisch erfolgen oder manuell über die Benutzeroberfläche des Frachtauftrags ausgelöst werden. Mit den Optionen zu **Sendungsbelege anlegen** können Sie außerdem festlegen, ob und wann *separate* Sendungen auf Grundlage der lokalen Sendungen innerhalb des Frachtauftrags erstellt werden. Die automatische Belegerstellung kann entweder durch das Speichern des Frachtauftrags, durch Setzen des Status **Bereit zur Transportausführung** oder ein Ereignis ausgelöst werden.

[+]

Sendungen anlegen

Sie sollten separate Sendungen nicht zu früh im Prozess erstellen, da Sendungen nicht automatisch aus lokalen Sendungen aktualisiert werden. Der Vorteil, zuerst eine lokale Sendung zu erstellen, besteht darin, dass noch Änderungen am Frachtauftrag vorgenommen werden können, wie z. B. das Hinzufügen neuer Frachteinheiten und das erneute Auslösen des Sendungserzeugungsprozesses. Diese Änderungen werden anschließend bei der Erstellung der eigenständigen Sendungen berücksichtigt.

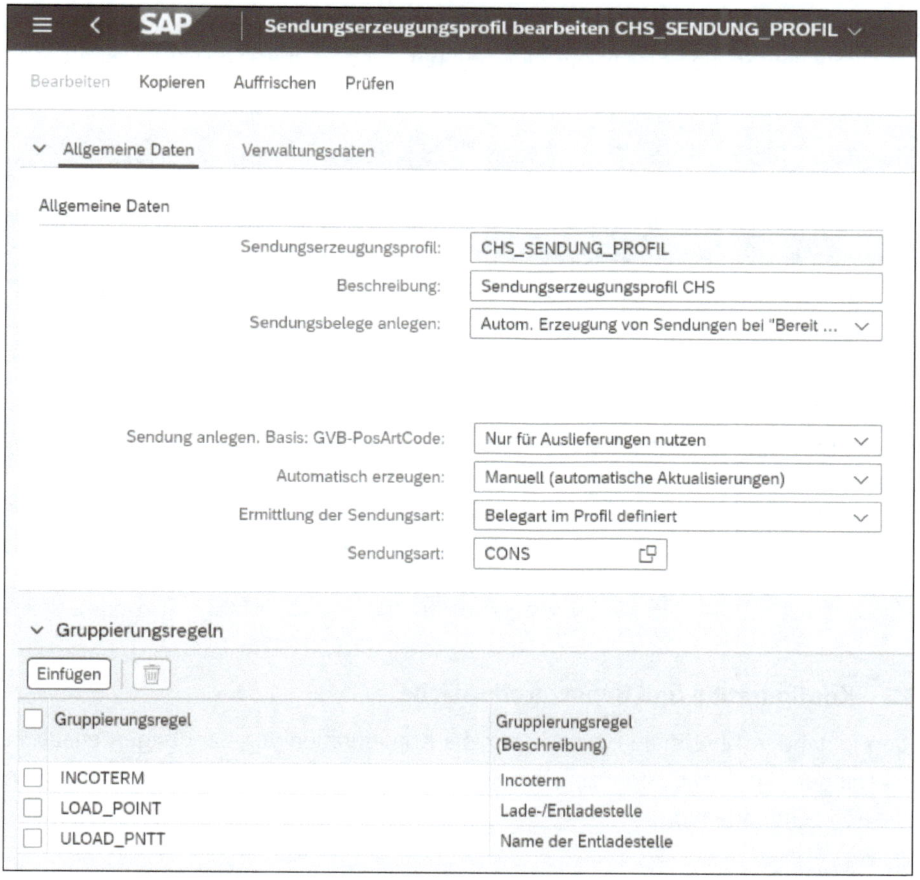

Abbildung 7.25: Sendungserzeugungsprofil

Die Einstellungen im Bereich **Gruppierungsregeln** definieren die Kriterien, die für die in einer Sendung zusammengefassten Transportbedarfe relevant sind. Die Gruppierungsregeln werden im Customizing unter **Transportation Management • Frachtauftragsmanagement • Sendung • Gruppierungsregeln für automatische Sendungserzeugung definieren** festgelegt. Es können mehrere Gruppierungsregeln kombiniert werden. Nur die Frachteinheiten, die alle Regeln erfüllen, werden in einer Sendung zusammengefasst.

Nachdem Sie eine Sendung erstellt haben, stehen Ihnen ähnliche Funktionen wie in einem Frachtauftrag zur Verfügung. Sie können in einer Sendung Packstücke erzeugen, die Sendung an einen Spediteur unterbeauftragen, Kosten berechnen und die Sendung abrechnen, indem Sie einen entsprechenden Frachtabrechnungsbeleg erstellen. Sie können die Sendung an Ihren Spediteur senden und Druckausgaben erstellen. Wenn Sie die Sendung einem Frachtauftrag zuordnen, müssen Sie entscheiden, ob Sie diese Funktionen auf der Ebene der Sendung oder auf der Ebene des Frachtauftrags nutzen möchten. Sie können die Unterbeauftragung, die Kostenberechnung und die Frachtabrechnung nicht auf beiden Ebenen gleichzeitig durchführen, sondern müssen sich für eine Ebene entscheiden.

[»]

KI-gestützte Wareneingangsanalyse

In Sendungen wird die KI-gestützte Wareneingangsanalyse unterstützt. Dazu werden in einem Wareneingangsprozess Lieferbelege in eine Sendung hochgeladen (z. B. als PDF-Datei). Diese Dateien werden dann technisch an einen Extraktionsservice übermittelt, der die Datei mithilfe eines Large-Language-Modells (LLM) analysiert und die relevanten Informationen (z. B. Materialnummern, Stückzahlen) bestimmt. Diese Informationen werden dann an die Sendung zurückgegeben und mit den schon vorhandenen Daten abgeglichen und aktualisieren gegebenenfalls die Sendungsinformationen. Treten bei diesem Prozess Fehler auf, werden diese auf der Registerkarte **Belegfehler** angezeigt und können dort korrigiert werden. Auf diese Weise können anhand der extrahierten Daten die korrekten Frachteinheiten zur Sendung ermittelt und verknüpft werden.

7.3.2 Konfiguration und Benutzeroberfläche

In den folgenden Abschnitten werden wir die Konfiguration von Sendungen erläutern. Wir beginnen mit dem Customizing der Sendungsart und fahren mit der Benutzeroberfläche von Sendungen fort.

Sendungsarten definieren

Ähnlich wie bei anderen Belegarten legen Sie in der Sendungsart Parameter fest, die beeinflussen, wie das System diesen Geschäftsbeleg verarbeitet, z. B. ob Sie eine Unterbeauftragung, Kostenberechnung oder Frachtabrechnung durchführen können. Die Sendungsart wird im Customizing unter **Transportation Management • Frachtauftragsmanagement • Sendung • Sendungsarten definieren** definiert. Wenn Sie die Sendung aus einem Frachtauftrag heraus anlegen, wird die Sendungsart aus der Frachtauftragsart ermittelt. Wenn in der Frachtauftragsart keine Sendungsart hinterlegt ist, prüft das System erst das Sendungserzeugungsprofil, anschließend das Planungsprofil oder verwendet die im Customizing definierte Standardart in dieser Reihenfolge.

Das Customizing der Sendungsart ist in Abbildung 7.26 und Abbildung 7.27 dargestellt. Es kombiniert Elemente aus Frachteinheitsarten wie eine Bedingung oder Regel zur Abhol- und Anlieferfensterfindung mit aus Frachtauftragsarten bekannten Merkmalen wie der Unterbeauftragungsrelevanz. Grundsätzlich ähneln Sendungen eher Frachtaufträgen, weswegen die meisten Einstellungen ähnlich denen von Frachtauftragsarten sind.

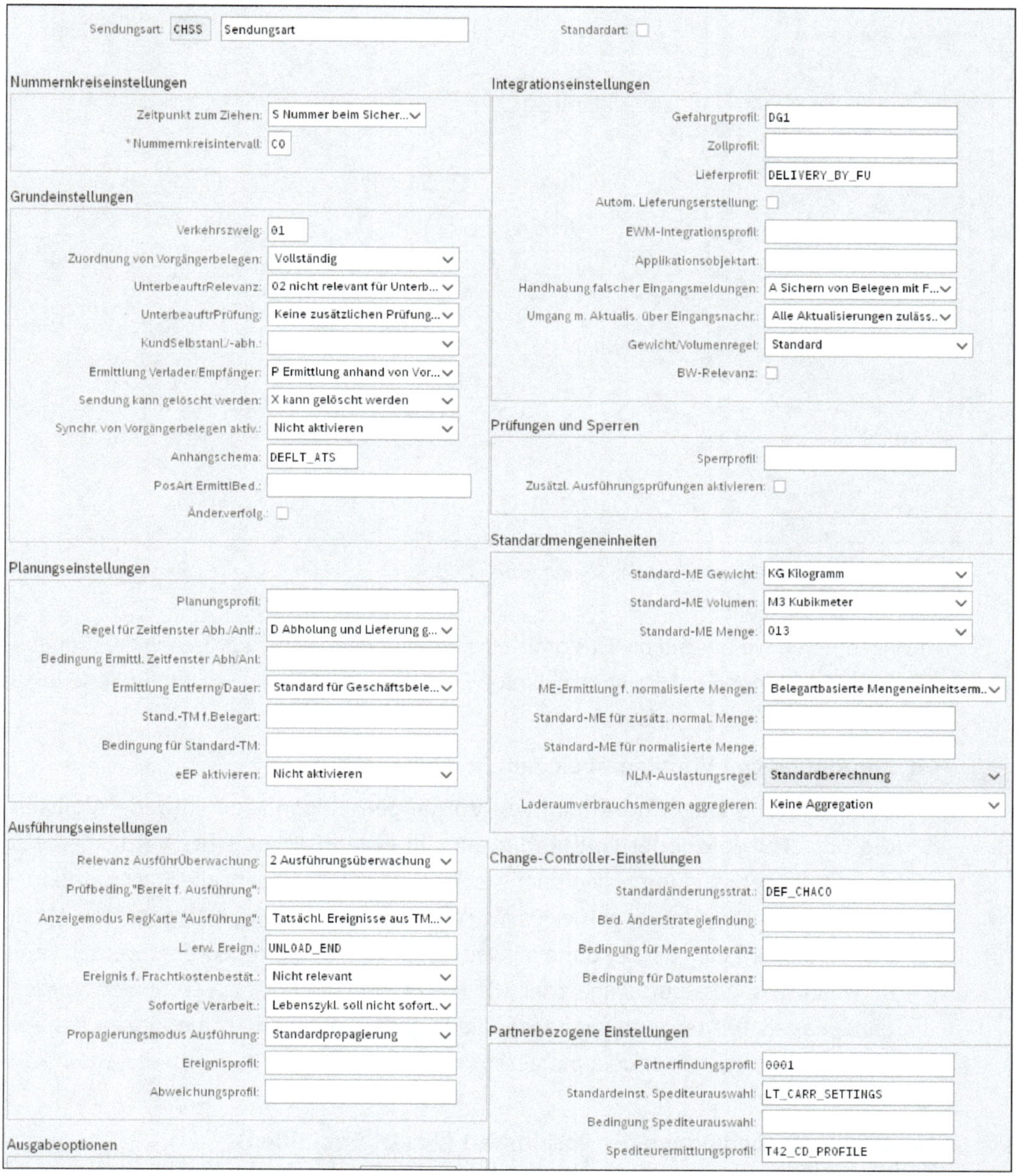

Abbildung 7.26: Customizing der Sendungsart (1/2)

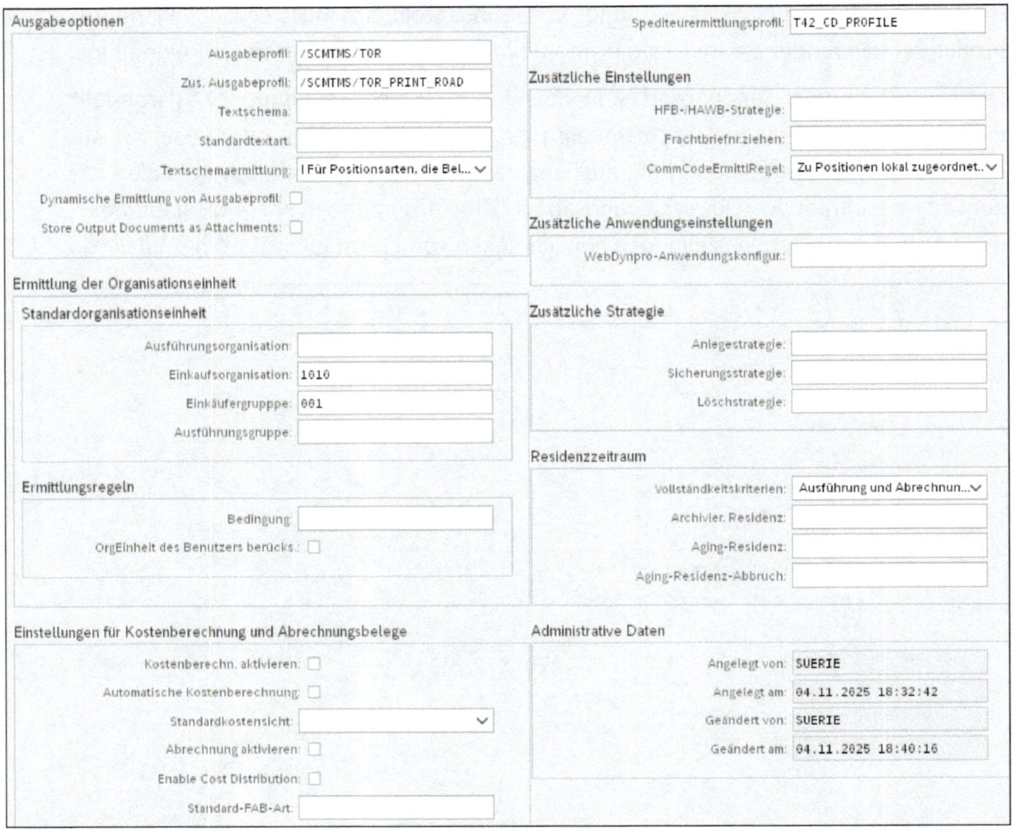

Abbildung 7.27: Customizing der Sendungsart (2/2)

Konzentrieren wir uns auf die Customizing-Einstellungen, die sich zwischen Frachtaufträgen und Sendungen unterscheiden. Einige Einstellungen sind einzigartig für Sendungen und werden hier näher erläutert:

- **Zuordnung von Vorgängerbelegen**

  Die Einstellung unter **Zuordnung von Vorgängerbelegen** kann entweder **Vollständig** oder **Teilweise oder vollständig** sein. Im ersten Fall muss der Vorgängerbeleg vollständig der Sendung zugeordnet werden. Das bedeutet, dass alle Frachtpositionen des zugeordneten Vorgängerbelegs als Teil der Sendung transportiert werden. Wenn der Vorgängerbeleg der Sendung teilweise oder vollständig zugeordnet werden kann, bedeutet dies, dass nur einige oder alle Frachtpositionen des zugeordneten Vorgängerbelegs als Teil der Sendung transportiert werden, andere Frachtpositionen des Vorgängerbelegs aber einer oder mehreren anderen Sendungen zugeordnet werden können.

- **Ermittlungsbedingung der Positionsart (PosArt ErmittlBed)**

  Hier können Sie eine Bedingung auswählen, um festzulegen, welche Positionsarten welchen Positionen in einer Sendung zugeordnet werden. Sie können z. B. eine Bedingung erstellen, die festlegt, dass die Positionsart **PKG** für das oberste Packstück in einer Sendung und die Positionsart **PKG2** für ein untergeordnetes Packstück verwendet wird. Die gewählte Bedingung muss die Bedingungsart `/SCMTMS/TOR_ITM_TY` verwenden.

- **Automatische Lieferungserstellung**

  Wenn die Sendung auf der Grundlage einer Eingangsnachricht erstellt wird, existieren die entsprechenden Lieferungen, denen die Frachteinheiten zugeordnet werden müssten und aus denen sie stammen, möglicherweise noch nicht. Wenn Sie die Option **Autom. Lieferungserstellung** aktivieren, werden die Anlieferungen beim Speichern der Sendung automatisch erstellt.

Sie können einer Sendungsart zulässige Positionsarten und zulässige Ereigniscodes zuordnen. Im Gegensatz zu Frachtauftragsarten bieten Sendungsarten keine Ausschreibungseinstellungen, interne Kostenberechnung, Compliance- und Luftfrachtsicherheitsprüfungen.

Benutzeroberfläche

Die Benutzeroberfläche der Sendung sieht ähnlich aus wie die Benutzeroberfläche des Frachtauftrags. Die Registerkarte **Allgemeine Daten** in Abbildung 7.28 zeigt die grundlegenden Informationen der Sendung, wie z. B. die Belegart, den Planungsstatus, die Frachtinformationen, die Quell- und Ziellokation, die geplanten Abfahrts- und Ankunftszeiten, die Organisationsdaten und den Spediteur. Das Feld **Herkunft der Sendung** verweist darauf, wie die Sendung erstellt wurde, z. B. als Kopie einer anderen Sendung oder manuell.

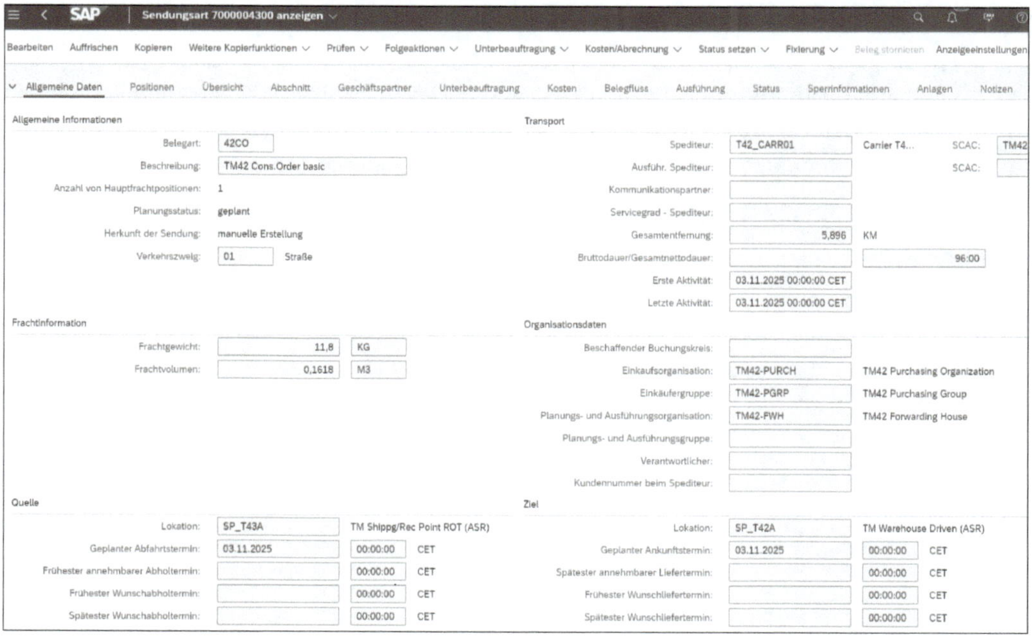

Abbildung 7.28: Benutzeroberfläche für Sendungen – Registerkarte »Allgemeine Daten«

Die Registerkarte **Übersicht** in Abbildung 7.29 zeigt die angefahrenen Lokationen, Be-/Entladestellen und zugeordneten Frachteinheiten in einer hierarchischen Ansicht. Die Sendung in Abbildung 7.29 wird an der Lokation **SP_T43A** am Lagerladestopp **T42_LP_ROT_GAT1** geladen und an Lokation **SP_T42A** an Lagerentladestopp **W042** entladen. Das Lager repräsentiert ein integriertes EWM-Lager. Die Informationen zum Lager(ent)ladestopp werden aus dem ver-/entladenen Material abgeleitet (über die Frachteinheit aus der zugehörigen Lieferung).

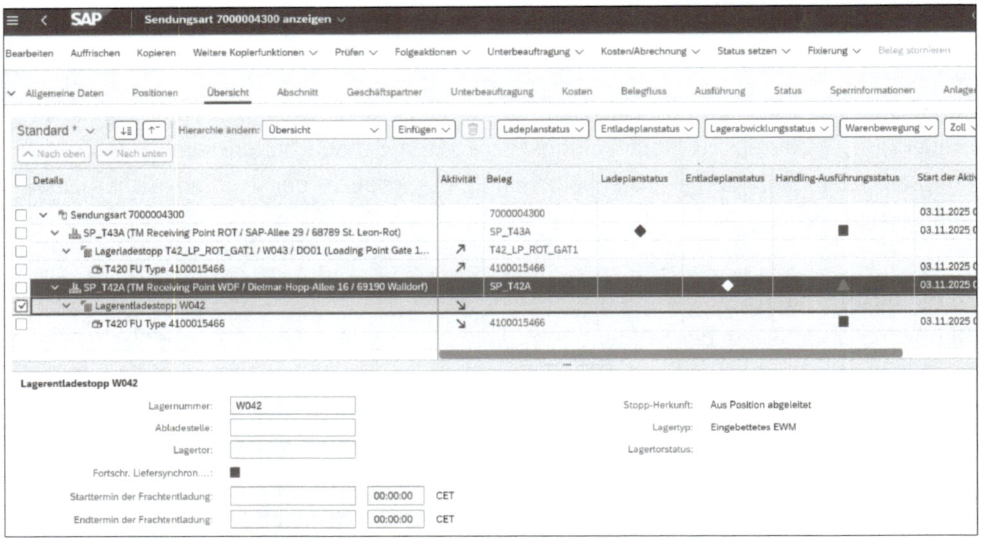

Abbildung 7.29: Benutzeroberfläche für Sendungen – Registerkarte »Übersicht«

Abbildung 7.30 zeigt das Gleiche aus der Perspektive des Frachtauftrags. Auf der Registerkarte **Positionen** des Frachtauftrags können Sie die zugeordneten Sendungen (in diesem Beispiel eine) und deren Inhalt (in diesem Beispiel eine Palette, auf der ein Karton mit drei Produkten und einem Packhilfsmittel steht) identifizieren.

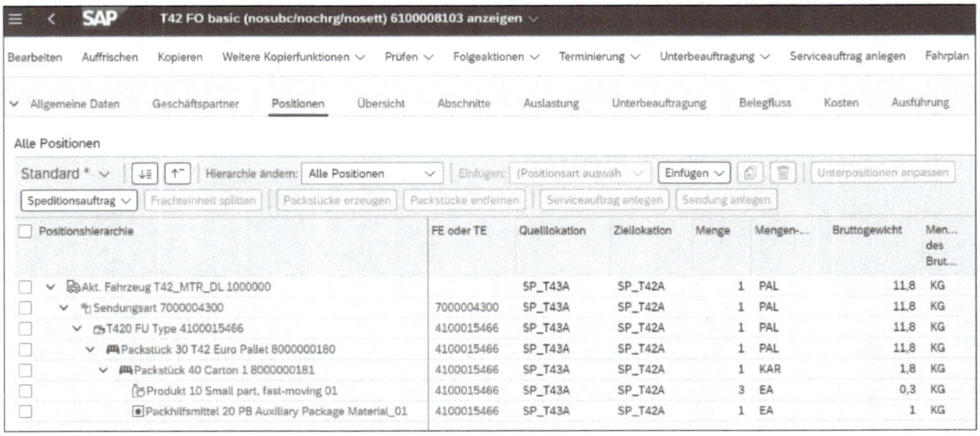

Abbildung 7.30: Benutzeroberfläche für Frachtaufträge – Positionen mit Sendungen

Im nächsten Abschnitt konzentrieren wir uns auf das Management von Transportkapazitäten und darauf, wie dieses im Rahmen des Frachtauftragsmanagements unterstützt wird.

7.4 Kapazitätsmanagement

Das Kapazitätsmanagement umfasst die Planung der Transportkapazitäten, die Ihnen von Ihren Spediteuren angeboten werden. Der Kapazitätsmanagementprozess beinhaltet verschiedene Geschäftsbelege, die den langfristigen vertraglichen Aspekt, die mittelfristige Kapazitätsplanungsperspektive und die kurzfristige Sicht auf die im Tagesgeschäft nutzbaren Kapazitäten darstellen.

Abschnitt 7.4.1 beinhaltet einen Überblick über den Kapazitätsmanagementprozess und das Zusammenspiel der beteiligten Geschäftsbelege, die diese Perspektiven widerspiegeln. Abschnitt 7.4.2 beschreibt, wie die (operativen) Frachtbelege systematisch auf Basis der mittelfristigen Kapazitätsplanung erstellt werden können. Abschnitt 7.4.3 stellt die Funktionen des Änderungsmanagements vor, die Ihnen helfen, auf Änderungen in den Fahrplänen Ihrer Spediteure zu reagieren. Kontingente und Geschäftsanteile repräsentieren Kapazitäten pro Spediteur und die gewünschte Verteilung über die Spediteure hinweg und werden in Abschnitt 7.4.4 und Abschnitt 7.4.5 behandelt.

7.4.1 Prozess

Der Kapazitätsmanagementprozess zielt darauf ab, die Transportkapazitäten zu definieren und zu planen, die Ihnen von Spediteuren angeboten werden und die Sie für Ihre Transportbedarfe nutzen möchten. Wir stellen den Prozess aus der Perspektive eines Luftfrachtspediteurs dar, aber der Prozess oder Teile davon können auch für die Seespedition oder für Verlader verwendet werden, die systematisch die Kapazitäten ihrer Spediteure reservieren und nutzen. Das Kapazitätsmanagement hat folgende Hauptziele:

- ausreichend Transportkapazität sichern und Engpasssituationen, in denen Sie nicht transportieren können, was transportiert werden muss, vermeiden
- Transportkosten reduzieren, indem geplante Kapazitäten genutzt werden, um gute langfristige Verträge auszuhandeln und teure Ad-hoc-Buchungen zu vermeiden
- Etablieren von stabilen, zuverlässigen und langfristigen Beziehungen zu Ihren Spediteuren

Das Kapazitätsmanagement umfasst die Objekte und die logische Reihenfolge ihrer Erstellung, wie in Abbildung 6.33 aus der Perspektive des Luftfrachtverkehrs dargestellt. Verhandlungen mit Ihren Spediteuren führen zu Frachtvereinbarungen, die die Frachtraten pro Verkehrsbeziehung festlegen und in Abschnitt 9.1.1, »Funktionaler Überblick«, detailliert erläutert werden. Sie können Frachtvereinbarungskontingente definieren, die in den Frachtvereinbarungen zugeordnet werden und langfristige Kapazitätsreservierungen pro Verkehrsbeziehung darstellen. Die Frachtvereinbarung und die zugeordneten Kontingente entsprechen der vertraglichen Perspektive des Kapazitätsmanagements.

Spediteurflugpläne können automatisch in das System hochgeladen werden, wie in Abschnitt 4.2.4, »Fahrpläne«, beschrieben. Sie repräsentieren die regulären Abfahrten, die Sie in Ihrem täglichen Transportgeschäft nutzen möchten.

Sie können Stammflugpläne anlegen, die ein Start-Gateway mit einem Ziel-Gateway verbinden. Diese Pläne können sich auf einen Spediteurflugplan oder – im Falle eines Verbindungs-Gateway-Fahrplans – auf mehrere Spediteurflugpläne verschiedener Fluggesellschaften beziehen. Im Stammflugplan können Sie die Erzeugung von fahrplanbasierten Kontingenten mit einer Periode je Abfahrt des Stammflugplans anstoßen. Über die erzeugten Kontingente können Sie Kapazitäten für die Abfahrten definieren.

Im Luftfrachtgeschäft ist es üblich, die fahrplanbasierten Kontingente für die nächsten sechs bis zwölf Monate zu definieren. Dieser Plan wird häufig als *Master-Flugplan* bezeichnet. In SAP TM wird der Master-Flugplan durch drei Objekte abgebildet: den Spediteurflugplan zur Definition der von der Fluggesellschaft angebotenen Abflüge; den Stammflugplan zur Definition von Annahmezeiten, Quell- und Ziel-Gateway; und die fahrplanbasierten Kontingente zur Definition der Kapazitäten der Abfahrten.

Sobald Sie das operative Kapazitätsmanagement erreichen, ist es wichtig, die geplanten Kapazitäten verbindlich bei Ihren Spediteuren zu reservieren, andernfalls könnten sie für andere Kunden verwendet werden. Diese Reservierungen werden durch das Anlegen von Luftfrachtbuchungen auf der Basis des Master-Flugplans vorgenommen. Dabei werden unter anderem die Abflugzeit und ihre Kapazität aus dem Master-Flugplan in die erzeugte Buchung übernommen. Die Luftfrachtbuchungen werden an die Fluggesellschaft gesendet und stellen nach Bestätigung durch die Fluggesellschaft den operativen Flugplan dar, der die kurzfristigen Kapazitäten sichert. Üblicherweise werden diese Luftfrachtbuchungen jede Woche für die nächsten sechs Wochen systematisch erstellt. Während der Master-Flugplan hauptsächlich intern verwendet und in der Regel nicht an die Fluggesellschaft kommuniziert wird, ist der operative Flugplan die Grundlage für das Tagesgeschäft und wird daher eng mit der Fluggesellschaft abgestimmt.

Die Planung von Transportbedarfen erfolgt auf Basis des operativen Flugplans. Dabei werden den Luftfrachtbuchungen Frachteinheiten zugeordnet, wodurch iterativ die durch die Buchungen reservierte Kapazität konsumiert wird. Würden Buchungen erst erstellt, wenn die Frachteinheiten entstehen, bestünde ein hohes Risiko, keine Bestätigungen vom Spediteur zu erhalten oder die Mengen der Buchungen bei jedem neuen Transportbedarf anpassen zu müssen.

Sie können die Schritte ❶, ❷ und ❸ in Abbildung 7.31 manuell ausführen. Schritt ❹ kann auch manuell erledigt werden, wird aber in der Regel automatisch per Report zur systematischen Erstellung von fahrplanbasierten Frachtdokumenten, den wir in Abschnitt 7.4.2 beschreiben, ausgeführt.

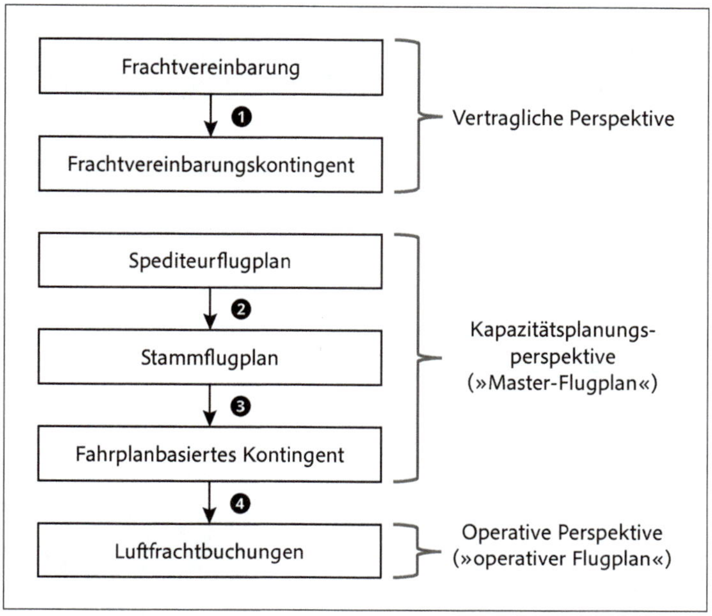

Abbildung 7.31: Überblick über den Kapazitätsmanagementprozess

Der Kapazitätsmanagementprozess sichert mit den Frachtvereinbarungskontingenten Kapazitäten auf langfristiger Ebene und ermöglicht eine mittelfristige Kapazitätsplanung mit dem Master-Flugplan, der dann vom operativen Flugplan zur kurzfristigen Sicherung von Kapazitäten verwendet wird. Diese Art der hierarchischen Planung ist auch in anderen Geschäftsfeldern jenseits des Transportwesens üblich, wie z. B. in der Produktionsplanung oder allgemein im Lieferkettenmanagement, wo die Planung auf strategischer, taktischer und operativer Ebene erfolgen kann.

Lassen Sie uns den Kapazitätsmanagementprozess mit typischen Beispielen für Direktflüge, Multistoppflüge und Anschlussflüge veranschaulichen.

Abbildung 7.32 zeigt ein Beispiel für einen Direktflug von Frankfurt (FRA) nach New York (JFK).

Der Spediteurflugplan mit der Flugnummer LH-400 bietet wöchentliche Abflüge, beginnend am Freitag, dem 1. Mai 2026, um 9:00 Uhr. Der Stammflugplan verbindet die Gateways in Frankfurt und New York und bezieht sich auf die Abflüge des Spediteurflugplans. Die fahrplanbasierten Kontingente beziehen sich auf die Abflüge des Stammflugplans und ordnen jedem Abflug eine Kapazität zu. Die Luftfrachtbuchungen wurden auf Basis des Stammflugplans und der fahrplanbasierten Kontingente erstellt, wobei für jeden Abflug eine Buchung erstellt wurde und die Kapazität aus dem Kontingent sowie das Abflugdatum aus dem Stammflugplan übernommen wurden.

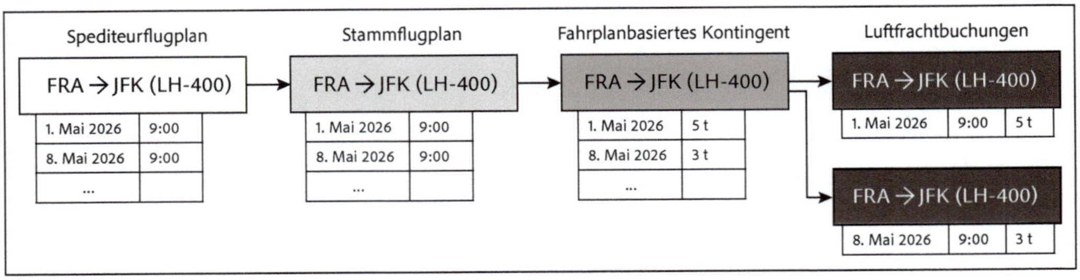

Abbildung 7.32: Beispiel eines Direktflugs

Abbildung 7.33 zeigt ein Beispiel für einen Multistoppflug von Frankfurt (FRA) nach Bogotá (BOG) und dann nach Quito (UIO).

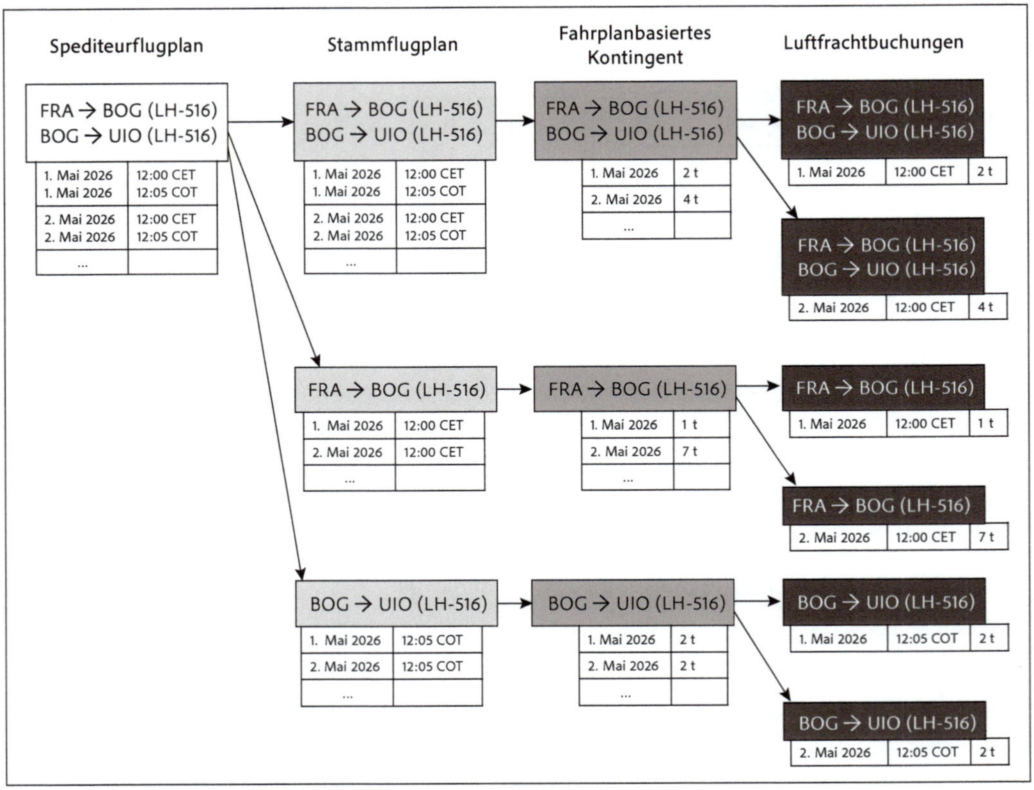

Abbildung 7.33: Beispiel für einen Multistoppflug

Der Spediteurflugplan mit der Flugnummer LH-516 bietet tägliche Abflüge, die am Freitag, dem 1. Mai 2026, um 12:00 Uhr mitteleuropäischer Zeit in FRA bzw. um 12:05 Uhr kolumbianischer Zeit in BOG beginnen. Angenommen, es gibt Gateways in FRA, BOG und UIO, dann können Sie drei Stammflugpläne erstellen: den ersten von FRA über Zwischenflughafen BOG nach UIO, den zweiten von FRA nach BOG und den dritten von

BOG nach UIO. Diese Stammflugpläne beziehen sich auf die Abflüge des Spediteurflugplans und verwenden beide seiner Abschnitte. Jeder Stammflugplan wird durch ein fahrplanbasiertes Kontingent referenziert, das die Kapazität je Abflug definiert.

Die Luftfrachtbuchungen werden auf Basis der Stammflugpläne und der fahrplanbasierten Kontingente erzeugt. Obwohl sich die drei Buchungen am 1. Mai auf den gleichen physischen Flug von FRA über BOG nach UIO beziehen, werden sie aus Kapazitätssicht als unabhängige Buchungen behandelt.

Die Buchungen sind wie folgt aufgeteilt:

- von FRA nach UIO: zwei Tonnen
- von FRA nach BOG: eine Tonne
- von BOG nach UIO: zwei Tonnen

Die Fluggesellschaft erhält somit zwei Buchungen für den ersten Abschnitt, die zusammen eine Kapazität von drei Tonnen haben, und zwei Buchungen für den zweiten Abschnitt, die zusammen eine Kapazität von vier Tonnen darstellen.

Abbildung 7.34 zeigt ein Beispiel für einen Verbindungsflug von Frankfurt (FRA) via Vancouver (YVR) nach Calgary (YYR).

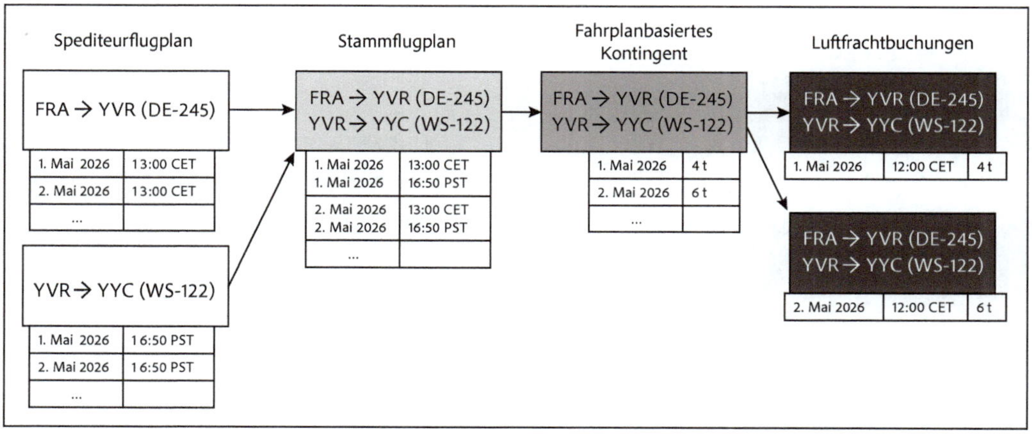

Abbildung 7.34: Beispiel für einen Verbindungsflug

Es gibt zwei direkte Spediteurflugpläne, von FRA nach YVR und von YVR nach YYR, die von zwei verschiedenen Fluggesellschaften angeboten werden. Angenommen, es gibt jeweils ein Gateway in FRA und YYR, dann können Sie einen Stammflugplan erstellen, der die Abflüge des ersten Spediteurflugplans mit den Abflügen des zweiten Spediteurflugplans verbindet. Im Stammflugplan können Sie die Fluggesellschaft definieren, die die für den Stammflugplan erstellten Frachtbuchungen erhält. Der (Verbindungs-)Stammflugplan wird von einem fahrplanbasierten Kontingent referenziert, das den Abflügen Kapazitäten zuordnet. Die Luftfrachtbuchungen werden auf der Basis des Stammflugplans und seiner fahrplanbasierten Kontingente erzeugt.

Ein Frachtvereinbarungskontingent definiert für eine bestimmte Verkehrsbeziehung und einen Spediteur die geplante Kapazität pro Zeitperiode. Kontingente erlauben verschiedene Planungsperiodenarten, wie z. B. täglich, wöchentlich, monatlich, vierteljährlich, jährlich und fahrplanbasiert, was wir in Abschnitt 7.4.4, »Kontingente«, erläutern. Ein Kontingent beinhaltet das Kapazitätsangebot pro Periode und zeigt auch die bereits verbrauchte Kapazität an, die pro Periode automatisch ermittelt wird.

Sie können die Verkehrsbeziehungen in den Frachtvereinbarungen und damit die Frachtvereinbarungskontingente auf der Ebene von Lokationen oder Zonen festlegen. Häufig werden sie zwischen zwei Zonen definiert, um Frachtraten und Kapazitäten auf einer aggregierten Ebene zu spezifizieren. Eine Zone kann eine Menge von Regionen oder Ländern repräsentieren, und Sie können ganz einfach Zonen für alle Regionen und Länder der Welt erstellen, wie in Abschnitt 4.2.2, »Transportzonen«, beschrieben.

Zum Beispiel können Sie ein Frachtvereinbarungskontingent von Frankfurt in die Vereinigten Staaten und ein fahrplanbasiertes Kontingent von Frankfurt (FRA) nach New York (JFK) und von Frankfurt nach Chicago (ORD) haben. Luftfrachtbuchungen von Frankfurt nach New York betreffen dann beide Kontingente und verbrauchen ihre Kapazitäten, wie in Abbildung 7.35 dargestellt; eine Luftfrachtbuchung wird hier durch ihre MAWB-Nummer (*Master Air Waybill*) identifiziert.

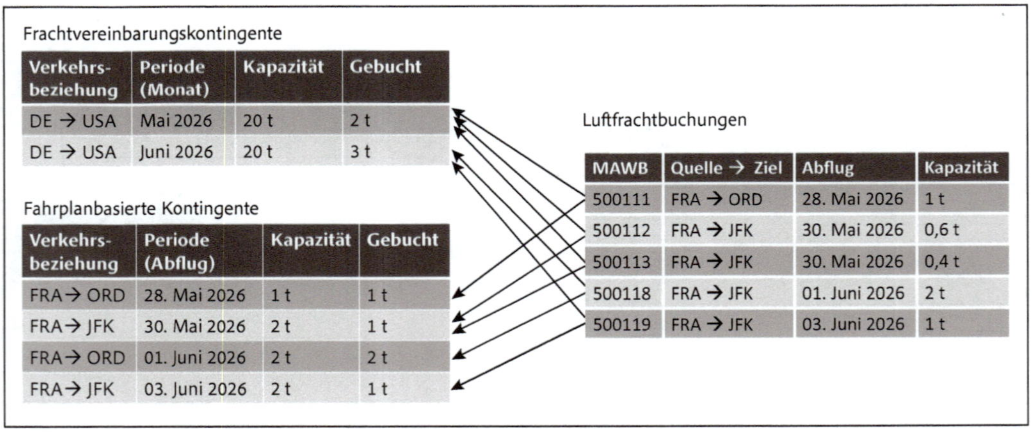

Abbildung 7.35: Luftfrachtbuchungen konsumieren Frachtvereinbarungskontingent und fahrplanbasiertes Kontingent

Um den gesamten Prozess des Kapazitätsmanagements abzubilden, müssen Sie Folgendes definieren:

- die Frachtvereinbarungskontingentart in der Frachtvereinbarungsart
- die fahrplanbasierte Kontingentart in der Stammflugplanart, die Referenzen erlaubt

Es ist möglich, nur einen Teilprozess mit einer Teilmenge dieser Objekte oder Varianten des Prozesses zu verwenden. Sie können etwa den Stammflugplan und das fahrplanbasierte Kontingent weglassen und direkt eine Luftfrachtbuchung mit Referenz auf einen Spediteurflugplan oder, im Falle eines Verbindungsflugs, auf mehrere Spediteurflugpläne erstellen. In diesem Fall pflegen Sie die Kapazität der Buchung explizit.

7.4.2 Systematisches Erzeugen fahrplanbasierter Frachtdokumente

Sie können fahrplanbasierte Frachtbelege systematisch erstellen, indem Sie im SAP-Menü **Logistik • Transportation Management • Administration • Hintergrundverarbeitung • Erstellung fahrplanbasierter Belege** wählen. Im Register **Planungsvorgang** können Sie auswählen, welche Frachtbelege erstellt werden: Luftfrachtbuchungen, Seefrachtbuchungen, Straßenfrachtaufträge oder Bahnfrachtaufträge. Für jede ausgewählte Frachtdokumentart ermöglicht eine eigene Registerkarte die Definition von Auswahlkriterien (siehe Abbildung 7.36, dargestellt sind die Auswahlkriterien für Luftfrachtbuchungen).

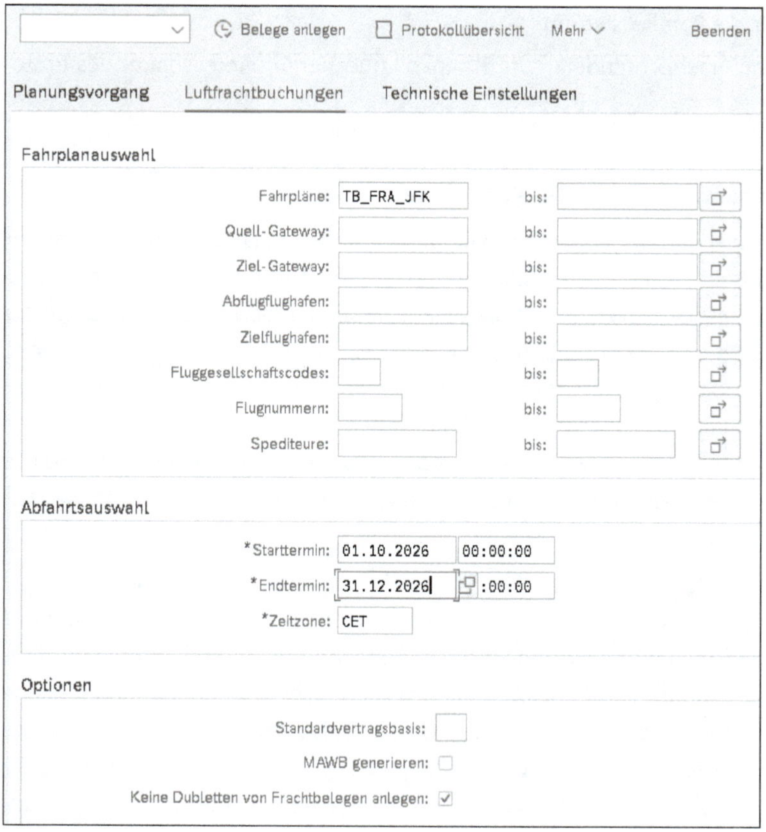

Abbildung 7.36: Auswahlkriterien für die Erzeugung fahrplanbasierter Frachtdokumente

Neben der Definition der Kriterien legen Sie auch den Zeitraum fest, für den Frachtbelege basierend auf den Abfahrten der ermittelten Fahrpläne erstellt werden. Wenn der Report zweimal oder mit überlappenden Auswahlkriterien ausgeführt wurde, möchten Sie möglicherweise keine doppelten Frachtbelege erstellen. Dies können Sie über einen entsprechenden Parameter unterbinden. Es stehen einige luftfrachtspezifische Parameter zur Verfügung, um die Standardvertragsbasis festzulegen und die Generierung von MAWBs zu aktivieren. Während der Ausführung wird ein Protokoll dargestellt.

Auf der Registerkarte **Technische Einstellungen** können Sie das folgende Systemverhalten definieren:

- Abbruch der Verarbeitung bei Auftreten eines Auswahlfehlers
- Abbruch der Verarbeitung, wenn ein Fehler bei der Erstellung von Frachtbelegen auftritt
- Anzeige der ausgewählten Abfahrten der ermittelten Fahrpläne
- Auswahl, ob die Ergebnisse gespeichert werden sollen oder in einem Simulationsmodus die zu erzeugenden Frachtbelege angezeigt werden sollen.
- Paketgröße für die Parallelisierung
- Hinzufügen von Nachrichtendetails im Protokoll und Verfügbarkeitsdauer des Protokolls

7.4.3 Änderungsmanagement für Fahrpläne

Nachdem Sie die Spediteurflugpläne Ihrer Fluggesellschaften hochgeladen oder manuell erstellt, fahrplanbasierte Kontingente definiert und Luftfrachtbuchungen angelegt haben, ist Ihr operativer Flugplan auf dem neuesten Stand. Häufig ändert jedoch der Spediteur den Fahrplan, z. B. indem er ein Abfahrtsdatum oder eine Abfahrtszeit ändert, komplette Abfahrten streicht oder neue Abfahrten anbietet. Sie können die geänderten Fahrplandaten als Spediteurflugpläne hochladen, und das System passt die vorherigen Versionen entsprechend an. Alternativ können Sie den Spediteurflugplan manuell anpassen. Solche Änderungen haben Auswirkungen auf die folgenden Geschäftsdokumente im Kapazitätsmanagementprozess.

Im Falle einer Verspätung des ersten Flugs um zehn Minuten in einem Verbindungsstammflugplan, der eine Verbindungszeit (zwischen Ankunft und Abflug am Verbindungsflughafen) von drei Stunden hat, können Sie diese Verzögerung akzeptieren, da zwei Stunden und 50 Minuten immer noch ausreichen, um die Fracht vom ankommenden zum abfliegenden Flugzeug zu bringen. Wenn jedoch die Verspätung des ersten Flugs drei Stunden beträgt, können Sie die Verbindung nicht halten und müssen entscheiden, ob Sie einen Abflug des abgehenden Spediteurflugplans nehmen, einen anderen Spediteurflugplan für die Verbindung wählen oder im schlimmsten Fall diesen Verbindungsstammflugplan ganz aufgeben und einen alternativen Stammflugplan mit einem anderen Verbindungsflughafen erstellen.

Insbesondere bei Anschlussflügen kann eine Verspätung des ersten Flugs die vollständige Verbindung ungültig machen. Aus diesem Grund findet keine automatische Propagierung der Änderungen in die nachfolgenden Geschäftsdokumente statt. Stattdessen haben der Stammflugplan, das fahrplanbasierte Kontingent und die Luftfrachtbuchung einen Referenzdatenstatus, der anzeigt, ob sich der zugrunde liegende Spediteurflugplan geändert hat. Dieses Statusfeld wird in den Abfragen der entsprechenden Arbeitsvorräte zu diesen Objekten angezeigt, damit Sie die betroffenen Objekte leicht identifizieren und manuell auf die Änderungen reagieren können. Innerhalb dieser Objekte wird der Referenzdatenstatus sowohl auf der Kopfebene als auch auf der Detailebene angezeigt:

- In einem Stammflugplan können Sie in den Abschnitten der Abfahrtsregel erkennen, ob sich die Abfahrtsregel des zugrunde liegenden Spediteurflugplans geändert hat.
- In einem fahrplanbasierten Kontingent zeigen die Abflugperioden an, ob sich die zugrunde liegende Abfahrt geändert hat.
- Bei einer Luftfrachtbuchung erkennen Sie an den Abschnitten im Spediteur-Routing, ob sich die zugrunde liegende Abfahrt geändert hat.

Die Benutzeroberflächen dieser drei Objekte ermöglichen es Ihnen, die neuesten Informationen aus dem zugrunde liegenden Spediteurflugplan zu kopieren oder die Referenz zu ändern und die Daten aus einem anderen Spediteurflugplan zu übernehmen. So können Sie den Master-Flugplan, das fahrplanbasierte Kontingent und die Luftfrachtbuchungen manuell ändern, sodass sie den geänderten Spediteurflugplan berücksichtigen. Dies ist bewusst als manueller Schritt vorgesehen, da die Reaktion auf die Änderung möglicherweise eine Interaktion mit den beteiligten Spediteuren erfordert (z. B. per Telefon oder E-Mail). Durch die Implementierung einer entsprechenden Change-Controller-Strategie können Sie diesen Änderungsprozess jedoch Ihren Anforderungen entsprechend automatisieren.

Obwohl hier im Zusammenhang mit der Luftfracht erläutert, stehen der Referenzdatenstatus und die Möglichkeiten für manuelle Reaktionen auf Änderungen der Spediteurfahrpläne für Gateway-Fahrpläne, fahrplanbasierte Kontingente und Frachtdokumente für alle Verkehrszweige zur Verfügung.

7.4.4 Kontingente

Ein *Kontingent* stellt die geplanten Kapazitäten für einen Spediteur und eine Verkehrsbeziehung während eines Gültigkeitszeitraums dar. Die Kapazitäten können für mehrere aufeinanderfolgende Planungsperioden und Dimensionen definiert werden, wie z. B. Volumen, Gewicht und TEU (Twenty-Foot Equivalent Unit). Für jede Dimension und Periode erfasst das Kontingent den bereits verbrauchten Anteil der gepflegten Kapazität. Alle Frachtdokumente, die mit dem Spediteur, der Verkehrsbeziehung und dem Gültigkeitszeitraum übereinstimmen, konsumieren die Kapazitäten der entsprechenden Planungsperioden im Kontingent. Sobald ein Frachtbeleg erstellt wird, werden die passenden Kontingente asynchron ermittelt und ihre Kapazitäten gemäß dem Frachtbeleg aktualisiert. Die verbrauchten Mengen sind in den Kontingenten sichtbar und ermöglichen die Nachverfolgung der Kapazitäten und deren Auslastung. Ein Frachtdokument kann dabei die Kapazitäten von Perioden aus mehreren Kontingenten konsumieren.

Abbildung 7.37 zeigt ein fahrplanbasiertes Kontingent für den Spediteur **TBKODSV**, die Verkehrsbeziehung von einem Gateway in Frankfurt zu einem Gateway in Chicago mit dem Verkehrszweig Luft und die Gültigkeit vom 30. Juni 2026 bis zum 30. Dezember 2026. Die Planungsperioden stellen Abfahrten des zugrunde liegenden Gateway-Fahrplans **2000011** dar, die am 1. Juli 2026 beginnen. Für jede Abfahrtsperiode können Sie das maximale Bruttogewicht und das maximale Bruttovolumen pflegen. Der entsprechende Verbrauch wird ebenfalls angezeigt. In diesem Beispiel wurde das Kontingent neu angelegt, ohne dass schon Verbräuche erfasst wurden.

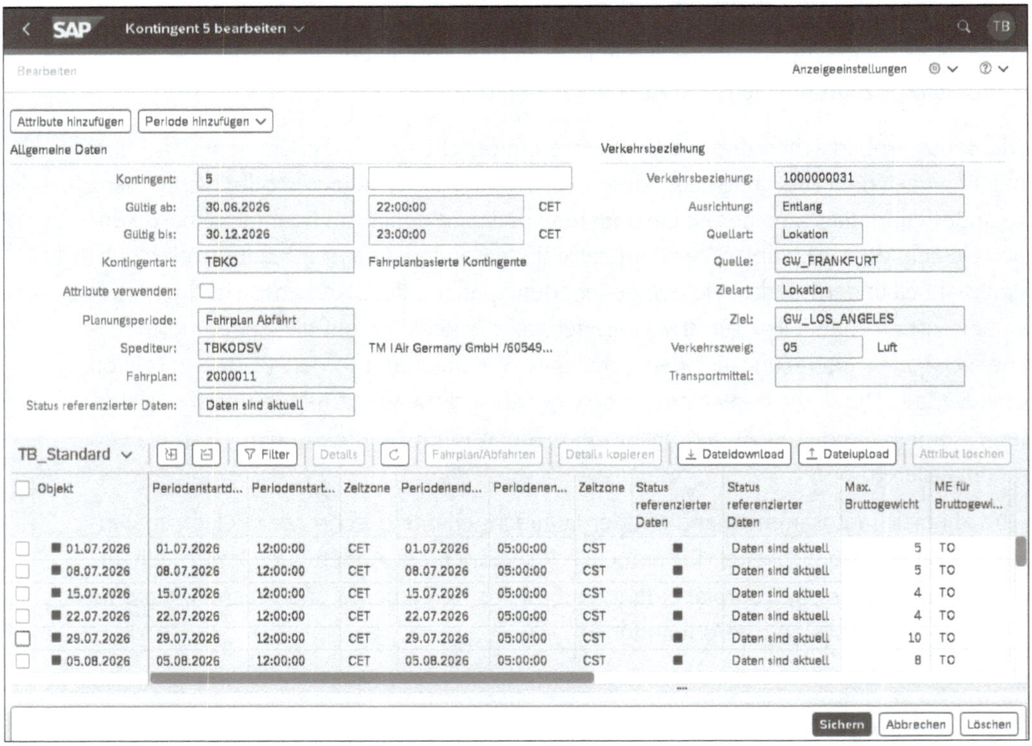

Abbildung 7.37: Fahrplanbasiertes Luftfrachtkontingent

Abbildung 7.38 zeigt ein Kontingent mit monatlichen Planungsperioden für Seefrachttransporte mit einer gegebenen Reederei von Deutschland in die Vereinigten Staaten im Jahr 2026. Hier wird die Kapazität durch die Anzahl der 20-Fuß-Container, gemessen in TEUs, pro Monat definiert.

Durch Einblenden der entsprechenden Spalten können verbrauchtes Gewicht und Volumen ebenfalls verfolgt werden, auch wenn keine Kapazität definiert wurde.

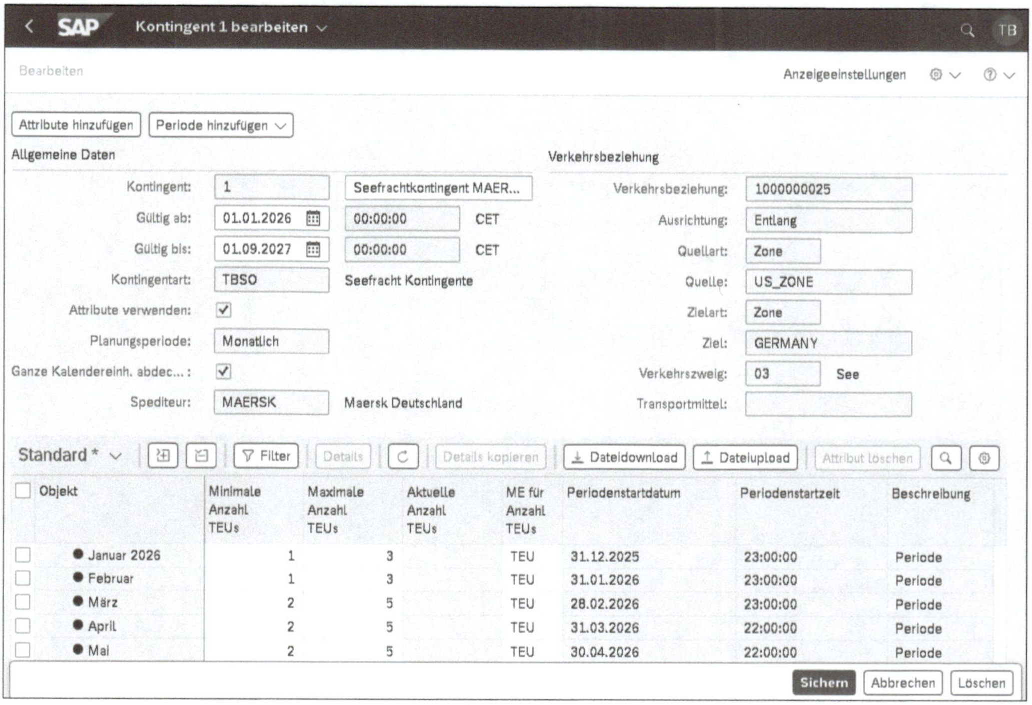

Abbildung 7.38: Seefrachtkontingent mit monatlichen Planungsperioden

Fahrplanbasierte Kontingente können nur aus einem Fahrplan heraus erzeugt werden, wie in Abschnitt 4.2.4, »Fahrpläne«, erwähnt. Kontingente anderer Arten können Sie über die SAP-Fiori-App **Kontingent anlegen** unter Angabe der Kontingentart erstellen. Ein aus einer Frachtvereinbarung erstelltes Kontingent wird als *Frachtvereinbarungskontingent* bezeichnet – sein einziger Unterschied zu anderen Kontingenten besteht darin, dass es in der Frachtvereinbarung enthalten ist.

Alternativ können Sie die SAP-Fiori-App **Kontingente – Arbeitsvorrat** nutzen und in der Abfrage des Arbeitsvorrats Kontingente zur Pflege auswählen oder neu erzeugen. Es ist möglich, mehrere Kontingente auszuwählen und sie gleichzeitig in einer Benutzeroberfläche zu pflegen, wie in Abbildung 7.39 dargestellt. Oben sehen Sie allgemeine Informationen zu den Kontingenten und wählen die aus, die unten im Detail mit ihren Planungsperioden angezeigt werden.

In dem Arbeitsvorrat können Sie auch Kontingente hochladen und ausgewählte Kontingente in eine Datei herunterladen. Alternativ können Sie Kontingente auch über den Report `/SCMTMS/TAL_IMPORT` hochladen, der über den Menüpfad **Logistik • Transportation Management • Administration • Hintergrundverarbeitung • Upload von Kontingenten**) erreichbar ist.

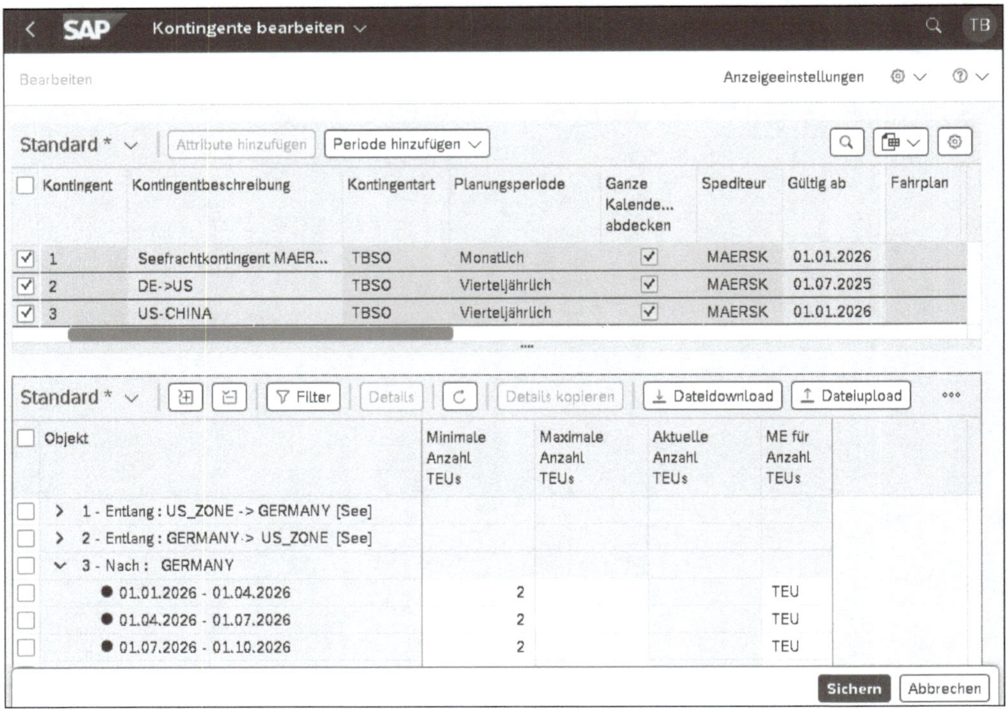

Abbildung 7.39: Pflegeoberfläche für mehrere Kontingente

In der Benutzeroberfläche zur Kontingentpflege können Sie Kontingente und Planungsperioden filtern, z. B. nach einem Start- und Endtermin, einem nicht aktuellem Referenzdatenstatus oder einem die Kapazität überschreitenden Verbrauch. Während die automatische Spediteurauswahl die Kapazitäten der Kontingente berücksichtigt, ist es möglich, manuell Frachtbelege zu erstellen, die zu einer Überschreitung der Kapazität führen. Die Anwenderinnen und Anwender werden über eine solche Kapazitätsverletzung durch eine Warnmeldung im Frachtbeleg und in den Planungsperioden informiert, die einen zu hohen Verbrauch aufweisen. Klicken Sie auf die Drucktaste **Fahrplan/Abfahrten**, um die Abfahrtszeiten des Kontingents mit denen des zugrunde liegenden Fahrplans zu vergleichen und zu entscheiden, welche Fahrplandaten in die Planungsperioden des Kontingents übernommen werden sollen.

Im Customizing können Sie über den Menüpfad **Transportation Management • Planung • Allgemeine Einstellungen • Kontingentarten definieren** Kontingentarten durch Angabe der folgenden Parameter definieren:

- **Standardart**

  Durch diesen Parameter wird die Standardkontingentart festgelegt, die verwendet wird, wenn Sie ein neues Kontingent anlegen und keine Kontingentart auswählen.

- **Verkehrszweig**

  Sie können den Verkehrszweig definieren oder dieses Feld leer lassen.

- **Planungsperiode**

  Sie können zwischen einer täglichen, wöchentlichen, monatlichen, vierteljährlichen oder jährlichen Planungsperiode wählen oder eine fahrplanbasierte Planungsperiode nutzen. Die erstgenannten Planungsperioden berücksichtigen jeweils alle Frachtdokumente in der konkreten Periode. Die letzte Option bezieht sich auf eine Abfahrtsperiode, d. h., die zugrunde liegende Abfahrt aus einem referenzierten Fahrplan. Dies bedeutet, dass die Abfahrtsperiode alle Frachtbelege, die für diese Abfahrt erstellt wurden, abdeckt.

- **Fahrplanbasiertes Kontingent**

  Dies legt fest, dass das Kontingent von einem Fahrplan abhängt, d. h., Sie können es nur aus einem Fahrplan heraus anlegen, für den die Kontingentart in der Fahrplanart definiert wurde, wie in Abschnitt 4.2.4, »Fahrpläne«, erwähnt. Der Fahrplan bestimmt die zeitliche Gültigkeit und die Verkehrsbeziehung eines fahrplanbasierten Kontingents.

- **Ganze Kalendereinheiten**

  Sie können festlegen, ob die Periode eine Kalendereinheit vollständig abdeckt oder ob sie zu einem beliebigen Zeitpunkt beginnen kann, aber eine Dauer gemäß der Planungsperiode hat. Wenn Sie eine tägliche Planungsperiode nutzen und *keine* ganzen Kalendereinheiten verwenden, können Sie eine Planungsperiode von Montag um 8:00 Uhr bis Dienstag um 8:00 Uhr haben. Wenn Sie eine monatliche Planungsperiode und ganze Kalendereinheiten verwenden, beginnt die Periode am ersten Tag des Monats um 0:00 Uhr und dauert bis 0:00 Uhr am ersten Tag des nächsten Monats.

- **Attribute verwenden**

  Auf diese Weise können Sie mehrere Planungsperioden für den gleichen Zeitraum anlegen. Die Perioden berücksichtigen unterschiedliche Attributkombinationen je nach Versandart, Vertragsbasis oder Handling-Codes. So können Sie z. B. durch die Verwendung von Handling-Codes für das Oberdeck und das Unterdeck eines Flugzeugs jeweils eine Periode mit individuellen Kapazitäten definieren. Das Konzept der Attribute wird in Kürze detaillierter beschrieben.

- **Spediteurauswahl verwenden**

  Durch diesen Parameter legen Sie fest, ob Kontingente dieses Typs bei der Spediteurauswahl berücksichtigt werden.

- **Spediteurauswahl Mengeneinheit**

  Wenn die Spediteurauswahl aktiviert ist, können Sie die Maßeinheit des Kontingents angeben, die bei der Spediteurauswahl berücksichtigt wird. Sie können z. B. Kontingente mit Volumen-, Gewichts- und TEU-Mengen definieren und die Spediteurauswahl unter Berücksichtigung der TEU-Kapazitäten wählen.

- **Menge automatisch aktualisieren**

  Hier wird festgelegt, ob der Verbrauch eines neu angelegten Kontingents bzw. eine neue angelegte Planungsperiode automatisch aktualisiert wird.

- **Periodenüberlappung**

  Ein Frachtdokument kann mehrere Perioden eines Kontingents abdecken. Mit diesem Parameter können Sie festlegen, ob alle abgedeckten Planungsperioden vom Frachtdokument konsumiert werden oder nur die erste abgedeckte Periode. Dieser Parameter sollte nicht geändert werden, wenn bereits Kontingente in Ihrem produktiven System existieren, da die Perioden Daten gemäß beiden Verbrauchsmodi enthalten, was die Mengen schwer interpretierbar macht.

- **Kontingent BW-Relevanz**

  Hier definieren Sie, ob die Kontingentart für Analysen basierend auf SAP Business Warehouse (SAP BW) relevant ist.

Es ist möglich, mehrere Planungsperioden für einen Zeitraum zu definieren, die auf verschiedenen Attributkombinationen basieren. Voraussetzung dafür ist, dass Sie im Customizing der Kontingente die Option **Attribute verwenden** ausgewählt haben. In der Pflege eines Kontingents einer solchen Kontingentart können Sie über die Drucktaste **Attribute hinzufügen** Attribute hinzufügen (siehe Abbildung 7.40). In der Abbildung wurden bereits zwei Attributknoten angelegt. Die Abfahrtsperioden werden hierarchisch unterhalb der Attributebene dargestellt. Jede Abfahrt erscheint unter jedem Attributknoten, sodass Sie die Kapazität für jede Attributkombination und Abfahrt definieren können.

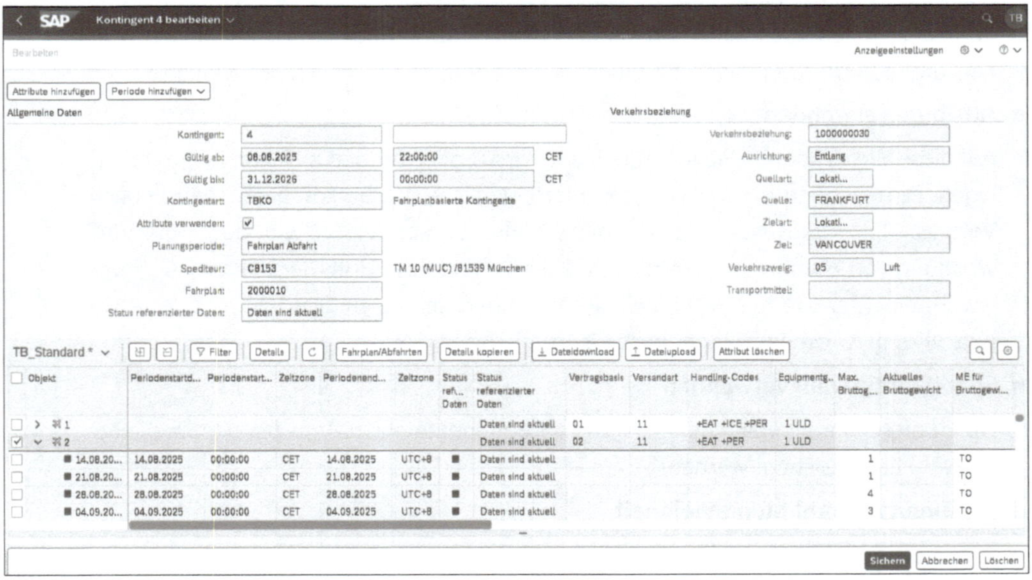

Abbildung 7.40: Fahrplanbasiertes Luftfrachtkontingent mit Attributen

Standardattribute sind die Vertragsbasis (die **Kontingent** (Allotment), **geblockter Platz**, **Charter** oder **Ad-hoc** sein kann), der Service-Level und die Versandart. Darüber hinaus können Sie auf **Details** klicken, um einen oder mehrere Handling-Codes hinzuzufügen, die die zu transportierenden Güter und das erforderliche Equipment beschreiben, wie z. B. ein Luftfrachtcontainer (ULD), wie in Abbildung 7.40 gezeigt.

Wenn Sie Mengen in der Attributzeile eingeben, werden sie in die darunterstehenden Felder der Abfahrten übernommen. Wenn Sie Frachtdokumente für dieses Kontingent anlegen, wird pro Attribut- und Abfahrtskombination eine Luftfrachtbuchung erzeugt, und die Zusatzinformationen wie z. B. die Handling-Codes und das Equipment werden in die Buchungen übernommen.

[«]

Handling-Codes

Handling-Codes dienen zur Klassifizierung von Waren und beschreiben, wie diese transportiert werden sollen. Sie können im Customizing über den Pfad **Transportation Management • Basisfunktionen • Allgemeine Einstellungen • Handling Codes definieren** angelegt werden. Für jeden Handling-Code können Sie eine Beschreibung hinterlegen und festlegen, ob er in der externen Kommunikation genutzt oder nur intern verwendet werden soll.

Beim Hinzufügen von Handling-Codes im Attributknoten eines Kontingents können Sie zwischen den folgenden Handling-Code-Einschränkungsmodi wählen, die für die auf Basis des Kontingents erzeugten Frachtdokumente relevant sind:

- **Handling-Code muss identisch sein**
  Dem Frachtbeleg können nur Frachteinheiten mit dem gleichen Handling-Code zugeordnet werden. Dieser Einschränkungsmodus wird im Kontingent mit dem Präfix + angezeigt.
- **Objekte mit diesem Handling-Code ausschließen**
  Dem Frachtbeleg können nur Frachteinheiten zugeordnet werden, die diesen Handling-Code nicht haben. Dieser Einschränkungsmodus wird im Kontingent mit dem Präfix - angezeigt.
- **Nicht relevant für Planung**
  Der Handling-Code dient ausschließlich Informationszwecken und erzeugt keine Einschränkung. In diesem Fall wird der Handling-Code im Kontingent ohne Präfix angezeigt.

Ein Beispiel: Definieren Sie PER (Verderbliche Ware) und FRO (Tiefkühlware) als externe Codes und C23 (Sondercode 23) als internen Code, können Sie das System so einstellen, verderbliche Waren zu akzeptieren, Gefriergut auszuschließen und den Sondercode 23 als Handling-Code nur zu Informationszwecken zu erwähnen. Diese Kombination wird als +PER - FRO C23 angezeigt.

Möchten Sie Handling-Codes ohne Kontingente verwenden, können Sie im Customizing über den Pfad **Transportation Management • Basisfunktionen • Allgemeine Einstellungen • Constraint-Profile für Handling Codes definieren** ein Profil mit Codes und Modi anlegen und dieses einem Transportmittel zuweisen. Bei der

Erstellung von Frachtaufträgen mit diesem Transportmittel werden die Handling-Codes und ihre Einschränkungen aus dem Profil in den Frachtauftrag übernommen.

Handling-Codes können in Luftfrachtaufträgen erfasst, in die entsprechenden Frachteinheiten übernommen, in Frachtbelegen definiert sowie in manueller und automatisierter Planung berücksichtigt werden. Im Transport-Cockpit können sie angezeigt werden.

7.4.5 Geschäftsanteile

Obwohl Sie möglicherweise einen bevorzugten Spediteur für eine bestimmte Handelsroute haben, arbeiten Sie auch mit anderen Spediteuren zusammen, um Engpässe, Spitzenlasten oder andere Probleme mit Ihrem bevorzugten Spediteur zu lösen. Nur in solchen Ausnahmesituationen Frachtaufträge an andere Spediteure zu vergeben, ist normalerweise keine gute Grundlage für eine solide Geschäftsbeziehung zu diesen Spediteuren.

Um eine stabile und sichere Beziehung zu den anderen Spediteuren aufrechtzuerhalten, kann entschieden werden, ihnen jeden Monat einen bestimmten Prozentsatz Ihres Transportgeschäfts zu gewähren. Auf diese Weise können Sie eine stabile Beziehung aufbauen, aber dennoch den Großteil Ihres Transportgeschäfts Ihrem bevorzugten Spediteur überlassen. In anderen Szenarien haben Sie möglicherweise eine Vereinbarung mit Ihren beiden Hauptspediteuren, dass jeder von ihnen jeweils 50 % Ihres Transportgeschäfts in einer bestimmten Region erhält. Dies stärkt Ihre Beziehung zu den beiden Spediteuren, da sie sich darauf verlassen können, die vereinbarte Menge Ihrer Transporte zu erhalten.

Mit TM können Sie solche Zielanteile pro Spediteur als *Geschäftsanteil* für eine Verkehrsbeziehung und einen Verkehrszweig oder ein Transportmittel auf täglicher, wöchentlicher, monatlicher, vierteljährlicher oder jährlicher Basis definieren. Die Geschäftsanteile werden bei der Spediteurauswahl verwendet, wie in Abschnitt 7.5.4, »Restriktionen für die Spediteurauswahl«, beschrieben.

Mit der SAP-Fiori-App **Geschäftsanteil anlegen** können Sie Geschäftsanteile erstellen, wie in Abbildung 7.41 gezeigt.

Im Bereich **Verkehrsbeziehungen** können Sie die Verkehrsbeziehungen definieren, für die Sie Geschäftsanteile festlegen möchten. Für jede Verkehrsbeziehung können Sie das Transportmittel oder den Verkehrszweig bestimmen. In diesem Beispiel repräsentiert die Verkehrsbeziehung alle Transporte von der Zone **US_ZONE** in die Zone **GERMANY**, und der Geschäftsanteil ist für den Verkehrszweig **03** definiert. Der Bereich **Geschäftsanteildetails** gibt den Gültigkeitszeitraum des Geschäftsanteils, die Geschäftsanteilsperiode (die täglich, wöchentlich, monatlich, vierteljährlich oder jährlich sein kann) und die Maßeinheit an, die verwendet wird, um die Prozentsätze unter den Frachtdokumenten zu bestimmen, die der Verkehrsbeziehung und den (Zeit-)Perioden entsprechen. Im Bereich

Zielanteil können Sie die relevanten Spediteure einfügen und jedem einen Prozentsatz zuweisen. Wie im Customizing der Kontingentart können Sie auch festlegen, ob sich die Geschäftsanteile auf volle Kalendereinheiten beziehen.

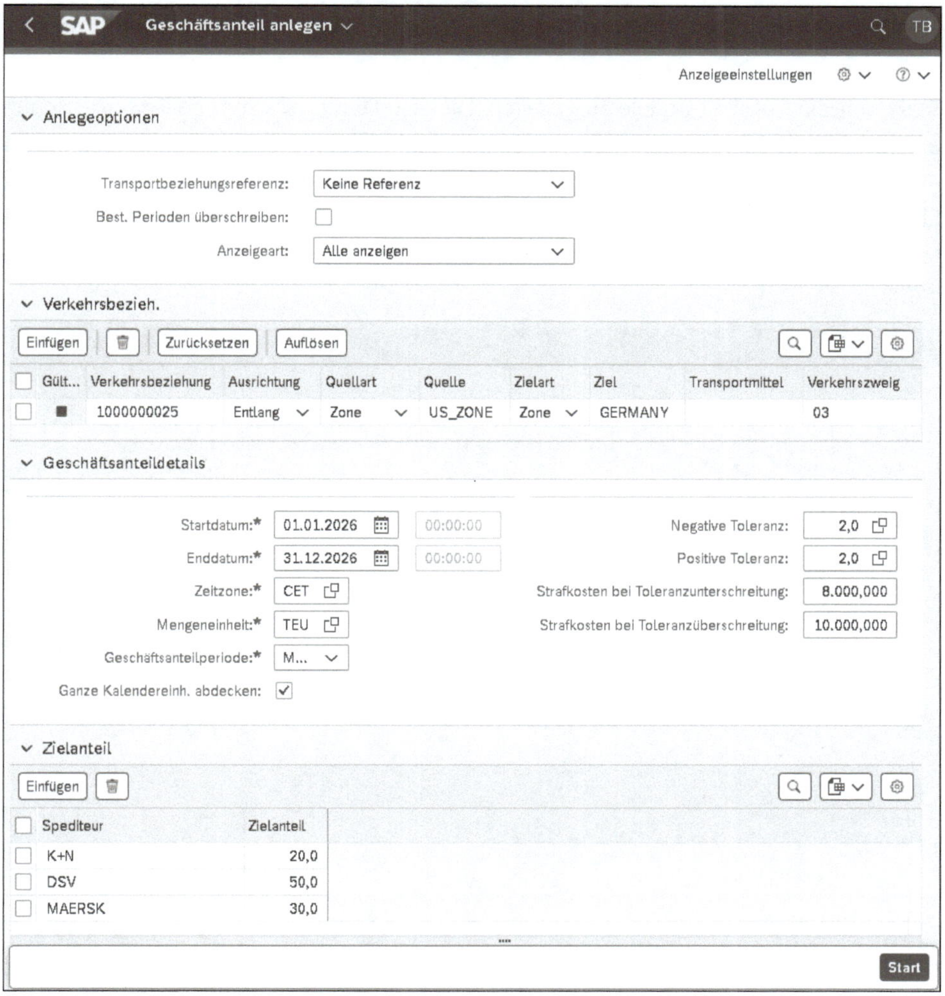

Abbildung 7.41: Geschäftsanteile erzeugen

Die automatische Spediteurauswahl berücksichtigt die negativen und positiven Toleranzen sowie die entsprechenden Strafkosten für die Verletzung der Toleranzen; diese werden ausführlich in Abschnitt 7.5.3, »Zielkriterien des Optimierers für die Spediteurauswahl«, erläutert.

Im Bereich **Anlegeoptionen** wird festgelegt, wie der Geschäftsanteil erstellt wird:

- ohne Bezug zu einer Verkehrsbeziehung
- nur, wenn eine entsprechende Verkehrsbeziehung existiert

- nur, wenn eine entsprechende Verkehrsbeziehung existiert und die Daten aus der Verkehrsbeziehung kopiert werden

Sie können festlegen, ob bestehende Perioden überschrieben werden. Der Anzeigetyp bestimmt, ob nur neu erstellte Geschäftsanteile oder alle Geschäftsanteile angezeigt werden.

Nachdem Sie die Daten in allen Bereichen gepflegt haben, klicken Sie auf die Drucktaste **Start**, um die Geschäftsanteile zu erstellen. Die erstellten Geschäftsanteile werden dann angezeigt und können bearbeitet werden (siehe Abbildung 7.42). Sie können Geschäftsanteile auch mit der SAP-Fiori-App **Geschäftsanteile Arbeitsvorrat** bearbeiten, indem Sie mehrere Geschäftsanteile auswählen und diese in einer Benutzeroberfläche bearbeiten, ähnlich dem Prozess für Kontingente, der in Abschnitt 7.4.1, »Prozess«, beschrieben wird.

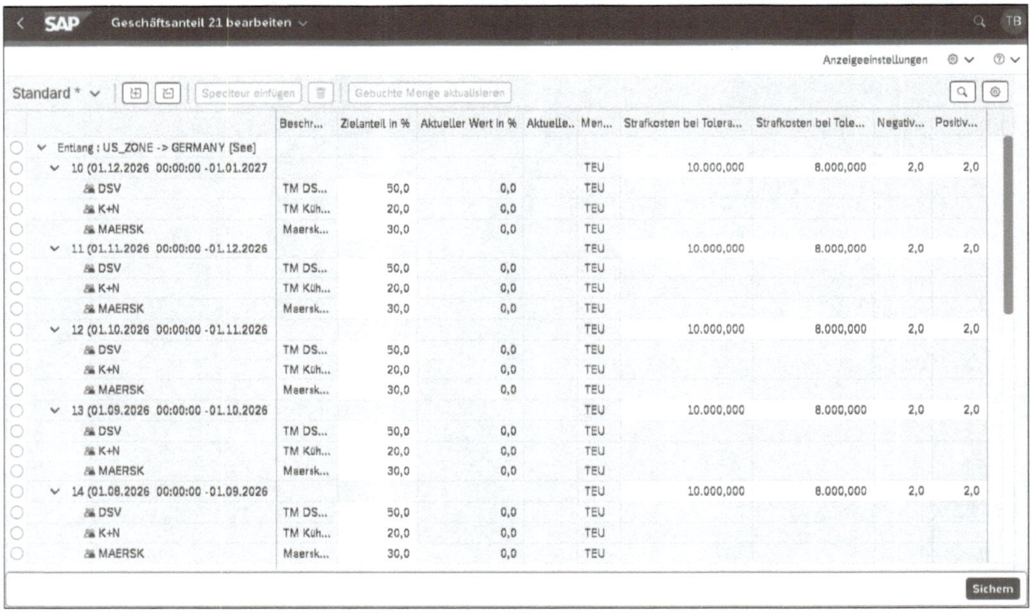

Abbildung 7.42: Geschäftsanteile pflegen

Die aktuellen Werte der Geschäftsanteile werden automatisch aktualisiert, wenn neue Frachtdokumente erstellt werden, ähnlich wie bei den Verbrauchswerten der Kontingente. Im vorangegangenen Beispiel wurden die Geschäftsanteile gerade erstellt, sodass alle Spediteure einen Anteil von 0 % haben. Die Anteile werden pro Periode berechnet.

7.5 Spediteurermittlung und Spediteurauswahl

Da Frachtaufträge, Frachtbuchungen und Sendungen in der Regel von externen Spediteuren ausgeführt werden, gibt es sehr viele Möglichkeiten der Zuordnung von Spediteuren zu Frachtbelegen. Spediteure können manuell zugeordnet werden, sich aus Direktsendungsoptionen ergeben, über ein Partnerfindungsprofil gefunden werden, aus Vorgängerbelegen propagiert werden oder sich aus dem Fahrplan oder der Standardroute ergeben. Darüber hinaus gibt es zwei planerische Möglichkeiten der Bestimmung von Spediteuren, nämlich die Spediteurermittlung und die Spediteurauswahl, die in den nächsten Abschnitten erläutert werden.

7.5.1 Spediteurermittlung

Das einfachere Verfahren ist die Spediteurermittlung. In manchen Geschäftszweigen ist es üblich, Aufträge nicht nach Kosten optimiert, sondern anhand einfacher Geschäftsregeln an bestimmte Spediteure zu vergeben. Zum Beispiel könnten Sie einen Spediteur immer für den Transport von Ihrem Lager zu Kunden im Inland und den zweiten für Lieferungen ins Ausland einsetzen.

TM kann solche Geschäftsregeln mit der sogenannten *Spediteurermittlung* abbilden. Die Spediteurermittlung ist eine Funktion, die auf Frachteinheiten, Sendungen und Frachtaufträgen aktiviert werden kann. Nach der Aktivierung wird bei jeder Änderung am Beleg der Spediteur neu bestimmt.

Um die Spediteurermittlung zu nutzen, benötigen Sie zu zunächst ein Spediteurermittlungsprofil, das Sie in der SAP-Fiori-App **Spediteurermittlungsprofil anlegen** erstellen können. Abbildung 7.43 zeigt ein solches Spediteurermittlungsprofil. Im Bereich **Ermittlungsregeln** geben Sie die Regeln ein, die bestimmen, für welche Belege welcher Spediteur genutzt werden kann. Eine Ermittlungsregel umfasst eine Indizierung der Verarbeitungsreihenfolge, eine Auswahl von Attributen zur Evaluation sowie den zu bestimmenden Spediteur.

An möglichen Evaluationsattributen werden zum einen Quell- und Ziellokationsattribute (**Lokation**, **Land/Region** und **Transportzone**) angeboten. Zum anderen stehen die Attribute **Transportgruppe**, **Material-Frachtgruppe**, **Verkehrszweig**, **Servicegrad (Verkauf)** sowie **Bruttogewicht** und **Volumen** zur Verfügung. Für auf Gewicht und Volumen basierende Regeln kann über einen Operator bestimmt werden, dass die Regel für Werte ab oder unter einem bestimmten Wert gültig seien soll.

Die Evaluation erfolgt in der festgelegten Verarbeitungsreihenfolge von der niedrigsten zur höchsten Regel. Für einen zu evaluierenden Beleg wird jeweils evaluiert, ob die Regel entsprechend den Attributen auf ihn zutrifft. Sobald alle Attribute des Belegs einer Regel entsprechen, wird der zugehörige Spediteur dem Beleg zugewiesen.

Wird keine Regel gefunden, bleibt der Spediteur, der bereits dem Beleg zugeordnet ist (z. B. durch eine Übernahme aus einem Vorgängerbeleg), unverändert. Es ist möglich, Regelzeilen zu definieren (in Abbildung 7.43 die Zeile **0005**), die als Ergebnis keinen Spediteur aufweisen. Wenn eine solche Regel als zutreffend erkannt wird, wird auch eine bestehende Spediteurzuordnung aufgehoben. Eine solche Regel zu definieren, kann in bestimmten Fällen nützlich sein. Nehmen wir an, Sie möchten alle Fracht ab einem gewissen Volumen an mehrere Spediteure ausschreiben oder mittels einer eigenen Flotte selbst ausliefern und möchten die Spediteurermittlung nur für Stückguttransporte und den Paketversand nutzen. In diesem Fall können Sie als erste Regel eine Regel definieren, die ab einem gewissen Volumen keinen Spediteur einträgt, und Ihr eigentliches Regelwerk danach definieren.

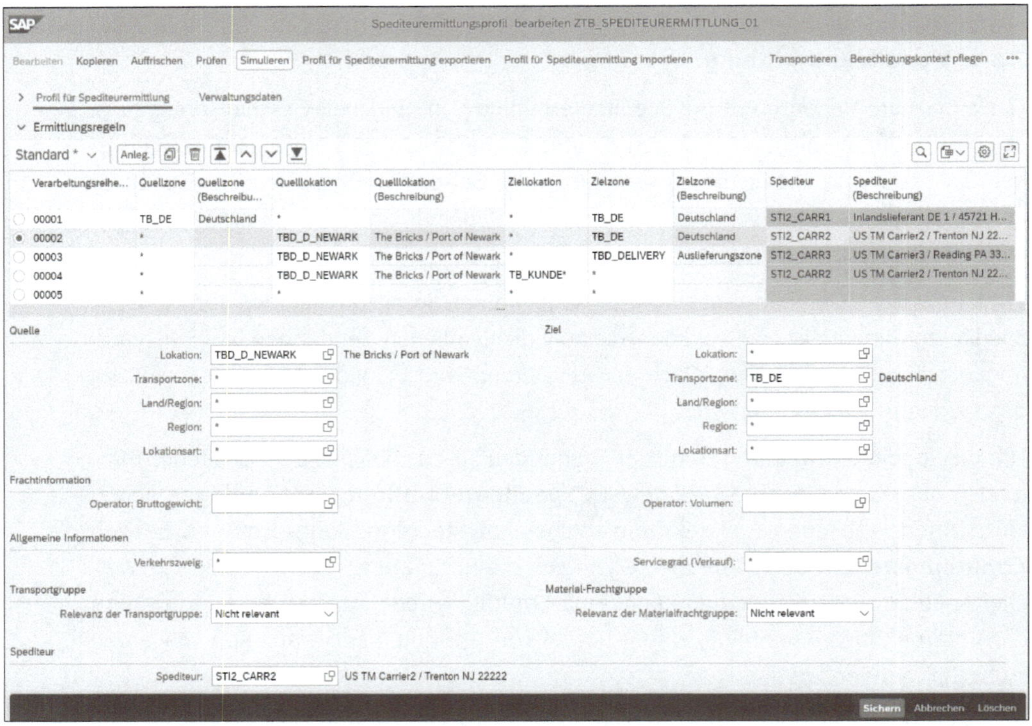

Abbildung 7.43: Spediteurermittlungsprofil

In der SAP-Fiori-App **Spediteurermittlungsprofil anlegen** können Sie Ihr Regelwerk anhand eines bestehenden Frachtbelegs oder durch manuelle Eingabe der Attribute simulieren, um Ihre Eingaben zu überprüfen oder Problemfälle nachzuvollziehen.

Um die Spediteurermittlung für Ihre Belege zu aktivieren, müssen Sie im Customizing der entsprechenden Belegart (siehe Abschnitt 6.2.3, »Frachteinheitsbildung«, für Frachteinheiten, Abschnitt 7.1.1 für Frachtaufträge oder Abschnitt 7.3.2 für Sendungen) unter **Zusätzliche Einstellungen** das **Spediteurermittlungsprofil** hinterlegen. Sobald diese Verknüpfung hergestellt ist, wird beim Erstellen oder Ändern relevanter Attribute eines Frachtbelegs dieser Belegart der Spediteur gemäß dem Regelwerk ermittelt. So kann es passieren, dass z. B. durch ein vergrößertes Auftragsvolumen bei der Aktualisierung einer Frachteinheit ein anderer Spediteur als bisher ermittelt wird.

Wurde der Spediteur in einem Beleg manuell gepflegt oder über die Spediteurauswahl (siehe Abschnitt 7.5.2) ermittelt, wird dies vom System als eine stärkere Vorgabe gewertet und die Spediteurermittlung für diesen Beleg im Folgenden unterdrückt. Erst wenn Sie den Spediteur manuell aus dem Frachtbeleg entfernen, wird die Spediteurermittlung für folgende Aktualisierungen erneut ausgeführt.

7.5.2 Spediteurauswahlprozess

Das Hauptziel der Spediteurauswahl ist es, einem Frachtauftrag einen zuverlässigen und kostengünstigen Spediteur zuzuordnen. Dies kann im Hintergrund, interaktiv durch manuelle Schritte oder durch ein automatisiertes Optimierungsverfahren erfolgen. Die verschiedenen Gestaltungsmöglichkeiten werden im Folgenden beschrieben.

Der Spediteurauswahlprozess kann über verschiedene Mechanismen interaktiv und im Hintergrund eingeleitet werden. Abbildung 7.44 zeigt den interaktiv gestarteten Spediteurauswahlprozess.

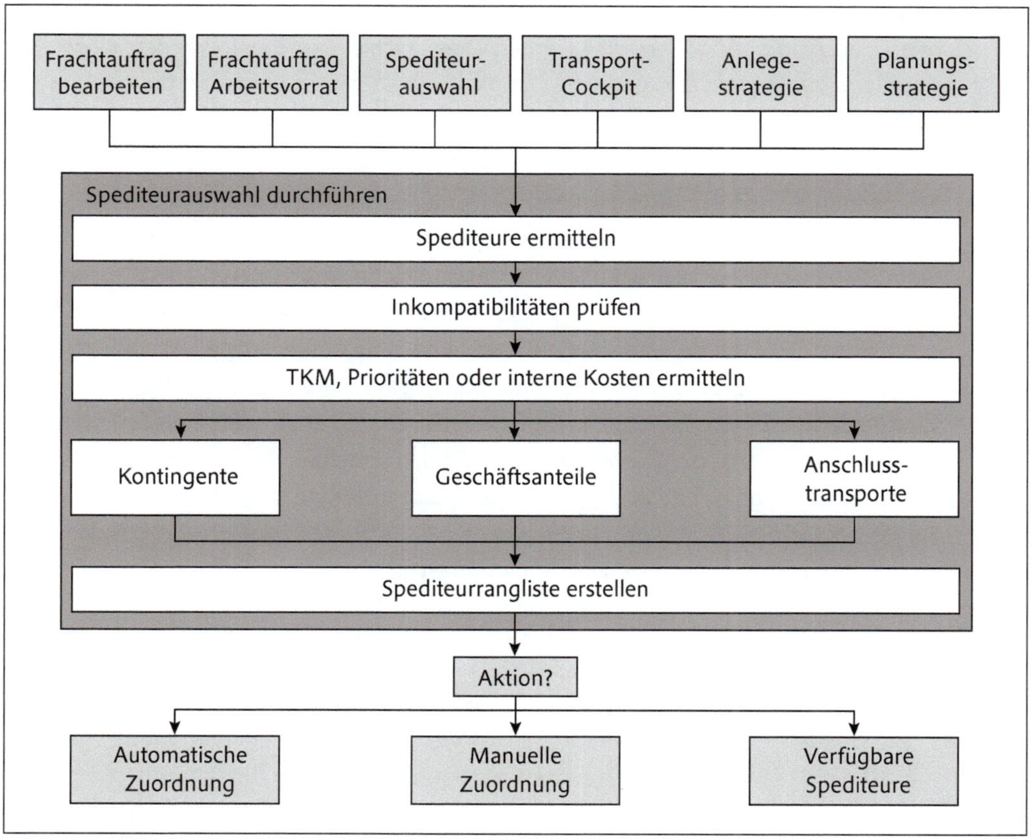

Abbildung 7.44: Spediteurauswahlprozess

Die Spediteurauswahl kann direkt aus der Benutzeroberfläche des Frachtauftrags oder aus einer beliebigen Arbeitsvorratsliste heraus gestartet werden, die Frachtaufträge anzeigt. Sie lässt sich auch für Frachtaufträge innerhalb des Transport-Cockpits (**Transport-**

Cockpit) oder über eine eigene SAP-Fiori-App zur Spediteurauswahl (**Spediteurauswahl**) starten. Außerdem kann die Spediteurauswahl im Rahmen einer Planungsstrategie (z. B. durch Einbinden der Methode `VSR_TSPS` wie in der Planungsstrategie `VSR_1STEP`, die als Standardplanungsstrategie ausgeliefert wird und die VSR-Optimierung und Spediteurauswahl kombiniert; siehe Abschnitt 6.8, »Automatisierte Planung«) oder als Teil einer Anlegestrategie `CARR_SEL` bei der Frachtauftragserstellung durchgeführt werden. Die Spediteurauswahl kann für Frachtaufträge und Frachtbuchungen verwendet werden.

Die Eingangsdaten für die Spediteurauswahl sind ein oder mehrere Frachtaufträge (interaktiv in einem Arbeitsvorrat ausgewählt) oder ein Selektionsprofil, über das die Frachtaufträge ermittelt werden, denen ein Spediteur zugeordnet werden soll. Außerdem sind Spediteurauswahleinstellungen erforderlich, um genau festzulegen, wie die Spediteurauswahl durchgeführt werden soll. Die Spediteurauswahleinstellungen (Abschnitt 7.5.5, »Konfiguration der Spediteurauswahl«) geben Sie bei der Verwendung eines Hintergrundjobs (`/SCMTMS/TSPS_OPT_BGD`) explizit an (siehe Abbildung 7.47). Alternativ können sie auch automatisch ermittelt werden. Dies geschieht auf den folgenden Wegen: Sie sind dem Planungsprofil zugeordnet, für das Sie das Transport-Cockpit gestartet haben. Oder das System ermittelt sie aus dem Customizing der Frachtauftragsart – entweder über eine Bedingung oder durch direkte Zuordnung.

Nachdem die Spediteurauswahl gestartet wurde, ermittelt das System für jeden ausgewählten Frachtauftrag die verfügbaren Transportdienstleister. Ein Spediteur gilt als verfügbar, wenn er als gültiger Spediteur für das im Frachtauftrag verwendete Transportmittel für eine Transportbeziehung von der Quelllokation zur Ziellokation des Frachtauftrags definiert ist. Die Liste der verfügbaren Spediteure wird um diejenigen Spediteure reduziert, die mit dem Frachtauftrag nicht kompatibel sind. Inkompatibilitäten entstehen auf verschiedene Weise, z. B. wenn ein Kunde nicht von einem bestimmten Spediteur bedient werden möchte (schwarze Liste) oder die dem Frachtauftrag zugeordneten Frachteinheiten Gefahrgüter enthalten, die der Spediteur nicht handhaben darf (z. B. weil sein Fahrpersonal keine Erfahrung mit Gefahrgut hat, nicht dafür ausgebildet ist oder keine gesetzlich vorgeschriebene Genehmigung besitzt).

[»]

Verfügbare Spediteure

Um festzustellen, welche Spediteure verfügbar sind, geht das System wie folgt vor:

1. Für jeden Abschnitt des Frachtauftrags werden die Spediteure bestimmt, die für das im Frachtauftrag verwendete Transportmittel in der spezifischsten Transportbeziehung, die jeden Abschnitt repräsentiert, definiert sind (siehe obere Hälfte von Abbildung 7.45).
2. Es werden die für das im Frachtauftrag verwendete Transportmittel definierten Spediteure in der spezifischsten Transportbeziehung von der Quelle bis zum Ziel des Frachtauftrags ermittelt (siehe untere Hälfte von Abbildung 7.45).

3. Je nachdem, ob das Kennzeichen **Gesamtverfügbarkeit Spediteur** gesetzt ist, gelten entweder die Spediteure als verfügbar, die für jeden Abschnitt sowohl in Schritt 1 als auch in Schritt 2 identifiziert wurden (Kontrollkästchen ist gesetzt), oder nur die, die in Schritt 2 identifiziert wurden (Kontrollkästchen ist nicht gesetzt).

Abbildung 7.45 veranschaulicht diese Vorgehensweise. Wenn das Kennzeichen **Gesamtverfügbarkeit Spediteur** gesetzt ist, sind nur die Spediteure 1 und 2 verfügbar, während die Spediteure 1, 2 und 5 als verfügbar gelten, wenn das Kennzeichen nicht aktiviert ist.

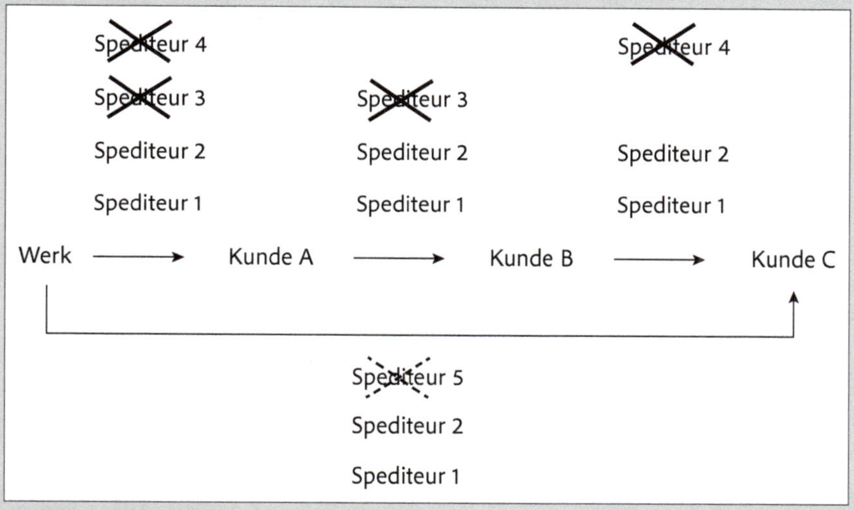

Abbildung 7.45: Verfügbare Spediteure

Nachdem das System inkompatible Spediteure eliminiert hat, wählt es einen der verbleibenden Spediteure aus. Die Entscheidungskriterien hängen von der gewählten Strategie ab. Möglich sind Prioritäten, interne Kosten oder Kosten aus dem Transportkostenmanagement.

Der nächste Schritt ist ein Optimierungsverfahren, das die im vorangegangenen Schritt berechneten Entscheidungskriterien sowie alle definierten Restriktionen berücksichtigt. (Wir beschreiben die Zielkriterien und Restriktionen in Abschnitt 7.5.3 bzw. Abschnitt 7.5.4.) Das Ergebnis dieses Prozesses ist eine Rangliste aller verfügbaren Spediteure anhand dieser Entscheidungskriterien. Abbildung 7.46 zeigt ein Beispiel für eine Rangliste mit den relevanten Informationen – wie z. B. Name des Spediteurs, Standard Carrier Alpha Code (SCAC), erwartete Transportkosten und Priorität –, die notwendig ist, um eine manuelle Zuordnung vorzunehmen. Beachten Sie, dass der erstplatzierte Spediteur nicht unbedingt der günstigste sein muss, da seine Position im Ranking möglicherweise durch Einschränkungen wie nicht vorhandene Kontingente bei einem günstigeren Spediteur oder Geschäftsanteile begünstigt wurde. Alle Spediteure mit Ausnahme des erstplatzierten werden in absteigender Reihenfolge des Entscheidungskriteriums (z. B. Kosten oder Priorität) sortiert.

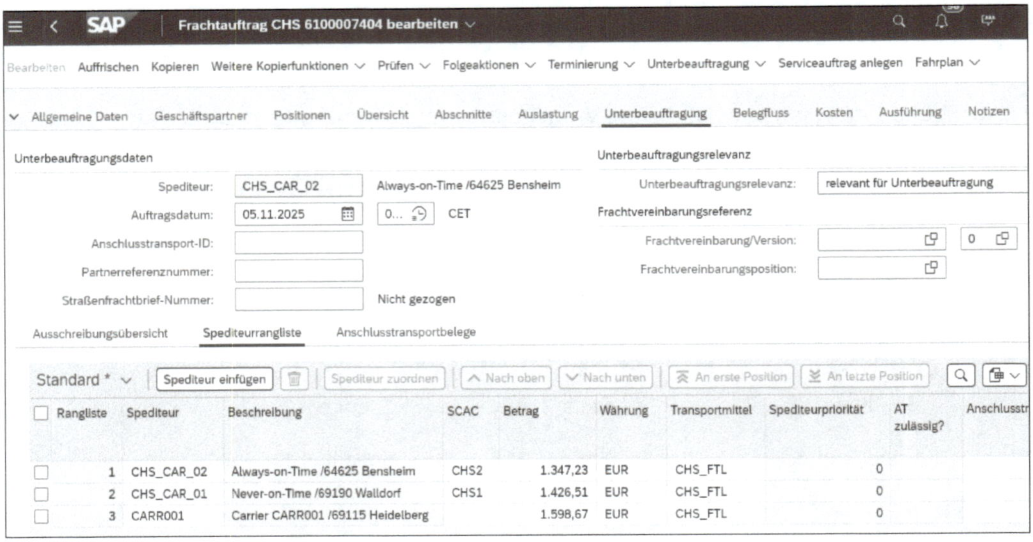

Abbildung 7.46: Spediteurrangliste

Schließlich kann der zuerst gelistete Spediteur dem Frachtauftrag im Rahmen der automatischen Spediteurauswahl zugeordnet werden, oder die Zuordnung kann in einem manuellen Prozess an einen Benutzer delegiert werden. Wurde die Spediteurauswahl nicht zur *Ermittlung* eines Transportdienstleisters, sondern nur zur Identifizierung der *verfügbaren* Spediteure durchgeführt, kann die Rangliste in einem nachfolgenden Ausschreibungsverfahren verwendet werden (mehr darüber erfahren Sie in Abschnitt 7.6, »Frachtausschreibung«). Wird die Spediteurauswahl nur zur Vorbereitung einer Frachtausschreibung durchgeführt, kann der Optimierungsschritt übersprungen werden, da in diesem Fall erst im Ausschreibungsverfahren das Entscheidungskriterium (Frachtkosten) ermittelt wird.

Neben dem Starten der manuellen und automatischen Spediteurauswahl und der Generierung einer Liste der verfügbaren Spediteure bietet das Transport-Cockpit auch interaktiv die Möglichkeit, bestehende Spediteurzuordnungen sowie bestehende Spediteurranglisten zu einem Frachtauftrag zu löschen.

Im Hintergrund kann der Spediteurauswahlprozess auf folgende Weise initiiert werden:

- im Rahmen der Transportplanung mit dem Hintergrundreport `/SCMTMS/PLN_OPT` und mit einer Planungsstrategie, die die Spediteurauswahl beinhaltet (z. B. `VSR_1STEP`)
- durch die Einplanung des Reports `/SCMTMS/TSPS_OPT_BGD` (siehe Abbildung 7.47)
- durch die Zuordnung der Strategie `CARR_SEL` als Anlegestrategie im Customizing der Frachtauftragsart

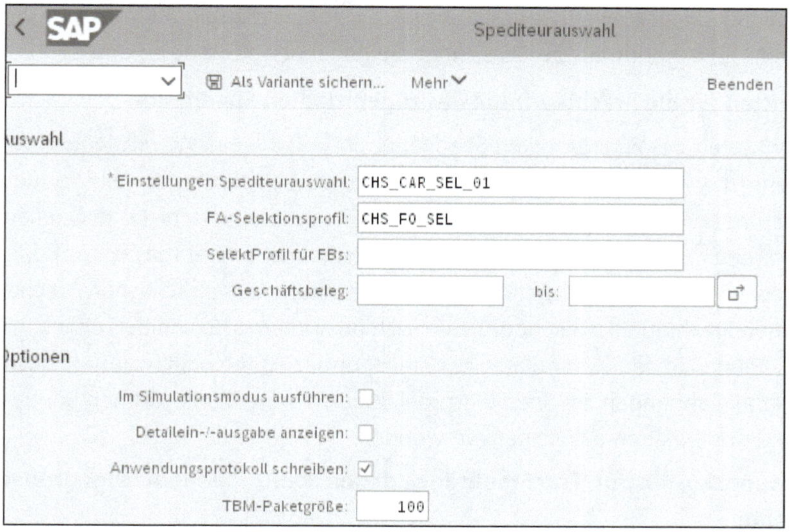

Abbildung 7.47: Hintergrundreport für die Spediteurauswahl

Der Spediteurauswahlprozess wird hauptsächlich im Straßenverkehr eingesetzt. Er kann aber auch für Seefrachtbuchungen sowohl über den Hintergrundreport als auch aus der Benutzeroberfläche der Frachtbuchung heraus ausgelöst werden. Im Gegensatz zur Spediteurauswahl für Frachtaufträge berücksichtigt die Spediteurauswahl für Frachtbuchungen nur Kontingente, aber keine Geschäftsanteile oder Anschlusstransporte.

7.5.3 Zielkriterien des Optimierers für die Spediteurauswahl

Ziel der Spediteurauswahl ist es, einem Frachtauftrag den am besten geeigneten Spediteur zuzuordnen, was in der Regel die Zuordnung des günstigsten bedeutet. Es kann jedoch auch andere Kriterien neben den Kosten geben, z. B. wenn einem Transportdienstleister aufgrund vertraglicher Verpflichtungen eine definierte Mindesttransportmenge versprochen wurde (minimale Kontingentmenge), die seine Auswahl erzwingt, auch wenn dieser Spediteur für einen konkreten Frachtauftrag teurer ist.

Optimierer für die Spediteurauswahl

Der Optimierer für die Spediteurauswahl wandelt das Zuordnungsproblem in ein *gemischt-ganzzahliges lineares Problem* (MILP, Mixed-Integer Linear Problem) um. Basierend auf der Anzahl der Frachtaufträge, der Komplexität der Einschränkungen und abhängig davon, ob die in den Einstellungen zur Spediteurauswahl angegebene Laufzeit sorgfältig ausgewählt wurde, liefert der Optimierer für die Spediteurauswahl in der Regel die (mathematisch) optimale Lösung. Reicht die Laufzeit nicht aus, um die optimale Lösung zu ermitteln, wird die beste innerhalb der vorgegebenen Laufzeit gefundene Lösung zurückgegeben.

Die automatische Spediteurauswahl basiert auf einem Optimierungsalgorithmus, der die Kosten minimiert. Der Algorithmus berücksichtigt die folgenden Kostenelemente:

- **Transportkosten für die Frachtaufträge des zugeordneten Spediteurs**

  Die Transportkosten des zugeordneten Spediteurs sind oft die einzige relevante Kostenkomponente. Für jeden Frachtauftrag werden die Transportkosten für alle verfügbaren Spediteure berechnet. Die Transportkosten können zwei verschiedene Quellen haben. Sie werden entweder über das Transportkostenmanagement (das wir in Kapitel 10 besprechen) berechnet und stellen somit die erwarteten tatsächlichen Frachtkosten für einen Frachtauftrag dar, oder sie werden über interne Kosten berechnet. Interne Kosten können in den Stammdaten der Transportbeziehung oder, wenn sie nicht von der Geografie abhängen, im Spediteurprofil definiert werden. Sie können bei Bedarf auch eine Kombination aus beidem verwenden.

- **Nichtzuordnungskosten für Frachtaufträge, denen kein Spediteur zugeordnet werden konnte**

  Obwohl das Ziel der Spediteurauswahl darin besteht, eine Zuordnung eines Spediteurs zu jedem Frachtauftrag zu finden, ist dies nicht immer möglich, und das Ergebnis kann eine fehlende Zuordnung sein. Zum Beispiel kann es unmöglich sein, einen Spediteur zuzuordnen, wenn dies gegen die maximale Kontingentmenge aller möglichen Spediteure verstoßen würde. Da diese Situation vermieden werden soll, errechnet das System einen Strafkostensatz für die Nichtzuordnung eines Frachtauftrags zu einem Spediteur. Dieser Strafkostensatz kann von den Anwenderinnen und Anwendern nicht beeinflusst werden und wird vom System prohibitiv hoch angesetzt, um die anderen Kostenkomponenten zu überwiegen und dadurch Nichtzuordnungen möglichst zu vermeiden.

- **Strafkosten für die Verletzung von Mindestkontingentmengen**

  Beziehen sich die Mindestkontingentmengen auf eine Monatsmenge, können diese oft zu Beginn des Monats nicht erfüllt werden. Daher können Mindestkontingentmengen nicht als harte Restriktionen angesehen werden, denn wenn (noch) nicht hinreichend viele Frachtaufträge für die Unterbeauftragung zur Verfügung stehen, ist es unmöglich, alle Mindestkontingentmengen zu erfüllen. Daher wird diese Einschränkung als eine weiche Restriktion berücksichtigt, und die Verletzung von Mindestkontingentmengen wird mit Strafkosten bewehrt. Ähnlich wie bei den Nichtzuordnungskosten werden diese Strafkosten vom System automatisch berechnet und höher angesetzt als die anderen Kostenelemente, um Unterschreitungen der Mindestkontingentmengen nach Möglichkeit zu vermeiden.

- **Strafkosten für die Nichteinhaltung von Geschäftsanteilen (außerhalb der negativen und positiven Toleranz)**

  Geschäftsanteile können definiert werden, um eine vordefinierte Verteilung von Frachtaufträgen auf mehrere Spediteure zu erhalten. Diese Einschränkung kann aufgrund vertraglicher Verpflichtungen definiert werden oder einfach nur, um zu vermeiden, dass alle Frachtaufträge einem Spediteur zugeordnet werden, und somit das Risiko zu reduzieren, von diesem Spediteur abhängig zu werden. Um die Zuordnung von Spediteuren mit höheren Transportkosten zu ermöglichen, wird die Nichteinhaltung definierter Geschäftsanteile bestraft, wie in Abbildung 7.48 dargestellt.

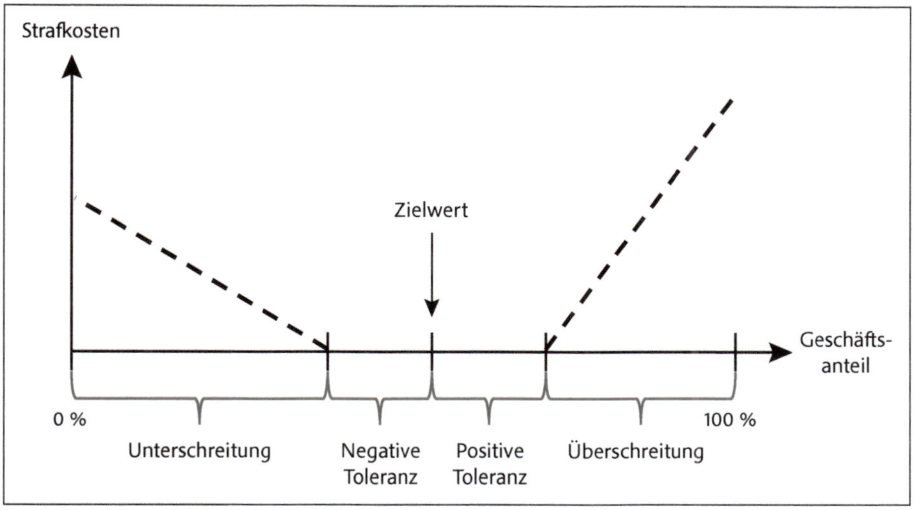

Abbildung 7.48: Strafkosten für Geschäftsanteile

Eine negative und positive Toleranz können basierend auf einem gewünschten Zielwert für den Geschäftsanteil für jeden Spediteur definiert werden. Befindet sich der tatsächliche Geschäftsanteil des Spediteurs innerhalb dieser Toleranzen, werden keine Strafkosten berücksichtigt. Eine Unterschreitung des gewünschten Geschäftsanteils abzüglich der negativen Toleranz oder eine Überschreitung über den gewünschten Geschäftsanteil zuzüglich der positiven Toleranz hinaus wird mit unterschiedlichen Strafkosten belegt. Da die verantwortliche Person diese Strafkosten festlegt, steuert sie, inwieweit die Berücksichtigung von Geschäftsanteilen die Spediteurauswahl anhand von Transportkosten beeinflusst oder übersteuert.

- **Rabatt pro Geschäftsbeleg bei Anschlusstransporten**

  In bestimmten Situationen gewähren Spediteure Rabatte auf die Transportkosten. Diese Rabatte können ebenfalls vom Optimierer für die Spediteurauswahl berücksichtigt werden.

Anschlusstransporte

Manchmal gewähren Spediteure Rabatte, wenn ihnen mehrere Frachtaufträge für dieselbe Fahrzeugressource zugeordnet werden, weil sich dadurch ihr Aufwand reduziert, nach Abschluss eines einzelnen Frachtauftrags nach zusätzlicher Fracht zu suchen, um das Fahrzeug z. B. für den Rückweg auszulasten. Diese Situation wird bei der Spediteurauswahl durch die Definition von Optionen für *Anschlusstransporte* berücksichtigt. Wenn die Auswahl des Transportdienstleisters dies zulässt, sind Anschlusstransporte eine weitere Möglichkeit, Transportkosten einzusparen.

Für Transporte zwischen Regionen mit wirtschaftlichen Ungleichgewichten, wie beispielsweise dem europäischen Festland und dem Vereinigten Königreich, können Anschlusstransporte angeboten werden. Da viel mehr Waren vom europäischen Festland nach Großbritannien transportiert werden, müssen viele Lastwagen leer aus dem Vereinigten Königreich zurückkehren. Ein Spediteur kann daher geneigt sein, einen Rabatt auf die Frachtkosten anzubieten, wenn er auch Fracht für die Rückfahrt übernehmen darf.

Abbildung 7.49 zeigt zwei Arten von Anschlusstransporten:

- **Einfacher Anschlusstransport**

  Es besteht kein Zusammenhang zwischen dem Ziel des zweiten Frachtauftrags ❹ und der Quelle des ersten Frachtauftrags ❶. Hier müssen nur das Ziel des ersten Frachtauftrags ❷ und die Quelle des zweiten Frachtauftrags ❸ nahe beieinanderliegen.

- **Rundfahrt-Anschlusstransport**

  Das Ziel des zweiten Frachtauftrags und die Quelle des ersten Frachtauftrags müssen mit ❶ übereinstimmen. Darüber hinaus müssen das Ziel des ersten Frachtauftrags ❷ und die Quelle des zweiten Frachtauftrags nahe beieinander ❸ sein.

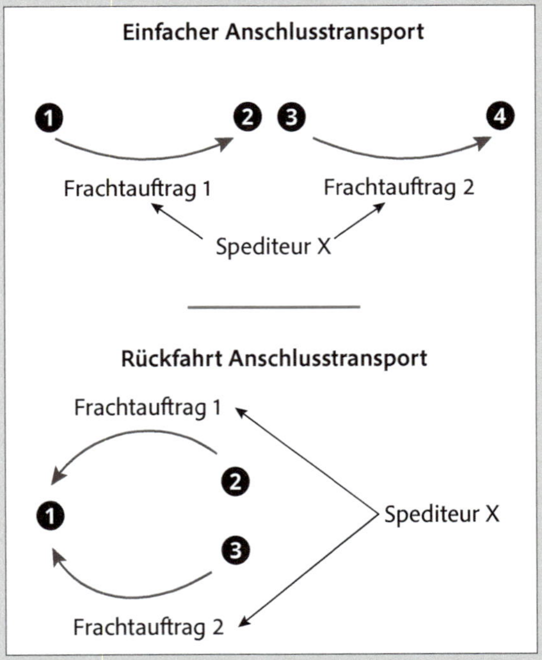

Abbildung 7.49: Arten von Anschlusstransporten

Ein Rundfahrt-Anschlusstransport ist immer auf genau zwei Frachtaufträge beschränkt, während eine unbegrenzte Anzahl von Frachtaufträgen durch einfache Anschlusstransporte miteinander verknüpft werden kann. Die Nähe zwischen zwei Lokationen (im Beispiel ❷ und ❸) hat die folgenden beiden Dimensionen und wird in der Transportbeziehung definiert:

- **Entfernung**
  Ein Anschlusstransport bringt dem Spediteur nur dann wirtschaftlichen Nutzen, wenn die Quelle des zweiten Frachtauftrags nicht allzu weit vom Ziel des ersten Frachtauftrags entfernt ist. In den Stammdaten der Transportbeziehung kann eine maximale Entfernung dafür definiert werden.
- **Zeit**
  Die Abfahrtszeit des zweiten Frachtauftrags muss hinreichend nahe an der Ankunftszeit des ersten Frachtauftrags liegen. Es hilft dem Spediteur nicht, wenn sein Fahrzeug eine Woche warten müsste. Daher sind die Zeitvorgaben für diese Fenster ebenfalls in den Stammdaten der Transportbeziehung definiert.

Die für einen Spediteur zulässigen Arten von Anschlusstransporten werden ebenfalls in der Transportbeziehung definiert und können daher in unterschiedlichen Regionen voneinander abweichen. Darüber hinaus muss der Spediteur im Spediteurprofil als berechtigt gekennzeichnet sein, Rabatte auf Anschlusstransporte anzubieten (Kennzeichen **Anschlusstransport**).

Wenn bestimmte Frachtaufträge nicht zu Anschlusstransporten zusammengefasst werden sollen - auch wenn die beschriebenen Definitionen es zulassen würden -, kann dies über eine Inkompatibilität vom Typ 82 ausgeschlossen werden.

Vor dem Start des Optimierers für die Spediteurauswahl wird eine Analyse durchgeführt, ob zwei oder mehr Frachtaufträge für einen oder mehrere Spediteure zur Zusammenfassung zu Anschlusstransporten geeignet sind. Diese Anschlusstransportmöglichkeiten und die damit verbundenen Rabatte werden dann als Zusatzinformationen an den Optimierer übergeben, der diese Rabatte zusammen mit den anderen Kostenkomponenten (Frachtkosten, Strafkosten) bei der Berechnung der optimalen (kostenminimalen) Lösung berücksichtigt.

Wenn zwei oder mehr Frachtaufträge einen Anschlusstransport bilden, wird dies durch eine Anschlusstransport-ID gekennzeichnet, die im Frachtauftrag sichtbar ist (siehe Registerkarte **Anschlusstransportbelege** im Bereich **Unterbeauftragung** in Abbildung 7.46).

Während die Kosten das offensichtlichste Ziel für die Spediteurauswahl darstellen, kann diese alternativ auch auf der Grundlage von Prioritäten oder einer Kombination von Prioritäten und Kosten erfolgen. Die Verwendung von Prioritäten kann eine sinnvolle Option sein, wenn der Schwerpunkt des Implementierungsprojekts auf der Planung liegt und es als zu großer Aufwand angesehen wird, das Transportkostenmanagement oder interne Transportkosten einzurichten. Wenn Sie bei der Auswahl der Spediteure Präferenzen auf der Grundlage von geografischen Informationen (Stammdaten der Transportbeziehung) festlegen können, können Prioritäten als Auswahlkriterien für die Spediteurauswahl verwendet werden.

Eine Möglichkeit, Prioritäten und Kosten zu kombinieren, besteht darin, die Multiplikation beider Zahlen als Entscheidungskriterium zu verwenden (Prioritäten * Kosten). In diesem Fall können Prioritäten als Ausdruck für die Zuverlässigkeit der Transportdienstleister interpretiert werden. Ein Wert kleiner als 1 bedeutet einen Bonus in der Auswahl z. B. als Ausdruck einer hohen Kundenzufriedenheit, während ein Wert größer als 1 einem Nachteil (Malus) entspricht, der die wahrgenommenen Kosten dieses Spediteurs erhöht. Ebenso kann man argumentieren, dass die Summe der beiden Entscheidungskriterien (Prioritäten + Kosten) verwendet werden soll.

7.5.4 Restriktionen für die Spediteurauswahl

Wir empfehlen, bei der Spediteurauswahl folgende Restriktionen zu definieren:

- Kontingente
- Geschäftsanteile
- Inkompatibilitäten

In den Einstellungen zur Spediteurauswahl kann jede dieser Restriktionen einzeln nach Geografie (auf der Transportbeziehung) oder global für einen Spediteurauswahloptimierungslauf ein- oder ausgeschaltet werden (siehe Abschnitt 7.5.5, »Konfiguration der Spediteurauswahl«). Transportzonenhierarchien und Transportmittelhierarchien werden bei diesen Restriktionen berücksichtigt.

In Abschnitt 7.4.4 wurden Kontingente schon im Detail vorgestellt. Mit einem *Kontingent* können Sie minimale und/oder maximale Kontingentmengen (Kapazitäten) definieren, die einem Spediteur zugeordnet werden *müssen* (Minimum) oder die einem Spediteur zugeordnet werden *können* (Maximum).

Das Customizing der Kontingentart legt fest, ob diese Kontingentart für die Spediteurauswahl gültig ist (**Transportation Management • Planung • Allgemeine Einstellungen • Kontingentarten definieren**) und welche Mengeneinheit für die Spediteurauswahl relevant ist. Ein Kontingent kann über die SAP-Fiori-App **Kontingent anlegen** erstellt werden und ist durch die folgenden Merkmale definiert, die in Abbildung 7.50 dargestellt sind:

- Verkehrsbeziehung
  - Ausrichtung (siehe Abschnitt 4.2.7, »Verkehrsbeziehungen«, für Details)
  - Quelllokation und/oder -transportzone
  - Ziellokation und/oder -transportzone

- Verkehrszweig und/oder Transportmittel
- Spediteur
- Gültigkeitszeitraum
- Planungsperiode
- relevante Mengeneinheit, die über die Kontingentart definiert ist

Verkehrsbeziehungen und die Ausrichtung definieren die geografische Gültigkeit der Transportkontingente. Verkehrszweig, Transportmittel und Spediteur identifizieren genau, für wen und für was die Kontingente definiert sind. Der Gültigkeitszeitraum definiert die zeitliche Gültigkeit der Kontingente. Dieser Zeitraum wird entsprechend der Einstellung der Planungsperiode in Perioden unterteilt (z. B. täglich, wöchentlich, monatlich, vierteljährlich oder jährlich).

Im Customizing der Kontingentart wird auch die Mengeneinheit angegeben, für die die Kontingentmengen definiert werden. In dem in Abbildung 7.50 verwendeten Beispiel wurde das Bruttogewicht als die entsprechende Dimension hinterlegt. Daher können Sie in diesem Kontingent für jede Periode ein minimales und ein maximales Bruttogewicht pflegen und sich anzeigen lassen, welche Menge dem Spediteur für diese Periode bereits zugeordnet wurde (aktuelles Bruttogewicht).

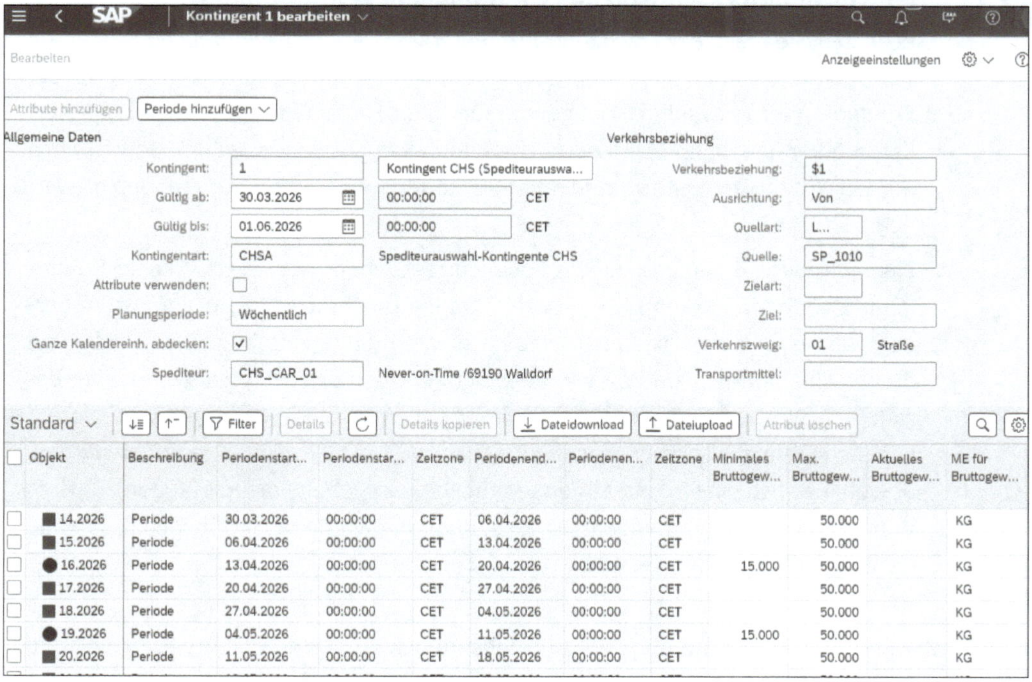

Abbildung 7.50: Kontingent für die Spediteurauswahl

Darüber hinaus haben Sie in der Kontingentart festgelegt, wie der Verbrauch der Kontingentmengen zu berechnen ist. Das Kontrollkästchen **Periodenüberlappung** legt fest, ob nur für das Startdatum des Frachtauftrags oder für den gesamten Zeitraum des Frachtauftrags Kontingentmenge verbraucht wird. Wenn sich ein Frachtauftrag über einen Zeitraum von drei Tagen erstreckt (z. B. ein Lkw, der von Spanien nach Norddeutschland fährt) und die Planungsperiode für das Kontingent als täglich definiert ist, bestimmt dieses Kontrollkästchen, ob dieser Frachtauftrag Kontingentmenge an allen drei Tagen oder nur einmal (am ersten Tag) verbraucht.

Ein Frachtauftrag gilt als relevant für ein Kontingent, wenn alle folgenden Kriterien erfüllt sind:

- Das im Kontingent hinterlegte Transportmittel ist gleich oder (hierarchisch) höher als das im Frachtauftrag verwendete Transportmittel.
- Das Startdatum des Frachtauftrags fällt in den Gültigkeitszeitraum des Kontingents.
- Die geografischen Kriterien (Verkehrsbeziehung und Ausrichtung) für die Quell- und Ziellokation des Frachtauftrags sind erfüllt, wobei auch die Transportzonenhierarchie berücksichtigt wird.
- Die Prüfung auf Kontingente wurde in der dem Frachtauftrag entsprechenden Transportbeziehung oder in den Einstellungen zur Spediteurauswahl eingestellt.

[!]

Ein Frachtauftrag kann mehrere Kontingente verbrauchen

Beachten Sie, dass ein Frachtauftrag mehrere Kontingente verbrauchen kann, da Transportmittelhierarchien, Transportzonen und Transportzonenhierarchien bei der Ermittlung der relevanten Kontingente für einen Frachtauftrag berücksichtigt werden. Sie können einen Spediteur nicht automatisch zuordnen, wenn dadurch auch nur ein Kontingent verletzt wird, aber Sie können die Zuordnung manuell erzwingen.

Nehmen wir z. B. an, dass einem Spediteur ausgehend von Werk W eine Kontingentmenge von maximal zehn Frachtaufträgen pro Woche zugeordnet ist. Außerdem wurde für diesen Spediteur eine maximale Kontingentmenge pro Woche von drei Frachtaufträgen von W nach X definiert. Wurden diesem Spediteur in einer bestimmten Woche bereits drei Frachtaufträge von W nach X zugeordnet, kann diesem Spediteur kein zusätzlicher Frachtauftrag von W nach X mehr zugeordnet werden, obwohl es noch eine offene Kontingentmenge von sieben Frachtaufträgen aus dem Werk W gibt (erstes Kontingent). Diese Zuordnung würde nämlich gegen das zweite Kontingent (W nach X) verstoßen.

Wenn ein Frachtauftrag angelegt oder geändert wird, werden alle relevanten Kontingente aktualisiert, sodass mögliche Verstöße überprüft werden. Umgekehrt hat eine Änderung der Kontingente keine Auswirkungen auf bestehende *Zuordnungen* von Spediteuren zu Frachtaufträgen.

Geschäftsanteile haben viele Ähnlichkeiten mit Kontingenten. Sie können mit der SAP-Fiori-App **Geschäftsanteil anlegen** eingerichtet werden und sind durch die folgenden Merkmale definiert, wie in Abbildung 7.51 dargestellt:

- Verkehrsbeziehung
  - Ausrichtung
  - Quelllokation und/oder -transportzone
  - Ziellokation und/oder -transportzone
- Verkehrszweig und/oder Transportmittel
- Gültigkeitszeitraum
- Geschäftsanteilperiode
- positive und negative Toleranzen
- Strafkosten
- Zielgeschäftsanteile pro Spediteur
- Mengeneinheit

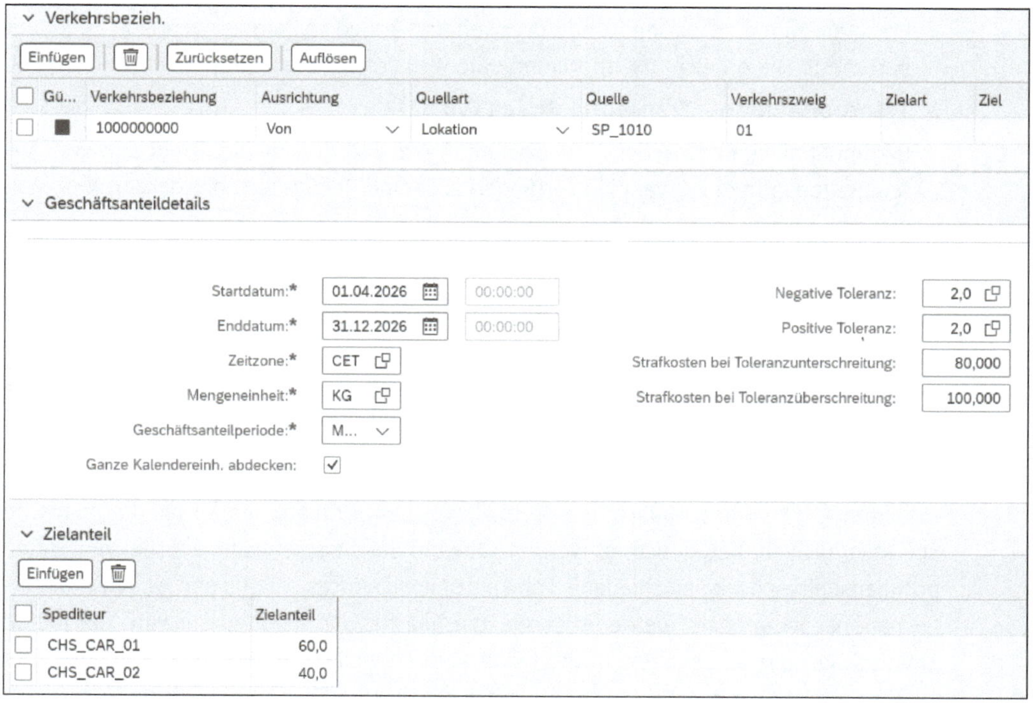

Abbildung 7.51: Geschäftsanteil für Spediteurauswahl

Ähnlich wie bei Kontingenten werden bei der Definition und Verwendung von Geschäftsanteilen die Transportmittelhierarchie, Transportzonen und Transportzonenhierarchien berücksichtigt. Bei der Berechnung des tatsächlichen Geschäftsanteils werden nicht nur die Frachtaufträge einbezogen, die Teil der aktuell für die Spediteurauswahl zu berücksichtigenden Frachtaufträge sind, sondern auch diejenigen, denen bereits ein Spediteur zugeordnet ist und die in die Periode der Geschäftsanteile fallen (historischer Geschäftsanteil).

Der wesentliche Unterschied zwischen Kontingenten und Geschäftsanteilen besteht darin, dass Geschäftsanteile Präferenzen in relativen Zahlen (Prozentsätzen) zum Ausdruck bringen, während Kontingente Kapazitätsbeschränkungen darstellen und in absoluten Zahlen definiert sind. Darüber hinaus werden Geschäftsanteile als weiche Randbedingungen in der Optimierung berücksichtigt, die auf der Grundlage von Strafkosten betrachtet werden, während Kontingente harte bzw. pseudoharte Restriktionen darstellen.

Für die Spediteurauswahl sind zwei Inkompatibilitätsarten relevant:

- **Spediteur - Transportauftrag (Typ 81)**

  Inkompatibilitäten zwischen Transportaufträgen und Spediteuren werden verwendet, wenn ein Spediteur aus irgendeinem Grund nicht einem Transportauftrag zugeordnet werden darf. Mögliche Gründe sind typischerweise geschäftsbedingt, z. B. wenn ein Spediteur von einem Kunden auf seine schwarze Liste gesetzt wird und daher nicht in Frachtaufträgen für diesen Kunden verwendet werden sollte oder wenn ein Spediteur bestimmte Waren nicht transportieren darf, weil er für diese Waren nicht zertifiziert ist.

- **Transportauftrag - Transportauftrag (Typ 82)**

  Inkompatibilitäten zwischen Transportaufträgen sind nur für die Ermittlung von Anschlusstransporten relevant. So verhindert z. B. eine Reinigungsanforderung für einen Lkw, dass dieser für Rundfahrten verwendet wird.

Einzelne Inkompatibilitäten sind definiert als Inkompatibilitätsdefinitionen (**Inkompatibilität anlegen**), die in Inkompatibilitätseinstellungen (**Inkompatibilitätseinstellungen vornehmen**) zusammengefasst und in den Einstellungen zur Spediteurauswahl (**Einstellungen für Spediteurauswahl vornehmen**) endgültig zugeordnet werden. Dies wurde für planungsrelevante Inkompatibilitäten in Abschnitt 6.8.4, »Vehicle Scheduling and Routing: Restriktionen für die Planung«, ausführlich beschrieben.

Abbildung 7.52 veranschaulicht ein Beispiel, welche Informationen für die automatische Spediteurauswahl berücksichtigt werden. Obwohl das Beispiel keine alternativen Transportdienstleister oder verschiedene Transportmittel berücksichtigt, zeigt es, wie viele Informationen verarbeitet werden müssen, um alle für die Spediteurauswahl relevanten Einschränkungen einzuhalten. In der Praxis können weitere verfügbare Spediteure oder Transportmittel, die in einer Hierarchie mit auf mehreren Ebenen definierten Kontingenten oder Geschäftsanteilen organisiert sind, die Entscheidungsfindung noch wesentlich komplizierter machen.

Das Beispiel besteht aus vier Lokationen (❶, ❷, ❸ und ❹), die den Transportzonen Z1 (❷ und ❸), Z2 (❸ und ❹) und Z3 (❶, ❷ und ❸ über Z2) zugeordnet sind.

Es gibt folgende Frachtaufträge:

- Frachtauftrag 1 (FA1) von Quelllokation ❶ nach Ziellokation ❷
- Frachtauftrag 2 (FA2) von Quelllokation ❶ nach Ziellokation ❸
- Frachtauftrag 3 (FA3) von Quelllokation ❹ nach Ziellokation ❸
- Frachtauftrag 4 (FA4) von Quelllokation ❹ nach Ziellokation ❶

Im Rahmen dieses Szenarios sind drei Kontingente zu berücksichtigen: eins von ❶ nach Z1 (Ausrichtung: entlang), eins von ❹ nach Z2 (Ausrichtung: entlang) und eins ausgehend von ❹ (Ausrichtung: von). Überdies wurden Geschäftsanteile von ❶ nach Z1 (Ausrichtung: entlang) und von ❹ nach Z3 (Ausrichtung: entlang) definiert.

In diesem Beispiel muss FA3 zwei Kontingente und einen Geschäftsanteil berücksichtigen, während jeweils ein Kontingent und ein Geschäftsanteil für die anderen drei Frachtaufträge relevant sind.

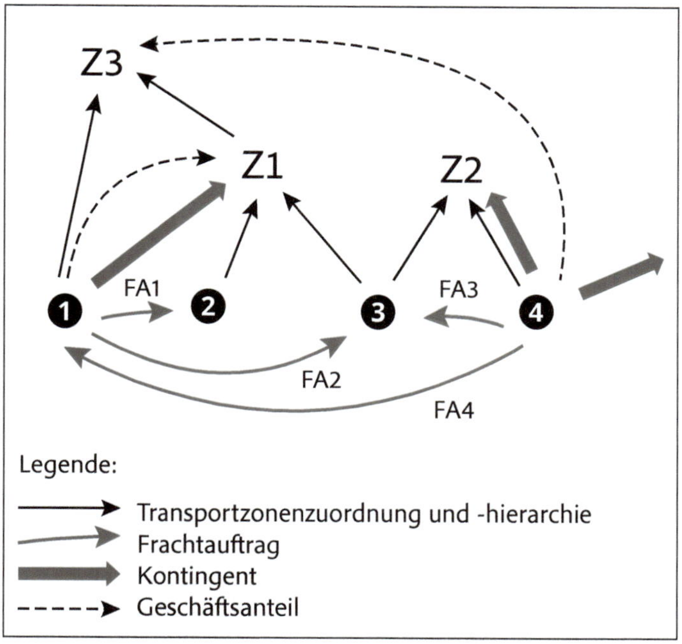

Abbildung 7.52: Beispiel für verarbeitete Informationen

7.5.5 Konfiguration der Spediteurauswahl

Die Konfiguration der Spediteurauswahl mit all ihren Restriktionen wird von vielen Komponenten gesteuert. Diese wurden teilweise in früheren Kapiteln erläutert:

- Spediteurprofile (siehe Abschnitt 4.1.2, »Geschäftspartner«)
- Transportbeziehungen (siehe Abschnitt 4.2.3, »Transportbeziehungen«)
- Transportzonen und Transportzonenhierarchien (siehe Abschnitt 4.2.2, »Transportzonen«)

- Kontingente (siehe Abschnitt 7.4.4, »Kontingente«, und Abschnitt 7.5.4, »Restriktionen für die Spediteurauswahl«)
- Geschäftsanteile (siehe Abschnitt 7.4.5)
- Transportmittel und -hierarchien (siehe Abschnitt 4.3, »Equipmentarten und Ressourcen«)

Ein zentrales Konfigurationselement sind die Einstellungen zur Spediteurauswahl (**Einstellungen für Spediteurauswahl vornehmen**), die in Abbildung 7.53 dargestellt sind.

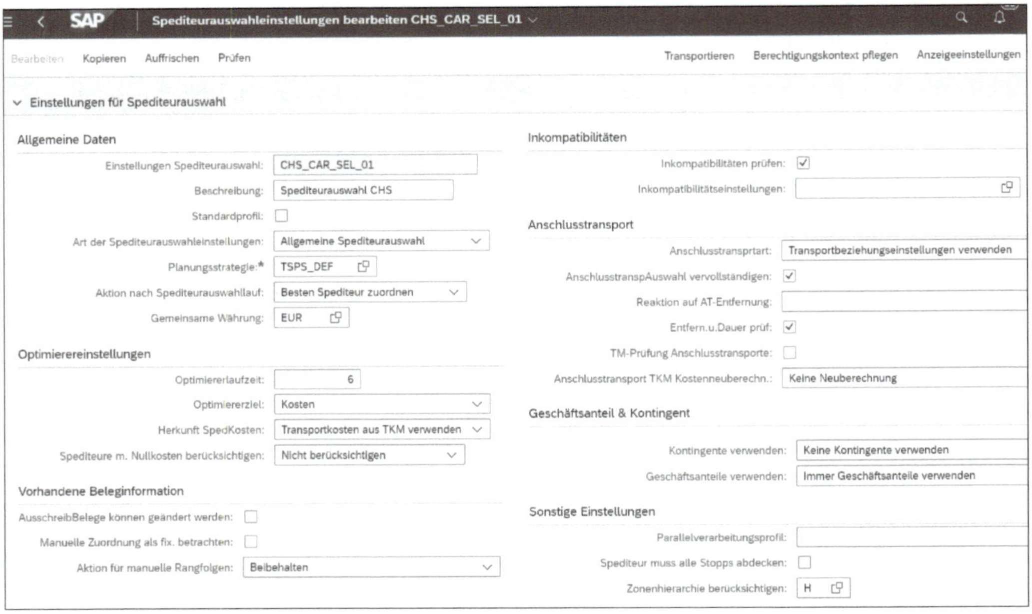

Abbildung 7.53: Einstellungen zur Spediteurauswahl

Diese Einstellungen steuern den Spediteurauswahlprozess und bestimmen, welche Einschränkungen wie verwendet werden. Daher ist die Konfiguration der Einstellungen für die Spediteurauswahl für die automatische Spediteurauswahl zwingend erforderlich.

Die folgenden Felder sind für die Steuerung des Prozesses am wichtigsten:

- **Inkompatibilitäten prüfen**

  Inkompatibilitäten (Abschnitt 7.5.4, »Restriktionen für die Spediteurauswahl«) werden nur dann geprüft, wenn dieses Kontrollkästchen aktiviert ist.

- **Inkompatibilitätseinstellungen**

  Wenn das Kontrollkästchen **Inkompatibilitäten prüfen** aktiviert ist, definieren die Inkompatibilitätseinstellungen, welche Inkompatibilitätsdefinitionen eingehalten werden müssen.

- **Art der Spediteurauswahleinstellungen**

  Dieser Parameter definiert den Zweck der Spediteurauswahl. Die verfügbaren Optionen sind **Allgemeine Spediteurauswahl**, **Spediteurauswahl für die Ausschreibung** und **Spediteurauswahl für die Direktsendung**. Der Paketversandprozess, der die Einstellungen für die Spediteurauswahl für Direktsendungen verwendet, wird in Abschnitt 7.1.3, »Spezielle Prozesse bei Frachtaufträgen«, ausführlich erläutert.

- **Kontingentverwendung**

  Dieser Parameter entscheidet über die Berücksichtigung von Transportkontingenten. Es besteht die Möglichkeit, Kontingente zu verwenden, nicht zu verwenden oder diese Entscheidung auf der Ebene der Transportbeziehung zu treffen.

- **Geschäftsanteil-Verwendung**

  Dieser Parameter definiert die Art der Berücksichtigung von Geschäftsanteilen. Auch hier haben Sie die Möglichkeit, Geschäftsanteile zu verwenden, sie nicht zu verwenden oder diese Entscheidung auf der Ebene der Transportbeziehung zu treffen.

- **Optimiererziel**

  Das Optimiererziel legt fest, wie das Zielkriterium für die Spediteurauswahl bei der Optimierung berechnet wird. Das Zielkriterium kann sich auf Kosten, Priorität, die Summe aus Kosten und Priorität oder das Produkt aus Kosten und Priorität beziehen. Darüber hinaus kann die Option **Transportbeziehungseinstellungen verwenden** diese Entscheidung je nach Geografie auf die einzelnen Transportbeziehungen delegieren, sodass in verschiedenen Regionen unterschiedliche Zielkriterien verfolgt werden können (z. B. Priorität in einer Transportbeziehung und Kosten in einer anderen Transportbeziehung).

- **Herkunft der Spediteurkosten**

  Die Herkunft der Spediteurkosten legt fest, wie die Kosten berechnet werden. Es können Transportkosten aus dem Transportkostenmanagement oder interne Kosten verwendet werden (siehe Abschnitt 7.5.3, »Zielkriterien des Optimierers für die Spediteurauswahl«). Die Strategie **Keine Kostenermittlung** kann verwendet werden, wenn die Spediteurauswahl nur für die Bestimmung der verfügbaren Transportdienstleister in einem Ausschreibungsverfahren erfolgt (mehr darüber erfahren Sie in Abschnitt 7.6, »Frachtausschreibung«). Wie bei den Einstellungen zur Strategie kann mit der Option **Transportbeziehungseinstellungen verwenden** diese Entscheidung an die einzelnen Transportbeziehungen übertragen werden.

- **Planungsstrategie**

  Die linke Spalte in Abbildung 7.54 zeigt die Standardplanungsstrategie für die Spediteurauswahl TSPS_DEF. Die zugeordneten Methoden veranschaulichen den Spediteurauswahlprozess mit allen relevanten Schritten von der Ermittlung relevanter Daten (Spediteure, Schritt 20; Inkompatibilitäten, Schritt 30; Anschlusstransporte, Schritt 40; weitere Restriktionen, Schritte 50 bis 70) bis zur Optimierung (Schritt 80).

Methodenzuordnung zu Strategie

Strategie	Methode	Reihenfolge	Beschreibung	Beschreibung
TSPS_DEF	TSPS_PRE	10	Standardspediteurstrategie	Spediteurauswahl: Vorverarbeitung
TSPS_DEF	TSPS_CARR	20	Standardspediteurstrategie	Spediteurauswahl: Spediteure holen
TSPS_DEF	TSPS_INC	30	Standardspediteurstrategie	Spediteurauswahl: Inkompatibilitäten prüfen
TSPS_DEF	TSPS_CM	40	Standardspediteurstrategie	Spediteurauswahl: Anschlusstransporte erstellen
TSPS_DEF	TSPS_FILT1	50	Standardspediteurstrategie	Spediteurauswahl: Optimierereinschränkungen
TSPS_DEF	TSPS_TAL	60	Standardspediteurstrategie	SpedAuswahl: relevante KON/Geschäftsanteile laden
TSPS_DEF	TSPS_FILT2	70	Standardspediteurstrategie	Spediteurauswahl: KON-PeriodEinschränk. ausführen
TSPS_DEF	TSPS_EXEC	80	Standardspediteurstrategie	Spediteurauswahl: Prozess ausführen
TSPS_DEF	TSPS_POST	90	Standardspediteurstrategie	Spediteurauswahl: Nachverarbeitung

Abbildung 7.54: Planungsstrategie »TSPS_DEF«

- **Optimiererlaufzeit**

  Dieser Parameter beschränkt die maximale Laufzeit für den Optimierer (in Sekunden). Der Optimierer gibt entweder die optimale Lösung vor Ablauf dieser Zeit oder die beste Lösung zur Laufzeit zurück.

- **Manuelle Zuordnung als fix. betrachten**

  Der Umgang mit manuellen Zuordnungen bei der automatischen Spediteurauswahl ist ein wichtiges Thema, da es wahrscheinlich einen Grund für manuelle Zuordnungen gibt und diese nicht einfach überschrieben werden sollten. Daher können manuelle Zuordnungen als fixiert angesehen werden, wenn dieses Kontrollkästchen aktiviert ist.

- **Aktion für manuelle Rangfolgen**

  Eine ähnliche Frage stellt sich beim Umgang mit manuellen Rangfolgen. Verfügbare Optionen für manuelle Rangfolgen sind, diese beizubehalten, sie zu entfernen oder den Spediteur nur dann zu behalten, wenn er als verfügbar gilt (siehe Abschnitt 7.5.2, »Spediteurauswahlprozess«).

- **Transportkosteninterpretation**

  Wenn aus irgendeinem Grund die Transportkosten eines Spediteurs für einen Frachtauftrag als null berechnet werden, bestimmt der Parameter **Spediteure m. Nullkosten berücksichtigen**, wie damit umzugehen ist. Die verfügbaren Optionen bestehen darin, entweder die Verfügbarkeit des Spediteurs für diesen Frachtauftrag zu ignorieren oder den Spediteur für diesen Frachtauftrag entweder als den günstigsten oder den teuersten verfügbaren Spediteur zu akzeptieren.

- **Aktion nach Spediteurauswahllauf**

  Verfügbare Aktionen nach dem Spediteurauswahllauf sind die automatische Zuordnung des besten Spediteurs zum Frachtauftrag oder keine Aktion (d. h., diese Entscheidung einem manuellen Prozess bzw. der verantwortlichen Person auf der Grundlage der erstellten Spediteurrangliste zu überlassen). Darüber hinaus kann eine automatische oder manuelle Ausschreibung auf der Basis der Ausschreibungsparameter (Ausschreibungsprofil, für die Ausschreibung verantwortliche Person) eingeleitet werden.

Das Ausschreibungsverfahren wird in Abschnitt 7.6, »Frachtausschreibung«, ausführlich erläutert.

- **Zonenhierarchie berücksichtigen**

  Dieser Parameter beeinflusst die Auswahl der verfügbaren Spediteure. Zu den Optionen gehören die Berücksichtigung nur derjenigen Spediteure, die auf der spezifischsten Transportbeziehung definiert sind, oder die Verwendung aller Transportbeziehungen, um verfügbare Spediteure zu bestimmen. Die Reihenfolge, in der Hierarchien (basierend auf Quelllokation, Ziellokation und Transportmittel) zur Bestimmung der spezifischsten Transportbeziehung ausgewertet werden, ist im Customizing der Aktivität **Transportation Management • Stammdaten • Transportnetz • Allgemeine Einstellungen zur Bestimmung für die Transportnetzermittlung** definiert.

- **Anschlusstransportart**

  Mit diesem Parameter entscheiden Sie, ob nur einfache Anschlusstransporte oder auch Rundfahrt-Anschlusstransporte erlaubt sind, Anschlusstransporte überhaupt nicht berücksichtigt werden oder ob diese Entscheidung auf der Ebene der Transportbeziehungen getroffen wird (siehe Abschnitt 7.5.3, »Zielkriterien des Optimierers für die Spediteurauswahl«).

Der Spediteurauswahlprozess wird in erster Linie verwendet, wenn die Transportkosten bereits bekannt sind und eine Auswahlentscheidung zwischen verschiedenen Spediteuren getroffen werden soll. Abschnitt 7.6 befasst sich nun mit Frachtausschreibungen und der Konfiguration des Ausschreibungsprozesses, der verwendet werden kann, wenn die Transportkosten nicht im Voraus bekannt sind.

7.6 Frachtausschreibung

Nachdem Sie einen Frachtauftrag erstellt und möglicherweise einen geeigneten Spediteur identifiziert haben, ist der letzte Schritt vor der Ausführung des Frachtauftrags die Frachtausschreibung. Der Frachtausschreibungsprozess kann verwendet werden, um Straßenfrachtaufträge oder Seefrachtbuchungen an einen oder mehrere Spediteure auszuschreiben. Für diesen Prozess gibt es zahlreiche Prozessvarianten, von denen eine in Abbildung 7.55 dargestellt ist.

In diesem Beispiel initiieren Sie den Ausschreibungsprozess in TM, indem Sie eine Frachtanfrage zu einem Frachtauftrag an mehrere Spediteure senden. Diese Spediteure empfangen die Frachtanfrage über verschiedene Kommunikationskanäle (Webportal, B2B, E-Mail). Die Spediteure können die angebotenen Frachtaufträge annehmen oder ablehnen und ihre Preise in einem Frachtangebot anbieten. TM wertet die Antworten der Spediteure aus und vergibt den Frachtauftrag an einen Spediteur (im Beispiel: Spediteur 1). An diesen Spediteur wird anschließend der Frachtauftrag übermittelt, und er quittiert den Empfang des Frachtauftrags mit einer Bestätigungsnachricht.

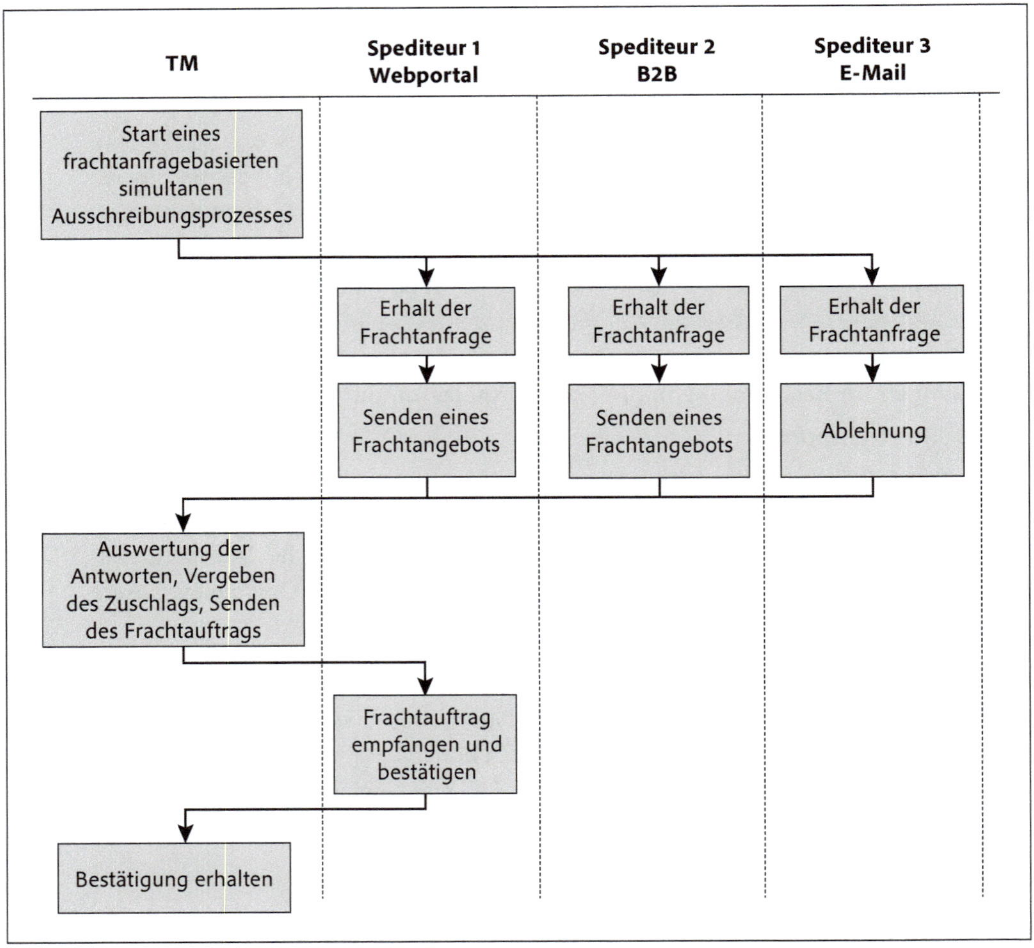

Abbildung 7.55: Beispiel für einen Ausschreibungsprozess

In den folgenden Abschnitten gehen wir auf die Konfiguration der Frachtausschreibung, den Ausschreibungsprozess und die unterstützten Kommunikationsmöglichkeiten ein, wobei der Schwerpunkt auf dem SAP Business Network for Logistics liegt.

7.6.1 Konfiguration

Der Ausschreibungsprozess kann über ein Ausschreibungsprofil mit der SAP-Fiori-App **Ausschreibungsprofil anlegen** auf unterschiedliche Art und Weise konfiguriert werden. Die verschiedenen Optionen sind in Abbildung 7.56 dargestellt.

Ausschreibungsverfahren können aus mehreren Schritten bestehen, z. B. weil Sie in einem ersten Schritt die Anzahl der Spediteure auf die von Ihnen bevorzugten beschränken möchten, bevor Sie eine Anfrage an eine größere Gruppe veröffentlichen, nachdem keiner der bevorzugten Spediteure im ersten Schritt geantwortet hat.

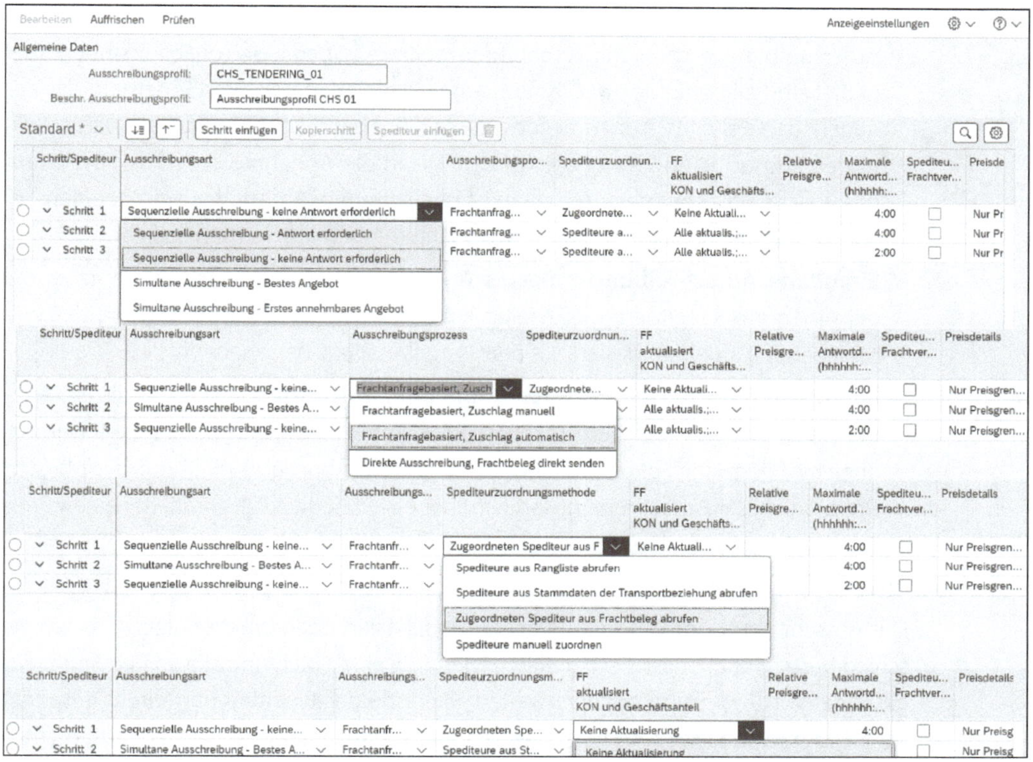

Abbildung 7.56: Ausschreibungsprofil

Die einzelnen Schritte im Ausschreibungsprofil werden nacheinander ausgeführt. Der erste Schritt kann eine sequenzielle Ausschreibung sein, bei der der bevorzugte Spediteur basierend auf der Spediteurauswahl ausgewählt wird (siehe Abschnitt 7.5.2). Eine simultane Ausschreibung an alle verfügbaren Spediteure, die in der Transportbeziehung definiert sind, kann als weiterer Schritt definiert werden, um schnell eine Zuordnung vorzunehmen, wenn die bevorzugte Option (Schritt 1) fehlgeschlagen ist. Die einzelnen Schritte eines Ausschreibungsprozesses können Sie im Ausschreibungsprofil definieren. Für jeden Schritt definieren Sie folgende Kriterien:

- **Ausschreibungsart**

  Die Ausschreibungsart legt den Auktionsmechanismus fest, der im Ausschreibungsverfahren verwendet wird. Es werden vier Ausschreibungsarten angeboten:

  - **Sequenzielle Ausschreibung – Antwort erforderlich** leitet den Ausschreibungsprozess mit einem oder mehreren Spediteuren nacheinander ein. Das bedeutet, dass das System auf eine ablehnende Antwort des ersten Spediteurs wartet, bevor es den zweiten (oder dritten etc.) Spediteur kontaktiert. **Antwort erforderlich** bedeutet, dass das Fehlen einer Antwort nach Ablauf der Einstellung im Bereich **Maximale Antwortdauer** als Ablehnung angesehen wird.

- **Sequenzielle Ausschreibung – keine Antwort erforderlich** initiiert ebenfalls den Ausschreibungsprozess mit einem oder mehreren Spediteuren nacheinander, aber in diesem Fall behandelt das System eine ausbleibende Antwort innerhalb der angegebenen Frist als Annahme des ausgeschriebenen Frachtauftrags. Diese Ausschreibungsart kann verwendet werden, wenn die Annahme durch den Spediteur das übliche und erwartete Verhalten ist und somit die Anzahl der zwischen den beteiligten Parteien ausgetauschten Nachrichten minimiert werden soll.
- **Simultane Ausschreibung – Bestes Angebot** ist ein Auktionsmechanismus, bei dem mehrere Spediteure gleichzeitig kontaktiert werden. Die Bewertung der verschiedenen Angebote basiert auf dem Angebotspreis des Spediteurs.
- **Simultane Ausschreibung – Erstes annehmbares Angebot** ist ebenfalls ein Auktionsmechanismus, bei dem mehrere Spediteure gleichzeitig kontaktiert werden, aber hier liegt der Fokus auf einer schnellen Reaktion und nicht auf dem besten Preis. Bei dieser Ausschreibungsart wird der erste Spediteur gewählt, der einen Preis unterhalb der festgelegten Preisgrenze anbietet.

- **Ausschreibungsprozess**

  Der Ausschreibungsprozess kann frachtanfragebasiert oder direkt erfolgen. Der Unterschied besteht darin, dass bei der ersten Methode eine Frachtanfrage an den Spediteur gesendet wird, während bei der zweiten Methode der Frachtauftrag direkt gesendet wird. Der frachtanfragebasierte Prozess erfordert immer einen Zuschlagsschritt (manuell oder automatisch), nachdem das Frachtangebot des Spediteurs eingegangen ist. Der Vergabeschritt bestimmt, welcher Spediteur den Zuschlag für den Frachtauftrag erhält, und der Frachtauftrag selbst wird anschließend als separate Nachricht gesendet. Bei der direkten Ausschreibung wird der Frachtauftrag automatisch an den Spediteur vergeben, wenn dieser ihn nicht innerhalb der maximalen Antwortdauer ausdrücklich abgelehnt hat.

- **Spediteurzuordnungsmethode**

  Eine wichtige Entscheidung in jedem Schritt des Ausschreibungsverfahrens ist die Auswahl der in dem Schritt zu berücksichtigenden Spediteure. Es stehen vier verschiedene Alternativen zur Verfügung:

  - Die Spediteure können aus der Spediteurrangliste entnommen werden, die durch den Spediteurauswahlprozess (siehe Abschnitt 7.5.2) oder manuell erstellt wurde.
  - Die Spediteure können aus der Transportbeziehung abgerufen werden.
  - Es kann der Spediteur verwendet werden, der dem Frachtauftrag aktuell zugeordnet ist.
  - Die Spediteure werden einem Prozessschritt explizit manuell zugeordnet.

- **FF aktualisiert KON und Geschäftsanteil**

  In Abschnitt 7.5.4, »Restriktionen für die Spediteurauswahl«, wurden Kontingente und Geschäftsanteile eingeführt, um die Entscheidung über die Spediteurauswahl, z. B. aufgrund vertraglicher Verpflichtungen, zu beeinflussen. Wie werden Kontingente und Geschäftsanteile in einem Ausschreibungsverfahren berücksichtigt? Wenn mit einem Spediteur eine Mindestzuteilung von drei Frachtaufträgen pro Woche vereinbart wurde, wie wird die Ablehnung einer Frachtanfrage berücksichtigt? Wird diese Frachtanfrage auf die Mindestzuteilung angerechnet? Die Antworten auf diese Fragen können durch diese Einstellung beeinflusst werden. Die folgenden Optionen stehen zur Verfügung:

- keine Aktualisierung
- Aktualisierung der Transportkontingente bei Zuteilung, aber keine Aktualisierung (Entlastung) bei Ablehnung
- Aktualisierung der Transportkontingente und Geschäftsanteile bei Zuteilung und Aktualisierung (Entlastung) beider bei Ablehnung
- Aktualisierung der Transportkontingente und Geschäftsanteile bei Zuteilung und keine Aktualisierung (Entlastung) der Transportkontingente, aber Aktualisierung (Entlastung) der Geschäftsanteile bei Ablehnung

- **Relative Preisgrenze**

  Die relative Preisgrenze ist wichtig für den automatischen Vergabemechanismus von Frachtaufträgen an einen Spediteur. Sie wird als Schwellenwert verwendet, um zu vermeiden, dass ein Frachtauftrag bei einem zu hohen Frachtangebot automatisch zugeteilt wird. Die relative Preisgrenze ist daher für alle vier Ausschreibungsarten relevant.

- **Maximale Antwortdauer**

  Die maximale Antwortdauer legt die Frist fest, innerhalb derer das System auf die Antworten der Spediteure wartet. Bei der Ausschreibungsart **Simultane Ausschreibung – Bestes Angebot** gibt sie den Zeitpunkt an, nach dem das beste verfügbare Frachtangebot ausgewählt wird.

- **Spediteurspezifische Frachtvereinbarung**

  Wenn dieses Kontrollkästchen aktiviert ist, wird die Preisgrenze pro Spediteur mit der eigenen Frachtvereinbarung des Spediteurs berechnet. Alternativ kann eine gemeinsame Preisgrenze für alle Spediteure verwendet werden (Kontrollkästchen nicht aktiviert). Dafür wird die Frachtvereinbarung verwendet, die für den Standardspediteur, der im Berechnungsprofil eingetragen ist, gefunden wird.

- **Preisdetails**

  Die Preisdetails legen fest, ob die berechnete Preisgrenze für den Spediteur als Pauschale sichtbar ist (**nur Preisgrenze**) oder ob die gesamte Hierarchie der über das Transportkostenmanagement berechneten Kosten angezeigt wird (**Kostenhierarchie**). Je nach Sichtbarkeitseinstellung kann der Spediteur entweder den Gesamtbetrag oder die Werte der einzelnen Elemente der Kostenhierarchie ändern.

- **Sichtbarkeitseinstellungen**

  Die Sichtbarkeitseinstellungen werden im Customizing definiert (**Transportation Management • Frachtauftragsmanagement • Ausschreibung • Allgemeine Einstellungen für Ausschreibung definieren**) und legen Folgendes fest:

  - ob die Preisgrenze dem Spediteur offengelegt wird (schreibgeschützt) oder nicht (ausgeblendet)
  - ob der übermittelte Preis bearbeitet werden kann, schreibgeschützt ist oder ausgeblendet ist
  - ob die Stoppdaten bearbeitet werden können, schreibgeschützt sind oder ausgeblendet sind

  Auf diese Weise können Sie festlegen, ob der Spediteur die Stoppdaten von einzelnen Abschnitten des Frachtauftrags ändern darf, um den Frachtauftrag besser in die Fahrten seiner Fahrzeuge einzubinden. Alle vom Spediteur vorgenommenen Änderungen müssen anschließend überprüft werden, um festzustellen, ob sie auch in Ihre Pläne passen, bevor der Frachtauftrag zugeteilt wird.

Welches Ausschreibungsprofil gewählt wird, kann manuell entschieden werden oder ist in den Ausschreibungseinstellungen der Frachtauftragsart festgelegt (siehe Abbildung 7.2). Die Prozess- und Kommunikationseinstellungen können pro Frachtauftragsart, basierend auf einer Bedingung (mit Bedingungsart `/SCMTMS/TEND`) oder aus den Standardeinstellungen bestimmt werden. Das Ausschreibungsprofil ist Teil der im Customizing definierten Prozesseinstellungen (**Transportation Management • Frachtauftragsmanagement • Ausschreibung • Allgemeine Einstellungen für Ausschreibung definieren**).

Zusätzlich können Sie im Customizing für die Ausschreibung Folgendes festlegen:

- In den Prozesseinstellungen können Sie die für die Ausschreibung verantwortliche Person, die Sichtbarkeitseinstellungen, das Ausschreibungsprofil und die maximale Antwortzeit für Spediteure festlegen.
- Ablehnungsbegründungsschlüssel müssen im Falle einer Ablehnung vom Spediteur bereitgestellt werden und ermöglichen Ihnen eine strukturierte Analyse der Ablehnungsgründe.
- In den Kommunikationseinstellungen können Sie auswählen, ob Sie EDI-Nachrichten, E-Mail- oder SMS-Nachrichten versenden möchten.
- Mit den spediteurspezifischen Kommunikationseinstellungen können Sie die Kommunikationseinstellungen je nach Spediteur, mit dem Sie kommunizieren möchten, unterschiedlich gestalten.
- Sie können Inhalte für E-Mail- und SMS-Nachrichten festlegen, wenn diese Kommunikationsmethoden verwendet werden.
- Sie können die Standardeinstellungen für den Ausschreibungsprozess auswählen.

In der Customizing-Aktivität für die E-Mail-Einstellungen (**Transportation Management • Frachtauftragsmanagement • Ausschreibung • Einstellungen definieren für Ausschreibung per E-Mail**) definieren Sie Schlüsselwörter und Schlüsselwortkennzeichen z. B. für den übermittelten Preis und seine Währung, damit das System die eingehenden E-Mails korrekt interpretieren kann.

7.6.2 Ausschreibungsprozess

Der Ausschreibungsprozess kann interaktiv aus der Benutzeroberfläche des Frachtauftrags oder aus dem Transport-Cockpit heraus gestartet werden. Zusätzlich können Sie die Ausschreibung im Hintergrund über den Report `/SCMTMS/TOR_TENDERING_BATCH` (siehe Abbildung 7.57) oder durch die Definition der Strategie `Tend_Start` als Anlegestrategie des Frachtauftrags anstoßen.

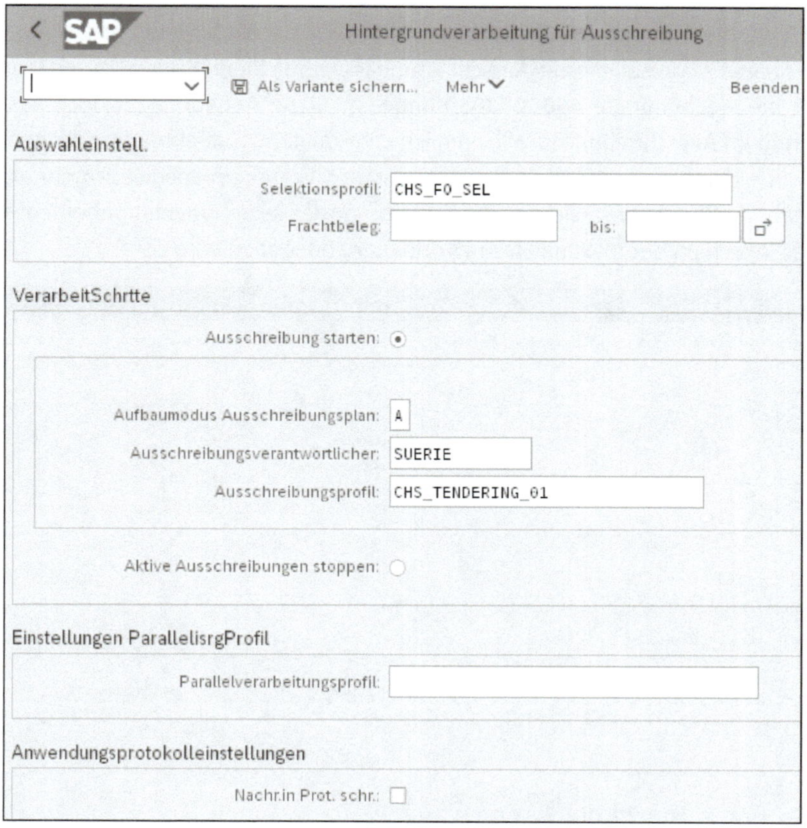

Abbildung 7.57: Hintergrundverarbeitung für die Ausschreibung

Mit dem Start des Ausschreibungsprozesses wird das Ausschreibungsprofil als Ausschreibungsplan in den Frachtauftrag geladen. Welche Spediteure an welchem Ausschreibungsschritt teilnehmen, hängt von der Spediteurzuordnungsmethode des jeweiligen

Schritts im Ausschreibungsprofil ab und davon, ob die Spediteure in der Spediteurrangliste (siehe Abbildung 7.46) oder in der Transportbeziehung als relevant für sequenzielle oder simultane Ausschreibungen markiert sind. Sie können den Ausschreibungsplan auch lokal im Frachtauftrag ändern, z. B. indem Sie Spediteure zu einem bestimmten Prozessschritt hinzufügen bzw. aus diesem entfernen oder indem Sie komplette Schritte hinzufügen bzw. diese entfernen.

Frachtanfragen und Frachtangebote können von der zuständigen Person in Arbeitsvorräten überwacht werden (**Ausschreibungen (Arbeitsvorrat)**). Hier sind Ausschreibungs-Alerts in separaten Arbeitsvorratslisten sichtbar (**zu überprüfende Frachtangebote**, **erfolglose Ausschreibungen** und **wegen FA-Änderungen gestoppte Ausschreibungen**).

Sie können den Ausschreibungsprozess für einen Frachtauftrag mit seinen einzelnen Schritten auf der Registerkarte **Unterbeauftragung** der Benutzeroberfläche des Frachtauftrags überwachen. Abbildung 7.58 zeigt ein Beispiel. Im ersten Schritt hat der Spediteur **CHS_CAR_02** die **Anfrage 4500003053** abgelehnt. Da der erste Schritt dieses Ausschreibungsprozesses eine sequenzielle Ausschreibung ist, wurde für den zweiten Spediteur **CHS_CAR_01** die Frachtanfrage **4500003054** angelegt. Seine Antwort steht noch aus. Der zweite Schritt im Ausschreibungsprofil, nämlich die simultane Ausschreibung an zwei Spediteure, wurde dementsprechend noch nicht gestartet. Wenn ein Spediteur mehr als ein Frachtangebot vorlegt, berücksichtigt das System nur das letzte Frachtangebot jedes Spediteurs, das innerhalb der maximalen Antwortdauer abgegeben wird.

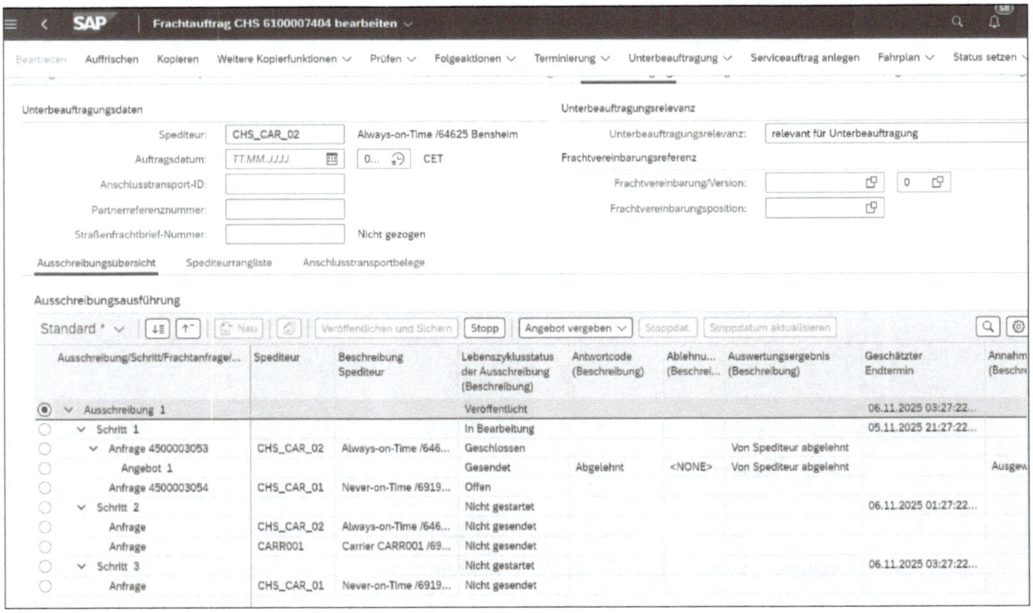

Abbildung 7.58: Ausschreibungsübersicht

Um Zuschläge automatisch im Hintergrund erteilen zu können, muss der Report `/SCMTMS/TEND_CONT_PROCESS` regelmäßig eingeplant werden. Dieser Report wertet die von den Spediteuren erhaltenen Antworten aus.

7.6.3 Frachtausschreibung mit SAP Business Network for Logistics

SAP Business Network for Logistics ist eine Cloud-Lösung für die Zusammenarbeit von Verladern und Logistikdienstleistern. Sie wird in drei verschiedenen Lizenzierungsvarianten angeboten: SAP Business Network Freight Collaboration; SAP Business Network Global Track and Trace und SAP Business Network Material Traceability. SAP Business Network Freight Collaboration ist die Variante, die sich in den Frachtausschreibungsprozess von TM integriert. Die Infrastruktur, das Onboarding, der Support und der Betrieb werden von SAP bereitgestellt, während Anwendungen und Inhalte von SAP- und -Partnern angeboten werden können. Einen allgemeinen Überblick über das SAP Business Network for Logistics finden Sie in Abschnitt 13.8, »SAP Business Network for Logistics«.

[«]

Weitere Kommunikationsmethoden

Neben der Kommunikation über das SAP Business Network for Logistics stehen drei weitere Kommunikationswege zur Verfügung:

- **Kommunikation über B2B-Nachrichten**

  Bei dieser Kommunikationsmethode werden Webservice-Nachrichten in Form von Frachtanfragen versandt und Antworten in Form von Frachtangeboten empfangen.

- **Kommunikation per E-Mail**

  Um die Kommunikation per E-Mail zu unterstützen, muss der Geschäftspartner, der den Spediteur repräsentiert, eine Geschäftspartnerbeziehung zu einem Geschäftspartner mit der Rolle Ansprechpartner mit einer gültigen E-Mail-Adresse haben. Außerdem müssen Sie im Customizing die Einstellungen für die Ausschreibung per E-Mail vorgenommen haben (**Transportation Management • Frachtauftragsmanagement • Ausschreibung • Einstellungen definieren für Ausschreibung per E-Mail**). Hier definieren Sie Schlüsselwortkennzeichen (z. B. »&«) und Schlüsselwörter (z. B. »RFQ«) und verknüpfen diese mit einer betriebswirtschaftlichen Bedeutung (z. B. »Frachtausschreibungsnummer«), um einen E-Mail-Text (z. B. »Dies ist ein Frachtangebot für &RFQ 34567«) erfolgreich interpretieren/parsen zu können. Ein Spediteur kann Frachtanfragen annehmen oder ablehnen, Ablehnungsgründe eingeben und (je nach den Sichtbarkeitseinstellungen) einen Preis angeben. Technisch gesehen, wandelt der Report `/SCMTMS/TEND_PROCESS_INBOX` die E-Mail in ein Frachtangebot um, das dann wie jedes andere Frachtangebot mit dem Report `/SCMTMS/TEND_CONT_PROCESS` verarbeitet wird.

- **Kommunikation über eine Web-App**

  Sie können Spediteuren auch über ein Web UI Zugriff auf Ihr TM-System gewähren. Darüber können Spediteure ihre Frachtanfragen einsehen, Frachtangebote abgeben, Frachtaufträge bestätigen und Rückmeldungen zur Ausführung geben. Voraussetzung für diese Kommunikationsmethode ist, dass ein Collaboration-Benutzer in der SAP-Fiori-App **Collaboration-Benutzer pflegen** definiert wurde und dass dieser Benutzer als Collaboration-Benutzer für den Geschäftspartner, der für den Spediteur definiert wurde, hinterlegt ist.

  Mit der SAP-Fiori-App **Frachtanfragen verwalten** kann der Spediteur die Anzahl der zu beantwortenden Frachtanfragen und deren Fälligkeitsdatum einsehen. Der Spediteur kann alle Frachtanfragen nach ihrem Status (**Offen**, **Geschlossen**, **Beantwortet**) filtern, sie sortieren und anzeigen. Offene Frachtanfragen erfordern eine Antwort. Frachtanfragen, auf die geantwortet wurde, warten auf die Auswertung, und geschlossene Frachtanfragen sind entweder abgelehnt, storniert, oder ihre Antwortzeit wurde überschritten. Für jede Frachtanfrage können Details wie Transportstopps eingesehen werden. Frachtanfragen können ohne Änderungen oder – abhängig von den Ausschreibungseinstellungen – mit Änderungen des Preises und/oder der Start- oder Stoppdaten angenommen werden.

  In der SAP-Fiori-App **Frachtangebote anzeigen** kann der Spediteur alle vorhandenen Frachtangebote einsehen. Die SAP-Fiori-App zeigt die Anzahl der zugeteilten und abgelehnten Frachtangebote an. Die Frachtangebote können nach Status (**Ausstehend**, **Zugeteilt**, **Abgelehnt**) gefiltert, sortiert und angezeigt werden. In der Detailansicht können Details zu jedem Transportstopp angezeigt werden, einschließlich der Artikel, die an diesem Stopp ein- und ausgeladen werden sollen.

  Die SAP-Fiori-App **Frachtaufträge bestätigen** ermöglicht es dem Spediteur, Frachtaufträge mit und ohne Änderungen zu bestätigen. Die SAP-Fiori-App zeigt die Anzahl der zu bestätigenden Frachtaufträge an. Frachtaufträge können nach Status (**Zur Bestätigung**, **Bestätigt**, **Geschlossen**) gefiltert, sortiert und angezeigt werden. Abgeschlossene Frachtaufträge sind solche, die entweder abgeschlossen oder storniert wurden. Über die SAP-Fiori-App können auch Vorschläge zur Änderung der Termine und Preise eingereicht werden, und der Frachtauftrag mit Änderungen kann bestätigt werden. In der detaillierten Ansicht können Details für jeden Transportstopp angezeigt werden, einschließlich der an diesem Stopp zu ladenden und zu entladenden Artikel.

  Schließlich erlaubt die SAP-Fiori-App **Ausführung von Frachtaufträgen verwalten** dem Spediteur, Rückmeldungen zur Ausführung von Frachtaufträgen zu geben. Der Spediteur kann sich über diese SAP-Fiori-App Details zum Frachtauftrag anzeigen lassen (Quelle, Ziel, Informationen zur Fracht, Notizen, Anlagen, Transportstopps). Zu jedem Stopp können geplante und ungeplante Ereignisse,

Begründungen für ungeplante Ereignisse und Istmengen rückgemeldet werden. Neben stopp-spezifischen Ereignissen können auch Tourereignisse, die sich auf den gesamten Transport beziehen, erfasst werden.

Der Lösungsumfang von SAP Business Network Freight Collaboration geht weit über den reinen Ausschreibungsprozess hinaus. Er umfasst den gesamten Prozess der Zusammenarbeit mit Spediteuren, von der Unterbeauftragung bis zur Abrechnung. Neben dem Ausschreibungsprozess bietet es Funktionen in den Bereichen Frachtabwicklung (Meldung von Ereignissen, Versenden von Geoinformationen, Hochladen von Ablieferungsnachweisen oder Abholnachweisen), Torterminplanung (Selbstbuchung von Terminen für das Be- und Entladen) und Abrechnung (Erstellen und Versenden von Rechnungen, Klärungsfälle bei ungeplanten Frachtkosten).

Im Hinblick auf Frachtausschreibungen gibt es zwei relevante Prozesse, die TM und SAP Business Network for Logistics integrieren und die hier erörtert werden sollen: Der erste ist der administrative Onboarding-Prozess, der in Abbildung 7.59 dargestellt ist. Der zweite Prozess bezieht sich auf die Unterbeauftragung und umfasst die Bearbeitung von Frachtanfragen und Frachtangeboten sowie die Bestätigung von Frachtaufträgen.

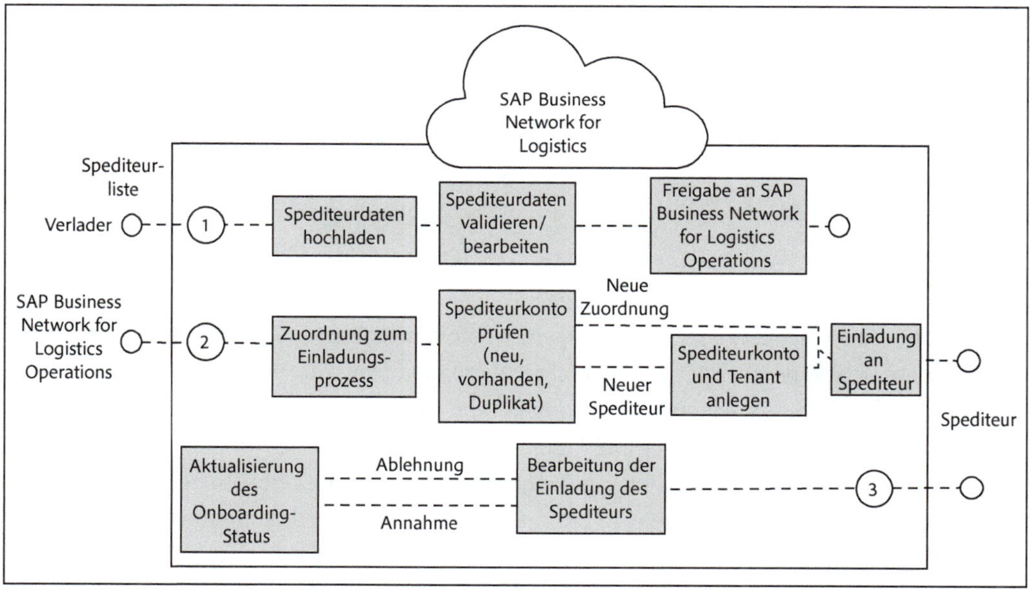

Abbildung 7.59: Onboarding-Prozess mit SAP Business Network for Logistics

Abbildung 7.59 zeigt die drei Schritte des Onboarding-Verfahrens. Eine Voraussetzung für die Einleitung des Prozesses ist, dass der Verlader ein Konto auf der SAP Business Technology Platform (SAP BTP) erworben und für dieses Konto Benutzer mit den entsprechenden Rollen angelegt hat. Außerdem muss der Einkaufsorganisation, die in einem Unterbeauftragungs-/Ausschreibungsprozess verwendet wird, eine eindeutige Netzwerk-ID zugewiesen werden, die aus dem SAP Business Network for Logistics erstellt wird. Diese eindeutige Netzwerk-ID wird auf der Registerkarte **Identifikation** des mit der Einkaufsorganisation verbundenen Geschäftspartners in der SAP-Fiori-App **Geschäftspartner definieren** eingetragen.

Der erste Schritt im Onboarding-Prozess ist die Erstellung einer Liste von Spediteuren, mit denen der Verlader im SAP Business Network for Logistics zusammenarbeiten möchte. Diese Liste kann mit dem Report `/SCMTMS/LBN_CARRLIST` erstellt werden. In der SAP-Fiori-App **Spediteure verwalten** wird diese Liste in das SAP Business Network for Logistics hochgeladen, wo sie bearbeitet, validiert und schließlich übermittelt werden kann.

Nach der Übermittlung an das SAP Business Network for Logistics verwaltet das Operations-Team des SAP Business Network for Logistics die Einladungen an die Spediteure. Damit beginnt der zweite Prozessschritt. Je nachdem, ob der Spediteur bereits über ein Konto verfügt, wird die Einladung mit dem bestehenden Konto verknüpft und nur eine neue Verbindung angelegt, oder es müssen ein neues Konto und eine neue Verbindung erstellt werden. Der Spediteur kann auf Einladungen reagieren, indem er sie annimmt oder ablehnt. Wenn ein Spediteur eine Einladung zur Verbindung mit dem Verlader annimmt, muss die eindeutige Netzwerk-ID des Spediteurs aktualisiert werden. Die eindeutigen Netzkennungen der Spediteure können in TM aktualisiert werden, indem sie aus der SAP-Fiori-App **Spediteure verwalten** in SAP Business Network for Logistics heruntergeladen und über den Report `/SCMTMS/LBN_BPID_UPD` in TM hochgeladen werden.

Die Bearbeitung von Frachtanfragen und Frachtangeboten durch den Spediteur im SAP Business Network for Logistics ist der Hauptprozess bei der Zusammenarbeit in der Frachtlogistik.

Zunächst wird eine Frachtanfrage von TM an das SAP Business Network for Logistics gesendet, wo sie vom Spediteur in der SAP-Fiori-App **Frachtanfragen** abgerufen werden kann. Die Frachtanfragen werden in einer Listen- oder Detailansicht angezeigt. In der Listenansicht kann der Spediteur nach Frachtanfragen filtern, sortieren und suchen. Die Detailansicht enthält allgemeine Informationen, frachtbezogene Informationen, Adressen sowie geplante Termine für alle Transportstopps einschließlich der Kontaktdaten. Auch Notizen und Anlagen können hier eingesehen werden. Die verbleibende Zeit zur Beantwortung der Frachtanfrage wird angezeigt, und der Spediteur kann die Frachtanfrage in der Detailansicht oder eine oder mehrere Frachtanfragen gleichzeitig in der Listenansicht annehmen, mit Änderungen (Preis und Termine) annehmen oder ablehnen. Mögliche Ablehnungsgründe können vordefiniert und an das TM-System gesendet werden.

Anschließend wird auf Basis der Antwort des Spediteurs in der SAP-Fiori-App **Frachtanfragen** in SAP Business Network for Logistics ein Frachtangebot erstellt und an das TM-System gesendet. In der SAP-Fiori-App **Frachtangebote** kann der Spediteur seine eingereichten Frachtangebote in einer Listen- und einer Detailansicht einsehen. Der Spediteur kann in der Listenansicht nach Frachtangeboten filtern, sortieren und suchen und die Antwort des Auftraggebers überprüfen oder feststellen, ob sie noch fehlt. In der Detailansicht sieht der Spediteur ähnliche Informationen wie in der Detailansicht für die Frachtanfragen sowie Informationen zu seinen abgegebenen Angeboten, wie z. B. den vorgeschlagenen Preis.

Sobald ein Frachtangebot zugeteilt wurde, wird der entsprechende Frachtauftrag im SAP Business Network for Logistics sichtbar, und der Spediteur kann die Frachtaufträge an den Auftraggeber rückbestätigen. In diesem Prozessschritt werden Frachtaufträge zur Bestätigung von TM an das SAP Business Network for Logistics gesendet. In der SAP-Fiori-App **Frachtaufträge zur Bestätigung** kann der Spediteur Frachtaufträge bestätigen oder ablehnen. Ähnlich wie die beiden anderen SAP-Fiori-Apps bietet die App eine Listenansicht, in der ein oder mehrere Frachtaufträge gleichzeitig bestätigt oder abgelehnt werden können, sowie eine Detailansicht. In der Detailansicht kann der Spediteur logistische und finanzielle Informationen für den Frachtauftrag überprüfen sowie Ausführungsinformationen wie Fahrername, Kennzeichen oder Text hinzufügen, die auf der Benutzeroberfläche des Frachtauftrags als Notiz angezeigt werden.

Die SAP-Fiori-App **Frachtaufträge zur Bestätigung** kann nicht nur im Ausschreibungsprozess verwendet werden, sondern auch, wenn der Spediteur durch den Spediteurauswahlprozess, der in Abschnitt 7.5.2 besprochen wurde, ausgewählt wurde. Eine entsprechende SAP-Fiori-App gibt es auch für See- und Luftfrachtbuchungen (**Frachtbuchungen bestätigen**).

Anbindung an externe Marktplätze [«]

Häufig werden Marktplätze genutzt, um Unternehmen, die Waren versenden wollen, mit Spediteuren zusammenzubringen. Mit kleinen Anpassungen kann der standardmäßige Frachtausschreibungsprozess genutzt werden, um die Vorteile von Marktplätzen zu nutzen. Dabei wird der Marktplatz als Spediteur angegeben, an den die Frachtanfrage gesendet wird. Der Marktplatz weist den tatsächlich zu beauftragenden Spediteur zu, und seine Antwort (Frachtangebot) beinhaltet den zu beauftragenden Spediteur und dessen Preisinformationen. Auf der Grundlage der Antwort des Marktplatzes müssen dem Frachtauftrag also nur der tatsächliche Spediteur und sein Preis zugeordnet werden.

7.7 Zusammenfassung

Dieses Kapitel hat sich mit Frachtaufträgen, insbesondere im Landverkehr, befasst, die meistens über einen Planungsprozess erstellt werden. Ihre Konfigurationsmöglichkeiten und Benutzeroberfläche wurden vorgestellt. Anschließend haben Sie ihre Gegenstücke im Luft- und Seeverkehr als Luft- und Seefrachtbuchungen kennengelernt. Gemeinsamkeiten und Unterschiede zwischen Frachtaufträgen und Frachtbuchungen wurden aufgezeigt. Während alle diese Dokumente eine Form von Transportkapazität repräsentieren, wurde die Sendung als rein logisches Konzept erläutert, um die Übersicht der Dokumente im Frachtauftragsmanagement zu komplettieren.

Darüber hinaus wurden in diesem Kapitel der Kapazitätsmanagementprozess und seine Bestandteile für die Kapazitätsplanung aus langfristiger, mittelfristiger und kurzfristiger Sicht vorgestellt. Wir haben Fahrpläne als Grundlage für die systematische Erstellung von Frachtbelegen und ihr Änderungsmanagement besprochen. Kontingente dienen dazu, Kapazitäten für einen Spediteur auf einer Verkehrsbeziehung bestimmten (Zeit-)perioden zuzuordnen. Geschäftsanteile ermöglichen die Definition einer gewünschten Verteilung Ihres Transportvolumens auf einer Verkehrsbeziehung auf mehrere Spediteure in bestimmten (Zeit-)perioden.

Frachtaufträge werden an einen Spediteur unterbeauftragt. Die Zuordnung erfolgt planerisch über die Spediteurermittlung oder -auswahl, über die Frachtausschreibung oder eine Kombination aus beidem. Die Spediteurauswahl basiert in der Regel auf den Kosten und kann verschiedene Einschränkungen berücksichtigen, wie z. B. Geschäftsanteile oder Kontingente. Der Frachtausschreibungsprozess kann eine Gruppe von Spediteuren simultan oder sequenziell berücksichtigen und in mehrere Ausschreibungsschritte untergliedert werden.

Nach Abschluss des Planungsprozesses behandelt das nächste Kapitel Frachtaufträge aus der Perspektive der Ausführung einschließlich des Drucks von Frachtpapieren.

Kapitel 8
Durchführung und Überwachung von Transporten

Die Verwaltung, Steuerung und Überwachung von Transportprozessen steht im Mittelpunkt der Transportdurchführung, die den Einsatz von Transportmanagement und SAP Event Management in SAP S/4HANA und SAP Business Network for Logistics Global Track and Trace mit der erforderlichen Unterstützung für durchgehende Frachtbewegungen umfasst.

Transportdurchführung und -überwachung ermöglichen es Ihnen, alle erforderlichen Prozessschritte rund um die Organisation und Dokumentation von Aktivitäten zur Vorbereitung, physischen Bewegung, Handhabung und Überwachung bzw. Dokumentation von Fracht entlang der Lieferkette zu verwalten. Das SAP-System unterstützt Sie in den Dokumentations- und Frachtabwicklungsabteilungen von Logistikdienstleistern und in den Logistikabteilungen der Verlader dabei, Ihre Verantwortlichkeiten auf konforme Weise zu erfüllen und einen Soll-Ist-Abgleich für die tatsächliche Frachtbewegung zu erstellen.

Transportprozesse werden unter Verwendung einer oder mehrerer der folgenden Komponenten ausgeführt und überwacht:

- **Ausführung von Transporten**

  Mit der Komponente zur Transport- bzw. Frachtauftragsausführung von TM können Sie alle Schritte in Bezug auf Vorbereitung, Organisation, Handhabung, Verladung, Bewegung und Entladung von Fracht verwalten. Dazu gehören die Erstellung von Dokumenten im Kontext der Frachtbewegung sowie die Einleitung von Prüfungen zur Einhaltung der Vorschriften, wie z. B. die Dokumentation der tatsächlichen Mengen und Details der Fracht. Sie können Diskrepanzen wie z. B. Mengenabweichungen erfassen sowie den Auftrags- und Ladungsstatus aktualisieren. Außerdem dienen die Frachtdokumente als Basis für Kostenberechnung und -abrechnung im Einkauf von Fracht.

- **SAP Event Management**

  SAP Event Management ist ein äußerst flexibles, effizientes und generisches Software-Tool zur Verwaltung und Visualisierung von Überwachungsprozessen (Track-and-Trace-Prozesse, Statusmanagementprozesse und Key-Performance-Indikatoren). Sie können SAP Event Management in der Logistik und darüber hinaus zur automatischen Aufzeichnung von Aktivitätsinformationen im Zusammenhang mit Frachtbewegungen, Auftragsprozessen, Ressourcenlebenszyklen und Finanzmanagementaspekten im Hinblick auf Sendungen (z. B. Frachtvorauszahlung) verwenden. SAP Event Management wird als unternehmenseigenes Tool für Track and Trace bereitgestellt, d. h., es wird von einem Kunden betrieben und ist kein öffentlicher Cloud-Service und kein allgemeines Netzwerk-Tool.

- **SAP Business Network for Logistics Global Track and Trace**

  Auf der Grundlage der innovativen SAP-Logistiktechnologie wurde SAP Global Track and Trace als Tool für die kollaborative Prozessüberwachung eingeführt. Ausgehend von der Technologie und den Anwendungsfällen, wurde dieses Tool für Teilnehmende am Logistikprozess entwickelt, die eine gemeinsame Sicht teilen und in der öffentlichen Cloud zugangsberechtigt sind. Da SAP Business Network for Logistics Global Track and Trace eng mit SAP Event Management verwandt ist, geben wir Ihnen in diesem Kapitel einen etwas detaillierteren Überblick. Weitere Themen zu SAP Business Network for Logistics finden Sie in Abschnitt 13.8.

In diesem Kapitel werden die Funktionen und Hintergründe der Transportabwicklung und -verfolgung anhand dieser drei Lösungen erläutert: Transportausführung in TM (Abschnitt 8.1), SAP Event Management (Abschnitt 8.2) und SAP Business Network for Logistics Global Track and Trace (Abschnitt 8.3).

8.1 Transportausführung

Die Transportausführung umfasst alle Aktivitäten, die mit der Abwicklung und Dokumentation von Sendungen verbunden sind, die im Rahmen des Transitprozesses anfallen. Dabei geht es um mehr als nur um die Nachverfolgung der Position eines Fahrzeugs auf der Straße: Es umfasst auch die Aufzeichnung aller Abweichungen bezüglich des ursprünglich geplanten Transports und die Übergabe an andere Geschäftspartner oder Unternehmen.

In den vorangegangenen Kapiteln haben wir die TM-Funktionen zur Erfassung, Planung und Vergabe von Transportaufträgen besprochen. Bis zum Abschluss der Transportplanung sind noch keine Paletten, Container und Waggons beladen oder in Bewegung gesetzt worden. Die Komponente Frachtauftragsmanagement innerhalb von TM unterstützt das Transportmanagement nicht nur in der Planungsphase, sondern wird auch verwendet, nachdem das Fahrzeug den Ladeort verlassen hat.

Bevor das Fahrzeug tatsächlich den Hof verlässt, werden im Zuge des Transportvorbereitungs- und Verladeprozesses neue Informationen gesammelt, die für den Verlader oder den Spediteur relevant sein können. Die Transportplanung erfolgt in der Regel auf Basis geplanter Mengen. Für die Transportausführung muss der Spediteur die tatsächlichen Mengen berücksichtigen und auf gegebenenfalls vorkommende Abweichungen von den bestellten Frachtmengen reagieren. Diese Abweichungen zwischen bestellten und tatsächlichen Mengen können erfasst und, je nach Vereinbarung zwischen Auftraggeber und Spediteur, bei der Berechnung der Transportkosten berücksichtigt werden.

Bei internationalen, multimodalen Transporten ist oft mehr als ein Transportdienstleister am Gesamttransport beteiligt. Manchmal kann der Import im Bestimmungsland sehr spezialisiert sein, und ein lokaler Logistikdienstleister (LDL) kann den Importabschnitt besser unterstützen als ein Dienstleister, der im Ausland sitzt. Es kommt daher vor, dass ein anderer Dienstleister den Exportabschnitt organisiert als derjenige Dienstleister, der den Import der Fracht abwickelt.

Im Rahmen der Transportausführung müssen nicht nur die Waren von ihrem Ursprungs- zu ihrem Zielort gebracht werden. Insbesondere bei grenzüberschreitendem Warenverkehr müssen auch verschiedene organisatorische Aspekte und die Einhaltung rechtlicher Verpflichtungen sichergestellt werden, z. B. die fristgerechte und korrekte Zollanmeldung, Frachtbrieferstellung, Erstellung von Konnossementen (engl.: Bill of Lading, kurz: B/L) etc.

Die TM-Komponente zur Verwaltung von Frachtaufträgen unterstützt bei der Handhabung des Kommunikationsaufwands mit den beteiligten Parteien, der Einhaltung der rechtlichen Rahmenbedingungen und der fristgerechten Bereitstellung der Dokumentation der Transportausführung. Der folgende Abschnitt stellt die einzelnen Bereiche vor und zeigt, wie diese zur Einhaltung der Anforderungen an die Transportausführung genutzt werden können.

8.1.1 Anlage von Dokumenten

Unabhängig vom Verkehrsträger sind die Erstellung, der Druck und die ordnungsgemäße Mitführung von Dokumenten im Transportprozess von großer Wichtigkeit. Je nach der Perspektive, unter der der Transportprozess betrachtet wird, sind verschiedene Dokumente beteiligt. In diesem Abschnitt konzentrieren wir uns auf die Erstellung von Konnossementen und *Frachtbriefen* (engl.: Waybill).

Der Unterschied zwischen diesen beiden Dokumenten liegt in ihrem rechtlichen und praktischen Zweck. Das Konnossement dient als Nachweis dafür, dass ein Vertrag oder ein Auftrag zwischen einem Verlader und einem Spediteur ausgestellt wurde, in dem festgelegt ist, dass bestimmte Güter transportiert werden müssen. Beim Frachtbrief liegt der Fokus stärker auf den logistischen Aspekten und enthält eine Übersicht über die zu befördernden Güter.

Falls ein Spediteur als Vermittler zwischen einem tatsächlichen Spediteur und einem Verlader beteiligt ist, können B/L und Frachtbrief jedoch dasselbe bedeuten. Der LDL stellt nun sein eigenes B/L aus, den sogenannten *Hausfrachtbrief* (engl.: House Bill of Lading, kurz: HBL). Da der Inhalt der Frachtbriefe in der Regel vom gewählten Verkehrsträger abhängt, wird die Terminologie für Frachtbriefe zusammen mit der Transportart verwendet (z. B. Seefrachtbrief für Seetransporte oder Luftfrachtbrief für Lufttransporte).

Verlader sind bei einigen Transportarten (z. B. im Seeverkehr) verpflichtet, dem Empfänger ein B/L auszuhändigen, in dem alle zu transportierenden Güter aufgeführt sind. Das B/L ist ein rechtsgültiges und handelbares Dokument, das es dem Adressaten – in der Regel der Warenempfänger – ermöglicht, die Waren im Zielhafen zu übernehmen. Andererseits kann der Empfänger die Waren auch während des Seetransports verkaufen und das B/L an den Käufer aushändigen.

Der LDL oder der Spediteur, der den Auftrag für den Verlader verwaltet, stellt das B/L aus. Bei Sammeltransporten für verschiedene Verlader stellt der LDL selbst ein B/L aus oder erhält eines vom Spediteur für die Konsolidierung und stellt mehrere HBL aus, die der LDL den beteiligten Verladern zur Verfügung stellt.

[+]

Vereinfachende Maßnahme

Wie bereits erwähnt, werden die Bezeichnungen der Frachtbriefe oft als Kontraktion des Verkehrsträgers und dem Begriff *Frachtbrief* gebildet. Zur Vereinfachung wird im Folgenden der Luftfrachtverkehr als ständiges Beispiel verwendet. Daher wird von *Luftfracht-Hausfrachtbriefen* (engl.: House Air Way Bill, kurz: HAWB) und Luftfracht-Sammelfrachtbriefen (engl.: Master House Air Way Bill, kurz: MAWB) gesprochen.

HAWBs können sowohl aus dem Speditionsauftrag als auch aus Frachteinheiten, Frachtaufträgen oder Frachtbuchungen erstellt werden. Über das Customizing des Speditionsauftrags kann definiert werden, wie die Anzahl der HBL oder HAWB zusammengesetzt werden soll. Dies wurde bereits in Abschnitt 5.3, »Speditionsaufträge«, ausgeführt. Darüber hinaus kann im Customizing definiert werden, wie die HBL zusammengesetzt werden sollen, indem Sie eine *Process-Controller-Strategie* definieren, die die Erstellung der HBLs übernimmt.

Bei den Standardstrategien werden mehrere Möglichkeiten angeboten. Im Allgemeinen wird der HBL aus den Elementen eines Belegs aufgebaut, nicht aus den Kopfdaten:

- **Nach Verlader und Warenempfänger**

  Alle Positionen, die dieselbe Verlader- und Warenempfängerkombination enthalten, werden in einer HBL zusammengefasst. Es sind auch zusätzliche, spezifischere Strategien verfügbar, die die Positionen auf einem HBL zusätzlich zu den Verlader- und Warenempfängerinformationen nach Container oder Transportgruppe des Materials gruppieren.

- **Nach Bestimmungsort**

  In einigen Fällen werden die Waren an denselben Ort transportiert, aber verschiedene Empfänger werden die Waren später erhalten. Dies ist der Fall, wenn eine importierende Geschäftseinheit die Waren im Löschhafen übernimmt.

- **Nach Speditionsauftrag**

  Wenn der HBL oder der HAWB von einem LSP erstellt wird, können alle Positionen, die zu demselben Speditionsauftrag gehören, in einem Dokument zusammengefasst werden.

- **Durch Frachtdokumente**

  Auch dieses Szenario ist für LSPs konzipiert. Alle Positionen, die auf demselben Beleg für den Haupttransport geplant sind, werden in einem HBL konsolidiert.

Welche Strategie Sie anwenden und aus welchem Dokument Sie das HBL erstellen möchten, hängt von Ihrem Geschäftsfall und Ihrer Branche ab.

Der Frachtbrief hingegen ist das logistische Dokument, das zwischen zwei an einem Transportprozess beteiligten Parteien ausgetauscht wird. Der Frachtbrief enthält Informationen über die Fracht, den Transportweg und die Bedingungen des Transports.

Die Frachtbriefe haben in der Regel eine eindeutige ID. Der Kunde und der Transportdienstleister haben normalerweise einen gemeinsamen Nummernkreis vereinbart, aus dem der Kunde eine Nummer ziehen kann, wenn der Beleg erstellt wird. Diese Nummer dient als eindeutige Referenz für beide Parteien des Transportgeschäfts. In TM werden die vereinbarten Nummernkreise in der ID der Frachtbriefbestandsdokumente gespeichert.

Frachtbriefe in TM können in Hausfrachtbriefe und Sammelfrachtbriefe (Master-Frachtbriefe) unterteilt werden. Die Hausfrachtbriefe stellen die Transportdokumente zwischen der Verkaufsseite des Unternehmens, das TM verwendet, und einem Auftraggeber dar. Sammelfrachtbriefe sind Einkaufsbelege zwischen Ihrem Unternehmen und dem Spediteur. Sie können Sammelfrachtbriefe mit Frachtabrechnungsbelegen und Speditionsabrechnungsbelegen vergleichen. Es handelt sich um ähnlich aussehende Dokumente, die jedoch für unterschiedliche Teile des Transportprozesses erstellt werden.

[«]

Frachtbriefe sind keine eigenständigen Dokumente

Anders als Frachtabrechnungsbelege und Speditionsabrechnungsbelege sind Frachtbriefe in TM nicht mit eigenen Dokumenten vertreten. Frachtbriefe dienen als Druckdokumente nur für Speditions- und Frachtaufträge, Frachtbuchungen und Frachteinheiten. Diese Dokumente bieten die Möglichkeit, die richtige Nummer aus dem hinterlegten Nummernkreis zu ermitteln.

Um die IDs von Frachtbriefbeständen zu definieren, müssen verschiedene Customizing-Einstellungen vorgenommen werden. Die Nummernkreise werden in TM als IDs der Frachtbriefbestände gespeichert, dies erfolgt im Customizing unter **Transportation Management • Stammdaten • Frachtbriefbestand • Frachtbrief-Nummernbestandsarten definieren**.

Abbildung 8.1 zeigt, dass verschiedene Details über den Frachtbriefnummernbestand angepasst werden können, bevor der Frachtbriefnummernbestand selbst definiert wird.

Frachtbriefnummernbestände sind immer abhängig vom Verkehrsträger, daher ist die Zuordnung eines Verkehrsträgers in dieser Customizing-Aktivität zwingend erforderlich. Mit der Bestandsart wird festgelegt, ob der Nummernbestand als Frachtbriefnummer oder als Tracking-Nummer verwendet wird.

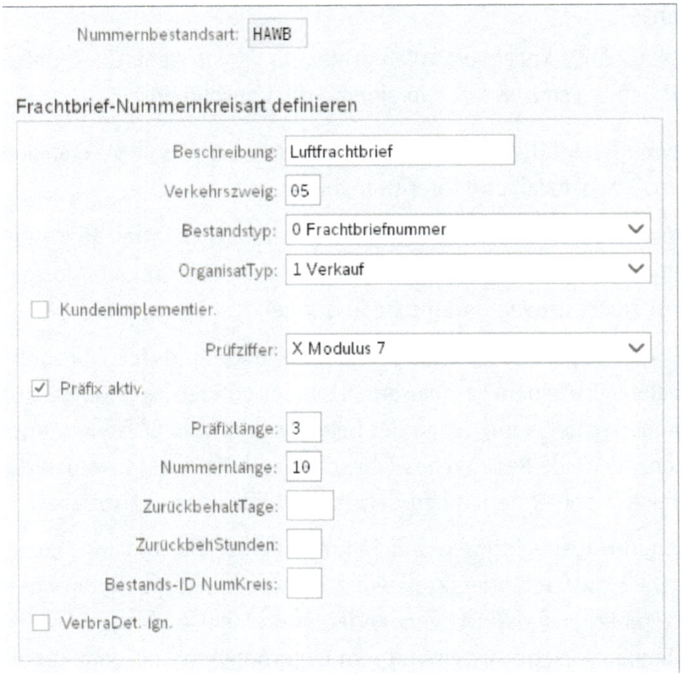

Abbildung 8.1: Customizing des Frachtbriefnummernbestands für Luftfrachtbriefe

[»]

Frachtbriefnummern und Tracking-Nummern

Technisch gesehen, gibt es keinen Unterschied zwischen einer *Frachtbriefnummer* und einer *Tracking-Nummer*. Beide Nummern werden zur eindeutigen Identifizierung eines physischen Transports in der Kommunikation zwischen dem Nutzer von Beförderungsdienstleistungen und dem Anbieter verwendet.

Die verschiedenen Begriffe werden jedoch in unterschiedlichen Transportszenarien verwendet. Bei Luft-, See-, Straßen- und Schienentransporten wird die Frachtbriefnummer verwendet; bei Pakettransporten wird von Tracking-Nummern gesprochen.

Später in diesem Abschnitt werden Sie sehen, dass die Tracking-Nummern auf die gleiche Weise wie die Frachtbriefnummern verwaltet werden.

Der Organisationstyp legt fest, ob der angelegte Frachtbriefnummernbestand für Sammelfrachtbriefe oder Hausfrachtbriefe verwendet werden soll. Es sei daran erinnert, dass Hausfrachtbriefe zwischen der Verkaufsseite und einem Auftraggeber verwendet werden, während Sammelfrachtbriefe zwischen der Einkaufsseite und einem Spediteur verwendet werden. Daher bildet der Hausfrachtbrief in der Regel den gesamten Transportauftrag ab, während der Sammelfrachtbrief nur eine bestimmte Transportstrecke abbildet.

Der untere Teil der in Abbildung 8.1 dargestellten Customizing-Aktivität befasst sich damit, wie die Nummer zusammengesetzt sein soll. Über das Kontrollkästchen **Präfix aktiv** wird ein betreiberspezifisches Präfix hinzugefügt.

[+]

Spediteur-Präfix

Das Präfix für die Fluggesellschaften wird ebenfalls im Customizing definiert:

Transportation Management • Stammdaten • Geschäftspartner • IATA Airline Codes definieren. Hier kann den Geschäftspartnern, die die Fluggesellschaften repräsentieren ein Waybill-Präfix zugewiesen werden.

Darüber hinaus können Frachtbriefnummern eine Prüfziffer enthalten. TM bietet zwei Möglichkeiten, der Frachtbriefnummer automatisch eine Prüfziffer hinzuzufügen. Die Frachtbriefnummer wird entweder mit Modulus 7 oder Modulus 10 berechnet. Wenn keine der bereitgestellten Berechnungsregeln den spezifischen Anforderungen an den Bestand der Frachtbriefnummer entspricht, kann eine projektspezifische Lösung mithilfe des verfügbaren Business Add-Ins (BAdI) vorgenommen werden.

[+]

Berechnung mit Modulus

Das Rechnen mit dem Modulus wird in der Informatik häufig verwendet. Bei der Rechenoperation `MOD` wird zunächst die Basiszahl durch den Divisor geteilt. Nach der Division ist der Rest wichtig, nicht das Ergebnis der Division.

Als Beispiel: 11 MOD 3 = 2.

Wie nicht anders zu erwarten, definiert die Bestandsart der Frachtbriefnummer auch die allgemeine Länge der Frachtbriefnummer. Die Frachtbriefnummer wird immer um führende Nullen erweitert, damit sie mit der in der Bestandsart des Frachtbriefs festgelegten Länge der Frachtbriefnummer übereinstimmt.

Bei bestimmten Vorgängen können Sammelfrachtbriefnummern zurückgegeben werden, z. B. bei der Stornierung einer Frachtbuchung, für die bereits eine Frachtbriefnummer vergeben wurde. Obwohl die zurückgegebene Nummer nicht direkt von anderen Belegen wiederverwendet werden kann, muss sie für eine bestimmte Zeit reserviert werden, da die Stornierung auch in anderen Systemen repliziert werden könnte. Daher kann in der Bestandsart des Frachtbriefs eine *Zurückbehaltungszeit* in Tagen und Stunden gepflegt werden.

Nach der Definition einer Frachtbriefbestandsart können die eigentlichen Nummernbereiche der Frachtbrief-IDs angelegt werden. Dies erfolgt im SAP Fiori Launchpad über die

Registerkarte **Stammdaten** und die entsprechende Kachel **Arbeitsvorrat – Frachtbrief Nummernbestände**. Der *Arbeitsvorrat* (engl.: Process Objects Worklist, kurz: POWL) enthält verschiedene vordefinierte Suchen für Hausfrachtbriefe, Sammelfrachtbriefe und Tracking-Nummern.

Über die Schaltfläche **Neu** kann ein Frachtbriefbestand angelegt werden. Nach Auswahl der Frachtbriefbestandsart wird die Konfiguration aus dem Customizing automatisch in den Frachtbriefbestand übernommen.

Für den Frachtbriefbestand kann nun mit den Feldern **Von-Nummer** und **Bis-Nummer** der eigentliche Nummernkreis für das Frachtbriefdokument festgelegt werden. Bei Luftfrachtbriefen muss dem Frachtbriefbestand ein bestimmtes Präfix der Fluggesellschaft zugewiesen werden, wie in der rechten oberen Ecke von Abbildung 8.2 zu sehen ist.

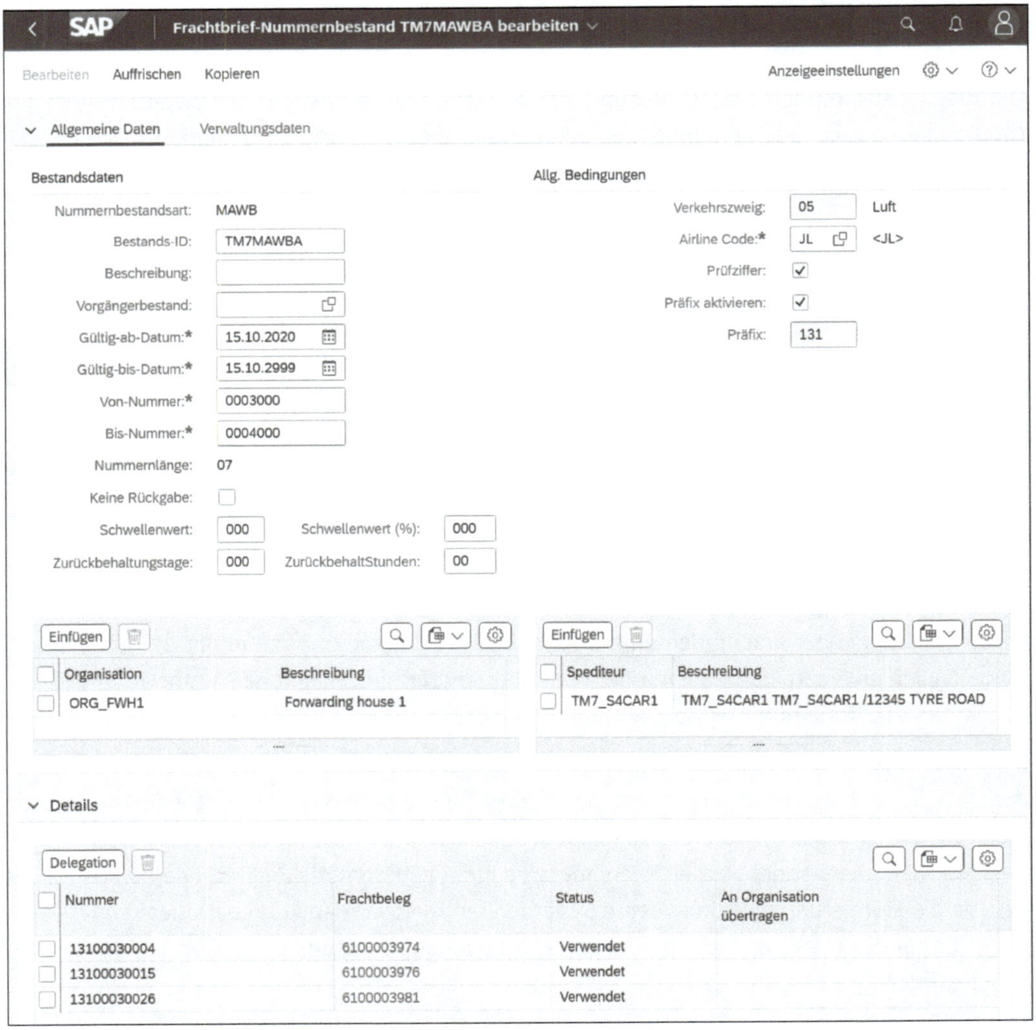

Abbildung 8.2: Definition des Frachtbriefnummernbestands

Darüber hinaus ist im unteren Teil von Abbildung 8.2 zu sehen, dass der Frachtbriefbestand zwischen mehreren Parteien (Auftraggeber in Hausfrachtbriefen und Spediteure in Sammelfrachtbriefen) definiert werden kann.

Frachtbriefnummern können in allen TM-Dokumenten gezogen werden, die sich auf Frachtbriefe beziehen. Bei Luftfrachtbuchungen können Sie dies mit einer Folgeaktivität namens **MAWB-Nummer ziehen** (bei Seefrachtbuchungen heißt die Aktion **Hausfrachtbrief erstellen**); bei Speditionsaufträgen gibt es in der globalen Symbolleiste eine separate Schaltfläche namens **HBL**, mit der Sie die Aktion **HBL-Nummer** finden.

Die Nummern für Frachtbriefe werden auf der Grundlage der zuvor definierten Frachtbriefbestände gezogen. Für Hausfrachtbriefe sucht das System nach Frachtbriefbeständen, denen die Verkaufsorganisation und der Auftraggeber des entsprechenden Speditionsauftrags zugeordnet sind. Wenn mehrere Wegfrachtbriefbestände gefunden werden, erscheint ein Pop-up, in dem zwischen den verschiedenen relevanten Frachtbriefbeständen gewählt werden kann. Bei der Suche nach Frachtbriefbeständen werden auch die Gültigkeitsdaten des Wegfrachtbriefbestands einbezogen; es werden nur Wegfrachtbriefbestände berücksichtigt, die aktuell gültig sind.

Vorgängerbestand

Wenn mehrere gültige Frachtbriefbestände die gewünschte Kombination aus Organisationseinheit und Auftraggeber repräsentieren, muss der Frachtbriefbestand manuell über ein Pop-up ausgewählt werden.

Über die Verwendung der Funktion **Vorgängerbestand** (siehe Abbildung 8.2) kann eine Priorität unter den gleichzeitig gültigen Frachtbriefbeständen festgelegt werden. Wenn ein Vorgängerbestand gepflegt ist, werden die Nummern aus diesem Vorgängerbestand zuerst gezogen. Erst wenn der Nummernkreis des Vorgängerbestands erschöpft ist, kommt der nächste Frachtbriefbestand in Betracht.

Wenn es keinen gültigen Hausfrachtbriefbestand gibt, der die Kombination aus Verkaufsorganisation und Auftraggeber repräsentiert, sucht das System als Nächstes nach Frachtbriefbeständen, denen nur ein Auftraggeber zugeordnet ist. Werden auch in diesem Fall keine Frachtbriefbestände gefunden, werden diejenigen Frachtbriefbestände evaluiert, denen nur Verkaufsorganisationen zugeordnet sind.

Diese Logik gilt nicht für *Sammelfrachtbriefe* (engl.: Master Waybills), da diese immer eine bestimmte Kombination von Beförderern und Einkaufsorganisationen repräsentieren sollten.

Falls der verfügbare Bestand des zugewiesenen Nummernkreises eines Frachtbriefbestands sich dem Ende nähert, kann ein Schwellenwert (entweder ein absoluter Wert oder ein relativer Wert) definiert werden. Wenn die Nutzung des Frachtbriefbestands den Schwellenwert überschreitet, erhalten die Anwenderinnen und Anwender eine

Warnmeldung, wenn sie eine weitere Nummer aus dem fast erschöpften Frachtbriefbestand ziehen.

Wenn ein Frachtbriefbestand, der einen zwischen einer Organisationseinheit und einer externen Partei vereinbarten Nummernkreis repräsentiert, irgendwann erschöpft ist, muss die Organisationseinheit an die externe Partei herantreten, um einen neuen Nummernbestand zu vereinbaren. Wenn die Organisationseinheit jedoch voraussieht, dass nur eine weitere Nummer benötigt wird, kann diese Nummer aus einem anderen Frachtbriefbestand entnommen werden, der nicht für die Beziehung zwischen dieser Organisationseinheit und der externen Partei konzipiert wurde. Dieser Vorgang wird als *Delegation einer Frachtbriefnummer* bezeichnet. Wenn Sie im unteren Teil des SAP-Fiori-Bildschirms auf Ihren Frachtbriefbestand zugreifen, können Sie sehen, welche Frachtbriefnummern bereits verwendet wurden und auf welchen Belegen sie zu finden sind.

Von dieser Liste aus können Sie direkt auf den Frachtbeleg zugreifen. Wenn eine Nummer zurückgegeben wurde, aber die Einbehaltungsfrist noch nicht abgelaufen ist, wird die Nummer weiterhin zusammen mit dem Frachtbeleg angezeigt, für den sie zuvor verwendet wurde, aber der Status der Nummer ist **Zurückgegeben**.

Wenn, wie oben erläutert, eine Nummer an eine andere Organisationseinheit delegiert werden soll, kann dies auch im Frachtbriefbestand erfolgen. Über Auswahl der Drucktaste **Delegation** wird die nächste verfügbare Nummer aus dem Frachtbriefbestand gezogen und der Liste der Nummern im Bereich **Details** des Frachtbriefbestands hinzugefügt. Der Status wird auf **Delegiert** gesetzt. Anschließend können Sie nun die Organisationseinheit eingeben, an die Sie die Nummer delegieren möchten.

[»]

Hinweis zur Verwendung der Delegation

Die Delegation ist nur für Frachtbriefnummern aus Sammelfrachtbriefen verfügbar, nicht für Hausfrachtbriefe. Außerdem wird die Nummer nur an eine andere Einkaufsorganisation delegiert; der Spediteur muss derselbe bleiben.

Nachdem die Delegation in den Frachtbriefbestand eingetragen wurde, wird bei der nächsten automatischen Ermittlung einer Frachtbriefnummer die delegierte Nummer berücksichtigt.

Wie in Kapitel 4, »Stammdaten«, ausgeführt, können die Organisationseinheiten hierarchisch angelegt werden, um die Zuständigkeiten einiger Organisationseinheiten gegenüber anderen Einheiten darzustellen. Die Organisationshierarchie wird auch bei der Nummernvergabe von Frachtbriefnummern berücksichtigt. In den Frachtbriefbeständen können Sie nicht nur Einkaufsorganisationen als Organisationseinheiten eintragen, sondern auch andere funktionale Rollen wie Speditionen und Unternehmen.

Wenn für Einkaufsorganisationen und Speditionen unterschiedliche Frachtbriefbestände definiert sind, wird bei der automatischen Nummernvergabe nur die spezifischere Organisationseinheit berücksichtigt. In diesem Beispiel ist dies die Einkaufsorganisation. Nur wenn der Frachtbriefbestand der spezifischsten Organisationseinheit erschöpft ist, wird die nächsthöhere Ebene als Alternative berücksichtigt. Mit dieser Funktion können Sie sicherstellen, dass alternative Nummernkreise genutzt werden können, falls ein Frachtbriefbestand unerwartet ausgeschöpft ist.

Nachdem wir nun den Prozess der Erstellung von Frachtbriefnummern besprochen haben, wollen wir uns als Nächstes den Frachtbrief selbst ansehen. Im Customizing der Frachtauftrags- bzw. der Frachtbuchungsart wird definiert, welche Dokumente aus dem entsprechenden Beleg gedruckt werden können. Über den Customizing-Menüpfad **Transportation Management • Frachtauftragsmanagement • Frachtbuchung • Frachtbuchungsarten definieren** (bzw. **Frachtauftragsarten definieren**) können der Dokumentart zwei Ausgabeprofile zugeordnet werden (siehe Abbildung 8.3).

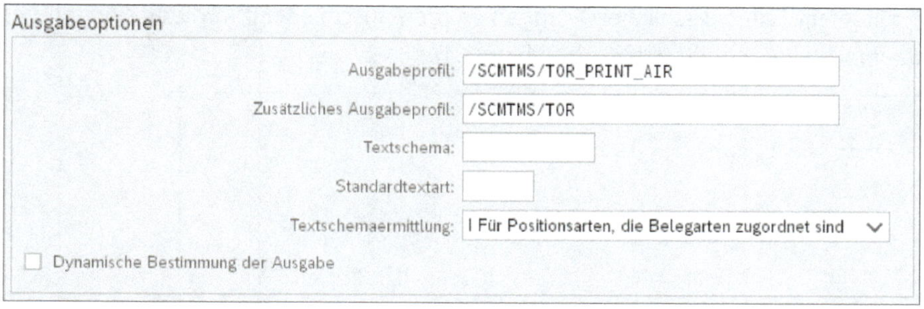

Abbildung 8.3: Zuweisung von Ausgabeprofilen zu einer Dokumentart

Das Ausgabeprofil legt fest, welche Dokumente für den Beleg gedruckt werden können. Details zu den PPF-Ausgabeprofilen und die Konfiguration der Beleg-Outputs finden Sie in Abschnitt 3.3.3, »Post Processing Framework«.

TM bietet ein Standardausgabeformular für MAWBs. Das Formular kann im Implementierungsprojekt als Vorlage dienen und lässt sich, wie in Abschnitt 3.3.4, »Anlage von Druckdokumenten«, beschrieben, anpassen.

Sind die PPF-Aktionen für den Belegdruck des MAWB im PPF-Customizing aktiviert, kann im UI des Frachtauftrags- oder Frachtbuchungsbelegs auf der Registerkarte **Ausgabemanagement** der Output manuell angestoßen bzw. auch eine Vorschau des Druckdokuments geöffnet werden.

8.1.2 Abweichungen

Bisher haben wir nur die Schritte des Transportprozesses besprochen, die sich mit Wunsch- und Planmengen befassen. In manchen Fällen kann die tatsächliche Menge jedoch im Voraus nicht genau abgeschätzt werden, z. B. beim Transport von Schüttgut. Bevor mit der tatsächlichen Transportdurchführung begonnen werden kann, müssen auch die tatsächlichen Daten wie Gewicht, Volumen, Menge etc. für die Frachtgüter erfasst werden. Dieser Vorgang wird in TM als *Handhabung von Abweichungen* bezeichnet.

Abweichungen der tatsächlichen Mengen von den geplanten Mengen sind ein Problem für die Transportdurchführung, da sie sich auf die Zulässigkeit der Wahl der für den Transport verwendeten Fahrzeugressourcen auswirken oder zu abweichenden Frachtkosten führen können. Daher müssen Unstimmigkeiten mit dem Verlader besprochen werden, bevor der Transport fortgesetzt werden kann.

Der Transportprozess aufseiten des Spediteurs beginnt wie gehabt, die angeforderten Mengen werden in einen Speditionsauftrag eingetragen, und aus diesem Dokument werden Frachteinheiten erstellt. Nachdem die Frachteinheiten geplant sind, kann die Durchführung des Transports beginnen. Der Spediteur nimmt nun die Ladung physisch in Empfang und prüft die tatsächlichen Mengen gegen die angeforderten Mengen.

Prüfung und Meldung werden vom Spediteur durchgeführt und von diesem dem Frachtführer mitgeteilt. Die tatsächlichen Mengen werden anschließend in die Positionen des Frachtauftrags eingetragen (siehe Abbildung 8.4).

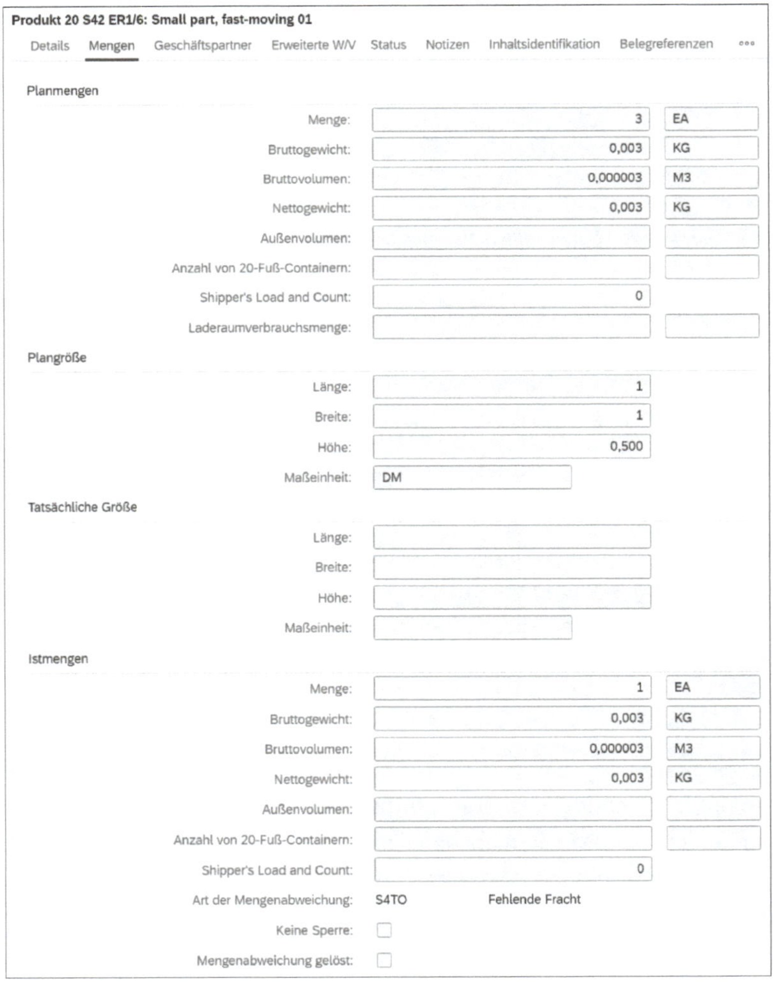

Abbildung 8.4: Abweichende Mengen auf Positionsebene im Frachtauftrag

Bei Abweichungen können zwei verschiedene Fälle differenziert werden:

- **Mengenabweichungen**

  Die tatsächlichen Mengen unterscheiden sich von den angeforderten Mengen aufgrund einer Änderung der Menge, des Bruttogewichts oder des Volumens.

- **Sonstige Diskrepanzen**

  Dies sind Unstimmigkeiten, die nicht durch eine Mengenänderung verursacht werden, z. B. durch eine Beschädigung der Ladung oder dadurch, dass Dokumente für die Ladung fehlen.

Stellt der Spediteur eine Mengenabweichung fest, kann er sie mit TM melden. Das System gleicht automatisch die tatsächlichen Mengen mit den angeforderten Mengen ab. Wenn eine Diskrepanz besteht, wird sie automatisch gemeldet.

Die möglichen Eingaben zur Erfassung von Diskrepanzen und die Ereignisse, die zu der Meldung einer Abweichung gehören, können im Customizing für das Abweichungsprofil definiert werden (**SAP-Customizing-Einführungsleitfaden • Transportation Management • Frachtauftragsmanagement • Abweichungsprofil definieren**).

Für jede definierte Abweichungsart kann ein Toleranzbereich festgelegt werden, d. h., wenn die tatsächlichen Mengen innerhalb des definierten Toleranzbereichs liegen, wird keine Abweichung erfasst. Die obere und untere Grenze des Toleranzbereichs werden jeweils als Prozentsatz angegeben.

Abweichungsarten werden in einem Abweichungsprofil in derselben Customizing-Aktivität definiert. Das Abweichungsprofil ist einem Frachtauftrag oder einer Frachtbuchungsart zugeordnet, sodass verschiedene Frachtbelege unterschiedlich auf Abweichungen reagieren können.

Nach der Erfassung einer Abweichung werden die Istmengen der nachfolgenden Transportabschnitte und die Istmenge der Frachteinheit aktualisiert. Der Transportdienstleister muss nun die Abweichung mit dem Kunden besprechen, bevor die Durchführung des Transports fortgesetzt werden kann. Daher erhalten nach der Meldung einer Abweichung alle Frachtabschnitte, die eine Frachteinheit mit offenen Abweichungen transportieren, eine Planungs- und Ausführungssperre. Im Customizing der Abweichungsart können Sie jedoch festlegen, dass die gemeldete Diskrepanz einer speziellen Abweichungsart nicht zu einer Planungs- und Ausführungssperre führt. Wenn Sie die Frachteinheit mit ungelösten Unstimmigkeiten aus dem Frachtbeleg entfernen, wird auch die Planungs- und Ausführungssperre entfernt.

Die Unstimmigkeiten, die zur Abweichung geführt haben, können im Detailbereich der Frachtauftragspositionen, im Tab **Abweichungen**, eingegeben werden. Sobald die Abweichung mit der eingegebenen Meldung gespeichert wird, wird automatisch das im Profil der Abweichungsart zugeordnete Ereignis im Frachtbeleg gemeldet.

Die Lösung der Diskrepanz kann direkt auf der Registerkarte **Positionen** gemeldet werden. Wählen Sie in der Symbolleiste oberhalb der Liste der Unstimmigkeiten die Option **Auflösen** und im Kontextmenü die passende Lösungsoption (siehe Abbildung 8.5).

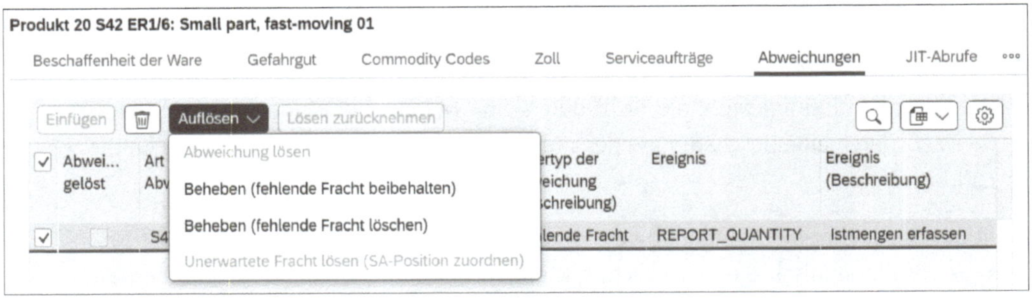

Abbildung 8.5: Auflösen von Abweichungen im Frachtauftragsbeleg

Nachdem die Diskrepanz auf **Gelöst** gesetzt wurde, wird die Planungs- und Ausführungssperre entfernt.

In anderen Fällen benachrichtigt der Frachtführer nur den Spediteur, dass eine Abweichung vorliegt, und dieser muss die Diskrepanz mit dem Verlader klären. Daher wird die Diskrepanz auch auf den Speditionsauftrag übertragen. Auch hier kann die Unstimmigkeit aufgelöst werden, indem in den Positionen des Speditionsauftrags auf der Registerkarte **Abweichungen** über das Menü **Auflösen** eine Option zum Auflösen der Unstimmigkeit ausgewählt wird.

Anschließend wird die Planungs- und Ausführungssperre der Abschnitte in den zugeordneten Frachtdokumenten aufgehoben.

Wenn die Ladung bei der Übergabe an den Spediteur bereits beschädigt war, kann der Spediteur ebenfalls Abweichungen melden. Wie in Abbildung 8.5 dargestellt, können Sie auf der Registerkarte **Unstimmigkeiten** auch Unstimmigkeiten einfügen, ohne tatsächliche Mengen in die Frachtinformationen des Frachtauftrags oder der Frachtbuchung einzugeben. Die Bearbeitung sonstiger Unstimmigkeiten erfolgt genauso wie die Bearbeitung von Mengendiskrepanzen.

Wenn Sie eine falsche Diskrepanz gemeldet haben oder die Diskrepanz durch Änderung der Menge behoben wurde, können Sie auf die Schaltfläche **Löschen** klicken, um die Diskrepanzen zurückzusetzen, sodass die tatsächlichen Mengen nicht mehr von den gewünschten Mengen abweichen.

8.1.3 Export-/Importabwicklung

Bei internationalen, multimodalen Transporten sind oft mehrere Organisationseinheiten oder sogar Geschäftspartner an der Planung und Durchführung des Transports beteiligt. Es ist nicht ungewöhnlich, dass eine Exportorganisation den Vorlauf und den Hauptlauf des Transports organisiert, während sich eine Importorganisation um den Nachlauf desselben Transports kümmert. Dies kann sinnvoll sein, da aufgrund von Zollbestimmungen und besonderen Umständen im Importland Organisationseinheiten mit Ortskenntnissen die Transportplanung übernehmen können, was den Transport effizienter und in den meisten Fällen auch kostengünstiger macht.

Als Beispiel dafür, wie die Interaktion zwischen Export- und Importorganisation in TM aufgebaut ist, wird im Folgenden ein Prozess vorgestellt, bei dem die Exportorganisation den Seetransport organisiert. Die Exportorganisation kümmert sich um den Vor- und Hauptlauf, während die Importorganisation für die Organisation und Durchführung des Importtransportabschnitts verantwortlich ist. Abbildung 8.6 veranschaulicht diese Arbeitsteilung.

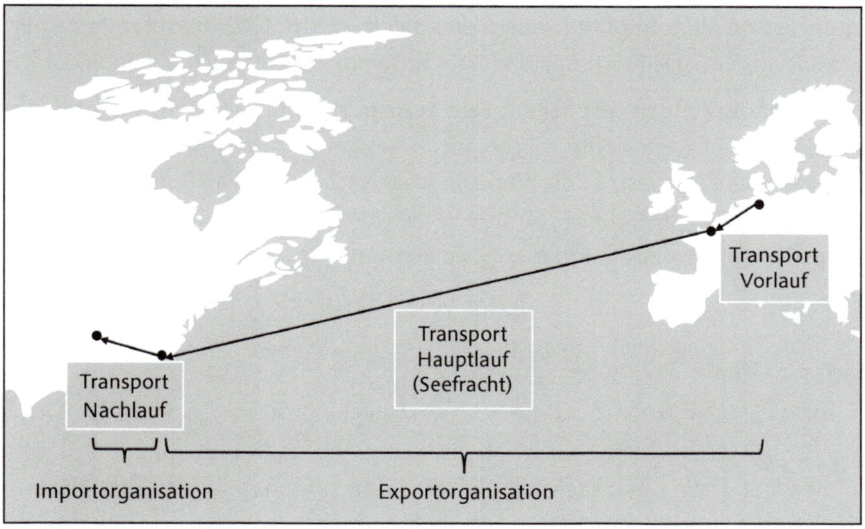

Abbildung 8.6: Aufteilung der Verantwortlichkeiten in einem Export-/Importprozess

Generell lassen sich verschiedene Szenarien im Export-/Importprozess unterscheiden:

- **Full Container Load (FCL)**

  Da ein Vollcontainer komplett vom Verlader zum Spediteur verschifft wird, gibt es genau einen *Transportbedarf* (engl.: Transportation Requirement, kurz: TRQ) auf der Exportseite und einen auf der Importseite. Die Anzahl der Frachtdokumente ist ebenfalls genau eins auf jeder Seite.

- **Less than Container Load (LCL)**

  Die Anzahl der TRQs auf beiden Seiten stimmt weiterhin überein. Da nun jedoch mehrere TRQs in einem Container konsolidiert werden, wird auf jeder Seite mehr als einen TRQ angelegt, aber es gibt weiterhin nur ein Frachtdokument auf jeder Seite.

- **Käuferkonsolidierung**

  In diesem Szenario muss die Exportseite mehrere Abholtransporte von vielen Verladern abwickeln und diese im Hafen konsolidieren. Die Importseite erhält jedoch nur einen Container, der als Ganzes an den Warenempfänger geliefert werden kann. Daher legt die Exportseite mehrere TRQs und einen Frachtbeleg (für den Hauptlauf) an; für die Importseite hingegen genügt es, nur einen TRQ anzulegen.

- **Konsolidierung durch den Verlader**

  Wie im Szenario der Käuferkonsolidierung werden, wenn möglich, Konsolidierungseffekte genutzt. In diesem Szenario erstellt der Verlader nur einen TRQ (weil Vor- und Nachlauf in einem Container transportiert werden) und einen Frachtbeleg, aber die Importseite muss nun einen TRQ und einen Frachtbeleg pro Warenempfänger erstellen (auch weil ein Frachtbrief pro Empfänger erstellt werden muss).

Wie aus den vorgestellten Szenarien ersichtlich wird, sind zwei Dokumente in TM für die Nutzung des Export- und Importprozesses entscheidend: der TRQ (in unserem Fall ein Speditionsauftrag) und das Frachtdokument (in unserem Fall die Frachtbuchung).

Im Speditionsauftrag können Sie über das Feld **Transportrichtung** festlegen, ob der Speditionsauftrag für den Export oder den Import bestimmt sein soll. Handelt es sich um einen Exportspeditionsauftrag, ist die Verkaufsorganisation dieses TRQ die Exportorganisation des gesamten Transports. Handelt es sich um einen Importspeditionsauftrag, fungiert die Verkaufsorganisation dieses Speditionsauftrags als Importorganisation des Transports.

Niederlassungen

In Kapitel 4, »Stammdaten«, wurden die verschiedenen Organisationseinheiten, etwa Verkaufs- oder Einkaufsorganisation, vorgestellt. Im Export-/Importprozess sollten die Organisationseinheiten, die als Verkaufsorganisation für den Speditionsfrachtauftrag und als Einkaufsorganisation für die Frachtbelege verwendet werden, als **Niederlassungen** angelegt werden, sodass dieselben Organisationseinheiten im Frachteinkaufs- und -verkaufsprozess genutzt werden können.

Bei einem Exportspeditionsauftrag wird die Importorganisation auf der Registerkarte **Geschäftspartner** gepflegt (siehe Abbildung 8.7).

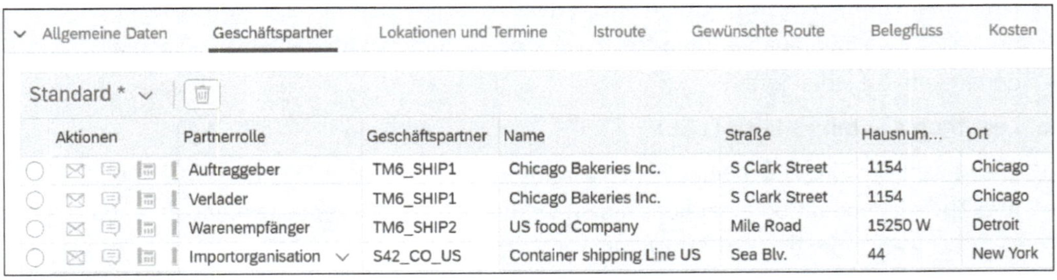

Abbildung 8.7: Importorganisation in einem Exportspeditionsauftrag

Über die Partnerrolle **Importorganisation** kann in einem Exportspeditionsauftrag der im Organisationsmodell für die Organisationseinheit hinterlegte Geschäftspartner hinterlegt werden. Dies gilt auch für Importspeditionsaufträge. Hier kann auf die gleiche Weise eine Exportorganisation zugeordnet werden.

Geschäftspartner für Organisationseinheiten

Um die Importorganisation dem Exportspeditionsauftrag zuzuordnen, wie in der vorangegangenen Abbildung dargestellt, müssen die Import- und Exportorganisationseinheiten ebenfalls als Geschäftspartner angelegt werden und den Organisationseinheiten zugeordnet werden.

Es gibt mehrere Möglichkeiten, Organisationseinheiten und Geschäftspartner anzulegen und diese beiden Entitäten zu verknüpfen. Am einfachsten ist es, wenn beim Anlegen der Organisationseinheit automatisch ein Geschäftspartner angelegt wird. Pflegen Sie den folgenden Eintrag in der Datenbanktabelle `T77S0`:

```
GRPID = HRALX

SEMID = HRAC

GSVAL = X
```

Wenn Sie Organisationseinheiten und Geschäftspartner bereits separat angelegt haben, können Sie den Geschäftspartner auch in Transaktion PPOME der Organisationseinheit zuordnen. Ordnen Sie den Geschäftspartner manuell auf der Registerkarte **Organisationsdaten** zu.

Der Report `/SCMB/ORG_CREATE_BP_ASSIGNMENT` verknüpft automatisch Organisationseinheiten mit Geschäftspartnern, wenn beide Einheiten bereits angelegt wurden. Um die Verknüpfung zwischen Organisationseinheit und Geschäftspartner herzustellen, muss der **Suchbegriff 1** des Geschäftspartners dem Namen der Organisationseinheit entsprechen und **Suchbegriff 2** der Beschreibung der Organisationseinheit.

Betrachten wir als Nächstes, wie die Export- und Importorganisationen interagieren und welche Dokumente in TM erstellt werden müssen. Generell kann zwischen einer internen Kommunikation von zwei Organisationseinheiten und einer externen Kommunikation unterschieden werden. Bei der internen Kommunikation nutzen beide Organisationseinheiten ein TM-System und greifen sogar auf denselben Mandanten zu. Das heißt, es muss kein webservice-basierter Informationsfluss aufgebaut werden. Bei der externen Kommunikation verwenden die beiden Parteien unterschiedliche Transportmanagementsysteme (TMS), aber mindestens eines davon nutzt TM (andernfalls wäre der Fall nicht in diesem Buch beschrieben).

Betrachten wir zunächst den Idealfall, dass beide Organisationseinheiten im gleichen TM-System arbeiten: Der allgemeine Transportprozess beginnt wie üblich mit der Erstellung eines Speditionsauftrags. In unserem Fall erstellen wir einen Exportspeditionsauftrag. Die Transportrichtung (die festlegt, ob es sich um einen Export- oder Importspeditionsauftrag handelt) kann manuell in das Dokument eingegeben oder in der Dokumentart des Speditionsauftrags über das Customizing im **Transportation Management • Speditionsauftragsmanagement • Speditionsauftrag • Speditionsauftragsarten definieren** vorbelegt werden. Es ist sinnvoll, eine eigene Speditionsauftragsart für Exportspeditionsaufträge und eine weitere für Importspeditionsaufträge zu definieren.

Wie wir bereits besprochen haben, fungiert die Exportorganisation als Verkaufsorganisation des Speditionsauftrags, während die Importorganisation eine zusätzliche Partnerrolle auf der Registerkarte **Geschäftspartner** ist. Für das Konsolidierungsszenario des Verladers möchten Sie möglicherweise nicht eine Importorganisation für den gesamten Speditionsauftrag definieren, sondern stattdessen mehrere Importorganisationen für jede Position des Speditionsauftrags im Bereich **Details** der Speditionsauftragspositionen festlegen.

Nachdem der Speditionsauftrag definiert ist, kann die Exportorganisation mit der Planung des Vor- und Haupttransports beginnen. Die Planungsmethode für diese beiden Abschnitte ist dem Planungsteam völlig freigestellt. In Kapitel 6, »Transportplanung«, wurden verschiedene Planungsmethoden vorgestellt.

Da die Export- und Importprozesse in der Regel auf dem See- oder Luftweg stattfinden, unterstützt TM diese Prozesse nur dann, wenn Frachtbuchungsbelege für den Haupttransport verwendet werden, was entweder eine See- oder eine Luftfrachtbuchung sein kann. Damit Sie die Interaktion zwischen den Export- und Importorganisationen realisieren können, muss der Hauptlauf auf einer Frachtbuchung geplant werden.

Die Transportrichtung der Frachtbuchung muss nun ebenfalls **Export** lauten, da sie von der Exportorganisation erstellt wurde. Außerdem tragen wir auf der Registerkarte **Geschäftspartner** der Frachtenbuchung wieder die Importorganisation ein. Dies geschieht alternativ automatisch durch die Einstellung im Belegarten-Customizing der Frachtbuchung, dass Geschäftspartner aus dem Vorgängerbeleg, in unserem Fall dem Speditionsauftrag, übernommen werden sollen. Die Exportorganisation muss sich nun mit allen notwendigen Prozessschritten bezüglich der Zollanmeldung für die Ausfuhr der Waren befassen. Die Frachtbuchung dient in diesem Fall also als Beleg für die Ausfuhranmeldungen, aber auch generell für die Kapazitätsreservierung beim Frachtführer.

Nachdem die Frachtbuchung auf **An Bord** gesetzt wurde (bei Luftfrachtbuchungen ist der Status **Abflug bestätigt**), wie in Abbildung 8.8 zu sehen ist, beginnt das TM-System automatisch mit der Erstellung der Einfuhrdokumente. Aus der Sicht des Prozesses bedeutet dies, dass die Importorganisation über den bevorstehenden TRQ informiert wird, sobald die Fracht auf das Schiff oder Flugzeug verladen ist.

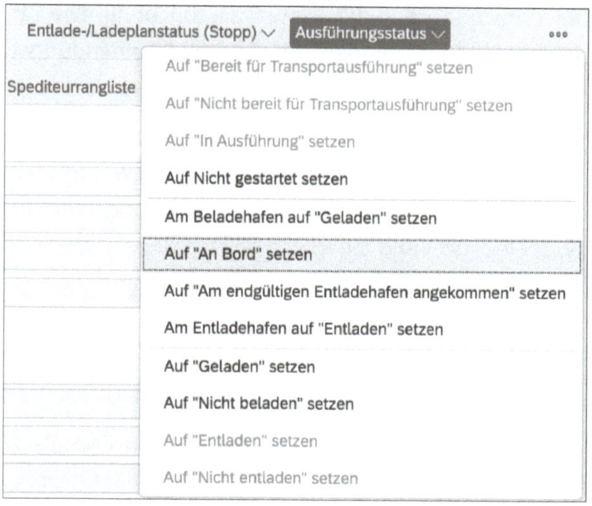

Abbildung 8.8: Setzen des Ausführungsstatus »An Bord« in einer Seefrachtbuchung

Nachdem der Ausführungsstatus der Frachtbuchung auf **Versendet an Bord** gesetzt wurde, wird die automatische Erstellung von Einfuhrdokumenten durch das dem Belegtyp zugeordnete PPF-Profil ausgelöst. Dazu muss der Belegart das PPF-Profil `/SCMTMS/EXP_IMP_PROC` zugeordnet werden (siehe Abbildung 8.3).

Die Importdokumente werden durch eine PPF-Aktion erstellt. Dazu müssen die Importbelegarten für die Importfrachtbuchung, den Importspeditionsauftrag und die Importfrachteinheiten im Vorfeld definiert werden. Die richtigen Belegarten können bei der automatischen Erstellung von Importbelegen auf zwei Arten ermittelt werden:

- **Zuordnung der Importbelegart basierend auf der Exportbelegart**

  Im Customizing der Speditionsauftragsart und der Frachtbuchungsart kann direkt eine entsprechende Belegart für das Importdokument gepflegt werden. Bei der Erstellung des Importbelegs aus dem Exportbeleg wird die entsprechende Belegart berücksichtigt.

- **Belegartermittlung über eine BRF+-Bedingung**

  TM bietet zwei Konditionsarten für die konditionsbasierte Ermittlung der Importspeditionsauftragsart und der Importfrachtbuchungsart:

  - Mit der Konditionsart `/SCMTMS/FWO_TYPE` kann die Versandauftragsart für das Importdokument ermittelt werden.
  - Mit der Konditionsart `/SCMTMS/FRB_TYPE_IMP` kann die Buchungsart der Importfracht ermittelt werden.

Beide Konditionsarten sind Singleton-Konditionen, d. h., sie können nirgendwo im Customizing zugeordnet werden, und Sie müssen eine globale Bedingung für alle Anwendungsfälle definieren.

TM erstellt zunächst eine Importfrachtbuchung aus der Exportfrachtbuchung. Die Importorganisation kann dieses Importdokument verwenden, um die Einfuhranmeldungen für den Zoll vorzunehmen, und es ist auch die Grundlage für die Planung des Nachlaufs.

Nachdem die Importfrachtbuchung erstellt wurde, werden auch der Importspeditionsauftrag und die Frachteinheit aus der Buchung erstellt. Die Frachteinheiten werden nun durch die der Importspeditionsauftragsart zugeordnete Frachteinheitsbildungsregel erstellt, sodass die automatische Importbelegerstellung eigentlich nichts mit der Erstellung von Importfrachteinheiten zu tun hat. Dies wird unabhängig vom Speditionsauftrag erledigt.

[»]

Verhältnis von Speditionsaufträgen und Frachtbuchungen

Erinnern Sie sich an den Anfang dieses Kapitels, als es um den Konsolidierungsprozess für Käufer und Versender ging? Bei der Konsolidierung durch den Verlader wird eine Importbuchung angefertigt, aber da die Artikel schließlich an verschiedene Warenempfänger geliefert werden, werden mehrere Importspeditionsaufträge erstellt – einer für jeden Warenempfänger.

Mit den erstellten Importdokumenten kann die Importorganisation nun mit den Importanmeldungen beginnen und den Basisnachlauf der aus dem Importspeditionsauftrag erstellten Frachteinheiten planen.

Bei der Importfrachtbuchung ist die Einkaufsorganisation nun automatisch die Importorganisation, und die Exportorganisation ist als zusätzliche Partnerrolle auf der Registerkarte **Geschäftspartner** eingetragen. Das Gleiche gilt für den automatisch angelegten Importspeditionsauftrag. Die Importorganisation fungiert nun als Verkaufsorganisation des Speditionsauftrags, und die Exportorganisation wird auf der Registerkarte **Geschäftspartner** in der entsprechenden Partnerrolle angezeigt.

Der Importspeditionsauftrag und die Importfrachtbuchung wurden im Status **Entwurf** erstellt. In einem Dokument mit diesem Status können die Daten nicht geändert werden, außer von der Einkaufsorganisation in der Frachtbuchung oder der Verkaufsorganisation im Speditionsauftrag. Die Importorganisation muss nun den Speditionsauftrag und die Frachtbuchung auf Vollständigkeit prüfen und kann dann beim Start der Nachlaufplanung den Status manuell auf **In Bearbeitung** setzen.

[»]

Dokumente importieren und Service Items

In TM werden standardmäßig nur die frachtrelevanten Positionen aus den Exportdokumenten in das Importdokument übernommen. Servicepositionen werden nicht übertragen. Die Standardlogik für das Kopieren kann mittels eines BAdIs angepasst werden, um Servicepositionen in den Importbeleg zu kopieren.

Das BAdI kann über den folgendem Customizing-Pfad angelegt werden: **Transportation Management • Business Add-Ins (BAdIs) für Transportation Management • Grundfunktionen • Export-/Importbearbeitung • BAdI: Servicepositionsverarbeitung für Importspeditionsaufträge**.

Das Szenario der externen Kommunikation unterscheidet sich nicht sonderlich von dem der internen Kommunikation, da sich der physische und rechtliche Prozess nicht von dem der internen Kommunikation unterscheiden. Nur der Einsatz der Transportplanungssysteme ist hier anders.

Bei der externen Kommunikation müssen wir zwischen zwei Fällen unterscheiden:

- **Nur die Exportorganisation verwendet TM**

  Der Prozess beginnt analog zum Szenario der internen Kommunikation, es werden ein Exportspeditionsauftrag und eine Exportfrachtbuchung erstellt. Anschließend werden die Informationen über den Import an das TM-System der Importorganisation gesendet.

- **Nur die Importorganisation verwendet TM**

  Wenn die Importorganisation TM verwendet, wird der vom Kunden mitgeteilte TRQ in einem externen TMS erfasst. Erst nachdem die Ladung in das Fahrzeug verladen wurde, das den Haupttransportabschnitt durchführt, wird eine Nachricht an TM gesendet, um Importdokumente zu erstellen.

Wir werden uns nun beide Fälle ansehen und dabei mit der Exportorganisation unter Verwendung von TM beginnen.

Wie bereits erwähnt, beginnt die Exportorganisation - genau wie im Szenario der internen Kommunikation - mit der Erstellung eines Exportspeditionsauftrags und plant die aus diesem Speditionsauftrag erstellten Frachteinheiten auf einer Exportfrachtbuchung. Wenn nun der Ausführungsstatus auf **An Bord** gesetzt wird (siehe Abbildung 8.8) muss das System anders reagieren.

Für die externe Kommunikation wird ein Webservice aufgerufen, der alle notwendigen Informationen an das angeschlossene externe TMS der Importorganisation sendet. Das Service-Interface `TransportationOrderBookingWaybillNotification_Out` wird an eine SAP-Process-Integration-Instanz gesendet, wo das Routing der Nachricht verarbeitet wird.

Einrichtung der Systemlandschaft

Um die externe Kommunikation zwischen der Export- und Importorganisation zu nutzen, muss das externe TMS mit der Systemlandschaft verbunden sein, auf der sich das SAP-S/4HANA-System befindet, auf dem die TM-Funktion genutzt wird. Wir empfehlen, das externe TMS über SAP Process Integration oder eine andere Middleware mit SAP S/4HANA zu verbinden.

Wenn die Importorganisation TM als TMS nutzt, kann eine andere Serviceschnittstelle verwendet werden. Die Serviceschnittstelle **TransportationOrderBookingWaybill-Notification_In** integriert die Informationen aus einem externen TMS in SAP S/4HANA und stößt die Erstellung einer Importfrachtbuchung sowie die Erstellung eines Importspeditionsauftrags auf der Grundlage der von der Serviceschnittstelle bereitgestellten Informationen an.

Lassen Sie uns die interne und externe Kommunikation vergleichen. Die Funktion wird von TM unterstützt – sowohl wenn TM in einem integrierten Szenario (»embedded«) genutzt wird, als auch wenn TM auf einer separaten SAP-S/4HANA-Instanz betrieben wird (Side-by-Side Deployment). Die interne Kommunikation bietet jedoch einige Vorteile, da Aktualisierungen von Exportdokumenten nahtlos auf der importierenden Seite ankommen. Darüber hinaus bietet die interne Kommunikation mehr Transparenz, da die Importorganisation, die dasselbe System nutzt, früher über anstehende Importe informiert werden kann. Sie können proaktiv nach Exportdokumenten mit Sendungen in die Region suchen, für die die Importorganisation zuständig ist. Darüber hinaus können interne Verrechnungen zwischen Export- und Importorganisationen durchgeführt werden, auf die wir in Kapitel 12, »Speditionsberechnung und -abrechnung für Logistikdienstleister«, eingehen werden.

In seltenen Fällen ist die manuelle Erstellung von Frachtbuchungen notwendig. Importfrachtbuchungen können daher manuell im System erstellt werden. Wie immer bei der manuellen Erstellung von Frachtbuchungen müssen Sie sicherstellen, dass die erforderlichen Informationen aus der Exportfrachtbuchung korrekt in die Importfrachtbuchung übernommen werden. Bei manuell erstellten Importfrachtbuchungen können alle Funktionen genutzt werden, die normalerweise bei einer Exportfrachtbuchung verwendet werden, wie z. B.:

- **Unterbeauftragung von Frachtbuchungen**

  Da die Exportorganisation die Planung und Durchführung übernimmt, muss sich die Importorganisation nicht um die Vergabe von Unteraufträgen für die Frachtbuchung kümmern.

- **Zuweisung von Fahrplänen**

  Wie bei der Untervergabe der Frachtbuchung erfolgt die Planung (und damit auch die Fahrplanzuordnung) durch die Exportorganisation.

- **Automatische Ermittlung der Hauptfrachtbriefnummer**

  Die Frachtbriefnummer wurde von der Exportorganisation und dem Frachtführer ausgehandelt. Daher sind der Importorganisation die für die Frachtbuchung verfügbaren Nummernkreise nicht bekannt. Wenn die Frachtbriefnummer jedoch bereits aus dem Exportdokument bekannt ist, können die Anwenderinnen und Anwender die Frachtbriefnummer manuell in der Importfrachtbuchung eingeben.

Nach der manuellen Anlage der Importfrachtbuchung kann dann als Folgeaktion auch der Importspeditionsauftrag manuell erstellt werden (siehe Abbildung 8.9).

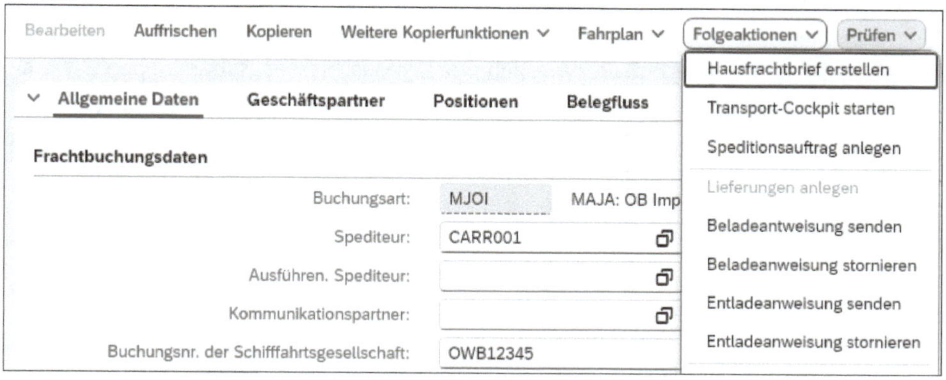

Abbildung 8.9: Manuelle Anlage des Speditionsauftrags aus der Importfrachtbuchung

8.1.4 Status der Ausführungsdokumente

Bei Ausführungsdokumenten, wie z. B. dem Frachtauftrag oder der Frachtbuchung, zeigt die Registerkarte **Status** die Status des Dokuments (siehe Abbildung 8.11). Auf dieser Registerkarte werden nicht nur die Status der Ausführung der Frachtbuchung angezeigt, sondern auch Prozessschritte, die vor der eigentlichen Ausführung bearbeitet werden. Dazu gehören der **Unterbeauftragungsstatus** sowie Status, die eher technischer Natur sind, wie z. B. der **Fixierungsstatus**. In diesem Abschnitt geht es jedoch nur um die **Ausführungsstatus** des Transports.

Bei den Ausführungsstatus können auf Positionsebene vier wesentliche Statuswerte unterschieden werden: der **Frachtausführungsstatus**, der **Handling- und Ausführungsstatus**, der **Entlade-/Ladeplanstatus** und der **Lagerabwicklungsstatus**.

Zur Veranschaulichung der Unterschiede soll folgendes kleines Beispiel dienen. Eine Frachtbuchung enthält verschiedene Frachteinheiten in einem Container, die Frachteinheiten werden im Hauptlauf gemeinsam transportiert. Der **Handling-/Ausführungsstatus** bildet den Fortschritt der Verladung der Frachteinheiten (d. h. der Packstücke) in den Container ab. Der **Frachtausführungsstatus** hingegen zeigt an, wie weit die Verladung des Containers auf das Schiff fortgeschritten ist. Der **Entlade-/Ladeplanstatus** gibt an, ob die im Dokument gesammelten Ausführungsdaten für die Übermittlung an den nächsten Stopp vollständig sind und die Information, welche Fracht ankommt und wie sie verladen werden soll, an das Ausführungssystem am jeweiligen Stopp versendet werden kann. Der Lagerausführungsstatus wurde im Rahmen des erweiterten Warenannahme- und Versandprozesses (siehe Abschnitt 13.3, »Erweiterter Warenannahme- und Versandprozess«) eingeführt und beschreibt u. a., ob der Lagerprozess abgeschlossen ist und mit der Verladung begonnen werden kann.

[»]

Entlade-/Ladeplanstatus

Wie in Abbildung 8.10 dargestellt, werden sowohl der Ladeplanstatus als auch der Entladeplanstatus angezeigt. Beide Status beziehen sich auf die Tatsache, dass der Plan, was geladen oder entladen werden muss, abgeschlossen ist und an den Ort, an dem das Laden oder Entladen stattfinden soll, übermittelt werden kann. Zur Vereinfachung wird im weiteren Verlauf dieses Kapitels nur der Ladeplanstatus erwähnt. Beachten Sie jedoch, dass die beschriebene Funktion auch für den Entladeplanstatus gilt.

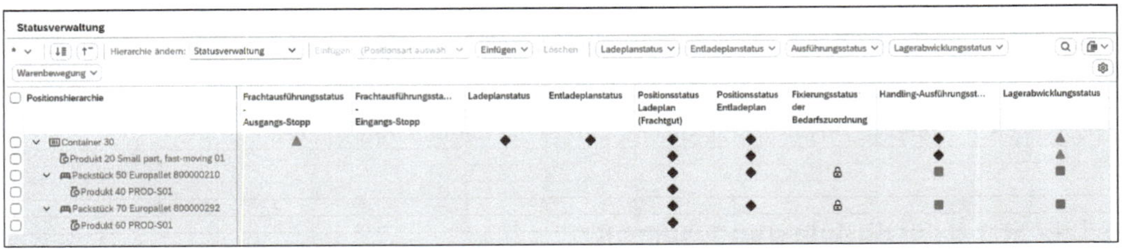

Abbildung 8.10: Ausführungsstatus für die Positionen der Frachtbuchung

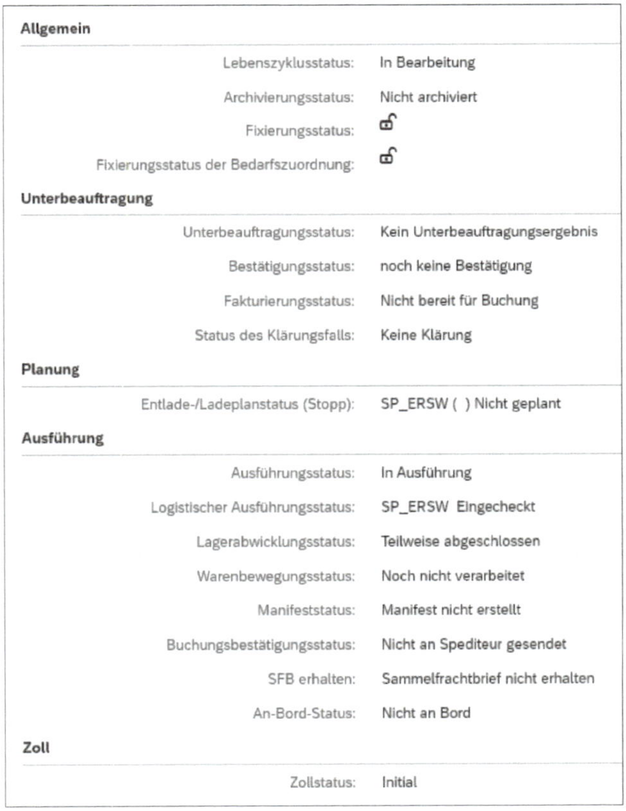

Abbildung 8.11: Status der Frachtbuchung

Da Frachtbuchungen mehrere Stopps haben können (z. B. bei Anschlussfahrplänen), muss der Handling-/Ausführungsstatus für jeden Stopp und für jede Position der Frachtbuchung verfolgt werden. Wenn der Handling-/Ausführungsstatus für eine Position aktualisiert wird, wird derselbe Status an die untergeordneten Positionen weitergegeben. Der Frachtausführungsstatus wird dagegen nur auf der Ebene der Containerposition definiert, weil davon ausgegangen wird, dass der Container während des von der Frachtbuchung abgedeckten Transportabschnitts nur einmal be- und entladen wird.

Sowohl der Frachtausführungsstatus als auch der Ladeplanstatus sind auf der Registerkarte **Positionen** in der Frachtbuchung oder im Frachtauftrag zu finden. (Bei Luftfrachtbuchungen heißt diese Registerkarte **Kapazität und Fracht**).

[+]

Einfach halten

In diesem Kapitel beziehen wir uns nur auf ein sehr einfaches Beispiel, um den Ablauf der Ausführungsstatus zu zeigen. Außerdem bezeichnen wir das Frachtdokument als Frachtbuchung, d. h. als Seefrachtbuchung.

Beachten Sie, dass die Ausführungsstatus für die Frachtbelege auch für komplexere Szenarien gelten und bei Frachtaufträgen oder Frachtbuchungen für andere Verkehrsträger verwendet werden (und auf dieselbe Weise funktionieren).

Die Statuswerte des Handling-/Ausführungsstatus sind selbsterklärend. Allerdings muss dabei beachtet werden, dass sich der Status der Abfertigung auf Positionsebene immer auf den aktuellen Ort der Transportausführung bezieht. Das bedeutet, bei einer Frachtbuchung mit mehreren Stopps, an denen Fracht be- oder entladen wird, wechselt der Positionsstatus von **Nicht geladen** auf **Geladen** und am Zielort des ersten Transportabschnitts auf **Nicht entladen** und **Entladen**. Bei einer Frachtbuchung mit mehreren Ladestopps ändert sich der Status wieder in **Nicht geladen**, wenn der erste Frachtabschnitt abgeschlossen ist.

Der Ausführungsstatus auf der Stoppebene aggregiert die Status der dem Stopp zugeordneten Aktivitäten der jeweiligen Positionen und bietet die zusätzlichen Ereignisse **Abgefahren** und **Angekommen** (d. h. Einchecken und Auschecken für den Straßentransport). Normalerweise werden diese beiden Ereignisse von SAP Event Management gemeldet, wie wir in Abschnitt 8.2, »SAP Event Management«, erläutern. Wenn der aktuelle Stopp der erste Stopp der Frachtbuchung ist, d. h. die Fracht hier in einen Container verladen wird, dann zeigt der **Handling-/Ausführungsstatus** auf der Stoppebene auch den aktuellen Fortschritt der Verladung der Fracht in den Container an. Handelt es sich bei der aktuellen Station um eine Zwischenstation, werden diese Statuswerte nicht angezeigt.

Schauen wir uns nun an, welche Werte der **Frachtausführungsstatus** annehmen kann. Wie bereits erwähnt, wird der Status der Frachtabfertigung nur auf der Positionsebene abgebildet. Die Werte werden jedoch auf der Stoppebene im Handling-/Ausführungsstatus reflektiert, wenn am aktuellen Stopp Fracht ein- oder ausgeladen wird.

Der Ladeplanstatus wird verwendet, um festzulegen, wann Informationen über die Ladung an die nächsten Orte weitergegeben werden können, an denen die Be- und/oder Entladung stattfindet. Dies steht im Zusammenhang mit dem Transitlagerszenario, das in Abschnitt 13.4, »EWM-Integration für Transitlager«, näher beschrieben wird. Nachdem der Status des Ladeplans auf **Abgeschlossen** gesetzt wurde, sendet die Anwendung über das PPF-Ausgabemanagement (siehe Abschnitt 3.3.3, »Post Processing Framework«) eine Nachricht an EWM, um die entsprechenden Dokumente zur Vorbereitung der Ent- und Beladung zu erstellen.

Die Registerkarte **Positionen** in der Frachtbuchung wird nicht nur zur Überwachung der aktuellen Status der Frachtpositionen verwendet. Es ist hier auch möglich, diese Status manuell zu setzen. Es sei daran erinnert, dass die Status **Handling-/Ausführung** und **Frachtausführung** mit den Ereignissen von SAP Event Management verknüpft werden können. Da dies in Abschnitt 8.2, »SAP Event Management«, behandelt wird, beschränken wir uns im Folgenden auf das manuelle Setzen dieser Status. Dies ist in vielen Anwendungsfällen nutzbar, da die Beladung und Frachtverladung oft nicht vom Verlader oder LSP (der die Frachtbuchung in TM erstellt hat), sondern vom Spediteur vorgenommen werden, der keinen Zugriff auf das SAP-S/4HANA-System hat und daher den Ausführungsstatus nicht setzen kann. Aus diesem Grund meldet der Spediteur die Status der Ladung und des Containers oftmals telefonisch oder per E-Mail. Die **Ausführungsstatus** der Frachtbuchung können manuell gesetzt werden, sobald der Ausführungsstatus der Buchung mindestens **Bereit für Transportausführung** erreicht hat.

[»]

Bereit für die Transportausführung

Ob eine Frachtbuchung bereit für die Transportausführung ist, kann von verschiedenen Faktoren abhängen. Ist z. B. eine Frachtbuchungsart im Customizing als **relevant für die Unterbeauftragung** konfiguriert, muss der Frachtbuchung ein Spediteur zugeordnet werden, bevor für die Frachtbuchung der Ausführungsstatus **Bereit für Transportausführung** gesetzt werden kann. Über die globale Symbolleiste im UI des Frachtbuchungsbelegs können über die Option **Prüfen • Bereit für Transportausführung** die Vorbedingungen zum Setzen des Status validiert werden.

Der Ausführungsstatus oder auch der Ladeplanstatus können auf der Registerkarte **Positionen** im UI der Frachtbuchung manuell gesetzt werden. Dazu muss für die Darstellung der Positionen zunächst in der Drop-down-Liste **Hierarchie ändern** die Option **Statusverwaltung** gewählt werden. Anschließend kann z. B. für eine ausgewählte Position über den Button **Ausführungsstatus • Auf »Geladen« setzen**, der in der lokalen Menüleiste der Statusverwaltungshierarchie angezeigt wird (siehe Abbildung 8.12), der Handling-/Ausführungsstatus auf **Geladen** geändert werden.

Wie in Abbildung 8.12 zu sehen ist, stellen die zur Auswahl stehenden Optionen eine Kombination der verschiedenen Statuswerte des Frachtausführungsstatus und des Handling-/Ausführungsstatus dar. Beim Betrachten des Bildes fällt auf, dass nicht alle Status frei wählbar sind. Die zur Auswahl stehenden Statuswerte hängen vom aktuellen Status der jeweiligen Positionen ab. Wenn z. B. die Frachtbuchung den Verladehafen bereits verlassen hat, können Sie keine Status mehr auswählen, die die Verladung der Fracht in den Container betreffen. Neben dem Ausführungsstatus lassen sich, wie in Abbildung 8.12 zu sehen ist, auch der Status des Ent-/Ladeplans und der Lagerabwicklung über die Schaltflächen im lokalen Menü ändern. Wenn TM im selben System und Mandanten genutzt wird wie das ERP-System, aus dem die Belege für die Frachtbedarfe stammen, kann über die Drucktaste **Warenbewegung • Buchen** auch der Warenausgang im ERP-System angestoßen werden. Wenn der erweiterte Warenannahme- und Versandprozess (siehe Abschnitt 13.3, »Erweiterter Warenannahme- und Versandprozess«) genutzt wird, wird darüber zunächst der logistische Warenausgang in EWM angestoßen.

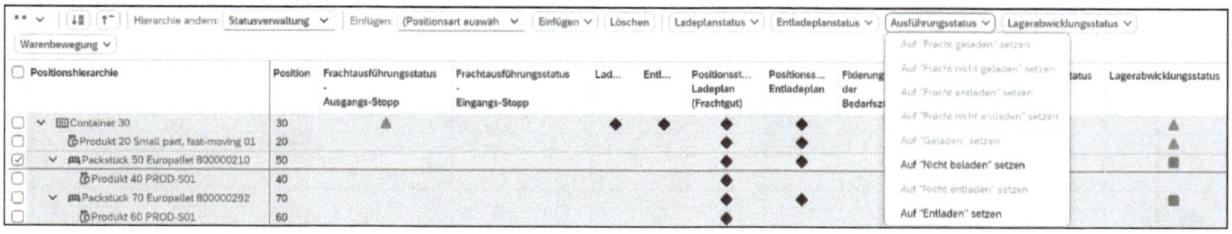

Abbildung 8.12: Ausführungsstatus manuell setzen

Statuswechsel in der richtigen Reihenfolge

Die Status haben eine vordefinierte Reihenfolge, in der sie auftreten können. Daher muss die Ladung in den Container geladen werden, bevor der Container auf das Schiff verladen werden kann. Dasselbe gilt für den Entladehafen: Der Container muss vom Schiff entladen werden, bevor die Ladung aus dem Container entladen werden kann.

Im Beispiel aus Abbildung 8.13 ist zu sehen, wie sich der Ausführungsstatus der Positionen je nach dem Gesamtausführungsfortschritt der Frachtbuchungen ändert. Zunächst ändert sich der **Ausführungsstatus** für die **Produktpositionen**, wenn sie als **geladen** gemeldet werden ❶, anschließend für die **Containerposition** ❷, und schließlich ändern sich die **Frachtausführungsstatus** für den Ausgangsstopp ❸, wenn der Container an der Versandstelle verladen wird, der **Frachtguteingangsstatus**, wenn der Container im Hafen verladen wird ❹, und schließlich, wenn er beim Kunden angekommen ist ❺.

Das Schiff verlässt den Hafen, nachdem die Ladung in den Container geladen und der Container auf das Schiff verladen wurde. Nachdem das Schiff den Hafen verlassen hat, wird der Ausführungsstatus auf einen Statuswert zurückgesetzt, der auf die nächste Abfertigung im nächsten Hafen wartet.

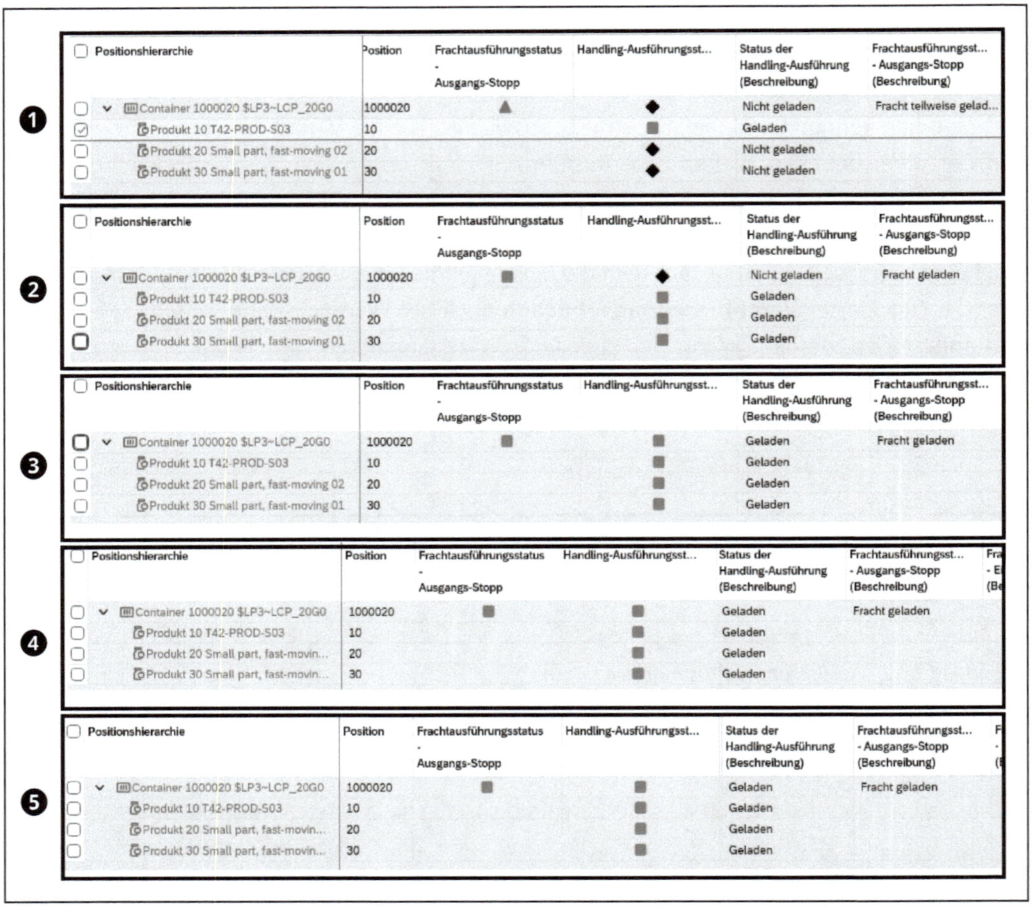

Abbildung 8.13: Fortschritt der Ausführungsstatuswechsel

Der aggregierte Ausführungsstatus des Frachtbuchungsbelegs wird durch den Ausführungsstatus auf der Stoppebene beeinflusst. Wenn der Ausführungsstatus auf dem ersten Stopp in **Beladen** oder **Teilweise geladen** wechselt, ändert sich der Gesamtausführungsstatus in **Laden in Bearbeitung**.

Das Gleiche gilt für den eigentlichen Transport der Waren. Wenn der Ausführungsstatus auf **Abgefahren** gesetzt wurde, ändert sich der aggregierte Ausführungsstatus in **In Ausführung**.

Nachdem wir nun einige Aspekte des Ausführungsstatus besprochen haben, ist es an der Zeit, tiefer in den Bereich der Ausführungsverfolgung einzutauchen. Aus diesem Abschnitt wissen Sie, dass viele der beschriebenen Status mit SAP Event Management verknüpft sind, über das Ausführungsereignisse in den TM-Belegen hinterlegt werden können, die zu einem automatisch Wechsel des Ausführungsstatus führen können.

8.2 SAP Event Management

SAP Event Management ist ein vielseitiges und anpassungsfähiges Werkzeug, das Prozesse zur Objekt- und zur Sammlung und Analyse von KPI-Daten verwaltet. SAP Event Management kann in eine SAP- und Legacy-Systemlandschaft integriert werden, die mit Partnersystemen in einem weltweiten Netzwerk kommuniziert.

Die Funktionen von SAP Event Management können in fünf Kernbereiche unterteilt werden:

- **Überwachung**

  Die Überwachung von Prozessen und Objekten basiert auf deren Status und Ereignissen, die innerhalb des Prozesses oder mit dem Objekt erwartet werden. In der Regel hat die Überwachung bestimmte Echtzeitanforderungen; manchmal müssen sofortige Reaktionen auf auftretende oder fehlende Ereignisse erfolgen. Ein Beispiel für die Überwachung ist die Verfolgung einer Sendung.

- **Benachrichtigung**

  Die Personen, die im Unternehmen die Entscheidungen treffen, müssen benachrichtigt werden, wenn ein Prozess von einem geplanten Verlauf abweicht. Zunächst muss die Abweichung festgestellt werden (was ein Ergebnis der Überwachungsfunktion ist). Dann wird eine Benachrichtigung über einen geeigneten Kanal ausgelöst, der Informationen über die kritische Situation und den Zugang zu ihr liefert (z. B. Versand einer E-Mail, die den Empfänger über eine Verzögerung bei der Lieferung einer Sendung informiert).

- **Simulation**

  Bei Prozessabweichungen oder -verzögerungen kann es sinnvoll sein, verschiedene Möglichkeiten der Wiederherstellung oder des alternativen Verlaufs zu simulieren. Die Simulation ist ein Instrument zur Entscheidungsfindung, das die Bewertung der Auswirkungen von Maßnahmen im Hinblick auf die Einhaltung von Definitionen auf Kunden- oder interner Dienstebene ermöglicht.

- **Steuerung**

  Jede Situation innerhalb eines Prozesses, die durch Ereignisse oder Statuswerte überwacht wird, kann zu Reaktionen führen, die es Ihnen ermöglichen, den Prozess selbst oder abhängige Aktivitäten innerhalb eines Geschäftssystems zu steuern. Die Entscheidung, welche Art von Kontrolle für eine Situation erforderlich ist, basiert auf einem Regelwerk. Ein Beispiel für eine Steuerung ist die Buchung eines Wareneingangs in einem Vertriebssystem, wenn ein Kunde den vollständigen Eingang der Ware meldet.

- **Messen und Analysieren**

  Die geplanten und tatsächlichen Prozessdaten, Status- und Ereignisinformationen können auf vielfältige Weise genutzt werden, um Schwachstellen in Prozessen zu identifizieren oder KPIs der Leistungsfähigkeit einer Organisation zu ermitteln. Diese Daten können von SAP Event Management gesammelt und in einem Business Warehouse ausgewertet werden. Ein Beispiel ist die durchschnittliche Verspätungszeit von Lieferungen durch einen bestimmten Spediteur.

[»]

SAP-Produkt-Roadmap für SAP Event Management

Als extrem vielseitiges Tool ist SAP Event Management weit verbreitet, flexibel einsetzbar und in vielen Kundenimplementierungen zu finden. Es ist jedoch keine Public-Cloud-Anwendung und hat mehr als 20 erfolgreiche Jahre seinen Dienst getan. Angesichts der SAP-Strategie, die darauf abzielt, die Funktion Track and Trace als Softwareservice in der Public Cloud bereitzustellen, hat SAP Event Management immer noch viele Anwendungsfälle und eine große Fangemeinde.

Obwohl ursprünglich angegeben wurde, dass das Ende der Wartungslaufzeit erreicht ist, hat sich SAP aufgrund vieler Anfragen großer Kunden dazu entschlossen, die Komponente als neues Add-on zu SAP S/4HANA (offizieller Produktname: SAP Event Management on SAP S/4HANA 1.0.) zur Verfügung zu stellen, um deren weitere Nutzung zu ermöglichen. Daher wird SAP Event Management weiterhin verfügbar sein und von Kunden genutzt werden. Das Lebensende ist jeweils analog zum Wartungsende für das SAP-S/4HANA-System gesetzt, und die ursprüngliche zeitliche Begrenzung auf 2030 wurde aufgehoben.

Lizenztechnisch erlaubt TM den Anwenderinnen und Anwendern die Nutzung von SAP Event Management im Rahmen der für TM vordefinierten Szenarien. Eine Nutzung über den definierten Umfang hinaus erfordert eine separate Lizenzierung.

Ein Upgrade von SAP-Event-Management-Version 9.2 auf SAP S/4HANA ist nicht vorgesehen. Es würde einen Übergang auf eine separate Instanz erfordern. Daher müssen Sie immer eine Neuinstallation durchführen, wobei die praktisch unveränderte Datenbasis die Übernahme existierender Daten in SAP Event Management erleichtert.

Reale Geschäftsprozesse bringen in der Regel eine Vielzahl von Prozessanforderungen mit sich, die bei der Implementierung eines Ereignismanagementprozesses berücksichtigt werden müssen. Da SAP Event Management nicht an vordefinierte Geschäftsobjekte (z. B. einen Kundenauftrag) gebunden ist, können Sie flexibel entscheiden, welchen Objekttyp, welche Prozessschritte und Reaktionen Sie modellieren und in einem maßgeschneiderten Ereignismanagementprozess implementieren möchten. Da SAP Event Management jedoch ein Standard-Tracking- und Tracing-System innerhalb der SAP-Logistikanwendungen ist, sind viele der Prozesse, die es abdeckt, mit einem entsprechenden vorkonfigurierten Szenario in TM verbunden, was eine Plug-and-Play-Integration zur Prozesssichtbarkeit ermöglicht.

[«]

Zweck des Ereignismanagements

Der Zweck des Ereignismanagements ist die Umsetzung eines realen Prozesses in eine technische Repräsentation in einem Ereignismanagementsystem (EMS), wobei die wichtigsten Meilensteine und Merkmale des Prozesses im System abgebildet werden. Der Ereignismanagementprozess kann je nach Zweck des Einsatzes unterschiedliche Ausprägungen haben:

- Kontrollprozesse erlauben die Kontrolle über einen Geschäftsprozess in SAP S/4HANA.
- Überwachungsprozesse verfolgen aktuelle Prozesse und zeigen den aktuellen Status und Abweichungen eines Prozesses an.
- Sichtbarkeitsprozesse bieten einen Gesamtüberblick über einen Prozess.

Lassen Sie uns SAP Event Management etwas genauer anschauen, wobei wir auf Ereignisbehandlung, Ereignisverwaltung, Konfiguration, Verarbeitung und Integration eingehen.

8.2.1 Event Handler und Ereignisnachrichten

Das zentrale Business-Objekt von SAP Event Management ist der Event Handler. Alle Ereignismanagementprozesse basieren auf mindestens einem Event Handler, mit dem Sie Hauptmerkmale, Status und Schritte des Prozesses definieren können, die verfolgt und kontrolliert werden müssen. Event Handler können ein materielles Objekt, einen Prozess oder einen virtuellen Vorgang repräsentieren. Im Folgenden finden Sie einige Beispiele für materielle Objekte, die Sie in der Logistik überwachen können:

- eine Palette, die als Verpackung für eine Sendung verwendet wird, die verfolgt werden muss (Sie sind an der Sendung interessiert, aber die Palette, auf der sie transportiert wird, ist das Objekt, das Sie identifizieren können)
- ein Container, der während seines gesamten Lebenszyklus verfolgt werden muss
- ein Produktionsgerät, dessen korrekter Betrieb überwacht und protokolliert werden muss
- eine Sendung, z. B. ein Expresspaket, das von der Abholung bis zur Zustellung verfolgt werden muss

Beispiele für prozessspezifische Ereignismanagementszenarien sind unter anderem folgende:

- Ein Kundenauftrag wird in verschiedenen Schritten der Auftragsabwicklung bearbeitet.
- ein Zahlungsvorgang, der zum Ausgleich einer Rechnung führen soll
- eine Bestellung, die vom Zeitpunkt der Bestellung über Qualitätsprüfung und Lieferung bis zur Übergabe der Waren verfolgt werden muss

[»]

Event Handler für ein Beispiel mit mehreren Sichtweisen (Kfz)

Betrachten wir ein Beispiel für einen Prozess mit mehreren Sichtweisen, der in SAP Event Management eingerichtet werden kann.

In der Automobilindustrie kann ein Kfz aus mindestens zwei verschiedenen Blickwinkeln verfolgt werden:

- als ein noch zu produzierendes materielles Objekt, das in Zukunft verkauft wird
- als Auftrag eines Kunden, der ein Auto nach Maß bestellen möchte

In einem solchen Prozess kann jede der beiden Formen zuerst auftreten (d. h. ein Auftrag für ein bestimmtes Auto, das noch nicht produziert wurde, oder die Produktion eines bestimmten Autos, das noch nicht von einem Kunden bestellt wurde). Da die Reihenfolge nicht von vornherein bekannt ist, müssen die zugehörigen Objekte (Kundenauftrag oder Fahrzeugproduktionsauftrag) in SAP Event Management modelliert und unabhängig instanziiert werden. Zu diesem Zweck können Sie zwei verknüpfte Event Handler anlegen:

- Ein Event Handler repräsentiert die Bestellung des Kfz.
- Ein zweiter Event Handler repräsentiert den Produktionsauftrag für das Kfz.

Beide können unabhängig voneinander erstellt und je nach Anforderung miteinander verknüpft werden.

Jeder Event Handler hat einen Lebenszyklus im System, der dem Lebenszyklus des Objekts oder Prozesses entspricht, den er repräsentiert. Ein Event Handler wird durch ein Ereignis in einem Geschäftsprozess erzeugt, das sich auf einen bestimmten Status oder Auslöser (z. B. Auftrag angenommen) oder auf die Erstellung eines Geschäftsobjekts (Stammdatenobjekt für einen Container erstellt) bezieht. Während seiner Lebensdauer verarbeitet der Event Handler eine Vielzahl von Ereignissen und reagiert auf diese nach einem von Ihnen definierten Regelwerk. Ein Event Handler kann in einen Ruhezustand versetzt und wieder aufgeweckt werden, bevor er letztlich deaktiviert und schließlich zu gegebener Zeit archiviert wird. In Tabelle 8.1 sehen Sie einige Beispiele für typische Lebenszyklen von Event Handlern und eine Abschätzung der Anzahl der Ereignisse.

Merkmale	Event-Handler-Art (betriebswirtschaftliche Verwendung)		
	Ausschreibungsprozess	**Verfolgung von Sendungen**	**Containerressourcenverfolgung**
Lebenszyklus	zwei Stunden	vier Wochen	fünf Jahre
Anzahl der verarbeiteten Ereignisse	drei bis fünf	ca. 20	>10.000

Tabelle 8.1: Beispiele für die Lebenszyklen von Event Handlern

Um die Flexibilität und umfassende Anwendbarkeit von SAP Event Management zu verdeutlichen, betrachten wir einige Einsatzbeispiele aus verschiedenen Industrien:

- Auftragsverwaltung, einschließlich Produktionsüberwachung, Lieferung und Rechnungsausgleich (Mühlenindustrie)
- Ausschreibung und Sichtbarkeit für die Logistikausführung (Hightech-Industrie)
- Vertriebsprozesse in einem komplexen Umfeld (industrielle Maschinen und Komponenten)
- internationale Seefracht, einschließlich Zollmanagement (Einzelhandel)
- Bestellmanagementprozess für LDLs, die die Lieferkette ihrer Kunden verwalten (Modeindustrie)
- Retourenmanagement (Automobilbranche)
- Verfolgung von Handling Units im logistischen Ausgangsprozess (LDL)
- Ersatzteil- und Ausrüstungsmanagement (Luft-, Raumfahrt- und Verteidigungsindustrie)
- Verfolgung von Paketen, einschließlich hierarchischer Containerverladung (Postdienste)
- Waggonmanagement (Chemie- und Mühlenindustrie)
- Integration mit Fahrzeugmanagementsystemen (Automobilindustrie)
- Integration mit der SAP Trader's and Scheduler's Workbench (TSW, Öl- und Gasindustrie)

[+]

Ein leistungsstarkes Werkzeug zur Statusverfolgung

SAP Event Management ist für die Verarbeitung von Szenarien mit großen Datenmengen konzipiert. Viele große Postunternehmen nutzen SAP Event Management für die Paketverfolgung, bei der jedes Jahr mehrere Milliarden Ereignisse verarbeitet werden müssen.

SAP Event Management läuft auf einer SAP-HANA-Datenbank, die eine In-Memory-Nutzung von Event-Handler- und Ereignisnachrichtdaten ermöglicht. Der Datenzugriff wurde an SAP HANA angepasst, sodass mehr als 1.000 Ereignisse pro Sekunde verarbeitet werden können.

Ereignisnachrichten sind Benachrichtigungen, die sich auf reale Prozesse oder Objekte beziehen, die in einem Ereignismanagementkontext dargestellt sind. Diese Meldungen werden in standardisierter Form an SAP Event Management übermittelt. Sie enthalten Informationen zur Identifizierung des betreffenden Prozesses oder Objekts, des Ereignisses mit Zeit und Ort sowie weitere kontextbezogene Details. Ereignisnachrichten können auf verschiedene Weise erstellt und übermittelt werden:

- interaktive Erstellung durch Anwenderinnen und Anwender (z. B. mit einem mobilen Gerät, Scanner, einer Internetanwendung oder einem Geschäftssystem)
- automatische Erstellung durch Maschinen (z. B. durch ein technisches System, ein Produktionssystem oder einen RFID-Scanner)
- Empfang von extern integrierten Systemen (z. B. Electronic Data Interchange [EDI] oder XML-Nachrichten mit Geschäftsinhalten)

Mit Event Management können Sie Ereignisse anhand einiger wesentlicher Merkmale definieren:

- **Identifizierung (Tracking ID)**
  Wie lautet die Kennung des Vorgangs oder Objekts, auf das sich diese Meldung bezieht, z. B. die Nummer einer Palette, die angekommen ist, oder die Nummer einer Sendung, die versandt wurde? Die Verwendung mehrerer Identifikatoren pro Prozess oder Objekt ist möglich. So kann z. B. auf eine Sendung durch die Sendungsnummer, die Frachtbriefnummer und die Kundenreferenznummer verwiesen werden.
- **Ereignisart**
  Die Ereignisart ist eine Definition des Ereignisses, das durch die Ereignisnachricht übermittelt wird (z. B. Abgang einer Sendung an einem Ort, Verzögerung des Transports durch Stau oder Nachweis der Ablieferung einer Sendung beim Empfänger).
- **Wiederholbarkeit**
  Die Wiederholbarkeit legt fest, ob der Ereignistyp nur einmal im Rahmen des aktuellen Prozesses auftritt oder ob derselbe Ereignistyp am selben oder an einem anderen Ort erneut auftreten kann (z. B. kann ein Ankunftsereignis während einer Lkw-Tour mehrfach auftreten, da mehrere Kunden besucht werden).
- **Erwartetes Ereignisdatum/Uhrzeit**
  Erwartete Daten/Zeiten definieren einen Zeitpunkt oder einen Zeitraum, zu dem ein Ereignis eintreten soll. Dem erwarteten Ereignis können ein frühester und ein spätester Zeitpunkt zugewiesen werden.
- **Erwartetes Meldungsdatum/Uhrzeit**
  Auch wenn ein Ereignis innerhalb eines bestimmten Zeitraums erwartet wird, kann es mittels einer Ereignisnachricht zu einem anderen Zeitpunkt gemeldet werden. Der erwartete Meldezeitpunkt oder der -zeitraum ist ein Merkmal, das als Maßstab für die Einhaltung der Meldepflicht definiert werden kann.
- **Tatsächliches Ereignisdatum/Uhrzeit**
  Wenn ein Ereignis gemeldet wird, werden das tatsächliche Datum und die tatsächliche Uhrzeit des Auftretens des Ereignisses übermittelt. Zu diesem Zeitpunkt können sie mit dem erwarteten Datum und der erwarteten Uhrzeit verglichen werden.

Ein Ereignismanagementprozess hat normalerweise Initialisierungs- und Beendigungsereignisse. Die verschiedenen anderen Ereignisse, die während des Prozesses auftreten, können vier Ereigniskategorien zugeordnet werden. Die Ereigniskategorien werden im Rahmen der Überwachungsfunktion von SAP Event Management ermittelt und führen zu unterschiedlichem Verhalten in Bezug auf Benachrichtigung, Simulation, Steuerung und Analyse. Abbildung 8.14 zeigt eine Übersicht über die Ereigniskategorien im Kontext eines Event-Handler-Lebenszyklus, der von links nach rechts verläuft. Die Beispielereignisse in Abbildung 8.14 lassen sich in vier Ereigniskategorien unterteilen:

- **Reguläre Ereignisse**

  Ein reguläres Ereignis wird durch einen Meilenstein in einem Geschäftsprozess definiert, der sich in der Definition des erwarteten Ereignisses und seines erwarteten Zeitraums widerspiegelt. Das tatsächliche Ereignis tritt innerhalb des erwarteten Zeitraums ein und wird innerhalb des erwarteten Zeitraums gemeldet.

  Beispiel: Ein Container soll zwischen 9:00 und 10:00 Uhr an einem Terminal eintreffen. Die Bestätigung wird bis 13:00 Uhr erwartet. Der Container trifft um 9:43 Uhr ein, und die Bestätigung (Ereignisnachricht) wird um 10:35 Uhr gesendet.

  In manchen Fällen kann ein regelmäßiges Ereignis ohne einen bestimmten Zeitraum auftreten (z. B. kann es jederzeit eintreten, muss aber mindestens einmal eintreten).

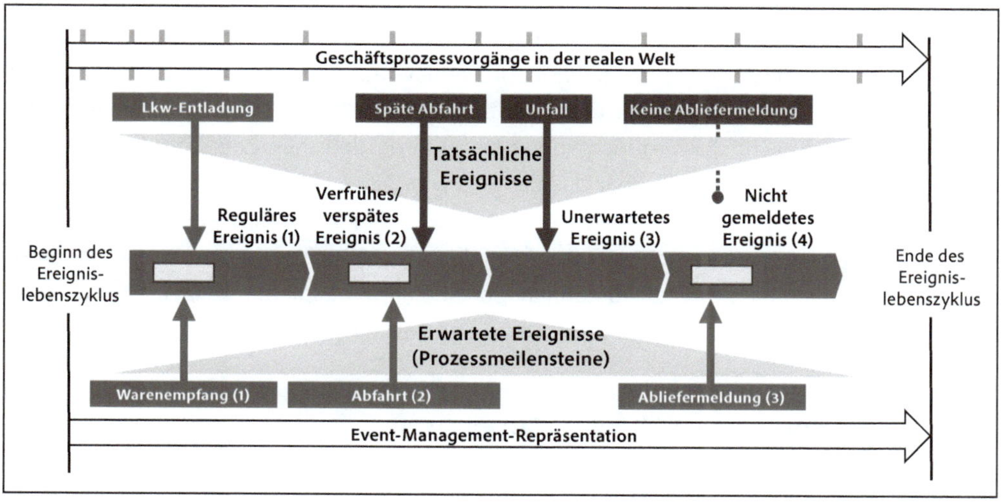

Abbildung 8.14: Ereigniskategorien und Lebenszyklus von Event Handlern

- **Verfrühte oder verspätete Ereignisse**

  Wie ein reguläres Ereignis ist das verfrühte oder verspätete Ereignis ein Meilenstein, der innerhalb eines bestimmten Zeitraums erwartet wird. Das tatsächliche Ereignis tritt entweder früher oder später als der erwartete Zeitraum ein, oder es wird früher oder später als der erwartete Zeitraum für die Meldung gemeldet.

  Angenommen, ein Container soll zwischen 9:00 und 10:00 Uhr an einem Terminal eintreffen; die Bestätigung wird bis 13:00 Uhr erwartet. Stattdessen kommt der Container um 10:33 Uhr an, und die Bestätigung (Ereignisnachricht) wird um 15:27 Uhr gesendet.

Eine spezifische Echtzeitreaktion auf das verfrühte oder verspätete Ereignis ist oft nicht geplant. Stattdessen wird die Tatsache, dass der Prozess nicht gemäß den erwarteten Meilensteinen ausgeführt wird, registriert und für Analyse- und Prozessverbesserungsschritte verwendet (etwa um die Servicequalität eines Geschäftspartners zu bewerten).

- **Unerwartete Ereignisse**

  Unerwartete Ereignisse haben keinen entsprechenden Meilenstein im Geschäftsprozess, und es wird nicht erwartet, dass das Ereignis gemeldet wird. Wir müssen zwischen zwei Situationen unterscheiden:

  - Das Ereignis tritt einfach ein und wird registriert (z. B. wird der Standort von einem GPS-Gerät in einem Lastwagen gemeldet).
  - Das Ereignis deutet auf ein mehr oder weniger schwerwiegendes Problem hin, und es müssen Abhilfemaßnahmen ergriffen werden (z. B. Unfallmeldung eines Lieferwagens).

  In einigen Fällen muss die Situation auf der Grundlage weiterer Ereignismerkmale bewertet werden (z. B. wenn ein Bahnwaggon in einem Rangierbahnhof in Stuttgart gemeldet wird, obwohl er von Hamburg nach Berlin geleitet werden sollte).

- **Nicht gemeldete Ereignisse**

  Nicht gemeldete Ereignisse basieren ebenfalls auf einem erwarteten und zeitlich definierten Meilenstein, aber entweder tritt das tatsächliche Ereignis nicht ein, oder eine Ereignisnachricht wird nicht innerhalb des erforderlichen Zeitraums empfangen. Die fehlende Information über das Ereignis wird als Nichteinhaltung gewertet und führt sofort zu einer Ausnahmebehandlung. So sollte zumindest eine Benachrichtigung einer Person (oder eines System) erfolgen, um die Situation beurteilen und weitere Maßnahmen ergreifen zu können. Bei einem gut definierten Eskalationsprozess kann als Reaktion ein automatischer Kontrollprozess eingeleitet werden.

8.2.2 Prozess von SAP Event Management

Ein Prozess in SAP Event Management wird normalerweise durch eine der folgenden Quellen ausgelöst:

- Ein transaktionales Objekt in einem betriebswirtschaftlichen System wird angelegt oder erreicht einen Status, der den Start des Prozesses auslöst (z. B. ein Auftrag, der den Status **Bestätigt** erreicht).
- Ein Stammdatenobjekt wird in einem betriebswirtschaftlichen System angelegt (z. B. eine unternehmenseigene Bahnwaggon-Ressource).
- Ein Prozess in einem Geschäftssystem erreicht einen Zustand (z. B. ein Auftrags- und Lieferprozess erreicht den Zustand des Warenausgangs).

- Eine Nachricht aus externen Quellen zeigt an, dass ein für das Ereignismanagement relevanter Prozess angestoßen wurde und dass in Zukunft Ereignisnachrichten erwartet werden (z. B. eine Sendung wird von einem Absender verschickt, und zukünftige Tracking-Informationen werden eintreffen).
- Ein in SAP Event Management implementierter Prozess beginnt mit der manuellen Erstellung eines Event Handlers für die rein auf SAP Event Management basierende Verarbeitung. Diese Art von Prozess ist besonders, weil SAP Event Management kreativ genutzt werden kann, um einen Geschäftsprozess auf den implementierten Event Handlern ohne ein Backend-Business-System auszuführen (z. B. Starten eines eigenständigen Retourenmanagementprozesses auf SAP Event Management).

Geschäftsobjekte und Applikationsobjekte

[«]

In einem Geschäftssystem stellen individuell genutzte Geschäftsobjekte wesentliche Entitäten der Geschäftsprozesse dar (z. B. Kundenauftrag, Frachteinheit oder Rechnung), die durch Customizing so konfiguriert werden, dass sie die realen Entitäten repräsentieren (z. B. eine inländische Lkw-Lieferung oder die Seestrecke einer internationalen Lieferung). Im Rahmen von SAP Event Management definieren *Applikationsobjekte* eine noch granularere und semantische Klassifizierung von Objekten, die von den individuellen Eigenschaften eines Geschäftsobjekts abhängt. Dies ist notwendig, da sich der Prozess des Ereignismanagements – je nachdem, was ein Geschäftsobjekt darstellt – erheblich unterscheiden kann. Im Kontext von SAP Event Management werden die Geschäftssysteme im Allgemeinen auch als *Applikationssysteme* bezeichnet.

Gemäß dem zuvor erwähnten Beispiel kann ein Geschäftsobjekt für einen Frachtauftrag z. B. eine inländische Auslieferungstour oder einen Schüttguttransport per Bahn darstellen. Sie können die Art des Geschäftsobjekts oft nur durch Auswertung von Merkmalen oder Indikatoren bestimmen (z. B. Frachtauftragsart, Transportart, Hauptressource, Abschnittsart oder Art der Ladung), da die Art und die Nutzung wiederum von der individuellen Konfiguration des Systems abhängen.

Abhängig von diesen Eigenschaften muss SAP Event Management einen anderen Event-Management-Prozess initiieren und einen individuellen Typ von Event Handler verwenden. Daher werden auf der Grundlage der Geschäftsobjektmerkmale die *Applikationsobjektart* und die zugehörigen Daten zur Steuerung des Event-Management-Prozesses bestimmt.

Abbildung 8.15 veranschaulicht die Elemente von SAP Event Management, die an einem Event-Management-Prozess beteiligt sind. In SAP S/4HANA können alle Elemente (außer Nr. 3) in einem System konzentriert sein.

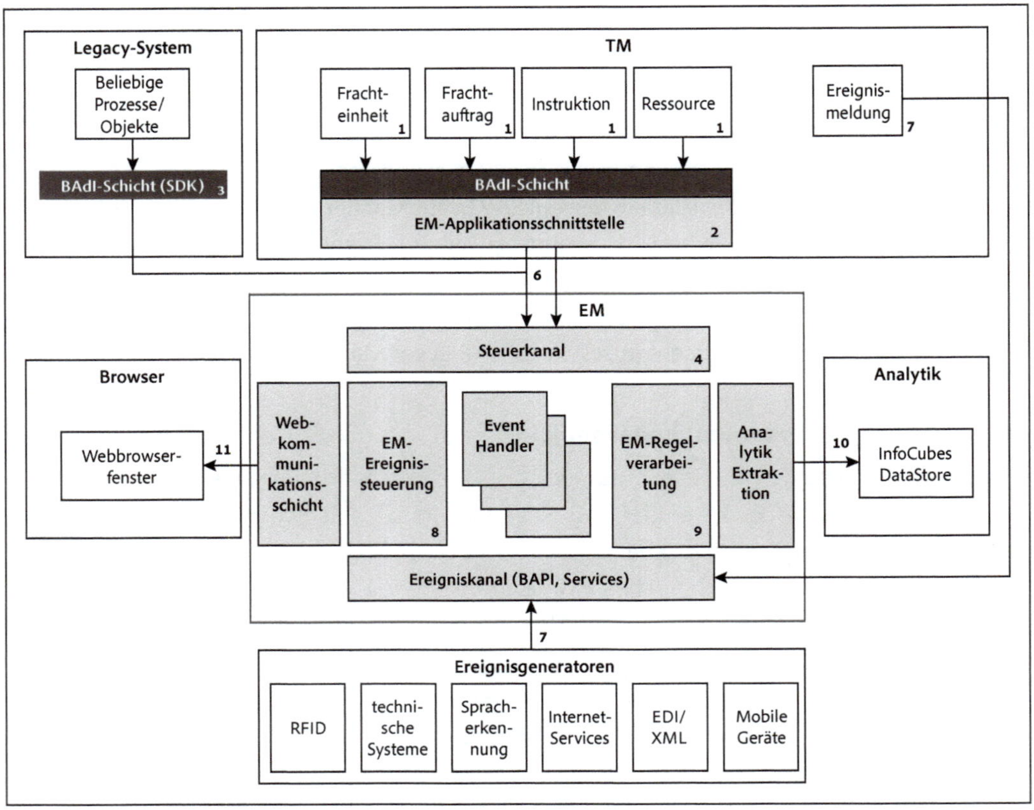

Abbildung 8.15: Elemente von SAP Event Management

Normalerweise beginnt der Prozess in einem Geschäftssystem wie TM, wo das verursachende Objekt oder der Prozess erzeugt wird. Während der Ereignismanagementprozess läuft, werden die folgenden Phasen oder Schritte ausgeführt:

1. Ein Geschäftsprozess wird im Backend-Geschäftssystem (z. B. SAP S/4HANA mit TM) gestartet. Bei einem bestimmten Schritt erreicht der Prozess einen Status, bei dem ein Event-Management-Prozess ausgelöst werden muss (z. B. Frachtauftrag ist bereit zur Ausführung). Beim Sichern des Geschäftsobjekts werden dessen Daten an eine Integrationsschicht (Teil von SAP S/4HANA) übergeben, um eine Aktion nach dem Sichern durchzuführen. Die Daten des Geschäftsobjekts werden an die Applikationsschnittstelle von SAP Event Management übergeben, bei der es sich um eine konfigurierbare Integrationskomponente handelt, die die Kommunikation mit SAP Event Management verwaltet.
2. Die Applikationsschnittstelle bestimmt die Überwachungsrelevanz des Applikationsobjekts, indem sie die konfigurierten Regeln der Applikationsobjektart prüft und die zugehörigen Geschäftsobjektdaten analysiert (z. B. im Frachtauftrag vom Typ **XYZ1** wird dessen Planungsstatus von **Nicht geplant** auf **Geplant** geändert). Wenn eine Applikationsobjektart für die Überwachung relevant ist und der Objektstatus eine Kom-

munikation mit SAP Event Management erfordert, werden die relevanten Kontextdaten aus dem Geschäftsobjekt extrahiert und mehrere Datenpakete mit Objektdaten in standardisierter Form erstellt (z. B. erwartete Ereignisse, Tracking-IDs und allgemeine Parameter). Darüber hinaus wird die zu verwendende Systeminstanz von SAP Event Management bestimmt (es ist möglich, mehrere Instanzen für unterschiedliche Zwecke zu verwenden). Schließlich werden die Datenpakete asynchron an SAP Event Management gesendet. Das gleiche Verfahren gilt für die Aktualisierung oder Löschung von Geschäftsobjekten, wobei entsprechende Änderungs- oder Löschanfragen an SAP Event Management gesendet werden.

3. Individualsoftwaresysteme verfügen nicht über eine Applikationsschnittstelle (es sei denn, sie sind auf einem SAP-Basissystem aufgebaut). Daher muss ein solches System die Relevanz der Überwachung selbst bestimmen, die Anwendungsdatenpakete erstellen und sie über einen RFC- oder OData-Serviceaufruf an SAP Event Management senden. Diese Integration ist nicht ungewöhnlich. Eine der größten Kundeninstallationen von SAP Event Management nutzte diese Integrationstechnik im Zusammenspiel mit einem Mainframe-System.
4. Der Steuerkanal in SAP Event Management nimmt die Anfrage von der Applikationsschnittstelle der Geschäftssysteme oder von den Individualsoftwaresystemen entgegen. Die empfangenen Daten werden an die Ereignissteuerung weitergeleitet, die feststellt, ob ein Event Handler vorhanden ist. Falls dieser nicht existiert, wird ermittelt, welche Art von Event Handler erstellt werden muss.
5. Wenn ein Event Handler erstellt wird, prüft SAP Event Management, ob bereits Nachrichten zu diesem Prozess empfangen wurden (manchmal senden externe Parteien Ereignisnachrichten, bevor der Event Handler erstellt wird: Containerverfolgungsdaten können ankommen, bevor eine Importsendung angelegt wird). Ist dies der Fall, werden die Nachrichten gepuffert und vom neuen Event Handler in sequenzieller Reihenfolge verarbeitet. Existiert bereits ein Event Handler, wird er zunächst entsprechend den neuen Daten geändert (z. B. kann er geänderte oder neue erwartete Ereignisse enthalten). Dann können die bereits empfangenen Nachrichten erneut verarbeitet werden, um zu prüfen, ob der geänderte Event Handler noch mit den zuvor empfangenen Ereignisnachrichten übereinstimmt (z. B. Umleiten eines Bahnwaggons).
6. SAP Event Management sendet schließlich ein Statusprotokoll der durchgeführten Änderungsschritte an die Applikationssysteme zurück, wo diese Informationen im Anwendungsprotokoll (Transaktion SLG1, Objekt **SAPTRX**, Unterobjekt **APPSYS**) protokolliert werden.
7. Ereignisnachrichten können von verschiedenen Quellen als Einzelmeldungen oder als Stapel von Meldungen empfangen werden. Die Nachrichten werden nach Tracking-ID gebündelt und nach Ereignisdatum/-zeit geordnet, bevor sie zur Ereignisverarbeitung durch die Ereignissteuerung und einen Regelprozessor weitergeleitet werden.
8. Die Ereignissteuerung ruft die Event Handler für die zu verarbeitenden Ereignisnachrichten ab und übergibt die einzelnen Meldungsstapel an jeden Event Handler.

9. Jeder Event Handler verarbeitet seinen Stapel von Ereignisnachrichten sequenziell mithilfe der Regelverarbeitung (Regelprozessor). Der Regelprozessor analysiert die empfangene Ereignisnachricht und wendet den für die Event-Handler-Art definierten Regelsatz auf das Ereignis und den Kontext des Event Handlers an. Auf der Grundlage der aktuellen und früheren Daten des Event Handlers kann eine Entscheidung über die Reaktion auf gemeldete Ereignisse getroffen werden.
10. Die Extraktion von Ereignisverwaltungsdaten für die Analyse ist eine Art der Reaktion. Die extrahierten Daten zur Prozessleistung werden an das Analysesystem gesendet (z. B. warum und wie viel verspätet hat Spediteur X geliefert).
11. Die Webkommunikationsschicht ermöglicht es, Daten von einem oder mehreren Event Handlern abzurufen und in einer rollenbasierten Weboberfläche zu präsentieren. Aufgrund ihrer Konfigurierbarkeit kann die Webkommunikationsschicht verwendet werden, um Sichtbarkeitsdaten für Kunden zu präsentieren und Partnern oder internen Mitarbeitenden Zugang zu gewähren.

[»]

Applikationssystem und SAP Event Management in SAP S/4HANA

In der SAP-S/4HANA-Welt sind das Applikationssystem (siehe Aufzählung zuvor: 1, 2) und SAP Event Management (4, 5, 8, 9) oft in einer Instanz vereint. Sie sollten trotzdem beide getrennt betrachten und sie so konfigurieren, als wären es zwei Systeme. Das bedeutet z. B., dass die Kommunikation nicht direkt zwischen beiden Seiten erfolgt, sondern asynchron über Schnittstellen. Sie erreichen dadurch eine bessere Flexibilität und mehr Möglichkeiten der Lastverteilung. Außerdem können Sie mehrere Systeme oder Mandanten mit SAP Event Management verbinden.

8.2.3 Einrichtung und Konfiguration von SAP Event Management

Die Konfiguration von SAP Event Management erfordert Einstellungen auf der SAP-Anwendungsseite (z. B. in SAP S/4HANA allgemein und pro verwendeter Komponente) und auf der SAP-Event-Management-Seite. Diese müssen in einigen Punkten übereinstimmen. In diesem Abschnitt wird beschrieben, wie Systeminstanzen von SAP Event Management, Datenextraktion und Kommunikation in der Applikationsschnittstelle eingerichtet werden und wie das direkt damit verbundene Customizing in SAP Event Management erfolgt. Außerdem werden die Komponenten zur Konfiguration der Überwachungsprozesse erläutert.

Konfiguration in SAP-Applikationssystemen

Auf SAP Event Management bezogene Konfigurationsmöglichkeiten eines SAP-Applikationssystems werden über die Applikationsschnittstelle bereitgestellt. Die technische Integration zwischen den Geschäftsprozessen und der Applikationsschnittstelle ist für verschiedene TM-Geschäftsobjekte vordefiniert. Tabelle 8.2 gibt einen Überblick über die logistikbezogenen Integrationsobjekte von SAP Event Management in TM.

Objekt	Geschäftsprozessart	Verwendung der Ereignisverwaltung (Beispiele)
Frachteinheit	TMS_TOR	Verfolgung von Frachtstücken/Containern
Frachtauftrag/ Frachtbuchung	TMS_TOR	Sendungsverfolgung, Master Bill Tracking
Ressource	TMS_RES	Verfolgung der Ausrüstung
Standardarbeits-anweisungen (SOP)	TMS_INS	Verfolgung von SOP

Tabelle 8.2: Logistikbezogene TM-Objekte mit Integration in SAP Event Management

Die Applikationsschnittstelle bietet eine standardisierte Möglichkeit, die Integration zwischen Geschäftsprozessen und die entsprechende Ereignisbehandlung zu konfigurieren. Abhängig vom semantischen Kontext eines Geschäftsobjekts kann die Konfiguration steuern, welcher Prozess in SAP Event Management mit Daten und erwarteten Meilensteinen gefüttert wird. Die Konfiguration wird hauptsächlich durch die Definition der Geschäftsprozessart und der Applikationsobjektart gesteuert.

Die Geschäftsprozessart steht in direktem Zusammenhang mit den Geschäftsobjekten, wie sie im Business Object Repository des Applikationssystems definiert sind (z. B. ein Transportauftragsobjekt). Sie bezieht sich auf eine technische Integration des Geschäftsobjekts mit der Applikationsschnittstelle und einer Liste von Datentabellen mit Objektinhalten, die zur Extraktion von Daten und Ereignissen verwendet werden können, die an SAP Event Management gesendet werden sollen.

Sie können die Geschäftsprozessart anpassen, indem Sie dem IMG-Pfad **Integration mit anderen SAP-Komponenten • Schnittstelle zum Event Management • Applikationsschnittstelle definieren • Verwendete Geschäftsprozess-, Appl.objekt- und Ereignisarten definieren** folgen.

Definition von Applikationsobjekten und Ereignistypen

Die Einstellungen für die Applikationsobjektarten können Sie über denselben IMG-Menüpfad vornehmen. Jeder Applikationsobjektart ist direkt mit einer Geschäftsprozessart verbunden. In den **Allgemeinen Daten** der Applikationsobjektart können Sie das Verhalten der Erzeugung von Applikationsobjekten konfigurieren (z. B. ob das Applikationsobjekt relevant ist, um eine SAP-Event-Management-Kommunikation auszulösen – damit können Sie zum Test eine Applikationsobjektart deaktivieren).

Die Einstellungen der **Steuerungstabellen** legen fest, welche der Datentabellen des Geschäftsobjekts das Hauptobjekt darstellen. Ein einzelnes Applikationsobjekt kann z. B. für einen ganzen Transport (Kopfebene) oder für jede Transportposition (Positionsebene) erstellt werden. Im ersten Fall wäre die Hauptobjekttabelle die Kopftabelle des Objekts; im zweiten Fall wäre die Hauptobjekttabelle die Positionstabelle, und die Kopftabelle sollte als Master-Tabelle zugeordnet werden. Bei einigen Objekten werden gelöschte Datensätze in separaten Tabellen aufbewahrt. In diesem Fall könnte die Tabelle für gelöschte Objekte von der Hauptobjekttabelle abweichen.

Auf der Registerkarte **Objektidentifizierung** können Sie konfigurieren, wie die Applikationsobjekt-ID zusammengesetzt wird. Die Applikationsobjekt-ID (AOID) identifiziert das Objekt oder einen Teil des Objekts, das direkt mit dem Event Handler verbunden ist. Sie können sie aus einem oder zwei Feldern der Geschäftsobjektdatentabellen extrahieren oder einen Funktionsbaustein zur Extraktion verwenden. Wenn Sie z. B. die Position 0020 des Frachtauftrags 001234 verfolgen möchten, kann die Applikationsobjekt-ID auf 0012340020 gesetzt werden.

Die Einstellung im Feld **EM-Relevanz** bestimmt, wann ein Applikationsobjekt an SAP Event Management kommuniziert wird. Die Festlegung kann entweder durch eine Bedingung oder einen ABAP-Funktionsbaustein erfolgen. Alternativ kann das Applikationsobjekt auf **immer relevant** gesetzt werden, was eine Kommunikation an SAP Event Management auslöst, sobald ein Geschäftsobjekt angelegt oder geändert wird.

[»]

Verwendung von ABAP-Funktionsbausteinen in SAP Event Management

In der Applikationssystem- und EM-Konfiguration gibt es viele Einstellungen, in denen ABAP-Funktionsbausteine verwendet werden, um entweder Daten zu extrahieren oder eine Verarbeitung durchzuführen (z. B. Rules Engine). Viele Funktionsbausteine werden mit der Standardsoftware ausgeliefert. Sie haben auch die Möglichkeit, eigene Funktionsbausteine aus verfügbaren Vorlagen oder als Kopien vorhandener Bausteine zu erstellen. Wenn Sie einen solchen Funktionsbaustein im Customizing zuordnen, müssen Sie zunächst einen Eintrag dafür im Customizing anlegen, da der Funktionsbausteinname nicht direkt eingegeben wird, sondern ein logischer Name zugeordnet wird. Sie finden die Zuordnung über den IMG-Menüpfad **Integration mit anderen SAP-Komponenten • Schnittstelle zum Event Management • Applikationsschnittstelle definieren – SAP-EM-Datenextraktion definieren**.

Auf der Registerkarte **Parameter-Setup** können Sie festlegen, welche Daten des Geschäftsobjekts an SAP Event Management übergeben werden, um einen Event Handler zu erstellen oder zu aktualisieren. Es gibt mehrere Kategorien von Daten, die wie folgt extrahiert werden können (Abbildung 8.16 zeigt den Customizing-Bildschirm):

- **Tracking-ID-Setup**

  Tracking-Identifikation (IDs) und -Code werden verwendet, um den Event Handler zu identifizieren, wenn Ereignisnachrichten empfangen werden. Tracking-IDs sind in der Regel Nummern wie Sendungsnummern, Frachtbriefnummern, Palettennummern oder Auftragsnummern. Der mit der Nummer verknüpfte Code klassifiziert die ID und hilft Ihnen, den richtigen Event Handler zu finden (es könnte eine Sendung mit der Nummer 12345 geben, die durch *SHP 12345* identifiziert wird, und eine Bestellung mit der Nummer *ORD 12345*, wobei SHP und ORD für den Tracking-Code stehen und 12345 die Tracking-ID darstellt). Tracking-IDs können über einen Tabellenfeldbezug oder einen ABAP-Funktionsbaustein extrahiert werden. Sie müssen die ABAP-Funktion verwenden, wenn Sie einem Event Handler mehrere Tracking-IDs zuweisen möchten, die alle für die Ereignisberichterstattung verwendet werden können (z. B. Sendung SHP 12345 und Frachtbriefnummer FBN 9876543).

- **Parameter-Setup**

  Steuerungs- und Informationsdatenextraktion bieten Container, um jede Art von Daten im Format Name-Index-Wert an SAP Event Management zu übergeben. Diese Daten beziehen sich auf das Objekt oder den Prozess und liefern zusätzliche Informationen. Der Steuerdatencontainer enthält Informationen, die die Logik von SAP Event Management direkt beeinflussen können und auf die die Regelverarbeitung zugreifen kann (z. B. ein Kennzeichen, dass eine Sendung Gefahrgut enthält, dass es sich bei der Ladungsart um Schüttgut handelt oder dass der verwendete Lkw eine mittlere Größe hat). Der Infodatencontainer enthält zusätzliche Objektmerkmale (z. B. den Namen der Person, die den Lkw fährt), die in der Regel nicht zur Steuerung des Prozesses verwendet werden. Der Index wird genutzt, um mehrere Einträge, die zur gleichen Gruppe gehören, miteinander in Beziehung zu setzen (`PRODUKT[1]= "Fernseher", MENGE[1]= "200", TYP[1]= "Yamamoto DXTV-230", PRODUKT[2]= "Geschirrspüler"` etc.).

- **Abfrage-ID-Extrakt**

  Abfrage-IDs bieten die Möglichkeit, einem Event Handler zusätzliche Code-Set/ID-Paare zuzuweisen, die für die Datenabfrage aus SAP Event Management, nicht aber für die Nachrichtenverarbeitung verwendet werden können.

- **Extraktor für EE (Erwartete Ereignisse)**

  Die Extraktion von erwarteten Ereignissen ermöglicht das Abrufen von Meilensteinen aus dem Applikationsobjekt, die später zur Erzeugung der erwarteten Ereignisse im Event Handler verwendet werden. Da die Extraktion in einem ABAP-Funktionsbaustein erfolgt, haben Sie die Möglichkeit, die Liste der erwarteten Ereignisse zu erweitern, indem Sie die im Kontext des Geschäftsobjekts angegebenen Meilensteine berechnen oder anreichern. Wenn ein Transportobjekt z. B. nur ein Abfahrtsdatum enthält, können Sie zusätzlich ein 30 Minuten später liegendes Gate-Check-out-Datum anlegen, wodurch Sie die Einhaltung Ihres internen Betriebsplans verfolgen können.

Für jede Geschäftsobjektart können Sie eine oder mehrere Ereignisarten im Applikationssystem konfigurieren. Mit Ereignisarten können Sie Ereignisnachrichten einrichten, die von der Anwendung an ein angeschlossenes SAP-Event-Management-System im Kontext des Geschäftsprozesses gesendet werden. Ein Beispiel ist die Bestätigung des Warenausgangs in einer SAP-S/4HANA-Lieferung, die in der Versandprozessüberwachung in SAP Event Management oder über einen Ladestatus auf einem Frachtauftrag in TM registriert werden muss. Abbildung 8.17 zeigt die für die TM-Transportauftragsobjekte (Frachtauftrag und Frachtbuchung) definierten Ereignisarten.

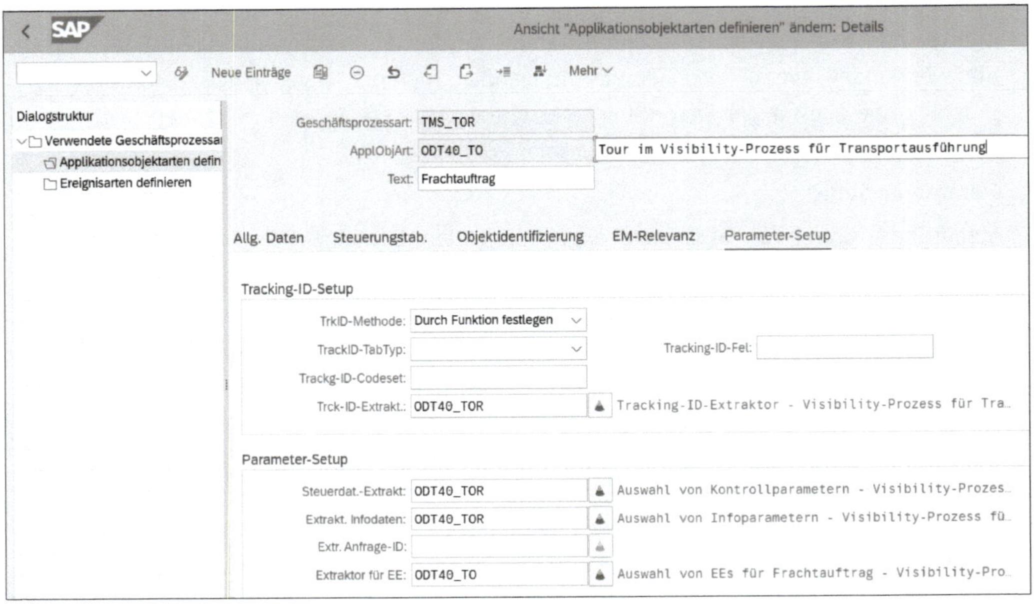

Abbildung 8.16: Parametereinstellung einer Applikationsobjektart

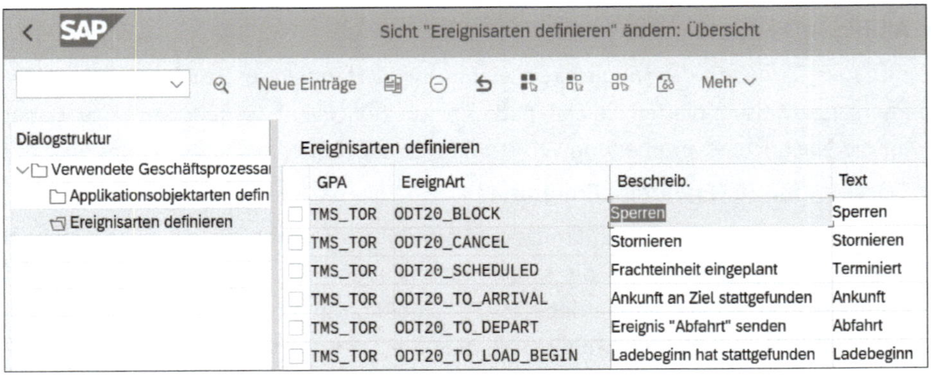

Abbildung 8.17: Definition von Ereignisarten

Das Standard-Anwendungsprotokoll, das Sie über Transaktion SLG1 starten können, liefert detaillierte Informationen über die Gründe für den Erfolg oder Misserfolg der Aktivitäten, die innerhalb der Applikationsschnittstelle stattfinden. Sie können Details über die Ereignisverwaltungsrelevanz von Applikationsobjekten, Datenextraktion und Anwendungsdaten oder die Ereignisübertragung an SAP Event Management abrufen. Die Antwort von SAP Event Management auf die Anfragen des Applikationssystems wird an das

Applikationssystem zurückgesendet und im Protokoll abgelegt (z. B., wenn in SAP Event Management keine passende Event-Handler-Art ermittelt werden konnte). Sie können den gesamten Prozess sehen, indem Sie über Transaktion SLG1 für das Objekt **SAPTRX** und das Teilobjekt **APPSYS** auf das Protokoll zugreifen.

Konfiguration von SAP Event Management

Die Konfiguration von SAP Event Management ermöglicht es Ihnen, das Verhalten und die Eigenschaften der Überwachungsprozesse zu definieren. Anders als das Customizing des Applikationssystems sind die Einstellungen von SAP Event Management nur verfügbar, wenn das Add-on SAP Event Management on SAP HANA 1.0 installiert oder ein System mit SAP Event Management 9.2 eingerichtet ist. Sie finden die Einstellung ansonsten nicht auf einer SAP-S/4HANA-Instanz ohne das Add-on. Die Customizing-Einträge sind in beiden Versionen identisch. Die Hauptaktivitäten bei der Konfiguration von SAP Event Management bestehen darin, folgende wesentliche Einstellungen zu definieren:

- Event-Handler-Arten, erwartete Ereignisse und Statuseinstellungen
- Bestimmung der Event-Handler-Art und Datenzuordnung aus den Daten des Applikationssystems
- zu verarbeitende Ereignisnachrichten und Ereigniscodes
- Regeln für die Reaktion auf empfangene oder fehlende Ereignisnachrichten
- Einrichtung von personalisierten Webtransaktionen für den Zugriff auf Event-Management-Daten

Um die Prozesssynchronisation zwischen Applikationssystemen und SAP Event Management zu ermöglichen, müssen Sie einige wesentliche Einstellungen vornehmen, um die Prozesse der Applikationssysteme mit der Konfiguration von SAP Event Management asynchron zu verbinden (siehe Kasten in Abschnitt 8.2.2, »Prozess von SAP Event Management«). Sie finden diese Einstellungen im Einführungsleitfaden (IMG) von SAP Event Management, indem Sie **Event Management • Allgemeine Einstellungen in Event Management** wählen:

- Definieren Sie RFC-Verbindungen (Remote Function Calls), um technische Kommunikation zu ermöglichen.
- Definieren Sie logische Systeme, um Applikationssysteme und Event Management zu identifizieren.
- Definieren Sie Applikationssysteme, um den Systemen einen Namen zu geben, für die Sie Prozesse in SAP Event Management einrichten.
- Definieren Sie Geschäftsprozessarten, da Sie diese benötigen, um den Extraktionsprozess des Applikationssystems mit dem Erstellungsprozess der Event Handler zu synchronisieren.

Die Definition verschiedener Event-Handler-Arten ermöglicht es Ihnen, die Erstellung, die Zusammensetzung und das Verhalten einzelner Überwachungsprozesse auf der Seite von SAP Event Management zu steuern. Event-Handler-Arten beziehen sich immer auf eine Geschäftsprozessart, die Sie in den Einstellungen der Event-Handler-Art definieren müssen, jedoch können sich viele Event-Handler-Arten auf dieselbe Geschäftsprozessart beziehen. Abbildung 8.18 zeigt den Aufbau einer Event-Handler-Art, den Sie im Customizing von SAP Event Management unter **Event Management • Event Handler und Event-Handler-Daten • Event Handler • Event-Handler-Arten definieren** finden.

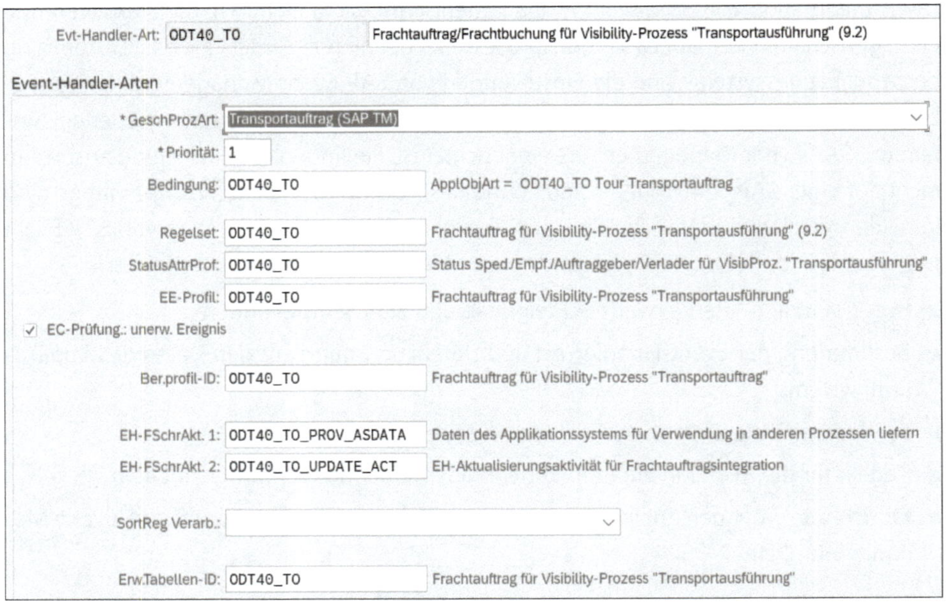

Abbildung 8.18: Konfiguration einer Event-Handler-Art

Die wichtigsten Felder der Event-Handler-Art sind:

- **GeschProzArt (Geschäftsprozessart)**
  Sie müssen die Event-Handler-Art einer Geschäftsprozessart zuordnen.
- **Priorität und Bedingung**
  Sie können eine Priorität setzen, um eine Rangfolge innerhalb der Bestimmung der Event-Handler-Art zu ermöglichen. Sie definieren eine *Bedingung*, die die Anwendbarkeit der Event-Handler-Art festlegt (z. B. nur für eine bestimmte Applikationsobjektart zu verwenden).
- **Regelset**
  Das Regelset definiert, wie der erstellte Event Handler auf eingehende oder überfällige Ereignisnachrichten reagiert.
- **StatusAttrProf (Statusattributprofil)**
  Mithilfe des Statusattributprofils können Sie die Erstellung von Statusfeldern detailliert beschreiben und bei der Erstellung von Event Handlern einen Anfangswert festlegen.

- **EE-Profil (erwartete Ereignisprofil)**
  Das erwartete Ereignisprofil fasst die erwarteten Ereignisse zusammen, die mit dem Event Handler aufgrund von Meilensteinen des Applikationssystems oder anderen erwarteten Ereignissen erzeugt werden.

Event-Handler-Kopfzeilen-Erweiterungstabellen

[«]

Da die Header-Felder jeder Event-Handler-Art gleich sind und es hauptsächlich technische oder administrative Felder gibt, können Sie eine eigene Erweiterungstabelle verwenden, um den Event-Handler-Kopf für verschiedene Zwecke zu erweitern und ihn fallspezifischer zu gestalten. Am wichtigsten ist die Möglichkeit, Felder speziell für eine bestimmten Event-Handler-Art zu erstellen, die Teil eines Datenbankindex sind und eine schnelle Suche ermöglichen (z. B. ein Feld für den Ort der letzten Sichtung), ohne die Kopftabelle für alle Event-Handler-Arten zu ändern. Jede Event-Handler-Art kann ihre eigene Erweiterungstabelle haben und daher spezifische Indizierungs- und Zugriffsmerkmale aufweisen.

Abbildung 8.19 zeigt Beispieldaten für einen Event Handler. Der Event-Handler-Kopf enthält die Referenzen zwischen dem Applikationssystem und SAP Event Management und liefert Identifikations- und Steuerungsmerkmale für den Prozess. Meilensteine, Tracking-IDs und andere Attribute werden in zugehörigen Tabellen gespeichert. Die Erweiterungstabelle für den Kopf enthält wichtige Kontextdaten für den Prozess. Steuerungs- und Infoparameter speichern detailliertere Informationen, die in Regeln verwendet oder präsentiert werden können.

Einem Event Handler, der mit Meilensteinen arbeitet, muss ein Profil für erwartete Ereignisse zugewiesen werden. Sie können Profile für erwartete Ereignisse im IMG definieren, indem Sie **Event Management • Event Handler und Event-Handler-Daten • Erwartete Ereignisse • Profile für erwartete Ereignisse definieren** wählen.

Die erwarteten Ereignisse eines Profils sehen Sie in Abbildung 8.20. Erwartete Ereignisse können in Gruppen gebündelt werden, um eine alternative Verarbeitung der Ereignisse zu ermöglichen. Ein Beispiel ist eine Gruppe von Ereignissen, bei der entweder ein Genehmigungs- oder ein Ablehnungsereignis erwartet wird. Jedes dieser beiden Ereignisse erfüllt die Anforderung, eine Antwort auf eine Anfrage zu erhalten, und erfüllt somit die Notwendigkeit, eine Antwort innerhalb eines bestimmten Zeitraums zu bekommen.

Mit der Detaileinstellung für die Erzeugung des erwarteten Ereignisses können Sie festlegen, wie ein erwartetes Ereignis erzeugt wird. Sie können das Ereignis mit einem erwarteten Ereignis verknüpfen, das vom Applikationssystem übermittelt wird. Datums- und Zeitangaben können nach Bedarf direkt übertragen oder manipuliert werden. Sie können auch ein erwartetes Ereignis erstellen, indem Sie auf ein zuvor generiertes erwartetes Ereignis verweisen (z. B. Ladeschluss ist immer 30 Minuten nach Ladestart). Wenn die Ereignisplanung einer komplexeren Regel folgt oder sich auf andere Daten beziehen muss, können Sie einen ABAP-Funktionsbaustein verwenden, um das richtige Datum und die richtige Uhrzeit zu ermitteln.

Event-Handler-Kopf

GUID	Appl.objekt-Art	Appl.objekt-ID	Gesch.Proz.Art	EH-Art
34eG62fs6DF	SENDUNG	9926007	TMS_SNDG	TMS_CONT

Tracking-IDs

Code	ID
CONTNR	EASU7777779
SNDGNR	9926007
HAWBNR	EASC-2777098-2
MAWBNR	EASC-8755545

Abfrage-IDs

Code	ID
AUFTNR	35500726
BESTNR_KD	978925007-19

Erweiterungstabelle (Systemparameter) Z_CONT_EH_TAB

Abgangsort	Zielort	Containertyp	Letzte Sichtung	Ladung Containerlinie
HAMBURG	SINGAPUR	22GP	ROTTERDAM	EASC

Steuerungsparameter

Name	Idx	Wert
WARENART	1	Spielwaren
WARENART	2	Kindermöbel
STAT.WARENNR	1	34526700
STAT.WARENNR	2	34584100
GEWICHT	1	3360 KG
GEWICHT	2	7840 KG

Infoparameter

Name	Idx	Wert
SCHIFFSNAME	1	Northstar
REEDEREI	1	EASC
ZOLLAGENT	1	MÜLLER&CO
EMPFÄNGER	1	Jun Chen Ltd., Singapore, Main St.1

Erwartete Ereignisse

Ereignis	Ereigniszeit	Ort	Partner	Meldezeit
LADEN	03.07.25, 14h00	HAMBURG	HHLA	04.07.25, 12h00
ABFAHRT	03.07.25, 22h00	HAMBURG	EASC	05.07.25, 12h00
SICHTUNG	05.07.25, 04h00	ROTTERDAMM	EASC	06.07.25, 0h00
ANKUNFT	23.07.25, 17h00	SINGAPUR	EASC	25.07.25, 12h00
ENTLADUNG	23.07.25, 23h00	SINGAPUR	SGP_PORT	25.07.25, 12h00

Messungen

Messwert	Erwartet	Gemessen	Status
GESGEWICHT	11200 KG	11350 KG	M

Abbildung 8.19: Beispieldaten eines Event Handlers (kein vollständiger Datensatz)

Profil erwart. Ereign.: ODT40_TO

Beschreibung: Frachtauftrag für Visibility-Prozess "Transportausführung"

Profil anzeigen

Gruppe	Posit.	EreignCode	Beschreibung	Code-Grp.
100	100	LOAD_BEGIN	Beladungsbeginn	
100	200	LOAD_END	Beladungsende	
100	300	POPU	Abholbestätigung	
100	350	COUPLING	Ankuppeln	
100	400	DEPARTURE	Abfahrt	
100	500	CLEAR_CUST...	Zollamtlich abfertigen	
100	600	ARRIV_DEST	Ankunft an Zielort	
100	650	DECOUPLING	Abkuppeln	
100	700	UNLOAD_BEG...	Entladungsbeginn	
100	800	UNLOAD_END	Entladungsende	
100	900	POD	Lieferempfangsbestätigung	

Abbildung 8.20: Ereignisliste in einem Profil für erwartete Ereignisse

Jedes erwartete Ereignis kann Ereignis- und Meldedaten mit einem definierten frühesten/spätesten Zeitraum haben. Tritt ein Ereigniscode in einem Prozess mehrfach auf, können die einzelnen Ereignisinstanzen durch Ereignisorte oder Sendepartner angereichert werden (z. B. wenn ein Abfahrtsereignis auf einer Verteilungstour mehrfach auftritt).

Überwachung der ursprünglichen Pläne

Innerhalb der Struktur der erwarteten Ereignisse verfolgt ein Event Handler das erwartete und das tatsächliche Ereignisdatum und die Uhrzeit. Darüber hinaus werden Datum und Uhrzeit des ursprünglich erwarteten Ereignisses festgehalten. Auch wenn ein Plan geändert wird, bleibt der erste (ursprüngliche) Plan in der Struktur des erwarteten Ereignisses erhalten. Zwischenzeitliche Änderungen werden in der Regel in der Struktur überschrieben, können aber in den Protokolldaten im ausführlichen Modus nachgeschlagen werden, der die aussagekräftigste Stufe der Protokollierung von Event-Handler-Aktivitäten und Ereignisverarbeitung darstellt.

Da Geschäftsprozesse oft sehr spezifische Statuseinstellungen erfordern, stellt SAP Event Management ein Werkzeug zur Verfügung, um den Status jedes Event-Handler-Typs individuell zu definieren. Sie können das Customizing für Statusattributprofile konfigurieren, indem Sie **Event Management • Event Handler und Event-Handler-Daten • Status • Statusattributprofile definieren** wählen. Die Profile, die einer oder mehreren Event-Handler-Arten zugeordnet sind, fassen eine Liste von Statusattributen zusammen, von denen jedes eine Statusdefinition, mögliche Statuswerte und einen Anfangswert bietet, der bei der Instanziierung des Event Handlers gesetzt wird. Der Übergang der Statuswerte von einer Einstellung zu einer anderen wird durch die Verarbeitung von Regeln mit spezifischen Statusänderungsaktivitäten umgesetzt. Abbildung 8.21 zeigt ein Beispiel für ein Statusattributprofil (TM-Transportauftrag-Event-Handler) mit Statusattributen für Sperr-, Liefer- und Transportstatus.

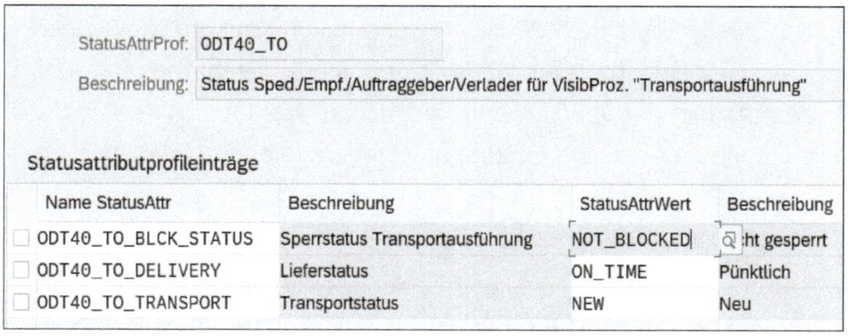

Abbildung 8.21: Statusattribute eines Event Handlers für die Transportauftragsverfolgung

Wenn ein Event Handler auf Anforderung eines Applikationssystems erstellt wird, werden die extrahierten und übermittelten Daten verwendet, um die geeignete Event-Handler-Art zu bestimmen. Da nicht alle Applikationssysteme gleich strukturiert sind, können Sie mithilfe der Parameter-Mapping-Funktion individuell angelegte Parameter in einem gemeinsamen Prozess harmonisieren. Auch in der SAP-Welt gibt es Aufträge unterschiedlicher Art (z. B. SAP-Bestellungen in MM oder Vertriebsaufträge in SD). Um eine systemübergreifende Harmonisierung der übermittelten Parameter zu vermeiden, bietet SAP Event Management ein Parameterabbildungs-Tool, um Parameterentitäten einer gemeinsamen Namensdefinition zuzuordnen. So können z. B. ein `PO_NUM`-Parameter aus der Materialwirtschaft und ein `ORDERNUM`-Parameter aus einem SAP-S/4HANA-Kundenauftrag auf einen `ORDERNUMBER`-Parameter im Event Handler abgebildet werden. Die Zuordnung eines entsprechenden Mapping-Profils im IMG unter **Event Management • Event Handler und Event-Handler-Daten • Parameter • Parameterabbildung definieren** ist zwingend erforderlich, da sonst der Event Handler nicht erstellt werden kann und Sie im Anwendungsprotokoll einen Abbildungsfehler finden werden. In einem einfachen Fall legt das Mapping-Profil lediglich fest, dass alle Parameter bei der Erstellung des Event Handlers auf die gleiche Weise weitergeleitet werden, wie sie vom Applikationssystem empfangen werden (d. h., das Abbildungsprofil legt fest, dass nichts speziell abgebildet, sondern nur übernommen wird).

8.2.4 Ereignisnachrichten und Ereignisverarbeitung

Eine Ereignisnachricht ist ein strukturierter Satz von Daten, der SAP Event Management Informationen darüber übermittelt, was wann wo in einem realen Ereignis passiert ist, warum und von wem es gemeldet wird. SAP Event Management verwendet diese Informationen, um potenzielle Event Handler als Empfänger zu identifizieren, indem die Tracking-ID der Nachricht mit den Tracking-IDs der Event Handler verglichen wird. Alle aktiven Event Handler mit übereinstimmenden Tracking-IDs und Code erhalten die Ereignisnachricht.

[»]

Technische Verarbeitung von Ereignisnachrichten

Die Verarbeitung von Ereignisnachrichten ist massentauglich, um große Mengen von Ereignisnachrichten mit einer einzigen Übertragung an SAP Event Management weiterzuleiten. Alle empfangenen rohen Ereignisnachrichten werden zunächst in der Datenbank gespeichert, bevor sie an die Ereignisverarbeitung weitergeleitet werden, die entweder synchron oder asynchron erfolgen kann, je nachdem, wie schnell der Empfänger wieder abgefragt werden muss.

Die Ereignisverarbeitung holt dann die Nachrichten aus der Warteschlange ab, gruppiert die eingegangenen Nachrichten nach der Tracking-ID, sortiert die Gruppen nach dem tatsächlichen Zeitstempel des Ereignisses und schiebt jede Nachrichtengruppe in den Aktualisierungsprozess der Event Handler. Am Ende werden der Verarbeitungsstatus und die Protokolle zusammen mit den Nachrichten gespeichert. Der Aktualisierungsprozess des Event Handlers weist den internen Ereigniscode zu, prüft die Durchführbarkeit der Nachrichtenverarbeitung und führt schließlich die Regelverarbeitung für jede Nachricht aus.

Die synchrone Verarbeitung von Ereignisnachrichten sollte verwendet werden, wenn Sie eine sofortige Reaktion auf den Erfolg oder das Ergebnis einer Ereignisnachricht erwarten (z. B. wenn eine Lkw-Abfahrt auf einem mobilen Gerät gemeldet wird und die Statusaktualisierung sofort nach der Aktualisierung auf der mobilen Benutzeroberfläche angezeigt werden soll).

Ein Ereigniscode charakterisiert den Zweck einer Ereignisnachricht. Ereigniscodes werden in eine externe und eine interne Sicht unterteilt. Da es viele Standards gibt, die definieren, wie ein bestimmtes Ereignis zu melden ist (z. B. durch Standards wie Electronic Data Interchange for Administration, Commerce, and Transport [EDIFACT], American National Standards Institute [ANSI] X.12 oder RosettaNet), muss die externe Sicht flexibel sein. Daher können Sie externe Ereigniscodes und eine Abbildungsregel definieren, um sie zu harmonisieren und in eine interne Sicht zu transformieren, die durch interne Ereigniscodes definiert ist. Sie konfigurieren die Ereigniscodes im Customizing unter **Event Management • Event Handler und Event-Handler-Daten • Codes**. Es gibt mehrere Einstellungen zur Definition externer und interner Sichten und die Möglichkeit, diese zu gruppieren.

Die Verarbeitung von Ereignisnachrichten wird durch die Definition und Verwendung von Regelwerken organisiert. Ein Regelwerk ist eine Abfolge von Aktivitäten, die beim Empfang einer Ereignisnachricht oder alternativ bei Fristüberschreitung eines erwarteten Ereignisses angewandt wird.

Ein Regelwerk ist direkt mit einem Event Handler verbunden. Dabei kann es sich um eine umfassende Liste von Regeln handeln, wobei jede Regel eine Bedingung enthält, unter der sie ausgeführt wird, sowie eine Definition, welche Aktivität erfolgen soll, wenn die Bedingung wahr oder falsch ist. Bei der Aktivität kann es sich um einen ABAP-Funktionsbaustein oder eine Methode handeln oder um eine Prozedur von SAP Event Management (Mehrschritt-Aktivität), die mehrere andere Aktivitäten enthält (siehe Abbildung 8.22). Sie können auch eine nächste Regel definieren, die auf der Grundlage des Ergebnisses einer aufgerufenen Aktivität ausgeführt werden soll.

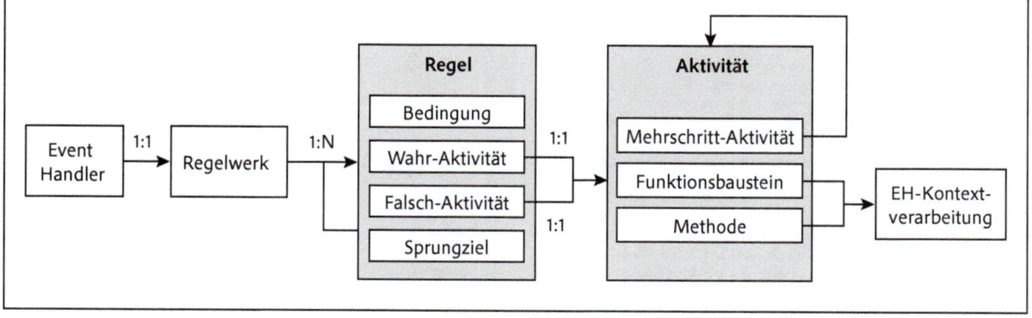

Abbildung 8.22: Verknüpfungen zwischen Event Handlern, Regelsätzen, Regeln und Aktivitäten

[+]

Regeln zum Aufbau einer Event-Handler-Hierarchie verwenden

Wenn Sie hierarchische Beziehungen zwischen Event Handlern benötigen (z. B. eine verfolgte Sendung in einem verfolgten Container), können Sie durch die Vererbung von Tracking-IDs diese Referenz leicht angeben. Sobald die Sendung in den Container gepackt wird, übergibt der Container-Event-Handler seine Tracking-ID an den Sendungs-Event-Handler, sodass jede Nachricht für den Container-Event-Handler nun auch vom Sendungs-Event-Handler verarbeitet wird (gleiche Tracking-ID). Nachdem die Box aus dem Container entfernt wurde, deaktiviert der Box-Event-Handler seine Beziehung zum Container-Event-Handler, und sie kann dann allein verfolgt werden.

Regelwerke definieren Sie im Customizing unter **Event Management • Reaktion auf Ereignisnachrichten • Regelwerke definieren**. Hier können Sie Regelwerke verwalten und deren Einzelaktivitäten und Logik definieren. Außerdem haben Sie Zugriff auf Aktivitätsdefinitionen, Mehrschritt-Aktivitäten (Prozeduren) und Regelbedingungen. Um diese Funktion zu nutzen, können Sie in der Customizing-Transaktion auf der Ebene **Regelwerke** auf die Drucktaste **Regelwerk anzeigen** klicken.

Um einen besseren Überblick über komplexe Regelwerke zu erhalten, können Sie sich auch Regelwerkdetails anzeigen lassen. Sie gelangen dann auf eine Anzeige, auf der das komplette Regelwerk mit allen Regeln, Bedingungen und Aktivitäten dargestellt wird.

Abbildung 8.23 zeigt die Anzeige der Regelwerkdetails. In der Detailanzeige können Sie die prozedurale Struktur des Regelwerks am Beispiel der Ereignisse zur Containerverladung sehen.

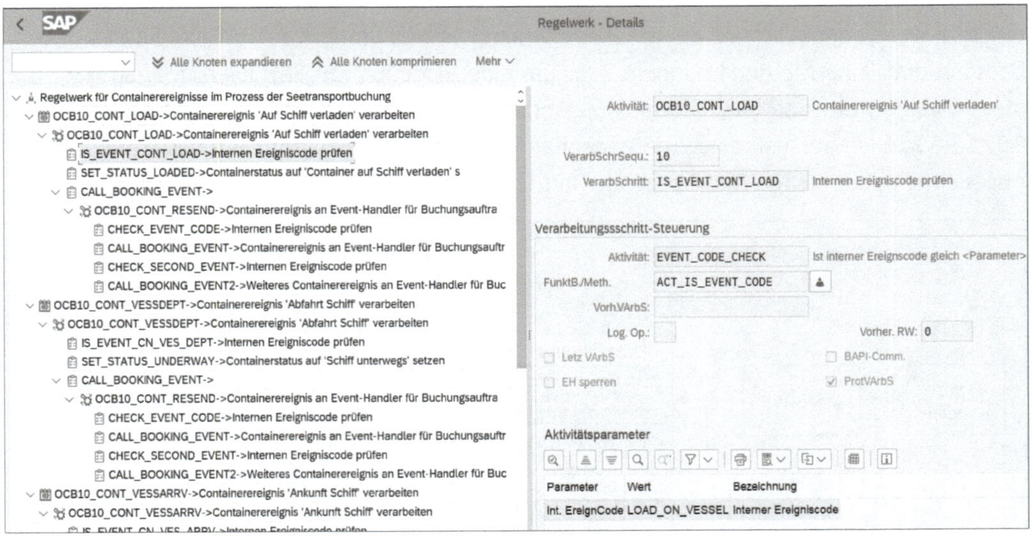

Abbildung 8.23: Detailanzeige eines Regelwerks

8.2.5 Anwenderinteraktion, Listen und Hintergrundverarbeitung

SAP Event Management bietet verschiedene Methoden zur Interaktion mit den Anwenderinnen und Anwendern:

- rollenbasierte Webinteraktion für Anwenderinnen und Anwender, um Daten aus SAP Event Management abzurufen und anzuzeigen, sowie Interaktion auf der Grundlage des Versands von Ereignisnachrichten
- Listenverarbeitung für Power User zur Durchführung von Wartungs-, Recherche- und Inspektionsaufgaben
- Transaktionen für die einfache Eingabe von Ereignisnachrichten

Die rollenbasierte Weboberfläche ermöglicht die Definition von Webtransaktionen für den Abruf von Event-Handler-Daten und das Versenden von Ereignisnachrichten. Sie kann verwendet werden, um Anwenderinnen und Anwendern und Kunden oder Partnern Informationen zur Sendungsverfolgung zur Verfügung zu stellen, und bietet ihnen die Möglichkeit, sich an der Ereignisberichterstattung zu beteiligen. Ein Beispiel ist eine Transaktion für die Paketverfolgung, bei der Sie als Empfänger den Status Ihres Pakets verfolgen und nach dem Empfang mit einem Zustellnachweis antworten können, wenn das Paket im richtigen Zustand angekommen ist.

Da die Webtransaktionen rollenbasiert sind, können Sie jeder Rolle unterschiedliche Berechtigungen zuweisen und die Art der Ereignisbehandlungen und Ereignisnachrichten sowie die Details festlegen, die eine bestimmte Person sehen kann. Darüber hinaus kann die Ereignisberichtsfunktion autorisiert oder eingeschränkt werden. Die Einrichtung der Webschnittstelle finden Sie im IMG unter **Event Management • Ereignisnachrichten, Statusabfragen, Webschnittstelle und EM-OData-Service • Webschnittstelle**, wo Sie die Transaktionen der Webschnittstelle definieren, die Sichtbarkeit der Daten und die Berechtigung konfigurieren und den Transaktionen der Webschnittstelle Benutzer oder Rollen zuweisen können.

Mit den Listen in SAP Event Management können Sie entweder als professionelle Anwenderin oder professioneller Anwender Informationen abrufen oder die Verarbeitung von Daten steuern. Die Steuerung der Verarbeitung kann interaktiv erfolgen, wenn die entsprechende Transaktion gestartet wird, oder als Hintergrundprozess, der von einem Batch-Job gestartet wird, um die Daten regelmäßig zu verarbeiten. Die folgenden Listenprozesse werden in SAP Event Management zur Verfügung gestellt:

- **Event-Handler-Liste (interaktiv)**

  Mit der Event-Handler-Liste können Sie Event Handler aus SAP Event Management suchen und abrufen. Sie können einen Drill-down in die Übersicht der Event Handler und die Detailanzeige durchführen, die einen detaillierten Überblick über alle Event-Handler-Daten bietet. Von den Event-Handler-Details aus können Sie auch Event-Handler-Daten aktualisieren. Diese Funktion sollte nur zu Wartungszwecken verwendet werden, da sie die Datenkonsistenz beeinträchtigen kann.

- **Liste der unbearbeiteten Ereignisnachrichten (im Hintergrund oder interaktiv)**
  Die Liste der unbearbeiteten Ereignisnachrichten ermöglicht es Ihnen, empfangene Nachrichten zu bearbeiten, die nicht verarbeitet werden konnten (z. B. aufgrund einer Sperrung). Wenn ein Event Handler zwei unabhängige Nachrichten innerhalb einer Millisekunde empfängt, kann es sein, dass die zweite Nachricht versucht, den Event Handler zu sperren, während er die erste Nachricht verarbeitet. In diesem Fall kann der nicht verarbeitete Nachrichtenprozessor eingeplant und ausgeführt werden, um dieses Problem zu lösen.
- **Verarbeitung von erwarteten, überfälligen Ereignissen (vorzugsweise im Hintergrund)**
  Die Verarbeitung der erwarteten, überfälligen Ereignisse sollte regelmäßig erfolgen, am besten ausgelöst durch einen Batch-Job in einem Zeitraum von weniger als einer Stunde (in der Regel fünf bis zehn Minuten, abhängig von der Aktualität). Die Verarbeitung prüft, ob ein erwartetes Ereignis überfällig war, und löst die Ausnahmeverarbeitung der entsprechenden Event Handler aus, die im Regelwerk behandelt werden können.
- **Wiederaufbereitung von Ereignisnachrichten (interaktiv)**
  In Situationen, in denen Ereignisbehandlungsregeln getestet werden müssen, kann die Wiederverarbeitung den Prozess unterstützen, sodass nicht jeder Test neue Ereignisnachrichten erfordert.
- **Statusliste für die Verarbeitung von Ereignisnachrichten**
  Diese Statusliste zeigt den Verarbeitungsstatus der Ereignisnachrichten an, die für die ausgewählten Event Handler empfangen wurden.

8.2.6 Integration von SAP Event Management mit anderen Komponenten

In Abschnitt 8.2.2, »Prozess von SAP Event Management«, haben wir die Integration von Applikationssystemen (zu denen auch TM gehört) mit SAP Event Management beschrieben, um Event Handler zu erstellen oder Ereignisnachrichten zu versenden. Zusätzlich zu dieser sehr grundlegenden Integration bietet SAP Event Management eine Vielzahl vordefinierter Inhalte und zusätzlicher Integrationspunkte mit TM und anderen Komponenten und Legacy-Systemen, die wir in diesem Abschnitt besprechen werden.

Vordefinierte Inhalte von TM

Für TM-Applikationsobjekte gibt es entsprechende, vorkonfigurierte Prozesse, die Sie sofort verwenden können, indem Sie sie im Customizing wie folgt aktivieren:

1. Aktivieren Sie die SAP-Event-Management-Integration in den Einstellungen der TM-Objektart (z. B. in der Frachtauftragsart).

2. Aktivieren und richten Sie die Applikationsschnittstelle für den entsprechenden Prozess ein (siehe Abschnitt 8.2.3, »Einrichtung und Konfiguration von SAP Event Management«).
3. Aktivieren Sie den SAP-Event-Management-Prozess, und richten Sie ihn ein (siehe ebenfalls Abschnitt 8.2.3).

Die in Tabelle 8.3 aufgeführten Überwachungsprozesse sind in TM einsatzbereit.

Überwachungsprozess	Applikationsobjekt	Event-Handler-Typ
Verfolgung von SOP-Instruktionen (Speditionsauftrag)	ODT30_INS	ODT30_INS
Verfolgung von Frachteinheiten	ODT30_FU	ODT30_FU
Verfolgung von Frachtaufträgen/Frachtbuchungen	ODT30_TO	ODT30_TO
Ressourcenverfolgung	RES30_RESOURCE	RES30_RESOURCE

Tabelle 8.3: TM-Überwachungsprozesse und ihre Implementierungen

Integration zwischen TM und SAP Event Management

Es gibt zwei zusätzliche Integrationspunkte zwischen TM und SAP Event Management:

Der erste Integrationspunkt ist die Buchung und Aktualisierung von TM-relevanten Daten aus SAP Event Management in TM als Ergebnis der Regelverarbeitung. In vielen Szenarien muss der Empfang eines Ereignisses die entsprechenden Daten in TM aktualisieren. Wenn z. B. ein Event Handler ein erwartetes Ereignis für die Ankunft an einem Zielort hat, das vom Ankunftsdatum eines TM-Frachtauftrags abgeleitet ist, dann kann die Regelverarbeitung eine Aktivität aufrufen, die das TM-Frachtauftrags-Istdatum beim Empfang der Ankunftsereignisnachricht aktualisiert (siehe Abbildung 8.24).

TM und andere Systeme können Ereignisbehandlungsdaten abrufen, die im Anwendungskontext angezeigt werden. Mit dieser Integration können die Anwenderinnen und Anwender den Status des Event Handlers sehen, ohne eine Webtransaktion aufrufen zu müssen. Die Daten werden als Teil der aktuellen Transaktion angezeigt (z. B. auf den Registerkarten des TM-Frachtauftrags, etwa der Registerkarte **Ausführung**). TM bietet auch das Senden von Ereignisnachrichten an SAP Event Management bei manueller Eingabe der aktuellen Daten, z. B. in der Frachtauftragspflege. Abbildung 8.24 zeigt ein Beispiel für die Anzeige von Ereignisnachrichten im Kontext einer TM-Frachtbuchung.

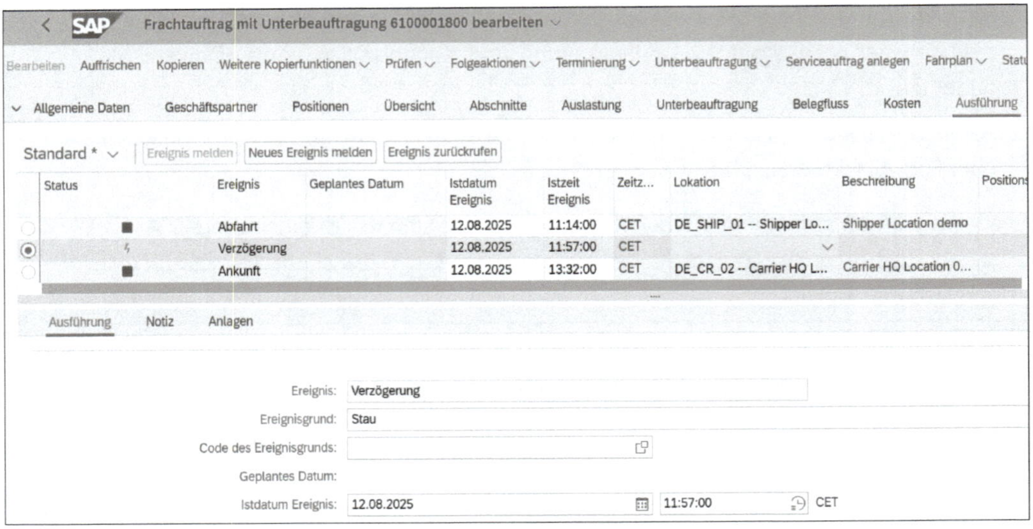

Abbildung 8.24: Ereignisdaten im TM-Frachtauftrag (Ausführung)

8.3 SAP Business Network for Logistics Global Track and Trace

SAP Business Network for Logistics Global Track and Trace ist ein öffentlicher, cloud-basierter Service, der den gemeinsamen Zugriff und die Nutzung von Überwachungsprozessen ermöglicht. Die Funktionen zur Ereignisverarbeitung, Visualisierung und Prozessabwicklung werden für alle verbundenen und registrierten Parteien bereitgestellt.

Die implementierten Szenarien stellen nicht nur die Sicht eines Unternehmens dar, wie es normalerweise in SAP Event Management der Fall ist (d. h. des Prozesseigentümers), sondern auch eine gemeinsame Sicht auf ein Szenario, zu dem alle relevanten Unternehmen beitragen und es visualisieren können. Typische Anwendungsfälle sind folgende:

- Sie möchten die Auftragsabwicklung und die damit verbundenen Waren auf dem Transportweg mit Meilenstein- und Geostandortüberwachung mit voraussichtlicher Ankunftszeit (ETA) verfolgen und Ihren Kunden die Möglichkeit geben, den Fortschritt ihrer Bestellungen einzusehen.
- Sie möchten eingehende ASN über Meilensteine und die damit verbundene Überwachung verfolgen, um eingehende Sendungen zu aktualisieren.
- Sie möchten Lkw-, See-, Luftfracht- und Paketsendungen über Meilensteine und mit Geolocation Tracking mit vorausschauender ETA verfolgen (nur Versand und Lieferung oder in Kombination mit Verkaufs- oder Bestellabwicklung).
- Sie möchten Tracking-Szenarien mit zusätzlicher Prozessintegration und zusätzlichen Meilensteinen erweitern oder anpassen.

In den folgenden Abschnitten werden die Möglichkeiten von SAP Business Network Global Track and Trace sowie die Integrationsszenarien erläutert.

8.3.1 Architektur und Merkmale

SAP Business Network Global Track and Trace hat seit der letzten Auflage dieses Buches einige architektonische Änderungen erfahren. Anstatt ein eigenständiges Tool zu sein, ist es aus betriebswirtschaftlicher und technischer Sicht ein integraler Bestandteil und eine Option des SAP Business Network for Logistics geworden. Sie können SAP Business Network for Logistics Global Track and Trace als eigenständige Komponente für eine Vielzahl von Zwecken nutzen, vergleichbar mit SAP Event Management. Andererseits bietet SAP Business Network Global Track and Trace auch einen Teil seiner Funktionen zur Unterstützung von SAP Business Network for Logistics Freight Collaboration mit standardisierter Tracking-Unterstützung. Hier können Sie Ihre Sendungen mit einem festen Satz von Ereignissen verfolgen, die von TM abgeleitet sind. Weitere Informationen zu SAP Business Network for Logistics und SAP Business Network for Logistics Freight Collaboration finden Sie in Abschnitt 13.8.1.

Die Komponenten von SAP Business Network for Logistics Global Track and Trace sind grundsätzlich mit SAP Event Management vergleichbar. Auf der Anwendungsseite können verschiedene Logistiksysteme als Ausgangssysteme für zu verfolgende Objekte oder Prozesse angeschlossen werden. Dies kann sowohl SAP S/4HANA als auch eine Verbindung zu anderen Softwaresystemen sein. Auf der Seite von SAP Business Network for Logistics werden IDocs, RESTful- und OData-Services bereitgestellt. Auf der Seite der Tracking-System-Anbindung bietet SAP Business Network Global Track and Trace eine Liste veröffentlichter APIs. Diese werden bereits von einer Reihe von Tracking-Anbietern wie Project44 oder Shippeo genutzt, die sich direkt mit Prozessen aus SAP Business Network for Logistics Global Track and Trace verbinden können. Abbildung 8.25 gibt Ihnen einen Überblick über die Architektur und die Integration von SAP Business Network Global Track and Trace in seiner Umgebung.

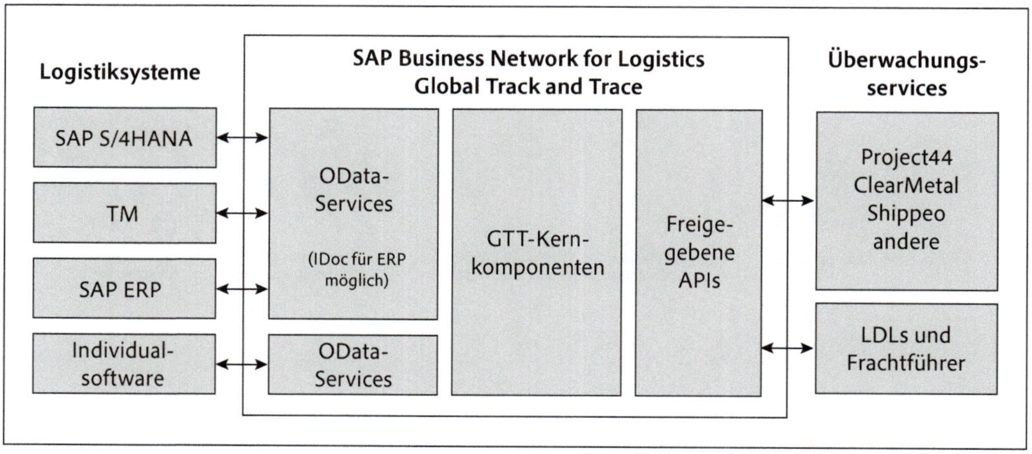

Abbildung 8.25: Integration von SAP Business Network for Logistics Global Track and Trace in Logistiksysteme und Überwachungsservicesysteme

Da die Tracking-Prozesse in SAP Business Network for Logistics Global Track and Trace aufgrund der Cloud-Zugriffsmöglichkeit gemeinsam genutzt werden können, ist die Implementierung komplexer Produktnachweise einfacher zu realisieren. Dadurch kann eine Vertrauenskette vom Rohstoff bis zum Verbrauchsort mit vollständiger elektronischer Aufzeichnung und Rückverfolgbarkeit des Materials sowohl vorwärts als auch rückwärts realisiert werden. Die Verfügbarkeit neuer IoT- und Sensor-Integrationstechnologien, die mit der SAP BTP zur Verfügung stehen, eröffnet ein weites Feld an Integrationsmöglichkeiten zur Anreicherung der Daten- und Ereignisberichterstattung in Logistikketten. Die SAP-Plattformen erlauben auch die Einbettung der relevanten Tracking-Informationen in die Nicht-SAP-Welt.

Die Bereitstellungszyklen für neue Funktionen und Features sind im Vergleich zu einer On-Premise-Version wesentlich kürzer. SAP Business Network Global Track and Trace funktioniert für die Verkehrsträger Luft, See und Lkw. In Abbildung 8.26 erhalten Sie einen Überblick über das Launchpad von SAP Business Network for Logistics Global Track and Trace.

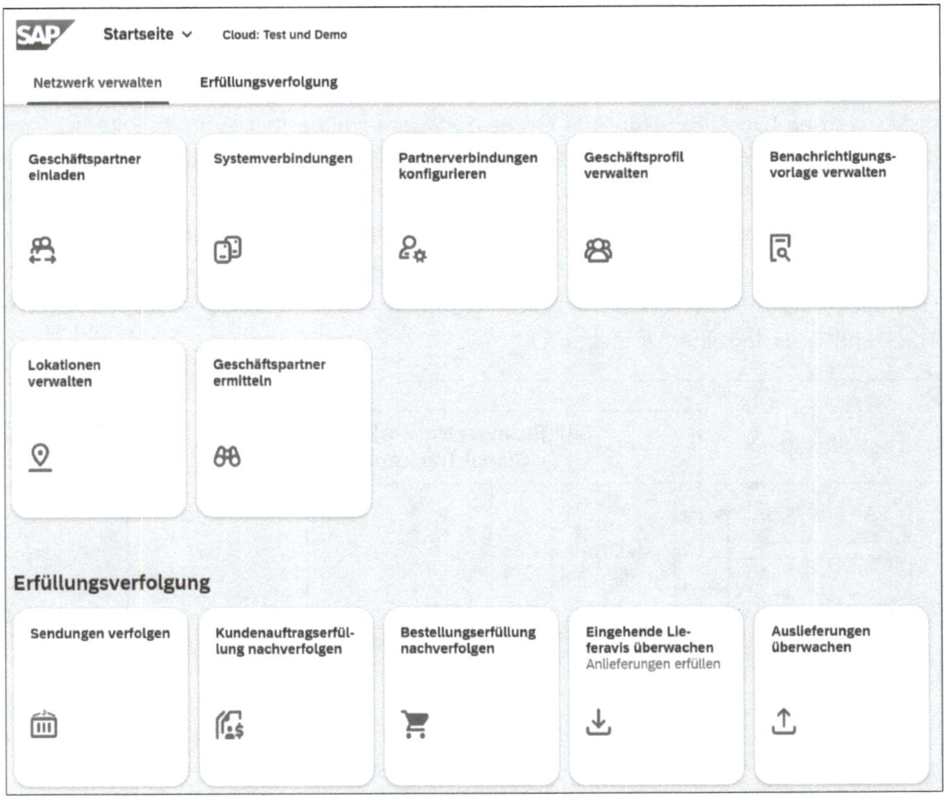

Abbildung 8.26: Launchpad von SAP Business Network for Logistics Global Track and Trace

8.3.2 Integrationsszenarien

Im Rahmen von SAP Business Network Global Track and Trace werden Echtzeit- und Ereignistransparenz auf einer granularen Ebene hergestellt, die von dem Unternehmen, das es einsetzt, bestimmt wird, und somit Transparenz über die wichtigsten Schritte der Transportabwicklung bietet. Auf der Grundlage vordefinierter Szenarien können Folgeaktionen wie automatisches Versenden von E-Mails im Falle von Störungen programmiert werden, um die operative Kontrolle der beweglichen Teile eines Unternehmens weiter zu stärken. Darüber hinaus können die Netzwerkteilnehmenden Daten darüber austauschen, wann eine Störung voraussichtlich behoben sein wird, um die Planbarkeit für Unternehmen und ihre Kunden weiter zu verbessern.

Als Beispiel für den operativen Einsatz können Mitarbeitende aus dem Vertrieb mit diesem Tool direkt auf die Tracking-Daten eines bestimmten Kundenauftrags zugreifen, Benachrichtigungen erhalten, wenn etwas nicht in Ordnung ist, und direkt auf die Störung reagieren, ohne nach den richtigen Sendungsnummern zu suchen oder weiteres Personal zu kontaktieren. Dies trägt dazu bei, den Kundenservice zu verbessern und gleichzeitig die Kosten zu senken. Ebenso können Verzögerungen bei eingehenden Lieferungen direkt den für die Beschaffung zuständigen Mitarbeitenden angezeigt und sofort in die entsprechenden Lieferungen integriert werden, um eine rechtzeitige alternative Beschaffung oder Anpassung der Produktionspläne zu ermöglichen.

Derzeit (Stand: Dezember 2025) sind in SAP Business Network Global Track and Trace einige wichtige Szenarien und Standardanwendungen eingebettet, die als reine Public-Cloud-Lösungen direkt mit den Logistikfunktionen von SAP S/4HANA integriert sind:

- **Verfolgung/Überwachen von Sendungenund Auslieferungen**
  Verfolgung von ein- und ausgehenden Sendungen und Auslieferungen, die von einem Quellsystem (TM oder LE-TRA) kommen, mit Echtzeitrückmeldung von Ereignisdaten. Anhänge können für bestimmte Ereignisse wie z. B. Liefernachweise erstellt werden. Die Funktionen enthalten unter anderem:
  - Listenübersicht mit Anzeige des Status
  - detaillierte Seite pro Sendung für eine eingehende Analyse
  - Unterstützung für den vom Käufer und Lieferanten verwalteten Transport
  - Frachtdokumente können entweder aus SAP S/4HANA oder einem externen Quellsystem zugeführt werden
  - Echtzeit- und kartenbasierte Verkehrstransparenz mit aktualisierter ETA
  - manuelle Pflege von Ereignissen
  - Fähigkeit, Ereignisse mit TM zu synchronisieren

  Abbildung 8.27 und Abbildung 8.28 zeigen die Verfolgung einer Sendung in SAP Business Network for Logistics Global Track and Trace mit einer Standardübersicht und einer Kartenansicht.

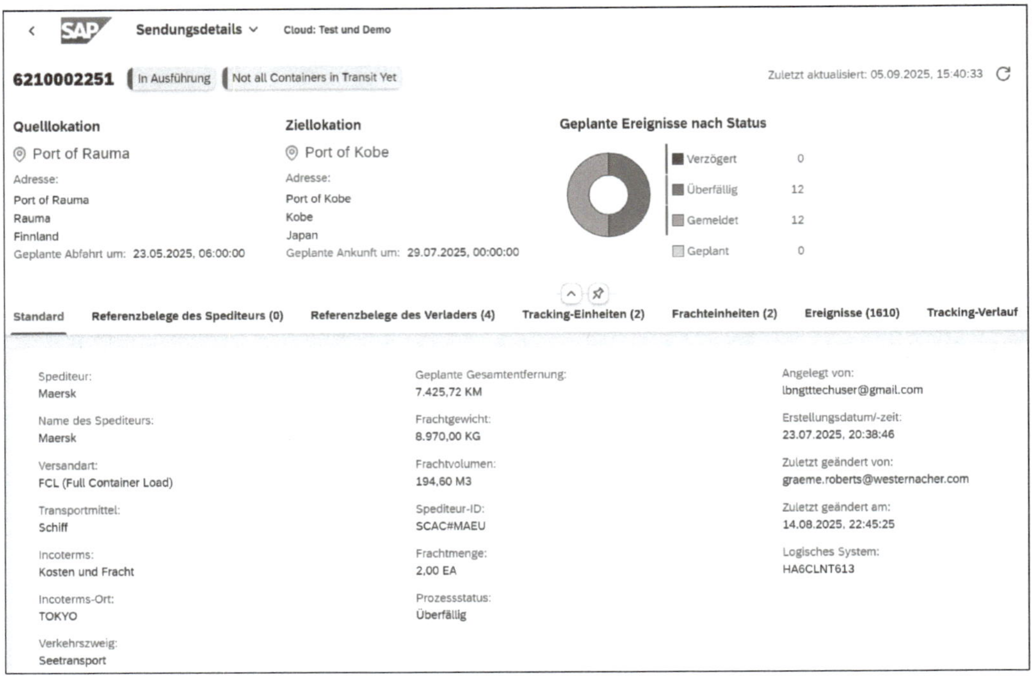

Abbildung 8.27: Sendungsverfolgung mit Standarddaten

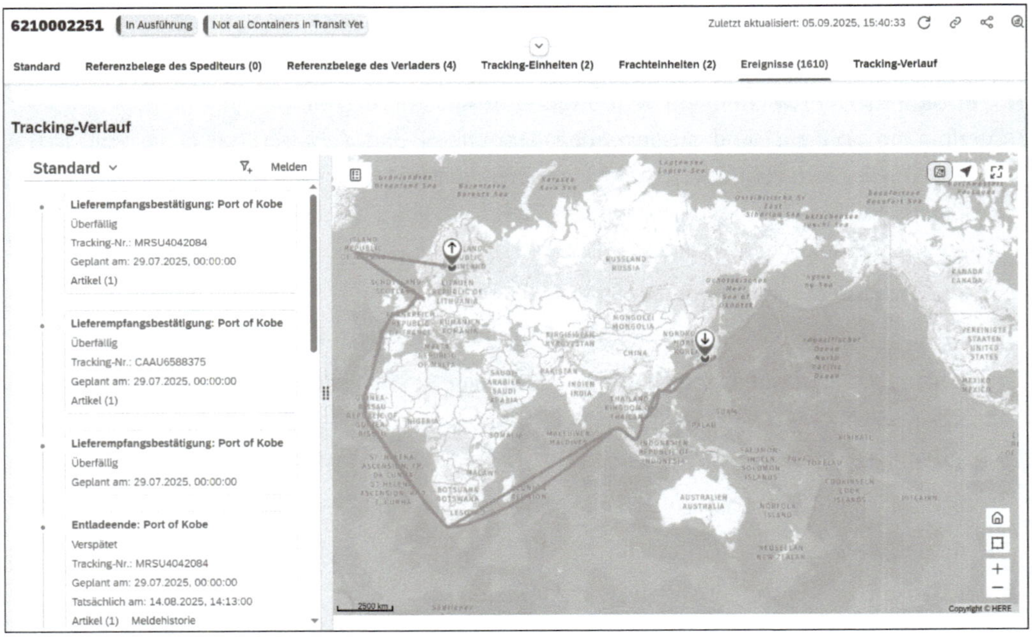

Abbildung 8.28: Kartenvisualisierung der Ereignisse

- **Überwachung der Erfüllung von Kundenaufträgen (einschließlich Auslieferungen) und der Erfüllung von Bestellungen (einschließlich eingehender Lieferungen)**

  Überwachung von An- oder Auslieferungen, die in einem SAP-S/4HANA-ERP-System (Vertrieb/Materialwirtschaft) erstellt wurden, mit Echtzeitrückmeldung von Ereignisdaten. Es muss kein TM-System vorhanden sein. Die folgenden Funktionen sind enthalten:

  - Sicherstellung der pünktlichen und vollständigen Lieferung an die Kunden durch Überwachung aller relevanten Meilensteine zur Steigerung der Kundenzufriedenheit
  - Bereitstellung detaillierter Echtzeitbestellstatusinformationen aus dem Ökosystem Ihrer Geschäftspartner, um kostspielige Nachforschungen zu vermeiden
  - Enthält eine Listenübersicht mit Angabe der Erfüllungsquote und des Status.
  - detaillierte Seite pro Auftrag für eine eingehende Analyse
  - visuelle Überwachung des gesamten Dokumentenflusses (Ausnahmen werden in Rot angezeigt) und ein aggregierter Ausführungsstatus für alle Geschäftsdokumente (z. B. Auslieferung und Kundenauftrag)
  - Arbeitet mit TM-Frachtdokumenten und LE-TRA-Sendungen.

- **Überwachung eingehender ASNs**

  Verfolgen Sie Waren, die sich im Transit befinden, und behalten Sie den Überblick über Vermögenswerte/Mehrwegprodukte, während Sie sich entlang der gesamten Lieferkette bewegen, um die Betriebskosten zu senken. Die folgenden Funktionen sind enthalten:

  - Listenübersicht mit Angabe der Erfüllungsquote und des Status
  - detaillierte Seite pro ASN für eine eingehende Analyse
  - Fähigkeit zur Einspeisung von Anlieferungen oder ASNs aus SAP S/4HANA oder externen Quellsystemen
  - Erstellen einer Inbound-ASN-App, um die manuelle Erstellung über SAP Business Network for Logistics zu ermöglichen
  - Anzeige der zugehörigen Sendungen und Lieferpositionen
  - Aktualisiert die voraussichtliche Ankunftszeit der entsprechenden Anlieferungen.
  - Status und Überwachungszeitplan mit aktuellen und geschätzten Status und Zeiten

Als Beispiel für eine Überwachungs-App sehen Sie in Abbildung 8.29 den Status der Kundenauftragserfüllung inklusive des vollständigen Belegflusses und einschließlich Lieferungen und Sendungen.

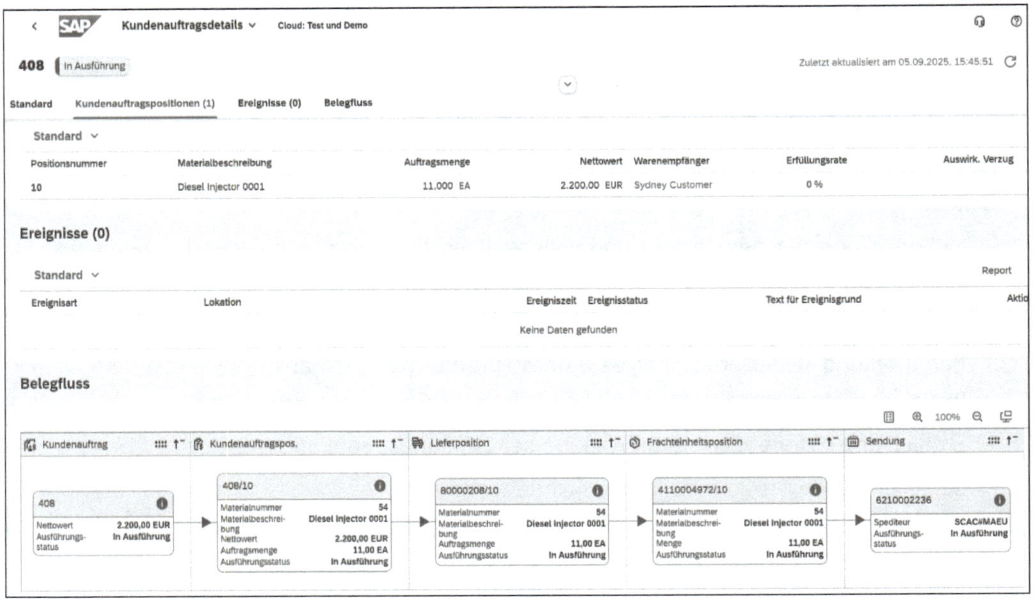

Abbildung 8.29: SAP Business Network for Logistics Global Track and Trace – Übersicht des Auftragsstatus

In SAP Business Network for Logistics Global Track and Trace können Sie eigene Modelle für die Überwachung definieren (Analog zu den Überwachungsprozessen in SAP Event Management). SAP Event Management bietet jedoch eine höhere Konfigurierbarkeit und Anpassungsfähigkeit, da es vor Ort als individuelle Instanz und nicht in der Public Cloud bereitgestellt wird.

In SAP Business Network for Logistics Global Track and Trace sind Modelle ebenfalls ziemlich flexibel, müssen jedoch mit einer App zur Modellierung der Metadaten mit einer CDS-Definitionssprache (CDL) erstellt werden. Damit können Sie mit SAP Business Network for Logistics Projekte definieren, entwerfen und bereitstellen, die Sie dann in der Cloud aktivieren können. Für Wartungszwecke ist die SAP-Fiori-App **Modelle verwalten** verfügbar.

In Abbildung 8.30 sehen Sie die Modellübersicht in SAP Business Network for Logistics Global Track and Trace. Hier können Sie die Pflege der einzelnen Modelle aufrufen. Wenn Sie in die Details eines Modells verzweigen, können Sie z. B. die Modelldefinition oder die in den Modellen verwendeten Daten sehen oder darauf zugreifen.

Benutzer können ihre eigenen Modelle oder Anwendungen auf SAP Business Network for Logistics Global Track and Trace aufbauen. Zu diesem Zweck stellt das System Vorlagen zur Verfügung, mit denen bestimmte Funktionen der Standardanwendungen einfach wiederverwendet werden können. Modellvorlagen beinhalten die folgenden Aspekte:

- Modellvorlagen können in die SAP-Fiori-App **Modelle verwalten** importiert werden.
- ABAP-Codierung – ERP-Extraktor- und BAdI-Implementierungen
- SAPUI5-Frontend-Codierung
- zu konsumierender OData-Lesedienst
- Anleitungen (einschließlich der grundlegenden Systemeinrichtung)

SAP Business Network Global Track and Trace wird auch in Zukunft weiterentwickelt und ist schon jetzt darauf vorbereitet, die Prozesse des neuen digitalen Zeitalters der Logistik zu unterstützen.

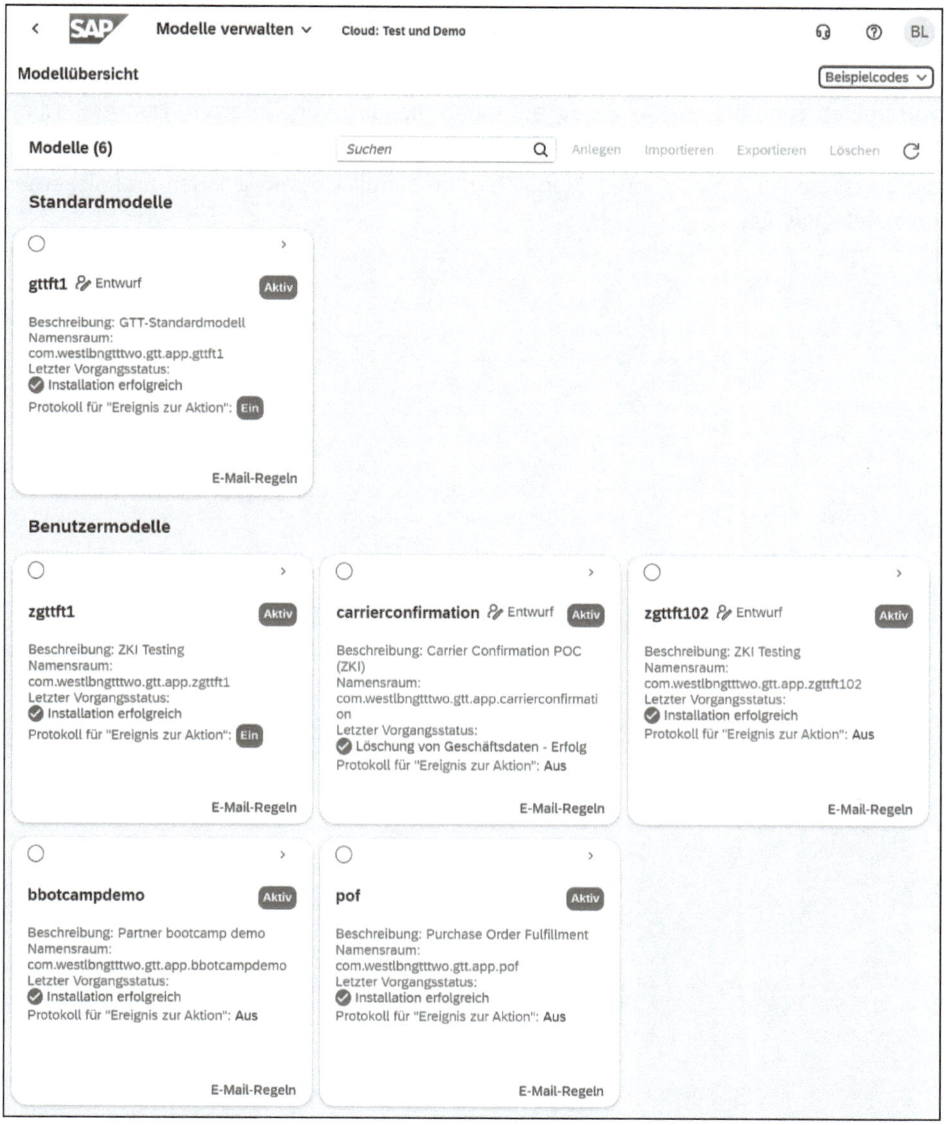

Abbildung 8.30: Modellübersicht in Global Track and Trace

8.4 Zusammenfassung

In diesem Kapitel haben Sie einen Überblick über die Ausführung und Überwachung von Transportprozessen erhalten. In Bezug auf die Transportdurchführung haben wir erläutert, wie Sie mit dem Ergebnis der Planung arbeiten und Frachtaufträge und Frachtbuchungen durchführen können, und das Konzept der Druckdokumente und Diskrepanzen vorgestellt. Wir haben auch das Konzept der Interaktion zwischen einer Export- und einer Importorganisation erläutert und dargestellt, wie dies mit unterschiedlichen Dokumentensätzen auf beiden Seiten gehandhabt werden kann.

Sie haben die Sichtbarkeitsoptionen von SAP Event Management und die Funktionen von SAP Business Network for Logistics Global Track and Trace kennengelernt.

Im nächsten Kapitel geben wir Ihnen einen Einblick in die Handhabung der Transportvorschriften (Compliance) in Bezug auf die Einhaltung von Gesetzen, Handelsbestimmungen und Gefahrgutregularien. Darüber hinaus befassen wir uns mit TM-Prozessen, die durch die Anbindung von Drittanbietern im Hinblick auf Regularien und Sicherheit unterstützt werden.

Kapitel 9

Einhaltung der Transportvorschriften

SAP unterstützt Sie nicht nur bei Ihren transportbezogenen Aktivitäten, sondern auch dabei, regelkonforme Transporte sowie die Einhaltung von Umwelt- und Handelsregularien zu gewährleisten. Dieses Kapitel konzentriert sich auf die SAP-Komponenten, die mit TM in Bezug auf Handels- und Gefahrgutkonformität integriert werden können. Außerdem erfahren Sie, wie Sie Schnittstellen zu externen Konformitätsservices nutzen können.

Hochgradig globalisierte Märkte und integrierte Lieferketten bieten Unternehmen, die in der internationalen Wirtschaft tätig sind, viele Möglichkeiten. Grenzüberschreitende und nicht standardisierte Geschäfte können leicht Risiken für die Lieferketten oder die Umwelt mit sich bringen und müssen zudem aufgrund zahlreicher nationaler und internationaler Vorschriften auf ihre Regelkonformität geprüft werden. Regelkonformität im Transport beschreibt die Erwartung der Einhaltung lokaler und internationaler Gesetze und Vorschriften in Transport und Logistik.

- **Handelsvorschriften und Kontrolle**
  Die Verwaltung gesperrter und mit Sanktionen belegter Geschäftspartner und von Embargoregeln und Handelslizenzen ist ein wichtiger Schritt auf dem Weg zum regelkonformen Handel.
- **Zollverwaltung**
  Jedes Land prüft die ein- und ausgehende Fracht hinsichtlich der Zollverpflichtungen und gewährleistet die Einhaltung der nationalen und internationalen Handelsgesetze. Dies erfordert die Erstellung von Ausfuhr-/Einfuhrerklärungen für die Behörden oder handelsbezogene Finanzdienstleistungen (Akkreditiv).
- **Besondere Zollverfahren**
  Die Verwendung, Einstufung und Weiterverarbeitung von Waren kann verschiedene Ausnahmen von den regulären Einfuhr-/Ausfuhrzollvorschriften mit sich bringen, die als *besondere Zollverfahren* bezeichnet werden. Waren verbleiben oft in geschlossenen Zolllagern oder werden nur zur Verarbeitung aus- und wieder eingeführt.
- **Verwaltung von Handelspräferenzen**
  Manche Länder bevorzugen die Einfuhr von Waren aus bestimmten Ländern und verbieten die Einfuhr aus anderen Ländern.

- **Intrastat**

  Intrastat ist die länderspezifische Bereitstellung von Daten für den innereuropäischen Handel.

- **Klassifizierung**

  Zu Zwecken der gesetzlichen Kontrolle werden Materialien in ein definiertes Codierungssystem eingestuft (HS, harmonisiertes System zur Codierung und Bezeichnung von Waren), um die Bestimmung der Regeln zu erleichtern, die für die Einhaltung der Handelsvorschriften gelten. Die Klassifizierung wird auch für die Zoll- und Präferenzabwicklung verwendet.

- **Sicherheitsmeldung**

  Fracht unterliegt oft einer Vorabanmeldung von Sendungs- und Frachtinformationen bei Luft- und Seetransporten. Sicherheitsfokussierte Länder wie Kanada, China, Japan, die EU-Länder oder die USA fordern entsprechende Warenmeldungen.

- **Gefahrgut**

  Der Umgang mit Gefahrgut im Transport muss spezifische Anforderungen bei Zusammenladeverboten, Vermeidung ungeeigneter Lademittelarten oder Frachtbeförderung in Passagierflugzeugen erfüllen. Vollständige Transportverbote oder Mengenbeschränkungen können für bestimmte Gefahrgutklassen verhängt werden.

Die Kernanwendungen im SAP-Portfolio, die Ihr Unternehmen bei der Bewältigung von Herausforderungen in Bezug auf die TM-Transport-Konformität unterstützen, sind:

- SAP GTS und die damit verbundenen Anwendungen für Handelskonformität, Zoll und Sicherheit (Abschnitt 9.1) bzw. SAP S/4HANA for International Trade (Abschnitt 9.1.2)
- SAP Product Safety & Stewardship (SAP PS&S) als Gefahrgutkomponente von SAP S/4HANA (Abschnitt 9.2), die viele Transportfunktionen unterstützt
- SAP S/4HANA Product Compliance stellt auch Gefahrgutfunktionen zur Verfügung, baut jedoch komplett auf SAP Fiori auf. Es hat ähnliche Funktionen wie PS&S, kann jedoch nicht parallel dazu betrieben werden (siehe SAP-Hinweis 3615236, Nummer 5). Es ist die modernere Lösung, viele TM-Prozesse sind jedoch traditionell noch mit PS&S umgesetzt.

In den folgenden Abschnitten stellen wir Ihnen diese Komponenten vor.

9.1 SAP Global Trade Services

SAP GTS ist die umfangreichste Anwendung im SAP-Portfolio für das Trade Compliance Management. Es ist eng in die SAP-Landschaft integriert, insbesondere in SAP S/4HANA und TM. SAP GTS umfasst die folgenden fünf funktionalen Komponenten:

- **Exportmanagement**
  SAP GTS hilft Ihnen, komplexe Exportprozesse effizient und sicher abzuwickeln, um eine schnellere Lieferung an Ihre Kunden zu gewährleisten. SAP GTS automatisiert Ihre Interaktionen mit den Behörden durch zahlreiche Schnittstellen zu Zollanwendungen.
- **Verwaltung von Importen**
  Wie beim Export können Sie auch bei Importen die Zollabfertigung beschleunigen und Pufferbestände reduzieren. So erreichen Sie ein Just-in-Time-Bestandsmanagement (JIT). Sie können mit SAP GTS Produkte einfach klassifizieren, Zölle berechnen und die elektronische Kommunikation mit den Zollbehörden optimieren. Außerdem stellt das System die Einhaltung von Einfuhrbestimmungen sicher.
- **Verwaltung von Handelspräferenzen**
  Sie können bestimmen, ob Ihre Produkte präferenzberechtigt sind, und Ihren Kunden entsprechende Ursprungszeugnisse ausstellen.
- **Besondere Zollverfahren**
  Mit SAP GTS können Sie Ihr Lager unter Zollverschluss verwalten. Sie können die Abläufe bei der aktiven und passiven Veredelung optimieren und durch Zollverpflichtungen Kosten senken.
- **Besondere regionale Verfahren**
  In der EU tätige Unternehmen können SAP GTS für die Verwaltung und Berechnung der Rückerstattung für die Ausfuhr gemeinsamer landwirtschaftlicher Erzeugnisse aus der EU verwenden. Dabei können sie Sicherheiten zuweisen, Ausfuhrlizenzen verwalten, Rezepturen pflegen und Erstattungen berechnen und beantragen.

In den folgenden Abschnitten beleuchten wir die Funktionen von SAP GTS (einschließlich SAP S/4HANA for International Trade) sowie deren Integration mit TM.

9.1.1 Funktionaler Überblick

Im Folgenden betrachten wir die Funktionen von SAP GTS für Logistik und Transport. Wir erklären, wie Sie diese in einer Implementierung im Zusammenspiel mit TM einsetzen. Dabei verwenden wir SAP GTS, Edition für SAP HANA 2025.

Import- und Exportverwaltung

Die Import- und Exportverwaltung in SAP GTS umfasst zwei Kernfunktionen. Die erste davon ist die *Import- und Exportklassifizierung*. Unternehmen müssen sicherstellen, dass sie über Lizenzen für bestimmte Waren verfügen und ihre Lizenzcodes bei der Einreichung von Zollerklärungen bei den Behörden angeben. Mit SAP GTS können Sie Ihren Materialien aus SAP S/4HANA Import- und Exportklassifikationsnummern zuweisen. In

SAP GTS werden diese Materialien als *Produkte* bezeichnet. Diese Funktion wird hauptsächlich von Verladern genutzt, da die meisten Logistikdienstleister keine Produktstämme für Waren pflegen, die sie für ihre Kunden versenden.

Die Kernfunktion unterstützt die Einhaltung von *Import- und Exportbestimmungen*. Dazu gehören die folgenden Bereiche:

- **Screening der Liste der sanktionierten Parteien**
  Sie können Ihre Geschäftspartner automatisch mit Sanktionslisten abgleichen. Diese Funktion wird bei integrierten Kundenaufträgen und Bestellungen, in der Finanzbuchhaltung (um finanzielle Interaktionen zu verbieten), bei der Verwaltung von TM-Aufträgen und bei der Transportabwicklung eingesetzt.
- **Embargoprüfungen**
  Sie können SAP GTS sowohl für Embargoprüfungen als auch für Verbotslisten verwenden, um alle gesperrten SAP-Belege (z. B. Transportaufträge) zentral zu verwalten.
- **Lizenzmanagement**
  SAP GTS unterstützt Sie bei der Erstellung und Bearbeitung von Zollanmeldungen sowie bei der Kommunikation mit den Zollbehörden. Als Versender können Sie die Warenklassifizierung Ihrer Produktstammdaten nutzen.

Als Spediteur erhalten Sie die meisten zollrelevanten Informationen direkt vom Verlader/Empfänger; aufgrund des fehlenden Produktstamms kann der Funktionsumfang jedoch eingeschränkt sein. SAP GTS bietet zahlreiche Schnittstellen zu lokalen Behörden mit standardisierten E-Filing-Formaten.

Besondere Zollverfahren

Neben zahlreichen Verpflichtungen und Vorschriften im internationalen Handel unterstützen die Zollbehörden Ihr internationales Geschäft mit bestimmten Zollausnahmen. SAP GTS unterstützt drei Schlüsselprozesse.

Erstens unterstützt Sie SAP GTS bei Ihren Zolllageraktivitäten bezüglich unverzollter Waren (Zollfreilager). Dies ist in zwei Situationen zulässig: Wenn Sie Waren im Transit halten, bevor sie in ein anderes (möglicherweise noch unbekanntes) Land versandt werden, fallen keine Zölle an. Alternativ können Sie unverzollte Waren auf Lager halten, wenn sie für den freien Verkehr mit einer vorgeschriebenen Endverwendung für die industrielle Montage bearbeitet werden. Für beide Fälle ist SAP GTS eng in SAP S/4HANA und SAP EWM für Lagerprozesse integriert. Wenn Sie Anlieferungen auf Basis von Bestellungen erhalten, kann SAP GTS automatisch erkennen, ob diese als unverzollte Ware zu behandeln sind. SAP GTS unterstützt Sie durch die Integration mit EWM bei der Verwaltung von Beständen an durchlaufenden und unverzollten Produkten.

Zweitens können Sie Prozesse des freien Verkehrs mit vorgeschriebener Endverwendung und Veredelung unter Zollkontrolle verwalten. Die von Ihnen eingeführten Waren unterliegen einer höheren Zollverpflichtung als das Endprodukt, für das sie in einem Montage-

oder Industrieprozess verwendet werden könnten. SAP GTS unterstützt Sie bei der Identifizierung von Waren, die für eine solche Behandlung infrage kommen, bei der Überwachung von Beständen und Lagerbewegungen sowie bei der Interaktion mit Behörden zur Berechnung von Zollabzügen. Es ist sowohl in SAP S/4HANA als auch in EWM integriert.

Drittens können Sie Waren zur passiven und aktiven Veredelung anmelden. Dieses Verfahren zielt darauf ab, dass Sie als Hersteller Produkte zur Veredelung in ein anderes Land exportieren und sie zur Montage/Disposition wieder einführen (passive Veredelung). Sie müssen nur für die neu hinzugefügten Produktkomponenten bzw. den neu hinzugefügten Produktwert Zölle entrichten. Bei der Einfuhr verhält es sich umgekehrt. Sie müssen Produkte zur Eingangsverarbeitung anmelden, wenn Sie beabsichtigen, sie nach der Verarbeitung wieder auszuführen.

SAP GTS, Edition für SAP HANA

Mit der neuen Version SAP GTS, Edition für SAP HANA (ab Release 2020), hat sich SAP GTS auch von seinem traditionellen Hauptmenü-Bildschirm verabschiedet und nutzt das SAP Fiori Launchpad. So sind die Interaktionen der Anwenderinnen und Anwender über mehrere Systeminstanzen hinweg abgestimmt. In Abbildung 9.1 sehen Sie das SAP Fiori Launchpad und in Abbildung 9.2 die SAP-Fiori-App **Sanktionslistenstamm verwalten** aus SAP GTS, Edition für SAP HANA, mit der Sie die einzelnen Einträge für sanktionierte Geschäftspartner pflegen können.

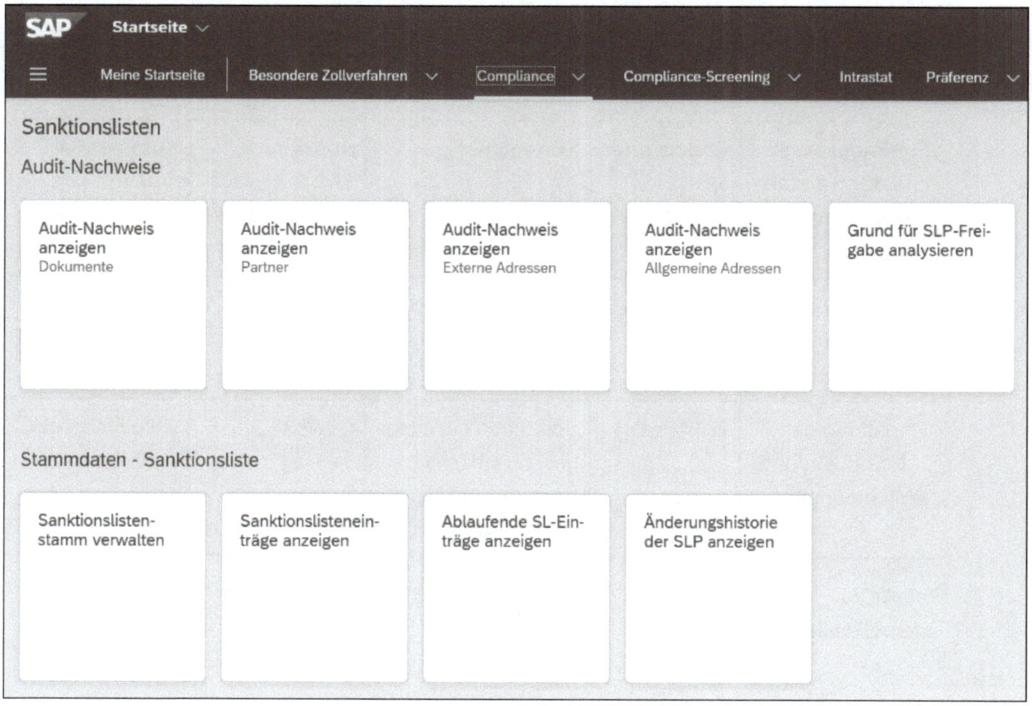

Abbildung 9.1: SAP Fiori Launchpad SAP GTS, Edition für SAP HANA

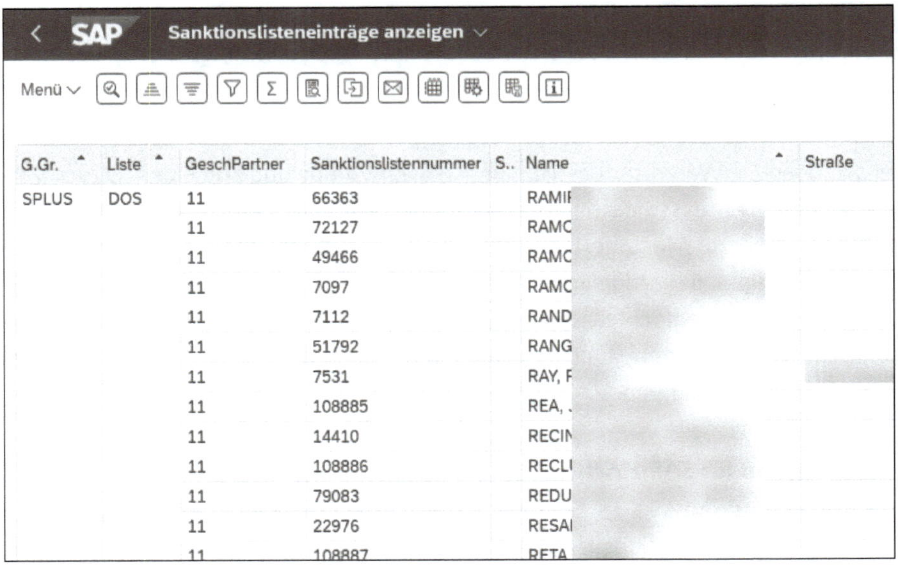

Abbildung 9.2: Sanktionslisteneinträge anzeigen (Namen ausgeblendet)

9.1.2 SAP S/4HANA for International Trade im Vergleich zu SAP GTS

Sie können die Trade-Compliance-Funktion mit dem vollwertigen SAP GTS oder mit SAP S/4HANA for International Trade nutzen. Tabelle 9.1 zeigt Ihnen die Unterschiede zwischen den beiden Komponenten. SAP S/4HANA for International Trade ist Teil des SAP-S/4HANA-Kerns und kann ohne zusätzliche Lizenzzahlungen genutzt werden.

Funktionsbereiche der Handelsdienstleistungen	Abdeckung SAP GTS	Kommentar	Abdeckung SAP S/4HANA for International Trade	Kommentar
Klassifizierung bei der Ausfuhr/Einfuhr	vollständig	Waren und verschiedene Codesysteme	teilweise	Rohstoffe und einige Codesysteme
Einhaltung der Ausfuhr-/Einfuhrbestimmungen	vollständig	Voll- und Teilembargos, verschachtelte Lizenzen und Vereinbarungen	teilweise	volle Embargos, einfache Lizenzen, keine Stücklistenabwicklung

Tabelle 9.1: Vergleich der Funktionsbereiche von SAP GTS und SAP S/4HANA für den internationalen Handel

Funktionsbereiche der Handelsdienstleistungen	Abdeckung SAP GTS	Kommentar	Abdeckung SAP S/4HANA for International Trade	Kommentar
ausgehende Zolldienste	vollständig	direkte Zollabfertigung und Makler	keine	
eingehende Dienstleistungen Zoll	vollständig	direkte Zollabfertigung und Makler	keine	
Überprüfung der Geschäftspartner	vollständig	verschiedene Content-Systeme und Integration in Vertrieb, Beschaffung und Transport	keine	
Zolllager	vollständig	EU-Zolllager	keine	
besondere Zollverfahren	vollständig	aktiver und passiver Veredelungsverkehr und Außenhandelszonen	keine	
Verwaltung der Handelspräferenzen	vollständig	eingehende Aggregation und Präferenzbestimmung	keine	
besondere regionale Verfahren	vollständig	Intrastat- und Sicherheitsanmeldungen	teilweise	nur Intrastat

Tabelle 9.1: Vergleich der Funktionsbereiche von SAP GTS und SAP S/4HANA für den internationalen Handel (Forts.)

9.1.3 Integration von SAP GTS und TM

Im vorangegangenen Abschnitt haben wir Ihnen erläutert, wie logistikrelevante Funktionen von SAP GTS in Systeme wie SAP S/4HANA, TM und EWM integriert sind. Tabelle 9.2 zeigt, welche SAP-GTS-Funktionsbereiche in den verschiedenen SAP-Logistikanwendungen verfügbar sind.

Funktionsbereiche von SAP GTS	SAP S/4HANA	EWM	TM
Klassifizierung bei der Ausfuhr/Einfuhr	X		
Einhaltung der Ausfuhr-/Einfuhrbestimmungen	X		
Ausfuhranmeldung	X		X (Frachtauftrag, Speditionsauftrag manuell und automatisch)
Einfuhranmeldungen	X		X (Speditionsauftrag)
Transitverfahren			X (Frachtauftrag Eröffnung und Abschluss, Frachteinheit)
Sanktionslistenprüfung der Geschäftspartner	X		X
Zolllager	X	X	
Besondere Zollverfahren	X	X	
Verwaltung der Handelspräferenzen	X		
Besondere regionale Verfahren	X	X	

Tabelle 9.2: Integration von SAP GTS mit SAP S/4HANA, EWM und TM

Die meisten Komponenten sind über Remote Function Calls (RFCs) mit SAP GTS verbunden. TM verwendet jedoch Webservices, um seine Geschäftsobjekte mit den Objekten und Services in SAP GTS zu verbinden. Eine weitere Ausnahme ist die Anbindung an die SAP Analytics Cloud, wo CDS-Views und OData verwendet werden. Eine Übersicht über die verfügbaren Verbindungen finden Sie in Abbildung 9.3.

Im Folgenden betrachten wir die Funktionen, die speziell für die Integration zwischen TM und SAP GTS entwickelt wurden. Aus Transportsicht ist der transaktionale Prozess für zwei wichtige TM-Geschäftsobjekte aktiviert: die Transportanfrage (TRQ), die die Kundenauftragsseite repräsentiert, und den Transportauftrag (TOR) für die Ausführungsseite.

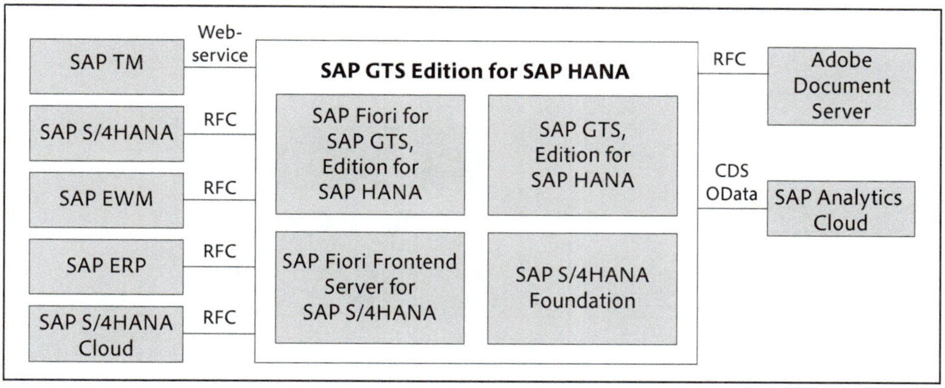

Abbildung 9.3: Technische Verbindung zwischen SAP GTS und anderen SAP-Komponenten

Integration von Stammdaten

Mit TM in SAP S/4HANA müssen die Stammdaten in der eingebetteten Version nicht mehr gesondert integriert werden. Sie müssen lediglich die Stammdaten von Ihrem SAP-S/4HANA- oder SAP-ERP-System mit SAP GTS synchronisieren, wenn TM auf einer dezentralen Instanz läuft. Nach erfolgreicher Integration der Stammdaten müssen Sie die Datensätze mit zusätzlichen GTS-spezifischen Informationen anreichern. Dazu gehören Produktklassifikationen zur Identifizierung von Waren nach Zollbehördendefinitionen. Außerdem können Sie Produktgruppierungen anlegen, die eine logische Gruppierung von Waren mit gleichen Zollanforderungen ermöglichen. Zusätzliche Stammdaten müssen direkt in SAP GTS gepflegt werden, da sie ausschließlich dort verwendet werden. Dazu gehören Ländergruppierungen (Zuordnung von Abgangs- und Bestimmungsland zu Ländergruppen), Zolllisten (Import-/Exportklassifikationsnummern), Import-/Exportlizenzen und Listen der sanktionierten Parteien.

Integration von Transaktionsdaten

Die transaktionale Integration zwischen SAP GTS und TM basiert auf Webservices unter Verwendung der SAP BTP als Integrationsplattform. Alternativ können Sie Punkt-zu-Punkt-Verbindungen über APIs definieren und dabei die SAP BTP umgehen. Allerdings schreiben viele Unternehmen die Verwendung der SAP BTP als Standard vor. Frachtaufträge und Speditionsaufträge sind die hauptsächlichen Transaktionsdokumente, die für Funktionen mit SAP GTS verbunden sind. Abbildung 9.4 zeigt, welche Objekte für welche Funktionen in der Integration mit SAP GTS verwendet werden können.

Der Speditionsauftrag kann z. B. anhand einer Liste der sanktionierten Parteien validiert werden, da Sie dort Ihre Versender, Empfänger und anderen Geschäftspartner pflegen.

Die folgenden Abschnitte stellen die Funktionen im Transaktionskontext vor. Beachten Sie, dass die Integration zwischen TM und SAP GTS für Zolldienste derzeit nur im Standard für Exportzolldienste, Export-Compliance, Importdienste und Compliance für bestimmte Geschäftsobjekte verfügbar ist.

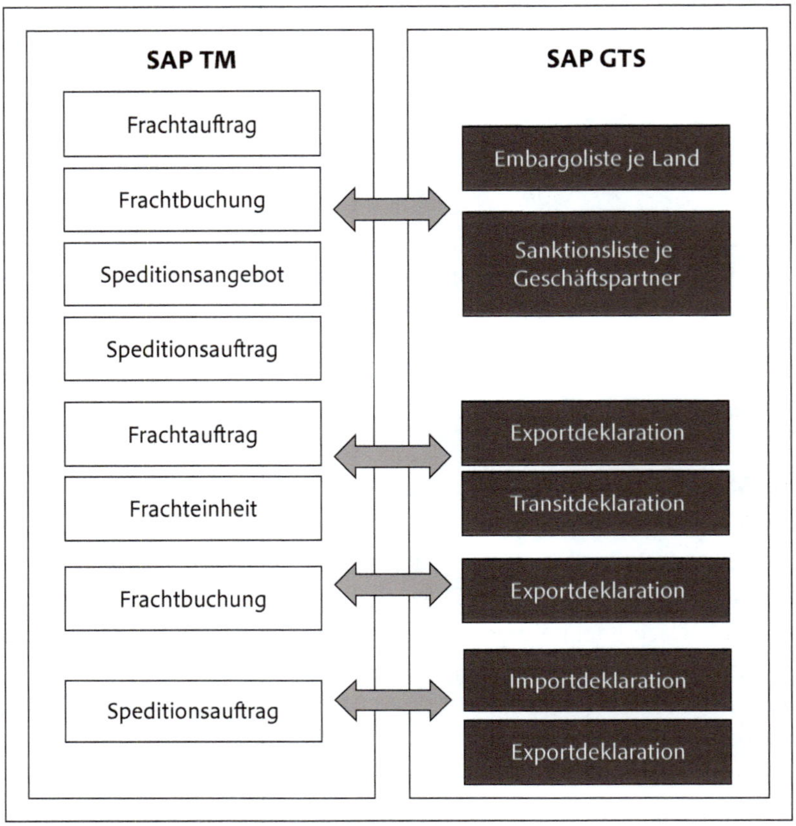

Abbildung 9.4: Integration von TM und SAP GTS

9.1.4 Einhaltung der Ausfuhrbestimmungen für die Kontrolle von Sanktionslisten und Embargoprüfungen

Verschiedene historische Ereignisse, insbesondere die Terroranschläge vom 11. September 2001, führten zu strengeren gesetzlichen Vorschriften, um Unternehmen zu überwachen und gegebenenfalls auf Sanktionslisten zu setzen, wenn sie gegen lokales oder internationales Recht verstoßen. Verschiedene Länder und Justizbehörden haben Sanktionslisten herausgegeben, in denen alle Unternehmen und Einzelpersonen aufgeführt sind, mit denen keine Geschäftsbeziehungen unterhalten werden dürfen, einschließlich der untersagten Ein- und Ausfuhr von Waren. Die Unternehmen sind gesetzlich verpflichtet, ihre Geschäftspartner anhand der offiziell anerkannten Sanktionslisten zu überprüfen.

Die Herausforderung bei diesem Prozess besteht darin, dass Unternehmen Tausende oder sogar Millionen von Einträgen von Geschäftspartnern mit unterschiedlichen Schreibweisen und Adressen haben können. Sanktionslisten ändern sich häufig und müssen aktualisiert werden, was die manuelle Pflege für einzelne Unternehmen sehr schwierig, wenn nicht gar unmöglich macht.

Für Verlader und Spediteure ist es gleichermaßen wichtig, Geschäftspartner zu überprüfen und Ziel- oder Transitländer mit Sanktionslisten und Embargolisten abzugleichen, die in Ihren Aufträgen und Frachtdokumenten erscheinen. Abbildung 9.5 gibt einen Überblick über den gesamten Prozess sowohl für Verlader als auch für Logistikdienstleister.

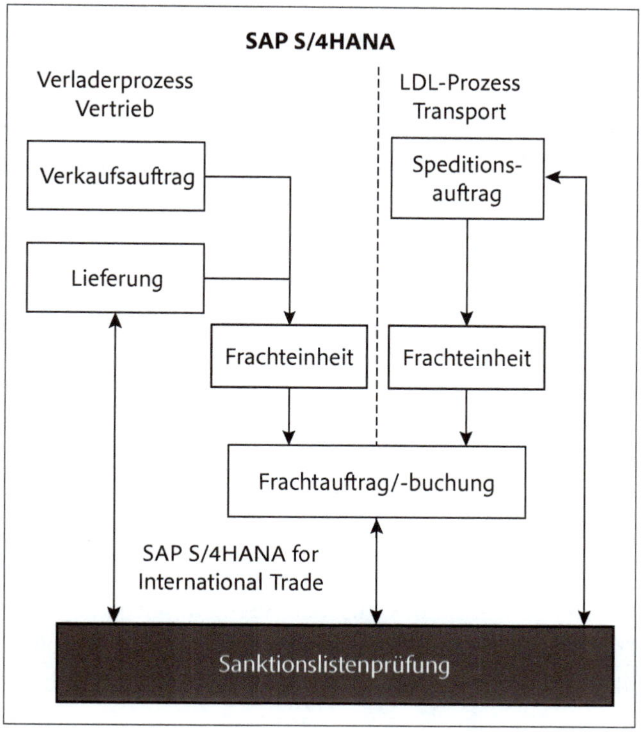

Abbildung 9.5: Sanktionslistenprüfung mit TM und SAP GTS

In den Kästen auf der rechten Seite sehen Sie die LDL-spezifischen Objekte, wie den Speditionsauftrag. Die Kästen auf der linken Seite veranschaulichen das Verladerszenario. Einige Objekte sind sowohl für LDLs als auch für Verlader relevant, z. B. die Frachteinheiten, Frachtaufträge oder Frachtbuchungen. Als Verlader können Sie den Prozess für Compliance-Prüfungen starten, indem Sie Aufträge und Lieferungen in SAP S/4HANA prüfen. Alternativ dazu können Sie als Spediteur oder Frachtführer den Prozess starten, indem Sie einen Speditionsauftrag direkt in TM prüfen.

Ein Logistikdienstleister kann die Konformitätsprüfungen direkt bei der Erfassung eines Speditionsauftrags oder der Erstellung eines Angebots für einen Kunden durchführen. Auf diese Weise können Sie die Erstellung und Ausführung eines Auftrags bereits in einem sehr frühen Stadium des Prozesses stoppen bzw. verhindern. Nachdem ein Speditionsauftrag erstellt wurde, wird er automatisch für die Ausführung gesperrt. Die Statusanzeige für den Speditionsauftrag können Sie in Abbildung 9.6 sehen. Die Ausführungssperre verhindert dabei die Weiterverarbeitung des Speditionsauftrags, und als Sperrgrund ist die Zollanmeldungsprüfung angegeben.

Nach dem Speichern des Dokuments werden die Geschäftspartner- und Länderinformationen an das Screening der Liste der sanktionierten Parteien zur Validierung übergeben. SAP GTS gibt den Konformitätsstatus zurück. Wenn ein Geschäftspartner oder ein Land als auf der Sanktionsliste stehend oder mit einem Embargo belegt erkannt wird, können Sie den Speditionsauftrag stornieren oder den Geschäftspartner oder das Dokument in SAP GTS manuell als konform freigeben, um die Ausführungssperre im Speditionsauftrag aufzuheben.

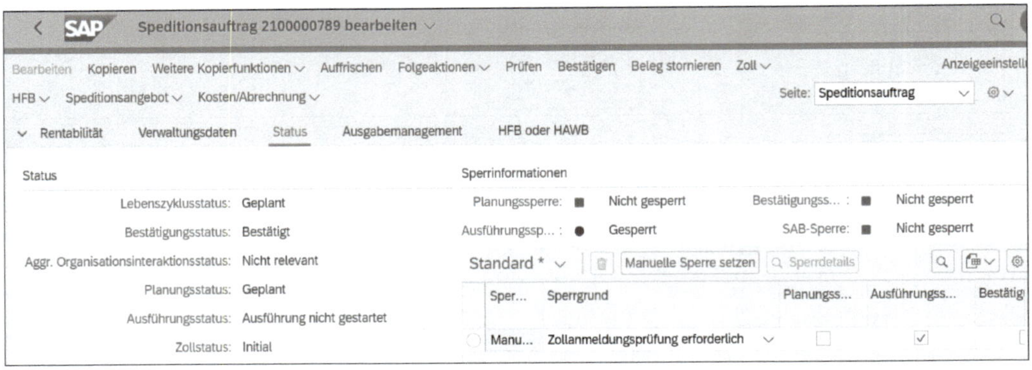

Abbildung 9.6: Sperre des Speditionsauftrags bei der Sanktionslistenprüfung

Wenn Sie als Verlader arbeiten, verwenden Sie nicht den Speditionsauftrag. Stattdessen können Sie die Compliance-Prüfungen entweder aus den Vertriebsbelegen in SAP S/4HANA SD oder nach der Transportplanung aus dem Frachtauftrag oder der Frachtbuchung durchführen. Als LDL können Sie dieselbe Funktion nutzen, um Frachtaufträge und Frachtbuchungen zu validieren. Nachdem Sie einen Frachtauftrag oder eine Frachtbuchung erfolgreich erstellt haben, wird der Compliance-Status auf **Nicht geprüft** gesetzt, und die Ausführungssperre wird aktiviert. Erst nachdem Sie den Beleg gesichert haben, wird die Schnittstelle zu SAP GTS ausgelöst. SAP GTS prüft erneut die Geschäftspartner und Länder gegen Sperrlisten und Embargos. Je nach Ergebnis der Prüfung wird der Beleg freigegeben oder gesperrt. Sie können nun die Ausnahmen von gesperrten Frachtaufträgen oder Frachtbuchungen in SAP GTS bearbeiten, wobei Sie alle gesperrten Belege und Geschäftspartner überwachen und sie manuell mit dem entsprechenden Grund (z. B. falsche Identitätszuordnung) freigeben können.

In TM sind nur wenige Customizing-Einstellungen erforderlich, um die Embargoprüfungen und die Prüfungen auf sanktionierte Parteien zu aktivieren. Sie müssen das Kennzeichen **Compliance-Prüfung aktivieren** für die folgenden Belegarten setzen: Speditionsauftragsart, Frachtangebotsart, Frachtauftragsart und Frachtbuchungsart.

Um die Prüfung auf sanktionierte Parteien und die Embargoprüfung in SAP GTS zu aktivieren, müssen Sie im GTS-Customizing Folgendes konfigurieren (Customizing-Pfad **Global Trade Services • Compliance Management • Sanktionslistenprüfung** bzw. **• Embargoprüfung**):

- Pflegen Sie das Customizing, um die Prüfungen des zugelassenen Partners für verschiedene Geschäftspartnerrollen zu aktivieren.
- Definieren Sie die Prüfregeln für das Screening sanktionierter Parteien (z. B. anhand von Adressinformationen und Schlüsselwörtern).
- Ordnen Sie die definierten Prüfregeln einer gesetzlichen Regelung zu, z. B. der deutschen Außenwirtschaftsverordnung. Sie können festlegen, welche Arten von Listen sanktionierter Parteien berücksichtigt werden sollen, ebenso können Sie Prüfpfade und Benachrichtigungsworkflows definieren.
- Aktivieren Sie die Embargoprüfungen, und setzen Sie aktive gesetzliche Regelungen (z. B. die UN-Embargoregelung) ein. Für jede gesetzliche Regelung können Sie Einstellungen wählen, um Geschäftspartnergruppen zuzuordnen, die für die Prüfungen relevant sind.

9.1.5 Zolldienste bei der Ausfuhr von Gütern (Export)

Um Ihre internationalen Sendungen sowohl als Spediteur als auch als Verlader erfolgreich abwickeln zu können, bietet TM eine Integration mit SAP GTS für Exportzolldienste. Sie können prüfen, ob Ihre ausgehenden Sendungen je nach Herkunfts- und Zielland der Sendung zollrelevant sind. Sie können eine Sendung nicht ohne die entsprechenden gesetzlichen Dokumente abwickeln, daher sperrt SAP GTS Aufträge und Sendungen, bis die entsprechenden Dokumente ausgestellt sind. SAP GTS unterstützt die Erstellung der Zollanmeldung und die elektronische Kommunikation mit den Behörden über elektronischen Datenaustausch (EDI). Zusätzlich können Sie Erstellung und Druck von Exportdokumenten auf der Grundlage von Zollvorschriften (z. B. gesetzlich vorgeschriebene Dokumente), Compliance (gesetzlich vorgeschriebene Zertifikate) und kundenspezifischen Anforderungen (individuelle Dokumente) abwickeln.

Abbildung 9.7 zeigt die Prozessübersicht sowohl für einen Spediteur (oberer Kasten in der Abbildung) als auch für einen Verlader (unterer Kasten). Als zentrale Anwendung wird SAP GTS für Verlader und Spediteure in vergleichbarer Weise genutzt. Der wesentliche Unterschied besteht darin, dass ein Spediteur die Erstellung einer Zollanmeldung direkt aus dem Speditionsauftrag heraus anstößt, während ein Verlader die Erstellung einer Zollanmeldung aus einem Frachtauftrag oder einer Frachtbuchung heraus startet. Alternativ können Sie auch den Kundenauftrag und die Lieferung nutzen.

Bei der Exportzollabwicklung wird zunächst geprüft, ob für den Speditionsauftrag bzw. den Frachtauftrag/die Frachtbuchung überhaupt Zollpapiere erforderlich sind. Für Sendungen innerhalb der Europäischen Union ist z. B. keine Ausfuhrzollanmeldung außer der Intrastat-Meldung (Standard mit SAP GTS) erforderlich. Wenn Sie Ihr Dokument speichern, wird die Prüfung der Zollrelevanz automatisch direkt in TM durchgeführt. Wenn das Ergebnis zollrelevant ist, sehen Sie, dass der Frachtauftrag/die Frachtbuchung automatisch für die Ausführung mit dem Grund **Zollanmeldungsprüfung erforderlich** gesperrt wird. In den folgenden Abschnitten werden wir die Verwaltung und Konfiguration der Exportabwicklung näher betrachten.

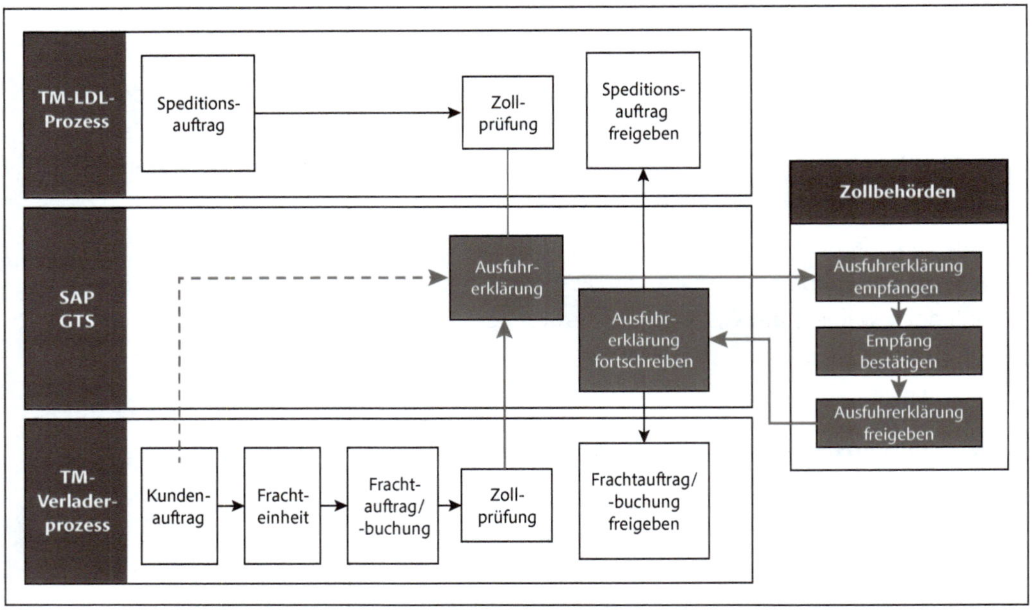

Abbildung 9.7: Prozessübersicht für Exportzolldienste

Verwaltung der Ausfuhrzollabwicklung

Nachdem ein Frachtauftrag/eine Frachtbuchung oder ein Speditionsauftrag als zollrelevant identifiziert wurde, benötigen Sie die *Zollgruppen*, da jeder Frachtauftrag/jede Frachtbuchung oder jeder Speditionsauftrag mehrere Empfänger oder Warenverkäufer enthalten kann und Sie möglicherweise für jeden eine separate Zollanmeldung erstellen müssen. Die Positionen einer Frachteinheit werden in einer Zollgruppe zusammengefasst. Jede in TM erstellte Zollgruppe erzeugt eine Ausfuhrzollanmeldung in SAP GTS. Die Erstellung von Zollgruppen erfolgt automatisch und ist flexibel konfigurierbar. Mindestens eine Zollgruppe ist erforderlich, um eine Ausfuhranmeldung in SAP GTS zu erstellen. Jedes TM-Objekt – der Speditionsauftrag, der Frachtauftrag und die Frachtbuchung – verfügt über eine Registerkarte **Zoll**, auf der die Zolldetails verwaltet und die aktuellen Statuswerte angezeigt werden. Abbildung 9.8 zeigt Ihnen eine entsprechende Speditionsauftragsposition.

Sie können die Ausfuhrzollanmeldung erstellen, indem Sie **Zoll • Ausfuhranmeldung erstellen** wählen. SAP GTS bietet Ihnen die Möglichkeit, alle eingehenden und erstellten Anmeldungen zu überwachen. Sie können die Einrichtung für Zollprüfungen im IMG unter **Transportation Management • Grundfunktionen • Global Trade** vornehmen. Hier können Sie zollrelevante Prüfungen, Aktivitäten, Statuskumulierung und Profile definieren und zuordnen.

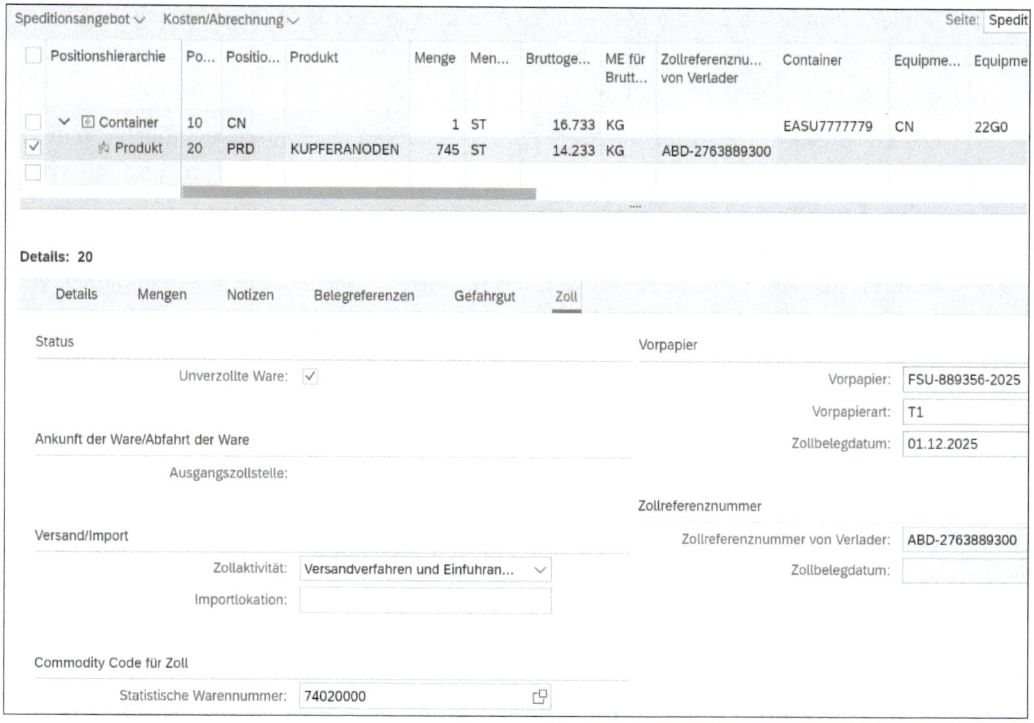

Abbildung 9.8: Zolldetails in der Position eines TM-Speditionsauftrags

Nach dem Versenden der Mitteilung und einer erfolgreichen Antwort der Behörden wird eine Referenznummer (z. B. die Zollreferenznummer MRN) sowohl an die Ausfuhranmeldung in SAP GTS als auch an den zugehörigen Speditionsauftrag oder den Frachtauftrag bzw. die Frachtbuchung in TM zurückgegeben. Der Zollstatus in TM ändert sich in **Genehmigt**. Erst jetzt wird im TM-Dokument die Ausführungssperre freigegeben. Bei einer Ablehnung oder Rückhaltung bleiben die Dokumente in TM mit dem entsprechenden Status gesperrt.

Konfiguration für Zollmanagement im Export

Um den Prozess der Ausfuhrzollintegration zwischen TM und SAP GTS zu ermöglichen, müssen Sie Einstellungen in beiden Komponenten vornehmen. Sie können mehrere Möglichkeiten zur Aufteilung der Positionen eines Frachtauftrags oder einer Frachtbuchung definieren. Es gibt zwei Standardmethoden, um die Positionen zu gruppieren: pro Empfänger und pro Transportdienstleister. Dies wird in einer Methode definiert, auf die Sie über den folgenden Menüpfad zugreifen können: **Transportmanagement • Grundfunktionen • Prozesscontroller • Methoden definieren**. Das ist z. B. die Methode GT_B_EX_FU, die eine Gruppierung für das Erstellen von Zollgruppen bietet (**Export durch LDL**).

Schließlich müssen Sie die Methode einer Strategie zuordnen. Als Ergebnis kombiniert die Strategie den Dienst und die Methode zur Aufteilung und Gruppierung von Positionen. Wir verwenden die Strategie später und ordnen sie einem Zollprofil zu.

Die Zollrelevanzprüfung definiert, ob ein Frachtauftrag oder eine Frachtbuchung in TM zollabfertigungspflichtig ist. Damit werden alle nationalen Sendungen von internationalen Transporten unterschieden. Die Zollrelevanzprüfung kann über den Menüpfad **Transportmanagement • Grundfunktionen • Global Trade • Zollrelevanzprüfung definieren** gepflegt werden. Sie müssen die Statuswerte pflegen, die in Abhängigkeit vom Bearbeitungsstatus eines Zollverfahrens angezeigt werden sollen (z. B. **Angefordert** oder **Genehmigt**). Folgen Sie dem Menüpfad **Transportmanagement • Grundfunktionen – Global Trade • Kumulierung von Zollstatus definieren**.

Eine Zollaktivität kombiniert einige der beschriebenen Einstellungen, z. B. die Zollrelevanzprüfung und die Gruppierungsstrategie der Prozesssteuerung. Diese Einstellungen legen fest, welchen Status ein Objekt (z. B. ein Frachtauftrag) haben muss, damit TM die Prüfung der Zollanforderungen auslöst. Schließlich enthält die Zollaktivität eine Liste aller Statuswerte, die sich auf den Zollprozess beziehen und in Ihren Dokumenten angezeigt werden.

9.1.6 Verwaltung der Einfuhrzollabwicklung und des Versandverfahrens (Transit)

Um einen lückenlosen Transport über Ländergrenzen hinweg zu gewährleisten, ist aus Sicht des Zolls mehr als eine Ausfuhranmeldung erforderlich. Sie benötigen auch eine entsprechende Einfuhranmeldung, um die Waren anzumelden und den Zollwert zu bestimmen. Alternativ können Sie ein Transitverfahren eröffnen, wenn die Waren an der Grenze nicht angemeldet werden und unverzollt oder unter Zollverschluss befördert werden sollen. Das Einfuhrland kann sehr spezifische Anforderungen an den Inhalt und das Verfahren für Einfuhranmeldungen und Versandverfahren stellen.

Wir müssen betonen, dass die Importfunktion im Standard-TM-System keine Integration mit SAP GTS hat. Der Prozess wird manuell in beiden beteiligten Systemen ausgeführt. Für die Implementierung einer benutzerdefinierten Integration steht ein Business Add-In (BAdI) zur Verfügung. Die Einfuhrzollanmeldung richtet sich ausschließlich an LDLs und Spediteure, die als Zollagenten für einen Verlader tätig sind. Folglich ist die Funktion nur für das Objekt **Frachteinheit** in Kombination mit dem Einfuhrspeditionsauftrag aktiviert. Das Versandverfahren umfasst auch Ihre Frachtdokumente.

Wenn Sie in TM einen Importspeditionsauftrag für einen Kunden erstellen, müssen Sie zunächst auf der Registerkarte **Allgemeine Daten** das Kennzeichen **EinfAnmeld. durch LDL** aktivieren. Pro Speditionsauftragsposition (z. B. Produkte und Container) finden Sie die Registerkarte **Zoll**. Auf dieser Registerkarte müssen Sie angeben, welche Zolltätigkeit für die Speditionsauftragsposition durchgeführt werden muss. Sie können zwischen einem Transitverfahren oder, in unserem Fall, der Einfuhranmeldung wählen. Sie müssen auch angeben, an welchem Ort die Fracht in ein Land eingeführt wird. Wählen Sie in der oberen Leiste des Speditionsauftrags **Zoll • Einfuhranmeldung erstellen**, um die Zollgruppen zu erstellen, z. B. auf der Grundlage des Verzollungsorts. Der Speditionsauftrag ist für die Ausführung gesperrt, da Bearbeitung und Genehmigung der Einfuhranmeldung erforderlich sind. Sie müssen den Status auf **Zollanmeldung genehmigt** setzen, wenn Sie die tatsächliche Genehmigung von den Behörden erhalten. Wie bereits erwähnt, wird die gesamte Erstellung der Zollanmeldung – sowie deren Einreichung bei und Bearbeitung durch die Zollbehörden – derzeit nicht unterstützt.

Als Alternative zur Einfuhrzollanmeldung können Sie ein Versandverfahren eröffnen. Die entsprechenden Daten können Sie auch in Abbildung 9.8 sehen. Navigieren Sie in den Positionen des Speditionsauftrags zur Registerkarte **Zoll**, und legen Sie die **Zollaktivität** als **Versandverfahren** fest. Sie können relevante Daten, wie z. B. die Warennummern, eingeben. Auf der Registerkarte **Abschnitte** können Sie für jede Transporteinheit im Speditionsauftrag jeden Transportabschnitt (jeden Abschnitt) markieren, der ein Versandverfahren erfordert. Nachdem Sie Ihren Speditionsauftrag geplant und die Frachteinheiten den Frachtaufträgen und Frachtbuchungen zugeordnet haben, kennzeichnet TM automatisch dieselben Abschnitte in den Frachtpapieren als **versandverfahrensrelevant**.

Die betroffenen Frachtbelege können für die Ausführung gesperrt werden. Sie können Versandverfahren öffnen und schließen, um anzuzeigen, ob sich die Waren gerade im Transit befinden (z. B. zwischen der Grenze zu einer Ländergemeinschaft wie der EU und dem Zielland des Transits). Um ein Versandverfahren zu öffnen, navigieren Sie zu dem Frachtdokument und wählen **Zoll • Versandverfahren öffnen**. Sie können manuell mit den Behörden interagieren und, sobald das Versandverfahren genehmigt ist, den Status in **Offenes Versandverfahren genehmigt** ändern. Sie können auch die Zollbelegnummer und die *Movement Reference Number* (MRN) manuell speichern; diese werden von den Behörden bereitgestellt. Der Frachtbeleg wird dann von einer Ausführungssperre freigegeben.

Ein ähnliches Verfahren kann zum Abschluss des Versandverfahrens angewandt werden: Wählen Sie **Zoll • Antrag auf Entladung**. TM erzeugt eine neue Zollaktivität und Zollgruppe, die manuell bearbeitet werden kann, um die Offlineinteraktion mit den Behörden widerzuspiegeln. Der Status jeder Zollgruppe kann in **Entladung genehmigt** geändert werden. Zusätzlich zu der Möglichkeit, ein Versandverfahren aus einem Frachtbeleg heraus zu eröffnen, können Sie es auch direkt aus einer Frachteinheit heraus anstoßen. Der Abschluss erfolgt weiterhin über den Frachtbeleg.

Um die Importzollverwaltung in TM zu aktivieren, müssen Sie eine Konfiguration im Customizing vornehmen. Zunächst benötigen Sie eine Speditionsauftragsart mit der Verkehrsrichtung **Import**. Setzen Sie die **Zollbearbeitung** auf **Automatisch**. Nur Speditionsaufträge, die auf automatische Zollabwicklung eingestellt sind, werden für den Importzoll berücksichtigt. Alle anderen erforderlichen Einstellungen sind sehr ähnlich wie bei der Ausfuhranmeldung.

Eine weitere Voraussetzung ist die Einrichtung des Process Controllers mithilfe einer Importanmeldungsstrategie (`IMP_FU`) und einer Methode (`GT_B_IM_FU`). Das Versandverfahren muss auf die gleiche Weise eingerichtet werden (beispielsweise Strategie `TRA_OPEN`, `TRA_CLOSE` und `TRA_OPENFU`).

Um eine automatisierte Kommunikation mit den Zollbehörden über eine Anwendung zum Zollmanagement wie SAP GTS zu ermöglichen, können Sie ein im Standard-TM bereitgestelltes BAdI implementieren. Sie finden das BAdI im TM-Customizing unter dem Menüpfad **Transportmanagement • Business Add-Ins (BAdIs) für das Transportmanagement • Grundfunktionen • Global Trade • Anmeldungen**.

9.2 Gefahrgut

Bei der Beförderung von Gütern müssen häufig die Vorschriften in Bezug auf Gefahrgutregeln eingehalten werden. Die Einhaltung von Gefahrgutvorschriften – auch bekannt als Gefahrgut-Handling, Dangerous Goods (DG), Hazmat oder DnH (dangerous and hazardous) – bezieht sich auf den Umgang mit festen, flüssigen und gasförmigen Stoffen, die Menschen, andere Organismen oder die Umwelt schädigen können. Transporte dieser Gefahrgüter können daher einen direkten Einfluss auf die Umwelt, die Gesundheit der Menschen, die mit ihnen in Berührung kommen, und die Sicherheit aller umliegenden materiellen Objekte haben. Das Risiko der Beförderung von Gefahrgut und dessen Einstufung hängt von mehreren Faktoren und Merkmalen ab:

- die Eigenschaften des Materials selbst und die Auswirkungen auf die Umwelt, einschließlich der Frage, ob es entflammbar, explosiv, korrosiv, radioaktiv, oxidierend, giftig oder erstickend, pathogen, allergen oder biologisch gefährlich ist
- das Risiko eines unsachgemäßen Transports oder einer unsachgemäßen Handhabung, wozu ungeeignete oder beschädigte Transportmittel, ungeeignete Transportwege und unqualifiziertes, unzuverlässiges oder überarbeitetes Personal gehören
- Risikofaktoren durch äußere Einflüsse, wie z. B. Terrorismus

In SAP S/4HANA können Sie Prüfungen durchführen, um einen sicheren und vorschriftsmäßigen Transport von Gefahrgutprodukten zu gewährleisten. Diese Prüfungen spiegeln die internationalen und nationalen Vorschriften für den Transport von Gefahrgütern wider und hängen vom Transportmodus, den Transitländern und anderen Faktoren ab. SAP S/4HANA PS&S bietet einen Rahmen für die Durchführung einer Reihe von Prüfungen. Es wird häufig in Kombination mit TM verwendet und besteht aus mehreren Komponenten:

- grundlegende Daten und Werkzeuge
- Produktsicherheit
- Gesundheit am Arbeitsplatz

- Arbeitshygiene und Sicherheit
- Abfallwirtschaft
- Gefahrgut

Aus diesen Bausteinen werden die Basisdaten, Werkzeuge, Prüfmechanismen und Aktivitäten der Gefahrgut-Compliance in TM integriert.

9.2.1 Vorschriften für Gefahrgut

Die Gefahrgutvorschriften unterscheiden sich je nach Transportart, ausstellendem Land oder Region, prüfender Transportorganisation und Aktivitätskategorie oder Materialstatus. So können sich z. B. die Vorschriften für den Umgang mit brennbaren Materialien in den Vereinigten Staaten von den Vorschriften für den Transport brennbarer Materialien in der Schweiz unterscheiden, insbesondere in Tunneln.

Für den Transport von Gefahrgut sind mehrere weltweit oder regional gültige Vereinbarungen und Vorschriften relevant. Im Folgenden finden Sie einige wichtige Regelwerke:

- **Internationaler Code für die Beförderung gefährlicher Güter auf See (IMDG)**

  Der IMDG-Code wurde von der Internationalen Seeschifffahrtsorganisation (IMO) festgelegt, um die Terminologie, Verpackung, Etikettierung und Kennzeichnung von Gefahrgütern zu standardisieren und Empfehlungen für die Stauung, Trennung, Handhabung und Notfallmaßnahmen beim Transport von Gefahrgütern auf Schiffen zu geben.

- **IATA-Gefahrgutvorschriften**

  Die International Air Transport Association (IATA) ist der Dachverband der Fluggesellschaften und hat 2025 die 66. Ausgabe der Gefahrgutvorschriften veröffentlicht. Die Gefahrgutvorschriften sind ein Leitfaden für den sicheren Transport von Fracht oder Passagiergepäck auf dem Luftweg.

- **Sichere Beförderung gefährlicher Güter im Luftverkehr (ICAO)**

  Die Internationale Zivilluftfahrt-Organisation (ICAO), eine zwischenstaatliche Organisation der Vereinten Nationen, hat in Kapitel 18 ihrer internationalen Standards und empfohlenen Praktiken (SARP) gemeinsame Regeln für den sicheren Luftfrachttransport festgelegt.

- **Hazardous Materials Regulations (HMR) des Code of Federal Regulations (CFR)**

  Die HMR werden vom US-Verkehrsministerium (DOT) in Titel 49 CFR Parts 171–180 geregelt. Die HMR gelten für den Transport von Gefahrgut im zwischenstaatlichen, innerstaatlichen und ausländischen Handel mit Flugzeugen, Schienenfahrzeugen, Schiffen und Straßenfahrzeugen.

Einige europäische Verordnungen werden ebenfalls häufig verwendet:

- **Ordnung für die internationale Beförderung gefährlicher Güter mit der Eisenbahn (RID)**

  Das von der überstaatlichen Organisation für den internationalen Eisenbahnverkehr (OTIF) herausgegebene RID regelt die Verfahren der Generaldirektion für den Eisenbahnverkehr in den Staaten Europas, des Nahen Ostens und einiger nordafrikanischer Staaten.
- **Europäisches Übereinkommen über die internationale Beförderung gefährlicher Güter auf der Straße (ADR)**

  Die ADR-Vorschriften zielen auf die grenzüberschreitende Beförderung von Gefahrgut in Europa ab und wurden von der UN-Wirtschaftskommission für Europa (UNECE) eingeführt.
- **Europäisches Übereinkommen über die internationale Beförderung gefährlicher Güter auf Binnenwasserstraßen (ADN)**

  Wie das ADR regelt auch das ADN die Beförderung von Gefahrgut, in diesem Fall auf europäischen Binnenwasserstraßen.

9.2.2 Klassifizierung gefährlicher Güter

Die Klassifizierung von Gefahrgütern ist durch die UN-Empfehlungen für die Beförderung gefährlicher Güter (Recommendations on the Transport of Dangerous Goods) bis zu einem gewissen Grad harmonisiert, sodass die Art der beförderten Güter und die damit verbundenen Gefahren auch ohne umfangreiche Kenntnisse in Chemie oder Physik leicht zu verstehen sind. Die Gefahrgüter werden in die folgenden Klassen eingeteilt:

- Klasse 1: Explosionsgefährliche Stoffe und Gegenstände verschiedener Gefährlichkeit
- Klasse 2: Gase, einschließlich verdichtete, verflüssigte und unter Druck gelöste Gase und Dämpfe
- Klasse 3: Entzündbare Flüssigkeiten
- Klasse 4: Entzündbare feste Stoffe
- Klasse 5: Oxidierende Stoffe und organische Peroxide
- Klasse 6: Giftige und ansteckende, biologisch gefährliche Stoffe
- Klasse 7: Radioaktive Stoffe (z. B. Uran und Plutonium)
- Klasse 8: Ätzende Stoffe (z. B. Säuren und Laugen)
- Klasse 9: Verschiedene gefährliche Stoffe und Gegenstände (z. B. Asbest, Airbag-Aufblasgeräte, selbstaufblasende Rettungsinseln und Trockeneis)

Die genaue Klassifizierung der Materialien erfolgt durch die vierstellige UN-Nummer (derzeit reicht der Nummernbereich von 0001 bis 3.600). Für eine detaillierte Liste der UN-Nummern empfehlen wir Ihnen, z. B. UN-Ressourcen zu konsultieren oder allgemein verfügbare Ressourcen wie z. B. *https://de.wikipedia.org/wiki/Liste_der_UN-Nummern*.

9.2.3 Anforderungen für Gefahrgutkontrollen beim Transport

Die Gefahrgutregeln betreffen verschiedene Aspekte der Lagerung und Handhabung der Gefahrgüter, der Beförderung, der Unfallverhütung und der rechtlichen Dokumentation. Für den Transport gilt eine Teilmenge dieser Anforderungen, die sich aus Sicht des Verladers und des Transportdienstleisters leicht unterscheiden.

Verlader, die am Transport beteiligt sind, verfügen in der Regel über sehr detaillierte Stammdaten zu den Produkten und Materialien, die sie verwenden, herstellen oder handeln. Die entsprechenden Stammdatensätze sind die Heimat der zugehörigen Gefahrgutmerkmale, die das Verarbeitungs- und Dokumentationsverhalten im Transport steuern. Für Verlader werden die Gefahrgutstammdaten in der SAP-S/4HANA-Materialstammdefinition gepflegt. Die Anwendbarkeit einer Gefahrgutprüfung für einen Verlader hängt davon ab, ob der Verlader den Transport selbst durchführt und plant oder ob er ihn an einen LDL vergibt.

Im ersten Fall ist der Verlader verpflichtet, alle erforderlichen Kontrollen gründlich durchzuführen und sein Personal entsprechend zu schulen und Transportdokumente, wie z. B. eine Verladererklärung für Gefahrgut oder andere Gefahrgutdokumente, bereitzustellen. Wenn der Verlader den kompletten Gefahrguttransport an einen Unterauftragnehmer vergibt, muss er dem LDL lediglich genaue Daten für die Gefahrgüter in den Speditionsaufträgen zur Verfügung stellen.

Ein Logistikdienstleister, der den Transport von Gefahrgutprodukten abwickelt, verfügt in der Regel nicht über detaillierte Stammdatensätze für die transportierten Materialien, es sei denn, es handelt sich um ein Kontraktlogistikgeschäft, bei dem der Logistikdienstleister die Lieferkette für den Verlader verwaltet. In diesem Fall muss der Speditionsauftrag die korrekte und detaillierte Klassifizierung für die Speditionsauftragspositionen enthalten, die die Durchführung der Prüfungen für den Transport von Gefahrgutprodukten ermöglicht.

Die Überprüfung der Gefahrgutregeln im Transport umfasst die folgenden Prüfungsschritte (siehe Abbildung 9.9):

1. Überprüfen Sie den Speditionsauftrag, um festzustellen, ob der Transport der bestellten Artikel überhaupt durchgeführt werden darf und kann. Es kann sein, dass dies aus den folgenden Gründen nicht möglich ist:
   - Es gibt weder geeignete Fahrzeuge noch geschultes Personal.
   - Bestimmte Materialien (z. B. Munition) werden nicht für den Transport angenommen.
   - Ursprungs-, Bestimmungs- oder Transitländer lassen den Transport der Materialien auf die vorgesehene Weise nicht zu.
2. Prüfen Sie einen einzelnen Speditionsauftrag oder eine Frachteinheit daraufhin, ob Mengen, Verpackung und Versandeigenschaften den Vorschriften entsprechen:
   - Bestimmte Materialmengen dürfen nicht überschritten werden.

- Bestimmte Materialkombinationen dürfen nicht zusammen oder in einer Transport- oder Verpackungseinheit versandt werden (auf einer Palette, in einem Abstand von weniger als *x* Metern, im selben Container, auf demselben Lkw etc.).
- Die Bewertung der Summe aller Frachtstücke darf eine bestimmte Grenze in einer Bewertungsskala nicht überschreiten (z. B. »ADR-1.000-Punkte-Regel«).
- Bestimmte Materialien dürfen auf bestimmten Strecken nicht transportiert werden (z. B. darf in Schweizer Straßentunneln kein Gefahrgut transportiert werden).

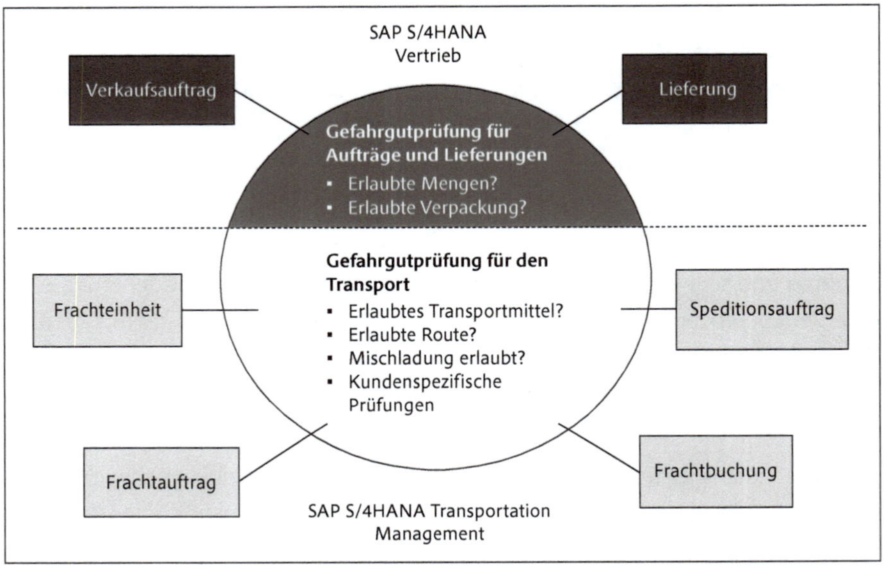

Abbildung 9.9: Gefahrgutkontrollen für TM und SD in SAP S/4HANA

3. Prüfen Sie während oder nach der Transportplanung und Beladung die Details der Konsolidierung in Bezug auf Gefahrgutregeln. Alle Regeln für den Einzelspeditionsauftrag sind auch hier anwendbar:
   - Beachten Sie die Mengenbegrenzungen, die verbotenen Kombinationen, die Gesamtbewertung des Gefahrenpotenzials, die zulässigen Fahrzeuge, die Qualifikation des Fahrpersonals und die zulässigen Transportwege für das Sammelgut.
   - Bei Transporten mit mehreren Stopps müssen die Ladegrenzen für jeden Stopp einzeln geprüft werden. Für ein Containerliniengeschäft gibt es z. B. bestimmte Grenzen für die Anzahl der Container, die in einem Hafen be- oder entladen werden können.

TM kann viele dieser Prüfungen durchführen, aber für einige andere (z. B. die Lastbeschränkungen pro Entladehafen) ist die Verwendung von benutzerdefinierten Erweiterungen für die Prüfung erforderlich.

9.2.4 Konfiguration der Gefahrgutkontrollen im Transportmanagement

Unternehmen, die Gefahrgut im Transport handhaben, müssen ihr SAP-S/4HANA-System auf die Nutzung der Funktion für Gefahrgutregelkonformität in den folgenden Bereichen vorbereiten:

- produktstammbezogene Einstellungen für Gefahrgutabwicklung
- verkaufs- und vertriebsbezogene Einstellungen der Gefahrgutprüfregeln
- verkehrswegbezogene Einstellungen der Gefahrgutprüfregeln

Wir werden in den folgenden Abschnitten auf die einzelnen Aspekte eingehen.

Einstellungen im Produktstamm

Hersteller und Verlader müssen ihre Produktstammdaten für Roh-, Halbfertig- und Fertigwaren pflegen, die beschafft, in der Produktion verwendet oder in der Materialwirtschaft oder im Vertrieb verkauft werden sollen. Für jedes gepflegte Produkt können Sie zusätzliche Gefahrgutdaten definieren (wie in Abschnitt 4.1.4, »Gefahrgut«, beschrieben). SAP S/4HANA bietet eine Vielzahl von Prozessen zur Gefahrgutabwicklung für Verlader und Hersteller im Hinblick auf die Distributionsanforderungen:

- **Verpackungsvorschläge in Lieferungen**

  In den Handling-Unit-Funktionen der Lieferungsverwaltung kann das System zulässige Gefahrgutverpackungscodes auf der Grundlage der Verpackungsdaten im Gefahrgutdatenstamm vorschlagen. Darüber hinaus werden zulässige Verpackungsmaterialien auf der Grundlage von Verpackungscodes und den darauf basierenden Genehmigungsregeln vorgeschlagen (z. B. UN-zertifizierte Verpackung).

- **Verpackungs- und Mischverpackungskontrolle innerhalb einer Lieferung**

  Wenn Gefahrgüter in unerlaubter Weise zusammen verpackt werden (z. B. UN-Nummern dürfen nicht zusammen verpackt werden), sendet das System eine Fehlermeldung und blockiert die weitere Verarbeitung.

- **Mischladeprüfungen und Transitlandprüfungen für das grundlegende Transportmanagement in SAP S/4HANA**

  Versender, die die Transportfunktion nutzen, können die im grundlegenden TM von SAP S/4HANA eingebetteten Gefahrgutprüfungen verwenden. Die HU-basierten Mischverpackungsprüfungen funktionieren hier genauso wie in der Lieferung. Darüber hinaus werden die Prüfungen über alle dem Transport zugeordneten Lieferungen bzw. Frachteinheiten durchgeführt. Wenn die Route und die Abschnitte des Transports definiert sind, können Gefahrgutprüfungen auch für die durchfahrenen Transitländer vorgenommen werden.

Gefahrgutintegration für ein dezentrales TM-System

In Szenarien und Systemen, in denen SAP S/4HANA für Produktions- und Transportprozesse verwendet wird, ist die Datenintegration für Gefahrgut bereits in das System eingebettet. Wenn Sie ein dezentrales TM-System verwenden, erfolgt die Stammdatenintegration zwischen den Instanzen über DRF (siehe Abschnitt 4.1.5, »Stammdatenerstellung und -integration«). In diesem Fall werden die folgenden Datenübertragungsverfahren verwendet, um Prüfungen durchzuführen:

- Die Übertragung von Gefahrgutstammdaten aus dem Hauptsystem SAP S/4HANA in das Logistiksystem SAP S/4HANA TM wird, ebenso wie der Materialstamm selbst, über das DRF verteilt.
- Die Bewegungsdatenübertragung ist eingebettet in die Integrationsprozesse zwischen SAP-S/4HANA-Aufträgen und auftragsbezogenen Transportbedarfen (ATBs) sowie zwischen SAP-S/4HANA-Logistics-Execution-Lieferungen und lieferungsbezogenen Transportbedarfen (LTBs). Die benötigten Gefahrgutdaten und Stammdatensätze werden über Webservices an SAP-S/4HANA-TM-Business-Objekte geliefert, wo sie als Referenzen auf die Gefahrgutstammdaten zur Verfügung stehen.

Nachdem Material- und Gefahrgutstammdaten an das dezentrale TM-System übertragen wurden, erfolgen die Gefahrgutprüfungen technisch wie in einem eingebetteten System.

Konfiguration

Viele relevante Einstellungen finden Sie im Customizing von SAP S/4HANA unter dem Baumabschnitt **PS&S Services** der Transportgrundfunktionen. Bevor Sie die Gefahrgutprüfungen von SAP S/4HANA PS&S nutzen können, müssen Sie die Prüfungen im Customizing aktivieren. Wenn Sie dem IMG-Menüpfad **Transportmanagement • Grundfunktionen • Gefahrgut • Gefahrgutabwicklung auf Basis von PS&S • PS&S Services • Basisdienste • Umgebungsparameter festlegen** folgen, müssen Sie den Umgebungsparameter `DG_SERVICES_ACTIVE` aktivieren.

[»]

SAP S/4HANA Product Compliance

Über den Menüpfad **Transportmanagement • Grundfunktionen • Gefahrgut** steht Ihnen die Option **Produkt-Compliance aktivieren** zur Verfügung, die auch Funktionen für das Management von Gefahrgut bietet. SAP S/4HANA für Product Compliance funktioniert zum Erscheinen dieses Buches noch nicht vollständig (Stand: Dezember 2025). Product Compliance bietet jedoch die modernere Umgebung und gilt bei SAP als zukünftiger Gefahrgutstandard, erfordert aber auch eine entsprechende Lizenz. PS&S ist funktional umfangreicher für das Transportmanagement, wird aber nicht mehr weiterentwickelt.

Sie können nur eine der beiden Gefahrgutkomponenten in einem Mandanten verwenden, da sie nicht kompatibel sind (entweder PS&S oder Product Compliance). Wir empfehlen momentan noch die Verwendung von PS&S, bis der volle erforderliche Umfang von Product Compliance von SAP freigegeben wird.

PS&S verfügt über eine Reihe von Einstellungen, mit denen Sie das Verhalten der Gefahrgutverwaltung und der Phrasenverwaltung konfigurieren können:

- Einstellungen der Phrasenverwaltung ermöglichen es Ihnen, Phrasenkataloge und Sprachdefinitionen für die Phrasen zu definieren (d. h. vordefinierte Textbausteine, wie »Von Hitze, heißen Oberflächen, Funken, offenen Flammen und anderen Zündquellen fernhalten«).
- Die Gefahrgutverwaltung bildet den Rahmen für die verschiedenen Codes, Kategorien, Vorschriften und Klassen, die Bestandteile der zugrunde liegenden Regelwerke sind.
- Die Gefahrgutprüfungen liefern die Konfiguration für die Prüfregeln und die Reaktion des Systems bei positivem oder negativem Ergebnis einer Prüfung.
- In den Gefahrgutdokumenten können Sie die Ausgabebedingungen, Formatierungsregeln und Sprachen für die Gefahrgutpapiere festlegen.

Sie erreichen diese Customizing-Einstellungen in TM über den IMG-Menüpfad **Transportmanagement • Grundfunktionen • Gefahrgut • Gefahrgutabwicklung auf Basis PS&S**. Hier können Sie z. B. das Fehlerverhalten der TM-bezogenen Gefahrgutprüfungen oder die Mengendefinition für die 1.000-Punkte-Regel festlegen.

Da viele Gefahrgutprüfungen innerhalb von SAP S/4HANA PS&S auf Prüfregeln basieren, die in ein Regelwerk eingebettet sein müssen, müssen Sie einzelne Regeln pflegen. Alternativ haben Sie die Möglichkeit, Gefahrgutinhalte über ein Ladeprogramm zu laden, sodass nicht alles von Grund auf neu eingerichtet werden muss. Abbildung 9.10 zeigt die Pflege von Prüfmethoden und die Granularität der Operationen (z. B. Kopf- und Positionsebene).

EHS: Gefahrgutprüfmethoden festlegen

Prüfmetho...	Bez. GG-Prüfmethode	PMArt	Funktionsbaustein
1	Prüfung des Status einer gefährlichen Substanz (MD)	GG-Positions-Prüfmethode	/SEHS/DGCHM_CHECK_DGSTATUS
2	Prüfung der Transportmengen	GG-Positions-Prüfmethode	/SEHS/DGCHM_CHECK_MAXQ_TU
3	Prüfung auf 'Giftig durch Einatmen'	GG-Positions-Prüfmethode	/SEHS/DGCHM_CHECK_PBI
4	Prüfung ob Transport erlaubt	GG-Positions-Prüfmethode	/SEHS/DGCHM_CHECK_TRALLOWED
5	Mischladungsprüfung	GG-Positions-Prüfmethode	/SEHS/DGCHM_CHECK_MIX_LOAD
6	Punkteberechnung nach ADR 1.1.3.6	GG-Kopf-Prüfmethode	/SCMTMS/DG_ADR_1000_POINTS
7	Mischladung prüfen auf Containerebene	GG-Positions-Prüfmethode	/SEHS/DGCHM_CHECK_MIX_LOAD

Abbildung 9.10: Customizing der Gefahrgutkontrollmethoden in TM

Die Prüfmethoden können Sie im Customizing über den Menüpfad **Transportabwicklung • Grundfunktionen • Gefahrgut • Gefahrgutabwicklung auf Basis PS&S • PS&S-Services • Gefahrgutabwicklung • Gefahrgutprüfungen und Gefahrgutpapiere • Gefahrgutprüfungen • Gefahrgutprüfmethoden festlegen** pflegen.

Trennschlüssel und -regeln zur Verwaltung und Trennung (Segregation) von Gefahrgütern finden Sie im Customizing unter **Transportmanagement • Grundfunktionen • Gefahrgut • Gefahrgutabwicklung auf Basis von PS&S • PS&S-Dienste • Gefahrgutabwicklung • Gefahrgutprüfungen und Gefahrgutpapiere • Gefahrgutprüfungen • Einstellungen für Zusammenladeprüfungen festlegen**. Trennschlüssel werden verwendet, um Kriterien zu definieren, mit denen Materialien bei der Stauung, Verladung und Konsolidierung voneinander getrennt werden können. Die Definition von Trennschlüsseln erfolgt im Rahmen der Gefahrgutstammdatenpflege. Trennschlüssel werden in der Einstellung **Mischladungsregeln** gepflegt. Im PS&S-Customizing können Sie die Trennregeln für die Zusammenladung einrichten und die Systemreaktion festlegen, wenn Sie zwei Ladungspositionen mit Trennschlüsseln zusammen laden wollen. Das Ergebnis der Regeln hängt ebenfalls von der jeweiligen Gefahrgutvorschrift ab und kann entweder eine Warnung oder ein Fehler sein.

9.2.5 Ladeprogramm für Gefahrgutinhalte

Der *Dangerous Goods Content Loader* ist ein Ladeprogramm, das es Ihnen ermöglicht, regulatorische Inhalte für Gefahrgut und Prüfregeln in die Gefahrgutstammdatentabellen zu importieren. Die Inhalte standen früher auf dem SAP Service Marketplace zum Download zur Verfügung, wurden aber in letzter Zeit an externe Anbieter (z. B. Verisk oder 3E) ausgelagert. In der Regel benötigen Sie eine Lizenz, um die Inhaltsdateien zu erhalten, mit denen Sie auf einfache Weise die Regeln implementieren können, die erforderlich sind, um Ihr System mit den aktuell gültigen Möglichkeiten der Gefahrgutprüfungen gemäß den Standardvorschriften auszustatten. Sie können diese Regeln auch manuell eingeben, aber das würde detailliertes Fachwissen über Gefahrgut und eine intensive Datenpflege erfordern. Abbildung 9.11 zeigt die Benutzeroberfläche zum Laden von Inhalten, die Sie über das SAP Fiori Launchpad unter **Anwendungsverwaltung • Dangerous Goods Content Loader** aufrufen können.

Die bereitgestellten Inhaltsdateien enthalten Gefahrgutregeln, Vorschriftentexte wie z. B. Stoffnamen und -phrasen sowie Customizing-Daten zur Implementierung der Vorschriften und deren Prüfregeln.

Der Content Loader kann für LDLs sehr nützlich sein, um das System schnell mit den Daten und Vorschriften, die die Verlader betreffen, einzurichten. Der importierte Inhalt kann verwendet werden, um Konsistenzprüfungen an den von den Verladern gelieferten Speditionsauftragsdaten durchzuführen. Darüber hinaus bietet er Vorlagedaten für dokumentenbasierte Gefahrgutdatensätze.

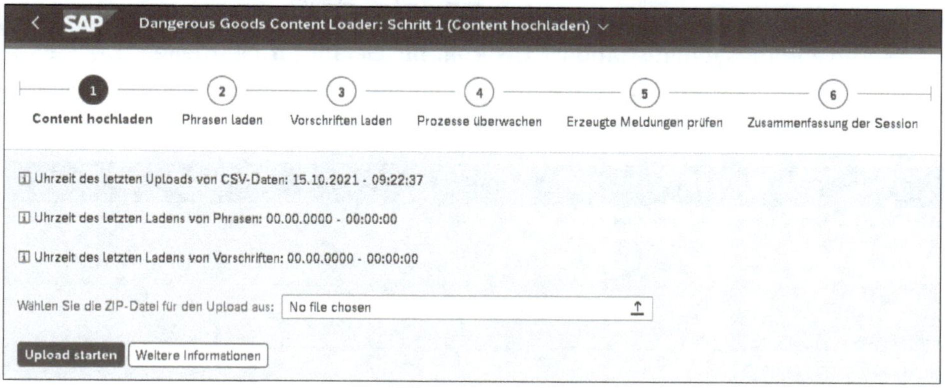

Abbildung 9.11: Ladeprogramm für Gefahrgutinhalte

9.2.6 TM-Einrichtung auf Anwendungsebene für Gefahrgutunterstützung

Sie können individuelle Benutzeroberflächen (UIs) für dokumentenbasierte Gefahrgutdaten erstellen, die die spezifischen Daten- und Phrasenanforderungen der Gefahrgutregelungen widerspiegeln.

Die in einem UI-Profil festgelegten Konfigurationen können Tabellen- und Felddaten mit individuellen Feldbezeichnungen enthalten (siehe Abbildung 9.12). Felder können Gruppen zugewiesen werden. Sie können für ein UI-Profil Prüffunktionen definieren und diese durch Aufrufen im Speditionsauftrag verwenden.

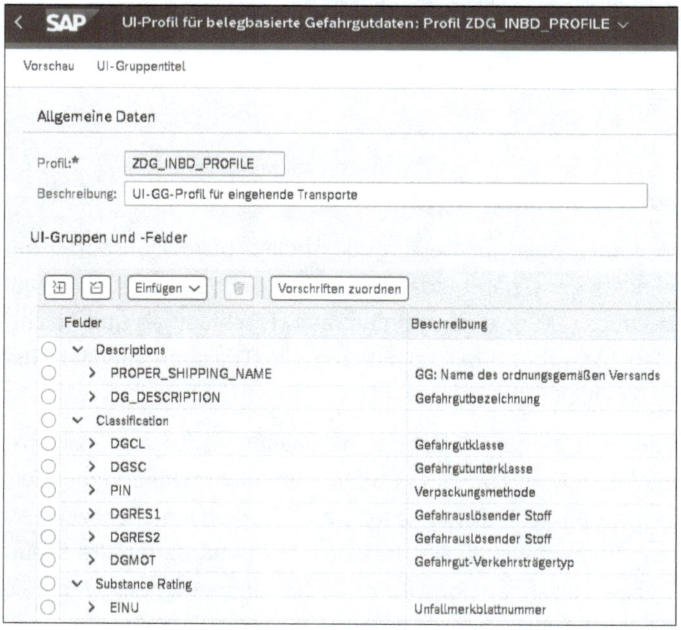

Abbildung 9.12: UI-Gruppen und -Felder für Gefahrgutdaten in einem Speditionsauftrag

Sie finden das Tool zur Definition von Gefahrgut-UI-Profilen im TM-Anwendungsmenü unter **Anwendungsadministration • UI-Profil für Gefahrgut bearbeiten**. Die Zuordnung des UI-Profils zum Speditionsauftrag erfolgt auf der Ebene der Speditionsauftragsposition. Die Einbindung in eine Speditionsauftragsposition zeigt Ihnen Abbildung 9.13.

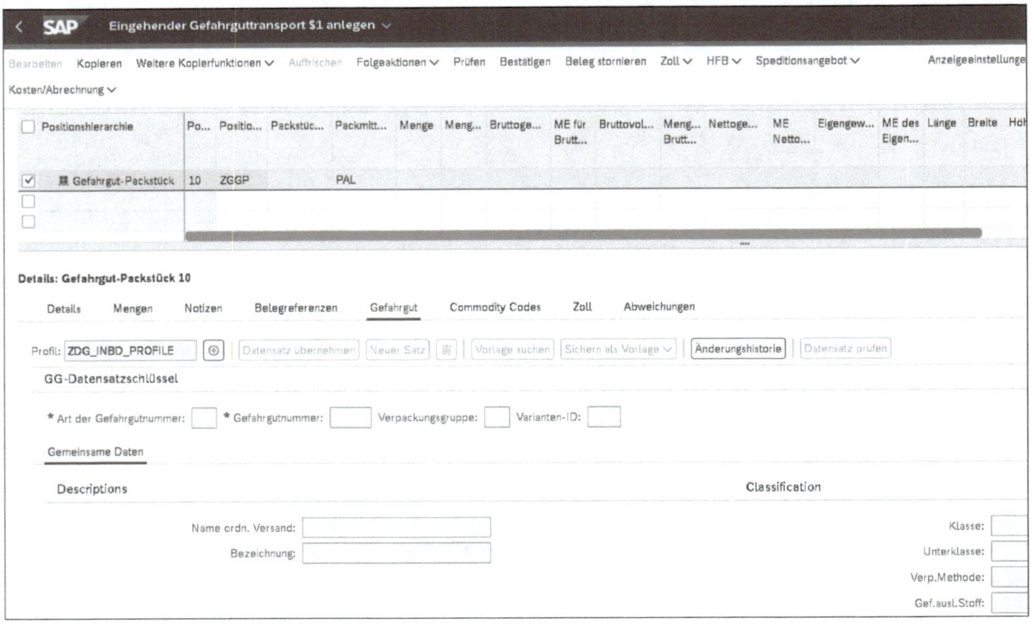

Abbildung 9.13: Gefahrgutfelder in einer Speditionsauftragsposition

Sie können das Gefahrgut-UI-Profil im Customizing der Positionsarten für die Speditionsauftragsverwaltung einstellen.

9.2.7 Gefahrgutdaten und Kontrollen in TM

Wie in Abschnitt 9.2.3, »Anforderungen für Gefahrgutkontrollen beim Transport«, beschrieben, erfolgen die Definition der Gefahrgutdaten und die Prüfung hauptsächlich auf der Ebene des Speditionsauftrags und der Transportaufträge (Frachtauftrag und Frachtbuchung). Zusätzlich werden Gefahrgüter bei der Bildung von Transporteinheiten und der Transportplanung berücksichtigt.

Im Speditionsauftrag werden die meisten Gefahrgutinformationen auf der Positionsebene zur Verfügung gestellt. Der Kopf enthält nur Status- und Summeninformationen, wie z. B. das Gefahrgutkennzeichen, ADR-Punkte oder ein ADR-Ausnahmekennzeichen. Aus dem vorangegangenen Abschnitt wissen Sie, dass Sie den Positionsarten des Speditionsauftrags individuelle, vorschriftsabhängige UI-Profile zuordnen können. Wenn Sie mehrere Vorschriften zugewiesen haben, sehen Sie unter der Speditionsauftragsposition so viele Unterregister, wie Sie Vorschriften definiert haben.

Wenn Sie die Prüffunktionen im Speditionsauftrag aufrufen, werden auch die konfigurierten Gefahrgutprüfungen durchgeführt, und das Ergebnis der Prüfungen wird im Meldungsprotokoll des Speditionsauftrags angezeigt. Falls Sie die Planung im Transport-Cockpit starten (siehe Kapitel 6, »Transportplanung«), werden die Zusammenladeprüfungen auf die Sammelpositionen der Frachteinheiten angewandt, die Sie gemeinsam in einem Fahrzeug bewegen wollen. Materialkompatibilitäten werden in jedem Fall geprüft. Zusätzlich fasst das System die ADR-Punkte aller Frachtstücke zusammen, die im Straßentransport auf einen Lkw geladen werden sollen.

9.3 Zusammenfassung

In diesem Kapitel wurde gezeigt, wie Zoll- und Handels-Compliance und Gefahrgut-Compliance mit TM im Zusammenspiel mit SAP GTS und PS&S durchgeführt werden können. Im nächsten Kapitel geben wir Ihnen einen Überblick über Transportvereinbarungen (Verträge) und die Mechanismen der Gebührenberechnung.

Kapitel 10
Transportkostenmanagement

Die flexiblen Möglichkeiten der Frachtvereinbarungsverwaltung und Frachtkostenkalkulation in SAP S/4HANA verbessern Ihre Lieferkettenprozesse. In diesem Kapitel erfahren Sie, wie Sie Frachtvereinbarungen mit Spediteuren und Logistikdienstleistern pflegen, komplexe Kostenstrukturen definieren und Frachtkosten in Ihren Transportdokumenten berechnen.

Das Management von Transportkosten ist eine zentrale Prozessanforderung für Verlader und Logistikdienstleister (LDLs). Aus Sicht des Verladers ist es notwendig, Verträge mit Spediteuren oder Frachtführern zu pflegen, um eine vollständige Transparenz der Transportkosten zu gewährleisten.

Das Transportkostenmanagement in SAP S/4HANA ist eine sehr leistungsfähige und flexible Komponente, mit der Sie Transportverträge pflegen und vollständig in Ihre betrieblichen Prozesse integrieren können. Das heißt, dass die Verträge zentral gepflegt werden und für die automatisierte Frachtkostenermittlung in Ihren Frachtbelegen (Frachtaufträge, Frachtbuchungen, Sendungen, Serviceaufträge, Frachteinheiten [zur Paketratenberechnung] und Frachtabrechnungsbelege) verwendet werden. Dabei werden verkehrszweigübergreifende Frachtkostenberechnungsprozesse für Verlader, Spediteure und Frachtführer unterstützt.

In diesem Kapitel stellen wir Ihnen die Grundlagen und einige Details des Transportkostenmanagements in SAP S/4HANA vor. Zunächst richten wir die Stammdatenobjekte in Abschnitt 10.1 ein. Wir erläutern jedes Stammdatenelement und die wichtigsten Customizing-Einstellungen. Auf dieser Grundlage gehen wir in Abschnitt 10.2 darauf ein, wie diese Stammdatenobjekte zur Berechnung von Frachtkosten in Frachtbelegen verwendet werden. In Abschnitt 10.3 wird die genaue Logik der Frachtkostenberechnung anhand verschiedener Szenarien veranschaulicht. Wir behandeln verkehrszweigabhängige Besonderheiten für Straße und Schiene und erläutern das Konzept der ereignisbasierten Frachtkostenberechnung. Schließlich wird in Abschnitt 10.4 auf den strategischen Frachteinkauf eingegangen. Dazu gehören die Planung und Analyse der Frachtbeschaffung sowie der Prozess zur Erstellung einer Master-Frachtvereinbarungsanfrage.

Beginnen wir mit der Vorstellung der Architektur in Abbildung 10.1. In der Mitte der Abbildung sehen Sie die wichtigsten Stammdatenobjekte: Vereinbarungen, Berechnungsschemata, Tarifpreistabellen und Staffeln. Diese ermöglichen es Ihnen, Verträge mit allen

Details wie Gültigkeitszeiträumen, Währungen, Zahlungsbedingungen, Preisen und Berechnungsregeln zu speichern.

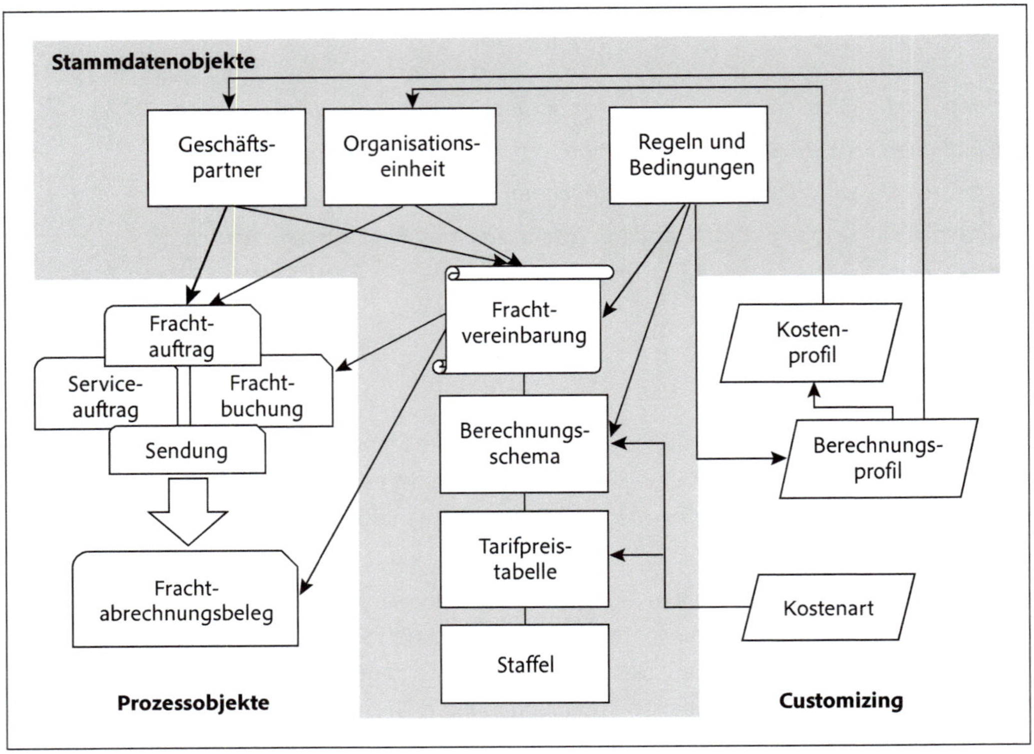

Abbildung 10.1: Überblick über das Transportkostenmanagement

Die relevante Frachtvereinbarung wird in Frachtaufträgen, Frachtbuchungen, Sendungen, Serviceaufträgen und Frachteinheiten (bei direkten Paketsendungen) ermittelt, um die Transportkosten zu berechnen. Wenn einer dieser Geschäftsbelege abgerechnet werden muss, wird die Kalkulation im Frachtabrechnungsbeleg erneut durchgeführt. Die Ermittlung der relevanten Frachtvereinbarung, die in Abschnitt 10.2, »Vertragsermittlung«, näher erläutert wird, basiert in der Regel auf dem Geschäftspartner und der Organisationseinheit (Einkaufsorganisation), die im Frachtauftrag bzw. der Frachtbuchung und der Frachtvereinbarung übereinstimmen müssen.

Regeln und Bedingungen können die Ermittlung von Frachtvereinbarungen, Berechnungsschemata und Tarifpreistabellen steuern. Diese werden im Vereinbarungskopf, in den Vereinbarungspositionen, im Berechnungsschema und im Berechnungsprofil referenziert. Das Kostenprofil, das der Organisationseinheit zugeordnet ist, stellt die Verbindung zu anderen Profilen im Customizing her, wie z. B. dem Verteilungsprofil oder dem Abrechnungsprofil.

Die Einführung von Stammdatenobjekten ist der Ausgangspunkt der Reise in die Tiefen des Transportkostenmanagements von SAP S/4HANA.

10.1 Stammdaten und Customizing zur Frachtkostenberechnung

Die folgenden Elemente stellen Stammdaten dar und sind die Grundlage für die Konfiguration des Transportkostenmanagements:

- **Frachtvereinbarungen**

  Frachtvereinbarungen repräsentieren Verträge mit Unternehmen, die Transportdienstleistungen erbringen, wie z. B. Spediteuren und LDLs, sowie Partnern für indirekte transportbezogene Dienstleistungen, wie etwa Lagerhaltung oder Hafenbetrieb. Sie enthalten Preis- und Berechnungsinformationen sowie Kapazitätsverpflichtungen.

- **Berechnungsschemata**

  Berechnungsschemata haben eine n:m-Kardinalität zu Frachtvereinbarungen. Jede Frachtvereinbarung verfügt über mindestens ein Berechnungsschema, das alle Kostenarten (z. B. Grundfracht und Zuschläge) einer Vereinbarung auflistet. Es steuert auch das Verhalten der eigentlichen Kostenberechnung für jede Kostenposition.

- **Kostenart**

  Jede Zeile in einem Berechnungsschema verwendet eine bestimmte Kostenart. In einem Berechnungsschema können beliebig viele Kostenarten genutzt werden.

- **Tarifpreistabellen**

  Die Tarifpreistabellen sind die zentrale Stelle, an der alle Preise gepflegt werden. Tarifpreistabellen haben eine n:m-Kardinalität zu Kostenarten und Berechnungsschemata. Jedes Berechnungsschema kann mehrere Tarifpreistabellen enthalten, aber dieselbe Tarifpreistabelle kann auch in mehreren Berechnungsschemata verwendet werden.

- **Staffeln**

  Eine oder mehrere Staffeln definieren die Dimensionen einer Tarifpreistabelle.

Die linke Seite in Abbildung 10.2 zeigt die hierarchischen Beziehungen zwischen Frachtvereinbarungen, Vereinbarungspositionen, Berechnungsschemata, Kostenarten, Tarifpreistabellen und Staffeln. Auf der rechten Seite wenden wir diese Konzepte auf ein Geschäftsbeispiel an, um zu zeigen, wie Sie diese flexible Struktur in einem Seefrachtszenario nutzen können. Der Frachtvertrag ist hier ein Vertrag mit einem Reeder und kann den Umfang mehrerer Verkehrsbeziehungen als Vertragsbestandteile haben, z. B. aufgrund der Geografie.

Jede Verkehrsbeziehung hat ihr eigenes Berechnungsschema mit unterschiedlichen globalen und länderspezifischen Preisen (Grundfracht See, Bunkeranpassungsfaktor, Terminal-Handling-Zuschlag etc.). Für jede Position kann eine Anwendbarkeitsregel oder -bedingung gepflegt werden. Zusätzlich ist jeder Position eine Tarifpreistabelle zugeordnet, die alle Preise enthält. Tarifpreistabellen werden auf der Grundlage mehrerer Staffeln erstellt, wie z. B. Ladehafen, Entladehafen, Containerart und Commodity.

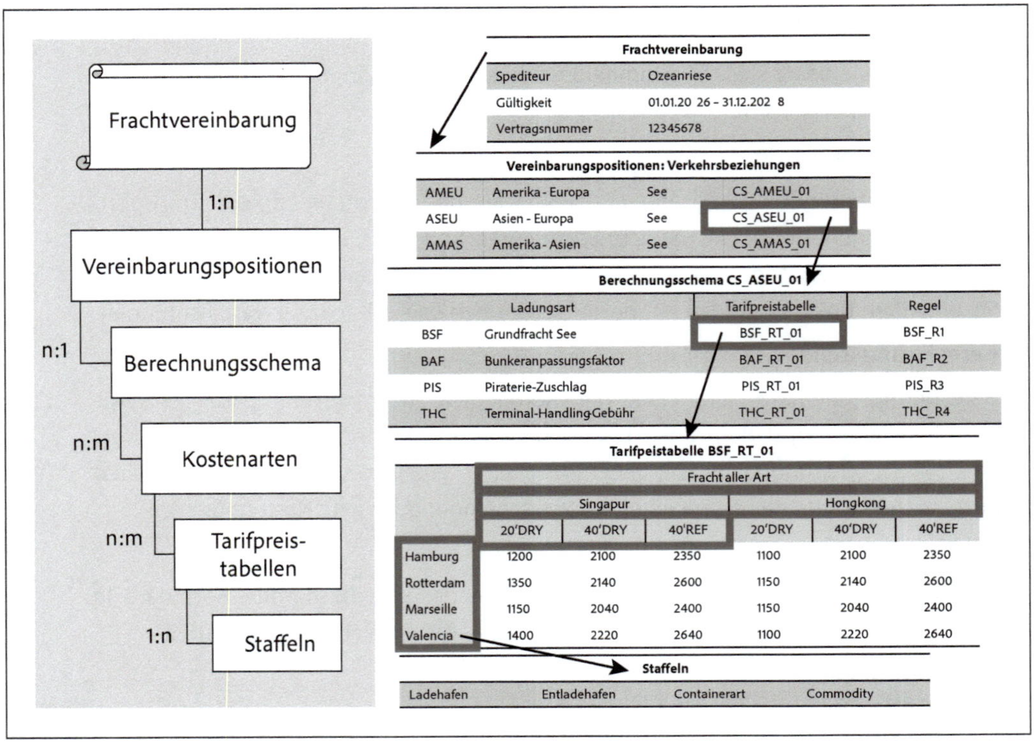

Abbildung 10.2: Stammdaten des Transportkostenmanagements in einem Geschäftsbeispiel

Sie pflegen alle Frachtvereinbarungen in einem zentralen Repository, das Sie in der SAP-Fiori-App **Frachtvereinbarungen (Arbeitsvorrat)** einsehen können. In der SAP-Fiori-App **Kostenmanagement (Arbeitsvorrat)** können Sie sich einen Überblick über alle für die Frachtkostenpflege relevanten Stammdatenobjekte verschaffen und verschiedene Frachtvereinbarungen, Tarifpreistabellen, Berechnungsschemata und vieles mehr durchsuchen. Das *Stammdaten-Cockpit* ist sehr nützlich, wenn Sie Kostenarten und Preise mehrerer Vereinbarungen aktualisieren möchten. Zahlreiche Suchattribute helfen Ihnen, eine Vereinbarung zu finden (z. B. auf Basis der Organisationseinheit oder eines beteiligten Geschäftspartners). Aus dem Stammdaten-Cockpit heraus können Sie auch Währungsumrechnungen und Microsoft-Excel-Downloads auslösen. Ein weiterer Vorteil dieser Funktion besteht darin, dass Sie nach Vereinbarungen suchen können und dabei Kriterien verwenden, die auf den detailliertesten Komponenten basieren, wie z. B. einem einzelnen Eintrag in der Tarifpreistabelle für eine Kombination aus Lade- und Entladehafen. Das Ergebnis sind alle Vereinbarungen, die diese spezifische Tarifpreistabellenzeile enthalten.

Lassen Sie uns einen genaueren Blick auf die einzelnen Elemente richten.

10.1.1 Frachtvereinbarungen

Die Frachtvereinbarung ist sowohl für Verlader als auch für LDLs von großer Bedeutung, da beide Parteien Frachtvereinbarungen nutzen, um Verträge mit Spediteuren, Fluggesellschaften, Reedern und Eisenbahngesellschaften zu speichern. Frachtvereinbarungen werden mit der SAP-Fiori-App **Frachtvereinbarung anlegen** erstellt. Jede Frachtvereinbarung erfordert die Wahl einer Frachtvereinbarungsart, die die Benutzeroberfläche, die Nummernkreiszuordnung und die Frage bestimmt, ob mehrere Parteien sie verwenden können und ob beim Speichern oder Prüfen eine Dublettenprüfung durchgeführt wird. Die Vereinbarungsart definieren Sie im Customizing unter **Transportation Management • Stammdaten • Vereinbarungen und Serviceprodukte • Frachtvereinbarungsarten definieren**.

Die Aktivierung des Genehmigungsworkflows für die Freigabe einer Frachtvereinbarung im Customizing ermöglicht die Delegation von Befugnissen an eine zweite Person, sodass eine Anwenderin oder ein Anwender für die Erstellung und Pflege der Frachtvereinbarung verantwortlich ist, während die zweite Person für deren Freigabe zuständig ist. Der genehmigende Person ist dieselbe Person, die auch die Leitungsposition in der zuständigen Organisationseinheit innehat. Um freigegebene Frachtvereinbarungen vor der Bearbeitung zu schützen, können Sie die Berechtigung über das Berechtigungsobjekt T_AGR_FRS auf Superuser einschränken oder für alle Anwenderinnen und Anwender im Customizing unter **Transportation Management • Grundfunktionen • Allgemeine Einstellungen • Allgemeine Einstellungen für TM definieren** erlauben.

Frachtvereinbarungen können manuell von Grund auf neu angelegt werden, können auf Vorlagen für Frachtvereinbarungen basieren, entweder als Stammdaten (erstellt mit der SAP-Fiori-App **Vorlage für Frachtvereinbarungen anlegen**) oder als Customizing (**Transportation Management • Grundfunktionen • Kostenberechnung • Grundeinstellungen • Vorlagen • Frachtvereinbarungsvorlagen definieren**), oder sie können aus einem strategischen Beschaffungsprozess resultieren, wie in Abschnitt 10.4, »Strategischer Frachteinkauf«, beschrieben.

Abbildung 10.3 zeigt den Kopf einer Frachtvereinbarung. Im Bereich **Allgemeine Daten** sind die interne und externe Referenz sowie der Vereinbarungsstatus aufgeführt. Nur freigegebene Vereinbarungen können für die Frachtkostenberechnung verwendet werden. Die betroffenen Partner sind die Einkaufsorganisation einerseits und der Spediteur andererseits. Wenn die Vertragsart dies zulässt, können hier mehrere Partner gepflegt werden. Der Bereich **Details** enthält die Gültigkeitsdaten der Vereinbarung und die Belegwährung. Es können auch ein Volumengewichtsprofil und eine Ausschlussregel enthalten sein, falls Sie eine Vereinbarung für spezifische Frachtberechnungen ausschließen möchten (siehe Abschnitt 10.2.2, »Konfiguration der Vertragsermittlung«, für weitere Details zu Regeln und Bedingungen).

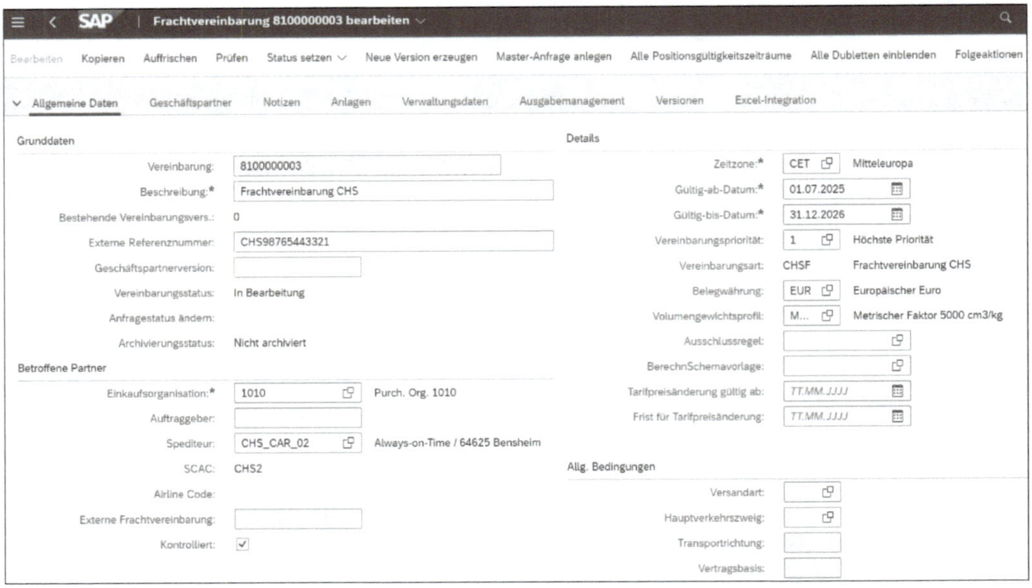

Abbildung 10.3: Kopf der Frachtvereinbarung

Auf der Registerkarte **Geschäftspartner** können die relevanten Geschäftspartner entsprechend ihrer Funktion gepflegt werden. Die bestätigten Kapazitäten werden auf der Registerkarte **Kapazitäten** gespeichert. Frachtvereinbarungen unterstützen eine Versionierung, und andere Versionen der Frachtvereinbarung können über die Registerkarte **Versionen** aufgerufen werden. Auf den Registerkarten **Notizen** und **Anlagen** können Sie Notizen hinzufügen und Anhänge speichern. Auf der Registerkarte **Ausgabemanagement** stehen Ihnen alle Funktionen des Ausgabemanagements zum Drucken eines Dokuments oder zum Auslösen eines Workflows, einer E-Mail oder einer Benachrichtigung zur Verfügung. Das Herunterladen in ein Excel-Format und das Hochladen aus Excel werden auf der Registerkarte **Excel-Integration** unterstützt.

Ausgehend vom Kopf der Frachtvereinbarung, können Sie den Status der Vereinbarung ändern, nach Dubletten suchen, also nach Frachtvereinbarungen, die den gleichen Umfang abdecken, neue Versionen der Vereinbarung erstellen oder eine Master-Frachtvereinbarungsanfrage generieren, um einen strategischen Frachtbeschaffungsprozess zu starten. Außerdem haben Sie die Möglichkeit, eine Tarifpreisänderung anzufordern und die Aktualisierung der Gültigkeitszeiträume der Vereinbarungspositionen anzustoßen. Eine Frachtvereinbarung kann eine oder mehrere Positionen enthalten (siehe Abbildung 10.4). Jeder Position ist ein Berechnungsschema (oder eine Findungsregel) zugeordnet, und sie hat eine eigene Gültigkeit. Über Vorbedingungen wird festgelegt, welche Position für die Frachtkostenberechnung in einem Frachtauftrag, einer Frachtbuchung oder einem Serviceauftrag ausgewählt wird, wenn Sie in der gleichen Vereinbarung zwischen verschiedenen Berechnungslogiken unterscheiden möchten, z. B. für die See- und Binnenschifffahrt.

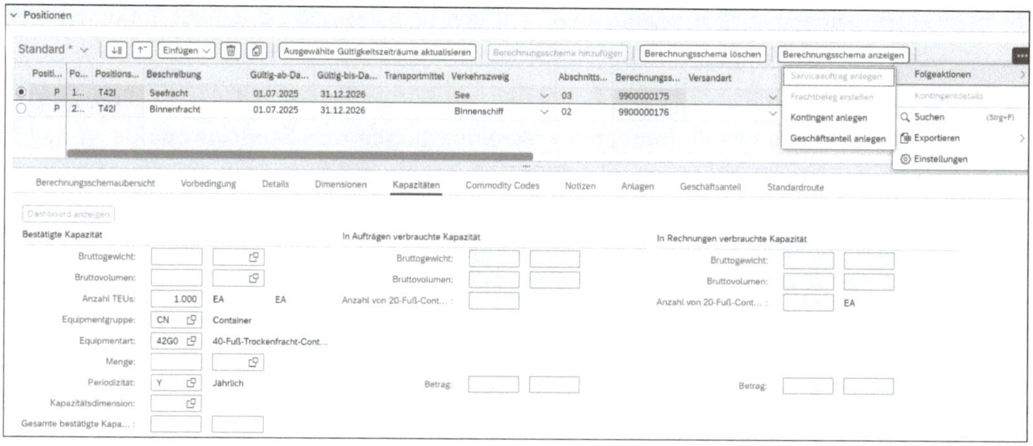

Abbildung 10.4: Frachtvereinbarungspositionen

Während die Hauptelemente jeder Position das Berechnungsschema und die Vorbedingungen sind, können auf dieser Ebene zusätzliche Informationen gepflegt werden. Eine davon sind die vereinbarten *Kapazitäten*, wie Sie in Abbildung 10.4 sehen können. Wenn Sie eine Vereinbarung mit einem LDL aushandeln, ist es eine gängige Geschäftspraxis, nicht nur Preise, sondern auch Kapazitäten zu vereinbaren, die im Rahmen eines Vertrags abgedeckt werden sollen. Dies ermöglicht es Ihnen, Kapazitäten besser vorherzusagen und zu verwalten. Höhere Kapazitäten können mit Rabatten auf die Preise für Sie als Verlader oder LDL verbunden sein. Neben der *bestätigten Kapazität* in der Vereinbarungsposition können Sie den Verbrauch von Kapazitäten aktiv überwachen. Der Verbrauch sowohl in Frachtaufträgen als auch in Rechnungen wird in der Vereinbarung verfolgt. Basierend auf einem integrierten Dashboard stehen verschiedene Berichte zur Verfügung, die den Jahres- oder Periodenverbrauch der bestätigten Kapazitäten anzeigen. Verschiedene Dimensionen, wie z. B. Container (20-Fuß-Äquivalenzeinheiten [TEUs]), Bruttogewicht oder Bruttovolumen, sind verfügbar.

Auf der Registerkarte **Kapazitäten** in Abbildung 10.4 können Sie die Erstellung von Kontingenten auslösen. Dadurch wird ein Kontingent auf der Grundlage der gepflegten Kapazitäten der Vereinbarungsposition erzeugt. Um diese Option zu verwenden, müssen Sie Ihrer Frachtvereinbarungsart im Customizing eine Kontingentart zuordnen. Die Navigation von der Vereinbarungsposition zum Kontingent ist dann über die Drucktaste **Kontingentdetails** möglich. Neben der Generierung von Kontingenten aus einer Frachtvereinbarung können Sie auch Geschäftsanteile generieren. Diese Funktion ermöglicht es Ihnen, Ihren Gesamtbedarf an Kapazität auf verschiedene Dienstleister zu verteilen. Geschäftsanteile werden bei der Spediteurauswahl für Frachtaufträge berücksichtigt. (In Abschnitt 7.4.4 erhalten Sie weitere Informationen über Kontingente und Geschäftsanteile. Abschnitt 7.5 beschreibt die Spediteurauswahl.)

Die Funktionen zum Hinzufügen von Notizen und Anlagen stehen auf Positionsebene ebenso zur Verfügung wie auf Kopfebene.

Jede Position kann eine Positionsart haben, die im Customizing definiert ist (**Transportation Management • Stammdaten • Vereinbarungen und Serviceprodukte • Frachtvereinbarungs-Positionsarten definieren**). Positionsarten können die Frachtauftrags- oder Frachtbuchungsarten vorbelegen, wenn diese direkt aus der Frachtvereinbarungsposition angelegt werden. Außerdem können Vorbedingungen mit den Positionsarten verknüpft werden. Eine Frachtvereinbarungsart kann mit keiner oder einer beliebigen Anzahl von Positionsarten und keiner oder einer beliebigen Anzahl von Vorbedingungen verknüpft sein.

10.1.2 Berechnungsschema

Wie im vorangegangenen Abschnitt erwähnt, ist das Berechnungsschema das Hauptelement jeder Frachtvereinbarungsposition. Das Berechnungsschema speichert die Kostenarten und zugeordneten Tarifpreistabellen für jede Kostenposition. Diese Einstellung ist zwingend erforderlich, um die Frachtkostenberechnung für Frachtaufträge, Frachtbuchungen, Sendungen, Serviceaufträge und Abrechnungsbelege durchzuführen.

Das Berechnungsschema enthält alle Frachtkosten, die Sie im Rahmen einer Frachtvereinbarung an Ihren Spediteur oder LDL zahlen müssen. Berechnungsschemata steuern das Verhalten der Kostenberechnungslogik, die wir in Abschnitt 10.3 beschreiben. Das Berechnungsschema ist besonders wichtig, denn hier ordnen Sie jeder Kostenart Tarifpreistabellen zu. Berechnungsschemata enthalten die Logik für die Kalkulation der Kosten und die Reihenfolge, in der sie berechnet werden müssen. Darüber kann eine verkehrszweigspezifische Berechnungslogik definiert und im Berechnungsschema eingerichtet werden.

Lassen Sie uns auf die Struktur des Berechnungsschemas, seine Einrichtung und das notwendige Customizing eingehen.

Struktur des Berechnungsschemas

Ein Berechnungsschema kann auf die beiden im Folgenden beschriebenen Arten erstellt werden:

- **Eingebettetes Berechnungsschema**

  Sie können das Berechnungsschema direkt aus einer Vereinbarung heraus erstellen. Beachten Sie die Drucktasten im oberen Bereich, um ein Berechnungsschema in der zuvor in Abbildung 10.4 gezeigten Frachtvereinbarungsposition hinzuzufügen, anzuzeigen oder zu löschen. Durch Klicken auf die Drucktaste **Berechnungsschema hinzufügen** wird automatisch ein Berechnungsschema im Hintergrund erzeugt und der Vereinbarungsposition zugeordnet. Wenn Sie auf die Drucktaste **Berechnungsschema anzeigen** klicken, gelangen Sie direkt in das Berechnungsschema zur Pflege oder Anzeige, je nachdem, ob Sie die Frachtvereinbarung zur Pflege oder Anzeige geöffnet haben.

- **Eigenständiges Berechnungsschema**
  Sie können auch ein Berechnungsschema separat erstellen und es später den gewünschten Vereinbarungspositionen zuordnen. Zu diesem Zweck können Sie die SAP-Fiori-App **Berechnungsschema anlegen** verwenden.

Das Berechnungsschema enthält nur sehr wenige Kopfinformationen, wie Sie in Abbildung 10.5 sehen können. Von Bedeutung ist hier vor allem das Feld **Kostenverwendung**, mit dem Sie mögliche Zuordnungen zu Vereinbarungen einschränken können, da Berechnungsschemata gleichzeitig sowohl in Speditions-, Fracht- als auch in internen Vereinbarungen verwendet werden können.

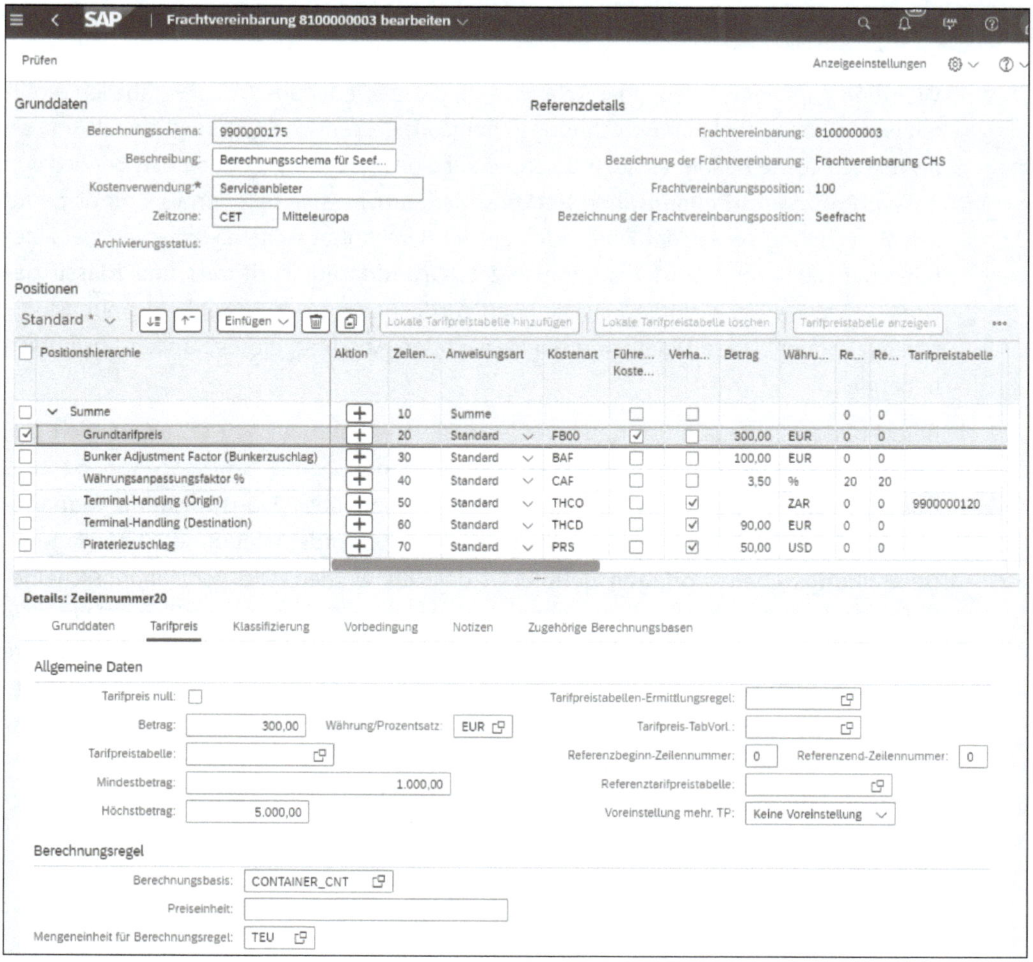

Abbildung 10.5: Berechnungsschema

Das Hauptelement des Berechnungsschemas sind die Positionen. Jede Position repräsentiert eine Kostenart und wird ab der untersten Hierarchieebene einzeln berechnet, und zwar fortlaufend entsprechend aufsteigenden Zeilennummern auf jeder Hierarchieebene. In dem Beispiel in Abbildung 10.5 beginnt die Berechnung mit den Zeilennummern 20 bis 70, die die unterste Hierarchieebene darstellen, und dann wird die Summe (Zeilennummer 10) berechnet. Das Beispiel zeigt ein Geschäftsszenario aus dem Seefrachtbereich mit einem Grundtarifpreis, einem Bunkerzuschlag, einem Währungsanpassungsfaktor, Terminalgebühren für den Lade- und Zielhafen sowie einem Risikozuschlag für Piraterie. Jeder Zeile ist eine Kostenart zugeordnet, die im Customizing definiert ist und in Abschnitt 10.1.3 erläutert wird. Diese flexible Struktur kann auch für jeden anderen Verkehrsträger oder Geschäftskontext verwendet werden, und Sie können eigene Kostenarten definieren.

Jeder Berechnungsschemaposition muss entweder ein fester Betrag oder, in der Regel, eine Tarifpreistabelle zugeordnet werden. Werte können Absolutwerte sein, die in einer Währung gepflegt werden, oder Relativwerte, die entweder aus Tarifpreistabellen ermittelt werden oder direkt im Berechnungsschema als Prozentwerte definiert sind. Wenn sie als relative Werte definiert sind, müssen sie auf eine andere Zeile oder einen Bereich von Zeilen (**RefBeginn-Zeilennr.** und **RefEnde-Zeilennr.**) verweisen, der als Grundlage für ihre Berechnung verwendet wird. Jede Zeile im Berechnungsschema hat einen Detailbereich mit mehreren Registerkarten, wie z. B. **Grunddaten**, **Tarifpreis** und **Klassifizierung**, in denen Sie wichtige Einstellungen zur Steuerung der Kostenberechnungslogik pflegen können. Diese Details werden im nächsten Abschnitt dieses Kapitels ausführlich behandelt.

Berechnungsschemata müssen nicht jedes Mal von Grund auf neu erstellt werden. Berechnungsschemavorlagen können als Stammdaten über die SAP-Fiori-App **Berechnungsschemavorlage anlegen** oder als Customizing über **Transportation Management • Grundfunktionen • Kostenberechnung • Grundeinstellungen • Vorlagen • Berechnungsschemavorlagen definieren** definiert werden. Die Berechnungsschemavorlage enthält die wichtigsten Elemente eines regulären Berechnungsschemas. Wenn Sie ein neues Berechnungsschema erstellen, können Sie eine Vorlage als Quelle auswählen, um automatisch alle darin enthaltenen Kostenarten und andere in der Vorlage definierte Einstellungen zu übernehmen. Darüber hinaus kann im Customizing einer Vereinbarungsart eine Berechnungsschemavorlage zugeordnet werden. Dann wird diese Berechnungsschemavorlage beim Erzeugen eines Berechnungsschemas aus der Vereinbarung vorgeschlagen.

Einrichtung und Customizing des Berechnungsschemas

Die Details jeder Berechnungsschemaposition können viele Einstellungen enthalten, die vom System bei der Kostenberechnung ausgewertet werden müssen. Während wir hier viele der verfügbaren Einstellungen beschreiben, werden weitere Details über die Auswirkungen einiger dieser Einstellungen erst deutlich, wenn die Logik der Kostenberechnung selbst in Abschnitt 10.3 erläutert wird. Beachten Sie, dass die meisten dieser Einstellungen optional sind und nur erforderlich sind, wenn Sie spezifische Anwendungsfälle modellieren möchten, wie z. B. Handling-Codes für die Luftfracht oder die Bereitstellung und Rückgabe von Leercontainern in der Seefracht.

Auf der Registerkarte **Grunddaten** in Abbildung 10.6 geben Sie die Details für jede Position an.

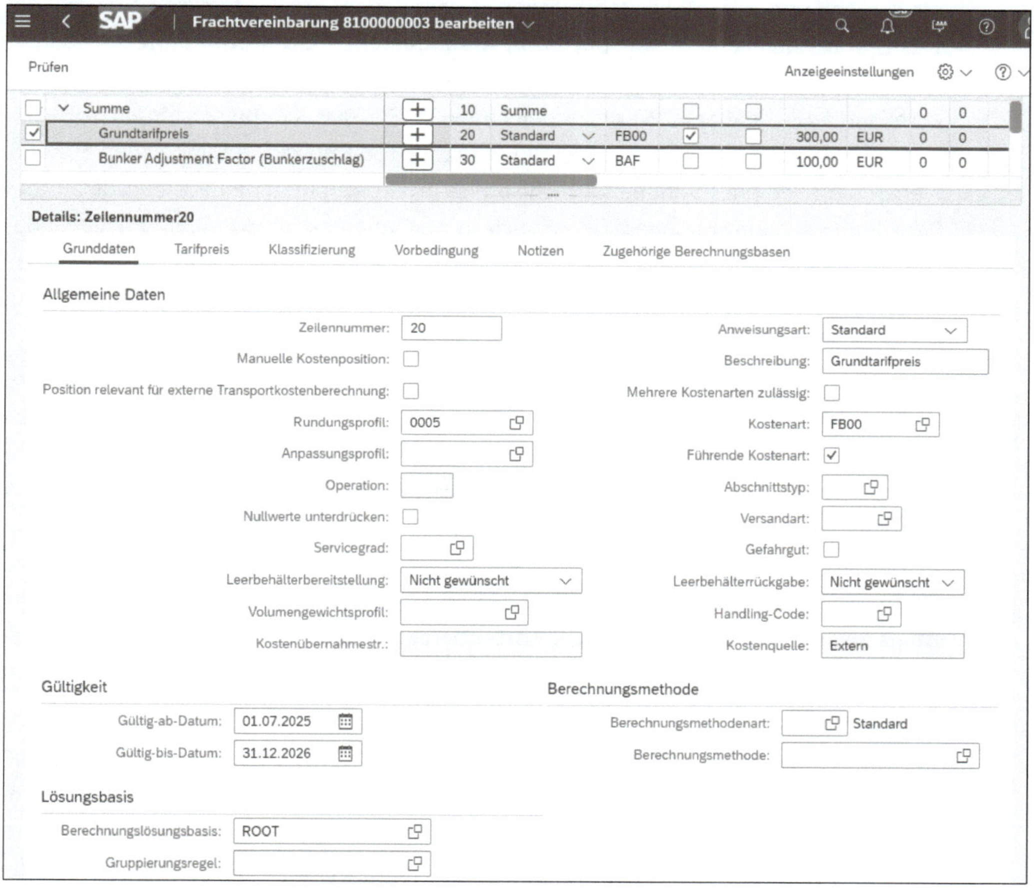

Abbildung 10.6: Berechnungsschemaposition – Grunddaten

Sie können eine Kostenart als führende Kostenart kennzeichnen. Wenn das System bei der Frachtkostenberechnung mehr als ein Berechnungsschema als gültig identifiziert, prüft es die führende Kostenart jedes Berechnungsschemas, um festzustellen, welches verwendet werden soll. Wenn Sie diese Logik nicht benötigen, können Sie diese Funktion im Kostenprofil deaktivieren.

Ein Rundungsprofil, das Sie im Customizing über **Transportation Management • Grundfunktionen • Kostenberechnung • Rundung • Rundungsregeln definieren** festlegen, können Sie für die Berechnung der Frachtkosten verwenden. Eine häufig genutzte

Funktion ist auch die manuelle Kostenberechnung, bei der die Anwenderinnen und Anwender einen Betrag für die Kostenposition im Transaktionsbeleg (Frachtauftrag, Frachtbuchung oder Serviceauftrag) interaktiv angeben können. In diesem Fall muss das Kontrollkästchen **Manuelle Kostenposition** in der Berechnungsschemaposition aktiviert sein.

Als Verlader oder Spediteur werden Sie feststellen, dass das anrechenbare Gewicht in Ihrer Kostenberechnungslogik sehr wichtig ist. Sie können im Customizing Volumengewichtsprofile definieren (**Transportation Management • Grundfunktionen • Kostenberechnung • Datenquellenbindung • Volumengewichtsprofile definieren**), um die korrekten anrechenbaren Werte zu berechnen (z. B. 1.000 Kilogramm für einen Kubikmeter für das metrische System oder ein Pfund für 166 Kubikzoll im imperialen System). Neben der Pflege des Volumengewichtsprofils pro Kostenart in den Positionsdetails des Berechnungsschemas können Sie es auch in der Vereinbarungsposition, im Vereinbarungskopf oder im Berechnungsprofil hinterlegen. Die Berechnungslogik überprüft diese Elemente in der genannten Reihenfolge, um das relevante Volumengewichtsprofil auf der detailliertesten definierten Ebene zu bestimmen und zu verwenden.

Eine sehr mächtige Einstellungsmöglichkeit ist die Definition einer **Berechnungsmethodenart** und **Berechnungsmethode**. Wann immer Sie erwarten, dass das System einen Preis einfach aus einer Tarifpreistabelle liest, ist keine spezielle Berechnungsmethode erforderlich. Wenn jedoch eine komplexere Berechnung notwendig ist, wie z. B. beim Clipping oder für Schnittgewichte in der Luftfracht, steht eine Reihe von Berechnungsmethoden im Standard zur Verfügung. Daneben können Sie auch eigene Berechnungsmethoden als Erweiterung entwickeln und im Customizing zuordnen (**Transportation Management • Grundfunktionen • Kostenberechnung • Erweiterungen der Kostenberechnungs-Engine • Berechnungsmethoden definieren**), um sie anschließend im Berechnungsschema zu verwenden.

Darüber hinaus sind die **Berechnungslösungsbasis** und die **Gruppierungsregel** für die Frachtkostenberechnung von großer Bedeutung. Die Berechnungslösungsbasis definiert, auf welcher Ebene Sie eine Kostenart in Ihrem Transaktionsdokument erheben (z. B. pro Container, pro Packstück oder einmal pro Dokument [**ROOT**]). Andererseits erlaubt die Gruppierungsregel dem System, einen kombinierten Preis für mehrere Frachtpositionen zu berechnen. Angenommen, Sie wollen Frachtkosten für einen Frachtauftrag berechnen, der fünf Packstücke von Ihrem Lager zu Kunde A und drei Packstücke von Ihrem Lager zu Kunde B transportiert. Während die Berechnungslösungsbasis »Packstück [**PACKAGE**]« acht Kostenpositionen (eine für jedes Packstück) berechnen wird, kann die Gruppierungsregel »nach Bestimmungsort« es Ihnen ermöglichen, nur zwei Kostenpositionen zu berechnen (eine für die fünf Packstücke an Kunde A und eine weitere für die drei Packstücke an Kunde B). Wenn in einer Tarifpreistabelle Gewichtsstaffeln definiert sind, besteht ein großer Unterschied darin, ob Sie achtmal (einmal für jedes Packstück) oder nur zweimal (einmal für das kombinierte Gewicht aller Packstücke für jeden Kunden) nach dem anwendbaren Preis suchen. Die Wahl der unterschiedlichen Berechnungslösungsbasen und der Gruppierungsregel führt entsprechend jeweils zu einem anderen Berechnungsergebnis.

Wie Sie den relevanten Preis für jede Zeile im Berechnungsschema ermitteln können, ist auf der Registerkarte **Tarifpreis** in Abbildung 10.5 definiert. Die einfachste Art, einen Preis zu definieren, besteht darin, hier einen festen Betrag und eine feste Währung einzugeben. Das häufigste Szenario ist die Hinterlegung einer Tarifpreistabelle, da sie viel mehr Flexibilität bietet. Sie können der Kostenart entweder genau eine Tarifpreistabelle zuordnen oder auf eine Tarifpreistabellen-Ermittlungsregel verweisen (z. B. pro Herkunftsland). Wie der Name schon sagt, können Sie mit dieser Option eine Regel definieren, die bei der Kostenberechnung ausgewertet wird, um die entsprechende Tarifpreistabelle für den Transaktionsbeleg zu ermitteln. Ein Anwendungsfall kann die Definition von länderspezifischen Zuschlägen sein, bei denen verschiedene Unternehmen für deren Pflege verantwortlich sind. Weitere Einzelheiten zur Verwendung von Regeln und Bedingungen für die Frachtkostenberechnung finden Sie in Abschnitt 10.3.1, »Grundlagen«.

Die *Berechnungsregel* legt fest, wie ein Preis auf der Grundlage eines festen Betrags oder innerhalb der Tarifpreistabelle berechnet werden soll. Wenn Sie z. B. einen Preis pro Entfernung (Kilometer) definieren, müssen Sie diesen Preis mit der tatsächlichen Entfernung multiplizieren, die ein Fahrzeug zurückgelegt hat und die aus Ihrem Transaktionsdokument bestimmt wird. Die Berechnungsregel muss eine Berechnungsbasis angeben, die den Datenzugriff auf das Transaktionsdokument vorgibt (in unserem Beispiel ist dies **CONTAINER_CNT** für die Anzahl der Container). Die Berechnungslogik in Abbildung 10.5 sieht wie folgt aus:

1. Der Tarifpreis beträgt 300 EUR.
2. Dieser Satz wird mit der Anzahl der Container (in TEU) multipliziert.
3. Es werden mindestens 1.000 EUR oder maximal 5.000 EUR verwendet.

Wenn Sie eine Tarifpreistabelle für die Berechnungsschemaposition pflegen, wird die Berechnungsregel in der Tarifpreistabelle selbst definiert. Weitere Einzelheiten zur Berechnungsbasis bzw. zu den Staffeln finden Sie in Abschnitt 10.1.4, »Tarifpreistabelle«, und Abschnitt 10.1.5, »Staffel«.

Als Nächstes geben Sie auf der Registerkarte **Klassifizierung** an, ob es sich bei der Berechnungsschemaposition um statistische Kosten, eine Steuer oder eine obligatorische Position handelt. Statistische Kosten werden wie jede andere Position in der Kostenberechnung kalkuliert, aber nicht im Abrechnungsprozess abgerechnet. Mit dem Steuerkennzeichen können Sie eine Position als Steuer klassifizieren. Wenn Sie eine Berechnungsschemaposition durch Aktivieren des entsprechenden Kontrollkästchens als obligatorisch kennzeichnen und für diese Position in einem Transaktionsbeleg kein Wert berechnet werden kann, wird eine Fehlermeldung angezeigt und der Transaktionsbeleg für Folgeverarbeitungsschritte (Abrechnung) gesperrt.

Die Registerkarte **Vorbedingungen** bietet eine wichtige Funktion für die Logik der Kostenberechnung. Mit dieser Einstellung können Sie flexible Regeln und Bedingungen pflegen sowie Verkehrsbeziehungen hinterlegen, um zu steuern, ob diese Position ausgewertet wird oder nicht. Eine Vorbedingung kann auf drei Arten gepflegt werden:

- Verwenden Sie Verkehrsbeziehungen, um geografische Einschränkungen zu berücksichtigen.
- Geben Sie an, dass eine Position nur für bestimmte Geschäftspartner gültig ist.
- Ordnen Sie der Berechnungsschemaposition eine Vorbedingungsregel zu.

[zB]

Geschäftsbeispiele für bedingte Frachtkosten

Im Luft-, Bahn- und vor allem im Seefrachtgeschäft finden Sie zahlreiche Regeln und Bedingungen für verschiedene Kostenarten. Einige regionale Beispiele sind folgende:

- Alle Seefrachttransporte mit dem Bestimmungsland Spanien müssen eine obligatorische Bankgebühr zahlen, die einem Prozentsatz des in Spanien zu zahlenden Betrags entspricht.
- In Indien muss für jede eingehende und ausgehende Sendung eine obligatorische Service- und Bildungssteuer bezahlt werden.
- Für alle Sendungen, die in die Vereinigten Staaten gehen, muss ein obligatorischer Zuschlag für rechtliche Formalitäten bezahlt werden.
- Wenn ein Schiff den Panamakanal oder den Suezkanal durchquert, fallen Zuschläge an.

Ähnliche Beispiele in der Luftfracht gelten z. B. für spezifische Terminalabfertigungsgebühren, Durchleuchtungsgebühren und andere Sicherheitszuschläge, die sich nach Herkunftsort und Bestimmungsort richten.

Da jeder Berechnungsschemaposition eine Kostenart zugeordnet ist, befassen wir uns als Nächstes mit der Konfiguration der Kostenarten.

10.1.3 Kostenart

Das Auslieferungs-Customizing enthält bereits einen Basissatz von Kostenarten, der je nach Projektbedarf erweitert werden kann. Die Kostenarten werden im Customizing definiert (**Transportation Management • Grundfunktionen • Kostenberechnung • Grundeinstellungen • Kostenarten definieren**). Abbildung 10.7 zeigt die Definition der Kostenart **CAF** als Beispiel. Eine Kostenart kann mit einem Kostentyp und einem Kostenuntertyp verknüpft werden, die basierend auf globalen Standards wie der UN/EDIFACT-Codeliste 5237 definiert werden können. Kostentypen und Kostenuntertypen können ebenfalls im Customizing festgelegt werden (**Transportation Management • Grundfunktionen • Kostenberechnung • Grundeinstellungen • Kostentypen definieren** und

Kostenuntertypen definieren). Die Bezeichnungen der Kostenarten können in mehreren Sprachen gepflegt werden.

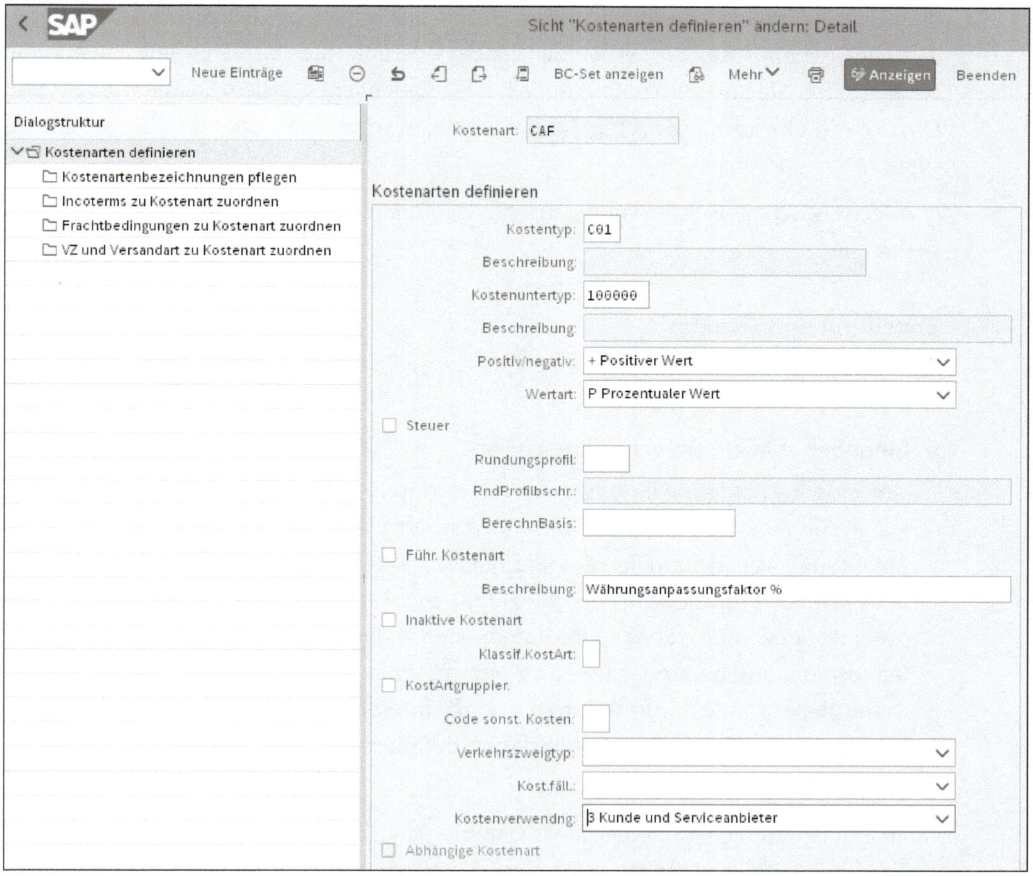

Abbildung 10.7: Customizing der Kostenart

Sie können festlegen, ob eine Kostenart nur zu einem positiven oder negativen Wert führen kann (z. B. für Rabatte) oder ob es sich um einen absoluten oder prozentualen Wert handeln kann. Für beide Einstellungen können Sie festlegen, dass beide Optionen gültig sind, und diese Entscheidung stattdessen erst in den Details der Berechnungsschemaposition treffen. Das Rundungsprofil ist optional und wird entweder von hier in der Position des Berechnungsschemas vorgeschlagen oder dort direkt definiert. Um die Nutzung einer Kostenart auf bestimmte Anwendungsfälle zu beschränken, können Sie einen Verkehrszweigtyp (z. B. zur Beschränkung der Nutzung auf Lufttransporte) oder eine Kostenverwendung (z. B. zur Beschränkung der Nutzung auf Fracht- im Gegensatz zu Speditionskosten) vorgeben.

Kostenarten können in einem Berechnungsschema verwendet und den Tarifpreistabellen zugeordnet werden, die als Nächstes thematisiert werden.

10.1.4 Tarifpreistabelle

Tarifpreistabellen enthalten alle Preise, die für die Frachtkostenberechnung benötigt werden. Eine Tarifpreistabelle kann niemals einzeln verwendet werden. Sie muss einem Berechnungsschema zugeordnet werden, das wiederum einer Vereinbarung zugeordnet werden muss. Sie können Tarifpreistabellen manuell pflegen, indem Sie die Upload- und Download-Funktion für einzelne Tarifpreistabellen verwenden oder die Massenaktualisierungsfunktion nutzen.

In diesem Abschnitt werden wir die Erstellung, Struktur und Pflege von Tarifpreistabellen besprechen.

Erstellung und Struktur

Sie haben zwei Möglichkeiten, eine Tarifpreistabelle anzulegen: aus einem Berechnungsschema heraus oder eigenständig.

- **Eingebettet in ein Berechnungsschema**
  Um eine Tarifpreistabelle aus einem Berechnungsschema heraus anzulegen, markieren Sie eine Position im Berechnungsschema und wählen Sie **Tarifpreistabelle hinzufügen**. Wenn Sie in den Positionsdetails des Berechnungsschemas eine Tarifpreisabellenvorlage gepflegt haben, wird die neue Tarifpreistabelle vorab befüllt. Tarifpreistabellenvorlagen können als Stammdaten in der SAP-Fiori-App **Tarifpreis-Tabellenvorlage anlegen** oder als Customizing über den Menüpfad **Transportation Management • Grundfunktionen • Kostenberechnung • Grundeinstellungen • Vorlagen • Tarifpreis-Tabellenvorlagen definieren** angelegt werden.
- **Eigenständig**
  Eine eigenständige Tarifpreistabelle generieren und pflegen Sie in der SAP-Fiori-App **Tarifpreistabellendefinition anlegen**. Sie können eine Tarifpreis-Tabellenart oder eine Tarifpreis-Tabellenvorlage angeben, um bestimmte Elemente der Tarifpreistabelle vorzubefüllen und Attribute der Tarifpreistabelle zu definieren.

Die Tarifpreis-Tabellenart wird im Customizing unter **Transportation Management • Stammdaten • Tarifpreistabellen • Tarifpreis-Tabellenart definieren** festgelegt. In Abbildung 10.8 sehen Sie, welche Attribute der Tarifpreistabelle in der Tarifpreis-Tabellenart definiert werden. Sie können einen Genehmigungsworkflow für Tarifpreistabellen aktivieren. In diesem Fall ist ein Benutzer mit der entsprechenden Berechtigung erforderlich, um Änderungen an Gültigkeitszeiträumen in einer Tarifpreistabelle zu genehmigen. Außerdem können Sie festlegen, ob die Tarifpreistabelle oder ihre Werte editierbar sein sollen oder nicht. Wenn in einer Tarifpreistabelle die Tarifpreisgültigkeitsaufteilung (**Split Tarifpreis-Gültigkeit**) aktiviert ist, können Sie einzelne Preise ändern, ohne alle Preise des entsprechenden Gültigkeitszeitraums in der Tarifpreistabelle aktualisieren zu müssen.

Die Tarifpreistabelle enthält eine Registerkarte **Allgemeine Daten**, wie Sie in Abbildung 10.9 sehen können. Eine Tarifpreistabelle kann verwendet werden, um Frachtkosten, Speditionskosten oder interne Kosten zu speichern. Daher müssen Sie das Feld **Kostenverwendung** als Pflichtfeld pflegen. Es ist möglich, die **Kostenverwendung** für einen oder mehrere Zwecke einzustellen.

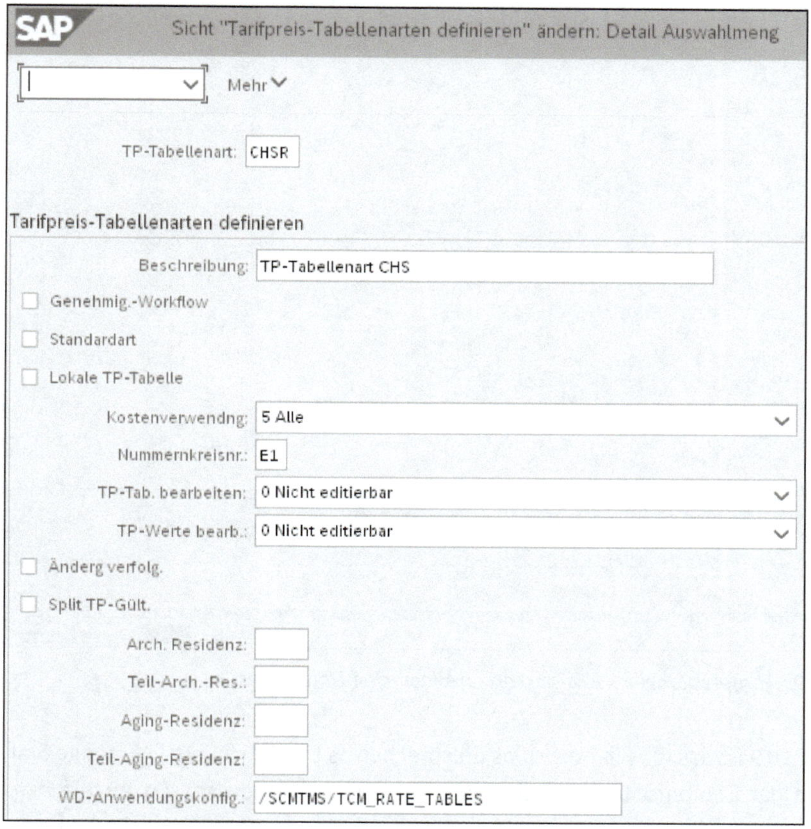

Abbildung 10.8: Tarifpreis-Tabellenart

Ein weiterer wichtiger Abschnitt ist der Bereich **Einstellungen für Kostenart**. Die Dimensionen für die Speicherung der Tarifpreise können für jede Kostenart sehr unterschiedlich sein. Daher pflegen Sie in den meisten Anwendungsfällen für jede Kostenart eine Tarifpreistabelle. Die Kostenart ist in der Tarifpreistabelle gepflegt. Wenn Sie die Tarifpreistabelle aus dem Berechnungsschema generiert haben, wird die Kostenart automatisch aus der Berechnungsschemaposition übernommen. Das Kontrollkästchen **Mehrere Kostenarten zulässig** erlaubt die Verwendung einer Tarifpreistabelle für mehrere Kostenarten. In diesem Fall können Sie die Kostenart als eigene Dimension (Staffel) pflegen.

Der wichtigste Abschnitt auf der Registerkarte **Allgemeine Daten** ist der Bereich **Staffeln**, in dem Sie das Layout (Zeilen und Spalten) der Tarifpreistabelle gestalten. Die Staffeln lassen sich am besten als die Dimensionen einer Tarifpreistabelle beschreiben. Im Beispiel werden drei Staffeln gepflegt, d. h., der Tarifpreis wird anhand von drei verschiedenen Kriterien ermittelt. Die erste Staffel basiert auf Ländern. Die Berechnungsbasis definiert, welches Land für die Bestimmung des Tarifpreises bei einem grenzüberschreitenden Transport relevant sein soll.

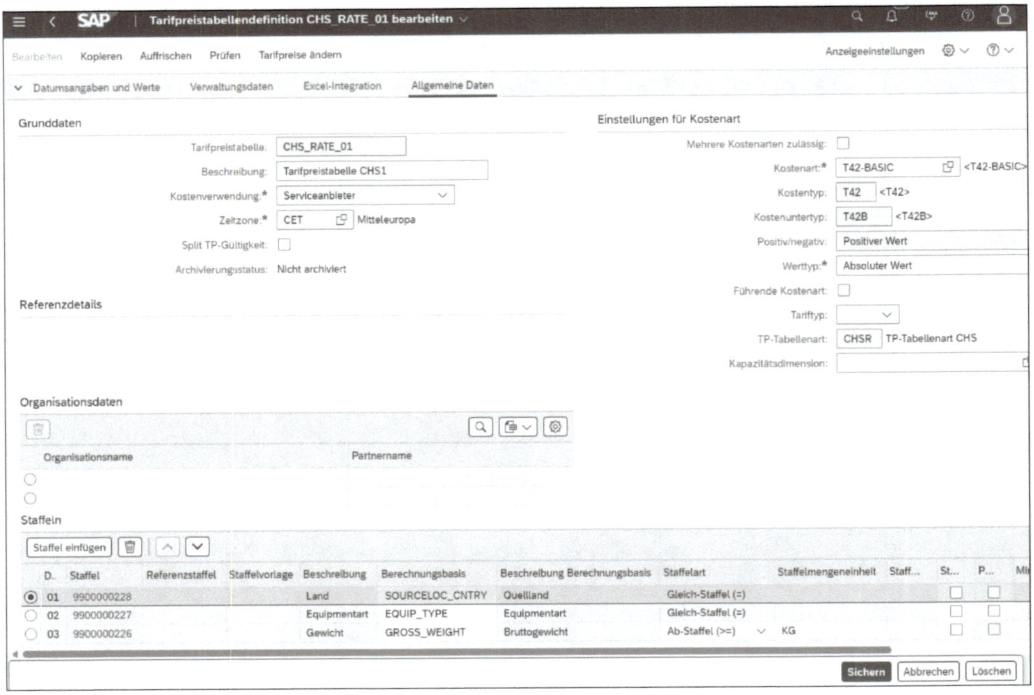

Abbildung 10.9: Tarifpreistabelle – Registerkarte »Allgemeine Daten«

In Abbildung 10.9 ist das Quellland als das entsprechende Land definiert. Die zweite Staffel basiert auf der Equipmentart und die dritte auf dem Bruttogewicht. Da auch für die Preisfindung verschiedene Gewichtstypen relevant sein können (Bruttogewicht, Nettogewicht, Volumengewicht etc.), wird anhand der Berechnungsbasis festgelegt, welcher verwendet werden soll, um den richtigen Tarifpreis zu ermitteln. Für jede Staffel können mehrere Attribute definiert werden, z. B. ob eine Übereinstimmung in den Staffelelementen einer Staffel erforderlich ist oder nicht (**Position ohne Werte erlaubt**) oder ob ein Mindestwert oder Maximalwert definiert werden soll. Die maximale Anzahl der Staffeln, die Sie in einer Tarifpreistabelle definieren können, beträgt 14, aber um Tarifpreistabellen effizient zu verwalten und zu pflegen, sollten Sie eher mehr Tarifpreistabellen mit wenigen Dimensionen definieren als eine mit zu vielen Dimensionen.

Die Registerkarte **Datumsangaben und Werte** in Abbildung 10.10 enthält die aktuellen Tarifpreise für einen oder mehrere verschiedene Gültigkeitszeiträume. Bevor Sie Tarifpreise pflegen können, müssen Sie einen Eintrag in der Gültigkeitstabelle mit **Gültig-von-Datum**, **Gültig-bis-Datum** und **Währung** anlegen. Danach werden die angegebenen Staffeln in Form der Tarifpreistabellendimensionen im unteren Teil des Bildschirms sichtbar. Jeder Gültigkeitszeitraum hat einen Lebenszyklusstatus. Zunächst steht der Lebenszyklusstatus auf **In Bearbeitung** und muss auf **Freigegeben** geändert werden, bevor die Tarifpreise des Gültigkeitszeitraums für die Frachtkostenberechnung verwendet werden können. Um Betrug oder Missbrauch vorzubeugen, kann einer Anwenderin oder einem Anwender die Berechtigung zur Freigabe eines Gültigkeitszeitraums der Tarifpreistabelle zugeordnet werden, und für diese Person kann ein Genehmigungsworkflow ausgelöst werden, nachdem jemand anders die Tarifpreise eingegeben hat.

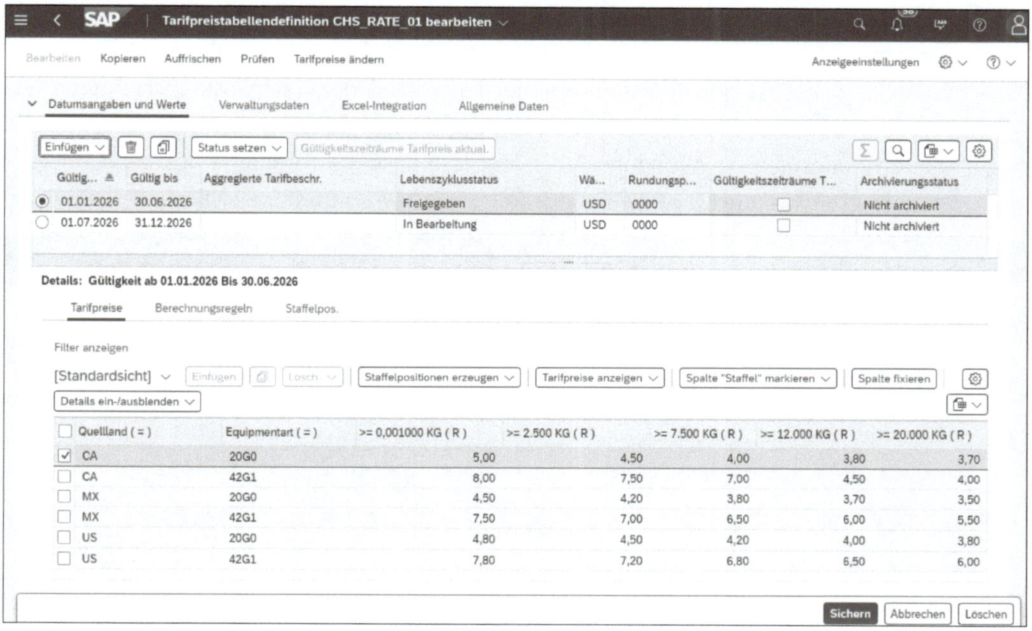

Abbildung 10.10: Tarifpreistabelle – Datumsangaben und Werte

Im unteren Teil von Abbildung 10.10 werden die Tarifpreise für den ausgewählten Gültigkeitszeitraum entlang der drei Staffeln dargestellt, die die Struktur der Tarifpreistabelle auf der Registerkarte **Allgemeine Daten** definiert haben. Hier können Sie Tarifpreise pflegen, die dann in der Frachtkostenberechnung verwendet werden. Sie haben die Möglichkeit, zwischen verschiedenen Layouts der Tarifpreistabelle zu wechseln und Bezeichnungen und Notizen ein- oder auszublenden. Sie können sich leicht vorstellen, dass Tarifpreistabellen sehr umfangreich sein können, sodass Sie die Filterfunktion nutzen möchten, um nur eine bestimmte Menge von Werten anzuzeigen.

Auf der Registerkarte **Staffelpos.** definieren Sie die tatsächlichen Merkmalswerte jeder Staffel. Die Beispieltabelle in Abbildung 10.10 wird für Transporte mit Ursprung in Nordamerika verwendet, da die Staffelpositionen für das Quellland als **CA** (Kanada), **MX** (Mexiko) und **US** (USA) gepflegt sind. Staffelpositionen können über die Drucktaste **Einfügen** direkt Zeile für Zeile auf der Registerkarte **Tarifpreise** der Tarifpreistabelle eingegeben werden, oder Sie können die gesamte Liste der Staffelelemente auf der Registerkarte **Staffelpos.** pflegen. Die Staffelelemente für Quellland und Equipmentart werden für genaue Übereinstimmungen verglichen, angegeben durch das **(=)** neben der Staffelbeschreibung. Dies ist sinnvoll für alphanumerische Felder wie Länder, Städte oder Containertypen. Für Zahlenwerte sollte ein Vergleichsoperator *kleiner oder gleich* **(<=)** oder ein Vergleichsoperator *größer oder gleich* **(>=)** verwendet werden. Im Beispiel wurden für das Bruttogewicht unterschiedliche Gewichtsstaffeln definiert, sodass abhängig vom Bruttogewicht des Transportbehälters unterschiedliche Tarifpreise angegeben werden können.

In Abschnitt 10.1.2, »Berechnungsschema«, wurde erläutert, dass Sie eine Berechnungsregel im Berechnungsschema oder direkt in der Tarifpreistabelle pflegen können. Erinnern Sie sich, dass eine Berechnungsregel in der Logik der Frachtkostenberechnung verwendet wird, um einen Preis mit einem bestimmten Datenfeld zu multiplizieren. Die Berechnungsregel in Abbildung 10.11 legt fest, dass die Tarifpreise aus der Tarifpreistabelle in Abbildung 10.10 die Beträge in USD je 100 kg Bruttogewicht sind.

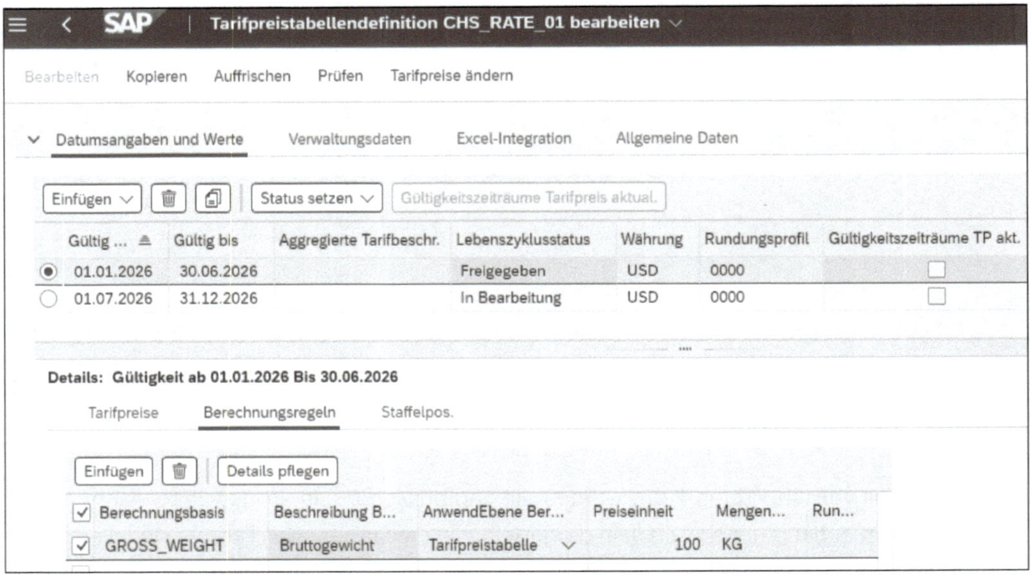

Abbildung 10.11: Tarifpreistabelle – Berechnungsregeln

Pflegewerkzeuge

Das manuelle Anlegen und Pflegen von großen Tarifpreistabellen kann ein sehr mühsamer Prozess sein. Insbesondere im Umfeld großer LDL- oder Spediteurverträge kann eine Tarifpreistabelle Zehntausende von Einträgen enthalten. In TM werden zwei Möglichkeiten angeboten, um diesen Pflegeaufwand zu reduzieren. Trotzdem ist ein gewisser manueller Aufwand oft unvermeidbar.

Die erste Option ist die Funktion **Tarifpreise ändern**, die über eine Drucktaste in der Tarifpreistabelle verfügbar ist. In Abbildung 10.12 sehen Sie, dass Sie damit die Tarifpreise um einen absoluten Betrag oder einen Prozentsatz erhöhen oder verringern können. Tarifpreisänderungen können auf einen bestimmten Gültigkeitszeitraum angewandt werden, begrenzt auf eine Kombination von Staffelpositionen oder beides. Zusätzlich ist es möglich, mit dieser Funktion neue Gültigkeitszeiträume anzulegen. Die gleiche Funktion wird auch über den Report `/SCMTMS/RATE_MASS_UPDATE` oder aus dem Stammdaten-Cockpit heraus angeboten.

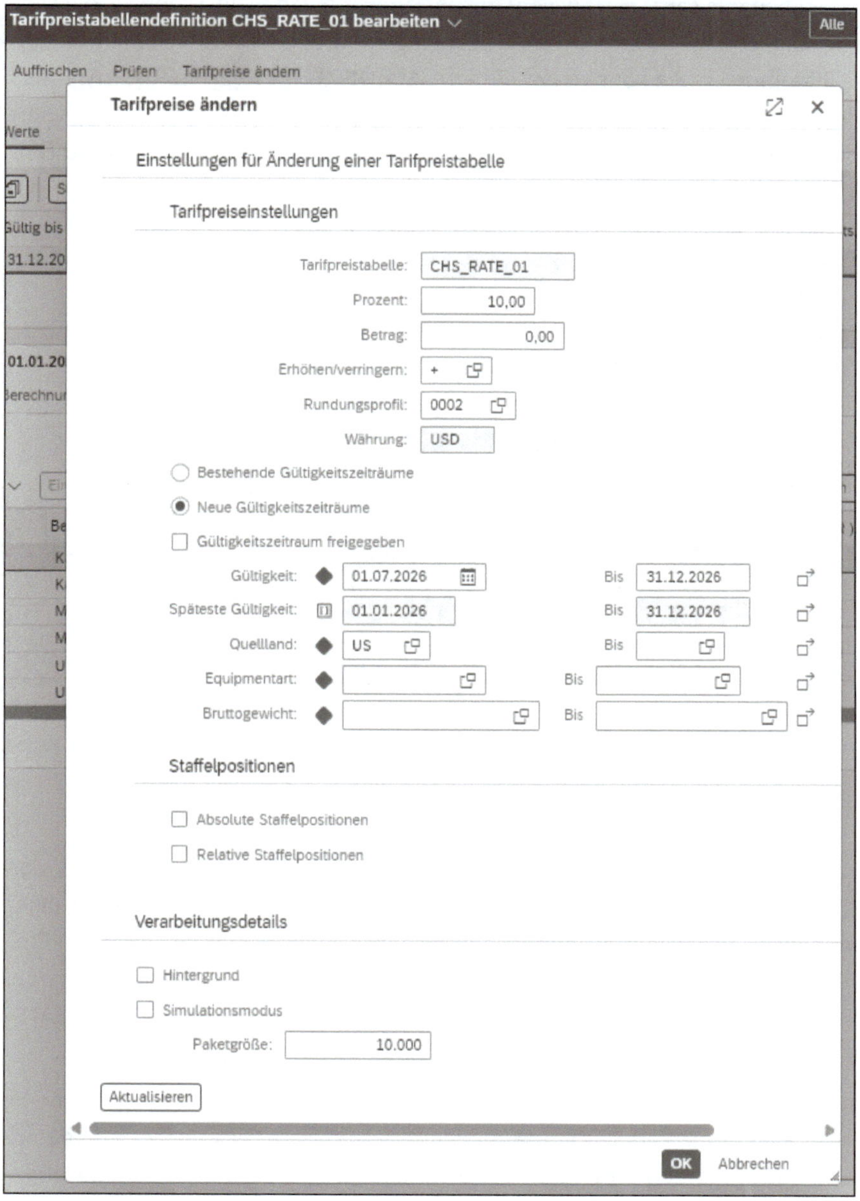

Abbildung 10.12: Tarifpreise ändern

Die zweite Option befindet sich auf der Registerkarte **Excel-Integration** (siehe Abbildung 10.11). Sie können einen, mehrere oder alle Gültigkeitszeiträume in eine Excel-Datei herunterladen, in der für jeden Gültigkeitszeitraum ein eigenes Tabellenblatt erstellt wird.

Dann können Sie die Tarifpreise dort pflegen und sogar die Staffelwerte in der Tarifpreistabelle ändern, um Funktionen einer Excel-Tabelle zu nutzen, die in TM nicht verfügbar sind. Die Tarifpreistabelle wird in Excel so geschützt, dass Sie ihre Struktur nicht ändern können, da sie sonst nicht wieder hochgeladen werden kann. Wenn Sie die Datei hochladen, validiert das System die neu hinzugefügten oder geänderten Staffelwerte anhand der Stammdaten. Sie können den Report `/SCMTMS/TCC_RATE_MASS_CREATE` auch verwenden, um Vorlagen für Tarifpreistabellen für die spätere Pflege in Excel herunterzuladen oder Excel-Dateien im Hintergrund hochzuladen. Abbildung 10.13 zeigt die Tarifpreistabelle aus Abbildung 10.10 in Excel.

	A	B	C	D	E	F	G
1	TP-Tabelle	CHS_RATE_01					
2	Kostenart	T42-BASIC					
3	Bezeichnung Koste						
4	Positiv/negativ	Positiver Wert					
5	Wertart	Absoluter oder prozentualer Wert					
6	Gültig ab	01.01.2026					
7	Gültig bis	30.06.2026					
8	Währung	USD					
9	BerRegeln						
10	Berechnungsbasis	Beschr. BerechnBasis	Preiseinh.	ME	Rundungsprofil		
11	GROSS_WEIGHT	Bruttogewicht	100	KG			
12	TP-Werte						
13			Bruttogewicht (>=) (KG)				
14	Quellland (=)	Equipmentart (=)	0.001000	2500	7500	12000	20000
15	CA	20G0	5	4,5	4	3,8	3,7
16	CA	42G1	8	7,5	7	4,5	4
17	MX	20G0	4,5	4,2	3,8	3,7	3,5
18	MX	42G1	7,5	7	6,5	6	5,5
19	US	20G0	4,8	4,5	4,2	4	3,8
20	US	42G1	7,8	7,2	6,8	6,5	6
21							
22							

01-JAN-2026 | 01-JUL-2026

Abbildung 10.13: Tarifpreistabelle in Excel

In der Transportbranche ist es üblich, Frachtkosten und Zuschläge regelmäßig (z. B. vierteljährlich) mit Batch-Updates anzupassen. In der Seefracht werden diese Änderungen als *General Rate Adjustments* (GRA) bezeichnet. Solche Massenaktualisierungen von Preisen wirken sich in der Regel auf mehrere Tarifpreistabellen in zahlreichen Vereinbarungen aus. Andere Branchen haben ähnliche Anforderungen. Der Report `/SCMTMS/RATE_MASS_UPDATE` unterstützt für solche Anwendungsfälle Massen-Updates.

Leider ist es nicht möglich, den Umfang einer Massenaktualisierung festzulegen, indem man die Aktualisierungen auf bestimmte Staffelwerte beschränkt. Wenn dies erforderlich ist, muss die Aktualisierung für jede einzelne Tarifpreistabelle separat mit der zuvor beschriebenen Funktion **Tarifpreise ändern** durchgeführt werden.

[!]

Freigabe Ihrer Vereinbarungen und Tarifpreistabellen

Man vergisst die Freigabe von Vereinbarungen und Tarifpreistabellen beim Aufbau des Transportkostenmanagements leicht, was dazu führt, dass es keine Ergebnisse in der Berechnung gibt. Beachten Sie daher, dass sowohl Vereinbarungen als auch die Gültigkeitszeiträume der Tarifpreistabelle freigegeben werden müssen, bevor sie verwendet werden können. Diese Eigenschaft verhindert, dass Sie Tarifpreise verwenden, während sie noch in Verhandlung oder Einrichtung sind. Ändern Sie den **Lebenszyklusstatus** der Gültigkeitszeiträume der Tarifpreistabelle und des Kopfs der Frachtvereinbarung immer auf **Freigegeben**, nachdem die Pflege abgeschlossen ist. Sie können sowohl die Vereinbarung als auch alle ihre Tarifpreistabellen direkt aus dem Kopf der Frachtvereinbarung freigeben.

10.1.5 Staffel

Staffeln sind Voraussetzung für die Pflege einer Tarifpreistabelle. Sie sind die unterste Ebene der Stammdaten für das Transportkostenmanagement. Eine Staffel selbst ist immer generisch, und Sie müssen ihr eine Berechnungsbasis zuordnen, um auf das richtige Datenelement für die Frachtkostenberechnung zu verweisen. Die Konfiguration der Staffeln und ihre Zuordnung zu einer Tarifpreistabelle erfolgt in mehreren Schritten:

1. **Definition der Staffelbasis im Customizing**

   Die Staffelbasis ist die technische Grundlage der Staffel, auf der Sie ihre Beschreibung und die technische Feldzuordnung definieren, in der ein Staffelwert gespeichert ist. Darüber hinaus legen Sie fest, ob eine Staffel numerisch ist, ob eine Währung erforderlich ist, ob eine Mengeneinheit erforderlich ist und welche Dimension für die Mengeneinheit (Masse, Volumen, Dichte etc.) gepflegt werden muss. Sie können die Staffelbasis über den Menüpfad **Transportation Management • Grundfunktionen • Kostenberechnung • Datenquellenbindung • Staffelbasen definieren** festlegen.

2. **Definition der Berechnungsbasis im Customizing**

   Während eine Staffelbasis nur das Grunddatenelement festlegt, definiert die Berechnungsbasis ihren Kontext. Für die Staffelbasis `WEIGHT` existieren unter anderem die Berechnungsbasis `CHRG_WEIGHT` für das abrechenbare Gewicht, `DIM_WEIGHT` für das Volumengewicht und `GROSS_WEIGHT` für das Bruttogewicht. Sie haben bereits gelernt, dass Berechnungsbasen innerhalb von Berechnungsregeln verwendet werden. Berechnungsbasen werden auch bei der Dimensionsdefinition von Tarifpreistabellen über Staffeln verwendet, um festzulegen, in welchem Zusammenhang der Tarifpreis ermittelt werden soll.

   Berechnungsbasen werden im Customizing über den Menüpfad **Transportation Management • Grundfunktionen • Kostenberechnung • Datenquellenbindung • Berechnungsbasen definieren** festgelegt. Beachten Sie, dass Sie jeder Berechnungsbasis eine Staffelbasis zuordnen müssen. Zusätzlich können Sie angeben, ob die Berechnungsart absolut oder relativ ist. Relativ kann nur gewählt werden, wenn die zugrunde liegende Staffelbasis numerisch ist. Sie legt fest, ob der erhaltene Tarifpreis verwendet wird, wie in der Tarifpreistabelle gepflegt (absolut), oder ob er aus der referenzierten relativen Staffel (relativ) berechnet werden muss. Weitere Attribute der Berechnungsbasis sind technische Einstellungen, wie die Zuordnung zu Datenbankfeldern für Werte und Einheiten.

3. **Definition der Referenzstaffel (optional)**

   Sie können eine eigenständige Staffel mit der SAP-Fiori-App **Staffel anlegen** erstellen und sie später als Referenzstaffel in einer Tarifpreistabelle zuordnen. Staffeln können von Grund auf neu erstellt werden oder auf einer Staffelvorlage basieren. Wenn Sie eine Staffel definieren, müssen Sie deren Staffelbasis, Staffelart, Mengeneinheit und Rundungsprofil angeben. Es gibt drei verschiedene Staffelarten: **Gleich-Staffeln** werden für alphanumerische Werte verwendet, während **Bis-Staffeln** oder **Ab-Staffeln** für numerische Werte verwendet werden, je nachdem, ob Sie Werte *von* einem bestimmten Staffelwert an oder *bis zu* einem bestimmten Staffelwert definieren möchten. Auf der Registerkarte **Positionen** können Sie die einzelnen Staffelpositionen definieren. Staffelvorlagen können Sie als Stammdaten in der SAP-Fiori-App **Staffelvorlage anlegen** erstellen oder als Customizing über den Menüpfad **Transportation Management • Grundfunktionen • Kostenberechnung • Grundeinstellungen • Vorlagen • Staffelvorlagen definieren** anlegen.

4. **Einbetten der Staffel in die Tarifpreistabelle**

   Schließlich wird eine Staffel als Dimension in eine Tarifpreistabelle eingebettet. Für jede Staffel in einer Tarifpreistabelle ist die Zuordnung zu einer Berechnungsbasis zwingend erforderlich. Alle in der Berechnungsbasis angegebenen Einstellungen werden in die Dimension der Tarifpreistabelle übernommen, insbesondere die Staffelbasis und die Berechnungsart. Optional können Sie eine Referenzstaffel zuordnen, um bestimmte Felder aus der Referenzstaffel vorzubelegen, wie z. B. eine Maßeinheit, eine Staffelart oder sogar die Staffelpositionen. Natürlich müssen die Staffelbasis der Berechnungsbasis und die Staffelbasis der Referenzstaffel übereinstimmen.

Da es Grenzen gibt, wie viele Staffeln/Berechnungsarten in eine Tarifpreistabelle eingebettet werden können, ist es möglich, eine Bedingung in eine Staffel einzubetten, um die Flexibilität von Tarifpreistabellen zu erhöhen. Wenn eine solche Staffel/Berechnungsart in einer Tarifpreistabelle ermittelt wird, um einen Tarifpreis zu bestimmen, ist es möglich, im Rahmen der Tarifpreisbestimmung eine komplette Entscheidungstabelle des Business Rules Framework plus (BRF+) zu durchlaufen. Für diesen Prozess können Sie die Berechnungsbasis `CONDITION` mit Staffelbasis `CONDTN` verwenden und einer Staffel zuordnen. Die tatsächliche Bedingung wird dann für jeden Eintrag im Bereich **Tarifpreise** der Tarifpreistabelle eingegeben.

Nachdem alle relevanten Stammdatenelemente für die Frachtkostenberechnung festgelegt wurden, konzentrieren wir uns nun darauf, wie diese in einem Transaktionsdokument ermittelt werden.

10.2 Vertragsermittlung

Die Anlage von Stammdaten ermöglicht es Ihnen, Ihre Spediteur- und LDL-Verträge zu speichern und zu verwalten. Der eigentliche Mehrwert ergibt sich jedoch erst, wenn Sie durch die Integration dieser Stammdaten in Ihre Transaktionsbelege die Kosten von Frachtaufträgen, Frachtbuchungen und Serviceaufträgen automatisch berechnen. Die Vertragsermittlung ist der Schlüssel zur automatischen Suche und Ermittlung einer relevanten Frachtvereinbarung mit Ihren Geschäftspartnern. Es gibt zahlreiche Möglichkeiten, diese Bestimmungslogik einzurichten, da sie äußerst flexibel ist und für alle Branchen und Verkehrszweige angepasst werden kann.

Vertragsermittlung versus Frachtkostenberechnungslogik [!]

Es ist wichtig, den wesentlichen Unterschied zwischen der Vertragsermittlung in diesem Abschnitt und der Logik der Frachtkostenberechnung in Abschnitt 10.3 hervorzuheben: Die Vertragsermittlung dient dazu, Vereinbarung, Vereinbarungsposition, Berechnungsschema und Kostenart korrekt zu ermitteln. Sobald diese Stufe erreicht ist, ermittelt die Kostenberechnungslogik den tatsächlichen Wert aus einer Tarifpreistabelle einer Kostenart. So wird erkennbar, wie man diesen Wert in der Kostenberechnung verwendet.

10.2.1 Logik der Vertragsermittlung

Die Vertragsermittlungslogik wird bei der Frachtkostenberechnung für einen Transaktionsbeleg (z. B. einen Frachtauftrag) entweder explizit durch Anklicken der Drucktaste **Kosten berechnen** in einem Frachtauftrag oder Arbeitsvorrat, durch Ausführen des Hintergrundreports `/SCMTMS/TOR_CALC_BATCH` oder implizit durch Ausführen der Speicherstrategie `CALC_CHARGE` beim Speichern eines Frachtbelegs ausgelöst. Sie folgt diesem Prozess:

1. Ermittlung einer geeigneten Frachtvereinbarung
2. Ermittlung der relevanten Positionen der entsprechenden Frachtvereinbarung
3. Berechnung der Kostenpositionen auf Basis aller relevanten Berechnungsschemata

Betrachten wir nun nacheinander die Ermittlung des Vereinbarungskopfes und der Vereinbarungspositionen.

Ermittlung des Vereinbarungskopfes

Zunächst wird anhand der beteiligten Parteien (Einkaufsorganisation und Geschäftspartner) der entsprechende Frachtvereinbarungskopf ermittelt. Beide Partner müssen in der Frachtvereinbarung mit den entsprechenden Partnern im Transaktionsdokument unter Berücksichtigung von Hierarchien übereinstimmen. Darüber hinaus muss das Berechnungsdatum im Frachtbeleg innerhalb des Gültigkeitszeitraums der Frachtvereinbarung liegen, und die Frachtvereinbarung muss den Vereinbarungsstatus **Freigegeben** haben.

[!]

Zusätzliche Vertragsparteien

In der Regel wird ein Frachtbeleg zwischen der Einkaufsorganisation und dem Spediteur abgerechnet. Daher wird die Logik der Vertragsermittlung für diese beiden Parteien ausgeführt. In einigen Szenarien kann jedoch zusätzlich die Abrechnung zwischen der Einkaufsorganisation und einer weiteren Partei, z. B. einem Dienstleister, der für die Erstellung der Exportdokumente oder die Containerreinigung verantwortlich war, erforderlich sein. In solchen Szenarien kann der Dienstleister als zusätzliche Vereinbarungspartei auf der Registerkarte **Geschäftspartner** des Frachtbelegs hinterlegt werden. Dadurch wird eine zweite Vertragsermittlung für diese beiden Parteien ausgelöst. Sofern die Kostenberechnung für den zusätzlichen Vertragspartner nicht auf der im Berechnungsprofil definierten Berechnungsebene, sondern auf Kopfebene erfolgen soll, müssen Sie im Customizing unter **Transportation Management • Grundfunktionen • Allgemeine Einstellungen • Allgemeine Einstellungen für TM definieren** die Option **Kopfebene-Kostenberechnung in Frachtbeleg mit zusätzl. VereinbarPartner** aktivieren.

Beachten Sie, dass Sie in diesem Szenario keine sich überschneidenden Dienstleistungen definiert haben sollten, z. B. Kosten für die Containerreinigung sowohl mit dem Spediteur als auch mit der zusätzlichen Vertragspartei, da diese dann nämlich zweimal berechnet werden, da es keinen Mechanismus gibt, um eine bestimmte Dienstleistung eindeutig einer Partei zuzuordnen.

Wenn mehrere Vereinbarungen aufgrund einer Gleichheit der beschriebenen Attribute infrage kommen, gibt es mehrere Möglichkeiten, die entsprechende Vereinbarung zu identifizieren:

- **Manuelle Vorgabe**
  Der einfachste Ansatz besteht darin, eine Frachtvereinbarung oder eine Frachtvereinbarungsposition manuell für einen Frachtauftrag vorzugeben. In diesem Fall werden die Frachtkosten basierend auf der angegebenen Frachtvereinbarung oder der Frachtvereinbarungsposition berechnet, und es wird keine andere Vereinbarung ermittelt.
- **Auswahl aus Liste**
  Ein weiterer Ansatz, der eine manuelle Interaktion erfordert, besteht darin, die manuelle Auswahl zu ermöglichen, indem Sie **Alle Vereinbarungen anzeigen** in der Drop-down-Liste **Vereinbarungsermittlung** des entsprechenden Berechnungsprofils wählen. In diesem Fall berechnet das System die Frachtkosten auf der Grundlage aller entsprechenden Vereinbarungspositionen und zeigt die Ergebnisse in einem Pop-up-Fenster an. Die Anwenderinnen und Anwender können sich dann interaktiv für ein Ergebnis entscheiden. Diese Option ist nur für die manuelle und interaktive Frachtkostenberechnung rele-

vant. Wenn die Frachtkostenberechnung im Hintergrund oder aus einem Arbeitsvorrat ausgelöst wird, schlägt die Frachtkostenberechnung fehl, und der Berechnungsstatus wird auf **Automatische Kostenberechnung fehlgeschlagen** gesetzt.

- **Minimale oder maximale Kosten**
  Wenn im Berechnungsprofil die **Vereinbarungsermittlung** auf **Minimale Kosten** oder **Maximale Kosten** eingestellt ist, berechnet das System die Frachtkosten für alle entsprechenden Vereinbarungspositionen und wählt diejenige mit den niedrigsten oder höchsten Kosten aus. Das Berechnungsprofil und seine Auswirkungen werden in Abschnitt 10.2.2, »Konfiguration der Vertragsermittlung«, erläutert.
- **Vereinbarungsermittlungsregel**
  Die entsprechende Vereinbarung kann über eine Vereinbarungsermittlungsregel ausgewählt werden, wenn diese im Berechnungsprofil gepflegt ist.
- **Führende Kostenart**
  Die entsprechende Vereinbarung und die relevanten Vereinbarungspositionen können auch über die führende Kostenart ausgewählt werden. Es werden nur diejenigen Vereinbarungspositionen in die Auswertung einbezogen, die mindestens eine führende Kostenart beinhalten, und nur diejenigen Vereinbarungspositionen, in denen alle enthaltenen führenden Kostenarten einen gültigen (positiven) Tarifpreis bestimmen können. Die führende Kostenart wird bei der Auswahl der entsprechenden Vereinbarung nur berücksichtigt, wenn im Kostenprofil das Kontrollkästchen **Alle Vereinbarungen auswerten** aktiviert ist, was in Abschnitt 10.2.2, »Konfiguration der Vertragsermittlung«, erläutert wird.
- **Ausschlussregel**
  Eine Vereinbarung kann nur dann für die Frachtkostenberechnung ausgewählt werden, wenn ihre **Ausschlussregel** ihre Verwendung nicht verhindert. Die Ausschlussregel wird auf der Registerkarte **Allgemeine Daten** der Frachtvereinbarung zugeordnet.
- **Priorität**
  Wenn nach all diesen Prüfungen noch mehrere mögliche Vereinbarungen für die Frachtkostenberechnung zur Verfügung stehen, kann die Vereinbarungspriorität, die auf der Registerkarte **Allgemeine Daten** der Frachtvereinbarung definiert ist, als Tiebreaker verwendet werden. Die Frachtvereinbarung mit der höchsten Priorität (niedrigste Zahl) wird ausgewählt.

Wenn keines der bisherigen Kriterien dazu beigetragen hat, eine Frachtvereinbarung und ihre relevanten Positionen eindeutig zu identifizieren, wird die Auswahl zufällig sein, was Sie vermeiden sollten.

Ermittlung der Vereinbarungsposition

Die ermittelte Vereinbarung kann mehrere Vereinbarungspositionen enthalten. Bevor das zugeordnete Berechnungsschema im Detail geprüft wird, muss das System herausfinden, wie viele Vereinbarungspositionen überhaupt benötigt werden. Dies hängt von der Berechnungsebene ab, und es gibt drei Möglichkeiten:

- **Berechnung auf Kopfebene**

  Die Logik der Vertragsermittlung läuft nur einmal auf dem Kopf des Transaktionsbelegs und identifiziert genau eine Vereinbarung mit einer passenden Vereinbarungsposition (Berechnungsschema).

- **Berechnung auf Positionsebene**

  Die Logik der Vertragsermittlung läuft einmal pro Hauptfrachtposition im Frachtbeleg ab. Für jede Hauptfrachtposition wird eine Vereinbarungsposition ermittelt, und die Frachtkosten werden für jede Hauptfrachtposition des Transaktionsdokuments separat berechnet.

- **Berechnung auf Abschnittsebene**

  Die Logik der Vertragsermittlung läuft einmalig für jeden Abschnitt eines Frachtauftrags oder einer Frachtbuchung ab. Für jeden Abschnitt wird eine Vereinbarungsposition ermittelt, und die Frachtkosten werden entsprechend berechnet.

Ein häufiger Anwendungsfall ist die Kombination der Frachtkostenberechnung sowohl auf der Abschnittsebene als auch auf der Kopfebene. Diese beiden Berechnungsebenen können koexistieren. Um diesen Anwendungsfall zu konfigurieren, müssen Sie im Berechnungsprofil als entsprechende Berechnungsebene **Berechnung auf Abschnittsebene** wählen, um die Frachtkosten für jeden Abschnitt zu berechnen. Darüber hinaus müssen Sie eine Vereinbarungsposition in Ihrer Frachtvereinbarung als **Kosten auf Kopfebene** kennzeichnen. Diese Vereinbarungsposition wird dann für die Berechnung der Frachtkosten auf Kopfebene verwendet.

Es ist wichtig, zu beachten, dass Berechnungsschemapositionen aus verschiedenen Berechnungsschemata nicht innerhalb eines Transaktionsdokuments kombiniert werden können, mit Ausnahme dieses Konzepts der Berechnungsebenen.

Um die Relevanz einer Vereinbarungsposition zu prüfen, müssen die Attribute der Vereinbarungsposition mit denen des Transaktionsbelegs übereinstimmen, für den die Ermittlungslogik ausgelöst wurde. Die folgenden Attribute können dazu verwendet werden:

- Versandart (z. B. kleiner als Containerladung [LCL], Paket)
- Verkehrszweig (z. B. See, Luft, Schiene oder Straße)
- Abschnittstyp (z. B. Vorlauf, Hauptlauf oder Nachlauf)
- Abschnittsart (z. B. Abholung oder Lieferung)
- Servicegrad, wie von Spediteuren angeboten (z. B. Express, Standard)

Nachdem eine oder mehrere Vereinbarungspositionen ermittelt wurden, muss ein entsprechendes Berechnungsschema identifiziert und validiert werden. Dies kann durch die im Berechnungsschema enthaltenen führenden Kostenarten und durch Vorbedingungen beeinflusst werden.

Eine Vereinbarungsposition mit zugeordnetem Berechnungsschema, die eine führende Kostenart enthält, kann nur ausgewählt werden, wenn für diese führende Kostenart ein gültiger (positiver) Preis ermittelt werden kann. Als Faustregel gilt, dass Sie immer versuchen sollten, nur eine führende Kostenart pro Berechnungsschema zu verwenden (z. B. die Basisseefrachtgebühr, die Hauptluftfrachtgebühr oder die grundlegende Frachtgebühr, je nach Verkehrszweig).

Um kompliziertere Sachverhalte abzubilden, können Vorbedingungen basierend auf BRF+ (siehe Abschnitt 3.3, »Entwicklungsframeworks für TM«) verwendet werden. Im nächsten Abschnitt wird die Verwendung dieser Vorbedingungen für die Vereinbarungsgestaltung näher erläutert.

Darüber hinaus gibt es auch Standardvorbedingungen. Diese werden entweder im Customizing den Frachtvereinbarungsarten (**Transportation Management • Stammdaten • Vereinbarungen und Serviceprodukte • Frachtvereinbarungsarten definieren**) oder den Frachtvereinbarungspositionsarten (**Transportation Management • Stammdaten • Vereinbarungen und Serviceprodukte • Frachtvereinbarungspositionsarten definieren**) zugeordnet. Diese Standardvorbedingungen beziehen sich auf Attribute wie Verkehrszweig, Versandart oder Abschnittstyp. Darüber hinaus können Verkehrsbeziehungen oder Geschäftspartnerrollen als Vorbedingungen verwendet und den Vereinbarungspositionen zugeordnet werden.

Wenn Sie von der Standardlogik zur Ermittlung der Vereinbarungspositionen abweichen wollen, haben Sie die Möglichkeit, im Berechnungsprofil eine Berechnungsschemaermittlungsregel zu definieren.

10.2.2 Konfiguration der Vertragsermittlung

In der Konfiguration der Vertragsermittlungslogik gibt es im Wesentlichen zwei Elemente. Das erste besteht aus dem im Customizing definierten Berechnungsprofil und Kostenprofil, das zweite sind die Berechnungsregeln. Wir werden beide in den folgenden Abschnitten besprechen.

Berechnungsprofil und Kostenprofil

Das Berechnungsprofil wird im Customizing unter **Transportation Management • Grundfunktionen • Kostenberechnung • Grundeinstellungen • Berechnungsprofil definieren** festgelegt. Eine der wichtigsten Einstellungen des Berechnungsprofils in Abbildung 10.14 ist die im vorangegangenen Abschnitt erläuterte Berechnungsebene. Hier sind auch eine Vereinbarungsermittlungsregel (**VereinbErmRegel**), eine Berechnungsschemaermittlungsregel (**BS-Ermittlungsregel**) und die Vereinbarungsermittlungsart (**VereinbarErmittlung**) definiert.

Darüber hinaus enthält das Berechnungsprofil die Berechnungsterminart (**BerechnTermArt**), die das Datum bestimmt, mit dem die Gültigkeit einer Vereinbarung überprüft und die Frachtkosten berechnet werden sollen. Mögliche Berechnungsterminarten sind das Systemdatum, das Auftragsdatum, das Startdatum des Auftrags oder das Enddatum des Auftrags. Wenn Frachtkosten in mehreren Währungen berechnet werden müssen, ist es auch wichtig, zu definieren, wie das relevante Datum für die Wechselkursumrechnung ermittelt wird. Der relevante Termin für die Währungsumrechnung (**Terminart UmrechKurs**) kann gleich der Berechnungsterminart oder anders definiert sein.

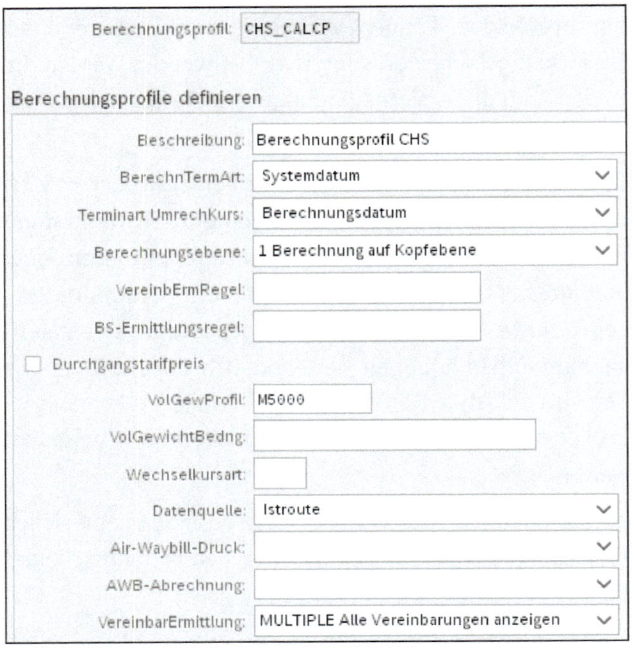

Abbildung 10.14: Berechnungsprofil

Das Berechnungsprofil ist entweder einem Spediteur in den Geschäftspartnerstammdaten oder dem Kostenprofil zugeordnet. Das Kostenprofil selbst kann einer Organisationseinheit zugeordnet werden. Das Berechnungsprofil wird über das Kostenprofil einer Einkaufsorganisation gefunden, es sei denn, es ist explizit ein Berechnungsprofil für einen Spediteur in seinen Geschäftspartnerstammdaten definiert.

Neben dem Berechnungsprofil enthält das Kostenprofil in Abbildung 10.15 die Verknüpfung zum Abrechnungsprofil (**AbrProfil**) und zum Verteilungsprofil, die wir in Kapitel 11, »Frachtkostenabrechnung«, vorstellen werden. Das Kostenprofil wird im Customizing unter **Transportation Management • Grundfunktionen • Kostenberechnung • Grundeinstellungen • Kostenprofile definieren** festgelegt.

Im Kostenprofil können Sie das Kontrollkästchen **Alle Vereinb. auswerten** aktivieren, damit das System alle Vereinbarungen, die einen relevanten Geschäftspartner und eine relevante Organisationseinheit haben, für gültige Tarifpreise basierend auf den führenden Kostenarten und Prioritäten auswerten kann, wie im vorangegangenen Abschnitt erläutert. Schließlich legen Sie in der Drop-down-Liste **Standardkostensicht** fest, ob positionsbezogene Frachtkosten in einer gruppierten oder nicht gruppierten Ansicht angezeigt werden sollen.

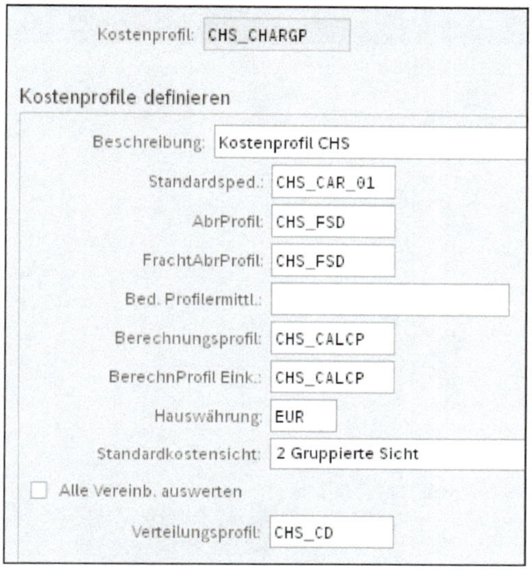

Abbildung 10.15: Kostenprofil

Lassen Sie uns mit der zweiten Säule der Vertragsermittlungslogik schließen: den Bedingungen für die Kostenberechnung.

Bedingungen für die Kostenberechnung

Um die Flexibilität sowohl der Vertragsermittlungslogik als auch der Frachtkostenberechnungslogik selbst zu erhöhen, können Sie Bedingungen für die Kostenberechnung basierend auf BRF+ festlegen.

Das Grundprinzip ist für alle BRF+-basierten Bedingungen identisch: Alle Attribute eines Transaktionsbelegs – wie z. B. Frachtauftrag oder Frachtbuchung – können zur Gestaltung einer Bedingung und zur Validierung gegen eine BRF+-Entscheidungstabelle verwendet werden. Wenn ein Attribut auf Einzelpositionsebene (z. B. eine Tarifpreistabellenzeile) gespeichert ist, muss es als Berechnungsbasis zur Verfügung stehen. Attributwerte werden über Datenzugriffsdefinitionen abgerufen. Sie werden dann als Spalten in einer Entscheidungstabelle und für die Validierung zwischen Transaktionsdaten und der Tabellenstruktur verwendet. Abbildung 10.16 zeigt eine Ermittlungsregel für Berechnungsschemata als Beispiel für eine BRF+-basierte Bedingung anhand einer Entscheidungstabelle.

In diesem Beispiel basiert die Ermittlung auf drei Kriterien: Verkehrszweig, Gefahrgutkennzeichen und Rechnungsempfänger (Geschäftspartner). Die Entscheidungstabelle wird zeilenweise sequenziell ausgewertet, bis die erste Zeile mit den Attributen des Transaktionsdokuments übereinstimmt. Typischerweise kann die letzte Zeile verwendet werden, um ein Ergebnis vorzugeben (hier: Berechnungsschema `CHS_DEFAULT`), sofern ansonsten kein übereinstimmender Attributwert angegeben wird, wie in Abbildung 10.16 dargestellt.

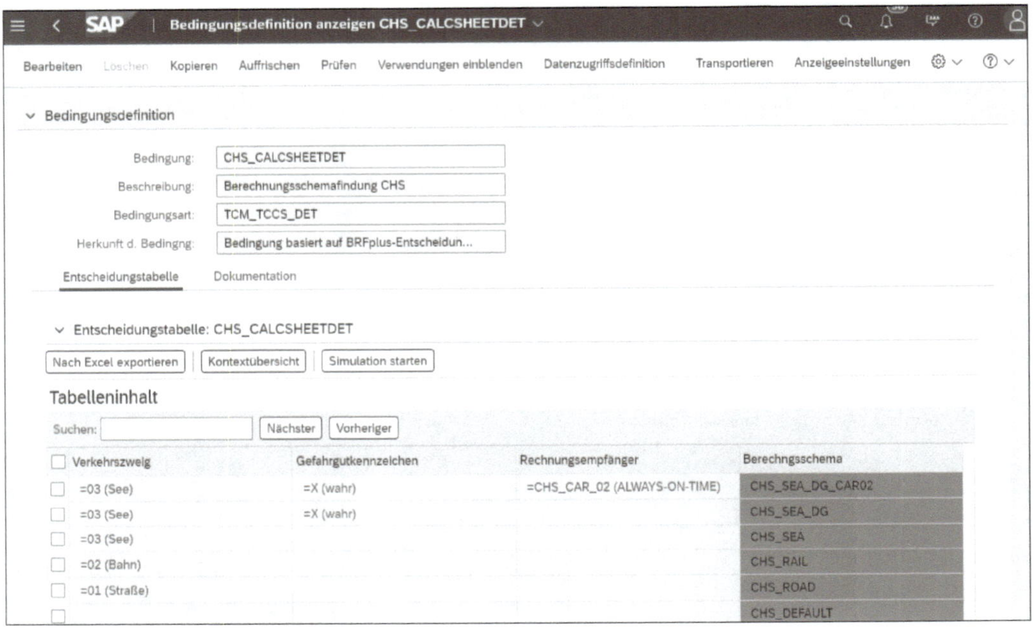

Abbildung 10.16: Bedingung für die Berechnungsschemaermittlung

[»]

Business Add-Ins versus Bedingungen für die Kostenberechnung

Im Transportkostenmanagement gibt es verschiedene Erweiterungspunkte, an denen ein Business Add-In (BAdI) implementiert werden kann. Die verfügbaren BAdIs finden Sie im Customizing unter **Transportation Management • Business Add-Ins (BAdIs) für Transportation Management • Stammdaten • Vereinbarungen/Tarifpreistabellen/Berechnungsschemas** und **Transportation Management • Business Add-Ins (BAdIs) für Transportation Management • Grundfunktionen • Kostenberechnung**.

Die in einem BAdI entwickelte Logik hat einen leichten Performance-Vorteil gegenüber den Bedingungen für die Kostenberechnung mit BRF+. Andererseits ist eine Bedingung wesentlich einfacher zu implementieren, da sie lediglich in Entscheidungstabellen konfiguriert ist und ohne fest programmierte Werte flexibel gepflegt werden kann. Ob die Erweiterung des Transportkostenmanagements über ein BAdI oder eine Bedingung zur Kostenberechnung erfolgt, ist eine individuelle Entscheidung, die auf der Komplexität und der erforderlichen Flexibilität der Erweiterung basiert.

Die Regeln für die Kostenberechnung können auf Bedingungen oder auf benutzerdefiniertem Code (BAdIs) basieren. Überall dort, wo Regeln für die Kostenberechnung verwendet werden können, kann auch direkt eine Bedingung zugeordnet werden. Regeln für die Kostenberechnung werden im SAP GUI über den Pfad **Logistik • Transportation Management • Stammdaten • Bedingungen für Kostenberechnung pflegen** definiert. In dieser Transaktion können für die folgenden Anwendungsfälle Regeln für die Kostenberechnung definiert werden:

- Regeln für Vereinbarungsermittlung - eigenständig
- Regeln für Vereinbarungsermittlung - Ausschluss
- Regeln für Berechnungsschemaermittlung - eigenständig
- Vorbedingungsregel für Berechnungsschema und Berechnungsschemaposition
- Gruppierungsregeln für Lösungsbasis
- Tarifpreistabellen-Ermittlungsregeln
- Regeln für Kostenberechnung über Formel

Für den Bereich der Vereinbarungsermittlung sind nur die ersten vier Anwendungsfälle relevant:

- **Regel für Vereinbarungsermittlung eigenständig/Ausschluss**

  Die gesamte Logik der Durchführung der Vereinbarungsermittlung kann mit einer eigenständigen Vereinbarungsermittlungsregel umgangen werden. Auf diese Weise können Sie Ihre eigene benutzerdefinierte Logik definieren. Alternativ können Sie auch weiterhin die Standardlogik der Vereinbarungsermittlung verwenden, aber einen zusätzlichen Filter in Form einer Ausschlussregel anwenden.
- **Regeln für die Berechnungsschemaermittlung - eigenständig**

  Eine Regel für die Berechnungsschemaermittlung, wie sie in Abbildung 10.16 als Bedingung definiert ist, kann zum Bestimmen eines Berechnungsschemas verwendet werden.
- **Vorbedingungsregel für Berechnungsschema (-position)**

  Auf der Ebene der Vereinbarungspositionen können Vorbedingungen zugeordnet werden, um die Auswahl des richtigen Berechnungsschemas zu erleichtern, oder auf der Ebene der Berechnungsschemapositionen, um die Anwendbarkeit einer bestimmten Kostenposition zu überprüfen, wie in Abschnitt 10.1.2, »Berechnungsschema«, beschrieben.

Die übrigen Bedingungen zur Kostenberechnung sind für die eigentliche Tarifpreisermittlung und -berechnung relevant. Sie werden im nächsten Abschnitt als Teil der Kostenberechnungslogik erläutert.

10.3 Logik der Kostenberechnung

Im vorangegangenen Abschnitt haben Sie gelernt, wie eine oder mehrere Vereinbarungen für die Kostenberechnung automatisch ermittelt werden. In diesem Abschnitt konzentrieren wir uns auf die reine Logik, wie Kosten pro Kostenart in einem Berechnungsschema berechnet werden. Der Prozess der Kostenberechnung kann in verschiedenen Branchen, für verschiedene Arten von Kosten und für verschiedene Verkehrszweige sehr unterschiedlich sein. In der Seefracht gibt es oft sehr viele Zuschläge, die alle unterschiedlich berechnet werden, wie z. B. Bunkeranpassungsfaktoren auf Basis einer Formel, Kosten für übergroße Ladung oder länderspezifische Zuschläge. Ebenso gibt es in der Luftfracht komplexe Anforderungen an die Kostenberechnung, wie z. B. eine Kostenberechnung für ULD-Ratings mit Pivotraten. Bei Straßentransporten kann es zu Zuschlägen wie z. B. Diesel-Floatern auf Basis von Indexwerten kommen.

Die allgemeinen Grundsätze der Kostenberechnung werden in Abschnitt 10.3.1, »Grundlagen«, erläutert. In Abschnitt 10.3.2, »Verkehrszweigspezifische Kostenberechnung für den Straßen- und Schienengüterverkehr«, beschreiben wir einige Besonderheiten im Straßen- und Schienenverkehr. Abschnitt 10.3.3 befasst sich mit der ereignisbasierten Kostenberechnung. Die besonderen Möglichkeiten zur Verwaltung von Luftfracht-, Seefracht- und LDL-spezifischen Szenarien werden in Kapitel 12, »Speditionsberechnung und -abrechnung für Logistikdienstleister«, bzw. Kapitel 13, »Integration mit anderen Komponenten«, behandelt. Abschließend wird in Abschnitt 10.3.4 darauf eingegangen, wie Frachtkosten geschätzt werden können und wie das Kalkulationsergebnis analysiert werden kann.

10.3.1 Grundlagen

Die Transportkosten können für jeden Fracht- oder Serviceauftrag, jede Frachtbuchung, jede Sendung, jeden Speditionsauftrag, jedes Angebot, jeden Abrechnungsbeleg oder jede Frachteinheit berechnet werden. Sie müssen sicherstellen, dass die Kostenberechnung in der jeweiligen transaktionalen Geschäftsbelegart im Customizing aktiviert ist. Sie können die Kosten manuell berechnen, indem Sie die Aktion **Kosten/Abrechnung • Kosten berechnen** in einem beliebigen Transaktionsdokument, aus einem Arbeitsvorrat oder im Transport-Cockpit wählen. Darüber hinaus können Sie im Customizing der Belegart eine automatisierte Kostenberechnung aktivieren. Außerdem ermöglicht ein Hintergrundbericht die Massenberechnung von Frachtkosten (`/SCMTMS/TOR_CALC_BATCH`). Schließlich werden bei der Generierung eines Abrechnungsbelegs (abhängig von der Strategie für Abrechnungsbelege im Customizing, siehe Kapitel 11, »Frachtkostenabrechnung«) ebenfalls Frachtkosten automatisch berechnet oder in Gutschriften neu ermittelt.

In diesem Abschnitt werden wir die Logik, Regeln und Methoden der Frachtkostenberechnung besprechen.

Allgemeine Verarbeitungslogik

Rekapitulieren wir kurz: Das Ergebnis der Vertragsermittlungslogik sind eine Vereinbarungsposition pro Berechnungsebene (z. B. pro Abschnitt oder Hauptfrachtposition) und ein entsprechendes Berechnungsschema. Nun wird jede Position dieses Berechnungsschemas wie folgt ausgewertet:

1. Jede Berechnungsschemaposition wird daraufhin überprüft, ob sie für die Berechnung benötigt wird. Zu diesem Zweck können Sie Vorbedingungen pflegen. Zu den Standardvorbedingungen gehören Verkehrsbeziehungen, Services und Geschäftspartner sowie komplexe Vorbedingungsregeln auf Basis von BRF+, die im Rahmen der Vertragsermittlungslogik (Vorbedingungsregeln für Berechnungsschemapositionen) erläutert werden.
2. Die Anweisungsart der Berechnungsschemaposition wird ausgewertet. Die Anweisungsart **Standard** verweist auf eine normale Berechnung eines Tarifpreises, während andere Anweisungsarten eine spezielle Logik einleiten. Mit **Zwischensumme** wird eine Zwischensumme aller Berechnungsschemapositionen berechnet, die hierarchisch unterhalb dieser Berechnungsschemaposition definiert sind. Die **Positionszeilenauswahl** wertet die hierarchisch untergeordneten Positionen aus und wählt ihren höchsten oder niedrigsten Wert basierend auf ihrer definierten Operation (**Höchster Wert**, **Niedrigster Wert**) oder die erste Positionszeile, für die ein Wert ungleich null zurückgegeben wird (**Der Reihenfolge nach suchen**).
3. Ein Tarifpreis wird für Positionszeilen mit der Anweisungsart **Standard** ermittelt. Der Tarifpreis kann ein fester Betrag sein oder aus einer Tarifpreistabelle ermittelt werden. Die Tarifpreistabelle wird entweder der Berechnungsschemaposition direkt zugeordnet oder über eine Tarifpreistabellen-Ermittlungsregel gefunden. In einem Szenario, in dem die Frachtkosten auf regionaler oder Länderebene gepflegt werden, können Sie jedem Land eine eigene Tarifpreistabelle zuordnen und diese über eine Tarifpreistabellen-Ermittlungsregel bestimmen. Nachdem die Tarifpreistabelle gefunden wurde, wird der richtige Tarifpreis aus dem jeweiligen Gültigkeitszeitraum der Tarifpreistabelle ermittelt. Um den Tarifpreis abzurufen, werden die Berechnungsbasen für jede Dimension (Staffel) der Tarifpreistabelle ausgewertet.

Die drei wichtigsten Einstellungen, die das Abrufen und Berechnen des Tarifpreises beeinflussen, sind die Berechnungslösungsbasis, die Berechnungsmethode und die Berechnungsregel. Diese wurden in Abschnitt 10.1.2, »Berechnungsschema«, kurz vorgestellt und werden hier näher erläutert.

Die Berechnungslösungsbasis kann optional für jede Position in einem Berechnungsschema gepflegt werden. Die Berechnungslösungsbasis bestimmt, auf welcher Lösungsbasis ein Tarifpreis angewandt werden muss. Daher legt sie fest, wie oft die Position des Berechnungsschemas im Ergebnis der Kostenberechnung auf der Registerkarte **Kosten** im Transaktionsbeleg auftritt. Wenn eine Frachtbuchung drei Container umfasst und eine

Position des entsprechenden Berechnungsschemas eine Berechnungslösungsbasis **Container** definiert hat, müssen drei Preise bestimmt werden, einer für jeden Container. Im Folgenden sind die wichtigsten Berechnungslösungsbasen aufgeführt:

- **Wurzel**

  Dies ist die Voreinstellung. Bei dieser Berechnungslösungsbasis ist nur eine Kostenzeile das Ergebnis. Sie kann für Kosten verwendet werden, die nur einmal auf Belegkopfebene berechnet werden, wie z. B. Dokumentationskosten, Frachtbriefkosten oder Luftfrachtbriefgebühren.

- **Container**

  Die Berechnungslösungsbasis **Container** erzeugt für jeden Container in einem Frachtauftrag oder einer Frachtbuchung eine Transportkostenposition auf der Registerkarte **Kosten**. Es ist die häufigste Berechnungslösungsbasis für Luft- und Seefrachtszenarien. In der Luftfracht kann sie für ULDs eingesetzt werden. Da mehrere Container mit unterschiedlichen Attributen – Gewicht, Volumen, Commodity, Equipmenttyp etc. – in einem Frachtdokument enthalten sein können, können die ermittelten Tarifpreise pro Container variieren.

- **Packstück**

  Eine Transportkostenposition pro Packstück wird erzeugt, und der Tarifpreis wird für jedes Packstück in einem Transaktionsdokument separat berechnet. Diese Berechnungslösungsbasis kann für Kostenarten wie Warenumschlag, Be- und Entladung sowie Stückgut verwendet werden.

- **Produkt**

  Sie können für jedes Produkt eine Transportkostenposition generieren, um nach produktabhängigen Transportkosten zu differenzieren.

- **Service**

  Wenn Sie mit Servicepositionen arbeiten, können Sie die Berechnungslösungsbasis **Service** für Kostenarten verwenden, die auf Servicearten abgebildet sind. Es wird eine Transportkostenposition pro Service berechnet.

- **Abschnitt**

  Pro Abschnitt werden eine Transportkostenposition erstellt und ein entsprechender Tarifpreis berechnet.

- **Aktive und passive Ressourcen**

  Insbesondere im Verkehrszweig Straße und für die Bahn ist die ressourcenbasierte Kalkulation eine gängige Geschäftspraxis. Sie können etwa die Berechnungslösungsbasis **Passive Ressource** pflegen, um Kosten für jeden verwendeten Anhänger oder Eisenbahnwaggon einzeln zu berechnen.

Die in Abschnitt 10.2.1, »Logik der Vertragsermittlung«, vorgestellte Berechnungsebene hat einen starken Einfluss auf die Berechnungslösungsbasis. Wenn die Berechnungsebene als Positionsebene gewählt wird, aber die Berechnungslösungsbasis einer Kostenart im Berechnungsschema als Wurzel gewählt wird, dann wird der Tarifpreis weiterhin für die Position (z. B. einen Container) und nicht für den Kopf (Frachtauftrag) erhoben. Das bedeutet, dass die Berechnungsebene Vorrang vor der Berechnungslösungsbasis hat, d. h., die Berechnungslösungsbasis wird basierend auf der gewählten Berechnungsebene angewandt. Die Berechnungslösungsbasen können nicht angepasst werden, sondern sind Teil des Standardfunktionsumfangs.

Gruppierungsregeln sind Bedingungen für die Kostenberechnung, die es Ihnen ermöglichen, verschiedene Elemente mit derselben Berechnungslösungsbasis zu bündeln, um einen konsolidierten Tarifpreis zu berechnen. Nehmen wir an, Sie möchten die Kosten für einen Zug berechnen, der aus zehn Eisenbahnwaggons vom Typ A und weiteren zehn Eisenbahnwaggons vom Typ B besteht. Die Berechnungslösungsbasis **Passive Ressource** ermöglicht es Ihnen, 20 Tarifpreise abzurufen, einen für jeden Waggon. Den Kostenvorteil aus der Verwendung mehrerer Waggons mit identischen Typen können Sie jedoch erst berechnen, wenn Sie eine Gruppierungsregel verwenden. Wenn Sie den Wagentyp in einer Gruppierungsregel verwenden, werden nur noch zwei Tarifpreise ermittelt, einer für jeden Wagentyp. In einer Sammelabrechnung kann die Gruppierung transaktionsbelegübergreifend erfolgen, indem Sie in der Gruppierungsregel das Kennzeichen **Auftragsübergreifend zusammenfassen** aktivieren.

Da die Berechnungslösungsbasis für jede Berechnungsschemaposition unterschiedlich definiert werden kann, ist es auch möglich, verschiedene Berechnungslösungsbasen in einer Frachtkostenberechnung zu kombinieren. Angenommen, Sie berechnen die Kosten für einen Straßenfrachtauftrag, der Packstücke aus Ihrem Lager an mehrere Kunden liefert:

- Für die Berechnungslösungsbasis *Wurzel* wird eine Frachtbriefgebühr erhoben.
- Für die Berechnungslösungsbasis *Abschnitt* wird für jeden Abladeort ein abladeortspezifischer Zuschlag erhoben.
- Für die Berechnungslösungsbasis *Packstück* werden für jede Palette Umschlagskosten errechnet.
- Fahrzeugtypspezifische Kosten werden für jeden verwendeten Lkw und Anhänger auf der Grundlage der Berechnungslösungsbasis der aktiven und der passiven Ressource berechnet.

Nicht nur die Berechnungslösungsbasis kann in jeder Berechnungsschemaposition unterschiedlich definiert werden, sondern es können auch die im Folgenden beschriebenen Berechnungsmethoden je Position unterschiedlich definiert werden.

Berechnungsregeln und -methoden

In der Logik der Kostenberechnung hat die Berechnungsregel einen großen Einfluss darauf, wie ein Tarifpreis berechnet wird. Um eine Berechnungsregel zu erstellen, müssen

Sie drei Komponenten definieren: die Berechnungsbasis, die Preiseinheit und die Mengeneinheit.

Aus Abschnitt 10.1.4, »Tarifpreistabelle«, und Abschnitt 10.1.5, »Staffel«, haben Sie gelernt, dass viele Berechnungsbasen zur Verfügung stehen, wie z. B. Quelllokation, Equipmenttyp und Bruttogewicht. Bei der Konstruktion einer Berechnungsregel können Sie nur numerische Berechnungsbasen (z. B. Bruttogewicht) verwenden, da deren Wert mit dem Preis multipliziert und durch die Preiseinheit dividiert werden muss. Um z. B. eine Kostenzeile mit der tatsächlichen Entfernung als Berechnungsbasis und einem Preis von 0,45 EUR pro Kilometer zu pflegen, können Sie den Betrag 45 mit der Währung EUR, der Preiseinheit 100, der Mengeneinheit für die Berechnungsregel KM und der tatsächlichen Entfernung als Berechnungsbasis eingeben. Bei einem Frachtauftrag, der 2.000 Kilometer zurücklegt, würde die Berechnungslogik diesen Wert durch 100 teilen und mit 45 multiplizieren, um 900 EUR als Endpreis zu ermitteln.

In einer Tarifpreistabelle können Sie mehrere Berechnungsregeln pflegen, um komplexere Geschäftsszenarien zu modellieren. Für jede Berechnungsregel in einer Tarifpreistabelle müssen Sie deren Anwendungsebene definieren. Diese kann entweder als **Tarifpreistabelle** gepflegt werden, wenn Sie die Regel für die gesamte Tarifpreistabelle anwenden wollen, oder Sie können Berechnungsregeln mit unterschiedlichen Preiseinheiten pro Staffelposition definieren. In diesem Fall ist die Anwendungsebene für die Berechnungsregel **Staffelposition**, und Sie müssen die entsprechende Preiseinheit für jede Staffelposition auf der Registerkarte **Staffelpositionen** pflegen.

Die Berechnungsmethode ist für die korrekte Interpretation der aus einer Tarifpreistabelle entnommenen Werte relevant. Es stehen mehrere Berechnungsmethoden zur Verfügung, wovon die gebräuchlichsten hier erklärt werden:

- **Standard**

  Dies ist die einfachste Berechnungsmethode. Die Berechnungsmethode *Standard* multipliziert den aus der Tarifpreistabelle entnommenen Preis (z. B. 0,56 USD pro Meile) mit dem entsprechenden Wert aus der Berechnungsbasis (z. B. 100 Meilen) zur Berechnung des Endbetrags (hier: 56 USD). Wenn Sie in der Berechnungsschemaposition keine Berechnungsmethode pflegen, wird diese standardmäßig verwendet.

- **Clipping**

  Eine ebenfalls häufig angewandte Berechnungsmethode ist das *Clipping*. Wenn Sie mit gestaffelten Preisen in einer Tarifpreistabelle arbeiten, nimmt die Clipping-Methode den für die Kostenberechnung relevanten Wert (z. B. Gewicht) und wendet jeden Staffelwert an, bis der relevante Wert erreicht oder überschritten ist. Dabei werden die für die einzelnen Staffelwerte ermittelten Preise addiert.

  Lassen Sie uns die Berechnungsmethoden *Standard* und *Clipping* anhand eines Beispiels vergleichen: Die zu berechnenden Kosten sollen auf dem Bruttogewicht basieren, und das zu berechnende Bruttogewicht beträgt elf Tonnen.

Basierend auf der Tarifpreistabelle in Tabelle 10.1 würde die Berechnungsmethode *Standard* den relevanten Tarifpreis als 14 USD pro Tonne identifizieren und somit 11 × 14 = 154 USD als Endbetrag zurückgeben. Im Gegensatz dazu würde die Berechnungsmethode *Clipping* 209 USD zurückgeben, da sie für die erste Tonne, die zweite bis fünfte Tonne etc. unterschiedliche Beträge berechnet hätte, wie in Tabelle 10.1 dargestellt. Somit kann die gleiche Tarifpreistabelle aufgrund der angewandten Berechnungsmethode zu unterschiedlichen Ergebnissen führen.

Staffel	Tarifpreis	Berechneter Betrag	Wert
bis zu einer Tonne	35 USD absolut	35 USD	1
bis zu fünf Tonnen	20 USD pro Tonne	80 USD	4
bis zu zehn Tonnen	16 USD pro Tonne	80 USD	5
bis zu 15 Tonnen	14 USD pro Tonne	14 USD	1
Summe		209 USD	11

Tabelle 10.1: Tarifpreistabelle und Clipping-Ergebnisse

- **Schnittgewicht**

  Die Berechnungsmethode *Schnittgewicht* adressiert eine unerwünschte Anomalie der Berechnungsmethode *Standard*. Basierend auf der Tarifpreistabelle in Tabelle 10.1 berechnet die Berechnungsmethode *Standard* 90 USD für ein Bruttogewicht von 4,5 Tonnen (4,5 × 20 = 90 USD). Gleichzeitig berechnet sie aber nur 80 USD für ein Bruttogewicht von fünf Tonnen (5 × 16 = 80 USD). Ein höheres Gewicht würde also zu geringeren Kosten führen. Um diese Anomalie zu vermeiden, berechnet die Berechnungsmethode *Schnittgewicht* zwei Werte: zunächst den gleichen Wert wie die Berechnungsmethode *Standard* und anschließend den Einstiegspreis der nachfolgenden Staffelposition. Dann vergleicht sie diese beiden Werte und gibt den niedrigeren zurück. Bei einem Bruttogewicht von 4,5 Tonnen berechnet die Berechnungsmethode *Schnittgewicht* zunächst 90 USD (nach der Berechnungsmethode *Standard*), dann 80 USD (niedrigster Preis in der nachfolgenden Staffelposition) und gibt schließlich 80 USD (niedrigerer Wert) zurück.

- **Deficit Weight Rating**

  Das *Deficit Weight Rating* ist eine Berechnungsmethode, die insbesondere im US-amerikanischen Straßenverkehr eingesetzt wird. Wenn Sie eine gestaffelte Tarifpreistabelle haben und das Gewicht einer Frachtposition nicht hoch genug ist, um die Staffelposition mit günstigeren Tarifpreisen zu erreichen, addiert die Berechnungsmethode die Gewichte ähnlicher Frachtpositionen aus verschiedenen Frachtklassen und rundet das Gewicht auf, um die nächste verfügbare Staffelposition zu erreichen. Die Kosten für alle Frachtstücke werden auf der Grundlage dieser günstigeren Staffelposition berechnet. Das durch das Aufrunden hinzugefügte Defizit wird mit dem günstigsten Güterklassenpreis in der entsprechenden Staffelposition bewertet und zum Gesamtpreis addiert.

Tabelle 10.2 und Tabelle 10.3 zeigen ein Beispiel für die Berechnungsmethode *Deficit Weight Rating*. Das Gewicht der Güterklasse A beträgt 350 kg und das Gewicht der Güterklasse B 600 kg. Wie in den Tarifpreistabellen dargestellt, beträgt der Gesamtpreis mit der Berechnungsmethode *Standard* 20.200 USD (7.000 + 13.200). Bei der Bewertung nach der Berechnungsmethode *Deficit Weight Rating* beträgt der Gesamtpreis 18.000 USD (5.250 + 750 + 12.000), da das Gesamtgewicht um 50 kg auf 1.000 kg aufgerundet wird, um die nächstgünstigste Staffelposition zu erreichen. Jede Frachtposition wird in ihre individuelle Güterklasse eingestuft (350 × 15 = 5.250 und 600 × 20 = 12.000). Darüber hinaus wird das Defizitgewicht von 50 kg (1.000 - 950) mit dem günstigsten Tarifpreis beiden Frachtklassen (50 × 15 = 750) bewertet.

Im Transaktionsbeleg wird automatisch eine neue Kostenposition mit dem Namen *Defizitkosten* angelegt, die mit der Beschreibung der Kostenart verknüpft ist. Diese zusätzliche Kostenposition zeigt das Defizitgewicht und die entsprechenden Tarifpreisinformationen der Kostenart.

Staffel	Tarifpreis	Standard	Deficit Weight Rating
bis zu 500 kg	20 USD pro kg	7.000 USD	-
bis zu 750 kg	19 USD pro kg	-	-
bis zu 1.000 kg	15 USD pro kg	-	5.250 USD 750 USD (50 × 15)

Tabelle 10.2: Tarifpreis 1 mit Güterklasse A: 350 kg

Staffel	Tarifpreis	Standard	Deficit Weight Rating
bis zu 500 kg	25 USD pro kg	-	-
bis zu 750 kg	22 USD pro kg	13.200 USD	-
bis zu 1.000 kg	20 USD pro kg	-	12.000 USD

Tabelle 10.3: Tarifpreis 2 mit Güterklasse B: 600 kg

- **Externes System**

  Die Berechnungsmethode *externes System* ermöglicht den Aufruf eines externen Preisermittlungsprogramms, wie z. B. SMC3. In diesem Fall werden die Tarifpreise aus dem externen System abgerufen, ohne in SAP S/4HANA berechnet zu werden.

Sie können auch eigene Berechnungsmethoden entwickeln und im Customizing zuordnen (**Transportation Management • Grundfunktionen • Kostenberechnung • Erweiterungen der Kostenberechnungs-Engine • Berechnungsmethoden definieren**), um sie im Berechnungsschema verfügbar zu machen.

10.3.2 Verkehrszweigspezifische Kostenberechnung für den Straßen- und Schienengüterverkehr

Jeder Verkehrszweig hat seine Besonderheiten bei der Berechnung der Frachtkosten. Während in Kapitel 12, »Speditionsberechnung und -abrechnung für Logistikdienstleister«, auf die Besonderheiten des See-, Luft- und Speditionsgewerbes eingegangen wird, beschäftigen wir uns hier mit dem Straßen- und Schienentransport.

[«]

Paketfrachtkosten

Der Transport von Gütern mit Kurier-, Express- und Paketdiensten (KEP) erfordert eine besondere Funktion zur Kostenberechnung. Ein wesentlicher Unterschied zu allen anderen Szenarien der Kostenberechnung besteht darin, dass in diesem Szenario die Kosten bereits in der Frachteinheit ermittelt werden, die das Paket oder Packstück repräsentiert. Dieser Prozess wird als *Direktsendungsoption* bezeichnet, die im Customizing der Frachteinheitsart (**Transportation Management • Planung • Frachteinheit • Frachteinheitsart definieren**) aktiviert werden muss, indem als Art der Direktsendungsoption entweder **Automatische Ermittlung der Direktsendungsoptionen** oder **Manuelle Ermittlung der Direktsendungsoptionen aktiviert** ausgewählt wird. In diesem Fall ermittelt das System alle anwendbaren Frachtvereinbarungen für die Frachteinheit. Zusätzlich werden die verfügbaren Services der einzelnen Spediteure ermittelt.

Anwenderinnen und Anwender können interaktiv basierend auf den Kosten für verschiedene Services die beste Direktsendungsoption in der Frachteinheit auswählen. Für die Festlegung solcher Kosten in Frachtvereinbarungen ist es von entscheidender Bedeutung, die Services der einzelnen Spediteure für KEP-Dienste als Vereinbarungspositionen zu hinterlegen. Auf diese Weise können Sie z. B. die Kosten für eine Übernachtzustellung von denen eines dreitägigen Zustellfensters unterscheiden. Jede dieser Vereinbarungspositionen kann zusätzliche Abmessungen als Vorbedingungen verwenden, wie z. B. Gewicht, Höhe oder Länge eines Pakets. Die ermittelten Kosten je Service werden auf der Registerkarte **Direktsendungsoptionen** der Frachteinheit angezeigt.

Kostenberechnung für den Straßengüterverkehr

In den meisten Volkswirtschaften wird ein Großteil des Frachtaufkommens noch immer auf der Straße transportiert. Im Vergleich zum Schienenverkehr sind Straßentransporte in der Regel schneller, aber auch teurer. Folgende Situationen sind typisch für den Straßengüterverkehr:

Um eine Kostenposition zu ermöglichen, die von der Anzahl der Stopps im Frachtauftrag abhängig ist, können Sie die Berechnungsbasis `NUMBER_OF_STOPS` verwenden, die alle Stopps eines Frachtauftrags zählt, oder die Berechnungsbasis `NO_OF_INT_STOPS`, die nur die Anzahl der Zwischenstopps ohne Startpunkt und Zielpunkt zählt. Sie können diese Zahl mit einem festen Preis multiplizieren oder in einer Tarifpreistabelle verwenden.

Zur Modellierung von Treibstoffzuschlägen können Sie indexbasierte Tarifpreistabellen verwenden. Es ist typisch für viele Straßenspediteure, flexible Zuschläge in Abhängigkeit von einem schwankenden Treibstoffindex zu erheben. Für dieses Szenario stehen eine spezielle Berechnungsmethodenart (**Treibstoffzuschlagberechnung**) und Berechnungsmethode (`FUEL_SURCHARGE`) zur Verfügung. Zwei Varianten dieser Berechnung werden angeboten: Entweder das System ruft den neuesten Treibstoffindex ab, um den relevanten Preis in einer regulären Tarifpreistabelle basierend auf dem Auftragsdatum zu ermitteln, oder das System vergleicht den Treibstoffindex am Auftragsdatum mit einem Treibstoffindex für ein Basisdatum und multipliziert ihn mit einem Prozentsatz oder dem tatsächlichen Treibstoffzuschlagswert.

Um die erste Variante der indexbasierten Kosten zu konfigurieren, müssen Sie in Ihrem Berechnungsschema eine entsprechende Position pflegen und die Berechnungsbasis `FSC` (Treibstoffzuschlag) in einer dieser Position zugeordneten Tarifpreistabelle verwenden. Diese (reguläre) Tarifpreistabelle enthält die Tarifpreise in Abhängigkeit vom Indexwert. Eine zweite Tarifpreistabelle, aus der der Indexwert abgerufen wird, muss in der gleichen Berechnungsschemaposition im Feld **Referenztarifpreistabelle** hinterlegt werden.

In der zweiten Variante werden zwei Berechnungsschemapositionen benötigt. Die erste Berechnungsschemaposition enthält die reguläre Tarifpreistabelle. Die zweite Berechnungsschemaposition enthält die Indextarifpreistabelle, das Indexbasisdatum und die Referenzzeilennummer zur ersten Berechnungsschemaposition. Die Indextarifpreistabelle ist wie in der ersten Variante definiert, aber anstatt den tatsächlichen Tarifpreis zu verwenden, ermittelt das System den Wert für die Staffelposition, der zu dem im Feld **Indexbasisdatum** angegebenen Termin gültig ist. Ein Indexwert wird berechnet und in Verbindung mit dem Betrag oder Prozentsatz, der in der entsprechenden (ersten) Position im Berechnungsschema angegeben ist, verwendet, um den Treibstoffzuschlag zu ermitteln.

Eine weitere nützliche Funktion für den Straßengüterverkehr besteht darin, die Kosten auf der Grundlage der verwendeten Fahrzeugressourcen zu berechnen. Auf diese Weise können Sie unterschiedliche Kosten kalkulieren, je nachdem, ob ein Lkw, ein Anhänger oder eine bestimmte Kombination davon verwendet wurde. Die Berechnungslösungsbasen `ACTIVE_RESOURCE` und `PASSIVE_RESOURCE` stehen zur Verfügung, um zu beeinflussen, ob Kosten, wie z. B. ein Treibstoffzuschlag, nur für den Lkw oder für Lkw und Anhänger erhoben werden.

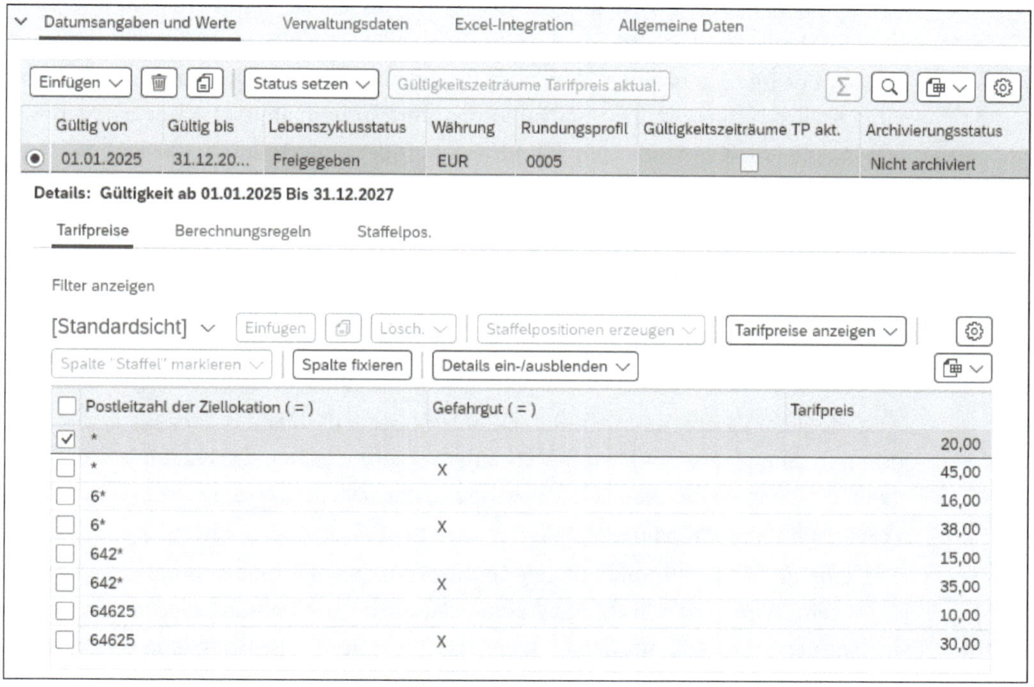

Abbildung 10.17: Kostenberechnung basierend auf Postleitzahlen

Häufig basieren die Kosten im Straßenverkehr auf Transportzonen oder Postleitzahlen. Da die Verwendung einzelner Postleitzahlen bei der Definition von Frachtkosten zu großen Tarifpreistabellen führen würde, kann der Platzhalter * anstelle von Ziffern der Postleitzahl verwendet werden. Der spezifischste Tarifpreis wird mit dieser Einstellung ermittelt. In der Tarifpreistabelle in Abbildung 10.17 würde der Wert 30 für den Transport eines Gefahrguts zur Postleitzahl 64625 abgerufen, während 35 ermittelt wird, wenn dieselbe Sendung an die Postleitzahl 64626 gesendet wird.

Die Flexibilität der Frachtkostenberechnung erlaubt es, noch viele weitere Kostenberechnungslogiken abzubilden.

Kostenberechnung für den Schienengüterverkehr

Ähnlich wie der Straßengüterverkehr hat auch der Schienengüterverkehr seine verkehrszweigspezifischen Besonderheiten in der Frachtkostenberechnung:

- **Sendungen nach Rule 11**

  In mehreren Ländern oder auch innerhalb großer Länder wie den USA ist das Schienennetz häufig auf mehrere Eisenbahngesellschaften verteilt. Wenn ein Verlader in solch einem Fall Güter über das Schienennetz transportieren möchte, ist es sehr wahrscheinlich, dass mehrere Eisenbahngesellschaften an der Durchführung dieses Transports beteiligt sind. Rule 11 ist die (amerikanische) Verordnung, die diese Transporte reguliert, bei der eine Eisenbahngesellschaft die Ausschreibung übernimmt und mehrere Eisenbahngesellschaften den Transport ausführen. Ein Bahnfrachtauftrag besteht dann in der Regel aus einem Abschnitt für jede der am Transport beteiligten Eisenbahngesellschaften. Zur Vereinfachung des Vertragsverhältnisses kann ein Verlader jedoch eine Frachtvereinbarung mit nur einem (oder einer Teilmenge) aller am Transport beteiligten Eisenbahnunternehmen eingehen. In einem solchen Szenario ruft das System die entsprechende Frachtvereinbarung basierend auf dem *rechnungsstellenden Spediteur* ab, der im entsprechenden Bahnfrachtauftrag für jeden Abschnitt gepflegt wird. Der rechnungsstellende Spediteur kann sich daher vom ausführenden Spediteur eines Abschnitts unterscheiden.

- **Berechnung des Waggonpreises mit Wochentagspreisen**

  Es ist möglich, Tarifpreise in absoluten Zahlen oder Aufschläge in Prozent je nach Liefertermin zu pflegen. Vor allem im Schienenverkehr weichen die Kosten je nach Wochentag oft voneinander ab. Die Verwendung der Berechnungsbasis `WEEKDAY` kann in diesen Fällen sinnvoll sein.

  Dies kann auch für die Ermittlung der Treibstoffzuschläge im Schienengüterverkehr relevant sein. Wird zudem nicht das Auftragsdatum zur Bestimmung des Treibstoffindexes, sondern das Ankunftsdatum (z. B. das Enddatum des Hauptlaufs) verwendet, dann sollten Sie die Berechnungsterminart im Berechnungsprofil entsprechend angeben.

- **Waggontypspezifische Kosten**

  Wie im Straßengüterverkehr werden die beiden Berechnungslösungsbasen `ACTIVE_RESOURCE` und `PASSIVE_RESOURCE` häufig verwendet, um die Kosten für die Lokomotive oder einzelne Eisenbahnwaggons zu differenzieren. Mit der Berechnungsbasis `NO_OF_AXLES` können achsbezogene Kosten für Eisenbahnwaggons unterschiedlicher Größe und Art ermittelt werden.

Wenden wir uns nach den verkehrszweigspezifischen Besonderheiten nun der ereignisorientierten Kostenberechnung zu, die für jeden Verkehrszweig relevant sein kann.

10.3.3 Ereignisbasierte Kostenberechnung

Jedes Unternehmen, das Güter in Containern transportiert, kennt die Berechnung von Verwahrungskosten und Stand-/Liegegeldern. Diese Kosten werden berechnet, wenn Container später als vereinbart freigegeben oder an den Anbieter des Containers, meist Spediteure oder Seefrachtführer, zurückgegeben werden. Liegegelder fallen in der Regel an, wenn ein Absender oder Warenempfänger (z. B. ein Industrieunternehmen) den Container zu spät vom Entladehafen abholt. Liegegelder sollen die Kosten decken, die dem Dienstleister bei der Verwahrung des Containers in einem Hafen oder Terminal entstehen. Die Verzögerungskosten folgen genau dem gleichen Prinzip. Sie gelten für zusätzliche Tage, wenn der leere Container nach der Lieferung an den Empfänger nicht zurückgegeben wird. Der Grund: Der Anbieter des Containers hat Opportunitätskosten, wenn er diesen Container nicht für einen anderen Kunden verwenden kann. Verzögerungskosten und Liegegelder können sogar für vollständig gecharterte Seeschiffe erhoben werden. Speziell für den Massenguttransport ist es gebräuchlich, ein ganzes Schiff für einen Transport (z. B. von Öl oder Eisenerz) zu chartern. Der Reeder erhebt Verzögerungskosten und Liegegelder für die verspätete Freigabe des Schiffes.

Verzögerungskosten und Standgelder sind das wichtigste, aber sicherlich nicht das einzige Beispiel dafür, wie Kosten abhängig vom Eintritt eines bestimmten Ereignisses erhoben werden. Weitere Beispiele sind zusätzliche Kosten beim Bahntransport (z. B. Lagerdienstleistungen), beim Seetransport (z. B. Neuausstellung von Dokumenten oder Containerreinigungskosten) oder andere bedingte Kosten, die vor der Ausführung des Transports nicht bekannt sind.

Die ereignisbasierte Kostenberechnung ermöglicht es Ihnen, Ereignisinformationen in den Prozess der Kostenberechnung einzubeziehen. Auf diese Weise können Kosten in Abhängigkeit davon ermittelt werden, ob bestimmte Ereignisse basierend auf der Zeitabweichung zwischen der geplanten und der tatsächlichen Eintrittszeit eines Ereignisses eintreten oder basierend auf dem Zeitraum, der zwischen der tatsächlichen Eintrittszeit eines Ereignisses und einem Referenzereignis liegt. Abhängig von der individuellen vertraglichen Vereinbarung gewährt ein Dienstleister in der Regel eine gewisse Anzahl von (kosten-)freien Tagen vor Beginn der Verrechnung. Wenn wir diese Möglichkeit auf Standgelder anwenden, bedeutet dies, dass bei der Verfolgung der Anlieferung des Containers und seiner Rückgabe an das Containerdepot in SAP Event Management diese Informationen an die Kostenberechnungslogik übergeben werden können. Bei der Kostenberechnung ermittelt das System die Gesamttage zwischen der Anlieferung des vollen Containers und der Rückgabe des leeren Containers und zieht die Anzahl der (kosten-)freien Tage ab, um die kostenpflichtigen Verzugstage abzuleiten. Diese Zahl wird dann mit dem Standgeld (pro Tag) gemäß der Berechnungsschemaposition/Tarifpreistabelle multipliziert.

Einschränkungen der ereignisbasierten Kostenberechnung [!]

Die Verwaltung von Stand-/Liegegeldern kann sehr komplex werden. Abhängig von der genauen vertraglichen Verpflichtung können LDLs strenge Klauseln haben, wenn die Anzahl der Verzugstage steigt. Einige Vereinbarungen schließen etwa höhere Gewalt oder andere Vorfälle von der Anrechnung auf Stand-/Liegetage aus. Wenn es z. B. einen Arbeitskampf in einem Entladehafen gibt, der den Warenempfänger daran hindert, seinen Container abzuholen, zählen die entsprechenden Tage möglicherweise nicht als liegegeldrelevante Tage. Darüber hinaus können die Tarifpreise oder die Anzahl der (kosten-)freien Tage je nach Hafenpaar (Lade-/Entladehafen) und Containertyp unterschiedlich sein.

Ein weiterer wichtiger Aspekt bei der Berechnung der Kosten auf der Grundlage der tatsächlichen Ereignistermine ist die Genauigkeit der Erfassung dieser Ereignisinformationen. Wenn gemeldete Ereignistermine und -zeiten nicht korrekt sind, ist die Kostenberechnung auf der Grundlage dieser ungenauen Informationen von Anfang an systematisch falsch.

Um eine ereignisbasierte Kostenberechnung zu ermöglichen, müssen Sie im Customizing unter **Transportation Management • Grundfunktionen • Kostenberechnung • Grundeinstellungen • Ereignisprofile für Kostenberechnung definieren** ein Ereignisprofil anlegen und den Kostenarten Ereignisse zuordnen. Abbildung 10.18 veranschaulicht die Erstellung eines Ereignisprofils. In diesem Beispiel werden drei Kostenarten gepflegt, die auf unterschiedlichen Ereignissen basieren. Wenn diese Ereignisse in SAP Event Management rückgemeldet werden (siehe Abschnitt 8.2, »SAP Event Management«), wird die entsprechende Kostenart dem Ausführungsbeleg hinzugefügt (z. B. einer Frachtbuchung), und die Kosten werden berechnet.

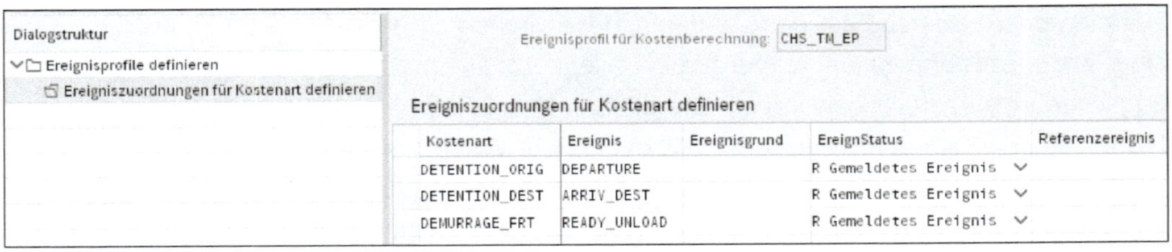

Abbildung 10.18: Ereignisprofil für die ereignisbasierte Kostenberechnung

Beachten Sie, dass das Ereignisprofil nur Einfluss darauf hat, ob und wann eine Kostenart in einem Transaktionsdokument angewandt wird. Die Logik der Kostenberechnung befindet sich weiterhin im Berechnungsschema. Für die Stand-/Liegegeldberechnung müssen Sie noch die entsprechenden Kostenarten im Berechnungsschema pflegen. Um die Logik zu modellieren, einen Schwellenwert von (kosten-) freien Tagen in die Berechnung einzubeziehen, können Sie in der Berechnungsregel der entsprechenden Berechnungsschemaposition die Berechnungsbasis `Delay_Tot` (Verspätungstage) und die Mengeneinheit als `Day` verwenden und im Customizing die Berechnungsbasis `Grace_Days` als zugehörige Berechnungsgrundlage der Berechnungsbasis `Delay_Tot` zuordnen. Auf diese Weise können Sie die Anzahl der (kosten-) freien Tage direkt im Berechnungsschema pflegen.

Bisher haben wir viel Wert auf die Möglichkeiten gelegt, wie Sie die Vertragsermittlung und die Kostenberechnungslogik konfigurieren können. Abschließend werden wir nun das Ergebnis und die Möglichkeiten der Analyse betrachten.

10.3.4 Analyse der Kostenberechnung und Frachtkostenschätzung

Nach einer erfolgreichen Berechnung der Frachtkosten finden Sie die Ergebnisse auf der Registerkarte **Kosten** in Ihrem Transaktionsdokument. Wie Sie diese Informationen lesen und verstehen können, insbesondere, wenn das Ergebnis nicht Ihren Erwartungen entspricht, steht im Mittelpunkt dieses Abschnitts.

Abbildung 10.19 zeigt ein Beispiel für berechnete Kosten für einen Straßenfrachtauftrag. Der Frachtauftrag besteht aus zwei Abschnitten (von `CHS_SAP_1` über `CHS_SAP_2` nach `CHS_SAP_3`) und umfasst drei Frachtpositionen (`MATERIAL 1`, `MATERIAL 2` und `MATERIAL 3`). Aus der logistischen Referenz können Sie ersehen, dass der Grundtarifpreis der ersten Berechnungsschemaposition auf Kopf-/Wurzelebene berechnet wird, während die Splitgebühr auf Abschnittsebene und die Umschlagskosten auf Produktebene berechnet werden. Dies wird durch die Verwendung der verschiedenen Berechnungslösungsbasen (`ROOT`, `STAGE` und `PRODUCT`) für die entsprechenden Positionen im Berechnungsschema erreicht. In dieser Übersicht sehen Sie auch Folgendes für jede Transportkostenposition:

- den Tarifpreis, der aus der Tarifpreistabelle oder dem Berechnungsschema ermittelt wurde
- die Preiseinheit und die Mengeneinheit
- die logistische Menge
- die Berechnungsbasis

Diese Informationen werden verwendet, um den berechneten Betrag für jede Transportkostenposition sowie den endgültigen Betrag zu berechnen.

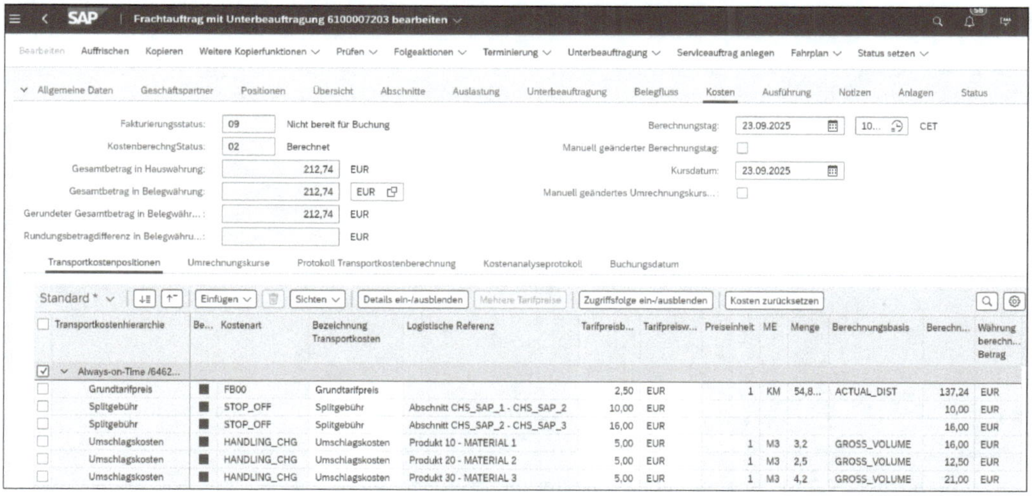

Abbildung 10.19: Ergebnis der Kostenberechnung in einem Frachtauftrag

Um die Transparenz der Berechnung zu erhöhen, können Sie sich Details zu jeder Transportkostenposition anzeigen lassen. Sie können über die Drucktaste **Details ein-/aus-**

blenden zwischen der Anzeige dieser Informationen wechseln oder sie ausblenden. Die Details zeigen systematisch, wie die Kosten ermittelt wurden. Sie werden immer für die aktuell ausgewählte Transportkostenposition angezeigt.

Abbildung 10.20 und Abbildung 10.21 zeigen die Details für die Stop-off-Kosten für den zweiten Abschnitt von CHS_SAP_2 nach CHS_SAP_3. In Abbildung 10.20 sehen Sie, dass die Frachtvereinbarung **8100000004** mit Berechnungsschema **9900000177** und Tarifpreistabelle **CHS_RATE_03** verwendet wurde, um einen Tarifpreis von 16 EUR abzurufen. Abbildung 10.21 zeigt die logistischen Daten, die verwendet werden, um diesen Wert aus der Tarifpreistabelle zu ermitteln. Der **Datenquellenwert** für Gefahrgut ist leer, sodass auch der **Staffelwert** leer abgerufen wird. Für die Postleitzahl ist der aus dem Frachtauftrag ermittelte Wert **68900** (**Datenquellenwert**). Da unter den Staffelpositionen in der zuvor in Abbildung 10.17 gezeigten Tarifpreistabelle für diesen Wert kein Tarifpreis existiert, wird die nächstpassende Postleitzahl, d. h. **6***, als **Staffelwert** verwendet, um den Tarifpreis zu ermitteln.

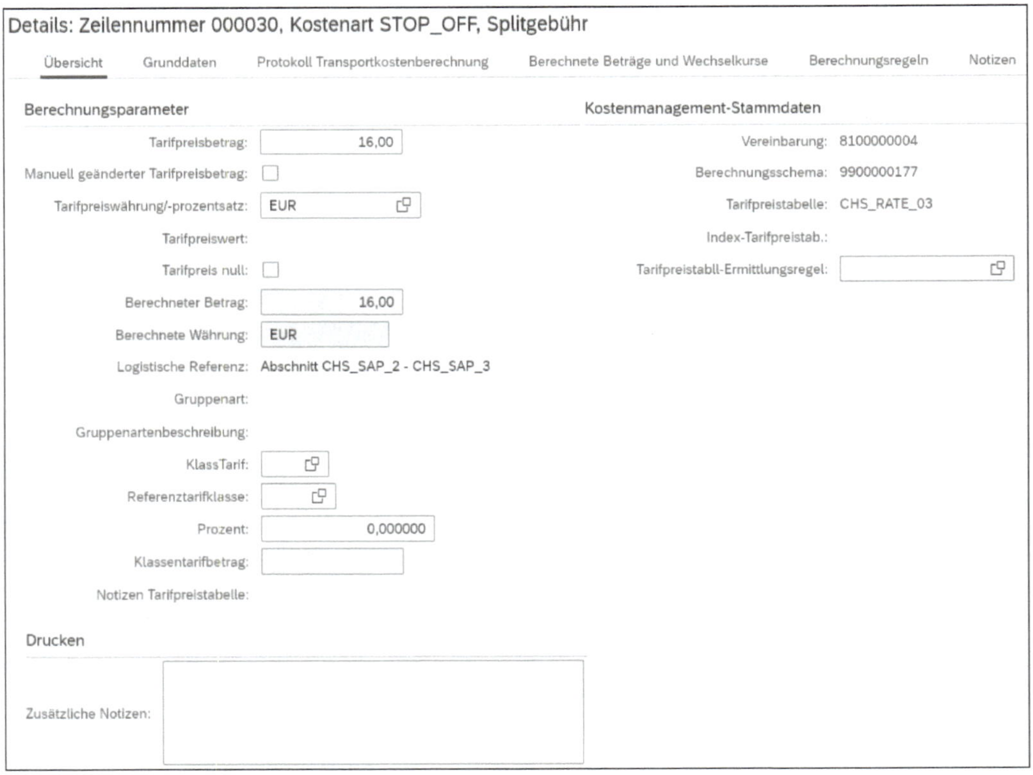

Abbildung 10.20: Analyse der Kostenberechnung – Übersicht

Wenn manuelle Änderungen oder Ergänzungen erforderlich sind, haben Sie die Möglichkeit, Transportkostenpositionen hinzuzufügen, indem Sie **Einfügen • Kostenzeile** wählen. Bei manuell erfassten Kosten müssen Sie die Kostenart und den Tarifpreis eingeben. Das System kennzeichnet alle eingefügten oder manuell geänderten Tarife als manuell geänderten Tarifbetrag. Manuell geänderte Tarife werden bei der Neuberechnung der Kosten beibehalten, und es werden dieselbe Frachtvereinbarung und dasselbe Berechnungsblatt abgerufen. Wenn Sie die Schaltfläche **Kosten zurücksetzen** verwenden, werden die manuellen Änderungen rückgängig gemacht.

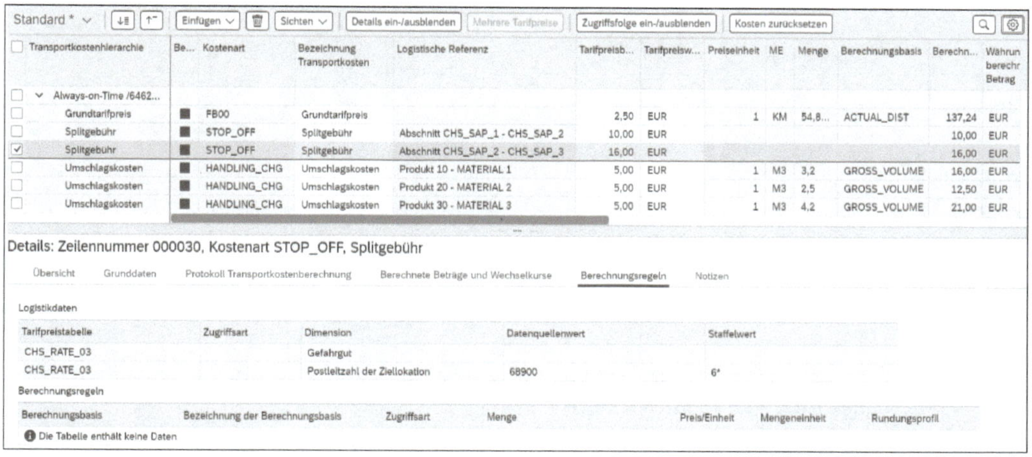

Abbildung 10.21: Analyse der Kostenberechnung: Berechnungsregeln

> **Protokoll der Kostenberechnung**
>
> Die Registerkarte **Kostenberechnungsprotokoll** zeigt zusätzliche Details darüber an, wie das System die Kosten berechnet hat. Diese Details werden nicht im Frachtbeleg gespeichert, sondern immer dann neu ermittelt, wenn Sie die Kostenberechnung auslösen. Ob das Kostenberechnungsprotokoll erstellt wird oder nicht, hängt vom Benutzerparameter `/SCMTMS/CLOG` ab, den Sie für Ihren Benutzer mit `X` angeben müssen.

Wenn kein Frachtauftrag oder keine Frachtbuchung vorliegt, aber eine Schätzung der Frachtkosten erforderlich ist, kann dies mit der SAP-Fiori-App **Frachtkosten schätzen** erfolgen. Diese SAP-Fiori-App kann Sie dabei unterstützen, die Transportkosten zu schätzen, ohne ein Transaktionsdokument zu erstellen. Technisch gesehen, ist das in diesem Prozess verwendete Objekt ein Frachtauftrag, aber die Ergebnisse können nicht persistiert und gespeichert werden. Darüber hinaus ist es möglich, die Eingabe bestimmter Informationen zu überspringen, die zu diesem Zeitpunkt möglicherweise unbekannt sind. Die Benutzeroberfläche dieser SAP-Fiori-App ist ein vereinfachtes Frachtauftragsbild, wie in Abbildung 10.22 dargestellt.

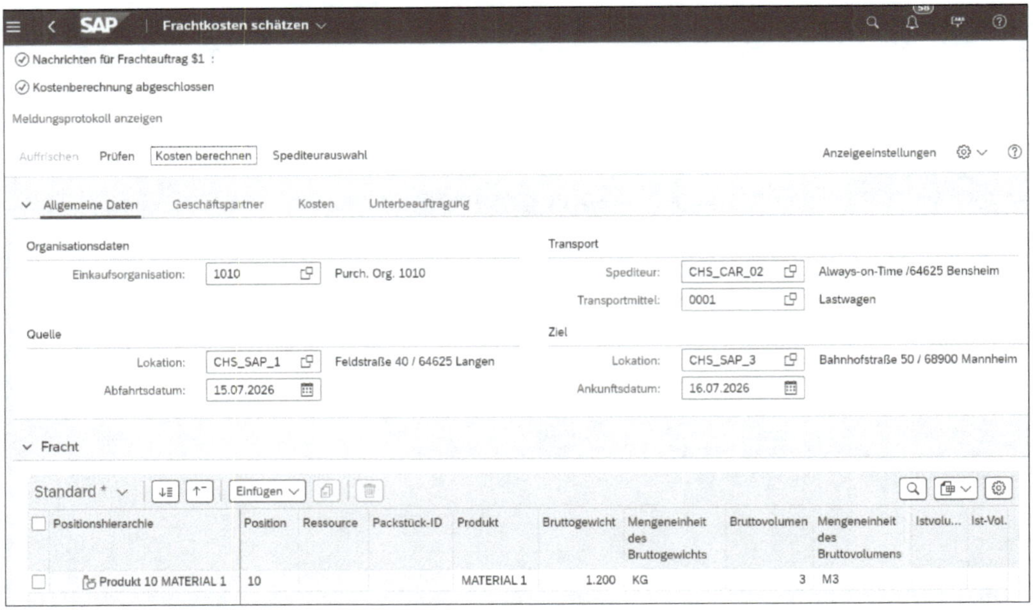

Abbildung 10.22: Frachtkosten schätzen

Lassen Sie uns unseren Fokus jetzt von einer operativen auf eine eher strategische Perspektive verlagern. Im nächsten Abschnitt stellen wir Ihnen die Prozesse und Funktionen rund um den strategischen Frachteinkauf vor. Während wir dieses Kapitel mit der manuellen Erstellung von Frachtvereinbarungen begonnen haben, ist das nächste Thema ihre automatische Erstellung über einen optimierten Ausschreibungsprozess.

10.4 Strategischer Frachteinkauf

TM bietet auch Prozessunterstützung für langfristige Beschaffungs- und Verkaufsentscheidungen. In diesem Kapitel fassen wir die Möglichkeiten des strategischen Frachteinkaufs zusammen, die Teil des strategischen Frachtmanagements sind. Der strategische Frachteinkauf ist für Verlader und LDLs relevant, da die meisten Unternehmen Frachtdienstleistungen an externe Anbieter unterbeauftragen müssen.

Abbildung 10.23 zeigt die Übersichtsarchitektur des strategischen Frachtmanagements. Auf der rechten Seite sehen Sie die Möglichkeiten des strategischen Frachteinkaufs, auf die wir uns in diesem Abschnitt konzentrieren. Dazu gehört die Integration mit der in SAP S/4HANA eingebetteten Analytik, um historische Aktivitäten zu analysieren und Prognoseinformationen abzuleiten.

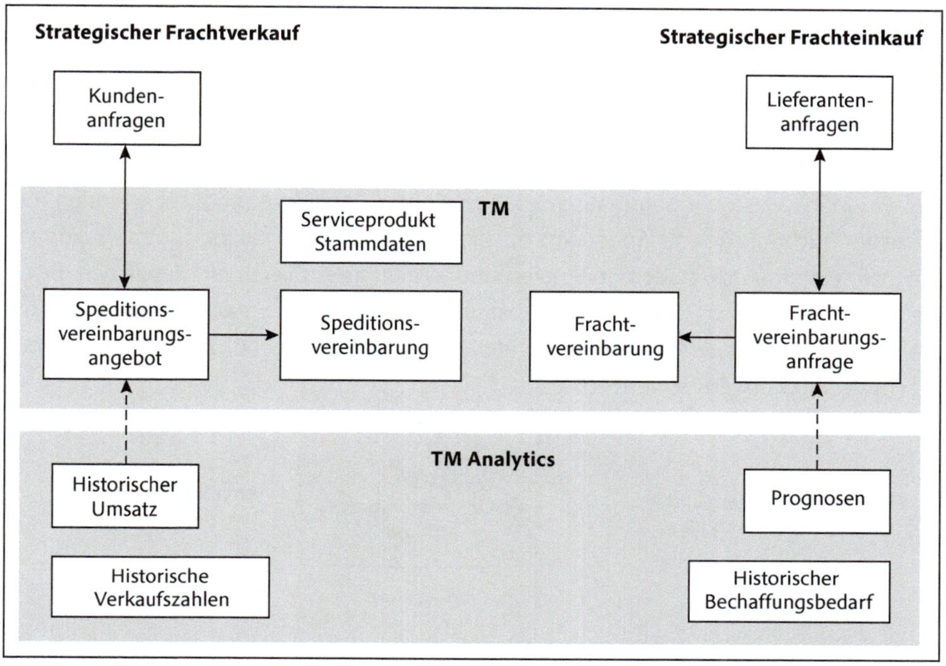

Abbildung 10.23: Architektur des strategischen Frachtmanagements

10.4.1 Funktionaler Überblick

Der strategische Frachteinkauf unterstützt das Management von Frachtvereinbarungsanfragen aus der Perspektive eines Verladers oder LDLs, der Kapazitäten und Raten von einem Frachtführer oder Spediteur anfordert. Die TM-Funktion für die strategische Frachtbeschaffung konzentriert sich auf die mittel- und langfristige Planung und Beschaffungsentscheidungen. Ziel ist es, einen Angebots- und Vertragsmanagementprozess zur Erstellung von Frachtvereinbarungen zu ermöglichen.

Der strategische Beschaffungsprozess, wie in Abbildung 10.24 dargestellt, beginnt mit der Analyse und Planung des zukünftigen Bedarfs auf Basis historischer Daten. Eine Prognose ist die Grundlage für Beschaffungsentscheidungen über Frachtkapazitäten. Nachdem die Kapazitäten prognostiziert und geplant wurden, kann der eigentliche Prozess der Lieferantenauswahl und des Angebots erfolgen.

Die Ausschreibung von Frachtaufträgen und Frachtbuchungen ist, wie in Kapitel 7, »Frachtauftragsmanagement und Unterbeauftragung«, erläutert, auf Einzelsendungen beschränkt. Die strategische Frachtbeschaffung unterstützt den Ausschreibungsprozess von der Erstellung einer Ausschreibung über die Ermittlung der besten Lieferantenkombination anhand der Antworten bis hin zur Vergabe an die Lieferanten und die Erstellung der Verträge.

Sie können Anfragen zu Frachtvereinbarungen generieren, um Frachtkapazitäten und Tarife zu vereinbaren. Sie können die prognostizierten Mengen als Eingangsdaten verwenden, um Kapazitäten zu definieren, die Sie von Ihren Dienstleistern anfordern möchten. Mit der Frachtvereinbarungsanfrage können Sie Umfang, gewünschte Kapazitäten, Kostenstrukturen und Serviceprodukte definieren, die vertraglich vereinbart werden sollen. Ein manuelles oder automatisiertes Dienstleister-Ranking ermöglicht es Ihnen, potenzielle Frachtführer und Spediteure in die engere Wahl einzubeziehen. Sie können Frachtvereinbarungsanfragen generieren und einzeln an Anbieter veröffentlichen. Bevor Sie einen Spediteur oder Dienstleister beauftragen, können Sie das Vergleichs-Cockpit zur Entscheidungsunterstützung verwenden und anschließend auf Basis Ihrer Auswahl Frachtvereinbarungen generieren.

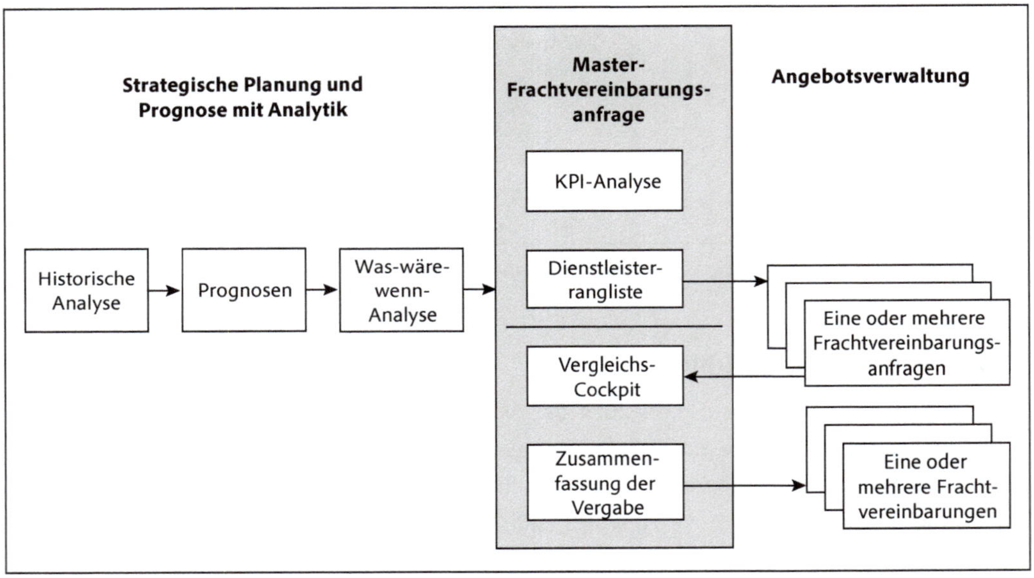

Abbildung 10.24: Überblick über den strategischen Frachteinkaufsprozess

10.4.2 Prozess für Frachtvereinbarungsanfragen

Nach der Entscheidung über das auszuschreibende Transportvolumen auf Basis historischer Daten und Prognosen werden die ausschreibungsrelevanten Informationen in einer Master-Frachtvereinbarungsanfrage erfasst.

Master-Frachtvereinbarungsanfrage erstellen

Die Master-Frachtvereinbarungsanfrage ist das zentrale Dokument im strategischen Frachteinkaufsprozess. Sie wird über die SAP-Fiori-App **Master-Frachtvereinbarungsanfrage anlegen** erstellt. Die Anfrageart ist eine Einstellung, die Sie im Customizing über den Menüpfad **Transportation Management • Stammdaten • Vereinbarungsanfra-**

gen und -angebote • Frachtvereinbarungsanfrage-Arten definieren finden. Die Anfrageart legt Nummernkreise fest, aktiviert Genehmigungsworkflows und enthält wichtige Einstellungen für die Dienstleisterbewertung und das Vergleichs-Cockpit. In der Master-Frachtvereinbarungsanfrage erfassen Sie grundlegende Kopfinformationen wie z. B. die für die Anfrage verantwortlichen Einkaufsorganisationen, Gültigkeitsdaten, die Angebotsfrist und die gewünschte Vertragsdauer, wie Sie in Abbildung 10.25 sehen können.

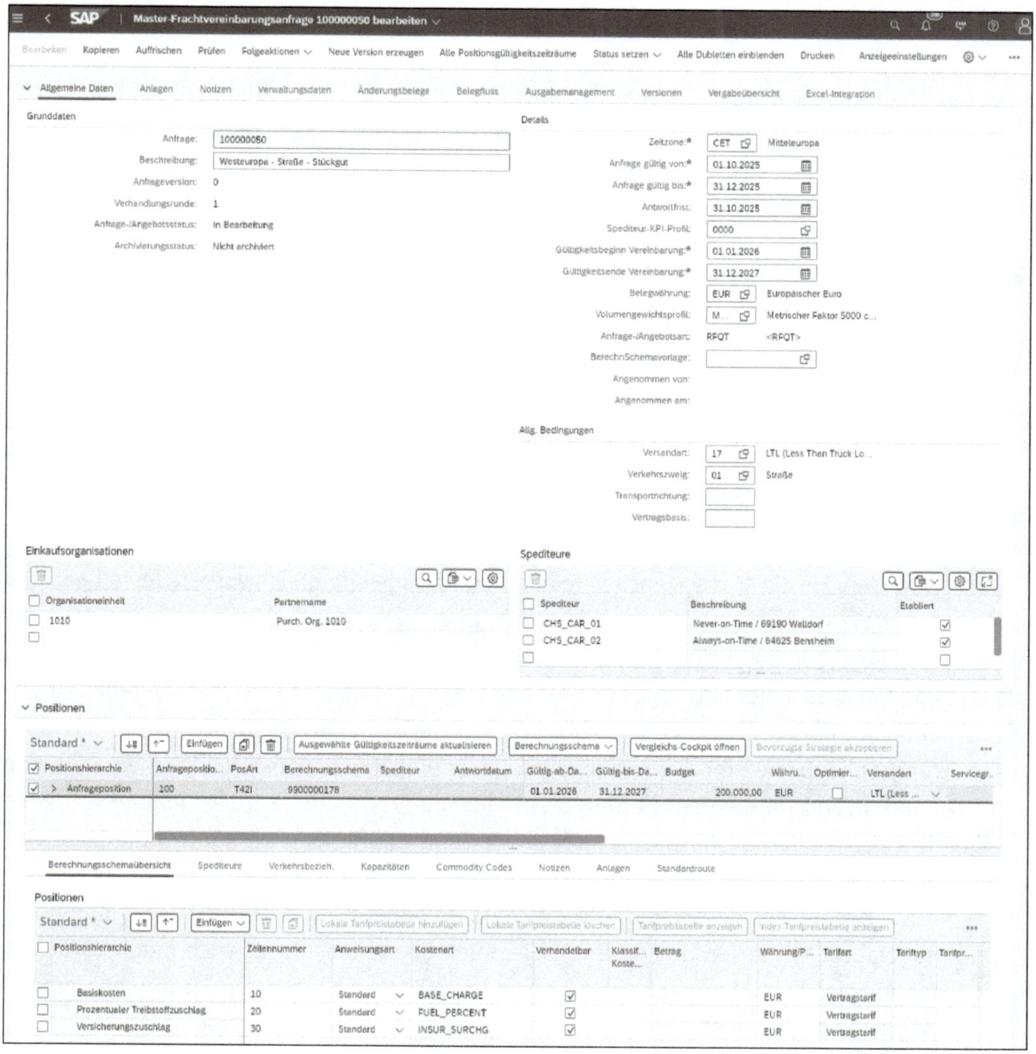

Abbildung 10.25: Master-Frachtvereinbarungsanfrage

Auf der Registerkarte **Spediteure** wird die Liste der Lieferanten definiert, die Sie im Ausschreibungsprozess berücksichtigen möchten. Um den Umfang Ihrer Anfrage festzulegen, müssen Sie Anfragepositionen generieren. Eine Anfrageposition kann z. B. verschiedene geografische Handelsrouten, bestimmte Güterarten oder verschiedene Serviceprodukte referenzieren, die Sie anfordern möchten. Sie können auch ein Budget für jede Angebotsposition einer Anfrage pflegen, um Ihre erwarteten Ausgaben zu begrenzen. Für jede Anfrageposition können Sie eine Teilmenge der Spediteure auswählen, an die die Anfrageposition gesendet werden soll.

Ein wichtiger Vorbereitungsschritt ist die Definition der Kostenstruktur, die Ihre Lieferanten einhalten sollen. Wie bei einer regulären Frachtvereinbarung können Sie jeder Anfrageposition ein Berechnungsschema zuordnen und Kostenarten hinzufügen. Die von Ihnen ausgewählte Liste der Kostenelemente wird für die Übermittlung an die Lieferanten verwendet und bestimmt die Kostenstruktur, auf die der Dienstleister voraussichtlich bieten wird. Gleichfalls erstellen Sie für jede Kostenart eine (leere) Tarifpreistabelle, die die Lieferanten später ausfüllen müssen. Um nur Angebote innerhalb einer bestimmten Bandbreite zu erhalten, können Sie für die einzelnen Kostenarten Zieltarifpreise und (annehmbare) Toleranzen definieren, wenn Sie die Option **Ziel-TP veröffentl.** im Customizing der Frachtvereinbarungsanfrageart vorher ausgewählt haben.

Neben dem Berechnungsschema ist die angefragte Kapazität eine weitere wichtige Information für die Frachtvereinbarungsanfrage. Sie können Kapazitäten in den einzelnen Anfragepositionen in verschiedenen Dimensionen (z. B. pro Gewicht, Volumen oder TEU) hinterlegen. Ein Lieferant kann auch auf eine Teilmenge der angefragten Kapazität bieten.

Frachtvereinbarungsanfragen übermitteln

Nachdem Sie die Master-Frachtvereinbarungsanfrage erfolgreich vorbereitet haben, aber bevor Sie sie an Ihre Lieferanten veröffentlichen, unterstützt TM einen Genehmigungsworkflow, den Sie in der Ausschreibungsart der Frachtvereinbarungsanfrage aktivieren können. Das System erzeugt für jeden enthaltenen Spediteur eine Frachtvereinbarungsanfrage mit den für diesen Spediteur relevanten Positionen der Master-Frachtvereinbarungsanfrage. Sie erbt alle Ausschreibungspositionen, das Berechnungsschema für jede Position und die (leeren) Tarifpreistabellen. Die Frachtvereinbarungsanfrage für jeden Spediteur ist die Grundlage der Kommunikation mit diesem. Sie können die Standardfunktionen des Ausgabemanagements verwenden, die für Anfragen zur Generierung von Ausgabedateien aktiviert sind. Darüber hinaus können Sie mit der Excel-Integration Anfragetabellen erstellen und an Ihre Lieferanten übermitteln. Es ist auch möglich, die gesamte Frachtvereinbarungsanfrage in eine Excel-Datei mit mehreren Blättern herunterzuladen, um sie für einen Spediteur oder Dienstleister zu veröffentlichen.

Der Spediteur beantwortet die Frachtvereinbarungsanfrage mit einem Angebot, das seine Preise und angebotenen Kapazitäten enthält. Sie können diese Informationen direkt in die Frachtvereinbarungsanfrage in TM laden, um mit der Bewertung der Anfrage fortzufahren. Es ist sogar möglich, Änderungsinformationen hochzuladen; wenn ein Dienstleister nach einer ersten Übermittlung zusätzliche Preisinformationen bereitstellt, können diese auch nachträglich übernommen werden. Für den Upload verwenden Sie den Report `/SCMTMS/UPLOAD_RFQ_RESPONSE`.

Nach einem erfolgreichen Upload oder einer manuellen Eingabe markieren Sie jede Vereinbarungsanfrageposition als **Beantwortet**. Wenn Sie in einer Vereinbarungsanfrage auf die Drucktaste **Absenden** klicken, werden die Tarifpreise und Kapazitäten in der ursprünglichen Master-Frachtvereinbarungsanfrage verfügbar, damit Sie die Ergebnisse analysieren und vergleichen können. In der Master-Frachtvereinbarungsanfrage sehen Sie den Status jeder Frachtvereinbarungsanfrage im Belegfluss.

Auswertung und Zuteilung

Eine Schlüsselfunktion im Ausschreibungsprozess ist der Vergleich der Angebote der Spediteure, um Ihnen die Entscheidung zu erleichtern, welche Kapazitäten Sie vom jeweiligen Dienstleister zum angebotenen Preis beziehen möchten. In der Master-Frachtvereinbarungsanfrage können Sie eine einzelne Position auswählen und auf die Drucktaste **Vergleichs-Cockpit öffnen** klicken (siehe auch Abbildung 10.25).

Es gibt zwei Möglichkeiten, die Angebote der Dienstleister im Vergleichs-Cockpit zu vergleichen:

- **Manueller Vergleich**

  Beim manuellen Vergleich wählen Sie die zu vergleichenden Spediteure aus. Sie können die Aufschlüsselung ihrer Kosten mit Beträgen sehen. Alternativ vergleichen Sie die jeder Kostenart zugeordneten Tarifpreistabellen, wenn diese gepflegt sind. Der Vergleich kann tabellarisch oder grafisch in einem Diagramm erfolgen. Sie können dabei zwischen verschiedenen Diagrammtypen wechseln. Wenn einer Kostenart eine Tarifpreistabelle zugeordnet ist, erscheint diese Kostenart jedoch nicht in der Grafik, da dies zu einer sehr hohen und unübersichtlichen Komplexität führt. Mithilfe der Vergleichsfunktion für Tarifpreistabellen können Sie jedoch automatisch eine konsolidierte Tabelle für Microsoft Excel erzeugen und die angebotenen Preise pro Dienstleister zu jeder Position in der Tabelle auflisten.

- **Automatisierter Vergleich**

  TM kann über einen Optimierungsalgorithmus automatisch die günstigste Angebotskombination vorschlagen. Dafür können verschiedene Restriktionen definiert werden (z. B. muss die gesamte Kapazität auf mindestens zwei Spediteure verteilt werden). Sie können diese Bedingungen vor dem Ausführen des Optimierers hinzufügen. Alternativ können Sie im Customizing über den Menüpfad **Transportation Management • Stammdaten • Vereinbarungsanfragen und -angebote • Zielanteilstrategien definieren** eine Zielanteilstrategie definieren und diese der Anfrageart zuordnen.

  Das Ergebnis des Optimierungslaufs ist ein Vorschlag für einen Sollanteil in Prozent der benötigten Kapazität für jeden Dienstleister. Der automatisierte Vergleich enthält mehrere nützliche Funktionen, um eine Entscheidung für die strategische Beschaffung zu steuern und den Zielanteil zu beeinflussen. Ein wesentlicher Bestandteil des automatisierten Vergleichs ist die Projektion der zukünftigen geschätzten Ausgaben. Ein weiterer Bestandteil ist die Berücksichtigung der (vergangenen) Leistung des Spediteurs durch eine Bonus-Malus-Funktion.

Die letzten Schritte im Ausschreibungsprozess für Frachtvereinbarungen sind die Vergabe und Erstellung der Vereinbarungen. Sie können eine Strategie als bevorzugte Option auswählen und in der Positionstabelle der Anfrage **Bevorzugte Strategie akzeptieren** wählen. Auf der Registerkarte **Zuschlagsübersicht** können Sie den Geschäftsanteil zwischen den Dienstleistern und Ihrem Budget mit den tatsächlichen Kosten vergleichen. Schließlich können Sie neue Vereinbarungen für die beauftragten Dienstleister anlegen oder bestehende Vereinbarungen mit den neuen Tarifpreistabellen und Kapazitäten aktualisieren.

Mit der erfolgreichen Generierung einer neuen Frachtvereinbarung haben Sie einen kompletten Durchlauf durch den strategischen Frachteinkauf abgeschlossen.

10.5 Zusammenfassung

In diesem Kapitel haben Sie zunächst die Stammdaten und das Customizing für das Transportkostenmanagement kennengelernt. Anschließend wurden die Logik der Vertragsermittlung erläutert und die unzähligen Möglichkeiten der Frachtkostenberechnung vorgestellt. Schließlich wurde der Fokus von einer rein operativen Sichtweise auf eine strategische Sichtweise bei der Beschaffung von Frachtraum und frachtbezogenen Dienstleistungen verlagert. Der strategische Frachteinkaufsprozess unterstützt Sie als Verlader oder Logistikdienstleister bei der Ausschreibung von größeren Frachtvolumen.

Nachdem wir uns mit den Details der Frachtkostenberechnung auf Basis von Frachtvereinbarungen beschäftigt haben, werden wir in Kapitel 11, »Frachtkostenabrechnung«, mit Details zur Frachtabrechnung für Verlader und Logistikdienstleister mit externen Anbietern fortfahren. Wir erklären, wie Sie Prüfungen von eingehenden Transportrechnungen initiieren und verarbeiten.

Kapitel 11
Frachtkostenabrechnung

In diesem Kapitel stellen wir Ihnen die Grundlagen der Frachtkostenabrechnung mit Ihren Dienstleistern, die Integration mit der Materialwirtschaft und dem Abrechnungsmanagement in SAP S/4HANA sowie die Kostenverteilung vor. Erfahren Sie, wie Sie Ihre Frachtkosten überwachen, begleichen und Klärungsfälle auflösen können.

Im vorangegangenen Kapitel haben wir Ihnen die Möglichkeiten der Frachtkostenkalkulation und des strategischen Frachteinkaufs vorgestellt. Dies gibt Ihnen das Hintergrundwissen, um in den Prozess der Frachtkostenabrechnung mit Spediteuren einzusteigen. Die Abrechnung von Frachtkosten kann grundsätzlich in drei verschiedene Richtungen erfolgen:

- **Abrechnung von Frachtkosten mit dem Dienstleister**

  Unabhängig davon, ob Sie als Verlader oder Spediteur arbeiten, beschaffen Sie in der Regel kostenpflichtige Transportdienstleistungen und -kapazitäten. Sowohl Verlader als auch Logistikdienstleister beschaffen Transportkapazitäten von Fluggesellschaften, Reedereien, Eisenbahnen und Lkw-Unternehmen. Ebenso können Kosten entstehen, wenn Sie mit Agenten oder Allianzpartnern aus Frachtführersicht und/oder als Verlader mit Spediteuren zusammenarbeiten.

- **Abrechnung von Frachtkosten mit Kunden**

  Die Abrechnung von Frachtkosten ist für alle Unternehmen, die professionelle Logistikdienstleistungen anbieten, ein wichtiger Faktor, da die Abrechnung von Transportdienstleistungen für Kunden zum Kerngeschäftsmodell gehört. Diesen Prozess lernen Sie in Kapitel 12, »Speditionsberechnung und -abrechnung für Logistikdienstleister«, kennen.

- **Interne Verrechnung**

  Eine Abteilung eines Logistikdienstleisters oder Verladers kann anderen internen Abteilungen Transportdienstleistungen in Rechnung stellen, um Kosten abzurechnen. Die interne Abrechnung ist dann relevant, wenn zwei Unternehmenseinheiten beteiligt sind, bei der die eine Unternehmenseinheit der Empfänger der Dienstleistung ist, aber eine andere die Kosten trägt. Ein Beispiel ist ein Seetransport von den USA nach Deutschland, der zwar von der amerikanischen Abteilung eingekauft und bezahlt wird, für den jedoch die deutsche Abteilung einen Zahlungseingang vom Kunden erhält (Incoterms). Auch diese Art der Abrechnung wird in Kapitel 12 näher erläutert.

Bevor wir die Details der drei Abrechnungsarten beschreiben, lassen Sie uns das übergeordnete Prinzip und die Gemeinsamkeiten der Abrechnungsarten klären. Unabhängig davon, ob Sie als Verlader mit Auftragsintegration oder als Logistikdienstleister arbeiten, verwenden Sie diese Fähigkeit von TM in Kombination mit SAP S/4HANA als Finanz-Backend-System. TM nutzt dabei die vorhandenen Funktionen von SAP S/4HANA im Verkauf (SD) und der Materialwirtschaft (MM) für die Rechnungsstellung im Verkauf sowie die Rechnungsprüfung und Zahlung im Einkauf. In allen Fällen ist es erforderlich, die Frachtkosten auf der Grundlage der Frachtkostenberechnung von TM zu kalkulieren, bevor eine Abrechnung ausgelöst wird.

In den folgenden Abschnitten stellen wir Ihnen die einkaufsseitige Frachtkostenabrechnung für Dienstleisterkosten (in Abschnitt 11.1) und die Kostenverteilung (in Abschnitt 11.2) vor.

11.1 Frachtkostenabrechnung und Verbuchung

Die Frachtkostenabrechnung und die anschließende finanzielle Verbuchung finden nicht in TM, sondern über MM oder SD als Teil von SAP S/4HANA statt. Im Falle einer eigenständigen TM-Installation erfolgt dazu eine Kommunikation mit dem zentralen SAP-S/4HANA-System über Webservices. Weitere Gemeinsamkeiten finden Sie, wenn Sie sich die Architektur ansehen. Abbildung 11.1 zeigt die Standardintegration und den Dokumentenfluss zwischen TM, SD und MM als Teil von SAP S/4HANA. Für den Fall einer eigenständigen TM-Installation befinden sich SD/MM in einem und TM in einem anderen SAP-S/4HANA-System.

Das Diagramm ist sowohl für Verlader als auch für Logistikdienstleister anwendbar. Die grauen Kästchen repräsentieren die Dokumente, die die logistischen Prozesse abbilden, während die weißen Kästchen die Dokumente repräsentieren, die für Abrechnungsprozesse relevant sind.

Sowohl für die Abrechnung von Frachtkosten an Ihre Kunden als auch für die Abrechnung von eingekauften Dienstleistungen erzeugen Sie einen *Abrechnungsbeleg*. Der Abrechnungsbeleg enthält alle abrechnungs- und fakturarelevanten Informationen, wie z. B. die Rechnungssteller, berechnete Frachtkosten und Währungen. Er kann als Pro-forma-Rechnung betrachtet werden.

Zwei verschiedene Geschäftsprozessobjekte unterscheiden zwischen der Abrechnung gegenüber Kunden und der Abrechnung mit Dienstleistern: der Speditions- und der Frachtabrechnungsbeleg. Für die Einnahmenseite erzeugt die Verbuchung eines Speditionsabrechnungsbelegs direkt eine Kundenrechnung in SD. Die Verbuchung eines Frachtabrechnungsbelegs (FAB) löst in MM das Anlegen einer Bestellung und eines Leistungserfassungsblatts (LEB) aus. Beide Belege werden im Hintergrund erzeugt, um darüber die Buchung von Rückstellungen, eine Rechnungsprüfung oder eine Gutschrift zu ermöglichen.

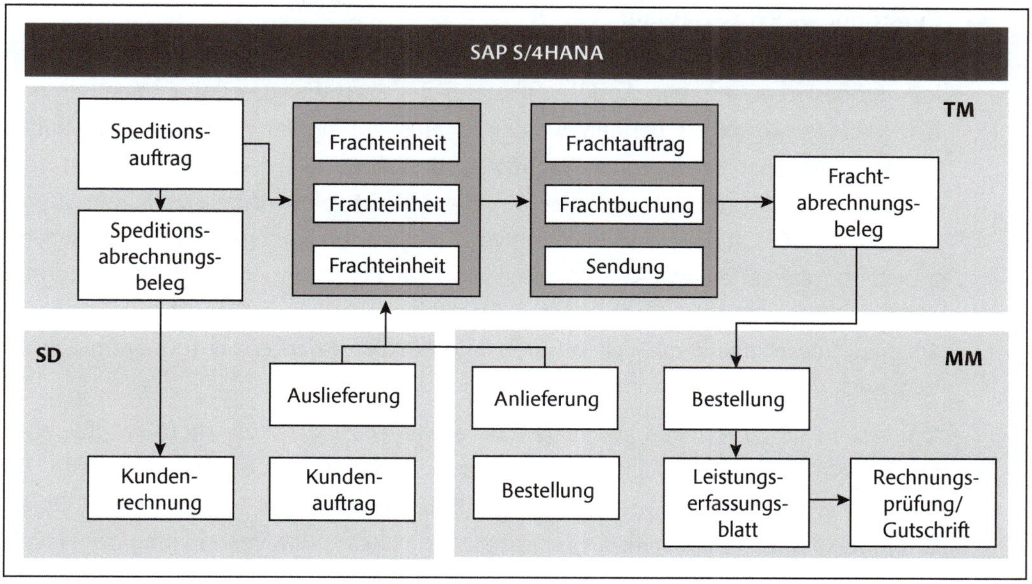

Abbildung 11.1: Integration von TM in SD und MM für die Frachtkostenabrechnung in SAP S/4HANA

Von Abschnitt 11.1.1, »Erstellung von Frachtabrechnungsbelegen«, bis Abschnitt 11.1.4, »Integration von Frachtabrechnungsbelegen mit der Materialwirtschaft«, erläutern wir die Frachtabrechnung und Verbuchung über MM. In Abschnitt 11.1.5, »Klärungsfallmanagement«, erfahren Sie, wie Streitfälle erkannt und aufgelöst werden können. In Abschnitt 11.1.6, »Gutschriften für Frachtbelege«, wird der Prozess der Gutschrifterstellung für Korrekturen von schon abgerechneten Beträgen erläutert. Abschließend geht Abschnitt 11.1.7, »Abrechnungsszenarien für Luftfracht«, auf die Spezialitäten der Luftfrachtabrechnung ein.

11.1.1 Erstellung von Frachtabrechnungsbelegen

Die Frachtabrechnung wird von jedem Unternehmen genutzt, das frachtbezogene Dienstleistungen beschafft, unabhängig davon, ob es als Verlader, Spediteur oder Frachtführer arbeitet. Die Abrechnung von Dienstleisterrechnungen erfolgt immer aus Ihren Frachtbelegen, d. h. einem Frachtauftrag, einer Frachtbuchung, einer Sendung oder einem Serviceauftrag in TM. Der FAB kann als der Rechnungsentwurf angesehen werden, der in TM erzeugt wird. Er wird verwendet, um alle fakturarelevanten Informationen aus Ihren Frachtaufträgen, Frachtbuchungen, Sendungen und Serviceaufträgen zu speichern. Der FAB ist der Beleg, der die Schnittstelle zum Backend-System auslöst, um dort die eigentliche Rechnung zu prüfen.

Funktionaler Prozessablauf

Voraussetzung für die Erstellung eines FAB ist die Frachtkostenbestätigung. Frachtkosten können basierend auf dem Ausführungsstatus des Frachtbelegs oder automatisch mithilfe von Geschäftsregeln bestätigt werden. Im Customizing der Frachtbelegarten haben Sie dazu entweder ein **Ereignis Frachtkostenbestätigung** (Auschecken, Abfahrt oder Ende der Ausführung) definiert oder dieses auf **Nicht relevant** gesetzt. Sofern Sie die automatische Bestätigung und Buchung von Frachtkosten während der Frachtbelegverarbeitung verwenden wollen, definieren Sie eine Bedingung mit der Bedingungsart `/SCMTMS/TOR_FRC_CONF` (Automatische Frachtkostenbestätigung) in Abhängigkeit von Spediteur, beschaffendem Buchungskreis und Einkaufsorganisation. In diesem Fall erfolgt auch die Buchung automatisch.

Um einen FAB zu erstellen, navigieren Sie entweder zunächst zu Ihren Frachtbelegen (z. B. einem Frachtauftrag), und wählen **Kosten/Abrechnung • Buchen**. Als zweite Option können Sie den FAB aus einem persönlichen Arbeitsvorrat (engl.: Personal Object Worklist, kurz: POWL) erstellen. Eine dritte Möglichkeit ist die Verwendung des Hintergrundreports `/SCMTMS/SFIR_CREATE_BATCH` für die Massenerstellung von FAB.

Bei der Erstellung von FAB müssen Sie festlegen, wie viele FAB erstellt werden, wenn Sie die Generierung anstoßen. In einem Standardszenario erstellt das System einen FAB für einen Frachtauftrag, eine Frachtbuchung, eine Sendung oder einen Serviceauftrag. Der Grund dafür ist, dass jeder Frachtauftrag oder jede Frachtbuchung genau einen Spediteur (Auftragnehmer) haben kann, der die Leistungen erbringt. Daher wird erwartet, dass Sie pro Frachtbeleg eine Rechnung von diesem Lieferanten erhalten. Nach der erfolgreichen Erstellung eines FAB wird der Fakturierungsstatus des Frachtbelegs aktualisiert.

Es können aber auch mehrere Dienstleister im Rahmen eines Frachtauftrags oder einer Frachtbuchung beauftragt werden. Neben der reinen Transportleistung eines Spediteurs können etwa zusätzliche Dienstleistungen von einem Zollagenten oder einem Anbieter eines Containerreinigungsservices erbracht werden. Sie können diese zusätzlichen Leistungserbringer auf der Registerkarte **Geschäftspartner** in Ihrem Frachtauftrag oder Ihrer Frachtbuchung erfassen. Wenn Sie die Erstellung der Abrechnungsbelege anstoßen, können Sie in einem Pop-up-Fenster einen oder mehrere Partner auswählen. Sie können den FAB für den Spediteur, einen oder mehrere zusätzliche Parteien oder beides erstellen. Die Frachtkostenberechnung bestimmt die Frachtvereinbarung und ein Berechnungsschema pro relevantem Geschäftspartner, wie in Abschnitt 10.2.1, »Logik der Vertragsermittlung«, beschrieben.

Sie können aus dem Arbeitsvorrat heraus auch Sammelabrechnungen erstellen. TM fasst dabei alle selektierten Frachtaufträge oder Frachtbuchungen nach Splitkriterien in einem oder mehreren FAB zusammen. Zu den wichtigsten Kriterien, die zwischen den verschiedenen Frachtaufträgen oder -buchungen gleich sein müssen, gehören Einkaufsorganisation, Spediteur, Rechnungssteller, Zahlungsempfänger, Zahlungsbedingungen und Belegwährung.

Grundlegendes Customizing

Das notwendige Customizing umfasst die folgenden Schritte, um den Prozess der Frachtabrechnung zu ermöglichen:

1. **Frachtabrechnungsbelegart**

   Sie können die Frachtabrechnungsbelegart über den Customizing-Menüpfad **Transportation Management • Abrechnung • Frachtabrechnung • Frachtabrechnungs-Belegarten definieren** festlegen. Die Art enthält den Nummernkreis, der neu erstellten FAB zugeordnet wird, sowie die Möglichkeit der Aktivierung der Kostenverteilung. Die Frachtabrechnungsbelegart wird jeweils aus der Belegart des abzurechnenden Belegs, also z. B. aus der Frachtauftragsart oder der Frachtbuchungsart, ermittelt. Die Frachtabrechnungsbelegart ist außerdem mit einem Frachtabrechnungstyp verknüpft, der steuert, für welchen Zweck der entsprechende Beleg verwendet wird. Dabei werden folgende Frachtabrechnungstypen unterschieden:

   - Frachtabrechnungsbeleg
   - Charge-Correction-Advice-Beleg
   - Gutschrift
   - Frachtabrechnungsklärungsfall
   - Spediteurrechnung
   - Spediteurgutschrift
   - Frachtkostenverteilungsbeleg

2. **Abrechnungsprofil**

   Abrechnungsprofile werden sowohl für die Speditions- als auch für die Frachtabrechnungsseite verwendet. Im Abrechnungsprofil definieren Sie, ob Plandaten oder Istdaten als Datenquelle für die Abrechnung verwendet werden sollen. Außerdem können Sie hier über die Berechnungsoption entscheiden, das bedeutet, ob die Kosten aus den Vorgängerbelegen kopiert oder neu ermittelt werden sollen. Schließlich können Sie hier noch Einfluss auf den Änderungsprozess bei nachträglichen Kostenänderungen nehmen. Sie definieren das Abrechnungsprofil im Customizing über den Menüpfad **Transportation Management • Abrechnung • Abrechnungsprofile definieren**. Das relevante Abrechnungsprofil wird entweder aus den Stammdaten des Geschäftspartners ermittelt. Wenn dem Geschäftspartner kein Abrechnungsprofil zugeordnet ist, wird es über das Kostenprofil gefunden, das der Einkaufsorganisation zugeordnet ist.

3. **Process Controller**

   Als optionalen Schritt können Sie eine alternative Möglichkeit zur Gruppierung oder Aufteilung von FAB im Erstellungsprozess implementieren. SAP liefert die Standardstrategie `FSD_CREAT` aus. Mit einer eigenen Strategie, die Sie Ihrem Abrechnungsprofil zuordnen, können Sie von den Splitkriterien im Standard abweichen.

Nach der Einführung und der Übersicht über die Konfigurationselemente lernen Sie im Folgenden die Struktur der FAB kennen.

11.1.2 Struktur der Frachtabrechnungsbelege

Der FAB speichert die rechnungsrelevanten Informationen, die aus dem Frachtauftrag, Serviceauftrag, der Sendung oder der Frachtbuchung übernommen wurden.

Sie können die Frachtabrechnung in einer Übersichts- und einer Detailsicht anzeigen, die Sie in der Beleganzeige auswählen können. Abbildung 11.2 zeigt einen FAB in der Detailsicht.

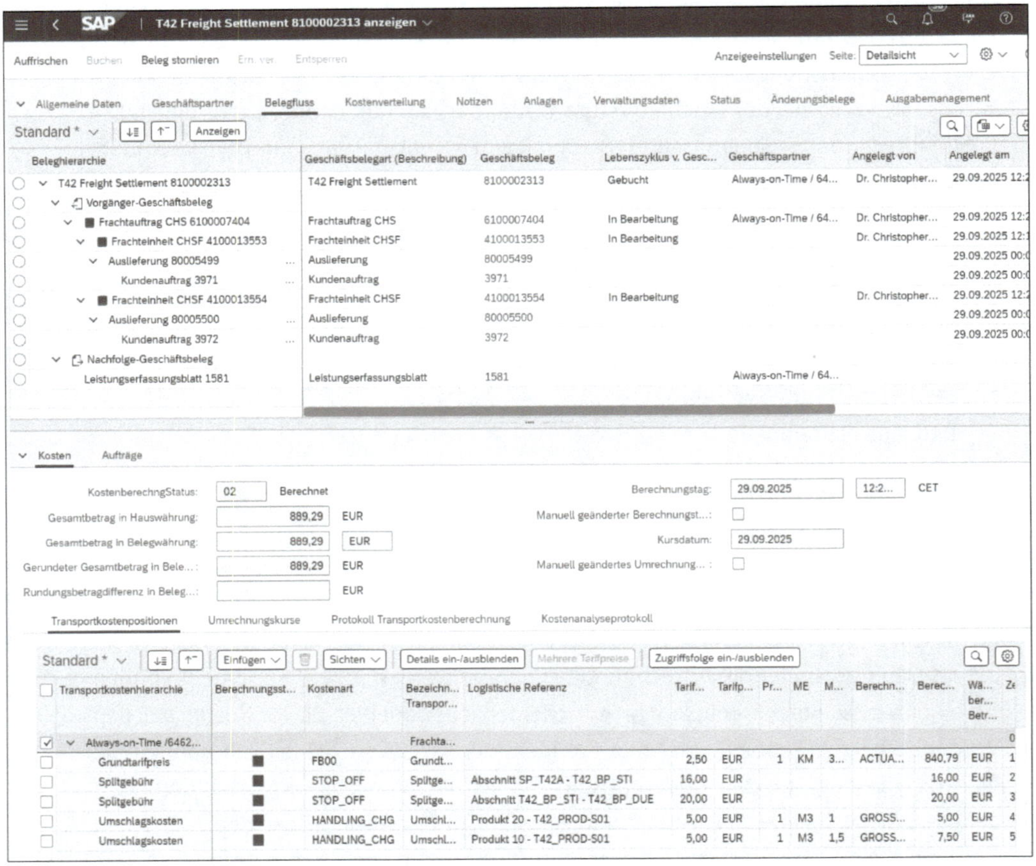

Abbildung 11.2: Frachtabrechnungsbeleg in der Detailsicht

Die Registerkarte **Allgemeine Daten** zeigt die Summe der Rechnungspositionen sowie die Zahlungsbedingungen und organisatorischen Daten, wie z. B. die Einkaufsorganisation, die für die Beschaffung der Dienstleistungen verantwortlich war. Außerdem zeigt Ihnen die Registerkarte das erwartete Rechnungsdatum, das Sie manuell ändern können. Nach der Rechnungserstellung und -prüfung zeigt der Abrechnungsbeleg den geprüften Rechnungsbetrag im FAB an.

Auf der Registerkarte **Kosten** in Abbildung 11.2 sehen Sie die Liste aller Frachtkostenpositionen, die vom entsprechenden Frachtbeleg übernommen wurden. Wenn Sie einen

Sammelfrachtabrechnungsbeleg für mehrere Frachtaufträge oder Frachtbuchungen erstellt haben, sehen Sie hier die Summe der Frachtkosten pro Frachtbeleg. Auf der Registerkarte **Kosten** haben Sie die gleichen Möglichkeiten der Bearbeitung und Analyse, wie Sie sie in Abschnitt 10.3.4, »Analyse der Kostenberechnung und Frachtkostenschätzung«, kennengelernt haben. Die Frachtbelege, die über den FAB abgerechnet werden, sind auf der Registerkarte **Aufträge** aufgeführt, Sie finden sie aber auch auf der Registerkarte **Belegfluss** (siehe Abbildung 11.2).

Auf der Registerkarte **Geschäftspartner** werden alle relevanten Parteien für die Fakturierung aufgelistet. Für den Abrechnungsvorgang benötigen Sie mindestens den Rechnungssteller und den Zahlungsempfänger. Sie können andere Geschäftspartner in den Abrechnungsbeleg aufnehmen, z. B. den Spediteur, der automatisch aus dem Frachtauftrag übernommen wird. Sie können Ihrer Frachtabrechnungsart ein Geschäftspartnerfindungsprofil zuordnen, um die korrekte Zuordnung der beteiligten Partner zum FAB zu steuern.

Wenn Sie für jeden Abschnitt eines Frachtauftrags mit nichtlinearen Abschnitten einen separaten Abrechnungsbeleg erstellt haben und dann im Abrechnungsprofil das Kennzeichen **Abschnittssplit** aktivieren, sehen Sie den Frachtauftrag und die Abschnittsdetails der abgerechneten Abschnitte. Dies wird auch durch die Berechnungsebene Ihres Berechnungsprofils beeinflusst.

Die Registerkarte **Belegfluss** im FAB gibt Ihnen immer einen Überblick über die zugehörigen Vorgänger- und Nachfolgergeschäftsbelege des Abrechnungsbelegs, wie z. B. den Frachtauftrag oder die Frachtbuchung, für die er angelegt wurde. Dies ist besonders wertvoll in einem Integrationsszenario, bei dem TM mit einem separaten Finanz-Backend-System betrieben wird. Der Belegfluss zeigt die Generierung der Folgebelege wie LEB und Bestellung, da er auch systemübergreifende Belegbeziehungen erfasst. Auf weiteren Registerkarten im FAB stehen Ihnen die folgenden Informationen zur Verfügung:

- **Notizen**

  Hier können Sie Informationen als Freitext eingeben.

- **Verwaltungsdaten**

  Die Verwaltungsdaten verschaffen Ihnen einen Überblick, wer den Beleg angelegt und zuletzt geändert hat und wann dies passiert ist.

- **Änderungsbelege**

  Wenn Sie in der Frachtabrechnungsbelegart **Änderg verfolg.** aktiviert haben, zeigt die Registerkarte **Änderungsbelege** alle Belegänderungen an.

- **Anlagen**

  Ermöglicht es Ihnen, beliebige Dokumente anzuhängen.

- **Ausgabemanagement**

  Ermöglicht den Druck z. B. von Pro-forma-Rechnungen.

- **Status**

  Auf der Registerkarte **Status** sehen Sie die aktuellen Lebenszyklus- und Bestätigungsstatus, die wiederum die systemübergreifende Integration unterstützen.

- **Kostenverteilung**

  Die Registerkarte **Kostenverteilung** informiert über die regelgemäße Verteilung der Gesamtkosten an die beteiligten kostenverursachenden Ursprungsaufträge. Wir beschreiben die Details dieser Funktion in Abschnitt 11.2, »Kostenverteilung«.

Betrachten Sie als Nächstes, wie FAB im Abrechnungsprozess verwendet werden.

11.1.3 Statusfolge im Abrechnungsprozess

Der funktionale Prozessablauf bei der Verbuchung eines FAB sowie die sich daraus ergebenden Statuswerte sind in Abbildung 11.3 dargestellt. Die Bezeichnung der Statuswerte unterscheidet sich leicht in Abhängigkeit davon, ob die Integration nach MM über die Dienstleistungsabwicklung oder über Lean Services erfolgt, was im nächsten Abschnitt beschrieben wird.

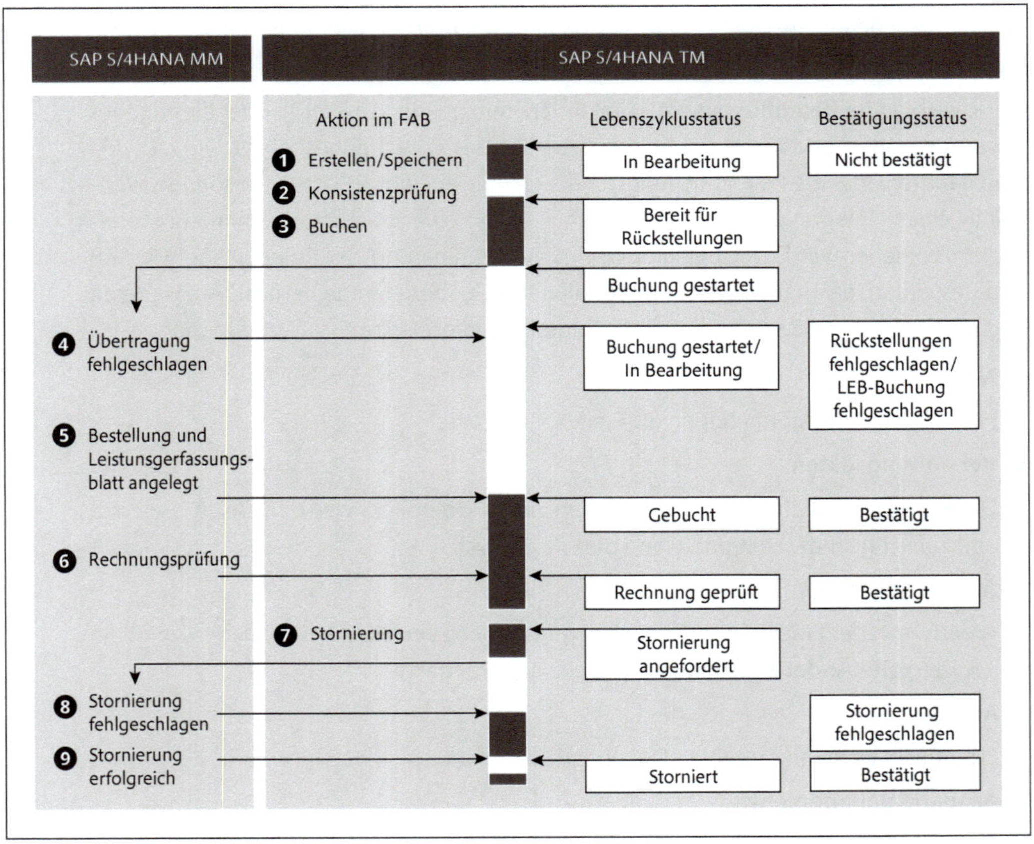

Abbildung 11.3: Statuswerte im Frachtabrechnungsbeleg im Prozessablauf

Nachdem Sie einen FAB erstellt haben, wird der Lebenszyklusstatus auf **In Bearbeitung** gesetzt ❶. In diesem Status ist der FAB noch nicht bereit für eine Übergabe an MM. Es ist z. B. immer erforderlich, dass im FAB mindestens eine Rechnungsposition vorhanden ist. Bevor Sie ihn an MM übergeben, können Sie eine automatisierte Konsistenzprüfung durchführen, indem Sie im FAB im oberen Bereich des Fensters auf die Drucktaste **Prüfen** ❷ klicken. Wenn keine Inkonsistenzen festgestellt werden, wird der Lebenszyklusstatus automatisch auf **Bereit für Rückstellung** geändert.

Wenn Sie Ihre FAB in der Hintergrundverarbeitung erzeugt haben, führt das System automatisch die Konsistenzprüfung durch. In der Hintergrundverarbeitung können Sie den FAB auch in einem Schritt erzeugen und übergeben. In einem manuellen Prozess können Sie im FAB oder aus einer Arbeitsvorratsliste heraus auf die Drucktaste **Buchen** klicken und die Integration in MM auslösen. Der entsprechende Lebenszyklusstatus lautet nun **Buchung gestartet** ❸. Bei der Erstellung von Bestellung und LEB wird das Abrechnungsdatum aus dem FAB als Belegdatum übernommen. FAB können nur gebucht werden, wenn die Buchungsperiode sowohl in MM als auch in FI für das Buchungsdatum offen ist.

Wenn alle Einstellungen korrekt sind, führt das System automatisch drei Aktionen in MM durch:

- Generierung einer Bestellung in MM
- Erstellung eines LEB auf Basis der Bestellung
- Buchung der Rückstellungen auf Basis der Bestellung und des LEB

Die Bestellung wird aus rein technischen Gründen benötigt (Prozesskonsistenz). Das LEB ermöglicht die Buchung von Rückstellungen und dient als Grundlage der Rechnungsprüfung in MM.

Falls bei der Buchung Probleme auftreten, wird dies durch entsprechende Werte des Lebenszyklusstatus signalisiert (❹, **In Bearbeitung**, **Buchung gestartet**). Auftretende Fehler werden dabei protokolliert und können auf der Registerkarte **Anwendungsprotokoll** des FAB eingesehen werden, wie Abbildung 11.4 beispielhaft zeigt. Während der Lebenszyklusstatus **Buchung gestartet** ist, ist es nicht mehr möglich, Daten im FAB zu ändern. Wenn die fehlgeschlagene Rückstellungsbuchung nicht behoben werden kann, wird der Lebenszyklusstatus automatisch auf **In Bearbeitung** aktualisiert. Der Bestätigungsstatus **Rückstellungen fehlgeschlagen** zeigt an, dass die Verbuchung der Rückstellungen nicht erfolgreich war.

Bei erfolgreicher Buchung des FAB wird der Lebenszyklusstatus auf **Gebucht** gesetzt (❺). Der Belegfluss im FAB zeigt die erzeugte Bestellung, LEB und Rechnung nach der Überprüfung des Belegs. Die Bestellung enthält alle Frachtkostenarten als Leistungspositionen, den Spediteur als Lieferanten, die Status und andere Referenzen aus dem FAB.

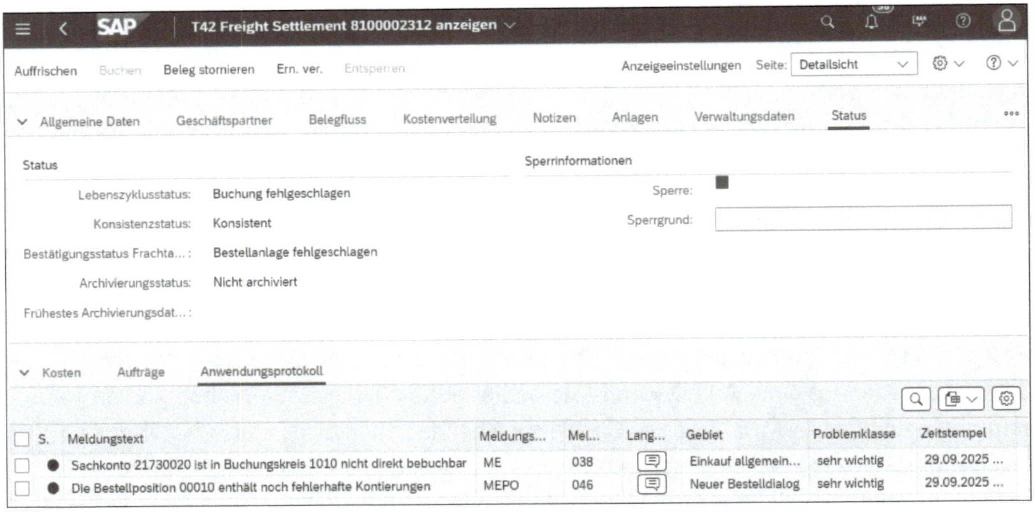

Abbildung 11.4: Anwendungsprotokoll bei fehlgeschlagener Buchung

Nachdem Sie Ihren FAB erfolgreich in MM übertragen haben und der Lebenszyklusstatus **Gebucht** anzeigt, ist es wieder möglich, die Daten im FAB zu ändern. Jede Änderung erfordert eine erneute Übertragung des FAB an MM. Nachdem die eigentliche Rechnung vom Lieferanten eingegangen ist, können Sie die Rechnungsprüfung in MM über Transaktion MIRO durchführen, die neuen SAP-Fiori-Apps für die Rechnungsverwaltung dazu verwenden oder das automatische Gutschriftverfahren für Lieferanten durchführen (siehe ❻ in Abbildung 11.3). Im Fall der automatischen Wareneingangsrechnung (ERS) basiert die automatisch generierte Rechnung auf den Daten aus dem FAB. Bei Buchung der Rechnung in der Rechnungsprüfung wird die erfolgreiche Prüfung an den FAB zurückgemeldet und dieser auf den Status **Rechnung geprüft** gesetzt. Die Bestellung und das LEB sind danach für manuelle Änderungen gesperrt. Sie können jedoch eine Gutschrift ausstellen, um die Frachtkosten im Falle von Unstimmigkeiten zu korrigieren.

Sie können eine Bestellung und ein LEB aus TM heraus nur stornieren, indem Sie den FAB selbst stornieren. Beachten Sie, dass auch dies nicht in allen Status des FAB funktioniert, z. B. bei **Buchung gestartet**. Die Stornierungsaktion löst eine weitere Statusänderung im Frachtabrechnungsbeleg aus (siehe ❼ in Abbildung 11.3). Wenn die Stornierungsanforderung nicht erfolgreich ist, wird der FAB mit dem Bestätigungsstatus **Stornierung fehlgeschlagen** (❽) aktualisiert. Für eine erfolgreiche Stornierung ändert sich der Status auf **Bestätigt** (❾).

Für die Integration in MM existieren zwei Varianten, die im nächsten Abschnitt erläutert werden.

11.1.4 Integration von Frachtabrechnungsbelegen mit der Materialwirtschaft

Der Prozess der Frachtabrechnung ist mit der MM-Funktion von SAP S/4HANA integriert. SAP entschied sich für die Integration mit einer bestehenden Anwendung zur Rechnungsprüfung und der dazugehörigen Buchung von Rückstellungen und Kosten, anstatt eine eigene Anwendung für TM zu entwickeln. Der Vorteil ist eine höhere Konsistenz in der Nutzung der Finanzprozesse im gesamten System. Der Nachteil ist jedoch, dass eine zweite Anwendung (Materialwirtschaft) erforderlich ist, um Eingangsrechnungen zu prüfen, anstatt dies innerhalb von TM zu tun.

Bis einschließlich SAP S/4HANA 2023 wird nur eine Integration der Frachtabrechnung in die MM-Dienstleistungsabwicklung unterstützt. Beginnend mit SAP S/4HANA 2025, können Sie FAB auch über Lean Services in MM buchen. In den folgenden Abschnitten werden die notwendigen Customizing-Einstellungen für die beiden Integrationsvarianten erläutert.

Frachtabrechnungsintegration über Dienstleistungsabwicklung

Wenn Sie die Frachtabrechnungsintegration über die MM-Dienstleistungsabwicklung nutzen möchten, müssen Sie dies im Customizing unter **Transportation Management • Grundfunktionen • Allgemeine Einstellungen • Allgemeine Einstellungen für TM definieren** durch Aktivieren der Funktion **TM-Abrechnungsintegr. Bas. Auf MM-Dienstleistungsabwicklung (MM-SRV)** einschalten.

In diesem Fall wird für jeden FAB aus TM in MM eine Dienstleistungsbestellung mit LEB angelegt. Damit die MM-Belege angelegt werden können, müssen folgende Zuordnungen erfolgt sein:

- **MM-Einkaufsorganisation**

  Die MM-Einkaufsorganisation wird aus der TM-Einkaufsorganisation abgeleitet, wie in Abschnitt 4.1.1, »Organisationsstruktur«, beschrieben.

- **Einkaufsdaten für die Buchung**

  Im Customizing unter **Transportation Management • Abrechnung • Frachtabrechnung • Integration für Abrechnungsbuchung • Dienstleistungsabwicklung • Einkaufsdaten für Buchung zuordnen** definieren Sie für die Kombination aus Frachtabrechnungsbelegart und Frachtabrechnungstyp die Bestellart, die Warengruppe, das Werk und die Einkäufergruppe.

  Als Bestellart können Sie **NB** (Normalbestellung) verwenden oder eine eigene Bestellart definieren, die als Positionstyp **D** (Dienstleistung) verwendet und nicht die erweiterte Retourenabwicklung und die erweiterte Filialretoure nutzt.

  Da die Bestellung nur einem Werk zugeordnet werden kann, aber der Frachtbeleg Materialien aus oder für verschiedene Werke transportiert haben kann, folgt die Findung des relevanten Werks folgender dreistufiger Logik:

- Wenn bei den Einkaufsdaten für die Buchung ein Werk zugeordnet ist, wird dieses verwendet.
- Wenn alle Lieferpositionen, die im Frachtbeleg gemeinsam transportiert werden, dem gleichen Werk zugeordnet sind, wird dieses Werk verwendet.
- Als Fallback können Sie im Customizing unter **Transportation Management • Abrechnung • Frachtabrechnung • Integration für Abrechnungsbuchung • All. Einstellungen für ext. Dienstleistungen und Lean-Service-Beschaffung • Standardwerk für Buchungskreis zuordnen** für den beschaffenden Buchungskreis des Frachtbelegs ein Werk hinterlegen.

- **Dienstleistungsstammsatz und Kontierungstyp**

  Den Dienstleistungsstammsatz und den Kontierungstyp für die Buchung in der Finanzbuchhaltung (FI) definieren Sie im Customizing unter **Transportation Management • Abrechnung • Frachtabrechnung • Integration für Abrechnungsbuchung • Dienstleistungsabwicklung • Dienstleistungsstammsatz und Kontierungstyp zuordnen**. Dienstleistungsstammsatz und Kontierungstyp werden in Abhängigkeit von Kostentypen, Kostenuntertypen und Kostenarten bestimmt.

- **Einstellungen für die Steuerfindung**

  In den Einstellungen für die Steuerfindung (**Transportation Management • Abrechnung • Frachtabrechnung • Integration für Abrechnungsbuchung • Dienstleistungsabwicklung • Steuer**) können Sie die Länder/Regionen festlegen, in denen Steuern auf Kostenartenebene berechnet werden. In manchen Ländern/Regionen müssen für jede einzelne Kostenart in einer Kostenposition Steuern berechnet werden, da Steuervorschriften für eine Kostenart zwischen Ländern/Regionen variieren können. Durch die Angabe eines Landes/einer Region für Steuerermittlung auf Kostenartenebene wird gewährleistet, dass TM die relevanten Steuerkennzeichen übergibt, sodass MM beim Buchen eines FAB die Informationen zur Ermittlung der Steuer auf Leistungspositionsebene erhält.

  Die Steuereinstellungen beinhalten die Transportrichtung sowie das Steuerkennzeichen für Kostentyp, Kostenuntertyp oder Kostenart. In Abhängigkeit von Ihren Anforderungen können Sie die Steuereinstellungen auf verschiedenen Granularitätsebenen pflegen. Sie können z. B. Kostentypen für die Findung verwenden, um Steuereinstellungen für eine Gruppe von Kostenarten in einem Schritt zu definieren. Dadurch entfällt die Pflege der Steuereinstellungen für eine große Anzahl einzelner Kostenarten. Die Ermittlung der Steuereinstellungen erfolgt in der Reihenfolge Kostenart, Kostenuntertyp und Kostentyp, sodass der spezifischste Eintrag zuerst gefunden wird.

[»]

Frachtabrechnungsintegration in einer Side-by-Side-Installation

Bei Verwendung eines eigenständigen TM-Systems mit separatem Finanz-Backend (SAP S/4HANA oder SAP ERP) werden die Systeme über Enterprise Services technisch integriert. SAP liefert dafür ein Standardintegrationsszenario mit der Bezeichnung

`TM_ERPInvoiceIntegration` aus. Für die Integration zwischen TM und dem Backend werden vier Nachrichten unterstützt:

- `TransportationOrderSUITEInvoicingPreparationRequest` sendet einen Auftrag zum Anlegen oder Ändern einer Frachtabrechnung aus TM zum Backend-System.
- `TransportationOrderSUITEInvoicingPreparationConfirmation` sendet die Bestätigung der empfangenen Lieferantenrechnungsdaten aus dem Backend zu TM.
- `TransportationOrderSUITEInvoicingPreparationCancellationRequest` sendet eine Anforderung, einen FAB aus TM zu stornieren und den Storno im Backend-System zu empfangen.
- `InvoiceNotification` sendet die Rechnungsbenachrichtigung von Ihrem Backend-System und empfängt sie in TM.

Die beschriebenen Customizing-Einstellungen zur Überführung der TM- in MM-Objekte sind auch bei Verwendung eines externen Finanz-Backends erforderlich. In diesem Integrationsszenario finden Sie die entsprechenden Customizing-Einstellungen im externen Finanz-Backend unter **Integration mit anderen SAP-Komponenten • Transportation Management • Rechnungsintegration • Rechnungsstellung**.

Frachtabrechnungsintegration über Lean Services

Um die Frachtabrechnungsintegration über Lean Services nutzen zu können, müssen Sie im Customizing unter **Transportation Management • Grundfunktionen • Allgemeine Einstellungen • Allgemeine Einstellungen für TM definieren** die Funktion **TM-Abrechnungsintegr. Bas. Auf MM-Dienstleistungsabwicklung (MM-SRV)** deaktivieren. Sofern Sie beide Integrationsvarianten nutzen möchten, können Sie im Customizing unter **Transportation Management • Abrechnung • Frachtabrechnung • Integration für Abrechnungsbuchung • Dienstleistungsbeschaffung – Lean Services • Lean-Service-basierte Abrechnungsintegration aktivieren** definieren, für welche Buchungskreise oder für welche Spediteure oder für welche Kombination aus Buchungskreis und Spediteur Sie Lean Services verwenden wollen. Für alle anderen Buchungskreise und Spediteure findet dann die Frachtabrechnungsintegration über die Dienstleistungsabwicklung statt.

Ähnlich wie bei der Integration über die Dienstleistungsabwicklung müssen auch hier entsprechende Zuordnungen erfolgt sein, damit die MM-Belege angelegt werden können:

- **MM-Einkaufsorganisation**

  Die MM-Einkaufsorganisation wird aus der TM-Einkaufsorganisation abgeleitet, wie in Abschnitt 4.1.1, »Organisationsstruktur«, beschrieben.

- **Einkaufsinfo zum Buchen der Lean-Serviceintegration zuordnen**

  Im Customizing unter **Transportation Management • Abrechnung • Frachtabrechnung • Integration für Abrechnungsbuchung • Dienstleistungsbeschaffung – Lean Services • Einkaufsinfo zum Buchen der Lean-Serviceintegration zuordnen** definieren Sie für jede Frachtabrechnungsbelegart eine Kurzbeschreibung und die Bestellart. Als Bestellart können Sie **NB** (Normalbestellung) verwenden oder eine eigene Bestellart definieren, die als Positionstyp **D** (Dienstleistung) verwendet und die nicht die Einstellung **Erweiterte Retourenabwicklung** und **Erweiterte Filialretoure** nutzt.

- **Bewertungsklasse, Kontierungstyp und Konditionsarten zu Kostenarten zuordnen**

  Die Bewertungsklasse wird bei der Kontenfindung verwendet, wenn Sie Frachtkostenrückstellungen buchen. Unabhängige Kostenarten werden in der Materialwirtschaft als Serviceprodukte abgebildet. Daher benötigen Sie die Bewertungsklasse, wenn Sie aus einer Kostenart ein Serviceprodukt anlegen. Der Kontierungstyp bestimmt Kontierungsdaten wie Kostenstelle und Kontonummer, und die Konditionsart gibt die Frachtkosten auf Materialwirtschaftsseite an. Unabhängigen Kostenarten weisen Sie im Customizing unter **Transportation Management • Abrechnung • Frachtabrechnung • Integration für Abrechnungsbuchung • Dienstleistungsbeschaffung • Lean Services • Bewertungsklasse, Kontierungstyp und Konditionsarten zu Kostenarten zuordnen** eine Bewertungsklasse, einen Kontierungstyp und eine Konditionsart zu. Abhängigen Kostenarten wie z. B. Rabatten ordnen Sie in der gleichen Customizing-Tabelle nur eine Konditionsart zu.

  Beachten Sie, dass die hier vorgenommene Zuordnung nicht ausreichend ist, sondern dass diese Informationen durch Ausführen der SAP-Fiori-App **Serviceprodukte aus Kostenarten anlegen und aktualisieren** erst noch in die Serviceprodukte übernommen werden müssen.

Die Werksfindung folgt bei Frachtabrechnungsintegration über Lean Services einer zweistufigen Logik:

- Wenn alle Lieferpositionen, die im Frachtbeleg gemeinsam transportiert werden, dem gleichen Werk zugeordnet sind, wird dieses Werk verwendet.
- Als Fallback können Sie im Customizing unter **Transportation Management • Abrechnung • Frachtabrechnung • Integration für Abrechnungsbuchung • All. Einstellungen für ext. Dienstleistungen und Lean-Service-Beschaffung • Standardwerk für Buchungskreis zuordnen** für den beschaffenden Buchungskreis des Frachtbelegs ein Werk hinterlegen.

Um die Steuerermittlung im Buchungsschritt der Frachtkostenrückstellungen zu ermöglichen, wird der Steuerindikator `TAXIL` anhand von Quellland/-region, Zielland/-region und Land/Region des Spediteurs ermittelt.

Abbildung 11.5 zeigt das resultierende LEB für den FAB aus Abbildung 11.2. Für jede Kostenart im FAB findet sich im LEB ein Dienstleistungsprodukt, wobei sich die Mengen und Preise jeweils entsprechen. Das LEB enthält einen Grundtarifpreis, der abhängig von der gefahrenen Entfernung ist (**336,316 KM**), zwei Splitgebühren für die beiden Abschnitte des zugrunde liegenden Frachtauftrags sowie zwei Umschlagskosten, die proportional zur umgeschlagenen Menge (**1 M3** und **1,5 M3**) sind.

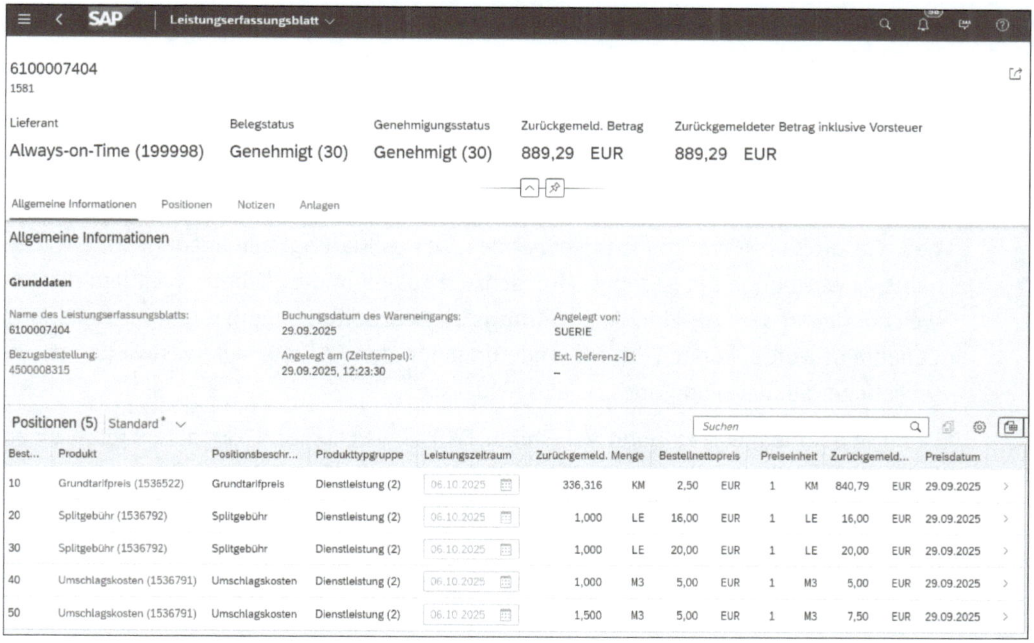

Abbildung 11.5: Leistungserfassungsblatt

Nach der Betrachtung des normalen Prozessverlaufs wenden Sie sich als Nächstes den Situationen zu, die nachträgliche Änderungen oder Klärungsfälle erfordern.

11.1.5 Klärungsfallmanagement

Wir haben bereits erläutert, wie Sie FAB erstellen und Rechnungen in MM prüfen und bezahlen. Dieser Prozess setzt eine klassische Kommunikation mit einem Dienstleister als Lieferanten voraus, bei der Sie Rechnungen in Papierform erhalten und nach Prüfung bezahlen. Der Nachteil dieses Prozesses ist, dass die Verantwortung für die Fehlererkennung und der Arbeitsaufwand bei Ihnen als Kunde liegen.

Eine Alternative dazu sind die elektronische Kommunikation und der automatische Abgleich entweder auf Basis des Gutschriftverfahrens (automatische Wareneingangsrechnung, ERS) oder auf Basis der Übermittlung einer Rechnung durch den Spediteur. Die Rechnungsübermittlung kann entweder über die Schnittstelle `InvoiceRequest_In` oder über die Verwendung von SAP Business Network Freight Collaboration erfolgen. Diese

Public-Cloud-Lösung wird in Abschnitt 13.8, »SAP Business Network for Logistics«, behandelt. Die Spediteurrechnung ist technisch gesehen ebenfalls ein FAB mit dem Frachtabrechnungstyp Spediteurrechnung, der in TM angelegt wird und in entsprechenden Arbeitsvorratslisten sichtbar ist.

In beiden Prozessen kann es zwischen Ihnen und dem Dienstleister zu Differenzen und möglichen Klärungsfällen wegen der erwarteten Kosten kommen. Das Klärungsfallmanagement unterstützt Sie bei der Bestimmung der Differenzen und beim Treffen einer Vereinbarung zur Lösung der Differenzen.

Als Auftraggeber können Sie es einem Workflow ermöglichen, Sie über eventuelle Rechnungsabweichungen zwischen Ihren selbst berechneten Frachtkosten und der Spediteurrechnung zu informieren. Sie können Toleranzen definieren, die angewandt werden, um Abweichungen unterhalb eines bestimmten Schwellenwerts automatisch zu genehmigen. Für größere Abweichungen verwenden Sie das Klärungsfallmanagement, um relevante Abweichungen in Rechnungen nachzuverfolgen und zu klären. Nachdem die Abweichungen in der SAP-Fiori-App **Klärungsfall bearbeiten** behoben und die Rechnung genehmigt wurde, können Sie alle Änderungen in den FAB buchen, was wiederum anschließend die Bestellung und das LEB aktualisiert.

Wenn eine Spediteurrechnung von Ihrem FAB abweicht, kann TM automatisch einen Klärungsfall anlegen, der dann in TM bearbeitet werden kann. Die meisten Einstellungen für das Klärungsfallmanagement finden Sie im Customizing unter **Transportation Management • Abrechnung • Frachtabrechnung • Klärungsmanagement für Frachtabrechnungen**. Im Folgenden zeigen wir Ihnen die wichtigsten Einstellungen, die im Customizing erforderlich sind:

1. Definieren Sie die Toleranzregeln, die steuern, ob TM automatisch einen Klärungsfall anlegt und Frachtkostenabweichungen anzeigt. Wie in Abbildung 11.6 dargestellt, definieren Sie zunächst (erlaubte) Toleranzabweichungen.

   Diese können positiv oder negativ sein und in absoluten Werten einer Währung oder prozentual erfasst werden. Anschließend definieren Sie Toleranzgruppen bestehend aus einzelnen oder mehreren Kostenarten und weisen die Toleranzabweichung diesen Toleranzgruppen oder dem Gesamtbetrag zu. Damit können Sie z. B. erreichen, dass kein Klärungsfall angelegt wird, wenn die Differenz des Gesamtbetrags kleiner als 5 EUR ist (absoluter Betrag) oder der Dieselzuschlag weniger als 3 % vom errechneten Wert abweicht (prozentuale Abweichung einer Kostenart).
2. Pflegen Sie die Klärungsfallgründe für die Kommunikation von Klärungsfällen.
3. Definieren Sie eine Klärungsfallart. Dabei handelt es sich um eine Frachtabrechnungsbelegart mit vom Frachtabrechnungsbelegtyp Frachtabrechnungsklärungsfall. In der Klärungsfallart können Sie Klärungsfallgründe, Textschemata und Textarten für Spediteure, Nummernkreise und mehr beeinflussen.

4. Verwenden Sie den Genehmigungsworkflow, um Genehmigungsstufen und Benutzerrollen der an der Klärung Beteiligten zu definieren, also festzulegen, wer über die Streitigkeiten informiert wird.

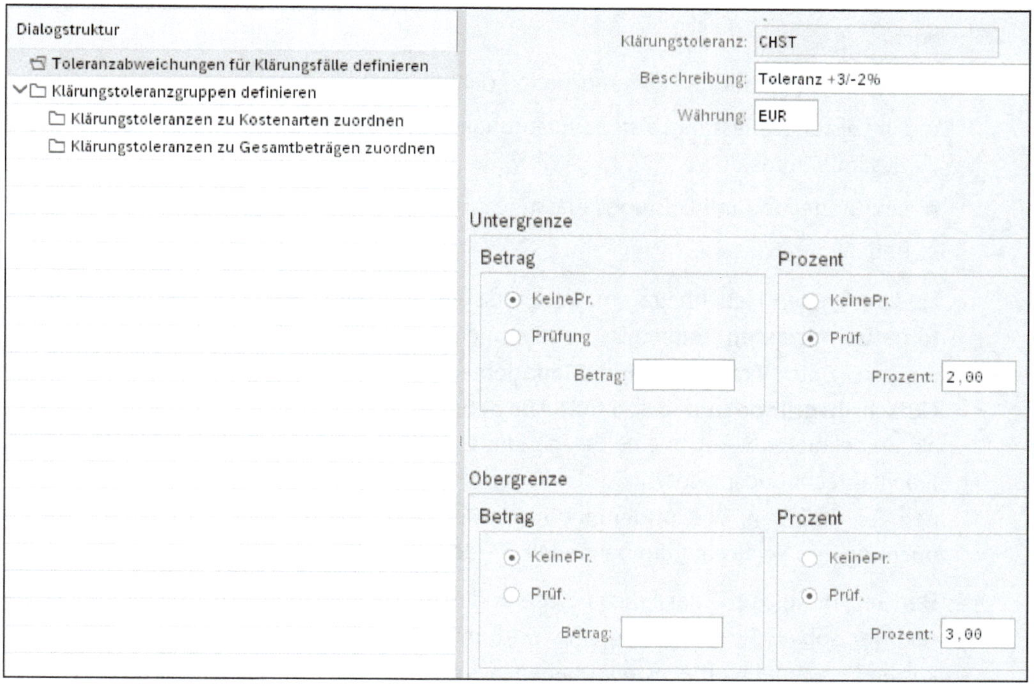

Abbildung 11.6: Klärungstoleranzregeln definieren

Treten Abweichungen erst nach der Verbuchung auf, können Sie diese über Gutschriften korrigieren. Diesem Thema ist der nächste Abschnitt gewidmet.

11.1.6 Gutschriften für Frachtbelege

Die Begleichung von Lieferantenrechnungen ist nicht immer einfach. Rechnungen von Ihren Spediteuren können zu hoch oder zu niedrig sein, weil die Maße, Gewichte oder Volumina der Ladung zwischen einem Auftrag und den tatsächlichen Mengen voneinander abweichen. Außerdem können Verzögerungen in der Transportkette zu Fehlern führen und erfordern, dass Sie Ihre Frachtabrechnungsbeträge reduzieren oder Abzüge von Ihren Lieferanten erhalten.

Die *Gutschrift* ist ein Beleg in TM, mit dem Sie Korrekturen von fehlerhaften Abrechnungsbeträgen buchen können. Sie buchen eine Gutschrift zu einem Frachtauftrag für die Erstattung, die Ihr Spediteur Ihnen gewährt, wenn über den FAB zu viel abgerechnet wurde, dieser aber nicht mehr storniert werden kann.

Die Gutschrift kann nur aus dem (fehlerhaften) FAB heraus angelegt werden. Wenn Ihnen Ihr Spediteur z. B. Kosten nach Gewicht berechnet hat, die Ladungspositionen aber nicht so schwer waren, wie in der Rechnung angegeben, können Sie das Gewicht direkt im Frachtbeleg korrigieren. In diesem Prozess werden folgende Belege erstellt und gebucht:

- eine Gutschrift für den Differenzbetrag (Habenbetrag)
- ein Leistungserfassungsblatt zur ursprünglichen Bestellung zur Stornierung des (alten) Gesamtbetrags
- eine Bestellung mit Leistungserfassungsblatt für den korrigierten (neuen) Gesamtbetrag

Sie können den Habenbetrag manuell erfassen oder über die Option **Habenbetrag automatisch erfassen** automatisch ausrechnen lassen. Diese Option finden Sie im Customizing unter **Transportation Management • Abrechnung • Frachtabrechnung • Gutschriftsgründe und -arten für FABs definieren**. In der gleichen Customizing-Transaktion definieren Sie auch eine Belegart für Gutschriften (Frachtabrechnungsbelegart mit Frachtabrechnungsbelegtyp Gutschrift) und Gutschriftgründe. In der Gutschriftart können Sie festlegen, wie Änderungen des Rechnungsstatus von Frachtauftrag, Frachtbuchung und Serviceauftrag behandelt werden sollen.

Der Rechnungsstatus der Frachtbelege ändert sich automatisch auf **Vollständig abgerechnet**, sobald Sie erfolgreich einen FAB mit dem vollen Betrag, wie er für die Frachtkosten berechnet wurde, erzeugt haben. Sie können das Kennzeichen **Einfluss auf FakturStatus** in der Gutschriftart aktivieren. In diesem Fall wird der Fakturierungsstatus eines Frachtbelegs auf **Nicht fakturiert** gesetzt, sobald Sie eine neue Gutschrift erstellen. Das erlaubt Ihnen anschließend die Anlage eines neuen FAB mit korrigierten Werten. Wenn Sie das Kennzeichen **Einfluss auf FakturStatus** deaktivieren, hat die Erstellung einer Gutschrift keinen Einfluss auf den Fakturierungsstatus.

11.1.7 Abrechnungsszenarien für Luftfracht

Im Luftfrachtgeschäft wird die Fracht oft über einen Spediteur oder Buchungsagenten abgewickelt. Um den Abrechnungsprozess zu standardisieren, lagern die meisten Fluggesellschaften ihre Abrechnungsleistungen an die *International Air Transport Authority* (IATA) aus. Die IATA hat zu diesem Zweck das *Cargo Accounts Settlement System* (CASS) als Clearingstelle eingeführt. Die Fluggesellschaften senden ihre Luftfrachtbriefe zusammen mit anderen abrechnungsrelevanten Daten an CASS. Basierend auf den Daten des Luftfrachtbriefs, wie Gewichten, Volumina, Frachtkosten und Frachtdetails, generiert CASS im monatlichen oder zweimonatlichen Abrechnungszyklus eine Rechnung an den Auftraggeber und listet alle Frachtkosten und Gutschriften für die angefallenen Luftfrachtbriefe pro Spediteur auf. Diese Faktura wird als *Cargo Sales Report* (CSR) bezeichnet. Ein Spediteur kann den Bericht herunterladen oder eine Schnittstelle über Electronic Data

Interchange (EDI) einführen (Nachricht `CARGO-IMP FCI`). Der CSR wird vom Spediteur für die Rechnungsprüfung verwendet, die manuell oder elektronisch erfolgen kann.

[«]

Das Luftfracht-Abrechnungssystem CASS

Seit der Einführung von CASS durch die IATA im Jahr 1999 haben sich mehr als 200 Fluggesellschaften und Bodenabfertigungsunternehmen dem CASS-Abrechnungssystem angeschlossen. Heute überschreitet der gesamte Rechnungswert, der jährlich über CASS abgewickelt wird, 32 Milliarden USD.

Wenn ein Fehler von beiden Seiten (d. h. vom Spediteur oder der Fluggesellschaft) erkannt wird und ein Betrag zu hoch oder zu niedrig ist, sind Korrekturen erforderlich. Da der IATA-Abrechnungszyklus monatlich oder zweimonatlich stattfindet, können Korrekturen nur für eine bereits bezahlte Rechnung im nachfolgenden Abrechnungszyklus vorgenommen werden. In diesem Fall unterstützt die IATA die Fluggesellschaften mit zwei Dokumenten:

- Korrekturavis für Frachtkosten, *Cargo Charges Correction Advice Document* (CCAD)
- Lastschrift und Gutschrift, *Debit Credit Memo* (DCM)

[«]

CCAD

Das CCAD ist ein spezieller Frachtabrechnungstyp. Technisch gesehen, entspricht er dem FAB. Sie können keine CCAD anlegen, wenn Sie den FAB noch nicht generiert haben oder wenn er noch nicht in den Status **Gebucht** gesetzt wurde. Der Grund dafür ist, dass Sie vor der Generierung des FAB oder der Buchung der Rückstellungen noch alle Korrekturen in den ersten Abrechnungsbeleg aufnehmen können.

Betrachten wir ein Beispiel: Einem Spediteur wurde das Gewicht seiner Fracht in Rechnung gestellt. Die Fluggesellschaft erkennt, dass das tatsächliche Frachtgewicht höher ist, als ursprünglich angegeben. Infolgedessen gibt die Fluggesellschaft die Abweichung an die IATA weiter und reicht ein CCAD ein. Die CASS-Abrechnung beinhaltet den Korrekturbetrag als Teil des neuen Abrechnungszyklus im nächsten CSR an den Spediteur. Der alte Zahlbetrag wird storniert (vergleichbar mit einem Gutschriftverfahren), und der korrigierte Betrag wird berechnet.

TM bietet eine gewisse Unterstützung für diesen Abrechnungsprozess für Spediteure. Sie können für alle Frachtbuchungen in einem Monat einen Sammelabrechnungsbeleg für dieselbe Fluggesellschaft für alle beteiligten Frachtbuchungen erzeugen und so den CSR in Ihrem System simulieren. Die Integration mit Ihrem Rechnungssystem erfolgt nach dem zuvor beschriebenen Standardverfahren für FAB. Es werden eine Bestellung und ein LEB angelegt, die die entsprechenden Frachtkostenpositionen des abzurechnenden Monats beinhalten. Nach dem Eingang des CSR von der IATA in Ihrem SAP-S/4HANA-

System können Sie die Rechnungsprüfung der rückgestellten Frachtkosten gegenüber den erhaltenen CSR-Rechnungsbeträgen durchführen und den abgerechneten Betrag bezahlen.

Im Falle einer Unstimmigkeit, nachdem der Spediteur die Zahlung geleistet hat, löst die Fluggesellschaft das CCAD an die IATA aus. Dadurch erhält der Spediteur den korrigierten Abrechnungsbetrag mit dem nächsten Frachtabrechnungsbericht. Um diese Diskrepanz in Ihrem System als Spediteur widerzuspiegeln, sollten Sie diese Schritte ausführen:

1. Navigieren Sie zu Ihrer ursprünglich erstellten und bereits bezahlten Frachtbuchung, die den falschen Rechnungsbetrag verursacht hat.
2. Es ist möglich, die Frachtbuchung trotz ihres Status zu korrigieren. Sie können z. B. das Gewicht der Fracht gemäß dem CCAD der Fluggesellschaft auf das richtige Gewicht ändern.
3. Da der FAB für die Frachtbuchung bereits generiert wurde, können Sie den vorhandenen FAB nicht korrigieren oder ändern. Sie können stattdessen ein Frachtkorrekturavis erstellen. Das Korrekturavis dient als Simulation des tatsächlichen CCAD und enthält den ursprünglich gebuchten Betrag aus Ihrem falschen FAB, den zu korrigierenden Differenzbetrag und den Endrechnungsbetrag.
4. Das CCAD wird an MM übergeben, um eine neue Bestellung zu generieren. Die Bestellung speichert sowohl den alten Abrechnungsbetrag mit Retourenkennzeichen als auch die korrigierten Beträge.
5. Basierend auf der neuen Bestellung werden zwei LEBs generiert:
   - Das erste LEB bucht den anfänglich fehlerhaften Abrechnungsbetrag mit Retourenkennzeichen aus.
   - Das zweite LEB bucht die Rückstellungen für den vollständig korrigierten Abrechnungsbetrag ein.

Nachdem Sie jetzt den Frachtabrechnungsprozess in verschiedenen Facetten kennengelernt haben und damit die Spediteure für ihre erbrachten Dienstleistungen bezahlen können, lernen Sie als Nächstes, wie Sie diese Kosten auf die verursachenden Auftrags- bzw. Lieferpositionen rückverteilen können.

11.2 Kostenverteilung

Als Verlader oder Logistikdienstleister stehen Sie vor Herausforderungen bei der Aufteilung der Transportkosten auf die richtigen Organisationseinheiten, Konten oder Kundenaufträge. TM bietet zwei Möglichkeiten, um die automatisierte Verteilung von Transportkosten und deren Abrechnung zwischen verschiedenen Unternehmen zu unterstützen. In diesem Kapitel werden wir die Kostenverteilung erläutern. Die zweite Art der Umlage ist die interne Verrechnung für Logistikdienstleister, die in Abschnitt 12.3.5, »Interne Verrechnung«, beschrieben wird.

Die Kostenverteilungsfunktion von TM unterstützt sowohl Verlader als auch Logistikdienstleister. Sie erlaubt Ihnen, anfallende Kosten aus Frachtaufträgen und Frachtbuchungen auf die einzelnen verursachenden Auftrags- bzw. Lieferpositionen zu verteilen. Sie können z. B. einen Frachtauftrag haben, der verschiedene Paletten als Positionen aus mehreren Lieferungen transportiert. Die Kostenverteilung stellt eine Aufteilung der Kosten für den gesamten Frachtauftrag auf die einzelnen Frachtpositionen sicher. Sie können verschiedene Verteilungsmethoden und -regeln verwenden (z. B. abhängig vom Gewicht oder Volumen der einzelnen Ladungspositionen).

11.2.1 Prozess der Kostenverteilung

Die richtige Verteilung der Transportkosten ist abhängig davon, ob es sich um einen ausgehenden Prozess handelt, wie z. B. den Transport von Materialien zu Kunden auf Basis eines Kundenauftrags in SD, oder ob es sich um einen eingehenden Transport handelt, wie z. B. die Abholung von Materialien bei Lieferanten auf Basis einer Bestellung in MM. Im ersten Fall beeinflussen die Transportkosten die Auftragsprofitabilität. Die Transportkosten für Auslieferungen müssen den richtigen Aufträgen und Buchungskreisen zugeordnet und in der Ergebnisrechnung (CO-PA) verbucht werden. Im zweiten Fall, bei eingehenden Transporten, sind die Transportkosten für die Materialbewertung relevant und gehen in die Bilanz ein.

Die Kostenverteilung wird schon im Frachtbeleg nach Kalkulation der Frachtkosten mitberechnet und kann dort auf der Registerkarte **Kostenverteilung** analysiert werden. Mit der Erstellung des FAB werden die verteilten Kosten dorthin übernommen und ebenfalls auf einer eigenen Registerkarte **Kostenverteilung**, wie Sie in Abbildung 11.7 für den FAB aus Abbildung 11.2 sehen können, übersichtlich dargestellt.

Die Transportkosten werden auf jede einzelne Auftrags- oder Lieferposition aufgeteilt. Sie können sowohl den Verteilungsprozentsatz als auch den Verteilungsbetrag sehen, der jeder Lieferposition zugeordnet wurde. Die Kostenverteilung wird für jede Frachtkostenart verursachungsgerecht durchgeführt. In diesem Beispiel ist die Verteilungsregel das Bruttogewicht der Positionen. Der Grundtarifpreis ist entsprechend aufgeteilt. (**60 %** zu **40 %**). Da die Umschlagskosten im Frachtauftrag individuell für jede Frachtauftragsposition berechnet wurden, sind diese bei der Kostenverteilung nicht verteilt worden, sondern können direkt zugeordnet werden. Die Splitgebühr ist pro Frachtauftragsabschnitt angefallen. Da auf dem ersten Abschnitt beide Lieferpositionen auf dem Lkw waren, werden die Kosten für diesen Abschnitt entsprechend der Verteilungsregel aufgeteilt (**60 %** zu **40 %**). Auf dem zweiten Abschnitt befand sich nur noch eine Lieferung auf dem Lkw. Daher muss diese Lieferposition die kompletten Splitgebühren für den zweiten Abschnitt, erkennbar am Eintrag **Abschnitt T42_BP_STI - T42_BP_DUE** in der Spalte **Logistische Referenz**, tragen.

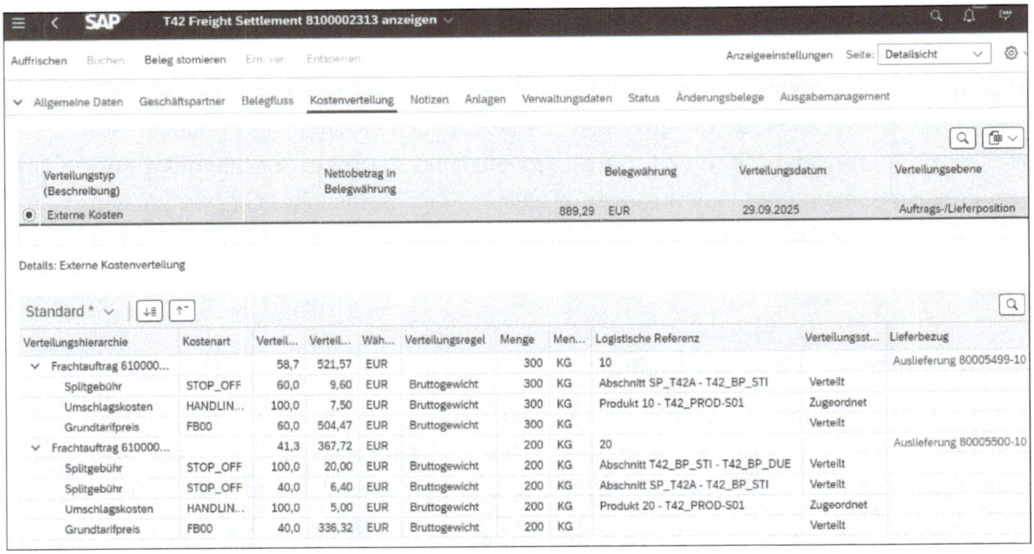

Abbildung 11.7: Kostenverteilung im Frachtabrechnungsbeleg

11.2.2 Konfiguration der Kostenverteilung

Eine Schlüsselfrage zu Beginn des Kostenverteilungsprozesses ist, wie die Kosten auf die Auftragspositionen im Frachtauftrag oder in der Frachtbuchung verteilt werden. Dazu können Sie als Erstes verschiedene Verteilungsregeln für die Verteilung der Frachtkosten definieren. Im Standard werden vier Verteilungsregeln angeboten: Bruttogewicht, Nettogewicht, Bruttovolumen und Gewicht, multipliziert mit Entfernung. Über das Business Add-In (BAdI) `/SCMTMS/TCD_DISTRIB_RULE` können Sie aber auch eine eigene Logik definieren.

Die Verteilungsregel muss in einem Kostenverteilungsprofil zugeordnet werden (siehe Abbildung 11.8). Das Kostenverteilungsprofil definiert neben der Verteilungsregel als Zweites auch die Verteilungsebene. Für Verlader ist dies immer die Auftrags-/Lieferposition und für Spediteure der Speditionsauftrag.

Als Drittes bestimmt das Kostenverteilungsprofil noch die Verteilungsmethode. Neben den beiden Standardmethoden `DIRECT` und `HIERARCHICAL`, die die Frachtkosten entweder direkt auf die Lieferposition verteilen oder die Kosten über die Verpackungshierarchie von oben nach unten auf die eigentlichen Lieferpositionen herunterbrechen, können Sie auch hier eigene Methoden implementieren und zuweisen.

Sie können das Verteilungsprofil im Customizing über den Menüpfad **Transportation Management • Grundfunktionen • Kostenverteilung • Kostenverteilungsprofile definieren** konfigurieren. Das Kostenverteilungsprofil muss einem Kostenprofil zugeordnet werden und wird entsprechend über die Einkaufsorganisation gefunden, wie in Abschnitt 10.2.2, »Konfiguration der Vertragsermittlung«, beschrieben. Außerdem müssen Sie die

Kostenverteilung in Ihren Frachtbelegarten und Frachtabrechnungsbelegarten über das Kennzeichen **Kostenverteilung aktivieren** aktivieren.

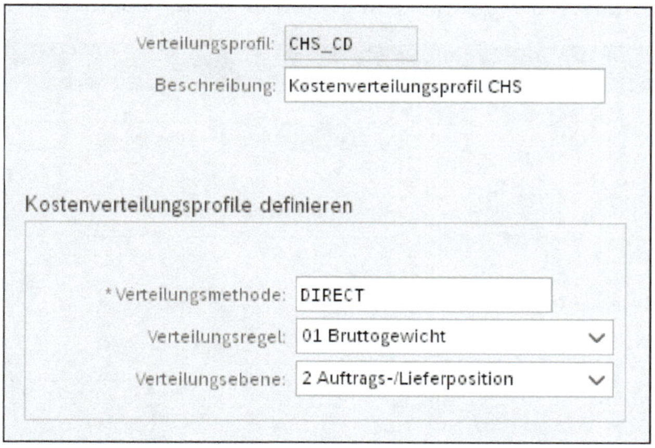

Abbildung 11.8: Kostenverteilungsprofil

11.2.3 Integration in das Abrechnungsmanagement

Die zuvor beschriebenen Einstellungen zur Kostenverteilung beziehen sich auf die Kostenverteilung in TM. Um eine korrekte Kostenverteilung und -zuordnung auch auf der ERP- und Finanzseite zu erreichen, legen Sie einen Frachtkostenverrechnungsbeleg an. Abbildung 11.9 zeigt den Frachtkostenverrechnungsbeleg für die verteilten Kosten des FAB aus Abbildung 11.7. An die erste Lieferposition werden entsprechend der Kostenverteilung 367,72 EUR verrechnet und an die zweite Lieferposition 521,57 EUR.

Für die Verarbeitung des Frachtkostenverrechnungsbelegs bei der Buchung der verteilten Frachtkosten in die Finanzbuchhaltung (FI) ist eine Zuordnung der Kostenarten zu Konditionsarten erforderlich. Diese Zuordnung pflegen Sie im Customizing unter **Transportation Management • Abrechnung • Frachtabrechnung • Integration für Abrechnungsbuchung • Dienstleistungsabwicklung • Zuordnung für Kostenverteilung • Transportkostenarten zu Konditionsarten zuordnen**.

Außerdem müssen Sie im Customizing unter **Transportation Management • Abrechnung • Frachtabrechnung • Integration für Abrechnungsbuchung • Dienstleistungsabwicklung • Zuordnung für Kostenverteilung • Buchung über Abrechnungsmanagement** einen Applikations- und Buchungstyp für Transportation Management anlegen und Abrechnungsprozessarten und Abrechnungsbelegarten definieren.

Frachtkostenverrechnungsbelege werden automatisch mit dem Buchen des FAB erzeugt. Sie können in der SAP-Fiori-App **Frachtkostenverrechnungs-Belege verwalten** angezeigt werden. Falls die Belegfreigabe für die Buchhaltung nicht automatisch erfolgt, können Sie sie mit der SAP-Fiori-App **Belegfreigabe einplanen – Frachtkostenverrechnung** auch einzeln oder gleichzeitig für mehrere Belege freigeben.

Eine weitere Anwendung der Kostenverteilung ist die Übernahme der anteiligen Kosten in die Kundenfaktura in SD, wenn Sie mit Ihren Kunden keine Frachtkostenpauschale vereinbart haben, sondern die Kunden die tatsächlich angefallenen Kosten übernehmen.

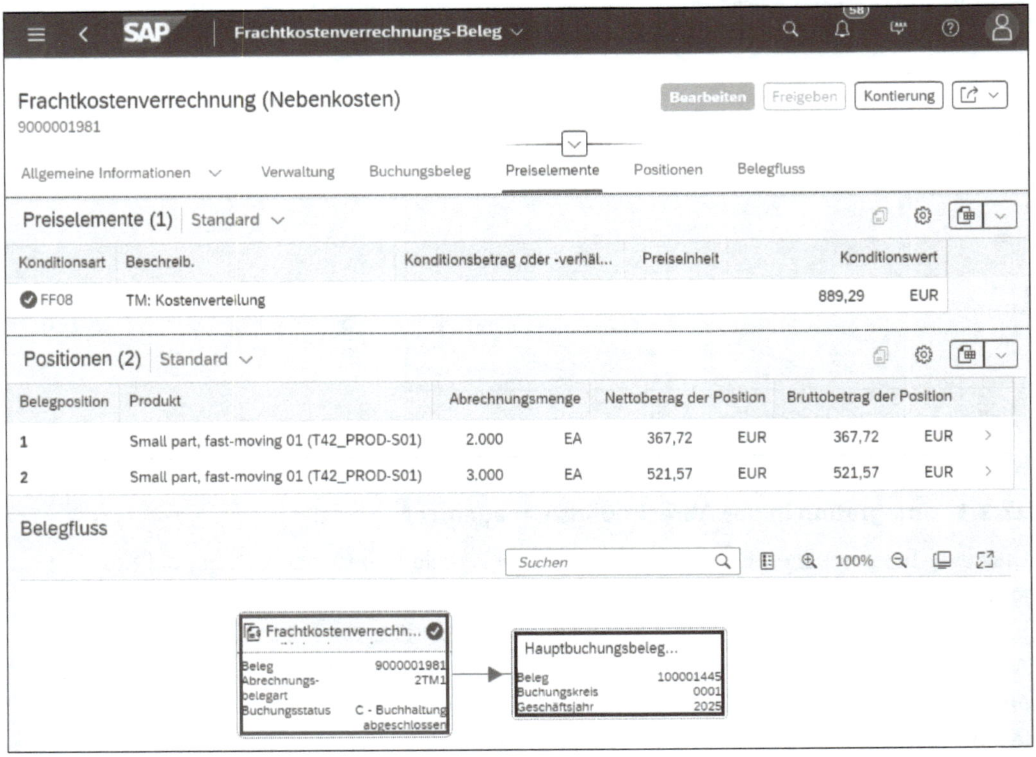

Abbildung 11.9: Frachtkostenverrechnungsbeleg

11.3 Zusammenfassung

In diesem Kapitel haben Sie einen Überblick über die Frachtkostenabrechnung, die Integration zur Rechnungsprüfung und die Kostenverteilung für die Dienstleisterabrechnung erhalten. Im nächsten Kapitel erläutern wir die Frachtkostenkalkulation für die Käuferseite, die für Dienstleister interessant ist, die Frachtdienstleistungen verkaufen und diese abrechnen müssen.

Kapitel 12

Speditionsberechnung und -abrechnung für Logistikdienstleister

In TM wird zwischen dem Einkauf und dem Verkauf von Transportleistungen unterschieden. Bisher haben wir die Kostenberechnung und -abrechnung aus Einkaufssicht betrachtet – die übliche Perspektive für Verlader. In diesem Kapitel wenden wir uns dem Verkauf von Dienstleistungen und der Abrechnung dieser Dienstleistungen mit den Kunden zu.

In den vorangegangenen Kapiteln haben Sie erfahren, wie TM Transportkosten berechnet und für die Abrechnung mit Dienstleistern verwendet. TM kann aber auch von Logistikdienstleistern (LDLs) für die Erfassung von Kundenaufträgen genutzt werden. Bei der Erfassung von Kundenaufträgen besteht das Ziel darin, Einnahmen aus den an die Kunden verkauften Transportdienstleistungen zu erzielen. In diesem Kapitel betrachten wir, wie die Funktionen für die Kostenberechnung und -abrechnung genutzt werden können, um Transportdienstleistungen an Kunden zu verkaufen. Außerdem erfahren Sie, welche anderen Funktionen in diesem Bereich LDLs dabei helfen, in ihrem Geschäft profitabel zu bleiben.

Ähnlich wie bei den Transportkosten für Verlader beginnen wir mit der Darstellung der erforderlichen spezifischen Stammdaten (Abschnitt 12.1), bevor wir uns mit der Logik der Kostenberechnung befassen (Abschnitt 12.2). Anschließend widmen wir uns dem Abrechnungs- und Abwicklungsprozess (Abschnitt 12.3) und schließen das Kapitel mit einem Überblick über SAP Billing and Revenue Innovation Management (Abschnitt 12.4).

Voraussetzungen für dieses Kapitel

In diesem Kapitel gehen wir auf die Besonderheiten der Transportkostenberechnung und -abrechnung auf der Verkäuferseite ein, die sich von den TM-Funktionen für Käufer unterscheiden. Es ist daher empfehlenswert, die in Kapitel 10, »Transportkostenmanagement«, und Kapitel 11, »Frachtkostenabrechnung«, beschriebenen Grundlagen der Transportkostenberechnung und Frachtkostenabrechnung zu kennen, bevor Sie dieses Kapitel lesen.

12.1 Stammdaten der Transportkostenberechnung

In Kapitel 10, »Transportkostenmanagement«, haben Sie den Frachtvertrag als Vertrag zwischen der einkaufenden Organisation und dem Spediteur, der die Transportleistung verkauft, kennengelernt. Da ein Dienstleister im Gegensatz dazu selbst Transportdienstleistungen an Kunden verkauft, werden die folgenden Stammdatensätze verwendet:

- **Speditionsvereinbarungen**

  Speditionsvereinbarungen dienen als Kundenverträge und enthalten Transportkosten und Tarife sowie Kapazitätsverpflichtungen, wahlweise auf der Basis von Dienstleistungsprodukten.

- **Interne Vereinbarungen**

  Interne Vereinbarungen stellen Tarifvereinbarungen zwischen Ihren eigenen internen Organisationen für den internen Verrechnungsprozess dar. Sie können Standardkosten für konzerninterne und konzernübergreifende Kosten pflegen.

Vereinbarungen können sowohl kurzfristige als auch langfristige Beziehungen zwischen Ihrem Unternehmen und Geschäftspartnern darstellen.

Außerdem ermöglicht Ihnen das Transportkostenmanagement die Pflege eines konfigurierbaren *Serviceproduktkatalogs*. Sie können Ihre eigenen Serviceprodukte auf der Grundlage einzelner Servicepositionen einrichten, die Mehrwertdienste oder kundenspezifische Dienstleistungen darstellen können. Die Verwendung von Serviceprodukten beim Einrichten von Vereinbarungen und Auftragsdokumenten ist optional. Sie können den Serviceprodukten Standardarbeitsanweisungen (SOP – Standard Operating Procedures) zuordnen, um die Ausführung operativ zu unterstützen.

12.1.1 Speditionsvereinbarungen

Zunächst müssen Sie zwischen einem Speditionsvertrag und einem Frachtvertrag unterscheiden, und zwar wie folgt:

- Die *Speditionsvereinbarung* stellt einen Kundenvertrag dar, der für alle LDLs von großer Bedeutung ist.
- Die *Frachtvereinbarung* stellt einen Dienstleistungsvertrag mit einem Transportdienstleister oder sonstigen Dienstleister dar. Er beinhaltet Tarife der Lieferanten und ist sowohl für Verlader als auch für LDLs relevant. Wir haben diese Vertragskategorie bereits in Abschnitt 10.1.1, »Frachtvereinbarungen«, vorgestellt.

Sie können einen Speditionsvertrag anlegen, indem Sie auf der Registerkarte **Vertragsmanagement** des SAP-Fiori-Launchpads zur Kachel **Speditionsvereinbarung anlegen** navigieren. Sie müssen eine Speditionsvereinbarungsart angeben, die im Customizing zu definieren ist, und dann den Vertrag einer oder mehreren Verkaufsorganisationen zuordnen.

In Kapitel 4, »Stammdaten«, haben Sie die Grundzüge der Organisationsstruktur kennengelernt. Die Verkaufsorganisation stellt eine kundenorientierte Organisation dar, die Speditionsaufträge erteilt. Wenn Sie als Transportdienstleister arbeiten, haben Ihre einzelnen Frachtstationen möglicherweise autonome Vereinbarungen mit Ihren Kunden. Sie können aber auch mehreren Verkaufsorganisationen eine gemeinsame Vereinbarung zuweisen. Neben der Verkaufsorganisation müssen Sie auch die Geschäftspartner hinterlegen, die den Vertrag konsumieren dürfen. Sie haben zwei Möglichkeiten:

- Definieren Sie genau einen Geschäftspartner (Ihren Vertragspartner).
- Führen Sie eine Liste der Geschäftspartner in Tabellenform. Alle Parteien sind berechtigt, Speditionsaufträge im Rahmen dieses Vertrags zu buchen, es sei denn, sie sind von einem Punkt des Speditionsvertrags ausgeschlossen.

Schließlich ist es zwingend erforderlich, die Gültigkeitsdaten eines Vertrags anzugeben und einzuhalten.

Ein weiteres Attribut im Kopf einer Speditionsvereinbarung ist die Versionsnummer. Diese Funktion dient sowohl der Unterstützung von behördlichen Einreichungen als auch der Verfolgung von Änderungen in Verträgen. Sie können neue Versionen einer Vereinbarung generieren, indem Sie auf die Drucktaste **Neue Version erzeugen** klicken. Es wird eine Kopie des gesamten Vertrags mit allen Tarifen erstellt. Eine Historie der verschiedenen Versionen ist ebenfalls verfügbar.

Abbildung 12.1 zeigt ein Beispiel für die allgemeinen Kopfdaten eines Speditionsvertrags. Dieser Vertrag wird nur für einen Geschäftspartner gepflegt und ist für eine Verkaufsorganisation gültig. Um zu verhindern, dass Vereinbarungen verwendet werden, während sie in der Überarbeitung sind, müssen Sie jede Vereinbarung aktivieren. In diesem Fall wird im Feld **Vereinbarungsstatus** die Meldung **In Bearbeitung** angezeigt.

Die Positionen in der Vereinbarungszeile unterscheiden den Umfang innerhalb einer Vereinbarung. Abbildung 12.2 zeigt ein Beispiel für die Positionen der Vereinbarungszeile. Dabei sind einige wichtige Voraussetzungen zu beachten. Sie müssen jeder Vereinbarungsposition ein Berechnungsschema zuordnen, und jede Speditionsvereinbarung muss mindestens eine Position haben. Wenn Sie die Kostenberechnung für Speditionsaufträge durchführen, übernimmt das System die Tarife aus einer Position der ermittelten Vereinbarung nur dann, wenn der definierte Umfang zwischen Ihrem Speditionsauftrag und der Vereinbarungsposition übereinstimmt. Diesen Umfang einer Vereinbarungsposition bezeichnen wir als *Vorbedingung*.

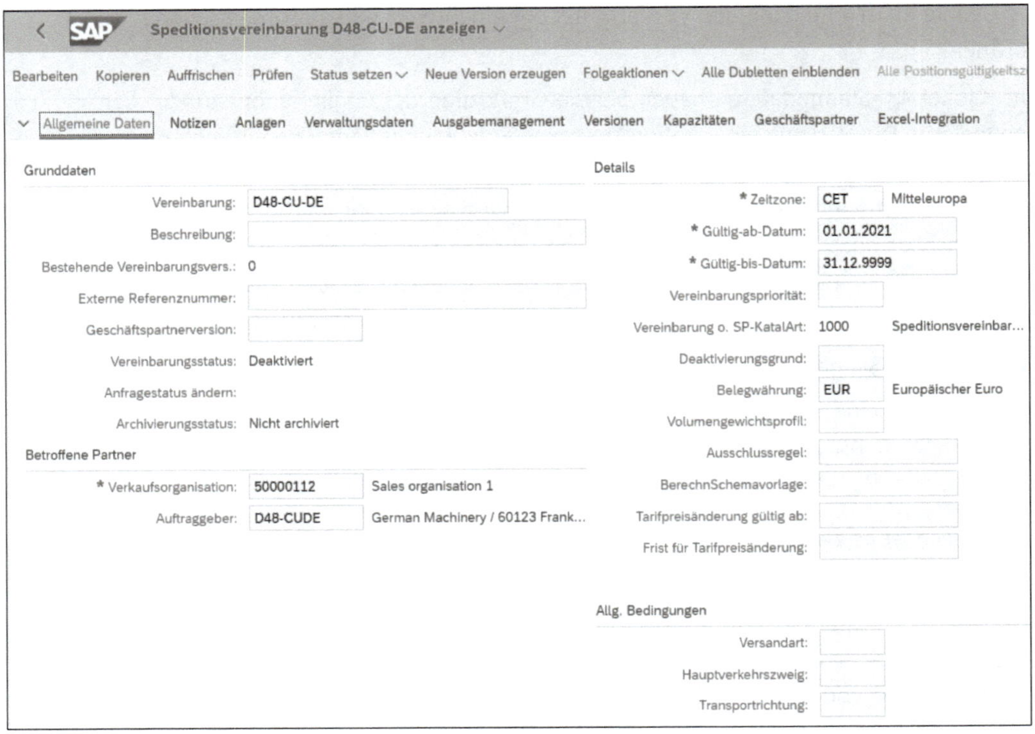

Abbildung 12.1: Allgemeine Daten eines Speditionsvertrags

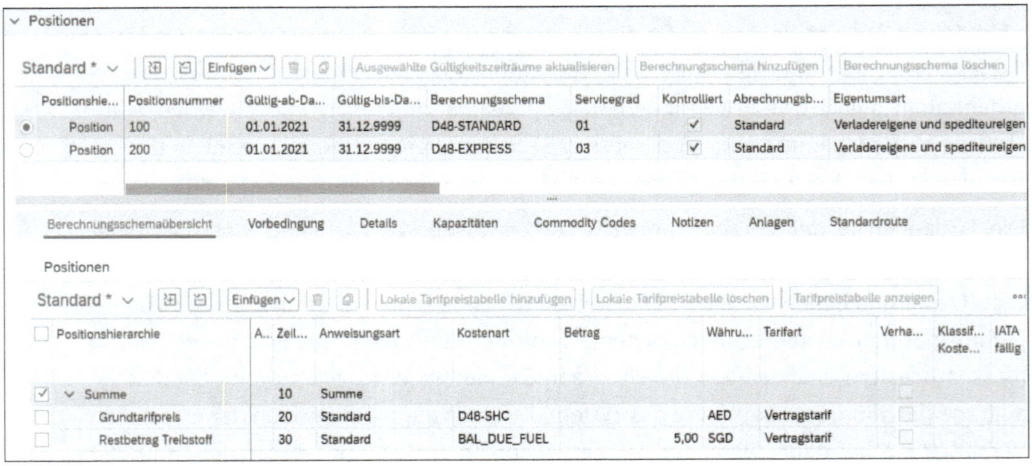

Abbildung 12.2: Positionen eines Speditionsvertrags

Die folgenden Beispiele zeigen Vereinbarungspositionen und Vorbedingungen:

- Sie pflegen nur eine Position pro Transportabschnittskategorie (z. B. Vorlauf, Hauptlauf und Nachlauf). Somit würde eine Position nur zur Ermittlung der Frachtkosten für eine einzelne Etappe (z. B. Vorlauf) im Speditionsauftrag verwendet werden.

- Manche Vereinbarungspositionen stellen Dienstleistungsprodukte dar (siehe Abschnitt 12.2, »Logik der Transportkostenberechnung«).
- Transportart, Bewegungsart und Servicegrad sind Beispiele für Vorbedingungen (siehe Abbildung 12.2). Wenn Sie Dienstleistungen nicht als eigene Stammdaten pflegen wollen, beachten Sie, dass die Serviceebene ein vereinfachtes Konzept eines Serviceproduktkatalogs ist. Servicegrade werden auch zur Beschreibung von Dienstleistungen von Kurier-, Express- und Paketdienstleistern verwendet (z. B. ein Übernacht-Transportservice).

Sie können die Vorbedingungen für die Vereinbarungspositionen über das Customizing erweitern. In den Speditionsvereinbarungspositionen können Sie auch die Abrechnungsbasis pflegen. Diese Einstellung legt fest, wie Ihre Abrechnungsbelege erzeugt werden (z. B. wenn Sie eine Rechnung auf der Grundlage aller auf eine Ressource geladenen Waren erzeugen möchten). Die Normaleinstellung ist **Standard** (d. h. pro Auftrag). Wir haben die Details des Abrechnungsprozesses bereits in Kapitel 11, »Frachtkostenabrechnung«, besprochen.

Die Registerkarten in der Speditionsvereinbarungsposition, wie z. B. **Details** und **Berechnungsschemaübersicht**, bieten weitere Informationen. Auf der Registerkarte **Berechnungsschemaübersicht** sehen Sie die Informationen aus dem Berechnungsschema, nachdem es der Position zugeordnet worden ist. Auf der Registerkarte **Vorbedingung** können Sie weitere Bedingungen für die Berechnungsschemafindung hinterlegen, die wir in Abschnitt 12.2, »Logik der Transportkostenberechnung«, näher erläutern. Schließlich können Sie Kapazitäten pflegen, die Sie mit einem Kunden vereinbart haben. Dies folgt dem gleichen Konzept wie die Pflege von vereinbarten Kapazitäten mit Spediteuren in Frachtvereinbarungen, die wir bereits besprochen haben. TM verwendet Raum- oder Kapazitätszuweisungen aus Speditionsvereinbarungen an Kunden hauptsächlich zu Referenzzwecken und im Ausschreibungsprozess. Sie haben – im Gegensatz zu Frachtvereinbarungen – keinen Einfluss auf die Transportplanung.

Sowohl der Vertragskopf als auch die Positionen stellen Ihnen weitere Registerkarten zur Verfügung, z. B. die Registerkarte **Notizen**. Dort können Sie Freitextklauseln und andere Textelemente pflegen. Sie können auch jedes beliebige Dokument in die Vereinbarung hochladen, z. B. eine Unterschriftenseite, allgemeine Geschäftsbedingungen oder eine Tarifanmeldebestätigung.

Für eine ordnungsgemäße Vereinbarungsverwaltung müssen Sie in der Lage sein, Vereinbarungen zu drucken und andere Ausgabemodi wie E-Mail oder Fax zu definieren. Nehmen Sie dazu die Einstellungen für das Output Management als Teil des Post Processing Framework (PPF) im Customizing über den folgenden IMG-Pfad vor: **Anwendungsübergreifende Komponenten • Prozesse und Werkzeuge für Unternehmensanwendungen • Wiederverwendbare Objekte und Funktionen für die BOPF-Umgebung • PPF-Adapter für Ausgabeverwaltung • Adaptereinstellungen für Ausgabeverwal-**

tung bearbeiten. Wir haben dies in Abschnitt 3.3.3, »Post Processing Framework«, behandelt.

Nachdem Sie die Ausgabeverwaltung für Vereinbarungen konfiguriert haben, können Sie auf der Registerkarte **Ausgabemanagement** Aktionen generieren, indem Sie **Generieren • Aktionen einschließlich Bedingungsprüfungen** wählen. Abbildung 12.3 zeigt ein Beispiel für konfigurierte Aktionen für Vereinbarungen.

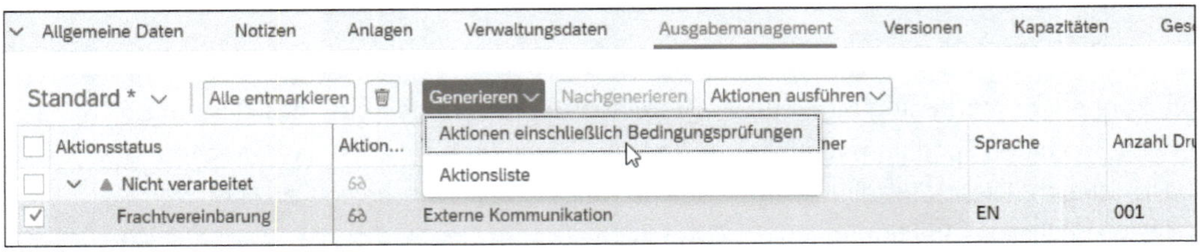

Abbildung 12.3: Ausgabe eines Speditionsvertrags

Lassen Sie uns die wichtigsten Customizing-Einstellungen hervorheben, die für die Verwendung einer Speditionsvereinbarung erforderlich sind. Die Speditionsvereinbarung hat eine eigene Art, die Sie konfigurieren müssen. Sie können die Art im Customizing über den IMG-Pfad **Transportation Management • Stammdaten • Vereinbarungen und Serviceprodukte • SV- und Serviceproduktkatalog-Arten definieren** pflegen.

Die Vereinbarungsart ist eine Schlüsseleinstellung. Sie steuert z. B. das Layout der Benutzeroberfläche (UI). Sie können das Kennzeichen **Mehrere Partner** markieren, um mehr als einen Geschäftspartner und eine Organisationseinheit zu pflegen. Im gleichen Customizing-Abschnitt können Sie, wie soeben beschrieben, Vorbedingungen für die Vereinbarungspositionen festlegen, wie z. B. den Abschnittstyp und die Bewegungsart.

Die Speditionsvereinbarungspositionen haben eine eigene Vereinbarungsart. Sie können sie unter dem Menüpfad **Transportation Management • Stammdaten • Vereinbarungen und Serviceprodukte • Speditionsvereinbarungs- und Serviceprodukt-Positionsarten definieren** pflegen. Die Speditionsvereinbarungspositionsarten müssen der Speditionsvereinbarungsart zugeordnet werden.

Wenden wir uns nun der internen Vereinbarung zu, mit der Sie Ihre Verträge innerhalb der LDL-Organisation abbilden können.

12.1.2 Interne Vereinbarungen

Die interne Vereinbarung ist wichtig für die Verwaltung interner Verrechnungen. Ein Spediteur kann z. B. interne Vereinbarungen verwenden, um Tarifvereinbarungen zwischen Frachtstationen und Einkaufsorganisationen zu pflegen. Jede Einkaufsorganisation könnte ihre eigenen unabhängigen Standardtarife haben, die intern mit den Verkaufsorganisationen, die den Umsatz generieren, verrechnet werden. Ein Produktions- oder Einzelhandelsunternehmen könnte in ähnlicher Weise über eine separate interne Logistikabteilung verfügen, die anderen Geschäftseinheiten die Kosten für die Abwicklung ihrer Transporte in Rechnung stellt.

[«]

Alternative Verwendung von internen Vereinbarungen

In Implementierungsprojekten wurde die interne Vereinbarung anders modelliert als der Prozess der internen Kostenabrechnung. Unternehmen beschließen, interne Vereinbarungen zu pflegen, um ihre internen Standardkosten für Transporte zu speichern. Die Standardkosten enthalten viele weitere Komponenten zusätzlich zu den Einkaufskosten für die Transportdienstleistung. Solche zusätzlichen Kostenbestandteile können die Betriebskosten des Fuhrparks des Unternehmens, die Umlagerung von Containern oder andere Gemeinkosten enthalten, die nicht direkt mit einem Transport verbunden sind. Da diese Daten in die Rentabilitätsanalyse des Speditionsauftrags einfließen, geben sie einen noch genaueren Einblick in die Marge.

Die Struktur der internen Vereinbarung ist fast identisch mit der Struktur der Speditionsvereinbarungen und Frachtvereinbarungen. Im Kopfteil pflegen Sie die Einkaufsorganisation, die anderen Organisationen interne Dienstleistungen anbietet.

Das Besondere an der internen Vereinbarung ist, dass Sie auch den Vereinbarungspartner pflegen müssen. Eine Einkaufsorganisation gewährt z. B. allen Verkaufsorganisationen im selben Land die gleichen internen Tarife, aber den Stationen in anderen Ländern unterschiedliche. Daher wird eine Tabelle bereitgestellt, in der die beteiligten Parteien für jede interne Vereinbarung gepflegt werden.

Die internen Vereinbarungspositionen sind den Positionen von Speditionsvereinbarungen und Frachtvereinbarungen sehr ähnlich. Funktionen wie Vorbedingungen, Notizen und Anhänge werden unterstützt. Kapazitäten können auf den Positionen nicht gespeichert werden, da interne Organisationen in der Regel nicht über Kapazitäten verhandeln, die von internen Verkaufsorganisationen oder anderen Geschäftszweigen verbraucht werden müssen. Zur Ermittlung des Preises müssen Sie jeder Vereinbarungsposition ein Berechnungsschema und gegebenenfalls Vorbedingungen zuordnen.

Bevor Sie diese Funktion nutzen können, müssen Sie eine interne Vereinbarungsart definieren. Pflegen Sie interne Vereinbarungsarten, indem Sie dem IMG-Pfad **Transportation Management • Stammdaten • Vereinbarungen und Serviceprodukte • Interne Vereinbarungsarten definieren** folgen. Sie müssen auch die Positionsarten für interne Vereinbarungen konfigurieren und sie internen Vereinbarungen zuordnen: **Transportation Management • Stammdaten • Vereinbarungen und Serviceprodukte • Positionsarten für interne Vereinbarungen definieren**. Die Konfiguration interner Vereinbarungsarten und interner Vereinbarungspositionsarten ähnelt der Konfiguration von Speditionsvertragsarten und Speditionsvereinbarungs-Positionsarten, die im vorangegangenen Abschnitt beschrieben wurde.

12.1.3 Serviceprodukte und Standardarbeitsanweisungen

In der professionellen Dienstleistungsbranche, zu der auch Marketing, Beratung und die Business-to-Consumer(B2C)-Dienstleistungsbranche gehören, gibt es das Konzept der Serviceprodukte schon seit Langem. Für LDLs, insbesondere Spediteure und Frachtführer, wird das Konzept der modularen und gebündelten Serviceprodukte immer wichtiger. Das Angebot von nicht frachtbezogenen, ergänzenden Dienstleistungen kann für einen LDL mehrere Vorteile bieten, wie z. B. die Erhöhung des Umsatzpotenzials, Kosteneinsparungen durch Standardisierung und die Schaffung eines Alleinstellungsmerkmals.

Mit TM können Sie Serviceprodukte und Servicepositionen als Stammdaten pflegen. Eine *Serviceposition* ist eine granulare Dienstleistungskomponente, die mit einem Basisfrachttransportdienst kombiniert werden kann, wie z. B. die Begasung von Containern oder reduzierte Cut-off-Zeiten in einem Verladehafen. Ein *Serviceprodukt* ist eine Gruppe aus mehreren Servicepositionen (z. B. beschleunigte Luftfracht oder Cold Chain Services). Sie können einen Serviceproduktkatalog definieren und diesen bei der Einrichtung von Vereinbarungen und der Erstellung von Aufträgen verwenden. TM kann auch die Produktion von Dienstleistungen mit SOP (Standard Operating Procedures) umsetzen. Schauen wir uns diese Optionen als Nächstes an.

Dienstleistungen in Vereinbarungen und Aufträgen

Sie können Serviceproduktkataloge pflegen, um Serviceprodukte als Gruppe von mehreren Servicepositionen zu erstellen. Sie können diese Serviceprodukte als Grundlage für die Erstellung von Kundenverträgen verwenden, die Servicevereinbarungen darstellen. Denken Sie daran, dass eine Servicevereinbarung nichts anderes als eine Speditionsvereinbarung oder eine Frachtvereinbarung ist, die Serviceprodukte enthält. Im Falle einer Speditionsvereinbarung stellt sie die Serviceangebote für Ihre Kunden dar. Frachtvereinbarungen mit Servicepositionen sind die Dienstleistungen, die Sie von Ihren LDLs auswählen.

Bei der Einrichtung Ihrer Vereinbarung mit Serviceleistungen können Sie wählen, ob eine Leistung als Pflicht oder als Servicefluss betrachtet wird. Beide können zu einem Auftrag abgerufen werden, aber Letztere können wieder entfernt werden – nicht so bei den Pflichtdienstleistungen. Sie können in Ihren Transaktionen auf zwei Arten mit Serviceprodukten und Servicepositionen arbeiten:

- **Erzeugen eines Speditionsauftrags/Frachtauftrags direkt aus einer Servicevereinbarung**

  Der neue Speditionsauftrag/Frachtauftrag erbt automatisch alle Servicepositionen, die in der Servicevereinbarung unter dem Serviceprodukt gruppiert sind.

- **Manuelles Erstellen eines Speditionsauftrags/Frachtauftrags und Einfügen von Leistungspositionen**

  Sie können den Frachtführer in den Frachtauftrag eingeben, um die Werte der Eingabehilfe für die Servicepositionen dieses Frachtführers einzuschränken. Sie können auch

Vereinbarung, Position und Version eingeben, und TM ruft automatisch die Dienstleistungen für den Auftrag ab.

Es ist nicht zwingend erforderlich, einen Serviceproduktkatalog zu pflegen. Eine Einschränkung ist, dass Sie kein ganzes Serviceprodukt einfügen können, sondern nur Servicepositionen.

Lassen Sie uns nun die Erstellung eines Serviceproduktkatalogs darstellen. Sie können einen Serviceproduktkatalog im SAP Fiori Launchpad erstellen, indem Sie auf der Registerkarte **Vertragsmanagement** die Kachel **Serviceproduktkatalog anlegen** wählen. In seiner Struktur ist der Katalog wie eine Speditionsvereinbarung, aber Sie pflegen keine Gültigkeiten oder Kapazitäten. Das Wichtigste ist, dass Sie in der Positionstabelle Serviceprodukte anlegen können. Wählen Sie **Einfügen • Serviceprodukt**, und ordnen Sie eine Serviceprodukt-Positionsart zu, wie sie im Customizing festgelegt wurde (siehe Abbildung 12.4).

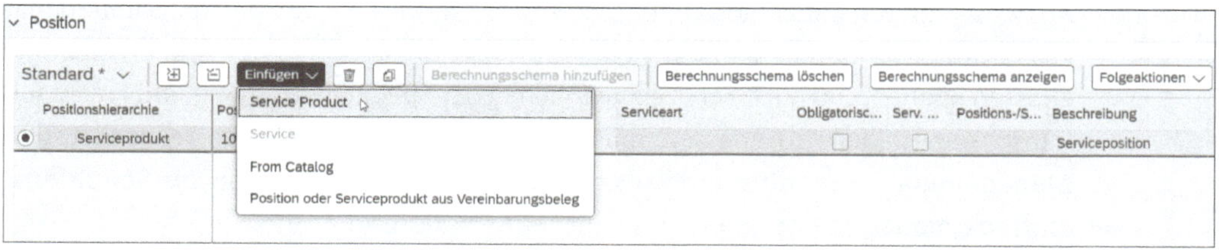

Abbildung 12.4: Einfügen eines Serviceprodukts in einen Serviceproduktkatalog

Sie können dem Produkt nun eine eigene ID geben und über **Einfügen • Service** Servicepositionen unter dem Produkt bündeln. Jedem Serviceprodukt können Sie direkt ein Berechnungsschema zuordnen. In das Berechnungsschema können Sie alle Kostenarten aufnehmen, die für die Berechnung der Kosten der einzelnen Servicepositionen relevant sind. Einem Serviceprodukt können Sie jedoch nicht direkt eine Transportkostenart zuordnen (um etwa einen Preis für eine ganze Gruppe anzubieten).

Sie können mehr als einen Serviceproduktkatalog pflegen, um den Umfang von Serviceprodukten mit Vorbedingungen im Customizing zu unterscheiden. In einer Servicevereinbarung können Sie ein Serviceprodukt in die Positionstabelle einfügen. Zu jedem Servicekatalog können Sie Ihr Repository an Serviceprodukten durchsuchen und ein passendes Produkt auswählen. Bei der Auswahl in einer Servicevereinbarung werden alle Servicepositionen und Transportkostenarten in die Vereinbarung gezogen.

Bei der Erstellung eines Fracht- oder Speditionsauftrags können Sie in der Positionstabelle Servicepositionen eingeben. Sie können Servicepositionen entweder nur einzelnen Positionen oder allen Positionen als Kopfservice zuordnen (z. B. Entladen eines Containers oder aller Container). Nachdem Sie die Kostenberechnung ausgeführt haben, werden die Tarife für die Servicepositionen auf der Grundlage der in der Servicevereinbarung gepflegten Beträge berechnet.

Einstellungen für Dienstleistungen im Transportmanagement

Um einen Serviceproduktkatalog zu generieren und Services in Aufträgen zu verwenden, müssen Sie im Customizing ein Repository von Servicearten sowie verschiedene andere Einstellungen wie folgt definieren:

- **Servicearten**

  Sie müssen Ihr individuelles Repository von Servicearten einrichten, wie z. B. Begasung, Bereitstellung von Stromaggregaten, Zollabwicklung, Containerreinigung, beschleunigte Lieferung und GPS-Frachtverfolgung. Navigieren Sie dazu zum Customizing-IMG-Pfad **Transportation Management • Grundfunktionen • Allgemeine Einstellungen • Servicearten definieren**. Servicearten sind die detailliertesten Positionen (z. B. Mehrwertdienste, die unter einem Serviceprodukt gebündelt werden können oder die besonders in Aufträgen verwendet werden).

- **Positionsarten für Speditionsauftrag und Frachtauftrag**

  Aus Abschnitt 5.3, »Speditionsaufträge«, wissen Sie, dass Sie im Speditionsauftrag mithilfe von Positionsarten vor allem Frachtstücke, Container, Waggons und Anhänger erfassen können. Um auch Servicepositionen in der Speditionsauftrags- und Frachtauftragspositionstabelle zu erfassen, müssen Sie im Customizing unter **Transportation Management • Speditionsauftragsmanagement • Positionsarten für Speditionsauftrags-management definieren** eine neue Positionsart pflegen.

  Dasselbe ist für die Frachtauftragspositionsarten erforderlich. Pflegen Sie mindestens einen Eintrag mit der Positionsart **Service**, und ordnen Sie diese Positionsart im Customizing unter **Transportation Management • Speditionsauftragsmanagement • Speditionsauftrag • Positionsarten zu Speditionsauftragsarten zuordnen** zu.

- **Serviceprodukt-Positionsarten**

  Neben der detaillierten Definition Ihrer einzelnen Servicearten müssen Sie ein Repository für Ihre Serviceprodukte einrichten, um eine Liste aller Serviceprodukte zu erstellen, die Sie anbieten möchten. Sie können das Repository unter dem IMG-Pfad **Transportation Management • Stammdaten • Vereinbarungen und Serviceprodukte • Speditionsvereinbarungs- und Serviceprodukt-Positionsarten definieren** einrichten. In dieser Einstellung können Sie die Beschreibung für Ihr Serviceprodukt festlegen, z. B. garantierte termingerechte Lieferung, Eilservice oder ständige Temperaturkontrolle.

  Entscheidend ist nun, die Liste der granularen Servicearten der Positionsart des Serviceprodukts zuzuordnen, unter der es gruppiert werden kann. Beachten Sie, dass dies nicht die eigentliche Gruppierung von Dienstleistungen ist, die in den Stammdaten erfolgt.

  Optional können Sie Vorbedingungen angeben, die beeinflussen, ob ein Serviceprodukt im Rahmen eines Auftrags oder einer Vereinbarung verwendet werden kann.

- **Serviceproduktkatalog**
  Da der Serviceproduktkatalog technisch gesehen ein Speditionsvereinbarungsobjekt ist, müssen Sie eine Serviceproduktkatalogart generieren, die die Nummernkreise und die Benutzerschnittstelle beeinflusst und Vorlagen und Voreinstellungen enthält. Sie können eine Serviceproduktkatalogart im Customizing unter **Transportation Management • Stammdaten • Vereinbarungen und Serviceprodukte • SV- und Serviceproduktkatalog-Arten definieren** anlegen. Um die Verwendung von Serviceprodukten im Serviceproduktkatalog zu ermöglichen, müssen Sie die infrage kommenden Serviceproduktarten den Katalogarten im gleichen Customizing-Pfad zuordnen.

Sie haben nun die grundlegenden Customizing-Einstellungen vorgenommen, um Serviceprodukte in TM zu ermöglichen. Um eine Kostenberechnung für Dienstleistungen in Speditionsaufträgen zu ermöglichen, müssen Sie Ihre Servicearten Kostenarten zuordnen. Sie müssen mindestens eine Kostenart pro Serviceart pflegen, können aber alternativ auch eine Serviceart mehreren Kostenarten zuordnen. Navigieren Sie zum Customizing, um die Zuordnung über den folgenden Pfad zu pflegen: **Transportation Management • Grundfunktionen • Kostenberechnung • Grundeinstellungen • Kostenarten zu Servicearten zuordnen**.

Standardarbeitsanweisungen (SOPs – Standard Operating Procedures)

Ein durchgängiger Transportprozess eines Logistikdienstleisters, Spediteurs oder Frachtführers umfasst, selbst für eine einzelne Sendung, zahlreiche Aufgaben und Aktionen. Diese Aufgaben können von der Auftragsannahme und -validierung über die Planung und Durchführung des Transports, die Ausstellung der Transportdokumente und die Zollabfertigung bis hin zur Rechnungsstellung an den Kunden reichen. Überdies können spezifische Vereinbarungen in Kundenverträgen über die Standardabwicklung einer Sendung hinausgehen und zusätzliche Dienstleistungen erfordern.

SOPs unterstützen die konsistente und strukturierte Abwicklung all dieser Aufgaben, indem sie aus benutzerspezifischen Arbeitslisten auszuführende *Anweisungen* generieren, was die Standardisierung der Prozesse, die Einhaltung der Vorschriften und eine klare Anleitung für die Mitarbeitenden gewährleistet. Abbildung 12.5 zeigt ein Beispiel für Anweisungen für einen Speditionsauftrag. Die Anweisungsliste dient als individuelle To-do-Liste, die täglich abgearbeitet werden muss.

In TM können Sie Anweisungen definieren, die ausführbare Aufgaben darstellen, wie z. B. die Veranlassung einer Dokumentation, die Erstellung einer Kundenrechnung, die Überprüfung von Versandanweisungen und die Durchführung einer Frachtkontrolle. Das Beispiel in Abbildung 12.5 bezieht sich auf die Anfrage des Kunden für den Transport eines beschädigten Automobils und umfasst daher Aufgaben wie Adressprüfung, Schadensdokumentation sowie Erstellung des Fahrzeugübernahmeprotokolls.

Für jede Anweisung können Sie auch festlegen, welche Benutzerrolle diese Aufgabe ausführen muss, und Zeitvorgaben, Hinweise und Beschreibungen bereitstellen. Um diese

Anweisungen in die richtige Reihenfolge und den richtigen Kontext zu bringen, müssen Sie sie in *Anweisungssätzen* gruppieren. Anweisungssätze dienen als Rahmen, um Fälligkeitsdaten für Aufgaben zu definieren, die vor oder nach einem bestimmten Ereignis erscheinen sollen. Sie können z. B. festlegen, dass eine Aufgabe zwölf Stunden vor dem Ladeschluss im Arbeitskorb der Person, die dafür zuständig ist, erscheinen muss.

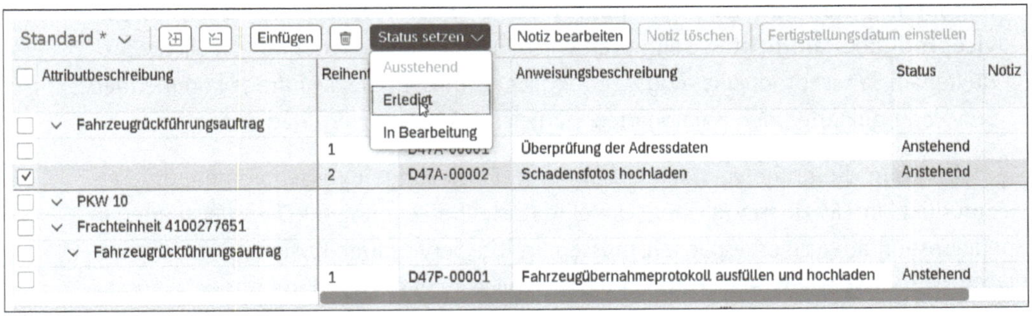

Abbildung 12.5: Anweisungen zu einem Speditionsauftrag

Sie können auch zeitabhängige Warnungen definieren, falls eine Aufgabe nicht rechtzeitig ausgeführt wurde. Nach der Ersteinrichtung generiert TM automatisch Anweisungen im Arbeitsvorrat der zuständigen Person, nachdem ein Speditionsauftrag erzeugt wurde, abhängig von der geplanten Zeit. Die Generierung von Anweisungen und Anweisungssätzen können Sie im Customizing unter **Transportation Management • Grundfunktionen • Anweisungen • Anweisungen und Anweisungssätze definieren** vornehmen.

Anweisungen werden immer auf dem Speditionsauftrag gespeichert, wo Sie die gesamte Liste der relevanten Anweisungen auf der Registerkarte **Anweisungen** finden, die in Abbildung 12.5 dargestellt ist. Sie haben vier Möglichkeiten, einen Anweisungssatz zuzuordnen, um sicherzustellen, dass er für den Speditionsauftrag geeignet ist:

- **Speditionsauftragstyp**

  Bei dieser Zuweisungsart ordnen Sie Anweisungssätze einer Speditionsauftragsart zu. Sobald Sie diese Speditionsauftragsart verwenden, werden die Anweisungen automatisch in den Speditionsauftrag übernommen.

- **Positionsart pro Speditionsauftrag**

  Der Anweisungssatz basiert auf der Positionsart im Speditionsauftrag.

- **Abschnittsart**

  Ein Befehlssatz wird in einen Speditionsauftrag gezogen, wenn eine bestimmte Abschnittsart verwendet wird.

- **Serviceart**

  Wenn Sie mit dem Serviceproduktkatalog arbeiten, können Sie jeder Serviceart einen Anweisungssatz zuordnen. Dadurch wird sichergestellt, dass die von Ihnen an einen Kunden verkauften Services vorschriftsmäßig ausgeführt werden.

Die Zuordnung der Anweisungssätze erfolgt im Customizing unter **Transportation Management • Grundfunktionen • Anweisungen • Anweisungssätze zuordnen**.

12.2 Logik der Transportkostenberechnung

In Kapitel 10, »Transportkostenmanagement«, haben wir das Konzept der Kostenberechnung vorgestellt und Ihnen erläutert, wie TM die definierten Stammdaten nutzt. Die Kostenberechnung für Speditionsaufträge folgt den gleichen Prinzipien wie die Kostenberechnung für Frachtaufträge oder Frachtbuchungen. Der einzige Unterschied besteht darin, dass wir jetzt eine Speditionsvereinbarung anstelle einer Frachtvereinbarung verwenden, um Tariftabellen und Berechnungsschemata zu erstellen. Bei der Berechnung der Kosten für den Speditionsauftrag ermittelt das System eine Speditionsvereinbarung, die für die Kombination aus Verkaufsorganisation und Auftraggeber gültig ist und alle möglichen Vorbedingungen erfüllt, die sowohl für die Vereinbarung selbst als auch für die Position definiert sind.

Dieser Abschnitt befasst sich mit den Besonderheiten, die die LDLs bei der Transportkostenberechnung berücksichtigen müssen und die über die grundlegenden Merkmale der Transportkostenberechnung hinausgehen.

12.2.1 Transportkostenberechnung für Luftfracht

Das Transportkostenmanagement bietet umfassende Möglichkeiten zur Berechnung von Luftfrachtkosten für Spediteure oder Verlader. Es gibt eine Vielzahl von Methoden und Varianten zur Berechnung von Kosten in der Luftfracht. Da sich dieses Buch auf das Gesamtbild des Transportmanagements konzentriert, gehen wir nicht auf die Details der reinen Luftfrachtkostenkalkulation ein und versuchen auch nicht, alle verfügbaren Funktionen und Einstellungen zu behandeln; stattdessen geben wir Ihnen einen allgemeinen Überblick über die Möglichkeiten von TM.

TM unterstützt zwei Arten der Berechnung von Luftfrachtkosten:

- Einstufung auf der Grundlage der International Air Transport Association (IATA)
- Einstufung auf der Grundlage individueller Vertragsraten

Die IATA standardisiert weltweit die Prozesse in der Luftfracht und arbeitet für die meisten Fluggesellschaften als Serviceorganisation für Kostenberechnungs- und Abrechnungsprozesse. Eine der von der IATA angebotenen Dienstleistungen ist die Berechnung und Verwaltung von Frachtraten in ihrer eigenen Datenbank, die mehr als 100 Fluggesellschaften repräsentiert.

In diesem Abschnitt gehen wir auf beide Optionen ein und geben Einblicke in zusätzliche Luftfrachtmöglichkeiten und Konfigurationsaktivitäten.

IATA-basierte und vertragsbasierte Transportkostenberechnung

TM kann die gleichen Methoden und Werkzeuge verwenden, die die IATA zur Kostenberechnung nutzt, um die Kosten für einen Spediteur zu ermitteln. Das Grundprinzip besteht darin, dass Sie als Spediteur beim Abschluss von Vereinbarungen mit Ihren Kunden Ihre eigenen Speditionsvereinbarungen konfigurieren oder sie auf die IATA-Logik stützen können. Ebenso können Sie bei der Aufrechterhaltung von Vereinbarungen mit Fluggesellschaften auf der Grundlage von IATA- oder individuellen Vertragsbedingungen abrechnen. Sowohl für IATA- als auch für Vertragstarife werden drei Tarifkategorien unterstützt:

- ULD-Tarife (Unit Load Device, z. B. Luftfrachtpaletten oder -container)
- SCR-Tarife (Special Commodity)
- GCR-Tarife (General Cargo)

[»]

Hochladen von TACT-Raten

TM ist in der Lage, die Tarife des Luftfrachttarifs (engl.: *The Air Cargo Tariff*, kurz: TACT) in die TM-Datenbanktabellen hochzuladen, um eine Kostenberechnung auf der Grundlage der IATA-Vorgaben zu ermöglichen. Die TACT-Tarife sind ein allgemeiner Tarif, der für jeden Kunden einer Fluggesellschaft gilt.

Navigieren Sie im SAP GUI zu Transaktion SE38, und führen Sie den Report `/SCMTMS/TACT_RATE_UPLOAD` aus, um TACT-Raten in TM hochzuladen. Wählen Sie die Datei aus, die die TACT-Raten enthält. TM erzeugt mit dem Report `/SCMTMS/TACT_RATE_PROCESS` die entsprechenden Einträge in der Datenbank.

Luftfrachtberechnungslogik

Eine gängige Methode zur Berechnung der Tarife ist die Einteilung in verschiedene Gewichtsklassen mit Pauschalkosten pro ULD-Typ. Diese Tarifierungslogik kann sowohl von der IATA als auch bei vertraglich vereinbarten Tarifen verwendet werden. Wenn das anrechenbare Gewicht eine Gewichtsstufe übersteigt, wird eine Überschreitungsrate angewandt und addiert. TM berechnet das anrechenbare Gewicht eines ULD und wendet den Pauschalsatz der nächsthöheren Gewichtsklasse an. Dieser Satz wird mit dem Pauschalsatz der nächstniedrigeren Gewichtsklasse verglichen, zuzüglich des Deltas des anrechenbaren Gewichts, multipliziert mit der Überschreitungsrate.

Veranschaulichen wir dies anhand des in Tabelle 12.1 dargestellten vereinfachten Beispiels.

ULD-Klasse	Gewichtsstufe für anrechenbares Gewicht	ULD-Luftfrachtrate
04	300 kg	3.000 EUR
04	400 kg	3.800 EUR

Tabelle 12.1: ULD-Kostenberechnungsbeispiel

ULD-Klasse	Gewichtsstufe für anrechenbares Gewicht	ULD-Luftfrachtrate
04	500 kg	4.500 EUR
-	Überschreitung pro kg	10 EUR/kg

Tabelle 12.1: ULD-Kostenberechnungsbeispiel (Forts.)

Nehmen wir an, dass das ULD in einem Speditionsauftrag ein anrechenbares Gewicht von 450 kg hat. Der Pauschalsatz würde 4.500 EUR betragen. Der untere Satz der Gewichtsklasse beträgt 3.800 EUR plus den Überschreitungssatz von 50 × 10 EUR = 500 EUR, was 4.300 EUR ergibt. Der niedrigere Satz von 4.300 EUR wird bewertet. Die IATA gibt die Gewichtsklassen für jede ULD-Klasse und die Pauschalraten/Überschreitungsraten für jedes Luftfahrtunternehmen an. Die Tarife sind normalerweise von den IATA-Städten am Ausgangs- und Zielort abhängig. Diese Logik ist in TM über die Methode zur Schnittgewichtsberechnung für die Luftfracht implementiert.

Reine Warenfrachtraten werden in der Luftfracht selten verwendet. Sie können als Raten pro Gewicht gepflegt werden und werden einfach mit dem anrechenbaren Gewicht der Fracht mit einer ähnlichen Warenklasse multipliziert (siehe Beispiel in Tabelle 12.2). Sie können auch Stufen für die Warensätze anwenden, aber es wird keine Vergleichslogik mit dem Schnittgewicht genutzt. Eine Palette mit Schokolade auf einem Flug von Frankfurt nach Singapur hat ein anrechenbares Gewicht von 350 kg. Der berechnete Tarif würde 350 kg × 5 EUR/kg = 1.750 EUR betragen.

Herkunft	Reiseziel	Gewichtsstufe für anrechenbares Gewicht	Ware: Schokolade	Ware: Elektronik
Frankfurt	Singapur	>100 kg	6 EUR/kg	30 EUR/kg
Frankfurt	Singapur	>300 kg	5 EUR/kg	25 EUR/kg

Tabelle 12.2: Beispiel für die Bewertung von Gütern

Schließlich wird die GCR immer dann verwendet, wenn kein speziell ermäßigter ULD oder SCR gefunden wird. Für die Berechnung werden drei Tarifklassen verwendet: Mindesttarif, Normaltarif und Mengentarif (siehe Beispiel in Tabelle 12.3). Die Logik besteht darin, dass ein Normaltarif mit dem anrechenbaren Gewicht der Ladung multipliziert wird. Ist der resultierende Preis niedriger als der Mindestsatz, wird der Mindestsatz angewandt. Ist das anrechenbare Gewicht der Ladung höher als das Gewicht des Normalsatzes, wird der Mengensatz der entsprechenden Stufe angewandt. Ein Beispiel: Ein Frachtstück auf einem Flug von London nach Toronto hat ein anrechenbares Gewicht von 80 kg. Der berechnete Satz beträgt 80 kg × 8 EUR/kg = 640 EUR.

Herkunft	Reiseziel	Klasse	Gewicht Stufe	GCR-Luftfrachtrate
London	Toronto	Minimum	-	124 EUR
London	Toronto	Normal	<50 kg	9,50 EUR/kg
London	Toronto	Menge	>50 kg	8,00 EUR/kg
London	Toronto	Menge	>100 kg	7,00 EUR/kg

Tabelle 12.3: Beispiel für die Bewertung von Stückgut

Bei der Erstellung einer Luftfrachtbuchung können Sie z. B. angeben, welche Tarifkategorie verwendet werden soll. TM kann auch automatisch die Tarifkategorie mit einer bestimmten Reihenfolge ermitteln.

Warenart

In der Luftfrachtbriefansicht können Sie die *Warenart* zu jeder Frachtbriefzeile eingeben. Die Art der Ware wird in der Luftfracht verwendet, um detailliertere Informationen über die Fracht zu geben, z. B. über Mengen, Abmessungen, Gefahrgut oder lebende Tiere. Sie ist oft in mehreren Dokumenten (z. B. Manifest und Luftfrachtbrief) druckrelevant. Die Warenart kann in jedem Ausführungsdokument (z. B. Speditionsauftrag oder Frachtbuchung) angegeben werden und wird von den Vorgängerdokumenten übernommen.

Die Kostenberechnungslogik ist auf der Grundlage von zwei Berechnungsmethoden implementiert: der Schnittgewichtsberechnung für die Luftfracht und der Luftfrachtstandardberechnung, die für alle Szenarien verwendet werden können. Es ist auch möglich, die ULD- und GCR-Tarifkategorien zu kombinieren, was für Szenarien mit gemischter loser Fracht und ULD-Fracht infrage kommt:

1. Wenn Sie ULDs transportieren, muss die Buchung ein ULD mit Gewichts- und Voluminformationen enthalten. TM prüft, ob ein ULD-Tarif auf der Grundlage des anrechenbaren Gewichts gilt.
2. Wird kein Tarif gefunden oder handelt es sich um lose Fracht/Verpackungen (aber nicht in einem Luftfracht-ULD konsolidiert), wird die SCR-Rate berechnet. Die Warennummer in der Buchung für die Fracht ist erforderlich.
3. Wird kein spezifischer warenbezogener Tarif angewandt, wird als Ausweichmöglichkeit die allgemeine Tarifberechnung verwendet.

Wenn Sie mit Vertragstarifen arbeiten, können Sie diese Reihenfolge flexibel ändern. Sie können in Luftfrachtbuchungen bestimmte Abfertigungscodes eingeben, die z. B. anzeigen, dass eine Frachtkontrolle erforderlich ist, dass Gefahrgut transportiert wird oder dass andere Dienstleistungen durchgeführt werden müssen. Mithilfe von Abfertigungscodes können zusätzliche Kostenarten ermittelt werden, die in die Berechnung einbezogen werden müssen.

Zusätzliche Möglichkeiten für Luftfracht

Eine weitere Möglichkeit der Kostenberechnung in der Luftfracht besteht darin, die Kosten einer Back-to-Back-Sendung abzuleiten, indem die in der Hauptluftfrachtbuchung berechneten Kosten in einen Speditionsauftrag gezogen werden (Verwendung der Berechnungsmethode `AIR_COST`). Ein solcher IATA-Back-to-Back-Versand bedeutet, dass ein Auftrag (House Air Waybill, HAWB) einer Luftfrachtbuchung (Air Waybill) entspricht. Es findet keine Auftragskonsolidierung statt, z. B. in einem ULD mit anderen Kundenaufträgen. Dies ist vor allem dann relevant, wenn Sie LDL-Tarife vereinbart haben, die auf den tatsächlichen Kosten plus Aufschlag oder einfach den tatsächlichen Kosten basieren.

Durch die Wahl der `COST_PULL`-Berechnungsmethode im Speditionsvertrag können Sie sowohl die Quelle (z. B. Luftfrachtbriefkosten) als auch die Strategie für die Kostenübertragung (Cost Pull) wählen. Die `Active_Copy`-Strategie bestimmt, ob die in den Speditionsauftrag gezogenen Kosten editierbar sind. Sehr wichtig für das Verhalten der Cost-Pull-Funktion sind die Incoterms im Speditionsauftrag und die *Frachtbedingungen* in der Frachtbuchung. Die Frachtbedingungen legen fest, welche der Organisationseinheiten des Spediteurs den Frachtführer bezahlen wird. Abhängig von der Auswahl der Frachtbedingungen kann der Kostenzug von der Export-, der Import- oder sowohl von der Export- als auch von der Importfrachtbuchung erfolgen.

Wenn Sie als Verlader oder Spediteur mit einer Fluggesellschaft zusammenarbeiten, haben Sie möglicherweise mit einem Handelsvertreter in bestimmten Ländern zu tun. Anstatt Ihren Frachtvertrag direkt mit der Fluggesellschaft abzuschließen, können Sie ihn mit dem Vertreter der Fluggesellschaft abschließen. Dies ist vor allem in kleinen Ländern oder in Ländern, deren Fluggesellschaft nur ein geringes Dienstleistungsangebot hat, gängige Praxis. Das mögliche Vorgehen von TM besteht darin, zunächst zu prüfen, ob eine Vereinbarung mit dem Verkaufsagenten besteht, und, falls keine gefunden wird, als Ausweichmöglichkeit eine Vereinbarung mit der Fluggesellschaft zu prüfen.

Erinnern Sie sich an Kapitel 10, »Transportkostenmanagement«, dass dies ein besonderes Verhalten ist? Sie können diese Funktion aktivieren, indem Sie die Fluggesellschaft auf der Registerkarte **Lieferantendaten** des Geschäftspartners des Vermittlers pflegen. Stellen Sie sicher, dass Sie auch eine Geschäftspartnerbeziehung zwischen den beiden Geschäftspartnern mit dem Beziehungstyp **Ist Vertreter von** einrichten. Darüber hinaus können Sie für die Kostenberechnung ein Gewichts-/Volumenverhältnis verwenden. Diese sehr gebräuchliche Art der Verwendung eines anrechenbaren Gewichts wird in Abschnitt 10.3, »Logik der Kostenberechnung«, näher beschrieben. Speziell in der Luftfracht ist ein Volumengewichtsfaktor oft entscheidend für die Berechnung des tatsächlichen anrechenbaren Gewichts.

Highlights der Konfiguration

Um das Transportkostenmanagement für Luftfrachtkosten zu konfigurieren, müssen Sie einige Einstellungen vornehmen. Im Customizing sind die folgenden Konfigurationen erforderlich. Lassen Sie uns die wichtigsten Unterschiede zu einer regulären Kostenberechnung hervorheben, wie wir sie in Kapitel 10, »Transportkostenmanagement«, beschrieben haben:

- TACT-Tarife
  - ULD-Rate-Typen werden gepflegt und den ULD-Typen zugeordnet: **Transportation Management • Grundfunktionen • Kostenberechnung • Einstellungen für Luftfracht • ULD-Tarifarten definieren** und **ULD-Arten zu ULD-Tarifarten zuordnen**.
  - Die TACT-Tarife werden hochgeladen.
- Ein Berechnungsprofil wird mit der Option **Berechnung auf Kopfebene** und den Definitionen für den Luftfrachtbriefdruck und die Luftfrachtbriefabrechnung gepflegt (TACT- oder Vertragstarif). Das Berechnungsprofil ist einem Kostenprofil einer Organisation oder eines Geschäftspartners zugeordnet (beides in **Transportation Management • Grundfunktionen • Kostenberechnung • Grundeinstellungen**).
- Dem Berechnungsprofil bzw. der Vereinbarungsposition wird ein dimensionales Gewichtsprofil zugeordnet.
- Die von Ihnen verwendeten Transportkostenarten haben den Verkehrsträgertyp **Luft**.

Neben dem reinen Customizing ist es wichtig, Ihre Vereinbarungen, Berechnungsschemata und Tariftabellen entsprechend einzurichten. Beachten Sie diese Zusammenfassung der möglichen Einstellungen:

- Die Vereinbarung enthält ein Volumengewichtsprofil (**VolGewProfil**) für die Abmessungen. Alternativ wird es im Berechnungsprofil gespeichert.
- Die Kosten in den Berechnungsschemata sind für Luftfracht ausgelegt:
  - Die Tariftypen werden als **ULD**, **SCR** oder **GCR** gepflegt.
  - Als Tarifart wird entweder **Vertrag** oder **TACT** gewählt.
  - Die Klassifizierungen der Kostenarten und die IATA-Definitionen für die Kostenpflicht werden beibehalten.
- Den Kostenarten ist im Berechnungsschema eine der beiden Luftfrachtberechnungsmethoden **Luftfracht Schnittgewicht** oder **Luftfracht Standard** zugeordnet.
- Tariftabellen enthalten die entsprechende Tarifart für eine zugeordnete Transportkostenart.

Sie können auch andere Funktionen nutzen, wie z. B. einen Multiratentreffer oder Mindest-/Maximalraten, sowie mit Vorbedingungen in der Luftfrachtkostenberechnung arbeiten.

12.2.2 Transportkostenberechnung mit Spediteuren

In diesem Abschnitt beleuchten wir die Möglichkeiten der Kostenberechnung, die für den Fall gelten, dass Sie als Spediteur oder Verlader einen Vertrag mit einem anderen Logistikdienstleister haben. Es ist wichtig, zu Beginn daran zu erinnern, dass Spediteure Luftfrachtdienste anbieten. In diesem Kapitel konzentrieren wir uns nun auf andere Funktionen, die Spediteure im Zusammenhang mit Luft-, See-, Lkw- oder Bahnfrachtkosten nutzen können.

Berechnung der Transportkosten auf der Grundlage des anrechenbaren Gewichts

In der Speditionsbranche, insbesondere bei Luftfracht und Stückgut, ist es gängige Geschäftspraxis, die Tarife nicht nach Gewicht oder Volumen, sondern nach *anrechenbarem Gewicht* zu berechnen. Das anrechenbare Gewicht ist eine Kombination aus Gewicht und Volumen, die auf einem bestimmten Faktor basiert. Bei der Berechnung der Raten wird in der Regel der höhere Wert aus Gewicht und anrechenbarem Gewicht zugrunde gelegt.

Schauen wir uns ein Beispiel an. In der Luftfracht sind der Raum eines Flugzeugs und das Gewicht, das ein Flugzeug befördern kann, begrenzt. Daher wiegt das perfekte Frachtstück, das sowohl das Gesamtvolumen als auch das Ladungsgewicht des Flugzeugs optimal befüllt, 1 kg pro 6.000 cm^3. In Beispiel 1 in Tabelle 12.4 beträgt das anrechenbare Gewicht, das für die Bewertung verwendet wird, 83,33 kg. In Beispiel 2 beträgt das anrechenbare Gewicht 47 kg.

Beispiel	Volumen (in cm^3)	Geteilt durch	Volumengewicht (1 kg/6.000 cm^3)	Tatsächliches Gewicht	Anrechenbares Gewicht
1	500.000	6.000	83,33 kg	60 kg	83,33 kg
2	240.000	6.000	40 kg	47 kg	47 kg

Tabelle 12.4: Gewichtsszenarien in der Luftfracht

Sie können in TM-Customizing über den IMG-Pfad **Transportation Management • Grundfunktionen • Kostenberechnung • Datenquellenanbindung • Volumengewichtsprofile definieren** individuelle Volumengewichtsprofile pflegen, um die spezifischen Gewicht-Volumen-Verhältnisse zu speichern. Sie können das Volumengewichtsprofil einem Berechnungsprofil oder den Kopf-/Zeilenpositionen einer Vereinbarung zuordnen, um es für die Kostenberechnung und sogar in den Kostendetails zu verwenden.

Durchgangsfrachten, Mischfrachten und unkontrollierte Sendungen

In einem regulären Tarifierungsszenario für Kunden eines Spediteurs können Sie Kosten pro Transportabschnitt berechnen. TM prüft bei Verwendung der Auflösungsbasis **Abschnitt** für jede Start- und Ziellokation jeder Strecke einen Tarif.

In der Seefrachtbranche ist es jedoch gängige Geschäftspraxis der Spediteure, einem Spediteur eine Gesamtrate vom Ursprungsort bis zum endgültigen Bestimmungsort in Rechnung zu stellen. Diese wird als *Durchgangsrate* bezeichnet. Alternativ ist jede andere Kombination von stufenabhängigen Raten möglich, die auf der *Kombirate* (Cross-Rate) basiert, d. h., eine Rate wird für den Vorlauf, eine andere für den Hauptlauf und eine dritte für den Nachlauf verwendet.

Um dieses Konzept an die Kunden des Spediteurs weiterzugeben, unterstützt TM bei Speditionsaufträgen und Speditionsangeboten die Berechnungslogik Durchgangsrate/Kombirate. Diese Berechnungslogik versucht immer, den direktesten Tarif mit möglichst wenigen Einzelschritten zu finden. Wenn kein durchgehender Tarif gefunden wird, zerlegt die Logik die durchgehende Route systematisch in Teile von gemischten Abschnittskategorien (Vorlauf und Hauptlauf), um Kombitarife zu finden, einschließlich zweistufiger Kategorien. Wird kein Durchgangstarif gefunden, prüft die Logik, ob für jede Abschnittskategorie ein Tarif vorliegt. Wenn kein Tarif für jede Abschnittskategorie vorhanden ist, wird jedes Start-Ziel-Paar auf einen Tarif untersucht. Abbildung 12.6 zeigt, wie TM die Etappen der Tour aufschlüsselt.

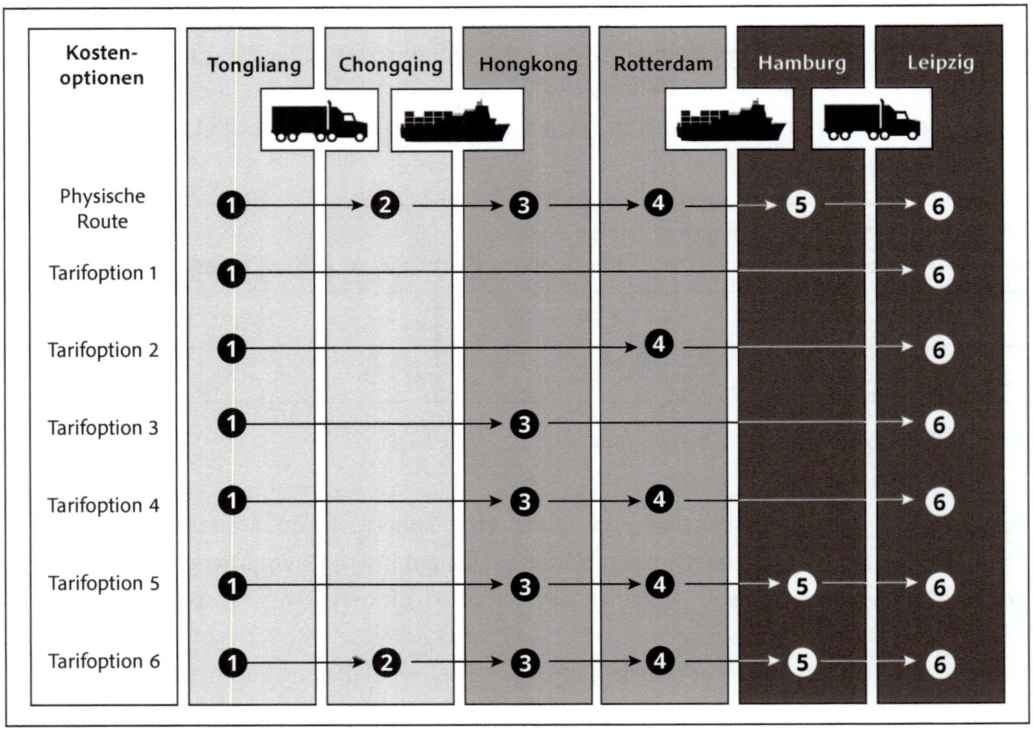

Abbildung 12.6: Konzept der Durchgangsrate und der Kombirate

Die Kostenermittlung beginnt mit einer Tarifberechnung, die in der Tariftabelle nach einem Tarif von ❶ bis ❻ sucht. Wird kein Tarif gefunden, erfolgt ein zweiter Aufruf der Tariftabelle (Tarif 2), um nach einem Tarif von ❶ bis ❹ und von ❹ bis ❻ zu suchen etc.

Um die Berechnungslogik für Durchtarifierung und Kombitarifierung zu aktivieren, müssen Sie im Berechnungsprofil im Customizing das Kennzeichen **Durchtarifierung** aktivieren (siehe Abschnitt 10.2.2, »Konfiguration der Vertragsermittlung«). Die Berechnungsebene muss als Abschnittsebene gepflegt sein. Beachten Sie, dass TM eine Teilermittlung durchführt, wenn für bestimmte Abschnitte kein Tarif gefunden wird (z. B. nur für Haupt- und Nachlauf).

Ein übliches Geschäftsszenario für einen Spediteur ist die Abwicklung von unkontrollierten Sendungen. Ein Kunde verwendet Tarife für die Hauptbeförderung, die direkt mit dem Spediteur vereinbart werden. Ein Spediteur kann beauftragt werden, die Rechnungsprüfung für den Frachtführer durchzuführen. Folglich wird die Kostenberechnung sowohl für den Speditionsauftrag als auch für die Frachtbuchung weiterhin vom Spediteur durchgeführt, um eine erhaltene Rechnung zu validieren. Sie können eine Speditionsvereinbarungsposition pflegen, das Kennzeichen **Kontrolliert** deaktivieren und sowohl die Frachtführer- als auch die externe Vereinbarungskennung eingeben. In der Frachtvereinbarung mit dem Spediteur müssen Sie die nicht kontrollierte Vereinbarungspartei und die externe Vereinbarungs-ID angeben.

Berechnung der Kundentransportkosten auf Basis von Cost Pull

Eine sehr nützliche Funktion in TM ist die Funktion **Cost Pull**, mit der Sie die tatsächlichen Transportkosten aus einem Frachtauftrag oder einer Frachtbuchung in einen Speditionsauftrag zur Berechnung der Kundentransportkosten ziehen können. Wir haben dies in Abschnitt 12.2.1 für Luftfracht kurz vorgestellt. Sie können etwa Aufschläge in Form von Prozentsätzen pflegen, die bei der Berechnung der Kundenfracht auf die Transportkosten aufgeschlagen werden. Wie Sie in Abschnitt 10.2, »Vertragsermittlung«, sehen können, müssen Sie die Kostenverteilung konfigurieren, bevor Sie diese Funktion nutzen können.

Beim Einrichten Ihrer Berechnungsschemata in der Speditionsvereinbarung müssen Sie eine Position mit dem neuen Instruktionstyp **Kosten** eingeben. Weisen Sie in den Grunddaten dieser Position die Berechnungsmethode `COST_PULL` zu, die die zugrunde liegende Logik des Abrufs von Kosteninformationen aus einem Frachtbeleg und deren Verwendung für die Kostenberechnung auf der Seite des Speditionsauftrags ermöglicht. Sie können festlegen, ob alle Kostenarten oder nur bestimmte Kostenarten aus einer Buchung abgerufen werden und ob sie als aggregierte Pauschale oder einzeln wie in der Buchung angezeigt werden sollen. Um einen Aufschlag vorzunehmen, können Sie in den Berechnungsschemata unter der Kostenposition zusätzliche Kostenarten mit prozentualen Aufschlägen eingeben.

Sie können interne Kosten von einem Frachtauftrag zum Speditionsauftrag abrufen. Dies ist besonders wichtig, wenn ein LDL mehrere Organisationen hat, die an der Ausführung einer Sendung beteiligt sind, typischerweise eine Export- und eine Importorganisation. In diesem Fall sorgt eine interne Vereinbarung zwischen der Export- und der Importorganisation für die Übernahme der internen Kosten in die Frachtbuchung oder den Frachtauftrag. Dies ist für einen LDL sehr üblich, wie wir in Abschnitt 12.3.5, »Interne Verrechnung«, näher erläutern. Um die interne Kostenübertragung zu aktivieren, müssen Sie in Ihrem Berechnungsschema der Speditionsvereinbarung eine bestimmte Kostenart hinzufügen. Pflegen Sie das Feld **Kostenquelle** auf der Registerkarte **Grunddaten** als **Intern**. Sie benötigen eine ähnliche Berechnungsmethode und einen ähnlichen Instruktionstyp, wie oben beschrieben.

12.2.3 Transportkostenberechnung für Containermanagement

Für einen LDL wie z. B. einen Spediteur oder eine Reederei ist es üblich, den Kunden neben dem eigentlichen Transport der Fracht auch Leercontainer zur Verfügung zu stellen. Ein Verlader könnte seinen eigenen Container bereitstellen, sodass eine externe Bereitstellung nicht erforderlich ist. In anderen Beispielen benötigt der Kunde vielleicht nur einen leeren Container, aber keine Transportleistung. In TM können Sie diese unterschiedlichen Bereitstellungs- und Rückgabeprozesse von Containern verwalten. TM stellt Containereinheiten zur Verfügung, die optional während des Anlegens von Transporteinheiten erstellt werden können. In Abschnitt 6.2.1, »Definition der Frachteinheit«, finden Sie weitere Einzelheiten zur Auftragsabwicklung für solche Container. Für Ihre Rentabilität als LDL ist es von entscheidender Bedeutung, dass Sie die entsprechenden Kosten für die Containerbereitstellung und die Rückgabe in Rechnung stellen. Zu diesem Zweck können Sie eine containerspezifische Kostenart pflegen, d. h. in einem Berechnungsschema auf der Registerkarte **Grunddaten** einer Kostenart Werte für die **Leerbehälterbereitstellung** oder **Leerbehälterrückgabe** pflegen. Sowohl für die leere Bereitstellung als auch für die leere Rückgabe können Sie eine der drei Optionen wählen, die in Abbildung 12.7 dargestellt sind:

- **Gewünscht**

  Ein leerer Container wird dem Verlader zur Verfügung gestellt bzw. vom Warenempfänger zurückgegeben. Der Frachttransport des Containers wird als Hauptdienst verwaltet.

- **Nicht gewünscht**

  Der Verlader hat seinen eigenen Container, und nur der Frachttransport wird beim LDL angefordert.

- **Nur Bereitstellung**

  Der Verlader/Besteller benötigt nicht den eigentlichen Frachttransport, sondern nur die Bereitstellung bzw. Rückgabe eines leeren Containers.

Wenn ein Speditionsauftrag erstellt wird und für die Containerpositionen eine Containerbereitstellung oder nur eine Leerbereitstellung (keine Ladungsbewegung) angefordert wird, werden die entsprechenden Kosten aus dem Berechnungsschema abgerufen. Sie können eine Berechnungslösungsbasis `CONTAINER` verwenden, um die entsprechenden Kostenarten für jeden Container abzurufen.

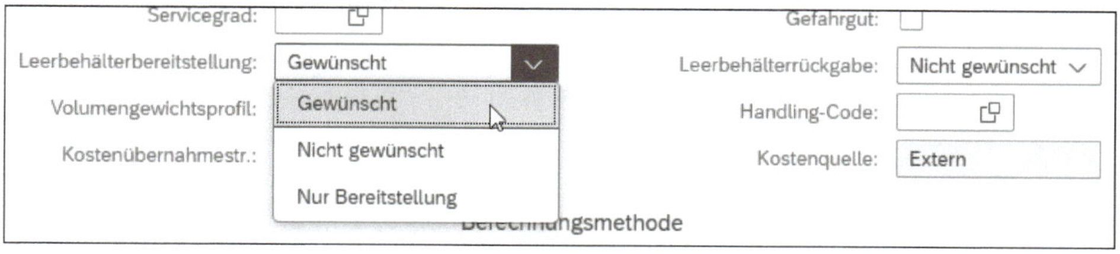

Abbildung 12.7: Anwendung eines Leergutbereitstellungs- oder Rückgabekostentyps

Technisches Containerobjekt und Kostenberechnung

Wenn Sie einem Kunden alle drei Containeroptionen (Frachtbewegung, Containerbereitstellung/-rückgabe mit Frachtbewegung und nur Containerbereitstellung/-rückgabe) anbieten, müssen Sie auf die Einrichtung der Kosten achten. Wenn Sie z. B. getrennte Kostenarten für die Ladungsbewegung, die Containerbereitstellung/-rückgabe und die Leerbereitstellung/-rückgabe pflegen, wendet TM jede zutreffende Kostenart pro Containerposition auf den Speditionsauftrag an. Denken Sie daran, dass die Auflösungsbasis `CONTAINER` ist. Dies kann zu einer Kostenüberberechnung für den Kunden führen, da TM im Hintergrund technische Containereinheiten anlegt. Eine solche Containereinheit wird für die Leercontainerstrecke und zusätzlich für die Strecke der Ladungsbewegung angelegt. Besteht ein Speditionsauftrag z. B. aus zwei Containern, von denen einer sowohl für die Bereitstellung als auch für die Ladungsbewegung benötigt wird, und ein Container nur für die Leergutbereitstellung, erzeugt TM drei Containereinheiten: eine für die Bereitstellung des Frachtcontainers, eine für die Ladungsbewegung und eine für die Leergutbereitstellung. In Wirklichkeit gibt es aber nur zwei Container. In diesem Fall wird die Gebühr für die reine Leerbereitstellung auch für den technischen Container erhoben, der für die Leerbereitstellung der Ladungsbewegung erstellt wurde.

In diesem Abschnitt wurden die spezifischen Funktionen von TM für die Verwaltung von Speditionsvereinbarungen und deren Kosten erläutert und die verschiedenen Möglichkeiten zur Ableitung von Tarifen für unterschiedliche Anwendungsfälle und Transportarten aufgezeigt.

Nach der Kostenberechnung müssen wir nun sicherstellen, dass die berechneten Kosten vom Kunden auch bezahlt werden. Um dies zu ermöglichen, müssen wir Kundenrechnungen anlegen. Der nächste Abschnitt befasst sich mit den Funktionen, die TM für die Erstellung von Rechnungen auf der Grundlage der in Speditionsaufträgen berechneten Kosten bietet.

12.3 Fakturierung und Abrechnung

Bei der Abrechnung in TM wird in der Regel zwischen der Abrechnung gegenüber einem Transportdienstleister und der Abrechnung gegenüber einem Kunden unterschieden. In Kapitel 11, »Frachtkostenabrechnung«, wurde bereits die Frachtabrechnung behandelt, die als Grundlage für diesen Abschnitt dienen soll, in dem wir Ihnen die verschiedenen Arten der Abrechnung erläutern:

- **Abrechnung von Kundentransportkosten**

  Die Abrechnung von Kundentransportkosten ist für LDLs und Spediteure (z. B. Eisenbahnen, Speditionen und Reedereien) von großer Bedeutung. Die Abrechnung der erbrachten Transportleistungen mit den Kunden ist Teil des Kerngeschäftsmodells. Dies kann ein sehr einfaches Verfahren sein oder auch zunehmend komplexer werden. Die Abrechnung von Kosten hängt in vielen Fällen von den Incoterms einer Sendung ab. In den Incoterms ist festgelegt, zu welchem Grad die Frachtkosten vom Verlader oder vom Empfänger zu zahlen sind. Folglich werden je nach den vereinbarten Incoterms unterschiedliche Abrechnungsdokumente und Rechnungen an die beteiligten Kunden zur Zahlung der vorausbezahlten Kosten (Franko, Frei) und an den oder die beteiligten Warenempfänger zur Zahlung der erhobenen Kosten (Unfrei, Fracht zahlt Empfänger) geschickt. Bestimmte Kunden haben Präferenzen hinsichtlich der Aufteilung und Gruppierung von Rechnungen, was für Logistikunternehmen zu einer Herausforderung werden kann. Die Logistikabteilungen von Verladern können von der gleichen Funktion profitieren, wenn sie als Transportdienstleister für externe Kunden auftreten. Als Verlader ist Ihre Logistikabteilung jedoch wahrscheinlich eine Kostenstelle und stellt keine Rechnungen an Kunden aus.

- **Interne Verrechnung**

  Die Logistikabteilung eines Verladers kann anderen internen Abteilungen Transportleistungen in Rechnung stellen. Diese werden wie interne Kunden behandelt. Bei Spediteuren und Fuhrunternehmen ist dies eine sehr gängige Geschäftspraxis. LDLs sind in der Regel so organisiert, dass sie ihre betriebliche Effizienz steigern. Sie verfügen über Umschlagseinrichtungen, die für die Optimierung der Beschaffungskosten und die Erzielung von Gewinnen durch Konsolidierungsdienste zuständig sind. In solchen Situationen neigen LDLs dazu, als interne Dienstleister für ihre eigenen Geschäftseinheiten zu agieren. Anfallende Kosten und Gewinne werden in der Regel zwischen den Organisationen abgerechnet bzw. geteilt. Eine verkaufende Niederlassung eines LDLs könnte Transportdienstleistungen an einen Kunden verkaufen, aber mehrere Umschlagszentren bzw. Frachtstationen sind für die Beschaffung und Bereitstellung von Kapazitäten entlang der globalen Lieferkette verantwortlich.

In den nächsten Abschnitten sehen wir uns an, wie die Speditionsabrechnung – also die Abrechnung von Transportkosten für Kunden – durchgeführt wird. Wir zeigen, wie Abrechnungsbelege erstellt werden, wie diese Belege aussehen und wie sie mit den Fakturierungsfunktionen in SAP S/4HANA integriert sind. Außerdem werden wir uns mit der internen Abrechnung und der Rentabilitätsanalyse befassen.

12.3.1 Erstellen von Speditionsabrechnungen

Der Prozess der Erstellung und Verarbeitung von Speditionsabrechnungsbelegen (SAB) ähnelt dem der Erstellung und Verarbeitung von Frachtabrechnungsbelegen in Abschnitt 11.1, »Frachtkostenabrechnung und Verbuchung«. Die Speditionsabrechnung ist jedoch in hohem Maße mit der Art und Weise der Kostenberechnung im Speditionsauftrag integriert und davon abhängig. Sie werden feststellen, dass eine Vielzahl von Szenarien und Anforderungen von LDL-Kunden an die Erstellung und Strukturierung ihrer Rechnungen gestellt wurden. Daher unterstützt TM eine Reihe von Funktionen, um bestimmte Szenarien zu bedienen, die wir Ihnen Schritt für Schritt vorstellen. Dabei gehen wir sowohl auf die betriebswirtschaftlichen Hintergründe als auch auf die wichtigsten Customizing-Einstellungen ein.

Incoterm-basierte Speditionsabrechnungen

Unser Prozess beginnt mit der Erstellung der Speditionsabrechnung, wenn wir bereits einen Speditionsauftrag erstellt und ausgeführt haben. Im Allgemeinen gibt es drei Möglichkeiten, eine Speditionsabrechnung zu erstellen:

- Navigieren Sie zu einem Speditionsauftrag, und wählen Sie im oberen Navigationsbereich **Kosten/Abrechnung • Speditionsabrechnungsbeleg anlegen**.
- Führen Sie einen Batch-Report aus, der periodisch Speditionsabrechnungsbelege erzeugt.
- Sie können Speditionsabrechnungsbelege aus einem persönlichen Arbeitsvorrat (POWL) kollektiv oder individuell erstellen, indem Sie **Speditionsabrechnungsbeleg erstellen • individuell, kollektiv** oder **StandEinstll. Verw.** wählen.

> **Massenerstellung von Speditionsabrechnungsbelegen**
> TM bietet einen Standardreport, den Sie manuell oder automatisch im Hintergrund ausführen können, um Massenabrechnungsbelege zu erstellen. Navigieren Sie im SAP GUI zu Transaktion SE38, und führen Sie den Report `/SCMTMS/CFIR_CREATE_BATCH` aus.

Die erste Frage, die es zu beantworten gilt, betrifft die Anzahl der zu erzeugenden Speditionsabrechnungsbelege, wenn die Erstellung ausgelöst wird. Bei einem Spediteur werden die Kundenrechnungen auf der Grundlage der globalen Incoterms erstellt. In Kapitel 5, »Transportanforderungen und Auftragsmanagement«, haben Sie erfahren, wie man Incoterms in einem Speditionsauftrag pflegt und verwendet, und Sie haben gesehen, dass Incoterms die Art und Weise, wie wir Kosten berechnen, erheblich beeinflussen können. Jetzt werden wir Ihnen zeigen, wie Incoterms die Erstellung von Speditionsabrechnungsbelegen beeinflussen. Abbildung 12.8 zeigt ein Beispiel für einen auf Incoterm FOB (Frei an Bord) basierenden Abrechnungsprozess.

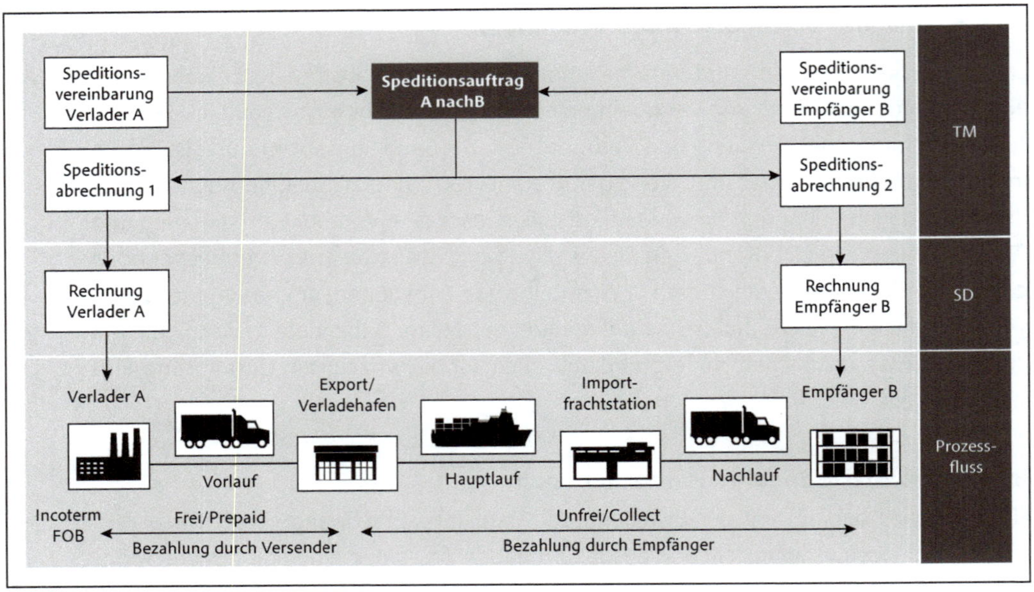

Abbildung 12.8: Abrechnungsprozess auf Basis des Incoterms FOB

Der Versender ist für die Zahlung aller Kosten bis an Bord des Schiffes im Verladehafen verantwortlich, einschließlich der Ausfuhrzollanmeldung. Der Warenempfänger zahlt alle Kosten vom Verladehafen bis zum endgültigen Bestimmungsort, einschließlich Versicherung und Einfuhrzoll. Wir haben zwei Speditionsvereinbarungen abgeschlossen, eine mit dem Versender A und eine mit dem Empfänger B.

Auf der Registerkarte **Istroute** des Speditionsauftrags (oder auf der Registerkarte **Gewünschte Route**, wenn die Kostenberechnung auf der Grundlage der gewünschten Route erfolgt) wird festgelegt, welche Vertragspartei für die Bezahlung welchen Teils des Speditionsauftrags verantwortlich ist. Wie Sie in Abbildung 12.9 sehen können, handelt es sich bei dem Speditionsauftrag in unserem Beispiel um einen Seetransport von China nach Deutschland.

Abschnittsbeschreibu...	Abschnittsart	Verke...	Quelllokation	Stadt (Q...	Wunschabho...	Ziellokation	Wunschliefe...	VereinbPartnerrolle
✓ ∨ Route			CN_SHIP_01	Shanghai	02.10.2025	DE_CUST_01	03.12.2025	
Abschnitt 1	01 (Abholung)	01	CN_SHIP_01	Shanghai	02.10.2025	CN_PORT_SHG		Prepaid-VereinbPartn
Abschnitt 2	03 (Hauptlauf)	03	CN_PORT_SHG	Shanghai		DE_PORT_HAM		Collect-VereinbPartn
Abschnitt 3	05 (Lieferung)	01	DE_PORT_HAM	Hamburg		DE_CUST_01	03.12.2025	Collect-VereinbPartn

Abbildung 12.9: Zuweisung der Vertragsparteien zu den Transportabschnitten

Der Prepaid-Vereinbarungspartner bezahlt die Vorlaufetappe in China, während der Collect-Vereinbarungspartner den Haupttransport und die Nachlaufetappe in Deutschland bezahlt. Beachten Sie, dass der **Vereinbarungsgeschäftspartner** automatisch aus der Registerkarte **Geschäftspartner** des Speditionsauftrags ermittelt wird, wo ein Geschäftspartner einer Vereinbarungspartnerfunktion zugeordnet wurde.

Unter der Annahme, dass wir alle erforderlichen Einstellungen vorgenommen haben, sollten Sie das folgende Systemverhalten sehen, nachdem Sie zum Speditionsauftrag navigiert und **Kosten/Abrechnung • Speditionsabrechnungsbeleg erstellen** gewählt haben. Das System fordert Sie mit einer Benutzerauswahl auf, festzulegen, welcher Speditionsabrechnungsbeleg erstellt werden soll (siehe Abbildung 12.10).

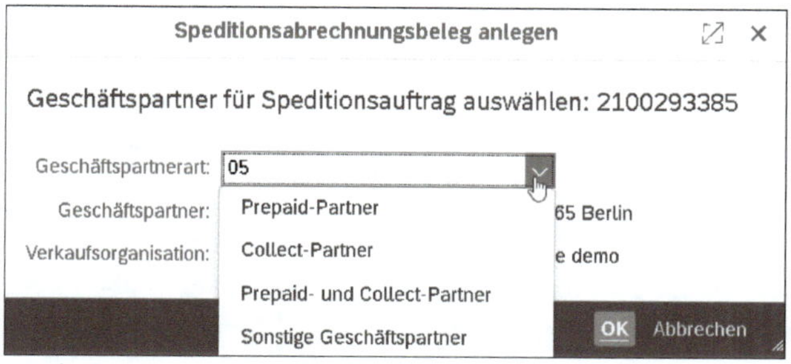

Abbildung 12.10: Auswahl des Vereinbarungspartners für die Erstellung von Speditionsabrechnungsbelegen

Das System erkennt, dass aufgrund unserer Konfigurationseinstellungen zwei Speditionsabrechnungsbelege erstellt werden. Der erste Geschäftspartner ist der Prepaid-Vereinbarungspartner, wie er auf der Registerkarte **Geschäftspartner** im Speditionsauftrag gepflegt ist. Der zweite Geschäftspartner ist der Collect-Vereinbarungspartner, der die Kosten ab dem Verladehafen zahlen muss. Sie können nun wählen, ob Sie nur einen Abrechnungsbeleg für einen der beiden Geschäftspartner oder für beide auf einmal erstellen möchten.

Separate Abrechnung je Geschäftspartner

Wenn Sie in diesem Schritt einen Speditionsabrechnungsbeleg für nur einen Geschäftspartner erstellen, werden nicht alle Kosten des Speditionsauftrags abgerechnet, da die Kosten des anderen Geschäftspartners noch nicht abgerechnet sind.

Wenn Sie **Prepaid- und Collect-Partner** wählen, werden insgesamt mindestens zwei Abrechnungsbelege aus dem Speditionsauftrag erzeugt, da sowohl der Warenempfänger als auch der Verlader einen Anteil an den Gesamtkosten zahlen. Der erste Speditionsabrechnungsbeleg enthält die Kosten des Verladers, der für die Zahlung der vorausbezahlten Kosten vom Ursprungsort bis zum Ladehafen verantwortlich ist. Die Kosten werden für jeden Transportabschnitt berechnet.

Der zweite Speditionsabrechnungsbeleg enthält die vom Warenempfänger zu zahlenden Collect-Kosten. Der Fakturierungsstatus im Speditionsauftrag wird auf **teilweise fakturiert** aktualisiert, wenn noch nicht alle Abrechnungsbelege erzeugt wurden. Der Status ändert sich in **Fakturiert**, wenn alle Speditionsabrechnungsbelege erstellt wurden. Nach der erfolgreichen Erstellung mehrerer Speditionsabrechnungsbelege auf Basis der Incoterms sehen Sie eine Positionstabelle der Speditionsabrechnungsbelege, die alle erstellten Abrechnungsbelege enthält. Sie können nun jeden Beleg auswählen, um sich die Details anzusehen. Genaueres dazu erfahren Sie in Abschnitt 12.3.2.

[»]

Zusätzliche Speditionsabrechnungsbelege

Sie können zusätzliche Speditionsabrechnungsbelege manuell erstellen, indem Sie **Sonstiger Geschäftspartner** wählen. Diese Funktion wurde nur für außergewöhnliche und ungeplante Fälle entwickelt, in denen einem Kunden manuell Kosten in Rechnung gestellt werden sollen, die nicht aus dem Speditionsvertrag des Kunden abgerufen wurden, oder Dienstleistungen, die einem anderen Geschäftspartner in Rechnung gestellt wurden, der weder der Prepaid- noch der Collect-Vertragspartner ist. Diese zusätzlichen Abrechnungsbelege haben keinen Einfluss auf den Fakturierungsstatus eines Speditionsauftrags, und die Kosten für diese Abrechnungsbelege müssen direkt auf dem Abrechnungsbeleg berechnet werden.

Es ist muss erwähnt werden, dass in einem Export/Importszenario die Abrechnung der Kundenkosten auf zwei Speditionsaufträgen für eine Sendung basieren kann: dem Exportspeditionsauftrag und dem Importspeditionsauftrag. Wie Sie in Abschnitt 8.1.3, »Export-/Importabwicklung«, gelernt haben, kann TM für internationale Sendungen einen Export- und einen Importspeditionsauftrag erzeugen. Infolgedessen ist die Exportorganisation eines Unternehmens im Exportland möglicherweise nur für die Begleichung der vorausbezahlten Kosten an einen Versender verantwortlich. Die zuständige Importorganisation rechnet folglich die Collect-Kosten mit dem Warenempfänger ab. Je nach Incoterm erzeugen Sie aus dem Exportspeditionsauftrag einen Speditionsabrechnungsbeleg an den Verlader und aus dem Importspeditionsauftrag einen zweiten Speditionsabrechnungsbeleg an den Warenempfänger. Außerdem können Sie die angefallenen Transportkosten zu gleichen Teilen an die Export- und die Importorganisation weiterverrechnen. Dieses Szenario der internen Verrechnung wird in Abschnitt 12.3.5 ausführlich beschrieben.

Wenn ein Kunde einen Speditionsauftrag storniert, ist es möglich, dass dennoch Kosten angefallen sind, und die Kosten müssen folglich erhoben werden. Sie können einen Speditionsabrechnungsbeleg für Speditionsaufträge erstellen, die sich im Lebenszyklusstatus **Storniert** befinden. Sie müssen den Speditionsabrechnungsbeleg manuell erstellen, da es mit der TM-Standardinstallation nicht möglich ist, die Kosten für stornierte Aufträge automatisch zu berechnen. Daher müssen Sie sie manuell in den Abrechnungsbeleg eingeben, der als leere Hülle erstellt wird. Nachdem Sie die Kostenarten und Istbeträge eingegeben haben, können Sie dem Standardablauf der Abrechnung folgen.

Basis-Customizing im Transportmanagement

Schauen wir uns die Grundeinstellungen an, die erforderlich sind, um dieses Systemverhalten zu erreichen. Für die Erstellung von Speditionsabrechnungsdokumenten müssen Sie einige grundlegende Customizing-Schritte in den Bereichen Speditionsauftragsverwaltung und Kostenberechnung vornehmen. Sie müssen die Incoterms definiert und die Standardvereinbarungspartnerrollen für Abschnitte gepflegt haben, wobei einem Abschnittstyp eine Partnerrolle zugeordnet ist. Der von Ihnen angelegte Speditionsauftrag speichert die aktuellen Incoterms. Außerdem müssen Sie in Ihrem Berechnungsprofil die Auflösungsbasis als **Abschnitt** definiert haben (siehe Kapitel 10, »Transportkostenmanagement«), da die Aufteilung der Kosten zwischen Prepaid- und Collect-Vertragspartei in der Regel auf Abschnittsbasis erfolgt.

Die folgenden Customizing-Einstellungen sind für die Kostenabrechnung erforderlich:

- **Art des Abrechnungsdokuments**

  Wenn Sie die Abrechnungsfunktionen in TM verwenden, müssen Sie im Customizing mindestens eine Speditionsabrechnungsbelegart definieren und diese Ihrer Speditionsauftragsart zuordnen, indem Sie zunächst dem IMG-Pfad **Transportation Management • Abrechnung • Speditionsabrechnung • Speditionsabrechnungs-Belegarten definieren** folgen. Die Speditionsabrechnungsbelegart legt den Nummernkreis, das Ausgabeprofil und mehrere Voreinstellungen fest. Die Zuordnung der Speditionsabrechnungsbelegart zur Speditionsauftragsbelegart erfolgt über den IMG-Pfad **Transportation Management • Speditionsauftragsmanagement • Speditionsauftrag • Speditionsauftragsarten definieren**. Weitere Details zu dieser Customizing-Aktivität finden Sie in Abschnitt 5.3, »Speditionsaufträge«.

- **Abrechnungsprofil**

  Sie müssen ein Abrechnungsprofil über den IMG-Pfad **Transportation Management • Abrechnung • Abrechnungsprofil definieren** pflegen. Abbildung 12.11 zeigt ein Standardabrechnungsprofil in TM. Das Abrechnungsprofil ist die zentrale Konfiguration, die das Verhalten eines Speditionsabrechnungsbelegs beeinflusst. Ein Abrechnungsprofil kann direkt einem Geschäftspartner zugeordnet werden. Alternativ kann es einem Kostenprofil zugeordnet werden, das auf eine Organisationseinheit, in unserem Fall die Spedition oder die Verkaufsorganisation, abgebildet wird. Im folgenden Customizing-Pfad müssen Sie Ihr Abrechnungsprofil einem Kostenprofil zuordnen: **Transportation Management • Grundfunktionen • Transportkostenberechnung • Grundeinstellungen • Transportkosten-profile definieren**.

  Wenn das Abrechnungsprofil sowohl dem Geschäftspartner als auch dem Kostenprofil zugeordnet ist, liegt die Priorität beim Geschäftspartner. Das Abrechnungsprofil wird sowohl für Frachtabrechnungsbelege als auch für Speditionsabrechnungsbelege verwendet, es sei denn, der Profiltyp in Abbildung 12.11 schränkt die Verwendung auf Frachtabrechnung oder Speditionsabrechnung ein. Eine zusätzliche Funktion des Abrechnungsprofils ist das Ankreuzfeld **Abschnittssplit**. Als Alternative zu den beschriebenen Incoterm-Szenarien bewirkt die Aktivierung dieses Ankreuzfeldes, dass ein Speditionsauftrag unabhängig vom Incoterm und den beteiligten Parteien einen Abrechnungsbeleg pro Strecke für den gesamten Transportprozess erzeugt.

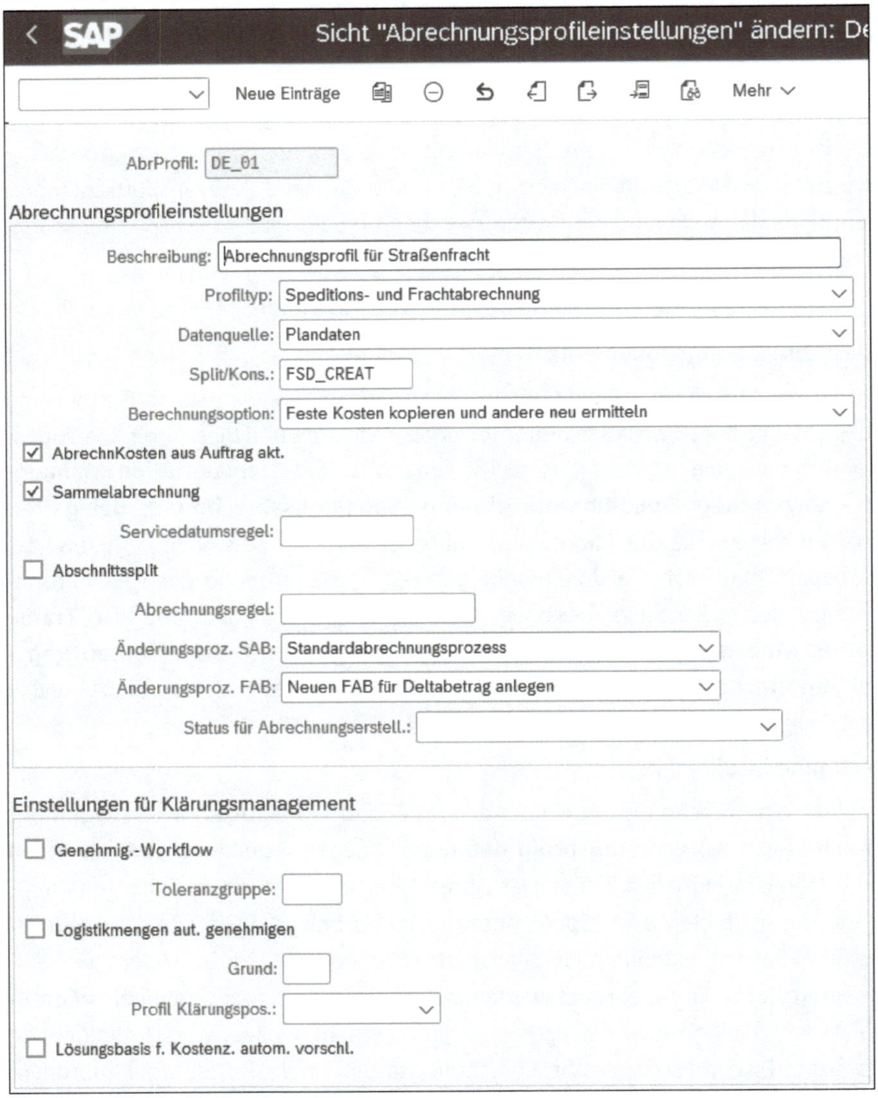

Abbildung 12.11: Abrechnungsprofileinstellungen

Sie müssen die Prozesssteuerung für die Erstellung von Abrechnungsdokumenten einrichten. TM bietet zwei Standardmethoden für den Abrechnungsprozess an:

1. Der Speditionsauftrag wird auf der Grundlage der Incoterms aufgeteilt, um mehrere Speditionsabrechnungsbelege zu erzeugen.
2. Es werden mehrere Speditionsaufträge konsolidiert, um einen Abrechnungsbeleg zu erzeugen.

Zusätzlich zu den TM-Standardfunktionen können Sie Ihre eigenen Prozesssteuerungsmethoden entwickeln und sie einer Strategie zuordnen, die im Kostenabrechnungsprozess verwendet wird und den Erstellungsprozess eines Speditionsabrechnungsbelegs steuert. Die benutzerdefinierte Logik wird die Standardmethoden nicht ersetzen.

Sammelerstellung von Speditionsabrechnungsbelegen

Neben der Erzeugung von Abrechnungsbelegen auf der Grundlage der Incoterms, die es Ihnen ermöglicht, einen Speditionsauftrag aufzuteilen und mehrere Abrechnungsbelege zu erzeugen, können Sie auch einen Speditionsabrechnungsbeleg für mehrere Speditionsaufträge erstellen. Sie können mehrere Speditionsaufträge in einer POWL auswählen und einen gemeinsamen Speditionsabrechnungsbeleg erstellen. Es wird ein Beleg für Ihre Auswahl erzeugt, wenn die grundlegenden Abrechnungsdaten gleich sind. Sie können Ihre eigenen Strategien konfigurieren, um die Attribute festzulegen, die in den einzelnen Speditionsaufträgen ähnlich sein müssen, um einen gemeinsamen Speditionsabrechnungsbeleg zu erstellen. Beispiele für solche Attribute sind Rechnungsempfänger, Regulierer, Auftraggeber, Zahlungsbedingung, Kreditsegment und Quell- oder Zielort. Um diese Gruppierungslogik zu aktivieren, müssen Sie in den Abrechnungsprofilen keine Split-/Konsolidierungsstrategie zuordnen. Im Standard-TM ist eine Standardlogik verfügbar. Optional kann dem Abrechnungsprofil eine kundenspezifische Logik zugewiesen werden, die zusätzlich zur Standardlogik im Standard-TM abläuft.

Anhänger- und routenbasierte Abrechnung

Die Abrechnung auf der Grundlage der zurückgelegten Entfernung zwischen Ausgangs- und Zielort ist eine gängige Geschäftspraxis im Speditionsgewerbe. Aus Abschnitt 6.4.2, »Anhängereinheiten«, wissen Sie, dass ein Anhänger verwendet werden kann, um mehrere Speditionsaufträge an verschiedenen Ausgangspunkten aufzunehmen und die Ladung an mehreren Zielorten abzusetzen. In diesem Fall können Sie Ihrem Kunden eine Rechnung für mehrere Speditionsaufträge stellen, die mit demselben Anhänger transportiert werden. Damit haben Sie eine alternative Möglichkeit, einen Speditionsabrechnungsbeleg für mehrere Speditionsaufträge zu erstellen.

Ein wesentlicher Aspekt der Abrechnung auf Basis von Anhängern ist, dass die Logik der Kostenberechnung anders ist als bei einem regulären Berechnungsszenario. Die Kosten werden für die gesamte Gruppe von Speditionsaufträgen in einem Anhänger berechnet, nicht für jeden einzelnen Auftrag. Sie werden als ein virtueller Speditionsauftrag behandelt, und die konsolidierten Gewichte, Volumina etc. werden für die Kostenberechnung verwendet. Folglich können Sie den anhängerbasierten Abrechnungsprozess verwenden, um einen Abrechnungsbeleg pro Anhängerbeleg pro Kunde zu erzeugen.

In Fällen, in denen der Anhänger Speditionsaufträge von mehreren Kunden enthält, werden mehrere Speditionsabrechnungsbelege erstellt. Der Abrechnungsbeleg hat ein etwas anderes Layout im Abschnitt **Aufträge** als normale Speditionsabrechnungsbelege, wie in Abschnitt 12.3.2 gezeigt. Sie können den für die Erstellung der Abrechnung verwendeten Anhängerbeleg als Einzelposten sehen. Wählen Sie die Position aus, um in den Positionsdetails die Speditionsaufträge zu sehen, die in den Anhänger geladen wurden. Diese Szenarien werden in ähnlicher Weise auch als ausführungsbasierte Abrechnung bezeichnet, da die Informationen zur Ladungsausführung eine wichtige Rolle im Abrechnungsprozess spielen.

Um die anhängerbasierte Kostenberechnung und die Erstellung von Abrechnungsbelegen zu ermöglichen, ist eine zusätzliche Einstellung erforderlich: In den Positionsdetails Ihrer Speditionsvereinbarung, die Sie für die Kostenberechnung des entsprechenden Geschäftspartners verwenden möchten, muss als Abrechnungsbasis der Wert **Anhängereinheit** gesetzt sein. Dieser dient automatisch als Hauptposition für die Kostenberechnung; die Verwendung einer bestimmten Auflösungsbasis ist nicht erforderlich.

[»]

Abrechnung auf Anhängerbasis und Berechnungsebene

Für einen anhängerbasierten Abrechnungsprozess können Sie nur die Berechnungsstufen **Kopf** und **Abschnitt** als mögliche Einstellungen für die Kostenermittlung verwenden. Aus Kapitel 10, »Transportkostenmanagement«, wissen Sie, dass die Berechnungsebene, die auf dem Berechnungsprofil gepflegt wird, festlegt, wie viele Speditionsverträge bei der Auflösung der Kosten verwendet werden. Die Berechnungsebene Position würde in diesem betriebswirtschaftlichen Kontext keinen Sinn machen, da das System versuchen würde, pro Position (z. B. pro Paket eines Auftrags) eine Speditionsvereinbarung abzurufen.

Im Anhängerszenario ist das Gegenteil der Fall. Wir wollen alle Frachtstücke eines Kunden, die auf denselben Anhänger geladen sind, auf der Grundlage der zurückgelegten Strecke gemeinsam abrechnen. Folglich besteht keine Notwendigkeit, für das eine oder andere Frachtstück ein anderes Speditionsabkommen zu verwenden, da der vereinbarte Tarif auf der Grundlage der Entfernung nur in einem Speditionsabkommen des Geschäftspartners gespeichert ist.

Eine weitere Funktion von TM ist die Erstellung von Speditionsabrechnungsbelegen auf der Grundlage des Frachtauftrags, in den sie geladen werden (dies wird als *routenbasierte Abrechnung* bezeichnet). Diese Funktion richtet sich ebenfalls an Speditionsunternehmen. Mit TM können Sie einen Speditionsabrechnungsbeleg für alle Speditionsaufträge desselben Frachtauftrags erstellen. Die Besonderheit, die wir hier hervorheben wollen, ist, dass Sie Ihren Frachtbeleg und die darin enthaltenen Daten als Grundlage für die Abrechnung mit Ihren Kunden verwenden können. Dies umgeht die Einzelabrechnung von Speditionsaufträgen, wie z. B. eine Abrechnung auf Anhängerbasis. Sie könnten z. B. in einem Szenario, in dem ein Speditionsauftrag auf einer ersten Etappe in einem Frachtauftrag ohne Anhängerzuordnung und auf einer zweiten Etappe in einem Anhänger transportiert wird, die routenbasierte Abrechnung mit der anhängerbasierten Abrechnung kombinieren. Dadurch werden zwei Speditionsabrechnungsbelege pro Kunde erzeugt – einer für die Etappe des Frachtauftrags und einer für die Etappe des Anhängers. Sie können diese Funktion aktivieren, indem Sie in den Positionsdetails Ihrer Speditionsvereinbarung die streckenbezogene Abrechnungsbasis auswählen.

12.3.2 Struktur des Speditionsabrechnungsbelegs

Der Speditionsabrechnungsbeleg enthält alle fakturarelevanten Informationen, die aus einem Speditionsauftrag übernommen wurden. In Abschnitt 5.3, »Speditionsaufträge«, über die Verwaltung von Speditionsaufträgen und in Kapitel 10, »Transportkostenmanagement«, über die Verwaltung von Transportkosten haben wir Ihnen viele der Felder und Informationen dazu vorgestellt. Wir wollen uns daher hier auf die wichtigsten Informationen im Hinblick auf den Fakturierungsprozess konzentrieren.

Die Registerkarte **Allgemeine Daten** der **Detailsicht** enthält den Typ Ihres Abrechnungsbelegs, der u. a. das Aussehen der Bildschirmmaske bestimmt (durch Web-Dynpro-Anwendungskonfiguration, wie in Abschnitt 3.2, »Technologien für Benutzeroberflächen«, beschrieben). Darüber hinaus enthält diese Registerkarte die Verkaufsorganisation, die auf der Grundlage der Verkaufsorganisation aus dem Speditionsauftrag ermittelt wird. Die Incoterms sind ebenfalls auf der Grundlage des Speditionsauftrags verfügbar. Sie können einen großen Einfluss auf die Erstellung des Abrechnungsbelegs haben, wie wir im vorangegangenen Abschnitt besprochen haben. Außerdem gibt es einen Bereich, in dem die Zahlungsbedingungen aus der Speditionsvereinbarung des Kunden aufgelistet sind. Die Zahlungsbedingungen können im Customizing über den IMG-Pfad **Vertrieb • Stammdaten • Geschäftspartner • Kunden • Faktura • Zahlungsbedingungen definieren** gepflegt werden. Außerdem gibt es das Rechnungsdatum. Sie können einige Informationen, wie z. B. das Rechnungsdatum und die Zahlungsbedingungen, im Speditionsabrechnungsbeleg manuell ändern.

Um eine Rechnung an Ihre Kunden ausstellen zu können, müssen Sie mindestens den Rechnungsempfänger und den Regulierer pflegen. Die Geschäftspartner für diese beiden Partnerrollen werden aus dem Speditionsauftrag vorgeschlagen. Mithilfe von Geschäftspartnerfindungsregeln können Sie automatisch ermitteln, welche Partner für welche Partnerrolle gepflegt werden. Weitere Einzelheiten zur Pflege und Verwendung von Geschäftspartnervereinbarungen finden Sie in Abschnitt 5.3, »Speditionsaufträge«. Sie können die Adresse eines Rechnungsempfängers im Speditionsabrechnungsbeleg überschreiben, wenn Sie die Rechnung an eine andere Adresse senden wollen. In diesem Fall berücksichtigt die Abrechnung und Rechnungserstellung in SAP S/4HANA die abweichende Adresse, um den Rechnungsbeleg zu erzeugen.

Der Speditionsabrechnungsbeleg wird auf der Grundlage der tatsächlichen Speditionsaufträge erstellt. Sie können daher immer sehen, welche Speditionsaufträge in einem Speditionsabrechnungsbeleg abgerechnet wurden. Möglicherweise ist dem Abrechnungsbeleg nur ein einziger Speditionsauftrag zugeordnet, es können aber im Sammelprozess mehrere Speditionsaufträge gemeinsam in einem Abrechnungsbeleg abgerechnet werden. Daher finden Sie auf der Registerkarte **Aufträge** der Detailsicht die Liste aller Speditionsaufträge, die Sie in einem Abrechnungsbeleg zusammengefasst haben. Bei einer Abrechnung auf Basis von Anhängern oder Frachtaufträgen sehen Sie die Frachtaufträge oder Anhängerbelege auf der Registerkarte **Aufträge**, die die Speditionsaufträge als Einzelposten enthält. Wenn Sie die Kosten auf der Grundlage der Berechnungsebene der Speditionsauftragspositionen auflösen, können Sie die Liste der Speditionsauftragspositionen auf der Registerkarte **Aufträge** sehen.

Auf der Registerkarte **Aufträge** erscheint auch das Servicedatum, das von Auftrag zu Auftrag unterschiedlich sein kann. Bei der Abrechnung mit einem Kunden sind Sie unter Umständen mit der steuerrechtlichen Anforderung konfrontiert, Ihre Einnahmen erst dann abzurechnen, wenn der Service erbracht wurde. TM unterstützt diese Anforderung mit dem Servicedatum. Es erlaubt Ihnen, flexible Regeln aufzustellen, um zu definieren, zu welchem Zeitpunkt Sie die Leistung eines Speditionsauftrags als erbracht betrachten. Das Datum wird mit Ihrem Abrechnungsbeleg für die eigentliche Fakturierung übertragen. Das Datum wird in der Vertriebsfakturierung auf das *Leistungserstellungsdatum* abgebildet. Sie können solche Regeln im TM-Customizing definieren, indem Sie dem IMG-Pfad **Transportation Management • Abrechnung • Servicedatumsregeln und Regelpriorisierung definieren** folgen.

TM bietet Ihnen die Wahl zwischen mehreren transportbezogenen Terminen, die in Ihrem Speditionsauftrag und sogar im Frachtauftrag hinterlegt sind (z. B. erwartetes Startdatum des ersten Haupttransportabschnitts oder tatsächliches Endedatum der Verladung). Sie können mehrere Termine pflegen, die als Servicetermine gelten, und ihnen Prioritäten zuweisen, falls ein Termin in einem Speditionsauftrag nicht verfügbar ist. Die Servicedatumsregel, die Sie einem Abrechnungsprofil zuordnen können, wird in die zum Leistungsort passende Zeitzone umgerechnet. Für weitere Flexibilität wird ein Business Add-In (BAdI) angeboten, mit dem Sie Ihre eigene Servicedatumsregel einfügen können (`/SCMTMS/BADI_FCP_SRV_DATE` des Erweiterungsspots `/SCMTMS/ES_FCP`).

Die Registerkarte **Kosten** enthält die wichtigsten Informationen zum Speditionsabrechnungsbeleg, der Ihnen einen umfassenden Überblick über alle Kosten gibt, die einem Geschäftspartner in Rechnung gestellt werden müssen. Alle Kosten werden aus Ihrem Speditionsauftrag entnommen; sie können jedoch in einigen Fällen neu berechnet werden, wie z. B. bei der Tarifsuche für Sammelaufträge, bei der die Gebühr z. B. auf der Grundlage des aggregierten Gewichts mehrerer Speditionsaufträge ermittelt wird, die gemeinsam auf einem Speditionsabrechnungsbeleg berechnet werden. Welche Kostenpositionen auf der Registerkarte **Kosten** erscheinen, hängt davon ab, wie Sie den Prozess der Kostenberechnung und -abrechnung konfiguriert haben.

Sie haben die gleiche Möglichkeit, die Ansicht der Kosten umzuschalten und sie gruppiert oder nicht gruppiert anzuzeigen, wie in Kapitel 10, »Transportkostenmanagement«, für die Kostenberechnung des Speditionsauftrags beschrieben. Wenn Sie einen Sammelspeditionsabrechnungsbeleg verwenden, um mehrere Speditionsaufträge abzurechnen, dann erscheinen die Kosten als Summe für jede Kostenart über alle Speditionsaufträge. In einem Standardabrechnungsszenario auf der Grundlage der Incoterms werden die Kosten pro Abschnitt berechnet. Daher finden Sie in jedem Abrechnungsbeleg (sowohl für den Versender als auch für den Warenempfänger) eine Aufschlüsselung der Kosten pro Abschnitt.

In Abbildung 12.12 sehen Sie einen Speditionsabrechnungsbeleg, der die Kostenberechnung für einen Straßenspeditionsauftrag für die weitere Rechnungsstellung an den Rechnungsempfänger bereitstellt.

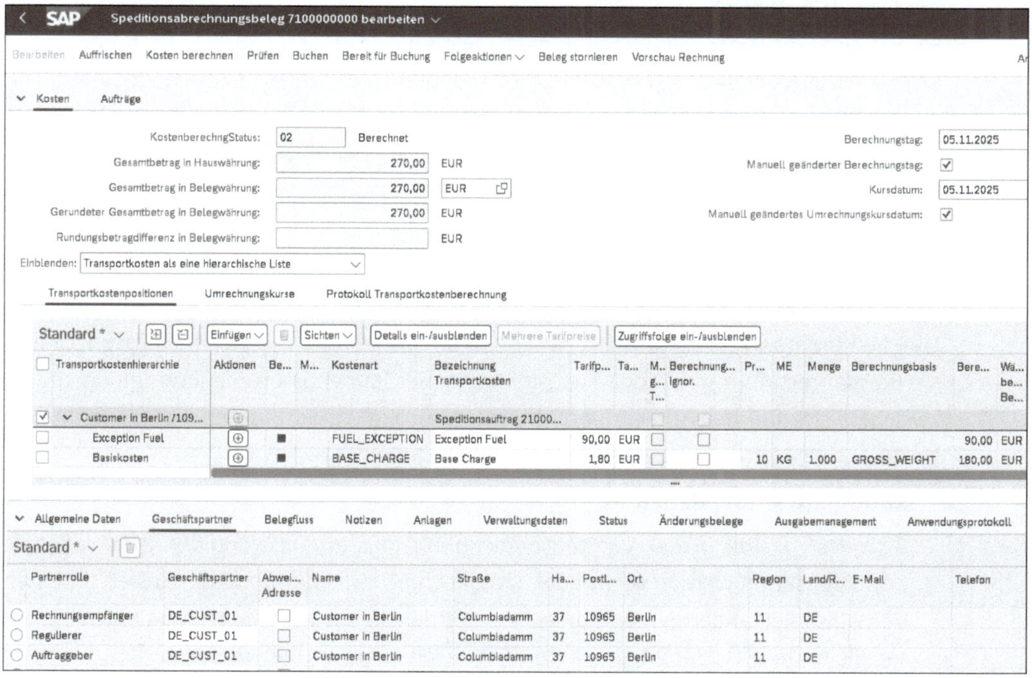

Abbildung 12.12: Speditionsabrechnungsbeleg

Nach erfolgreicher Erstellung eines Speditionsabrechnungsbelegs müssen die eigentliche Fakturierung und die Buchung im Vertrieb in SAP S/4HANA noch durchgeführt werden. Die Registerkarte **Status** gibt einen umfassenden Überblick über die verschiedenen Prozessschritte von der Erstellung eines Speditionsabrechnungsbelegs bis zur Endabrechnung im Vertrieb. Zwei Status sorgen dafür, dass der Fortschritt des gesamten Prozesses der Abrechnung sichtbar wird. Bei der Beschreibung der Buchung in SAP S/4HANA stellen wir Ihnen Beispielwerte für beide Status zur Verfügung:

- **Lebenszyklusstatus**

  Dieser Status beschreibt, welcher Schritt entlang des gesamten Abrechnungsprozesses zuletzt durchgeführt wurde. Nach der erstmaligen Erstellung eines neuen Speditionsabrechnungsbelegs wird der Status auf **In Bearbeitung** gesetzt.

- **Bestätigungsstatus**

  Aufgrund der Interaktion zwischen TM und dem Vertrieb werden bei der Übermittlung eines Abrechnungsbelegs an den Vertrieb mehrere Aktivitäten durchgeführt. Daher ist ein separater Status vorgesehen, der die Interaktion zwischen den beiden Modulen genauestens verfolgt. Der ursprüngliche Status nach der Erstellung des Speditionsabrechnungsbelegs wäre **Noch nicht gebucht** im Vertrieb.

12.3.3 Integration von Speditionsabrechnungsbelegen mit dem Vertrieb in SAP S/4HANA

Sie haben in diesem Kapitel gelernt, dass TM die Vertriebsabrechnung (Fakturierung) in SAP S/4HANA verwendet, um Kundenrechnungen zu erstellen. In Abschnitt 12.4 stellen wir Ihnen eine alternative Möglichkeit vor, Ihren Kunden Rechnungen zu stellen, indem wir TM mit SAP Billing and Revenue Innovation Management integrieren. Lassen Sie uns nun in die Details des Zusammenspiels von TM und den Vertriebsfunktionen für die Rechnungsstellung eintauchen.

Grundlegendes Customizing in SAP S/4HANA

Um die Kommunikation zwischen TM und dem Vertrieb zu ermöglichen, müssen Sie Ihre Vertriebsabrechnungsfunktionen einstellen. Außerdem müssen Sie Zuordnungsregeln zwischen TM und der Abrechnung einrichten. Beginnen wir mit den wesentlichen Einstellungen im Vertrieb in der SAP-S/4HANA-Fakturierung:

1. **Konditionsarten pflegen**

   Als ersten Schritt in der Vertriebsabrechnung müssen Sie Konditionsarten pflegen. Konditionsarten werden verwendet, um die Logik zu steuern, wie die Kosten für einen Verkaufsbeleg abgerufen und berechnet werden. In der Kommunikation mit TM müssen Sie für jede Kostenart, die in den TM-Belegen verwendet wird, eine Konditionsart definieren. Folgen Sie im Customizing des Vertriebs dem IMG-Pfad **Vertrieb • Grundfunktionen • Preisfindung • Preisfindungssteuerung • Konditionsarten definieren • Konditionsarten für die Preisfindung im Verkauf festlegen**.

2. **Kalkulationsschema anlegen**

   Sie müssen ein Kalkulationsschema anlegen und die Konditionsarten dem soeben definierten Kalkulationsschema zuordnen. Das Kalkulationsschema ist dafür verantwortlich, festzulegen, welche Konditionsarten bei der Erstellung einer Rechnung verwendet werden. Sie können Hunderte von verschiedenen Konditionsarten pflegen, aber bei der Erstellung einer Faktura werden nur diejenigen berücksichtigt, die einem Kalkulationsschema zugeordnet wurden. Sie können die Konditionsarten in einem Kalkulationsschema logisch gruppieren (z. B. nach Abgangshafenkosten, Seefrachtkosten und Zielhafenkosten in einem Seefrachtszenario). Sie können mehrere Kalkulationsschemata pflegen, da sie für jede Verkaufsorganisation oder jeden Kunden zugeordnet werden. Folgen Sie im Customizing dem IMG-Pfad **Vertrieb • Grundfunktionen • Preisfindung • Preisfindungssteuerung • Kalkulationsschemata definieren und zuordnen • Kalkulationsschemata einstellen**.

3. **Kalkulationsschema einer Verkaufsorganisation zuordnen**

   Zuletzt müssen Sie Ihr Kalkulationsschema einer Verkaufsorganisation zuordnen. Einer Verkaufsorganisation können mehrere Kalkulationsschemata zugeordnet werden. Navigieren Sie zum Customizing, indem Sie **Vertrieb • Grundfunktionen • Preisfindung • Steuerung der Preisfindung • Kalkulationsschemata definieren und zuordnen • Kalkulationsschemaermittlung festlegen** wählen.

Konzentrieren wir uns nun auf die Zuordnung zwischen TM und Vertriebsabrechnung:

1. **Fakturaart zur Speditionsabrechnungsbelegart zuordnen**

   Zunächst müssen Sie die Speditionsabrechnungsbelegart einer Fakturaart zuordnen und ihr ein Kalkulationsschema, eine Positionsart und eine Verkaufsbelegart zuordnen. Dies können Sie über den IMG-Pfad **Transportation Management • Abrechnung • Speditionsabrechnung • Einstellungen für die Buchung von Speditionsabrechnungen • SD-Daten für die Buchung zuordnen** tun.

2. **TM-Kostenarten den Vertriebskonditionsarten zuweisen**

   Navigieren Sie zu folgendem Customizing-IMG-Pfad, um das Mapping der TM-Kostenarten und der Vertriebskonditionsarten durchzuführen: **Transportation Management • Abrechnung • Speditionsabrechnung • Einstellungen für die Buchung von Speditionsabrechnungen • Konditionsarten zuordnen**.

3. **TM-Verkaufsorganisation im Vertrieb zuordnen**

   Zusätzlich zur Zuordnung der Transportkostenarten müssen Sie Ihre in TM definierten Verkaufsorganisationen den Verkaufsorganisationen im Vertrieb zuordnen. In Abschnitt 4.1.1, »Organisationsstruktur«, haben wir beschrieben, dass sich die in TM definierte Organisationsstruktur von der für Vertrieb und Materialwirtschaft unterscheidet. Um Vertriebsfakturen aus Speditionsabrechnungsbelegen zu buchen, müssen Sie daher die auf der Speditionsabrechnung definierte TM-Verkaufsorganisation auf die SD-Verkaufsorganisation abbilden, die auf der Vertriebsabrechnung verwendet werden soll. Wie Sie in Abbildung 12.13 sehen können, wird die Verkaufsorganisation (**VkOrg**) in das Feld **BSV-OrgEinheit** in Transaktion PPOME eingetragen.

   Wenn die Organisationsstruktur in TM auf der Grundlage des Integrationsreports erstellt wurde, ist dieses Feld bereits vorausgefüllt.

Abbildung 12.13: Zuordnung einer TM-Verkaufsorganisation zu einer SD-Verkaufsorganisation

[+]

Integration von TM mit SAP S/4HANA

Wenn Sie Speditionsabrechnungsbelege von TM nach SAP S/4HANA übertragen möchten, werden die oben genannten Zuordnungen über den IMG-Pfad **Integration mit anderen SAP-Komponenten • Transportation Management • Rechnungsintegration • Fakturierung • Einstellungen für Buchung von Speditionsabrechnungen** konfiguriert.

Funktionaler Prozessablauf

Nachdem Sie den Speditionsabrechnungsbeleg in TM erfolgreich erstellt haben, können Sie eine Abrechnungssimulation durchführen, bevor Sie diese in SAP S/4HANA in SD buchen. Der Charme dieser Funktion besteht darin, dass Sie die logistischen Informationen aus TM mit den in SAP S/4HANA verfügbaren Steuerdaten kombinieren. Klicken Sie auf die Drucktaste **Vorschau Rechnung** im oberen Bereich des Speditionsabrechnungsbelegs. TM übermittelt die relevanten logistischen Informationen an SD. Der Vertrieb wiederum generiert für jeden Speditionsabrechnungsbeleg eine PDF-Ausgabedatei, die Sie in TM einsehen können. Diese synchrone Verarbeitung ist für die Anwenderinnen und Anwender nicht sichtbar. Wenn Sie die Vorschaufunktion wählen, ist die eigentliche PDF-Ausgabedatei sofort sichtbar.

Um diese Funktion zu aktivieren, müssen Sie die entsprechenden Nachrichtenarten im Customizing über den Menüpfad **Vertrieb • Grundfunktionen • Nachrichtenfindung • Nachrichtenfindung • Nachrichtenfindung über die Konditionstechnik • Nachrichtenfindung für Fakturen pflegen • Nachrichtenarten pflegen** einstellen.

Da die Logik der Abrechnungssimulation aktiv und im Standard-TM implementiert ist, erfordert sie kein besonderes Customizing. Es ist möglich, die Logik zu erweitern (z. B. wenn Sie zusätzliche TM-Felder haben, die an den Vertrieb gesendet werden sollen). Für solche

Erweiterungen steht sowohl auf der Vertriebs- als auch auf der TM-Seite ein mitgeliefertes BAdI zur Verfügung. Auf der Vertriebsseite verwenden Sie die Erweiterungsimplementierung `TM_BIL_IMPL01` für den Erweiterungsspot `BADI_SD_BIL_PRINT01`. In TM muss das BAdI `/SCMTMS/BADI_FWSD_PRINT_SIM` für den Erweiterungsspot `/SCMTMS/ES_FWSD` implementiert werden. Dies ist derselbe Erweiterungsspot, der für den regulären Druck von Vertriebsrechnungen verwendet wird.

Nachdem der Abrechnungsbeleg konsistent und bereit für die Buchung in den Vertrieb ist, können Sie auf die Schaltfläche **Buchen** im oberen Bereich des Abrechnungsbelegs klicken. Alternativ können Sie auch mehrere Abrechnungsbelege markieren und die Aktion von einer POWL aus ausführen. Als dritte Option können Sie einen Batch-Job verwenden, um die Daten im Vertrieb zu buchen.

Massenbuchung von Speditionsabrechnungsbelegen

TM enthält einen Standardreport zur Massenerstellung von Speditionsabrechnungsbelegen. Sie können denselben Report verwenden, um Ihre erstellten Speditionsabrechnungsbelege massenhaft in den Vertrieb in SAP S/4HANA Billing zu buchen. Navigieren Sie in Ihrem Backend-System zu Transaktion SE38, und führen Sie den Report /SCMTMS/CFIR_CREATE_BATCH aus.

Eine Faktura wird direkt im Vertrieb erstellt. Abbildung 12.14 zeigt Ihnen einen Speditionsabrechnungsbeleg in TM, und in Abbildung 12.15 sehen Sie den dazugehörigen Fakturabeleg aus SAP S/4HANA. Abhängig von Ihrer Kostenberechnungsebene in TM werden die passenden Fakturapositionen im Vertrieb erzeugt. Wenn Sie eine Kopfberechnung der Kosten vorgenommen haben, enthält die entsprechende Faktura im Vertrieb eine Fakturaposition. Wenn Sie die Kosten pro Transportabschnitt berechnet haben, wird eine Fakturaposition pro Abschnitt erstellt.

Integration von TM in SAP S/4HANA mit einem externen SAP-S/4HANA-System

Wie in anderen Abschnitten bereits erwähnt, konzentriert sich dieses Buch auf TM in SAP S/4HANA. Daher haben wir nur den Prozess der Buchung eines Speditionsabrechnungsbelegs beschrieben, der in SAP S/4HANA erstellt wird.

Sie können die Speditionsabrechnung jedoch auch in einem separaten SAP-S/4HANA-TM-System nutzen. In diesem Fall müssen Sie die Integration mit einem SAP-S/4HANA-System konfigurieren, um die Speditionsabrechnungsbelege zu übertragen. Die Verarbeitung dieser Belege in der Vertriebsfunktion von SAP S/4HANA entspricht dann dem bereits beschriebenen Prozess.

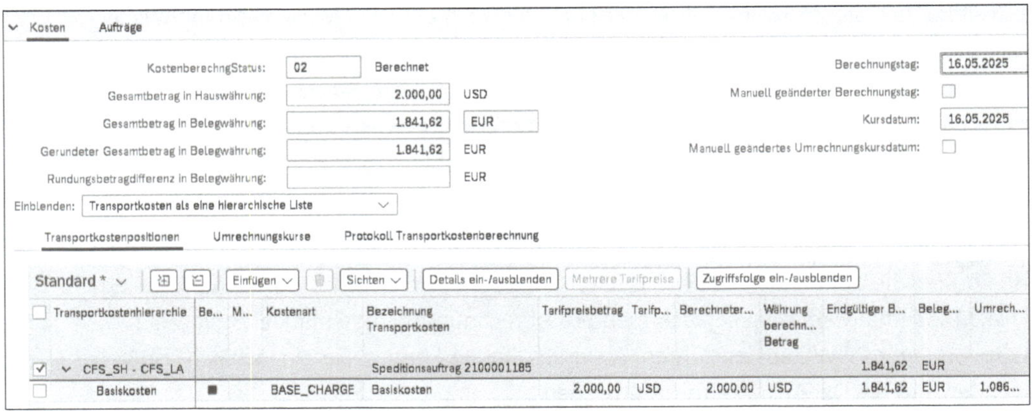

Abbildung 12.14: Gebuchter Speditionsabrechnungsbeleg

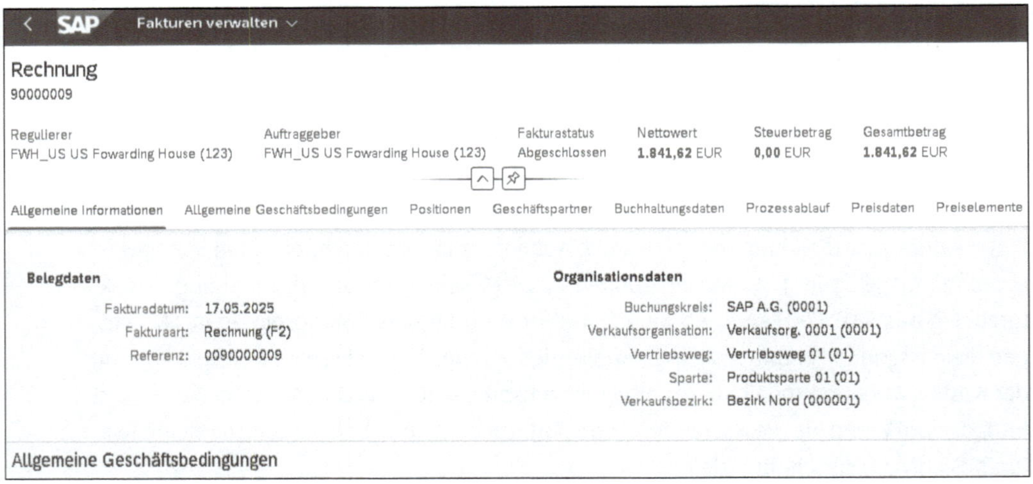

Abbildung 12.15: Fakturabeleg für Speditionsabrechnungsbeleg

In Abbildung 12.16 sehen Sie die wichtigsten Status eines Speditionsabrechnungsdokuments im Überblick. Nachdem ein Speditionsabrechnungsdokument in Schritt ❶ erstellt und in TM gespeichert wurde, wird der **Lebenszyklusstatus** auf **In Bearbeitung** gesetzt. Wie bereits erwähnt, können Sie bestimmte Informationen im Abrechnungsbeleg ändern, z. B. eine abweichende Adresse für einen Geschäftspartner, ohne dass es zu Inkonsistenzen kommt. Wenn Sie fakturierungsrelevante Informationen im Speditionsauftrag ändern, sind die beiden Belege nicht mehr konsistent, und eine Prüfung erlaubt keine Buchung im Vertrieb. Dies kann z. B. der Fall sein, wenn die Route eines Speditionsauftrags aufgrund eines verpassten Anschlusstransports geändert werden muss und dies zu einer Neuberechnung der Kosten führt.

Nur wenn der Beleg nach der Prüfung konsistent ist, wird der **Lebenszyklusstatus** auf **Bereit für Buchung** ❷ aktualisiert. Ohne Konsistenz können Sie die Buchung an den

Vertrieb nicht anstoßen, und der Speditionsabrechnungsbeleg wird auf der Registerkarte **Status** mit dem Kennzeichen **Inkonsistent** gekennzeichnet. Sobald Sie die Buchung des Speditionsabrechnungsbelegs an den Vertrieb in Schritt ❸ anstoßen, ändert sich der **Lebenszyklusstatus**. Der **Bestätigungsstatus** zeigt **Buchung gestartet**, bis Sie eine Bestätigung vom Vertrieb erhalten, dass der Fakturabeleg erfolgreich erstellt wurde. Bei einer fehlgeschlagenen Übertragung hängt es von der Fehlerbehandlung ab, ob eine Meldung an die TM-Funktion zurückgegeben wird.

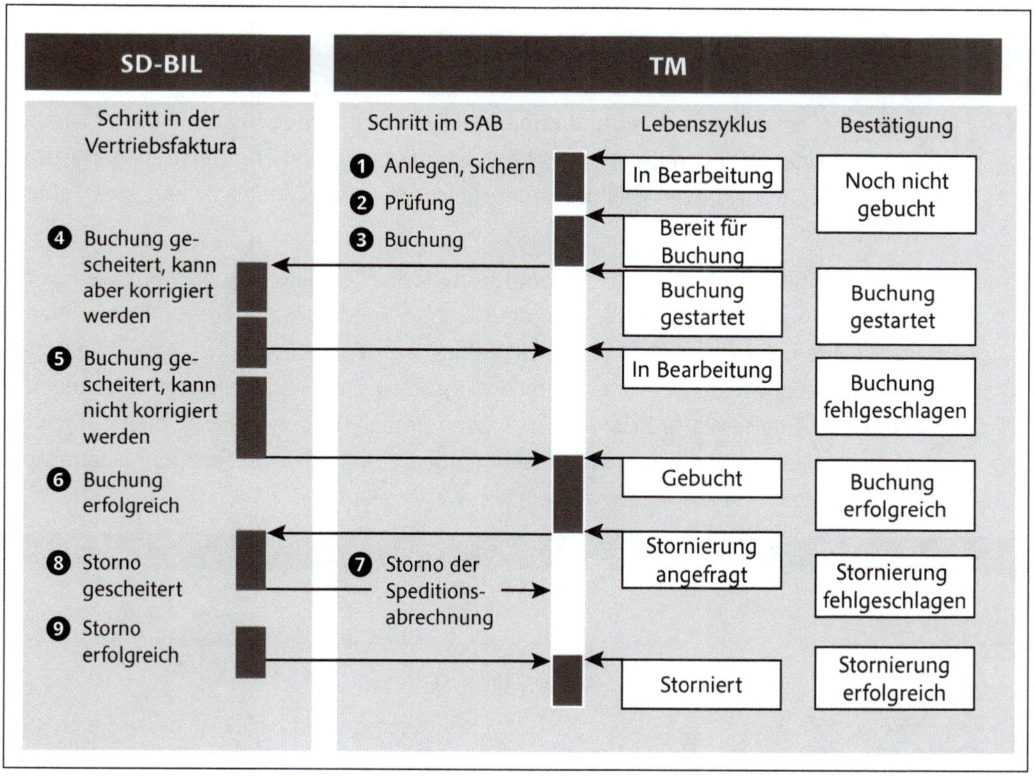

Abbildung 12.16: Funktionaler Prozess der Integration von TM in die Fakturierung des Verkaufs/Vertriebs

Wenn Sie einen Umbuchungsfehler direkt im Vertrieb beheben können (z. B. Sperrproblem oder Finanzperiodenabschluss), kann die Buchung im Vertrieb erneut verarbeitet werden. Bis zur erneuten Bearbeitung bleiben der **Lebenszyklusstatus** und der **Bestätigungsstatus** in TM auf ❹ (**Buchung gestartet**). Erst wenn der Fehler nicht behoben werden kann ❺ oder die Übertragung erfolgreich ist ❻, werden sowohl der **Lebenszyklusstatus** als auch der **Bestätigungsstatus** auf dem Speditionsabrechnungsbeleg entsprechend aktualisiert. Analog zu den Inkonsistenzen, die aufgetreten sind, bevor Sie den Speditionsabrechnungsbeleg gebucht haben, müssen Sie eventuell noch fakturierungsrelevante Daten im Speditionsauftrag ändern.

Wenn nötig, können Sie den Speditionsabrechnungsbeleg sowohl in TM als auch im Vertrieb in SAP S/4HANA in Schritt ❼ stornieren. Der Lebenszyklusstatus und der Bestätigungsstatus werden in den Schritten ❽ und ❾ entsprechend aktualisiert. Es ist darüber hinaus auch noch möglich, den Speditionsabrechnungsbeleg zu stornieren, indem Sie eine Gutschrift erstellen.

Gutschrift von Speditionsabrechnungen

Die Gutschrift auf der Seite des Speditionsauftrags wird von Spediteuren und Frachtführern verwendet, um ursprünglich berechnete Beträge auf einem Abrechnungsbeleg zu korrigieren. Sie können eine Gutschrift erstellen, indem Sie zu Ihrem Speditionsabrechnungsbeleg navigieren und **Folgeaktionen • Gutschrift anlegen** wählen. Dies ist auch direkt aus einer POWL möglich. Beachten Sie, dass eine Gutschrift erst erstellt werden kann, nachdem Ihr Speditionsabrechnungsbeleg im Vertrieb gebucht und eine Faktura erstellt wurde.

Mit TM können Sie Gutschriften sowohl für einzelne Speditionsabrechnungsbelege als auch für Sammelabrechnungsbelege, die mehrere Speditionsaufträge enthalten, erzeugen. Nachdem Sie eine Gutschrift erstellt haben, werden Sie feststellen, dass sie die gleiche Struktur hat wie der Speditionsabrechnungsbeleg. Der Hauptunterschied besteht darin, dass die Registerkarte **Kosten** drei Spalten enthält, in denen die Kosten aufgeführt sind. In Abbildung 12.17 können Sie sehen, dass zusätzlich zum Rechnungsbetrag ein Gutschriftbetrag (Habenbetrag) eingegeben werden kann.

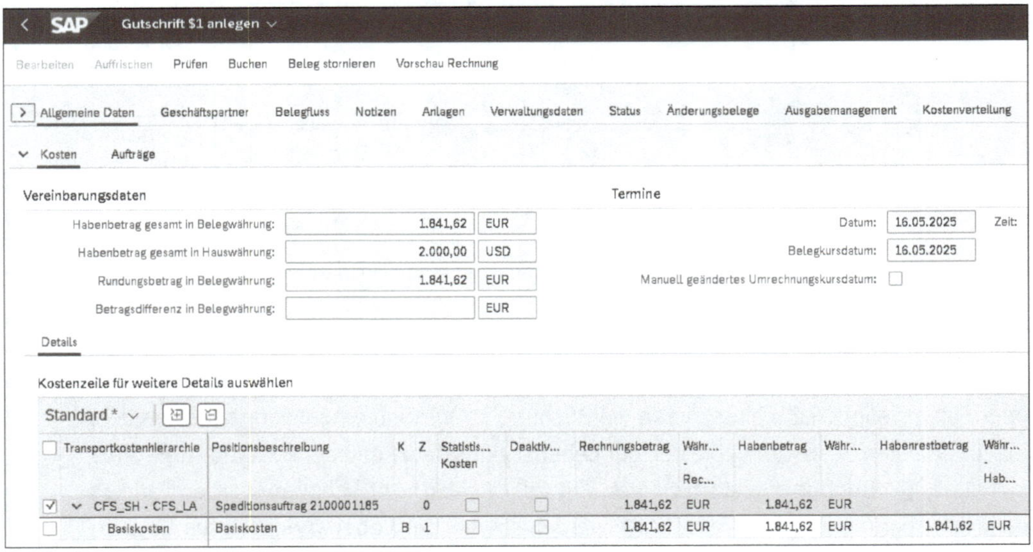

Abbildung 12.17: Kostendetails einer Gutschrift

In der Spalte **Habenbetrag** können Sie alle Abzüge vom Abrechnungsbetrag eingeben. Sie können mehrere Gutschriften zu einem Speditionsabrechnungsbeleg erstellen. Als Ergebnis zeigt die Spalte **Habenrestbetrag** den verbleibenden Rechnungsbetrag an. TM validiert und stellt sicher, dass Sie keine höhere Gutschrift als den Rechnungsbetrag erteilen können.

Vor der Buchung in den Vertrieb können Sie die Funktion **Vorschau Rechnung** nutzen, wenn Sie eine Vorschau der Gutschrift im Vertrieb zusammen mit den Steuerinformationen simulieren möchten. Wie beim Speditionsabrechnungsbeleg müssen Sie auch bei der Gutschrift die Konsistenz sicherstellen, bevor Sie sie übertragen können. Nachdem Sie die Gutschrift erfolgreich in den Vertrieb gebucht haben, wird ein neuer Beleg vom Typ **Gutschrift** erzeugt. Der Lebenszyklusstatus der Gutschrift wird nach erfolgreicher Verbuchung im Vertrieb als **Gutschrift gebucht** aktualisiert. Es ist auch möglich, eine Gutschrift zu stornieren, wodurch sich ihr Status in **Storno angefragt** und bei Erfolg in **Storniert** ändert.

Um die Gutschrift für den Speditionsabrechnungsbeleg zu nutzen, müssen Sie einige Customizing-Schritte durchführen:

1. Eine Gutschrift hat eine eigene Belegart, die einen Nummernkreis und einen Gutschriftsgrund (Begründungsschlüssel) enthält. Eine Gutschriftsart können Sie im Customizing unter **Transportation Management • Abrechnung • Speditionsabrechnung • Gutschriftsgründe und -arten für SABs definieren** anlegen. Die Gutschriftsart kann dann der Speditionsabrechnungsbelegart zugeordnet werden.
2. Über den gleichen Customizing-Pfad können Sie Codes für Gründe der Gutschrift pflegen, die Sie dann der Gutschriftsart zuweisen können. Die Beschreibung eines Grundes kann z. B. **Transportverzögerung** oder **Abweichender Frachtverlauf** lauten. Der Code eines Grunds ist in der Regel dreistellig mit einem Freitextfeld für eine Beschreibung.
3. Alle anderen Customizing-Einstellungen für den Speditionsabrechnungsbeleg müssen sowohl auf der TM- als auch auf der Vertriebsseite vorhanden sein. Außerdem müssen Sie die Begründungsschlüssel aus der TM-Gutschrift jeweils einem Auftragsgrundschlüssel der Vertriebsaufträge zuordnen. Navigieren Sie zum Customizing, indem Sie dem IMG-Pfad **Transportation Management • Abrechnung • Speditionsabrechnung • Einstellungen für die Buchung von Speditionsabrechnungen • TM-Begründungsschlüssel der Gutschrift dem Auftragsgrundschlüssel zuordnen** folgen.

12.3.4 Geschäftsszenarien im Prozess der Speditionsabrechnung

Sie haben bisher die Standardfunktionen des TM-Speditionsabrechnungsprozesses kennengelernt. Da Unternehmen jedoch unterschiedliche Anforderungen an die Abrechnung haben können, möchten wir Ihnen in diesem Abschnitt spezielle Szenarien vorstellen, die TM unterstützt.

Vorauszahlungsszenario

In der Speditions- und Seeschifffahrtsbranche ist es gängige Geschäftspraxis, den Kunden einen bestimmten Kreditrahmen einzuräumen. Um die Risiken zu minimieren, gibt es in vielen Regionen Fälle, in denen Kunden keine Kredite eingeräumt werden. Ein *Barzahlungskunde* muss die Rechnung für alle vorauszubezahlenden Kosten des Transports vorab bezahlen, damit der Dienstleister seine Arbeit aufnimmt. In einem solchen Szenario erlauben Sie die Erstellung eines Speditionsauftrags für einen Barkunden, verhindern aber, dass dieser ausgeführt wird, bevor die Zahlung eingegangen ist. Damit das System den Speditionsauftrag sperrt, müssen Sie angeben, dass der betreffende Geschäftspartner ein Barzahlungskunde ist.

Bei der Einrichtung Ihrer Speditionsvereinbarungen können Sie ein Zahlungsziel für die Vorauszahlung pflegen. Alternativ können Sie entsprechende Zahlungsbedingungen auch direkt in den Geschäftspartnerstammdaten Ihres Kunden hinterlegen. Im Customizing der Zahlungsbedingungen können Sie einen Sperrgrund definieren (z. B. Zahlung nicht erhalten). Wenn Sie eine Speditionsvereinbarung mit einem Barzahlungskunden haben, können Sie der Vereinbarung oder dem Geschäftspartner eine Zahlungsbedingung mit dem Sperrgrund **Zahlung nicht erhalten** zuordnen. Nachdem ein Speditionsauftrag für den Barzahlungskunden erstellt wurde, können Sie die Kosten berechnen. Auf der Grundlage der Kostenberechnung aus der Speditionsvereinbarung wird die Zahlungsbedingung in den Speditionsauftrag übernommen, und der Beleg wird automatisch für die Ausführung gesperrt. Das gleiche Verhalten wird ausgelöst, wenn Sie die Zahlungsbedingung auf dem Geschäftspartner hinterlegen, sobald Sie den Geschäftspartner dem Speditionsauftrag zuordnen. Um die Abrechnung dieses Auftrags dennoch zu ermöglichen, ist die Erstellung eines Speditionsabrechnungsbelegs trotz des Sperrstatus des Speditionsauftrags möglich. Sie können also den Prozess der Speditionsabrechnung wie beschrieben durchlaufen und eine Rechnung erstellen, ohne den Auftrag ausführen zu können.

Leider ist diese Funktion noch nicht vollständig mit dem Vertrieb in der SAP-S/4HANA-Fakturierungskomponente integriert. Der Eingang der tatsächlichen Zahlung vom Kunden in der Vertriebsfunktion gibt einen gesperrten Speditionsauftrag nicht automatisch frei. Stattdessen müssen die Anwenderinnen und Anwender manuell zur Registerkarte **Geschäftspartner** im betroffenen Speditionsauftrag navigieren und das Kontrollkästchen für den entsprechenden Geschäftspartner aktivieren (z. B. die Option **Zahlungseingang für den Versender**). Wie Sie in Abschnitt 5.3, »Speditionsaufträge«, erfahren haben, ist TM mit der Anwendung zur Kreditlimitprüfung integriert. TM deaktiviert die Kreditlimitprüfung automatisch, nachdem die Zahlungsbedingung als Vorauszahlung markiert wurde.

Abrechnung für die Konsolidierung durch Käufer

Eine Konsolidierung durch den Käufer (engl.: Buyer's Consolidation) ist eine sehr gängige Dienstleistung, die Spediteure und Frachtführer ihren Kunden anbieten. Eine Buyer's

Consolidation ist ein Szenario, bei dem der LDL Fracht aus verschiedenen Herkunftsorten bzw. -ländern abholt (z. B. von Bekleidungsherstellern in verschiedenen asiatischen Ländern). Die Fracht wird von den Lieferanten zu einer Containerfrachtstation (CFS) transportiert und vom LDL in Containern konsolidiert. Von der CFS aus wird die Ladung per Container bis zum endgültigen Warenempfänger/Bestimmungsort transportiert. Für den Abrechnungsprozess ist es relevant, dass einem Kunden – in diesem Fall dem Warenempfänger – der konsolidierte Betrag in Rechnung gestellt wird und nicht jeder einzelne Speditionsauftrag. Daher können Sie in einer Frachtbuchung einen Speditionsabrechnungsbeleg für alle Speditionsaufträge im gleichen Container erzeugen. Jeder Container in der Frachtbuchung (Registerkarte **Positionen** mit Hierarchiesicht **Frachtmanagement**) kann im Feld **Konsolidierungscontainer** (Details einer Containerposition) mit dem Wert **B** gekennzeichnet werden. Sie können den Speditionsabrechnungsbeleg direkt aus der Frachtbuchung oder aus einem der konsolidierten Speditionsaufträge erstellen. Dadurch werden die kombinierten Kosten für alle Speditionsaufträge, die in diesem Container konsolidiert sind, berechnet.

Die tatsächliche Erstellung der Speditionsabrechnungsdokumente hängt von den Incoterms ab. Wenn der Incoterm als FOB gepflegt ist, werden mehrere Speditionsabrechnungsdokumente für die Vorlaufstrecken erstellt. Es wird ein Speditionsabrechnungsbeleg pro Speditionsauftrag erstellt, da jeder Speditionsauftrag einen anderen Verlader hat. Sowohl für den Hauptlauf als auch für den Nachlauf wird ein konsolidierter Speditionsabrechnungsbeleg für den Sammelvereinbarungspartner erzeugt, der alle Speditionsaufträge enthält, die in der Frachtbuchung im selben Container konsolidiert wurden. Die Frachtbuchung wird als Referenz im Abschnitt **Aufträge** angezeigt. Im Beispiel des Incoterms, bei dem der Warenempfänger alle Kosten zahlt, wird auf der importierenden Seite nur ein Speditionsabrechnungsbeleg erzeugt. Dieser Beleg enthält alle Kosten für den Vorlauf auf der Grundlage der einzelnen Speditionsaufträge und die Kosten für den Hauptlauf und Nachlauf auf der Grundlage der Konsolidierung in der Frachtbuchung.

Export- und Importspeditionsaufträge

[«]

Beachten Sie, dass Sie bei einem internationalen Transport immer zwei Speditionsaufträge haben: einen Exportspeditionsauftrag und einen Importspeditionsauftrag. Sie erstellen alle Abrechnungsbelege für die Verlader aus dem Exportauftrag und den Abrechnungsbeleg für den Warenempfänger aus dem Importspeditionsauftrag. Je nach Incoterm kann eine exportierende Organisation ihre Kosten mit der importierenden Organisation abrechnen, um für alle entstandenen Kosten entschädigt zu werden. Dies ist immer dann erforderlich, wenn der Verlader nicht für den Vor- und Hauptlauftransport zahlt.

Einen tieferen Einblick in den Abrechnungsprozess zwischen exportierenden und importierenden Organisationen geben wir Ihnen in Abschnitt 12.3.5 für interne Abrechnungen.

Die Kostenberechnung folgt einer vorgegebenen Logik, um die richtige Speditionsvereinbarungsposition zu finden und die Kosten für die Speditionsaufträge zu ermitteln:

1. Setzen Sie die Berechnungsebene auf **Abschnitte**, damit die konsolidierten Kosten nur für die Entfernungen berechnet werden, die die Ladung gemeinsam im Container zurückgelegt hat.
2. Sie können eine eigene Speditionsvereinbarungsposition pflegen und dafür das Auswahlfeld in der Position auf **Buyer's Consolidation** setzen. Bei der Erstellung des Abrechnungsbelegs werden für alle Abschnitte, die in einem Sammelcontainer transportiert wurden, die Kosten aus dieser Position in der Speditionsvereinbarung des Kunden übernommen.
3. Ist eine solche Position nicht gepflegt, holt TM die Raten aus einer Vereinbarungsposition mit der Versandart für volle Containerladung (FCL) oder volle Lkw-Ladung (FTL), aber niemals Lkw-Teilladung (LTL) oder Containerteilladung (LCL).

Außerdem müssen Sie einen bestimmten Prozess in der Verkaufsorganisation einhalten. Jeder Speditionsauftrag, der in der Buyer's Consolidation zusammengefasst wurde, könnte von einer anderen Verkaufsorganisation erstellt worden sein. Wenn alle Verkaufsorganisationen in den Speditionsaufträgen gleich sind, kann die Konsolidierungsfunktion des Käufers verwendet werden. Weichen die Organisationen in den Speditionsaufträgen ab, verwendet TM die Einkaufsorganisation der konsolidierten Frachtbuchung. Entscheidend ist, dass diese Organisation in der Organisationsstruktur als **Niederlassung** (einer Spedition) gepflegt ist, damit sie auch als Verkaufsorganisation verwendet werden kann (siehe Abschnitt 4.1.1, »Organisationsstruktur«).

Es wird ein Speditionsabrechnungsbeleg für alle Speditionsaufträge erzeugt. Auf der Registerkarte **Aufträge** des Speditionsabrechnungsbelegs werden die Frachtbuchungen aufgelistet, bei denen die Konsolidierung des Käufers markiert wurde und die die entsprechenden Transporteinheiten enthalten. Im Abschnitt **Speditionsauftragsdetails** wird die Containerposition zusammen mit den Speditionsaufträgen angezeigt.

Abrechnung für die Konsolidierung durch Verlader

Wir können die im Szenario Buyer's Consolidation eingeführten Konzepte auch auf das Konsolidierungsszenario für Verlader (engl.: Shipper's Consolidation) anwenden. In diesem Szenario versendet ein Verlader Sammelgut konsolidiert in einem Vollcontainer sowohl für den Vor- als auch für den Hauptlauftransport. Im Einfuhrland wird der Container dekonsolidiert, und die Frachtstücke werden separat zu mehreren Warenempfängern transportiert. Je nach den Incoterms erstellt TM ein Abrechnungsdokument, um alle Vor- und Hauptlauftransportkosten in einem Speditionsabrechnungsbeleg zusammenzufassen, der dem Verlader in Rechnung gestellt wird. Die Kosten für die Nachlaufabschnitte werden nur im Falle eines Incoterms in demselben Speditionsabrechnungsbeleg erfasst, bei dem der Verlader für alle Nachlaufkosten aufkommt. Andernfalls werden für jeden

Transportabschnitt separate Rechnungen erstellt, die mit jedem Warenempfänger einzeln abgerechnet werden.

Ob mehrere Speditionsaufträge konsolidiert als Shipper's Consolidation verschickt werden, wird von TM bestimmt. Um den Container als Shipper's Consolidation zu kennzeichnen, müssen Sie den Container auf der Registerkarte **Positionen** (Hierarchiesicht **Frachtmanagement**) in der Frachtbuchung mit dem Wert **S** im Feld **Konsolidierungscontainer** kennzeichnen. Dadurch wird das Kennzeichen **Shipper's Consolidation** in jedem zugehörigen Speditionsauftrag gesetzt, was auch manuell erfolgen kann. Die übrigen Einstellungen sind wie bei der Buyer's Consolidation. So müssen Sie z. B. mindestens eine Vereinbarungsposition als **Shipper's Consolidation** kennzeichnen.

Flexible Rechnungsstellung

Wir haben verschiedene Möglichkeiten zur Erstellung eines Speditionsabrechnungsbelegs vorgestellt. Abgesehen von der bisher eingeführten Funktion haben Sie noch mehr Flexibilität bei der Erstellung der Abrechnungsdokumente. Diese Fähigkeit unterstützt LDLs in ausgewählten Industrien (z. B. Eisenbahnen) in hohem Maße. Die flexible Rechnungsstellung ermöglicht es Ihnen, Ihre relevanten Transportkostenarten in *Abrechnungsgruppen* zusammenzufassen. Ein Beispiel: Ein Bahnunternehmen könnte beschließen, alle Transportkosten für den Hauptlauftransport in einer Rechnung zu fakturieren, alle dafür notwendigen Leerfahrten in einer zweiten Rechnung und schließlich alle Transportnebenkosten (z. B. Verwiegung) in einer dritten Rechnung. Nachdem Sie Ihren Abrechnungsbeleg erstellt haben, öffnet sich ein erweitertes Pop-up-Fenster. Sie können dort wählen, für welchen Partner und welche Abrechnungsgruppe der Speditionsabrechnungsbeleg erstellt werden soll.

Sie können die Erzeugung des Abrechnungsbelegs für jeden der Geschäftspartner und jede beliebige Abrechnungsgruppe einzeln auslösen. Darüber hinaus erzeugt der Batch-Report zur Erzeugung von Abrechnungsbelegen diese je nach Einstellung nur für eine bestimmte Abrechnungsgruppe. Die Sammelerstellung von Speditionsabrechnungsbelegen aus einer POWL kann weiterhin genutzt werden. Alle ausgewählten Speditionsaufträge werden in einem Speditionsabrechnungsbeleg für dieselbe Abrechnungsgruppe zusammengefasst. Sie können Abrechnungsgruppen im Customizing unter **Transportation Management • Abrechnung • Abrechnungsgruppen und Abrechnungsregeln definieren** anlegen. In Abbildung 12.18 sehen Sie die dazugehörige Customizing-Einstellung. Beachten Sie, dass es auch eine Standardabrechnungsgruppe namens **Nicht zugeordnet** gibt, die alle Kostenarten sammelt, die keiner Abrechnungsgruppe im Customizing zugeordnet sind. Diese Abrechnungsgruppe wird auch dann angezeigt, wenn alle Kostenarten des Speditionsauftrags Abrechnungsgruppen zugeordnet sind.

Mehrere Abrechnungsgruppen können in einer **Abrechnungsregel** zusammengefasst werden. In einer Abrechnungsregel können Sie weitere status- und zeitrelevante Parameter für die Generierung von Abrechnungsbelegen definieren, wie z. B. einen Fakturierungsterminkalender und die Servicedatumsregel. Um die Abrechnungsregel, die die Abrechnungsgruppen enthält, zu verwenden, müssen Sie die Regel Ihrem Abrechnungsprofil zuordnen.

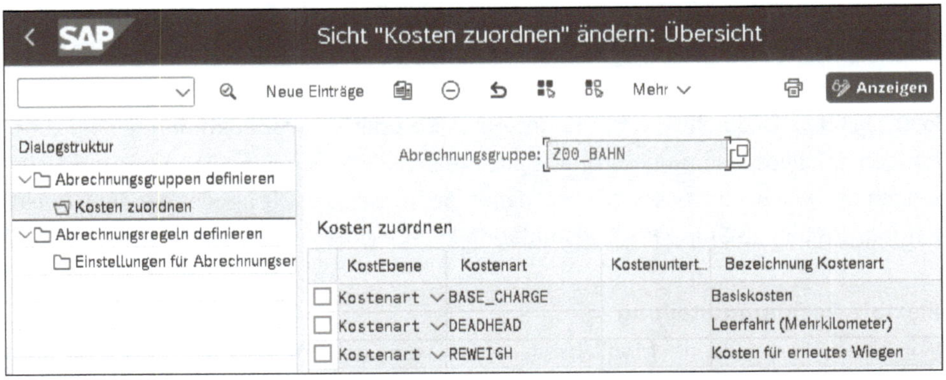

Abbildung 12.18: Abrechnungsgruppe für Speditionsabrechnungsbelege mit flexibler Fakturierung

12.3.5 Interne Verrechnung

In Abschnitt 12.1.2 haben wir Ihnen bereits das Stammdatenobjekt für interne Vereinbarungen vorgestellt. In diesem Abschnitt gehen wir nun darauf ein, wie der interne Verrechnungsprozess in der TM-Funktion durchgeführt wird und wie er eingerichtet werden muss. Außerdem werden wir uns verschiedene Szenarien ansehen, in denen die interne Abrechnungsfunktion verwendet wird.

Im Allgemeinen ist der Prozess der internen Verrechnung wie folgt definiert:

1. Eine Verkaufsorganisation (VO) verkauft Serviceleistungen an einen externen Kunden und erzielt dafür Einnahmen. Da sie bestimmte Leistungen nicht selbst zur Verfügung stellt, kauft die VO diese von einer Einkaufsorganisation (EO) ein.
2. Die Einkaufsorganisation (EO) stellt die Leistungserfüllung aus ihrer eigenen Kraft zur Verfügung oder kauft diese ihrerseits von einem Dienstleister ein.
3. Die EO stellt der VO für die Leistungserfüllung einen Preis in Rechnung.
4. Die VO erzielt ihren Gewinn als Differenz zwischen Kundeneinnahmen und einkaufsbezogenen Ausgaben.

Betrachten wir nun einige Beispiele für unterschiedliche Geschäftspraktiken:

- **Modusspezifischer Frachteinkauf**

  In der Speditionsbranche ist es sehr üblich, dass Teilorganisationen ihre eigenen Kapazitäten bei Schifffahrtsgesellschaften oder Fluggesellschaften einkaufen. Die Kapazitäten werden beschafft und intern bereitgestellt. Ein CFS/Gateway berechnet dem exportierenden Unternehmen einen internen Tarif. Die Incoterms spielen eine wichtige Rolle, da ein exportierendes Unternehmen die Kosten möglicherweise nur teilweise mit dem Kunden abrechnet.

- **Binnentransport**

  Importierende Unternehmen in der Spedition sind in der Regel für den Binnentransport per Bahn oder Lkw im Importland zuständig. Das bedeutet, dass ein importierendes Unternehmen die Kosten für den Transport an das exportierende Unternehmen weiterleiten kann.

- **Flottenpool**

  In der Lkw-Branche ist es üblich, dass ein Service-Center über einen Pool von Ressourcen (z. B. Lkws und Anhänger) verfügt. Das Service-Center stellt internen Vertriebs- oder Planungsorganisationen die benötigten Kapazitäten zur Verfügung. In diesem Fall werden die Lkw-Kosten an die Vertriebs- oder Planungsorganisation intern vom Service-Center weiterverrechnet.

TM unterstützt den internen Abrechnungsprozess mittels des *internen Abrechnungsbelegs* (IAB), der sowohl für die unternehmensinterne als auch für die unternehmensübergreifende Kostenabrechnung genutzt wird. Die unternehmensinterne Kostenabrechnung findet zwischen Niederlassungen oder Abteilungen desselben Buchungskreises statt; so rechnet z. B. eine Seefrachtorganisation in Hamburg die Transportkosten für einen Schiffstransport nach Asien an einen Spediteur in München ab, der die Seefrachtorganisation beauftragt hat. Eine Intercompany-Abrechnung erfolgt zwischen legalen Unternehmen mit unabhängigen Buchungskreisen (z. B. wenn ein Seetransport im Importland organisiert wird, aber die Kosten wegen des Incoterms noch vom Exportland getragen werden müssen).

Interner Verrechnungsprozess für LDLs

Anhand eines Beispiels möchten wir Ihnen einen unternehmensinternen Abrechnungsprozess mit einer unternehmensübergreifenden Transportabwicklung veranschaulichen. In Abschnitt 12.3.1 wurde der Abrechnungsprozess auf Basis der Incoterms behandelt. Nun wollen wir dieses Bild anhand eines konkreten Beispiels für die Interaktion im Abrechnungsprozess zwischen internen Organisationseinheiten verwenden. Wir fassen die in diesem Kapitel dargelegten Erkenntnisse zusammen und beziehen sowohl Speditionsabrechnungsbelege als auch die Frachtabrechnungsbelege ein.

In Abbildung 12.19 beauftragt Verlader A in Großbritannien den Transport von Ladung per Seefracht zu Empfänger B in Singapur. Verlader A und Empfänger B haben den Incoterm FOB vereinbart. Folglich ist Verlader A für die Bezahlung des Transports zum Verladehafen Southampton verantwortlich, während Empfänger B für den Rest des Transports, einschließlich der Importzollkosten, aufkommt.

In Schritt ❶ erhalten Sie als LDL einen Exportspeditionsauftrag in der Exportstation in London. Der Versender kontaktiert das örtliche Speditionsbüro, um den Transport zu organisieren. Verlader A ist als vorausbezahlender Vertragspartner aufgeführt. Empfänger B ist als Warenempfänger aufgeführt, aber die Importstation in Singapur ist als Collect-Vereinbarungspartner gekennzeichnet. Zudem ist die Importstation durch die Partnerrolle Importorganisation repräsentiert.

In Schritt ❷ veranlasst die Exportstation in London den Transport der Waren durch einen örtlichen Spediteur vom Kunden zur Frachtstation in Southampton. Es wird ein Frachtauftrag erstellt.

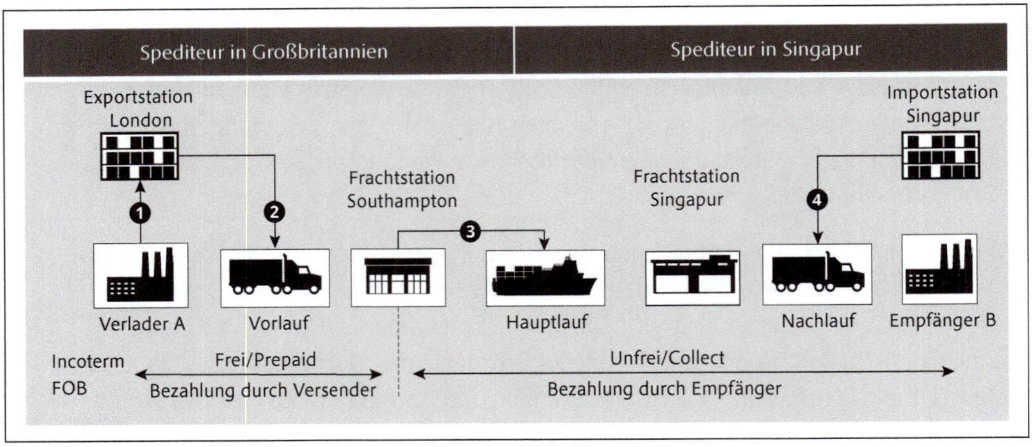

Abbildung 12.19: Szenario mit Incoterm FOB für den TM-Abrechnungsprozess

Währenddessen wird die Frachtstation in Southampton bereits Kapazität auf einem Containerschiff buchen ❸, das den Transport von Southampton nach Singapur durchführt, was sich in TM in einer Frachtbuchung widerspiegelt. Wie Sie in Abschnitt 5.3, »Speditionsaufträge«, gesehen haben, löst die Erstellung einer Exportfrachtbuchung die Erstellung einer Importfrachtbuchung und folglich eines Importspeditionsauftrags aus. In Schritt ❹ wird die einführende Station über die zu erwartende Schiffsankunft informiert und erzeugt einen weiteren Frachtauftrag für die Abholung der Fracht in der Frachtstation Singapur und die Auslieferung an Warenempfänger B.

In diesem Beispiel werden insgesamt sieben Abrechnungsbelege erzeugt, deren Erstellung und Kontext Sie in Abbildung 12.20 sehen können. Die Nummerierung bezieht sich dabei auf die Nummern in der Abbildung.

1. Auf der Grundlage des Incoterms FOB erstellt die Exportstation in London aus dem Exportspeditionsauftrag das Speditionsabrechnungsdokument SAB1 für die vorausbezahlten Transportkosten des Verladers A ❶. Dies sind die einzigen Kosten, die der Verlader zu tragen hat.
2. Die Exportorganisation arrangiert auch die Abholung bei A und muss die Kosten für die Person, die den Lkw fährt, für den Transport zur Frachtstation Southampton begleichen ❷. Für den Vorlauf wird das Frachtabrechnungsdokument FAB 1 erstellt.
3. Die Frachtstation Southampton erstellt ein Frachtabrechnungsdokument FAB 2, um die Kosten für den Hauptlauftransport mit der Reederei abzurechnen ❸.

4. Ein interner Abrechnungsbeleg IAB 1 wird zwischen der Frachtstation und der Exportstation erstellt ❹, wiederum auf der Grundlage des Exportspeditionsauftrags. Der innerbetriebliche Abrechnungsbeleg deckt die Kosten für die Beschaffungsorganisation (Frachtstation Southampton) der Hauptlaufstrecke ab und beinhaltet einen Aufschlag gegenüber den Dienstleisterkosten ❸ von FAB 2.
5. In unserem Beispiel ist der vereinbarte Incoterm FOB. Folglich stellt die exportierende Organisation der importierenden Organisation in Singapur die Hauptlaufkosten in Rechnung ❺. Dies geschieht über den Speditionsabrechnungsbeleg SAB 2.
6. Die Importorganisation erstellt den Frachtabrechnungsbeleg FAB 3 für die Lieferkosten von der Frachtstation Singapur zum Empfänger B ❻.
7. Schließlich wird von der Importorganisation der Speditionsabrechnungsbeleg SAB 3 auf der Grundlage des Importspeditionsauftrags erstellt, um die gesammelten Kosten (Hauptlaufkosten, Auslieferung und Gewinnmarge) dem Empfänger B in Rechnung zu stellen ❼.

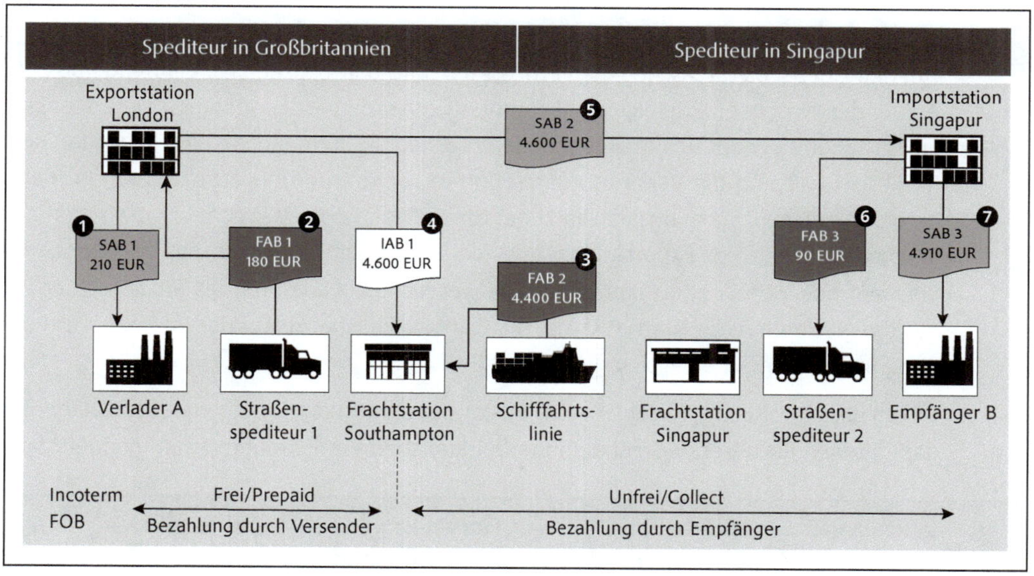

Abbildung 12.20: Erstellung von externen und internen Abrechnungsdokumenten

Die Erstellung des Belegs für die interne Abrechnung kann manuell von einer POWL aus erfolgen, die alle Frachtbuchungen/Frachtaufträge auflistet, die eine interne Abrechnung erfordern. Um diese POWL im SAP Fiori Launchpad zu finden, navigieren Sie im Launchpad zum Bereich **Abrechnung** und öffnen die Arbeitsvorratskachel **Speditionsaufträge zur internen Abrechnung**, in der Sie die Abfrage **Alle Speditionsaufträge für interne Abrechnung** öffnen können. Beachten Sie, dass in dieser POWL nicht nur die Speditionsaufträge aufgelistet sind, sondern auch die Frachtaufträge/Frachtbuchungsbelege, die mit dem Speditionsauftrag für den internen Abrechnungsprozess verbunden sind. Sie können auf die Schaltfläche **Interne Abrechnung erstellen** klicken, um den IAB zu erstellen. Alternativ können Sie auch einen Batch-Job für den Report `/SCMTMS/CFIR_CREATE_BATCH` verwenden, um die IABs zu erzeugen. Als dritte Möglichkeit können Sie auch die internen Kosten berechnen, indem Sie im oberen Menü des Speditionsauftrags **Kosten/Abrechnung • Interne Transportkosten berechnen** auswählen.

[»]

Interner Abrechnungsbeleg (IAB)

Die persönliche Arbeitsliste (POWL) zeigt relevante Frachtbuchungen oder Frachtaufträge für die Erzeugung eines IAB nur an, wenn Sie eine entsprechende Abrechnungsregel angegeben haben. Eine Abrechnungsregel wird im Customizing definiert und bestimmt das Verhalten für die Erzeugung von IABs auf der Grundlage des Ausführungsstatus einer Frachtbuchung oder eines Frachtauftrags. In unserem Beispiel gehen wir davon aus, dass die Abrechnungsregel den Status **Ausgeführt** voraussetzt. Folglich ist der IAB erst dann zur Erzeugung bereit, wenn die Frachtbuchung des Hauptlaufs vollständig ausgeführt ist.

Um den Unterschied zwischen dem Prozess der innerbetrieblichen Abrechnung und dem Ablauf der zwischenbetrieblichen Abrechnung zu verdeutlichen, nehmen wir an, unsere Frachtstation befindet sich in einem anderen Land, z. B. in Irland statt in Großbritannien. In diesem Fall sind die Verkaufsorganisation in London und die Frachtstation in Irland unterschiedlichen Buchungskreisen zugeordnet. Die interne Verrechnung zwischen der Frachtstation und der Exportstation bzw. Verkaufsorganisation wird als *buchungskreisübergreifende* Verrechnung betrachtet. Die wesentliche Änderung des Prozesses liegt in der Integration mit der Vertriebsfunktion. Der tatsächliche Ablauf der internen Verrechnung in TM unterscheidet sich nicht.

In Tabelle 12.5 sind die verschiedenen Kosten- und Erlöskomponenten der einzelnen Organisationen für unser Beispiel der innerbetrieblichen Verrechnung zusammengefasst.

Exportstation London		**Frachtstation (FS) Southampton Export**		**Frachtstation (FS) Singapur Import**		**Importstation Singapur**	
Kosten	**Erlös/ Gewinn**	**Kosten**	**Erlös/ Gewinn**	**Kosten**	**Erlös/ Gewinn**	**Kosten**	**Erlös/ Gewinn**
180 EUR Abholung Lkw	210 EUR Kosten Export	4.400 EUR Hauptlauf Schiff	–	–	–	90 EUR Ausliefg. Lkw	4.910 EUR Kosten Import

Tabelle 12.5: Kosten und Einnahmen pro Organisationseinheit

Exportstation London		**Frachtstation (FS) Southampton Export**		**Frachtstation (FS) Singapur Import**		**Importstation Singapur**	
4.600 EUR Hauptlauf intern an FS Export	4.600 EUR Hauptlauf von Imp. station	–	4.600 EUR Hauptlauf von Exp. station	–	–	4.600 EUR Hauptlauf	–
–	30 EUR	–	200 EUR	–	–	–	220 EUR

Tabelle 12.5: Kosten und Einnahmen pro Organisationseinheit (Forts.)

Für die Berechnung der intern zu verrechnenden Kosten gibt es in der Regel zwei Möglichkeiten. Erstens können Sie in einer Vereinbarung zwischen der Verkaufs- und der Einkaufsorganisation interne Tarife festlegen. Diese Tarife stellen die Standardkosten für eine Einkaufsorganisation dar. Die Standardkosten sind ein Durchschnittspreis für die Beschaffung von Transportleistungen und können sogar eine Gewinnspanne enthalten. Sie können daher Einkaufsorganisationen als Profit-Center behandeln, die im Wettbewerb um die besten Tarife für Kapazitäten im Unternehmen stehen. Sie können solche Tarife in internen Vereinbarungen pflegen, wie in Abschnitt 12.1.2 beschrieben.

In Abschnitt 11.2, »Kostenverteilung«, haben Sie eine Einführung in die Kostenverteilung erhalten. Auf der Grundlage der Kostenverteilung können Sie die Istkosten eines Frachtauftrags oder einer Frachtbuchung ermitteln, die den Speditionsauftragspositionen zugeordnet sind. Sie haben die Möglichkeit, diese Istkosten, die an den Dienstleister gezahlt werden müssen, für eine interne Verrechnung zwischen der Einkaufsorganisation und der Verkaufsorganisation zu verwenden. Der wesentliche Unterschied zum Standardkostenszenario besteht darin, dass anstelle eines Durchschnitts der Kosten die abrechnungsrelevanten Beträge der tatsächlichen Dienstleisterkosten verwendet werden. Bei konsolidierten Transporten unterstützt die Kostenverteilung die Aufteilung der Kosten auf alle betroffenen Speditionsaufträge.

Grundlegendes Customizing für IABs und Stammdaten in TM

Die interne Abrechnung in TM ist gut mit anderen Stammdaten und verschiedenen Einstellungen integriert und von diesen abhängig. In diesem Abschnitt werden die wichtigsten Aspekte der Einrichtung eines internen Verrechnungsprozesses erläutert.

Die Grundlage für jeden Abrechnungsvorgang sind die Kosten und die Einrichtung des Transportkostenmanagements in TM. In Kapitel 10, »Transportkostenmanagement«, haben Sie erfahren, welche Grundeinstellungen erforderlich sind. Ein zentrales Steuerelement ist das Berechnungsprofil, das Sie direkt einem Geschäftspartner des Typs Auftraggeber oder dem regulären Kostenprofil zuordnen können. Sind beide gepflegt, hat das dem Geschäftspartner zugeordnete Profil Vorrang.

Wie bei einem regulären Abrechnungsprozess in TM müssen Sie ein Abrechnungsprofil definieren. Sie können ein bestehendes Profil aus dem regulären Abrechnungsprozess verwenden, das einem Kostenprofil zugeordnet ist, wie Sie es in Abschnitt 12.3.1 erfahren haben. Denken Sie daran, dass das Abrechnungsprofil der Einkaufsorganisation übernommen wird. Wie beim Berechnungsprofil könnten Sie einem Geschäftspartner der Art Auftraggeber ein Abrechnungsprofil zuordnen, das dann Vorrang hätte.

Da der IAB das gleiche technische Objekt wie der Speditionsabrechnungsbeleg verwendet, gibt es kein eigenes Belegarten-Customizing für IABs. Sie müssen eine IAB-Art im Customizing definieren. Navigieren Sie zu **Transportation Management • Abrechnung • Speditionsabrechnung • Speditionsabrechnungs-Belegarten definieren**. Die Speditionsauftragsart muss im Customizing für die interne Kostenberechnung und Abrechnung aktiviert werden.

Sie können einen bestimmten Zeitpunkt festlegen, zu dem ein IAB für die Generierung bereit sein soll. Dies wird durch eine interne Abrechnungsvorschrift erreicht, bei der Sie jeder Bewegungsart entsprechende Abschnittsarten mit einer Regel für die Abrechnung zuordnen können. Navigieren Sie zu **Transportation Management • Speditionsauftragsmanagement • Abschnittsartenfolge für Bewegungsarten definieren**, um den Zeitpunkt festzulegen, zu dem die interne Abrechnung durchgeführt werden soll (z. B. nur, wenn der Abschnitt ausgeführt wurde).

Am wichtigsten ist, dass Sie eine interne Vereinbarung zwischen der Einkaufsorganisation und der Verkaufsorganisation gepflegt haben. Wie in Abschnitt 12.1.2 beschrieben, kann eine interne Vereinbarung zwischen einer oder mehreren Einkaufsorganisationen und einer oder mehreren Verkaufsorganisationen gültig sein. Wenn Sie die internen Verrechnungen auf Standardkostenbasis berechnen wollen, müssen Sie Berechnungsarten mit Beträgen oder internen Tariftabellen pflegen.

[+]

Einkaufende Organisationen

Achten Sie darauf, Ihre Einkaufsorganisationen mit der Organisationseinheitenfunktion *Niederlassung* zu modellieren. Der Grund dafür ist, dass eine Einkaufsorganisation bei der internen Verrechnung mit einer anderen Organisationseinheit intern wie eine Verkaufsorganisation agiert. In unserem Beispiel wäre dies der Fall für die Frachtstation in Southampton.

Um die tatsächlichen Transportkosten für interne Abrechnungen zu verwenden, benötigen Sie eine etwas andere Konfiguration. Die Art und Weise, wie Sie Ihre IABs erzeugen, und die Integration in die Vertriebsfunktion sind ähnlich. Wenn Sie die Konfiguration der

Kostenverteilung für LDLs vorgenommen haben, wie in Abschnitt 11.2, »Kostenverteilung«, beschrieben, und alle Customizing-Schritte durchgeführt haben, liegt der Hauptunterschied in der Erstellung einer internen Vereinbarung. Sie müssen immer noch eine interne Vereinbarung definieren, aber keine Tarife oder Tariftabellen. Stattdessen setzen Sie das Feld **Kostenverwendung** des Berechnungsschemas auf **intern**. Außerdem müssen Sie eine **Kostenart** mit der **Berechnungsmethodenart 9 • Interne Transportkostenberechnung** pflegen. Die Kosten werden aus den entsprechenden Ausführungsbelegen, dem Frachtauftrag und/oder der Frachtbuchung übernommen.

Integration mit der Vertriebsfunktion in SAP S/4HANA

Nachdem Sie die verschiedenen Abrechnungsbelege erfolgreich erstellt haben, müssen sie in der Vertriebsfunktion gebucht werden. Bei der internen Abrechnung muss zwischen dem innerbetrieblichen und dem zwischenbetrieblichen Abrechnungsbeleg unterschieden werden. Anders als ein regulärer Speditionsabrechnungsbeleg erzeugt der innerbetriebliche Abrechnungsbeleg im Vertrieb in SAP S/4HANA keinen Fakturabeleg. Stattdessen würde eine Umbuchung im Vertrieb in SAP S/4HANA erfolgen. Denken Sie daran, dass die Kosten für die Beschaffung einer Dienstleistung immer auf die Einkaufsorganisation (in unserem Beispiel die Frachtstation in Southampton) gebucht werden. Wenn Sie den unternehmensinternen Abrechnungsbeleg in die Vertriebsfunktion buchen, werden die abgerechneten Kosten im Speditionsauftrag aus den entsprechenden Frachtaufträgen oder Buchungen von der Einkaufsorganisation (der Frachtstation in Southampton) an die Verkaufsorganisation (die Exportstation in London) umgebucht. Dadurch können Sie die Primärkosten einer Kostenstelle oder einem Innenauftrag zuordnen. Wir haben bereits erörtert, dass der buchungskreisübergreifende Abrechnungsbeleg eine andere Art der Integration mit der Vertriebsfunktion aufweist. Er erzeugt einfach eine reguläre Faktura im Vertrieb.

[«]

Integration eines dezentralen TM-Systems in SAP S/4HANA

Da wir uns in diesem Buch auf Embedded TM in SAP S/4HANA konzentrieren, haben wir nur den Prozess der Buchung eines Speditionsabrechnungsbelegs beschrieben, der in SAP S/4HANA erstellt wird.

Sie können jedoch weiterhin die interne Abrechnungsfunktion in einem dezentralen TM-Systems in SAP S/4HANA nutzen. In diesem Fall müssen Sie die Integration mit einem SAP-S/4HANA-System konfigurieren, um die IABs zu übertragen. Die Verarbeitung dieser Belege im Vertrieb in SAP S/4HANA entspricht dem Prozess, den wir in diesem Abschnitt beschrieben haben.

Werfen wir einen Blick auf die Customizing-Schritte, die erforderlich sind, um die Vertriebsfunktion einzurichten (Details dazu finden Sie im SAP-S/4HANA-Konfigurationsleitfaden):

- Die Standardintegration für die Speditionsabrechnung muss konfiguriert werden, um den Intercompany-Prozess zu ermöglichen, wie in Abschnitt 12.3.1 und Abschnitt 12.3.3 beschrieben. Eine Zuordnung von TM-Verkaufsorganisationen zu Vertriebsorganisationseinheiten (**BSV-OrgEinheit**) ist erforderlich.
- Sie müssen Ihre Verkaufsorganisationen und Einkaufsorganisationen den entsprechenden Kostenstellen oder Innenaufträgen im Vertrieb zuordnen. Dies ist für innerbetriebliche Abrechnungen erforderlich, bei denen die Kosten von der ursprünglichen Einkaufsorganisation eines Frachtauftrags oder einer Frachtbuchung auf die Verkaufsorganisation des Speditionsauftrags gebucht werden.
- Navigieren Sie zum Customizing, indem Sie **Transportation Management • Abrechnung • Speditionsabrechnung • Einstellungen für die Buchung von buchungskreisinternen Verrechnungen • Innenauftrag/Kostenstelle zur Senderorganisation zuordnen** sowie **Innenauftrag/Kostenstelle zur Empfängerorganisation zuordnen** wählen. In diesem Fall ist die Einkaufsorganisation der Absender der innerbetrieblichen Abrechnung und die Verkaufsorganisation die Empfängerorganisation.
- Darüber hinaus müssen Sie Ihre Kostenarten den Primärkostenarten im Vertrieb zuordnen. Navigieren Sie zum Customizing, indem Sie **Transportation Management • Abrechnung • Speditionsabrechnung • Einstellungen für die Buchung von buchungskreisinternen Verrechnungen • Transportkosten zu Kostenarten zuordnen** wählen.
- Sie haben die Flexibilität, die Methoden für unternehmensinterne Szenarien auf der Grundlage der verfügbaren BAdIs zu erweitern. So können Sie eine eigene Logik zur Ermittlung von Kostenarten, Kostenstellen und Innenaufträgen entwickeln. Das verfügbare BAdI heißt `TCM_SE_CFIRSUITE_RQ` mit der Methode `INBOUND_PROCESSING` (Parameter `CS_CO_DOC`). Auch für die Intercompany-Abrechnung können Sie ein BAdI implementieren, um die Zuordnung von Kostenträgern (z. B. Kostenstellen) zu beeinflussen: BAdI `TCM_SE_CFIRSUITE_RQ` und Methode `INBOUND_PROCESSING` (Parameter `CT_KOMFKGN`).

[»]

Konfigurieren der Integration der internen Abrechnung mit einem dezentralen TM-System und SAP S/4HANA

Wenn TM nicht in der gleichen SAP-S/4HANA-Instanz wie die Vertriebs- und Materialwirtschaftsfunktionen verwendet wird, ist die Konfiguration der Integration anders. Das Mapping von Transportkostenarten und Organisationseinheiten erfolgt dann über den IMG-Pfad **Integration mit anderen SAP-Komponenten • Transportation Management • Rechnungsintegration**. In den folgenden Menüeinträgen finden Sie die gleichen Customizing-Aktivitäten, wie zuvor beschrieben, jedoch zugeschnitten auf das Szenario der Integration einer dezentralen TM-Funktion in SAP S/4HANA.

Internes Abrechnungsverfahren für Ressourcenverleih in Speditionsunternehmen

Zusätzlich zum Prozess der internen Verrechnung für LDLs auf der Grundlage von Speditionsaufträgen, wie er für das Szenario des internationalen Transports beschrieben wurde, können Sie IABs für Ressourcen generieren. Diese Funktion unterstützt z. B. Speditionsunternehmen, die Lkws und Anhänger besitzen. Eine Beschaffungsorganisation vermittelt einen Speditionsservice, indem sie den Lkw und den Anhänger einer anderen Organisation nutzt, die Eigentümer der Ressourcen ist. Eine interne Vereinbarung kann zwischen der Beschaffungsorganisation und der Organisation, die die Ressourcen besitzt, gepflegt werden. Diese Tarife werden verwendet, um IABs zwischen den beiden Organisationen zu generieren. Nach einer erfolgreichen internen Kostenberechnung können Sie den IAB direkt aus dem Frachtauftrag erzeugen, indem Sie **Kosten/Abrechnung • Internen Abrechnungsbeleg erstellen** wählen.

Die Integration der Abrechnung mit dem Vertrieb funktioniert ähnlich, wie im vorangegangenen Abschnitt beschrieben. Die ressourcenbesitzende Einheit ist die Verkaufsorganisation, die den IAB sendet. Die Einkaufsorganisation, die den Lkw und den Anhänger nutzt, ist der Empfänger der internen Verrechnung. Ausgehend von der Verkaufsorganisation, leitet das System die Einkaufsorganisation, Kostenstellen oder Innenaufträge ab.

Konzernabrechnung in der Logistik für Verlader

Ein sehr häufiges Szenario für große Unternehmen mit Transportbedarf ist die Konsolidierung aller Transportaufgaben in einer Logistikorganisation. Dabei handelt es sich in der Regel um eine unabhängige Geschäftseinheit innerhalb eines Verladerunternehmens, die sich ausschließlich auf die Organisation und Verwaltung von Transporten konzentriert. Solche Geschäftseinheiten fungieren oft als interne LDLs, weshalb wir uns in diesem Kapitel auch mit diesem Prozess beschäftigen. In TM heißt ein solches Szenario *Konzernlogistik*. Der Hauptvorteil besteht darin, dass Sie als Verlader den Transportbedarf Ihres Unternehmens in einer Organisation bündeln können, wodurch Sie unter Umständen bessere Ergebnisse bei der Aushandlung von Frachtraten erhalten. Darüber hinaus werden Transparenz und Standardisierung der Prozesse in einer Organisation, die sich ausschließlich auf den Transport konzentriert, verbessert.

Der wesentliche Unterschied in einem Konzernlogistikszenario besteht darin, dass die Geschäftseinheit, die die Transporte verwaltet, die Aufträge aus mehreren anderen Geschäftsbereichen des Konzerns konsolidiert. Ein Produktionsunternehmen könnte Geschäftsbereiche für die verschiedenen Produktsegmente haben, die es herstellt. Die Transportnachfrage all dieser Verlader wird von dem Logistikunternehmen zusammengefasst. Die Transportleistungen werden von der Logistikorganisation bezahlt. Da Frachtaufträge Waren aus mehreren Aufträgen und damit auch aus mehreren Geschäftsbereichen enthalten, ist es für die Logistikbranche unerlässlich, die Kosten auf die Geschäftsbereiche zu verteilen, die die Nachfrage verursacht haben. Dieser Prozess kann mit internen Verrechnungen gesteuert werden:

1. Mithilfe der Kostenverteilung können Sie die Kosten aus Frachtaufträgen den Auftragsbelegen zuordnen.
2. Der IAB wird für jede Geschäftseinheit erstellt, die an dem Transport beteiligt war.
3. Der IAB erstellt eine Intercompany-Vertriebsfaktura, die wiederum einen Eintrag in der Finanzbuchhaltung erzeugt.

Die Schlüsseleinstellungen zur Unterstützung dieses Prozesses sind dem internen Verrechnungsprozess, den wir weiter oben in diesem Kapitel beschrieben haben, sehr ähnlich. Das Gruppenlogistikszenario ist bisher nur für ein dezentrales TM-System aktiviert, das mit einem zentralen SAP-S/4HANA-System verbunden ist.

12.3.6 Analyse der Rentabilität

Die Rentabilitätsanalyse in TM wird verwendet, um einem LDL oder Spediteur einen Überblick über die Gewinnmarge pro Speditionsauftrag zu geben. Sie ist nicht für Verladerlösungen anwendbar, da hier kein Speditionsauftrag existiert. Die Grundlage der Margenanalyse liegt in der Transportkostenberechnung und -abrechnung, die bereits in diesem Kapitel und in Kapitel 10, »Transportkostenmanagement«, vorgestellt wurden. Sie fasst alle Erlöskomponenten in einem Speditionsauftrag anhand von Kostentyp und Kostenart zusammen und berechnet die Differenz zu allen Kostenkomponenten (Frachtaufträge, Frachtbuchungen), die im Rahmen der Transportdurchführung angefallen sind, um die Rentabilität eines Transports zu berechnen. Separate Serviceaufträge werden dabei nur insofern berücksichtigt, dass Servicekosten im Frachtbeleg auftauchen.

Der Speditionsauftrag hat eine Registerkarte **Rentabilität**. Sie können die Berechnung der Rentabilität auslösen, indem Sie **Kosten/Abrechnung • Rentabilität berechnen** wählen. Abbildung 12.21 zeigt ein Beispiel für die Ergebnisse in einem Speditionsauftrag mit berechneten Kosten, Erlösen und Rentabilität. Beachten Sie, dass nicht nur die aggregierten Kosten und Erlöse angezeigt werden, sondern auch die Kosten und Erlöse pro Kostenart. In Kapitel 10, »Transportkostenmanagement«, haben Sie erfahren, dass die Kostenarten den Kostentypen zugeordnet werden, um ihren Zweck zu klassifizieren. Diese Konfiguration ist auch in diesem Zusammenhang nützlich, da wir in der Regel für Kaufgebühren andere Kostenarten verwenden als für Verkaufsgebühren. Durch die Verwendung der Kostenkategorien in der Margenanalyse können wir jedoch die Marge pro Kostenkategorie analysieren, die z. B. ein Dienstleistungsprodukt darstellen könnte.

Um die Rentabilität zu berechnen, müssen Sie zunächst Erlöse und Kosten ermitteln. Die Erlöse werden ausschließlich auf der Grundlage der Kostenberechnung für Speditionsaufträge berechnet, die auf Speditionsvereinbarungen beruhen. Die Kostenkomponenten werden aus drei Quellen abgeleitet: Frachtaufträge, Frachtbuchungen und interne Tarife. Daher müssen Sie zunächst als Voraussetzung das Transportkostenmanagement einrichten, wie in Kapitel 10, »Transportkostenmanagement«, beschrieben. Sie müssen sicherstellen, dass die Kostenberechnung für Speditionsaufträge, Frachtaufträge und

Frachtbuchungen durchgeführt wurde. Sowohl die Kostenverteilung als auch die interne Verrechnung müssen, wie in Abschnitt 11.2, »Kostenverteilung«, bzw. Abschnitt 12.3.5 beschrieben, eingerichtet und ausgeführt werden, um die Rentabilitätsanalyse zu ermöglichen.

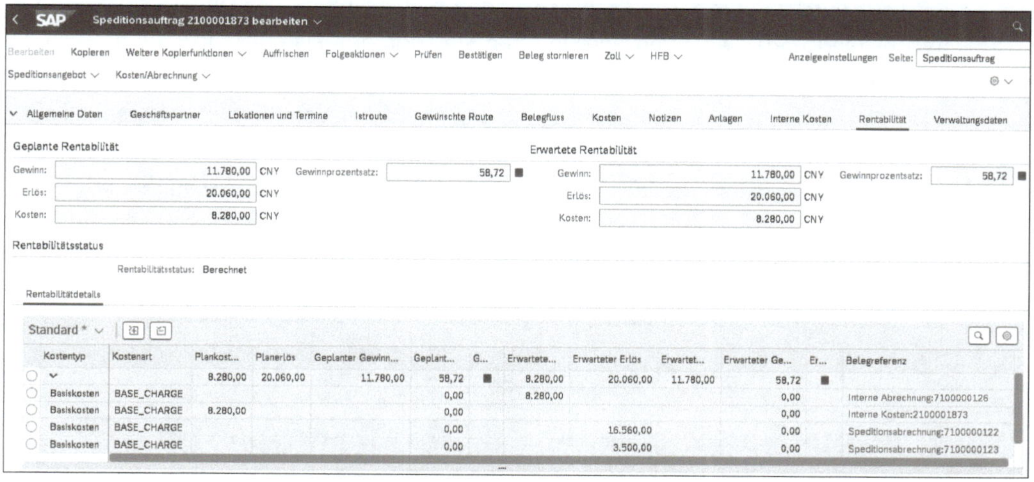

Abbildung 12.21: Rentabilitätsanalyse in einem Speditionsauftrag

Welche Kosten- oder Erlöskomponenten einbezogen werden, ist nicht konfigurierbar. TM verwendet generell alle Kosten- und Erlösarten für den Vergleich und berechnet sowohl eine *geplante* als auch eine *erwartete Rentabilität*. Der Hauptunterschied zwischen geplanter und erwarteter Rentabilität besteht darin, dass die geplante Rentabilität auf der Berechnung der Kosten in Speditionsaufträgen, Frachtaufträgen und Frachtbuchungen basiert. Die erwartete Rentabilität wird auf der Grundlage der abgerechneten Beträge in den Speditionsabrechnungsbelegen, IABs und Frachtabrechnungsbelegen berechnet.

Speicherung von Rentabilitätsdaten

Bitte beachten Sie, dass in TM eine Speicherung der Rentabilitätsdaten nur auf Gesamtsummenebene erfolgt, d. h. geplante und erwartete Rentabilität mit Werten für Gewinn, Erlös und Kosten. Die Rentabilitätsdetails müssen jeweils neu berechnet werden, da sie nicht gespeichert werden.

12.4 SAP Billing and Revenue Innovation Management

Die Kundenabrechnung mit den Abrechnungs- und Finanzkomponenten von SAP S/4HANA ist sehr flexibel. Sie ist gut mit TM integriert, erlaubt eine recht detaillierte Prozesssteuerung und viele Lokalisierungen für spezielle Rechnungs- und Steuerstandards in einer Vielzahl von Ländern weltweit. Für Unternehmen, die Logistikdienstleistungen verkaufen, und für einige Verlader separater Logistikorganisationen ist die Abrechnungsflexibilität von TM in SAP S/4HANA und SAP ERP jedoch manchmal nicht ausreichend. LDLs benötigen Gesamtlösungen, die es ihnen ermöglichen, die Abrechnung von Dienstleistungen gemäß den in Kundenverträgen definierten Service Level Agreements (SLAs) effizient durchzuführen. Die Dienstleistungen müssen oftmals so abgerechnet werden, wie es die Kunden erwarten oder in ihren SLAs fordern. Darüber hinaus muss sich ein LDL häufig mit schlechten Bonitäten, Zahlungsausfällen, Kredit- und Inkassoproblemen, Frachtbarzahlungen vor Auftragserfüllung und Streitfällen von Kunden befassen. All diese Vorgänge müssen effizient abgewickelt werden, indem sie in den Arbeitsplatz des Kundendienstes integriert werden. Abbildung 12.22 zeigt die Prozessabschnitte und den jeweiligen Geschäftsschwerpunkt eines Gesamtprozesses, der sich auf finanzielle Aufgaben bei der Kundenabrechnung konzentriert (dunkel schattierte Kästen).

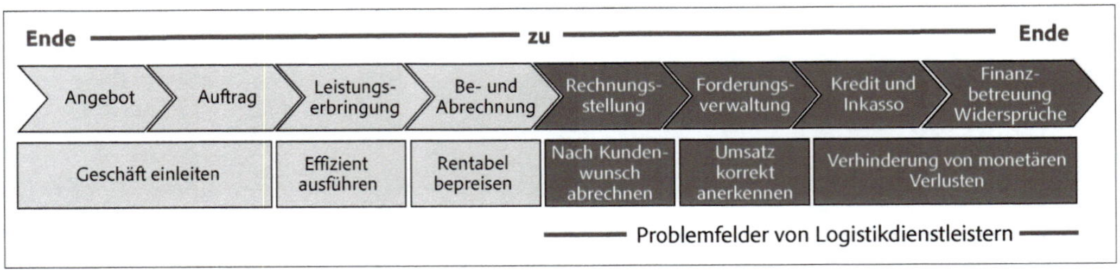

Abbildung 12.22: Gesamtprozess eines LDLs mit Schwerpunkt Rechnungsstellung

Ein zweites Problem für LDLs ist die Anerkennung des Umsatzes in Übereinstimmung mit den gesetzlichen Bestimmungen. Wenn sich Transportprozesse über mehrere Länder oder sogar Kontinente erstrecken oder wenn Zahlungen von mehreren Parteien geleistet werden müssen, müssen Sie die Umsatzrealisierung richtig verwalten.

In der Regel kann der Umsatz für eine Dienstleistung erst bei Fortschreiten der erfüllten Transportteildienstleistungen anerkannt werden (z. B. IFRS 15, International Financial Reporting Standard 15, Revenue from Contracts with Customers). Je nach den örtlichen gesetzlichen Bestimmungen können die folgenden Situationen auftreten:

- Ein Kunde bestellt einen Bahntransport quer durch Kanada. Das Zahlungsziel ist Vorauszahlung. Die Rechnung wird dem Kunden fünf Tage vor dem Transport der Waggons zugesandt, und der Kunde zahlt einen Tag vor der Abfahrt. Der Spediteur darf die erhaltenen Einnahmen erst bei Auslieferung der Waggons am Zielort als Umsatz verbuchen (anerkennen).
- Ein Kunde bestellt eine multimodale FCL-Seefracht mit Lkw-Binnentransport im Herkunftsland, einem vierwöchigen Seetransport und einem Binnentransport im Bestimmungsland. Der Vorlauf und der Seetransport werden vom Verlader im Voraus bezahlt; der Zielorttransport wird vor der Auslieferung der Container vom Warenempfänger übernommen. Der Spediteur kann die Einnahmen des Verladers in mehreren Schritten verbuchen. Die Einnahmen für die Vorlauffracht können bei der Auslieferung des Containers im Ladehafen verbucht werden. Bei der Seebeförderung können z. B. 50 % der

Seefrachteinnahmen nach der Hälfte der zurückgelegten Strecke verbucht werden; weitere 50 % werden verbucht, nachdem der Container im Zielhafen angekommen ist. Die Einnahmen aus dem Nachlauftransport werden nach der Auslieferung des Containers im Bestimmungsland verbucht.

Logistikkunden haben in vielen Fällen sehr dedizierte Anforderungen, wie z. B.:

- alle Straßentransporte nach Norddeutschland auf einer Sammelrechnung pro Woche
- eine Sammelrechnung für Straßenfrachtkosten und getrennte Sammelrechnungen für Wartezeiten und für Zuschläge, wobei jedoch aus jeder Rechnungsposition die genaue Referenz (z. B. Kundenauftragsnummer) hervorgehen muss
- Mehrere in einem Transportauftrag zusammengefasste Positionen müssen jeweils in einzelnen Rechnungen mit ihren jeweiligen Teilauftragskosten abgerechnet werden.

Diese Situationen können mit *SAP Billing and Revenue Innovation Management* gehandhabt werden, das einen starken Fokus auf Kundenabrechnung und Umsatzrealisierung hat. Die erforderliche Flexibilität bei der Rechnungsstellung und die Fähigkeit, die finanzielle Kundenbetreuung und die Erlösrealisierung zu handhaben, wie zuvor beschrieben, sind Teil von SAP Billing and Revenue Innovation Management.

TM kann im Projekt über seine Teilkomponente SAP Convergent Invoicing mit SAP Billing and Revenue Innovation Management integriert werden. Die technische Integration wurde bereits über eine Komponente von SAP Custom Development abgewickelt, das heute jedoch nicht mehr weitergeführt wird. Es gibt zwei Integrationsmöglichkeiten, die über eine kundenspezifische Integration erreicht werden können. Zu Beginn erstellt TM Speditionsabrechnungsbelege aus berechneten Kosten als Grundlage für die Rechnungsstellung. Wenn eine Rechnungsstellung erforderlich ist, können die folgenden finanziellen Schritte entweder über SAP-S/4HANA-Fakturierung oder über SAP Billing and Revenue Innovation Management und SAP Finance – Contract Accounting (Vertragskontierung) vorgenommen werden.

Mit Blick auf die erweiterten Anforderungen von Logistikdienstleistern an die Rechnungsstellung und das Inkasso ist SAP Convergent Invoicing als Teil von SAP Billing and Revenue Innovation Management ein wichtiger Baustein in Transportprozessen von LDLs. SAP Billing and Revenue Innovation Management bietet ein umfangreiches Portfolio an Funktionen rund um die Kundenfakturierung und das Forderungsmanagement.

Schauen wir uns die einzelnen unterstützten Funktionen an:

- **Rechnungskonvergenz**

  TM erstellt Abrechnungsbelege mit mehreren Rechnungspositionen. Wenn ein solcher Abrechnungsbeleg an die Vertriebsfakturierung gesendet wird, wird der gesamte Abrechnungsbeleg zur Erstellung einer Rechnung verwendet. Mittels Konsolidierung ist eine weitere Zusammenfassung möglich. TM gibt also bereits die kleinste Granularität vor, die danach in SD und FI nicht mehr aufgelöst werden kann.

Im Gegensatz dazu wird mit SAP Convergent Invoicing für jede einzelne Kostenposition des Abrechnungsbelegs eine fakturierbare Position erstellt, die zudem beliebig viele rechnungsrelevante Kontextdaten enthalten kann (z. B. Containernummer, Kundenreferenz, Frachtbriefnummer ...), sodass eine maximale Flexibilität bei der Wahl der Zusammenfassung, der Rechnungszuordnung und des Rechnungszeitpunkts besteht. Anschließend kann über Kundenprofile (Vertragskontoeinstellungen) ein Regelwerk gesteuert werden, das aus den vorhandenen Transportkosteneinzelpositionen die einzelnen Kundenrechnungen zusammenstellt. In diesem Fall wird der Inhalt der Rechnungen nicht durch Vereinbarungs- und Abrechnungsregeln in TM gesteuert, sondern durch das Vertragskonto und Regeln in SAP Billing and Revenue Innovation Management. Auf diese Weise können Sie z. B. Treibstoffzuschläge über einen längeren Zeitraum aufsummieren, während die Frachtkosten getrennt und sofort pro Sendung abgerechnet werden.

- **Flexible Rechnungsstellung und Rechnungsdruck**

  Die Erstellung und Übermittlung von Rechnungen werden ebenfalls über die Einstellungen des Vertragskontos gesteuert, sodass Sie Ihre Rechnungen entsprechend den Anforderungen der Kunden erstellen können (z. B. möchte der Kunde jede Fracht einzeln abgerechnet haben, aber Kraftstoffzuschläge nur einmal pro Monat in einer Sammelrechnung).

  Die Rechnung muss – je nach Kundenanforderung – eine große Auswahl an Logistik- und Kundenkontextdaten enthalten. In SAP S/4HANA Billing sind diese Kontextdaten sehr begrenzt (Positionsbeschreibung oder Textarten), die nicht gut abfragbar sind. Darüber hinaus können Zusatzdaten während des Belegdrucks ermittelt werden.

  SAP Billing and Revenue Innovation Management bietet dagegen ein leistungsfähiges Konzept, wie jede Art von logistischen Kontextdaten mit jeder fakturierbaren Position gespeichert werden kann. Beispiele für den logistischen Kontext sind folgende:

  - Nummer des Seefracht-Konnossements
  - Containernummer oder Paletten-ID
  - Identifizierungsnummer des transportierten Fahrzeugs (VIN)
  - Waggon- oder Zug-ID des verwendeten Bahnwaggons
  - Art der verwendeten Ausrüstung
  - Referenznummer des Käufers
  - viele andere Informationen

  Damit stehen Ihnen alle logistikbezogenen Daten direkt zur Verfügung, um Positionen für die Rechnungsstellung zu sortieren, zu filtern und zu gruppieren. In Abbildung 12.23 sehen Sie ein Beispiel für eine einzelne, fakturierbare Position (**Billable Item Type**) von SAP Billing and Revenue Innovation Management Convergent Invoicing mit Logistikkontext für die Rechnungskonvergenz.

Billed On	13.10.2025
Billing Document	100000000279
Source Trans. Type	CCCIT
Source Trans.ID	RgwBIvP37jQIWF1V|}Yqu0
Billable Item Class	TMBR
Subprocess	TMBR
Billable Item Type	TFAM
Contract Account	120000000409
Business Partner	1200000060

Time of Origin	09:52:18
To Date	12.10.2025
Arrival Date	15.10.2025
BIT Description	Automotive Rail Base Freight

Gross Weight	2.000,0000
Gross Weight UOM	KG
Height	2,0000
Length	4,9000
Ordering Party Address	Mark Messier Trail 14211
Ordering Party City	Edmonton
Ordering Party Country	CA
Ordering Party ID	D32-CNS4
Ordering Party Name	Alberta Truck & Auto / Edmonto
Ordering Party Zip	T6V 1H4

Carrier	D32-RC
Commodity	37111
Commodity Description	Passenger cars, assembled
Consignee Address	Mark Messier Trail 14211
Consignee City	Edmonton
Consignee Country	CA
Consignee ID	D32-CNS4
Consignee Name	Alberta Truck & Auto / Edmonto
Consignee Zip	T6V 1H4
Container Document	00000000004100022833
Contract ID	D32-AM-STANDARD
Container ID	D32-CHEV-IMPALA-2.8

Shipper Name	General Motors Canada Inc. / B
Shipper Zip	L6S 5R7
Width	2,0000
Buyer's Reference Number/PO Numb...	AUTO35267-2025
Destination Location SPLC	162000645
Order ID	00000000002100012238
Order Type	D32A
Order Type Text	Automotive Rail Order
Source Location SPLC	178000354
Railcar Document	RCA3469
Railcar Equipment Group	F
Railcar ID	D32-RCFA-450101
Railcar Equipment Type	F078V
Revenue Route	D32R-TOR-WNP-EDM
Vehicle ID Number	VIN10295632JN8572
Rail Waybill ID	00000000002100012238

Abbildung 12.23: Beispiel für logistische Kontextdaten für eine fakturierbare Position in SAP Billing and Revenue Innovation Management

Das Beispiel zeigt die Abrechnungsbasis für die Kostenposition aus Sicht der transportierenden Bahngesellschaft, wobei der Bahnkunde (Autohändler) eine einzelne Rechnung für alle relevanten Kostenpositionen pro transportiertem Fahrzeug möchte. Die dargestellten Kontextdaten wurden dabei während der BIT-Erstellung aus TM-Speditionsauftrag, Frachteinheit, Waggoneinheit und Frachtauftrag extrahiert:

- Bahn-Basisfracht für den Pkw (Typ Chevrolet Impala 2.8) mit Fahrzeug-ID VIN 10295632JN8572 von General Motors Kanada nach Edmonton, Kanada
- Pkw-Details wie Masse, Gewicht
- Käuferreferenznummer und Pkw-Käuferauftragsnummer (nicht Frachtauftrag)
- Bahnwaggonnummer und Waggontyp, verwendete Bahnroute

- **Mahnen und Inkasso**

  Das Mahn- und Inkassowesen ist in SAP Billing and Revenue Innovation Management sehr flexibel. Zahlungsausgleichsregeln und Ausgleichsarbeitslisten unterstützen die effiziente Bearbeitung offener Forderungsposten.

- **Rechnungs- und Klärungsfallmanagement, finanzbezogener Kundenservice**

  Die Rechnungskorrektur und das Klärungsfallmanagement sind in SAP Billing and Revenue Innovation Management sehr flexibel. Die Integration in den Kundenservicearbeitsplatz ist gegeben. Ein Kundenbetreuer kann direkt in SAP Billing and Revenue

Innovation Management mit Rechnungen arbeiten und Kundenstreitigkeiten auf der Ebene der Rechnungsposten bearbeiten. Dies hat den großen Vorteil, dass nur der strittige Teil einer Rechnung offen bleibt und der Rest bezahlt werden kann. Wenn z. B. nur ein Posten einer Rechnung mit 100 Posten strittig ist, können die anderen 99 Posten eingezogen werden. Dies ist eine große Erleichterung für die Bearbeitung von Außenständen, die in diesem Detailgrad in ERP FI schwierig ist.

- **Präsentation von elektronischen Rechnungen**

  SAP Billing and Revenue Innovation Management nutzt die Funktionen des Financial Supply Chain Management für die elektronische Rechnungsstellung.

- **Abweichende Zahlungen und Raten-/Anzahlungen**

  Wenn ein Kunde einen von den Rechnungen abweichenden Betrag oder eine Anzahlung leistet, können diese Zahlungen einfach gegen die offenen Forderungen verrechnet werden.

- **Barzahlungen**

  Bei Logistikdienstleistungen, insbesondere bei Seefracht oder außerhalb Europas oder Nordamerika, sind Barzahlungen immer noch eine gängige Methode zur Verwaltung von Forderungen. SAP Billing and Revenue Innovation Management bietet ein Kassengeschäft für Barzahlung.

SAP Billing and Revenue Innovation Management kann die Fakturierung für TM übernehmen, gleichzeitig Fakturadaten aus anderen Systemen (auch Nicht-SAP-Systemen) verarbeiten und mehrere Forderungsströme zu gemeinsamen Rechnungen zusammenführen. Sie können Frachtrechnungsdaten aus TM mit Lagerfakturadaten aus einem alten Lagerverwaltungssystem sowie aus dem SAP Event Management gelieferte Zusatzdaten zur Berechnung des Standgelds zusammenführen. Sie können sogar die SAP-Billing-and-Revenue-Innovation-Management-Komponente *Convergent Charging* nutzen, um zusätzliche Preise zu berechnen, bevor Sie sie in die Abrechnung übergeben. Die Prozessintegration zwischen TM und SAP Billing and Revenue Innovation Management wird von der TM-Seite aus angestoßen. Die Integration ist jedoch projektspezifisch, da die entsprechende Integrationskomponente zurzeit nicht im SAP-Standard verfügbar ist. Abbildung 12.24 zeigt, wie der Prozess ausgeführt wird.

In TM werden Pro-forma-Abrechnungen (TM-Speditionsabrechnungsbelege) auf der Grundlage der Kosteninformationen in Speditionsaufträgen erstellt. Das Beispiel zeigt einen Containertransport von Shanghai, China, nach Hamburg. Die Ladungspositionen werden an SAP Billing and Revenue Innovation Management gesendet, wo für jede fakturierbare Position entsprechende Billable Items (BITs) erstellt werden. Gemäß den Fakturierungsregeln werden die verfügbaren BITs anhand vorgegebener Kriterien in drei Rechnungen zusammengefasst: eine für die Frachtkosten, eine für Terminalkosten und eine dritte für zusätzliche Kosten wie Standgeld. Die Abrechnung erfolgt schließlich in der Vertragskontenabrechnung von SAP Billing and Revenue Innovation Management, die als Nebenbuchhaltungssystem in SAP S/4HANA in das Hauptbuch integriert ist.

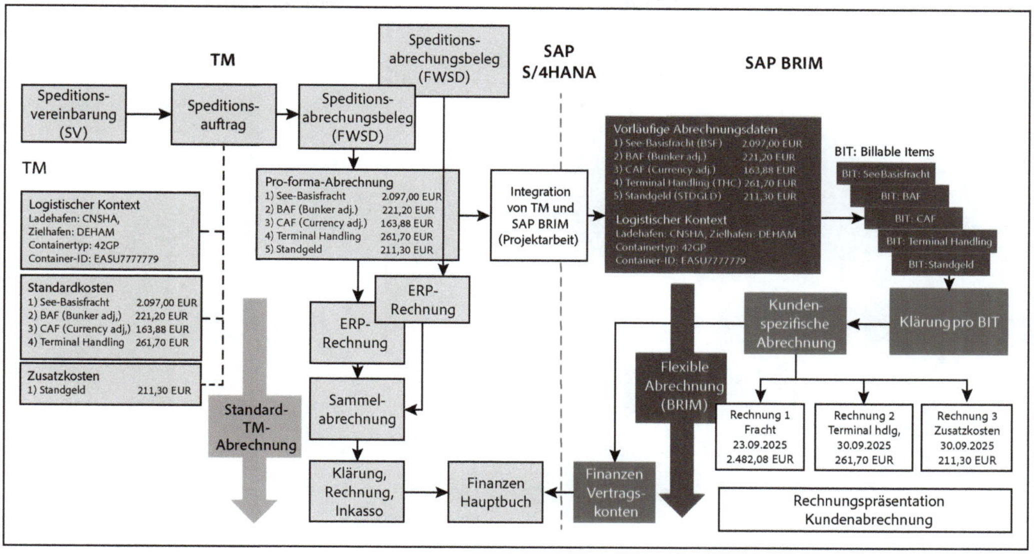

Abbildung 12.24: Logistikrechnungserstellung mit SAP Billing and Revenue Innovation Management

12.5 Zusammenfassung

In diesem Kapitel haben Sie einen Überblick über die Kostenabrechnung, die Integration in SAP-S/4HANA-Fakturierung sowie die Integration in SAP Billing and Revenue Innovation Management als alternative Möglichkeit der Kundenabrechnung für LDLs erhalten.

Wir haben mit einem Blick auf die Stammdaten begonnen, wobei der Schwerpunkt auf Speditionsvereinbarungen und internen Vereinbarungen sowie dem Serviceproduktkatalog lag. Sie haben die Beziehung zwischen diesen Elementen und deren Integration kennengelernt.

Darüber hinaus haben wir uns intensiv mit der Logik für branchenspezifische Kostenberechnungsmöglichkeiten und Szenarien für Luftfracht, Speditionsgeschäft und Containermanagement auseinandergesetzt. Für die eigentliche Berechnungslogik werden entsprechende Berechnungsschemata mit zugeordneten Ratentabellen verwendet.

Eine einfache Kostenberechnung würde jedoch nicht ausreichen, um Einnahmen zu erzielen. Deshalb haben wir Ihnen gezeigt, wie man die Dokumente für die Kundenrechnung vorbereitet. Das entsprechende Dokument in der TM-Funktion ist der Speditionsabrechnungsbeleg. Außerdem wurden in diesem Kapitel der Aspekt der Verrechnung von Kosten zwischen buchungskreisinternen und -externen Organisationen des LDLs und die Berechnung der Rentabilität vorgestellt.

Im nächsten Kapitel geben wir Ihnen einen Einblick in die Aspekte der TM-Integration wie Analytik, SAP Extended Warehouse Management, SAP Yard Logistics und mehr.

Kapitel 13
Integration mit anderen Komponenten

Transportprozesse stehen nie für sich allein. Sie sind eng mit Lagerverwaltung, Zollabwicklung, Ressourcenplanung und der Kommunikation mit Logistikdienstleistern verknüpft. Um diese verteilten Prozesse effizient zu steuern, bietet TM Standardschnittstellen zu verschiedenen SAP-Anwendungen.

Moderne Supply-Chain-Prozesse involvieren oftmals eine Vielzahl an Handelnden, um die gewünschten Waren unter logistisch optimalen Bedingungen, also zur richtigen Zeit in gewünschter Menge und dem gewünschten Zustand, am Wunschort anzuliefern und dabei die logistischen Kosten so gering wie möglich zu halten. Die Prozesse sind gemeinhin auf ihre effiziente Ausführung ausgelegt. Um die verteilten physischen Prozesse effizient ausführen zu können, sind komplexe Informationsprozesse notwendig, zu deren effizienter Ausführung, aufgrund ihres Datenaufkommens, der Einsatz miteinander integrierter Softwareanwendungen unerlässlich ist.

Auch TM trägt den Anforderungen global aufgestellter Lieferketten Rechnung und bietet Standardschnittstellen zu verschiedenen SAP-Anwendungen an, um eine effiziente Gestaltung der Informationsprozesse zu ermöglichen. In Abschnitt 9.1, »SAP Global Trade Services«, wurde bereits die Integration mit SAP GTS für eine effiziente Gestaltung von Zollverfahren und Compliance-Prüfungen vorgestellt. Mithilfe von SAP Event Management und SAP Global Track and Trace kann die Überwachung der Transportausführung modelliert werden. Darauf gehen wir in Abschnitt 8.2, »SAP Event Management«, sowie Abschnitt 8.3, »SAP Business Network for Logistics Global Track and Trace«, ein. In Abschnitt 13.6 dieses Kapitels lernen Sie die Kundenauftragsterminierung kennen. Für die Abbildung der Integrationsprozesse mit Logistikdienstleistern werden die Funktionen der Integration von TM und SAP Business Network for Logistics in Abschnitt 13.8 vorgestellt. Aber auch die Prozesse im Yard, auf deren spezielle Aspekte über die Integration zu SAP Yard Logistics wir in Abschnitt 13.7 eingehen, und die daran anknüpfenden Prozesse der Lagerintegration werden in Abschnitt 13.2, »Integration mit EWM«, bis Abschnitt 13.5, »Lagerleistungsabrechnung«, erläutert.

[»]

Verfügbare SAP-Dokumentation

Im SAP Help Portal (*https://help.sap.com*) finden Sie umfassende Details und Konfigurationsschritte, die zeigen, wie die aktuelle Version von TM mit anderen Komponenten von SAP S/4HANA integriert werden kann. Die spezifische SAP-S/4HANA-Dokumentation für TM finden Sie in der SAP-Hilfe unter:

https://help.sap.com/docs/SAP_S4HANA_ON-PREMISE/e3dc5400c1cc41d1bc0ae-0e7fd9aa5a2/298bb77778cf4133a6a092896a7dc8e9.html.

13.1 Analysen

Da unternehmerische Entscheidungen idealerweise auf Fakten basieren, können Unternehmen in hohem Maße von detaillierten Analysen der verfügbaren Daten profitieren. So können sie z. B. profitable und weniger profitable Transport- und Schifffahrtswege identifizieren. Auf Basis historischer Daten können sie für die Zukunft lernen, ihr Geschäft anders strukturieren, mit neuen Kunden verhandeln oder Versandwege planen. Eine konsolidierte Sicht auf alle Daten aus dem Tagesgeschäft kann LDLs einen wichtigen Wettbewerbsvorteil verschaffen. Analysen, die logistische Daten mit Finanzdaten verbinden, sind in der wettbewerbsintensiven und margenschwachen Logistik ein wichtiges Instrument der Unternehmensführung.

Dazu werden analyseorientierte Informationssysteme eingesetzt, die sowohl planerische als auch strategische Prozesse unterstützen. Sie liefern Unternehmen aktuelle und historische Daten. Diese Systeme basieren häufig auf einem *Data Warehouse*, in dem relevante Daten gesammelt, formatiert und zur Verfügung gestellt werden. Der Kern eines Data Warehouse ist eine Datenbank. Die neuesten Business-Warehouse-Lösungen von SAP sind sowohl in der Cloud als auch als kundenspezifische Installation, also als On-Premise-System, verfügbar und nutzen eine SAP-HANA-Datenbank.

Aufgrund des technischen Fortschritts sowohl in den Geschäftssystemen als auch in der zugrunde liegenden Technologie, wie z. B. In-Memory-Operationen, gewinnt die operative Analyse von Daten in Echtzeit an Bedeutung. Basierend auf dem SAP-S/4HANA-System werden operative Berichte über alle Funktionsbereiche hinweg als Teil der Kernfunktion zur Verfolgung von *Key Performance Indicators* (KPIs) dargestellt.

In diesem Abschnitt erfahren Sie, wie Analytik und die Integration mit TM Entscheidungsträgern helfen, spezifische geschäftsbezogene Fragen zu beantworten.

In diesem Buch haben wir den Analyseabschnitt in mehrere Teile aufgeteilt:

- SAP S/4HANA Embedded Analytics (siehe Abschnitt 13.1.1)
- analytische Basisschicht (siehe Abschnitt 13.1.2)

- Transportszenarien in SAP Analytics Cloud (Abschnitt 13.1.3)
- Transportmanagement im SAP Business Warehouse (SAP BW, Abschnitt 13.1.4)
- Transportmanagement in SAP BW/4HANA (Abschnitt 13.1.5)

Der Abschnitt über eingebettete Analysen gibt Ihnen einen Überblick über die derzeit verfügbaren Analyseszenarien innerhalb von TM in SAP S/4HANA, die keine zusätzlichen *Business-Intelligence-Lösungen* (BI) erfordern und bei der Verwendung von TM sofort verfügbar sind. Der Abschnitt über die analytische Basisschicht spezifiziert die zugrunde liegende Technologie für das TM-Reporting weiter, während der Abschnitt über den Inhalt SAP-Analytics-Cloud-, SAP-BW- und SAP-BW/4HANA-Nutzungsszenarien der verfügbaren Daten untersucht.

13.1.1 SAP S/4HANA Embedded Analytics

Analysen unterstützen die Entscheidungsfindung auf drei Ebenen:

- Auf *Unternehmensebene* helfen sie bei strategischen Fragen zur Ausrichtung und Koordinierung der Geschäftsaktivitäten im Transportnetzwerk.
- Auf *Geschäftsebene* dienen sie der Schaffung von Wettbewerbsvorteilen.
- Auf *operativer Ebene* unterstützen sie dabei, Ressourcen, Prozesse und Kompetenzen so zu kombinieren, dass Strategien erfolgreich umgesetzt werden.

In SAP S/4HANA wurde die eingebettete Analysetechnologie entwickelt, um OLTP (Online Transaction Processing) und OLAP (Online Analytical Processing) auf einem System zu kombinieren, das auf der SAP-HANA-Datenbank basiert, um eine Echtzeitanalyse der vorhandenen Daten zu ermöglichen, ohne dass separate Berichtssysteme erforderlich sind.

In diesem Abschnitt gehen wir darauf ein, wie diese neue Berichtsmethode genutzt werden kann, um wertvolle Geschäftseinblicke für die Planung und Ausführung von Transportprozessen zu gewinnen. Die eingebettete Analytik hat zahlreiche Anwendungen in der SAP-S/4HANA-Umgebung. In diesem Buch konzentrieren wir uns auf die Anwendungen, die als Teil von TM in der SAP-S/4HANA-Software entwickelt und bereitgestellt werden. Alle vorgestellten Anwendungen nutzen die SAP-Fiori-Technologie für die Benutzeroberfläche und funktionieren daher auch auf mobilen Endgeräten.

Business Context Viewer

Der *Business Context Viewer* (BCV) war die klassische Lösung in TM, um operative Analyseprozesse zu adressieren. Da der BCV derzeit nur mit eingeschränktem Standardinhalt für TM in SAP S/4HANA ausgeliefert wird, haben wir uns entschlossen, uns bei der Beschreibung des operativen Reportings auf die derzeit empfohlenen in

SAP S/4HANA eingebetteten Analyseanwendungen zu konzentrieren. Weitere Informationen zum BCV finden Sie in der Dokumentation zu TM 9.6 unter:

https://help.sap.com/docs/SAP_TRANSPORTATION_MANAGEMENT/54cf405c9d9e4c96bf091967ea29d6a7/629c30-be88ce47d5ab247d37e533c6e0.html?version=9.5.1.

Innerhalb von TM wurden mehrere Übersichtsanwendungen erstellt, die kontextbezogene KPIs widerspiegeln (siehe Abbildung 13.1), die für die Frachtplanung und -ausführung relevant sind. Diese Anwendungen sind auf Geschäftsrollen zugeschnitten, sodass sie KPIs anzeigen, die für einen bestimmten Bereich in TM relevant sind. Innerhalb der Anwendung ist eine Vorwärtsnavigation möglich, um die zu einer KPI gehörenden Daten anzuzeigen und letztlich bis zu den individuellen Belegen navigieren zu können. Diese Funktion kann zu einem effizienten täglichen operativen Prozess genutzt werden, um schnell Frachtdokumente identifizieren zu können, die der Aufmerksamkeit des Fachbereichs bedürfen.

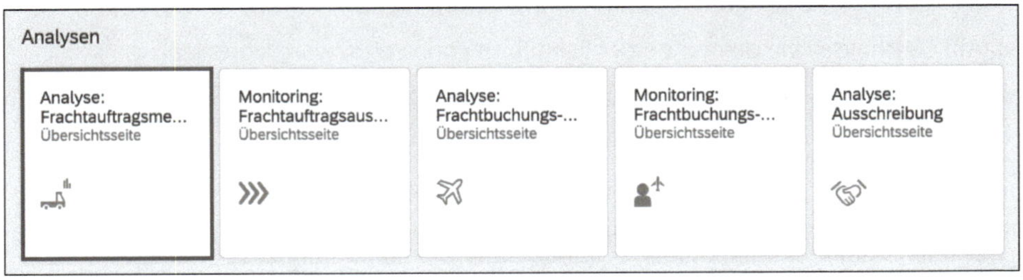

Abbildung 13.1: Übersicht über die Analyse-Apps in TM

Abbildung 13.2 zeigt exemplarisch eine der verfügbaren Analyse-Apps.

Mehrere KPIs werden in einem Bild kombiniert, und die einzelnen KPI-Boxen werden als Karten bezeichnet. Diese Karten zeigen Diagramme, Tabellen oder aggregierte Zahlen an. Die einzelnen Karten können durch Ziehen und Ablegen in einem anderen Bildschirmbereich neu angeordnet werden.

Im oberen Teil von Abbildung 13.2 wird die Filterleiste angezeigt, in der auf der Grundlage von Kriterien wie Herkunftsregion, Spediteur, Einkaufsorganisation und anderen die in jedem Abschnitt des Bildschirms angezeigten KPIs neu errechnet werden. Die zur Verfügung stehenden Kriterien können über die Schaltfläche **Filter anpassen** geändert werden. Die aktuelle Ansicht lässt sich über das Icon in der oberen rechten Ecke und der Option des Kontextmenüs **als Kachel sichern** als eigene Kachel auf dem SAP Fiori Launchpad ablegen. Die angezeigten Zahlen und Diagramme werden alle in Echtzeit ermittelt, sodass die Entscheidungsfindung auf der Grundlage der neuesten Informationen möglich ist.

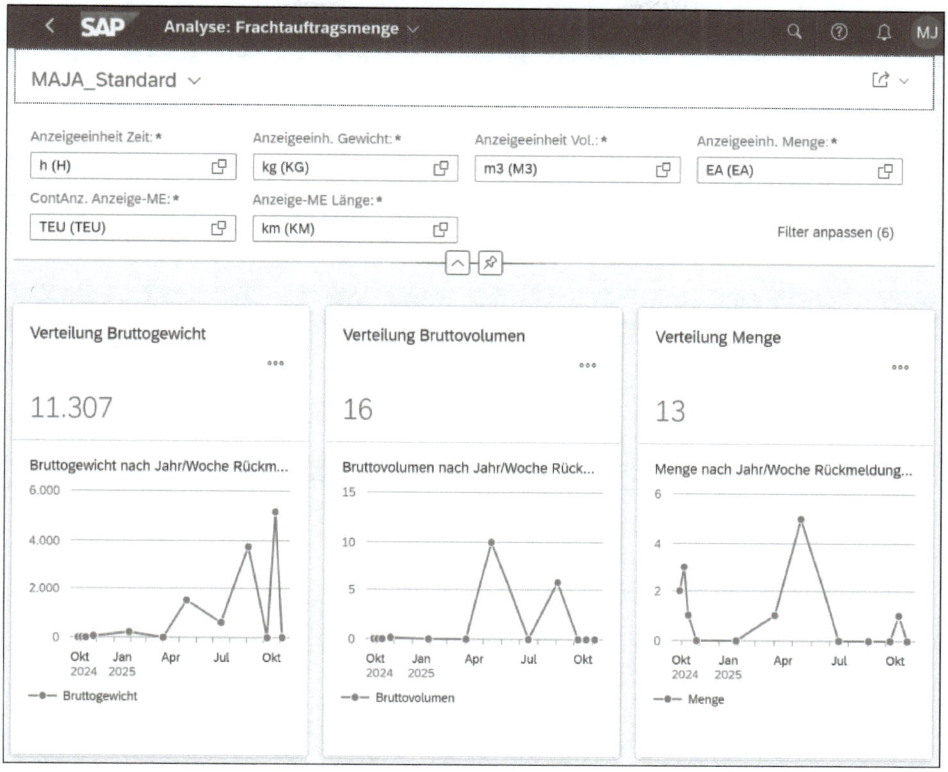

Abbildung 13.2: Übersichtsseite der SAP-Fiori-App »Analyse: Frachtauftragsmenge«

Personalisierung von Übersichtsseiten

Sie können entscheiden, welche KPIs für Ihre aktuelle Rolle und Funktion relevant sind, und alle anderen Karten können ausgeblendet werden. Klicken Sie dazu auf das Icon für den angemeldeten **Benutzer** in der oberen rechten Ecke des Fensters, und wählen Sie dann **Karten verwalten**.

Jede Karte folgt dem Insight-to-Action-Prinzip: Per Klick gelangen Sie zu detaillierteren Informationen (siehe Abbildung 13.3). Über das Zahnrad-Icon über dem Balkendiagramm lassen sich die berechneten Kennwerte hinsichtlich Dimension und Zielgröße anpassen. Über das Icon eines Balkendiagramms kann die Darstellungsform der KPIs angepasst werden. Neben Säulen- und Balkendiagrammen sind auch andere hilfreiche Ansichten wie z. B. eine Heatmap verfügbar.

Unterhalb des Balkendiagramms sind die zugehörigen Datensätze der aktuellen Selektion sichtbar. Die Datensätze werden weiter eingeschränkt, wenn ein Element des Diagramms ausgewählt wird. So ist es möglich, im Rahmen der Analyse einer KPI bis zu einzelnen relevanten Belegen zu navigieren, und darin gegebenenfalls notwendige Änderungen vorzunehmen.

Auch in der Detailansicht kann die aktuelle Ansicht als eigenständige Kachel im SAP Fiori Launchpad abgelegt werden, sodass für verschiedene KPIs eigene Anwendungen erzeugt werden können und nicht jedes Mal der lange Weg über die Übersichtsanwendung genommen werden muss.

Derzeit sind die in Tabelle 13.1 aufgeführten Embedded-Analytics-Apps in TM verfügbar. Neben der Anwendung zeigt die Tabelle auch die Namen der zugrunde liegenden Views in CDS-Views (Core Data Services) auf.

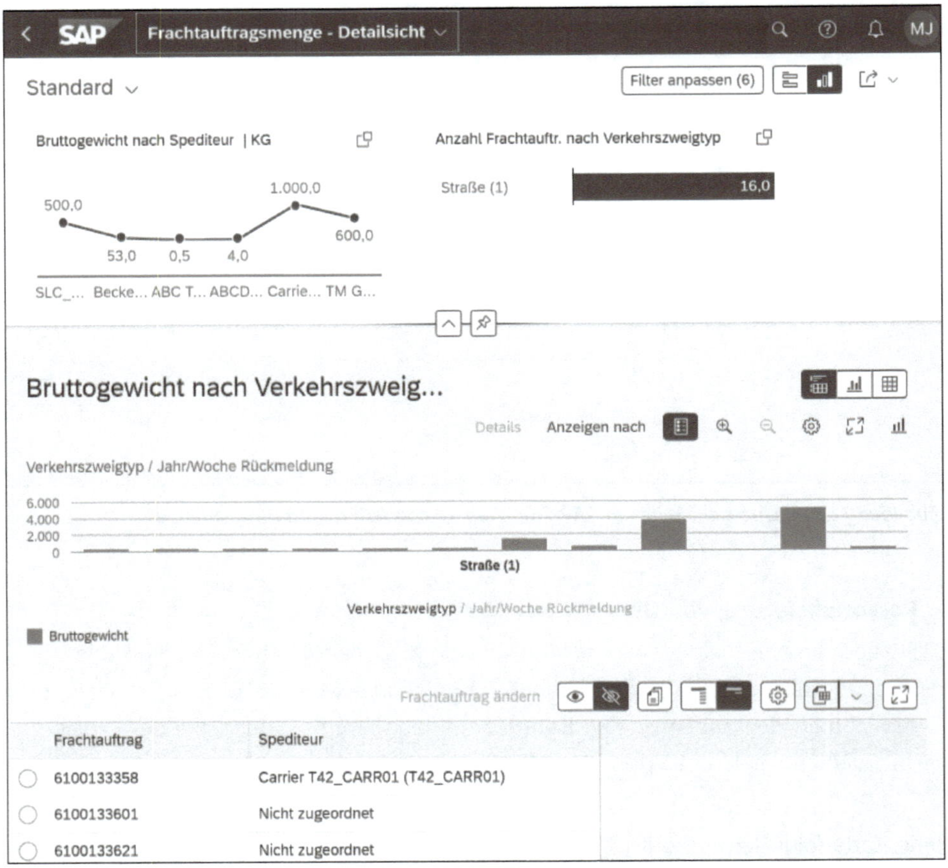

Abbildung 13.3: Detailansicht in der SAP-Fiori-App »Analyse: Frachtauftragsmenge«

Übersichtsseite	Beschreibung	Zugehöriger CDS-View
Analyse: Kontingent	KPI-Übersicht über die bestehenden Zuweisungen für Gewichtsvolumen und Transportmengen	`C_TranspAllocComplianceQ`

Tabelle 13.1: Verfügbare Übersichtsseiten in TM

Übersichtsseite	Beschreibung	Zugehöriger CDS-View
Analyse: Geschäftsanteil	KPI-Übersicht über die Erfüllungsquoten der Geschäftsanteile	`C_BusinessShareComplianceQ`
Kostenanalyse	KPI-Übersicht über die Kosten pro Zeitrahmen und aufgeteilt nach Spediteur, Gebührenart, Einkaufsorganisation, Quelle und Zielland	`C_FreightSettlementCostQ`, `C_TranspOrdInvcgBlockStsQ`
Ausführungsüberwachung von Frachtbuchungen	KPI-Übersicht über den Status der Frachtbuchungsabwicklung für den aktuellen und den vorherigen Monat	`C_FrtBkgExecutionQuery`, `C_FrtBkgExecutionStsQ`
Analyse: Menge Frachtbuchung	KPI-Übersicht über die mit Frachtaufträgen transportierten Mengen für und mit bestimmten Geschäftspartnern und zwischen Standorten	`C_FrtBkgQuantityQuery`
Monitoring: Frachtauftragsausführung	KPI-Übersicht über den Status der Frachtauftragsabwicklung für den aktuellen und den vorherigen Monat	`C_FrtOrdExecutionQuery`, `C_FrtOrdExecutionStsQ`
Analyse: Menge Frachtauftrag	KPI-Übersicht über die mit Frachtaufträgen transportierten Mengen für und mit bestimmten Geschäftspartnern und zwischen Standorten	`C_FrtOrdQuantityQuery`
Analyse: Ausschreibung	KPI-Übersicht über laufende und abgeschlossene Ausschreibungsverfahren	`C_TenderingQuery`

Tabelle 13.1: Verfügbare Übersichtsseiten in TM (Forts.)

Verfügbare SAP-Dokumentation

Weitere Informationen zu den verfügbaren Analyseanwendungen finden Sie in der Onlinehilfe unter *https://help.sap.com*. Suchen Sie nach »SAP S/4HANA«, und navigieren Sie zum Bereich **SAP Transportation Management – Analytics** des Hilfedokuments.

13.1.2 Analytische Basisschicht

Die eingebetteten Analyseanwendungen sind nur ein Aspekt der Möglichkeiten, die SAP S/4HANA bietet. In diesem Abschnitt geben wir Ihnen einen kurzen Einblick in die Hintergrundtechnologien und Anpassungsmöglichkeiten für SAP-Fiori-Kacheln, Berichte und Übersichtskarten.

SAP bietet Best-Practice-Analyseinhalte an, d. h. analytische Kacheln, die auf die Bedürfnisse einer großen Anzahl von Endkunden zugeschnitten sind. Da Analysemodelle die spezifischen geschäftlichen Gegebenheiten eines Unternehmens widerspiegeln müssen, die von den bereitgestellten Inhalten abweichen können, können zusätzliche analytische Anwendungsfälle durch die Wiederverwendung der CDS-Views erstellt werden, die Zugriff auf die in der SAP-HANA-Datenbank gespeicherten Daten bieten. Diese Sichten sind ein kuratiertes Datenmodell zur schnellen Bereitstellung semantisch angereicherter Daten in einem bestimmten Geschäftskontext und bilden die Grundlage für alle Echtzeit- und echtzeitnahen Berichte in der SAP-Lösungslandschaft. Diese Technologie bildet die analytische Basisschicht.

Abbildung 13.4 gibt Ihnen einen Überblick über die SAP-S/4HANA-Architektur. Die SAP-HANA-Datenbanktabellen werden von den einzelnen konsumierenden Geschäftsanwendungen, nämlich *Embedded Analytics*, *SAP Analytics Cloud* und *SAP BW* oder *SAP BW/4HANA*, nicht direkt gelesen. Stattdessen bietet das *virtuelle Datenmodell* (VDM) semantische Sichten auf die spaltenförmige Datenbank, die semantische Objekte darstellt. Weitere Datenmanipulationen werden dann im jeweiligen Reporting-System vorgenommen, nachdem die Daten in Echtzeit gelesen oder repliziert wurden. Die Daten werden schließlich in einer SAP-Fiori-Schnittstelle angezeigt oder für die Weiterverarbeitung in einer Drittanwendung vorbereitet.

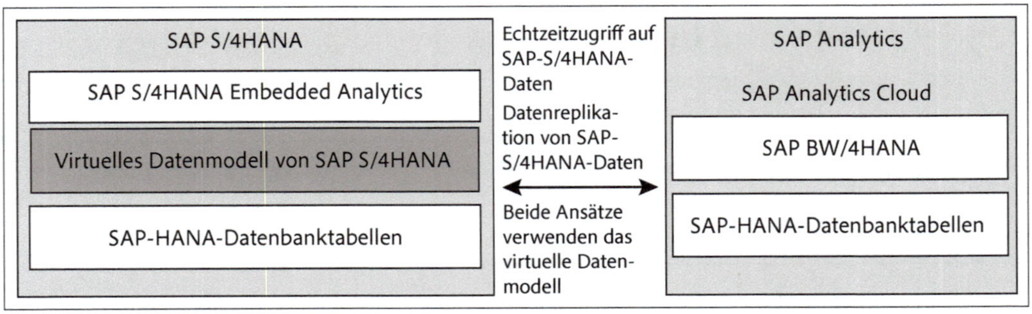

Abbildung 13.4: Architektur von SAP S/4HANA Embedded Analytics und SAP Analytics Cloud

Das virtuelle Datenmodell

Mit dem Aufkommen der Datenbank SAP HANA wurde auch ein neues Konzept für die Bereitstellung und die Nutzung von analytischen Daten entwickelt. CDS wurden als semantisch angereichertes Datenmodell entwickelt, das eine semantisch angereicherte Sicht auf die zugrunde liegende SAP-HANA-Datenbank bietet. Hierarchische, konsumierbare CDS-Ansichten bilden das VDM. Das VDM kann zur Erstellung neuer Anwendungen verwendet werden, und es können unternehmenseigene Sichten erstellt werden, um noch mehr Flexibilität zu ermöglichen.

Das Berechtigungskonzept für CDS-Sichten entspricht dem allgemeinen Profil- und Rollenkonzept von SAP S/4HANA, sodass der Zugriff auf bestimmte Sichten und bestimmte Rollen beschränkt werden kann.

In diesem Buch werden wir nicht tiefer in die eingebettete Analytik eintauchen. Für weitere Informationen empfehlen wir Ihnen die Lektüre des Buches »SAP S/4HANA Embedded Analytics. Architektur, Funktionen, Anwendung« von Jürgen Butsmann, Manfred Crumbach, Jörg Franke, Benjamin Köhler, Jan Morgenthaler, das 2019 im Rheinwerk Verlag erschienen ist.

Abbildung 13.5 zeigt eine Übersicht über das Design und die verschiedenen Ebenen der Analysefunktionen von TM in SAP S/4HANA.

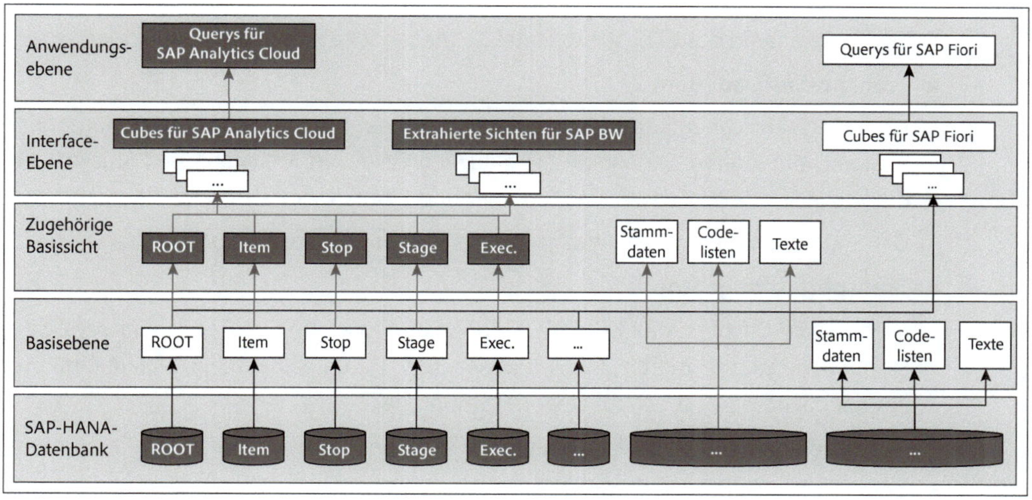

Abbildung 13.5: Übersicht über die Analytics-Architektur von TM in SAP S/4HANA

Die *SAP-HANA-Datenbankschicht* enthält alle Informationen der TM-Anwendung. Die Daten werden dann in den CDS-Ansichten konsolidiert, die in der Basisebene die Basisschicht für die anwendungsinterne Nutzung bilden. Die in dieser Ebene definierten Sichten (z. B. root) sind die einzigen Ansichten, die direkt mit den zugrunde liegenden Datenbanktabellen interagieren. Die freigegebenen Basisansichten sind stabil und bereit für die Nutzung durch weitere Anwendungen und Drittanbieter-Tools (z. B. SAP Analytics Cloud oder SAP BW).

In der zusammengesetzten Schicht können die einzelnen CDS-Ansichten durch *Joins* und *Assoziationen* kombiniert werden, um Daten abzurufen, Berechnungen durchzuführen und dann einen *Ergebnissatz/Data Cube* zu erzeugen, der konsumierenden Anwendungen zur Verfügung gestellt werden kann.

Die Anwendungsebene nutzt die Data Cubes der Interface-Ebene, um die jeweiligen Datensätze für konsumierende Anwendungen/Analyse-Tools wie den SAP-Fiori-Apps, SAP BusinessObjects, SAP Analysis for Microsoft Office sowie SAP Analytics Cloud bereitzustellen. In dieser Schicht werden die Daten für die Berichterstattung und Visualisierung von Analyseszenarien verwendet.

Die Basisebene für Analysen enthält mehrere Datenquellen, von denen wir die fünf wichtigsten behandeln werden:

- **Transportauftrag: Root**

  Diese Ansicht enthält KPIs, mit denen Sie Ihre Frachtaufträge auf Kopfbasis überwachen können. Sie enthält die aktuellen Gewichte, Volumina und Stückzahlen, die von den einzelnen Frachtführern, Verladern und Empfängern transportiert werden, sowie Informationen über die Transportart, das Herkunftsland und das Zielland. Die Ansicht liefert auch Informationen zur Auslastung.

  Der Systemname des CDS-Views lautet `I_TransportationOrder`.

- **Transportauftrag: Item**

  Diese CDS-Ansicht enthält KPIs, mit denen Sie Ihre Frachtaufträge auf Positionsebene überwachen können. Sie enthält die aktuellen Gewichte, Volumina und Stückzahlen, die von jedem Produkt zwischen Verlader und Empfänger transportiert werden.

  Der Systemname des CDS-Views lautet `I_TransportationOrderItem`.

- **Transportauftrag: Stop**

  Diese CDS-Ansicht enthält KPIs, die es Ihnen ermöglichen, Ihre Geschäftsprozesse auf Stoppebene zu analysieren und zu überwachen. Sie enthält aktuelle Daten, Orte und Stoppindikatoren (z. B. Stoppkategorie, Stopprolle).

  Der Systemname des CDS-Views lautet `I_TransportationOrderStop`.

- **Transportauftrag: Execution**

  Diese CDS-Ansicht hilft bei der Analyse von Ausführungsinformationen für Transportaufträge. Sie kann Ereignisse (engl.: Events) enthalten, die aus einer externen Quelle importiert, manuell gesetzt oder implizit in Zusammenhang mit einer Statusänderung des Transportauftrags gesetzt wurden. Die Ausführungsereignisse enthalten stets einen Bezug auf den Transportauftragskopf, die Position und/oder den Stopp.

  Der Systemname des CDS-Views lautet `I_TransportationOrdExecution`.

- **Transportauftrag: Stage**

  Diese CDS-Ansicht enthält KPIs, die es Ihnen ermöglichen, die Prozesse auf der Ebene der Transportabschnitte zu analysieren und zu überwachen. Sie enthält Verweise auf Quell- und Zielhaltestellen und verschiedene Attribute des Transportabschnitts.

  Der Systemname des CDS-Views lautet `I_TransportationOrderStage`.

Die in der analytischen Basisschicht dargestellten KPIs können über die Interface-Ebene für analytische Anwendungen genutzt werden, um für die Geschäftsprozesse relevante Fragen wie die folgenden zu beantworten:

- Wie viele Frachtaufträge sind derzeit verspätet?
- Wie verlässlich ist die Leistung eines Transportunternehmens auf einer bestimmten Transportrelation?
- Wie hoch ist das Gesamtgewicht/-volumen, das zu einem bestimmten Zielort/Land transportiert wird?

Mit den in Abschnitt 13.1.1, »SAP S/4HANA Embedded Analytics«, vorgestellten Übersichtsseiten haben Sie die Funktion für das Out-of-the-Box-Reporting im TM-System bereits kennengelernt. Innerhalb von SAP S/4HANA selbst gibt es weitere Möglichkeiten, die Daten der CDS-Views zu nutzen. Ein KPI-Reporting auf Basis von CDS-Views kann ohne Programmieraufwand realisiert werden.

Zu diesem Zweck hat SAP mehrere Apps entwickelt, um Berichte, Karten und Kacheln zur Designzeit anzupassen und zu erstellen. Zwei dieser Apps sind der **View Browser** und **KPIs und Berichte verwalten**:

- Mit der SAP-Fiori-App **View Browser** können Sie eine Liste aller erstellten CDS-Ansichten anzeigen. Die jeweiligen App-Ansichten können durchsucht und mit Tags versehen werden, und die enthaltenen Datenfelder können bewertet werden.
- Die SAP-Fiori-App **KPIs und Berichte verwalten** ermöglicht die Erstellung benutzerdefinierter analytischer Anwendungen. Daten aus CDS-Ansichten können in Diagramm- oder Tabellenform visualisiert werden, und es lassen sich individuelle KPI-Kacheln erstellen.

[«]

Zugang zu Analytics-Anwendungen

Für den Zugriff auf die vorgestellten Anwendungen zur Anzeige und Nutzung von CDS-Ansichten für analytische Zwecke wird die Rolle `SAP_BR_ANALYTICS_SPECIALIST` (oder ein Äquivalent zu dieser Standardrolle benötigt).

Die Möglichkeiten, die sich über die Analytics-Funktionen in SAP S/4HANA ergeben, befähigen die Anwenderinnen und Anwender, einfache Berichte für relevante KPIs zu erstellen, ohne dass komplexe Entwicklungen durch das IT-Team des Unternehmens erstellt werden müssen.

Selbst erstellte Berichte können auch veröffentlicht und durch die Systemlandschaft transportiert werden, um Tests in einer nicht produktiven Umgebung und die Wiederverwendung durch andere Anwenderinnen und Anwender zu ermöglichen.

13.1.3 Transportszenarien in SAP Analytics Cloud

Bislang haben wir die Funktionen für TM in SAP S/4HANA Embedded Analytics beschrieben. Diese Analysefunktionen sind jedoch nicht die endgültige Antwort auf alle Anforderungen aus dem Bereich der Datenanalyse/des KPI-Reportings. Manchmal erfordern analytische Szenarien einen Mix aus verschiedenen Datenquellen wie anderen SAP-S/4HANA-Systemen, SAP BW, Cloud-Anwendungen und Data Lakes. Es kann auch erforderlich sein, auf historische Daten zuzugreifen, um aktuelle und zukünftige Datenpunkte zu vergleichen und Vorhersagen für mögliche Szenarien treffen zu können. Diese Erkenntnisse helfen bei der Beantwortung von für die Geschäftsprozesse relevanten Fragen, wie etwa:

- Wie hängt der Durchsatz der jeweiligen Transportmittel mit den Wetterereignissen zusammen?
- Wie nachhaltig waren die Transporte pro Verkehrsträger?

Diese Funktion wird von SAP Analytics Cloud erfüllt. Sie unterstützt Anwenderinnen und Anwender bei der Verknüpfung von Datenquellen, der Erstellung aussagekräftiger Analyseszenarien und der Veröffentlichung der Szenarien auf mehreren Geräten über die *SAP Business Technology Platform* (SAP BTP). SAP Analytics Cloud ist eine der strategischen Cloud-BI-Lösungen von SAP.

[»]

Business-Content-Installation in TM

Einen umfassenden Überblick über die verschiedenen Datenquellen, die in SAP S/4HANA Analytics Cloud verwendet werden können, finden Sie unter *help.sap.com* für SAP Analytics Cloud. Navigieren Sie zu **Datenverbindungen**.

Ebenso wie SAP S/4HANA Embedded Analytics unterstützt auch SAP Analytics Cloud Liveverbindungen zu Daten, um aktuelle Einblicke in die laufenden Geschäftsprozesse zu ermöglichen.

Zu den Funktionen zur Datenauswertung gehören *Smart Insights* (KI-basierte Algorithmen, die aus den verfügbaren Daten Schlussfolgerungen ziehen) und Prognosemodelle zur Beantwortung von Geschäftsfragen wie z. B.:

- Welchen Einfluss hat die Jahreszeit auf die Transportpreise?
- Wie hoch ist das voraussichtliche Transportaufkommen für das nächste Quartal in einer bestimmten Region?

Wie bereits ausgeführt, können bestehende Datenquellen genutzt werden, um individuelle Analyseberichte zu erstellen. Die im vorangegangenen Abschnitt erläuterten CDS-Views können zu diesem Zweck wiederverwendet werden. Es gibt bereits vorhandene Inhalte, die für eine umfassende Analyse der Transportprozesse genutzt werden können.

Im Bereich der Transportabwicklung sind zwei solcher Dashboards verfügbar: **SAP Business Network for Logistics – Supply Chain Network Analysis** und **SAP Transportation Management Business Performance**. In diesem Buch konzentrieren wir uns auf Letzteres, da es die in TM vorhandenen Daten nutzt, ohne auf weiteren Input aus anderen SAP-Lösungen angewiesen zu sein.

Das Dashboard für Transportation Management (technischer Name: `SAP_TMS_SCM_LB_BUSDSHBRDFORFREIGHTORDER`) konsolidiert Daten aus mehreren CDS-Ansichten in Data Cubes, um Einblicke in die Performance von Frachtaufträgen zu erhalten. Das Inhaltspaket kann einfach über das *Business Content Network* in SAP Analytics Cloud importiert werden. Das Dashboard verwendet eine Liveverbindung, sodass es mit Echtzeitdaten arbeitet, die direkt aus dem TM-System gelesen werden (ab Release 2020, FPS2). Abbildung 13.6 zeigt die dafür genutzten Datenquellen. Zur Aktivierung des Szenarios ist keine weitere Konfiguration in TM erforderlich.

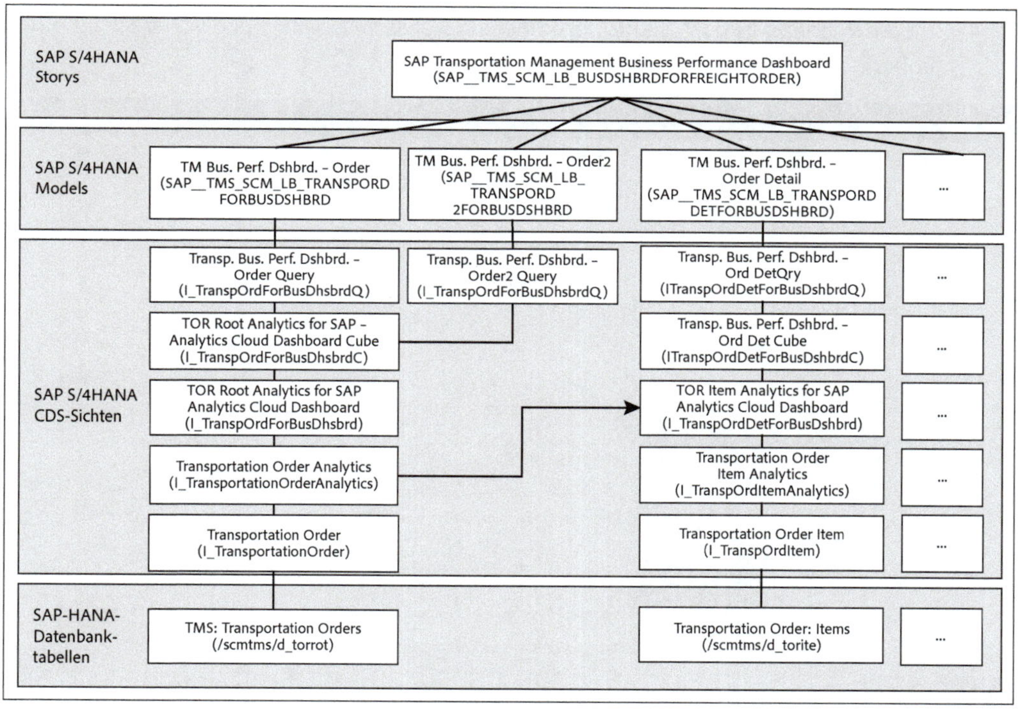

Abbildung 13.6: Abfragestruktur des Business Dashboards

Entlang der einzelnen Ebenen der Abfragestruktur werden die Informationen aus den zugrunde liegenden SAP-S/4HANA-Datenbanktabellen veröffentlicht und im Business Dashboard konsolidiert. Die Informationen werden als Teil einer SAP-Analytics-Cloud-Story mit drei Seiten präsentiert, die wir kurz vorstellen werden:

Die Seite **Übersicht** bietet einen Überblick über die aktuellen Statuswerte des Transports. Wie für SAP-Analytics-Cloud-Szenarien üblich, ist der Bildschirm in mehrere Elemente unterteilt. Diese werden verwendet, um die Transportdaten in verschiedenen Formaten darzustellen, wie z. B. Kreisdiagramme, Balkendiagramme, Zeitreihen, Tabellen etc. Einige der Elemente ermöglichen auch die Interaktion, um die Daten zu filtern oder zu einem bestimmten Punkt in der Zeitreihe für weitere Analysen zu springen.

Das verwendete Modell ist **SAP_TMS_SCM_LB_TRANSPORDFORBUSDSHBRD.** Ein Modell ist in SAP Analytics Cloud zwingend erforderlich, um eine Ausgabe zu erzeugen. Es kann z. B. in anderen Dashboards, die von Anwenderinnen und Anwendern individuell erstellt werden, wiederverwendet werden.

Der zugrunde liegende CDS-View ist `C_TranspOrdForBusDshbrdQ`. Er ist mit dem CDS-View `I_TransportationOrder` verknüpft. Alle Abschnitte in dem vorgestellten SAP Analytics Cloud Business Dashboard verwenden die Daten einer oder mehrerer CDS-Views. Abbildung 13.6 zeigt schematisch, wie die einzelnen Sichten miteinander verknüpft sind.

Abbildung 13.7 zeigt die Übersichtsseite des verfügbaren SAP-Analytics-Cloud-Szenarios (die Anwendung ist nach Stand Dezember 2025 ausschließlich in englischer Sprache verfügbar).

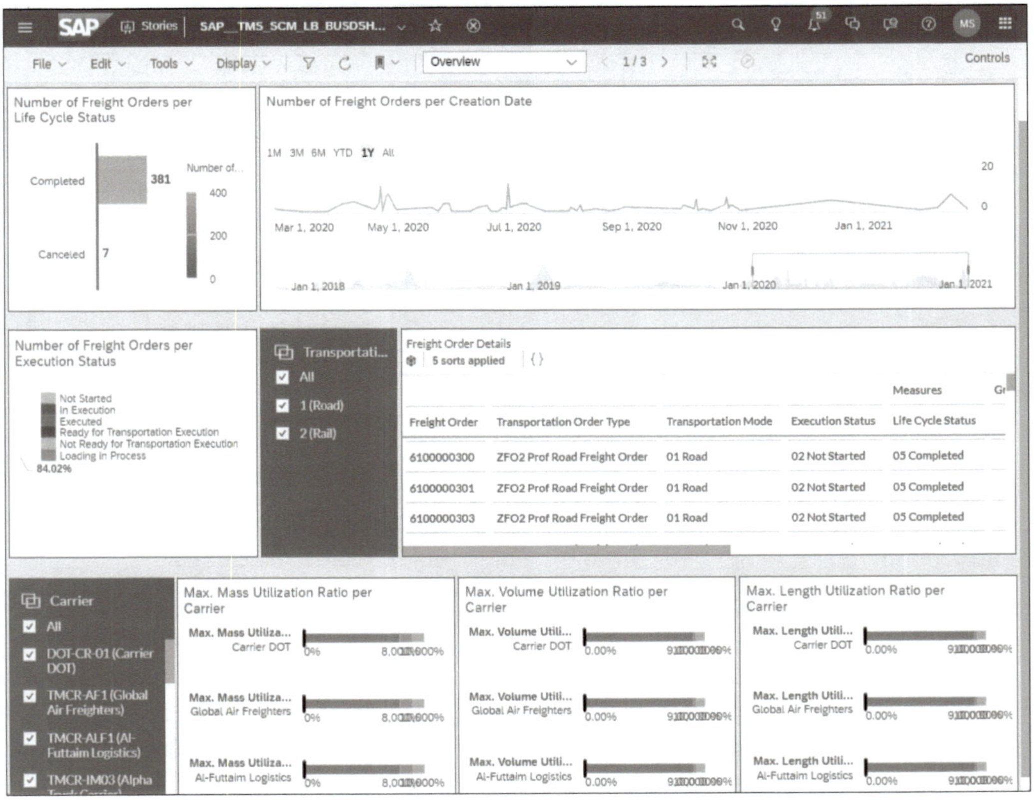

Abbildung 13.7: Übersichtsseite des Business Dashboards für TM

Die folgenden Informationen werden zur Verfügung gestellt:

- Anzahl der Frachtaufträge nach Lebenszyklusstatus (Balkendiagramm), Ausführungsstatus (Tortendiagramm) und nach Erstellungsdatum (Zeitreihe)
- Liste der Frachtaufträge je Verkehrsträger (Tabelle)
- involvierte Spediteure (Multiselect)
- maximaler Nutzungsgrad für Gewicht, Volumen und Länge (Balkendiagramm)

Diese Seite dient als Einstiegspunkt für weitere Transportanalysen. Sie bietet weitere Filtermöglichkeiten über die angezeigten Kennzeichen.

Der Abschnitt **Execution and Block** gibt Aufschluss über den Ausführungs- oder Sperrstatus von Frachtaufträgen im TM-System und die Leistung der Spediteure. Wie in der Übersichtsseite in Abbildung 13.7 werden die Daten mit verschiedenen visuellen Mitteln dargestellt.

Geplante und tatsächliche Ankünfte werden z. B. in Form eines Balkendiagramms pro Transportaktivität (d. h. **Beladung**, **Abfahrt**, **Ankunft** etc.) dargestellt. Diese Ansicht kann über den Link im oberen Teil des Bildes in Abbildung 13.8 weiter zu einer **Explorer-Ansicht** erweitert werden.

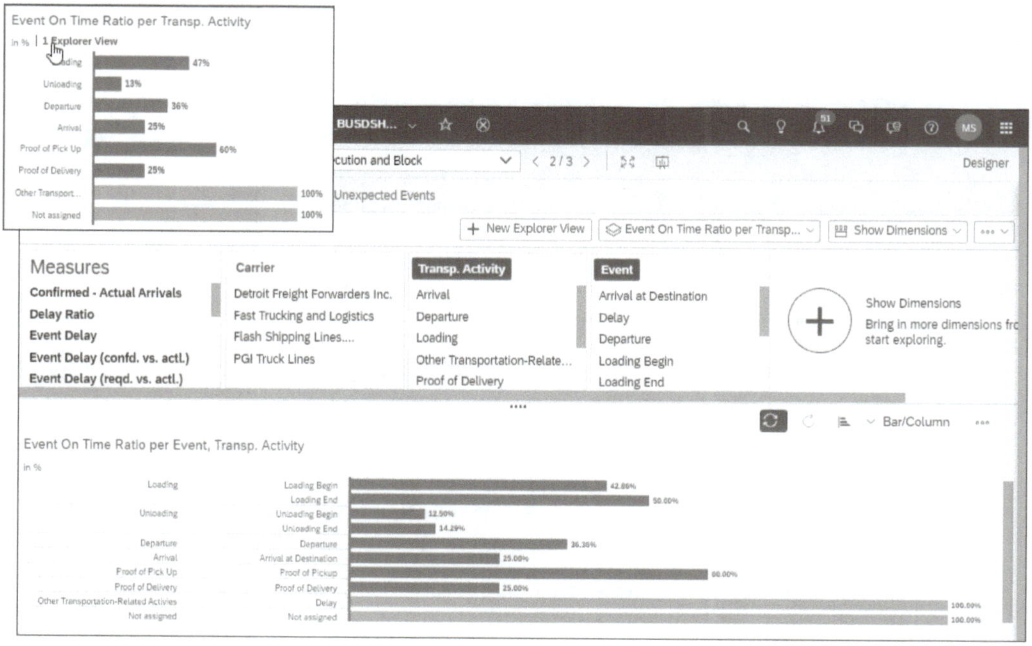

Abbildung 13.8: Explorer-Ansicht im Business Dashboard

Innerhalb dieser Ansicht können die einzelnen Aktivitäten weiter betrachtet werden, indem nach den vorgegebenen Dimensionen gefiltert wird oder weitere Dimensionen aus dem zugrunde liegenden Datensatz hinzugefügt werden. Jeder angewandte Filter verändert das Aussehen des angezeigten Balkendiagramms (im unteren Bildschirm).

Die Balkendiagramme bieten eine einfache Übersicht über die folgenden KPIs:

- Wie viele Frachtaufträge kommen pünktlich an?
- Wie zuverlässig ist ein bestimmter Anbieter?
- Was sind häufige Gründe für die Sperrung eines Frachtauftrags?

Der Abschnitt **Transportierte Mengen** des Dashboards gibt einen Einblick in die transportierten Mengen abhängig vom Standort in Form einer Zeitreihe, einer Tabelle und eines Balkendiagramms. Filter helfen dabei, die jeweilige Ausgabe an einen aussagekräftigen Datensatz anzupassen. Hier werden Geschäftsfragen wie die folgenden behandelt:

- Welches Gewicht/Volumen wurde an einen bestimmten Ort transportiert?
- Wann kommt es in einem bestimmten Zeitraum zu Spitzenwerten bei Gewicht/Volumen?
- Welche Mengen einer bestimmten Positionsart wurden im Verhältnis zu anderen Positionsarten transportiert?

[»]

Weitere Informationen zu SAP Analytics Cloud

Da sich die Inhalte im SAP Analytics Cloud Business Dashboard ständig weiterentwickeln, sind für eine ordnungsgemäße Implementierung möglicherweise weitere Informationen zu den Inhalten erforderlich. Diese Informationen finden Sie im SAP Content Package User Guide unter *https://help.sap.com/doc/ffb5f5ccfbcc437cb5673dc97926c5fd/release/en-US/8919998512534d518ea98297928cb6f1.pdf.*

13.1.4 Integration mit SAP BW

Mit *SAP Business Warehouse* (BW) stellt SAP eine Lösung zur Verfügung, die alle erforderlichen Komponenten zum Aufbau einer Data-Warehouse-Architektur für das Transport-Reporting enthält. Neben der Basistechnologie für die Datenhaltung bietet das System alle wesentlichen Komponenten für die Auswertung der in SAP BW gespeicherten verkehrsrelevanten Daten (Reporting-Tools, Data-Mining-Methoden und eine Option für eine Portal-/SAP-Fiori-Anbindung). Es beherrscht zeitabhängige Stammdaten und zeit-/versionsabhängige Hierarchieverarbeitung.

Wir gehen davon aus, dass Sie mit dem Grundkonzept von SAP BW vertraut sind, und stellen Ihnen daher einige weitere Details darüber vor, wie diese Daten aus dem Quellsystem extrahiert werden und wie – und in welchem Kontext – die Daten für das operative Reporting verwendet werden können.

[«]

Hilfreiche Informationen zur BW-Integration

Im Gegensatz zu anderen SAP-S/4HANA-Bereichen funktionieren alle SAP-BW-Extraktoren für TM in SAP S/4HANA weiterhin (Details dazu finden Sie in SAP-Hinweis 2500202). Allerdings gibt es in der SAP-Hilfe für SAP S/4HANA keinen eigenen inhaltlichen Abschnitt zu diesem Thema.

Für *Operational Data Provisioning* (ODP) wurde ab TM 9.0 ein Großteil der Dokumentation von Datenquellen und BI-Inhalten aus der BI-Content-Dokumentation in die SAP-Bibliothek für TM 9.X verlagert. Sie finden die Beschreibung unter *http://help.sap.com* (suchen Sie nach »Transportation Management«, und wählen Sie dann die Produktversion 9.0 oder höher).

TM verfügt über eine Standardintegration zu SAP BW für die Extraktion von Daten zur weiteren Analyse von transportbezogenen Daten.

TM unterstützt die Geschäftsprozesse zur Verwaltung des physischen Transports von Waren von einem Ort zum anderen. Die SAP-BW-bezogenen Funktionen von TM geben Entscheidungsträgern und Mitarbeitenden die grundlegenden Datensätze an die Hand, um transportbezogene Geschäftsdaten auszuwerten, zu analysieren und zu interpretieren.

In diesem Abschnitt erläutern wir die Grundsätze der Datenextraktion aus dem TM-Quellsystem und den Datenquellen sowie die Inhalte, die die Datenbasis und die analytische Grundlage zur Unterstützung und Beantwortung der täglichen Fragen bilden:

- Wie viel Gewicht oder Volumen wird pro Fahrtgebiet, Geschäftsanteil oder Transportzuteilung transportiert? Wie groß war die Entfernung oder Dauer der einzelnen Transporte im Durchschnitt?
- Wie viele Container wurden von einem Ort zum anderen befördert? Wie hoch ist der Prozentsatz der Gefahrgutsendungen im Vergleich zur Gesamtzahl der Sendungen pro Verkehrsbeziehung?
- Wie hoch sind die durchschnittlichen Transportkosten pro Verkehrsbeziehung, Spediteur, Verlader oder Warenempfänger? Wie zuverlässig war der Verlader, der Spediteur oder der Kunde?

Übersicht Datenextraktion

Im Allgemeinen laufen SAP-Logistikanwendungen entweder über das UI oder über Planungs- oder Batch-Reports; eine Datensicherung findet in der Regel vor dem Ende der Transaktion statt. Nach Abschluss der Sicherung (also wenn die Transaktion offensichtlich beendet ist und neue Daten fortgeschrieben wurden) müssen die für die Merkmals- und Kennzahlenbestimmung relevanten Daten extrahiert werden. Abbildung 13.9 veranschaulicht den prinzipiellen Integrationsprozess.

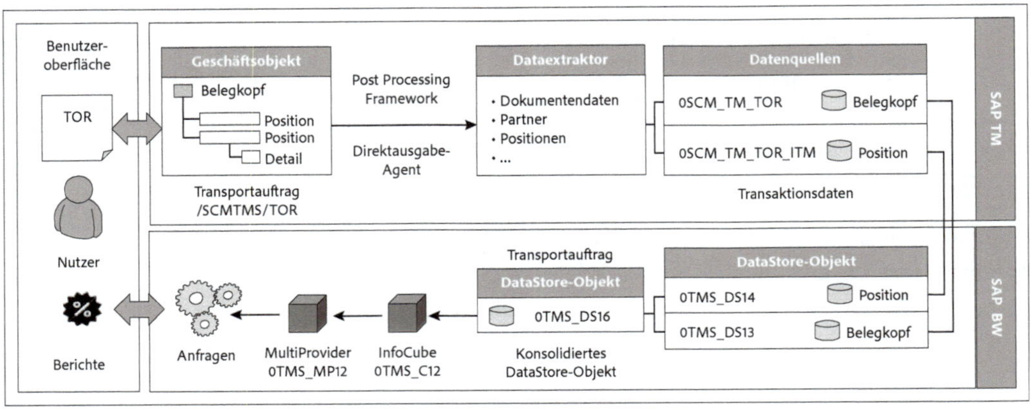

Abbildung 13.9: Extraktorbasierte Integration mit SAP BW

Gehen wir das Ganze durch. Die Daten werden aus dem TM-System in SAP BW in die *Persistent Staging Area* (PSA) geladen. In SAP BW werden die Informationen der Datenquellen in DataStore-Objekten gespeichert, die dann *InfoCubes* mit Informationen füllen, die anschließend von den *MultiProvidern* aus den verschiedenen Datenquellen verwendet werden. Nachdem die Daten im MultiProvider zur Verfügung gestellt wurden, können Sie über Querys auf die Informationen in SAP BW zugreifen und diese Informationen mit anderen verfügbaren Daten kombinieren, um so gezielt Analysen durchzuführen.

Vor der Ablage in SAP BW werden die Inhalte systematisch nach der fachlichen Relevanz der abzubildenden Inhalte strukturiert. Diese Struktur wiederum bestimmt die verfügbaren Optionen für die Transportanalyse.

[»]

Weitere Informationsquellen

In diesem Buch können wir keine vollständige Einführung in die Grundlagen der Datenbereitstellung und -modellierung mit SAP BW geben. Um Sie jedoch mit den Kernelementen der Datenbeschaffung vertraut zu machen, geben wir Ihnen einen kurzen Überblick. Für einen umfassenden Überblick, praktische Beispiele und weitere Einblicke empfehlen wir das Buch »Praxishandbuch SAP BW« von Olaf Klostermann, Joseph W. O'Leary, Matthias Merz und Robert Klein, das 2015 im Rheinwerk Verlag erschienen ist.

In der Standardauslieferung bietet TM Funktionen zur Extraktion der folgenden Datensätze:

- Listen
- Verkehrsbeziehungen
- Geschäftsanteile
- Zuweisung von Transportausrichtungen

- Transportkontierungen
- Kosten/Erlöse
- Transportkosten
- Transporterlöse
- Mengen
- Transportaufträge
- Transportauftragsabschnitte
- Transportausführungsinformationen
- Mengen
- Transportbedarfe
- Transportbedarfsabschnitte

Konfiguration der Datenextraktion

In TM in SAP S/4HANA beruht die SAP-BW-Integration auf Ausgaben, die das PPF nicht direkt involvieren. Obwohl die Konfiguration noch Teil der PPF-BOPF-Adapterkonfiguration ist, basieren die Nachrichtenfindung und -relevanz auf dem Geschäftsprozessobjekt.

Sie können die Relevanz und die Ausgabenkonfiguration in den PPF-Einstellungen für Datenextraktion nach SAP BW im SAP-TM-Customizing pflegen: **Anwendungsübergreifende Komponenten • Prozesse und Werkzeuge für Geschäftsanwendungen • Wiederverwendbare Objekte und Funktionen für BOPF-Umgebung • PPF-Adapter für Ausgabenverwaltung • Adaptereinstellung für Ausgabenverwaltung bearbeiten**. Abbildung 13.10 zeigt die Deltaextraktionseinstellungen eines Transportauftrags im BOPF-Ausgabeadapter-Customizing.

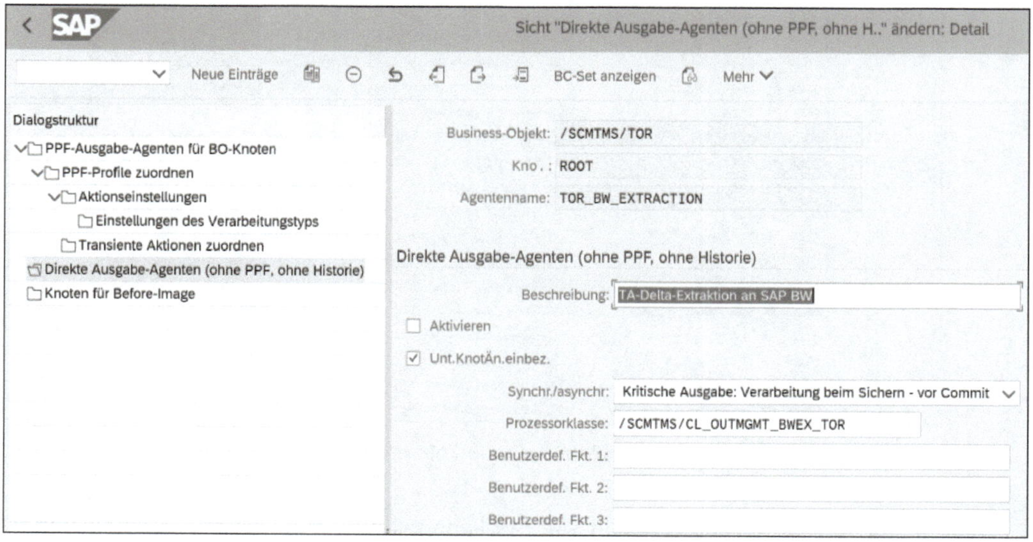

Abbildung 13.10: Deltaextraktionseinstellungen für den Transportauftrag

Bevor Sie SAP BW für das Reporting nutzen können, müssen Sie das TM-System mit dem Reporting-System verbinden. Die entsprechenden Einstellungen finden Sie im Customizing über den Pfad **Integration mit anderen SAP-Komponenten • Datenübertragung in das Business Warehouse • Allgemeine Einstellungen**. Hier geben Sie die notwendigen Parameter ein, um das Quellsystem sowie die maximale Größe und die Zeilen der Datenpakete, die in SAP BW übertragen werden, festzulegen. Es handelt sich dabei hauptsächlich um mandantenübergreifende Einstellungen.

Bevor die Datenextraktion und -integration konfiguriert werden können, verwenden Sie Transaktion RSA9, um die Anwendungskomponentenhierarchie zu übertragen. Die notwendigen Datenquellen werden dann als Teil des Business Content von TM ausgeliefert und können mit Transaktion RSA5 aktiviert werden. Diese Datenquellen gehören zum Quellsystem (hier: SAP S/4HANA TM) und enthalten alle relevanten Felder, die in SAP BW übertragen werden können.

Abbildung 13.11 zeigt Transaktion RSA5 in TM. Die relevanten Datenquellen für Stammdaten, Texte und Bewegungsdaten sind unter dem Hierarchieknoten `0SCM_TM_DATASOURCES` zu finden. In diesem Zusammenhang muss zwischen einem initialen Upload und einem Delta-Upload von TM in SAP BW unterschieden werden.

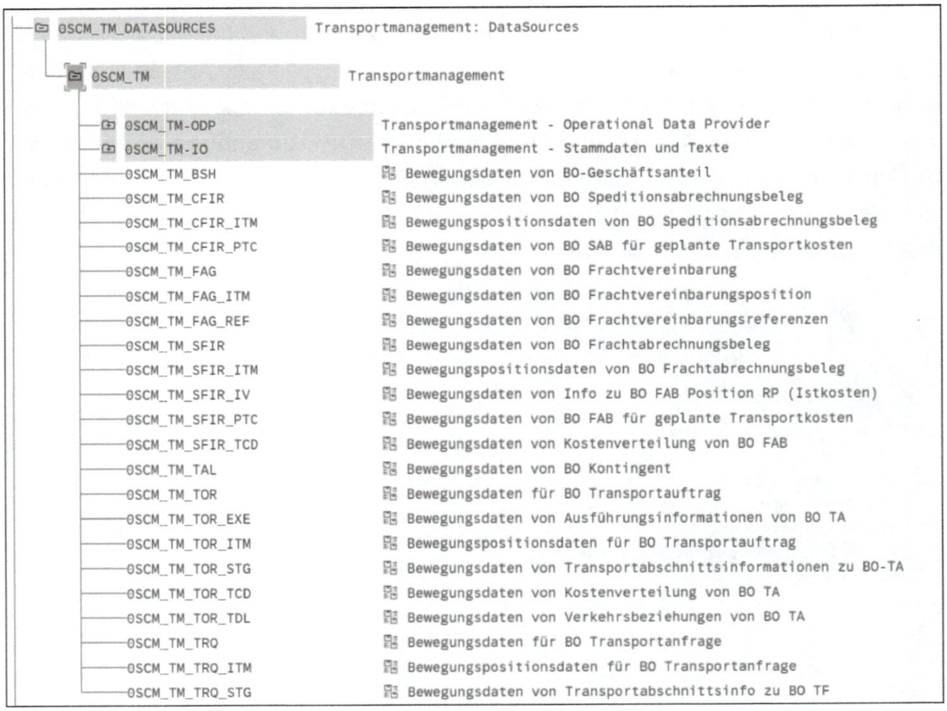

Abbildung 13.11: Business-Content-Installation in TM

Der initiale Upload von Daten in SAP BW kann mit oder ohne physische Datenübertragung initialisiert werden. Der initiale Upload von bestehenden Daten erfolgt über Setup-

Tabellen in TM. Nachdem die Daten in diesen Setup-Tabellen gelöscht wurden, können sie mit Daten aus dem entsprechenden SAP-BW-Extraktor gefüllt werden. Die Initialisierung dieser Setup-Tabellen, die entsprechenden Transaktionen zum Füllen mit vorhandenen Daten und die Durchführung des Daten-Uploads in das SAP-BW-System finden Sie im SAP-Easy-Access-Menü von TM: **Logistik • Transportation Management Administration • Initialer Daten-Upload in SAP NetWeaver BW**.

Abbildung 13.11 zeigt die bereits erwähnten ODP-Extraktoren. Sie sind nun die strategische Datenanbindung für SAP-Quellsysteme und beinhalten die Möglichkeit der Anbindung an ABAP-CDS-Views. Dazu wird zumindest SAP-BW-Release 7.40 SP05 benötigt. Die ODP-Anbindung an die Quelle ermöglicht es, die Integration über die PSA-Schicht zu überspringen und die Daten direkt in ein Zielobjekt zu laden, was die Performance um mehr als 40 % erhöht (SAP-Laborergebnisse). Detaillierte Informationen zu PSAs finden Sie unter *https://www.sap.com/documents/2017/06/66673acb-c37c-0010-82c7-eda71af511fa.html*.

Schließlich können Sie mit Transaktion RSA6 einen Extraktionstest durchführen und die Datensätze einer bestimmten Datenquelle anzeigen.

Sobald die Daten aus TM in SAP BW integriert sind, können sie in den bereits erwähnten MultiProvidern/InfoCubes konsolidiert werden, auf denen SAP-BW-Abfragen durchgeführt werden. Diese können dann für die Erstellung von BI-Inhalten in SAP BW verwendet bzw. wiederverwendet werden oder mit der zuvor eingeführten SAP Analytics Cloud verbunden werden, um Dashboards zu erstellen.

13.1.5 Integration mit SAP BW/4HANA

Im vorangegangenen Abschnitt lag der Schwerpunkt auf der Integration mit SAP BW. Viele SAP-Kunden nutzen diese Software nach wie vor für das Data Warehousing, sodass sie die aktuelle Systemlandschaft vieler Unternehmen widerspiegelt. Seit 2016 wurde SAP BW durch *SAP BW/4HANA* ersetzt. Der wichtigste Unterschied zwischen den beiden Systemen besteht darin, dass die neu eingeführte Anwendung nun auf einer *SAP-HANA-Datenbank* läuft und für die optimale Nutzung von SAP HANA optimiert ist.

Mit den in SAP BW/4HANA realisierten Leistungs- und Nutzbarkeitsverbesserungen fanden auch architektonische Vereinfachungen statt. InfoCubes und DataStore-Objekte wurden durch hochflexible und wiederverwendbare *InfoObjects*, erweiterte *DataStore-Objekte*, offene *ODS-Views* und *CompositeProvider* ersetzt.

Weiterführende Informationen

Für einen umfassenden Überblick über die Architektur, die Integration, Manipulation und Analyse von Daten mit SAP BW/4HANA empfehlen wir Ihnen das Buch »SAP BW/4HANA. Das umfassende Handbuch« von Marlene Knigge und Ruth Heselhaus, das 2021 im Rheinwerk Verlag erschienen ist.

Die aus TM integrierten Datenstrukturen können dann mit weiteren Datenquellen kombiniert, als Zeitreihe gespeichert und für die weitere analytische Verarbeitung z. B. in SAP Analytics Cloud wiederverwendet werden.

Die CDS-Ansichten der analytischen Basisschicht, die in Abschnitt 13.1.2 vorgestellt wurden, können ohne weitere Konfiguration auf TM-Seite für die Integration wiederverwendet werden:

- Transportauftrag Root-Datenextraktor
- Positionsdaten des Transportauftrags
- Transportauftragsabschnitte
- Stoppinformationen des Transportauftrags
- Ausführungsinformationen des Transportauftrags

Alle zugehörigen Views können einen Deltadatenabgleich bereitstellen und ermöglichen damit eine Livedatenverbindung zu den TM-Transaktionsdaten oder die Bereitstellung von Deltadatensätzen.

Im Rahmen des *SAP BW/4HANA Content Add-ons 2.0* wurde SAP-HANA-optimierter Business Content zur Verfügung gestellt. Transportauftragsdaten und positionsbasierte Daten werden über den Composite View `C_TranspOrdItemAnalytDEX` für die Datenextraktion zur Verfügung gestellt.

Dieser standardisierte Inhalt ermöglicht z. B. folgende Analysen:

- Anzahl der Transportaufträge nach Auftragskategorie und Auftragsart
- Anzahl der Transportaufträge mit Gefahrgut
- Anzahl der Transportaufträge mit Frachtabrechnungssperre
- Warenwert der Transportaufträge

Die jeweiligen Inhalte können ohne Anpassung wiederverwendet, je nach Bedarf in einem Implementierungskontext angepasst oder als Vorlage für die Erstellung eigener Datenmodelle verwendet werden.

13.2 Integration mit EWM

Wie in der Einleitung beschrieben, ist die Integration spezialisierter Systeme ein zentraler Erfolgsfaktor für komplexe Supply-Chain-Prozesse. Das gilt für die Anbindung externer Partner – etwa von Spediteuren – ebenso wie für unternehmensinterne Systeme. Besonders wichtig ist die Integration von TM und *SAP Extended Warehouse Management* (EWM), da Lager- und Transportprozesse eng miteinander verzahnt sind. Aus Sicht der Lagerprozesse haben die Ergebnisse der Transportplanung einen direkten Einfluss auf die Lagerlogistik und den Betrieb des Lagers.

Aus Sicht der Transportlogistik beeinflussen die Ergebnisse der Transportplanung die lagerinternen Prozesse, wie z. B. die Auslagerung, Bereitstellung und Einlagerung von Waren und Gütern. In einem vernetzten Lager- und Transportprozess wird die Effizienz dadurch erreicht, dass die Kosten für die Abfertigung eines Lkws von seiner Ankunft am Tor bis zu seiner endgültigen Abfahrt nach der Beladung optimiert werden und somit die Daten beider Systeme für die Planung und Ausführung genutzt werden.

Derzeit werden zwei grundlegende Integrationsszenarien von TM und EWM unterstützt, die sich hinsichtlich des Integrationsansatzes, der zur Verfügung stehenden Funktionen, aber auch der möglichen Deployment-Szenarien unterscheiden: die direkte Integration und die Integration des erweiterten Warenannahme- und Versandprozesses.

In diesem Abschnitt wird die sogenannte *direkte Integration* von TM und EWM mittels der EWM-Transporteinheit vorgestellt. In Abschnitt 13.3 gehen wir auf die neue Integration des *erweiterten Warenannahme- und Versandprozesses* (erweiterter W/V-Prozess, engl.: Advanced Shipping and Receiving, kurz: Adv. SR oder häufig auch ASR) ein. In Abschnitt 13.3.2 werden die beiden Integrationsszenarien und die Abhängigkeiten zu den gewählten Deployment-Szenarien beleuchtet.

Die Integration für Transitlager in einem EWM-TM-Integrationsszenario wird in Abschnitt 13.4 vorgestellt, bevor schließlich in Abschnitt 13.5 die Lagerleistungsabrechnung erläutert wird.

13.2.1 Einführung in EWM

SAP bietet seit dem Release von SAP R/3 2.0 Funktionen für die Lagerverwaltung an. Damit blickt man auf mehr als 16 Jahre Erfahrung in der Lagerverwaltung und eine Fülle erfolgreicher Implementierungen zurück. Seit den ersten SAP-R/3-basierten Versionen bis hin zu den aktuellen, auf SAP Supply Chain Management (SAP SCM) basierenden Systemen wurde die Funktion kontinuierlich erweitert und den Kundenanforderungen angepasst. Neben dem *Warehouse Management* (WM) als Teil von SAP ERP hat SAP im Jahr 2005 das wesentlich leistungsfähigere EWM eingeführt, das auf SAP SCM basiert.

Heute ist EWM eine eigenständige Anwendung, die in jeder Lagerumgebung eingesetzt und mit TM integriert werden kann. EWM wurde für komplexe Lager- und Distributionszentren mit einer Vielzahl unterschiedlicher Produkte und einem hohen Belegaufkommen entwickelt. Im Gegensatz zu WM bietet es viele neue und erweiterte Funktionen und Belege. Die EWM-Funktion ist in SAP S/4HANA als eingebettetes EWM (aus dem Englischen häufig als *Embedded EWM* bezeichnet) verfügbar, auf das wir in diesen Abschnitten eingehen. Darüber hinaus kann EWM auch als eigenständiges (auch als *Sidecar*- oder dezentrales *Deployment-Szenario* bezeichnet) EWM-System betrieben werden.

Zum besseren Verständnis der TM-Integrationsszenarien und der Art und Weise, wie TM-Dokumente auf ihre entsprechenden Gegenstücke in EWM abgebildet und integriert werden, erläutern wir zunächst kurz die wichtigsten EWM-Dokumente und die Terminologie für ein standardmäßiges Warenausgangsszenario. Anschließend verwenden wir dieses Szenario als Grundlage, um die beschriebenen Integrationsszenarien zu erläutern.

Aus der EWM-Perspektive beginnt der Prozess mit einer Auslieferung in SAP S/4HANA, die der zentrale Beleg im Warenausgangsprozess ist. Typischerweise wird die Auslieferung aus einem Kundenauftrag oder einem Lieferplan heraus erstellt, kann aber auch direkt, ohne Bezug auf einen Vorgängerbeleg, erzeugt werden. Bei der Anlage der Lieferung evaluiert das System, ob die Lieferung an ein externes Lagerverwaltungssystem (engl.: *Warehouse Management System*, kurz: WMS) verteilt werden muss. Dies hängt davon ab, ob der in der Lieferposition hinterlegte Lagerort durch ein externes WMS verwaltet wird. Wenn eine Auslieferung für die Verarbeitung in EWM relevant ist, werden die Folgeaktivitäten, wie Kommissionierung, Verpackung, Bereitstellung etc., im EWM-System durchgeführt.

Im Rahmen des logistischen Auslieferungsprozesses mit EWM werden für die SAP-S/4HANA-Lieferung in EWM korrespondierende Auslieferbelege (engl.: *Process Outbound Delivery Order*, kurz: ODO) angelegt. Der ODO-Beleg enthält alle relevanten Daten, die für die Ausführung und Überwachung des Auslieferungsprozesses benötigt werden, beginnend mit den ersten Planungsaktivitäten für die Auslieferung, bis zum Verladen und Versenden der Waren.

[»]

Der EWM-Auslieferungsbeleg

Die Auslieferung erfasst die Waren, die im Rahmen einer Lieferung an einen Warenempfänger geliefert werden. Sie umfasst den Prozess der Warenkommissionierung, die Reduzierung der Lagermenge und schließlich den Versand der Waren an den Warenempfänger. Im SAP-System wird dieser Vorgang durch den Auslieferungsbeleg abgebildet, der für die folgenden Aktivitäten angelegt wird:

- Warenversand auf der Grundlage eines Vertriebsbelegs (z. B. Kundenauftrag oder Lieferplaneinteilung)
- Umlagerungsbestellung
- Rücksendung von Waren an den Lieferanten

Im nicht-integrierten Deployment-Szenario (häufig aus dem Englischen als *non-embedded*, *Sidecar-* oder *Side-by-Side-Integration* bezeichnet) werden An- und Auslieferungen aus dem SAP S/4HANA ERP Core in die dezentrale EWM-Instanz repliziert. Ähnlich dem Sidecar-Szenario von TM (siehe Abschnitt 5.2.4, »Integration von Lieferbelegen«) wird der SAP-S/4HANA-Beleg zunächst in einen *Outbound/Inbound Delivery Request* (ODR oder IDR) repliziert. Diese Belege enthalten im Wesentlichen die gleichen Informationen und haben die gleiche Struktur wie der zugrunde liegende An- bzw. Auslieferungsbeleg. Weiterführende Informationen können Sie z. B. der Release Note 3636337 »SAP S/4HANA 2025 FPS00: Release information and restrictions for EWM in SAP S/4HANA« entnehmen.

Aus den Replikationsbelegen wird dann das ODO/ID-Dokument erzeugt. Dieses Replikationsdokument ist in einem eingebetteten Integrationsszenario von SAP S/4HANA und EWM nicht mehr notwendig, und die ODO/ID-Dokumente können direkt auf Basis der ERP-Belege erzeugt werden. Darüber hinaus ist es möglich, dass sie denselben Nummernkreis verwenden. Eine Beschreibung der notwendigen Konfiguration finden Sie in SAP-Hinweis 3569563.

Im Rahmen des Verpackungsprozesses werden die Waren in EWM auf eine *Versandeinheit* (engl.: Handling Unit, kurz: HU) gepackt, üblicherweise unter Verwendung von Verpackungsmaterialien wie Kisten, Paletten, Drahtkörben etc. Die HU stellt einen zentralen Beleg in EWM dar, ohne HU können Materialien in EWM nicht bewegt oder eingelagert werden. Jede HU hat eine eindeutige, einscannbare Identifikationsnummer (HU ID).

HUs aus EWM in TM-Frachteinheiten abbilden

Während in EWM die HU ein eigenständiger Beleg ist, werden die HU-Informationen in den TM-Belegen als Verpackungspositionen (engl.: Package Items) abgelegt. Die Haupt-HU erhält dabei auf Positionsebene den Binärwert **X - True** im Feld `MAIN_CARGO_ITEM`. Sub-HUs werden über die Hierarchieinformationen im Feld `ITEM_PARENT_KEY` der Frachteinheitspositionen als untergeordnete Packpositionen modelliert. Die HU ID ist auf der Packposition im Feld `PACKAGE_ID` abgelegt. Der Zeitpunkt zur Übertragung der HU-Informationen hängt vom Integrationsszenario ab und wird in den jeweiligen Abschnitten vorgestellt.

Nach dem Verpacken können die HUs in die Versandfläche verbracht werden, um dort anschließend verladen zu werden. Welche Belege für den Verladeprozess bzw. die Verladeplanung genutzt werden, hängt vom gewählten Integrationsszenario ab, darauf gehen wir in den folgenden Abschnitten ein.

Nachdem die Ware verladen wurde, erfolgt die *logistische Warenausgangsbuchung* in EWM, und im Anschluss stößt EWM den *betriebswirtschaftlichen Warenausgang* in SAP ERP an. Nach der Warenausgangsbuchung wird in EWM noch der *finale Lieferbeleg* (engl.: Final Delivery) angelegt.

Warenausgangsbuchung aus TM

Über TM kann der Warenausgang im integrierten Szenario über ein im Customizing zum Frachtauftragsbeleg hinterlegtes Event (**Erwartetes Ereignis f. Warenausgang/Wareneingang**) oder über den Report `/SCMTMS/POST_GI_BATCH` angestoßen werden, für den Wareneingang kann `/SCMTMS/POST_GR_BATCH` verwendet werden. Wenn es sich jedoch um einen mit EWM integrierten Prozess handelt, ist EWM für die Buchung des Warenbewegungsstatus zuständig.

13.2.2 Direkte EWM-TM-Integration

Wie erwähnt, wurde EWM ebenso wie TM ursprünglich als dezentrales Lagerverwaltungssystem konzipiert und technisch entkoppelt von SAP ERP betrieben. Die für die Ausführung der logistischen Prozesse notwendigen Stamm- und Bewegungsdaten mussten über Schnittstellen (qRFC-Verbindungen, engl.: queued Remote Function Call) zwischen SAP ERP und EWM ausgetauscht werden. In einem eingebetteten EWM-SAP-S/4HANA-System ist diese Datenreplikation nicht mehr notwendig.

Da EWM auch eigenständig betrieben werden kann, muss für die Planung und Ausführung der Transportprozesse nicht notwendigerweise ein TM-System zur Verfügung stehen. Entsprechend verfügt auch EWM über Funktionen und Belege, um die Versandprozesse zu planen und durchzuführen. In EWM wird der physische Transport über die *EWM-Transporteinheit* (TE) (engl.: Transportation Unit, kurz: TU) abgebildet.

Für die Integration mit TM, das in SAP SCM ebenfalls ausschließlich als eigenständiges System konzipiert war, wurde daher eine Integration modelliert, die auf der Synchronisierung der Transportbelege des TM- und des EWM-Systems basiert. Die *TM-Frachtaufträge* werden daher mittels einer auf der Webservice-Technologie basierenden Schnittstellennachricht synchronisiert. Die eigentlichen Transportprozesse werden dann jeweils in EWM oder in TM auf der EWM-TU bzw. dem TM-Frachtauftrag ausgeführt.

Dieser Ansatz wird als *direkte Integration* von EWM und TM bezeichnet, weil die beiden Transportdokumente der jeweiligen Applikation direkt miteinander integriert sind. Dieser Ansatz und die Kommunikation über die Webservice-Schnittstelle sind in SAP S/4HANA auch für die Deployment-Szenarien relevant, in denen der ERP Core, TM und EWM in derselben SAP-S/4HANA-Instanz betrieben werden.

[»]

Obsolete Integrationsszenarien

Mit TM 9.0 wurde für die Integration zu EWM noch über die ERP-Lieferungs- und die ERP-Sendungsbelege modelliert – ohne einen direkten Datenaustausch von TM und EWM. Mit TM 9.1 wurde die direkte TM-EWM-Integration, ohne Einbeziehung eines ERP-Sendungsbelegs, vorgestellt. Die ERP-Sendungsbelege sind aufgrund des SAP S/4HANA Compatibility Scope nur noch bis Dezember 2030 verfügbar, weitere Informationen können Sie dem SAP-Hinweis zum entsprechenden LE-TRA Simplification Item entnehmen: SAP-Hinweis 2270199 (S4TWL – Transportation (LE-TRA)).

In SAP S/4HANA werden seitens der TM-Applikation nur die beiden eingangs genannten Integrationsszenarien – die direkte Integration und die Integration des erweiterten Warenannahme- und Versandprozesses – unterstützt. Das indirekte Integrationsszenario aus Zeiten von TM 9.0 wird nicht mehr unterstützt. Mehr darüber erfahren Sie in der aktuellen SAP S/4HANA 2025 FP00 Release Note 3615236.

Da wir in der Vergangenheit auch Erfahrungen mit Projekten sammeln mussten, in denen das Implementierungskonzept vorsah, keine Integration zwischen der EWM-TE und dem TM-Frachtauftrag (FA) zu nutzen und stattdessen einen nicht-synchronisierten Transportprozess zu modellieren, in dem die Lageraktivitäten auf der EWM-TE und die Transportaktivitäten auf dem TM-Frachtauftrag ausgeführt werden, die beiden Transportbelege jedoch nicht über die Webservice-Schnittstelle synchronisiert werden und der Informationsaustausch indirekt über die LE-Lieferbelege erfolgen sollte, möchten wir an dieser Stelle darauf hinweisen, dass dieses Szenario ebenfalls nicht offiziell unterstützt wird und es nicht ausgeschlossen werden kann, dass es zu technischen Problemen bei der Aktualisierung der TM-Belege kommt. Weitere Informationen zu diesem Szenario können dem SAP-Hinweis 2988534 entnommen werden.

Konfiguration der Integrationseinstellungen

[«]

Um die technische Verbindung von TM und EWM einzurichten, müssen mehrere Konfigurationsaufgaben erledigt werden. Es müssen unter anderem Integrationsprofile eingerichtet, Frachtauftragsarten konfiguriert und logische Systemverbindungen definiert werden. Wie Sie diese Einstellungen vornehmen, erfahren Sie in SAP-Hinweis 2933925 (für TM und EWM, beide eingebettet in SAP S/4HANA) oder in SAP-Hinweis 1978857 (für Sidecar-Szenarien).

Wir werden nun auf die unterstützen Standardprozesse der EWM-TM-Integration eingehen. Eine Voraussetzung der Integration zwischen dem TM-Frachtauftrag und der EWM-Transporteinheit über die zugehörige Webservice-Schnittstelle (`TransportationOrderLoadingAppointmentRequest_Out/In` für die Nachrichten aus dem TM-Frachtauftrag und `TransportationOrderLoadingAppointmentNotification_Out/In` für die Nachrichten aus der EWM-Transporteinheit, beide werden im Allgemeinen als *LDAP-Nachricht* abgekürzt) ist, dass die Frachteinheiten lieferbasierte Frachteinheiten sind. Die Transportplanung in TM kann auf Basis der Auftragsbelege erfolgen, wie bereits in den vorangegangenen Abschnitten dargestellt wurde. Dies findet jedoch vorgelagert zum Integrationsprozess von EWM und TM statt, da die Integration zwischen SAP S/4HANA Core und EWM auf der Integration der Lieferung basiert.

Dennoch gibt es unterschiedliche Varianten der Integrationsprozesse. So unterscheiden wir zwischen der *ausführungsgesteuerten Planung* und der *transportorientierten Planung*, die wir Ihnen im Folgenden exemplarisch für das Outbound-Szenario vorstellen werden. Das Inbound-Szenario werden wir nur kurz erläutern, da sich der wesentliche Ablauf aus TM-Sicht nur minimal vom Ablauf im Outbound-Szenario unterscheidet.

Umlagerungsbestellungen

[«]

Seit SAP S/4HANA 2023 FPS00 wird eine End-to-End-Abbildung des An- und Auslieferungsabschnitts eines unternehmensinternen Umlagerungsbestellungsprozesses in der direkten TM-EWM-Integration unterstützt. Eine der Voraussetzungen ist, dass sich die TM-Instanz in derselben Systeminstanz wie das ERP-System befindet (siehe SAP-Hinweis 3018355). Mit diesem Feature wird die Anlieferung automatisch zum Vorgängerbeleg der Frachteinheit, wenn der Warenausgang für den Auslieferbeleg im ERP-System gebucht wird. So lässt sich sowohl der Warenausgangs- als auch der Wareneingangsprozess auf derselben TM-Frachteinheit bzw. demselben Frachtauftrag ausführen.

[»]

Restriktionen der direkten TM-EWM-Integration

Bevor Sie die direkte TM-EWM-Integration in Ihrem Implementierungsprojekt umsetzen, sollten Sie die Hinweise 1984252 und 3018355 sorgfältig prüfen, die den unterstützen Funktionsumfang beschreiben. Im Fall eines Release-Upgrades von einem SAP-S/4HANA-Release ≤ 2020 auf ein Release ≥ 2020 sollten Sie vorhandenen Custom-Code im Kontext der LDAP-Schnittstelle auf Funktionsfähigkeit prüfen, da ein technisches Refactoring der Schnittstelle im Rahmen des Release-Wechsels durchgeführt wurde. Weitere Informationen dazu finden Sie in SAP-Hinweis 3117542.

Transportplanung in TM

In Abbildung 13.12 ist der Belegfluss des transportorientierten Auslieferungsprozesses in der direkten TM-EWM-Integration beispielhaft und vereinfacht dargestellt.

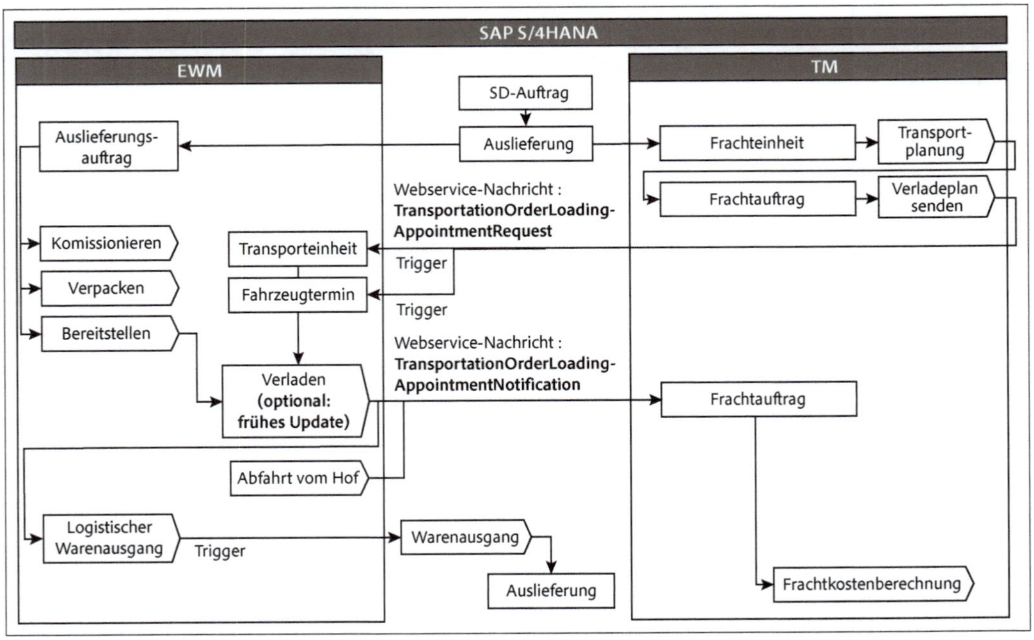

Abbildung 13.12: Belegfluss der direkten TM-EWM-Integration im Auslieferprozess

Die direkte TM-EWM-Integration ist hinsichtlich der transaktionalen Daten technisch identisch realisiert, unabhängig von der gewählten von drei möglichen Deployment-Szenarien:

- TM und/oder EWM in derselben Systeminstanz wie SAP S/4HANA
- TM und EWM in derselben eigenständigen Systeminstanz, parallel zu einer SAP-S/4HANA-Systeminstanz
- TM, EWM sowie der ERP Core werden in derselben Systeminstanz von SAP S/4HANA betrieben.

Alle Szenarien verwenden für die Integration der transaktionalen Daten die LDAP-Schnittstelle. Im folgenden Beispiel fokussieren wir uns daher auf das erste Deployment-Szenario.

Abbildung 13.12 zeigt, dass im transportorientierten Szenario zunächst die Transportplanung in TM ausgeführt wird, als Resultat wird ein Frachtauftrag erstellt. Mit Anlage des Auslieferungsbelegs wird dieser in der Regel automatisch an das EWM-System verteilt. In EWM wird der ODO-Beleg erzeugt, parallel dazu werden im TM-System die zugehörigen Frachteinheiten gebildet. Abbildung 13.13 zeigt, dass der ODO-Beleg zunächst gesperrt ist, da EWM einen *Ladeplan* aus TM erwartet.

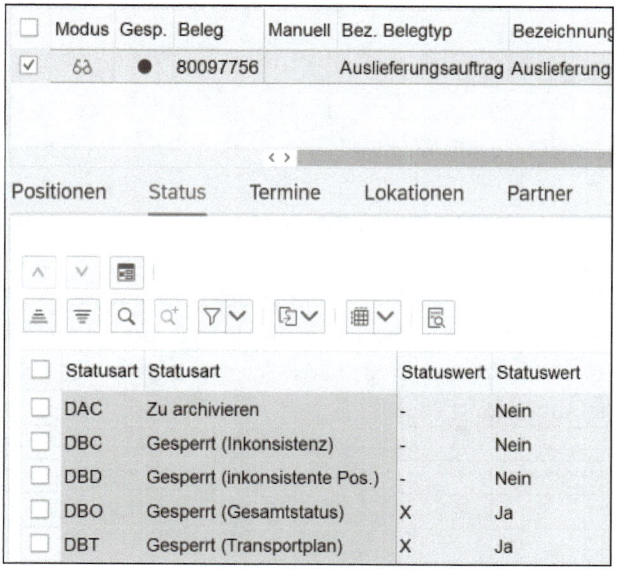

Abbildung 13.13: Initialer ODO-Beleg mit Transportplansperre

Nachdem die Transportplanung in TM abgeschlossen ist, wird der Ladeplan für den jeweiligen Ladestopp abgeschlossen, dies kann z. B. wie in Abbildung 13.14 über das globale Menüband **Entlade-/Ladeplanstatus (Stopp) · Ladeplan auf Abgeschlossen setzen** des Frachtauftragsbelegs erfolgen.

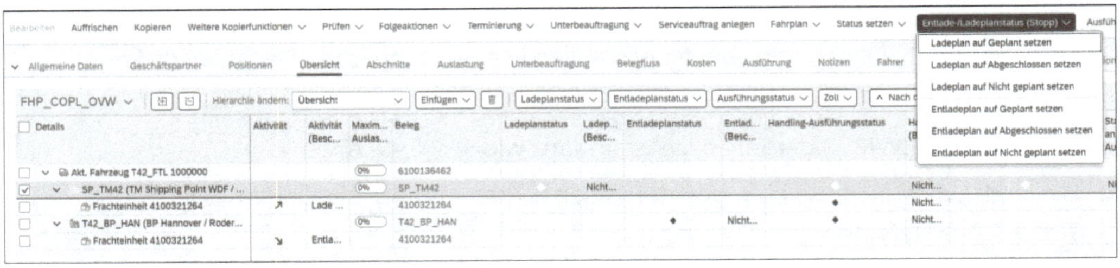

Abbildung 13.14: Abschließen des Ladeplans

Mit dem Sichern wird automatisch die Nachricht `TransportationOrderLoadingAppointmentRequest` für den aktuellen Ladestopp an das der Lokation der Versandstelle zugeordnete EWM-System versendet. Die Zuordnung des EWM-Systems erfolgt in Transaktion /SCMTMS/LOC3. In den Lokationsstammdaten der Versandstelle werden auf der Registerkarte **TM** das logische System und die zugehörige Lagernummer hinterlegt, ein Beispiel ist in Abbildung 13.15 zu sehen.

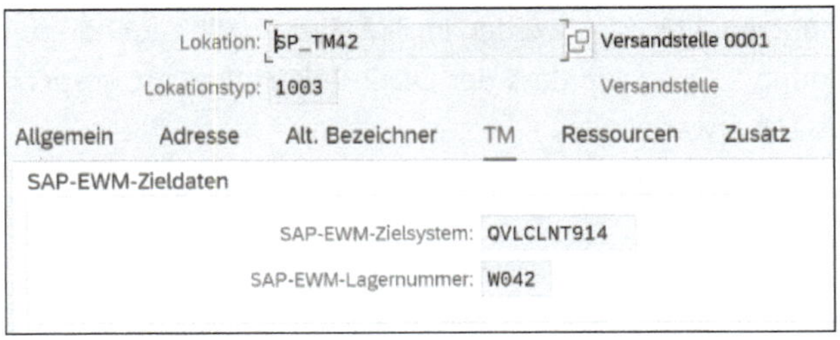

Abbildung 13.15: EWM-Zielsystem im Lokationsstammdatum

Die LDAP-Nachricht in TM wird über das PPF-Output-Management-System generiert. Die zugehörige PPF-Aktion ist **TOR_LDAP_REQ** und dem PPF-Profil **/SCMTMS/TOR** zugeordnet, das wiederum entsprechend im gewählten Frachtauftragsbelegtyp hinterlegt sein muss (Details dazu finden Sie in Abschnitt 3.3.3, »Post Processing Framework«). Weitere relevante Einstellungen im Beleg-Customizing sind das EWM-Integrationsprofil und die **Belegerstellungsrelevanz** (siehe Abbildung 13.16).

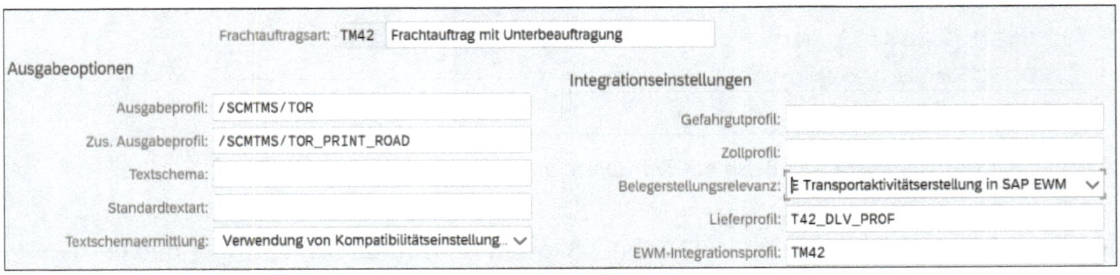

Abbildung 13.16: Relevante Einstellungen im Frachtauftragstyp

Das EWM-Integrationsprofil kann über den Customizing-Pfad **Transportation Management • Integration • Integration mit Extended Warehouse Management • EWM-In-**

tegrationsprofil definieren angelegt werden. Wie in Abbildung 13.17 zu sehen ist, beinhaltet es Regeln, ob die LDAP-Nachricht nur einmal versendet werden kann oder ob Delta-Updates erlaubt sind, sowie weitere Einstellungen bezüglich des Update-Verhaltens zwischen TM und EWM.

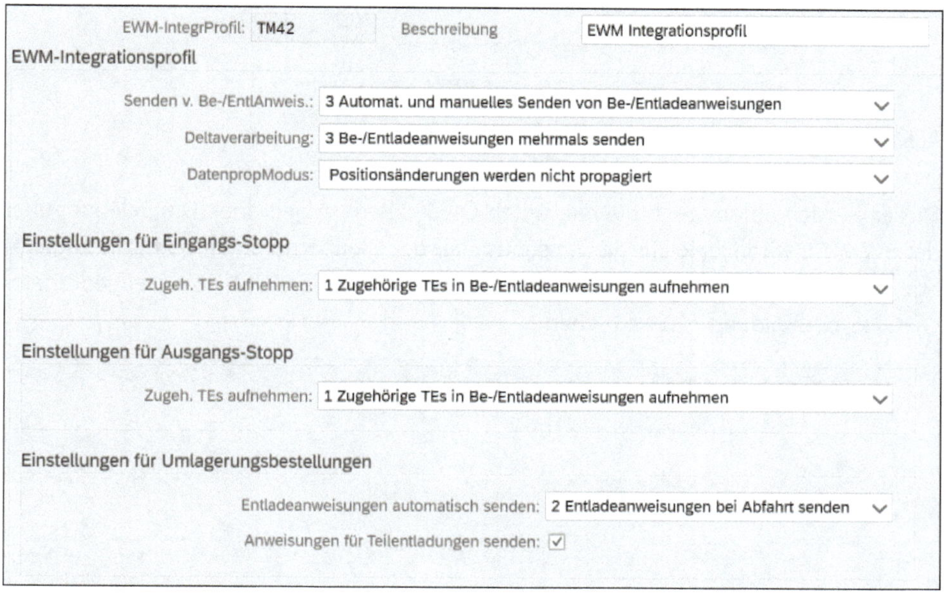

Abbildung 13.17: EWM-Integrationsprofil

Delta-Updates

Wie in Abbildung 13.17 zu sehen ist, können LDAP-Nachrichten für den gleichen Ent-/Ladestopp mehrfach gesendet werden. Dabei ist zu beachten, dass sich auch auf der EWM-TE Daten ändern lassen, nachdem diese initial aus TM übertragen wurden, z. B. der im TM-Frachtauftrag hinterlegte Spediteur. Im Falle eines Delta-Updates aus TM werden solche Änderungen in der EWM-TE gegebenenfalls überschrieben, da das TM-System für die Planungsinformationen des Transports führend ist. Diesen Aspekt sollten Sie bei Delta-Update-Szenarien im Rahmen der Abnahmetests berücksichtigen.

In Fällen, in denen die Ladeanweisungen mehr als einmal gesendet werden können, sind Änderungen des Frachtauftrags möglich, bis der EWM-Ausgangsstatus **Beladung abgeschlossen** (bzw. **Ankunft am Kontrollpunkt** im Eingangsprozess) erreicht ist.

Nachdem der Ladeplan versendet wurde, ändert sich sein Status auf **Abgeschlossen** (siehe Abbildung 13.18). In EWM wird basierend auf der Schnittstellennachricht eine EWM-Transporteinheit (EWM-TE) angelegt, die dem TM-Frachtauftrag (FA) entspricht.

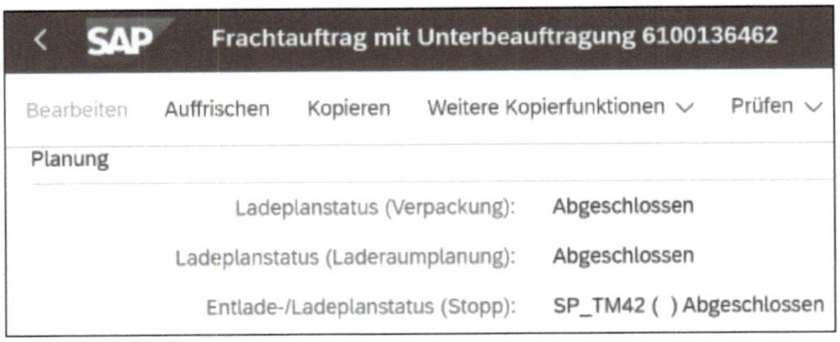

Abbildung 13.18: Statuswechsel nach Versenden des Ladeplans

Dieser werden automatisch die relevanten ODO-Belege zugeordnet. Die Belegnummer der EWM-TE wird i. d. R. aus der Belegnummer des FA übernommen, so ist die zugehörige TE in EWM leicht zu identifizieren. Ein Beispiel für eine EWM-TE mit zugeordneter ODO ist in Abbildung 13.19 zu sehen.

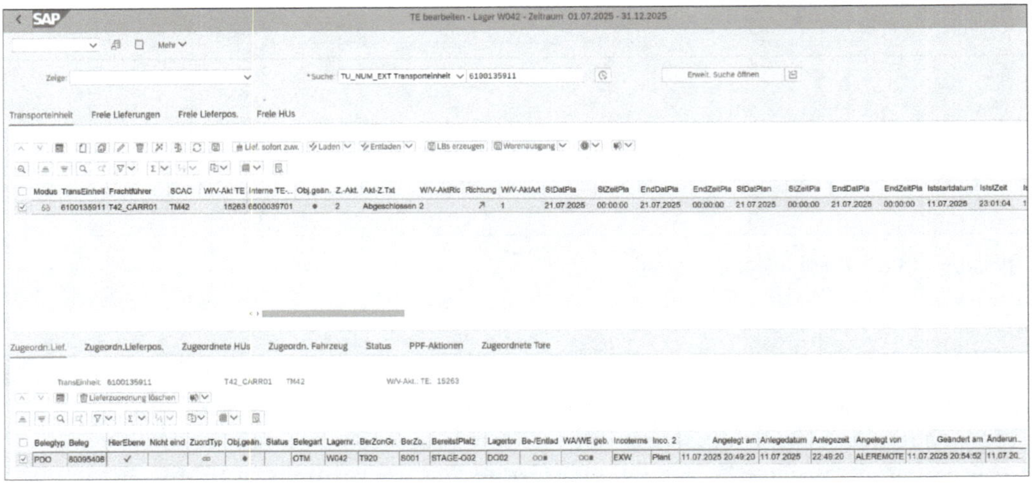

Abbildung 13.19: EWM-TE mit zugehöriger ODO

> **EWM-Transporteinheit, TM-Transporteinheit**
>
> Sowohl in EWM als auch in TM gibt es einen *Transporteinheitsbeleg* (engl.: Transportation Unit). Beide haben jedoch inhaltlich einen anderen Zweck. Wir werden daher im Folgenden die EWM-Transporteinheit, auch aufgrund des in Projekten häufig anzutreffenden englischen Sprachgebrauchs, mit *EWM-TE* abkürzen.

> **Mehrfachabholung, Mehrfachbelieferung**
>
> Ab dem Release SAP S/4HANA 2020 FPS01 werden für die TM-EWM-Integration auch Mehrfachbeladungs-/Abholungsszenarien (engl.: *Multipick/Multidrop Scenarios*) unterstützt, an denen mehr als ein EWM-Lager beteiligt ist. Diese Entwicklung

ist auf das Verladerszenario beschränkt. Frachtaufträge für dieses Szenario können auch storniert werden und werden von allen Lagern berücksichtigt, in denen Stopps geplant, Ladepläne gesendet und ODO-Belege erstellt wurden. In diesem Szenario wird in jedem im EWM-System abgebildeten Lager eine EWM-TE angelegt.

Mit dem Versenden des Ladeplans geht die Beleghoheit an EWM über, und der FA ist für planerische Änderungen gesperrt, bis die Lagerabwicklung abgeschlossen ist und der Lkw als ausgecheckt gemeldet wird.

Wenn die ODO-Belege erstellt sind, kann in EWM mit der Kommissionierung und dem Verpacken der Lieferpositionen begonnen werden.

Frühe Kommissionierung

[«]

Wenn die Prozessanforderung bedingt, dass das Lager mit der Kommissionierung der Ware beginnt, bevor die Transportplanung in TM abgeschlossen ist, kann die Funktion der frühen Kommissionierung verwendet werden. Dazu muss das **Customizing SCM Extended Warehouse Management • Extended Warehouse Management • Warenausgangsprozess • Auslieferung • Integration mit Transport • EWM-Ausführung ohne Transportplanung erlauben (Ausgang)** konfiguriert werden. Für die relevanten ODO-Belege kann somit die Kommissionierung beginnen – auch bevor eine EWM-TE über eine LDAP-Nachricht erzeugt wurde.

Anschließend werden die fertiggestellten HUs in die Warenausgangszone gebracht und sind damit bereit, verladen zu werden.

Weiterführende Informationen zur EWM-Konfiguration

[«]

Dieses Buch fokussiert sich auf den Teil der TM-EWM-Integration. Für detailliertere Informationen zur Konfiguration der EWM-internen Prozesse möchten wir Sie auf die beiden Fachbücher »Warehouse Management mit SAP S/4HANA« sowie »Warehouse Management mit EWM«, die ebenfalls im Rheinwerk Verlag erschienen sind, verweisen.

Dabei ist anzumerken, dass in der direkten TM-EWM-Integration keine Informationen über den Kommissionier- oder Verpackungsstatus aus dem aktuellen Status des EWM-Prozesses in TM sichtbar sind. Das erste Rückupdate aus EWM erfolgt, wenn in der EWM-TE der Status **Ankunft am Kontrollpunkt** erfasst wird. Dieses erste Update enthält allerdings noch keine HU-Informationen, sondern die Ausführungsinformation über die Ankunft des Lkws am Checkpoint.

Aus der Prozessperspektive betrachtet, kommt der Lkw am Kontrollpunkt an, wenn die Funktion *EWM Yard Management* verwendet wird. Er wird durch die Nummer der externen EWM-Transporteinheit identifiziert. Der Lkw kann automatisch einem Lagertor zugewiesen werden. Alternativ kann die Torzuweisung auch manuell durch die zuständige Person am Kontrollpunkt oder – bei großen Yards – durch das Versandbüro erfolgen. Sobald der Status gesetzt wird, erfolgt ein Update an TM über die Webservice-Nachricht `TransportationLoadingAppointmentNotfication`, im Frachtauftrag wird durch diese das Ausführungsereignis für die **Ankunft** an der Versandstelle mit entsprechenden Zeitstempeln abgelegt.

Nachdem der Lkw am Lager angekommen ist und an das Tor angedockt hat, kann die Verladung der Waren in EWM beginnen. Wenn die Verladung abgeschlossen ist, können Lieferscheine und der Frachtbrief gedruckt werden, und der logistische Warenausgang kann in EWM auf der Grundlage der Transporteinheit gebucht werden. Über die ODO-Belege wird der Warenausgang für die verladenen Positionen der SAP-S/4HANA-Auslieferung angestoßen. Falls notwendig, werden Liefersplits ausgeführt und die zugehörigen Frachteinheiten in TM den Splitlieferungen zugeordnet. Die SAP-S/4HANA-Auslieferung wird ebenfalls aktualisiert.

Seit dem SAP-S/4HANA-Release 2020 FPS2 ist die Funktion der frühen Aktualisierung aus EWM verfügbar. Das bedeutet, dass bereits mit dem Abschluss des Ladevorgangs eine LDAP-Nachricht aus der EWM-TE an TM gesendet wird, die unter anderem die tatsächlichen Mengen, Gewichte und Ladeeinheiten zu den verladenen Lieferpositionen enthält. Wird diese Funktion nicht genutzt, erfolgt das Update, wenn der Status **Abfahrt am Kontrollpunkt** gesetzt wird.

Mit diesen beiden Nachrichten wird das TM-System mit allen ausführungsrelevanten Informationen und Ereignissen aktualisiert. Wie in Abbildung 13.20 dargestellt, werden in der Schnittstellennachricht relevante Ausführungsereignisse und ihre Ereigniszeitpunkte übermittelt. Darüber hinaus werden die Istzeiten, die Artikelhierarchie, die Verpackungsmaterialien, der tatsächliche Beförderer, die geladenen Mengen und die Plomben in TM aktualisiert. Sollte es zu Abweichungen zum ursprünglichen Ladeplan gekommen sein, können diese auf der Registerkarte **Positionen** des Frachtauftrags überprüft werden.

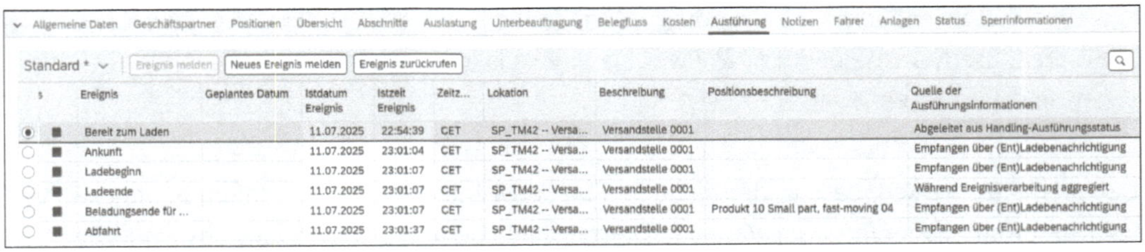

S	Ereignis	Geplantes Datum	Istdatum Ereignis	Istzeit Ereignis	Zeitz...	Lokation	Beschreibung	Positionsbeschreibung	Quelle der Ausführungsinformationen
	Bereit zum Laden		11.07.2025	22:54:39	CET	SP_TM42 -- Versa...	Versandstelle 0001		Abgeleitet aus Handling-Ausführungsstatus
	Ankunft		11.07.2025	23:01:04	CET	SP_TM42 -- Versa...	Versandstelle 0001		Empfangen über (Ent)Ladebenachrichtigung
	Ladebeginn		11.07.2025	23:01:07	CET	SP_TM42 -- Versa...	Versandstelle 0001		Empfangen über (Ent)Ladebenachrichtigung
	Ladeende		11.07.2025	23:01:07	CET	SP_TM42 -- Versa...	Versandstelle 0001		Während Ereignisverarbeitung aggregiert
	Beladungsende für ...		11.07.2025	23:01:07	CET	SP_TM42 -- Versa...	Versandstelle 0001	Produkt 10 Small part, fast-moving 04	Empfangen über (Ent)Ladebenachrichtigung
	Abfahrt		11.07.2025	23:01:37	CET	SP_TM42 -- Versa...	Versandstelle 0001		Empfangen über (Ent)Ladebenachrichtigung

Abbildung 13.20: Ausführungsereignisse in TM-FA nach Lagerausführung

Nachdem die EWM-TE vom Kontrollpunkt abgefahren ist und die zugehörige LDAP-Nachricht in TM erfolgreich verarbeitet wurde, sind die relevanten Informationen für Folgeprozesse in TM vorhanden. Diese beinhalten z. B. den Druck von Transportbegleitdokumenten und Ladelisten, die Zollanmeldung oder auch die Frachtkostenberechnung. Diese Prozesse können nun aus dem TM-Frachtauftrag angestoßen werden.

Lieferübergreifende HUs

Versandeinheiten, die Positionen aus mehreren Lieferungen enthalten (engl.: *Cross-Delivery Handling Units*, kurz: Cross-HUs), können in der direkten TM-EWM-Integration berücksichtigt werden. Seit SAP-S/4HANA-Release 2021 FPS1 werden für Cross-HUs lokale Packpositionen im Frachtauftrag gebildet. Die einzelnen Lieferungen werden in der Positionshierarchie der Frachteinheit als separate Auslieferungspositionen dargestellt. Diese Funktion steht derzeit nur für Frachteinheiten mit einem Abschnitt zur Verfügung.

Ausführungsgesteuerte Planung

Im zuvor beschriebenen Prozess wurde zunächst die Transportplanung in TM ausgeführt, und das Planungsergebnis wurde an EWM übertragen. Das TM-System war somit führend für die Lagerprozesse. Ein häufig anzutreffender Geschäftsprozess ist jedoch, dass ein Spediteur regelmäßig zu vereinbarten Zeitfenstern mit einem vereinbarten Lkw-Typ das Lager anfährt und die dort bereitgestellte Ware verlädt. Das Lager arbeitet ohne eine Transportplanung und übermittelt nach dem Verladen an das Transportsystem, welche HUs, und damit implizit welche Lieferpositionen, auf welchen physischen Lkw verladen wurden. Anschließend übernimmt das Transportsystem die Transportausführung.

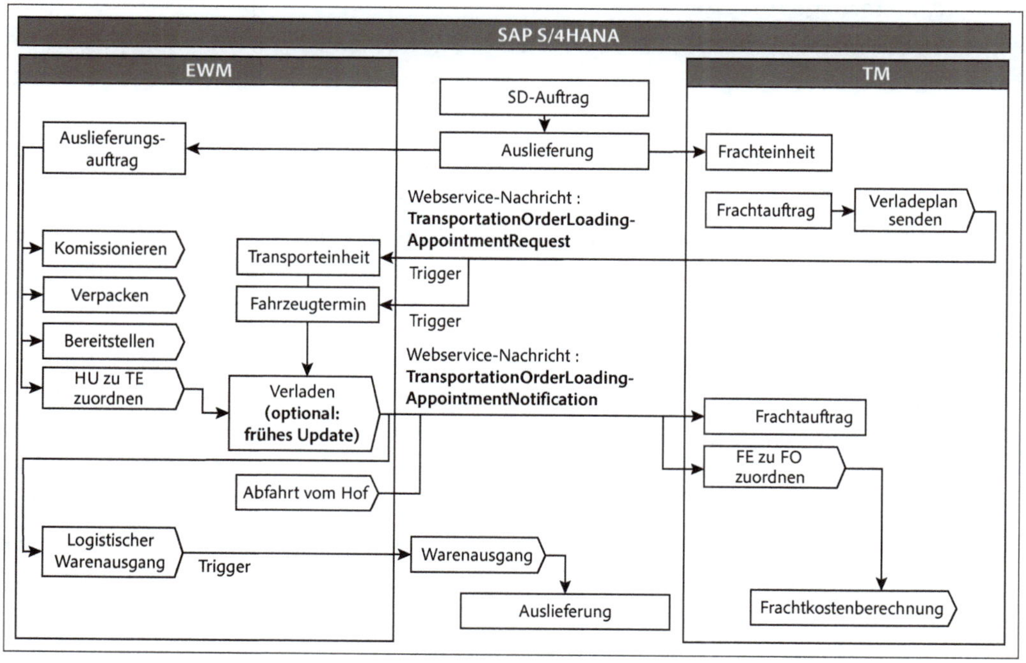

Abbildung 13.21: Prozessfluss der ausführungsgesteuerten Planung

In der direkten TM-EWM-Integration können die Anforderungen eines solchen Versandprozesses über die *ausführungsgesteuerte Planung* abgebildet werden. Dabei wird zunächst ein Frachtauftrag (FA) ohne zugeordnete Frachteinheiten (FE) erzeugt. Der Auftrag enthält nur die minimal notwendigen Informationen, etwa ein Abfahrtsdatum und eine Quell- und Ziellokation, gegebenenfalls kann auch ein Spediteur ausgewählt werden. Nach der Anlage des FA wird der **Ladeplan am Ladestopp abgeschlossen**. Durch die nach dem Speichern versendete LDAP-Nachricht von TM an EWM wird eine leere EWM-TE erzeugt. Die Mitarbeitenden im Lager können nun die EWM-ODO-Dokumente und Versandeinheiten der EWM-TE zuordnen und über die EWM-TE den Ladeprozess durchführen. Der Beladeprozess und die damit einhergehende Synchronisierung der TM-Belege über die LDAP-Nachricht erfolgen analog dem eingangs beschriebenen transportgesteuerten Planungsprozess.

[»]

Regelmäßige Abfahrten

Wie eingangs beschrieben, kommt dieser Prozess häufig in Kombination mit regelmäßigen vereinbarten Abholungen durch feste Spediteure vor. Zur Abbildung einer solchen Anforderung kann das Stammdatum der TM-Fahrpläne genutzt werden (siehe Abschnitt 4.2.4, »Fahrpläne«). Unter Verwendung der Reports `/SCMTMS/TOR_FO_PROC_BATCH` und `/SCMTMS/SCH_CREATE_DEP` kann die Anlage der regelmäßig erfolgenden Frachtaufträge und deren Übertragung an EWM automatisiert werden.

Anlieferungsprozesse

Neben den Auslieferungen unterstützt die direkte Integration von TM mit EWM auch die Planung und Ausführung der Anlieferungen. Wie bereits für die Auslieferungen erwähnt, kann der Planungsprozess für die Anlieferprozesse liefer- oder auftragsbasiert erfolgen. TM sendet die Details zu geplanten Frachtaufträgen an EWM. Die Lagerausführung für den Inbound – wie z. B. das Abladen und der Wareneingang – findet in EWM statt.

Der Prozess beginnt mit der Anlage eines Einkaufsbelegs (z. B. Bestellung oder Lieferplan) und der nachfolgenden Anlieferungen. In EWM wird der Anlieferungsauftrag angelegt, der den Ausgangspunkt für die nachfolgenden Aktivitäten in EWM erstellt.

Im Wareneingangsprozess ist die Transportplanung in TM vorgesehen, daher wird der Frachtauftrag in TM aus einem Planungsprozess heraus erstellt. Sobald die Transportplanungsaktivitäten abgeschlossen sind und der Status des Frachtauftrags auf **Entladeplan abgeschlossen** gesetzt wurde, sendet TM automatisch einen Entladeplan an EWM und löst damit die Erstellung einer Transporteinheit aus, der automatisch die zugehörigen ID-Belege zugeordnet werden. Der Anlieferprozess kann nun in EWM über die TE ausgeführt und überwacht werden. Der Prozess setzt sich in der Regel mit der Ankunft des Lkws auf dem Hof und dem Entladen der Ladung fort und endet schließlich mit der Einlagerung der Materialien im Lager. Während der Entladung werden die Waren aus der Transporteinheit vom Tor zu einer Bereitstellungszone, einer Konsolidierungszone oder einem Arbeitsplatz für die Qualitätsprüfung transportiert, je nach den betrieblichen Erfordernissen. Mit der Einlagerung auf dem Lagerplatz ist der Wareneingangsprozess aus Sicht der Lagerverwaltung abgeschlossen. Der Prozessfluss ist schematisch in Abbildung 13.22 dargestellt.

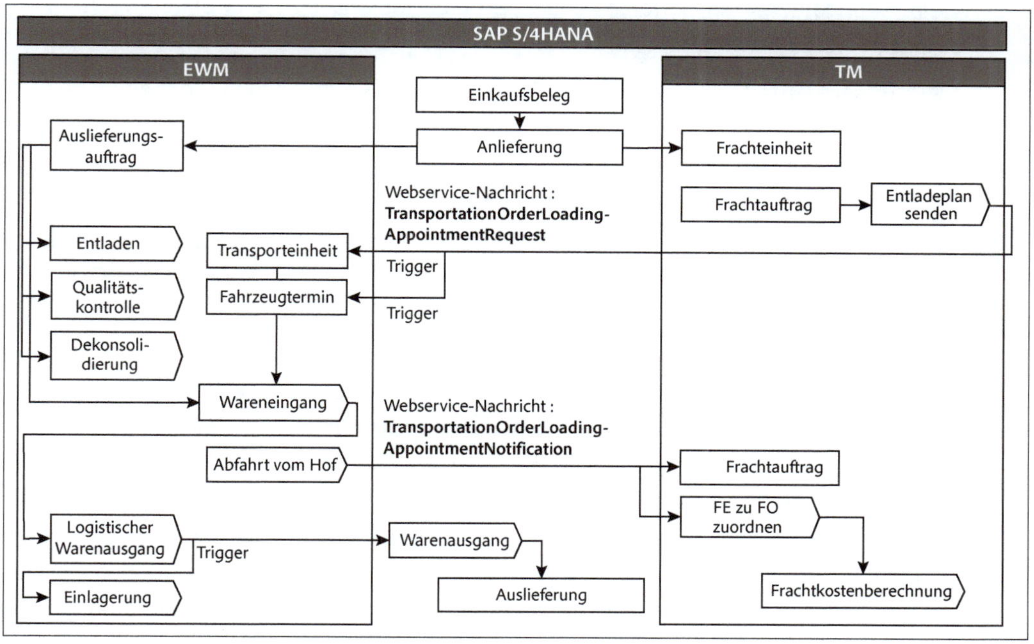

Abbildung 13.22: Belegfluss des Wareneingangsprozesses mit LDAP-Integration

Sobald der Wareneingang nach dem Abladen gebucht wurde, wird die SAP-S/4HANA-Anlieferung automatisch aktualisiert. Häufig wird im System direkt die Anlieferung gebucht, was zu einem impliziten Erfassen des Abladens führt. In TM werden die relevanten Frachtbelege entsprechend aktualisiert.

Die technische Integration von TM und EWM im Wareneingangsszenario unterscheidet sich nicht wesentlich vom Warenausgangsszenario, weshalb das Eingangsszenario nicht erneut im Detail beschrieben wird.

13.3 Erweiterter Warenannahme- und Versandprozess

TM und EWM wurden ursprünglich als nebeneinander existierende Lösungen entwickelt. Wie bereits zuvor erwähnt, sind beide Lösungen seit dem SAP-S/4HANA-Release 1709 als in die Suite eingebettete Geschäftsanwendungen verfügbar. Dass die Applikationen in derselben Plattform wie der ERP-Kern betrieben werden können, ermöglichen mehrere Vereinfachungen im Design. Die engere Integration erlaubt sowohl Optimierungen innerhalb der Applikationen als auch in der Integration zwischen den Applikationen. Zum Beispiel ist die Replikation der ERP-Belege in TM und EWM nicht mehr notwendig. Entsprechend sind auch der Beleg des Transportbedarfs in TM und der Lageranforderung in EWM in diesem Deployment-Szenario nicht mehr erforderlich. Es war daher ein konsequenter Schritt, auch die Integration zwischen TM und EWM neu zu gestalten und die redundanten Transportobjekte, den *TM-Frachtauftrag* (FA) und die *EWM-Transporteinheit* (TE), zu harmonisieren.

Aus diesem Grund wurde mit dem Release SAP S/4HANA 2020 FP02 der *erweiterte Warenannahme- und Versandprozess* vorgestellt. Ein Eckpfeiler des erweiterten W/V-Prozesses ist, dass die EWM-TE im integrierten Transportprozess durch den TM-FA ersetzt wird. Die Lagerprozesse greifen direkt auf den FA zu, und alle Aktualisierungen, die am Frachtauftrag vorgenommen werden, können somit sofort in beiden Lösungen zur Verfügung gestellt werden. Dadurch entfällt die Notwendigkeit einer zusätzlichen Synchronisierung zwischen Transporteinheit und Frachtauftrag.

Neben der Harmonisierung der Transportbelege bietet der erweiterte Warenannahme- und Versandprozess aber auch eine Reihe anderer grundlegender Weiterentwicklungen der bestehenden Lagerintegration. So wurden nicht nur die im Wareneingangs- und -ausgangsprozess für EWM verwalteten Lagerplätze neu gestaltet. Die Prozesse wurden auch für Lagerplätze mit dem *Lean Warehouse Management* (kurz: Lean WM) und der *Lagerraumverwaltung* (engl.: Inventory Management, kurz: IM) harmonisiert. So können dieselben Prozesse und Funktionen genutzt werden sowie Lieferungen aus unterschiedlichen Lagerverwaltungssystemen auf demselben Frachtauftrag geplant und ausgeführt werden.

Der erweiterte W/V-Prozess wurde dabei als End-to-End-Prozess mit der Grundannahme konzipiert, dass sowohl der Warenlieferant als auch der Verlader, der Warenempfänger und der Logistikdienstleister jeweils TM für ihre Prozesse einsetzen. Durch eine standardisierte EDI-Kommunikation können die reibungslose kollaborative Transportplanung und -ausführung realisiert werden. In diesem Kontext wurden neben der EDI-Kommunikation auch die Zollprozesse überarbeitet. Die verschiedenen Aspekte werden wir in den folgenden Abschnitten näher betrachten.

[»]

Steuerkennzeichen für den erweiterten W/V-Prozess

Über das Kennzeichen **Relevanz des erweiterten W/V-Prozesses** in den Lokationsstammdaten (Transaktion /SCMTMS/LOC3) der Versandstelle (**Lokationstyp 1003**) kann ausgesteuert werden, ob eine TM-relevante Lieferung auch für die neue Integration relevant ist.

Auch wenn der erweiterte Warenannahme- und Versandprozess in vielen Aspekten gegenüber der direkten TM-EWM-Integration Vereinfachungen bietet und neue Funktionen zur Verfügung stellt, hat die direkte TM-EWM-Integration nicht an Relevanz verloren. Beide Integrationsszenarien können sogar parallel betrieben werden. Für beide Integrationsszenarien werden separate Versandstellen benötigt. Der Gegenüberstellung von beiden Integrationsszenarien widmen wir uns in Abschnitt 13.3.8, »Gegenüberstellung der Integrationsszenarien«.

Deployment-Szenarien im Kontext des erweiterten W/V-Prozesses

Der volle Funktionsumfang des erweiterten W/V-Prozesses steht derzeit nur in einem voll integrierten Szenario zur Verfügung bei dem ERP, TM und EWM im selben System und Mandanten genutzt werden. Für den Warenausgangsprozess wird ein Szenario unterstützt, bei dem TM und EWM im selben System und Mandanten installiert sind und der SAP S/4HANA Core separat genutzt wird. Weitere Details dazu finden Sie in den SAP-Hinweisen 3615236 und 3653951.

Best-Practice-Prozesse und Konfigurationshinweise

Neben den Hinweisen zum erweiterten Warenannahme- und Versandprozess auf der SAP-Hilfeseite für TM (**Integration • Erweiterter Warenannahme- und Versandprozess**) stellt der SAP-Hinweis 3512117 in seinem Anhang zum einen die Beschreibung von Best-Practice-Prozessen zur Verfügung, zum anderen ein Kochbuch, in dem wichtige Konfigurationsschritte für die effiziente Nutzung der erweiterten W/V-Prozesse und Funktionen beschrieben sind.

13.3.1 Vereinfachungen der Integrationsarchitektur im erweiterten W/V-Prozess

Die deutlichste Vereinfachung des erweiterten Warenannahme- und Versandprozesses, die Substitution der EWM-TE durch den TM-Frachtauftrag, wurde bereits erwähnt. Darüber hinaus wurden weitere Vereinfachungen vorgenommen, die die Handhabung erleichtern und die Fehlerursachen reduzieren:

- **Vereinheitlichte EDI-Nachrichtenstruktur**

  Eine dieser Änderungen ist die Angleichung der Nachrichtenstruktur für Versandbenachrichtigungen und *Lieferavise* (engl.: *Advanced Shipping Notification*, kurz: ASN). Im Gegensatz zur Struktur der im LE-TRA-Kontext häufig genutzten `SHPMNT`-IDoc-Nachrichten sind die in TM verfügbaren EDI-Nachrichten für die ASN und die Bordero-Nachricht an den EDIFACT-Standard angelehnt, um eine einfachere Zuordnung der Felder zu ermöglichen. Die Nachrichten werden auf Basis der Frachtauftrags- oder Sendungsbelege erstellt. Da die Prozesse als End-to-End-Prozess entworfen wurden, sind in Szenarien, in denen TM auf der Sender- und Empfängerseite zum Einsatz kommt, keine Mappings der Nachrichten erforderlich. Ein Beispiel für ein Mapping einer EDIFACT-Nachricht nach VDA-4987-Standard ist in SAP-Hinweis 3236759 verfügbar.

- **Sendungen**

  Mit der Einführung des erweiterten W/V-Prozesses wurde ein neues Objekt für die Planung eingeführt, mit dem Frachteinheiten, die den gleichen Quell- und Zielort besitzen, zu *Sendungen* zusammengefasst werden können. Diese Sendungen wiederum können ihrerseits in Frachtaufträgen zusammengefasst werden. Sendungsbelege dienen als Mittel zur Kommunikation zwischen Lieferant und Kunde und sind ein De-facto-Standard, z. B. in der Automobilindustrie. Die ASN-Nachrichten werden auf der Ebene der Sendungsbelege ausgetauscht. Im empfangenden TM-System können aus der ASN-Nachricht automatisch Sendungsbelege erstellt werden. Über die Sendung ist daher im sendenden System leicht erkennbar, welche Informationen in der EDI-Nachricht enthalten sein werden. Im Empfängersystem wiederum wird über die Sendung die EDI-Nachricht repräsentiert, was wiederum ermöglicht hat, neue Funktionen im Kontext der EDI-Fehlerbehandlung zur Verfügung zu stellen, worauf wir später näher eingehen werden.

- **Be- und Entladestellen**

  Mit den *Be- und Entladestellen* wurden neue planungsrelevante Stammdatenelemente in TM eingeführt. Sie repräsentieren eine Gruppe von Lagertoren. Physisch befinden sich diese Stellen vor den jeweiligen Lagertoren. Pro Lager sind mehrere solcher Stellen zulässig. Eine Be- und Entladestelle kann mit mehreren Lagertoren verknüpft werden, und die Tore können gemeinsam von der Lagerraumverwaltung, EWM und dem Lean Warehouse Management genutzt werden. Daher können Be- und Entladeaktivitäten unabhängig von der zugrunde liegenden SAP-Lagertechnologie geplant und ausgeführt werden. Ablade-/Ladestellen werden mit Transaktion /SCMTMS/LOC3 angelegt, wobei der Lokationstyp **1200 – Ladestelle** gewählt wird. Um Lagertore gemeinsam für unterschiedliche Lagerverwaltungssysteme verwenden zu können, steht die neue SAP-Fiori-App **LRV-Tore zu EWM-Toren oder Ladestellen zuordnen** zur Verfügung. In EWM werden die Lagertore den Ladestellen über Transaktion /SCWM/DOOR_SCU zugeordnet.

- **UI-Verbesserungen**

  Verschiedene Neuerungen auf dem UI wurden mit der neuen Integration eingeführt. Die wichtigsten sind folgende:

  - Neue Felder in der Lieferung zeigen die ASR-Relevanz an:
    - auf der Registerkarte **Kommissionierung** der Auslieferung
    - auf der Registerkarte **Einlagerung** der Anlieferung
  - Neue Felder werden für ASR in TM und EWM aktiviert:
    - Statusaktualisierungen (**Handling-Ausführungsstatus**, **Lagertorstatus**, **Lagerabwicklungsstatus**, **Kommissionierstatus**, **Packstatus**, **Lade-/Entladestatus**)

    - Ablade-/Ladestellen in der Frachtauftragsübersicht
  - UI-Verbesserungen im Transport-Cockpit
  - Arbeitslisten für die Bearbeitung von Sendungen im Transport-Cockpit
  - die neue SAP-Fiori-App **Frachtaufträge laden oder entladen**
  - die neue Drucktaste **Bereit zur Lagerabwicklung** im Frachtauftrag

- **Erweiterte Fehlerbehandlung**

  Mit ASR wurde eine neue Funktion zur erweiterten Fehlerbehandlung für eingehende Nachrichten eingeführt. Ziel der Funktion ist es, Fehler in der EDI-Kommunikation, die z. B. auf Tippfehler oder falsche Stammdaten zurückzuführen sind, für die Anwenderinnen und Anwender ersichtlich zu machen und ihnen die Möglichkeit zu bieten, die Fehler eigenständig zu korrigieren. Dazu wurde innerhalb des Frachtauftrags die neue Registerkarte **Belegfehler** eingeführt. Liegen entsprechende Fehler in einer EDI-Nachricht vor, wird die Nachricht zwar erfolgreich verarbeitet, aber auf dem Beleg wird ein entsprechender Fehler abgelegt, der auf der Registerkarte **Belegfehler** angezeigt wird. Außerdem werden auf der Registerkarte Möglichkeiten zur Fehlerkorrektur angeboten. Wenn Probleme, wie z. B. Stammdatenfehler, manuell behoben werden, kann ein Eintrag in einer Datenbank gespeichert werden, sodass das System in Zukunft Vorschläge zur Lösung desselben Problems machen kann (mögliche Optionen sind: häufigste Lösung, effizienteste Lösung oder letzte Lösung).

  Beachten Sie, dass für die automatische Fehlerbehebung und die Vorschläge ein zusätzliches Customizing unter **Transportmanagement • Grundfunktionen • Fehlerhistorie** erforderlich ist.

  Behobene Fehler können auch mit weiteren Informationen über den Fehlergrund (z. B. Grundcode 1: Daten im Lieferantensystem sind veraltet) und das bevorzugte Verfahren (z. B. Verfahrenskategorie 1: Kontakt mit dem Lieferanten) zur Lösung des Problems ergänzt werden. Um Fehlerkorrekturen für Frachtaufträge, die über eine Schnittstelle angelegt wurden, zu ermöglichen, ist eine neue Customizing-Einstellung für Frachtaufträge verfügbar (siehe Abbildung 13.23).

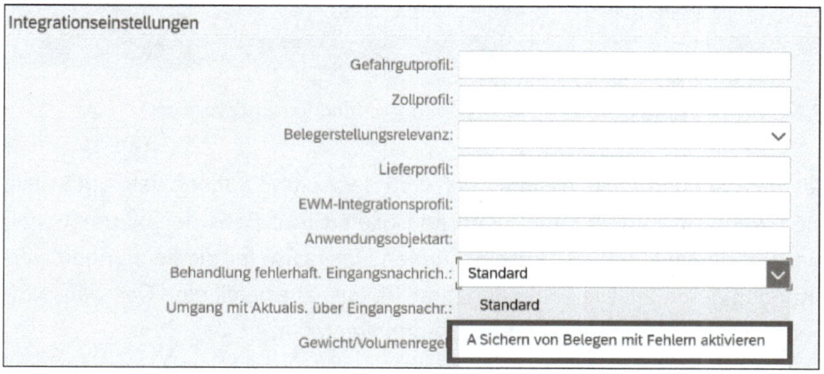

Abbildung 13.23: Customizing-Option zur erweiterten Fehlerbehandlung

Nachdem wir Ihnen einen Überblick über die wichtigsten funktionalen Neuerungen gegeben haben, betrachten wir in den nächsten Abschnitten die Prozessvarianten des erweiterten Warenannahme- und Versandprozesses näher. Ähnlich den Prozessvarianten in der direkten TM-EWM-Integration wird hier zunächst nach lager- und transportgesteuerter Prozessausführung unterschieden. Die Varianten unterscheiden sich im Wesentlichen darin, ob die Transportplanung vor der Lagerausführung abgeschlossen sein muss.

13.3.2 Lagergesteuerte Ausführung

Dieses Szenario beginnt mit dem Abruf einer Lieferplaneinteilung durch einen Kunden bei einem Hersteller von Fertigerzeugnissen. Der Belegfluss und die zugehörigen Schnittstellennachrichten sind in Abbildung 13.24 dargestellt.

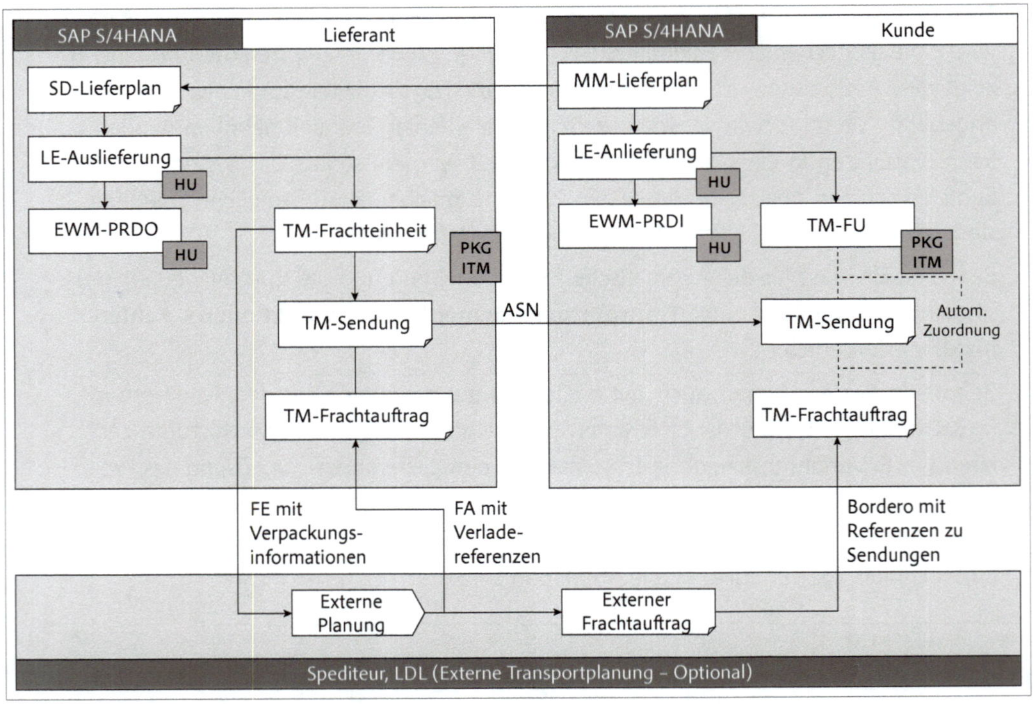

Abbildung 13.24: Beispiel eines erweiterten Warenannahme- und Versandprozesses

Nachdem der Lieferant den Abruf bestätigt hat, wird der Auftrag auf der Lieferantenseite kommissioniert, verpackt und zu Sendungen konsolidiert. Auf Basis der Informationen wird der Transport geplant, und die entsprechenden Lieferavise für die Sendungen werden an den Kunden gesendet. Die Grundannahme ist, dass alle beteiligten Geschäftspartner den erweiterten Warenannahme- und Versandprozess nutzen.

Auf der Kundenseite werden die ASN-Nachrichten verarbeitet und automatisch Sendungen gebildet, denen die Frachteinheiten zugeordnet werden, die für die Lieferplaneinteilungen angelegt wurden.

Im betrachteten Szenario setzt der Lieferant einen *Logistikdienstleister* (LDL) ein, um die Transporte zu planen und auszuführen. Dazu werden die Frachteinheiten an den LDL versendet, dieser plant den Frachtauftrag und sendet das Ergebnis zurück. Zudem kann er aus dem Frachtauftrag eine Bordero-Nachricht an den Kunden senden, um den Transport für die Anlieferung zu avisieren. Die Verarbeitung der Bordero-Nachricht führt automatisch zur Anlage eines Frachtauftrag im TM-System des Kunden. Die externe Planung ist optional, die Belege können auch in den jeweiligen TM-Systemen des Lieferanten oder Kunden angelegt werden.

In dem dargestellten Beispiel erfolgt der Austausch über die zu versendenden Waren und ihre Verpackungsinformationen auf der Ebene der Sendungsbelege. Außerdem wird EWM als Anwendung zur Lagerverwaltung eingesetzt.

Das von uns verwendete Beispiel ist lagergesteuert, d. h., die Waren können kommissioniert und verpackt werden, ohne dass zuvor die Transportplanung abgeschlossen sein muss. Den transportgesteuerten Prozess, der zwingend eine Transportplanung vor Beginn der Lagerausführung voraussetzt, stellen wir Ihnen im Laufe dieses Kapitels vor.

Chargen und Serialnummern

Der erweiterte W/V-Prozess bietet eine Unterstützung für Serialnummern, Chargen und Just-in-Time-/Just-in-Service-Abrufe innerhalb der ASN-Nachrichten.

Warenausgangsprozess (Lieferant)

Der Auslieferungsprozess beginnt auf Lieferantenseite mit einem Kundenauftrag oder einem Abruf zu den Einteilungen eines bestehenden Lieferplans. Der Anlage der Auslieferung folgt die Bildung der zugehörigen Frachteinheiten.

In einer lagergesteuerten Umgebung ändert sich der Lagerstatus der Frachteinheit sofort in **Für Lagerabwicklung bereit**, was im Bereich **Planung und Ausführung** auf der Registerkarte **Status** im UI des FE-Belegs zu sehen ist (siehe Abbildung 13.25).

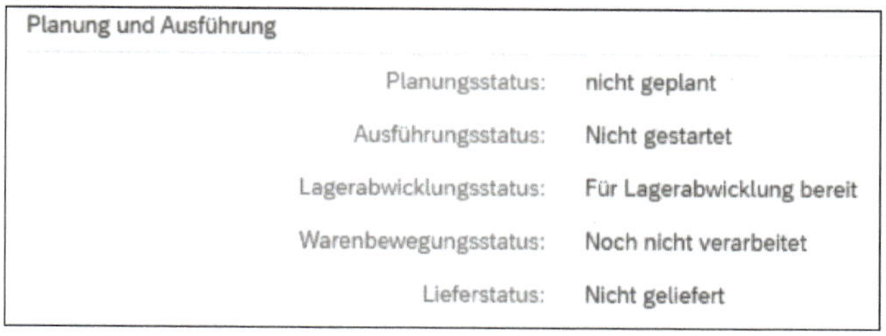

Abbildung 13.25: Lagerstatus »Für Lagerabwicklung bereit«

In diesem Status kann die Frachteinheit für die Transportplanung verwendet werden, aber Positionsänderungen sind nicht zulässig.

Auf der EWM-Seite wird ein ODO-Beleg mit dem **Transportplanungstyp F** (**E** für transportgesteuerte Szenarien) angelegt. Die Lagerprozesse können sofort starten. Sobald Kommissionierung und Verpackung in HUs beginnen, ändert sich der Lagerstatus des Frachtauftrags auf **In Bearbeitung**.

Sobald alle Lageraufgaben zur Kommissionierung und Verpackung der Produkte abgeschlossen sind, wird der Status der ODO im EWM-Lagermonitor (Transaktion /SCWM/MON) auf **Für Versand bereit** gesetzt. Mit dem SAP-S/4HANA-Release 2023 FP02 wurde zusätzlich die Option eingeführt, für HUs den Status **Bereit für die Versandausführung** zu setzen. Mit diesem Status werden die HU-Informationen an die FE übertragen. Die Frachteinheiten in TM werden mit den Verpackungsinformationen aktualisiert, und der Lagerstatus ändert sich in **Fertiggestellt**. Beachten Sie, dass die gleiche Funktion auch für IM- oder Lean-WM-verwaltete Lager funktioniert. In diesen Fällen wird der Status aktualisiert, wenn Kommissionierung und Verpackung abgeschlossen sind.

Wenn die Lagerabwicklung abgeschlossen ist, wird die Arbeit mit einem Frachtauftrag fortgesetzt. Der jeweilige Frachtauftrag kann entweder von einem Spediteur/LDL oder systemintern geplant werden. Details zum Transportplanungsprozess erfahren Sie in Kapitel 6, »Transportplanung«. Als zusätzliches Objekt für die Planung und Kommunikation können Sendungsbelege erstellt werden. Jede Sendung hat eine bestimmte ID und bildet eine logische Klammer um eine oder mehrere Frachteinheiten. Im betrachteten Beispiel werden die erstellten Sendungen verwendet, um zu melden, welche Produkte zu einem bestimmten Datum an den Kunden geliefert werden sollen. Jede erstellte Sendung ist mit genau einem Frachtauftrag verknüpft (der wiederum mehr als einen Sendungsauftrag enthalten kann). Sendungen können entweder manuell über die SAP-Fiori-App **Sendung anlegen** erstellt werden oder, wie in unserem Beispiel, automatisch über ein Profil zur Erstellung von Sendungsbelegen in der Benutzeroberfläche des Frachtauftrags (klicken Sie auf **Folgeaktion • Lokale Sendungen erzeugen**).

In Abbildung 13.26 wird die Positionsübersicht des Frachtauftrags angezeigt, der auch Details wie die Positionshierarchie (Verpackung) und die Ladestellen enthält. Die Registerkarte **Erweiterte W/V** enthält zusätzliche Lagerdetails für geplante und tatsächliche Lagernummern, Tore und Be-/Entladestellen.

Nachdem der Frachtauftrag einschließlich der Sendungen geplant wurde und die Beauftragung erfolgt ist, setzen wir den Ausführungsstatus des Frachtauftrags auf **Bereit für Transportausführung**. Anschließend kann mit der Erfassung der Transportausführung begonnen werden. Die Ankunft des Lkws am Lagertor kann z. B. auf der Registerkarte **Übersicht** des Frachtauftrags erfasst werden. Dazu wird entweder die aktive Lkw-Ressource oder die Ladestelle ausgewählt und dann aus dem Menüband **Ausführungsstatus • Auf »Eingecheckt« setzen** angeklickt. Im Kontext des Statuswechsels wird auch ein zugehöriges Ausführungsereignis für den Stopp erzeugt.

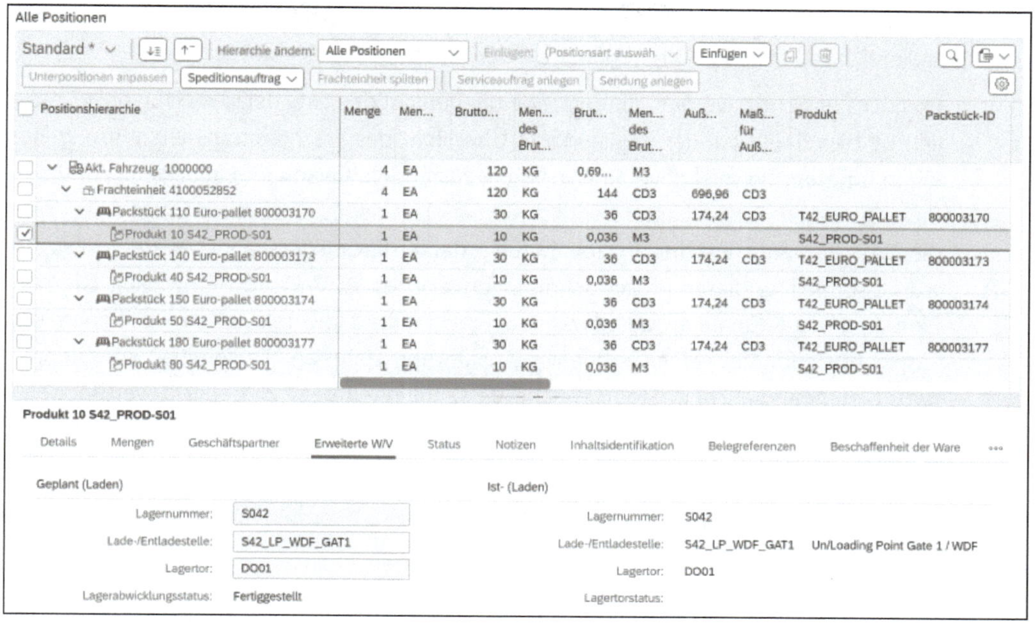

Abbildung 13.26: Positionsübersicht im erweiterten W/V-Prozess

Ereignisprofil und Statuswechsel

Mit dem SAP-S/4HANA-Release 2023 wurde die Verarbeitung von TM-internen Events überarbeitet und eine neue Logik eingeführt, bei der dem Statuswechsel ein zugehöriges Event vorangehen muss. Die Details des neuen Event Handlings sind in den SAP-Hinweisen 3472692, 3485221 und 3604804 beschrieben. Im Kontext des neuen Event Handlings sollte SAP-Hinweis 3616309 auf Relevanz geprüft werden.

Mit dem neuen Event Handling wurde das *Ereignisprofil* (engl.: Event Profile) eingeführt, das im Customizing über den Pfad **Transportation Management • Frachtauftragsmanagement • Ausführungseinstellungen • Ereignisprofile definieren** angelegt werden kann. Im Customizing der Frachtauftrags-, Transporteinheits- oder Buchungstypen können Sie das Profil im Bereich **Ausführungseinstellungen • Ereignisprofil** hinterlegen.

Wird ein Ereignis am Beleg abgelegt, bei dem ein verpflichtendes und im Profil als vorangegangenes Event definiertes Ereignis fehlt, wird das fehlende Event automatisch erzeugt. Ist im Belegtyp kein Ereignisprofil hinterlegt, wird ein Standardprofil (DEF_CAPA für Kapazitätsbelege, DEF_REQ für Bedarfsbelege) verwendet.

Anschließend wird der Status **Angekommen** auf die gleiche Weise gesetzt, um anzuzeigen, dass der Lkw das Tor erreicht hat. Dadurch wird das Tor für den jeweiligen Frachtauftrag gesperrt, bis der Status auf **Abgefahren** wechselt. Ob mehrere Lkws parallel an einem Lagertor beladen werden können, hängt von der Option **Mehrere Torzuordnun-**

gen zulassen im Lokationsstamm (Transaktion /SCMTMS/LOC3) ab, die für Ent-/Ladestellen (Lokationstyp **1200**) gepflegt werden kann.

Im nächsten Schritt werden die Versandeinheiten auf den Lkw geladen. Obwohl es möglich ist, dies direkt auf der Registerkarte **Übersicht** des Frachtauftrags-UI zu tun, gehen wir in unserem Beispiel davon aus, dass die zuständige Person im Lager den Schritt ausführt. Zu diesem Zweck kann sowohl die Funktion in der ODO als auch EWM-RF-UI oder die SAP-Fiori-App **Frachtaufträge laden oder entladen** verwendet werden. Letztere wurde speziell für diesen Prozessschritt im erweiterten W/V-Prozess entwickelt. Die SAP-Fiori-App zeigt für einen ausgewählten Frachtauftrag die relevanten Positionen und Stopps sowie für diese eine Gruppe von Ausführungsstatus an, die genaue Informationen dazu bieten, an welchem Stopp welche Versandeinheit gepickt, gepackt, versandbereit oder geladen ist und ob der Warenausgang gebucht wurde. Ein Beispiel dazu sehen Sie in Abbildung 13.27.

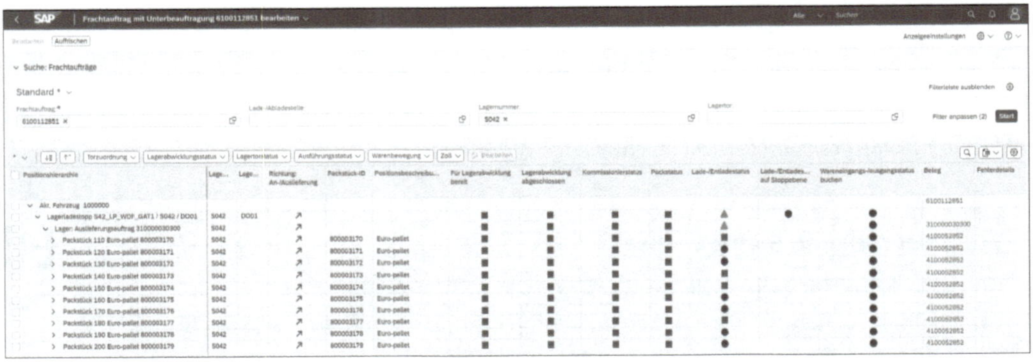

Abbildung 13.27: Laden oder Entladen von Frachtaufträgen in der gleichnamigen SAP-Fiori-App

Eine ähnliche Sicht wie in Abbildung 13.27 sehen Sie auf der Registerkarte **Übersicht** innerhalb der Benutzeroberfläche des Frachtauftrags. Dazu sollte die Hierarchie in **Übersicht - Warenannahme & Versand** geändert werden.

[»]

Liefersplit als Ergebnis des Verladeprozesses

Es kann vorkommen, dass nicht alle Positionen der ODO tatsächlich auf denselben Frachtauftrag geladen werden. Sobald für den aktuellen Ladestopp der Ausführungsstatus **Laden abgeschlossen** gesetzt wird, bleiben lediglich die verladenen Produkt- und Verpackungspositionen im TM-Frachtauftrag. Für die nicht verladenen Positionen werden eine Splitlieferung, ein zugehöriger ODO-Beleg sowie eine neue zugehörige, nicht verplante Frachteinheit im ERP-System erzeugt.

Nachdem der Ladeprozess abgeschlossen ist, kann der Warenausgangsprozess in EWM über den TM-Frachtauftrag angestoßen werden. Dies kann über beide zuvor vorgestellten UIs erfolgen oder automatisch über das im Frachtauftragstyp in der Einstellung **Er-**

wartetes Ereignis f. Warenausgang hinterlegte Event. Aus TM wird die Warenausgangsbuchung in EWM angestoßen. Die Prüfung, ob die WA-Buchung erfolgen kann, die Buchung des logistischen Warenausgangs in EWM und der nachfolgende Anstoß der WA-Buchung im SAP S/4HANA Core erfolgen über die EWM-Belege. Daher ist es darüber hinaus auch möglich, den Warenausgang direkt in EWM auszulösen, z. B. über das UI der ODO. Nach erfolgreicher WA-Buchung in EWM aktualisiert der EWM-Beleg die zugehörige Frachteinheit. Die erfolgreiche WA-Buchung im SAP S/4HANA Core führt jedoch nicht zu einer Aktualisierung der FE, da der Vorgängerbeleg der FE die ODO ist.

In den TM-UIs können noch weitere Ausführungsstatus erfasst werden, wie **Abgefahren** (Lagertor verlassen und damit frei für das nächste Fahrzeug) und **Ausgecheckt** (Auschecken abgeschlossen, der Lkw ist auf dem Weg).

Nachdem die Warenausgangsbuchung im System des Lieferanten erfolgt ist, wird eine ASN-Nachricht über das PPF-Ausgabemanagement versendet. Die zugehörige PPF-Aktion `TOR_TPNOR_ASN` ist im PPF-Profil `/SCMTMS/TOR` hinterlegt und wird in der Regel für den Sendungsbeleg ausgeführt (die ASN kann aber auch für Frachtaufträge versendet werden, wenn ein Sendungsbeleg nicht benötigt wird).

Für den Versand der ASN-Nachricht wird die Webservice-Schnittstelle `TransportationORderGenericRequest_Out` verwendet.

Dem Beispielprozess aus Abbildung 13.24 folgend, betrachten wir nun den Wareneingangsprozess im TM-System des Kunden.

Wareneingangsprozess (Kunde)

Der Wareneingangsprozess beginnt mit der Verarbeitung der ASN-Nachricht über die Webservice-Schnittstelle `TRANSPORTATION_ORDER_GENERIC_REQUEST`. Die Nachricht enthält in der Regel die Informationen darüber, welche Waren in welchen Mengen und mit welchen Packmitteln verpackt wurden und gemeinsam in einer Sendung angeliefert werden. Die Waren haben dabei Bezug zu Einkaufsbelegen, in unserem Beispiel die Einteilungen eines MM-Lieferplans. Für diese Einteilungen wurden in TM auftragsbasierte Frachteinheiten erstellt.

Auf Basis der in der ASN avisierten Sendungsdaten wird in TM ein Sendungsbeleg mit einer externen Referenz-ID erzeugt. Die auftragsbasierten Frachteinheiten werden automatisch ermittelt und der jeweiligen Sendung zugeordnet. Der automatische Ermittlungsprozess berücksichtigt Basisdokumente wie bestehende Bestellungen oder Lieferpläne, Produkt-ID und Abladestelle. Über die Option **Autom. Liefererstellung** im Customizing des Sendungsbelegtyps kann der Liefervorschlagprozess für die in der Sendung avisierten Auftragspositionen mit dem Speichern des Sendungsbelegs automatisch angestoßen werden. Ebenfalls kann im Customizing des Sendungsbelegtyps über die Option **Umgang m. Aktualis. über Eingangsnachr.** definiert werden, ob bereits bestehende Sendungen durch eine weitere ASN-Nachricht mit Bezug zur selben externen Sendungsnummer aktualisiert werden können.

Kann keine Frachteinheit ermittelt werden, wird die Sendung gespeichert, und die fehlenden Frachteinheiten werden als Fehler auf der Registerkarte **Belegfehler** der Sendung angezeigt (wenn das **Sichern von Belegen mit Fehlern** über die Option **Handhabung falscher Eingangsmeldungen** im Belegtyp-Customizing gewählt wurde).

In einer separaten Eingangsnachricht (ebenfalls über den Webservice `TRANSPORTATION_ORDER_GENERIC_REQUEST` mit **Business-Scope ID ASN**) kann der Frachtauftrag empfangen werden, der automatisch die zuvor angelegten Sendungen/Frachteinheiten zuordnet.

Es gibt eine weitere Variante dieses Prozesses, bei der alle erforderlichen Informationen, einschließlich Sendungen und Positionshierarchie, mit derselben Eingangsnachricht empfangen werden. In diesem Fall werden die komplette Belegstruktur, der Frachtauftrag, die Sendungen und die jeweiligen Frachteinheiten aufgebaut und verknüpft, nachdem die Nachricht erfolgreich verarbeitet wurde. Die Idee hinter dem Empfang getrennter Nachrichten ist, dass die Sendung in der Regel vom Lieferanten gesendet wird, um den Wareneingang anzukündigen, während der Frachtauftrag von einem Spediteur oder LDL separat gesendet wird, um den Lkw anzukündigen, der die Sendungen transportiert.

[»]

Umgang mit Belegfehlern im Szenario der erweiterten Fehlerbehandlung

Mit der Registerkarte **Belegfehler** auf der Benutzeroberfläche für Frachtaufträge, Sendungen und Transporteinheiten können Fehlerbehandlung und -behebung schließlich in den jeweiligen Benutzeroberflächen der betroffenen Geschäftsdokumente erfolgen. Fehlerhafte Dokumente können in den jeweiligen persönlichen Objektarbeitslisten (POWLs) gefiltert werden.

Insbesondere bei Fehlern, die durch unvollständige oder fehlerhafte Eingangsnachrichten verursacht werden, schafft dies eine Möglichkeit für die Anwenderinnen und Anwender, den Prozess fortzusetzen, nachdem sie die Probleme manuell oder automatisch (Report `/SCMTMS/TOR_RETRY_ERRORS`) behoben haben. Außerdem werden die Fehler und die zugehörigen Fehlerlösungen gespeichert, sodass Vorschläge für die effektivste Lösung gemacht werden können. Die Fehlerbehandlungsfunktion ist neu und wird in Zukunft weiter verbessert werden. Die aktuelle Beschreibung finden Sie in der aktuellen SAP-S/4HANA-TM-Hilfe unter *https://help.sap.com* (**Transportation Management • Frachtauftragsmanagement • Anlegen oder Aktualisieren von Sendungen oder Frachtaufträgen basierend auf Eingangsnachrichten • Behebung von Fehlern in Geschäftsbelegen**).

Das Ergebnis der verarbeiteten Eingangsnachrichten ist ein Frachtauftrag mit zugeordneten Sendungen, Frachteinheiten und den zugehörigen Anlieferungen, wie in Abbildung 13.28 dargestellt. Zu diesem Zeitpunkt befindet sich die Anlieferung in EWM noch im Status **Gesperrt**.

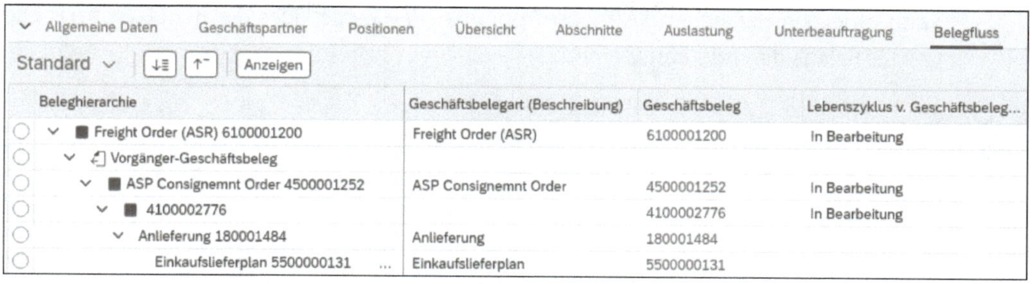

Abbildung 13.28: Belegfluss im Wareneingangsprozess

Die Ankunft des Lkws wird über den Ausführungsstatus aufgezeichnet, der, analog zum Warenausgangsprozess, auf **Angekommen** gesetzt wird. Sollte die tatsächlich angelieferte Ladung von der geplanten Ladung abweichen, muss beim Einchecken die geplanten Frachteinheit (FE) angepasst werden. So können z. B. die Mengen der Produktpositionen der Frachteinheiten angepasst werden, um Über- oder Unterlieferungen zu berücksichtigen. Bei der Anpassung können die verknüpften referenzierten Belege entsprechend aktualisiert werden, wenn dies in der jeweiligen Frachtauftragsart eingestellt ist.

Zusammenführung von Frachteinheiten

Wenn während der Ausführung ein Umpacken stattgefunden hat und zwei Frachteinheiten Teil desselben Pakets sind, kann die Positionsstruktur des Frachtauftrags manuell oder durch zusätzliche Eingangsnachrichten angepasst werden. Falls möglich, nimmt das System dann eine Zusammenführung der FEs vor, indem es die Positionen der einen FE der anderen hinzufügt und die leere FE storniert.

Beachten Sie in diesem Zusammenhang, dass lieferübergreifende Pakete, bei denen zwei Transporteinheiten auf verschiedene Lieferungen verweisen, im erweiterten W/V-Prozess erst mit dem SAP-S/4HANA-Release 2025 FP00 unterstützt werden, mit der Einschränkung, dass die involvierten FEs denselben Warenempfänger haben.

Sobald alle potenziellen Fehler behoben sind und das Einchecken abgeschlossen ist, kann bei Bedarf eine Abladestelle hinzugefügt/geändert werden. Anschließend werden der Ausführungsstatus auf **Eingecheckt** und der **Lagertorstatus** auf **Am Tor angekommen** gesetzt, um anzuzeigen, dass der Lkw das Tor erreicht hat und es für andere Frachtaufträge gesperrt ist.

Die folgenden Schritte sind im Grunde eine Umkehrung dessen, was wir auf der Ausgangsseite beschrieben haben, daher werden wir sie hier nur kurz beschreiben. In dieser Phase wird die Verantwortung für die Entladung des Lkws an das Lager übergeben, indem der **Lagerbearbeitungsstatus** über die Benutzeroberfläche des Frachtauftrags, im Abschnitt **Auftragsdetails** des Transport-Cockpits oder in der SAP-Fiori-App **Frachtaufträge laden oder entladen** auf **Für Lagerabwicklung bereit** gesetzt wird. Die Entladung kann erneut in der neuen SAP-Fiori-App, über RF-Geräte oder die Benutzeroberfläche des ID-Belegs durchgeführt werden.

[»]

Übertragen von Verpackungsinformationen

In der ASN kann der Lieferant eine Verpackungsstruktur übermitteln, oder die Verpackungsstruktur kann im Rahmen des frühen Package Buildings während der Anlage der Frachteinheit über den *Package Builder* ermittelt werden. Über die Einstellung **Verpackungsinformationen übertragen** im Lieferprofil kann definiert werden, wann die Verpackungsinformationen aus der Frachteinheit an die LE-Lieferung übertragen werden. Mit Setzen des Status **Für Lagerabwicklung bereit** werden die Verpackungsinformationen aus der LE-Lieferung an den ID-Beleg übertragen und können für den Wareneingangsprozess verwendet werden. Beachten Sie, dass die Funktion im erweiterten W/V-Prozess nur im Wareneingangsprozess verfügbar ist.

Wie beim Warenausgangsprozess wird der Status des Entladevorgangs in den Frachtauftrag übernommen, sobald der Status der HUs auf **Entladen** wechselt. Die Frachteinheiten, Sendungen und Verpackungspositionen werden aktualisiert, sodass die tatsächlich entladenen Mengen berücksichtigt werden. Sobald die Entladung abgeschlossen ist, wird der Wareneingang gebucht, und die Status **Vom Tor abgefahren** und **Ausgecheckt** können gesetzt werden, bevor der Prozess abgeschlossen ist.

13.3.3 Transportgesteuerte Ausführung

Bislang haben wir die lagergesteuerte Ausführung beschrieben, d. h., die Ausführung im Lager kann ohne spezifische Bestätigung in TM beginnen. Im Rahmen dieses Prozesses kann die Lagerausführung beginnen, bevor die Transportplanung in TM abgeschlossen wurde. Das bedeutet auch, dass transportbedingte Einschränkungen (z. B. Abmessungen des ankommenden Lkws, Einhaltung bestimmter Transportzeiten) im Lager nicht berücksichtigt werden können. In diesem Abschnitt werden wir kurz die Funktion für den transportgesteuerten ASR-Prozess erläutern, der seit SAP-S/4HANA-Release 2022 verfügbar ist.

Sie können feststellen, ob eine Sendung für einen transportgesteuerten Prozess relevant ist, indem Sie das folgende Customizing prüfen: **Transportation Management • Integration • Logistikintegration • Integration interne TM-Komponente • Relevanz für transportgesteuerten Prozess ermitteln**. Die Einstellung betrifft die Kombination aus Lagernummer, Versandstelle und Lieferart.

Die entsprechende Einstellung bewirkt, dass der ODO-Beleg zu einer Auslieferung gesperrt wird, bis die Frachteinheiten für die Lagerbearbeitung freigegeben werden. In EWM wird die Lieferung mit der Transportplanungsart **F** (**Obligatorische Planung im**

TM für Adv. SR (Freigabe im TM)) dargestellt. Daher kann mit dem Kommissionieren und Verpacken im Lager erst begonnen werden, wenn der Status **Für Lagerabwicklung bereit** in TM gesetzt ist. Mit dem Setzen des Status werden der Spediteur, das Lieferdatum und die Ladestelle in die Lieferung übernommen.

Nach dem Setzen des Status **Für Lagerabwicklung bereit** ist die ODO nicht mehr gesperrt, und der Warenausgangsprozess kann wie bei der lagergesteuerten Prozessvariante ausgeführt werden.

13.3.4 Integration mit SAP Global Trade Services

Seit dem Release SAP S/4HANA 2021 kann der erweiterte Warenannahme- und Versandprozess auch Compliance-Prozesse in Verbindung mit SAP GTS unterstützen. Damit kann der erweiterte W/V-Prozess nun auch in Szenarien genutzt werden, in denen grenzüberschreitende Transporte durchgeführt werden und folglich Import- und Exportbestimmungen eingehalten werden müssen. In den folgenden Abschnitten wird nicht näher auf Funktionen der Compliance-Prüfungen für das Sanktionslisten-Screening, die Embargoprüfung, die rechtlichen Kontrollindikatoren und die Zollgenehmigungen und -anmeldungen eingegangen, da diese bereits in Kapitel 9, »Einhaltung der Transportvorschriften«, behandelt wurden. Wir fokussieren uns vielmehr darauf, wie die Funktionen in den erweiterten W/V-Prozess eingebettet werden.

Integration für den Warenausgangsprozess

Im Warenausgangsprozess wird die Compliance-Prüfung auf der Ebene der Vertriebsbelege durchgeführt. Wenn auf dem Kundenauftrag ein Splitkennzeichen als Resultat der Compliance-Prüfung vorhanden ist, wird dies bei der Frachteinheitsbildung berücksichtigt. Die entsprechenden Einstellungen für die Aktivierung der Compliance-Prüfung sind im Customizing des Logistikintegrationsprofils zu finden (**Transportation Management • Integration • Logistikintegration • Integration interne TM-Komponente • Logistikintegrationsprofil für SD, MM und LE definieren**).

Alle Frachteinheiten in TM werden beim Speichern über einen Nachrichtenaustausch mit dem SAP GTS auf ihre Konformität geprüft. Solange kein positives Prüfergebnis zurückgegeben wird, sind die Frachteinheiten zur weiteren Bearbeitung gesperrt (diese Sperre kann nicht manuell aufgehoben werden). In einem *lagergesteuerten Szenario* wird der Status **Für Lagerabwicklung bereit** automatisch gesetzt, sobald die Konformitätsprüfungen erfolgreich abgeschlossen wurden.

Während der Transportplanung wird die Compliance-Prüfung erneut durchgeführt, wobei die Belege gesperrt werden, bis die jeweiligen Prüfungen abgeschlossen sind. Sperren von einzelnen FE werden auf die Sendung und den FA übertragen. Jede Änderung des Geschäftspartners im FA löst eine zusätzliche Compliance-Prüfung aus (Prüfung der Liste der sanktionierten Parteien).

Sobald der Handling-Ausführungsstatus **Eingecheckt** für einen Stopp des Frachtauftrags gesetzt ist, werden automatisch Sendungsbelege für den Stopp gebildet (bei diesem Schritt werden gesetzliche Splitkriterien berücksichtigt). Anschließend wird die Ausfuhranmeldung automatisch angefordert, sobald die Verladung abgeschlossen ist, und der Zollstatus **Bereit zur Ausfuhranmeldung** wird gesetzt. Dies löst auch die Erstellung der Zollrechnung aus, die auf der Grundlage des zugrunde liegenden Vertriebsdokuments erstellt wird.

Nach Erhalt der *Zollreferenznummer* (engl.: Movement Reference Number, kurz: MRN) von SAP GTS wird der Frachtauftrag zur weiteren Bearbeitung freigegeben, der Warenausgang kann gebucht und der Check-out durchgeführt werden. Die empfangene MRN kann als Update an den ausführenden Spediteur gesendet werden.

Integration für den Wareneingangsprozess

Ist die Compliance-Prüfung für den jeweiligen Frachteinheitstyp im Customizing aktiviert, erfolgt eine Compliance-Prüfung der FE im GTS über zugehörige Webservice-Schnittstellen. Wenn die verknüpften Sendungen und Frachtaufträge auf der Grundlage der eingehenden Lieferavise erstellt werden, werden die Dokumente zwar verknüpft, bleiben aber fehlerhaft und gesperrt, bis die Compliance-Probleme erfolgreich behoben wurden.

Die MRN wird auf der Sendungsebene auf der Registerkarte **Frachtauftragspositionen** im Feld **Vorpapiernummer** (Registerkarte **Zoll**) hinzugefügt. Im Idealfall ist dies bereits Teil des Eingangs-ASN; andernfalls muss es manuell erfolgen und ist die Voraussetzung für die nächsten Schritte.

Sobald der Status des Frachtauftrags auf **Eingecheckt** wechselt, werden automatisch Zollgruppen gebildet. Eine Zollanmeldung für den Wareneingangsprozess wird an SAP GTS gesendet, wodurch der Frachtauftrag im Status **Gesperrt für die Ausführung** bleibt, bis eine positive Rückmeldung von SAP GTS eingeht.

Der Status der Lagerabwicklung kann erst dann in **Für Lagerabwicklung bereit** geändert werden, wenn die Entladung vom Zoll genehmigt wurde. Nach Abschluss der Entladung für eine bestimmte Zollgruppe und Buchung des Wareneingangs kann die Einfuhranmeldung in SAP GTS ausgelöst werden.

[»]

SAP-GTS-Integration für das dezentrale Szenario des erweiterten W/V-Prozesses

Seit dem SAP-S/4HANA-Release 2023 FP03 unterstützt auch das Sidecar-Szenario des erweiterten W/V-Prozesses die GTS-Integration für den Warenausgangsprozess.

Im dezentralen Szenario ist das GTS mit TM integriert, und das TM-System erzeugt die Frachteinheit direkt aus der EWM ODO.

Für weitere Informationen, worauf Sie bei der Konfiguration des Szenarios achten sollten, sei an dieser Stelle auf die SAP-Hilfe-Seite verwiesen (**Integration • Erwei-**

terter Warenannahme- und Versandprozess • Integration mit SAP Global Trade Services in den erweiterten Warenannahme- und Versandprozess • SAP-GTS-Integration in dezentrales EWM und TM).

13.3.5 Rücksendungen

Ein weiterer Prozess, der kurz besprochen werden soll, ist die Retoure von Waren innerhalb des beschriebenen erweiterten W/V-Prozesses. Dazu legt der Lieferant im Vertrieb einen Retourenauftrag an, der dann im Rahmen des erweiterten W/V-Prozesses weiterverarbeitet werden kann. Dieser Prozess geht davon aus, dass ein eingehendes Lieferavis für den Retourenauftrag vom Kunden empfangen wird. Die groben Schritte lauten wie folgt:

1. Die ASN führt zur Anlage eines neuen Sendungsbelegs in TM. Die Frachteinheiten, die auf der Grundlage des Retourenauftrags erstellt wurden, werden wiederum automatisch zugeordnet (idealerweise unter Verwendung der Referenz-ID des Retourenauftrags, aber auch unter Berücksichtigung der Geschäftspartner-ID oder der Materialnummer).
2. Der Lieferbeleg für den Retourenauftrag kann automatisch beim Speichern des Sendungsbelegs erzeugt werden. Die zugehörigen EWM-Lieferungen sind zunächst für die weitere Ausführung gesperrt.
3. Sobald der Status der Sendung auf **Für Lagerabwicklung bereit** gesetzt wird, kann der Prozess, wie im vorangegangenen Abschnitt für den Warenausgangsprozess beschrieben, ausgeführt werden.

Arbeiten mit Retourenaufträgen in POWLs

In der Frachteinheiten-POWL (navigieren Sie im SAP Fiori Launchpad zu **Transportplanung • Frachteinheiten – Arbeitsvorrat**) können die mit einem Retourenauftrag verknüpften Frachteinheiten über das Feld **Originalauftrag** gefiltert werden, indem Sie die Nummer des Retourenauftrags eingeben und nach ungeplanten Frachteinheiten filtern.

13.3.6 Multimodale Transporte

Mit dem SAP-S/4HANA-Release 2023 FP02 wurde die Unterstützung für multimodale Transporte im erweiterten W/V-Prozess zur Verfügung gestellt. Für See- oder Luftfrachtbuchungsprozesse werden im Warenausgangsprozess Haus-zu-Haus- oder Haus-zu-Hafen-Szenarien unterstützt.

Der Seefrachtprozess setzt die Verwendung von Containereinheiten zur Frachtkonsolidierung voraus. Innerhalb der Containereinheiten können wiederum Sendungen genutzt werden, um homogene Frachtgruppen zu bilden. Für die Frachtabholung und die Erfassung des Transportvorbereitungsprozesses, wie er im vorangegangenen Abschnitt beschrieben wurde, werden Frachtaufträge verwendet.

Im Luftfrachtbuchungsprozess lassen sich Sendungen auf den übergeordneten Packstücken anlegen, sodass jedes Packstück auf einem anderen Flug transportiert werden kann.

Weitere Informationen dazu finden Sie auf der SAP-Hilfe-Seite von TM im Bereich **Integration • Erweiterter Warenannahme- und Versandprozess • Überblick über die Funktionen im erweiterten Warenannahme- und Versandprozess • Seefrachtbuchung für Verlader** und **Luftfrachtbuchungen für Verlader**.

13.3.7 Integration eines dezentralen EWM- und TM-Systems

Wie eingangs beschrieben, wurde mit dem Release SAP S/4HANA 2023 FP00 der erweiterte W/V-Prozess für ein Deployment-Szenario freigegeben, in dem TM und EWM in einem System und Mandanten implementiert sind und der SAP S/4HANA Core sich in einer separaten Systeminstanz befindet. In diesem Abschnitt werden wir kurz auf den Belegfluss eingehen, die Prozesse aber nicht noch einmal vorstellen, da sie im Wesentlichen dem Warenausgangsprozess für das voll integrierte Szenario entsprechen. Abbildung 13.29 zeigt schematisch den bereits diskutierten Warenausgangsprozess, wobei Abbildung 13.30 den Prozess im nicht integrierten Prozess zeigt.

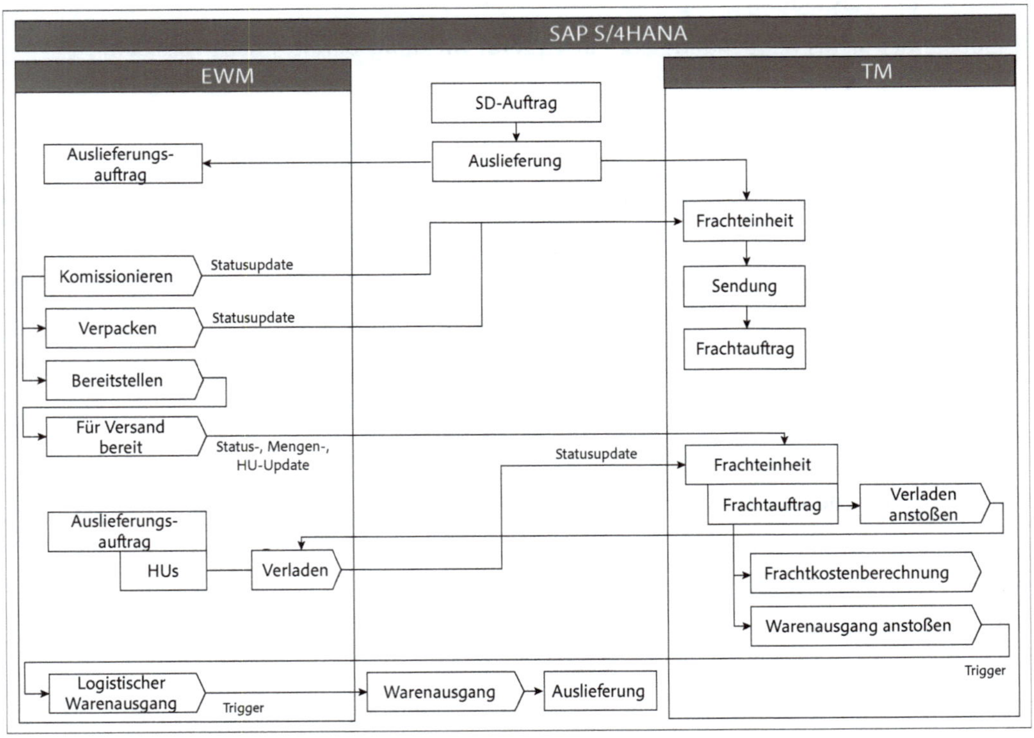

Abbildung 13.29: Belegfluss des voll integrierten erweiterten W/V-Prozesses

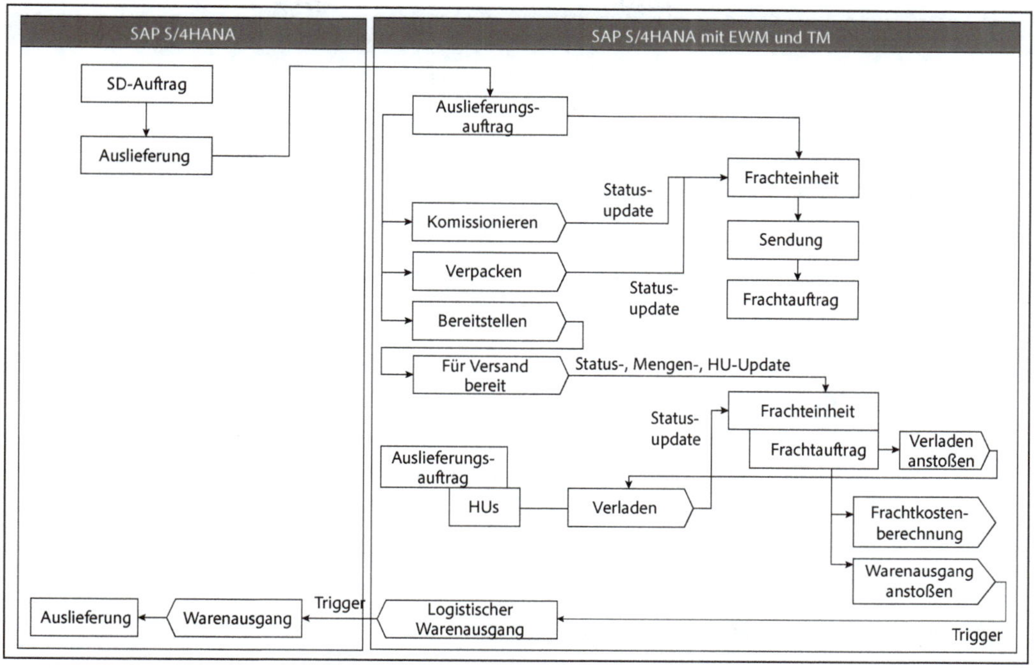

Abbildung 13.30: Nicht integrierter erweiterter W/V-Prozess

Wie leicht ersichtlich wird, liegt der wesentliche Unterschied der Szenarien darin, dass im zweiten Fall die Frachteinheit aus der ODO erstellt wird und TM gar nicht mit der LE-Lieferung integriert ist. Aus dieser Änderung der Belegabfolge und Integration ergeben sich einige technische Restriktionen, die in SAP-Hinweis 3369482/3653951 (SAP S/4HANA 2023/2025) beschrieben sind. Die Ausführung des Warenausgangsprozesses entspricht dem für das voll integrierte Szenario beschriebenen Prozess und wird daher nicht erneut vorgestellt.

13.3.8 Gegenüberstellung der Integrationsszenarien

In den Abschnitten 13.2.1 und 13.2.2 haben wir die beiden Integrationsmöglichkeiten von TM und EWM vorgestellt. Sie kennen nun die grundlegende Funktionsweise sowie die Prozess- und Belegflüsse. In diesem Abschnitt wollen wir die beiden Integrationsszenarien noch einmal gegenüberstellen und aufzeigen, was zu beachten ist, wenn es um die Entscheidung des geeigneten Integrationsszenarios geht.

Weiterführende Informationsquellen

[«]

In SAP-Hinweis 3423370 (Feature Comparison of Adv. SR TM-EWM versus TU-Based TM-EWM Integration) werden die verfügbaren Funktionen der Integrationsszenarien detailliert gegenübergestellt.

> Darüber hinaus finden Sie viele Informationen zum erweiterten W/V-Prozess in den jeweiligen TM Release Notes, z. B. SAP-Hinweis 3615236 für das SAP-S/4HANA-Release 2025.
>
> Beachten Sie auch den SAP-Hinweis 3453866, wenn es um die Abwägung der geeigneten TM-Lizenz in der direkten TM-EWM-Integration geht.

Vergleicht man die Prozessflüsse der TU-basierten Integration in Abbildung 13.21 und des erweiterten W/V-Prozesses in Abbildung 13.29, werden einige zentrale Unterschiede im Prozessfluss schnell ersichtlich:

- **Redundantes Transportobjekt**

  Im erweiterten W/V-Prozess entfällt das redundante Transportobjekt, EWM arbeitet direkt auf dem TM-Frachtauftrag, eine Replizierung des Belegs in EWM ist nicht mehr notwendig. Damit entfallen die statischen Synchronisierungszeitpunkte und die damit einhergehende temporäre Asynchronität zwischen den Transportobjekten in EWM und TM.

- **Vorgängerbelege der Frachteinheiten**

  Im erweiterten W/V-Prozess aktualisieren die EWM-Lieferbelege direkt die TM-Frachteinheiten (FE). Dies wird über die Information der Vorgängerbelege der FE reflektiert. Der Vorgängerbeleg der FE im erweiterten W/V-Prozess ist die ODO/ID, während in der TU-basierten Integration stets die LE-Lieferung der Vorgängerbeleg ist. Die ODO/ID-Belege aktualisieren die FE direkt.

- **Integrationszeitpunkte und Ebene des Informationsaustauschs**

  In der TU-basierten Integration werden die Daten auf Frachtauftragsebene zu definierten Zeitpunkten ausgetauscht. Im erweiterten W/V-Prozess erfolgt der Austausch zwischen der ID/ODO und der FE. Damit ist die Granularität der Integration kleiner, und die Synchronisierungspunkte werden enger. Während bei der TU-basierten Integration erst frühestens mit Ladeende die Informationen über gebildete HUs und verladene Mengen in TM verfügbar sind, sind diese Informationen im erweiterten W/V-Prozess bereits mit dem Setzen des Versandstatus und damit vor dem Laden, in den TM-Belegen ersichtlich. Zudem bietet der erweiterte W/V-Prozess Statusupdates nach dem Picken und Verpacken an, die es in der TU-basierten Integration nicht gibt.

- **Kommunikationskanäle**

  In der TU-basierten Integration kommen stets LDAP-Nachrichten zur Synchronisierung der Transportbelege zum Einsatz, unabhängig vom Deployment-Szenario. Im erweiterten W/V-Prozess werden TM-Trigger zur Synchronisierung der Belege eingesetzt. Eine zentrale Rolle spielt dabei in TM der *Logistics Integration Controller* (LINC), der über das BOPF-Objekt `/SCMTMS/LINC` modelliert wurde und zentrale Funktionen, wie z. B. den Anstoß der WA-Buchung oder die Anfrage zur Anlage einer Pro-forma-Rechnung, zur Verfügung stellt. Zudem nutzen die TM-Trigger das bgRFC-Framework (siehe Abschnitt 3.3.7, »Background-RFC-Trigger«). Hier liegt ein grundlegender Unterschied in den verwendeten Ansätzen bei der Kommunikation von EWM und TM vor, die auch einen Einfluss auf die Anforderungen an das Monitoring des operativen Betriebs mit sich bringen (Details dazu erfahren Sie in Abschnitt 14.2, »Monitoring eines TM-Systems«).

Bei der Abwägung, welches der TM-EWM-Integrationsszenarien für ein anstehendes Implementierungsprojekt verwendet werden sollte, gibt es verschiedene Aspekte zu berücksichtigen, etwa:

- **Vorgaben bezüglich der Systemarchitektur**

  Für Systeme mit Szenarien hoher Systemlast oder kritischen Latenzzeiten kann es notwendig sein, dass das EWM-System als eigenständiges System betrieben bzw. eine Vielzahl dezentraler EWM-Systeme mit physischer Nähe zum Lager benötigt wird. In diesen Szenarien steht die ASR-Integration derzeit nur für Versandprozesse zur Verfügung.

- **Funktionale Anforderungen**

  Einige Funktionen, wie z. B. die Unterstützung von Planned-Shipping HUs im Versandprozess oder sternförmige Frachtabschnitte in Frachtaufträgen, werden derzeit nur von der TU-basierten Integration unterstützt. Andere Funktionen, wie etwa der voll integrierte ASN-basierte Wareneingangsprozess oder auch die Kombination von Lieferungen, die EWM, StRM oder IM verwaltet, sind derzeit nur für den erweiterten W/V-Prozess verfügbar.

- **Organisatorische Anforderungen**

  Soll eine zentrale Logistikeinheit in einem zentralen Transportsystem einen ganzheitlichen Blick auf die konzernweiten Transportprozesse erhalten, kann dies ein Sidecar-TM-System bedingen. Aufgrund des einzigen verfügbaren Sidecar-Deployment-Szenarios des erweiterten W/V-Prozesses müssen hier dieselben Restriktionen beachtet werden wie bei den Anforderungen an dezentrale EWM-Systeme.

- **Gewähltes Lizenzmodell**

  Während es für den erweiterten W/V-Prozess Best-Practice-Lösungen für die Basic-TM-Lizenz gibt, ist die direkte TM-EWM-Integration immer nur in der Advanced-TM-Lizenz verfügbar.

Die Liste verdeutlicht, dass beide Integrationsszenarien ihre Anwendungsszenarien besitzen, die das andere Szenario jeweils nicht abdecken kann, und auch wenn der erweiterte Warenannahme- und Versandprozess »neuer« ist und eine engere Integration zwischen TM und EWM bietet, gibt es immer noch valide Gründe, die für den Einsatz der TU-basierten Integration sprechen können. Man kann wohl trotzdem sagen, dass in einem voll integrierten Szenario stets zuerst geprüft werden sollte ob der erweiterte W/V-Prozess verwendet werden kann. Insbesondere aufgrund der engeren Integration zwischen TM und EWM und der damit einhergehenden größeren Transparenz in TM in Bezug auf die

Lagerausführung bietet der erweiterte W/V-Prozess in der Prozessgestaltung und dem operativen Prozess häufig Vorteile gegenüber der stärker entkoppelten TU-basierten TM-EWM-Integration.

Bei der funktionalen Bewertung können die oben aufgeführten SAP-Hinweise hilfreiche Informationen bieten, aber auch ein Blick auf die Produkt-Roadmap kann hilfreich sein, da derzeit der Funktionsumfang der erweiterten W/V-Integration weiterhin kontinuierlich wächst.

[»]

LE-TRA-Migration: funktionaler Nachfolger VL60/BORGR

In verschiedenen Industriezweigen kommt in LE-TRA-Implementierungen häufig der mehrstufige Wareneingangsdialog (Transaktion BORGR oder VL60) zum Einsatz. Im Rahmen der Entwicklung des erweiterten W/V-Prozesses wurde im SAP-S/4HANA-Add-on *SAP S/4HANA für Produktionslogistik* die Funktionskomponente *Frachtanmeldung* (engl.: Inbound Cargo Registration, kurz: ICR) vorgestellt. Diese Komponente des Add-ons bietet die Möglichkeit, den mehrstufigen Wareneingangsprozess auf Basis der Funktionen des erweiterten W/V-Prozesses abzubilden. Derzeit ist die Funktion ausschließlich für das voll integrierte Deployment-Szenario von TM, EWM und SAP S/4HANA Core verfügbar. Weitere Informationen zum Add-on finden Sie auf der SAP-Hilfe-Seite im Bereich **By category • Manufacturing • SAP S/4HANA for Manufacturing Logistics**.

13.4 EWM-Integration für Transitlager

In Abschnitt 13.2.2 haben Sie die direkte EWM-TM-Integration kennengelernt, die auch die Grundlage für den Transitlager-Integrationsprozess darstellt. Transitlager kommen typischerweise in Prozessen zum Einsatz, bei denen Ware in einem Logistik-Hub umgeschlagen oder konsolidiert wird, bevor der Weitertransport zum nächsten Zwischenstopp oder Kunden organisiert wird. Häufig geht mit dem Umschlagsprozess auch ein Wechsel des Transportmittels einher. Ein Transitlager dient daher dem kurzzeitigen Lagern von Gütern und in der Regel dem Umschlag auf ein anderes Transportmittel. Der Schwerpunkt liegt in der effizienten Gestaltung von Umschlagsprozessen.

In der TM-EWM-Integration aus der Sicht eines Spediteurs kann die TU-basierte Integration verwendet werden, um die Prozessanforderungen abzubilden. Die Transportplanung erfolgt auf Basis von Frachteinheiten, die aus Speditionsfrachtaufträgen resultieren. Aus dem Frachtauftrag werden über die LDAP-Schnittstelle die Transportdaten, inklusive der Verpackungsinformationen, übermittelt. In EWM erfolgt die Anlage der *EWM-Transporteinheit* (TE) auf Basis des TM-Frachtauftrags (TA) sowie von HUs auf Basis der Verpackungsinformationen. EWM stellt Funktionen zum (De-)Konsolidieren und Sortieren von Gütern zur Verfügung.

Dokumentation des Transitlagerungsprozesses
Die aktuelle Prozessbeschreibung finden Sie auf der SAP-Hilfe-Seite zu TM im Bereich **Integration • Integration mit Extended Warehouse Management • Transitlagerungsprozess**.

In den vorangegangenen Abschnitten haben Sie gesehen, dass Frachtdokumente in TM verschiedene Positionstypen verwenden, um die zu transportierenden Waren und die erforderliche Kapazität zu modellieren. Aus der Integrationsperspektive mit EWM müssen wir daher zwischen *Bedarfspositionen* und *Kapazitätspositionen* unterscheiden. Beide Positionen können in eine Hierarchie eingeordnet sein, in der z. B. Ladungspositionen Kapazitätspositionen zugeordnet sind.

Kapazitätspositionen sind Transportressourcen, während Bedarfspositionen typischerweise Packstücke (PKG), Container (TUR) oder die Produkte (PRD) selbst sind. Transportmittel können aktiv oder passiv sein (siehe Abschnitt 4.3, »Equipmentarten und Ressourcen«). Aktive Fahrzeugressourcen (AVR) können selbst fahren (z. B. Lastwagen), während passive Fahrzeugressourcen (PVR) an eine AVR gekoppelt sein müssen, um sich zu bewegen (z. B. Anhänger).

In EWM basieren die lagerspezifischen Prozesse auf Geschäftsdokumenten, die mithilfe von Be- und Entladeanweisungen erstellt werden, die von TM gesendet werden. Sie können das Lagerlayout entsprechend den spezifischen Anforderungen des Transitlagerungsprozesses konfigurieren. So stehen z. B. bestimmte Lagertypen zur Verfügung. Außerdem erfolgt der Umschlag der Fracht auf Packstückebene und nicht auf Produktebene.

Der Transitlagerungsprozess beginnt in TM. Nachdem das Team für die Transportplanung die Planung von Frachtaufträgen abgeschlossen hat, kann die Ausführung von Be- oder Entladeschritten in einem Lagersystem ausgelöst werden, indem der Status für den Entlade-/Beladeplan auf abgeschlossen gesetzt wird. TM verwendet LDAP-Nachrichten, um Frachtaufträge mit EWM zu integrieren und dort EWM-TEs zu erzeugen, sowie die geplanten HUs für die Eingangs- und Ausgangsverarbeitung. Nachdem die Lagervorgänge ausgeführt wurden, übermittelt EWM die Be- oder Entladeergebnisse zurück an TM.

Zur Veranschaulichung des gesamten Prozesses verwenden wir ein Luftfrachtbeispiel für einen durchgängigen Umschlagsprozess, wie er in Abbildung 13.31 dargestellt ist. In dem in der Abbildung dargestellten Prozess passieren die Waren mehrere Lagerorte, bevor sie ihr Ziel erreichen. Aus der TM-Perspektive sind die Objekte, die an der Kommunikation mit EWM beteiligt sind, Frachtaufträge und Frachtbuchungen. In jedem Lager entlang der Transportkette finden ein Wareneingangs- und ein Warenausgangsprozess statt. Informationen über ein- und ausgehende Lkws und geplante zu transportierende Waren werden von TM bereitgestellt. Dieselben Funktionen können auch im Seefrachtprozess für den Warenumschlag genutzt werden.

In den nächsten beiden Abschnitten werden wir die ein- und ausgehenden Prozesse für einen Standort in der Transportkette besprechen.

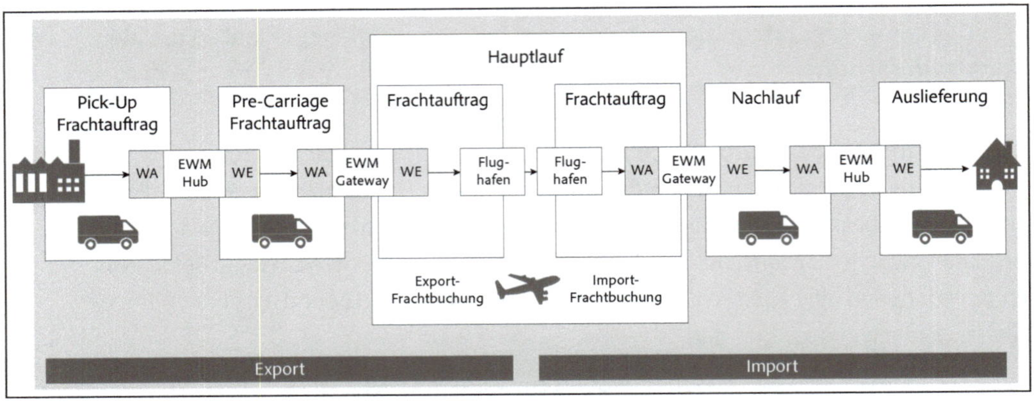

Abbildung 13.31: End-to-End-Prozess für den Warenumschlag per Luftfracht

13.4.1 Integration im Wareneingangsprozess

In einem Transitlager werden nur Packstücke bewegt. Normalerweise kennt das Lagersystem die Attribute des Packstücks, während der Inhalt selbst keinen Bezug zu einem Produktstammdatensatz besitzt. Für EWM bedeutet das, dass diese Integration mit TM keine Produktstammdatensätze unterstützt. Die Inhaltsattribute und -merkmale werden auf Dokumentenebene gespeichert und über eine LDAP-Nachricht empfangen oder manuell im Empfangsprozess gepflegt.

Grundlage des Prozesses ist die Erstellung eines Speditionsauftrags in TM, wobei die vorgesehene Route entweder manuell, per Default-Route oder automatisch vom System mithilfe eines Transportvorschlags ermittelt wird.

[»]

Einschränkungen und Funktionsumfang

Die beschriebene Funktion konzentriert sich auf Spediteure und ist derzeit nicht für Verlader vorgesehen, sodass die Ausführung dieses Prozesses immer auf Speditionsaufträgen als Basisdokument beruht.

Wie bereits zuvor beschrieben, werden die zum Speditionsauftrag gehörenden Frachteinheiten auf Frachtaufträge geplant, anschließend wird der Entladestopp auf **Entladeplan abgeschlossen** gesetzt, beim Speichern wird die zugehörige LDAP-Nachricht (siehe Abschnitt 13.2.2, »Direkte EWM-TM-Integration«) erzeugt. Der Frachtauftrag muss zumindest Packpositionen (PKG) und einen Verlader als Geschäftspartner enthalten (siehe Abbildung 13.32).

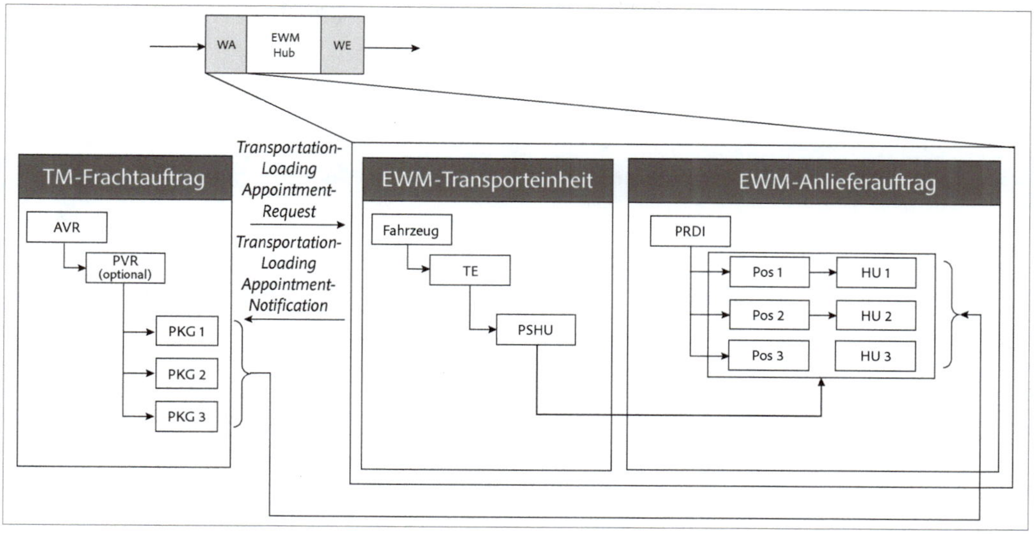

Abbildung 13.32: Wareneingangsprozess in Transitlagerabwicklung

Im Standardwareneingangsprozess sind die HU-Positionen mit den Positionen im EWM-Anlieferauftrag (ID) verknüpft, während eine Top-HU als **Planned Shipping HU** (PSHU) in der EWM-TE angelegt wird und mit dem ID-Kopf verknüpft ist. Um den Bezug zur Anlieferung nach dem der Lieferung nicht zu verlieren, haben HUs in diesem integrierten Szenario einen permanenten Bezug zur entsprechenden Lieferposition und verlieren diesen nach dem Einlagern nicht. Die Ankunft des Lkws, die Entladung und der Wareneingang werden dem TM-System über die Nachricht `TransportationLoadingAppointmentNotification` bestätigt, wodurch der FA aktualisiert wird.

Nach der Buchung des Wareneingangs ändern die HUs ihren Status von **Geplant** auf **In Bearbeitung**. Alternativ dazu sendet TM, wenn Packstücke bereits an einem anderen Transitort eingegangen sind, die genaue HU-Kennung an EWM, zusammen mit der Information, welche HU welcher Fahrzeugressource zugeordnet ist. Dies geschieht in der Regel in einem zweiten Lager, nachdem die Ladung an einem früheren Transitort eingegangen ist und die HU-Kennung über eine LDAP-Nachricht an TM gesendet wurde. TM kann nun detaillierte Informationen senden, die angeben, welche HU in welchem PVR verschachtelt ist. In EWM werden diese HUs auch als geplante HUs mit der bestehenden HU-Identifikation von TM als externe HU-Identifikation erstellt.

Bei der Abbildung der gesamten Transportkette unterstützt die Integration zwischen TM und EWM sowohl den ersten Eingang von Frachtstücken an einer Eingangslokation als auch ihre Beziehung zu Kapazitätspositionen, sobald die Fracht an einer Zwischenlokation eingeht. *Gateway-Lokationen* sind in der Regel der letzte Konsolidierungsort, bevor die Fracht auf dem *Hauptlauf* transportiert wird. Aus der Systemperspektive wird der Auftrag für den Hauptlauf und den FA zur physischen Übergabe der Fracht von der Gateway-Lokation z. B. an den Dienstleister für die Bodenabfertigung an einem Abflughafen durch Frachtbuchungen dargestellt.

Diese Frachtbuchungen enthalten alle Informationen, z. B. welche Kapazitätspositionen in EWM für den Ausgangsprozess am Gateway-Standort erwartet werden. Bei Luftfracht sind dies in der Regel Container oder spezielle Luftfrachtladeeinheiten (ULDs).

In Luftfrachtszenarien stellen diese ULDs spezifische Container oder Paletten dar, die zum Verladen von Fracht und Ladung an Bord eines Flugzeugs verwendet werden. In diesem Zusammenhang enthält die LDAP-Anfrage von TM hauptsächlich *TUR*-Positionen, die einen Container oder ULD darstellen. Auf der Grundlage dieser Informationen erstellt EWM entweder eine Transporteinheit für Seefracht oder eine HU für Luftfracht.

Da die Frachtbuchung keine Informationen über das Fahrzeug hat, das den Container oder ULD anliefert, benötigt sie eine zweite Nachricht, um diese relevanten Frachtauftragsdetails an EWM zu senden und eine entsprechende Transporteinheit für den zugehörigen Frachtauftrag zu erstellen. Dieser Auftrag wird hauptsächlich dazu verwendet, die kurze Strecke des intermodalen Transports zwischen dem Gateway und dem Transportmittel selbst abzudecken und zu dokumentieren.

13.4.2 Integration im Warenausgangsprozess

Wie bei der Integration im Warenausgangsprozess verwendet TM auch LDAP-Nachrichten, um für den Versandprozess relevante Informationen an EWM zu senden. In EWM kann anschließend das Verpacken, Bereitstellen und Verladen ausgeführt werden.

Wir haben bereits erwähnt, dass diese LDAP-Anfragen sowohl Bedarfspositionen als auch Kapazitätspositionen enthalten. Für die Ausgangsverarbeitung bedeutet dies, dass TM alle relevanten Positionen sendet, gegebenenfalls in einer Hierarchie, um die Erstellung geplanter HUs in EWM anzustoßen und festzulegen, welche dieser HUs auf welche Transporteinheit geladen wird, analog wie dies auch in Abbildung 13.32 für den Wareneingangsprozess dargestellt wurde.

Die Integration beginnt in der Regel mit der LDAP-Nachricht von TM an EWM (**`TransportationLoadingAppointmentRequest`**), die Frachtauftragsinformationen enthält, in denen die AVR- und PVR-Positionen angegeben sind, die für den Verladeprozess im Warenausgang verwendet werden. In diesem Zusammenhang kann TM entweder grobe Informationen über Fracht- und Kapazitätspositionen oder die genaue Hierarchie senden, die angibt, welche SHU in welche Transporteinheit gepackt werden muss.

Im Falle von Frachtbuchungen sendet TM, wie bereits für den Wareneingangsprozess erwähnt, eine Anfrage für einen Verladetermin. Wenn eine geplante Verlade-HU (PSHU) an EWM übermittelt wird, verpackt es die ULDs entsprechend darauf. Nach Abschluss des Ladeprozesses sendet EWM eine LDAP-Nachricht (**`TransportationLoading-`**

`AppointmentNotification`) an das TM-System, um dort die TM-Frachtbuchung und die Frachteinheiten mit diesen Informationen zu aktualisieren.

Alternativ kann TM auch weniger detaillierte Informationen senden, ohne klare Anweisungen darüber, welche PKG-Positionen unter welcher TUR-Position verschachtelt sind. EWM erstellt dann die Transporteinheit mit einer PSHU selbst und meldet die Ergebnisse mit einer LDAP-Nachricht an TM zurück, um die Frachtbuchung und die Frachteinheiten zu aktualisieren.

Um schließlich die kurze Strecke des intermodalen Transports zwischen dem Gateway und dem Ort, an dem die Waren in das Flugzeug verladen werden sollen, zu überbrücken und zu dokumentieren, sendet TM auch eine Nachricht, um EWM die Einzelheiten dieses Frachtauftrags mitzuteilen. Diese Nachricht erstellt eine entsprechende Transporteinheit in EWM und enthält alle ULDs, die auf eine Transporteinheit geladen werden, um die ULDs zum Flughafen zu transportieren.

13.5 Lagerleistungsabrechnung

TM stellt eine flexible und leistungsfähige Funktion für die Frachtkostenbe- und -abrechnung zur Verfügung, die zudem verschiedenste Aspekte der Frachtkostenberechnung global aufgestellter Frachtabrechnungsprozesse berücksichtigt. Die Funktionen werden in TM kontinuierlich weiterentwickelt und um neue Funktionen ergänzt. In EWM hingegen gibt es keine Funktion zur Be- und Abrechnung von erbrachten Lagerdienstleistungen. Um erbrachte Lagerdienstleistungen effizient abrechnen zu können, kann die Lagerleistungsabrechnung genutzt werden. In diesem Prozess werden mittels der Funktionen der TM-Frachtkostenverwaltung Dienstleistungen, die im Lager im Auftrag eines Auftraggebers erbracht werden, be- und abgerechnet.

Zur Erläuterung folgendes Beispiel: Ein Logistikdienstleister, der EWM einsetzt, erbringt regelmäßig Mehrwertdienstleistungen wie die Verpackung und Neuetikettierung von Waren für seine Kunden. Beide Parteien haben vereinbart, dass diese Leistungen am Ende eines jeden Monats in Rechnung gestellt werden. Der Logistikdienstleister nutzt sein EWM-System, um zu verfolgen, wie oft die jeweiligen Arbeiten durchgeführt wurden, um den in Rechnung zu stellenden Betrag zu ermitteln und anschließend den ermittelten Betrag abzurechnen.

Für die Lagerabrechnung gibt es zwei Prozessvarianten, je nachdem, wer die Leistung im Lager erbringt und wer letztlich das SAP-System in diesem Prozess betreibt:

- Der LDL erbringt Dienstleistungen für einen Kunden. Er misst, wie oft die beauftragten Arbeiten durchgeführt wurden, und stellt dem Kunden anschließend einen Betrag in Rechnung, der auf der Grundlage dieser Daten berechnet wurde.

- Der Kunde verfolgt die von einem externen Dienstleister erbrachten Dienstleistungen. Anhand der erfassten Daten werden die dafür anfallenden Kosten berechnet. Der Betrag wird über das Gutschriftsverfahren abgerechnet.

In beiden Varianten erfolgt eine regelmäßige Abrechnung der angefallenen Kosten. Der Gesamtprozess der Transportkostenverwaltung, von dem die Lagerkostenberechnung abhängt, wird in Kapitel 10, »Transportkostenmanagement«, Kapitel 11, »Frachtkostenabrechnung«, und Kapitel 12, »Speditionsberechnung und -abrechnung für Logistikdienstleister«, beschrieben, daher konzentrieren wir uns in diesem Abschnitt hauptsächlich auf die Integrationsaspekte des Lagerleistungsabrechnungsprozesses. Wie üblich betrachten wir den Prozess aus der Perspektive eines voll integrierten SAP-S/4HANA-Systems; er läuft jedoch in einem Side-by-Side-Installationsszenario auf die gleiche Weise ab.

13.5.1 Erfassung der Dienstleistungen und Abrechnung mit dem Kunden

In diesem Szenario erfasst der LDL die erbrachten Leistungen und stellt sie dem Kunden regelmäßig in Rechnung. Der LDL ist ebenfalls dafür verantwortlich, den Nachweis zu erbringen, auf welcher Grundlage die Abrechnung erfolgt ist.

Zu Beginn des in Abbildung 13.33 dargestellten Prozesses wird zunächst eine Speditionsvereinbarung erstellt. Die Positionen des Kalkulationsblatts stellen die zu erfassenden Dienstleistungen dar. Als Berechnungsgrundlage der jeweiligen Position wird das Feld `QUANTITIY_VAL` verwendet. Zu jeder Kostenposition kann eine Notiz angelegt werden, um weitere Kontextinformationen für die Kostenberechnung festzuhalten.

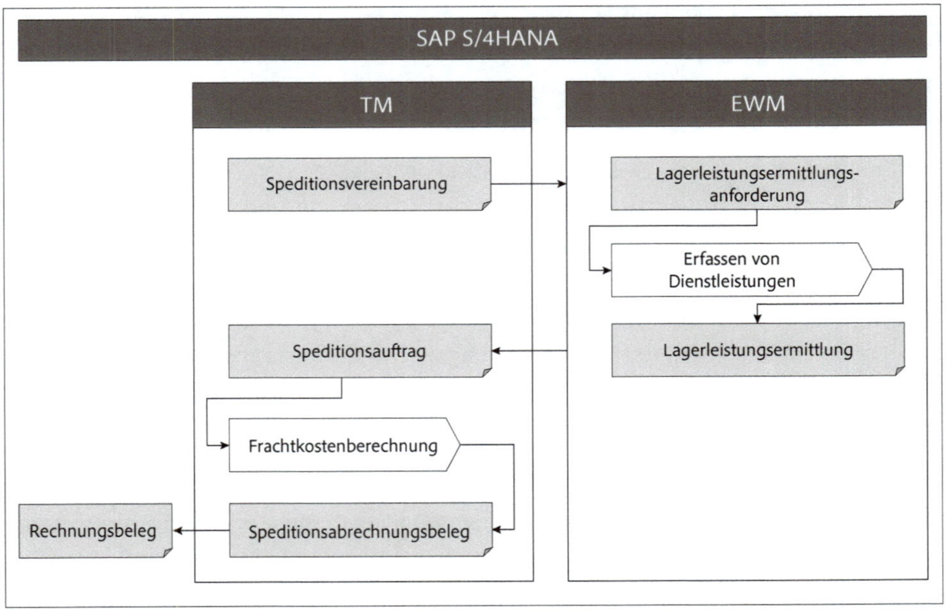

Abbildung 13.33: Lagerleistungsabrechnungsprozess

Nachdem die Vereinbarung freigegeben wurde, kann diese verwendet werden, um die Kosten für die vereinbarten Dienstleistungen zu berechnen. Damit die Abrechnung periodisch erfolgen kann, wird in der Rolle **Auftraggeber** eines Geschäftspartners im Bildbereich **Verkaufsorganisationseinstellungen** auf der Registerkarte **Verkaufsorganisationsdaten** eine **Verkaufsorganisation** angegeben und im Feld **Terminkalender Fakturierung** ein Fabrikkalender, der die Perioden der Abrechnung definiert.

Sobald die Speditionsvereinbarung in TM freigegeben wurde, wird in EWM automatisch eine *Lagerleistungsermittlung* (LLEA) angelegt. Die Anwenderinnen und Anwender können der LLEA zuordnen, welche Lagerleistungsermittlungsservices zur Ermittlung der Kosten herangezogen werden sollen (es werden 20 vordefinierte Servicearten ausgeliefert).

Die Leistungsmengen werden periodisch auf der Grundlage von Snapshot-Tabellen in EWM berechnet. Diese *Snapshots* dienen dazu, die Situation im Lager zu bestimmten Messzeitpunkten zu dokumentieren, indem sie ein Bild der Datenbank zu diesem Zeitpunkt festhalten und so einen Nachweis über die erbrachten Leistungen dokumentieren.

Die berechneten Beträge werden schließlich an das TM-System gesendet, wo einen Speditionsauftrag erstellt wird. Auf Basis dieses Belegs können dann die Servicekosten berechnet werden. Die folgenden Schritte sind die Anlage des Speditionsabrechnungsbelegs und die Fakturierung im SAP S/4HANA Core, wie in Kapitel 12, »Speditionsberechnung und -abrechnung für Logistikdienstleister«, beschrieben.

Beachten Sie, dass nach dem Anlegen der Vereinbarung in TM und der Zuordnung der Lagerleistungen in EWM die folgenden Prozessschritte periodisch erfolgen und automatisiert werden können, sodass keine weitere Benutzerinteraktion zur Durchführung der Abrechnung erforderlich ist.

13.5.2 Erfassung von Dienstleistungen und Gutschriftsverfahren

Die Prozessschritte im Gutschriftsverfahren bleiben gleich, aber die im TM-System verwendeten Objekte unterscheiden sich. Bei diesem Prozess vergibt der Kunde Aufgaben an einen LDL. Der Kunde betreibt das EWM- und das TM-System, die zur Erfassung der erbrachten Dienstleistungen notwendig sind. Am Ende des Prozesses führt er ein Gutschriftsverfahren in Zusammenarbeit mit dem Dienstleister aus, um die Kosten abzurechnen. Dazu sind die folgenden Schritte erforderlich:

- Zu Beginn des Prozesses wird anstelle einer Speditionsvereinbarung eine Frachtvereinbarung erstellt. Weitere Einzelheiten zu Frachtvereinbarungen finden Sie in Abschnitt 10.1.1.
- Für die Berechnung der Kosten der erbrachten Leistungen wird in TM ein Serviceauftrag erstellt.

- Dem Gutschriftsverfahren geht ein Frachtabrechnungsbeleg in TM voran. Weitere Einzelheiten über den Prozess finden Sie in Abschnitt 10.1, »Stammdaten und Customizing zur Frachtkostenberechnung«.
- Im letzten Schritt werden die Bestellung und das Leistungserfassungsblatt im SAP-S/4HANA-Kern erstellt, wo das Gutschriftsverfahren ausgeführt wird.

Damit ist unsere kurze Beschreibung der Prozessvarianten für die Lagerabrechnung abgeschlossen. Wir haben erörtert, wie die Kosten für Lageraktivitäten berechnet werden, um entweder ein Gutschriftsverfahren an einen LSP oder eine periodische Rechnungsstellung an einen Kunden durchzuführen. Weitere Informationen zu diesem Prozess finden Sie unter *http://s-prs.co/v557511*.

13.6 Integration der Kundenauftragsterminierung

In der Kommunikation mit Ihren Kunden wünschen sich diese bestätigte Liefertermine für von ihnen verkaufte Waren. Zu diesem Zweck bietet die SAP-Fiori-App **Kundenaufträge anlegen** (sowie die sogenannte Rückstandsbearbeitung) eine Verfügbarkeitsprüfung für die Positionen eines Auftrags an.

Die Verfügbarkeitsprüfung startet dabei immer mit einem initialen Wunschlieferdatum, das pro Position gepflegt wird. Auf Basis dieses Termins erfolgt eine Rückwärtsterminierung – beginnend mit der Ankunft beim Kunden. Es wird also erst die Dauer des Transports zum Kunden ermittelt, auf Basis dessen der spätestmögliche Abfahrtszeitpunkt, dann die Dauer des Ladens und darauf basierend das Ladedatum und von diesem über die Zeit für die Kommissionierung das Materialverfügbarkeitsdatum sowie das Datum für die Transportplanung ermittelt (siehe Abbildung 13.34).

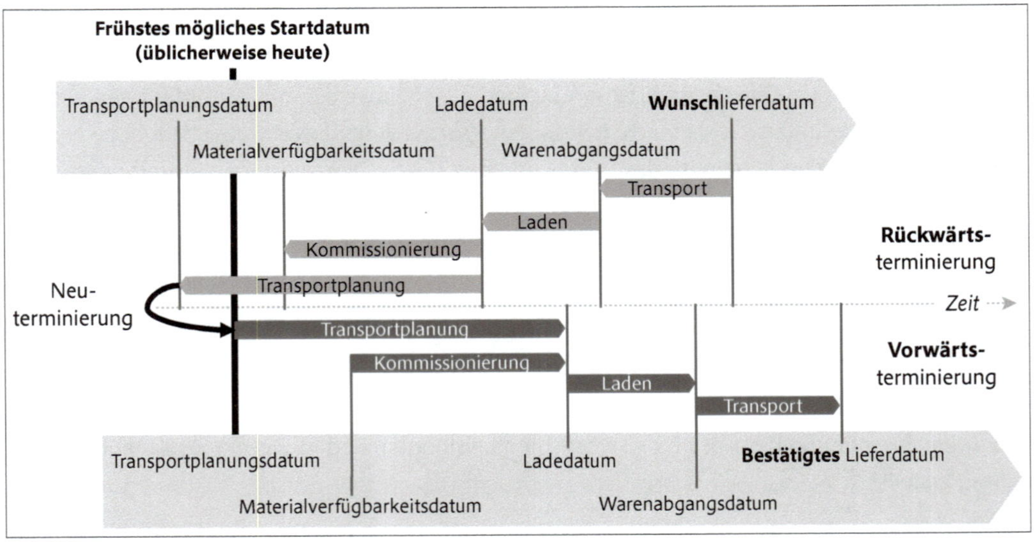

Abbildung 13.34: Schematischer Ablauf der Kundenauftragsterminierung

Nachdem all diese Termine feststehen, können nun zwei Fälle eintreten. Entweder der ermittelte (spätestmögliche Start-) Termin liegt in der Zukunft, oder er liegt in der Vergangenheit. Im ersten Fall, einem Starttermin in der Zukunft, wird das System den Wunschtermin bestätigen. In letzterem Fall folgt nun eine Vorwärtsterminierung beginnend beim jetzigen Zeitpunkt, um den frühestmöglichen Liefertermin zu ermitteln. Der Zeitpunkt, der daraus errechnet wird, wird dann als bestätigter Liefertermin in den Kundenauftrag übernommen.

Da das TM-System das genaueste Verständnis über die Dauern Ihrer Transporte haben sollte, ist es möglich, dieses TM-spezifische Wissen in die sogenannte *Kundenauftragsterminierung* einfließen zu lassen.

[«]

Voraussetzungen und Einschränkungen für die Nutzung der Kundenauftragsterminierung

Um die Kundenauftragsterminierung zu verwenden, muss *Advanced Available-to-Promise* (aATP) aktiviert sein, außerdem müssen TM und Vertrieb (SD) im selben System betrieben werden. Darüber hinaus unterstützt die Kundenauftragsterminierung nur Kundenaufträge der folgenden Verkaufsbelegtypen:

- Auftrag
- Kostenloser Auftrag

13.6.1 Optionen der Integration

Das System bietet zwei unterschiedliche Modi, um das TM-System in die Kundenauftragsterminierung zu integrieren: die *Attributsermittlung* und die *Aktivitätsdelegierung*. Durch die Attributsermittlung können Dauern, Kalender und Zeitzonen aus dem TM-System gezogen werden, und die Terminierung (also das Finden von konkreten Terminen) erfolgt in der Integrationskomponente Geschäftsprozessterminierung (BPS). Bei der Aktivitätsdelegierung wird die komplette Terminierung von Laden, Fahren und Entladen an das TM-System ausgelagert.

Sie können also entweder für die Aktivitäten Laden, Transport und Entladen auf die Daten des TM-Transportnetzwerks sowie die Ladezeiten der Terminierungseinstellungen (siehe Abschnitt 6.8.4, »Vehicle Scheduling and Routing: Restriktionen für die Planung«) zurückgreifen, um Dauern oder Kalender zu ermitteln, oder die TM-Terminierung (siehe Abschnitt 6.7.11, »Terminierung«) mit all ihren Möglichkeiten nutzen.

13.6.2 Integrationskonfiguration

Um Ihr TM-System in der Kundenauftragsterminierung zu nutzen, müssen Sie im Customizing unter **Transportation Management • Grundfunktionen • Allgemeine Einstellungen • Geschäftsprozessterminierung (BPS) • BSP-Schema definieren** ein Terminierungsschema erstellen, in dem Sie entweder unter **Attributsermittlung** für die verschiedenen Aktivitätstypen die jeweilige TM-Datenquelle auswählen (erkennbar am Infix `_TM_`) oder unter **Aktivitätsdelegierung** die Aktivitäten für Laden, Transport und Entladen an die Ermittlung `SALES_TM_DELEGATION` übergeben.

Beachten Sie, dass Sie bei der Attributsermittlung eine Sequenz unterschiedlicher Datenquellen vorgeben können – sollte das System bei einer Datenquelle mit niedrigerer Priorität keinen Eintrag finden, wird die nächste Datenquelle abgefragt; sobald ein Wert ermittelt wurde, wird dieser nicht mehr geändert.

Nutzen Sie die Delegierung, müssen Sie zwingend die drei Aktivitäten Laden, Transport und Entladen an TM delegieren.

Dieses Terminierungsschema müssen Sie nun mit den relevanten Verkaufsbelegen verknüpfen, indem Sie deren Integrationssteuerschlüssel im Customizing unter **Transportation Management • Grundfunktionen • Allgemeine Einstellungen • Geschäftsprozessterminierung (BPS) • BPS für Verkaufsbelege mit Transportation Management aktivieren** angeben.

Schließlich müssen Sie im Customizing unter **Integration mit anderen SAP-Komponenten • Transportation Management • Logistikintegration • Steuerschlüssel für Belegintegration definieren** im Steuerschlüssel der entsprechenden Belege ein Profil für die Transportdauerermittlung oder ein Profil für Routing von Bedarfen im Feld **RTT-Profil-ID** hinterlegen. Diese zwei Profile, die die Attributsermittlung bzw. die Aktivitätsdelegierung innerhalb von TM weiter konfigurieren, werden im Folgenden erläutert.

[»]

Wissenswertes bei der Pflege der Integration der Kundenauftragsterminierung

Sie können die Terminierungsfunktionen von TM verwenden, ohne Ihren Verkaufsbeleg integriert zu haben. Stellen Sie sicher, dass die Pflege des BPS-Schemas zur Art des im Steuerschlüssel hinterlegtem BPS-Profils passt.

[»]

Nutzung der TM-basierten Terminierung zur Umlagerungsbestellungsterminierung

Sie können die TM-Terminierung auch bei der Bestimmung der Liefertermine von Umlagerungsbestellungen nutzen. Die Pflege gestaltet sich analog der oben beschriebenen Einstellung für Kundenaufträge. Beachten Sie dabei:

- Aktuell können Sie in dieser Integration nur die Attributsermittlung nutzen.
- Die Funktion kann nur über die SAP-Fiori-App **Bestellung anlegen** verwendet werden.

13.6.3 Konfiguration in TM

In TM können Sie die Integration der Kundenauftragsterminierung weiter spezifizieren. Bei der Attributsermittlung verwenden Sie dafür ein Profil für die Transportdauerermittlung, bei der Aktivitätsdelegierung ein Profil für das Routing von Bedarfen. Die Profile für die Transportdauerermittlung können Sie über die SAP-Fiori-App **Profil für Transportdauerermittlung anlegen** bzw. **Profil für Routing von Bedarfen anlegen** erstellen (siehe Abbildung 13.35).

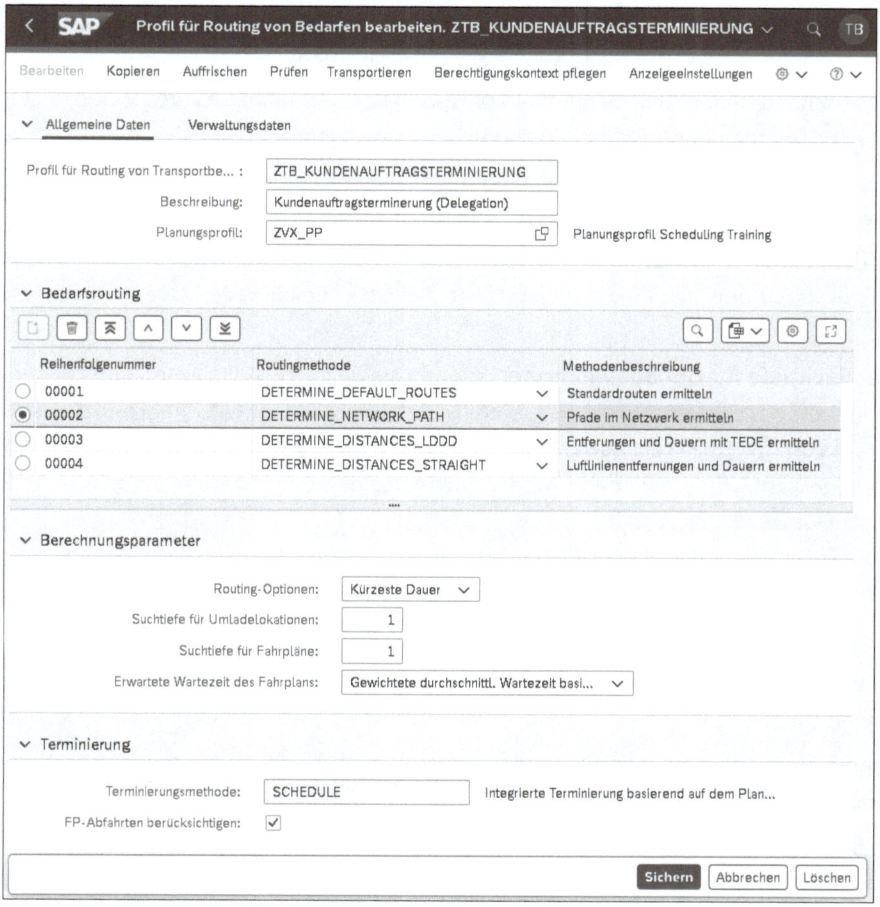

Abbildung 13.35: Pflege des Profils für das Routing von Bedarfen

Beide Profile sind strukturell sehr ähnlich. In beiden geben Sie ein Planungsprofil an, das für die Ermittlung von Ladezeiten und gegebenenfalls Kalendern genutzt wird. Darüber hinaus können Sie die Transportsabschnittsermittlung (und die daraus resultierende Transportdauer) über die Einträge in der Tabelle **Bedarfsrouting** festlegen.

Die Ermittlung besteht dabei aus einer von Ihnen festgelegten Sequenz unterschiedlicher Routing-Methoden. Die Methoden werden entsprechend der **Reihenfolgenummer** ausgeführt.

Sie können aus den folgenden Routing-Methoden wählen:

- **Standardrouten ermitteln (DETERMINE_DEFAULT_ROUTES)**

  Mit dieser Methode wird für alle bereits ermittelten Streckenabschnitte nach einer Standardroute (siehe Abschnitt 4.2.6) in TM gesucht. Sofern Sie vorhanden ist, werden sowohl die Abschnittsreihenfolge als auch die in der Route genannte Fahrpläne, Transportmittel, Dauern und Distanzen übernommen.

- **Pfade im Netzwerk ermitteln (DETERMINE_NETWORK_PATH)**

  Diese mächtige Methode versucht anhand ihrer Umladelokationen, Transportbeziehungen und Fahrpläne (siehe Abschnitt 4.2, »Transportnetz«), für alle ermittelten Streckenabschnitte einen Pfad durch das Transportnetz zu ermitteln. Wurde eine Strecke gefunden, werden die Abschnitte entsprechend übernommen.

  Beachten Sie, dass beim Auswählen des entsprechenden Methodeneintrags in der Tabelle weitere **Berechnungsparameter** angezeigt werden.

  Mit dem Parameter **Routing-Optionen** können Sie wählen, ob das System bei unterschiedlichen möglichen Pfaden die kürzeste Zeit oder die kürzeste Dauer bevorzugen soll.

  Über **Suchtiefe für Umladelokationen** können Sie definieren, wie viele Transportverbindungen das System für die Suche analysieren darf. Dabei wird im Transportnetz sowohl von der Quell- als auch von der Ziellokation nach erreichbaren Umladelokationen gesucht, von denen dann wieder nach erreichbaren Umladelokationen weitergesucht wird.

  Wenn Sie die Suchtiefe auf null setzen, berücksichtigt das System nur direkte Transportbeziehungen von den Quell- zu den Ziellokationen.

  Mit der **Suchtiefe für Fahrpläne** definieren Sie, wie oft das System, ausgehend von der Quelllokation sowie allen ermittelten Umladelokationen, nach Fahrplanverbindungen suchen soll.

  Wenn Sie die Suchtiefe auf null setzen, berücksichtigt das System keine Fahrplanverbindungen.

  Mit dem Parameter **Erwartete Wartezeit des Fahrplans** können Sie steuern, wie die Wartezeit zwischen Abfahrten gewertet werden soll. Dies ist besonders relevant, wenn Ihre Fahrpläne unregelmäßige Abfahrtsmuster aufweisen.

- Entfernungen und Dauern mit TEDE ermitteln (`DETERMINE_DISTANCES_LDDD`): Mit dieser Methode wird für alle bereits ermittelten Streckenabschnitte, die noch keine Distanz und Dauer ermittelt haben, die Distanz- und Dauerermittlung (siehe Abschnitt 4.2.3, »Transportbeziehungen«) aufgerufen.

- Luftlinienentfernungen und Dauern ermitteln (`DETERMINE_DISTANCES_STRAIGHT`): Diese Methode funktioniert wie die letzte Methode, jedoch wird hier immer mit der Distanz der Luftlinie gerechnet.

Wir halten es für besonders sinnvoll, wenn Sie entweder nur eine der Distanzen und Dauermethoden einsetzen, wenn Sie nur regionalen Verkehr nutzen oder in Ihrem TM-System noch nicht die Stammdaten für Standardrouten und Umladelokationen gepflegt haben, oder eine Sequenz aus *Standardrouten ermitteln*, *Pfade im Netzwerk ermitteln* und *Entfernungen und Dauern mit TEDE ermitteln* einsetzen.

In letztgenanntem Fall wird das System erst nach Standardrouten suchen. Dann wird es, falls nötig, einen Pfad entsprechend Ihrem Umladenetzwerk suchen und schließlich (fehlende) Dauern und Distanzen ergänzen.

[zB]

Ermittlung einer Transportabschnittssequenz über die Kundenauftragsterminerung

Machen wir uns die letztgenannte Sequenz an einem Beispiel deutlich:

Nehmen wir an, es existiert eine Standardroute von der Zone Deutschland über die Häfen Hamburg und New York in die Zone USA-Westküste. Die Zone benennt auf der Strecke zwischen den Häfen eine Distanz und Dauer und einen Fahrplan. Bei den Verbindungen von Hafen zu Zone sind die Distanzen und Dauern nicht gepflegt.

Darüber hinaus werden bei Ihnen ankommende Transporte im Hafen von New York üblicherweise über eines von mehreren Lagern geroutet und nicht direkt an den Kunden geschickt. Die entsprechenden Lager sind als Umladelokation zwischen dem Hafen von New York und der Transportzone USA-Westküste gepflegt. Es existieren Transportbeziehungen zwischen dem Hafen und den Lagern, die fixe Distanzen und Dauern aufweisen, sowie Transportbeziehungen ohne Dauern und Distanzen zwischen den DCs und der Zone USA-Westküste. In Deutschland sind keine Transportverbindungen aufgesetzt.

Für eine Lieferung von Kassel nach Philadelphia werden nun entsprechend der Sequenz erst *Standardrouten ermittelt*, die oben genannte Route wird gefunden und angewandt. Das Ergebnis ergibt die Sequenz Kassel, Hafen Hamburg, Hafen New York, Philadelphia, wobei für den Abschnitt zwischen den Häfen Dauern und Distanzen und ein Fahrplan ermittelt wurden.

Im nächsten Schritt – *Pfade im Netzwerk ermitteln* – wird der Abschnitt mit dem Fahrplan ignoriert. Für den Vorlauf in Deutschland wurden keine Transportbeziehungen gefunden – er wird deshalb nicht verändert. Für den Nachlauf ermittelt die Netzwerkermittlung als mögliche Umlagelokation mehrere Lager. Entsprechend der kürzesten Distanz wird entschieden, den Transport über ein Lager in New Jersey zu leiten. Dieses Lager wird nun in die Sequenz aufgenommen, und die Distanz und Dauern werden auf den Abschnitt vom Hafen zum Lager New Jersey übernommen.

> Im letzten Schritt werden für alle nicht bereits mit einer Distanz und Dauer ausgestatteten Abschnitte (also den Abschnitten von Kassel zum Hafen Hamburg sowie vom Lager in New Jersey nach Philadelphia) die Distanz- und Dauerermittlung aufgerufen und die ermittelten Distanzen und Dauern in das Ergebnis übernommen.

Bei einer Attributsermittlung wird als Transportdauer die Summe aller durch das Bedarfsrouting ermittelten Dauern angenommen.

Die Sektion **Terminierung** finden Sie schließlich nur im Profil für Routing von Bedarfen. Sie stellt zusätzlich Optionen für die Terminierung basierend auf dem TM-Algorithmus bereit. Darüber hinaus werden alle terminierungsrelevanten Einstellungen des verknüpften Planungsprofils verwendet (siehe Abschnitt 6.7.11, »Terminierung«, und Abschnitt 6.8.4, »Vehicle Scheduling and Routing: Restriktionen für die Planung«).

Sie können über den Parameter **FP-Abfahrten berücksichtigen** einstellen, wie ermittelte Abschnitte mit ermitteltem Fahrplan in der Terminierung berücksichtigt werden. Wenn Sie den Parameter nicht setzen, wird der Abschnitt entsprechend der Dauer »bündig« an den nachfolgenden Abschnitt terminiert, so als ob nach Ankunft direkt über den Fahrplan weitergefahren werden könnte. Setzen Sie den Parameter, ermittelt das System die Ankunft an der Fahrplanlokation und sucht auf Basis dessen die nächste mögliche Fahrplanabfahrt entsprechend den erzeugten Abfahrten.

[»]

Genutztes Transportmittel

Für die Geschwindigkeit bei den Dauerermittlungen sowie für Ladedauern und Fahrzeugverfügbarkeit bei der Terminierung wird aktuell das Standardtransportmittel angenommen. In folgenden Feature Packs soll die Auswahl des Transportmittels über eine eigene Methode ergänzt werden.

[»]

Einschränkungen der TM-basierten Terminierung

TM prüft bei der Kundenauftragsterminierung nicht gegen Transportkapazitäten. Ist im Netzwerk eine Verbindung vorhanden, geht die Terminierung davon aus, dass die Kapazität uneingeschränkt zur Verfügung steht. Auch werden variable Ladedauern basierend auf der Bedarfsmenge nicht berücksichtigt.

[»]

Test-Cockpits für die TM-basierte Kundenauftragsterminierung

Die Kundenauftragsterminierung ist ein komplexer Prozess. Zum Überprüfen Ihrer Konfiguration und zur Analyse der Ergebnisse stehen Ihnen zwei Test-Cockpits zur Verfügung (eines für die komplette Ermittlung und eines für die Ermittlung des Netzwerkpfads).

Über den Pfad **Logistik • Transportation Management • Administration • Einheitliche Erzeugung von Packstücken • RTT – Test-Cockpit** können Sie die gesamte TM-Logik prüfen (nicht geprüft wird z. B. die Ermittlung der Materialverfügbarkeit).

Zuerst müssen Sie den RTT-Prozesstyp auswählen und ein passendes Profil angeben. Wählen Sie Routing und Terminierung, müssen Sie darüber hinaus auswählen, ob, basierend auf dem Referenzdatum, vorwärts oder rückwärts terminiert werden soll. Darüber hinaus können Sie entscheiden, ob Sie Parallelisierung zulassen wollen und ob im Test-Cockpit die Zwischenergebnisse nach der Ausführung der unterschiedlichen Methoden angezeigt werden sollen.

Als Nächstes geben Sie bis zu drei Bedarfspositionen ein. Für diese können Sie Quell- und Ziellokation, ein Referenzdatum und eine Beleg-ID angeben (Letztere dient im Test lediglich einer Identifikation des jeweiligen Bedarfs).

Durch **Ausführen** gelangen Sie ins eigentliche Test-Cockpit (siehe Abbildung 13.36).

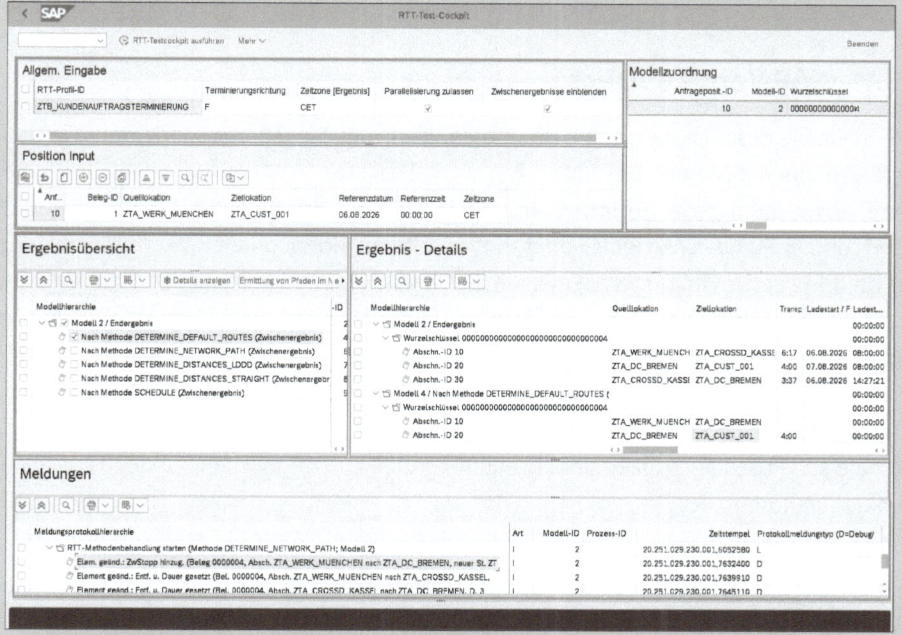

Abbildung 13.36: Test-Cockpit für die technische Grundlage der TM-basierten Kundenauftragsterminierung

In den zwei Tabellen oben links sehen Sie Ihre Eingaben. Sie können diese auch bearbeiten und eine neue Verarbeitung über die Drucktaste **RTT-Testcockpit ausführen** anstoßen. So können Sie auch mehr als drei Positionen auf einmal testen.

Oben links sehen Sie eine Zuordnung Ihrer Bedarfspositionen zu einem Modell, in dem Sie Ihre Ergebnisse finden. Jedes Modell beschreibt eine Prozessierungseinheit von Bedarfspositionen, die gemeinsam prozessiert wurden.

In der Mitte sehen Sie links in der **Ergebnisübersicht** die Endergebnisse der verschiedenen Modelle und – falls Sie Zwischenergebnisse eingeblendet haben – die Ergebnisse nach jeder Methode hierarchisch darunter. Über die Auswahl der Ergebnisse und den Button **Details anzeigen** können Sie diese Ergebnisse in die Ansicht **Ergebnis – Details** überführen und dort die genauen Daten nach dem Ausführen der Methoden analysieren und vergleichen. Unten finden Sie in **Meldungen** ein hierarchisches Log darüber, welche Module gestartet wurden und welche Daten geändert wurden.

Um bei Nutzung der Routing-Methode **Pfade im Netzwerk ermitteln** das Ergebnis weiter zu analysieren, finden Sie exklusiv für diese Funktion unter **Logistik • Transportation Management • Administration • Einheitliche Erzeugung von Packstücken • Test-Cockpit für die Ermittlung von Pfaden im Netzwerk** ein eigenes Test-Cockpit.

13.7 SAP Yard Logistics

Wenn Sie die gesamte Lieferkette betrachten, deckt das Transportmanagement die transportbezogenen Teile des Gesamtprozesses im Detail ab. Andere Aktivitäten, die detaillierte Abwicklungsprozesse innerhalb von Lokationen erfordern, werden nur grundlegend durch Status-, Mengen- oder Kommentarangaben unterstützt (z. B. Entladen). Während Lagerverwaltungssysteme wie EWM leistungsstarke Werkzeuge zur Organisation und Verwaltung der Lager von Versendern oder Vertrags-LDLs bereitstellen, können Sie detaillierte Umschlagsprozesse von Fracht in Umschlagseinrichtungen oder Höfen sowie die Zwischenlagerung von Containern mit SAP Yard Logistics abwickeln. SAP hat das Logistikportfolio um diese spezialisierte Software erweitert, um Ihnen die Steuerung der Abläufe an Umschlagsplätzen der Lieferkette gezielt zu ermöglichen. Zu den Umschlagspunkten gehören:

- Container-Terminals oder Containerdepots, die die Lagerung von beladenen oder leeren Containern, den Umschlag von Fahrzeugen auf der Landseite (Lkw, Bahn) und der Wasserseite (Seeschiffe, Binnenschiffe) sowie die damit verbundenen Umlade- und Servicevorgänge ermöglichen
- Bahn-Terminals, die einzelne Waggons oder Gruppen von Waggons (leer oder beladen) umschlagen bzw. umorganisieren und die damit verbundenen multimodalen Umschlagsprozesse von Containern, Lastwagen und Schiffen/Barkassen ermöglichen
- Luftfracht-Bodenabfertigungsstationen, die das Be- und Entladen von Luftfracht erleichtern, einschließlich der Bereitstellung von Luftfrachtcontainern und Paletten
- Autodrehkreuze, die eine Zwischenlagerung von Fahrzeugen ermöglichen, die von RORO-Autotransportern entladen oder auf diese verladen werden sollen

- Schüttgutlager, die die Zwischenlagerung und den Umschlag von Massengutmaterialien ermöglichen
- Häfen oder Terminals mit Schwerpunkt auf dem Seeverkehr, einschließlich der Ein- und Ausfuhr von Schiffen und Binnenschiffen, mit entlade- und ladungsbezogenen Stauaktivitäten

Typische Anwendungsfälle finden sich in den folgenden Industriebereichen, in denen Container, Fracht, Lastwagen, Anhänger, Eisenbahnwaggons, Schiffe, Kräne, Containerstapler und andere Handhabungsgeräte koordiniert werden müssen:

- **Automobilindustrie**

  Hafen- oder Inland-Terminals für fertige Fahrzeuge oder Spezialmaschinen
- **Baumaterialien und Schwerindustrie**

  Baustoff- und Maschinenhöfe für verschiedene Fabrikprojekte
- **Chemie-, Öl- und Gasindustrie**

  Verwaltung von Umschlagsplätzen für flüssige oder gasförmige Massengüter
- **Konsumgüter, Groß- und Einzelhandel und Lebensmittelindustrie**

  vorverpackter Vertrieb von Waren in trockenem, gekühltem oder gefrorenem Zustand
- **Logistikindustrie, einschließlich Container-Terminals, Häfen und Güterverkehrszentren**

  alle verkehrsträgerübergreifenden Hofanlagen, wie z. B. Lkw zu Schiene, Lkw bzw. Schiene zu See- oder Lkw zu Luft-Terminals, die den Transport oder den Umschlag von Fracht ermöglichen
- **Stahl und Forstwirtschaft**

  Höfe, die den Umschlag von Massengütern und den Wechsel von Massengütern zwischen verschiedenen Verkehrsträgern erleichtern

Bestandteile von EWM stellen die technische Grundlage für SAP Yard Logistics dar, sodass das Funktionsportfolio auf den ersten Blick ähnlich erscheint:

- Verwaltung der ein- und ausgehenden Bewegungen
- Verwaltung der Lagerung sowie der Be- und Entladeprozesse
- Ad-hoc-Aktivitäten wie Qualitätskontrolle oder Schadensdokumentation

Wenn man sich jedoch mit den Details der Lösung befasst, wird deutlich, dass SAP Yard Logistics eine anspruchsvollere Unterstützung für die Anforderungen des Hof- und Terminal-Betriebs bereitstellt, einschließlich z. B. einer höheren Flexibilität bei der Ladungslagerung (Freiflächenlager) oder der Abbildung komplexer, mehrstufiger Prüfroutinen.

Werfen wir einen genaueren Blick auf SAP Yard Logistics, einschließlich seiner Geschäftsprozesse, Hauptfunktionen, Benutzeroberfläche, mobilen Optionen und Integrationsmöglichkeiten.

13.7.1 Überblick über die Prozessintegration

Die von SAP Yard Logistics unterstützten integrativen Geschäftsprozesse umfassen die Planung, Durchführung, Überwachung und Abrechnung von Hofvorgängen. Dazu gehören z. B. das Einchecken von Transporteinheiten und der zugehörigen Ladung bei gleichzeitiger Identifizierung der Person, die das Fahrzeug fährt, die Durchführung von geplanten und Ad-hoc-Aktivitäten, Dienstleistungen und Inspektionen (als Hofaufgaben) sowie das Auschecken von Transporteinheiten. Diese Prozesse ermöglichen es Unternehmen, ihr Hofmanagement zu verbessern:

- Verkürzung der Gesamtabwicklungszeit von Transporteinheiten durch Automatisierung und Parallelisierung von Teilprozessen wie z. B. Check-in-Verfahren
- Erhöhung der Ablaufgeschwindigkeit und damit des Durchsatzes auf dem Hof
- Verbesserung der Sichtbarkeit der Bewegungen auf dem Hof
- Verwendung von geeigneten Werkzeugen für die erforderlichen Aufgaben, anstatt Standardlagerfunktionen zu verwenden, die nicht wirklich zur Verwaltung eines großen Hofes passen
- Senkung der Gesamtbetriebskosten für die Systemlandschaft
- Identifizierung, Bewertung und Beseitigung von Engpässen in den Hofprozessen

Sie können die Funktion von SAP Yard Logistics in vier Bereiche unterteilen:

- **Hofplanung**

  Planungsaktivitäten rund um Prozesse und Ressourcen im Hof, einschließlich der folgenden Merkmale:
  - Ankunftsplanung für alle Transporte, die auf dem Hof ankommen
  - Kapazitäts- und Aufgabenplanung für Ressourcen und Aufgaben im Hof
- **Ausführung im Hof**

  Ausführung geplanter Aktivitäten und Aufgaben innerhalb des Hofs, einschließlich der folgenden Bereiche:
  - Integration in TM, Torbelegungsplanung (DAS) und SAP Business Network for Logistics
  - Zugangsoperationen
  - Aufgabenausführung über mobile Geräte
  - automatisierte Ausnahmebehandlung
- **Überwachung von Hofaktivitäten**

  Überwachung und Kontrolle aktueller und erledigter Aufgaben und Aktivitäten im Hof, einschließlich der folgenden Funktionen:
  - Integration in Hardware, Industrial Internet of Things (IIoT) und EWM
  - 3D-Visualisierung des Hofs mittels eines Hof-Cockpits

- Alarmierung für laufende Prozesse
- SMS-Kommunikation mit Hofbetreibern und externen Dienstleistern (z. B. dem Fahrpersonal der Lkws)

- **Hofabrechnung**

  Vorbereitung von Kalkulationsinformationen für Aktivitäten im Hof, einschließlich der folgenden Bereiche:

  - Extraktion von Hofmessungen im Zusammenhang mit der Abrechnung von verkauften Dienstleistungen im Hof (Aktivitäten oder Lagerzeiträume)
  - Abrechnung von auf dem Hof eingekauften Dienstleistungen

13.7.2 Einführung in SAP Yard Logistics

Wie bereits erwähnt, bildete EWM die technische Grundlage für SAP Yard Logistics. Viele grundlegende Konfigurations- und Modellierungsansätze wurden für SAP Yard Logistics wiederverwendet und können mit dem integrierten EWM-System kombiniert werden. Um jedoch die hohe Komplexität der spezifischen Umschlagsprozesse in einem Hof zu bewältigen, hat SAP neue, flexible, hofspezifische Funktionen in die Lösung aufgenommen. Einige Beispiele dafür sind:

- Bestands- und Stapelverwaltung für Voll- und Leercontainer in einem Containerdepot
- multimodales Konzept der Transporteinheitsarten, das die spezifischen Merkmale von Containern, Schiffen und Waggons in den Stammdatensätzen abdeckt
- spezialisiertes Management der verkehrsträgerspezifischen Ladebereiche in Höfen, wie z. B. Liegeplätze für Seeschiffe in Häfen oder Bahnrampen in Bahnhöfen
- Integration von hofspezifischen Technologien in das IIoT und gerätespezifische Bereiche

Die wichtigsten physischen Hofentitäten werden als Stammdaten wiedergegeben:

- Die Yard-Nummer spiegelt den physischen Standort oder Knotenpunkt in der Organisationsstruktur des Hofs wider.
- Die Yard-Transporteinheit ist das Hauptobjekt, das die physischen Transportmittel repräsentiert, die den Standort besuchen; sie ist vergleichbar mit der EWM-Transporteinheit.

SAP Yard Logistics ist in das TM-System integriert, das die grundlegenden Informationen über die erwarteten Arbeitsaufgaben an SAP Yard Logistics sendet, woraus die Yard-Anforderungen resultieren. In Abbildung 13.37 sehen Sie einen Überblick über die wichtigsten Objekte von SAP Yard Logistics und ihre Vererbung vom zugrunde liegenden EWM.

Das zentrale Objekt, mit dem in der Regel ein Prozess in SAP Yard Logistics beginnt, ist die Yard-Anforderung. Dieser Planungsbeleg liefert Ihnen Informationen über die Struktur und die Merkmale einer Transporteinheit, die sich in den Hof, aus dem Hof oder innerhalb des Hofs bewegt. Eine Yard-Anforderung kann eine Liste der vorgesehenen Aktivitäten enthalten, die für die anschließende Ausführung des Besuchs der Transporteinheit im Yard erforderlich sind. Yard-Anforderungen können manuell erstellt werden, das Ergebnis eines Transportplanungsprozesses sein oder extern über Schnittstellen ausgelöst werden. Bei der Integration mit TM wird eine Yard-Anforderung auf der Grundlage der Daten eines Frachtauftrags oder einer Frachtbuchung erstellt.

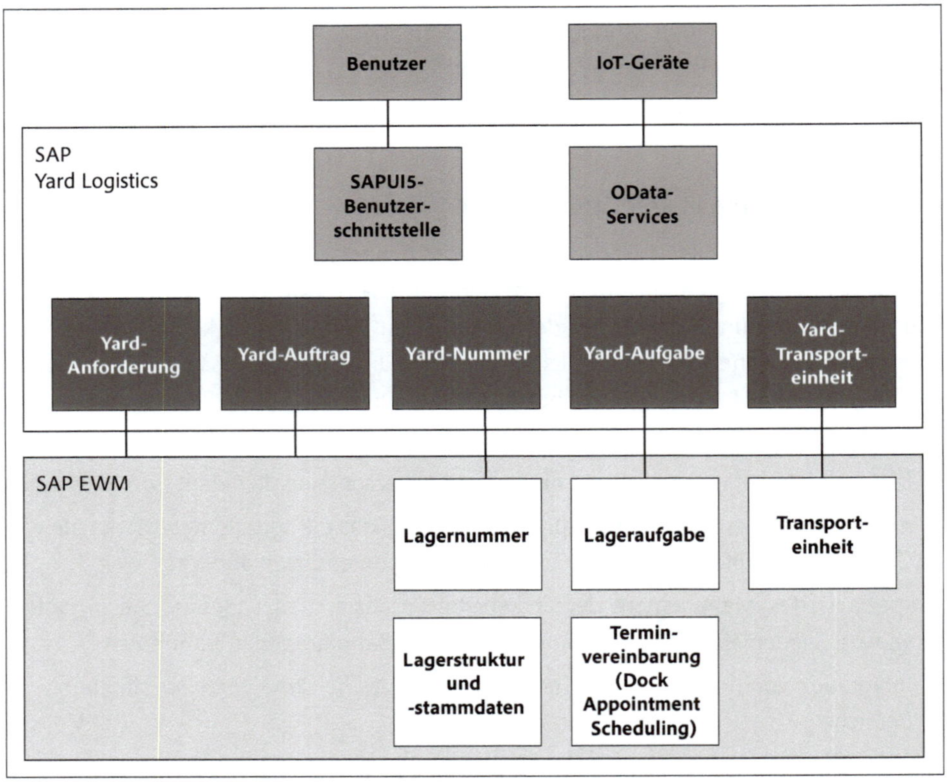

Abbildung 13.37: Überblick über SAP Yard Logistics und die vergleichbaren Objekte von EWM

Der Zweck einer Yard-Anforderung besteht darin, die erforderliche Arbeitslast für die Handhabung der Transporteinheit und die Eigenschaften, die die Ausführung beeinflussen können, zu ermitteln. Auf der Grundlage der Yard-Anforderungen in einem System kann ein langfristiger Arbeitslastplan definiert werden. Yard-Anforderungen enthalten Informationen über die geplante Prozessvariation, die Transporteinheit, die Ankunfts- oder Abfahrtsorte und Zeitfenster sowie die Produkteigenschaften, die möglicherweise bestimmte Abfertigungsverfahren erfordern. Sobald die Planung abgeschlossen ist, wird die Yard-Anforderung in einen Yard-Auftrag umgewandelt.

Yard-Aufträge sind kurzfristige Planungs- und Ausführungsbelege innerhalb von SAP Yard Logistics. Sie enthalten vergleichbare Informationen wie Yard-Anforderungen, konzentrieren sich jedoch auf die Ausführung der zugehörigen Aufgaben und die Protokollierung der Ausführungsdetails (z. B. Status, Zeitstempel). Der Yard-Auftrag enthält den Ausführungsstatus, mit dem Sie sich einen Überblick über den Gesamtstatus des Besuchs der Transporteinheit verschaffen können.

Yard-Aufgaben stellen physische Aktivitäten dar, die im Yard während der Handhabung einer einzelnen Transporteinheit durchgeführt werden, und werden manuell oder durch im Customizing vorgesehene Prozessarten angelegt. Typische Yard-Aufgaben sind z. B. die Reinigung einer Einheit oder die Einlagerung einer Einheit in einem Lagerbereich.

Die Abfolge der Yard-Aufgaben innerhalb der Yard-Anforderung bzw. des Yard-Auftrags stellt den vorgesehenen sowie den tatsächlichen Ablauf der Aktivitäten für die Abfertigung einer einzelnen Transporteinheit dar, z. B.:

1. Bewegung des Lkws vom Check-in zum Kontrollbereich
2. Inspektion der Transporteinheit
3. Bewegung zur Ladefläche
4. Verladung auf einen wartenden Lkw
5. Auschecken des Lkws

Yard-Aufgaben sind die Hauptgranularität der Schritte, in denen Sie innerhalb von SAP Yard Logistics arbeiten und Bericht erstatten.

13.7.3 Benutzeroperationen in SAP Yard Logistics

SAP Yard Logistics bietet Ihnen eine Kombination aus Übersichts-, Verwaltungs- und Betriebsoberflächen für die Interaktion vor Ort und in mobilen Anwendungen. Sie können auf SAP Yard Logistics über neue Anwendungen zugreifen, die in SAPUI5-Technologie und den entsprechenden Floorplan-Manager-Konfigurationen bereitgestellt werden, um die Integration in das SAP Fiori Launchpad zu ermöglichen. Viele Anwendungen sind auch für den Einsatz in typischen mobilen Geräten im Hofumfeld optimiert. Darüber hinaus wurden viele zusätzliche Schnittstellen gemäß OData-Protokolldiensten bereitgestellt, um die entsprechende Integration von Yard-spezifischen Geräten und IIoT-Technologie zu ermöglichen, mit denen Sie die Prozesse auf dem Hof mit dem Grad der Automatisierung steuern können, der derzeit von verschiedenen Anbietern auf dem Logistikmarkt vorangetrieben wird.

Die meisten der in SAP Yard Logistics verwalteten Yards sind große, weit verzweigte Areale mit einer Vielzahl von darin definierten Teilbereichen und Unterabschnitten. Daher bietet die Lösung eine ausgefeilte Echtzeitvisualisierung des Yards selbst und seiner laufenden Prozesse, die einen digitalen Zwilling des Yard-Betriebs darstellen.

Im Folgenden finden Sie einige Beispiele für typische funktionale Schritte, die Sie in SAP Yard Logistics durchführen können:

- Gestalten und visualisieren Sie Ihre eigene Website und Einrichtungen mit dem Layout-Editor.
- Sehen Sie sich den Status des Hofs in Verbindung mit den laufenden Bewegungen an.
- Erkennen Sie den Status von Frachtobjekten (z. B. **Gesperrt**, **Leer**, **Voll**) mit Farbcodierung.
- Bewältigen Sie Ausnahmesituationen.
- Erstellen Sie Ad-hoc-Aufgaben für Container, TUs und Ressourcen.
- Verwalten Sie den Platz auf dem Hof, z. B. in einem Containerlager.
- Organisieren Sie Bewegungen von Transporteinheiten, z. B. das Umschichten von Containern.
- Blockieren Sie Orte wie Tore, Türen oder Parkplätze für ein- oder ausgehende Bewegungen.
- Fordern Sie detaillierte Informationen über einzelne Transporteinheiten an.
- Erkundigen Sie sich nach der aktuellen Auslastung der Hoflagerplätze.

Zur Verwaltung des Yards und der Vielzahl von Anfragen und Aufträgen bietet Ihnen SAP Yard Logistics das Yard-Cockpit als zentrale Anwendung zur Überwachung und Steuerung der laufenden Yard-Aktivitäten. In Abbildung 13.38 sehen Sie eine Übersicht über das Yard-Cockpit.

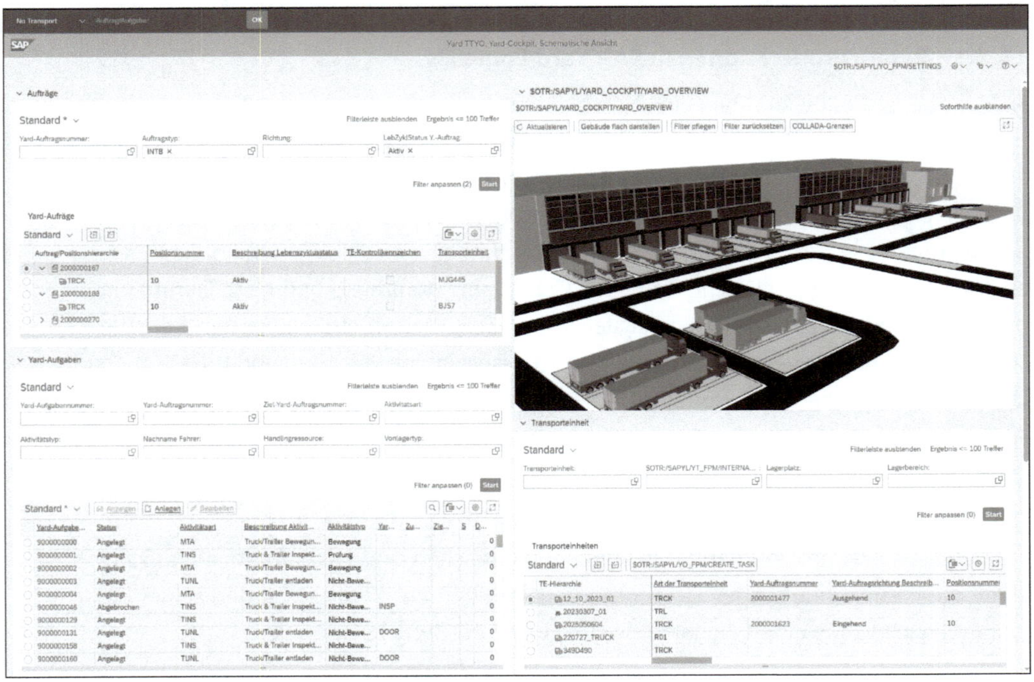

Abbildung 13.38: SAP Yard Logistics – Yard-Cockpit

Das Cockpit verwendet sowohl listenbasierte als auch grafische Werkzeuge, um eine optimale Sicht auf den Yard und seine Einheiten, Aufträge und Aktivitäten zu ermöglichen. Es erlaubt Ihnen auch, angemessen auf Warnungen zu reagieren, die im Yard auftauchen.

In Abbildung 13.39 sehen Sie mehrere Ansichten des Yard-Cockpits mit TU-Details ❶, Aufgabendefinition ❷ und Auslöseaktionen ❸.

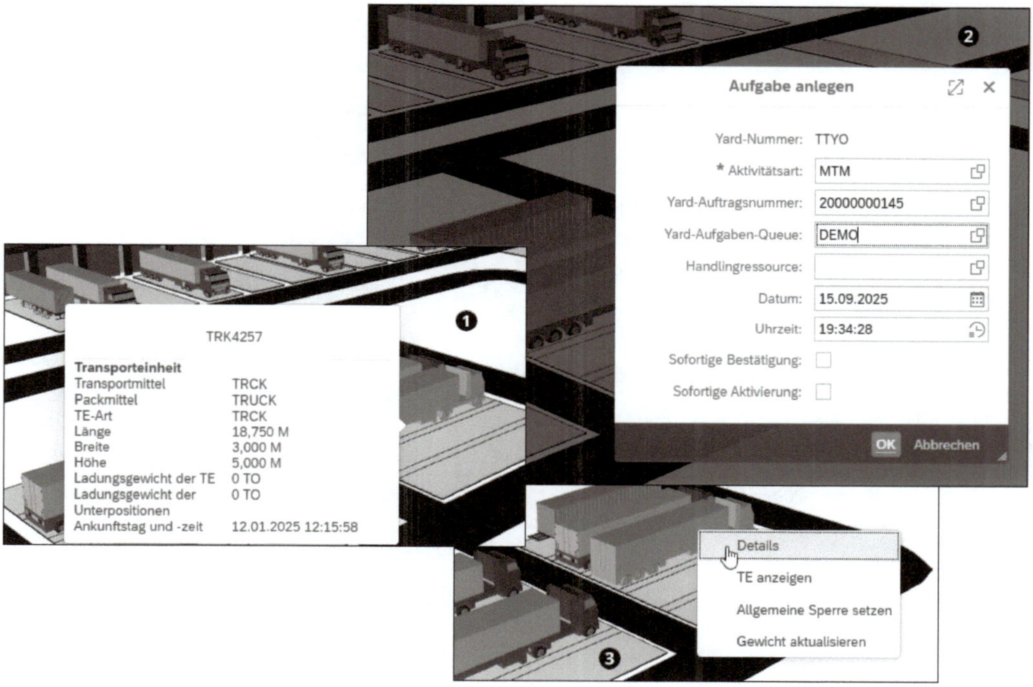

Abbildung 13.39: SAP Yard Logistics – Yard-Cockpit mit Beispielen für Anfragedetails und Auslösung von Aktionen und Aktivitäten

SAP Yard Logistics bietet Benutzerrollen, die die erforderlichen Funktionen zur Verwaltung eines Yards ausführen. Abbildung 13.40 zeigt typische Aufgaben in Bereichen wie Aufsicht, Hofmanagement, Gate-Abwicklung, Fahrpersonal und operative Aufgaben sowie einige Beispiele dafür, welche Beiträge die jeweiligen Rollen zur Yard-Verwaltung leisten.

In SAP Yard Logistics können Sie Ihren physischen Standort, einschließlich aller Teilbereiche und Teilabschnitte, als Stammdaten abbilden. Die Einrichtung des Standorts hat eine ähnliche Struktur wie in EWM, ist aber stärker auf die Besonderheiten des Yards ausgerichtet. Die Yard-Nummer stellt die organisatorische Einheit des Yards auf der höchsten Ebene dar. Lagertypen, Lagerabschnitte und Lagerplätze ermöglichen es Ihnen, die Struktur des Yards auf einer tieferen Ebene hierarchisch zu definieren. In Zusammenarbeit mit EWM ist es immer wichtig, ein angemessenes Gleichgewicht zwischen der Nutzung von Lagerbereichen im Lager und im Hof zu finden. Es ist nicht selbstverständlich, dass ein Lagerplatz außerhalb eines Lagers automatisch von SAP Yard Logistics verwaltet wird. Wenn ein gemischter Betrieb erforderlich ist, ist es oft sinnvoller, die Lagerung von Materialien vollständig in EWM zu verwalten und die Lagerbewegungen und die Lagerung von Leergut in SAP Yard Logistics zu verwalten. Wie bereits erwähnt, kann die Struktur des Yards mit dem grafischen Layout-Design-Tool visualisiert werden.

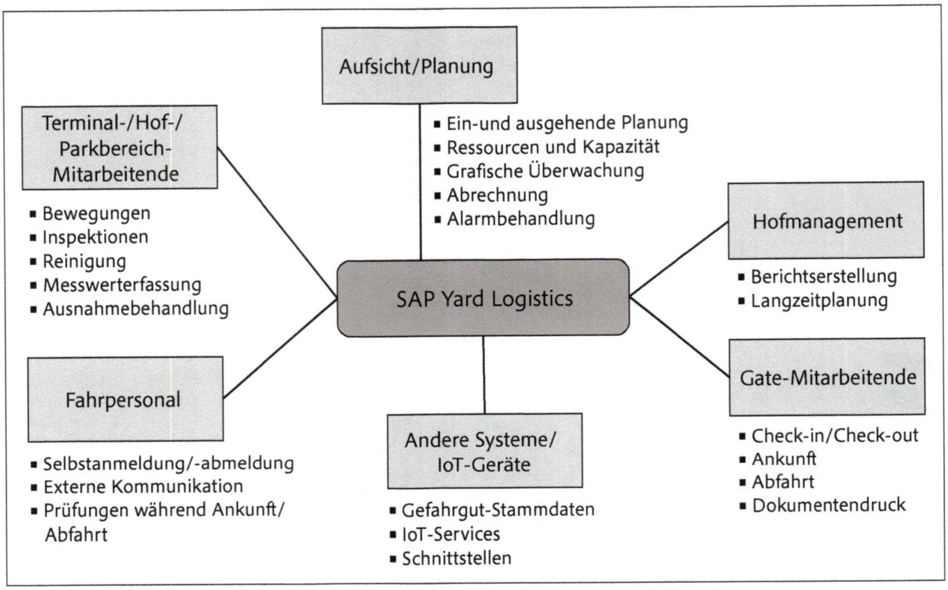

Abbildung 13.40: Rollen innerhalb von SAP Yard Logistics

13.7.4 Mobile Szenarien in SAP Yard Logistics

Ein Charakteristikum von Höfen ist die ständige Arbeitsteilung zwischen zentralen Planungsbüros und den Mitarbeitenden draußen auf dem Hof. Mit der Implementierung von SAP Yard Logistics kann die manuelle Aufgabenverteilung in einen digitalen Workflow, also in eine digitale Aufgabenverteilung, umgewandelt werden. Die Mitarbeitenden im Hof erhalten ihre Aufgaben in verschiedenen mobilen SAP-Fiori-Transaktionen, einschließlich der SAP-Fiori-Apps für die Erstellung von Yard-Aufgaben, die Ausführung von Yard-Aufgaben und die Yard-Inspektionen. Die SAP-Fiori-Apps laufen auf einer Vielzahl von Geräten, darunter Mobiltelefone, Tablets oder typische mobile On-Board-Geräte von Containerstaplern, Frachtanhängern für Yards (MAFIs), Gabelstaplern oder anderen Umschlagsgeräten.

Da Höfe in der Regel die Einbeziehung von externem Fahrpersonal in den Prozess erfordern, steht innerhalb von SAP Yard Logistics eine Selbstanmeldung für die Personen, die die Lkws fahren, zur Verfügung. Sie werden in mehreren Sprachen durch das Check-in-Verfahren geführt, indem sie die bevorzugte Kommunikationssprache wählen, sich mit einer Referenznummer identifizieren, ihre Kontaktdaten erfassen und Fragen beantworten, die Voraussetzung für das Betreten des Geländes sind. Das geführte Selbstanmeldeverfahren ist ebenfalls eine SAP-Fiori-App, die vorzugsweise auf PC-Terminals oder Kiosk-Terminals läuft.

13.7.5 Integration mit anderen Systemen und Geräten

Für externe Spediteure oder Frachtführer bietet SAP Yard Logistics eine Integration in Dock Appointment Scheduling oder SAP Business Network for Logistics, die von externen Parteien genutzt werden kann, um Zeitfenster und Orte für eine Be- oder Entladeaktivität zu vereinbaren.

Ähnlich wie die EWM-Lagerabrechnung umfasst die SAP-Yard-Logistik eine Abrechnungsfunktion, die es Ihnen ermöglicht, Yard-Services entweder an einen Verlader zu verkaufen oder von einem Dienstleister abrechnen zu lassen, der Sie bei der Abwicklung bestimmter Yard-Aktivitäten unterstützt. Kontrakte für die Yard-Abrechnung werden in TM gepflegt, das anschließend auch als Be- und Abrechnungswerkzeug verwendet wird.

Darüber hinaus kann SAP Yard Logistics über eine beliebige Middleware- oder Integrationsschicht integriert werden (z. B. SAP BTP mit verschiedenen Drittanbietern von Software, Hardware oder Infrastruktur). Typische Beispiele sind die folgenden:

- Die Integration von intelligenten Sensoren ermöglicht Ihnen die Überwachung und Steuerung aller Anlagen auf dem Hof mithilfe von Standardsensoren.
- Sensoren zur optischen Zeichenerkennung (OCR) und Nummernschilder-detektoren können zur Automatisierung von Gate-Prozessen oder Schadensinspektionen eingesetzt werden.
- Die RFID-Technologie kann auf eine Vielzahl von Geräten angewandt und integriert werden.
- Intelligente Anlagen zur Abfüllung kombinieren die Verbindung von Brückenwaagen, Silos und Transportmitteln zur automatischen Steuerung von Ladevorgängen.
- Die Drohnensteuerung kann für die Inspektion entlegener Bereiche des Hofes eingesetzt werden.
- Die Geofencing-Technologie kann zur Automatisierung von Transportaktivitäten verwendet werden, indem die Geolokalisierungsdaten von Transporteinheiten und Umschlagsgeräten zum Einsatz kommen.

13.8 SAP Business Network for Logistics

Im Rahmen der SAP-Gesamtstrategie nimmt das Geschäftsnetzwerk eine der Schlüsselrollen ein. Es ist als Kernelement für die Integration der internen Abläufe eines Unternehmens mit den beteiligten externen Geschäftspartnern gedacht. SAP Business Network bietet die folgenden vier Funktionsbereiche:

- **Entdecken**
  SAP Business Network for Logistics ermöglicht es Ihnen, neue Geschäftspartner zu identifizieren und zu vernetzen, neue Geschäftsdienstleistungen zu finden, zu nutzen und neue Geschäftsmöglichkeiten zu erkunden.
- **Verbinden**
  Das Netzwerk kann aus Unternehmenssicht einfach genutzt werden, da es zentral verwaltet wird und das Onboarding sowie die Konnektivität vom Betreiber oder den Teilnehmenden bereitgestellt werden. Es gibt eine Standardintegration mit SAP-Systemen und bestimmten Partnerlösungen. Verwaltete Integrationsdienste ermöglichen die Konnektivität zu verschiedenen gängigen Standards (z. B. B2B/EDI, Geräte, Sensoren).
- **Zusammenarbeiten**
  SAP Business Network for Logistics bietet ein globales, multimodales Netzwerk, das die Zusammenarbeit zwischen vielen Parteien ermöglicht, die mit einem gemeinsamen Prozess in Verbindung stehen und die berechtigt sind, Daten, Inhalte und Dokumente anzuzeigen und zu verwalten.
- **Einblicke gewinnen**
  Durch den Zugriff auf die großen Mengen an Betriebsdaten über das Netzwerk können eingebettete Analysen und eine Echtzeittransparenz der Sendungen bereitgestellt werden, die über die herkömmlichen Tools hinausgehen, die aus der Perspektive einer einzelnen Partei betrieben werden. Ziel ist es, eine durchgängige Transparenz der unternehmensübergreifenden Prozesse zu schaffen.

Das SAP Business Network umfasst mehrere Prozesse und Anwendungen in den Bereichen Beschaffung, Anlagenverwaltung und Lieferkette. In diesem Buch konzentrieren wir uns auf den Teil des Netzwerks, der mit TM zu tun hat, nämlich SAP Business Network for Logistics. Es ist ein strategisches Produkt von SAP und wird kontinuierlich weiterentwickelt.

Im Gegensatz zum Collaboration Portal, das bis vor einigen Jahren Teil des klassischen TM war, setzt SAP Business Network for Logistics nicht auf eine vom Kunden betriebene IT-Infrastruktur, sondern ist eine reine Cloud-Anwendung, die auf SAP BTP gehostet wird. Die Anwendung selbst besteht aus mehreren Bausteinen, die alle individuell genutzt werden können. Einen groben Überblick über das Netzwerk und seine Verbindungen gibt Ihnen Abbildung 13.41.

SAP Business Network for Logistics ist für die Verbindung mehrerer Geschäftspartner gedacht. Die Lösung bietet eine browserbasierte SAP-Fiori-Oberfläche und ermöglicht die Verbindung zum System über Anwendungsprogrammierschnittstellen (APIs). Wie bei allen SAP-Cloud-Anwendungen ist eine Liste dieser APIs in SAP Business Accelerator Hub unter *https://api.sap.com* (Suche nach »Business Network«) verfügbar. Bei der Verbindung mit SAP S/4HANA funktionieren viele der Schnittstellen bereits im Standard und sind vollständig in den zugrunde liegenden Geschäftsprozess integriert, wie Sie später in diesem Kapitel sehen werden. Die meisten der beschriebenen Prozesse funktionieren auch in einer SAP-ERP-Umgebung. In diesem Buch konzentrieren wir uns jedoch auf die Integrationsmöglichkeiten in SAP S/4HANA und die Teile des SAP Business Network for Logistics, die für die Frachtabwicklung und Zusammenarbeit relevant sind.

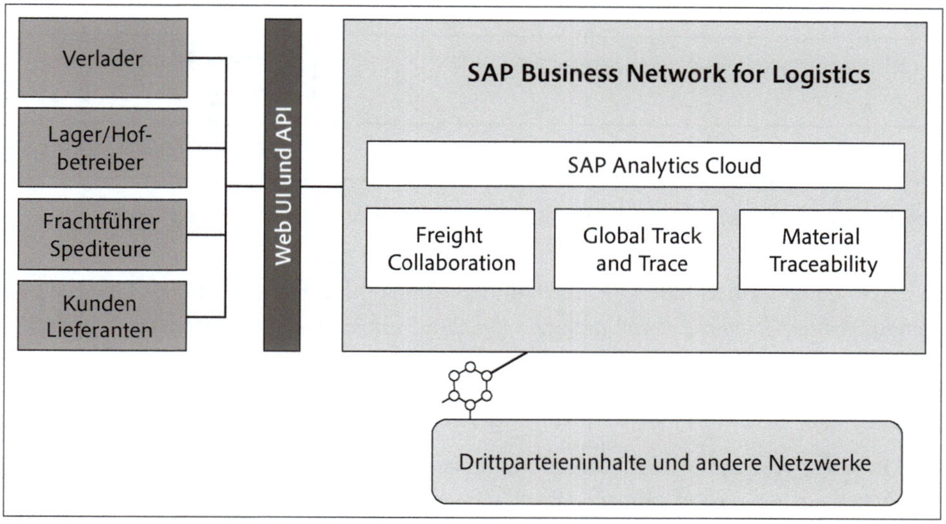

Abbildung 13.41: SAP Business Network for Logistics – Übersicht

Ein wichtiger Faktor des SAP Business Network for Logistics in Bezug auf Offenheit und Reichweite ist das Konzept des Netzes der Netze, das eine Beschleunigung der Innovation und Flexibilität ermöglicht, indem es die etablierten und neuen Dienste einer Vielzahl von Partnern nutzt. SAP Business Network for Logistics wird zu einem Multinetzwerk, indem es nicht nur seine eigenen Dienste integriert, sondern sich auch in Subnetzwerke einklinkt, die bereits in Logistik-Communitys vorhanden sind und sich in vielen Fällen auf eine Teilsicht von Aktivitäten konzentrieren, wie z. B. Überwachung von Lkw-Flotten. Die Zusammenarbeit der Partner kann zum Gesamtmanagement von Logistik- und Transportprozessen konsolidiert werden, was als Ziel des SAP Business Network for Logistics deklariert ist. Tabelle 13.2 listet einige der integrierten Netzwerke und Lösungen auf.

Zweck des Logistiknetzwerks	Beispiele für Anbieter
Lkw-Transportnetze	▪ Instafreight ▪ Uber Freight

Tabelle 13.2: SAP Business Network for Logistics und einige integrierte Netzwerke

Zweck des Logistiknetzwerks	Beispiele für Anbieter
Überwachung und Zusammenarbeit im Straßentransport	■ Project 44 ■ Shippeo ■ FourKites ■ ForEye ■ Transporeon
Frachtbuchung und Containerüberwachung	■ Project 44 ■ ClearMetal
Seefrachtbuchung und -bestätigung	Schifffahrtslinien über APIs

Tabelle 13.2: SAP Business Network for Logistics und einige integrierte Netzwerke (Forts.)

In den folgenden Abschnitten geben wir Ihnen einen umfassenden Überblick über die einzelnen Bausteine, die die Kernfunktionen des SAP Business Network for Logistics bilden.

13.8.1 SAP Business Network for Logistics – Freight Collaboration

SAP Business Network Freight Collaboration ist eng mit der TM-Lösung verbunden und bietet Dienste, die von TM-Kunden seit Langem gewünscht werden. Ziel ist, dass jede Interaktion, die außerhalb des TM-Kernsystems stattfindet, durch SAP Business Network unterstützt wird. Dies führt zu einer erhöhten Transparenz der Auftrags-, Ausführungs- und Abrechnungsprozesse, da es eine digitale Verbindung des gesamten Prozesses gibt. Darüber hinaus können Interaktionen über Papier, E-Mail oder Telefon im Idealfall eliminiert werden, was zu schlankeren Prozessen führt.

[»]

Einrichtung des Freight-Collaboration-Systems

Da der Umfang der Prozesse in SAP Business Network for Logistics schnell wächst und neue Prozesse manchmal auch neue Konfigurationsmöglichkeiten mit sich bringen, empfehlen wir Ihnen, die offizielle Hilfeseite zu konsultieren, um zu erfahren, wie man sich technisch an SAP Business Network for Logistics unter *http://s-prs.co/v557512* anschließen kann. Auf dieser Seite finden Sie sowohl Administrationsanleitungen für die Anbindung als Spediteur als auch für die Anbindung als Verlader.

Abbildung 13.42 zeigt die Integration der Prozessschritte von TM und SAP Business Network Freight Collaboration. In einem ganzheitlichen Ansatz werden alle Schritte eines TM-Prozesses mit den einzelnen Bausteinen von SAP Business Network for Logistics Freight Collaboration verknüpft.

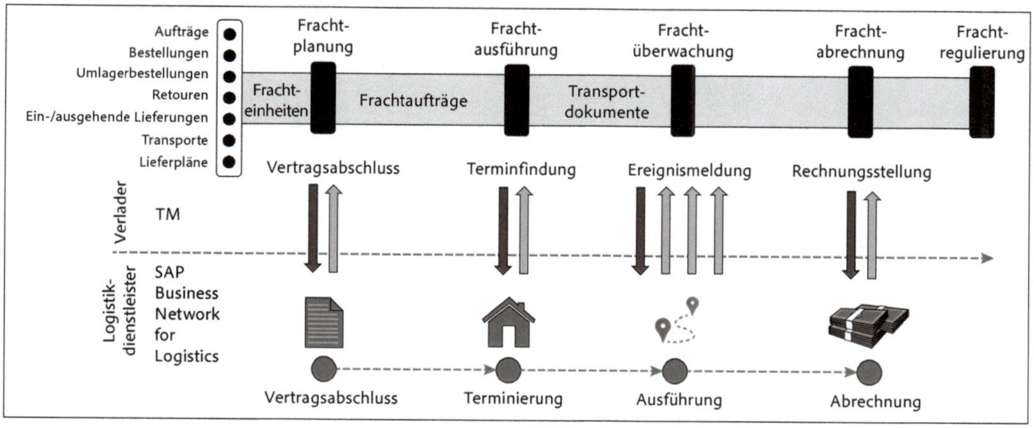

Abbildung 13.42: Prozessintegration von TM mit SAP Business Network for Logistics Freight Collaboration

In den folgenden Abschnitten werden wir die einzelnen Schritte näher betrachten.

Auftragsvergabe

Am Anfang eines Integrationsszenarios von SAP Business Network Freight Collaboration steht der TM-Prozess der Dienstleisterauswahl. Zur Erinnerung: Dies kann manuell oder automatisch in TM erfolgen, um entweder direkt nach der Frachtplanung einen verfügbaren Frachtführer oder Spediteur auszuwählen oder ein Ausschreibungsverfahren zu starten, um einen geeigneten Dienstleister auf dem Spotmarkt zu ermitteln.

Bei Dienstleistern, die Teil des SAP Business Network for Logistics sind und dort angebunden wurden, kann die Frachtanfrage direkt über das Business Network veröffentlicht werden. Der entsprechende Eintrag ist in der Geschäftspartnervereinbarung des Frachtführers im EDI-Kommunikationsprofil gepflegt. Der Dienstleister erhält die Anfrage bzw. Direktbestellung mit der Bitte um Bestätigung im Onlineportal des SAP Business Network for Logistics. Zusätzlich können die Szenarien für E-Mail-Benachrichtigungen so konfiguriert werden, dass die Anwenderinnen und Anwender aufseiten des Spediteurs benachrichtigt werden, wenn ihre Aufmerksamkeit erforderlich ist.

Da das Portal selbst über einen Browser von einer externen Quelle aus zugänglich ist, bietet dies eine einfache Möglichkeit, mit Spediteuren digital zu interagieren, ohne Zugang zum internen Netzwerk eines Unternehmens zu gewähren. Als zusätzliche Option kann sich der Spediteur über die verfügbaren APIs direkt mit dem SAP Business Network for Logistics verbinden, um die Anfrage elektronisch zu empfangen.

Abbildung 13.43 zeigt die Ausschreibung eines Frachtauftrags in SAP S/4HANA.

In Abbildung 13.44 sehen Sie, wie die Frachtausschreibung in SAP Business Network for Logistics angezeigt wird.

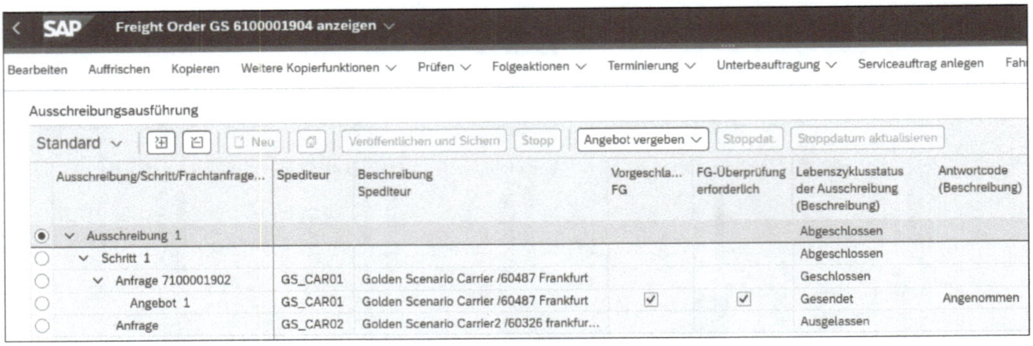

Abbildung 13.43: Ausschreibung eines Frachtauftrags in SAP S/4HANA

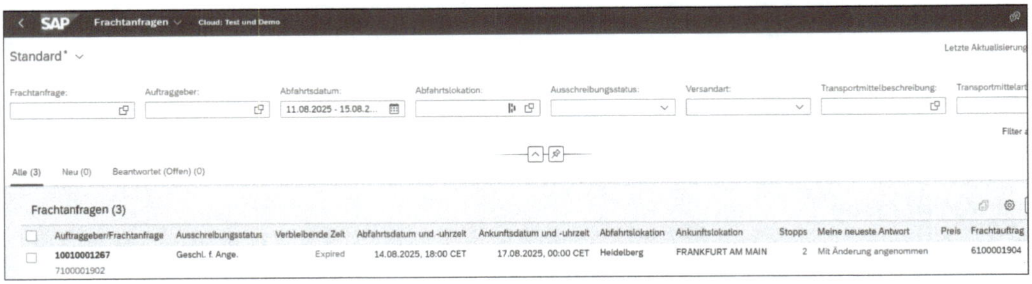

Abbildung 13.44: Frachtausschreibung in SAP Business Network for Logistics

In Abbildung 13.43 sehen Sie zunächst die Ansicht auf der Registerkarte **Unterbeauftragung** eines Frachtauftrags, auf der gerade eine Ausschreibungsausführung läuft. Die Abbildung 13.44 zeigt die Anfrageliste von SAP Business Network for Logistics in der Dienstleisteransicht, auf der die Ausschreibung angezeigt wird, die auf Abbildung 13.43 im TM-Systems zu sehen ist. In Abbildung 13.45 können Sie dann die Details zum Angebot im SAP Business Network for Logistic sehen.

Die Anfrage enthält Budget, Standorte, Daten, Frachtdetails, Tourdetails, Notizen, Anhänge und Kontaktinformationen für jeden der Standorte. Diese Daten werden aus dem zugrunde liegenden Frachtauftrag abgeleitet. Für Seefrachtbuchungen sind auch Informationen über Kapazität (Container), Konnossement (B/L), Schiff, Reise und IMO-Nummer verfügbar.

Diese ursprüngliche Anfrage kann vom Spediteur geändert, abgelehnt oder akzeptiert werden, wobei jeder Schritt auf den TM-Registerkarten **Unterbeauftragung** und **Status** des Frachtauftrags bzw. der Frachtbuchung angezeigt wird. Wie in Abschnitt 7.6, »Frachtausschreibung«, beschrieben, wird der Ausschreibungsprozess gestoppt und der jeweilige Frachtführer im TM-Frachtauftrag aktualisiert, wenn ein passendes Angebot eingegangen ist.

Das Verfahren läuft immer in folgenden Schritten ab:

1. Eine Ausschreibung wird in TM entweder manuell oder automatisch auf der Grundlage der Einstellungen für die Frachtführerauswahl und des Ausschreibungsprofils erstellt. Die einzelnen Ausschreibungsschritte können im Bereich **Ausschreibungsausführung** des ausgeschriebenen Frachtauftrags überprüft werden, genau wie bei jeder Integration des SAP Business Network for Logistics.
2. Je nach den Einstellungen des Geschäftspartners wird die Ausschreibung an SAP Business Network for Logistics weitergeleitet und ist auf der Weboberfläche der ausgewählten Dienstleister sichtbar (einschließlich E-Mail-Benachrichtigungen, wie zuvor dargestellt).
3. Der Dienstleister kann die Anfrage überprüfen, indem er die Kachel **Frachtanfragen** in einem Webbrowser aufruft. Es werden allgemeine Informationen über Standorte, Art und Abmessungen der Fracht, Kontaktangaben, Tourdetails, Notizen und Anhänge (die direkt in das TM-System und aus dem TM-System kopiert werden) angezeigt. Die Zeiten für die angeforderten Stopps können geändert werden, ein Preis kann hinzugefügt werden, und die Anfrage kann als angenommen (mit oder ohne Änderung) oder abgelehnt übermittelt werden. Abbildung 13.45 zeigt eine Beispielanfrage, wie sie von einem Beförderer geöffnet wurde, mit allgemeinen Informationen.

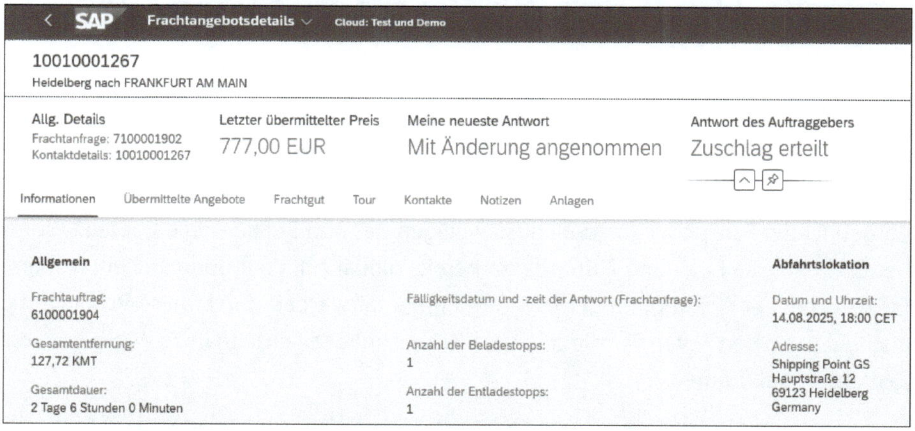

Abbildung 13.45: SAP Business Network for Logistics Freight Collaboration – Details eines Frachtangebots

4. Nach Eingang der Antwort wird diese entweder automatisch oder manuell im TM-System ausgewertet und bei positiver Prüfung an den Frachtführer vergeben. Auf der Registerkarte **Unterbeauftragung** in TM wird angezeigt, welcher Dienstleister den Zuschlag erhalten hat, und der Dienstleister wird dem jeweiligen Frachtauftrag oder der Frachtbuchung hinzugefügt.
5. Der Dienstleister erhält einen Auftrag (Straßenfracht) oder eine Buchung (Seefracht) zur endgültigen Bestätigung. Die Anfrage kann in der jeweiligen Onlineschnittstelle

des SAP Business Network for Logistics nochmals überprüft und bestätigt oder storniert werden. Sobald die Antwort in TM eingegangen ist, wird der Bestätigungsstatus des jeweiligen Frachtauftrags oder der Frachtbuchung aktualisiert.

6. Liegt keine Ausschreibung vor, sondern ein Direktauftrag mit einem bestimmten Dienstleister, ändert sich der Prozess nur geringfügig. Der Frachtauftrag/die Frachtbuchung wird ohne Ausschreibung gesendet, und der letzte Schritt des zuvor beschriebenen Prozesses ist direkt aktiv.

[»] **Externe Planung**

2023 wurde ein alternativer Prozess für die externe Planung eingeführt, bei dem SAP Business Network for Logistics zur Weiterleitung von Frachteinheiten genutzt werden kann und Frachtaufträge über öffentlich verfügbare APIs empfangen und in TM erstellt werden können. (Unter *https://api.sap.com* finden Sie die neuesten Implementierungshinweise zu den folgenden APIs: Verbraucher-API zur Anforderung der Planung im externen System und Anbieter-API zur Erstellung geplanter Frachtdokumente aus dem externen System). Die Entscheidung, ob eine Transporteinheit versendet werden soll, ist mit der Einkaufsorganisation verknüpft, die in der Transporteinheit hinzugefügt wird.

Ladeterminplanung

Ein bestehender und bestätigter Frachtauftrag ermöglicht es dem Spediteur, optional einen Ladetermin selbst zu planen. Im geschäftlichen Kontext ermöglicht dies eine einfachere Lkw-Abfertigung am jeweiligen Standort, da der ankommende Lkw bereits einem vorgebuchten Fahrplan folgt, dem die jeweiligen Be- und Entladestellen bereits zugeordnet und dem die Lkw- und Fahrerdaten bereits digital zur Verfügung stehen. Neben der Effizienz bei der Abfertigung der Lkws am Firmentor werden durch diese Vorbuchungen auch Staus an den Toren vermieden, da die Lkws im Idealfall zeitnah zu ihrem gebuchten Zeitfenster ankommen.

Voraussetzung für das Anlegen von Ladeterminen ist, dass der Verlader, der SAP Business Network for Logistics betreibt, die Stammdaten für jeden Ort im SAP Business Network for Logistics pflegt. Für die Pflege werden die Orte mit den Ortstypen **Ladestelle**, **Andockstelle**, **Tor** und **Yard** unterschieden. Mehrere Ladestellen (die sich in derselben allgemeinen geografischen Lage befinden) können zu einer Ladestelle zusammengefasst werden. Tore und Verladestellen können Yards zugeordnet werden. Die einzelnen Einheiten können zur leichteren Pflege auch aus Microsoft Excel importiert bzw. dorthin exportiert werden.

Standortspezifische Einstellungen wie Arbeitszeiten, Zeitfenster, Sperrzeiten, Kapazitäten etc. werden aktiviert, um die Eigenschaften und die Verfügbarkeit der einzelnen Standorte weiter zu spezifizieren.

Einen Termin buchen

Die Grundlage für einen Ladetermin ist immer ein Frachtauftrag in TM. Es ist jedoch möglich, bereits Termine für Frachtaufträge zu buchen, die noch nicht endgültig vom Dienstleister bestätigt wurden. Es können einmalig Dienstleister manuell angegeben werden, die eine E-Mail-Benachrichtigung über einen manuell angelegten Termin an einen Dienstleister ermöglichen, der noch nicht im SAP Business Network for Logistics angemeldet ist. Die Ermittlung potenzieller Verladestellen für die Buchung eines Zeitfensters durch einen bestimmten Dienstleister erfolgt über die Standort-IDs der angeschlossenen Ladestellen, die mit den im TM-System für die jeweiligen Quell- und Zielorte verwendeten Standorten übereinstimmen müssen. Die Stammdatenreplikation der Standorte erfolgt über das Data Replication Framework (DRF).

Mit der SAP-Fiori-App **Ladeterminplanung** werden dem Dienstleister für jeden einzelnen Frachtauftrag die verfügbaren Ladestellen und ihre jeweiligen Kapazitäten angezeigt. Basierend auf dem gewünschten Terminplan kann dann der gewünschte freie Slot ausgewählt und gebucht werden. Sobald ein Slot ausgebucht ist, wird die entsprechende Zeit in der SAP-Fiori-App als **Nicht verfügbar** angezeigt, und andere Dienstleister sind gezwungen, andere Zeiten bzw. Ladestellen für ihren Termin zu wählen. Dies führt zu Echtzeittransparenz für alle betroffenen Geschäftspartner über den Standort des jeweiligen Verladers, einem der wichtigsten Bausteine zur Vermeidung von Staus am Gate und zur Vermeidung von Überschreitungen der Abwicklungskapazitäten im Lager.

Für Verlader ermöglicht eine separate SAP-Fiori-App **Ladetermine verwalten** (siehe Abbildung 13.46) den Überblick über die aktuelle Situation an den verwalteten Ladestellen.

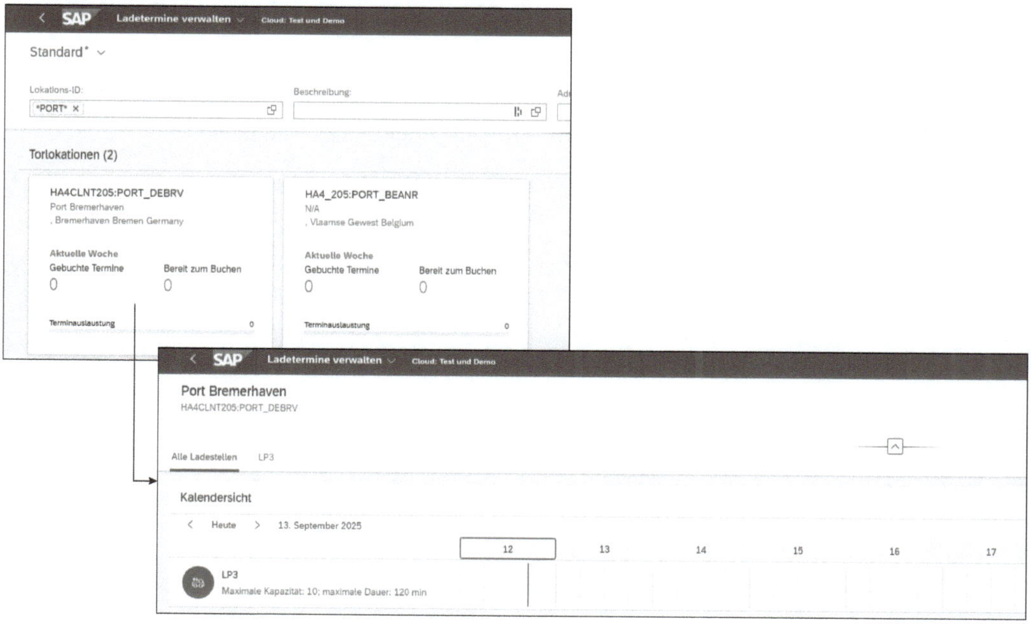

Abbildung 13.46: SAP Business Network for Logistics – Ladetermine

Nach Auswahl der jeweiligen Ladestelle öffnet sich ein Gantt-Diagramm, in dem Termine für bestehende Frachtaufträge geändert oder manuell gepflegt werden können und in dem Zeitsperren gesetzt werden können, um die Ladestellen für Buchungen unzugänglich zu machen (z. B. um Wartungszeiten oder unerwartete Ereignisse beim Be-/Entladen zu berücksichtigen).

Für jeden gepflegten Termin kann der Verlader die Ereignisse für Ladebeginn, Ladeende und Verspätungen (mit Grund) melden. Außerdem wird sichtbar, ob ein Lkw bereits eingecheckt wurde.

Wie bereits erwähnt, sind die angelegten Termine mit einem TM-Frachtauftrag verknüpft. Im Falle einer Änderung von Terminen oder Orten werden diese Änderungen in den offenen Terminen durch Aktualisierung oder Stornierung berücksichtigt. Stornierte Frachtaufträge führen auch zur Stornierung aller verbundenen Termine.

Torverarbeitung

Es muss nicht nur sichergestellt werden, dass ein Ladeplatz für einen Lkw bestimmt wird, sondern es muss auch festgelegt werden, ob ein Lkw in den Hof des Unternehmens einfahren darf, und es muss auch seine Ausfahrt verfolgt werden. Diese Check-in- und Check-out-Bearbeitung wird auch in SAP Business Network for Logistics unterstützt. SAP Business Network for Logistics nutzt bestehende Ladetermine, um dem Verlader eine Übersicht zu geben, welche Lkws einfahren dürfen.

Der entsprechende Prozess für Verlader (der auch von Yard-Betreibern genutzt werden soll) wird durch die SAP-Fiori-App **Torbetrieb verwalten** unterstützt. Die SAP-Fiori-App zeigt die bestehenden Termine an und ermöglicht es, die damit verbundenen Check-in- und Check-out-Prozesse zu starten (siehe Abbildung 13.47). Dieses Logbuch der Toroperationen fasst auch mehrere Frachtaufträge und Termine für ein Fahrzeug zusammen, um einen einzigen Einstiegspunkt für ein- und ausgehende Lkws zu bieten.

Während des Check-in/Check-out können noch fehlende Angaben zu einem Frachtauftrag ergänzt werden, wie z. B.:

- Angaben zur Person, die am Steuer sitzt
- bestätigte Gewichte (Check-in und Check-out)
- Siegel
- Bestätigung der Überprüfung der Fahrzeugsicherheit
- Bestätigung der Überprüfung: Sicherheit des Fahrpersonals (nur Check-out)
- Bestätigung der Überprüfung: erforderliche Unterlagen
- Anmerkungen und Anhänge

Nach Abschluss der Check-in- und Check-out-Prozesse ist die Be-/Entladung am Standort des Verladers abgeschlossen, und die eigentliche Ausführung beginnt. Die Nutzung der Ladeterminfunktion von SAP Business Network for Logistics schließt eine Lücke in der TM-Software, in der cloud-basierte Online-Gate-Operationen und Ladestellenverwaltung bisher nicht verfügbar waren. Um die Lösung auch für Dienstleister nutzbar zu machen, die nicht an das Business Network angeschlossen sind, kann eine einmalige Einladung an einen Gastdienstleister zur einmaligen Terminbuchung durch den Verlader gesendet werden.

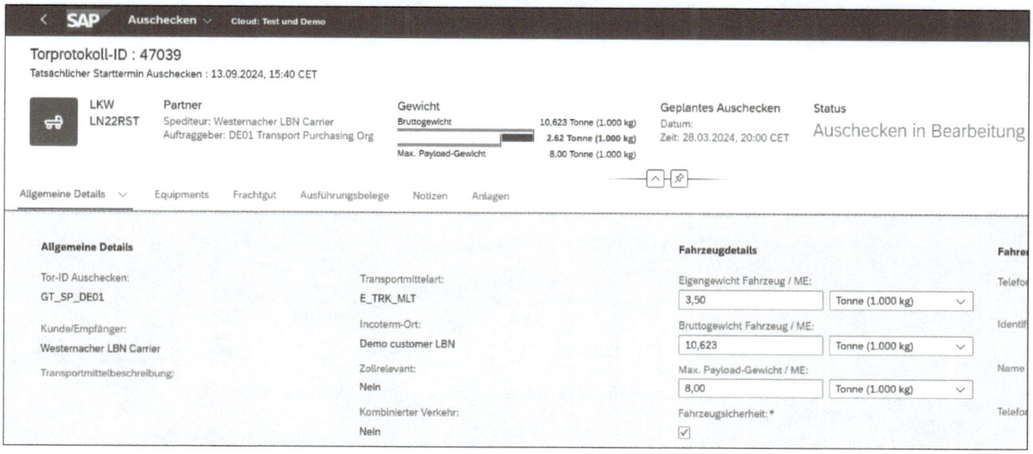

Abbildung 13.47: Check-out für Ladetermin durchführen

Ausführung und Ereignisberichterstattung

Nachdem die anfänglichen Planungs- und Be-/Entladungsschritte durchgeführt wurden, hat der Dienstleister die Möglichkeit, über festgelegte vordefinierte Meilensteine (d. h. Ereignisse) zu berichten. Für TM wird dies im flexiblen Fall durch SAP Event Management oder SAP Business Network Global Track and Trace unterstützt (mehr darüber erfahren Sie in Abschnitt 8.2 bzw. Abschnitt 8.3). Mit SAP Business Network for Logistics Freight Collaboration gibt es eine zusätzliche Möglichkeit, Ereignisse zurückzumelden. Hier wird auch GTT genutzt, jedoch ein fester Satz von Ereignissen vorgegeben. Für einen unterbeauftragten Frachtauftrag kann der Dienstleister die vorgesehenen Ereignisse melden, wobei die Registerkarte **Ausführung** im Frachtauftrag direkt aktualisiert wird.

Ein Unternehmensnetzwerk verbindet Verlader, Dienstleister und Überwachungsnetzwerke miteinander. Mit seiner großen Reichweite adressiert es eine der größten Herausforderungen bei der Transportverfolgung: Woher kommen die Daten, und wie integriere ich sie?

Im Folgenden gehen wir auf die wichtigsten Funktionen ein.

Dienstleisterrückmeldung

Jeder Dienstleister kann auf eine Liste seiner Frachtaufträge zugreifen, die er über das Web UI des SAP Business Network for Logistics oder per API bestätigt. In der SAP-Fiori-App **Frachtauftrag für Rückmeldung** kann ein bestimmter Auftrag ausgewählt und anschließend das Ausführungsereignis gemeldet werden (siehe Abbildung 13.48). Für die Pflege von Ereignissen in Echtzeit können Dienstleister ihrem Fahrpersonal direkten Zugriff auf SAP Business Network for Logistics gewähren, was auch über mobile Geräte möglich ist.

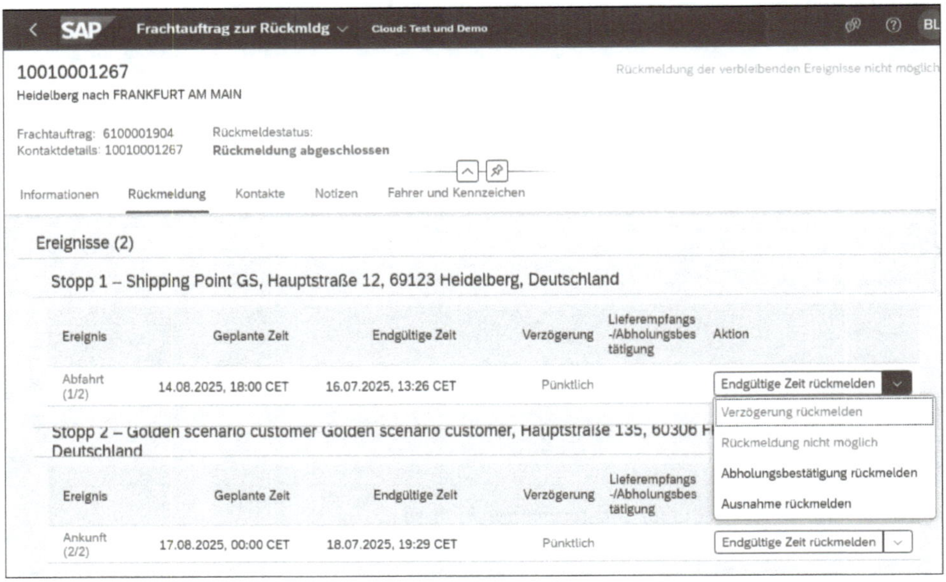

Abbildung 13.48: SAP Business Network for Logistics – Rückmeldung zum Frachtauftrag

Innerhalb der SAP-Fiori-App sieht der Dienstleister alle bereits gemeldeten und noch offenen Ereignisse. Über ein Drop-down-Menü kann der Zusteller die folgenden Optionen auswählen, um Ereignisse zu melden/zu aktualisieren:

- **Verspätung rückmelden**
  Meldet das neue erwartete Datum, die Uhrzeit und die Dauer des Verspätungsereignisses zusammen mit einem auswählbaren Verspätungsgrund (aus einer Drop-down-Liste) und einem optionalen Kommentar.
- **Rückmeldung nicht möglich**
  Wählt aus, dass das Ereignis nicht gemeldet werden soll.
- **Abholnachweis/Zustellnachweis rückmelden**
  Ermöglicht die Meldung der jeweiligen Ereignisse, einschließlich des Hochladens von Anhängen.
- **Ausnahme rückmelden**
  Erlaubt die Meldung eines außergewöhnlichen Ereignisses während des Transports. Sie können den Zeitpunkt der Ausnahme und einen Grund angeben oder einen Kommentar einfügen. Außerdem ist der Upload von Dateien möglich.

Alle gemeldeten Ereignisse sind auf der Registerkarte **Ausführung** des TM-Frachtauftrags sichtbar, einschließlich der jeweiligen Datei-Uploads, die als Anhänge gespeichert werden.

Obwohl die aufgelisteten Ereignisse eine grundlegende Teilmenge der Ereignisse darstellen, die während des Transports auftreten können, geben sie dem Verlader dennoch einen Einblick in die Geschehnisse, nachdem der Transport das Gelände verlassen hat. Darüber hinaus ermöglicht die Art der meldepflichtigen Ereignisse die Erstellung von Folgeszenarien, etwa Frachtabrechnungsdokumenten nach der Meldung von Abliefernachweisen oder die Aktualisierung von Frachtaufträgen, nachdem Ausnahmen gemeldet wurden.

Überwachungsmöglichkeiten des Versenders

Während die Ereignismeldungen an TM gesendet werden, bietet SAP Business Network for Logistics dem Verlader eine zusätzliche Überwachungslösung, die die gemeldeten Zeitstempel, Geostandorte und Ereignisse wiedergeben kann. In der SAP-Fiori-App **Frachtbewegung nachverfolgen** werden alle untervergebenen Sendungen mit ihrem aktuellen Status (**In Transit**, **Angekommen**, **Überfällig** etc.) angezeigt und ermöglichen so einen kompakten Überblick über die aktuelle Transportsituation.

Nach Auswahl einer einzelnen Sendung werden alle Meilensteine und Informationen zur Sendungsverfolgung, einschließlich Geostandort und voraussichtlicher Ankunftszeit, angezeigt. Die Darstellung ist analog zu der in Abbildung 8.27 und Abbildung 8.28 gezeigten Darstellung.

Frachtabrechnung

Im letzten Schritt, nach Abschluss des Transports, kann der Frachtführer eine Rechnung hochladen und den Zahlungsprozess auslösen. Über die SAP-Fiori-App **Frachtbelege abrechnen** sind alle fakturarelevanten Frachtdokumente zur Überprüfung und zum Start eines Fakturierungsprozesses auswählbar. Dazu gehören das Hinzufügen einer Rechnungsreferenz und eines Rechnungsdatums sowie das Hochladen eines Rechnungsdokuments. Außerdem können zusätzliche Anhänge und Notizen hinzugefügt werden. Ist eine Abweichung von Plan- und Istkosten aufgetreten, hat der Dienstleister auch die Möglichkeit, bestehende oder zusätzliche Gebührenzeilen zur Rechnung hinzuzufügen (siehe Abbildung 13.49).

Während dieses Schritts kann jede Abweichung vom zuvor vereinbarten Preis zu einem Streitfall führen, der über die Onlineplattform von SAP Business Network for Logistics gelöst werden kann. Zum Beispiel könnte ein Dienstleister unerwartete Wartezeiten beim Kunden haben, was zusätzliche Kosten verursacht, da das Fahrzeug während dieser Zeit blockiert ist.

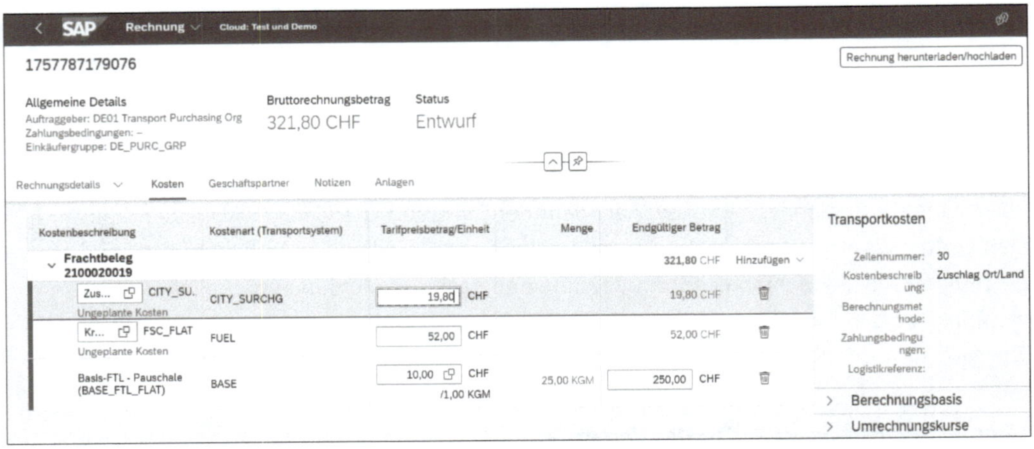

Abbildung 13.49: Hinzufügen ungeplanter Kosten in SAP Business Network for Logistics

Jeder Klärungsfall kann über die browserbasierte Benutzeroberfläche von SAP Business Network for Logistics des Verladers und des Dienstleisters über die SAP-Fiori-App **Klärungsfälle verwalten** überprüft werden. Abweichungen von den ursprünglich vereinbarten Frachtkosten werden mit einem Begründungscode angezeigt und können mit zusätzlichen Anmerkungen akzeptiert oder abgelehnt werden.

Abbildung 13.50 zeigt als Beispiel einen laufenden Streitfall für zusätzliche Gebühren. Innerhalb dieses Prozesses können Workflows verwendet werden, um Tarifänderungen für Streitfälle zu genehmigen, die einen bestimmten Schwellenwert überschreiten.

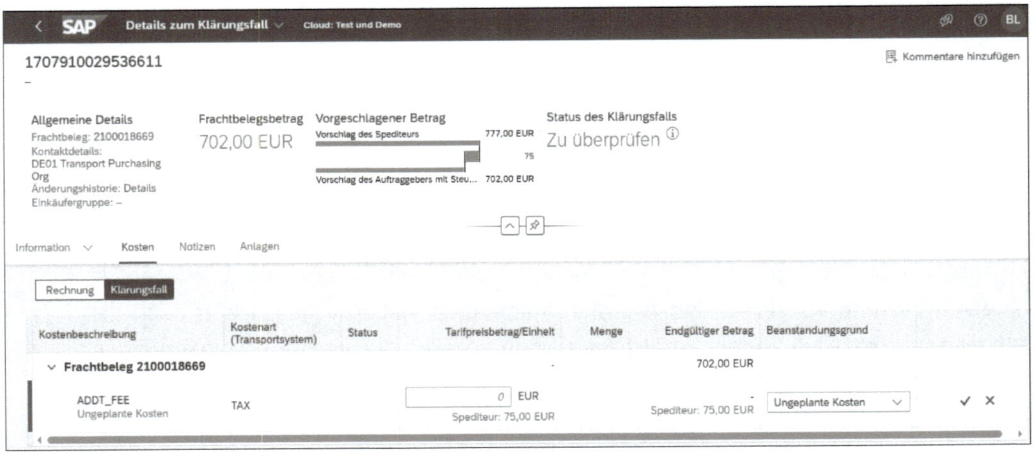

Abbildung 13.50: Verwaltung von Klärungsfällen

Diese Funktion ermöglicht eine transparente, standardisierte Onlinebeilegung von Abrechnungsstreitigkeiten und löst damit das Problem eines unzusammenhängenden Prozesses, bei dem E-Mails und Telefonanrufe erforderlich sind, um eine Beilegung zu ermöglichen.

Sobald der Fakturierungsprozess vom Dienstleister gestartet und der Frachtabrechnungsbeleg in TM gebucht wurde, kann die logistische Rechnungsprüfung ausgelöst und die Rechnung gebucht werden. Dies funktioniert auch für das Sammelrechnungsszenario durch die Auswahl mehrerer Frachtbelege. Die Rechnung selbst wird über den Upload durch SAP Business Network for Logistics digital in das SAP S/4HANA Backend übernommen.

Das Gutschriftsverfahren ist ebenfalls Teil des nutzbaren Umfangs. Dienstleister können in der SAP-Fiori-App **Frachtbelege prüfen - Gutschriftsverfahren** die für sie relevanten Frachtaufträge und Frachtbuchungen überprüfen. Von dort aus können die Auftragsdetails angezeigt und Streitfälle durch Ändern oder Hinzufügen von Gebührenzeilen eingeleitet werden.

13.8.2 Onboarding von Geschäftspartnern

Um die Zusammenarbeit mit Geschäftspartnern im SAP Business Network for Logistics zu ermöglichen, müssen die Teilnehmenden vom Netzwerkbesitzer eingeladen oder deren Daten hochgeladen werden. Es gibt drei Möglichkeiten, Geschäftspartner zum Netzwerk hinzuzufügen, und alle werden über die SAP-Fiori-App **Geschäftspartner einladen** ausgeführt (siehe Abbildung 13.51):

- **Manuelle Eingabe**

  Wählen Sie in der SAP-Fiori-App **Geschäftspartner einladen** auf der Registerkarte **Zu übermitteln** die Option **Eingeladenen hinzufügen - Geschäftspartner**, und geben Sie auf dem folgenden Bildschirm die erforderlichen Details ein (Name, Adresse, Sprache etc.). Daraufhin wird der Partner in der Arbeitsliste angezeigt, und eine Einladung kann gesendet werden, indem Sie ihn auswählen und auf die Schaltfläche **Senden** klicken.

- **Microsoft-Excel-Upload**

  Anstatt Geschäftspartner einzeln einzugeben, wie im letzten Punkt beschrieben, können sie über eine Microsoft-Excel-Vorlage massenhaft hochgeladen werden. Die Vorlage kann in der SAP-Fiori-App **Geschäftspartner einladen** über die Schaltfläche **Excel-Vorlage herunterladen** heruntergeladen werden. Nach dem Hinzufügen der Geschäftspartner in der Vorlage können diese über **Geschäftspartner hochladen** in das System hochgeladen werden, das die Daten importiert, eine Duplikats- und Vollständigkeitsprüfung durchführt und die jeweiligen Partner für die Übermittlung einer Einladung bereitstellt.

- **TM-Integration**

  Sie können Geschäftspartner aus TM exportieren. Die resultierende Microsoft-Excel-Liste kann dann in SAP Business Network for Logistics hochgeladen werden, wie unter dem letzten Punkt beschrieben

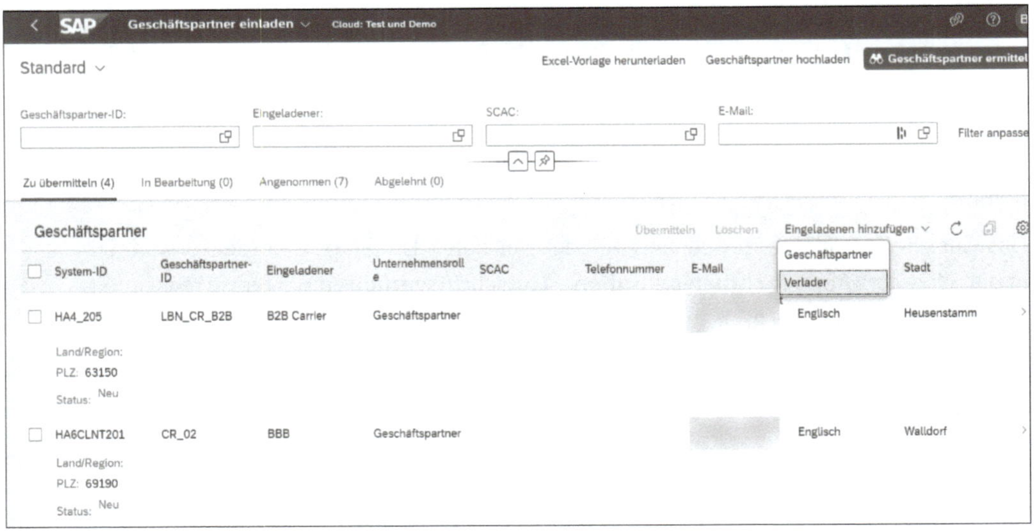

Abbildung 13.51: SAP Business Network for Logistics – Geschäftspartner einladen

Sobald die Frachtführer hochgeladen wurden und sich im Status **Angenommen** im SAP Business Network for Logistics befinden, müssen die Dienstleisterstammdaten in TM aktualisiert werden. Sobald die Einladungen übermittelt wurden, erhalten die Dienstleister eine E-Mail mit Anweisungen, wie sie sich mit SAP Business Network for Logistics verbinden können. Spediteure, die bereits an Bord sind, können über ihre SAP-Fiori-App **Einladungen verwalten** weitere eingehende Einladungen prüfen und annehmen.

[»]

Dienstleisterdefinition und Onboarding

Für Dienstleister steht ein spezieller Leitfaden für die Einrichtung und das Onboarding zur Verfügung, der die ersten Schritte im SAP Business Network for Logistics beschreibt und sie in die Lage versetzt, Geschäfte mit den jeweiligen Einladenden zu tätigen: *help.sap.com* (**SAP Business Network for Logistics • SAP Business Network Freight Collaboration • Administration Guide for Carriers**).

Während für Verlader der Schwerpunkt auf der Integration bestehender Geschäftspartner in SAP Business Network for Logistics liegt, um einen lückenlosen Prozess in der Ausführung der Lieferkette zu bilden, ist ein weiterer wichtiger Anwendungsfall für Geschäftsnetzwerke die Fähigkeit, zusätzliche Geschäftspartner zu finden. Vor allem bei Unterbrechungen in der Lieferkette, bei denen schnell neue Beschaffungs- und Lieferoptionen gefunden werden müssen, um Lieferengpässe oder Verzögerungen zu vermeiden, hilft die Möglichkeit, einen LDL leicht zu finden und digital mit ihm in Verbindung zu treten, bei der Bewältigung von Herausforderungen.

Diese Funktion wird im SAP Business Network for Logistics über die SAP-Fiori-App **Geschäftspartner ermitteln** aktiviert. Sie zeigt alle Spediteure an, die bereits im SAP Business Network for Logistics aktiv sind, und ermöglicht es Ihnen, Einladungen an diese Geschäftspartner zu senden. Es stehen mehrere Filter für Branchenabdeckung, geografische Reichweite, Verbindungsstatus und Rollen zur Verfügung, um die Suchergebnisse einzugrenzen und effektiv neue Geschäftspartner zu entdecken.

13.9 SAP Direct Store Delivery

In der Konsumgüterindustrie und im Einzelhandel gibt es Szenarien, bei denen ein Transportproblem zwar Teil eines Gesamtprozesses ist, TM als Einzellösung aber möglicherweise nicht die vollständige Lösung liefern kann. Ein Beispielszenario betrifft einen beladenen Lkw oder Transporter, der eine nicht näher spezifizierte Menge an Waren an Verkaufs- oder Verbrauchsstellen auf einer vorbestimmten Tour abliefert. Der Prozess umfasst Elemente des Direktvertriebs und Marketings, der Informationsbeschaffung und zusätzlicher Dienstleistungen. Für Getränkehersteller oder Lebensmittelgroßhändler z. B. ermöglicht das entsprechende Verfahren, den Einzelhandel zu umgehen und direkt an die Kunden zu verkaufen. Weitere Vorteile für Unternehmen, die dieses Verfahren der direkten Filialbelieferung nutzen, sind eine effizientere Lagerhaltung und ein besseres Kundenerlebnis durch mehr Service und eine engere Kundenbindung.

In der Vergangenheit bot SAP dafür SAP Direct Store Delivery an, das nicht direkt mit TM verbunden war. In SAP S/4HANA bietet *SAP Direct Store Delivery for SAP S/4HANA* eine komplett neu entwickelte Lösung, die gemeinsam mit Kunden entwickelt wurde. Sie ist für SAP S/4HANA und die Integration optimiert, die eine Verbindung zu TM für eine optimierte Logistikabwicklung beinhaltet.

Die Gesamtlösung umfasst Elemente der SAP Sales Cloud, die zentrale Komponente SAP Direct Store Delivery for SAP S/4HANA und eine mobile Anwendung sowie eine Anbindung an die SAP Business Technology Platform (SAP BTP). Für eine vollständige Beschreibung des Prozesses in SAP Direct Store Delivery verweisen wir auf die Beschreibung des Funktionsumfangs unter *http://s-prs.co/v557515*, da wir uns in dieser Beschreibung auf die TM-bezogenen Teile konzentrieren. In Abbildung 13.52 ist der komplette Prozess für SAP Direct Store Delivery als Übersicht dargestellt.

Der TM-bezogene Teil des Prozesses integriert Schätzungen, geplante Dienstleistungen oder konkrete Aufträge hinsichtlich der Lkw-Ladung, der Ladeplanung, der Berechnung der effizientesten Route, der Rückmeldung an SAP Direct Store Delivery und des Drucks von Dokumenten. Der eigentliche Ausführungsteil von SAP Direct Store Delivery, in dem die TM-Integration zum Tragen kommt, Touren geplant und Verkaufs- und Vorverkaufsbesuche durchgeführt werden, wird als *Letzte-Meile-Distribution* (LMD) bezeichnet. Die Komponente gehört zum Bereich Logistics Execution (LE) von SAP S/4HANA.

Eine Übersicht über die Systeminteraktion für die im Folgenden beschriebenen Prozesse sehen Sie in Abbildung 13.53. Die Integration zwischen SAP Direct Store Delivery und TM konzentriert sich auf den Frachtauftrag. Transportbedarfe werden durch den LMD-Teil von SAP Direct Store Delivery übergeben, um von TM in Frachteinheiten umgesetzt und als Frachtaufträge optimiert zu werden. Wir unterscheiden Frachteinheiten für Serviceaufgaben, Produktvorschläge, Fahrerladungen sowie Kundenlieferungen und -retouren.

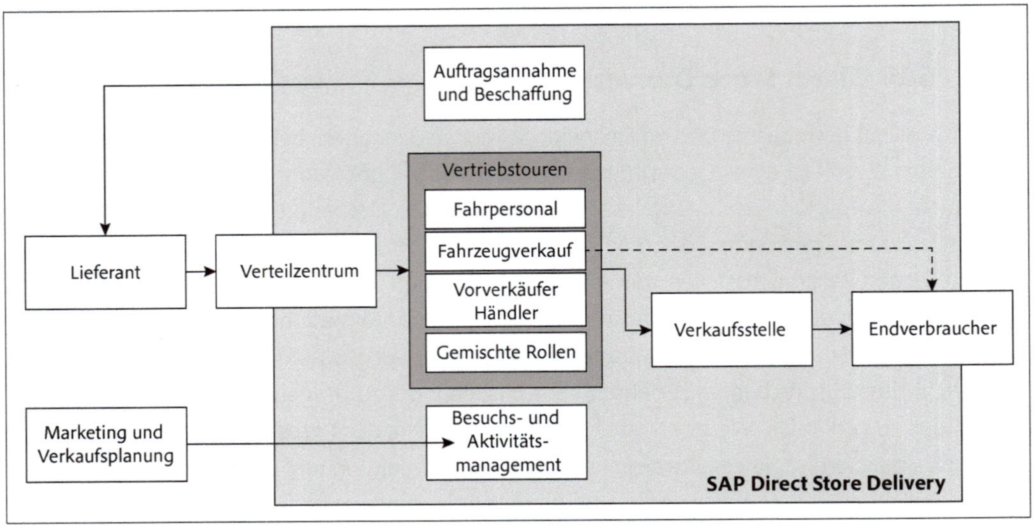

Abbildung 13.52: SAP Direct Store Delivery – Übersicht

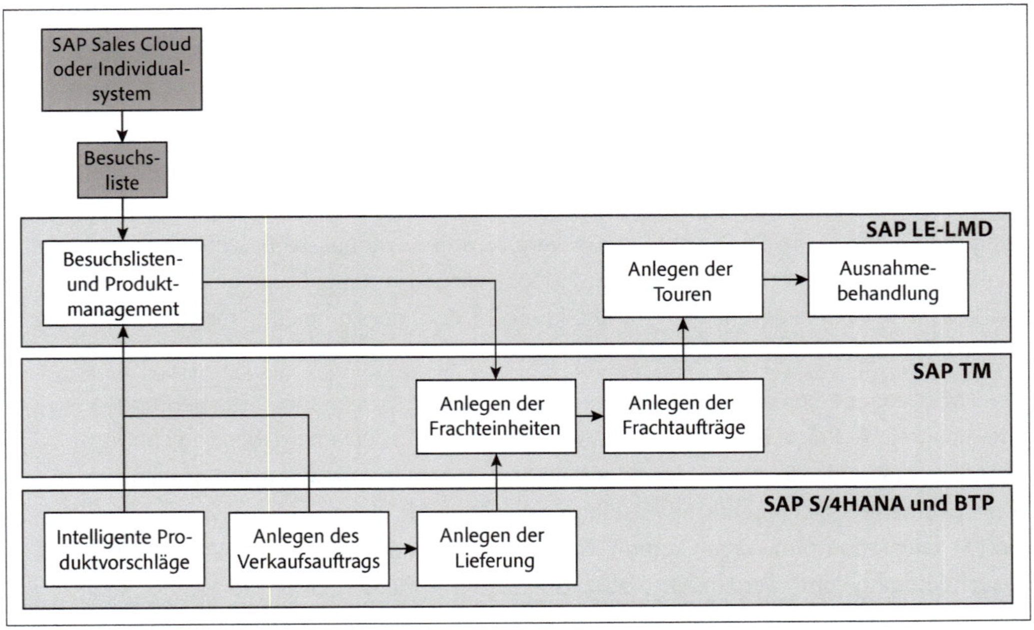

Abbildung 13.53: Interaktion mit der Letzte-Meile-Distribution

Für LMD sind die folgenden grundlegenden Szenarien relevant:

- **Verkauf vom Lieferwagen**

  Bei einem Verkauf vom Lieferwagen fährt die Person, die das Fahrzeug führt, auf einer vorher festgelegten Route zu potenziellen Kunden und führt Ad-hoc-Verkäufe und Dienstleistungen für die geladenen und verkauften Produkte durch (z. B. das Auffüllen von Regalen). Der Lieferwagen dient in diesem Fall als rollendes Lager bzw. fahrbare Verkaufsstelle. Vor Beginn der Tour sind die für jeden Halt benötigten Artikel nicht genau spezifiziert, sodass die Beladung des Lieferwagens auf Schätzungen beruht, was als *spekulative Beladung* bezeichnet wird.

  Während der Ausführung kann der Verkäufer des Lieferwagens die Route, den verbleibenden Bestand und die Preise abrufen und dann die durchgeführten Aktivitäten mit einem mobilen Gerät aufzeichnen. Die Prozessschritte sind dabei folgende:

  - Grundlage für das Szenario ist eine *Besuchsliste* , die außerhalb von TM in einem SAP-Sales-Cloud-System erstellt wird. Die Besuchsliste enthält Stopps für die einbezogenen Geschäftspartner, die für die Stopps an jedem Standort berechneten Zeiten, Datum und Uhrzeit für den Tourbeginn und die Zuordnung des Fahrpersonals.
  - Auf der Grundlage der Besuchslisten startet die LMD einen Planungsprozess, bei dem Produktvorschläge (spekulative Ladungen) und Dienstleistungsaufgaben (beides ohne Bezug zu einem Kundenauftrag) für die einzelnen Stopps erstellt werden. Das Planungsteam kann auch manuell *Ladungsanfragen* erstellen (mit dem Ergebnis eines Kundenauftrags) und diese als geplante Ladungen hinzufügen.
  - Die spekulativen Ladungen, Ladeanforderungen und Serviceaufgaben werden an das TM-System gesendet und führen zu Frachteinheiten, die mit einem Verweis auf die Besuchsliste erstellt werden.
  - LMD stößt die Erstellung eines Frachtauftrags an, einschließlich der Angaben zur fahrenden Person.
  - Die Zuordnung von Frachteinheiten zum Frachtauftrag erfolgt automatisch (über eine LMD-Planungsstrategie) oder manuell in TM.
  - Der disponierte Frachtauftrag mit allen zugeordneten Frachteinheiten wird bei einer vorher festgelegten Statusänderung an LMD gesendet. In diesem Stadium werden auch die Warenausgänge gebucht.
  - Der Belegdruck für die Abwicklung und Frachtabrechnung kann optional in TM erfolgen.
  - Sobald die Tour in LMD als vollständig ausgeführt gemeldet wird, ändert sich der Status des Frachtauftrags auf **Ausgeführt**. Die Frachtaufträge werden mit Kundenauftragsreferenzen aktualisiert, falls während der Route Verkäufe stattgefunden haben und vom Lieferwagenverkäufer erfasst wurden.

- **Vorbestellte Lieferung**

  Für ein Distributionsszenario mit vorbestellten Lieferungen werden Verkaufs- und Distributionsbelege erstellt, die der erwarteten Ladung eines Lkws entsprechen. Die fahrende Person fährt eine festgelegte Route ab, um Waren auszuliefern und Retouren abzuholen. TM ist das führende System für die Planung.

  Die für den Verkauf vom Lieferwagen beschriebenen Schritte sind leicht abgewandelt:

  - Die Besuchsliste ist nur für die dienstleistungsbezogenen Stopps relevant. In diesem Szenario dienen diese Stopps der Abholung von Rücklieferungen von Waren, Pfand und Mehrwegverpackungen.
  - Dienstleistungsfrachteinheiten werden aus LMD erzeugt, während Frachteinheiten für Warenlieferungen auf der Grundlage von Lieferungen gebildet werden.
  - Die Paketbildung wird durchgeführt.
  - TM führt den Prozess an, indem es die Servicefrachteinheiten und Ladungsfrachteinheiten auf Frachtaufträgen plant. Es führt die Disposition und Routenplanung durch und erstellt dann einen Ladeplan. Das Fahrpersonal wird werden zugewiesen, und die Route wird an LMD übergeben.

- **Vorverkäufer/Händler**

  Das Hauptziel der Vorverkäufertour ist es, Marketing- und Handelsaktionen durchzuführen, um die zukünftige Nachfrage des Kunden für spätere Liefertouren zu erfassen. Darüber hinaus kann der Vorverkäufer auch Serviceaufgaben wie das Auffüllen von Regalen und das Kassieren von Zahlungen übernehmen.

  Die Frachtaufträge in TM werden daher in der Regel nur für Servicetransporteinheiten erstellt, wobei die Hauptaufgabe des TM-Systems in der Disposition der vorgeplanten Tour besteht.

Die erstellten Frachtaufträge werden in den zuvor genannten Szenarien an LMD zurückgeschickt und erzeugen eine Tour. Die Verbindung zwischen LMD und TM basiert auf SOAP-Nachrichten.

Die wichtigste TM-bezogene Konfiguration in SAP S/4HANA konzentriert sich auf die beteiligten Transportauftragsobjekte (Frachteinheit, Frachtauftrag). Sie erfahren mehr darüber in der SAP-Hilfe unter *http://s-prs.co/v557516*.

13.10 Zusammenfassung

In diesem Kapitel haben wir das Zusammenspiel der Funktionen von TM und verschiedenen zusätzlichen Lösungen innerhalb der SAP-Landschaft erörtert. Jede besprochene Lösung erweitert die Kernfunktionen von TM und ermöglicht eine durchgängige Logistikabwicklung und -überwachung. Lassen wir die behandelten Lösungen noch einmal Revue passieren:

- **Analytics**

  Analytics unterstützt Unternehmen, die TM einsetzen, mit aussagekräftigen Statistiken, Dashboards und KPI-Berechnungen.

- **Integration mit SAP Extended Warehouse Management und erweiterte EWM-Prozesse und -Funktionen**

  Lager- und Transportprozesse sind miteinander verknüpft, und das Zusammenspiel von TM und EWM ermöglicht eine nahtlose Logistikabwicklung bei Inbound- und Outbound-Prozessen.

  - Der neue erweiterte Warenannahme- und Versandprozess (EWV) für TM und EWM verbindet Lagerhaltung, Lieferabwicklung und Transport.
  - EWM bietet eine Option zur Abwicklung von Lagerlogistik in Transitlagern.
  - Die Lagerleistungsabrechnung ermöglicht es Ihnen, Kosten für erbrachte Lagerdienstleistungen abzurechnen.

- **Integration der Kundenauftragsterminierung**

  Der Abschnitt erläutert das Zusammenspiel von Auftragsterminierung in SD mit der Transportterminierung im TM-System.

- **SAP Yard Logistics**

  Yard Logistics ist eine zusätzliche Lösung zur Verwaltung und Durchführung von Check-in- und Check-out-Prozessen sowie zur Verfolgung der auf dem Hof gelagerten und bewegten Fracht und Ressourcen.

- **SAP Business Network for Logistics**

  Diese Public-Cloud-Lösung integriert TM nahtlos mit Geschäftspartnern für logistische Unteraufträge und erhöhte Transparenz.

- **SAP Direct Store Delivery**

  Diese Lösung dient der Unterstützung von Filialdirektlieferungen über TM als Werkzeug für eine angepasst Transportplanung.

Kapitel 14

Migration zu und Betrieb von TM in SAP S/4HANA

Trotz des hohen Reifegrads von TM führen wechselnde Strategien zu Variabilität bei Migrationen. In diesem Kapitel geben wir Ihnen Hinweise, worauf Sie bei der Migration achten sollten. Wir geben Ihnen zudem Erfahrungen für den Betrieb in leistungskritischen Umgebungen an die Hand, etwa zur Kontrolle des Datenvolumens.

Der Weg von einer bestehenden SAP-basierten Transportlösung zu einer gut integrierten TM-Lösung in Ihrer Unternehmenslandschaft kann lang sein. Anders als bei herkömmlicher Software kann TM in vielen Versionen, Bereitstellungsformen und Integrationsvarianten implementiert werden. Einen Eindruck von der Vielfalt haben Sie in Kapitel 2, »Einführung in SAP Transportation Management in SAP S/4HANA«, erhalten.

Bei Migrationsszenarien wird eine Altanwendung durch eine neue Lösung ersetzt, wobei Prozesse und Daten in die neue Umgebung übernommen werden. Bei jeder Migration sollten Sie verschiedene Faktoren berücksichtigen:

- Welches System nutzen Sie aktuell, und wie wird es betrieben? Es kann sich dabei um ein Nicht-SAP-System, ein älteres SAP-ERP-System mit integriertem LE-TRA, eine ältere Version eines SAP-NetWeaver-basierten TM-Systems oder eine ältere Version von TM in SAP S/4HANA TM handeln.
- Welche der in der bestehenden Implementierung vorhandenen Prozesse und Daten müssen übernommen, welche können ersetzt oder umgestaltet werden? Müssen Prozesse hinzugefügt werden?
- Erfolgt die Umstellung vom alten auf das neue TM-System in einem Schritt, oder handelt es sich um eine mehrstufige Reise über einige Zwischenversionen, Lösungen oder Komponenten mit regionalen oder organisatorischen Unterschieden?
- Was ist Ihr Ziel? Planen Sie ein eingebettetes TM-System in SAP S/4HANA oder eine dezentrale Instanz?

In den folgenden Abschnitten geben wir Ihnen einen Überblick über die Möglichkeiten, TM von einer bestehenden älteren Version oder durch Änderung der Bereitstellungsvariante zu migrieren (Abschnitt 14.1). Zwei Situationen erfordern jedoch einen Blick auf die Grenzen und operativen Faktoren Ihres Systems:

- Die Wahl der Installationsart beeinflusst die Leistung und Möglichkeiten Ihres TM-Systems. Manche Funktionen, wie Advanced Shipping and Receiving, setzen für den vollen Umfang bestimmte Varianten (hier: Embedded TM) voraus.
- Wenn Sie Ihr TM-System reibungslos mit großen Datenmengen oder hohen Leistungsanforderungen betreiben möchten.

In Abschnitt 14.1 geben wir Ihnen Tipps, wie Sie zu TM migrieren können. Wie Sie Ihr TM-System überwachen können lernen Sie in Abschnitt 14.2 und wie Sie große Datenmengen verwalten können in Abschnitt 14.3.

14.1 Migration von TM in der SAP Business Suite zu TM in SAP S/4HANA

Der Einsatz von TM in SAP S/4HANA – ob eingebettet oder als eigenständige Instanz – bietet zahlreiche Vorteile. Dazu zählen über 400 Vereinfachungen, technische Verbesserungen, die Integration von Stamm- und Bewegungsdaten sowie die Nutzung von Embedded Analytics. Wenn Sie TM in einer SAP-S/4HANA-Instanz mit Release 1809 oder höher implementieren möchten, gibt es drei verschiedene Szenarien:

- **Neuimplementierung**

  Bei einer Neuimplementierung (Greenfield-Ansatz) beginnt man wie auf der grünen Wiese und definiert zunächst Anforderungen und Prozesse, bevor man sie technisch umsetzt. Agile Methoden sorgen dafür, dass der geschäftliche und der technische Teil bei der Umsetzung nicht mehr so klar getrennt sind, aber im Allgemeinen geht die Definition der geschäftlichen Anforderungen der technischen Umsetzung voraus.

  Im SAP-Kontext geht es dabei um die Neugestaltung und die auf Prozessvereinfachung basierende Implementierung innovativer Geschäftsprozesse unter Verwendung von SAP-Best-Practices-Inhalten auf einer neuen SAP-S/4HANA-Plattform mit initialer Datenlast und der Ausmusterung einer alten Landschaft (Legacy oder Drittanbieter). Mit Blick auf TM handelt es sich um die Neuimplementierung eines TM-Systems.

- **Systemumstellung**

  Bei einer Systemkonvertierung (Brownfield-Ansatz) geht es um die Übertragung bestehender Prozesse und Entwicklungen auf eine neue technische Plattform. Dabei findet zunächst die technische Migration statt, optional gefolgt von einer Optimierung oder einem Reengineering als betriebswirtschaftlicher Komponente.

  Im SAP-Kontext bedeutet dies eine vollständige technische Umstellung eines bestehenden SAP-Business-Suite-Systems auf eine SAP-S/4HANA-Systeminstanz zur Einführung von Innovationen. Das Hauptszenario für einen TM-Umzug ist eine bestehende SAP-Business-Suite-Installation, die auf eine SAP-S/4HANA-Plattform umgestellt werden soll, was in diesem Kapitel ausführlich behandelt wird.

- **Selektive Datenmigration**

  Eine dritte Variante ist die selektive Datenmigration. Sie wurde durch die Kombination der Stärken von Greenfield- und Brownfield-Ansätzen geschaffen. Hier wird nur ein ausgewählter Teil der alten Prozesse und Daten migriert. Der andere Teil wird auf eine Greenfield-ähnliche Weise neu implementiert.

  Im SAP-Kontext handelt es sich um eine wertorientierte Datenmigration auf die neue Plattform durch Konsolidierung von derzeit mehreren SAP-Business-Suite-Landschaften in ein globales SAP-S/4HANA-System oder um eine selektive Datenmigration auf Basis von Rechtseinheiten. Dieses Szenario kann in unserem Fall außen vor gelassen werden, da es sich in erster Linie auf eine verteilte SAP-ERP-Landschaft mit mehreren Instanzen konzentriert und einen Leitfaden für Konsolidierung liefert. Es ist daher nicht das typische Ziel für eine TM-Installation.

Bei der Konvertierung eines TM-Systems stehen zwei Migrationspfade zur Verfügung (siehe Abbildung 14.1):

❶ Entweder Sie migrieren von TM (auf Basis von SAP NetWeaver) zu einem dezentralen SAP-S/4HANA-TM-System mit einem angeschlossenen SAP-S/4HANA- oder SAP-ERP-System.

❷ Oder Sie migrieren zu Embedded TM in SAP S/4HANA.

In beiden Fällen muss sich TM mindestens auf dem Release 9.5 oder höher befinden, wenn Sie die Standardfunktionen für die Migration nutzen möchten. Wenn Ihr aktuelles TM-System auf einem niedrigeren Release ist, muss zuerst ein Upgrade durchgeführt werden. Ähnliche Einschränkungen gelten für das SAP-S/4HANA-System. Das System muss Release 1809 oder höher aufweisen.

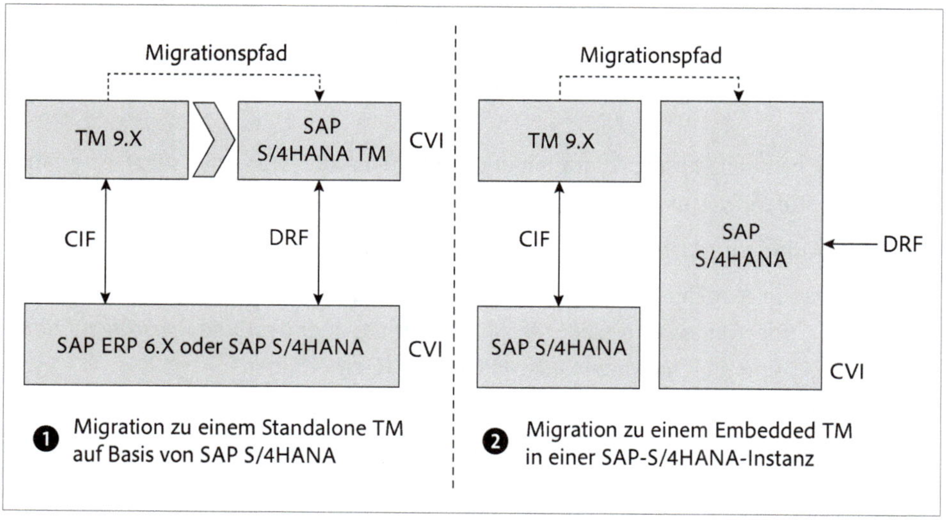

Abbildung 14.1: Migrationspfade von TM zu SAP S/4HANA TM

Die Systemkonvertierung von TM wird durch das TM-Migrationstool unterstützt (ein rein für TM bestimmtes Werkzeug!). Die Migrationsanwendung bietet einen Überblick über alle unterstützten Daten und Objekte, überträgt Daten in das SAP-S/4HANA-System und protokolliert wichtige Meldungen. Die Migration basiert auf einer RFC-Verbindung (Remote Function Call) zwischen den beiden Systemen. Abbildung 14.2 zeigt den unterstützten Umfang des Migrationstools:

- TM-spezifisches Customizing (z. B. Frachtauftragsarten)
- TM-spezifische lokale Stammdaten (z. B. Frachtvereinbarungen, Ressourcen)
- Konsistenzprüfungen für Nummernkreise
- organisatorische Einheiten (z. B. Speditionshäuser)
- aktuelle Einstellungen/Systemeinstellungen

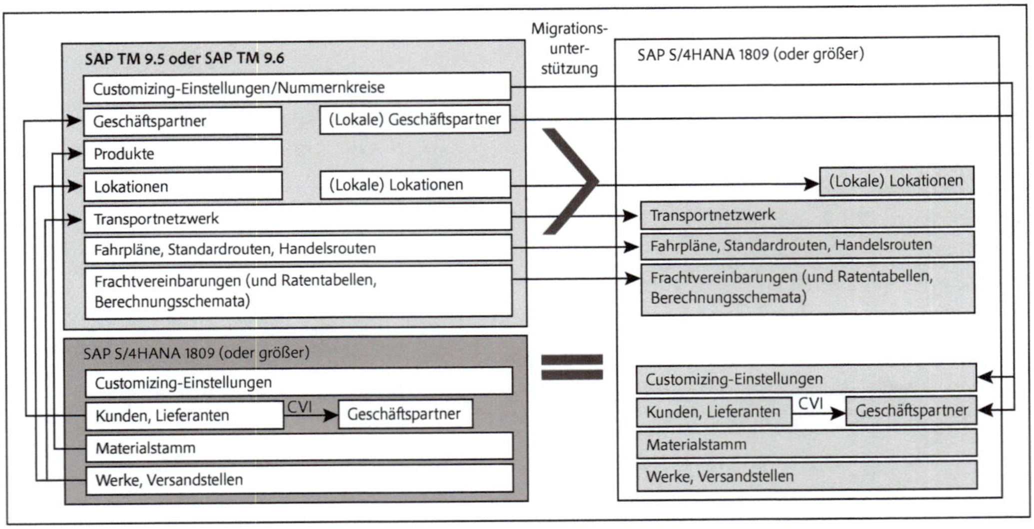

Abbildung 14.2: Unterstützter Funktionsumfang der TM-Migration

Da das Tool nicht alle für die Migration erforderlichen Aktivitäten unterstützt, ist es auch wichtig, zu prüfen, was nicht enthalten ist:

- **Initiale Anlage und Übertragung globaler Stammdaten**

  Die Migration globaler Stammdaten wie Geschäftspartner und Versandstellen auf SAP S/4HANA oder Standalone SAP S/4HANA TM muss über das *Data Replication Framework* (DRF) und die *Customer-Vendor-Integration* (CVI) erfolgen.

- **Übertragung von benutzerdefinierten Erweiterungen**

  Erweiterungen von *Data-Dictionary-Elementen* (DDIC) oder benutzerdefinierter ABAP-Code muss mittels Workbench-Transporten übertragen werden, was vom Tool selbst nicht unterstützt wird.

- **Einrichtung von Nummernkreisobjekten und -intervallen**
  Für diese Aktivität bietet das Migrationstool eine Art Konsistenzprüfung, die ausgeführt werden kann, um das Vorhandensein von Nummernkreisobjekten in TM zu prüfen und um zu verifizieren, dass Nummernkreisintervalle zwischen TM und TM in SAP S/4HANA frei von Überlappungen sind. Die Erstellung der Nummernkreise muss manuell vorgenommen werden.
- **Nicht-TM-spezifisches Customizing**
  Einstellungen, die nicht TM-spezifisch sind, z. B. aus SAP NetWeaver, können in TM oder SAP ERP mittels einer Kopie des Customizing-Auftrags (engl.: *Transport of copies*) exportiert werden, die in das neue SAP-S/4HANA-System importiert werden können. Für ein in SAP S/4HANA integriertes TM-System sollte dies bereits während des Upgrades von SAP ERP auf SAP S/4HANA erfolgt sein.
- **Abfragen und Einstellungen der Arbeitsvorratslisten**
  TM in SAP S/4HANA verwendet nicht mehr den SAP Business Client oder die POWL. Es nutzt den SAP-Fiori-Frontend-Server und SAP-Fiori-Apps wie andere Apps von SAP S/4HANA. Die TM-Übersichts-Apps, die die früheren POWL-Übersichtsabfragen ersetzen, basieren jedoch nicht auf CDS-Views (Core Data Services), sondern weiterhin auf den POWL-Einstellungen. Das bedeutet, dass das Backend der TM-Übersichtslisten in SAP Fiori immer noch das *Business Object Processing Framework* (BOPF) und dessen Abfragen und die rollenbasierten PFCG-Berechtigungsprofilzuweisungen im Backend einsetzt. Das Frontend verwendet SAP Fiori und den Frontend-Server, die die App-Zuordnungen der zugehörigen Frontend-PFCG-Rollen nutzen. Die Migration der Rollen und Einstellungen wird durch das Migrationstool im SAP-Standard nicht unterstützt.
- **Bewegungsdaten**
  Geschäftsbelege wie Frachtaufträge, Frachtbuchungen etc. werden vom Migrationstool nicht übertragen. Stattdessen sollten die offenen Geschäftsprozesse im alten TM-System abgeschlossen und neue Belege im neuen SAP-S/4HANA-basierten TM-System gestartet werden. Nach einer gewissen Zeit sollten alle offenen Geschäftsbelege in SAP S/4HANA laufen. Von da an kann das alte TM-System in den Stand-by-Modus versetzt werden. Anschließend wird auf das alte System nur zur Analyse oder zum Zweck der Gegenprüfung zugegriffen, bis es vollständig heruntergefahren werden kann.
- **Einrichtung von Benutzerverwaltung und Berechtigungen in SAP S/4HANA**
  In SAP S/4HANA wurde das Konzept der Berechtigungsrollen komplett geändert. Anstelle einer sind nun zwei Rollen verfügbar: Eine Rolle wird für das Backend benötigt, das die Berechtigungsdaten enthält, und die andere Rolle enthält die SAP-Fiori-Launchpad-Konfiguration. Die Benutzerverwaltung, einschließlich der Systembenutzer, muss daher neu eingerichtet werden und wird durch das Migrationstool nicht unterstützt.

[»]

Erweiterung der Funktionen des Migrationstools

Es wurden bisher die vom Migrationswerkzeug im SAP-Standard unterstützten Funktionen vorgestellt und von nicht unterstützten Funktionen abgegrenzt. Für Letztere gibt es jedoch Ansatzpunkte für kundenspezifische funktionale Erweiterungen. SAP-Hinweis 2769186 enthält viele Hinweise für Anpassungen der Migrationsfunktionen und sollte im Detail gelesen werden, um den Prozess zu verbessern.

Schauen wir uns die verschiedenen Schritte der Migration (siehe Tabelle 14.1), die Reihenfolge und die Durchführung der einzelnen Schritte genauer an. Schritt ❶ der Migration ist die Übertragung der kundenspezifischen Entwicklung auf das neue SAP-S/4HANA-System mittels Workbench-Transportaufträgen. Danach müssen Admin-Benutzer für Customizing und Stammdaten im neuen System angelegt werden (Schritt ❷). Schritt ❸ ist die Übertragung von generischem, nicht-TM-spezifischem Customizing. Beispiele sind Sprachschlüssel, Währungscodes, Länder und Organisationseinheiten. In Schritt ❹ werden die Nummernkreise manuell im SAP-S/4HANA-System auf der Grundlage der Einstellungen im alten System angelegt. Es ist nicht empfehlenswert, dies automatisch zu tun, da das Risiko von Inkonsistenzen besteht. Außerdem sollte im neuen System ein Puffer zur alten, zuletzt verwendeten Nummer hinzugefügt werden, um doppelte Nummern zu vermeiden. Das Migrationstool bietet Konsistenzprüfungen während der Migration, um zu überprüfen, ob die Nummernkreise korrekt eingerichtet sind.

	Beschreibung	**Unterstützung durch das TM-Migrationstool?**
❶	Migration der kundenspezifischen Entwicklung (ABAP, DDIC etc.)	nein
❷	Admin-Benutzer für Customizing/Stammdaten anlegen	nein
❸	generisches, nicht TM-spezifisches Customizing übertragen	nein
❹	Anlegen relevanter Nummernkreisobjekte und Definition ausreichender Nummernkreisintervalle	ja
❺	TM-Customizing migrieren und anpassen	ja
❻	Organisationseinheiten migrieren	ja
❼	DRF und CVI für globale Stammdaten einrichten (falls erforderlich)	nein
❽	Übertragung der wichtigsten Karteninformationen für globale Stammdaten	ja

Tabelle 14.1: Abfolge der Migrationsschritte

	Beschreibung	Unterstützung durch das TM-Migrationstool?
❾	Migration der lokalen TM-Stammdaten	ja
❿	Erstellen eines entsprechenden Benutzerstamms für Geschäftsanwender	nein
⓫	aktuelle Einstellungen und Systemeinstellungen migrieren	ja
⓬	Migrieren und Einrichten von Autorisierungsrollen	nein

Tabelle 14.1: Abfolge der Migrationsschritte (Forts.)

Danach wird das Migrationstool zum ersten Mal eingesetzt, um das TM-spezifische Customizing wie z. B. Frachtauftragsarten in Schritt ❺ zu migrieren. Die nächste Aktivität (Schritt ❻) ist die Übertragung der Organisationseinheiten über das Migrationstool. In Schritt ❼ müssen dann die globalen Stammdaten wie Standorte, Materialien oder Geschäftspartner in das neue SAP-S/4HANA-System repliziert werden (siehe Abschnitt 4.1, »Allgemeine Stammdaten«). Dies geschieht über das DRF oder im eingebetteten Szenario, sollten die Daten bereits im System vorhanden sein.

Auf der Grundlage der globalen Stammdaten kann das Migrationstool das *Unified Key Mapping* (UKMS) der Stammdaten erstellen (Schritt ❽). Nach der Erstellung der globalen Stammdaten im neuen System (Schritt ❾) können die TM-spezifischen Stammdaten aus dem TM-System in das SAP-S/4HANA-System übertragen werden. Das Migrationstool unterstützt die Migration von BAPI-basierten Daten (z. B. Ressourcen und Transportzonen) und BOPF-basierten Daten (z. B. Frachtvereinbarungen). BAPI-basierte Daten werden von vielen SAP-SCM-Anwendungen (SAP Supply Chain Management) genutzt und sind nicht TM-spezifisch.

Anschließend müssen die Benutzerstammdaten für die Anwenderinnen und Anwender angelegt werden (Schritt ❿), damit in Schritt ⓫ die benutzerspezifischen Systemeinstellungen über das Migrationstool in das neue System übertragen werden können. Die letzte Aktivität der Migration (Schritt ⓬) ist das Einrichten des Berechtigungskonzepts und der Rollen für die Benutzer.

Das Migrationswerkzeug ist ein TM-spezifisches Werkzeug, das über Transaktion /SCMTMS/2S4H aufgerufen werden kann. Das Werkzeug ist in verschiedene Bereiche unterteilt (siehe Abbildung 14.3). Die Symbolleiste ❶ enthält Drucktasten zur Überprüfung der Dokumentation jedes Migrationsobjekts, zur Hervorhebung des Migrationsumfangs im Bereich des Aktivitätsprotokolls (»Wie viele Objekte sind im System vorhanden? Wie viele sind für die Datenmigration ausgewählt?«), die Simulation der Datenübernahme und die tatsächliche Übernahme der Daten in das neue System. Im Bereich **Zielsysteminformationen** ❷ werden die technischen Informationen wie das logische System und die Transportauftragsnummer angezeigt.

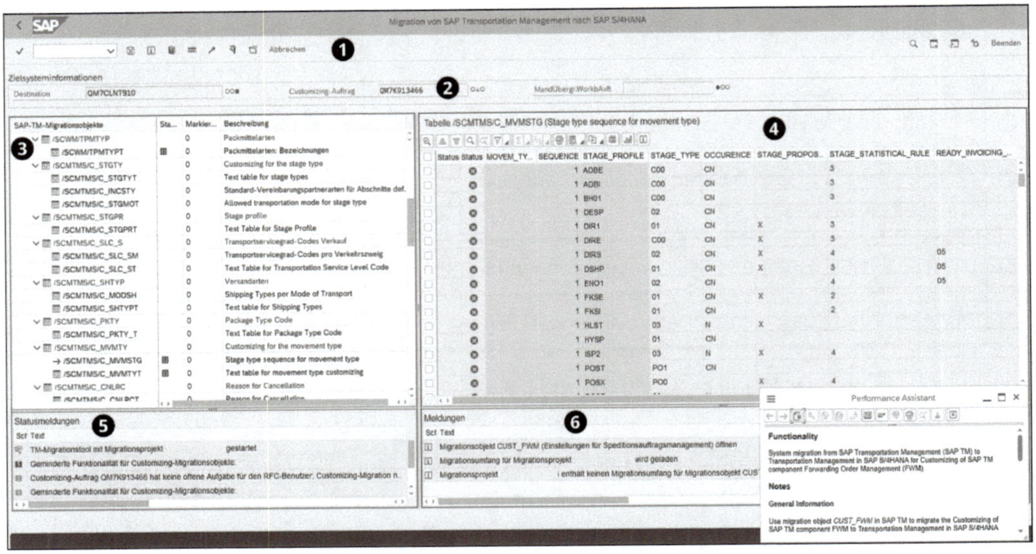

Abbildung 14.3: Übersicht des TM-Migrationsreports

Der Migrationsobjekt- und Inhaltsbereich ❸ zeigt alle Migrationsobjekte, einschließlich der folgenden:

- Konsistenzprüfung
- Anpassen
- Organisatorische Hierarchie
- Schlüsselzuordnung
- BAPI-basierte Stammdaten
- BOPF-basierte Stammdaten
- System- und Benutzereinstellungen

Diese Objekte werden während der Migration in den verschiedenen Schritten ausgewählt und in das neue System übertragen. Der Datenbereich ❹ zeigt eine Tabelle mit den Details des ausgewählten Migrationsobjekts. Im Bereich **Statusmeldungen** ❺ werden immer allgemeine Statusmeldungen angezeigt, die über allgemeine Probleme oder Einschränkungen bei der eigentlichen Ausführung des Tools informieren, z. B. aufgrund eingeschränkter Benutzerrechte oder bestimmter Filtereinstellungen aus dem Auswahlbildschirm des Tools etc. Schließlich werden Meldungen zu Aktivitäten, die im Tool ausgeführt werden, im Aktivitätsprotokollbereich ❻ **Meldungen** angezeigt. Die hier angezeigten Meldungen ändern sich mit jeder folgenden Aktivität im Report.

Um die kontinuierliche Arbeit zu unterstützen, können Sie mit dem Tool Migrationsprojekte erstellen, um die aktuellen Einstellungen für das jeweilige Migrationsprojekt zu speichern. Zusätzlich werden auf dem Selektionsbildschirm Parameter zur Einschränkung der Daten angegeben. Um die Übertragung zu verbessern, bietet das Tool auch die Möglichkeit, die Anzahl der parallelen Arbeitsprozesse, Paketgrößen und die verwendete RFC-Verbindung anzupassen.

14.2 Monitoring eines TM-Systems

Während eines Implementierungsprojekts oder wenn ein TM-System in Betrieb ist, können und werden Fehler auftreten. Um diese Probleme rechtzeitig zu identifizieren, ist ein aktives Monitoring des operativen Betriebs notwendig. So lassen sich Fehler zeitnah analysieren und schnellstmöglich beheben, um den Produktivbetrieb des Systems nicht zu gefährden.

In Kapitel 3, »Lösungsarchitektur und technologische Konzepte«, wurden verschiedene Frameworks vorgestellt, die von TM verwendet werden. Einige dieser Frameworks bieten Überwachungstransaktionen, die bei der Problemanalyse und -lösung hilfreich sind. Einige Kunden unterschätzen die Überwachung und Ursachenanalyse in TM, insbesondere wenn sie bereits ein SAP-S/4HANA- oder SAP-ERP-System betreiben. Aber aufgrund von Frameworks wie *BOPF* oder *bgRFC*-basierten Triggern (Background Remote Function Call) ist das Monitoring in TM anders als in einem klassischen SAP-ERP-System. Das Überwachungskonzept sollte im Vorfeld, vor dem Go-live, besprochen, und die erforderlichen Schulungen für den IT-Support sollten geplant werden.

In diesem Abschnitt werden die Grundlagen für das Monitoring von TM-Systemen vorgestellt. Abbildung 14.4 zeigt einen grundlegenden TM-Fluss zur Erstellung von Frachtaufträgen und hebt die Stellen hervor, die durch das Monitoring abgedeckt werden sollten.

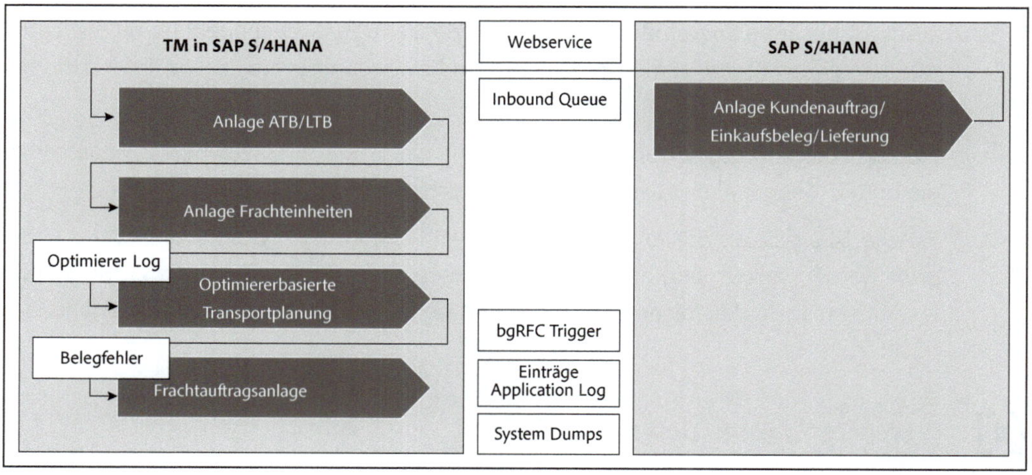

Abbildung 14.4: Relevante Stellen für das System-Monitoring in TM

Die erste relevante Stelle in einem Basis-TM-Prozessfluss in einem eigenständigen SAP-S/4HANA-TM-System ist die Integration zwischen den beiden Systemen. Hier kommen Webservices (XML-Nachrichten) zum Einsatz, die von einem System zum anderen gesendet werden. Die Webservices in TM werden in eine Warteschlange einsortiert. Daher können sie auch auf einem alternativen Weg über den Queue-Monitor überwacht werden. Während der Ausführung eines TM-Prozesses werden in der Regel mehrfach Webservice-Nachrichten zwischen den beteiligten Systemen (z. B. SAP S/4HANA, EWM, GTS etc.) ausgetauscht. Um sicherzustellen, dass alle Webservice-Nachrichten erfolgreich verarbeitet wurden, sollte ein regelmäßiges Monitoring der Schnittstellen etabliert werden.

Der nächste Kontrollpunkt könnten die verschiedenen Optimierungs-Engines sein, wenn diese zum Einsatz kommen. Hier stehen Protokolle und Erklärungstools zur Verfügung, um bei der Analyse von Problemen zu unterstützen. Für verschiedene Belege wie den Frachtauftrag oder die Sendung kann im Beleg-Customizing die Option aktiviert werden, dass die Belege auch dann angelegt werden, wenn die EDI-Nachrichten fehlerhafte Daten aufweisen, z. B., wenn eine unbekannte Materialnummer übermittelt wird. In diesem Fall werden die Belege mit einem »Belegfehler« angelegt. Diese Fehler werden den Anwenderinnen und Anwendern transparent angezeigt und können über die Benutzeroberfläche korrigiert werden.

Während der Prozessausführung innerhalb des TM-Systems kann es zu unvorhergesehenen Programmabbrüchen kommen, die in Shortdumps protokolliert werden. Dies ist etwa der Fall, wenn Programmfehler vorliegen, oder wenn es Probleme mit der Hardware gibt (z. B. unzureichend zur Verfügung stehende Systemressourcen).

In asynchron ausgeführten Prozessen kann den Anwenderinnen und Anwendern häufig kein Hinweis auf ein aufgetretenes Problem angezeigt werden. Etwa wenn die Warenausgangsbuchung angestoßen wird und der zur Verfügung stehende Bestand nicht ausreicht. In diesen Fällen werden in der Regel im Anwendungsprotokoll Log-Informationen gespeichert.

Für asynchrone Prozesse verwendet TM häufig das bgRFC Framework, weswegen auch die bgRFC-Trigger aktiv überwacht werden sollten.

Tabelle 14.2 fasst die Stellen zusammen, die im Rahmen des System-Monitorings überprüft werden sollten, und zeigt die zugehörigen Transaktionen und die zu prüfenden Funktionen an. In den folgenden Abschnitten werden wir die einzelnen Stellen näher betrachten.

[»]

Weitere Tools zur Ursachenanalyse

Weitere Werkzeuge, die bei der Fehleranalyse hilfreich sein können, werden in SAP-Hinweis 3195231 vorgestellt.

	Transaktion oder Menüpfad	Überprüfungsschritt
Webservice	■ Integration über SAP Process Integration: Transaktion SXMB_MONI ■ Direkte Integration: Transaktion SRT_MONI ■ Weiterleitung der Fehlerbehandlung: Transaktion /SAPPO/PPO2	Prüfung auf fehlgeschlagene Webdienstmeldungen
Queue für eingehende qRFC-Nachrichten	Transaktion: SMQ2	Prüfung auf fehlgeschlagene Queue-Einträge
Optimierungsprotokoll	Transaktion: RCC_LOG	Prüfung auf fehlgeschlagene Optimierungsläufe oder Details im Erklärungstool
Fehlerbehandlung im Dokument	Zugang über SAP Fiori Launchpad (**Auftragsmanagement • Arbeitsvorrat für Frachtaufträge**)	Prüfung auf Probleme bei der Ausführung des Prozesses
Dumps	Transaktion: ST22	Prüfung auf Dumps während der Laufzeit
Anwendungsprotokoll	Transaktion: SLG1	Prüfung auf protokollierte Fehler im relevanten Zeitraum für die jeweiligen Anwenderinnen und Anwender
bgRFC-Trigger	■ Transaktion: SBGRFCMON ■ Report: /SCMTMS/BGRFC_ANALYSE	Prüfung auf fehlgeschlagene Trigger-Verarbeitung

Tabelle 14.2: Übersicht der Stellen für das System-Monitoring

14.2.1 Webservices

Die Kommunikation mit TM wird in der Regel über Webservice-Schnittstellen mit oder ohne *SAP Process Integration* als Middleware hergestellt. In Implementierungsprojekten kann es zu Situationen kommen, in denen der Aufbau der Kommunikation abgeschlossen ist, die eingehenden Nachrichten aber noch nicht das gewünschte Ergebnis liefern. Zur Fehlerbehebung empfiehlt es sich, die ein- und ausgehenden Nachrichten in TM zu überwachen, um festzustellen, welche Felder falsch befüllt wurden oder welche Fehlermeldungen bei der Verarbeitung der Nachricht aufgetreten sind.

Die Überwachung von Webservice-Nachrichten ist nicht spezifisch für TM, sondern kommt bei vielen SAP-Anwendungen vor. Es lohnt sich jedoch, sie jetzt zu betrachten, da sie das Thema der systemübergreifenden Kommunikation abrundet.

Mit Transaktion SXMB_MONI (wenn die Verbindung über SAP Process Integration realisiert ist) können alle Meldungen angezeigt werden, die im TM-System angekommen sind oder das TM-System verlassen haben. Nach dem Start der Transaktion können die relevanten Interfaces und weitere Selektionskriterien eingegeben werden, bevor im Ergebnisbild die zugehörigen Nachrichten und ihr Verarbeitungsstatus angezeigt werden. Im Szenario der direkten Webservice-Integration kann das Monitoring über Transaktion SRT_MONI gestartet werden. Beide Transaktionen sehen sich recht ähnlich.

Die erste Spalte der Ergebnisliste zeigt den Status der Verarbeitung einer Nachricht (siehe Abbildung 14.5). Im Folgenden sind beispielhaft mögliche **Status** aufgeführt:

- **Grüne Ampel**
  Die Nachricht wurde erfolgreich verarbeitet.
- **Rote Ampel**
  Es ist ein Fehler aufgetreten.
- **Grüner Blitz**
  Die Nachricht wurde nicht erfolgreich verarbeitet, kann aber in Transaktion /SAPPO/PPO2 analysiert, korrigiert und nachverarbeitet werden.

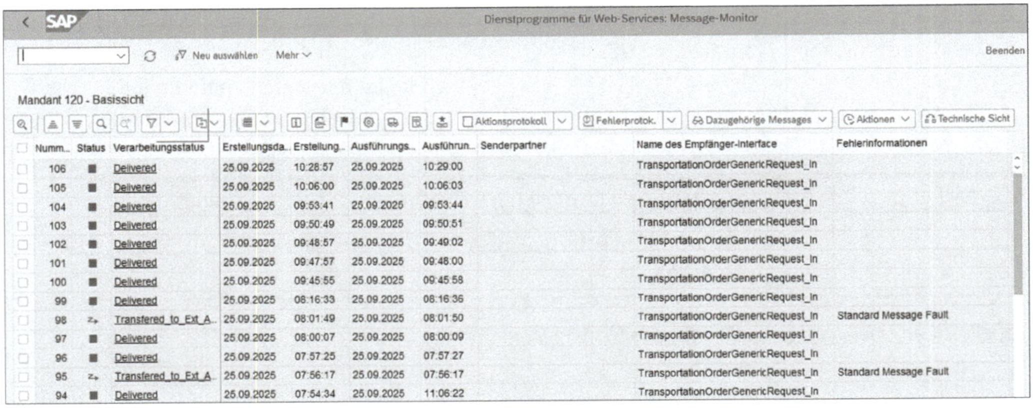

Abbildung 14.5: Monitor für die Ausführung von Webservice-Nachrichten

In den Spalten **Name des Empfänger-Interface** und **Queue-Name** sehen Sie die entsprechende bgRFC-Queue, die entweder über Transaktion SBGRFCMON oder durch Auswahl des Links in der Spalte überprüft werden kann. Werden die Webservice-Nachrichten über eine SAP-Process-Integration-Instanz geroutet, erfolgt das Monitoring in Transaktion SXMB_MONI. Hier wird für eingehende Nachrichten auch keine bgRFC Unit erzeugt, sondern eine qRFC Unit, sodass die Inbound Queue in Transaktion SMQ2 angezeigt werden kann. TM Queues für die Webservice-Eingangsverarbeitung beginnen mit XB*.

Durch Doppelklick in die jeweilige Zeile einer Nachricht kann die gesendete oder empfangene XML-Nachricht aufgerufen werden. Wenn ein Fehler aufgetreten ist, wird dieser hier ebenso angezeigt wie die Payload der Nachricht. Abbildung 14.6 zeigt die Ansicht für Transaktion SXMB_MONI.

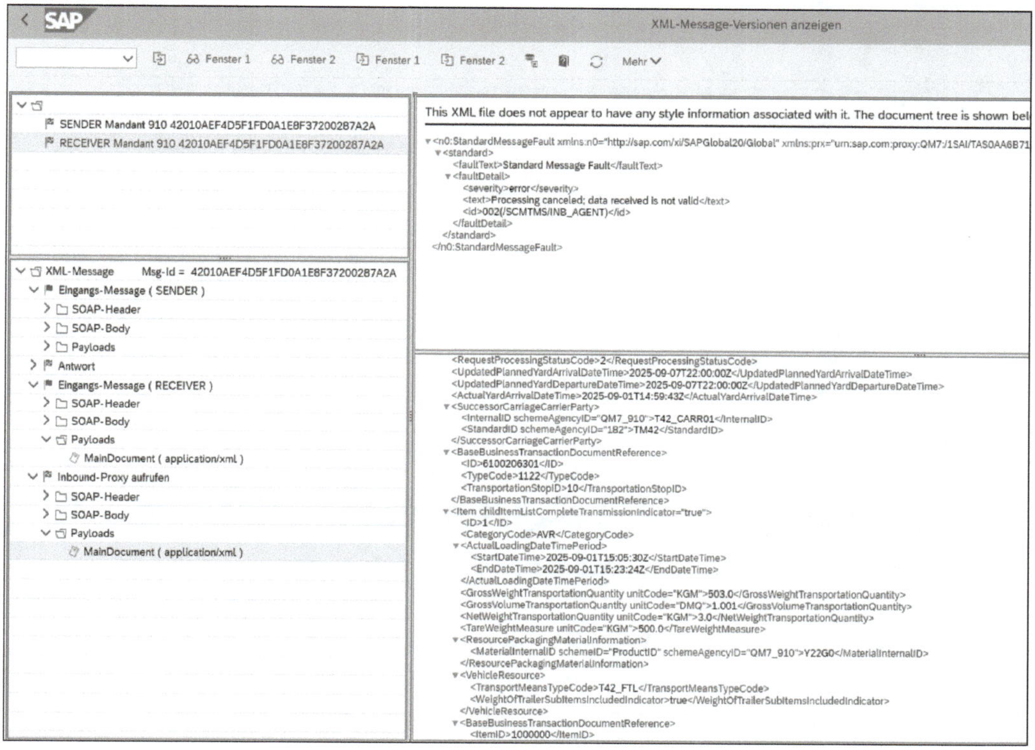

Abbildung 14.6: Webservice-Nachricht in Transaktion SXMB_MONI

Manchmal wird die Nachricht nicht korrekt verarbeitet, weil ein Feld nicht oder falsch ausgefüllt wurde. Für Analysezwecke kann die Nachricht in Transaktion SPROXY simuliert werden. Dazu kann zunächst die Ursprungsnachricht in der Monitoring-Transaktion heruntergeladen werden (SRT_MONI **Ursprungsnachricht • In Datei sichern**, SXMB_MONI: Rechtsklick in das **Nachrichtenfenster • Speichern als...**).

Anschließend kann in Transaktion SPROXY die verwendete Serviceschnittstelle aufgerufen werden, wie exemplarisch in Abbildung 14.7 gezeigt. Über die Drucktaste **Test** in der Menüleiste kann der Testmodus für die jeweilige Nachricht aufgerufen werden. Anschließend kann die XML-Datei erneut hochgeladen werden. Optional werden die Daten im XML-Editor manuell angepasst, und danach kann die Serviceschnittstelle mit der manipulierten Nachricht aufgerufen werden. Nach erfolgreicher Ausführung ist ein Klick auf die Drucktaste **COMMIT WORK** notwendig, die über den Menüpfad **Zusätze** aufgerufen werden kann, um Daten in die Datenbank zu schreiben.

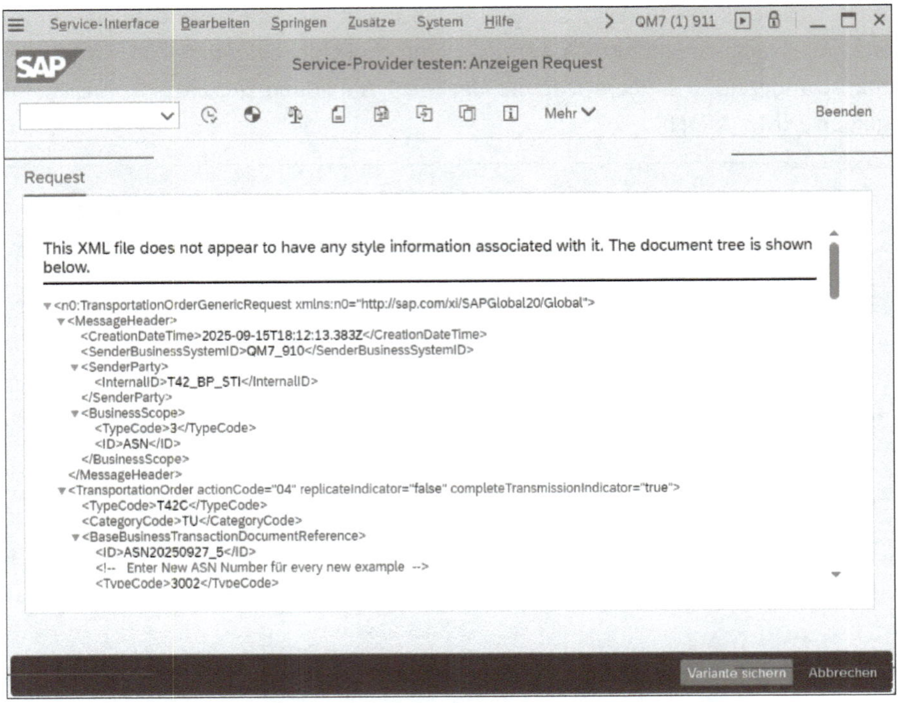

Abbildung 14.7: Simulation der Dateneingabe einer XML-Nachricht

Eine weitere Möglichkeit, Webdienste zu untersuchen, besteht darin, die Informationen aus dem Kommunikationsverlauf eines Geschäftsdokuments zu nutzen. Abbildung 14.8 zeigt ein Beispiel für den Kommunikationsverlauf einer Sendung.

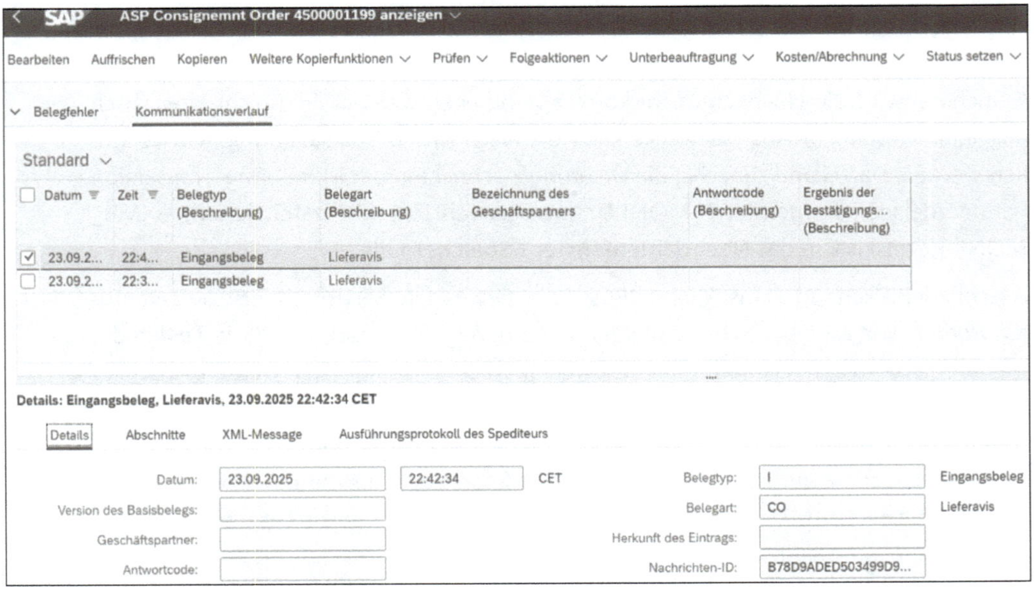

Abbildung 14.8: Kommunikationsverlauf eines Sendungsbelegs

Im Dokument selbst können Sie den Zeitstempel, die Versionsnummer, den Geschäftspartner, die Nachrichten-ID und die XML-Nachricht sehen, aber Sie können nicht sehen, ob diese Nachricht erfolgreich verarbeitet wurde. Dies kann nur in der Überwachungstransaktion überprüft werden. Am einfachsten ist es, die Nachrichten-ID zu kopieren, indem Sie Transaktion SXMB_MONI eingeben und nach der ID suchen. Im Monitor können Sie untersuchen, ob die Nachricht erfolgreich war oder ob ein Fehler aufgetreten ist.

14.2.2 Bearbeitung von Belegen mit Belegfehlern

Entsprechend den Einstellungen der Customizing-Option **Behandlung fehlerhaft. Eingangsnachrichten** für Sendungs- und Frachtauftragsbelege (siehe Abbildung 14.9) können Sendungen und Frachtaufträge auch dann durch EDI-Nachrichten angelegt werden, wenn z. B. fehlerhafte Stammdateninformationen übermittelt werden. Während die Nachricht erfolgreich verarbeitet wird, wird der zugehörige Beleg mit einem oder mehreren Belegfehlern angelegt (siehe Abbildung 14.10).

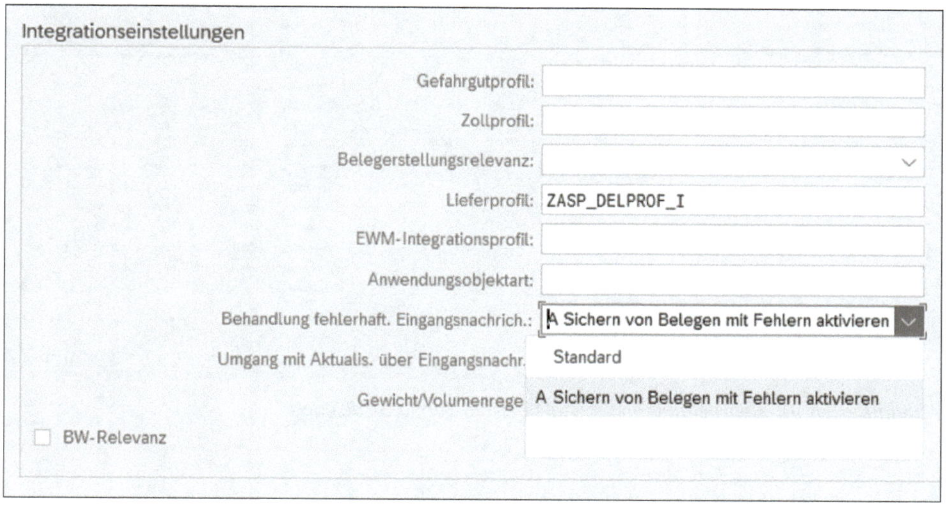

Abbildung 14.9: Customizing-Option für das Belegfehler-Handling

Die Belegfehler können auf der Benutzeroberfläche des jeweiligen Belegs auf der Registerkarte **Belegfehler** eingesehen werden.

Bei den Fehlern kann es sich um Stammdaten (z. B. falsche Produkt-ID) oder Referenzfehler (z. B. Frachteinheit nicht gefunden) handeln.

Durch die Belegfehler werden Probleme in der EDI-Kommunikation für Anwenderinnen und Anwender transparent dargestellt und können durch diese auch sofort korrigiert werden. Vor der Lösung des Problems setzt das System automatische Planungs-, Ausführungs- und Fakturierungssperren.

Die Funktion verhindert viele fehlgeschlagene XML-Nachrichten, die normalerweise im Webservice-Monitor mit dem Status **Fehlgeschlagen** angezeigt würden, was den Geschäftspartner oder die IT-Abteilung veranlassen würde, die Nachricht neu zu starten. Dennoch enthalten diese Frachtdokumente Fehler, die überwacht werden müssen. Der einfachste Weg, diese Frachtaufträge oder Sendungen zu finden, besteht darin, eine POWL zu erstellen, um alle Belege mit einem Stammdaten- oder Referenzfehler anzuzeigen. Die Anwenderinnen und Anwender können die POWL täglich überprüfen, und je nach ihrer Analyse kann der betroffene Beleg entweder direkt auf der Benutzeroberfläche des Dokuments korrigiert werden, oder es muss in Abstimmung mit dem betreffenden Geschäftspartner ein operativer Klärungsprozess erfolgen (z. B. erneutes Senden der Nachricht).

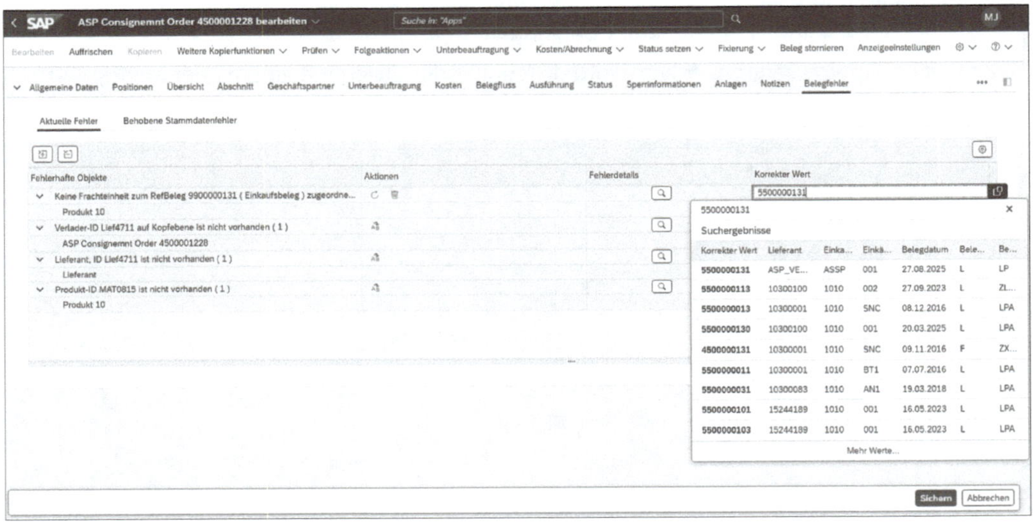

Abbildung 14.10: Bearbeitung von Belegfehlern in Sendungsbelegen

14.2.3 Optimierprotokolle

Werden die Optimizer Engines verwendet, ist Transaktion RCC_LOG hilfreich für die Analyse der Kommunikation mit dem Optimierungsserver. Das Protokoll zeigt an, ob ein Optimierungslauf erfolgreich war oder nicht (Spalte **Status** in Abbildung 14.11) und liefert Informationen über die Zeit, den Benutzer und die Optimierungs-Engine, die mit dem verwendeten Planungsprofil gestartet wurde. Zusätzlich finden Sie in der Spalte **Erw-Spalte** den Link zum Erklärungstool, das in Abschnitt 6.8.6, »Erklärungsfunktion«, ausführlich erläutert wird. Transaktion RCC_LOG sollte vor allem während der Integrationstests und der Go-live-Phase überprüft werden.

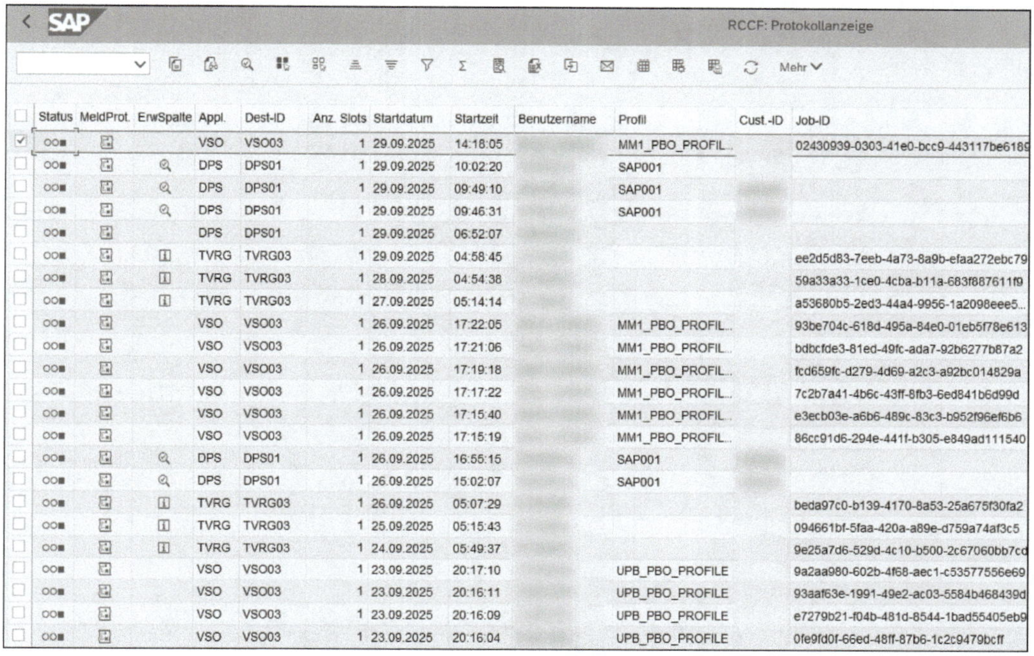

Status	MeldProt.	ErwSpalte	Appl.	Dest-ID	Anz. Slots	Startdatum	Startzeit	Benutzername	Profil	Cust.-ID	Job-ID
			VSO	VSO03	1	29.09.2025	14:18:05		MM1_PBO_PROFIL...		02430939-0303-41e0-bcc9-443117be6189
			DPS	DPS01	1	29.09.2025	10:02:20		SAP001		
			DPS	DPS01	1	29.09.2025	09:49:10		SAP001		
			DPS	DPS01	1	29.09.2025	09:46:31		SAP001		
			DPS	DPS01	1	29.09.2025	06:52:07				
			TVRG	TVRG03	1	29.09.2025	04:58:45				ee2d5d83-7eeb-4a73-8a9b-efaa272ebc79
			TVRG	TVRG03	1	28.09.2025	04:54:38				59a33a33-1ce0-4cba-b11a-683f887611f9
			TVRG	TVRG03	1	27.09.2025	05:14:14				a53680b5-2ed3-44a4-9956-1a2098eee5...
			VSO	VSO03	1	26.09.2025	17:22:05		MM1_PBO_PROFIL...		93be704c-618d-495a-84e0-01eb5f78e613
			VSO	VSO03	1	26.09.2025	17:21:06		MM1_PBO_PROFIL...		bdbcfde3-81ed-49fc-ada7-92b6277b87a2
			VSO	VSO03	1	26.09.2025	17:19:18		MM1_PBO_PROFIL...		fcd659fc-d279-4d69-a2c3-a92bc014829a
			VSO	VSO03	1	26.09.2025	17:17:22		MM1_PBO_PROFIL...		7c2b7a41-4b6c-43ff-8fb3-6ed841b6d99d
			VSO	VSO03	1	26.09.2025	17:15:40		MM1_PBO_PROFIL...		e3ecb03e-a6b6-489c-83c3-b952f96ef6b6
			VSO	VSO03	1	26.09.2025	17:15:19		MM1_PBO_PROFIL...		86cc91d6-294e-441f-b305-e849ad111540
			DPS	DPS01	1	26.09.2025	16:55:15		SAP001		
			DPS	DPS01	1	26.09.2025	15:02:07		SAP001		
			TVRG	TVRG03	1	26.09.2025	05:07:29				beda97c0-b139-4170-8a53-25a675f30fa2
			TVRG	TVRG03	1	25.09.2025	05:15:43				094661bf-5faa-420a-a89e-d759a74af3c5
			TVRG	TVRG03	1	24.09.2025	05:49:37				9e25a7d6-529d-4c10-b500-2c67060bb7cd
			VSO	VSO03	1	23.09.2025	20:17:10		UPB_PBO_PROFILE		9a2aa980-602b-4f68-aec1-c53577556e69
			VSO	VSO03	1	23.09.2025	20:16:11		UPB_PBO_PROFILE		93aaf63e-1991-49e2-ac03-5584b468439d
			VSO	VSO03	1	23.09.2025	20:16:09		UPB_PBO_PROFILE		e7279b21-f04b-481d-8544-1bad55405eb9
			VSO	VSO03	1	23.09.2025	20:16:04		UPB_PBO_PROFILE		0fe9fd0f-66ed-48ff-87b6-1c2c9479bcff

Abbildung 14.11: Transaktion zum Aufruf der Optimierungsprotokolle

14.2.4 Dump-Analyse

Laufzeitfehler treten in jeder ABAP-Anwendung auf und sind nicht spezifisch für TM. Transaktion ST22 zeigt detaillierte Informationen über jeden Dump an. Im TM-System ist es manchmal schwierig, die »tatsächliche« Fehlerquelle zu identifizieren, da Fehlermeldungen durch das BOPF verarbeitet werden. Entsprechend liegt das abgebrochene Programm häufig im Namensraum des BOBF, obwohl die Fehlerursache z. B. ein Fehler sein kann, der in einer `/SCMTMS/`-Applikation entstanden ist und über die Fehlerobjekte an das BOPF durchgereicht wurde. Daher sollten die Laufzeitfehler auch im Detail geprüft werden.

Abbildung 14.12 zeigt die Detailansicht eines solchen Shortdumps. Über den Bereich **Informationen zur Abbruchstelle** wird hier z. B. beschrieben, dass der generische BOPF-Fehler originär in einer UI-Klasse von TM zurückgegeben wurde. Im Bereich **Kette der Ausnahmeobjekte** kann nachvollzogen werden, welche Fehler innerhalb des Callstacks zurückgegeben wurden. Im dargestellten Beispiel wurde auf einen ungültigen BOPF-Objektknoten verwiesen, was zum Shortdump geführt hat.

Je nach Fehlerfall kann es auch sinnvoll sein, im Bereich **Ausgewählte Variablen** die Variablenwerte zur Laufzeit zu betrachten. Variablen wie `IT_KEY` oder `IV_NODE` können häufig Hinweise darüber liefern, welche Beleginstanzen am Shortdump beteiligt waren und welcher BOPF-Knoten z. B. von einer fehlgeschlagenen Änderung betroffen ist.

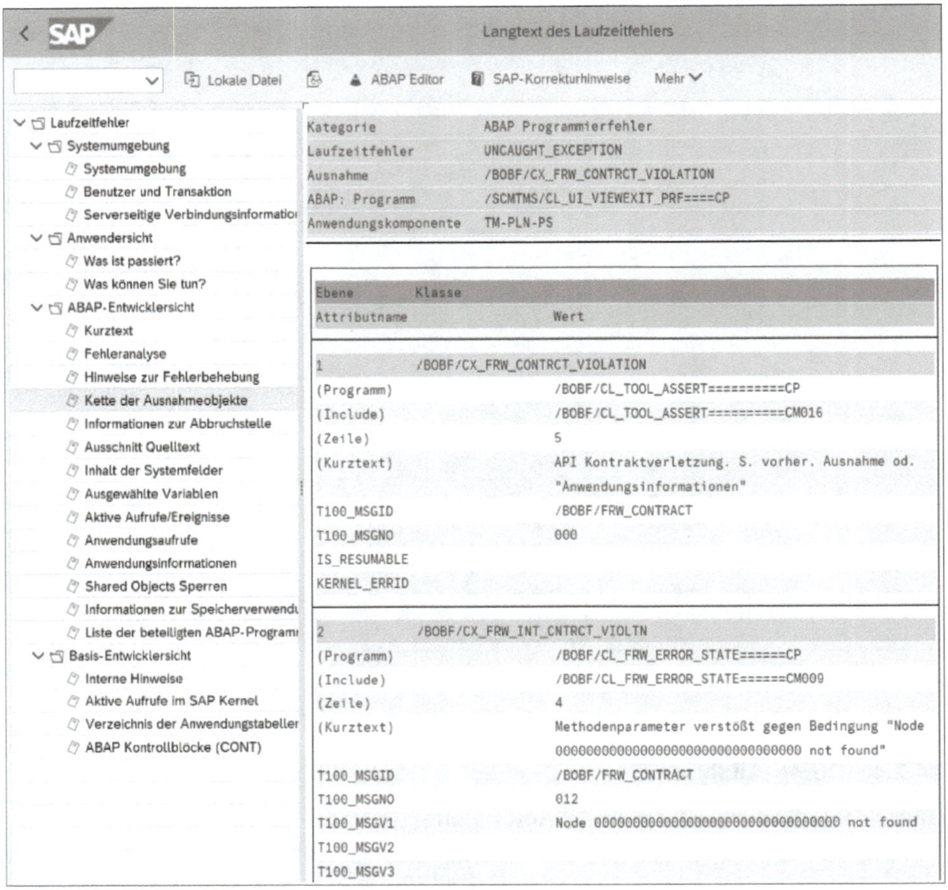

Abbildung 14.12: Shortdump – Detailansicht

14.2.5 Anwendungsprotokoll

Ebenso wie die Laufzeitfehler ist auch das Anwendungsprotokoll nicht TM-spezifisch, und andere Komponenten verwenden dieses Werkzeug ebenfalls, um Meldungen aus Hintergrundberichten oder anderen Verarbeitungen zu notieren. Der TM-Inhalt ist in Transaktion SLG1 mit den Anwendungen /SCMTMS/TMS (TM) und Post Processing Framework (PPF) als Auswahlkriterien zu finden.

In Abbildung 14.13 sehen Sie ein Beispiel für ein Anwendungsprotokoll. Die erste Spalte zeigt den Status des Protokolls: Fehler (roter Kreis), nur eine Warnung (gelbes Dreieck) oder eine erfolgreiche Aktion (grüner Kasten). Außerdem sehen Sie den Text des Unterobjekts. Protokolle sind kategorisiert; z. B. gehören alle Meldungen, die sich auf bgRFC-Trigger beziehen, zum Unterobjekt TRIG (für TM-Trigger) oder CHACO (für Einträge, die aus dem TM Change Controller heraus entstanden sind). Einträge aus dem Logistics Integration Controller (LINC) verwenden häufig das Präfix »LINC« als externes Identifikationsmerkmal.

Das Anwendungsprotokoll sollte immer regelmäßig überprüft werden, da es manchmal die einzige Möglichkeit ist, Probleme bei der Hintergrundverarbeitung zu erkennen.

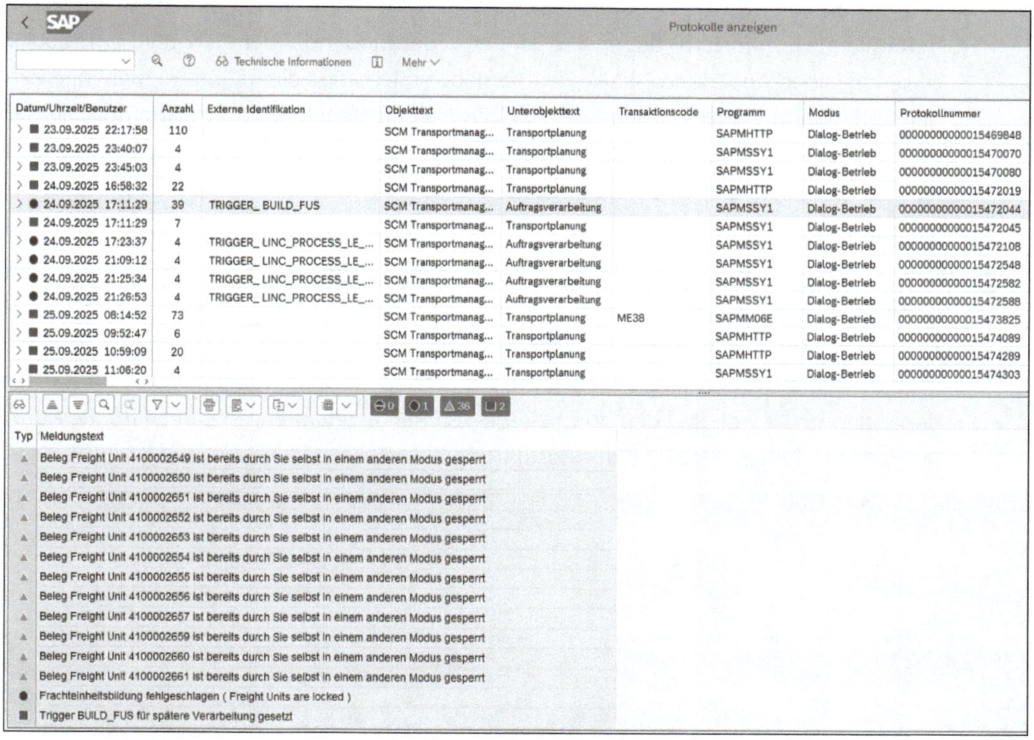

Abbildung 14.13: Beispiel für TM-Objekte im Anwendungsprotokoll

14.2.6 bgRFC-Trigger

Das letzte technische Objekt, das im Rahmen des System-Monitorings eines TM-Systems regelmäßig geprüft werden sollte, sind die *bgRFC Units* (Background Remote Function Call), die in TM genutzt werden, um Trigger für asynchrone Prozesse zu modellieren. In Abschnitt 3.3, »Entwicklungsframeworks für TM«, wird erklärt, dass jeder Trigger eine Aktion widerspiegelt, die z. B. aufgrund von Sperrproblemen in einem asynchronen Prozess ausgeführt wird.

Solche asynchronen Prozesse werden z. B. genutzt, um im *erweiterten Warenannahme und Versandprozess* die Ladeinformationen einer Handling Unit mit den Statuswerten des zugehörigen Package Items einer Frachteinheit zu synchronisieren. In dem kurzen Zeitraum, in dem der Trigger nicht ausgeführt wird, liegt temporär eine Dateninkonsistenz vor. Bei technischen Fehlern wie einem Shortdump entsteht eine Dateninkonsistenz zwischen EWM HU und TM-Frachteinheit. Weil die Verarbeitung asynchron erfolgt, bemerken Anwenderinnen und Anwender dies zunächst nicht. Daher ist es wichtig, TM-Trigger, die über das bgRFC Framework verarbeitet werden, genau zu überwachen.

Transaktion SBGRFCMON wird für die Überwachung und das Debugging des Status von bgRFC-Triggern verwendet. Meistens sind im Monitor nur fehlgeschlagene Units zu sehen, da erfolgreiche Units bereits automatisch vom Framework gelöscht werden. Die bgRFC Units für die TM-Trigger sind immer in der Inbound Queue `TM_BGRFC_INBOUND` zu sehen (siehe Abbildung 14.14). Hier ist zu beachten, dass einige Informationen, die in der Abbildung gezeigt werden, wie z. B. die Nachrichtenklasse, Fehlernummer, ID der bgRFC Unit etc., im Standardbild nicht enthalten sind. Über die Option **Layout anpassen** können diese Spalten eingeblendet werden.

Über das Kontextmenü kann die Unit neu gestartet werden, es können aber auch die Optionen im Drop-down-Menü **Unit Analyse**, wie **Unit debuggen** oder **Unit mit akt. Ben. debuggen**, gewählt werden. Bei der ersten Option startet der Debugger die Unit mit dem Benutzernamen der Anwenderin oder des Anwenders, in der zweiten Option wird die Unit mit dem Benutzernamen ausgeführt, mit dem sie angelegt wurde. Dies spielt z. B. für die Änderungsbelege und den dort hinterlegten Benutzernamen, aber auch für die Autorisierungsprüfungen während der Ausführung eine Rolle.

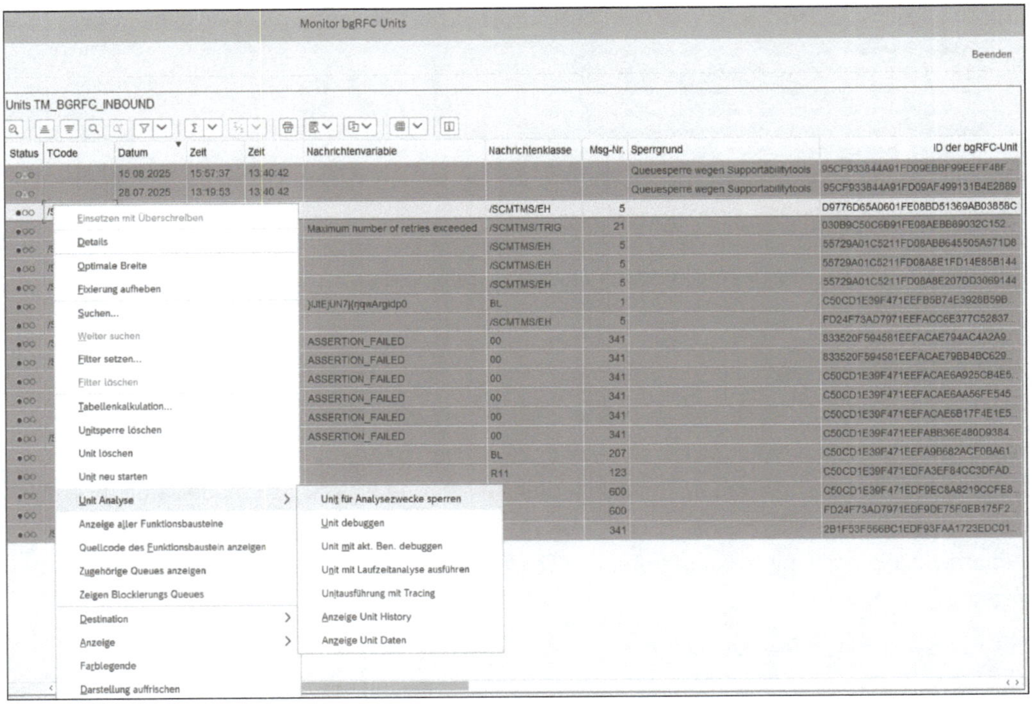

Abbildung 14.14: Monitortransaktion des bgRFC Frameworks

Es sollten keine angehaltenen oder ausstehenden Trigger für einen längeren Zeitraum im Monitor zu sehen sein, da dies auf eine Inkonsistenz oder eine fehlende Aktualisierung eines TM-Geschäftsdokuments hinweisen würde.

Ein weiteres wichtiges Werkzeug für die Überwachung und Analyse der TM-Trigger für asynchrone Prozesse ist der Report **/SCMTMS/BGRFC_ANALYSE**. Der Monitor kann ohne weitere Selektionskriterien ausgeführt werden, um eine Übersicht über die aktuell im System vorliegenden TM-Trigger zu erhalten. Dies ist exemplarisch in Abbildung 14.15 zu sehen. Der Report durchsucht die im System vorhandenen bgRFC Units nach den Selektionskriterien und stellt die für die TM-Applikation spezifischen Informationen dar, die in den Details der bgRFC Unit abgelegt sind. Wie in der Abbildung zu sehen ist, kann man hier leicht erkennen, zu welchen Belegen noch fehlerhafte TM-Trigger vorhanden sind und welche deshalb in einem inkonsistenten Zustand sind.

Der Report bietet auch die Möglichkeit, auf einzelne Units zu selektieren, oder mit der ID einer der in einer Belegkette enthaltenen Belege die Selektion zu starten. In der Folge sieht man dann nur die zugehörigen TM-Trigger im Ergebnisbild.

Per Doppelklick auf die Zeile eines TM-Triggers öffnen Sie Transaktion SBGRFCMON für die zugehörige bgRFC Unit. Von dort aus können Sie die technischen Analysefunktionen des Monitors nutzen.

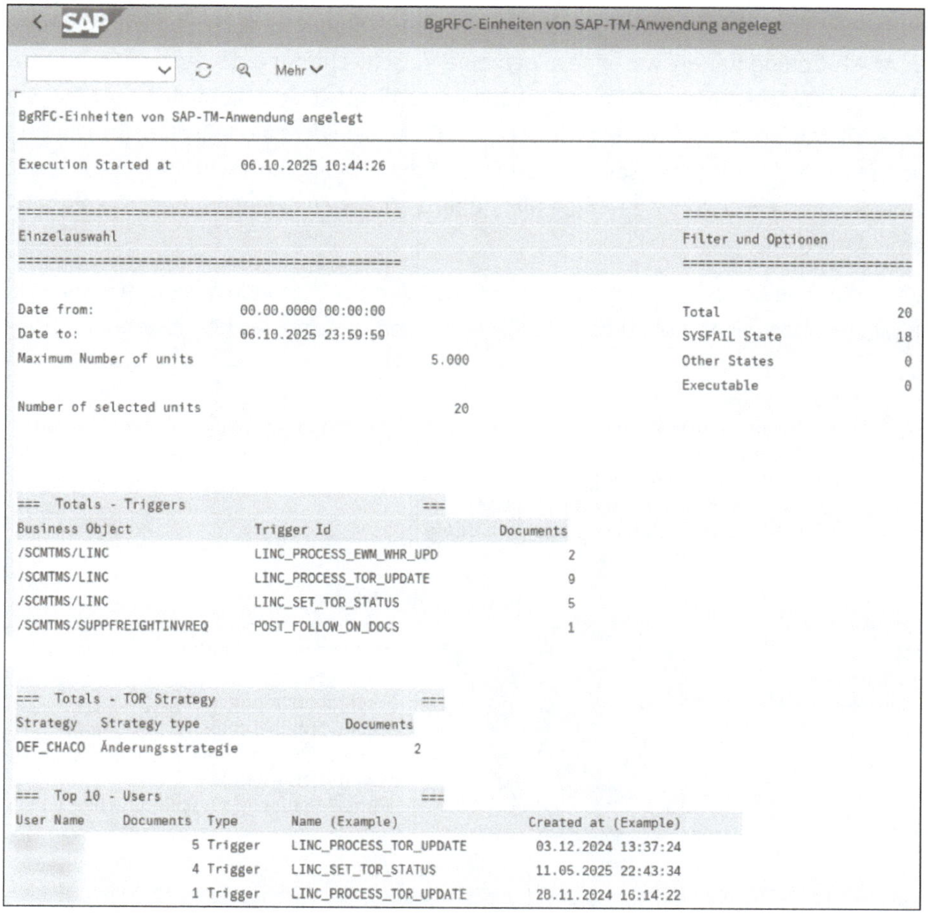

Abbildung 14.15: Analysereport der TM-Applikation für TM-Trigger

[»]

Weiterführende SAP-Hinweise zu bgRFC-Triggern

Weitere Informationen für die Analyse von bgRFC-Triggern sind in SAP-Hinweis 2838210 zu finden. Informationen zur Funktionsweise von TM-Triggern unter Nutzung des bgRFC Frameworks erhalten Sie in SAP-Hinweis 2526415.

14.3 Verwaltung des Datenvolumens

Die Implementierung ist eine Aufgabe im Lebenszyklus eines TM-Systems, aber noch wichtiger ist es, einen störungsfreien Betrieb des Systems sicherzustellen und es für eine lange Zeit in stabilem Zustand zu halten. Deshalb ist es auch notwendig, über das *Datenvolumenmanagement* (DVM) nachzudenken. Die Herausforderung besteht darin, den Datenbestand im System so klein wie möglich zu halten und gleichzeitig dazu in der Lage zu sein, gesetzliche Anforderungen (z. B. Datenschutzbestimmungen) zu erfüllen und ein Audit durchzuführen.

Überladene Datenbanktabellen können zu langen Abfragezeiten bei der Verarbeitung von ABAP-Coding führen, was eine allgemeine Verschlechterung der Systemleistung zur Folge hat. Darüber hinaus können unsauber gepflegte Daten zusätzliche Arbeit bei Upgrades und lange Ausfallzeiten verursachen. DVM ist leider eine Aktivität, die während eines TM-Projekts oft vergessen wird und erst dann durchgeführt wird, wenn es bereits Probleme gibt. Es ist daher zu empfehlen, über DVM nachzudenken, bevor akute Probleme vorliegen.

DVM unterscheidet zwischen drei verschiedenen Ansätzen, um ein System schlank und sauber zu halten (siehe Abbildung 14.16): Vermeiden, Löschen und Archivieren.

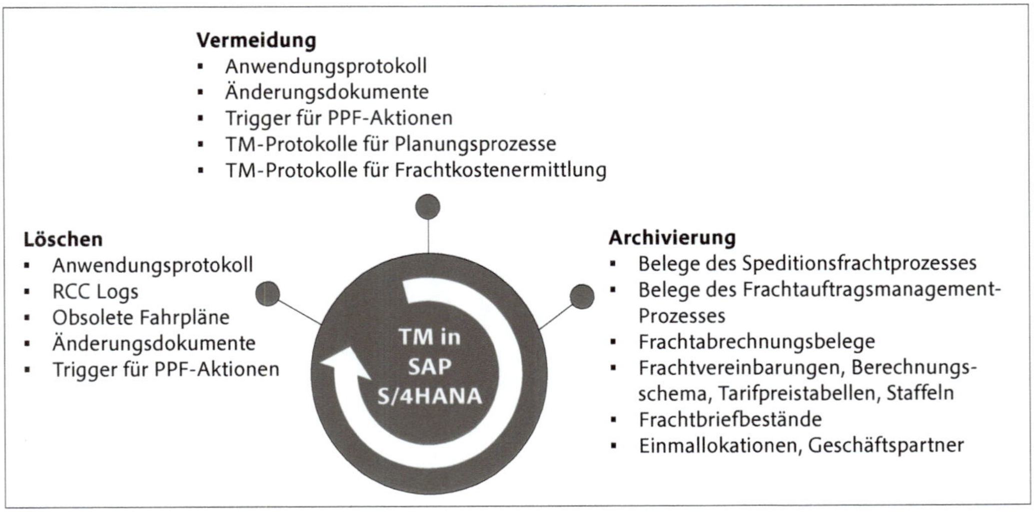

Abbildung 14.16: Verwaltung des Datenvolumens – Vermeidung, Löschung und Archivierung

Bei allen drei Ansätzen stellt sich immer die Frage: »Wird diese Art von Daten wirklich benötigt?« Im Folgenden werden die Methoden dieses Ansatzes genauer betrachtet.

14.3.1 Datenvermeidung

Ein Ansatz zur Begrenzung der Datenmenge in einem TM-System besteht darin, die erstmalige Erstellung der Daten zu vermeiden. Dies ist insbesondere bei Daten möglich, die normalerweise nur für die Ursachenanalyse während der Implementierungs- oder Hypercare-Phase nach einem Go-live verwendet werden. Kunden aktivieren diese Daten während des Projekts (was vernünftig ist), aber nach einem erfolgreichen Go-live wird die Ablage dieser Art von Daten nicht deaktiviert.

Tabelle 14.3 listet aller Datenobjekte auf, die zu einer großen Menge an ungenutzten Daten führen können. Zusätzlich enthält die Tabelle die entsprechenden Datenbanktabellen, Methoden zum Vermeiden oder Löschen der Daten und einige weitere Kommentare wie SAP-Hinweise.

	Große DB-Tabellen	Vermeidung	Löschung	Kommentar
Basisanwendungsprotokoll	BALDAT	Anwendungsprotokoll deaktivieren	Report SBAL_DELETE oder Transaktion SLG2	siehe SAP-Hinweis 195157
Dokumente ändern	CDPOS, CDPOS_STR, CDPOS_UID	Änderungsbelege im Typ-Customizing deaktivieren	Report RSCDOK99 (nicht empfohlen)	
PPF-Aktionen	/BOFU/DPPFCNTR, PPFTTRIGG	Prüfen Sie PPF-Aktionen: Sind sie notwendig? Sind sie korrekt eingerichtet?	Die Reports RSPPFCLEAN und RSPPFPROCESS	siehe SAP-Hinweise 896858, 2633354 und 2539882
Geschäftskommunikationsdienste (BCS)	SOOD, SOOS, SOFFCONT1, BCST_SR, BCST_CAM, BCST_PDF,	Kommunikation überprüfen: Sind sie notwendig? Sind sie richtig eingerichtet?	Report RSBCS_REORG	siehe SAP-Hinweis 2633354

Tabelle 14.3: Datenvermeidung und Löschen von Daten in TM

	Große DB-Tabellen	Vermeidung	Löschung	Kommentar
Planung von Erklärungsprotokollen	/SCMTMS/D_PLNX*, /SCMTMS/D_LSOX*, /SCMTMS/D_VSSX*	Planungserklärungsprotokolle deaktivieren	Report /SCMTMS/PLN_EXP_DELETE	
RCC-Protokolle		k. A.	Report RCC_CLEANUP	
TM-Fahrpläne		k. A.	Report /SCMTMS/SCH_DELETION	überholte Zeitpläne löschen
Warnungen		k. A.	Report /SCMB/ALEN_ALERT_DELETE	

Tabelle 14.3: Datenvermeidung und Löschen von Daten in TM (Forts.)

Die am stärksten wachsenden Tabellen in einem TM-System sind normalerweise die Tabellen des Anwendungsprotokolls (Tabelle **BALDAT**) und der Änderungsbelege (Tabelle **CDPOS**, Tabelle **CDPOS_STR**, Tabelle **CDPOS_UID**). Der Grund dafür ist ganz einfach. Das Anwendungsprotokoll speichert, abhängig vom Customizing, Meldungen zu allen Aktivitäten aller Business User und Systembenutzer. Die Änderungsbelege erfassen jede Änderung an einem Geschäftsbeleg, z. B. dem Frachtauftrag. Das bedeutet, dass die Datenmenge je nach Systemauslastung sehr stark ansteigt.

Nach einem erfolgreichen Go-live sollte geprüft werden, ob all diese Daten notwendig sind. Es gibt einfache Möglichkeiten, das Anwachsen der Daten zu vermeiden, wie z. B. das Ändern der Protokollierungsebene des Anwendungsprotokolls oder das Ausschalten der Änderungsbelege im Typ-Customizing eines Transportauftrags, einer Frachteinheit etc. Dasselbe gilt für das Erklärungsprotokoll des Optimierers. Sobald der Optimierer ordnungsgemäß läuft, können Sie ihn ausschalten. Wenn Sie wieder Probleme erkennen, können Sie ihn jederzeit wieder einschalten.

Es gibt noch ein weiteres Datenobjekt, das in vielen TM-Systemen ungenutzte Daten verursacht: die PPF-Aktionen. In diesem Fall ist die Ursache für mehr Daten nicht nur eine höhere Systemauslastung. Vielmehr geht es darum, dass Kunden viele verschiedene Ausgabeaktionen einrichten, die regelmäßig vom TM-System überprüft werden und PPF-Trigger erzeugen, die dann aber im Geschäftsbetrieb nie genutzt werden. Es ist zu empfehlen, die PPF-Einstellungen nach dem Go-live noch einmal zu überprüfen und zu bereinigen. Das ist nicht nur besser für das Datenvolumen, sondern erleichtert auch die Ursachenanalyse.

14.3.2 Löschen von Daten

Die zweite Möglichkeit - neben der Datenvermeidung -, die Datenmenge in einem TM-System zu reduzieren, besteht darin, Daten zu löschen, die nicht mehr benötigt werden. Dies ist vor allem dann relevant, wenn Daten wie Änderungsbelege, Protokolle oder Warnmeldungen nicht abgeschaltet werden können, weil sie noch für die Ursachenanalyse benötigt werden. Aber warum sollte trotzdem ein Protokoll vom letzten Jahr aufbewahrt werden? Niemand wird diese Art von Daten überprüfen, weil sie nicht geschäftsrelevant sind. Derlei Daten können gelöscht werden. In Tabelle 14.3 sind Reports zum Löschen der Datenobjekte aufgeführt. Die Reports sollten regelmäßig ausgeführt werden, um die ungenutzten Daten loszuwerden.

Zusätzlich zu den bereits besprochenen Datenobjekten in Abschnitt 14.3.1, »Datenvermeidung«, sollte ein Löschobjekt genannt werden: der TM-Fahrplan. Fahrpläne haben in TM nur eine bestimmte Gültigkeitsdauer. Danach werden sie nicht mehr verwendet und können nach einer gewissen Zeit gelöscht werden.

14.3.3 Datenarchivierung

Die letzte Möglichkeit zur Verwaltung der Daten in TM ist die Archivierung. Geschäftsdokumente wie z. B. Frachtaufträge oder Frachteinheiten müssen irgendwo gespeichert werden, um Prüfungen für eine bestimmte Zeit zu ermöglichen. Um jedoch eine Beeinträchtigung der Systemleistung des Produktionssystems zu vermeiden, sollten sie an einem anderen Ort, in einem Archivverzeichnis, gespeichert werden.

TM bietet Archivierungsobjekte für alle Geschäftsdokumente und die zugehörigen Daten. Tabelle 14.4 listet alle diese Objekte auf und hebt die Datenbanktabellen hervor, die vom Archivierungsobjekt betroffen sind. Sie können in Transaktion AOBJ überprüft werden. Die archivierten Daten können über spezielle Arbeitslisten weiterhin im TM-System angezeigt werden, sodass eine Prüfung jederzeit möglich ist.

Geschäftsdokumente können in TM archiviert werden, wenn der Lebenszyklusstatus des gesamten Dokumentenflusses entweder abgeschlossen oder storniert und die Residenzzeit abgelaufen ist. Was bedeutet das? Denken wir an einen Straßentransport. In diesem Szenario haben wir eine Frachteinheit, einen Frachtauftrag und einen Frachtabrechnungsbeleg. Es ist möglich, den Frachtauftrag zu archivieren, wenn der Lebenszyklusstatus aller drei Belege den letzten Status erreicht hat: **Abgeschlossen** oder **Storniert**. Wenn der Frachtabrechnungsbeleg aufgrund einer fehlenden Zahlung noch in Bearbeitung ist, kann der Frachtauftrag nicht archiviert werden. Der gesamte Belegfluss muss abgeschlossen sein.

Die Verweildauer ist kundenspezifisch und muss an die jeweiligen Bedürfnisse angepasst werden. Die folgenden Fragen sollten bei der Diskussion berücksichtigt werden:

- Wie lange dauert es, bis ein abgeschlossenes Dokument für Anpassungen wieder geöffnet wird?
- Wie hoch ist die Wachstumsrate der Daten?
- Welche rechtlichen Anforderungen und Einschränkungen gibt es?
- In welchem Zeitraum wird die Echtzeitanalyse durchgeführt?
- Wird das Data Warehouse für langfristige Analysen und Berichte genutzt?

In der Regel wird eine Verweildauer von sechs bis zwölf Monaten für die Datenarchivierung verwendet.

Datenobjekt	Archivierungsobjekt	Die größten DB-Tabellen
Anwendungsprotokoll	BC_SBAL	BALDAT
Dokumente ändern	CHANGEDOCU	CDPOS
PPF-Behälter		/BOFU/DPPFCNTR, PPFTTRIGG
Weiterleitung der Webservice-Fehlerbehandlung	/SAPPO/PPO	/SAPPO/ORDER_HDR, /SAPPO/ORDER_MSG, FEH_MESS_PERS
Geschäftspartner	CA_BUPA	ABER*, ADR*
Einmaliger Standort	/SCMB/OTL	/SAPAPO/LOC, ADR*, /SCMB/TOENTITY
Transportkosten		/SCMTMS/D_TCHRGE
Geschäftsunterlagen der Speditionsauftragsverwaltung	SCMTMSTRQ	/SCMTMS/D_TRQITM, /SCMTMS/D_TRQSTG
Geschäftsdokumente des TOR-Objekts	SCMTMSTOR	/SCMTMS/D_TORITE, /SCMTMS/D_TORSTP, /SCMTMS/D_TORTRQ /SCMTMS/D_TORTRE,
Abrechnung der Weiterleitung	SCMTMSCFIR	/SCMTMS/D_CF_IT
Frachtabrechnung	SCMTMSSFIR	/SCMTMS/D_SF_ITM

Tabelle 14.4: Archivierungsobjekte in TM

Datenobjekt	Archivierungsobjekt	Die größten DB-Tabellen
Geschäftsanteile	SCMTMSBS	/SCMTMS/D_BSROOT
Zuteilungen	SCMTMSTAL	/SCMTMS/D_TALBUC, /SCMTMS/D_REFOBJ, /SCMTMS/D_ROBJQ
Staffel	SCMTMSTCSC	/SCMTMS/D_SCAH1, /SCMTMS/D_SCAIT2
Staffelpositionen	/SCMTMS/SC	/SCMTMS/D_SCAIT2
Ratentabelle	SCMTMSTCRR	/SCMTMS/D_TCRTVP, /SCMTMS/D_TCRTCP, /SCMTMS/D_TCRT*D
Gültigkeit der Tariftabelle	/SCMTMS/RA	/SCMTMS/D_TCRTVP, /SCMTMS/D_TCRTCP
Frachtkostenberechnungsblätter	SCMTMSTCCS	/SCMTMS/D_TCCSIT
Vereinbarungen, Angebotsanfragen (RFQ) und Dienstleistungsprodukte	SCMTMSFAG	/SCMTMS/D_FAGITM, /SCMTMS/D_OPTSTG
Frachtbriefbestände	SCMTMSWBIL	/SCMTMS/D_WBNCON

Tabelle 14.4: Archivierungsobjekte in TM (Forts.)

Der Archivierungsprozess, der in Abbildung 14.17 dargestellt ist, folgt einem dreistufigen Ansatz: Vorverarbeitung, Archivierung und Nachverarbeitung. Bei der Vorverarbeitung ❶ wird z. B. geprüft, ob die gesamte Belegkette abgeschlossen ist und die Objekte archiviert werden können. Danach findet der Archivierungslauf ❷ statt. Die Daten werden in einem separaten Dateisystem gespeichert und aus der Datenbank des TM-Systems ❸ gelöscht. Optional kann das Dateisystem die Daten erneut auf einen separaten externen Content-Server holen, um sie ein zweites Mal zu optimieren ❹. Im letzten Prozessschritt ❺ erfolgt die Nachbearbeitung, um den Archivierungsprozess zu bereinigen. Der Archivierungsprozess wird in Transaktion SARA durchgeführt.

Zusätzliche Informationen: DVM

SAP-Hinweis 3046065 enthält zusätzliche Informationen zur Archivierung in TM. Darüber hinaus enthält der Betriebsleitfaden für SAP S/4HANA, der in der SAP-Hilfe zu finden ist, einen Bereich für TM und gibt Einblicke in DVM.

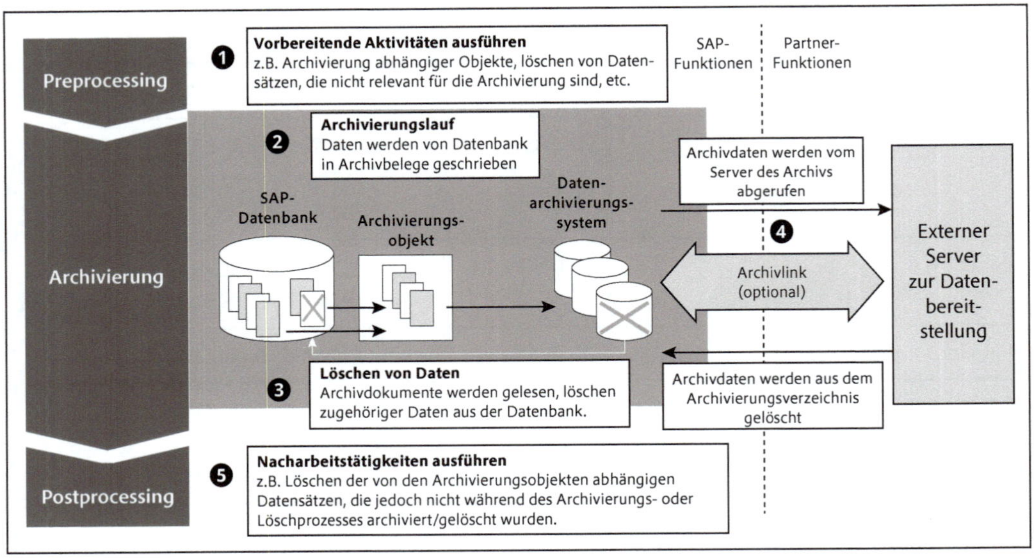

Abbildung 14.17: Übersicht über den Archivierungsprozess

14.4 Zusammenfassung

In diesem Kapitel haben wir Ihnen einen Überblick darüber gegeben, wie Sie ein SAP-TM-System (z. B. auf Basis von SAP NetWeaver) in die SAP-S/4HANA-Umgebung migrieren können. Neben der Überführung Ihres TM-Systems in einen aktuellen Zustand haben wir auch die Bedeutung des Leistungsmanagements eines TM-Systems im Hinblick auf Leistungshinweise, Systemüberwachungsfunktionen und Lösungen von Daten zur Verwaltung der Datenmengen innerhalb Ihres Systems erläutert.

Im nächsten Kapitel geben wir Ihnen einen Überblick über die bewährten Praktiken bei der Implementierung. Wir geben Ihnen Hinweise auf wichtige Elemente und Konfigurationen in TM, Sie erfahren, wie Sie Ihr System am besten einrichten, wie Sie Ihre Daten zwischen Systemen verschieben und welche Risiken und Herausforderungen bei der Implementierung von TM in einem Projekt auftreten können.

Kapitel 15

Ausblick

Digitalisierung, Cloud-Bereitstellung, Unternehmenskonsolidierungen, neue Prozessansätze, Wettbewerb durch neue Akteure im Logistikmarkt und die Bewältigung gravierender Störungen gehören zu den großen Herausforderungen für heutige Logistikunternehmen. Sie bieten aber auch die Chance, die Effizienz und Widerstandsfähigkeit der eigenen Prozesse zu steigern. TM in SAP S/4HANA ist ein wichtiger Baustein, um die heutige Komplexität zu bewältigen.

In der heutigen Transport- und Logistikwelt sind Sie mit einer Vielzahl von Herausforderungen konfrontiert, die die Effizienz und die langfristige Strategie Ihres Unternehmens in hohem Maße beeinflussen können. Ein gut integriertes Transportmanagementsystem wie TM ist eine große Hilfe, um eine bessere Struktur und Konsistenz in Ihrer Lieferkette zu unterstützen.

Basierend auf der universellen Verfügbarkeit der Logistik wurde diese in den letzten Jahren in den Kontext der Standard-Business-Software eingeordnet. Gefragt sind darüber hinaus eine breitere Transportfunktion, die Anbindung an digitale Datenquellen und die Möglichkeit, ein Transportmanagement in komplexen Supply-Chain-Szenarien zu implementieren. Dabei sollen die Vorteile integrierter Prozesse erhalten bleiben, unterstützt durch einen erfahrenen Softwareanbieter und kompetente Partner. Die Logistik hat sich von einem fünften Rad am Wagen zu einem wesentlichen, wenn nicht gar richtungsweisenden Element der strategischen Unternehmensführung entwickelt.

Kundenorientierung, Digitalisierung und neue Akteure mit innovativen Vertriebswegen – sei es als Wettbewerber oder potenzieller Partner – setzen anspruchsvolle Trends, die die notwendigen Anstrengungen zur Sicherung bestehender Märkte und zum Wachstum in neue Vertriebskanäle, Regionen oder Dienstleistungsbereiche prägen. Viele Unternehmen müssen ihre Wertschöpfungsprozesse neu organisieren und dabei ein besonderes Augenmerk auf die Schnittstellen zwischen Absatz- und Beschaffungsmarkt legen, die zunehmend an Bedeutung gewinnen. Mit den neuen digitalen Plattformen ist die Integration von Unternehmensfunktionen wichtiger geworden denn je.

Die betriebliche Bedeutung der Logistik eröffnet für viele Unternehmen ein erhebliches Rationalisierungspotenzial. Darüber hinaus hat die Logistik aufgrund der vielfältigen Krisensituationen einen sehr starken Sicherungsaspekt, da sowohl die eingehenden als auch die ausgehenden Lieferketten geschützt und gesichert werden müssen. Ein gut definiertes Transportmanagementsystem wie TM kann ein zentraler Baustein in einer sich häufig ändernden Lieferkettenumgebung sein.

Generell soll eine Senkung der Logistikkosten den Unternehmenserfolg verbessern oder zumindest sichern, indem ein Wettbewerbsvorteil erzielt wird. Neben Unternehmensbefragungen, die gezeigt haben, dass Unternehmen in der Logistik noch mit einem erheblichen Kostensenkungspotenzial rechnen, eröffnen Digitalisierungsstrategien und neue Vernetzungsmöglichkeiten viele Chancen, üben aber auch Anpassungs- und Flexibilitätsdruck aus.

Ein wichtiger Trend der letzten Jahre ist die Verlagerung von Transportfunktionen in die Cloud. Große Softwareanbieter wie SAP bewegen sich zunehmend weg vom traditionellen On-Premise-Modell hin zur reinen Cloud-Bereitstellung. Das sollten Sie bei Ihrer Planung berücksichtigen, unabhängig davon, ob Sie eher aus fachlicher oder technischer Perspektive auf das Thema blicken. Heute bleibt aufgrund teilweise noch bestehender funktionaler oder technischer Lücken noch die Wahl zwischen Private- oder Public-Cloud-Systemen, wie wir sie auch bei TM sehen. Wenn es jedoch technisch und funktional möglich ist, könnten Private-Cloud-Implementierungen in einigen Jahren ebenfalls auslaufen. Modelle, die auf Software as a Service (SaaS) basieren, bieten tendenziell die höchste Anpassungsfähigkeit und Flexibilität aus Sicht des Unternehmens und gleichzeitig eine gute Anpassung an den Softwarestandard der Lösung. Das zeigt sich z. B. an der Art und Weise, wie die Funktionen und Module der SAP Business Technology Platform (SAP BTP) bereitgestellt werden (siehe Abschnitt 2.3.1).

Der Umfang der Logistik hat sich in den letzten Jahren ständig erweitert. Wir können jetzt Produktionsplanungs- oder Qualitätskontrollsysteme in den Gesamtbereich der Logistik einbeziehen. Überdies werden in Bereichen wie der Planung des Lieferkettenmanagements erhebliche Investitionen in die IT getätigt. Dies wird in Zukunft zu einer Senkung der administrativen Logistikkosten führen (z. B. durch bessere Sendungsverfolgung, Transportorganisation oder netzwerkbasierte Unterbeauftragungen). Das wirkt sich nicht nur auf die Effizienz aus, sondern auch auf die Erfüllung der Anforderungen der Kunden, die eine bessere Integration mit all ihren Lieferkettenpartnern und eine höhere Transparenz und Einsicht auf der Grundlage verfügbarer digitaler Daten, Big-Data-Auswertungen und intelligenter Technologien erwarten. Dies ist eine Reise, die in der Softwareentwicklung noch nicht abgeschlossen ist, und vieles davon wird in öffentlichen Clouds oder kollaborativen Apps bereitgestellt.

In wettbewerbsintensiven Lieferkettenumgebungen ist etwa das Outsourcing traditioneller logistischer Kernprozesse nach wie vor ein stabiler Trend. Es wird auch als ein entscheidendes Mittel zur Kostensenkung und Wettbewerbsdifferenzierung angesehen, insbesondere bei Herstellern und Einzelhändlern. In diesem Zusammenhang erwarten die

Unternehmen weitere Einsparungen durch die Vergabe von Unteraufträgen für logistische Dienstleistungen und deren Auslagerung an Logistikpartner. Auch im Bereich der Logistik haben die Auslagerung von reinen Logistikoperationen und die stärkere Ausrichtung auf die Bedürfnisse der Kunden sowie die Erhöhung ihrer Loyalität gegenüber dem Angebot der Logistikdienstleister hohe Priorität. Auch hier spielt SAP eine wichtige Rolle, indem das öffentliche, cloudbasierte Portal SAP Business Network for Logistics an die Seite von TM gestellt wird.

Operative Logistikaufgaben wie Transport, Lagerung, Kommissionierung und Verpackung sind bereits in hohem Maße an externe Logistikdienstleister oder Spediteure ausgelagert worden. Moderne Logistiklösungen unterstützen alle Aspekte der unternehmensinternen und ausgelagerten Logistik, einschließlich Lagerhaltung und Transport, sowie eine nahtlose Integration mit den Kernsystemen eines Unternehmens oder seiner Kunden. In der schnelllebigen, modernen Gesellschaft von heute ist es für Lieferanten unerlässlich, über eine vollständig integrierte Lösung zu verfügen und Informationssilos mit begrenztem Einblick zu vermeiden. Sowohl aus Sicht des Verladers als auch aus Sicht des Logistikdienstleisters beinhalten viele Logistikprozesse entweder Schnittstellen zum Kunden oder betreffen wichtige Aspekte des Kunden. Daher müssen Logistikprozesse an den Kundenanforderungen ausgerichtet und servicefreundlich durchgeführt werden. Die neuen Technologien der Cloud sowie der sicheren und unveränderlichen Kommunikation und Zusammenarbeit öffnen die Tür zu der Art von Netzwerk, die heute gefordert wird.

Aus der Sicht eines Verladers kann es vorkommen, dass die Qualität der Produkte der Wettbewerber immer vergleichbarer wird. In diesem Fall konkurrieren die Unternehmen auf der Ebene der Leistungserbringung, zumal es oft kaum noch Spielraum für Preissenkungen gibt. Innerhalb dieser Dienstleistungen nimmt der Transport als direkte oder indirekte Dienstleistung einen hohen, kostenintensiven Stellenwert ein. Lieferperfektion und -flexibilität, schnelle Retourenabwicklung und eine hohe Qualität des Kundendienstes sind Merkmale, mit denen sich ein Unternehmen von seinen Konkurrenten abheben kann.

Die Geschäftswelt rückt näher zusammen, da moderne Kommunikationskanäle jedem ermöglichen, Informationen auszutauschen. Viele Unternehmen beginnen, nicht mehr nur an einzelne lokale Ziele zu denken, sondern an ihre globalen Logistikoperationen. Sie wollen, dass Technologieanbieter ein integriertes Logistik- und Lieferkettensystem liefern, das in der Lage ist, durch die Integration aller relevanten Partner Waren nahtlos von einem Ende des Globus zum anderen zu befördern. In diesem Zusammenhang sind Transport und Logistik heute der Schwerpunktbereich und ein vorrangiges Investitionsfeld. Die Kosten für Logistik machen etwa 10 % des Bruttoinlandsprodukts eines Landes aus und haben einen großen Einfluss auf die Rentabilität, den Kundenservice und die Nachhaltigkeitsbilanz eines Unternehmens. Lieferketten-, Transport- und Lagermanager stehen heute unter dem Druck, ihre Geschäftsprozesse zu automatisieren, umzugestalten und zu optimieren. Die Integration von Technologien wie Sensoren, IoT-Geräten (Internet of Things), maschinellem Lernen und Prozessen der künstlichen Intelligenz, robotergestützter Prozessautomatisierung und Big-Data-Analytik kann als Vorteil gesehen werden, da sich traditionelle Altsysteme in dieser neuen, sich schnell verändernden Technologiewelt oft als Hindernis erweisen.

Transportmanagementsysteme müssen auch berücksichtigen, dass neue Prozessvarianten und Geschäftsmodelle aufkommen können, was wiederum Flexibilität und Anpassungsfähigkeit in der Softwarebasis erfordert. Ein Beispiel für ein solches Modell ist die Europäische Technologieplattform *Alliance for Logistics through Collaboration in Europe* (ETP ALICE). Diese wurde ins Leben gerufen, um eine umfassende Strategie für Forschung, Innovation und Markteinführung von Innovationen im Bereich Logistik und Lieferkettenmanagement in Europa aufzubauen (*www.etp-alice.eu*). ALICE bewegt sich in Richtung einer übergreifenden Sichtweise auf die Planung und Steuerung von Logistik und die darunterliegenden Lieferketten. Es ist deklariertes Ziel, dass Verlader und LDLs enger zusammenarbeiten, um im Vergleich zum heutigen System effizientere Logistik- und Lieferkettenabläufe zu erreichen.

Ein wichtiges Element dieser Vision ist das *physische Internet*, das eine Plattform von der globalen bis zur urbanen Ebene bietet, die auf einem weit gespannten offenen Netzwerk von Systemen basiert, das die Verbindung von Fracht und Ressourcen in Logistiknetzen flexibel ermöglicht. Ziel ist es, mithilfe des physischen Internets die verfügbaren Kapazitäten und die verfügbare Produktivität optimal zu nutzen und gleichzeitig die Flexibilität und Widerstandsfähigkeit der durchgängigen Lieferketten zu erhöhen. Dabei soll das physische Internet auch einen kosteneffizienten Übergang zu einer emissionsfreien Logistik unterstützen.

Das physische Internet hat seinen Namen daher, dass es im übertragenen Sinne ähnlich funktionieren soll, wie das daten- und kommunikationsbasierte (»normale«) Internet. Der Unterschied ist, dass anstelle von Daten Fracht in das Netz eingespeist wird. Als Auftraggeber würden Sie einen Auftrag zur Beförderung von Gütern durch das physische Internet erteilen. Die tatsächliche Durchführung der Beförderung liegt nicht in Ihrer Hand, und die Güter sollten zu niedrigeren Kosten, in angemessener Zeit und Qualität und idealerweise emissionsfrei am Zielort ankommen. Die Elemente des Netzes werden durch die Implementierung und die Partner der Plattform ALICE gesteuert, die ebenfalls auf hochgradig standardisierte Dienstleistungen und Abläufe abzielt. Das Programm hat viele Merkmale eines 4PL, 5PL oder einer Frachtenbörse, ist aber stärker netzwerk- und gemeinschaftsorientiert sowie verkehrsträgerübergreifend angelegt. In Tabelle 15.1 finden Sie den geplanten Fahrplan für das physische Internet des Technologietransferprojekts ETP ALICE.

Phase	Entwicklungsphasen			Physisches Internet – Phasen	
Zeitrahmen	**2015–2020**	**2020–2025**	**2025–2030**	**2030–2035**	**2035–2040**
Steuerung	Uneinheitliche und unausgewogene Begriffe, Regeln und Normen	Regeln und Steuerung für ressourcenteilende Plattformen	Gründung des Steuerungsorgans für das physische Internet	Industrielle Übernahme von Regeln und -Modellen des physischen Internets	Stabile Regeln und Modelle
Zugang und Annahme	Pooling und Allianzen	Sektorale, regionale, nahtlose vertikale Demonstration des physischen Internets	Groß angelegte Demonstrationen des physischen Internets	Erweiterung des physischen Internets	Jeder hat Zugang zum physischen Internet.
System der Logistiknetze	Silos innerhalb von Silos (getrennte Teilnetze)	Netz-zu-Netz-Konnektivität	Erweiterte Konnektivität zwischen den Netzwerken	Skalierbare Logistiknetze	Völlig autonome Netzdienste und -betrieb
Logistische Netzwerke	Aufkommen von Buchungsplattformen	Operative Synchro-modalität des physischen Intranets	Zusammenführung oder Aufteilung mehrerer Sendungen	Sense-and-Response-Optimierung von Netzwerkflüssen	Völlig autonome Netzdienste und -betrieb
Logistische Knotenpunkte	Nicht standardisierte Umschlagsknoten	Offenes und nahtloses Knotenpunktdienstleistungsangebot	Automatisierte Knotenpunktdienstanforderung und -antwort	Knoten sind netzübergreifend miteinander verbunden.	Autonome Knoten für das physische Internet

Tabelle 15.1: Fahrplan für das geplante physische Internet

Die Arbeit mit einer solchen Plattform ist jedoch in gewissem Maße neu für ein System wie TM. Andererseits wäre TM flexibel genug, um eine solche Plattform in seine durchgehenden Prozesse zu integrieren. Dies würde sogar dann funktionieren, wenn Transporte gemischt werden, um z. B. ALICE-basierte Vorlauftransporte mit traditionellen Hauptlauftransporten zu verbinden (z. B. ein europäischer Lkw-Transport über ALICE zu einem Hafen und eine direkte Schifffahrtslinie als Unterauftragnehmer nach Kanada).

Ohne ausgeklügelte Transportsysteme kann die Logistik nicht von möglichen Systemvorteilen profitieren. Neben einem guten Transportsystem könnten Logistikaktivitäten für eine bessere logistische Effizienz sorgen, die Betriebskosten senken, die Service- und

Emissionsqualität fördern und die Konnektivität und den Einblick verbessern. Das erfordert Anstrengungen sowohl von Kunden als auch von Softwareanbietern und deren Implementierungspartnern. SAP S/4HANA und SAP BTP bilden eine ideale Grundlage, um einem Unternehmen und seinen Mitbewerbern all diese Funktionen und Möglichkeiten zu bieten.

SAP verfolgt die Vision, Unternehmen dabei zu unterstützen, ihre Lieferkettenexzellenz zu optimieren, die Effizienz und Produktivität von Transport und Logistik zu steigern, die Kosten der Lieferkettenausführung zu senken und Nachhaltigkeit und Regeleinhaltung zu verbessern.

Dazu stehen folgende Möglichkeiten zur Verfügung:

- Logistikanforderungen und -kapazitäten auf die kurzfristige Planung abzustimmen
- die Optimierung von Prozessen und Ressourcen des gesamten Distributionsnetzwerks durchzuführen
- die Bereitstellung von Reaktionsfähigkeit und Flexibilität durch vollständige Echtzeittransparenz zu ermöglichen
- die Gewährung von Einblicken in Pläne, Abläufe und Bestände greifbarer zu machen

TM ist eine der ausgereiftesten und am besten integrierten Transportmanagementlösungen am Markt. Der Inhalt unseres Buches hat Ihnen einen Leitfaden an die Hand gegeben, um den geschäftlichen und technischen Kontext von TM, wie wir ihn beschrieben haben, mit Ihren logistischen Aktivitäten und der Strategie Ihres Unternehmens in Bezug auf die mittel- und langfristigen Ziele zu verbinden.

Mit dem strategischen Ziel, das weltweit beste Logistiklösungsportfolio anzubieten, hat TM eine neue Ära auf dem Markt für Transportmanagementsoftware eingeleitet. Es wurde zu einer branchenführenden Lösung, die integrierte und vernetzte Prozesse in der Lieferkette mit einem vertikalen Angebot für Verlader, Spediteure und Frachtführer unterstützt. Mit der Integration in SAP S/4HANA steht TM zudem eine vielversprechende Zukunft bevor, die offen ist für den Grad der Digitalisierung, den Unternehmen von heute benötigen.

Ebenso gibt es eine ganze Reihe neuer Themen auf dem Entwicklungsplan von SAP, die teilweise bereits begonnen wurden und in die verschiedenen Versions- und Installationsvarianten einfließen. Viele davon haben einen integrativen Charakter, wie z. B. der erweiterte Warenannahme- und Versandprozess oder die einheitliche Erzeugung von Packstücken. Teile dieser Funktionen sind mit SAP S/4HANA produktiv geworden, und weitere werden in der Zukunft in neuen Versionen und Feature Pack Stacks folgen. Andere Themen haben einen längeren Entwicklungszyklus, verbunden mit noch größeren Auswirkungen, wie etwa die auftragsbasierte Transportplanung (OTP) mit vollständig integrierter globaler Verfügbarkeitsprüfung (GATP) – eine Funktion, die bereits auf Basis von SAP ERP und SAP Advanced Planning and Optimization (SAP APO) gestartet wurde, aber in der SAP-S/4HANA- und TM-Welt noch nicht vollständig verfügbar ist.

Der internationale Transport kann weitaus komplexer sein als der nationale Versand. Es ist nicht ungewöhnlich, dass globale Sendungen mit vielen Zwischenhändlern in Berührung kommen, von denen jeder eine eigene Reihe von Vorschriften, kulturellen Überzeugungen und IT-Fähigkeiten hat. Auch ist Technologie allein nicht die Lösung. Zu viele Verlader haben Transportmanagementsoftware eingesetzt, die dann versagt und die Anwenderinnen und Anwender zu ihren alten, mühsamen Aufgaben zurückführt. Die erfolgreichsten globalen Unternehmen nutzen Strategien, die »akzeptable Toleranzen« in ihren Transportnetzwerken zulassen. Sie verlassen sich auf die Ereignismanagementfunktionen der Technologie, um das Personal zu alarmieren, wenn es sich um ungewöhnliche Situationen kümmern muss. Darüber hinaus sollten effektive Transportmanagementlösungen und -dienste es den Anwenderinnen und Anwendern ermöglichen, eine globale »Kontrollturm«-Ansicht ihrer Netzwerke in Echtzeit zu erstellen und die Einzelheiten jeder einzelnen Sendung, wie z. B. Bestellungen, Frachtbriefe, Lagerhaltungseinheiten etc., zu analysieren.

Mit diesem Buch möchten wir Ihnen ein umfassendes Nachschlagewerk und Arbeitsbuch für das Transportmanagement mit TM an die Hand geben. Unsere Erfahrungen aus den Bereichen TM-Architektur, -Entwicklung und -Produktmanagement bieten Ihnen einen umfassenden Einblick in die anwendungsorientierte Prozessabwicklung, den Betrieb und den technischen Hintergrund des Transportmanagements mit SAP.

SAP wird die TM-Lösung als Teil von SAP S/4HANA in den kommenden Jahren mit weiteren Versionen ergänzen und verbessern. Dieses Buch beschreibt die Funktionen von TM in SAP-S/4HANA-Release 2025, die in Bezug auf Praxisnähe, Funktionsumfang und Benutzerfreundlichkeit einen großen Schritt nach vorn und eine noch engere Integration in die SAP Supply Chain Execution Platform ermöglichen.

Abschließend möchten wir Ihnen noch empfehlen, sich online über die Bücher des Rheinwerk Verlags zu informieren. Wir hoffen, dass Sie in diesem Buch wertvolle Antworten auf Ihre Fragen und eine gute Anleitung zur Bewältigung der Herausforderungen im Transportmanagement gefunden haben. Vor allem aber hoffen wir, dass wir Ihre Leidenschaft für Transport und Logistik mit TM in SAP S/4HANA geweckt oder gefördert haben.

Vielen Dank für Ihr Interesse an unseren Arbeiten!

Dr. Bernd Lauterbach, **Tobias Berger**,
Dr. Christopher Sürie und **Marius Jachmann**

Abkürzungsverzeichnis

Abkürzung	Bedeutung
24/7	7 Tage, 24 Stunden; d. h. rund um die Uhr
2PL	Second-Party Logistics (Externer Logistikdienstleister als Frachtführer mit eigenem Fuhrpark, gewöhnlich mit Beschränkung auf einen Transportmodus)
3PL	Third-Party Logistics (Externer transportmodusübergreifender Logistikdienstleister/Spediteur, potenziell ohne eigenen Fuhrpark)
4PL	Fourth-Party Logistics (Logistikdienstleister mit Optimierung der Lieferkette als Aufgabe, Ende-zu-Ende-Dienstleister)
A2A	Application-to-Application (Anwendung-zu-Anwendung-Kommunikation)
ABAP	Advanced Business Application Programming (SAP-Programmiersprache)
ACI	Advance Commercial Information (Vorab-Handelsinformationen, Kanada)
ACS	Air Cargo Security (Luftfrachtsicherheit)
ADR	Accord européen relatif au transport international des marchandises dangereuses par route (Europäisches Übereinkommen über die internationale Beförderung gefährlicher Güter auf der Straße)
AMS	Automated Manifest System (Automatisiertes Manifest-System, USA)
AOID	Application Object ID (Applikationsobjekt-ID, Event Management)
API	Application Programming Interface, Schnittstelle
APO	SAP Advanced Planner and Optimizer
ASEAN	Verband der südostasiatischen Nationen
ASR (auch: Adv. SR)	Advanced Shipping and Receiving (Erweiterter Warenannahme- und Versandprozess)
ATB	auftragsbezogene Transportbedarfe
ATP	Available-to-Promise (Verfügbarkeitsprüfung)

Abkürzung	Bedeutung
AWB	Air Waybill (Luftfrachtbrief)
B/L	Bill of Lading (Konnossement/Seefrachtbrief)
B2B	Business-to-Business (Geschäft-zu-Geschäft-Kommunikation)
B2C	Business-to-Consumer (Geschäft-zu-Endkunde-Kommunikation)
BAdI	Business Add-In
BC	SAP Business Client
bgRFC	Background Remote Function Call
BI	Business Intelligence
BO	Business Object (Geschäftsobjekt)
BoB	Best-of-Breed
BOPF	Business Object Processing Framework (Framework für die Verarbeitung von Geschäftsobjekten)
BP	Business Partner (Geschäftspartner)
BPM	Business Process Management (Geschäftsprozessmanagement)
BPS	Business Process Scheduling (Geschäftsprozessterminierung)
BRF+	Business Rules Framework plus
BRIM	SAP Billing and Revenue Innovation Management
CASS	Cargo Accounts Settlement System (Frachtkontenabrechnungssystem der Luftfahrt)
CC	Convergent Charging (Konvergente Kostenermittlung)
CCAD	Cargo Correction Advice (Avis zur Ladungskorrektur in der Luftfracht)
CDP	Custom Development Project (Kundenspezifisches Entwicklungsprojekt)
CE	Container Equipment (Containereinheit)
CFR	Code of Federal Regulations
CFS	Container Freight Station (Container-Frachtstation)
CI	Convergent Invoicing (Konvergente Rechnungsstellung)

Abkürzung	Bedeutung
CO-PA	Controlling – Profitability Analysis (Ergebnis- und Marktsegmentrechnung)
CRM	SAP-Kundenbeziehungsmanagement
CRUD	Create, Read, Update, Delete (Erstellen, Lesen, Aktualisieren, Löschen)
CSL	Container Shipping Line (Containerreederei)
CSR	Cargo Sales Report (Frachtverkaufsbericht)
CSV	Comma-Separated Values (Kommagetrennte Werte, Dateityp)
CVI	Customer Vendor Integration (Kunden-Lieferanten-Integration)
DAD	Data Access Definition (Definition des Datenzugriffs)
DAS	Dock-Appointment-Scheduling, Torbelegungsplanung (SAP Yard Logistics)
DCM	Debit Credit Memo (Lastschrift/Gutschrift)
DD, D2D	Door-to-Door (Transport von Tür zu Tür)
DDIC	Data Dictionary
DG/GG	Dangerous Goods (Gefährliche Güter)
DGR	Dangerous Goods Regulations (IATA-Gefahrgutvorschriften)
DRF	Data Replication Framework (Framework für die Datenreplikation)
DSD	Direct Store Delivery (Direkte Filialbelieferung)
DSO	Direct Shipment Option (Direktsendungsoption)
DSO	Days Sales Outstanding (Außenstandstage)
DSO	DataStore-Objekt
ECC	ERP Central Component (SAP-ERP-Kernkomponente)
EDI	Electronic Data Interchange (Elektronischer Datenaustausch)
EFTA	European Free Trade Association (Europäische Freihandelsassoziation)
EH	Event Handler
EHP	Enhancement Package (Erweiterungspaket, SAP ERP)
EHS	Environment, Health and Safety (Umwelt-, Gesundheits- und Sicherheitsmanagement)

Abkürzung	Bedeutung
EM	SAP Event Management
EMS	Event-Management-System, Ereignismanagement-System
EP	SAP Enterprise Portal
EPL	Europalette (Mengeneinheit)
EPP	Uniform Package Production (Einheitliche Erzeugung von Packstücken)
ERP	SAP Enterprise Resource Planning
ERS	Evaluated Receipt Settlement (Lieferantenabrechnung im Gutschrift-verfahren)
ESOA	Enterprise Service-Oriented Architecture (Serviceorientierte Unternehmensarchitektur)
ESR	Enterprise Services Repository (Repository für Unternehmensdienste)
EWM	SAP Extended Warehouse Management
EWV	(auch: erw. W/V-Prozess) Erweiterer Warenannahme- und Versandprozess, siehe auch ASR
FA	Frachtauftrag
FAB	Frachtabrechnungsbeleg
FB	Frachtbuchung
FBI	Floorplan Manager BOPF Integration
FCC	SAP Financial Customer Care
FCL	Full Container Load (Vollcontainerladung)
FE	Frachteinheit
FEB	Frachteinheitsbildung
FEBR	Frachteinheitsbildungsregel
FEU	Forty-Foot Equivalent Unit (Vierzig-Fuß-Äquivalenzeinheit, Container)
FI-AP	Financial Accounting – Accounts Payable (Finanzbuchhaltung – Kreditorenbuchhaltung)
FI-AR	Financial Accounting – Accounts Receivable (Finanzbuchhaltung – Debitorenbuchhaltung)

Abkürzung	Bedeutung
FI-CA	Financial Accounting - Contract Accounts Receivable and Payable (Finanzbuchhaltung - Vertragskontokorrent)
FI-CO	Financial Accounting and Controlling (Finanzbuchhaltung und Controlling)
FPM	Floorplan Manager
FSCM	Financial Supply Chain Management (Finanzlieferkettenmanagement)
FTL	Full Truck Load (Volle Lkw-Ladung)
FV	Frachtvereinbarung
GCR	General Cargo Rates (Stückgutpreise)
GDA	Geo Data Provider (Geodatenanbieter)
GFX	Global Freight Exchange (Globale Frachtbörse, Luftfracht)
GG	Gefahrgüter
GHS	Ground Handling Service (Bodenfrachtdienst, Luftfracht)
GIS	Geographic Information System (Geografisches Informationssystem)
GPS	Global Positioning System (Globales Positionierungssystem)
GRC	Governance, Risk and Compliance
GTS	SAP Global Trade Services
GTT	SAP Business Network for Logistics Global Track and Trace
GUI	Graphical User Interface (Grafische Benutzeroberfläche)
GUIBB	General User Interface Building Block (Baustein der allgemeinen Benutzeroberfläche)
HANA	High-Performance Analytic Appliance (Hochleistungs-Analyseplattform, SAP HANA)
HAWB	House Air Waybill (Haus-Luftfrachtbrief)
HBL	House Bill of Lading (Hauskonnossement, Seefrachtbrief)
HEC	HANA Enterprise Cloud (SAP-HANA-Unternehmens-Cloud)
HMR	Hazardous Materials Regulations (Gefahrgutvorschriften, USA)
HS-Code	Harmonized System Code (Harmonisierter Systemcode, Güterarten)

Abkürzung	Bedeutung
HU	Handling Unit
IATA	International Air Transport Association (Internationaler Luftfahrtverband)
ICAO	International Civil Aviation Organization (Internationale Zivilluftfahrt-Organisation)
ID	Identifikator
IGS	Internet Graphics Server (Internet-Grafikserver)
IIoT	Industrial Internet of Things (Industrielles Internet der Dinge)
IMDG	International Maritime Dangerous Goods Code (Internationaler Code für gefährliche Güter im Seeverkehr)
IMG	Implementation Guide (SAP-Einführungsleitfaden)
IMO	International Maritime Organization
ISF	Importer Security Filing (Sicherheitsmeldung des Importeurs)
IT	Information Technology (Informationstechnologie)
KAUF	Kundenaufträge
KEP	Kurier-, Express- und Paketdienst (Courier, Express and Parcel)
KI	Künstliche Intelligenz (Artificial Intelligence)
KPI	Key Performance Indicator (Leistungskennzahl)
LAG	Lage (Mengeneinheit)
LCL	Less than Container Load (Container-Teilladung, Stückgut)
LDL	Logistikdienstleister
LDM	Lademeter (Mengeneinheit)
LE	Logistics Execution (Logistikabwicklung, SAP ERP)
LEB	Leistungserfassungsblatt (Service Entry Sheet)
LLM	Large Language Models
LMD	Last Mile Delivery (Letzte-Meile-Distribution)
LO	Logistik Allgemein
LTB	Lieferungsbezogener Transportbedarf

Abkürzung	Bedeutung
LTL	Less than Truck Load (Lkw-Teilladung, Stückgut)
LVD	Long-Term Vendor Declaration (Langfristige Lieferantenerklärung)
MAWB	Master Air Waybill (Haupt-Luftfrachtbrief)
MBL	Master Bill of Lading (Haupt-Konnossement, Seefracht)
MDG	SAP Master Data Governance
MDM	Master Data Management (Stammdatenmanagement, SAP NetWeaver)
ME	Mengeneinheit (Unit of Measure, UoM)
MM	Materials Management (Materialwirtschaft, SAP ERP und SAP S/4HANA)
MRN	Movement Reference Number (Referenznummer der Warenbewegung)
NAFTA	North American Free Trade Agreement (Nordamerikanisches Freihandelsabkommen) – Hinweis: Seit 2020 durch USMCA ersetzt
NCTS	New Computerized Transit System (Neues computergestütztes Transitsystem)
NLM	Normalisierte Menge
NOG	Nature of Goods (Art der Waren)
NSC	Not Safe for Cargo Aircraft (Nicht sicher für Frachtflugzeuge)
OCR	Optical Character Recognition (Optische Zeichenerkennung)
OData	SAP Open Data Protocol
OTR	Order-Based Transportation Requirement (Auftragsbezogener Transportbedarf)
P2P	Peer-to-Peer (Ausschreibung mit einem Partner)
PAL	Palette (Mengeneinheit)
PDF	Portable Document Format (Portables Dokumentenformat)
PE	Packaging Unit (Verpackungseinheit)
PI	Process Integration (Prozessintegration, SAP NetWeaver)
PLS	Profil und Layout Set

Abkürzung	Bedeutung
PM	Plant Maintenance (Instandhaltung, SAP ERP und SAP S/4HANA)
PO/BST	Purchase Order (Bestellung)
POWL	Personal Object Work List (Arbeitsvorrat für persönliche Objekte)
PP, P2P	Port-to-Port (Hafen zu Hafen)
PPF	Post Processing Framework (Nachbearbeitungsframework)
PRDI	EWM Inbound Delivery (Eingangslieferung in SAP EWM)
PRDO	EWM Outbound Delivery (Ausgangslieferung in SAP EWM)
PS&S	Product Safety and Stewardship (Produktsicherheit und -verantwortung)
RCCF	Remote Control and Communication Framework (Fernsteuerungs- und Kommunikationsrahmenwerk, SAP-Transportplanung)
RCS	Repeatable Custom Solution (Wiederholbare kundenspezifische Lösung)
REACH	Registration, Evaluation, Authorisation and Restriction of Chemicals (Registrierung, Bewertung, Zulassung und Beschränkung von Chemikalien)
REST	Representational State Transfer (Softwarearchitekturstil)
RF	Radio Frequency
RFC	Remote Function Call (SAP-Remote-Funktionsaufruf)
RFID	Radio-Frequency Identification (Radiofrequenz-Identifikation)
RFQ	Request for Quotation (Angebotsanfrage)
RID	Règlement concernant le transport international ferroviaire des marchandises dangereuses (Ordnung für die internationale Eisenbahnbeförderung gefährlicher Güter)
RORO	Roll-on/Roll-off (Fahrendes Be- und Entladen von Schiffen)
SA	Speditionsauftrag
SAB	Speditionsabrechnungsbeleg
SCAC	Standard Carrier Alpha Code
SCM	SAP Supply Chain Management

Abkürzung	Bedeutung
SCO	Safe for Cargo Aircraft Only (Sicher nur für Frachtflugzeuge)
SCP	Supply Chain Platform (Lieferkettenplattform)
SCR	Specialized Commodity Rates (Spezialisierte Rohstofftarife)
SD	Sales and Distribution (Vertrieb, SAP ERP und SAP S/4HANA)
SFM	Strategic Freight Management (Strategisches Frachtmanagement, SAP TM)
SFP	Strategic Freight Procurement (Strategischer Frachteinkauf, SAP TM)
SFS	Strategic Freight Sales (Strategischer Frachtverkauf, SAP TM)
SG	Speditionsangebot
SICF	SAP Internet Communication Framework (SAP-Internet-Kommunikations-Framework)
SLA	Service Level Agreement (Service-Level-Vereinbarung)
SLD	System Landscape Directory (Verzeichnis der Systemlandschaft)
SOA	Service-Oriented Architecture (Serviceorientierte Architektur)
SOP	Standard Operating Procedure (Standard-Arbeitsanweisung)
SPX	Safe for Passenger Aircraft (Sicher für Passagierflugzeuge)
ST	Stück (Mengeneinheit)
SV	Speditionsvereinbarung
SV-Angebot	Angebot für die Speditionsvereinbarung
TACT	The Air Cargo Tariff (Luftfrachttarif und zugehörige Regeln)
TAL	Transportallokationen
TCCS	Transportation Charge Calculation Schema (Berechnungsschema für Transportkosten)
TCM	Transportation Cost Management (Transportkostenmanagement)
TD	SAP Transport and Distribution (Oil & Gas)
TE	Transporteinheit (Transportation Unit)
TEU	Twenty-Foot Equivalent Unit (Zwanzig-Fuß-Äquivalenzeinheit, Container)

Abkürzung	Bedeutung
TM	SAP Transportation Management (Transportmanagement)
TMS	Transportation Management System (Transportmanagementsystem)
TOR	Transportation Order (Transportauftrag, Geschäftsobjekt in SAP TM)
TP/VS	Transportation Planning/Vehicle Scheduling (Transportplanung und Fahrzeugdisposition, SAP APO)
TRP	SAP-Transportressourcenplanung
TRQ/TF	Transportation Request (Transportbedarf, Business-Objekt in SAP TM)
UB	Umlagerungsbestellung
UI	User Interface (Benutzeroberfläche)
UIBB	User Interface Building Block (Baustein der Benutzeroberfläche)
ULD	Unit Load Devices (Luftfrachtcontainer)
UN/LOCODE	United Nations Code for Trade and Transport Locations (UN-Code für Handels- und Transportstandorte)
URL	Uniform Resource Locator (Einheitlicher Ressourcenzeiger, Internetadresse)
VB	SAP Visual Business
VSR	Vehicle Scheduling and Routing (Fahrzeugplanung und -routing)
WE	Waggoneinheit
WMS	Warehouse Management System (Lagerverwaltungssystem)
WSRM	Web Service Reliable Messaging (Zuverlässiges Webservice-Messaging)
XML	Extensible Markup Language (Erweiterbare Auszeichnungssprache)
ZLM	Zusätzliche normalisierte Menge

Die Autoren

Dr.-Ing. Bernd Lauterbach ist seit fünf Jahren als Enterprise Architect und Chief Solution Architect bei Westernacher Consulting tätig. Zuvor war er 25 Jahre Mitarbeiter von SAP SE. In den ersten 13 Jahren sammelte er sowohl Erfahrung als Entwicklungsmitarbeiter für ERP (LE-TRA) als auch als Entwicklungsleiter für SAP TM, SAP EM und die Auto-ID Infrastructure. In der Folgezeit war Bernd Lauterbach weltweit als Chief Solution Architect für die Logistikindustrie bei SAP SE zuständig (IBU Travel & Transportation – Cargo & Logistics). Ein weiterer Arbeitsschwerpunkt liegt auf der Begleitung vieler Transport- und Logistikprojekte bei SAP-Kunden (Logistikdienstleister und Verlader).

Tobias Berger unterstützt als selbstständiger Berater Unternehmen bei der Einführung von SAP TM. Dabei deckt er das gesamte Spektrum von der Lösungsarchitektur über die funktionale Konzeption bis zur technischen Umsetzung in SAP TM ab. Bis Anfang 2025 war er elf Jahre in der SAP-TM-Standardentwicklung tätig – zunächst als Entwickler und später als Architekt mit Schwerpunkt Transportplanung. In dieser Zeit war er für die Architektur zentraler Funktionen wie das Transportcockpit, die Anbindung des VSR-Optimierers, die Spediteurermittlung und die Kundenauftragsterminierung verantwortlich.

Dr. Christopher Sürie ist seit mehr als 20 Jahren als Chief Consultant für Supply-Chain-Optimierung und Transportmanagement bei SAP Deutschland in Walldorf tätig. In dieser Position war er an zahlreichen internationalen Kundenprojekten beteiligt, bei denen er sowohl PP/DS als auch TM implementierte, mit dem Schwerpunkt auf deren Planungs- und Optimierungsfunktionen in Produktion und Transport. Zudem arbeitete er als Solution Architect in mehreren TM-Projekten und leitete zahlreiche TM-Schulungen.

Marius Jachmann ist seit mehr als zehn Jahren in der Welt des Transportmanagements zu Hause. Als Principal Consultant im SAP SE Center of Expertise nutzt er seinen fundierten technischen Hintergrund, um Kunden in der EMEA-Region zu unterstützen. Dabei begleitet er sie mit technischer Expertise und Beratung durch alle Phasen des Lebenszyklus ihrer TM-Systeme. In den vergangenen Jahren lag sein Schwerpunkt auf dem Advanced Shipping and Receiving sowie der Integration von SAP TM und SAP EWM.

Index

B

C

D

E

F

G

H

I

K

L

M

N

O

P

Q

R

S

T

U

V